目　录

第一章　基本规定

法律文件简称全称对照表

（按首次出现的先后排序）

序号	简称	全称	备注
1	《民法典》	《中华人民共和国民法典》	2020年5月28日第十三届全国人民代表大会第三次会议通过，自2021年1月1日起施行
2	《民法总则》	《中华人民共和国民法总则》	2017年3月15日第十二届全国人民代表大会第五次会议通过，自2021年1月1日起废止
3	《个人信息保护法》	《中华人民共和国个人信息保护法》	2021年8月20日第十三届全国人民代表大会常务委员会第三十次会议通过
4	《宪法》	《中华人民共和国宪法》	2018年3月11日第十三届全国人民代表大会第一次会议修正
5	《民法通则》	《中华人民共和国民法通则》	2009年8月27日第十一届全国人民代表大会常务委员会第十次会议修正，自2021年1月1日起废止
6	《妇女权益保障法》	《中华人民共和国妇女权益保障法》	2022年10月30日第十三届全国人民代表大会常务委员会第三十七次会议修订
7	《民事诉讼法》	《中华人民共和国民事诉讼法》	2023年9月1日第十四届全国人民代表大会常务委员会第五次会议修正
8	《合同法》	《中华人民共和国合同法》	1999年3月15日第九届全国人民代表大会第二次会议通过，自2021年1月1日起废止
9	《民通意见》	《最高人民法院关于贯彻执行〈中华人民共和国民法通则〉若干问题的意见（试行）》	自2021年1月1日起废止
10	《婚姻法》	《中华人民共和国婚姻法》	2001年4月28日第九届全国人民代表大会常务委员会第二十一次会议修正，自2021年1月1日起废止

(续表)

序号	简称	全称	备注
11	《物权法》	《中华人民共和国物权法》	2007 年 3 月 16 日第十届全国人民代表大会第五次会议通过,自 2021 年 1 月 1 日起废止
12	《侵权责任法》	《中华人民共和国侵权责任法》	2009 年 12 月 26 日第十一届全国人民代表大会常务委员会第十二次会议通过,自 2021 年 1 月 1 日起废止
13	《继承法》	《中华人民共和国继承法》	1985 年 4 月 10 日第六届全国人民代表大会第三次会议通过,自 2021 年 1 月 1 日起废止
14	《民诉法解释》	《最高人民法院关于适用〈中华人民共和国民事诉讼法〉的解释》	2022 年 3 月 22 日最高人民法院审判委员会第 1866 次会议修正
15	《电子签名法》	《中华人民共和国电子签名法》	2019 年 4 月 23 日第十三届全国人民代表大会常务委员会第十次会议修正
16	《劳动法》	《中华人民共和国劳动法》	2018 年 12 月 29 日第十三届全国人民代表大会常务委员会第七次会议修正
17	《劳动合同法》	《中华人民共和国劳动合同法》	2012 年 12 月 28 日第十一届全国人民代表大会常务委员会第三十次会议修正
18	《民法典合同编通则解释》	《最高人民法院关于适用〈中华人民共和国民法典〉合同编通则若干问题的解释》	2023 年 5 月 23 日最高人民法院审判委员会第 1889 次会议通过
19	《公司法》	《中华人民共和国公司法》	2023 年 12 月 29 日第十四届全国人民代表大会常务委员会第七次会议修订
20	《合伙企业法》	《中华人民共和国合伙企业法》	2006 年 8 月 27 日第十届全国人民代表大会常务委员会第二十三次会议修订
21	《行政诉讼法》	《中华人民共和国行政诉讼法》	2017 年 6 月 27 日第十二届全国人民代表大会常务委员会第二十八次会议修正
22	《农业法》	《中华人民共和国农业法》	2012 年 12 月 28 日第十一届全国人民代表大会常务委员会第三十次会议修正
23	《青藏高原生态保护法》	《中华人民共和国青藏高原生态保护法》	2023 年 4 月 26 日第十四届全国人民代表大会常务委员会第二次会议通过
24	《环境保护法》	《中华人民共和国环境保护法》	2014 年 4 月 24 日第十二届全国人民代表大会常务委员会第八次会议修订

（续表）

序号	简称	全称	备注
25	《节约能源法》	《中华人民共和国节约能源法》	2018年10月26日第十三届全国人民代表大会常务委员会第六次会议修正
26	《民法典总则编解释》	《最高人民法院关于适用〈中华人民共和国民法典〉总则编若干问题的解释》	2021年12月30日最高人民法院审判委员会第1861次会议通过
27	《立法法》	《中华人民共和国立法法》	2023年3月13日第十四届全国人民代表大会第一次会议修正
28	《人民法院组织法》	《中华人民共和国人民法院组织法》	2018年10月26日第十三届全国人民代表大会常务委员会第六次会议修订
29	《九民会议纪要》	最高人民法院《全国法院民商事审判工作会议纪要》	2019年9月11日经最高人民法院审判委员会民事行政专业委员会第319次会议原则通过
30	《农村土地承包经营纠纷调解仲裁法》	《中华人民共和国农村土地承包经营纠纷调解仲裁法》	2009年6月27日第十一届全国人民代表大会常务委员会第九次会议通过
31	《民用航空法》	《中华人民共和国民用航空法》	2021年4月29日第十三届全国人民代表大会常务委员会第二十八次会议修正
32	《产品质量法》	《中华人民共和国产品质量法》	2018年12月29日第十三届全国人民代表大会常务委员会第七次会议修正
33	《拍卖法》	《中华人民共和国拍卖法》	2015年4月24日第十二届全国人民代表大会常务委员会第十四次会议修正
34	《未成年人保护法》	《中华人民共和国未成年人保护法》	2024年4月26日第十四届全国人民代表大会常务委员会第九次会议修正
35	《老年人权益保障法》	《中华人民共和国老年人权益保障法》	2018年12月29日第十三届全国人民代表大会常务委员会第七次会议修正
36	《领海及毗连区法》	《中华人民共和国领海及毗连区法》	1992年2月25日第七届全国人民代表大会常务委员会第二十四次会议通过
37	《香港特别行政区基本法》	《中华人民共和国香港特别行政区基本法》	1990年4月4日第七届全国人民代表大会第三次会议通过
38	《澳门特别行政区基本法》	《中华人民共和国澳门特别行政区基本法》	1993年3月31日第八届全国人民代表大会第一次会议通过
39	《出境入境管理法》	《中华人民共和国出境入境管理法》	2012年6月30日第十一届全国人民代表大会常务委员会第二十七次会议通过

（续表）

序号	简称	全称	备注
40	《刑法》	《中华人民共和国刑法》	2023年12月29日第十四届全国人民代表大会常务委员会第七次会议修正
41	《涉外民事关系法律适用法》	《中华人民共和国涉外民事关系法律适用法》	2010年10月28日第十一届全国人民代表大会常务委员会第十七次会议通过
42	《海商法》	《中华人民共和国海商法》	1992年11月7日第七届全国人民代表大会常务委员会第二十八次会议通过
43	《个人独资企业法》	《中华人民共和国个人独资企业法》	1999年8月30日第九届全国人民代表大会常务委员会第十一次会议通过
44	《母婴保健法》	《中华人民共和国母婴保健法》	2017年11月4日第十二届全国人民代表大会常务委员会第三十次会议修正
45	《户口登记条例》	《中华人民共和国户口登记条例》	1958年1月9日全国人民代表大会常务委员会第九十一次会议通过
46	《居民身份证法》	《中华人民共和国居民身份证法》	2011年10月29日第十一届全国人民代表大会常务委员会第二十三次会议修正
47	《护照法》	《中华人民共和国护照法》	2006年4月29日第十届全国人民代表大会常务委员会第二十一次会议通过
48	《民法典继承编解释一》	《最高人民法院关于适用〈中华人民共和国民法典〉继承编的解释（一）》	2020年12月25日最高人民法院审判委员会第1825次会议通过
49	《民法典婚姻家庭编解释一》	《最高人民法院关于适用〈中华人民共和国民法典〉婚姻家庭编的解释（一）》	2020年12月25日最高人民法院审判委员会第1825次会议通过
50	《核出口管制条例》	《中华人民共和国核出口管制条例》	2006年11月9日修订
51	《涉外民事关系法律适用法解释一》	《最高人民法院关于适用〈中华人民共和国涉外民事关系法律适用法〉若干问题的解释（一）》	2020年12月23日最高人民法院审判委员会第1823次会议修正
52	《家庭教育促进法》	《中华人民共和国家庭教育促进法》	2021年10月23日第十三届全国人民代表大会常务委员会第三十一次会议通过
53	《预防未成年人犯罪法》	《中华人民共和国预防未成年人犯罪法》	2020年12月26日第十三届全国人民代表大会常务委员会第二十四次会议修订

（续表）

序号	简称	全称	备注
54	《反家庭暴力法》	《中华人民共和国反家庭暴力法》	2015年12月27日第十二届全国人民代表大会常务委员会第十八次会议通过
55	《人口与计划生育法》	《中华人民共和国人口与计划生育法》	2021年8月20日第十三届全国人民代表大会常务委员会第三十次会议修正
56	《城市居民委员会组织法》	《中华人民共和国城市居民委员会组织法》	2018年12月29日第十三届全国人民代表大会常务委员会第七次会议修正
57	《村民委员会组织法》	《中华人民共和国村民委员会组织法》	2018年12月29日第十三届全国人民代表大会常务委员会第七次会议修正
58	《民法典物权编解释一》	《最高人民法院关于适用〈中华人民共和国民法典〉物权编的解释(一)》	2020年12月25日最高人民法院审判委员会第1825次会议通过
59	《刑事诉讼法》	《中华人民共和国刑事诉讼法》	2018年10月26日第十三届全国人民代表大会常务委员会第六次会议修正
60	《海事诉讼特别程序法》	《中华人民共和国海事诉讼特别程序法》	1999年12月25日第九届全国人民代表大会常务委员会第十三次会议通过
61	《破产法解释二》	《最高人民法院关于适用〈中华人民共和国企业破产法〉若干问题的规定(二)》	2020年12月23日最高人民法院审判委员会第1823次会议修正
62	《企业破产法》	《中华人民共和国企业破产法》	2006年8月27日第十届全国人民代表大会常务委员会第二十三次会议通过
63	《市场主体登记管理条例》	《中华人民共和国市场主体登记管理条例》	2021年4月14日国务院第131次常务会议通过
64	《市场主体登记管理条例实施细则》	《中华人民共和国市场主体登记管理条例实施细则》	2022年3月1日国家市场监督管理总局令第52号公布
65	《电子商务法》	《中华人民共和国电子商务法》	2018年8月31日第十三届全国人民代表大会常务委员会第五次会议通过
66	《食品安全法》	《中华人民共和国食品安全法》	2021年4月29日第十三届全国人民代表大会常务委员会第二十八次会议修正
67	《反不正当竞争法解释》	《最高人民法院关于适用〈中华人民共和国反不正当竞争法〉若干问题的解释》	2022年1月29日最高人民法院审判委员会第1862次会议通过

（续表）

序号	简称	全称	备注
68	《农村土地承包法》	《中华人民共和国农村土地承包法》	2018 年 12 月 29 日第十三届全国人民代表大会常务委员会第七次会议修正
69	《工会法》	《中华人民共和国工会法》	2021 年 12 月 24 日第十三届全国人民代表大会常务委员会第三十二次会议修正
70	《证券法》	《中华人民共和国证券法》	2019 年 12 月 28 日第十三届全国人民代表大会常务委员会第十五次会议修订
71	《商业银行法》	《中华人民共和国商业银行法》	2015 年 8 月 29 日第十二届全国人民代表大会常务委员会第十六次会议修正
72	《全民所有制工业企业法》	《中华人民共和国全民所有制工业企业法》	2009 年 8 月 27 日第十一届全国人民代表大会常务委员会第十次会议修正
73	《城镇集体所有制企业条例》	《中华人民共和国城镇集体所有制企业条例》	2016 年 2 月 6 日修订
74	《乡村集体所有制企业条例》	《中华人民共和国乡村集体所有制企业条例》	2011 年 1 月 8 日修订
75	《企业法人登记管理条例》	《中华人民共和国企业法人登记管理条例》	2019 年 3 月 2 日修订，自 2022 年 3 月 1 日起废止
76	《行政许可法》	《中华人民共和国行政许可法》	2019 年 4 月 23 日第十三届全国人民代表大会常务委员会第十次会议修正
77	《反洗钱法》	《中华人民共和国反洗钱法》	2006 年 10 月 31 日第十届全国人民代表大会常务委员会第二十四次会议通过
78	《农民专业合作社法》	《中华人民共和国农民专业合作社法》	2017 年 12 月 27 日第十二届全国人民代表大会常务委员会第三十一次会议修订
79	《公司法解释三》	《最高人民法院关于适用〈中华人民共和国公司法〉若干问题的规定（三）》	2020 年 12 月 23 日最高人民法院审判委员会第 1823 次会议修正
80	《公司法解释二》	《最高人民法院关于适用〈中华人民共和国公司法〉若干问题的规定（二）》	2020 年 12 月 23 日最高人民法院审判委员会第 1823 次会议修正

（续表）

序号	简称	全称	备注
81	《民事执行中变更、追加当事人规定》	《最高人民法院关于民事执行中变更、追加当事人若干问题的规定》	2020年12月23日最高人民法院审判委员会第1823次会议修正
82	《公司法解释五》	《最高人民法院关于适用〈中华人民共和国公司法〉若干问题的规定(五)》	2020年12月23日最高人民法院审判委员会第1823次会议修正
83	《安全生产法》	《中华人民共和国安全生产法》	2021年6月10日第十三届全国人民代表大会常务委员会第二十九次会议修正
84	《行政诉讼法解释》	《最高人民法院关于适用〈中华人民共和国行政诉讼法〉的解释》	2017年11月13日最高人民法院审判委员会第1726次会议通过
85	《刑事诉讼法解释》	《最高人民法院关于适用〈中华人民共和国刑事诉讼法〉的解释》	2020年12月7日最高人民法院审判委员会第1820次会议通过
86	《民法典担保制度解释》	《最高人民法院关于适用〈中华人民共和国民法典〉有关担保制度的解释》	2020年12月25日最高人民法院审判委员会第1824次会议通过
87	《法官法》	《中华人民共和国法官法》	2019年4月23日第十三届全国人民代表大会常务委员会第十次会议修订
88	《地方各级人民代表大会和地方各级人民政府组织法》	《中华人民共和国地方各级人民代表大会和地方各级人民政府组织法》	2022年3月11日第十三届全国人民代表大会第五次会议修正
89	《数据安全法》	《中华人民共和国数据安全法》	2021年6月10日第十三届全国人民代表大会常务委员会第二十九次会议通过
90	《仲裁法解释》	《最高人民法院关于适用〈中华人民共和国仲裁法〉若干问题的解释》	2008年12月8日最高人民法院审判委员会第1457次会议修正
91	《国务院组织法》	《中华人民共和国国务院组织法》	2024年3月11日第十四届全国人民代表大会第二次会议修订
92	《外商投资法》	《中华人民共和国外商投资法》	2019年3月15日第十三届全国人民代表大会第二次会议通过

(续表)

序号	简称	全称	备注
93	《民办教育促进法》	《中华人民共和国民办教育促进法》	2018年12月29日第十三届全国人民代表大会常务委员会第七次会议修正
94	《慈善法》	《中华人民共和国慈善法》	2023年12月29日第十四届全国人民代表大会常务委员会第七次会议修正
95	《银行业监督管理法》	《中华人民共和国银行业监督管理法》	2006年10月31日第十届全国人民代表大会常务委员会第二十四次会议修正
96	《行政处罚法》	《中华人民共和国行政处罚法》	2021年1月22日第十三届全国人民代表大会常务委员会第二十五次会议修订
97	《职业病防治法》	《中华人民共和国职业病防治法》	2018年12月29日第十三届全国人民代表大会常务委员会第七次会议修正
98	《烟草专卖法》	《中华人民共和国烟草专卖法》	2015年4月24日第十二届全国人民代表大会常务委员会第十四次会议修订
99	《保险法》	《中华人民共和国保险法》	2015年4月24日第十二届全国人民代表大会常务委员会第十四次会议修正
100	《证券投资基金法》	《中华人民共和国证券投资基金法》	2015年4月24日第十二届全国人民代表大会常务委员会第十四次会议修正
101	《教育法》	《中华人民共和国教育法》	2021年4月29日第十三届全国人民代表大会常务委员会第二十八次会议修正
102	《注册会计师法》	《中华人民共和国注册会计师法》	2014年8月31日第十二届全国人民代表大会常务委员会第十次会议修正
103	《仲裁法》	《中华人民共和国仲裁法》	2017年9月1日第十二届全国人民代表大会常务委员会第二十九次会议修正
104	《担保法》	《中华人民共和国担保法》	1995年6月30日第八届全国人民代表大会常务委员会第十四次会议通过,自2021年1月1日起废止
105	《信托法》	《中华人民共和国信托法》	2001年4月28日第九届全国人民代表大会常务委员会第二十一次会议通过
106	《企业所得税法》	《中华人民共和国企业所得税法》	2018年12月29日第十三届全国人民代表大会常务委员会第七次会议修正
107	《企业所得税法实施条例》	《中华人民共和国企业所得税法实施条例》	2019年4月23日修订
108	《企业国有资产法》	《中华人民共和国企业国有资产法》	2008年10月28日第十一届全国人民代表大会常务委员会第五次会议通过

（续表）

序号	简称	全称	备注
109	《中外合资经营企业法实施条例》	《中华人民共和国中外合资经营企业法实施条例》	2019年3月2日修订，自2020年1月1日起废止
110	《中外合作经营企业法实施细则》	《中华人民共和国中外合作经营企业法实施细则》	2017年11月17日修订，自2020年1月1日起废止
111	《外资企业法实施细则》	《中华人民共和国外资企业法实施细则》	2014年2月19日修订，自2020年1月1日起废止
112	《中外合资经营企业法》	《中华人民共和国中外合资经营企业法》	2016年9月3日第十二届全国人民代表大会常务委员会第二十二次会议修正，自2020年1月1日起废止
113	《中外合作经营企业法》	《中华人民共和国中外合作经营企业法》	2017年11月4日第十二届全国人民代表大会常务委员会第三十次会议修正，自2020年1月1日起废止
114	《外商投资法实施条例》	《中华人民共和国外商投资法实施条例》	2019年12月12日国务院第74次常务会议通过
115	《会计法》	《中华人民共和国会计法》	2024年6月28日第十四届全国人民代表大会常务委员会第十次会议修正
116	《全国人民代表大会议事规则》	《中华人民共和国全国人民代表大会议事规则》	2021年3月11日第十三届全国人民代表大会第四次会议修正
117	《公司法解释四》	《最高人民法院关于适用〈中华人民共和国公司法〉若干问题的规定（四）》	2020年12月23日最高人民法院审判委员会第1823次会议修正
118	《公司法解释一》	《最高人民法院关于适用〈中华人民共和国公司法〉若干问题的规定（一）》	2014年2月17日最高人民法院审判委员会第1607次会议修正
119	《反不正当竞争法》	《中华人民共和国反不正当竞争法》	2019年4月23日第十三届全国人民代表大会常务委员会第十次会议修正
120	《律师法》	《中华人民共和国律师法》	2017年9月1日第十二届全国人民代表大会常务委员会第二十九次会议修正
121	《公证法》	《中华人民共和国公证法》	2017年9月1日第十二届全国人民代表大会常务委员会第二十九次会议修正
122	《消费者权益保护法》	《中华人民共和国消费者权益保护法》	2013年10月25日第十二届全国人民代表大会常务委员会第五次会议修正

（续表）

序号	简称	全称	备注
123	《公益事业捐赠法》	《中华人民共和国公益事业捐赠法》	1999 年 6 月 28 日第九届全国人民代表大会常务委员会第十次会议通过
124	《监察法》	《中华人民共和国监察法》	2018 年 3 月 20 日第十三届全国人民代表大会第一次会议通过
125	《政府采购法》	《中华人民共和国政府采购法》	2014 年 8 月 31 日第十二届全国人民代表大会常务委员会第十次会议修正
126	《外资企业法》	《中华人民共和国外资企业法》	2016 年 9 月 3 日第十二届全国人民代表大会常务委员会第二十二次会议修正，自 2020 年 1 月 1 日起废止
127	《破产法解释一》	《最高人民法院关于适用〈中华人民共和国企业破产法〉若干问题的规定（一）》	2011 年 8 月 29 日最高人民法院审判委员会第 1527 次会议通过
128	《著作权法》	《中华人民共和国著作权法》	2020 年 11 月 11 日第十三届全国人民代表大会常务委员会第二十三次会议修正
129	《治安管理处罚法》	《中华人民共和国治安管理处罚法》	2012 年 10 月 26 日第十一届全国人民代表大会常务委员会第二十九次会议修正
130	《国家赔偿法》	《中华人民共和国国家赔偿法》	2012 年 10 月 26 日第十一届全国人民代表大会常务委员会第二十九次会议修正
131	《军人地位和权益保障法》	《中华人民共和国军人地位和权益保障法》	2021 年 6 月 10 日第十三届全国人民代表大会常务委员会第二十九次会议通过
132	《专利法》	《中华人民共和国专利法》	2020 年 10 月 17 日第十三届全国人民代表大会常务委员会第二十二次会议修正
133	《土地管理法》	《中华人民共和国土地管理法》	2019 年 8 月 26 日第十三届全国人民代表大会常务委员会第十二次会议修正
134	《土地管理法实施条例》	《中华人民共和国土地管理法实施条例》	2021 年 4 月 21 日修订
135	《国防法》	《中华人民共和国国防法》	2020 年 12 月 26 日第十三届全国人民代表大会常务委员会第二十四次会议修订
136	《国防动员法》	《中华人民共和国国防动员法》	2010 年 2 月 26 日第十一届全国人民代表大会常务委员会第十三次会议通过
137	《著作权法实施条例》	《中华人民共和国著作权法实施条例》	2013 年 1 月 30 日修订

（续表）

序号	简称	全称	备注
138	《专利法实施细则》	《中华人民共和国专利法实施细则》	2023 年 12 月 11 日修订
139	《商标法》	《中华人民共和国商标法》	2019 年 4 月 23 日第十三届全国人民代表大会常务委员会第十次会议修正
140	《商标法实施条例》	《中华人民共和国商标法实施条例》	2014 年 4 月 29 日修订
141	《种子法》	《中华人民共和国种子法》	2021 年 12 月 24 日第十三届全国人民代表大会常务委员会第三十二次会议修正
142	《植物新品种保护条例》	《中华人民共和国植物新品种保护条例》	2014 年 7 月 29 日修订
143	《社会保险法》	《中华人民共和国社会保险法》	2018 年 12 月 29 日第十三届全国人民代表大会常务委员会第七次会议修正
144	《文物保护法》	《中华人民共和国文物保护法》	2017 年 11 月 4 日第十二届全国人民代表大会常务委员会第三十次会议修正
145	《海域使用管理法》	《中华人民共和国海域使用管理法》	2001 年 10 月 27 日第九届全国人民代表大会常务委员会第二十四次会议通过
146	《体育法》	《中华人民共和国体育法》	2022 年 6 月 24 日第十三届全国人民代表大会常务委员会第三十五次会议修订
147	《网络安全法》	《中华人民共和国网络安全法》	2016 年 11 月 7 日第十二届全国人民代表大会常务委员会第二十四次会议通过
148	《基本医疗卫生与健康促进法》	《中华人民共和国基本医疗卫生与健康促进法》	2019 年 12 月 28 日第十三届全国人民代表大会常务委员会第十五次会议通过
149	《医师法》	《中华人民共和国医师法》	2021 年 8 月 20 日第十三届全国人民代表大会常务委员会第三十次会议通过
150	《精神卫生法》	《中华人民共和国精神卫生法》	2018 年 4 月 27 日第十三届全国人民代表大会常务委员会第二次会议修正
151	《残疾人保障法》	《中华人民共和国残疾人保障法》	2018 年 10 月 26 日第十三届全国人民代表大会常务委员会第六次会议修正
152	《合同法解释二》	《最高人民法院关于适用〈中华人民共和国合同法〉若干问题的解释（二）》	自 2021 年 1 月 1 日起废止

（续表）

序号	简称	全称	备注
153	《诉讼时效制度解释》	《最高人民法院关于审理民事案件适用诉讼时效制度若干问题的规定》	2020年12月23日最高人民法院审判委员会第1823次会议修正
154	《合同法解释一》	《最高人民法院关于适用〈中华人民共和国合同法〉若干问题的解释(一)》	自2021年1月1日起废止
155	《标准化法》	《中华人民共和国标准化法》	2017年11月4日第十二届全国人民代表大会常务委员会第三十次会议修订
156	《反垄断法》	《中华人民共和国反垄断法》	2022年6月24日第十三届全国人民代表大会常务委员会第三十五次会议修正
157	《外商投资法解释》	《最高人民法院关于适用〈中华人民共和国外商投资法〉若干问题的解释》	2019年12月16日最高人民法院审判委员会第1787次会议通过
158	《道路交通安全法》	《中华人民共和国道路交通安全法》	2021年4月29日第十三届全国人民代表大会常务委员会第二十八次会议修正
159	《票据法》	《中华人民共和国票据法》	2004年8月28日第十届全国人民代表大会常务委员会第十一次会议修正
160	《药品管理法》	《中华人民共和国药品管理法》	2019年8月26日第十三届全国人民代表大会常务委员会第十二次会议修订
161	《英雄烈士保护法》	《中华人民共和国英雄烈士保护法》	2018年4月27日第十三届全国人民代表大会常务委员会第二次会议通过
162	《国家勋章和国家荣誉称号法》	《中华人民共和国国家勋章和国家荣誉称号法》	2015年12月27日第十二届全国人民代表大会常务委员会第十八次会议通过
163	《劳动争议调解仲裁法》	《中华人民共和国劳动争议调解仲裁法》	2007年12月29日第十届全国人民代表大会常务委员会第三十一次会议通过
164	《民法典时间效力规定》	《最高人民法院关于适用〈中华人民共和国民法典〉时间效力的若干规定》	2020年12月14日最高人民法院审判委员会第1821次会议通过

总目录

前言(代自序)

“什么是你的贡献?”写一篇文章要问,著一本书更要问。摆在诸君面前,这两百万字的书作,自也是无法绕开此问。不论是两位作者硕士同窗期间(2004 年至 2006 年),还是其中一位读博士期间(2007 年至 2011 年),几乎均是覆盖在提出此问的苏力教授担任北大法学院院长期间(2001 年至 2010 年)。法学院的行政管理及苏力教授专长的法理学,于当时作为学生的两位作者而言,都算不得亲近,唯独此问“绵绵”,似“无绝期”。

2020 年 5 月 28 日《民法典》颁布,从成文法角度新中国民法至少在形式上“走出了学徒时代”,有了相对整全的正式法源。于实务而言,有了系统的私法规范集合;于理论而言,则有了注解私法的基本对象。这本身就是一件大事情。《民法典》颁布至今四年有余,立法机构、司法部门、不同学者纷纷撰写《民法典》各编之解读、释义、理解与适用、释评等,数量庞大又相当系统,吾等躬逢其盛。单就德国式法典评注而言,既有朱庆育教授领衔的《中国民法典评注》采用的“大评注体”(Groβkommentar),又有徐涤宇、张家勇教授主编的《〈中华人民共和国民法典〉评注(精要版)》采用的“短评注体”(Kurzkommentar),还有杨代雄教授主编的《袖珍民法典评注》采用的“袖珍评注体”(Handkommentar)。以上注释书,均是对《民法典》的逐条诠解,或评或注,从量到质,皆蔚为大观也。

本书注解《民法典》,就写法而言,第一个特点,是“最小单元及其组合”的写作方法。其一,相信法律一旦成文,自有其逻辑,而逻辑自能言语,基于此,将每个法条从文义上拆解成尽可能的“最小单元”及其组合;其二,尽可能穷尽文义、尽可能穷尽每个最小单元及其组合所对应的案例;其三,直面两点真实——法条真实(法律当前是这么规定的)和案例真实(法律当前是这么被适用的),审慎比对二者的最小单元,有节制地呈现二者当前的意义关联,既算不得是对某种纯粹理论的绝对服膺,也谈不上是对实务上某种过于自信的“献媚”:基于理论形成的法条是有限理性,真实世界的法官适法也只是真实。也因此,本书的目标读者,既包括理论家,也包括实践家。虽然本书既未充分呈现理论,也未充分呈现实践,但本书希望借由“最小单元及其组合”的写作方法,毋宁呈现的是每个法条的“榫卯”结构:左衔理论,右接实务。

与此同时,最小单元并不意味着零碎,本书写作还有两方面的体系化努力:其一,尽可能成体系,即不仅结合《民法典》总则编自身前后的规定进行解读,还结合《民法典》其他各编,并尽量贯通《民法典》、其他民商事实体法律和《民事诉讼法》以及相关司法解释的规定,力求使作者对《民法典》总则编的每一个条、款、项、词语的解读都有相应的依据。其二,结合立法机关有关《民法总则》《民法典》的立法资料,引用最高人民法院、高级人民法院近年来的有关裁判意见,力求使作者对《民法典》总则编的每一个条、款、项、词语的解读都有相应的立法资料和案例支持。

本书的第二个特点,是文献引用。与以上注释书最大的不同,是本书隐去了学理文献梳理与比较法资料。全书三千多个注释,主要为两大方面的内容:一是对照《民法典》总则编的每一个条、款、项,逐一在最高人民法院公报网、中国裁判文书网等案例数据库中检索到的相关案例;二是翻阅立法机关有关《民法总则》《民法典》的立法资料以及与《民法典》总则编有关的法律、司法解释的答记者问和司法机关解读等,从中提取到的与《民法典》总则编相关的内容。未直接引用学理文献与比较法资料,当然不是排斥、拒斥理论文献,相反,恰恰每一部分写作均起始于对理论的吸收,成稿时接受理论的排查;之所以全书写作尝试仅使用两大原料(法条文义与案例真实),隐去学理文献梳理与比较法资料,意在避免没有必要的重复性工作。此一点,使得本书或多或少有了些许"另类评注体"(Alternativkommentar)或"公民评注体"(Bürgerkommentar)的特征。

本书的第三个特点,是作坊式写作。相较于以上注释书,本书的作者仅为两人,所以够不上集体智慧。比演唱组合而言,目前已经出版的民法典注释书均是"合唱团",可以形成《黄河大合唱》般的气势恢宏,而本书作者至多是个二人组("优客李林""无印良品"的规模),"小虎队"的规模都够不上,故而称之为"小作坊式"的写作,实不为过。以"袖珍评注"的作者规模(通常为一人或几人),试图去写"大型评注",确如蚍蜉撼大树:单是本书《民法典》总则编(第1条至第204条),自《民法总则》颁布二人形成动议、动笔至完稿,耗时几近七年矣。所幸的是,二位作者本身一偏理论、一偏实务,一偏民法、一偏商法,一人倾向于经由理论理解实务、一人倾向于经由实务理解理论,一人倾向于由民法入商法、一人倾向于由商法入民法,时有争执却尚能避让,最终保持了取材、行文及观点的一致性、一贯性。

《民法总则》颁布至今,七年写作,虽多有用功刻苦甚或二位作者自称为"蛮力之作",然学识经验所限,错漏难免,敬请方家里手批评。最后,虽则撰写有分工("按份共有"式),但文责不分份额("共同共有"式),二位作者分别对全部条文之通释,承担全部的文责,这也是二人合伙(《民法典》第967条之合伙合同)"共同的事业目的"的应有之义。

唐 勇 谢秋荣 谨识

二〇二四年八月一日

第二章　自　然　人

第一节　民事权利能力和民事行为能力

第三节 宣告失踪和宣告死亡

第四节 个体工商户和农村承包经营户

第三章　法　　人

第一节　一般规定

第二节　营利法人

第四章　非法人组织

第五章　民事权利

第六章　民事法律行为

第一节　一般规定

第二节　意思表示

第七章　代　　理

第一节　一般规定

第三节　代理终止

第八章 民事责任

第九章　诉讼时效

第十章 期间计算

第一章 基本规定

《民法典》总则编在《民法典》中“起统领性作用”，“规定民事活动必须遵循的基本原则和一般性规则，统领民法典各分编”，《民法典》各分编则在总则编的“基础上对各项民事制度作出具体规定”；《民法典》总则编基本保持原《民法总则》的“结构和内容不变”，“采取‘提取公因式’的办法，将民事法律制度中具有普遍适用性和引领性的规定写入”总则编，“就民法基本原则、民事主体、民事权利、民事法律行为、民事责任和诉讼时效等基本民事法律制度作出规定，既构建了我国民事法律制度的基本框架，也为各分编的规定提供依据”。①

《民法典》总则编第一章“基本规定”共有12个条文（第1条至第12条），规定了民事法律的立法目的（第1条）、调整范围（第2条和第3条）、基本原则（第4条至第9条）和法律适用规则（第11条和第12条）。②

第一条　【《民法典》的立法目的和立法依据】③为了保护民事主体的合法权益，调整民事关系，维护社会和经济秩序，适应中国特色社会主义发展要求，弘扬社会主义核心价值观，根据宪法，制定本法。

【条文通释】

《民法典》第1条④是关于《民法典》的立法目的和立法依据的规定。

一、《民法典》的立法目的

根据《民法典》第1条的规定，《民法典》的立法目的有五：一是保护民事主体的合法权益；二是调整民事关系；三是维护社会秩序和维护经济秩序；四是适应中国特色社

---

① 全国人民代表大会常务委员会时任副委员长李建国2017年3月8日在第十二届全国人民代表大会第五次会议上作的《关于〈中华人民共和国民法总则（草案）〉的说明》、全国人民代表大会常务委员会时任副委员长王晨2020年5月22日在第十三届全国人民代表大会第三次会议上作的《关于〈中华人民共和国民法典（草案）〉的说明》。

② 《民法总则》第一章的章名经历了由“基本原则”到“基本规定”的变迁。其原因就在于“第一章的内容既包括民事法律的基本原则，也包括立法目的、调整范围、法律适用规则等内容，‘基本原则’的章名难以涵盖这些内容”（第十二届全国人民代表大会法律委员会2017年3月12日在第十二届全国人民代表大会第五次会议主席团第二次会议上作的《关于〈中华人民共和国民法总则（草案）〉审议结果的报告》）。

③ 条文主旨是作者的概括，并非《民法典》的原文。

④ 为了方便阅读，本书引用法律、法规、司法解释等法律文件的条文时，对其序号原则上使用阿拉伯数字，未采用原文所使用的中文数字。

会主义发展要求;五是弘扬社会主义核心价值观。

(一)保护民事主体的合法权益

保护民事主体的合法权益,是《民法典》的立法目的之一。《民法典》将"保护民事主体的合法权益"列为五大立法目的之首,彰显了其"权利保护法"的定位。

1. 民事主体的界定

《民法典》第1条所说的"民事主体",是"民事关系的参与者、民事权利的享有者、民事义务的履行者和民事责任的承担者"①,指的是从事民事活动的主体,包括"自然人"(即个人)和"组织"两大类;其中的"组织",又包括"法人"和"非法人组织"。总则编第二章、第三章和第四章分别对"自然人""法人"和"非法人组织"这三类民事主体作出了规定。其中,"自然人是最基本的民事主体"。②

需要注意的是,在未作特别限定的情况下,《民法典》所说的"民事主体",与《民法典》所说的"人",通常具有相同的含义,都包括"自然人""法人"和"非法人组织"。比如,《民法典》第27条第2款关于"未成年人的父母已经死亡或者没有监护能力的,由下列有监护能力的人按顺序担任监护人:……(三)其他愿意担任监护人的个人或者组织,但是须经未成年人住所地的居民委员会、村民委员会或者民政部门同意"的规定,和第28条关于"无民事行为能力或者限制民事行为能力的成年人,由下列有监护能力的人按顺序担任监护人:……(四)其他愿意担任监护人的个人或者组织,但是须经被监护人住所地的居民委员会、村民委员会或者民政部门同意"的规定,都将"个人"或"组织"称作"人"。

还需注意的是,《民法典》所说的"民事主体",既包括具有中国国籍的自然人(即中国公民)、在中国境内注册的法人和非法人组织,也包括不具有中国国籍的自然人(外国人、无国籍人)、在中国境外注册的法人和非法人组织。

2. 合法权益的界定

根据《民法典》第3条、总则编第五章的规定,民事主体的合法权益包括民事主体的人身权利、财产权利、知识产权、数据、网络虚拟财产和法律规定的其他民事权利和利益。

其中,人身权利包括自然人的人身自由权③、人格尊严,生命权、身体权、健康权、姓名权、肖像权、名誉权、荣誉权、隐私权、婚姻自主权等人格权和基于人身自由、人格尊

---

① 全国人民代表大会常务委员会时任副委员长王晨2020年5月22日在第十三届全国人民代表大会第三次会议上作的《关于〈中华人民共和国民法典(草案)〉的说明》、全国人民代表大会常务委员会时任副委员长李建国2017年3月8日在第十二届全国人民代表大会第五次会议上作的《关于〈中华人民共和国民法总则(草案)〉的说明》。

② 全国人民代表大会常务委员会时任副委员长王晨2020年5月22日在第十三届全国人民代表大会第三次会议上作的《关于〈中华人民共和国民法典(草案)〉的说明》。

③ 《民事案件案由规定》(2020年修改)使用了"人身自由权纠纷"的表述。此前的《最高人民法院关于确定民事侵权精神损害赔偿责任若干问题的解释》(法释〔2001〕第7号)、《最高人民法院、最高人民检察院关于办理刑事赔偿案件适用法律若干问题的解释》(法释〔2015〕24号)、《最高人民法院关于为实施乡村振兴战略提供司法服务和保障的意见》(法发〔2018〕19号)等文件也都使用了"人身自由权"的表述。

严产生的其他人格权益[①],个人信息权益[②]以及因婚姻家庭关系等产生的人身权利,法人、非法人组织享有的名称权、名誉权和荣誉权;财产权利则包括民事主体享有的物权、债权、继承权[③]、股权等投资性权利[④]、知识产权中的财产权以及其他财产权利[⑤]。

需要注意的是,只有合法的民事权利和利益才受法律保护。比如,针对民事主体取得的不当利益,《民法典》第 985 条规定:"得利人没有法律根据取得不当利益的,受损失的人可以请求得利人返还取得的利益,但是有下列情形之一的除外:(一)为履行道德义务进行的给付;(二)债务到期之前的清偿;(三)明知无给付义务而进行的债务清偿。"

(二)调整民事关系

调整民事关系,也是《民法典》的立法目的。

《民法典》"规范各类民事主体的各种人身关系和财产关系,涉及社会和经济生活的方方面面,被称为'社会生活的百科全书'","通过确立民事主体、民事权利、民事法律行为、民事责任等民事总则制度,确立物权、合同、人格权、婚姻家庭、继承、侵权责任等民事分则制度,来调整各类民事关系"。[⑥]

1. 民事关系的界定

《民法典》第 1 条所说的"调整民事关系"中的"民事关系",指的是《民法典》第 2 条所说的"平等主体的自然人、法人和非法人组织之间的人身关系和财产关系"。

结合《民法典》总则编第五章、第 205 条、第 463 条、第 468 条、第 989 条、第 1040 条、第 1119 条和第 1164 条的规定,民事关系主要包括:

(1)因人格权的享有和保护产生的民事关系;

---

① 《民法典》第 990 条规定:"人格权是民事主体享有的生命权、身体权、健康权、姓名权、名称权、肖像权、名誉权、荣誉权、隐私权等权利。除前款规定的人格权外,自然人享有基于人身自由、人格尊严产生的其他人格权益。"

② 《个人信息保护法》直接使用了"个人信息权益"的表述。比如,《个人信息保护法》第 1 条规定:"为了保护个人信息权益,规范个人信息处理活动,促进个人信息合理利用,根据宪法,制定本法",第 2 条规定:"自然人的个人信息受法律保护,任何组织、个人不得侵害自然人的个人信息权益"。

③ 《宪法》第 13 条第 2 款所说的"国家依照法律规定保护公民的私有财产权和继承权"将"继承权"与"私有财产权"并列列出。不过,《妇女权益保障法》将"继承权"列于第六章"财产权益"而非第三章"人格和人身权益"中予以规定。全国人民代表大会常务委员会时任副委员长李建国 2017 年 3 月 8 日在第十二届全国人民代表大会第五次会议上作的《关于〈中华人民共和国民法总则(草案)〉的说明》也提及:"保护民事权利是民事立法的重要任务。草案第五章规定了民事权利。……关于民事权利,草案规定了以下主要内容:一是人身权利。……二是财产权利。草案规定,民事主体的财产权利受法律平等保护(草案第一百一十六条)。民事主体依法享有物权、债权、继承权、股权和其他投资性权利(草案第一百一十七条至第一百二十五条,第一百二十七条至第一百二十九条)。三是知识产权。……"

④ 全国人民代表大会常务委员会时任副委员长李建国 2017 年 3 月 8 日在第十二届全国人民代表大会第五次会议上作的《关于〈中华人民共和国民法总则(草案)〉的说明》。

⑤ 《民法典》第 440 条规定:"债务人或者第三人有权处分的下列权利可以出质:……(五)可以转让的注册商标专用权、专利权、著作权等知识产权中的财产权;……(七)法律、行政法规规定可以出质的其他财产权利"。

⑥ 全国人民代表大会常务委员会时任副委员长王晨 2020 年 5 月 22 日在第十三届全国人民代表大会第三次会议上作的《关于〈中华人民共和国民法典(草案)〉的说明》。

(2)因婚姻家庭产生的民事关系;

(3)因继承产生的民事关系;

(4)因物的归属和利用产生的民事关系;

(5)因合同和准合同产生的民事关系;

(6)因知识产权的享有和保护产生的民事关系;

(7)因股权和其他投资性权利的享有和保护产生的民事关系;

(8)因其他民事权益的享有和保护产生的民事关系;

(9)因侵害民事权益产生的民事关系。

2. 民事关系与民事法律关系

"民事关系的核心是民事权利和义务。"[①]结合《民事诉讼法》第2条关于"中华人民共和国民事诉讼法的任务,是……正确适用法律,及时审理民事案件,确认民事权利义务关系,制裁民事违法行为,保护当事人的合法权益……"的规定,原《合同法》第2条第1款关于"本法所称合同是平等主体的自然人、法人、其他组织之间设立、变更、终止民事权利义务关系的协议"的规定,以及《最高人民法院关于贯彻执行〈中华人民共和国民法通则〉若干问题的意见(试行)》[法(办)发〔1988〕6号,以下简称"《民通意见》",已于2021年1月1日废止]第178条第1款关于"凡……产生、变更或者消灭民事权利义务关系的法律事实发生在外国的,均为涉外民事关系"的规定,"民事关系"与"民事权利义务关系"通常具有相同的含义。

不过,考虑到《民法典》同时使用了"民事关系"[②]和"民事法律关系"[③]的表述,因此,原则上不能将"民事关系"直接等同于"民事法律关系"。"民事关系"的外延比"民事法律关系"大,是"民事法律关系"的上位概念;"民事法律关系"仅限于受民法调整的民事关系。

对此,在洪某凤与昆明安某佳房地产开发有限公司房屋买卖合同纠纷案中,最高人民法院(2015)民一终字第78号民事判决书(载《最高人民法院公报》2016年第1期)认为:"民事法律关系是民事法律规范调整社会关系过程中形成的民事主体之间的民事权利义务关系。"

(三)维护社会秩序和维护经济秩序

《民法典》的立法目的还包括维护社会秩序和维护经济秩序。

《民法典》"进一步完善我国民商事领域基本法律制度和行为规则,为各类民商事活动提供基本遵循,有利于充分调动民事主体的积极性和创造性、维护交易安全、维护市场秩序,有利于营造各种所有制主体依法平等使用资源要素、公开公平公正参与竞争、同等受到法律保护的市场环境"[④],促进社会主义市场经济健康发展。

---

① 全国人民代表大会常务委员会时任秘书长、法制工作委员会时任主任王汉斌1986年4月2日在第六届全国人民代表大会第四次会议上作的《关于〈中华人民共和国民法通则(草案)〉的说明》。

② 《民法典》第1条、第11条、第205条、第463条、第989条、第1040条、第1119条和第1164条。

③ 《民法典》第5条、第85条、第94条、第133条、第464条。

④ 全国人民代表大会常务委员会时任副委员长王晨2020年5月22日在第十三届全国人民代表大会第三次会议上作的《关于〈中华人民共和国民法典(草案)〉的说明》。

(四)适应中国特色社会主义发展要求

适应中国特色社会主义发展要求,也是《民法典》的立法目的。

"编纂民法典不是制定全新的民事法律,也不是简单的法律汇编,而是对现行的民事法律规范进行编订纂修,对已经不适应现实情况的规定进行修改完善,对经济社会生活中出现的新情况、新问题作出有针对性的新规定"①,"增强法律的可执行性,并适度体现前瞻性"②。这本身就是适应中国特色社会主义发展要求的体现。

(五)弘扬社会主义核心价值观

弘扬社会主义核心价值观也是《民法典》的立法目的之一。"将'弘扬社会主义核心价值观'作为一项重要的立法目的,体现坚持依法治国与以德治国相结合的鲜明中国特色"。③

社会主义核心价值观的基本内容是富强、民主、文明、和谐、自由、平等、公正、法治、爱国、敬业、诚信、友善;其中,"富强、民主、文明、和谐是国家层面的价值目标,自由、平等、公正、法治是社会层面的价值取向,爱国、敬业、诚信、友善是公民个人层面的价值准则",这24个字"为培育和践行社会主义核心价值观提供了基本遵循"。④《民法典》的编纂和实施"坚持社会主义核心价值观","弘扬中华民族传统美德,强化规则意识,增强道德约束,倡导契约精神,弘扬公序良俗"。⑤

二、《民法典》的立法依据

根据《民法典》第1条,《民法典》的立法依据是《宪法》。

具体来说,其直接的上位法依据是《宪法》第62条第3项关于"全国人民代表大会行使下列职权:……(三)制定和修改刑事、民事、国家机构的和其他的基本法律"的规定。

《民法典》作为"调整平等主体的自然人、法人和非法人组织之间的人身关系和财产关系"的法律,是"中国特色社会主义法律体系的重要组成部分,是民事领域的基础性、综合性法律,它规范各类民事主体的各种人身关系和财产关系,涉及社会和经济生活的方方面面,被称为'社会生活的百科全书'"。⑥ 因此,《民法典》属于《宪法》第62

---

① 全国人民代表大会常务委员会时任副委员长王晨2020年5月22日在第十三届全国人民代表大会第三次会议上作的《关于〈中华人民共和国民法典(草案)〉的说明》。

② 全国人民代表大会常务委员会时任副委员长李建国2017年3月8日在第十二届全国人民代表大会第五次会议上作的《关于〈中华人民共和国民法总则(草案)〉的说明》。

③ 全国人民代表大会常务委员会时任副委员长王晨2020年5月22日在第十三届全国人民代表大会第三次会议上作的《关于〈中华人民共和国民法典(草案)〉的说明》。

④ 《中共中央办公厅关于培育和践行社会主义核心价值观的意见》(2013年12月)。

⑤ 全国人民代表大会常务委员会时任副委员长李建国2017年3月8日在第十二届全国人民代表大会第五次会议上作的《关于〈中华人民共和国民法总则(草案)〉的说明》。

⑥ 全国人民代表大会常务委员会时任副委员长王晨2020年5月22日在第十三届全国人民代表大会第三次会议上作的《关于〈中华人民共和国民法典(草案)〉的说明》。

条第3项所说的“民事基本法律”。①

根据《宪法》第67条关于“全国人民代表大会常务委员会行使下列职权:……(三)在全国人民代表大会闭会期间,对全国人民代表大会制定的法律进行部分补充和修改,但是不得同该法律的基本原则相抵触;(四)解释法律”的规定,尽管《民法典》的立法权不属于全国人民代表大会常务委员会,但在全国人民代表大会闭会期间,全国人民代表大会常务委员会可以对《民法典》进行部分补充和修改(当然,全国人民代表大会常务委员会所作的补充和修改不得同《民法典》的基本原则相抵触);此外,全国人民代表大会常务委员会还可以对《民法典》进行立法解释。事实上,全国人民代表大会常务委员会2014年11月就曾通过《全国人民代表大会常务委员会关于〈中华人民共和国民法通则〉第九十九条第一款、〈中华人民共和国婚姻法〉第二十二条的解释》对当时作为民事基本法律的《民法通则》和《婚姻法》进行了解释。

第二条 【民法的调整对象】民法调整平等主体的自然人、法人和非法人组织之间的人身关系和财产关系。

【条文通释】

《民法典》第2条是关于民法的调整对象的规定。

一、民法的地位和构成

(一)民法的地位

民法是“中国特色社会主义法律体系的重要组成部分,是民事领域的基础性、综合性法律”②,属于《宪法》第62条所说的“民事基本法律”③。

具体而言,“民法通过确立民事主体、民事权利、民事法律行为、民事责任等民事总则制度,确立物权、合同、人格权、婚姻家庭、继承、侵权责任等民事分则制度,来调整各类民事关系”、“规范各类民事主体的各种人身关系和财产关系,涉及社会和经济生活的方方面面,被称为‘社会生活的百科全书’”。④

---

① 全国人民代表大会常务委员会时任副委员长王晨2020年5月22日在第十三届全国人民代表大会第三次会议上作的《关于〈中华人民共和国民法典(草案)〉的说明》也提及:“……规范亲子关系确认和否认之诉。亲子关系问题涉及家庭稳定和未成年人的保护,作为民事基本法律,草案对此类诉讼进行了规范。”

② 全国人民代表大会常务委员会时任副委员长王晨2020年5月22日在第十三届全国人民代表大会第三次会议上作的《关于〈中华人民共和国民法典(草案)〉的说明》。

③ 《宪法》第62条规定:“全国人民代表大会行使下列职权:……(三)制定和修改刑事、民事、国家机构的和其他的基本法律;……”全国人民代表大会常务委员会时任副委员长王晨2020年5月22日在第十三届全国人民代表大会第三次会议上作的《关于〈中华人民共和国民法典(草案)〉的说明》也提及:“……规范亲子关系确认和否认之诉。亲子关系问题涉及家庭稳定和未成年人的保护,作为民事基本法律,草案对此类诉讼进行了规范。”

④ 全国人民代表大会常务委员会时任副委员长王晨2020年5月22日在第十三届全国人民代表大会第三次会议上作的《关于〈中华人民共和国民法典(草案)〉的说明》。

并且,“民法与国家其他领域法律规范一起,支撑着国家制度和国家治理体系,是保证国家制度和国家治理体系正常有效运行的基础性法律规范”。①

(二)民法的构成

在《民法典》出台之前,《民法总则》和《物权法》《合同法》《侵权责任法》《婚姻法》《继承法》等民事单行法律,以及所有以“平等主体的自然人、法人和非法人组织之间的人身关系和财产关系”为调整对象的其他法律,均属民法的构成部分。

在《民法典》出台之后,《民法典》就成了民法的主要组成部分。当然,以“平等主体的自然人、法人和非法人组织之间的人身关系和财产关系”为调整对象的其他法律,以及其他法律中“调整平等主体的自然人、法人和非法人组织之间的人身关系和财产关系”的条款,也都属于民法的构成部分。

二、民法的调整对象

根据《民法典》第 2 条的规定,结合《民法典》第 1 条关于“为了……调整民事关系,……根据宪法,制定本法”的规定,民法的调整对象是民事关系,具体包括两大类:一是平等主体之间的人身关系;二是平等主体之间的财产关系。

(一)平等主体

《民法典》第 2 条所说的“平等主体”,指的是法律地位平等的民事主体,包括从事民事活动的自然人、法人和非法人组织。因此,《民法典》第 2 条所说的“平等主体的自然人、法人和非法人组织之间”,包括作为平等的民事主体的自然人与自然人之间、法人与法人之间、非法人组织与非法人组织之间、自然人与法人之间、自然人与非法人组织之间、法人与非法人组织之间、自然人与法人和非法人组织之间。

结合《民法典》第 3 条关于“民事主体的人身权利、财产权利以及其他合法权益受法律保护,任何组织或者个人不得侵犯”的规定,“组织”是与“自然人”相对的民事主体,包括“法人组织”和“非法人组织”两大类。

结合《卫生部关于出生医学证明发放问题的批复》(卫妇社函〔2009〕392 号)关于“《卫生部办公厅关于对在医疗保健机构外分娩的婴儿发放出生医学证明问题的函》(卫办基妇函〔2003〕189 号)中所称‘单位’,是指依法成立的组织,包括机关、企事业单位、社会团体等”的规定,《民法典》所说的“组织”,与通常所说的“单位”具有相同的含义。

根据《民法典》总则编第三章的规定,《民法典》所说的“法人”,包括营利法人、非营利法人和特别法人三大类;其中,营利法人包括有限责任公司、股份有限公司和其他企业法人等,非营利法人包括事业单位、社会团体、基金会、社会服务机构等,特别法人则包括机关法人、农村集体经济组织法人、城镇农村的合作经济组织法人、基层群众性自治组织法人。

---

① 全国人民代表大会常务委员会时任副委员长王晨 2020 年 5 月 22 日在第十三届全国人民代表大会第三次会议上作的《关于〈中华人民共和国民法典(草案)〉的说明》。

根据《民法典》总则编第四章的规定，《民法典》所说的“非法人组织”，包括个人独资企业、合伙企业、不具有法人资格的专业服务机构等。

（二）人身关系

结合《民法典》第 109 条关于“自然人的人身自由、人格尊严受法律保护”的规定和第 112 条关于“自然人因婚姻家庭关系等产生的人身权利受法律保护”的规定，考虑到《民事诉讼法》第 23 条第 1 项和第 2 项以及《最高人民法院关于适用〈中华人民共和国民事诉讼法〉的解释》（2022 年修正，以下简称“《民诉法解释》”）第 92 条第 2 款、第 96 条第 1 款第 2 项、第 143 条、第 295 条第 2 项和第 355 条第 1 款第 3 项都使用了“身份关系”的表述，因此，《民法典》第 2 条所说的人身关系，包括人格关系和身份关系。

1. 人格关系

根据《民法典》第 989 条的规定，人格关系指的是因人格权的享有和保护产生的民事关系。其中，“人格权”是民事主体享有的生命权、身体权、健康权、姓名权、名称权、肖像权、名誉权、荣誉权、隐私权等权利；此外，自然人还享有基于人身自由、人格尊严产生的其他人格权益。①

2. 身份关系

就身份关系而言，结合《电子签名法》第 3 条第 3 款第 1 项关于“前款规定不适用下列文书：（一）涉及婚姻、收养、继承等人身关系的”的规定，《民法典》第 464 条第 2 款关于“婚姻、收养、监护等有关身份关系的协议，适用有关该身份关系的法律规定”的规定，《民诉法解释》第 355 条第 1 款第 3 项关于“当事人申请司法确认调解协议，有下列情形之一的，人民法院裁定不予受理：……（三）申请确认婚姻关系、亲子关系、收养关系等身份关系无效、有效或者解除的”的规定，以及《最高人民法院关于审理商标授权确权行政案件若干问题的规定》（2020 年修正）第 15 条第 3 款关于“商标申请人与代理人或者代表人之间存在亲属关系等特定身份关系的，可以推定其商标注册行为系与该代理人或者代表人恶意串通，人民法院适用商标法第十五条第一款的规定进行审理”的规定，《民法典》第 2 条所说的身份关系，包括婚姻关系、亲子关系、收养关系、扶养关系、赡养关系、监护关系、家庭关系、亲属关系、继承关系等。

（三）财产关系

结合《民法典》第 113 条关于“民事主体的财产权利受法律平等保护”的规定以及第 114 条至第 126 条的规定，《民法典》第 2 条所说的“财产关系”，包括物权关系、债权关系、股权及其他投资性权利关系、知识产权关系、继承权关系等。

---

① 《民法典》第 990 条。

三、非平等主体之间的关系不属于民法的调整对象

(一)非平等主体之间的关系

由于《民法典》第 2 条使用的是“民法调整平等主体……之间的人身关系和财产关系”的表述,因此,非平等主体之间的关系,不属于民法的调整对象。

也因此,结合原《合同法》第 3 条关于“合同当事人的法律地位平等,一方不得将自己的意志强加给另一方”的规定,如果相关主体在相关活动中并非处于平等的地位,尤其是如果一方可以将自己的意志强加于另一方,那么,相关主体之间的关系就不属于民法调整的范围。

比如,行政机关与行政相对人之间的行政管理关系,不属于民法调整的对象,不适用民法。“政府依法维护经济秩序的管理活动,属于行政管理关系,不是民事关系,适用有关行政管理的法律”①。“民法主要调整平等主体间的财产关系,即横向的财产、经济关系。政府对经济的管理,国家和企业之间以及企业内部等纵向经济关系或者行政管理关系,不是平等主体之间的经济关系,主要由有关经济法、行政法调整,民法基本上不作规定。”②其中,学校与受教育者之间的教育与受教育关系,不属于平等主体之间的民事关系③,而属于教育行政管理关系④。

对此,最高人民法院(2019)最高法民申 2700 号民事裁定书认为:“根据《中华人民共和国民法总则》第二条之规定,‘民法调整平等主体的自然人、法人和非法人组织之间的人身关系和财产关系。’本案纠纷系因集安至双辽高速公路集安至通化段压覆某发公司探矿权,某发公司未获得补偿而引发。吉林高建局开展高速公路建设工作为履行其行政职能,高速公路建设工程亦具有公益属性,所引发的相关补偿纠纷应属于行政诉讼受案范围。故本案非平等民事主体之间的财产纠纷,不属于人民法院民事诉讼的受理范围,原审法院认定并无不当。某发公司的相关请求可通过行政诉讼解决。”

又如,诉讼参加人因参加诉讼活动而与法院发生的关系,不属于平等主体之间的民事关系,不属于民法调整的对象,不适用民法。

对此,最高人民法院(2016)最高法民申 3385 号民事裁定书认为:“人民法院根据法律行使审判权的活动中,其与各方当事人之间并不属于平等主体之间的财产关系和人身关系,即在审判活动中人民法院并非民事关系的一方主体。揭东法院就另案开展的庭审活动系行使审判权的行为,其与杨某忠之间并非平等主体间的民事关系……”

再如,用人单位与劳动者之间因建立劳动关系而属于管理与被管理的关系,不属于平等主体之间的民事关系,适用《劳动法》《劳动合同法》等法律,不适用民法。

---

① 全国人民代表大会常务委员会法制工作委员会时任主任顾昂然 1999 年 3 月 9 日在第九届全国人民代表大会第二次会议上作的《关于〈中华人民共和国合同法(草案)〉的说明》。

② 时任全国人大常委会秘书长、法制工作委员会主任王汉斌 1986 年 4 月 2 日在第六届全国人民代表大会第四次会议上作的《关于〈中华人民共和国民法通则(草案)〉的说明》。

③ 《最高人民法院公报》1999 年第 4 期刊载的“田某诉北京科技大学拒绝颁发毕业证、学位证行政诉讼案”。

④ 最高人民法院 2014 年 12 月 25 日发布的“指导案例 38 号:田某诉北京科技大学拒绝颁发毕业证、学位证案”。

对此,在某三角商品交易所有限公司与卢某云返还原物纠纷案(载《最高人民法院公报》2017 年第 1 期)中,江苏省无锡市中级人民法院(2014)锡民终字第 1724 号民事判决书认为:"劳动关系主体双方在履行劳动合同过程中处于管理与被管理的不平等关系。……劳动关系一方为用人单位,另一方为劳动者,与一般的民事关系相比,双方在履行劳动合同过程中处于管理和被管理的不平等关系,……劳资纠纷产生于用人单位与劳动者之间,本质上系经济组织的内部纠纷,……"此外,最高人民法院(2015)民申字 3557 号民事裁定书也认为:"劳动合同是劳动者与用人单位之间确立劳动关系,明确双方权利和义务的协议。……在劳动关系存续期间,用人单位与劳动者之间存在管理与被管理的隶属关系……"

复如,相关主体之间的关系虽然不是行政机关与行政相对人,但是,如果一方主体处于支配、主导地位,而另一方处于次要、服从地位,那么,相关主体可能也不是平等主体。①

(二)民法的调整对象与民事诉讼的受案范围

《民法典》第 2 条关于民法的调整对象的规定,也影响甚至决定了人民法院受理民事诉讼案件的范围。

对此,《民事诉讼法》第 3 条规定了"人民法院受理公民之间、法人之间、其他组织之间以及他们相互之间因财产关系和人身关系提起的民事诉讼,适用本法的规定",第 122 条规定了"起诉必须符合下列条件:(一)原告是与本案有直接利害关系的公民、法人和其他组织;(二)有明确的被告;(三)有具体的诉讼请求和事实、理由;(四)属于人民法院受理民事诉讼的范围和受诉人民法院管辖"。因此,相关法律关系如果不属于民法调整的民事关系,也将不属于人民法院受理民事案件的范围。

比如,在 2017 年 11 月 16 日就李某润与珲春市英安镇人民政府等承包地征收补偿费用分配纠纷案作出的(2017)最高法民申 4355 号民事裁定书中,针对该案是否属于人民法院受理民事案件的范围的问题,最高人民法院认为,民法所调整的民事法律关系是基于平等主体之间的人身关系和财产关系。李某润与珲春市英安镇人民政府签订的《补偿协议书》、《地面葡萄树补偿协议》不属于平等民事主体之间的民事法律关系。根据《中华人民共和国行政诉讼法》第十二条第一款第十一项规定,认为行政机关不依法履行、未按照约定履行或者违法变更、解除政府特许经营协议、土地房屋征收补偿等协议的,属于行政诉讼的受案范围。珲春市人民政府对案涉种植园作出的珲政征补字[2017]第 42 号征收补偿决定,是政府作出的具体行政行为。根据《中华人民共和国行政诉讼法》第十二条第一款第五项规定,对征收、征用决定及其补偿决定不服的,属于行政诉讼的受案范围。一、二审法院经审查认为本案不属于民事案件受案范围,裁定驳回起诉,并无不当。

又如,在 2018 年 3 月 29 日就程某洋与袁某家等侵权责任纠纷上诉案作出的(2018)最高法民终 253 号民事裁定书中,最高人民法院认为:"辽宁省高级人民法院

---

① 《最高人民法院公报》2007 年第 4 期刊载的"大庆市某富房地产开发有限公司与大庆市人民政府债务纠纷案"[最高人民法院(2006)民一终字第 47 号民事裁定书]。

(2014)辽刑四终字第55号刑事判决已确认金某公司系袁某家涉黑财产,金某公司所有财产已被没收、收缴,并在鞍山市人民政府的组织下进行了股权转让,后辽宁省公安厅专案组扣押了全部转让价款。袁某家从未经手该笔款项,该笔款项亦未处于袁某家的控制之下,袁某家对该部分涉黑财产已无任何民事权益。同理,程某洋对金某公司亦无合法民事权益,其请求袁某家、谢某敏、袁某峰、袁立某赔偿其金某公司股权损失于法无据。至于程某洋主张辽宁省公安厅和鞍山市人民政府应承担与袁某家、谢某敏、袁某峰、袁立某共同给付责任或协助给付责任,根据《中华人民共和国民事诉讼法》第三条的规定:'人民法院受理公民之间、法人之间、其他组织之间以及他们相互之间因财产关系和人身关系提起的民事诉讼,适用本法的规定。'第一百一十九条第三款的规定:'起诉必须符合下列条件:……(四)属于人民法院受理民事诉讼的范围和受诉人民法院管辖。'平等主体之间因财产关系和人身关系发生纠纷属于民事案件受理范围,而本案中辽宁省公安厅和鞍山市人民政府对金某公司涉黑财产的处置系行使职权行为,不属于民事案件受理范围。"

再如,在2015年12月16日就漯河市某胖量贩有限公司确认合同无效纠纷上诉案作出的(2015)民二终字第259号民事裁定书中,最高人民法院认为:"根据《中华人民共和国民法通则》第二条和《中华人民共和国民事诉讼法》第三条的规定,人民法院受理民事诉讼的范围为平等民事主体之间的财产关系和人身关系争议。某胖量贩起诉中所指的漯河市源汇区人民法院的委托评估与委托拍卖行为,系根据漯河市某新商贸有限公司的执行申请,作出(2007)源执字第500号、第500-1号民事裁定书,以及与此相关的一系列民事执行行为;漯河市某业房地产估价咨询有限公司、河南某业拍卖有限公司的评估与拍卖行为,系协助执行行为。人民法院基于申请执行人的申请处分被执行人的财产,是一种司法行为。当事人以人民法院执行违法为由提起诉讼,不属于人民法院民事诉讼受案范围。漯河市人民政府与某胖量贩在处置某胖量贩资产的问题上,不是平等民事主体之间的民事关系,当事人以人民政府行政行为违法、错误为由提起的诉讼,亦不属于民事诉讼受案范围。因此,某胖量贩的起诉不符合《中华人民共和国民事诉讼法》第一百一十九条第四项的规定,河南省高级人民法院一审裁定不予受理并无不当。"

复如,在2016年12月14日就杨某忠起诉曾某高和广东省揭阳市揭东区人民法院身体权、生命权、健康权纠纷案作出的(2016)最高法民申3385号民事裁定书中,针对杨某忠提出的"其作为另案当事人的委托代理人,在揭东法院审理另案的庭审过程中,遭到该案当事人曾某高的殴打,并认为揭东法院具有过错,故以曾某高和揭东法院为共同被告提起本案诉讼"的主张,最高人民法院认为:"民事诉讼法虽不禁止将人民法院列为被告,但此系以人民法院作为民事关系的一方主体为前提。人民法院根据法律行使审判权的活动中,其与各方当事人之间并不属于平等主体之间的财产关系和人身关系,即在审判活动中人民法院并非民事关系的一方主体。揭东法院就另案开展的庭审活动系行使审判权的行为,其与杨某忠之间并非平等主体间的民事关系,故杨某忠对揭东法院提起的本案诉讼不属于人民法院受理民事诉讼的范围。"

第三条 【民事主体的合法权益受法律保护】民事主体的人身权利、财产权利以及其他合法权益受法律保护，任何组织或者个人不得侵犯。

【条文通释】

《民法典》第3条是关于民事主体的合法权益受法律保护的规定。

根据《民法典》第3条的规定，民事主体的所有合法权益，不论是人身权利，还是财产权利，或者是其他的合法权益，均受法律保护，任何组织或个人均不得侵犯。“民事权利受法律保护是民法的基本精神，统领整部民法典和各民商事特别法”[①]。所谓“私权神圣”。

一、民事主体的合法权益

民事主体的合法权益，包括人身权利、财产权利和其他合法权益。

（一）人身权利

就人身权利而言，不仅自然人享有人身权利，法人和非法人组织也享有人身权利。

其中，自然人享有的人身权利，包括人身自由权[②]、人格尊严，生命权、身体权、健康权、姓名权、肖像权、名誉权、荣誉权、隐私权、婚姻自主权等人格权和基于人身自由、人格尊严产生的其他人格权益，个人信息权益[③]，以及因婚姻家庭关系等产生的人身权利；[④]法人和非法人组织享有的人身权利，包括名称权、名誉权、荣誉权。[⑤]

需要注意的是，由于《民法典》第110条第2款使用了“法人、非法人组织享有名称权、名誉权和荣誉权”的表述，其中只列明了“名称权”“名誉权”和“荣誉权”这3项权利且并未使用“等”字兜底，因此，法人、非法人组织享有的人格权只包括“名称权”“名誉权”和“荣誉权”这3项，不享有其他人身权利。

（二）财产权利

就财产权利而言，民事主体（包括自然人、法人和非法人组织）享有的财产权利，包

---

① 第十二届全国人民代表大会法律委员会2017年3月12日在第十二届全国人民代表大会第五次会议主席团第二次会议上作的《关于〈中华人民共和国民法总则（草案）〉审议结果的报告》。

② 《民事案件案由规定》（2020年修改）使用了“人身自由权纠纷”的表述。此前的《最高人民法院关于确定民事侵权精神损害赔偿责任若干问题的解释》（法释〔2001〕7号）、《最高人民法院、最高人民检察院关于办理刑事赔偿案件适用法律若干问题的解释》（法释〔2015〕24号）、《最高人民法院关于为实施乡村振兴战略提供司法服务和保障的意见》（法发〔2018〕19号）等文件也都使用了“人身自由权”的表述。

③ 《个人信息保护法》直接使用了“个人信息权益”的表述。比如，《个人信息保护法》第1条规定：“为了保护个人信息权益，规范个人信息处理活动，促进个人信息合理利用，根据宪法，制定本法”，第2条规定：“自然人的个人信息受法律保护，任何组织、个人不得侵害自然人的个人信息权益”。

④ 《民法典》第109条至第112条、第990条。

⑤ 《民法典》第110条第2款。

括物权、债权、继承权[①],股权等投资性权利,知识产权中的财产权以及其他财产权利[②]。

(三)其他合法权益

《民法典》第 3 条所说的“其他合法权益”,指的是民事主体所享有的除人身权利和财产权利之外的其他权利和利益,即《民法典》第 126 条所说的“法律规定的其他民事权利和利益”。

二、民事权利受法律保护

《民法典》第 3 条关于“民事主体的人身权利、财产权利以及其他合法权益受法律保护,任何组织或者个人不得侵犯”的规定,是《民法典》第 1 条所说的“保护民事主体的合法权益”的立法目的的进一步要求和体现。

值得一提的是,在条款位置方面,《民法典》总则编关于“民事主体的人身权利、财产权利以及其他合法权益受法律保护,任何组织或者个人不得侵犯”的规定,一开始不是总则编的第 3 条,在《民法总则(草案)》中是位于第 9 条的。在《民法总则》立法过程中,有的全国人大代表提出,“民事权利受法律保护是民法的基本精神,统领整部民法典和各民商事特别法,建议进一步突出民事权利受法律保护的理念”[③],因此,正式通过的《民法总则》在其第 3 条中作出了“民事主体的人身权利、财产权利以及其他合法权益受法律保护,任何组织或者个人不得侵犯”的规定。《民法典》延续了这一安排。

第四条　【平等原则】民事主体在民事活动中的法律地位一律平等。

【条文通释】

《民法典》第 4 条是关于民事主体法律地位平等原则的规定。

一、民事活动

由于《民法典》第 4 条使用的是“在民事活动中”和“法律地位一律平等”的表述,

---

① 《宪法》第 13 条第 2 款所说的“国家依照法律规定保护公民的私有财产权和继承权”将“继承权”与“私有财产权”并列列出。不过,《妇女权益保障法》将“继承权”列于第六章“财产权益”而非第三章“人格和人身权益”中予以规定。全国人民代表大会常务委员会时任副委员长李建国 2017 年 3 月 8 日在第十二届全国人民代表大会第五次会议上作的《关于〈中华人民共和国民法总则(草案)〉的说明》也提及:“保护民事权利是民事立法的重要任务。草案第五章规定了民事权利。……关于民事权利,草案规定了以下主要内容:一是人身权利。……二是财产权利。草案规定,民事主体的财产权利受法律平等保护(草案第一百一十六条)。民事主体依法享有物权、债权、继承权、股权和其他投资性权利(草案第一百一十七条至第一百二十五条,第一百二十七条至第一百二十九条)。三是知识产权。……”

② 《民法典》第 440 条规定:“债务人或者第三人有权处分的下列权利可以出质:……(五)可以转让的注册商标专用权、专利权、著作权等知识产权中的财产权;……(七)法律、行政法规规定可以出质的其他财产权利。”

③ 2017 年 3 月 12 日第十二届全国人民代表大会第五次会议主席团第二次会议通过的《第十二届全国人民代表大会法律委员会关于〈中华人民共和国民法总则(草案)〉审议结果的报告》。

因此,只有在民事活动中,民事主体的法律地位才是平等的;在非民事活动中,比如在行政管理活动中、诉讼活动中、组织内部的活动中,相关主体的法律地位可能就不是平等的了。故"平等原则是民事法律关系区别于行政法律关系、刑事法律关系特有的原则"①。

问题是,何为"民事活动"?《民法典》和其他法律、行政法规没有对此作出统一的规定。考虑到《全国人民代表大会常务委员会关于〈中华人民共和国民法通则〉第九十九条第一款、〈中华人民共和国婚姻法〉第二十二条的解释》指出"公民行使姓名权属于民事活动",结合《民法典》第5条关于"民事主体从事民事活动,应当遵循自愿原则,按照自己的意思设立、变更、终止民事法律关系"和第133条关于"民事法律行为是民事主体通过意思表示设立、变更、终止民事法律关系的行为"的规定,民事主体行使民事权利、放弃民事权利、履行民事义务、承担民事责任,均属民事活动。

二、平等原则及其体现

结合原《合同法》第3条关于"合同当事人的法律地位平等,一方不得将自己的意志强加给另一方"的规定,《民法典》第4条关于"民事主体在民事活动中的法律地位一律平等"的规定,意味着,在民事活动中,各个民事主体在法律地位上是相互平等的,任何民事主体均不得将自己的意志强加给其他民事主体,任何民事主体均有权拒绝任何其他民事主体强加的意志或要求,任何民事主体不因国籍、民族、种族、性别、职业、家庭出身、宗教信仰、教育程度、财产状况、居住期限等不同而在法律面前受到不平等对待②,既不因此而受到歧视、也不因此而获得优待。

具体来说,民事主体法律地位平等的原则,主要体现在以下方面:

第一,在自然人的民事权利能力方面,《民法典》第14条规定了,自然人的民事权利能力一律平等。

第二,在民事权利的行使方面,《民法典》第130条规定了,任何民事主体均有权按照自己的意愿依法行使民事权利,不受干涉;《民法典》第131条规定了,任何民事主体行使权利时,都应当履行法律规定的义务和当事人约定的义务。

第三,在民事义务的履行方面,《民法典》第131条和第176条规定了,任何民事主体都应当依照法律规定和当事人约定,履行法律规定的义务和当事人约定的义务。

第四,在民事权利的保护方面,《民法典》第3条和第113条规定了,各个民事主体的人身权利、财产权利和其他合法权益,均受法律平等保护。

第五,在民事责任的承担方面,《民法典》第176条规定了,任何民事主体均应依照法律规定和当事人约定,承担民事责任。

---

① 中国人大网2016年7月5日公布的《关于〈中华人民共和国民法总则(草案)〉的说明》(https://www.npc.gov.cn/zgrdw/npc/lfzt/rlyw/2016-07/05/content_1993422.htm,最后访问日期:2024年5月12日,下同)。

② 《最高人民法院关于在人民法院工作中培育和践行社会主义核心价值观的若干意见》(法发〔2015〕14号)第4条规定:"……要切实保障法律面前人人平等原则在司法活动中得到贯彻落实,努力为所有当事人创造平等的诉权实现条件和诉权实现机制。在刑事、民事、行政等诉讼活动中,要保障任何公民不因民族、种族、性别、职业、家庭出身、宗教信仰、教育程度、财产状况、居住期限等不同而在法律面前受到不平等对待。在刑罚执行、决定减刑、假释、暂予监外执行等工作中,要坚持严格依法办事,决不允许任何人享有法外特权……"

在《民法典》第 4 条的基础上,《民事诉讼法》第 8 条也规定了:"民事诉讼当事人有平等的诉讼权利。人民法院审理民事案件,应当保障和便利当事人行使诉讼权利,对当事人在适用法律上一律平等。"此外,《最高人民法院关于在人民法院工作中培育和践行社会主义核心价值观的若干意见》(法发〔2015〕14 号)还规定:"在刑事、民事、行政等诉讼活动中,要保障任何公民不因民族、种族、性别、职业、家庭出身、宗教信仰、教育程度、财产状况、居住期限等不同而在法律面前受到不平等对待。"

第五条　【自愿原则】民事主体从事民事活动,应当遵循自愿原则,按照自己的意思设立、变更、终止民事法律关系。

【条文通释】

《民法典》第 5 条是关于民事活动自愿原则的规定。

一、自愿原则

(一)自愿原则的含义

结合《民法典》第 130 条所说的"民事主体按照自己的意愿依法行使民事权利,不受干涉",第 1046 条所说的"结婚应当男女双方完全自愿,禁止任何一方对另一方加以强迫,禁止任何组织或者个人加以干涉",第 1057 条所说的"夫妻双方都有参加生产、工作、学习和社会活动的自由,一方不得对另一方加以限制或者干涉"和原《合同法》第 4 条所说的"当事人依法享有自愿订立合同的权利,任何单位和个人不得非法干预",《民法典》第 5 条所说的"自愿原则",指的是民事主体按照自己的意思、自主地从事民事活动,自主地设立、变更或终止民事法律关系,而不受任何组织或个人的强迫、非法限制或干涉。"自愿"即"按照自己的意思"或"按照自己的意愿"。

"自愿原则体现了民事活动最基本的特征,其实质是民事主体根据自己的意愿从事民事活动,承担相应的法律后果。"①自愿原则也是"民事法律关系区别于行政法律关系、刑事法律关系特有的原则"②。

(二)自愿原则与意思自治

自愿原则,通常也称意思自治原则。比如,在《最高人民法院关于在人民法院工作中培育和践行社会主义核心价值观的若干意见》(法发〔2015〕14 号)中,最高人民法院提出:"意思自治是民事主体依法享有的基本权利,也是从事民事活动必须遵循的基本原则。意思自治是民事主体行使自由权利的集中体现,对意思自治的尊重就是对民事主体享有的自由权利的尊重",并要求"人民法院要通过审判执行活动,引领、指导、支

---

① 中国人大网 2016 年 7 月 5 日公布的《关于〈中华人民共和国民法总则(草案)〉的说明》。

② 全国人民代表大会常务委员会法制工作委员会时任主任顾昂然 1999 年 3 月 9 日在第九届全国人民代表大会第二次会议上作的《关于〈中华人民共和国合同法(草案)〉的说明》。

持、保护自然人和各类社会组织在市场经济活动和社会生活中正确行使意思自治权利,严格要求各类民事主体对意思自治支配下的行为及其后果负责,严肃惩治各种非法干预他人行使意思自治权利的行为。在处理相关案件中,要按照意思自治、法律规定、交易习惯和公序良俗等不同效力和习惯顺序进行裁判,保障当事人在意思自治下作出的对实体权益的合法处分权和对程序权利的合法选择权,在坚持严格司法和保障程序公正的范围内,积极引导、鼓励当事人在诉讼程序和执行程序中自愿选择调解、和解等体现当事人自主解决纠纷的方式”。

二、自愿原则的体现

《民法典》的诸多条款都体现了自愿原则,比如:

第一,针对民事权利的行使,《民法典》第130条规定了:“民事主体按照自己的意愿依法行使民事权利,不受干涉”,包括自主决定行使民事权利还是不行使民事权利,自主决定在什么时候、采取何种方式行使民事权利、行使全部民事权利还是行使部分民事权利。

第二,针对民事法律行为的形式,《民法典》第135条规定了:“民事法律行为可以采用书面形式、口头形式或者其他形式”;第469条第1款规定了:“当事人订立合同,可以采用书面形式、口头形式或者其他形式。”

第三,针对因受对方欺诈而实施的民事法律行为,《民法典》第148条规定了:“一方以欺诈手段,使对方在违背真实意思的情况下实施的民事法律行为,受欺诈方有权请求人民法院或者仲裁机构予以撤销。”

第四,针对因受第三人欺诈而实施的民事法律行为,《民法典》第149条规定了:“第三人实施欺诈行为,使一方在违背真实意思的情况下实施的民事法律行为,对方知道或者应当知道该欺诈行为的,受欺诈方有权请求人民法院或者仲裁机构予以撤销。”

第五,针对因受胁迫而实施的民事法律行为,《民法典》第150条规定了:“一方或者第三人以胁迫手段,使对方在违背真实意思的情况下实施的民事法律行为,受胁迫方有权请求人民法院或者仲裁机构予以撤销。”

三、违反自愿原则的后果

通常情况下,违反自愿原则不会直接导致民事法律行为无效,而可能使一方当事人享有撤销权。比如,《民法典》第147条、第148条、第149条、第150条分别针对因重大误解、受欺诈、受胁迫实施的民事法律行为的撤销权作出了规定,第1052条①、第1053条②分别针对受胁迫结婚、隐瞒重大疾病结婚的婚姻撤销权作出了规定。

但是,在少数特定情况下,法律也直接规定违反自愿原则实施的民事法律行为无效。比如,违反自愿原则所立的遗嘱无效。对此,《民法典》第1143条第2款规定:“遗嘱必须表示遗嘱人的真实意思,受欺诈、胁迫所立的遗嘱无效。”

---

① 《民法典》第1052条第1款规定:“因胁迫结婚的,受胁迫的一方可以向人民法院请求撤销婚姻。”

② 《民法典》第1053条第1款规定:“一方患有重大疾病的,应当在结婚登记前如实告知另一方;不如实告知的,另一方可以向人民法院请求撤销婚姻。”

第六条　【公平原则】民事主体从事民事活动，应当遵循公平原则，合理确定各方的权利和义务。

【条文通释】

《民法典》第 6 条是关于民事主体从事活动应当遵循公平原则的规定。

一、公平原则

根据《民法典》第 6 条的规定，公平原则的要求是：民事主体应当合理地确定各方的权利和义务。其中的"合理"，原则上应当以各方权利义务相互对等为判断标准；当然，在个案当中，各方的权利义务是否合理，则应当综合考察个案的具体情况。"公平原则体现了民法促进社会公平正义的基本价值，对规范民事主体的行为发挥着重要作用。"①

二、公平原则的体现

《民法典》的许多条款都体现了公平原则，比如：

第一，针对民事法律行为成立时显失公平的情形，《民法典》第 151 条规定了："一方利用对方处于危困状态、缺乏判断能力等情形，致使民事法律行为成立时显失公平的，受损害方有权请求人民法院或者仲裁机构予以撤销。"

就其中的"显失公平"而言，《民通意见》第 72 条曾经规定："一方当事人利用优势或者利用对方没有经验，致使双方的权利与义务明显违反公平、等价有偿原则的，可以认定为显失公平。"②

第二，针对合同中的格式条款，《民法典》第 496 条第 2 款规定了："采用格式条款订立合同的，提供格式条款的一方应当遵循公平原则确定当事人之间的权利和义务，并采取合理的方式提示对方注意免除或者减轻其责任等与对方有重大利害关系的条款，按照对方的要求，对该条款予以说明……"

第三，针对合同约定的违约金过高的情形，《民法典》第 585 条第 2 款规定了："约定的违约金低于造成的损失的，人民法院或者仲裁机构可以根据当事人的请求予以增加；约定的违约金过分高于造成的损失的，人民法院或者仲裁机构可以根据当事人的请求予以适当减少。"

在此基础上，《最高人民法院关于适用〈中华人民共和国民法典〉合同编通则若干问题的解释》（以下简称"《民法典合同编通则解释》"）第 65 条规定："当事人主张约定的违约金过分高于违约造成的损失，请求予以适当减少的，人民法院应当以民法典第五百八十四条规定的损失为基础，兼顾合同主体、交易类型、合同的履行情况、当事人

---

① 中国人大网 2016 年 7 月 5 日公布的《关于〈中华人民共和国民法总则（草案）〉的说明》。

② 最高人民法院《全国法院贯彻实施民法典工作会议纪要》（法〔2021〕94 号）第 12 条规定："除上述内容外，对于民通意见、合同法解释一、合同法解释二的实体性规定所体现的精神，与民法典及有关法律不冲突且在司法实践中行之有效的……人民法院可以在裁判文书说理时阐述……"

的过错程度、履约背景等因素，遵循公平原则和诚信原则进行衡量，并作出裁判。约定的违约金超过造成损失的百分之三十的，人民法院一般可以认定为过分高于造成的损失。恶意违约的当事人一方请求减少违约金的，人民法院一般不予支持。”

此外，《最高人民法院关于当前形势下审理民商事合同纠纷案件若干问题的指导意见》（法发〔2009〕40号）也曾经提出：“对于双方当事人在合同中所约定的过分高于违约造成损失的违约金或者极具惩罚性的违约金条款，人民法院应根据合同法第一百一十四条第二款和最高人民法院《关于适用中华人民共和国合同法若干问题的解释（二）》（以下简称《合同法解释（二）》）第二十九条等关于调整过高违约金的规定内容和精神，合理调整违约金数额，公平解决违约责任问题”，“在当前企业经营状况普遍较为困难的情况下，对于违约金数额过分高于违约造成损失的，应当根据合同法规定的诚实信用原则、公平原则，坚持以补偿性为主、以惩罚性为辅的违约金性质，合理调整裁量幅度，切实防止以意思自治为由而完全放任当事人约定过高的违约金”，“人民法院根据合同法第一百一十四条第二款调整过高违约金时，应当根据案件的具体情形，以违约造成的损失为基准，综合衡量合同履行程度、当事人的过错、预期利益、当事人缔约地位强弱、是否适用格式合同或条款等多项因素，根据公平原则和诚实信用原则予以综合权衡，避免简单地采用固定比例等‘一刀切’的做法，防止机械司法而可能造成的实质不公平。”

第四，针对合同成立以后客观情况发生重大变化的情形，《民法典》第533条规定：“合同成立后，合同的基础条件发生了当事人在订立合同时无法预见的、不属于商业风险的重大变化，继续履行合同对于当事人一方明显不公平的，受不利影响的当事人可以与对方重新协商；在合理期限内协商不成的，当事人可以请求人民法院或者仲裁机构变更或者解除合同。人民法院或者仲裁机构应当结合案件的实际情况，根据公平原则变更或者解除合同。”

在此基础上，《民法典合同编通则解释》第32条规定：“……合同的基础条件发生了民法典第五百三十三条第一款规定的重大变化，当事人请求变更合同的，人民法院不得解除合同；当事人一方请求变更合同，对方请求解除合同的，或者当事人一方请求解除合同，对方请求变更合同的，人民法院应当结合案件的实际情况，根据公平原则判决变更或者解除合同。人民法院依据民法典第五百三十三条的规定判决变更或者解除合同的，应当综合考虑合同基础条件发生重大变化的时间、当事人重新协商的情况以及因合同变更或者解除给当事人造成的损失等因素，在判项中明确合同变更或者解除的时间……”

第五，针对违反合同的责任，《民法典》第592条第1款规定了：“当事人都违反合同的，应当各自承担相应的责任。”

第六，针对民事法律行为无效、被撤销或者确定不发生效力的后果，《民法典》第157条规定了：“民事法律行为无效、被撤销或者确定不发生效力后……有过错的一方应当赔偿对方由此所受到的损失；各方都有过错的，应当各自承担相应的责任。法律另有规定的，依照其规定。”

第七，针对婚姻关系，《民法典》第1088条规定了：“夫妻一方因抚育子女、照料老年人、协助另一方工作等负担较多义务的，离婚时有权向另一方请求补偿，另一方应当给予补偿。具体办法由双方协议;协议不成的,由人民法院判决。”

第八,针对相邻关系,《民法典》第 288 条规定了:“不动产的相邻权利人应当按照有利生产、方便生活、团结互助、公平合理的原则,正确处理相邻关系。”

第九,针对侵权责任,《民法典》第 1186 条规定了:“受害人和行为人对损害的发生都没有过错的,依照法律的规定由双方分担损失。”

三、违反公平原则的后果

通常情况下,违反公平原则不会直接导致民事法律行为无效,而可能使一方当事人享有撤销权。比如,《民法典》第 151 条针对显失公平的民事法律行为规定了:“一方利用对方处于危困状态、缺乏判断能力等情形,致使民事法律行为成立时显失公平的,受损害方有权请求人民法院或者仲裁机构予以撤销。”又如,《民法典》第 539 条针对债务人不公平交易行为规定了:“债务人以明显不合理的低价转让财产、以明显不合理的高价受让他人财产或者为他人的债务提供担保,影响债权人的债权实现,债务人的相对人知道或者应当知道该情形的,债权人可以请求人民法院撤销债务人的行为。”

但是,在少数特定情况下,法律也直接规定违反公平原则实施的民事法律行为无效。比如,《民法典》第 497 条规定:“有下列情形之一的,该格式条款无效:……(二)提供格式条款一方不合理地免除或者减轻其责任、加重对方责任、限制对方主要权利;(三)提供格式条款一方排除对方主要权利。”

此外,在情势变更的情形,《民法典》第 533 条赋予裁判机构基于当事人的请求,在结合案件的实际情况的基础上,根据公平原则变更合同或者解除合同的权力。并且,《民法典合同编通则解释》第 32 条第 4 款明确规定:“当事人事先约定排除民法典第五百三十三条适用的,人民法院应当认定该约定无效。”

第七条　【诚信原则】民事主体从事民事活动,应当遵循诚信原则,秉持诚实,恪守承诺。

【条文通释】

《民法典》第 7 条是关于诚信原则的规定。

一、诚信原则的核心要求

在《民法总则》通过之前,《民法通则》和《合同法》使用的是“诚实信用原则”的表述。因此,“诚信原则”,即“诚实信用原则”,二者具有相同的含义。

根据《民法典》第 7 条的规定,诚信原则的核心要求是:“秉持诚实,恪守承诺”。

诚信原则“被公认为民商事活动的根本原则”[①]。“作为民法的一项基本原则,它

---

① 《最高人民法院关于在人民法院工作中培育和践行社会主义核心价值观的若干意见》(法发〔2015〕14 号)第 9 条规定:“诚实守信是人类社会普遍崇尚的基本价值,诚实信用原则被公认为民商事活动的根本原则……”

要求民事主体在民事活动中要恪守诺言、诚信不欺,不因追求个人利益而损害社会或他人利益,这是以道德规范为基本内容的法律原则。”①在最高人民法院指导性案例222号“广州德某水产设备科技有限公司诉广州宇某水产科技有限公司、南某水产研究所财产损害赔偿纠纷案”的裁判理由中,最高人民法院(2019)最高法知民终424号民事判决书也认为:“诚实信用原则是民法的基本原则,它要求民事主体在民事活动中恪守诺言,诚实不欺,在不损害他人利益和社会利益的前提下追求自己的利益,从而在当事人之间的利益关系和当事人与社会之间的利益关系中实现平衡,并维持市场道德秩序。”

此外,《民法典》第132条关于“民事主体不得滥用民事权利损害国家利益、社会公共利益或者他人合法权益”的规定,第501条关于“当事人在订立合同过程中知悉的商业秘密或者其他应当保密的信息,无论合同是否成立,不得泄露或者不正当地使用;泄露、不正当地使用该商业秘密或者信息,造成对方损失的,应当承担赔偿责任”的规定,第509条第2款关于“当事人应当遵循诚信原则,根据合同的性质、目的和交易习惯履行通知、协助、保密等义务”的规定,第558条关于“债权债务终止后,当事人应当遵循诚信等原则,根据交易习惯履行通知、协助、保密、旧物回收等义务”的规定,也都是诚信原则的要求。

二、诚信原则的价值及其保障

最高人民法院认为,“诚实信用原则不仅仅是合同法的基本原则,也是整个民事活动的基本原则。在市场经济活动中,市场主体在行为时不欺不诈,尊重他人利益,保证合同关系的各方当事人都能得到自己的利益,并不得损害社会和第三人的利益,才能更好地促进市场经济健康发展。市场主体的诚实、恪守信用,为市场主体提供了一种普遍的信赖,这种信赖是市场交易所必须的资源之一。如果合同一方当事人不守诚信,违反合同约定,甚至采取欺诈手段,损害对方利益或对社会、第三人造成损害,最终扰乱市场交易秩序,影响整个市场经济活动的健康发展。”②

有鉴于此,《最高人民法院关于在人民法院工作中培育和践行社会主义核心价值观的若干意见》(法发〔2015〕14号)提出“要通过倡导诉讼诚信促进诚信社会建设。在审判、执行活动中,司法人员除了要查明案件的实体争议和纠纷的是非曲直外,还要对当事人在纠纷发生和诉讼过程中的诚实守信情况进行审查并作为裁判的重要依据。要依法保护、鼓励诚实守信的当事人,不让讲诚信的当事人在诉讼中吃亏;要依法制裁、谴责不讲诚信的当事人,决不让奸猾失信之人通过诉讼占便宜。要坚决防止、依法惩处各种出于非法目的,虚构事实提起诉讼或滥用诉讼权利,故意逃避法律义务,损害国家利益、公共利益或他人合法权益的恶意诉讼和虚假诉讼等行为,严肃处理伪造证据、当庭撒谎和滥诉、缠诉等行为。要通过维护和奖掖诚信诉讼,树立国家司法的权

---

① 最高人民法院2015年12月4日发布的合同纠纷典型案例之“邹某友诉张某忠合同纠纷案”,载最高人民法院网,https://www.court.gov.cn/zixun/xiangqing/16210.html,最后访问日期:2024年5月12日。

② 最高人民法院2015年12月4日发布的合同纠纷典型案例之“重庆某铁物流有限公司诉巫山县某翔商贸有限责任公司、合江县某杉贸易有限公司买卖合同纠纷案”,载最高人民法院网,https://www.court.gov.cn/zixun/xiangqing/16210.html,最后访问日期:2024年5月12日。

威，提高司法的公信力”。

此外，为防止合同欺诈、保障权利人的合法权利，《最高人民法院关于当前形势下审理民商事合同纠纷案件若干问题的指导意见》（法发〔2009〕40 号）还曾经规定：“在当前情势下，为敦促诚信的合同一方当事人及时保全证据、有效保护权利人的正当合法权益，对于一方当事人已经履行全部交付义务，虽然约定的价款期限尚未到期，但其诉请付款方支付未到期价款的，如果有确切证据证明付款方明确表示不履行给付价款义务，或者付款方被吊销营业执照、被注销、被有关部门撤销、处于歇业状态，或者付款方转移财产、抽逃资金以逃避债务，或者付款方丧失商业信誉，以及付款方以自己的行为表明不履行给付价款义务的其他情形的，除非付款方已经提供适当的担保，人民法院可以根据合同法第六十八条第一款、第六十九条、第九十四条第（二）项、第一百零八条、第一百六十七条等规定精神，判令付款期限已到期或者加速到期。”

三、违反诚信原则的认定

根据《民法典》第 7 条的规定，凡是在民事活动中未秉持诚实、未恪守承诺的行为，均属违反诚信原则的行为。

举例来说，以下行为属于违反诚信原则的行为：

第一，当事人在订立合同过程中假借订立合同，恶意进行磋商的行为。

第二，当事人在订立合同过程中故意隐瞒与订立合同有关的重要事实的行为。

第三，当事人在订立合同过程中故意提供虚假情况的行为。[①]

第四，依照法律、行政法规的规定经批准或者登记才能生效的合同成立后，有义务办理申请批准或者申请登记等手续的一方当事人未按照法律规定或者合同约定办理申请批准或者未申请登记的。[②]

第五，预约合同生效后，当事人一方在磋商订立本约合同时提出明显背离预约合同约定内容的条件，或未尽合理努力进行协商的行为。[③]

第六，当事人一方虽然在订立合同时违反强制性规定，但是在合同订立后其已经具备补正违反强制性规定的条件却不予补正的行为。[④]

---

① 前三项源于《民法典》第 500 条的规定：“当事人在订立合同过程中有下列情形之一，造成对方损失的，应当承担赔偿责任：（一）假借订立合同，恶意进行磋商；（二）故意隐瞒与订立合同有关的重要事实或者提供虚假情况；（三）有其他违背诚信原则的行为。”

② 《最高人民法院关于适用〈中华人民共和国合同法〉若干问题的解释（二）》（已废止）第 8 条。

③ 《民法典合同编通则解释》第 7 条规定：“预约合同生效后，当事人一方拒绝订立本约合同或者在磋商订立本约合同时违背诚信原则导致未能订立本约合同的，人民法院应当认定该当事人不履行预约合同约定的义务。人民法院认定当事人一方在磋商订立本约合同时是否违背诚信原则，应当综合考虑该当事人在磋商时提出的条件是否明显背离预约合同约定的内容以及是否已尽合理努力进行协商等因素。”

④ 《民法典合同编通则解释》第 16 条第 1 款第 4 项规定：“合同违反法律、行政法规的强制性规定，有下列情形之一，由行为人承担行政责任或者刑事责任能够实现强制性规定的立法目的的，人民法院可以依据民法典第一百五十三条第一款关于‘该强制性规定不导致该民事法律行为无效的除外’的规定认定该合同不因违反强制性规定无效：……（四）当事人一方虽然在订立合同时违反强制性规定，但是在合同订立后其已经具备补正违反强制性规定的条件却违背诚信原则不予补正。”

第八条 【守法原则和公序良俗原则】民事主体从事民事活动，不得违反法律，不得违背公序良俗。

【条文通释】

《民法典》第 8 条是关于民事主体从事活动不得违反法律、不得违背公序良俗的规定，包括了守法原则和公序良俗两项基本原则。

一、守法原则

(一)民事活动不得违法的要求

《民法典》第 8 条关于“民事主体从事民事活动，不得违反法律”的规定，即民法上的守法原则。

这一规定也是《宪法》要求的。因为，《宪法》第 5 条第 1 款规定了“中华人民共和国实行依法治国，建设社会主义法治国家”，第 4 款规定了“一切国家机关和武装力量、各政党和各社会团体、各企业事业组织都必须遵守宪法和法律。一切违反宪法和法律的行为，必须予以追究”，第 53 条规定了“中华人民共和国公民必须遵守宪法和法律”，第 18 条第 2 款规定了“在中国境内的外国企业和其他外国经济组织以及中外合资经营的企业，都必须遵守中华人民共和国的法律”，第 32 条第 1 款规定了“中华人民共和国保护在中国境内的外国人的合法权利和利益，在中国境内的外国人必须遵守中华人民共和国的法律”。

《民法典》第 8 条关于“民事主体从事民事活动，不得违反法律”的要求，在其他民商事法律中也得到了体现。比如：《公司法》第 19 条规定：“公司从事经营活动，应当遵守法律法规，遵守社会公德、商业道德，诚实守信，接受政府和社会公众的监督。”第 21 条第 1 款规定：“公司股东应当遵守法律、行政法规和公司章程，依法行使股东权利，不得滥用股东权利损害公司或者其他股东的利益。”第 179 条规定：“董事、监事、高级管理人员应当遵守法律、行政法规和公司章程。”第 248 条规定：“经批准设立的外国公司分支机构，在中华人民共和国境内从事业务活动，应当遵守中国的法律，不得损害中国的社会公共利益……”《合伙企业法》第 7 条规定：“合伙企业及其合伙人必须遵守法律、行政法规，遵守社会公德、商业道德，承担社会责任。”

(二)违反法律的后果

需要注意的是，民事主体从事的违反法律的行为并非当然无效，只有以下两种违反法律的民事法律行为才是无效的：

第一，“违反法律、行政法规的强制性规定”的民事法律行为，原则上是无效的，仅在极少数例外情况下是有效的。对此，《民法典》第 153 条第 1 款规定了：“违反法律、行政法规的强制性规定的民事法律行为无效。但是，该强制性规定不导致该民事法律行为无效的除外。”

在此基础上，《民法典合同编通则解释》第 16 条第 1 款针对合同的效力进一步规定:“合同违反法律、行政法规的强制性规定,有下列情形之一,由行为人承担行政责任或者刑事责任能够实现强制性规定的立法目的的,人民法院可以依据民法典第一百五十三条第一款关于‘该强制性规定不导致该民事法律行为无效的除外’的规定认定该合同不因违反强制性规定无效:(一)强制性规定虽然旨在维护社会公共秩序,但是合同的实际履行对社会公共秩序造成的影响显著轻微,认定合同无效将导致案件处理结果有失公平公正;(二)强制性规定旨在维护政府的税收、土地出让金等国家利益或者其他民事主体的合法利益而非合同当事人的民事权益,认定合同有效不会影响该规范目的的实现;(三)强制性规定旨在要求当事人一方加强风险控制、内部管理等,对方无能力或者无义务审查合同是否违反强制性规定,认定合同无效将使其承担不利后果;(四)当事人一方虽然在订立合同时违反强制性规定,但是在合同订立后其已经具备补正违反强制性规定的条件却违背诚信原则不予补正;(五)法律、司法解释规定的其他情形。”第2款规定:“法律、行政法规的强制性规定旨在规制合同订立后的履行行为,当事人以合同违反强制性规定为由请求认定合同无效的,人民法院不予支持。但是,合同履行必然导致违反强制性规定或者法律、司法解释另有规定的除外。”

第二,违反法律、行政法规的非强制性规定但违背公序良俗的民事法律行为是无效的,概无例外。对此,《民法典》第153条第2款规定了:“违背公序良俗的民事法律行为无效。”当然,该民事法律行为无效的根本原因是其违背了公序良俗,仅仅“违反法律、行政法规的非强制性规定”本身不导致其无效。

在此基础上,《民法典合同编通则解释》第17条第1款针对合同的效力进一步规定:“合同虽然不违反法律、行政法规的强制性规定,但是有下列情形之一,人民法院应当依据民法典第一百五十三条第二款的规定认定合同无效:(一)合同影响政治安全、经济安全、军事安全等国家安全的;(二)合同影响社会稳定、公平竞争秩序或者损害社会公共利益等违背社会公共秩序的;(三)合同背离社会公德、家庭伦理或者有损人格尊严等违背善良风俗的。”

不过,民事主体违反法律从事民事活动,尽管并非当然无效,但仍可能需要承担民事责任、行政责任甚至刑事责任。对此,《民法典》第187条也规定了:“民事主体因同一行为应当承担民事责任、行政责任和刑事责任的,承担行政责任或者刑事责任不影响承担民事责任;民事主体的财产不足以支付的,优先用于承担民事责任。”《民法典合同编通则解释》第16条第3款也规定:“依据前两款认定合同有效,但是当事人的违法行为未经处理的,人民法院应当向有关行政管理部门提出司法建议。当事人的行为涉嫌犯罪的,应当将案件线索移送刑事侦查机关;属于刑事自诉案件的,应当告知当事人可以向有管辖权的人民法院另行提起诉讼。”

此外,考虑到《民法典》第8条已经明确规定了“民事主体从事民事活动,不得违反法律”,因此,对于违反法律规定的民事活动,应当依法给予负面评价甚至否定性评价。

二、公序良俗原则

《民法典》第8条所说的“民事主体从事民事活动,……不得违背公序良俗”,即为民法上的公序良俗原则。不过,《民法典》和其他法律都没有直接对“公序良俗”作出界定。

根据《全国人民代表大会常务委员会关于〈中华人民共和国民法通则〉第九十九条第一款、〈中华人民共和国婚姻法〉第二十二条的解释》(已废止)和《最高人民法院关于在人民法院工作中培育和践行社会主义核心价值观的若干意见》(法发〔2015〕14号)的规定,结合全国人民代表大会常务委员会时任副委员长李建国2017年3月8日在第十二届全国人民代表大会第五次会议上作的《关于〈中华人民共和国民法总则(草案)〉的说明》使用了"违背公序良俗即公共秩序和善良习俗"的表述,因此,可以认为,《民法典》所说的"公序良俗",即"公共秩序和善良风俗",包括"公共秩序"和"善良风俗",体现在政治、经济、军事、文化、宗教、民族、环境等诸多方面①,涉及国家安全、社会秩序、国家宏观政策、社会公德、家庭伦理等②。

"公序良俗原则的意义在于,对私法自治进行必要限制,弘扬社会公共道德,建立稳定的社会秩序,协调个人利益与社会公共利益和弥补强行法的不足。"③《最高人民法院关于在人民法院工作中培育和践行社会主义核心价值观的若干意见》(法发〔2015〕14号)认为:"公共秩序和善良风俗是法治国家与法治社会建设的重要内容,也是衡量社会主义法治与德治建设水准的重要标志",并提出"要深刻理解、准确把握公共秩序和善良风俗的时代内涵和建设重点,针对当前存在的见死不救、遇难不助、损人利己、不孝不仁等突出问题,大力倡导'与人为善''以和为贵''宽容互让''尊老爱幼''助人为乐''见义勇为'等高尚行为。要充分发挥调解、和解、协调等方式在纠纷解决中的重要作用,努力营造人与人之间相互尊重、相互理解、和谐相处、友善相待的社会氛围。要通过具体案件的处理引领良好的社会风尚,使讲仁爱、重民本、守诚信、崇正义、尚和合、求大同等中华优秀传统文化在新的历史条件下得到弘扬和传承,促使道德和法律共同发挥作用,实现依法治国与以德治国整体推进"。

(一)公共秩序

"公序良俗"中的"公共秩序",包括社会公共秩序和生活秩序④,是指"政治、经济、文化等领域的基本秩序和根本理念,是与国家和社会整体利益相关的基础性原则、价值和秩序"⑤。

在公共秩序的认定上,有法院认为,"不同领域存在不同的公共秩序,首先应当根据该领域的法律和行政法规具体判断所涉公共秩序的内容。在该领域的法律和行政法规没有明确规定的情况下,判断某一下位规则是否构成公共秩序时,应当从实体正义和程序正当两个方面考察。其中,实体正义是指该规则应当体现该领域法律和行政

---

① 最高人民法院2010年印发的《关于审理商标授权确权行政案件若干问题的意见》(法发〔2010〕12号)提出:"人民法院在审查判断有关标志是否构成具有其他不良影响的情形时,应当考虑该标志或者其构成要素是否可能对我国政治、经济、文化、宗教、民族等社会公共利益和公共秩序产生消极、负面影响。"

② 《民法典合同编通则解释》第17条第1款、最高人民法院《全国法院民商事审判工作会议纪要》(法〔2019〕254号)第30条、第31条。

③ 湖北省高级人民法院(2017)鄂民申1425号民事裁定书。

④ 湖北省高级人民法院(2017)鄂民申1425号民事裁定书。

⑤ 上海金融法院2019年4月30日就杉浦立身与龚某股权转让纠纷案作出的(2018)沪74民初585号民事判决书。该案一审宣判后,原、被告双方均未上诉,该判决已发生法律效力,并由上海市高级人民法院作为参考性案例第78号予以发布。

法规所规定的国家和社会整体利益;程序正当是指该规则的制定主体应当具有法定权威,且规则的制定与发布应当符合法定程序,具体可以从法律授权、制定程序、公众知晓度和认同度等方面综合考量。"①

(二)善良风俗

"公序良俗"中的"善良风俗","凝结了人类社会共识的、我国优良传统的、与我国社会价值目标相关的公众应当遵循的基本道德准则"②,"违反爱国主义、有违人伦、有伤风化、有碍科学、有损善良均为公序良俗所不容"③。

(三)公序良俗与社会公共利益

与"公序良俗"密切相关的概念是"社会公共利益"。《民法典》第 132 条、第 185 条和第 534 条使用了"社会公共利益"的表述,第 117 条、第 243 条、第 358 条、第 999 条、第 1009 条、第 1020 条、第 1025 条和第 1036 条则使用了"公共利益"的表述。

不过,关于"社会公共利益",目前尚未有法律、行政法规、司法解释对"社会公共利益"作出统一的界定。

最高人民法院曾提出:"社会公共利益一般是指关系到全体社会成员或者社会不特定多数人的利益,主要包括社会公共秩序以及社会善良风俗等。"④实务中,法院通常认为,"社会公共利益"是指以社会公众为利益主体的,涉及整个社会最根本的法律、道德的一般利益,其主体具有社会公众性、内容具有普遍性,违背或损坏社会公共利益的表现形式应当是违背或损害我国法律的基本制度与准则、违背社会和经济生活的基本价值取向、违背社会的基本道德和伦理等。⑤

此外,最高人民检察院在指导案例第 30 号"湖北省十堰市郧阳区人民检察院诉郧阳区林业局行政公益诉讼案"将"公共利益"界定为"由不特定多数主体享有的,具有基本性、整体性和发展性的重大利益",并提出从以下几个方面来判断被侵害的利益是否属于公共利益范畴:

一是公共利益的主体是不特定的多数人。公共利益首先是一种多数人的利益,但又不同于一般的多数人利益,其享有主体具有开放性。

二是公共利益具有基本性。公共利益是有关国家和社会共同体及其成员生存和发展的基本利益,如公共安全、公共秩序、自然环境和公民的生命、健康、自由等。

三是公共利益具有整体性和层次性。公共利益是一种整体性利益,可以分享,但不可以分割。公共利益不仅有涉及全国范围的存在形式,也有某个地区的存在形式。

---

① 上海金融法院 2019 年 4 月 30 日就杉浦立身与龚某股权转让纠纷案作出的(2018)沪 74 民初 585 号民事判决书。该案一审宣判后,原、被告双方均未上诉,该判决已发生法律效力,并由上海市高级人民法院作为参考性案例第 78 号予以发布。

② 最高人民法院(2018)最高法行再 90 号行政判决书。

③ 最高人民法院(2018)最高法行再 90 号行政判决书。

④ 最高人民法院(2015)民二终字第 129 号民事判决书,最高人民法院(2019)最高法民终 475 号民事判决书。

⑤ 北京市第三中级人民法院(2014)三中民特字第 05113 号民事裁定书,广东省深圳市中级人民法院(2014)深中法涉外仲字第 254 号民事裁定书和北京市第三中级人民法院(2016)京 03 民特 136 号民事裁定书。

四是公共利益具有发展性。公共利益始终与社会价值取向联系在一起,会随着时代的发展变化而变化,也会随着不同社会价值观的改变而变动。

五是公共利益具有重大性。其涉及不特定多数人,涉及公共政策变动,涉及公权与私权的限度,代表的利益都是重大利益。

六是公共利益具有相对性。它受时空条件的影响,在此时此地认定为公共利益的事项,彼时彼地可能应认定为非公共利益。

最高人民检察院指导案例第30号的上述意见对于理解"公共利益"具有较好的参考价值。

由于最高人民法院2010年印发的《关于审理商标授权确权行政案件若干问题的意见》(法发〔2010〕12号)曾提及:"人民法院在审查判断有关标志是否构成具有其他不良影响的情形时,应当考虑该标志或者其构成要素是否可能对我国政治、经济、文化、宗教、民族等社会公共利益和公共秩序产生消极、负面影响。如果有关标志的注册仅损害特定民事权益,由于商标法已经另行规定了救济方式和相应程序,不宜认定其属于具有其他不良影响的情形",因此,社会公共利益也可以体现在政治、经济、文化、宗教、民族、环境等诸多方面。

由此可见,在通常情况下,"公序良俗"与"社会公共利益"在很大程度上具有相同的内容。

(四)违反公序良俗的认定

《民法典》和其他民事法律本身没有对如何认定违反公序良俗的行为作出统一的一般性的规定。不过,全国人大常委会曾经专门就特定的行为是否涉及公序良俗作出了特别的法律解释;最高人民法院在司法解释中提出了指引性的要求,法院在案件审理中也对特定的行为是否违反公序良俗作出过个案认定。

1. 全国人大常委会的法律解释

针对公民选取姓氏的行为,在《全国人民代表大会常务委员会关于〈中华人民共和国民法通则〉第九十九条第一款、〈中华人民共和国婚姻法〉第二十二条的解释》中,全国人民代表大会常务委员会认为,"在中华传统文化中,'姓名'中的'姓',即姓氏,体现着血缘传承、伦理秩序和文化传统,公民选取姓氏涉及公序良俗"。

在此基础上,最高人民法院指导案例89号"'北雁云依'诉济南市公安局历下区分局燕山派出所公安行政登记案"的"裁判理由"部分提出:"公民选取姓氏涉及公序良俗。在中华传统文化中,'姓名'中的'姓',即姓氏,主要来源于客观上的承袭,系先祖所传,承载了对先祖的敬重、对家庭的热爱等,体现着血缘传承、伦理秩序和文化传统。而'名'则源于主观创造,为父母所授,承载了个人喜好、人格特征、长辈愿望等。公民对姓氏传承的重视和尊崇,不仅仅体现了血缘关系、亲属关系,更承载着丰富的文化传统、伦理观念、人文情怀,符合主流价值观念,是中华民族向心力、凝聚力的载体和镜像。公民原则上随父姓或者母姓,符合中华传统文化和伦理观念,符合绝大多数公民的意愿和实际做法。反之,如果任由公民仅凭个人意愿喜好,随意选取姓氏甚至自创姓氏,则会造成对文化传统和伦理观念的冲击,违背社会善良风俗和一般道德要求"。

因此,公民仅凭个人意愿喜好,随意选取姓氏甚至自创姓氏的行为,属于违反公序良俗的行为。

2. 最高人民法院的指导性要求

针对如何认定合同违反公序良俗,《民法典合同编通则解释》第 17 条第 2 款规定:“人民法院在认定合同是否违背公序良俗时,应当以社会主义核心价值观为导向,综合考虑当事人的主观动机和交易目的、政府部门的监管强度、一定期限内当事人从事类似交易的频次、行为的社会后果等因素,并在裁判文书中充分说理……”

《民法典合同编通则解释》第 17 条第 1 款也列举了若干违背公序良俗的合同情形,即:“合同虽然不违反法律、行政法规的强制性规定,但是有下列情形之一,人民法院应当依据民法典第一百五十三条第二款的规定认定合同无效:(一)合同影响政治安全、经济安全、军事安全等国家安全的;(二)合同影响社会稳定、公平竞争秩序或者损害社会公共利益等违背社会公共秩序的;(三)合同背离社会公德、家庭伦理或者有损人格尊严等违背善良风俗的。”

3. 法院的司法认定

在司法实务中,最高人民法院和地方法院也在司法文件或裁判文书当中对特定的行为是否违反公序良俗作出过认定。

比如,针对民间借贷行为,根据 2016 年 7 月 27 日印发的《四川省高级人民法院关于审理民间借贷纠纷案件若干问题的指导意见》第 16 条的规定,存在以下情形之一的,应认定为违背公序良俗:一是因非婚同居、不正当两性关系等产生的“青春损失费”“分手费”“精神损失费”等有损公序良俗行为所形成的债务;[①]二是因赌博、吸毒等其他非法行为形成的债务;三是因托人情、找关系等请托行为形成的债务;四是具有抚养、赡养义务关系的父母子女等直系亲属之间发生的有违家庭伦理道德和社会公序良俗所形成的债务;[②]五是其他违背社会公序良俗的债务。

又如,损害老年人最基本的生存权的行为,属于违反公序良俗的行为。对此,湖北省高级人民法院(2017)鄂民申 1425 号民事裁定书认为:“民事活动、物权的行使及家庭成员关系均应当尊重社会公德和维护公序良俗,保障老年人的合法权益(包括最基本的生存权)。张某东与常某花系祖孙关系,多年来共同居住生活,且常某花已年逾八旬,居住权系其享有的最基本的生存权,不论常某花是否另有具备赡养能力的成年子女,亦不论张某东之父张某平承诺赡养常某花和证明常某花收到 6 万元的卖房款是否与张某东有关,基于尊重社会公德和维护公序良俗的法律原则,张某东诉请其祖母常某花立即搬离其所有的房屋有悖人伦,本院不予支持。”

再如,当事人之间相互配合、逃废债务的行为,可能也会被认定为违反公序良俗的行为。对此,最高人民法院(2017)最高法民终 181 号民事判决书认为:“在债权债务关系中,债务人应当遵循诚实信用原则,履行合同义务,积极促进实现债权的清偿。同

---

① 《浙江省高级人民法院关于审理民间借贷纠纷案件若干问题的指导意见》(浙高法〔2009〕297 号)第 35 条、《南京市中级人民法院关于审理民间借贷纠纷案件若干问题的指导意见》(宁中法审委〔2010〕4 号)第 35 条、《江苏省高级人民法院审判委员会会议纪要》(审委会会议纪要〔2013〕1 号,已失效)也曾有类似的规定。

② 《浙江省高级人民法院关于审理民间借贷纠纷案件若干问题的指导意见》(浙高法〔2009〕297 号)第 35 条也曾有类似的规定。

时,债务人之外的第三人,对于依法成立并生效的债权,亦应秉持善意,不得随意侵犯。华某公司在资不抵债、濒临破产的情形下无偿划转案涉股权给他人,具有逃废债务的主观故意。中小企业担保公司未能提供证据证明其取得股权财产支付了合理对价。中小企业担保公司配合华某公司逃废债务行为违反了法律和规范性文件规定,违背公序良俗,具有侵犯他人财产权的主观过错。”

复如,保护违法收入的行为,可能会被认定为违反公序良俗的行为。对此,在2018年4月28日就鸡西市某通汽车维修服务有限责任公司与李某花等租赁合同纠纷案作出的(2018)最高法民申593号民事裁定书中,考虑到李某花的妹妹李某因在李某花租赁案涉房屋经营的亿族歌厅提供从事以营利为目的的陪侍活动被公安机关处以罚款2万元的行政处罚,最高人民法院认为:“李某花在租赁期间存在违法经营行为,原审将亿族歌厅2010年8月全部营业额132613.70元为计算停业损失的依据,涉嫌保护违法收入,有违公序良俗……”

另有,当事人以司法权的裁量结果作为交易对象的行为,属于违反公序良俗的行为。对此,在2017年12月25日就黄山市住房和城乡建设委员会与江西环某建设集团有限公司合同纠纷案作出的(2017)最高法民申4599号民事裁定书中,针对住建委作为甲方与环某公司作为乙方2014年5月29日签订的《招商协议》关于环某公司或其子公司通过参加拍卖取得江滨大厦资产、“在首次拍卖流拍的情况下,乙方参加拍卖,甲方负责与北京市第一中级人民法院、金某谷公司协调,二次拍卖起拍价在评估价的基础上下降10%(起拍价约为18338万元)”的约定①,最高人民法院认为:“双方所签案涉《招商协议》对环某公司参与拍卖江滨大厦资产的条件、价格及不具备协议约定的参拍条件时如何处理做出约定,而双方签订该协议时,江滨大厦资产已被法院查封并将由法院通过行使职权处分该资产。住建委称‘二次起拍价在评估价基础上下调10%’的约定是依据有关规定作出的合理预期,但起拍价是否下调,属于人民法院依法独立行使职权的范围。住建委在协议中允诺的其负责与拍卖法院、金某谷公司协调二次拍卖的起拍价,不是其行政职责,其也无权就法院行使职权的行为进行约定。因此原判决认定案涉《招商协议》违反法律的强制性规定无效不属于适用法律确有错误。如果认定该约定有效,无异于承认当事人可以司法权的裁量结果为交易对象,有违公序良俗。”

再有,当事人在其诉讼请求被裁判机构驳回后又提起类似的诉讼,可能会被认定为违反公序良俗的行为。对此,在2017年11月30日就新疆某鹰房地产开发有限公司与南通某建集团有限公司建设工程施工合同纠纷案作出的(2017)最高法民终133号民事判决书中,最高人民法院认为:“根据一、二审查明的事实,南通某建所施工的第一段、第二段、第三段工程主体于2006年已施工完毕并通过建设、监理、设计、施工、勘查等五方验收,主体质量合格,2006年12月某鹰公司即将部分工程投入经营使用,南通某建也于2007年12月向某鹰公司递交了工程决算报告和决算资料,但某鹰公司未予审核,也未支付工程款,已施工部分欠付工程款经另案认定达1015万余元,且其并未举

---

① 安徽省高级人民法院就黄山市住房与城乡建设委员会与江西环球市政建设园林绿化工程有限公司合同纠纷案作出的(2015)皖民四终字第00528号民事判决书。

证有关工程主体存在质量问题。根据双方订立的 8.29 协议，某鹰公司应于工程主体验收后支付该部分工程款的 80%，但其并未足额支付，乃至南通某建于 2010 年即起诉某鹰公司给付工程欠款，有关民事判决均认定某鹰公司违约。《中华人民共和国民法总则》第七条、第八条规定，民事主体从事民事活动，应当遵循诚信原则，秉持诚实、恪守承诺，不得违背公序良俗。作为没有先后履行顺序的双务合同一方，请求对方继续履行的当然前提是自己也予以履行，在南通某建依约完成相应的施工后，某鹰公司本应及时支付南通某建工程款，但其不仅不予给付，反而在另案诉讼南通某建违约赔偿被驳回后，本案又起诉南通某建继续履行施工义务，某鹰公司的该项请求于事无据，于法有悖，于情理不合，是违反诚实信用、公序良俗之典型，本院对此不予支持。”

(五)违反公序良俗原则的行为的后果

在《民法典》第 8 条关于“民事主体从事民事活动，不得违反法律，不得违背公序良俗”的规定的基础上，《民法典》第 143 条明确规定了“具备下列条件的民事法律行为有效：(一)行为人具有相应的民事行为能力；(二)意思表示真实；(三)不违反法律、行政法规的强制性规定，不违背公序良俗”；并且，针对违反公序良俗的民事法律行为，《民法典》第 153 条第 2 款更是直接地、明确地规定了其法律后果，即“违背公序良俗的民事法律行为无效”。

此外，针对民事纠纷的处理，《民法典》第 10 条允许在法律没有规定的情况下，“可以适用习惯”来处理民事纠纷；同时，《民法典》第 10 条也明确规定了适用习惯处理民事纠纷时，“不得违背公序良俗”。

实务中，法院倾向于认为，“由于公序良俗的概念本身具有较大弹性，故在具体案件裁判中应当审慎适用，避免其被滥用而过度克减民事主体的意思自治”。[①]

第九条　【绿色原则】民事主体从事民事活动，应当有利于节约资源、保护生态环境。

【条文通释】

《民法典》第 9 条是关于民事主体从事活动应当遵循绿色原则的规定。

一、资源与环境的界定

(一)资源

“资源”是“生产资料或生活资料等的来源”，“包括自然资源、经济资源和人力资源”。[②]

---

① 上海金融法院 2019 年 4 月 30 日就杉浦立身与龚某股权转让纠纷案作出的(2018)沪 74 民初 585 号民事判决书(上海市高级人民法院参考性案例第 78 号)。

② 夏征农、陈至立主编：《辞海》，上海辞书出版社 2009 年版，第 3053 页，“资源”条和“资源配置”条。

根据《宪法》第9条[①]、《行政诉讼法》第12条第1款第4项[②]、《农业法》第57条第1款[③]、《青藏高原生态保护法》第7条第1款[④]，自然资源包括土地、矿藏、水流、森林、山岭、草原、湖泊、湿地、冰川、荒漠、荒地、滩涂、海域、野生动植物等。

（二）生态环境

根据《环境保护法》第2条，"环境"是指"影响人类生存和发展的各种天然的和经过人工改造的自然因素的总体，包括大气、水、海洋、土地、矿藏、森林、草原、湿地、野生生物、自然遗迹、人文遗迹、自然保护区、风景名胜区、城市和乡村等"。

《民法典》第9条所说的"生态环境"，是指生态系统和环境系统的整体，包括地表植被与景观、生物多样性、大气环境、水环境、土壤环境、地质环境、声环境等。[⑤]

二、绿色原则的基本要求

《民法典》明确将绿色原则确立为基本原则，"既传承了天地人和、人与自然和谐共生的我国优秀传统文化理念，又体现了党的十八大以来的新发展理念，与我国是人口大国、需要长期处理好人与资源生态的矛盾这样一个国情相适应"[⑥]。

根据《民法典》第9条的规定，绿色原则的基本要求是"有利于节约资源、保护生态环境"。其中的"节约资源"和"保护环境"都是我国的基本国策。在原《民法总则》明确规定绿色原则之前，《宪法》和其他法律文件已经作出了相应的规定。

第一，《宪法》第14条第2款规定了"国家厉行节约，反对浪费"，第26条第1款规定了"国家保护和改善生活环境和生态环境，防治污染和其他公害"。

第二，2007年10月28日修订通过的《节约能源法》首次在其第4条规定了"节约

---

① 《宪法》第9条第1款规定："矿藏、水流、森林、山岭、草原、荒地、滩涂等自然资源，都属于国家所有，即全民所有；由法律规定属于集体所有的森林和山岭、草原、荒地、滩涂除外。"

② 《行政诉讼法》第12条第1款第4项规定："人民法院受理公民、法人或者其他组织提起的下列诉讼：……（四）对行政机关作出的关于确认土地、矿藏、水流、森林、山岭、草原、荒地、滩涂、海域等自然资源的所有权或者使用权的决定不服的。"

③ 《农业法》第57条第1款规定："发展农业和农村经济必须合理利用和保护土地、水、森林、草原、野生动植物等自然资源，合理开发和利用水能、沼气、太阳能、风能等可再生能源和清洁能源，发展生态农业，保护和改善生态环境。"

④ 《青藏高原生态保护法》第7条规定："国家加强青藏高原土地、森林、草原、河流、湖泊、湿地、冰川、荒漠、野生动植物等自然资源状况和生态环境状况调查，开展区域资源环境承载能力和国土空间开发适宜性评价，健全青藏高原生态环境、自然资源、生物多样性、水文、气象、地质、水土保持、自然灾害等监测网络体系，推进综合监测、协同监测和常态化监测。调查、评价和监测信息应当按照国家有关规定共享。"

⑤ 原环境保护部办公厅印发的《矿山生态环境保护与恢复治理方案编制导则》（环办〔2012〕154号，已于2021年1月4日废止）规定："矿山生态环境是指矿区内生态系统和环境系统的整体，包括地表植被与景观、生物多样性、大气环境、水环境、土壤环境、地质环境、声环境等。"

⑥ 全国人民代表大会常务委员会时任副委员长李建国2017年3月8日在第十二届全国人民代表大会第五次会议上作的《关于〈中华人民共和国民法总则（草案）〉的说明》。

资源是我国的基本国策”[①],2014 年 4 月 24 日修订通过的《环境保护法》首次在其第 4 条第 1 款规定了“保护环境是国家的基本国策”[②]。上述规定的内容一直沿用至今。

第三,第十一届全国人民代表大会第四次会议 2011 年 3 月 14 日批准的《中华人民共和国国民经济和社会发展第十二个五年规划纲要》提出“深入贯彻节约资源和保护环境基本国策,节约能源,降低温室气体排放强度,发展循环经济,推广低碳技术,积极应对全球气候变化,促进经济社会发展与人口资源环境相协调,走可持续发展之路”。

第四,第十二届全国人民代表大会第四次会议 2016 年 3 月 16 日批准的《中华人民共和国国民经济和社会发展第十三个五年规划纲要》也提出“绿色是永续发展的必要条件和人民对美好生活追求的重要体现。必须坚持节约资源和保护环境的基本国策,坚持可持续发展,坚定走生产发展、生活富裕、生态良好的文明发展道路,加快建设资源节约型、环境友好型社会,形成人与自然和谐发展现代化建设新格局,推进美丽中国建设,为全球生态安全作出新贡献”。

第十条　【处理民事纠纷的依据的适用规则】处理民事纠纷,应当依照法律;法律没有规定的,可以适用习惯,但是不得违背公序良俗。

【条文通释】

《民法典》第 10 条是关于处理民事纠纷的依据的适用规则的规定。

一、民事纠纷

在日常用语中,“纠纷”具有“争执的事情”[③]的含义。结合《民事诉讼法》第 3 条所说的“人民法院受理公民之间、法人之间、其他组织之间以及他们相互之间因财产关系和人身关系提起的民事诉讼,适用本法的规定”和《全国人大行政单位国有资产管理暂行实施办法》(财行〔2007〕632 号)第 44 条所说“产权纠纷是指由于财产所有权、经营权、使用权等产权归属不清而发生的争议”,《民法典》第 10 条所说的“民事纠纷”,指的是民事主体之间因财产关系或人身关系发生的争议或争执。

二、处理民事纠纷的依据的适用规则

《民法典》第 10 条所说的“处理民事纠纷,应当依照法律;法律没有规定的,可以适

---

① 至少早在 2006 年 3 月 14 日,第十届全国人民代表大会第四次会议批准的《中华人民共和国国民经济和社会发展第十一个五年规划纲要》就提出了“要把节约资源作为基本国策,发展循环经济,保护生态环境,加快建设资源节约型、环境友好型社会,促进经济发展与人口、资源、环境相协调。推进国民经济和社会信息化,切实走新型工业化道路,坚持节约发展、清洁发展、安全发展,实现可持续发展。”

② 至少早在 1988 年 3 月 25 日,由国务院时任代总理李鹏在第七届全国人民代表大会第一次会议上作的《政府工作报告》中就明确提出了“加强环境保护也是我国的一项基本国策”。该政府工作报告于 1988 年 4 月 13 日经第七届全国人民代表大会第一次会议批准。

③ 中国社会科学院语言研究所词典编辑室编:《现代汉语词典》(修订本),商务印书馆 1996 年版,第 674 页。

用习惯”,意味着,处理民事纠纷的依据既包括法律,也可以包括习惯。

根据《民法典》第 10 条,处理民事纠纷的适用规则如下:

第一,处理民事纠纷,首先应当适用法律的规定。在法律有规定的情况下,只能适用法律的规定,不得适用习惯。

第二,在且仅在法律没有规定的情况下,才可以适用习惯。“民事关系十分复杂,对法律没有规定的事项,人民法院在一定条件下根据商业惯例或者民间习惯处理民事纠纷,有利于纠纷的解决。”①

第三,在法律没有规定的情况下适用习惯来处理民事纠纷时,如果适用相关习惯将导致违反公序良俗,那么,就不得适用该相关习惯。

第四,在法律没有规定的情况下适用习惯来处理民事纠纷时,如果适用相关习惯将导致违背社会主义核心价值观,那么,也不得适用该相关习惯。对此,《最高人民法院关于适用〈中华人民共和国民法典〉总则编若干问题的解释》(以下简称“《民法典总则编解释》”)第 2 条第 3 款规定:“适用习惯,不得违背社会主义核心价值观,不得违背公序良俗。”

值得注意的是,由于《民法典》第 10 条使用的是“可以适用习惯”的表述,而非“应当适用习惯”的表述,因此,在法律没有规定的情况下,适用习惯还是不适用习惯,人民法院或仲裁机构拥有裁量权。

针对适用习惯处理民事纠纷,《最高人民法院关于为推进农村改革发展提供司法保障和法律服务的若干意见》(法发〔2008〕36 号)提出要“注重对风俗习惯中的积极因素进行广泛深入的收集整理与研究,使其转化为有效的司法裁判资源。要重视善良民俗习惯在有效化解社会矛盾纠纷,促进新农村和谐稳定中的积极作用”。不过,在习惯的适用方面,《最高人民法院关于为实施乡村振兴战略提供司法服务和保障的意见》(法发〔2018〕19 号)第 41 条也要求“尊重不违反法律强制性规定的村规民约、乡风民俗,妥善把握民事审判对习惯的适用”。

需要注意的是,《民法典》总则编第 4 条至第 9 条所规定的民法的基本原则,可以作为处理民事纠纷的遵循,但不应直接作为处理民事纠纷的依据。对此,《民法典总则编解释》第 1 条第 3 款规定了:“民法典及其他法律对民事关系没有具体规定的,可以遵循民法典关于基本原则的规定。”此外,在某富国际有限公司与黄某荣、上海某成资源(集团)有限公司等服务合同纠纷案中,最高人民法院(2022)最高法民再 91 号民事判决书(载《最高人民法院公报》2023 年第 9 期)也认为:“原审判决不应直接适用公平原则,行使自由裁量权判令某成公司对黄某荣向某富公司支付服务报酬义务承担连带责任。民事审判中,只有在法律没有具体规定的情况下,为了实现个案正义,法院才可以适用法律的基本原则和基本精神进行裁判。通常情况下,法院不能直接将‘公平原则’这一法律基本原则作为裁判规则,否则就构成向一般条款逃逸,违背法律适用的基本规则。本案原审判决以公平原则认定非合同当事人的实际受益人某成公司对黄某荣的付款义务承担连带责任,既缺乏当事人的意思自治,又无视当事人在民商事活动中的预期,还容易开启自由裁量的滥用。”

① 中国人大网 2016 年 7 月 5 日公布的《关于〈中华人民共和国民法总则(草案)〉的说明》。

三、作为处理民事纠纷的依据的“法律”的理解

(一)《民法典》第 10 条所说的“法律”的含义

由于《民法典》同时使用了“法律”“行政法规”“法规”[①]“规章”[②]的表述,因此,结合《立法法》第 10 条关于国家立法权的规定[③],《民法典》第 10 条所说的“处理民事纠纷,应当依照法律;法律没有规定的,……”中的“法律”,指的应该是由全国人民代表大会和全国人民代表大会常务委员会制定的法律,不包括行政法规、地方性法规、自治条例和单行条例、规章、司法解释或其他规范性文件。

(二)《民法典》第 10 条所说的“法律”应视情况作相应扩大解释

不过,根据下列规定,《民法典》第 10 条所说的作为处理民事纠纷的依据的“法律”,不应仅限于全国人民代表大会和全国人民代表大会常务委员会制定的法律,而应视情况作相应的扩大解释,解释为包括法律和法律解释、国务院的行政法规、决定、命令和国务院的其他规范性文件、地方性法规、自治条例或者单行条例、司法解释;在特定情形下,还包括与法律法规不相抵触的规章、规范性文件和业务规则:

第一,法律解释。对此,《立法法》第 53 条规定了“全国人民代表大会常务委员会的法律解释同法律具有同等效力”,《最高人民法院关于裁判文书引用法律、法规等规范性法律文件的规定》(法释〔2009〕14 号)第 4 条规定了“民事裁判文书应当引用法律、法律解释或者司法解释”。

第二,司法解释。对此,《人民法院组织法》第 18 条第 1 款规定了“最高人民法院可以对属于审判工作中具体应用法律的问题进行解释”,《全国人民代表大会常务委员会关于加强法律解释工作的决议》第 2 条规定了“凡属于法院审判工作中具体应用法律、法令的问题,由最高人民法院进行解释”,《最高人民法院关于司法解释工作的规定》(2021 年修正)第 5 条规定了“最高人民法院发布的司法解释,具有法律效力”、第

---

① 比如,《民法典》第 277 条第 1 款规定:“业主可以设立业主大会,选举业主委员会。业主大会、业主委员会成立的具体条件和程序,依照法律、法规的规定”,第 289 条规定:“法律、法规对处理相邻关系有规定的,依照其规定;法律、法规没有规定的,可以按照当地习惯”,第 1251 条规定:“饲养动物应当遵守法律法规,尊重社会公德,不得妨碍他人生活”。需要注意的是,结合《法规、司法解释备案审查工作办法》(2019 年 12 月 16 日第十三届全国人大常委会第 44 次委员长会议通过)第 2 条关于“对行政法规、监察法规、地方性法规、自治州和自治县的自治条例和单行条例、经济特区法规(以下统称法规)以及最高人民法院、最高人民检察院作出的属于审判、检察工作中具体应用法律的解释(以下统称司法解释)的备案审查,适用本办法”的规定,《民法典》所说的“法规”,指的是“行政法规、监察法规、地方性法规、自治州和自治县的自治条例和单行条例、经济特区法规”。

② 比如,《民法典》第 1222 条第 1 项规定:“患者在诊疗活动中受到损害,有下列情形之一的,推定医疗机构有过错:(一)违反法律、行政法规、规章以及其他有关诊疗规范的规定。”

③ 《立法法》第 10 条规定:“全国人民代表大会和全国人民代表大会常务委员会根据宪法规定行使国家立法权。全国人民代表大会制定和修改刑事、民事、国家机构的和其他的基本法律。全国人民代表大会常务委员会制定和修改除应当由全国人民代表大会制定的法律以外的其他法律;在全国人民代表大会闭会期间,对全国人民代表大会制定的法律进行部分补充和修改,但是不得同该法律的基本原则相抵触。全国人民代表大会可以授权全国人民代表大会常务委员会制定相关法律。”

27 条规定了"司法解释施行后,人民法院作为裁判依据的,应当在司法文书中援引。人民法院同时引用法律和司法解释作为裁判依据的,应当先援引法律,后援引司法解释"。

第三,国务院的行政法规、决定、命令和其他规范性文件。对此,《最高人民法院关于裁判文书引用法律、法规等规范性法律文件的规定》(法释〔2009〕14 号)第 1 条规定了"人民法院的裁判文书应当依法引用相关法律、法规等规范性法律文件作为裁判依据",第 2 条规定了"并列引用多个规范性法律文件的,引用顺序如下:法律及法律解释、行政法规、地方性法规、自治条例或者单行条例、司法解释",第 4 条规定了"民事裁判文书应当引用法律、法律解释或者司法解释。对于应当适用的行政法规、地方性法规或者自治条例和单行条例,可以直接引用";最高人民法院《全国法院民商事审判工作会议纪要》(法〔2019〕254 号,以下简称"《九民会议纪要》")第 73 条规定了"在确定卖方机构适当性义务的内容时,应当以合同法、证券法、证券投资基金法、信托法等法律规定的基本原则和国务院发布的规范性文件作为主要依据"。

第四,地方性法规、经济特区法规①、自治条例或者单行条例。对此,《最高人民法院关于裁判文书引用法律、法规等规范性法律文件的规定》(法释〔2009〕14 号)第 1 条规定了"人民法院的裁判文书应当依法引用相关法律、法规等规范性法律文件作为裁判依据",第 2 条规定了"并列引用多个规范性法律文件的,引用顺序如下:法律及法律解释、行政法规、地方性法规、自治条例或者单行条例、司法解释",第 4 条规定了"民事裁判文书应当引用法律、法律解释或者司法解释。对于应当适用的行政法规、地方性法规或者自治条例和单行条例,可以直接引用"。

第五,特定的规章。对此,《最高人民法院关于审理票据纠纷案件若干问题的规定》(2020 年修正)第 62 条规定了"人民法院审理票据纠纷案件,适用票据法的规定;票据法没有规定的,适用《中华人民共和国民法典》等法律以及国务院制定的行政法规。中国人民银行制定并公布施行的有关行政规章与法律、行政法规不抵触的,可以参照适用",《最高人民法院关于审理生态环境侵权纠纷案件适用惩罚性赔偿的解释》(法释〔2022〕1 号)第 5 条规定了"人民法院认定侵权人污染环境、破坏生态的行为是否违反法律规定,应当以法律、法规为依据,可以参照规章的规定"。

第六,特定的规范性文件、业务规则。对此,《最高人民法院关于为深化新三板改革、设立北京证券交易所提供司法保障的若干意见》(法发〔2022〕17 号)第 3 条规定了"对于证券监管部门、证券交易所经法定程序制定的、与法律法规不相抵触的股票发行、上市、持续监管等规章、规范性文件和业务规则的相关规定,人民法院可以在审理

---

① 《立法法》第 84 条规定:"经济特区所在地的省、市的人民代表大会及其常务委员会根据全国人民代表大会的授权决定,制定法规,在经济特区范围内实施。上海市人民代表大会及其常务委员会根据全国人民代表大会常务委员会的授权决定,制定浦东新区法规,在浦东新区实施。海南省人民代表大会及其常务委员会根据法律规定,制定海南自由贸易港法规,在海南自由贸易港范围内实施。"

案件时依法参照适用"[①]，第 4 条规定了"人民法院在事实认定和法律适用过程中，应充分尊重相关改革实践，参照适用依法制定的相关规章、规范性文件、业务规则，切实维护新三板市场秩序，保护投资者合法权益"；《九民会议纪要》第 73 条规定了"在确定卖方机构适当性义务的内容时，应当以合同法、证券法、证券投资基金法、信托法等法律规定的基本原则和国务院发布的规范性文件作为主要依据。相关部门在部门规章、规范性文件中对高风险等级金融产品的推介、销售，以及为金融消费者参与高风险等级投资活动提供服务作出的监管规定，与法律和国务院发布的规范性文件的规定不相抵触的，可以参照适用"。

（三）判例在处理民事纠纷中的作用

尽管我国是成文法国家，人民法院应当依照法律裁判案件[②]，但是，基于以下规定，法院在处理民事纠纷的过程中，如果待决案件在基本案情和法律适用方面与最高人民法院发布的指导性案例相类似，那么，就应当参照指导性案例的裁判要点作出裁判；否则，可能导致案件需要重新审理[③]：

第一，《人民法院组织法》第 18 条第 2 款规定了"最高人民法院可以发布指导性案例"，《最高人民法院关于案例指导工作的规定》（法发〔2010〕51 号）第 7 条规定了"最高人民法院发布的指导性案例，各级人民法院审判类似案例时应当参照"。

第二，《最高人民法院关于统一法律适用加强类案检索的指导意见（试行）》第 9 条规定了"检索到的类案为指导性案例的，人民法院应当参照作出裁判，但与新的法律、行政法规、司法解释相冲突或者为新的指导性案例所取代的除外。检索到其他类案的，人民法院可以作为作出裁判的参考"，第 10 条规定了"公诉机关、案件当事人及其辩护人、诉讼代理人等提交指导性案例作为控（诉）辩理由的，人民法院应当在裁判文书说理中回应是否参照并说明理由；提交其他类案作为控（诉）辩理由的，人民法院可以通过释明等方式予以回应"。

---

① 另外，《最高人民法院关于为设立科创板并试点注册制改革提供司法保障的若干意见》（法发〔2019〕17 号）第 4 条规定："对于证券交易所经法定程序制定的科创板发行、上市、持续监管等业务规则，只要不具有违反法律法规强制性规定情形，人民法院在审理案件时可以依法参照适用……"《最高人民法院关于为创业板改革并试点注册制提供司法保障的若干意见》（法发〔2020〕28 号）第 4 条规定了"对于证券监管部门、证券交易所经法定程序制定的、与法律法规不相抵触的创业板发行、上市、持续监管等规章、规范性文件和业务规则的相关规定，人民法院可以在审理案件时依法参照适用"。

② 《加强类案检索 统一法律适用 全面落实司法责任制——最高人民法院相关负责人就〈关于统一法律适用加强类案检索的指导意见（试行）〉答记者问》（载最高人民法院网，https://www.court.gov.cn/zixun/xiangqing/244021.html，最后访问日期：2024 年 5 月 12 日）。

③ 比如，辽宁省高级人民法院（2021）辽民申 5273 号民事裁定书认为："根据《最高人民法院关于统一法律适用加强类案检索的指导意见（试行）》第九条'检索到的类案为指导性案例的，人民法院应当参照作出裁判，但与新的法律、行政法规、司法解释相冲突或者为新的指导性案例所取代的除外。检索到其他类案的，人民法院可以作为作出裁判的参考。'第十条'公诉机关、案件当事人及其辩护人、诉讼代理人等提交指导性案例作为控（诉）辩理由的，人民法院应当在裁判文书说理中回应是否参照并说明理由；提交其他类案作为控（诉）辩理由的，人民法院可以通过释明等方式予以回应。'之规定，对于再审申请人提出本案与最高人民法院颁布的第 24 号指导案例案件基本事实、争议焦点及法律适用具有高度相似性，应同案同判的理由，原一、二审法院未予论述说理，应参照该指导意见重新予以审理。"

第三,《最高人民法院关于完善统一法律适用标准工作机制的意见》(法发〔2020〕35号)第19条规定了:"法官在类案检索时,检索到的类案为指导性案例的,应当参照作出裁判,但与新的法律、行政法规、司法解释相冲突或者为新的指导性案例所取代的除外;检索到其他类案的,可以作为裁判的参考。"

第四,《最高人民法院统一法律适用工作实施办法》(法〔2021〕289号)第9条第1款规定了:"待决案件在基本案情和法律适用方面与检索到的指导性案例相类似的,合议庭应当参照指导性案例的裁判要点作出裁判。"

此外,最高人民法院还建设了人民法院案例库,"收录最高人民法院发布的指导性案例和经最高人民法院审核入库的参考案例"①,并规定"各级人民法院审理案件时,应当检索人民法院案例库,严格依照法律和司法解释、规范性文件,并参考入库类似案例作出裁判"②,"各级人民法院审理案件时参考入库类似案例的,可以将类似案例的裁判理由、裁判要旨作为本案裁判考量、理由参引,……公诉机关、当事人及其辩护人、诉讼代理人等提交入库案例作为控(诉)辩理由的,人民法院应当在裁判文书说理中予以回应"③。也就是说,"人民法院审理案件必须查阅案例库,参考入库同类案例作出裁判,以保障法律适用统一、裁判尺度统一,避免'同案不同判'"④。

不过,需要注意的是,由于《最高人民法院统一法律适用工作实施办法》(法〔2021〕289号)第9条同时明确了"参照指导性案例的,应当将指导性案例作为裁判理由引述,但不得作为裁判依据引用",《人民法院案例库建设运行工作规程》(法〔2024〕92号)第21条第1款也规定了:"各级人民法院审理案件时参考入库类似案例的,可以将类似案例的裁判理由、裁判要旨作为本案裁判考量、理由参引,但不作为裁判依据",因此,指导性案例或其他判例并非裁判依据,不能将指导性案例或其他判例解释为《民法典》第10条所说的作为处理民事纠纷的依据的"法律"。

四、习惯的认定和证明

(一)习惯的认定

《民法典》使用了"习惯"的表述,但本身没有对何为习惯或如何认定习惯直接作出规定。

不过,《民法典总则编解释》第2条第1款规定:"在一定地域、行业范围内长期为一般人从事民事活动时普遍遵守的民间习俗、惯常做法等,可以认定为民法典第十条规定的习惯。"

根据上述界定,同时符合以下条件的民间习俗或惯常做法等,方可认定为"习惯":

第一,在空间范围上,应限于特定的地域范围或行业范围,无须存在于全国或省级行政区域范围内。

第二,在时间范围上,应达到"长期"遵守的程度。

---

① 《人民法院案例库建设运行工作规程》(法〔2024〕92号)第3条第1款。

② 《人民法院案例库建设运行工作规程》(法〔2024〕92号)第19条。

③ 《人民法院案例库建设运行工作规程》(法〔2024〕92号)第21条。

④ 《最高人民法院关于征集人民法院案例库参考案例的公告》(2023年12月22日)。

第三，在主体范围上，应限于由该地域范围或行业范围内的“一般人”所“普遍”遵守。

需要注意的是，由于《民法典》第 10 条在规定“可以适用习惯”的同时，还明确规定了“但是不得违背公序良俗”，因此，《民法典》第 10 条所说的“习惯”，既包括符合公序良俗的习惯，也包括不符合公序良俗的习惯。

还需注意的是，根据《民法典总则编解释》第 2 条第 2 款关于“当事人主张适用习惯的，应当就习惯及其具体内容提供相应证据；必要时，人民法院可以依职权查明”的规定，只有人民法院才拥有认定习惯的权力。

值得一提的是，在合同法律关系中，还存在“交易习惯”。“交易习惯”是“习惯”的特殊形态，二者是特殊与一般的关系。交易习惯的认定条件，主要是由《民法典合同编通则解释》第 2 条第 1 款规定的，即：“下列情形，不违反法律、行政法规的强制性规定且不违背公序良俗的，人民法院可以认定为民法典所称的‘交易习惯’：（一）当事人之间在交易活动中的惯常做法；（二）在交易行为当地或者某一领域、某一行业通常采用并为交易对方订立合同时所知道或者应当知道的做法。”

（二）习惯的证明或查明

根据《民事诉讼法》第 67 条第 1 款①和《民诉法解释》第 90 条、第 91 条第 1 项②的规定，原则上，应由主张适用习惯的当事人举证证明在一定地域、行业范围内存在相关习惯及其包含的具体内容；仅在例外的情况下，才可由法院依职权予以查明。

对此，《民法典总则编解释》第 2 条第 2 款规定：“当事人主张适用习惯的，应当就习惯及其具体内容提供相应证据；必要时，人民法院可以依职权查明”；《民法典合同编通则解释》第 2 条第 2 款也规定：“对于交易习惯，由提出主张的当事人一方承担举证责任。”

五、民事纠纷的解决方法

《民法典》第 348 条第 2 款、第 367 条第 2 款、第 373 条第 2 款和第 470 条第 1 款使用了“解决争议的方法”的表述③，但是《民法典》第 10 条本身没有规定解决民事纠纷的方法有哪些。

---

① 《民事诉讼法》第 67 条第 1 款规定：“当事人对自己提出的主张，有责任提供证据。”

② 《民诉法解释》第 90 条规定：“当事人对自己提出的诉讼请求所依据的事实或者反驳对方诉讼请求所依据的事实，应当提供证据加以证明，但法律另有规定的除外。在作出判决前，当事人未能提供证据或者证据不足以证明其事实主张的，由负有举证证明责任的当事人承担不利的后果”，第 91 条规定：“人民法院应当依照下列原则确定举证证明责任的承担，但法律另有规定的除外：（一）主张法律关系存在的当事人，应当对产生该法律关系的基本事实承担举证证明责任；（二）主张法律关系变更、消灭或者权利受到妨害的当事人，应当对该法律关系变更、消灭或者权利受到妨害的基本事实承担举证证明责任。”

③ 其他法律也有使用“解决争议方式”（如《证券投资基金法》第 52 条第 16 项）和“争议解决办法”（如《合伙企业法》第 18 条第 8 项）的表述的。

结合《民法典》第 233 条①、原《合同法》第 128 条②,《合伙企业法》第 103 条第 2 款③,《农村土地承包经营纠纷调解仲裁法》第 3 条、第 4 条④,《最高人民法院关于建立健全诉讼与非诉讼相衔接的矛盾纠纷解决机制的若干意见》(法发〔2009〕45 号)、《最高人民法院关于人民法院进一步深化多元化纠纷解决机制改革的意见》(法发〔2016〕14 号)等规定,解决民事纠纷的方法,主要包括和解(协商)、调解(人民调解、商事调解、行业调解等)、仲裁(商事仲裁、劳动争议仲裁、农村土地承包经营纠纷仲裁等)和诉讼。

在民事主体发生争议时,可以通过和解(协商)或者调解解决;当事人不愿意通过和解(协商)、调解解决,或者虽然进行了协商、调解,但协商、调解不成的,可以按照当事人约定的仲裁条款或者事后达成的书面仲裁协议,向仲裁机构申请仲裁;当事人未约定仲裁条款,事后又没有达成书面仲裁协议的,可以向人民法院起诉,请求人民法院解决民事纠纷。

根据《民法典》第 5 条、第 8 条和第 10 条的规定,法院在处理相关案件的过程中,也"要按照意思自治、法律规定、交易习惯和公序良俗等不同效力和习惯顺序进行裁判,保障当事人在意思自治下作出的对实体权益的合法处分权和对程序权利的合法选择权,在坚持严格司法和保障程序公正的范围内,积极引导、鼓励当事人在诉讼程序和执行程序中自愿选择调解、和解等体现当事人自主解决纠纷的方式"⑤。

第十一条 【《民法典》与民商事特别法的适用关系】其他法律对民事关系有特别规定的,依照其规定。

【条文通释】

《民法典》第 11 条是关于《民法典》与民商事特别法的适用关系⑥的规定。

---

① 《民法典》第 233 条规定:"物权受到侵害的,权利人可以通过和解、调解、仲裁、诉讼等途径解决。"

② 原《合同法》第 128 条规定:"当事人可以通过和解或者调解解决合同争议。当事人不愿和解、调解或者和解、调解不成的,可以根据仲裁协议向仲裁机构申请仲裁。涉外合同的当事人可以根据仲裁协议向中国仲裁机构或者其他仲裁机构申请仲裁。当事人没有订立仲裁协议或者仲裁协议无效的,可以向人民法院起诉。当事人应当履行发生法律效力的判决、仲裁裁决、调解书;拒不履行的,对方可以请求人民法院执行。"

③ 《合伙企业法》第 103 条第 2 款规定:"合伙人履行合伙协议发生争议的,合伙人可以通过协商或者调解解决。不愿通过协商、调解解决或者协商、调解不成的,可以按照合伙协议约定的仲裁条款或者事后达成的书面仲裁协议,向仲裁机构申请仲裁。合伙协议中未订立仲裁条款,事后又没有达成书面仲裁协议的,可以向人民法院起诉。"

④ 《农村土地承包经营纠纷调解仲裁法》第 3 条规定:"发生农村土地承包经营纠纷的,当事人可以自行和解,也可以请求村民委员会、乡(镇)人民政府等调解",第 4 条规定:"当事人和解、调解不成或者不愿和解、调解的,可以向农村土地承包仲裁委员会申请仲裁,也可以直接向人民法院起诉"。

⑤ 《最高人民法院关于在人民法院工作中培育和践行社会主义核心价值观的若干意见》(法发〔2015〕14 号)第 10 条。

⑥ 全国人民代表大会常务委员会时任副委员长李建国 2017 年 3 月 8 日在第十二届全国人民代表大会第五次会议上作的《关于〈中华人民共和国民法总则(草案)〉的说明》提及:"关于民事法律的适用规则,草案规定:……二是其他法律对民事关系有特别规定的,依照其规定。著作权法、专利法、保险法等民商事特别法既涉及民事法律关系,也涉及行政法律关系,还有一些涉及特殊商事规则,这些法律很难也不宜纳入民法典,这条规则明确了民法总则与民商事特别法的关系"。

一、《民法典》与民商事特别法的适用关系

(一)关于"其他法律"的界定

《民法典》第 11 条所说的"其他法律",指的是除《民法典》之外的所有其他法律。并且,这些"其他法律"不仅仅限于民商事法律,只要其中对民事关系作出了特别的规定,就都属于《民法典》第 11 条所说的"其他法律"。

(二)"特别规定"与"一般规定"

《民法典》第 11 条所说的"特别规定",是与"一般规定"相对应的。就调整民事关系而言,《民法典》(包括总则编和其他各编)的规定属于"一般规定",其他法律作出的不同的规定则属于"特别规定"。

(三)"特别规定"与"另有规定""不同规定"

《民法典》同时使用了"特别规定"和"另有规定"的表述[①],其他法律还使用了"不同规定"的表述[②]。由于"另有规定"意味着"作出了另外的规定"或"作出了不同的规定",因此,通常而言,"有特别规定"与"另有规定"或"不同规定"具有相同的含义。

(四)"特别规定"与"细化规定"

《民法典》本身没有使用"细化规定"的表述。最高人民法院在司法解释中使用了"细化规定"的表述。[③]

根据《民法典总则编解释》第 1 条第 2 款第 1 句所说的"就同一民事关系,其他民事法律的规定属于对民法典相应规定的细化的,应当适用该民事法律的规定","细化规定"属于对原有规定的具体化,不同于"特别规定""另有规定"或"不同规定"。

(五)"其他法律有特别规定"与"法律另有规定"

《民法典》除了在第 11 条使用了"其他法律对民事关系有特别规定"的表述外,还

① 其中,《民法典》有 3 处(《民法典》第 11 条、第 128 条和物权编第九章的标题)使用了"特别规定"的表述,使用"另有规定"的表述则有 53 处。

② 比如,《民事诉讼法》第 271 条规定:"中华人民共和国缔结或者参加的国际条约同本法有不同规定的,适用该国际条约的规定,但中华人民共和国声明保留的条款除外。"《最高人民法院关于审理涉外民商事案件适用国际条约和国际惯例若干问题的解释》(法释〔2023〕15 号)第 1 条规定:"人民法院审理《中华人民共和国海商法》、《中华人民共和国票据法》、《中华人民共和国民用航空法》、《中华人民共和国海上交通安全法》调整的涉外民商事案件,涉及适用国际条约的,分别按照《中华人民共和国海商法》第二百六十八条、《中华人民共和国票据法》第九十五条、《中华人民共和国民用航空法》第一百八十四条、《中华人民共和国海上交通安全法》第一百二十一条的规定予以适用。人民法院审理上述法律调整范围之外的其他涉外民商事案件,涉及适用国际条约的,参照上述法律的规定。国际条约与中华人民共和国法律有不同规定的,适用国际条约的规定,但中华人民共和国声明保留的条款除外。"

③ 《最高人民法院关于印发修改后的〈民事案件案由规定〉的通知》(法〔2020〕347 号)提出:"根据民法典侵权责任编的相关规定,该编的保护对象为民事权益,具体范围是民法典总则编第五章所规定的人身、财产权益。这些民事权益,又分别在人格权编、物权编、婚姻家庭编、继承编等予以了细化规定……"

在其他条款使用了“法律另有规定”“法律、行政法规另有规定”“法律、行政法规对……另有规定”“本法和其他法律对……另有规定”的表述。①

需要注意的是,“其他法律有特别规定”与“法律另有规定”并非一一对应的关系。《民法典》所说的“法律另有规定”,既包括“其他法律另有规定”,也包括“本法另有规定”。由此,“其他法律有特别规定”与“法律另有规定”的差别,主要在于“其他法律有特别规定”不包括“本法有特别规定”。也因此,《民法典》总则编和各分编中的“法律另有规定的,依照其规定”,既包含了《民法典》第 11 条所说的“其他法律对民事关系有特别规定的,依照其规定”,也包含了“本法另有规定的,依照其规定”的含义。

比如,针对诉讼时效期间,《民法典》第 188 条第 1 款规定:“向人民法院请求保护民事权利的诉讼时效期间为三年。法律另有规定的,依照其规定。”其中的“法律另有规定”,就既包括《民用航空法》第 135 条关于“航空运输的诉讼时效期间为二年,自民用航空器到达目的地点、应当到达目的地点或者运输终止之日起计算”的规定、《产品质量法》第 45 条第 1 款关于“因产品存在缺陷造成损害要求赔偿的诉讼时效期间为二年,自当事人知道或者应当知道其权益受到损害时起计算”的规定、《拍卖法》第 61 条第 3 款关于“因拍卖标的存在瑕疵未声明的,请求赔偿的诉讼时效期间为一年,自当事人知道或者应当知道权利受到损害之日起计算”的规定和第 4 款关于“因拍卖标的存在缺陷造成人身、财产损害请求赔偿的诉讼时效期间,适用《中华人民共和国产品质量法》和其他法律的有关规定”的规定,也包括《民法典》第 594 条关于“因国际货物买卖合同和技术进出口合同争议提起诉讼或者申请仲裁的时效期间为四年”的规定。

(六)《民法典》与民商事特别法的适用关系

1. 其他法律对民事关系有特别规定时的适用规则

《民法典》第 11 条所说的“其他法律对民事关系有特别规定”,指的是在《民法典》针对民事关系已经作出了规定(该规定为一般规定)的情况下,其他法律也对该民事关系作出了规定,并且其他法律所作出的是与《民法典》的规定不一致的规定(该规定为特别规定),但不包括其他法律在《民法典》本身未作规定的情况下作出规定的情形。

需要注意的是,《民法典》第 11 条所说的“其他法律对民事关系有特别规定”,既包括“其他法律对民事关系作出的新的特别规定”,也包括“其他法律对民事关系作出的旧的特别规定”。

针对特别规定与一般规定的适用规则,《立法法》第 103 条规定了“同一机关制定的法律、行政法规、地方性法规、自治条例和单行条例、规章,特别规定与一般规定不一致的,适用特别规定;新的规定与旧的规定不一致的,适用新的规定”;在此基础上,针对新的一般规定与旧的特别规定不一致的适用规则,《立法法》第 105 条第 1 款进一步规定了“法律之间对同一事项的新的一般规定与旧的特别规定不一致,不能确定如何适用时,由全国人民代表大会常务委员会裁决”。其中,在“法律之间对同一事项的新

---

① 《民法典》有 45 处使用了“法律另有规定”的表述,使用“法律、行政法规另有规定”(包括“法律、行政法规对……另有规定”)的表述有 5 处,使用“国家另有规定”的表述有 1 处,使用“本法和其他法律对……另有规定”的表述有 1 处,使用“本章另有规定”的表述有 1 处。

的一般规定与旧的特别规定不一致”的情况下，只有在“不能确定如何适用时”，才“由全国人民代表大会常务委员会裁决”；如果“能够确定如何适用”，则无须、也不应“由全国人民代表大会常务委员会裁决”。

就调整民事关系而言，《民法典》第 11 条关于“其他法律对民事关系有特别规定的，依照其规定”的规定，具有三个层面的效果：

一是该规定包含了《立法法》第 103 条关于“同一机关制定的法律……特别规定与一般规定不一致的，适用特别规定”的含义。对此，《民法典总则编解释》第 1 条第 2 款也进一步规定了：“就同一民事关系……民法典规定适用其他法律的，适用该法律的规定”。

二是该规定对《民法典》施行之前的原有法律针对民事关系已经作出的、不同于《民法典》的规定的原有的规定（即旧的特别规定）作出了明确的承认，以确保法律秩序的稳定和延续。

三是该规定明确允许并认可立法机关在《民法典》施行之后，在必要时通过对现有法律进行修改或制定新的法律的方式，针对民事关系作出不同于《民法典》的规定的新的规定（即新的特别规定），以适应社会和经济的发展要求，也为将来制定新的专门的民事特别法律预留了空间。

由此可见，《民法典》第 11 条关于“其他法律对民事关系有特别规定的，依照其规定”的规定，既排除了《立法法》第 103 条关于“同一机关制定的法律……新的规定与旧的规定不一致的，适用新的规定”的规定的适用，又消除了发生《立法法》第 105 条第 1 款所说的“法律之间对同一事项的新的一般规定与旧的特别规定不一致，不能确定如何适用”的情形的可能性，明确了《民法典》针对同一事项作出的新的一般规定与其他原有法律所作出的旧的特别规定不一致时的适用规则，即应当直接适用其他法律的旧的特别规定，而无须适用《立法法》第 105 条第 1 款所说“由全国人民代表大会常务委员会裁决”。因此，不论其他法律对民事关系的特别规定是新的规定还是旧的规定，只要是其他法律的特别规定，就都属于《民法典》第 11 条所说的“其他法律对民事关系有特别规定”，就都应当适用《民法典》第 11 条所说的“依照其规定”，并因此而优先于《民法典》的相应规定得到适用。

还需注意的是，在《民法典》本身对同一事项既有一般规定、又有特别规定的情况下，根据《立法法》第 103 条所说的“同一机关制定的法律……特别规定与一般规定不一致的，适用特别规定”的规定，《民法典》本身的特别规定应当优先于《民法典》本身的一般规定得到适用。

比如，针对诉讼时效期间，《民法典》第 188 条第 2 款第 1 句（总则编）规定：“诉讼时效期间自权利人知道或者应当知道权利受到损害以及义务人之日起计算”，第 594 条（合同编）规定：“因国际货物买卖合同和技术进出口合同争议提起诉讼或者申请仲裁的时效期间为四年”。与《民法典》第 188 条第 2 款第 1 句相比，《民法典》第 594 条属于特别规定、应当优先适用。

2. 其他法律对民事关系有细化规定时的适用规则

针对同一民事关系，如果其他法律在《民法典》的规定的基础上作出了细化规定，则应当直接适用该细化规定，不再适用《民法典》的该相应规定。

对此,《民法典总则编解释》第 1 条第 2 款第 1 句规定了:"就同一民事关系,其他民事法律的规定属于对民法典相应规定的细化的,应当适用该民事法律的规定。"

3. 其他法律对民事关系作出了规定而《民法典》未作规定时的适用规则

如果其他法律对民事关系作出了规定而《民法典》未作规定,此时不存在适用《民法典》第 11 条的空间,应当直接适用其他法律的该规定。

对此,《民法典总则编解释》第 1 条第 2 款第 2 句规定了:"民法典规定适用其他法律的,适用该法律的规定。"比如,《民法典》第 92 条第 2 款①、第 99 条第 2 款②、第 100 条第 2 款③、第 127 条④、第 198 条⑤、第 289 条⑥、第 646 条⑦就是这样的例子。

4. 其他法律对民事关系没有规定时的适用规则

需要注意的是,在其他法律没有对民事关系作出规定的情况下,此时不存在《民法典》第 11 条的适用空间;根据《民法典》第 2 条关于"民法调整平等主体的自然人、法人和非法人组织之间的人身关系和财产关系"和第 12 条关于"中华人民共和国领域内的民事活动,适用中华人民共和国法律。法律另有规定的,依照其规定"的规定,自然应当适用《民法典》的规定。这也是《民法典》作为"民事领域的基础性、综合性法律"⑧的应有之义和具体体现。

当然,如果《民法典》对民事关系也没有作出具体的规定,则可以遵循《民法典》规定的基本原则。对此,《民法典总则编解释》第 1 条第 3 款规定了:"民法典及其他法律对民事关系没有具体规定的,可以遵循民法典关于基本原则的规定。"

二、《民法典》总则编与其他各编之间的适用关系

(一)《民法总则》与《物权法》《合同法》《侵权责任法》《婚姻法》《继承法》的适用关系

在《民法典》出台之前,考虑到《民法总则》第 1 条规定了"为了保护民事主体的合法权益,调整民事关系,维护社会和经济秩序,适应中国特色社会主义发展要求,弘扬

---

① 《民法典》第 92 条第 2 款规定:"依法设立的宗教活动场所,具备法人条件的,可以申请法人登记,取得捐助法人资格。法律、行政法规对宗教活动场所有规定的,依照其规定。"

② 《民法典》第 99 条第 2 款规定:"法律、行政法规对农村集体经济组织有规定的,依照其规定。"

③ 《民法典》第 100 条第 2 款规定:"法律、行政法规对城镇农村的合作经济组织有规定的,依照其规定。"

④ 《民法典》第 127 条规定:"法律对数据、网络虚拟财产的保护有规定的,依照其规定。"

⑤ 《民法典》第 198 条规定:"法律对仲裁时效有规定的,依照其规定;没有规定的,适用诉讼时效的规定。"

⑥ 《民法典》第 289 条规定:"法律、法规对处理相邻关系有规定的,依照其规定;法律、法规没有规定的,可以按照当地习惯。"

⑦ 《民法典》第 646 条规定:"法律对其他有偿合同有规定的,依照其规定;没有规定的,参照适用买卖合同的有关规定。"

⑧ 全国人民代表大会常务委员会时任副委员长王晨 2020 年 5 月 22 日在第十三届全国人民代表大会第三次会议上作的《关于〈中华人民共和国民法典(草案)〉的说明》、全国人民代表大会常务委员会时任副委员长李建国 2017 年 3 月 8 日在第十二届全国人民代表大会第五次会议上作的《关于〈中华人民共和国民法总则(草案)〉的说明》。

社会主义核心价值观,根据宪法,制定本法”,第 206 条规定了“本法自 2017 年 10 月 1 日起施行”,《物权法》第 1 条规定了“为了维护国家基本经济制度,维护社会主义市场经济秩序,明确物的归属,发挥物的效用,保护权利人的物权,根据宪法,制定本法”,第 247 条规定了“本法自 2007 年 10 月 1 日起施行”,《合同法》第 1 条规定了“为了保护合同当事人的合法权益,维护社会经济秩序,促进社会主义现代化建设,制定本法”,第 428 条规定了“本法自 1999 年 10 月 1 日起施行”,《侵权责任法》第 1 条规定了“为保护民事主体的合法权益,明确侵权责任,预防并制裁侵权行为,促进社会和谐稳定,制定本法”,第 92 条规定了“本法自 2010 年 7 月 1 日起施行”,《婚姻法》第 1 条规定了“本法是婚姻家庭关系的基本准则”,第 51 条规定了“本法自 1981 年 1 月 1 日起施行”,《继承法》第 1 条规定了“根据《中华人民共和国宪法》规定,为保护公民的私有财产的继承权,制定本法”,第 37 条规定了“本法自一九八五年十月一日起施行”,因此,《民法总则》和《物权法》《合同法》《侵权责任法》《婚姻法》《继承法》属于不同的法律,互为“本法”和“其他法律”的关系。

在《民法总则》与《合同法》《物权法》《侵权责任法》《婚姻法》《继承法》等民事单行法的适用问题上,原全国人大法律委员会(现全国人大宪法和法律委员会)认为,“合同法、物权法、侵权责任法等民事单行法的规定与民法总则不一致的,根据新法优于旧法的原则,适用民法总则的规定。”①

(二)《民法典》总则编与其他各编的适用关系

1.《民法典》的零散规定

针对《民法典》总则编与其他各编之间的关系,立法机关曾经指出:“民法总则规定民事活动必须遵循的基本原则和一般性规则,统领民法典各分编;各分编将在总则的基础上对各项民事制度作出具体规定。”②《民法典》也使用了“本法第一编”③“本法第

---

① 2017 年 3 月 12 日第十二届全国人民代表大会第五次会议主席团第二次会议通过的《第十二届全国人民代表大会法律委员会关于〈中华人民共和国民法总则(草案)〉审议结果的报告》。严格来讲,原全国人大法律委员会关于“合同法、物权法、侵权责任法等民事单行法的规定与民法总则不一致的,根据新法优于旧法的原则,适用民法总则的规定”的观点是不符合《立法法》的规定的。对于法律的新的一般规定与旧的特别规定的适用问题,当时适用的《立法法》(2015 年修正)第 94 条第 1 款规定:“法律之间对同一事项的新的一般规定与旧的特别规定不一致,不能确定如何适用时,由全国人民代表大会常务委员会裁决。”据此,在法律的新的一般规定与旧的特别规定针对同一事项作出了不一致的规定的情况下,只有在“不能确定如何适用时”,才“由全国人民代表大会常务委员会裁决”;如果“能够确定如何适用”,则无须“由全国人民代表大会常务委员会裁决”。由于《民法总则》第 11 条关于“其他法律对民事关系有特别规定的,依照其规定”的规定,已经确定了如何适用的问题,即:不论其他法律对民事关系的特别规定是新的规定还是旧的规定,都应当“依照其规定”,都应当优先于《民法总则》的规定得到适用。

② 全国人民代表大会常务委员会时任副委员长李建国 2017 年 3 月 8 日在第十二届全国人民代表大会第五次会议上作的《关于〈中华人民共和国民法总则(草案)〉的说明》。

③ 《民法典》第 497 条第 1 项、第 505 条、第 508 条、第 1001 条、第 1096 条、第 1113 第 1 款。

二编”[1]“本法第三编”[2]“本法第五编”[3]“本法第六编”[4]的表述。由此可见,总体而言,《民法典》总则编与其他各编并非“本法”与“其他法律”的关系,而都属于《民法典》的组成部分,都是《民法典》所说的“本法”,是同一法律内部的一般规定与具体规定的关系。也因此,《民法典》第 11 条关于“其他法律对民事关系有特别规定的,依照其规定”的规定,并未涉及《民法典》总则编与其他各编之间的适用关系。

尽管立法机关再三指出《民法典》总则编“统领民法典各分编”[5],但是,《民法典》本身并没有集中统一规定《民法典》总则编与其他各编之间的适用关系,而是在涉及相关民事关系时作出了相应的规定,这些规定散落在《民法典》的不同地方。

比如,针对合同的效力的法律适用,《民法典》第 508 条(合同编)规定:“本编对合同的效力没有规定的,适用本法第一编第六章的有关规定。”

又如,针对自然人因婚姻家庭关系等产生的身份权利的保护的法律适用,《民法典》第 1001 条(人格权编)规定:“对自然人因婚姻家庭关系等产生的身份权利的保护,适用本法第一编、第五编和其他法律的相关规定;没有规定的,可以根据其性质参照适用本编人格权保护的有关规定。”

再如,针对认定收养协议无效的法律适用,《民法典》第 1113 条第 1 款(婚姻家庭编)规定:“有本法第一编关于民事法律行为无效规定情形或者违反本编规定的收养行为无效。”

2.《民法典总则编解释》的统一规定

在《民法典》零散规定的基础上,《民法典总则编解释》针对《民法典》总则编与其他各编之间的适用关系作出了统一的规定。

其中,《民法典总则编解释》第 1 条第 1 款规定:“民法典第二编至第七编对民事关系有规定的,人民法院直接适用该规定;民法典第二编至第七编没有规定的,适用民法典第一编的规定,但是根据其性质不能适用的除外”,第 3 款规定:“民法典及其他法律对民事关系没有具体规定的,可以遵循民法典关于基本原则的规定。”

据此,《民法典》总则编与其他各编之间的适用关系如下:

第一,只要《民法典》物权编、合同编、人格权编、婚姻家庭编、继承编或侵权责任编对民事关系作出了规定,都应当直接适用该规定,而不论总则编是否对该民事关系也作出了规定。

比如,针对合同的约束力,《民法典》第 119 条(总则编)规定:“依法成立的合同,对当事人具有法律约束力。”《民法典》第 465 条第 2 款(合同编)则规定:“依法成立的合同,仅对当事人具有法律约束力,但是法律另有规定的除外。”二者的差别在于合同编

---

① 《民法典》第 690 条第 2 款。

② 《民法典》第 285 条第 1 款。

③ 《民法典》第 1001 条。

④ 《民法典》第 53 条第 1 款。

⑤ 全国人民代表大会常务委员会时任副委员长王晨 2020 年 5 月 22 日在第十三届全国人民代表大会第三次会议上作的《关于〈中华人民共和国民法典(草案)〉的说明》、全国人民代表大会常务委员会时任副委员长李建国 2017 年 3 月 8 日在第十二届全国人民代表大会第五次会议上作的《关于〈中华人民共和国民法总则(草案)〉的说明》。

加上了“仅”字的限定和但书“但是法律另有规定的除外”。此时应当直接适用《民法典》第 465 条第 2 款、而不适用《民法典》第 119 条。

又如,针对不当得利,《民法典》第 122 条(总则编)规定:“因他人没有法律根据,取得不当利益,受损失的人有权请求其返还不当利益。”《民法典》第 985 条(合同编)则规定:“得利人没有法律根据取得不当利益的,受损失的人可以请求得利人返还取得的利益,但是有下列情形之一的除外:(一)为履行道德义务进行的给付;(二)债务到期之前的清偿;(三)明知无给付义务而进行的债务清偿。”二者的差别在于合同编加上了 3 种除外情形,此时应当直接适用《民法典》第 985 条、而不适用《民法典》第 122 条。

再如,针对限制民事行为能力人所立遗嘱的效力,《民法典》第 1143 条第 1 款(继承编)规定:“限制民事行为能力人所立的遗嘱无效”,《民法典》第 145 条第 1 款(总则编)则规定:“限制民事行为能力人实施的纯获利益的民事法律行为或者与其年龄、智力、精神健康状况相适应的民事法律行为有效;实施的其他民事法律行为经法定代理人同意或者追认后有效。”二者的差别在于继承编直接规定限制民事行为能力人所立的遗嘱绝对无效,不存在由其法定代理人同意或追认的余地,此时应当直接适用《民法典》第 1143 条第 1 款、而不适用《民法典》第 145 条第 1 款。

复如,针对受欺诈、受胁迫所立遗嘱的效力,《民法典》第 1143 条第 2 款(继承编)规定:“遗嘱必须表示遗嘱人的真实意思,受欺诈、胁迫所立的遗嘱无效。”《民法典》第 148 条至第 150 条(总则编)则规定受欺诈、受胁迫实施的民事法律行为属于可撤销的民事法律行为。二者的差别在于继承编直接规定受欺诈、受胁迫所立的遗嘱无效,此时应当直接适用《民法典》第 1143 条第 2 款、而不适用《民法典》第 148 条、第 149 条或第 150 条。

第二,《民法典》总则编对民事关系有规定,而物权编、合同编、人格权编、婚姻家庭编、继承编和侵权责任编对该民事关系未作规定时,原则上应当直接适用总则编的该规定,仅在“根据该民事关系的性质不能适用总则编的规定”这一例外情况下,才不适用总则编的规定。

比如,关于宣告失踪和宣告死亡制度,《民法典》只在总则编作出了规定,其他各编都没有规定,此时应当直接适用《民法典》总则编第二章(自然人)第三节(宣告失踪和宣告死亡)的有关规定。

又如,针对恶意串通损害他人合法权益的民事法律行为的效力,只有《民法典》第 154 条(总则编)规定:“行为人与相对人恶意串通,损害他人合法权益的民事法律行为无效”,①《民法典》其他各编都没有对此作出规定,此时应当直接适用《民法典》第 154 条的规定。

第三,《民法典》总则编和物权编、合同编、人格权编、婚姻家庭编、继承编、侵权责任编对民事关系都没有具体规定时,可以遵循《民法典》总则编第一章关于基本原则的规定,即《民法典》第 4 条(平等原则)、第 5 条(自愿原则)、第 6 条(公平原则)、第 7 条

---

① 《民法典》第 164 条第 2 款所说的“代理人和相对人恶意串通,损害被代理人合法权益的,代理人和相对人应当承担连带责任”,也涉及恶意串通,但只规定了恶意串通行为的责任承担,不涉及恶意串通行为的效力问题。

(诚信原则)、第 8 条(公序良俗原则)和第 9 条(绿色原则)。

(三)其他各编之间的适用关系

关于《民法典》其他各编之间的适用关系,《民法典》本身也没有作出集中统一的规定,而是在涉及相关民事关系时作出了相应的规定,这些规定散落在《民法典》的不同地方。

1. 有关身份关系的协议的法律适用

比如,针对有关身份关系的协议,《民法典》第 464 条第 2 款(合同编)规定:"婚姻、收养、监护等有关身份关系的协议,适用有关该身份关系的法律规定;没有规定的,可以根据其性质参照适用本编规定。"

该规定明确了婚姻家庭编、总则编和合同编在有关身份关系的协议上的适用规则,即:婚姻、收养、监护等有关身份关系的协议,应当适用婚姻家庭编、总则编等有关该身份关系的法律的规定;只有在婚姻家庭编、总则编等有关该身份关系的法律未作规定的情况下,才可以根据该身份关系的协议的性质参照适用合同编的规定。

2. 有关侵权之债的法律适用

又如,针对除合同之债之外的包括侵权之债在内的其他各种债权债务,《民法典》第 468 条(合同编)规定:"非因合同产生的债权债务关系,适用有关该债权债务关系的法律规定;没有规定的,适用本编通则的有关规定,但是根据其性质不能适用的除外。"

该规定明确了侵权责任编与合同编在侵权之债上的适用规则,即:侵权之债应当适用侵权责任编等有关侵权之债的法律的规定;只有在侵权责任编等有关侵权之债的法律未作规定的情况下,才可以适用、并应当适用合同编通则的有关规定(当然,如果根据侵权之债的性质不能适用合同编通则,则不得适用合同编通则)。①

3. 最高额保证的法律适用

再如,针对最高额保证合同,《民法典》第 690 条第 2 款(合同编)规定:"最高额保证除适用本章规定外,参照适用本法第二编最高额抵押权的有关规定。"

该规定明确了物权编和合同编在最高额保证上的适用规则,即:最高额保证不仅应当适用合同编有关保证合同的规定,还可以(并应当)参照适用物权编有关最高额抵押权的规定。

4. 自然人因婚姻家庭关系等产生的身份权利的保护的法律适用

复如,针对自然人因婚姻家庭关系等产生的身份权利的保护,《民法典》第 1001 条(人格权编)规定:"对自然人因婚姻家庭关系等产生的身份权利的保护,适用本法第一编、第五编和其他法律的相关规定;没有规定的,可以根据其性质参照适用本编人格权保护的有关规定。"

---

① 《民法典》第 996 条针对当事人一方违约损害对方人格权并造成严重精神损害的责任承担作出了特别规定,即"因当事人一方的违约行为,损害对方人格权并造成严重精神损害,受损害方选择请求其承担违约责任的,不影响受损害方请求精神损害赔偿"。这就意味着,在当事人一方的违约,损害对方人格权并造成严重精神损害的情形,对方当事人在选择依照《民法典》合同编通则的有关规定和合同编的其他相关规定请求其承担违约责任之外,可以选择依照《民法典》人格权编和侵权责任编的有关规定请求其承担精神损害赔偿责任。

该规定明确了总则编、婚姻家庭编和人格权编在自然人因婚姻家庭关系等产生的身份权利的保护上的适用规则，即：自然人因婚姻家庭关系等产生的身份权利的保护，应当适用总则编、婚姻家庭编和其他法律（比如《未成年人保护法》《老年人权益保障法》《妇女权益保障法》）的相关规定；只有在总则编、婚姻家庭编和其他法律都没有规定的情况下，才可以根据自然人因婚姻家庭关系等产生的身份权利的性质参照适用人格权编有关人格权保护的规定。

第十二条　【民事法律的空间效力】中华人民共和国领域内的民事活动，适用中华人民共和国法律。法律另有规定的，依照其规定。

【条文通释】

《民法典》第 12 条是关于民事法律的空间效力的规定。

一、民事法律的空间效力

根据《民法典》第 12 条的规定，原则上，中华人民共和国民事法律的空间效力及于中华人民共和国全部领域，只要是发生在中华人民共和国领域内的民事活动，就必须适用中华人民共和国的法律；仅在"法律另有规定"的例外情况下，才可以不适用中华人民共和国的法律，才可以适用其他国家或地区的法律。

二、关于"中华人民共和国领域"的理解

（一）关于"中华人民共和国领域"的理解

《民法典》第 12 条所说的"中华人民共和国领域"，包括中华人民共和国的领陆、内水、领海及领空；特别地，根据《宪法》《领海及毗连区法》《香港特别行政区基本法》《澳门特别行政区基本法》，香港特别行政区、澳门特别行政区是中华人民共和国的享有高度自治权的地方行政区域、直辖于中央人民政府，台湾是中华人民共和国的神圣领土的一部分，因此，香港、澳门、台湾也属于《民法典》第 12 条所说的"中华人民共和国领域"。

（二）"境内"与"境外"

除了"中华人民共和国领域内"的表述，《民法典》第 467 条第 2 款还使用了"中华人民共和国境内"的表述。① 与"境内"相对的概念是"境外"。"境内""境外"是与"中华人民共和国领域内"密切相关、但又不同的概念。

根据《出境入境管理法》第 89 条关于"出境，是指由中国内地前往其他国家或者地区，由中国内地前往香港特别行政区、澳门特别行政区，由中国大陆前往台湾地区"和"入境，是指由其他国家或者地区进入中国内地，由香港特别行政区、澳门特别行政区

---

① 《民法典》第 467 条第 2 款规定："在中华人民共和国境内履行的中外合资经营企业合同、中外合作经营企业合同、中外合作勘探开发自然资源合同，适用中华人民共和国法律。"

进入中国内地，由台湾地区进入中国大陆”的规定，现阶段，从出境、入境和外商投资管理①的角度，通常所说的“境内”，指的是中国内地（与外国、香港、澳门相对应）或大陆（与台湾相对应），而“境外”则指中国内地或大陆以外的区域，既包括其他国家和其他地区，也包括中国的包括香港特别行政区、澳门特别行政区、台湾地区。

由此可见，《民法典》第12条所说的“中华人民共和国领域内”，其范围比“境内”要大，是与“中华人民共和国领域外”②、而非“中华人民共和国境外”相对应的概念。

三、关于《民法典》第12条中“法律另有规定的，依照其规定”的理解

（一）关于“法律另有规定”的理解

1.“法律另有规定”的含义

《民法典》第12条所说的“法律另有规定”，指的是法律（包括《民法典》和其他法律）明文作出的与“中华人民共和国领域内的民事活动，适用中华人民共和国法律”不同的规定，即法律明文规定中华人民共和国领域内的特定民事活动不适用中华人民共和国法律或可以不适用中华人民共和国法律。也因此，《涉外民事关系法律适用法》第3条关于“当事人依照法律规定可以明示选择涉外民事关系适用的法律”的规定，不属于《民法典》第12条所说的“法律另有规定”；事实上，《涉外民事关系法律适用法》第3条在“明示选择涉外民事关系适用的法律”前面加上“依照法律规定”的限定，也表明了这点。

如果法律并没有关于“中华人民共和国领域内的特定民事活动可以不适用中华人民共和国法律”的明文规定，那就意味着不存在《民法典》第12条所说的“法律另有规定”，就必须适用中华人民共和国法律、而不能适用其他国家或地区的法律。对此，《最高人民法院关于适用〈中华人民共和国涉外民事关系法律适用法〉若干问题的解释（一）》（2020年修正，以下简称“《涉外民事关系法律适用法解释》”）第4条也明确规定：“中华人民共和国法律没有明确规定当事人可以选择涉外民事关系适用的法律，当事人选择适用法律的，人民法院应认定该选择无效。”

---

① 2019年3月12日第十三届全国人民代表大会第二次会议主席团第二次会议通过的《第十三届全国人民代表大会宪法和法律委员会关于〈中华人民共和国外商投资法（草案）〉审议结果的报告》提及：“港澳台地区属于中国的一部分，港澳台投资在性质上不属于外国投资；同时，港澳台地区属于单独关税区，港澳同胞到内地投资、台湾同胞到大陆投资不完全等同于境内投资，属于特殊国内投资。国家对港澳台投资一直实行特殊的政策和管理，并在国务院行政法规、部门规章和有关规范性文件中规定，对港澳台投资，参照或者比照适用有关外商投资的规定；对台湾同胞投资，国家还专门制定了台湾同胞投资保护法。同时，国家还对内地与港澳台地区在经贸方面作出特殊安排。在外商投资法中不对港澳台投资法律适用问题作出明确规定，继续由国务院行政法规、部门规章和有关规范性文件来明确参照或者比照适用外商投资的有关规定，是适当的、可行的。不会改变、也不会影响多年来行之有效的制度安排和实际运作，不会因此对港澳台投资造成任何妨碍或者限制。”

② 《刑法》第7条使用了“中华人民共和国领域外”的表述：“中华人民共和国公民在中华人民共和国领域外犯本法规定之罪的，适用本法，但是按本法规定的最高刑为三年以下有期徒刑的，可以不予追究。中华人民共和国国家工作人员和军人在中华人民共和国领域外犯本法规定之罪的，适用本法。”《民法通则》（已废止）第146条第2款也曾使用“中华人民共和国领域外”的表述：“中华人民共和国法律不认为在中华人民共和国领域外发生的行为是侵权行为的，不作为侵权行为处理。”

需要注意的是，即使法律明文规定中华人民共和国领域内的特定民事活动可以适用其他国家或地区的法律，也并不意味着其他国家或地区的法律最终必然得到适用。对此，《涉外民事关系法律适用法》第 5 条规定："外国法律的适用将损害中华人民共和国社会公共利益的，适用中华人民共和国法律。"

2. "法律另有规定"的主要情形

现阶段，属于《民法典》第 12 条所说的"法律另有规定"的情形主要包括：

第一，《涉外民事关系法律适用法》有关涉外民事关系的法律适用的规定。

针对涉外民事关系的法律适用问题，《涉外民事关系法律适用法》第 2 条规定了"涉外民事关系适用的法律，依照本法确定。其他法律对涉外民事关系法律适用另有特别规定的，依照其规定。本法和其他法律对涉外民事关系法律适用没有规定的，适用与该涉外民事关系有最密切联系的法律"，并对涉外民事主体、婚姻家庭、继承、物权、债权、知识产权等涉外民事关系的法律适用问题作出了相应的规定。其中，根据《涉外民事关系法律适用法》第 2 条所说的"本法和其他法律对涉外民事关系法律适用没有规定的，适用与该涉外民事关系有最密切联系的法律"，可能最终也会导致适用其他国家或地区的法律。

《涉外民事关系法律适用法》的这些规定，属于《民法典》第 12 条所说的"法律另有规定"。对于发生在中华人民共和国领域内的涉外民事活动，究竟是适用中华人民共和国法律，还是适用其他国家或地区的法律，还是适用国际条约、国际惯例，应当依照《涉外民事关系法律适用法》的相应规定加以确定。

第二，《民用航空法》第 188 条的规定。

《民用航空法》第 188 条规定："民用航空运输合同当事人可以选择合同适用的法律，但是法律另有规定的除外；合同当事人没有选择的，适用与合同有最密切联系的国家的法律。"该规定允许民用航空运输合同的当事人在法律未作禁止性规定的情况下选择合同适用的法律；如果合同当事人没有选择的，则适用与合同有最密切联系的国家的法律。因此，民用航空运输合同适用的法律并非当然是中国法律。①

第三，《海商法》第十四章（涉外关系的法律适用）有关涉外海上运输关系、船舶关系的法律适用的规定。

《海商法》第十四章对涉外海上运输关系、船舶关系的法律适用问题作出了特别的规定，这些特别规定属于《民法典》第 12 条所说的"法律另有规定"，基于这些规定，发生在中华人民共和国领域内的涉外海上运输关系、船舶关系，并非当然适用中国法律。

第四，香港、澳门特别行政区的有关法律。

就香港特别行政区和澳门特别行政区而言，根据《宪法》第 31 条关于"国家在必要

---

① 需要注意的是，针对处理涉外合同争议的法律适用问题，原《民法通则》第 145 条曾经规定："涉外合同的当事人可以选择处理合同争议所适用的法律，法律另有规定的除外。涉外合同的当事人没有选择的，适用与合同有最密切联系的国家的法律。"原《合同法》第 126 条第 1 款也曾规定："涉外合同的当事人可以选择处理合同争议所适用的法律，但法律另有规定的除外。涉外合同的当事人没有选择的，适用与合同有最密切联系的国家的法律。"但是，《民法典》没有再保留这样的规定，主要原因在于 2010 年的《涉外民事关系法律适用法》第 41 条针对涉外民事关系规定了："当事人可以协议选择合同适用的法律。当事人没有选择的，适用履行义务最能体现该合同特征的一方当事人经常居所地法律或者其他与该合同有最密切联系的法律。"

时得设立特别行政区。在特别行政区内实行的制度按照具体情况由全国人民代表大会以法律规定"的规定、《香港特别行政区基本法》第 18 条[①]和《澳门特别行政区基本法》第 18 条[②]的规定，中华人民共和国的全国性法律，除明确列于《香港特别行政区基本法》附件三或《澳门特别行政区基本法》附件三的外[③]，不在香港特别行政区或澳门特别行政区实施[④]，从而，发生在香港特别行政区或澳门特别行政区的民事活动，原则上适用特别行政区立法机关制定的法律和《香港特别行政区基本法》第 8 条规定的香港原有法律[⑤]或《澳门特别行政区基本法》第 8 条规定的澳门原有法律[⑥]，而不适用中华人民共和国的全国性法律。也因此，《香港特别行政区基本法》第 18 条和《澳门特别行政区基本法》第 18 条的规定，属于《民法典》第 12 条所说的"法律另有规定"。

（二）关于"法律另有规定的，依照其规定"的理解

《民法典》第 12 条所说的"法律另有规定的，依照其规定"，具有以下几层含义：

第一，该规定对民事法律的空间效力作出了例外的规定，使得并非所有发生在中华人民共和国领域内的民事活动都当然适用中华人民共和国法律。

---

① 《香港特别行政区基本法》第 18 条第 1 款规定："在香港特别行政区实行的法律为本法以及本法第八条规定的香港原有法律和香港特别行政区立法机关制定的法律"、第 2 款规定："全国性法律除列于本法附件三者外，不在香港特别行政区实施。凡列于本法附件三之法律，由香港特别行政区在当地公布或立法实施"，第 8 条规定："香港原有法律，即普通法、衡平法、条例、附属立法和习惯法，除同本法相抵触或经香港特别行政区的立法机关作出修改者外，予以保留。"

② 《澳门特别行政区基本法》第 18 条第 1 款规定："在澳门特别行政区实行的法律为本法以及本法第八条规定的澳门原有法律和澳门特别行政区立法机关制定的法律"、第 2 款规定："全国性法律除列于本法附件三者外，不在澳门特别行政区实施。凡列于本法附件三的法律，由澳门特别行政区在当地公布或立法实施"，第 8 条规定："澳门原有的法律、法令、行政法规和其他规范性文件，除同本法相抵触或经澳门特别行政区的立法机关或其他有关机关依照法定程序作出修改者外，予以保留。"

③ 就香港特别行政区而言，《香港特别行政区基本法》附件三列明的在香港特别行政区实施的全国性法律包括《关于中华人民共和国国都、纪年、国歌、国旗的决议》《关于中华人民共和国国庆日的决议》《中华人民共和国政府关于领海的声明》《中华人民共和国国籍法》《中华人民共和国外交特权与豁免条例》《中华人民共和国国旗法》《中华人民共和国领事特权与豁免条例》《中华人民共和国国徽法》《中华人民共和国领海及毗连区法》《中华人民共和国香港特别行政区驻军法》《中华人民共和国专属经济区和大陆架法》《中华人民共和国外国中央银行财产司法强制措施豁免法》《中华人民共和国国歌法》《中华人民共和国香港特别行政区维护国家安全法》；就澳门特别行政区而言，《澳门特别行政区基本法》附件三列明的在澳门特别行政区实施的全国性法律包括《关于中华人民共和国国都、纪年、国歌、国旗的决议》《关于中华人民共和国国庆日的决议》《中华人民共和国国籍法》《中华人民共和国外交特权与豁免条例》《中华人民共和国领事特权与豁免条例》《中华人民共和国国旗法》《中华人民共和国国徽法》《中华人民共和国领海及毗连区法》《中华人民共和国专属经济区和大陆架法》《中华人民共和国澳门特别行政区驻军法》《中华人民共和国外国中央银行财产司法强制措施豁免法》《中华人民共和国国歌法》。

④ 当然，《香港特别行政区基本法》第 18 条第 4 款和《澳门特别行政区基本法》第 18 条第 4 款也规定了，在全国人民代表大会常务委员会决定宣布战争状态或因特别行政区内发生特别行政区政府不能控制的危及国家统一或安全的动乱而决定特别行政区进入紧急状态，中央人民政府可发布命令将有关全国性法律在特别行政区实施。

⑤ 《香港特别行政区基本法》第 8 条规定："香港原有法律，即普通法、衡平法、条例、附属立法和习惯法，除同本法相抵触或经香港特别行政区的立法机关作出修改者外，予以保留。"

⑥ 《澳门特别行政区基本法》第 8 条规定："澳门原有的法律、法令、行政法规和其他规范性文件，除同本法相抵触或经澳门特别行政区的立法机关或其他有关机关依照法定程序作出修改者外，予以保留。"

第二，该规定并不意味着发生在中华人民共和国领域内的民事活动肯定不适用中华人民共和国法律，是否适用中华人民共和国法律需要取决于法律作出的规定的具体内容。比如，在法律规定当事人可以选择适用的法律的情况下，当事人既可以选择适用中华人民共和国法律，也可以选择适用其他国家或地区的法律；在当事人选择适用中华人民共和国法律的情况，将仍然适用中国法律。

需要注意的是，根据《涉外民事关系法律适用法》第 4 条关于"中华人民共和国法律对涉外民事关系有强制性规定的，直接适用该强制性规定"的规定，在法律明确相关涉外民事关系必须适用中国法律的情况下，该涉外民事关系只能适用中国法律。比如，《民法典》第 467 条第 2 款规定："在中华人民共和国境内履行的中外合资经营企业合同、中外合作经营企业合同、中外合作勘探开发自然资源合同，适用中华人民共和国法律。"[①]据此，上述三类涉外合同只能适用中国法律。

第三，该规定对《民法典》施行之前的原有法律针对发生在中华人民共和国领域内的民事活动的法律适用问题已经作出的旧的特别规定予以明确承认，以确保法律秩序的稳定和延续。

第四，该规定允许并认可国家在《民法典》施行之后，在必要时通过对《民法典》和现有法律进行修改或制定新的法律的方式，针对发生在中华人民共和国领域内的民事活动的法律适用问题作出新的特别规定，以适应经济和社会的发展要求，也为将来制定专门的法律允许在境内特定区域适用域外法律预留了空间。

---

① 针对相关涉外民事案件的专属管辖问题，《民事诉讼法》第 279 条规定："下列民事案件，由人民法院专属管辖：（一）因在中华人民共和国领域内设立的法人或者其他组织的设立、解散、清算，以及该法人或者其他组织作出的决议的效力等纠纷提起的诉讼；（二）因与在中华人民共和国领域内审查授予的知识产权的有效性有关的纠纷提起的诉讼；（三）因在中华人民共和国领域内履行中外合资经营企业合同、中外合作经营企业合同、中外合作勘探开发自然资源合同发生纠纷提起的诉讼。"

第二章　自　然　人

第一节　民事权利能力和民事行为能力

"民事主体是民事关系的参与者、民事权利的享有者、民事义务的履行者和民事责任的承担者。"①《民法典》总则编第二章、第三章和第四章分别规定了自然人、法人、非法人组织这三类民事主体，构建了民事主体制度体系。

"自然人是最基本的民事主体。"②《民法典》总则编第二章"自然人"共有 4 节、44 个条文（第 13 条至第 56 条），规定了民法上的自然人制度，包括自然人的民事权利能力和民事行为能力制度（第一节）、监护制度（第二节）、宣告失踪和宣告死亡制度（第三节）以及个体工商户和农村承包经营户制度（第四节）。

其中，《民法典》总则编第二章第一节"民事权利能力和民事行为能力"共有 13 个条文（第 13 条至第 25 条），涉及自然人的民事权利能力的起止时间（第 13 条），民事权利能力平等原则（第 14 条），自然人出生时间和死亡时间的认定规则（第 15 条），胎儿民事权利能力的特别规定（第 16 条），成年人与未成年人的区分标准（第 17 条），完全民事行为能力人、限制民事行为能力人、无民事行为能力人的认定标准及其行为能力（第 18 条至第 22 条），限制民事行为能力人和无民事行为能力人的法定代理人（第 23 条），无民事行为能力人或者限制民事行为能力人的司法认定制度（第 24 条）和自然人住所的认定标准（第 25 条）。

第十三条　【自然人的民事权利能力及其起止时间】自然人从出生时起到死亡时止，具有民事权利能力，依法享有民事权利，承担民事义务。

【条文通释】

《民法典》第 13 条是关于自然人的民事权利能力及其起止时间的规定。

---

① 全国人民代表大会常务委员会时任副委员长李建国 2017 年 3 月 8 日在第十二届全国人民代表大会第五次会议上作的《关于〈中华人民共和国民法总则（草案）〉的说明》、全国人民代表大会常务委员会时任副委员长王晨 2020 年 5 月 22 日在第十三届全国人民代表大会第三次会议上作的《关于〈中华人民共和国民法典（草案）〉的说明》。

② 全国人民代表大会常务委员会时任副委员长王晨 2020 年 5 月 22 日在第十三届全国人民代表大会第三次会议上作的《关于〈中华人民共和国民法典（草案）〉的说明》。

一、自然人的界定

（一）自然人的含义

《民法典》本身没有对“自然人”作出界定。在日常用语中，“自然人”的含义是“因出生而取得民事主体资格的人”[①]。应该说，这一定义能够将“自然人”跟“因依法设立而取得民事主体资格的人”（即法人[②]和非法人组织[③]）区分开来，也能够将“自然人”跟“胎儿”区分开来。

根据这一定义，结合《民法典》第 16 条关于“涉及遗产继承、接受赠与等胎儿利益保护的，胎儿视为具有民事权利能力。但是，胎儿娩出时为死体的，其民事权利能力自始不存在”的规定，可以认为，自然人是具有生命的、活着的个人。

（二）自然人与胎儿

“胎儿”因尚未出生、尚未脱离母体而不符合自然人的定义，故“胎儿”不是自然人。[④] 但是，考虑到胎儿娩出后只要不是死体，就成为自然人，故《民法典》第 16 条[⑤]和第 1155 条[⑥]针对胎儿利益保护作出了特别的规定。

（三）自然人与死者

死者因已经死亡而丧失民事权利能力，故“死者”也不是自然人，“死者”不具有民

---

① 夏征农、陈至立主编：《辞海》，上海辞书出版社 2009 年版，第 3065 页。

② 比如，《民法典》第 58 条第 1 款规定：“法人应当依法成立”，第 59 条规定：“法人的民事权利能力和民事行为能力，从法人成立时产生，到法人终止时消灭”，第 78 条规定：“依法设立的营利法人，由登记机关发给营利法人营业执照。营业执照签发日期为营利法人的成立日期”，第 88 条规定：“具备法人条件，为适应经济社会发展需要，提供公益服务设立的事业单位，经依法登记成立，取得事业单位法人资格；依法不需要办理法人登记的，从成立之日起，具有事业单位法人资格”，第 90 条规定：“具备法人条件，基于会员共同意愿，为公益目的或者会员共同利益等非营利目的设立的社会团体，经依法登记成立，取得社会团体法人资格；依法不需要办理法人登记的，从成立之日起，具有社会团体法人资格”，第 92 条第 1 款规定：“具备法人条件，为公益目的以捐助财产设立的基金会、社会服务机构等，经依法登记成立，取得捐助法人资格”，第 97 条规定：“有独立经费的机关和承担行政职能的法定机构从成立之日起，具有机关法人资格，可以从事为履行职能所需要的民事活动”。

③ 比如，《民法典》第 103 条规定：“非法人组织应当依照法律的规定登记。设立非法人组织，法律、行政法规规定须经有关机关批准的，依照其规定”，《个人独资企业法》第 13 条第 1 款规定：“个人独资企业的营业执照的签发日期，为个人独资企业成立日期”，《合伙企业法》第 11 条第 1 款规定：“合伙企业的营业执照签发日期，为合伙企业成立日期。”

④ 比如，《卫生部关于医疗事故技术鉴定中胎儿死亡事件如何认定的批复》（卫医发〔2000〕455 号）认为：“根据我国有关法律规定，胎儿不是一般的民事主体。”

⑤ 《民法典》第 16 条规定：“涉及遗产继承、接受赠与等胎儿利益保护的，胎儿视为具有民事权利能力。但是，胎儿娩出时为死体的，其民事权利能力自始不存在。”

⑥ 《民法典》第 1155 条规定：“遗产分割时，应当保留胎儿的继承份额。胎儿娩出时是死体的，保留的份额按照法定继承办理。”

事权利能力①。也因此,《民法典》第 994 条针对死者人格利益保护作出了特别规定。②

二、自然人的民事权利能力

(一)自然人民事权利能力的含义

由于《民法典》第 13 条使用了“自然人……具有民事权利能力,依法享有民事权利,承担民事义务”的表述,因此,《民法典》所说的自然人的“民事权利能力”,指的是自然人据以享有民事权利、承担民事义务的资格。

其中,根据《民法典》总则编第五章的规定,自然人享有的民事权利主要包括人身权利、财产权利、其他民事权利和利益;根据《民法典》第 176 条,自然人的民事义务主要包括法律规定的义务和当事人约定的民事义务。

需要注意的是,《民法典》第 13 条所说的“承担民事义务”,与《民法典》第 176 条和第 180 条第 1 款所说的“履行民事义务”③,具有相同的含义。

(二)只要是自然人,就具有民事权利能力

由于《民法典》第 13 条使用了“自然人……具有民事权利能力,依法享有民事权利,承担民事义务”的表述,因此,只要是自然人,就具有民事权利能力,就可以依法享有民事权利、依法承担民事义务;也因此,所有自然人,不分国籍、民族、种族、性别、年龄、职业、家庭出身、宗教信仰、教育程度、财产状况、居住期限,也不论精神健康状况如何,都具有民事权利能力,不存在无民事权利能力的自然人。此一点,与存在“无民事行为能力人”或“限制民事行为能力人”,是不同的。

(三)民事行为能力

与“民事权利能力”相对的是“民事行为能力”。根据《民法典》第 18 条至第 24 条的规定,自然人的民事行为能力是自然人独立实施民事法律行为的资格;根据自然人能否独立实施民事法律行为,相应地把自然人分为完全民事行为能力人、限制民事行为能力人和无民事行为能力人。

三、自然人民事权利能力的起止时间

根据《民法典》第 13 条,自然人的民事权利能力的起止时间为:始于出生、止于死亡。结合《民法典》第 59 条所说的“法人的民事权利能力和民事行为能力,从法人成立

---

① 比如,北京市高级人民法院(2020)京民申 4980 号民事裁定书认为:“自然人从出生时起到死亡时止,具有民事权利能力,依法享有民事权利,承担民事义务。本案中,王某汉已于 2020 年 5 月 20 日死亡,故依据上述法律规定其在死亡后已不具有民事权利能力。现本案二审法院未变更诉讼当事人,仍列王某汉为诉讼当事人,显属不当。”

② 《民法典》第 994 条规定:“死者的姓名、肖像、名誉、荣誉、隐私、遗体等受到侵害的,其配偶、子女、父母有权依法请求行为人承担民事责任;死者没有配偶、子女且父母已经死亡的,其他近亲属有权依法请求行为人承担民事责任。”

③ 《民法典》第 176 条规定:“民事主体依照法律规定或者按照当事人约定,履行民事义务,承担民事责任”,第 180 条第 1 款规定:“因不可抗力不能履行民事义务的,不承担民事责任。法律另有规定的,依照其规定。”

时产生,到法人终止时消灭”,自然人的民事权利能力,从自然人出生时产生,到自然人死亡时消灭。

关于自然人的出生时间和死亡时间,《民法典》第 15 条作出了规定,即“自然人的出生时间和死亡时间,以出生证明、死亡证明记载的时间为准;没有出生证明、死亡证明的,以户籍登记或者其他有效身份登记记载的时间为准。有其他证据足以推翻以上记载时间的,以该证据证明的时间为准”。

(一)出生

1. 出生的判定标准

根据《民法典》第 13 条,出生是自然人取得民事权利能力的起始时间。问题是,“出生”的认定标准是什么?对此,《民法典》本身未作规定。

结合下列规定,可以将“出生”理解为:胎儿脱离母体时有过呼吸、心脏跳动、脐带搏动、随意肌收缩这四种生命现象中的任何一种状态,即“胎儿娩出时为活体”,是与《民法典》第 16 条所说的“胎儿娩出时为死体”相对应的状态,与“胎儿娩出时为死体”均属于“娩出”的结果。

第一,《国家人口计生委办公厅关于继续使用人口和计划生育统计报表的通知》(人口厅函〔2008〕165 号)规定:“‘本期出生人数’指统计期内所有统计对象所生育的活产婴儿的总数,出生胎儿只要脱离母体时有过呼吸、心脏跳动、脐带搏动或随意肌收缩等任何一种生命现象的均列入出生统计”。

第二,国家卫生健康委办公厅印发的《预防艾滋病、梅毒和乙肝母婴传播工作规范(2020 年版)》(国卫办妇幼函〔2020〕928 号)附件 6《预防艾滋病、梅毒和乙肝母婴传播相关报表、上报流程及要求》中的《艾滋病、梅毒、乙肝感染孕产妇及所生婴儿登记卡(保密)填卡说明》规定:“活产指,妊娠 28 周后,胎儿脱离母体时,有过四种生命现象(包括呼吸、心跳、随意肌收缩和脐带搏动)之一者;死胎指,妊娠 20 周后胎儿在子宫内死亡;死产指,胎儿在娩出过程中死亡,死产是死胎的一种;新生儿七天内死亡(即早期新生儿死亡)指,活产儿在出生后未满 7 天死亡”。

第三,《卫生部关于医疗事故技术鉴定中新生儿死亡认定有关问题的批复》(卫医管函〔2009〕22 号)规定:“在医疗事故技术鉴定过程中,专家鉴定组应当根据胎儿离开母体时的具体临床表现综合判定其是否成活。经判定成活的,其后发生死亡,应当认定为新生儿死亡”。

需要注意的是,在胎儿娩出时为活体的情况下,即使该新生儿在很短的时间内死亡,也属于《民法典》第 13 条所说的“出生”,该新生儿也属于《民法典》所说的“自然人”。

2. 出生时间的认定

尽管《民法典》没有直接规定自然人“出生”的判定标准,但是,《民法典》第 15 条明确了自然人“出生时间”的判断标准,即“自然人的出生时间……以出生证明……记载的时间为准;没有出生证明……的,以户籍登记或者其他有效身份登记记载的时间为准。有其他证据足以推翻以上记载时间的,以该证据证明的时间为准。”有关“出生证明”,请见本书关于《民法典》第 15 条的通释。

(二)死亡

1. 死亡的判定标准[①]

根据《民法典》第13条,死亡是导致自然人民事权利能力消灭的事由。问题是,“死亡”的判定标准是什么?对此,《民法典》等法律本身未作规定。

关于“死亡”的判定标准,存在不同的学说,有呼吸停止说、脉搏停止说、心脏跳动停止说、脑死亡说[②]等;[③]近年来,也有确立心肺死亡和脑死亡自由选择的二元死亡标准的呼声。[④] 当前我国社会公众接受的死亡概念主要是心死亡(即心脏停止跳动)[⑤],医疗实践中也不乏医生已告知家属患者脑死亡,但是家属仍然坚持治疗的案例。[⑥]

参考《监狱罪犯死亡处理规定》(司发〔2015〕5号)第2条和《安徽省民政厅、安徽省卫生和计划生育委员会、安徽省公安厅关于进一步规范人口死亡证明和信息登记管理工作的通知》(皖民务字〔2018〕62号)以及《广东省卫生健康委、广东省公安厅、广东省民政厅关于优化广东省〈居民死亡医学证明(推断)书〉签发流程和管理工作的通知》(粤卫医函〔2019〕21号)的规定,自然人的死亡包括正常死亡和非正常死亡,正常死亡是指因人体衰老或者疾病等原因导致的生理死亡(或自然死亡)[⑦],非正常死亡则指人受到外部作用导致的死亡,包括火灾、溺水、工伤、交通等意外事故,地震、海啸等自然灾难,或自杀、他杀、受伤害等人为事故致死。

2. 死亡时间的认定

尽管《民法典》没有直接规定自然人“死亡”的判定标准,但是,《民法典》第15条明确了自然人“死亡时间”的判断标准,即“自然人的……死亡时间,以……死亡证明记

---

① 《人体器官移植条例》(已失效)第20条第1款和第30条使用了“死亡判定”的表述。

② 脑死亡是包括脑干在内的全脑功能不可逆转的丧失(国家卫生健康委2019年7月31日作出的《对十三届全国人大二次会议第5256号建议的答复》,载国家卫生健康委网,https://www.nhc.gov.cn/wjw/jiany/202007/1931e456f7a6455f91619916737cf504.shtml,最后访问日期:2024年5月13日,下同)。实务中也有以脑死亡作为判断死亡标准的案例。比如,河南省高级人民法院(2019)豫行再154号行政判决书认为,本案中,……2017年6月27日入院当天,王某某经抢救无效即处于脑死亡状态。2017年7月3日,王某某呼吸、心跳停止,心肺死亡。考虑到全脑死亡后,即使心跳尚存,但脑复苏已不可能,个体死亡已不可避免,在法律、法规、技术规范对死亡标准没有明确规定的情况下,为了充分保护王某某作为劳动者的合法权益,……应作出对王某某有利的解释,即本案的死亡标准应采用“脑死亡”,王某某的死亡时间为2017年6月27日,即入院当天。

③ 原国家卫生和计划生育委员会2017年8月1日作出的《对十二届全国人大五次会议第9360号建议的答复》(载国家卫生健康委员会网,https://www.nhc.gov.cn/wjw/jiany/201801/3aecea0e640b4e64b3362ed5a1f09220.shtml,最后访问日期:2024年5月13日,下同)。

④ 国家卫生健康委2019年7月31日作出的《对十三届全国人大二次会议第5256号建议的答复》。

⑤ 原国家卫生和计划生育委员会2017年8月1日作出的《对十二届全国人大五次会议第9360号建议的答复》。

⑥ 原国家卫生和计划生育委员会2017年8月1日作出的《对十二届全国人大五次会议第9360号建议的答复》、国家卫生健康委2019年7月31日作出的《对十三届全国人大二次会议第5256号建议的答复》。

⑦ 《民法典继承编解释一》第1条使用了“生理死亡”的表述(“继承从被继承人生理死亡或者被宣告死亡时开始”),《民通意见》(已废止)第36条第2款使用了“自然死亡”的表述(“被宣告死亡和自然死亡的时间不一致的,被宣告死亡所引起的法律后果仍然有效,但自然死亡前实施的民事法律行为与被宣告死亡引起的法律后果相抵触的,则以其实施的民事法律行为为准”)。

载的时间为准;没有……死亡证明的,以户籍登记或者其他有效身份登记记载的时间为准。有其他证据足以推翻以上记载时间的,以该证据证明的时间为准。”有关“死亡证明”,请见本书关于《民法典》第 15 条通释。

四、《民法典》第 13 条的适用对象

值得注意的是,由于《民法典》第 13 条使用的是“自然人”的表述,因此,《民法典》第 13 条的规定,仅适用于自然人,不适用于非自然人,即:既不适用于胎儿、死者,也不适用于法人、非法人组织或其各自的分支机构。

此外,由于《民法典》第 13 条使用的是“自然人”的表述,而非“公民”的表述,因此,《民法典》第 13 条的规定,适用于所有个人,既包括中国公民,还包括外国公民、无国籍的个人。

第十四条　【自然人的民事权利能力平等】自然人的民事权利能力一律平等。

【条文通释】

《民法典》第 14 条是关于自然人的民事权利能力平等的规定。

由于《民法典》第 14 条使用了“自然人的民事权利能力一律平等”的表述,因此,所有自然人,不分国籍、民族、种族、性别、年龄、户籍、职业、家庭出身、宗教信仰、教育程度、家庭状况、财产状况、居住期限,也不论身心健康状况如何,[①]其各自享有的民事权利能力都是平等的,其实质就是“一视同仁、平等对待”,不允许对不同的自然人的民事权利能力实行差别对待、更不允许实行歧视对待。

值得一提的是,尽管《民法典》只是针对自然人规定了“民事权利能力一律平等”,没有针对法人或非法人组织规定“民事权利能力一律平等”,但是,考虑到民事权利能力是民事主体据以享有民事权利、承担民事义务的资格,可以认为,法人或非法人组织的民事权利能力也是一律平等的。

第十五条　【自然人的出生时间和死亡时间】自然人的出生时间和死亡时间,以出生证明、死亡证明记载的时间为准;没有出生证明、死亡证明的,以户籍登记或者其他有效身份登记记载的时间为准。有其他证据足以推翻以上记载时间的,以该证据证明的时间为准。

① 《宪法》第 34 条规定:“中华人民共和国年满十八周岁的公民,不分民族、种族、性别、职业、家庭出身、宗教信仰、教育程度、财产状况、居住期限,都有选举权和被选举权;但是依照法律被剥夺政治权利的人除外。”《未成年人保护法》第 3 条第 2 款规定:“未成年人依法平等地享有各项权利,不因本人及其父母或者其他监护人的民族、种族、性别、户籍、职业、宗教信仰、教育程度、家庭状况、身心健康状况等受到歧视。”

【条文通释】

《民法典》第 15 条是关于自然人的出生时间和死亡时间的确定办法的规定。

自然人的出生时间,对于确认自然人是否已经年满八周岁①、十六周岁或者十八周岁②,进而确认其是否具有相应的民事行为能力、其实施的相应的民事法律行为是否有效甚至认定诉讼时效期间的起算③,都具有直接影响;而自然人的死亡时间,则对于确认自然人的婚姻关系④、继承关系⑤等身份关系以及与其财产相关的权利义务关系具有直接影响,因此,法律有必要对自然人的出生时间和死亡时间的确定办法作出明确的规定。

一、自然人的出生时间

(一)出生时间的确定办法

根据《民法典》第 15 条的规定,自然人的出生时间,按照以下办法确定:

第一,在该自然人有出生证明的情况下,可以并且应当直接以其出生证明记载的出生时间为准。

第二,在该自然人没有出生证明的情况下,则以该自然人的户籍登记记载的出生时间为准,也可以以其他有效身份登记记载的出生时间为准。

第三,如果有其他证据足以推翻该自然人的出生证明、户籍登记或其他有效身份登记记载的出生时间,则可以并且应当以该证据证明的该自然人的出生时间为准。

据此,只有在自然人没有出生证明的情况下,才"以户籍登记或者其他有效身份登记记载的时间为准";但是,即使有出生证明,如果有其他证据足以推翻出生证明上记载的出生时间,仍然须以该其他证据证明的出生时间为准。

需要注意的是,由于《民法典》第 15 条使用的是"没有出生证明、死亡证明的,以户籍登记或者其他有效身份登记记载的时间为准"的表述,因此,在确定自然人的出生时间方面,"户籍登记"和"其他有效身份登记"二者具有同等效力,都可以作为认定自然人的出生时间的依据,相互之间不存在先后顺序或优先适用的问题。

---

① 《民法典》第 19 条规定:"八周岁以上的未成年人为限制民事行为能力人……"第 1104 条规定:"收养人收养与送养人送养,应当双方自愿。收养八周岁以上未成年人的,应当征得被收养人的同意",第 1114 条第 1 款规定:"收养人在被收养人成年以前,不得解除收养关系,但是收养人、送养人双方协议解除的除外。养子女八周岁以上的,应当征得本人同意。"

② 《民法典》第 17 条规定:"十八周岁以上的自然人为成年人。不满十八周岁的自然人为未成年人",第 18 条第 2 款规定:"十六周岁以上的未成年人,以自己的劳动收入为主要生活来源的,视为完全民事行为能力人。"

③ 《民法典》第 191 条规定:"未成年人遭受性侵害的损害赔偿请求权的诉讼时效期间,自受害人年满十八周岁之日起计算。"

④ 《民法典》第 51 条规定:"被宣告死亡的人的婚姻关系,自死亡宣告之日起消除。死亡宣告被撤销的,婚姻关系自撤销死亡宣告之日起自行恢复。但是,其配偶再婚或者向婚姻登记机关书面声明不愿意恢复的除外。"

⑤ 《民法典》第 1121 条第 1 款规定:"继承从被继承人死亡时开始。"

（二）出生证明

就在中国境内出生的新生儿而言，《民法典》第 15 条所说的“出生证明”，与《母婴保健法》第 23 条所说的“新生儿出生医学证明”，指的是同一概念。在《母婴保健法》自 1995 年 6 月 1 日施行之后，原卫生部、公安部在 1995 年 11 月 6 日出台了《卫生部、公安部关于统一规范〈出生医学证明〉的通知》（卫妇发〔1995〕第 10 号），明确规定“从 1996 年 1 月 1 日（边远地区 3 月 1 日）起，凡中华人民共和国境内出生的人口，统一使用依法制发的《出生医学证明》，其它有关出生人口的医学证明一律废止”。

1. 出生证明的签发主体

根据《母婴保健法》第 23 条关于“医疗保健机构和从事家庭接生的人员按照国务院卫生行政部门的规定，出具统一制发的新生儿出生医学证明”的规定，出生医学证明的签发主体包括医疗保健机构和从事家庭接生的人员。

在此基础上，《国家卫生和计划生育委员会、公安部关于启用和规范管理新版〈出生医学证明〉的通知》（国卫妇幼发〔2013〕52 号）的附件 2《新版〈出生医学证明〉（第五版）首次签发情形与要求》，曾经针对不同情形下出生的新生儿，规定了不同的签发主体：

第一，在具有助产技术服务资质的医疗保健机构内出生的新生儿，由该机构负责签发。

第二，在途中急产分娩并经具有助产技术服务资质的医疗保健机构处理的新生儿，由该机构负责签发。

第三，具有《家庭接生员技术合格证书》的人员接生的新生儿，由新生儿出生地县（区）级卫生计生行政部门指定机构负责签发。

第四，其他情形，由新生儿出生地县（区）级卫生计生行政部门指定机构负责签发。

需要注意的是，《海商法》第 37 条针对在海船上出生的新生儿的出生证明作出了特别的规定，即：“船长应当将船上发生的出生或者死亡事件记入航海日志，并在两名证人的参加下制作证明书”。据此，船长根据《海商法》第 37 条出具的出生证明书，也属于《民法典》第 15 条所说的“出生证明”。①

还需注意的是，由于《民法典》第 15 条的规定既适用于中国籍自然人，也适用于外国自然人和无国籍人，因此，对于不持有中国出生医学证明的外国自然人和无国籍人来说，其出生证明指的是其出生地有关机构依据当地法律出具的证明其出生时间等相关事项的证明文件。

2. 出生证明记载的出生时间

根据国家卫生健康委 2023 年第 2 号公告附件《出生医学证明（第七版）样证式

---

① 鉴于船长根据《海商法》第 37 条针对船上发生的出生出具的证明书，是《海商法》以法律的形式作出的特别规定，应将该证明书理解为《民法典》第 15 条所说的“出生证明”，而非《民法典》第 15 条所说的“其他证据”，亦不属于《国家卫生和计划生育委员会、公安部关于启用和规范管理新版〈出生医学证明〉的通知》（国卫妇幼发〔2013〕52 号）的附件 2《新版〈出生医学证明〉（第五版）首次签发情形与要求》所说的“其他情形，由新生儿出生地县（区）级卫生计生行政部门指定机构负责签发”。

样》,《出生医学证明》记载的自然人出生时间格式为"××××年××月××日××时××分"。据此,出生医学证明记载的自然人的出生时间,具体到了某个特定的日期的小时和分钟。

（三）户籍登记

实践中,由于各种各样的原因,并非所有在中国境内出生的自然人都有自己的出生医学证明。比如,《国家卫生和计划生育委员会、公安部关于启用和规范管理新版〈出生医学证明〉的通知》(国卫妇幼发〔2013〕52 号)曾规定"无法核定新生儿母亲信息的新生儿,不能获得《出生医学证明》";此外,《国务院办公厅关于解决无户口人员登记户口问题的意见》(国办发〔2015〕96 号)也提及"未办理《出生医学证明》的无户口人员"。因此,《民法典》第 15 条所说的"没有出生证明"的情形,既包括了因不符合签发《出生医学证明》的条件而不能获得《出生医学证明》的情形,也包括虽然符合《出生医学证明》的条件但实际未办理《出生医学证明》的情形。

针对因不符合签发《出生医学证明》的条件而不能获得《出生医学证明》的新生儿,《国家卫生和计划生育委员会、公安部关于启用和规范管理新版〈出生医学证明〉的通知》(国卫妇幼发〔2013〕52 号)曾规定"对不符合签发条件未获得《出生医学证明》的新生儿,户口登记机关经调查核实后依照有关规定为其办理出生登记"。有鉴于此,针对没有出生证明的自然人的出生时间,《民法典》第 15 条规定了自然人的出生时间……没有出生证明的,以户籍登记或者其他有效身份登记记载的时间为准。

就出生而言,根据全国人民代表大会常务委员会 1958 年 1 月 9 日通过的《户口登记条例》第 2 条第 1 款关于"中华人民共和国公民,都应当依照本条例的规定履行户口登记"、第 3 款关于"居留在中华人民共和国境内的外国人和无国籍的人的户口登记,除法令另有规定外,适用本条例"的规定、第 7 条关于"婴儿出生后一个月以内,由户主、亲属、抚养人或者邻居向婴儿常住地户口登记机关申报出生登记"的规定,以及《公安部关于启用新的常住人口登记表和居民户口簿有关事项的通知》(1995 年),《民法典》第 15 条所说的"户籍登记",指的是中国公民的常住人口登记表和居民户口簿;《民法典》第 15 条所说的"户籍登记记载的时间",指的是该中国公民的常住人口登记表和居民户口簿记载的出生时间。其中,常住人口登记表记载的出生时间要求具体到某个特定的日期的小时和分钟,而居民户口簿记载的出生时间则只具体到某个特定的日期。

也因此,《民法典》第 15 条所说的自然人的出生时间,以出生证明记载的时间为准;没有出生证明的,以户籍登记记载的时间为准,不适用于没有中国户籍登记的自然人(包括外国自然人、无国籍人以及出国定居的已经注销户口但持有中国护照的中国公民)。

（四）其他有效身份登记

《民法典》第 15 条所说的"其他有效身份登记",指的是"户籍登记"以外的其他有效身份登记,主要包括:(1)普通中国公民持有的居民身份证;(2)普通中国公民持有的居住证;(3)出国定居、已经注销户口的中国公民所持有的中国护照;(4)香港特别行政区居民持有的香港居民身份证、港澳居民往来内地通行证或港澳台居民居住证;(5)澳门特别行政区居民持有的澳门居民身份证、港澳居民往来内地通行证或港澳台居民居住证;(6)台湾地区居民持有的台湾居民身份证件、台湾居民来往大陆通行证或港澳台居民居住证;(7)外国籍自然人持有的护照。

1. 居民身份证

其中,就普通中国公民而言,根据《居民身份证法》第 2 条、第 3 条和第 13 条的规定①,中国公民在没有出生证明的情况下,其居民身份证所记载的出生日期,可以作为其出生时间。

由于《民法典》第 15 条使用的是“没有出生证明……的,以户籍登记或者其他有效身份登记记载的时间为准”的表述,因此,结合《居民身份证法》第 13 条关于“公民从事有关活动,需要证明身份的,有权使用居民身份证证明身份,有关单位及其工作人员不得拒绝”的规定,在中国籍自然人没有出生证明的情况下,其户籍登记与居民身份证记载的出生时间,均可作为其出生时间,两者具有同等的效力。

当然,考虑到《居民身份证法》第 10 条规定了“申请领取居民身份证,应当填写《居民身份证申领登记表》,交验居民户口簿”,因此,中国公民的居民身份证上记载的出生日期,与其户籍登记记载的出生日期,应当是一致的。

2. 居住证

就普通中国公民而言,根据《居住证暂行条例》第 2 条、第 3 条和第 4 条的规定②,普通中国公民在没有出生证明的情况下,其居住证记载的出生日期,也可以作为其出生时间。

3. 护照

就出国定居、已经注销户口的中国公民而言,根据《公安部关于对已领居民身份证的公民在办理注销户口时是否收缴居民身份证问题的批复》(公治〔2006〕246 号)③关于“对已经领取居民身份证的公民因死亡、出国(境)定居注销户口的,应当收回其居民身份证”的规定,结合《护照法》第 2 条、第 5 条和第 7 条第 1 款的规定④,出国定居、已

---

① 《居民身份证法》第 2 条规定:“居住在中华人民共和国境内的年满十六周岁的中国公民,应当依照本法的规定申请领取居民身份证;未满十六周岁的中国公民,可以依照本法的规定申请领取居民身份证”,第 3 条第 1 款规定:“居民身份证登记的项目包括:姓名、性别、民族、出生日期、常住户口所在地住址、公民身份号码、本人相片、指纹信息、证件的有效期和签发机关”,第 13 条第 1 款规定:“公民从事有关活动,需要证明身份的,有权使用居民身份证证明身份,有关单位及其工作人员不得拒绝。”

② 《居住证暂行条例》第 2 条规定:“公民离开常住户口所在地,到其他城市居住半年以上,符合有合法稳定就业、合法稳定住所、连续就读条件之一的,可以依照本条例的规定申领居住证”,第 3 条规定:“居住证是持证人在居住地居住、作为常住人口享受基本公共服务和便利、申请登记常住户口的证明”,第 4 条规定:“居住证登载的内容包括:姓名、性别、民族、出生日期、公民身份号码、本人相片、常住户口所在地住址、居住地住址、证件的签发机关和签发日期。”

③ 该文件被列入 2018 年 4 月 12 日公布的《公安部公告——关于公布公安部规章和规范性文件目录以及公安部决定废止的规范性文件目录的公告》中的“公安部规范性文件目录”,目前没有查询到关于该文件失效或被废止的明确规定。

④ 《护照法》第 2 条规定:“中华人民共和国护照是中华人民共和国公民出入国境和在国外证明国籍和身份的证件”,第 5 条规定:“公民因前往外国定居、探亲、学习、就业、旅行、从事商务活动等非公务原因出国的,由本人向户籍所在地的县级以上地方人民政府公安机关出入境管理机构申请普通护照”,第 7 条第 1 款规定:“普通护照的登记项目包括:护照持有人的姓名、性别、出生日期、出生地,护照的签发日期、有效期、签发地点和签发机关。”

经注销户口的中国公民,在没有出生证明的情况下,其所持有的中国护照所记载的出生日期,可以作为其出生时间。

4. 港澳台居民身份证

就香港、澳门特别行政区居民和台湾居民而言,不仅其持有的香港居民身份证、澳门居民身份证、台湾居民身份证所记载的出生日期可以作为其出生时间,根据《港澳台居民居住证申领发放办法》(国办发〔2018〕81 号)第 2 条第 1 款和第 3 条的规定①,其所持有的港澳台居民居住证所记载的出生日期,也可以作为其出生时间。

5. 外籍自然人的护照和永久居留身份证

根据《外国人在中国永久居留审批管理办法》《外国人在中国永久居留享有相关待遇的办法》(人社部发〔2012〕53 号)和公安部 2017 年 5 月 20 日发布的《关于决定启用 2017 版外国人永久居留身份证的公告》,《外国人永久居留证》是获得在中国永久居留资格的外国人在中国境内居留的合法身份证件,可以单独使用。因此,就外国籍自然人而言,如果其已经取得了在中国永久居留资格,不仅其护照记载的出生日期可以作为其出生时间,其《外国人永久居留证》所记载的该外国人的出生日期,也可以作为其出生时间。

(五)其他证据

结合《国务院办公厅关于解决无户口人员登记户口问题的意见》(国办发〔2015〕96 号)、《国家卫生和计划生育委员会、公安部关于启用和规范管理新版〈出生医学证明〉的通知》(国卫妇幼发〔2013〕52 号)的附件 2《新版〈出生医学证明〉(第五版)首次签发情形与要求》、《最高人民检察院公诉厅毒品犯罪案件公诉证据标准指导意见(试行)》(〔2005〕高检诉发第 32 号)、《关于办理死刑案件审查判断证据若干问题的规定》(法发〔2010〕20 号)的规定,《民法典》第 15 条所说的"有其他证据足以推翻以上记载时间的,以该证据证明的时间为准"中的"其他证据",主要指自然人出生时所在的医疗保健机构依法制作并留存的分娩记录、接生人员记录等原始记录,骨龄鉴定结论等客观事实证据。

需要注意的是,只有在其他证据达到"足以推翻"出生证明、户籍登记或其他有效身份登记所记载的出生时间的条件时,才可以以该其他证据所记载的出生时间作为相关自然人的出生时间。在判断其他证据是否满足"足以推翻"的条件时,应当根据《最高人民法院关于民事诉讼证据的若干规定》等规定从该其他证据的形式、来源、内容等方面加以综合分析并作出判断。

---

① 《港澳台居民居住证申领发放办法》(国办发〔2018〕81 号)第 2 条第 1 款规定:"港澳台居民前往内地(大陆)居住半年以上,符合有合法稳定就业、合法稳定住所、连续就读条件之一的,根据本人意愿,可以依照本办法的规定申请领取居住证",第 3 条规定:"港澳台居民居住证登载的内容包括:姓名、性别、出生日期、居住地住址、公民身份号码、本人相片、指纹信息、证件有效期限、签发机关、签发次数、港澳台居民出入境证件号码。"

二、自然人的死亡时间

(一)死亡时间的确定办法

根据《民法典》第 15 条的规定,自然人的死亡时间,按照以下办法确定:

第一,在有死亡证明的情况下,可以并且应当直接以其死亡证明记载的死亡时间为准。

第二,在没有死亡证明的情况下,则以其户籍登记记载的死亡时间为准,也可以以其他有效身份登记记载的死亡时间为准。

第三,如果有其他证据足以推翻其死亡证明、户籍登记或其他有效身份登记记载的死亡时间,则可以并应当以该证据证明的该自然人的死亡时间为准。

据此,只有在自然人没有死亡证明的情况下,才"以户籍登记或者其他有效身份登记记载的时间为准";但是,即使有死亡证明,如果有其他证据足以推翻死亡证明上记载的死亡时间,仍然须以该其他证据证明的死亡时间为准。

需要注意的是,由于《民法典》第 15 条使用的是"没有出生证明、死亡证明的,以户籍登记或者其他有效身份登记记载的时间为准"的表述,因此,在确定自然人的死亡时间方面,"户籍登记"和"其他有效身份登记"二者具有同等效力,都可以作为认定自然人的死亡时间的依据,相互之间不存在先后顺序或优先适用的问题。

(二)死亡证明

结合《民法典》第 48 条、《医疗机构管理条例实施细则》(2017 年修正)、《监狱罪犯死亡处理规定》(司发〔2015〕5 号)、《看守所在押人员死亡处理规定》(公通字〔2011〕56 号)、公安部《死亡人员户口注销工作规范》(公治明发〔2017〕393 号)、《国家卫生和计划生育委员会、公安部、民政部关于进一步规范人口死亡医学证明和信息登记管理工作的通知》(国卫规划发〔2013〕57 号)、《关于改进和规范公安派出所出具证明工作的意见》(公通字〔2016〕21 号)、《儿童福利机构管理办法》(民政部令第 63 号)、《湖南省实施〈殡葬管理条例〉办法》(2017 年修正)、《广州市无人认领遗体处理办法》(穗府办规〔2017〕8 号,已失效)等法律法规的规定,现阶段,根据自然人死亡的原因、场所等情况的不同,存在由不同的机构出具的死亡证明,主要包括:

1. 由医疗卫生机构出具的死亡证明

根据《国家卫生和计划生育委员会、公安部、民政部关于进一步规范人口死亡医学证明和信息登记管理工作的通知》(国卫规划发〔2013〕57 号)、《关于改进和规范公安派出所出具证明工作的意见》(公通字〔2016〕21 号),针对在中国大陆的医疗机构内死亡、经医疗卫生机构救治的非正常死亡以及在家中、养老服务机构、其他场所正常死亡[①]的中国公民、港澳台居民和外国人(含死亡新生儿),由负责救治或正常死亡调查

① 结合《监狱罪犯死亡处理规定》第 2 条和《看守所在押人员死亡处理规定》第 2 条的规定,"正常死亡"是指因人体衰老或者疾病等原因导致的自然死亡,"非正常死亡"是指自杀死亡,或者由于自然灾害、意外事故、他杀、体罚虐待、击毙以及其他外部原因作用于人体造成的死亡。

的医疗卫生机构签发《居民死亡医学证明(推断)书》,作为说明自然人死亡及其原因①的医学证明。

2. 由公安机关出具的死亡证明

根据《关于改进和规范公安派出所出具证明工作的意见》(公通字〔2016〕21 号),公安部门依法处置的非正常死亡案(事)件(经医疗卫生机构救治的除外),需要开具证明的,公安派出所应当依据相关公安部门调查和检验鉴定结果出具死亡证明。

此外,根据最高人民检察院、公安部、民政部印发的《看守所在押人员死亡处理规定》(公通字〔2011〕56 号)第 2 条和第 16 条的规定②,在押人员死亡的(包括正常死亡和非正常死亡),在死亡原因确定后,由公安机关出具《死亡证明》。

3. 由监狱出具的死亡证明

根据最高人民检察院、民政部、司法部印发的《监狱罪犯死亡处理规定》(司发〔2015〕5 号)第 2 条和第 16 条的规定③,罪犯死亡的(包括正常死亡和非正常死亡),在死亡原因确定后,由监狱出具《死亡证明》。

4. 由人民法院作出的宣告死亡判决

人民法院作出的宣告死亡判决也属于《民法典》第 15 条所说的死亡证明。针对被宣告死亡的人的死亡时间,《民法典》第 48 条规定了"被宣告死亡的人,人民法院宣告死亡的判决作出之日视为其死亡的日期;因意外事件下落不明宣告死亡的,意外事件发生之日视为其死亡的日期"。

5. 由船长出具的死亡证明书

针对在海船上发生的死亡事件的死亡证明,《海商法》第 37 条作出了特别的规定,即"船长应当将船上发生的出生或者死亡事件记入航海日志,并在两名证人的参加下制作证明书。死亡证明书应当附有死者遗物清单。死者有遗嘱的,船长应当予以证明。死亡证明书和遗嘱由船长负责保管,并送交家属或者有关方面。"据此,船长根据《海商法》第 37 条出具的死亡证明书,也属于《民法典》第 15 条所说的"死亡证明"。④

(三)户籍登记

实践中,并非所有死亡的自然人都有相应的死亡证明。比如,公安部《死亡人员户

---

① 根据《医疗机构管理条例实施细则》(2017 年修正)第 60 条的规定,医疗机构为死因不明者出具的《死亡医学证明书》,只作是否死亡的诊断,不作死亡原因的诊断。

② 《看守所在押人员死亡处理规定》第 2 条规定:"在押人员死亡分为正常死亡和非正常死亡。正常死亡是指因人体衰老或者疾病等原因导致的自然死亡。非正常死亡是指自杀死亡,或者由于自然灾害、意外事故、他杀、体罚虐待、击毙等外部原因作用于人体造成的死亡",第 16 条规定:"在押人员死亡原因确定后,由公安机关出具《死亡证明》。"

③ 《监狱罪犯死亡处理规定》第 2 条规定:"罪犯死亡分为正常死亡和非正常死亡。正常死亡是指因人体衰老或者疾病等原因导致的自然死亡。非正常死亡是指自杀死亡,或者由于自然灾害、意外事故、他杀、体罚虐待、击毙以及其他外部原因作用于人体造成的死亡",第 16 条规定:"罪犯死亡原因确定后,由监狱出具《死亡证明》。"

④ 鉴于船长根据《海商法》第 37 条针对船上发生的死亡事件出具的死亡证明书,是《海商法》以法律的形式作出的特别规定,应将该证明书理解为《民法典》第 15 条所说的"死亡证明",而非《民法典》第 15 条所说的"其他证据"。

口注销工作规范》(公治明发〔2017〕393 号)第 4 条就提到"死亡人员亲属在办理相关社会事务时,无法证明人员已经死亡"的情形。对此,《死亡人员户口注销工作规范》第 4 条规定了"死亡人员亲属在办理相关社会事务时,无法证明人员已经死亡、需要公安派出所出具证明的,公安派出所应当及时出具户口注销证明",《关于改进和规范公安派出所出具证明工作的意见》(公通字〔2016〕21 号)也规定了"公民因死亡……注销户口,需要开具注销户口证明的,公安派出所应当出具"。此外,《死亡人员户口注销工作规范》第 2 条也规定了公安派出所依职权注销死亡人员户口的情形:"公民死亡未按规定申报户口注销的,死亡人员户口所在地公安派出所应当会同有关部门进行调查。经调查核实确已死亡的,公安派出所应当在履行告知或者公示程序后注销户口。"因此,相关死亡人员的户口注销证明,也属于《民法典》第 15 条所说的"户籍登记"。

比如,四川省雅安市中级人民法院(2017)川 18 民终 946 号民事判决书就认为:"在签订《房屋买卖合同》时,虽然《房屋买卖合同》明确载明李某英已经死亡,但现无证据证明李某英的准确死亡时间。由于现在只有雅安市公安局雨城区分局出具的'户籍证明'中载明李某英死亡日期为 2015 年 5 月 30 日,参照《中华人民共和国民法总则》第十五条'……没有死亡证明的,以户籍登记或者其他有效身份登记记载的时间为准……'的规定精神,本院认定李某英死亡日期为 2015 年 5 月 30 日"。

需要注意的是,就死亡时间而言,《民法典》第 15 条所说的"其他有效身份登记"不适用于死亡人员。

(四)其他证据

如果有证据证明死亡证明、户籍登记所记载的死亡时间错误,则不应以该死亡证明、户籍登记所记载的死亡时间作为相关自然人的死亡时间。因此,《民法典》第 15 条规定了"有其他证据足以推翻以上记载时间的,以该证据证明的时间为准"。其中的"其他证据",指的是客观事实证据[①]。

比如,在自然人被法院宣告死亡的情形,根据《民法典》第 48 条的规定,其死亡时间为"人民法院宣告死亡的判决作出之日"或"意外事件发生之日"(适用于因意外事件下落不明被宣告死亡);但在被宣告死亡的人重新出现时,"被宣告死亡的人重新出现"这一事实,属于《民法典》第 15 条所说的"足以推翻以上记载时间"的证据,足以推翻人民法院所作出的死亡宣告判决所认定的自然人死亡的时间。

同样地,只有在其他证据达到"足以推翻"死亡证明、户籍登记所记载的死亡时间的条件时,才可以以该其他证据所记载的死亡时间作为相关自然人的死亡时间。

---

① 上海市第三中级人民法院(2018)沪 03 行终 343 号行政判决书认为:"这里所指的其他证据,应当是指客观事实证据。即有客观证据证明医疗机构出具的死亡证明上记载的时间有误,则应以客观证据反映的时间为准。但上诉人主张以死者医疗记录中'脑死亡'的记载时间来否定医疗机构出具的死亡证明,仍属于对死亡标准不同认识的范畴,并非上述法律规定中的其他客观事实证据。"

第十六条 【胎儿的民事权利能力】涉及遗产继承、接受赠与等胎儿利益保护的，胎儿视为具有民事权利能力。但是，胎儿娩出时为死体的，其民事权利能力自始不存在。

【条文通释】

《民法典》第 16 条是关于胎儿的民事权利能力的规定。

《民法典》第 16 条是《民法典》第 13 条关于"自然人从出生时起到死亡时止，具有民事权利能力"的规定的例外规定，其目的是为胎儿利益提供特别保护①。

一、胎儿的法律地位

在医学上，"胎儿"是指妊娠 8 周以后的胎体②。在日常用语中，"胎儿"指的是"受精后第 7 周(即妊娠第 9 周)起的受精卵"③。

在法律地位上，如前所述，胎儿因尚未脱离母体、尚未出生而不属于《民法典》所说的"自然人"或"民事主体"。④ 不过，《民法典》第 16 条第 1 句对胎儿的民事权利能力进行了拟制处理，即：在涉及胎儿利益保护的情况下，将胎儿"视为"具有民事权利能力，使得胎儿与自然人一样具有民事权利能力、能够享有民事权利。

二、胎儿娩出时死体、活体的认定

由于《民法典》第 16 条规定了"胎儿娩出时为死体的，其民事权利能力自始不存在"，因此，在胎儿娩出后是否能够真正具有民事权利能力、实际享有相应的民事权利，则取决于胎儿在娩出的那一时刻是否为活体，即：在胎儿娩出时为活体的情况下，因其已成为自然人而应当适用《民法典》第 13 条关于"自然人从出生时起到死亡时止，具有民事权利能力，依法享有民事权利，承担民事义务"的规定；在胎儿娩出时为死体的情况下，因未成为自然人而不能适用《民法典》第 13 条关于"自然人从出生时起到死亡时止，具有民事权利能力，依法享有民事权利，承担民事义务"的规定，对此，《民法典》第 16 条第 2 句规定了相应的处理办法，即胎儿的"民事权利能力自始不存在"，溯及至一开始就没有民事权利能力。

问题是，如何认定胎儿娩出时是死体还是活体？目前，在法律、行政法规和司法解释层面，尚未有直接的统一的规定，司法实践中也有不同的意见。

---

① 值得一提的是，在《民法总则》通过之前，就有法律针对胎儿利益保护作出了特别安排。比如，1985 年 4 月 10 日通过的《继承法》就在其第 28 条规定了"遗产分割时，应当保留胎儿的继承份额。胎儿出生时是死体的，保留的份额按照法定继承办理。"

② 山东省德州市中级人民法院(2017)鲁 14 民终 2468 号民事判决书。

③ 夏征农、陈至立主编：《辞海》，上海辞书出版社 2009 年版，第 2191 页。

④ 不过，最高人民法院(2018)最高法行申 7016、7017、7019、7021 号行政裁定书认为："胎儿在生理上的特殊性决定了其作为民事主体，享受权利是主要的，而承担义务是次要的。胎儿存在于母腹之中，无意思能力、行为能力及责任能力，故其作为民事主体所承担之义务，除非来自继承，殆无其他来源。"

（一）医疗卫生部门的规定

针对胎儿娩出时是否成活的判定，《卫生部关于医疗事故技术鉴定中新生儿死亡认定有关问题的批复》（卫医管函〔2009〕22 号）要求“在医疗事故技术鉴定过程中，专家鉴定组应当根据胎儿离开母体时的具体临床表现综合判定其是否成活。经判定成活的，其后发生死亡，应当认定为新生儿死亡”。据此，判定胎儿娩出时是否成活的标准是“胎儿离开母体时的具体临床表现”。

现阶段，医疗卫生部门对胎儿成活的判定标准是：妊娠 28 周（如孕周不清楚，可参考出生体重达 1000 克及以上）后，胎儿脱离母体时，具有心跳、呼吸、脐带搏动、随意肌收缩 4 项生命征象之一。①

据此，胎儿脱离母体时只要有过呼吸、心脏跳动、脐带搏动或随意肌收缩等任何一种生命现象，即为活体、即为自然人。与此相对应，胎儿脱离母体时没有心跳、呼吸、脐带搏动、随意肌收缩这 4 种生命现象中的任何一种生命现象，则属于《民法典》第 16 条所说的“胎儿娩出时为死体”。

需要注意的是，胎儿在分娩过程中死亡，即“死产”②，也属于《民法典》第 16 条所说的“胎儿娩出时为死体”。

（二）司法实务

实务中，法院在认定胎儿娩出时是否成活时采用的标准不一。

1. 以胎儿娩出时是否有独立的呼吸作为标准

有的法院以胎儿娩出时是否有独立的呼吸作为认定胎儿是活体还是死体的标准。

比如，福建省三明市中级人民法院（2015）三少民终字第 7 号民事判决书认为：“上诉人尤溪县中医医院提供的《法医病理学》资料表明，判断活产或死产，主要根据胎儿出生后在母体外是否进行过呼吸。肺浮扬试验是确定新生儿曾否呼吸的最常用的方法。虽然资料记载‘有时对死产儿进行人工呼吸，以致部分肺因含有气体而上浮。’但这里仅表述为‘有时’，无法证实本案的肺浮扬试验结论与人工呼吸的有关。故综合全案证据及相关医学资料，本院确认上诉人叶某某、胡某某之子系出生后死亡。”

---

① 《国家人口计生委办公厅关于继续使用人口和计划生育统计报表的通知》（人口厅函〔2008〕165 号）提出：“‘本期出生人数’指统计期内所有统计对象所生育的活产婴儿的总数，出生胎儿只要脱离母体时有过呼吸、心脏跳动、脐带搏动或随意肌收缩等任何一种生命现象的均列入出生统计”；《预防艾滋病、梅毒和乙肝母婴传播工作规范（2020 年版）》（国卫办妇幼函〔2020〕928 号）附件 6《预防艾滋病、梅毒和乙肝母婴传播相关报表、上报流程及要求》中的《艾滋病、梅毒、乙肝感染孕产妇及所生婴儿登记卡（保密）填卡说明》也指明：“分娩指妊娠满 28 周（196 日）及以后，胎儿及其附属物从母体娩出”，“活产指，妊娠 28 周后，胎儿脱离母体时，有过四种生命现象（包括呼吸、心跳、随意肌收缩和脐带搏动）之一者；死胎指，妊娠 20 周后胎儿在子宫内死亡；死产指，胎儿在娩出过程中死亡，死产是死胎的一种；新生儿七天内死亡（即早期新生儿死亡）指，活产儿在出生后未满 7 天死亡。”

② 国家卫生健康委办公厅印发的《预防艾滋病、梅毒和乙肝母婴传播工作规范（2020 年版）》（国卫办妇幼函〔2020〕928 号）附件 6《预防艾滋病、梅毒和乙肝母婴传播相关报表、上报流程及要求》中的《艾滋病、梅毒、乙肝感染孕产妇及所生婴儿登记卡（保密）填卡说明》使用了“死产”的表述。

2. 以胎儿娩出时是否有生命体征作为标准

有的法院还以胎儿娩出时是否具有生命体征并结合胎儿娩出时的 Apgar 评分(阿氏评分)结果来认定胎儿娩出时是死体还是活体。

比如,在王某春、王某朝与天长市中医院医疗损害责任纠纷案中,针对该案新生儿属于"死胎"还是"活体"的问题,安徽省高级人民法院(2019)皖民再 69 号民事判决书认为:"尽管对出生后的婴儿是否应被认定为生命体实践中存在两种不同观点,一是'独立呼吸说',即婴儿脱离母体之际具有自主呼吸为完全出生;二是'生命体征说',即婴儿脱离母体后具有呼吸、心率、肌张力及反射应激力等生命体征之一,为完全出生。但随着医学认识的不断提高,越来越多的观点接受了'生命体征说',这更有利于对胎儿权利的保护。许多重症新生儿在脱离母体后虽然未能独立呼吸,但按医学界普遍采用的阿氏评分标准,只要具有其他生命体征,比如具备呼吸、心率、肌张力及反射应激力等生命体征之一,即属于'活体',仍有通过抢救存活的可能性,如不承认其'活体'的属性,会导致医护人员怠于抢救或者新生儿遭到父母遗弃,有违伦理道德的评判标准。因此认定脱离母体后具有一定生命体征的新生儿为'活体',具有一定的民事权利,与医学上的'出生'概念吻合,也符合当前民法学界对'胎儿法益'进行适当保护的发展趋势。本案徐某娩出的婴儿出生时有心跳,阿氏评分为 2 分,抢救一个小时后宣布死亡。天长市中医院当时对娩出婴儿采取的抢救行为说明该院医护人员在胎儿出生时也认为是活体,否则没有积极抢救一小时的必要。因此,一、二审判决均以娩出婴儿没有独立呼吸为由认定徐某分娩的胎儿为'死胎',实属不当,本院予以纠正。"

又如,在莫某贞、徐某明与始兴县人民医院医疗损害责任纠纷案中,针对涉案胎儿系死产还是新生儿死亡的问题,广东省高级人民法院(2016)粤民再 480 号民事判决书认为:"始兴县人民医院的《始兴县人民医院分娩记录及伴行产程图》和《剖宫产手术记录》均显示婴儿出生时的阿氏评分为 0 分,说明该婴儿在出生时已无生命特征。莫某贞、徐某明以病历记载医院对分娩后的婴儿进行过抢救就认为婴儿是活婴,没有事实依据。一审、二审判决认定莫某贞当时所产出的婴儿已无生命特征并无不当,本院予以维持。"

再如,在李某红、李某鸿与云南省第一人民医院医疗损害责任纠纷案中,云南省昆明市中级人民法院(2017)云 01 民终 2124 号民事判决书认为:"标志生命活动存在的生命体征主要有心率、呼吸、体温、脉搏、血压、瞳孔和意识等,根据全球广泛使用的 Apgar 评分,评价新生儿的指标分为肤色、脉搏、反射、肌张力和呼吸五项,从《云南省第一人民医院新生儿出生记录》来看,上诉人李某红所产胎儿在出生后一分钟内心跳数为'无'、呼吸情况为'无'、肌肉张力为'松弛'、导管插管反应或弹足底吸情粘液后为'无'、皮肤颜色为'青紫苍白',综合评分为'0'。结合鉴定人员在一审时的陈述'从生命体征看出生时就是死亡的',故一审法院认定上诉人李某红所产胎儿在分娩过程中死亡,在完全分娩结束后已没有生命,由此认定上诉人李某红所产胎儿不具备民事主体资格符合法律规定……"

三、涉及胎儿利益保护的情形

由于《民法典》第 16 条使用了"涉及遗产继承、接受赠与等胎儿利益保护的,胎儿视为具有民事权利能力"的表述,因此,只有在涉及胎儿利益保护的情形,才可以将胎儿视为具有民事权利能力,如果不涉及胎儿利益保护,则没有适用《民法典》第 16 条关于"胎儿视为具有民事权利能力"的规定的必要和余地。[①]

问题是,涉及胎儿利益保护的情形有哪些?《民法典》第 16 条明确列出的"遗产继承"和"接受赠与",当然属于涉及胎儿利益保护的情形;此外,《民法典》第 16 条第 1 句中的"等"字,应属于示例性列举,而不是穷尽式列举,为将保护胎儿利益所需要的其他情形纳入其中留出了空间。

(一)遗产继承涉及的胎儿利益保护

就遗产继承涉及的胎儿利益保护而言,《民法典》第 16 条明确规定"胎儿视为具有民事权利能力";在此基础上,《民法典》第 1155 条进一步规定"遗产分割时,应当保留胎儿的继承份额",《最高人民法院关于适用〈中华人民共和国民法典〉继承编的解释(一)》(以下简称"《民法典继承编解释一》")第 31 条也明确:"应当为胎儿保留的遗产份额没有保留的,应从继承人所继承的遗产中扣回";并且,针对在胎儿出生后死亡的情形,《民法典继承编解释一》第 31 条也明确了相应的处理办法,即"为胎儿保留的遗产份额,如胎儿出生后死亡的,由其继承人继承"。

针对胎儿娩出时为死体的情形,《民法典》第 16 条明确规定"胎儿娩出时为死体的,其民事权利能力自始不存在";在此基础上,《民法典》第 1155 条进一步规定"遗产分割时,应当保留胎儿的继承份额。胎儿娩出时是死体的,保留的份额按照法定继承办理",《民法典继承编解释一》第 31 条也进一步明确:"为胎儿保留的遗产份额……如胎儿娩出时是死体的,由被继承人的继承人继承。"

(二)接受赠与涉及的胎儿利益保护

就接受赠与涉及的胎儿利益保护而言,《民法典》第 16 条明确规定"胎儿视为具有民事权利能力";也就是说,如果相关主体明确将特定财产赠与给胎儿,那么,《民法典》第 16 条就赋予了胎儿与普通的自然人同样的权利,有权作为受赠人接受相应的赠与。

需要注意的是,根据《民诉法解释》第 109 条和《最高人民法院关于民事诉讼证据的若干规定》第 86 条第 1 款的规定[②],主张胎儿接受赠与的一方,须对赠与事实承担举证证明责任,并且达到"能够排除合理怀疑"的程度。

(三)涉及胎儿利益保护的其他情形

除了遗产继承和接受赠与,还有其他涉及胎儿利益保护的情况,在司法实践中,要

---

① 比如,福建省高级人民法院(2020)闽民申 4609 号民事裁定书认为:"对于胎儿利益的特殊保护,现行法律实际上采取的为个别保护主义立法模式,明确将保护的范围限制在遗产继承、接受赠与等特殊范围内。"

② 《民诉法解释》第 109 条规定:"当事人对欺诈、胁迫、恶意串通事实的证明,以及对口头遗嘱或者赠与事实的证明,人民法院确信该待证事实存在的可能性能够排除合理怀疑的,应当认定该事实存在。"《最高人民法院关于民事诉讼证据的若干规定》第 86 条第 1 款规定:"当事人对于欺诈、胁迫、恶意串通事实的证明,以及对于口头遗嘱或赠与事实的证明,人民法院确信该待证事实存在的可能性能够排除合理怀疑的,应当认定该事实存在。"

结合具体情形判断是否属于胎儿权益保护范围。①

1. 胎儿生父的人身受到损害

其中,胎儿的生父在胎儿娩出前受到人身损害,属于《民法典》第 16 条所说的"涉及遗产继承、接受赠与等胎儿利益保护"的情形。

比如,在李某旺与张某付、吴某坤海上人身损害责任纠纷案中,广东省高级人民法院(2018)粤民终 451 号民事判决书认为:"李某宇出生于 2013 年 12 月 27 日,根据其出生孕周为 40 周的情况,可合理推断李某宇在 2013 年 7 月 13 日事故发生时为孕育中的胎儿,其在正常出生之后,李某旺作为父亲,对李某宇的抚养义务必然产生。李某旺因涉案事故被烧伤致残,该事实对其生活能力及劳动能力的不利影响客观存在且处于持续状态,其在李某宇成长过程中提供日常照顾及物质条件的能力相应降低,由此直接影响其抚养义务的履行。故李某旺以支付抚养费的方式请求事故责任方作出经济方面的补偿合理有据,应予支持。"

又如,在车某浩与李某超等机动车交通事故责任纠纷案中,湖北省咸宁市中级人民法院(2018)鄂 12 民终 562 号民事判决书认为:"本案中,咸宁市第一人民医院出具的《湖北省出生医学证明》载明:新生儿车某浩出生时为活体胎儿。虽胎儿不具有民事权利能力,不能成为民事诉讼主体,不具有抚养利益损害赔偿的请求权。但胎儿出生后为活体的,则具有民事权利能力,当其抚养人遭受人身侵害,对其主张的被抚养人生活费损失应当得到支持,这符合我国传统的道德观念及立法精神。"

再如,在中国太平洋财产保险股份有限公司广州市番禺支公司与黄某玲等机动车交通事故责任纠纷案中,针对太平洋保险公司提出的"应当以事故发生之时为截点来确定曾某 3 被扶养人人数,曾某 2 在交通事故发生时未出生,不属于曾某 3 的被抚养人"的上诉主张,广东省佛山市中级人民法院(2017)粤 06 民终 9362 号民事判决书认为:"发生交通事故时已受孕的胎儿,其出生时系活体的,视为具有民事权利能力,享有损害赔偿请求权。本案曾某 2 在交通事故发生时是已受孕的胎儿,在交通事故后已出生,根据前述法律规定,在本案中有权请求相关赔偿义务人赔偿因曾某 3 死亡所丧失的生活来源。一审法院支持曾某 2 被抚养人生活费的诉请正确,本院予以支持。太平洋保险公司的上诉理由不成立,本院不予采纳。"

需要注意的是,如果事故发生时尚未受孕,则原则上不属于《民法典》第 16 条所说的"涉及遗产继承、接受赠与等胎儿利益保护"的情形。

比如,福建省高级人民法院(2020)闽民申 4609 号民事裁定书认为:"本案中,黄某在侵权行为发生时并未出生,显然不属于被抚养人的范畴,且根据省立医院出具的出院小结,可推定胡某女怀孕时间晚于事故发生时间,即胡某女主张的被抚养人黄某的受孕时间晚于侵权时间,故一、二审不支持黄某的被抚养人生活费,并无不当。胡某女主张适用《中华人民共和国民法总则》第十六条关于胎儿利益之特别规定,诉请黄某的被抚养人生活费,于法无据,不能成立。"

又如,山东省高级人民法院(2019)鲁民申 1665 号民事裁定书认为:"根据原审查

---

① 最高人民法院 2018 年 11 月 30 日就李某轩、杨某贻、唐某涵、刘某熙诉三亚市人民政府征收安置补偿四案作出的(2018)最高法行申 7016、7017、7019、7021 号行政裁定书。

明的事实，本案事故发生时间为 2016 年 1 月 4 日，而李某阳的小女儿李某檬出生时间为 2017 年 4 月 7 日，交通事故发生时李某阳的配偶尚未怀孕，亦即侵权行为发生时李某阳对李某檬尚不负有抚养义务。原审依据《中华人民共和国民法总则》第十三条：'自然人从出生时起到死亡时止，具有民事权利能力，依法享有民事权利，承担民事义务'，第十六条：'涉及遗产继承、接受赠与等胎儿利益保护的，胎儿视为具有民事权利能力。但是胎儿娩出时为死体的，其民事权利能力自始不存在'，认定不应当支付李某檬的抚养费适用法律并无不当。"

2. 集体土地征收补偿

在集体土地征收过程中也应当注意保护胎儿的合法权益。对此，最高人民法院(2018)最高法行申 7016、7017、7019、7021 号行政裁定书指出："在征收集体土地时，应把胎儿列为安置对象进行补偿。尤其是对集体经济组织全部集体土地予以征收的，进行安置补助时必须保障被征地农民原有生活水平不降低、长远生计有保障，并且要充分考虑胎儿的特殊情况，给予特别保障。"

需要注意的是，在集体土地征收补偿方案公布之后受孕的胎儿，将不能享有相应的征收补偿利益。

比如，在三亚市天涯区人民政府与赵某履行征收补偿安置职责案中，海南省高级人民法院(2019)琼行终 380 号行政判决书认为："本案的争议焦点是赵某是否具有芒果自然村的补偿安置资格。……本案中，根据查明事实，赵某出生后即将其户口登记在芒果自然村的海坡二组，其为芒果自然村的常住人口，且海坡二组亦认可其为该组的集体经济组织成员，故应认定赵某为海坡二组的集体经济组织成员(原籍村民)并适用 254 号安置方案和 6 号补充方案来确认其是否符合芒果自然村的安置对象条件。赵某的《出生医学证明》载明，其出生孕周是 36 周+4 天，出生时间为 2018 年 6 月 18 日，据此可以计算吴某孕育赵某的时间是 2017 年 10 月的第二个星期(10 月 8 日~14 日)，此距 254 号安置方案 2017 年 8 月 28 日的发布之日已过了 5 个星期之久，而 254 号安置方案第五条第二款第 2 项和 6 号补充方案第二条规定，254 号安置方案发布之后怀孕出生的婴儿不认定为安置对象，故赵某虽为芒果自然村原籍村民，但因其系 254 号安置方案发布之日后怀孕出生的婴儿，不属于芒果自然村本次涉案征收补偿安置的对象，其要求按原籍村民标准予以安置 85 平方米房屋的诉讼请求不成立。"

四、胎儿权利的行使

就胎儿利益保护而言，在胎儿娩出之前，由其父母作为法定代理人主张相关权利。对此，《民法典总则编解释》第 4 条规定："涉及遗产继承、接受赠与等胎儿利益保护，父母在胎儿娩出前作为法定代理人主张相应权利的，人民法院依法予以支持。"

在胎儿出生之后、成年之前，则由其监护人作为法定代理人主张相关权利。对此，《民法典》第 23 条规定："无民事行为能力人、限制民事行为能力人的监护人是其法定代理人。"

五、胎儿娩出时为死体的处理办法

针对胎儿娩出时为死体的情形，《民法典》第 16 条规定了相应的处理办法，即"其民事权利能力自始不存在”。

这类似于《民法典》第155条针对无效的民事法律行为规定的“自始没有法律约束力”。此外,这跟《民法典》第158条规定的附条件民事法律行为也具有一定的相似性;但是,与生效条件、解除条件不同的是,《民法典》第16条规定的“其民事权利能力自始不存在”具有溯及力。当然,《民法典》第16条是针对胎儿的民事权利能力作出的特别规定,涉及胎儿利益的特别保护,不同于通常的民事法律行为。

根据《民法典》第16条的规定,胎儿如果娩出时为死体,则并未成为自然人,不具有民事权利能力,不能按照自然人死亡进行处理。

比如,广东省高级人民法院(2019)粤民申12487号民事裁定书认为:“具体到本案来说,双胞胎之一娩出时没有独立呼吸,亦无其他生命体征,即娩出时为死体,不具有独立的民事权利能力。鉴于本案的损害后果是胎儿死亡,而非自然人死亡,因此,二审判决对死亡赔偿金不予支持,并无不当。需要说明的是,从广东省医学会的医疗损害鉴定意见书来看,产妇自身存在的高危因素和医方的过错原因力大小相同。本案的胎儿死亡确实会对关某浪、梁某造成较大的精神伤害,但关某浪、梁某据此主张应当赔付死亡赔偿金,缺乏相应的法律依据,且二审判决已根据案件实际情况核定精神损害抚慰金为5万元,故该判决的处理亦无不当。”

又如,四川省高级人民法院(2019)川民申3371号民事裁定书也认为:“因案涉胎儿尚未出生就已经死亡,其不具备民事权利能力,二审法院因此认为死亡赔偿金是基于活着的自然人死亡而产生,案涉胎儿没有作为自然人存活过,没有死亡赔偿金产生的基础,并无不当。四川省都江堰市人民法院(2015)都江民初字第4272号民事判决认定案涉精神抚慰金为人民币1万元,本案中的一、二审法院已结合本案实际情况,以及被申请人治疗过程中的过错参与度、侵权后果等,将精神抚慰金调高为人民币5万元,符合法律和情理。”

第十七条 【成年人与未成年人的认定标准】十八周岁以上的自然人为成年人。不满十八周岁的自然人为未成年人。

【条文通释】

《民法典》第17条是关于成年人与未成年人的认定标准的规定。

一、成年人与未成年人的认定标准

根据《民法典》第17条,以年龄是否达到18周岁为标准,将自然人区分为成年人和未成年人这两类;其中,年龄刚好达到18周岁以及超过18周岁的自然人,均属于成年人,而年龄小于18周岁的自然人则为未成年人。①

根据《民法典》第1259条关于“民法所称的‘以上’……包括本数;所称的‘不

① 《儿童权利公约》第1条规定:“为本公约之目的,儿童系指18岁以下的任何人,除非对其适用之法律规定成年年龄低于18岁”,故《民法典》规定的“未成年人”与《儿童权利公约》规定的“儿童”具有相同的含义。

满’……不包括本数”的规定,《民法典》第 17 条所说的“十八周岁以上”,包括 18 周岁和超过 18 周岁,所说的“不满十八周岁”则不包括 18 周岁。

需要注意的是,是否年满 18 周岁是认定自然人属于成年人还是未成年人的唯一标准,至于该自然人是否能辨认、是否能完全辨认自己的行为,则是无关的。只要自然人的年龄达到或超过 18 周岁,就属于成年人。与此相对应,只要自然人的年龄没有达到 18 周岁,就属于未成年人,这跟《民法典》第 18 条第 2 款将“以自己的劳动收入为主要生活来源的十六周岁以上的未成年人”视为完全民事行为能力人是不同的。

二、周岁的计算办法

问题是,如何认定自然人是否年满特定周岁?对此,《民法典》和其他民事法律尚未作出直接规定。

由于《民法典》第 200 条规定了“民法所称的期间按照公历年、月、日、小时计算”、第 201 条第 1 款规定了“按照年、月、日计算期间的,开始的当日不计入,自下一日开始计算”、第 202 条规定了“按照年、月计算期间的,到期月的对应日为期间的最后一日;没有对应日的,月末日为期间的最后一日”、第 203 条第 2 款规定了“期间的最后一日的截止时间为二十四时;有业务时间的,停止业务活动的时间为截止时间”,因此,结合《最高人民法院关于审理未成年人刑事案件具体应用法律若干问题的解释》(法释〔2006〕1 号)第 2 条关于“刑法第十七条规定的‘周岁’,按照公历的年、月、日计算,从周岁生日的第二天起算”的规定,和最高人民检察院印发的《人民检察院办理未成年人刑事案件的规定》(高检发研字〔2013〕7 号)第 80 条关于“实施犯罪行为的年龄,一律按公历的年、月、日计算。从周岁生日的第二天起,为已满××周岁”的规定,自然人年满特定周岁的日期,应以该特定周岁生日的次日,作为其年满该特定周岁的第一日,并以该日的 0 时 0 分 1 秒作为其年满该特定周岁的时间。

不过,对于出生于 2 月 29 日的自然人来说,计算其年满特定周岁的规则会有所不同。根据国家标准《日期和时间 信息交换表示法 第 1 部分:基本原则》(GB/T 7408. 1—2023)的规定①,对于出生于 2 月 29 日的自然人来说,因其年满 18 周岁当年为平年,而平年的 2 月份只有 28 天,故应以当年的 3 月 1 日为该自然人在该平年的周岁生日,以 3 月 2 日作为其年满特定周岁后的第一日,并以 3 月 2 日的 0 时 0 分 1 秒作为其年满该特定周岁的时间,而不能适用《民法典》第 202 条关于“按照年、月计算期间的,到期月的对应日为期间的最后一日;没有对应日的,月末日为期间的最后一日”的规定。这对于计算出生于 2 月 29 日的自然人是否年满 18 周岁来说,尤其需要注意。

---

① 根据《日期和时间 信息交换表示法 第 1 部分:基本原则》(GB/T 7408. 1—2023)第 3. 1. 1. 21 条和第 4. 2. 1 条,“闰年”是公历中含有 366 个日历日的日历年,闰年能被 4 整除但不能被 100 整除、世纪年只有被 400 整除才是闰年;公历分为时长为 365 个日历日的平年和时长为 366 个日历日的闰年,在公历中,每个日历年被划分为 12 个连续的日历月,其中,二月包含的日历日数在平年为 28 天、在闰年为 29 天。

第十八条 【完全民事行为能力人的范围及其行为能力】成年人为完全民事行为能力人，可以独立实施民事法律行为。

十六周岁以上的未成年人，以自己的劳动收入为主要生活来源的，视为完全民事行为能力人。

【条文通释】

《民法典》第18条是关于完全民事行为能力人的范围及其行为能力的原则规定。该条共两款，第1款规定了成年完全民事行为能力人及其行为能力，第2款则对未成年完全民事行为能力人作出了规定。

一、完全民事行为能力人的范围

根据《民法典》第18条，完全民事行为能力人包括两类：一是成年人，即真正的完全民事行为能力人；二是以自己的劳动收入为主要生活来源的十六周岁以上的未成年人，即被法律“视为”的完全民事行为能力人。

（一）成年人原则上均为完全民事行为能力人

根据《民法典》第18条第1款，成年人，即18周岁以上的自然人，原则上均为完全民事行为能力人。

需要注意的是，由于《民法典》第21条第1款规定了“不能辨认自己行为的成年人为无民事行为能力人”、第22条规定了“不能完全辨认自己行为的成年人为限制民事行为能力人”，因此，《民法典》第18条第1款属于一般规定、原则规定，而《民法典》第21条第1款和第22条则属于其特别规定、例外规定，分别将“不能辨认自己行为的成年人”和“不能完全辨认自己行为的成年人”从“完全民事行为能力人”当中排除出来。

据此，《民法典》第18条第1款所说的作为“完全民事行为能力人，可以独立实施民事法律行为”的“成年人”，指的仅仅是18周岁以上的、能够完全辨认自己行为的自然人，包括老年人，但不包括“不能辨认自己行为的成年人”和“不能完全辨认自己行为的成年人”。

实务中，在没有生效判决认定特定成年人无民事行为能力或限制民事行为能力的情况下，即使是“不能辨认自己行为的成年人”“不能完全辨认自己行为的成年人”，有裁判意见仍然认定该成年人具有完全民事行为能力。①

（二）以自己的劳动收入为主要生活来源的16周岁以上的未成年人

尽管《民法典》第17条规定了“不满十八周岁的自然人为未成年人”，但是，由于

① 相关裁判意见，可见福建省高级人民法院（2020）闽民申490号民事裁定书、四川省成都市中级人民法院（2020）川01民终7201号民事判决书、辽宁省大连市中级人民法院（2018）辽02民终2374号民事判决书。

《民法典》第18条第2款规定了"十六周岁以上的未成年人,以自己的劳动收入为主要生活来源的,视为完全民事行为能力人",因此,以自己的劳动收入为主要生活来源的16周岁以上的未成年人,即以自己的劳动收入为主要生活来源的16周岁以上不满18周岁的自然人,尽管在身份上仍然属于未成年人、不属于成年人[①],法律也将其作为完全民事行为能力人对待。

也因此,就未成年人的民事行为能力而言,《民法典》第18条第2款的规定,是《民法典》第19条关于"八周岁以上的未成年人为限制民事行为能力人,实施民事法律行为由其法定代理人代理或者经其法定代理人同意、追认;但是,可以独立实施纯获利益的民事法律行为或者与其年龄、智力相适应的民事法律行为"的规定的例外规定。

值得注意的是,由于《民法典》第18条第2款使用的是"视为完全民事行为能力人"的表述,而没有使用"可以视为完全民事行为能力人"的表述,因此,对于所有"以自己的劳动收入为主要生活来源的十六周岁以上的未成年人"而言,必须当然地、统一地将其视为完全民事行为能力人,不存在在这种情形下将其视为完全民事行为能力人而在另一种情形下不将其视为完全民事行为能力人的选择空间。[②]

1. 以自己的劳动收入为主要生活来源的认定标准

《民法典》本身没有对"以自己的劳动收入为主要生活来源"的认定标准作出规定。

结合《民通意见》(已废止)第2条[③]的规定[④]和《最高人民法院关于适用〈中华人民共和国民法典〉婚姻家庭编的解释(一)》(以下简称"《民法典婚姻家庭编解释一》")第53条关于"抚养费的给付期限,一般至子女十八周岁为止。十六周岁以上不满十八周岁,以其劳动收入为主要生活来源,并能维持当地一般生活水平的,父母可以停止给付抚养费"的规定,16周岁以上的未成年人如果"能够以自己的劳动取得收入,并能维持当地群众一般生活水平",可以认定为《民法典》第18条第2款所说的"以自己的劳

---

① 比如,湖北省荆州市中级人民法院(2020)鄂10民终1211号民事判决书认为,16周岁以上以自己的劳动收入为主要生活来源的未成年人视为完全民事行能力人,是法律规定可以作为完全民事行为能力人的特殊情形,与法律规定的"成年人"并非同一概念。

② 考虑到民政部《特困人员认定办法》(民发〔2021〕43号)第5条关于"符合下列情形之一的,应当认定为本办法所称的无劳动能力:(一)60周岁以上的老年人;(二)未满16周岁的未成年人;(三)残疾等级为一、二、三级的智力、精神残疾人,残疾等级为一、二级的肢体残疾人,残疾等级为一级的视力残疾人;(四)省、自治区、直辖市人民政府规定的其他情形"的规定,将"残疾等级为一、二、三级的智力、精神残疾人"列为"无劳动能力",因此,对于不能辨认自己行为的16周岁以上的未成年人来说,难以符合《民法典》第18条第2款所说的"以自己的劳动收入为主要生活来源"的条件,因此,可以认为,凡是"以自己的劳动收入为主要生活来源的16周岁以上的未成年人"均应视为完全民事行为能力人,不存在"以自己的劳动收入为主要生活来源"却又"不能辨认自己行为"的16周岁以上的未成年人。

③ 《民通意见》(已废止)第2条规定:"十六周岁以上不满十八周岁的公民,能够以自己的劳动取得收入,并能维持当地群众一般生活水平的,可以认定为以自己的劳动收入为主要生活来源的完全民事行为能力人。"

④ 最高人民法院《全国法院贯彻实施民法典工作会议纪要》(法〔2021〕94号)第12条提出:"除上述内容外,对于民通意见、合同法解释一、合同法解释二的实体性规定所体现的精神,与民法典及有关法律不冲突且在司法实践中行之有效的,如民通意见第2条关于以自己的劳动收入为主要生活来源的认定规则等,人民法院可以在裁判文书说理时阐述。"

动收入为主要生活来源”。

需要注意的是,《民法典婚姻家庭编解释一》第 53 条第 2 款是针对“父母停止支付未成年子女抚养费”的条件作出的规定,而《民法典》第 18 条第 2 款则是针对“十六周岁以上的未成年人视为完全民事行为能力人”的条件作出的规定,二者属于不同的事项,前者的标准更高,不仅要求具备“十六周岁以上不满十八周岁,以其劳动收入为主要生活来源”的条件,还要求达到“能维持当地一般生活水平”的条件。就 16 周岁以上不满 18 周岁的自然人视为完全民事行为能力人而言,由于《民法典》第 18 条第 2 款使用了“十六周岁以上的未成年人,以自己的劳动收入为主要生活来源的,视为完全民事行为能力人”的表述,并没有像《民法典婚姻家庭编解释一》第 53 条那样同时使用“以其劳动收入为主要生活来源”和“并能维持当地一般生活水平”的表述,因此,只要符合“以自己的劳动收入为主要生活来源”的条件即可,无须以“能维持当地一般生活水平”为要件。

不过,实务中,法院的认定标准不一。有的法院以 16 周岁以上不满 18 周岁的自然人的劳动收入是否达到统计部门公布的上年度当地城镇或农村居民人均消费性支出水平,作为认定是否满足“以自己的劳动收入为主要生活来源”的标准。

比如,在严某 1、陈甲与刘某平等机动车交通事故责任纠纷案中,针对涉案的年满 16 周岁但未满 18 周岁的陈某生前是否属于完全民事行为能力人的问题,四川省宜宾市中级人民法院(2017)川 15 民终 1948 号民事判决认为:“本案中判断陈某生前是否属于完全民事行为能力人,主要考察其收入状况是否达到本地区人均年生活消费支出额。二审期间陈甲主张陈某生前在高县世某食府从事厨工工作,居住在城镇,月收入 1200 元。参照四川省统计局公布的 2016 年度四川城镇居民人均消费性支出 20660 元的标准,不宜认定陈某生前系完全民事行为能力人。”

此外,也有的法院以相关未成年人是否有相对固定的工作和稳定的收入作为认定标准。

比如,在陈某忠、黄某琼与陈某 1 等机动车交通事故责任纠纷案中,广西壮族自治区梧州市中级人民法院(2022)桂 04 民终 1774 号民事判决书认为:“陈某林于 2004 年 1 月 8 日出生,在交通事故发生时已 17 岁,其于 2020 年 3 月至 11 月期间在广东中山市某跃照明电器有限公司务工,2021 年 3 月至 5 月期间打工也有一定收入,但只有 2021 年 4 月收入 2252 元,其他月份收入不明。以上经历说明陈某林虽然在外地务工且有一定的收入,但尚不足以证明其有连续稳定的工作并且能够以自己劳动收入为生活主要来源。因此,陈某林不符合《中华人民共和国民法典》第十八条第二款‘十六周岁以上的未成年人,以自己的劳动收入为主要生活来源的,视为完全民事行为能力人’的情形”。

又如,在李某、李某豹、武某芳与张某文等机动车交通事故责任纠纷案中,山东省聊城市中级人民法院(2017)鲁 15 民终 1110 号民事判决书认为:“上诉人李某事发时虽年满 16 周岁,但李某事发前 1 个月才到聊城市某运餐饮有限公司福禧大酒店打工,未提供证据证明李某在本次事故发生前有较为连续的固定工作、维持基本生活消费的长期收入,不能证实以自己的劳动收入为主要生活来源,不能视为完全民事行为能力人。由于上诉人李某未满 18 周岁，为限制民事行为能力人……”

再如，在龙某甲、龙某东、吴某莲与许某就、李某喜生命权、健康权、身体权纠纷案中，广东省广州市中级人民法院（2014）穗中法少民终字第 244 号民事判决书认为：“本案事发时，龙某虽已年满十六周岁并在广州市白云区某饭店工作，但未能举证证实其有稳定收入并能维持当地群众一般生活水平，故不能认定为完全民事行为能力人。”

2. 以自己的劳动收入为主要生活来源的证明

根据《民事诉讼法》第 67 条第 1 款[①]和《民诉法解释》第 90 条、第 91 条[②]的规定，不论是 16 周岁以上的未成年人或其法定代理人等民事主体，还是 16 周岁以上的未成年人的相对人，如其主张适用《民法典》第 18 条第 2 款关于“十六周岁以上的未成年人，以自己的劳动收入为主要生活来源的，视为完全民事行为能力人”的规定，就应当对该 16 周岁以上的未成年人满足“以自己的劳动收入为主要生活来源”的条件承担举证证明责任；否则，其主张可能得不到支持。

比如，在辽宁新宾农村商业银行股份有限公司与廉某金融借款合同纠纷案中，辽宁省抚顺市中级人民法院（2023）辽 04 民终 285 号民事判决书认为：“本案中，廉某在办理案涉贷款时未满十八周岁，且就读于新宾满族自治县满族中等职业技术专业学校，应为限制行为能力人。关于新宾农商行抗辩廉某为完全民事行为能力人，其以自身劳动收入为主要生活来源的主张，未能举证证明，本院不予支持。”

又如，在芈某与邵某荣、王某民间借贷纠纷案中，江苏省徐州市中级人民法院（2014）徐民终字第 1651 号民事判决书认为：“芈某虽然于借款发生时尚未年满 18 周岁，但其二审提交的围棋职业段位证书和中国银行工资本能够与一审提交的国家队集训队员证明、银行对账单相互印证，共同证明芈某于借款发生时的收入状况，故对该证据，本院予以采信。鉴于芈某已经提供证据证明其于借款发生时已能够以自己的劳动收入维持当地群众一般生活水平，应视为完全民事行为能力人”。

再如，在太平洋财产保险有限公司德州中心支公司与顾某、王某岭机动车交通事故责任纠纷案中，针对被上诉人顾某的误工费是否应依法得到支持的问题，山东省聊城市中级人民法院（2016）鲁 15 民终 1758 号民事判决书认为：“被上诉人顾某在交通事故发生时未满十六周岁，且未提供证据证明以自己的劳动收入为主要生活来源，不能视为完全民事行为能力人，故其误工费不应得到支持。”

复如，在方某生、徐某琴与杨某等机动车交通事故责任纠纷案中，针对作为原审被告方某（在发生交通事故时尚未成年，诉讼时已经年满 18 周岁）的原监护人的方某生、

---

① 《民事诉讼法》第 67 条第 1 款规定：“当事人对自己提出的主张，有责任提供证据。”

② 《民诉法解释》第 90 条规定：“当事人对自己提出的诉讼请求所依据的事实或者反驳对方诉讼请求所依据的事实，应当提供证据加以证明，但法律另有规定的除外。在作出判决前，当事人未能提供证据或者证据不足以证明其事实主张的，由负有举证证明责任的当事人承担不利的后果”，第 91 条规定：“人民法院应当依照下列原则确定举证证明责任的承担，但法律另有规定的除外：（一）主张法律关系存在的当事人，应当对产生该法律关系的基本事实承担举证证明责任；（二）主张法律关系变更、消灭或者权利受到妨害的当事人，应当对该法律关系变更、消灭或者权利受到妨害的基本事实承担举证证明责任。”

徐某琴提出的“方某已经靠自己的劳动收入为主要生活来源,从肇事车辆为方某购买可以判断出,方某有能力靠自己的劳动收入来维持自己的生活条件,当然符合《民法通则》第十一条的规定,应当视其为完全民事行为能力人……二上诉人不应当对被上诉人杨某因交通事故(注:方某和蒋某文对该交通事故承担同等责任)受伤造成损失承担民事赔偿责任”的上诉主张,贵州省六盘水市中级人民法院(2017)黔02民终789号民事判决书认为:“本案交通事故发生时,被上诉人方某尚未满十八周岁,虽然一审已查明其有一辆汽车,但并没有证据证实还有其他财产,而且从其自身的年龄考虑,不能视为以自己的劳动收入为主要生活来源的完全民事行为能力人,而且上诉人也并未提交证据证实方某具有足够承担本次事故赔偿责任的经济能力。故二上诉人作为方某的监护人,应当承担赔偿责任,因方某个人有一定的财产,本案赔偿费用先从其本人财产中予以支付,不足部分再由其监护人方某生、徐某琴承担。”

二、完全民事行为能力人的行为能力

(一)完全民事行为能力人可以独立实施民事法律行为

根据《民法典》第18条第1款的规定,完全民事行为能力人具有“独立实施民事法律行为”的行为能力,不论是何种民事法律行为,完全民事行为能力人均可独立实施,包括独立行使民事权利、独立履行民事义务、独立承担民事责任,无须另行经过其他任何民事主体的事前同意或事后认可(当然,法律另有规定或当事人另有约定的除外)。

(二)完全民事行为能力人可以依法通过代理人实施民事法律行为

值得注意的是,由于《民法典》第18条第2款使用的是“可以独立实施民事法律行为”的表述,而非“应当独立实施民事法律行为”的表述,这就意味着,完全民事行为能力人既可以自己独立实施民事法律行为,也可以在他人协助下实施民事法律行为,还可以委托他人代表其实施民事法律行为。因此,根据《民法典》第161条关于“民事主体可以通过代理人实施民事法律行为。依照法律规定、当事人约定或者民事法律行为的性质,应当由本人亲自实施的民事法律行为,不得代理”和第163条关于“代理包括委托代理和法定代理。委托代理人按照被代理人的委托行使代理权。法定代理人依照法律的规定行使代理权”的规定,对于“依照法律规定、当事人约定或者民事法律行为的性质,应当由本人亲自实施的民事法律行为”之外的其他任何民事法律行为,完全民事行为能力人既可以由本人亲自实施,也可以通过其委托代理人实施。

三、完全民事行为能力人实施的民事法律行为的效力

鉴于完全民事行为能力人可以独立实施民事法律行为,根据《民法典》第143条关于“具备下列条件的民事法律行为有效:(一)行为人具有相应的民事行为能力;(二)意思表示真实;(三)不违反法律、行政法规的强制性规定,不违背公序良俗”和第136条关

于"民事法律行为自成立时生效,但是法律另有规定或者当事人另有约定的除外。行为人非依法律规定或者未经对方同意,不得擅自变更或者解除民事法律行为"的规定,在不存在法律规定的无效或可撤销事由时,完全民事行为能力人实施的民事法律行为在成立之后,是有效的,具有相应的法律约束力,不得擅自变更或解除。

当然,完全民事行为能力人实施的民事法律行为是否成立,应当根据《民法典》第134 条[①]、第 483 条[②]、第 490 条[③]、第 491 条[④]等规定加以认定;该民事法律行为是否生效,应当根据《民法典》第 136 条[⑤]、第 502 条第 1 款[⑥]等规定加以认定。

第十九条　【未成年限制民事行为能力人及其行为能力】八周岁以上的未成年人为限制民事行为能力人,实施民事法律行为由其法定代理人代理或者经其法定代理人同意、追认;但是,可以独立实施纯获利益的民事法律行为或者与其年龄、智力相适应的民事法律行为。

【条文通释】

《民法典》第 19 条是关于未成年限制民事行为能力人及其行为能力的规定。

一、未成年限制民事行为能力人的范围

(一)原则:八周岁以上的未成年人原则上均为限制民事行为能力人

由于《民法典》第 19 条使用了"八周岁以上的未成年人为限制民事行为能力人"的表述,因此,结合《民法典》第 17 条关于"不满十八周岁的自然人为未成年人"的规定和第 1259 条关于"民法所称的'以上'……包括本数"的规定,原则上,年满八周岁的自然

---

① 《民法典》第 134 条规定:"民事法律行为可以基于双方或者多方的意思表示一致成立,也可以基于单方的意思表示成立。法人、非法人组织依照法律或者章程规定的议事方式和表决程序作出决议的,该决议行为成立。"

② 《民法典》第 483 条规定:"承诺生效时合同成立,但是法律另有规定或者当事人另有约定的除外。"

③ 《民法典》第 490 条规定:"当事人采用合同书形式订立合同的,自当事人均签名、盖章或者按指印时合同成立。在签名、盖章或者按指印之前,当事人一方已经履行主要义务,对方接受时,该合同成立。法律、行政法规规定或者当事人约定合同应当采用书面形式订立,当事人未采用书面形式但是一方已经履行主要义务,对方接受时,该合同成立。"

④ 《民法典》第 491 条规定:"当事人采用信件、数据电文等形式订立合同要求签订确认书的,签订确认书时合同成立。当事人一方通过互联网等信息网络发布的商品或者服务信息符合要约条件的,对方选择该商品或者服务并提交订单成功时合同成立,但是当事人另有约定的除外。"

⑤ 《民法典》第 136 条规定:"民事法律行为自成立时生效,但是法律另有规定或者当事人另有约定的除外。行为人非依法律规定或者未经对方同意,不得擅自变更或者解除民事法律行为。"

⑥ 《民法典》第 502 条第 1 款规定:"依法成立的合同,自成立时生效,但是法律另有规定或者当事人另有约定的除外。"

人以及超过八周岁但不满十八周岁的自然人,均为未成年限制民事行为能力人。①

(二)例外:八周岁以上的未成年人可能是完全民事行为能力人或无民事行为能力人

需要注意的是,尽管《民法典》第 19 条规定了"八周岁以上的未成年人为限制民事行为能力人",但是,就八周岁以上的未成年人而言,存在两种例外情形:

第一,十六周岁以上的以自己的劳动收入为主要生活来源的未成年人,视为完全民事行为能力人。

根据《民法典》第 18 条第 2 款的规定,十六周岁以上的未成年人,尽管亦属于《民法典》第 19 条所说的"八周岁以上的未成年人",但是,如果符合"以自己的劳动收入为主要生活来源"的条件,法律也将其视为完全民事行为能力人,从而应当适用《民法典》第 18 条第 1 款关于"可以独立实施民事法律行为"的规定,而不适用《民法典》第 19 条关于"……为限制民事行为能力人,实施民事法律行为由其法定代理人代理或者经其法定代理人同意、追认;但是,可以独立实施纯获利益的民事法律行为或者与其年龄、智力相适应的民事法律行为"的规定。因此,《民法典》第 19 条所说的作为限制民事行为能力人的"八周岁以上的未成年人",不包括"十六周岁以上的以自己的劳动收入为主要生活来源的未成年人"。由此,就八周岁以上的未成年人的行为能力而言,《民法典》第 18 条第 2 款的规定,属于《民法典》第 19 条的例外规定。

第二,八周岁以上的不能辨认自己行为的未成年人,为无民事行为能力人。

根据《民法典》第 21 条第 2 款的规定,八周岁以上的未成年人,尽管亦属于《民法典》第 19 条所说的"八周岁以上的未成年人",但是,如果具有"不能辨认自己行为"的情形,法律也将其作为无民事行为能力人,从而应当适用《民法典》第 21 条第 1 款关于"……为无民事行为能力人,由其法定代理人代理实施民事法律行为"的规定,而不适用《民法典》第 19 条关于"……为限制民事行为能力人,实施民事法律行为由其法定代

---

① 值得一提的是,《民法总则》草案曾将限制民事行为能力的未成年人的年龄下限标准规定为"六周岁"。其主要考虑在于:"一是随着社会的进步和教育水平的提高,儿童的认知能力、适应能力和自我承担能力也有了很大提高,法律上适当降低限制民事行为能力的未成年人年龄下限标准,符合现代未成年人心理、生理发展特点,有利于未成年人从事与其年龄、智力相适应的民事活动,更好地尊重未成年人的自主意识,保护其合法权益。二是符合国际上的发展趋势。我国参加的《联合国儿童权利公约》规定,各国要采取措施尊重和保护儿童的自我意识。一些国家和地区将限制民事行为能力人的年龄下限规定为六周岁或者七周岁;还有一些国家和地区规定未成年人均为限制民事行为能力人。三是民事行为能力不同于刑事责任能力。我国现行民法通则和刑法对民事行为能力和刑事责任能力的要求就是不同的。民事行为能力的年龄变化并不必然导致刑事责任能力的年龄变化,刑事责任能力年龄标准的调整,应当根据刑事领域的具体情况来确定。"(全国人民代表大会法律委员会在 2016 年 10 月 31 日第十二届全国人民代表大会常务委员会第二十四次会议作的《关于〈中华人民共和国民法总则(草案)〉修改情况的汇报》)不过,在全国人大审议过程中,"一些代表提出,六周岁的儿童虽然有一定的学习能力,开始接受义务教育,但认知和辨识能力仍然不足,在很大程度上还不具备实施民事法律行为的能力,建议改为八周岁为宜。也有的代表建议维持现行十周岁不变;还有的代表赞成下调为六周岁";最后,"按照既积极又稳妥的要求",审议通过的《民法总则》第 19 条将限制民事行为能力人的年龄下限修改为八周岁。(2017 年 3 月 12 日第十二届全国人民代表大会第五次会议主席团第二次会议通过的《第十二届全国人民代表大会法律委员会关于〈中华人民共和国民法总则(草案)〉审议结果的报告》)《民法典》第 19 条延续了这一规定。

理人代理或者经其法定代理人同意、追认；但是，可以独立实施纯获利益的民事法律行为或者与其年龄、智力相适应的民事法律行为”的规定。因此，《民法典》第19条所说的作为限制民事行为能力人的“八周岁以上的未成年人”，不包括“八周岁以上的不能辨认自己行为的未成年人”。由此，就八周岁以上的未成年人的行为能力而言，《民法典》第21条第2款的规定，也属于《民法典》第19条的例外规定。

（三）未成年限制民事行为能力人无须法院认定

值得注意的是，与《民法典》第24条第1款针对成年限制民事行为能力人规定了“不能完全辨认自己行为的成年人，其利害关系人或者有关组织，可以向人民法院申请认定该成年人为……限制民事行为能力人”不同，未成年限制民事行为能力人的认定，不以人民法院作出认定其为限制民事行为能力人的判决或其他组织或个人的认定为条件，也无须由他人认定；相关自然人只要其年龄符合“八周岁以上但不满十八周岁”的条件且不属于上述两种例外情形，就当然地、自动地属于限制民事行为能力人，就当然地、自动地适用《民法典》有关未成年限制民事行为能力人的规定。

二、未成年限制民事行为能力人的行为能力

由于《民法典》第19条使用了“实施民事法律行为由其法定代理人代理或者经其法定代理人同意、追认；但是，可以独立实施纯获利益的民事法律行为或者与其年龄、智力相适应的民事法律行为”的表述，因此，对八周岁以上的未成年限制民事行为能力人来说，“实施民事法律行为由其法定代理人代理或者经其法定代理人同意、追认”是原则、“独立实施纯获利益的民事法律行为或者与其年龄、智力相适应的民事法律行为”则是例外。也就是说，未成年限制民事行为能力人的行为能力是受到限制的，原则上不可以独立实施民事法律行为，仅在例外情况下可以独立实施特定的民事法律行为。

对此，最高人民法院（2020）最高法民终881号民事判决书认为：“我国民法上的民事行为能力制度充分考虑了保护欠缺行为能力人的利益和保护交易相对人的信赖利益两种法益之间的平衡。意思自治是贯穿民法始终的价值理念，只有行为人对其行为性质及后果具有识别能力，行为人才能对其行为承担责任。……民事行为能力制度在制度构造上优先保护的是限制行为能力人的利益，仅在法定情形下例如限制民事行为能力人实施纯获利益的民事法律行为，从事与其智力、精神健康状况相适应的民事法律行为，或从事的与其智力、精神健康状态不相适应之民事法律行为经法定代理人同意或追认等情形，才保护交易相对人的信赖利益。这一制度为保护限制行为能力人免遭损害筑起安全保障之堤，体现了同情、关爱不能完全辨认自己行为能力的弱者权益这一人类的基本情感。”

（一）原则：不可以独立实施民事法律行为

根据《民法典》第19条的规定，原则上，未成年限制民事行为能力人不能像完全民事行为能力人那样“独立实施民事法律行为”，只能通过以下三种方式实施民事法律行为：一是由其法定代理人代理实施民事法律行为；二是在取得其法定代理人事先同意

之后,由其本人实施民事法律行为;三是由其本人先实施民事法律行为,并在事后取得其法定代理人的追认。

由于《民法典》第 19 条将“同意”与“追认”并列列出,因此,《民法典》第 19 条所说的“同意”,指的是事前或事先给予的同意或认可,与《核出口管制条例》(2006 年修订)第 5 条第 4 项所说的“经事先同意进行再转让”中的“事先同意”,具有相同的含义;《民法典》第 19 条所说的“追认”,指的是事后给予的同意或认可,与《民法典》第 984 条关于“管理人管理事务经受益人事后追认的,从管理事务开始时起,适用委托合同的有关规定,但是管理人另有意思表示的除外”的规定和第 1064 条第 1 款关于“夫妻双方共同签名或者夫妻一方事后追认等共同意思表示所负的债务……属于夫妻共同债务”的规定所说的“事后追认”,具有相同的含义。

(二)例外:可以独立实施特定的民事法律行为

根据《民法典》第 19 条的规定,在例外情形下,未成年限制民事行为能力人可以独立实施特定的民事法律行为,而无须由其法定代理人代理,也无须经其法定代理人事先同意或事后追认。这些特定的民事法律行为包括以下两类:一是纯获利益的民事法律行为;二是与该未成年限制民事行为能力人的年龄、智力相适应的民事法律行为。①

1. 纯获利益的民事法律行为

结合《民通意见》(已废止)第 6 条关于“无民事行为能力人、限制民事行为能力人接受奖励、赠与、报酬,他人不得以行为人无民事行为能力、限制民事行为能力为由,主张以上行为无效”的规定,《民法典》第 19 条所说的“纯获利益的民事法律行为”,指的是在效果上只会使未成年限制民事行为能力人获得利益而不会使未成年限制民事行为能力人受到任何不利益的民事法律行为,不包括在使未成年限制民事行为能力人获得利益的同时也会使未成年限制民事行为能力人受到不利益(不论将不利益扣除之后是否仍然使未成年限制民事行为能力人获得利益)的民事法律行为。

也因此,《民法典》第 661 条所说的“附义务的赠与”,不属于《民法典》第 19 条所说的“纯获利益的民事法律行为”;进而,未成年限制民事行为能力人接受附义务的赠与,是否需要由其法定代理人代理或者经其法定代理人同意或追认,取决于其接受该附义务的赠与是否与其年龄、智力相适应。

2. 与未成年限制民事行为能力人年龄、智力相适应的民事法律行为

《民法典》第 19 条所说的“与其年龄、智力相适应的民事法律行为”,指的则是与未成年限制民事行为能力人的年龄和智力均相适应的民事法律行为,即应将其中的顿号(、)理解为“并且”而非“或者”的意思,仅仅与其年龄相适应或者仅仅与其智力相适应的民事法律行为都不属于《民法典》第 19 条所说的“与其年龄、智力相适应的民事法律行为”。

问题是,如何认定未成年限制行为能力人实施的民事法律行为是否“与其年龄、智

① 就限制民事行为能力人作为证人参与民事诉讼而言,《最高人民法院关于民事诉讼证据的若干规定》第 67 条第 2 款也规定:“待证事实与其年龄、智力状况或者精神健康状况相适应的无民事行为能力人和限制民事行为能力人,可以作为证人。”

力相适应”？对此，《民法典总则编解释》第 5 条规定：“限制民事行为能力人实施的民事法律行为是否与其年龄、智力、精神健康状况相适应，人民法院可以从行为与本人生活相关联的程度，本人的智力、精神健康状况能否理解其行为并预见相应的后果，以及标的、数量、价款或者报酬等方面认定。”

比如，在鞠某、吕某与贾某被继承人债务清偿纠纷案中，吉林省松原市中级人民法院（2021）吉 07 民终 728 号民事判决书认为：“本案中，吕某主张案涉三间住房是自己十五年前所建，并非赵某国遗产，吕某生于 1990 年 11 月 7 日，目前 30 周岁，当时吕某未满 16 周岁，按照《中华人民共和国民法典》第十七条规定：‘十八周岁以上的自然人为成年人。不满十八周岁的自然人为未成年人。’吕某属于未成年人，且吕某亦无证据证明其当时以自己的劳动收入为主要生活来源或存在其他生活来源，其作为未成年人建造房屋有悖于生活常理且无相关证据予以证明，故其应承担不利后果。”

又如，在湖南熹某文化传媒有限公司与殷某不当得利纠纷案中，湖南省岳阳市中级人民法院（2020）湘 06 民终 1224 号民事判决书认为：“熹某公司与殷某签订《艺人签约协议》及补充协议时，殷某虽未满十八周岁，但其仅差一个月即年满十八周岁，且已从岳阳市外贸职业技术学院毕业半年在外寻找工作，殷某对该协议的法律关系、权利义务应当有相应的认知，殷某签订该协议的行为应当认定为是与其年龄、智力、精神健康状况相适应的民事行为，双方签订的《艺人签约协议》及补充协议是双方真实意思表示。殷某上诉提出签订《艺人签约协议》及补充协议时未满十八周岁主张合同无效的理由不能成立，本院不予支持。”

三、未成年限制民事行为能力人实施的民事法律行为的效力

由于未成年限制民事行为能力人原则上不可以独立实施民事法律行为、仅在例外情况下可以独立实施民事法律行为，因此，《民法典》第 145 条分别规定了未成年限制民事行为能力人所实施的不同的民事法律行为的效力：

第一，未成年限制民事行为能力人实施的纯获利益的民事法律行为，如不存在法定无效和可撤销事由，是有效的民事法律行为。

第二，未成年限制民事行为能力人实施的与其年龄、智力相适应的民事法律行为，如不存在法定无效和可撤销事由，是有效的民事法律行为。

第三，未成年限制民事行为能力人实施的除“纯获利益的民事法律行为”和“与其年龄、智力相适应的民事法律行为”以外的其他民事法律行为，如果在事前取得了其法定代理人的同意，且不存在法定无效和可撤销事由，则属于有效的民事法律行为。

第四，未成年限制民事行为能力人实施的除“纯获利益的民事法律行为”和“与其年龄、智力相适应的民事法律行为”以外的其他民事法律行为，虽然在事先未取得其法定代理人同意但在事后取得了其法定代理人的追认的，且不存在法定无效和可撤销事由，也属于有效的民事法律行为。

需要注意的是，未成年限制民事行为能力人实施的有效的民事法律行为，其法律后果（不论是利益还是不利益）均应由未成年限制民事行为能力人自身承受。

第二十条 【未成年无民事行为能力人】不满八周岁的未成年人为无民事行为能力人，由其法定代理人代理实施民事法律行为。

【条文通释】

《民法典》第 20 条是关于未成年无民事行为能力人及其行为能力的规定。

一、未成年无民事行为能力人的范围

(一)不满八周岁的未成年人均为无民事行为能力人

由于《民法典》第 20 条使用了“不满八周岁的未成年人为无民事行为能力人”的表述，因此，不满八周岁的自然人，均为未成年无民事行为能力人，概无例外。这跟《民法典》第 18 条第 2 款所说的“十六周岁以上的未成年人，以自己的劳动收入为主要生活来源的，视为完全民事行为能力人”是不一样的。

(二)未成年无民事行为能力人无须法院认定

值得注意的是，与《民法典》第 24 条第 1 款针对成年无民事行为能力人规定了“不能辨认……自己行为的成年人，其利害关系人或者有关组织，可以向人民法院申请认定该成年人为无民事行为能力人”不同，不满八周岁的未成年无民事行为能力人的认定，不以人民法院作出认定其为无民事行为能力人的判决或其他组织或个人的认定为条件，也无须由他人认定；相关自然人只要其年龄“不满八周岁”，就当然地、自动地、无条件地属于无民事行为能力人，就当然地、自动地、无条件地适用《民法典》有关未成年无民事行为能力人的规定。

二、未成年无民事行为能力人的行为能力

由于《民法典》第 20 条使用了“不满八周岁的未成年人为无民事行为能力人，由其法定代理人代理实施民事法律行为”的表述，因此，不满八周岁的自然人不具有民事行为能力，不能独立实施任何民事行为，包括既不能独立实施纯获利益的民事法律行为，也不能独立实施与其年龄、智力相适应的民事法律行为，更不能独立实施其他民事法律行为，所有民事法律行为都只能由其法定代理人代理实施。①

当然，根据《民法典》第 163 条所说的“代理包括委托代理和法定代理。委托代理人按照被代理人的委托行使代理权。法定代理人依照法律的规定行使代理权”和第 162 条所说的“代理人在代理权限内，以被代理人名义实施的民事法律行为，对被代理人发生效力”，未成年无民事行为能力人的法定代理人代理实施的民事法律行为，其法律后果(不论是利益还是不利益)也应由未成年无民事行为能力人自身承受。

---

① 需要注意的是，未成年无民事行为能力人并非绝对不能作为证人参与民事诉讼。对此，《最高人民法院关于民事诉讼证据的若干规定》第 67 条第 2 款也规定：“待证事实与其年龄、智力状况或者精神健康状况相适应的无民事行为能力人和限制民事行为能力人，可以作为证人。”

三、未成年无民事行为能力人实施的民事法律行为的效力

由于未成年无民事行为能力人不能独立实施任何民事法律行为，因此，《民法典》第 144 条对未成年无民事行为能力人实施的民事法律行为的效力作出了规定："无民事行为能力人实施的民事法律行为无效。"

据此，如果未经其法定代理人代理实施，未成年无民事行为能力人实施的所有民事法律行为，包括纯获利益的民事法律行为和与其年龄、智力相适应的民事法律行为，都是无效的。这跟原《民通意见》第 6 条针对无民事行为能力人接受奖励、赠与、报酬的行为所规定的"无民事行为能力人……接受奖励、赠与、报酬，他人不得以行为人无民事行为能力……为由，主张以上行为无效"是不同的。

第二十一条　【成年无民事行为能力人和八周岁以上的未成年无民事行为能力人】不能辨认自己行为的成年人为无民事行为能力人，由其法定代理人代理实施民事法律行为。

八周岁以上的未成年人不能辨认自己行为的，适用前款规定。

【条文通释】

《民法典》第 21 条是关于成年无民事行为能力人和八周岁以上的未成年无民事行为能力人的规定。该条共两款，第 1 款对成年无民事行为能力人及其行为能力作出了规定，第 2 款则对不能辨认自己行为的八周岁以上的未成年人的行为能力作出了规定。

一、成年无民事行为能力人的范围

(一)成年无民事行为能力人的范围

由于《民法典》第 21 条第 1 款使用了"不能辨认自己行为的成年人为无民事行为能力人"的表述，因此，结合《民法典》第 17 条关于"十八周岁以上的自然人为成年人"的规定和第 1259 条关于"民法所称的'以上'……包括本数"的规定，十八周岁和超过十八周岁的不能辨认自己行为的自然人，均为成年无民事行为能力人。

(二)不能辨认自己行为的认定

问题是，如何认定"不能辨认自己的行为"？对此，《民法典》本身未作直接规定。

结合《民通意见》(已废止)第 5 条的规定①，如果十八周岁以上的自然人符合"对

① 《民通意见》(已废止)第 5 条规定："精神病人(包括痴呆症人)如果没有判断能力和自我保护能力，不知其行为后果的，可以认定为不能辨认自己行为的人；对于比较复杂的事物或者比较重大的行为缺乏判断能力和自我保护能力，并且不能预见其行为后果的，可以认定为不能完全辨认自己行为的人。"

简单的事物或普通的行为没有判断能力和自我保护能力，并且不知其行为后果”的条件[①]，就可以将其认定为“不能辨认自己行为”的人。《民法典》第 21 条第 1 款所说的“不能辨认自己行为”，是与《民法典》第 22 条第 1 款所说的“不能完全辨认自己行为”相对的概念，指的是“完全不能辨认自己的行为”，不论该行为简单与否、普通与否。

需要注意的是，根据《民事诉讼法》第 67 条第 1 款[②]和《民诉法解释》第 90 条、第 91 条[③]的规定，不论是不能辨认自己行为的成年人或其法定代理人等民事主体，还是不能辨认自己行为的成年人的相对人，如其主张适用《民法典》第 21 条第 1 款关于“不能辨认自己行为的成年人为无民事行为能力人”的规定，就应当对该成年人满足“不能辨认自己行为”的条件承担举证证明责任；否则，其主张可能得不到支持。

(三)成年无民事行为能力人须以法院的认定为依据

值得注意的是，不能辨认自己行为的成年人并非当然地、自动地、无条件地为无民事行为能力人。

根据《民法典》第 24 条第 1 款所说的“不能辨认……自己行为的成年人，其利害关系人或者有关组织，可以向人民法院申请认定该成年人为无民事行为能力人”，和《民事诉讼法》第 200 条第 2 款所说的“人民法院经审理认定申请有事实根据的，判决该公民为无民事行为能力……认定申请没有事实根据的，应当判决予以驳回”，不能辨认自己行为的成年人，只有在人民法院作出了认定其为无民事行为能力人的判决并且该判决生效之后，才成为无民事行为能力人，才适用《民法典》有关成年无民事行为能力人的规定。

二、成年无民事行为能力人的行为能力

由于《民法典》第 21 条使用了“不能辨认自己行为的成年人为无民事行为能力人，由其法定代理人代理实施民事法律行为”的表述，因此，不能辨认自己行为的成年人不具有民事行为能力，不能独立实施任何民事行为，包括既不能独立实施纯获利益的民事法律行为，也不能独立实施与其智力、精神健康状况相适应的民事法律行为，更不能

---

① 问题是，何为“判断能力”？针对《民法典》第 151 条所说的“一方利用对方处于危困状态、缺乏判断能力等情形，致使民事法律行为成立时显失公平的，受损害方有权请求人民法院或者仲裁机构予以撤销”中的“缺乏判断能力”，《民法典合同编通则解释》第 11 条规定：“当事人一方是自然人，根据该当事人的年龄、智力、知识、经验并结合交易的复杂程度，能够认定其对合同的性质、合同订立的法律后果或者交易中存在的特定风险缺乏应有的认知能力的，人民法院可以认定该情形构成民法典第一百五十一条规定的‘缺乏判断能力’。”该规定以“认知能力”来解释“判断能力”，却又没有解决“何为认知能力”的问题。

② 《民事诉讼法》第 67 条第 1 款规定：“当事人对自己提出的主张，有责任提供证据。”

③ 《民诉法解释》第 90 条规定：“当事人对自己提出的诉讼请求所依据的事实或者反驳对方诉讼请求所依据的事实，应当提供证据加以证明，但法律另有规定的除外。在作出判决前，当事人未能提供证据或者证据不足以证明其事实主张的，由负有举证证明责任的当事人承担不利的后果”，第 91 条规定：“人民法院应当依照下列原则确定举证证明责任的承担，但法律另有规定的除外：(一)主张法律关系存在的当事人，应当对产生该法律关系的基本事实承担举证证明责任；(二)主张法律关系变更、消灭或者权利受到妨害的当事人，应当对该法律关系变更、消灭或者权利受到妨害的基本事实承担举证证明责任。”

独立实施其他民事法律行为,所有民事法律行为都只能由其法定代理人代理实施。[①]

当然,根据《民法典》第 163 条所说的“代理包括委托代理和法定代理。委托代理人按照被代理人的委托行使代理权。法定代理人依照法律的规定行使代理权”和第 162 条所说的“代理人在代理权限内,以被代理人名义实施的民事法律行为,对被代理人发生效力”,成年无民事行为能力人的法定代理人代理实施的民事法律行为,其法律后果(不论是利益还是不利益)应由成年无民事行为能力人自身承受。

三、成年无民事行为能力人实施的民事法律行为的效力

由于成年无民事行为能力人不能独立实施任何民事法律行为,因此,《民法典》第 144 条对成年无民事行为能力人实施的民事法律行为的效力作出了规定:“无民事行为能力人实施的民事法律行为无效”。据此,如果未经其法定代理人代理实施,成年无民事行为能力人实施的纯获利益的民事法律行为或者与其智力、精神健康状况相适应的民事法律行为也是无效的。

据此,如果未经其法定代理人代理实施,成年无民事行为能力人实施的所有民事法律行为,包括纯获利益的民事法律行为和与其智力、精神健康状况相适应的民事法律行为,都是无效的。这跟原《民通意见》(已废止)第 6 条针对无民事行为能力人接受奖励、赠与、报酬的行为所说的“无民事行为能力人……接受奖励、赠与、报酬,他人不得以行为人无民事行为能力、限制民事行为能力为由,主张以上行为无效”是不同的。

四、八周岁以上的未成年无民事行为能力人

尽管《民法典》第 19 条规定了“八周岁以上的未成年人为限制民事行为能力人”,但是,由于《民法典》第 21 条第 2 款使用了“八周岁以上的未成年人不能辨认自己行为的,适用前款规定”的表述,因此,结合《民法典》第 17 条关于“不满十八周岁的自然人为未成年人”和第 1259 条关于“民法所称的‘以上’……包括本数;所称的‘不满’……不包括本数”的规定,尽管八周岁以上但不满十八周岁的不能辨认自己行为的自然人已经年满八周岁,但是,法律仍然将其作为无民事行为能力人看待,应由其法定代理人代理实施全部民事法律行为,而不适用《民法典》第 19 条关于“八周岁以上的未成年人为限制民事行为能力人,实施民事法律行为由其法定代理人代理或者经其法定代理人同意、追认,但是可以独立实施纯获利益的民事法律行为或者与其年龄、智力相适应的民事法律行为”的规定。由此,就八周岁以上的未成年人的行为能力而言,《民法典》第 21 条第 2 款的规定,属于《民法典》第 19 条的例外规定。

值得注意的是,就不能辨认自己行为的八周岁以上的未成年人而言,尽管《民法典》第 21 条第 2 款规定了“八周岁以上的未成年人不能辨认自己行为的,适用前款规定”,但是,由于《民法典》第 24 条第 1 款在《民法典》第 21 条第 1 款关于“不能辨认自己行为的成年人为无民事行为能力人,由其法定代理人代理实施民事法律行为”的规

---

① 需要注意的是,成年无民事行为能力人并非绝对不能作为证人参与民事诉讼。对此,《最高人民法院关于民事诉讼证据的若干规定》第 67 条第 2 款也规定:“待证事实与其年龄、智力状况或者精神健康状况相适应的无民事行为能力人和限制民事行为能力人,可以作为证人。”

定之外,还规定了"不能辨认或者不能完全辨认自己行为的成年人,其利害关系人或者有关组织,可以向人民法院申请认定该成年人为无民事行为能力人或者限制民事行为能力人",因此,不能辨认自己行为的八周岁以上的未成年人,跟不能辨认自己行为的成年人一样,也并非当然地、自动地、无条件地适用《民法典》第 21 条第 1 款关于"……为无民事行为能力人,由其法定代理人代理实施民事法律行为"的规定,也应当像不能辨认自己的行为的成年人那样,适用《民法典》第 24 条第 1 款关于"……其利害关系人或者有关组织,可以向人民法院申请认定……为无民事行为能力人"的规定,在经人民法院作出认定不能辨认自己行为的八周岁以上的未成年人为无民事行为能力人的判决之后,才能适用《民法典》第 21 条第 1 款关于"……为无民事行为能力人,由其法定代理人代理实施民事法律行为"的规定。

此外,就不能辨认自己的行为的不满八周岁的未成年人而言,由于《民法典》第 20 条已经规定了"不满八周岁的未成年人为无民事行为能力人,由其法定代理人代理实施民事法律行为",因此,《民法典》第 21 条第 2 款只是将"不能辨认自己行为的八周岁以上的未成年人"与"不能辨认自己的行为的成年人"同样看待,无须再将"不能辨认自己行为的不满八周岁的未成年人"列入其中。

第二十二条 【成年限制民事行为能力人及其行为能力】不能完全辨认自己行为的成年人为限制民事行为能力人,实施民事法律行为由其法定代理人代理或者经其法定代理人同意、追认;但是,可以独立实施纯获利益的民事法律行为或者与其智力、精神健康状况相适应的民事法律行为。

【条文通释】

《民法典》第 22 条是关于成年限制民事行为能力人及其行为能力的规定。

一、成年限制民事行为能力人的范围

(一)成年限制民事行为能力人的范围

由于《民法典》第 22 条使用了"不能完全辨认自己行为的成年人为限制民事行为能力人"的表述,因此,结合《民法典》第 17 条关于"十八周岁以上的自然人为成年人"的规定和第 1259 条关于"民法所称的'以上'……包括本数"的规定,原则上,年满十八周岁的不能完全辨认自己行为的自然人,均为成年限制民事行为能力人。

(二)不能完全辨认自己行为的认定

问题是,如何认定"不能完全辨认自己的行为"?对此,《民法典》本身未作直接规定。

结合《民通意见》(已废止)第 5 条的规定[①],如果十八周岁以上的自然人符合"对比较复杂的事物或者比较重大的行为缺乏判断能力和自我保护能力,并且不能预见其行为后果"并且"对简单的事物或普通的行为有判断能力和自我保护能力,并且知其行为后果"的条件,就可以将其认定为"不能完全辨认自己行为"的人。

比如,湖北省咸宁市中级人民法院(2020)鄂 12 民终 600 号民事判决书认为,所谓不能完全辨认自己行为,是指对比较复杂的事物和比较重大的行为,缺乏独立的判断能力,也不能完全意识到自己行为的后果。不能完全辨认自己行为的成年人,因其意思能力不充分,不具有完全的行为能力,为了保护此类主体及相对方的权益,基于特定的情形,应对其意思表示的作出予以限制。

需要注意的是,根据《民事诉讼法》第 67 条第 1 款[②]和《民诉法解释》第 90 条、第 91 条[③]的规定,不论是不能完全辨认自己行为的成年人或其法定代理人等民事主体,还是不能完全辨认自己行为的成年人的相对人,如其主张适用《民法典》第 22 条关于"不能完全辨认自己行为的成年人为限制民事行为能力人"的规定,就应当对该成年人满足"不能完全辨认自己行为"的条件承担举证证明责任;否则,其主张可能得不到支持。

比如,在某某银行股份有限公司成都分行与秦某某等确认合同无效纠纷案中,四川省成都市中级人民法院(2019)川 01 民终 19090 号民事判决书认为,本案中,秦某某主张其签订案涉担保条款时不具有完全民事行为能力并提交了相关证据予以证明,已经完成初步举证责任且能够达到高度可能性的证明标准。某某银行成都分行主张秦某某签订案涉担保条款时具有完全民事行为能力但并未提交证据予以证明,其反驳秦某某所主张事实并未达到使待证事实真伪不明的证明标准,故应当视为秦某某已经完成举证责任,一审法院认定由某某银行成都分行承担举证不能的不利后果并无不当。

(三)成年限制民事行为能力人须以法院的认定为依据

值得注意的是,不能完全辨认自己行为的成年人并非当然地、自动地、无条件地为限制民事行为能力人。

根据《民法典》第 24 条第 1 款所说的"不能完全辨认自己行为的成年人,其利害关系人或者有关组织,可以向人民法院申请认定该成年人为……限制民事行为能力人"的规定,和《民事诉讼法》第 200 条第 2 款关于"人民法院经审理认定申请有事实根据的,判决该公民为……限制民事行为能力人;认定申请没有事实根据的,应当判决予以

---

① 《民通意见》(已废止)第 5 条规定:"精神病人(包括痴呆症人)如果没有判断能力和自我保护能力,不知其行为后果的,可以认定为不能辨认自己行为的人;对于比较复杂的事物或者比较重大的行为缺乏判断能力和自我保护能力,并且不能预见其行为后果的,可以认定为不能完全辨认自己行为的人。"

② 《民事诉讼法》第 67 条第 1 款规定:"当事人对自己提出的主张,有责任提供证据。"

③ 《民诉法解释》第 90 条规定:"当事人对自己提出的诉讼请求所依据的事实或者反驳对方诉讼请求所依据的事实,应当提供证据加以证明,但法律另有规定的除外。在作出判决前,当事人未能提供证据或者证据不足以证明其事实主张的,由负有举证证明责任的当事人承担不利的后果",第 91 条规定:"人民法院应当依照下列原则确定举证证明责任的承担,但法律另有规定的除外:(一)主张法律关系存在的当事人,应当对产生该法律关系的基本事实承担举证证明责任;(二)主张法律关系变更、消灭或者权利受到妨害的当事人,应当对该法律关系变更、消灭或者权利受到妨害的基本事实承担举证证明责任。"

驳回"的规定,不能完全辨认自己行为的成年人,只有在人民法院作出了认定其为限制民事行为能力人的判决并且该判决生效之后,才成为限制民事行为能力人,才适用《民法典》有关成年限制民事行为能力人的规定。

二、成年限制民事行为能力人的行为能力

由于《民法典》第22条使用了"实施民事法律行为由其法定代理人代理或者经其法定代理人同意、追认;但是,可以独立实施纯获利益的民事法律行为或者与其智力、精神健康状况相适应的民事法律行为"的表述,因此,对成年限制民事行为能力人来说,"实施民事法律行为由其法定代理人代理或者经其法定代理人同意、追认"是原则、"独立实施纯获利益的民事法律行为或者与其智力、精神健康状况相适应的民事法律行为"则是例外。也就是说,成年限制民事行为能力人的行为能力是受到限制的,原则上不可以独立实施民事法律行为,仅在例外情况下可以独立实施特定的民事法律行为。

对此,最高人民法院(2020)最高法民终881号民事判决书认为:"……民事行为能力制度在制度构造上优先保护的是限制行为能力人的利益,仅在法定情形下例如限制民事行为能力人实施纯获利益的民事法律行为,从事与其智力、精神健康状况相适应的民事法律行为,或从事的与其智力、精神健康状态不相适应之民事法律行为经法定代理人同意或追认等情形,才保护交易相对人的信赖利益。这一制度为保护限制行为能力人免遭损害筑起安全保障之堤,体现了同情、关爱不能完全辨认自己行为能力的弱者权益这一人类的基本情感。"

(一)原则:不可以独立实施民事法律行为

根据《民法典》第22条的规定,原则上,成年限制民事行为能力人不能像完全民事行为能力人那样"独立实施民事法律行为",只能通过以下三种方式实施民事法律行为:一是由其法定代理人代理实施民事法律行为;二是在取得其法定代理人事先同意之后,由其本人实施民事法律行为;三是由其本人先实施民事法律行为,并在事后取得其法定代理人的追认。这跟未成年限制民事行为能力人是一致的。

同样地,《民法典》第22条所说的"同意",指的是事前或事先的同意或认可;《民法典》第22条所说的"追认",指的是事后的同意或认可。

(二)例外:可以独立实施特定的民事法律行为

根据《民法典》第22条的规定,在例外情形下,成年限制民事行为能力人可以独立实施特定的民事法律行为,而无须由其法定代理人代理,也无须经其法定代理人事先同意或事后追认。这些特定的民事法律行为包括以下两类:一是纯获利益的民事法律行为;二是与该成年限制民事行为能力人的智力、精神健康状况相适应的民事法律行为。[①]

---

① 就限制民事行为能力人作为证人参与民事诉讼而言,《最高人民法院关于民事诉讼证据的若干规定》第67条第2款也规定:"待证事实与其年龄、智力状况或者精神健康状况相适应的无民事行为能力人和限制民事行为能力人,可以作为证人。"

1. 纯获利益的民事法律行为

结合《民通意见》(已废止)第 6 条关于"无民事行为能力人、限制民事行为能力人接受奖励、赠与、报酬,他人不得以行为人无民事行为能力、限制民事行为能力为由,主张以上行为无效"的规定,《民法典》第 22 条所说的"纯获利益的民事法律行为",指的是在效果上只会使成年限制民事行为能力人获得利益而不会使成年限制民事行为能力人受到任何不利益的民事法律行为,不包括在使成年限制民事行为能力人获得利益的同时也会使成年限制民事行为能力人受到不利益(不论将不利益扣除之后是否仍然使成年限制民事行为能力人获得利益)的民事法律行为。

也因此,《民法典》第 661 条所说的"附义务的赠与",不属于《民法典》第 22 条所说的"纯获利益的民事法律行为";进而,成年限制民事行为能力人接受附义务的赠与,是否需要由其法定代理人代理或者经其法定代理人同意、追认,取决于其接受该附义务的赠与是否与其智力、精神健康状况相适应。

2. 与成年限制民事行为能力人智力、精神健康状况相适应的民事法律行为

《民法典》第 22 条所说的"与其智力、精神健康状况相适应的民事法律行为",指的则是与成年限制民事行为能力人的智力和精神健康状况均相适应的民事法律行为,即应将其中的顿号(、)理解为"并且"而非"或者"的意思,仅仅与其智力相适应或者仅仅与其精神健康状况相适应的民事法律行为都不属于《民法典》第 22 条所说的"与其智力、精神健康状况相适应的民事法律行为"。

问题是,如何认定成年限制行为能力人实施的民事法律行为是否"与其智力、精神健康状况相适应"?对此,《民法典总则编解释》第 5 条规定:"限制民事行为能力人实施的民事法律行为是否与其年龄、智力、精神健康状况相适应,人民法院可以从行为与本人生活相关联的程度,本人的智力、精神健康状况能否理解其行为并预见相应的后果,以及标的、数量、价款或者报酬等方面认定。"

三、成年限制民事行为能力人实施的民事法律行为的效力

由于成年限制民事行为能力人原则上不可以独立实施民事法律行为、仅在例外情况下可以独立实施民事法律行为,因此,《民法典》第 145 条分别规定了成年限制民事行为能力人所实施的不同的民事法律行为的效力:

第一,成年限制民事行为能力人实施的纯获利益的民事法律行为,如不存在法定无效和可撤销事由,是有效的民事法律行为。

第二,成年限制民事行为能力人实施的与其智力、精神健康状况相适应的民事法律行为,如不存在法定无效和可撤销事由,是有效的民事法律行为。

第三,成年限制民事行为能力人实施的除"纯获利益的民事法律行为"和"与其智力、精神健康状况相适应的民事法律行为"以外的其他民事法律行为,如果在事前取得了其法定代理人的同意,且不存在法定无效和可撤销事由,则属于有效的民事法律行为。

第四,成年限制民事行为能力人实施的除"纯获利益的民事法律行为"和"与其智力、精神健康状况相适应的民事法律行为"以外的其他民事法律行为,虽然在事先未取

得其法定代理人同意但在事后取得了其法定代理人的追认的,且不存在法定无效和可撤销事由,也属于有效的民事法律行为。

需要注意的是,成年限制民事行为能力人实施的有效的民事法律行为,其法律后果(不论是利益还是不利益)应由成年限制民事行为能力人自身承受。

第二十三条 【无民事行为能力人、限制民事行为能力人的法定代理人】无民事行为能力人、限制民事行为能力人的监护人是其法定代理人。

【条文通释】

《民法典》第23条是关于无民事行为能力人和限制民事行为能力人的法定代理人的规定。

一、无民事行为能力人、限制民事行为能力人的法定代理人

在《民法典》第19条要求八周岁以上的未成年人实施民事法律行为原则上应由其法定代理人代理或者经其法定代理人同意、追认,第20条要求不满八周岁的未成年人应当由其法定代理人代理实施民事法律行为,第21条要求八周岁以上的不能辨认自己行为的自然人应当由其法定代理人代理实施民事法律行为,第22条规定了不能完全辨认自己行为的成年人实施民事法律行为原则上应当由其法定代理人代理或者经其法定代理人同意、追认的基础上,《民法典》第23条明确规定,不论是无民事行为能力人,还是限制民事行为能力人,都以其监护人为法定代理人。由此,与作为法定代理人的"监护人"相对应,无民事行为能力人、限制民事行为能力人为"被监护人"。

根据《民法典》第27条至第33条的规定,无民事行为能力人、限制民事行为能力人的监护人可能是自然人,也可能是组织;在自然人担任监护人的情形,监护人可以是一个自然人,也可以是数个自然人①。

根据《民法典》第34条、第35条和第163条第2款的规定,无民事行为能力人、限制民事行为能力人的监护人,作为其法定代理人,应当依照法律的规定履行监护职责、行使代理权。

二、无民事行为能力人的类型

根据《民法典》第20条和第21条的规定,《民法典》第23条所说的"无民事行为能力人",包括以下三类:一是不满八周岁的未成年人;二是八周岁以上的不能辨认自己行为的未成年人;三是不能辨认自己行为的成年人。

三、限制民事行为能力人的类型

根据《民法典》第19条和第22条的规定,《民法典》第23条所说的"限制民事行为

① 比如,《民法典总则编解释》第9条第2款规定:"人民法院依法指定的监护人一般应当是一人,由数人共同担任监护人更有利于保护被监护人利益的,也可以是数人。"

能力人”,包括以下两类:一是八周岁以上的未成年人(但不包括十六周岁以上的以自己的劳动收入为主要生活来源的未成年人和八周岁以上的不能辨认自己行为的未成年人,前者视为完全民事行为能力人,后者为无民事行为能力人);二是不能完全辨认自己行为的成年人。

第二十四条　【成年无民事行为能力人、限制民事行为能力人的司法认定】不能辨认或者不能完全辨认自己行为的成年人,其利害关系人或者有关组织,可以向人民法院申请认定该成年人为无民事行为能力人或者限制民事行为能力人。

被人民法院认定为无民事行为能力人或者限制民事行为能力人的,经本人、利害关系人或者有关组织申请,人民法院可以根据其智力、精神健康恢复的状况,认定该成年人恢复为限制民事行为能力人或者完全民事行为能力人。

本条规定的有关组织包括:居民委员会、村民委员会、学校、医疗机构、妇女联合会、残疾人联合会、依法设立的老年人组织、民政部门等。

【条文通释】

《民法典》第 24 条是关于成年无民事行为能力人、限制民事行为能力人的司法认定的规定。该条共 3 款,第 1 款规定了成年无民事行为能力人、成年限制民事行为能力人的司法认定制度,第 2 款规定了成年无民事行为能力人、成年限制民事行为能力人的民事行为能力的恢复认定制度,第 3 款则对有权向法院申请认定成年无民事行为能力人、成年限制民事行为能力人的组织的范围作出了规定。

一、成年无民事行为能力人、成年限制民事行为能力人的司法认定

根据《民法典》第 24 条第 1 款和第 3 款以及《民事诉讼法》第 200 条的规定,不能辨认自己行为的成年人并非当然就是无民事行为能力人、不能完全辨认自己行为的成年人也并非当然就是限制民事行为能力人,应当由人民法院基于相关主体的申请、经过相应的程序并作出相应的判决。

(一)适用对象

在适用对象方面,由于《民法典》第 24 条第 1 款使用了“不能辨认或者不能完全辨认自己行为的成年人,其利害关系人或者有关组织,可以向人民法院申请认定该成年人为……”的表述,因此,只有不能辨认自己行为的成年人才能作为无民事行为能力人认定制度的适用对象、只有不能完全辨认自己行为的成年人才能作为限制民事行为能力人认定制度的适用对象,《民法典》第 24 条第 1 款并非申请将未成年人(包括《民法典》第 18 条第 2 款所说的“以自己的劳动收入为主要生活来源的十六周岁以上的未成年人”和第 21 条第 2 款规定的“不能辨认自己行为的八周岁以上的未成年人”)认定为

无民事行为能力人或限制民事行为能力人的直接依据。

需要注意的是,尽管《民事诉讼法》第十五章“特别程序”第五节“认定公民无民事行为能力、限制民事行为能力案件”只是规定了认定中国公民为无民事行为能力、限制民事行为能力案件的相关事宜,但是,由于《民事诉讼法》第5条第1款规定了“外国人、无国籍人、外国企业和组织在人民法院起诉、应诉,同中华人民共和国公民、法人和其他组织有同等的诉讼权利义务”,第270条规定了:“在中华人民共和国领域内进行涉外民事诉讼,适用本编规定。本编没有规定的,适用本法其他有关规定”,《涉外民事关系法律适用法》第12条规定了“自然人的民事行为能力,适用经常居所地法律。自然人从事民事活动,依照经常居所地法律为无民事行为能力,依照行为地法律为有民事行为能力的,适用行为地法律,但涉及婚姻家庭、继承的除外”,因此,在中国境内申请认定非中国籍自然人为无民事行为能力或者限制民事行为能力,也适用《民事诉讼法》第十五章“特别程序”有关认定公民无民事行为能力、限制民事行为能力案件的规定。

(二)申请主体

在申请主体方面,由于《民法典》第24条第1款使用了“不能辨认或者不能完全辨认自己行为的成年人,其利害关系人或者有关组织,可以向人民法院申请……”的表述,因此,有两类主体可以提出关于将不能辨认或者不能完全辨认自己行为的成年人认定为无民事行为能力人或限制民事行为能力人的申请:一类是该成年人的各个利害关系人,另一类则是除利害关系人以外的有关组织。

需要注意的是,与《民法典》第24条第2款将“本人”列为可以申请恢复认定为限制民事行为能力人或者完全民事行为能力人的主体不同,不能辨认或者不能完全辨认自己行为的成年人本人不能向法院提出关于将自己认定为无民事行为能力人或限制民事行为能力人的申请。

1. 利害关系人

就利害关系人而言,《民法典》本身未作直接的明确的规定。结合《民法典总则编解释》第14条关于“人民法院审理宣告失踪案件时,下列人员应当认定为民法典第四十条规定的利害关系人:(一)被申请人的近亲属;(二)依据民法典第一千一百二十八条、第一千一百二十九条规定对被申请人有继承权的亲属;(三)债权人、债务人、合伙人等与被申请人有民事权利义务关系的民事主体,但是不申请宣告失踪不影响其权利行使、义务履行的除外”和《民法典》第1045条第2款关于“配偶、父母、子女、兄弟姐妹、祖父母、外祖父母、孙子女、外孙子女为近亲属”的规定,《民法典》第24条第1款和第2款所说的“利害关系人”,包括不能辨认或者不能完全辨认自己行为的成年人的配偶、父母、子女、兄弟姐妹、祖父母、外祖父母、孙子女、外孙子女,以及与不能辨认或者不能完全辨认自己行为的成年人有民事权利义务关系的其他人(但是不申请认定该成年人为无民事行为能力人或限制民事行为能力人不影响其权利行使、义务履行的人除外)。

需要注意的是,尽管《民法典》第24条第1款和第2款将“有关组织”与“利害关系人”并列列出,但是,这并不意味着《民法典》第24条第1款和第2款所说的“利害关系人”只包括自然人、不包括组织,除《民法典》第24条第3款列明的“有关组织”外,如果与不能辨认或者不能完全辨认自己行为的成年人具有民事权利义务关系的组织,不申请认定该成年人为无民事行为能力人或限制民事行为能力人不能保护其相应合法权益①,则该组织也属于《民法典》第 24 条第 1 款和第 2 款所说的“利害关系人”。

2. 有关组织

就有关组织而言,《民法典》第 24 条第 3 款明确规定了以下组织可以提出申请:居民委员会、村民委员会、学校、医疗机构、妇女联合会、残疾人联合会、依法设立的老年人组织、民政部门等。

其中,《民法典》第 24 条第 3 款所说的“民政部门”,指的是作为政府组成部门的民政部门,其性质为机关法人,不应解释为经民政局批准成立的民政领域的组织。②

此外,医疗机构作为申请人提出认定无民事行为能力人或者限制民事行为能力人的申请,主要适用于被申请人在该医疗机构住院治疗的情形。比如,江苏省连云港市海州区人民法院(2021)苏 0706 民特 351 号民事判决书认为:“本案被申请人王某平在连云港市第二人民医院住院治疗,该院作为医疗机构依法有权向人民法院申请王某平为无民事行为能力人。”

需要注意的是,除了《民法典》第 24 条第 3 款列明的有关组织以及其他法律明文规定可以作为申请人的组织,其他组织不属于《民法典》第 24 条所说的“有关组织”。

比如,湖北省高级人民法院(2019)鄂民申 2338 号民事裁定书认为:“根据《中华人民共和国民法总则》第二十四条‘不能辨认或者不能完全辨认自己行为的成年人,其利害关系人或者有关组织,可以向人民法院申请认定该成年人为无民事行为能力人或者限制民事行为能力人’之规定,当事人利害关系人或者有关组织可以申请认定当事人民事行为能力。二审中鄂州平安财保公司申请对曾某利的民事行为能力进行鉴定,鄂州平安财保公司不属于有关组织,其亦未提交证据证明申请此项鉴定与本案实体处理有何利害关系,故其也不能作为利害关系人提出申请。”

又如,在南宁市高某电气有限责任公司申请宣告陈某理、李某娟限制民事行为能力案中,针对南宁市高某电气有限责任公司关于以利害关系人的身份申请将股东认定为限制民事行为能力人的主张,广西壮族自治区南宁市中级人民法院(2021)桂 01 民终 10368 号民事裁定书认为,根据《中华人民共和国民法典》第二十四条的规定,高某电器公司作为公司法人,并非陈某理、李某娟的近亲属,陈某理、李某娟成为高某电器公司的股东系通过依法继承陈某宁在高某电器公司处的股权而得,二者之间的法律关系不足以使高某电器公司成为本案的利害关系人,高某电器公司亦不属于上述法律规定的“有关组织”。综上,高某电器公司不具备申请人资格,不符合宣告自然人限制民事行为能力的受理条件。

还需注意的是,由于《民法典》第 24 条是针对不能辨认或者不能完全辨认自己行

---

① 《民法典总则编解释》第 16 条第 3 款针对申请宣告自然人死亡的利害关系人所作的规定可作参考:“被申请人的债权人、债务人、合伙人等民事主体不能认定为民法典第四十六条规定的利害关系人,但是不申请宣告死亡不能保护其相应合法权益的除外。”

② 比如,在黄某某申请认定陆某某无民事行为能力案中,上海市闵行区人民法院(2024)沪 0112 民特 206 号民事判决书认为:“上海闵行区某某社会监护服务中心是上海市闵行区民政局批准成立的民政部门,具有监护资质,故应由该中心担任陆某某的监护人”(转引自《上海首例,法院判决社会监护组织担任监护人》,载微信公众号“燕西律吧”2024 年 5 月 6 日,下同)。

为的成年人的行为能力的认定作出的规定,因此,与《民法典》第 36 条第 2 款明确将"未成年人保护组织"列为"有关组织"不同,《民法典》第 24 条第 3 款所说的"有关组织"原则上不包括"未成年人保护组织"。

（三）认定主体

1. 认定主体

在认定主体方面,由于《民法典》第 24 条第 1 款使用了"不能辨认或者不能完全辨认自己行为的成年人,其利害关系人或者有关组织,可以向人民法院申请……"的表述,因此,只有人民法院才享有将特定的不能辨认或者不能完全辨认自己行为的成年人认定为无民事行为能力人或限制民事行为能力人的权力,任何个人以及包括仲裁机构在内的任何其他组织,均无权将特定的不能辨认或者不能完全辨认自己行为的成年人认定为无民事行为能力人或限制民事行为能力人。也因此,申请认定不能辨认或者不能完全辨认自己行为的成年人为无民事行为能力人或限制民事行为能力人,只能向人民法院提出。

2. 认定程序

《民事诉讼法》对认定公民无民事行为能力、限制民事行为能力案件的管辖等程序事项作出了规定,具体包括:

其一,在管辖法院方面,根据《民事诉讼法》第 198 条第 1 款[①]的规定,认定公民无民事行为能力、限制民事行为能力案件,由该公民住所地基层人民法院管辖。

其二,在案件审理方面,根据《民事诉讼法》第 184 条、第 185 条的规定[②],人民法院审理认定公民无民事行为能力或者限制民事行为能力案件适用特别程序。

其三,根据《民事诉讼法》第 200 条第 2 款[③]的规定,人民法院认定公民无民事行为能力、限制民事行为能力,应当作出判决。

根据《民事诉讼法》第 185 条的规定[④],人民法院认定公民无民事行为能力、限制民事行为能力,实行一审终审;根据《民事诉讼法》第 158 条所说的"依法不准上诉……的判决、裁定,是发生法律效力的判决、裁定",法院作出的指定监护人的判决是发生法律

① 《民事诉讼法》第 198 条第 1 款规定:"申请认定公民无民事行为能力或者限制民事行为能力,由利害关系人或者有关组织向该公民住所地基层人民法院提出。"

② 《民事诉讼法》第 184 条规定:"人民法院审理选民资格案件、宣告失踪或者宣告死亡案件、指定遗产管理人案件、认定公民无民事行为能力或者限制民事行为能力案件、认定财产无主案件、确认调解协议案件和实现担保物权案件,适用本章规定。本章没有规定的,适用本法和其他法律的有关规定",第 185 条规定:"依照本章程序审理的案件,实行一审终审。选民资格案件或者重大、疑难的案件,由审判员组成合议庭审理;其他案件由审判员一人独任审理。"

③ 《民事诉讼法》第 200 条第 2 款规定:"人民法院经审理认定申请有事实根据的,判决该公民为无民事行为能力或者限制民事行为能力人;认定申请没有事实根据的,应当判决予以驳回。"

④ 《民事诉讼法》第 184 条规定:"人民法院审理选民资格案件、宣告失踪或者宣告死亡案件、指定遗产管理人案件、认定公民无民事行为能力或者限制民事行为能力案件、认定财产无主案件、确认调解协议案件和实现担保物权案件,适用本章规定。本章没有规定的,适用本法和其他法律的有关规定",第 185 条规定:"依照本章程序审理的案件,实行一审终审。选民资格案件或者重大、疑难的案件,由审判员组成合议庭审理;其他案件由审判员一人独任审理。"

效力的判决,有关当事人即使不服也不能上诉;此外,根据《民诉法解释》第 378 条关于“适用特别程序、督促程序、公示催告程序、破产程序等非讼程序审理的案件,当事人不得申请再审”的规定,有关当事人也不能申请再审,但可以根据《民诉法解释》第 372 条第 1 款①的规定,向作出该裁判的法院提出异议。

3. 只能依申请认定

需要注意的是,人民法院认定不能辨认或者不能完全辨认自己行为的成年人为无民事行为能力人或者限制民事行为能力人,必须基于该成年人的利害关系人或者有关组织的申请,不得依职权主动作出认定。

(四)认定成年人为无民事行为能力人、限制民事行为能力人须经法定程序并以法院判决为依据

根据《民法典》第 24 条第 1 款和《民事诉讼法》第 200 条第 2 款②的规定,认定成年人为无民事行为能力人或限制民事行为能力人须经法定程序并以法院的生效判决作为依据。《民诉法解释》第 347 条也规定:“在诉讼中,当事人的利害关系人或者有关组织提出该当事人不能辨认或者不能完全辨认自己的行为,要求宣告该当事人无民事行为能力或者限制民事行为能力的,应由利害关系人或者有关组织向人民法院提出申请,由受诉人民法院按照特别程序立案审理,原诉讼中止。”因此,在未经法定程序且无判决认定特定成年人为无民事行为能力人或限制民事行为能力人的情况下,应认定该成年人为完全民事行为能力人。

比如,在曲某瑞诉江西省人力资源和社会保障厅、江西省人民政府工伤认定申请不予受理及行政复议案中,江西省高级人民法院(2020)赣行再 1 号行政裁定书认为:“《中华人民共和国民法总则》第二十一条规定,不能辨认自己行为的成年人为无民事行为能力人。第二十二条规定,不能完全辨认自己行为的成年人为限制民事行为能力人。第二十四条第一款规定,不能辨认或者不能完全辨认自己行为的成年人,其利害关系人或者有关组织,可以向人民法院申请认定该成年人为无民事行为能力人或者限制民事行为能力人。《中华人民共和国民法通则》第十七条亦规定了××人有无民事行为能力或者限制民事行为能力的情形。综合上述法律规定,原审法院未经法定程序,仅以曲某瑞持有二级精神残疾人证就认定其无诉讼行为能力,缺乏法律依据。”

又如,在李某芦与国某证券股份有限公司西安友谊东路证券营业部财产损害赔偿纠纷案中,针对再审申请人李某芦提出的其本人属于无民事行为能力人等问题,陕西省高级人民法院(2018)陕民申 2569 号民事裁定书认为:“李某芦认为其本人属于无民事行为能力人、其融资融券行为受国某证券工作人员诱导、致其财产损害发生的问题。《中华人民共和国民法总则》第十八条第一款规定‘成年人为完全民事行为能力人,可以独立实施民事法律行为。’第二十四条第一款规定‘不能辨认或者不能完全辨认自己

---

① 《民诉法解释》第 372 条第 1 款规定:“适用特别程序作出的判决、裁定,当事人、利害关系人认为有错误的,可以向作出该判决、裁定的人民法院提出异议。人民法院经审查,异议成立或者部分成立的,作出新的判决、裁定撤销或者改变原判决、裁定;异议不成立的,裁定驳回。”

② 《民事诉讼法》第 200 条第 2 款规定:“人民法院经审理认定申请有事实根据的,判决该公民为无民事行为能力或者限制民事行为能力人;认定申请没有事实根据的,应当判决予以驳回。”

行为的成年人,其利害关系人或者有关组织,可以向人民法院申请认定该成年人为无民事行为能力人或者限制民事行为能力人。'本案诉讼中,李某芦未提交经法定程序被人民法院认定为无民事行为能力人或者限制民事行为能力人的证据,故其以无民事行为能力人的民事行为无效,要求判决国某证券承担侵权责任的理由不能成立。"

再如,在樊某广与刘某伟房屋买卖合同纠纷案中,黑龙江省哈尔滨市中级人民法院(2021)黑01民终822号民事裁定书认为:"樊某广系成年人,只有经过住所地人民法院适用特别程序审理并作出判决后才能认定其系限制民事行为能力人或无民事行为能力人,现樊某广的近亲属和利害关系人均未提出此申请,一审法院在此情况下质疑樊某广提起诉讼的意思表示真实性并以此为由裁定驳回其起诉没有法律依据。"①

不过,实务中,也有不同的裁判意见。

比如,在朝阳市第二医院与姜某芹医疗服务合同纠纷案中,辽宁省朝阳市中级人民法院(2023)辽13民终396号民事裁定书认为:"被上诉人姜某芹自2012年7月昏迷至今,现处于植物人生存状况,双方对该事实均无异议,姜某芹属于不能辨认自己行为的成年人,即姜某芹当前不具备民事行为能力,对该事实的判断并非必须经过特别程序作出认定。"

又如,四川省成都市中级人民法院(2019)川01民终19090号民事判决书认为:"宣告被申请人为限制民事行为能力人的判决系对不能(完全)辨认自己行为的成年人不具有完全民事行为能力这一法律事实存在的宣示,属于确认判决,在判决认定为限制民事行为能力人之前,该被申请人存在不能(完全)辨认其行为及后果的能力之事实,其实施的法律行为同样属于不具有完全民事行为能力人实施的法律行为。"

二、成年无民事行为能力人、成年限制民事行为能力人的行为能力的恢复认定

根据《民法典》第24条第2款和第3款的规定,被人民法院认定为无民事行为能力人或者限制民事行为能力人的成年人,并非确定地、永久地就是无民事行为能力人或者限制民事行为能力人,在其智力、精神健康恢复到"能够完全辨认"或"能够部分辨认"自己行为的程度的情况下,可以由相关主体向人民法院提出申请,由人民法院在经过审查之后认定其恢复为限制民事行为能力人或者完全民事行为能力人。

(一)适用对象

在适用对象方面,由于《民法典》第24条第2款使用了"被人民法院认定为无民事行为能力人或者限制民事行为能力人的,……人民法院可以……认定该成年人恢复为……"的表述,因此,只有已经被人民法院认定为无民事行为能力人或者限制民事行为能力人的成年人,才属于——也才需要成为——行为能力恢复认定的对象;其他主体,包括未成年人以及未被认定为无民事行为能力人或限制民事行为能力人的成年人,不能——也不需要——成为行为能力恢复认定的对象。

---

① 类似的裁判意见,还可见福建省高级人民法院(2020)闽民申490号民事裁定书、广西壮族自治区高级人民法院(2019)桂民申855号民事裁定书、云南省高级人民法院(2018)云行终307号行政判决书、四川省成都市中级人民法院(2020)川01民终7201号民事判决书。

（二）申请主体

在申请主体方面，由于《民法典》第 24 条第 2 款使用了“……经本人、利害关系人或者有关组织申请……”的表述，因此，有三类主体可以提出关于行为能力恢复的申请：第一类是被人民法院认定为无民事行为能力人或者限制民事行为能力人的成年人本人，第二类是被人民法院认定为无民事行为能力人或者限制民事行为能力人的成年人的各个利害关系人，第三类则是除本人及其利害关系人以外的有关组织。

《民法典》第 24 条第 2 款所说的“利害关系人”或“有关组织”，与《民法典》第 24 条第 1 款所说的“利害关系人”或“有关组织”，具有相同的含义。

（三）恢复认定主体

1. 恢复认定主体

在认定主体方面，由于《民法典》第 24 条第 2 款使用了“……人民法院可以……认定该成年人恢复为……”的表述，因此，只有人民法院才享有将特定的成年人认定恢复为限制民事行为能力人或者完全民事行为能力人的权力，任何个人以及包括仲裁机构在内的任何其他组织，均不享有此项权力。也因此，申请将特定成年人认定恢复为限制民事行为能力人或完全民事行为能力人，只能向人民法院提出。

2. 只能依申请认定

同样地，人民法院认定相关成年无民事行为能力人或成年限制民事行为能力人恢复为完全民事行为能力人或者限制民事行为能力人，必须基于该成年人本人或其利害关系人或者有关组织的申请，不得依职权主动作出认定。

3. 法院对是否作出恢复认定有一定的裁量权

值得注意的是，由于《民法典》第 24 条第 2 款使用了“人民法院可以根据其智力、精神健康恢复的状况，认定……恢复为……”的表述，没有像《民法典》第 45 条第 1 款针对撤销失踪宣告那样使用“失踪人重新出现，经本人或者利害关系人申请，人民法院应当撤销失踪宣告”的表述，也没有像《民法典》第 50 条针对撤销死亡宣告那样使用“被宣告死亡的人重新出现，经本人或者利害关系人申请，人民法院应当撤销死亡宣告”的表述，因此，并非只要相关主体提出申请，人民法院就必须将相关特定成年人认定恢复为限制民事行为能力人或完全民事行为能力人。在这方面，人民法院拥有一定的裁量权：只有在该成年人的智力、精神健康恢复到“能够完全辨认”或“能够部分辨认”自己的行为的程度（即“无民事行为能力或者限制民事行为能力的原因已经消除”）的情况下，才能认定其恢复为完全民事行为能力人或者限制民事行为能力人。

由于《民事诉讼法》第 201 条规定了“人民法院根据被认定为无民事行为能力人、限制民事行为能力人本人、利害关系人或者有关组织的申请，证实该公民无民事行为能力或者限制民事行为能力的原因已经消除的，应当作出新判决，撤销原判决”，因此，需要由申请人对该成年人的智力、精神健康恢复到“能够完全辨认”或“能够部分辨认”自己的行为的程度（即“无民事行为能力或者限制民事行为能力的原因已经消除”）承担举证证明责任。实务中，通常采取由鉴定机构出具鉴定意见的方式予以举证，法院也主要基于鉴定意见作出认定。

比如,在南某芝申请宣告自然人恢复完全民事行为能力案中,北京市西城区人民法院(2021)京 0102 民特 1580 号民事判决书认为:“申请人南某芝经(2019)京 0102 民特 138 号民事判决书判决宣告为限制民事行为能力人。在本案中经鉴定,南某芝不能×××,不能充××,仍被评定为限制民事行为能力,故申请人南某芝要求撤销原判决及确认恢复完全民事行为能力的申请,没有事实及法律依据,本院不予支持。”

又如,在赵某 1 申请认定赵某 2 恢复限制民事行为能力案中,针对赵某 2 之子赵某 1 在(2021)京 0113 民特 22 号民事判决宣告赵某 2 为无民事行为能力人之后,提出的宣告赵某 2 为限制民事行为能力人的申请,北京市顺义区人民法院(2022)京 0113 民特 32 号民事判决书认为:“赵某 1 作为利害关系人,有权提出本案申请,根据本案鉴定机构作出的法大[2022]精鉴字第 172 号《司法鉴定意见书》,结论为赵某 2 系限制民事行为能力,现赵某 2 的民事行为能力已经发生变化,故赵某 1 要求撤销(2021)京 0113 民特 22 号民事判决具有事实与法律依据。……判决如下:一、撤销北京市顺义区人民法院作出的(2021)京 0113 民特 22 号民事判决;二、被申请人赵某 2 为限制民事行为能力人。”

再如,在韩某 1 申请认定其恢复完全民事行为能力案中,北京市海淀区人民法院(2022)京 0108 民特 346 号民事判决书认为:“根据法大法庭科学技术鉴定研究所出具的《司法鉴定意见书》,韩某 1 诊断为精神分裂症,目前处于缓解期,评定为完全民事行为能力。韩某 1 提出恢复其民事行为能力的申请,符合法律规定,本院予以准许。”

还需注意的是,就成年无民事行为能力人而言,如果其智力、精神健康恢复到“能够完全辨认”自己的行为的程度,并非必须先被认定其恢复为限制民事行为能力人,可以直接将其认定恢复为完全民事行为能力人。这跟原《民通意见》第 29 条针对宣告死亡所说的“宣告失踪不是宣告死亡的必经程序。公民下落不明,符合申请宣告死亡的条件,利害关系人可以不经申请宣告失踪而直接申请宣告死亡”是类似的。

4. 恢复认定程序

与《民法典》第 24 条第 2 款所说的“人民法院可以根据其智力、精神健康恢复的状况,认定该成年人恢复为限制民事行为能力人或者完全民事行为能力人”相对应,《民事诉讼法》第 201 条规定:“人民法院根据被认定为无民事行为能力人、限制民事行为能力人本人、利害关系人或者有关组织的申请,证实该公民无民事行为能力或者限制民事行为能力的原因已经消除的,应当作出新判决,撤销原判决。”

据此,在程序上,法院将作出新的判决,在撤销原认定相关成年人为无民事行为能力人或限制民事行为能力人的判决的同时,判决该成年人恢复完全民事行为能力或限制民事行为能力。

三、《民法典》第 24 条能否适用于不能辨认自己行为的八周岁以上的未成年人

由于《民法典》第 24 条第 1 款使用的是“不能辨认或者不能完全辨认自己行为的成年人,其利害关系人或者有关组织,可以向人民法院申请认定……”的表述、第 2 款使用的是“被人民法院认定为无民事行为能力人或者限制民事行为能力人的,经……申请,人民法院可以……认定该成年人恢复为……”的表述,因此,从文义上看,所有未成年人,包括未成年无民事行为能力人、未成年限制民事行为能力人以及不能辨认自

己行为的八周岁以上的未成年人，并非当然地、自动地、无条件地直接适用《民法典》第 24 条的规定。

不过，就不能辨认自己行为的八周岁以上的未成年人而言，尽管《民法典》第 24 条第 1 款没有直接地、明确地规定可以申请将"不能辨认自己行为的八周岁以上的未成年人"认定为无民事行为能力人、第 2 款也没有直接地、明确地规定可以申请将"不能辨认自己行为的八周岁以上的未成年人"认定恢复为限制民事行为能力人，但是，由于《民法典》第 21 条第 2 款规定了"八周岁以上的未成年人不能辨认自己行为的，适用前款规定"，即"不能辨认自己行为的八周岁以上的未成年人为无民事行为能力人，由其法定代理人代理实施民事法律行为"，因此，不能辨认自己行为的八周岁以上的未成年人，也应当像不能辨认自己的行为的成年人那样，参照适用《民法典》第 24 条第 1 款关于"……其利害关系人或者有关组织，可以向人民法院申请认定……为无民事行为能力人"的规定，在经人民法院作出认定其为无民事行为能力人的判决之后，才能适用《民法典》第 21 条第 1 款关于"……为无民事行为能力人，由其法定代理人代理实施民事法律行为"的规定。

实务中，存在法院直接适用《民法典》第 21 条第 2 款和第 24 条的规定将不能辨认自己行为的八周岁以上的未成年人认定为无民事行为能力人的案例。

比如，在上海市徐汇区徐家汇街道爱华居民委员会申请宣告周某无民事行为能力案中，考虑到"（2005 年 1 月 25 日出生的）周某系×××残疾儿童……经本院委托上海枫林司法鉴定有限公司对周某的民事行为能力进行鉴定，鉴定意见为：（1）鉴定诊断：重度精神发育迟滞。（2）民事行为能力的评定：被鉴定人周某目前无民事行为能力"，上海市徐汇区人民法院（2020）沪 0104 民特 19 号民事判决书认为："周某系八周岁以上的未成年人，经鉴定被评定为无民事行为能力人，上海市徐汇区徐家汇街道爱华居民委员会作为其住所地的有关组织要求宣告其为无民事行为能力人，应予准许。……依照《中华人民共和国民法总则》第二十一条第二款、第二十四条、第二十七条、《中华人民共和国民事诉讼法》第一百七十八条、第一百八十七条、第一百八十八条、第一百八十九条规定，判决如下：一、宣告周某为无民事行为能力人……"

此外，也存在法院直接以《民法典》第 21 条为依据将不能辨认自己行为的八周岁以上的未成年人认定为无民事行为能力人的案例。

比如，在梁某春申请认定梁某无民事行为能力案中，福建省厦门市集美区人民法院（2022）闽 0211 民特 41 号民事判决书［经（2022）闽 0211 民特 41 号民事裁定书补正］认为："根据现有证据，足以认定梁某现系不能辨认自己行为的八周岁以上未成年人。依照《中华人民共和国民法典》第二十一条规定：'不能辨认自己行为的成年人为无民事行为能力人，由其法定代理人代理实施民事法律行为。八周岁以上的未成年人不能辨认自己行为的，适用前款规定。'故本院认定梁某为无民事行为能力人。……依照《中华人民共和国民法典》第二十一条、《中华人民共和国民事诉讼法》第一百九十六条规定，判决如下：梁某为无民事行为能力人。"

又如，在王某群申请认定贺某轩无民事行为能力案中，湖北省十堰市张湾区人民法院（2019）鄂 0303 民特 118 号民事判决书认为："本案中，申请人王某群作为被申请人贺某轩的母亲向人民法院申请认定被申请人贺某轩为无民事行为能力人，东风茅箭医院法医精神病司法鉴定所做出的司法鉴定意见书，鉴定意见认为贺某轩为无民事行为能力，且被申请人的代理人贺某桂无异议。申请人王某群的申请符合法律规定，本院予以支持。……依照《中华人民共和国民法总则》第二十一条、第二十八条，《中华人民共和国民事诉讼法》第一百八十七条、第一百八十八条、第一百八十九条的规定，判决如下：一、认定被申请人贺某轩为无民事行为能力人……”

第二十五条 【自然人住所的认定】自然人以户籍登记或者其他有效身份登记记载的居所为住所；经常居所与住所不一致的，经常居所视为住所。

【条文通释】

《民法典》第25条是关于自然人住所的认定的规定。

一、自然人住所的认定

（一）自然人住所的认定规则

根据《民法典》第25条的规定，原则上，自然人的住所是其户籍登记记载的居所或其他有效身份登记记载的居所①；但是，在该自然人的户籍登记或其他有效身份登记记载的居所并非其经常居所的情况下，《民法典》将其经常居所视为其住所。也就是说，只要自然人的经常居所与其户籍登记或其他有效身份登记记载的居所不一致，就应当以其经常居所为住所。

有鉴于此，就《民法典》第25条后半句所说的“经常居所与住所不一致的，经常居所视为住所”而言，如果其中的“经常居所与住所不一致”，能够修改为“经常居所与户籍登记或者其他有效身份登记记载的居所不一致”，则是更加准确的。

需要注意的是，由于《民法典》第25条使用的是“自然人以户籍登记或者其他有效身份登记记载的居所为住所”的表述，其中将“户籍登记”和“其他有效身份登记”并列列出，因此，在确定自然人的住所方面，户籍登记和其他有效身份登记具有同等效力，不存在先后顺序或优先适用的问题。

（二）户籍登记

根据1958年1月9日全国人民代表大会常务委员会通过的《户口登记条例》第2条第1款关于“中华人民共和国公民，都应当依照本条例的规定履行户口登记”，第3款关于“居留在中华人民共和国境内的外国人和无国籍的人的户口登记，除法令另有规定外，适用本条例”的规定，第7条第1款关于“婴儿出生后一个月以内，由户主、亲

---

① 《民诉法解释》第3条第1款规定：“公民的住所地是指公民的户籍所在地，法人或者其他组织的住所地是指法人或者其他组织的主要办事机构所在地。”该规定并未将“其他身份登记记载的居所”规定为公民的住所地。

属、抚养人或者邻居向婴儿常住地户口登记机关申报出生登记”的规定，以及 1995 年印发的《公安部关于启用新的常住人口登记表和居民户口簿有关事项的通知》，《民法典》第 25 条所说的“户籍登记”，指的是中国公民的常住人口登记表和居民户口簿；《民法典》第 25 条所说的“户籍登记记载的居所”，指的是该中国公民的常住人口登记表和居民户口簿记载的住址的详细地址。

也因此，《民法典》第 25 条关于“自然人以户籍登记……登记记载的居所为住所”的规定，不适用于没有中国户籍登记的自然人，包括外国自然人、无国籍人以及出国定居的已经注销户口但持有中国护照的中国公民。

（三）其他有效身份登记

《民法典》第 25 条所说的“其他有效身份登记”，指的是“户籍登记”以外的其他有效身份登记，主要包括：(1) 普通中国公民持有的居民身份证；(2) 普通中国公民持有的居住证；(3) 出国定居、已经注销户口的中国公民所持有的中国护照；(4) 香港特别行政区居民持有的香港居民身份证、港澳居民往来内地通行证或港澳台居民居住证；(5) 澳门特别行政区居民持有的澳门居民身份证、港澳居民往来内地通行证或港澳台居民居住证；(6) 台湾地区居民持有的台湾居民身份证件、台湾居民来往大陆通行证或港澳台居民居住证；(7) 外国籍自然人持有的护照。具体内容，可见本书关于《民法典》第 15 条的通释。

二、经常居所的认定

现有法律对自然人经常居所作出的规定不尽一致。

（一）实体法的规定

在实体法上，原《民通意见》（已废止）第 9 条第 1 款曾经规定：“公民离开住所地最后连续居住一年以上的地方，为经常居住地。但住医院治疗的除外”。

据此，最高人民法院（2017）最高法民辖终 347 号民事裁定书认为：“经常居住地的确定需符合两个条件，一是最后连续居住，二是连续居住一年以上”。

（二）程序法的规定

在程序法上，《民诉法解释》第 4 条将“公民离开住所地至起诉时已连续居住一年以上的地方，但公民住院就医的地方除外”①规定为其“经常居住地”。其中，将“连续

---

① 自然人服刑、接受社区矫正的地方属于经常居住地。比如，在 2018 年 8 月 8 日就甘肃金某房地产开发有限公司与黄某华及潘某损害公司利益责任纠纷管辖权异议二审案作出的（2018）最高法民辖终 254 号民事裁定书中，最高人民法院认为：“经查，黄某华户籍地虽为甘肃省兰州市西固区，但因其构成刑事犯罪，被判处有期徒刑三年缓刑五年的刑罚，自 2016 年 9 月 7 日起其在天水市秦州区司法局大成司法所辖区内接受社区矫正至今，一审中黄某华亦向法庭提交了暂住甘肃省天水市的相关证明。根据《中华人民共和国民法总则》第二十五条规定，自然人以户籍登记或者其他有效身份登记记载的居所为住所；经常居所地与住所不一致的，经常居所视为住所。《最高人民法院关于适用〈中华人民共和国民事诉讼法〉的解释》第四条规定，公民的经常居住地是指公民离开住所地至起诉时已连续居住一年以上的地方，但公民住院就医的地方除外。黄某华因在刑罚执行中，在甘肃省天水市居住一年以上，甘肃省天水市应视为其经常居住地……”

居住一年以上”的截止时点明确为“至起诉时”。

而《最高人民法院关于适用〈中华人民共和国涉外民事关系法律适用法〉若干问题的解释(一)》(2020年修正)第13条则规定,可以将“自然人在涉外民事关系产生或者变更、终止时已经连续居住一年以上且作为其生活中心的地方(就医、劳务派遣、公务等情形除外)”认定为《涉外民事关系法律适用法》规定的自然人的经常居所地。其中将“连续居住一年以上”的截止时点明确为“涉外民事关系产生或者变更、终止时”,并增加了“作为其生活中心”的要求、增加了“因劳务派遣、公务等”除外情形。

考虑到《涉外民事关系法律适用法解释》的规定属于特别规定、《民诉法解释》的规定属于一般规定,在涉外民事关系中认定自然人的经常居所地时,应当优先适用《涉外民事关系法律适用法解释》第13条的规定。

(三)经常居所的举证证明

实务中,主张某地为自然人的经常居所的一方,不论是该自然人自身还是其相对人,负有举证证明的责任,一是举证证明相关自然人“经常居所与住所不一致”①,二是举证证明该自然人在特定的“经常居所”连续居住一年以上。

比如,《北京市高级人民法院关于立案审判适用法律若干问题的解答(二)》(2019年11月20日)规定:“当事人主张以公民经常居住地为管辖连接点的,需提供其离开住所地至起诉时已在经常居住地连续居住一年以上的证据材料”,并明确这些证据材料可以是公安机关出具的居住证、物业公司或街道办事处、居(村)委会出具的居住证明②,房屋租赁合同、不动产登记证书等。

在经常居所的举证和认定方面,最高人民法院在陶某刚与张某等夫妻财产约定纠纷案中的意见,可作参考。

在就该案作出的(2019)最高法民辖终231号民事裁定书中,针对陶某刚关于张某的经常居住地在海南省海口市的主张和举证,最高人民法院认为:“首先,张某于2018年7月24日提起本案诉讼,陶某刚提交的海南省海口市公安局金贸派出所出具的查询信息显示张某领取了海口市居住证,有效期为2017年4月6日至2018年4月5日。该居住证系行政机关出具,具有较强证明力,能够证明张某在2017年4月6日至2018年4月5日长达一年的时间里实际居住在海南省海口市。其次,尽管张某的海口市居

---

① 比如,在重庆美某家投资有限公司与中国农业银行股份有限公司重庆大渡口支行金融借款合同纠纷案中,最高人民法院(2019)最高法民辖终181号民事裁定书认为:“郑某云、黄某太、郑某桂、赵某财居民身份证上载明的居所均不在重庆市辖区,美某家投资公司并未举示证据证明郑某云、黄某太、郑某桂、赵某财经常居所与其身份证上载明的居所不一致,根据《中华人民共和国民法总则》第二十五条规定,自然人以户籍登记或者其他有效身份登记记载的居所为住所,应当认定郑某云、黄某太、郑某桂、赵某财住所均不在重庆市辖区。”

② 比如,在中国长某资产管理股份有限公司上海市分公司与王某平、任某兴、谢某辰股权转让纠纷案中,最高人民法院(2019)最高法民辖终18号民事裁定书认为:“王某平主张其经常居住地在海南省海口市,并提交了《龙华区金贸街道玉沙社区居委会证明》。对此,长某资产上海分公司主张王某平向上海一中院提供的送达地址为经常居所。本院认为,另案送达地址确认书载明住址不能当然适用于本案,虽王某平身份证载明住址为‘上海市卢湾区丽园路502号××××室’,但王某平于本案中提交了《龙华区金贸街道玉沙社区居委会证明》,以证明王某平自2010年5月1日至今居住在海南省海口市滨海大道85号天邑国际大厦1单元××××房。在长某资产上海分公司未能提交有效相反证据予以否定的情况下,原裁定认定王某平的经常居住地在海南省海口市,且海南高院对本案具有管辖权并无不当。”

住证于 2018 年 4 月 5 日到期,但陶某刚与张某于 2018 年 5 月 16 日签订的《补充协议》仍显示张某的住址为海南省海口市金贸中路半山花园晓峰阁 x 号,结合海南省海口市龙华区金贸街道万绿园社区居民委员会出具的《居住证明》、陶某刚与张某的双胞胎子女年龄尚小、陶某刚长期在海南省海口市工作生活、张某名下有三辆海南省海口市牌照的轿车、张某在海南省海口市拥有两处房产并开办企业、缴纳社保等情况,足以认定海南省海口市是张某生活和工作的中心,应认定在提起本案诉讼时张某的经常居住地为海南省海口市”。

针对张某关于其经常居住地为广东省深圳市的主张和举证,最高人民法院认为:“首先,《房屋租赁合同》仅能证明张某在广东省深圳市租赁有房屋这一事实,并不能直接证明张某长时间连续居住在广东省深圳市。其次,张某与前夫所生儿子李某蔚就读的学校为广东省深圳市一所寄宿学校,张某称其长期居住在广东省深圳市照顾李某蔚,依据不足。再次,张某的丈夫陶某刚、张某与陶某刚年幼的双胞胎子女均在海南省海口市居住,张某称其常年在广东省深圳市居住照顾其与前夫所生儿子李某蔚,与常理不符。因此,张某关于其经常居住地为广东省深圳市的主张依据不足,本院不予采信。”

三、《民法典》第 25 条也适用于外国籍自然人和无国籍自然人

由于《民法典》第 25 条使用的是“自然人以……为住所”的表述,因此,《民法典》第 25 条既适用于中国公民,也适用于外国籍自然人和无国籍自然人。

第二节　监　　护

监护制度是“保护无民事行为能力人或者限制民事行为能力人的合法权益,弥补其民事行为能力不足的法律制度”。[①]《民法典》总则编第二章第二节“监护”共有 14 个条文(第 26 条至第 39 条),涉及父母对未成年子女的义务和成年子女对父母的义务(第 26 条)、未成年人的监护人的确定办法(第 27 条)、无民事行为能力和限制民事行为能力的成年人的监护人的确定办法(第 28 条)、遗嘱监护(第 29 条)、协议确定监护人(第 30 条)、指定监护和临时监护人(第 31 条)、兜底监护(第 32 条)、意定监护(第 33 条)、监护人的职责、权利和责任以及临时生活照料制度(第 34 条)、监护人履行监护职责的原则和要求(第 35 条)、监护人资格的撤销制度(第 36 条)、监护人资格被撤销后抚养费、赡养费、扶养费的负担办法(第 37 条)、监护人资格的恢复制度(第 38 条)和监护关系的终止(第 39 条)。

第二十六条　【父母对未成年子女的义务和成年子女对父母的义务】父母对未成年子女负有抚养、教育和保护的义务。

成年子女对父母负有赡养、扶助和保护的义务。

---

① 全国人民代表大会常务委员会时任副委员长李建国 2017 年 3 月 8 日在第十二届全国人民代表大会第五次会议上作的《关于〈中华人民共和国民法总则(草案)〉的说明》。

【条文通释】

《民法典》第 26 条是关于父母对未成年子女的义务和成年子女对父母的义务的规定。

一、父母对未成年子女的义务

(一)《民法典》的规定

《民法典》第 26 条第 1 款所说的“父母对未成年子女负有抚养、教育和保护的义务”,规定了父母对未成年子女的三项法定义务,一是抚养义务,二是教育义务,三是保护义务。需要注意的是,这三项义务是父母对未成年子女的义务,而不是对成年子女的义务。

1. 父母的界定

由于《民法典》第 26 条第 1 款使用的是“父母对未成年子女负有……”的表述,因此,只要是未成年人的父亲或母亲,就负有对该未成年人进行抚养、教育和保护的义务;当然,如果父亲或母亲属于无民事行为能力人或限制民事行为能力人,则属于除外情形。

结合《民法典》第 1072 条第 2 款关于“继父或者继母和受其抚养教育的继子女间的权利义务关系,适用本法关于父母子女关系的规定”的规定,继父或继母对受其抚养教育的未成年继子女也负有抚养、教育、保护的义务。此外,结合《民法典》第 1111 条第 1 款关于“自收养关系成立之日起,养父母与养子女间的权利义务关系,适用本法关于父母子女关系的规定”的规定,在收养关系成立的情况下,养父母对未成年养子女也负有抚养、教育、保护的义务。因此,《民法典》第 26 条第 1 款所说的“父母”,既包括生父母,在特定情形下也可能包括继父或继母、养父母。这跟《民法典》第 1127 条第 4 款针对继承规定的“本编所称父母,包括生父母、养父母和有扶养关系的继父母”是一致的。

需要注意的是,由于《民法典》第 26 条第 1 款没有对父母的抚养能力①、监护能力、劳动能力、是否存在婚姻关系②等条件提出要求或作出限制,因此,只要具有未成年人父亲或母亲的身份,就负有对未成年人进行抚养、教育、保护的义务,没有抚养能力、没有监护能力、没有劳动能力、未结婚或已离婚等均不是父母不承担对未成年子女进行抚养、教育和保护义务的理由。

---

① 《民法典》第 1074 条第 1 款规定:“有负担能力的祖父母、外祖父母,对于父母已经死亡或者父母无力抚养的未成年孙子女、外孙子女,有抚养的义务”,第 1075 条第 1 款规定:“有负担能力的兄、姐,对于父母已经死亡或者父母无力抚养的未成年弟、妹,有扶养的义务”,第 1107 条规定:“孤儿或者生父母无力抚养的子女,可以由生父母的亲属、朋友抚养;抚养人与被抚养人的关系不适用本章规定。”

② 《民法典》第 1071 条第 1 款规定:“非婚生子女享有与婚生子女同等的权利,任何组织或者个人不得加以危害和歧视”,第 1084 条第 2 款规定:“离婚后,父母对于子女仍有抚养、教育、保护的权利和义务。”《家庭教育促进法》第 20 条规定:“未成年人的父母分居或者离异的,应当相互配合履行家庭教育责任,任何一方不得拒绝或者怠于履行;除法律另有规定外,不得阻碍另一方实施家庭教育。”

2. 未成年子女的界定

根据《民法典》第 17 条关于“不满十八周岁的自然人为未成年人”的规定,《民法典》第 26 条第 1 款所说的“未成年子女”指的是不满 18 周岁的自然人。

同样地,结合《民法典》第 1072 条第 2 款关于“继父或者继母和受其抚养教育的继子女间的权利义务关系,适用本法关于父母子女关系的规定”和第 1111 条第 1 款关于“自收养关系成立之日起,养父母与养子女间的权利义务关系,适用本法关于父母子女关系的规定”的规定,《民法典》第 26 条第 1 款所说的“未成年子女”,既包括生子女(包括婚生子女和非婚生子女①),在特定情形下也可能包括有抚养关系的继子女、养子女。这跟《民法典》第 1127 条第 3 款针对继承规定的“本编所称子女,包括婚生子女、非婚生子女、养子女和有扶养关系的继子女”是一致的。

由于《民法典》第 26 条第 1 款使用的是“父母对未成年子女负有……”的表述,因此,只要子女尚未年满 18 周岁,父母都对子女负有这三项义务;即使未成年子女属于《民法典》第 18 条第 2 款所说的以自己的劳动收入为主要生活来源的 16 周岁以上的未成年人,父母也仍然负有抚养、教育和保护的义务。当然,根据《民法典婚姻家庭编解释一》第 53 条的规定②,对于以自己的劳动收入为主要生活来源并能维持当地一般生活水平的 16 周岁以上的未成年子女,父母可以停止给付抚养费。

3. 抚养义务

“抚养”是跟“赡养”“扶养”相对应的概念。《民法典》或其他法律没有直接规定“抚养”“赡养”“扶养”的定义。

在日常用语中,“抚养”即“抚育教养。专指父母对未成年的或不能独立生活的子女的抚育、教养。属于广义的扶养”③。其中,“扶养”通常包括广义的“扶养”和狭义的“扶养”。广义的“扶养”指“因亲属关系而发生的一方对他方承担生活供养义务,包括夫妻之间的扶养、长辈对晚辈的抚养与晚辈对长辈的赡养。不仅指经济上的供养,也包括生活上必要的照顾与帮助”④;而狭义的“扶养”,“一般指夫妻双方在物质上的互相帮助与生活上的互相照顾,也可用于平辈之间”⑤。

由此可见,《民法典》第 1015 条第 1 款关于“自然人应当随父姓或者母姓,但是有下列情形之一的,可以在父姓和母姓之外选取姓氏:(一)选取其他直系长辈血亲的姓氏;(二)因由法定扶养人以外的人扶养而选取扶养人姓氏;(三)有不违背公序良俗的其他正当理由”的规定所使用的“扶养”,指的是广义的“扶养”,具体为“抚养”;《民法典》第 1127 条第 3 款关于“本编所称子女,包括婚生子女、非婚生子女、养子女和有扶养关系的继子女”和第 1127 条第 4 款关于“本编所称父母,包括生父母、养父母和有扶

---

① 《民法典》第 1071 条第 1 款规定:“非婚生子女享有与婚生子女同等的权利,任何组织或者个人不得加以危害和歧视。”

② 《民法典婚姻家庭编解释一》第 53 条规定:“抚养费的给付期限,一般至子女十八周岁为止。十六周岁以上不满十八周岁,以其劳动收入为主要生活来源,并能维持当地一般生活水平的,父母可以停止给付抚养费。”

③ 夏征农、陈至立主编:《辞海》,上海辞书出版社 2009 年版,第 647 页。

④ 夏征农、陈至立主编:《辞海》,上海辞书出版社 2009 年版,第 636 页。

⑤ 夏征农、陈至立主编:《辞海》,上海辞书出版社 2009 年版,第 636 页。

养关系的继父母”的规定所使用的“扶养”,指的也是广义的“扶养”,既可以指“抚养”、也可以指“赡养”;而《民法典》第 1059 条第 1 款关于“夫妻有相互扶养的义务”,第 1075 条关于“有负担能力的兄、姐,对于父母已经死亡或者父母无力抚养的未成年弟、妹,有扶养的义务。由兄、姐扶养长大的有负担能力的弟、妹,对于缺乏劳动能力又缺乏生活来源的兄、姐,有扶养的义务”,第 1127 条第 5 款关于“本编所称兄弟姐妹,包括同父母的兄弟姐妹、同父异母或者同母异父的兄弟姐妹、养兄弟姐妹、有扶养关系的继兄弟姐妹”的规定所使用的“扶养”,指的则是狭义的“扶养”,具体为夫妻之间或平辈之间的“扶养”。

此外,《刑法》第 261 条关于“对于年老、年幼、患病或者其他没有独立生活能力的人,负有扶养义务而拒绝扶养,情节恶劣的,处五年以下有期徒刑、拘役或者管制”的规定以及《最高人民法院关于审理人身损害赔偿案件适用法律若干问题的解释》(2022 年修正)第 17 条第 2 款关于“被扶养人是指受害人依法应当承担扶养义务的未成年人或者丧失劳动能力又无其他生活来源的成年近亲属”的规定使用的“扶养”,也是广义的“扶养”,既可以指“抚养”,也可以指“赡养”和狭义的“扶养”。

需要注意的是,在特定的情形,父母之外的主体对未成年人也负有抚养的义务。对此,《民法典》第 1074 条第 1 款规定:“有负担能力的祖父母、外祖父母,对于父母已经死亡或者父母无力抚养的未成年孙子女、外孙子女,有抚养的义务”,第 1075 条第 1 款规定:“有负担能力的兄、姐,对于父母已经死亡或者父母无力抚养的未成年弟、妹,有扶养的义务。”①

针对父母对未成年子女不履行抚养义务的情形,《民法典》第 1067 条第 1 款规定:“父母不履行抚养义务的,未成年子女或者不能独立生活的成年子女,有要求父母给付抚养费的权利。”其中的“抚养费”,包括“子女生活费、教育费、医疗费等费用”②,其具体数额“可以根据子女的实际需要、父母双方的负担能力和当地的实际生活水平确定”③;“父母一方无经济收入或者下落不明的,可以用其财物折抵抚养费”④;“抚养费的给付期限,一般至子女十八周岁为止”⑤。

4. 教育义务

“教育”包括广义的教育和狭义的教育;其中,广义的教育指“以影响人的身心发展

① 此外,《民法典》第 1107 条还规定:“孤儿或者生父母无力抚养的子女,可以由生父母的亲属、朋友抚养;抚养人与被抚养人的关系不适用本章规定。”

② 《民法典婚姻家庭编解释一》第 42 条规定:“民法典第一千零六十七条所称‘抚养费’,包括子女生活费、教育费、医疗费等费用。”

③ 《民法典婚姻家庭编解释一》第 49 条规定:“抚养费的数额,可以根据子女的实际需要、父母双方的负担能力和当地的实际生活水平确定。有固定收入的,抚养费一般可以按其月总收入的百分之二十至三十的比例给付。负担两个以上子女抚养费的,比例可以适当提高,但一般不得超过月总收入的百分之五十。无固定收入的,抚养费的数额可以依据当年总收入或者同行业平均收入,参照上述比例确定。有特殊情况的,可以适当提高或者降低上述比例。”

④ 《民法典婚姻家庭编解释一》第 51 条规定:“父母一方无经济收入或者下落不明的,可以用其财物折抵抚养费。”

⑤ 《民法典婚姻家庭编解释一》第 53 条规定:“抚养费的给付期限,一般至子女十八周岁为止。十六周岁以上不满十八周岁,以其劳动收入为主要生活来源,并能维持当地一般生活水平的,父母可以停止给付抚养费。”

为直接目的的社会活动”；狭义的教育则指“由专职人员和专门机构进行的学校教育”。[①]《民法典》第 26 条第 1 款所说的父母对未成年子女“教育”应指广义的教育，具体为家庭教育，是与学校教育、社会教育相结合、协同的教育事业[②]。

根据《未成年人保护法》第 5 条[③]和《家庭教育促进法》第 2 条[④]的规定，父母对未成年子女的教育，指的是为促进未成年子女全面健康成长，对其实施的道德品质、身体素质、生活技能、文化修养、行为习惯等方面的培育、引导和影响，主要包括理想教育、道德教育、科学教育、文化教育、法治教育、安全教育、健康教育、劳动教育等。

5. 保护义务

父母对未成年子女的保护义务主要是保护其人身权利、财产权利、身心健康以及其他合法权益，使其合法权益免受任何组织或个人（包括未成年人父母自身）的侵害。[⑤]

值得一提的是，保护未成年人是“国家机关、武装力量、政党、人民团体、企业事业单位、社会组织、城乡基层群众性自治组织、未成年人的监护人以及其他成年人的共同责任”。[⑥]

（二）其他法律的规定

在《民法典》之外，其他法律也对父母对未成年子女的抚养、教育和保护作出了具体的规定。这些法律主要包括《未成年人保护法》《家庭教育促进法》《预防未成年人犯罪法》《反家庭暴力法》等。

比如，《未成年人保护法》第二章“家庭保护”（第 15 条至第 24 条）针对未成年人的父母或其他监护人对未成年人的保护要求作出了具体的规定。

又如，《家庭教育促进法》对父母或者其他监护人对未成年子女实施家庭教育的责任、要求、内容、方式方法等事项作出了规定，《预防未成年人犯罪法》对未成年人预防犯罪教育、未成年人不良行为的干预、未成年人严重不良行为的矫治和未成年人重新犯罪的预防的事项作出了规定。

---

① 夏征农、陈至立主编：《辞海》，上海辞书出版社 2009 年版，第 1102 页。

② 《家庭教育促进法》第 5 条规定：“家庭教育应当符合以下要求：（一）尊重未成年人身心发展规律和个体差异；（二）尊重未成年人人格尊严，保护未成年人隐私权和个人信息，保障未成年人合法权益；（三）遵循家庭教育特点，贯彻科学的家庭教育理念和方法；（四）家庭教育、学校教育、社会教育紧密结合、协调一致；（五）结合实际情况采取灵活多样的措施。”

③ 《未成年人保护法》第 5 条规定：“国家、社会、学校和家庭应当对未成年人进行理想教育、道德教育、科学教育、文化教育、法治教育、国家安全教育、健康教育、劳动教育，加强爱国主义、集体主义和中国特色社会主义的教育，培养爱祖国、爱人民、爱劳动、爱科学、爱社会主义的公德，抵制资本主义、封建主义和其他腐朽思想的侵蚀，引导未成年人树立和践行社会主义核心价值观。”

④ 《家庭教育促进法》第 2 条规定：“本法所称家庭教育，是指父母或者其他监护人为促进未成年人全面健康成长，对其实施的道德品质、身体素质、生活技能、文化修养、行为习惯等方面的培育、引导和影响。”

⑤ 《民法典》第 34 条第 1 款规定：“监护人的职责是代理被监护人实施民事法律行为，保护被监护人的人身权利、财产权利以及其他合法权益等。”

⑥ 《未成年人保护法》第 6 条第 1 款规定：“保护未成年人，是国家机关、武装力量、政党、人民团体、企业事业单位、社会组织、城乡基层群众性自治组织、未成年人的监护人以及其他成年人的共同责任。”

(三)父母对未成年子女进行抚养、教育、保护既是义务,也是权利

需要注意的是,对未成年子女进行抚养、教育和保护,既是父母的义务,也是父母的权利,不得被非法剥夺或限制。

对此,《民法典》第 1058 条规定:“夫妻双方平等享有对未成年子女抚养、教育和保护的权利,共同承担对未成年子女抚养、教育和保护的义务”,第 1068 条规定:“父母有教育、保护未成年子女的权利和义务”,第 1084 条第 2 款规定:“离婚后,父母对于子女仍有抚养、教育、保护的权利和义务。”

(四)父母对未成年子女抚养、教育、保护义务与监护职责的关系

父母对未成年子女进行抚养、教育和保护的义务,和父母作为监护人对未成年子女的监护职责之间是什么关系?对此,《民法典》本身没有直接作出规定。

结合《民法典》第 26 条第 1 款关于父母对未成年子女的义务的规定和第 34 条第 1 款关于监护人的职责的规定①,以及《未成年人保护法》第 16 条关于未成年人的父母或其他监护人的监护职责的规定②,可以认为,在总体上,父母对未成年子女进行抚养、教育和保护的义务,包含了父母作为监护人对未成年子女的监护职责,二者的内容在大体上是相通的。

不过,需要注意的是,根据《民法典》第 37 条关于“依法负担被监护人抚养费、赡养费、扶养费的父母、子女、配偶等,被人民法院撤销监护人资格后,应当继续履行负担的义务”的规定,无论父母对未成年子女是否实际享有监护权、实际履行监护职责,都不影响父母对未成年子女的抚养、教育和保护义务;父母即使在被法院依法撤销监护人资格之后,也仍然有义务支付未成年子女的抚养费,而不能以其不再是未成年子女的监护人为由不履行支付抚养费的义务。

二、成年子女对父母的义务

(一)《民法典》的规定

《民法典》第 26 条第 2 款所说的“成年子女对父母负有赡养、扶助和保护的义务”,规定了成年子女对父母的三项法定义务,一是赡养义务,二是扶助义务,三是保护义务。需要注意的是,这三项义务是成年子女对父母的义务,而不是未成年子女对父母的义务。

---

① 《民法典》第 34 条第 1 款规定:“监护人的职责是代理被监护人实施民事法律行为,保护被监护人的人身权利、财产权利以及其他合法权益等。”

② 《未成年人保护法》第 16 条规定:“未成年人的父母或者其他监护人应当履行下列监护职责:(一)为未成年人提供生活、健康、安全等方面的保障;(二)关注未成年人的生理、心理状况和情感需求;(三)教育和引导未成年人遵纪守法、勤俭节约,养成良好的思想品德和行为习惯;(四)对未成年人进行安全教育,提高未成年人的自我保护意识和能力;(五)尊重未成年人受教育的权利,保障适龄未成年人依法接受并完成义务教育;(六)保障未成年人休息、娱乐和体育锻炼的时间,引导未成年人进行有益身心健康的活动;(七)妥善管理和保护未成年人的财产;(八)依法代理未成年人实施民事法律行为;(九)预防和制止未成年人的不良行为和违法犯罪行为,并进行合理管教;(十)其他应当履行的监护职责。”

由于《民法典》第 26 条第 2 款使用的是“成年子女对父母负有……”的表述，因此，只要子女已经成年，就对父母负有这三项义务；当然，如果成年子女属于无民事行为能力人或限制民事行为能力人，则属于除外情形。

1. 成年子女的界定

根据《民法典》第 17 条关于“十八周岁以上的自然人为成年人”的规定，《民法典》第 26 条第 2 款所说的“成年子女”指的是已经年满 18 周岁的子女。

同样地，结合《民法典》第 1072 条第 2 款关于“继父或者继母和受其抚养教育的继子女间的权利义务关系，适用本法关于父母子女关系的规定”和第 1111 条第 1 款关于“自收养关系成立之日起，养父母与养子女间的权利义务关系，适用本法关于父母子女关系的规定”的规定，《民法典》第 26 条第 2 款所说的“成年子女”，既包括生子女（包括婚生子女和非婚生子女①），在特定情形下也可能包括有抚养关系的继子女、养子女。这跟《民法典》第 1127 条第 3 款针对继承规定的“本编所称子女，包括婚生子女、非婚生子女、养子女和有扶养关系的继子女”是一致的。

由于《民法典》第 26 条第 2 款使用的是“成年子女对父母负有……”的表述，因此，子女只要年满 18 周岁，就对父母负有这三项义务，不因父母是否有劳动能力、是否存在婚姻关系、是否向其分配或预留财产②等受到影响，也不得以放弃继承权或其他理由而拒绝履行赡养义务。对此，《民法典》第 1069 条规定：“……子女对父母的赡养义务，不因父母的婚姻关系变化而终止”，《老年人权益保障法》第 21 条第 2 款也规定：“赡养人的赡养义务不因老年人的婚姻关系变化而消除”；此外《老年人权益保障法》第 19 条第 1 款还规定：“赡养人不得以放弃继承权或者其他理由，拒绝履行赡养义务。”

2. 父母的界定

由于《民法典》第 26 条第 2 款使用的是“成年子女对父母负有……”的表述，因此，只要具有成年子女的父亲或母亲的身份，该成年子女就负有对其进行赡养、扶助和保护的义务。

结合《民法典》第 1072 条第 2 款关于“继父或者继母和受其抚养教育的继子女间的权利义务关系，适用本法关于父母子女关系的规定”的规定，受其抚养教育的成年继子女对继父或继母负有赡养、扶助、保护的义务。此外，结合《民法典》第 1111 条第 1 款关于“自收养关系成立之日起，养父母与养子女间的权利义务关系，适用本法关于父母子女关系的规定”的规定，在收养关系成立的情况下，成年养子女对养父母也负有赡养、扶助、保护的义务。因此，《民法典》第 26 条第 2 款所说的“父母”，既包括生父母，在特定情形下也可能包括继父或继母、养父母。这跟《民法典》第 1127 条第 4 款针对继承规定的“本编所称父母，包括生父母、养父母和有扶养关系的继父母”是一致的。

3. 赡养义务

在日常用语中，“赡养”是指“成年子女对父母或晚辈对长辈在物质上的帮助与生

---

① 《民法典》第 1071 条第 1 款规定：“非婚生子女享有与婚生子女同等的权利，任何组织或者个人不得加以危害和歧视。”

② 比如，上海市高级人民法院（2017）沪民申 1204 号民事裁定书认为：“成年子女对父母负有赡养、扶助和保护的义务，该义务的履行，不以父母是否给予子女遗产以及遗产分配的多寡为前提。”

活上的照顾。属于广义的扶养”[①];而广义的扶养则指“因亲属关系而发生的一方对他方承担生活供养义务,包括夫妻之间的扶养、长辈对晚辈的抚养与晚辈对长辈的赡养。不仅指经济上的供养,也包括生活上必要的照顾与帮助”[②],包括狭义的扶养、赡养和抚养[③]。

结合《老年人权益保障法》第14条的规定[④],《民法典》第26条第2款所说的成年子女对父母的赡养义务,主要是指对老年人(即年满60周岁的自然人[⑤])经济上供养、生活上照料和精神上慰藉的义务。

在成年子女不履行赡养义务时,父母可以要求其给付赡养费。对此,《民法典》第1067条第2款规定:“成年子女不履行赡养义务的,缺乏劳动能力或者生活困难的父母,有要求成年子女给付赡养费的权利。”在此基础上,《老年人权益保障法》第19条第2款进一步规定:“赡养人不履行赡养义务,老年人有要求赡养人付给赡养费等权利”,对有权要求给付赡养费的老年人的范围不再限定于“缺乏劳动能力或者生活困难的父母”。

与《民法典婚姻家庭编解释一》第49条明确了抚养费数额的确定办法不同,《民法典婚姻家庭编解释一》没有对如何确定赡养费的数额作出规定。不过,在确定赡养费的数额时,可以参照抚养费数额的确定办法,同样要根据父母的实际需要、成年子女的负担能力和当地的实际生活水平确定。

实务中,在确定子女应支付的赡养费数额时,法院通常会结合父母的年龄、身体状况、基本生活和医疗需要、收入、当地居民平均生活水平、子女的人数、各自的收入、劳动能力及其他经济负担等因素予以综合考虑。

比如,北京市高级人民法院(2020)京民申511号民事裁定书认为:“在确定子女应支付的赡养费数额时,应参考被赡养人的年龄及身体状况,基本生活、医疗需要,被赡养人的收入、子女数量、各个子女的收入与劳动能力等相关因素。”

又如,山西省大同市中级人民法院(2020)晋02民终1184号民事判决书认为:“赡养费的数额应根据父母子女的现实状况来确定,既要保障父母的日常所需,也要照顾子女的生活需要,不能因赡养费数额的不当,而导致父母或子女任何一方陷入窘迫。”

4. 扶助义务

结合《老年人权益保障法》第33条第3款[⑥]、《人口与计划生育法》第32条[⑦]和《民

① 夏征农、陈至立主编:《辞海》,上海辞书出版社2009年版,第1967页。

② 夏征农、陈至立主编:《辞海》,上海辞书出版社2009年版,第636页。

③ 夏征农、陈至立主编:《辞海》,上海辞书出版社2009年版,第636页、第647页、第1967页。

④ 《老年人权益保障法》第14条规定:“赡养人应当履行对老年人经济上供养、生活上照料和精神上慰藉的义务,照顾老年人的特殊需要。赡养人是指老年人的子女以及其他依法负有赡养义务的人。赡养人的配偶应当协助赡养人履行赡养义务。”

⑤ 《老年人权益保障法》第2条规定:“本法所称老年人是指六十周岁以上的公民。”

⑥ 《老年人权益保障法》第33条第3款规定:“国家建立和完善计划生育家庭老年人扶助制度。”

⑦ 《人口与计划生育法》第32条规定:“获得《独生子女父母光荣证》的夫妻,独生子女发生意外伤残、死亡的,按照规定获得扶助。县级以上各级人民政府建立、健全对上述人群的生活、养老、医疗、精神慰藉等全方位帮扶保障制度。”《中共中央、国务院关于实施全面两孩政策 改革完善计划生育服务管理的决定》(2015年12月31日)也提出“完善计划生育家庭奖励扶助制度和特别扶助制度,实行扶助标准动态调整。帮扶存在特殊困难的计划生育家庭,妥善解决他们的生活照料、养老保障、大病治疗和精神慰藉等问题”。

法典继承编解释一》第 19 条[①]的规定，成年人对父母的扶助义务主要体现为从生活、养老、医疗、精神慰藉等方面，在经济、人力、物力、精神上给予父母扶持、帮助。

5. 保护义务

成年子女对父母的保护义务主要是保护其人身权利、财产权利以及其他合法权益，使其合法权益免受任何组织或个人（包括成年子女自身）的侵害。[②] 当然，保护老年人也是全社会的共同责任。[③]

（二）其他法律的规定

在《民法典》之外，其他法律也对成年子女对父母的赡养、扶助和保护作出了具体的规定。这些法律主要包括《老年人权益保障法》《反家庭暴力法》等。

比如，《老年人权益保障法》第二章“家庭赡养与扶养”（第 13 条至第 27 条）针对老年人的赡养和扶养要求作出了具体的规定。

三、父母对成年子女的义务

（一）法定义务

在子女已经成年的情况下，《民法典》第 26 条第 1 款关于“父母对未成年子女负有抚养、教育和保护的义务”的规定，不适用于成年子女。父母对于子女的法定抚养义务通常在将子女抚养至成年且能够独立生活时终止[④]，“对于有劳动能力的成年子女，父母不再负担抚养义务。如果父母自愿向成年子女提供物质帮助，这是父母自愿处分自己的权利；如果父母不愿意或者没有能力向成年子女提供物质帮助，子女强行‘啃老’，就侵害了父母的民事权利，父母有权拒绝”[⑤]。

不过，这并不意味着，父母对成年子女不再负有任何义务。对此，《民法典》第 1043 条第 2 款规定：“……家庭成员[⑥]应当敬老爱幼，互相帮助，维护平等、和睦、文明的婚姻家庭关系”，《反家庭暴力法》第 3 条规定：“家庭成员之间应当互相帮助，互相关爱，和睦相处，履行家庭义务。反家庭暴力是国家、社会和每个家庭的共同责任。国家禁止

---

① 《民法典继承编解释一》第 19 条规定：“对被继承人生活提供了主要经济来源，或者在劳务等方面给予了主要扶助的，应当认定其尽了主要赡养义务或主要扶养义务。”

② 《民法典》第 34 条第 1 款：“监护人的职责是代理被监护人实施民事法律行为，保护被监护人的人身权利、财产权利以及其他合法权益等。”

③ 《老年人权益保障法》第 7 条第 1 款规定：“保障老年人合法权益是全社会的共同责任。”

④ 四川省成都市中级人民法院（2018）川 01 民终 9179 号民事判决书认为：“父母对于子女的法定抚养义务于抚养子女至成年能够独立生活时终止。……当然，父母基于对子女的爱，在成年子女婚后对子女予以经济帮助，符合人之常情。但是，此种经济帮助是父母对自己财产的处分，不具有法律上的强制性”。黑龙江省高级人民法院（2015）黑高民申二字第 709 号民事裁定书也认为：“父母对未成年或不能独立生活的子女有抚养、教育的义务，但对于已年满十八周岁上大学的子女没有法定抚养义务。”

⑤ 最高人民法院 2022 年 2 月发布的第二批人民法院大力弘扬社会主义核心价值观典型民事案例之案例二“父母有权拒绝成年子女‘啃老’——杨某顺诉杨某洪、吴某春居住权纠纷案”的“典型意义”（载最高人民法院网，https://www.court.gov.cn/zixun/xiangqing/346671.html，最后访问日期：2024 年 5 月 13 日，下同）。

⑥ 《民法典》第 1045 条第 3 款规定：“配偶、父母、子女和其他共同生活的近亲属为家庭成员。”

任何形式的家庭暴力。”上述要求同样适用于父母与成年子女之间。

并且,在成年子女不能独立生活或并非完全民事行为能力人的情况下,父母仍然负有特别的抚养义务。对此,《民法典》第 1067 条第 1 款规定:“父母不履行抚养义务的,……不能独立生活的成年子女,有要求父母给付抚养费的权利”、第 1071 条第 2 款规定:“不直接抚养非婚生子女的生父或者生母,应当负担……不能独立生活的成年子女的抚养费。”根据《民法典婚姻家庭编解释一》第 41 条的规定①,其中的“不能独立生活的成年子女”包括“尚在校接受高中及其以下学历教育,或者丧失、部分丧失劳动能力等非因主观原因而无法维持正常生活的成年子女”。

(二)约定义务

此外,如果父母在离婚协议等安排中对一方在子女成年后的抚养义务作出了特别的约定,那么,父母一方应当按照约定对成年子女履行相应的义务。

比如,在最高人民法院 2015 年 12 月 4 日公布的婚姻家庭纠纷典型案例“原告李某乙、李某甲诉被告李某丙抚养费纠纷案”②中,考虑到“原告李某甲与被告李某丙的离婚协议是双方真实意思表示,双方对于孩子上大学学费、生活费和结婚费用的约定,是其离婚协议的一部分,是双方在离婚时就子女读书、婚嫁事宜作出的合理安排,且原告李某乙为达成离婚协议而自愿承担原告李某甲成年之前的抚养义务,并免除了被告李某丙支付抚养费的法定义务,这也可视为原告李某乙为争取到孩子的大学学费和婚嫁费用而在其他方面做出的让步。这种约定不违反法律的禁止性规定,合法有效,依法应当得到法律的支持和认可”。山东省临沭县人民法院(2015)沭民初字第 389 号民事判决书认为:“被告李某丙应当按照约定承担向原告李某甲支付大学期间必要的生活费及教育费的民事责任。……被告李某丙不能依据上述法律及司法解释拒绝履行离婚时与原告李某乙所约定的对原告李某甲抚养义务。原告李某甲现为在校就读的大学生,被告李某丙无证据证明原告李某甲有可维持自己在校生活、学习的收入来源,即应当按照离婚时与原告李某乙的约定承担原告李某甲在上大学期间的生活、学习所必需的费用”。

最高人民法院公布的该案的“典型意义”在于:“随着我国高等教育的逐渐普及,上大学(含各类职业技术学校)越来越成为适龄青少年的普遍选择。就我国传统习惯和绝大多数的家庭选择而言,没能经济独立的子女就读大学(含各类职业技术学校)的费用,由有经济能力的父母支付已然成为一种惯例。然而我国民法通则、婚姻法、未成年人保护法等法律,却作出了与之相悖的规定,父母没有义务支付该部分费用。这就造成了习惯做法、社会传统和法律规定的冲突。尤其是在离异家庭中,这种冲突直接导致了亲情的反目和对立。本案就是涉及大学期间学费、生活费负担问题的典型案例。……本案一审法院本着尊重当事人意思自治的原则,依法支持了原告李某乙的合

① 《民法典婚姻家庭编解释一》第 41 条规定:“尚在校接受高中及其以下学历教育,或者丧失、部分丧失劳动能力等非因主观原因而无法维持正常生活的成年子女,可以认定为民法典第一千零六十七条规定的‘不能独立生活的成年子女’。”

② 《最高人民法院 12 月 4 日公布婚姻家庭纠纷典型案例》,载最高人民法院网,https://www.court.gov.cn/zixun/xiangqing/16211.html,最后访问日期:2024 年 5 月 13 日,下同。

法诉求,为同类案件的审理提供了可资借鉴的依据”。

需要注意的是,由于父母对能独立生活的成年子女没有法定的抚养义务,因此,父母向成年子女支付相应的抚养费仅仅是例外情形,实务中应当审慎认定。

第二十七条　【未成年人的监护人的确定办法】父母是未成年子女的监护人。

未成年人的父母已经死亡或者没有监护能力的,由下列有监护能力的人按顺序担任监护人:

(一)祖父母、外祖父母;

(二)兄、姐;

(三)其他愿意担任监护人的个人或者组织,但是须经未成年人住所地的居民委员会、村民委员会或者民政部门同意。

【条文通释】

《民法典》第 27 条是关于未成年人的监护人的确定办法的规定。

一、原则:父母是未成年子女的当然监护人

《民法典》第 27 条第 1 款关于“父母是未成年子女的监护人”的规定表明,父母是未成年子女的当然的监护人。亦即,对于未成年人而言,只要其父母尚在且有监护能力,其父母就是该未成年人的监护人。

(一)父母的界定

同样地,《民法典》第 27 条第 1 款关于“父母是未成年子女的监护人”的规定所说的“父母”,既包括生父母,在特定情形下也可能包括继父或继母、养父母。这跟《民法典》第 1127 条第 4 款针对继承规定的“本编所称父母,包括生父母、养父母和有扶养关系的继父母”是一致的。

(二)监护人的界定

结合《民法典》第 23 条、第 34 条以及第 27 条第 2 款、第 28 条、第 32 条、第 33 条等规定,监护人是无民事行为能力人或限制民事行为能力人的法定代理人,是代理被监护人实施民事法律行为,保护被监护人的人身权利、财产权利以及其他合法权益等的主体,可能是自然人,也可能是组织。

(三)原则:父母是未成年子女的当然监护人

根据《民法典》第 27 条第 1 款和第 2 款的规定,原则上,只要具有未成年人的父亲或母亲的身份,就当然是该未成年人的监护人。这是未成年人的父亲和母亲均享有的权利,不受非法限制或剥夺。其原因在于“父母具有法定监护人的首选资格,这既是基

于血缘关系的要求，更是因为养育之责重于生育，父母在直接抚养子女过程中给予的关爱、教育及引导对未成年子女的健康成长具有至关重要的作用。”①

对此，《妇女权益保障法》第 70 条第 1 款规定：“父母双方对未成年子女享有平等的监护权”，第 2 款规定：“父亲死亡、无监护能力或者有其他情形不能担任未成年子女的监护人的，母亲的监护权任何组织和个人不得干涉”；《民法典总则编解释》第 7 条第 2 款关于“未成年人由父母担任监护人，父母中的一方通过遗嘱指定监护人，另一方在遗嘱生效时有监护能力，有关当事人对监护人的确定有争议的，人民法院应当适用民法典第二十七条第一款的规定确定监护人”的规定，也对此予以了明确。

实务中，法院通常也倾向于认定未成年人的父母为其当然的监护人，甚至认为无须以判决形式另行确定。

比如，在王某敏、罗某明与罗某共有纠纷案中，针对申请人提出的未成年人罗某并非潘某婚生子女的理由，贵州省高级人民法院(2019)黔民申 3144 号民事裁定书认为：“潘某虽未与罗某登记结婚，但根据《中华人民共国民法总则》第二十七条之规定，父母是未成年子女的监护人，故潘某作为罗某的母亲即为其法定监护人”。

又如，在屈某 1 与牛某、郭某监护权纠纷案中，天津市宁河区人民法院(2018)津 0117 民初 923 号民事判决书认为：“原告之妻过世后，原告作为父亲，是其婚生女屈某 2 的法定监护人。在原告未丧失监护能力和法定监护权的情况下，其他任何人不能阻挠或剥夺其行使监护权。”

再如，在田某某与尚某甲、向某某监护权纠纷案中，湖南省桑植县人民法院(2019)湘 0822 民初 1054 号民事判决书认为：“本案中，尚某乙、尚某丙的父亲尚生凡虽已于 2018 年 11 月死亡，但作为两个小孩的母亲即本案原告田某某尚健在，且具有相应的监护能力，原告田某某与尚生凡虽已离婚，但并不影响其对两个小孩依法享有的监护权利，故本案原告田某某依法享有对两个小孩的监护权，并不需要法院以判决的形式另行确定。”②

甚至，即使是在因未成年人的父母当时不具有监护能力而由其他主体担任监护人的情况下，如果未成年人的父母其后具有监护能力，也当然地应当由未成年人的父母担任其监护人。

比如，在王某与潘某某、王某 1 不当得利纠纷案中，辽宁省法库县人民法院(2019)辽 0124 民初 3472 号民事判决书认为：“本案中，王某 2 于 2011 年 8 月因病去世时，原告王某不满十周岁，其母亲张某某因患精神疾病在辽中县××院住院治疗，无法履行监护职责，被告潘某某作为王某的祖母，顺位成为王某的监护人，对王某的人身、财产和其他合法权益负有监督和保护的责任。2016 年 1 月 27 日，原告王某的母亲张某某病愈出院后，王某与母亲张某某居住生活在一起，被告潘某某监护责任履行完毕，故自 2016 年 2 月起被告潘某某应将王某的个人财产交付给其母亲张某某管理”。

当然，未成年人的父母作为监护人，也是其义务，不以具有监护意愿为条件，未成

---

① 上海市浦东新区人民法院(2017)沪 0115 民特 417 号民事判决书。

② 类似的裁判意见，还可见安徽省定远县人民法院(2020)皖 1125 民初 375 号之一民事判决书：“本案中原告黄某作为王某帮、王某武的母亲，具有完全民事行为能力，在孩子父亲去世后，其是法定的第一顺位监护人，应由其自然行使监护权，监护、抚养王某帮、王某武是原告的法定职责，无须本院确认”。

年人的父母不得以没有监护意愿为由拒绝担任监护人。比如,《民法典总则编解释》第 8 条第 1 款就明确规定了:“未成年人的父母与其他依法具有监护资格的人订立协议,约定免除具有监护能力的父母的监护职责的,人民法院不予支持……”

(四)例外:父母不担任监护人的情形

《民法典》第 27 条第 1 款关于“父母是未成年子女的监护人”的规定,属于原则规定,存在若干法定的例外。

一是未成年人的父母没有监护能力。《民法典》第 27 条第 2 款关于“未成年人的父母……没有监护能力的,由下列有监护能力的人按顺序担任监护人:……”的规定,属于《民法典》第 27 条第 1 款的例外规定,在未成年人虽有父母、但其父母没有监护能力的情形适用。

二是未成年人的父母的监护人资格被撤销。在未成年人的父母的监护人资格被法院撤销的情形,未成年人的父母(至少在其监护人资格被恢复之前)不再是该未成年人的监护人,故《民法典》第 36 条的规定,也是《民法典》第 27 条第 1 款的例外规定。

需要注意的是,《民法典》第 27 条第 2 款关于“未成年人的父母已经死亡……的,由下列有监护能力的人按顺序担任监护人:……”的规定,不是《民法典》第 27 条第 1 款的例外规定。因为未成年人的父母在死亡后就不再存在了,已经失去了适用《民法典》第 27 条第 1 款关于“父母是未成年子女的监护人”的规定的基础。

二、例外:父母之外的主体担任未成年人的监护人

在例外情形下,由父母之外的主体担任未成年人的监护人。

(一)父母之外的主体担任监护人的法定事由

《民法典》第 27 条第 2 款规定了由父母之外的主体担任未成年人的监护人的两种事由:一是未成年人的父母均已经死亡,二是未成年人的父母虽尚在但均没有监护能力。

在且仅在发生这两种事由之一时,才由父母之外的主体担任未成年人的监护人。《妇女权益保障法》第 70 条第 2 款关于“父亲死亡、无监护能力或者有其他情形不能担任未成年子女的监护人的,母亲的监护权任何组织和个人不得干涉”的规定,和《民法典总则编解释》第 7 条第 2 款关于“未成年人由父母担任监护人,父母中的一方通过遗嘱指定监护人,另一方在遗嘱生效时有监护能力,有关当事人对监护人的确定有争议的,人民法院应当适用民法典第二十七条第一款的规定确定监护人”的规定、第 8 条第 1 款关于“未成年人的父母与其他依法具有监护资格的人订立协议,约定免除具有监护能力的父母的监护职责的,人民法院不予支持”的规定,也表明:在未成年人的父母有一方尚在且有监护能力的情形,不能由父母之外的主体担任监护人。

1. 未成年人的父母已经死亡

《民法典》第 27 条第 2 款所说的“未成年人的父母已经死亡”,指的是父亲和母亲均已死亡(包括宣告死亡)。在未成年人的父母均已死亡的情形,自然应当适用《民法典》第 27 条第 2 款的规定;当然,根据《民法典》第 29 条的规定,如果未成年人的父母

以监护人身份通过遗嘱指定了监护人,则依法由遗嘱指定的主体担任监护人。

但是,如果未成年人的父母中有一人仍然生存并且具有监护能力,则仍由未成年人的健在的父亲或母亲担任监护人。对此,《妇女权益保障法》第70条第2款也规定了:“父亲死亡、无监护能力或者有其他情形不能担任未成年子女的监护人的,母亲的监护权任何组织和个人不得干涉”,《民法典总则编解释》第7条第2款也规定了:“未成年人由父母担任监护人,父母中的一方通过遗嘱指定监护人,另一方在遗嘱生效时有监护能力,有关当事人对监护人的确定有争议的,人民法院应当适用民法典第二十七条第一款的规定确定监护人。”

比如,在沈某军、李某英与汪某、沈某共有纠纷案中,湖北省高级人民法院(2021)鄂民申3529号民事裁定书认为:“本案中,沈某的父亲沈某刚虽已死亡,但其母亲汪某珩系完全民事行为能力人,理应为沈某的第一顺序监护人,只有在第一顺序监护人死亡或无监护能力的情况下,才产生由第二顺序监护人监护的权利和义务。因沈某军、李某英未提交充分有效的证据证明第一顺序监护人存在没有监护能力或不适宜担任监护人的事实,其依法应承担举证不能的法律后果……”

又如,在薛某1与赵某、虎林市珍宝岛乡永和村村民委员会监护权纠纷案中,黑龙江省鸡西市中级人民法院(2021)黑03民终86号民事判决书认为:“本案中,被上诉人赵某是被监护人薛某2的母亲,是未成年子女薛某2的法定监护人,上诉人薛某1是薛某2的祖父,其虽与薛某2一起生活,但并不能取得对薛某2的监护权。永和村委会只有在薛某2的父母均去世或丧失监护能力且监护存在争议的情况下,才能指定监护人,永和村委会的指定,没有法律依据,且上诉人薛某1一、二审未提交证据证实其上诉所称赵某对薛某2不尽抚养义务,有虐待行为,一审判决永和村委会关于薛某1、宋某兰为薛某2监护人的指定行为无效及薛某2由赵某监护、抚养并无不当。”

再如,在林某铃、许某毫与李某英监护权纠纷案中,广东省汕头市中级人民法院(2020)粤05民终1217号民事判决书认为:“本案中,三个小孩许某涛、许某仪、许某润的父亲许某明已于2014年9月因交通事故去世。李某英作为三个未成年子女的母亲,是法定监护人,依法对三个未成年子女负有抚养、教育和保护的义务。……许某毫、林某铃在没有证据证明李某英没有监护能力或李某英存在应依法被撤销监护人资格的法定情形的情况下,认为许某涛、许某仪、许某润应由其监护和抚养的上诉请求不能成立,本院不予支持。”

复如,在于某与汪某监护权纠纷案中,江苏省徐州市中级人民法院(2019)苏03民终5078号民事判决书认为:“父母是未成年子女的法定监护人,父母与子女之间的关系,不因父母离婚而消除。离婚后,子女无论是由父或母直接抚养,仍是父母双方的子女。汪某与刘某艳经法院调解离婚时,虽约定汪某蒙由刘某艳抚养,但刘某艳去世后,汪某作为汪某蒙的父亲,具有汪某蒙监护人的权利和义务,且汪某并不存在没有监护能力的情形,故一审认定汪某是汪某蒙现存的唯一法定监护人,并据此判令汪某蒙由汪某监护、抚养符合法律规定,本院依法予以维持。”

2. 未成年人的父母没有监护能力

《民法典》第27条第2款所说的“未成年人的父母没有监护能力”,指的是未成年人的父母虽然尚在,但客观上均不具备对该未成年人进行监护的能力,主要包括以下3

种情形:(1)未成年人的父母均尚在但均没有监护能力;(2)未成年人的父亲已经死亡、母亲尚在但没有监护能力;和(3)未成年人的母亲已经死亡、父亲尚在但没有监护能力。①

《民法典》第 27 条第 2 款意味着,即使是未成年人的父母,也须具备“有监护能力”的条件,方可担任未成年人的监护人;在未成年人的父母没有监护能力的情形,则应当适用《民法典》第 27 条第 2 款的规定,由其他依法具有监护能力的主体按顺序担任监护人。

比如,在姚某华、陈某兰申请确认姚某 1 监护权纠纷案中,湖南省临湘市人民法院(2022)湘 0682 民特 3 号民事判决书认为:“姚某 1 的父亲姚某某因交通事故死亡,母亲(即被申请人方某敏)因病致精神发育迟滞,不能完全辨认自己的行为,经鉴定已评定为限制民事行为能力。在姚某 1 的父母均不能承担抚养责任的情况下,两申请人自愿承担了姚某 1 的抚养责任,被申请人方某敏对两申请人行使姚某 1 的监护权亦无异议,姚某 1 住所地所在的村民委员会已作出决定,指定两申请人为姚某 1 的监护人并无不当,依法应予确认。”

又如,在龚某诉贺某 1、贺某 2,第三人刘某 1、沈某监护权纠纷案中,四川省雷波县人民法院(2018)川 3437 民初 203 号民事判决书认为:“由于邓某与被告贺某 1 之女刘某某念的母亲已死亡,其父亲被告贺某 1 在宜宾监狱服刑,且是无期徒刑,贺某 3 的爷爷被告贺某 2 患有原发性痛风、痛风性关节炎、痛风性肾病、右足溃疡伴感染,而原告系刘某某念的外婆,有住房、有一定的经济收入。故邓某与被告贺某 1 之女刘某某念由原告监护符合《中华人民共和国民法总则》第二十七条第二款:‘未成年人的父母已经死亡或者没有监护能力的,由下列有监护能力的人按顺序担任监护人:(一)祖父母、外祖父母’的规定。”

问题是,《民法典》第 27 条第 2 款所说的“未成年人的父母没有监护能力”,是否需要以法院的生效判决为依据?对此,《民法典》本身没有直接作出规定,这跟《民法典》第 24 条规定无民事行为能力和限制民事行为能力人的认定须以法院的宣告为依据是不同的。

考虑到《民法典》第 27 条第 1 款规定了“父母是未成年子女的监护人”、第 31 条第 1 款规定了“对监护人的确定有争议的,由被监护人住所地的居民委员会、村民委员会或者民政部门指定监护人,有关当事人对指定不服的,可以向人民法院申请指定监护人;有关当事人也可以直接向人民法院申请指定监护人”,在未成年人的父母尚在的情况下,应推定其父母有监护能力并由其父母担任监护人;只有在有关当事人对其父母的监护能力提出质疑、发生争议时,才能适用《民法典》第 31 条的规定,由相关主体依法指定监护人;并且,结合《民事诉讼法》第 153 条第 1 款第 5 项关于“有下列情形之一的,中止诉讼:……(五)本案必须以另一案的审理结果为依据,而另一案尚未审结的”的规定,在法院作出关于未成年人的父母没有监护能力的认定结论之前,依照《民法典》第 31 条指定监护人的程序应当中止。

---

① 均包括作为父亲或母亲的人自身未年满 18 周岁的情形。

(二)父母之外担任监护人的主体范围

《民法典》第 27 条第 2 款规定了父母之外的具有担任未成年人监护人的资格的三类主体:一是未成年人的有监护能力的祖父母、外祖父母,二是未成年人的有监护能力的兄、姐,三是其他愿意担任监护人的有监护能力的个人或者组织。上述主体均属于《民法典》第 30 条、第 31 条第 2 款、第 32 条、第 36 条第 2 款所说的“依法具有监护资格的人”。

其中,《民法典》第 27 条第 2 款使用的“……由下列有监护能力的人按顺序担任监护人:……(三)其他愿意担任监护人的个人或者组织,……”的表述,表明《民法典》第 27 条第 2 款所说的“有监护能力的人”中的“人”,既包括自然人,也包括组织。而《民法典》第 27 条第 2 款所说的“兄、姐”,仅指未成年人的成年兄、姐,因其未成年兄、姐不具有监护能力;《民法典》第 27 条第 2 款所说的“其他愿意担任监护人的个人”,指的是未成年人的父母、祖父母、外祖父母、兄、姐之外的愿意担任监护人的自然人。

需要注意的是,与《民法典》第 28 条第 3 项将除配偶、父母、子女之外的其他近亲属(即其成年兄弟姐妹、祖父母、外祖父母、成年孙子女、成年外孙子女①列为有资格担任无民事行为能力或限制民事行为能力的成年人的监护人的主体不同,由于未成年人事实上不存在除其父母、祖父母、外祖父母、兄、姐之外的其他近亲属(即配偶、子女、孙子女、外孙子女),因此,《民法典》第 27 条第 2 款没有将“其他近亲属”列入有资格担任未成年人的监护人的主体范围。

此外,由于《民法典》第 27 条第 2 款使用了“其他愿意担任监护人的个人或者组织,但是须经未成年人住所地的居民委员会、村民委员会或者民政部门同意”的表述,因此,该款所说的“其他愿意担任监护人的组织”不包括未成年人住所地的居民委员会、村民委员会和民政部门。其中的“未成年人住所地”,应根据《民法典》第 25 条关于“自然人以户籍登记或者其他有效身份登记记载的居所为住所;经常居所与住所不一致的,经常居所视为住所”的规定加以确定,这就意味着,未成年人的户籍地并非当然地是其住所地。

(三)父母之外主体的监护顺序

1. 原则:按顺序担任监护人

在“未成年人的父母已经死亡或者没有监护能力”的情况下,原则上,父母之外的主体需要按照法定顺序来担任监护人,具体而言:

第一,未成年人的祖父母、外祖父母属于除父母以外的第一顺序。也就是说,在“未成年人的父母已经死亡或者没有监护能力”的情况下,原则上由该未成年人有监护能力的祖父母、外祖父母担任其监护人。需要注意的是,未成年人的祖父、祖母与外祖父、外祖母均属第一顺序,相互之间不存在顺序在先、顺序在后的问题。

第二,未成年人的兄、姐属于第二顺序。也就是说,在“未成年人的父母已经死亡

① 《民法典》第 1045 条第 2 款规定:“配偶、父母、子女、兄弟姐妹、祖父母、外祖父母、孙子女、外孙子女为近亲属。”

或者没有监护能力”并且“未成年人的祖父母、外祖父母已经死亡或者没有监护能力”的情况下，原则上由该未成年人的有监护能力的成年兄、姐担任其监护人。同样地，未成年人的成年兄与姐均属第二顺序，相互之间不存在顺序在先、顺序在后的问题。

第三，其他愿意担任监护人的个人或组织，属于第三顺序。在“未成年人的父母已经死亡或者没有监护能力”并且“未成年人的祖父母、外祖父母已经死亡或者没有监护能力”并且“未成年人的兄、姐已经死亡或者没有监护能力”的情形，原则上才由其他愿意担任监护人的有监护能力的个人或组织担任其监护人。

需要注意的是，根据《民法典》第 27 条第 2 款的规定，在“未成年人的父母已经死亡或者没有监护能力”的情况下，原则上，处于第一监护顺序的有监护能力的主体有权利、也有义务担任监护人，不得以不同意、不愿意为由拒绝担任监护人；只有在不存在第一监护顺序的主体或者第一监护顺序的主体没有监护能力的情况下，才有处于第二监护顺序的主体担任监护人的余地；只有在既不存在第一监护顺序的主体或者第一监护顺序的主体没有监护能力、又不存在第二监护顺序的主体或者第二监护顺序的主体也没有监护能力的情况下，才有处于第三监护顺序的主体担任监护人的余地。

比如，在沈某军、李某英与汪某、沈某共有纠纷案中，湖北省高级人民法院（2021）鄂民申 3529 号民事裁定书认为：“本案中，沈某的父亲沈某刚虽已死亡，但其母亲汪某珩系完全民事行为能力人，理应为沈某的第一顺序监护人，只有在第一顺序监护人死亡或无监护能力的情况下，才产生由第二顺序监护人监护的权利和义务。”

又如，在陈某申请宣告陈某明为无民事行为能力异议案中，广东省佛山市三水区人民法院（2019）粤 0607 民特监 2 号民事判决书认为：“前一顺序有监护资格的人无监护能力或者对被监护人明显不利的，人民法院才可根据对被监护人有利的原则从后一顺序有监护资格的人中择优确定，即一般不宜跨顺序指定监护人。”

再如，在康某圣与李某龙申请变更监护人纠纷案中，宁夏回族自治区盐池县人民法院（2018）宁 0323 民特 94 号民事判决书也认为：“只有前一顺序的有监护资格的人无监护能力时，才可以根据对被监护人有利的原则从后一顺序有监护资格的人中择优确定。具体到本案中，王某玲的母亲康某因病去世、继父王某江因事故去世、父亲李某龙无论是在涉及执行案件还是本案中，亦无法联系，且常年拖欠婚生女王某玲的抚养费不予支付。而申请人作为王某玲的外祖父，具有担任王某玲监护人的血缘、感情和生活基础，也愿意承担监护王某玲的责任。结合王某玲长期与外祖父生活的事实，为了王某玲健康成长和接受较好的教育，由申请人康某圣担任王某玲的监护人并无不妥。”

还需注意的是，在处于同一顺序的依法具有监护资格的人就监护人的确定发生争议的情况下，应当根据《民法典》第 31 条的规定，在尊重被监护人的真实意愿的基础上，按照最有利于被监护人的原则在依法具有监护资格的人中指定监护人。

比如，在曾某香与徐某明、郭某君监护权纠纷案中，针对未成年人徐某楠的外祖母曾某香与其祖父母徐某明、郭某君均要求担任监护人的争议，四川省都江堰市人民法院（2018）川 0181 民初 224 号民事判决书认为：“被监护人徐某楠的父母徐某驸、李某婷因交通事故意外死亡，这一意外事故给原、被告双方感情上都带来了深重的伤害。双方的监护权之争的实质，就是为给被监护人徐某楠争取一个更为良好的成长条件，而双方都认为自己的条件更好、更适合作为徐某楠的监护人。但根据双方提交的证据,本院认为,目前原告曾某香没有稳定的经济来源,曾某香夫妻中与被监护人徐某楠有血缘关系的仅有曾某香一人,原告曾某香的现任配偶与徐某楠没有血缘关系,按常理来说具有血缘关系的爷爷和奶奶即徐某明、郭某君更适合抚养徐某楠。被告徐某明、郭某君不仅均与被监护人徐某楠有血缘关系,且有更为稳定的收入,被告徐某明、郭某君家中人员较多,也有利于照顾被监护人徐某楠,为徐某楠的成长提供更为良好的生活条件和环境。徐某楠户籍所在地的都江堰市聚源镇五龙社区村民委员会作出的证明中,也明确表示被告徐某明、郭某君更适合抚养孩子。本院综合全案证据,认为被告徐某明、郭某君担任徐某楠的监护人更有利于其健康成长。"

2. 例外之一:父母通过遗嘱指定监护人不受法定监护顺序的限制

需要注意的是,根据《民法典》第 29 条关于"被监护人的父母担任监护人的,可以通过遗嘱指定监护人"的规定,在父母担任未成年人的监护人的情况下,父母可以通过遗嘱来指定监护人,不受《民法典》第 27 条第 2 款规定的监护顺序的限制。

也因此,《民法典》第 29 条关于"被监护人的父母担任监护人的,可以通过遗嘱指定监护人"的规定,属于《民法典》第 27 条第 2 款关于"未成年人的父母已经死亡……的,由下列有监护能力的人按顺序担任监护人:(一)祖父母、外祖父母;(二)兄、姐;(三)其他愿意担任监护人的个人或者组织,但是须经未成年人住所地的居民委员会、村民委员会或者民政部门同意"的规定的特别规定。《民法典总则编解释》第 7 条第 1 款关于"担任监护人的被监护人父母通过遗嘱指定监护人,遗嘱生效时被指定的人不同意担任监护人的,人民法院应当适用民法典第二十七条、第二十八条的规定确定监护人"的规定,也表明,就如何确定父母已经死亡的未成年人的监护人而言,《民法典》第 29 条应优先于《民法典》第 27 条第 2 款得到适用。

3. 例外之二:父母事先以书面协议确定监护人不受法定监护顺序的限制

这一例外并非《民法典》规定的,而是由司法解释借鉴《民法典》第 29 条和第 33 条的规定创设的。

《民法典总则编解释》第 8 条第 1 款规定:"未成年人的父母与其他依法具有监护资格的人订立协议,约定免除具有监护能力的父母的监护职责的,人民法院不予支持。协议约定在未成年人的父母丧失监护能力时由该具有监护资格的人担任监护人的,人民法院依法予以支持。"据此,作为未成年人监护人的父母,可以事先订立书面协议确定该未成年人在自己丧失监护能力时的监护人,不受《民法典》第 27 条第 2 款规定的监护顺序的限制。

《民法典总则编解释》第 8 条第 1 款所说的"未成年人的父母与其他依法具有监护资格的人订立协议"中有关"在未成年人的父母丧失监护能力时由该具有监护资格的人担任监护人"的约定,是与《民法典》第 29 条规定的遗嘱监护相并列的由父母直接指定监护人的制度,具有与父母通过遗嘱指定监护同等的效力,只不过遗嘱监护是作为监护人的父母对被监护人在其死亡之后的新的监护人进行指定,而该协议则是作为监护人的父母对被监护人在其丧失监护能力之后的新的监护人进行指定。

4. 例外之三:协议确定监护人不受法定监护顺序的限制

根据《民法典》第 30 条关于"依法具有监护资格的人之间可以协议确定监护人"的

规定,父母之外的依法具有监护资格的人可以在协商一致的基础上,通过签订协议的方式来从这些依法具有监护资格的人当中确定一个或数个主体来担任未成年人的监护人,不受《民法典》第 27 条第 2 款规定的监护顺序的限制(但须尊重被监护人的真实意愿)。

对此,《民法典总则编解释》第 8 条第 2 款规定:“依法具有监护资格的人之间依据民法典第三十条的规定,约定由民法典第二十七条第二款、第二十八条规定的不同顺序的人共同担任监护人,或者由顺序在后的人担任监护人的,人民法院依法予以支持。”

也因此,《民法典》第 30 条关于“依法具有监护资格的人之间可以协议确定监护人”的规定,属于《民法典》第 27 条第 2 款关于“未成年人的父母已经死亡或者没有监护能力的,由下列有监护能力的人按顺序担任监护人:(一)祖父母、外祖父母;(二)兄、姐;(三)其他愿意担任监护人的个人或者组织,但是须经未成年人住所地的居民委员会、村民委员会或者民政部门同意”的规定的特别规定。

(四)父母之外的主体担任监护人的条件

父母之外的主体担任未成年人的监护人须具备特定的条件,有的甚至还须取得特定组织的同意。这些条件如下:

1. 有监护能力

在“未成年人的父母已经死亡或者没有监护能力”的情况下,由于《民法典》第 27 条第 2 款使用了“未成年人的父母已经死亡或者没有监护能力的,由下列有监护能力的人按顺序担任监护人:……”的表述,因此,未成年人父母之外的主体,不论是未成年人的祖父母、外祖父母,还是未成年人的兄、姐,抑或其他个人或组织,都必须具备“有监护能力”这一条件,才能担任该未成年人的监护人。如没有监护能力,则不得担任未成年人的监护人。这跟未成年人的父母如没有监护能力则不得担任监护人是一致的。

2. 有监护意愿

在“未成年人的父母已经死亡或者没有监护能力”的情况下,如不存在符合《民法典》第 30 条规定的监护协议,无论是未成年人的有监护能力的祖父母、外祖父母,还是未成年人的有监护能力的兄、姐,在依法需要其担任该未成年人的监护人的情形,都不以其有监护意愿为条件,即使没有监护意愿,也不能拒绝担任监护人。这跟未成年人的父母担任监护人是一致的。

不过,由于《民法典》第 27 条第 2 款第 3 项使用了“其他愿意担任监护人的个人或者组织”的表述,因此,未成年人的父母、祖父母、外祖父母、兄、姐之外的主体担任该未成年人的监护人,还须以其“有监护意愿”(即“愿意担任监护人”)为条件。

3. 经未成年人住所地的基层群众性自治组织或民政部门同意

由于《民法典》第 27 条第 2 款第 3 项使用了“其他愿意担任监护人的个人或者组织,但是须经未成年人住所地的居民委员会、村民委员会或者民政部门同意”的表述,因此,未成年人的父母、祖父母、外祖父母、兄、姐之外的主体担任该未成年人的监护人,比如未成年人的堂兄[①],还须以"经未成年人住所地的居民委员会、村民委员会或者民政部门同意"为条件。

其中,"经未成年人住所地的居民委员会同意"仅适用于未成年人住所地在城市的情形,"经未成年人住所地的村民委员会同意"仅适用于未成年人住所地在农村的情形,而"经未成年人住所地的民政部门同意"既适用于未成年人住所地在农村、也适用于未成年人住所地在城市的情形。并且,《民法典》第 27 条第 2 款第 3 项所说的"民政部门",指的是作为政府组成部门的民政部门,其性质为机关法人,不应解释为经民政局批准成立的民政领域的组织。[②]

需要注意的是,就未成年人住所地在城市的情形,其他愿意担任监护人的有监护能力的个人或组织担任未成年人的监护人,只需取得未成年人住所地的居民委员会同意或取得未成年人住所地的民政部门同意即可,无须同时取得未成年人住所地的居民委员会和未成年人住所地的民政部门的同意。同样地,就未成年人住所地在农村的情形,其他愿意担任监护人的有监护能力的个人或组织担任未成年人的监护人,只需取得未成年人住所地的村民委员会同意或取得未成年人住所地的民政部门同意即可,无须同时取得未成年人住所地的村民委员会和未成年人住所地的民政部门的同意。

三、监护能力、监护资格与监护人资格

《民法典》同时使用了"监护能力""监护资格"和"监护人资格"的表述,但都没有对这几个表述的含义直接作出规定。

(一)监护能力

如前所述,不论是未成年人的父母,还是未成年人的父母之外的主体,要成为未成年人的监护人,都必须以"有监护能力"为前提条件。并且,根据《民法典》第 39 条第 1 款第 2 项的规定,丧失监护能力也是导致监护关系终止的法定事由。问题是,何为"监护能力"?如何认定"有监护能力"和"没有监护能力"?《民法典》《民法典总则编解释》都没有直接进行界定。

1. 认定监护能力应当考虑的因素

尽管《民法典总则编解释》没有直接界定何为"监护能力"、如何认定"有监护能力"和"没有监护能力",但是,针对认定监护能力应当考虑的因素,《民法典总则编解

---

① 在孙某成与孙某春申请变更监护人纠纷案中,山东省胶州市人民法院(2020)鲁 0281 民特 118 号民事判决书认为:"从本案查明事实看,被监护人孙某梅、孙某鹏均系未成年人,其母亲王某花已去世,其父亲孙某春正在服刑,无法担负孙某梅、孙某鹏的监护责任,且被申请人孙某春曾实施严重损害被监护人身心健康的行为,根据《中华人民共和国民法总则》第三十六条规定,根据孙某成的申请,撤销孙某春的监护人资格。……申请人孙某成系孙某梅、孙某鹏的堂哥,其愿意担任孙某梅、孙某鹏的监护人,且孙某梅、孙某鹏住所地的村民委员会同意孙某成担任孙某梅、孙某鹏的监护人。本院认为,为保护被监护人孙某梅、孙某鹏的身心健康,尽量为姐弟二人创造一个良好的成长环境,由孙某成担任孙某梅、孙某鹏的监护人较为适宜,故对申请人孙某成的主张本院予以支持。"

② 比如,在黄某某申请认定陆某某无民事行为能力案中,上海市闵行区人民法院(2024)沪 0112 民特 206 号民事判决书认为:"上海闵行区某某社会监护服务中心是上海市闵行区民政局批准成立的民政部门,具有监护资质,故应由该中心担任陆某某的监护人"。

释》第 6 条作出了指引性规定，即："人民法院认定自然人的监护能力，应当根据其年龄、身心健康状况、经济条件等因素确定；认定有关组织的监护能力，应当根据其资质、信用、财产状况等因素确定。"

基于《民法典总则编解释》第 6 条上述规定和《民法典总则编解释》第 12 条第 1 款关于"监护人、其他依法具有监护资格的人之间就监护人是否有民法典第三十九条第一款第二项、第四项规定的应当终止监护关系的情形发生争议，申请变更监护人的，人民法院应当依法受理。经审理认为理由成立的，人民法院依法予以支持"的规定，在有关当事人就"未成年人的父母等相关主体是否具有监护能力"发生争议时，应当以法院作出的认定结论为依据。

2. 监护能力与民事行为能力

根据《民法典》第 23 条[①]、第 34 条第 1 款[②]、第 175 条第 2 项[③]的规定，"有监护能力"首先必须具有完全民事行为能力，否则就属于无民事行为能力人或限制民事行为能力人、属于被监护人的范畴。

也就是说，不论是无民事行为能力人还是限制民事行为能力人，均不具有监护能力。[④] 也基于此，《民法典总则编解释》第 6 条针对自然人的监护能力的认定明确提出了"应当根据其年龄、身心健康状况、……等因素确定"的要求。

3. 监护能力与履行监护职责的条件

考虑到《民法典》第 34 条第 1 款明确了"监护人的职责是代理被监护人实施民事法律行为，保护被监护人的人身权利、财产权利以及其他合法权益等"，结合《民法典》第 32 条关于"没有依法具有监护资格的人的，监护人由民政部门担任，也可以由具备履行监护职责条件的被监护人住所地的居民委员会、村民委员会担任"的规定，可以认为，"具备履行监护职责的条件"也应当是"有监护能力"的应有之义。

也就是说，如果相关主体不具有履行监护职责的条件，就不应当认定其"有监护能力"。这也是《民法典》第 32 条针对基层群众性自治组织担任监护人特别强调"具备履行监护职责条件"的原因。也基于此，《民法典总则编解释》第 6 条针对自然人的监护能力的认定明确提出了"应当根据其年龄、身心健康状况、经济条件等因素确定"的要求、针对有关组织的监护能力的认定明确提出了"应当根据其资质、信用、财产状况等因素确定"的要求。

实务中，如果相关主体正在监狱服刑，通常会被认定为没有监护能力。[⑤]

---

① 《民法典》第 23 条规定："无民事行为能力人、限制民事行为能力人的监护人是其法定代理人。"

② 《民法典》第 34 条第 1 款规定："监护人的职责是代理被监护人实施民事法律行为，保护被监护人的人身权利、财产权利以及其他合法权益等。"

③ 《民法典》第 175 条规定："有下列情形之一的，法定代理终止：(一)被代理人取得或者恢复完全民事行为能力；(二)代理人丧失民事行为能力；(三)代理人或者被代理人死亡；(四)法律规定的其他情形。"

④ 比如，北京市东城区人民法院(2021)京 0101 民特 1809 号民事判决书认为："本案中，被监护人戴某才原监护人王某已被人民法院依法认定为无民事行为能力人，王某已丧失对戴某才的监护能力……"

⑤ 比如，青海省西宁市中级人民法院(2015)宁少民终字第 00102 号民事判决书、湖北省襄阳市中级人民法院(2015)鄂襄阳中少民终字第 00020 号民事裁定书、黑龙江省鸡西市滴道区人民法院(2022)黑 0304 民特 3 号民事判决书、陕西省旬邑县人民法院(2018)陕 0429 民初 489 号民事判决书。

4. 监护能力与监护意愿

《民法典》没有直接使用“监护意愿”的表述,但其所说的“愿意担任监护人”指向的其实就是“监护意愿”。

由于《民法典》第27条第2款使用了“未成年人的父母已经死亡或者没有监护能力的,由下列有监护能力的人按顺序担任监护人:……(三)其他愿意担任监护人的个人或者组织……”的表述,因此,“有监护能力”与“监护意愿”是不同的、相互独立的事项,“监护能力”指向的是相关主体在客观上是否具有履行监护职责的能力,而“监护意愿”则指向的是相关主体在主观上是否具有履行监护职责的意愿。认定相关主体是否有监护能力,无须考虑相关主体在主观上是否具有监护意愿。事实上,如前所说,未成年人的有监护能力的父母担任监护人,就无须考察其监护意愿,其也不得以没有监护意愿为由拒绝担任监护人。

(二)监护资格

1. 监护资格与监护能力

可以将“监护资格”理解为“担任监护人的资格”。结合《民法典》第27条第2款、第28条、第30条、第31条第2款的规定,可以认为,“监护能力”与“监护资格”之间存在这样的关系,即:

一是“有监护资格”必然“有监护能力”,“有监护能力”是“有监护资格”的前提条件,没有监护能力就不可能“有监护资格”。《民法典》第27条第2款关于“未成年人的父母……没有监护能力的,由下列有监护能力的人按顺序担任监护人:……”的规定,就表明了“没有监护能力就没有监护资格”。

二是“有监护能力”不等于必然“有监护资格”。《民法典》第27条第2款关于“未成年人的父母已经死亡或者没有监护能力的,由下列有监护能力的人按顺序担任监护人:……(三)其他愿意担任监护人的个人或者组织,但是须经未成年人住所地的居民委员会、村民委员会或者民政部门同意”的规定,就表明了“有监护能力不必然有监护资格”;尤其是对于未成年人的父母、祖父母、外祖父母、兄、姐之外的主体来说,要具有监护资格,不仅要“有监护能力”,还要“有监护意愿”,并且必须“经未成年人住所地的居民委员会、村民委员会或者民政部门同意”。

2. 监护资格与监护意愿

就未成年人的父母而言,由于《民法典》第27条第1款使用了“父母是未成年子女的监护人”的表述,因此,有监护能力的父母当然具有监护资格,与其是否有“监护意愿”无关。

在“未成年人的父母已经死亡或者没有监护能力”的情形,就未成年人的有监护能力的祖父母、外祖父母、兄、姐而言,由于《民法典》第27条第2款使用了“未成年人的父母已经死亡或者没有监护能力的,由下列有监护能力的人按顺序担任监护人:(一)祖父母、外祖父母;(二)兄、姐;……”的表述,因此,未成年人的有监护能力的祖父母、外祖父母、兄、姐的监护资格,与其是否有“监护意愿”也是无关的。

但就未成年人的父母、祖父母、外祖父母、兄、姐之外的主体而言,具有监护资格则须以具有监护意愿为前提条件；没有监护意愿，则不具有监护资格。

3. 监护资格与监护人

就未成年人的父母而言，由于《民法典》第 27 条第 1 款使用了“父母是未成年子女的监护人”的表述，因此，有监护能力的父母当然具有监护资格，也当然是未成年人的监护人。

在“未成年人的父母已经死亡或者没有监护能力”的情形，就未成年人的有监护能力的祖父母、外祖父母而言，由于《民法典》第 27 条第 2 款使用了“未成年人的父母已经死亡或者没有监护能力的，由下列有监护能力的人按顺序担任监护人：（一）祖父母、外祖父母；（二）兄、姐；……”的表述，因此，原则上，未成年人的有监护能力的祖父母、外祖父母当然具有监护资格，也当然可以成为未成年人的监护人。

事实上，在“未成年人的父母已经死亡或者没有监护能力”的情形，即使按照《民法典总则编解释》第 8 条第 2 款关于“依法具有监护资格的人之间依据民法典第三十条的规定，约定由民法典第二十七条第二款、第二十八条规定的不同顺序的人共同担任监护人，或者由顺序在后的人担任监护人的，人民法院依法予以支持”的规定，未成年人的有监护能力的祖父母、外祖父母只要不同意签订监护协议，就可以自动地成为该未成年人的监护人，顺序在后的具有监护资格的主体就不能成为该未成年人的监护人。

也基于此，在“未成年人的父母已经死亡或者没有监护能力”的情形，就未成年人的兄、姐以及其他个人或组织而言，具有监护资格并不意味着必然能成为该未成年人的监护人。

4.“依法具有监护资格的人”的范围

结合《民法典》第 27 条、第 28 条的规定，就未成年人而言，“依法具有监护资格的人”，包括：（1）该未成年人的有监护能力的父母；（2）该未成年人的有监护能力的祖父母、外祖父母；（3）该未成年人的有监护能力的成年兄、姐；（4）其他愿意担任监护人的有监护能力并且经未成年人住所地的居民委员会、村民委员会或者民政部门同意的个人或者组织。

就无民事行为能力或限制民事行为能力的成年人而言，“依法具有监护资格的人”，包括：（1）该成年人的有监护能力的配偶；（2）该成年人的有监护能力的父母、成年子女；（3）该成年人的有监护能力的其他近亲属，即其成年兄弟姐妹、祖父母、外祖父母、成年孙子女、成年外孙子女①；（4）其他愿意担任监护人的有监护能力并且该成年人住所地的居民委员会、村民委员会或者民政部门同意的个人或者组织。

根据《民法典》第 27 条第 2 款第 3 项、第 28 条第 4 项和第 32 条关于“没有依法具有监护资格的人的，监护人由民政部门担任，也可以由具备履行监护职责条件的被监护人住所地的居民委员会、村民委员会担任”的规定，不论是就未成年人而言，还是就无民事行为能力或限制民事行为能力的成年人而言，“依法具有监护资格的人”均不包括被监护人住所地的居民委员会、村民委员会、民政部门。

并且，考虑到《民法典》第 36 条第 2 款使用了“本条规定的有关个人、组织包括：其

---

① 《民法典》第 1045 条第 2 款规定：“配偶、父母、子女、兄弟姐妹、祖父母、外祖父母、孙子女、外孙子女为近亲属。”

他依法具有监护资格的人，居民委员会、村民委员会、学校、医疗机构、妇女联合会、残疾人联合会、未成年人保护组织、依法设立的老年人组织、民政部门等”的表述，因此，学校、医疗机构、妇女联合会、残疾人联合会、未成年人保护组织、依法设立的老年人组织也不宜被认定为“依法具有监护资格的人”。

（三）监护人资格

1.“监护人资格”与“监护资格”

“监护人资格”是与“监护资格”不同的概念。《民法典》仅在第36条、第37条和第38条使用了“监护人资格”的表述。考虑到上述条文是在“撤销监护人资格”和“恢复监护人资格”这两种情形下使用“监护人资格”表述的，可以认为，“监护人资格”指的是正在担任或曾经担任未成年人或无民事行为能力或限制民事行为能力的成年人的监护人的主体所具有的监护人的身份，与“监护人身份”具有相同的含义。

2. 丧失“监护人资格”的事由

需要注意的是，人民法院依据《民法典》第36条撤销相关主体的监护人资格，只是相关主体丧失“监护人资格”的一种事由。根据《民法典》第39条第1款关于“有下列情形之一的，监护关系终止：（一）被监护人取得或者恢复完全民事行为能力；（二）监护人丧失监护能力；（三）被监护人或者监护人死亡；（四）人民法院认定监护关系终止的其他情形”的规定，可以认为，该条规定的监护关系终止的事由也是相关主体丧失“监护人资格”的事由。

第二十八条 【成年人的监护人的确定办法】无民事行为能力或者限制民事行为能力的成年人，由下列有监护能力的人按顺序担任监护人：

（一）配偶；

（二）父母、子女；

（三）其他近亲属；

（四）其他愿意担任监护人的个人或者组织，但是须经被监护人住所地的居民委员会、村民委员会或者民政部门同意。

【条文通释】

《民法典》第28条是关于成年人的监护人①的确定办法的规定。

一、有资格担任成年人的监护人的主体范围

《民法典》第28条规定了具有担任成年人监护人资格的四类主体，一是该成年人

① 本部分中的“成年人的监护人”中的“成年人”指的是“无民事行为能力或者限制民事行为能力的成年人”。因《民法典》第35条第3款也使用了“成年人的监护人”的表述，在成年人作为被监护人的语境中使用“成年人的监护人”的表述不会引起歧义。

的有监护能力的配偶,二是该成年人的有监护能力的父母、子女,三是该成年人的有监护能力的除配偶、父母、子女之外的其他近亲属(即兄弟姐妹、祖父母、外祖父母、孙子女、外孙子女),四是其他愿意担任监护人的有监护能力的个人或者组织。上述主体均属于《民法典》第 30 条、第 31 条第 2 款、第 32 条、第 36 条第 2 款所说的“依法具有监护资格的人”。

其中,《民法典》第 28 条第 1 项所说的“配偶”,指的是与无民事行为能力或限制民事行为能力的成年人仍然存在有效的婚姻关系的自然人。

《民法典》第 28 条第 2 项所说的“父母”,既包括生父母,在特定情形下也可能包括继父或继母、养父母。这跟《民法典》第 1127 条第 4 款针对继承规定的“本编所称父母,包括生父母、养父母和有扶养关系的继父母”是一致的。

《民法典》第 28 条第 2 项所述的“子女”,既包括生子女(包括婚生子女和非婚生子女①),在特定情形下也可能包括有抚养关系的继子女、养子女②。这跟《民法典》第 1127 条第 3 款针对继承规定的“本编所称子女,包括婚生子女、非婚生子女、养子女和有扶养关系的继子女”是一致的。

此外,《民法典》第 28 条使用的“……由下列有监护能力的人按顺序担任监护人:……(四)其他愿意担任监护人的个人或者组织,……”的表述,表明《民法典》第 28 条所说的“有监护能力的人”中的“人”,既包括自然人,也包括组织。《民法典》第 28 条第 4 项所说的“其他愿意担任监护人的个人”,指的是该成年人的近亲属之外的愿意担任监护人的自然人。

其中,之所以将其他近亲属纳入无民事行为能力或者限制民事行为能力的成年人的监护人范围,是因为“现实生活中,不少无民事行为能力或者限制民事行为能力的成年人是由其兄弟姐妹等近亲属照顾,由这些近亲属作为监护人有利于保护被监护人的利益,也有利于弘扬社会主义家庭伦理美德”。③

需要注意的是,《民法典》第 28 条第 4 项所说的“被监护人住所地”,应根据《民法典》第 25 条关于“自然人以户籍登记或者其他有效身份登记记载的居所为住所;经常居所与住所不一致的,经常居所视为住所”的规定加以确定,这就意味着,成年人的户籍地并非当然地是其住所地。

此外,由于《民法典》第 28 条第 4 项使用了“其他愿意担任监护人的个人或者组织,但是须经被监护人住所地的居民委员会、村民委员会或者民政部门同意”的表述,因此,该款所说的“其他愿意担任监护人的组织”,不包括作为被监护人的成年人住所

---

① 《民法典》第 1071 条第 1 款规定:“非婚生子女享有与婚生子女同等的权利,任何组织或者个人不得加以危害和歧视。”

② 比如,在李某申请确定监护人案中,北京市西城区人民法院(2020)京 0102 民特 224 号民事判决书认为:“李某陈述其随母亲与宋某 1 共同生活的时间虽与宋某 1 陈述不一致,但可以确认,李某在其母于某与宋某 1 结婚后,在李某成年前,曾与宋某 1、于某共同生活。宋某 1 陈述,李某的抚养费用由其和于某共同负担,其与于某、李某共同生活至 2013 年,与马某离婚后也与于某、李某断断续续共同生活二年。结合 2003 年至 2015 年期间,户口簿中李某登记为宋某 1 之女,宋某 1 亦认可李某与其系父女关系,平时关心、看望宋某 1,本院认定,李某作为继子女,符合《中华人民共和国婚姻法》第二十七条之规定,有权担任宋某 1 的监护人。”

③ 全国人民代表大会法律委员会在 2016 年 10 月 31 日第十二届全国人民代表大会常务委员会第二十四次会议作的《关于〈中华人民共和国民法总则(草案)〉修改情况的汇报》。

地的居民委员会、村民委员会和民政部门。对此，在程某海与宁安市东京城镇光明村村民委员会监护人责任纠纷案中，黑龙江省牡丹江市中级人民法院(2020)黑10民终236号民事判决书认为："本案中，程某文未婚，其父亲已过世，但其母亲仍然在世，且无证据证明程某文母亲无监护能力。即使如程某海起诉状中所述程某文的母亲已改嫁，不知晓其下落，但该理由不是程某文母亲不担任法定监护人的抗辩事由。根据《中华人民共和国民法总则》第二十八条的规定，程某文患病期间，其法定监护人应为其母亲，而非光明村委会。"

还需注意的是，《民法典》第28条第4项所说的"民政部门"，指的是作为政府组成部门的民政部门，其性质为机关法人，不应解释为经民政局批准成立的民政领域的组织。①

二、担任成年人的监护人的条件

担任成年人的监护人须具备特定的条件，有的甚至还须取得特定组织的同意。这些条件如下：

1. 有监护能力

由于《民法典》第28条使用了"无民事行为能力或者限制民事行为能力的成年人，由下列有监护能力的人按顺序担任监护人：……"的表述，因此，不论是成年人的配偶、父母、子女，还是其他近亲属或其他个人或组织，都必须具备"有监护能力"这一条件才能担任该成年人的监护人。如果没有监护能力，则不得担任监护人。此一点，与未成年人的父母如没有监护能力则不得担任监护人，是一样的。

2. 有监护意愿

如不存在符合《民法典》第30条规定的监护协议，无论是成年人的配偶、父母、子女，还是其他近亲属，都不以其有监护意愿为条件；在依法需要其担任该成年人的监护人的情形，即使没有监护意愿，也不能拒绝担任监护人。

比如，在张某某与原某某监护权纠纷案中，山东省济南市市中区人民法院(2019)鲁0103民初95号民事判决书认为："原、被告之女原某甲即使已年满18周岁，但在其现属于限制行为能力人，又未婚的情况下，原告张某某及被告原某某均有义务担任原某甲的监护人。原、被告虽然离婚，但两人是原某甲的父母，有责任在原某甲的病情得到痊愈前、对原某甲进行抚养和照顾。原告张某某称其身体不好，不适合担任女儿监护人，但其提交的证据不足以证实其丧失担任监护人的能力，故对原告的此项诉求，本院不予支持。"

不过，由于《民法典》第28条第4项使用了"其他愿意担任监护人的个人或者组织"的表述，因此，成年人的配偶、父母、子女、其他近亲属之外的主体担任该成年人的监护人，还须以其"有监护意愿"(即"愿意担任监护人")为条件。

---

① 比如，在黄某某申请认定陆某某无民事行为能力案中，上海市闵行区人民法院(2024)沪0112民特206号民事判决书认为："上海闵行区某某社会监护服务中心是上海市闵行区民政局批准成立的民政部门，具有监护资质，故应由该中心担任陆某某的监护人"。

3. 经被监护人住所地的基层群众性自治组织或民政部门同意

此外,由于《民法典》第 28 条第 4 项使用了“其他愿意担任监护人的个人或者组织,但是须经被监护人住所地的居民委员会、村民委员会或者民政部门同意”的表述,因此,成年人的配偶、父母、子女、其他近亲属之外的主体担任该成年人的监护人,还须以“经该成年人住所地的居民委员会、村民委员会或者民政部门同意”为条件。

其中,“经被监护人住所地的居民委员会同意”仅适用于该成年人住所地在城市的情形,“经被监护人住所地的村民委员会同意”仅适用于该成年人住所地在农村的情形,“经被监护人住所地的民政部门同意”既适用于成年人住所地在农村、也适用于成年人住所地在城市的情形。

比如,在马某来不服指定监护案中,天津市红桥区人民法院(2019)津 0106 民特监 1 号民事判决书认为:“根据《中华人民共和国民法总则》第二十八条的规定,被监护人的近亲属以外的其他愿意担任监护人的个人或者组织,须经被监护人住所地的居民委员会、村民委员会或者民政部门同意才能具有监护资格。被监护人马某新自 2009 年长期住院,其户籍地为住所地,原审中马某新住所地的居民委员会或者民政部门并未明确表示同意靳某兰作为马某新的监护人。因此,靳某兰作为马某新近亲属以外的其他亲属,未经被监护人马某新住所地的居民委员会或者民政部门同意,不具备担任监护人的资格。”

又如,在韩某 1 与韩某 3、韩某 2 申请变更监护人案中,甘肃省陇南市中级人民法院(2018)甘 12 民终 480 号民事裁定书认为:“上诉人韩某 1 在与限制民事行为能力人韩某 4 无近亲属关系和法律上的监护关系的情况下,善意照顾韩某 4 多年,其行为值得表扬。但对如何担任限制民事行为能力人的监护人在法律上有明确规定,……按照《中华人民共和国民法总则》第二十八条第(四)项之规定,即使韩某 1 愿意当监护人,也必须先经被监护人住所地的居民委员会、村民委员会或者民政部门同意才能取得监护人资格,韩某 1 未取得村委会、民政部门同意,就未取得监护人资格。”

需要注意的是,就成年人住所地在城市的情形,其他愿意担任监护人的有监护能力的个人或组织担任该成年人的监护人,只需取得该成年人住所地的居民委员会同意或取得该成年人住所地的民政部门同意即可,无须同时取得该成年人住所地的居民委员会和该成年人住所地的民政部门的同意。同样地,就成年人住所地在农村的情形,其他愿意担任监护人的有监护能力的个人或组织担任该成年人的监护人,只需取得该成年人住所地的村民委员会同意或取得该成年人住所地的民政部门同意即可,无须同时取得该成年人住所地的村民委员会和该成年人住所地的民政部门的同意。

比如,在董某山与梅某兰、董某林、董某文土地承包经营权纠纷案中,内蒙古自治区高级人民法院(2020)内民申 2034 号民事裁定书认为:“徐某林向一、二审法院提交由突泉县突泉镇东镇村民委员会出具的《证明》,用以证实徐某林于 2019 年 10 月 2 日向该村民委员会申请作为梅某兰、董某林、董某文母子三人的监护人,监护其三人的生活起居等事宜,经村委会研究决定同意徐某林的申请。根据《中华人民共和国民法总则》第二十八条,无民事行为能力或者限制民事行为能力的成年人,由下列有监护能力的人按顺序担任监护人:(一)配偶;(二)父母、子女;(三)其他近亲属;(四)其他愿意担任监护人的个人或者组织,但是需经被监护人住所地的居民委员会、村民委员会或者民政部门同意。因此,经突泉县突泉镇东镇村民委员会同意后,徐某林即成为梅某兰、董某林、董某文母子三人的合法监护人。"

三、担任成年人的监护人的顺序

(一)原则:按顺序担任监护人

原则上,相关主体需要按照法定顺序担任监护人,具体而言:

第一,成年人的配偶属于第一顺序。也就是说,原则上首先由该成年人的有监护能力的配偶担任其监护人。

第二,成年人的父母、子女属于第二顺序。也就是说,在成年人没有配偶(包括未婚和离婚)或成年人虽有配偶但配偶没有监护能力的情况下,原则上由该成年人的有监护能力的父母、成年子女担任其监护人。需要注意的是,成年人的父母、成年子女均属第二顺序,相互之间不存在顺序在先、顺序在后的问题。

第三,成年人的除配偶、父母、子女之外的其他近亲属(即兄弟姐妹、祖父母、外祖父母、孙子女、外孙子女)属于第三顺序。也就是说,在成年人没有配偶(包括未婚和离婚)或成年人虽有配偶但配偶没有监护能力,并且其父母已经死亡或没有监护能力,并且没有子女或者子女尚未成年或子女虽已成年但没有监护能力的情况下,原则上由该成年人的有监护能力的兄弟姐妹、祖父母、外祖父母、孙子女、外孙子女担任其监护人。[①] 同样地,成年人的其他近亲属均属第三顺序,相互之间不存在顺序在先、顺序在后的问题。

第四,其他愿意担任监护人的个人或组织属于第四顺序。在成年人没有配偶(包括未婚和离婚)或成年人虽有配偶但配偶没有监护能力、其父母已经死亡或没有监护能力、没有子女或子女尚未成年或子女虽已成年但没有监护能力,并且没有其他近亲属或虽有其他近亲属但其他近亲属均无监护能力的情况下,原则上才由其他愿意担任监护人的有监护能力的个人或组织担任其监护人。

根据《民法典》第28条的规定,对无民事行为能力或限制民事行为能力的成年人来说,原则上,处于第一监护顺序的主体有权利、也有义务[②]担任监护人,不得以不同意、不愿意为由拒绝担任监护人;只有在不存在第一监护顺序的主体或者第一监护顺序的主体没有监护能力的情况下,才有处于第二监护顺序的主体担任监护人的余地;只有在既不存在第一监护顺序的主体或者第一监护顺序的主体没有监护能力、又不存在第二监护顺序的主体或者第二监护顺序的主体也没有监护能力的情况下,才有处于

---

① 比如,在王某花与陈某燕申请确定监护人案中,湖北省蕲春县人民法院(2021)鄂1126民特78号民事判决书认为:"本案中,陈某被本院判决宣告为无民事行为能力人,其未婚,无子女,申请人王某花作为陈某母亲,在陈某父亲陈某生去世后,其母亲王某花成为陈某唯一法定监护人,享有对陈某的法定监护权且具有抚养能力,故申请人主张行使对陈某的监护权,本院予以支持。被申请人陈某燕(作为陈某的姐姐)只有在陈某父母双亡或无监护能力的情况下才享有监护权,本案被申请人陈某燕要求取得陈某的监护权没有法律依据,本院不予支持。"

② 比如,上海市虹口区人民法院(2019)沪0109民特174号民事判决书认为,监护权对监护人来说,既是一项权利,更是一项义务,设立监护制度目的是更好地保护被监护人的人身、财产及其他合法权益不受侵犯。

第三监护顺序的主体担任监护人的余地；只有在既不存在第一监护顺序的主体或者第一监护顺序的主体没有监护能力、又不存在第二监护顺序的主体或者第二监护顺序的主体也没有监护能力、也不存在第三监护顺序的主体或者第三监护顺序的主体也没有监护能力的情况下，才有处于第四监护顺序的主体担任监护人的余地。

比如，在陈某申请宣告陈某明为无民事行为能力异议案中，广东省佛山市三水区人民法院(2019)粤 0607 民特监 2 号民事判决书认为："前一顺序有监护资格的人无监护能力或者对被监护人明显不利的，人民法院才可根据对被监护人有利的原则从后一顺序有监护资格的人中择优确定，即一般不宜跨顺序指定监护人。"

又如，在赵某华申请确定监护人案中，北京市海淀区人民法院(2018)京 0108 民特 1290 号民事判决书认为："刘某敏为限制民事行为能力人，为维护其权益应当为其指定监护人。依法具有监护资格的人之间可以协议确定监护人，现双方对由谁担任刘某敏的监护人问题未能协商一致。……本案中，赵某华系刘某敏之女，赵某刚为刘某敏配偶，故赵某刚在指定监护人的顺序方面优于赵某华。现赵某刚虽患有感音神经性耳聋，但并未因此丧失监护能力，且经本院询问，赵某刚本人对担任刘某敏的监护人亦不持异议。综上所述，……判决如下：驳回赵某华的申请，指定赵某刚为刘某敏的监护人。"

再如，在葛某花与周某君申请确定监护人案中，辽宁省沈阳市和平区人民法院(2018)辽 0102 民特 32 号民事裁定书认为："申请人葛某花申请确认其为被申请人周某君的监护人，并主张其为被申请人的女儿，依据《中华人民共和国民法总则》第二十八条规定：'无民事行为能力或者限制民事行为能力的成年人，由下列有监护能力的人按顺序担任监护人：(一)配偶；(二)父母、子女……。'按照上述法律规定，在现有证据无法证明被申请人之配偶葛某喜并不具备监护能力的情况下，申请人葛某花非被申请人周某君的法定第一顺位监护人，故本案不符合人民法院受理民事案件的基本条件，本院依法裁定驳回申请人葛某花的申请。"①

复如，在张某茂、郑某英、张某英与林某丽申请撤销监护人资格纠纷案中，福建省龙岩市永定区人民法院(2022)闽 0803 民特 5 号民事判决书认为，根据《中华人民共和国民法典》第二十八条规定，即配偶为第一顺位监护人，父母、子女为第二顺位监护人，现林某丽作为第一顺位监护人的监护权已被依法撤销，则应由第二顺位监护人进行监护，因林某丽与张某海的婚生子女尚未成年无法行使监护权，则应由其父母张某茂、郑某英作为第二顺位监护人对张某海进行监护，且张某茂、郑某英只是年老，并未丧失对张某海的监护能力，应指定张某茂、郑某英为张某海的监护人。张某英与张某海为姐弟关系，属其他近亲属，为第三顺位监护人，因前面存在第一、二位顺位监护人，且张某茂、郑某英、张某英未能提供相关证据证明张某茂、郑某英丧失对张某海的监护能力情

---

① 需要注意的是，该院以"本案不符合人民法院受理民事案件的基本条件"为由裁定驳回起诉值得商榷，申请人的请求并非不符合起诉条件，而是没有证据支持，更适宜以判决驳回其申请。

况下,则不应指定第三顺位监护人为监护人……①

此外,还需注意的是,在处于同一顺序的依法具有监护资格的人就监护人的确定发生争议的情况下,应当根据《民法典》第31条的规定,在尊重被监护人的真实意愿的基础上,按照最有利于被监护人的原则在依法具有监护资格的人中指定监护人。

比如,在张某月诉五河县人民政府房屋拆迁管理(拆迁)行政征收案中,安徽省高级人民法院(2020)皖行终160号行政裁定书认为:"一审法院审理查明,张某月因病无法正常表达和沟通,属于无民事行为能力或者限制民事行为能力的人,依法只能由其监护人作为法定代理人代理其进行诉讼活动。同一顺序的法定监护人为一人以上的,谁具体履行监护职责,应由该顺序全体监护人共同协商确定;协商达不成一致的,应依法指定监护。本案中,上诉人并无证据证明张某月仅有马某华一名子女,或者其已与张某月其他子女就相关监护问题协商达成一致,亦未提供合法有效的指定监护证明,故其作为委托代理人以张某月的名义提起本案诉讼,不符合《中华人民共和国行政诉讼法》第四十九条规定的起诉条件,人民法院应依法不予立案,已经立案的也应驳回起诉。"

(二)例外之一:父母通过遗嘱指定监护人不受法定监护顺序的限制

根据《民法典》第29条关于"被监护人的父母担任监护人的,可以通过遗嘱指定监护人"的规定,在父母担任成年人的监护人的情况下,父母可以通过遗嘱来指定监护人,不受《民法典》第28条规定的监护顺序的限制。

也因此,《民法典》第29条关于"被监护人的父母担任监护人的,可以通过遗嘱指定监护人"的规定,属于《民法典》第28条的特别规定。《民法典总则编解释》第7条第1款关于"担任监护人的被监护人父母通过遗嘱指定监护人,遗嘱生效时被指定的人不同意担任监护人的,人民法院应当适用民法典第二十七条、第二十八条的规定确定监护人"的规定,也表明,就如何确定父母已经死亡的成年人的监护人而言,《民法典》第29条应优先于《民法典》第28条得到适用。

(三)例外之二:协议确定监护人不受法定监护顺序的限制

根据《民法典》第30条关于"依法具有监护资格的人之间可以协议确定监护人"的规定,对无民事行为能力或限制民事行为能力的成年人来说,依法具有监护资格的人可以在协商一致的基础上,通过签订协议的方式来从这些依法具有监护资格的人当中确定一个或数个主体来担任该成年人的监护人,不受《民法典》第28条规定的监护顺序的限制(但须尊重被监护人的真实意愿)。对此,《民法典总则编解释》第8条第2款

---

① 类似的裁判意见,还可见浙江省高级人民法院(2018)浙民申2684号民事裁定书:"本案中,经公安机关委托鉴定,吕某托作案时患有精神分裂症,无刑事责任能力。结合家属、同村人反映其2006年4月初以来精神异常,可以认定吕某托属于无民事行为能力或者限制民事行为能力的成年人。王某妹的损失,应由吕某托的财产先予赔偿,不足部分由吕某托的监护人赔偿。事发时吕某托的父母均已亡故,亦无配偶、子女,吕某香、吕某兰、吕某妹、吕某菊、吕某1作为其兄弟姐妹,均系同一顺序的有监护能力的人,具备监护人资格。现没有证据证明事发前吕某香、吕某兰、吕某妹、吕某菊、吕某1已经协议确定监护人,或者经有关单位、人民法院指定监护人,故应认定吕某香、吕某兰、吕某妹、吕某菊、吕某1都是吕某托的监护人。"

规定:"依法具有监护资格的人之间依据民法典第三十条的规定,约定由民法典第二十七条第二款、第二十八条规定的不同顺序的人共同担任监护人,或者由顺序在后的人担任监护人的,人民法院依法予以支持。"

也因此,《民法典》第 30 条关于"依法具有监护资格的人之间可以协议确定监护人"的规定,属于《民法典》第 28 条的特别规定。

(四)例外之三:成年人事先以书面协议确定自己的监护人不受法定监护顺序的限制

《民法典》第 33 条规定:"具有完全民事行为能力的成年人,可以与其近亲属、其他愿意担任监护人的个人或者组织事先协商,以书面形式确定自己的监护人,在自己丧失或者部分丧失民事行为能力时,由该监护人履行监护职责。"据此,具有完全民事行为能力的成年人,可以事先订立书面协议确定自己丧失或者部分丧失民事行为能力时的监护人,不受《民法典》第 28 条规定的监护顺序的限制。对此,《民法典总则编解释》第 11 条第 1 款也规定:"具有完全民事行为能力的成年人与他人依据民法典第三十三条的规定订立书面协议事先确定自己的监护人后,协议的任何一方在该成年人丧失或者部分丧失民事行为能力前请求解除协议的,人民法院依法予以支持。该成年人丧失或者部分丧失民事行为能力后,协议确定的监护人无正当理由请求解除协议的,人民法院不予支持。"

需要注意的是,在该成年人与其他愿意担任监护人的个人或者组织事先协议确定由该"其他愿意担任监护人的个人或者组织"担任自己丧失或者部分丧失民事行为能力时的监护人的情况下,"其他愿意担任监护人的个人或者组织"担任其监护人也无须取得被监护人住所地的居民委员会、村民委员会或者民政部门的同意。

也因此,《民法典》第 33 条关于"依法具有监护资格的人之间可以协议确定监护人"的规定,也属于《民法典》第 28 条的特别规定。

(五)例外之四:担任监护人的父母事先以书面协议确定监护人不受法定监护顺序的限制

针对未成年人的监护人的确定,《民法典总则编解释》第 8 条第 1 款规定:"未成年人的父母与其他依法具有监护资格的人订立协议,约定免除具有监护能力的父母的监护职责的,人民法院不予支持。协议约定在未成年人的父母丧失监护能力时由该具有监护资格的人担任监护人的,人民法院依法予以支持。"据此,作为未成年人监护人的父母,可以事先订立书面协议确定该未成年人在自己丧失监护能力时的监护人,不受《民法典》第 27 条第 2 款规定的监护顺序的限制。

尽管《民法典总则编解释》没有明确规定父母担任成年人的监护人时也可以事先以书面形式确认该成年人的监护人,但是,考虑到《民法典》第 29 条既适用于遗嘱指定未成年人的监护人、也适用于遗嘱指定成年人的监护人,也考虑到《民法典总则编解释》第 8 条第 1 款所说的"未成年人的父母与其他依法具有监护资格的人订立协议"中有关"在未成年人的父母丧失监护能力时由该具有监护资格的人担任监护人"的约定,是与《民法典》第 29 条规定的遗嘱监护相并列的由父母直接指定监护人的制度,具有与父母通过遗嘱指定监护人同等的效力,因此,可以认为,父母担任成年人的监护人时,也可以参照适用《民法典总则编解释》第8条第1款的规定,与其他依法具有监护资格的人订立协议,约定在成年人的父母丧失监护能力时由该具有监护资格的人担任该成年人的监护人。

四、监护能力、监护资格与监护人资格

有关监护能力、监护资格、监护人资格,请见本书关于《民法典》第27条的通释。

第二十九条 【遗嘱监护】被监护人的父母担任监护人的,可以通过遗嘱指定监护人。

【条文通释】

《民法典》第29条是关于遗嘱监护[①]的规定。

一、"被监护人的父母担任监护人"的情形

结合《民法典》第27条第1款、第28条第2项的规定,《民法典》第29条所说的"被监护人的父母担任监护人"中的"被监护人",既可以是未成年人、也可以是无民事行为能力或限制民事行为能力的成年人,包括以下情形:

一是未成年人的父母担任该未成年人的监护人。

二是未成年人的父亲已经死亡或者没有监护能力,由其母亲担任该未成年人的监护人。

三是未成年人的母亲已经死亡或者没有监护能力,由其父亲担任该未成年人的监护人。

四是无民事行为能力的成年人的父母担任该成年人的监护人。

五是无民事行为能力的成年人的父亲已经死亡或者没有监护能力,由其母亲担任该成年人的监护人。

六是无民事行为能力的成年人的母亲已经死亡或者没有监护能力,由其父亲担任该成年人的监护人。

七是限制民事行为能力的成年人的父母担任该成年人的监护人。

八是限制民事行为能力的成年人的父亲已经死亡或者没有监护能力,由其母亲担任该成年人的监护人。

九是限制民事行为能力的成年人的父亲已经死亡或者没有监护能力,由其母亲担任该成年人的监护人。

需要注意的是,就成年被监护人而言,《民法典》第29条所说的"被监护人的父母

① 参考《民法典》使用的"遗嘱继承"的表述,可以将《民法典》第29条简称为"遗嘱监护",即按照遗嘱确定监护人。原全国人民代表大会法律委员会在2016年10月31日第十二届全国人民代表大会常务委员会第二十四次会议作的《关于〈中华人民共和国民法总则(草案)〉修改情况的汇报》也使用了"遗嘱监护"的表述。

担任监护人的,可以通过遗嘱指定监护人”中的“被监护人的父母担任监护人”,强调的是“被监护人的父母担任监护人”这一结果或事实状态,其父母只要担任其监护人,就可以通过遗嘱指定监护人;至于其父母是如何成为其监护人、何时成为其监护人的,则是在所不问的。

还需注意的是,就成年被监护人而言,由于适用《民法典》第 29 条规定的遗嘱监护的前提是“被监护人的父母担任监护人”,自然也就包含了这样的前提条件,即:该成年人无配偶或虽有配偶但其配偶因各种原因(包括但不限于没有监护能力、被撤销监护人资格)未担任其监护人。

二、遗嘱的性质和生效

(一)遗嘱的性质

《民法典》本身没有规定遗嘱的定义。根据《民法典》第 133 条关于“民事法律行为是民事主体通过意思表示设立、变更、终止民事法律关系的行为”和第 134 条第 1 款关于“民事法律行为可以基于双方或者多方的意思表示一致成立,也可以基于单方的意思表示成立”的规定,在性质上,《民法典》第 29 条所说的“可以通过遗嘱指定监护人”中的“遗嘱”,属于民事法律行为中的单方法律行为,即遗嘱人(被监护人的父母)通过意思表示设立监护权(为被监护人指定其死亡后的新的监护人)的行为。

(二)遗嘱的生效

《民法典》没有直接规定遗嘱何时生效。结合《民法典》第 136 条第 1 款关于“民事法律行为自成立时生效,但是法律另有规定或者当事人另有约定的除外”,第 1121 条第 1 款关于“继承从被继承人死亡时开始”和第 1123 条关于“继承开始后,按照法定继承办理;有遗嘱的,按照遗嘱继承或者遗赠办理;有遗赠扶养协议的,按照协议办理”的规定,遗嘱自遗嘱人死亡时生效。

三、遗嘱监护的适用

(一)有权通过遗嘱指定监护人的主体

《民法典》第 29 条所说的“被监护人的父母担任监护人的,可以通过遗嘱指定监护人”意味着,有权“通过遗嘱指定监护人”的主体,仅限于正在担任被监护人的监护人的父母,其他任何主体,不论是未担任被监护人的监护人的父母,还是被监护人的祖父母、外祖父母、兄姐以及其他主体(不论是否正在担任被监护人的监护人),都无权通过遗嘱来为该被监护人指定监护人。

特别需要注意的是,根据《民法典》第 29 条的规定,被监护人即使有父母,只要其父母没有担任其监护人,其父母就不能“通过遗嘱指定监护人”。这主要包括以下两种情况:一是被监护人的父母因没有监护能力而没有担任其监护人,二是被监护人的父母因其监护人资格已经被法院撤销并且尚未被恢复而不是其监护人。

(二)遗嘱监护的适用情形

由于《民法典》第 29 条使用了“被监护人的父母担任监护人的,可以通过遗嘱指定监护人”的表述,因此,只有在“被监护人的父母担任监护人”的情况下,才能适用“通过遗嘱指定监护人”的规定。

其中,《民法典》第 29 条所说的“被监护人的父母担任监护人”,指的是被监护人的父母已经成为其监护人并且正在履行监护职责的情形,以下情形均不属于《民法典》第 29 条所说的“被监护人的父母担任监护人”:

一是成年人丧失或部分丧失民事行为能力之后,尚未确定监护人的情形;

二是成年人丧失或部分丧失民事行为能力之后,由其配偶或其父母之外的主体担任监护人的情形;

三是被监护人的父母的监护人资格被法院依法撤销且未被恢复的情形。

(三)适用遗嘱监护的条件

需要注意的是,只有在同时满足以下条件的情况下,才能适用遗嘱监护:

1. 条件之一:存在合法有效的指定监护人的遗嘱

尽管《民法典》第 29 条使用了“被监护人的父母担任监护人的,可以通过遗嘱指定监护人”的表述,但是,这并不意味着只要被监护人的父母订立了指定监护人的遗嘱,就必然会适用遗嘱监护。遗嘱监护的适用,须以作为被监护人的监护人的父母,在担任监护人期间订立了合法有效的指定监护人的遗嘱为前提。如果没有该遗嘱,或者所立遗嘱无效,或者指定监护人的遗嘱并非在担任监护人期间订立,自然就没有适用遗嘱监护的余地。

2. 条件之二:遗嘱人在立遗嘱时至死亡时持续担任监护人

需要注意的是,如果作为被监护人的监护人的父母在其监护人资格被法院依法撤销之后、被恢复之前死亡,那么,即使其订立了指定监护人的遗嘱(不论该遗嘱是在其担任被监护人的监护人期间订立的,还是在其被撤销监护人资格之后订立的),因其死亡时并非被监护人的监护人,也就不能发生遗嘱继承的效力。

3. 条件之三:指定监护人的遗嘱生效时被监护人的另一方父母已经死亡或没有监护能力

就未成年人的监护而言,《妇女权益保障法》第 70 条第 2 款规定:“父亲死亡、无监护能力或者有其他情形不能担任未成年子女的监护人的,母亲的监护权任何组织和个人不得干涉”;《民法典总则编解释》第 7 条第 2 款规定:“未成年人由父母担任监护人,父母中的一方通过遗嘱指定监护人,另一方在遗嘱生效时有监护能力,有关当事人对监护人的确定有争议的,人民法院应当适用民法典第二十七条第一款的规定确定监护人。”这就意味着,即使作为未成年人的监护人的父母一方立有指定监护人的合法有效的遗嘱,只要作为未成年人的监护人的父母的另一方在世且有监护能力,就不得适用遗嘱监护,而应当由在世且有监护能力的另一方父母担任其监护人,死亡的父母一方所立遗嘱不具有剥夺另一方父母的监护权的效力。

尽管《民法典总则编解释》第 7 条第 2 款的规定针对的是“未成年人由父母担任监护人,父母中的一方通过遗嘱指定监护人,另一方在遗嘱生效时有监护能力”的情形,但同样可以适用于“无民事行为能力或限制民事行为能力的成年人由父母担任监护人,父母中的一方通过遗嘱指定监护人,另一方在遗嘱生效时有监护能力”的情形。因此,成年人由父母担任监护人,父母中的一方通过遗嘱指定监护人,另一方在遗嘱生效时有监护能力,有关当事人对监护人的确定有争议的,也应当由另一方父母担任监护人,而不能适用遗嘱监护。

4. 条件之四:被指定担任监护人的主体在遗嘱生效时具有监护能力

尽管《民法典》第 29 条没有对遗嘱指定的监护人的条件直接作出规定,但是,由于遗嘱指定的主体需要履行《民法典》第 34 条第 1 款所说的“代理被监护人实施民事法律行为,保护被监护人的人身权利、财产权利以及其他合法权益等”监护职责,因此,在遗嘱生效时,被指定担任监护人的主体必须具有监护能力,否则,该主体就不具有监护资格、不得担任监护人,也就不能适用遗嘱监护。

5. 条件之五:被指定担任监护人的主体在遗嘱生效时同意担任监护人

《民法典总则编解释》第 7 条第 1 款规定:“担任监护人的被监护人父母通过遗嘱指定监护人,遗嘱生效时被指定的人不同意担任监护人的,人民法院应当适用民法典第二十七条、第二十八条的规定确定监护人。”上述规定既适用于被监护人是未成年人、也适用于被监护人是成年人的情形。这就意味着,遗嘱监护的适用须以被遗嘱指定担任监护人的主体同意担任监护人为条件。如其不同意担任监护人,自然也就无法适用遗嘱监护;况且,遗嘱人所立的指定监护人的遗嘱,未经被指定的主体同意,对其自然不具有约束力。这跟《民法典》第 27 条第 2 款第 3 项和第 28 条第 4 项所说的监护意愿(即“愿意担任监护人”)是相对应的。

当然,遗嘱人无须在立遗嘱之前或立遗嘱当时就取得被指定的主体的同意,也无须在事先或事后告知被指定的主体。这跟《民法典总则编解释》第 8 条第 1 款所说的“未成年人的父母与其他依法具有监护资格的人订立协议,……协议约定在未成年人的父母丧失监护能力时由该具有监护资格的人担任监护人”是不一样的。

需要注意的是,考虑到担任监护人需要履行《民法典》第 34 条第 1 款所说的“代理被监护人实施民事法律行为,保护被监护人的人身权利、财产权利以及其他合法权益等”监护职责、总体上会加重其负担并且监护更是一种义务①,根据《民法典》第 140 条关于“行为人可以明示或者默示作出意思表示。沉默只有在有法律规定、当事人约定或者符合当事人之间的交易习惯时,才可以视为意思表示”的规定,认定被遗嘱指定担任监护人的主体同意担任监护人,应由其明确地以书面形式或口头形式表示同意;如其未作任何表示,则应视为不同意。这跟《民法典》第 1124 条第 2 款关于“受遗赠人应

---

① 比如,上海市浦东新区人民法院(2020)沪 0115 民特 82 号民事判决书认为:“为无民事行为能力人设立监护人,是为保护被监护人的人身、财产等合法权益,由监护人协助被监护人进行民事活动,满足其物质和精神生活的需要。法律赋予监护人更多的是一种义务,一份责任。”最高人民法院 2021 年 3 月 2 日发布的“未成年人司法保护典型案例”之“某民政局诉刘某监护权纠纷案——遗弃未成年子女可依法撤销监护权”的“典型意义”也提及“监护权既是一种权利,更是法定义务”。

当在知道受遗赠后六十日内，作出接受或者放弃受遗赠的表示；到期没有表示的，视为放弃受遗赠"的规定是类似的，但跟《民法典》第 1124 条第 1 款关于"继承开始后，继承人放弃继承的，应当在遗产处理前，以书面形式作出放弃继承的表示；没有表示的，视为接受继承"的规定则是相反的。

比如，在荣某某甲申请认定于某限制行为能力案中，山东省济南市历下区人民法院(2020)鲁 0102 民特 45 号民事判决书认为，根据在案证据以及鉴定机构的鉴定结论，本院可以确定于某为限制行为能力人。……于某无配偶、子女、兄弟姐妹，其母亲去世、父亲被宣告死亡，王某某虽与其母亲荣某某结婚，但未曾共同居住且王某某本人年事已高，无法履行监护职责，现有较为亲近的亲属包括其舅舅和姨妈(即荣某某甲、荣庆某、荣俊某、荣某某乙四人)，且于某的母亲生前亦留下遗嘱指定该四人担任监护人，根据上述法律规定，该四人具有监护资格。在荣庆某、荣俊某、荣某某乙均出具声明放弃监护权的情况下，荣某某甲作为于某母亲指定的监护人之一，有担任监护人的能力和意愿，其担任监护人符合上述法律规定，本院予以准许。

(四)遗嘱指定监护人不受法定监护顺序的限制

由于《民法典》第 29 条关于"被监护人的父母担任监护人的，可以通过遗嘱指定监护人"的规定，没有像《民法典》第 27 条第 2 款或第 28 条那样规定"按顺序"指定监护人，也没有像《民法典》第 31 条第 2 款那样要求通过遗嘱在"依法具有监护资格的人中指定监护人"，因此，在父母担任被监护人的监护人的情况下，父母通过遗嘱指定监护人不受《民法典》第 27 条第 2 款或第 28 条规定的监护顺序的限制。可作对比的是，根据《民法典》第 1133 条第 2 款关于"自然人可以立遗嘱将个人财产指定由法定继承人中的一人或者数人继承"的规定，遗嘱指定继承人不受法定继承人继承顺序的限制。

也因此，在父母担任被监护人的监护人的情况下，就未成年人而言，《民法典》第 29 条关于"被监护人的父母担任监护人的，可以通过遗嘱指定监护人"的规定，属于《民法典》第 27 条第 2 款的特别规定，应当优先于《民法典》第 27 条第 2 款得到适用；就成年人而言，《民法典》第 29 条关于"被监护人的父母担任监护人的，可以通过遗嘱指定监护人"的规定，属于《民法典》第 28 条的特别规定，应当优先于《民法典》第 28 条得到适用①。

比如，在徐某、王某与蔡某监护权纠纷案中，辽宁省高级人民法院(2021)辽民申 6670 号民事裁定书认为："遗嘱监护是指被监护人的父母以遗嘱方式选定监护人的监护。……原审法院根据本案证据，经审理认为被申请人蔡某系二被监护人父亲蔡某隆通过遗嘱指定的合法监护人，其依法享有的监护权应得到法律保护，是正确的。关于申请人王某监护人资格问题，徐某系二被监护人具有血缘关系的外祖母，外祖父王某与徐某存在婚姻关系，虽与二被监护人不具有血缘关系，但系法律规定的拟制血亲，依法与徐某均具有监护人资格，原二审法院认为王某不具备以外祖父身份的监护人资

---

① 就无民事行为能力或限制民事行为能力的成年人而言，如其有配偶，则根据《民法典》第 28 条的规定，其配偶是其第一顺序的监护人。不过，由于适用《民法典》第 29 条规定的遗嘱监护的前提是"被监护人的父母担任监护人"，自然也就包含了这样的前提条件，即该成年人无配偶或虽有配偶但其配偶因各种原因未担任其监护人。

格,与法律规定不符。但申请人以实际抚养照顾二被监护人以及具有监护人资格,而主张也系二被监护人的合法监护人,缺乏法律依据,原审法院不予支持,并无不当。”

又如,在丁某芸申请认定叶某限制民事行为能力案中,上海市杨浦区人民法院(2018)沪 0110 民特 959 号民事判决书认为:“叶某系×××残疾人,此节事实有中国残疾人联和会签发的残疾人证为证,故申请人丁某芸申请认定其为限制民事行为能力人的申请请求,应予支持。叶某的母亲生前留下遗嘱指定由姨妈丁某芸担任叶某的监护人,不违反法律相关规定,本院依法指定丁某芸担任叶某的监护人。”

(五)遗嘱指定的监护人可以是数人

由于《民法典》第 29 条没有限制遗嘱指定的监护人的人数,因此,结合《民法典》第 1133 条第 2 款关于“自然人可以立遗嘱将个人财产指定由法定继承人中的一人或者数人继承”的规定,以及《民法典总则编解释》第 9 条第 2 款关于“人民法院依法指定的监护人一般应当是一人,由数人共同担任监护人更有利于保护被监护人利益的,也可以是数人”的规定,遗嘱指定的监护人可以是一人,也可以是数人。其中的“人”,既可以是依法具有监护资格的自然人,也可以是依法具有监护资格的组织。

(六)通过遗嘱指定监护人是否需要尊重被监护人的真实意愿

《民法典》本身没有直接规定担任被监护人的监护人的父母在通过遗嘱指定监护人时,是否需要尊重被监护人的真实意愿。不过,《民法典》第 30 条规定“协议确定监护人应当尊重被监护人的真实意愿”,第 31 条第 2 款规定“居民委员会、村民委员会、民政部门或者人民法院应当尊重被监护人的真实意愿,按照最有利于被监护人的原则在依法具有监护资格的人中指定监护人”,第 35 条也规定“未成年人的监护人履行监护职责,在作出与被监护人利益有关的决定时,应当根据被监护人的年龄和智力状况,尊重被监护人的真实意愿。成年人的监护人履行监护职责,应当最大程度地尊重被监护人的真实意愿……”

(七)指定监护人的数份遗嘱发生冲突时如何处理

在作为被监护人的监护人的父或母一方订立了数份相互冲突的指定监护人的遗嘱的情形,可以适用《民法典》第 1142 条第 3 款关于“立有数份遗嘱,内容相抵触的,以最后的遗嘱为准”的规定加以处理。

问题是,在作为被监护人的监护人的父亲所订立的指定监护人的遗嘱,与作为被监护人的监护人的母亲所订立的指定监护人的遗嘱发生冲突时,应当如何处理?对此,《民法典》和《民法典总则编解释》未直接作出规定。

作为被监护人的监护人的父亲所订立的指定监护人的遗嘱,与作为被监护人的监护人的母亲所订立的指定监护人的遗嘱发生冲突,主要包括以下几种情形:

一是父母同时死亡,且父母各自均立有指定不同的监护人的遗嘱;

二是父母一方先死亡且立有指定监护人的遗嘱,而父母另一方在世、有监护能力且立有指定其他监护人的遗嘱。

1. 父母同时死亡,且父母各自均立有指定不同的监护人的遗嘱

针对该情形,在原《民法总则》立法过程中,曾有意见建议采取这样的处理办法,即"其父、母指定的监护人不一致的,应当尊重被监护人的意愿,根据最有利于被监护人的原则确定"①。不过,这一意见未被纳入正式通过的《民法总则》或《民法典》。

在父母同时死亡且父母各自所立指定监护人的遗嘱发生冲突时,如果相关主体对应由谁来担任监护人发生争议,则属于《民法典》第 31 条所说的"对监护人的确定有争议"的情形,应当适用《民法典》第 31 条的规定,即"由被监护人住所地的居民委员会、村民委员会或者民政部门指定监护人,有关当事人对指定不服的,可以向人民法院申请指定监护人;有关当事人也可以直接向人民法院申请指定监护人",但可以依法指定遗嘱指定的主体之外的有监护资格的人担任监护人。

2. 父母一方先死亡且立有指定监护人的遗嘱,而父母另一方在世、有监护能力且立有指定其他监护人的遗嘱

针对该情形,在原《民法总则》立法过程中,曾存在"其父、母指定的监护人不一致的,以后死亡一方的指定为准"的意见和"其父、母指定的监护人不一致的,应当尊重被监护人的意愿,根据最有利于被监护人的原则确定"的意见②,但都没有被纳入正式通过的《民法总则》或《民法典》。

就未成年被监护人而言,由于《民法典》第 27 条第 1 款规定:"父母是未成年子女的监护人",《妇女权益保障法》第 70 条第 2 款也规定:"父亲死亡、无监护能力或者有其他情形不能担任未成年子女的监护人的,母亲的监护权任何组织和个人不得干涉",《民法典总则编解释》第 7 条第 2 款规定了"未成年人由父母担任监护人,父母中的一方通过遗嘱指定监护人,另一方在遗嘱生效时有监护能力,有关当事人对监护人的确定有争议的,人民法院应当适用民法典第二十七条第一款的规定确定监护人",《民法典总则编解释》第 8 条第 1 款也规定了"未成年人的父母与其他依法具有监护资格的人订立协议,约定免除具有监护能力的父母的监护职责的,人民法院不予支持",因此,在作为监护人的父母一方先死亡且立有指定监护人的遗嘱,而父母另一方在世、有监护能力的情形,由于仍然在世且有监护能力的父母另一方仍然是该未成年被监护人的监护人,故该情形不符合《民法典》第 29 条关于"被监护人的父母担任监护人的,可以通过遗嘱指定监护人"的规定的适用条件,应当由仍然在世且有监护能力的另一方父母担任该未成年人的监护人,而不适用遗嘱监护,先死亡一方所立遗嘱不具有剥夺仍然在世且有监护能力的父母另一方的监护人资格的效力。

与此类似,就成年被监护人而言,在父母担任监护人的情况下,如果父母一方先死亡且立有指定监护人的遗嘱,而父母另一方在世且有监护能力,由于仍然在世且有监护能力的父母另一方仍然是成年被监护人的监护人,故该情形不符合《民法典》第 29 条关于"被监护人的父母担任监护人的,可以通过遗嘱指定监护人"的规定的适用条

① 全国人民代表大会法律委员会在 2016 年 10 月 31 日第十二届全国人民代表大会常务委员会第二十四次会议作的《关于〈中华人民共和国民法总则(草案)〉修改情况的汇报》。

② 全国人民代表大会法律委员会在 2016 年 10 月 31 日第十二届全国人民代表大会常务委员会第二十四次会议作的《关于〈中华人民共和国民法总则(草案)〉修改情况的汇报》。

件，也应当由该仍然在世且有监护能力的父母另一方继续担任监护人，而不适用遗嘱监护，先死亡一方所立遗嘱不具有剥夺仍然在世且有监护能力的父母另一方的监护人资格的效力。

进而，在作为监护人的父母一方先死亡且立有指定监护人的遗嘱，而父母另一方在世、有监护能力且立有指定其他监护人的遗嘱的情形，在仍然在世且有监护能力的父母另一方死亡后，由于只有后死亡一方父母所立遗嘱符合《民法典》第29条关于“被监护人的父母担任监护人的，可以通过遗嘱指定监护人”的规定的适用条件、先死亡一方父母所立遗嘱不符合《民法典》第29条的适用条件，因此，应当以后死亡一方父母的遗嘱为依据来适用遗嘱监护。①

也就是说，在作为监护人的父母一方先死亡且立有指定监护人的遗嘱的情形，作为监护人的父母另一方仍然在世且有监护能力这一事实，一方面产生了使得仍然在世且有监护能力的父母另一方有权继续担任监护人的效力，另一方面阻却了先死亡一方父母所立的指定监护人的遗嘱得到适用并使其确定地不发生指定监护人的效力；在仍然在世且有监护能力的父母另一方死亡后，不论其是否订立了指定监护人的遗嘱，都不能再按照先死亡一方父母所立的遗嘱来确定监护人。

四、遗嘱监护如何适用《民法典》继承编有关遗嘱的规定

需要注意的是，根据《民法典》第1119条（继承编）所说的“本编调整因继承产生的民事关系”、第1120条（继承编）所说的“国家保护自然人的继承权”和第124条（总则编）所说的“自然人依法享有继承权。自然人合法的私有财产，可以依法继承”的规定，《民法典》继承编调整的是因财产继承产生的民事关系，遗嘱监护因本身不涉及财产继承而不属于《民法典》继承编调整的范围。但是，《民法典》总则编第29条关于遗嘱监护的规定，至少在内容和作用方面，为《民法典》继承编所规定的遗嘱制度增加了新的内容，成为与遗嘱继承相互并列的遗嘱制度。

（一）遗嘱监护原则上适用继承编有关遗嘱的一般规定

尽管《民法典》总则编没有对遗嘱监护的具体要求作出规定，但是，由于指定监护人的遗嘱和处分个人遗产的遗嘱②在性质上都是遗嘱，因此，根据《民法典总则编解释》第1条第1款关于“民法典第二编至第七编对民事关系有规定的，人民法院直接适用该规定”的规定，“通过遗嘱指定监护人”应当适用《民法典》继承编有关遗嘱的一般

---

① 与此相关的另一个问题是，在作为监护人的父母一方先死亡且立有指定监护人的遗嘱，而父母另一方在世且有监护能力且死亡前未立指定监护人的遗嘱的情形，能否按照先死亡一方的遗嘱适用遗嘱监护？其实质问题仍然是，先死亡一方的遗嘱，会不会因为另一方继续担任监护人而失效？对此，应当认为，先死亡一方的遗嘱，因另一方继续担任监护人而已经失效，在另一方死亡时不应再得到适用。

② 《民法典》第1133条规定：“自然人可以依照本法规定立遗嘱处分个人财产，并可以指定遗嘱执行人。自然人可以立遗嘱将个人财产指定由法定继承人中的一人或者数人继承。自然人可以立遗嘱将个人财产赠与国家、集体或者法定继承人以外的组织、个人。自然人可以依法设立遗嘱信托。”

规定,包括有关遗嘱的形式、要件、生效等方面的规定①,主要如下:

表1 《民法典》继承编有关遗嘱的一般规定

条文序号	条文内容
第1134条	自书遗嘱由遗嘱人亲笔书写,签名,注明年、月、日
第1135条	代书遗嘱应当有两个以上见证人在场见证,由其中一人代书,并由遗嘱人、代书人和其他见证人签名,注明年、月、日
第1136条	打印遗嘱应当有两个以上见证人在场见证。遗嘱人和见证人应当在遗嘱每一页签名,注明年、月、日
第1137条	以录音录像形式立的遗嘱,应当有两个以上见证人在场见证。遗嘱人和见证人应当在录音录像中记录其姓名或者肖像,以及年、月、日
第1138条	遗嘱人在危急情况下,可以立口头遗嘱。口头遗嘱应当有两个以上见证人在场见证。危急情况消除后,遗嘱人能够以书面或者录音录像形式立遗嘱的,所立的口头遗嘱无效
第1139条	公证遗嘱由遗嘱人经公证机构办理
第1140条	下列人员不能作为遗嘱见证人: (一)无民事行为能力人、限制民事行为能力人以及其他不具有见证能力的人; (二)继承人、受遗赠人; (三)与继承人、受遗赠人有利害关系的人
第1142条	遗嘱人可以撤回、变更自己所立的遗嘱。 立遗嘱后,遗嘱人实施与遗嘱内容相反的民事法律行为的,视为对遗嘱相关内容的撤回。 立有数份遗嘱,内容相抵触的,以最后的遗嘱为准
第1143条	无民事行为能力人或者限制民事行为能力人所立的遗嘱无效。 遗嘱必须表示遗嘱人的真实意思,受欺诈、胁迫所立的遗嘱无效。 伪造的遗嘱无效。 遗嘱被篡改的,篡改的内容无效

根据上述规定,父母担任被监护人的监护人,作为遗嘱人,在立遗嘱时必须具有完全民事行为能力;如其立遗嘱时具有完全民事行为能力,即使后来成为无民事行为能力人或者限制民事行为能力人,也不影响其在具有完全民事行为能力时所立遗嘱的效力。②

对此,在徐某、王某与蔡某监护权纠纷案中,辽宁省高级人民法院(2021)辽民申

① 比如,江苏省灌南县人民法院(2020)苏0724民特486号民事判决书认为:"申请人潘某还提供了一份其父潘某生生前留下的遗嘱,证明该遗嘱指定由潘某为潘某成的监护人,因该遗嘱一半是自书遗嘱一半是代书遗嘱,并且遗嘱的见证人和代某均系与继承人有利害关系的人,该遗嘱不合法,故对该份证据,本院亦不予采纳。"

② 《民法典继承编解释一》第28条规定:"遗嘱人立遗嘱时必须具有完全民事行为能力。无民事行为能力人或者限制民事行为能力人所立的遗嘱,即使其本人后来具有完全民事行为能力,仍属无效遗嘱。遗嘱人立遗嘱时具有完全民事行为能力,后来成为无民事行为能力人或者限制民事行为能力人的,不影响遗嘱的效力。"

6670 号民事裁定书也认为:“遗嘱监护是指被监护人的父母以遗嘱方式选定监护人的监护。但这种遗嘱应符合下列条件:(1)被监护人须是被监护人后死的父母;(2)立遗嘱人须享有亲权;(3)遗嘱的内容和订立程序皆须合法。”

(二)遗嘱监护与遗嘱继承

虽然遗嘱监护和遗嘱继承都属于通过遗嘱来安排“身后事”的制度、属于相互并列的遗嘱制度,但是,二者也存在明显的不同。

根据《民法典》第 29 条、第 34 条、第 35 条,遗嘱监护制度调整的是父母在担任被监护人的监护人时通过遗嘱来指定由谁在其死亡之后担任监护人的问题,主要涉及的是身份关系;而根据《民法典》第 124 条、第 1123 条、第 1133 条,遗嘱继承制度调整的则是被继承人死亡之后其财产如何继承或处分的问题,主要涉及财产继承关系。也因此,《民法典》继承编关于遗嘱继承的规定不能直接适用于遗嘱监护。

五、遗嘱监护的效力

由于《民法典》第 29 条规定了“被监护人的父母担任监护人的,可以通过遗嘱指定监护人”和《民法典总则编解释》第 7 条第 1 款规定了“担任监护人的被监护人父母通过遗嘱指定监护人,遗嘱生效时被指定的人不同意担任监护人的,人民法院应当适用民法典第二十七条、第二十八条的规定确定监护人”,因此,在被监护人的父母担任监护人的情形,经父母订立的合法有效的遗嘱指定担任监护人的主体,如果其在遗嘱生效时并未明确表示不同意担任监护人并且在有关当事人对监护人的确定发生争议时仍然没有明确表示不同意担任监护人,就依法具有监护人资格、享有监护人权利,也应当依法履行监护人职责;在依法变更监护人之前,不得拒绝履行监护人职责。

比如,在陆某德申请宣告陆某康限制民事行为能力案中,上海市杨浦区人民法院(2022)沪 0110 民特 172 号民事判决书认为:“陆某康系壹级智力残疾,有残疾人证为证,故申请人陆某德要求宣告其为限制民事行为能力人的诉讼请求,应予支持。诉讼中,陆某珠提交了两份打印遗嘱,陆某德对遗嘱的真实性无异议,认为虽然遗嘱要求两人共同做监护人,但是陆某珠从未履行监护责任,且其身体条件不允许承担监护职责。同时,陆某德提供两份自书遗嘱,陆某珠对该两份遗嘱的真实性无法确认。本院认为,虽然双方对对方的遗嘱效力存疑,但是双方对各自出示的遗嘱上载明的由两人共同监护陆某康的事实均予以认可,且本案系为陆某康指定监护人,并不涉及遗产继承问题,故本院对双方的遗嘱就财产分割效力不做认定,双方如有纠纷可协商解决或另案诉讼。陆某德主张陆某珠自父母去世后未尽监护义务且身患肺癌没有能力照顾陆某德,故不应当成为监护人,本院认为该情形并不必然导致陆某珠无法履行监护人职责,且从现有证据来看,并无证据证明陆某珠有侵害被申请人利益的行为,故对于该项主张,本院不予采信。”

又如,在陈某明、陈某兰诉王某文保管合同纠纷案中,云南省耿马傣族佤族自治县人民法院(2020)云 0926 民初 700 号民事判决书认为:“本案陈某兰系无民事行为能力人,之前由其母亲孟某英担任监护人,孟某英生前立下《遗嘱》,指定陈某明为陈某兰的监护人,陈某明合法取得陈某兰的监护人资格。”

再如,在黄某敏申请确定监护权案中,四川省武胜县人民法院(2018)川1622民特6号民事判决书认为:"申请人陈某杰、危某琼虽然否认黄某敏遗嘱的真实性,但其未能提供有效的证据予以反驳。经本院释明后,申请人陈某杰、危某琼未申请对遗嘱真实性进行司法鉴定,故本院对遗嘱的真实性予以认定。……依照《中华人民共和国民法总则》第二十九条'被监护人的父母担任监护人的,可以通过遗嘱指定监护人'之规定,遗嘱指定监护人应当满足两个条件,一是立遗嘱人是被监护人的父母,二是立遗嘱人担任被监护人的监护人。本案中,黄大某(注:江某乙的父亲)在去世前指定黄某敏作为江某乙的监护人符合遗嘱指定监护的相关规定,本院予以确认。申请人陈某杰、危某琼虽然是江某乙的祖父母,但是请求确定其为江某乙的监护人,无法律依据,本院不予支持。"

六、遗嘱监护与法定监护

与《民法典》第1123条针对遗嘱继承与法定继承规定了"继承开始后,按照法定继承办理;有遗嘱的,按照遗嘱继承或者遗赠办理;有遗赠扶养协议的,按照协议办理"不同,在监护制度方面,《民法典》本身没有规定遗嘱监护是否当然优先于法定监护。

不过,根据《民法典》第27条、第28条、第29条和《民法典总则编解释》第7条①的规定,总体上,遗嘱监护是对法定监护的补充,并非当然排除法定监护的适用,而仅在特定情形下优先于法定监护得到适用,具体而言:

一是在担任未成年人的监护人的父母中的一方通过遗嘱指定监护人,而另一方在遗嘱生效时有监护能力的情形,应当适用《民法典》第27条第1款规定的法定监护制度,由担任未成年人的监护人的、仍然在世并且有监护能力的另一方父母担任监护人,排除适用遗嘱监护制度。

二是在担任被监护人(包括未成年人和成年人)的监护人的父母通过遗嘱指定监护人,父母双方死亡后或在世的另一方父母没有监护能力,且遗嘱生效时被指定的人不同意担任监护人的情形,应当适用《民法典》第27条第2款或第28条规定的法定监护制度,不再按遗嘱监护制度确定监护人。

三是在担任未成年人的监护人的父母通过遗嘱指定监护人,父母双方死亡后或在世的另一方父母没有监护能力,且遗嘱生效时被指定的人同意担任监护人的情形,应当适用遗嘱监护制度,不适用《民法典》第27条第2款规定的法定监护制度。

但是,需要注意的是,就成年被监护人而言,在担任该成年人的监护人的父母通过遗嘱指定监护人的情形,如果在其父母担任其监护人之后、其父母指定监护人的遗嘱

---

① 《民法典总则编解释》第7条第1款规定:"担任监护人的被监护人父母通过遗嘱指定监护人,遗嘱生效时被指定的人不同意担任监护人的,人民法院应当适用民法典第二十七条、第二十八条的规定确定监护人",第2款规定:"未成年人由父母担任监护人,父母中的一方通过遗嘱指定监护人,另一方在遗嘱生效时有监护能力,有关当事人对监护人的确定有争议的,人民法院应当适用民法典第二十七条第一款的规定确定监护人。"

生效之前,该成年人结婚有配偶[①]且其配偶有监护能力,则担任该成年人的监护人的父母通过遗嘱指定其他主体担任其监护人,可能损害该成年人的配偶根据《民法典》第 28 条第 1 项享有的监护利益;如相关当事人对监护人的确定发生争议,则应当适用《民法典》第 31 条规定的指定监护制度,不一定当然排除适用《民法典》第 28 条规定的法定监护制度。

第三十条 【协议确定监护人】依法具有监护资格的人之间可以协议确定监护人。协议确定监护人应当尊重被监护人的真实意愿。

【条文通释】

《民法典》第 30 条是关于协议确定监护人的规定。

一、确定监护人的协议的性质和法律适用

(一)监护协议的性质

从文义看,《民法典》第 30 条所说的"协议确定监护人"中的"协议",是动词,而非名词,指的是"订立协议"。

在性质上,该协议属于《民法典》第 464 条第 2 款所说的"有关身份关系的协议",即"监护协议"。

(二)监护协议的法律适用

针对监护协议的法律适用,《民法典》第 464 条第 2 款规定:"婚姻、收养、监护等有关身份关系的协议,适用有关该身份关系的法律规定;没有规定的,可以根据其性质参照适用本编规定";《民法典总则编解释》第 1 条第 1 款规定:"民法典第二编至第七编对民事关系有规定的,人民法院直接适用该规定;民法典第二编至第七编没有规定的,适用民法典第一编的规定,但是根据其性质不能适用的除外。"

据此,监护协议首先应当适用《民法典》总则编第二章第二节有关监护的规定;在《民法典》总则编第二章第二节未作规定的情况下,则适用《民法典》总则编有关民事法律行为的规定,并根据监护协议的性质参照适用《民法典》合同编(主要是合同编通则)的规定。

---

① 根据《民法典》第 1046 条关于"结婚应当男女双方完全自愿,禁止任何一方对另一方加以强迫,禁止任何组织或者个人加以干涉"、第 1047 条关于"结婚年龄,男不得早于二十二周岁,女不得早于二十周岁"、第 1048 条关于"直系血亲或者三代以内的旁系血亲禁止结婚"、第 1051 条关于"有下列情形之一的,婚姻无效:(一)重婚;(二)有禁止结婚的亲属关系;(三)未到法定婚龄"和第 1053 条关于"一方患有重大疾病的,应当在结婚登记前如实告知另一方;不如实告知的,另一方可以向人民法院请求撤销婚姻。请求撤销婚姻的,应当自知道或者应当知道撤销事由之日起一年内提出"的规定,法律没有一刀切地禁止无民事行为能力人或限制民事行为能力人结婚。

二、监护协议的当事人

由于《民法典》第30条使用了“依法具有监护资格的人之间可以协议确定监护人”的表述,因此,监护协议的当事人为“依法具有监护资格的人”,只有“依法具有监护资格的人”才有权通过订立协议的方式确定监护人,不具有监护资格的主体无权通过订立协议的方式确定监护人。①

(一)“依法具有监护资格的人”的范围

结合《民法典》第27条、第28条的规定,就未成年人而言,“依法具有监护资格的人”,包括:(1)该未成年人的有监护能力的父母;(2)该未成年人的有监护能力的祖父母、外祖父母;(3)该未成年人的有监护能力的兄、姐;(4)其他愿意担任监护人、有监护能力并且未成年人住所地的居民委员会、村民委员会或者民政部门同意其担任监护人的个人或者组织。

就无民事行为能力或限制民事行为能力的成年人而言,“依法具有监护资格的人”,则包括:(1)该成年人的有监护能力的配偶;(2)该成年人的有监护能力的父母、成年子女;(3)该成年人的有监护能力的其他近亲属,即其有监护能力的兄弟姐妹、祖父母、外祖父母、成年孙子女、成年外孙子女②;(4)其他愿意担任监护人、有监护能力并且该成年人住所地的居民委员会、村民委员会或者民政部门同意其担任监护人的个人或者组织。

需要注意的是,在父母担任监护人的情况下,如果父母通过依法设立的遗嘱指定了监护人,那么,《民法典》第30条所说的“依法具有监护资格的人”指的仅仅是该遗嘱指定的具有监护资格的人。

根据《民法典》第27条第2款第3项、第28条第4项和第32条关于“没有依法具有监护资格的人的,监护人由民政部门担任,也可以由具备履行监护职责条件的被监护人住所地的居民委员会、村民委员会担任”的规定,不论是就未成年人而言,还是就无民事行为能力或限制民事行为能力的成年人而言,“依法具有监护资格的人”均不包括被监护人住所地的居民委员会、村民委员会、民政部门。

并且,考虑到《民法典》第36条第2款使用了“本条规定的有关个人、组织包括:其他依法具有监护资格的人,居民委员会、村民委员会、学校、医疗机构、妇女联合会、残疾人联合会、未成年人保护组织、依法设立的老年人组织、民政部门等”的表述,因此,学校、医疗机构、妇女联合会、残疾人联合会、未成年人保护组织、依法设立的老年人组

---

① 比如,在赵某与赵某玲委托合同纠纷案中,针对赵某祥之女赵某玲提出的其与赵某祥哥哥之子赵某签订的《协议书》的实质是赵某玲放弃对赵某祥的监护权和赡养义务、由赵某取得监护权和财产权的协议的主张,广西壮族自治区崇左市中级人民法院(2015)崇民终字第328号民事判决书认为:“赵某玲的父亲赵某祥经崇左市复退军人医院诊断为精神分裂症,双方当事人提供的证据也表明,赵某祥长期在医院住院治疗,赵某玲是赵某祥的法定监护人,赵某不是赵某祥的法定监护人,没有监护资格,双方对赵某祥没有共同监护资格。因此,双方之间不得协议确定监护人。”

② 《民法典》第1045条第2款规定:“配偶、父母、子女、兄弟姐妹、祖父母、外祖父母、孙子女、外孙子女为近亲属。”

织也不宜被认定为“依法具有监护资格的人”。

（二）未经监护顺序在先的“依法具有监护资格的人”同意，不得剥夺或限制其监护利益

需要注意的是，尽管《民法典》第 30 条规定了“依法具有监护资格的人之间可以协议确定监护人”，但是，由于监护顺序在先的“依法具有监护资格的人”根据《民法典》第 27 条第 2 款或第 28 条的规定享有相应的顺序利益，因此，未经监护顺序在先的“依法具有监护资格的人”同意，不得剥夺其监护利益（即协议确定由监护顺序在后的主体担任监护人），也不得限制其监护利益（即协议确定由监护顺序在后的主体与监护顺序在先的主体共同担任监护人）。这也是《民法典》第 30 条所说的“依法具有监护资格的人之间可以协议确定监护人”中的“协议确定监护人”的应有之义，其中的“协议确定”当然应当包含《民法典》第 134 条第 1 款所说的“基于双方或者多方的意思表示一致成立”的含义。也因此，未经监护顺序在先的主体同意，其他依法具有监护资格的人订立的监护协议剥夺或限制其监护利益的，该监护协议应属无效。

这就意味着，监护顺序在先的主体，如未参与监护协议的订立，则监护协议对其不具有约束力，不得适用《民法典》第 30 条的规定；而监护顺序在先的主体如果自愿参与协议确定监护人，即使协议确定由监护顺序在后的主体担任监护人或者确定由监护顺序在后的主体与监护顺序在先的主体共同担任监护人，则属于监护顺序在先的主体对其顺序利益的放弃，系其对自己权利的处分，原则上应予尊重。对此，《民法典总则编解释》第 8 条第 2 款规定了：“依法具有监护资格的人之间依据民法典第三十条的规定，约定由民法典第二十七条第二款、第二十八条规定的不同顺序的人共同担任监护人，或者由顺序在后的人担任监护人的，人民法院依法予以支持。”

由此看来，所谓的协议监护，往往指的是监护顺序在先的主体同意由监护顺序在后的主体单独担任监护人或由监护顺序在后的主体与监护顺序在先的主体共同担任监护人。没有监护顺序在先的主体作出的“让步”，协议监护是难以成立的。

（三）监护顺序在后的“依法具有监护资格的人”可以不作为监护协议的当事人

需要注意的是，尽管《民法典》第 30 条规定了“依法具有监护资格的人之间可以协议确定监护人”，但是，这并不意味着每一个“依法具有监护资格的人”都必须参与监护协议的订立、作为监护协议的当事人。

至少，仅由监护顺序在先的“依法具有监护资格的人”订立的、确定由监护顺序在先的一个或数个“依法具有监护资格的人”担任监护人的协议，因不损害监护顺序在后的“依法具有监护资格的人”的利益，不因监护顺序在后的“依法具有监护资格的人”未作为该监护协议的当事人而不具有约束力或无效。

但是，仅由监护顺序在先的“依法具有监护资格的人”订立的、确定由监护顺序在后的一个或数个“依法具有监护资格的人”担任监护人的协议，因具有将本应由监护顺序在先的“依法具有监护资格的人”承担的监护责任转移给监护顺序在后的“依法具有监护资格的人”、免除或减轻监护顺序在先的“依法具有监护资格的人”的监护责任、损害监护顺序在后的“依法具有监护资格的人”的顺序利益的效果，未经该监护顺序在后

的“依法具有监护资格的人”的同意，该监护协议对其不具有约束力，也不具有确定其为监护人的效力。

（四）协议确定监护人应当尊重被监护人的真实意愿

尽管被监护人并非监护协议的当事人，但是，《民法典》第 30 条明确要求“协议确定监护人应当尊重被监护人的真实意愿”。据此，“尊重被监护人的真实意愿”是监护协议各个当事人订立该监护协议之前就应当考虑的因素。

在征询、识别、确认被监护人的真实意愿时，应当综合考察被监护人表达意愿时心智是否成熟、其意愿形成的原因与背景、表达意愿时是否受到外界因素的干扰、做出的选择对其是否真正有利等因素。①

当然，“尊重被监护人的真实意愿”不等于“按照被监护人的真实意愿”，更不是完全采纳其意愿。协议确定监护人，仍然需要遵循《民法典》第 31 条第 2 款所说的“按照最有利于被监护人的原则”，并参考《民法典总则编解释》第 9 条第 1 款针对人民法院指定监护人所说的“具体参考以下因素：（一）与被监护人生活、情感联系的密切程度；（二）依法具有监护资格的人的监护顺序；（三）是否有不利于履行监护职责的违法犯罪等情形；（四）依法具有监护资格的人的监护能力、意愿、品行等”。

三、监护协议的内容

由于《民法典》第 30 条使用了“依法具有监护资格的人之间可以协议确定监护人”的表述，因此，该监护协议的主要内容为“确定监护人”，即确定由谁来担任被监护人的监护人。

（一）协议确定的监护人须为“依法具有监护资格的人”

《民法典》第 30 条所说的“依法具有监护资格的人之间可以协议确定监护人”中的“之间”，表明监护协议须在“依法具有监护资格的人”中确定监护人，而不能将不具有监护资格的人确定为监护人。这跟《民法典》第 31 条第 2 款所说的“居民委员会、村民委员会、民政部门或者人民法院应当……在依法具有监护资格的人中指定监护人”是一致的。

（二）未成年人的有监护能力的父母不得与他人协议确定由他人担任监护人

就未成年人而言，根据《民法典》第 27 条第 1 款关于“父母是未成年子女的监护人”和《妇女权益保障法》第 70 条第 1 款关于“父母双方对未成年子女享有平等的监护

---

① “王某与李某变更抚养关系纠纷案”的“裁判要旨”提出：“人民法院在判断未成年子女由谁直接抚养时，应当尊重八周岁以上未成年子女独立表达的见解和真实意愿，但‘尊重’不等于无条件采纳，应辩证看待其意愿。在裁判时不应将八周岁以上未成年人的意愿作为决定其由谁直接抚养的唯一因素，仍应按照最有利于未成年子女的原则，综合考量父母双方的抚养条件、父母双方的个人品德、父母双方是否存在违法行为等因素，同时结合未成年人表达意愿时心智是否成熟、未成年人意愿形成的原因与背景、未成年人表达意愿时是否受到外界因素的干扰、未成年人做出的选择对其是否真正有利等因素，从实质利于未成年子女利益最大化的角度作出判决。”（《谈案说法|变更抚养关系，如何甄别未成年子女的“真实意愿”？》，来源于：湖南省高级人民法院网站，https://hngy.hunancourt.gov.cn/article/detail/2024/03/id/7856313.shtml，最后访问日期：2024 年 5 月 13 日）

权”的规定，有监护能力的父母是未成年人的当然的监护人，这既是其权利，也是其义务。因此，《民法典总则编解释》第 8 条第 1 款规定：“未成年人的父母与其他依法具有监护资格的人订立协议，约定免除具有监护能力的父母的监护职责的，人民法院不予支持……”这就意味着，未成年人的有监护能力的父母不得与他人协议确定由他人在其有监护能力期间担任该未成年人的监护人。

不过，未成年人的有监护能力的父母可以与其他依法具有监护资格的人事先订立协议，确定由该其他依法具有监护资格的人在其丧失监护能力后担任该未成年人的监护人。对此，《民法典总则编解释》第 8 条第 1 款规定：“未成年人的父母与其他依法具有监护资格的人订立协议，……约定在未成年人的父母丧失监护能力时由该具有监护资格的人担任监护人的，人民法院依法予以支持。”

问题是，未成年人的有监护能力的父母之间是否可以订立协议确定由父母一方担任监护人、免除另一方的监护职责？根据《民法典》第 1058 条关于“夫妻双方平等享有对未成年子女抚养、教育和保护的权利，共同承担对未成年子女抚养、教育和保护的义务”和第 1084 条关于“父母与子女间的关系，不因父母离婚而消除。离婚后，子女无论由父或者母直接抚养，仍是父母双方的子女。离婚后，父母对于子女仍有抚养、教育、保护的权利和义务……”的规定，应当认为，未成年人的有监护能力的父母之间也不得订立协议确定由父母一方担任监护人、免除另一方的监护职责。

（三）协议确定监护人不受法定监护顺序的限制

由于《民法典》第 30 条只是规定“依法具有监护资格的人之间可以协议确定监护人”，并没有像《民法典》第 27 条第 2 款或第 28 条那样规定“按顺序”确定监护人，因此，监护协议确定监护人不受《民法典》第 27 条第 2 款或第 28 条规定的监护顺序的限制。对此，《民法典总则编解释》第 8 条第 2 款也规定：“依法具有监护资格的人之间依据民法典第三十条的规定，约定……由顺序在后的人担任监护人的，人民法院依法予以支持。”

也因此，《民法典》第 30 条关于“依法具有监护资格的人之间可以协议确定监护人”的规定，属于《民法典》第 27 条第 2 款和第 28 条的特别规定，应当优先于《民法典》第 27 条第 2 款和第 28 条得到适用。

（四）协议确定的监护人可以是数人

由于《民法典》第 30 条只是规定“依法具有监护资格的人之间可以协议确定监护人”，并没有限制协议确定的监护人的人数，因此，结合《民法典》第 1133 条第 2 款关于“自然人可以立遗嘱将个人财产指定由法定继承人中的一人或者数人继承”和第 105 条关于“非法人组织可以确定一人或者数人代表该组织从事民事活动”的规定，监护协议确定的监护人可以是一人，也可以是数人。其中的“人”，既可以是依法具有监护资格的自然人，也可以是依法具有监护资格的组织。

对此，《民法典总则编解释》第 8 条第 2 款规定：“依法具有监护资格的人之间依据民法典第三十条的规定，约定由民法典第二十七条第二款、第二十八条规定的不同顺序的人共同担任监护人……的，人民法院依法予以支持”；《民法典总则编解释》第 9 条第 2 款也规定：“人民法院依法指定的监护人一般应当是一人，由数人共同担任监护人更有利于保护被监护人利益的,也可以是数人。"

（五）协议确定监护人之后可以协议变更监护人

依法具有监护资格的人之间协议确定监护人之后,也可以协议变更监护人。这也是《民法典》第30条所说的"协议确定"的应有之义。当然,协议变更监护人,也应当遵守前次协议确定监护人所应当遵守的各项要求。

此外,根据《民法典》第464条第2款关于"婚姻、收养、监护等有关身份关系的协议,适用有关该身份关系的法律规定;没有规定的,可以根据其性质参照适用本编规定"和第544条关于"当事人对合同变更的内容约定不明确的,推定为未变更"的规定,协议有关变更后的监护协议的内容不明确的,推定为未变更监护人。

四、监护协议的效力

（一）监护协议的生效时间

《民法典》第30条没有直接规定监护协议的生效时间。根据《民法典》第136条第1款关于"民事法律行为自成立时生效,但是法律另有规定或者当事人另有约定的除外"、第464条第2款关于"婚姻、收养、监护等有关身份关系的协议,适用有关该身份关系的法律规定;没有规定的,可以根据其性质参照适用本编规定"和第502条第1款关于"依法成立的合同,自成立时生效,但是法律另有规定或者当事人另有约定的除外"的规定,在监护协议未作特别约定的情况下,监护协议应自协议成立时生效,通常是作为监护协议的当事人的依法具有监护能力的人都签名、盖章或按指印时生效。

（二）协议确定监护人后不得擅自变更

结合《民法典》第31条第4款关于"监护人被指定后,不得擅自变更;擅自变更的,不免除被指定的监护人的责任"的规定,依法具有监护资格的人之间协议确定监护人之后,由该协议所确定的监护人履行监护职责,不得擅自变更监护人;擅自变更监护人的,不免除此前确定的监护人的责任。

五、协议确定监护与法定监护

根据《民法典》第27条第2款、第28条、第29条和《民法典总则编解释》第8条第2款①的规定,总体上,协议确定监护是对法定监护的补充,在特定情形下优先于法定监护得到适用,具体而言:

一是就未成年人而言,在未成年人的父母均已经死亡或者没有监护能力,并且担任监护人的未成年人的父母均无指定监护人的遗嘱的情形,如果依法具有监护资格的人依法订立了确定监护人的协议,则应当按照该协议来确定监护人,不适用《民法典》

① 《民法典总则编解释》第8条第2款规定:"依法具有监护资格的人之间依据民法典第三十条的规定,约定由民法典第二十七条第二款、第二十八条规定的不同顺序的人共同担任监护人,或者由顺序在后的人担任监护人的,人民法院依法予以支持。"

第 27 条第 2 款规定的法定监护制度。

二是就无民事行为能力或限制民事行为能力的成年人而言，在担任该成年人的监护人的父母均无指定监护人的遗嘱的情形，如果依法具有监护资格的人依法订立了确定监护人的协议，也应当按照该协议来确定监护人，不适用《民法典》第 28 条规定的法定监护制度。

需要注意的是，如前所述，根据《民法典》第 27 条第 1 款的规定，未成年人的有监护能力的父母是其当然的监护人，不得与他人协议确定由他人在其有监护能力期间担任该未成年人的监护人。

六、协议确定监护与遗嘱监护

《民法典》和《民法典总则编解释》没有直接规定协议确定监护和遗嘱监护的关系，既没有规定遗嘱监护当然优先于协议确定监护，也没有规定协议确定监护优先于遗嘱监护。如果相关当事人对应由谁来担任监护人发生争议，则应当认为属于《民法典》第 31 条第 1 款所说的“对监护人的确定有争议”，进而应当适用《民法典》第 31 条第 1 款关于“由被监护人住所地的居民委员会、村民委员会或者民政部门指定监护人，有关当事人对指定不服的，可以向人民法院申请指定监护人；有关当事人也可以直接向人民法院申请指定监护人”的规定。

需要注意的是，在担任未成年人的监护人的父母生前既立有指定监护人的遗嘱，又与其他依法具有监护资格的人订立了约定在未成年人的父母丧失监护能力时由该具有监护资格的人担任监护人的协议的情形，如果遗嘱指定的监护人和协议确定的监护人不一致，应当参考《民法典》第 1142 条第 2 款①和《民法典继承编解释一》第 3 条②的规定，按照协议确定监护人来加以处理。具体而言：

一是如果先立遗嘱、后订立监护协议，结合《民法典》第 1142 条第 2 款关于“立遗嘱后，遗嘱人实施与遗嘱内容相反的民事法律行为的，视为对遗嘱相关内容的撤回”的规定，应视为担任未成年人的监护人的父母通过订立在后的监护协议撤回了先订立的遗嘱中指定监护人的内容。

二是如果先订立监护协议、后立遗嘱，结合《民法典继承编解释一》第 3 条关于“被继承人生前与他人订有遗赠扶养协议，同时又立有遗嘱的，继承开始后，如果遗赠扶养协议与遗嘱没有抵触，遗产分别按协议和遗嘱处理；如果有抵触，按协议处理，与协议抵触的遗嘱全部或者部分无效”的规定，也考虑到先订立的监护协议属于双方或多方法律行为，根据《民法典》第 136 条第 2 款关于“行为人非依法律规定或者未经对方同意，不得擅自变更或者解除民事法律行为”的规定，未经先订立的监护协议的相对方同意，先订立的监护协议不因后订立的遗嘱而变更、解除或失去约束力，不应认为担任未成年人的监护人的父母后订立的遗嘱代替了先订立的监护协议。

---

① 《民法典》第 1142 条第 2 款规定：“立遗嘱后，遗嘱人实施与遗嘱内容相反的民事法律行为的，视为对遗嘱相关内容的撤回。”

② 《民法典继承编解释一》第 3 条规定：“被继承人生前与他人订有遗赠扶养协议，同时又立有遗嘱的，继承开始后，如果遗赠扶养协议与遗嘱没有抵触，遗产分别按协议和遗嘱处理；如果有抵触，按协议处理，与协议抵触的遗嘱全部或者部分无效。”

还需注意的是，在父母担任监护人的情况下，如果父母通过遗嘱指定的数个监护人之间经过协商确定由其中一人或数人担任监护人，则应该直接适用《民法典》第30条的规定，由被协商确定的该一人或数人担任监护人，协议确定监护人与遗嘱指定监护人之间不存在冲突。

比如，在丁某1申请宣告张某无民事行为能力案中，重庆市沙坪坝区人民法院(2019)渝0106民特28号民事判决书认为："被申请人张某经重庆市精神卫生中心鉴定为重度精神发育迟滞，无民事行为能力。《中华人民共和国民法总则》第二十四条规定，不能辨认或者不能完全辨认自己行为的成年人，其利害关系人或者有关组织，可以向人民法院申请认定该成年人为无民事行为能力人或者限制民事行为能力人，丁某1申请宣告张某为无民事行为能力人，符合法律规定。《中华人民共和国民法总则》第二十九条规定，被监护人的父母担任监护人的，可以通过遗嘱指定监护人，张某父亲张某邦于生前订立遗嘱，指定丁某1、丁某2作为张某的监护人，现丁某1、丁某2经协商，由丁某2作为张某的监护人，符合法律规定，本院予以准许。"

第三十一条 【指定监护和临时监护人】对监护人的确定有争议的，由被监护人住所地的居民委员会、村民委员会或者民政部门指定监护人，有关当事人对指定不服的，可以向人民法院申请指定监护人；有关当事人也可以直接向人民法院申请指定监护人。

居民委员会、村民委员会、民政部门或者人民法院应当尊重被监护人的真实意愿，按照最有利于被监护人的原则在依法具有监护资格的人中指定监护人。

依据本条第一款规定指定监护人前，被监护人的人身权利、财产权利以及其他合法权益处于无人保护状态的，由被监护人住所地的居民委员会、村民委员会、法律规定的有关组织或者民政部门担任临时监护人。

监护人被指定后，不得擅自变更；擅自变更的，不免除被指定的监护人的责任。

【条文通释】

《民法典》第31条是关于指定监护[①]和临时监护人的规定。

① 《民法典》第31条规定的指定监护人，不同于《民法典》第29条规定的"被监护人的父母担任监护人"通过遗嘱指定监护人。

一、指定监护

（一）指定监护的适用条件

1. 指定监护的适用条件

由于《民法典》第 31 条第 1 款使用了“对监护人的确定有争议的，由……指定监护人，有关当事人对指定不服的，可以向人民法院申请指定监护人；有关当事人也可以直接向人民法院申请指定监护人”的表述，因此，只有在“有关当事人”对“监护人的确定”发生争议时，才能适用指定监护；同样地，只要在“有关当事人”对“监护人的确定”发生争议时，就能适用指定监护。

也就是说，在有关当事人对监护人的确定不存在争议的情况下，不存在由居民委员会、村民委员会、民政部门或人民法院指定监护人的余地。

比如，在薛某 1 与赵某、虎林市珍宝岛乡永和村村民委员会监护权纠纷案中，黑龙江省鸡西市中级人民法院（2021）黑 03 民终 86 号民事判决书认为：“本案中，被上诉人赵某是被监护人薛某 2 的母亲，是未成年子女薛某 2 的法定监护人，上诉人薛某 1 是薛某 2 的祖父，其虽与薛某 2 一起生活，但并不能取得对薛某 2 的监护权。永和村委会只有在薛某 2 的父母均去世或丧失监护能力且监护存在争议的情况下，才能指定监护人，永和村委会的指定，没有法律依据……”

2. “对监护人的确定有争议”的界定

《民法典》第 31 条第 1 款所说的“对监护人的确定有争议”，既包括因相关主体（不限于同一监护顺序的依法具有监护资格的人[①]均要求担任监护人而产生的争议（即相互争夺监护权），也包括因相关主体认为自己不应当担任监护人而产生的争议（即相互推诿担任监护人）。实务中，前者相对更多见。

3. “有关当事人”的界定

《民法典》第 31 条第 1 款所说的“有关当事人”，指的是与“监护人的确定”有关的主体，主要指“依法具有监护资格的人”，不包括其他主体。其中，尽管《民法典》第 36 条规定医疗机构可以作为申请撤销监护人资格的主体，但是，医疗机构不属于《民法典》第 31 条第 1 款所说的“有关当事人”。对此，在北京市顺义区精神病医院与杨某明申请确定监护人纠纷案中，针对顺义精神病院提出的确定被申请人杨某明是杨某义的监护人的申请，北京市顺义区人民法院（2022）京 0113 民特 29 号民事裁定书认为：根据《中华人民共和国民法典》第三十条规定，……顺义精神病院并不具有申请指定监护

---

① 比如，在朱某怡申请认定徐某芳无民事行为能力案中，广东省乐昌市人民法院（2020）粤 0281 民特 20 号民事判决书认为，本案中，朱某怡与徐某发两人均有资格可以向人民法院申请认定徐某芳为无民事行为能力人，且两人对认定徐某芳无民事行为能力无异议，但双方均要求担任徐某芳的监护人，由此产生争议。……徐某发与朱某怡均有资格担任徐某芳的监护人，徐某发作为徐某芳的养子，其担任徐某芳监护人的顺序应先于（徐某芳的孙女）朱某怡。但根据《民法总则》第三十一条第一款、第二款的规定，……对监护人的确定有争议的，应按照最有利于被监护人的原则在依法具有监护资格的人中指定监护人，但该法条并没有规定争议须在同一顺序发生。

人的主体资格。

(二)有权指定监护人的主体范围

根据《民法典》第 31 条第 1 款的规定,在“对监护人的确定有争议”的情况下,有权指定监护人的主体包括 3 类:一是被监护人住所地的居民委员会(适用于被监护人住所地在城市的情形)或村民委员会(适用于被监护人住所地在农村的情形);二是被监护人住所地的民政部门;三是人民法院。在“对监护人的确定有争议”的情况下,除上述主体外,其他主体不享有指定监护人的权利。

需要注意的是,在“对监护人的确定有争议”的情况下,就被监护人住所地在城市的情形,其住所地的居民委员会和民政部门平等地享有指定监护人的权利,无须先由居民委员会指定之后再由民政部门指定,民政部门也不享有撤销居民委员会的指定的权利。同样地,就被监护人住所地在农村的情形,其住所地的村民委员会和民政部门平等地享有指定监护人的权利,无须先由村民委员会指定之后再由民政部门指定,民政部门也不享有撤销村民委员会的指定的权利。

此外,由于《民法典》第 31 条第 1 款使用了“有关当事人也可以直接向人民法院申请指定监护人”的表述,因此,在“对监护人的确定有争议”的情况下,无须先申请被监护人住所地的居民委员会(适用于被监护人住所地在城市的情形)或村民委员会(适用于被监护人住所地在农村的情形)或民政部门指定监护人,申请居民委员会或村民委员会或民政部门指定监护人并非申请法院指定监护人的前置程序①;并且,《民法典》第 31 条第 1 款关于“有关当事人对指定不服的,可以向人民法院申请指定监护人”的规定也表明,即使先申请居民委员会或村民委员会或民政部门指定监护人,居民委员会或村民委员会或民政部门的指定也不具有终局效力,有关当事人仍然可以申请法院指定监护人。

(三)指定监护人应当遵守的要求

在“对监护人的确定有争议”的情况下,不论是居民委员会、村民委员会,还是民政部门,抑或人民法院,指定监护人都应当遵守以下要求:

1. 依有关当事人的申请指定监护人

就法院而言,在“对监护人的确定有争议”的情况下,只有在“有关当事人”提出了申请的前提下,法院才能指定监护人,法院不能依职权主动指定监护人。《民法典》第 31 条第 1 款所使用的“向人民法院申请指定监护人”的表述,对此作出了明确的规定。

问题是,在“对监护人的确定有争议”的情况下,被监护人住所地的居民委员会、村民委员会或者民政部门是否可以主动指定监护人?还是也应当基于有关当事人的申请指定监护人?对此,《民法典》《城市居民委员会组织法》《村民委员会组织法》《未成

---

① 在杨某茹与辽宁省朝阳市双塔区燕都街道三岔口村村民委员会等申请指定监护人纠纷案中,辽宁省朝阳市中级人民法院(2022)辽 13 民终 1470 号民事裁定书认为,根据《民法典》第三十一条第一款规定……指定监护人可以通过两条途径:一是由村民委员会、居民委员会或者民政部门指定;二是可以直接申请法院指定。且前者不再是后者的前置程序,因此,当事人直接向法院申请的,法院应当受理。

年人保护法》《老年人权益保障法》没有直接作出规定。

考虑到指定监护人属于处理民事争议，而居民委员会、村民委员会和民政部门分别属于特别法人中的基层群众性自治组织法人和机关法人，基于民事主体"法无禁止即可为"和行政机关"法无授权不可为"的原则①，在法律没有明确规定基层群众性自治组织和行政机关有权主动指定监护人的情况下，尽管《民法典》第31条没有使用"对监护人的确定有争议的，有关当事人可以向被监护人住所地的居民委员会、村民委员会或者民政部门申请指定监护人"的表述，应当认为，居民委员会、村民委员会或民政部门也是基于当事人的申请才可以指定监护人的。

2. 尊重被监护人的真实意愿，按照最有利于被监护人的原则指定

不论是居民委员会、村民委员会，还是民政部门，抑或人民法院，《民法典》第31条第2款都对其指定监护人明确规定了同样的要求，即："应当尊重被监护人的真实意愿，按照最有利于被监护人的原则……指定监护人"。

在此基础上，针对法院指定监护人，《民法典总则编解释》第9条第1款进一步规定："人民法院依据民法典第三十一条第二款、第三十六条第一款的规定指定监护人时，应当尊重被监护人的真实意愿，按照最有利于被监护人的原则指定，具体参考以下因素：（一）与被监护人生活、情感联系的密切程度；（二）依法具有监护资格的人的监护顺序；（三）是否有不利于履行监护职责的违法犯罪等情形；（四）依法具有监护资格的人的监护能力、意愿、品行等。"

比如，在刘某杰申请指定监护人案中，针对限制民事行为能力人的两个女儿均要求担任监护人的主张，天津市宝坻区人民法院（2021）津0115民特239号民事判决书认为："被申请人刘某英目前系限制民事行为能力人，需要监护人履行监护义务。……因被申请人配偶和父母均已去世，申请人与第三人属同一顺序的监护人，具有监护人资格。根据《中华人民共和国民法典》第三十一条第二款之规定，人民法院应当尊重被监护人的真实意愿，按照最有利于被监护人的原则在依法具有监护资格的人中指定监护人。本案中，被申请人刘某英明确表示同意由申请人刘某杰作为监护人，不同意第三人刘某丽作为监护人，故本着有利于被监护人的原则，本院支持申请人刘某杰的请求。"

又如，在刘某某、谢某某诉杨某某、张某某监护权纠纷案中，陕西省黄陵县人民法院（2019）陕0632民初44号民事判决书认为："二原告、二被告作为杨某甲的外祖父母、祖父母均系杨某甲父母死亡后的第一顺序监护人，均有权享有对杨某甲的监护权。

---

① 《最高人民法院关于依法平等保护非公有制经济促进非公有制经济健康发展的意见》（法发〔2014〕27号）明确使用了"人民法院审理行政案件，要正确处理好权利与权力的关系，对非公有制经济主体要坚持'法无禁止即可为'的原则，对行政权力要坚持'法无授权不可为'的原则"的表述。在国务院层面，《国务院批转发展改革委关于2014年深化经济体制改革重点任务意见的通知》（国发〔2014〕18号）明确使用了"让政府部门'法无授权不可为'"的表述，《国务院批转发展改革委关于2015年深化经济体制改革重点工作意见的通知》（国发〔2015〕26号）提出了"实现政府法无授权不可为、法定职责必须为，市场主体法无禁止即可为"的要求，《国务院关于加强政务诚信建设的指导意见》（国发〔2016〕76号）也提出"坚持依法行政。各级人民政府和公务员要始终坚持依法治国、依法行政，切实履行法定职责必须为、法无授权不可为的要求"，《国务院关于加强和规范事中事后监管的指导意见》（国发〔2019〕18号）也要求"坚持权责法定、依法行政，法定职责必须为，法无授权不可为"。

但杨某甲出生后随其母刘某（已故）在二原告刘某某、谢某某家生活较多，且自其父母去世后，一直由二原告抚养照顾，与二原告建立了较为深厚的感情。二原告刘某某、谢某某家庭关系稳定、有较为固定的经济收入，其家庭环境更为适宜杨某甲的身心健康成长，指定二原告刘某某、谢某某为杨某甲的监护人更为适宜；被告杨某某、张某某离异多年，被告杨某某单独生活于农村，无固定的经济来源，被告张某某亦无稳定的收入，日常生活开支倚赖于与其共同居住的段某某，且所居住的房屋产权亦归属于他人，故其二人辩解确有能力抚养杨某甲，由其二人抚养杨某甲的抚养条件更为优越的意见，无证据佐证，不予支持。”

居民委员会、村民委员会和民政部门指定监护人时，也应当参考《民法典总则编解释》第9条第1款规定的上述因素。

3. 在依法具有监护资格的人中指定监护人

不论是居民委员会、村民委员会，还是民政部门，抑或人民法院，《民法典》第31条第2款都对其指定监护人明确规定了同样的要求，即：“应当……在依法具有监护资格的人中指定监护人”。据此，不论是居民委员会、村民委员会，还是民政部门，抑或人民法院，都不得指定不具有监护资格的人为监护人，否则其指定不发生指定监护人的效力。

结合《民法典》第27条、第28条的规定，就未成年人而言，《民法典》第31条第2款所说的“依法具有监护资格的人”，包括：(1)该未成年人的有监护能力的父母；(2)该未成年人的有监护能力的祖父母、外祖父母；(3)该未成年人的有监护能力的兄、姐；(4)其他愿意担任监护人、有监护能力并且未成年人住所地的居民委员会、村民委员会或者民政部门同意的个人或者组织。

就无民事行为能力或限制民事行为能力的成年人而言，《民法典》第31条第2款所说的“依法具有监护资格的人”，包括：(1)该成年人的有监护能力的配偶；(2)该成年人的有监护能力的父母、子女；(3)该成年人的有监护能力的其他近亲属，即其成年兄弟姐妹、祖父母、外祖父母、成年孙子女、成年外孙子女①；(4)其他愿意担任监护人、有监护能力并且该成年人住所地的居民委员会、村民委员会或者民政部门同意其担任监护人的个人或者组织。

4. 指定监护人不受法定监护顺序、遗嘱监护的限制

需要注意的是，在有关当事人对监护人的确定有争议并申请法院指定监护人的情况下，由于《民法典》第31条第2款只是要求“应当尊重被监护人的真实意愿，按照最有利于被监护人的原则在依法具有监护资格的人中指定监护人”，并没有像《民法典》第27条第2款或第28条那样要求“在依法具有监护资格的人中按顺序指定监护人”，因此，法院在遵守“尊重被监护人的真实意愿，按照最有利于被监护人的原则在依法具有监护资格的人中指定监护人”的要求的前提下，可以不受法定监护顺序的限制。这同样适用于居民委员会、村民委员会或者民政部门指定监护人。

比如，在孙某申请确定监护人案中，针对无民事行为能力人的配偶和女儿均要求

---

① 《民法典》第1045条第2款规定：“配偶、父母、子女、兄弟姐妹、祖父母、外祖父母、孙子女、外孙子女为近亲属。”

担任监护人的主张，上海市虹口区人民法院（2022）沪 0109 民特 88 号民事判决书认为，胡某 2 经本院宣告为无民事行为能力人，应为其设定监护人。对监护人发生争议的，可综合监护能力、监护意愿、经济条件以及与被监护人在生活上的联系状况等因素，按照最有利于被监护人的原则在依法具有监护资格的人中指定监护人。本案中，孙某系胡某 2 的再婚妻子，虽具有第一顺位的监护人资格，但两人已因婚姻矛盾两次涉讼，且第二次诉讼系孙某本人提起，并在诉状中明确双方自 2019 年 6 月分居至今，在法院对胡某 2 离婚请求不予准许后，夫妻关系没有任何改善，双方继续分居互不往来，形同陌路。虽孙某在胡某 2 失去行为能力后撤回起诉，但负责接手照料胡某 2 亦是在胡某 2 重伤大半年之后。另在胡某 2 有行为能力之时，双方亦因各自的子女问题产生矛盾，孙某之女与胡某 2 之间亦有涉讼情形。反观胡某超在胡某 2 受伤后，能及时承担起责任，送医抢救并支付大笔医药费。故本院认为，由胡某超担任监护人更为妥当。综上，本院对于孙某申请担任胡某 2 的监护人不予准许。

又如，在朱某怡申请认定徐某芳无民事行为能力案中，广东省乐昌市人民法院（2020）粤 0281 民特 20 号民事判决书认为，本案中，朱某怡与徐某发两人均有资格可以向人民法院申请认定徐某芳为无民事行为能力人，且两人对认定徐某芳无民事行为能力无异议，但双方均要求担任徐某芳的监护人，由此产生争议。……徐某发与朱某怡均有资格担任徐某芳的监护人，徐某发作为徐某芳的养子，其担任徐某芳监护人的顺序应先于（徐某芳的孙女）朱某怡。但根据《民法总则》第三十一条第一款、第二款的规定……对监护人的确定有争议的，应按照最有利于被监护人的原则在依法具有监护资格的人中指定监护人，但该法条并没有规定争议须在同一顺序发生。通过本案审理，可以确认，一是徐某芳自 2011 年行为出现异常后，其生活主要靠朱某怡、李某英照料，有病痛就医也是靠朱某怡、李某英来安排人员接送、照顾等；二是朱某怡现已将徐某芳接到深圳一起生活，且双方均为女性，朱某怡比徐某发更便于照料徐某芳的生活起居；三是朱某庆、徐某芳已立遗嘱将其大部分财产在去世后留给朱某怡，说明朱某庆、徐某芳与朱某怡的关系较好，由朱某怡担任监护人更有利于维护徐某芳的合法权益，也体现了权责一致的原则；四是朱某怡、李某英尽到谨慎照顾朱某庆、徐某芳两位老人的义务，得到朱某庆弟弟、妹妹的好评，并愿将徐某芳今后的生活交由朱某怡照料。鉴于以上，按照最有利于被监护人徐某芳的原则，本院确定由朱某怡担任徐某芳的监护人。

此外，在有关当事人对监护人的确定有争议并申请法院指定监护人的情况下，即使被监护人的父母担任监护人通过遗嘱指定了监护人，法院在遵守"尊重被监护人的真实意愿，按照最有利于被监护人的原则在依法具有监护资格的人中指定监护人"的要求的前提下，也可以不受遗嘱的限制，在遗嘱指定的监护人之外指定监护人。

比如，在卢某晖、崔某彤申请变更监护人案中，上海市普陀区人民法院（2018）沪 0107 民特 415 号民事判决书认为："被申请人卢某声目前为无民事行为能力人，未婚且未生育子女，在父母均已去世的情况下，卢某晖、卢某某作为其兄弟均有资格担任监护人。卢某兴作为卢某声的父亲及监护人，在遗嘱中指定卢某晖为监护人，符合法律规定，应当予以尊重。卢某晖目前为新加坡国籍，卢某某目前为美国国籍，均常年居住在国外，客观上欠缺担任监护人的条件。崔某彤作为卢某晖的配偶自愿承担卢某声的监护责任，本院根据各人的陈述及相应证据，结合崔某彤的经济条件、居住情况、与卢某声间的近亲属关系等因素，确认崔某彤符合担任监护人的条件。被申请人认为卢某兴所立遗嘱时间在《民法总则》生效之前应属无效，该主张于法无据，不予支持。韩某成自愿担任卢某声的监护人，卢某声的诸多亲属也表示韩某成与卢某声之父卢某兴相识已久，对照顾卢某声的事宜也尽心尽力，故韩某成亦符合担任卢某声监护人的条件。综上，本院认定由崔某彤、韩某成共同担任监护人为宜。"

5. 原则上指定一名监护人，例外情况下可指定数名监护人

在指定监护人的人数方面，《民法典》本身并未对居民委员会、村民委员会、民政部门或者人民法院指定的监护人的人数作出限制性规定。考虑到在被监护人的父母担任监护人的情形，监护人有两位，因此，同时存在不止一个监护人是可以的。对此，《民法典总则编解释》第 9 条第 2 款规定："人民法院依法指定的监护人一般应当是一人，由数人共同担任监护人更有利于保护被监护人利益的，也可以是数人。"

也就是说，原则上，居民委员会、村民委员会、民政部门或者人民法院应当指定一人担任监护人；作为例外，在"由数人共同担任监护人更有利于保护被监护人利益"的情况下，可以指定数人担任监护人。

比如，在徐某年申请宣告屠某云为无民事行为能力人案中，浙江省宁波市江北区人民法院(2018)浙 0205 民特 410 号民事判决书认为："根据屠某云上述近亲属的意见，结合医院诊断意见，本院宣告被申请人屠某云为无民事行为能力人。考虑到被申请人屠某云现状，应一并指定监护人。本案中，徐某年作为屠某云的配偶，系屠某云第一顺位监护人，其愿意担任监护人以及其余近亲属对此均无异议；对陈某，虽系屠某云第二顺位的监护人，但陈某明确表示愿意担任屠某云监护人，将为了屠某云的利益全力配合徐某年一起行使监护之责，且申请人徐某年与屠某云代理人陈某 1 亦同意陈某与徐某年共同担任屠某云的监护人。故，本院根据屠某云现状并结合屠某云上述近亲属的意愿，从有利于屠某云今后身心发展的角度出发，指定徐某年和陈某为屠某云监护人。"

实务中，也不乏法院按照最有利于被监护人的原则将争议双方指定为共同监护人的案例。

比如，在钱某萍申请宣告钱某祥为无民事行为能力并指定监护人纠纷案中，江苏省张家港市人民法院(2021)苏 0582 民特 553 号民事判决书认为："本案中，钱某祥长期以来在张家港居住、生活，其为限制民事行为能力人，其姐姐钱某萍、哥哥钱林某、钱志某均要求成为钱某祥的监护人，足以说明三人心地善良、品格高尚，本院希望三人均能摒弃前嫌，关心钱某祥的生活。虽然双方为监护存在争议，但双方的目的是好的，只要双方加强沟通、减少分歧，共同履行监护权利和职责，会对钱某祥更加有利。鉴于钱某祥目前的生活现状、财产状况，钱某萍、钱志某、钱林某的居住情况以及现在疫情下人员流动现状等，本院认为由钱某萍、钱林某共同监护更有利于钱某祥。"

又如，在田某 1 申请认定蒋某珍无民事行为能力案中，重庆市渝中区人民法院(2019)渝 0103 民特 1112 号民事判决书认为："本案中，田某 1、田某 2 作为蒋某珍的子女，对蒋某珍具有监护之权利和义务。蒋某珍生病后一直由田某 1 和田某 2 轮流照顾，子女共同监护有利于更好地保障被监护人的利益。故本院依法指定田某 1、田某 2 为蒋某珍的共同监护人。"

（四）法院指定监护人案件的管辖和程序

1. 指定监护人案件的管辖

在法院管辖方面，申请法院指定监护人，适用“原告就被告”的一般管辖规定，即《民事诉讼法》第22条关于“对公民提起的民事诉讼，由被告住所地人民法院管辖；被告住所地与经常居住地不一致的，由经常居住地人民法院管辖。对法人或者其他组织提起的民事诉讼，由被告住所地人民法院管辖。同一诉讼的几个被告住所地、经常居住地在两个以上人民法院辖区的，各该人民法院都有管辖权”的规定。

在此基础上，《民诉法解释》第10条也规定：“不服指定监护或者变更监护关系的案件，可以由被监护人住所地人民法院管辖。”也就是说，不服居民委员会、村民委员会或者民政部门的指定，也可以申请被监护人住所地法院指定监护人。当然，《民诉法解释》第10条使用的是“可以由被监护人住所地人民法院管辖”的表述，并非“应当由被监护人住所地人民法院管辖”，因此，有关当事人也可以依照“原告就被告”的一般管辖规定，向被申请人住所地法院申请指定监护人。

综上，有关当事人直接申请法院指定监护人，应当由被申请人住所地法院管辖；而在居民委员会、村民委员会或者民政部门指定监护人之后，因不服居民委员会、村民委员会或者民政部门的指定而向法院申请指定监护人，既可以由被申请人住所地法院管辖，也可以由被监护人住所地法院管辖。①

不过，考虑到不论是不服指定监护人案件、变更监护关系案件，还是直接申请指定监护人、撤销监护人资格、恢复监护人资格案件，都涉及被监护人的利益，都需要“按照最有利于被监护人的原则”乃至“尊重被监护人的真实意愿”，既然不服指定监护案件或者变更监护关系的案件都可以由被监护人住所地人民法院管辖，那么，可以认为，直接申请指定监护人、撤销监护人资格、恢复监护人资格等案件也应当可以由被监护人住所地人民法院管辖。

2. 法院指定监护人适用特别程序

《民事诉讼法》本身没有规定法院指定监护人案件适用特别程序。不过，考虑到《民事案件案由规定》将“申请确定监护人”“申请指定监护人”“申请变更监护人”“申请撤销监护人资格”和“申请恢复监护人资格”作为三级案由列于一级案由“非讼程序案件案由”项下的二级案由“监护权特别程序案件”之下；并且，《民诉法解释》在“十七、特别程序”部分也通过其第349条规定了：“被指定的监护人不服居民委员会、村民委员会或者民政部门指定，应当自接到通知之日起三十日内向人民法院提出异议。经审理，认为指定并无不当的，裁定驳回异议；指定不当的，判决撤销指定，同时另行指定监护人。……有关当事人依照民法典第三十一条第一款规定直接向人民法院申请指

---

① 在祁某与赵建某、赵亚某、赵铁某申请撤销监护人资格纠纷案中，海南省海口市美兰区人民法院(2016)琼0108民特监2号民事裁定书认为：“根据《最高人民法院关于适用〈中华人民共和国民事诉讼法〉的解释》第十条的规定，不服指定监护或者变更监护关系的案件，可以由被监护人住所地人民法院管辖。同时，根据《中华人民共和国民事诉讼法》第二十一条的规定，对公民提起的民事诉讼，由被告住所地人民法院管辖。当事人可以选择向被监护人住所地或者被告住所地法院提起诉讼……”

定监护人的,适用特别程序审理,判决指定监护人”,因此,法院审理指定监护人案件应当适用特别程序,并根据《民事诉讼法》第185条①的规定实行一审终审制。

(五)对指定不服的救济

1. 对居民委员会、村民委员会或民政部门的指定不服

针对居民委员会、村民委员会或者民政部门的指定,《民法典》第31条第1款直接规定了救济途径,即“有关当事人对指定不服的,可以向人民法院申请指定监护人”。

《民法典》第31条第1款所说的“有关当事人”,不同于《民法典》第36条针对监护人资格撤销制度规定的“有关个人、组织”,也不同于《民法典》第40条、第44条至第47条、第50条和第53条针对宣告失踪和宣告死亡规定的“利害关系人”,指的是对“监护人的确定有争议”的主体,既包括被居民委员会、村民委员会或者民政部门指定为监护人的主体,也包括对监护人的确定有争议的其他依法具有监护资格的人。

需要注意的是,有关当事人不服居民委员会、村民委员会或者民政部门的指定,需要在“接到指定通知之日起三十日内”向法院提出指定监护人的申请;否则,超过上述三十日的期限提出的申请,只能按照变更监护关系进行处理。届时,如果不存在法定的变更事由,即使有关当事人对居民委员会、村民委员会或者民政部门的指定不服,也难以得到法院的支持,居民委员会、村民委员会或者民政部门的指定将发生效力。

对此,《民法典总则编解释》第10条规定:“有关当事人不服居民委员会、村民委员会或者民政部门的指定,在接到指定通知之日起三十日内向人民法院申请指定监护人的,人民法院经审理认为指定并无不当,依法裁定驳回申请;认为指定不当,依法判决撤销指定并另行指定监护人。有关当事人在接到指定通知之日起三十日后提出申请的,人民法院应当按照变更监护关系处理。”

2. 对法院的指定不服

如前所说,由于法院审理指定监护人案件适用特别程序、实行一审终审制,根据《民事诉讼法》第158条关于“……依法不准上诉……的判决、裁定,是发生法律效力的判决、裁定”的规定,法院作出的判决是发生法律效力的判决,有关当事人即使不服也不能上诉。

此外,根据《民诉法解释》第378条关于“适用特别程序、督促程序、公示催告程序、破产程序等非讼程序审理的案件,当事人不得申请再审”的规定,有关当事人也不能申请再审,但可以根据《民诉法解释》第372条第1款②的规定,向作出该裁判的法院提出异议。

(六)指定监护人的效力

居民委员会、村民委员会或民政部门作出的指定,和法院作出的指定,依其是否当

---

① 《民事诉讼法》第185条规定:“依照本章程序审理的案件,实行一审终审。选民资格案件或者重大、疑难的案件,由审判员组成合议庭审理;其他案件由审判员一人独任审理。”

② 《民诉法解释》第372条第1款规定:“适用特别程序作出的判决、裁定,当事人、利害关系人认为有错误的,可以向作出该判决、裁定的人民法院提出异议。人民法院经审查,异议成立或者部分成立的,作出新的判决、裁定撤销或者改变原判决、裁定;异议不成立的,裁定驳回。”

然具有终局性，具有不同的效力。

1. 居民委员会、村民委员会或民政部门的指定

如前所说，居民委员会、村民委员会或民政部门作出的指定，并不具有当然的终局效力。如果有关当事人不服，还可以在接到指定通知之日起30日内申请法院指定监护人。在法院经审理认为指定不当的情况下，法院将判决撤销指定并另行指定监护人；届时，居民委员会、村民委员会或民政部门作出的指定将因被撤销而不具有指定监护人的效力。

但是，在法院经审理认为指定并无不当的情况下，由于法院将作出驳回申请的裁定，居民委员会、村民委员会或民政部门作出的指定就产生了指定监护人的效力，被指定的监护人也因此取得监护权并应当履行《民法典》第34条所规定的监护职责。与此同时，《民法典》第31条第4款关于"监护人被指定后，不得擅自变更；擅自变更的，不免除被指定的监护人的责任"的规定，也应当予以适用。

需要注意的是，如能取得原作出指定决定的主体同意，则被指定的监护人与其他具有监护资格的人之间协议变更监护人，不属于《民法典》第31条第4款所说的"擅自变更"，自然也就不适用"擅自变更的，不免除被指定的监护人的责任"的规定。

2. 法院的指定

如前所说，法院审理指定监护人案件适用特别程序、实行一审终审制，法院作出的指定监护人的判决一经送达即发生效力，被法院指定的监护人也因此取得监护权并应当履行《民法典》第34条所规定的监护职责。与此同时，《民法典》第31条第4款关于"监护人被指定后，不得擅自变更；擅自变更的，不免除被指定的监护人的责任"的规定，也应当予以适用。

需要注意的是，根据《民法典总则编解释》第12条第2款关于"被依法指定的监护人与其他具有监护资格的人之间协议变更监护人的，人民法院应当尊重被监护人的真实意愿，按照最有利于被监护人的原则作出裁判"的规定，在经法院作出新的裁判认可的前提下，被法院指定的监护人可以与其他具有监护资格的人之间协议变更监护人，这并不属于《民法典》第31条第4款所说的"擅自变更"，自然也就不适用"擅自变更的，不免除被指定的监护人的责任"的规定。

二、临时监护人与临时监护

（一）临时监护人

考虑到在有关当事人对监护人的确定发生争议之后、相关主体依法指定监护人之前，可能出现被监护人的人身权利、财产权利以及其他合法权益因监护人缺位而处于无人保护的状态，《民法典》第31条第3款规定了临时监护人制度，即"由被监护人住所地的居民委员会、村民委员会、法律规定的有关组织或者民政部门担任临时监护人"。

1. 适用条件

由于《民法典》第31条第3款使用了"依据本条第一款规定指定监护人前，被监护人的人身权利、财产权利以及其他合法权益处于无人保护状态的"的表述，因此，临时

监护人制度的适用须同时满足以下条件：

一是有关当事人对监护人的确定有争议。如果对监护人的确定没有争议，则无须由居民委员会（或村民委员会）或民政部门或法院指定监护人。①

二是在有关当事人对监护人的确定发生争议之后，尚未依法指定监护人。其中，《民法典》第31条第3款所说的“依据本条第一款规定指定监护人前”，包括三种情形：（1）有关当事人对监护人的确定发生争议后，但还没有向居民委员会（或村民委员会）、民政部门或法院提出指定监护人的申请；（2）居民委员会（或村民委员会）、民政部门和法院均未指定监护人；（3）居民委员会（或村民委员会）或民政部门虽已指定了监护人，但有关当事人因对其指定不服而申请法院指定监护人，法院尚未判决指定监护人。

三是被监护人的人身权利、财产权利以及其他合法权益因监护人缺位而处于无人保护状态。如果被监护人的人身权利、财产权利以及其他合法权益处于受保护状态，也无须安排临时监护人。

比如，在杨某、杨胜某等与泸溪县卫生健康局等生命权纠纷案中，湖南省湘西土家族苗族自治州中级人民法院（2019）湘31民终1448号民事判决书认为：“依据《中华人民共和国民法总则》第三十一条规定，只有在指定监护人之前，被监护人的权益处于不确定状态时，村委会或者县民政局才担任临时监护人。本案中杨某华有法定监护人，并不存在监护人缺失需要指定的状态。因此，杨胜某等人主张县民政局、村委会应当承担临时监护人职责的理由于法无据，不能成立。”

---

① 不过，实务中，只要存在“被监护人的人身权利、财产权利以及其他合法权益处于无人保护状态”，即使不存在“对监护人的确定有争议”的情形，法院通常也会指定被监护人住所地的居民委员会或村民委员会或民政部门为临时监护人。比如，在黎某文与黄某国共有纠纷案中，江西省萍乡市湘东区人民法院（2019）赣0313民初1289号之三民事裁定书认为：“被告黄某国经有关机构鉴定为××人，属于限制民事行为能力人，须指定监护人作为其法定代理人代为诉讼。虽然有关机构已经为被告黄某国提供了法律援助，并指定法律援助中心律师为其诉讼代理人，但仍须指定法定代理人代其诉讼，以充分保障其诉讼权利。在被告监护人顺序已经穷尽、也没有相关当事人向法院提起特别程序申请指定监护人的情形下，被告黄某国的人身权利、财产权利以及其他合法权益实际上已经处于无人保护状态，故应依法、及时指定其临时监护人。……裁定如下：指定萍乡市湘××峡山口街跃兴居民委员会为被告黄某国的临时监护人、法定代理人。”类似的裁判意见，还可见上海市浦东新区人民法院（2021）沪0115民初103689号民事判决书（“被告丧失民事行为能力，其人身权利、财产权利以及其它合法权益处于无人保护状态的，根据法律规定，由被监护人住所地的居民委员会担任临时监护人，故作为被告经常居住地的居委会上海市浦东新区瑞祥苑居委会系本案被告的临时监护人”）、四川省广汉市人民法院（2021）川0681民初1195号民事判决书（“赵某富的法定监护人，其儿子即本案的原告赵某建自2019年至今在川北监狱服刑，不能履行法定的监护责任和义务，致使赵某富的人身权利、财产权利以及其他合法权益处于无人保护状态的，被监护人赵某富住所地的金庵村委会担任其临时监护人。也就是说，在原告赵某建服刑期间，赵某富由金庵村委会临时监护”）。这种做法是值得商榷的。上述情况适用《民法典》第32条关于“没有依法具有监护资格的人的，监护人由民政部门担任，也可以由具备履行监护职责条件的被监护人住所地的居民委员会、村民委员会担任”的规定，可能是更合适的。比如，在某某财产保险股份有限公司宁夏分公司营业部与宁夏金某捷物流有限责任公司财产保险合同纠纷案中，宁夏回族自治区银川市中级人民法院（2020）宁01民终676号民事判决书认为：“本案无名氏女身份不明且无法确认权利人情况下，应属于民政部门负责的城市生活无着落流浪乞讨人员，在无名氏女的家属暂时无法查找的情况下，对无名氏女人身损害赔偿，公安机关交通部门应当将其所得赔偿交付有关部门保存，其赔偿权利人确认后，通知有关部门交付损害赔偿权利人。本案无名氏女的人身权利、财产权利以及其他合法权益处于无人保护状态的，应由内乡县民政局作为无名氏女的监护人保护其人身权利、财产权利及其他合法权益。”

2. 临时监护人的范围

《民法典》第 31 条第 3 款规定了 3 类主体可以担任临时监护人:(1)被监护人住所地的居民委员会(适用于被监护人住所地在城市的情形)或村民委员会(适用于被监护人住所地在农村的情形);(2)法律规定的有关组织;和(3)民政部门。

结合《未成年人保护法》第 93 条第 1 款关于"对临时监护的未成年人,民政部门可以采取委托亲属抚养、家庭寄养等方式进行安置,也可以交由未成年人救助保护机构或者儿童福利机构进行收留、抚养"、《国务院关于加强困境儿童保障工作的意见》(国发〔2016〕36 号)关于"对于父母没有监护能力且无其他监护人的儿童,以及人民法院指定由民政部门担任监护人的儿童,由民政部门设立的儿童福利机构收留抚养。对于儿童生父母或收养关系已成立的养父母不履行监护职责且经公安机关教育不改的,由民政部门设立的儿童福利机构、救助保护机构临时监护,并依法追究生父母、养父母法律责任"和《最高人民法院、最高人民检察院、公安部、民政部关于依法处理监护人侵害未成年人权益行为若干问题的意见》(法发〔2014〕24 号)关于"民政部门应当设立未成年人救助保护机构(包括救助管理站、未成年人救助保护中心),对因受到监护侵害进入机构的未成年人承担临时监护责任,必要时向人民法院申请撤销监护人资格"的规定,《民法典》第 31 条第 3 款所说的"法律规定的有关组织",主要是指民政部门设立的儿童福利机构、救助保护机构。①

需要注意的是,由于《民法典》第 31 条第 3 款使用的是"由被监护人住所地的居民委员会、村民委员会、法律规定的有关组织或者民政部门担任临时监护人"的表述,因此,只需由其中的一个主体担任临时监护人即可;在除民政部门之外的其他主体均未担任临时监护人的情况下,则应当参照《民法典》第 36 条第 3 款关于"前款规定的个人和民政部门以外的组织未及时向人民法院申请撤销监护人资格的,民政部门应当向人民法院申请"的规定,由民政部门担任临时监护人。

还需注意的是,虽然根据《民法典》第 32 条关于"没有依法具有监护资格的人的,监护人由民政部门担任,也可以由具备履行监护职责条件的被监护人住所地的居民委员会、村民委员会担任"的规定,被监护人住所地的居民委员会(或村民委员会)在"没有依法具有监护资格的人"的情况下担任长期监护人须以"具备履行监护职责条件"为条件,但这不影响被监护人住所地的居民委员会(或村民委员会)根据《民法典》第 31 条第 3 款的规定担任临时监护人。②

(二)临时监护

《民法典》第 36 条第 1 款使用了"临时监护措施"的表述,但"临时监护"与"临时监护人"是不同的概念,也不同于《民法典》第 34 条第 4 款所说的"临时生活照料措施"。

---

① 根据《民政部对"关于进一步做好〈未成年人保护法〉贯彻工作的建议"的答复》(民函〔2021〕611 号),目前,民政部门儿童福利领域的两类机构之间也存在一定的分工,即儿童福利机构负责长期监护、未成年人救助保护机构负责临时监护。

② 参见江西省萍乡市湘东区人民法院(2019)赣 0313 民初 1289 号之三民事裁定书、上海市浦东新区人民法院(2021)沪 0115 民初 103689 号民事判决书、四川省广汉市人民法院(2021)川 0681 民初 1195 号民事判决书。

《未成年人保护法》比较详细地规定了未成年人临时监护制度，其第 92 条[①]、第 93 条[②]和第 94 条[③]分别规定了未成年人临时监护的法定事由、安置措施、临时监护转为长期监护的条件。总体而言，临时监护制度主要是由《未成年人保护法》建立起来的，而《民法典》第 31 条第 3 款和第 36 条第 1 款则规定了适用于包括未成年人在内的所有被监护人的临时监护制度。

三、监护人的变更

(一) 可以依法变更监护人

《民法典》本身没有从正面直接规定哪些主体在哪些情况下可以申请变更监护人，而只是由第 31 条第 4 款从反面直接规定了"监护人被指定后，不得擅自变更；擅自变更的，不免除被指定的监护人的责任"。其中，《民法典》第 31 条第 4 款所说的"监护人被指定后，不得擅自变更"，既包含"监护人被人民法院指定后，不得擅自变更"的含义，也包含"监护人被居民委员会、村民委员会或民政部门指定后，不得擅自变更"的含义。

具体而言，《民法典》本身既没有集中规定监护人变更的事由，也没有统一规定监护人变更的程序。这跟《民法典》第 44 条集中规定了失踪人的财产代管人的变更事由是不同的。

不过，《民法典》第 31 条第 4 款关于"监护人被指定后，不得擅自变更；擅自变更的，不免除被指定的监护人的责任"的规定，只是禁止在依法指定监护人的情况下"擅自变更监护人"，该规定并不禁止在监护人被指定后"依法变更监护人"，也不禁止在其他情况下"依法变更监护人"。

事实上，不论是实体法还是程序法都为监护人变更设置了相应的制度安排。

在实体法上，不论是《民法典》第 36 条规定的法院在撤销监护人资格的同时指定监护人，还是《民法典》第 38 条规定的恢复监护人资格，其实质都是监护人的变更；[④]《民法典总则编解释》第 12 条第 2 款关于"被依法指定的监护人与其他具有监护资格

---

① 《未成年人保护法》第 92 条规定："具有下列情形之一的，民政部门应当依法对未成年人进行临时监护：(一)未成年人流浪乞讨或者身份不明，暂时查找不到父母或者其他监护人；(二)监护人下落不明且无其他人可以担任监护人；(三)监护人因自身客观原因或者因发生自然灾害、事故灾难、公共卫生事件等突发事件不能履行监护职责，导致未成年人监护缺失；(四)监护人拒绝或者怠于履行监护职责，导致未成年人处于无人照料的状态；(五)监护人教唆、利用未成年人实施违法犯罪行为，未成年人需要被带离安置；(六)未成年人遭受监护人严重伤害或者面临人身安全威胁，需要被紧急安置；(七)法律规定的其他情形。"

② 《未成年人保护法》第 93 条规定："对临时监护的未成年人，民政部门可以采取委托亲属抚养、家庭寄养等方式进行安置，也可以交由未成年人救助保护机构或者儿童福利机构进行收留、抚养。临时监护期间，经民政部门评估，监护人重新具备履行监护职责条件的，民政部门可以将未成年人送回监护人抚养。"

③ 《未成年人保护法》第 94 条规定："具有下列情形之一的，民政部门应当依法对未成年人进行长期监护：(一)查找不到未成年人的父母或者其他监护人；(二)监护人死亡或者被宣告死亡且无其他人可以担任监护人；(三)监护人丧失监护能力且无其他人可以担任监护人；(四)人民法院判决撤销监护人资格并指定由民政部门担任监护人；(五)法律规定的其他情形。"

④ 比如，《最高人民法院、最高人民检察院、公安部、民政部关于依法处理监护人侵害未成年人权益行为若干问题的意见》(法发〔2014〕24 号)第 39 条规定："人民法院审理申请恢复监护人资格案件，按照变更监护关系的案件审理程序进行……"

的人之间协议变更监护人的,人民法院应当尊重被监护人的真实意愿,按照最有利于被监护人的原则作出裁判”的规定,并未一刀切地禁止变更监护人,而是强调“应当尊重被监护人的真实意愿,按照最有利于被监护人的原则”来作出是否准予变更监护人的裁判;另外,《民法典总则编解释》第 10 条第 2 款更是明确规定了:“有关当事人在接到指定通知之日起三十日后提出申请的,人民法院应当按照变更监护关系处理。”

在程序法上,《民诉法解释》第 10 条关于“不服指定监护或者变更监护关系的案件,可以由被监护人住所地人民法院管辖”的规定,明确了变更监护关系的管辖问题,《民事案件案由规定》也规定了“申请变更监护人”这一三级案由。

基于上述,基于正当合法的事由并依照法定程序,可以变更监护人;没有正当合法的事由变更监护人或者未按法定程序变更监护人,都属于《民法典》第 31 条第 4 款所说的“擅自变更”。

(二)变更监护人的事由

尽管《民法典》没有集中规定变更监护人的事由,但是,综合《民法典》的相关规定,以下事由属于变更监护人的事由:

1. 监护人丧失监护能力

不论是父母还是其他主体,担任监护人都必须以有监护能力为前提。对此,《民法典》第 27 条第 2 款、第 28 条、第 39 条第 1 款第 2 项作出了明确的规定。因此,监护人丧失监护能力,属于监护人变更的事由。

在监护人丧失监护能力的情况下,根据《民法典》第 39 条的规定,原监护关系自动终止,如果监护人仍然需要监护,则应当依法另行确定监护人。

2. 监护人资格被撤销

根据《民法典》第 36 条的规定,在监护人存在监护人资格的法定撤销事由时,法院根据有关个人或者组织的申请,撤销其监护人资格,并按照最有利于被监护人的原则依法指定监护人。因此,监护人资格被撤销,也属于监护人变更的事由。

3. 监护人死亡

根据《民法典》第 39 条第 1 款第 3 项的规定,监护人死亡是监护关系终止的法定事由。因此,监护人死亡,属于监护人变更的事由。在监护人死亡的情况下,根据《民法典》第 39 条的规定,原监护关系自动终止,如果被监护人仍然需要监护,则应当依法另行确定监护人。

4. 监护人有正当理由

结合《民法典》第 44 条第 2 款关于“财产代管人有正当理由的,可以向人民法院申请变更财产代管人”的规定,监护人在有正当理由的情况下,比如年老多病、无法履行监护职责、移民等,也可以主动申请变更监护人。①

不过,监护人基于正当理由申请变更监护人,并不当然导致监护关系终止、监护人

---

① 比如,北京市第二中级人民法院(2019)京 02 民终 1754 号民事裁定书认为:“监护人由于智力、体力的相对欠缺或其他客观原因而难以为继监护职责时,法律赋予其辞任权或拒任权。”

的变动,需要依原监护人的确定办法履行相应的变更程序,否则仍然属于"擅自变更监护人"。

(三)变更监护人的程序

《民法典》第31条第4款关于"监护人被指定后,不得擅自变更;擅自变更的,不免除被指定的监护人的责任"的规定,尽管仅适用于被监护人住所地的居民委员会、村民委员会或者民政部门指定的监护人和人民法院指定的监护人,但至少也意味着,监护人的变更不得擅自进行,而应当履行相应的程序。

根据监护人确定的办法、变更事由的不同,变更监护人的程序也有所不同,具体如下:

1. 法院指定的监护人的变更程序

对于法院依法指定的监护人来说,依变更事由的不同,需要履行不同的程序:

一是如监护人资格被法院撤销,根据《民法典》第36条的规定,应当由法院同时指定新的监护人。

二是如监护人丧失监护能力或死亡,这将导致监护关系的终止,根据《民法典》第39条第2款关于"监护关系终止后,被监护人仍然需要监护的,应当依法另行确定监护人"的规定,依法另行确定监护人即可,比如由依法具有监护资格的人重新协议确定监护人,或者按照《民法典》第27条第2款或第28条规定的监护顺序确定监护人,并非必须由法院另行指定监护人;但是,如果有关当事人对另行确定监护人发生争议,则应当适用《民法典》第31条规定的指定监护制度。

三是如监护人有正当理由主动申请变更监护人,包括协议变更监护人,也应由法院判决指定新的监护人,否则属于"擅自变更监护人"。《民法典总则编解释》第12条第2款关于"被依法指定的监护人与其他具有监护资格的人之间协议变更监护人的,人民法院应当尊重被监护人的真实意愿,按照最有利于被监护人的原则作出裁判"的规定,就明确了这一要求。

需要注意的是,在法院指定监护人的情形,法院也应遵守《民法典》第31条第4款关于"监护人被指定后,不得擅自变更"的规定。

2. 居民委员会(或村民委员会)或民政部门指定的监护人的变更程序

对于居民委员会(或村民委员会)或民政部门依法指定的监护人来说,依变更事由的不同,需要履行不同的程序:

一是如监护人资格被法院撤销,根据《民法典》第36条的规定,应当由法院同时指定新的监护人。

二是如监护人丧失监护能力或死亡,这将导致监护关系的终止,根据《民法典》第39条第2款关于"监护关系终止后,被监护人仍然需要监护的,应当依法另行确定监护人"的规定,依法另行确定监护人即可,比如由依法具有监护资格的人重新协议确定监护人,或者按照《民法典》第27条第2款或第28条规定的监护顺序确定监护人,并非必须由原指定主体(居民委员会、村民委员会或民政部门)另行指定监护人;但是,如果有关当事人对另行确定监护人发生争议,则应当适用《民法典》第31条规定的指定监护制度。

三是如监护人有正当理由主动申请变更监护人，包括协议变更监护人，也应由原指定主体（居民委员会、村民委员会或民政部门）重新指定新的监护人，否则可能属于“擅自变更监护人”。

需要注意的是，在居民委员会（或村民委员会）或民政部门依法指定监护人之后，作出指定的该居民委员会（或村民委员会）或民政部门也应遵守《民法典》第31条第4款关于“监护人被指定后，不得擅自变更”的规定。

比如，在马某与袁某、南召县太山庙乡梁沟村村民委员会申请撤销监护人资格纠纷案中，针对被告南召县太山庙乡梁沟村村民委员会在2017年8月5日指定被告袁某为原告马某及原告子女的监护人之后又于2018年11月21日出具声明声称“2017年8月5日梁沟村委出具的‘指定袁某军大哥袁某为马某及两个儿女监护人的证明’无效”的行为，河南省南召县人民法院（2019）豫1321民初3564号民事判决书认为：“袁某军因交通事故死亡，肇事方赔偿48.2万元，袁某军的妻子即原告马某患有精神分裂症为限制民事行为能力人，住所地的村民委员会即被告南召县太山庙乡梁沟村村民委员会指定袁某军的哥哥即被告袁某为原告及其子女的监护人，保管该赔偿款。后被告南召县太山庙乡梁沟村村民委员会于2017年8月5日出具了‘指定袁某军大哥袁某为马某及两个儿女监护人的证明’‘无效’的声明，根据《中华人民共和国民法总则》第三十一条第四款‘监护人被指定后，不得擅自变更；擅自变更的，不免除被指定的监护人的责任’的规定，该声明无效。”

问题是，在居民委员会（或村民委员会）或民政部门指定监护人的情形，被指定的监护人与其他具有监护资格的人之间协议变更监护人是否需要适用《民法典总则编解释》第12条第2款的规定，取得法院的许可？

就此，在居民委员会（或村民委员会）或民政部门指定监护人的情形，不论是有关当事人均未向法院申请指定监护人，还是有关当事人向法院申请指定监护人但被裁定驳回，只要未发生“对监护人的变更有争议”，都无须向法院申请认可；但是，由于《民法典》第31条第4款所说的“监护人被指定后，不得擅自变更”，既包含“监护人被人民法院指定后，不得擅自变更”的含义，也包含“监护人被居民委员会、村民委员会或民政部门指定后，不得擅自变更”的含义，因此，被居民委员会（或村民委员会）或民政部门依法指定的监护人，如与其他具有监护资格的人之间协议变更监护人，应当取得原指定主体（居民委员会、村民委员会或民政部门）的同意，否则就属于“擅自变更”，不能发生监护人变更的效力，应当适用“擅自变更的，不免除被指定的监护人的责任”的规定。

3. 遗嘱指定的监护人的变更程序

对于作为被监护人的监护人的父母根据《民法典》第29条的规定通过遗嘱指定的监护人来说，依变更事由的不同，需要履行不同的程序：

一是如监护人资格被法院撤销，根据《民法典》第36条的规定，应当由法院同时指定新的监护人。

二是如监护人丧失监护能力或死亡，这将导致监护关系的终止，根据《民法典》第39条第2款关于“监护关系终止后，被监护人仍然需要监护的，应当依法另行确定监护人”的规定，依法另行确定监护人即可，比如由依法具有监护资格的人重新协议确定监护人,或者按照《民法典》第 27 条第 2 款或第 28 条规定的监护顺序确定监护人;但是,如果有关当事人对另行确定监护人发生争议,则应当适用《民法典》第 31 条规定的指定监护制度。

三是如监护人有正当理由主动申请变更监护人,则应由其与其他在当时依法具有监护资格的人协商一致,协议确定新的监护人,否则属于“擅自变更监护人”。

4. 协议确定的监护人的变更程序

对于依法具有监护资格的人根据《民法典》第 30 条协议确定的监护人来说,依变更事由的不同,需要履行不同的程序:

一是如监护人资格被法院撤销,根据《民法典》第 36 条的规定,应当由法院同时指定新的监护人。

二是如监护人丧失监护能力或死亡,这将导致监护关系的终止,根据《民法典》第 39 条第 2 款关于“监护关系终止后,被监护人仍然需要监护的,应当依法另行确定监护人”的规定,依法另行确定监护人即可,比如由依法具有监护资格的人重新协议确定监护人,或者按照《民法典》第 27 条第 2 款或第 28 条规定的监护顺序确定监护人,并非必须由原协议当事人当中仍然具有监护资格的人重新协议确定新的监护人;但是,如果有关当事人对另行确定监护人发生争议,则应当适用《民法典》第 31 条规定的指定监护制度。

三是如监护人有正当理由主动申请变更监护人,也应由原协议当事人当中仍然具有监护资格的人重新协商一致,协议确定新的监护人,否则属于“擅自变更监护人”。

(四)擅自变更监护人的效力

《民法典》第 31 条第 4 款规定了监护人被指定后擅自变更监护人的效力,即:“监护人被指定后,不得擅自变更;擅自变更的,不免除被指定的监护人的责任”。

据此,在监护人被指定之后,擅自变更监护人的行为将不产生监护人变更的效力,被指定的监护人仍然应当依法履行监护职责、承担监护责任。从而,对于正在担任监护人的主体来说,《民法典》第 31 条第 4 款可以成为其对抗与其争夺监护权的其他主体的依据。

需要注意的是,《民法典》第 31 条第 4 款只是明确了被指定的监护人的责任不因擅自变更而免除,至于擅自变更后的主体是否因擅自变更行为而须履行监护职责、承担监护责任,则未作规定。

对此,《民通意见》(已废止)第 18 条曾规定:“监护人被指定后,不得自行变更。擅自变更的,由原被指定的监护人和变更后的监护人承担监护责任。”不过,考虑到擅自变更后的主体在身份上并不具有监护人资格,因而原则上不应要求其履行监护职责、承担监护责任,否则就相当于承认了擅自变更后的主体的监护人资格(当然,如果擅自变更后的主体也存在过错,则可以要求其承担与其过错相当的责任),因此,《民通意见》(已废止)第 18 条的上述规定不应再予以适用。从而,对于并非监护人的主体来说,《民法典》第 31 条第 4 款的规定也就成了其抗辩无须承担与监护有关的责任的依据。

比如,在金某 1 与黄某及金某 2、朱某离婚后财产纠纷案中,浙江省金华市中级人民法院(2019)浙 07 民终 5466 号民事判决书认为:"根据《中华人民共和国民法总则》第三十一条规定'监护人被指定后,不得擅自变更;擅自变更的,不免除被指定的监护人的责任',金某 1 未提供证据证明黄某已经法定程序被指定为监护人,其主张黄某作为监护人应承担三分之一责任的诉请于法无据。"

第三十二条　【兜底监护】没有依法具有监护资格的人的,监护人由民政部门担任,也可以由具备履行监护职责条件的被监护人住所地的居民委员会、村民委员会担任。

【条文通释】

《民法典》第 32 条是关于国家监护和基层群众性自治组织监护[①]的规定。

一、国家监护

(一)国家监护的定位

《民法典》第 32 条规定的"没有依法具有监护资格的人的,监护人由民政部门担任",即为国家监护制度。《民法典》第 32 条使用"没有依法具有监护资格的人的,监护人由民政部门担任"的表述,明确了国家监护制度的定位,即:国家监护是作为一种兜底性质的监护制度存在的。[②] 这跟《未成年人保护法》构建的"家庭监护为主体、社会监护为补充、国家监护为兜底"[③]的监护制度体系相一致。

需要注意的是,《民法典》第 28 条所说的"民政部门",指的是作为政府组成部门的

---

① 全国人民代表大会常务委员会时任副委员长李建国 2017 年 3 月 8 日在第十二届全国人民代表大会第五次会议上作的《关于〈中华人民共和国民法总则(草案)〉的说明》提及:"草案以家庭监护为基础,社会监护为补充,国家监护为兜底,对监护制度作了完善。"全国人大社会建设委员会主任委员何毅亭 2019 年 10 月 21 日在第十三届全国人民代表大会常务委员会第十四次会议上作的《关于〈中华人民共和国未成年人保护法(修订草案)〉的说明》也使用了"国家监护制度"的表述。值得一提的是,因民政部门、居民委员会、村民委员会均属"特别法人",实务中也有将《民法典》第 32 条规定的监护制度称为"特别法人监护"的。比如,司法部 2020 年 12 月公布的《公证书格式(修订征求意见稿)》"十二式之二:法定监护公证书格式"使用了"特别法人监护"的表述。

② 全国人民代表大会常务委员会时任副委员长李建国 2017 年 3 月 8 日在第十二届全国人民代表大会第五次会议上作的《关于〈中华人民共和国民法总则(草案)〉的说明》提及:"[《中华人民共和国民法总则》]草案以家庭监护为基础,社会监护为补充,国家监护为兜底,对监护制度作了完善。"

③ 民政部、国家发展和改革委员会 2021 年 5 月 24 日印发的《"十四五"民政事业发展规划》提出"健全完善未成年人保护法规制度。落实'家庭监护为主体、社会监护为补充、国家监护为兜底'的监护制度,形成家庭、社会、政府'三位一体'的未成年人保护合力。加强国家兜底监护体制机制建设,建立健全民政部门长期监护和临时监护措施。"此外,最高人民法院 2021 年 3 月 2 日发布的《未成年人司法保护典型案例》之六"某民政局诉刘某监护权纠纷案——遗弃未成年子女可依法撤销监护权"的"典型意义"也提到:"国家机关和社会组织兜底监护是家庭监护的重要补充,是保护未成年人合法权益的坚强后盾。"最高人民检察院 2021 年 5 月 31 日发布的《检察机关与各方力量携手构建未成年人保护大格局典型案(事)例》之案(事)例二"支持起诉 协同救助 建立监护侵害案件一体化 办案保护机制"的"典型意义"也提及:"未成年人保护法构建了以家庭监护为主,以监护支持、监督和干预为保障,以国家监护为兜底的未成年人监护制度体系。"

民政部门,其性质为机关法人,不应解释为经民政局批准成立的民政领域的组织。①

(二)国家监护的适用条件

1. 兜底担任监护人

《民法典》第32条使用的"没有依法具有监护资格的人的,监护人由民政部门担任"的表述,明确了国家监护的适用条件,即:只有在"没有依法具有监护资格的人"的情况下,才由民政部门担任监护人;如果被监护人有依法具有监护资格的人,则不应由民政部门担任监护人。

比如,在严某与向某宣告公民无民事行为能力案中,重庆市城口县人民法院(2021)渝0229民特228号民事判决书认为:"本案中,申请人严某与被申请人发生离婚纠纷,严某作为配偶已不适合担任向某的监护人,按照法律顺位,监护人应由向某的父母、子女担任,因向某无子女,母亲患病,故向某易作为父亲担任监护人,符合法律规定,也有利于被监护人利益。监护人由民政部门担任,或者由具备履行监护职责条件的被监护人住所地的居民委员会、村民委员会担任,需以没有依法具有监护资格的人为前提,故向某易以自身缺乏监护能力拒绝担任监护人的理由不能成立。"

又如,在王某弟等与安某生等生命权纠纷案中,甘肃省天水市秦州区人民法院(2020)甘0502民初4139号民事判决书认为:"本案中,判断村委会和民政局是否应承担赔偿责任,实质上是要明确安某生的监护人是谁的问题。根据上述法律规定,如安某生没有法定监护人,则民政局或村委会应担任监护人,结合审理查明的事实,安某生妻子系精神残疾人,其父母亦均已去世,其子安某元已成年,即应按顺序成为安某生的法定监护人。虽然安某元常年在外打工,目前无法取得联系,亦未履行监护职责,但并不影响其是安某生的监护人这一事实。各原告称安某元精神状况是否正常、甚至是否在世均是待明确的问题,故应由村委会和民政局承担监护责任,但于法无据,且对于认定公民无民事行为能力或者限制民事行为能力、宣告失踪或者宣告死亡均需经过法定程序认定,原告的推测没有相应证据证实,亦未经法定程序认定,对其诉讼请求,本院不予支持。"

同样地,根据《民法典》第32条的规定,只要在"没有依法具有监护资格的人"的情况下,原则上就由民政部门担任监护人。

其中,《民法典》第32条所说的"没有依法具有监护资格的人",就未成年人而言,指的是父母已经死亡或者父母虽尚在但都没有监护能力,且祖父母、外祖父母已经死亡或者祖父母、外祖父母虽尚在但都没有监护能力,且没有兄、姐或兄、姐已经死亡或者兄、姐虽尚在但都没有监护能力,也没有"其他个人或组织愿意担任其监护人"或者虽有其他个人或组织愿意担任其监护人但被监护人住所地的居民委员会(或村民委员会)和民政部门均不同意该个人或组织担任其监护人;就无民事行为能力或者限制民事行为能力的成年人而言,指的是没有配偶或配偶已经死亡或配偶虽然尚在但没有监护能力,且父母已经死亡或者父母虽尚在但都没有监护能力,且没有子女或子女已经

① 比如,在黄某某申请认定陆某某无民事行为能力案中,上海市闵行区人民法院(2024)沪0112民特206号民事判决书认为:"上海闵行区某某社会监护服务中心是上海市闵行区民政局批准成立的民政部门,具有监护资质,故应由该中心担任陆某某的监护人"。

死亡或子女虽然尚在但都没有监护能力,且没有其他近亲属或其他近亲属都已经死亡或者都没有监护能力,也没有“其他个人或组织愿意担任其监护人”或者虽有其他个人或组织愿意担任其监护人但被监护人住所地的居民委员会(或村民委员会)和民政部门均不同意该个人或组织担任其监护人。

2. 兜底申请撤销监护人资格

需要注意的是,除了《民法典》第 32 条,《民法典》第 36 条第 3 款关于“前款规定的个人和民政部门以外的组织未及时向人民法院申请撤销监护人资格的,民政部门应当向人民法院申请”的规定,也属于国家监护制度的内容,规定了在监护人存在撤销监护人资格的法定事由的情况下,如果有关个人和其他组织都没有及时向人民法院申请撤销监护人资格,民政部门就负有向人民法院申请撤销监护人资格的义务。

(三)民政局担任监护人是否需要法院指定

由于《民法典》第 32 条使用了“没有依法具有监护资格的人的,监护人由民政部门担任”的表述,因此,民政局兜底担任监护人是基于法律的规定,无须法院或其他主体指定,也无须协商确定或经其他主体认定。①

实务中,在被监护人没有依法具有监护资格的人的情况下,即使没有相关主体申请,有的裁判意见也会直接将民政部门认定为或指定为监护人。② 当然,法院通常也会基于相关主体的申请将民政部门指定为监护人。③

① 比如,辽宁省朝阳市双塔区人民法院(2021)辽 1302 民特 597 号民事裁定书甚至认为:“虽然《中华人民共和国民法典》第三十二条规定‘没有依法具有监护资格的人的,监护人由民政部门担任,也可以由具备履行监护职责条件的被监护人住所地的居民委员会、村民委员会担任’,但该规定中所陈述的由民政部门或者由具备履行监护职责条件的被监护人住所地的居民委员会、村民委员会担任被监护人的监护人指的是法律规定的监护人,即法定监护人,不需要由相关利害关系人申请指定。”尽管辽宁省朝阳市双塔区人民法院(2021)辽 1302 民特 597 号民事裁定(认为申请人杨某茹提起的要求为被监护人张某宇指定监护人的起诉不符合《中华人民共和国民事诉讼法》第一百二十二条规定的起诉条件,裁定驳回起诉)被辽宁省朝阳市中级人民法院(2022)辽 13 民终 1470 号民事裁定撤销了(认为本案中,杨某茹因继承问题申请人民法院指定张某宇的监护人,符合主体条件,一审法院应当受理),但其上述意见是符合《民法典》第 32 条的精神的。

② 比如,在某某财产保险股份有限公司宁夏分公司营业部与宁夏金某捷物流有限责任公司财产保险合同纠纷案中,宁夏回族自治区银川市中级人民法院(2020)宁 01 民终 676 号民事判决书直接将案外人内乡县民政局认定为无名氏女的监护人;又如,在永泰县民政局与林某宾、林某兰申请撤销监护人资格案中,尽管永泰县民政局的请求是“依法撤销林某宾、林某兰对林某 2 的监护人资格并依法另行指定监护人”,但是,福建省永泰县人民法院(2021)闽 0125 民特 28 号民事判决书认为:“从对未成年人特殊、优先保护原则和未成年人最大利益原则出发,由永泰县民政局取得林某 2 的监护权,更有利于保护林某 2 的生存、受教育、医疗保障等权利。”

③ 比如,河南省洛阳市瀍河回族区人民法院(2020)豫 0304 民特 26 号民事判决书认为:“杨某源现年八周岁,目前近亲属均无能力担任其监护人。为维护杨某源的合法权益,按照最有利于被监护人的原则依据河南省洛阳市瀍河回族区东关街道办事处通巷社区居民委员会的申请,由被申请人洛阳市瀍河回族区民政局担任杨某源的监护人较为适宜。”又如,浙江省天台县人民法院(2020)浙 1023 民特 382 号民事判决书认为,本案中,被申请人王某杏作为限制民事行为能力人已不具备监护能力,且被申请人王某杏在 2019 年 7 月 18 日实施了严重损害被监护人陈某城身心健康的行为,故本院对申请人天台县石梁镇慈圣村村民委员会申请撤销被申请人王某杏作为陈某城的监护人资格的请求予以支持。另外,因天台县民政局明确表示愿意担任陈某城的监护人,根据《中华人民共和国民法总则》第三十二条……的规定,本院对申请人天台县石梁镇慈圣村村民委员会请求指定民政部门担任陈某城监护人的请求也予以支持。

(四)国家监护的具体实施

需要注意的是,由民政部门担任监护人,并不意味着必须由民政部门直接承担抚养、扶养的义务。

比如,针对未成年人的国家监护,《未成年人保护法》第 96 条第 2 款规定:“县级以上人民政府及其民政部门应当根据需要设立未成年人救助保护机构、儿童福利机构,负责收留、抚养由民政部门监护的未成年人。”《最高人民法院、最高人民检察院、公安部、民政部关于依法处理监护人侵害未成年人权益行为若干问题的意见》(法发〔2014〕24 号)第 36 条第 3 款也规定:“没有合适人员和其他单位担任监护人的,人民法院应当指定民政部门担任监护人,由其所属儿童福利机构收留抚养。”

结合《民政部对“关于进一步做好〈未成年人保护法〉贯彻工作的建议”的答复》(民函〔2021〕611 号)所说的“《中华人民共和国民法典》总则中对监护设立专节进行了规定。《未成年人保护法》就相关问题进行了明确,规定民政部门对孤儿和监护人丧失监护能力或者被撤销监护资格,并且没有其他人可以担任监护人的儿童依法进行长期监护,对父母或者其他监护人因为主观或客观原因导致出现监护缺失的儿童进行临时监护,对自身因为遭受性侵、欺凌等严重伤害或面临人身安全威胁的儿童进行紧急安置、临时监护。目前,民政部门儿童福利领域的两类机构承担以上职责,由各地的儿童福利机构负责长期监护、未成年人救助保护机构负责临时监护”,在民政部门担任未成年人的监护人的情况下,现阶段主要由民政部门设立的儿童福利机构负责履行具体的监护职责。

二、基层群众性自治组织监护

在“没有依法具有监护资格的人”的情况下,由于《民法典》第 32 条在规定“监护人由民政部门担任”的基础上,同时规定了“也可以由具备履行监护职责条件的被监护人住所地的居民委员会、村民委员会担任”,因此,符合条件的被监护人住所地的基层群众性自治组织也可以担任监护人,作为国家监护的补充,与国家监护共同组成兜底监护制度。

当然,基层群众性自治组织担任监护人也需要满足特定的前提条件,即:一是只有在“没有依法具有监护资格的人”的情况下,才有基层群众性自治组织担任监护人的余地;如果被监护人有依法具有监护资格的人,则不应由基层群众性自治组织担任监护人。这跟国家监护的适用条件是一致的。二是基层群众性自治组织担任监护人,必须满足“具备履行监护职责条件”的要求;如果不具备履行监护职责的条件,则不能担任监护人。

需要注意的是,由于《民法典》第 32 条使用了“没有依法具有监护资格的人的,监护人由民政部门担任,也可以由……担任”的表述,因此,应当以“由民政部门担任监护人”为原则、以“由具备履行监护职责条件的被监护人住所地的居民委员会、村民委员会担任监护人”为例外。对此,最高人民法院 2021 年 3 月 2 日发布的《未成年人司法保护典型案例》之六“某民政局诉刘某监护权纠纷案——遗弃未成年子女可依法撤销监护权”的“典型意义”也提出:“在重新指定监护人时,如果没有依法具有监护资格的人,一般由民政部门担任监护人,也可以由具备履行监护职责条件的被监护人住所地的居民委员会、村民委员会担任。"

问题是,在被监护人住所地的居民委员会或村民委员会具备履行监护职责条件的情况下,如何确定由居民委员会或村民委员会担任监护人?这涉及作为行政机关的民政部门与作为基层群众性自治组织的居民委员会或村民委员会的职能履行和衔接。其中,就居民委员会或村民委员会担任监护人而言,应当由其根据《城市居民委员会组织法》或《村民委员会组织法》等的规定作出同意担任监护人的决定。实务中,通常由被监护人住所地的居民委员会或村民委员会主动向法院提出担任监护人的申请并在法院指定后担任监护人。[①]

第三十三条 【意定监护】具有完全民事行为能力的成年人,可以与其近亲属、其他愿意担任监护人的个人或者组织事先协商,以书面形式确定自己的监护人,在自己丧失或者部分丧失民事行为能力时,由该监护人履行监护职责。

【条文通释】

《民法典》第 33 条是关于意定监护[②]的规定。

一、意定监护的适用主体

由于《民法典》第 33 条使用了"具有完全民事行为能力的成年人,可以与……事先协商,以书面形式确定自己的监护人"的表述,因此,能够适用意定监护的主体限于"具有完全民事行为能力的成年人",而不论是无民事行为能力的成年人,还是限制民事行为能力的成年人,抑或未成年人,都不能采用意定监护。

需要注意的是,尽管《民法典》第 18 条第 2 款规定了"十六周岁以上的未成年人,以自己的劳动收入为主要生活来源的,视为完全民事行为能力人",但是,由于"视为完全民事行为能力人"的"以自己的劳动收入为主要生活来源的十六周岁以上的未成年人"在身份上仍然属于"未成年人",并非"成年人",因此,"视为完全民事行为能力人"的"以自己的劳动收入为主要生活来源的十六周岁以上的未成年人"也不能采用意定监护。

实务中,采用意定监护的主体通常是具有完全民事行为能力的老年人。对此,《老年人权益保障法》第 26 条第 1 款规定:"具备完全民事行为能力的老年人,可以在近亲属或者其他与自己关系密切、愿意承担监护责任的个人、组织中协商确定自己的监护人。监护人在老年人丧失或者部分丧失民事行为能力时,依法承担监护责任。"

---

① 比如,天津市南开区人民法院(2023)津 0104 民特 69 号民事判决书、北京市东城区人民法院(2022)京 0101 民特 148 号民事判决书、上海市嘉定区人民法院(2022)沪 0114 民特 44 号民事判决书。

② 《最高人民法院关于为实施积极应对人口老龄化国家战略提供司法服务和保障的意见》(法发〔2022〕15 号)使用了"意定监护协议"的表述,最高人民法院 2022 年 4 月发布的《老年人权益保护第二批典型案例》中的"孙某乙申请变更监护人纠纷案"直接使用了"意定监护"和"法定监护"的表述。

二、意定监护的监护人范围

由于《民法典》第 33 条使用了“具有完全民事行为能力的成年人,可以与其近亲属、其他愿意担任监护人的个人或者组织事先协商,以书面形式确定自己的监护人”的表述,因此,有资格成为意定监护的监护人的主体范围包括:(1)具有完全民事行为能力的成年人的近亲属,即其配偶、父母、子女、兄弟姐妹、祖父母、外祖父母、孙子女、外孙子女为近亲属;(2)其他愿意担任监护人的个人或者组织。上述范围与《民法典》第 28 条针对无民事行为能力或限制民事行为能力的成年人规定的监护人范围是一致的。

不过,需要注意的是,就“其他愿意担任监护人的个人或组织”而言,与《民法典》第 28 条规定了“须经被监护人住所地的居民委员会、村民委员会或者民政部门同意”不同,具有完全民事行为能力的成年人通过意定监护确定其他愿意担任监护人的个人或者组织担任其监护人,无须取得该成年人住所地的居民委员会、村民委员会或者民政部门同意。

当然,根据《民法典》第 28 条关于“无民事行为能力或者限制民事行为能力的成年人,由下列有监护能力的人按顺序担任监护人:……”的规定和第 39 条第 1 款第 2 项关于“有下列情形之一的,监护关系终止:……(二)监护人丧失监护能力”的规定,有资格成为意定监护的监护人的主体必须在需要其担任监护人时具有监护能力,否则也不能适用意定监护。

此外,由于“近亲属、其他愿意担任监护人的个人”是意定监护协议的当事人,因此,在订立意定监护协议时,该个人原则上应当具有完全民事行为能力。如该个人在订立意定监护协议时尚未成年,则应由其法定代理人根据《民法典》第 23 条的规定代理与该具有完全民事行为能力的成年人订立意定监护协议。但是,如果在该具有完全民事行为能力的成年人丧失或部分丧失民事行为能力时,该个人仍未成年,则因其不具有完全民事行为能力、不具有监护资格而不能担任监护人,也就不能适用意定监护。

三、意定监护协议

(一)意定监护的形式要件

《民法典》第 33 条关于“具有完全民事行为能力的成年人,可以与其近亲属、其他愿意担任监护人的个人或者组织事先协商,以书面形式确定自己的监护人”的规定所说的“事先协商”,表明意定监护属于双方行为,不是“具有完全民事行为能力的成年人”单方所能决定的事务。因为既是“事先协商”,那就需要取得“其近亲属、其他愿意担任监护人的个人或者组织”的同意,对“其近亲属、其他愿意担任监护人的个人或者组织”才有约束力,而不能像《民法典》第 29 条规定的遗嘱监护那样,由具有完全民事行为能力的成年人单方指定监护人;而该规定所说的“以书面形式确定”则表明,意定监护不能采取口头形式。据此,意定监护属于要式行为,应当订立书面的意定监护协议,其当事人是“具有完全民事行为能力的成年人”和“其近亲属、其他愿意担任监护人的个人或者组织”。

其中,根据《民法典》第 464 条第 2 款关于“婚姻、收养、监护等有关身份关系的协议,适用有关该身份关系的法律规定;没有规定的,可以根据其性质参照适用本编规定"的规定,《民法典》第 33 条所说的"书面形式",适用《民法典》第 469 条第 2 款和第 3 款的规定,即"书面形式是合同书、信件、电报、电传、传真等可以有形地表现所载内容的形式。以电子数据交换、电子邮件等方式能够有形地表现所载内容,并可以随时调取查用的数据电文,视为书面形式"。

(二)意定监护协议的成立与生效

在性质上,意定监护协议是监护协议的一种,与《民法典》第 30 条所说的"依法具有监护资格的人之间可以协议确定监护人"中的"协议"一样,都属于《民法典》第 464 条第 2 款所说的"有关身份关系的协议"。

由于《民法典》没有针对意定监护协议的成立与生效作出特别规定,因此,根据《民法典》第 464 条第 2 款关于"婚姻、收养、监护等有关身份关系的协议,适用有关该身份关系的法律规定;没有规定的,可以根据其性质参照适用本编规定"的规定,在当事人没有特别约定的情况下,意定监护协议的成立与生效应当参照适用《民法典》合同编有关合同成立与生效的一般规定。

需要注意的是,《民法典》第 33 条所说的"在自己丧失或者部分丧失民事行为能力时,由该监护人履行监护职责",指的是意定监护的生效,而非意定监护协议的生效。在生效时间方面,在当事人没有特别约定的情况下,意定监护协议自成立时生效,而不是在该成年人丧失或部分丧失民事行为能力后生效。这跟《民法典》第 215 条针对设立、变更、转让和消灭不动产物权的合同的生效时间所规定的"当事人之间订立有关设立、变更、转让和消灭不动产物权的合同,除法律另有规定或者当事人另有约定外,自合同成立时生效;未办理物权登记的,不影响合同效力"是类似的。

也就是说,意定监护协议的生效与意定监护的生效属于不同的事项,意定监护协议生效并不意味着意定监护当然就生效。

(三)意定监护协议的解除

需要注意的是,由于意定监护协议属于有关身份关系的协议,因此,意定监护协议的解除有其特殊性,不能简单地直接适用《民法典》合同编通则有关合同解除的一般规定。

对此,《民法典总则编解释》第 11 条第 1 款规定:"具有完全民事行为能力的成年人与他人依据民法典第三十三条的规定订立书面协议事先确定自己的监护人后,协议的任何一方在该成年人丧失或者部分丧失民事行为能力前请求解除协议的,人民法院依法予以支持。该成年人丧失或者部分丧失民事行为能力后,协议确定的监护人无正当理由请求解除协议的,人民法院不予支持",第 2 款规定:"该成年人丧失或者部分丧失民事行为能力后,协议确定的监护人有民法典第三十六条第一款规定的情形之一,该条第二款规定的有关个人、组织申请撤销其监护人资格的,人民法院依法予以支持。"

根据上述规定,在具有完全民事行为能力的成年人与他人已经订立意定监护协议的情况下,在该成年人丧失或者部分丧失民事行为能力之前,协议的任何一方都有权解除协议,即享有任意解除权;但是,在该成年人丧失或者部分丧失民事行为能力之后,协议确定的监护人就应当履行监护职责,如无正当理由,不得主动要求解除意定监护协议、变更监护人,也不得拒绝担任监护人。

四、意定监护的生效要件

尽管《民法典》第 33 条没有直接作出规定,但是,意定监护的生效仍然需要满足一定的条件。

(一)生效条件之一:该成年人丧失或者部分丧失民事行为能力

由于《民法典》第 33 条使用了"以书面形式确定自己的监护人,在自己丧失或者部分丧失民事行为能力时,由该监护人履行监护职责"的表述,因此,意定监护的生效,须以该成年人"丧失或者部分丧失民事行为能力"为条件;在该成年人仍然具有完全民事行为能力的情况下,其本人不需要监护,不存在适用意定监护的余地。

比如,在何某美与李某阳等机动车交通事故责任纠纷案中,河南省原阳县人民法院(2019)豫 0725 民初 1741 号民事判决书认为:"本案中,何某美属于完全民事行为能力人,可以书面形式确定监护人,但依据民法总则规定,监护人只是在该成年人丧失或者部分丧失民事行为能力时,履行监护职责,何某美现在并没有丧失或者部分丧失民事行为能力,不用监护人履行监护职责……"

也因此,意定监护属于《民法典》第 158 条所说的"附生效条件的民事法律行为",应当适用《民法典》第 158 条关于"附生效条件的民事法律行为,自条件成就时生效"的规定和第 159 条关于"附条件的民事法律行为,当事人为自己的利益……不正当地促成条件成就的,视为条件不成就"的规定。

(二)生效条件之二:协议确定的监护人在该成年人丧失或者部分丧失民事行为能力时具有监护能力

尽管《民法典》第 33 条本身并没有直接规定意定监护协议确定的监护人须有监护能力,但是,结合《民法典》第 28 条关于"无民事行为能力或者限制民事行为能力的成年人,由下列有监护能力的人按顺序担任监护人:……"和第 39 条第 1 款第 2 项关于"有下列情形之一的,监护关系终止:……(二)监护人丧失监护能力"的规定,在该成年人丧失或部分丧失民事行为能力时,如果意定监护协议确定担任其监护人的个人或组织不具有监护能力,那么,该个人或组织自然也就不具有监护资格、不能担任监护人,意定监护也就不能生效。因此,可以认为,协议确定的监护人在该成年人丧失或者部分丧失民事行为能力时具有监护能力,也是意定监护的生效要件。

需要注意的是,如果意定监护协议确定担任监护人的个人或组织在该成年人丧失或者部分丧失民事行为能力时具有监护能力,则应当认定意定监护生效;至于该个人或组织在其后因故丧失监护能力,也只是导致已经生效的意定监护终止,应当适用《民法典》第 39 条第 1 款第 2 项关于"有下列情形之一的,监护关系终止:……(二)监护人丧失监护能力"和第 2 款关于"监护关系终止后,被监护人仍然需要监护的,应当依法另行确定监护人"的规定,依法为该丧失或部分丧失民事行为能力的成年人确定新的监护人。

还需注意的是,《民法典》第 33 条本身并没有要求意定监护协议确定担任监护人的个人或组织在该协议订立之时就具有监护能力。根据《民法典》第 18 条第 2 款关于“十六周岁以上的未成年人,以自己的劳动收入为主要生活来源的,视为完全民事行为能力人”的规定,“以自己的劳动收入为主要生活来源”的“十六周岁以上的未成年人”,因其被视为“完全民事行为能力人”,可以以具有完全民事行为能力的成年人的近亲属或其他愿意担任监护人的个人的身份,与该成年人订立意定监护协议,约定由该未成年人在该成年人丧失或部分丧失民事行为能力时担任其监护人。该未成年人在订立意定监护协议之时不具有监护能力这一事实本身不影响该意定监护协议的效力。只要在该成年人丧失或部分丧失民事行为能力之时,该协议确定担任其监护人的主体具有监护能力,意定监护即生效。

五、父母通过协议确定未成年子女的监护人

如前所说,《民法典》第 33 条规定的意定监护制度,只适用于具有完全民事行为能力的成年人通过与他人订立协议的方式来预先为自己确定自己丧失或部分丧失民事行为能力时的监护人;而《民法典》第 29 条规定的遗嘱监护制度,则只适用于担任监护人的父母通过订立遗嘱的方式来预先为作为被监护人的子女指定自己死亡后的监护人,《民法典》本身没有规定父母可以通过与他人订立协议的方式来预先为子女确定自己丧失或部分丧失民事行为能力时的监护人。

不过,借鉴《民法典》第 29 条关于遗嘱监护的规定和《民法典》第 33 条关于意定监护的规定,《民法典总则编解释》创设了一种新的确定监护人的制度,即:未成年人的父母可以通过事先与他人订立协议的方式,来为该未成年人确定父母丧失监护能力时的监护人。对此,《民法典总则编解释》第 8 条第 1 款规定:“未成年人的父母与其他依法具有监护资格的人订立协议,……协议约定在未成年人的父母丧失监护能力时由该具有监护资格的人担任监护人的,人民法院依法予以支持。”

该规定所说的“未成年人的父母与其他依法具有监护资格的人订立协议”中有关“在未成年人的父母丧失监护能力时由该具有监护资格的人担任监护人”的约定,是与遗嘱监护相并列的指定监护人的制度,使得未成年人的父母可以通过协议的方式,事先确定自己丧失监护能力后由谁来担任未成年子女的监护人。

当然,该规定所说的“其他依法具有监护资格的人”,指的是《民法典》第 27 条第 2 款所列的主体,与《民法典》第 33 条所说的“近亲属、其他愿意担任监护人的个人或者组织”略有不同,后者指的是《民法典》第 28 条所列的主体。

六、意定监护与法定监护、协议监护

(一)意定监护与法定监护

《民法典》本身没有直接规定意定监护与法定监护之间的关系。不过,根据《老年人权益保障法》第 26 条关于“具备完全民事行为能力的老年人,可以在近亲属或者其他与自己关系密切、愿意承担监护责任的个人、组织中协商确定自己的监护人。监护人在老年人丧失或者部分丧失民事行为能力时,依法承担监护责任。老年人未事先确定监护人的,其丧失或者部分丧失民事行为能力时,依照有关法律的规定确定监护人”

的规定，在具有完全民事行为能力的成年人与他人订立了合法有效的意定监护协议的情况下，在该成年人丧失或部分丧失民事行为能力时，《民法典》第 33 条规定的意定监护应当优先于《民法典》第 28 条规定的法定监护得到适用。

(二)意定监护与协议监护

《民法典》本身也没有直接规定意定监护与协议监护之间的关系。不过，考虑到意定监护是具有完全民事行为能力的成年人本人事先安排自己的监护人的制度，而协议监护则是依法具有监护资格的人事后协议确定他人的监护人的制度，因此，在具有完全民事行为能力的成年人与他人订立了合法有效的意定监护协议的情况下，在该成年人丧失或部分丧失民事行为能力时，本着最大程度地尊重被监护人本人真实意愿的原则，《民法典》第 33 条规定的意定监护应当优先于《民法典》第 30 条规定的协议监护得到适用。

第三十四条 【监护人的职责、权利和责任】监护人的职责是代理被监护人实施民事法律行为，保护被监护人的人身权利、财产权利以及其他合法权益等。

监护人依法履行监护职责产生的权利，受法律保护。

监护人不履行监护职责或者侵害被监护人合法权益的，应当承担法律责任。

因发生突发事件等紧急情况，监护人暂时无法履行监护职责，被监护人的生活处于无人照料状态的，被监护人住所地的居民委员会、村民委员会或者民政部门应当为被监护人安排必要的临时生活照料措施。

【条文通释】

《民法典》第 34 条是关于监护人的职责、权利和责任的规定。

一、监护人的职责

(一)《民法典》的原则性规定

监护人的职责，即监护职责。《民法典》第 34 条明确规定了监护人的两大职责，一是代理被监护人实施民事法律行为；二是保护被监护人的合法权益（包括人身权利、财产权利和其他合法权益）①，包括妥善管理和保护被监护人的财产②。在此基础上，《民

---

① 比如，在江苏省宿迁市人民检察院与章某消费民事公益诉讼案[载《江苏省高级人民法院公报》2021 年第 1 辑，(2021)参阅案例 2 号]中，江苏省宿迁市中级人民法院(2021)苏 13 民初 303 号民事判决书认为："文身并非未成年人生活的必需服务，也非未成年人成长和发展的促进因素，除未成年人存在身体外观矫正等特殊需求情况下，为未成年人文身的行为不具有保护未成年人利益的特征。即使未成年人监护人同意，从被监护人利益最大化的角度，向未成年人提供文身服务的行为也不具有正当性。"

② 《未成年人保护法》第 16 条第 7 项规定："未成年人的父母或者其他监护人应当履行下列监护职责：……(七)妥善管理和保护未成年人的财产。"

法典》第 34 条还以“等”字兜底，为法律法规规定和司法机关认定监护人的其他职责预留了空间。

其中，就代理被监护人实施民事法律行为而言，《民法典》第 23 条明确了监护人的法定代理人身份，即“无民事行为能力人、限制民事行为能力人的监护人是其法定代理人”；第 162 条规定了监护人实施的代理行为的效力，即“代理人在代理权限内，以被代理人名义实施的民事法律行为，对被代理人发生效力”；第 163 条第 2 款则要求“法定代理人依照法律的规定行使代理权”，其中的“法律的规定”，既包括有关其代理权限的规定，也包括有关如何行使代理权的规定，主要包括：

（1）《民法典》第 19 条关于“八周岁以上的未成年人为限制民事行为能力人，实施民事法律行为由其法定代理人代理或者经其法定代理人同意、追认；但是，可以独立实施纯获利益的民事法律行为或者与其年龄、智力相适应的民事法律行为”的规定。

（2）《民法典》第 20 条，即：“不满八周岁的未成年人为无民事行为能力人，由其法定代理人代理实施民事法律行为”。

（3）《民法典》第 21 条，即：“不能辨认自己行为的成年人为无民事行为能力人，由其法定代理人代理实施民事法律行为。八周岁以上的未成年人不能辨认自己行为的，适用前款规定”。

（4）《民法典》第 22 条，即：“不能完全辨认自己行为的成年人为限制民事行为能力人，实施民事法律行为由其法定代理人代理或者经其法定代理人同意、追认；但是，可以独立实施纯获利益的民事法律行为或者与其智力、精神健康状况相适应的民事法律行为”。

（5）《民法典》第 35 条，即：“监护人应当按照最有利于被监护人的原则履行监护职责。监护人除为维护被监护人利益外，不得处分被监护人的财产。未成年人的监护人履行监护职责，在作出与被监护人利益有关的决定时，应当根据被监护人的年龄和智力状况，尊重被监护人的真实意愿。成年人的监护人履行监护职责，应当最大程度地尊重被监护人的真实意愿，保障并协助被监护人实施与其智力、精神健康状况相适应的民事法律行为。对被监护人有能力独立处理的事务，监护人不得干涉”。

当然，结合《民法典》第 1085 条第 1 款关于“离婚后，子女由一方直接抚养的，另一方应当负担部分或者全部抚养费”，第 1086 条第 1 款关于“离婚后，不直接抚养子女的父或者母，有探望子女的权利，另一方有协助的义务”的规定，就未成年人而言，父母离婚后，保护未成年被监护人的人身、财产及其他合法权益等监护职责主要由直接抚养方承担。①

（二）《未成年人保护法》的具体规定

在《民法典》第 34 条第 1 款的原则性规定的基础上，其他法律也对监护人的职责作出了具体的规定。

比如，《未成年人保护法》第 16 条规定，未成年人的监护人应当履行下列监护职责：

---

① 北京市高级人民法院（2021）京民申 3888 号民事裁定书。

(1)为未成年人提供生活、健康、安全等方面的保障;

(2)关注未成年人的生理、心理状况和情感需求;

(3)教育和引导未成年人遵纪守法、勤俭节约,养成良好的思想品德和行为习惯;

(4)对未成年人进行安全教育,提高未成年人的自我保护意识和能力;

(5)尊重未成年人受教育的权利,保障适龄未成年人依法接受并完成义务教育;

(6)保障未成年人休息、娱乐和体育锻炼的时间,引导未成年人进行有益身心健康的活动;

(7)妥善管理和保护未成年人的财产;

(8)依法代理未成年人实施民事法律行为;

(9)预防和制止未成年人的不良行为和违法犯罪行为,并进行合理管教;

(10)其他应当履行的监护职责。

(三)监护人履行监护职责的要求

1.《民法典》的原则性规定

监护人应当如何履行监护职责?对此,《民法典》第35条作出了原则性的规定,包括:

一是监护人应当按照最有利于被监护人的原则履行监护职责。

二是监护人除为维护被监护人利益外,不得处分被监护人的财产。

三是未成年人的监护人履行监护职责,在作出与被监护人利益有关的决定时,应当根据被监护人的年龄和智力状况,尊重被监护人的真实意愿。

四是成年人的监护人履行监护职责,应当最大程度地尊重被监护人的真实意愿,保障并协助被监护人实施与其智力、精神健康状况相适应的民事法律行为。对被监护人有能力独立处理的事务,监护人不得干涉。

2.《未成年人保护法》的具体规定

在《民法典》上述规定的基础上,《未成年人保护法》还对未成年人的监护人履行监护职责提出了更加具体的要求。

比如,《未成年人保护法》第17条规定:“未成年人的父母或者其他监护人不得实施下列行为:(一)虐待、遗弃、非法送养未成年人或者对未成年人实施家庭暴力;(二)放任、教唆或者利用未成年人实施违法犯罪行为;(三)放任、唆使未成年人参与邪教、迷信活动或者接受恐怖主义、分裂主义、极端主义等侵害;(四)放任、唆使未成年人吸烟(含电子烟,下同)、饮酒、赌博、流浪乞讨或者欺凌他人;(五)放任或者迫使应当接受义务教育的未成年人失学、辍学;(六)放任未成年人沉迷网络,接触危害或者可能影响其身心健康的图书、报刊、电影、广播电视节目、音像制品、电子出版物和网络信息等;(七)放任未成年人进入营业性娱乐场所、酒吧、互联网上网服务营业场所等不适宜未成年人活动的场所;(八)允许或者迫使未成年人从事国家规定以外的劳动;(九)允许、迫使未成年人结婚或者为未成年人订立婚约;(十)违法处分、侵吞未成年人的财产或者利用未成年人牟取不正当利益;(十一)其他侵犯未成年人身心健康、财产权益或者不依法履行未成年人保护义务的行为”,第21条规定:“未成年人的父母或者其他监护人不得使未满八周岁或者由于身体、心理原因需要特别照顾的未成年人处于无人看护状态，或者将其交由无民事行为能力、限制民事行为能力、患有严重传染性疾病或者其他不适宜的人员临时照护。未成年人的父母或者其他监护人不得使未满十六周岁的未成年人脱离监护单独生活。”

二、监护权受法律保护

《民法典》第 34 条第 2 款对监护人的权利保护作出了原则性的规定，即：“监护人依法履行监护职责产生的权利，受法律保护”。其中的“监护人依法履行监护职责产生的权利”，即监护权①。

结合《民法典》第 3 条关于“民事主体的人身权利、财产权利以及其他合法权益受法律保护，任何组织或者个人不得侵犯”和第 120 条关于“民事权益受到侵害的，被侵权人有权请求侵权人承担侵权责任”的规定，在监护人依法履行监护职责产生的权利受到侵害时，监护人有权请求侵权人承担侵权责任。其中的侵权人，既包括共同监护人中的其他监护人，也包括其他依法具有监护资格的人，还包括依法具有监护资格的人之外的其他主体。对此，《民事案件案由规定》规定了三级案由“监护权纠纷”②和二级案由（也是一级案由）“侵权责任纠纷”③。

比如，最高人民法院指导性案例 228 号“张某诉李某、刘某监护权纠纷案”的第 1

---

① 就监护权而言，甘肃省高级人民法院（2017）甘民再 40 号民事判决书认为：“监护权是指对无民事行为能力人和限制民事行为能力人的人身、财产和其他合法权益依法进行监督和保护的权利或资格。监护权是基于特定的身份关系而产生的权利……”福建省高级人民法院（2020）闽民申 2158 号民事裁定书也认为：“监护权是指对无民事行为能力人和限制民事行为能力人的人身、财产和其他合法权益依法进行监督和保护的权利或资格”。

② 《民事案件案由规定》没有直接规定“监护权侵权责任纠纷”案由，《最高人民法院关于印发修改后的〈民事案件案由规定〉的通知》（法〔2020〕347 号）提及：“根据民法典侵权责任编的相关规定，该编的保护对象为民事权益，具体范围是民法典总则编第五章所规定的人身、财产权益。这些民事权益，又分别在人格权编、物权编、婚姻家庭编、继承编等予以了细化规定，而这些民事权益纠纷往往既包括权属确认纠纷也包括侵权责任纠纷，……修改后的《案由规定》将这些侵害民事权益侵权责任纠纷案由仍旧分别保留在‘人格权纠纷’‘婚姻家庭、继承纠纷’‘物权纠纷’‘知识产权与竞争纠纷’等第一级案由体系项下，……具体适用时，涉及侵权责任纠纷的，为明确和统一法律适用问题，应当先适用第九部分‘侵权责任纠纷’项下根据侵权责任编相关规定列出的具体案由；没有相应案由的，再适用‘人格权纠纷’‘物权纠纷’‘知识产权与竞争纠纷’等其他部分项下的具体案由。”比如，在郑某与周某侵权责任纠纷案中，北京市第三中级人民法院（2019）京 03 民辖终 1266 号民事裁定书认为：“本院经审查认为，本案系周某以侵权责任纠纷为由提起的诉讼。周某主张郑某在北京市朝阳区 xxx 将双方所生双胞胎子女抢走，故周某诉至一审法院，请求判令郑某停止侵害周某对双胞胎孩子的监护权，立即将孩子送至家庭居住地北京市朝阳区 xxx；请求判令周某有权对双胞胎孩子行使监护权，郑某不得阻止，每个自然月第一周、第三周由周某行使监护权，第二周、第四周由郑某行使监护权等。故本案实则系双方在婚姻期间因对子女监护权的行使发生矛盾而产生的纠纷，应为监护权纠纷……”

③ 尽管《民事案件案由规定》的四级案由和三级案由项下都没有规定“监护权侵权责任纠纷”，但是，根据《最高人民法院关于印发修改后的〈民事案件案由规定〉的通知》（法〔2020〕347 号）所说的“确定个案案由时，应当优先适用第四级案由，没有对应的第四级案由的，适用相应的第三级案由；第三级案由中没有规定的，适用相应的第二级案由；第二级案由没有规定的，适用相应的第一级案由”，侵害监护权纠纷可以适用二级案由（也是一级案由）“侵权责任纠纷”。在李某飞与韩某侵权责任纠纷案中，山东省淄博市中级人民法院（2017）鲁 03 民终 2540 号民事判决书也认为：“首先关于本案的案由问题，上诉人主张被上诉人侵犯了其法定监护权及亲权，《民事案件案由规定》中并无对此类案由的规定，本案可根据上诉人的起诉请求定性为侵权纠纷。”

项“裁判要点”指出:“在夫妻双方分居期间,一方或者其近亲属擅自带走未成年子女,致使另一方无法与未成年子女相见的,构成对另一方因履行监护职责所产生的权利的侵害”。在该案中,针对李某某(尚在哺乳期)之父李某、祖母刘某擅自带走李某某的行为是否对李某某之母张某构成侵权的问题,生效判决认为:“民法典第三十四条第二款规定:‘监护人依法履行监护职责产生的权利,受法律保护。’第一千零五十八条规定:‘夫妻双方平等享有对未成年子女抚养、教育和保护的权利,共同承担对未成年子女抚养、教育和保护的义务。’父母是未成年子女的监护人,双方平等享有对未成年子女抚养、教育和保护的权利。本案中,李某、刘某擅自将尚在哺乳期的李某某带走,并拒绝将李某某送回张某身边,致使张某长期不能探望孩子,亦导致李某某被迫中断母乳、无法得到母亲的呵护。李某和刘某的行为不仅不利于未成年人身心健康,也构成对张某因履行监护职责所产生的权利的侵害”。

三、监护人的责任

针对监护人的责任,《民法典》第 34 条第 3 款作出了原则性规定:“监护人不履行监护职责或者侵害被监护人合法权益的,应当承担法律责任。”其中的“法律责任”,不限于民事责任,也包括行政责任和刑事责任。

(一)监护人的两类责任

总体而言,《民法典》第 34 条第 3 款规定了监护人的两类责任:一是监护人因不履行监护职责而应当承担的法律责任,二是监护人因侵害被监护人合法权益而应当承担的法律责任。

1. 监护人因不履行监护职责而应当承担的法律责任

结合《民法典》第 164 条第 1 款关于“代理人不履行或者不完全履行职责,造成被代理人损害的,应当承担民事责任”的规定,《民法典》第 34 条第 3 款所说的“不履行监护职责”,应解释为包括“不履行监护职责”和“不完全履行监护职责”这两种情形。其中的“不履行监护职责”即根本不履行监护职责,“不完全履行监护职责”即虽然履行监护职责,但履行监护职责不到位。

《民法典》第 34 条第 3 款所说的监护人不履行监护职责应当承担的“法律责任”,既包括对因其不履行监护职责而遭受损害的被监护人所应承担的法律责任,也包括对因其不履行监护职责而遭受被监护人损害的其他主体所应承担的法律责任。

其中,在被监护人侵害他人合法权益的情况下,监护人应当承担相应的侵权责任。对此,《民法典》第 1188 条规定:“无民事行为能力人、限制民事行为能力人造成他人损害的,由监护人承担侵权责任。监护人尽到监护职责的,可以减轻其侵权责任。有财产的无民事行为能力人、限制民事行为能力人造成他人损害的,从本人财产中支付赔偿费用;不足部分,由监护人赔偿”,第 1189 条规定:“无民事行为能力人、限制民事行为能力人造成他人损害,监护人将监护职责委托给他人的,监护人应当承担侵权责任;受托人有过错的,承担相应的责任。”

2. 监护人侵害被监护人合法权益而应当承担的法律责任

《民法典》第 34 条第 3 款所说的监护人“侵害被监护人合法权益”,既包括监护人故意侵害被监护人合法权益,也包括监护人因过失侵害被监护人合法权益;其中,监护人因过失侵害被监护人合法权益,包括监护人因不履行监护职责或不完全履行监护职责侵害被监护人合法权益。

比如,在杨某权、杨某新与百色市某某房地产有限责任公司生命权纠纷案中,广西壮族自治区高级人民法院(2020)桂民申 4210 号民事裁定书认为:"本案中,根据火灾事故认定书认定,涉案事故起火原因为不排除电气故障引发火灾,杨某系在火灾发生后未能及时逃出而死亡,房屋内的排插为两再审申请人所有,对房屋内的物品及电器负有直接的管理义务,对于用电安全也应尽到谨慎的注意义务,本次火灾的发生与两再审申请人自身疏于管理有直接关系。两再审申请人在外出做工时将未成年且患有智障的儿子杨某独自留在出租屋内,并将房门上锁,死者杨某虽为限制民事行为能力人,但对逃生及火灾环境有一定认识与判断能力,两再审申请人将房门上锁使杨某在火灾中未能逃出导致死亡,两再审申请人作为杨某的监护人未尽到监护职责,对杨某的死亡应承担主要责任。"

又如,在罗某林、王某与成都某某物业服务有限公司等生命权、健康权、身体权纠纷案中,考虑到"死者罗某熙是王某年仅三岁的女儿,罗某熙被其母亲带入施工现场,并且在脱离监管下坠落身亡",四川省高级人民法院(2019)川民申 4730 号民事裁定书认为:"王某在工作期间将受害人带入高度危险场所后,独自放任年仅三岁的受害人脱离其监管视线,对受害人身亡的事实负有不可推卸的责任,二审法院据此认定王某对罗某熙的死亡结果存在重大过失,应当承担 50%的赔偿责任,并无明显不当。"

再如,在许某 3 等与许某燕等生命权纠纷案中,云南省楚雄彝族自治州中级人民法院(2020)云 23 民终 1465 号民事判决书认为:"本案中,许某燕、彭某院的女儿许某禾(10 周岁)、儿子许某 2(8 岁)作为限制民事行为能力人,其年龄和心智发展程度已足以能够认识到水里游玩的危险性,但其忽视自身安全,导致溺水身亡。许某燕、彭某院作为许某禾、许某 2 的法定监护人,有保护许某禾、许某 2 人身安全的职责,且应当尽到最大限度的保护职责,但在本案中,许某燕、彭某院因疏于管理,将自己三个未成年的孩子许某 1、许某禾、许某 2 留在家中自行生活,脱离家人的监管,导致许某禾、许某 2 在外出游玩的过程中溺水身亡,其二人未尽到监护义务,应对许某禾、许某 2 的溺亡后果自行承担主要民事责任。"

3.《未成年人保护法》的具体规定

针对未成年人的监护人的法律责任,《未成年人保护法》作出了更加具体的规定:

一是《未成年人保护法》第 118 条第 1 款规定:"未成年人的父母或者其他监护人不依法履行监护职责或者侵犯未成年人合法权益的,由其居住地的居民委员会、村民委员会予以劝诫、制止;情节严重的,居民委员会、村民委员会应当及时向公安机关报告"。

二是《未成年人保护法》第 118 条第 2 款规定:"公安机关接到报告或者公安机关、人民检察院、人民法院在办理案件过程中发现未成年人的父母或者其他监护人存在上述情形的,应当予以训诫,并可以责令其接受家庭教育指导"。

三是《未成年人保护法》第 129 条第 1 款规定:"违反本法规定,侵犯未成年人合法权益,造成人身、财产或者其他损害的,依法承担民事责任"。

四是《未成年人保护法》第 129 条第 2 款规定："违反本法规定，构成违反治安管理行为的，依法给予治安管理处罚；构成犯罪的，依法追究刑事责任"。

（二）被监护人请求监护人承担民事责任的诉讼时效期间的起算

在监护人不履行监护职责或者侵害被监护人合法权益的情况下，被监护人有权请求监护人承担相应的民事责任，其诉讼时效期间适用《民法典》第 190 条的规定，即："无民事行为能力人或者限制民事行为能力人对其法定代理人的请求权的诉讼时效期间，自该法定代理终止之日起计算"；但在未成年人遭受监护人性侵害的情形，则应当适用《民法典》第 191 条的规定，即："未成年人遭受性侵害的损害赔偿请求权的诉讼时效期间，自受害人年满十八周岁之日起计算"。

四、监护人暂时无法履行监护职责时的临时生活照料

针对因发生突发事件等紧急情况，监护人暂时无法履行监护职责并且被监护人的生活处于无人照料状态的特殊情况，《民法典》第 34 条第 4 款规定了特别的处理措施，即："被监护人住所地的居民委员会、村民委员会或者民政部门应当为被监护人安排必要的临时生活照料措施"。这是立法机关结合针对 2020 年初暴发的新冠肺炎疫情的防控工作，在原《民法总则》第 34 条已有的 3 款规定的基础上新增的规定，属于对监护制度作的"进一步完善"。①

（一）临时生活照料措施的性质

与《民法典》第 31 条第 3 款针对"被监护人的人身权利、财产权利以及其他合法权益"使用的"处于无人保护状态"相对应，《民法典》第 34 条第 4 款针对"被监护人的生活"使用了"处于无人照料状态"的表述。考虑到《民法典》第 31 条第 3 款针对"被监护人的人身权利、财产权利以及其他合法权益处于无人保护状态"规定了"由……担任临时监护人"，而《民法典》第 34 条第 4 款针对"被监护人的生活处于无人照料状态"规定的则是"……应当……安排必要的临时生活照料措施"，因此，"临时生活照料措施"与"临时监护"当属不同的概念。

不过，考虑到《未成年人保护法》第 92 条规定了"具有下列情形之一的，民政部门应当依法对未成年人进行临时监护：……（三）监护人因自身客观原因或者因发生自然灾害、事故灾难、公共卫生事件等突发事件不能履行监护职责，导致未成年人监护缺失；（四）监护人拒绝或者怠于履行监护职责，导致未成年人处于无人照料的状态；……"因此，至少在民政部门为生活处于无人照料状态的未成年被监护人安排相应的临时生活照料措施的情形，可以认为，"临时生活照料措施"在性质上也属于"临时监护措施"，应

---

① 全国人民代表大会常务委员会时任副委员长王晨 2020 年 5 月 22 日在第十三届全国人民代表大会第三次会议上作的《关于〈中华人民共和国民法典（草案）〉的说明》提及："结合此次疫情防控工作，对监护制度作了进一步完善，规定因发生突发事件等紧急情况，监护人暂时无法履行监护职责，被监护人的生活处于无人照料状态的，被监护人住所地的居民委员会、村民委员会或者民政部门应当为被监护人安排必要的临时生活照料措施。"

当纳入“临时监护”的范围;也属于国家兜底监护的内容①。

（二）适用临时生活照料措施的条件

根据《民法典》第 34 条第 4 款的规定,适用临时生活照料措施的条件有三:一是发生了突发事件等紧急情况,二是该紧急情况导致监护人暂时无法履行监护职责,三是被监护人的生活处于无人照料状态。只有在同时满足上述三项条件的情况下,才可以适用临时生活照料措施;同样地,只要在同时满足上述三项条件的情况下,就应当适用临时生活照料措施。

其中,《民法典》第 34 条第 4 款所说的“突发事件等紧急情况”,既包括监护人自身发生的突发事件(比如突发疾病),也包括《未成年人保护法》第 92 条第 3 项所说的“自然灾害、事故灾难、公共卫生事件等突发事件”,即《民政部、发展改革委、教育部等关于做好因突发事件影响造成监护缺失未成年人救助保护工作的意见》(民发〔2021〕5 号)第 1 条规定的“突然发生,造成或者可能造成严重社会危害,需要采取应急处置措施予以应对的自然灾害、事故灾难、公共卫生事件和社会安全事件”。

此外,《民法典》第 34 条第 4 款所说的“监护人暂时无法履行监护职责”,指的是监护人短暂地、而非长久地无法履行监护职责,属于履行监护职责的“一时不能”;在导致监护人暂时无法履行监护职责的原因消除之后,监护人应当继续履行监护职责。对此,《民政部、发展改革委、教育部等关于做好因突发事件影响造成监护缺失未成年人救助保护工作的意见》(民发〔2021〕5 号)第 16 条第 1 款规定了“父母或者其他监护人重新具备履行监护职责条件的,应当及时接回未成年人”。

五、委托监护

虽然《民法典》本身没有直接从正面规定委托监护制度②,但是,从《民法典》第 36 条第 1 款第 2 项③、第 1189 条④的规定当中,可以发现,《民法典》允许甚至鼓励或要求监护人在特定情况下将监护职责部分或全部委托给他人。

并且,针对未成年人的委托监护,《未成年人保护法》第 22 条第 1 款更是从正面直接规定了:“未成年人的父母或者其他监护人因外出务工等原因在一定期限内不能完全履行监护职责的,应当委托具有照护能力的完全民事行为能力人代为照护;无正当

---

① 当然,《民法典》第 32 条将民政部门规定在前、基层群众性自治组织规定在后,而《民法典》第 34 条第 4 款则是将基层群众性自治组织与民政部门并列、并把基层群众性自治组织规定在前。

② 全国人民代表大会常务委员会时任副委员长王晨 2020 年 5 月 22 日在第十三届全国人民代表大会第三次会议上作的《关于〈中华人民共和国民法典(草案)〉的说明》使用了“委托监护”的表述:“草案在现行侵权责任法的基础上作了进一步完善:一是增加规定委托监护的侵权责任。(草案第一千一百八十九条)”《国务院关于加强农村留守儿童关爱保护工作的意见》(国发〔2016〕13 号)、司法部办公厅 2017 年 12 月发布的公证指导性案例 1 号“老年人意定监护协议公证”等文件也都使用了“委托监护”的表述。

③ 《民法典》第 36 条第 1 款第 2 项:“监护人有下列情形之一的,人民法院根据有关个人或者组织的申请,撤销其监护人资格,安排必要的临时监护措施,并按照最有利于被监护人的原则依法指定监护人:……(二)……无法履行监护职责且拒绝将监护职责部分或者全部委托给他人,导致被监护人处于危困状态”。

④ 《民法典》第 1189 条规定:“无民事行为能力人、限制民事行为能力人造成他人损害,监护人将监护职责委托给他人的,监护人应当承担侵权责任;受托人有过错的,承担相应的责任。”

理由的,不得委托他人代为照护。”

此外,《民法典总则编解释》第 13 条关于“监护人因患病、外出务工等原因在一定期限内不能完全履行监护职责,将全部或者部分监护职责委托给他人,当事人主张受托人因此成为监护人的,人民法院不予支持”的规定,也表明,监护人在“因患病、外出务工等原因在一定期限内不能完全履行监护职责”的情况下,可以将其对未成年被监护人或成年被监护人的全部或者部分监护职责委托给他人。①

(一)委托监护的适用条件

尽管《民法典》没有直接对委托监护的适用条件作出规定,但是,考虑到《未成年人保护法》第 22 条第 1 款针对未成年人监护规定了:“未成年人的父母或者其他监护人因外出务工等原因在一定期限内不能完全履行监护职责的,应当委托具有照护能力的完全民事行为能力人代为照护;无正当理由的,不得委托他人代为照护”,因此,原则上,监护人应当亲自履行监护职责、不得将监护职责委托给他人;只有在有正当理由、确实无法履行监护职责的情况下,才可以将监护职责全部或部分委托给他人。

根据《未成年人保护法》第 22 条第 1 款和《民法典总则编解释》第 13 条,委托监护的正当理由包括:监护人患病、外出务工等原因。

(二)受托人的资格

由于受托人需要履行监护人对被监护人的监护职责,即“代理被监护人实施民事法律行为,保护被监护人的人身权利、财产权利以及其他合法权益等”,因此,结合《未成年人保护法》第 22 条第 1 款的上述规定,受托人至少应当具有完全民事行为能力、监护能力和照护能力。

此外,针对未成年人的委托监护,《未成年人保护法》第 22 条分别从正面角度和反面角度规定了受托人的资格:

一是从正面角度,《未成年人保护法》第 22 条第 2 款规定:“未成年人的父母或者其他监护人在确定被委托人时,应当综合考虑其道德品质、家庭状况、身心健康状况、与未成年人生活情感上的联系等情况,并听取有表达意愿能力未成年人的意见”。

二是从反面角度,《未成年人保护法》第 22 条第 3 款规定:“具有下列情形之一的,不得作为被委托人:(一)曾实施性侵害、虐待、遗弃、拐卖、暴力伤害等违法犯罪行为;(二)有吸毒、酗酒、赌博等恶习;(三)曾拒不履行或者长期怠于履行监护、照护职责;(四)其他不适宜担任被委托人的情形。”

《未成年人保护法》的上述规定,同样可以参照适用于成年被监护人的委托监护。

需要注意的是,在被监护人有数个监护人的情形,考虑到各个监护人自身就负有监护职责,监护人之间订立协议确定由部分监护人履行监护职责的安排,不属于委托监护。因此,在被监护人有数个监护人的情形,任何监护人本身都不能成为委托监护的受托人。当然,监护人之外的依法具有监护资格的人可以成为委托监护的受托人。

---

① 《民通意见》(已废止)第 22 条曾经从正面直接规定了委托监护制度:“监护人可以将监护职责部分或者全部委托给他人。”

(三)委托监护的形式

需要注意的是,委托监护属于监护人将其全部或部分监护职责委托给受托人的行为,须基于委托人与受托人之间就监护职责的委托达成一致的意思表示而成立。故委托监护属于双方行为。如果双方并未就监护职责的委托达成一致的意思表示,则不属于委托监护。

比如,在刘某 1 与张某 1、齐某、张某 2、李某生命权、健康权、身体权纠纷案中,法院认定的案件事实为"被告李某经营'小饭桌',即在上学日的中午将'小饭桌'托管的孩子从学校接到'小饭桌'就餐、午休,下午上学前将孩子送回学校上学。原告刘某 1 与被告张某 1 家人向李某交纳了'小饭桌'费用接受托管,但未签订书面协议以明确各自的权利、义务",在此基础上,山东省淄博市张店区人民法院作出的(2018)鲁 0303 民初 4904 号民事判决书认为:"本案中,原告刘某 1 父母、被告张某 1 父母与被告李某之间并没有明确约定将刘某 1、张某 1 的监护职责委托给李某,但有偿委托李某对二人托管,李某负有对刘某 1、张某 1 进行教育、管理和保护的义务,即进行必要的安全教育,采取必要的安全防范措施,排除一切不安全因素,避免被托管的孩子受到伤害或导致他人受到伤害。被告李某未充分履行此项义务,对被告张某 1 向原告刘某 1 身上跳的危险行为未能及时劝阻和制止,被告张某 1 的行为直接导致原告损害结果的发生,因此,被告张某 1、李某均应当对原告的伤害后果承担责任。"①

不过,委托监护并非必须由委托人与受托人订立书面协议。这跟《民法典》第 135 条关于"民事法律行为可以采用书面形式、口头形式或者其他形式;法律、行政法规规定或者当事人约定采用特定形式的,应当采用特定形式"的规定是一致的。故委托监护属于不要式行为。

此外,委托监护可以是一项或数项监护职责的特别委托监护,也可以是全部监护

---

① 实务中,也有将类似情况认定为委托监护的案例。比如,在魏某波、殷某利与李某艳、于某涛、李某 1 生命权、身体权、健康权纠纷案中,黑龙江省绥化市中级人民法院(2022)黑 12 民申 90 号民事裁定书认为:"案发时,李某 1、于某美均为未成年人、限制民事行为能力人,其父母将李某 1、于某美送至绥棱县某某长托饭堂并支付相应费用,绥棱县某某长托饭堂为李某 1、于某美提供正餐及住宿服务,并负责日常管理,李某 1、于某美的监护人与绥棱县某某长托饭堂之间形成了委托监护关系。案发时,绥棱县某某长托饭堂的工作人员均外出不在现场,无人对寄宿学生进行监护管理。在于某美与李某 1 发生纠纷导致心脏病发作后,现场没有成年人进行施救,而是被同学送至绥棱县人民法院抢救,最终因抢救无效死亡。魏某波、殷某利作为绥棱县某某长托饭堂的经营管理者,疏于监护管理,对于某美的死亡存在过错,应当承担相应责任……"又如,在雷某 1、雷某 2、周某倩与王某 1、正阳县铜钟镇某某快餐店等生命权、身体权、健康权纠纷案中,法院认定的事实为"2020 年王某 1 在正阳县上学,其在平时上学期间被托教于周某倩处,周某倩早晨将其由家中接走送到学校,中午在周某倩经营的正阳县铜钟镇某某快餐店吃饭、休息,下午放学由周某倩用车将其送回家。王某 1 为托教事宜给被告周某倩交纳了 1000 元车费和午餐费。2020 年 11 月 11 日中午吃饭后,王某 1 在与雷某 1(也在周某倩处托教,托教情况与王某 1 相同)等被托教的小朋友在一起玩耍,在玩耍的过程中,雷某 1 用弓箭将王某 1 的右眼扎伤(当时被告周某倩去了卫生间)",河南省驻马店市中级人民法院(2021)豫 17 民终 2198 号民事判决书认为:"被上诉人王某 1 和上诉人雷某 1 均托教于上诉人周某倩。由于王某 1 是限制行为能力人,雷某 1 系无民事行为能力人,在托教期间,上诉人周某倩对二人有监护职责。由于上诉人周某倩未完全尽到监护义务,导致雷某 1 将王某 1 的眼睛扎伤,周某倩应当承担相应的赔偿责任。"《民法总则》实施之前的类似案例,还可见安徽省宣城市中级人民法院(2017)皖 18 民终 544 号民事判决书、黑龙江省绥化市中级人民法院(2017)黑 12 民终 714 号民事判决书。

职责的概括委托监护。对此,《民法典总则编解释》第 13 条采用了“将全部或者部分监护职责委托给他人”的表述。

比如,在需要确认未成年人、无行为能力或者限制行为能力人的财产监管责任的案件中,《最高人民法院公报》2022 年第 9 期刊登的“姜某某、孟某某与乔某甲申请变更监护人案”的“裁判摘要”提出:“如监护人因年龄、身体健康等原因导致财产监管能力不足,或者监护人与被监护人的财产利益存在冲突等情况,造成监护人无法有效管理被监护人财产,可能造成其财产利益受损的,为体现‘最有利于被监护人’的法律原则,经监护人与第三方协商一致并听取被监护人意见,经法院审查认定,可将被监护人财产委托第三方监管。”

(四)委托监护的效力

委托监护一经成立,受托人就应当按照监护人的委托履行约定的监护职责。如受托人未依法履行受托的监护职责,则应承担相应的法律责任。对此,《民法典》第 1189 条规定:“无民事行为能力人、限制民事行为能力人造成他人损害,监护人将监护职责委托给他人的,……;受托人有过错的,承担相应的责任。”

但是,委托监护关系的确立不产生使得受托人成为监护人的效力。对此,《民法典总则编解释》第 13 条明确规定:“监护人因患病、外出务工等原因在一定期限内不能完全履行监护职责,将全部或者部分监护职责委托给他人,当事人主张受托人因此成为监护人的,人民法院不予支持。”

并且,委托监护关系的确立也不具有免除监护人的监护责任的效力。对此,《民法典》第 1189 条规定:“无民事行为能力人、限制民事行为能力人造成他人损害,监护人将监护职责委托给他人的,监护人应当承担侵权责任……”

(五)委托监护的法律适用

委托监护不仅涉及监护人、受托人的利益,还涉及被监护人乃至其他依法具有监护资格的人的利益;不仅涉及财产关系,还涉及人身关系。在性质上,委托监护协议属于《民法典》第 464 条第 2 款所说的“有关身份关系的协议”。

《民法典》第 464 条第 2 款规定:“婚姻、收养、监护等有关身份关系的协议,适用有关该身份关系的法律规定;没有规定的,可以根据其性质参照适用本编规定。”《民法典总则编解释》第 1 条第 1 款规定:“民法典第二编至第七编对民事关系有规定的,人民法院直接适用该规定;民法典第二编至第七编没有规定的,适用民法典第一编的规定,但是根据其性质不能适用的除外。”据此,委托监护首先应当适用《民法典》总则编第二章第二节有关监护的规定;在《民法典》总则编第二章第二节未作规定的情况下,则适用《民法典》总则编的其他相关规定(主要是民事法律行为和代理的有关规定),并可以参照适用《民法典》合同编的规定(主要是合同编通则和委托合同的有关规定)。

比如,在赵某与赵某玲委托合同纠纷案中,针对赵某祥之女赵某玲提出的其与赵某祥哥哥之子赵某签订的《协议书》的实质是赵某玲放弃对赵某祥的监护权和赡养义务,由赵某取得监护权和财产权的协议的主张,广西壮族自治区崇左市中级人民法院(2015)崇民终字第 328 号民事判决书认为:“2013 年 8 月 27 日被上诉人赵某与上诉人赵某玲签订《协议书》,是双方在自愿的基础上签订的,从协议书第一条、第二条约定的内容即'甲方(赵某玲)由于没有时间和精力看护,愿意放弃对赵某祥的监护权,乙方(赵某)负责监护赵某祥(包括住院期间的护理和照顾生活起居等),乙方负有监护义务,代其行使各项权利','乙方负责赵某祥住院期间的各项费用及后事处理,继承赵某祥过世后遗留的财产并负担遗留债务,乙方有权领取赵某祥单位发放的抚恤金和享有赵某祥在单位的各项福利等,甲方愿意放弃以上各项权利'来看,根据《中华人民共和国民法通则》第十七条第一款的规定:'××病人,由下列人员担任监护人:(一)配偶;(二)父母;(三)成年子女;(四)其他近亲属;(五)关系密切的其他近亲属、朋友愿意承担监护责任,经××人的所在单位或者住所地的居民委员会、村民委员会同意的。'《最高人民法院关于贯彻执行〈中华人民共和国民法通则〉若干问题的意见(试行)》的第 22 条规定:'监护人可以将监护职责部分或者全部委托给他人。'赵某玲的父亲赵某祥经崇左市复退军人医院诊断为精神分裂症,双方当事人提供的证据也表明,赵某祥长期在医院住院治疗,赵某玲是赵某祥的法定监护人,赵某不是赵某祥的法定监护人,没有监护资格,双方对赵某祥没有共同监护资格。因此,双方之间不得协议确定监护人。双方的协议约定,是委托监护关系。目的是赵某玲将监护职责全部委托给赵某,赵某接受委托,履行双方约定的义务后,赵某玲愿意以赵某祥单位发放的抚恤金和享有的各项福利作为赵某的报酬。虽然,双方签订协议在赵某祥逝世之前,但双方的约定并非剥夺赵某玲继承赵某祥遗产的权利,而是赵某玲自愿以其继承赵某祥的遗产和抚恤金作为赵某履约后的报酬。故双方协议约定的内容没有违反法律禁止性规定,应为有效协议,双方应共同遵守履行。……根据双方签订的《协议书》约定的内容,赵某玲将其对赵某祥的监护职责全部委托给赵某,赵某接受委托,履行双方约定的义务后,赵某玲愿意以其继承赵某祥单位发放的抚恤金和享有的各项福利作为赵某的报酬。根据《中华人民共和国合同法》第三百九十六条的规定:'委托合同是委托人和受托人约定,由受托人处理委托人事务的合同。'从双方之间签订协议约定的内容的法律关系性质上看,双方之间的法律关系性质应属于委托合同关系。……根据《中华人民共和国合同法》第四百零五条的规定……只要赵某完成赵某玲委托监护赵某祥等事项,及因不可归责于赵某的事由,致使委托事务不能完成的,赵某玲应当向赵某支付报酬。赵某已按赵某玲的委托,完全履行了监护、护理赵某祥以及为赵某祥支付医药费、赵某祥逝世后后事的处理等事项的义务,但在赵某履行受托义务后,赵某玲却不同意赵某领取赵某祥的遗产和抚恤金,其行为已构成违约,应承担支付赵某报酬的民事责任。"

又如,在尹某香与郭某田、向某霞生命权纠纷案中,湖南省常德市中级人民法院(2022)湘 07 民终 2303 号民事判决书认为:"监护人郭某田从另一监护人尹某香处接走被监护人尹某进行探望,郭某田交由女友向某霞进行临时照料。……郭某田将被监护人尹某交由女友向某霞进行临时照料,郭某田与向某霞之间形成了委托监护关系。但是必须明确的是,委托监护关系并不使郭某田的监护责任转移给受托人向某霞,只是在郭某田与向某霞之间形成了以代行监护职责的委托合同关系,且向某霞属于无偿受托人。向某霞在无偿履行受托事务中,未尽谨慎义务,如反锁房门而未确保儿童足够安全情况下出门、反锁房门情况下出门前未检查窗户是否关闭、明知委托人反对但隐瞒实情执意出门等,具有重大过失,在尹某的死亡事件中应负主要责任。郭某田作为委托人,知道受托人可能会将孩子独自留在屋内,存在隐患情况下,放任危险而不及时确保儿童安全,相较于向某霞的过错程度较轻,对尹某的死亡负有次要责任。"

(六)委托监护与协议确定监护人

需要注意的是,委托监护制度与《民法典》第30条规定的协议确定监护人制度是不同的制度。

如前所述,委托监护制度是在监护人已经确定的情况下,由监护人将其对被监护人的监护职责部分或全部委托给监护人之外的他人的制度;而协议确定监护人制度则是在监护人尚未确定的情况下,由依法具有监护资格的人通过订立协议的方式确定监护人并由协议确定的监护人来履行监护职责的制度。在被监护人有数个监护人的情形,考虑到各个监护人自身就负有监护职责,因此,监护人之间订立协议确定由部分监护人履行监护职责的安排,不属于委托监护。

第三十五条 【监护人履行监护职责的原则和要求】监护人应当按照最有利于被监护人的原则履行监护职责。监护人除为维护被监护人利益外,不得处分被监护人的财产。

未成年人的监护人履行监护职责,在作出与被监护人利益有关的决定时,应当根据被监护人的年龄和智力状况,尊重被监护人的真实意愿。

成年人的监护人履行监护职责,应当最大程度地尊重被监护人的真实意愿,保障并协助被监护人实施与其智力、精神健康状况相适应的民事法律行为。对被监护人有能力独立处理的事务,监护人不得干涉。

【条文通释】

《民法典》第35条是关于监护人履行监护职责的原则和要求的规定。

一、监护人履行监护职责的原则

(一)履行监护职责的原则

监护人应当如何履行监护职责?对此,《民法典》第35条第1款规定了一项原则,即"按照最有利于被监护人的原则"。

问题是,如何认定监护人是否"按照最有利于被监护人的原则"履行监护职责?监护人"按照最有利于被监护人的原则"履行监护职责的具体标准是什么?对此,《民法典》和《民法典总则编解释》均未直接作出规定。实务中,应当结合案件的具体情况加以判断。

比如,《最高人民法院公报》2022年第9期刊登的"姜某某、孟某某与乔某甲申请变更监护人案"的"裁判摘要"提出:"在申请变更监护人、变更抚养关系等需要确认未成年人、无行为能力或者限制行为能力人的财产监管责任的案件中,如监护人因年龄、身体健康等原因导致财产监管能力不足，或者监护人与被监护人的财产利益存在冲突等情况，造成监护人无法有效管理被监护人财产，可能造成其财产利益受损的，为体现‘最有利于被监护人’的法律原则，经监护人与第三方协商一致并听取被监护人意见，经法院审查认定，可将被监护人财产委托第三方监管。”

又如，在寇某枝与党某赠与合同纠纷案中，针对在被监护人存在多个共同监护人的情况下，部分监护人能否基于保护被监护人合法权益的目的，代理被监护人向人民法院起诉的问题，广东省高级人民法院（2020）粤民再 182 号民事裁定书认为，本案中，党某群、党某丽作为党某国、寇某枝的法定监护人，认为党某国、寇某枝在不具有完全民事行为能力的情况下，将自己名下的涉案房屋赠与党某，会损害到党某国、寇某枝的合法权益，而代理党某国、寇某枝起诉本案请求确认涉案《赠与合同》无效的同时要求党某将涉案房屋返还给党某国、寇某枝，该起诉行为是党某群、党某丽作为法定监护人对于被监护人党某国、寇某枝的财产处分，基于法定监护人应当妥善管理和保护被监护人合法财产的监护职责和尽到善良管理人应尽到的注意义务，为实现和保护被监护人合法权益的代理形式。因此，党某群、党某丽代理党某国、寇某枝提起的本案诉讼，符合《中华人民共和国民事诉讼法》第一百一十九条规定的起诉条件，人民法院应予受理并进行实体审理。

需要注意的是，在履行监护职责的过程中，监护人可以享有、也应当享有根据其所面临的具体情况和被监护人的实际情况来采取其所认为的对被监护人最有利的选择的权利。这跟行政机关在执法过程中享有一定的行政裁量权，法官在审理案件的过程中享有一定的审判裁量权是类似的。

（二）履行监护职责的原则与指定监护人的原则

通过对比可以发现，针对监护人如何履行监护职责，《民法典》第 35 条规定了“按照最有利于被监护人的原则”；针对如何指定监护人，《民法典》第 31 条第 2 款和第 36 条第 1 款也规定了“按照最有利于被监护人的原则”。也就是说，不论是指定监护人，还是履行监护人职责，都应当遵循“按照最有利于被监护人的原则”。

不过，需要注意的是，源于各自所要处理的问题的不同，监护人履行监护职责所要遵循的“按照最有利于被监护人的原则”，与指定监护人所要遵循的“按照最有利于被监护人的原则”，也存在明显的不同。比如，针对指定监护人所要遵循的“按照最有利于被监护人的原则”，《民法典总则编解释》第 9 条第 1 款规定了若干参考因素，即：“人民法院依据民法典第三十一条第二款、第三十六条第一款的规定指定监护人时，应当尊重被监护人的真实意愿，按照最有利于被监护人的原则指定，具体参考以下因素：（一）与被监护人生活、情感联系的密切程度；（二）依法具有监护资格的人的监护顺序；（三）是否有不利于履行监护职责的违法犯罪等情形；（四）依法具有监护资格的人的监护能力、意愿、品行等”。显然，上述参考因素不能照搬适用于（甚至完全不能适用于）监护人履行监护职责所要遵循的“按照最有利于被监护人的原则”。

二、监护人原则上不得处分被监护人的财产

(一)处分的界定

根据《民法典》第 240 条、第 356 条、第 357 条、第 753 条、第 221 条第 1 款和《最高人民法院关于适用〈中华人民共和国民法典〉物权编的解释(一)》(以下简称《民法典物权编解释一》)第 4 条的规定①,《民法典》第 35 条第 1 款所说"处分",应理解为是指转让、互换、出资(投资入股)或者赠与等会导致财产所有权发生变动的行为,以及抵押、质押等设立用益物权、担保物权的行为,不包括对相关财产进行的占有、使用、收益的行为。

(二)被监护人的财产的界定

《民法典》第 35 条第 1 款所说的"被监护人的财产",应理解为归被监护人个人所有的财产,指的是被监护人通过各种方式依法取得的各种各样的财产和财产权利,包括动产、不动产、物权、债权、知识产权、继承权、股权等投资性权利,等等。既包括单独所有的财产,也包括共同所有的财产。

根据《民法典》第 13 条、第 14 条、第 19 条至第 22 条、第 35 条第 1 款、第 124 条第 1 款和第 145 条等规定②,被监护人通过依法接受赠与、继承或实施其他民事法律行为或事实行为或基于法律的规定,可以取得相应的财产(包括大额财产),这些财产作为《民法典》第 35 条第 1 款所说的"被监护人的财产",是被监护人的个人财产,既不属于其

---

① 《民法典》第 240 条规定:"所有权人对自己的不动产或者动产,依法享有占有、使用、收益和处分的权利",第 356 条规定:"建设用地使用权转让、互换、出资或者赠与的,附着于该土地上的建筑物、构筑物及其附属设施一并处分",第 357 条规定:"建筑物、构筑物及其附属设施转让、互换、出资或者赠与的,该建筑物、构筑物及其附属设施占用范围内的建设用地使用权一并处分",第 753 条规定:"承租人未经出租人同意,将租赁物转让、抵押、质押、投资入股或者以其他方式处分的,出租人可以解除融资租赁合同",第 221 条第 1 款规定:"当事人签订买卖房屋的协议或者签订其他不动产物权的协议,为保障将来实现物权,按照约定可以向登记机构申请预告登记。预告登记后,未经预告登记的权利人同意,处分该不动产的,不发生物权效力",《民法典物权编解释一》第 4 条规定:"未经预告登记的权利人同意,转让不动产所有权等物权,或者设立建设用地使用权、居住权、地役权、抵押权等其他物权的,应当依照民法典第二百二十一条第一款的规定,认定其不发生物权效力。"

② 《民法典》第 13 条规定:"自然人从出生时起到死亡时止,具有民事权利能力,依法享有民事权利,承担民事义务",第 14 条规定:"自然人的民事权利能力一律平等",第 19 条规定:"八周岁以上的未成年人为限制民事行为能力人,实施民事法律行为由其法定代理人代理或者经其法定代理人同意、追认;但是,可以独立实施纯获利益的民事法律行为或者与其年龄、智力相适应的民事法律行为",第 20 条规定:"不满八周岁的未成年人为无民事行为能力人,由其法定代理人代理实施民事法律行为",第 21 条规定:"不能辨认自己行为的成年人为无民事行为能力人,由其法定代理人代理实施民事法律行为。八周岁以上的未成年人不能辨认自己行为的,适用前款规定",第 22 条规定:"不能完全辨认自己行为的成年人为限制民事行为能力人,实施民事法律行为由其法定代理人代理或者经其法定代理人同意、追认;但是,可以独立实施纯获利益的民事法律行为或者与其智力、精神健康状况相适应的民事法律行为",第 35 条第 1 款规定:"监护人应当按照最有利于被监护人的原则履行监护职责。监护人除为维护被监护人利益外,不得处分被监护人的财产",第 124 条第 1 款规定:"自然人依法享有继承权",第 145 条第 1 款规定:"限制民事行为能力人实施的纯获利益的民事法律行为或者与其年龄、智力、精神健康状况相适应的民事法律行为有效;实施的其他民事法律行为经法定代理人同意或者追认后有效。"

监护人的个人财产或夫妻共同财产,也不属于家庭共同财产。当然,根据《民事诉讼法》第 67 条第 1 款①和《民诉法解释》第 90 条、第 91 条②的规定,不论是被监护人还是其监护人或其他主体,如其主张相关财产属于被监护人的个人财产,就应当对该被监护人通过合法方式(接受赠与、继承、投资等)取得该财产承担举证证明责任;否则,其主张可能得不到支持。③

(三)原则:监护人不得处分被监护人的财产

由于《民法典》第 35 条第 1 款使用了"监护人除为维护被监护人利益外,不得处分被监护人的财产"的表述,因此,监护人不得处分被监护人的财产,是原则;而可以处分被监护人的财产,则是例外。

由此,对于被监护人的财产,监护人的职责主要是"妥善管理和保护"④,而不是进行处分。此一点,与《民法典》第 34 条第 1 款关于"监护人的职责是……保护被监护人的人身权利、财产权利以及其他合法权益等"的规定是一致的,与《民法典》第 43 条第 1 款针对失踪人的财产代管人职责规定的"妥善管理失踪人的财产,维护其财产权益"也是类似的。

也因此,《民法典》第 35 条第 1 款所说的"监护人除为维护被监护人利益外,不得处分被监护人的财产",属于对监护人的监护权、法定代理人的代理权的法定限制。

(四)例外:为维护被监护人的利益而处分被监护人的财产

在原则上禁止监护人处分被监护人的财产的同时,《民法典》第 35 条第 1 款也规定了在"为维护被监护人利益"这一除外情形下,监护人可以处分被监护人的财产。也就是说,在且仅在出于维护被监护人的利益的目的,监护人可以处分被监护人的财产。

需要注意的是,《民法典》第 35 条第 1 款关于"监护人除为维护被监护人利益外,不得处分被监护人的财产"的规定,只是从目的的角度要求监护人只能基于"为维护被监护人利益"的目的处分被监护人的财产,并未对监护人处分财产的数额大小、最终是否达成对被监护人有利的结果作出限制性规定。因此,只要是出于维护被监护人利益的目的,监护人就可以处分被监护人的财产,不限于只能被动地进行处分,不受财产限额等事项的限制,也不受处分财产的实际结果的影响(当然,监护人处分被监护人的财产应当"按照最有利于被监护人的原则"进行)。

---

① 《民事诉讼法》第 67 条第 1 款规定:"当事人对自己提出的主张,有责任提供证据。"

② 《民诉法解释》第 90 条规定:"当事人对自己提出的诉讼请求所依据的事实或者反驳对方诉讼请求所依据的事实,应当提供证据加以证明,但法律另有规定的除外。在作出判决前,当事人未能提供证据或者证据不足以证明其事实主张的,由负有举证证明责任的当事人承担不利的后果",第 91 条规定:"人民法院应当依照下列原则确定举证证明责任的承担,但法律另有规定的除外:(一)主张法律关系存在的当事人,应当对产生该法律关系的基本事实承担举证证明责任;(二)主张法律关系变更、消灭或者权利受到妨害的当事人,应当对该法律关系变更、消灭或者权利受到妨害的基本事实承担举证证明责任。"

③ 相关案例,可见最高人民法院(2022)最高法民申 411 号、(2021)最高法民申 1583 号、(2020)最高法民申 6800 号民事裁定书。

④ 《未成年人保护法》第 16 条第 7 项规定:"未成年人的父母或者其他监护人应当履行下列监护职责:……(七)妥善管理和保护未成年人的财产"。

还需注意的是,根据《民法典》第1188条第2款关于"有财产的无民事行为能力人、限制民事行为能力人造成他人损害的,从本人财产中支付赔偿费用;不足部分,由监护人赔偿"的规定,并结合《民法典》第43条第2款关于"失踪人所欠税款、债务和应付的其他费用,由财产代管人从失踪人的财产中支付"的规定,就被监护人所欠的税款、债务和应付的其他费用而言,监护人作为其法定代理人,有义务从被监护人的财产中支付。这是履行法律规定、当事人约定或生效法律文书确定的被监护人应当履行的义务、防止损失扩大的行为,属于《民法典》第35条第1款所说的"为维护被监护人利益"而对被监护人的财产所作的处分。

问题是,如何认定"为维护被监护人的利益"?是否应当以"完全为维护被监护人的利益"为标准?还是说,出于部分为维护被监护人的利益、部分为维护被监护人以外的主体的利益的目的,也可以处分被监护人的财产?考虑到《民法典》和《民法典总则编解释》没有直接作出规定,对此应从严把握,原则上应当以"纯粹为维护被监护人的利益"为标准;在"为维护被监护人的利益"与"为维护被监护人以外的主体的利益"不可分的情况下,结合《民法典》第56条第1款关于"个体工商户的债务,个人经营的,以个人财产承担;家庭经营的,以家庭财产承担;无法区分的,以家庭财产承担"的规定,可以认定为属于《民法典》第35条第1款所说的"为维护被监护人利益"。①

(五)效力:非为被监护人的利益处分被监护人财产的行为

问题是,监护人并非出于维护被监护人利益的目的,对被监护人财产所作的处分行为是否有效?对此,应当依照《民法典》总则编第六章第三节有关民事法律行为的效力和合同编有关合同的效力的规定加以确定。

实务中,法院通常会认定监护人的该处分行为无效。在思路上,这些裁判要么直接以《民法典》第35条第1款为依据认定相关处分行为无效,要么认为《民法典》第35条第1款关于"监护人除为维护被监护人利益外,不得处分被监护人的财产"的规定属于《民法典》第153条第1款所说的"法律、行政法规的强制性规定",进而援引《民法典》第153条第1款关于"违反法律、行政法规的强制性规定的民事法律行为无效"的规定,认定监护人非为维护被监护人利益对被监护人的财产所作的处分行为无效。

比如,北京市高级人民法院(2022)京民申5977号民事裁定书认为:"本案中,朱某红于2017年被宣告为限制民事行为能力人,而涉案《赠与合同》的主要内容为朱某红将其名下房屋无偿赠与朱某兰,并协助办理房屋过户登记。上述合同内容显然已经超出作为限制民事行为能力人的朱某红可以理解的范畴,与其智力、认知能力不相适应,

---

① 实务中,有法院认为,监护人出于维护被监护人和其他主体的利益处分被监护人的财产,也是为维护被监护人利益。比如,在2021年10月29日就上海某某实业有限公司等与上海某某商业银行股份有限公司松江支行金融借款合同纠纷二审案作出的(2021)沪74民终1269号民事判决书中,上海金融法院认为:上诉人卢某、陆某、卢某承与被上诉人上海某某银行松江支行签订案涉《抵押合同》时,卢某承系未成年人,由其母亲也是法定监护人的陆某代其签订《抵押合同》并无不当。同时,综合案涉借款及抵押担保情况,该抵押行为系为某某公司的借款提供担保,而某某公司持股81%的大股东及法定代表人卢某是卢某承的父亲,某某公司的经营收益应是卢某、陆某、卢某承家庭生活的经济来源之一,故为某某公司的借款提供担保也应是为提高某某公司的经营收益进而确保家庭生活的经济来源,保障未成年人成长所需的学费、生活费等各项支出,故仅以此担保行为不足以证明损害未成年人卢某承的利益。

即朱某红并不具有作出无偿赠与房产意思表示相应的民事行为能力。朱某兰对登记在朱某红名下的房产进行处分,对于朱某红的正常居住权益和日常生活具有重大影响,与‘最有利于被监护人’原则规定并不相符。两审法院根据查明的事实并结合相应证据认定朱某兰与朱某红签订的《赠与合同》无效,符合法律规定,所作判决并无不当。”

又如,山东省高级人民法院(2019)鲁民申 455 号民事裁定书认为:“除为被监护人的利益外,不得处分被监护人的财产是监护人履行监护职责时的法律底线。本案中,张某泽在签订《抵押合同》时不满十六周岁,为限制民事行为能力人。在个人所有的房产上设定抵押所产生的法律后果,超出张某泽行为当时的年龄、智力所能理解和判断的范畴。因此张某泽在《抵押合同》上签字的行为不产生法律效力。因设定抵押对于张某泽来说为纯设负担的行为,其监护人张某臣、石某芬在《抵押合同》上签字确认,实际实施的是处分张某泽财产的行为,损害了张某泽的合法权益,亦为法律所禁止,应认定为无效行为”。

再如,广东省高级人民法院(2018)粤民申 7499 号民事裁定书认为:“在涉案股份转给文某后,文某安作为文某的监护人,与文某光签订《股份分配协议书》,擅自处分了文某的财产,违反了《中华人民共和国民法总则》第三十五条第一款关于‘监护人应当按照最有利于被监护人的原则履行监护职责。监护人除为被监护人利益外,不得处分被监护人的财产’的规定。根据《中华人民共和国民法总则》第一百五十三条的规定,文某安的上述处分文某财产的行为无效,其与文某光签订的《股份分配协议书》因此亦无效”。①

不过,这样的论述理由似乎不够充分。主要理由如下:

一是《民法典》第 35 条只是对监护人非为维护被监护人利益处分被监护人的财产作出了明确的禁止性规定,并未直接规定该处分行为是无效的。

二是这样的论述是直接建立在“《民法典》第 35 条第 1 款关于‘监护人除为维护被监护人利益外,不得处分被监护人的财产’的规定,属于《民法典》第 153 条第 1 款所说的‘法律、行政法规的强制性规定’”的预设前提的基础之上的,但对于为什么“《民法典》第 35 条第 1 款关于‘监护人除为维护被监护人利益外,不得处分被监护人的财产’的规定,属于《民法典》第 153 条第 1 款所说的‘法律、行政法规的强制性规定’”则未作解释。

事实上,在“程甲诉上海某某商务咨询中心、程某股权转让纠纷案”中,针对未成年人程甲之父程某代程甲在涉案《股权转让协议》上签字,将程甲所持有的案涉公司股权作价 2000 万元转让给他人的行为,上海市第一中级人民法院作出的(2021)沪 01 民终 14256 号民事判决书也只是在认定“程某转让程甲名下标的公司股权,超出约定的授权范围,在程甲明确表示反对的情况下,系争股权转让协议不应对程甲产生法律效力”的基础上,认为“系争股权转让的行为并不是为了维护程甲的利益,涉案《股权转让协议》

---

① 类似的案例,还可见山东省高级人民法院(2021)鲁民申 9033 号民事裁定书、四川省高级人民法院(2020)川民申 1530 号民事裁定书、安徽省高级人民法院(2020)皖民申 3284 号民事裁定书、吉林省高级人民法院(2018)吉民申 2454 号民事裁定书等。

事实上损害了程甲的合法权益，违背了社会主义核心价值观”，进而判决“上诉人程甲与被上诉人上海某某商务咨询中心（有限合伙）于2020年4月2日签订的《股权转让协议》对上诉人程甲不发生效力”，并没有认定案涉《股权转让协议》无效。这跟上海市高级人民法院作为参考性案例第145号发布的“程甲诉上海某某商务咨询中心、程某股权转让纠纷案”的“裁判要点”所说的“法定监护人超出约定的授权范围转让未成年被监护人名下公司股权，且未经被监护人同意的，股权转让行为不发生效力；若股权转让行为影响了被监护人基于股东身份享有的参与重大决策、经营管理、股权处分等权利，则可认定上述行为损害了未成年人的合法权益，被监护人主张股权转让协议对其无效并回转登记的，人民法院应予支持”还是存在差别的。

三是在监护人非为维护被监护人利益处分被监护人的财产的情形，如果因该处分行为获得了合理公允的对价，则并不必然损害被监护人的利益。

比如，在陈某1与蒋某华等房屋买卖合同纠纷案中，福建省高级人民法院（2020）闽民申2974号民事裁定书认为：“陈某1申请再审主张根据《民法总则》第三十五条第一款规定，其父母出售案涉房产的行为对其不发生法律效力。《民法总则》第三十五条第一款关于监护人应当按照最有利于被监护人的原则履行监护职责。监护人除为维护被监护人利益外，不得处分被监护人的财产之规定，系关于监护人具体履行监护职责应当遵守的原则以及处分被监护人财产的限制的规定。本案中，黄某、陈某2出售家庭共有案涉房产，并取得相应对价，亦无证据证明陈某2、黄某出售案涉共有房产损害了陈某1的利益，故陈某1的主张缺乏依据，原一、二审法院未予支持，并无不当。”

四是监护人处分被监护人财产导致被监护人利益受损害并非《民法典》直接规定的民事法律行为无效事由。即使监护人非为维护被监护人利益处分被监护人的财产损害了被监护人的利益，也不能当然以此为由认定监护人的处分行为无效，况且《民法典》第34条第3款关于“监护人不履行监护职责或者侵害被监护人合法权益的，应当承担法律责任”的规定以及《民法典》侵权责任编也为被监护人规定了相应的救济途径。

也就是说，监护人作为被监护人的法定代理人，其对被监护人财产的处分并非当然构成无权处分；该处分行为不仅涉及被监护人的利益，也涉及相对人（包括善意相对人）的利益，不仅涉及财产关系，也涉及身份关系和监护制度，《民法典》本身既未直接规定监护人非为维护被监护人利益处分被监护人财产的行为无效，也未直接将《民法典》第35条第1款关于“监护人除为维护被监护人利益外，不得处分被监护人的财产”的规定明确为效力性强制性规定①。

① 2023年12月5日施行的《民法典合同编通则解释》没有继续使用“效力性强制性规定”的表述，没有采取原《合同法解释二》第14条将强制性规定区分为效力性强制性规定和管理性强制性规定的做法（《最高人民法院民二庭、研究室负责人就民法典合同编通则司法解释答记者问》，载最高人民法院网，https://www.court.gov.cn/zixun/xiangqing/419402.html，最后访问日期：2024年5月14日，下同）。为行文方便，本书仍然使用“效力性强制性规定”的表述，用于指代“违反了会导致相关民事法律行为无效的强制性规定”。

三、未成年人的监护人履行监护职责的特别要求

(一)未成年人的监护人履行监护职责的特别要求

针对未成年人的监护人履行监护职责,《民法典》第 35 条第 2 款提出了特别的要求,即:“在作出与被监护人利益有关的决定时,应当根据被监护人的年龄和智力状况,尊重被监护人的真实意愿”。此外,《未成年人保护法》第 19 条也特别规定:“未成年人的父母或者其他监护人应当根据未成年人的年龄和智力发展状况,在作出与未成年人权益有关的决定前,听取未成年人的意见,充分考虑其真实意愿”。其核心都是“根据被监护人的年龄和智力状况,尊重被监护人的真实意愿”。

其中,《民法典》第 35 条第 2 款所说的“作出与被监护人利益有关的决定”,既包括监护人以自己的名义作出的与被监护人利益有关的决定,也包括监护人作为被监护人的法定代理人以被监护人的名义作出的与被监护人利益有关的决定。比如,监护人根据《民法典》第 145 条的规定作出追认限制民事行为能力人实施的其他民事法律行为的决定,属于监护人以自己的名义作出的决定,也属于《民法典》第 35 条第 2 款所说的“作出与被监护人利益有关的决定”。

需要注意的是,尽管《民法典》第 35 条第 2 款所要求的“根据被监护人的年龄和智力状况,尊重被监护人的真实意愿”针对的是未成年人的监护人“履行监护职责”并且“在作出与被监护人利益有关的决定时”,并不适用于未成年人的监护人在并非履行监护职责的过程作出与被监护人利益有关的决定;但是,《未成年人保护法》第 19 条则要求未成年人的监护人不论是在履行监护职责的过程中还是履行其他职责的过程中,只要是作出与未成年人权益有关的决定,都应当在作出决定之前,根据未成年人的年龄和智力发展状况,听取未成年人的意见,充分考虑其真实意愿。

还需注意的是,尽管《民法典》第 35 条第 2 款只是针对未成年人的监护人在履行监护职责的过程中作出与被监护人利益有关的决定提出了“尊重被监护人的真实意愿”的要求,没有涉及监护人对“未成年监护人实施与其年龄、智力相适应的民事法律行为”的保障和协助义务,但是,由于《民法典》第 19 条规定了“八周岁以上的未成年人为限制民事行为能力人,实施民事法律行为由其法定代理人代理或者经其法定代理人同意、追认;但是,可以独立实施纯获利益的民事法律行为或者与其年龄、智力相适应的民事法律行为”,因此,参照《民法典》第 35 条第 3 款的规定,未成年人的监护人也应当遵循“最大程度地尊重被监护人的真实意愿,保障并协助被监护人实施与其年龄、智力相适应的民事法律行为”和“对被监护人有能力独立处理的事务,监护人不得干涉”。

(二)未尊重未成年被监护人真实意愿的法律后果

在法律后果方面,未成年人的监护人如果没有根据被监护人的年龄和智力状况尊重被监护人的真实意愿,其实施的与被监护人利益相关的民事法律行为可能被认定为对被监护人不发生效力。

比如,在柴某 1 与邵某等确认合同无效纠纷案中,法院认定的事实为“邵某系柴某 1 的母亲,柴某 2 系柴某 1 的姐姐,董某系柴某 1、柴某 2 的祖母、柴某 3 的母亲。柴某 1

的父亲柴某敏即柴某3的哥哥,因经营企业需要资金,经常向柴某3借款。2016年2月26日至2016年6月28日,柴某敏共计分五次从柴某3处借款120万元,双方对借款约定了利息。2016年7月12日,柴某1的父亲柴某敏因病去世。2017年1月5日,柴某3作为甲方,邵某、柴某2、董某以及柴某1作为乙方,共同签订一份《协议书》,协议约定:一、乙方认可柴某敏生前向甲方柴某3借款120万元现金及利息,均未归还;二、乙方同意将位于运城市××区房屋、宝马牌7系×××车辆所有权过户给甲方柴某3,以抵顶偿还柴某敏生前所借柴某3款项,抵顶物价值以第三方评估机构评估为准,如抵顶后不能足额偿还所欠柴某3债务,不足部分由乙方继续偿还;如抵顶后有多余,柴某3将多余部分退还乙方;三、乙方保证用于抵顶给甲方的上述房屋和车辆,不存在任何第三人对抵顶物主张任何权利,否则造成甲方损失的,乙方应承担赔偿责任。四、本协议签订后一周内,乙方配合甲方办理上述财产的过户手续。上述协议由邵某、柴某2、董某、柴某3签字确认。柴某1因当年未年满十八周岁且在外地上学,由其监护人即邵某代签并捺印",针对案涉《协议书》对柴某1是否有效的问题,山西省运城市中级人民法院(2022)晋08民终758号民事判决书认为:"邵某作为监护人,在作出与被监护人柴某1利益有关的决定时,没有根据被监护人柴某1的年龄和智力状况,尊重被监护人柴某1的真实意愿,其代柴某1签字、摁手印的行为不是柴某1的真实意思,被上诉人柴某3也清楚柴某1是未成年人、邵某代签的事实,故该《协议书》对上诉人柴某1无效"。

此外,如果监护人以被监护人名义实施的行为明显不符合被监护人的真实意愿,该行为可能会被认定为不属于被监护人的行为。

比如,在桓某诉北京市东城区人民政府解除公有住宅租赁合同案中,针对桓某的监护人桓某利以桓某的名义提起行政诉讼要求撤销桓某之母白某的公房承租权,北京市高级人民法院作出的(2020)京行终7922号行政裁定书认为:"本案中,桓某与其母白某现居住在涉案房屋,且在居住地附近上小学,如撤销白某的涉案房屋承租权,明显对桓某的利益产生不利影响。另桓某现年9岁,其已表示不知道父亲桓某利到法院起诉撤销母亲白某公房承租权的事情,也没有委托父亲起诉。在案亦无证据表明桓某利以桓某名义提起本案之诉,要求解除白某的涉案房屋的租赁合同,符合维护被监护人桓某权益的要求,符合被监护人桓某的真实意愿。据此一审法院认定本案之诉不符合法定起诉条件,并驳回桓某的起诉,并无不当"。

四、成年人的监护人履行监护职责的特别要求

针对成年人的监护人履行监护职责,《民法典》第35条第3款提出了3项特别的要求:一是最大程度地尊重被监护人的真实意愿,二是保障并协助被监护人实施与其智力、精神健康状况相适应的民事法律行为,三是不得干涉被监护人有能力独立处理的事务。

其中,根据《民法典》第21条第1款关于"不能辨认自己行为的成年人为无民事行为能力人,由其法定代理人代理实施民事法律行为"和第22条关于"不能完全辨认自己行为的成年人为限制民事行为能力人,实施民事法律行为由其法定代理人代理或者经其法定代理人同意、追认;但是,可以独立实施纯获利益的民事法律行为或者与其智力、精神健康状况相适应的民事法律行为"的规定,《民法典》第35条第3款所说的"保

障并协助被监护人实施与其智力、精神健康状况相适应的民事法律行为”，指向的是“不能完全辨认自己行为的成年人”，即限制民事行为能力的成年人，不适用于“不能辨认自己行为的成年人”，因为“不能辨认自己行为的成年人”属于无民事行为能力人，不能独立实施任何民事法律行为。

需要注意的是，基于“举轻以明重”的解释原则，既然成年人的监护人应当保障并协助被监护人实施与其智力、精神健康状况相适应的民事法律行为，那么，在被监护人实施纯获利益的民事法律行为时，成年人的监护人更应当予以保障和协助。

此外，《民法典》第 35 条第 3 款所说的“被监护人有能力独立处理的事务”，不限于民事法律行为，也可以是被监护人实施的事实行为等。因此，《民法典》第 35 条第 3 款所说的“对被监护人有能力独立处理的事务，监护人不得干涉”，既适用于无民事行为能力的成年人，也适用于限制民事行为能力的成年人。这跟《民法典》第 35 条第 3 款所说的“保障并协助被监护人实施与其智力、精神健康状况相适应的民事法律行为”仅适用于限制民事行为能力的成年人，是不同的。

还需注意的是，尽管《民法典》第 35 条第 3 款只是针对成年人的监护人对被监护人实施相应的民事法律行为的保障和协助义务作出了规定，没有涉及成年人的监护人作出与被监护人利益有关的决定需要遵守的要求，但是，根据《民法典》第 35 条第 1 款关于“监护人应当按照最有利于被监护人的原则履行监护职责”的规定，参照《民法典》第 35 条第 2 款的规定，成年人的监护人履行监护职责，在作出与被监护人利益有关的决定时，也应当根据被监护人的智力和精神健康状况，尊重被监护人的真实意愿。其中，成年人的监护人根据《民法典》第 145 条的规定作出追认被监护人实施的其他民事法律行为的决定，也应当尊重被监护人的真实意愿。

第三十六条　【监护人资格的撤销】监护人有下列情形之一的，人民法院根据有关个人或者组织的申请，撤销其监护人资格，安排必要的临时监护措施，并按照最有利于被监护人的原则依法指定监护人：

（一）实施严重损害被监护人身心健康的行为；

（二）怠于履行监护职责，或者无法履行监护职责且拒绝将监护职责部分或者全部委托给他人，导致被监护人处于危困状态；

（三）实施严重侵害被监护人合法权益的其他行为。

本条规定的有关个人、组织包括：其他依法具有监护资格的人，居民委员会、村民委员会、学校、医疗机构、妇女联合会、残疾人联合会、未成年人保护组织、依法设立的老年人组织、民政部门等。

前款规定的个人和民政部门以外的组织未及时向人民法院申请撤销监护人资格的，民政部门应当向人民法院申请。

【条文通释】

《民法典》第 36 条是关于监护人资格的撤销制度的规定。

一、监护人资格的撤销事由

(一)《民法典》规定的撤销事由

《民法典》第36条第1款规定了监护人资格撤销的法定事由,包括以下4种:

一是监护人实施了严重损害被监护人身心健康的行为。

二是监护人怠于履行监护职责,导致被监护人处于危困状态。

三是监护人无法履行监护职责且拒绝将监护职责部分或者全部委托给他人,导致被监护人处于危困状态。

四是监护人实施了严重侵害被监护人合法权益的其他行为。

其中,《民法典》第36条第1款规定的第1项和第4项撤销事由指向的是监护人的积极行为,并且相关积极行为需要达到严重损害或严重侵害被监护人的程度。如果监护人只是存在相关积极行为("实施了损害被监护人身心健康的行为"或"实施了侵害被监护人合法权益的其他行为"),但没有达到严重的程度、没有发生严重的后果,则不属于《民法典》第36条第1款本身所规定的监护人资格撤销事由。比如,在南京市社会儿童福利院与李某申请撤销监护人资格案中,尽管李某作为生母在生下男婴铁某之后不依法定程序送养的行为已经构成遗弃行为,但是,江苏省南京市玄武区人民法院(2017)苏0102民特6号民事判决书仍然没有支持南京市社会儿童福利院提出的撤销李某监护人资格的申请,其中的一个理由就是李某托人将孩子送养虽然构成遗弃行为,但李某未谋取金钱利益、也未造成严重后果,有关部门亦未追究其刑事责任。①

而《民法典》第36条第1款规定的第2项和第3项撤销事由指向的则是监护人的消极不作为,并且相关消极不作为需要达到导致被监护人处于危困状态的程度。如果监护人只是存在消极不作为("怠于履行监护职责"或"无法履行监护职责且拒绝将监护职责部分或者全部委托给他人"),没有发生"导致被监护人处于危困状态"的后果,也不属于《民法典》第36条第1款本身所规定的监护人资格撤销事由。

《民法典》第36条第1款第2项所说的"怠于履行监护职责",指的是监护人客观

---

① 江苏省南京市玄武区人民法院(2017)苏0102民特6号民事判决书认为:"应当将铁某交由其母亲抚养,理由是:第一,根据条文意旨,监护人资格是否应被撤销,主要是看遗弃行为造成后果的严重程度。铁某被拐卖后历经波折,但终因各方协力,目前生长发育情况良好,未造成严重后果。第二,父母作为未成年子女的监护人具有法定性、优先性。基于未成年人最佳利益原则,亲生父母因为血缘和亲情的关系,由亲生父母担任监护人更能够尽职尽责地保护被监护人的利益。第三,李某作为铁某的生母,有稳定的收入和抚养能力,表示今后会善待孩子,抚养孩子成材,经法庭考察,确有悔改表现。第四,根据民法通则第十六条的规定,未成年父母没有监护能力的,依次由下列人员中有监护能力的人担任监护人:(1)祖父母、外祖父母;(2)兄、姐;(3)关系密切的其他亲属、朋友愿意承担监护责任,经未成年人的父、母的所在单位或者未成年人住所地的居民委员会、村民委员会同意的。如果撤销李某的监护人资格,由于张某有监护能力,应由外婆张某担任铁某的监护人,现张某表示会协助李某照管铁某,考虑到张某的意愿,由李某担任铁某的监护人是合适的。第五,李某当初将孩子送养,主要是基于羞愧心理和世俗的压力,内心也有避免非婚生子对子女成长可能产生困扰的现实顾虑,当初声明放弃抚养权亦是在未与母亲张某商量的情况下所作的草率决定,现李某有悔过表现,应给予其悔过自新的机会。综上所述,南京市社会儿童福利院要求撤销李某的监护人资格,依据不足,本院不予支持。综合李某的监护意愿、悔改表现、监护能力、身心状况和工作生活情况,本院认为,由李某担任铁某的监护人有利于铁某的健康成长。"

上能够履行监护职责而不履行监护职责的状态。在认定监护人是否怠于履行监护职责时,利害关系人或其他主体是否督促或催告其履行监护职责,并非必须考量的因素;并且,只要监护人存在怠于履行监护职责的行为,并且由此导致被监护人处于危困状态,就属于《民法典》第 36 条第 1 款本身所规定的监护人资格撤销事由。

《民法典》第 36 条第 1 款第 2 项所说的"无法履行监护职责",指的是监护人因客观情况导致其不能履行监护职责,而不是主观上不愿意履行监护职责。就"无法履行监护职责"而言,如果监护人在无法履行监护职责的情况下,因客观原因无法将监护职责全部或部分委托给他人,而不是在经他人提示或催告其将监护职责委托给他人之后明确表示不同意或以自己的行为表明不同意将监护职责委托给他人,则不属于《民法典》第 36 条第 1 款第 2 项所说的"无法履行监护职责且拒绝将监护职责部分或者全部委托给他人",这跟"无法履行监护职责又没有将监护职责部分或者全部委托给他人"①是不同的。其中,监护人在无法履行监护职责的情况下,如果只需将监护职责部分委托给他人,就可以避免发生"导致被监护人处于危困状态"的后果,则不应要求其将监护职责全部委托给他人。

需要注意的是,《民法典》第 36 条第 1 款所说的"监护人有下列情形之一""监护人"和"撤销其监护人资格"中的"其",指的是正在担任被监护人的监护人的主体,至于该主体是通过何种方式成为监护人的,则在所不问。② 而《民法典》第 36 条第 1 款所说的"按照最有利于被监护人的原则依法指定监护人"中的"监护人",则指法院依法指定的新的监护人。

还需注意的是,由于《民法典》第 36 条第 1 款所规定的监护人资格撤销事由,指向的都是被监护人而非其他人,因此,即使监护人对被监护人以外的主体实施相关侵害行为甚至是犯罪行为,只要没有严重损害被监护人的身心健康、没有严重侵害被监护人的合法权益并且也没有发生导致被监护人处于危困状态的结果,就不得以监护人对被监护人以外的主体实施了侵害行为甚至是犯罪行为为由撤销其监护人资格。

(二)《未成年人保护法》规定的撤销事由

在《民法典》第 36 条第 1 款的一般规定之外,《未成年人保护法》规定了未成年人监护人资格撤销的特别事由。

《未成年人保护法》第 108 条第 1 款规定:"未成年人的父母或者其他监护人不依法履行监护职责或者严重侵犯被监护的未成年人合法权益的,人民法院可以根据有关人员或者单位的申请,依法作出人身安全保护令或者撤销监护人资格。"其中,《未成年

---

① 比如,在广东省英德市民政局与熊某梅、谭某生申请撤销监护人资格案中,广东省英德市人民法院(2021)粤 1881 民特 30 号民事判决书认为:"本案中,被申请人对于没有独立生活能力的两小孩,因两申请人犯罪服刑导致无法履行监护职责又没有委托他人进行照顾,使两小孩的生命、健康处于危险中。按照法律规定,应当撤销两被申请人对谭某雪和谭某豪的监护资格。"

② 比如,根据《民法典》第 33 条规定的意定监护制度确定的监护人,如发生监护人资格撤销事由,也可以根据《民法典》第 36 条的规定撤销其监护人资格。对此,《民法典总则编解释》第 11 条规定:"具有完全民事行为能力的成年人与他人依据民法典第三十三条的规定订立书面协议事先确定自己的监护人后,……该成年人丧失或者部分丧失民事行为能力后,协议确定的监护人有民法典第三十六条第一款规定的情形之一,该条第二款规定的有关个人、组织申请撤销其监护人资格的,人民法院依法予以支持。"

人保护法》第 108 条第 1 款所说的“严重侵犯被监护的未成年人合法权益”，可以涵盖《民法典》第 36 条第 1 款第 1 项所说的“实施严重损害被监护人身心健康的行为”和第 3 项所说的“实施严重侵害被监护人合法权益的其他行为”，而《未成年人保护法》第 108 条第 1 款所说的“不依法履行监护职责”则是在《民法典》第 36 条第 1 款规定的 4 项撤销事由之外新增的撤销事由，其标准无须达到“严重侵犯”或“严重侵害”未成年人合法权益的程度，也无须达到“导致被监护人处于危困状态”的程度。

（三）《反家庭暴力法》规定的撤销事由

《反家庭暴力法》也规定了监护人资格撤销的具体事由。

《反家庭暴力法》第 21 条第 1 款规定：“监护人实施家庭暴力严重侵害被监护人合法权益的，人民法院可以根据被监护人的近亲属、居民委员会、村民委员会、县级人民政府民政部门等有关人员或者单位的申请，依法撤销其监护人资格，另行指定监护人。”其中的“家庭暴力”，具有《反家庭暴力法》第 2 条规定的含义，即“家庭成员之间以殴打、捆绑、残害、限制人身自由以及经常性谩骂、恐吓等方式实施的身体、精神等侵害行为”。

需要注意的是，《反家庭暴力法》第 21 条将监护人严重侵害被监护人合法权益的方式细化为实施家庭暴力，属于《民法典》第 36 条第 1 款第 1 项所说的“实施严重损害被监护人身心健康的行为”和第 3 项所说的“实施严重侵害被监护人合法权益的其他行为”的细化规定。

（四）司法规范性文件规定的撤销事由

在《民法典》乃至《民法总则》施行之前，司法规范性文件也规定了未成年人的监护人资格撤销事由。

根据《最高人民法院、最高人民检察院、公安部、民政部关于依法处理监护人侵害未成年人权益行为若干问题的意见》（法发〔2014〕24 号）第 35 条的规定，未成年人的监护人有下列情形之一的，人民法院可以判决撤销其监护人资格：

（1）性侵害、出卖、遗弃、虐待、暴力伤害未成年人，严重损害未成年人身心健康的；

（2）将未成年人置于无人监管和照看的状态，导致未成年人面临死亡或者严重伤害危险，经教育不改的；

（3）拒不履行监护职责长达六个月以上，导致未成年人流离失所或者生活无着的；

（4）有吸毒、赌博、长期酗酒等恶习无法正确履行监护职责或者因服刑等原因无法履行监护职责，且拒绝将监护职责部分或者全部委托给他人，致使未成年人处于困境或者危险状态的；

（5）胁迫、诱骗、利用未成年人乞讨，经公安机关和未成年人救助保护机构等部门三次以上批评教育拒不改正，严重影响未成年人正常生活和学习的；

（6）教唆、利用未成年人实施违法犯罪行为，情节恶劣的；

（7）有其他严重侵害未成年人合法权益行为的。

应该说，虽然《最高人民法院、最高人民检察院、公安部、民政部关于依法处理监护人侵害未成年人权益行为若干问题的意见》（法发〔2014〕24 号）是《民法典》之前出台的文件，但该文件的上述规定对于理解和适用《民法典》第 36 条第 1 款规定的监护人资格撤销事由，仍然具有重要的价值，可以作为《民法典》第 36 条第 1 款规定的监护人资格撤销事由的细化规定加以适用。

（五）监护人资格撤销事由的证明责任

在证明责任方面，由于法律法规没有对监护人资格撤销事由的证明责任作出特别的规定，因此，应当适用证明责任的一般规定，即《民事诉讼法》第 67 条第 1 款①和《民诉法解释》第 90 条、第 91 条②的规定，由申请撤销监护人资格的主体承担相应的举证证明责任。对此，《最高人民法院、最高人民检察院、公安部、民政部关于依法处理监护人侵害未成年人权益行为若干问题的意见》（法发〔2014〕24 号）第 28 条第 1 款也规定："有关单位和人员向人民法院申请撤销监护人资格的，应当提交相关证据。"

比如，在马某六申请撤销监护人资格案中，针对共同监护人马某六提出的撤销另一名监护人马某久作为丁某监护人的资格的请求，湖北省武汉市江汉区人民法院（2022）鄂 0103 民特 356 号民事判决书认为："北京市西城区人民法院 2018 年 7 月 19 日判决变更马某六、马某久为丁某的监护人后，马某久依法履行了对丁某的监护职责，马某六无证据证明丁某的财产存在被转移或去向不明的情形，丁某的生活环境也未发生改变，马某六未提供证据证明马某久存在《中华人民共和国民法典》第三十六条第一款规定的情形，马某六要求撤销马某久的监护人资格的请求没有事实依据，本院不予支持"。

又如，在杨某宇申请变更监护人案中，广西壮族自治区南宁市江南区人民法院（2022）桂 0105 民特 18 号民事判决书认为："申请人杨某宇称梁某怠于履行监护职责使杨某运处于危困状态，但未提交充分证据予以证实，×××出具的复函虽证实杨某运于 2021 年 1 月、11 月两次走失，但并未证实系梁某的原因导致杨某运走失，不能因此说明梁某怠于履行监护职责使杨某运处于危困状态。申请人称梁某疏于照顾导致杨某运身上出现多处皮肤溃烂、梁某与杨某运婚姻感情破裂、梁某年迈多病等，亦未提供证据予以证实。经法庭向杨某运进行现场询问，杨某运并未表示梁某存在损害其身心健康的行为。经法庭查明，申请人杨某宇及其配偶、杨某均属于上班族，梁某已退休，梁某有更充分的时间、精力去陪伴和照顾杨某运。梁某系被申请人杨某运的配偶，属于《中华人民共和国民法典》第二十八条规定的第一顺位监护人，现有证据未能证实梁某存在侵害被监护人合法权益的行为或梁某丧失监护能力，本院指定梁某作为杨某运的监护人并无不当"。

---

① 《民事诉讼法》第 67 条第 1 款规定："当事人对自己提出的主张，有责任提供证据。"

② 《民诉法解释》第 90 条规定："当事人对自己提出的诉讼请求所依据的事实或者反驳对方诉讼请求所依据的事实，应当提供证据加以证明，但法律另有规定的除外。在作出判决前，当事人未能提供证据或者证据不足以证明其事实主张的，由负有举证证明责任的当事人承担不利的后果"，第 91 条规定："人民法院应当依照下列原则确定举证证明责任的承担，但法律另有规定的除外：（一）主张法律关系存在的当事人，应当对产生该法律关系的基本事实承担举证证明责任；（二）主张法律关系变更、消灭或者权利受到妨害的当事人，应当对该法律关系变更、消灭或者权利受到妨害的基本事实承担举证证明责任。"

二、有权申请撤销监护人资格的主体

(一)申请人的范围

根据《民法典》第36条第2款的规定,在监护人资格撤销的法定事由发生时,有权申请撤销监护人资格的主体,包括以下几类:

一是其他依法具有监护资格的人。主要是指《民法典》第27条第2款、第28条规定的那些个人或组织;其中,在被监护人的现任监护人有数人的情形,其他监护人属于可以申请撤销他人的监护人资格的主体。

二是被监护人住所地的居民委员会或村民委员会。

三是被监护人所在的学校。主要适用于被监护人为学生的情形。

四是医疗机构。主要适用于被监护人住院就医的情形。

五是妇女联合会。主要适用于被监护人为妇女的情形。

六是残疾人联合会。主要适用于被监护人为残疾人的情形。

七是未成年人保护组织。主要适用于被监护人为未成年人的情形。

八是依法设立的老年人组织。主要适用于被监护人为老年人的情形。

九是民政部门。

十是法律法规规定的其他个人或组织。①

需要注意的是,与《民法典》第27条第2款和第28条要求相关主体"按顺序担任监护人"不同,在申请撤销监护人资格的情形,《民法典》第36条未作类似规定,有权申请撤销监护人资格的主体均可以提出撤销申请,不存在先后顺序的限制。对此,《最高人民法院、最高人民检察院、公安部、民政部关于依法处理监护人侵害未成年人权益行为若干问题的意见》(法发〔2014〕24号)第27条规定:"下列单位和人员(以下简称有关单位和人员)有权向人民法院申请撤销监护人资格:……申请撤销监护人资格,一般由前款中负责临时照料未成年人的单位和人员提出,也可以由前款中其他单位和人员提出。"

(二)民政部门兜底申请

在监护人资格撤销事由发生时,为避免出现因有权申请撤销的主体均不提出撤销申请导致出现被监护人合法权益受到监护人持续侵害的情况或被监护人长时间处于危困状态,《民法典》第36条第3款规定了民政部门的兜底责任,即:"前款规定的个人和民政部门以外的组织未及时向人民法院申请撤销监护人资格的,民政部门应当向人民法院申请"。这也是国家监护的兜底功能。对此,《最高人民法院、最高人民检察院、公安部、民政部关于依法处理监护人侵害未成年人权益行为若干问题的意见》(法发

---

① 比如,《最高人民法院、最高人民检察院、公安部、民政部关于依法处理监护人侵害未成年人权益行为若干问题的意见》(法发〔2014〕24号)第27条第1款规定:"下列单位和人员(以下简称有关单位和人员)有权向人民法院申请撤销监护人资格:(一)未成年人的其他监护人,祖父母、外祖父母、兄、姐,关系密切的其他亲属、朋友;(二)未成年人住所地的村(居)民委员会,未成年人父、母所在单位;(三)民政部门及其设立的未成年人救助保护机构;(四)共青团、妇联、关工委、学校等团体和单位。"

〔2014〕24 号）第 30 条第 2 款也规定了："对于监护侵害行为符合本意见第 35 条规定情形而相关单位和人员没有提起诉讼的，人民检察院应当书面建议当地民政部门或者未成年人救助保护机构向人民法院申请撤销监护人资格。"

需要注意的是，《民法典》第 36 条第 3 款并不意味着民政部门需要在等到查明"有关个人和民政部门以外的组织均未及时向人民法院申请撤销监护人资格"之后再向法院申请撤销监护人资格，该款并不限制民政部门在知悉监护人资格撤销事由发生后就向法院提出申请，也不限制民政部门与有关个人或其他组织同时分别向法院提出申请。

三、监护人资格的撤销

（一）有权撤销监护人资格的主体

由于《民法典》第 36 条第 1 款使用了"监护人有下列情形之一的，人民法院根据有关个人或者组织的申请，撤销其监护人资格，安排必要的临时监护措施，并按照最有利于被监护人的原则依法指定监护人"的表述，结合《仲裁法》第 3 条关于"下列纠纷不能仲裁：（一）婚姻、收养、监护、扶养、继承纠纷；（二）依法应当由行政机关处理的行政争议"的规定，只有法院才有权撤销相关主体的监护人资格，行政机关、仲裁机构等任何其他组织或个人均不享有此项权力；并且，相关主体监护人资格的撤销也须以法院作出了相应的判决为依据。对此，可以称为"无判决则不撤销"，并非只要发生了法定撤销事由，其监护人资格就自动撤销了或丧失了。

需要注意的是，法院须依当事人的申请作出撤销监护人资格的判决，而不能依职权主动作出撤销监护人资格的判决。《民法典》第 36 条第 1 款使用的表述"人民法院根据有关个人或者组织的申请，撤销其监护人资格"，也表明了这点。

（二）撤销监护人资格案件的管辖

《民法典》本身没有规定撤销监护人资格案件的管辖问题。

根据《最高人民法院、最高人民检察院、公安部、民政部关于依法处理监护人侵害未成年人权益行为若干问题的意见》（法发〔2014〕24 号）第 31 条第 1 款关于"申请撤销监护人资格案件，由未成人住所地、监护人住所地或者侵害行为地基层人民法院管辖"和《民诉法解释》第 10 条关于"不服指定监护或者变更监护关系的案件，可以由被监护人住所地人民法院管辖"的规定，申请撤销监护人资格案件，被监护人住所地、监护人住所地、侵害行为实施地或侵害结果发生地①的基层人民法院均有管辖权，并非只能由被监护人住所地的法院管辖。

（三）撤销监护人资格案件适用的程序

《民事诉讼法》第十五章"特别程序"本身没有规定撤销监护人资格案件。不过，考

---

① 《民事诉讼法》第 29 条规定："因侵权行为提起的诉讼，由侵权行为地或者被告住所地人民法院管辖。"《民诉法解释》第 24 条规定："民事诉讼法第二十九条规定的侵权行为地，包括侵权行为实施地、侵权结果发生地。"

虑到《民事案件案由规定》也将“申请撤销监护人资格”案由列入第十部分“非讼程序案件案由”项下的“监护权特别程序案件”案由项下，根据《最高人民法院、最高人民检察院、公安部、民政部关于依法处理监护人侵害未成年人权益行为若干问题的意见》（法发〔2014〕24号）第32条关于“人民法院审理撤销监护人资格案件，比照民事诉讼法规定的特别程序进行，……”的规定和《民事诉讼法》第185条关于“依照本章程序审理的案件，实行一审终审”的规定，在审判程序方面，撤销监护人资格案件比照适用特别程序，实行一审终审、不准上诉；此外，根据《民诉法解释》第378条关于“适用特别程序、督促程序、公示催告程序、破产程序等非讼程序审理的案件，当事人不得申请再审”的规定，有关当事人也不能申请再审，但可以根据《民诉法解释》第372条第1款①的规定，向作出该裁判的法院提出异议。

（四）临时监护措施和人身安全保护令

根据《民法典》第36条第1款的规定，人民法院在受理监护人资格撤销案件之后，如有必要，应当在作出判决之前为被监护人安排必要的临时监护措施，其目的是“避免原监护人对被监护人特别是对未成年人造成进一步伤害”②。

甚至，在被监护人遭受监护人家庭暴力等侵害或者面临监护人家庭暴力等侵害的现实危险的情况下，有关组织或个人还可以在诉讼前或诉讼中向人民法院申请人身安全保护令。③ 法院作出的人身安全保护令可以包括下列内容中的一项或者多项：(1)禁止被申请人暴力伤害、威胁被监护人及其临时照料人；(2)禁止被申请人跟踪、骚扰、接触被监护人及其临时照料人；(3)责令被申请人迁出被监护人住所；(4)保护被监护人及其临时照料人人身安全的其他措施。④

（五）另行指定监护人

根据《民法典》第36条第1款的规定，人民法院在撤销原监护人的监护人资格的

---

① 《民诉法解释》第372条第1款规定：“适用特别程序作出的判决、裁定，当事人、利害关系人认为有错误的，可以向作出该判决、裁定的人民法院提出异议。人民法院经审查，异议成立或者部分成立的，作出新的判决、裁定撤销或者改变原判决、裁定；异议不成立的，裁定驳回。”

② 原全国人民代表大会法律委员会在2016年10月31日第十二届全国人民代表大会常务委员会第二十四次会议作的《关于〈中华人民共和国民法总则（草案）〉修改情况的汇报》。

③ 《反家庭暴力法》第23条规定：“当事人因遭受家庭暴力或者面临家庭暴力的现实危险，向人民法院申请人身安全保护令的，人民法院应当受理。当事人是无民事行为能力人、限制民事行为能力人，或者因受到强制、威吓等原因无法申请人身安全保护令的，其近亲属、公安机关、妇女联合会、居民委员会、村民委员会、救助管理机构可以代为申请。”《妇女权益保障法》第29条规定：“禁止以恋爱、交友为由或者在终止恋爱关系、离婚之后，纠缠、骚扰妇女，泄露、传播妇女隐私和个人信息。妇女遭受上述侵害或者面临上述侵害现实危险的，可以向人民法院申请人身安全保护令。”

④ 《反家庭暴力法》第29条规定：“人身安全保护令可以包括下列措施：（一）禁止被申请人实施家庭暴力；（二）禁止被申请人骚扰、跟踪、接触申请人及其相关近亲属；（三）责令被申请人迁出申请人住所；（四）保护申请人人身安全的其他措施。”《最高人民法院、最高人民检察院、公安部、民政部关于依法处理监护人侵害未成年人权益行为若干问题的意见》（法发〔2014〕24号）第24条规定：“人身安全保护裁定可以包括下列内容中的一项或者多项：（一）禁止被申请人暴力伤害、威胁未成年人及其临时照料人；（二）禁止被申请人跟踪、骚扰、接触未成年人及其临时照料人；（三）责令被申请人迁出未成年人住所；（四）保护未成年人及其临时照料人人身安全的其他措施。”

同时，原则上还应当为被监护人指定新的监护人，以避免发生被监护人监护缺失的情况。

需要注意的是，法院另行指定监护人须“按照最有利于被监护人的原则”并“依法”进行。其中，针对“按照最有利于被监护人的原则”，《民法典总则编解释》第 9 条第 1 款提出了具体的要求，即：“应当尊重被监护人的真实意愿，按照最有利于被监护人的原则指定，具体参考以下因素：(一)与被监护人生活、情感联系的密切程度；(二)依法具有监护资格的人的监护顺序；(三)是否有不利于履行监护职责的违法犯罪等情形；(四)依法具有监护资格的人的监护能力、意愿、品行等”。而《民法典》第 36 条第 1 款所说的“依法指定监护人”，则主要是指“在依法具有监护资格的人中指定监护人”，与《民法典》第 31 条第 2 款所说的“应当尊重被监护人的真实意愿，按照最有利于被监护人的原则在依法具有监护资格的人中指定监护人”是一致的。

还需注意的是，尽管《民法典》第 36 条第 1 款使用了“监护人有下列情形之一的，人民法院根据有关个人或者组织的申请，撤销其监护人资格，……，并……依法指定监护人：……”的表述，但是，这并不意味着，只要撤销监护人资格就必须同时另行指定监护人。《民法典》第 36 条第 1 款所说的“撤销其监护人资格，……，并……依法指定监护人：……”，只适用于被监护人没有其他监护人且被监护人仍然需要监护的情形；在被监护人还有其他监护人的情形，无须同时指定监护人。

实务中，确实也存在只需撤销监护人资格，无须另行指定监护人的情形。比如，在未成年人的父亲被撤销监护人资格的情形，由其具有监护能力的母亲担任监护人，法院无须指定、也不应指定监护人。对此，《妇女权益保障法》第 70 条第 2 款明确规定了：“父亲死亡、无监护能力或者有其他情形不能担任未成年子女的监护人的，母亲的监护权任何组织和个人不得干涉。”此外，《最高人民法院、最高人民检察院、公安部、民政部关于依法处理监护人侵害未成年人权益行为若干问题的意见》(法发〔2014〕24 号)第 36 条第 1 款也规定：“判决撤销监护人资格，未成年人有其他监护人的，应当由其他监护人承担监护职责。其他监护人应当采取措施避免未成年人继续受到侵害。”

此外，在法院撤销监护人资格后，如果被监护人仍然需要监护，且没有其他监护人，则只能由法院同时指定新的监护人，不能适用《民法典》第 30 条和第 31 条的规定、不能由有监护资格的人协议确定监护人。这跟《民法典》第 39 条第 2 款关于“监护关系终止后，被监护人仍然需要监护的，应当依法另行确定监护人”的规定使用了“依法另行确定监护人”的表述是不一样的。

第三十七条　【监护人资格被撤销后抚养费、赡养费、扶养费的继续负担】依法负担被监护人抚养费、赡养费、扶养费的父母、子女、配偶等，被人民法院撤销监护人资格后，应当继续履行负担的义务。

【条文通释】

《民法典》第 37 条是关于监护人资格被撤销后抚养费、赡养费、扶养费的继续负担的规定。

一、监护人资格与抚养费、赡养费、扶养费负担相互独立

《民法典》第37条所说的"依法负担被监护人抚养费、赡养费、扶养费的父母、子女、配偶等,被人民法院撤销监护人资格后,应当继续履行负担的义务",意味着,监护人资格与被监护人抚养费、赡养费、扶养费的负担是相互独立的事项,并非不可分离的;监护人资格的撤销并不意味着当然导致被监护人抚养费、赡养费、扶养费负担义务的消灭,相关主体也不得以已经不是监护人为由拒绝负担被监护人的抚养费、赡养费、扶养费,也不得以放弃监护权为由不负担被监护人的抚养费、赡养费、扶养费。

比如,在王某1与王某2抚养费纠纷案中,江西省都昌县人民法院(2018)赣0428民初1049号民事判决书认为:"本案中被告虽然被撤销监护人资格,但作为原告的父亲,应当继续履行抚养的义务。故原告要求被告支付抚养费的要求,本院予以支持。根据江西省2017年度农村居民人均年生活消费支出9870元的标准,结合抚养义务人王某2的实际经济状况及负担能力,本院酌定被告每月支付原告抚养费700元直至原告年满18周岁"。

又如,在刘某甲与巩某某扶养费纠纷案中,陕西省山阳县人民法院(2022)陕1024民初1339号民事判决书认为:"就本案而言,被告巩某某在明知原告刘某甲患有精神疾病的情况下,仍自愿与其登记结婚,婚后被告就应当承担起扶养原告的义务,并依法履行监护人职责。但是被告婚后履行部分职责后,因与原告父亲发生纠纷即外出多年未归,在被告的监护人资格被依法撤销后,被告仍应当负担原告的扶养费,故对原告要求被告给付扶养费的诉讼请求予以支持,对被告辩称其监护权撤销后不再负担扶养费的请求不予支持。……关于被告应负担的扶养费数额,原告主张被告自2022年1月起每月支付800元扶养费,综合考虑原告享受农村低保、残疾人生活费以及医疗费支出实际情况,结合被告身体状况、收入能力、赡养老人情况,参照当地最低生活保障标准,本院酌情确定被告自2022年1月起每月给付原告扶养费350元,对原告超出部分诉讼请求,本院不予支持"。

根据《民法典》第37条的规定,依法负担被监护人抚养费、赡养费、扶养费的父母、子女、配偶等主体在被人民法院撤销监护人资格后,如果未履行负担抚养费、赡养费、扶养费,代为支付抚养费、赡养费、扶养费的主体可以要求其偿还相应的费用。

比如,在南京市江宁区湖熟街道某某社区居民委员会与时某海、郑某玉无因管理纠纷案中,江苏省南京市江宁区人民法院(2019)苏0115民初6991号民事判决书认为:"本案中,被告时某海、郑某玉作为时郑某的父母,虽被本院撤销了对时郑某的监护人资格,但是根据《中华人民共和国民法总则》第三十七条'依法负担被监护人抚养费、赡养费、扶养费的父母、子女、配偶等,被人民法院撤销监护人资格后,应当继续履行负担的义务'之规定,被告时某海、郑某玉仍应承担时郑某的抚养费用。原告某某社区居委会虽然已被本院指定为时郑某的监护人,但是其并非时郑某的抚养义务人,其支付时郑某2018年10月26日至2019年1月25日的抚养费11510元,属于无因管理,与被告时某海、郑某玉构成无因管理之债。故对于原告某某社区居委会要求二被告支付其垫付的时郑某抚养费11510元的诉讼请求,本院予以支持"。

二、法律关于抚养费、赡养费、扶养费负担的规定

需要注意的是，《民法典》第 37 条所说的“被人民法院撤销监护人资格后，应当继续履行负担的义务”，须以原担任被监护人的监护人的主体（不限于《民法典》第 37 条所列举的父母、子女、配偶）“依法负担被监护人抚养费、赡养费、扶养费”为前提。如果担任被监护人的监护人的主体原本就不负有负担被监护人抚养费、赡养费、扶养费的法定义务，那么，在其监护人资格被撤销之后，自然也就无须“继续履行负担的义务”。

（一）法律关于抚养费负担的规定

结合《民法典》第 1067 条[①]和《民法典婚姻家庭编解释一》第 42 条[②]的规定，《民法典》第 37 条所说的“抚养费”，包括未成年人的生活费、教育费、医疗费等费用。

法律关于未成年人抚养费负担的规定主要包括：

一是《民法典》第 26 条第 1 款规定：“父母对未成年子女负有抚养、教育和保护的义务。”

二是《民法典》第 1067 条第 1 款规定：“父母不履行抚养义务的，未成年子女或者不能独立生活的成年子女，有要求父母给付抚养费的权利。”

三是《未成年人保护法》第 108 条规定：“未成年人的父母或者其他监护人不依法履行监护职责或者严重侵犯被监护的未成年人合法权益的，人民法院可以根据有关人员或者单位的申请，依法作出人身安全保护令或者撤销监护人资格。被撤销监护人资格的父母或者其他监护人应当依法继续负担抚养费用。”

四是《反家庭暴力法》第 21 条规定：“监护人实施家庭暴力严重侵害被监护人合法权益的，人民法院可以根据被监护人的近亲属、居民委员会、村民委员会、县级人民政府民政部门等有关人员或者单位的申请，依法撤销其监护人资格，另行指定监护人。被撤销监护人资格的加害人，应当继续负担相应的赡养、扶养、抚养费用。”

五是《最高人民法院、最高人民检察院、公安部、民政部关于依法处理监护人侵害未成年人权益行为若干问题的意见》（法发〔2014〕24 号）第 42 条规定：“被撤销监护人资格的父、母应当继续负担未成年人的抚养费用和因监护侵害行为产生的各项费用。相关单位和人员起诉的，人民法院应予支持。”

（二）法律关于赡养费负担的规定

法律关于赡养费负担的规定主要包括：

一是《民法典》第 26 条第 2 款规定：“成年子女对父母负有赡养、扶助和保护的义务。”

二是《民法典》第 1067 条第 2 款规定：“成年子女不履行赡养义务的，缺乏劳动能

---

① 《民法典》第 1067 条规定：“父母不履行抚养义务的，未成年子女或者不能独立生活的成年子女，有要求父母给付抚养费的权利。成年子女不履行赡养义务的，缺乏劳动能力或者生活困难的父母，有要求成年子女给付赡养费的权利。”

② 《民法典婚姻家庭编解释一》第 42 条规定：“民法典第一千零六十七条所称‘抚养费’，包括子女生活费、教育费、医疗费等费用。”

力或者生活困难的父母,有要求成年子女给付赡养费的权利。"

三是《老年人权益保障法》第 19 条规定:"赡养人不得以放弃继承权或者其他理由,拒绝履行赡养义务。赡养人不履行赡养义务,老年人有要求赡养人付给赡养费等权利……"

四是《反家庭暴力法》第 21 条规定:"监护人实施家庭暴力严重侵害被监护人合法权益的,人民法院可以根据被监护人的近亲属、居民委员会、村民委员会、县级人民政府民政部门等有关人员或者单位的申请,依法撤销其监护人资格,另行指定监护人。被撤销监护人资格的加害人,应当继续负担相应的赡养、扶养、抚养费用。"

(三)法律关于扶养费负担的规定

法律关于扶养费负担的规定主要包括:

一是《民法典》第 1059 条规定:"夫妻有相互扶养的义务。需要扶养的一方,在另一方不履行扶养义务时,有要求其给付扶养费的权利。"

二是《民法典》第 1075 条规定:"有负担能力的兄、姐,对于父母已经死亡或者父母无力抚养的未成年弟、妹,有扶养的义务。由兄、姐扶养长大的有负担能力的弟、妹,对于缺乏劳动能力又缺乏生活来源的兄、姐,有扶养的义务。"

三是《老年人权益保障法》第 23 条规定:"老年人与配偶有相互扶养的义务。由兄、姐扶养的弟、妹成年后,有负担能力的,对年老无赡养人的兄、姐有扶养的义务。"

四是《反家庭暴力法》第 21 条规定:"监护人实施家庭暴力严重侵害被监护人合法权益的,人民法院可以根据被监护人的近亲属、居民委员会、村民委员会、县级人民政府民政部门等有关人员或者单位的申请,依法撤销其监护人资格,另行指定监护人。被撤销监护人资格的加害人,应当继续负担相应的赡养、扶养、抚养费用。"

第三十八条 【监护人资格的恢复】被监护人的父母或者子女被人民法院撤销监护人资格后,除对被监护人实施故意犯罪的外,确有悔改表现的,经其申请,人民法院可以在尊重被监护人真实意愿的前提下,视情况恢复其监护人资格,人民法院指定的监护人与被监护人的监护关系同时终止。

【条文通释】

《民法典》第 38 条是关于监护人资格的恢复的规定。

一、恢复监护人资格的条件

考虑到《民法典》第 36 条第 1 款规定的"几种撤销监护权的情形都是严重损害被监护人利益的情形,不宜轻易恢复。同时,监护人资格撤销后再恢复,还有可能给被监护人造成二次伤害"①,因此,《民法典》第 38 条对监护人资格的恢复条件作出了比较严

① 原全国人民代表大会法律委员会在 2016 年 10 月 31 日第十二届全国人民代表大会常务委员会第二十四次会议作的《关于〈中华人民共和国民法总则(草案)〉修改情况的汇报》。

格的规定,分别从申请人资格、适用条件等方面限定了监护人资格恢复制度的适用范围。

(一)申请人仅限于被撤销监护人资格的被监护人的父母或子女

由于《民法典》第38条使用了“被监护人的父母或者子女被人民法院撤销监护人资格后,……,经其申请”的表述,因此,只有曾经担任过被监护人的监护人、但已经被法院撤销了监护人资格的父母或子女,才有权申请恢复监护人资格;包括被监护人的配偶在内的其他任何主体,在被撤销监护人资格之后,均无权申请恢复监护人资格。

结合《民法典》第1072条第2款关于“继父或者继母和受其抚养教育的继子女间的权利义务关系,适用本法关于父母子女关系的规定”和第1111条第1款关于“自收养关系成立之日起,养父母与养子女间的权利义务关系,适用本法关于父母子女关系的规定”的规定,《民法典》第38条所说的“父母”,既包括生父母,在特定情形下也可能包括继父或继母、养父母。这跟《民法典》第1127条第4款针对继承规定的“本编所称父母,包括生父母、养父母和有扶养关系的继父母”是一致的。

同样地,结合《民法典》第1072条第2款关于“继父或者继母和受其抚养教育的继子女间的权利义务关系,适用本法关于父母子女关系的规定”和第1111条第1款关于“自收养关系成立之日起,养父母与养子女间的权利义务关系,适用本法关于父母子女关系的规定”的规定,《民法典》第38条所说的“子女”,既包括生子女(包括婚生子女和非婚生子女[①],在特定情形下也可能包括有抚养关系的继子女、养子女。这跟《民法典》第1127条第3款针对继承规定的“本编所称子女,包括婚生子女、非婚生子女、养子女和有扶养关系的继子女”是一致的。

需要注意的是,结合《民法典》第27条第2款和第28条的规定,申请恢复监护人资格的父母或子女,须具有监护能力;如无监护能力,则不具有监护资格,自然也就不能再担任监护人。

(二)申请人不得有对被监护人实施故意犯罪的行为

由于《民法典》第38条使用了“除对被监护人实施故意犯罪的外”的表述,因此,作为被监护人的父母或者子女,在申请恢复监护人资格当时和之前直至法院作出判决之前,必须不存在对被监护人实施故意犯罪的行为。

其中的“对被监护人实施故意犯罪”,不仅包括作为人民法院撤销其监护人资格的事由的“对被监护人实施故意犯罪”,还包括相关主体在被撤销监护人资格之后、在监护人资格被恢复之前“对被监护人实施故意犯罪”。只要在监护人资格被恢复之前对被监护人实施过任何故意犯罪,都属于《民法典》第38条所说的“对被监护人实施故意犯罪”。

据此,被监护人的父母或子女只要在监护人资格被恢复之前对被监护人实施过一次故意犯罪行为,不论实施的是何种故意犯罪行为,不论该故意犯罪行为是否造成了

---

① 《民法典》第1071条第1款规定:“非婚生子女享有与婚生子女同等的权利,任何组织或者个人不得加以危害和歧视。”

严重的后果、是否因此被执行刑罚，也不论该故意犯罪行为发生在其监护人资格被撤销之前还是之后，也不论该故意犯罪实施之日距申请之时经过了多长时间，就都无权申请恢复监护人资格。被监护人的父母或子女如果存在对被监护人实施故意犯罪的行为，即使确有悔改表现，即使被监护人没有依法具有监护资格的人，法院也不得恢复其监护人资格。[①]

也因此，在作为被监护人的父母或者子女曾经因过失对被监护人实施了犯罪的情况下，不能仅仅因为其过失犯罪而否认其申请恢复监护人资格的权利；但能否恢复其监护人资格，应由法院在尊重被监护人真实意愿的前提下，按照最有利于被监护人的原则，结合案件的具体情况（即《民法典》第 38 条所说的"视情况"）作出相应的判决。

当然，根据《刑事诉讼法》第 12 条关于"未经人民法院依法判决，对任何人都不得确定有罪"的规定，作为父母或子女的监护人对被监护人实施的行为是否构成犯罪以及是故意犯罪还是过失犯罪[②]，均应当以法院的生效判决为依据。

（三）申请人须确有悔改表现

因《民法典》第 36 条第 1 款规定的"几种撤销监护权的情形都是严重损害被监护人利益的情形，不宜轻易恢复。同时，监护人资格撤销后再恢复，还有可能给被监护人造成二次伤害"[③]，故须以申请恢复监护人资格的主体就其曾对被监护人实施故意犯罪以外的行为确有悔改表现作为恢复其监护人资格的条件。

至于如何认定就其曾对被监护人实施故意犯罪以外的行为"确有悔改表现"，可以参考《最高人民法院关于办理减刑、假释案件具体应用法律的规定》第 3 条针对罪犯减刑所规定的"确有悔改表现"，即："确有悔改表现"是指"同时具备以下条件：（一）认罪悔罪；（二）遵守法律法规及监规，接受教育改造；（三）积极参加思想、文化、职业技术教育；（四）积极参加劳动，努力完成劳动任务"。

当然，根据《民事诉讼法》第 67 条第 1 款[④]和《民诉法解释》第 90 条、第 91 条[⑤]的规

---

① 也因此，《最高人民法院、最高人民检察院、公安部、民政部关于依法处理监护人侵害未成年人权益行为若干问题的意见》（法发〔2014〕24 号）第 40 条第 2 款关于"申请人具有下列情形之一的，一般不得判决恢复其监护人资格：（一）性侵害、出卖未成年人的；（二）虐待、遗弃未成年人六个月以上、多次遗弃未成年人，并且造成重伤以上严重后果的；（三）因监护侵害行为被判处五年有期徒刑以上刑罚的"的规定，因与《民法典》第 38 条的规定不一致而不再适用。

② 《刑法》第 14 条规定："明知自己的行为会发生危害社会的结果，并且希望或者放任这种结果发生，因而构成犯罪的，是故意犯罪。故意犯罪，应当负刑事责任"，第 15 条规定："应当预见自己的行为可能发生危害社会的结果，因为疏忽大意而没有预见，或者已经预见而轻信能够避免，以致发生这种结果的，是过失犯罪。过失犯罪，法律有规定的才负刑事责任。"

③ 原全国人民代表大会法律委员会在 2016 年 10 月 31 日第十二届全国人民代表大会常务委员会第二十四次会议作的《关于〈中华人民共和国民法总则（草案）〉修改情况的汇报》。

④ 《民事诉讼法》第 67 条第 1 款规定："当事人对自己提出的主张，有责任提供证据。"

⑤ 《民诉法解释》第 90 条规定："当事人对自己提出的诉讼请求所依据的事实或者反驳对方诉讼请求所依据的事实，应当提供证据加以证明，但法律另有规定的除外。在作出判决前，当事人未能提供证据或者证据不足以证明其事实主张的，由负有举证证明责任的当事人承担不利的后果"，第 91 条规定："人民法院应当依照下列原则确定举证证明责任的承担，但法律另有规定的除外：（一）主张法律关系存在的当事人，应当对产生该法律关系的基本事实承担举证证明责任；（二）主张法律关系变更、消灭或者权利受到妨害的当事人，应当对该法律关系变更、消灭或者权利受到妨害的基本事实承担举证证明责任。"

定，申请人申请恢复监护人资格，应当对其确已悔改承担举证证明责任；否则，其主张可能得不到支持。

比如，在张某秀申请变更监护人案中，由于未成年人杨某鹏之母张某秀因未对杨某鹏尽到合理监护义务，与案外人勾某某对杨某鹏实施暴力行为，对杨某鹏身心造成严重影响而被法院以（2018）川 0703 民特 36 号民事判决撤销监护人资格，针对张某秀提出的恢复对杨某鹏的监护人资格的申请，四川省绵阳市涪城区人民法院（2019）川 0703 民特 17 号民事判决书认为："杨某鹏的监护人变更为唐某芳后，张某秀一直未支付杨某鹏的抚养费，其称多次看望杨某鹏，其陈述即使属实，但除 2018 年 8 月、9 月外，其余探望时间均发生于起诉要求其支付抚养费后，且次数频繁。申请人所提供的照片、微信截屏，仅此不能反映被申请人未尽到合理的监护义务；同时，仅是照片、微信截图亦不能证明申请人真心悔改。家庭生活具有一定的封闭性和隐秘性，年幼的未成年人的身心一旦遭受家庭共同生活成员的侵害，难以被及时发现和得到保护。本案中杨某鹏因申请人及勾某某的行为，身心受到严重伤害和影响，其身心状况尚需要恢复。本案现有证据不能证明唐某芳对杨某鹏无力监护或未尽到合理的监护义务，亦不能证明申请人张某秀有真正的悔改行为、其自身家庭环境利于杨某鹏的健康成长。故申请人要求恢复自己为杨某鹏监护人的请求，不能成立"。

（四）须由申请人本人提出恢复监护人资格的申请

由于《民法典》第 38 条使用了"经其申请"的表述，因此，须由被撤销监护人资格的被监护人的父母或子女本人提出恢复监护人资格的申请，法院须依申请人本人的申请作出恢复监护人资格的判决，而不能依职权主动恢复监护人资格。

在相关主体提出恢复监护人资格的申请的期限方面，《民法典》本身没有规定。《最高人民法院、最高人民检察院、公安部、民政部关于依法处理监护人侵害未成年人权益行为若干问题的意见》（法发〔2014〕24 号）第 38 条第 1 款曾经规定："被撤销监护人资格的侵害人，自监护人资格被撤销之日起三个月至一年内，可以书面向人民法院申请恢复监护人资格，并应当提交相关证据。"据此，相关主体可以在法院作出的撤销其监护人资格的判决生效满 3 个月之后，提出恢复监护人资格的申请。

不过，考虑到《民法典》本身没有对相关主体提出恢复监护人资格的申请的期限作出特别的限制性规定，即使申请人超过法发〔2014〕24 号文件所说的"监护人资格被撤销之日起三个月至一年内"的期限才提出恢复监护人资格的申请，也不应以其申请超过期限为由予以驳回；在申请人因客观原因超期提出申请的情况下，更是如此。从而，被监护人的父母或者子女被人民法院撤销监护人资格后，除对被监护人实施故意犯罪的外，确有悔改表现的，只要其具有监护能力，被监护人也同意，基于最有利于被监护人的原则，其提出恢复监护人资格的申请不应受到期限的限制。

（五）须经被监护人同意恢复其监护人资格

由于《民法典》第 38 条使用了"人民法院可以在尊重被监护人真实意愿的前提下，视情况恢复其监护人资格"的表述，因此，相关主体关于恢复监护人资格的申请，原则上也应当经被监护人的同意；其中，如果被监护人不同意再由其担任监护人，则法院应当尊重被监护人的真实意愿,驳回恢复其监护人资格的申请。

二、申请恢复监护人资格案件的审理

针对《民法典》第 38 条规定的恢复监护人资格案件,《民事案件案由规定》在二级案由"监护权特别程序案件"项下规定了三级案由"申请恢复监护人资格"。

(一)申请恢复监护人资格案件的管辖

《民法典》本身没有规定申请恢复监护人资格案件的管辖问题。

结合《最高人民法院、最高人民检察院、公安部、民政部关于依法处理监护人侵害未成年人权益行为若干问题的意见》(法发〔2014〕24 号)第 39 条第 1 款关于"人民法院审理申请恢复监护人资格案件,按照变更监护关系的案件审理程序进行",第 31 条第 1 款关于"申请撤销监护人资格案件,由未成年人住所地、监护人住所地或者侵害行为地基层人民法院管辖"和《民诉法解释》第 10 条关于"不服指定监护或者变更监护关系的案件,可以由被监护人住所地人民法院管辖"的规定,申请恢复监护人资格案件,可以由被监护人住所地的基层人民法院管辖。

当然,由于《民诉法解释》第 10 条使用的是"可以由被监护人住所地人民法院管辖"的表述,并非只能由"被监护人住所地人民法院管辖",[①]因此,有关申请人也可以依照"原告就被告"的一般管辖规定[②],向被监护人住所地法院申请恢复监护人资格。

(二)申请恢复监护人资格案件适用的程序

《民事诉讼法》第十五章"特别程序"本身没有规定申请恢复监护人资格案件。不过,考虑到《民事案件案由规定》也将"申请恢复监护人资格"案由列入第十部分"非讼程序案件案由"项下的"监护权特别程序案件"案由项下,结合《最高人民法院、最高人民检察院、公安部、民政部关于依法处理监护人侵害未成年人权益行为若干问题的意见》(法发〔2014〕24 号)第 32 条关于"人民法院审理撤销监护人资格案件,比照民事诉讼法规定的特别程序进行……"第 39 条第 1 款关于"人民法院审理申请恢复监护人资格案件,按照变更监护关系的案件审理程序进行"的规定和《民事诉讼法》第 185 条关于"依照本章程序审理的案件,实行一审终审"的规定,申请恢复监护人资格案件比照适用特别程序,实行一审终审、不准上诉;此外,根据《民诉法解释》第 378 条关于"适用特别程序、督促程序、公示催告程序、破产程序等非讼程序审理的案件,当事人不得申

---

① 考虑到不论是不服指定监护人案件、变更监护关系案件,还是直接申请指定监护人、撤销监护人资格、恢复监护人资格案件,都涉及被监护人的利益,都需要"按照最有利于被监护人的原则"乃至"尊重被监护人的真实意愿",既然不服指定监护案件或者变更监护关系的案件都可以由被监护人住所地人民法院管辖,那么,直接申请指定监护人、撤销监护人资格、恢复监护人资格等案件也应当可以由被监护人住所地人民法院管辖,将来有必要对《民诉法解释》第 10 条加以修改,使其也适用于"申请确定监护人""申请指定监护人""申请变更监护人""申请撤销监护人资格""申请恢复监护人资格"等案件。

② 《民事诉讼法》第 22 条规定:"对公民提起的民事诉讼,由被告住所地人民法院管辖;被告住所地与经常居住地不一致的,由经常居住地人民法院管辖。对法人或者其他组织提起的民事诉讼,由被告住所地人民法院管辖。同一诉讼的几个被告住所地、经常居住地在两个以上人民法院辖区的,各该人民法院都有管辖权。"

请再审”的规定，有关当事人也不能申请再审，但可以根据《民诉法解释》第 372 条第 1 款①的规定，向作出该裁判的法院提出异议。

（三）法院对是否恢复其监护人资格具有一定的裁量权

需要注意的是，由于《民法典》第 38 条使用了“人民法院可以……，视情况恢复其监护人资格”的表述，因此，法院对是否恢复相关主体的监护人资格具有一定的裁量权。

从而，人民法院可以在尊重被监护人真实意愿的前提下，按照最有利于被监护人的原则，经审查认定申请人确有悔改表现并且适宜担任监护人的，才判决恢复其监护人资格。这跟《民法典》第 45 条、第 50 条规定的只要失踪人或被宣告死亡的人重新出现，法院就应当基于本人或利害关系人的申请作出撤销失踪宣告或死亡宣告的判决是不一样的。

三、恢复监护人资格的效力

在法院作出恢复此前被撤销监护人资格的被监护人的父母或子女的监护人资格的判决的情况下，该判决具有两个方面的效力：一是恢复了被监护人的父母或子女的监护人资格，由其重新担任被监护人的监护人；二是终止了人民法院指定的监护人与被监护人之间的监护关系，人民法院指定的主体丧失监护人资格，即《民法典》第 38 条所说的“人民法院指定的监护人与被监护人的监护关系同时终止”。

从这个角度看，恢复监护人资格具有变更监护人的效力。对此，《最高人民法院、最高人民检察院、公安部、民政部关于依法处理监护人侵害未成年人权益行为若干问题的意见》（法发〔2014〕24 号）第 39 条第 1 款也规定了“人民法院审理申请恢复监护人资格案件，按照变更监护关系的案件审理程序进行”。

第三十九条　【监护关系的终止】有下列情形之一的，监护关系终止：

（一）被监护人取得或者恢复完全民事行为能力；

（二）监护人丧失监护能力；

（三）被监护人或者监护人死亡；

（四）人民法院认定监护关系终止的其他情形。

监护关系终止后，被监护人仍然需要监护的，应当依法另行确定监护人。

【条文通释】

《民法典》第 39 条是关于监护关系的终止的规定。

---

① 《民诉法解释》第 372 条第 1 款规定：“适用特别程序作出的判决、裁定，当事人、利害关系人认为有错误的，可以向作出该判决、裁定的人民法院提出异议。人民法院经审查，异议成立或者部分成立的，作出新的判决、裁定撤销或者改变原判决、裁定；异议不成立的，裁定驳回。”

一、监护关系终止的事由

《民法典》第 39 条规定了监护关系终止的 6 种事由,即:(1)被监护人取得完全民事行为能力;(2)被监护人恢复完全民事行为能力;(3)监护人丧失监护能力;(4)被监护人死亡;(5)监护人死亡;(6)人民法院认定监护关系终止的其他情形。

(一)被监护人取得完全民事行为能力

《民法典》第 39 条第 1 款第 1 项所说的"被监护人取得完全民事行为能力",主要是指未成年被监护人年满 18 周岁、成为完全民事行为能力人的情形,与该项所说的"被监护人恢复完全民事行为能力"相对应。

考虑到"监护是保护无民事行为能力人或者限制民事行为能力人的合法权益,弥补其民事行为能力不足的法律制度"①,根据《民法典》第 17 条关于"十八周岁以上的自然人为成年人。不满十八周岁的自然人为未成年人",第 18 条第 1 款关于"成年人为完全民事行为能力人,可以独立实施民事法律行为"和第 1259 条关于"民法所称的'以上'……包括本数"的规定,未成年被监护人在年满 18 周岁之日,即成为成年人,可以独立实施民事法律行为,不需要监护,监护关系即行终止。

需要注意的是,被监护人因年满 18 周岁、成为完全民事行为能力人而取得完全民事行为能力,不需要由法院或其他主体进行宣告,在该事由发生时,监护关系即终止。

还需注意的是,对于以自己的劳动收入为主要生活来源的十六周岁以上的未成年人来说,根据《民法典》第 18 条所说的"成年人为完全民事行为能力人,可以独立实施民事法律行为。十六周岁以上的未成年人,以自己的劳动收入为主要生活来源的,视为完全民事行为能力人",由于其被法律"视为完全民事行为能力人"而"可以独立实施民事法律行为",因此,作为被监护人的未成年人同时符合"年满十六周岁"和"以自己的劳动收入为主要生活来源"这两个条件的,也属于《民法典》第 39 条第 1 项所说的"被监护人取得完全民事行为能力"。

(二)被监护人恢复完全民事行为能力

《民法典》第 39 条第 1 款第 1 项所说的"被监护人恢复完全民事行为能力",指的是不能辨认或不能完全辨认自己的行为的成年人,被法院认定为限制民事行为能力人或无民事行为能力人之后,因其智力、精神健康恢复至能够完全辨认自己的行为而被法院认定恢复为完全民事行为能力人的情形,与该项所说的"被监护人取得完全民事行为能力"相对应。

同样地,被监护人恢复完全民事行为能力时,即成为完全民事行为能力人,不再需要监护,在该事由发生时,监护关系即终止。

---

① 全国人民代表大会常务委员会时任副委员长李建国 2017 年 3 月 8 日在第十二届全国人民代表大会第五次会议上作的《关于〈中华人民共和国民法总则(草案)〉的说明》。

需要注意的是,根据《民法典》第 24 条第 2 款[①]和《民事诉讼法》第 201 条[②]的规定,被监护人恢复完全民事行为能力,须以法院作出认定其恢复为完全民事行为能力人的判决为依据;在法院作出该判决之前,监护关系并未终止。

(三)监护人丧失监护能力

根据《民法典》第 27 条第 2 款和第 28 条的规定,具有监护能力是具有监护资格、成为监护人的前提条件。因此,在担任监护人的主体丧失监护能力时,其不再具有监护资格,也就丧失了监护人资格,不能再担任监护人,监护关系即终止。

需要注意的是,基于《民法典总则编解释》第 6 条[③]和第 12 条第 1 款[④]的规定,在有关当事人就"监护人是否丧失监护能力"发生争议时,应当以法院作出的认定结论为依据。

(四)被监护人死亡

结合《民法典》第 1121 条第 1 款关于"继承从被继承人死亡时开始"的规定和《民法典继承编解释一》第 1 条第 1 款关于"继承从被继承人生理死亡或者被宣告死亡时开始"的规定,《民法典》第 39 条第 1 款第 3 项所说的"被监护人死亡",包括作为被监护人的自然人生理死亡和被宣告死亡。

需要注意的是,根据《民法典》第 15 条[⑤]的规定,被监护人的生理死亡原则上应当以其死亡证明为依据;根据《民法典》第 48 条[⑥]的规定,被监护人被宣告死亡则应当以法院作出的宣告死亡判决为依据。

在被监护人死亡的情形,因监护对象不再存续,监护关系即行终止;并且,与监护人死亡导致原监护关系终止、需要另行确定新的监护人并在新的监护人与被监护人之间建立新的监护关系不同,被监护人生理死亡将导致监护关系归于消灭、被监护人被宣告死亡将导致监护关系归于消除[⑦]。

---

① 《民法典》第 24 条第 2 款规定:"被人民法院认定为无民事行为能力人或者限制民事行为能力人的,经本人、利害关系人或者有关组织申请,人民法院可以根据其智力、精神健康恢复的状况,认定该成年人恢复为限制民事行为能力人或者完全民事行为能力人。"

② 《民事诉讼法》第 201 条规定:"人民法院根据被认定为无民事行为能力人、限制民事行为能力人本人、利害关系人或者有关组织的申请,证实该公民无民事行为能力或者限制民事行为能力的原因已经消除的,应当作出新判决,撤销原判决。"

③ 《民法典总则编解释》第 6 条规定:"人民法院认定自然人的监护能力,应当根据其年龄、身心健康状况、经济条件等因素确定;认定有关组织的监护能力,应当根据其资质、信用、财产状况等因素确定。"

④ 《民法典总则编解释》第 12 条第 1 款规定:"监护人、其他依法具有监护资格的人之间就监护人是否有民法典第三十九条第一款第二项、第四项规定的应当终止监护关系的情形发生争议,申请变更监护人的,人民法院应当依法受理。经审理认为理由成立的,人民法院依法予以支持。"

⑤ 《民法典》第 15 条规定:"自然人的出生时间和死亡时间,以出生证明、死亡证明记载的时间为准;没有出生证明、死亡证明的,以户籍登记或者其他有效身份登记记载的时间为准。有其他证据足以推翻以上记载时间的,以该证据证明的时间为准。"

⑥ 《民法典》第 48 条规定:"被宣告死亡的人,人民法院宣告死亡的判决作出之日视为其死亡的日期;因意外事件下落不明宣告死亡的,意外事件发生之日视为其死亡的日期。"

⑦ 针对被宣告死亡的人的婚姻关系,原《民法总则》第 51 条使用的是"消灭"的表述,《民法典》第 51 条将"消灭"修改为"消除"("被宣告死亡的人的婚姻关系,自死亡宣告之日起消除")。

当然，在被监护人被宣告死亡的情形，监护关系终止后，如果被监护人重新出现、死亡宣告被撤销，结合《民法典》第 51 条关于"被宣告死亡的人的婚姻关系，自死亡宣告之日起消除。死亡宣告被撤销的，婚姻关系自撤销死亡宣告之日起自行恢复。但是，其配偶再婚或者向婚姻登记机关书面声明不愿意恢复的除外"的规定，原被监护人与原监护人之间的监护关系也将自撤销死亡宣告之日起自行恢复，但在撤销死亡宣告之日原被监护人已经取得完全民事行为能力、恢复完全民事行为能力或者原监护人丧失监护能力、死亡的除外。

(五)监护人死亡

同样地，《民法典》第 39 条第 1 款第 3 项所说的"监护人死亡"，包括作为监护人的自然人生理死亡和被宣告死亡。同样地，监护人的生理死亡原则上应当以死亡证明为依据；监护人被宣告死亡则应当以法院作出的宣告死亡判决为依据。

在监护人死亡的情形，因监护人不再存续，将导致原监护关系终止，需要另行确定监护人。不过，与被监护人死亡将导致监护关系终止、归于消灭或消除不同，监护人死亡只是导致原监护关系终止，可以另行确定新的监护人并在新监护人与被监护人之间建立新的监护关系。

问题是，在监护人被宣告死亡的情形，监护关系终止后，如果监护人重新出现、死亡宣告被撤销，原被监护人与原监护人之间的监护关系是否自行恢复？对此，结合《民法典》第 51 条关于"被宣告死亡的人的婚姻关系，自死亡宣告之日起消除。死亡宣告被撤销的，婚姻关系自撤销死亡宣告之日起自行恢复。但是，其配偶再婚或者向婚姻登记机关书面声明不愿意恢复的除外"的规定，可以认为，原被监护人与原监护人之间的监护关系也将自撤销死亡宣告之日起自行恢复，但在撤销死亡宣告之日原被监护人已经取得完全民事行为能力、恢复完全民事行为能力、另行确定了新的监护人或者原监护人丧失监护能力的除外。

需要注意的是，由于《民法典》第 39 条第 1 款第 3 项使用了"监护人死亡"而非"监护人死亡或者终止"的表述，因此，该项不适用于作为监护人的组织终止的情形。不过，结合《民法典》第 174 条关于"被代理人死亡后，有下列情形之一的，委托代理人实施的代理行为有效：……。作为被代理人的法人、非法人组织终止的，参照适用前款规定"的规定，在担任监护人的组织终止时，可以参照适用《民法典》第 39 条第 1 款第 3 项关于"有下列情形之一的，监护关系终止：……(三)……监护人死亡"的规定，认定监护关系终止。

(六)人民法院认定监护关系终止的其他情形

《民法典》第 39 条第 1 款第 4 项所说的"人民法院认定监护关系终止的其他情形"，主要包括：(1)因人民法院依据《民法典》第 36 条第 1 款的规定撤销相关主体的监护人资格导致监护关系终止的情形；(2)因人民法院依据《民法典》第 38 条的规定恢复被监护人的父母或者子女的监护人资格导致人民法院指定的监护人与被监护人的监护关系终止的情形；(3)因人民法院依法作出变更监护人的判决导致监护关系终止的情形；以及(4)人民法院认定监护关系终止的其他情形。

需要注意的是,《民法典》第 39 条第 1 款第 4 项所说的“人民法院认定监护关系终止的其他情形”,应当以法院作出了监护关系终止的明确的认定结论为依据。

(七)导致监护关系终止的其他事由

由于《民法典》第 39 条第 1 款采用穷尽式列举的方式规定了监护关系终止的事由,因此,从文义上看,除非被其他法律明确规定为监护关系的终止事由,否则,其他事由应该不属于监护关系终止的事由。

比如,监护人将监护职责部分或全部委托给他人,不能产生终止监护关系的效力。对此,《民法典总则编解释》第 13 条规定了:“监护人因患病、外出务工等原因在一定期限内不能完全履行监护职责,将全部或者部分监护职责委托给他人,当事人主张受托人因此成为监护人的,人民法院不予支持。”

又如,有关主体之间擅自变更监护人,也不能产生终止监护关系的效力。对此,《民法典》第 31 条第 4 款规定了:“监护人被指定后,不得擅自变更;擅自变更的,不免除被指定的监护人的责任。”

不过,考虑到《民法典》第 39 条第 2 款关于“监护关系终止后,被监护人仍然需要监护的,应当依法另行确定监护人”的规定,指向的其实是监护人的变更问题,即被监护人与原监护人之间的监护关系终止、被监护人与新监护人之间建立起新的监护关系,因此,监护人依法发生变更的情形,包括人民法院判决变更监护人和依法具有监护资格的人依据《民法典》第 30 条的规定协议变更监护人,也可以认为是监护关系终止的事由(即原监护关系终止)。

此外,在原监护人因对被监护人实施故意犯罪导致被法院撤销监护人资格的情形,由于根据《民法典》第 38 条的规定,其监护人资格已经不可能再被恢复了,因此,监护人资格被撤销事实上也导致了监护关系的终止,也属于监护关系终止的事由。

也因此,《民法典》第 39 条第 1 款如能像《民法典》第 175 条关于“有下列情形之一的,法定代理终止:(一)被代理人取得或者恢复完全民事行为能力;(二)代理人丧失民事行为能力;(三)代理人或者被代理人死亡;(四)法律规定的其他情形”的规定那样,增加一项“法律规定监护关系终止的其他情形”作为兜底,可能是更加周延的。

二、监护关系的终止时间

需要注意的是,《民法典》第 39 条第 1 款只是规定了监护关系终止的事由,没有直接规定监护关系终止的具体时间。这跟《民法典》第 423 条①针对最高额抵押权的债权的确定只规定了确定事由、没有规定确定时间是类似的,跟《民法典》第 411 条②针对动

---

① 《民法典》第 423 条规定:“有下列情形之一的,抵押权人的债权确定:(一)约定的债权确定期间届满;(二)没有约定债权确定期间或者约定不明确,抵押权人或者抵押人自最高额抵押权设立之日起满二年后请求确定债权;(三)新的债权不可能发生;(四)抵押权人知道或者应当知道抵押财产被查封、扣押;(五)债务人、抵押人被宣告破产或者解散;(六)法律规定债权确定的其他情形。”

② 《民法典》第 411 条规定:“依据本法第三百九十六条规定设定抵押的,抵押财产自下列情形之一发生时确定:(一)债务履行期限届满,债权未实现;(二)抵押人被宣告破产或者解散;(三)当事人约定的实现抵押权的情形;(四)严重影响债权实现的其他情形。”

产浮动抵押的抵押财产的确定既规定了确定事由、又规定了确定时间是不同的。

监护关系终止的具体时间,需要根据具体的终止事由加以判断,主要如下:

表 2 不同终止事由发生时监护关系的终止时间

序号	监护关系的终止事由	监护关系的终止时间
1	被监护人取得完全民事行为能力	被监护人年满 18 周岁时,或同时符合“年满 16 周岁”和“以自己的劳动收入为主要生活来源”这两个条件时
2	被监护人恢复完全民事行为能力	法院认定被监护人恢复为完全民事行为能力人的时间(不一定是判决生效时间)
3	监护人丧失监护能力	法院认定监护人丧失监护能力的时间(适用于当事人就“监护人是否丧失监护能力”发生争议的情形)
4	被监护人死亡	被监护人的死亡证明记载的死亡时间(适用于生理死亡)或意外事件发生之日(适用于因意外事件下落不明被宣告死亡)或人民法院宣告死亡的判决作出之日(适用于其他宣告死亡)
5	监护人死亡	监护人的死亡证明记载的死亡时间(适用于生理死亡)或意外事件发生之日(适用于因意外事件下落不明被宣告死亡)或人民法院宣告死亡的判决作出之日(适用于其他宣告死亡)
6	法院认定监护关系终止的其他情形	法院认定的监护关系终止的时间
7	导致监护关系终止的其他事由	根据具体情形认定监护关系终止的具体时间

三、监护关系终止后新的监护人的确定办法

在监护关系终止的情形,如果被监护人仍然需要监护,为避免发生监护人长时间缺位的问题,《民法典》第 39 条第 2 款规定了相应的解决办法,即“应当依法另行确定监护人”。

需要注意的是,《民法典》第 39 条第 2 款没有像《民法典》第 36 条第 1 款和第 31 条第 1 款那样使用“指定监护人”的表述,而是使用了“应当依法另行确定监护人”的表述,指向的是《民法典》关于如何确定监护人的那些条款,包括《民法典》第 27 条至第 30 条、第 32 条和第 33 条。

因此,因监护关系终止的事由不同,《民法典》第 39 条第 2 款所说的“依法另行确定监护人”的办法也可能有所不同,并非只能由法院另行指定监护人。

比如,在监护人死亡导致监护关系终止而未成年被监护人仍然需要监护的情形,根据具体情况,依照《民法典》第 27 条第 2 款确定新的监护人,或者依照《民法典》第 29 条确定新的监护人,或者依照《民法典》第 30 条确定新的监护人,或者依照《民法典》第 32 条确定由民政部门担任监护人,都属于《民法典》第 39 条第 2 款所说的“依法另行确

定监护人"。

四、监护关系的终止与法定代理的终止

根据《民法典》第 23 条关于"无民事行为能力人、限制民事行为能力人的监护人是其法定代理人"的规定,监护关系终止也将导致法定代理终止。事实上,《民法典》第 39 条第 1 款规定的监护关系的终止事由,与《民法典》第 175 条规定的法定代理的终止事由,大致是一一对应的关系:

表 3　监护关系终止事由与法定代理终止事由的对比

序号	《民法典》第 39 条第 1 款规定的监护关系终止事由	《民法典》第 175 条规定的法定代理终止事由
1	被监护人取得或者恢复完全民事行为能力	被代理人取得或者恢复完全民事行为能力
2	监护人丧失监护能力	代理人丧失民事行为能力
3	被监护人或者监护人死亡	代理人或者被代理人死亡
4	人民法院认定监护关系终止的其他情形	法律规定的其他情形

第三节　宣告失踪和宣告死亡

《民法典》总则编第二章第三节"宣告失踪和宣告死亡"共有 14 个条文(第 40 条至第 53 条),涉及宣告失踪的申请事由(第 40 条)、下落不明时间的起算(第 41 条)、财产代管人的确定办法(第 42 条)、财产代管人的义务和责任(第 43 条)、财产代管人的变更(第 44 条)、失踪宣告的撤销制度(第 45 条)、宣告死亡的申请事由(第 46 条)、同时被申请宣告死亡和申请宣告失踪的处理办法(第 47 条)、被宣告死亡的人的死亡日期的确定办法(第 48 条)、实际并未死亡的人在被宣告死亡期间实施的民事法律行为的效力(第 49 条)、死亡宣告的撤销制度(第 50 条)、被宣告死亡的人的婚姻关系(第 51 条)、死亡宣告被撤销对子女收养的影响(第 52 条)及被撤销死亡宣告的人的财产返还请求权和损害赔偿请求权(第 53 条)。

第四十条　【申请宣告失踪的法定事由和申请人】自然人下落不明满二年的,利害关系人可以向人民法院申请宣告该自然人为失踪人。

【条文通释】

《民法典》第 40 条是关于申请宣告失踪的法定事由和申请人的规定。

一、宣告失踪的适用对象

由于《民法典》第 40 条使用了"自然人下落不明满二年的,……可以……申请宣告该自然人为失踪人"的表述,因此,宣告失踪的适用对象仅限于自然人,不适用于法人或非法人组织;当然,宣告失踪不仅适用于中国公民,也适用于外国人、无国籍人。

需要注意的是,尽管《民事诉讼法》第190条至第193条针对宣告失踪案件使用的是"公民"的表述,但是,根据《民事诉讼法》第266条关于"在中华人民共和国领域内进行涉外民事诉讼,适用本编规定。本编没有规定的,适用本法其他有关规定"和第5条第1款关于"外国人、无国籍人、外国企业和组织在人民法院起诉、应诉,同中华人民共和国公民、法人和其他组织有同等的诉讼权利义务"的规定,《民事诉讼法》第190条至第193条有关公民宣告失踪案件的规定,也适用于宣告外国人、无国籍人失踪案件。

二、申请宣告失踪的法定事由

(一)申请宣告失踪的法定事由

《民法典》第40条所说的"自然人下落不明满二年",即为申请宣告失踪的法定事由。据此,只要相关自然人存在"下落不明满二年"的情形,该自然人的利害关系人就可以向法院申请宣告该自然人为失踪人。

其中的"下落不明",即《民法典》第41条所说的"失去音讯",指的是自然人离开最后居住地后没有音讯的状态①。其中的"满二年"期间的起算日期,为该自然人失踪之日(即《民法典》第41条所说的"失去音讯之日")的次日②;而"满二年"的期间,须在截至提交宣告失踪申请之日和截至判决作出之日均满二年;如在提交宣告失踪申请之日下落不明未满二年则不符合宣告失踪的申请条件,如距宣告失踪的判决作出之日下落不明未满二年则不符合宣告失踪的条件。

比如,在吕某申请宣告张某失踪案中,针对吕某提出的宣告其配偶张某失踪的申请,在该案2019年1月17日立案后,因昆明市公安局官渡分局吴井派出所2019年7月22日出具的《情况说明》载明"经我所通过公安平台查询,人员张某于2019年2月9日仍有乘坐汽车的活动轨迹",云南省昆明市官渡区人民法院(2019)云0111民特34号民事判决书以"根据现有证据尚不足以认定张某失踪的事实"为由,驳回了吕某的申请。

又如,在王某平与朱某申请宣告公民失踪案中,因被申请人在法院宣告失踪公告期间出现,贵州省织金县人民法院(2018)黔0524民特26号民事裁定书以"在公告期间,被申请人朱某已自行出现,不符合宣告失踪的法律规定"为由,终结该案程序。

---

① 针对下落不明的认定,《民通意见》(已废止)第26条曾规定:"下落不明是指公民离开最后居住地后没有音讯的状况。对于在台湾或者在国外,无法正常通讯联系的,不得以下落不明宣告死亡。"尽管《民通意见》已经废止了,但是,结合最高人民法院印发的《全国法院贯彻实施民法典工作会议纪要》(法〔2021〕94号)第12条关于"除上述内容外,对于民通意见、合同法解释一、合同法解释二的实体性规定所体现的精神,与民法典及有关法律不冲突且在司法实践中行之有效的,如民通意见第2条关于以自己的劳动收入为主要生活来源的认定规则等,人民法院可以在裁判文书说理时阐述"的规定,《民通意见》第26条的上述意见仍然具有参考价值。

② 《民法典》第201条第1款规定:"按照年、月、日计算期间的,开始的当日不计入,自下一日开始计算。"在《民法典》之前,《民通意见》(已废止)第28条第1款也规定:"民法通则第二十条第一款、第二十三条第一款第一项中的下落不明的起算时间,从公民音讯消失之次日起算。"

再如,在邢某祥宣告杨某失踪案中,河南省郑州航空港经济综合实验区人民法院(2017)豫 0192 民特 11 号民事判决书认为:“杨某于 2015 年 7 月 13 日离家出走,但与娘家人尚有联系,2017 年春节前后,其因与娘家人生气不再与娘家父母联系,其下落不明时间应自其失去音讯即 2017 年春节前后计算,截至目前,被申请人杨某下落不明尚不足两年,……判决如下:驳回申请人邢某祥的申请。”

需要注意的是,利害关系人申请宣告自然人失踪,需要向法院提交有关该自然人下落不明的证明。对此,《民事诉讼法》第 190 条规定:“公民下落不明满二年,利害关系人申请宣告其失踪的,向下落不明人住所地基层人民法院提出。申请书应当写明失踪的事实、时间和请求,并附有公安机关或者其他有关机关关于该公民下落不明的书面证明。”如果申请人未提供相关证明,其申请可能得不到支持。比如,在曹某宝申请宣告公民失踪案中,天津市滨海新区人民法院(2019)津 0116 民特 20025 号民事判决书认为:“现申请人未提供公安机关或者其他有关机关关于被申请人下落不明的书面证明,申请人不能证明被申请人下落不明满二年。对申请人的申请事项,本院不予支持”。

不过,实务中,也存在申请人仅提供基层群众性自治组织出具的证明①,甚至未提供书面证明、仅在法院宣告失踪的公告期满后②,就由法院判决宣告失踪的案例。

(二)利害关系人可以选择不申请宣告失踪

由于《民法典》第 40 条使用了“利害关系人可以……申请宣告该自然人为失踪人”的表述,因此,宣告失踪须以利害关系人提出申请为条件,利害关系人可以自主决定是否提出宣告失踪的申请,并非只要相关自然人存在“下落不明满二年”的情形就当然导致该自然人被宣告失踪。

实践中,存在虽然相关自然人“下落不明满二年”的事由,而利害关系人选择不申请宣告失踪的情况。比如,《民诉法解释》第 217 条就规定了:“夫妻一方下落不明,另一方诉至人民法院,只要求离婚,不申请宣告下落不明人失踪或者死亡的案件,人民法院应当受理,对下落不明人公告送达诉讼文书。”

此外,实践中也存在利害关系人向法院提出宣告失踪申请后,又撤回申请的情形。对此,《民诉法解释》第 346 条规定:“人民法院受理宣告失踪、宣告死亡案件后,作出判决前,申请人撤回申请的,人民法院应当裁定终结案件,但其他符合法律规定的利害关

---

① 比如,重庆市涪陵区人民法院(2022)渝 0102 民特 55 号民事判决书认为:“况某国从 2003 年 4 月离家外出务工至今下落不明已逾九年。本院受理案件后,依法发出寻人公告,公告期满后亦未能获知况某国下落。况某华、刘某秀作为况某国之父母,属于法律规定的利害关系人,其申请宣告况某国失踪,符合法律规定,且有重庆市涪陵区李渡街道办事处龙塘村村民委员会出具的书面证明对况某国失踪的事实予以证明,故本院依法宣告况某国失踪。”

② 比如,在顾某超申请宣告公民失踪案中,考虑到“下落不明人谭某会,……系申请人顾某超妻子。谭某会于 2008 年 5 月左右离家出走至今未归。申请人顾某超申请宣告谭某会失踪后,本院于 2021 年 12 月 7 日在上海市崇明区××镇××村××号、上海崇明区三星镇育新村村民委员会及本院公告栏内发出寻找谭某会的公告。法定公告期为三个月,现已届满,谭某会仍然下落不明”,上海市崇明区人民法院(2021)沪 0151 民特 109 号民事判决书认为:“被申请人谭某会离开住所地,至今下落不明已满二年,申请人顾某超要求宣告谭某会失踪的请求,本院依法予以支持。”类似的案例,还可见辽宁省兴城市人民法院(2022)辽 1481 民特 2 号民事判决书。

系人加入程序要求继续审理的除外。”①

三、宣告失踪的申请人范围

《民法典》第 40 条所说的“利害关系人”,即为宣告失踪的申请人。根据《民法典》第 40 条,只要是“下落不明满二年”的自然人的利害关系人,就可以向法院申请宣告该自然人为失踪人。在有符合法律规定的多个利害关系人提出宣告失踪申请的情况下,各个利害关系人将被列为共同申请人。②

不过,《民法典》本身没有对可以申请宣告特定自然人失踪的利害关系人的范围作出规定。利害关系人的范围是由《民法典总则编解释》予以界定的。对此,《民法典总则编解释》第 14 条规定:“人民法院审理宣告失踪案件时,下列人员应当认定为民法典第四十条规定的利害关系人:(一)被申请人的近亲属;(二)依据民法典第一千一百二十八条、第一千一百二十九条规定对被申请人有继承权的亲属;(三)债权人、债务人、合伙人等与被申请人有民事权利义务关系的民事主体,但是不申请宣告失踪不影响其权利行使、义务履行的除外。”

根据上述规定,可以申请宣告下落不明人失踪的利害关系人包括三类:一是下落不明人的近亲属;二是在下落不明人死亡后依法对该自然人有继承权的法定继承人之外的亲属(包括血亲和姻亲等,不限于近亲属)③;三是与下落不明人有民事权利义务关系的民事主体(不申请宣告失踪不影响其权利行使、义务履行的民事主体除外)。

需要注意的是,符合条件的利害关系人均可向法院提出宣告下落不明人失踪的申请,不受先后顺序的限制。

(一)下落不明人的近亲属

《民法典总则编解释》第 14 条第 1 项将“被申请人的近亲属”列为可以申请宣告自然人失踪的利害关系人。其中的“近亲属”的范围,应当适用《民法典》第 1045 条第 2 款的规定,即“配偶、父母、子女、兄弟姐妹、祖父母、外祖父母、孙子女、外孙子女为近亲属”。也就是说,“下落不明满二年”的自然人的配偶、父母、子女、兄弟姐妹、祖父母、外祖父母、孙子女、外孙子女,是《民法典》第 40 条所说的“利害关系人”,可以提出宣告失踪的申请。④

其中所说的“配偶”,指的是在提出宣告失踪申请时与下落不明满二年的自然人仍然存在合法有效的婚姻关系的自然人,如果双方已经离婚,则不属于“被申请人的近亲

① 相关案例,可见北京市怀柔区人民法院(2022)京 0116 民特 70 号民事裁定书、北京市丰台区人民法院(2021)京 0106 民特 135 号民事裁定书、北京市通州区人民法院(2021)京 0112 民特 1040 号民事裁定书、北京市顺义区人民法院(2021)京 0113 民特 177 号民事裁定书等。

② 《民诉法解释》第 344 条规定:“符合法律规定的多个利害关系人提出宣告失踪、宣告死亡申请的,列为共同申请人。”

③ 《民法典》第 1045 条规定:“亲属包括配偶、血亲和姻亲。配偶、父母、子女、兄弟姐妹、祖父母、外祖父母、孙子女、外孙子女为近亲属。配偶、父母、子女和其他共同生活的近亲属为家庭成员。”

④ 最高人民法院《全国法院贯彻实施民法典工作会议纪要》(法〔2021〕94 号)第 1 条也规定:“申请宣告失踪或宣告死亡的利害关系人,包括被申请宣告失踪或宣告死亡人的配偶、父母、子女、兄弟姐妹、祖父母、外祖父母、孙子女、外孙子女以及其他与被申请人有民事权利义务关系的民事主体……”

属”。比如,在邓某申请宣告甘某祥失踪案中,四川省成都市锦江区人民法院(2018)川0104民特246号民事判决书认为:“根据《中华人民共和国民法总则》第四十条‘自然人下落不明满二年的,利害关系人可以向人民法院申请宣告该自然人为失踪人’之规定,宣告失踪的申请人需为被申请人的利害关系人。本案中,邓某与甘某祥的婚姻关系已经发生法律效力的(2018)川0104民初2318号民事判决书判决解除,邓某与甘某祥不再是夫妻,邓某已不属于甘某祥的利害关系人,其无权申请宣告甘某祥失踪,邓某请求宣告甘某祥失踪无法律依据,本院不予支持。”

(二)在下落不明人死亡后依法对其有继承权的法定继承人之外的亲属

《民法典总则编解释》第14条第2项将“依据民法典第一千一百二十八条、第一千一百二十九条规定对被申请人有继承权的亲属”列为可以申请宣告自然人失踪的利害关系人。

其中,《民法典》第1128条规定:“被继承人的子女先于被继承人死亡的,由被继承人的子女的直系晚辈血亲代位继承。被继承人的兄弟姐妹先于被继承人死亡的,由被继承人的兄弟姐妹的子女代位继承。代位继承人一般只能继承被代位继承人有权继承的遗产份额”,第1129条规定:“丧偶儿媳对公婆,丧偶女婿对岳父母,尽了主要赡养义务的,作为第一顺序继承人。”据此,《民法典总则编解释》第14条第2项所规定的利害关系人,包括以下三种:

一是先于下落不明人死亡的失踪人的子女的直系晚辈血亲,主要包括下落不明人已经死亡的子女的子女及其各自的子女、子女的子女。其中,下落不明人的“子女”不限于亲生子女,包括养子女和有扶养关系的继子女①,但下落不明人的孙子女、外孙子女须为先于下落不明人死亡的下落不明人的子女的子女;“血亲”包括拟制血亲。

二是先于下落不明人死亡的下落不明人的兄弟姐妹的子女。其中,下落不明人的“兄弟姐妹”不限于与下落不明人具有血亲关系的兄弟姐妹,包括同父母的兄弟姐妹、同父异母或者同母异父的兄弟姐妹、养兄弟姐妹、有扶养关系的继兄弟姐妹②。其中的“子女”也不限于亲生子女,包括婚生子女、非婚生子女、养子女和有扶养关系的继子女③。

需要注意的是,根据《民法典》第1127条关于“遗产按照下列顺序继承:(一)第一顺序:配偶、子女、父母;(二)第二顺序:兄弟姐妹、祖父母、外祖父母。继承开始后,由第一顺序继承人继承,第二顺序继承人不继承;没有第一顺序继承人继承的,由第二顺序继承人继承……”的规定,在下落不明人死亡时有配偶、子女或父母的情况下,因下落不明人的兄弟姐妹对下落不明人不享有继承权,先于下落不明人死亡的下落不明人的兄弟姐妹的子女对下落不明人也不享有继承权,此时先于下落不明人死亡的下落不

① 《民法典》第1127条第3款规定:“本编所称子女,包括婚生子女、非婚生子女、养子女和有扶养关系的继子女。”

② 《民法典》第1127条第5款规定:“本编所称兄弟姐妹,包括同父母的兄弟姐妹、同父异母或者同母异父的兄弟姐妹、养兄弟姐妹、有扶养关系的继兄弟姐妹。”

③ 《民法典》第1127条第3款规定:“本编所称子女,包括婚生子女、非婚生子女、养子女和有扶养关系的继子女。”

明人的兄弟姐妹的子女不属于《民法典总则编解释》第 14 条第 2 项所说的“依据民法典第一千一百二十八条、第一千一百二十九条规定对被申请人有继承权的亲属”。

三是对下落不明人尽了主要赡养义务的丧偶儿媳和丧偶女婿。其中的“丧偶”,包括配偶(即被继承人的子女)自然死亡和被宣告死亡;丧偶儿媳或丧偶女婿对下落不明人的生活提供了主要经济来源,属于“对下落不明人尽了主要赡养义务”①。

(三)与下落不明人有民事权利义务关系的民事主体

《民法典总则编解释》第 14 条第 3 项所说的作为下落不明人的利害关系人的“债权人、债务人、合伙人等与被申请人有民事权利义务关系的民事主体”,指的是《民法典总则编解释》第 14 条第 1 项所说的“被申请人的近亲属”和第 2 项所说的“依据民法典第一千一百二十八条、第一千一百二十九条规定对被申请人有继承权的亲属”之外的、与下落不明人有民事权利义务关系的民事主体,可以是自然人,也可以是法人或非法人组织,不限于该项所列举的“债权人”“债务人”和“合伙人”。比如,在自然人下落不明满二年,其配偶已经死亡,而子女尚未成年的情形,该自然人住所地的村民委员会可以作为利害关系人向法院提出宣告该自然人失踪的申请。②

需要注意的是,并非所有与下落不明人有民事权利义务关系的民事主体都当然可以作为下落不明人的利害关系人提出宣告失踪的申请。对此,《民法典总则编解释》第 14 条第 3 项以除外条款作出了限制性规定,将“不申请宣告失踪不影响其权利行使、义务履行”的“与被申请人有民事权利义务关系的民事主体”予以排除。据此,在自然人下落不明满二年的情况下,即使相关民事主体与下落不明人有民事权利义务关系,只要不申请宣告失踪不影响该民事主体行使权利、履行义务,该民事主体也就不是《民法典》第 40 条所说的“利害关系人”、不具有申请下落不明人失踪的主体资格。也就是说,原则上,与下落不明人有民事权利义务关系的民事主体都是《民法典》第 40 条所说的“利害关系人”、都具有申请下落不明人失踪的主体资格,仅在“不申请宣告失踪不影响其权利行使、义务履行”这样的例外情况下才不是《民法典》第 40 条所说的“利害关系人”、才不具有申请下落不明人失踪的主体资格。

问题是,在与下落不明人有民事权利义务关系的民事主体提出宣告下落不明人失踪的申请的情形,应由谁来提出和证明“不申请宣告失踪不影响其权利行使、义务履行”进而否定其利害关系人资格?对此,《民法典总则编解释》未作规定。

一方面,考虑到与《民法典总则编解释》第 16 条第 3 款关于“被申请人的债权人、债务人、合伙人等民事主体不能认定为民法典第四十六条规定的利害关系人,但是不

① 《民法典继承编解释》第 19 条规定:“对被继承人生活提供了主要经济来源,或者在劳务等方面给予了主要扶助的,应当认定其尽了主要赡养义务或主要扶养义务。”

② 在陕西省商洛市商南县十里坪镇核桃坪村村民委员会申请宣告公民失踪案中,因该村村民王某于 2016 年 3 月 16 日外出后与家人失去联系,经家人、朋友多年寻找仍无法联系到本人,至今已下落不明满两年;而其丈夫朱某于 2021 年 12 月 4 日因病去世,有两个未成年子女无人看护,为了给两个孩子办理孤儿救助手续,让其享受国家相关救助政策继续学业和生活,经该村村民委员会申请,法院宣告王某失踪,并指定该村村民委员会为失踪人王某的财产代管人。见陕西省商南县人民法院 2022 年 10 月 8 日作出的(2022)陕 1023 民特 2 号民事判决书。

申请宣告死亡不能保护其相应合法权益的除外”的规定采用“原则否定、例外允许”的立法模式不同,《民法典总则编解释》第 14 条第 3 项关于“人民法院审理宣告失踪案件时,下列人员应当认定为民法典第四十条规定的利害关系人:……(三)债权人、债务人、合伙人等与被申请人有民事权利义务关系的民事主体,但是不申请宣告失踪不影响其权利行使、义务履行的除外”的规定采用的是“原则肯定、例外否定”的立法模式,不应由“债权人、债务人、合伙人等与被申请人有民事权利义务关系的民事主体”来自证“不申请宣告失踪将影响其权利行使、义务履行”;另一方面,考虑到宣告失踪案件适用的是特别程序,其间因没有被告且被申请人也缺席而不存在诉辩对抗,亦无听证程序,对于如何认定“不申请宣告失踪不影响其权利行使、义务履行”的问题,可以参照最高人民法院《全国法院贯彻实施民法典工作会议纪要》(法〔2021〕94 号)第 1 条关于“为了确保各方当事人权益的平衡保护,对于配偶、父母、子女以外的其他利害关系人申请宣告死亡,人民法院审查后认为申请人通过申请宣告失踪足以保护其权利,其申请宣告死亡违背民法典第一百三十二条关于不得滥用民事权利的规定的,不予支持”的处理意见,由法院依职权审查。

不过,在下落不明人(作为债权人)与相关民事主体(作为债务人)之间存在债权债务关系的情况下,考虑到《民法典》第 557 条第 1 款和第 570 条已经为债务人规定了通过将标的物提存以消灭债权债务的制度①,因此,可以认为,“债权人下落不明”这一事实原则上不会对债务人履行义务造成影响;进而,债务人原则上不具有申请宣告债权人失踪的资格(除非债务人能够举证证明不申请宣告债权人失踪将影响其义务履行或权利行使)。

四、宣告失踪的主体、程序和条件

需要注意的是,《民法典》第 40 条只是规定了宣告失踪的“申请条件”或“受理条件”,大体对应于《民事诉讼法》第 122 条规定的“起诉条件”,并非法院作出宣告失踪判决的条件。法院作出宣告失踪判决的条件和程序,是由《民事诉讼法》及其司法解释予以规定的。

(一)宣告失踪的主体

由于《民法典》第 40 条使用了“自然人下落不明满二年的,……可以向人民法院申请宣告该自然人为失踪人”的表述,没有使用“向人民法院或者仲裁机构申请”的表述,因此,只有人民法院才享有将特定自然人宣告为失踪人的权力,任何个人以及包括仲裁机构在内的任何其他组织,均无权将特定自然人宣告为失踪人。也因此,申请宣告自然人为失踪人,只能向人民法院提出。

---

① 《民法典》第 557 条第 1 款规定:“有下列情形之一的,债权债务终止:(一)债务已经履行;(二)债务相互抵销;(三)债务人依法将标的物提存;(四)债权人免除债务;(五)债权债务同归于一人;(六)法律规定或者当事人约定终止的其他情形”,第 570 条规定:“有下列情形之一,难以履行债务的,债务人可以将标的物提存:(一)债权人无正当理由拒绝受领;(二)债权人下落不明;(三)债权人死亡未确定继承人、遗产管理人,或者丧失民事行为能力未确定监护人;(四)法律规定的其他情形。标的物不适于提存或者提存费用过高的,债务人依法可以拍卖或者变卖标的物,提存所得的价款。”

需要注意的是,如前所述,人民法院宣告下落不明人失踪,必须基于该下落不明人的利害关系人的申请,不得依职权主动作出。

(二)宣告失踪的程序

《民事诉讼法》和《民诉法解释》等对法院审理宣告失踪案件的程序事项作出了规定,具体包括:

其一,在管辖法院方面,原则上,宣告失踪案件由下落不明人住所地基层人民法院管辖。① 其中,"下落不明人住所地"为其户籍所在地(户籍所在地与经常居住地不一致的,则以经常居住地为住所地)。② 不过,因海上、通海可航水域活动或者事故申请宣告失踪的案件,由处理海事事故主管机关所在地或者受理相关海事案件的海事法院专门管辖。③

其二,在案由方面,针对宣告失踪案件,《民事案件案由规定》在一级案由"非讼程序案件案由"下的二级案由"宣告失踪、宣告死亡案件"项下规定了"申请宣告自然人失踪"这一三级案由。

其三,在审理程序方面,人民法院审理宣告失踪案件适用特别程序。④

其四,在审理结果方面,人民法院宣告自然人失踪,应当作出判决。⑤

---

① 《民事诉讼法》第190条第1款规定:"公民下落不明满二年,利害关系人申请宣告其失踪的,向下落不明人住所地基层人民法院提出。"

② 《民事诉讼法》第22条第1款规定:"对公民提起的民事诉讼,由被告住所地人民法院管辖;被告住所地与经常居住地不一致的,由经常居住地人民法院管辖。"《民诉法解释》第3条第1款规定:"公民的住所地是指公民的户籍所在地,法人或者其他组织的住所地是指法人或者其他组织的主要办事机构所在地",第4条规定:"公民的经常居住地是指公民离开住所地至起诉时已连续居住一年以上的地方,但公民住院就医的地方除外。"

③ 《海事诉讼特别程序法》第9条规定:"当事人申请认定海上财产无主的,向财产所在地海事法院提出;申请因海上事故宣告死亡的,向处理海事事故主管机关所在地或者受理相关海事案件的海事法院提出。"《最高人民法院关于适用〈中华人民共和国海事诉讼特别程序法〉若干问题的解释》第1条规定:"在海上或者通海水域发生的与船舶或者运输、生产、作业相关的海事侵权纠纷、海商合同纠纷,以及法律或者相关司法解释规定的其他海事纠纷案件由海事法院及其上级人民法院专门管辖",第97条规定:"在中华人民共和国领域内进行海事诉讼,适用海事诉讼特别程序法的规定。海事诉讼特别程序法没有规定的,适用民事诉讼法的有关规定。"《最高人民法院关于海事法院受理案件范围的规定》第91项规定:"现将海事法院受理案件的范围规定如下:……91.因海上、通海可航水域活动或者事故申请宣告失踪、宣告死亡的案件",第114项规定:"最高人民法院以前作出的有关规定与本规定不一致的,以本规定为准。"

④ 《民事诉讼法》第184条(位于《民事诉讼法》第十五章"特别程序")规定:"人民法院审理选民资格案件、宣告失踪或者宣告死亡案件、指定遗产管理人案件、认定公民无民事行为能力或者限制民事行为能力案件、认定财产无主案件、确认调解协议案件和实现担保物权案件,适用本章规定。本章没有规定的,适用本法和其他法律的有关规定",第185条规定:"依照本章程序审理的案件,实行一审终审。选民资格案件或者重大、疑难的案件,由审判员组成合议庭审理;其他案件由审判员一人独任审理",第187条规定:"人民法院适用特别程序审理的案件,应当在立案之日起三十日内或者公告期满后三十日内审结。有特殊情况需要延长的,由本院院长批准。但审理选民资格的案件除外。"

⑤ 《民事诉讼法》第192条规定:"人民法院受理宣告失踪、宣告死亡案件后,应当发出寻找下落不明人的公告。……公告期间届满,人民法院应当根据被宣告失踪、宣告死亡的事实是否得到确认,作出宣告失踪、宣告死亡的判决或者驳回申请的判决。"

根据《民事诉讼法》第 185 条的规定[①],人民法院审理宣告失踪案件,实行一审终审;根据《民事诉讼法》第 158 条关于"……依法不准上诉……的判决、裁定,是发生法律效力的判决、裁定"的规定,法院作出的宣告失踪的判决是发生法律效力的判决,有关当事人即使不服也不能上诉;此外,根据《民诉法解释》第 378 条关于"适用特别程序、督促程序、公示催告程序、破产程序等非讼程序审理的案件,当事人不得申请再审"的规定,有关当事人也不能申请再审,但可以根据《民诉法解释》第 372 条第 1 款[②]的规定,向作出该裁判的法院提出异议。

(三)宣告失踪的条件

如前所述,《民法典》第 40 条只是规定了宣告失踪的"申请条件"或"受理条件",并非法院作出宣告失踪判决的条件。

根据《民事诉讼法》第 192 条的规定,人民法院受理宣告失踪案件后,应当先发出寻找下落不明人的公告[③];在宣告失踪的公告期间(3 个月)届满后,再根据被宣告失踪的事实是否得到确认,作出宣告失踪的判决或者驳回申请的判决。因此,人民法院宣告失踪须以下落不明人失踪的事实在宣告失踪的公告期间届满之后得到了确认为条件,不能仅仅以公安机关或者其他有关机关关于该自然人下落不明的书面证明为依据。

五、宣告失踪的效力

人民法院作出宣告失踪的判决,即产生相应的法律效力,一是下落不明人成为"失踪人",二是适用财产代管制度,即失踪人的财产由财产代管人代管。

(一)宣告失踪与财产代管人

虽然宣告失踪和财产代管属于不同的法律制度,《民事案件案由规定》也在案由"申请宣告自然人失踪"之外规定了独立的案由"申请为失踪人财产指定、变更代管人",但是,由于《民诉法解释》第 341 条规定了"宣告失踪或者宣告死亡案件,人民法院可以根据申请人的请求,清理下落不明人的财产,并指定案件审理期间的财产管理人。公告期满后,人民法院判决宣告失踪的,应当同时依照民法典第四十二条的规定指定失踪人的财产代管人",因此,按照《民诉法解释》的上述要求,即使是在利害关系人仅

---

① 《民事诉讼法》第 184 条规定:"人民法院审理选民资格案件、宣告失踪或者宣告死亡案件、指定遗产管理人案件、认定公民无民事行为能力或者限制民事行为能力案件、认定财产无主案件、确认调解协议案件和实现担保物权案件,适用本章规定。本章没有规定的,适用本法和其他法律的有关规定。"第 185 条规定:"依照本章程序审理的案件,实行一审终审。选民资格案件或者重大、疑难的案件,由审判员组成合议庭审理;其他案件由审判员一人独任审理。"

② 《民诉法解释》第 372 条第 1 款规定:"适用特别程序作出的判决、裁定,当事人、利害关系人认为有错误的,可以向作出该判决、裁定的人民法院提出异议。人民法院经审查,异议成立或者部分成立的,作出新的判决、裁定撤销或者改变原判决、裁定;异议不成立的,裁定驳回。"

③ 《民诉法解释》第 345 条规定:"寻找下落不明人的公告应当记载下列内容:(一)被申请人应当在规定期间内向受理法院申报其具体地址及其联系方式。否则,被申请人将被宣告失踪、宣告死亡;(二)凡知悉被申请人生存现状的人,应当在公告期间内将其所知道情况向受理法院报告。"

仅提出宣告失踪的申请、没有一并提出指定财产代管人的申请的情况下,法院在根据被宣告失踪的事实得到确认作出宣告失踪的判决的同时,也需要一并为失踪人指定财产代管人。

不过,从文义看,《民法典》第 42 条关于"失踪人的财产由其配偶、成年子女、父母或者其他愿意担任财产代管人的人代管。代管有争议,没有前款规定的人,或者前款规定的人无代管能力的,由人民法院指定的人代管"的规定,似乎表明,只有在"代管有争议,没有前款规定的人,或者前款规定的人无代管能力"的情况下,才需要"由人民法院指定的人代管";下落不明人被宣告为失踪人之后,如果不存在"代管有争议,没有前款规定的人,或者前款规定的人无代管能力"的问题,就应该直接适用"失踪人的财产由其配偶、成年子女、父母或者其他愿意担任财产代管人的人代管",无须申请法院指定财产代管人。并且,实践中,也确实存在法院只是作出宣告失踪的判决、没有一并指定失踪人的财产代管人的情况。①

需要注意的是,根据《民法典》第 42 条的规定,在自然人下落不明满二年的情形,指定财产代管人必须以宣告失踪为前提,只有在该自然人被宣告失踪的情况下,才能为其指定财产代管人;如果该自然人未被宣告失踪,则不得越过宣告失踪环节直接为其指定财产代管人。这也是《民法典》第 42 条关于"失踪人的财产由其配偶、成年子女、父母或者其他愿意担任财产代管人的人代管"的规定和《民诉法解释》第 341 条上述规定的应有之义。

(二)宣告失踪本身不导致法定代理或委托代理终止

还需注意的是,宣告失踪本身不发生导致法定代理或委托代理终止的效力。

就法定代理而言,根据《民法典》第 175 条的规定②,代理人或被代理人生理死亡或被宣告死亡属于法定代理终止的事由,代理人尤其是被代理人被宣告失踪并非法定代理终止的法定事由,因此,宣告失踪不具有导致法定代理终止的效力。

就委托代理而言,根据《民法典》第 173 条的规定③,代理人尤其是被代理人被宣告失踪也不是委托代理终止的法定事由,因此,宣告失踪不具有导致委托代理终止的效力。

六、利害关系人隐瞒真实情况致使他人被宣告失踪的处理

问题是,在利害关系人隐瞒真实情况,致使他人被宣告失踪的情形,该他人应当如何寻求救济?对此,《民法典》未作规定。比较而言,就宣告死亡情形下,《民法典》第

---

① 相关案例,可见北京市石景山区人民法院(2022)京 0107 民特 98 号民事判决书、重庆市巫山县人民法院(2022)渝 0237 民特 16 号民事判决书、山东省菏泽市定陶区人民法院(2022)鲁 1703 民特 3 号民事判决书、陕西省汉中市南郑区人民法院(2022)陕 0703 民特 11 号民事判决书等。

② 《民法典》第 175 条规定:"有下列情形之一的,法定代理终止:(一)被代理人取得或者恢复完全民事行为能力;(二)代理人丧失民事行为能力;(三)代理人或者被代理人死亡;(四)法律规定的其他情形。"

③ 《民法典》第 173 条规定:"有下列情形之一的,委托代理终止:(一)代理期限届满或者代理事务完成;(二)被代理人取消委托或者代理人辞去委托;(三)代理人丧失民事行为能力;(四)代理人或者被代理人死亡;(五)作为代理人或者被代理人的法人、非法人组织终止。"

53 条第 2 款规定:"利害关系人隐瞒真实情况,致使他人被宣告死亡而取得其财产的,除应当返还财产外,还应当对由此造成的损失承担赔偿责任。"

需要注意的是,由于《民法典》只是由第 45 条第 1 款规定了"失踪人重新出现"情形下的撤销失踪宣告制度,没有规定"利害关系人隐瞒真实情况,致使他人被宣告失踪"情形下也可以申请撤销失踪宣告,而《民诉法解释》第 378 条明确规定宣告失踪案件不属于可以申请再审的范围[①],因此,在利害关系人隐瞒真实情况,致使他人被宣告失踪而给该他人造成损失的情况下,该他人将难以基于"利害关系人隐瞒真实情况,致使他人被宣告失踪"申请法院撤销失踪宣告判决[②],而需要根据《民法典》第 45 条第 1 款的规定,以"失踪人重新出现"为由申请撤销失踪宣告,进而才有进一步之可能主张隐瞒真实情况致使其被宣告失踪的利害关系人赔偿损失。

第四十一条　【下落不明时间的起算】自然人下落不明的时间自其失去音讯之日起计算。战争期间下落不明的,下落不明的时间自战争结束之日或者有关机关确定的下落不明之日起计算。

【条文通释】

《民法典》第 41 条是关于下落不明时间的起算的规定。

一、一般规定:平时下落不明的起算

《民法典》第 41 条第 1 句针对非战时自然人下落不明的起算作出了一般规定,即"自其失去音讯之日起计算"。《民法典》第 41 条所说的"自其失去音讯之日起计算"也表明,该条所说的"下落不明的时间"指的其实是"下落不明的期间"。

(一)失去音讯的界定

《民法典》第 41 条所说的"失去音讯",指的是自然人离开最后居住地后没有音讯

---

① 《民诉法解释》第 378 条规定:"适用特别程序、督促程序、公示催告程序、破产程序等非讼程序审理的案件,当事人不得申请再审。"

② 值得一提的是,根据《民事诉讼法》第 205 条关于"各级人民法院院长对本院已经发生法律效力的判决、裁定、调解书,发现确有错误,认为需要再审的,应当提交审判委员会讨论决定。最高人民法院对地方各级人民法院已经发生法律效力的判决、裁定、调解书,上级人民法院对下级人民法院已经发生法律效力的判决、裁定、调解书,发现确有错误的,有权提审或者指令下级人民法院再审"的规定,法院可以依职权决定再审宣告失踪案件等特别程序案件,不受《民诉法解释》第 378 条的限制。实践中,法院基于案外人的申诉,决定对作为特别程序案件的宣告死亡案件进行再审的案例,可见四川省南充市顺庆区人民法院 2013 年 8 月 21 日作出的(2013)顺庆民再初字第 3 号民事判决书。尽管该案是在《民诉法解释》关于"适用特别程序、督促程序、公示催告程序、破产程序等非讼程序审理的案件,当事人不得申请再审"的规定实施之前作出的,但仍然有助于理解"法院可以依职权启动对宣告失踪案件等特别程序案件进行再审"。

的状态[①],指向的是该自然人的音讯不被他人所知悉的事实。

(二)平时下落不明时间的起算日

需要注意的是,根据《民法典》第201条第1款关于“按照年、月、日计算期间的,开始的当日不计入,自下一日开始计算”的规定,《民法典》第41条所说的“失去音讯之日”当日,不计入该自然人下落不明的期间,而应当以“失去音讯之日”的次日作为第一日。[②]

(三)失去音讯之日难以确定时的处理

实务中,由于各种各样的原因,可能难以确定下落不明人“失去音讯”的具体日期。在这种情况下,法院不应简单地以申请人无法证明下落不明的具体日期、无法确定下落不明已满二年为由驳回宣告失踪的申请,而应当结合案件的具体情况,对相关自然人下落不明是否满二年作出认定。

比如,在邓某申请宣告公民失踪案中,四川省蓬溪县人民法院(2021)川0921民特131号民事判决书认为:“本案被申请人失去音讯的确切时间不能确定,但2012年1月31日邓某权起诉与吴某蓉离婚,该案因吴某蓉下落不明,本院以公告方式向其送达开庭传票,2012年5月22日开庭审理,吴某蓉未到庭,此后亦无吴某蓉的音讯,因此,吴某蓉下落不明实际已达9年以上。……本案审理中,本院依法发出寻找吴某蓉的公告,但吴某蓉仍然下落不明。综上,吴某蓉下落不明事实成立,至今已满二年……”

二、特别规定:战争期间下落不明的起算

《民法典》第41条第2句针对自然人在战争期间下落不明的起算作出了特别规定,即“自战争结束之日或者有关机关确定的下落不明之日起计算”。

(一)战争

《民法典》和《民法典总则编解释》及其他法律没有对“战争”作出定义。在日常用语中,“战争”指的是“人类社会集团之间、国与国之间为了一定的政治、经济目的而进行的武装斗争”[③]。

由此,《民法典》第41条所说的“战争”,指向的是国与国之间的武装斗争,即两个或超过两个国家之间发生的经过宣战的战争或其他武装冲突(不论冲突国是否承认有

---

① 针对下落不明的认定,《民通意见》(已废止)第26条规定:“下落不明是指公民离开最后居住地后没有音讯的状况。对于在台湾或者在国外,无法正常通讯联系的,不得以下落不明宣告死亡。”尽管《民通意见》已经废止了,但是,结合最高人民法院印发的《全国法院贯彻实施民法典工作会议纪要》(法〔2021〕94号)第12条关于“除上述内容外,对于民通意见、合同法解释一、合同法解释二的实体性规定所体现的精神,与民法典及有关法律不冲突且在司法实践中行之有效的,如民通意见第2条关于以自己的劳动收入为主要生活来源的认定规则等,人民法院可以在裁判文书说理时阐述”的规定,《民通意见》第26条的认定意见仍然具有参考价值。

② 在《民法典》之前,《民通意见》(已废止)第28条第1款曾规定:“民法通则第二十条第一款、第二十三条第一款第一项中的下落不明的起算时间,从公民音讯消失之次日起算。”

③ 夏征农、陈至立主编:《辞海》,上海辞书出版社2009年版,第2873页。

战争状态)①。

(二)战争期间、战争开始之日与战争结束之日

结合《刑法》第 451 条第 1 款关于“本章所称战时,是指国家宣布进入战争状态、部队受领作战任务或者遭敌突然袭击时”的规定,《民法典》第 41 条所说的“战争期间”,即“战争时期”或“战时”,指的是国家进入战争状态的时期,是始于“战争开始之日”终于“战争结束之日”的期间。相应地,“战争开始之日”即为国家宣布进入战争状态之日或部队受领作战任务之日或遭敌突然袭击之日(以较早者为准),“战争结束之日”则为国家宣布战争状态结束之日。②

(三)战争期间下落不明的起算

《民法典》第 41 条规定,战争期间下落不明的时间自“战争结束之日”或者“有关机关确定的下落不明之日”起算。也就是说,不论是“战争结束之日”还是“有关机关确定的下落不明之日”,都可以作为战争期间下落不明的起算日,尤其是在“战争结束之日”尚未到来或无法确定的情况下③,可以以“有关机关确定的下落不明之日”作为起算日。

根据《民法典》第 201 条第 1 款关于“按照年、月、日计算期间的,开始的当日不计入,自下一日开始计算”的规定,《民法典》第 41 条所说的“战争结束之日”“有关机关确定的下落不明之日”的当日,不计入战时下落不明的期间,而应当以该日的次日作为第一日。

其中,《民法典》第 41 条第 2 句所说的“有关机关”,主要是指公安机关,也可以包括当地县级以上人民政府,④还可以是具有对战争期间下落不明的事实进行认定的职能的其他机关,但原则上不包括村民委员会、居民委员会或者下落不明人的工作单位⑤。

(四)《民法典》第 41 条能否适用于武装冲突

需要注意的是,“战争”是传统的概念,国际社会逐渐使用“武装冲突”这一概念取

---

① 《1949 年 8 月 12 日关于战时保护平民之日内瓦公约》第 2 条第 1 款规定:“于平时应予实施之各项规定之外,本公约适用于两个或两个以上缔约国间所发生之一切经过宣战的战争或任何其他武装冲突,即使其中一国不承认有战争状态。”

② 比如,根据全国人民代表大会 1956 年 4 月 7 日公布的《中华人民共和国主席关于结束中华人民共和国同德国之间的战争状态的命令》,中国于 1941 年 12 月 9 日宣布同德国处于战争状态,1956 年 4 月 7 日宣布同德国之间的战争状态从此结束。

③ 比如,朝鲜战争仅仅签订了停战协定,至今仍未正式宣布结束战争状态。

④ 《最高人民法院研究室关于四川汶川特大地震发生后受理宣告失踪、死亡案件应如何适用法律问题的答复》(法研〔2008〕73 号)第 2 条规定:“民事诉讼法第一百六十八条‘因意外事故下落不明,经有关机关证明该公民不可能生存的,宣告死亡的公告期间为三个月’中的‘有关机关’,主要是指公安机关,也可以包括当地县级以上人民政府,但不包括村民委员会、居民委员会或者下落不明公民的工作单位。”

⑤ 《最高人民法院研究室关于四川汶川特大地震发生后受理宣告失踪、死亡案件应如何适用法律问题的答复》(法研〔2008〕73 号)第 2 条规定:“民事诉讼法第一百六十八条‘因意外事故下落不明,经有关机关证明该公民不可能生存的,宣告死亡的公告期间为三个月’中的‘有关机关’,主要是指公安机关,也可以包括当地县级以上人民政府,但不包括村民委员会、居民委员会或者下落不明公民的工作单位。”

代传统的"战争"概念。[①] 对此,1949 年 8 月 12 日日内瓦四公约[②]及其附加议定书[③]和《国际刑事法院罗马规约》[④]等均使用了"武装冲突"的表述。

根据 1949 年 8 月 12 日日内瓦四公约及其附加议定书和《国际刑事法院罗马规约》,"武装冲突"包括:(1)国际性武装冲突,包括国家间的武装冲突和民族解放战争[⑤];和(2)非国际性武装冲突,主要是一国内政中的武装冲突[⑥],即在一国境内发生的政府当局与有组织武装集团之间的武装冲突[⑦]。不过,"武装冲突"不包括发生在一国

---

① 根据《1949 年日内瓦第一公约评注》,"用这种更广泛的表述('武装冲突')来代替'战争'一词是深思熟虑的结果。人们或许会对'战争'的法律定义追问不休。当一国对另一国采取敌对行动时,它可以总是装作并未发动战争,而仅仅是进行一项警察行动或进行了合法自卫。'武装冲突'这个表述使得各国不再那么容易做出此类辩护。在两国间出现任何分歧并导致武装部队介入的情形就是武装冲突……即便其中一方否认战争状态的存在……。"转引自马尔科·萨索利、安托万·布韦耶和安妮·昆廷:《战争中的法律保护——关于国际人道法当代实践的案例、文件与教学资料》,第 109 页(来源于红十字国际委员会网站,https://www.icrc.org/zh/download/file/7945/part01_chapter_02.pdf,最后访问日期:2024 年 5 月 14 日)。

② 1949 年 8 月 12 日日内瓦四公约指:(1)《1949 年 8 月 12 日改善战地武装部队伤者病者境遇之日内瓦公约》(日内瓦第一公约);(2)《1949 年 8 月 12 日改善海上武装部队伤者病者及遇船难者境遇之日内瓦公约》(日内瓦第二公约);(3)《1949 年 8 月 12 日关于战俘待遇之日内瓦公约》(日内瓦第三公约);(4)《1949 年 8 月 12 日关于战时保护平民之日内瓦公约》(日内瓦第四公约)。1957 年 6 月 28 日日内瓦四公约均已对我国生效(对部分条款持有保留)。

③ 1949 年 8 月 12 日日内瓦四公约议定书包括:(1)《1949 年 8 月 12 日日内瓦四公约关于保护国际性武装冲突受难者的附加议定书》(第一议定书,1977 年 6 月 8 日订于日内瓦);(2)《1949 年 8 月 12 日日内瓦四公约关于保护非国际性武装冲突受难者的附加议定书》(第二议定书,1977 年 6 月 8 日订于日内瓦);(3)《1949 年 8 月 12 日日内瓦四公约关于采纳一个新增特殊标志的附加议定书》(第三议定书,2005 年 12 月 8 日订于日内瓦)。其中,日内瓦四公约第一议定书和第二议定书于 1984 年 3 月 14 日对我国生效(对第一议定书部分条款持有保留)。

④ 《国际刑事法院罗马规约》已于 2002 年 7 月 1 日生效,中国未签署、未加入。

⑤ 《1949 年 8 月 12 日日内瓦四公约关于保护国际性武装冲突受难者的附加议定书》(第一议定书,1977 年 6 月 8 日订于日内瓦)第 1 条第 3 款规定:"本议定书补充一九四九年八月十二日关于保护战争受难者的日内瓦四公约,应适用于各公约共同第二条所指的各场合",第 4 款规定:"上款所指的场合,包括各国人民在行使庄严载入联合国宪章和关于各国依联合国宪章建立友好关系及合作的国际法原则宣言的自决权中,对殖民统治和外国占领以及对种族主义政权作战的武装冲突"。1974 年 12 月 14 日联合国第 29 届大会第 2319 次全体会议通过的《在非常状态和武装冲突中保护妇女和儿童宣言》使用了"争取和平、自决、民族解放和独立斗争的非常状态和武装冲突"的表述。

⑥ 《国际刑事法院罗马规约》在序言中使用了"他国内政中的武装冲突"的表述。

⑦ 《1949 年 8 月 12 日日内瓦四公约关于保护非国际性武装冲突受难者的附加议定书》(第二议定书,1977 年 6 月 8 日订于日内瓦)第 1 条第 1 款规定:"本议定书发展和补充 1949 年 8 月 12 日日内瓦四公约共同第三条而不改变其现有的适用条件,应适用于为 1949 年 8 月 12 日日内瓦四公约关于保护国际性武装冲突受难者的附加议定书(第一议定书)所未包括、而在缔约一方领土内发生的该方武装部队和在负责统率下对该方一部分领土行使控制权,从而使其能进行持久而协调的军事行动并执行本议定书的持不同政见的武装部队或其他有组织的武装集团之间的一切武装冲突。"《国际刑事法院罗马规约》第 8 条第 2 款第 6 项规定:"第二款第 5 项适用于非国际性武装冲突,因此不适用于内部动乱和紧张局势,如暴动、孤立和零星的暴力行为或其他性质相同的行为。该项规定适用于在一国境内发生的武装冲突,如果政府当局与有组织武装集团之间,或这种集团相互之间长期进行武装冲突。"

内政中的内部动乱和紧张局势(如暴动、孤立和零星的暴力行为)[①]。

在法律适用过程中,也可以将《民法典》第 41 条关于"战争期间下落不明的,下落不明的时间自战争结束之日或者有关机关确定的下落不明之日起计算"的规定扩大适用于武装冲突。

三、《民法典》第 41 条也适用于宣告死亡制度

需要注意的是,尽管从条款位置看,《民法典》第 41 条针对自然人下落不明时间的起算作出的规定,位于《民法典》第 40 条至第 45 条之中,而《民法典》第 40 条、第 42 条至第 45 条规定的都是宣告失踪制度,但是,不能因此就认为《民法典》第 41 条的规定仅适用于宣告失踪制度、不适用于宣告死亡制度;从体系解释的角度,《民法典》第 41 条的规定也适用于宣告死亡制度,《民法典》第 46 条所说的"下落不明"的起算日,也应当按照《民法典》第 41 条的规定予以确定。对此,《民法典总则编解释》第 17 条也规定:"自然人在战争期间下落不明的,利害关系人申请宣告死亡的期间适用民法典第四十六条第一款第一项的规定,自战争结束之日或者有关机关确定的下落不明之日起计算。"

第四十二条　【财产代管人的确定办法】失踪人的财产由其配偶、成年子女、父母或者其他愿意担任财产代管人的人代管。

代管有争议,没有前款规定的人,或者前款规定的人无代管能力的,由人民法院指定的人代管。

【条文通释】

《民法典》第 42 条是关于财产代管人的确定办法的规定。

一、失踪人的财产

失踪人的财产是财产代管人代管的对象,失踪人财产的范围决定了财产代管人代管职责的范围。

结合《民法典》总则编第五章关于民事权利的规定、《民法典》第 395 条关于抵押财产的规定[②]和《最高人民法院关于适用〈中华人民共和国企业破产法〉若干问题的规定

---

① 《1949 年 8 月 12 日日内瓦四公约关于保护非国际性武装冲突受难者的附加议定书》(第二议定书)第 1 条第 2 款规定:"本议定书不应适用于非武装冲突的内部动乱和紧张局势,如暴动、孤立而不时发生的暴力行为和其他类似性质的行为。"《国际刑事法院罗马规约》第 8 条第 2 款第 6 项规定:"第二款第 5 项适用于非国际性武装冲突,因此不适用于内部动乱和紧张局势,如暴动、孤立和零星的暴力行为或其他性质相同的行为。该项规定适用于在一国境内发生的武装冲突,如果政府当局与有组织武装集团之间,或这种集团相互之间长期进行武装冲突。"

② 《民法典》第 395 条规定:"债务人或者第三人有权处分的下列财产可以抵押:(一)建筑物和其他土地附着物;(二)建设用地使用权;(三)海域使用权;(四)生产设备、原材料、半成品、产品;(五)正在建造的建筑物、船舶、航空器;(六)交通运输工具;(七)法律、行政法规未禁止抵押的其他财产……"

(二)》(以下简称"《破产法解释二》")第1条至第4条的规定①,失踪人的财产,指的是依法归失踪人所有的财产和财产权益。

在构成方面,失踪人的财产,不仅包括货币、不动产(土地、建筑物和其他土地附着物)、动产(生产设备、原材料、半成品、产品、交通运输工具、船舶、航空器、印章、证照、财务会计资料等),也包括证券(股票、债券、证券投资基金份额等)、投资性权利(股权和在合伙企业中的财产份额等)、知识产权、债权、数据、网络虚拟财产、用益物权(海域使用权、探矿权、采矿权、取水权等)等财产和财产权益,还包括失踪人已经设定担保物权的特定财产、失踪人对按份享有所有权的共有财产的相关份额、共同享有所有权的共有财产的相应财产权利以及依法分割共有财产所得部分;也包括失踪人基于仓储、保管、承揽、代销、借用、寄存、租赁等合同或者其他法律关系占有、使用他人财产而享有的合法债权,但不包括所有权专属于国家且不得转让的财产以及其他依法不属于失踪人的财产。

二、确定财产代管人的前提

由于《民法典》第42条使用了"失踪人的财产由……代管"的表述,因此,确定财产代管人须以相关自然人已经被宣告为失踪为前提条件;未经宣告失踪,不得直接为相关自然人确定财产代管人,其他主体也不得以财产代管人的身份行事。

三、有资格担任财产代管人的主体范围

根据《民法典》第42条第1款,有资格担任财产代管人的主体,包括以下4类:(1)失踪人的配偶;(2)失踪人的成年子女;(3)失踪人的父母;(4)其他愿意担任财产代管人的人。

其中,《民法典》第42条第1款所说的"配偶",指的是在宣告失踪判决生效时与失踪人仍然存在合法有效的婚姻关系的自然人,如果双方已经离婚,则不属于"配偶"。

《民法典》第42条第1款所说的"子女",既包括生子女(包括婚生子女和非婚生子女②),在特定情形下也可能包括有抚养关系的继子女、养子女。

《民法典》第42条第1款所说的"父母",既包括生父母,在特定情形下也可能包括继父或继母、养父母。③

---

① 《破产法解释二》第1条规定:"除债务人所有的货币、实物外,债务人依法享有的可以用货币估价并可以依法转让的债权、股权、知识产权、用益物权等财产和财产权益,人民法院均应认定为债务人财产",第2条规定:"下列财产不应认定为债务人财产:(一)债务人基于仓储、保管、承揽、代销、借用、寄存、租赁等合同或者其他法律关系占有、使用的他人财产;(二)债务人在所有权保留买卖中尚未取得所有权的财产;(三)所有权专属于国家且不得转让的财产;(四)其他依照法律、行政法规不属于债务人的财产",第3条第1款规定:"债务人已依法设定担保物权的特定财产,人民法院应当认定为债务人财产",第4条第1款规定:"债务人对按份享有所有权的共有财产的相关份额,或者共同享有所有权的共有财产的相应财产权利,以及依法分割共有财产所得部分,人民法院均应认定为债务人财产。"

② 《民法典》第1071条第1款规定:"非婚生子女享有与婚生子女同等的权利,任何组织或者个人不得加以危害和歧视。"

③ 《民法典》第1072条第2款规定:"继父或者继母和受其抚养教育的继子女间的权利义务关系,适用本法关于父母子女关系的规定",第1111条第1款规定:"自收养关系成立之日起,养父母与养子女间的权利义务关系,适用本法关于父母子女关系的规定……"

《民法典》第 42 条第 1 款所说的“其他愿意担任财产代管人的人”中的“人”，指的是失踪人的配偶、成年子女、父母之外的人[①]，既包括自然人，也包括组织。这跟《民法典》第 27 条第 2 款和第 28 条所说的“下列有监护能力的人”中的“人”也包括自然人和组织是一样的。

需要注意的是，由于《民法典》第 42 条第 1 款没有像《民法典》第 27 条第 2 款和第 28 条那样使用“按顺序代管”的表述，因此，在担任财产代管人问题上，上述主体处于同一顺序，不存在须按先后顺序担任财产代管人的限制。

还需注意的是，在人民法院指定财产代管人的情形，尽管《民法典》第 42 条第 2 款没有直接要求法院从《民法典》第 42 条第 1 款规定的人中指定财产代管人，但是，结合《民诉法解释》第 341 条关于“宣告失踪或者宣告死亡案件，……公告期满后，人民法院判决宣告失踪的，应当同时依照民法典第四十二条的规定指定失踪人的财产代管人”的规定，并参考《民法典》第 31 条第 2 款关于“居民委员会、村民委员会、民政部门或者人民法院应当尊重被监护人的真实意愿，按照最有利于被监护人的原则在依法具有监护资格的人中指定监护人”的规定，可以认为，人民法院也应当在《民法典》第 42 条第 1 款规定的主体中指定财产代管人。

四、担任财产代管人应具备的条件

不过，上述主体必须具备相应的条件，才能担任失踪人的财产代管人。

（一）有代管能力

根据《民法典》第 42 条第 2 款关于“……前款规定的人无代管能力的，由人民法院指定的人代管”和第 44 条第 1 款关于“财产代管人……丧失代管能力的，失踪人的利害关系人可以向人民法院申请变更财产代管人”的规定，不论是失踪人的配偶、成年子女、父母，还是其他愿意担任财产代管人的人，均须以具有代管能力为条件，无代管能力者不得担任财产代管人。

问题是，何为“代管能力”？如何认定“有代管能力”“没有代管能力”“丧失代管能力”？《民法典》和《民法典总则编解释》都没有对此直接进行界定。

考虑到财产代管人负有“妥善管理失踪人的财产，维护其财产权益”的代管职责，可以认为，“代管能力”指向的是相关主体在客观上履行代管职责的能力。

根据《民法典》第 19 条至第 23 条的规定，“有代管能力”意味着财产代管人首先必须具有完全民事行为能力，否则就属于无民事行为能力人或限制民事行为能力人，属于被监护人的范畴。也就是说，不论是无民事行为能力人还是限制民事行为能力人，均不具有代管能力。[②]

---

① 比如，广东省鹤山市人民法院（2021）粤 0784 民特 2 号民事判决书认为：“自冯某辉向鹤山市公安局中山派出所报案时起至今，李某英下落不明已超过两年，因此，冯某辉申请宣告李某英为失踪人，本院予以支持。……因李某英未婚，没有生育子女，其父母亦已去世，故冯某辉作为李某英的胞兄，其请求作为李某英的财产代管人，本院予以支持。”

② 比如，河南省商城县人民法院（2022）豫 1524 民特 1 号民事判决书认为：“申请人彭某尚未年满十八周岁，系限制民事行为能力人，不具备失踪人的财产代管人的法定条件”。

此外,注意到《民法典总则编解释》第6条针对监护能力的认定规定了"人民法院认定自然人的监护能力,应当根据其年龄、身心健康状况、经济条件等因素确定;认定有关组织的监护能力,应当根据其资质、信用、财产状况等因素确定",考虑到财产代管人负有"妥善管理失踪人的财产,维护其财产权益"的代管职责,因此,《民法典总则编解释》第6条上述规定也可以作为认定相关主体是否具有代管能力的参考;也就是说,认定相关主体是否有代管能力,也应当考察该自然人的年龄①、身心健康状况、经济条件等因素或该组织的资质、信用、财产状况等因素;在有关当事人就相关主体是否具有代管能力发生争议时,应当以法院作出的认定结论为依据。

(二)有代管意愿

《民法典》没有直接使用"代管意愿"的表述,但《民法典》第42条第1款所说的"愿意担任财产代管人"指向的其实就是"代管意愿"。由于《民法典》第42条使用了"失踪人的财产由……或者其他愿意担任财产代管人的人代管。代管有争议,没有前款规定的人,或者前款规定的人无代管能力的,由人民法院指定的人代管"的表述,因此,"有代管能力"与"代管意愿"是相互独立的事项,"代管能力"指向的是相关主体在客观上履行代管职责的能力,而"代管意愿"则指向的是相关主体在主观上履行代管职责的意愿。

就失踪人的配偶、成年子女、父母之外的主体而言,其担任财产代管人还须以其"有代管意愿"(即"愿意担任财产代管人")为条件,如其没有代管意愿,则不得指定或强制其担任财产代管人。

问题是,失踪人的配偶、成年子女、父母是否也需要以有代管意愿为前提?如果失踪人的配偶、成年子女、父母不愿意担任财产代管人,应当如何处理?对此,考虑到《民法典》第42条第1款使用的表述是"由其配偶、成年子女、父母或者其他愿意担任财产代管人的人代管",而不是"由愿意担任财产代管人的配偶、成年子女、父母或者其他人代管"的表述,可以认为,就失踪人的配偶、成年子女、父母而言,不以其有代管意愿为条件;在依法需要其担任失踪人的财产代管人的情形,即使其没有代管意愿,也不能拒绝担任财产代管人。

五、财产代管人的确定办法

《民法典》第42条规定了两种确定财产代管人的办法:一是直接由失踪人的配偶、成年子女、父母或者其他愿意担任财产代管人的人代管,二是由法院指定财产代管人。需要注意的是,只有在"代管有争议,没有前款规定的人,或者前款规定的人无代管能力"这三种例外情况下,才由法院指定财产代管人。

(一)原则:直接由符合条件的主体担任财产代管人

根据《民法典》第42条的规定,在失踪人有配偶、成年子女或父母且其配偶、成年

---

① 相关利害关系人如果年事已高,则可能因不具有代管能力而不宜担任财产代管人。比如,安徽省广德市人民法院(2019)皖1822民特15号民事裁定书认为:"戴某英之母杨某珍(1926年7月13日生),已93岁,不适合作为财产代管人"。

子女或父母均有代管能力,并且失踪人的配偶、成年子女、父母之间没有对由谁担任财产代管人发生争议的情况下,应当直接由其配偶、成年子女或父母担任财产代管人;此时不由法院指定财产代管人。

比如,在周某与刘某杰、抚州某某投资发展有限公司执行异议之诉一案中,针对一审法院以"由于不能认定周某是吴某平的合法妻子,其不具有代管吴某平财产的资格,与(2012)临指字第 3 号执行案件没有利害关系,不具备本案原告的诉讼主体资格"为由驳回周某的起诉,最高人民法院(2019)最高法民终 913 号民事裁定书认为:"另据本案已查明的事实显示,2012 年 12 月 6 日,西湖区法院根据周某的申请作出(2012)西民特字第 20 号民事判决,宣告吴某平为失踪人。根据《中华人民共和国民法总则》第四十二条规定,失踪人的财产由其配偶、成年子女、父母或者其他愿意担任财产代管人的人代管。代管有争议,没有前款规定的人,或者前款规定的人无代管能力的,由人民法院指定的人代管。本案中,周某曾以吴某平妻子身份向人民法院申请宣告吴某平失踪,并已实际代吴某平进行财产管理主张权利,现并无证据显示其他利害关系人对该代管行为存有争议且提出相应申请。故基于案涉事实,周某认为其与本案具有直接利害关系符合起诉条件于法有据,原审法院以其不具备本案原告的诉讼主体资格为由驳回起诉有所不当,本院予以纠正。"

此外,在有其他有代管能力的人愿意担任失踪人的财产代管人的情况下,也可由其他有代管能力的人担任。

需要注意的是,由于《民法典》第 42 条第 1 款没有使用"失踪人的财产由其配偶、成年子女、父母或者其他愿意担任财产代管人的人按顺序代管"的表述,因此,从文义看,失踪人的配偶、成年子女、父母均可以要求担任财产代管人;甚至,失踪人的配偶、成年子女、父母之外的其他愿意担任财产代管人的人,也可以要求担任失踪人的财产代管人,在担任财产代管人方面,失踪人的配偶、成年子女、父母之外的其他人具有与失踪人的配偶、成年子女、父母同样的顺序。

但是,应该说,在失踪人有配偶、成年子女或父母且其配偶、成年子女或父母均有代管能力、也没有拒绝担任财产代管人的情况下,其他人主张担任财产代管人是不合适的。尽管在其他人要求担任财产代管人的情况下,失踪人的配偶、成年子女或父母可以通过提出异议形成"代管有争议"的状态,进而申请法院指定自己担任财产代管人,但这种处理办法无疑给失踪人的配偶、成年子女或父母增加了不必要的负担,对失踪人的配偶、成年子女或父母是不公平的。与其坐待失踪人的配偶、成年子女或父母被迫面对"代管有争议"的状态之后再来确定谁更适合担任财产代管人,还不如事先就从制度上赋予失踪人的配偶、成年子女或父母优先的代管顺序,从源头上避免产生不必要的争议和资源的浪费。《民法典》和《民法典总则编解释》均未对此作出规定。

在这方面,应该说,《民通意见》(已废止)第 30 条第 2 款所说的"无民事行为能力人、限制民事行为能力人失踪的,其监护人即为财产代管人",仍然具有重要的参考价值,即:在失踪人有配偶、成年子女或父母且其配偶、成年子女或父母均有代管能力的情况下,原则上,其他人不应具有担任财产代管人的资格(除非有证据证明失踪人的配偶、成年子女和父母均存在不利于履行代管职责、侵害失踪人财产权益的违法犯罪等情形)。也就是说,在失踪人既没有配偶(包括未结婚、已离异、虽结婚但配偶已经死亡),也没有成年子女(包括无子女、虽有子女但均未成年、成年子女均已经死亡),父母亦均已经死亡的情形,方可适用"由其他愿意担任财产代管人的人代管"的规定。①

还需注意的是,虽然《民诉法解释》第 341 条规定了"宣告失踪或者宣告死亡案件,……公告期满后,人民法院判决宣告失踪的,应当同时依照民法典第四十二条的规定指定失踪人的财产代管人",但是,不能据此认为失踪人的财产代管人只能由法院指定,该规定所说的"应当同时依照民法典第四十二条的规定指定失踪人的财产代管人"中的"依照民法典第四十二条的规定指定",包含了"法院指定财产代管人应当符合《民法典》第 42 条的规定"的含义;也就是说,只有在《民法典》第 42 条第 2 款规定的三种例外情形下,才由法院指定财产代管人,在其他情形下,则不应由法院指定财产代管人。

当然,在不持有法院指定财产代管人的文书的情况下,可能面临这样的难题,即:相关主体主张以失踪人的财产代管人的身份履行代管职责,难以得到他人的认可;此外,从《民法典》第 44 条关于财产代管人变更的规定看,《民法典》本身也没有针对按照除法院指定代管人之外的财产代管人确定办法确定的财产代管人如何进行变更作出规定。

(二)例外:由法院指定财产代管人

在例外情况下,有关当事人可以申请法院为失踪人指定财产代管人。对此,《民事案件案由规定》也规定了"申请为失踪人财产指定、变更代管人"这一案由。

《民法典》第 42 条第 2 款规定了在下列 3 种例外情形下,须由法院指定财产代管人:

一是"代管有争议",即失踪人的配偶、成年子女或父母对由谁担任财产代管人发生争议,包括都主张由自己并反对其他人担任财产代管人(即相互争夺财产代管权),也包括都拒绝担任财产代管人(即相互推诿担任财产代管人)。

需要注意的是,《民法典》第 42 条第 2 款所说的"代管有争议",指的是有关当事人在法院指定财产代管人之前就对由谁担任财产代管人发生争议,而不是在法院指定财产代管人之后发生争议。在法院指定财产代管人之后发生争议的,只能根据《民法典》第 44 条第 1 款关于"财产代管人不履行代管职责、侵害失踪人财产权益或者丧失代管能力的,失踪人的利害关系人可以向人民法院申请变更财产代管人"的规定和《民诉法解释》第 342 条第 2 款关于"失踪人的其他利害关系人申请变更代管的,人民法院应当告知其以原指定的代管人为被告起诉,并按普通程序进行审理"的规定,以原指定的财产代管人为被告提起变更财产代管人的诉讼。

二是没有《民法典》第 42 条第 1 款规定的人,即失踪人既没有配偶(包括未结婚、已离异、虽结婚但配偶已经死亡),也没有成年子女(包括无子女、虽有子女但均未成

① 比如,在陕西省商洛市商南县十里坪镇核桃坪村村民委员会申请宣告公民失踪案中,因该村村民王某于 2016 年 3 月 16 日外出后与家人失去联系,经家人、朋友多年寻找仍无法联系到本人,至今已下落不明满两年;而其丈夫朱某于 2021 年 12 月 4 日因病去世,有两个未成年子女无人看护,为了给两个孩子办理孤儿救助手续,让其享受国家相关救助政策继续学业和生活,经该村村民委员会申请,法院宣告王某失踪,并指定该村村民委员会为失踪人王某的财产代管人。[陕西省商南县人民法院 2022 年 10 月 8 日作出的(2022)陕 1023 民特 2 号民事判决书]

年、成年子女均已经死亡),父母亦均已经死亡,且没有其他人愿意担任财产代管人。

三是《民法典》第 42 条第 1 款规定的人均无代管能力,即失踪人的配偶、成年子女、父母以及其他愿意担任财产代管人的人均不具备代管能力。

(三)法院指定财产代管人应当遵循的原则和考虑的因素

与《民法典》第 31 条第 2 款和第 36 条第 1 款针对监护人的指定规定了“按照最有利于被监护人的原则”不同,《民法典》和《民法典总则编解释》没有直接规定指定财产代管人需要遵循的原则。

考虑到《民法典》第 43 条第 1 款规定了“财产代管人应当妥善管理失踪人的财产,维护其财产权益”,《民通意见》(已废止)第 30 条所说的“人民法院指定失踪人的财产代管人,应当根据有利于保护失踪人财产的原则指定”,对于法院指定失踪人的财产代管人仍然具有重要的参考价值,即:法院应当按照有利于维护失踪人财产利益的原则指定财产代管人。

此外,法院指定财产代管人应当考虑哪些因素?对此,《民法典》和《民法典总则编解释》也没有直接作出规定,可以参考《民法典总则编解释》第 9 条第 1 款的规定①,尤其是考察相关主体“与失踪人生活、情感联系的密切程度”“是否有不利于履行代管职责的违法犯罪等情形”“代管能力、意愿、品行”等因素。

(四)财产代管人的人数

由于《民法典》没有对财产代管人的人数作出限制性规定,结合《民法典》第 43 条第 1 款关于“财产代管人应当妥善管理失踪人的财产,维护其财产权益”的规定和《民法典总则编解释》第 9 条第 2 款关于“人民法院依法指定的监护人一般应当是一人,由数人共同担任监护人更有利于保护被监护人利益的,也可以是数人”的规定,失踪人的财产代管人可以是一人,也可以是数人。

实践中也存在由数人担任失踪人的财产代管人的情况。比如,甘肃省兰州市城关区人民法院(2021)甘 0102 民特 139 号民事判决书认为:“本案中,失踪人任某珍的父母及配偶均已去世,申请人赵某平、赵爱某、赵晓某均系其子女,该三人申请担任任某珍的财产代管人均符合法律规定。但由于三位申请人相互之间缺乏一定的信任度,对于由谁担任其母任某珍的财产代管人存有争议。故,为妥善管理失踪人任某珍的财产,维护其财产权益,综合考虑本案客观实际情况,本院认为,由三位申请人赵某平、赵爱某、赵晓某共同担任失踪人任某珍的财产代管人,对于保护任某珍的财产权益更为有利。”②

---

① 《民法典总则编解释》第 9 条第 1 款规定:“人民法院依据民法典第三十一条第二款、第三十六条第一款的规定指定监护人时,应当尊重被监护人的真实意愿,按照最有利于被监护人的原则指定,具体参考以下因素:(一)与被监护人生活、情感联系的密切程度;(二)依法具有监护资格的人的监护顺序;(三)是否有不利于履行监护职责的违法犯罪等情形;(四)依法具有监护资格的人的监护能力、意愿、品行等。”

② 类似的案例还有:陕西省城固县人民法院(2022)陕 0722 民特 7 号民事判决书指定失踪人的父母二人为财产代管人,山东省宁阳县人民法院(2022)鲁 0921 民特 2 号民事判决书指定失踪人的子女二人为财产代管人,江苏省淮安市淮阴区人民法院(2021)苏 0804 民特 545 号民事判决书指定失踪人的妻子和父亲为财产代管人,广东省韶关市浈江区人民法院(2020)粤 0204 民特 25 号民事判决书指定失踪人的配偶和两个成年子女共三人为财产代管人。

(五)失踪人能否预先指定财产代管人

注意到,针对监护人的确定办法,《民法典》第 33 条规定了"具有完全民事行为能力的成年人,可以与其近亲属、其他愿意担任监护人的个人或者组织事先协商,以书面形式确定自己的监护人,在自己丧失或者部分丧失民事行为能力时,由该监护人履行监护职责",与此相对应,具有完全民事行为能力的成年人是否可以参照该规定预先指定自己的财产代管人?即:与其近亲属、其他愿意担任财产代管人的个人或者组织事先协商,以书面形式确定自己的财产代管人,在自己失踪时,由该代管人履行代管职责。

由于《民法典》和《民法典总则编解释》对此未作禁止性规定,因此,具有完全民事行为能力的成年人应该也可以预先指定自己的财产代管人。相关规则可以参照适用意定监护的规则。

(六)失踪人的配偶、成年子女或父母能否协商确定财产代管人

注意到,针对监护人的确定办法,《民法典》第 30 条规定了"依法具有监护资格的人之间可以协议确定监护人",与此相对应,失踪人的配偶、成年子女或父母是否可以参照该规定协商确定财产代管人?

就此,鉴于《民法典》和《民法典总则编解释》对此未作禁止性规定,既然同时涉及身份关系和财产关系的监护制度都允许协商确定监护人,那么,就只涉及财产关系的代管制度而言,就更应允许协商确定财产代管人了。

第四十三条 【财产代管人的义务和责任】财产代管人应当妥善管理失踪人的财产,维护其财产权益。

失踪人所欠税款、债务和应付的其他费用,由财产代管人从失踪人的财产中支付。

财产代管人因故意或者重大过失造成失踪人财产损失的,应当承担赔偿责任。

【条文通释】

《民法典》第 43 条是关于财产代管人的义务和责任的规定。

一、财产代管人的代管职责

(一)财产代管职责的范围

失踪人的财产代管人的职责为代管职责,即代为管理失踪人的财产。《民法典》和《民法典总则编解释》本身没有对失踪人的财产代管人代管职责的范围直接作出规定,而是在不同的条款对财产代管人的代管职责作出了相应的规定。具体而言,一是《民法典》第 43 条第 1 款对财产代管人的代管职责作出了原则性的规定,即"妥善管理失

踪人的财产,维护其财产权益”;二是《民法典》第 43 条第 2 款进一步规定财产代管人清偿失踪人债务的职责,即“失踪人所欠税款、债务和应付的其他费用,由财产代管人从失踪人的财产中支付”。

结合这些规定,并参考《民诉法解释》第 341 条[①]、《公司法》第 234 条[②]、《企业破产法》第 25 条第 1 款[③]等规定,财产代管人的代管职责主要如下:

1. 清理失踪人的财产

为履行代管职责,财产代管人需要清理失踪人的财产,必要时还需要编制财产清单,并接管失踪人的财产,以便对失踪人的财产进行管理、维护失踪人的财产权益;在他人无权占有失踪人的财产的情况下,财产代管人有义务及时要求无权占有人返还,必要时向法院起诉要求返还。

比如,在尹某元与尹某转等返还原物纠纷案中,在失踪人刘某清应得的房屋补偿安置款被他人非法占有的情况下,失踪人刘某清的财产代管人尹某元向法院起诉要求被告将其非法占有的失踪人名下的补偿安置款交其保管。对此,法院认为:“本案中,本院作出的(2018)晋 0106 民特 314 号民事判决已经宣告刘某清为失踪人,并指定尹某元为失踪人刘某清的财产代管人。原告尹某元可以据此得以管理刘某清名下的财产,并可以排除他人对代管造成的妨害。……被告尹某转依据其所持有的刘某成的宅基地证书与太原市迎泽区郝庄镇水峪村村委会签订《太原市迎泽区房屋征收补偿安置协议》,并领取了刘某成生前旧宅院的补偿安置款 2151988. 8 元。……尹某转应将其代为保管的补偿安置款 2151988. 8 元交付原告尹某元,以便尹某元履行代管职责。现被告尹某转拒绝返还上述款项,已经构成对原告尹某元依法履行代管职责的妨害,故本院对原告尹某元据此诉请要求尹某转将其非法占有的刘某成名下的补偿安置款 2151988. 8 元交由原告保管的诉讼请求予以支持”。[④]

2. 清理失踪人的债务

财产代管人需要对失踪人的债务进行清理,必要时编制债务清单,并及时从失踪人的财产中支付失踪人所欠的税款、债务和应付的其他费用。

其中,《民法典》第 43 条第 2 款所说的“其他费用”,包括抚养费、赡养费、扶养费和

---

① 《民诉法解释》第 341 条规定:“宣告失踪或者宣告死亡案件,人民法院可以根据申请人的请求,清理下落不明人的财产,并指定案件审理期间的财产管理人。公告期满后,人民法院判决宣告失踪的,应当同时依照民法典第四十二条的规定指定失踪人的财产代管人。”

② 《公司法》第 234 条规定:“清算组在清算期间行使下列职权:(一)清理公司财产,分别编制资产负债表和财产清单;(二)通知、公告债权人;(三)处理与清算有关的公司未了结的业务;(四)清缴所欠税款以及清算过程中产生的税款;(五)清理债权、债务;(六)分配公司清偿债务后的剩余财产;(七)代表公司参与民事诉讼活动。”

③ 《企业破产法》第 25 条第 1 款规定:“管理人履行下列职责:(一)接管债务人的财产、印章和账簿、文书等资料;(二)调查债务人财产状况,制作财产状况报告;(三)决定债务人的内部管理事务;(四)决定债务人的日常开支和其他必要开支;(五)在第一次债权人会议召开之前,决定继续或者停止债务人的营业;(六)管理和处分债务人的财产;(七)代表债务人参加诉讼、仲裁或者其他法律程序;(八)提议召开债权人会议;(九)人民法院认为管理人应当履行的其他职责。”

④ 二审法院山西省太原市中级人民法院(2020)晋 01 民终 6191 号民事判决书认为“一审判决认定事实清楚,适用法律正确,应予维持”。

因代管财产所需的管理费等必要的费用;[①]而《民法典》第 43 条第 2 款所说的“债务”,则是指除“税款”和“其他费用”之外的债务。

需要注意的是,由于《民法典》第 43 条第 2 款使用了“失踪人所欠税款、债务和应付的其他费用,……从失踪人的财产中支付”的表述,因此,失踪人所欠税款、债务和应付的其他费用属于失踪人的债务,并非财产代管人的债务,应以失踪人的财产予以支付,不论失踪人的财产是否足以支付其所欠的税款、债务或应付的其他费用,财产代管人原则上都没有义务以自己的财产代失踪人向失踪人的债权人偿还债务。

比如,在何某红诉被告薛某斌等民间借贷纠纷案中,针对何某红要求失踪人方某的财产代管人薛某斌和方某的配偶连带偿还借款本金的请求,云南省玉溪市红塔区人民法院(2018)云 0402 民初 2555 号民事判决书认为:“本案中方某向原告借款 110 万元,2017 年 3 月 9 日被告杨某华偿还了借款本金 31.9 万元,现还欠原告借款本金 78.1 万元事实清楚,证据充分,被告杨某华与方某系夫妻关系,其也愿意承担该债务,对原告要求被告杨某华偿还借款本金 78.1 万元的诉讼主张,本院予以支持;……本案中,被告薛某斌作为方某的财产代管人,对方某所欠债务仅有从其代管的方某的财产中支付的义务,故对原告要求被告薛某斌承担连带偿还责任的主张,本院不予支持。”

即使是在财产代管人因故意或者重大过失造成失踪人财产损失的情况下,财产代管人也只应在其应当承担的损失赔偿责任的范围内,以自己的财产对失踪人进行赔偿,而不是代失踪人向失踪人的债权人清偿失踪人的债务。

3. 清理失踪人的债权

财产代管人需要对失踪人的债权进行清理,必要时编制债权清单,及时要求失踪人的债务人偿还债务。

4. 为失踪人的利益以自己的名义参加诉讼或仲裁

在必要时,财产代管人需要为了失踪人的利益,以自己的名义参加诉讼或仲裁活动。

比如,为要求失踪人的债务人清偿债务,《民法典总则编解释》第 15 条第 1 款规定:“失踪人的财产代管人向失踪人的债务人请求偿还债务的,人民法院应当将财产代管人列为原告”;为应对失踪人的债权人的诉讼请求,《民法典总则编解释》第 15 条第 2 款规定,“债权人提起诉讼,请求失踪人的财产代管人支付失踪人所欠的债务和其他费用的,人民法院应当将财产代管人列为被告”。

(二)履行财产代管职责的要求

针对财产代管人代管职责的履行,《民法典》第 43 条第 1 款规定“财产代管人应当妥善管理失踪人的财产,维护其财产权益”,其中包含了“妥善管理”和“维护失踪人财产权益”这两项要求,“妥善管理”是方式和过程、“维护失踪人财产权益”是目的和结果。

---

① 《民通意见》(已废止)第 31 条规定:“民法通则第二十一条第二款中的‘其他费用’,包括赡养费、扶养费、抚育费和因代管财产所需的管理费等必要的费用。”

此外,结合《民法典》第 35 条第 1 款针对监护人履行监护职责规定的“监护人应当按照最有利于被监护人的原则履行监护职责”,财产代管人履行代管职责也应“按照最有利于失踪人的原则”。这也是《民法典》第 43 条第 1 款所说的“财产代管人应当妥善管理失踪人的财产,维护其财产权益”的应有之义。

问题是,财产代管人“妥善管理失踪人财产”的标准是什么?财产代管人履行代管职责应当尽到什么样的注意义务?对此,《民法典》和《民法典总则编解释》都没有直接作出规定。

对比《民法典》第 43 条第 3 款关于“财产代管人因故意或者重大过失造成失踪人财产损失的,应当承担赔偿责任”的规定,和《民法典》第 929 条第 1 款关于“有偿的委托合同,因受托人的过错造成委托人损失的,委托人可以请求赔偿损失。无偿的委托合同,因受托人的故意或者重大过失造成委托人损失的,委托人可以请求赔偿损失”的规定,可以发现,财产代管人履行代管职责所需尽到的注意义务,与无偿委托的受托人处理委托事务所需尽到的注意义务,大致是相当的,并非只要财产代管人在履行代管职责的过程中存在过错,就需要对给失踪人财产造成的损失承担赔偿责任,财产代管人不需要为其一般过失承担赔偿责任。因此,财产代管人承担的是一般注意义务,不应要求财产代管人承担过高的注意义务。

(三)财产代管人非为维护失踪人利益不得处分失踪人的财产

与《民法典》第 35 条第 1 款针对监护人履行监护职责规定了“监护人除为维护被监护人利益外,不得处分被监护人的财产”不同,《民法典》没有规定失踪人的财产代管人能否处分失踪人的财产。不过,考虑到财产代管人的主要职责是管理失踪人的财产、维护失踪人的财产权益,因此,财产代管人除为维护失踪人利益外,也不得处分失踪人的财产;财产代管人非为维护失踪人利益而处分失踪人的财产,构成无权处分。这也是《民法典》第 43 条第 1 款所说的“财产代管人应当妥善管理失踪人的财产,维护其财产权益”的应有之义。

比如,在上海某名投资管理有限公司与黄某 1 等股权转让纠纷案中,针对失踪人黄某明的财产代管人黄某 1、黄某 2、黄某 3、黄某 4、黄某 5(以下简称黄某 1 等五人)2018 年 5 月 29 日与上海某名公司签订协议将登记在黄某明名下的海南某名置业有限公司 40%的股权转让给上海某名公司的行为,一审法院认为:“本案中,黄某 1 等五人作为失踪人黄某明的近亲属,已被杭州市拱墅区人民法院指定为黄某明的财产代管人。……我国法律并未明确赋予财产代管人非基于法定事由而处分失踪人财产的权利。黄某 1 等五人虽为失踪人黄某明的近亲属,但在黄某明仅被宣告失踪,而未被宣告死亡等可以引起财产继承的事实发生之前,作为财产代管人的黄某 1 等五人无权处分失踪人黄某明的财产”,二审法院也认为:“《中华人民共和国民法总则》第四十三条第一款规定:财产代管人应当妥善管理失踪人的财产,维护其财产权益。而涉案股权属黄某明的重要资产,黄某 1 等财产代管人在其失踪期间直接将该股权进行出售处置,明显超越了财产代管人的代管权限。……一审判决认定黄某 1 等财产代管人无权出售处分黄某明的股权并无不当”。①

需要注意的是,根据《民法典》第 43 条第 2 款关于“失踪人所欠税款、债务和应付的其他费用,由财产代管人从失踪人的财产中支付”的规定,财产代管人从失踪人的财产中支付失踪人所欠税款、债务和应付的其他费用,属于履行法律规定、当事人约定或生效法律文书确定的失踪人应当履行的义务、防止损失扩大的行为,属于“为维护失踪人利益”而对失踪人的财产所作的处分。

(四)财产代管人无权代失踪人行使涉及身份关系的权利

根据《民法典》第 42 条至第 44 条的规定,失踪人的财产代管人只有代管、管理失踪人的财产和维护失踪人财产权益的权利和职责,其要求行使失踪人享有的包括继承权在内的涉及身份关系的权利的主张可能难以得到支持。

比如,在冯某 1 与冯某 2 法定继承纠纷案中,针对冯某 3 以失踪人冯某 1 的财产代管人的身份以冯某 1 的名义起诉要求继承被继承人冯某 4 的房屋租金、股票款等遗产的请求,一审法院认为:“宣告失踪的法律后果是为被宣告失踪的自然人确立财产代管制度。财产代管人的权利仅限于妥善管理失踪人的财产、维护失踪人的财产权益,从失踪人的财产中支付其所欠的税款、债务和应付的其他费用。冯某 3 作为冯某 1 的财产代管人,虽有权代理失踪人从事一定的民事行为,但其代理行为是有限的。现冯某 1 被宣告失踪,并未丧失诉讼的主体资格,故冯某 3 以冯某 1 的名义提起继承诉讼,超出其财产代管人的权限,于法无据”,二审法院也认为:“继承权是一种基于亲属身份关系而产生的财产权,同时具有身份、财产两种属性。其中,身份关系是继承权的前提。因此,继承开始后,对被继承人的遗产是否行使继承权乃至提起有关继承民事诉讼,应由具备完全民事行为能力的继承人亲自作出与其本人真实意思表示一致的相应行为,他人不得擅自替代。本案中,冯某 1 虽被宣告失踪,但并无证据证实其丧失民事行为能力及民事诉讼的主体资格,故对被继承人冯某 4 的遗产进行继承处置或提起继承民事诉讼,均应由冯某 1 本人自行实施,他人无权干预。而冯某 3 作为冯某 1 财产代管人的职责是妥善管理冯某 1 之财产,维护冯某 1 的财产权益。现冯某 3 以冯某 1 名义提起继承诉讼,其该行为举动并不能反映、代表、视作冯某 1 本人的真实意思表示,且亦缺乏相关法律依据”。②

(五)财产代管人是否可以要求收取报酬

问题是,财产代管人是否可以就其代管失踪人的财产要求收取相应的报酬?对此,《民法典》和《民法典总则编解释》都没有直接作出规定。

结合《民法典》第 43 条第 3 款关于“财产代管人因故意或者重大过失造成失踪人财产损失的,应当承担赔偿责任”和《民法典》第 929 条第 1 款关于“有偿的委托合同,因受托人的过错造成委托人损失的,委托人可以请求赔偿损失。无偿的委托合同,因

---

① 海南省高级人民法院(2020)琼民终 323 号民事判决书。

② 上海市黄浦区人民法院(2018)沪 0101 民初 2737 号民事裁定书和上海市第二中级人民法院(2018)沪 02 民终 7125 号民事裁定书。

受托人的故意或者重大过失造成委托人损失的，委托人可以请求赔偿损失”的规定，以及《民法典》第897条关于“保管期内，因保管人保管不善造成保管物毁损、灭失的，保管人应当承担赔偿责任。但是，无偿保管人证明自己没有故意或者重大过失的，不承担赔偿责任”的规定，财产代管人应该是不能要求收取报酬的。

不过，考虑到财产代管人是为了维护失踪人的财产权益而履行代管职责的，结合《民法典》第921条关于“委托人应当预付处理委托事务的费用。受托人为处理委托事务垫付的必要费用，委托人应当偿还该费用并支付利息”的规定，财产代管人因履行代管职责产生的必要费用，应当由失踪人承担，财产代管人也可以根据《民法典》第43条第2款的规定，从失踪人的财产中支付。[①]

二、财产代管人的赔偿责任

（一）因故意或重大过失造成损失时的赔偿责任

在未妥善履行代管职责造成失踪人财产损失的情况下，财产代管人可能负有损失赔偿责任。对此，《民法典》第43条第3款规定：“财产代管人因故意或者重大过失造成失踪人财产损失的，应当承担赔偿责任”。

据此，不论是因故意造成失踪人财产损失，还是因重大过失造成失踪人财产损失，财产代管人都负有对失踪人进行赔偿的责任。

（二）因一般过失造成损失时无须承担赔偿责任

需要注意的是，由于《民法典》第43条第3款使用了“因故意或者重大过失造成失踪人财产损失”的表述，因此，在财产代管人仅存在一般过失的情况下，即使造成失踪人财产损失，财产代管人也不需承担赔偿责任。这跟《民法典》第929条第1款规定的无偿委托的受托人对委托人的损失赔偿责任是类似的。[②]

（三）财产代管人赔偿责任的追究

在财产代管人因故意或者重大过失造成失踪人财产损失的情况下，考虑到财产代管人自身不会主动对失踪人进行赔偿，也不会以自己为原告向法院起诉自己，根据《民法典》第44条关于“财产代管人不履行代管职责、侵害失踪人财产权益或者丧失代管能力的，失踪人的利害关系人可以向人民法院申请变更财产代管人。……人民法院变

---

① 在《民法典》之前，《民通意见》曾对此作过规定。在《民法通则》第21条第2款关于“失踪人所欠税款、债务和应付的其他费用，由代管人从失踪人的财产中支付”的规定的基础上，《民通意见》（已废止）第31条规定：“民法通则第二十一条第二款中的‘其他费用’，包括赡养费、扶养费、抚育费和因代管财产所需的管理费等必要的费用”，将“因代管财产所需的管理费等必要的费用”列入“由代管人从失踪人的财产中支付”的“其他费用”的范围。

② 《民法典》第929条第1款规定：“有偿的委托合同，因受托人的过错造成委托人损失的，委托人可以请求赔偿损失。无偿的委托合同，因受托人的故意或者重大过失造成委托人损失的，委托人可以请求赔偿损失”。需要注意的是，根据《民法典》第929条第2款关于“受托人超越权限造成委托人损失的，应当赔偿损失”的规定，在受托人超越权限的情况下，不论是有偿委托还是无偿委托，受托人对委托人都需要承担损失赔偿责任。

更财产代管人的,变更后的财产代管人有权请求原财产代管人及时移交有关财产并报告财产代管情况”和第 43 条第 1 款关于“财产代管人应当妥善管理失踪人的财产,维护其财产权益”的规定,失踪人的利害关系人可以先向法院申请变更财产代管人,待法院变更财产代管人之后,由变更后的财产代管人要求因故意或者重大过失造成失踪人财产损失的原财产代管人承担赔偿责任,或者由变更后的财产代管人根据《民法典总则编解释》第 15 条第 1 款关于“失踪人的财产代管人向失踪人的债务人请求偿还债务的,人民法院应当将财产代管人列为原告”的规定,向人民法院起诉要求原财产代管人承担赔偿责任。

三、财产代管与代理制度

财产代管人代管的是失踪人的财产、并非自己的财产,履行代管职责也是为了失踪人的利益、并非为了自己的利益,这就使得财产代管制度跟代理制度具有了相似之处。①

(一)财产代管并非委托代理

根据《民法典》第 40 条至第 45 条关于财产代管的规定,可以肯定的是,财产代管是基于法律的规定对失踪人的财产进行管理,在性质上并非委托代理,因为财产代管并非《民法典》第 163 条第 2 款所说的“按照被代理人的委托行使代理权”,亦非《民法典》第 919 条所说的“委托人和受托人约定,由受托人处理委托人事务”。

就委托代理而言,根据《民法典》第 173 条的规定②,无论是代理人被宣告失踪还是被代理人被宣告失踪,都不是委托代理终止的法定事由,因此,宣告失踪不具有导致委托代理终止的效力。在下落不明人被宣告失踪之前已经合法委托他人处理相关事务的情况下,该合法成立的委托代理关系不因其被宣告失踪或被指定财产代管人而受到影响,在失踪人被宣告死亡之前,委托代理关系继续有效,受托人可以按照委托继续处理委托事务。

(二)财产代管也非法定代理

问题是,财产代管是否属于法定代理?对此,《民法典》和《民法典总则编解释》都没有直接作出规定。

虽然,跟法定代理人一样③,财产代管人也是依照法律的规定行事的,但是,与法定

---

① 因财产代管人代管的是失踪人的财产、并非自己的财产,履行代管职责也是为了失踪人的利益、并非为了自己的利益,这也使财产代管制度跟无因管理制度具有相似之处。但是,由于财产代管人对失踪人的财产履行代管职责是基于法律的明确规定,跟《民法典》第 121 条、第 979 条针对无因管理所规定的“没有法定的或者约定的义务,为避免他人利益受损失而进行管理”存在根本不同,因此,财产代管与无因管理的区别比较明显,本书不再展开。

② 《民法典》第 173 条规定:“有下列情形之一的,委托代理终止:(一)代理期限届满或者代理事务完成;(二)被代理人取消委托或者代理人辞去委托;(三)代理人丧失民事行为能力;(四)代理人或者被代理人死亡;(五)作为代理人或者被代理人的法人、非法人组织终止。”

③ 《民法典》第 161 条第 1 款规定:“民事主体可以通过代理人实施民事法律行为”,第 163 条规定:“代理包括委托代理和法定代理。……法定代理人依照法律的规定行使代理权。”

代理人须以被代理人的名义行事[①]不同,财产代管人并非(至少在特定情况下不是)以失踪人的名义行事的。比如,《民法典总则编解释》第 15 条第 1 款规定:"失踪人的财产代管人向失踪人的债务人请求偿还债务的,人民法院应当将财产代管人列为原告",第 2 款规定,"债权人提起诉讼,请求失踪人的财产代管人支付失踪人所欠的债务和其他费用的,人民法院应当将财产代管人列为被告"。上述规定表明,在涉及失踪人的债权或债务的诉讼案件当中,失踪人并非当事人(原告或被告),财产代管人须以自己的名义起诉或应诉,在诉讼中具有当事人地位,而不仅仅是以失踪人的代理人的身份参与诉讼的。这跟法定代理人以被代理人的"代理人"身份代为诉讼[②]或与被代理人作为共同被告参与诉讼[③]是不一样的。因此,在性质上,财产代管并非法定代理,财产代管人也并非法定代理人。[④]

第四十四条　【财产代管人的变更】财产代管人不履行代管职责、侵害失踪人财产权益或者丧失代管能力的,失踪人的利害关系人可以向人民法院申请变更财产代管人。

财产代管人有正当理由的,可以向人民法院申请变更财产代管人。

人民法院变更财产代管人的,变更后的财产代管人有权请求原财产代管人及时移交有关财产并报告财产代管情况。

【条文通释】

《民法典》第 44 条是关于财产代管人的变更的规定。

一、财产代管人的被动变更

《民法典》第 44 条规定了财产代管人变更的两种类型,一是财产代管人被申请变更,即被动变更;二是财产代管人主动申请变更,即主动变更。需要注意的是,《民法典》第 45 条第 2 款规定的因失踪人重新出现导致财产代管人被要求移交失踪人财产属于财产代管的终止,并非财产代管人的变更。

---

① 《民法典》第 162 条规定:"代理人在代理权限内,以被代理人名义实施的民事法律行为,对被代理人发生效力。"

② 《民事诉讼法》第 60 条规定:"无诉讼行为能力人由他的监护人作为法定代理人代为诉讼。"《民诉法解释》第 83 条规定,"在诉讼中,无民事行为能力人、限制民事行为能力人的监护人是他的法定代理人"。

③ 《民法典》第 1188 条规定:"无民事行为能力人、限制民事行为能力人造成他人损害的,由监护人承担侵权责任。监护人尽到监护职责的,可以减轻其侵权责任。有财产的无民事行为能力人、限制民事行为能力人造成他人损害的,从本人财产中支付赔偿费用;不足部分,由监护人赔偿。"《民诉法解释》第 67 条规定:"无民事行为能力人、限制民事行为能力人造成他人损害的,无民事行为能力人、限制民事行为能力人和其监护人为共同被告。"

④ 否则的话,在涉及失踪人的民事诉讼案件中,就应当将失踪人列为原告(或被告)、将财产代管人列为失踪人的法定代理人,或者将失踪人与财产代管人列为共同被告(就像将未成年人和其监护人列为共同被告那样)。

(一)被动变更的事由

根据《民法典》第44条第1款的规定,财产代管人被动变更的事由有三:一是财产代管人不履行代管职责,二是财产代管人存在侵害失踪人财产权益的情形,三是财产代管人丧失代管能力。当然,须由申请人对原财产代管人存在被动变更事由承担举证证明责任,否则其申请可能难以得到支持①。

其中,《民法典》第44条第1款所说的"财产代管人不履行代管职责",指的是财产代管人应当履行代管职责但根本没有履行任何代管职责的情形,原则上不包括财产代管人没有完全履行代管职责的情形;《民法典》第44条第1款所说的"侵害失踪人财产权益",指向的是财产代管人在履行代管职责的过程中因过错(包括故意、重大过失和一般过失)造成失踪人财产损失的情形;《民法典》第44条第1款所说的"丧失代管能力",指向的则是财产代管人客观上不再具有代管失踪人财产的能力,包括丧失民事行为能力等。

需要注意的是,由于《民法典》第44条第1款没有像《民法典》第36条第1款第2项那样针对"财产代管人不履行代管职责"要求"不履行代管职责"须造成严重后果,也没有像《民法典》第36条第1款第1项和第3项那样针对"财产代管人侵害失踪人财产权益"要求达到"严重侵害"的程度,因此,只要失踪人的其他利害关系人有证据证明财产代管人存在"不履行代管职责"或"侵害失踪人财产权益"的行为,不论财产代管人不履行代管职责是否造成严重后果、财产代管人是否严重侵害失踪人财产权益、造成失踪人重大损失,都可以申请法院变更财产代管人。

比如,在翁某吓等与陈某平财产指定、变更代管人纠纷案中,一审法院认为:"本案自一审法院于2017年2月21日作出(2016)闽0128民特3号民事判决,宣告郑某为失踪人,陈某平为郑某的财产代管人后,郑某的财产实际由其女郑晨某代管,并由郑晨某偿还银行按揭款、银行贷款等债务。陈某平作为失踪人郑某的财产代管人,未履行代为偿还失踪人债务的职责,根据《中华人民共和国民法总则》第四十四条第一款规定,……应撤销陈某平作为失踪人郑某的财产代管人。"上述判决得到了二审法院的维持。②

还需注意的是,除了上述三项事由,其他事由不属于《民法典》本身规定的失踪人

---

① 比如,在徐某芬与李某宏申请为失踪人财产变更代管人纠纷案中,一审法院认为:"本院已生效的(2017)云0102民特59号民事判决书已宣告李某娟失踪,并指定被告李某宏为李某娟的财产代管人。……本案原告要求变更其为李某娟的财产代管人,但未就其要求变更的理由向法庭提供充分确实的证据予以证明,也未提交证据证明李某宏存在不履行代管职责、侵害失踪人财产权益或者丧失代管能力的情况,故其诉讼请求依据不足,本院不予支持",二审法院也认为"如一审所述,上诉人一审所举证据不足以证实被上诉人存在不履行代管职责、侵害失踪人财产权益或者丧失代管能力的情况,且被上诉人明确不同意上诉人的诉讼请求。而二审中其提交的证据仍不足以证实其主张,其应承担举证不能的法律后果,故本院对其上诉请求不予支持。一审判决并无不当,本院予以维持"。[来源于云南省昆明市五华区人民法院(2018)云0102民特44号民事判决书和云南省昆明市中级人民法院(2019)云01民终1411号民事判决书]类似的案例,还可见甘肃省兰州市城关区人民法院(2022)甘0102民特15号民事裁定书、福建省厦门市海沧区人民法院(2021)闽0205民特126号民事裁定书、河北省邯郸市丛台区人民法院(2017)冀0403民特24号民事判决书。

② 福建省福州市中级人民法院(2018)闽01民终2955号民事判决书。

的其他利害关系人申请变更财产代管人的事由。其中,“财产代管人死亡”也不是财产代管人变更事由,财产代管人死亡将导致代管关系终止,属于代管终止事由[①],需要重新确定财产代管人。[②] 这跟《民法典》第 39 条第 1 款第 3 项所说的“有下列情形之一的,监护关系终止:……(三)……监护人死亡”是类似的。

(二)被动变更的申请人

根据《民法典》第 44 条第 1 款的规定,发生财产代管人被动变更事由时,有权申请变更财产代管人的申请人为“失踪人的利害关系人”,指向的是《民法典》第 40 条所说的“利害关系人”;其中,在失踪人只有一名财产代管人的情况下,《民法典》第 44 条第 1 款所说的“失踪人的利害关系人”指的是除财产代管人之外的失踪人的其他利害关系人;在失踪人有数名财产代管人的情况下,《民法典》第 44 条第 1 款所说的“失踪人的利害关系人”指的是其他财产代管人[③]和除财产代管人之外的其他利害关系人。

相应地,申请人的申请事项也是将原财产代管人变更为申请人或其他依法具有代管资格的人,由申请人或其他依法具有代管资格的人作为变更后的财产代管人。

(三)被动变更的程序

根据《民法典》第 44 条第 1 款的规定,发生财产代管人被动变更事由时,除财产代管人之外的其他“利害关系人”可以向法院申请变更财产代管人,也可以不提出申请。但法院必须基于其他利害关系人的申请才能变更财产代管人,而不能依职权变更财产代管人。

需要注意的是,与财产代管人主动申请变更财产代管人适用特别程序[④]不同,失踪人的其他利害关系人申请变更财产代管人案件适用的是普通程序,须将原财产代管人列为被告。对此,《民诉法解释》第 342 条第 2 款规定:“失踪人的其他利害关系人申请变更代管的,人民法院应当告知其以原指定的代管人为被告起诉,并按普通程序进行审理。”因此,在财产代管人被动变更案件当中,当事人对法院的判决不服的,可以在法

---

① 比如,浙江省温州市龙湾区人民法院(2022)浙 0303 民特 23 号民事判决书认为:“(2020)浙 0303 民特 101 号案件的申请人朱某英已经死亡,财产代管自然终止。”

② 比如,重庆市黔江区人民法院(2020)渝 0114 民特 507 号民事裁定书认为:“原财产代管人刘某红于 2020 年 4 月 30 日死亡,其民事主体资格已经消灭,代管人的身份也已经不存在,本院依法对财产代管人进行重新指定。”类似意见,还可见安徽省广德市人民法院(2019)皖 1822 民特 15 号民事裁定书等。

③ 比如,在赵爱某、赵某平与赵晓某申请为失踪人财产指定、变更代管人案中,针对三名财产代管人中的两名财产代管人申请撤销另一名财产代管人的财产代管人资格的请求,甘肃省兰州市城关区人民法院(2022)甘 0102 民特 15 号民事裁定书认为:“(2021)甘 0102 民特 139 号民事判决已发生法律效力,该判决指定赵某平、赵爱某、赵晓某为失踪人任某珍的共同财产代管人,现赵某平、赵爱某申请撤销赵晓某的财产代管人资格,但其并未提供充分确实的证据证明赵晓某在被指定为共同财产代管人后存在不履行代管职责、侵害失踪人财产权益或者丧失代管能力的情形,赵某平、赵爱某的申请理据不足,本院不予支持。且赵某平、赵爱某、赵晓某之间缺乏一定的信任,其共同作为失踪人任某珍的财产代管人,更有利于财产代管人之间相互监督行使代管职责,妥善地管理失踪人任某珍的财产,维护其合法权益。”

④ 《民诉法解释》第 342 条第 1 款规定:“失踪人的财产代管人经人民法院指定后,代管人申请变更代管的,比照民事诉讼法特别程序的有关规定进行审理。申请理由成立的,裁定撤销申请人的代管人身份,同时另行指定财产代管人;申请理由不成立的,裁定驳回申请。”

定上诉期限内提起上诉,不适用一审终审制。

(四)被动变更的时间

在法院判决变更财产代管人的情况下,自判决生效之日起,变更后的财产代管人就取代了原财产代管人,对失踪人的财产履行代管职责。变更后的财产代管人可以根据《民法典》第 44 条第 3 款的规定,请求原财产代管人及时移交失踪人的有关财产并报告财产代管情况。

二、财产代管人的主动变更

(一)主动变更的事由

根据《民法典》第 44 条第 2 款的规定,财产代管人的主动变更的事由是“有正当理由”。也就是说,财产代管人有正当理由才可以申请变更财产代管人,没有正当理由不得申请变更财产代管人。也因此,只要有正当理由,财产代管人就可以申请法院变更财产代管人。当然,原财产代管人须对“有正当理由”承担举证证明责任。

其中,《民法典》第 44 条第 2 款所说的“有正当理由”,包括原财产代管人年事已高、体弱多病①、无力履行代管职责②、移民,等等。

值得一提的是,在原财产代管人是由失踪人的配偶、成年子女、父母之外的人担任的情况下,失踪人的未成年子女已经成年,应当属于《民法典》第 44 条第 2 款所说的“财产代管人有正当理由”。

(二)主动变更的申请人

根据《民法典》第 44 条第 2 款的规定,原财产代管人自身是财产代管人主动变更的申请人。

需要注意的是,与财产代管人的被动变更的申请事项需要明确列明变更后的财产代管人不同,原财产代管人主动申请变更财产代管人可以不列明变更后的财产代管人。对此,《民诉法解释》第 342 条第 1 款规定:“失踪人的财产代管人经人民法院指定后,代管人申请变更代管的,…… 申请理由成立的,裁定撤销申请人的代管人身份,同时另行指定财产代管人;申请理由不成立的,裁定驳回申请。”其中所说的“另行指定财产代管人”,指的是“依照民法典第四十二条的规定指定失踪人的财产代管人”,并没有要求原财产代管人必须提出新的财产代管人供法院指定。

(三)主动变更的程序

根据《民法典》第 44 条第 1 款的规定,原财产代管人要求变更财产代管人的,须向

---

① 比如,湖南省靖州苗族侗族自治县人民法院(2019)湘 1229 民特 1 号民事裁定书认为:“现申请人张某英年事已高,并患有严重的心脏病,且生活起居已由胡某成照管,已不再适合继续担任失踪人胡某凡的财产代管人,其要求变更财产代管人为胡某成的请求符合法律规定,本院予以支持。”

② 《民通意见》(已废止)第 35 条第 1 款规定:“失踪人的财产代管人以无力履行代管职责,申请变更代管人的,人民法院比照特别程序进行审理。”

法院提出申请。法院必须基于原财产代管人的申请才能变更财产代管人，而不能依职权变更财产代管人。

需要注意的是，与失踪人的其他利害关系人申请变更财产代管人案件适用普通程序①不同，原财产代管人申请变更财产代管人适用的是特别程序。对此，《民诉法解释》第 342 条第 1 款规定："失踪人的财产代管人经人民法院指定后，代管人申请变更代管的，比照民事诉讼法特别程序的有关规定进行审理。申请理由成立的，裁定撤销申请人的代管人身份，同时另行指定财产代管人；申请理由不成立的，裁定驳回申请。"

因此，在财产代管人主动变更案件当中，当事人对法院的裁定不服的，不可以上诉，实行一审终审②，有关当事人即使不服也不能上诉③、不能申请再审④，但可以向作出该裁定的法院提出异议⑤。

（四）主动变更的时间

在法院裁定变更财产代管人的情况下，自裁定生效之日起，变更后的财产代管人就取代了原财产代管人，对失踪人的财产履行代管职责。变更后的财产代管人可以根据《民法典》第 44 条第 3 款的规定，请求原财产代管人及时移交失踪人的有关财产并报告财产代管情况。

三、变更财产代管人的效力

《民法典》第 44 条第 3 款对财产代管人变更的效力作出了规定，即："人民法院变更财产代管人的，变更后的财产代管人有权请求原财产代管人及时移交有关财产并报告财产代管情况"。这一规定既适用于财产代管人的被动变更，也适用于财产代管人的主动变更。

据此，财产代管人的变更具有如下效力：一是解除原财产代管人的代管职责，二是赋予变更后的财产代管人代管职责，使其享有"管理失踪人的财产，维护其财产权益""请求原财产代管人及时移交失踪人的有关财产"和"请求原财产代管人及时报告财产代管情况"等权利。与此相对应，原财产代管人负有向变更后的财产代管人"及时移交失踪人的有关财产"和"及时报告财产代管情况"的义务。只有在接管失踪人的财产和了解失踪人的财产情况的基础上，变更后的财产代管人才能有效履行代管职责。

---

① 《民诉法解释》第 342 条第 2 款规定："失踪人的其他利害关系人申请变更代管的，人民法院应当告知其以原指定的代管人为被告起诉，并按普通程序进行审理。"

② 《民事诉讼法》第 184 条（位于《民事诉讼法》第十五章"特别程序"）规定："人民法院审理选民资格案件、宣告失踪或者宣告死亡案件、指定遗产管理人案件、认定公民无民事行为能力或者限制民事行为能力案件、认定财产无主案件、确认调解协议案件和实现担保物权案件，适用本章规定。本章没有规定的，适用本法和其他法律的有关规定。"第 185 条规定，"依照本章程序审理的案件，实行一审终审"。

③ 《民事诉讼法》第 158 条规定："最高人民法院的判决、裁定，以及依法不准上诉或者超过上诉期没有上诉的判决、裁定，是发生法律效力的判决、裁定。"

④ 《民诉法解释》第 378 条规定："适用特别程序、督促程序、公示催告程序、破产程序等非讼程序审理的案件，当事人不得申请再审。"

⑤ 《民诉法解释》第 372 条第 1 款规定："适用特别程序作出的判决、裁定，当事人、利害关系人认为有错误的，可以向作出该判决、裁定的人民法院提出异议。人民法院经审查，异议成立或者部分成立的，作出新的判决、裁定撤销或者改变原判决、裁定；异议不成立的，裁定驳回。"

需要注意的是，不论是财产代管人的主动变更还是被动变更，均须以人民法院作出的变更财产代管人的裁判为依据；未经法院裁判确定，不得擅自变更财产代管人。结合《民法典》第31条第4款关于"监护人被指定后，不得擅自变更；擅自变更的，不免除被指定的监护人的责任"的规定，擅自变更财产代管人的，不免除原财产代管人的责任，擅自变更后的主体也不因此就具有失踪人的财产代管人的资格。

四、财产代管的终止

《民法典》没有对失踪人财产代管的终止作出规定。不过，《民法典》第39条关于监护关系终止的规定，对于理解财产代管的终止具有重要的参考意义。

（一）财产代管的终止事由

在终止事由方面，失踪人重新出现、失踪人死亡或被宣告死亡、财产代管人死亡或被宣告死亡，属于财产代管关系的终止事由。

需要注意的是，与"监护人丧失监护能力"属于监护关系的终止事由不同，"财产代管人丧失代管能力"并非代管关系的终止事由，而是财产代管人被动变更事由。《民法典》第44条第1款所说的"财产代管人……丧失代管能力的，失踪人的利害关系人可以向人民法院申请变更财产代管人"对此作出了明确的规定。

（二）财产代管终止后的处理

在财产代管关系终止后，需要根据不同的终止事由，作出不同的处理：

一是在财产代管关系因失踪人重新出现而终止的情形，应当适用《民法典》第45条的规定，即"失踪人重新出现，经本人或者利害关系人申请，人民法院应当撤销失踪宣告"和"失踪人重新出现，有权请求财产代管人及时移交有关财产并报告财产代管情况"。

二是在财产代管关系因失踪人死亡或被宣告死亡而终止的情形，继承开始并应当适用《民法典》继承编等有关继承的规定。

三是在财产代管关系因财产代管人死亡或被宣告死亡而终止的情形，原财产代管关系终止，如果失踪宣告仍然有效，则有必要依照《民法典》第42条的规定为失踪人另行确定（并非只能由法院指定）财产代管人。

第四十五条　【失踪宣告的撤销】失踪人重新出现，经本人或者利害关系人申请，人民法院应当撤销失踪宣告。

失踪人重新出现，有权请求财产代管人及时移交有关财产并报告财产代管情况。

【条文通释】

《民法典》第45条是关于失踪宣告的撤销的规定。

一、失踪宣告的撤销事由

根据《民法典》第 45 条第 1 款的规定,"失踪人重新出现"是失踪宣告的撤销事由。当然,申请人需要对"失踪人重新出现"承担举证证明责任;其中,由失踪人本人到庭可能是最直接、最简单、最有效的证明办法。①

也就是说,只要被宣告失踪的自然人是以生存状态重新出现的,有关当事人就可以申请撤销失踪宣告。至于被宣告失踪的自然人重新出现时是否具有完全民事行为能力,则在所不问。当然,如果被宣告失踪的自然人重新出现时不具有完全民事行为能力,则有必要根据《民法典》有关监护制度的规定为其确定监护人。

二、失踪宣告的撤销程序

需要注意的是,由于《民法典》第 45 条第 1 款使用了"失踪人重新出现,经本人或者利害关系人申请,人民法院应当撤销失踪宣告"的表述,因此,"失踪人重新出现"并不能发生失踪宣告自动撤销或自动失效的效力,必须由失踪人本人或其利害关系人向法院提出撤销失踪宣告的申请并经法院作出撤销失踪宣告的判决之后,失踪宣告才能被撤销。

(一)有资格申请撤销失踪宣告的主体范围

《民法典》第 45 条第 1 款将有资格申请撤销失踪宣告的主体限定为"失踪人本人"和"失踪人的利害关系人"。在失踪人重新出现的情况下,不论是失踪人本人还是失踪人的一个或数个利害关系人,都可以向法院提出撤销失踪宣告的申请。

其中,《民法典》第 45 条第 1 款所说的有资格申请撤销失踪宣告的"利害关系人",与《民法典》第 40 条所说的有资格申请宣告失踪的"利害关系人"具有相同的含义。

(二)撤销失踪宣告的程序

由于《民法典》第 45 条第 1 款使用了"失踪人重新出现,经……申请,人民法院应当撤销失踪宣告"的表述,因此,只要申请人依法提出申请,法院就负有撤销失踪宣告的义务,但法院只能依当事人的申请、而不能依职权撤销失踪宣告。

在程序方面,法院撤销失踪宣告,应当适用特别程序,实行一审终审;②在裁判结果方面,法院应当作出新判决,撤销原判决。对此,《民事诉讼法》第 193 条规定:"被宣告失踪、宣告死亡的公民重新出现,经本人或者利害关系人申请,人民法院应当作出新判

---

① 实务中,也可以采取与重新出现的失踪人视频通话等方式证明、认定"失踪人重新出现"。比如,在董某根申请撤销宣告失踪案中,法院通过与失踪人微信视频连线,经以失踪人的身份证与视频中人物对照,确认视频中人物为失踪人,确定了失踪人重新出现的事实[来源于湖南省湘阴县人民法院(2021)湘 0624 民特 34 号民事判决书]。

② 《民事诉讼法》第 184 条(位于《民事诉讼法》第十五章"特别程序")规定:"人民法院审理选民资格案件、宣告失踪或者宣告死亡案件、指定遗产管理人案件、认定公民无民事行为能力或者限制民事行为能力案件、认定财产无主案件、确认调解协议案件和实现担保物权案件,适用本章规定。本章没有规定的,适用本法和其他法律的有关规定。"第 185 条规定,"依照本章程序审理的案件,实行一审终审"。

决，撤销原判决。”《民事案件案由规定》也在一级案由“非讼程序案件案由”项下的二级案由“宣告失踪、宣告死亡案件”项下规定了三级案由“申请撤销宣告失踪判决”。

三、失踪人重新出现的效力

失踪人重新出现，将产生如下效力：

一是作为撤销失踪宣告的法定事由。失踪人本人或其利害关系人可以以此为由向法院申请撤销失踪宣告。对此，《民法典》第45条第1款作出了明确的规定。

二是产生“请求财产代管人及时移交有关财产并报告财产代管情况”的权利。由于《民法典》第45条第2款使用了“失踪人重新出现，有权请求财产代管人……”的表述，没有像《民法典》第53条第1款[①]那样使用“被撤销失踪宣告的人有权请求……”的表述，因此，在失踪人重新出现的情况下，即使还没有向法院提出撤销失踪宣告的申请，即使法院还没有作出撤销失踪宣告的判决，重新出现的失踪人也享有此项权利。

需要注意的是，《民法典》第45条第2款规定的因失踪人重新出现导致财产代管人被要求移交失踪人财产属于财产代管的终止，并非财产代管人的变更。

三是产生针对财产代管人的损害赔偿请求权。由于《民法典》第43条第3款规定了“财产代管人因故意或者重大过失造成失踪人财产损失的，应当承担赔偿责任”，因此，在财产代管人因故意或者重大过失造成失踪人财产损失的情况下，重新出现的失踪人可以请求该财产代管人承担赔偿责任。

四是产生对相关利害关系人的损害赔偿请求权。结合《民法典》第53条第2款关于“利害关系人隐瞒真实情况，致使他人被宣告死亡而取得其财产的，除应当返还财产外，还应当对由此造成的损失承担赔偿责任”的规定，在有关利害关系人隐瞒真实情况致使自己被宣告失踪并遭受损失的情形，重新出现的失踪人可以请求其承担赔偿责任。

四、监护制度对失踪人财产代管制度的参考适用

与《民法典》关于失踪人财产代管制度的规定相比，《民法典》针对监护制度作出了相对完善的规定。这些规定对失踪人财产代管制度具有重要的参考适用价值，具体而言：

表4 监护制度有关规定对失踪人财产代管制度的参考适用

序号	事项	《民法典》条文	说明
1	监护人的协议确定	第30条　依法具有监护资格的人之间可以协议确定监护人。协议确定监护人应当尊重被监护人的真实意愿	参考适用于财产代管人的协议确定
2	指定监护人的原则和要求	第31条第2款　居民委员会、村民委员会、民政部门或者人民法院应当尊重被监护人的真实意愿，按照最有利于被监护人的原则在依法具有监护资格的人中指定监护人	参考适用于财产代管人的指定

---

① 《民法典》第53条第1款规定：“被撤销死亡宣告的人有权请求依照本法第六编取得其财产的民事主体返还财产；无法返还的，应当给予适当补偿。”

（续表）

序号	事项	《民法典》条文	说明
3	擅自变更监护人的处理办法	第 31 条第 4 款　监护人被指定后，不得擅自变更；擅自变更的，不免除被指定的监护人的责任	参考适用于擅自变更财产代管人的处理
4	意定监护	第 33 条　具有完全民事行为能力的成年人，可以与其近亲属、其他愿意担任监护人的个人或者组织事先协商，以书面形式确定自己的监护人，在自己丧失或者部分丧失民事行为能力时，由该监护人履行监护职责	参考适用于财产代管人的预先确定
5	履行监护职责的原则和要求	第 35 条第 1 款　监护人应当按照最有利于被监护人的原则履行监护职责。监护人除为维护被监护人利益外，不得处分被监护人的财产	参考适用于代管职责的履行
6	监护关系的终止事由	第 39 条第 1 款　有下列情形之一的，监护关系终止： （一）被监护人取得或者恢复完全民事行为能力； （二）监护人丧失监护能力； （三）被监护人或者监护人死亡； （四）人民法院认定监护关系终止的其他情形	参考适用于财产代管关系的终止（财产代管人丧失代管能力并非财产代管终止事由，而是财产代管人变更事由）
7	监护关系终止后另行确定监护人	第 39 条第 2 款　监护关系终止后，被监护人仍然需要监护的，应当依法另行确定监护人	参考适用于代管关系终止后新财产代管人的确定

第四十六条　【申请宣告死亡的法定事由】自然人有下列情形之一的，利害关系人可以向人民法院申请宣告该自然人死亡：

（一）下落不明满四年；

（二）因意外事件，下落不明满二年。

因意外事件下落不明，经有关机关证明该自然人不可能生存的，申请宣告死亡不受二年时间的限制。

【条文通释】

《民法典》第 46 条是关于申请宣告死亡的法定事由和申请人的规定。

一、宣告死亡的适用对象

由于《民法典》第 46 条使用了“自然人有下列情形之一的，利害关系人可以向人民法院申请宣告该自然人死亡：……”的表述，因此，宣告死亡的适用对象仅限于自然人，不适用于法人或非法人组织；当然，宣告死亡不仅适用于中华人民共和国公民，也适用于外国人、无国籍人。

需要注意的是，尽管《民事诉讼法》第 191 条至第 193 条针对宣告死亡案件使用的是“公民”的表述,但是,根据《民事诉讼法》第270条关于“在中华人民共和国领域内进行涉外民事诉讼,适用本编规定。本编没有规定的,适用本法其他有关规定”和第5条第1款关于“外国人、无国籍人、外国企业和组织在人民法院起诉、应诉,同中华人民共和国公民、法人和其他组织有同等的诉讼权利义务”的规定,《民事诉讼法》第191条至第193条有关公民宣告死亡案件的规定,也适用于宣告外国人、无国籍人死亡案件。

二、申请宣告死亡的法定事由

(一)申请宣告死亡的法定事由

《民法典》第46条规定了申请宣告死亡的三项法定事由,一是自然人下落不明满4年;二是自然人因意外事件下落不明满2年;三是自然人因意外事件下落不明,经有关机关证明该自然人不可能生存。[①]

其中,《民法典》第46条第2款关于“因意外事件下落不明,经有关机关证明该自然人不可能生存的,申请宣告死亡不受二年时间的限制”的规定,是《民法典》第46条第1款第2项关于“自然人有下列情形之一的,利害关系人可以向人民法院申请宣告该自然人死亡:……(二)因意外事件,下落不明满二年”的例外规定。并且,与因“自然人因意外事件下落不明满2年”申请宣告死亡而发出的寻找下落不明人的公告期间为1年不同,因“因意外事件下落不明,经有关机关证明该自然人不可能生存”申请宣告死亡的公告期间则为3个月。[②]

根据《民法典》第46条,只要相关自然人存在上述任一情形,该自然人的利害关系人就可以向法院申请宣告该自然人死亡。

其中,《民法典》第46条所说的“下落不明”,与《民法典》第41条所说的“下落不明”具有相同的含义,即“失去音讯”,指的是自然人离开最后居住地后没有音讯的状态。[③]《民法典》第46条所说的“下落不明”的起算日,也应当按照《民法典》第41条的规定予以确定。对此,《民法典总则编解释》第17条也规定:“自然人在战争期间下落不明的,利害关系人申请宣告死亡的期间适用民法典第四十六条第一款第一项的规定,自战争结束之日或者有关机关确定的下落不明之日起计算。”

《民法典》第46条所说的“意外事件”,即意料之外的事件,指的是“非因行为人的

---

① 《民事诉讼法》第191条第1款将该三项事由规定得更为清晰:“公民下落不明满四年,或者因意外事件下落不明满二年,或者因意外事件下落不明,经有关机关证明该公民不可能生存,利害关系人申请宣告其死亡的,向下落不明人住所地基层人民法院提出。”

② 《民事诉讼法》第192条规定:“人民法院受理宣告失踪、宣告死亡案件后,应当发出寻找下落不明人的公告。宣告失踪的公告期间为三个月,宣告死亡的公告期间为一年。因意外事件下落不明,经有关机关证明该公民不可能生存的,宣告死亡的公告期间为三个月。”

③ 针对下落不明的认定,《民通意见》(已废止)第26条规定:“下落不明是指公民离开最后居住地后没有音讯的状况。对于在台湾或者在国外,无法正常通讯联系的,不得以下落不明宣告死亡。”尽管《民通意见》已经废止了,但是,结合最高人民法院印发的《全国法院贯彻实施民法典工作会议纪要》(法〔2021〕94号)第12条关于“除上述内容外,对于民通意见、合同法解释一、合同法解释二的实体性规定所体现的精神,与民法典及有关法律不冲突且在司法实践中行之有效的,如民通意见第2条关于以自己的劳动收入为主要生活来源的认定规则等,人民法院可以在裁判文书说理时阐述”的规定,《民通意见》第26条的认定意见仍然具有参考价值。

故意或过失,而是由于当事人意志以外的原因偶然发生的事故”[①],但不包括战争。对此,《民法典总则编解释》第 17 条所说的“自然人在战争期间下落不明的,利害关系人申请宣告死亡的期间适用民法典第四十六条第一款第一项的规定”,也意味着,对在战争期间下落不明的自然人申请宣告死亡适用的是“下落不明满四年”的条件,而非“因意外事件下落不明满二年”(或经有关机关证明该自然人不可能生存的,申请宣告死亡不受二年时间的限制)的事由。

需要注意的是,《民法典》第 46 条第 2 款所说的“有关机关”,与《民法典》第 41 条所说的“有关机关”并非一一对应的关系,《民法典》第 41 条所说的有关机关指的是具有对自然人战争期间下落不明的事实予以认定的职能的机关,而《民法典》第 46 条第 2 款所说的“有关机关”指的则是具有对自然人在意外事件中下落不明的事实予以认定的职能的机关,“主要是指公安机关,也可以包括当地县级以上人民政府”[②],还可以是海事局[③]、海上搜救中心[④]等与意外事件的调查、处理相关的机关[⑤],但原则上不包括村民委员会、居民委员会或者下落不明人的工作单位[⑥]。[⑦]

---

① 夏征农、陈至立主编:《辞海》,上海辞书出版社 2009 年版,第 2724 页。《刑法》第 16 条规定:“行为在客观上虽然造成了损害结果,但是不是出于故意或者过失,而是由于不能抗拒或者不能预见的原因所引起的,不是犯罪。”《民政部办公厅关于如何理解〈军人抚恤优待条例〉第九条第一款第(一)项中“意外事件”的复函》(民办函〔2007〕247 号)认为,2004 年《军人抚恤优待条例》第 9 条第 1 款第 1 项规定的“在执行任务中或者上下班途中,由于意外事件死亡的”中的“意外事件”是指“无法抗拒或无法预料造成的情形或事故”,并提出“关键是强调主观不可预见性”。

② 《最高人民法院研究室关于四川汶川特大地震发生后受理宣告失踪、死亡案件应如何适用法律问题的答复》(法研〔2008〕73 号)第 2 条规定:“民事诉讼法第一百六十八条‘因意外事故下落不明,经有关机关证明该公民不可能生存的,宣告死亡的公告期间为三个月’中的‘有关机关’,主要是指公安机关,也可以包括当地县级以上人民政府,但不包括村民委员会、居民委员会或者下落不明公民的工作单位。”

③ 比如,根据上海海事法院(2021)沪 72 民特 65 号民事判决书,2021 年 11 月 5 日 20:10 时左右,丹东嘉某海运有限公司所属干货船“博信达”轮在长江口南支航道 A15 附近水域倾覆;事发后,浦东海事局组织应急力量在事发水域开展搜救,并于 2021 年 11 月 22 日出具证明,认定谢某玉在该次事故中失踪并已无生还可能。

④ 比如,根据大连海事法院(2023)辽 72 民特 2 号民事判决书,下落不明人李某某,……2022 年 9 月 22 日随“大旅捕 1022 号”渔船出海作业时渔船进水沉没,落水失踪,经大连市海上搜救中心证明,已无生存可能。

⑤ 比如,大连海事法院(2020)辽 72 行初 16 号行政判决书认为:“民事诉讼法仅规定因意外事故下落不明应经有关机关证明该公民不可能生存,并没有对该机关的职能、级别作出具体规定,也没有对‘证明’的具体形式作出规定,只是明确应能证明公民不可能生存。根据字面语义的理解,有权证明受害人在意外事故中不可能生存的机关,应是与意外事故的调查、处理相关的机关”。见辽宁省高级人民法院(2020)辽行终 806 号行政判决书,该判决书认为:“一审判决的认定事实和判决结果并无不当”。

⑥ 《最高人民法院研究室关于四川汶川特大地震发生后受理宣告失踪、死亡案件应如何适用法律问题的答复》(法研〔2008〕73 号)第 2 条规定:“民事诉讼法第一百六十八条‘因意外事故下落不明,经有关机关证明该公民不可能生存的,宣告死亡的公告期间为三个月’中的‘有关机关’,主要是指公安机关,也可以包括当地县级以上人民政府,但不包括村民委员会、居民委员会或者下落不明公民的工作单位。”

⑦ 实务中,有的法院倾向于对《民法典》第 46 条第 2 款所说的“有关机关”作扩大解释。比如,南京海事法院发布的“我为群众办实事”十大典型案例之九“徐某某申请宣告王某某死亡案”之“案例评析”提及:“南京海事法院在案件审理过程中,通过多方走访深入了解当地渔业生产客观实际,对民法典第四十六条第二款规定的‘有关机关’范围进行合理解释,不局限于通常认知的海警部门、公安机关,而是扩大至了解事故情况的村民委员会、基层人民政府、渔政监督部门和渔业生产机构,进而认定上述单位作出的被申请人不可能生存证明具有法律效力,依法确认申请宣告死亡不受二年时间的限制,在公告期间届满后依法宣告被申请人死亡,最大限度保障被申请人近亲属及时进行权利救济和处理债权债务、身份等法律关系,有效维护社会经济生活稳定。”

需要注意的是，利害关系人申请宣告自然人死亡，须向法院提交有关该自然人存在宣告死亡的法定事由的证明。对此，《民事诉讼法》第 191 条规定：“公民下落不明满四年，或者因意外事件下落不明满二年，或者因意外事件下落不明，经有关机关证明该公民不可能生存，利害关系人申请宣告其死亡的，向下落不明人住所地基层人民法院提出。申请书应当写明下落不明的事实、时间和请求，并附有公安机关或者其他有关机关关于该公民下落不明的书面证明。”如果申请人未提供相关证明，其申请可能得不到支持。

比如，在赵某美申请宣告赵某久死亡案中，重庆市梁平区人民法院（2021）渝 0155 民特 49 号民事判决书认为：“申请人赵某美申请称被申请人赵某久于 2014 年 3 月起下落不明的事实，除其陈述外，没有提交有效证据证明，故其宣告被申请人赵某久死亡的申请，本院依法不予支持。”

又如，在郑某某申请杨某 1 宣告死亡案中，尽管 2014 年 4 月 1 日杨某 1 失联，2018 年 4 月 4 日其妻郑某某作为利害关系人向法院提出宣告杨某 1 死亡，杨某 1 失联期限满四年，但是，考虑到三亚市公安局天涯分局刑警大队 2018 年 5 月 9 日的证明载明了“杨某 2 于 2014 年 10 月 10 日到我队报案称其父亲杨某 1 于 2014 年 3 月 28 日至 4 月 1 日在三亚失联，目前该案件正在侦查中。经查，杨某 1 名下的招商银行卡 621×××××××××××××曾于 2017 年 4 月在银行办理过业务，不排除杨某 1 本人操作”，法院认为该证明不能确定杨某 1 仍然下落不明，郑某某申请宣告杨某 1 死亡尚不符合宣告死亡的法定条件，故判决驳回其申请。[①]

（二）利害关系人可以选择不申请宣告死亡

需要注意的是，由于《民法典》第 46 条第 1 款使用了“利害关系人可以向人民法院申请宣告该自然人死亡”的表述，因此，宣告死亡须以利害关系人提出申请为条件，利害关系人可以自主决定是否提出宣告死亡的申请，并非只要相关自然人存在申请宣告死亡的法定事由就当然导致该自然人被宣告死亡。

实践中，存在虽然相关自然人存在被申请宣告死亡的法定事由，而利害关系人选择不申请宣告死亡的情况。比如，《民诉法解释》第 217 条就规定了：“夫妻一方下落不明，另一方诉至人民法院，只要求离婚，不申请宣告下落不明人失踪或者死亡的案件，人民法院应当受理，对下落不明人公告送达诉讼文书。”

此外，实践中也存在利害关系人向法院提出宣告死亡申请后，又撤回申请的情形。[②] 对此，《民诉法解释》第 346 条规定：“人民法院受理宣告失踪、宣告死亡案件后，作出判决前，申请人撤回申请的，人民法院应当裁定终结案件，但其他符合法律规定的利害关系人加入程序要求继续审理的除外。”

---

① 陕西省西安市新城区人民法院（2018）陕 0102 民特 21 号民事判决书和（2018）陕 0102 民特监 1 号民事裁定书。

② 相关案例，可见福建省龙岩市新罗区人民法院（2022）闽 0802 民特 16 号民事裁定书、河南省汝州市人民法院（2021）豫 0482 民特 400 号民事裁定书、江西省上饶市广信区人民法院（2021）赣 1104 民特 16 号民事裁定书等。

三、宣告死亡的申请人范围

《民法典》第46条第1款所说的"利害关系人",即为宣告死亡的申请人。据此,只要是存在申请宣告死亡的法定事由的自然人的利害关系人,就可以向法院申请宣告该自然人死亡。在有符合法律规定的多个利害关系人提出宣告死亡申请的情况下,各个利害关系人将被列为共同申请人。①

不过,《民法典》本身没有对可以申请宣告特定自然人死亡的利害关系人的范围作出规定。利害关系人的范围是由《民法典总则编解释》予以界定的。对此,《民法典总则编解释》第16条第1款规定:"人民法院审理宣告死亡案件时,被申请人的配偶、父母、子女,以及依据民法典第一千一百二十九条规定对被申请人有继承权的亲属应当认定为民法典第四十六条规定的利害关系人",第2款规定:"符合下列情形之一的,被申请人的其他近亲属,以及依据民法典第一千一百二十八条规定对被申请人有继承权的亲属应当认定为民法典第四十六条规定的利害关系人:(一)被申请人的配偶、父母、子女均已死亡或者下落不明的;(二)不申请宣告死亡不能保护其相应合法权益的",第3款规定:"被申请人的债权人、债务人、合伙人等民事主体不能认定为民法典第四十六条规定的利害关系人,但是不申请宣告死亡不能保护其相应合法权益的除外。"

根据上述规定,可以申请宣告下落不明人死亡的利害关系人包括5类:一是下落不明人的配偶、父母、子女;二是在下落不明人死亡后依法对该自然人有继承权的丧偶儿媳、丧偶女婿;三是下落不明人的除其配偶、父母、子女之外的其他近亲属(限于特定情形);四是在下落不明人死亡后依法对其有继承权的代位继承人(限于特定情形);五是与下落不明人有民事权利义务关系的、不申请宣告死亡不能保护其相应合法权益的民事主体。

(一)下落不明人的配偶、父母、子女

《民法典总则编解释》第16条第1款将"被申请人的配偶、父母、子女"列为申请宣告死亡的利害关系人。其中的"配偶",指的是经结婚登记并与被申请人存在有效婚姻关系的自然人;其中的"父母",既包括被申请人的生父母,在特定情形下也可能包括继父或继母、养父母;②其中的"子女",既包括成年子女、也包括未成年子女,既包括被申请人的生子女(包括婚生子女和非婚生子女③),在特定情形下也可能包括有抚养关系

---

① 《民诉法解释》第344条规定:"符合法律规定的多个利害关系人提出宣告失踪、宣告死亡申请的,列为共同申请人。"

② 《民法典》第1072条第2款规定:"继父或者继母和受其抚养教育的继子女间的权利义务关系,适用本法关于父母子女关系的规定",第1111条第1款规定:"自收养关系成立之日起,养父母与养子女间的权利义务关系,适用本法关于父母子女关系的规定",第1127条第4款针对继承规定:"本编所称父母,包括生父母、养父母和有扶养关系的继父母。"

③ 《民法典》第1071条第1款规定:"非婚生子女享有与婚生子女同等的权利,任何组织或者个人不得加以危害和歧视。"

的继子女、养子女。①

(二)下落不明人特定的丧偶儿媳、丧偶女婿

《民法典总则编解释》第16条第1款将"依据民法典第一千一百二十九条规定对被申请人有继承权的亲属"列为申请宣告死亡的利害关系人。其中的"依据民法典第一千一百二十九条规定对被申请人有继承权的亲属",指的是对下落不明人尽了主要赡养义务的丧偶儿媳、丧偶女婿。根据《民法典》第1129条的规定②,这类主体属于作为下落不明人的被继承人的第一顺序继承人,在下落不明人的子女(也就是这类主体的配偶)已经死亡的情况下,有权依照《民法典》第46条的规定申请宣告下落不明人死亡。

(三)下落不明人的除其配偶、父母、子女之外的其他近亲属

《民法典总则编解释》第16条第2款将"被申请人的其他近亲属"列为申请宣告死亡的利害关系人。其中的"近亲属",指的是除下落不明人的配偶、父母、子女之外的其他近亲属,即其兄弟姐妹、祖父母、外祖父母、孙子女、外孙子女③。

不过,根据《民法典总则编解释》第16条第2款的规定,只有在下落不明人的配偶、父母、子女均已死亡或者均已下落不明的情况下,或者在不申请宣告下落不明人死亡就不能保护其相应合法权益的情况下,下落不明人的其他近亲属才有资格提出宣告下落不明人死亡的申请。

(四)下落不明人死亡后对其有继承权的代位继承人

《民法典总则编解释》第16条第2款将"依据民法典第一千一百二十八条规定对被申请人有继承权的亲属"列为申请宣告死亡的利害关系人。其中的"依据民法典第一千一百二十八条规定对被申请人有继承权的亲属",指的是以下两类主体:

一是下落不明人已经死亡的子女的直系晚辈血亲,包括下落不明人已经死亡的子女的亲生子女及其各自的亲生子女、亲生子女的亲生子女。其中,下落不明人的"子女"不限于亲生子女,包括养子女和有扶养关系的继子女④,但其孙子女、外孙子女须为下落不明人已经死亡子女的亲生子女(血亲)。

二是下落不明人已经死亡的兄弟姐妹的子女。其中,下落不明人的"兄弟姐妹"不限于与下落不明人具有血亲关系的兄弟姐妹,包括同父母的兄弟姐妹、同父异母或者

---

① 《民法典》第1072条第2款规定:"继父或者继母和受其抚养教育的继子女间的权利义务关系,适用本法关于父母子女关系的规定",第1111条第1款规定:"自收养关系成立之日起,养父母与养子女间的权利义务关系,适用本法关于父母子女关系的规定",《民法典》第1127条第3款针对继承规定:"本编所称子女,包括婚生子女、非婚生子女、养子女和有扶养关系的继子女。"

② 《民法典》第1129条规定:"丧偶儿媳对公婆,丧偶女婿对岳父母,尽了主要赡养义务的,作为第一顺序继承人。"

③ 《民法典》第1045条第2款规定:"配偶、父母、子女、兄弟姐妹、祖父母、外祖父母、孙子女、外孙子女为近亲属。"

④ 《民法典》第1127条第3款规定:"本编所称子女,包括婚生子女、非婚生子女、养子女和有扶养关系的继子女。"

同母异父的兄弟姐妹、养兄弟姐妹、有扶养关系的继兄弟姐妹[①]。其中的“子女”也不限于亲生子女，包括婚生子女、非婚生子女、养子女和有扶养关系的继子女[②]。

需要注意的是，根据《民法典》第 1127 条第 1 款和第 2 款关于“遗产按照下列顺序继承：（一）第一顺序：配偶、子女、父母；（二）第二顺序：兄弟姐妹、祖父母、外祖父母。继承开始后，由第一顺序继承人继承，第二顺序继承人不继承；没有第一顺序继承人继承的，由第二顺序继承人继承”的规定，在下落不明人死亡时有配偶、子女或父母的情况下，因下落不明人的兄弟姐妹对下落不明人不享有继承权，先于下落不明人死亡的下落不明人的兄弟姐妹的子女对下落不明人也不享有继承权，此时先于下落不明人死亡的下落不明人的兄弟姐妹的子女不属于《民法典总则编解释》第 14 条第 2 项所说的“依据民法典第一千一百二十八条、第一千一百二十九条规定对被申请人有继承权的亲属”。

同样地，根据《民法典总则编解释》第 16 条第 2 款的规定，只有在下落不明人的配偶、父母、子女均已死亡或者均已下落不明的情况下，或者在不申请宣告下落不明人死亡就不能保护其相应合法权益的情况下，下落不明人的代位继承人才有资格提出宣告下落不明人死亡的申请。

（五）与下落不明人有民事权利义务关系的特定民事主体

《民法典总则编解释》第 16 条第 3 款允许“被申请人的债权人、债务人、合伙人等民事主体”在特定情形下作为下落不明人的利害关系人提出宣告死亡的申请。其中的“被申请人的债权人、债务人、合伙人等民事主体”，指的是《民法典总则编解释》第 16 条第 1 款和第 2 款所说的“被申请人的配偶、父母、子女”“依据民法典第一千一百二十九条规定对被申请人有继承权的亲属”“被申请人的其他近亲属”和“依据民法典第一千一百二十八条规定对被申请人有继承权的亲属”之外的、与下落不明人有民事权利义务关系的民事主体，可以是自然人，也可以是法人或非法人组织，不限于该款所列举的“债权人”“债务人”和“合伙人”。这跟《民法典总则编解释》第 14 条第 3 项所说的“债权人、债务人、合伙人等与被申请人有民事权利义务关系的民事主体”是类似的。

需要注意的是，并非所有与下落不明人有民事权利义务关系的民事主体都当然可以作为下落不明人的利害关系人提出宣告死亡的申请。《民法典总则编解释》第 16 条第 3 款对这类主体的利害关系人资格采用了“原则否定、例外允许”的立法模式。这跟《民法典总则编解释》第 14 条第 3 项对与被申请人有民事权利义务关系的民事主体的利害关系人资格采用了“原则肯定、例外否定”的立法模式刚好相反。

也就是说，就包括下落不明人的债权人、债务人、合伙人在内的与下落不明人有民事权利义务关系的民事主体而言，这些主体原则上不具有申请宣告下落不明人死亡的资格，仅在“不申请宣告死亡不能保护其相应合法权益”的例外情况下，才可以申请宣告下落不明人死亡，并且须由其对“不申请宣告死亡不能保护其相应合法权益”承担举证证明责任。如果这类主体通过申请宣告下落不明人失踪足以保护其权利，则其提出

---

① 《民法典》第 1127 条第 5 款规定：“本编所称兄弟姐妹，包括同父母的兄弟姐妹、同父异母或者同母异父的兄弟姐妹、养兄弟姐妹、有扶养关系的继兄弟姐妹。”

② 《民法典》第 1127 条第 3 款规定：“本编所称子女，包括婚生子女、非婚生子女、养子女和有扶养关系的继子女。”

宣告下落不明人死亡的申请就属于违背《民法典》第 132 条关于不得滥用民事权利的规定的行为①,法院不应予以支持。对此,最高人民法院《全国法院贯彻实施民法典工作会议纪要》(法〔2021〕94 号)第 1 条规定:“为了确保各方当事人权益的平衡保护,对于配偶、父母、子女以外的其他利害关系人申请宣告死亡,人民法院审查后认为申请人通过申请宣告失踪足以保护其权利,其申请宣告死亡违背民法典第一百三十二条关于不得滥用民事权利的规定的,不予支持。”

其中,在下落不明人(作为债权人)与相关民事主体(作为债务人)之间存在债权债务关系的情况下,考虑到《民法典》第 557 条第 1 款和第 570 条已经为债务人规定了通过将标的物提存以消灭债权债务的制度②,因此,可以认为,“债权人下落不明”这一事实原则上不会对债务人履行义务造成影响,属于“不申请宣告死亡不影响其权利行使、义务履行”,并非“不申请宣告死亡不能保护其相应合法权益”。

(六)利害关系人申请宣告死亡是否有顺序要求

问题是,下落不明人的利害关系人申请宣告死亡是否需要按照顺序进行?对此,《民法典》和《民法典总则编解释》都没有作出规定。此一点,与《民法典》第 27 条第 2 款和第 28 条规定依法具有监护资格的人应按顺序担任监护人,第 1127 条针对法定继承规定了继承顺序,是不同的。

值得一提的是,在《民法典》乃至原《民法总则》实施之前,尽管当时适用的《民法通则》第 23 条③也不涉及利害关系人申请宣告死亡的顺序问题,但是,作为司法解释的《民通意见》(已废止)第 25 条第 1 款则对申请宣告死亡的利害关系人的顺序增加了限制性规定,即:“申请宣告死亡的利害关系人的顺序是:(一)配偶;(二)父母、子女;(三)兄弟姐妹、祖父母、外祖父母、孙子女、外孙子女;(四)其他有民事权利义务关系的人”。

不过,基于以下理由,可以认为,《民法典》生效后,在申请宣告死亡的法定事由出现时,有资格的利害关系人均可以向法院提出死亡宣告申请,没有先后顺序的限制:④

---

① 《民法典》第 132 条规定:“民事主体不得滥用民事权利损害国家利益、社会公共利益或者他人合法权益。”

② 《民法典》第 557 条第 1 款规定:“有下列情形之一的,债权债务终止:(一)债务已经履行;(二)债务相互抵销;(三)债务人依法将标的物提存;(四)债权人免除债务;(五)债权债务同归于一人;(六)法律规定或者当事人约定终止的其他情形”,第 570 条规定:“有下列情形之一,难以履行债务的,债务人可以将标的物提存:(一)债权人无正当理由拒绝受领;(二)债权人下落不明;(三)债权人死亡未确定继承人、遗产管理人,或者丧失民事行为能力未确定监护人;(四)法律规定的其他情形。标的物不适于提存或者提存费用过高的,债务人依法可以拍卖或者变卖标的物,提存所得的价款。”

③ 《民法通则》(已废止)第 23 条规定:“公民有下列情形之一的,利害关系人可以向人民法院申请宣告他死亡:(一)下落不明满四年的;(二)因意外事故下落不明,从事故发生之日起满二年的。战争期间下落不明的,下落不明的时间从战争结束之日起计算。”

④ 不过,实务中,也有裁判意见认为利害关系人申请宣告死亡须按照顺序进行。比如,大连海事法院(2021)辽 72 民特 218 号民事裁定书认为:“民法典没有对各利害关系人申请宣告死亡的顺序作出规定,但是民通意见第二十五条规定‘申请宣告死亡的利害关系人的顺序是:(一)配偶;(二)父母、子女;(三)兄弟姐妹、祖父母、外祖父母、孙子女、外孙子女;(四)其他有民事权利义务关系的人……’该规定确立了宣告死亡申请人的顺序,即居于优先次序的利害关系人对失踪人不申请宣告死亡的,后一顺序的利害关系人不得提出死亡宣告的申请。”

一是针对利害关系人申请宣告死亡的顺序,不仅《民法典》没有作出限制性规定,《民法典总则编解释》也没有作出限制性规定。

二是根据《民法典》第 47 条关于“对同一自然人,有的利害关系人申请宣告死亡,有的利害关系人申请宣告失踪,符合本法规定的宣告死亡条件的,人民法院应当宣告死亡”的规定,在下落不明人的配偶、父母、子女申请宣告失踪,而下落不明人的配偶、父母、子女之外的利害关系人申请宣告死亡的情况下,只要符合法律规定的宣告死亡条件,就应当宣告死亡、而不是宣告失踪。这也表明,在申请宣告死亡方面,下落不明人的配偶、父母、子女并不具有优先于其他利害关系人的顺序利益。

三是《民法典总则编解释》第 16 条第 2 款所说的“符合下列情形之一的,被申请人的其他近亲属,以及依据民法典第一千一百二十八条规定对被申请人有继承权的亲属应当认定为民法典第四十六条规定的利害关系人:(一)被申请人的配偶、父母、子女均已死亡或者下落不明的;(二)不申请宣告死亡不能保护其相应合法权益的”,意味着,对于“被申请人的其他近亲属,以及依据民法典第一千一百二十八条规定对被申请人有继承权的亲属”来说,只要符合“不申请宣告死亡不能保护其相应合法权益”的条件,即使被申请人的配偶、父母、子女没有申请宣告死亡或反对申请宣告死亡,“被申请人的其他近亲属,以及依据民法典第一千一百二十八条规定对被申请人有继承权的亲属”作为《民法典》第 46 条规定的利害关系人,也可以申请宣告死亡。

四是自《民法典》于 2021 年 1 月 1 日生效起,《民通意见》就被废止了,而其后于 2021 年 12 月 30 日通过的《民法典总则编解释》并没有包含《民通意见》第 25 条第 1 款关于申请宣告死亡的利害关系人的顺序的规定或者类似的限制性规定,故应当认为,《民通意见》第 25 条第 1 款关于申请宣告死亡的利害关系人的顺序的规定是不符合《民法典》的精神的,不能继续适用。

五是《民通意见》被废止之后,最高人民法院 2021 年 4 月 6 日印发的《全国法院贯彻实施民法典工作会议纪要》(法〔2021〕94 号)第 1 条所说的“为了确保各方当事人权益的平衡保护,对于配偶、父母、子女以外的其他利害关系人申请宣告死亡,人民法院审查后认为申请人通过申请宣告失踪足以保护其权利,其申请宣告死亡违背民法典第一百三十二条关于不得滥用民事权利的规定的,不予支持”,也表明,下落不明人的配偶、父母、子女以外的其他利害关系人并非绝对地只能在配偶、父母、子女之后申请宣告死亡,也可以在特定的条件下在其配偶、父母、子女未提出申请的情况下直接申请宣告下落不明人死亡,否则,该条就没有必要规定“法院先实体审查,后不予支持”的处理办法。况且,该纪要第 12 条所说的“除上述内容外,对于民通意见、合同法解释一、合同法解释二的实体性规定所体现的精神,与民法典及有关法律不冲突且在司法实践中行之有效的,如民通意见第 2 条关于以自己的劳动收入为主要生活来源的认定规则等,人民法院可以在裁判文书说理时阐述”,也表明该纪要第 1 条针对其他利害关系人申请宣告死亡作出的规定已经取代了《民通意见》第 25 条第 1 款的实体性规定,《民通意见》第 25 条第 1 款不能再继续适用,也不能在裁判说理时使用。

不过,《民法典总则编解释》第 16 条第 1 款所说的“人民法院审理宣告死亡案件时,被申请人的配偶、父母、子女,以及依据民法典第一千一百二十九条规定对被申请人有继承权的亲属应当认定为民法典第四十六条规定的利害关系人”和第 2 款所说的

"符合下列情形之一的,被申请人的其他近亲属,以及依据民法典第一千一百二十八条规定对被申请人有继承权的亲属应当认定为民法典第四十六条规定的利害关系人:(一)被申请人的配偶、父母、子女均已死亡或者下落不明的;(二)不申请宣告死亡不能保护其相应合法权益的",也意味着,对于"被申请人的其他近亲属,以及依据民法典第一千一百二十八条规定对被申请人有继承权的亲属"来说,除非满足"不申请宣告死亡不能保护其相应合法权益",否则,此类主体成为《民法典》第46条规定的有资格申请宣告被申请人死亡的利害关系人需要满足"被申请人的配偶、父母、子女均已死亡或者下落不明"的前提条件。这就从申请宣告死亡的资格的角度,对申请宣告死亡的顺序在事实上作出了限制性规定,使得"被申请人的其他近亲属,以及依据民法典第一千一百二十八条规定对被申请人有继承权的亲属"申请宣告死亡的顺序后置于《民法典总则编解释》第16条第1款所说的"被申请人的配偶、父母、子女,以及依据民法典第一千一百二十九条规定对被申请人有继承权的亲属"。

四、宣告死亡的主体、程序和条件

需要注意的是,《民法典》第46条只是规定了宣告死亡的"申请条件"或"受理条件",大体对应于《民事诉讼法》第122条规定的"起诉条件",并非法院作出宣告死亡判决的条件。法院作出宣告死亡判决的条件和程序,是由《民事诉讼法》及其司法解释予以规定的。

(一)宣告死亡的主体

由于《民法典》第46条第1款使用了"自然人有下列情形之一的,利害关系人可以向人民法院申请宣告该自然人死亡:……"的表述,没有使用"向人民法院或者仲裁机构申请"的表述,因此,结合《民法典》第47条所说的"人民法院应当宣告死亡"、第48条所说的"人民法院宣告死亡的判决作出之日视为其死亡的日期",只有人民法院才有享有宣告特定自然人死亡的权力,任何个人以及包括仲裁机构在内的任何其他组织,均无权将特定自然人宣告死亡。也因此,申请自然人死亡,只能向人民法院提出。

需要注意的是,如前所述,人民法院宣告下落不明人死亡,必须基于该下落不明人的利害关系人的申请,不得依职权主动作出。

(二)宣告死亡的程序

《民事诉讼法》和《民诉法解释》等对法院审理宣告死亡案件的程序事项作出了规定,具体包括:

其一,在管辖法院方面,宣告死亡案件原则上由下落不明人住所地基层人民法院管辖①。② 其中,"下落不明人住所地"为其户籍所在地(户籍所在地与经常居住地不一致的,则以经常居住地为住所地)。③ 不过,因海上、通海可航水域活动或者事故申请宣告死亡的案件,由处理海事事故主管机关所在地或者受理相关海事案件的海事法院专门管辖。④

其二,在案由方面,针对宣告死亡案件,《民事案件案由规定》一级案由"非讼程序案件案由"下的二级案由"宣告失踪、宣告死亡案件"项下规定了"申请宣告自然人死亡"这一三级案由。

其三,在审理程序方面,人民法院审理宣告死亡案件适用特别程序。⑤

其四,在审理结果方面,人民法院宣告自然人死亡,应当作出判决。⑥

---

① 《民事诉讼法》第191条第1款规定:"公民下落不明满四年,或者因意外事件下落不明满二年,或者因意外事件下落不明,经有关机关证明该公民不可能生存,利害关系人申请宣告其死亡的,向下落不明人住所地基层人民法院提出。"

② 需要注意的是,在其他法律对宣告死亡案件的管辖作出特别规定的情况下,应当优先适用其他法律的特别规定。比如,根据《海事诉讼特别程序法》第2条关于"在中华人民共和国领域内进行海事诉讼,适用《中华人民共和国民事诉讼法》和本法。本法有规定的,依照其规定",第9条关于"当事人申请认定海上财产无主的,向财产所在地海事法院提出;申请因海上事故宣告死亡的,向处理海事事故主管机关所在地或者受理相关海事案件的海事法院提出"和《最高人民法院关于适用〈中华人民共和国海事诉讼特别程序法〉若干问题的解释》第97条关于"在中华人民共和国领域内进行海事诉讼,适用海事诉讼特别程序法的规定。海事诉讼特别程序法没有规定的,适用民事诉讼法的有关规定"的规定,申请因海上事故宣告死亡案件,应当由处理海事事故主管机关所在地或者受理相关海事案件的海事法院管辖。

③ 《民事诉讼法》第22条第1款规定:"对公民提起的民事诉讼,由被告住所地人民法院管辖;被告住所地与经常居住地不一致的,由经常居住地人民法院管辖。"《民诉法解释》第3条第1款规定:"公民的住所地是指公民的户籍所在地,法人或者其他组织的住所地是指法人或者其他组织的主要办事机构所在地",第4条规定:"公民的经常居住地是指公民离开住所地至起诉时已连续居住一年以上的地方,但公民住院就医的地方除外。"

④ 《海事诉讼特别程序法》第9条规定:"当事人申请认定海上财产无主的,向财产所在地海事法院提出;申请因海上事故宣告死亡的,向处理海事事故主管机关所在地或者受理相关海事案件的海事法院提出。"《最高人民法院关于适用〈中华人民共和国海事诉讼特别程序法〉若干问题的解释》第1条规定:"在海上或者通海水域发生的与船舶或者运输、生产、作业相关的海事侵权纠纷、海商合同纠纷,以及法律或者相关司法解释规定的其他海事纠纷案件由海事法院及其上级人民法院专门管辖",第97条规定:"在中华人民共和国领域内进行海事诉讼,适用海事诉讼特别程序法的规定。海事诉讼特别程序法没有规定的,适用民事诉讼法的有关规定。"《最高人民法院关于海事法院受理案件范围的规定》第91项规定:"现将海事法院受理案件的范围规定如下:……91.因海上、通海可航水域活动或者事故申请宣告失踪、宣告死亡的案件",第114项规定:"最高人民法院以前作出的有关规定与本规定不一致的,以本规定为准"。

⑤ 《民事诉讼法》第184条(位于《民事诉讼法》第十五章"特别程序")规定:"人民法院审理选民资格案件、宣告失踪或者宣告死亡案件、指定遗产管理人案件、认定公民无民事行为能力或者限制民事行为能力案件、认定财产无主案件、确认调解协议案件和实现担保物权案件,适用本章规定。本章没有规定的,适用本法和其他法律的有关规定。"第185条规定:"依照本章程序审理的案件,实行一审终审。选民资格案件或者重大、疑难的案件,由审判员组成合议庭审理;其他案件由审判员一人独任审理",第187条规定:"人民法院适用特别程序审理的案件,应当在立案之日起三十日内或者公告期满后三十日内审结。有特殊情况需要延长的,由本院院长批准。但审理选民资格的案件除外。"

⑥ 《民事诉讼法》第192条规定:"人民法院受理宣告失踪、宣告死亡案件后,应当发出寻找下落不明人的公告。……公告期间届满,人民法院应当根据被宣告失踪、宣告死亡的事实是否得到确认,作出宣告失踪、宣告死亡的判决或者驳回申请的判决。"

根据《民事诉讼法》第 185 条的规定[①],人民法院审理宣告死亡案件,实行一审终审;根据《民事诉讼法》第 158 条关于"……依法不准上诉……的判决、裁定,是发生法律效力的判决、裁定"的规定,法院作出的宣告死亡的判决是发生法律效力的判决,有关当事人即使不服也不能上诉;此外,根据《民诉法解释》第 378 条关于"适用特别程序、督促程序、公示催告程序、破产程序等非讼程序审理的案件,当事人不得申请再审"的规定,有关当事人也不能申请再审,但可以根据《民诉法解释》第 372 条第 1 款[②]的规定,向作出该判决的法院提出异议。

(三)宣告死亡的条件

如前所述,《民法典》第 46 条只是规定了宣告死亡的"申请条件"或"受理条件",并非法院作出宣告死亡判决的条件。

根据《民事诉讼法》第 192 条的规定,人民法院受理宣告死亡案件后,应当先发出寻找下落不明人的公告[③];在宣告死亡的公告期间(除因意外事件下落不明,经有关机关证明该公民不可能生存的,宣告死亡的公告期间为三个月外,宣告死亡的公告期间为一年)届满后,再根据被宣告死亡的事实是否得到确认,作出宣告死亡的判决或者驳回申请的判决。因此,人民法院宣告死亡须以下落不明人死亡的事实在宣告死亡的公告期间届满之后得到了确认为条件,不能仅仅以公安机关或者其他有关机关关于该自然人下落不明或不可能生存的书面证明为依据。

第四十七条 【同时被申请宣告死亡和申请宣告失踪的处理】对同一自然人,有的利害关系人申请宣告死亡,有的利害关系人申请宣告失踪,符合本法规定的宣告死亡条件的,人民法院应当宣告死亡。

【条文通释】

《民法典》第 47 条是关于同一自然人同时被申请宣告死亡和申请宣告失踪的处理办法的规定。

---

① 《民事诉讼法》第 184 条规定:"人民法院审理选民资格案件、宣告失踪或者宣告死亡案件、指定遗产管理人案件、认定公民无民事行为能力或者限制民事行为能力案件、认定财产无主案件、确认调解协议案件和实现担保物权案件,适用本章规定。本章没有规定的,适用本法和其他法律的有关规定",第 185 条规定:"依照本章程序审理的案件,实行一审终审。选民资格案件或者重大、疑难的案件,由审判员组成合议庭审理;其他案件由审判员一人独任审理。"

② 《民诉法解释》第 372 条第 1 款规定:"适用特别程序作出的判决、裁定,当事人、利害关系人认为有错误的,可以向作出该判决、裁定的人民法院提出异议。人民法院经审查,异议成立或者部分成立的,作出新的判决、裁定撤销或者改变原判决、裁定;异议不成立的,裁定驳回。"

③ 《民诉法解释》第 345 条规定:"寻找下落不明人的公告应当记载下列内容:(一)被申请人应当在规定期间内向受理法院申报其具体地址及其联系方式。否则,被申请人将被宣告失踪、宣告死亡;(二)凡知悉被申请人生存现状的人,应当在公告期间内将其所知道情况向受理法院报告。"

一、实体事项：宣告失踪并非宣告死亡的前置程序

根据《民法典》第 47 条的规定，宣告死亡不以宣告失踪为前提条件，宣告失踪也并非宣告死亡的条件或前置程序；只要满足《民法典》第 46 条规定的宣告死亡条件，任何利害关系人都可以直接申请宣告死亡。对此，最高人民法院《全国法院贯彻实施民法典工作会议纪要》（法〔2021〕94 号）第 1 条明确规定，“宣告失踪不是宣告死亡的必经程序，利害关系人可以不经申请宣告失踪而直接申请宣告死亡”。

并且，由于《民法典》第 47 条使用了“人民法院应当宣告死亡”的表述，因此，在有利害关系人申请宣告死亡的情况下，即使其他利害关系人不同意宣告死亡，法院也应当依职权宣告死亡。比如，在王某平与葛某琴申请宣告公民死亡案中，针对下落不明人葛某琴的配偶申请宣告其死亡，其父母和女儿不同意对葛某琴申请宣告死亡、同意宣告葛某琴失踪的主张，江苏省苏州市虎丘区人民法院（2018）苏 0505 民特 32 号民事判决书认为：“葛某琴于 2012 年 10 月 3 日离家走失，至今下落不明已超过六年，且经法院公告查寻，仍下落不明，结合以上情况可以认定被申请人葛某琴已下落不明满四年，符合申请宣告死亡的条件。……现申请人王某平系被申请人葛某琴妻子，其申请宣告葛某琴死亡，被申请人葛某琴的父亲葛某梅、母亲顾某妹、女儿葛某希均不同意对葛某琴申请宣告死亡，同意宣告葛某琴失踪。因被申请人葛某琴符合宣告死亡的条件，故申请人王某平请求宣告被申请人死亡符合法律规定，本院予以准许”。

当然，根据《民法典》第 40 条和第 46 条的规定，不论是宣告失踪还是宣告死亡，都须以自然人下落不明为前提条件。这也是《民法典》第 47 条所说的“符合本法规定的宣告死亡条件”的应有之义。

二、程序事项之一：同一法院同期受理对同一自然人宣告失踪案件和宣告死亡案件的处理

《民法典》第 47 条的规定适用于针对同一个自然人提出的申请宣告死亡案件和申请宣告失踪案件由同一个法院同期审理且均未作出判决的情况，包括不同的利害关系人同时向同一个法院提出宣告死亡的申请和宣告失踪的申请，也包括在有的利害关系人向法院提出宣告死亡（或宣告失踪）的申请之后，其他利害关系人在法院作出判决之前向该法院提出宣告失踪（或宣告死亡）的申请。

在法院已经就针对特定自然人提出的申请宣告失踪案件作出判决之后，其他利害关系人针对该自然人提出申请宣告死亡的案件，或者在法院已经就针对特定自然人提出的申请宣告死亡案件作出判决之后，又有其他利害关系人针对该自然人提出申请宣告失踪的案件，不属于《民法典》第 47 条所说的“对同一自然人，有的利害关系人申请宣告死亡，有的利害关系人申请宣告失踪，符合本法规定的宣告死亡条件”。

考虑到无论是宣告失踪还是宣告死亡都须基于“自然人下落不明”这一事实，因此，根据《民诉法解释》第 221 条关于“基于同一事实发生的纠纷，当事人分别向同一人民法院起诉的，人民法院可以合并审理”的规定，法院可以将针对同一个自然人提出的申请宣告死亡案件和申请宣告失踪案件合并审理。

在未合并审理的情况下，考虑到宣告死亡将产生被宣告死亡人主体资格消灭的效

力,根据《民事诉讼法》第153条第1款关于“有下列情形之一的,中止诉讼:……(五)本案必须以另一案的审理结果为依据,而另一案尚未审结的”的规定,在同一法院同期受理针对同一个自然人提出的申请宣告死亡案件和申请宣告失踪案件的情况下,应当中止审理申请宣告失踪案件,待申请宣告死亡案件审结之后,再根据申请宣告死亡案件的结果对申请宣告失踪案件作出判决,即:如果法院作出了宣告死亡的判决,则应当判决驳回宣告失踪的申请;如果法院作出了驳回宣告死亡申请的判决,再根据宣告失踪的事实是否得到确认的结果作出宣告失踪的判决或驳回宣告失踪申请的判决。

三、程序事项之二:不同法院同期受理对同一自然人宣告失踪案件和宣告死亡案件的处理

虽然申请宣告死亡案件和申请宣告失踪案件原则上均由下落不明人住所地的基层法院管辖①,但是,考虑到“下落不明人住所地”既可能被认定为其户籍地、也有可能被认定为其经常居住地②,因此,实务中,可能存在不同的利害关系人分别向下落不明人的户籍地基层法院和经常居住地基层法院提出申请宣告失踪和申请宣告死亡的案件的情形。

对此,首先应当由相关法院按照《民事诉讼法》及其司法解释有关管辖的规定进行解决,原则上均由下落不明人的经常居住地基层法院管辖,下落不明人户籍地法院应将相关案件移送下落不明人的经常居住地基层法院审理。

在因种种原因不能通过案件管辖制度③解决的情况下,则应当以相关法院作出的宣告死亡判决为准。其中,在另一法院已经就该自然人作出宣告死亡的判决的情况下,受理申请宣告该自然人失踪案件的法院,应当以该自然人已经被宣告死亡为由,判决驳回利害关系人的申请;而在另一法院已经就该自然人作出宣告失踪判决的情况下,受理针对该自然人申请宣告死亡案件的法院,在符合法律规定的宣告死亡条件的情况下,可以并应当作出宣告死亡的判决。但是,在针对该自然人申请宣告死亡案件和针对该自然人申请宣告失踪案件由不同法院受理但均未作出判决的情况下,受理申

---

① 《民事诉讼法》第190条第1款规定:“公民下落不明满二年,利害关系人申请宣告其失踪的,向下落不明人住所地基层人民法院提出”,第191条第1款规定:“公民下落不明满四年,或者因意外事件下落不明满二年,或者因意外事件下落不明,经有关机关证明该公民不可能生存,利害关系人申请宣告其死亡的,向下落不明人住所地基层人民法院提出。”

② 《民事诉讼法》第22条第1款规定:“对公民提起的民事诉讼,由被告住所地人民法院管辖;被告住所地与经常居住地不一致的,由经常居住地人民法院管辖。”《民诉法解释》第3条第1款规定:“公民的住所地是指公民的户籍所在地”,第4条规定:“公民的经常居住地是指公民离开住所地至起诉时已连续居住一年以上的地方,但公民住院就医的地方除外。”

③ 《民事诉讼法》第38条第2款规定:“人民法院之间因管辖权发生争议,由争议双方协商解决;协商解决不了的,报请它们的共同上级人民法院指定管辖。”《民诉法解释》第40条规定:“依照民事诉讼法第三十八条第二款规定,发生管辖权争议的两个人民法院因协商不成报请它们的共同上级人民法院指定管辖时,双方为同属一个地、市辖区的基层人民法院的,由该地、市的中级人民法院及时指定管辖;同属一个省、自治区、直辖市的两个人民法院的,由该省、自治区、直辖市的高级人民法院及时指定管辖;双方为跨省、自治区、直辖市的人民法院,高级人民法院协商不成的,由最高人民法院及时指定管辖。依照前款规定报请上级人民法院指定管辖时,应当逐级进行。”

请宣告该自然人失踪案件的法院应当中止审理。[①]

第四十八条　【被宣告死亡的人的死亡日期】被宣告死亡的人，人民法院宣告死亡的判决作出之日视为其死亡的日期；因意外事件下落不明宣告死亡的，意外事件发生之日视为其死亡的日期。

【条文通释】

《民法典》第 48 条是关于被宣告死亡的人的死亡日期的规定。

《民法典》第 48 条规定了两种确定被宣告死亡的人的死亡日期的办法，一是以宣告死亡的判决作出之日作为其死亡日期，二是以意外事件发生之日作为其死亡日期。其中，以宣告死亡的判决作出之日作为死亡日期仅适用于非因意外事件下落不明宣告死亡的情形，以意外事件发生之日作为死亡日期则仅适用于因意外事件下落不明宣告死亡的情形。

一、原则：宣告死亡判决作出之日视为死亡日期

根据《民法典》第 48 条的规定，在自然人非因意外事件下落不明被宣告死亡的情形，只能以法院宣告该自然人死亡的判决作出之日作为其死亡的日期，法院不得将该自然人下落不明之日[②]、利害关系人提出死亡宣告申请之日、判决宣告之日或者其他日期确定为死亡日期。据此，《民法典》第 48 条已经改变了《民通意见》第 36 条第 1 款[③]将"判决宣告之日"作为被宣告死亡的人的死亡日期的做法。之所以规定"宣告死亡的判决作出之日视为其死亡的日期"，是考虑到"死亡日期的确定在保险理赔、继承等方面至关重要"，有必要"强化宣告死亡日期的确定性"。[④]

需要注意的是，"人民法院宣告死亡的判决作出之日"与"人民法院宣告死亡的判决生效之日"不是一一对应的概念；人民法院宣告死亡的判决作出之后，如果还需要送达，则判决生效之日往往要晚于判决作出之日。

不过，就死亡日期的确定性而言，不论是"提出死亡宣告申请之日""判决作出之日"，还是"判决生效之日"或"判决宣告之日"，都不是固定不变的日期，而是可变甚至"可选"的日期，不能完全排除人为因素的影响。这跟"意外事件发生之日"是个固定不

---

① 《民事诉讼法》第 153 条第 1 款第 5 项规定："有下列情形之一的，中止诉讼：(五)本案必须以另一案的审理结果为依据，而另一案尚未审结的……"

② 比如，在陈某柽与潘某生等租赁合同纠纷案中，福建省福州市中级人民法院(2018)闽 01 民终 9856 号民事判决书认为："福建省福州市鼓楼区人民法院于 2018 年 10 月 30 日作出(2017)闽 0102 民特 59 号民事判决，查明刘某和 1945 年去台湾后下落不明，判决宣告刘某和死亡。《中华人民共和国民法总则》第四十八条规定：'被宣告死亡的人，人民法院宣告死亡的判决作出之日视为其死亡的日期；因意外事件下落不明宣告死亡的，意外事件发生之日视为其死亡的日期。'故刘某和死亡的日期应认定为 2018 年 10 月 30 日"。

③ 《民通意见》(已废止)第 36 条第 1 款规定："被宣告死亡的人，判决宣告之日为其死亡的日期。判决书除发给申请人外，还应当在被宣告死亡的人住所地和人民法院所在地公告。"

④ 2017 年 3 月 14 日第十二届全国人民代表大会第五次会议主席团第三次会议通过的《第十二届全国人民代表大会法律委员会关于〈中华人民共和国民法总则(草案修改稿)〉修改意见的报告》。

变的日期是不同的。

二、例外：意外事件发生之日视为死亡日期

根据《民法典》第48条的规定，在自然人因意外事件下落不明被宣告死亡的情形，以意外事件发生之日，而不是法院宣告死亡的判决作出之日，作为其死亡的日期，法院也不得将其他日期确定为死亡日期。据此，《民法典》第48条后半句关于"因意外事件下落不明宣告死亡的，意外事件发生之日视为其死亡的日期"的规定，是《民法典》第48条前半句关于"被宣告死亡的人，人民法院宣告死亡的判决作出之日视为其死亡的日期"的规定的例外规定。

需要注意的是，与"提出死亡宣告申请之日""判决作出之日""判决生效之日"相比，"意外事件发生之日"是相对固定的日期；并且，"意外事件发生之日"要比"判决作出之日"至少早发生三个月①。

问题是，"意外事件发生之日"如何认定？结合《民事诉讼法》第191条关于"公民下落不明满四年，或者因意外事件下落不明满二年，或者因意外事件下落不明，经有关机关证明该公民不可能生存，利害关系人申请宣告其死亡的，向下落不明人住所地基层人民法院提出。申请书应当写明下落不明的事实、时间和请求，并附有公安机关或者其他有关机关关于该公民下落不明的书面证明"的规定，原则上应以有关机关出具的证明所载明的意外事件发生之日为准。

三、被宣告死亡的效力具有与生理死亡同等的效力

（一）被宣告死亡具有与生理死亡同等的效力

由于《民法典》第48条针对宣告死亡使用了"视为其死亡的日期"的表述，因此，被宣告死亡产生了与生理死亡（或自然死亡）同等的效力②，包括（但不限于）如下各项：

一是根据《民法典》第13条关于"自然人从出生时起到死亡时止，具有民事权利能力，依法享有民事权利，承担民事义务"的规定，自然人被宣告死亡后，其民事权利能力即消灭。

二是根据《民法典》第51条关于"被宣告死亡的人的婚姻关系，自死亡宣告之日起消除"规定，自然人被宣告死亡后，其婚姻关系即消除。

三是根据《民法典》第1121条第1款关于"继承从被继承人死亡时开始"和第1122

---

① 《民事诉讼法》第192条第1款规定："人民法院受理宣告失踪、宣告死亡案件后，应当发出寻找下落不明人的公告。……宣告死亡的公告期间为一年。因意外事件下落不明，经有关机关证明该公民不可能生存的，宣告死亡的公告期间为三个月。"

② 《最高人民法院公报》1996年第3期刊载的"张某英申请宣告陈某死亡案"的"编者按"提及："宣告死亡与自然人死亡产生相同的法律后果，如被宣告死亡的人民事权利能力终结、婚姻关系消灭、继承开始等。"湖北省汉江中级人民法院（2018）鄂96民申36号民事裁定书也认为："宣告死亡是指自然人下落不明达到法定期限，经利害关系人申请，人民法院宣告其死亡的法律制度。宣告死亡将产生终止失踪人已发生的相关法律关系、财产继承开始、失踪人的婚姻关系消灭、失踪人的子女可以送养等法律后果。……虽然宣告失踪人死亡是法律的拟制，其实质是对失踪人'已经死亡'之拟制事实的认定，被宣告死亡的人有可能并未死亡，但宣告死亡与自然死亡发生完全相同的法律效果。"

条第 1 款关于“遗产是自然人死亡时遗留的个人合法财产”的规定,自然人被宣告死亡后,继承即开始、该自然人的遗产即确定。

四是根据《民法典》第 39 条第 1 款第 3 项关于“有下列情形之一的,监护关系终止:……(三)被监护人或者监护人死亡”的规定,监护人或被监护人被宣告死亡后,监护关系即终止。

五是根据《民法典》第 175 条第 3 项关于“有下列情形之一的,法定代理终止:……(三)代理人或者被代理人死亡”的规定,法定代理人或者被代理人被宣告死亡后,法定代理关系即终止。

六是根据《民法典》第 173 条第 4 项关于“有下列情形之一的,委托代理终止:……(四)代理人或者被代理人死亡”的规定,代理人或者被代理人被宣告死亡后,委托代理关系即终止。

七是根据《民法典》第 194 条第 1 款第 2 项关于“在诉讼时效期间的最后六个月内,因下列障碍,不能行使请求权的,诉讼时效中止:……(二)无民事行为能力人或者限制民事行为能力人没有法定代理人,或者法定代理人死亡……”的规定,在诉讼时效期间的最后六个月内,法定代理人被宣告死亡后,诉讼时效即中止。

事实上,有的法律或司法解释甚至将“被宣告死亡”与“死亡”(或“生理死亡”“自然死亡”)并列列出。比如,《未成年人保护法》第 94 条第 2 项规定:“具有下列情形之一的,民政部门应当依法对未成年人进行长期监护:……(二)监护人死亡或者被宣告死亡且无其他人可以担任监护人”,《个人独资企业法》第 26 条第 2 项规定:“个人独资企业有下列情形之一时,应当解散:……(二)投资人死亡或者被宣告死亡,无继承人或者继承人决定放弃继承”,《民法典继承编解释一》第 1 条第 1 款规定:“继承从被继承人生理死亡或者被宣告死亡时开始”,《民通意见》(已废止)第 36 条第 2 款规定:“被宣告死亡和自然死亡的时间不一致的,被宣告死亡所引起的法律后果仍然有效,但自然死亡前实施的民事法律行为与被宣告死亡引起的法律后果相抵触的,则以其实施的民事法律行为为准。”

(二)未经死亡宣告不得对下落不明人作为死亡处理

需要注意的是,由于《民法典》第 48 条使用了“被宣告死亡的人,……视为其死亡的日期”的表述,因此,对于下落不明的人来说,只有在法院已经作出了宣告其死亡的判决的前提下,才能“视为其死亡”;未经死亡宣告,不得对下落不明人作为死亡处理。[①]

其中,在夫妻一方下落不明的情况下,如未经宣告死亡,则不适用《民法典》第 51 条所说的“被宣告死亡的人的婚姻关系,自死亡宣告之日起消除”,双方的婚姻关系仍然存续。

比如,在马某与孟某 1 等继承纠纷案中,北京市西城区人民法院(2018)京 0102 民撤 18 号民事判决书认为:“马某 1 与孟某 6 原系夫妻关系,其虽于 1999 年即下落不明,但 2019 年 9 月 20 日才被法院宣告死亡,发生死亡的法律后果。涉诉房屋产权取得于

---

① 比如,大连海事法院(2022)辽 72 民初 815 号民事裁定书认为:“杜某杰落水失踪后未经宣告死亡程序,在法律程序上不能认定杜某杰已死亡”。

马某1被宣告死亡之前,该期间孟某6与马某1的夫妻关系仍然存续,故涉诉房产虽登记于孟某6名下,但属于马某1与孟某6的夫妻共同财产”。①

又如,在杨某伟与张某、李某芹房屋买卖合同纠纷案中,四川省成都市中级人民法院(2013)成民终字第5244号民事判决书认为:“本案中,李某芹在1981年离家出走后下落不明,但至今未被宣告死亡,杨某才去世前,其与李某芹的婚姻关系仍然存续,杨某才生前所取得的财产应属于夫妻共同财产”。

第四十九条 【实际并未死亡的人在被宣告死亡期间实施的民事法律行为的效力】自然人被宣告死亡但是并未死亡的,不影响该自然人在被宣告死亡期间实施的民事法律行为的效力。

【条文通释】

《民法典》第49条是关于实际并未死亡的人在被宣告死亡期间实施的民事法律行为的效力的规定。

一、被宣告死亡与生理死亡

《民法典》第49条所说的“并未死亡”中的“死亡”,指的是与“被宣告死亡”相对应的“生理死亡”或“自然死亡”。《民法典》第49条所说的“自然人被宣告死亡但是并未死亡”,指的是自然人虽然在法律上被法院判决宣告死亡但实际上并没有生理死亡(或自然死亡)、仍然生存的状态,包括《民法典》第53条第2款所说的“利害关系人隐瞒真实情况,致使他人被宣告死亡”,也包括非因利害关系人隐瞒真实情况而被宣告死亡的情形。这种情形呈现了特定自然人在法律上被宣告死亡但在事实上仍然生存的矛盾状态。

二、实际并未死亡的人在被宣告死亡期间实施的民事法律行为的效力

在自然人被宣告死亡但实际上仍然生存的情形,该自然人在被宣告死亡期间实施的民事法律行为,其效力是否因被宣告死亡而受到影响?对此,《民法典》第49条作出了明确的规定,即:该自然人在被宣告死亡期间实施的民事法律行为的效力,不会因为其被宣告死亡而受到影响。②

这也是《民法典》第13条关于“自然人从出生时起到死亡时止,具有民事权利能力,依法享有民事权利,承担民事义务”的应有之义。并且,《民法典》第50条关于“被宣告死亡的人重新出现,经本人……申请,人民法院应当撤销死亡宣告”的规定,也正

① 该一审判决的认定意见得到了二审法院的支持。北京市第二中级人民法院(2019)京02民终15518号民事判决书认为“一审法院认定该房产属于马某1与孟某6的夫妻共同财产,包含马某1的份额并无不妥”。

② 《民通意见》(已废止)第36条第2款曾经规定:“被宣告死亡和自然死亡的时间不一致的,被宣告死亡所引起的法律后果仍然有效,但自然死亡前实施的民事法律行为与被宣告死亡引起的法律后果相抵触的,则以其实施的民事法律行为为准。”

是《民法典》第 49 条所说的“自然人被宣告死亡但是并未死亡的，不影响该自然人在被宣告死亡期间实施的民事法律行为的效力”的具体体现。

不过，需要注意的是，《民法典》第 49 条只是明确了实际并未死亡的人在被宣告死亡期间实施的民事法律行为的效力不受被宣告死亡这一事实的影响，不涉及实际并未死亡的人在被宣告死亡期间实施的民事法律行为的效力的认定问题。至于实际并未死亡的人在被宣告死亡期间实施的民事法律行为的效力，包括是否生效、有效还是无效、是否可以被撤销等，应当依照《民法典》总则编有关民事法律行为的效力的规定予以认定；在相关民事法律行为涉及合同时，还应当依照《民法典》合同编有关合同效力的规定予以认定[①]。

三、实际并未死亡的人在被宣告死亡期间实施的民事法律行为与被宣告死亡引起的法律后果之间不一致时如何处理

需要注意的是，《民法典》第 49 条只是明确了“实际并未死亡的人在被宣告死亡期间实施的民事法律行为的效力不受被宣告死亡这一事实的影响”，并不涉及“实际并未死亡的人在被宣告死亡期间实施的民事法律行为”与“被宣告死亡所引起的法律后果”之间不一致时应当如何处理的问题。

对此，《民通意见》（已废止）第 36 条第 2 款曾经规定：“被宣告死亡和自然死亡的时间不一致的，被宣告死亡所引起的法律后果仍然有效，但自然死亡前实施的民事法律行为与被宣告死亡引起的法律后果相抵触的，则以其实施的民事法律行为为准。”不过，由于《民法典》第 51 条至第 53 条明确使用了“死亡宣告被撤销的”“在死亡宣告被撤销后”“被撤销死亡宣告的人有权……”的表述，因此，可以认为，《民通意见》（已废止）第 36 条第 2 款所说的“自然死亡前实施的民事法律行为与被宣告死亡引起的法律后果相抵触的，则以其实施的民事法律行为为准”已经被《民法典》第 51 条至第 53 条的规定所取代、不应继续得到适用；在“实际并未死亡的人在被宣告死亡期间实施的民事法律行为”与“被宣告死亡所引起的法律后果”之间不一致时，至少在死亡宣告被撤销之前，仍然应当以被宣告死亡所引起的法律后果为准。

第五十条　【死亡宣告的撤销】被宣告死亡的人重新出现，经本人或者利害关系人申请，人民法院应当撤销死亡宣告。

【条文通释】

《民法典》第 50 条是关于死亡宣告的撤销的规定。

一、死亡宣告的撤销事由

根据《民法典》第 50 条的规定，“被宣告死亡的人重新出现”是死亡宣告的撤销事

---

① 《民法典》第 508 条（合同编）规定：“本编对合同的效力没有规定的，适用本法第一编第六章的有关规定。”

由。当然,申请人需要对"被宣告死亡的人重新出现"承担举证证明责任;其中,由被宣告死亡的人本人到庭可能是最直接、最简单、最有效的证明办法。

也就是说,只要被宣告死亡的自然人是以生存状态重新出现的,有关当事人就可以申请撤销死亡宣告。至于被宣告死亡的自然人是如何重新出现的、重新出现时是否具有完全民事行为能力,则在所不问。①

即使被宣告死亡的自然人是因为违法犯罪被司法机关发现的,也属于《民法典》第50条所说的"被宣告死亡的人重新出现"。比如,在田某超申请撤销宣告死亡案中,江西省峡江县人民法院(2019)赣0823民特1号民事判决书认为:"被宣告死亡的人重新出现的事实是司法机关在办理刑事案件中发现的,申请人承认了自己的真实身份,且公安机关已对其身份也作了亲属关系的司法鉴定,足以认定被宣告死亡的人重新出现。经本人申请,依法应当撤销对其死亡宣告。"

此外,在被宣告死亡的自然人以生存状态重新出现之后,又在很短的时间内死亡,也属于《民法典》第50条所说的"被宣告死亡的人重新出现",有关当事人也可以申请撤销死亡宣告。比如,在杨菊某申请撤销宣告自然人死亡案中,考虑到"2021年2月25日,上海市公安局青浦分局香花桥派出所出具《情况说明》一份,载明:杨德某,男,……因长期失踪,妻子章某红于2008年4月7日申请法院宣告死亡,2014年7月22日在香花桥派出所注销户口。2021年2月15日发现其行踪,因生病住院将其从嘉兴市人民医院送至青浦中山医院,于2021年2月25日因病死亡",上海市青浦区人民法院(2021)沪0118民特64号民事判决书认为:"现杨德某弟弟杨菊某持上海市公安局青浦分局香花桥派出所出具的《情况说明》,以及另据章某红、杨某到庭作证,能够证明杨菊某于2021年2月15日被发现尚未死亡",故"判决如下:撤销本院宣告杨德某死亡的(2007)青民特字第2号民事判决"。

二、死亡宣告的撤销程序

需要注意的是,由于《民法典》第50条使用了"被宣告死亡的人重新出现,经本人或者利害关系人申请,人民法院应当撤销死亡宣告"的表述,因此,"被宣告死亡的人重新出现"并不能发生死亡宣告自动撤销或自动失效的效力,必须由被宣告死亡的人本人或其利害关系人向法院提出撤销死亡宣告的申请并经法院作出撤销死亡宣告的法律文书之后,死亡宣告才能被撤销;死亡宣告在被依法撤销之前,仍然具有宣告死亡的法律效力。

(一)有资格申请撤销死亡宣告的主体范围

《民法典》第50条将有资格申请撤销死亡宣告的主体限定为"被宣告死亡的人本人"和"被宣告死亡的人的利害关系人"。在被宣告死亡的人重新出现的情况下,不论是被宣告死亡的人本人还是被宣告死亡的人的一个或数个利害关系人,都可以向法院提出撤销死亡宣告的申请。

---

① 当然,如果被宣告死亡的自然人重新出现时不具有完全民事行为能力,则应根据《民法典》有关监护制度的规定为其确定监护人。

其中,《民法典》第 50 条所说的有资格申请撤销死亡宣告的"利害关系人",与《民法典》第 46 条第 1 款所说的有资格申请宣告死亡的"利害关系人"具有相同的含义。

值得一提的是,《民法典》第 50 条规定被宣告死亡的人本人可以申请撤销死亡宣告,也是《民法典》第 49 条所说的"自然人被宣告死亡但是并未死亡的,不影响该自然人在被宣告死亡期间实施的民事法律行为的效力"的具体体现。

(二)撤销死亡宣告的程序

由于《民法典》第 50 条使用了"被宣告死亡的人重新出现,经……申请,人民法院应当撤销死亡宣告"的表述,因此,只要申请人依法提出申请,法院就负有撤销死亡宣告的义务,但法院只能依当事人的申请而不能依职权撤销死亡宣告。

在程序方面,法院撤销死亡宣告,应当适用特别程序,实行一审终审;[①]在裁判结果方面,法院应当作出新判决,撤销原判决。对此,《民事诉讼法》第 193 条规定:"被宣告失踪、宣告死亡的公民重新出现,经本人或者利害关系人申请,人民法院应当作出新判决,撤销原判决。"《民事案件案由规定》也在一级案由"非讼程序案件案由"项下的二级案由"宣告失踪、宣告死亡案件"项下规定了三级案由"申请撤销宣告自然人死亡判决"。

三、被宣告死亡的人重新出现的效力

如前所述,被宣告死亡的人重新出现,只是撤销死亡宣告的法定事由,并不能发生死亡宣告自动撤销或自动失效的效力。根据《民法典》第 49 条至第 53 条的规定,在死亡宣告被撤销之前,重新出现的被宣告死亡的人不论是主张婚姻关系恢复[②],还是要求依照《民法典》继承编取得其财产的主体返还财产,都难以得到支持。

第五十一条 【被宣告死亡的人的婚姻关系】被宣告死亡的人的婚姻关系,自死亡宣告之日起消除。死亡宣告被撤销的,婚姻关系自撤销死亡宣告之日起自行恢复。但是,其配偶再婚或者向婚姻登记机关书面声明不愿意恢复的除外。

【条文通释】

《民法典》第 51 条是关于被宣告死亡的人的婚姻关系的规定。

---

① 《民事诉讼法》第 184 条(位于《民事诉讼法》第十五章"特别程序")规定:"人民法院审理选民资格案件、宣告失踪或者宣告死亡案件、指定遗产管理人案件、认定公民无民事行为能力或者限制民事行为能力案件、认定财产无主案件、确认调解协议案件和实现担保物权案件,适用本章规定。本章没有规定的,适用本法和其他法律的有关规定",第 185 条规定,"依照本章程序审理的案件,实行一审终审"。

② 比如,在谷××与王××离婚纠纷案中,天津市南开区人民法院(2015)南民初字第 1450 号民事裁定书认为:"原告谷××的死亡宣告尚未被人民法院依法撤销,原告谷××与被告王××的婚姻关系尚未恢复,故本案中谷××起诉离婚不符合相关法律规定。"

一、婚姻关系的消除

(一)婚姻关系消除的事由和时间

根据《民法典》第 51 条的规定,在自然人被宣告死亡的情况下,其婚姻关系自“死亡宣告之日”起消除。《民法典》第 51 条既规定了被宣告死亡的人的婚姻关系消除的事由,也规定了其婚姻关系消除的时间,统一适用于所有被宣告死亡的人的婚姻关系。

需要注意的是,尽管《民法典》第 48 条针对因意外事件下落不明被宣告死亡的人的死亡日期作出了“意外事件发生之日视为其死亡的日期”的特别规定,但是,在被宣告死亡的人的婚姻关系的消除日期方面,因意外事件下落不明被宣告死亡的人婚姻关系也是自死亡宣告之日起消除的,与非因意外事件下落不明被宣告死亡的人婚姻关系的消除日期适用的是同样的规则。

由于《民法典》第 51 条使用了“死亡宣告之日”的表述,没有使用“死亡之日”或“死亡的日期”的表述,因此,《民法典》第 51 条所说的“死亡宣告之日”,与“死亡的日期”具有不同的含义。结合《民事诉讼法》第 184 条和第 151 条的规定[①],《民法典》第 51 条所说的“死亡宣告之日”,应指《民法典》第 48 条所说的“人民法院宣告死亡的判决作出之日”,而不是“宣告死亡的判决宣告之日”(“宣判之日”)。

(二)婚姻关系的消除与消灭

值得一提的是,针对夫妻一方被宣告死亡对婚姻关系的影响,与原《民法总则》第 51 条使用了“婚姻关系……消灭”的表述不同,《民法典》第 51 条使用的是“婚姻关系……消除”的表述。

纵观《民法典》全文,针对权利义务,《民法典》既有使用“消灭”的表述的[②],也有使用“终止”的表述的[③];针对法律关系或权利义务关系,《民法典》既有使用“关系终止”

---

① 《民事诉讼法》第 184 条规定:“人民法院审理选民资格案件、宣告失踪或者宣告死亡案件、指定遗产管理人案件、认定公民无民事行为能力或者限制民事行为能力案件、认定财产无主案件、确认调解协议案件和实现担保物权案件,适用本章规定。本章没有规定的,适用本法和其他法律的有关规定。”第 151 条规定:“人民法院对公开审理或者不公开审理的案件,一律公开宣告判决。当庭宣判的,应当在十日内发送判决书;定期宣判的,宣判后立即发给判决书……”

② 比如,《民法典》第 152 条第 1 款规定:“有下列情形之一的,撤销权消灭……”第 199 条规定:“法律规定或者当事人约定的撤销权、解除权等权利的存续期间,……存续期间届满,撤销权、解除权等权利消灭”,第 208 条规定:“不动产物权的设立、变更、转让和消灭,应当依照法律规定登记”,第 221 条第 2 款规定:“预告登记后,债权消灭或者……的,预告登记失效”,第 313 条规定:“善意受让人取得动产后,该动产上的原有权利消灭。但是,善意受让人在受让时知道或者应当知道该权利的除外”,第 462 条第 2 款规定:“占有人返还原物的请求权,自侵占发生之日起一年内未行使的,该请求权消灭”,第 520 条第 1 款规定:“部分连带债务人履行、抵销债务或者提存标的物的,其他债务人对债权人的债务在相应范围内消灭”,等等。

③ 比如,《民法典》第 174 条第 1 款第 3 项规定:“被代理人死亡后,有下列情形之一的,委托代理人实施的代理行为有效:……(三)授权中明确代理权在代理事务完成时终止”,第 537 条规定:“人民法院认定代位权成立的,由债务人的相对人向债权人履行义务,债权人接受履行后,债权人与债务人、债务人与相对人之间相应的权利义务终止”,第 557 条第 1 款规定:“有下列情形之一的,债权债务终止:……”第 1069 条规定:“子女对父母的赡养义务,不因父母的婚姻关系变化而终止”,等等。

的表述的[①],又有使用“关系消除”的表述的[②];但是,针对法律关系或权利义务关系,《民法典》没有使用过“关系消灭”的表述。不过,仅从“法律关系”“权利义务关系”“权利义务”的“终止”“消灭”“消除”本身,难以分辨出“消除”和“消灭”之间的差异。考虑到《民法典》仅在第 51 条、第 1084 条、第 1111 条第 2 款和第 1117 条这 4 个条款中针对特定事项对身份关系(宣告死亡对被宣告死亡的人的婚姻关系、离婚对父母子女之间的关系、收养对养子女与生父母以及其他近亲属间的权利义务关系、解除收养对养子女与养父母以及其他近亲属间的权利义务关系)的影响使用了“消除”的表述,在其他情形下均未针对法律关系或权利义务关系使用“消除”的表述,并且《民法典》在针对身份关系规定“关系消除”的同时也规定了“关系恢复”的问题,因此,可以认为,站在《民法典》的视角,《民法典》所说的“关系消除”仅适用于身份关系,而《民法典》所说的“关系终止”既可以适用于财产关系,也可以适用于身份关系[③];并且,《民法典》针对身份关系使用“消除”的表述,表明该身份关系并非不可逆地“死去”(即“消灭”或“终止”)了,在特定的情况下还可以“复活”(即“恢复”)。

二、婚姻关系的自行恢复

根据《民法典》第 51 条的规定,在死亡宣告被撤销的情况下,原则上,之前被宣告死亡的人的婚姻关系,自“撤销死亡宣告之日”起自行恢复,仅在例外情况下不予恢复。也就是说,《民法典》第 51 条确立了以自行恢复为原则、以不自行恢复为例外的模式,既规定了被撤销死亡宣告的人的婚姻关系自行恢复的事由,也规定了其婚姻关系自行恢复的时间。

(一)以自行恢复为原则

由于《民法典》第 51 条使用了“死亡宣告被撤销的,婚姻关系自撤销死亡宣告之日起自行恢复。但是,……的除外”的表述,因此,在死亡宣告被撤销的情况下,只要不存

---

① 比如,《民法典》第 5 条规定:“民事主体从事民事活动,应当遵循自愿原则,按照自己的意思设立、变更、终止民事法律关系”,第 39 条第 1 款规定:“有下列情形之一的,监护关系终止:……”,第 133 条规定:“民事法律行为是民事主体通过意思表示设立、变更、终止民事法律关系的行为”,第 557 条第 2 款规定:“合同解除的,该合同的权利义务关系终止”,第 567 条规定:“合同的权利义务关系终止,不影响合同中结算和清理条款的效力”,第 580 条第 2 款规定:“有前款规定的除外情形之一,致使不能实现合同目的的,人民法院或者仲裁机构可以根据当事人的请求终止合同权利义务关系,但是不影响违约责任的承担”,等等。

② 比如,《民法典》第 51 条规定:“被宣告死亡的人的婚姻关系,自死亡宣告之日起消除。死亡宣告被撤销的,婚姻关系自撤销死亡宣告之日起自行恢复。但是,其配偶再婚或者向婚姻登记机关书面声明不愿意恢复的除外”,第 1084 条规定:“父母与子女间的关系,不因父母离婚而消除。离婚后,子女无论由父或者母直接抚养,仍是父母双方的子女”,第 1111 条第 2 款规定:“养子女与生父母以及其他近亲属间的权利义务关系,因收养关系的成立而消除”,第 1117 条规定:“收养关系解除后,养子女与养父母以及其他近亲属间的权利义务关系即行消除,与生父母以及其他近亲属间的权利义务关系自行恢复。但是,成年养子女与生父母以及其他近亲属间的权利义务关系是否恢复,可以协商确定。”

③ 比如,《民法典》第 5 条规定:“民事主体从事民事活动,应当遵循自愿原则,按照自己的意思设立、变更、终止民事法律关系”,第 133 条规定:“民事法律行为是民事主体通过意思表示设立、变更、终止民事法律关系的行为”,第 464 条规定:“合同是民事主体之间设立、变更、终止民事法律关系的协议。婚姻、收养、监护等有关身份关系的协议,适用有关该身份关系的法律规定;没有规定的,可以根据其性质参照适用本编规定。”

在其被宣告死亡前的配偶“再婚”和“向婚姻登记机关书面声明不愿意恢复婚姻关系”这两种除外情形,之前被宣告死亡的人的婚姻关系就都自行恢复了。

这是基于法律的规定而恢复婚姻关系,无须办理婚姻关系恢复的宣告、认定、登记或其他手续,也无须包括被撤销死亡宣告的人或其配偶或其他任何主体实施任何行为。《民法典》第51条使用的“自行恢复”的表述,也表明了这一点。这跟《民法典》第1083条针对离婚后恢复婚姻关系规定了重新办理结婚登记的要求①是不一样的。

需要注意的是,由于《民法典》第51条使用了“死亡宣告被撤销的,婚姻关系……自行恢复”的表述,因此,在被宣告死亡但是并未死亡的自然人重新出现的情况下,在法院作出撤销死亡宣告的判决之前,其婚姻关系仍然处于消除状态,尚未满足“自行恢复”的条件。

(二)不恢复婚姻关系的例外情况

《民法典》第51条规定了被撤销死亡宣告的人的婚姻关系不予恢复的两种情形,一是“其配偶再婚”,二是“其配偶向婚姻登记机关书面声明不愿意恢复婚姻关系”。

其中,《民法典》第51条所说的“再婚”,指的是被宣告死亡的人的配偶,在其被宣告死亡之后,发生了与他人依法到婚姻登记机关办理结婚登记②的情况;③至于该配偶在其被宣告死亡之后与他人登记结婚的次数、在其被撤销死亡宣告之日是否仍然与他人处于婚姻关系存续期间,均在所不问、均不影响“其配偶再婚”的认定。

也就是说,被宣告死亡的人的配偶,在其被宣告死亡之后,只要有过一次再婚,即使后来又离婚或者再婚的配偶死亡,也不能适用《民法典》第51条关于“死亡宣告被撤销的,婚姻关系自撤销死亡宣告之日起自行恢复”的规定。相对于“向婚姻登记机关书面声明不愿意恢复”这种以意思表示明确表示不愿意恢复婚姻关系,“再婚”类似于以自己的行为表明不愿意恢复婚姻关系。

就《民法典》第51条所说的“向婚姻登记机关书面声明不愿意恢复”而言,《民法典》本身没有直接规定书面声明的期限。不过,从《民法典》第51条使用的“死亡宣告被撤销的,……。但是,其配偶……向婚姻登记机关书面声明不愿意恢复的除外”表述看,应指被宣告死亡的人的配偶,在其被撤销死亡宣告之后,以书面形式向婚姻登记机关作出不愿意恢复婚姻关系的声明。

问题是,被宣告死亡的人的配偶是否应当在死亡宣告被撤销之后的合理的期限内向婚姻登记机关作出不愿意恢复的书面声明?对此,《民法典》《民法典总则编解释》和《民政部关于贯彻落实〈中华人民共和国民法典〉中有关婚姻登记规定的通知》(民发

---

① 《民法典》第1083条规定:“离婚后,男女双方自愿恢复婚姻关系的,应当到婚姻登记机关重新进行结婚登记。”

② 《民法典》第1049条规定:“要求结婚的男女双方应当亲自到婚姻登记机关申请结婚登记。符合本法规定的,予以登记,发给结婚证。完成结婚登记,即确立婚姻关系。未办理结婚登记的,应当补办登记。”

③ 比如,在谷××诉王××离婚纠纷案中,原告谷××于1994年11月28日被法院宣告死亡后,其配偶王××于1995年2月14日登记再婚,后来原告谷××重新出现,法院于2015年4月22日判决撤销对谷××的死亡宣告,天津市南开区人民法院(2015)南民初字第4214号民事裁定书认为:“本案中,被告王××已于原告谷××被宣告死亡后再婚,原、被告间已不存在婚姻关系,故原告谷××的离婚诉请本院不予支持。”

〔2020〕116 号）均未作出规定。

另一个问题是，如果在自然人被宣告死亡之后、死亡宣告被撤销之前，没有对夫妻共同财产进行分割、也没有对其遗产进行分割，那么，在其配偶向婚姻登记机关书面声明不愿意恢复婚姻关系的情况下，在死亡宣告被撤销之后，如何处理被撤销死亡宣告的人和该配偶之间原有的夫妻共同财产？对此，《民法典》《民法典总则编解释》《民法典婚姻家庭编解释一》和《民法典继承编解释一》均未作出规定。

注意到，《民法典》第 1087 条第 1 款针对离婚时的夫妻共同财产分割规定了“离婚时，夫妻的共同财产由双方协议处理；协议不成的，由人民法院根据财产的具体情况，按照照顾子女、女方和无过错方权益的原则判决”，第 1153 条第 1 款针对夫妻一方死亡时的夫妻共同财产分割规定了“夫妻共同所有的财产，除有约定的外，遗产分割时，应当先将共同所有的财产的一半分出为配偶所有，其余的为被继承人的遗产”，由于《民法典》第 51 条的除外情形所说的死亡宣告被撤销后婚姻关系不恢复的情形，在性质上既不是因离婚而解除婚姻关系①，也不是因夫妻一方自然死亡导致婚姻关系终止②，因此，直接适用《民法典》针对离婚和遗产继承前的析产所作的上述规定似乎都是不合适的。

不过，考虑到在《民法典》第 51 条所说的死亡宣告被撤销后婚姻关系不恢复的情形，原夫妻双方可以协商处理原夫妻共同财产，协商不成再请求法院处理，因此，《民法典》第 1087 条第 1 款所说的“离婚时，夫妻的共同财产由双方协议处理；协议不成的，由人民法院根据财产的具体情况，按照照顾子女、女方和无过错方权益的原则判决”，仍然具有一定的参考意义。

第五十二条　【被宣告死亡人的子女在其被宣告死亡期间被他人依法收养不因死亡宣告被撤销而无效】被宣告死亡的人在被宣告死亡期间，其子女被他人依法收养的，在死亡宣告被撤销后，不得以未经本人同意为由主张收养行为无效。

【条文通释】

《民法典》第 52 条是关于被宣告死亡人的子女在其被宣告死亡期间被他人依法收养不因死亡宣告被撤销而无效的规定。

---

① 《民法典》第 1080 条规定：“完成离婚登记，或者离婚判决书、调解书生效，即解除婚姻关系。”

② 针对夫妻一方死亡对婚姻关系的影响，除了原《民法总则》（已废止）第 51 条曾经就宣告死亡情形使用了“婚姻关系……消灭”的表述，《民法典》第 51 条就宣告死亡情形使用了“婚姻关系……消除”的表述外，《民法典》和原《婚姻法》（已废止）本身都没有直接使用“婚姻关系终止”或“婚姻关系消灭”的表述；此外，针对婚姻关系，《民法典》还使用了“确立婚姻关系”（第 1049 条）、“解除婚姻关系”（第 1080 条）、“恢复婚姻关系”（第 1083 条）的表述。参照《民法典》第 39 条第 1 款所规定的“有下列情形之一的，监护关系终止：……（三）被监护人或者监护人死亡”，可以认为，夫妻一方死亡将导致婚姻关系终止。

一、死亡宣告被撤销不影响死亡宣告期间依法成立的收养关系的效力

《民法典》第 52 条所说的“在被宣告死亡期间”,指的是自“宣告死亡的判决作出之日”起,至“撤销死亡宣告之日”止的期间。

《民法典》第 52 条所说的“子女”,既包括生子女(包括婚生子女和非婚生子女①),在特定情形下也可能包括有抚养关系的继子女、养子女②。这跟《民法典》第 1127 条第 3 款针对继承规定的“本编所称子女,包括婚生子女、非婚生子女、养子女和有扶养关系的继子女”是一致的。

根据《民法典》第 52 条的规定,只要被宣告死亡人的子女被他人依法收养的行为发生在其被宣告死亡之后、死亡宣告被撤销之前,被撤销死亡宣告的人就不得以该收养行为没有取得其本人的同意为由主张收养行为无效。也就是说,死亡宣告被撤销不影响死亡宣告期间依法成立的收养关系的效力。

并且,基于“举重以明轻”的解释原则,既然在死亡宣告被撤销之后都不能以未经本人同意为由主张收养行为无效,那么,在死亡宣告被撤销之前,就更不能以未经本人同意为由主张收养行为无效了。

二、被撤销死亡宣告的人可以申请确认死亡宣告期间非依法成立的收养关系无效

(一)以未经本人同意为由主张非依法成立的收养关系无效

由于《民法典》第 52 条使用了“其子女被他人依法收养”的表述,因此,如果被宣告死亡的人子女在其被宣告死亡期间,并非被他人“依法”收养,比如,“利害关系人隐瞒真实情况,致使他人被宣告死亡而收养其子女”,那么,被撤销死亡宣告的人不受《民法典》第 52 条所说的“在死亡宣告被撤销后,不得以未经本人同意为由主张收养行为无效”的限制,而可以依法主张收养行为无效。

具体而言,尽管《民法典》本身没有直接规定未经父母同意的收养行为无效,但是,结合《民法典》以下规定,可以认为,未经父母本人同意的收养行为是无效的:

第一,《民法典》第 1093 条规定:“下列未成年人,可以被收养:(一)丧失父母的孤儿;(二)查找不到生父母的未成年人;(三)生父母有特殊困难无力抚养的子女。”

第二,《民法典》第 1094 条规定:“下列个人、组织可以作送养人:(一)孤儿的监护人;(二)儿童福利机构;(三)有特殊困难无力抚养子女的生父母。”

第三,《民法典》第 1097 条规定:“生父母送养子女,应当双方共同送养。生父母一方不明或者查找不到的,可以单方送养。”

第四,《民法典》第 1103 条规定:“继父或者继母经继子女的生父母同意,可以收养

---

① 《民法典》第 1071 条第 1 款规定:“非婚生子女享有与婚生子女同等的权利,任何组织或者个人不得加以危害和歧视。”

② 《民法典》第 1072 条第 2 款规定:“继父或者继母和受其抚养教育的继子女间的权利义务关系,适用本法关于父母子女关系的规定”,第 1111 条第 1 款规定,“自收养关系成立之日起,养父母与养子女间的权利义务关系,适用本法关于父母子女关系的规定”。

继子女，并可以不受本法第一千零九十三条第三项、第一千零九十四条第三项、第一千零九十八条和第一千一百条第一款规定的限制。”

第五，《民法典》第 1104 条规定：“收养人收养与送养人送养，应当双方自愿。收养八周岁以上未成年人的，应当征得被收养人的同意。”

第六，《民法典》第 1105 条第 1 款规定：“收养应当向县级以上人民政府民政部门登记。收养关系自登记之日起成立。”

第七，《民法典》第 1113 条规定：“有本法第一编关于民事法律行为无效规定情形或者违反本编规定的收养行为无效。无效的收养行为自始没有法律约束力。”

第八，行政法规《中国公民收养子女登记办法》第 12 条规定：“收养关系当事人弄虚作假骗取收养登记的，收养关系无效，由收养登记机关撤销登记，收缴收养登记证。”

在案由方面，尽管《民事案件案由规定》没有规定四级案由“确认收养行为无效纠纷”或三级案由“确认收养行为效力纠纷”，但是，考虑到《民事案件案由规定》规定了二级案由“婚姻家庭纠纷”、三级案由“收养关系纠纷”以及四级案由“确认收养关系纠纷”“解除收养关系纠纷”，并且在二级案由“婚姻家庭纠纷”项下规定了三级案由“婚姻无效纠纷”，结合《最高人民法院关于印发修改后的〈民事案件案由规定〉的通知》(法〔2020〕347 号)第五部分“适用修改后的《案由规定》应当注意的问题”提出的“在案由横向体系上应当按照由低到高的顺序选择适用个案案由。确定个案案由时，应当优先适用第四级案由，没有对应的第四级案由的，适用相应的第三级案由；第三级案由中没有规定的，适用相应的第二级案由；第二级案由没有规定的，适用相应的第一级案由”，可以以三级案由“收养关系纠纷”或二级案由“婚姻家庭纠纷”为案由，向法院提起确认收养关系无效之诉。

(二)以收养关系存在其他法定无效事由为由主张收养关系无效

由于《民法典》第 52 条使用了“不得以未经本人同意为由主张收养行为无效”的表述，因此，如果被宣告死亡的人子女在其被宣告死亡期间被他人收养的行为存在法律规定的其他无效事由，那么，被撤销死亡宣告的人也不受《民法典》第 52 条所说的“在死亡宣告被撤销后，不得以未经本人同意为由主张收养行为无效”的限制，也可以依法主张收养行为无效。

具体而言，尽管《民法典》本身没有直接规定被收养人的父母可以申请确认收养行为无效，但是，结合前面所说的《民法典》第 1093 条、第 1094 条、第 1097 条、第 1103 条、第 1104 条、第 1105 条第 1 款、第 1113 条和行政法规《中国公民收养子女登记办法》第 12 条和《民事诉讼法》第 122 条、第 126 条[①]的规定，并参照《民法典》第 1051 条和《民

---

① 《民事诉讼法》第 122 条规定：“起诉必须符合下列条件：(一)原告是与本案有直接利害关系的公民、法人和其他组织；(二)有明确的被告；(三)有具体的诉讼请求和事实、理由；(四)属于人民法院受理民事诉讼的范围和受诉人民法院管辖。”第 126 条规定：“人民法院应当保障当事人依照法律规定享有的起诉权利。对符合本法第一百二十二条的起诉，必须受理。符合起诉条件的，应当在七日内立案，并通知当事人……”

法典婚姻家庭编解释一》第9条关于请求确认婚姻无效的主体范围的规定[①],可以认为,被收养人的父母作为与本案有直接利害关系的人,可以以三级案由“收养关系纠纷”或二级案由“婚姻家庭纠纷”为案由,向法院提起确认收养关系无效之诉。

比如,在王某红、胡某丽诉被告李某俊、王某珍收养关系纠纷案中,考虑到李某湘的生父母王某红、胡某丽在无有特殊困难无力抚养的情况下将李某湘送交李某俊、王某珍(当时未满30周岁)收养且未办理收养登记手续,贵州省安顺市平坝区人民法院(2019)黔0403民初1176号民事判决书认为:“二原告无特殊困难无力抚养而送养被抚养人,二被告未满三十周岁而收养被抚养人,同时未合法办理收养手续,违反了《中华人民共和国收养法》第四条第(三)项‘下列不满十四周岁的未成年人可以被收养:……(三)生父母有特殊困难无力抚养的子女。’、第六条第(四)项‘收养人应当同时具备下列条件:……(四)年满三十周岁。’及第十五条第一款‘收养应当向县级以上人民政府民政部门登记。收养关系自登记之日起成立’的规定,属违反法律的强制性规定,根据《中华人民共和国民法总则》第一百四十三条第(三)项‘具备下列条件的民事法律行为有效:……(三)不违反法律、行政法规的强制性规定,不违背公序良俗。’及《中华人民共和国收养法》第二十五条‘违反《中华人民共和国民法通则》第五十五条和本法规定的收养行为无法律效力。收养行为被人民法院确认无效的,从行为开始时起就没有法律效力’的规定,该收养关系无效”。

第五十三条 【被撤销死亡宣告的人的财产返还请求权和损害赔偿请求权】被撤销死亡宣告的人有权请求依照本法第六编取得其财产的民事主体返还财产;无法返还的,应当给予适当补偿。

利害关系人隐瞒真实情况,致使他人被宣告死亡而取得其财产的,除应当返还财产外,还应当对由此造成的损失承担赔偿责任。

【条文通释】

《民法典》第53条是关于被撤销死亡宣告的人的财产返还请求权和损害赔偿请求权的规定。

一、被撤销死亡宣告的人的财产返还请求权

由于《民法典》第53条第1款使用了“被撤销死亡宣告的人有权请求依照本法第六编取得其财产的民事主体返还财产;无法返还的,应当给予适当补偿”的表述,因此,原则上,被撤销死亡宣告的人对依照《民法典》继承编取得其财产的所有民事主体都享

---

① 《民法典》第1051条规定:“有下列情形之一的,婚姻无效:(一)重婚;(二)有禁止结婚的亲属关系;(三)未到法定婚龄。”《民法典婚姻家庭编解释一》第9条规定:“有权依据民法典第一千零五十一条规定向人民法院就已办理结婚登记的婚姻请求确认婚姻无效的主体,包括婚姻当事人及利害关系人。其中,利害关系人包括:(一)以重婚为由的,为当事人的近亲属及基层组织;(二)以未到法定婚龄为由的,为未到法定婚龄者的近亲属;(三)以有禁止结婚的亲属关系为由的,为当事人的近亲属。”

有财产返还请求权，而在财产“无法返还”的例外情况下，则享有折价补偿请求权；与此相对应，依照《民法典》继承编取得其财产的民事主体对被撤销死亡宣告的人，则负有返还财产的义务或适当补偿的义务。

（一）原则：财产返还

根据《民法典》第 1121 条第 1 款关于“继承从被继承人死亡时开始”的规定，在自然人被宣告死亡之后，继承就开始了。如果被宣告死亡的人在被宣告死亡时遗留的财产被他人依法继承或取得，那么，根据《民法典》第 53 条第 1 款的规定，在死亡宣告被撤销之后，被撤销死亡宣告的人就可以请求这些他人返还所取得的财产。对此，《民事案件案由规定》在一级案由“特殊诉讼程序案件案由”项下的二级案由“与宣告失踪、宣告死亡案件有关的纠纷”项下规定了三级案由“被撤销死亡宣告人请求返还财产纠纷”。

1. 返还主体

其中，《民法典》第 53 条第 1 款所说的“依照本法第六编取得其财产的民事主体”，指向的是依照《民法典》继承编的规定实际取得其财产的民事主体，既可能是个人、也可能是组织①；既可能是法定继承人②、遗嘱继承人③，也可能是继承人以外的个人或组织④、甚至可能是集体所有制组织或国家⑤。⑥ 不论是个人还是组织，不论是法定继承人、遗嘱继承人、受遗赠人还是集体所有制组织或国家，只要依照《民法典》继承编实际取得了被宣告死亡的人的财产，都负有向被撤销死亡宣告的人返还相应的财产的义务。

《民法典》第 53 条第 1 款所说的“取得其财产”中的“财产”，指向的是被宣告死亡的人的遗产，即其被宣告死亡时遗留的个人合法财产⑦，在形式上包括货币、不动产（土地、建筑物和其他土地附着物）、动产（生产设备、原材料、半成品、产品、交通运输工具、

---

① 《民法典》第 1133 条第 3 款规定：“自然人可以立遗嘱将个人财产赠与国家、集体或者法定继承人以外的组织、个人”，第 1158 条规定：“自然人可以与继承人以外的组织或者个人签订遗赠扶养协议。按照协议，该组织或者个人承担该自然人生养死葬的义务，享有受遗赠的权利。”原《民法通则》第 25 条关于“被撤销死亡宣告的人有权请求返还财产。依照继承法取得他的财产的公民或者组织，应当返还原物……”的规定比较清晰地表明了这一点。

② 《民法典》第 1127 条规定：“遗产按照下列顺序继承：（一）第一顺序：配偶、子女、父母；（二）第二顺序：兄弟姐妹、祖父母、外祖父母。继承开始后，由第一顺序继承人继承，第二顺序继承人不继承；没有第一顺序继承人继承的，由第二顺序继承人继承。……”

③ 《民法典》第 1133 条第 2 款规定：“自然人可以立遗嘱将个人财产指定由法定继承人中的一人或者数人继承。”

④ 《民法典》第 1133 条第 3 款规定：“自然人可以立遗嘱将个人财产赠与国家、集体或者法定继承人以外的组织、个人”，第 1158 条规定：“自然人可以与继承人以外的组织或者个人签订遗赠扶养协议。按照协议，该组织或者个人承担该自然人生养死葬的义务，享有受遗赠的权利。”

⑤ 《民法典》第 1160 条规定：“无人继承又无人受遗赠的遗产，归国家所有，用于公益事业；死者生前是集体所有制组织成员的，归所在集体所有制组织所有。”

⑥ 《民法典》第 1123 条规定：“继承开始后，按照法定继承办理；有遗嘱的，按照遗嘱继承或者遗赠办理；有遗赠扶养协议的，按照协议办理。”

⑦ 《民法典》第 1122 条规定：“遗产是自然人死亡时遗留的个人合法财产。依照法律规定或者根据其性质不得继承的遗产，不得继承。”

船舶、航空器、印章、证照、财务会计资料等)，也包括证券(股票、债券、证券投资基金份额等)、投资性权利(股权和在合伙企业中的财产份额等)、知识产权、债权、数据、网络虚拟财产、用益物权(海域使用权、探矿权、采矿权、取水权等)等财产和财产权益，但不包括属于其配偶或他人的财产①。在财产范围方面,《民法典》第53条第1款所说的"取得其财产"中的"财产",与该款所说的"返还财产"中的"财产",是一一对应的关系,指向的都是相关民事主体实际取得的财产,通常只是被宣告死亡的人的遗产的一部分。

需要注意的是,《民法典》第53条第1款所说的"依照本法第六编取得其财产的民事主体",与《民法典》第53条第2款所说的"利害关系人",不是一一对应的关系,可以是利害关系人,也可以不是利害关系人。但是,由于《民法典》第53条第2款使用了"利害关系人隐瞒真实情况,致使他人被宣告死亡而取得其财产的,除应当返还财产外,还应当……"的表述,因此,《民法典》第53条第2款所说的"隐瞒真实情况,致使他人被宣告死亡而取得其财产"的"利害关系人",属于《民法典》第53条第1款所说的"依照本法第六编取得其财产的民事主体",被撤销死亡宣告的人有权向其主张返还。

2. 返还范围

需要注意的是,由于《民法典》第53条第1款使用了"……有权请求……取得其财产的民事主体返还财产"的表述,因此,返还的范围限于相关民事主体实际取得的财产。也就是说,相关主体实际取得了多少财产,其就有义务返还多少财产。

还需注意的是,因"依照本法第六编取得其财产的民事主体"对取得被宣告死亡的人的财产并无过错,故其返还义务限于"现状返还";在相关财产发生合理损耗的情况下,被撤销死亡宣告的人不能要求按照相关财产在其被宣告死亡时的状态返还。

比如,在罗某俊诉胡某香、罗某返还财产纠纷案中,湖北省武汉市汉阳区人民法院(2020)鄂0105民初3987号民事判决书认为:"罗某俊被撤销死亡宣告后有权要求继承人返还财产。位于武昌区堤后街395号(×栋)×层×号的房屋系罗某俊与胡某香的夫妻共同财产,房屋拆迁后的拆迁款933904元属双方共同财产,其中的一半即466952元属罗某俊财产。罗某俊被宣告死亡后,胡某香与罗某就属于罗某俊的财产进行了公证,即胡某香放弃继承属于罗某俊的遗产,而由罗某继承。罗某领取了房屋全部拆迁款后将其中的500000元转给胡某香,在罗某俊宣告撤销死亡后,罗某将剩余拆迁款项转入胡某香账户。罗某辩称已履行返还财产的义务,根据上述法律规定,罗某返还继承所得的466952元的对象系罗某俊而非胡某香,罗某将该款转给胡某香系对自己继承财产的处分,但不能因此免除向罗某俊返还的义务,罗某应当返还466952元。"

(二)例外:适当补偿

如前所说,在财产"无法返还"的例外情况下,被撤销死亡宣告的人有权请求依照《民法典》继承编取得其财产的民事主体给予适当补偿。

---

① 《民法典》第1153条规定:"夫妻共同所有的财产,除有约定的外,遗产分割时,应当先将共同所有的财产的一半分出为配偶所有,其余的为被继承人的遗产。遗产在家庭共有财产之中的,遗产分割时,应当先分出他人的财产。"

其中,《民法典》第 53 条第 1 款所说的“无法返还”,既包括法律上无法返还(比如相关财产已经转让给他人或者因受限于他人的优先购买权而无法返还),也包括事实上无法返还(比如相关财产已经灭失)。原《民法通则》第 25 条关于“被撤销死亡宣告的人有权请求返还财产。……,应当返还原物;原物不存在的,给予适当补偿”的规定比较清晰地表明了这一点。

除《民法典》第 53 条第 2 款所说的“隐瞒真实情况,致使他人被宣告死亡而取得其财产”的利害关系人外,因“依照本法第六编取得其财产的民事主体”对取得其财产并无过错,故其补偿义务限于“适当补偿”而不是“折价补偿”;此外,结合《民法典》第 53 条第 2 款针对“利害关系人隐瞒真实情况,致使他人被宣告死亡而取得其财产”的情况规定了“还应当对由此造成的损失承担赔偿责任”,除《民法典》第 53 条第 2 款所说的“隐瞒真实情况,致使他人被宣告死亡而取得其财产”的利害关系人,“依照本法第六编取得其财产的民事主体”对被撤销死亡宣告的人不负有损害赔偿责任。这跟《民法典》第 157 条所说的“民事法律行为无效、被撤销或者确定不发生效力后,行为人因该行为取得的财产,应当予以返还;不能返还或者没有必要返还的,应当折价补偿。有过错的一方应当赔偿对方由此所受到的损失;各方都有过错的,应当各自承担相应的责任”是不一样的。

在确定补偿标准是否适当时,应当综合考虑“依照本法第六编取得其财产的民事主体”在相关财产灭失或者转售时的获益情况以及为持有、保管、维护相关财产而支出的必要费用。①

比如,在田某 1 诉田某 2、熊某某共有纠纷案中,针对被撤销死亡宣告的人田某 1 要求按照案涉出售房屋在诉讼当时的市场价值支付补偿款的主张,上海市浦东新区人民法院(2017)沪 0115 民初 93841 号民事判决书认为:“嫩江路房屋原系原告承租的使用权房,被告田某 2 在原告被宣告死亡后,取得了该房的承租权,之后二被告通过购买该房产权,将该房出售给他人,取得了房屋出售款,现原告重新出现,二被告理应返还房产,但嫩江路房屋已于 2009 年 9 月变卖,客观上无法返还。……在宣告原告死亡后,不能以二被告无法预料的原告是否生存的事实,要求其就自身正当处分行为承担赔偿责任,否则个人生活及社会关系将处于不确定和不稳定状态,故本案原告诉请系基于原物返还不能的补偿请求权而非基于侵权行为的赔偿请求权。二被告共同处分嫩江路房屋,应对原告作出适当补偿。关于补偿金额,原告自 1996 年起自行离家二十年,又未及时与家人取得联系,考虑到原告出走之时,其女儿田某 2 尚未成年,确需抚养,卖房款主要用于被告田某 2 的生活学习费用,且二被告未以此购房款另行购置房产增值获益。故在确定嫩江路房屋补偿款时,考虑配房人员情况、该房出售时的价值、原被告有无过错、被告田某 2 的抚养情况及被告获益情况等因素,酌情确定补偿数额 150000

---

① 《九民会议纪要》第 33 条规定:“合同不成立、无效或者被撤销后,……在标的物已经灭失、转售他人或者其他无法返还的情况下,当事人主张返还原物的,人民法院不予支持,但其主张折价补偿的,人民法院依法予以支持。折价时,应当以当事人交易时约定的价款为基础,同时考虑当事人在标的物灭失或者转售时的获益情况综合确定补偿标准。标的物灭失时当事人获得的保险金或者其他赔偿金,转售时取得的对价,均属于当事人因标的物而获得的利益。对获益高于或者低于价款的部分,也应当在当事人之间合理分配或者分担。”

元。原告要求按目前嫩江路使用权房屋的市场价值给予原告补偿款,于法无据,本院不予支持。”该一审判决得到了二审法院的支持。①

不过,实务中,在认定“适当补偿”时,返还义务主体要求扣除财产转售过程中发生的费用的主张,可能得不到支持。

比如,在赖某1与潘某、赖某2、陈某离婚后财产纠纷案中,四川省成都市中级人民法院(2019)川01民终21046号民事判决书认为:“被撤销死亡宣告的人有权请求依照继承法取得其财产的民事主体返还财产。本案中因案涉房屋已被出售,赖某1客观上无法返还其从潘某处继承的案涉房屋,应当给予潘某适当的补偿。案涉房屋实际出售所得为1635000元,其中50%属于赖某2,剩余的50%即817500元均是赖某1基于继承潘某对案涉房屋所占份额所得。潘某的死亡宣告已经撤销,并因其身患重病治疗所需金额巨大,故一审法院判决赖某1全额返还从潘某处继承房屋份额所得的817500元并无不当。……关于案涉房屋交易所产生的税费是否应当在补偿金额中扣除的问题,本院认为,案涉房屋交易所产生的税费系赖某1、赖某2对房屋进行处置所必然产生的,应当由赖某1、赖某2自行承担。赖某1要求潘某承担该费用于法无据。本院对赖某1此项上诉请求不予支持。”

(三)被撤销死亡宣告的人的证明责任

就被撤销死亡宣告的人的财产返还请求权而言,根据《民事诉讼法》第67条第1款②和《民诉法解释》第90条、第91条③的规定,被撤销死亡宣告的人需要对相关主体“依照《民法典》继承编取得了其财产”承担举证证明责任;否则,其主张可能得不到支持。

需要注意的是,被撤销死亡宣告的人向相关主体行使财产返还请求权,与相关主体属于《民法典》第53条第2款所说的“利害关系人隐瞒真实情况,致使他人被宣告死亡而取得其财产”没有关系;只要相关主体“依照《民法典》继承编取得了其财产”,不论其是否属于利害关系人、是否“隐瞒真实情况,致使他人被宣告死亡”,被撤销死亡宣告的人均可以向其主张返还。

二、被撤销死亡宣告的人的损害赔偿请求权

根据《民法典》第53条第2款的规定,在“利害关系人隐瞒真实情况,致使他人被宣告死亡而取得其财产”的情形,被撤销死亡宣告的人不仅有权请求该利害关系人返

① 上海市第一中级人民法院作出的(2018)沪01民终6375号民事判决书认为:“现上诉人要求按嫩江路房屋目前市场价值的全额即260万元认定补偿款数额,其理由不成立,本院不予采信。一审法院综合本院实际情况,酌情认定由被上诉人补偿上诉人150000元,尚属合理,本院予以认同。”

② 《民事诉讼法》第67条第1款规定:“当事人对自己提出的主张,有责任提供证据。”

③ 《民诉法解释》第90条规定:“当事人对自己提出的诉讼请求所依据的事实或者反驳对方诉讼请求所依据的事实,应当提供证据加以证明,但法律另有规定的除外。在作出判决前,当事人未能提供证据或者证据不足以证明其事实主张的,由负有举证证明责任的当事人承担不利的后果”,第91条规定:“人民法院应当依照下列原则确定举证证明责任的承担,但法律另有规定的除外:(一)主张法律关系存在的当事人,应当对产生该法律关系的基本事实承担举证证明责任;(二)主张法律关系变更、消灭或者权利受到妨害的当事人,应当对该法律关系变更、消灭或者权利受到妨害的基本事实承担举证证明责任。”

还财产或折价补偿，还可以请求其赔偿损失。

（一）义务主体

1. 利害关系人的范围

从文义上看，《民法典》第 53 条第 2 款所说的“利害关系人”，与《民法典》第 46 条第 1 款所说的“利害关系人”具有相同的含义。不过，考虑到包括利害关系人在内的所有知悉被申请宣告死亡的人的生存状况的人都负有向受理宣告该自然人死亡案件的法院如实告知其所知道的情况的义务[①]，《民法典》第 53 条第 2 款所说的“利害关系人”，既包括向法院提出了宣告该自然人死亡的申请但隐瞒了被申请宣告死亡的人的真实生存情况的利害关系人，也包括虽然未向法院提出死亡宣告申请但在知道或应当知道其他利害关系人提出了死亡宣告申请的情况下未向法院告知其所知道的被申请宣告死亡的人的真实生存情况的利害关系人，但不包括因不知道并且不应当知道有其他利害关系人向法院提出死亡宣告申请而未向法院告知其所知道的被申请宣告死亡的人的真实生存情况的利害关系人。

2. 仅适用于“隐瞒真实情况，致使他人被宣告死亡而取得其财产”的利害关系人

由于《民法典》第 53 条第 2 款使用了“利害关系人隐瞒真实情况，致使他人被宣告死亡而取得其财产的……”的表述，因此，该款所说的“除应当返还财产外，还应当对由此造成的损失承担赔偿责任”仅适用于“隐瞒真实情况，致使他人被宣告死亡而取得其财产”的利害关系人，不适用于“隐瞒真实情况，致使他人被宣告死亡但未取得其财产”的利害关系人。

（二）返还财产

利害关系人隐瞒真实情况，致使他人被宣告死亡而取得其财产，在性质上也属于《民法典》第 53 条第 1 款所说的依照《民法典》继承编取得被宣告死亡的人的财产，也应当适用《民法典》第 53 条第 1 款所说的“被撤销死亡宣告的人有权请求依照本法第六编取得其财产的民事主体返还财产”，利害关系人当然应当向被撤销死亡宣告的人返还其所取得的原来属于被宣告死亡的人的财产。因此，《民法典》第 53 条第 2 款所说的“利害关系人隐瞒真实情况，致使他人被宣告死亡而取得其财产的，……应当返还财产……”也是《民法典》第 53 条第 1 款的体现。

（三）折价补偿

不过，由于利害关系人是通过隐瞒真实情况致使他人被宣告死亡的方式而取得该他人的财产的，对该他人被宣告死亡存在过错，因此，在相关财产无法返还的情况下，

---

① 《民事诉讼法》第 192 条第 1 款规定：“人民法院受理宣告失踪、宣告死亡案件后，应当发出寻找下落不明人的公告”，《民诉法解释》第 345 条规定：“寻找下落不明人的公告应当记载下列内容：（一）被申请人应当在规定期间内向受理法院申报其具体地址及其联系方式。否则，被申请人将被宣告失踪、宣告死亡；（二）凡知悉被申请人生存现状的人，应当在公告期间内将其所知道情况向受理法院报告。”根据该司法解释的规定，被申请宣告死亡的人的利害关系人是有义务将其所知道的情况报告给受理法院的。

不能适用《民法典》第 53 条第 1 款所说的“无法返还的,应当给予适当补偿”,而应当“折价补偿”;折价时,应当以相关财产在该他人被宣告死亡时的状况为基础,同时考虑该利害关系人在相关财产灭失或者转售时的获益情况综合确定补偿标准。①

(四)赔偿损失

同样地,由于利害关系人是通过隐瞒真实情况致使他人被宣告死亡的方式而取得该他人的财产的,对该他人被宣告死亡存在过错,因此,在他人因被宣告死亡而遭受损失的情况下,该利害关系人还应当赔偿该他人因此受到的全部损失。其中,《民法典》第 53 条第 2 款所说的“由此造成的损失”,指的是该他人因利害关系人隐瞒真实情况被宣告死亡并失去财产而受到的损失。

在确定损害赔偿的范围时,既要根据利害关系人的过错程度合理确定其责任,又要考虑在确定财产返还或折价补偿范围时已经考虑过的财产增值或者贬值因素,避免双重获利或者双重受损的现象发生。②

需要注意的是,由于《民法典》只是由第 50 条规定了“被宣告死亡的人重新出现”情形下的撤销死亡宣告制度,没有规定“利害关系人隐瞒真实情况,致使他人被宣告死亡”情形下也可以申请撤销死亡宣告,而《民诉法解释》第 378 条明确规定宣告死亡案件不属于可以申请再审的范围③,因此,在利害关系人隐瞒真实情况,致使他人被宣告死亡而给该他人造成损失的情况下,该他人将难以基于“利害关系人隐瞒真实情况,致使他人被宣告死亡”申请法院撤销死亡宣告判决,而只能根据《民法典》第 50 条的规定,以“被宣告死亡的人重新出现”为由申请撤销死亡宣告,进而才有进一步之可能根据《民法典》第 53 条第 2 款的规定主张隐瞒真实情况致使其被宣告死亡的利害关系人赔偿损失。

---

① 《九民会议纪要》第 33 条规定:“合同不成立、无效或者被撤销后,……在标的物已经灭失、转售他人或者其他无法返还的情况下,当事人主张返还原物的,人民法院不予支持,但其主张折价补偿的,人民法院依法予以支持。折价时,应当以当事人交易时约定的价款为基础,同时考虑当事人在标的物灭失或者转售时的获益情况综合确定补偿标准。标的物灭失时当事人获得的保险金或者其他赔偿金,转售时取得的对价,均属于当事人因标的物而获得的利益。对获益高于或者低于价款的部分,也应当在当事人之间合理分配或者分担。”

② 《九民会议纪要》第 35 条规定:“合同不成立、无效或者被撤销时,仅返还财产或者折价补偿不足以弥补损失,一方还可以向有过错的另一方请求损害赔偿。在确定损害赔偿范围时,既要根据当事人的过错程度合理确定责任,又要考虑在确定财产返还范围时已经考虑过的财产增值或者贬值因素,避免双重获利或者双重受损的现象发生。”

③ 《民诉法解释》第 378 条规定:“适用特别程序、督促程序、公示催告程序、破产程序等非讼程序审理的案件,当事人不得申请再审。”

（五）被撤销死亡宣告的人的证明责任

根据《民事诉讼法》第 67 条第 1 款[①]和《民诉法解释》第 90 条、第 91 条[②]的规定，被撤销死亡宣告的人应当对该利害关系人隐瞒了真实情况致使其被宣告死亡、其受到的损失、损失与该利害关系人隐瞒真实情况致使其被宣告死亡并取得其财产之间存在因果关系承担举证证明责任；否则，其主张可能得不到支持。

比如，在周某 1 与范某兰、周某 2 财产损害赔偿纠纷案中，针对周某 1 上诉提出的"范某兰、周某 2 恶意向法院隐瞒周某 1 的真实情况，致使周某 1 被宣告死亡，其恶意取得周某 1 财产拒不返还的行为已经严重损害周某 1 的合法权益"的主张，北京市第三中级人民法院（2021）京 03 民终 20018 号民事判决书认为："周某 1 上诉主张范某兰、周某 2 故意隐瞒真实情况致使周某 1 被宣告死亡导致其财产受损，但现有证据不足以证明周某 1 该项主张成立，本院对此不予采信。"

（六）被撤销死亡宣告的人的其他救济

在利害关系人隐瞒真实情况，致使他人被宣告死亡的情况下，该他人的子女被收养，如何认定其损害？此外，在其被宣告死亡后，其配偶再婚，又应当如何认定其损害？被撤销死亡宣告的人是否可以根据《民法典》第 112 条关于"自然人因婚姻家庭关系等产生的人身权利受法律保护"和第 1183 条第 1 款关于"侵害自然人人身权益造成严重精神损害的，被侵权人有权请求精神损害赔偿"的规定，向相关利害关系人请求损害赔偿？上述问题，不属于《民法典》第 53 条第 2 款规制的范围，应当从《民法典》人格权编和侵权责任编等规定中寻求救济。

第四节　个体工商户和农村承包经营户

《民法典》总则编第二章第四节"个体工商户和农村承包经营户"共有 3 个条文（第 54 条至第 56 条），涉及个体工商户的界定（第 54 条）、农村承包经营户的界定（第 55 条）以及个体工商户和农村承包经营户的债务的承担办法（第 56 条）。

第五十四条　【个体工商户的界定】自然人从事工商业经营，经依法登记，为个体工商户。个体工商户可以起字号。

---

① 《民事诉讼法》第 67 条第 1 款规定："当事人对自己提出的主张，有责任提供证据。"

② 《民诉法解释》第 90 条规定："当事人对自己提出的诉讼请求所依据的事实或者反驳对方诉讼请求所依据的事实，应当提供证据加以证明，但法律另有规定的除外。在作出判决前，当事人未能提供证据或者证据不足以证明其事实主张的，由负有举证证明责任的当事人承担不利的后果"，第 91 条规定："人民法院应当依照下列原则确定举证证明责任的承担，但法律另有规定的除外：（一）主张法律关系存在的当事人，应当对产生该法律关系的基本事实承担举证证明责任；（二）主张法律关系变更、消灭或者权利受到妨害的当事人，应当对该法律关系变更、消灭或者权利受到妨害的基本事实承担举证证明责任。"

【条文通释】

《民法典》第 54 条是关于个体工商户的界定的规定。

一、个体工商户的界定

(一)个体工商户的定义

根据《民法典》第 54 条的规定,自然人从事工商业经营,可以登记为个体工商户。由于《民法典》第 54 条使用了"经依法登记,为个体工商户"的表述,因此,从事工商业经营的自然人,只有在依法办理登记之后,才成为个体工商户;未经登记,则不属于个体工商户。

不过,《民法典》第 54 条本身并未给出个体工商户的定义。根据《民法典》第 54 条、《市场主体登记管理条例》第 2 条[①]和《促进个体工商户发展条例》第 4 条第 1 款[②]的规定,个体工商户作为民事主体、市场主体,指的是在境内以营利为目的、从事经营活动的经市场主体登记机关登记的自然人。

(二)个体工商户的性质

在编排体例上,《民法典》总则编将"个体工商户"规定在第二章"自然人",与第三章"法人"和第四章"非法人组织"并列,这就表明,个体工商户作为民事主体,在性质上,并非组织,既不是法人、也不是非法人组织,而是被按照自然人对待的,"本质上是自然人从事工商业经营及商事活动资格法律化的体现,是对自然人商事资格的确认"[③]。在诉讼中,原则上也是以个体工商户营业执照上登记的经营者为当事人的。[④]

(三)个体工商户的组成形式

结合《民法典》第 56 条第 1 款所说的"个体工商户的债务,个人经营的……家庭经营的……"以及《促进个体工商户发展条例》第 6 条[⑤]和《市场主体登记管理条例实施

---

① 《市场主体登记管理条例》第 2 条:"本条例所称市场主体,是指在中华人民共和国境内以营利为目的从事经营活动的下列自然人、法人及非法人组织:(一)公司、非公司企业法人及其分支机构;(二)个人独资企业、合伙企业及其分支机构;(三)农民专业合作社(联合社)及其分支机构;(四)个体工商户;(五)外国公司分支机构;(六)法律、行政法规规定的其他市场主体。"

② 《促进个体工商户发展条例》第 4 条第 1 款规定:"个体经济是社会主义市场经济的重要组成部分,个体工商户是重要的市场主体,在繁荣经济、增加就业、推动创业创新、方便群众生活等方面发挥着重要作用。"

③ 最高人民法院(2021)最高法知民终 1468 号民事裁定书、(2021)最高法知民终 1731 号民事裁定书。

④ 《民诉法解释》第 59 条第 1 款规定:"在诉讼中,个体工商户以营业执照上登记的经营者为当事人。有字号的,以营业执照上登记的字号为当事人,但应同时注明该字号经营者的基本信息。"《最高人民法院关于民事执行中变更、追加当事人若干问题的规定》第 13 条第 2 款规定:"个体工商户的字号为被执行人的,人民法院可以直接执行该字号经营者的财产。"《最高人民法院关于适用〈中华人民共和国行政诉讼法〉的解释》第 15 条第 2 款规定:"个体工商户向人民法院提起诉讼的,以营业执照上登记的经营者为原告。有字号的,以营业执照上登记的字号为原告,并应当注明该字号经营者的基本信息。"

⑤ 《促进个体工商户发展条例》第 6 条规定:"个体工商户可以个人经营,也可以家庭经营……"

细则》第 9 条[①]的规定,在组成形式[②]方面,个体工商户包括“个人经营的个体工商户”和“家庭经营的个体工商户”这两种形式。[③]

其中,“个人经营的个体工商户”指的是只有自然人本人作为经营者的个体工商户;“家庭经营的个体工商户”指的是由自然人本人及其部分或全部家庭成员参加经营的个体工商户。其中的“家庭成员”,指的是配偶、父母、子女和其他共同生活的近亲属(即共同生活的兄弟姐妹、祖父母、外祖父母、孙子女、外孙子女)。[④]

(四)个体工商户的经营活动不限于工商业经营

《民法典》第 54 条所说的“从事工商业经营”,源于 1986 年的《民法通则》第 26 条[⑤],其中的“工商业”指的是工业、手工业、商业、饮食业、服务业、修理业、交通运输业、建筑业及其他行业[⑥]。

需要注意的是,尽管《民法典》第 54 条使用了“从事工商业经营”的表述,但是,实务中,个体工商户的经营活动非常广泛,而不仅仅限于“工商业经营”。

对此,《促进个体工商户发展条例》第 5 条规定:“国家对个体工商户实行市场平等准入、公平待遇的原则”,《优化营商环境条例》第 20 条规定:“国家持续放宽市场准入,并实行全国统一的市场准入负面清单制度。市场准入负面清单以外的领域,各类市场主体均可以依法平等进入。各地区、各部门不得另行制定市场准入性质的负面清单”,《国务院关于实行市场准入负面清单制度的意见》(国发〔2015〕55 号)规定:“市场准入负面清单是适用于境内外投资者的一致性管理措施,是对各类市场主体市场准入管理的统一要求”,“市场准入负面清单包括禁止准入类和限制准入类,适用于各类市场主体基于自愿的初始投资、扩大投资、并购投资等投资经营行为及其他市场进入行为。

---

① 《市场主体登记管理条例实施细则》第 9 条规定:“申请人应当依法申请登记下列市场主体类型:……(六)个人经营的个体工商户、家庭经营的个体工商户”。

② 《市场主体登记管理条例实施细则》第 6 条第 7 项规定:“市场主体应当按照类型依法登记下列事项:……(七)个体工商户:组成形式、经营范围、经营场所,经营者姓名、住所。个体工商户使用名称的,登记事项还应当包括名称。”《个体工商户登记管理办法》(已废止)第 8 条第 1 款规定:“组成形式,包括个人经营和家庭经营。”市场监管总局《市场主体登记文书规范》(国市监注发〔2022〕24 号文件附件 1)之“个体工商户登记(备案)申请书”之“组成形式”项目列明了“个人经营”和“家庭经营”两种形式。

③ 《促进个体工商户发展条例》第 6 条规定:“个体工商户可以个人经营,也可以家庭经营……”《市场主体登记管理条例实施细则》第 9 条规定:“申请人应当依法申请登记下列市场主体类型:……(六)个人经营的个体工商户、家庭经营的个体工商户”。

④ 《民法典》第 1045 条规定:“亲属包括配偶、血亲和姻亲。配偶、父母、子女、兄弟姐妹、祖父母、外祖父母、孙子女、外孙子女为近亲属。配偶、父母、子女和其他共同生活的近亲属为家庭成员。”

⑤ 《民法通则》(已废止)第 26 条规定:“公民在法律允许的范围内,依法经核准登记,从事工商业经营的,为个体工商户。个体工商户可以起字号。”

⑥ 《国务院关于农村个体工商业的若干规定》(国发〔1984〕26 号)第 1 条规定:“农村个体工商业是指农村居民从事的适合个体经营的工业、手工业、商业、饮食业、服务业、修理业、运输业、房屋修缮业以及国家允许个体经营的其他行业。”《城乡个体工商户管理暂行条例》(1987 年 8 月 5 日国务院发布,自 2011 年 11 月 1 日起被《个体工商条例》废止)第 2 条规定:“有经营能力的城镇待业人员、农村村民以及国家政策允许的其他人员,可以申请从事个体工商业经营,依法经核准登记后为个体工商户”,第 3 条规定:“个体工商户可以在国家法律和政策允许的范围内,经营工业、手工业、建筑业、交通运输业、商业、饮食业、服务业、修理业及其他行业。”

对禁止准入事项,市场主体不得进入,行政机关不予审批、核准,不得办理有关手续;对限制准入事项,或由市场主体提出申请,行政机关依法依规作出是否予以准入的决定,或由市场主体依照政府规定的准入条件和准入方式合规进入;对市场准入负面清单以外的行业、领域、业务等,各类市场主体皆可依法平等进入”。

当然,个体工商户可以从事广泛的经营活动,并不意味着可以从事所有的经营活动。对于法律法规明确规定只能由企业从事的经营活动,个体工商户不得经营。比如,第二类和第三类医疗器械只能由企业经营[①],快递业务则只能由企业法人经营[②]。

(五)个体工商户的经营者原则上限于中国公民

从文义上看,由于《民法典》第54条使用了“自然人”的表述,因此,个体工商户的经营者[③]仅限于自然人,不包括法人或非法人组织;但既可以是中国公民,也可以是外国籍自然人、无国籍人。《民法典》本身并不限制外国籍自然人、无国籍人作为个体工商户的经营者。

不过,从外商投资管理的角度,国家现阶段原则上禁止外国籍自然人和无国籍人作为个体工商户的经营者从事经营活动。对此,《促进个体工商户发展条例》第2条规定:“有经营能力的公民在中华人民共和国境内从事工商业经营,依法登记为个体工商户的,适用本条例。”第37条规定:“香港特别行政区、澳门特别行政区永久性居民中的中国公民,台湾地区居民可以按照国家有关规定,申请登记为个体工商户”,其中并没有规定外国籍自然人或无国籍人可以在境内申请登记为个体工商户。国家发展和改革委员会和商务部经中共中央、国务院同意后发布的《外商投资准入特别管理措施(负面清单)(2021年版)说明》和《自由贸易试验区外商投资准入特别管理措施(负面清单)(2021年版)说明》的第2条更是直接规定:“境外投资者不得作为个体工商户、个人独资企业投资人、农民专业合作社成员,从事投资经营活动。”因此,现阶段,作为个体工商户的经营者的自然人原则上限于中国公民。

需要注意的是,香港特别行政区、澳门特别行政区永久性居民中的中国公民,台湾地区居民,作为境外投资者,原则上可以在境内申请登记为个体工商户,但该个体工商户的登记地、经营形式、可以从事的经营活动等,可能存在一定的限制。

---

① 《医疗器械监督管理条例》(2021年修订)第41条第1款规定:“从事第二类医疗器械经营的,由经营企业向所在地设区的市级人民政府负责药品监督管理的部门备案并提交符合本条例第四十条规定条件的有关资料。按照国务院药品监督管理部门的规定,对产品安全性、有效性不受流通过程影响的第二类医疗器械,可以免于经营备案”,第42条第1款规定:“从事第三类医疗器械经营的,经营企业应当向所在地设区的市级人民政府负责药品监督管理的部门申请经营许可并提交符合本条例第四十条规定条件的有关资料。”

② 《邮政法》第52条规定:“申请快递业务经营许可,应当具备下列条件:(一)符合企业法人条件;……(六)法律、行政法规规定的其他条件。”

③ 《促进个体工商户发展条例》和《市场主体登记管理条例》使用的都是“经营者”的表述。对此,《促进个体工商户发展条例》第13条规定:“个体工商户可以自愿变更经营者或者转型为企业。变更经营者的,可以直接向市场主体登记机关申请办理变更登记。涉及有关行政许可的,行政许可部门应当简化手续,依法为个体工商户提供便利。个体工商户变更经营者或者转型为企业的,应当结清依法应缴纳的税款等,对原有债权债务作出妥善处理,不得损害他人的合法权益。”《市场主体登记管理条例》第8条规定:“市场主体的一般登记事项包括:……。除前款规定外,还应当根据市场主体类型登记下列事项:……(四)个体工商户的经营者姓名、住所、经营场所……”

比如,针对台湾居民在境内登记个体工商户,国务院台湾事务办公室、商务部、国家市场监督管理总局 2022 年 3 月 16 日出台的《关于做好台湾居民在服务贸易创新发展试点地区申请设立个体工商户工作的通知》(国台发〔2022〕1 号)规定:“自 2022 年 3 月 16 日起,台湾居民在北京、天津、上海、重庆(涪陵区等 21 个市辖区)、海南、大连、厦门、青岛、深圳、石家庄、长春、哈尔滨、南京、杭州、合肥、济南、武汉、广州、成都、贵阳、昆明、西安、苏州、威海和河北雄安新区、贵州贵安新区、陕西西咸新区等省、市(区域)全面深化服务贸易创新发展试点地区,可直接申请登记为个体工商户(特许经营除外),试点期限与《全面深化服务贸易创新发展试点总体方案》一致”,“台湾居民申请设立个体工商户的经营范围为谷物种植等 122 项(详见开放行业清单),经营范围涉及行政审批的,依照相关规定办理”,“台湾居民个体工商户的组成形式仅限于个人经营”,“台湾居民在试点地区以外区域申请设立个体工商户,仍按照 2015 年 12 月国务院台办、国家发展改革委等 20 个部门联合发布的《关于扩大开放台湾居民在大陆申请设立个体工商户的通知》(国台发〔2015〕3 号)的规定执行”。

针对港澳居民在内地申请登记个体工商户,商务部等《关于港澳居民在内地申办个体工商户登记前置许可有关问题的通知》(商台发〔2005〕28 号)曾规定:“港澳居民设立个体工商户可以申请的经营范围:零售业(不包括烟草零售)、餐饮业、居民服务和其他服务业中的理发及美容保健服务、洗浴服务、家用电器修理及其他日用品修理,但不包括特许经营。”

二、个体工商户的登记

(一)“经依法登记”的含义

通常情况下,“登记”通常包括设立登记、变更登记和注销登记。[①] 不过,根据《市场主体登记管理条例》第 21 条第 1 款[②]、《无证无照经营查处办法》第 6 条[③]的规定,《民法典》第 54 条所说的“经依法登记”,指的是从事经营活动的自然人依照《市场主体登记管理条例》的规定,向市场主体登记机关办理个体工商户设立登记并领取营业执照,不包括变更登记和注销登记。

(二)自然人从事经营活动以须经登记为原则、无须登记为例外

需要注意的是,《民法典》第 54 条并没有强制要求从事工商业经营的自然人必须登记为个体工商户。

不过,行政法规作出了相应的限制性规定。《市场主体登记管理条例》第 2 条规定:“本条例所称市场主体,是指在中华人民共和国境内以营利为目的从事经营活动的

---

① 《市场主体登记管理条例》第 3 条第 2 款规定:“市场主体登记包括设立登记、变更登记和注销登记。”

② 《市场主体登记管理条例》第 21 条第 1 款规定:“申请人申请市场主体设立登记,登记机关依法予以登记的,签发营业执照。营业执照签发日期为市场主体的成立日期。”

③ 《无证无照经营查处办法》第 6 条规定:“经营者未依法取得营业执照从事经营活动的,由履行工商行政管理职责的部门(以下称工商行政管理部门)予以查处。”

下列自然人、法人及非法人组织：……(四)个体工商户；……”，第3条第1款规定：“市场主体应当依照本条例办理登记。未经登记，不得以市场主体名义从事经营活动。法律、行政法规规定无需办理登记的除外。”

据此，国家对各类市场主体从事经营活动采取了“须经登记为原则、无须登记为例外”的监管制度。因此，自然人从事经营活动，除非法律、行政法规明确规定无须办理市场主体登记，都需要经过登记；当然，在具体的类型方面，可以选择登记为个体工商户、个人独资企业①或一人公司②。

现阶段，根据下列法律③、行政法规的规定，下列情形无须办理市场主体登记④：

(1)《电子商务法》第10条规定：“电子商务经营者应当依法办理市场主体登记。但是，个人销售自产农副产品、家庭手工业产品，个人利用自己的技能从事依法无须取得许可的便民劳务活动和零星小额交易活动⑤，以及依照法律、行政法规不需要进行登记的除外。”

(2)《食品安全法》第36条规定：“食品生产加工小作坊和食品摊贩等从事食品生产经营活动，应当符合本法规定的与其生产经营规模、条件相适应的食品安全要求，保证所生产经营的食品卫生、无毒、无害，食品安全监督管理部门应当对其加强监督管理。县级以上地方人民政府应当对食品生产加工小作坊、食品摊贩等进行综合治理，加强服务和统一规划，改善其生产经营环境，鼓励和支持其改进生产经营条件，进入集中交易市场、店铺等固定场所经营，或者在指定的临时经营区域、时段经营。食品生产加工小作坊和食品摊贩等的具体管理办法由省、自治区、直辖市制定。”实践中，通常对食品摊贩实行备案或登记卡管理，不要求食品摊贩领取营业执照。⑥

(3)国务院《无证无照经营查处办法》第3条规定：“下列经营活动，不属于无证无照经营：(一)在县级以上地方人民政府指定的场所和时间，销售农副产品、日常生活用品，或者个人利用自己的技能从事依法无须取得许可的便民劳务活动；(二)依照法律、

---

① 《个人独资企业法》第2条规定：“本法所称个人独资企业，是指依照本法在中国境内设立，由一个自然人投资，财产为投资人个人所有，投资人以其个人财产对企业债务承担无限责任的经营实体。”

② 《公司法》第42条规定：“有限责任公司由一个以上五十个以下股东出资设立”，第91条规定：“设立股份有限公司，可以采取发起设立或者募集设立的方式。发起设立，是指由发起人认购设立公司时应发行的全部股份而设立公司……”第92条规定：“设立股份有限公司，应当有一人以上二百人以下为发起人，其中应当有半数以上的发起人在中华人民共和国境内有住所。”

③ 财政部办公厅2021年10月15日公布的《中华人民共和国注册会计师法修订草案(征求意见稿)》第17条第3款规定：“会计师事务所无需进行工商登记。”如果正式通过的修订后的《注册会计师法》采纳了该规定，则将来会计师事务所也无需进行市场主体登记。

④ 除了法律、行政法规，有的地方性法规也作出了相应的规定。比如，深圳市第六届人民代表大会常务委员会第四十五次会议于2020年10月29日修订通过的《深圳经济特区商事登记若干规定》第13条规定：“自然人从事依法无需经有关部门批准的经营活动的，可以不办理个体工商户商事登记，直接办理税务登记。”

⑤ 严格来讲，个人销售自产农副产品、家庭手工业产品，个人利用自己的技能从事依法无须取得许可的便民劳务活动并非《市场主体登记管理条例》所说的“以营利为目的从事经营活动”。

⑥ 比如，《吉林省食品小作坊小餐饮店小食杂店和食品摊贩管理条例》第11条：“食品小作坊、小餐饮店、小食杂店实行登记管理，食品摊贩实行备案管理。但是，从事食用农产品销售的除外。”《青海省食品生产加工小作坊和食品摊贩管理条例》(2021年修正)第21条第1款规定：“食品摊贩实行登记管理制度。取得食品摊贩登记卡的，无需办理营业执照即可从事食品经营活动。”

行政法规、国务院决定的规定,从事无须取得许可或者办理注册登记的经营活动。”

除非法律、行政法规明文规定无须办理登记,否则,自然人在未取得营业执照的情况下从事经营活动,属于无照经营。对此,《无证无照经营查处办法》第 6 条规定:“经营者未依法取得营业执照从事经营活动的,由履行工商行政管理职责的部门(以下称工商行政管理部门)予以查处。”第 13 条规定:“从事无照经营的,由工商行政管理部门依照相关法律、行政法规的规定予以处罚”,《市场主体登记管理条例》第 43 条规定:“未经设立登记从事经营活动的,由登记机关责令改正,没收违法所得;拒不改正的,处 1 万元以上 10 万元以下的罚款;情节严重的,依法责令关闭停业,并处 10 万元以上 50 万元以下的罚款。”

(三)个体工商户的登记事项

现阶段,个体工商户的登记事项包括:(1)组成形式,即“个人经营”或“家庭经营”;(2)经营范围;(3)经营场所;(4)经营者的姓名和住所;(5)个体工商户的名称(仅适用于使用名称的个体工商户)。①

其中,就“家庭经营的个体工商户”而言,以“主持经营者”作为该个体工商户的经营者予以登记②,并将全体参加经营的家庭成员的姓名进行备案③。

需要注意的是,《市场主体登记管理条例实施细则》第 6 条第 7 项所说的“个体工商户使用名称的,登记事项还应当包括名称”表明,个体工商户可以使用名称,也可以不使用名称;《个体工商户名称登记管理办法》(于 2023 年 10 月 1 日废止)第 2 条更是直接规定“个体工商户可以不使用名称”。在个体工商户使用名称的情况下,其名称由行政区划、字号、行业、组织形式依次组成④,并应当予以登记。

个体工商户的登记事项发生变更时,应当及时办理变更登记。⑤ 其中,个体工商户变更经营者时,无须先注销原个体工商户、再由新的经营者办理新的个体工商户的设

---

① 《市场主体登记管理条例实施细则》第 6 条第 7 项规定:“市场主体应当按照类型依法登记下列事项:……(七)个体工商户:组成形式、经营范围、经营场所,经营者姓名、住所。个体工商户使用名称的,登记事项还应当包括名称。”

② 市场监管总局《市场主体登记文书规范》(国市监注发〔2022〕24 号文件附件 1)之“个体工商户登记(备案)申请书”注 1。

③ 《市场主体登记管理条例》第 9 条第 6 项规定:“市场主体的下列事项应当向登记机关办理备案:……(六)参加经营的个体工商户家庭成员姓名。”《市场主体登记管理条例实施细则》第 7 条第 1 款第 7 项规定:“市场主体应当按照类型依法备案下列事项:……(七)个体工商户:家庭参加经营的家庭成员姓名、登记联络员。”

④ 国务院《企业名称登记管理规定》(2020 年修订)第 25 条规定:“农民专业合作社和个体工商户的名称登记管理,参照本规定执行。”第 6 条规定:“企业名称由行政区划名称、字号、行业或者经营特点、组织形式组成。跨省、自治区、直辖市经营的企业,其名称可以不含行政区划名称;跨行业综合经营的企业,其名称可以不含行业或者经营特点。”

⑤ 《市场主体登记管理条例》第 24 条规定:“市场主体变更登记事项,应当自作出变更决议、决定或者法定变更事项发生之日起 30 日内向登记机关申请变更登记。市场主体变更登记事项属于依法须经批准的,申请人应当在批准文件有效期内向登记机关申请变更登记。”

立登记,可以在保持原个体工商户存续的情况下直接办理变更登记。①

(四)个体工商户转型为企业

如前所述,个体工商户在性质上不属于法人或非法人组织,但个体工商户可以转型为企业。对此,《促进个体工商户发展条例》第 13 条规定:"个体工商户可以自愿……转型为企业。……个体工商户……转型为企业的,应当结清依法应缴纳的税款等,对原有债权债务作出妥善处理,不得损害他人的合法权益。"

不过,由于个体工商户和企业在法律性质、组织形式、责任承担方式、名称管理等方面存在较大差异,与个体工商户变更经营者不再需要按照"先注销、后设立"的模式相比,个体工商户转型为企业,仍然需要先行办理原个体工商户的注销登记,再申请企业设立登记。②

三、个体工商户的字号

根据国务院《企业名称登记管理规定》(2020 年修订)第 6 条、第 8 条、第 25 条③的规定,并参考《浙江省企业商号管理和保护规定》(2021 年修正)第 3 条④的规定,个体工商户的名称由行政区划、字号、行业、组织形式依次组成,字号作为个体工商户的名称的重要组成部分,是个体工商户的名称中除行政区划、行业、组织形式外的区别于其他市场主体的主要标志性文字⑤;在不侵害他人在先权利的情况下⑥,个体工商户经营

---

① 原《个体工商户条例》第 10 条第 2 款规定:"个体工商户变更经营者的,应当在办理注销登记后,由新的经营者重新申请办理注册登记……"2022 年 3 月 1 日起施行的《市场主体登记管理条例实施细则》第 38 条也规定:"个体工商户变更经营者,应当在办理注销登记后,由新的经营者重新申请办理登记。双方经营者同时申请办理的,登记机关可以合并办理。"但 2022 年 11 月 1 日起施行的《促进个体工商户发展条例》第 13 条则规定:"个体工商户可以自愿变更经营者或者转型为企业。变更经营者的,可以直接向市场主体登记机关申请办理变更登记。……个体工商户变更经营者或者转型为企业的,应当结清依法应缴纳的税款等,对原有债权债务作出妥善处理,不得损害他人的合法权益。"

② 《推动个体工商户实现长远健康发展——聚焦〈促进个体工商户发展条例〉》(https://www.gov.cn/xinwen/2022-10/27/content_5722221.htm,最后访问日期:2024 年 5 月 14 日)。

③ 《企业名称登记管理规定》(2020 年修订)第 6 条规定:"企业名称由行政区划名称、字号、行业或者经营特点、组织形式组成。跨省、自治区、直辖市经营的企业,其名称可以不含行政区划名称;跨行业综合经营的企业,其名称可以不含行业或者经营特点",第 8 条规定:"企业名称中的字号应当由两个以上汉字组成。县级以上地方行政区划名称、行业或者经营特点不得作为字号,另有含义的除外",第 25 条规定:"农民专业合作社和个体工商户的名称登记管理,参照本规定执行。"

④ 《浙江省企业商号管理和保护规定》(2021 年修正)第 3 条规定:"本规定所称企业商号,即字号,是指企业名称中除行政区划、行业或者经营特点、组织形式外显著区别于其他企业的标志性文字。"

⑤ 《国家工商行政管理局关于解决商标与企业名称中若干问题的意见》(工商标字〔1999〕第 81 号,已废止)第 3 条规定:"商标是区别不同商品或者服务来源的标志,由文字、图形或者其组合构成;企业名称是区别不同市场主体的标志,由行政区划、字号、行业或者经营特点、组织形式构成,其中字号是区别不同企业的主要标志。"

⑥ 《企业名称登记管理规定》(2020 年修订)第 17 条规定:"在同一企业登记机关,申请人拟定的企业名称中的字号不得与下列同行业或者不使用行业、经营特点表述的企业名称中的字号相同:(一)已经登记或者在保留期内的企业名称,有投资关系的除外;(二)已经注销或者变更登记未满 1 年的原企业名称,有投资关系或者受让企业名称的除外;(三)被撤销设立登记或者被撤销变更登记未满 1 年的原企业名称,有投资关系的除外。"

者的姓名可以作为字号使用[①]。

实务中,个体工商户的字号通常是作为企业名称予以保护的。对此,《反不正当竞争法》第 6 条第 2 项规定:“经营者不得实施下列混淆行为,引人误认为是他人商品或者与他人存在特定联系:……(二)擅自使用他人有一定影响的企业名称(包括简称、字号等)、社会组织名称(包括简称等)、姓名(包括笔名、艺名、译名等)。”《最高人民法院关于适用〈中华人民共和国反不正当竞争法〉若干问题的解释》(法释〔2022〕9 号,以下简称“《反不正当竞争法解释》”)第 9 条第 2 款规定:“有一定影响的个体工商户、农民专业合作社(联合社)以及法律、行政法规规定的其他市场主体的名称(包括简称、字号等),人民法院可以依照反不正当竞争法第六条第二项予以认定。”

四、个体工商户的“组织化”态势

尽管在性质上,个体工商户是按照自然人对待的,并非组织,不过,在现有法律框架中,个体工商户也呈现出了比较明显的“组织化”“实体化”态势,具体如下:

第一,个体工商户拥有独立的市场主体资格,有属于自己的营业执照、纳税人资格和银行结算账户。对此,《促进个体工商户发展条例》第 4 条第 1 款规定:“个体经济是社会主义市场经济的重要组成部分,个体工商户是重要的市场主体”,《市场主体登记管理条例》第 2 条规定:“本条例所称市场主体,是指在中华人民共和国境内以营利为目的从事经营活动的下列自然人、法人及非法人组织:……(四)个体工商户”,第 3 条规定:“市场主体应当依照本条例办理登记。未经登记,不得以市场主体名义从事经营活动。法律、行政法规规定无需办理登记的除外”,第 21 条规定:“申请人申请市场主体设立登记,登记机关依法予以登记的,签发营业执照。营业执照签发日期为市场主体的成立日期”;《税收征收管理法》第 15 条规定:“企业,企业在外地设立的分支机构和从事生产、经营的场所,个体工商户和从事生产、经营的事业单位(以下统称从事生产、经营的纳税人)自领取营业执照之日起三十日内,持有关证件,向税务机关申报办理税务登记。税务机关应当于收到申报的当日办理登记并发给税务登记证件”;《人民币银行结算账户管理办法》第 3 条第 1 款规定:“银行结算账户按存款人分为单位银行结算账户和个人银行结算账户。(一)存款人以单位名称开立的银行结算账户为单位银行结算账户。……个体工商户凭营业执照以字号或经营者姓名开立的银行结算账户纳入单位银行结算账户管理。(二)存款人凭个人身份证件以自然人名称开立的银行结算账户为个人银行结算账户。”

第二,个体工商户有属于自己的、独立于其经营者的字号和名称。对此,《民法典》第 54 条规定“个体工商户可以起字号”,《市场主体登记管理条例》第 10 条第 1 款规定:“市场主体只能登记一个名称,经登记的市场主体名称受法律保护。”

第三,个体工商户享有相对独立的财产权、经营自主权等权利。对此,《促进个体工商户发展条例》第 6 条规定:“……个体工商户的财产权、经营自主权等合法权益受法律保护,任何单位和个人不得侵害或者非法干预”,第 26 条规定:“国家加大对个体

---

① 《个体工商户名称登记管理办法》(于 2023 年 10 月 1 日废止)第 8 条第 1 款曾经规定:“经营者姓名可以作为个体工商户名称中的字号使用。”

工商户的字号、商标、专利、商业秘密等权利的保护力度”,第 33 条规定:“个体工商户对违反本条例规定、侵害自身合法权益的行为,有权向有关部门投诉、举报”。

第四,个体工商户有自己的债务。对此,《民法典》第 56 条第 1 款使用了“个体工商户的债务”的表述,尽管个体工商户的债务最终是由个体工商户的经营者个人财产或家庭财产承担的,但不影响相关债务属于“个体工商户的债务”的性质。

第五十五条 【农村承包经营户的界定】农村集体经济组织的成员,依法取得农村土地承包经营权,从事家庭承包经营的,为农村承包经营户。

【条文通释】

《民法典》第 55 条是关于农村承包经营户的界定的规定。

一、农村承包经营户的界定

根据《民法典》第 55 条、第 56 条第 2 款和《农村土地承包法》第 3 条、第 5 条、第 9 条、第 16 条①和《最高人民法院关于审理涉及农村土地承包纠纷案件适用法律问题的解释》(2020 年修正)第 3 条②等规定,农村承包经营户,即《民法典》第 56 条第 2 款所说的“从事农村土地承包经营的农户”,指的是具有农村集体经济组织成员身份的主体,依照《农村土地承包法》,以家庭承包方式承包农村土地,从事农村土地承包经营的农户。也就是说,农村承包经营户这种类型的农户,是以家庭为单位的。

根据《民法典》第 55 条和《农村土地承包法》第 24 条③的规定,“从事农村土地承包经营的农户”的家庭成员应以土地承包经营权证或林权证等证书列明的仍然具有农村集体经济组织成员资格的家庭成员为准。④

需要注意的是,由于《民法典》第 55 条使用了“农村集体经济组织的成员,依法取得……,从事……的,为农村承包经营户”的表述,因此,如果农村土地的承包方不具有

---

① 《农村土地承包法》第 3 条规定:“国家实行农村土地承包经营制度。农村土地承包采取农村集体经济组织内部的家庭承包方式,不宜采取家庭承包方式的荒山、荒沟、荒丘、荒滩等农村土地,可以采取招标、拍卖、公开协商等方式承包”,第 5 条第 1 款规定:“农村集体经济组织成员有权依法承包由本集体经济组织发包的农村土地”,第 9 条规定:“承包方承包土地后,享有土地承包经营权,可以自己经营,也可以保留土地承包权,流转其承包地的土地经营权,由他人经营”,第 16 条规定:“家庭承包的承包方是本集体经济组织的农户。农户内家庭成员依法平等享有承包土地的各项权益”。

② 《最高人民法院关于审理涉及农村土地承包纠纷案件适用法律问题的解释》第 3 条规定:“承包合同纠纷,以发包方和承包方为当事人。前款所称承包方是指以家庭承包方式承包本集体经济组织农村土地的农户,以及以其他方式承包农村土地的组织或者个人。”

③ 《农村土地承包法》第 24 条第 1 款、第 2 款规定:“国家对耕地、林地和草地等实行统一登记,登记机构应当向承包方颁发土地承包经营权证或者林权证等证书,并登记造册,确认土地承包经营权。土地承包经营权证或者林权证等证书应当将具有土地承包经营权的全部家庭成员列入。”

④ 在李某春与四川省蓬溪县蓬南镇某某村一社土地承包经营权继承纠纷案中,四川省高级人民法院(2018)川民申 5975 号民事裁定书认为:“……是否属于承包经营户中的家庭成员,不能以是否共同居住、是否具有近亲属关系或是否属于同一户口簿等作为判断标准,而应当以集体经济组织发包土地时核对的农户为单位,以该家庭成员是否属于农户中的一员作为判断标准。”

本农村集体经济组织成员身份[①]，则不属于《民法典》所说的“农村承包经营户”；由于《民法典》第 55 条使用了“从事家庭承包经营的，为农村承包经营户”的表述，因此，即使是本农村集体经济组织的成员，在依法取得农村土地承包经营权后，如果不是采取家庭承包经营的方式，也不属于《民法典》所说的“农村承包经营户”。

二、农村土地承包经营权

（一）农村土地

农村土地是指农民集体所有和国家所有依法由农民集体使用的耕地、林地、草地，以及其他依法用于农业的土地。[②]

（二）农村土地承包经营权

农村土地承包方在与发包方签订书面承包合同后，自承包合同生效时取得土地承包经营权[③]，既可以自己经营，也可以保留土地承包权，流转其承包地的土地经营权，由他人经营。[④]

国家确认承包方享有土地承包经营权的法律凭证是农村土地承包经营权证，具有土地承包经营权的全部家庭成员均应当列入农村土地承包经营权证。[⑤]

农村土地承包方享有的权利包括：(1)依法享有承包地占有、使用、收益的权利，有权自主组织生产经营和处置产品，包括依法从事种植业、林业、畜牧业等农业生产[⑥]；(2)依法互换、转让土地承包经营权；(3)依法流转土地经营权；(4)承包地被依法征收、征用、占用的，有权依法获得相应的补偿；(5)法律、行政法规规定的其他权利。[⑦]

三、农村集体经济组织成员

（一）农村集体经济组织

农村集体经济组织是指“以土地集体所有为基础，依法代表成员集体行使所有权，

---

① 《农村土地承包法》第 3 条规定：“国家实行农村土地承包经营制度。农村土地承包采取农村集体经济组织内部的家庭承包方式，不宜采取家庭承包方式的荒山、荒沟、荒丘、荒滩等农村土地，可以采取招标、拍卖、公开协商等方式承包”，第 48 条规定：“不宜采取家庭承包方式的荒山、荒沟、荒丘、荒滩等农村土地，通过招标、拍卖、公开协商等方式承包的，适用本章规定”，第 51 条规定：“以其他方式承包农村土地，在同等条件下，本集体经济组织成员有权优先承包”，第 52 条规定：“发包方将农村土地发包给本集体经济组织以外的单位或者个人承包，应当事先经本集体经济组织成员的村民会议三分之二以上成员或者三分之二以上村民代表的同意，并报乡（镇）人民政府批准。由本集体经济组织以外的单位或者个人承包的，应当对承包方的资信情况和经营能力进行审查后，再签订承包合同。”

② 《农村土地承包法》第 2 条。

③ 《农村土地承包法》第 23 条。

④ 《农村土地承包法》第 9 条。

⑤ 《农村土地承包法》第 24 条、原《农村土地承包经营权证管理办法》第 2 条。

⑥ 《民法典》第 331 条规定：“土地承包经营权人依法对其承包经营的耕地、林地、草地等享有占有、使用和收益的权利，有权从事种植业、林业、畜牧业等农业生产。”

⑦ 《农村土地承包法》第 17 条。

实行家庭承包经营为基础、统分结合双层经营体制的区域性经济组织”,在范围上“包括乡镇级农村集体经济组织、村级农村集体经济组织、组级农村集体经济组织”。[①] 符合法定条件的村“一般应当设立农村集体经济组织”,“村民小组可以根据情况设立农村集体经济组织”;“乡镇确有需要的,可以设立农村集体经济组织”。[②]

在性质上,依法设立的农村集体经济组织属于特别法人。[③]

(二)农村集体经济组织成员

1. 农村集体经济组织成员身份的确认

针对农村集体经济组织成员身份的确认,《农村集体经济组织法》第 11 条规定:“户籍在或者曾经在农村集体经济组织并与农村集体经济组织形成稳定的权利义务关系,以农村集体经济组织成员集体所有的土地等财产为基本生活保障的居民,为农村集体经济组织成员。”第 12 条规定:“农村集体经济组织通过成员大会,依据前条规定确认农村集体经济组织成员。对因成员生育而增加的人员,农村集体经济组织应当确认为农村集体经济组织成员。对因成员结婚、收养或者因政策性移民而增加的人员,农村集体经济组织一般应当确认为农村集体经济组织成员。确认农村集体经济组织成员,不得违反本法和其他法律法规的规定……”并要求“农村集体经济组织应当制作或者变更成员名册。成员名册应当报乡镇人民政府、街道办事处和县级人民政府农业农村主管部门备案”。

此外,农村集体经济组织成员身份的确认,还需要遵循省级人大或其常委会有关集体经济组织成员资格条件及成员确认的具体规定。[④]《最高人民法院关于为抓好“三农”领域重点工作确保如期实现全面小康提供司法服务和保障的意见》(法发〔2020〕15 号)第 15 条也规定,“对于因分配土地补偿费、其他集体经济收益等产生的集体组织成员资格认定问题,综合考虑当事人生产生活状况、户口登记状况以及农村土地对农民的基本生活保障功能等因素认定相关权利主体”。

比如,在陈某与海口市美兰区灵山镇林昌村委会南仔村民小组侵害集体经济组织成员权益案中,针对陈某是否具有南仔村民小组集体经济组织成员资格的问题,海南省高级人民法院(2021)琼民申 608 号民事裁定书认为:“对农村集体经济组织成员资格的认定,以人民政府的征地补偿安置方案确定时是否以本集体经济组织的土地为基本生活保障为基本依据,兼顾是否具有本集体经济组织户籍以及是否在本集体经济组织较为固定的生产、生活作为判断标准。仅户口登记在集体经济组织,但不在集体经济组织实际生产、生活的,应当认定其不具有集体经济组织成员资格。陈某的母亲颜某虽在南仔村民小组出生和生活,其户口也一直登记在南仔村民小组。但其于 2014 年 5 月 20 日与万宁市南坡村村民陈某龙登记结婚后,将婚生女陈某户口随父亲陈某龙在

---

① 《农村集体经济组织法》第 2 条。

② 《农村集体经济组织法》第 19 条第 2 款。

③ 《民法典》第 99 条、《农村集体经济组织法》第 6 条第 1 款。

④ 《农村土地承包法》第 69 条规定:“确认农村集体经济组织成员身份的原则、程序等,由法律、法规规定。”《农村集体经济组织法》第 12 条第 5 款规定:“省、自治区、直辖市人民代表大会及其常务委员会可以根据本法,结合本行政区域实际情况,对农村集体经济组织的成员确认作出具体规定。”

万宁市南坡村落户，自然取得当地集体经济组织成员资格。陈某未提供证据证明其已丧失万宁市南坡村集体经济组织成员资格，亦未提供证据证明其以南仔村民小组的土地为基本生活保障。陈某母亲在将陈某户口从万宁市南坡村迁入南仔村前，曾向南仔村民小组作出承诺户口迁移只是为了陈某上学和生活方便，不享受南仔村民小组任何补贴待遇。二审判决据此认定其不具有南仔村民小组村集体经济组织成员资格，并无不当。”

2. 农村集体经济组织成员身份的丧失

在下列任一情形下，丧失农村集体经济组织成员身份：(1)死亡(包括依法被宣告死亡)；(2)丧失中华人民共和国国籍；(3)已经取得其他农村集体经济组织成员身份；(4)已经成为公务员，但是聘任制公务员除外；(5)法律法规和农村集体经济组织章程规定的其他情形。[①] 其中，在前述第 3、4 项情形下“丧失农村集体经济组织成员身份的，依照法律法规、国家有关规定和农村集体经济组织章程，经与农村集体经济组织协商，可以在一定期限内保留其已经享有的相关权益”。[②]

但是，农村集体经济组织成员不因就学、服役、务工、经商、离婚、丧偶、服刑等原因而丧失农村集体经济组织成员身份；并且，农村集体经济组织成员结婚，未取得其他农村集体经济组织成员身份的，原农村集体经济组织不得取消其成员身份。[③]《最高人民法院关于为抓好“三农”领域重点工作确保如期实现全面小康提供司法服务和保障的意见》(法发〔2020〕15 号)第 15 条也规定：“依法妥善审理农村集体经济组织成员资格纠纷，保护农民基本财产权利。……将当事人是否获得其他替代性基本生活保障作为重要考量因素，慎重认定当事人权利主体资格的丧失，注重依法保护妇女、儿童等群体的合法权益。”

实务中，农村集体经济组织成员全家迁入设区的市、转为非农业户口可能导致丧失农村集体经济组织成员身份。对此，在最高人民法院 2014 年 3 月 19 日公布的保障民生第二批典型案例“王某荣与何某云、王某胜等农村土地承包经营权纠纷案”中，最高人民法院提审认为，“王某荣作为城市居民，在二轮土地延包中不享有土地承包经营权”，其中一个理由就是：“王某荣于 1992 年 1 月将户口从王某学家迁至白城市新立派出所辖区内落户。当时适用的《农村土地承包法》第 26 条第 3 款规定：‘承包期内，全家迁入设区的市，转为非农业户口的，应当将承包的耕地和草地交回发包方。承包方不交回的，发包方可以收回承包的耕地和草地。’可见迁入设区的市、转为非农业户口，是丧失农村土地承包经营权的条件。由于目前我国法律没有对农村居民个人丧失土地承包经营权的条件作出明确具体的规定，因此，只能比照法律中最相类似的条款进行认定，上述规定应当成为认定在第二轮土地承包中，王某荣是否对王某学家承包的土地享有承包经营权的法律依据。此时王某荣的户口已经迁入设区的市，成为城市居民，因此不应再享有农村土地承包经营权。当地第二轮土地承包仍依照当时适用的《农村土地承包法》第 15 条之规定，以本集体经济组织的农户为单位。延包的含义是

---

① 《农村集体经济组织法》第 17 条第 1 款。

② 《农村集体经济组织法》第 17 条第 2 款。

③ 《农村集体经济组织法》第 18 条。

只丈量土地,不进行调整,符合增人不增地、减人不减地的政策。王某荣此时已不是王某学家庭成员,在二轮土地延包中不享有土地承包经营权。”

第五十六条 【个体工商户和农村承包经营户的债务的承担】个体工商户的债务,个人经营的,以个人财产承担;家庭经营的,以家庭财产承担;无法区分的,以家庭财产承担。

农村承包经营户的债务,以从事农村土地承包经营的农户财产承担;事实上由农户部分成员经营的,以该部分成员的财产承担。

【条文通释】

《民法典》第56条是关于个体工商户和农村承包经营户的债务的承担的规定。

一、个体工商户债务的承担

(一)个体工商户的债务

《民法典》第56条第1款所说的“个体工商户的债务”,指的是个体工商户在经营过程中以个体工商户的名义产生的债务,与经营者个人的债务是不同的债务。

(二)个体工商户债务的承担

针对个体工商户的债务承担,《民法典》第56条第1款区分了3种情形,规定了相应的承担办法:一是个人经营的个体工商户所负的债务,须以经营者个人的全部财产进行清偿;二是家庭经营的个体工商户所负的债务,须以家庭的全部财产进行清偿;三是无法区分是个人经营还是家庭经营的个体工商户所负的债务,也须以家庭的全部财产进行清偿。①

由于《民法典》第56条第1款使用了“个体工商户的债务,……以个人财产承担;……以家庭财产承担;……以家庭财产承担”的表述,因此,不论个体工商户是否起字号、是否注销,只要是个体工商户所负的债务,就需要以经营者的个人财产或家庭财产进行清偿。②

需要注意的是,由于《民法典》第56条第1款针对“个人经营的个体工商户”和“家庭经营的个体工商户”“无法区分个人经营还是家庭经营的个体工商户”的债务分别规定了“以个人财产承担”和“以家庭财产承担”这两种不同的债务承担办法,而“个人财

---

① 1987年的《城乡个体工商户管理暂行条例》(自2011年11月1日起被原《个体工商户条例》废止)曾经对个体工商户的民事责任(不仅仅限于债务)的承担作出了规定。该暂行条例第4条第1款规定:“个体工商户,可以个人经营,也可以家庭经营。个人经营的,以个人全部财产承担民事责任;家庭经营的,以家庭全部财产承担民事责任。”当然,该暂行条例没有对无法区分个人经营还是家庭经营时应当如何承担责任作出规定。

② 最高人民法院(2021)最高法知民终1468号民事裁定书、广东省高级人民法院(2021)粤民终2838号民事判决书等。

产”与“家庭财产”属于不同的概念、具有不同的财产范围[①]，因此，在个体工商户的债务依法须以经营者的个人财产承担的情况下，个体工商户的债权人不得要求经营者以家庭财产进行清偿；与此相对应，在个体工商户的债务依法须以经营者的家庭财产承担的情况下，个体工商户的债权人不得要求以经营者所在家庭的各个家庭成员的个人财产进行清偿。当然，在个体工商户的债务依法须以家庭财产承担的情况下，如发生因子女成年或夫妻离婚等原因对家庭财产进行分割的情形，那么，家庭成员应当以其从家庭财产中分割所得的财产对个体工商户的债务承担清偿责任。[②]

此外，不论是以经营者的个人财产还是以家庭财产清偿，都需要为个体工商户的经营者及其所扶养家属保留生活必需品。[③]

（三）个人经营与家庭经营

《民法典》和《民法典总则编解释》都没有直接对“个人经营”和“家庭经营”作出界定。

《民法典》第 56 条第 1 款所说的“个人经营”，是与该款所说的“家庭经营”相对的概念，指的是只有经营者个人单独经营，其他家庭成员不参与个体工商户的经营。而“家庭经营”指的则是经营者与其他家庭成员共同经营。其中，根据《民法典》第 1045 条的规定[④]，家庭成员包括配偶、父母、子女和其他共同生活的近亲属（即兄弟姐妹、祖父母、外祖父母、孙子女、外孙子女）。

---

① 结合下文关于“个人财产”和“家庭财产”的分析，严格来说，“家庭财产”和“个人财产”虽有联系，但也有区别，不能简单地以人数多少（家庭成员有数人而经营者本人只是一个人）作为判断财产多少的依据，既不能当然认为“家庭财产”要比“个人财产”多，也不能当然认为“个人财产”要比“家庭财产”多。

② 此外，如果债权人能够证明相关债务属于夫妻共同债务，那么，根据《民法典》第 1064 条第 1 款所说的“夫妻双方共同签名或者夫妻一方事后追认等共同意思表示所负的债务，以及夫妻一方在婚姻关系存续期间以个人名义为家庭日常生活需要所负的债务，属于夫妻共同债务”和第 2 款所说的“夫妻一方在婚姻关系存续期间以个人名义超出家庭日常生活需要所负的债务，不属于夫妻共同债务；但是，债权人能够证明该债务用于夫妻共同生活、共同生产经营或者基于夫妻双方共同意思表示的除外”，则可以依法请求个体工商户经营者的配偶共同清偿。

③ 《民事诉讼法》第 255 条第 1 款规定：“被执行人未按执行通知履行法律文书确定的义务，人民法院有权查封、扣押、冻结、拍卖、变卖被执行人应当履行义务部分的财产。但应当保留被执行人及其所扶养家属的生活必需品。”《民通意见》（已废止）第 44 条更是曾直接规定：“个体工商户、农村承包经营户的债务，如以其家庭共有财产承担责任时，应当保留家庭成员的生活必需品和必要的生产工具。”

④ 《民法典》第 1045 条规定：“亲属包括配偶、血亲和姻亲。配偶、父母、子女、兄弟姐妹、祖父母、外祖父母、孙子女、外孙子女为近亲属。配偶、父母、子女和其他共同生活的近亲属为家庭成员。”

就"家庭经营"的认定而言,可以参考"夫妻共同经营"的认定思路①,即:判断经营活动是否属于家庭经营,要根据经营活动的性质以及家庭成员在经营活动中的地位和作用等因素综合加以认定;如果两个以上的家庭成员同为个体工商户的经营者并且共同决定经营事项,或者虽由一方决定经营事项但其他方对此进行了授权,则应当认定为家庭经营。

需要注意的是,如果个体工商户经营者的其他家庭成员不是以经营者的身份参加经营,而是被个体工商户聘任,以帮工、雇工、从业人员的身份为该个体工商户提供劳务或服务②,则原则上不应认定是家庭经营;③此外,兄弟经营、姐妹经营不等于家庭经营,夫妻经营也不当然等于家庭经营。

还需注意的是,尽管《民法典》第 56 条第 1 款只规定了"个人经营"和"家庭经营"这两种形式,没有规定类似于《民法典》第 56 条第 2 款所说的"农户部分成员经营"那样的"部分家庭成员经营",但是,考虑到针对家庭经营的个体工商户,不论是《民法典》,还是《促进个体工商户发展条例》《市场主体登记管理条例》《市场主体登记管理条例实施细则》都没有要求全体家庭成员都必须参加经营,只是要求将"参加经营的个体工商户家庭成员姓名"向登记机关办理备案④,因此,不论是全体家庭成员都参加经营的个体工商户,还是只有部分家庭成员参加经营的个体工商户,都属于"家庭经营的个体工商户",都需要适用《民法典》第 56 条第 1 款关于"个体工商户的债务,……家庭经营的,以家庭财产承担"的规定。这跟《民法典》第 56 条第 2 款针对由农户部分成员经营的农村承包经营户的债务所规定的"以该部分成员的财产承担"是不同的。

---

① 比如,湖南省高级人民法院(2021)湘民终 307 号民事判决书认为:"夫妻共同生产经营主要是指夫妻双方同为股东、高管、合伙等关系共同决定生产经营事项,或者虽由一方决定但另一方进行了授权的情形,判断生产经营活动是否属于夫妻共同生产经营,要根据经营活动的性质以及夫妻双方在其中的地位作用等综合认定。"广东省高级人民法院(2019)粤民再 373 号民事判决书认为:"夫妻共同生产经营,主要是指由夫妻双方共同决定生产经营事项,或者虽由一方决定但另一方进行了授权的情形。判断生产经营活动是否属于夫妻共同生产经营,要根据经营活动的性质以及夫妻双方在其中的地位作用等综合认定。"新疆维吾尔自治区高级人民法院(2021)新民申 472 号民事裁定书认为:"夫妻共同生产经营主要是指由夫妻双方共同决定生产经营事项,判断生产经营活动是否属于夫妻共同生产经营,要根据经营活动的性质以及夫妻双方在其中的地位作用等综合认定。夫妻共同生产经营所负的债务一般包括双方共同从事工商业、共同投资以及购买生产资料等所负的债务。"天津市高级人民法院(2019)津民终 243 号民事判决书更是认为:"关于'共同生产经营'的理解是否包括夫或妻一方生产经营在内,本院认为,对于法律条文的理解应以文义解释为首要原则,该条中'生产经营'明确限定为'共同',且同条中其他项'生活''意思表示'亦均以'共同'为限定,据此,应认定'共同生产经营'系以共同性为其构成要件。固然,社会生活复杂多变,不能要求夫妻任何生产经营活动均由双方一起直接参与实施,但按照《最高人民法院关于审理涉及夫妻债务纠纷案件适用法律有关问题的解释》的制定目的,'共同生产经营'至少应要求由夫妻一方决定但另一方进行了授权,且应根据经营活动的性质以及夫妻双方在其中的地位作用等予以综合认定。"

② 原《个体工商户条例》(已废止)第 21 条规定:"个体工商户可以根据经营需要招用从业人员。个体工商户应当依法与招用的从业人员订立劳动合同,履行法律、行政法规规定和合同约定的义务,不得侵害从业人员的合法权益。"

③ 当然,从第三人的角度,这种情形难以区分是个人经营还是家庭经营,经营者应当尽量避免。

④ 《市场主体登记管理条例》第 9 条第 6 项规定:"市场主体的下列事项应当向登记机关办理备案:……(六)参加经营的个体工商户家庭成员姓名",《市场主体登记管理条例实施细则》第 7 条第 1 款第 7 项规定:"市场主体应当按照类型依法备案下列事项:……(七)个体工商户:家庭参加经营的家庭成员姓名、登记联络员。"

当然,就只有部分家庭成员参加经营的个体工商户而言,适用《民法典》第 56 条第 1 款关于"个体工商户的债务,……家庭经营的,以家庭财产承担"的规定,对于未参加经营的其他家庭成员往往是不公平的,将来《民法典》进行修改时,如能参考《民法典》第 53 条第 2 款将《民法典》第 53 条第 1 款修改为"个体工商户的债务,个人经营的,以个人财产承担;家庭经营的,以家庭财产承担;无法区分的,以家庭财产承担,但事实上由部分家庭成员经营的,以该部分家庭成员的财产承担",可能是更合适的。

(四)无法区分是个人经营还是家庭经营的证明

由于"组成形式"(即"个人经营"还是"家庭经营")属于个体工商户的登记事项和营业执照的记载事项①,且家庭经营的个体工商户须将"参加经营的个体工商户家庭成员姓名"向登记机关办理备案②,因此,《民法典》第 56 条第 1 款所说的"无法区分",不适用于在登记机关登记为家庭经营的个体工商户,仅适用于登记为个人经营的个体工商户。如果个体工商户登记为"家庭经营",则不属于"无法区分",可以直接适用《民法典》第 56 条第 1 款关于"个体工商户的债务,……家庭经营的,以家庭财产承担"的规定。

问题是,就登记为个人经营的个体工商户而言,"无法区分是个人经营还是家庭经营"时,应由谁来承担举证证明责任?对此,有的裁判意见认为应由家庭成员对此举证证明。

比如,在泰安市某某商贸有限公司与王某等财产损害赔偿纠纷案,山东省泰安市泰山区人民法院(2017)鲁 0902 民初 5359 号民事判决书认为:"某隆家俱厂系个体工商户,王某为经营者,根据《中华人民共和国民法总则》第五十六条第一款的规定,个体工商户的债务,个人经营的,以个人财产承担;家庭经营的,以家庭财产承担;无法区分的,以家庭财产承担。王某、贾某华未举证证实某隆家俱厂系王某个人经营,故贾某华应与王某共同承担赔偿责任"。③

(五)个人财产与家庭财产

由于《民法典》第 56 条第 1 款同时使用了"个人财产"和"家庭财产"的表述,因此,"个人财产"与"家庭财产"属于不同的概念,各自具有不同的含义和财产范围。

---

① 《市场主体登记管理条例实施细则》第 6 条规定:"市场主体应当按照类型依法登记下列事项:……(七)个体工商户:组成形式、经营范围、经营场所,经营者姓名、住所。个体工商户使用名称的,登记事项还应当包括名称",第 23 条第 1 款规定:"市场主体营业执照应当载明名称、法定代表人(执行事务合伙人、个人独资企业投资人、经营者或者负责人)姓名、类型(组成形式)、注册资本(出资额)、住所(主要经营场所、经营场所)、经营范围、登记机关、成立日期、统一社会信用代码。"

② 《市场主体登记管理条例》第 9 条第 6 项规定:"市场主体的下列事项应当向登记机关办理备案:……(六)参加经营的个体工商户家庭成员姓名",《市场主体登记管理条例实施细则》第 7 条第 1 款第 7 项规定:"市场主体应当按照类型依法备案下列事项:……(七)个体工商户:家庭参加经营的家庭成员姓名、登记联络员。"

③ 该一审判决得到了二审法院、再审法院的维持。见山东省高级人民法院(2020)鲁民再 514 号民事判决书。

1. 个人财产的界定

《民法典》第56条第1款所说的“个人财产”,指的是依法归个体工商户的经营者个人所有的财产和财产权益。

在财产构成方面,结合《民法典》总则编第五章关于民事权利的规定、《民法典》第395条关于抵押财产的规定[①]和《破产法解释二》第1条至第4条的规定[②],个体工商户经营者的个人财产,不仅包括货币、不动产(土地、建筑物和其他土地附着物)、动产(生产设备、原材料、半成品、产品、交通运输工具、船舶、航空器、印章、证照、财务会计资料等),也包括证券(股票、债券、证券投资基金份额等)、投资性权利(股权和在合伙企业中的财产份额等)、知识产权、债权、数据、网络虚拟财产、用益物权(海域使用权、探矿权、采矿权、取水权等)等财产和财产权益,还包括已经设定担保物权的特定财产、对按份享有所有权的共有财产的相关份额、共同享有所有权的共有财产的相应财产权利以及依法分割共有财产所得部分,但不包括经营者基于仓储、保管、承揽、代销、借用、寄存、租赁等合同或者其他法律关系占有、使用的他人财产,经营者在所有权保留买卖中尚未取得所有权的财产,所有权专属于国家且不得转让的财产以及其他依法不属于经营者的财产。

在认定某项财产或财产权利是否属于经营者的个人财产时,可以参照《民法典》等法律、司法解释关于夫妻一方个人财产的规定。[③]

2. 家庭财产的认定

《民法典》使用了“家庭财产”的表述,但没有对“家庭财产”的范围作出界定。这跟《民法典》使用了“夫妻共同财产”的表述[④]并对“夫妻共同财产”的范围作出了界定

---

① 《民法典》第395条第1款规定:“债务人或者第三人有权处分的下列财产可以抵押:(一)建筑物和其他土地附着物;(二)建设用地使用权;(三)海域使用权;(四)生产设备、原材料、半成品、产品;(五)正在建造的建筑物、船舶、航空器;(六)交通运输工具;(七)法律、行政法规未禁止抵押的其他财产。”

② 《破产法解释二》第1条规定:“除债务人所有的货币、实物外,债务人依法享有的可以用货币估价并可以依法转让的债权、股权、知识产权、用益物权等财产和财产权益,人民法院均应认定为债务人财产”,第2条规定:“下列财产不应认定为债务人财产:(一)债务人基于仓储、保管、承揽、代销、借用、寄存、租赁等合同或者其他法律关系占有、使用的他人财产;(二)债务人在所有权保留买卖中尚未取得所有权的财产;(三)所有权专属于国家且不得转让的财产;(四)其他依照法律、行政法规不属于债务人的财产”,第3条第1款规定:“债务人已依法设定担保物权的特定财产,人民法院应当认定为债务人财产”,第4条第1款规定:“债务人对按份享有所有权的共有财产的相关份额,或者共同享有所有权的共有财产的相应财产权利,以及依法分割共有财产所得部分,人民法院均应认定为债务人财产。”

③ 比如,《民法典》第1063条规定:“下列财产为夫妻一方的个人财产:(一)一方的婚前财产;(二)一方因受到人身损害获得的赔偿或者补偿;(三)遗嘱或者赠与合同中确定只归一方的财产;(四)一方专用的生活用品;(五)其他应当归一方的财产。”《民法典婚姻家庭编解释一》第30条规定:“军人的伤亡保险金、伤残补助金、医药生活补助费属于个人财产。”此外,根据《民法典婚姻家庭编解释一》第26条关于“夫妻一方个人财产在婚后产生的收益,除孳息和自然增值外,应认定为夫妻共同财产”的规定,夫妻一方个人财产在婚后产生的孳息和自然增值,属于夫妻一方的个人财产。

④ 《民法典》第1062条第1款、第1087条第1款还使用了“夫妻的共同财产”的表述:“夫妻在婚姻关系存续期间所得的下列财产,为夫妻的共同财产,归夫妻共同所有……”“离婚时,夫妻的共同财产由双方协议处理……”

是不同的。①

结合《民法典》第 308 条②和第 1153 条第 2 款③的规定,《民法典》第 56 条第 1 款所说的“家庭财产”,与《民法典》第 1153 条第 2 款所说的“家庭共有财产”④,具有相同的含义,指的都是依法归家庭成员共同所有的财产和财产权益。也就是说,“家庭财产”或“家庭共有财产”不是各个家庭成员的个人财产的简单加总,而应该是家庭成员共同所有或共同共有的财产。

需要注意的是,尽管根据《民法典》第 1045 条第 3 款的规定,“共同生活”是界定“家庭成员”的关键要件,但是,在家庭财产的认定方面,虽然也需要考察相关成员是否共同生活,但同时也需要甚至更需要考察各个家庭成员对取得相关财产是否共同作出过贡献⑤、是否共同取得相关财产、是否存在有关财产共有的约定等因素,而不能仅仅以家庭成员共同生活作为标准。

比如,最高人民法院(2021)最高法民申 6683 号民事判决书认为:“家庭共同财产的认定以家庭成员对财产取得所作出的贡献或家庭成员的约定为要件,是民法物权制度的应有之义。”

又如,在高某仁、张某菊与褚某青、高某知第三人撤销之诉一案中,针对案涉诉争房产是否为高某仁、张某菊与高某知、褚某青家庭共同财产的问题,最高人民法院(2019)最高法民申 2320 号民事裁定书认为:“本案中,高某仁、张某菊主张案涉房屋为家庭共有财产,应当承担相应的举证责任。高某仁、张某菊在原审过程中提交的‘银行往来明细单’等证据,并不足以证明其家庭成员存在共同购买案涉房屋、家庭财产共有的约定。原审判决对高某仁、张某菊的主张未予支持,并无不当。……本案中,高某仁、张某菊以自己的积蓄和理财所得为婚后的高某知、褚某青出资购置房屋,原审判决认定构成对高某知、褚某青的赠与,具有法律依据。根据本案查明的事实,高某仁、张某菊家庭成员收入归各自管理支配,现有证据不能证明存在收入归家庭共有的约定。原审判决认定案涉房屋系高某知、褚某青夫妻共有财产而非高某仁、张某菊家庭共有财产,并无不当。”

再如,在王某、蔡某婷与蔡某容等分家析产纠纷案中,福建省高级人民法院(2016)闽民申 1745 号民事裁定书认为:“家庭共有财产的发生虽以家庭共同生活关系为前

---

① 《民法典》第 1062 条第 1 款规定:“夫妻在婚姻关系存续期间所得的下列财产,为夫妻的共同财产,归夫妻共同所有:(一)工资、奖金、劳务报酬;(二)生产、经营、投资的收益;(三)知识产权的收益;(四)继承或者受赠的财产,但是本法第一千零六十三条第三项规定的除外;(五)其他应当归共同所有的财产。”

② 《民法典》第 308 条规定:“共有人对共有的不动产或者动产没有约定为按份共有或者共同共有,或者约定不明确的,除共有人具有家庭关系等外,视为按份共有。”

③ 《民法典》第 1153 条第 2 款规定:“遗产在家庭共有财产之中的,遗产分割时,应当先分出他人的财产。”

④ 其他法律也使用了“家庭共有财产的表述”。比如,《妇女权益保障法》第 54 条规定:“在夫妻共同财产、家庭共有财产关系中,不得侵害妇女依法享有的权益。”《个人独资企业法》第 18 条规定:“个人独资企业投资人在申请企业设立登记时明确以其家庭共有财产作为个人出资的,应当依法以家庭共有财产对企业债务承担无限责任。”

⑤ 《民通意见》(已废止)第 90 条规定:“在共同共有关系终止时,对共有财产的分割,有协议的,按协议处理;没有协议的,应当根据等分原则处理,并且考虑共有人对共有财产的贡献大小,适当照顾共有人生产、生活的实际需要等情况。但分割夫妻共有财产,应当根据婚姻法的有关规定处理。”

提,但并不是存在共同生活关系家庭共有财产关系就必然发生。认定家庭共有财产,必须根据财产取得的法律事实。”①

3. 个人财产、家庭财产与夫妻共同财产

根据《民法典》第1045条第3款关于“配偶、父母、子女和其他共同生活的近亲属为家庭成员”和第2款关于“配偶、父母、子女、兄弟姐妹、祖父母、外祖父母、孙子女、外孙子女为近亲属”的规定,考虑到现阶段,成年子女通常不与父母共同生活,家庭通常由夫妻组成或由夫妻与未成年子女组成,因此,就由夫妻组成或由夫妻与未成年子女组成的家庭而言,“家庭财产”或“家庭共有财产”通常指的就是“夫妻共同财产”。

在子女年满18周岁之后仍然与父母共同生活的情形,由于成年子女可以通过自己的劳动获得收入,“家庭共有财产”的范围往往要比“(父母)夫妻共同财产”要大,成年子女通常也不能主张父母的夫妻共同财产属于家庭共同财产②。

考虑到未成年子女通常没有工作、没有自己的劳动收入,实务中,对于父母以未成年子女名义购买或持有的房屋等财产,如第三人对其归属产生争议,法院倾向于认定为家庭共同财产或夫妻共同财产。③

不过,需要注意的是,根据《民法典》第13条、第14条、第19条、第20条、第35条第1款、第124条第1款和第145条等规定④,未成年人通过依法接受赠与、继承或实施其他民事法律行为或事实行为或基于法律的规定,也可以取得相应的财产甚至是大额财产,这些财产作为《民法典》第35条第1款所说的“被监护人的财产”,是未成年人的个人财产,既不属于其父母的夫妻共同财产,也不属于家庭共同财产。当然,根据《民

---

① 类似的裁判意见,还可见湖南省高级人民法院(2020)湘民再320号民事判决书(“家庭共同财产是指家庭成员在共同生活关系存续期间共同积累、共同购置的财产,主要特征是家庭成员对家庭共有财产的形成作出过贡献,而不能仅以家庭成员在形式上是否共同生活为判断标准”)、四川省高级人民法院(2015)川民申字第823号民事裁定书(“一、二审判决认为家庭共有成员在家庭共同生活关系存续期间共同创造、共同所得的财产属家庭共有财产,对家庭财产的积累均有贡献的家庭成员均为家庭财产的共有人,将本案讼争房屋认定为吴某蓉和第三人李某勇与李某福及其妻唐某群在共同生活期间以其共同收入购买,无论是谁交纳的购房款,该房屋应属于家庭共同财产并无不当”)。

② 比如,最高人民法院(2019)最高法民申1233号民事裁定书认为:“张某鑫、张某成、张某霜、张某军均为成年子女,张某、陈某娴的夫妻共同财产不能等同于家庭共有财产。张某鑫、张某霜、张某军关于其父亲张某对经成大厦有投资、所以经成大厦属于家庭共有财产的主张,没有事实、法律依据,本院不予支持。”

③ 相关案例,可见最高人民法院(2022)最高法民申411号、(2021)最高法民申1583号、(2020)最高法民申6800号民事裁定书。严格来说,就由父母和未成年子女组成的家庭而言,因未成年子女通常没有工作、没有自己的劳动收入,对相关财产的取得通常没有贡献,应将相关财产认定为父母的夫妻共同财产,而非家庭共同财产。

④ 《民法典》第13条规定:“自然人从出生时起到死亡时止,具有民事权利能力,依法享有民事权利,承担民事义务”,第14条规定:“自然人的民事权利能力一律平等”,第19条规定:“八周岁以上的未成年人为限制民事行为能力人,实施民事法律行为由其法定代理人代理或者经其法定代理人同意、追认;但是,可以独立实施纯获利益的民事法律行为或者与其年龄、智力相适应的民事法律行为”,第20条规定:“不满八周岁的未成年人为无民事行为能力人,由其法定代理人代理实施民事法律行为”,第35条第1款规定:“监护人应当按照最有利于被监护人的原则履行监护职责。监护人除为维护被监护人利益外,不得处分被监护人的财产”,第124条第1款规定:“自然人依法享有继承权”,第145条第1款规定:“限制民事行为能力人实施的纯获利益的民事法律行为或者与其年龄、智力、精神健康状况相适应的民事法律行为有效;实施的其他民事法律行为经法定代理人同意或者追认后有效”。

事诉讼法》第67条第1款[①]和《民诉法解释》第90条、第91条[②]的规定，不论是未成年人还是其父母或其他主体，如其主张相关财产属于未成年人的个人财产，就应当对该未成年人通过合法方式（接受赠与、继承、投资等）取得该财产承担举证证明责任；否则，其主张可能得不到支持。[③]

（六）以家庭财产承担个体工商户债务的反思

针对个体工商户的债务，《民法典》第56条第1款规定"个人经营的，以个人财产承担；家庭经营的，以家庭财产承担；无法区分的，以家庭财产承担"，似乎暗含着"家庭财产要比个人财产多，相较于以个人财产承担，以家庭财产承担更有利于债权人实现其债权"的假设[④]，试图以此扩大用于清偿个体工商户的债务的责任财产的范围。但是，这种将个体工商户的经营者的个人财产排除在责任财产之外的做法，恰恰可能减小了用于清偿个体工商户的债务的责任财产的范围、不利于债权人利益保护。具体而言：

一是如前所述，"家庭财产"和"个人财产"虽有联系，但也有区别，不能简单地以人数多少（家庭成员有数人，而经营者本人只是一个人）作为判断财产多少的依据，既不能当然认为"家庭财产"要比"个人财产"多，也不能当然认为"个人财产"要比"家庭财产"多。因此，预设"家庭财产要比个人财产多，相较于以个人财产承担，以家庭财产承担更有利于债权人实现其债权"是不准确的。

二是如果将个体工商户的经营者的个人财产排除在用于清偿个体工商户的债务的责任财产之外，可能促使经营者采取包括夫妻分别财产制[⑤]在内的各种方式增加其个人财产、减少家庭财产，进而导致用于清偿个体工商户的债务的责任财产减少，使得个体工商户的经营者事实上享受了有限责任的优待。

---

① 《民事诉讼法》第67条第1款规定："当事人对自己提出的主张，有责任提供证据。"

② 《民诉法解释》第90条规定："当事人对自己提出的诉讼请求所依据的事实或者反驳对方诉讼请求所依据的事实，应当提供证据加以证明，但法律另有规定的除外。在作出判决前，当事人未能提供证据或者证据不足以证明其事实主张的，由负有举证证明责任的当事人承担不利的后果"，第91条规定："人民法院应当依照下列原则确定举证证明责任的承担，但法律另有规定的除外：（一）主张法律关系存在的当事人，应当对产生该法律关系的基本事实承担举证证明责任；（二）主张法律关系变更、消灭或者权利受到妨害的当事人，应当对该法律关系变更、消灭或者权利受到妨害的基本事实承担举证证明责任。"

③ 相关案例，可见最高人民法院（2022）最高法民申411号、（2021）最高法民申1583号、（2020）最高法民申6800号民事裁定书。

④ 结合下文关于"个人财产"和"家庭财产"的分析，严格来说，"家庭财产"和"个人财产"虽有联系，但也有区别，不能简单地以人数多少（家庭成员有数人而经营者本人只是一个人）作为判断财产多少的依据，既不能当然认为"家庭财产"要比"个人财产"多，也不能当然认为"个人财产"要比"家庭财产"多。因此，预设"家庭财产要比个人财产多，相较于以个人财产承担，以家庭财产承担更有利于债权人实现其债权"是不准确的。

⑤ 《民法典》第1063条规定："下列财产为夫妻一方的个人财产：（一）一方的婚前财产；（二）一方因受到人身损害获得的赔偿或者补偿；（三）遗嘱或者赠与合同中确定只归一方的财产；（四）一方专用的生活用品；（五）其他应当归一方的财产"，第1065条规定："男女双方可以约定婚姻关系存续期间所得的财产以及婚前财产归各自所有、共同所有或者部分各自所有、部分共同所有。约定应当采用书面形式。没有约定或者约定不明确的，适用本法第一千零六十二条、第一千零六十三条的规定。夫妻对婚姻关系存续期间所得的财产以及婚前财产的约定，对双方具有法律约束力。夫妻对婚姻关系存续期间所得的财产约定归各自所有，夫或者妻一方对外所负的债务，相对人知道该约定的，以夫或者妻一方的个人财产清偿。"

有鉴于此,就家庭经营的个体工商户和无法区分个人经营还是家庭经营的个人工商户而言,以家庭财产和参加个体工商户经营的各个家庭成员的个人财产(而不仅仅限于家庭财产)作为承担个体工商户的债务的责任财产,才是更有利于保护债权人利益的模式。

二、农村承包经营户债务的承担

(一)农村承包经营户的债务

《民法典》第56条第2款所说的"农村承包经营户的债务",指的是农村承包经营户在从事农村土地承包经营和其他活动中,以农村承包经营户的名义产生的债务,与农户成员个人的债务是不同的债务。

(二)农村承包经营户债务的承担

针对农村承包经营户的债务,《民法典》第56条第2款区分两种情形,分别规定了相应的承担办法:一是农村承包经营户的债务,原则上以从事农村土地承包经营的农户财产承担;二是事实上仅由农户部分成员从事农村土地承包经营的,则以该部分成员的财产承担。后者是针对实践中"农户承包的农村土地有的由农户家庭的部分成员从事生产经营"的情况作出的特别规定。①

由于《民法典》第56条第2款使用了"农村承包经营户的债务,以从事农村土地承包经营的农户财产承担;……的,以该部分成员的财产承担"的表述,因此,不论农村承包经营户内的家庭成员是否发生增加变化,只要是农村承包经营户所负的债务,就需要以农村承包经营户的家庭财产或实际从事农村土地承包经营的农户内的相应成员的个人财产进行清偿。

需要注意的是,由于《民法典》第56条第2款针对"农村承包经营户的债务"分别规定了"以从事农村土地承包经营的农户财产承担"和"以农户内实际从事农村土地承包经营的那部分成员的财产承担"这两种不同的债务承担办法,而"农户财产"与"农户内部分成员的财产"属于不同的概念、具有不同的财产范围,因此,在农村承包经营户的债务依法须以农户财产承担的情况下,农村承包经营户的债权人不得要求农村承包经营户内的家庭成员以其个人财产进行清偿;与此相对应,在农村承包经营户的债务依法须以农户内实际从事农村土地承包经营的那部分成员的财产承担的情况下,农村承包经营户的债权人不得要求以农户财产进行清偿。当然,在农村承包经营户的债务依法须以农户财产承担的情况下,如发生因子女成年或夫妻离婚等原因对农户财产进行分割的情形,那么,农户成员应当以其从农户财产分割所得的财产对农村承包经营户的债务承担清偿责任。

此外,不论是以农户财产还是以农户部分成员的财产清偿,都需要为农户相关成

① 原全国人民代表大会法律委员会2016年12月19日在第十二届全国人民代表大会常务委员会第二十五次会议上作的《关于〈中华人民共和国民法总则(草案)〉修改情况的汇报》。

员及其所扶养家属保留生活必需品。[①]

(三)农村承包经营户与农户、家庭

《民法典》第 56 条和《农村土地承包法》[②]使用了"农户"的表述,但《民法典》和《农村土地承包法》都没有对"农户"作出界定。[③]

结合《民法典》第 55 条所说的"农村集体经济组织的成员,依法取得农村土地承包经营权,从事家庭承包经营的,为农村承包经营户"和第 56 条第 2 款所说的"从事农村土地承包经营的农户",可以发现,"农村承包经营户"与"农户"不是一一对应的概念,只有"从事农村土地承包经营"的"农户",才是"农村承包经营户"。

同样地,"农村承包经营户"与"家庭"[④]也不是一一对应的关系。根据《民法典》第 1045 条第 3 款关于"配偶、父母、子女和其他共同生活的近亲属为家庭成员"和第 2 款关于"配偶、父母、子女、兄弟姐妹、祖父母、外祖父母、孙子女、外孙子女为近亲属"的规定,考虑到现阶段,成年子女通常不与父母共同生活,家庭通常由夫妻组成或由夫妻与未成年子女组成,因此,在农村,就由夫妻组成或由夫妻与未成年子女组成的家庭而言,"农村承包经营户"一开始与由夫妻组成或由夫妻与未成年子女组成的"家庭"是相对应的关系。但是,随着未成年子女年满 18 周岁,在成年子女仍然是农村集体经济组织成员并且没有从原家庭分户的情况下,"农村承包经营户"的成员仍然包括夫妻和子女,但可能不包括子女的配偶(比如,子女的配偶是城镇居民)。

(四)事实上由农户部分成员经营的证明

主张"事实上由农户部分成员经营的,以该部分成员的财产承担"的主体,不论是实际从事家庭承包经营的农户成员,还是实际未从事家庭承包经营的农户成员,应当

---

① 《民事诉讼法》第 255 条第 1 款规定:"被执行人未按执行通知履行法律文书确定的义务,人民法院有权查封、扣押、冻结、拍卖、变卖被执行人应当履行义务部分的财产。但应当保留被执行人及其所扶养家属的生活必需品。"《民通意见》(已废止)第 44 条更是曾直接规定:"个体工商户、农村承包经营户的债务,如以其家庭共有财产承担责任时,应当保留家庭成员的生活必需品和必要的生产工具。"

② 《农村土地承包法》第 16 条、第 27 条等。

③ 基于监管的需要,其他法规可能规定了"农户"的定义。比如,《财政部 税务总局关于支持小微企业融资有关税收政策的通知》(财税〔2017〕77 号)第 3 条规定:"本通知所称农户,是指长期(一年以上)居住在乡镇(不包括城关镇)行政管理区域内的住户,还包括长期居住在城关镇所辖行政村范围内的住户和户口不在本地而在本地居住一年以上的住户,国有农场的职工。位于乡镇(不包括城关镇)行政管理区域内和在城关镇所辖行政村范围内的国有经济的机关、团体、学校、企事业单位的集体户;有本地户口,但举家外出谋生一年以上的住户,无论是否保留承包耕地均不属于农户。农户以户为统计单位,既可以从事农业生产经营,也可以从事非农业生产经营。农户贷款的判定应以贷款发放时的借款人是否属于农户为准。"原中国银行业监督管理委员会印发的《农户贷款管理办法》(银监发〔2012〕50 号)第 2 条规定:"本办法所称农户贷款,是指银行业金融机构向符合条件的农户发放的用于生产经营、生活消费等用途的本外币贷款。本办法所称农户是指长期居住在乡镇和城关镇所辖行政村的住户、国有农场的职工和农村个体工商户。"显然,上述法规所说的"农户",并非《民法典》第 56 条所说的"农户"。

④ 《最高人民法院公报》2007 年第 11 期刊载的"杨某岭诉中国某某财产保险股份有限公司天津市宝坻支公司保险合同纠纷案"的"裁判摘要"曾提出:"'家庭'在法律上等同于户籍,'家庭成员'是指在同一户籍内永久共同生活,每个成员的经济收入都作为家庭共同财产的人。'家庭成员'与'直系血亲'、'亲属'并非同一概念,具有直系血亲关系的人不一定互为家庭成员。"

对该农村承包经营户存在"事实上由农户部分成员经营、其他家庭成员未从事经营"的情况承担举证证明责任。这也是《民事诉讼法》第67条第1款[①]和《民诉法解释》第90条、第91条[②]的应有之义。[③]

其中,《民法典》第56条第2款所说的"农户部分成员",指的是"从事农村土地承包经营的农户"内的部分家庭成员。根据《民法典》第55条[④]和《农村土地承包法》第24条[⑤]的规定,"从事农村土地承包经营的农户"的家庭成员应以土地承包经营权证或林权证等证书列明的仍然具有农村集体经济组织成员资格的家庭成员为准。[⑥]

如从事农村土地承包经营的农户内的部分家庭成员因结婚等原因而不再具有该农村集体经济组织成员资格,则其不再属于《民法典》第56条第2款所说的"农户部分成员"。比如,在陈某发、陈某均、陈某德与陈某琴承包地征收补偿费用分配纠纷案中,贵州省高级人民法院(2019)黔民再67号民事判决书认为:"本案中,再审申请人陈某发、陈某均、陈某德、被申请人陈某琴及其父母共6人以陈某方的名义承包了湄潭县石莲镇九坝村(原湄潭县石莲乡前进村)的耕地6亩,后陈某琴嫁入瓮安县,在二轮承包时已作为其丈夫谢某学土地承包经营权户成员共同承包了该户项下登记的承包地,二轮延包政策'生不增、死不减'是指承包地的不增不减,并非承包户人口的不增不减,陈某琴不再属于陈某方承包经营户所在集体经济组织成员,不再享有土地承包经营权。"

---

① 《民事诉讼法》第67条第1款规定:"当事人对自己提出的主张,有责任提供证据。"

② 《民诉法解释》第90条规定:"当事人对自己提出的诉讼请求所依据的事实或者反驳对方诉讼请求所依据的事实,应当提供证据加以证明,但法律另有规定的除外。在作出判决前,当事人未能提供证据或者证据不足以证明其事实主张的,由负有举证证明责任的当事人承担不利的后果",第91条规定:"人民法院应当依照下列原则确定举证证明责任的承担,但法律另有规定的除外:(一)主张法律关系存在的当事人,应当对产生该法律关系的基本事实承担举证证明责任;(二)主张法律关系变更、消灭或者权利受到妨害的当事人,应当对该法律关系变更、消灭或者权利受到妨害的基本事实承担举证证明责任。"

③ 实务中,也有裁判认为应由债权人举证证明。比如,在冼某坤与黄某好等民间借贷纠纷案中,针对冼某坤关于"梁某明、黄某好、梁文某、梁业某是一个家庭的成员,他们是农村承包经营户,从事家庭承包经营,本案借款是家庭承包经营共同债务,应当由该4人共同偿还本案借款"的主张,广东省中山市中级人民法院(2022)粤20民终922号民事判决书认为:"《中华人民共和国民法总则》第五十五条规定:'农村集体经济组织的成员,依法取得农村土地承包经营权,从事家庭承包经营的,为农村承包经营户。'第五十六条第二款规定:'农村承包经营户的债务,以从事农村土地承包经营的农户财产承担;事实上由农户部分成员经营的,以该部分成员的财产承担。'故冼某坤主张梁某明、黄某好、梁文某、梁业某为农村承包经营户,需对本案债务承担连带责任,应当举证证明梁某明、黄某好、梁文某、梁业某为农村集体经济组织的成员且共同从事家庭承包经营。本案中冼某坤提交的承包经营合同,其签订主体为中山市名彩水果有限公司,并非农户。梁文某与梁某明、黄某好、梁业某等人亦非同一户籍。故冼某坤提交的证据,不足以证明上述要件事实,故本院对冼某坤此项主张不予支持。"

④ 《民法典》第55条规定:"农村集体经济组织的成员,依法取得农村土地承包经营权,从事家庭承包经营的,为农村承包经营户。"

⑤ 《农村土地承包法》第24条第1款、第2款规定:"国家对耕地、林地和草地等实行统一登记,登记机构应当向承包方颁发土地承包经营权证或者林权证等证书,并登记造册,确认土地承包经营权。土地承包经营权证或者林权证等证书应当将具有土地承包经营权的全部家庭成员列入。"

⑥ 在李某春与四川省蓬溪县蓬南镇某某村一社土地承包经营权继承纠纷案中,四川省高级人民法院(2018)川民申5975号民事裁定书认为:"……是否属于承包经营户中的家庭成员,不能以是否共同居住、是否具有近亲属关系或是否属于同一户口簿等作为判断标准,而应当以集体经济组织发包土地时核对的农户为单位,以该家庭成员是否属于农户中的一员作为判断标准。"

（五）农户财产、家庭财产、农户部分成员的财产

《民法典》使用了“农户财产”的表述，但也没有对“农户财产”的范围作出界定。这跟《民法典》使用了“夫妻共同财产”的表述[①]并对“夫妻共同财产”的范围作出了界定是不同的。[②]

与“家庭财产”类似，《民法典》第 56 条第 2 款所说的“农户财产”，指的应该是依法归农户内各个家庭成员[③]共同所有的财产和财产权益。也就是说，“农户财产”也不是农户内各个家庭成员的个人财产的简单加总，而应该是农户内各个家庭成员共同所有或共同共有的财产，不包括归相关家庭成员个人所有的财产。

《民法典》没有规定如何认定“农户财产”，对此，可以参照上文所说的“家庭财产”的认定办法，即：在农户财产的认定方面，虽然也需要考察农户内相关成员是否共同生活，但同时也需要甚至更需要考察农户内各个家庭成员对取得相关财产是否共同作出过贡献[④]、是否共同取得相关财产、是否存在有关财产共有的约定等因素，而不能仅仅以农户内家庭成员共同生活作为标准。

《民法典》第 56 条第 2 款所说的“该部分成员的财产”，指的是依法归农户内实际从事农村土地承包经营的各个家庭成员个人所有的财产和财产权益的总和，包括该部分成员对农户财产的相应财产权利以及依法分割农户财产所得的部分。

---

① 《民法典》第 1062 条第 1 款、第 1087 条第 1 款还使用了“夫妻的共同财产”的表述：“夫妻在婚姻关系存续期间所得的下列财产，为夫妻的共同财产，归夫妻共同所有……”“离婚时，夫妻的共同财产由双方协议处理……”

② 《民法典》第 1062 条第 1 款规定：“夫妻在婚姻关系存续期间所得的下列财产，为夫妻的共同财产，归夫妻共同所有：（一）工资、奖金、劳务报酬；（二）生产、经营、投资的收益；（三）知识产权的收益；（四）继承或者受赠的财产，但是本法第一千零六十三条第三项规定的除外；（五）其他应当归共同所有的财产。”

③ 《农村土地承包法》第 16 条使用了“农户内家庭成员”的表述：“家庭承包的承包方是本集体经济组织的农户。农户内家庭成员依法平等享有承包土地的各项权益。”

④ 《民通意见》（已废止）第 90 条规定：“在共同共有关系终止时，对共有财产的分割，有协议的，按协议处理；没有协议的，应当根据等分原则处理，并且考虑共有人对共有财产的贡献大小，适当照顾共有人生产、生活的实际需要等情况。但分割夫妻共有财产，应当根据婚姻法的有关规定处理。”

第三章 法　　人

第一节　一般规定

“法人制度是民事法律的一项基本制度。”《民法典》遵循原《民法通则》“关于法人分类的基本思路,适应社会组织改革发展要求,按照法人设立目的和功能等方面的不同,将法人分为营利法人、非营利法人和特别法人3类”。①

《民法典》总则编第三章“法人”共有45个条文(第57条至第101条),构建起了民法上的法人制度体系,包括法人的一般规定、营利法人制度、非营利法人制度和特别法人制度。

其中,《民法典》总则编第三章第一节“一般规定”共有19个条文(第57条至第75条),规定了法人的一般规则,涉及法人的定义(第57条)、法人成立的原则、条件和程序(第58条)、法人的民事权利能力和民事行为能力(第59条)、法人的独立责任和责任财产(第60条)、法人的法定代表人及其代表权(第61条)、法定代表人职务侵权责任(第62条)、法人的住所(第63条)、法人的变更登记(第64条)、法人登记事项的对抗效力(第65条)、法人登记信息的公示制度(第66条)、法人的合并和分立(第67条)、法人的终止事由和终止程序(第68条)、法人的解散事由(第69条)、法人解散的清算义务人及其义务和责任(第70条)、法人解散的清算程序和清算组职权的法律适用(第71条)、法人在清算期间的主体资格和行为能力、剩余财产的处理办法和法人终止时间(第72条)、被宣告破产的法人的终止时间(第73条)、法人分支机构的设立及其责任承担(第74条)和法人设立行为的法律后果(第75条)。

《民法典》总则编第三章第一节“一般规定”原则上适用于营利法人、非营利法人和特别法人等各类法人;在《民法典》和其他法律对特定法人的相关事项没有作出特别规定的情况下,应当适用《民法典》总则编第三章第一节的一般规定。

第五十七条　【法人的定义】法人是具有民事权利能力和民事行为能力,依法独立享有民事权利和承担民事义务的组织。

【条文通释】

《民法典》第57条是关于法人定义的规定。

---

① 全国人民代表大会常务委员会时任副委员长李建国2017年3月8日在第十二届全国人民代表大会第五次会议上作的《关于〈中华人民共和国民法总则(草案)〉的说明》。

一、法人的定义

《民法典》第 57 条规定了“法人”的定义，其关键词有五：一是“组织”，二是“具有民事权利能力”，三是“具有民事行为能力”，四是“依法独立享有民事权利”，五是“依法独立承担民事义务”。

（一）法人是一种组织

法人，是法律拟制的“人”①，通常也称“单位”②，是一种组织，即“按照一定的宗旨和系统建立起来的团体”③。《民法典》第 57 条将法人界定为组织，这就把“法人”跟“自然人”（或“个人”）区分开来。

在《民法典》意义上，“组织”是与“自然人”相并列的民事主体，包括具有法人资格的“法人”与不具有法人资格的“非法人组织”。“自然人”之外的民事主体，不是“法人”就是“非法人组织”，不是“非法人组织”就是“法人”。

需要注意的是，“法人的分支机构”“法人的内部机构（或职能部门）”不属于《民法典》意义上的“组织”，而是分别作为“法人”这类组织的组成部分存在的。对此，《社会团体登记管理条例》第 17 条第 1 款更是直接规定：“社会团体的分支机构、代表机构是社会团体的组成部分，不具有法人资格，应当按照其所属于的社会团体的章程所规定的宗旨和业务范围，在该社会团体授权的范围内开展活动、发展会员……”

（二）法人具有独立的民事主体地位

《民法典》第 57 条所说的“具有民事权利能力”“具有民事行为能力”“依法独立享有民事权利”和“依法独立承担民事义务”，再加上《民法典》第 60 条所说的“法人以其全部财产独立承担民事责任”，表明法人具有独立的民事主体地位，也就是《民法典》第 83 条第 2 款和《公司法》第 23 条第 1 款所说的“法人独立地位”。这就在各种各样的“组织”范围内，把“法人”跟不具有法人资格的“非法人组织”区分开来。独立权利、独立财产和独立责任共同构成了法人制度的基础。④

1. 法人具有独立的民事权利能力

结合《民法典》第 13 条关于“自然人从出生时起到死亡时止，具有民事权利能力，依法享有民事权利，承担民事义务”的规定，因此，《民法典》所说的法人的“民事权利能力”，指的是法人据以享有民事权利、承担民事义务的资格。《民法典》第 57 条所说的

---

① 中国人大网 2016 年 7 月 5 日公布的《关于〈中华人民共和国民法总则（草案）〉的说明》。

② 比如，《卫生部关于出生医学证明发放问题的批复》（卫妇社函〔2009〕392 号）规定：“《卫生部办公厅关于对在医疗保健机构外分娩的婴儿发放出生医学证明问题的函》（卫办基妇函〔2003〕189 号）中所称‘单位’，是指依法成立的组织，包括机关、企事业单位、社会团体等。”

③ 夏征农、陈至立主编：《辞海》，上海辞书出版社 2009 年版，第 3083 页。

④ 原全国人民代表大会法律委员会 2016 年 10 月 31 日在第十二届全国人民代表大会常务委员会第二十四次会议上作的《关于〈中华人民共和国民法总则（草案）〉修改情况的汇报》提及：“有的地方、部门、法学教学研究机构和社会公众提出，为防止法人成员滥用其权利，维护以独立财产、独立责任为基础的法人制度，建议明确营利法人成员滥用权利的法律后果。”

法人“具有民事权利能力”,意味着法人能够享有民事权利。

根据《民法典》总则编第五章的规定,法人享有的民事权利主要包括人格权(即名称权、名誉权和荣誉权)、财产权利、其他民事权利和利益;法人的民事义务主要包括法律规定的义务和当事人约定的民事义务。

结合《民法典》第59条关于“法人的民事权利能力和民事行为能力,从法人成立时产生,到法人终止时消灭”的规定,只要是法人,就具有民事权利能力,就可以依法享有民事权利、依法承担民事义务;也因此,所有法人,不分类型、注册地、所有制形式、组织形式、出资人(或设立人)背景、所在行业、业务范围等,都具有民事权利能力,不存在无民事权利能力的法人。

需要注意的是,尽管《民法典》只是针对自然人规定了“民事权利能力一律平等”,没有针对法人规定“民事权利能力一律平等”,但是,考虑到民事权利能力是民事主体据以享有民事权利、承担民事义务的资格,可以认为,法人的民事权利能力也是一律平等的。

还需注意的是,法人“具有民事权利能力”这一特征还不足以将“法人”跟“自然人”“非法人组织”区分开来,因为“自然人”和“非法人组织”也都“具有民事权利能力”。

2. 法人具有独立的民事行为能力

与“民事权利能力”相对的是“民事行为能力”。结合《民法典》第18条至第24条的规定,法人的民事行为能力是法人独立实施民事法律行为的资格。《民法典》第57条所说的法人“具有民事行为能力”,意味着法人能够独立实施民事法律行为。

与《民法典》根据自然人能否独立实施民事法律行为,相应地把自然人分为完全民事行为能力人、限制民事行为能力人和无民事行为能力人三类不同,《民法典》只规定了“具有民事行为能力”的法人,对应于具有完全民事行为能力的自然人,不存在无民事行为能力或限制民事行为能力的法人。

至于说法律法规对法人的业务范围或活动范围作出的限制性或禁止性规定,则是对法人的行为的限制,不影响“法人具有完全民事行为能力”这一事实。这跟法律法规对自然人作出了若干限制性或禁止性规定,但并不影响自然人作为完全民事行为能力人的事实是类似的。

需要注意的是,“法人具有民事行为能力”这一特征,还不足以将“法人”跟“自然人”“非法人组织”区分开来,因为“自然人”和“非法人组织”也都“具有民事行为能力”。

3. 法人依法独立享有民事权利

《民法典》第57条所说的法人“依法独立享有民事权利”,意味着法人的权利独立,即法人享有独立于法人的出资人(股东等)、设立人、会员和其他主体的民事权利,法人享有的民事权利与法人的出资人(股东等)、设立人、会员或其他主体享有的民事权利是归属于不同主体的、不同的民事权利;非依法律规定或未经法人同意,法人的出资人(股东等)、设立人、会员和其他主体不得行使法人的权利;反之亦然。

同样地,“法人依法独立享有民事权利”这一特征,也不足以将“法人”跟“自然人”

"非法人组织"区分开来,因为"自然人"和"非法人组织"也都"依法独立享有民事权利"。

需要注意的是,"享有民事权利"与"行使民事权利"是不同的概念,二者既有区别、又有联系。其中,"享有民事权利"是"行使民事权利"的基础和前提,不享有民事权利也就不能行使民事权利,"行使民事权利"是"享有民事权利"的体现。

还需注意的是,《民法典》第 57 条所说的"依法独立享有民事权利"中的"依法",为法律(包括《民法典》)作出"法人不独立享有民事权利"的例外规定预留了空间。比如,《公司法》第 189 条关于股东代表诉讼的规定,其实质就是允许法人的特定股东在法定情形下按照法定程序行使原本属于法人的民事权利。

4. 法人依法独立承担民事义务

《民法典》第 57 条所说的法人"依法独立承担民事义务",是与"不独立承担民事义务"相对应的,意味着法人自身就可以独立地承担全部民事义务、不需要由他人承担民事义务。其中,《民法典》第 57 条所说的"民事义务",指的是法人的民事义务,而不是他人的民事义务;所说的"承担民事义务",与《民法典》第 176 条和第 180 条第 1 款所说的"履行民事义务"①,具有相同的含义。

也就是说,法人的民事义务独立于法人的出资人(股东等)、设立人、会员或其他主体的民事义务,法人应当承担的民事义务与法人的出资人(股东等)、设立人、会员或其他主体应当承担的民事义务是归属于不同主体的、不同的民事义务;非依法律规定或未经法人的出资人(股东等)、设立人、会员或其他主体同意,不需要、也不得要求法人的出资人(股东等)、设立人、会员或其他主体承担本应由法人承担的义务。

需要注意的是,《民法典》第 57 条所说的法人"独立承担民事义务",并不意味着只能由法人自身来承担民事义务,在特定情形下也可以由他人代为承担②。

还需注意的是,《民法典》第 57 条所说的"依法独立承担民事义务"中的"依法",为法律(包括《民法典》)作出"法人不独立承担民事义务"的例外规定预留了空间。

5. 法人依法独立承担民事责任

在《民法典》第 57 条的基础上,《民法典》第 60 条进一步规定:"法人以其全部财产独立承担民事责任"。这就意味着,法人的民事责任独立于法人的出资人(股东等)、设立人、会员或其他主体的民事责任,法人应当承担的民事责任与法人的出资人(股东等)、设立人、会员或其他主体应当承担的民事责任是归属于不同主体的、不同的民事责任;非依法律规定或未经法人的出资人(股东等)、设立人、会员或其他主体同意,不需要、也不得要求法人的出资人(股东等)、设立人、会员或其他主体承担本应由法人承担的责任。

---

① 《民法典》第 176 条规定:"民事主体依照法律规定或者按照当事人约定,履行民事义务,承担民事责任",第 180 条第 1 款规定:"因不可抗力不能履行民事义务的,不承担民事责任。法律另有规定的,依照其规定。"

② 比如,《民法典》第 524 条规定:"债务人不履行债务,第三人对履行该债务具有合法利益的,第三人有权向债权人代为履行;但是,根据债务性质、按照当事人约定或者依照法律规定只能由债务人履行的除外。债权人接受第三人履行后,其对债务人的债权转让给第三人,但是债务人和第三人另有约定的除外。"

比如,在秦某江与敦化市立某房地产有限公司、福建省恒某华通地产集团有限公司、盈某食品股份有限公司建设工程施工合同纠纷案中,针对秦某江提出的恒某公司、盈某公司与立某公司就立某公司拖欠的工程款承担连带责任的主张,最高人民法院(2019)最高法民终613号民事判决书认为:"《中华人民共和国民法总则》第五十七条规定,'法人是具有民事权利能力和民事行为能力,依法独立享有民事权利和承担民事义务的组织。'依据上述法律规定,三个公司均为独立的企业法人,应独立承担民事责任,秦某江并无证据证明三个公司之间存在财产、人员上的混同。故一审法院对秦某江以三个公司人格混同为由请求恒某公司、盈某公司承担责任的主张不予支持,并无不当。"①

与《民法典》第57条所说的"具有民事权利能力""具有民事行为能力""依法独立享有民事权利"和"依法独立承担民事义务"相比,《民法典》第60条所说的法人"独立承担民事责任"是认定法人具有独立的民事主体地位的关键要件,是将"法人"与不具有法人资格的"非法人组织"区分开来的本质特征,因为根据《民法典》第104条的规定②,非法人组织并非独立承担民事责任,在其财产不足以清偿债务时,须由其出资人或者设立人承担无限责任,在债务清偿责任的承担方面,非法人组织并未独立于其出资人或者设立人。

需要注意的是,法人独立承担民事责任是原则,也存在例外。比如,《民法典》第83条第2款和《公司法》第23条关于营利法人人格否认的规定,其实质就是要求营利法人的特定出资人在法定情形下对营利法人的债务清偿责任承担连带责任。

二、法人的类型

《民法典》总则编"遵循民法通则关于法人分类的基本思路,适应社会组织改革发展要求,按照法人设立目的和功能等方面的不同"③,规定了三大类法人,一是营利法人,二是非营利法人,三是特别法人。其中,针对营利法人和非营利法人,《民法典》总则编"只列举了几种比较典型的具体类型,对现实生活中已经存在或者可能出现的其他法人组织,可以按照其特征,分别归入营利法人或者非营利法人"④。

(一)营利法人

营利法人是以取得利润并分配给股东等出资人为目的成立的法人,包括有限责任公司、股份有限公司和其他企业法人等类型。⑤

其中,有限责任公司、股份有限公司和其他企业法人均属企业法人;《民法典》第76

① 类似的裁判意见,还可见最高人民法院(2019)最高法民申2274号、(2019)最高法民申3285号民事裁定书。

② 《民法典》第104条规定:"非法人组织的财产不足以清偿债务的,其出资人或者设立人承担无限责任。法律另有规定的,依照其规定。"

③ 全国人民代表大会常务委员会时任副委员长李建国2017年3月8日在第十二届全国人民代表大会第五次会议上作的《关于〈中华人民共和国民法总则(草案)〉的说明》。

④ 全国人民代表大会常务委员会时任副委员长李建国2017年3月8日在第十二届全国人民代表大会第五次会议上作的《关于〈中华人民共和国民法总则(草案)〉的说明》。

⑤ 《民法典》第76条。

条以“等”字兜底，为法律在企业法人之外规定新的营利法人类型预留了空间，也对法律规定的企业法人之外的营利法人类型进行了认可。

（二）非营利法人

非营利法人是为公益目的或者其他非营利目的成立，不向出资人、设立人或者会员分配所取得利润的法人，包括事业单位法人、社会团体法人、基金会法人、社会服务机构法人、宗教服务场所法人等类型。①

其中，《民法典》第 87 条以“等”字兜底，为法律在事业单位、社会团体、基金会、社会服务机构法人、宗教服务场所法人之外规定新的非营利法人类型预留了空间，也对法律规定的事业单位、社会团体、基金会、社会服务机构法人、宗教服务场所法人之外的非营利法人类型进行了认可。

（三）特别法人

特别法人是除营利法人、非营利法人之外的其他法人，包括机关法人、农村集体经济组织法人、城镇农村的合作经济组织法人、基层群众性自治组织法人这四类。②

与《民法典》第 76 条第 2 款针对营利法人的类型和第 87 条第 2 款针对非营利法人的类型所作的规定都采取了以“等”字兜底的示例性列举的方式不同，《民法典》第 96 条关于特别法人类型的规定采取了穷尽式列举的方式，意味着《民法典》只规定了上述四类特别法人。

第五十八条　【法人成立的原则、条件和程序】法人应当依法成立。

法人应当有自己的名称、组织机构、住所、财产或者经费。法人成立的具体条件和程序，依照法律、行政法规的规定。

设立法人，法律、行政法规规定须经有关机关批准的，依照其规定。

【条文通释】

《民法典》第 58 条是关于法人成立的原则、条件③和程序的规定。

《民法典》第 58 条共 3 款，其中第 1 款明确了法人须依法成立，第 2 款规定了法人成立的条件和程序要求，第 3 款则对法人设立的批准要求作出了规定。

一、法人须依法成立

（一）依法成立的含义

根据《民法典》第 58 条第 1 款，法人须依法成立，不得非法设立法人。结合《民法

---

① 《民法典》第 87 条、第 92 条第 2 款。

② 《民法典》第 96 条。

③ 全国人民代表大会常务委员会时任副委员长王晨 2020 年 5 月 22 日在第十三届全国人民代表大会第三次会议上作的《关于〈中华人民共和国民法典（草案）〉的说明》。

典》第58条第2款所说的“法人成立的具体条件和程序,依照法律、行政法规的规定”,《民法典》第58条第1款所说的“依法成立”,指的是具备法律、行政法规规定的法人成立条件,依照法律、行政法规规定的程序,办理相应的成立手续。

其中,“具备法律法规规定的法人成立条件”属于法人成立的实体条件,对应于《民法典》第58条第2款所说的“法人成立的具体条件”和《民法典》第88条、第90条、第92条所说的“具备法人条件”;而“依照法律法规规定的程序”和“办理相应的手续”,则属于法人成立的程序条件。

就法人成立的程序条件而言,《民法典》第58条第1款所说的“依法成立”,主要包括两种情形:

一是法律、行政法规要求登记的法人,经依法办理设立登记后成立。比如,《民法典》第77条规定“营利法人经依法登记成立”,第88条前半句规定:“具备法人条件,为适应经济社会发展需要,提供公益服务设立的事业单位,经依法登记成立,取得事业单位法人资格”,第90条前半句规定:“具备法人条件,基于会员共同意愿,为公益目的或者会员共同利益等非营利目的设立的社会团体,经依法登记成立,取得社会团体法人资格”,第92条第1款规定:“具备法人条件,为公益目的以捐助财产设立的基金会、社会服务机构等,经依法登记成立,取得捐助法人资格”,第92条第2款第1句规定:“依法设立的宗教活动场所,具备法人条件的,可以申请法人登记,取得捐助法人资格。”

二是法律、行政法规不要求登记或免予登记的法人,经有关机关批准后成立。这主要包括《民法典》第88条所说的“具备法人条件,为适应经济社会发展需要,提供公益服务设立的事业单位,……依法不需要办理法人登记的,从成立之日起,具有事业单位法人资格”(即《事业单位登记管理暂行条例》第11条第1款所说的“法律规定具备法人条件、自批准设立之日起即取得法人资格的事业单位”),和第90条所说的“具备法人条件,基于会员共同意愿,为公益目的或者会员共同利益等非营利目的设立的社会团体,……依法不需要办理法人登记的,从成立之日起,具有社会团体法人资格”。

其中,依法不需要办理法人登记的社会团体主要包括以下几类:①

一是法律明文规定自成立之日起就具有法人资格的社会团体。比如,中华全国总

① 《社会团体登记管理条例》第3条第3款规定:“下列团体不属于本条例规定登记的范围:(一)参加中国人民政治协商会议的人民团体;(二)由国务院机构编制管理机关核定,并经国务院批准免于登记的团体;(三)机关、团体、企业事业单位内部经本单位批准成立、在本单位内部活动的团体。”需要注意的是,结合《民政部办公厅关于暂停对企业内部职工持股会进行社团法人登记的函》(民办函〔2000〕110号,2010年废止)所说的“1998年国务院颁布了新修订的《社会团体登记管理条例》,该条例第三条第三款规定‘不属于本条例登记范围的:……;机关、团体、企业事业单位内部批准成立、在本单位内部活动的团体。’由于职工持股会属于单位内部团体,不应再由民政部门登记管理。……在国务院没有明确意见前,各地民政部门暂不对企业内部职工持股会进行社团法人登记”,《社会团体登记管理条例》第3条第3款所说的“机关、团体、企业事业单位内部经本单位批准成立、在本单位内部活动的团体”在性质上不属于社会团体。

工会和各级地方总工会、产业工会①。

二是参加中国人民政治协商会议的人民团体，包括：中华全国总工会、中国共产主义青年团、中华全国妇女联合会、中国科学技术协会、中华全国归国华侨联合会、中华全国台湾同胞联谊会、中华全国青年联合会、中华全国工商业联合会。②

三是经国务院批准可以免予登记的社会团体，包括：

(1)中国文学艺术界联合会、中国作家协会、中华全国新闻工作者协会、中国人民对外友好协会、中国人民外交学会、中国国际贸易促进会、中国残疾人联合会、宋庆龄基金会、中国法学会、中国红十字总会、中国职工思想政治工作研究会、欧美同学会、黄埔军校同学会、中华职业教育社。③

(2)中国文联所属的 11 个文艺家协会，即：中国戏曲家协会、中国电影家协会、中国音乐家协会、中国美术家协会、中国曲艺家协会、中国舞蹈家协会、中国民间文艺家协会、中国摄影家协会、中国书法家协会、中国杂技家协会、中国电视家协会。④

(3)省、自治区、直辖市文联、作协。⑤

(4)中国计划生育协会。⑥

---

① 《工会法》第 15 条规定："中华全国总工会、地方总工会、产业工会具有社会团体法人资格。基层工会组织具备民法典规定的法人条件的，依法取得社会团体法人资格。"《最高人民法院关于产业工会、基层工会是否具备社会团体法人资格和工会经费集中户可否冻结划拨问题的批复》也规定："产业工会社会团体法人资格的取得是由工会法直接规定的，依法不需要办理法人登记。"不过，针对基层工会的社团法人资格是否须经登记取得的问题，意见不一。全国人大原法律委员会办公室曾认为 1993 年《天津市实施〈中华人民共和国工会法〉办法》第 9 条第 2 款关于"基层工会组织具备《中华人民共和国民法通则》规定的法人条件的，自批准成立之日起具有社会团体法人资格"的规定与当时适用的 1992 年《工会法》第 14 条第 2 款关于"基层工会组织具备民法通则规定的法人条件的，依法取得社会团体法人资格"的规定不一致；《最高人民法院关于产业工会、基层工会是否具备社会团体法人资格和工会经费集中户可否冻结划拨问题的批复》则认为"基层工会只要符合《中华人民共和国民法典》、工会法和《中国工会章程》规定的条件，报上一级工会批准成立，即具有社会团体法人资格"。各地实施《工会法》的法规对此作出的规定也不尽相同，有的规定基层工会经办理法人资格登记后取得社会团体法人资格(见《北京市实施〈中华人民共和国工会法〉办法》第 12 条第 2 款、《四川省〈中华人民共和国工会法〉实施办法》第 11 条第 2 款、《福建省实施〈中华人民共和国工会法〉办法》第 14 条等)，有的则重复《工会法》所说的"依法取得社会团体法人资格"，对是否须经登记不作规定(比如《甘肃省实施〈中华人民共和国工会法〉办法》第 8 条第 2 款、《云南省实施〈中华人民共和国工会法〉办法》第 8 条等)，有的规定经确认后取得法人资格(比如《天津市实施〈中华人民共和国工会法〉办法》第 9 条第 2 款)。

② 《民政部关于对部分团体免予社团登记有关问题的通知》(民发〔2000〕256 号)第 1 条。

③ 《民政部关于对部分团体免予社团登记有关问题的通知》(民发〔2000〕256 号)第 2 条。

④ 《民政部关于对部分社团免予社团登记的通知》(民发〔2000〕257 号)第 1 条。

⑤ 《民政部关于对部分社团免予社团登记的通知》(民发〔2000〕257 号)第 2 条。

⑥ 《民政部关于中国计划生育协会免予社团登记的通知》(民函〔2015〕279 号)。

（二）未依法成立的后果

不具备法人成立的实体条件或未遵守法人成立的程序条件，可能导致法人不能成立①、不具有法人资格或法人被撤销②，③进而适用《民法典》第 75 条第 1 款关于“设立人为设立法人从事的民事活动，……法人未成立的，其法律后果由设立人承受，设立人为二人以上的，享有连带债权，承担连带债务”的规定。

比如，在东莞市某某电业有限公司与周某兰、深圳市汇某通电线有限公司买卖合同纠纷案中，广东省深圳市中级人民法院（2018）粤 03 民终 5962 号民事裁定书认为：“本案中，深圳市市场和质量监督管理委员会光明市场监督管理局已作出具有法律效力的《深圳市市场监督管理局行政处罚决定书》（深市监罚字〔2018〕光 4 号），认定当事人提交的申请材料中所有‘周某兰’的电子签名所使用的个人数字证书，不是周某兰本人办理，当事人隐瞒周某兰身份证的重要事实，采取欺诈手段提交了《企业设立登记申请书》等虚假材料，骗取了 2015 年 11 月 4 日汇某通公司的设立登记，并决定撤销汇某通公司于 2015 年 11 月 4 日的设立登记。由此可见，汇某通公司并非依法成立，且其设立登记已被撤销，故其不能作为民事主体具有民事权利能力和民事行为能力……”

此外，未依法成立即以法人名义开展活动，或者在被撤销后仍以法人名义开展活动，可能会被认定为非法经营或非法组织。

比如，《公司法》第 259 条规定：“未依法登记为有限责任公司或者股份有限公司，而冒用有限责任公司或者股份有限公司名义的，……由公司登记机关责令改正或者予以取缔，可以并处十万元以下的罚款。”

又如，《取缔非法民间组织暂行办法》第 2 条规定：“具有下列情形之一的属于非法民间组织：（一）未经批准，擅自开展社会团体筹备活动的；（二）未经登记，擅自以社会团体或者民办非企业单位名义进行活动的；（三）被撤销登记后继续以社会团体或者民

---

① 比如，《社会团体登记管理条例》第 29 条规定：“社会团体在申请登记时弄虚作假，骗取登记的，或者自取得《社会团体法人登记证书》之日起 1 年未开展活动的，由登记管理机关予以撤销登记。”《基金会管理条例》第 41 条规定：“基金会、基金会分支机构、基金会代表机构或者境外基金会代表机构有下列情形之一的，登记管理机关应当撤销登记：（一）在申请登记时弄虚作假骗取登记的，或者自取得登记证书之日起 12 个月内未按章程规定开展活动的；（二）符合注销条件，不按照本条例的规定办理注销登记仍继续开展活动的。”《事业单位登记管理暂行条例实施细则》第 71 条规定：“申请人隐瞒有关情况或者提供虚假材料申请登记的，登记管理机关不予受理或者不予登记，并给予警告；登记申请属于直接关系公共安全、人身健康、生命财产安全事项的，申请人在一年内不得再次申请。”

② 比如，《公司法》第 39 条规定：“虚报注册资本、提交虚假材料或者采取其他欺诈手段隐瞒重要事实取得公司设立登记的，公司登记机关应当依照法律、行政法规的规定予以撤销”，第 250 条规定：“违反本法规定，虚报注册资本、提交虚假材料或者采取其他欺诈手段隐瞒重要事实取得公司登记的，……情节严重的，吊销营业执照……”《事业单位登记管理暂行条例实施细则》第 72 条规定：“申请人以欺骗、贿赂等不正当手段被核准登记的，登记管理机关应当依法予以撤销登记；被撤销的登记属于直接关系公共安全、人身健康、生命财产安全事项的，申请人在三年内不得再次申请；构成犯罪的，依法追究刑事责任。”

③ 值得一提的是，根据《民法典》第 69 条第 4 项关于“有下列情形之一的，法人解散：……（四）法人依法被吊销营业执照、登记证书，被责令关闭或者被撤销”，第 70 条第 1 款关于“法人解散的，除合并或者分立的情形外，清算义务人应当及时组成清算组进行清算”和第 72 条关于“清算期间法人存续，但是不得从事与清算无关的活动。……清算结束并完成法人注销登记时，法人终止；依法不需要办理法人登记的，清算结束时，法人终止”的规定，被撤销作为法人解散事由，实际上是以承认相关主体具有法人资格为前提的。

办非企业的单位名义进行活动的。”

二、法人的成立条件

《民法典》第 58 条第 2 款和第 3 款都是有关法人的成立条件的规定。其中,《民法典》第 58 条第 2 款第 1 句规定了法人成立的一般条件,第 2 句则明确法人成立的具体条件和程序由法律、行政法规规定,第 3 款规定了法人成立的特别程序条件(即设立审批事项)。

(一)原则规定:法人成立的一般条件

《民法典》第 58 条第 2 款第 1 句规定了法人成立的一般条件,即:有自己的名称、组织机构、住所、财产(或经费)。

1. 有自己的名称

法人的名称是法人的文字符号,是法人区别于其他法人、并区别于非法人组织和自然人的首要标志,通常由法人所在地的行政区划名称、法人的字号、所属行业(或事业)或业务领域、组织形式组成。[①]

作为法人的成立条件之一,法人在成立之前就需要依法确定其名称;在成立之后,法人可以按照法律法规的规定变更其名称。

2. 有自己的组织机构

法人的组织机构,通常也称“法人治理结构”[②],指的是法人内部设置的权力机构(或决策机构)、执行机构、监督机构、管理层等。

作为法人的成立条件之一,法人在成立之前就需要依法确定其组织机构;在成立

① 比如,国务院《企业名称登记管理规定》第 6 条规定:“企业名称由行政区划名称、字号、行业或者经营特点、组织形式组成。跨省、自治区、直辖市经营的企业,其名称可以不含行政区划名称;跨行业综合经营的企业,其名称可以不含行业或者经营特点。”《事业单位登记管理暂行条例实施细则》第 19 条规定:“事业单位名称是事业单位的文字符号,是各事业单位之间相互区别并区别于其他组织的首要标志,应当由以下部分依次组成:(一)字号:表示该单位的所在地域,或者举办单位,或者单独字号的字样;(二)所属行业:表示该单位业务属性、业务范围的字样,如数学研究、教育出版、妇幼保健等;(三)机构形式:表示该单位属于某种机构形式的字样,如院、所、校、社、馆、台、站、中心等。”《民办非企业单位名称管理暂行规定》第 3 条规定:“民办非企业单位名称应当由以下部分依次组成:字号、行(事)业或业务领域、组织形式。民办非企业单位名称应当冠以民办非企业单位所在地省(自治区、直辖市)、市(地、州)、县(县级市、市辖区)行政区划名称或地名。”

② 比如,《国务院办公厅关于进一步完善国有企业法人治理结构的指导意见》(国办发〔2017〕36 号)要求:“健全以公司章程为核心的企业制度体系,充分发挥公司章程在企业治理中的基础作用,依照法律法规和公司章程,严格规范履行出资人职责的机构(以下简称出资人机构)、股东会(包括股东大会,下同)、董事会、经理层、监事会、党组织和职工代表大会的权责,强化权利责任对等,保障有效履职,完善符合市场经济规律和我国国情的国有企业法人治理结构,进一步提升国有企业运行效率。”《银行保险机构公司治理准则》第 3 条规定:“银行保险机构应当按照公司法、本准则等法律法规及监管规定,建立包括股东大会、董事会、监事会、高级管理层等治理主体在内的公司治理架构,明确各治理主体的职责边界、履职要求,完善风险管控、制衡监督及激励约束机制,不断提升公司治理水平。”《事业单位登记管理暂行条例实施细则》第 36 条规定:“申请事业单位法人设立登记的单位,应当具备下列条件:……(二)有规范的名称和组织机构(法人治理结构);……”《行业协会商会综合监管办法》(发改经体〔2016〕2657 号)第 4 条规定:“健全内部法人治理结构。协会商会根据《总体方案》要求调整完善章程,健全会员大会(会员代表大会)、理事会(常务理事会)、内部监事会(监事)以及党组织参与协会商会重大问题决策等制度。”

之后,法人可以按照法律法规的规定变更其组织机构。

3. 有自己的住所

法律要求法人有自己的住所的一个重要原因,在于据此确定涉及法人的法律文件的送达[①]、合同的成立地点[②]、债务的履行地[③]以及诉讼、仲裁、行政等法律程序的管辖事项[④]。[⑤] 因此,通常要求法人的住所信息具体到门牌号码或房间号码。[⑥]

法人以其主要办事机构所在地为住所,在其主要办事机构所在地不能确定时,则以法人的注册地或登记地为住所地。对此,《民法典》第 63 条规定:“法人以其主要办事机构所在地为住所。依法需要办理法人登记的,应当将主要办事机构所在地登记为住所。”《民诉法解释》第 3 条规定:“……法人或者其他组织的住所地是指法人或者其他组织的主要办事机构所在地。法人或者其他组织的主要办事机构所在地不能确定的,法人或者其他组织的注册地或者登记地为住所地。”

作为法人的成立条件之一,法人在成立之前就需要依法确定其住所并提供有权使用该住所的证明[⑦];在成立之后,法人可以按照法律法规的规定变更其住所。

4. 有自己的财产(或经费)

由于法人开展活动需要活动资金,并且根据《民法典》第 60 条的规定,法人需要以其全部财产独立承担民事责任,所以,法律要求法人必须有自己的财产(或经费)。

其中,《民法典》第 58 条第 2 款所说的“有自己的财产”,主要适用于营利法人、基

---

① 比如,《事业单位登记管理暂行条例实施细则》第 26 条规定:“申请登记的事业单位住所地址应当是邮政能够送达的地址”,《民办非企业单位登记暂行办法》第 7 条第 2 款规定:“住所是指民办非企业单位的办公场所,须按所在市、县、乡(镇)及街道门牌号码的详细地址登记。”

② 比如,《民法典》第 492 条第 2 款规定:“采用数据电文形式订立合同的,收件人的主营业地为合同成立的地点;没有主营业地的,其住所地为合同成立的地点。当事人另有约定的,按照其约定。”

③ 比如,《民法典》第 511 条第 3 项规定:“当事人就有关合同内容约定不明确,依据前条规定仍不能确定的,适用下列规定:……(三)履行地点不明确,给付货币的,在接受货币一方所在地履行;交付不动产的,在不动产所在地履行;其他标的,在履行义务一方所在地履行。”

④ 比如,《民事诉讼法》第 24 条规定:“因合同纠纷提起的诉讼,由被告住所地或者合同履行地人民法院管辖”,第 27 条规定:“因公司设立、确认股东资格、分配利润、解散等纠纷提起的诉讼,由公司住所地人民法院管辖”,第 29 条规定:“因侵权行为提起的诉讼,由侵权行为地或者被告住所地人民法院管辖”,等等。

⑤ 比如,《青岛市商事主体住所(经营场所)登记管理办法》(2021 年修订版)第 4 条第 1 款规定:“……凡是能够作为公示商事主体的法律文件送达地、确定司法和行政管辖地的场所均可作为住所。”不过,结合《宪法》《地方各级人民代表大会和地方各级人民政府组织法》《人民法院组织法》关于行政区划、各级地方人民政府的组织、各级人民法院的组织的规定,可以认为,法人住所的功能应该主要在于确定法律程序的管辖,至于其送达法律文书的功能则在逐渐弱化,这项功能未来甚至可以从住所的功能中剥离出来,只要能联系上法人、能将相关法律文件送达法人即可。事实上,2022 年 3 月 1 日起实施的《市场主体登记管理条例实施细则》第 41 条第 1 款规定:“市场主体决定歇业,应当在歇业前向登记机关办理备案。登记机关通过国家企业信用信息公示系统向社会公示歇业期限、法律文书送达地址等信息”,第 43 条规定:“歇业期间,市场主体以法律文书送达地址代替原登记的住所(主要经营场所、经营场所)的,不改变歇业市场主体的登记管辖”,上述规定就表明,住所在送达法律文书方面的功能完全可以被代替。

⑥ 比如,《民办非企业单位登记暂行办法》第 7 条第 2 款规定:“住所是指民办非企业单位的办公场所,须按所在市、县、乡(镇)及街道门牌号码的详细地址登记。”

⑦ 比如,《基金会管理条例》第 9 条规定:“申请设立基金会,申请人应当向登记管理机关提交下列文件:……(三)验资证明和住所证明;……”,《市场主体登记管理条例实施细则》第 25 条规定:“申请办理设立登记,应当提交下列材料:……(三)住所(主要经营场所、经营场所)相关文件……”

金会[①]、社会服务机构[②]、农村集体经济组织[③]、农民专业合作社[④]等;所说的"有自己的经费",则主要适用于机关法人[⑤]、事业单位[⑥]、社会团体[⑦]、基层群众性自治组织[⑧]。

与所有法人都必须在成立之前就依法确定其名称、组织机构和住所不同,有的法人需要在成立之前就已经取得了属于自己的财产或经费(即实行实缴制),有的法人则可以在成立之后再取得属于自己的财产(即实行认缴制)。前者主要适用于社会团

---

① 《基金会管理条例》第 2 条规定:"本条例所称基金会,是指利用自然人、法人或者其他组织捐赠的财产,以从事公益事业为目的,按照本条例的规定成立的非营利性法人",第 8 条规定:"设立基金会,应当具备下列条件:……(二)全国性公募基金会的原始基金不低于 800 万元人民币,地方性公募基金会的原始基金不低于 400 万元人民币,非公募基金会的原始基金不低于 200 万元人民币;原始基金必须为到账货币资金;……(五)能够独立承担民事责任。"

② 《民办非企业单位登记管理暂行条例》第 8 条第 1 款规定:"申请登记民办非企业单位,应当具备下列条件:……(四)有与其业务活动相适应的合法财产……"

③ 《农村集体经济组织法》第 19 条规定:"农村集体经济组织应当具备下列条件:(一)有符合本法规定的成员;(二)有符合本法规定的集体财产;(三)有符合本法规定的农村集体经济组织章程;(四)有符合本法规定的名称和住所;(五)有符合本法规定的组织机构。"

④ 《农民专业合作社法》第 12 条规定:"设立农民专业合作社,应当具备下列条件:……(五)有符合章程规定的成员出资。"

⑤ 《民法典》第 97 条规定:"有独立经费的机关和承担行政职能的法定机构从成立之日起,具有机关法人资格,可以从事为履行职能所需要的民事活动。"

⑥ 《事业单位登记管理暂行条例》第 6 条规定:"申请事业单位法人登记,应当具备下列条件:……(四)有与其业务活动相适应的经费来源;(五)能够独立承担民事责任。"《事业单位登记管理暂行条例实施细则》第 32 条规定:"事业单位经费来源是指事业单位的收入渠道,包括财政补助和非财政补助两类",第 33 条第 1 款规定:"事业单位开办资金是事业单位被核准登记时可用于承担民事责任的全部财产的货币体现。事业单位开办资金包括举办单位或者出资人授予事业单位法人自主支配的财产和事业单位法人的自有财产。事业单位开办资金不包括下列资产:(一)代为管理的公共基础设施和资源性资产;(二)关系国家秘密、公共安全、公共保障,不能进入流通领域的资产;(三)借贷款、合同预收款、合同应付款;(四)职工福利费、保险金、住房公积金等专用基金;(五)规定了使用方向,不能用于民事赔偿的他人资助的资产;(六)按照法律、法规规定不能用于民事赔偿的其他资产。"

⑦ 《社会团体登记管理条例》第 10 条第 1 款规定:"成立社会团体,应当具备下列条件:……(五)有合法的资产和经费来源,全国性的社会团体有 10 万元以上活动资金,地方性的社会团体和跨行政区域的社会团体有 3 万元以上活动资金;(六)有独立承担民事责任的能力。"

⑧ 《城市居民委员会组织法》第 17 条规定:"居民委员会的工作经费和来源,居民委员会成员的生活补贴费的范围、标准和来源,由不设区的市、市辖区的人民政府或者上级人民政府规定并拨付;经居民会议同意,可以从居民委员会的经济收入中给予适当补助。居民委员会的办公用房,由当地人民政府统筹解决。"《村民委员会组织法》第 37 条规定:"人民政府对村民委员会协助政府开展工作应当提供必要的条件;人民政府有关部门委托村民委员会开展工作需要经费的,由委托部门承担。村民委员会办理本村公益事业所需的经费,由村民会议通过筹资筹劳解决;经费确有困难的,由地方人民政府给予适当支持。"

体[①]、基金会[②]、社会服务机构[③]和实行注册资本实缴登记制的营利法人[④],后者主要适用于一般的营利法人[⑤]、事业单位[⑥]、机关法人、农村集体经济组织[⑦]、农民专业合作社[⑧]、基层群众性自治组织。实践中,有的地方也允许社会团体和社会服务机构在成立之后再取得属于自己的财产(即实行认缴制)。[⑨]

需要注意的是,《民法典》第 58 条第 2 款所说的"法人应当有自己的财产或者经费"并不要求法人必须有自己的资金,其中的"财产或者经费"也不限于货币财产,不能仅仅以"未开设独立账户"为由认定法人没有自己的财产或经费,更不能据此否定已经取得法人登记证书的组织的法人资格。[⑩]

---

① 《社会团体登记管理条例》第 11 条规定:"申请登记社会团体,发起人应当向登记管理机关提交下列文件:……(三)验资报告、场所使用权证明……"

② 《基金会管理条例》第 9 条规定:"申请设立基金会,申请人应当向登记管理机关提交下列文件:……(三)验资证明和住所证明……"

③ 《民办非企业单位登记管理暂行条例》第 9 条规定:"申请民办非企业单位登记,举办者应当向登记管理机关提交下列文件:……(四)验资报告……"

④ 比如,《公司法》第 98 条第 1 款规定:"[股份有限公司]发起人应当在公司成立前按照其认购的股份全额缴纳股款。"国务院 2014 年印发的《注册资本登记制度改革方案》(国发〔2014〕7 号)提出:"现行法律、行政法规以及国务院决定明确规定实行注册资本实缴登记制的银行业金融机构、证券公司、期货公司、基金管理公司、保险公司、保险专业代理机构和保险经纪人、直销企业、对外劳务合作企业、融资性担保公司、募集设立的股份有限公司,以及劳务派遣企业、典当行、保险资产管理公司、小额贷款公司实行注册资本认缴登记制问题,另行研究决定。在法律、行政法规以及国务院决定未修改前,暂按现行规定执行。"

⑤ 比如,《公司法》第 47 条规定:"有限责任公司的注册资本为在公司登记机关登记的全体股东认缴的出资额。全体股东认缴的出资额由股东按照公司章程的规定自公司成立之日起五年内缴足。法律、行政法规以及国务院决定对有限责任公司注册资本实缴、注册资本最低限额、股东出资期限另有规定的,从其规定。"

⑥ 《事业单位登记管理暂行条例实施细则》第 37 条第 1 款规定:"申请事业单位法人设立登记,应当向登记管理机关提交下列文件:……(七)开办资金确认证明……"

⑦ 《农村集体经济组织法》第 19 条规定:"农村集体经济组织应当具备下列条件:(一)有符合本法规定的成员;(二)有符合本法规定的集体财产;(三)有符合本法规定的农村集体经济组织章程;(四)有符合本法规定的名称和住所;(五)有符合本法规定的组织机构。"

⑧ 国务院 2014 年印发的《注册资本登记制度改革方案》(国发〔2014〕7 号)提及:"已经实行申报(认缴)出资登记的个人独资企业、合伙企业、农民专业合作社仍按现行规定执行。"

⑨ 比如,《广州市社会组织管理办法》第 12 条规定:"基金会成立登记时,应当向登记管理机关提供具备资质的社会验资机构出具的验资报告。社会团体和民办非企业单位成立登记时不需向登记管理机关提供验资报告。"

⑩ 比如,在长沙某辉餐饮管理有限公司与邓某春、杨某松及怀化市某梦职业培训学校合同纠纷案中,尽管怀化市某梦职业培训学校经民政部门登记为民办非企业单位法人,但是一审法院认为:"本案中,被告某梦学校作为民办非企业单位,经本院用查控系统查询却未开设有独立账户,注册资金账户经查也为投资人杨某松私人账户,该校与原告方的资金往来也均系用财务人员私人账户,经本院责令其限期提交对公账户名称及账号被告某梦学校至今也未能提交,且该校的办学场地亦为租赁场地,据此本院可认定某梦学校没有自己的独立财产,其不具备法人的实质条件,应为非法人组织,不能独立承担民事责任。"二审法院也认为:"某梦职业培训学校系非法人组织,在其财产不足以清偿债务时,应由其出资人或设立人承担无限责任"。见湖南省怀化市鹤城区人民法院(2020)湘 1202 民初 2618 号民事判决书、湖南省怀化市中级人民法院(2021)湘 12 民终 428 号民事判决书。

(二)具体规定:法人成立的具体条件

就法人成立的条件和程序而言,《民法典》第 58 条第 2 款第 2 句所说的“法人成立的具体条件和程序,依照法律、行政法规的规定”,具有四个层面的效果:

一是该规定暗含着《民法典》当中有关法人成立条件的规定①和有关法人成立程序的规定②属于原则规定,其他法律或行政法规对法人成立的条件和程序作出的“具体”规定,不得违反《民法典》的原则规定。

二是该规定对《民法典》施行之前的原有法律、行政法规针对法人成立的具体条件和程序已经作出的既有的规定(即旧的具体规定)作出了明确的承认,以确保法律秩序的稳定和延续。

三是该规定明确允许并认可立法机关和国务院在《民法典》施行之后,在必要时通过对现有法律或行政法规进行修改或制定新的法律或行政法规的方式,针对法人成立的具体条件和程序作出新的规定(即新的具体规定),以适应社会和经济的发展要求,也为将来制定新的专门的民事特别法律或行政法规预留了空间。

四是法人成立的具体条件和程序,应当由法律或行政法规进行规定,而不应由规章、规范性文件等进行规定。

现阶段,法律、行政法规有关法人成立的具体条件的规定,主要如下:

1. 有限公司的成立条件

根据《民法典》第 76 条,有限责任公司属于营利法人中的企业法人。结合原《公司法》(2018 年修正)第 23 条③和 2023 年修订后的《公司法》第 6 条、第 8 条、第 42 条、第 45 条、第 47 条、第 58 条、第 60 条、第 67 条第 1 款、第 68 条、第 75 条、第 69 条、第 76 条、第 83 条等条款的规定,有限责任公司的成立条件主要包括:(1)股东符合法定人数;(2)有符合公司章程规定的全体股东认缴的出资额;(3)股东共同制定公司章程;(4)有公司名称,建立符合《公司法》要求的有限责任公司组织机构;(5)有公司住所。

需要注意的是,法律可能针对特定行业的有限公司的成立条件作出特别规定。比如,针对证券公司的成立条件,《证券法》第 118 条第 1 款规定:“设立证券公司,应当具备下列条件,并经国务院证券监督管理机构批准:(一)有符合法律、行政法规规定的公司章程;(二)主要股东及公司的实际控制人具有良好的财务状况和诚信记录,最近三

---

① 《民法典》当中有关法人成立条件的规定,主要是《民法典》第 58 条第 2 款第 1 句所说的“法人应当有自己的名称、组织机构、住所、财产或者经费”。

② 《民法典》当中有关法人成立程序的规定,主要包括《民法典》第 77 条所说的“营利法人经依法登记成立”,第 88 条所说的“具备法人条件,为适应经济社会发展需要,提供公益服务设立的事业单位,经依法登记成立,取得事业单位法人资格”,第 90 条第 1 款所说的“具备法人条件,基于会员共同意愿,为公益目的或者会员共同利益等非营利目的设立的社会团体,经依法登记成立,取得社会团体法人资格”,第 92 条第 1 款所说的“具备法人条件,为公益目的以捐助财产设立的基金会、社会服务机构等,经依法登记成立,取得捐助法人资格”,第 92 条第 2 款所说的“依法设立的宗教活动场所,具备法人条件的,可以申请法人登记,取得捐助法人资格”。

③ 原《公司法》(2018 年修正)第 23 条规定:“设立有限责任公司,应当具备下列条件:(一)股东符合法定人数;(二)有符合公司章程规定的全体股东认缴的出资额;(三)股东共同制定公司章程;(四)有公司名称,建立符合有限责任公司要求的组织机构;(五)有公司住所。”

年无重大违法违规记录;(三)有符合本法规定的公司注册资本;(四)董事、监事、高级管理人员、从业人员符合本法规定的条件;(五)有完善的风险管理与内部控制制度;(六)有合格的经营场所、业务设施和信息技术系统;(七)法律、行政法规和经国务院批准的国务院证券监督管理机构规定的其他条件。"

2. 股份公司的成立条件

根据《民法典》第76条,股份有限公司属于营利法人中的企业法人。结合原《公司法》(2018年修正)第76条①和2023年修订后的《公司法》第6条、第8条、第92条、第94条、第97条、第98条第1款、第105条等条款的规定,股份公司的成立条件主要包括:(1)发起人符合法定人数;(2)有符合公司章程规定的全体发起人缴纳的股本总额或者募集的股本总额;(3)股份发行、筹办事项符合法律规定;(4)发起人共同制订公司章程,并经成立大会通过;(5)有公司名称,建立符合《公司法》要求的股份有限公司组织机构;(6)有公司住所。

需要注意的是,法律可能针对特定行业的股份公司的成立条件作出特别规定。比如,针对商业银行的成立条件,《商业银行法》第12条规定:"设立商业银行,应当具备下列条件:(一)有符合本法和《中华人民共和国公司法》规定的章程;(二)有符合本法规定的注册资本最低限额;(三)有具备任职专业知识和业务工作经验的董事、高级管理人员;(四)有健全的组织机构和管理制度;(五)有符合要求的营业场所、安全防范措施和与业务有关的其他设施。设立商业银行,还应当符合其他审慎性条件。"

3. 全民所有制企业的成立条件

全民所有制企业属于《民法典》第76条第2款所说的营利法人中的"其他企业法人"或《市场主体登记管理条例》第2条第1项所说的"非公司企业法人"。②

根据《全民所有制工业企业法》第17条,设立全民所有制企业③必须具备以下条件:(1)产品为社会所需要;(2)有能源、原材料、交通运输的必要条件;(3)有自己的名称和生产经营场所;(4)有符合国家规定的资金;(5)有自己的组织机构;(6)有明确的经营范围;(7)法律、法规规定的其他条件。

---

① 原《公司法》(2018年修正)第76条规定:"设立股份有限公司,应当具备下列条件:(一)发起人符合法定人数;(二)有符合公司章程规定的全体发起人认购的股本总额或者募集的实收股本总额;(三)股份发行、筹办事项符合法律规定;(四)发起人制订公司章程,采用募集方式设立的经创立大会通过;(五)有公司名称,建立符合股份有限公司要求的组织机构;(六)有公司住所。"

② 根据《全民所有制工业企业法》第2条关于"全民所有制工业企业(以下简称企业)是依法自主经营、自负盈亏、独立核算的社会主义商品生产和经营单位。……企业依法取得法人资格,以国家授予其经营管理的财产承担民事责任"和第16条第1款关于"设立企业,必须依照法律和国务院规定,报请政府或者政府主管部门审核批准。经工商行政管理部门核准登记、发给营业执照,企业取得法人资格"的规定,全民所有制企业都具有法人资格。

③ 根据《全民所有制工业企业法》第65条关于"本法的原则适用于全民所有制交通运输、邮电、地质勘探、建筑安装、商业、外贸、物资、农林、水利企业"的规定,《全民所有制工业企业法》不仅仅适用于全民所有制工业企业,也适用于其他全民所有制企业。

4. 集体所有制企业的成立条件

根据《城镇集体所有制企业条例》第 12 条,城镇集体所有制企业[①]的设立必须具备下列条件:(1)有企业名称、组织机构和企业章程;(2)有固定的生产经营场所、必要的设施并符合规定的安全卫生条件;(3)有符合国家规定并与其生产经营和服务规模相适应的资金数额和从业人员;(4)有明确的经营范围;(5)能够独立承担民事责任;(6)法律、法规规定的其他条件。

根据《乡村集体所有制企业条例》第 13 条和当时有效的《企业法人登记管理条例》第 7 条[②],设立具备法人资格的乡村集体所有制企业[③]应当具备下列条件:(1)产品和提供的服务为社会所需要,并符合国家法律、法规和政策规定;(2)有自己的名称、组织机构、章程、固定的生产经营场所和必要的设施;(3)有确定的经营范围;(4)有与生产经营和服务规模相适应的资金、设备、从业人员和必要的原材料条件;(5)有必要的劳动卫生、安全生产条件和环境保护措施;(6)符合当地乡村建设规划,合理利用土地;(7)能够独立承担民事责任;(8)法律、法规规定的其他条件。

5. 事业单位的成立条件

根据《事业单位登记管理暂行条例》第 6 条和《事业单位登记管理暂行条例实施细则》第 36 条,申请事业单位法人登记,应当具备下列条件:(1)经审批机关批准设立;(2)有自己的规范的名称和组织机构(法人治理结构);(3)有稳定的场所;(4)有与其业务范围相适应的从业人员、设备设施、经费来源和开办资金;(5)宗旨和业务范围符合事业单位性质和法律、政策规定;(6)能够独立承担民事责任。

6. 社会团体的成立条件

根据《社会团体登记管理条例》第 9 条至第 11 条,成立社会团体,应当具备下列条件:(1)经业务主管单位批准设立;(2)有 50 个以上的个人会员或者 30 个以上的单位会员;个人会员、单位会员混合组成的,会员总数不得少于 50 个;(3)有规范的名称和相应的组织机构;(4)有固定的住所;(5)有与其业务活动相适应的专职工作人员;(6)有合法的资产和经费来源,全国性的社会团体有 10 万元以上活动资金,地方性的社会团体和跨行政区域的社会团体有 3 万元以上活动资金;(7)有独立承担民事责任的能力。

---

① 根据《城镇集体所有制企业条例》第 6 条关于"集体企业依法取得法人资格,以其全部财产独立承担民事责任",第 16 条第 2 款关于"合并、分立前的集体企业的权利和义务,由合并、分立后的法人享有和承担"和第 20 条关于"集体企业终止,必须依照《中华人民共和国企业法人登记管理条例》的规定办理注销登记并公告"的规定,城镇集体所有制企业都具有法人资格。

② 《企业法人登记管理条例》(自 2022 年 3 月 1 日起被《市场主体登记管理条例》废止)第 7 条规定:"申请企业法人登记的单位应当具备下列条件:(一)名称、组织机构和章程;(二)固定的经营场所和必要的设施;(三)符合国家规定并与其生产经营和服务规模相适应的资金数额和从业人员;(四)能够独立承担民事责任;(五)符合国家法律、法规和政策规定的经营范围。"

③ 根据《乡村集体所有制企业条例》第 10 条关于"乡村集体所有制企业经依法审查,具备法人条件的,登记后取得法人资格,厂长(经理)为企业的法定代表人",第 14 条第 1 款关于"设立企业必须依照法律、法规,经乡级人民政府审核后,报请县级人民政府乡镇企业主管部门以及法律、法规规定的有关部门批准,持有关批准文件向企业所在地工商行政管理机关办理登记,经核准领取《企业法人营业执照》或者《营业执照》后始得营业,并向税务机关办理税务登记"的规定,并非所有乡村集体所有制企业都具有法人资格。

7. 基金会的成立条件

根据《基金会管理条例》第8条、第9条,设立基金会,应当具备下列条件:(1)经业务主管单位同意设立;(2)为特定的公益目的而设立;(3)全国性公募基金会的原始基金不低于800万元人民币,地方性公募基金会的原始基金不低于400万元人民币,非公募基金会的原始基金不低于200万元人民币;原始基金必须为到账货币资金;(4)有规范的名称、章程、组织机构以及与其开展活动相适应的专职工作人员;(5)有固定的住所;(6)能够独立承担民事责任。

8. 社会服务机构(民办非企业单位)法人的成立条件

根据《民法典》第58条第2款和《民办非企业单位登记管理暂行条例》第2条、第8条第1款,申请登记具有法人资格的民办非企业单位,应当具备下列条件:(1)经业务主管单位审查同意;(2)有规范的名称、必要的组织机构;(3)有与其业务活动相适应的从业人员;(4)有与其业务活动相适应的合法财产;(5)有必要的场所;(6)能够独立承担民事责任。

9. 宗教活动场所法人的成立条件

根据《国家宗教事务局、民政部关于宗教活动场所办理法人登记事项的通知》(国宗发〔2019〕1号),宗教活动场所申请法人登记,应当具备以下条件:(1)经所在地宗教团体同意并报县级人民政府宗教事务部门同意;(2)属于经人民政府宗教事务部门依法登记的持有《宗教活动场所登记证》的寺院、宫观、清真寺、教堂;(3)有主持宗教活动的宗教教职人员和与其业务活动相适应的从业人员;(4)有必要的财产,注册资金不少于10万元人民币;(5)财务管理符合国家财务、资产、会计的有关规定;(6)有组织机构和健全的规章制度。

10. 农村集体经济组织的成立条件

根据《农村集体经济组织法》第19条的规定,农村集体经济组织的成立条件主要包括:(1)有符合《农村集体经济组织法》规定的成员;(2)有符合《农村集体经济组织法》规定的集体财产;(3)有符合《农村集体经济组织法》规定的农村集体经济组织章程;(4)有符合《农村集体经济组织法》规定的名称和住所;(5)有符合《农村集体经济组织法》规定的组织机构。

11. 城镇农村的合作经济组织的成立条件

根据《农民专业合作社法》第12条,设立农民专业合作社,应当具备下列条件:(1)有5名以上符合《农民专业合作社法》规定的成员;(2)有符合《农民专业合作社法》规定的章程;(3)有符合《农民专业合作社法》规定的组织机构;(4)有符合法律、行政法规规定的名称和章程确定的住所;(5)有符合章程规定的成员出资。

12. 居民委员会的成立条件

居民委员会根据居民居住状况,按照便于居民自治的原则,一般在一百户至七百户的范围内设立,特殊情况下,可以在不足一百户或者超过七百户的范围内设立;居民委员会的设立、撤销、规模调整,由街道办事处或乡、民族乡、镇的人民政府提出,报不设区的市、市辖区、县人民政府决定。[①]

13. 村民委员会的成立条件

村民委员会根据村民居住状况、人口多少，按照便于群众自治，有利于经济发展和社会管理的原则设立；村民委员会的设立、撤销、范围调整，由乡、民族乡、镇的人民政府提出，经村民会议讨论同意，报县级人民政府批准。[②]

三、法人的成立程序

考虑到法人成立的程序主要涉及法人的设立人、出资人等申请人与法人登记机关之间的关系，更多地属于行政法律关系，并非《民法典》第 2 条所说的作为民法调整对象的“平等主体的自然人、法人和非法人组织之间的人身关系和财产关系”，因此，《民法典》第 58 条第 2 款规定：“法人成立的具体……程序，依照法律、行政法规的规定。”

不过，不能据此认为《民法典》本身没有对法人的成立程序作出任何规定。比如，《民法典》第 77 条、第 88 条、第 90 条和第 92 条所说的“经依法登记成立”，其实就明确了“登记”属于相关法人成立的必经程序。这属于《民法典》第 58 条第 2 款所说的“法人成立的具体程序”相对应的原则性规定。

（一）法人成立的一般程序

综合《市场主体登记管理条例》《事业单位登记管理暂行条例》《社会团体登记管理条例》《基金会管理条例》《民办非企业单位登记管理暂行条例》等有关法人登记的行政法规可知，法人成立的程序大致是申请、受理、审查、登记、发证。[③] 其中，完成设立登记并取得登记证书或营业执照通常是法人成立的标志。

比如，吉林省高级人民法院（2020）吉民终 152 号民事判决书认为：“《中华人民共和国民法总则》第五十八条第一款规定：‘法人应当依法成立。’第五十九条规定：‘法人的民事权利能力和民事行为能力，从法人成立时产生，到法人终止时消灭。’第七十七条规定：‘营利法人经依法登记成立。’第九十二条规定：‘具备法人条件，为公益目的以捐助财产设定的基金会、社会服务机构等，经依法登记成立，取得捐助法人资格。’根据《总则》的规定，设立民办学校等非企业法人组织，设立人可以根据设立的目的，选择登记为营利法人，或者登记为社会服务机构。根据上述规定，民办学校无论登记为营利法人或是社会服务机构，均应经依法登记方能成立。《办学许可证》是民办培训学校取得办学资格的证明。某博学校虽取得了《办学许可证》，但至今仍未依法登记，尚不具

① 《城市居民委员会组织法》第 6 条、《吉林省实施〈中华人民共和国城市居民委员会组织法〉办法》第 6 条、《北京市实施〈中华人民共和国城市居民委员会组织法〉办法》第 9 条。

② 《村民委员会组织法》第 3 条。

③ 比如，《事业单位登记管理暂行条例实施细则》第 34 条第 1 款规定：“事业单位设立登记、变更登记、注销登记的程序依次是申请、受理、审查、核准、发（缴）证章、公告。”《民办非企业单位登记暂行办法》第 3 条规定：“民办非企业单位登记管理机关（以下简称登记管理机关）审核登记的程序是受理、审查、核准、发证、公告。”

有法人的民事权利能力和民事行为能力,……”。[①]

(二)法人成立的特别程序:设立审批

考虑到国家针对在特定领域设立法人规定了审批程序[②],《民法典》第58条第3款规定:“设立法人,法律、行政法规规定须经有关机关批准的,依照其规定”,确保与相关法律、行政法规协调适用。

亦即,只要法律、行政法规规定设立法人必须经有关机关批准,法人的设立人等申请人就必须遵守这些规定,在办理法人设立登记之前或法人成立之前取得有关机关的批准文件,否则将导致法人不能成立。对此,《公司法》第29条第2款所说的“法律、行政法规规定设立公司必须报经批准的,应当在公司登记前依法办理批准手续”规定得更为清晰。

需要注意的是,《民法典》第58条第3款所说的法人设立审批,强调的是未经批准不得设立法人,属于机构准入的一种方式[③],不同于法律法规针对法人从事特定的活动所设置的批准或许可(即业务准入,包括前置许可和后置许可)[④]。未取得业务准入的后果是不能从事相关活动,但通常不影响法人的成立,相关主体可以先设立法人、后办理业务准入手续[⑤];而未取得设立批准的后果则是法人无法设立,更谈不上从事相关的业务。

(三)法人的成立与法人的设立

《民法典》第58条同时使用了“法人成立”和“设立法人”的表述。二者既有区别,又有联系。具体而言:

其一,“法人成立”是“设立法人”的结果之一。设立人依法实施法人设立行为,通

---

① 类似的裁判意见,还可见北京市高级人民法院(2021)京民终371号民事判决书、广东省深圳市中级人民法院(2018)粤03民终5962号民事裁定书。

② 比如,《证券法》第118条规定:“设立证券公司,应当具备下列条件,并经国务院证券监督管理机构批准:……未经国务院证券监督管理机构批准,任何单位和个人不得以证券公司名义开展证券业务活动。”第119条第2款规定:“证券公司设立申请获得批准的,申请人应当在规定的期限内向公司登记机关申请设立登记,领取营业执照。”

③ 机构准入不等同于设立审批,有的机构准入其实属于业务准入。比如,根据《国务院关于实施银行卡清算机构准入管理的决定》(国发〔2015〕22号)和《银行卡清算机构管理办法》,国家对在境内从事银行卡清算业务实施机构准入管理,要求向中国人民银行提出申请,经中国人民银行征求银行业监督管理机构同意后予以批准,取得银行卡清算业务许可证,但并没有要求成为专门从事银行卡清算业务的机构必须先取得中国人民银行的设立批准、后办理企业法人登记手续,而是要求申请人先完成企业法人设立登记,并在向中国人民银行提出筹备申请时提交“企业法人营业执照复印件和公司章程”。

④ 《行政许可法》第2条规定:“本法所称行政许可,是指行政机关根据公民、法人或者其他组织的申请,经依法审查,准予其从事特定活动的行为。”《国务院关于严格控制新设行政许可的通知》(国发〔2013〕39号)规定:“行政许可,是行政机关根据公民、法人或其他组织的申请,经依法审查,准予其从事特定活动的行为,是各级行政机关在依法管理经济社会事务过程中对公民、法人或其他组织的活动实行事前控制的一种手段。”

⑤ 当然,如果拟设立的法人所从事的业务只有一项并且从事该业务必须取得前置许可,那么,未取得业务准入许可也将导致无法设立法人。比如,《合伙企业法》第9条第2款规定:“合伙企业的经营范围中有属于法律、行政法规规定在登记前须经批准的项目的,该项经营业务应当依法经过批准,并在登记时提交批准文件”,《工商总局关于落实“证照分离”改革举措促进企业登记监管统一规范的指导意见》(工商企注字〔2017〕175号)进一步明确:“企业申请登记的经营范围中属于前置许可经营项目的,应先行取得审批部门批准的许可证,再向企业登记机关申请营业执照,企业登记机关依照审批机关的批准文件、证件进行登记。”

常能够产生“法人成立”的预期结果，此时，“法人成立”是“设立法人”行为的延续。

其二，“法人成立”指向的是法人设立行为所产生的结果，而“设立法人”指向的则是法人设立的过程，涵盖了设立人为设立法人从准备法人设立申请到法人最终成立的过程中所从事的一系列的活动，其结果既可能是设立法人成功（即“法人成立”），也可能是设立法人失败（即《民法典》第 75 条第 1 款所说的“法人未成立”）①。

第五十九条　【法人民事权利能力和民事行为能力的起止时间】法人的民事权利能力和民事行为能力，从法人成立时产生，到法人终止时消灭。

【条文通释】

《民法典》第 59 条是关于法人民事权利能力和民事行为能力的起止时间的规定。

一、法人民事权利能力的起止时间

根据《民法典》第 59 条，法人的民事权利能力的起始时间，即《民法典》第 59 条所说的“产生”时间，为“法人成立时”；终止时间，即《民法典》第 59 条所说的“消灭”时间，为“法人终止时”。

据此，法人只要没有终止，就具有法人资格和独立的民事主体地位，就可以取得、享有并行使民事权利。

二、法人民事行为能力的起止时间

根据《民法典》第 59 条，法人的民事行为能力的起始时间，与法人的民事权利能力的起始时间相同，也是“法人成立时”；法人的民事行为能力的终止时间，与法人的民事权利能力的终止时间相同，也是“法人终止时”。

据此，法人只要没有终止，就具有法人资格和独立的民事主体地位，就可以在法律允许的范围内实施相应的民事行为。

三、法人的成立时间

（一）法人成立时与法人成立日

尽管《民法典》将“法人成立时”界定为法人的民事权利能力和民事行为能力的起始时间（产生时间），但是，《民法典》既没有规定如何认定“法人成立时”或“法人成立之时”，也没有要求法人的成立时间需要精确到公历的秒、分或小时。

---

① 比如，《反洗钱法》第 14 条规定：“国务院有关金融监督管理机构审批新设金融机构或者金融机构增设分支机构时，应当审查新机构反洗钱内部控制制度的方案；对于不符合本法规定的设立申请，不予批准。”《证券法》第 118 条规定：“设立证券公司，应当具备下列条件，并经国务院证券监督管理机构批准：……未经国务院证券监督管理机构批准，任何单位和个人不得以证券公司名义开展证券业务活动。”第 119 条第 1 款规定：“国务院证券监督管理机构应当自受理证券公司设立申请之日起六个月内，依照法定条件和法定程序并根据审慎监管原则进行审查，作出批准或者不予批准的决定，并通知申请人；不予批准的，应当说明理由。”

纵观全文,《民法典》实际上是以法人的"成立日期"或"成立之日"作为"法人成立时"或"法人成立之时"的。

比如,《民法典》第78条规定:"依法设立的营利法人,……营业执照签发日期为营利法人的成立日期",第88条规定:"具备法人条件,为适应经济社会发展需要,提供公益服务设立的事业单位,……依法不需要办理法人登记的,从成立之日起,具有事业单位法人资格",第90条规定:"具备法人条件,基于会员共同意愿,为公益目的或者会员共同利益等非营利目的设立的社会团体,……依法不需要办理法人登记的,从成立之日起,具有社会团体法人资格",第97条规定:"有独立经费的机关和承担行政职能的法定机构从成立之日起,具有机关法人资格……"

(二)法人成立日期的认定

根据法人成立是否需要办理设立登记,《民法典》针对法人的成立日期规定了不同的认定规则,具体如下:

1. 以营业执照或登记证书签发日期为法人的成立日期

依法需要办理法人设立登记的法人,以营业执照或登记证书签发日期为其成立日期。

依法需要办理登记的法人,主要包括:

一是所有营利法人,包括所有的有限责任公司、股份有限公司、其他企业法人等。对此,《民法典》第77条规定:"营利法人经依法登记成立",第78条规定:"依法设立的营利法人,由登记机关发给营利法人营业执照。营业执照签发日期为营利法人的成立日期"。

二是非营利法人中的依法需要办理设立登记的事业单位。对此,《民法典》第88条规定:"具备法人条件,为适应经济社会发展需要,提供公益服务设立的事业单位,经依法登记成立,取得事业单位法人资格……"

三是非营利法人中的依法需要办理设立登记的社会团体。对此,《民法典》第90条规定:"具备法人条件,基于会员共同意愿,为公益目的或者会员共同利益等非营利目的设立的社会团体,经依法登记成立,取得社会团体法人资格……"

四是非营利法人中的所有基金会、社会服务机构法人。对此,《民法典》第92条第1款规定:"具备法人条件,为公益目的以捐助财产设立的基金会、社会服务机构等,经依法登记成立,取得捐助法人资格。"

五是非营利法人中的宗教活动场所法人。对此,《民法典》第92条第2款规定:"依法设立的宗教活动场所,具备法人条件的,可以申请法人登记,取得捐助法人资格。法律、行政法规对宗教活动场所有规定的,依照其规定。"

需要注意的是,作为认定宗教活动场所法人的成立日期的登记证书并非民政部门签发的《宗教活动场所法人登记证》,而是宗教事务管理部门签发的《宗教活动场所登记证》。[1]

六是特别法人中的农村集体经济组织。对此,《农村集体经济组织法》第 6 条第 1 款规定:“农村集体经济组织依照本法登记,取得特别法人资格,依法从事与其履行职能相适应的民事活动。”

七是特别法人中的农民专业合作社。对此,《农民专业合作社法》第 5 条第 1 款规定:“农民专业合作社依照本法登记,取得法人资格”;《市场主体登记管理条例》第 2 条规定:“本条例所称市场主体,是指在中华人民共和国境内以营利为目的从事经营活动的下列自然人、法人及非法人组织:……(三)农民专业合作社(联合社)及其分支机构……”第 21 条第 1 款规定:“申请人申请市场主体设立登记,登记机关依法予以登记的,签发营业执照。营业执照签发日期为市场主体的成立日期。”

2. 以批准设立之日为法人的成立日期

依法不需要办理法人设立登记的法人,以有关机关批准设立之日或法律法规确认的成立之日[2]为其成立日期。

依法不需要办理法人登记的法人,主要包括:

一是非营利法人中的依法不需要办理设立登记的事业单位。对此,《民法典》第 88 条规定:“具备法人条件,为适应经济社会发展需要,提供公益服务设立的事业单位……依法不需要办理法人登记的,从成立之日起,具有事业单位法人资格。”《事业单位登记管理暂行条例》第 11 条规定:“法律规定具备法人条件、自批准设立之日起即取得法人资格的事业单位,或者法律、其他行政法规规定具备法人条件、经有关主管部门依法审核或者登记,已经取得相应的执业许可证书的事业单位,不再办理事业单位法人登记,由有关主管部门按照分级登记管理的规定向登记管理机关备案。县级以上各级人民政府设立的直属事业单位直接向登记管理机关备案。”

二是非营利法人中的依法不需要办理设立登记的社会团体。对此,《民法典》第 90 条规定:“具备法人条件,基于会员共同意愿,为公益目的或者会员共同利益等非营利目的设立的社会团体……依法不需要办理法人登记的,从成立之日起,具有社会团体法人资格。”

三是特别法人中的机关法人。对此,《民法典》第 97 条规定:“有独立经费的机关和承担行政职能的法定机构从成立之日起,具有机关法人资格……”

四是基层群众性自治组织,即居民委员会、村民委员会。

四、法人的终止时间

根据法人终止是否需要办理注销登记,《民法典》针对法人的终止时间规定了不同的认定规则,具体如下:

---

① 对此,《宗教事务条例》第 23 条规定:“宗教活动场所符合法人条件的,经所在地宗教团体同意,并报县级人民政府宗教事务部门审查同意后,可以到民政部门办理法人登记。”《国家宗教事务局、民政部关于宗教活动场所办理法人登记事项的通知》(国宗发〔2019〕1 号)第 2 条规定:“宗教活动场所申请法人登记,应当具备以下条件:(一)属于经人民政府宗教事务部门依法登记的寺院、宫观、清真寺、教堂……宗教活动场所应当以《宗教活动场所登记证》记载的名称申请法人登记。”

② 主要适用于参加中国人民政治协商会议的人民团体、经国务院批准免于登记的社会团体等。

(一)以完成注销登记的时间为终止时间

原则上,法人在终止时需要办理注销登记,此类法人以完成注销登记的时间为其终止时间。

对此,《民法典》第 68 条第 1 款规定:"有下列原因之一并依法完成清算、注销登记的,法人终止……"第 72 条第 3 款规定:"清算结束并完成法人注销登记时,法人终止;依法不需要办理法人登记的,清算结束时,法人终止。"第 73 条规定:"法人被宣告破产的,依法进行破产清算并完成法人注销登记时,法人终止。"

有的法规更是明确规定:自注销登记之日起,法人终止。比如,针对包括营利法人和农民专业合作社在内的各类市场主体的终止时间,《市场主体登记管理条例实施细则》第 44 条规定了"自登记机关予以注销登记之日起,市场主体终止";针对事业单位的终止时间,《事业单位登记管理暂行条例实施细则》第 55 条规定:"经登记管理机关注销登记的事业单位,自核准注销登记之日起事业单位法人终止。"

(二)以清算结束的时间为终止时间

考虑到有的法人在终止时不需要办理注销登记,《民法典》第 72 条第 3 款对这类法人的终止时间作出了特别的规定,即:"依法不需要办理法人登记的,清算结束时,法人终止"。据此,依法不需要办理注销登记的法人,以清算结束的时间为其终止时间。

这类法人主要包括:一是《民法典》第 88 条所说的"依法不需要办理登记"的事业单位[①];二是《民法典》第 90 条所说的"依法不需要办理登记"的社会团体[②];三是机关

---

① 《行政事业性国有资产管理条例》第 22 条规定:"各部门及其所属单位发生分立、合并、改制、撤销、隶属关系改变或者部分职能、业务调整等情形,应当根据国家有关规定办理相关国有资产划转、交接手续。"第 37 条规定:"有下列情形之一的,各部门及其所属单位应当对行政事业性国有资产进行清查:(一)根据本级政府部署要求;(二)发生重大资产调拨、划转以及单位分立、合并、改制、撤销、隶属关系改变等情形;(三)因自然灾害等不可抗力造成资产毁损、灭失;(四)会计信息严重失真;(五)国家统一的会计制度发生重大变更,涉及资产核算方法发生重要变化;(六)其他应当进行资产清查的情形。"《事业单位财务规则》(财政部令第 108 号)第 51 条规定:"事业单位发生划转、撤销、合并、分立时,应当进行清算。"

② 《社会团体登记管理条例》第 3 条第 3 款规定:"下列团体不属于本条例规定登记的范围:(一)参加中国人民政治协商会议的人民团体;(二)由国务院机构编制管理机关核定,并经国务院批准免于登记的团体;(三)机关、团体、企业事业单位内部经本单位批准成立、在本单位内部活动的团体。"

法人①;四是居民委员会和村民委员会②。

关于“清算结束时”,请见本书关于《民法典》第 72 条的通释。

五、法人终止的效力

由于《民法典》第 59 条使用了“法人的民事权利能力和民事行为能力,……到法人终止时消灭”的表述,因此,法人终止具有消灭法人的民事权利能力和民事行为能力、消灭法人主体资格的效力。

在法人终止之后,仍然以该法人的名义从事民事活动,所产生的民事责任,应由行

---

① 《行政事业性国有资产管理条例》第 22 条规定:“各部门及其所属单位发生分立、合并、改制、撤销、隶属关系改变或者部分职能、业务调整等情形,应当根据国家有关规定办理相关国有资产划转、交接手续”,第 37 条规定:“有下列情形之一的,各部门及其所属单位应当对行政事业性国有资产进行清查:(一)根据本级政府部署要求;(二)发生重大资产调拨、划转以及单位分立、合并、改制、撤销、隶属关系改变等情形;(三)因自然灾害等不可抗力造成资产毁损、灭失;(四)会计信息严重失真;(五)国家统一的会计制度发生重大变更,涉及资产核算方法发生重要变化;(六)其他应当进行资产清查的情形。”财政部《行政事业单位划转撤并相关会计处理规定》(财会〔2022〕29 号)规定:“单位发生划转撤并情形的,应当按照财务、资产等有关管理规定进行清算,在清算期间全面开展资产清查核实、清理债权债务、开展资产评估等工作,并在清算基础上做好资产和负债的移交和划转工作。单位应当根据相关划转撤并批复文件或方案等确定清算日、清算结束日、合并日和分立日等关键时间节点。划转撤并单位应当按照本规定对划转撤并过程中的相关业务和事项进行会计处理,并编制相关报表。本规定尚未作出规定的,单位应当按照政府会计准则制度的相关规定执行。单位划转、合并、分立和非转企改制情形下的会计核算应当以持续运行为前提。单位撤销和转企改制情形下的会计核算应当以非持续运行为前提。”

② 现阶段,财政部没有对居民委员会、村民委员会是否执行政府会计制度作出直接的规定。不过,基于以下规定,可以认为,居民委员会和村民委员会也应当执行《政府会计准则》,与机关法人一样,也以清算结束时为终止时间:

其一,根据财政部《民间非营利组织会计制度》(财会〔2004〕7 号)第 2 条关于“本制度适用于在中华人民共和国境内依法设立的符合本制度规定特征的民间非营利组织。民间非营利组织包括依照国家法律、行政法规登记的社会团体、基金会、民办非企业单位和寺院、宫观、清真寺、教堂等。适用本制度的民间非营利组织应当同时具备以下特征:(一)该组织不以营利为宗旨和目的;(二)资源提供者向该组织投入资源不取得经济回报;(三)资源提供者不享有该组织的所有权”的规定,《〈民间非营利组织会计制度〉若干问题的解释》(财会〔2020〕9 号)关于“根据《民间非营利组织会计制度》(财会〔2004〕7 号,以下简称《民非制度》)第二条规定,同时具备《民非制度》第二条第二款所列三项特征的非营利性民办学校、医疗机构等社会服务机构,境外非政府组织在中国境内依法登记设立的代表机构应当按照《民非制度》进行会计核算”的规定,村民委员会作为特别法人、不属于民间非营利组织,不执行《民间非营利组织会计制度》。

其二,根据财政部《村集体经济组织会计制度》(财会〔2004〕12 号)关于“本制度适用于按村或村民小组设置的社区性集体经济组织(以下称村集体经济组织)。代行村集体经济组织职能的村民委员会执行本制度”的规定,只有代行村集体经济组织职能的村民委员会才执行《村集体经济组织会计制度》,没有代行村集体经济组织职能的村民委员会也不执行《村集体经济组织会计制度》。

其三,根据《居民委员会组织法》第 17 条关于“居民委员会的工作经费和来源,居民委员会成员的生活补贴费的范围、标准和来源,由不设区的市、市辖区的人民政府或者上级人民政府规定并拨付;经居民会议同意,可以从居民委员会的经济收入中给予适当补助。居民委员会的办公用房,由当地人民政府统筹解决”的规定和《政府会计准则——基本准则》第 2 条关于“本准则适用于各级政府、各部门、各单位(以下统称政府会计主体)。前款所称各部门、各单位是指与本级政府财政部门直接或者间接发生预算拨款关系的国家机关、军队、政党组织、社会团体、事业单位和其他单位。军队、已纳入企业财务管理体系的单位和执行《民间非营利组织会计制度》的社会团体,不适用本准则”的规定,居民委员会和村民委员会属于《政府会计准则——基本准则》所说的“与本级政府财政部门直接或者间接发生预算拨款关系的除国家机关、军队、政党组织、社会团体、事业单位之外的其他单位”,应当执行《政府会计准则》。

为人自行承担。对此,《民诉法解释》第 62 条第 3 项规定:“下列情形,以行为人为当事人:……(三)法人或者其他组织依法终止后,行为人仍以其名义进行民事活动的。”

第六十条 【法人的独立责任和责任财产】法人以其全部财产独立承担民事责任。

【条文通释】

《民法典》第 60 条是关于法人的独立责任和责任财产的规定。

《民法典》第 60 条所说的“法人以其全部财产独立承担民事责任”,包含了两层含义:一是明确了法人独立承担民事责任,即法人的独立责任;二是明确了法人的责任财产的范围,即法人的全部财产都是其承担责任的财产。

其中,《民法典》第 60 条所说的“民事责任”,指的是法人的民事责任,即“法人不履行或者不完全履行民事义务的法律后果”①,而不是他人的民事责任。

一、法人的独立责任

(一)原则:法人独立承担责任

《民法典》第 60 条所说的“法人……独立承担民事责任”,是与“不独立承担民事责任”相对应的,意味着法人自身就可以对自己的债务独立地承担民事责任,不需要、也不得要求由他人对法人的债务承担民事责任。

也就是说,原则上,法人的民事责任独立于法人的出资人(股东等)、设立人、会员、法定代表人或其他主体的民事责任,法人应当承担的民事责任与法人的出资人(股东等)、设立人、会员、法定代表人或其他主体应当承担的民事责任是归属于不同主体的、不同的民事责任;非依法律规定或未经法人的出资人(股东等)、设立人、会员、法定代表人或其他主体同意,不需要、也不得要求法人的出资人(股东等)、设立人、会员、法定代表人或其他主体承担本应由法人承担的责任。法人的出资人(股东等)、设立人、会员、法定代表人或其他主体可以援引《民法典》第 60 条向法人的债权人提出抗辩。

具体而言,《民法典》第 61 条第 2 款所说的“法定代表人以法人名义从事的民事活动,其法律后果由法人承受”,第 62 条所说的“法定代表人因执行职务造成他人损害的,由法人承担民事责任。法人承担民事责任后,依照法律或者法人章程的规定,可以向有过错的法定代表人追偿”,第 170 条第 1 款所说的“执行法人或者非法人组织工作任务的人员,就其职权范围内的事项,以法人或者非法人组织的名义实施的民事法律行为,对法人或者非法人组织发生效力”和第 1191 条所说的“用人单位的工作人员因执行工作任务造成他人损害的,由用人单位承担侵权责任。用人单位承担侵权责任

① 全国人民代表大会常务委员会时任副委员长李建国 2017 年 3 月 8 日在第十二届全国人民代表大会第五次会议上作的《关于〈中华人民共和国民法总则(草案)〉的说明》提及:“民事责任是民事主体不履行或者不完全履行民事义务的法律后果。”

后,可以向有故意或者重大过失的工作人员追偿”,都是法人独立承担责任的体现。

如前所述,与《民法典》第 57 条所说的“具有民事权利能力”“具有民事行为能力”“依法独立享有民事权利”和“依法独立承担民事义务”相比,《民法典》第 60 条所说的法人“独立承担民事责任”是认定法人具有独立的民事主体地位的关键要件,是将“法人”与不具有法人资格的“非法人组织”区分开来的本质特征,因为根据《民法典》第 104 条的规定①,非法人组织并非独立承担民事责任,在债务清偿责任的承担方面,非法人组织并未独立于其出资人或者设立人,在其财产不足以清偿债务时,原则上须由其出资人或者设立人承担无限责任。

(二)例外:法人之外的主体对法人的债务承担责任

需要注意的是,法人独立承担民事责任是原则,法律也规定了法人不独立承担民事责任、而由法人之外的主体对法人的债务承担责任的例外情形。

1. 例外之一:法人的出资人对法人债务承担责任

法人的出资人对法人的债务承担责任的例外情形,主要如下:

其一,根据《民法典》第 83 条第 2 款和《公司法》第 23 条第 1 款,营利法人的出资人滥用法人独立地位和出资人有限责任,逃避债务,严重损害法人债权人的利益的,应当对法人债务承担连带责任。

其二,根据《公司法》第 23 条第 3 款,作为一人有限公司或一人股份公司的股东,如果不能证明该一人公司的财产独立于股东自己的财产,需要对该一人公司的债务承担连带清偿责任。

其三,根据《最高人民法院关于适用〈中华人民共和国公司法〉若干问题的规定(三)》(以下简称“《公司法解释三》”)第 13 条第 2 款,作为公司的股东,如果未履行或者未全面履行出资义务,公司的债权人可以请求该股东在其未出资本息范围内对公司不能清偿的债务承担补充清偿责任。

其四,根据《公司法解释三》第 14 条第 2 款,作为公司的股东,如果在公司成立后抽逃出资,公司的债权人可以请求该股东在其抽逃出资本息范围内对公司不能清偿的债务承担补充清偿责任,并可以请求协助该股东抽逃出资的公司的其他股东与该股东对公司不能清偿的债务承担连带清偿责任。

其五,根据《最高人民法院关于适用〈中华人民共和国公司法〉若干问题的规定(二)》(以下简称“《公司法解释二》”)第 18 条第 1 款,有限公司的股东、股份公司的控股股东未在法定期限内成立清算组开始清算,导致公司财产贬值、流失、毁损或者灭失,公司的债权人可以主张有限公司的该股东、股份公司的该控股股东在造成损失范围内对公司债务承担赔偿责任。

其六,根据《公司法解释二》第 18 条第 2 款,有限公司的股东、股份公司的控股股东因怠于履行义务,导致公司主要财产、账册、重要文件等灭失,无法进行清算,公司的债权人可以主张有限公司的该股东、股份公司的该控股股东对公司债务承担连带清偿

---

① 《民法典》第 104 条规定:“非法人组织的财产不足以清偿债务的,其出资人或者设立人承担无限责任。法律另有规定的,依照其规定。”

责任。

其七,根据《公司法解释二》第 19 条,有限公司的股东、股份公司的控股股东,在公司解散后,恶意处置公司财产给债权人造成了损失,公司的债权人可以主张有限公司的该股东、股份公司的该控股股东对公司债务承担相应赔偿责任。

其八,根据《公司法解释二》第 19 条,有限公司的股东、股份公司的控股股东,在公司解散后,未经依法清算,以虚假的清算报告骗取公司登记机关办理法人注销登记,公司的债权人可以主张有限公司的该股东、股份公司的该控股股东对公司债务承担相应赔偿责任。

其九,根据《公司法解释二》第 20 条第 1 款,公司未经清算即办理注销登记,导致公司无法进行清算,公司的债权人可以主张有限公司的股东、股份公司的控股股东对公司债务承担清偿责任;在此基础上,《最高人民法院关于民事执行中变更、追加当事人若干问题的规定》(2020 年修正,以下简称"《民事执行中变更、追加当事人规定》")第 21 条进一步明确:"作为被执行人的公司,未经清算即办理注销登记,导致公司无法进行清算,申请执行人申请变更、追加有限责任公司的股东、股份有限公司的董事和控股股东为被执行人,对公司债务承担连带清偿责任的,人民法院应予支持。"

此外,《公司法》第 23 条第 2 款还规定了由公司的关联公司对其债务承担连带责任的情形,即:"股东利用其控制的两个以上公司实施前款规定行为的,各公司应当对任一公司的债务承担连带责任。"

2. 例外之二:法人的董事、高级管理人员对法人债务承担责任

法人的董事、高级管理人员对法人的债务承担责任的例外情形,主要如下:

其一,根据《公司法解释二》第 18 条第 1 款的规定,股份有限公司的董事未在法定期限内成立清算组开始清算,导致公司财产贬值、流失、毁损或者灭失的,公司的债权人可以主张该董事在造成损失范围内对公司债务承担赔偿责任。

其二,根据《公司法解释二》第 18 条第 2 款的规定,股份有限公司的董事因怠于履行义务,导致公司主要财产、账册、重要文件等灭失,无法进行清算的,公司的债权人可以主张其对公司债务承担连带清偿责任。

其三,根据《公司法解释二》第 19 条的规定,股份有限公司的董事在公司解散后,恶意处置公司财产给债权人造成损失的,公司的债权人可以主张其对公司债务承担相应赔偿责任。

其四,根据《公司法解释二》第 19 条的规定,股份有限公司的董事在公司解散后,未经依法清算,以虚假的清算报告骗取公司登记机关办理法人注销登记的,公司的债权人可以主张其对公司债务承担相应赔偿责任。

其五,根据《公司法解释二》第 20 条第 1 款的规定,股份有限公司未经清算即办理注销登记,导致公司无法进行清算,债权人可以主张股份有限公司的董事对公司债务承担清偿责任。

其六,根据《公司法解释三》第 13 条的规定,股东在公司增资时未履行或者未全面履行出资义务的,公司债权人可以在请求未履行或者未全面履行出资义务的股东在未出资本息范围内对公司债务不能清偿的部分承担补充赔偿责任的同时,请求未尽《公司法》规定的义务而使出资未缴足的董事、高级管理人员承担相应责任。

其七,根据《公司法解释三》第 14 条的规定,股东抽逃出资的,公司债权人可以在请求抽逃出资的股东在抽逃出资本息范围内对公司债务不能清偿的部分承担补充赔偿责任的同时,请求协助抽逃出资的董事、高级管理人员对此承担连带责任。①

(三)独立承担责任与责任独立

需要注意的是,"独立承担责任"与"责任独立"具有不同的含义。《民法典》第 60 条所说的法人"独立承担民事责任",仅指"法人对自己的债务独立承担民事责任,不需要他人来对自己的债务负责",不包括"法人对他人的债务不承担民事责任"的含义。

"责任独立"指向的是在数个主体之间,每个主体各自的责任相互独立。就每个主体而言,"责任独立"都包括两个层面的含义:一是"独立对自己的债务负责",即对自己的债务独立承担责任,不需要他人对自己的债务承担责任;二是"不对他人的债务负责",即对他人债务不承担责任。无论是"法人对自己的债务独立承担责任",还是"法人对他人债务不承担责任",都是"法人独立地位"的应有之义。

(四)责任独立与法人独立地位

尽管《民法典》第 60 条所说的法人"独立承担民事责任"是认定法人具有独立的民事主体地位的关键要件,是将"法人"与不具有法人资格的"非法人组织"区分开来的本质特征,但是,法人"责任独立"并非"法人独立地位"的全部,"法人独立地位"的内涵要远远大于"责任独立"。

事实上,《民法典》第 60 条所说的"法人……独立承担民事责任",与《民法典》第 57 条所说的法人"依法独立享有民事权利"和"依法独立承担民事义务"相结合,才共同构成了《民法典》第 83 条第 2 款所说的"法人独立地位"的基础,才使得法人成为独立的民事主体。

也就是说,"法人独立地位"既要求和体现为法人的责任独立,还同时要求和体现为法人的权利独立②、义务独立,以及机构独立、人员独立、财务独立、业务独立③,等等。

---

① 最高人民法院 2022 年 11 月 4 日公布的《民法典合同编通则解释(征求意见稿)》第 22 条第 3 款曾经规定,在生效法律文书确定法人向相对人承担民事责任,但是法人的财产不足以承担民事责任,又不起诉有过错的法定代表人的情况下,相对人可以起诉请求法人有过错的法定代表人向自己承担民事责任。不过,正式出台的《民法典合同编通则》没有保留此项规定。

② 比如,根据《公司法》第 189 条的规定,符合规定条件的股东,按照法定程序,针对公司的董事、高级管理人员、监事或其他主体,以自己的名义、为了公司的利益提起股东代表诉讼,其实质是由股东通过行使公司的权利来维护公司的利益,起到了否定公司的法人独立地位的效果,属于公司的法人独立地位的例外情形(但并非股东的有限责任的例外)。

③ 比如,最高人民法院指导案例 15 号"徐工集团工程机械股份有限公司诉成都川交工贸有限责任公司等买卖合同纠纷案"的"裁判要点"提出:"关联公司的人员、业务、财务等方面交叉或混同,导致各自财产无法区分,丧失独立人格的,构成人格混同"。又如,在上市公司监管方面,《国务院批转证监会关于提高上市公司质量意见的通知》(国发〔2005〕34 号)要求"上市公司必须做到机构独立、业务独立,与股东特别是控股股东在人员、资产、财务方面全面分开"。再如,在首次公开发行股票方面,证监会《首次公开发行股票注册管理办法》(证监会令第 205 号)第 12 条也将"资产完整,业务及人员、财务、机构独立"作为股份有限公司申请首次公开发行股票的发行条件之一。

二、法人的责任财产

《民法典》第60条所说的法人"以其全部财产……承担民事责任",明确了法人的责任财产的范围,即法人的全部财产都是其承担责任的财产。这意味着法人对其债务承担的是无限责任,而非有限责任。

(一)法人责任财产的范围

根据《民法典》第60条的规定,法人的责任财产是"其全部财产",包括其现有的全部财产和将有的全部财产。

结合《民法典》总则编第五章关于民事权利的规定、《民法典》第395条关于抵押财产的规定①和《破产法解释二》第1条至第4条的规定②,法人的财产,指的是依法归法人所有的财产和财产权益。

在构成方面,法人的财产,不仅包括货币、不动产(土地、建筑物和其他土地附着物)、动产(生产设备、原材料、半成品、产品、交通运输工具、船舶、航空器、印章、证照、财务会计资料等),也包括证券(股票、债券、证券投资基金份额等)、投资性权利(股权和在合伙企业中的财产份额等)、知识产权、债权、数据、网络虚拟财产、用益物权(海域使用权、探矿权、采矿权、取水权等)等财产和财产权益,还包括法人已经设定担保物权的特定财产、法人对按份享有所有权的共有财产的相关份额、共同享有所有权的共有财产的相应财产权利以及依法分割共有财产所得部分;但是,不包括法人基于仓储、保管、承揽、代销、借用、寄存、租赁等合同或者其他法律关系占有、使用的他人财产,法人在所有权保留买卖中尚未取得所有权的财产,所有权专属于国家且不得转让的财产以及其他依法不属于法人的财产。

(二)法人的无限责任

需要注意的是,由于《民法典》第60条使用了"法人以其全部财产……承担民事责任"的表述,因此,法人对其自身的债务承担的是无限责任,即只要法人存续、且其债务未获清偿,法人就应以其现有的和将有的全部财产进行清偿。

(三)无限责任与有限责任

所谓的无限责任,是与有限责任相对的,指的是责任主体需要用于承担责任的财

---

① 《民法典》第395条第1款规定:"债务人或者第三人有权处分的下列财产可以抵押:(一)建筑物和其他土地附着物;(二)建设用地使用权;(三)海域使用权;(四)生产设备、原材料、半成品、产品;(五)正在建造的建筑物、船舶、航空器;(六)交通运输工具;(七)法律、行政法规未禁止抵押的其他财产。"

② 《破产法解释二》第1条规定:"除债务人所有的货币、实物外,债务人依法享有的可以用货币估价并可以依法转让的债权、股权、知识产权、用益物权等财产和财产权益,人民法院均应认定为债务人财产",第2条规定:"下列财产不应认定为债务人财产:(一)债务人基于仓储、保管、承揽、代销、借用、寄存、租赁等合同或者其他法律关系占有、使用的他人财产;(二)债务人在所有权保留买卖中尚未取得所有权的财产;(三)所有权专属于国家且不得转让的财产;(四)其他依照法律、行政法规不属于债务人的财产",第3条第1款规定:"债务人已依法设定担保物权的特定财产,人民法院应当认定为债务人财产",第4条第1款规定:"债务人对按份享有所有权的共有财产的相关份额,或者共同享有所有权的共有财产的相应财产权利,以及依法分割共有财产所得部分,人民法院均应认定为债务人财产。"

产是有限的还是无限的：如果仅限于该责任主体的部分财产（比如对应于其所认缴的出资额或认购的股份的财产），则属于有限责任；如果需要以该责任主体现有的以及将来能够取得的全部财产承担责任，则属于无限责任。

在无限责任的情形，如果责任主体现有的财产少于其需要承担无限责任的债务，该责任主体的无限责任就表现得比较明显：只要该责任主体还存续着（即自然人未死亡或被宣告死亡，法人或非法人组织未终止），就需要以其现在已有的（即《民法典》第 396 条、第 440 条第 6 项、第 761 条所说的“现有的”）财产以及将来取得的（即《民法典》第 396 条、第 440 条第 6 项、第 761 条所说的“将有的”）财产对相应的债务进行清偿，直到相应的债务已经获得全额清偿或被免除为止；如果在相应的债务获得全额清偿或被免除之前，该责任主体不再存续，则应以其遗产（在自然人的情形）或以其终止前既有的财产予以清偿（当然，需要依照《民法典》继承编或《公司法》等法律的规定，处理作为自然人的该民事主体的遗产或作为组织的该民事主体终止前的财产）。

当然，究其实质，所谓的无限责任，也是受到各种因素制约的，比如责任主体所实际拥有或控制的能用于承担责任的财产的范围、责任主体获得新的财产的能力、责任主体的存续期限（自然人的寿命、组织的存续期间），等等。

尤其是，在责任主体不再存续的情形下，相应的无限责任将因其不再存续这一事实而被确定为有限责任：

其一，如果该责任主体为自然人，根据《民法典》第 1161 条第 1 款关于“继承人以所得遗产实际价值为限清偿被继承人依法应当缴纳的税款和债务。超过遗产实际价值部分，继承人自愿偿还的不在此限。继承人放弃继承的，对被继承人依法应当缴纳的税款和债务可以不负清偿责任”的规定，其继承人可以放弃继承、从而无须对该责任主体生前负有无限责任的债务承担清偿责任；即使在其继承人未放弃继承的情况下，相关继承人也仅以所得遗产的实际价值为限对该责任主体生前所负的债务承担清偿责任，超过遗产实际价值的债务，继承人可以不予清偿（自愿偿还的不在此限），因此，该责任主体实际上仅在不超过其遗产的实际价值的财产范围内对相应的债务承担清偿责任。

其二，如果该责任主体为组织，即便是在该责任主体为普通合伙企业这一特别的责任主体的情况下，作为责任主体的该普通合伙企业的普通合伙人在该普通合伙企业终止后仍需根据《合伙企业法》第 91 条的规定对该普通合伙企业存续期间的债务承担无限连带责任，但是，由于该普通合伙企业的合伙人最终不可避免地会向上层层追溯到自然人，这一无限责任最终仍然会因前述“其一”的原因而变为有限责任。这同样适用于该责任主体是法人或其他非法人组织的情形，因为在向上追溯组织的股东或合伙人或出资人或开办人时，最终将不可避免地会追溯到自然人（当然，追溯至主权国家的除外）。

因此，从这个意义上说，不存在绝对的无限责任。

第六十一条 【法定代表人及其代表权】依照法律或者法人章程的规定,代表法人从事民事活动的负责人,为法人的法定代表人。

法定代表人以法人名义从事的民事活动,其法律后果由法人承受。

法人章程或者法人权力机构对法定代表人代表权的限制,不得对抗善意相对人。

【条文通释】

《民法典》第 61 条是关于法人的法定代表人及其代表权的规定。

一、法定代表人的界定

《民法典》第 61 条第 1 款对法人的法定代表人作出了界定,即"依照法律或者法人章程的规定,代表法人从事民事活动的负责人"。在身份上,法定代表人属于法人的工作人员。[①]

需要注意的是,"法定代表人"是与"法人"相对应的概念,只有"法人"才使用"法定代表人"的概念,"非法人组织"不能使用"法定代表人"的概念;与非法人组织相对应的概念是"负责人"。对此,《民法典》第 504 条所说的"法人的法定代表人或者非法人组织的负责人"作出了明确的区分。

(一)法定代表人与负责人、主要负责人

除了"负责人",《民法典》第 81 条第 3 款[②]还使用了"主要负责人"的表述,其他法律法规也使用了"主要负责人""分管负责人"等表述[③]。

"法定代表人"与"负责人"是不同的概念。"法定代表人"只是"负责人"的一种,是特殊的"负责人",即依法或依章程"代表法人从事民事活动的负责人";而"负责人"则是"法定代表人"的上位概念,其外延比"法定代表人"大,不仅包括"依照法律或者法人章程的规定,代表法人从事民事活动的负责人",还包括不代表法人从事民事活动的负责人。"主要负责人"则是"法定代表人"的上位概念、"负责人"的下位概念,外延也比"法定代表人"大。

---

① 《民法典》第 170 条第 1 款规定:"执行法人或者非法人组织工作任务的人员,就其职权范围内的事项,以法人或者非法人组织的名义实施的民事法律行为,对法人或者非法人组织发生效力",第 1191 条第 1 款规定:"用人单位的工作人员因执行工作任务造成他人损害的,由用人单位承担侵权责任。用人单位承担侵权责任后,可以向有故意或者重大过失的工作人员追偿。"原《民法通则》第 43 条和《民通意见》第 58 条更是直接使用了企业法人的"法定代表人和其他工作人员"的表述。

② 《民法典》第 81 条第 3 款规定:"(营利法人的)执行机构为董事会或者执行董事的,董事长、执行董事或者经理按照法人章程的规定担任法定代表人;未设董事会或者执行董事的,法人章程规定的主要负责人为其执行机构和法定代表人。"

③ 比如,《安全生产法》第 25 条第 2 款规定:"生产经营单位可以设置专职安全生产分管负责人,协助本单位主要负责人履行安全生产管理职责";又如,《保安服务管理条例》第 14 条使用了"法定代表人(主要负责人)、分管负责人"的表述,最高人民法院印发的《人民法院保密工作问责暂行办法》(法〔2017〕322 号)第 6 条和第 9 条均规定了"以谈话或者书面方式对分管负责人和主要负责人进行诫勉"。

从文义看，“负责人”指的是对相关事务负有相应责任的人。其中的“事务”，可以是一项或数项事务，也可以是一切事务。其中的“责任”，可以是全面责任或部分责任，可以是主要责任或次要责任；可以是领导责任、组织责任、决策责任、管理责任、执行责任或监督责任，等等。

在不同的事项上，不同的监管机构对“负责人”①“主要负责人”②的界定各有不同；甚至，同一监管机构对“负责人”的界定也可能不同③。

根据《民法典》第61条第1款，只有“依照法律或者法人章程的规定，代表法人从事民事活动”的“负责人”或“主要负责人”④，才是法人的“法定代表人”；其他的“负责人”、其他的“主要负责人”以及“负责人”之外的人，都不是“法定代表人”。

---

① 比如，《最高人民法院关于行政机关负责人出庭应诉若干问题的规定》第2条第1款规定：“行政诉讼法第三条第三款规定的被诉行政机关负责人，包括行政机关的正职、副职负责人、参与分管被诉行政行为实施工作的副职级别的负责人以及其他参与分管的负责人。”民政部印发的《全国性行业协会商会负责人任职管理办法（试行）》（民发〔2015〕166号）第3条规定：“全国性行业协会商会负责人是指担任理事长（会长）、副理事长（副会长）、秘书长等职务的人员。”财政部、监察部、审计署、国资委印发的《国有企业负责人职务消费行为监督管理暂行办法》（财企〔2012〕15号）第3条规定：“本办法所指国有企业负责人是指国有企业法定代表人及企业领导班子成员。”

② 比如，《国务院办公厅关于实施〈国家行政机关公文处理办法〉涉及的几个具体问题的处理意见》（国办函〔2001〕1号）第10条规定：“关于‘主要负责人’的含义。‘主要负责人’指各级行政机关的正职或主持工作的负责人”；《民诉法解释》第533条第2款规定：“外国企业、组织的主要负责人包括该企业、组织的董事、监事、高级管理人员等”；市场监管总局印发的《企业落实食品安全主体责任监督管理规定》（2022年）第20条第1款规定：“食品生产经营企业主要负责人是指在本企业生产经营中承担全面领导责任的法定代表人、实际控制人等主要决策人”；国务院国资委党委印发的《中央企业主要负责人履行推进法治建设第一责任人职责规定》（国资党发法规〔2017〕8号）第2条规定：“本规定所称的中央企业主要负责人是指国务院国资委履行出资人职责的企业党委（党组）书记、董事长、总经理（总裁、院长、局长、主任）”，《生产安全事故罚款处罚规定（试行）》（2015年）第3条规定：“本规定所称事故发生单位是指对事故发生负有责任的生产经营单位。本规定所称主要负责人是指有限责任公司、股份有限公司的董事长或者总经理或者个人经营的投资人，其他生产经营单位的厂长、经理、局长、矿长（含实际控制人）等人员”；《建筑施工企业主要负责人、项目负责人和专职安全生产管理人员安全生产管理规定》第3条第1款规定：“企业主要负责人，是指对本企业生产经营活动和安全生产工作具有决策权的领导人员”，《住房城乡建设部关于印发建筑施工企业主要负责人、项目负责人和专职安全生产管理人员安全生产管理规定实施意见的通知》（建质〔2015〕206号）规定：“企业主要负责人包括法定代表人、总经理（总裁）、分管安全生产的副总经理（副总裁）、分管生产经营的副总经理（副总裁）、技术负责人、安全总监等”；《新闻出版总署关于规范报纸期刊主要负责人任职资格的通知》（2009年）规定：“报纸期刊出版单位主要负责人包括报纸期刊出版单位的法定代表人、社长、总编辑、主编、副社长、副总编辑、副主编等。”

③ 比如，国务院国资委《中央企业负责人履职待遇、业务支出管理办法》（国资发分配〔2015〕5号）第2条规定：“本办法所称中央企业负责人是指经国务院授权由国务院国有资产监督管理委员会（以下简称国资委）履行出资人职责的国家出资企业（以下简称企业）的下列人员：（一）设立董事会企业的董事长、副董事长、董事（不含外部董事、职工董事），总经理（总裁）、副总经理（副总裁）、总会计师。（二）未设立董事会企业的总经理（总裁、院长、局长、主任）、副总经理（副总裁、副院长、副局长、副主任）、总会计师。（三）企业的党委（党组）书记、副书记、党委常委（党组成员），纪委书记（纪检组组长）。”国务院国资委《中央企业负责人经营业绩考核办法》（2019年）第2条规定：“本办法考核的中央企业负责人，是指经国务院授权由国务院国有资产监督管理委员会（以下简称国资委）履行出资人职责的企业（以下简称企业）中由中央或者国资委管理的人员。”

④ 比如，《事业单位登记管理暂行条例实施细则》第31条第1款规定：“事业单位法定代表人应当具备下列条件：（一）具有完全民事行为能力的自然人；（二）该事业单位的主要行政负责人。”

（二）法定代表人的人数

从《民法典》第 61 条第 1 款、第 81 条第 3 款、第 89 条、第 91 条第 3 款、第 93 条第 2 款看，《民法典》本身没有对法人的法定代表人的人数作出限制性规定，因此，在其他法律法规也未作限制的情况下，法人的法定代表人不限于一人，而可以是数人。这跟《民法典》第 105 条针对非法人组织的代表人所规定的“非法人组织可以确定一人或者数人代表该组织从事民事活动”是一致的。

不过，尽管现有法律法规没有直接规定法人的法定代表人只能为一人①，但是，有的法律法规通过明确规定有资格担任法定代表人的特定职务只能有一人的方式，事实上将法人的法定代表人的人数限定为一人。

比如，就公司而言，《公司法》第 10 条第 1 款规定：“公司的法定代表人按照公司章程的规定，由代表公司执行公司事务的董事或者经理担任。”第 68 条第 2 款规定：“[有限责任公司]董事会设董事长一人……”第 75 条第 1 款规定：“规模较小或者股东人数较少的有限责任公司，可以不设董事会，设一名董事，行使本法规定的董事会的职权。该董事可以兼任公司经理。”第 122 条第 1 款规定：“[股份有限公司]董事会设董事长一人……”第 128 条规定：“规模较小或者股东人数较少的股份有限公司，可以不设董事会，设一名董事，行使本法规定的董事会的职权。该董事可以兼任公司经理。”第 173 条第 4 款规定：“[国有独资公司]董事会设董事长一人……”《民法典》第 81 条第 3 款规定：“[营利法人的]执行机构为董事会或者执行董事的，董事长、执行董事或者经理按照法人章程的规定担任法定代表人。”据此，在公司章程规定由董事长或不设董事会的公司的唯一董事担任法定代表人的情况下，公司的法定代表人只能是一人。

又如，就农民专业合作社而言，《农民专业合作社法》第 33 条第 1 款规定：“农民专业合作社设理事长一名，可以设理事会。理事长为本社的法定代表人。”据此，农民专业合作社的法定代表人只能是一人。

（三）法定代表人的任职条件

《民法典》本身没有直接对法人的法定代表人的任职条件作出规定。有关法定代表人的任职条件，主要是由其他法律法规加以规定的。

比如，针对普通的企业法人的法定代表人的任职条件，《市场主体登记管理条例》第 12 条规定：“有下列情形之一的，不得担任公司、非公司企业法人的法定代表人：（一）无民事行为能力或者限制民事行为能力；（二）因贪污、贿赂、侵占财产、挪用财产或者破坏社会主义市场经济秩序被判处刑罚，执行期满未逾 5 年，或者因犯罪被剥夺政治权利，执行期满未逾 5 年；（三）担任破产清算的公司、非公司企业法人的法定代表人、董事或者厂长、经理，对破产负有个人责任的，自破产清算完结之日起未逾 3 年；（四）担任因违法被吊销营业执照、责令关闭的公司、非公司企业法人的法定代表人，并

---

① 《公司法》《事业单位登记管理暂行条例》和《事业单位登记管理暂行条例实施细则》《社会团体登记管理条例》《基金会管理条例》《民办非企业单位登记管理暂行条例》和《民办非企业单位登记暂行办法》《宗教事务条例》《宗教活动场所管理办法》《国家宗教事务局、民政部关于宗教活动场所办理法人登记事项的通知》都没有直接对相关法人的法定代表人的人数作出限制性规定。

负有个人责任的，自被吊销营业执照之日起未逾 3 年；（五）个人所负数额较大的债务到期未清偿；（六）法律、行政法规规定的其他情形。”《企业信息公示暂行条例》（2024 年修订）第 18 条第 2 款也规定：“……被列入市场监督管理严重违法失信名单的企业的法定代表人、负责人，3 年内不得担任其他企业的法定代表人、负责人。”此外，就公司的法定代表人而言，由于《公司法》第 10 条第 1 款规定了“公司的法定代表人按照公司章程的规定，由代表公司执行公司事务的董事或者经理担任”，因此，存在《公司法》第 178 条第 1 款规定的不得担任公司的董事、监事、高级管理人员的情形①的人，也不得担任公司的法定代表人。

又如，针对事业单位的法定代表人的任职条件，《事业单位登记管理暂行条例实施细则》第 31 条规定：“事业单位法定代表人应当具备下列条件：（一）具有完全民事行为能力的自然人；（二）该事业单位的主要行政负责人。违反法律、法规和政策规定产生的事业单位主要行政负责人，不得担任事业单位法定代表人。”

需要注意的是，就特定领域尤其是金融领域的法人而言，法律法规和监管机构对其法定代表人的任职资格还规定了其他条件②，实务中应当予以关注。

（四）法定代表人的产生办法

就法定代表人的产生办法而言，《民法典》仅作了原则性规定，至于法定代表人产生的具体办法则交由其他法律、行政法规或法人的章程加以规定。

比如，就营利法人而言，《民法典》第 81 条第 3 款规定：“[营利法人的]执行机构为董事会或者执行董事的，董事长、执行董事或者经理按照法人章程的规定担任法定代表人；未设董事会或者执行董事的，法人章程规定的主要负责人为其执行机构和法定代表人。”该规定只是要求设董事会或执行董事的营利法人的法定代表人只能从法人的董事长、执行董事或经理中产生，要求未设董事会或执行董事的营利法人的法定代

---

① 《公司法》第 178 条第 1 款规定：“有下列情形之一的，不得担任公司的董事、监事、高级管理人员：（一）无民事行为能力或者限制民事行为能力；（二）因贪污、贿赂、侵占财产、挪用财产或者破坏社会主义市场经济秩序，被判处刑罚，或者因犯罪被剥夺政治权利，执行期满未逾五年，被宣告缓刑的，自缓刑考验期满之日起未逾二年；（三）担任破产清算的公司、企业的董事或者厂长、经理，对该公司、企业的破产负有个人责任的，自该公司、企业破产清算完结之日起未逾三年；（四）担任因违法被吊销营业执照、责令关闭的公司、企业的法定代表人，并负有个人责任的，自该公司、企业被吊销营业执照、责令关闭之日起未逾三年；（五）个人因所负数额较大债务到期未清偿被人民法院列为失信被执行人。”

② 比如，针对期货公司的法定代表人的任职资格，《期货公司董事、监事和高级管理人员任职管理办法》（2022 年修正）第 15 条规定：“期货公司法定代表人应当符合期货从业人员条件并具备从事期货业务所需的专业能力。”又如，针对私募基金管理人的法定代表人的任职资格，中国证券投资基金业协会发布的《私募投资基金登记备案办法》（中基协发〔2023〕5 号）第 10 条规定：“有下列情形之一的，不得担任私募基金管理人的法定代表人……（一）最近 5 年从事过冲突业务；（二）不符合中国证监会和协会规定的基金从业资格、执业条件；（三）没有与拟任职务相适应的经营管理能力，或者没有符合要求的相关工作经验；（四）法律、行政法规、中国证监会和协会规定的其他情形。私募证券基金管理人法定代表人……应当具有 5 年以上证券、基金、期货投资管理等相关工作经验。私募股权基金管理人法定代表人……应当具有 5 年以上股权投资管理或者相关产业管理等工作经验……”第 11 条规定：“私募基金管理人的法定代表人……应当保证有足够的时间和精力履行职责，对外兼职的应当具有合理性。私募基金管理人的法定代表人……不得在非关联私募基金管理人、冲突业务机构等与所在机构存在利益冲突的机构兼职，或者成为其控股股东、实际控制人、普通合伙人……”

表人只能是章程规定的主要负责人；至于法定代表人具体如何产生、由谁担任，则由章程进行规定；相应地，在章程规定特定职务为法定代表人的情况下，章程规定的该职务的产生办法事实上即为法定代表人的产生办法。

又如，就事业单位而言，《民法典》第 89 条规定，“事业单位法人的法定代表人依照法律、行政法规或者法人章程的规定产生”，完全交由法律、行政法规或者法人章程规定事业单位产生法定代表人的具体办法。

再如，就社会团体和捐助法人而言，《民法典》第 91 条第 3 款规定：“社会团体法人应当设理事会等执行机构。理事长或者会长等负责人按照法人章程的规定担任法定代表人”，第 93 条第 2 款规定：“捐助法人应当设理事会、民主管理组织等决策机构，并设执行机构。理事长等负责人按照法人章程的规定担任法定代表人。”上述规定只是要求社会团体、捐助法人的法定代表人须为其负责人，至于法定代表人如何产生、由谁担任，也都由法人章程进行规定；相应地，章程规定的该负责人的产生办法事实上也就是法定代表人的产生办法。

（五）法定代表人的登记及其效力

1. 法定代表人的登记要求

《民法典》本身没有将法定代表人规定为法人的登记事项，也没有要求法人必须将其法定代表人办理登记或变更登记。法定代表人登记要求是由其他法律法规规定的，主要如下：

其一，针对公司，《公司法》第 32 条第 1 款第 5 项规定：“公司登记事项包括：……（五）法定代表人的姓名”，第 34 条规定：“公司登记事项发生变更的，应当依法办理变更登记。公司登记事项未经登记或者未经变更登记，不得对抗善意相对人。”这就意味着，公司的法定代表人只能是自然人。

其二，针对公司、非公司企业法人、农民专业合作社等市场主体，《市场主体登记管理条例》第 8 条第 1 款第 6 项规定：“市场主体的一般登记事项包括：……（六）法定代表人、执行事务合伙人或者负责人姓名。”

其三，针对事业单位法人，《事业单位登记管理暂行条例》第 8 条第 2 款规定：“事业单位法人登记事项包括：名称、住所、宗旨和业务范围、法定代表人、经费来源（开办资金）等情况。”《事业单位登记管理暂行条例实施细则》第 30 条规定：“事业单位的拟任法定代表人，经登记管理机关核准登记，方取得事业单位法定代表人资格。”第 45 条规定：“事业单位的登记事项需要变更的，应当向登记管理机关申请变更登记。变更名称、法定代表人、宗旨和业务范围、经费来源的，应当自出现依法应当申请变更登记的情况之日起 30 个工作日内，向登记管理机关提出申请……”

其四，针对社会团体，《社会团体登记管理条例》第 12 条第 2 款规定：“社会团体登记事项包括：名称、住所、宗旨、业务范围、活动地域、法定代表人、活动资金和业务主管单位。”第 18 条第 1 款规定：“社会团体的登记事项需要变更的，应当自业务主管单位审查同意之日起 30 日内，向登记管理机关申请变更登记。”

其五，针对基金会，《基金会管理条例》第 11 条第 2 款规定：“基金会设立登记的事项包括：名称、住所、类型、宗旨、公益活动的业务范围、原始基金数额和法定代表人。”

其六，针对民办非企业单位，《民办非企业单位登记暂行办法》第 7 条第 1 款规定："民办非企业单位的登记事项为：名称、住所、宗旨和业务范围、法定代表人或者单位负责人、开办资金、业务主管单位。"

其七，针对宗教活动场所法人，《国家宗教事务局、民政部关于宗教活动场所办理法人登记事项的通知》第 6 条规定："《宗教活动场所法人登记证书》载明的登记事项包括：名称、住所、法定代表人、注册资金和统一社会信用代码。"第 9 条规定："取得法人资格的宗教活动场所变更法人登记事项的，应当持所在地县级人民政府宗教事务部门审查同意的文件，到所在地县级人民政府民政部门办理变更登记。"

需要注意的是，法人的法定代表人发生变更，既包括担任法定代表人的人员变更为其他人的情形（比如由甲变更为乙），也包括担任法定代表人的人员不变但其姓名发生变更的情形，还包括担任法定代表人的职务发生变更（比如原由董事长或会长担任法定代表人，现变更为由经理或秘书长担任法定代表人①）。在发生这些变更时，都应当办理法定代表人的变更登记。

还需注意的是，并非所有法人的法定代表人都需要登记，比如，无须办理登记手续的机关法人、基层群众性自治组织法人，其法定代表人也无须办理登记②。

2. 法定代表人登记的对抗效力

就法定代表人依法应当登记的法人而言，根据《民法典》第 65 条关于"法人的实际情况与登记的事项不一致的，不得对抗善意相对人"的规定，法定代表人登记具有对抗效力。

据此，就法定代表人依法应当登记的法人而言，在涉及第三人的情况下，如果法定代表人发生了变更但尚未办理相应的变更登记手续，在相对人为善意的情况下，法人的原法定代表人代表法人实施的行为，对法人具有约束力，法人不得以其法定代表人已经发生变更为由对抗善意相对人。对此，《九民会议纪要》第 41 条第 2 款规定："法定代表人或者其授权之人在合同上加盖法人公章的行为，表明其是以法人名义签订合同，除《公司法》第 16 条等法律对其职权有特别规定的情形外，应当由法人承担相应的法律后果。法人以法定代表人事后已无代表权……为由否定合同效力的，人民法院不予支持。"

但是，在不涉及第三人的情况下，法定代表人登记对内不具有对抗效力。如果法定代表人依法发生了变更，即使尚未办理相应的变更登记手续，在法人内部，包括法人与其出资人（或会员）之间、出资人（或会员）与出资人（或会员）之间，也应以变更后的法定代表人而非原法定代表人，作为代表法人的负责人。《公司法》第 35 条所说的"公司申请变更登记，应当向公司登记机关提交公司法定代表人签署的变更登记申请书、

① 比如，《中国人民代表大会制度理论研究会章程》（2022 年 11 月 15 日第二次修改）第 27 条规定："会长为本会法定代表人。因特殊情况，经会长推荐、理事会同意，报业务主管单位审核同意并经登记管理机关批准后，可以由副会长或秘书长担任法定代表人。聘任或向社会公开招聘的秘书长不得任本会法定代表人……"

② 《民诉法解释》第 50 条第 1 款规定："法人的法定代表人以依法登记的为准，但法律另有规定的除外。依法不需要办理登记的法人，以其正职负责人为法定代表人；没有正职负责人的，以其主持工作的副职负责人为法定代表人。"

依法作出的变更决议或者决定等文件。……公司变更法定代表人的,变更登记申请书由变更后的法定代表人签署”,也表明了这点。

对此,最高人民法院(2014)民四终字第20号民事裁定书(载《最高人民法院公报》2014年第8期)也认为:“《中华人民共和国公司法》第十三条规定,公司法定代表人变更应当办理变更登记。……法律规定对法定代表人变更事项进行登记,其意义在于向社会公示公司意志代表权的基本状态。工商登记的法定代表人对外具有公示效力,如果涉及公司以外的第三人因公司代表权而产生的外部争议,应以工商登记为准。而对于公司与股东之间因法定代表人任免产生的内部争议,则应以有效的股东会任免决议为准,并在公司内部产生法定代表人变更的法律效果。”①

还有,针对法人的法定代表人发生变更后由谁代表法人参加民事诉讼的问题,《民诉法解释》第50条第2款也规定:“法定代表人已经变更,但未完成登记,变更后的法定代表人要求代表法人参加诉讼的,人民法院可以准许。”尽管该规定是针对民事诉讼程序作出的,但有助于理解和处理法定代表人变更的对抗效力问题。②

(六)法定代表人的认定标准

基于上述,就法定代表人依法应当登记的法人而言,依是否涉及法人外部法律关系,法定代表人的认定标准有所不同:在涉及法人外部法律关系的情况下,原则上应以登记机关登记的“法定代表人”为准③;在不涉及法人外部法律关系的情况下,在法人内部则应以依法变更后的法定代表人为准,不受尚未办理法定代表人变更登记的影响。

就法定代表人无须登记的法人而言,根据《民诉法解释》第50条第1款的规定④,其法定代表人的认定标准如下:原则上以其正职负责人为法定代表人;没有正职负责人的,则以其主持工作的副职负责人为法定代表人。

---

① 最高人民法院(2019)最高法民申4396号民事裁定书也认为:“法律规定对法定代表人变更事项进行登记,其意义在于向社会公示公司意志代表权的基本状态。对于登记的法定代表人与公司之间因法定代表人产生争议,应以公司意志和有效的股东会任免决议为准。”

② 人民法院案例库参考案例“南京某科技公司与安徽某智能公司、南京某供应链公司、皇家某公司公司关联交易损害责任纠纷案”[入库编号:2023-10-2-278-001,裁判文书:江苏省南京江北新区人民法院(2022)苏0192民初8001号民事判决书]的“裁判要旨”也提出:“公司法定代表人以公司名义提起民事诉讼,案件审理过程中公司通过内部治理程序选举任命新法定代表人。新法定代表人又以公司名义向法院申请撤回起诉,人民法院经审查公司章程未对法定代表人撤回起诉作出限制,亦无其他不准撤诉情形的,应当裁定予以准许,必要时可以召开听证会听取各方意见”。

③ 例外情形比如,在法人(比如上市公司)依法变更法定代表人并依法发布公告的情况下,即使尚未办理法定代表人变更登记,也应当以法人依法公告的变更后的法定代表人而不是登记的法定代表人为准。

④《民诉法解释》第50条第1款规定:“法人的法定代表人以依法登记的为准,但法律另有规定的除外。依法不需要办理登记的法人,以其正职负责人为法定代表人;没有正职负责人的,以其主持工作的副职负责人为法定代表人。”

二、法定代表人的代表权

(一)代表权与代表行为

针对法人的法定代表人,《民法典》第 61 条第 3 款和第 504 条分别使用了“代表权”[①]和“代表行为”[②]的表述,但没有对“代表权”和“代表行为”作出界定。

结合《民法典》第 61 条第 1 款所说的“代表法人从事民事活动”,该条第 2 款所说的“以法人名义从事的民事活动”和第 62 条第 1 款所说的“因执行职务造成他人损害”,法定代表人的“代表权”指的是法定代表人基于其法定代表人身份和职务、以法人的名义、代表法人从事民事活动的职权;而法定代表人的“代表行为”则指法定代表人行使代表权的行为,即基于其法定代表人身份和职务、以法人的名义、代表法人从事民事活动的职务行为。就公司的法定代表人的代表行为而言,《公司法》第 10 条第 1 款更是使用了“代表公司执行公司事务”的表述。这跟《合伙企业法》第 26 条第 2 款和第 37 条[③]所说的“对外代表合伙企业”和“执行合伙事务”是类似的。

对此,海南省高级人民法院(2021)琼民申 375 号民事裁定书也认为:“认定法定代表人是否以法人名义从事民事活动,不应简单的从文字的表述中是否出现法人的名称以及是否加盖法人的公章等方面进行判断,而应从行为本身的内容和性质进行分析判断,即应判断法人的行为是否为职务行为”。

(二)法定代表人代表权的来源

由于《民法典》第 61 条第 1 款使用了“依照法律或者法人章程的规定,代表法人从事民事活动的负责人,为法人的法定代表人”的表述,因此,法定代表人的代表权来源于“法律的规定”或“法人章程的规定”,而非法人权力机构、执行机构或其他主体的授权或委托[④]。也因此,“法定代表人”中的“法定”,指的是“法律规定”或“章程规定”,这跟“法定代理人”中的“法定”仅指“法律规定”[⑤]是不同的。

---

① 《民法典》第 61 条第 3 款规定:“法人章程或者法人权力机构对法定代表人代表权的限制,不得对抗善意相对人。”

② 《民法典》第 504 条规定:“法人的法定代表人或者非法人组织的负责人超越权限订立的合同,除相对人知道或者应当知道其超越权限外,该代表行为有效,订立的合同对法人或者非法人组织发生效力。”

③ 《合伙企业法》第 26 条第 1 款规定:“[普通合伙企业的]合伙人对执行合伙事务享有同等的权利”,第 2 款规定:“按照合伙协议的约定或者经全体合伙人决定,可以委托一个或者数个合伙人对外代表合伙企业,执行合伙事务”,第 37 条规定:“合伙企业对合伙人执行合伙事务以及对外代表合伙企业权利的限制,不得对抗善意第三人。”

④ 也有裁判意见认为法定代表人的代表权源自法人权力机构的授权。比如,最高人民法院(2022)最高法民再 94 号民事判决书(载《最高人民法院公报》2022 年第 12 期)认为:“……就公司内部而言,公司和法定代表人之间为委托法律关系,法定代表人行使代表人职权的基础为公司权力机关的授权,公司权力机关终止授权则法定代表人对外代表公司从事民事活动的职权终止……本案中,……韦某兵系受公司权力机关委托担任公司法定代表人”。

⑤ 《民法典》第 163 条规定:“代理包括委托代理和法定代理。委托代理人按照被代理人的委托行使代理权。法定代理人依照法律的规定行使代理权。”

(三)法定代表人代表权的内容(权限)

1.《民法典》:并未规定法定代表人代表权的内容

需要注意的是,《民法典》本身并没有直接规定法定代表人的代表权的内容或权限,即《民法典》本身没有直接规定法定代表人享有哪些职权、其代表权包括哪些权利或职权。具体而言:

其一,不能简单地以《民法典》第61条第1款所说的"代表法人从事民事活动"为依据,得出"法定代表人的代表权就是代表法人从事民事活动的权利"的结论。"代表法人从事民事活动"并不限于法定代表人的代表行为,《民法典》第162条所说的法人的代理人"在代理权限内,以被代理人名义实施"民事法律行为和第170条第1款所说的法人的工作人员"就其职权范围内的事项,以法人的名义实施民事法律行为",同样属于"代表法人从事民事活动"。事实上,《民法典》第61条第1款所说的"依照法律或者法人章程的规定,代表法人从事民事活动的负责人,为法人的法定代表人",只是确定了两个事项,一是"谁是法定代表人",二是"法定代表人代表权源自哪里",并没有涉及"法定代表人享有什么职权"或"法定代表人的代表权有哪些内容"的问题。

其二,不能简单地以《民法典》第61条第2款所说的"法定代表人以法人名义从事的民事活动,其法律后果由法人承受"为依据,得出"法定代表人的代表权就是以法人名义从事民事活动的权利"的结论。同样地,享有"以法人名义从事民事活动"的权利或资格的主体并不限于法定代表人,法人的其他工作人员和法人的受托人也享有"以法人名义从事民事活动"的权利。事实上,《民法典》第61条第2款所说的"法定代表人以法人名义从事的民事活动,其法律后果由法人承受",只是确定了一个事项,即"法定代表人以法人名义从事的民事活动的法律后果由谁承受",也没有涉及"法定代表人享有什么职权"或"法定代表人的代表权有哪些内容"的问题。

其三,《民法典》第61条第1款所说的"依照法律或者法人章程的规定,代表法人从事民事活动",意味着,法定代表人的代表权来源于"法律的规定"或"法人章程的规定",法定代表人行使代表权应当"依照法律或者法人章程的规定",即"依照法律或法人章程规定的权限和程序",其中就包含了"法定代表人的代表权的内容由法律规定或法人章程规定"的含义。

这跟《民法典》第163条第2款①所说的"按照被代理人的委托行使代理权"和"依照法律的规定行使代理权"是类似的,该规定只是要求代理人按照约定或规定行使代理权,至于代理权的权限(或内容)则取决于被代理人的委托授权(适用于委托代理)或法律的规定(适用于法定代理)。

这跟《民法典》第176条所说的"民事主体依照法律规定或者按照当事人约定,履行民事义务,承担民事责任"也是类似的,该规定只是要求民事主体按规定或约定履行义务、承担责任,至于履行哪些义务、如何履行义务或承担哪些责任、如何承担责任,都取决于法律作出了什么样的规定或当事人作出了什么样的约定。

---

① 《民法典》第163条第2款规定:"委托代理人按照被代理人的委托行使代理权。法定代理人依照法律的规定行使代理权。"

这跟《民法典》第 243 条第 1 款所说的“为了公共利益的需要,依照法律规定的权限和程序可以征收集体所有的土地和组织、个人的房屋以及其他不动产”也是类似的,该规定只是明确在特定情形可以征收不动产,至于征收的权限和程序则取决于法律作出明确的具体的规定。

基于上述,可以认为,《民法典》第 61 条本身没有直接规定法定代表人享有哪些职权,也没有规定法定代表人的代表权包括哪些权利;法定代表人代表权的权限或具体内容,取决于法律和法人的章程是否作出了规定、作出了什么样的规定。《民法典》第 61 条所说的“依照法律或者法人章程的规定,代表法人从事民事活动的负责人,为法人的法定代表人”,只是起到了确认“谁是法定代表人”和“该人有权行使法定代表人的职权”的作用,至于“该人享有哪些职权”,则需要由法律或章程来跟进并作出具体的规定才能确定。所谓“法定代表人是公司的法定机关,其代表权限来源于法律的明确规定”①,恰恰表明:需要进一步去考察法律有没有针对“法定代表人享有哪些职权”或“法定代表人的代表权包括哪些权利”作出了明确的规定、作出了什么样的具体规定,而不能当然地认为“法定代表人享有当然地代表法人的职权”。对此,《企业法人法定代表人登记管理规定》(2022 年 3 月 1 日起废止)第 9 条和《企业法人登记管理条例施行细则》(已废止)第 19 条第 1 款也都直接规定:“法定代表人应当在法律、行政法规和企业法人组织章程规定的职权范围内行使职权”;“法定代表人是代表企业法人根据章程行使职权的签字人”。② 此外,《关于实施〈合格境外机构投资者和人民币合格境外机构投资者境内证券期货投资管理办法〉有关问题的规定》(证监会公告〔2020〕63 号)第 1 条第 2 款也明确:“前款所称法定代表人是指,经申请人董事会授权或者按申请人公司章程规定或者符合申请人所在国家或者地区法律规定,可以代表申请人办理合格境外投资者境内证券期货投资管理有关事宜的自然人,如董事会主席或者首席执行官等。”

也就是说,针对法定代表人享有哪些职权(或代表权的范围),《民法典》第 61 条留下了一个“空白”,需要由法律或法人章程来“填空”,即对“法定代表人享有哪些职权”或“法定代表人的代表权包括哪些权利”作出明确的、具体的规定。在法律和法人章程都没有对“法定代表人享有哪些职权”或“法定代表人的代表权包括哪些权利”作出明确的、具体的规定的情况下,那就真真正正、实实在在地存在这个“空白”,无从知晓“法定代表人享有哪些职权”或“法定代表人的代表权包括哪些权利”了。但是,基于相关自然人被登记为法定代表人这一事实,就应当推定该自然人有权代表法人从事民事活动。

---

① 最高人民法院民事审判第二庭编著:《〈全国法院民商事审判工作会议纪要〉理解与适用》,人民法院出版社 2019 年版,第 183 页;最高人民法院民事审判第二庭:《最高人民法院民法典担保制度司法解释理解与适用》,人民法院出版社 2021 年版,第 137 页。

② 此前,被《企业法人法定代表人登记管理规定》废止的《企业法人的法定代表人审批条件和登记管理暂行规定》(1998 年废止)第 4 条也规定:“法定代表人应在国家法律、法规以及企业章程规定的职权范围内行使职权,履行义务,代表企业法人参加民事活动,对企业的生产经营和管理全面负责,并接受本企业全体成员和有关机关的监督。”

2. 现有法律：极少规定法定代表人代表权的内容

现有法律很少对“法定代表人享有哪些职权”或“法定代表人的代表权包括哪些权利”作出规定。为数不多的立法例包括：

其一，《民事诉讼法》第 51 条第 2 款规定：“法人由其法定代表人进行诉讼。其他组织由其主要负责人进行诉讼。”《最高人民法院关于适用〈中华人民共和国行政诉讼法〉的解释》（以下简称“《行政诉讼法解释》”）第 16 条第 3 款规定：“非国有企业被行政机关注销、撤销、合并、强令兼并、出售、分立或者改变企业隶属关系的，该企业或者其法定代表人可以提起诉讼。”《最高人民法院关于适用〈中华人民共和国刑事诉讼法〉的解释》（以下简称“《刑事诉讼法解释》”）第 336 条第 1 款规定：“被告单位的诉讼代表人，应当是法定代表人、实际控制人或者主要负责人……”据此，法人的法定代表人享有代表法人进行诉讼的权利（也是义务）。

其二，《事业单位登记管理暂行条例实施细则》第 29 条规定：“事业单位法定代表人是按照法定程序产生，代表事业单位行使民事权利、履行民事义务的责任人。”相对而言，该规定针对事业单位法定代表人的职权规定得更为清晰，即：事业单位的法定代表人享有代表事业单位行使民事权利、履行民事义务的职权。

其三，《企业法人登记管理条例》（2022 年 3 月 1 日被《市场主体登记管理条例》废止）第 11 条曾经规定：“登记主管机关核准登记注册的企业法人的法定代表人是代表企业行使职权的签字人。法定代表人的签字应当向登记主管机关备案。”《企业法人的法定代表人审批条件和登记管理暂行规定》（1998 年被《企业法人法定代表人登记管理规定》废止）第 5 条曾经规定：“……法定代表人签署的文件或加盖企业法人公章的文件均是代表企业法人的法律文书。”上述规定表明，法人的法定代表人通常享有代表法人签署法律文件的权利。不过，上述规定均已被废止、不再有效。

此外，由于法人的法定代表人通常是由担任特定职务的主体兼任，因此，法定代表人事实上也享有法律法规和章程规定的该职务的职权。比如，根据《公司法》第 10 条第 1 款关于“公司的法定代表人按照公司章程的规定，由代表公司执行公司事务的董事或者经理担任”的规定，由于公司的法定代表人具有董事或经理的身份，因此，公司的法定代表人事实上也享有法律法规和公司章程规定的董事或经理的职权。当然，此类职权在性质上并非法定代表人的代表权。

需要注意的是，尽管法律法规明确规定法人的法定代表人是安全生产等特定事项的第一责任人①，但是，此类规定是针对法定代表人责任作出的特别规定，不能作为认定法定代表人在此类事项上享有代表权的当然依据。

3. 法人章程：应当对法定代表人的代表权作出明确、具体的规定

鉴于《民法典》第 61 条并未规定法定代表人代表权的内容、现有法律少有对法人法定代表人代表权的内容作出规定，因此，法人的章程有必要、也应当对“法定代表人

---

① 比如，《医疗废物管理条例》第 7 条规定：“医疗卫生机构和医疗废物集中处置单位，应当建立、健全医疗废物管理责任制，其法定代表人为第一责任人，切实履行职责，防止因医疗废物导致传染病传播和环境污染事故。”《国务院关于加强和改进消防工作的意见》（国发〔2011〕46 号）明确：“机关、团体、企业事业单位法定代表人是本单位消防安全第一责任人。”

享有哪些职权”或“法定代表人的代表权包括哪些权利”作出明确的、具体的规定，如此方可使《民法典》第61条第1款所说的“依照法律或者法人章程的规定，代表法人从事民事活动”得到落地适用，为法定代表人执行职务提供明确的依据和指引。

这应该也是相关法规要求法人章程应当载明“法定代表人的职权”条款或规定“法定代表人的职权”的原因之所在。

比如，《基金会管理条例》第10条第2款规定：“基金会章程应当载明下列事项：……（四）理事会的组成、职权和议事规则，理事的资格、产生程序和任期；（五）法定代表人的职责；（六）监事的职责、资格、产生程序和任期……”

又如，民政部办公厅《全国性行业协会商会章程示范文本》（民办发〔2024〕11号）第38条规定：“理事长为本会法定代表人。……法定代表人代表本会签署有关重要文件……”

再如，国家宗教事务局2019年印发的《宗教活动场所法人章程示范文本》第16条规定：“民主管理委员会主任是本单位的法定代表人，行使下列职权：（一）召集民主管理委员会会议；（二）检查民主管理委员会决议的实施情况；（三）提名执行机构负责人人选；（四）代表本单位签署有关重要文件；……（ ）法律、法规、规章和本单位章程规定的其他职权。”

复如，上海市国资委2020年印发的《上海市国有独资公司章程指引（2020版）》第100条、《上海市国有控股公司章程指引（2020版）》第105条和《市国资委监管企业设立私募基金管理人公司章程指引（2020版）》第93条针对法定代表人职权均规定了：“法定代表人对外代表公司签订合同等文件，进行民商事活动，参与诉讼和仲裁等程序”。

在法人章程对法定代表人的职权作出明确的、具体的规定的情况下，该法人的法定代表人的代表权即为章程规定的该等职权以及法律法规明确规定的其他职权；在法人章程对法定代表人的职权未作具体规定的情况下，该法人的法定代表人代表权仅限于法律法规已经明确规定的下列职权，即：

一是由《民事诉讼法》第51条第2款、《行政诉讼法解释》第16条第3款和《刑事诉讼法解释》第336条第1款所规定的“代表法人进行诉讼”的职权。该职权适用于各类法人的法定代表人。

二是由《事业单位登记管理暂行条例实施细则》第29条规定的“代表事业单位行使民事权利、履行民事义务”的职权。该职权适用于事业单位的法定代表人。

就其章程对法定代表人职权未作具体规定的法人而言①，除了法律法规明确规定

---

① 实务中，法人章程只是宣示性地规定董事长或经理是其法定代表人，而未对法定代表人享有哪些职权作出具体规定的情形比较常见。比如，《中国工商银行股份有限公司章程》（2017年6月27日中国工商银行股份有限公司2016年股东年会修订、2017年9月25日中国银行业监督管理委员会核准）、《中国邮政储蓄银行股份有限公司章程》[根据2021年4月29日中国邮政储蓄银行股份有限公司2021年第一次临时股东大会及2021年9月29日中国银行保险监督管理委员会《中国银保监会关于邮储银行变更注册资本的批复》（银保监复〔2021〕763号）修订]、《中信证券股份有限公司章程》（于2023年3月9日经公司2023年第一次临时股东大会会议修订）。上市公司章程未对法定代表人享有哪些职权作出具体规定，原因之一是因中国证监会1997年、2006年、2014年（两次）、2016年、2019年、2022年历次发布的《上市公司章程指引》没有提出此项要求。

的上述法定代表人职权,基于相关自然人被登记为法定代表人这一事实,就应当推定该自然人有权代表法人从事民事活动。

(四)法定代表人代表权的行使

根据《民法典》第 61 条第 1 款所说的"依照法律或者法人章程的规定,代表法人从事民事活动"和第 62 条第 2 款所说的"法人承担民事责任后,依照法律或者法人章程的规定,可以向有过错的法定代表人追偿",法人的法定代表人在法律法规和章程规定的权限范围内,依照法律法规和章程规定的程序,为了法人的利益,以法人的名义,行使代表权,不得违反法律法规或章程的规定、权力机构或执行机构的决议,也不得超越权限或违反规定的程序行使代表权。

(五)法定代表人代表权的限制及其效力

针对法定代表人的代表权,法律法规、法人章程和法人权力机构都可以依法作出相应的限制。

其中的"限制",既可以是事务范围的限制(比如仅限于特定的一项或数项事务),也可以是权限范围的限制(比如须与特定人员共同行使代表权),还可以是地域范围的限制(比如仅限于境内、某省、某市)、时间范围的限制(比如仅限于某个年度、季度、月度)、数额的限制①,等等。

1. 法律法规作出的限制及其效力

《民法典》第 61 条第 1 款所说的"依照法律或者法人章程的规定,代表法人从事民事活动"表明,法律法规可以对法人法定代表人的代表权作出限制;并且,法律法规对法定代表人代表权的限制具有对抗效力,《民法典》第 61 条第 3 款关于"法人章程或者法人权力机构对法定代表人代表权的限制,不得对抗善意相对人"的规定不适用于法律法规对法定代表人代表权的限制,法人的相对人也无权援引《民法典》第 61 条第 3 款的规定。对此,《民法典合同编通则解释》第 20 条第 1 款也规定了:"法律、行政法规为限制法人的法定代表人或者非法人组织的负责人的代表权,规定合同所涉事项应当由法人、非法人组织的权力机构或者决策机构决议,或者应当由法人、非法人组织的执行机构决定,法定代表人、负责人未取得授权而以法人、非法人组织的名义订立合同,未尽到合理审查义务的相对人主张该合同对法人、非法人组织发生效力并由其承担违约责任的,人民法院不予支持……"②

---

① 比如,《公司法》第 15 条第 1 款规定:"公司向其他企业投资或者为他人提供担保,按照公司章程的规定,由董事会或者股东会决议;公司章程对投资或者担保的总额及单项投资或者担保的数额有限额规定的,不得超过规定的限额。"

② 在规定"法律、行政法规为限制法人的法定代表人或者非法人组织的负责人的代表权,规定合同所涉事项应当由法人、非法人组织的权力机构或者决策机构决议,或者应当由法人、非法人组织的执行机构决定,法定代表人、负责人未取得授权而以法人、非法人组织的名义订立合同,未尽到合理审查义务的相对人主张该合同对法人、非法人组织发生效力并由其承担违约责任的,人民法院不予支持"之后,《民法典合同编通则解释》第 20 条第 1 款也规定:"……但是法人、非法人组织有过错的,可以参照民法典第一百五十七条的规定判决其承担相应的赔偿责任。相对人已尽到合理审查义务,构成表见代表的,人民法院应当依据民法典第五百零四条的规定处理。"

法律法规对法定代表人代表权作出限制的典型例子是《公司法》第 15 条的规定[①]。根据《公司法》第 15 条，所有公司，不论是有限责任公司还是股份有限公司，实施向其他企业投资或者为他人提供担保的行为，至少须由执行机构作出决议。也就是说，不论是公司为他人提供担保的行为，还是公司向其他企业进行投资的行为，都不是法定代表人所能单独决定的事项，而应以公司权力机构、至少是公司执行机构的决议作为代表权的基础和来源。

其中，针对公司对外担保问题，《九民会议纪要》第 17 条规定："【违反《公司法》第 16 条构成越权代表】为防止法定代表人随意代表公司为他人提供担保给公司造成损失，损害中小股东利益，《公司法》第 16 条对法定代表人的代表权进行了限制。根据该条规定，担保行为不是法定代表人所能单独决定的事项，而必须以公司股东（大）会、董事会等公司机关的决议作为授权的基础和来源。法定代表人未经授权擅自为他人提供担保的，构成越权代表，人民法院应当根据《合同法》第 50 条关于法定代表人越权代表的规定，区分订立合同时债权人是否善意分别认定合同效力：债权人善意的，合同有效；反之，合同无效。"该论述同样适用于公司向其他企业投资的行为。

此外，在法人进入清算程序的情况下，《民法典》第 71 条关于法人清算组职权及其法律适用的规定[②]、《公司法》第 234 条关于清算组职权的规定[③]、《企业破产法》第 25 条关于破产管理人职责的规定[④]，都属于法律对法人法定代表人代表权的限制，都具有对抗效力。[⑤]

事实上，凡是法律法规明确规定须经法人的权力机构（或决策机构）或执行机构决

---

① 《公司法》第 15 条规定："公司向其他企业投资或者为他人提供担保，按照公司章程的规定，由董事会或者股东会决议；公司章程对投资或者担保的总额及单项投资或者担保的数额有限额规定的，不得超过规定的限额。公司为公司股东或者实际控制人提供担保的，应当经股东会决议。前款规定的股东或者受前款规定的实际控制人支配的股东，不得参加前款规定事项的表决。该项表决由出席会议的其他股东所持表决权的过半数通过。"

② 《民法典》第 71 条规定："法人的清算程序和清算组职权，依照有关法律的规定；没有规定的，参照适用公司法律的有关规定。"

③ 《公司法》第 234 条规定："清算组在清算期间行使下列职权：（一）清理公司财产，分别编制资产负债表和财产清单；（二）通知、公告债权人；（三）处理与清算有关的公司未了结的业务；（四）清缴所欠税款以及清算过程中产生的税款；（五）清理债权、债务；（六）分配公司清偿债务后的剩余财产；（七）代表公司参与民事诉讼活动。"《公司法解释二》第 10 条规定："公司依法清算结束并办理注销登记前，有关公司的民事诉讼，应当以公司的名义进行。公司成立清算组的，由清算组负责人代表公司参加诉讼；尚未成立清算组的，由原法定代表人代表公司参加诉讼。"

④ 《企业破产法》第 25 条规定："管理人履行下列职责：（一）接管债务人的财产、印章和账簿、文书等资料；（二）调查债务人财产状况，制作财产状况报告；（三）决定债务人的内部管理事务；（四）决定债务人的日常开支和其他必要开支；（五）在第一次债权人会议召开之前，决定继续或者停止债务人的营业；（六）管理和处分债务人的财产；（七）代表债务人参加诉讼、仲裁或者其他法律程序；（八）提议召开债权人会议；（九）人民法院认为管理人应当履行的其他职责。本法对管理人的职责另有规定的，适用其规定。"

⑤ 比如，上海市第一中级人民法院（2020）沪 01 民终 1605 号民事判决书认为："清算期间法人存续，但是不得从事与清算无关的活动。某金公司于 2013 年 12 月 10 日进入强制清算程序，清算组与法定代表人陈某军已办理接管手续，故 2016 年 1 月 20 日陈某军系在明知其不能代表某金公司对外签约的情况下，与宋某斌签订了房屋租赁协议，现清算组对陈某军代理行为不予追认，故双方所签《房屋租赁协议》无效，陈某军应向宋某斌返还其支付的租金 50000 元，并赔偿相应损失。一审判决陈某军对合同无效承担 80%责任，并无不当，本院予以认同。陈某军主张由某金公司向宋某斌返还租金及对责任分担的异议，本院不予支持。"

定或者属于法人的权力机构(或决策机构)或执行机构职权范围内的事项,都不是法人的法定代表人所能单独决定的事项,而不仅仅限于法人的对外担保或向其他企业投资的行为;这些事项都须以法人的权力机构(或决策机构)或执行机构的决议作为法定代表人代表权的基础和来源。当然,在法人章程明确规定相关事项可由法人执行机构决定并且法人的执行机构与法定代表人由同一人担任的情况下①,法定代表人基于其执行机构身份有权代表法人对相关事项作出决定。

需要注意的是,原则上,法律法规对法人法定代表人代表权的限制,应当依法进行,不应剥夺或限制现有法律法规已经规定的法定代表人的代表权。当然,根据《民法典》第 11 条关于"其他法律对民事关系有特别规定的,依照其规定"的规定和《立法法》第 103 条关于"同一机关制定的法律、行政法规、地方性法规、自治条例和单行条例、规章,特别规定与一般规定不一致的,适用特别规定;新的规定与旧的规定不一致的,适用新的规定"的规定,法律限制甚至剥夺现有法律法规已经规定的法定代表人的代表权,也不是不可以。

2. 法人章程或法人权力机构(或决策机构)作出的限制及其效力

《民法典》第 61 条第 1 款所说的"依照法律或者法人章程的规定,代表法人从事民事活动"和第 3 款所说的"法人章程或者法人权力机构对法定代表人代表权的限制,不得对抗善意相对人"表明,不论是法人章程还是法人的权力机构,都可以对法人法定代表人的代表权作出相应的限制。

并且,在法人内部,包括在法人与其出资人(或会员)、董事(或理事)、监事、高级管理人员、法定代表人等负责人之间、出资人(或会员)与出资人(或会员)之间,法人章程或法人权力机构对法定代表人代表权所作的限制具有法律约束力。

但是,在涉及法人外部法律关系的情况下,由于《民法典》第 61 条第 3 款使用了"法人章程或者法人权力机构对法定代表人代表权的限制,不得对抗善意相对人"的表述,因此,法人章程或法人权力机构对法定代表人代表权所作的限制具有对抗非善意相对人的效力,但不具有对抗善意相对人的效力。对此,《民法典合同编通则解释》第 20 条第 2 款明确规定了:"合同所涉事项未超越法律、行政法规规定的法定代表人或者负责人的代表权限,但是超越法人、非法人组织的章程或者权力机构等对代表权的限制,相对人主张该合同对法人、非法人组织发生效力并由其承担违约责任的,人民法院依法予以支持。但是,法人、非法人组织举证证明相对人知道或者应当知道该限制的除外。"

其中,结合《民法典》第 504 条所说的"法人的法定代表人……超越权限订立的合同,除相对人知道或者应当知道其超越权限外,该代表行为有效,订立的合同对法人……发生效力",《最高人民法院关于适用〈中华人民共和国民法典〉有关担保制度的解释》(以下简称"《民法典担保制度解释》")第 7 条第 3 款所说的"第一款所称善意,是指相对人在订立担保合同时不知道且不应当知道法定代表人超越权限"和《民法典

① 比如,根据《公司法》第 10 条和第 75 条的规定,有限责任公司依法不设董事会、只设一名董事且由董事担任法定代表人;又如,根据《民法典》第 81 条第 3 款的规定,非公司企业法人未设董事会或者执行董事,以法人章程规定的主要负责人为执行机构和法定代表人。

合同编通则解释》第 20 条第 2 款所说的“合同所涉事项未超越法律、行政法规规定的法定代表人或者负责人的代表权限,但是超越法人、非法人组织的章程或者权力机构等对代表权的限制,相对人主张该合同对法人、非法人组织发生效力并由其承担违约责任的,人民法院依法予以支持。但是,法人、非法人组织举证证明相对人知道或者应当知道该限制的除外”,《民法典》第 61 条第 3 款所说的“善意相对人”,是指在与法人的法定代表人开展相关活动时,不知道且不应当知道该法定代表人从事的行为超越了法人章程或者法人权力机构对法定代表人代表权所规定的权限的主体①,既可以是自然人,也可以是法人或非法人组织。

问题是,应当由相对人来证明自己善意,还是应当由法人来证明相对人非善意?根据《民法典合同编通则解释》第 20 条第 2 款所说的“合同所涉事项未超越法律、行政法规规定的法定代表人或者负责人的代表权限,但是超越法人、非法人组织的章程或者权力机构等对代表权的限制,相对人主张该合同对法人、非法人组织发生效力并由其承担违约责任的,人民法院依法予以支持。但是,法人、非法人组织举证证明相对人知道或者应当知道该限制的除外”,应当由法人就相对人非善意(即知道或应当知道该限制)承担举证责任。这跟《民法典总则编解释》第 28 条第 2 款②针对当事人对是否构成表见代理发生争议时要求被代理人就相对人知道或应当知道行为人行为时没有代理权承担举证责任是类似的。

比如,在烟台某苑置业有限公司与烟台某峰糖酒茶副食品有限公司合资、合作开发房地产合同纠纷案中,山东省高级人民法院(2021)鲁民申 11818 号民事裁定书认为:“本案中,某峰公司章程和管理制度对法定代表人的签字权限作出了明确限制。根据某峰公司章程和规章制度汇编,作为某峰公司原法定代表人的于某章未经股东会或董事会批准或授权,无权擅自代表某峰公司签字;如果是代表某峰公司签字,则应当经过股东会批准,并由两名以上董事共同签字确认。某苑公司与某峰公司作为涉案房地产项目的合作开发伙伴,应对某峰公司的公司状况、法人章程规定等事项履行审慎注意的合同义务,应当知晓某峰公司法人章程的限制性规定及公司管理制度和业务流程,故,于某章超越权限在涉案《某峰糖酒茶与某苑置业账目明细》及利息清单中签字的行为,不应认定为系代表某峰公司的职务行为。某苑公司在本案中依法不属于善意相对人。”

---

① 《民法典担保制度解释》第 7 条规定:“公司的法定代表人违反公司法关于公司对外担保决议程序的规定,超越权限代表公司与相对人订立担保合同,人民法院应当依照民法典第六十一条和第五百零四条等规定处理:(一)相对人善意的,担保合同对公司发生效力;相对人请求公司承担担保责任的,人民法院应予支持。(二)相对人非善意的,担保合同对公司不发生效力;相对人请求公司承担赔偿责任的,参照适用本解释第十七条的有关规定。法定代表人超越权限提供担保造成公司损失,公司请求法定代表人承担赔偿责任的,人民法院应予支持。第一款所称善意,是指相对人在订立担保合同时不知道且不应当知道法定代表人超越权限。相对人有证据证明已对公司决议进行了合理审查,人民法院应当认定其构成善意,但是公司有证据证明相对人知道或者应当知道决议系伪造、变造的除外。”

② 《民法典总则编解释》第 28 条规定:“同时符合下列条件的,人民法院可以认定为民法典第一百七十二条规定的相对人有理由相信行为人有代理权:(一)存在代理权的外观;(二)相对人不知道行为人行为时没有代理权,且无过失。因是否构成表见代理发生争议的,相对人应当就无权代理符合前款第一项规定的条件承担举证责任;被代理人应当就相对人不符合前款第二项规定的条件承担举证责任。”

结合《民法典》第80条①、第89条②、第91条③、第93条④的规定,由于《民法典》第69条第2项使用了"权力机构决议解散"的表述,因此,从文义上看,《民法典》第69条第2项所说的"法人",仅指依法设置权力机构的营利法人、社会团体法人、特别法人中的农村集体经济组织⑤和农民专业合作社⑥,不包括依法设置决策机构的事业单位、捐助法人,也不包括机关法人、基层群众性自治组织法人。因此,在解释上,《民法典》第61条第3款所说的"法人权力机构"应作扩大解释,解释为"法人权力机构或决策机构",这样才符合《民法典》第61条第3款的立法目的。

还需注意的是,不论是法人章程还是法人权力机构,对法定代表人代表权作出限制,都应当依法进行,不得违反法律法规的规定,不得剥夺或限制现有法律法规已经规定的法定代表人的代表权;法人权力机构对法定代表人代表权进行限制,还不得违反法人章程的规定,不得剥夺或限制法人章程已经规定的法定代表人的代表权。否则,相关限制可能属于无效或者可撤销的行为。对此,《民法典》第85条和第94条第2款都作出了相应的规定。⑦

也因此,《民法典》第61条第3款所说的"法人章程或者法人权力机构对法定代表人代表权的限制",指的是法人章程或者法人权力机构"依法"对法定代表人代表权的限制,包括在程序上和内容上都符合法律法规和章程的规定。其中,《民法典》第61条第3款所说的"法人章程对法定代表人代表权的限制"和"法人权力机构对法定代表人代表权的限制",通常都需要通过依法修改章程的方式来实现;当然,在法人章程有明确规定的情况下,法人权力机构也可以根据章程的相关规定直接作出对法定代表人代表权加以限制的决议。

尽管《民法典》第61条第3款只是使用了"法人章程或者法人权力机构对法定代表人代表权的限制"的表述,其中并未提及"法人的执行机构",但是,由于法定代表人

---

① 《民法典》第80条规定:"营利法人应当设权力机构。权力机构行使修改法人章程,选举或者更换执行机构、监督机构成员,以及法人章程规定的其他职权。"

② 《民法典》第89条规定:"事业单位法人设理事会的,除法律另有规定外,理事会为其决策机构。事业单位法人的法定代表人依照法律、行政法规或者法人章程的规定产生。"

③ 《民法典》第91条规定:"设立社会团体法人应当依法制定法人章程。社会团体法人应当设会员大会或者会员代表大会等权力机构。社会团体法人应当设理事会等执行机构。理事长或者会长等负责人按照法人章程的规定担任法定代表人。"

④ 《民法典》第93条规定:"设立捐助法人应当依法制定法人章程。捐助法人应当设理事会、民主管理组织等决策机构,并设执行机构。理事长等负责人按照法人章程的规定担任法定代表人。捐助法人应当设监事会等监督机构。"

⑤ 《农村集体经济组织法》第26条第1款规定:"农村集体经济组织成员大会由具有完全民事行为能力的全体成员组成,是本农村集体经济组织的权力机构,行使下列职权……"

⑥ 《农民专业合作社法》第29条规定:"农民专业合作社成员大会由全体成员组成,是本社的权力机构,行使下列职权……"

⑦ 《民法典》第85条规定:"营利法人的权力机构、执行机构作出决议的会议召集程序、表决方式违反法律、行政法规、法人章程,或者决议内容违反法人章程的,营利法人的出资人可以请求人民法院撤销该决议。但是,营利法人依据该决议与善意相对人形成的民事法律关系不受影响。"第94条第2款规定:"捐助法人的决策机构、执行机构或者法定代表人作出决定的程序违反法律、行政法规、法人章程,或者决定内容违反法人章程的,捐助人等利害关系人或者主管机关可以请求人民法院撤销该决定。但是,捐助法人依据该决定与善意相对人形成的民事法律关系不受影响。"

通常是由执行机构成员或经执行机构聘任的高级管理人员担任的，因此，法人的执行机构也可以对法定代表人的代表权作出相应的限制。由此，结合《民法典》第 170 条第 2 款所说的“法人或者非法人组织对执行其工作任务的人员职权范围的限制，不得对抗善意相对人”和《合伙企业法》第 37 条所说的“合伙企业对合伙人执行合伙事务以及对外代表合伙企业权利的限制，不得对抗善意第三人”，《民法典》第 61 条第 3 款的表述如果调整为“法人对法定代表人代表权的限制，不得对抗善意相对人”，可能是更准确的。

3. 相对人有义务审查法人章程以确定法人法定代表人是否有代表权

如前所述，法人法定代表人的代表权来源于法律和法人章程的明确规定，不能当然地认为“法定代表人享有当然地代表法人的职权”；在现有法律少有对法人法定代表人代表权的内容作出规定的背景下，只有对法人章程是否对“法定代表人享有哪些职权”或“法定代表人的代表权包括哪些权利”作出了明确的、具体的规定加以考察，才能知晓“法定代表人享有哪些职权”或“法定代表人的代表权包括哪些权利”。

也因此，相对人在与法人实施民事活动时，有义务审查法人的章程，以确定法人的法定代表人是否有权代表法人实施此项民事活动。① 相对人如未对法人章程进行审查，则不应认定为《民法典》第 61 条第 3 款所说的“善意相对人”，无权援引《民法典》第 61 条第 3 款的规定。这种审查义务应该是实质审查，至少应当达到《民法典担保制度解释》第 7 条第 3 款所说的“合理审查”的标准②，而不能仅仅是形式审查。③

由此看来，《民法典》第 61 条第 1 款规定法定代表人的代表权来源于章程的规定（尤其是在法律没有规定的场合），表明法人章程既可以将相应的代表权授予法定代表人，也可以限制乃至剥夺法定代表人的代表权，这些都是《民法典》第 61 条第 1 款的应有之义，法人的相对人对此理应知晓，否则难谓善意相对人；这就造成该款和《民法典》第 61 条第 3 款所说的“法人章程或者法人权力机构对法定代表人代表权的限制，不得

---

① 针对法人的法定代表人越权以法人名义签订合同的行为，《民法典合同编通则解释》第 20 条第 1 款规定：“法律、行政法规为限制法人的法定代表人或者非法人组织的负责人的代表权，规定合同所涉事项应当由法人、非法人组织的权力机构或者决策机构决议，或者应当由法人、非法人组织的执行机构决定，法定代表人、负责人未取得授权而以法人、非法人组织的名义订立合同，未尽到合理审查义务的相对人主张该合同对法人、非法人组织发生效力并由其承担违约责任的，人民法院不予支持，但是法人、非法人组织有过错的，可以参照民法典第一百五十七条的规定判决其承担相应的赔偿责任。相对人已尽到合理审查义务，构成表见代表的，人民法院应当依据民法典第五百零四条的规定处理。”第 2 款规定：“合同所涉事项未超越法律、行政法规规定的法定代表人或者负责人的代表权限，但是超越法人、非法人组织的章程或者权力机构等对代表权的限制，相对人主张该合同对法人、非法人组织发生效力并由其承担违约责任的，人民法院依法予以支持。但是，法人、非法人组织举证证明相对人知道或者应当知道该限制的除外。”上述规定没有明确要求相对人负有审查法人章程的义务。

② 《民法典担保制度解释》第 7 条第 3 款规定：“第一款所称善意，是指相对人在订立担保合同时不知道且不应当知道法定代表人超越权限。相对人有证据证明已对公司决议进行了合理审查，人民法院应当认定其构成善意，但是公司有证据证明相对人知道或者应当知道决议系伪造、变造的除外。”

③ 最高人民法院 2022 年 7 月 28 日的《对十三届全国人大五次会议第 4254 号建议的答复》（见最高人民法院网，https://gtpt.court.gov.cn/#/NewsDetail?type=03000000&id=6dc0948163c5402eac4e804f94cad8cc，最后访问日期：2024 年 5 月 14 日，下同）提及：“2020 年底发布的《最高人民法院关于适用〈中华人民共和国民法典〉有关担保制度的解释》第七条第二款则将善意解释为相对人已对公司决议进行了合理审查，并且说明合理审查就是要进行有限的实质审查，即对相对人善意与否的判断标准提出了更为严格的要求。”

对抗善意相对人”存在内在的紧张或冲突。

为缓和或消除这种紧张或冲突，有必要对《民法典》第 61 条第 3 款的适用范围作出相应的限制，使其不能一刀切地适用于所有的“法人章程或者法人权力机构对法定代表人代表权的限制”，而应将《民法典》第 61 条第 3 款所说的“不得对抗善意相对人”的“法人章程或者法人权力机构对法定代表人代表权的限制”，限定为主要指相对人在审查法人章程有关法定代表人代表权的规定之后，法人又通过修改章程的方式对法定代表人的代表权进行了新的限制或者通过权力机构决议的方式对法定代表人的代表权进行了限制，使得法定代表人的代表权小于原代表权并且没有告知相对人的情形。

三、法定代表人行为的法律后果归属和效力

《民法典》第 61 条第 2 款所说的“法定代表人以法人名义从事的民事活动，其法律后果由法人承受”，意味着，法定代表人所实施的行为，因其使用的名义的不同而产生不同的效力：法定代表人以法人名义实施的行为，属于代表行为，原则上对法人发生效力；非以法人名义实施的行为，主要是其个人行为，对法人不发生效力。

（一）法定代表人的代表行为

1. 代表行为的界定

如前所述，法定代表人的“代表行为”是指法定代表人行使代表权的行为，即基于其法定代表人身份和职务、以法人的名义、代表法人从事民事活动的职务行为。

不论是《民法典》第 61 条第 1 款所说的法定代表人“代表法人从事民事活动”的行为，还是《民法典》第 61 条第 2 款所说的“法定代表人以法人名义从事”民事活动的行为，还是《民法典》第 62 条第 1 款所说的法定代表人“执行职务”的行为，都属于法定代表人的代表行为。

由此看来，担任法定代表人的主体“以法人名义”行事或者“代表法人”行事，是认定构成法定代表人的代表行为的关键。① 至于是不是为了法人的利益“以法人名义”或“代表法人”行事，则在所不问。法定代表人“为了法人的利益”以法人名义行事，自然属于法定代表人的代表行为；但法定代表人“为了他人的利益”以法人名义行事，同

---

① 比如，甘肃省高级人民法院（2023）甘民终 102 号民事裁定书认为：“根据《中华人民共和国民法总则》第五十七条‘法人是具有民事权利能力和民事行为能力，依法独立享有民事权利和承担民事义务的组织’，第六十一条‘依照法律或者法人章程的规定，代表法人从事民事活动的负责人，为法人的法定代表人。法定代表人以法人名义从事的民事活动，其法律后果由法人承受’的规定，公司是具有民事权利能力和民事行为能力，依法独立享有民事权利和承担民事义务的法人，与自然人是两种不同的独立法律主体，苏某仁的行为并不必然代表某建公司，只有苏某仁以法人的名义从事民事活动时，其法律后果才能由某建公司承担。”

样属于法定代表人的代表行为。比如,法定代表人根据《公司法》第 189 条的规定[①],为了其所在的法人对外投资的公司的利益,以法人的名义提起股东代表诉讼,同样是其作为法人的法定代表人实施的代表行为。

需要注意的是,由于《民法典》第 61 条使用了“代表法人从事民事活动”和“以法人名义从事的民事活动”的表述,而不是像《民法典》第 170 条第 1 款那样使用“以法人的名义实施的民事法律行为”的表述,因此,法定代表人的代表行为,不仅包括民事法律行为,还包括事实行为等。

2. 有权代表和越权代表

根据《民法典》第 61 条第 3 款所说的“法人章程或者法人权力机构对法定代表人代表权的限制,不得对抗善意相对人”和第 504 条所说的“法人的法定代表人……超越权限订立的合同,除相对人知道或者应当知道其超越权限外,该代表行为有效,订立的合同对法人……发生效力”,按照是否超过法律法规、法人章程规定和法人权力机构确定的权限,可以将法定代表人的代表行为区分为有权代表和越权代表。

3. 代表行为与盖章行为

实务中,法人通常刻制有正式印章(公章)和经济合同章、财务专用章等专用印章[②]。在相关法律文件上加盖法人印章的行为通常也会被认为是代表法人的行为。[③]在性质上,法人的法定代表人的盖章行为也属于代表行为,法定代表人之外的工作人员的盖章行为则属于代理行为。

就盖章行为的效力认定方面,《九民会议纪要》第 41 条明确要求,“人民法院在审理案件时,应当主要审查签约人于盖章之时有无代表权或者代理权,从而根据代表或者代理的相关规则来确定合同的效力”。具体而言,一是“法定代表人或者其授权之人在合同上加盖法人公章的行为,表明其是以法人名义签订合同,除《公司法》第 16 条[④]等法律对其职权有特别规定的情形外,应当由法人承担相应的法律后果。法人以法定代表人事后已无代表权、加盖的是假章、所盖之章与备案公章不一致等为由否定合同效力的,人民法院不予支持”;二是“代理人以被代理人名义签订合同,要取得合法授权。代理人取得合法授权后,以被代理人名义签订的合同,应当由被代理人承担责任。被代理人以代理人事后已无代理权、加盖的是假章、所盖之章与备案公章不一致等为

---

① 《公司法》第 189 条规定:“董事、高级管理人员有前条规定的情形的,有限责任公司的股东、股份有限公司连续一百八十日以上单独或者合计持有公司百分之一以上股份的股东,可以书面请求监事会向人民法院提起诉讼;监事有前条规定的情形的,前述股东可以书面请求董事会向人民法院提起诉讼。监事会或者董事会收到前款规定的股东书面请求后拒绝提起诉讼,或者自收到请求之日起三十日内未提起诉讼,或者情况紧急、不立即提起诉讼将会使公司利益受到难以弥补的损害的,前款规定的股东有权为公司利益以自己的名义直接向人民法院提起诉讼。他人侵犯公司合法权益,给公司造成损失的,本条第一款规定的股东可以依照前两款的规定向人民法院提起诉讼。公司全资子公司的董事、监事、高级管理人员有前条规定情形,或者他人侵犯公司全资子公司合法权益造成损失的,有限责任公司的股东、股份有限公司连续一百八十日以上单独或者合计持有公司百分之一以上股份的股东,可以依照前三款规定书面请求全资子公司的监事会、董事会向人民法院提起诉讼或者以自己的名义直接向人民法院提起诉讼。”

② 《国务院关于国家行政机关和企业事业单位社会团体印章管理的规定》(国发〔1999〕25 号)。

③ 北京市第四中级人民法院(2018)京 04 民特 304 号民事裁定书。

④ 对应 2023 年《公司法》第 15 条。

由否定合同效力的,人民法院不予支持”。《民法典合同编通则解释》第 22 条第 3 款进一步明确:“合同仅加盖法人、非法人组织的印章而无人员签名或者按指印,相对人能够证明合同系法定代表人、负责人或者工作人员在其权限范围内订立的,人民法院应当认定该合同对法人、非法人组织发生效力。”

需要注意的是,根据《民法典》第 61 条所说的“法定代表人以法人名义从事的民事活动,其法律后果由法人承受”和第 490 条第 1 款所说的“当事人采用合同书形式订立合同的,自当事人均签名、盖章或者按指印时合同成立”,法人的法定代表人即使不持有法人的印章,也可以基于其法定代表人身份和职务、直接以法人的名义实施代表行为。《民法典合同编通则解释》第 22 条第 2 款也规定:“合同系以法人、非法人组织的名义订立,但是仅有法定代表人、负责人或者工作人员签名或者按指印而未加盖法人、非法人组织的印章,相对人能够证明法定代表人、负责人或者工作人员在订立合同时未超越权限的,人民法院应当认定合同对法人、非法人组织发生效力。但是,当事人约定以加盖印章作为合同成立条件的除外。”

比如,在高某芯与陕西水某方旅游开发有限公司、董某斌建设工程施工合同纠纷案中,最高人民法院(2020)最高法民再 22 号民事判决书认为:“董某斌系水某方公司的法定代表人,其作为对外行使公司权利的代表人,依法具有代表水某方公司意志的表征,对于高某芯等公司之外的主体而言,董某斌在结算单上的签字,即为水某方公司的意志体现,在水某方公司不否认董某斌系公司法定代表人及其签字为虚假或无效的情形下,董某斌的签字行为及法律后果,应当由水某方公司承担。水某方公司认为董某斌签字未经公司盖章追认而不承担相关法律责任的理由,没有事实和法律依据。”①

此外,在法人的法定代表人实施的行为与加盖法人印章的行为相互冲突的情况下,也应当遵守《九民会议纪要》第 41 条所说的“审查签约人于盖章之时有无代表权或者代理权,从而根据代表或者代理的相关规则来确定合同的效力”的要求。

对此,最高人民法院(2019)最高法民申 2898 号民事裁定书认为:“尽管公章是公司对外作出意思表示的重要外在表现形式,但法律并未规定法定代表人以外持有公司公章的人仅凭其持有公章的事实就能够直接代表公司意志,持有公章是一种客观状态,某人持有公章只是反映该人可能有权代表公司意志的一种表象,至于其是否依授权真正体现公司意志,仍需进一步审查。”最高人民法院(2019)最高法民再 325 号民事裁定书也认为:“某晴公司存在两枚印章,持有两枚印章的人均自称代表某晴公司,对于就二审调解书是否申请再审亦持相反意见,两枚印章中哪枚印章为某晴公司授权使用的印章,以及两枚印章各自持有人的身份均不明确,公司的清算义务主体亦无法确定。而确定何者可以代表某晴公司对外作出意思表示并参加本案诉讼的问题,不仅属于本案的基本事实,而且涉及诉讼程序的合法性,系本案审理应当解决的先决问题……”

在四川达某物联射频科技有限公司与成都高新技术产业开发区管理委员会、成都高某置业有限公司合同纠纷案中,针对如何处理公司法定代表人作出的意思表示与加

---

① 类似的裁判意见,还可见最高人民法院(2021)最高法民申 2126 号民事裁定书、最高人民法院(2019)最高法民申 2237 号民事裁定书、最高人民法院(2018)最高法民申 2588 号民事裁定书等。

盖公司印章的意思表示相互冲突的问题,四川省高级人民法院(2018)川民再 658 号民事裁定书也认为:“一般情形下,公章的使用所体现的公司意志和法定代表人作出的公司意志应为一致,但……本案出现‘人章冲突’情形,法定代表人作出进行诉讼的公司意志与公章表现出的否定诉讼的公司意志发生分离。对于该情形,人民法院应以法定代表人以公司名义作出进行诉讼的意思表示为公司意志”,其理由如下:

“首先,公章虽是公司意志重要的外在表现形式,但持有公章仅为一客观状态,并无法律规定公章本身或公章持有人可以直接代表公司意志。在仅有公章作为民事行为或诉讼行为认定依据的案件中,法院仍须审查该公章的使用是否得到合法授权、是否符合公司意志,该举证责任应由公章持有人或盖有公章的文件出具人承担,否则,该公章的使用不能视为公司意志的体现。而根据《中华人民共和国民事诉讼法》第四十八条第二款‘法人由其代表人进行诉讼。其他组织由其主要负责人进行诉讼’的规定,法定代表人作为法律规定的公司意志代表机关,是法人当然的诉讼意志代表主体。法定代表人以公司名义作出的诉讼行为,应直接视为公司的诉讼行为,额外要求公章作为诉讼行为真实性的认定依据并无必要。

“其次,公司在诉讼期间如出现‘人章冲突’情形,表明该公司内部治理出现问题,公章的使用要么系公章持有人擅自所为,要么是大股东或实际掌握公司控制权的股东自行或授意公章持有人使用该公章。对公章持有人擅自使用公章进行诉讼的情形,法院不能将公章的使用视为公司意志,其擅自使用公章的行为还可能受到相应的刑罚处罚。对大股东或实际掌握公司控制权的股东自行或授意公章持有人使用该公章的情形,本院认为,该‘人章冲突’情形实质为大股东或控股股东与法定代表人之间就公司诉讼决策发生的冲突,根据《中华人民共和国公司法》第四条‘公司股东依法享有资产收益、参与重大决策和选择管理者等权利’的规定,公司股东确有权参与公司经营,但因《中华人民共和国民事诉讼法》第四十八条第二款已明确规定‘法人由其代表人进行诉讼。其他组织由其主要负责人进行诉讼’,故在大股东或实际掌握控制权的股东在与法定代表人就公司诉讼决策发生冲突时,首先应通过公司内部治理程序解决公司意志代表的问题,即依据公司章程更换法定代表人后,再通过新的法定代表人重新作出是否继续诉讼的公司意志表示,而无权越过公司章程和公司依法设立的公司意志代表机关,直接以使用公章的方式否定法定代表人作出的进行诉讼的公司意志表示,更无权将自己的意思表示直接作为公司意志。在法定代表人已明确作出公司诉讼意志表示的情形下,人民法院不能以大股东或实际掌握公司控制权的股东的意思表示作为公司诉讼意志的认定依据,就公司诉讼意志进行额外审查。"①

此外,人民法院案例库参考案例"山西某公司与西藏某开发公司等借款合同纠纷案"[入库编号:2024-16-2-103-004,裁判文书:最高人民法院(2021)最高法民终373号民事判决书]的"裁判要旨"也提出:"在通常交易中,公司公章具有确认公司法人意思表示的效力,但并非公司法人的意思表示本身,在某些特定交易中,应当考察加盖公章时的具体情形,以便准确认定意思表示的真实性","对于发生在公司控股股东和公司之间的借款纠纷,公司公章能否对公司产生相关确认效力,应着重审查盖章行为是否确实出于公司的真实意思表示。在当事人兼具债权人和股东身份掌握公司公章的情况下,在《对账单》等材料上加盖公章的行为并不能当然被确认为债务人公司的真实意思表示,应进一步审查形成《对账单》的具体借款金额,以确定真实借款金额"。

4. 代表行为的法律后果归属:原则与例外

由于《民法典》第61条第2款使用了"法定代表人以法人名义从事的民事活动,其法律后果由法人承受"的表述,结合《民法典》第62条第1款所说的"法定代表人因执行职务造成他人损害的,由法人承担民事责任",因此,原则上(即在法律未作不同规定的情况下),担任法定代表人的主体所从事的民事活动,只要是以法人名义或代表法人

---

① 北京市第四中级人民法院(2018)京04民特304号民事裁定书也认为:"在我国法律制度下,公章是公司对外做出意思表示的重要外在表现形式,但公章本身仅系作为物理形式存在的公司财产,公章本身不能代表公司意志,持有公章并加以使用是一种客观状态,使用公章的行为本身可以推定公章持有人有权代表公司作出相应意思表示,但如果有相反证据可以推翻上述推定,仍然应当根据相应证据审查确定公章持有人是否取得相应授权对外做出意思表示。另一方面,根据我国公司法的基本制度,法定代表人是最基础的公司意思表示的代表机关,是公司意志的当然代表主体。法定代表人以公司名义做出的意思表示,在没有否定证据的情况下,应当视为公司的意志。在'人章分离'的情况下,说明公司内部治理出现问题,则应根据公司意思自治的规则审查确定到底是法定代表人还是公章持有人可以代表公司意志。也就是说,应当优先认定法定代表人可以代表公司意志,但如果公章持有人能够提供有效证据足以证明公司意志并非法定代表人所表现的意思表示,则以证据证明的公司意志为准。"较早的类似意见,还可见北京市第三中级人民法院(2015)三中民(商)初字第02319号民事判决书:"公司法定代表人是法律规定的最基础的公司意志代表机关,是法人的诉讼意志代表主体,对外代表公司作出意思表示是法定代表人行使的法定职权。而公章的持有仅是反映公司授权的客观外在表现,也并无法律规定公章能够直接代表公司意志。"不过,实务中,也存在大体类似但略有不同的裁判意见。比如,重庆市高级人民法院(2016)渝民终637号民事裁定书认为:"《中华人民共和国公司法》第十三条规定,公司法定代表人依照公司章程的规定,由董事长、执行董事或者经理担任,并依法登记。公司法定代表人变更,应当办理变更登记。在鸿某公司未变更工商登记前,应认定登记法定代表人米某军有权对外代表鸿某公司。《中华人民共和国公司法》第十一条规定,设立公司必须依法制定公司章程。公司章程对公司、股东、董事、监事、高级管理人员具有约束力。鸿某公司的公司章程中并未否定公司可委托诉讼代理人代表公司参加诉讼。《中华人民共和国民法通则》第四十三条规定企业法人对它的法定代表人和其他工作人员的经营活动,承担民事责任。该规定亦未否定公司指派诉讼代理人的权利。工商登记资料显示,鸿某公司对外使用了中英文印章,该工商登记具有公示效力,在工商登记资料未变更前,应认定持加盖鸿某公司中英文印章委托书的代理人亦能代表公司。因此,鸿某公司参加诉讼既可以由法定代表人代表,也可由公司委派代理人参加。参加诉讼及依法提起上诉是当事人的权利,本案的当事人是鸿某公司而非法定代表人个人。虽然法定代表人可以代表公司从事经营活动、诉讼活动,并对公司产生法律效力,但并不能否定公司可以委托代理人参加诉讼,行使权利。在法定代表人个人与公司之间就是否行使诉讼权利及如何行使诉讼权利产生分歧的情况下,应当以有利于公司利益出发,保障公司的诉讼权利。公司内部对法定代表人的代表权限的限制不对善意相对人产生约束,但可对抗非善意相对人。公司对非善意相对人亦享有相应的抗辩权。因此,应允许鸿某公司委派代理人参加诉讼,通过庭审,查明相对人是否善意,鸿某公司登记法定代表人行使代表权是否妥当,是否正确行使了抗辩权。"

实施的，不论是民事法律行为还是事实行为，该民事活动的法律后果就须由法人承受。对此，《民诉法解释》第 56 条也规定了："法人或者其他组织的工作人员执行工作任务造成他人损害的，该法人或者其他组织为当事人"。

就此，《民法典》第 532 条所说的"合同生效后，当事人不得因姓名、名称的变更或者法定代表人、负责人、承办人的变动而不履行合同义务"，以及《最高人民法院关于在审理经济纠纷案件中涉及经济犯罪嫌疑若干问题的规定》（法释〔1998〕7 号）第 3 条所说的"单位直接负责的主管人员和其他直接责任人员，以该单位的名义对外签订经济合同，将取得的财物部分或全部占为己有构成犯罪的，除依法追究行为人的刑事责任外，该单位对行为人因签订、履行该经济合同造成的后果，依法应当承担民事责任"，都是《民法典》第 61 条第 2 款关于"法定代表人以法人名义从事的民事活动，其法律后果由法人承受"的规定的应有之义和具体体现。

甚至，结合《民事诉讼法》第 51 条第 2 款、《行政诉讼法解释》第 16 条第 3 款、《刑事诉讼法解释》第 336 条第 1 款的规定①，法定代表人以法人名义实施的其他活动，其法律后果也应由法人承受，而不仅仅限于《民法典》第 61 条所说的"民事活动"。

其中，《民法典》第 61 条第 2 款所说的由法人承受的"法律后果"，既包含利益，即对法人有利的事项，比如法定代表人以法人名义从事民事活动所产生的民事权益均由法人享有；也包括不利益，即对法人不利的事项，比如法定代表人以法人名义从事民事活动所产生的侵权责任（包括《民法典》第 62 条所说的法定代表人因执行职务造成他人损害的民事责任等）、缔约过失责任、违约责任均由法人承担。这跟《合伙企业法》第 28 条第 1 款所说的"由一个或者数个合伙人执行合伙事务的，执行事务合伙人……执行合伙事务所产生的收益归合伙企业，所产生的费用和亏损由合伙企业承担"是类似的。

由此可见，《民法典》第 61 条第 2 款所说的"法定代表人以法人名义从事的民事活动，其法律后果由法人承受"，包含了《民法典》第 62 条第 1 款所说的"法定代表人因执行职务造成他人损害的，由法人承担民事责任"的含义，也具有《民法典》第 1191 条所说的"用人单位的工作人员因执行工作任务造成他人损害的，由用人单位承担侵权责任"的含义。

需要注意的是，《民法典》第 61 条第 2 款所说的"法定代表人以法人名义从事的民事活动，其法律后果由法人承受"，本身并不涉及、甚至跳过了法定代表人的代表行为的效力问题，直接明确了法定代表人代表行为的法律后果的归属问题，即：不论法定代表人的代表行为是民事法律行为还是事实行为，也不论法定代表人的代表行为有效还是无效、是否对法人发生效力，其法律后果都由法人承受。也就是说，如果法定代表人的代表行为有效，那就由法人承受该代表行为有效的法律后果；如果法定代表人的代表行为无效，那就由法人承受该代表行为无效的法律后果。因此，《民法典》第 61 条第 2 款所说的"法定代表人以法人名义从事的民事活动，其法律后果由法人承受"，与《民

---

① 《民事诉讼法》第 51 条第 2 款规定："法人由其法定代表人进行诉讼。其他组织由其主要负责人进行诉讼。"《行政诉讼法解释》第 16 条第 3 款规定："非国有企业被行政机关注销、撤销、合并、强令兼并、出售、分立或者改变企业隶属关系的，该企业或者其法定代表人可以提起诉讼。"《刑事诉讼法解释》第 336 条第 1 款规定："被告单位的诉讼代表人，应当是法定代表人、实际控制人或者主要负责人……"

法典》第504条所说的"法人的法定代表人……超越权限订立的合同,除相对人知道或者应当知道其超越权限外,该代表行为有效,订立的合同对法人……发生效力"和第170条第1款所说的"执行法人……工作任务的人员,就其职权范围内的事项,以法人……的名义实施的民事法律行为,对法人……发生效力",处理的是不同的事项,二者不能等同。

还需注意的是,在例外情形下,法定代表人以法人名义从事的民事活动,其法律后果不由法人承受。

比如,根据《民法典担保制度解释》第9条第2款的规定①,在上市公司的法定代表人越权向相对人提供担保的情形,如果相对人未根据上市公司公开披露的关于担保事项已经董事会或者股东大会决议通过的信息与上市公司订立担保合同,那么,上市公司无须承受其法定代表人的此项代表行为的法律后果,既不承担担保责任、也不承担赔偿责任。

又如,根据《民法典担保制度解释》第7条第1款②和第17条③的规定,在公司的法定代表人越权向相对人提供的担保因主合同无效而无效的情形,如果公司对主合同无效不存在过错,那么,公司也无须承受其法定代表人的此项代表行为的法律后果,既不承担担保责任、也不承担赔偿责任。

再如,根据《民法典合同编通则解释》第23条第1款的规定④,在法人的法定代表人与相对人恶意串通,以法人的名义订立合同,损害法人的合法权益的情形,法人可以主张不承担民事责任,既不承担违约责任,也不承担缔约过失责任或赔偿责任。

5. 代表行为的效力认定

如前所说,《民法典》第61条第2款所说的"法定代表人以法人名义从事的民事活动,其法律后果由法人承受",仅涉及法定代表人代表行为的法律后果归属,不涉及代表行为本身的效力认定问题。至于法定代表人实施的代表行为的效力,包括是否生

---

① 《民法典担保制度解释》第9条第2款规定:"相对人未根据上市公司公开披露的关于担保事项已经董事会或者股东大会决议通过的信息,与上市公司订立担保合同,上市公司主张担保合同对其不发生效力,且不承担担保责任或者赔偿责任的,人民法院应予支持。"

② 《民法典担保制度解释》第7条第1款规定:"公司的法定代表人违反公司法关于公司对外担保决议程序的规定,超越权限代表公司与相对人订立担保合同,人民法院应当依照民法典第六十一条和第五百零四条等规定处理:(一)相对人善意的,担保合同对公司发生效力;相对人请求公司承担担保责任的,人民法院应予支持。(二)相对人非善意的,担保合同对公司不发生效力;相对人请求公司承担赔偿责任的,参照适用本解释第十七条的有关规定。"

③ 《民法典担保制度解释》第17条规定:"主合同有效而第三人提供的担保合同无效,人民法院应当区分不同情形确定担保人的赔偿责任:(一)债权人与担保人均有过错的,担保人承担的赔偿责任不应超过债务人不能清偿部分的二分之一;(二)担保人有过错而债权人无过错的,担保人对债务人不能清偿的部分承担赔偿责任;(三)债权人有过错而担保人无过错的,担保人不承担赔偿责任。主合同无效导致第三人提供的担保合同无效,担保人无过错的,不承担赔偿责任;担保人有过错的,其承担的赔偿责任不应超过债务人不能清偿部分的三分之一。"

④ 《民法典合同编通则解释》第23条第1款规定:"法定代表人、负责人或者代理人与相对人恶意串通,以法人、非法人组织的名义订立合同,损害法人、非法人组织的合法权益,法人、非法人组织主张不承担民事责任的,人民法院应予支持。法人、非法人组织请求法定代表人、负责人或者代理人与相对人对因此受到的损失承担连带赔偿责任的,人民法院应予支持。"

效、有效还是无效、是否可以被撤销等，则应当依照法律的有关规定（主要是《民法典》总则编有关民事法律行为的效力的规定以及合同编有关合同的效力的规定）加以确定。

其中，根据《民法典》第 61 条第 3 款和第 504 条的规定，在法定代表人越权代表的情况下，需要根据相对人是否善意来确定该越权代表行为是否对法人发生效力，即：

其一，如果相对人属于善意相对人，则该越权代表行为对法人发生效力、其法律后果也由法人承受。

其二，如果相对人并非善意相对人，则该越权代表行为对法人不发生效力，但相对人可以依法请求法人承担相应的赔偿责任。

比如，针对公司的法定代表人越权以公司名义为他人提供担保的行为，《民法典担保制度解释》第 7 条第 1 款规定："公司的法定代表人违反公司法关于公司对外担保决议程序的规定，超越权限代表公司与相对人订立担保合同，人民法院应当依照民法典第六十一条和第五百零四条等规定处理：（一）相对人善意的，担保合同对公司发生效力；相对人请求公司承担担保责任的，人民法院应予支持。（二）相对人非善意的，担保合同对公司不发生效力；相对人请求公司承担赔偿责任的，参照适用本解释第十七条[①]的有关规定。"该规定的精神也适用于法人的法定代表人的其他越权代表行为。

又如，针对法人的法定代表人越权以法人名义订立的合同，《民法典合同编通则解释》第 20 条第 1 款规定："法律、行政法规为限制法人的法定代表人或者非法人组织的负责人的代表权，规定合同所涉事项应当由法人、非法人组织的权力机构或者决策机构决议，或者应当由法人、非法人组织的执行机构决定，法定代表人、负责人未取得授权而以法人、非法人组织的名义订立合同，未尽到合理审查义务的相对人主张该合同对法人、非法人组织发生效力并由其承担违约责任的，人民法院不予支持，但是法人、非法人组织有过错的，可以参照民法典第一百五十七条的规定判决其承担相应的赔偿责任。相对人已尽到合理审查义务，构成表见代表的，人民法院应当依据民法典第五百零四条的规定处理"，第 2 款规定："合同所涉事项未超越法律、行政法规规定的法定代表人或者负责人的代表权限，但是超越法人、非法人组织的章程或者权力机构等对代表权的限制，相对人主张该合同对法人、非法人组织发生效力并由其承担违约责任的，人民法院依法予以支持。但是，法人、非法人组织举证证明相对人知道或者应当知道该限制的除外。"

由此可见，即使法定代表人的越权行为对法人不发生效力，有过错的法人也仍然可能需要对相对人承担相应的赔偿责任，这是《民法典》第 61 条第 2 款所说的"其法律后果由法人承受"的要求和体现。也因此，《民法典》第 61 条第 2 款所说的"其法律后果由法人承受"具有比《民法典》第 170 条第 1 款所说的"对法人发生效力"更广泛的

---

① 《民法典担保制度解释》第 17 条规定："主合同有效而第三人提供的担保合同无效，人民法院应当区分不同情形确定担保人的赔偿责任：（一）债权人与担保人均有过错的，担保人承担的赔偿责任不应超过债务人不能清偿部分的二分之一；（二）担保人有过错而债权人无过错的，担保人对债务人不能清偿的部分承担赔偿责任；（三）债权人有过错而担保人无过错的，担保人不承担赔偿责任。主合同无效导致第三人提供的担保合同无效，担保人无过错的，不承担赔偿责任；担保人有过错的，其承担的赔偿责任不应超过债务人不能清偿部分的三分之一。"

含义。

此外,还需要注意区分法定代表人的越权代表行为本身的效力和法人基于法定代表人的越权代表行为与相对人形成的双方或多方民事法律行为的效力问题。在这方面,《民法典》第504条所说的“法人的法定代表人或者非法人组织的负责人超越权限订立的合同,除相对人知道或者应当知道其超越权限外,该代表行为有效,订立的合同对法人或者非法人组织发生效力”,对“该代表行为有效”和“订立的合同对法人发生效力”分别予以认定,更为清晰。

(二)法定代表人的个人行为

与法定代表人的代表行为相对,法定代表人的个人行为是担任法定代表人的人员,基于其个人身份、而非法人的法定代表人身份,以其个人的名义、而非法人的法定代表人的名义实施的行为。

根据《民法典》第13条、第18条第1款和第176条的规定①,担任法定代表人的人员的个人行为,因非职务行为,非依法律规定或未经法人同意,仅对其个人发生效力,对法人不发生效力。

比如,在肖某丽与信阳市某运房地产开发有限公司民间借贷纠纷案中,河南省高级人民法院(2020)豫民申1102号民事裁定书认为,首先,根据《中华人民共和国民法总则》第六十一条规定……本案中,案涉借款发生时,熊某宏虽系某运公司的法定代表人,但借条并没有载明熊某宏是以某运公司的名义借款,也没有加盖某运公司的印章,借款用途亦未载明用于某运公司经营。熊某宏系以个人名义向肖某丽出具借条,且以个人茶楼作为担保,并不符合上述法律的规定;其次,案涉借款虽然汇入了某运公司的账户,但某运公司提供的记账凭证和其他证据证实在此之前熊某宏曾多次向某运公司借款,某运公司收到该款项后,入账凭证记载该款项用途为熊某宏偿还公司借款。因熊某宏和某运公司之间存在债务,仅以某运公司收到案涉款项就认定熊某宏系职务行为的理由并不充分。

四、代表行为与职务代理行为

就法人而言,与法定代表人的代表行为相关的、相对应的,还有法人的工作人员执行法人工作任务的行为,即《民法典》第170条第1款所说的“执行法人工作任务的人员,就其职权范围内的事项,以法人的名义实施的民事法律行为”。二者既有区别,又有共性。

(一)区别:权利来源

将法定代表人的代表行为从法人工作人员的职务代理行为中单列出来之后,法定代表人的代表行为与法人其他工作人员的职务代理行为之间的区别,主要体现在权利

---

① 《民法典》第13条规定:“自然人从出生时起到死亡时止,具有民事权利能力,依法享有民事权利,承担民事义务。”第18条第1款规定:“成年人为完全民事行为能力人,可以独立实施民事法律行为。”第176条规定:“民事主体依照法律规定或者按照当事人约定,履行民事义务,承担民事责任。”

来源方面。

就法定代表人而言，根据《民法典》第 61 条第 1 款的规定，原则上，法定代表人的代表权来源于“法律的规定”或“法人章程的规定”，无须法人权力机构、执行机构或其他主体进行授权或委托[①]；但是，法律法规明确规定须经法人的权力机构（或决策机构）或执行机构决定或者属于法人的权力机构（或决策机构）或执行机构职权范围内的事项，并非法人的法定代表人所能单独决定的事项，须以法人的权力机构（或决策机构）或执行机构的决议作为法定代表人代表权的基础和来源。

但就法人的其他工作人员而言，根据《民法典》第 163 条第 2 款和第 170 条的规定，法人的其他工作人员的职权（即执行法人工作任务的权利）通常来源于法人的权力机构、执行机构、法定代表人或高级管理人员等有权机构或有权主体的特别授权。当然，就法人的其他工作人员中的董事长（或执行董事）、会长、理事长以及经理、秘书长等未担任法定代表人的特定人员而言，其职权也可能来源于法人章程的直接规定，这跟法定代表人的代表权源自章程是类似的。

（二）共性之一：法定代表人的代表行为属于特殊的职务代理行为

由于《民法典》第 170 条位于《民法典》总则编第七章“代理”第二节“委托代理”部分，并且，《民法典》第 170 条使用了“执行法人工作任务”“职权范围内的事项”和“以法人的名义实施”的表述，因此，结合《民法典》第 847 条第 2 款所说的“职务技术成果是执行法人或者非法人组织的工作任务，或者主要是利用法人或者非法人组织的物质技术条件所完成的技术成果”和第 1191 条第 1 款所说的“用人单位的工作人员因执行工作任务造成他人损害的，由用人单位承担侵权责任”，可以将《民法典》第 170 条第 1 款所说的法人的工作人员“执行法人工作任务”的行为称为“职务代理行为”[②]，该行为在性质上属于职务行为，即法人的工作人员执行法人职务的行为。

就法定代表人的代表行为而言，由于《民法典》第 61 条第 1 款使用了“依照法律或者法人章程的规定，代表法人从事民事活动”的表述，第 2 款使用了“法定代表人以法人名义从事民事活动”的表述，第 62 条使用了“法定代表人执行职务”的表述，因此，结合《民法典》第 82 条所说的“执行机构成员、高级管理人员执行法人职务的行为”和第 847 条第 1 款所说“职务技术成果是执行法人或者非法人组织的工作任务，或者……所完成的技术成果”，法定代表人的代表行为在性质上也属于职务行为，即法人的法定代表人执行法人职务的行为。

---

① 也有裁判意见认为法定代表人的代表权源自法人权力机构的授权。比如，最高人民法院（2022）最高法民再 94 号民事判决书（载《最高人民法院公报》2022 年第 12 期）认为：“……法定代表人行使代表人职权的基础为公司权力机关的授权，公司权力机关终止授权则法定代表人对外代表公司从事民事活动的职权终止……本案中……韦某兵系受公司权力机关委托担任公司法定代表人。”

② 最高人民法院 2022 年 11 月 4 日公布的《最高人民法院关于适用〈中华人民共和国民法典〉合同编通则部分的解释（征求意见稿）》第 21 条的标题使用了“职务代理”的表述（“【职务代理与合同效力】执行法人、非法人组织工作任务的人员就超越其职权范围的事项以法人、非法人组织的名义订立合同，法人、非法人组织主张该合同对其不发生效力的，人民法院应予支持，但是依据民法典第一百七十二条构成表见代理的除外……”）和《最高人民法院民二庭、研究室负责人就民法典合同编通则司法解释答记者问》使用了“职务代理”的表述。目前暂无法律、司法解释直接使用“职务代理”的表述。

并且,由于法人的法定代表人是"依照法律或者法人章程的规定,代表法人从事民事活动的负责人",因此,法定代表人在身份上也是法人的工作人员,也属于《民法典》第170条所说的"执行法人工作任务的人员";当然,法定代表人属于法人的工作人员当中更为特殊的人员,即具有法人法定代表人身份的工作人员。① 进而,法定代表人的代表行为在性质上属于"法人的特殊的工作人员"执行法人工作任务的行为。

此外,《公司法》第71条所说的"股东会可以决议解任董事,决议作出之日解任生效。无正当理由,在任期届满前解任董事的,该董事可以要求公司予以赔偿"和《最高人民法院关于适用〈中华人民共和国公司法〉若干问题的规定(五)》(以下简称"《公司法解释五》")第3条第1款所说的"董事任期届满前被股东会或者股东大会有效决议解除职务,其主张解除不发生法律效力的,人民法院不予支持"表明,公司与董事之间是委托关系②,而法定代表人通常由具备董事身份的董事长或执行董事担任,因此,公司与法定代表人之间也是委托关系。对此,最高人民法院(2022)最高法民再94号民事判决书(载《最高人民法院公报》2022年第12期)也认为:"法定代表人是对外代表公司意志的机关之一……就公司内部而言,公司和法定代表人之间为委托法律关系,法定代表人行使代表人职权的基础为公司权力机关的授权,公司权力机关终止授权则法定代表人对外代表公司从事民事活动的职权终止。"

由此可见,法定代表人的代表行为与法人的工作人员"执行法人工作任务"的行为都属于执行法人工作任务的行为,法定代表人的代表行为与法人工作人员执行法人工作任务的行为属于"特殊"与"一般"、"个性"与"共性"的关系,二者均属职务行为(即基于相关人员在法人担任的相应职务、以法人名义实施的行为),法定代表人的代表行为属于特殊的职务代理行为。

也因此,法定代表人代表制度既是代理制度的特殊形态,也是职务代理制度的特殊形态③;在法律适用上,"法定代表人代表制度是代理在商事企业法人领域的特别规定,在无明确规定时,可以适用代理的一般规定"④。

(三)共性之二:越权行为法律后果归属认定规则类似

针对法人的法定代表人的代表行为和法人的工作人员的代理行为,《民法典》和《民法典合同编通则解释》设置了大体类似的法律后果归属认定规则。

---

① 事实上,原《民法通则》第43条和《民通意见》第58条对此作出了更加清晰、明确的规定。《民法通则》第43条规定:"企业法人对它的法定代表人和其他工作人员的经营活动,承担民事责任。"《民通意见》第58条规定:"企业法人的法定代表人和其他工作人员,以法人名义从事的经营活动,给他人造成经济损失的,企业法人应当承担民事责任。"

② 《依法保护股东权益 服务保障营商环境——最高人民法院民二庭相关负责人就〈关于适用《中华人民共和国公司法》若干问题的规定(五)〉答记者问》(载《人民法院报》2019年4月29日,第3版)提及:"在我国公司法上,对董事与公司的关系并无明确的规定,但公司法理论研究与司法实践中已经基本统一认识,认为公司与董事之间实为委托关系,依股东会的选任决议和董事同意任职而成立合同法上的委托合同。既然为委托合同,则合同双方均有任意解除权,即公司可以随时解除董事职务,无论任期是否届满,董事也可以随时辞职。"

③ 按照受托人是否属于法人工作人员,可以将委托代理分为受托人为法人外部人的委托代理和受托人为法人工作人员的职务代理。职务代理是特殊的委托代理。

④ 最高人民法院(2012)民提字第208号民事判决书。

其一，不论是法定代表人还是法人的其他工作人员，其在各自的职权范围内以法人名义从事的民事活动，其法律后果都由法人承受。对此，《民法典》第 61 条第 2 款和第 170 条第 1 款已经作出了明确的规定。

其二，针对法人的法定代表人的越权代表行为和法人的工作人员的越权代理行为，《民法典》和《民法典合同编通则解释》也设置了大体类似的法律后果归属认定规则。具体而言：

第一，无论是超越法定权限的越权代表行为，还是超越法定权限的越权代理行为，原则上都对法人不发生效力，仅在例外情况下对法人发生效力。

其中，针对法定代表人超越法定权限以法人名义订立的合同，《民法典》第 504 条规定："法人的法定代表人或者非法人组织的负责人超越权限订立的合同，除相对人知道或者应当知道其超越权限外，该代表行为有效，订立的合同对法人或者非法人组织发生效力"；《民法典合同编通则解释》第 20 条第 1 款规定："法律、行政法规为限制法人的法定代表人或者非法人组织的负责人的代表权，规定合同所涉事项应当由法人、非法人组织的权力机构或者决策机构决议，或者应当由法人、非法人组织的执行机构决定，法定代表人、负责人未取得授权而以法人、非法人组织的名义订立合同，未尽到合理审查义务的相对人主张该合同对法人、非法人组织发生效力并由其承担违约责任的，人民法院不予支持，……相对人已尽到合理审查义务，构成表见代表的，人民法院应当依据民法典第五百零四条的规定处理。"此外，针对法定代表人的越权担保行为，《民法典担保制度解释》第 7 条第 1 款进一步规定："公司的法定代表人违反公司法关于公司对外担保决议程序的规定，超越权限代表公司与相对人订立担保合同，人民法院应当依照民法典第六十一条和第五百零四条等规定处理：(一)相对人善意的，担保合同对公司发生效力；相对人请求公司承担担保责任的，人民法院应予支持。(二)相对人非善意的，担保合同对公司不发生效力；相对人请求公司承担赔偿责任的，参照适用本解释第十七条①的有关规定。"

针对法人的工作人员超越法定权限以法人名义订立的合同，《民法典》第 171 条第 1 款规定："行为人没有代理权、超越代理权或者代理权终止后，仍然实施代理行为，未经被代理人追认的，对被代理人不发生效力"，第 172 条规定："行为人没有代理权、超越代理权或者代理权终止后，仍然实施代理行为，相对人有理由相信行为人有代理权的，代理行为有效"；《民法典合同编通则解释》第 21 条第 1 款规定："法人、非法人组织的工作人员就超越其职权范围的事项②以法人、非法人组织的名义订立合同，相对人主

---

① 《民法典担保制度解释》第 17 条规定："主合同有效而第三人提供的担保合同无效，人民法院应当区分不同情形确定担保人的赔偿责任：(一)债权人与担保人均有过错的，担保人承担的赔偿责任不应超过债务人不能清偿部分的二分之一；(二)担保人有过错而债权人无过错的，担保人对债务人不能清偿的部分承担赔偿责任；(三)债权人有过错而担保人无过错的，担保人不承担赔偿责任。主合同无效导致第三人提供的担保合同无效，担保人无过错的，不承担赔偿责任；担保人有过错的，其承担的赔偿责任不应超过债务人不能清偿部分的三分之一。"

② 《民法典合同编通则解释》第 21 条第 2 款规定："合同所涉事项有下列情形之一的，人民法院应当认定法人、非法人组织的工作人员在订立合同时超越其职权范围：(一)依法应当由法人、非法人组织的权力机构或者决策机构决议的事项；(二)依法应当由法人、非法人组织的执行机构决定的事项；(三)依法应当由法定代表人、负责人代表法人、非法人组织实施的事项；(四)不属于通常情形下依其职权可以处理的事项。"

张该合同对法人、非法人组织发生效力并由其承担违约责任的,人民法院不予支持。……前述情形,构成表见代理的,人民法院应当依据民法典第一百七十二条的规定处理。"

第二,无论是超越非法定权限的越权代表行为,还是超越非法定权限的越权代理行为,原则上都对法人发生效力,仅在例外情况下对法人不发生效力。

其中,针对法定代表人超越非法定权限以法人名义订立的合同,《民法典合同编通则解释》第 20 条第 2 款规定:"合同所涉事项未超越法律、行政法规规定的法定代表人或者负责人的代表权限,但是超越法人、非法人组织的章程或者权力机构等对代表权的限制,相对人主张该合同对法人、非法人组织发生效力并由其承担违约责任的,人民法院依法予以支持。但是,法人、非法人组织举证证明相对人知道或者应当知道该限制的除外。"

针对法人的工作人员超越非法定权限以法人名义订立的合同,《民法典合同编通则解释》第 21 条第 3 款规定:"合同所涉事项未超越依据前款确定的职权范围[①],但是超越法人、非法人组织对工作人员职权范围的限制,相对人主张该合同对法人、非法人组织发生效力并由其承担违约责任的,人民法院应予支持。但是,法人、非法人组织举证证明相对人知道或者应当知道该限制的除外。"

第三,即使在越权行为对法人不发生效力的情形,相对人也都可以请求有过错的法人承担相应的赔偿责任。

其中,针对法定代表人超越法定权限以法人名义订立的合同对法人不发生效力的情形,《民法典合同编通则解释》第 20 条第 1 款规定:"法律、行政法规为限制法人的法定代表人或者非法人组织的负责人的代表权,规定合同所涉事项应当由法人、非法人组织的权力机构或者决策机构决议,或者应当由法人、非法人组织的执行机构决定,法定代表人、负责人未取得授权而以法人、非法人组织的名义订立合同,未尽到合理审查义务的相对人主张该合同对法人、非法人组织发生效力并由其承担违约责任的,人民法院不予支持,但是法人、非法人组织有过错的,可以参照民法典第一百五十七条的规定判决其承担相应的赔偿责任……"此外,针对法定代表人的越权担保行为,《民法典担保制度解释》第 7 条第 1 款进一步规定:"公司的法定代表人违反公司法关于公司对外担保决议程序的规定,超越权限代表公司与相对人订立担保合同,人民法院应当依照民法典第六十一条和第五百零四条等规定处理:……(二)相对人非善意的,担保合同对公司不发生效力;相对人请求公司承担赔偿责任的,参照适用本解释第十七条[②]的

---

① 《民法典合同编通则解释》第 21 条第 2 款规定:"合同所涉事项有下列情形之一的,人民法院应当认定法人、非法人组织的工作人员在订立合同时超越其职权范围:(一)依法应当由法人、非法人组织的权力机构或者决策机构决议的事项;(二)依法应当由法人、非法人组织的执行机构决定的事项;(三)依法应当由法定代表人、负责人代表法人、非法人组织实施的事项;(四)不属于通常情形下依其职权可以处理的事项。"

② 《民法典担保制度解释》第 17 条规定:"主合同有效而第三人提供的担保合同无效,人民法院应当区分不同情形确定担保人的赔偿责任:(一)债权人与担保人均有过错的,担保人承担的赔偿责任不应超过债务人不能清偿部分的二分之一;(二)担保人有过错而债权人无过错的,担保人对债务人不能清偿的部分承担赔偿责任;(三)债权人有过错而担保人无过错的,担保人不承担赔偿责任。主合同无效导致第三人提供的担保合同无效,担保人无过错的,不承担赔偿责任;担保人有过错的,其承担的赔偿责任不应超过债务人不能清偿部分的三分之一。"

有关规定。”

针对法人的工作人员超越法定权限以法人名义订立的合同对法人不发生效力的情形,《民法典合同编通则解释》第 21 条第 1 款规定:“法人、非法人组织的工作人员就超越其职权范围的事项以法人、非法人组织的名义订立合同,相对人主张该合同对法人、非法人组织发生效力并由其承担违约责任的,人民法院不予支持。但是,法人、非法人组织有过错的,人民法院可以参照民法典第一百五十七条的规定判决其承担相应的赔偿责任……”

(四)代表行为、职务行为与代理行为

基于上述,可以认为,法人的法定代表人是特殊的法人工作人员,法定代表人的代表行为也属于法人工作人员执行工作任务的行为;法定代表人的代表行为与法人其他工作人员执行工作任务的行为同属职务行为、都是职务代理行为,法定代表人的代表行为属于特殊的职务代理行为,法定代表人的代表行为与法人工作人员执行工作任务的行为都属于特殊的委托代理行为、都属于代理行为。因此,代理行为、职务代理行为、代表行为依次属于从一般到特殊的关系。

第六十二条　【法定代表人职务侵权责任】法定代表人因执行职务造成他人损害的,由法人承担民事责任。

法人承担民事责任后,依照法律或者法人章程的规定,可以向有过错的法定代表人追偿。

【条文通释】

《民法典》第 62 条是关于法定代表人职务侵权[①]责任承担的规定。

《民法典》第 62 条第 1 款明确了法定代表人职务侵权责任的承担主体为法人,第 2 款则赋予法人对有过错的法定代表人的追偿权。

一、法定代表人职务侵权责任的承担

(一)法定代表人职务侵权行为的界定

《民法典》第 62 条第 1 款所说的“法定代表人因执行职务造成他人损害”的行为,即为法定代表人的职务侵权行为。对此,《民法典》第 1191 条第 1 款所说的“用人单位的工作人员因执行工作任务造成他人损害的,由用人单位承担侵权责任”规定得更为清晰。

---

① 最高人民法院 2023 年 3 月 29 日公布的《最高人民法院关于适用〈中华人民共和国民法典〉侵权责任编的解释(一)(征求意见稿)》第 14 条的标题使用了“职务侵权”的表述:“【职务侵权构成犯罪的用人单位民事责任】工作人员以执行工作任务的名义实施的行为造成他人损害,构成自然人犯罪的,工作人员刑事责任的承担不影响用人单位民事责任的认定。用人单位依照民法典第一千一百九十一条的规定应当承担侵权责任的,刑事案件已完成的追赃、退赔可以在民事判决书中写明并扣减,也可以在执行程序中予以扣减。”

其中,《民法典》第 62 条第 1 款所说的“法定代表人”,即《民法典》第 61 条第 1 款所说的“依照法律或者法人章程的规定,代表法人从事民事活动的负责人”。

《民法典》第 62 条第 1 款所说的“执行职务”,指向的是法定代表人行使代表权的行为,即法定代表人代表法人或以法人名义从事民事活动的行为。

《民法典》第 62 条第 1 款所说的“他人”,指的是除法人、法定代表人之外的其他主体,既可以是法人的外部人,也可以是法人的出资人、设立人、会员、董事、监事、高级管理人员、其他工作人员等内部人;既可以是个人、也可以是组织。

《民法典》第 62 条第 1 款所说的“损害”,指的是对他人的人身权利、财产权利或其他合法权益造成的损害①,既包括人身损害,也包括财产损失,还包括精神损害②。《民法典》第 62 条第 1 款使用“损害”而非“损失”的表述,表明该款指向的是侵权损害赔偿③,原则上不涉及违约损失赔偿等④。

(二)原则:法定代表人职务侵权责任由法人承担

由于《民法典》第 62 条第 1 款使用了“法定代表人因执行职务造成他人损害的,由法人承担民事责任”的表述,因此,在法律没有特别规定的情况下,法定代表人职务侵权行为所产生的民事责任均由法人、而非由法定代表人或其他主体承担。⑤ 应该说,《民法典》第 1191 条第 1 款所说的“用人单位的工作人员因执行工作任务造成他人损害的,由用人单位承担侵权责任”规定得更为清晰。

1. 责任主体

《民法典》第 62 条第 1 款所说的“由法人承担民事责任”,明确了法定代表人职务

---

① 《民法典》第 3 条规定:“民事主体的人身权利、财产权利以及其他合法权益受法律保护,任何组织或者个人不得侵犯”,第 186 条规定:“因当事人一方的违约行为,损害对方人身权益、财产权益的,受损害方有权选择请求其承担违约责任或者侵权责任”,第 120 条规定:“民事权益受到侵害的,被侵权人有权请求侵权人承担侵权责任”,第 1183 条规定:“侵害自然人人身权益造成严重精神损害的,被侵权人有权请求精神损害赔偿。因故意或者重大过失侵害自然人具有人身意义的特定物造成严重精神损害的,被侵权人有权请求精神损害赔偿”;原《侵权责任法》第 2 条规定:“侵害民事权益,应当依照本法承担侵权责任。本法所称民事权益,包括生命权、健康权、姓名权、名誉权、荣誉权、肖像权、隐私权、婚姻自主权、监护权、所有权、用益物权、担保物权、著作权、专利权、商标专用权、发现权、股权、继承权等人身、财产权益。”

② 《民法典》第 996 条规定:“因当事人一方的违约行为,损害对方人格权并造成严重精神损害,受损害方选择请求其承担违约责任的,不影响受损害方请求精神损害赔偿”,第 1183 条规定:“侵害自然人人身权益造成严重精神损害的,被侵权人有权请求精神损害赔偿。因故意或者重大过失侵害自然人具有人身意义的特定物造成严重精神损害的,被侵权人有权请求精神损害赔偿。”

③ 《民法典》针对侵权多使用“损害赔偿”的表述,见《民法典》侵权责任编第二章“损害赔偿”。

④ 《民法典》针对违约多使用“损失赔偿”的表述,比如第 584 条所说的“当事人一方不履行合同义务或者履行合同义务不符合约定,造成对方损失的,损失赔偿额应当相当于因违约所造成的损失,包括合同履行后可以获得的利益;但是,不得超过违约一方订立合同时预见到或者应当预见到的因违约可能造成的损失”,第 585 条所说的“当事人可以约定一方违约时应当根据违约情况向对方支付一定数额的违约金,也可以约定因违约产生的损失赔偿额的计算方法”和第 592 条第 2 款所说的“当事人一方违约造成对方损失,对方对损失的发生有过错的,可以减少相应的损失赔偿额”,仅在第 389 条和第 691 条分别针对担保物权的担保范围和保证合同的保证范围使用了“损害赔偿金”的表述。

⑤ 有关裁判意见,可见陕西省咸阳市中级人民法院(2022)陕 04 民终 1447 号民事判决书、山东省烟台市中级人民法院(2022)鲁 06 民终 8037 号民事判决书、河南省焦作市中级人民法院(2018)豫 08 民再 95 号民事判决书等。

侵权造成他人损害的责任主体是法人,而非包括法定代表人在内的任何其他主体。其中,《民法典》第62条第1款所说的"民事责任",指向的是侵权责任。

也就是说,除非有法律明确规定法定代表人应当就其职务侵权行为向被侵权人承担相应的责任(不论是与法人承担连带责任还是补充责任,具体请见下文),否则,在法定代表人因执行职务造成他人损害的情况下,如果不存在法定免责事由[①],则被侵权人能且只能要求法人承担侵权责任,而不能要求法定代表人或其他人承担侵权责任。对此,《民诉法解释》第56条也规定:"法人或者其他组织的工作人员执行工作任务造成他人损害的,该法人或者其他组织为当事人。"

2. 责任要件

根据《民法典》第62条第1款的规定,法人对法定代表人的职务侵权行为承担责任的要件包括:

一是行为要件,即法定代表人实施的是职务行为,而不是其个人行为。这也是《民法典》第62条第1款所说的"执行职务"的应有之义。

二是结果要件,即法定代表人的职务行为给他人造成了损害。

三是因果关系要件,即法定代表人的职务行为与他人遭受的损害之间存在因果关系。这也是《民法典》第62条第1款所说的"因执行职务造成他人损害"的应有之义。

3. 归责原则

在归责原则方面,与《民法典》第62条第2款针对法人对法定代表人的追偿规定的是过错责任("可以向有过错的法定代表人追偿")不同,《民法典》第62条第1款没有涉及法定代表人职务侵权的归责原则,因此,法人就其法定代表人的职务侵权行为对他人承担的责任的归责原则应当依照《民法典》第1165条和第1166条的规定[②]加以确定,不一定是过错责任、也不限于过错责任,也可以是无过错责任或过错推定责任。

4. 证明责任

根据《民事诉讼法》第67条第1款[③]和《民诉法解释》第90条、第91条[④]的规定,

---

① 比如,《民法典》第180条第1款规定:"因不可抗力不能履行民事义务的,不承担民事责任。法律另有规定的,依照其规定。"第590条第1款规定:"当事人一方因不可抗力不能履行合同的,根据不可抗力的影响,部分或者全部免除责任,但是法律另有规定的除外。"第1239条规定:"占有或者使用易燃、易爆、剧毒、高放射性、强腐蚀性、高致病性等高度危险物造成他人损害的,占有人或者使用人应当承担侵权责任;但是,能够证明损害是因受害人故意或者不可抗力造成的,不承担责任……"第1240条规定:"从事高空、高压、地下挖掘活动或者使用高速轨道运输工具造成他人损害的,经营者应当承担侵权责任;但是,能够证明损害是因受害人故意或者不可抗力造成的,不承担责任……"

② 《民法典》第1165条规定:"行为人因过错侵害他人民事权益造成损害的,应当承担侵权责任。依照法律规定推定行为人有过错,其不能证明自己没有过错的,应当承担侵权责任。"第1166条规定:"行为人造成他人民事权益损害,不论行为人有无过错,法律规定应当承担侵权责任的,依照其规定。"

③ 《民事诉讼法》第67条第1款规定:"当事人对自己提出的主张,有责任提供证据。"

④ 《民诉法解释》第90条规定:"当事人对自己提出的诉讼请求所依据的事实或者反驳对方诉讼请求所依据的事实,应当提供证据加以证明,但法律另有规定的除外。在作出判决前,当事人未能提供证据或者证据不足以证明其事实主张的,由负有举证证明责任的当事人承担不利的后果。"第91条规定:"人民法院应当依照下列原则确定举证证明责任的承担,但法律另有规定的除外:(一)主张法律关系存在的当事人,应当对产生该法律关系的基本事实承担举证证明责任;(二)主张法律关系变更、消灭或者权利受到妨害的当事人,应当对该法律关系变更、消灭或者权利受到妨害的基本事实承担举证证明责任。"

《民法典》第 62 条第 1 款所说的"他人"应当对实施侵权行为的主体具有该法人的法定代表人身份、该主体的行为属于执行法人职务的行为、其合法权益受到了损害以及其损害与该主体的职务行为之间存在因果关系承担举证证明责任;此外,在法律规定实行过错责任的情形,该"他人"还需对法人的法定代表人执行职务过程中存在过错承担举证证明责任。

5. 案件案由

针对法定代表人职务侵权引发的民事案件,《民事案件案由规定》在一级案由"侵权责任纠纷"之下规定了二级案由"侵权责任纠纷",并在二级案由"侵权责任纠纷"之下规定了三级案由"用人单位责任纠纷"。《民法典》第 62 条第 2 款所说的"他人"可以使用"侵权责任纠纷"或"用人单位责任纠纷"案由向法院起诉。

(三)例外:法定代表人职务侵权责任也须由法定代表人承担

需要注意的是,根据《民法典》第 11 条关于"其他法律对民事关系有特别规定的,依照其规定"的规定,在法律对法定代表人职务侵权责任的承担作出了特别规定的情况下,应当适用法律的特别规定。

比如,针对证券市场虚假陈述侵权民事赔偿责任,《证券法》第 85 条规定:"信息披露义务人未按照规定披露信息,或者公告的证券发行文件、定期报告、临时报告及其他信息披露资料存在虚假记载、误导性陈述或者重大遗漏,致使投资者在证券交易中遭受损失的,信息披露义务人应当承担赔偿责任;发行人的控股股东、实际控制人、董事、监事、高级管理人员和其他直接责任人员以及保荐人、承销的证券公司及其直接责任人员,应当与发行人承担连带赔偿责任,但是能够证明自己没有过错的除外。"该规定所说的"发行人的董事、监事、高级管理人员和其他直接责任人员应当与发行人承担连带赔偿责任,但是能够证明自己没有过错的除外",就属于《民法典》第 62 条第 1 款所说的"法定代表人因执行职务造成他人损害的,由法人承担民事责任"的特别规定;如果法定代表人不能证明自己没有过错,就需要与作为证券发行人的法人承担连带赔偿责任。

又如,针对公司的董事、高级管理人员的职务侵权行为,《公司法》第 191 条规定:"董事、高级管理人员执行职务,给他人造成损害的,公司应当承担赔偿责任;董事、高级管理人员存在故意或者重大过失的,也应当承担赔偿责任。"由于根据《公司法》第 10 条第 1 款所说的"公司的法定代表人按照公司章程的规定,由代表公司执行公司事务的董事或者经理担任",担任公司法定代表人的主体不是董事就是经理,因此,在公司的法定代表人在执行职务的过程中存在故意或重大过失造成他人损害的情况下,该他人不仅可以依照《公司法》第 191 条前半句和《民法典》第 62 条第 1 款的规定要求公司承担赔偿责任,还可以依照《公司法》第 191 条后半句的规定要求公司的法定代表人承担赔偿责任①。也因此,《公司法》第 191 条的规定也属于《民法典》第 62 条第 1 款所说的"法定代表人因执行职务造成他人损害的,由法人承担民事责任"的特别规定。

值得一提的是,在法人的法定代表人就其职务侵权行为直接向被侵权人承担赔偿责任的情况下,如果法人也因法定代表人的职务侵权行为向被侵权人承担了赔偿责任,而法定代表人对其职务行为损害他人合法权益存在过错,那么,不影响法人依照《民法典》第 62 条第 2 款关于"法人承担民事责任后,依照法律或者法人章程的规定,可以向有过错的法定代表人追偿"的规定,向该法定代表人追偿。

二、法人承担法定代表人职权侵权责任后的追偿权

(一)法人追偿权的构成要件

根据《民法典》第 62 条第 2 款的规定,法人承担法定代表人职务侵权责任后向法定代表人追偿应当同时满足 4 个要件:一是法定代表人执行职务时损害了他人的合法权益,二是法人已经向该"他人"承担了因法定代表人职务侵权产生的损害赔偿责任,三是法定代表人对其职务行为损害他人合法权益存在过错,四是法律规定或法人章程规定法人可以向法定代表人追偿。其中,法人追偿权的行使对象限于有过错的法定代表人,不包括没有过错的法定代表人(如设有数名法定代表人)和法定代表人之外的主体。

1. 法人已经向被侵权人承担了损害赔偿责任

《民法典》第 62 条第 2 款所说的"法人承担民事责任后……可以向……法定代表人追偿"表明,法人向法定代表人追偿的一个前提条件是法人已经按照《民法典》第 62 条第 1 款的规定向法定代表人职务侵权行为的被侵权人承担了相应的损害赔偿责任。

如果法人尚未向被侵权人承担责任,或者法人虽然向被侵权人承担了某些侵权责任但所承担的并非损害赔偿责任,那么,法人就不能向法定代表人追偿。

2. 法定代表人对其职务侵权存在过错

《民法典》第 62 条第 2 款所说的"可以向有过错的法定代表人追偿"表明,只有法定代表人对其职务侵权行为损害他人合法权益存在过错,法人才能在向被侵权人承担损害赔偿责任之后向法定代表人追偿;如果法定代表人在执行职务过程中并无过错,那么,法人即使向被侵权人承担了损害赔偿责任也不能向法定代表人追偿。也就是说,法人对法定代表人的追偿实行的是过错责任原则。法定代表人无过错则无责任,无须向法人进行赔偿,法人也无权向法定代表人追偿。

相应地,只要法定代表人对其职务侵权行为损害他人合法权益存在过错,法人就

---

① 需要注意的是,因《公司法》第 191 条本身没有像《公司法》第 53 条所说的"公司成立后,股东不得抽逃出资。违反前款规定的……给公司造成损失的,负有责任的董事、监事、高级管理人员应当与该股东承担连带赔偿责任"那样规定"董事、高级管理人员存在故意或者重大过失的,应当与公司承担连带赔偿责任",《民法典》第 1191 条也没有规定职务侵权行为由工作人员与单位承担连带责任,故根据《民法典》第 178 条第 3 款所说的"连带责任,由法律规定或者当事人约定",除非法律、司法解释另有相反规定,否则《公司法》第 191 条所说的"董事、高级管理人员存在故意或者重大过失的,也应当承担赔偿责任"中的"赔偿责任"并非连带责任。

可以在向被侵权人承担损害赔偿责任之后向法定代表人追偿。当然,根据《民事诉讼法》第 67 条第 1 款①和《民诉法解释》第 90 条、第 91 条②的规定,法人应当对法定代表人存在过错承担举证证明责任,否则,其向法定代表人追偿的请求可能就得不到支持。

由于《民法典》使用了"过错""故意""重大过失"的表述,并且通常将"重大过失"与"故意"一起使用③;考虑到《法官法》第 48 条第 1 款和《检察官法》第 49 条第 1 款都同时使用了"故意""重大过失""一般过失"的表述④,《最高人民法院关于审理人身损害赔偿案件适用法律若干问题的解释》(法释〔2003〕20 号,现已不再适用)第 2 条第 1 款也曾经同时使用了"故意""过失""重大过失"和"一般过失"的表述;再结合最高人民法院 2022 年 7 月 28 日的《对十三届全国人大五次会议第 4254 号建议的答复》所说的"最高人民法院在认定相对人善意且无过失时是比较严格的,即对于相对人善意的要求程度较高,相对人不仅主观上不能有重大过失,而且应无一般过失",因此,《民法典》第 62 条第 2 款所说的"过错",按照过错程度,包括"故意"和"过失",而"过失"则包括"重大过失"和"一般过失"⑤。

---

① 《民事诉讼法》第 67 条第 1 款规定:"当事人对自己提出的主张,有责任提供证据。"

② 《民诉法解释》第 90 条规定:"当事人对自己提出的诉讼请求所依据的事实或者反驳对方诉讼请求所依据的事实,应当提供证据加以证明,但法律另有规定的除外。在作出判决前,当事人未能提供证据或者证据不足以证明其事实主张的,由负有举证证明责任的当事人承担不利的后果",第 91 条规定:"人民法院应当依照下列原则确定举证证明责任的承担,但法律另有规定的除外:(一)主张法律关系存在的当事人,应当对产生该法律关系的基本事实承担举证证明责任;(二)主张法律关系变更、消灭或者权利受到妨害的当事人,应当对该法律关系变更、消灭或者权利受到妨害的基本事实承担举证证明责任。"

③ 《民法典》有 18 处使用了"重大过失"的表述,并且都是与"故意"同时使用的,分别是第 43 条第 3 款、第 316 条、第 506 条第 2 项、第 618 条、第 660 条第 2 款、第 823 条第 1 款、第 897 条、第 929 条第 1 款、第 1148 条、第 1176 条第 1 款、第 1183 条第 2 款、第 1191 条第 1 款、第 1192 条第 1 款、第 1217 条、第 1239 条、第 1240 条、第 1244 条、第 1245 条。《民法典》仅有两处使用了"重大过错"的表述,一处是《民法典》第 1081 条["现役军人的配偶要求离婚,应当征得军人同意,但是军人一方有重大过错的除外"],另一处是《民法典》第 1091 条["有下列情形之一,导致离婚的,无过错方有权请求损害赔偿:(一)重婚;(二)与他人同居;(三)实施家庭暴力;(四)虐待、遗弃家庭成员;(五)有其他重大过错"]。《民法典》所说的"重大过错"应当包括了"故意"和"重大过失"。

④ 《法官法》第 48 条第 1 款规定:"最高人民法院和省、自治区、直辖市设立法官惩戒委员会,负责从专业角度审查认定法官是否存在本法第四十六条第四项、第五项规定的违反审判职责的行为,提出构成故意违反职责、存在重大过失、存在一般过失或者没有违反职责等审查意见。法官惩戒委员会提出审查意见后,人民法院依照有关规定作出是否予以惩戒的决定,并给予相应处理。"《检察官法》第 49 条第 1 款规定:"最高人民检察院和省、自治区、直辖市设立检察官惩戒委员会,负责从专业角度审查认定检察官是否存在本法第四十七条第四项、第五项规定的违反检察职责的行为,提出构成故意违反职责、存在重大过失、存在一般过失或者没有违反职责等审查意见。检察官惩戒委员会提出审查意见后,人民检察院依照有关规定作出是否予以惩戒的决定,并给予相应处理。"

⑤ 按照过错程度,也有将"过失"区分为"重大过失""一般过失"和"轻过失"的。比如,上海市高级人民法院(2019)沪民终 139 号民事判决书认为:"过错既包括故意,也包括过失。按照行为人注意义务程度的不同,过失被划分为重大过失、一般过失和轻过失。轻过失是指未尽到'自己事务'的注意义务,是最严格的注意义务。"四川省高级人民法院(2017)川民再 218 号民事判决书也认为:"过失的程度分三个等级:应尽善良管理人的注意义务而欠缺者,为轻过失;应与处理自己事务为同一注意而欠缺者,为一般过失;显然欠缺普通人之注意者,为重大过失。"考虑到二者对"一般过失"和"轻过失"的意见存在分歧,而法律和最高人民法院的司法解释也只是使用了"重大过失"和"一般过失"的表述、没有使用"轻过失"的表述,因此,本书暂不将"轻过失"纳入与"重大过失""一般过失"并列的范畴。

其中，结合《刑法》第 14 条第 1 款[①]的规定，《民法典》第 62 条第 2 款所说的"过错"中的"故意"，是指法定代表人明知自己执行职务的行为会发生损害他人合法权益的结果，并且希望或者放任这种结果发生。

结合《刑法》第 15 条第 1 款[②]的规定，《民法典》第 62 条第 2 款所说的"过错"中的"过失"，是指法定代表人应当预见自己执行职务的行为可能发生损害他人合法权益的结果，因为疏忽大意而没有预见，或者已经预见而轻信能够避免，以致发生这种结果。

结合《律师事务所从事证券法律业务管理办法》（证监会、司法部令第 233 号）第 15 条[③]的规定，《民法典》第 62 条第 2 款所说的"过错"中的"重大过失"，是指法定代表人应当预见自己执行职务的行为可能发生损害他人合法权益的结果，但未履行普通人一般的注意义务导致发生这种结果；《民法典》第 62 条第 2 款所说的"过错"中的"一般过失"，则指法定代表人应当预见自己执行职务的行为可能发生损害他人合法权益的结果，但未履行特别的注意义务导致发生这种结果。

基于上述，由于《民法典》第 62 条第 2 款使用的是"可以向有过错的法定代表人追偿"的表述，因此，法人只要能够证明法定代表人存在过错，即可向其追偿，而无须证明、也无须考虑法定代表人过错的程度（即相关过错是故意、重大过失还是一般过失）。[④] 也就是说，法人不仅在法定代表人执行职务的过程中因故意或重大过失造成他人损害的情形下可以向法定代表人追偿，在法定代表人执行职务的过程中存在一般过失造成他人损害的情形，也可以向法定代表人追偿。这跟《民法典》第 1191 条第 1 款针对用人单位对其工作人员职务侵权行为的追偿权所规定的"可以向有故意或者重大过失的工作人员追偿"是不一样的。

3. 法律或章程规定法人享有追偿权

《民法典》第 62 条第 2 款所说的"依照法律或者法人章程的规定，可以向有过错的法定代表人追偿"表明，法人向法定代表人追偿须有法律依据或章程依据。如无法律依据又无章程依据，则法人向法定代表人进行追偿将面临依据不充分的质疑。

不过，就法律依据而言，由于法定代表人也是法人的工作人员，因此，《民法典》第 1191 条第 1 款关于"用人单位的工作人员因执行工作任务造成他人损害的，由用人单位承担侵权责任。用人单位承担侵权责任后，可以向有故意或者重大过失的工作人员追偿"的规定，也适用于法定代表人，该规定属于《民法典》第 62 条第 2 款所说的"依照法律或者法人章程的规定"中的"法律的规定"。也因此，即使法人的章程没有对法定代表人职务侵权责任的追偿问题作出规定，法人也可以以《民法典》第 1191 条第 1 款

---

① 《刑法》第 14 条第 1 款规定："明知自己的行为会发生危害社会的结果，并且希望或者放任这种结果发生，因而构成犯罪的，是故意犯罪。"

② 《刑法》第 15 条第 1 款规定："应当预见自己的行为可能发生危害社会的结果，因为疏忽大意而没有预见，或者已经预见而轻信能够避免，以致发生这种结果的，是过失犯罪。"

③ 《律师事务所从事证券法律业务管理办法》第 15 条规定："律师在出具法律意见时，对与法律相关的业务事项应当履行法律专业人士特别的注意义务，对其他业务事项履行普通人一般的注意义务，其制作、出具的文件不得有虚假记载、误导性陈述或者重大遗漏。"

④ 比如，最高人民法院（2019）最高法民再 252 号民事判决书认为："过错与过错程度是不同的法律概念"，"判断申请人'过错'的有无，应当对其行为是否存在故意或者过失进行考察。"

和第62条第2款为依据向有过错的法定代表人追偿。

此外,就公司而言,由于公司的法定代表人同时具有公司的董事或经理身份,因此,《公司法》第188条所说的"董事、监事、高级管理人员执行职务违反法律、行政法规或者公司章程的规定,给公司造成损失的,应当承担赔偿责任",也属于《民法典》第62条第2款所说的"依照法律或者法人章程的规定"中的"法律的规定"。

(二)法人追偿权的行使

1. 法人追偿权的归属

依据《民法典》第62条第2款向法定代表人进行追偿的权利,原则上应当由法人自身享有并行使。对此,《民事案件案由规定》规定了"损害公司利益责任纠纷"案由①和"侵权责任纠纷"案由。

2. 法定代表人拒绝代表法人向自己追偿的处理

不过,在法定代表人未作变更的情况下,可能会面临因法定代表人拒绝代表法人向自己追偿而导致法人追偿权难以行使的问题。对此,根据《民诉法解释》第50条第2款关于"法定代表人已经变更,但未完成登记,变更后的法定代表人要求代表法人参加诉讼的,人民法院可以准许"的规定,法人可以依照法律和章程的规定变更法定代表人,并由变更后的法定代表人代表法人向原法定代表人行使追偿权。

此外,就公司而言,在公司的法定代表人执行职务因过错造成他人损害的情况下,由于公司的法定代表人同时具有公司的董事或经理身份,结合《公司法》第188条关于"董事、监事、高级管理人员执行职务违反法律、行政法规或者公司章程的规定,给公司造成损失的,应当承担赔偿责任"的规定,在公司对外承担责任之后,符合条件的股东可以根据《公司法》第189条第1款的规定,书面请求公司的监督机构向法院起诉;或根据《公司法》第189条第2款的规定,为了公司的利益以自己的名义依法直接向人民法院起诉(即提起股东代表诉讼),要求法定代表人赔偿。②

三、《民法典》第62条与《民法典》第1191条第1款的关系

《民法典》第62条和第1191条第1款都是关于职务侵权责任的规定,二者既有共性、也有差异;总体而言,二者是特殊与一般、特别规定与一般规定的关系。

首先,法定代表人也是法人的工作人员,法定代表人执行职务的行为也是执行法人工作任务的行为,法人执行职务造成他人损害的,也适用《民法典》第1191条第1款关于职务侵权责任的一般规定,即:原则上由法人承担侵权责任,在法定代表人有故意或重大过失时,法人在承担侵权责任之后可以向有过错的法定代表人追偿。

其次,法定代表人是法人的特殊的工作人员,就法定代表人的职务侵权行为,不仅

---

① 相关裁判意见,可见福建省高级人民法院(2017)闽民再44号民事判决书。

② 比如,在厦门市某远橡塑有限公司与吕某宗损害公司利益责任纠纷案中,林某扬作为持有某远公司50%股份的股东兼监事,在认为作为某远公司执行董事和法定代表人的吕某宗存在损害公司利益的行为时,基于其监事身份代表某远公司以某远公司的名义,针对吕某宗提起损害公司利益责任纠纷之诉,其诉讼请求也部分地获得法院的支持。见福建省高级人民法院(2017)闽民再44号民事判决书。

在法定代表人有故意或重大过失时,法人可以向其追偿,而且在法定代表人仅有一般过失时,法人也可以向其追偿。这是《民法典》第 62 条相较于《民法典》第 1191 条第 1 款的特殊之处。

四、《民法典》第 62 条没有涉及的责任承担问题

需要注意的是,由于《民法典》第 62 条使用了"法定代表人因执行职务造成他人损害的……"的表述,因此,该条仅适用于法定代表人职务侵权责任的承担,不适用于法定代表人执行职务时造成法人损害的情形,也不适用于法定代表人执行职务时造成自己损害的情形,也不适用于法定代表人执行职务产生的缔约过失责任和违约责任的承担问题。

(一)法定代表人执行职务时造成法人损害的责任承担

尽管《民法典》第 62 条不涉及法定代表人执行职务时造成法人损害的责任承担问题,但这并不意味着法人无从寻求救济。

第一,就所有的法人而言,根据《民法典》第 120 条关于"民事权益受到侵害的,被侵权人有权请求侵权人承担侵权责任"的规定,在其法定代表人执行职务时造成法人损害的情形,法人可以依据该条关于侵权责任的一般规定请求法定代表人承担相应的侵权责任。①

第二,就营利法人而言,如果营利法人的法定代表人执行职务时利用其关联关系造成法人损害,由于根据《民法典》第 81 条第 3 款的规定,营利法人的法定代表人是由董事长、执行董事、经理或主要负责人担任的,因此,法人可以依据《民法典》第 84 条②的规定,请求法定代表人承担赔偿责任。

第三,就营利法人中的公司而言,公司更是可以直接依据《公司法》第 188 条③的规定,请求法定代表人承担赔偿责任。

此外,如前所说,《公司法》第 71 条所说的"股东会可以决议解任董事,决议作出之日解任生效。无正当理由,在任期届满前解任董事的,该董事可以要求公司予以赔偿"和《公司法解释五》第 3 条第 1 款关于"董事任期届满前被股东会或者股东大会有效决议解除职务,其主张解除不发生法律效力的,人民法院不予支持"的规定表明,公司与

---

① 可资参考的裁判意见,可见最高人民法院(2020)最高法民申 5329 号民事裁定书:"二审判决已经阐明,我国法律并未对雇员因劳务活动造成雇主财产损害的行为和责任承担作出专门规定,故本案应适用一般侵权行为的归责原则即《中华人民共和国侵权责任法》第六条和第二十六条的相关规定进行处理,适用法律并无不当。"

② 《民法典》第 84 条规定:"营利法人的控股出资人、实际控制人、董事、监事、高级管理人员不得利用其关联关系损害法人的利益;利用关联关系造成法人损失的,应当承担赔偿责任。"

③ 《公司法》第 188 条规定:"董事、监事、高级管理人员执行职务违反法律、行政法规或者公司章程的规定,给公司造成损失的,应当承担赔偿责任。"

董事之间是委托关系[①]，而法定代表人通常由具备董事身份的董事长或执行董事担任，因此，公司与法定代表人之间也是委托关系。以此为参照，可以认为，法人与法定代表人之间也是委托关系。对此，最高人民法院(2022)最高法民再94号民事判决书(载《最高人民法院公报》2022年第12期)也认为："法定代表人是对外代表公司意志的机关之一，……就公司内部而言，公司和法定代表人之间为委托法律关系，法定代表人行使代表人职权的基础为公司权力机关的授权，公司权力机关终止授权则法定代表人对外代表公司从事民事活动的职权终止"。进而，法人还可以根据《民法典》第929条[②]，请求法定代表人承担赔偿责任。

(二)法定代表人执行职务时造成自己损害的责任承担

尽管《民法典》第62条也不涉及法定代表人执行职务时造成法定代表人自己损害的责任承担问题，但这并不意味着法定代表人不能获得任何救济。

第一，如果法定代表人与法人之间建立了劳动关系(包括事实劳动关系)[③]或人事关系(适用于公务员和参照《公务员法》管理的事业单位、社会团体等法人的工作人员)[④]，在法定代表人执行职务时造成自己损害的情况下，法定代表人可以请求依照

---

① 《依法保护股东权益 服务保障营商环境——最高人民法院民二庭相关负责人就〈关于适用《中华人民共和国公司法》若干问题的规定(五)〉答记者问》(载《人民法院报》2019年4月29日，第3版)提及："在我国公司法上，对董事与公司的关系并无明确的规定，但公司法理论研究与司法实践中已经基本统一认识，认为公司与董事之间实为委托关系，依股东会的选任决议和董事同意任职而成立合同法上的委托合同。既然为委托合同，则合同双方均有任意解除权，即公司可以随时解除董事职务，无论任期是否届满，董事也可以随时辞职。"

② 《民法典》第929条规定："有偿的委托合同，因受托人的过错造成委托人损失的，委托人可以请求赔偿损失。无偿的委托合同，因受托人的故意或者重大过失造成委托人损失的，委托人可以请求赔偿损失。受托人超越权限造成委托人损失的，应当赔偿损失。"

③ 《工伤保险条例》第2条规定："中华人民共和国境内的企业、事业单位、社会团体、民办非企业单位、基金会、律师事务所、会计师事务所等组织和有雇工的个体工商户(以下称用人单位)应当依照本条例规定参加工伤保险，为本单位全部职工或者雇工(以下称职工)缴纳工伤保险费。中华人民共和国境内的企业、事业单位、社会团体、民办非企业单位、基金会、律师事务所、会计师事务所等组织的职工和个体工商户的雇工，均有依照本条例的规定享受工伤保险待遇的权利"，第18条第1款规定："提出工伤认定申请应当提交下列材料：(一)工伤认定申请表；(二)与用人单位存在劳动关系(包括事实劳动关系)的证明材料；(三)医疗诊断证明或者职业病诊断证明书(或者职业病诊断鉴定书)"，第43条第2款："用人单位实行承包经营的，工伤保险责任由职工劳动关系所在单位承担。"

④ 《工伤保险条例》第65条规定："公务员和参照公务员法管理的事业单位、社会团体的工作人员因工作遭受事故伤害或者患职业病的，由所在单位支付费用。具体办法由国务院社会保险行政部门会同国务院财政部门规定"；《公务员工伤保险管理办法》(人社部发〔2021〕111号)第2条规定："实施公务员法管理的各级机关(以下简称机关)及其公务员参加工伤保险适用本办法"，第12条规定："参照公务员法管理的机关(单位)及其工作人员(工勤人员除外)，参照本办法执行"，第8条规定："公务员因工作遭受事故伤害或者患职业病的，除下列情形外，依照《工伤保险条例》享受工伤保险待遇。(一)公务员依法认定为工伤后继续在机关领取工资的，不享受伤残津贴。(二)公务员工伤后在机关之间流动的，不享受一次性工伤医疗补助金和一次性伤残就业补助金。公务员工伤后离开机关的，可按照《工伤保险条例》解除或者终止劳动关系的有关内容享受相关待遇。"

《工伤保险条例》进行工伤认定[①]并享受工伤保险待遇。

第二,如前所说,因法人与法定代表人之间也是委托关系[②],进而,在法定代表人执行职务时因不可归责于自己的事由造成自己损害的情形,法定代表人还可以根据《民法典》第930条[③],请求法人承担赔偿责任。当然,如果法定代表人在履行职务过程中是因自己的过错给自己造成损害的,则不能依据该条请求法人赔偿。

(三)法定代表人执行职务产生的缔约过失责任的承担

尽管《民法典》第62条第1款使用"损害"而非"损失"的表述,表明该款指向的是侵权损害赔偿,但是,由于《民法典》第61条第2款所说的"法定代表人以法人名义从事的民事活动,其法律后果由法人承受"当中的"法律后果",既包括对法人有利的事项,也包括对法人不利的事项,因此,法定代表人执行职务所产生的缔约过失责任[④],也属于法定代表人以法人名义从事民事活动产生的"法律后果",也应由法人承担。这也是《民法典》第61条第2款所说的"法定代表人以法人名义从事的民事活动,其法律后果由法人承受"的应有之义和具体体现。

对此,《民法典合同编通则解释》第20条第1款规定:"法律、行政法规为限制法人的法定代表人或者非法人组织的负责人的代表权,规定合同所涉事项应当由法人、非法人组织的权力机构或者决策机构决议,或者应当由法人、非法人组织的执行机构决定,法定代表人、负责人未取得授权而以法人、非法人组织的名义订立合同,未尽到合理审查义务的相对人主张该合同对法人、非法人组织发生效力并由其承担违约责任的,人民法院不予支持,但是法人、非法人组织有过错的,可以参照民法典第一百五十七条的规定判决其承担相应的赔偿责任……"

---

① 《工伤保险条例》第14条规定:"职工有下列情形之一的,应当认定为工伤:(一)在工作时间和工作场所内,因工作原因受到事故伤害的;(二)工作时间前后在工作场所内,从事与工作有关的预备性或者收尾性工作受到事故伤害的;(三)在工作时间和工作场所内,因履行工作职责受到暴力等意外伤害的;(四)患职业病的;(五)因工外出期间,由于工作原因受到伤害或者发生事故下落不明的;(六)在上下班途中,受到非本人主要责任的交通事故或者城市轨道交通、客运轮渡、火车事故伤害的;(七)法律、行政法规规定应当认定为工伤的其他情形",第15条规定:"职工有下列情形之一的,视同工伤:(一)在工作时间和工作岗位,突发疾病死亡或者在48小时之内经抢救无效死亡的;(二)在抢险救灾等维护国家利益、公共利益活动中受到伤害的;(三)职工原在军队服役,因战、因公负伤致残,已取得革命伤残军人证,到用人单位后旧伤复发的。职工有前款第(一)项、第(二)项情形的,按照本条例的有关规定享受工伤保险待遇;职工有前款第(三)项情形的,按照本条例的有关规定享受除一次性伤残补助金以外的工伤保险待遇",第16条规定:"职工符合本条例第十四条、第十五条的规定,但是有下列情形之一的,不得认定为工伤或者视同工伤:(一)故意犯罪的;(二)醉酒或者吸毒的;(三)自残或者自杀的。"

② 对此,最高人民法院(2022)最高法民再94号民事判决书(载《最高人民法院公报》2022年第12期)也认为:"法定代表人是对外代表公司意志的机关之一,……就公司内部而言,公司和法定代表人之间为委托法律关系,法定代表人行使代表人职权的基础为公司权力机关的授权,公司权力机关终止授权则法定代表人对外代表公司从事民事活动的职权终止"。

③ 《民法典》第930条规定:"受托人处理委托事务时,因不可归责于自己的事由受到损失的,可以向委托人请求赔偿损失。"

④ 《民法典》第500条规定:"当事人在订立合同过程中有下列情形之一,造成对方损失的,应当承担赔偿责任:(一)假借订立合同,恶意进行磋商;(二)故意隐瞒与订立合同有关的重要事实或者提供虚假情况;(三)有其他违背诚信原则的行为。"

比如，在冯某文、陇南某达公路工程有限公司与马某团、甘肃某团路桥集团有限公司缔约过失责任纠纷案中，甘肃省高级人民法院(2020)甘民申539号民事裁定书认为："马某团在担任某团公司法定代表人期间，在某团公司并未实际取得建设工程项目的情形下，代表公司与冯某文进行协商、承诺、收取工程保证金且拒不及时退款的行为过错明显，依据《中华人民共和国民法总则》第六十二条'法定代表人因执行职务造成他人损害的，由法人承担民事责任'的规定，两审判决某团公司承担退还保证金的责任，依法有据。"

(四)法定代表人执行职务产生的违约责任的承担

同样地，法定代表人执行职务所产生的违约责任①，也属于法定代表人以法人名义从事民事活动产生的"法律后果"，也应由法人承担。这也是《民法典》第61条第2款所说的"法定代表人以法人名义从事的民事活动，其法律后果由法人承受"的应有之义和具体体现。

对此，《民法典合同编通则解释》第20条第2款规定："合同所涉事项未超越法律、行政法规规定的法定代表人或者负责人的代表权限，但是超越法人、非法人组织的章程或者权力机构等对代表权的限制，相对人主张该合同对法人、非法人组织发生效力并由其承担违约责任的，人民法院依法予以支持。但是，法人、非法人组织举证证明相对人知道或者应当知道该限制的除外。"

五、《民法典》第62条没有涉及的法人追偿权

如前所说，由于《民法典》第62条使用了"法定代表人因执行职务造成他人损害的，由法人承担民事责任。法人承担民事责任后，依照法律或者法人章程的规定，可以向有过错的法定代表人追偿"的表述，因此，该条仅适用于法人承担法定代表人职务侵权责任后向有过错的法定代表人追偿的情形，不涉及法人承担违约责任或缔约过失责任后向有过错的法定代表人追偿的情形。

有关法人承担违约责任或缔约过失责任后向有过错的法定代表人追偿的问题，主要是由《民法典合同编通则解释》予以明确的。

在《民法典合同编通则解释》第20条第1款和第2款规定法人应当向善意相对人

---

① 《民法典》第577条规定："当事人一方不履行合同义务或者履行合同义务不符合约定的，应当承担继续履行、采取补救措施或者赔偿损失等违约责任"，第584条规定："当事人一方不履行合同义务或者履行合同义务不符合约定，造成对方损失的，损失赔偿额应当相当于因违约所造成的损失，包括合同履行后可以获得的利益；但是，不得超过违约一方订立合同时预见到或者应当预见到的因违约可能造成的损失。"

承担因其法定代表人超越法定权限以法人名义订立的合同的违约责任[①]或缔约过失责任[②]、因其法定代表人超越法人内部规定权限以法人名义订立的合同的违约责任[③]之后,《民法典合同编通则解释》第 20 条第 3 款明确规定了法人的追偿权,即:“法人、非法人组织承担民事责任后,向有过错的法定代表人、负责人追偿因越权代表行为造成的损失的,人民法院依法予以支持。法律、司法解释对法定代表人、负责人的民事责任另有规定的,依照其规定”。

第六十三条　【法人的住所】法人以其主要办事机构所在地为住所。依法需要办理法人登记的,应当将主要办事机构所在地登记为住所。

【条文通释】

《民法典》第 63 条是关于法人的住所的规定。

一、法人的住所

(一)法人住所的认定

由于《民法典》第 63 条使用了“法人以其主要办事机构所在地为住所”的表述,因此,不论法人是否办理住所登记、作为法人住所登记的地址是否与其主要办事机构所在地一致,法人都须以其主要办事机构所在地为住所,法人的相对人也有权主张以法人的主要办事机构所在地为法人的住所。

根据《民法典》第 58 条第 2 款的规定,有自己的住所是法人的成立条件之一,法人

---

① 《民法典合同编通则解释》第 20 条第 1 款规定:“法律、行政法规为限制法人的法定代表人或者非法人组织的负责人的代表权,规定合同所涉事项应当由法人、非法人组织的权力机构或者决策机构决议,或者应当由法人、非法人组织的执行机构决定,法定代表人、负责人未取得授权而以法人、非法人组织的名义订立合同,未尽到合理审查义务的相对人主张该合同对法人、非法人组织发生效力并由其承担违约责任的,人民法院不予支持……相对人已尽到合理审查义务,构成表见代表的,人民法院应当依据民法典第五百零四条的规定处理。”《民法典》第 504 条规定:“法人的法定代表人或者非法人组织的负责人超越权限订立的合同,除相对人知道或者应当知道其超越权限外,该代表行为有效,订立的合同对法人或者非法人组织发生效力。”

② 《民法典合同编通则解释》第 20 条第 1 款规定:“法律、行政法规为限制法人的法定代表人或者非法人组织的负责人的代表权,规定合同所涉事项应当由法人、非法人组织的权力机构或者决策机构决议,或者应当由法人、非法人组织的执行机构决定,法定代表人、负责人未取得授权而以法人、非法人组织的名义订立合同,未尽到合理审查义务的相对人主张该合同对法人、非法人组织发生效力并由其承担违约责任的,人民法院不予支持,但是法人、非法人组织有过错的,可以参照民法典第一百五十七条的规定判决其承担相应的赔偿责任……”

③ 《民法典合同编通则解释》第 20 条第 2 款规定:“合同所涉事项未超越法律、行政法规规定的法定代表人或者负责人的代表权限,但是超越法人、非法人组织的章程或者权力机构等对代表权的限制,相对人主张该合同对法人、非法人组织发生效力并由其承担违约责任的,人民法院依法予以支持。但是,法人、非法人组织举证证明相对人知道或者应当知道该限制的除外。”

在成立之前就需要依法确定其住所并提供有权使用该住所的证明①。

(二)法人住所的主要功能

法律要求法人有自己的住所的一个重要原因,在于据此确定涉及法人的法律文件的送达②、合同的成立地点③、债务的履行地④以及诉讼、仲裁、行政等法律程序的管辖事项⑤。⑥ 因此,通常要求法人的住所信息具体到门牌号码或房间号码。⑦

不过,结合《宪法》《地方各级人民代表大会和地方各级人民政府组织法》《人民法院组织法》关于行政区划、各级地方人民政府的组织、各级人民法院的组织的规定,法人住所的功能应该主要在于确定法律程序的管辖,至于其送达法律文书的功能则在逐渐弱化,这项功能未来甚至可以从住所的功能中剥离出来,只要能联系上法人、能将相关法律文件送达法人即可。事实上,2022 年 3 月 1 日起实施的《市场主体登记管理条例实施细则》第 41 条第 1 款关于“市场主体决定歇业,应当在歇业前向登记机关办理备案。登记机关通过国家企业信用信息公示系统向社会公示歇业期限、法律文书送达地址等信息”和第 43 条关于“歇业期间,市场主体以法律文书送达地址代替原登记的住所(主要经营场所、经营场所)的,不改变歇业市场主体的登记管辖”的规定就表明,住所在送达法律文书方面的功能完全可以被代替。

此外,在认定是否符合股份公司设立条件方面,法人住所也发挥了其功能。《公司法》第 92 条规定:“设立股份有限公司,应当有一人以上二百人以下为发起人,其中应当有半数以上的发起人在中华人民共和国境内有住所。”在法人作为股份有限公司发起人的情况下,应当根据《民法典》第 63 条的规定来认定其住所。

(三)法人住所的登记要求

由于《民法典》第 63 条第 2 句使用了“依法需要办理法人登记的,应当将……登记为住所”的表述,因此,“法律法规要求办理法人住所登记”是适用该规定所说的“应当

① 比如,《基金会管理条例》第 9 条规定:“申请设立基金会,申请人应当向登记管理机关提交下列文件:……(三)验资证明和住所证明……”《市场主体登记管理条例实施细则》第 25 条规定:“申请办理设立登记,应当提交下列材料:……(三)住所(主要经营场所、经营场所)相关文件……”

② 比如,《事业单位登记管理暂行条例实施细则》第 26 条规定:“申请登记的事业单位住所地址应当是邮政能够送达的地址”,《民办非企业单位登记暂行办法》第 7 条第 2 款规定:“住所是指民办非企业单位的办公场所,须按所在市、县、乡(镇)及街道门牌号码的详细地址登记。”

③ 比如,《民法典》第 492 条第 2 款规定:“采用数据电文形式订立合同的,收件人的主营业地为合同成立的地点;没有主营业地的,其住所地为合同成立的地点。当事人另有约定的,按照其约定。”

④ 比如,《民法典》第 511 条第 3 项规定:“当事人就有关合同内容约定不明确,依据前条规定仍不能确定的,适用下列规定:……(三)履行地点不明确,给付货币的,在接受货币一方所在地履行;交付不动产的,在不动产所在地履行;其他标的,在履行义务一方所在地履行。”

⑤ 比如,《民事诉讼法》第 24 条规定:“因合同纠纷提起的诉讼,由被告住所地或者合同履行地人民法院管辖”,第 27 条规定:“因公司设立、确认股东资格、分配利润、解散等纠纷提起的诉讼,由公司住所地人民法院管辖”,第 29 条规定:“因侵权行为提起的诉讼,由侵权行为地或者被告住所地人民法院管辖”,等等。

⑥ 比如,《青岛市商事主体住所(经营场所)登记管理办法》(2021 年修订版)第 4 条第 1 款规定:“凡是能够作为公示商事主体的法律文件送达地、确定司法和行政管辖地的场所均可作为住所。”

⑦ 比如,《民办非企业单位登记暂行办法》第 7 条第 2 款规定:“住所是指民办非企业单位的办公场所,须按所在市、县、乡(镇)及街道门牌号码的详细地址登记。”

将主要办事机构所在地登记为住所"的前提。如果法律法规不要求法人办理住所登记甚至不要求法人办理登记,比如《民法典》第 72 条第 3 款、第 88 条和第 90 条都提到了"依法不需要办理法人登记"[①],那么,站在《民法典》的角度,也就不存在适用"应当将主要办事机构所在地登记为住所"的余地。

在法律法规要求法人办理住所登记的情况下,根据《民法典》第 63 条的规定,法人必须将"主要办事机构所在地"而非其他地址登记为住所,否则就不符合《民法典》第 63 条的要求。也就是说,法人的主要办事机构所在地和登记地应当是一致的。[②] 根据《民法典》第 63 条和第 64 条的规定,在法人主张其住所并非经登记机关登记的场所的情形,如果法人不能提供其住所变更登记证明,法院可能不会支持其主张,而将其经登记的场所认定为其住所。[③]

此外,法律法规通常要求法人只能登记一个住所[④],而不能登记数个住所,亦即法人的住所具有唯一性。

(四)法人住所的条件和"一址多照"

法人的住所应当满足什么条件？对此,《民法典》本身未作规定,应当结合其他法律、法规的规定和相关法人的具体情况加以确定[⑤]。

其中,就市场主体的住所的条件,《国务院关于印发注册资本登记制度改革方案的通知》(国发〔2014〕7 号)提出:"简化住所(经营场所)登记手续。申请人提交场所合法使用证明即可予以登记。对市场主体住所(经营场所)的条件,各省、自治区、直辖市人民政府根据法律法规的规定和本地区管理的实际需要,按照既方便市场主体准入,

---

① 有关依法不需要办理法人登记的情况,请见本书关于《民法典》第 58 条的通释。

② 新疆维吾尔自治区高级人民法院(2023)新民辖终 38 号民事裁定书认为:"需要登记的法人应当将主要办事机构所在地登记为住所,即法人的主要办事机构所在地和登记地应当是同一的,如其主要办事机构发生变化,不得擅自改变登记事项,应该向登记机关提出申请,由登记机关审核后对原登记的住所进行变更登记。"

③ 比如,最高人民法院(2022)最高法知民辖终 284 号民事裁定书认为:"海南某鹿公司作为公司法人,根据《民法典》的规定其应当将主要办事机构所在地登记为住所地。但海南某鹿公司一方面将其住所地注册登记在海南自由贸易港重点园区海南生态软件园,享受海南自由贸易港相关政策红利,另一方面,在发生与公司相关的诉讼纠纷时又主张其主要办事机构所在地在海南省以外,不仅不符合法律关于公司法人登记住所地的基本要求,亦不符合诚实信用原则。……海南某鹿公司在本案中以主要办事机构所在地与注册登记地不符提出管辖权异议,证据不足,也不符合公示公信原则和诚实信用原则……"上海市高级人民法院(2022)沪民辖 219 号民事裁定书也认为:"本案被告某馨公司登记的住所地为上海市松江区洞泾路 8 号某幢。被告某馨公司在(2021)沪 0117 民初 19637 号一案提出管辖权异议时,虽主张其实际经营地及主要办事机构所在地均在上海市虹口区,但未提供其在工商部门变更登记的材料予以证明,其主张被告以上海市虹口区花园路 128 号某座某某室为年报登记地址,且原告在起诉状中填写的被告联系地址也为该地址,均不能作为认定被告住所地的法律依据,故对被告主张本院不予采纳。"类似的裁判意见,还可见上海市高级人民法院(2022)沪民辖 133 号民事裁定书、上海市高级人民法院(2022)沪民辖 264 号民事裁定书等。

④ 比如,《市场主体登记管理条例》第 11 条第 1 款规定:"市场主体只能登记一个住所或者主要经营场所",《事业单位登记管理暂行条例实施细则》第 25 条规定:"事业单位住所是事业单位的主要办事机构所在地。一个事业单位只能申请登记一个住所。"

⑤ 比如,《民法典》第 279 条针对将住宅用作经营性用房作出了限制性规定,即:"业主不得违反法律、法规以及管理规约,将住宅改变为经营性用房。业主将住宅改变为经营性用房的,除遵守法律、法规以及管理规约外,应当经有利害关系的业主一致同意"。

又有效保障经济社会秩序的原则,可以自行或者授权下级人民政府作出具体规定。”《市场主体登记管理条例》第11条第3款也规定:“省、自治区、直辖市人民政府可以根据有关法律、行政法规的规定和本地区实际情况,自行或者授权下级人民政府对住所或者主要经营场所作出更加便利市场主体从事经营活动的具体规定。”因此,实务中,需要关注各地的具体要求。

实践中,以下场所通常不得作为法人的住所或经营场所:(1)非法建筑;(2)危险建筑;(3)已纳入政府征收拆迁范围的建筑;(4)法律法规规定不得用于住所或经营场所的其他建筑。[①]

问题是,同一个地址是否可以作为多个法人的住所?与法律法规通常都要求法人只能登记一个住所[②]不同,法律法规对此未作直接的禁止性规定。实践中,各地乃至国务院出台的法规通常都允许“一址多照”。[③]《最高人民法院关于为自由贸易试验区建设提供司法保障的意见》(法发〔2016〕34号)也只是要求:“正确处理在自贸试验区较为常见的‘民宅商用’‘一址多照’问题。……对多个公司使用同一地址作为住所地登记的,在审理相关案件时要注意是否存在财产混同、人格混同等情况,依法维护债权人利益。”

不过,根据《民法典》第63条关于“法人以其主要办事机构所在地为住所。依法需要办理法人登记的,应当将主要办事机构所在地登记为住所”的规定,由于包括公司在内的各类法人都应当将其主要办事机构所在地登记为住所,因此,在“同一地址”上存在多个空间并且相关空间在客观上足以作为多个法人的主要办事机构的场所的情况下,该“同一地址”作为多个法人的住所办理登记,自无不可;但是,如果在“同一地址”上的空间仅可供一个法人或少数几个法人作为其各自的主要办事机构的场所的情况

---

① 比如,《辽宁省简化市场主体住所登记条件暂行规定》(根据2021年5月18日辽宁省人民政府令第341号修正)第7条规定:“市场主体不得将非法建筑、危险建筑、被征收房屋等作为住所申请登记,并在登记时作出承诺。”《山西省市场主体住所(经营场所)登记管理办法》(晋政发〔2022〕28号)第9条规定:“下列建筑物不得作为市场主体的住所(经营场所):(一)未依法依规取得土地、规划、建设等手续擅自新建、改建、扩建的;(二)未通过竣工验收的;(三)擅自改变房屋结构危害房屋安全、不符合安全性能要求的;(四)经鉴定为危房的;(五)已纳入政府征收拆迁范围的;(六)超出批准期限的临时建筑物;(七)未经消防验收或消防验收不合格的,以及未经备案或经抽查不合格的;(八)自建房未依法依规取得房屋安全鉴定合格证明的;(九)管理规约或业主大会决定明确禁止作为住所(经营场所)的;(十)法律法规规定不得作为市场主体住所(经营场所)的其他建筑物。设区的市人民政府、各县(市、区)人民政府可以依据法律、法规、规章的规定,结合本地区管理的实际需要,设立禁设区域。禁设区域清单应当向社会公布,实行动态管理。”

② 比如,《市场主体登记管理条例》第11条第1款规定:“市场主体只能登记一个住所或者主要经营场所”,《事业单位登记管理暂行条例实施细则》第25条规定:“事业单位住所是事业单位的主要办事机构所在地。一个事业单位只能申请登记一个住所。”

③ 比如,《辽宁省简化市场主体住所登记条件暂行规定》(2021年修正)第6条第2款规定:“同一住所可以作为多个市场主体的住所办理登记。”《山西省市场主体住所(经营场所)登记管理办法》(晋政发〔2022〕28号)第16条规定:“经房屋所有权人同意,允许多个市场主体将同一地址登记为住所(经营场所),即‘一址多照’(不含集群登记)。”甚至,国务院2017年1月12日印发的《“十三五”市场监管规划》(国发〔2017〕6号)也提出:“顺应众创空间、创新工场等多样化创业创新孵化平台的发展,支持开展‘一址多照’、‘一照多址’、工位注册、集群注册、商务秘书公司等多样化改革探索。”《国务院办公厅转发商务部科技部关于进一步鼓励外商投资设立研发中心若干措施的通知》(国办函〔2023〕7号)也提出:“支持对入驻平台的企业适用‘一址多照’、集群注册等登记方式。”

下,允许将该"同一地址"作为多个法人的住所办理登记,可能就不符合《民法典》第 63 条的规定了。

基于此,在法人住所登记方面,"工位注册""席位注册"或与此类似的"一址多照",是否符合《民法典》第 63 条关于"依法需要办理法人登记的,应当将主要办事机构所在地登记为住所"的规定,不无疑问。

(五)法人主要办事机构所在地不明时的住所地认定

在程序法上,法人以其主要办事机构所在地为住所,在其主要办事机构所在地不能确定时,则以法人的注册地或登记地为住所地。对此,《民诉法解释》第 3 条规定:"……法人或者其他组织的住所地是指法人或者其他组织的主要办事机构所在地。法人或者其他组织的主要办事机构所在地不能确定的,法人或者其他组织的注册地或者登记地为住所地。"此外,《公司法解释二》第 24 条第 1 款在明确"解散公司诉讼案件和公司清算案件由公司住所地人民法院管辖"的同时,也规定:"公司住所地是指公司主要办事机构所在地。公司办事机构所在地不明确的,由其注册地人民法院管辖。"

实务中,以下情形可能会被认定为"主要办事机构所在地不明确":

一是法人经登记机关登记的住所对应的场所或房间实际不存在。比如,北京市第二中级人民法院(2015)二中民(商)终字第 8688 号民事裁定书认为:"本案系股东知情权纠纷,应根据实某创业公司住所地确定管辖法院。实某创业公司主张其主要办事机构所在地位于北京市东城区,对此没有提交具有证明效力的证据予以佐证。经一审法院核实,实某创业公司的注册地址并不存在对应办公房间。由此可以认定实某创业公司的主要办事机构所在地不明确。"

二是法人未在经登记机关登记的住所办公,却未能提供有效的证据证明其主要办事机构位于其他场所。比如,浙江省湖州市中级人民法院(2013)浙湖辖终字第 81 号民事裁定书认为:"在本案中,博某天亿公司的注册地在湖州市南浔区是明确的,但是双方当事人对公司的主要办事机构所在地存在争议,对于博某天亿公司在原审期间提交由股东天某投资公司出具的有关博某天亿公司办公地点在上海市徐汇区的情况说明,古某旅游公司以股东天某投资公司与本案存在利害关系为由对证据的本身和证据的证明效力提出异议;对于博某天亿公司在原审期间提交的公司开立单位银行结算账户申请书及开户许可证,在形式上仅能证明公司临时存款账户的开设情况,现有证据尚不足以证实博某天亿公司所提出的公司主要办事机构所在地在上海市徐汇区的主张,原审法院据此认定博某天亿公司的主要办事机构所在地不明确,依法裁定由公司注册地人民法院管辖本案,并无不当。"

三是法人在经登记机关登记的住所因租赁合同终止或被解除后,未能证明法人已经将其主要办事机构变更至其他场所。比如,北京市第二中级人民法院(2014)二中民终字第 5499 号民事裁定书认为:"本案中,飞某公司在工商行政管理部门登记注册的地址为北京市西城区华远北街 2 号某某、某某室。2013 年 8 月 7 日,飞某公司与北京电某发展有限公司提前解除了上述房屋的租赁合同。洪某主张飞某公司于 2013 年 8 月搬至北京市大兴区办公,因其提交的证据不足以证明飞某公司的主要办事机构已搬至上述地址,因此,洪某的该项上诉理由缺乏事实依据,本院不予支持。鉴于飞某公司的主要办事机构所在地不明确,本案应由飞某公司的注册地人民法院管辖。”

四是尽管能够确定法人经登记的住所并非其主要办事机构所在地,但不能确定其主要办事机构所在地的具体所在。比如,最高人民法院(2021)最高法执监 549 号执行裁定书认为:“本案中,中某恒达公司的登记地在延林中院的辖区内。延林中院和吉林高院查明中某恒达公司登记地并非其主要办事机构所在地,并未查明其主要办事机构具体所在。申诉人亦表示自己不清楚中某恒达公司的主要办事机构所在。这种情况下,应当认定符合司法解释规定的‘法人或者其他组织的主要办事机构所在地不能确定的’情形……”

二、办事机构与主要办事机构

除了“主要办事机构”,《民法典》还使用了“主营业地”①和“营业地”②的表述。问题是,何为“办事机构”?何为“主要办事机构”?何为“主要办事机构所在地”?“主要办事机构所在地”与“主营业地”、与“经营场所”(或“营业场所”)是什么关系?

对这些问题,《民法典》(包括原《民法通则》《民法总则》)和《公司法》《民事诉讼法》《市场主体登记管理条例》《民法典总则编解释》《民诉法解释》均未直接作出规定。

(一)办事机构

结合《公司法》第 13 条第 2 款③、原《公司登记管理条例》第 45 条④、《外国企业常驻代表机构登记管理条例》第 2 条⑤、《旅行社条例实施细则》第 28 条⑥、原《企业法人登记管理条例施行细则》第 4 条⑦、《关于外商投资的公司审批登记管理法律适用若干

---

① 《民法典》第 492 条第 2 款规定:“采用数据电文形式订立合同的,收件人的主营业地为合同成立的地点;没有主营业地的,其住所地为合同成立的地点。当事人另有约定的,按照其约定。”

② 《民法典》第 603 条第 2 款规定:“当事人没有约定交付地点或者约定不明确,依据本法第五百一十条的规定仍不能确定的,适用下列规定:……(二)标的物不需要运输,出卖人和买受人订立合同时知道标的物在某一地点的,出卖人应当在该地点交付标的物;不知道标的物在某一地点的,应当在出卖人订立合同时的营业地交付标的物”,第 627 条规定:“买受人应当按照约定的地点支付价款。对支付地点没有约定或者约定不明确,依据本法第五百一十条的规定仍不能确定的,买受人应当在出卖人的营业地支付……”

③ 《公司法》第 13 条第 2 款规定:“公司可以设立分公司。分公司不具有法人资格,其民事责任由公司承担。”

④ 《公司登记管理条例》(2022 年 3 月 1 日起废止)第 45 条规定:“分公司是指公司在其住所以外设立的从事经营活动的机构。分公司不具有企业法人资格。”

⑤ 《外国企业常驻代表机构登记管理条例》第 2 条规定:“本条例所称外国企业常驻代表机构(以下简称代表机构),是指外国企业依照本条例规定,在中国境内设立的从事与该外国企业业务有关的非营利性活动的办事机构。代表机构不具有法人资格。”

⑥ 《旅行社条例实施细则》第 28 条规定:“旅行社设立的办事处、代表处或者联络处等办事机构,不得从事旅行社业务经营活动。”

⑦ 《企业法人登记管理条例施行细则》(已废止)第 4 条规定:“不具备企业法人条件的下列企业和经营单位,应当申请营业登记:(一)联营企业;(二)企业法人所属的分支机构;(三)外商投资企业设立的分支机构;(四)其他从事经营活动的单位。”

问题的执行意见》(工商外企字〔2006〕81号,已废止)第25条[①]、《国家工商总局外资局〈关于外商投资的公司审批登记管理法律适用若干问题的执行意见〉重点条款解读》[②]等法规的相关规定,法人的办事机构是法人在其住所地之外设立的从事非经营性活动的机构,不具有独立的法人资格;法人的办事机构不属于法人的分支机构,不能从事经营活动,只能从事与法人的产品或服务有关的市场调查、展示、宣传活动和与法人的产品销售、服务提供、采购、投资有关的联络活动。

就公司而言,现阶段,公司可以根据业务需要在公司住所地以外直接设立办事机构,无须办理公司登记;不过,如果生产型公司的办事机构从事产品的筛选、加工、制造、销售以及与上述业务有关的采购、推销、仓储、配送、安装、调试、维修等活动,非生产型公司的办事机构直接承揽服务项目、提供相关服务的,可能会被市场监管部门认定为在公司住所地以外从事经营活动,从而需要办理分公司登记,否则可能会被认定为无照经营行为,按照《无证无照经营查处办法》予以查处[③]。

(二)主要办事机构

关于主要办事机构,目前没有查询到中央或地方的法规对其作出明确界定,已于2007年被废止的《〈深圳经济特区有限责任公司条例〉实施细则》(深圳市人民政府令第13号)曾规定"公司的主要办事机构所在地是指公司的主要管理机关所在地"。

实务中,有的法院认为,"主要办事机构"是指决定和处理法人事务的机构。[④] 也有

---

① 《关于外商投资的公司审批登记管理法律适用若干问题的执行意见》(工商外企字〔2006〕81号,已废止)第25条规定:"公司登记机关不再办理外商投资的公司办事机构的登记。原已登记的办事机构,不再办理变更或者延期手续。期限届满以后,应当办理注销登记或根据需要申请设立分公司。外商投资的公司的分公司可以从事公司经营范围内的联络、咨询等业务。以办事机构名义从事经营活动的,由公司登记机关依法查处。"

② 《国家工商总局外资局〈关于外商投资的公司审批登记管理法律适用若干问题的执行意见〉重点条款解读》认为:"法律并未禁止公司办事机构的存在,外商投资企业可根据业务需要在公司住所地以外直接设立从事业务联络的办事机构,无须办理工商登记。关于办事机构从事经营活动的认定和处罚问题,目前法律、法规尚没有明确具体的规定,需要各地在执法实践中进一步积累经验。在此过程中,需要强调的是:办事机构不再纳入工商登记后,外资登记管理机关应当继续对其监管,禁止其直接从事经营活动。各被授权局以及从事属地监管的基层工商行政管理机关在监管执法过程中,对于生产型公司的办事机构从事产品的筛选、加工、制造、销售以及与上述业务有关的采购、推销、仓储、配送、安装、调试、维修等活动,非生产型公司的办事机构直接承揽服务项目、提供相关服务的,可以认定其在住所地以外从事经营活动,应当疏导其依法办理分公司的登记;不办理分公司登记擅自从事上述活动的,可以认定为无照经营行为,按照《无照经营查处取缔办法》的相关规定对这类办事机构予以取缔。"

③ 《无证无照经营查处办法》第13条规定:"从事无照经营的,由工商行政管理部门依照相关法律、行政法规的规定予以处罚。法律、行政法规对无照经营的处罚没有明确规定的,由工商行政管理部门责令停止违法行为,没收违法所得,并处1万元以下的罚款。"

④ 比如,吉林省高级人民法院(2015)吉民管终字第2号民事裁定书认为:"由此可见,我国是以法人的主要办事机构即决定和处理公司事务的机构所在地确认法人的住所地……"

的法院认为,“主要办事机构”是统率法人业务的机构。① 有的法院还认为,“主要办事机构所在地不同于一般办公场所,应当具有稳定性和确定性。”②

就公司而言,根据《民法典》和《公司法》,并参考《企业内部控制基本规范》(财会〔2008〕7 号)的规定,公司的组织机构包括权力机构、执行机构、监督机构和内部管理机构,其中:(1)有限公司和股份公司的股东会(一人公司的股东,国有独资公司的出资人)为公司的权力机构,决定公司的重大事项;(2)公司的董事会或不设董事会的公司的唯一董事为公司的执行机构,对公司的权力机构负责,作出经营管理决策;(3)公司的监事会或不设监事会的公司的监事或董事会审计委员会为公司的监督机构,对公司董事、高级管理人员进行监督;(4)公司的经理为公司的经营管理者;此外,上市公司还设有董事会秘书这样的高级管理人员。

根据《公司法》,并结合中国证监会《行政处罚委员会组织规则》第 15 条③、原《证券公司分公司监管规定(试行)》(已废止)第 13 条④、《航空工业部科学技术委员会工作条例》(航科〔1986〕1121 号)第 12 条⑤以及《国家税务总局关于境外注册中资控股企业依据实际管理机构标准认定为居民企业有关问题的通知》(国税发〔2009〕82 号)第 2

---

① 比如,北京市高级人民法院(2020)京民辖终 193 号民事裁定书认为:“‘办事机构所在地’是指执行法人业务活动,决定和处理组织事务的机构所在地。‘主要办事机构所在地’应理解为统率法人业务的机构所在地。当法人只设一个办事机构时,该办事机构所在地即为住所,当法人设有多个办事机构时,则以其主要办事机构所在地为住所”。江西省高级人民法院(2018)赣民辖终 12 号民事裁定书也认为:“一般而言,公司主要办事机构所在地是指公司董事会等公司经营管理决策、统率法人业务且对外代表公司的机构所在地,应该涵盖公司的董事会、监事会、财务等主要部门”。

② 比如,最高人民法院(2023)最高法民辖 43 号民事裁定书认为:“主要办事机构所在地不同于一般办公场所,应当具有稳定性和确定性。但某方公司的办公地址变动频繁,2017 年 11 月 11 日,由上海市浦东新区祖冲之路 2290 弄展想广场某号某层,迁至上海市浦东新区盛夏路 500 弄某号某层,又于 2020 年 1 月 3 日迁至上海市长宁区江苏路某号某室,不具有稳定性和确定性,不符合主要办事机构所在地的特征。因此,在起诉与受理阶段,现有证据材料不能用以证明某方公司的主要办事机构不在注册登记地的情况下,应当将注册登记地认定为某方公司的住所地。”

③ 中国证监会《行政处罚委员会组织规则》(2021 年)第 15 条规定:“行政处罚委员会办公室是行政处罚委员会的日常办事机构。行政处罚委员会办公室履行下列职责:(一)负责行政处罚委员会日常事务;(二)办理案件交接和移送事项;(三)组织安排相关会议;(四)协助行政处罚委员会委员开展工作;(五)负责案件管理、送达法律文书及相关工作;(六)负责办公室人员的行政管理;(七)组织行政处罚工作的调查研究;(八)与行政处罚相关的其他工作。”

④ 《证券公司分公司监管规定(试行)》(证监会公告〔2008〕20 号,已废止)第 13 条规定:“证券公司的主要办事机构应当依法设在经公司登记机关登记的公司住所,并至少符合以下监管要求:(一)公司董事会、监事会日常办公场所,以及公司董事长、监事长和高级管理人员的办公地点应当在公司住所;(二)公司的财务、稽核、审计、合规和风控部门应当在公司住所办公;(三)公司账簿应当设置、生成和保存于公司住所;(四)公司完整的业务、财务信息和资料应当汇总保存于公司住所。”

⑤ 《航空工业部科学技术委员会工作条例》(航科〔1986〕1121 号)第 12 条规定:“部各有关厅、司、局、办是科技委的办事机构,科技局是主要办事机构,承办有关业务工作。科技委设办公室,负责办理科技委的日常工作……”

条关于如何认定实际管理机构在中国境内的居民企业规定①,可以发现:

第一,不论是股东会、董事会(或不设董事会的公司的唯一董事)还是监事会(或不设监事会的公司的监事或董事会审计委员会),都是抽象意义上的组织机构,难以确定其所在地在哪里。

第二,不论是股东会、董事会(或不设董事会的公司的唯一董事)、监事会(或不设监事会的公司的监事或董事会审计委员会)还是经理,都不是公司的办事机构。具体而言,公司的股东会为权力机构、监事会(或不设监事会的公司的监事或董事会审计委员会)为监督机构,不属于办事机构;而公司的董事会(或不设董事会的公司的唯一董事)和经理因其各自行使的职权涉及公司的绝大多数事务而成为公司的主要机构,都兼有决策和执行的功能,其中:根据《民法典》第 81 条、《公司法》第 67 条、第 75 条和第 120 条、第 128 条,董事会(或不设董事会的公司的唯一董事)具有执行机构的职能;根据《公司法》第 74 条和第 126 条,经理则更多地具有内部管理机构的组成部分的职能。

第三,公司的股东会一般不会设立股东会办公室,通常也只有董事会(或不设董事会的公司的唯一董事)、监事会(或不设监事会的公司的监事或董事会审计委员会)可能会设有对应的董事会办公室(或董事办公室)、监事会办公室(或监事办公室)来具体负责董事会(或不设董事会的公司的唯一董事)、监事会(或不设监事会的公司的监事或董事会审计委员会)的日常工作,而被聘任为公司经理的人则通常在公司为其提供的办公场所履行其作为公司经理的职责,从而,可以将董事会办公室(或董事办公室)、监事会办公室(或监事办公室)或经理办公室的所在地视为公司的这些机构的所在地。

第四,相对而言,只有董事会(或不设董事会的公司的唯一董事)办公室和经理办公室更适合被视为公司的主要办事机构。考虑到通常情况下普通的公司不会设置董事会办公室,但往往都会有经理的办公室(或办公场所),也考虑到经理通常负有"主持公司的生产经营管理工作,组织实施董事会决议"等具体的职责,可以认为,对绝大多数公司而言,公司经理办公室可以被认定为公司的主要办事机构,经理的办公室(或办公场所)所在地可以被认定为公司的主要办事机构所在地,从而,经理的办公室(或办公场所)所在地可以被认定为公司的住所。

当然,主张以公司登记机关登记的地址以外的地址为公司的主要办事机构所在地的一方,负有相应的举证证明责任,法院通常也会要求其提供相应的证据并综合考虑诸多因素,予以从严把握。比如,《北京市高级人民法院关于立案审判适用法律若干问题的解答(二)》(2019 年 11 月 20 日)规定:"当事人主张以法人或其他组织的主要办事机构所在地为管辖连接点的,需提供其主要办事机构所在地位于受诉法院辖区的证

---

① 《国家税务总局关于境外注册中资控股企业依据实际管理机构标准认定为居民企业有关问题的通知》(国税发〔2009〕82 号)第 2 条规定:"境外中资企业同时符合以下条件的,根据企业所得税法第二条第二款和实施条例第四条的规定,应判定其为实际管理机构在中国境内的居民企业(以下称非境内注册居民企业),并实施相应的税收管理,就其来源于中国境内、境外的所得征收企业所得税。(一)企业负责实施日常生产经营管理运作的高层管理人员及其高层管理部门履行职责的场所主要位于中国境内;(二)企业的财务决策(如借款、放款、融资、财务风险管理等)和人事决策(如任命、解聘和薪酬等)由位于中国境内的机构或人员决定,或需要得到位于中国境内的机构或人员批准;(三)企业的主要财产、会计账簿、公司印章、董事会和股东会议纪要档案等位于或存放于中国境内;(四)企业 1/2(含 1/2)以上有投票权的董事或高层管理人员经常居住于中国境内。"

据材料,如房屋租赁合同、物业公司开具的证明、主要办事机构现场照片等。对于当事人主张的主要办事机构所在地的证据材料,立案庭应全面、客观地审查核实,并结合法人或者其他组织的法定代表人、决策部门、行政部门、人事部门、财务部门、营业执照、税控机所在地等因素综合判断。"①

此外,在公司经登记的注册登记地与其主张的主要办事机构所在地不一致的情况下,当事人需要充分证明公司的主要高级管理人员已经不在其注册登记地办公、而是在其他场所办公,否则,法院可能会倾向于直接将公司的注册登记地认定为其住所地,而不认可当事人提出的关于公司的主要高级管理人员的办公地为其主要办事机构所在地的主张。

比如,在深圳市某策投资有限公司等与某某信托有限公司等合同纠纷管辖权异议案中,最高人民法院(2017)最高法民辖终 196 号民事裁定书认为:"《最高人民法院关于适用〈中华人民共和国民事诉讼法〉的解释》第三条规定:'公民的住所地是指公民的户籍所在地,法人或者其他组织的住所地是指法人或者其他组织的主要办事机构所在地。法人或者其他组织的主要办事机构所在地不能确定的,法人或者其他组织的注册地或者登记地为住所地。'某某信托公司的工商登记注册地为'贵州省贵阳市金阳新区金阳南路 6 号购物中心商务楼一号楼某 24 层某号',应以此地址作为某某信托公司的住所地。深圳某策公司上诉以某某信托公司对外使用北京地址作为公司地址、合同履行中使用北京地址进行联系、主要领导及办事人员在北京办公、双方在北京地址会面等事实为由,主张某某信托公司的主要办事机构所在地在北京市。但是,深圳某策公司并未举示充分证据对其主张的以上事实进行证明,也没有举证证明某某信托公司已经没有在其注册登记地办公,即该注册登记地已经不是某某信托公司的主要办事机构所在地。故深圳某策公司的上诉理由不成立,应予驳回。"

(三)经营场所与主要经营场所

《市场主体登记管理条例》和《市场主体登记管理条例实施细则》同时使用了"经营场所"和"主要经营场所"的表述。其中,"主要经营场所"是针对合伙企业使用的概念,"经营场所"则是针对各类市场主体的分支机构和个体工商户使用的概念,与针对

---

① 北京市高级人民法院(2020)京民辖终 193 号民事裁定书也认为:"北京市海淀区西三环中路 10 号望海楼某座某层有某海外控股集团的办公场所、相关工作人员及醒目标识,公司营业执照及财务专用章在此存放、使用。某海外控股集团注册地址位于北京市朝阳区西坝河甲某号,但该地址为一个外观荒废的楼宇和院落。……本案中,根据某海外控股集团提交的租赁合同、现场照片等证据材料,孝义农商行与某海外控股集团的邮件往来情况,及本案承办法官现场勘查的结果,可以认定本案原审被告某海外控股集团主要办事机构所在地即住所地位于北京市海淀区。"

企业法人、农民专业合作社和个人独资企业使用的“住所”概念相对应。[1]

结合《民法典》第 63 条、《公司法》第 8 条的规定，法人的住所是法人的主要办事机构所在地，而法人的经营场所则是法人从事经营活动的场所；法人的住所只能有一个[2]，而法人的经营场所可以有数个；法人既可以将其住所兼作其主要办事机构所在地和经营场所（当然也可以仅作办事机构所在地、不作为经营场所），也可以仅在其住所之外的经营场所从事经营活动。

（四）主要办事机构所在地与主营业地

《刑事诉讼法解释》第 3 条第 2 款规定：“被告单位登记的住所地为其居住地。主要营业地或者主要办事机构所在地与登记的住所地不一致的，主要营业地或者主要办事机构所在地为其居住地。”最高人民法院《关于适用〈中华人民共和国民事诉讼法〉若干问题的意见》（法发〔1992〕22 号，已失效）第 4 条也曾规定：“法人的住所地是指法人的主要营业地或者主要办事机构所在地。”据此，上述司法解释倾向于将法人的主要办事机构所在地与主营业地视为等同的。

不过，如前所述，法人的营业场所或经营场所可以有数个，且法人的住所可以兼作其主要办事机构所在地和经营场所，也可以仅作办事机构所在地、而只在其他场所从事经营活动，因此，法人的主要办事机构所在地与主营业地并非当然一一对应，而可能是不同的。《民法典》第 492 条第 2 款所说的“采用数据电文形式订立合同的，收件人的主营业地为合同成立的地点；没有主营业地的，其住所地为合同成立的地点……”也表明了这点。

第六十四条　【法人的变更登记】法人存续期间登记事项发生变化的，应当依法向登记机关申请变更登记。

【条文通释】

《民法典》第 64 条是关于法人的变更登记的规定。

---

① 《市场主体登记管理条例》第 8 条规定：“市场主体的一般登记事项包括：……（四）住所或者主要经营场所……除前款规定外，还应当根据市场主体类型登记下列事项：……（四）个体工商户的经营者姓名、住所、经营场所……”《市场主体登记管理条例实施细则》第 6 条规定：“市场主体应当按照类型依法登记下列事项：（一）公司：名称、类型、经营范围、住所……（二）非公司企业法人：名称、类型、经营范围、住所……（三）个人独资企业：名称、类型、经营范围、住所、出资额、投资人姓名及居所。（四）合伙企业：名称、类型、经营范围、主要经营场所……（五）农民专业合作社（联合社）：名称、类型、经营范围、住所……（六）分支机构：名称、类型、经营范围、经营场所、负责人姓名。（七）个体工商户：组成形式、经营范围、经营场所，经营者姓名、住所……（八）法律、行政法规规定的其他事项。”

② 比如，《市场主体登记管理条例》第 11 条第 1 款规定：“市场主体只能登记一个住所或者主要经营场所”，《事业单位登记管理暂行条例实施细则》第 25 条规定：“事业单位住所是事业单位的主要办事机构所在地。一个事业单位只能申请登记一个住所。”

一、适用对象

由于《民法典》第 64 条使用了“登记事项发生变化”和“向登记机关申请变更登记”的表述,因此,《民法典》第 64 条仅适用于依法需要办理登记的各类法人;对于依法不需要办理登记的法人来说,既然无须登记,也就没有“登记事项”一说,自然也就不需要办理变更登记。

二、法人的登记事项

《民法典》本身没有对法定登记事项进行集中统一的规定。除了《民法典》第 63 条要求依法需要办理法人登记的法人“应当将主要办事机构所在地登记为住所”外,《民法典》也没有规定法人的其他登记事项。有关法人的登记事项,主要是由其他法律法规予以规定的。

(一)营利法人的登记事项

《市场主体登记管理条例》分别对营利法人中的公司和非公司企业法人的登记事项作出了规定。

1. 公司的登记事项

根据《市场主体登记管理条例》第 8 条和《市场主体登记管理条例实施细则》第 6 条,公司的登记事项包括:(1)名称;(2)类型;(3)经营范围;(4)住所;(5)注册资本;(6)法定代表人姓名;(7)股东的姓名或者名称(仅适用于有限责任公司);(8)发起人的姓名或者名称(仅适用于股份有限公司)。

2. 非公司企业法人的登记事项

根据《市场主体登记管理条例》第 8 条和《市场主体登记管理条例实施细则》第 6 条,除公司之外的企业法人的登记事项包括:(1)名称;(2)类型;(3)经营范围;(4)住所;(5)出资额;(6)法定代表人姓名;(7)出资人(主管部门)名称。

(二)非营利法人的登记事项

1. 事业单位的登记事项

根据《事业单位登记管理暂行条例》第 8 条第 2 款和《事业单位登记管理暂行条例实施细则》第 18 条,事业单位法人登记事项包括:(1)名称;(2)住所;(3)宗旨和业务范围;(4)法定代表人;(5)经费来源;(6)开办资金;(7)法律法规和登记机关要求登记的其他事项。

2. 社会团体的登记事项

根据《社会团体登记管理条例》第 12 条第 2 款,社会团体登记事项包括:(1)名称;(2)住所;(3)宗旨;(4)业务范围;(5)活动地域;(6)法定代表人;(7)活动资金;和(8)业务主管单位。

3. 基金会的登记事项

根据《基金会管理条例》第 11 条第 2 款,基金会设立登记的事项包括:(1)名称;

(2)住所;(3)类型;(4)宗旨;(5)公益活动的业务范围;(6)原始基金数额;和(7)法定代表人。

4. 民办非企业单位法人的登记事项

根据《民办非企业单位登记暂行办法》第 7 条第 1 款,民办非企业单位的登记事项为:(1)名称;(2)住所;(3)宗旨和业务范围;(4)法定代表人;(5)开办资金;和(6)业务主管单位。

5. 宗教活动场所法人的登记事项

根据《国家宗教事务局、民政部关于宗教活动场所办理法人登记事项的通知》第 6 条,宗教活动场所法人的登记事项包括:(1)名称;(2)住所;(3)法定代表人;和(4)注册资金。

(三)特别法人的登记事项

1. 农村集体经济组织的登记事项

根据《农业农村部办公厅关于启用农村集体经济组织登记证有关事项的通知》(农办政改〔2018〕3 号),农村集体经济组织的登记事项包括:(1)名称;(2)类型;(3)住所;(4)法定代表人;(5)资产情况;(6)业务范围;(7)成立日期;(8)有效期限;(9)发证日期等。

2. 农民专业合作社的登记事项

根据《市场主体登记管理条例》第 8 条和《市场主体登记管理条例实施细则》第 6 条,农民专业合作社(联合社)的登记事项包括:(1)名称;(2)类型;(3)经营范围;(4)住所;(5)出资额;(6)法定代表人姓名。

三、法人的变更登记

《民法典》第 64 条对法人登记事项发生变化时的变更登记要求作出了规定。法律规定对法人变更事项进行登记,其意义在于向社会公示法人相关事项的基本状态。①

(一)存续期间

根据《民法典》第 59 条②、第 72 条第 1 款和第 3 款③以及第 73 条④的规定,《民法典》第 64 条所说的“存续期间”,指的是自法人成立之日起、至完成法人注销登记前的期间,包括清算期间。

---

① 最高人民法院(2014)民四终字第 20 号民事裁定书(载《最高人民法院公报》2014 年第 8 期)认为:“法律规定对法定代表人变更事项进行登记,其意义在于向社会公示公司意志代表权的基本状态。”

② 《民法典》第 59 条规定:“法人的民事权利能力和民事行为能力,从法人成立时产生,到法人终止时消灭。”

③ 《民法典》第 72 条第 1 款规定:“清算期间法人存续,但是不得从事与清算无关的活动”,第 3 款规定:“清算结束并完成法人注销登记时,法人终止;依法不需要办理法人登记的,清算结束时,法人终止。”

④ 《民法典》第 73 条规定:“法人被宣告破产的,依法进行破产清算并完成法人注销登记时,法人终止。”

(二)登记事项发生变化的认定

《民法典》第 64 条所说的“登记事项发生变化”,指的是法人的任何一项登记事项所对应的信息在法人存续期间出现了变动。只要法人的实际情况与登记的信息不一致,就属于“登记事项发生变化”。

(三)法人有义务申请变更登记

由于《民法典》第 64 条使用了“法人存续期间登记事项发生变化的,应当……申请变更登记”的表述,因此,在存续期间,如果法人的登记事项发生了变化,法人就负有依法向登记机关申请办理变更登记的义务。这是法人在民法上的义务。

需要注意的是,由于《民法典》第 64 条使用了“依法向登记机关申请”的表述,因此,法人申请变更登记,应当按照相应的变更事项向有管辖权的登记机关提交法律法规规定和登记机关要求的变更登记申请材料。其中,如果拟申请的变更登记事项涉及前置许可等前置程序,法人应当在申请变更登记之前完成相应的前置程序并取得相应的法律文书。

比如,就企业法人等市场主体的变更登记而言,《市场主体登记管理条例》第 24 条第 2 款规定:“市场主体变更登记事项属于依法须经批准的,申请人应当在批准文件有效期内向登记机关申请变更登记”,第 26 条规定:“市场主体变更经营范围,属于依法须经批准的项目的,应当自批准之日起 30 日内申请变更登记。许可证或者批准文件被吊销、撤销或者有效期届满的,应当自许可证或者批准文件被吊销、撤销或者有效期届满之日起 30 日内向登记机关申请变更登记或者办理注销登记。”

又如,针对有限责任公司自然人股东转让股权涉及的股东变更登记,《个人所得税法》第 15 条第 2 款规定:“……个人转让股权办理变更登记的,市场主体登记机关应当查验与该股权交易相关的个人所得税的完税凭证。”据此,在有限责任公司自然人股东转让股权导致股东发生变更的情形,股权转让个人所得税的扣缴义务人、纳税人应先到税务机关办理个人所得税纳税申报,再到登记机关办理股权变更登记;未完成税款缴纳(或纳税申报)的,登记机关不予办理股权变更登记。

还需注意的是,《民法典》第 64 条规定的是法人申请变更登记的义务,该规定对登记机关不具有约束力。在法人依法提出变更登记申请的情况下,登记机关只需依照法律法规规定的权限和程序予以办理即可;如果法人的变更登记申请不符合法律法规规定的条件,登记机关可以、也应当作出不予核准变更登记的决定。也因此,在涉及法人变更登记的民事案件当中,法院不应判令登记机关受理变更登记申请或办理变更登记手续。

四、未依法申请变更登记的法律后果

总体而言,法人登记事项发生变更后未依法申请变更登记的法律后果,既涉及民事责任的承担,又涉及行政责任的承担,主要如下:

(一)民事责任

在民事责任方面,法人登记事项发生变更后未依法申请变更登记,既涉及法人的外部法律关系，又涉及法人的内部法律关系。

1. 外部法律关系

第一，根据《民法典》第 64 条所说的“法人存续期间登记事项发生变化的，应当依法向登记机关申请变更登记”和第 65 条所说的“法人的实际情况与登记的事项不一致的，不得对抗善意相对人”，法人登记事项变更后，如未办理变更登记，法人变更后的实际情况不具有对抗善意相对人的效力；在法人与其善意相对人之间，善意相对人有权主张仍然以经登记机关登记的事项为准。

比如，最高人民法院（2020）最高法知民辖终 291 号民事裁定书认为：“公司设立时在登记机关所作的登记具有对外公示效力，将产生公信力，善意的公众基于对登记机关就法人登记事项所作的公示而产生的信赖利益应受保护。故，一旦法人在存续期间原先登记的事项发生变化，其应当依法履行变更登记的手续，否则不得对抗善意不知情的相关公众。……如果法人在登记部门初始登记或变更登记的信息不可信赖，公众势必不得不自力调查法人的各项情况与登记信息是否一致，由此必然导致社会交易成本的提升和交易负担的加重，显然不符合市场交易透明化、规范化、法治化和可预期化的市场经济要求。”

第二，在法人未依法办理变更登记给法人之外的主体造成损失的情况下，相关主体可以请求法人的对于法人未及时办理变更登记有过错的董事、高级管理人员等责任主体承担相应的赔偿责任。

比如，就公司股权转让涉及的股东变更登记而言，在《公司法》第 34 条所说的“公司登记事项发生变更的，应当依法办理变更登记。公司登记事项未经登记或者未经变更登记，不得对抗善意相对人”的基础上，《公司法解释三》第 27 条进一步规定：“股权转让后尚未向公司登记机关办理变更登记，原股东将仍登记于其名下的股权转让、质押或者以其他方式处分……原股东处分股权造成受让股东损失，受让股东请求原股东承担赔偿责任、对于未及时办理变更登记有过错的董事、高级管理人员或者实际控制人承担相应责任的，人民法院应予支持；受让股东对于未及时办理变更登记也有过错的，可以适当减轻上述董事、高级管理人员或者实际控制人的责任。”

2. 内部法律关系

第一，在法人未依法办理变更登记给法人造成损失的情况下，法人的对于法人未及时办理变更登记有过错的董事、高级管理人员等责任主体应当对法人承担相应的赔偿责任。[①]

比如，就公司的变更登记而言，《公司法》第 188 条规定：“董事、监事、高级管理人员执行职务违反法律、行政法规或者公司章程的规定，给公司造成损失的，应当承担赔偿责任。”在此基础上，《公司法》第 189 条还规定了股东代表诉讼制度，赋予符合条件的股东在特定条件下为了公司的利益、以自己的名义针对存在《公司法》第 188 条规定情形的董事、高级管理人员或监事提起诉讼的权利。

---

① 在这方面，《合伙企业法》第 95 条第 3 款作出了更为直接、清晰的规定：“合伙企业登记事项发生变更，执行合伙事务的合伙人未按期申请办理变更登记的，应当赔偿由此给合伙企业、其他合伙人或者善意第三人造成的损失。”

第二，在法人登记事项发生变更但未及时办理变更登记的情况下，与该登记事项有直接利害关系的主体有权请求法人及时履行申请办理变更登记的义务。

如前所说，在法人登记事项发生变更的情形，《民法典》第 64 条为法人设置了“依法向登记机关申请变更登记”的义务，如法人未履行该义务，与该登记事项有关的利害关系人自然有权要求法人及时履行该申请变更登记义务。

其中，在公司的原法定代表人已经主动或被动离职的情况下，原担任法定代表人的主体有权请求公司申请办理法定代表人变更登记（即法定代表人涤除登记）。

比如，在王某廷诉巴州某瑞机械设备安装有限公司、曹某刚请求变更公司登记纠纷案中，针对王某廷提出的判令某瑞公司、曹某刚办理变更公司法定代表人工商登记的诉讼请求应否受理的问题，最高人民法院（2020）最高法民再 88 号民事裁定书认为：“王某廷该项诉讼请求系基于其已离职之事实，请求终止其与某瑞公司之间法定代表人的委任关系并办理法定代表人变更登记，该纠纷属平等主体之间的民事争议。根据王某廷所称其自 2011 年 5 月 30 日即已从某瑞公司离职，至今已近 9 年，足见某瑞公司并无自行办理法定代表人变更登记的意愿。因王某廷并非某瑞公司股东，其亦无法通过召集股东会等公司自治途径，就法定代表人的变更事项进行协商后作出决议。若人民法院不予受理王某廷的起诉，则王某廷因此所承受的法律风险将持续存在，而无任何救济途径。故，本院认为，王某廷对某瑞公司办理法定代表人变更登记的诉讼请求具有诉的利益，该纠纷系平等主体之间的民事争议，属于人民法院受理民事诉讼的范围”。①

又如，在韦某兵与新疆某塔房地产开发有限公司等请求变更公司登记纠纷案中，针对某塔房地产公司在韦某兵被免去法定代表人职务后应否为韦某兵办理公司法定代表人工商变更登记的问题，最高人民法院（2022）最高法民再 94 号民事判决书（载《最高人民法院公报》2022 年第 12 期）认为：“本案诉讼中，……可以认定某塔房地产公司两股东已经就韦某兵免职作出股东会决议并通知了韦某兵，该决议符合某塔房地产公司章程规定，不违反法律规定，依法产生法律效力，双方的委托关系终止，韦某兵已经不享有公司法定代表人的职责。依据《中华人民共和国公司法》第十三条规定：‘公司法定代表人依照公司章程的规定，由董事长、执行董事或者经理担任，并依法登记。公司法定代表人变更，应当办理变更登记’，某塔房地产公司应当依法办理法定代表人变更登记。……本案中，韦某兵被免职后，其个人不具有办理法定代表人变更登记的主体资格，某塔房地产公司亦不依法向公司注册地工商局提交变更申请以及相关文件，导致韦某兵在被免职后仍然对外登记公示为公司法定代表人，在某塔房地产公

---

① 在其后的实体审理程序，新疆维吾尔自治区巴音郭楞蒙古自治州中级人民法院（2021）新 28 民初 37 号民事判决书认为：“某瑞公司于 2011 年 11 月 15 日已作出决定，由曹某彪担任执行董事兼总经理，执行董事为公司法定代表人，该决定已对公司法定代表人进行了变更，但其至今未到登记机关申请变更登记，现某瑞公司及其全资股东曹某刚怠于变更登记，原告为维护其合法权益向法院提起请求变更公司登记纠纷具有事实和法律依据，办理法定代表人变更登记是被告某瑞公司的法定权利和义务，故本院对王某廷提出的要求某瑞公司办理变更登记的诉讼请求予以支持。”类似的裁判意见，还可见山东省济南市中级人民法院（2020）鲁 01 民终 314 号民事判决书。不过，也有裁判意见认为，因公司尚未产生新的法定代表人，故不支持涤除法定代表人登记。比如江西省南昌市中级人民法院（2020）赣 01 民终 1832 号民事判决书。

司相关诉讼中被限制高消费等,已经给韦某兵的生活造成实际影响,侵害了其合法权益。除提起本案诉讼外,韦某兵已无其他救济途径,故韦某兵请求某塔房地产公司办理工商变更登记,依法有据,应予支持。”此外,针对办理法定代表人涤除登记是否须以选出新的法定代表人为前提的问题,该判决书明确指出:“至于本案判决作出后,某塔房地产公司是否再选任新的法定代表人,属于公司自治范畴,本案不予处理。”

不过,原担任法定代表人的主体提出的法定代表人涤除登记请求,不一定能得到法院的支持。对此,最高人民法院(2020)最高法民再 88 号民事裁定书也指出:“需要明确的是,王某廷该项诉讼请求是否具有事实和法律依据,是否应予支持,应通过实体审理予以判断”。

其中,如果相关公司已经进入解散清算程序,因涉及债权人利益保护和公司清算义务的履行,法院可能倾向于不支持涤除法定代表人登记。

比如,在周某与北京某奥乡村产业投资有限公司等请求变更公司登记纠纷案中,北京市第三中级人民法院(2022)京 03 民终 4623 号民事判决书基于以下理由,驳回了案涉公司法定代表人的诉讼请求:其一,“周某作为被某奥控股公司委派的董事之一,系对外公示的某奥乡村公司法定代表人,担任法定代表人后参与过公司经营管理。……某奥乡村公司现已被法院强制执行,周某作为法定代表人被采取相应限制措施后,才诉请进行法定代表人涤除。其次,某奥乡村公司已被法院判令解散不再经营,缺乏因经营管理需要变更法定代表人的必要性。且,周某主张已从某奥乡村公司离职,不再参与某奥乡村公司的任何经营管理,但其在(2019)京 0113 民初 23150 号案件中以某奥乡村公司法定代表人的身份参与诉讼,其主张与其行为自相矛盾,难以完全否认其与某奥乡村公司存在关联性。因此,综合各方权益,现阶段涤除周某法定代表人身份依据不足,亦不利于公司债权人权益的保护”;其二,“人民法院受理强制清算申请并指定清算组后,法定代表人的相应职权由清算组行使。公司清算结束后,清算组注销公司登记,公司终止,周某法定代表人的身份自然涤除。周某可以通过公司解散后的清算等程序实现其权利救济,现阶段不属于必须由法院判决涤除方能获得救济的情形”。

又如,在胡某珍与上海某风商务发展有限公司请求变更公司登记纠纷案中,上海市第二中级人民法院(2022)沪 02 民终 3070 号民事判决书认为:“虽然作为执行董事的胡某珍向某风公司的股东召集召开关于涤除其相关身份的股东会。但鉴于某风公司尚处于吊销未注销的状态,作为在职的执行董事和经理,胡某珍应当承担一定的清算义务。根据某风公司的章程,当某风公司因为违反法律、行政法规被依法撤销或责令关闭,由相关主管机关组织股东、有关机关及有关专业人员成立清算组进行清算。因某风公司不设董事会,胡某珍作为执行董事可被认定为有关机关负责清算。在无改选的情况下,胡某珍身份的涤除不仅有悖于法定义务的承担还可能会对相关债权人造成一定的损失。故一审法院判决驳回胡某珍涤除相关身份的申请并无不当,本院予以维持。”

此外,在法人尚未作出原法定代表人免职决议并产生新的法定代表人的情况下,也有法院倾向于不支持涤除法定代表人登记。

比如,在朱某彬与蓝某康泰(北京)软件有限公司请求变更公司登记纠纷案中,北京市第三中级人民法院(2023)京 03 民终 6425 号民事判决书认为:“朱某彬作为蓝某康泰公司的法定代表人,现起诉请求蓝某康泰公司变更其作为公司法定代表人的工商登记事项,但其未能提供据以变更登记的相关公司决议等。关于朱某彬提到的最高人民法院(2022)最高法民再94号民事判决书,与本案情况不同,现朱某彬以其作为蓝某康泰公司的法定代表人有权单方解除其与公司之间的委托合同关系为由主张变更其作为法定代表人的工商登记事项,依据不足,本院不予采信。另,朱某彬上诉主张其与蓝某康泰公司劳动关系终结后应涤除其作为法定代表人的登记事项,亦缺乏依据,本院亦不予采信。"①

需要注意的是,在法人依法提出变更登记申请的情况下,登记机关只需依照法律法规规定的权限和程序予以办理即可;如果法人的变更登记申请不符合法律法规规定的条件,登记机关可以、也应当作出不予核准变更登记的决定。

(二)行政责任

法人登记事项发生变更时,如未依法办理变更登记,还将面临相应的行政责任。主要如下:

一是就公司而言,《公司法》第260条第2款规定:"公司登记事项发生变更时,未依照本法规定办理有关变更登记的,由公司登记机关责令限期登记;逾期不登记的,处以一万元以上十万元以下的罚款。"就公司、非公司企业法人和农民专业合作社等市场主体而言,《市场主体登记管理条例》第46条规定:"市场主体未依照本条例办理变更登记的,由登记机关责令改正;拒不改正的,处1万元以上10万元以下的罚款;情节严重的,吊销营业执照。"

二是就事业单位而言,《事业单位登记管理暂行条例》第19条第1款第1项规定:"事业单位有下列情形之一的,由登记管理机关给予警告,责令限期改正;情节严重的,经审批机关同意,予以撤销登记,收缴《事业单位法人证书》和印章:(一)不按照本条例的规定办理变更登记、注销登记的……"《事业单位登记管理暂行条例实施细则》第70条第2项进一步规定:"事业单位有下列情形之一的,登记管理机关根据情况分别给予书面警告并通报其举办单位、暂扣《事业单位法人证书》及单位印章并责令限期改正、撤销登记并收缴《事业单位法人证书》及单位印章的处罚:……(二)不按照条例和本细则的规定申请变更登记、注销登记的……"

三是就社会团体而言,《社会团体登记管理条例》第30条第1款第4项规定:"社会团体有下列情形之一的,由登记管理机关给予警告,责令改正,可以限期停止活动,并可以责令撤换直接负责的主管人员;情节严重的,予以撤销登记;构成犯罪的,依法追究刑事责任:……(四)不按照规定办理变更登记的……"

四是就基金会而言,《基金会管理条例》第42条第3项规定:"基金会、基金会分支机构、基金会代表机构或者境外基金会代表机构有下列情形之一的,由登记管理机关给予警告、责令停止活动;情节严重的,可以撤销登记:……(三)不按照规定办理变更登记的……"

五是就社会服务机构(民办非企业单位)而言,《民办非企业单位登记管理暂行条例》第25条第1款第4项规定:"民办非企业单位有下列情形之一的,由登记管理机关

① 类似的裁判意见,还可见北京市第三中级人民法院(2021)京03民终11900号民事判决书。

予以警告，责令改正，可以限期停止活动；情节严重的，予以撤销登记；构成犯罪的，依法追究刑事责任：……（四）不按照规定办理变更登记的……”

五、法人的备案事项

除了登记事项，法人通常还存在需要向登记机关办理备案的事项，即“备案事项”。法人的备案事项发生变更时，也应当依法将变更后的事项办理备案[①]，否则可能需要承担相应的行政责任[②]。

（一）营利法人的备案事项

《市场主体登记管理条例》分别对营利法人中的公司和非公司企业法人的备案事项作出了规定。

1. 公司的备案事项

根据《市场主体登记管理条例》第 9 条和《市场主体登记管理条例实施细则》第 7 条，公司的备案事项包括：（1）章程；（2）经营期限；（3）股东认缴的出资数额（仅适用于有限责任公司）；（4）发起人认缴的出资数额（仅适用于股份有限公司）；（5）董事、监事、高级管理人员；（6）登记联络员；（7）法律文件送达接受人（仅适用于外商投资的公司）；和（8）公司的受益所有人相关信息[③]。

---

① 比如，针对企业法人等市场主体的备案事项变更，《市场主体登记管理条例》第 29 条规定：“市场主体变更本条例第九条规定的备案事项的，应当自作出变更决议、决定或者法定变更事项发生之日起 30 日内向登记机关办理备案。农民专业合作社（联合社）成员发生变更的，应当自本会计年度终了之日起 90 日内向登记机关办理备案。”

② 比如，针对企业法人等市场主体的备案事项变更，《市场主体登记管理条例》第 47 条规定：“市场主体未依照本条例办理备案的，由登记机关责令改正；拒不改正的，处 5 万元以下的罚款。”《市场主体登记管理条例实施细则》第 73 条规定：“市场主体未按规定办理备案的，由登记机关责令改正；拒不改正的，处 5 万元以下的罚款。依法应当办理受益所有人信息备案的市场主体，未办理备案的，按照前款规定处理。”

③ 《市场主体登记管理条例实施细则》第 7 条第 3 款规定：“受益所有人信息管理制度由中国人民银行会同国家市场监督管理总局另行制定。”中国人民银行、国家市场监督管理总局 2024 年 4 月 29 日出台的《受益所有人信息管理办法》（自 2024 年 11 月 1 日起施行）第 6 条第 1 款规定：“符合下列条件之一的自然人为备案主体的受益所有人：（一）通过直接方式或者间接方式最终拥有备案主体 25%以上股权、股份或者合伙权益；（二）虽未满足第一项标准，但最终享有备案主体 25%以上收益权、表决权；（三）虽未满足第一项标准，但单独或者联合对备案主体进行实际控制。”第 2 款规定：“前款第三项所称实际控制包括但不限于通过协议约定、关系密切的人等方式实施控制，例如决定法定代表人、董事、监事、高级管理人员或者执行事务合伙人的任免，决定重大经营、管理决策的制定或者执行，决定财务收支，长期实际支配使用重要资产或者主要资金等。”第 3 款规定：“不存在第一款规定三种情形的，应当将备案主体中负责日常经营管理的人员视为受益所有人进行备案。”第 7 条规定：“国有独资公司、国有控股公司应当将法定代表人视为受益所有人进行备案。”第 11 条第 1 款规定：“备案主体备案受益所有人信息时，应当填报下列信息：（一）姓名；（二）性别；（三）国籍；（四）出生日期；（五）经常居住地或者工作单位地址；（六）联系方式；（七）身份证件或者身份证明文件种类、号码、有效期限；（八）受益所有权关系类型以及形成日期、终止日期（如有）。”第 2 款规定：“存在本办法第六条第一款第一项规定情形的，还应当填报持有股权、股份或者合伙权益的比例；存在本办法第六条第一款第二项规定情形的，还应当填报收益权、表决权的比例；存在本办法第六条第一款第三项规定情形的，还应当填报实际控制的方式。”不过，需要注意的是，针对受益所有人信息保护，《〈受益所有人信息管理办法〉答记者问》（https://www.pbc.gov.cn/goutongjiaoliu/113456/113469/5342638/index.html，最后访问日期：2024 年 5 月 14 日，下同）指出：“我国……强调信息的保密性，明确备案的受益所有人信息不对社会公开……”

2. 非公司企业法人的备案事项

根据《市场主体登记管理条例》第 9 条和《市场主体登记管理条例实施细则》第 7 条,除公司之外的企业法人的备案事项包括:(1)章程;(2)经营期限;(3)登记联络员;(4)合伙企业的受益所有人相关信息①。

(二)非营利法人的备案事项

1. 事业单位的备案事项

根据《事业单位登记管理暂行条例》第 9 条和《事业单位登记管理暂行条例实施细则》第 43 条,事业单位的备案事项包括:(1)本单位印章的式样、印迹;(2)基本账户号;和(3)法定代表人的签字、印章的印迹。

2. 社会团体的备案事项

根据《社会团体登记管理条例》第 16 条,社会团体的备案事项包括:(1)印章式样;和(2)银行账号。

3. 基金会的备案事项

根据《基金会管理条例》第 14 条第 3 款,基金会的备案事项包括:(1)组织机构代码;(2)印章式样;(3)银行账号;和(4)税务登记证件复印件。

4. 民办非企业单位法人的备案事项

根据《民办非企业单位登记管理暂行条例》第 14 条,民办非企业单位的登记事项为:(1)印章式样;和(2)银行账号。

5. 宗教活动场所法人的备案事项

根据《宗教事务条例》第 25 条和《国家宗教事务局、民政部关于宗教活动场所办理法人登记事项的通知》第 8 条,宗教活动场所法人的备案事项包括:(1)管理组织的成员;和(2)印章式样。

(三)特别法人的备案事项

根据《市场主体登记管理条例》第 9 条、第 29 条和《市场主体登记管理条例实施细则》第 7 条,农民专业合作社(联合社)的备案事项包括:(1)章程;(2)成员;(3)登记联络员。②

第六十五条 【法人登记事项的对抗效力】法人的实际情况与登记的事项不一致的,不得对抗善意相对人。

---

① 《〈受益所有人信息管理办法〉答记者问》提及:"公司、合伙企业和外国公司分支机构是《管理办法》目前规定的'备案主体'。个体工商户无需备案受益所有人信息。非公司企业法人、个人独资企业、农民专业合作社(联合社)及其分支机构,以及境内公司、合伙企业的分支机构暂时无需备案受益所有人。"

② 《〈受益所有人信息管理办法〉答记者问》提及:"公司、合伙企业和外国公司分支机构是《管理办法》目前规定的'备案主体'。个体工商户无需备案受益所有人信息。非公司企业法人、个人独资企业、农民专业合作社(联合社)及其分支机构,以及境内公司、合伙企业的分支机构暂时无需备案受益所有人。"

【条文通释】

《民法典》第 65 条是关于法人登记事项的对抗效力的规定。

一、适用对象

由于《民法典》第 65 条使用了"登记的事项"的表述，因此，《民法典》第 65 条仅适用于依法需要办理登记的各类法人；对于依法不需要办理登记的法人来说，既然无须登记，也就没有"登记的事项"一说，自然也就不适用《民法典》第 65 条了。

二、法人登记事项的对抗效力

根据《民法典》第 65 条的规定，在法人的实际情况与法人经登记的信息不一致时，法人不得以其实际情况对抗善意相对人。也就是说，法人的登记信息具有公示效力[①]和对抗效力。这也意味着，法律并没有强制要求法人的实际情况必须与法人的登记事项保持一致；在承受《民法典》第 65 条所说的"法人的实际情况与登记的事项不一致的，不得对抗善意相对人"的不利后果的情况下，如果其他法律法规未作禁止或限制，法人或其设立人、出资人等相关主体甚至可以主动选择采取"法人的实际情况与登记的事项不一致"的状态。

（一）实际情况与登记事项不一致的认定

《民法典》第 65 条所说的"法人的实际情况与登记的事项不一致"，与《民法典》第 64 条所说的"法人存续期间登记事项发生变化"具有相同的含义[②]，指向的是法人经登记的任何一项信息发生变化之后、完成相应的变更登记之前存在的实际情况与登记信息不相同的状态。

需要注意的是，法人的法定代表人之外的工作人员以法定代表人名义实施的无权代表，并非《民法典》第 65 条所说的"法人的实际情况与登记的事项不一致"。

（二）善意相对人的认定

《民法典》第 65 条所说的"善意相对人"，指的是在法人经登记的任何信息发生变化之后、完成相应的变更登记之前，法人的相对人当中不知道并且不应当知道"法人的实际情况与登记的事项不一致"的主体，既可以是自然人，也可以是法人或非法人组织。这跟《民法典担保制度解释》第 7 条第 3 款所说的"……所称善意，是指相对人在

---

① 严格来讲，登记与公示是不同的概念，具有不同的效力；如果只有登记制度、没有查询制度或公示制度，登记将无以产生公示效力。《民法典》第 65 条只涉及法人登记信息的对抗效力，不涉及法人登记信息的公示效力。法人登记信息的公示效力主要是因《民法典》第 66 条所要求的"登记机关应当依法及时公示法人登记的有关信息"而产生。

② 尽管从文义上看，"法人登记事项发生变化"指向的是"登记事项变更"这一事实，既包括法人登记事项发生变化但尚未办理变更登记的情形，也包括法人登记事项发生变化且已经办理变更登记的情形；但是，由于《民法典》第 64 条后半句使用了"应当依法向登记机关申请变更登记"的表述，因此，《民法典》第 64 条前半句所说的"法人存续期间登记事项发生变化"，仅指法人登记事项发生变化但尚未办理变更登记的情形。

订立担保合同时不知道且不应当知道法定代表人超越权限”是类似的。

根据《民法典》第 65 条,在法人的实际情况与法人经登记的信息不一致时,只有“善意相对人”才有权主张以法人经登记的信息为准,非善意相对人不享有此项权利。

(三)登记事项具有对抗效力、但不具有设权效力

就法人登记的效力而言,由于《民法典》第 65 条使用了“法人的实际情况与登记的事项不一致的,不得对抗善意相对人”的表述,因此,法人相关事项的登记或变更登记仅仅具有对抗效力,本身不具有创设权利的效力①。这跟《民法典》第 209 条第 1 款所说的“不动产物权的设立、变更、转让和消灭,经依法登记,发生效力;未经登记,不发生效力,但是法律另有规定的除外”是不同的。

从文义上看,《民法典》第 65 条所说的“不得对抗善意相对人”的主语是“法人”,而不是“善意相对人”。问题是,《民法典》第 65 条所说的“不得对抗善意相对人”,指的是“法人不得以其实际情况对抗善意相对人”,还是“法人不得以其登记事项对抗善意相对人”? 不无歧义。

结合《民法典》第 65 条使用的“不得对抗善意相对人”的表述和《民法典》第 66 条关于“登记机关应当依法及时公示法人登记的有关信息”的规定,考虑到法人登记信息公示的公信力,《民法典》第 65 条所说的“不得对抗善意相对人”,指的应该是“法人不得以其实际情况对抗善意相对人”,而不是“法人不得以其登记事项对抗善意第三人”。

也就是说,根据《民法典》第 65 条的规定,在法人的实际情况与法人经登记的信息不一致时,法人不得以其登记事项对应的信息已经发生了变化为由,主张以实际情况为准;与此相对应,法人的善意相对人有权主张以法人经登记的信息为准、而法人的实际情况对该善意相对人不具有约束力。对此,最高人民法院(2014)民四终字第 20 号民事裁定书(载《最高人民法院公报》2014 年第 8 期)认为:“工商登记的法定代表人对外具有公示效力,如果涉及公司以外的第三人因公司代表权而产生的外部争议,应以工商登记为准。”②

在这个意义上,《民法典》第 65 条规定的法人登记信息的对抗效力,其实质是善意相对人以法人的相关登记信息来对抗法人对应的实际情况的效力,这种对抗效力是利于善意相对人的,对抗的对象恰恰是法人自身、而不是善意相对人。

对此,在金华某胜网络科技有限公司与上海某控科技发展有限公司计算机软件开发合同纠纷管辖权异议案中,最高人民法院(2020)最高法知民辖终 291 号民事裁定书认为:“公司设立时在登记机关所作的登记具有对外公示效力,将产生公信力,善意的公众基于对登记机关就法人登记事项所作的公示而产生的信赖利益应受保护。故,一

---

① 比如,最高人民法院(2019)最高法民终 337 号民事判决书认为:“在工商登记机关的股东变更登记主要是出于行政管理需要,不是设权性登记……”北京市高级人民法院(2009)高民终字第 1824 号民事判决书认为:“公司股东的工商登记属于宣示性的登记,而不是设权性登记。……股东权利的获得与行使并不以工商登记程序的完成为条件”。

② 最高人民法院(2022)最高法民再 94 号民事判决书(载《最高人民法院公报》2022 年第 12 期)也认为:“登记的法定代表人依法具有公示效力”;最高人民法院(2022)最高法知民辖终 284 号民事裁定书也认为:“法人登记信息具有公示效力”。

旦法人在存续期间原先登记的事项发生变化，其应当依法履行变更登记的手续，否则不得对抗善意不知情的相关公众。……如果法人在登记部门初始登记或变更登记的信息不可信赖，公众势必不得不自力调查法人的各项情况与登记信息是否一致，由此必然导致社会交易成本的提升和交易负担的加重，显然不符合市场交易透明化、规范化、法治化和可预期化的市场经济要求。”①

针对某控公司提出的其住所并非在登记机关登记的地址的主张，最高人民法院(2020)最高法知民辖终 291 号民事裁定书进一步认为：“某控公司上诉称应将‘北京市朝阳区宏昌路望京西园二区某号’确定为其住所，但该住所显然不在上海市宝山区市场监督管理局辖区范围内，而某控公司亦未举证证明其在北京市有关市场登记部门申请办理了登记住所变更的手续并获得受理。某控公司作为法人，客观上不排除其确有可能存在多个从事业务活动的经营场所，但其将‘上海市宝山区上大路 668 号某室’登记为其住所，而且多年来持续、稳定地将‘上海市宝山区上大路 668 号某室’对外公示为其企业通信地址，此举即对社会表明其主动选择将上述地址作为具有法律意义的公司住所，相应的，其自当承受基于意思自治自行选择登记住所而产生的法律后果。某控公司系依法设立的法人，理应知晓善意不知情的公众会根据相关法律、条例的规定，将其在登记部门登记的住所合理信赖为其主要办事机构所在地，因此，某控公司关于‘不应当因为其未将其真正的主要办事机构所在地登记为住所，就以其登记住所认定为其主要办事机构所在地’的上诉理由，既是对相关法律规定的不尊重和对相关法条精神的曲解，也是社会公众不恪守诚信原则的表现，本院对此不予认同。”

(四)善意相对人有权主张以法人的实际情况为准

问题是，在法人的实际情况比登记的信息对善意相对人更有利的情况下，善意相对人能不能主张以法人的实际情况为准？

需要注意的是，《民法典》第 65 条所说的“法人的实际情况与登记的事项不一致的，不得对抗善意相对人”，跟“法人的实际情况与登记的事项不一致的，以登记的事项为准”是不一样的。

如果《民法典》使用了“法人的实际情况与登记的事项不一致的，以登记的事项为准”的表述，那就意味着，不论是法人，还是相对人(包括善意相对人)，甚至是其他主体，都有权、也只能主张“以登记的事项为准”。类似的情形，还包括《民法典》第 25 条所说的“经常居所与住所不一致的，经常居所视为住所”，《民法典》第 217 条所说的“不动产权属证书记载的事项，应当与不动产登记簿一致；记载不一致的，除有证据证明不动产登记簿确有错误外，以不动产登记簿为准”，《民法典》第 512 条第 1 款所说的“电子合同的标的为提供服务的，生成的电子凭证或者实物凭证中载明的时间为提供服务时间；前述凭证没有载明时间或者载明时间与实际提供服务时间不一致的，以实际提供服务的时间为准”，等等。

---

① 最高人民法院(2021)最高法执监 549 号执行裁定书也认为：“法人登记信息具有公示效力，能够作为确定执行管辖的依据。一方当事人基于法人登记信息确定法人住所地，并据此确定管辖法院寻求司法救济，人民法院应予支持，否则将使公众不得不自力调查法人的各项情况与登记信息是否一致，增加社会成本及当事人负担。”

既然《民法典》第65条没有使用“以登记的事项为准”的表述，而只是规定“不得对抗善意相对人”，那就意味着，法人不得主张“以登记的事项为准”。也就是说，《民法典》第65条所说的“法人的实际情况与登记的事项不一致的，不得对抗善意相对人”，侧重于对法人进行约束，属于对法人的约束条款或义务条款、对善意相对人的保护条款或权利条款。进而，在法人的实际情况与登记的事项不一致的情形，法人的相对人有权主张以法人的登记事项为准，也可以放弃该权利。

并且，《民法典》第65条所说的“法人的实际情况与登记的事项不一致的，不得对抗善意相对人”，只是要求法人不得以“实际情况与登记的事项不一致”对抗善意相对人，并没有限制善意相对人的权利。因此，在适用法人的实际情况比适用法人经登记的信息对善意相对人更有利的情况下，善意相对人应当有权主张以法人的实际情况为准。

三、法人备案事项的对抗效力

如前所说，除了登记事项，法人还有备案事项。与《民法典》第66条明确要求各类法人的登记机关公示其所登记的法人的“登记的有关信息”不同，法律法规并未统一要求各类法人的登记机关都公示其所登记的法人的备案信息；事实上，有的法人备案信息（比如印章式样、银行账号）属于无须公示甚至依法应当保密①的信息。也因此，不能简单地认为法人的备案信息跟登记信息一样具有对抗效力。法人的备案信息是否具有对抗效力，取决于相关备案信息是否依法进行了公示。②

比如，就包括企业法人在内的各类企业而言，《企业信息公示暂行条例》（2024年修订）第6条规定：“市场监督管理部门应当通过国家企业信用信息公示系统，公示其在履行职责过程中产生的下列企业信息：（一）注册登记、备案信息；（二）动产抵押登记信息；（三）股权出质登记信息；（四）行政处罚信息；（五）其他依法应当公示的信息。前款规定的企业信息应当自产生之日起20个工作日内予以公示。”据此，企业法人的备案信息属于公示信息，经公示后具有对抗效力。企业法人的实际情况与经公示的备案信息不一致的，企业法人不得以其实际情况对抗善意相对人。

第六十六条 【法人登记信息的公示制度】登记机关应当依法及时公示法人登记的有关信息。

【条文通释】

《民法典》第66条是关于法人登记信息的公示制度的规定。

---

① 《数据安全法》第38条规定：“国家机关为履行法定职责的需要收集、使用数据，应当在其履行法定职责的范围内依照法律、行政法规规定的条件和程序进行；对在履行职责中知悉的个人隐私、个人信息、商业秘密、保密商务信息等数据应当依法予以保密，不得泄露或者非法向他人提供。”

② 由此也可以认为，如果不辅以查询制度、公示制度，不论是单纯的登记，还是单纯的备案，都不具有公示效力，也不能产生公示效力。

一、适用对象

由于《民法典》第66条使用了“登记机关”和“登记的有关信息”的表述，因此，《民法典》第66条仅适用于依法需要办理登记的各类法人；对于依法不需要办理登记的法人来说，既然无须登记，也就没有“登记机关”或“登记的有关信息”一说，自然也就不属于《民法典》第66条调整的范围。

不过，对于依法不需要办理登记的法人来说，如果其他法律法规要求登记机关公示此类法人的信息，则应当遵守相关法律法规的要求。

比如，就事业单位而言，不论是依法需要登记的事业单位，还是依法不需要登记的事业单位[①]，都需要按照《事业单位法人年度报告公示办法（试行）》的规定公示其名称、宗旨和业务范围、住所、法定代表人、开办资金、经费来源、举办单位等事项。[②]

二、法人登记信息的公示要求

《民法典》第66条所说的“登记机关应当依法及时公示法人登记的有关信息”，是法律为登记机关设置的义务，要求各类法人的登记机关都应当“依法”且“及时”地公示其所登记的法人的“登记的有关信息”。

（一）法人登记信息的公示要求

从文义上看，《民法典》第66条所说的须由登记机关“依法及时公示”的“法人登记的有关信息”，指向的是与法人登记事项[③]有关的信息，这跟“登记机关履行职责过程中产生有关法人的信息”[④]是不同。

《民法典》第66条对登记机关公示法人登记信息提出了三项要求：一是“依法”公示，即依照法律规定的条件和程序，准确地进行公示；[⑤]二是“及时”公示，即在法律规定的期限内进行公示；三是公示对象为“法人登记的有关信息”，即应当公示与法人登记

---

① 《事业单位登记管理暂行条例》第11条规定：“法律规定具备法人条件、自批准设立之日起即取得法人资格的事业单位，或者法律、其他行政法规规定具备法人条件、经有关主管部门依法审核或者登记，已经取得相应的执业许可证书的事业单位，不再办理事业单位法人登记，由有关主管部门按照分级登记管理的规定向登记管理机关备案。县级以上各级人民政府设立的直属事业单位直接向登记管理机关备案”，第12条第2款规定：“对备案的事业单位，登记管理机关应当自收到备案文件之日起30日内发给《事业单位法人证书》。”

② 《事业单位法人年度报告公示办法（试行）》第3条、第7条。

③ 有关各类法人的登记事项的具体内容，请见本书关于《民法典》第64条的通释。

④ 《企业信息公示暂行条例》第2条规定：“本条例所称企业信息，是指在市场监督管理部门登记的企业从事生产经营活动过程中形成的信息，以及政府部门在履行职责过程中产生的能够反映企业状况的信息。”

⑤ 《数据安全法》第41条规定：“国家机关应当遵循公正、公平、便民的原则，按照规定及时、准确地公开政务数据。依法不予公开的除外。”

有关的全部信息,非依法规定,既不能超范围公示,也不能缩小范围[①]公示。

需要注意的是,《民法典》第 66 条只是针对登记机关的公示义务作出了原则性规定,有关法人登记信息公示的具体要求,应由法律法规加以规定。

比如,针对包括企业法人在内的各类企业的登记信息公示问题,《企业信息公示暂行条例》(2024 年修正)第 6 条规定:“市场监督管理部门应当通过国家企业信用信息公示系统,公示其在履行职责过程中产生的下列企业信息:(一)注册登记、备案信息……前款规定的企业信息应当自产生之日起 20 个工作日内予以公示。”《国家企业信用信息公示系统使用运行管理办法(试行)》(工商办字〔2017〕104 号)第 3 条规定:“公示系统是国家的企业信息归集公示平台,是企业报送并公示年度报告和即时信息的法定平台,是工商、市场监管部门(以下简称工商部门)实施网上监管的操作平台,是政府部门开展协同监管的重要工作平台。公示系统部署于中央和各省(区、市,以下简称省级),各省级公示系统是公示系统的组成部分”,第 7 条规定:“工商部门应当将在履行职责过程中产生的依法应当公示的涉企信息在规定时间内归集到公示系统。”

又如,针对包括基金会、民办非企业单位法人在内的各类社会组织,《社会组织信用信息管理办法》(民政部令第 60 号)第 19 条规定:“社会组织的信用信息、活动异常名录和严重违法失信名单应当向社会公开。登记管理机关通过互联网向社会提供查询渠道”。[②]

---

① 因“登记机关应当依法及时公示法人登记的有关信息”是原《民法总则》新增的要求,基于法不溯及既往的原则,也考虑到存量登记信息庞大,相关登记机关可能会根据实际情况对特定时期的特定的存量登记信息的公示问题作出一定的限制。比如,《国家工商行政管理总局关于贯彻落实〈企业信息公示暂行条例〉有关问题的通知》(工商外企字〔2014〕166 号)要求:“除企业登记、备案信息外,《条例》实施前形成的其他企业信息不纳入公示范围。《条例》实施前已被吊销营业执照的企业,公示其名称、注册号、吊销日期,并标注‘已吊销’。各级工商部门已经通过企业信用信息公示系统公示的 2014 年 2 月 28 日前已设立公司的实收资本及股东(发起人)认缴和实缴的出资额、出资方式、出资期限等公司股东(发起人)出资信息发生变动的,从之前由工商部门向社会公示转由公司向社会公示。公司的实收资本及股东(发起人)认缴和实缴的出资额、出资方式、出资期限等公司股东(发起人)出资信息在 2014 年 3 月 1 日至 9 月 30 日期间发生变动的,公司应当于 2014 年 12 月 31 日之前通过企业信用信息公示系统向社会公示;2014 年 10 月 1 日以后发生变动的,公司应当按照《条例》第十条的规定向社会公示。除上述规定外,《条例》第十条规定的企业信息公示情形,如企业信息形成于《条例》实施前的,不强制要求企业公示。”《市场监管总局关于进一步优化国家企业信用信息公示系统的通知》(国市监信〔2019〕142 号)进一步提出:“2014 年 3 月 1 日(不含 3 月 1 日)前企业的变更信息及此前已注销企业的信息,可不予公示。2014 年 10 月 1 日(不含 10 月 1 日)前已吊销的企业,登记机关应公示‘名称’‘注册号’‘吊销日期’并标注‘已吊销’。2014 年 10 月 1 日(不含 10 月 1 日)前的动产抵押登记、股权出质登记、司法协助、行政处罚等,可不予公示;2014 年 10 月 1 日(含 10 月 1 日)后设立的企业,登记机关应公示全量信息。2014 年 3 月 1 日(不含 3 月 1 日)前设立的企业,登记机关应公示其认缴信息和实缴信息;2014 年 3 月 1 日至 2015 年 10 月 1 日(不含 10 月 1 日)设立的,登记机关不公示其实缴信息和认缴信息;2015 年 10 月 1 日(含 10 月 1 日)后设立的,登记机关应公示其认缴信息。”

② 根据《社会组织信用信息管理办法》第 6 条、第 7 条的规定,社会组织信用信息包括基础信息、年报信息、行政检查信息、行政处罚信息和其他信息;其中,基础信息是指反映社会组织登记、核准和备案等事项的信息,年报信息是指社会组织依法履行年度工作报告义务并向社会公开的信息,行政检查信息是指登记管理机关及政府有关部门对社会组织开展监督检查形成的结论性信息,行政处罚信息是指社会组织受到的行政处罚种类、处罚结果、违法事实、处罚依据、处罚时间、作出行政处罚的部门等信息,其他信息是指社会组织评估等级及有效期限、获得的政府有关部门的表彰奖励、承接政府购买服务或者委托事项、公开募捐资格、公益性捐赠税前扣除资格等与社会组织信用有关的信息。

（二）法人备案信息的公示

由于《民法典》第 66 条使用了“依法及时公示法人登记的有关信息”的表述，因此，站在《民法典》的角度，《民法典》本身不要求登记机关公示法人的备案信息。但这不影响其他法律法规要求相关登记机关公示法人的备案信息。

比如，针对包括企业法人在内的各类企业，《企业信息公示暂行条例》第 6 条规定：“市场监督管理部门应当通过国家企业信用信息公示系统，公示其在履行职责过程中产生的下列企业信息：（一）注册登记、备案信息；（二）动产抵押登记信息；（三）股权出质登记信息；（四）行政处罚信息；（五）其他依法应当公示的信息。前款规定的企业信息应当自产生之日起 20 个工作日内予以公示。”据此，企业法人的登记机关也应当公示企业的备案信息。

（三）法人其他信息的公示

《民法典》第 66 条也不影响其他法律法规要求法人主动公示法人的其他相关信息。

比如，针对包括企业法人在内的各类企业，《企业信息公示暂行条例》第 8 条规定：“企业应当于每年 1 月 1 日至 6 月 30 日，通过国家企业信用信息公示系统向市场监督管理部门报送上一年度年度报告，并向社会公示。当年设立登记的企业，自下一年起报送并公示年度报告。”第 9 条规定：“企业年度报告内容包括：（一）企业通信地址、邮政编码、联系电话、电子邮箱等信息；（二）企业开业、歇业、清算等存续状态信息；（三）企业投资设立企业、购买股权信息；（四）企业为有限责任公司或者股份有限公司的，其股东或者发起人认缴和实缴的出资额、出资时间、出资方式等信息；（五）有限责任公司股东股权转让等股权变更信息；（六）企业网站以及从事网络经营的网店的名称、网址等信息；（七）企业从业人数、资产总额、负债总额、对外提供保证担保、所有者权益合计、营业总收入、主营业务收入、利润总额、净利润、纳税总额信息。前款第一项至第六项规定的信息应当向社会公示，第七项规定的信息由企业选择是否向社会公示。经企业同意，公民、法人或者其他组织可以查询企业选择不公示的信息。”此外，该暂行条例第 10 条还规定：“企业应当自下列信息形成之日起 20 个工作日内通过国家企业信用信息公示系统向社会公示：（一）有限责任公司股东或者股份有限公司发起人认缴和实缴的出资额、出资时间、出资方式等信息；（二）有限责任公司股东股权转让等股权变更信息；（三）行政许可取得、变更、延续信息；（四）知识产权出质登记信息；（五）受到行政处罚的信息；（六）其他依法应当公示的信息。市场监督管理部门发现企业未依照前款规定履行公示义务的，应当责令其限期履行。”

又如，针对事业单位，《事业单位法人年度报告公示办法（试行）》第 3 条规定：“事业单位法人应当于每年 1 月 1 日至 3 月 31 日，向登记管理机关报送上一年度执行《条例》和实施细则情况的年度报告，并在登记管理机关指定网站①上向社会公示”，第 7 条

---

① 中央编办事业单位登记管理局建立了“机关赋码和事业单位登记管理平台”（https://www.gjsy.gov.cn/sydwfrxxcx/），提供全国已登记的事业单位法人信息查询。

规定:“事业单位法人年度报告公示应当包括:(一)《事业单位法人证书》登载事项:名称、宗旨和业务范围、住所、法定代表人、开办资金、经费来源、举办单位等;(二)开展业务活动情况;(三)相关资质认可或执业许可证明文件及有效期;(四)资产损益情况;(五)对《条例》和实施细则有关变更登记规定的执行情况;(六)绩效和受奖惩情况;(七)涉及诉讼情况;(八)社会投诉情况;(九)接受捐赠资助及使用情况;(十)其他需要报告的情况。”

再如,针对基金会法人,《基金会管理条例》第38条规定:“基金会、境外基金会代表机构应当在通过登记管理机关的年度检查后,将年度工作报告在登记管理机关指定的媒体上公布,接受社会公众的查询、监督。”《基金会信息公布办法》第2条:“本办法所称信息公布,是指基金会、境外基金会代表机构按照《条例》和本办法的规定,将其内部信息和业务活动信息通过媒体向社会公布的活动。基金会、境外基金会代表机构是信息公布义务人”,第4条规定:“信息公布义务人应当向社会公布的信息包括:(一)基金会、境外基金会代表机构的年度工作报告;(二)公募基金会组织募捐活动的信息;(三)基金会开展公益资助项目的信息。基金会、境外基金会代表机构在遵守本办法规定的基础上可以自行决定公布更多的信息”,第5条规定:“信息公布义务人应当在每年3月31日前,向登记管理机关报送上一年度的年度工作报告。登记管理机关审查通过后30日内,信息公布义务人按照统一的格式要求,在登记管理机关指定的媒体上公布年度工作报告的全文和摘要。信息公布义务人的财务会计报告未经审计不得对外公布。”

还有,针对农民专业合作社,《农民专业合作社年度报告公示暂行办法》第4条规定:“农民专业合作社应当于每年1月1日至6月30日,通过企业信用信息公示系统向工商行政管理部门报送上一年度年度报告,并向社会公示。当年设立登记的农民专业合作社,自下一年起报送并公示年度报告”,第5条规定:“农民专业合作社年度报告内容包括:(一)行政许可取得和变动信息;(二)生产经营信息;(三)资产状况信息;(四)开设的网站或者从事网络经营的网店的名称、网址等信息;(五)联系方式信息;(六)国家工商行政管理总局要求公示的其他信息。”

三、法人登记信息公示的效力

《民法典》本身没有规定法人登记信息公示具有什么样的效力。

结合《民法典》第65条关于“法人的实际情况与登记的事项不一致的,不得对抗善意相对人”和《企业信息公示暂行条例》第1条关于“为了保障公平竞争,促进企业诚信自律,规范企业信息公示,强化企业信用约束,维护交易安全,提高政府监管效能,扩大社会监督,制定本条例”的规定,可以认为,登记机关公示的法人登记信息具有公信力①,法人的相对人基于对经公示的法人登记信息的合理信赖而与法人进行交易,其信

---

① 《民法典》本身没有使用“公信力”的表述。《九民会议纪要》提及“要坚持物权法定、公示公信原则,区分不动产与动产担保物权在物权变动、效力规则等方面的异同,准确适用法律”,其中的“公示公信原则”包含了公示具有公信力的含义。浙江省高级人民法院办公室印发的《关于执行非住宅房屋时案外人主张租赁权的若干问题解答》(浙高法办〔2014〕39号)则直接使用了“公示公信效力”的表述(抵押登记具有公示公信效力)。

赖利益应当予以保护。[①] 比如，最高人民法院(2020)最高法知民辖终 291 号民事裁定书认为："公司设立时在登记机关所作的登记具有对外公示效力，将产生公信力，善意的公众基于对登记机关就法人登记事项所作的公示而产生的信赖利益应受保护。"

甚至，即使登记机关公示的法人登记信息系相关主体采取欺骗手段实现的，也应当保护善意相对人的信赖利益。

比如，在兰州市某达典当行有限责任公司与甘肃省城某建筑第三工程公司等借款合同纠纷案中，甘肃省高级人民法院(2020)甘民终 269 号民事判决书认为："《中华人民共和国民法总则》第六十一条规定'依照法律或者法人章程的规定，代表法人从事民事活动的负责人，为法人的法定代表人。法定代表人以法人名义从事的民事活动，其法律后果由法人承受。法人章程或者法人权力机构对法定代表人代表权的限制，不得对抗善意相对人。'本案中，两份典当(抵押)借款合同签订时城某三公司工商登记信息公示练某为法定代表人，其有权代表城某三公司对外行使职权。虽练某提交虚假材料骗取工商变更登记，以欺骗手段变更其为城某三公司法定代表人，但工商登记信息对外有公示效力，泰某公司作为合同相对方，核实工商登记信息即尽了形式审查义务，可认定为善意，至于练某事实上是否为甘肃省某某企业总公司任命的法定代表人不能对抗善意相对人。根据上述法律规定，练某作为城某三公司工商登记信息公示的法定代表人，以该公司名义签订典当(抵押)借款合同并加盖公司印章，城某三公司虽否定典当(抵押)借款合同上印章的真实性，但未提供证据证明，又未行使法律上的救济权利，应承担相应的举证不能的不利后果，该行为所产生的法律后果应由城某三公司承担。"

需要注意的是，尽管登记机关公示的法人登记信息具有公信力，但是，不能据此简单地得出"应当以公示的信息为准"的结论。就法人登记信息而言，"以公示的信息为准"与"公示的信息具有公信力"具有不同的含义，法律既没有明确规定"以公示的信息为准"，也没有明确规定"以登记的信息为准"。这跟《民法典》第 217 条所说的"不动产权属证书记载的事项，应当与不动产登记簿一致；记载不一致的，除有证据证明不动产登记簿确有错误外，以不动产登记簿为准"是不一样的。[②]

四、法人登记信息的查询

除了要求登记机关公示法人登记的有关信息，法律法规还要求登记机关提供相应

---

① 在最高人民法院民二庭评选的 2022 年度全国法院十大商事案件之"广东某艺数字印刷股份有限公司诉张某标等股东瑕疵出资纠纷案"中，再审法院审理认为公示年报信息是企业的法定义务，各股东对于某源公司在国家企业信用信息公示系统对外公示的实缴出资信息应当知晓而未依法提出异议，应当认定为其明知且认可年报信息。债权人对于公示信息形成的合理信赖依法应当予以保护，虽然某源公司股东新章程中约定的出资期限未届满，但某艺公司主张应按某源公司在国家企业信用信息公示系统公示的实缴出资时间作为出资期限，依据充分。因此，张某标、颜某纬、黄某林各自应在未出资本息范围内对某源公司欠某艺公司的债务承担补充赔偿责任，各股东未缴出资的利息起算点，应按某源公司对外公示的股东实缴出资时间确定。

② 《民法典》第 217 条规定"以不动产登记簿为准"的主要原因在于《民法典》第 216 条规定了"不动产登记簿是物权归属和内容的根据"；此外，《民法典》第 217 条也规定了"有证据证明不动产登记簿确有错误"的除外情形，在此基础上，《民法典》第 220 条第 1 款进一步规定了："权利人、利害关系人认为不动产登记簿记载的事项错误的，可以申请更正登记。不动产登记簿记载的权利人书面同意更正或者有证据证明登记确有错误的，登记机构应当予以更正。"

的查询服务。

比如,针对包括公司、非公司企业法人在内的市场主体,《市场主体登记管理条例实施细则》第59条至第61条对市场主体登记管理档案的查询事宜作出了规定。此外,针对公司,原《公司法》(2018年修正)第6条第3款曾经规定:"公众可以向公司登记机关申请查询公司登记事项,公司登记机关应当提供查询服务";《企业登记档案资料查询办法》和《市场监管总局登记注册局关于进一步做好企业登记档案资料查询工作的通知》(登注函字〔2020〕157号)也对企业登记档案资料的查询内容、查询人、查询申请材料等事项作出了具体的规定。

又如,针对事业单位,《事业单位登记管理信息查询办法》(国事登发〔2012〕3号)对事业单位登记管理信息的类别、查询范围、查询人、查询申请材料、查询程序等事项作出了相应的规定。

第六十七条 【法人合并与分立的效力】法人合并的,其权利和义务由合并后的法人享有和承担。

法人分立的,其权利和义务由分立后的法人享有连带债权,承担连带债务,但是债权人和债务人另有约定的除外。

【条文通释】

《民法典》第67条是关于法人合并与分立的效力的规定。

一、法人的合并

《民法典》第67条第1款对法人合并的法律效力作出了规定,即法人合并前的权利和义务由合并后的法人享有和承担。需要注意的是,《民法典》第67条第1款本身并不涉及法人合并的界定、能否合并、合并的形式、条件、程序、债权人权利保护等问题。

(一)法人合并的界定

"法人合并"通常是指两个或超过两个法人依照法律规定的条件和程序,归并成为一个法人,[①]即《民法典》第67条第1款所说的"合并后的法人"。

(二)合并的形式

在合并的形式方面,法人合并可以采取两种形式:一是吸收合并,二是新设合并。[②]

① 《对外贸易经济合作部、国家工商行政管理总局关于外商投资企业合并与分立的规定》第3条规定:"本规定所称合并,是指两个以上公司依照公司法有关规定,通过订立协议而归并成为一个公司。公司合并可以采取吸收合并和新设合并两种形式。吸收合并,是指公司接纳其他公司加入本公司,接纳方继续存在,加入方解散。新设合并,是指两个以上公司合并设立一个新的公司,合并各方解散。"

② 《公司法》第218条规定:"公司合并可以采取吸收合并或者新设合并。一个公司吸收其他公司为吸收合并,被吸收的公司解散。两个以上公司合并设立一个新的公司为新设合并,合并各方解散。"

吸收合并与新设合并的主要区别在于原有的法人在合并完成之后是否仍然存续、是否有新的法人设立。

1. 吸收合并

“吸收合并”指的是一个法人吸收其他法人并保持存续，被吸收的法人解散。

在吸收合并中，存在“吸收方”（或“合并方”“接纳方”）和“被吸收方”（或“被合并方”“被接纳方”）的区分，“吸收方”（或“合并方”“接纳方”）在合并完成后仍然存续并应办理相应的变更登记手续（依法不需要办理登记的除外），而“被吸收方”（或“被合并方”“被接纳方”）在合并完成后则将解散并应办理相应的注销登记手续（依法不需要办理登记的除外）。

在参与吸收合并的法人的数量方面，“吸收方”（或“合并方”“接纳方”）只能是一个法人，而“被吸收方”（或“被合并方”“被接纳方”）则既可以是一个法人也可以是数个法人。

2. 新设合并

“新设合并”指的是两个或超过两个法人合并设立一个新的法人，原有各法人均解散。

在新设合并中，不存在“吸收方”（或“合并方”“接纳方”）和“被吸收方”（或“被合并方”“被接纳方”）的区分，参与合并的各方均属“被吸收方”（或“被合并方”“被接纳方”），在合并完成后均将解散并应办理相应的注销登记手续（依法不需要办理登记的除外）。

（三）合并的效力：合并前的权利和义务的承继

《民法典》第 67 条第 1 款规定了法人合并的效力，即“其权利和义务由合并后的法人享有和承担”。具体而言，一是合并前的各个法人的各项权利均由合并后的法人享有，二是合并前的各个法人的各项义务均由合并后的法人承担。需要注意的是，在且仅在“法人合并”的情况下，才适用《民法典》第 67 条第 1 款所说的“其权利和义务由合并后的法人享有和承担”。

1. 概念廓清

《民法典》第 67 条第 1 款所说的“其”，指的是合并前的各个法人，即合并各方。

《民法典》第 67 条第 1 款所说的“合并后的法人”，指的是合并后存续的法人或合并后新设的法人①。

《民法典》第 67 条第 1 款所说的“享有和承担”，与《民法典》第 61 条第 2 款等所说的“其法律后果由法人承受”中的“承受”，以及《民法典》第 1181 条第 1 款所说的“被侵权人为组织，该组织分立、合并的，承继权利的组织有权请求侵权人承担侵权责任”中的“承继”和《公司法》第 221 条所说的“公司合并时，合并各方的债权、债务，应当由

① 《公司法》第 221 条使用了“合并后存续的公司或者新设的公司”的表述，《民事执行中变更、追加当事人规定》第 5 条和第 11 条使用了“合并后存续或新设的法人”的表述。

合并后存续的公司或者新设的公司承继”中的“承继”①,具有相同的含义。

2. 民事权利义务的承继

《民法典》第 67 条第 1 款所说的“其权利和义务由合并后的法人享有和承担”,明确了法人合并前的权利和义务的处理办法,即:合并前的各个法人所享有的各项权利和各项义务均由合并后的法人概括承受。在此基础上,《民法典》第 1181 条第 1 款针对侵权债权进一步规定:“被侵权人为组织,该组织分立、合并的,承继权利的组织有权请求侵权人承担侵权责任。”此外,《最高人民法院关于审理与企业改制相关的民事纠纷案件若干问题的规定》第 31 条和第 32 条也分别规定:“企业吸收合并后,被兼并企业的债务应当由兼并方承担”;“企业新设合并后,被兼并企业的债务由新设合并后的企业法人承担。”

由于《民法典》第 67 条第 1 款使用的是“其权利和义务由合并后的法人享有和承担”的表述,因此,在《民法典》项下,由合并后的法人承继的不仅仅是合并各方的“债权”,也不仅仅是合并各方的“债务”,而是合并前各个法人所享有的各项民事权利(包括但不限于债权、物权、知识产权、股权及其他投资性权利等)和各项民事义务(包括合同之债、侵权之债等各种各样的债务和其他义务)。这跟《公司法》第 221 条所说的“公司合并时,合并各方的债权、债务,应当由合并后存续的公司或者新设的公司承继”是不一样的。

在诉讼和仲裁程序中,法人合并前的权利和义务由合并后的法人承继也有所体现,具体而言:

一是当事人资格的承继。对此,《民诉法解释》第 63 条规定:“企业法人合并的,因合并前的民事活动发生的纠纷,以合并后的企业为当事人”,第 334 条规定:“在第二审程序中,作为当事人的法人或者其他组织……合并的,将合并后的法人或者其他组织列为当事人”;《最高人民法院关于适用〈中华人民共和国仲裁法〉若干问题的解释》(以下简称《仲裁法解释》)第 8 条第 1 款规定:“当事人订立仲裁协议后合并、分立的,仲裁协议对其权利义务的继受人有效。”

二是申请执行人资格或被执行人资格的承继。对此,《民诉法解释》第 470 条规定:“依照民事诉讼法第二百三十九条规定,执行中作为被执行人的法人或者其他组织分立、合并的,人民法院可以裁定变更后的法人或者其他组织为被执行人;被注销的,如果依照有关实体法的规定有权利义务承受人的,可以裁定该权利义务承受人为被执行人”;《民事执行中变更、追加当事人规定》第 5 条规定:“作为申请执行人的法人或非法人组织因合并而终止,合并后存续或新设的法人、非法人组织申请变更其为申请执行人的,人民法院应予支持”,第 11 条规定:“作为被执行人的法人或非法人组织因合并而终止,申请执行人申请变更合并后存续或新设的法人、非法人组织为被执行人的,人民法院应予支持。”

---

① 值得注意的是,单从“承继”的表述本身无法得出承继权利义务涉及的前后的主体属于同一主体的结论,比如,在新设合并的情形,合并各方的权利义务由合并后新设的法人承继,但合并各方均需解散,合并后新设的法人与合并前的各方属于不同的主体。

3. 其他权利义务的处理

需要注意的是,根据《民法典》第 1 条和第 2 条的规定,民法的调整对象是民事关系,即平等主体的自然人、法人和非法人组织之间的人身关系和财产关系,因此,不属于民法调整对象的权利、义务,可能就不能直接适用《民法典》第 67 条第 1 款的规定、直接由合并后的法人承继了。

其中,对于合并前的法人已经就其业务活动取得的资质、许可证,考虑到该等资质、许可证具有行政授权属性和政府特许性质,法人合并后是否需要重新办理审批手续,取决于审批机关和登记机关是否有特别规定。

比如,针对工程勘察、设计、施工、监理企业及招标代理机构等建设工程企业合并后涉及资质重新核定办理的问题,《住房城乡建设部关于进一步加强建设工程企业资质审批管理工作的通知》(建市规〔2023〕3 号)第 3 条规定:"……企业因发生重组分立申请资质核定的,需对原企业和资质承继企业按资质标准进行考核。企业因发生合并申请资质核定的,需对企业资产、人员及相关法律关系等情况进行考核。"

不过,从登记机关的角度,原《企业经营范围登记管理规定》(自 2022 年 3 月 1 日起废止)第 9 条曾区分不同的情形作了不同的规定:一是合并后新设的企业申请从事前置许可经营项目,应当凭审批机关的批准文件、证件向登记机关重新申请登记;二是合并后存续的企业申请从事前置许可经营项目且变更登记前已经审批机关批准的,则不需重新办理审批手续。

4. 法人合并涉及的法律适用问题

需要注意的是,法人合并与权利转让、义务转移或权利和义务一并转让是不同的概念。对此,原《合同法》第 90 条关于"当事人订立合同后合并的,由合并后的法人或者其他组织行使合同权利,履行合同义务"作出了比较明确的规定。

也因此,就合同之债而言,《民法典》第 545 条至第 556 条关于债权转让、债务转移的规定不适用于法人合并;除非当事人另有明确约定,否则,合并后的法人承继合并前各个法人的各项权利和各项义务是基于法律的直接规定,法人合并无须取得合并各方各自的债权人或债务人或其他相对人的同意。①

(四)法人合并涉及的债权人权利保护

由于法人合并将导致合并前的各个法人与合并后的法人的债权债务情况发生变化,并可能导致合并后的法人的履行债务能力或债务清偿能力发生重大变化,进而影响甚至损害合并前的相关法人的债权人的利益,因此,法人合并不可避免地会涉及债权人权利保护问题。不过,《民法典》本身对此未作规定。比较而言,《公司法》针对公司合并的债权人保护构建了相对完善的规则体系。

1. 公司合并时债权人的权利

具体而言,《公司法》第 220 条规定公司的债权人在公司合并时享有三项权利:一

---

① 即使是 2005 年修订前的《公司法》,也只是规定公司在合并时"不清偿债务或者不提供相应的担保的,公司不得合并"。2005 年修订后的《公司法》和 2023 年修订后的《公司法》则不再规定"不清偿债务或者不提供相应的担保的,公司不得合并"。

是获得有关公司合并的通知或公告的权利；二是要求作为其债务人的参与合并的公司提前清偿债务的权利；三是要求作为债务人的参与合并的公司提供相应担保的权利。

不过，由于《公司法》第 220 条使用了“可以要求公司清偿债务或者提供相应的担保”的表述，因此，公司的债权人不能既要求作为其债务人的参与合并的公司清偿债务，又要求作为其债务人的参与合并的公司提供相应的担保；并且，与《企业破产法》第 18 条的规定①不同，在公司合并的情形，即使参与合并的公司没有提供担保，也不必然发生“视为解除合同”的效力。此外，由于现行《公司法》没有再规定“不清偿债务或者不提供相应的担保的，公司不得合并”，因此，在公司合并的情形，《公司法》没有赋予公司的债权人阻止公司实施合并的权利②。③

2. 公司合并时未依法通知公告债权人的救济

基于《公司法》第 220 条的规定，如果公司合并时未依法通知并公告债权人，法院可能会认定该公司构成侵权，并支持公司的债权人提出的有关公司的股东对合并后的公司不能清偿的债务承担相应清偿责任的请求。

比如，在中国某某冶金建设有限公司与上海某达科技集团有限公司股东损害公司债权人利益责任纠纷案中，江苏省高级人民法院(2016)苏民终 187 号民事判决书认定“某洲纸业公司在合并过程中未履行法定通知义务，属于侵权行为”，理由包括：首先，“公司在合并中履行通知义务时必须同时采用两种方式，一是通知已知债权人，二是公告，二者缺一不可。某达科技公司关于公告才是真正意义上的法定程序的上诉理由，缺乏依据。本案中，某某冶公司于 2009 年底与某洲纸业公司、某大纸业公司签订和解协议，于 2012 年 4 月向徐州中院申请追加某洲纸业公司为被执行人。徐州中院于 2012 年 7 月 2 日裁定追加某洲纸业公司为被执行人。因此，某某冶公司是某洲纸业公司的已知债权人。而某洲纸业公司于 2013 年 7 月 25 日签订《合并协议》后，未通知已知债权人某某冶公司。此外，在某某冶公司的住所地为山西省太原市的情况下，住所地位于江苏省新沂市的某洲纸业公司选择发布《合并公告》的载体为《江苏经济报》”。其次，“合并中法定通知义务的履行关系到债权人的重大权益。……公司法在合并制度设计中赋予了债权人要求公司清偿债务或者提供相应担保的权利。虽然公司法并未规定公司不按照债权人的要求清偿债务或者提供相应担保的，债权人可以阻止或者

---

① 《企业破产法》第 18 条规定：“人民法院受理破产申请后，管理人对破产申请受理前成立而债务人和对方当事人均未履行完毕的合同有权决定解除或者继续履行，并通知对方当事人。……管理人决定继续履行合同的，对方当事人应当履行；但是，对方当事人有权要求管理人提供担保。管理人不提供担保的，视为解除合同。”

② 当然，这不影响公司的债权人与公司之间订立的协议中有关公司未清偿债务或提供相应的担保就不得实施合并的约定的效力；在此情况下，如果公司未清偿债务或未提供相应的担保就实施了合并，公司的债权人可以根据法律和相关协议追究公司的违约责任。

③ 但是，需要特别注意的是，在作为用人单位的法人拖欠农民工工资的情形，《保障农民工工资支付条例》第 21 条对法人合并作出了特殊的规定：“用人单位合并或者分立时，应当在实施合并或者分立前依法清偿拖欠的农民工工资；经与农民工书面协商一致的，可以由合并或者分立后承继其权利和义务的用人单位清偿。”据此，除非能够与农民工协商一致由合并后的法人清偿所拖欠的农民工工资，否则，作为用人单位的拖欠农民工工资的法人必须在合并之前就清偿所拖欠的农民工工资。这就意味着作为债权人的被拖欠工资的农民工事实上享有阻止作为债务人的拖欠农民工工资的法人实施合并的权利。

否定合并,但是债权人提出上述要求后,若公司既不清偿债务,又不提供相应担保,而公司股东仍坚持进行合并的,则应承担相应的风险,一旦合并行为被证明损害了要求清偿债务或者提供相应担保的债权人的利益,公司股东应承担相应的损害赔偿责任。某洲纸业公司在合并过程中未履行法定通知义务,造成债权人某某冶公司丧失要求清偿债务或者提供相应担保的机会,构成对债权人某某冶公司的侵权”。在此基础上,该判决书最终认为,“某达科技公司作为某洲纸业公司、某大纸业公司的股东,在明确要终止某洲纸业公司、某大纸业公司的情况下,不按照公司法的规定对各公司分别解散、清算或者申请破产,在无证据证明相关公司均符合破产条件且破产清偿率相同的情况下,特意安排先合并、然后直接申请合并后公司破产的终止途径,实质打破了参与合并的公司之间的独立财产界限,构成对某洲纸业公司债权人某某冶公司的侵权,属于《中华人民共和国公司法》第二十条规制的公司股东滥用公司法人独立地位和股东有限责任,逃避债务,严重损害公司债权人利益的行为,应当对公司债务承担连带责任”。

(五)合并涉及的登记与审批事项

无论是吸收合并,还是新设合并,都可能涉及法人的登记乃至审批事宜。

1. 合并涉及的登记事项

就依法需要办理登记的法人而言,在法人的吸收合并中,会涉及被吸收的法人的注销登记,还可能会涉及存续法人的变更登记事项:一方面,就被吸收方而言,根据《民法典》第 68 条第 1 款第 1 项、第 69 条第 3 项和第 70 条第 1 款的规定,被吸收的法人因合并而解散,但无须成立清算组进行清算,而需要依法办理相应的注销登记手续;另一方面,就吸收方而言,根据《民法典》第 64 条的规定,如果其出资人等登记事项在合并完成后发生了变化,吸收方还应当办理相应的变更登记手续。

与此类似,在新设合并中,则会涉及参与合并的法人的注销登记和新设的法人的设立登记:一方面,就参与合并的各方而言,根据《民法典》第 68 条第 1 款第 1 项、第 69 条第 3 项和第 70 条第 1 款的规定,被吸收的各个法人因合并而解散,但都无须成立清算组进行清算,而需要依法办理相应的注销登记手续;另一方面,就合并后新设的法人而言,则应当根据法律法规有关法人设立的规定办理相应的设立登记手续。

2. 合并涉及的审批事项

就依法不需要办理登记的法人而言,法人的合并通常需要取得有关机关批准。比如,就机关法人而言,《国务院组织法》第 11 条规定:“国务院组成部门的设立、撤销或者合并,经总理提出,由全国人民代表大会决定;在全国人民代表大会闭会期间,由全国人民代表大会常务委员会决定……”①《地方各级人民代表大会和地方各级人民政府组织法》第 79 条第 3 款规定:“省、自治区、直辖市的人民政府的厅、局、委员会等工

---

① 《国务院行政机构设置和编制管理条例》第 7 条第 2 款规定:“国务院组成部门的设立、撤销或者合并由国务院机构编制管理机关提出方案,经国务院常务会议讨论通过后,由国务院总理提请全国人民代表大会决定;在全国人民代表大会闭会期间,提请全国人民代表大会常务委员会决定”,第 8 条规定:“国务院直属机构、国务院办事机构和国务院组成部门管理的国家行政机构的设立、撤销或者合并由国务院机构编制管理机关提出方案,报国务院决定。”

作部门和自治州、县、自治县、市、市辖区的人民政府的局、科等工作部门的设立、增加、减少或者合并,按照规定程序报请批准,并报本级人民代表大会常务委员会备案。"①

就依法需要办理登记的法人而言,特定类型的法人进行合并,可能也需要取得有关机关的批准。比如,《社会团体登记管理条例》第 19 条第 3 项规定:"社会团体有下列情形之一的,应当在业务主管单位审查同意后,向登记管理机关申请注销登记:……(三)分立、合并的……"

此外,特定领域的法人进行合并,可能也需要取得主管机关的批准。比如,针对证券公司,《证券法》第 122 条规定:"证券公司……合并、分立、停业、解散、破产,应当经国务院证券监督管理机构核准。"

(六)有关法人合并的其他注意事项

关于法人合并,还应当注意以下事项:

1. 能否合并及合并的条件

需要注意的是,《民法典》第 67 条第 1 款所说的"法人合并的",指向的只是"如果法人合并,就应当……",并不涉及法人能否合并和法人合并的条件等问题;《民法典》第 67 条第 1 款既不意味着法人之间当然可以合并,也不意味着法人可以无条件合并,更不意味着"不同类型的法人之间可以合并"。

就不同类型的法人而言,由于不同类型的法人是由不同的法律或行政法规加以调整的,且不同类型的法人通常有各自不同的登记机关,因此,通常情况下,不同类型的法人之间,比如营利法人与非营利法人、营利法人与特别法人、非营利法人与特别法人、事业单位与社会团体、社会团体与捐助法人,应该是不能合并的。此时不能简单地以"法无禁止即可为"为由认为不同类型的法人之间可以合并。

不过,就由同一法律或行政法规调整的同类型的法人而言,法人原则上是可以合并的。比如,同受《公司法》调整的有限公司之间、股份公司之间、有限公司与股份公司之间可以合并②;同受《事业单位登记管理暂行条例》调整的事业单位之间可以合并③。甚至,实践中也存在同属营利法人的公司与非公司企业法人合并的案例。④

不过,同类型的特定法人之间能否合并,还要取决于法律法规是否针对合并条件

---

① 《地方各级人民政府机构设置和编制管理条例》第 9 条规定:"地方各级人民政府行政机构的设立、撤销、合并或者变更规格、名称,由本级人民政府提出方案,经上一级人民政府机构编制管理机关审核后,报上一级人民政府批准;其中,县级以上地方各级人民政府行政机构的设立、撤销或者合并,还应当依法报本级人民代表大会常务委员会备案"。

② 《对外贸易经济合作部、国家工商行政管理总局关于外商投资企业合并与分立的规定》第 10 条规定:"有限责任公司之间合并后为有限责任公司。股份有限公司之间合并后为股份有限公司。上市的股份有限公司与有限责任公司合并后为股份有限公司。非上市的股份有限公司与有限责任公司合并后可以是股份有限公司,也可以是有限责任公司。"

③ 《事业单位登记管理暂行条例实施细则》第 41 条规定:"因合并、分立新设立的事业单位,应当申请设立登记",第 47 条规定:"事业单位因合并、分立改变登记事项的,应当申请变更登记。"

④ 比如,在 2013 年,全民所有制企业法人"中国汽车工业进出口总公司"吸收合并了有限责任公司形式的"中汽凯瑞贸易有限公司",并在吸收合并的同时改制为法人独资的有限责任公司"中国汽车工业进出口有限公司"[来源于国机汽车(股票代码 600335)2014 年 5 月 13 日公告的《国机汽车股份有限公司发行股份购买资产并募集配套资金暨关联交易报告书(修订稿)》]。

作出了特别的规定。比如,在《外商投资法》实施之前,2001 年修订的《关于外商投资企业合并与分立的规定》第 9 条针对外商投资的公司规定了:“在投资者按照公司合同、章程规定缴清出资、提供合作条件且实际开始生产、经营之前,公司之间不得合并,公司不得分立。”①

2. 合并的程序

法人的合并需要遵循法律法规规定的程序。不同类型的法人的合并程序不尽相同。但法人合并通常都需要由参与合并的各个法人依照法律法规和章程的规定履行相应的内部决策程序。

比如,针对公司,《公司法》第 66 条第 3 款规定:“[有限责任公司]股东会作出……公司合并……的决议,应当经代表三分之二以上表决权的股东通过。”第 116 条第 3 款规定:“……[股份有限公司]股东会作出……公司合并……的决议,应当经出席会议的股东所持表决权的三分之二以上通过。”②针对基金会法人,《基金会管理条例》第 21 条规定:“理事会是基金会的决策机构,依法行使章程规定的职权。……理事会会议须有 2/3 以上理事出席方能召开;……下列重要事项的决议,须经出席理事表决,2/3 以上通过方为有效:……(四)基金会的……合并……”

比较而言,《公司法》针对公司合并的程序规定了相对完善的规则体系:一是合并各方分别编制各自的资产负债表和财产清单;二是合并各方签订合并协议,约定合并各方及其股东在合并过程中以及合并后的公司中的权利和义务;三是合并各方分别由其有权机构作出公司合并的决议或决定;四是合并各方在其各自的有权机构作出合并决议或决定之日起 10 日内通知其各自的债权人,并于 30 日内在报纸上或国家企业信用信息公示系统进行公告;五是合并各方依法向各自的登记机关办理变更登记(适用于吸收合并后存续的公司)和注销登记(适用于吸收合并中被吸收的公司),或办理设立登记(适用于新设合并中新设的公司)和注销登记(适用于新设合并中参与合并的各方),换发或领取新的营业执照。

3. 合并涉及的出资人权利保护

法人合并不仅涉及债权人利益,也涉及法人的出资人利益。在法人合并过程中,也需要注意保护出资人的权利。这主要适用于公司等营利法人。

在公司合并的异议股东权利保护方面,根据《公司法》第 89 条第 1 款第 2 项的规定,对有限公司股东会作出的合并决议投反对票的股东,有权请求有限公司按照合理的价格收购其股权;根据《公司法》第 162 条第 1 款第 4 项的规定,对股份公司股东会作出的合并决议持有异议的股东,有权要求股份公司收购其股份。因此,公司的股东

① 又如,1993 年《公司法》第 184 条第 3 款曾经规定:“公司合并,应当由合并各方签订合并协议,并编制资产负债表及财产清单。……债权人自接到通知书之日起三十日内,未接到通知书的自第一次公告之日起九十日内,有权要求公司清偿债务或者提供相应的担保。不清偿债务或者不提供相应的担保的,公司不得合并。”

② 值得一提的是,《公司法》第 219 条也规定了公司的简易合并制度:“公司与其持股百分之九十以上的公司合并,被合并的公司不需经股东会决议,但应当通知其他股东,其他股东有权请求公司按照合理的价格收购其股权或者股份。公司合并支付的价款不超过本公司净资产百分之十的,可以不经股东会决议;但是,公司章程另有规定的除外。公司依照前两款规定合并不经股东会决议的,应当经董事会决议。”

可以选择在公司权力机构就公司合并进行表决时投反对票，通过要求公司收购其股权或股份的方式退出公司。

此外，根据《公司法》第219条第1款的规定，在公司（作为合并方）与其持股90%以上的公司（作为被合并方）合并，被合并的公司不需经股东会决议，但应当通知被合并的公司的其他股东，被合并的公司其他股东有权请求公司（作为合并方）按照合理的价格收购其股权或者股份。

4. 合并涉及的债务人通知

现有法律并未规定法人在合并时负有通知其债务人的义务。不过，考虑到《民法典》第529条规定了“债权人分立、合并或者变更住所没有通知债务人，致使履行债务发生困难的，债务人可以中止履行或者将标的物提存”，法人在合并时也应通知其各个债务人。此外，如果法人与债务人之间的协议存在有关合并通知的约定，参与合并的法人自应遵守相应的约定。

5. 合并涉及的其他事项

除了以上各项，法人合并可能还会涉及诸如合并后的法人的类型、出资人结构、组织机构设置、人员安置、财务税务处理等事项，实务中应当结合法人的具体情况作出相应的处理。

二、法人的分立

《民法典》第67条第2款对法人分立的法律效力作出了规定，即“其权利和义务由分立后的法人享有连带债权，承担连带债务，但是债权人和债务人另有约定的除外”。需要注意的是，《民法典》第67条第2款本身并不涉及法人分立的界定、能否分立、分立的形式、条件、程序等问题。

（一）法人分立的界定

“法人分立”通常是指一个法人依照法律规定的条件和程序，分成两个或超过两个法人，[①]即《民法典》第67条第2款所说的“分立后的法人”。

（二）分立的形式

在分立的形式方面，法人分立也可以采取两种形式：一是存续分立（又称派生分立），二是解散分立（又称新设分立）。[②] 存续分立与新设分立的主要区别在于原有的法人在分立完成之后是否仍然存续。

---

① 《对外贸易经济合作部、国家工商行政管理总局关于外商投资企业合并与分立的规定》第4条规定：“本规定所称分立，是指一个公司依照公司法有关规定，通过公司最高权力机构决议分成两个以上的公司。公司分立可以采取存续分立和解散分立两种形式。存续分立，是指一个公司分离成两个以上公司，本公司继续存在并设立一个以上新的公司。解散分立，是指一个公司分解为两个以上公司，本公司解散并设立两个以上新的公司。”

② 《国家工商行政管理总局关于做好公司合并分立登记支持企业兼并重组的意见》（工商企字〔2011〕226号）规定：“公司分立可以采取两种形式：一种是存续分立，指一个公司分出一个或者一个以上新公司，原公司存续；另一种是解散分立，指一个公司分为两个或者两个以上新公司，原公司解散。”

1. 存续分立

“存续分立”是指从一个法人分出一个或者数个新的法人，并且原法人继续存续。存续分立的主要特征在于在分出新的法人的同时，原法人仍然保留。

在存续分立中，存在着“分立方”（或“存续方”）和“新设方”的区分，“分立方”（或“存续方”）在分立完成后仍然存续并应办理相应的变更登记手续（依法不需要办理登记的除外），“新设方”则需要办理设立登记手续（依法不需要办理登记的除外）。

2. 解散分立

“解散分立”是指将一个法人分成两个或超过两个新的法人，并且原法人解散。解散分立的主要特征在于在分出新的法人的同时，原法人不再保留。

在解散分立中，存在“分立方”（或“解散方”）和“新设方”的区分，“分立方”（或“解散方”）在分立完成后将解散并应办理相应的注销登记手续（依法不需要办理登记的除外），“新设方”则需要办理设立登记手续（依法不需要办理登记的除外）。

（三）分立的效力：分立前的权利和义务的享有和承担

《民法典》第 67 条第 2 款规定了法人分立的效力，即“其权利和义务由分立后的法人享有连带债权，承担连带债务，但是债权人和债务人另有约定的除外”。据此，原则上，法人分立前的各项权利和各项义务均由分立后的各个法人享有连带债权并承担连带债务；在“债权人和债务人另有约定”的例外情况下，则按债权人和债务人的约定享有债权、承担债务。这体现了对法人在分立前与其债权人或其债务人“就债务清偿所作约定的尊重”。[①] 需要注意的是，在且仅在“法人分立”并且“债权人和债务人没有另外约定”的情况下，才适用《民法典》第 67 条第 2 款所说的“其权利和义务由分立后的法人享有连带债权，承担连带债务”。

1. 概念廓清

《民法典》第 67 条第 2 款所说的“其”，指的是分立前的法人。在解散分立的情形，“分立前的法人”在分立完成后将不再存续；在存续分立的情况下，“分立前的法人”与“分立后存续的法人”虽然属于同一主体，但其财产等事项已经发生了重大变化。

《民法典》第 67 条第 2 款所说的“分立后的法人”，指的是分立后存续的法人和各个新设的法人[②]（适用于存续分立），或分立后各个新设的法人（适用于解散分立）。

《民法典》第 67 条第 2 款所说的“权利和义务”，虽然从文义上看包括了各项民事权利和各项民事义务，但是，由于《民法典》第 67 条第 2 款在使用“其权利和义务”的同时使用了“享有连带债权，承担连带债务”和“债权人和债务人另有约定的除外”的表述，而没有像《民法典》第 67 条第 1 款那样使用“由分立后的法人享有和承担”的表述，因此，《民法典》第 67 条第 2 款所说的“由分立后的法人享有连带债权，承担连带债务”的“权利和义务”，仅指分立前的法人所享有的“债权”和负担的“债务”，包括合同之

---

① 原全国人大法律委员会 2016 年 10 月 31 日在第十二届全国人民代表大会常务委员会第二十四次会议上作的《关于〈中华人民共和国民法总则（草案）〉修改情况的汇报》。

② 《民事执行中变更、追加当事人规定》第 12 条使用了“分立后新设的法人”的表述。

债、侵权之债等各种各样的债权和债务,但不包括债权之外的其他权利(比如分立前的法人所享有的物权、知识产权、股权等投资性权利)、债务之外的其他义务。这跟原《民法通则》第 44 条第 2 款所说的“企业法人分立、合并,它的权利和义务由变更后的法人享有和承担”是不同的。①

并且,《民法典》第 67 条第 2 款所说的“权利和义务”,仅指分立前的法人在分立前就已经享有的“债权”和在分立前就已经产生的“债务”,而不包括分立后才产生的债权和债务,更不包括分立后才产生的其他权利和其他义务。其中,相关债权债务是否属于分立前的债权债务,取决于相关债权债务的产生时间是发生在法人分立之前还是之后。②

《民法典》第 67 条第 2 款所说的“债权人和债务人另有约定”当中的“债权人”,指的是在法人分立之前就具有债权人身份的主体,既可以是分立的法人自身(此时分立的法人为债权人),也可以是分立的法人的相对人(此时分立的法人为债务人);同样地,其中的“债务人”,指的是在法人分立之前就具有债务人身份的主体,既可以是分立的法人自身(此时分立的法人为债务人),也可以是分立的法人的相对人(此时分立的法人为债权人)。

《民法典》第 67 条第 2 款所说的“债权人和债务人另有约定”当中的“约定”,既可以是书面约定,也可以是口头约定;既可以是事前达成的约定(即在分立之前就由分立前的法人与其债权人或其债务人就分立前的法人的债务或债权的清偿达成协议),也可以是事后达成的约定(即在分立之后,由分立后的各个法人与分立前的法人的债权人或债务人就分立前的法人的债务或债权的清偿达成协议)③。④ 这跟《公司法》第 223 条所说的“公司在分立前与债权人就债务清偿达成的书面协议另有约定”是不一样的。

---

① 当然,就分立而言,原《民法通则》第 44 条第 2 款所说的“企业法人分立、合并,它的权利和义务由变更后的法人享有和承担”仅适用于“企业法人”,不适用于其他法人;并且,原《民法通则》第 44 条第 2 款使用的是“变更后的法人”的表述,其指向的仅仅是存续分立(或派生分立)后仍然存续的企业法人,并没有充分考虑解散分立(或新设分立)的情形,因为只有在存续分立(或派生分立)的情况下,才有“变更后的法人”(即在分立后仍然存续的法人)。

② 比如,山东省青岛市中级人民法院(2022)鲁 02 民终 3458 号民事判决书认为:“本案中对账清单仅是对永某特公司与某宇集团自 2013 年至 2019 年交易情况核对后的对账明细,该对账行为并未产生新的民事权利义务,对账单确认的欠款系因某宇集团与永某特公司此前的交易行为产生,故相关债务并非分立后债务。……本案中,某宇集团于 2019 年 3 月 18 日分立为某宇集团及鸿某宇公司,分立形式为存续分立,虽对账日期晚于分立日期,但根据对账清单显示,除 2019 年 10 月 11 日永某特公司收取货款 50000 元外,其余发票开具日期及货款支付日期均在 2019 年 3 月 18 日之前,结合合同清单,上述证据足以证明永某特公司与某宇集团之间的交易发生于分立之前,即相应债务系某宇集团分立前的债务……”

③ 需要注意的是,在作为用人单位的法人拖欠农民工工资的情形,《保障农民工工资支付条例》第 21 条对法人分立作出了特殊的规定:“用人单位合并或者分立时,应当在实施合并或者分立前依法清偿拖欠的农民工工资;经与农民工书面协商一致的,可以由合并或者分立后承继其权利和义务的用人单位清偿。”据此,除非能够与农民工协商一致由分立后的法人清偿所拖欠的农民工工资,否则,作为用人单位的拖欠农民工工资的法人必须在分立之前就清偿所拖欠的农民工工资。

④ 关于法人分立时债权人与债务人约定形式的多样性,《最高人民法院关于审理与企业改制相关的民事纠纷案件若干问题的规定》第 12 条的规定也比较清晰:“债权人向分立后的企业主张债权,企业分立时对原企业的债务承担有约定,并经债权人认可的,按照当事人的约定处理;企业分立时对原企业债务承担没有约定或者约定不明,或者虽然有约定但债权人不予认可的,分立后的企业应当承担连带责任。”

《民法典》第67条第2款所说的“债权人和债务人另有约定”当中的“另有约定”，指的是与《民法典》第67条第2款所说的“由分立后的法人享有连带债权，承担连带债务”不同的约定；具体而言，只要债权人和债务人约定的内容跟“享有连带债权且承担连带债务”不同，就属于“另有约定”，比如：各个分立后的法人都按份享有债权、按份承担债务，或只由分立后的一个法人享有债权并负担债务而分立后的其他法人既不享有债权也不承担债务，或由分立后的一个法人享有全部债权而由分立后的其他法人负担全部债务，或由分立后的法人享有连带债权但按份承担债务，或由分立后的法人按份享有债权但承担连带债务，等等。

2. 法人分立前的债权的享有

《民法典》第67条第2款所说的“其权利……由分立后的法人享有连带债权，……但是债权人和债务人另有约定的除外”，明确了法人分立前的债权的享有规则，即：除非分立的法人（作为债权人）与其债务人就债务清偿达成的协议作出了不同的约定，否则，法人分立前的各项债权均由分立后的各个法人享有连带债权。这属于法律规定的“连带债权”[①]，分立后的各个法人均可以请求分立前的法人的债务人履行债务[②]。在此基础上，《民法典》第1181条第1款进一步规定：“……被侵权人为组织，该组织分立、合并的，承继权利的组织有权请求侵权人承担侵权责任。”

在诉讼和仲裁程序中，法人分立前的权利由分立后的法人享有连带债权也有所体现，具体而言：

一是当事人资格的转移。对此，《民诉法解释》第63条规定：“……企业法人分立的，因分立前的民事活动发生的纠纷，以分立后的企业为共同诉讼人”，第334条规定：“在第二审程序中，作为当事人的法人或者其他组织分立的，人民法院可以直接将分立后的法人或者其他组织列为共同诉讼人”；《仲裁法解释》第8条规定：“当事人订立仲裁协议后合并、分立的，仲裁协议对其权利义务的继受人有效。”

二是申请执行人资格的转移。对此，《民事执行中变更、追加当事人规定》第6条规定：“作为申请执行人的法人或非法人组织分立，依分立协议约定承受生效法律文书确定权利的新设法人或非法人组织，申请变更、追加其为申请执行人的，人民法院应予支持。”

3. 法人分立前的债务的承担

《民法典》第67条第2款所说的“其……义务由分立后的法人……承担连带债务，但是债权人和债务人另有约定的除外”，明确了法人分立前的债务的承担规则，即：除非分立的法人（作为债务人）与其债权人就债务清偿达成的协议作出了不同的约定，否则，法人分立前的各项债务均由分立后的各个法人承担连带债务。这属于法律规定的

---

① 《民法典》第518条第2款规定：“连带债权或者连带债务，由法律规定或者当事人约定。”

② 《民法典》第518条第1款规定：“债权人为二人以上，部分或者全部债权人均可以请求债务人履行债务的，为连带债权……”

"连带债务"①,分立前的法人的债权人可以请求分立后的部分或全部法人履行全部债务②。③ 此外,《最高人民法院关于审理与企业改制相关的民事纠纷案件若干问题的规定》第12条也规定:"债权人向分立后的企业主张债权,企业分立时对原企业的债务承担有约定,并经债权人认可的,按照当事人的约定处理;企业分立时对原企业债务承担没有约定或者约定不明,或者虽然有约定但债权人不予认可的,分立后的企业应当承担连带责任。"

在诉讼和仲裁程序中,法人分立前的义务由分立后的法人承担连带债务也有所体现,具体而言:

一是当事人资格的转移。对此,《民诉法解释》第63条规定:"企业法人分立的,因分立前的民事活动发生的纠纷,以分立后的企业为共同诉讼人",第334条规定:"在第二审程序中,作为当事人的法人或者其他组织分立的,人民法院可以直接将分立后的法人或者其他组织列为共同诉讼人";《仲裁法解释》第8条规定:"当事人订立仲裁协议后合并、分立的,仲裁协议对其权利义务的继受人有效。"

二是被执行人资格的转移。对此,《民诉法解释》第470条规定:"依照民事诉讼法第二百三十九条规定,执行中作为被执行人的法人或者其他组织分立、合并的,人民法院可以裁定变更后的法人或者其他组织为被执行人;被注销的,如果依照有关实体法的规定有权利义务承受人的,可以裁定该权利义务承受人为被执行人";《民事执行中变更、追加当事人规定》第12条规定:"作为被执行人的法人或非法人组织分立,申请执行人申请变更、追加分立后新设的法人或非法人组织为被执行人,对生效法律文书确定的债务承担连带责任的,人民法院应予支持。但被执行人在分立前与申请执行人就债务清偿达成的书面协议另有约定的除外。"

4. 法人分立前的其他权利、义务的处理

问题是,法人分立前所享有的除债权之外的其他权利、所承担的除债务之外的其他义务,又当如何处理?

由于不论是《民法典》第67条第2款关于"法人分立的,其权利和义务由分立后的法人享有连带债权,承担连带债务,但是债权人和债务人另有约定的除外"的规定,还是《公司法》第223条关于"公司分立前的债务由分立后的公司承担连带责任。但是,公司在分立前与债权人就债务清偿达成的书面协议另有约定的除外"的规定,都只是提及分立前的法人的债权和债务,并未涉及分立前的法人的"股权""在合伙企业中的财产份额"等投资性权利或"物权""知识产权",因此,如果法律法规没有作出规定,在法人存续分立的情况下,因分立出来的法人为新设法人、不同于被分立的法人,被分立的法人原所持有的股权、物权、知识产权等转移至分立后新设的法人,应当适用法律法

---

① 《民法典》第518条第2款规定:"连带债权或者连带债务,由法律规定或者当事人约定。"

② 《民法典》第518条第1款规定:"……债务人为二人以上,债权人可以请求部分或者全部债务人履行全部债务的,为连带债务。"

③ 关于在对分立前的法人的债务承担连带责任之后,分立后的法人之间如何进行分担的问题,《最高人民法院关于审理与企业改制相关的民事纠纷案件若干问题的规定》(2020年修正)第13条关于"分立的企业在承担连带责任后,各分立的企业间对原企业债务承担有约定的,按照约定处理;没有约定或者约定不明的,根据企业分立时的资产比例分担"可作参照。

规有关股权、物权、知识产权等转让的规定（比如《公司法》第 84 条第 2 款）；在解散分立（或新设分立）的情况下，因分立后的各个法人均为新设的法人、不同于被分立的法人，被分立的法人原所持有的股权、物权、知识产权等转移至分立后新设的任何法人，也应当适用法律法规有关股权、物权、知识产权等转让的规定（比如《公司法》第 84 条第 2 款）。[①]

此外，由于根据《民法典》第 1 条和第 2 条的规定，民法的调整对象是民事关系，即平等主体的自然人、法人和非法人组织之间的人身关系和财产关系，因此，不属于民法调整对象的权利、义务，可能就不能直接适用《民法典》第 67 条第 2 款的规定、直接由分立后的法人"享有连带债权、承担连带债务"了。

其中，对于分立前的法人已经就其业务活动取得的资质、许可证，考虑到该等资质、许可证具有行政授权属性和政府特许性质，法人分立后是否需要重新办理审批手续，取决于审批机关和登记机关是否有特别的规定。

比如，针对工程勘察、设计、施工、监理企业及招标代理机构等建设工程企业合并后涉及资质重新核定办理的问题，《住房城乡建设部关于进一步加强建设工程企业资质审批管理工作的通知》（建市规〔2023〕3 号）第 3 条规定："……企业因发生重组分立申请资质核定的，需对原企业和资质承继企业按资质标准进行考核。企业因发生合并申请资质核定的，需对企业资产、人员及相关法律关系等情况进行考核。"

不过，从登记机关的角度，原《企业经营范围登记管理规定》（自 2022 年 3 月 1 日起废止）第 9 条曾区分不同的情形作了不同的规定：一是分立后新设的企业申请从事前置许可经营项目，应当凭审批机关的批准文件、证件向登记机关重新申请登记；二是分立后存续的企业申请从事前置许可经营项目且变更登记前已经审批机关批准的，则不需重新办理审批手续。

5. 法人分立涉及的法律适用问题

需要注意的是，法人分立与权利转让、义务转移或权利和义务一并转让是不同的概念。对此，原《合同法》第 90 条关于"当事人订立合同后分立的，除债权人和债务人另有约定的以外，由分立的法人或者其他组织对合同的权利和义务享有连带债权，承担连带债务"作出了比较明确的规定。

也因此，就合同之债而言，《民法典》第 545 条至第 556 条关于债权转让、债务转移的规定不适用于法人分立；除非当事人另有明确约定，否则，分立后的各个法人对分立前的法人的债权和债务承担连带责任是基于法律的直接规定，法人分立无须取得被分

---

① 在税法上，税务机关可能对法人分立涉及的财产转移给予税收优惠。比如，《财政部、税务总局关于继续实施企业、事业单位改制重组有关契税政策的公告》（财政部、税务总局公告 2023 年第 49 号，执行期限为 2024 年 1 月 1 日至 2027 年 12 月 31 日）规定："公司依照法律规定、合同约定分立为两个或两个以上与原公司投资主体相同的公司，对分立后公司承受原公司土地、房屋权属，免征契税"，《财政部、税务总局关于继续实施企业改制重组有关土地增值税政策的公告》（财政部、税务总局公告 2023 年第 51 号，执行至 2027 年 12 月 31 日）规定："按照法律规定或者合同约定，企业分设为两个或两个以上与原企业投资主体相同的企业，对原企业将房地产转移、变更到分立后的企业，暂不征收土地增值税"。

立的法人的债权人或债务人或其他相对人的同意。[①]

(四)法人分立涉及的债权人权利保护

同样地,法人分立也涉及债权人权利保护问题。不过,《民法典》本身对此未作规定。

就公司分立而言,《公司法》第 222 条赋予了公司的债权人在公司分立时享有获得有关公司分立的通知的权利。不过,在公司分立时,公司的债权人不享有《公司法》意义上的要求公司清偿债务或提供担保的权利,也不享有《公司法》意义上的阻止公司实施分立的权利[②]。这跟 2005 年修订前的《公司法》不仅规定了公司分立时"债权人自接到通知书之日起三十日内,未接到通知书的自第一次公告之日起九十日内,有权要求公司清偿债务或者提供相应的担保",还明确规定了"不清偿债务或者不提供相应的担保的,公司不得分立"是不同的。

(五)法人分立涉及的登记与审批事项

无论是存续分立,还是解散分立,都可能涉及法人的登记乃至审批事宜。

1. 分立涉及的登记事项

就依法需要办理登记的法人而言,在法人的存续分立中,会涉及新设法人的设立登记,还可能会涉及存续的法人的变更登记事项;在解散分立中,则会涉及被分立的法人的注销登记(但无须进行清算)和新设的法人的设立登记。

2. 分立涉及的审批事项

就依法需要办理登记的法人而言,特定类型的法人进行分立,可能也需要取得有关机关的批准。比如,《社会团体登记管理条例》第 19 条第 3 项规定:"社会团体有下列情形之一的,应当在业务主管单位审查同意后,向登记管理机关申请注销登记:……(三)分立、合并的……"

此外,特定领域的法人进行分立,可能也需要取得主管机关的批准。比如,针对证券公司,《证券法》第 122 条规定:"证券公司……合并、分立、停业、解散、破产,应当经国务院证券监督管理机构核准。"

---

① 即使是 2005 年修订前的《公司法》,也只是规定公司在分立时"不清偿债务或者不提供相应的担保的,公司不得分立"。2005 年修订后的《公司法》和 2023 年修订后的《公司法》则不再规定"不清偿债务或者不提供相应的担保的,公司不得分立"。

② 不过,在作为用人单位的公司拖欠农民工工资的情形,《保障农民工工资支付条例》第 21 条从正向角度对公司在分立前清偿拖欠农民工工资的义务作出了直接的规定:"用人单位合并或者分立时,应当在实施合并或者分立前依法清偿拖欠的农民工工资;经与农民工书面协商一致的,可以由合并或者分立后承继其权利和义务的用人单位清偿。"据此,除非能够与农民工协商一致由分立后的公司清偿所拖欠的农民工工资,否则,在作为用人单位的公司拖欠农民工工资的情形,《保障农民工工资支付条例》赋予了作为该公司的债权人的被拖欠工资的农民工在公司分立时要求公司清偿债务的权利,作为用人单位的拖欠农民工工资的公司必须在分立之前就清偿所拖欠的农民工工资。这事实上也意味着作为债权人的被拖欠工资的农民工事实上享有阻止作为债务人的拖欠农民工工资的公司实施分立的权利。

（六）有关法人分立的其他注意事项

关于法人分立，还应当注意以下事项：

1. 能否分立及分立的条件

需要注意的是，《民法典》第 67 条第 2 款所说的“法人分立的”，指向的只是“如果法人分立，就应当……”，并不涉及法人能否分立和法人分立的条件等问题：既不意味着法人当然可以分立，也不意味着法人可以无条件分立，更不意味着“一个法人可以分立成不同类型的几个法人”。

特定法人能否分立，还要取决于法律法规是否针对分立条件作出了特别的规定。比如，1993 年《公司法》第 185 条第 2 款曾经规定：“公司分立时，……公司应当自作出分立决议之日起十日内通知债权人，并于三十日内在报纸上至少公告三次。债权人自接到通知书之日起三十日内，未接到通知书的自第一次公告之日起九十日内，有权要求公司清偿债务或者提供相应的担保。不清偿债务或者不提供相应的担保的，公司不得分立。”又如，在《外商投资法》实施之前，2001 年修订的《关于外商投资企业合并与分立的规定》第 9 条针对外商投资的公司规定了：“在投资者按照公司合同、章程规定缴清出资、提供合作条件且实际开始生产、经营之前，公司之间不得合并，公司不得分立……”

2. 分立的程序

法人的分立也需要遵循法律法规规定的程序。不同类型的法人的分立程序不尽相同。但法人分立通常都需要由法人依照法律法规和章程的规定履行相应的内部决策程序。

比如，针对公司，《公司法》第 66 条第 3 款规定：“［有限责任公司］股东会作出……公司……分立……的决议，应当经代表三分之二以上表决权的股东通过。”第 116 条第 3 款规定：“……［股份有限公司］股东会作出……公司……分立……的决议，应当经出席会议的股东所持表决权的三分之二以上通过。”针对基金会法人，《基金会管理条例》第 21 条规定：“理事会是基金会的决策机构，依法行使章程规定的职权……理事会会议须有 2/3 以上理事出席方能召开……下列重要事项的决议，须经出席理事表决，2/3 以上通过方为有效：……（四）基金会的分立……”

比较而言，《公司法》针对公司分立的程序规定了相对完善的规则体系：一是拟实施分立的公司编制资产负债表和财产清单；二是拟实施分立的公司由权力机构作出公司分立的决议或决定，对其财产进行分割；三是拟实施分立的公司在其权力机构作出分立决议或决定之日起十日内通知其债权人，并于三十日内在报纸上进行公告；四是依法向公司登记机关办理变更登记（适用于存续分立中存续的公司）和设立登记（适用于存续分立中新设的公司），或办理设立登记（适用于解散分立中新设的公司）和注销登记（适用于解散分立中解散的公司），换发或领取新的营业执照。

3. 分立涉及的财产分割

针对公司分立时的财产，《公司法》第 222 条第 1 款规定了“公司分立，其财产作相应的分割”。其中的“其财产作相应的分割”，指的是在清理拟分立的公司的全部财产并编制资产负债表和财产清单的基础上,将拟分立的公司的财产分割成若干部分,分别归属于分立后存续的公司与新设的公司(适用于存续分立),或分立后新设的各个公司(适用于解散分立)。实践中,公司分立时通常会聘请会计师事务所对拟分立的公司的财务报表进行审计并出具审计报告,有的公司甚至还会聘请资产评估机构对拟分立的公司的资产进行评估并出具评估报告。其他法人的分立可以参照实施。

4. 分立涉及的出资人权利保护

法人分立也涉及法人的出资人利益。在法人分立过程中,也需要注意保护出资人的权利。这主要适用于公司等营利法人。

在公司分立的异议股东权利保护方面,根据《公司法》第89条第1款第2项的规定,对有限公司股东会作出的分立决议投反对票的股东,有权请求有限公司按照合理的价格收购其股权;根据《公司法》第162条第1款第4项的规定,对股份公司股东会作出的分立决议持有异议的股东,有权要求股份公司收购其股份。因此,公司的股东可以选择在公司股东会就公司分立进行表决时投反对票,通过要求公司收购其股权或股份的方式退出公司。

5. 分立涉及的债务人通知

现有法律并未规定法人在分立时负有通知其债务人的义务。不过,考虑到《民法典》第529条规定了"债权人分立、合并或者变更住所没有通知债务人,致使履行债务发生困难的,债务人可以中止履行或者将标的物提存",法人在分立时也应通知其各个债务人。此外,如果法人与债务人之间的协议存在有关分立通知的约定,实施分立的法人自应遵守相应的约定。

6. 分立涉及的其他事项

除了以上各项,法人分立可能还会涉及诸如分立后的法人的类型、出资人结构、组织机构设置、业务分割、人员安置、财务税务处理等事项,实务中应当结合法人的具体情况作出相应的处理。

第六十八条 【法人的终止事由和终止程序】有下列原因之一并依法完成清算、注销登记的,法人终止:

(一)法人解散;

(二)法人被宣告破产;

(三)法律规定的其他原因。

法人终止,法律、行政法规规定须经有关机关批准的,依照其规定。

【条文通释】

《民法典》第68条是关于法人终止事由和终止程序的规定。

一、法人的终止事由

《民法典》第68条第1款规定了法人终止的三类原因或三类事由,一是法人解散,二是法人被宣告破产，三是法律规定的其他终止原因。

（一）法人解散

根据《民法典》第 68 条第 1 款第 1 项，法人解散是法人的终止事由。《民法典》第 69 条对法人的各种解散事由作出了规定。

需要注意的是，法人解散只是导致法人终止的原因之一，并非法人终止本身，也不意味着法人必然终止，更不意味着法人即刻终止。法人解散事由出现之后，通常还需要进行清算并办理注销登记手续。对此，《民法典》第 70 条第 1 款规定了“法人解散的，除合并或者分立的情形外，清算义务人应当及时组成清算组进行清算”；《民诉法解释》第 64 条也规定：“企业法人解散的，依法清算并注销前，以该企业法人为当事人……”

还需注意的是，《民法典》第 68 条第 1 款第 1 项使用“法人解散”的表述，并不意味着所有法人都可以解散，特定法人能否解散取决于法律法规的规定。

（二）法人被宣告破产

根据《民法典》第 68 条第 1 款第 2 项，法人被宣告破产也是法人的终止事由。当然，《民法典》第 68 条第 1 款第 2 项所说的“法人被宣告破产”，应当以法院作出的生效破产宣告裁定为依据。①

同样地，法人被宣告破产也只是导致法人终止的原因之一，并非法人终止本身，也不意味着法人必然终止，更不意味着法人即刻终止。法人被宣告破产之后，还需要进行破产清算并办理注销登记手续。对此，《民法典》第 73 条规定了“法人被宣告破产的，依法进行破产清算并完成法人注销登记时，法人终止”。

还需注意的是，《民法典》第 68 条第 1 款第 2 项使用“法人被宣告破产”的表述，并不意味着所有法人都可以被宣告破产，特定法人能否被宣告破产取决于法律法规的规定。现阶段，能被宣告破产的法人，除了《企业破产法》规定的企业法人（包括公司和非公司企业法人），主要包括：

一是农民专业合作社。对此，《农民专业合作社法》第 52 条第 2 款规定：“清算组发现农民专业合作社的财产不足以清偿债务的，应当依法向人民法院申请破产”，第 55 条规定：“农民专业合作社破产适用企业破产法的有关规定。但是，破产财产在清偿破产费用和共益债务后，应当优先清偿破产前与农民成员已发生交易但尚未结清的款项。”

二是资不抵债时参照适用《企业破产法》规定的破产清算程序进行清算的其他法人，比如民办非企业单位法人形式的民办学校等。对此，《企业破产法》第 135 条规定：“其他法律规定企业法人以外的组织的清算，属于破产清算的，参照适用本法规定的程序”，《最高人民法院关于对因资不抵债无法继续办学被终止的民办学校如何组织清算问题的批复》（法释〔2020〕18 号）规定：“人民法院组织民办学校破产清算，参照适用

---

① 《企业破产法》第 107 条第 1 款规定：“人民法院依照本法规定宣告债务人破产的，应当自裁定作出之日起五日内送达债务人和管理人，自裁定作出之日起十日内通知已知债权人，并予以公告。”

《中华人民共和国企业破产法》规定的程序，并依照《中华人民共和国民办教育促进法》第五十九条规定的顺序清偿。”①②

（三）法律规定的其他终止原因

《民法典》第68条第1款第3项所说的“法律规定的其他原因”，既包括《民法典》规定的除解散、被宣告破产之外的其他终止事由，也包括其他法律规定的除解散、被宣告破产之外的其他终止事由。

此外，考虑到《民法典》第58条第2款针对法人成立的具体条件规定了“法人成立的具体条件和程序，依照法律、行政法规的规定”，在解释上，《民法典》第68条第1款第3项所说的“法律规定的其他原因”，还包括行政法规规定的除解散、被宣告破产之外的其他终止事由。③

就法人的终止事由而言，《民法典》第68条第1款第3项所说的“法律规定的其他原因”，具有三个层面的效果：

一是该规定对《民法典》施行之前的原有法律、行政法规针对法人终止事由已经作出的既有的规定（即旧的规定）作出了明确的承认，以确保法律秩序的稳定和延续。

二是该规定明确允许并认可立法机关和国务院在《民法典》施行之后，在必要时通过对现有法律或行政法规进行修改或制定新的法律或行政法规的方式，针对法人终止

---

① 尽管《企业破产法》第135条和《最高人民法院关于对因资不抵债无法继续办学被终止的民办学校如何组织清算问题的批复》都只是明确了“参照适用企业破产法规定的破产清算程序”对企业法人以外的其他组织进行清算，并没有直接提及法院可以宣告相关组织破产，但是，结合《合伙企业法》第92条“合伙企业不能清偿到期债务的，债权人可以依法向人民法院提出破产清算申请……合伙企业依法被宣告破产的……”的规定和《企业破产法》第135条，可以认为，企业法人以外的组织参照适用《企业破产法》规定的破产清算程序，也须由法院裁定宣告该组织破产。相关裁判意见，可见重庆市江津区人民法院（2019）渝0116破9号民事裁定书（宣告民办非企业单位法人重庆市江津区金某爱学校破产）、江苏省东台市人民法院（2019）苏0981破2号民事裁定书（宣告民办非企业单位法人东台市某代中学破产）、江苏省沭阳县人民法院（2018）苏1322破3-1号民事裁定书（宣告民办非企业单位法人沭阳县青伊湖某阳小学破产）等。

② 对于事业单位法人能否被宣告破产的问题，有的裁判意见认为，事业单位法人不是企业法人，不符合《企业破产法》关于申请破产主体的规定［见山东省临沭县人民法院（2017）鲁1329破申21号民事裁定书］。不过，从《企业破产法》第135条、《合伙企业法》第92条、《最高人民法院关于个人独资企业清算是否可以参照适用企业破产法规定的破产清算程序的批复》（法释〔2012〕16号）和《最高人民法院关于对因资不抵债无法继续办学被终止的民办学校如何组织清算问题的批复》（法释〔2020〕18号）等规定看，只要法律或司法解释明确规定事业单位法人或其他组织因资不抵债参照《企业破产法》有关破产清算程序的规定进行清算，法院就可以宣告事业单位法人或其他组织破产。举例来说，根据《民办教育促进法》第10条第3款关于“民办学校应当具备法人条件”，第19条关于“民办学校的举办者可以自主选择设立非营利性或者营利性民办学校。但是，不得设立实施义务教育的营利性民办学校。……民办学校取得办学许可证后，进行法人登记，登记机关应当依法予以办理”和《民办学校分类登记实施细则》（教发〔2016〕19号）第7条关于“正式批准设立的非营利性民办学校，符合《民办非企业单位登记管理暂行条例》等民办非企业单位登记管理有关规定的到民政部门登记为民办非企业单位，符合《事业单位登记管理暂行条例》等事业单位登记管理有关规定的到事业单位登记管理机关登记为事业单位”的规定，《最高人民法院关于对因资不抵债无法继续办学被终止的民办学校如何组织清算问题的批复》所说的“民办学校”，既包括民办非企业单位法人形式的民办学校，也包括事业单位法人形式的民办学校，既然民办非企业单位法人形式的民办学校可以根据该司法解释被宣告破产，事业单位法人形式的民办学校也应该可以根据该司法解释被宣告破产。

③ 《慈善法》第17条第5项也规定：“慈善组织有下列情形之一的，应当终止：……（五）法律、行政法规规定应当终止的其他情形。”

事由作出新的规定(即新的具体规定),以适应社会和经济的发展要求,也为将来制定新的专门的民事特别法律或行政法规预留了空间。

三是法人终止的其他事由,应当由法律或行政法规进行规定,而不应由规章、规范性文件等进行规定。对此,可以称为"法人终止事由法定",跟《民法典》第 116 条所说的"物权的种类和内容,由法律规定"是类似的。

需要注意的是,《民法典》第 69 条规定的各种情形属于法人的解散事由,不属于《民法典》第 68 条第 1 款第 3 项所说的作为法人终止事由的"法律规定的其他原因"。

现阶段,《民法典》第 68 条第 1 款第 3 项所说的"法律规定的其他原因",主要包括:一是《慈善法》第 17 条第 3 项所说的"连续二年未从事慈善活动";二是《民办教育促进法》第 56 条第 2 项所说的"被吊销办学许可证";三是《基金会管理条例》第 16 条第 2 项所说的"无法按照章程规定的宗旨继续从事公益活动";等等。

二、法人的终止程序

《民法典》第 68 条不仅规定了法人的终止事由,还对法人的终止程序作出了原则性规定。其中,该条第 1 款规定了法人终止的一般程序,第 2 款规定了法人终止的特别程序要求。《民法典》第 68 条表明,法人的终止不仅须有法定终止事由出现,还须履行法定的终止程序,其主体资格方可消灭。①

(一)法人终止的一般程序

1. 法人终止的一般程序

由于《民法典》第 68 条第 1 款使用了"有下列原因之一并依法完成清算、注销登记的,法人终止"的表述,因此,法人在终止事由出现之后,原则上需要完成"清算"和"注销登记"手续,方可终止。即:法人出现终止事由后,先依法进行清算;在清算结束后,再依法办理注销登记;完成注销登记时,法人终止。

需要注意的是,《民法典》第 68 条第 1 款所说的"依法完成清算、注销登记",并不意味着所有法人在终止之前都必须进行清算,也不意味着所有法人在终止之前都必须办理注销登记。其中的"依法",意味着:

一是如果法律规定法人终止前需要进行清算并办理注销登记,那就既要进行清算、又要办理注销登记,方可终止。② 这主要适用于营利法人、普通的事业单位、普通的社会团体、民办非企业单位和农民专业合作社等。

二是如果法律规定法人终止前只需要进行清算,那就只需要完成清算、无须办理注销登记。③ 这主要适用于特殊的事业单位、特殊的社会团体、机关法人等。

三是如果法律规定法人终止前只需要完成注销登记,那就只需要完成注销登记、

---

① 四川省高级人民法院(2020)川民申 5117 号民事裁定书认为:"法人的终止必须严格法定,须有法定事由的出现,并经一系列法定程序进行,其主体资格方可消灭。法人在依法完成清算、注销登记后终止,即法人必须经过注销程序,由登记机关将其营业执照注销并登记,其法人资格才消灭。"

② 《民法典》第 70 条第 1 款规定:"法人解散的,除合并或者分立的情形外,清算义务人应当及时组成清算组进行清算。"

③ 《民法典》第 72 条第 3 款规定:"清算结束并完成法人注销登记时,法人终止……"

不需要进行清算。这主要适用于因合并或分立而解散的法人。①

四是如果法律规定法人终止前既不需要清算又不需要办理注销登记,那就依照法律规定确定法人的终止时间。当然,现阶段,暂不存在法律规定法人终止既无须清算、又无须办理注销登记的情形;即使是行政单位或事业单位,在终止前即使无须办理注销登记,也需要进行清算。②

也就是说,根据法律的具体要求,《民法典》第 68 条第 1 款所说的"依法完成清算、注销登记",包括三种情形:一是"完成清算并完成注销登记",二是"完成清算但无须注销登记",三是"无须清算直接完成注销登记"。

2. 清算的界定

《民法典》本身没有对"清算"作出界定。法人"清算"可以理解为法人解散时,为终结法人作为当事人的各种法律关系、使其法人资格归于消灭,而对法人财产和债权债务关系进行清理、处分和分配的行为和程序。③ 对法人进行清算的目的,是通过实现法人的债权、清偿法人的债务、分配法人的剩余财产,有序地结束法人存续期间的各种法律关系,终止法人的存续,合理调整包括法人、出资人、债权人在内的众多法律主体的利益,维护正常的社会和经济秩序。④

结合《民法典》第 70 条第 1 款所说的"法人解散的,除合并或者分立的情形外,清算义务人应当及时组成清算组进行清算"和第 3 款所说的"清算义务人未及时履行清算义务……主管机关或者利害关系人可以申请人民法院指定有关人员组成清算组进行清算"以及第 73 条所说的"法人被宣告破产的,依法进行破产清算并完成法人注销登记时,法人终止",《民法典》第 68 条第 1 款所说的"清算",包括"解散清算"和"破产清算";其中,"解散清算"又包括自行清算和强制清算。具体而言,《民法典》第 70 条至第 72 条涉及法人解散清算,而第 73 条则涉及法人破产清算。

---

① 《民法典》第 72 条第 3 款规定:"……依法不需要办理法人登记的,清算结束时,法人终止。"

② 《行政事业性国有资产管理条例》第 22 条规定:"各部门及其所属单位发生分立、合并、改制、撤销、隶属关系改变或者部分职能、业务调整等情形,应当根据国家有关规定办理相关国有资产划转、交接手续",第 37 条规定:"有下列情形之一的,各部门及其所属单位应当对行政事业性国有资产进行清查:……(二)发生重大资产调拨、划转以及单位分立、合并、改制、撤销、隶属关系改变等情形……"财政部《行政事业单位划转撤并相关会计处理规定》(财会〔2022〕29 号)规定:"单位发生划转撤并情形的,应当按照财务、资产等有关管理规定进行清算,在清算期间全面开展资产清查核实、清理债权债务、开展资产评估等工作,并在清算基础上做好资产和负债的移交和划转工作。单位应当根据相关划转撤并批复文件或方案等确定清算日、清算结束日、合并日和分立日等关键时间节点……"

③ 江苏省高级人民法院(2015)苏民终字第 00556 号民事判决书认为:"公司清算是指公司解散时为终结公司作为当事人的各种法律关系,使公司法人资格归于消灭,而对公司财产和债权债务关系进行清理、处分和分配的行为和程序。"

④ 最高人民法院《关于审理公司强制清算案件工作座谈会纪要》提及:"公司强制清算的目的在于有序结束公司存续期间的各种商事关系,合理调整众多法律主体的利益,维护正常的经济秩序。"

（二）法人终止的特别程序：终止审批

考虑到国家针对在特定领域法人的终止规定了审批程序[①]，《民法典》第 68 条第 2 款规定："法人终止，法律、行政法规规定须经有关机关批准的，依照其规定"，以确保与相关法律、行政法规相衔接。

亦即，法人终止前是否需要取得有关机关的批准，取决于法律或行政法规是否对此作出了特别的规定；只要法律、行政法规规定法人终止必须经有关机关批准，法人就必须遵守这些规定，提前取得有关机关的批准文件，否则将导致法人无法终止。对此，《市场主体登记管理条例》第 31 条第 2 款所说的"市场主体注销依法须经批准的，应当经批准后向登记机关申请注销登记"规定得更为清晰。

需要注意的是，结合《民法典》第 68 条第 1 款关于法人终止事由的规定，《民法典》第 68 条第 2 款所说的"法人终止，法律、行政法规规定须经有关机关批准"中的"法人终止"，包括因"法人解散"而终止和因"法人被宣告破产"而终止；法律、行政法规关于法人解散或破产须经有关机关批准的规定[②]，属于《民法典》第 68 条第 2 款所说的"法人终止，法律、行政法规规定须经有关机关批准"的情形。

第六十九条　【法人的解散事由】有下列情形之一的，法人解散：

（一）法人章程规定的存续期间届满或者法人章程规定的其他解散事由出现；

（二）法人的权力机构决议解散；

（三）因法人合并或者分立需要解散；

（四）法人依法被吊销营业执照、登记证书，被责令关闭或者被撤销；

（五）法律规定的其他情形。

【条文通释】

《民法典》第 69 条是关于法人解散事由的规定。

《民法典》第 69 条列举了法人解散的 8 种事由：（1）法人章程规定的存续期间届

---

① 比如，《银行业监督管理法》第 16 条规定："国务院银行业监督管理机构依照法律、行政法规规定的条件和程序，审查批准银行业金融机构的设立、变更、终止以及业务范围"；又如，《民办教育促进法》第 56 条规定："民办学校有下列情形之一的，应当终止：（一）根据学校章程规定要求终止，并经审批机关批准的；（二）被吊销办学许可证的；（三）因资不抵债无法继续办学的。"

② 比如，《证券法》第 122 条规定："证券公司……解散、破产，应当经国务院证券监督管理机构核准"；又如，《商业银行法》第 69 条第 1 款规定："商业银行因分立、合并或者出现公司章程规定的解散事由需要解散的，应当向国务院银行业监督管理机构提出申请，并附解散的理由和支付存款的本金和利息等债务清偿计划。经国务院银行业监督管理机构批准后解散"，第 71 条第 1 款规定："商业银行不能支付到期债务，经国务院银行业监督管理机构同意，由人民法院依法宣告其破产。商业银行被宣告破产的，由人民法院组织国务院银行业监督管理机构等有关部门和有关人员成立清算组，进行清算"；再如，《国务院关于实施金融控股公司准入管理的决定》（国发〔2020〕12 号）规定："金融控股公司……解散或者破产，应当向中国人民银行提出申请。中国人民银行应当自受理申请之日起 3 个月内作出批准或者不予批准的书面决定"。

满;(2)法人章程规定的其他解散事由出现;(3)法人的权力机构决议解散;(4)因法人合并需要解散;(5)因法人分立需要解散;(6)依法被吊销营业执照或登记证书;(7)依法被责令关闭;(8)依法被撤销。在此基础上,《民法典》第 69 条第 5 项以"法律规定的其他情形"兜底,既涵盖了《民法典》和其他法律已经规定的其他解散事由,也为法律将来规定新的法人解散事由预留了空间。

一、因法人章程规定的存续期间届满而解散

(一)法人章程规定的存续期间届满属于解散事由

根据《民法典》第 69 条第 1 项的规定,"法人章程规定的存续期间届满"这一事实发生时,法人需要解散。就公司而言,《民法典》第 69 条第 1 项所说的"法人章程规定的存续期间",与《公司法》第 229 条第 1 款第 1 项所说的"公司章程规定的营业期限"具有相同的含义。

需要注意的是,尽管《民法典》第 69 条第 1 项将"法人章程规定的存续期间届满"列为法人解散事由,但是,结合《公司法》第 230 条第 1 款关于"公司有前条第一款第一项……情形,且尚未向股东分配财产的,可以通过修改公司章程……而存续"的规定,在法人章程规定的存续期间届满且尚未向股东、出资人或设立人分配财产的情况下,如果法人能够依法通过修改章程的决议或决定、延长法人的存续期间(比如延长 5 年、10 年甚至将存续期间修改为永久)并依法取得有关机关的批准(依法不需要批准的除外)、完成变更登记(依法不需要登记的除外),那么,法人就可以继续存续而无须解散了。对此,最高人民法院《关于审理公司强制清算案件工作座谈会纪要》(法发〔2009〕52 号)第 18 条规定了:"公司因公司章程规定的营业期限届满……的,人民法院受理强制清算申请后,清算组对股东进行剩余财产分配前,申请人以公司修改章程……为由,请求撤回强制清算申请的,人民法院应予准许。"

关于法人的存续期间,如法律法规没有特别要求①,法人原则上可以自主确定其存续期间。不过,登记机关可能也会出台有关法人存续期间核定的具体要求,实务中应当予以关注。

就法人存续期间届满发生争议时,法人或法人的出资人等可以请求人民法院确认法人的存续期间是否已经届满。

比如,最高人民法院(2018)最高法民申 274 号民事裁定书认为:"某山公司于本案中请求确认金某华公司经营期限已届满系基于前案释明,针对其关于金某华公司解散事由已发生的主张而提起的单独诉讼,性质应理解为前案申请公司清算纠纷诉讼的衍生诉讼,某山公司具有诉的利益,起诉主体适格。原裁定认定本案公司及股东之外的人对某山公司经营期限届满提出主张,不属于人民法院受理民事案件的范围,适用法律不当,本院予以纠正。"

---

① 《国务院关于印发进一步深化中国(广东)自由贸易试验区改革开放方案的通知》(国发〔2018〕13 号)、《国务院关于印发进一步深化中国(天津)自由贸易试验区改革开放方案的通知》(国发〔2018〕14 号)提出:"除特殊领域外,取消对外商投资企业经营期限的特别管理要求"。

又如,四川省高级人民法院(2018)川民申398号民事裁定书认为,本案的争议焦点为某某新顺公司营业期限是否届满。根据《中华人民共和国公司法》的规定,公司章程规定的营业期限届满是公司解散的法定事由,但公司于营业期限届满前可通过修改公司章程而存续。本案中,某某新顺公司于2004年6月依法设立,设立时公司章程规定公司经营期限从2004年6月6日至2014年6月5日。2010年2月18日,某某新顺公司形成股东会决议,通过了公司章程修正案。该章程修正案明确"经营范围:码头和其他港口设施经营;在港区内从事货物装卸、仓储经营(按许可证时效经营);煤炭批发经营(按许可证时效经营)。营业期限:五十年"。伍某彬(持股比例为15.6%)、某某矿业公司(持股比例60%)、某某新顺公司在前述股东会决议、章程修正案上签名、盖章。因此,某某新顺公司的该次章程修正案由持有公司三分之二以上表决权的股东通过,符合《中华人民共和国公司法》第一百八十条第(一)项和第一百八十一条规定的程序和股东表决权人数要求。根据《中华人民共和国公司法》第十一条的规定,该章程修正案对某某新顺公司所有股东及该公司均具有约束力,某某新顺公司的营业期限应为五十年。

(二)法人营业执照或登记证书载明的存续期间届满并非法定的解散事由

由于《民法典》第69条第1项使用的是"法人章程规定的存续期间届满",而非"法人营业执照或登记证书载明的存续期间届满"的表述,因此,作为法人解散事由的"存续期间届满",应当以法人章程而非营业执照或登记证书或其他文件记载的存续期间为准;只有法人章程规定的存续期间届满才属于法人解散事由,法人营业执照或登记证书记载的存续期间届满则不属于《民法典》第69条第1项所规定的法人解散事由。[①]

比如,最高人民法院(2018)最高法民申274号民事裁定书认为:"首先,本案中,某山公司请求确认金某华公司经营期限已于2003年4月8日届满。但根据原审查明事实,金某华公司被吊销营业执照后补发的营业执照登记的营业期限为2005年4月7日。某山公司主张金某华公司营业期限已于2003年4月8日届满与事实不符。其次,公司法第一百八十条第一项规定的解散事由指的是公司章程规定的营业期限届满。而本案所涉金某华公司的公司章程并无营业期限的规定。且某山公司申请再审提交的金某华公司工商公示信息显示:登记状态'存续';核准日期2013年11月27日。在未能提供进一步有效证据予以证明的情形下,某山公司申请再审主张直接适用公司法第一百八十条第一项的规定认定金某华公司解散事由出现,事实依据不足。本案现有证据尚不能得出金某华公司营业期限已届满且构成公司解散事由的结论。"

又如,最高人民法院(2017)最高法民申1010号民事裁定书认为:"关于某昌公司应否解散的问题。某昌公司认可公司成立之初营业执照的年限为十年,自2002年1月24日至2012年1月24日。在营业执照期限届满前,某昌公司申请变更经营期限,并提供了新的营业执照。经查,公司股东未修改公司章程使公司存续,某昌公司新颁发

---

① 值得一提的是,根据《市场监管总局办公厅关于调整营业执照照面事项的通知》(市监注发〔2022〕71号),自2022年9月1日起,经登记机关准予设立、变更登记以及补发营业执照的各类市场主体(包括公司、非公司企业法人、合伙企业、分支机构等),其营业执照不再记载"营业期限""经营期限""合伙期限"信息项。

的营业执照已被撤销,故2012年1月24日某昌公司营业期限届满。以上事实有2016年6月3日《宁夏法制报》刊登的银川高新技术开发区工商行政管理局关于某昌公司的营业执照作废的公告以及该局的回函予以佐证。……某昌公司符合公司解散的条件,二审判决予以解散,依法有据。”

当然,根据《民法典》第69条第1项所说的“有下列情形之一的,法人解散:(一)……法人章程规定的其他解散事由出现”,法人章程可以依法将“法人营业执照或登记证书记载的存续期间届满”规定为法人解散事由,该事由虽然不属于《民法典》第69条第1项所说的“法人章程规定的存续期间届满”,但属于《民法典》第69条第1项所说的“法人章程规定的其他解散事由”。

二、因法人章程规定的其他解散事由出现而解散

根据《民法典》第69条第1项的规定,法人章程规定的其他解散事由发生时,法人需要解散。该解散事由主要适用于法人存续期间,如果法人章程规定的存续期间届满,则无须适用该解散事由,而是直接适用《民法典》第69条第1项所说的“法人章程规定的存续期间届满”这一解散事由。

《民法典》第69条第1项所说的“法人章程规定的其他解散事由”,指的是《民法典》第69条第1项的“存续期间届满”和该条第2项至第5项规定的解散事由之外的事由。

由于《民法典》第69条第1项使用了“有下列情形之一的,法人解散:(一)……法人章程规定的其他解散事由出现”的表述,因此,依法制定的法人章程可以自主将《民法典》第69条列举的解散事由之外的其他事由规定为法人的解散事由。

这就为法人出资人等采用灵活的法人解散机制留出了空间。就公司而言,也正是基于《民法典》第69条第1项和《公司法》第229条第1款第1项的规定,特定领域尤其是私募股权投资或风险投资领域的投资人能够在对相关公司进行投资时要求引入与特定条件(比如经营业绩、上市时间)、强制出售权(或领售权、强卖权、拖售权,Drag-Along Right)、跟随出售权(或共同出售权、跟售权、随售权,Tag-Along Right)或股份回购条款等相挂钩的公司解散条款。比如,公司章程可以规定,在公司未能实现约定的经营业绩目标或上市目标的情况下,投资人有权要求公司的控股股东甚至公司购买其持有的公司的股权或股份;否则,公司应当解散并进入清算程序。

同样需要注意的是,尽管《民法典》第69条第1项将“法人章程规定的其他解散事由出现”列为法人解散事由,但是,结合《公司法》第230条第1款关于“公司有前条第一款第一项……情形,且尚未向股东分配财产的,可以通过修改公司章程……而存续”的规定,在法人章程规定的其他解散事由出现的情况下,如果法人能够依法通过修改章程的决议或决定,将相关事由的出现不再作为法人解散的事由并依法取得有关机关的批准(依法不需要批准的除外)、完成变更登记(依法不需要登记的除外),那么,法人就可以继续存续而无须解散了。对此,最高人民法院《关于审理公司强制清算案件工作座谈会纪要》(法发〔2009〕52号)第18条规定了:“公司因……公司章程规定的其他解散事由出现,……人民法院受理强制清算申请后,清算组对股东进行剩余财产分配前,申请人以公司修改章程……为由,请求撤回强制清算申请的,人民法院应予准许。”

三、因法人的权力机构决议解散

根据《民法典》第 69 条第 2 项的规定，法人的权力机构决议解散时，法人需要解散。

该解散事由主要适用于法人存续期间，如果法人存续期间届满，则无须适用该解散事由。并且，《民法典》第 69 条第 2 项所说的“法人的权力机构决议解散”，指的是在没有出现《民法典》第 69 条第 1 项、第 3 项至第 5 项规定的解散事由的情况下，法人的权力机构作出解散法人的决议；在这种情况下，可以没有具体的原因，只要法人的权力机构依法作出解散法人的决议，法人就应当解散并进入清算程序。其中的“依法作出解散法人的决议”中的“依法”，指的是符合法律法规和法人章程的规定，既包括程序合法，又包括内容合法。

结合《民法典》第 80 条[①]、第 89 条[②]、第 91 条[③]、第 93 条[④]的规定，由于《民法典》第 69 条第 2 项使用了“权力机构决议解散”的表述，因此，从文义上看，《民法典》第 69 条第 2 项所说的“法人”，仅指依法设置权力机构的营利法人、社会团体法人、特别法人中的农村集体经济组织[⑤]和农民专业合作社[⑥]，不包括依法不设置权力机构而设置决策机构的事业单位、捐助法人，也不包括机关法人、基层群众性自治组织法人。因此，在解释上，《民法典》第 69 条第 2 项所说的“法人的权力机构”应作扩大解释，解释为“法人权力机构或决策机构”。

问题是，在法人权力机构或决策机构作出了解散法人的决议之后，是否可以撤销这一决议而使法人继续存续？结合《公司法》第 229 条第 1 款第 2 项关于“公司因下列原因解散：……（二）股东会决议解散”的规定和第 230 条第 1 款关于“公司有前条第一款……第二项情形，且尚未向股东分配财产的，可以……经股东会决议而存续”的规定，和最高人民法院《关于审理公司强制清算案件工作座谈会纪要》（法发〔2009〕52 号）第 18 条所说的“公司因……股东会、股东大会决议自愿解散的，人民法院受理强制清算申请后，清算组对股东进行剩余财产分配前，申请人以……股东会、股东大会决议公司继续存续为由，请求撤回强制清算申请的，人民法院应予准许”，在法人尚未向股东、出资人或设立人分配财产的情况下，应当允许法人经权力机构或决策机构作出新

---

① 《民法典》第 80 条规定：“营利法人应当设权力机构。权力机构行使修改法人章程，选举或者更换执行机构、监督机构成员，以及法人章程规定的其他职权。”

② 《民法典》第 89 条规定：“事业单位法人设理事会的，除法律另有规定外，理事会为其决策机构。事业单位法人的法定代表人依照法律、行政法规或者法人章程的规定产生。”

③ 《民法典》第 91 条规定：“设立社会团体法人应当依法制定法人章程。社会团体法人应当设会员大会或者会员代表大会等权力机构。社会团体法人应当设理事会等执行机构。理事长或者会长等负责人按照法人章程的规定担任法定代表人。”

④ 《民法典》第 93 条规定：“设立捐助法人应当依法制定法人章程。捐助法人应当设理事会、民主管理组织等决策机构，并设执行机构。理事长等负责人按照法人章程的规定担任法定代表人。捐助法人应当设监事会等监督机构。”

⑤ 《农村集体经济组织法》第 26 条第 1 款规定：“农村集体经济组织成员大会由具有完全民事行为能力的全体成员组成，是本农村集体经济组织的权力机构，行使下列职权：……”

⑥ 《农民专业合作社法》第 29 条规定：“农民专业合作社成员大会由全体成员组成，是本社的权力机构，行使下列职权：……”

的决议撤销此前的解散决议而使法人继续存续。

当然,如果法人已经办理注销登记,那么,事实上也就不能再撤销原来解散法人的决议了。

四、因法人合并而解散

根据《民法典》第 69 条第 3 项的规定,在法人发生合并时,会涉及相关法人的解散问题。

具体而言,《民法典》第 69 条第 3 项所说的"因法人合并需要解散",指向的是以下两种情形:一是在法人吸收合并过程中的被合并方需要解散;二是在法人新设合并过程中参与合并的各个法人需要解散。

需要注意的是,由于《民法典》第 70 条第 1 款使用了"法人解散的,除合并或者分立的情形外,清算义务人应当及时组成清算组进行清算"的表述,因此,因合并而解散的法人无须进行清算,但需要办理注销登记(依法不需要登记的除外)。

关于法人合并,请见本书关于《民法典》第 67 条的通释。

五、因法人分立而解散

根据《民法典》第 69 条第 3 项的规定,在法人发生分立时,可能(但不必然)会涉及法人的解散问题。

具体而言,《民法典》第 69 条第 3 项所说的"因法人分立需要解散",指的是在解散分立过程中实施分立的原法人需要解散;在存续分立(或派生分立)的情形,不涉及法人解散问题。

需要注意的是,由于《民法典》第 70 条第 1 款使用了"法人解散的,除合并或者分立的情形外,清算义务人应当及时组成清算组进行清算"的表述,因此,因解散分立而解散的原法人无须进行清算,但需要办理注销登记(依法不需要登记的除外)。

关于法人分立,请见本书关于《民法典》第 67 条的通释。

六、因依法被吊销营业执照或登记证书而解散

根据《民法典》第 69 条第 4 项的规定,在"法人依法被吊销营业执照、登记证书"后,需要解散。该解散事由仅适用于依法需要登记的法人,不适用于依法不需要登记的法人。

其中,《民法典》第 69 条第 4 项所说的"法人依法被吊销营业执照、登记证书"中的顿号(、),表示"或"的意思;"被吊销营业执照"指向的是经依法登记并持有营业执照的营利法人、特别法人中的农民专业合作社,而"被吊销登记证书"指向的则是经依法登记并持有登记证书(不持有营业执照)的事业单位、社会团体、捐助法人、特别法人中的农村集体经济组织①。

---

① 《农业农村部、中国人民银行、国家市场监督管理总局关于开展农村集体经济组织登记赋码工作的通知》(农经发〔2018〕4 号)和《农业农村部办公厅关于启用农村集体经济组织登记证有关事项的通知》(农办政改〔2018〕3 号)。

也因此,《民法典》第 69 条第 4 项所说的"有下列情形之一的,法人解散:……(四)法人依法被吊销营业执照、登记证书……"仅适用于依法需要登记的法人,不适用于依法不需要登记的法人。

(一)因被吊销营业执照而解散

根据《民法典》第 69 条第 4 项的规定,对于持有营业执照的法人来说,"依法被吊销营业执照"属于其解散事由。在依法被吊销营业执照的情况下,法人应当依法组成清算组开始清算。

在性质上,"吊销营业执照"属于行政处罚措施①;吊销法人的营业执照,应由登记机关实施。以企业法人和农民专业合作社为例,《公司法》第 250 条、第 260 条、第 262 条和《市场主体登记管理条例》第 44 条、第 45 条、第 46 条、第 48 条规定了在哪些情形下登记机关可以采取吊销营业执照的行政处罚措施;其他法律、行政法规也可能对吊销营业执照的情形作出了规定,实务中应当予以关注。

需要注意的是,根据《民法典》第 69 条第 4 项关于"有下列情形之一的,法人解散:……(四)法人依法被吊销营业执照、登记证书,被责令关闭或者被撤销",第 72 条关于"清算期间法人存续,但是不得从事与清算无关的活动。……清算结束并完成法人注销登记时,法人终止;依法不需要办理法人登记的,清算结束时,法人终止"的规定以及《民法典》第 59 条关于"法人的民事权利能力和民事行为能力,从法人成立时产生,到法人终止时消灭"的规定,法人被吊销营业执照只是法人的解散事由,在被吊销营业执照之后、完成法人注销登记之前,法人是存续的,仍然具有法人资格、具有相应的民事主体地位,具有民事权利能力和相应的民事行为能力(但不得开展与清算无关的活动)。②

---

① 与 2021 年修订前的 1996 年《行政处罚法》第 8 条明确将"吊销执照"列为"行政处罚的种类"不同,2021 年修订后的《行政处罚法》第 9 条规定的"行政处罚的种类"中没有再明确列出"吊销执照"。尽管如此,根据 2021 年修订后的《行政处罚法》第 9 条所说的"行政处罚的种类:……(三)暂扣许可证件、降低资质等级、吊销许可证件;……(六)法律、行政法规规定的其他行政处罚"和第 12 条第 1 款所说的"地方性法规可以设定除限制人身自由、吊销营业执照以外的行政处罚","吊销营业执照"仍然属于行政处罚;在《行政处罚法》第 9 条第 1 项至第 5 项未明确规定的情况下,"吊销营业执照"可归为《行政处罚法》第 9 条第 6 项所说的"法律、行政法规规定的其他行政处罚"。

② 比如,《最高人民法院关于企业法人营业执照被吊销后,其民事诉讼地位如何确定的复函》(法经〔2000〕24 号函)认为:"企业法人被吊销营业执照后,应当依法进行清算,清算程序结束并办理工商注销登记后,该企业法人才归于消灭。因此,企业法人被吊销营业执照后至被注销登记前,该企业法人仍应视为存续,可以自己的名义进行诉讼活动。"此外,最高人民法院(2005)民一终字第 57 号民事判决书(刊载于《最高人民法院公报》2006 年第 10 期)认为:"某华公司作为一个独立的企业法人,其法人资格存续与否应以工商行政管理机关是否已经注销其法人资格为标准。尽管按照《合营合同》的约定,某华公司的合营期限已满,但只要其未被注销就不能否定其仍具有法人资格。吊销企业法人营业执照是工商行政管理机关依据国家工商行政法规对违法的企业法人作出的一种行政处罚。企业法人被吊销营业执照后,应当依法进行清算,清算程序结束并办理工商注销登记后,该企业法人才归于消灭。企业法人被吊销营业执照至其被注销登记前,该企业法人仍应视为存续,可以自己的名义进行诉讼活动。故某华公司在被吊销营业执照后,仍然具有诉讼的权利能力和行为能力,有权以自己的名义提起民事诉讼。某华公司没有成立清算组织,不应成为限制其参与民事诉讼的理由。"尽管这个判决是在 2005 年作出的,但是,其裁判意见是符合现行《民法典》规定的,至今仍然具有参考价值。

还需注意的是,由于《民法典》第 69 条第 4 项使用的是"依法被吊销营业执照"的表述,考虑到"吊销营业执照"属于行政处罚措施,结合《行政诉讼法》第 70 条关于"行政行为有下列情形之一的,人民法院判决撤销或者部分撤销,并可以判决被告重新作出行政行为:(一)主要证据不足的;(二)适用法律、法规错误的;(三)违反法定程序的;(四)超越职权的;(五)滥用职权的;(六)明显不当的"的规定,因此,出现法人被"吊销营业执照"的情形,并非必然地导致法人不可逆转地需要进入清算程序;尤其是在该"吊销营业执照"的行政处罚并非"依法"作出的情况下,在该"吊销营业执照"的行政处罚行为依法被撤销之后,因法人被"吊销营业执照"而触发的解散事由消失,无需因此适用《民法典》第 70 条第 1 款的规定、法人无须进入清算程序。对此,最高人民法院《关于审理公司强制清算案件工作座谈会纪要》(法发〔2009〕52 号)第 19 条也规定了:"公司因依法被吊销营业执照……的,人民法院受理强制清算申请后,清算组对股东进行剩余财产分配前,申请人向人民法院申请撤回强制清算申请的,人民法院应不予准许。但申请人有证据证明相关行政决定被撤销……的除外。"

(二)因被吊销登记证书而解散

根据《民法典》第 69 条第 4 项的规定,对于不持有营业执照、持有登记证书的法人来说,"依法被吊销登记证书"属于其解散事由。在依法被吊销登记证书的情况下,法人应当依法组成清算组开始清算。

在性质上,"吊销登记证书"也属于行政处罚措施①;吊销法人的登记证书,应由登记机关实施。

同样地,根据《民法典》第 69 条第 4 项、第 72 条以及《民法典》第 59 条的规定,法人被吊销登记证书也只是法人的解散事由,在被吊销登记证书之后、完成法人注销登记之前,法人是存续的,仍然具有法人资格、具有相应的民事主体地位,具有民事权利能力和相应的民事行为能力(但不得开展与清算无关的活动)。

此外,出现法人"被吊销登记证书"的情形,并非必然地导致法人不可逆转地需要进入清算程序或完成清算;尤其是在该"吊销登记证书"的行政处罚并非"依法"作出的情况下,在该"吊销登记证书"的行政处罚行为依法被撤销之后,因法人"被吊销登记证书"而触发的解散事由消失,无须因此适用《民法典》第 70 条第 1 款的规定、法人无须进入清算程序或可以终止清算而继续存续。

七、因依法被责令关闭而解散

根据《民法典》第 69 条第 4 项的规定,法人"依法被责令关闭",属于其解散事由。

---

① 2021 年修订后的《行政处罚法》第 9 条规定的"行政处罚的种类"中没有明确列出"吊销登记证书"。尽管如此,根据 2021 年《社会组织登记管理机关行政处罚程序规定》第 25 条关于"登记管理机关作出较大数额罚款、没收较大数额违法所得、没收较大价值非法财物、限期停止活动、撤销登记、吊销登记证书的处罚决定前,应当在行政处罚事先告知书或者听证告知书中告知当事人有要求听证的权利",第 39 条关于"登记管理机关对社会组织作出撤销登记或者吊销登记证书的处罚决定的,应当收缴登记证书(含正本、副本)和印章"的规定,"吊销登记证书"属于行政处罚;在《行政处罚法》第 9 条第 1 项至第 5 项未明确规定的情况下,"吊销登记证书"可归为《行政处罚法》第 9 条第 6 项所说的"法律、行政法规规定的其他行政处罚"。

在被责令关闭的情况下,法人应当依法组成清算组开始清算。

在性质上,"责令关闭"也属于行政处罚措施。[①] 现阶段,法人被责令关闭主要发生在法人严重违反法律、行政法规的情形,比如:一是严重违反安全生产方面的法律、行政法规[②];二是严重违反环境保护、污染防治方面的法律、行政法规[③];三是严重违反职业病防治方面的法律[④];四是违反《证券法》《烟草专卖法》等法律、在未取得相关许可证的情况下从事生产经营活动[⑤]。

同样地,法人被责令关闭只是法人的解散事由,在被责令关闭之后、完成法人注销登记(依法不需要登记的除外)之前,法人是存续的,仍然具有法人资格、具有相应的民事主体地位,具有民事权利能力和相应的民事行为能力(但不得开展与清算无关的活动)。

此外,出现法人"被责令关闭"的情形,并非必然地导致法人不可逆转地需要进入清算程序;尤其是在该"责令关闭"的行政处罚并非"依法"作出的情况下,在该"责令关闭"的行政处罚行为依法被撤销之后,因法人"被责令关闭"而触发的解散事由消失,无须因此适用《民法典》第 70 条第 1 款的规定、法人无须进入清算程序。对此,最高人民法院《关于审理公司强制清算案件工作座谈会纪要》(法发〔2009〕52 号)第 19 条规定了:"公司因依法被……责令关闭……的,人民法院受理强制清算申请后,清算组对股东进行剩余财产分配前,申请人向人民法院申请撤回强制清算申请的,人民法院应不予准许。但申请人有证据证明相关行政决定被撤销……的除外。"

---

① 《行政处罚法》第 9 条第 4 项规定:"行政处罚的种类:……(四)限制开展生产经营活动、责令停产停业、责令关闭、限制从业……"

② 《安全生产法》第 113 条规定:"生产经营单位存在下列情形之一的,负有安全生产监督管理职责的部门应当提请地方人民政府予以关闭,有关部门应当依法吊销其有关证照。生产经营单位主要负责人五年内不得担任任何生产经营单位的主要负责人;情节严重的,终身不得担任本行业生产经营单位的主要负责人:(一)存在重大事故隐患,一百八十日内三次或者一年内四次受到本法规定的行政处罚的;(二)经停产停业整顿,仍不具备法律、行政法规和国家标准或者行业标准规定的安全生产条件的;(三)不具备法律、行政法规和国家标准或者行业标准规定的安全生产条件,导致发生重大、特别重大生产安全事故的;(四)拒不执行负有安全生产监督管理职责的部门作出的停产停业整顿决定的。"《煤矿安全监察条例》(2013 年修订)第 25 条规定:"煤矿安全监察机构发现煤矿进行独眼井开采的,应当责令关闭。"

③ 比如,《水污染防治法》第 87 条规定:"违反本法规定,建设不符合国家产业政策的小型造纸、制革、印染、染料、炼焦、炼硫、炼砷、炼汞、炼油、电镀、农药、石棉、水泥、玻璃、钢铁、火电以及其他严重污染水环境的生产项目的,由所在地的市、县人民政府责令关闭。"第 94 条第 1 款规定:"企业事业单位违反本法规定……对造成重大或者特大水污染事故的,还可以报经有批准权的人民政府批准,责令关闭……"

④ 《职业病防治法》第 72 条规定:"用人单位违反本法规定……情节严重的,责令停止产生职业病危害的作业,或者提请有关人民政府按照国务院规定的权限责令关闭……"第 75 条规定:"违反本法规定,有下列情形之一的……情节严重的,责令停止产生职业病危害的作业,或者提请有关人民政府按照国务院规定的权限责令关闭……"第 77 条规定:"用人单位违反本法规定,已经对劳动者生命健康造成严重损害的,由安全生产监督管理部门责令停止产生职业病危害的作业,或者提请有关人民政府按照国务院规定的权限责令关闭,并处十万元以上五十万元以下的罚款。"

⑤ 《证券法》第 207 条规定:"证券公司违反本法第一百二十九条的规定从事证券自营业务的……情节严重的,并处撤销相关业务许可或者责令关闭……"第 208 条规定:"违反本法第一百三十一条的规定,将客户的资金和证券归入自有财产,或者挪用客户的资金和证券的……情节严重的,并处撤销相关业务许可或者责令关闭……"《烟草专卖法》第 30 条第 1 款规定:"无烟草专卖生产企业许可证生产烟草制品的,由烟草专卖行政主管部门责令关闭,没收违法所得,并处罚款。"第 31 条规定:"无烟草专卖批发企业许可证经营烟草制品批发业务的,由烟草专卖行政主管部门责令关闭或者停止经营烟草制品批发业务,没收违法所得,并处罚款。"

八、因依法被撤销而解散

根据《民法典》第69条第4项的规定,法人“依法被撤销”,属于其解散事由。在被撤销的情况下,法人应当依法组成清算组开始清算。

需要注意的是,《民法典》第69条第4项所说的“被撤销”中的“撤销”,指的是撤销法人整个主体,与“撤销法人登记”[①]具有不同的含义。

《行政处罚法》第9条第1项至第5项规定的行政处罚种类没有列明“撤销”,其是否属于《行政处罚法》第9条第6项所说的“法律、行政法规规定的其他行政处罚”,法律暂未予以明确规定[②]。

现阶段,法人被撤销主要发生在银行、保险、证券等金融领域以及其他特定领域的法人,因严重违反法律、行政法规而被监管机构撤销,比如:一是银行业金融机构和信托公司等其他金融机构[③];二是保险公司[④];三是证券公司、公开募集基金的基金管理公司[⑤];四是学校[⑥];五是公司制的会计师事务所[⑦]。

---

① “撤销法人登记”是否属于行政处罚,存在争议。《最高人民法院关于山西星座房地产开发有限公司不服山西省工商行政管理局工商行政登记一案法律适用问题的答复》(〔2012〕行他字第15号)认为:《公司法》第198条规定的“撤销公司登记,其行为性质不属于行政处罚”,《全国人民代表大会常务委员会法制工作委员会关于公司法第一百九十八条“撤销公司登记”法律性质问题的答复意见》(法工委复〔2017〕2号)也提出:“撤销被许可人以欺骗等不正当手段取得的行政许可,是对违法行为的纠正,不属于行政处罚”;而2021年《社会组织登记管理机关行政处罚程序规定》第25条和第39条则明确将“撤销登记”列为行政处罚,《民政部办公厅关于社会组织撤销登记有关问题的复函》(民办函〔2008〕225号)也认为“撤销登记属于行政处罚”。

② 2020年《中国银保监会行政处罚办法》第3条第9项规定:“本办法所指的行政处罚包括:……(九)撤销外国银行代表处、撤销外国保险机构驻华代表机构……”《中国人民银行行政处罚程序规定》(中国人民银行令〔2001〕第3号,已废止)第8条第3款曾规定:“撤销金融机构的代表机构的行政处罚,由批准设立该代表机构的中国人民银行实施。”既然“撤销金融机构的代表处”都属于行政处罚,由此,应当也可以把“撤销金融机构”认为是行政处罚行为。

③ 《商业银行法》第70条规定:“商业银行因吊销经营许可证被撤销的,国务院银行业监督管理机构应当依法及时组织成立清算组,进行清算,按照清偿计划及时偿还存款本金和利息等债务。”《银行业监督管理法》第39条规定:“银行业金融机构有违法经营、经营管理不善等情形,不予撤销将严重危害金融秩序、损害公众利益的,国务院银行业监督管理机构有权予以撤销。”《信托公司管理办法》第61条规定:“信托公司有违法经营、经营管理不善等情形,不予撤销将严重危害金融秩序、损害公众利益的,由中国银行业监督管理委员会依法予以撤销。”

④ 《保险法》第149条规定:“保险公司因违法经营被依法吊销经营保险业务许可证的,或者偿付能力低于国务院保险监督管理机构规定标准,不予撤销将严重危害保险市场秩序、损害公共利益的,由国务院保险监督管理机构予以撤销并公告,依法及时组织清算组进行清算。”

⑤ 《证券法》第143条规定:“证券公司违法经营或者出现重大风险,严重危害证券市场秩序、损害投资者利益的,国务院证券监督管理机构可以对该证券公司采取责令停业整顿、指定其他机构托管、接管或者撤销等监管措施。”《证券投资基金法》第26条规定:“公开募集基金的基金管理人违法经营或者出现重大风险,严重危害证券市场秩序、损害基金份额持有人利益的,国务院证券监督管理机构可以对该基金管理人采取责令停业整顿、指定其他机构托管、接管、取消基金管理资格或者撤销等监管措施。”

⑥ 《教育法》第75条规定:“违反国家有关规定,举办学校或者其他教育机构的,由教育行政部门或者其他有关行政部门予以撤销;有违法所得的,没收违法所得;对直接负责的主管人员和其他直接责任人员,依法给予处分。”

⑦ 《注册会计师法》第39条第1款规定:“会计师事务所违反本法第二十条、第二十一条规定的,由省级以上人民政府财政部门给予警告,没收违法所得,可以并处违法所得一倍以上五倍以下的罚款;情节严重的,并可以由省级以上人民政府财政部门暂停其经营业务或者予以撤销。”

同样地,法人被撤销只是法人的解散事由,在被撤销之后、完成法人注销登记(依法不需要登记的除外)之前,法人是存续的,仍然具有法人资格、具有相应的民事主体地位,具有民事权利能力和相应的民事行为能力(但不得开展与清算无关的活动)。

此外,出现法人"被撤销"的情形,并非必然地导致法人不可逆转地需要进入清算程序;尤其是在该"撤销"的行政处罚并非"依法"作出的情况下,在该"撤销"的行政处罚行为依法被撤销之后,因法人"被撤销"而触发的解散事由消失,无须因此适用《民法典》第 70 条第 1 款的规定、法人无须进入清算程序。对此,最高人民法院《关于审理公司强制清算案件工作座谈会纪要》(法发〔2009〕52 号)第 19 条规定了:"公司因依法……被撤销……的,人民法院受理强制清算申请后,清算组对股东进行剩余财产分配前,申请人向人民法院申请撤回强制清算申请的,人民法院应不予准许。但申请人有证据证明相关行政决定被撤销……的除外。"

九、法律规定的其他解散事由

(一)"法律规定的其他情形"的理解

《民法典》第 69 条第 5 项所说的"法律规定的其他情形",既包括《民法典》本身规定的除《民法典》第 69 条第 1 项至第 4 项所列的情形之外的其他解散事由,也包括其他法律规定的除《民法典》第 69 条第 1 项至第 4 项所列的情形之外的其他解散事由。此外,考虑到《民法典》第 58 条第 2 款针对法人成立的具体条件规定了"法人成立的具体条件和程序,依照法律、行政法规的规定",在解释上,《民法典》第 69 条第 5 项所说的"法律规定的其他情形",还包括行政法规规定的除《民法典》第 69 条第 1 项至第 4 项所列的情形之外的其他解散事由。

就法人的解散事由而言,《民法典》第 69 条第 5 项所说的"法律规定的其他情形",具有三个层面的效果:

一是该规定对《民法典》施行之前的原有法律、行政法规针对法人解散事由已经作出的既有的规定(即旧的规定)作出了明确的承认,以确保法律秩序的稳定和延续。

二是该规定明确允许并认可立法机关和国务院在《民法典》施行之后,在必要时通过对现有法律或行政法规进行修改或制定新的法律或行政法规的方式,针对法人解散事由作出新的规定,以适应社会和经济的发展要求,也为将来制定新的专门的民事特别法律或行政法规预留了空间。①

三是法人解散的其他事由,应当由法律或行政法规进行规定,而不应由规章、规范性文件等进行规定。可以将此称为"法人解散事由法定",跟《民法典》第 116 条所说的"物权的种类和内容,由法律规定"是类似的。

---

① 比如,结合《合伙企业法》第 85 条第 5 项所说的"合伙企业有下列情形之一的,应当解散:……(五)合伙协议约定的合伙目的已经实现或者无法实现",法律、行政法规可以将"设立法人的目的已经实现或者无法实现"规定为法人解散的其他事由。

(二)因法院判决解散而解散

就公司而言,人民法院依照《公司法》第 231 条作出解散公司的判决①,即为公司的解散事由,属于《民法典》第 69 条第 5 项所说的“法律规定的其他情形”。在公司被人民法院判决解散的情况下,公司应当组成清算组开始清算。

不过,如果公司股东在人民法院作出解散公司判决后达成了使公司存续的协议,可能可以避免公司进入清算程序。对此,最高人民法院《关于审理公司强制清算案件工作座谈会纪要》(法发〔2009〕52 号)第 19 条规定了:“公司因……被人民法院判决强制解散的,人民法院受理强制清算申请后,清算组对股东进行剩余财产分配前,申请人向人民法院申请撤回强制清算申请的,人民法院应不予准许。但申请人有证据证明……人民法院作出解散公司判决后当事人又达成公司存续和解协议的除外。”

需要注意的是,只有《公司法》第 231 条所说的“公司经营管理发生严重困难,继续存续会使股东利益受到重大损失,通过其他途径不能解决”,才是法院判决公司解散的法定事由;公司出现法定解散事由,并非请求法院判决公司解散的理由,法院也不得以公司出现了法定解散事由为由判决公司解散。对此,海南省高级人民法院(2016)琼民终 253 号民事裁定书认为:“公司章程规定的营业期限届满是公司解散的法定事由之一。本案中,某辰公司章程规定的经营期限届满后,其股东王某林、王某龙未能达成一致意见通过修改公司章程而使某辰公司存续,某辰公司营业期限届满这一法定解散事由已经发生,王某龙以营业期限届满为由向人民法院诉请解散公司没有法律依据,此时存在的只有某辰公司的清算问题。在某辰公司逾期不成立清算组进行清算时,王某龙可依据《中华人民共和国公司法》第一百八十三条的规定向人民法院申请强制清算。”

十、被宣告破产不属于法人解散事由

需要注意的是,由于《民法典》第 68 条第 1 款将“法人被宣告破产”与“法人解散”并列列为法人终止事由,并且,《民法典》第 73 条也针对法人被宣告破产的清算和注销登记作出了单独的规定,因此,法人被宣告破产虽然也属于法人终止的原因,但不属于法人的解散事由;法人被宣告破产后,将进入破产清算程序,适用的是《企业破产法》的规定;针对被宣告破产的法人的注销登记,《企业破产法》第 121 条也专门作出了规定,

---

① 需要注意的是,尽管《仲裁法》第 2 条规定“平等主体的公民、法人和其他组织之间发生的合同纠纷和其他财产权益纠纷,可以仲裁”,但是,由于《公司法》第 229 条第 1 款第 5 项使用了“人民法院依照本法第二百三十一条的规定予以解散”,《公司法》第 231 条使用了“请求人民法院解散公司”的表述,因此,因解散公司产生的纠纷,只能向人民法院提起诉讼,仲裁机构无权仲裁。对此,《最高人民法院关于撤销中国国际经济贸易仲裁委员会(2009)CIETACBJ 裁决(0355)号裁决案的请示的复函》(〔2011〕民四他字第 13 号)更是明确提出:“仲裁机构裁决解散公司没有法律依据,属于无权仲裁的情形。”此外,最高人民法院(2016)最高法民再 202 号民事裁定书也认为:“在公司陷入僵局、公司自治已无法实现的情况下,符合条件的股东可以请求人民法院解散公司。现行法律并未赋予仲裁机构解散公司的裁决权。因仲裁机构裁决解散公司没有法律依据,即便阳某泉煤矿的公司章程规定了公司解散事宜,且约定因执行本章程所发生的或与本章程有关的任何争议均可提请中国国际经济贸易仲裁委员会进行仲裁,其有关公司解散的仲裁协议亦不能发生相应的法律效力。某鹿热电公司有关本案应提交仲裁解决,人民法院不应受理的主张不能成立。”

即:“管理人应当自破产程序终结之日起十日内,持人民法院终结破产程序的裁定,向破产人的原登记机关办理注销登记”。

第七十条　【法人解散的清算义务人及其义务和责任】法人解散的,除合并或者分立的情形外,清算义务人应当及时组成清算组进行清算。

法人的董事、理事等执行机构或者决策机构的成员为清算义务人。法律、行政法规另有规定的,依照其规定。

清算义务人未及时履行清算义务,造成损害的,应当承担民事责任;主管机关或者利害关系人可以申请人民法院指定有关人员组成清算组进行清算。

【条文通释】

《民法典》第 70 条是关于法人解散的清算义务人及其义务和责任的规定。

一、解散清算及其适用条件

(一)解散清算的界定

结合《民法典》第 70 条第 1 款所说的“法人解散的,除合并或者分立的情形外,清算义务人应当及时组成清算组进行清算”和第 3 款所说的“清算义务人未及时履行清算义务……主管机关或者利害关系人可以申请人民法院指定有关人员组成清算组进行清算”以及第 73 条所说的“法人被宣告破产的,依法进行破产清算并完成法人注销登记时,法人终止”,《民法典》第 70 条至第 72 条所说的“清算”,指的是“解散清算”[①],是与“破产清算”相对应的概念,包括法人自行清算和强制清算。

(二)解散清算的适用条件

由于《民法典》第 70 条第 1 款使用了“法人解散的,除合并或者分立的情形外,清算义务人应当及时组成清算组进行清算”的表述,因此,除因法人合并和法人分立导致的法人解散不需要进行清算外,因其他事由导致的法人解散都需要进行清算。

二、清算义务人与清算组

(一)清算义务人的界定

根据《民法典》第 70 条第 1 款所说的“法人解散的,除合并或者分立的情形外,清

---

① 《农民专业合作社法》第 48 条第 2 款直接使用了“解散清算”的表述:“因前款第一项、第二项、第四项原因解散的,应当在解散事由出现之日起十五日内由成员大会推举成员组成清算组,开始解散清算……”《九民会议纪要》第 117 条也使用了“解散清算”的表述:“要依法区分公司解散清算与破产清算的不同功能和不同适用条件……”

算义务人应当及时组成清算组进行清算”和第3款所说的“清算义务人未及时履行清算义务,造成损害的,应当承担民事责任”,《民法典》所说的“清算义务人”,指的是在法人解散事由出现后,负有对法人进行清算的义务的主体,即对法人负有清算义务的主体。

根据法人的具体情况,清算义务人既可能是自然人,也可能是组织;既可能是一人,也可能是数人。

(二)清算义务人的范围

根据《民法典》第70条第2款的规定,原则上,法人解散时的清算义务人为其执行机构(或决策机构)的成员;但是,在法律或行政法规对法人的清算义务人作出了不同规定的情况下,则以法律或行政法规规定的主体为清算义务人。

1. 原则规定:以执行机构或决策机构成员为清算义务人

由于《民法典》第70条第2款使用了“法人的董事、理事等执行机构或者决策机构的成员为清算义务人。法律、行政法规另有规定的,依照其规定”的表述,因此,在法人解散需要清算的情况下,只要法律、行政法规没有另作规定,法人的执行机构或决策机构的每一个成员就都是清算义务人。①

结合《民法典》第80条和第81条关于营利法人权力机构和执行机构的规定,第91条关于社会团体法人权力机构和执行机构的规定,第89条关于事业单位决策机构的规定和第93条关于捐助法人决策机构和执行机构的规定,《农民专业合作社法》第29条和第33条关于农民专业合作社权力机构和理事长(或理事会)的规定,《民法典》第70条第2款所说的“执行机构”,是与同一法人的“权力机构”或“决策机构”对应的组织机构,既可以是营利法人、社会团体法人和农民专业合作社的“执行机构”,也可以是事业单位或捐助法人的“执行机构”;而《民法典》第70条第2款所说的“决策机构”,指向的是事业单位或捐助法人的“决策机构”,在事业单位或捐助法人的内部具有类似于营利法人的“权力机构”的地位。

也就是说,就营利法人、社会团体法人和农民专业合作社而言,这些法人解散时的清算义务人是法人的执行机构的全体成员;其中,营利法人的执行机构的成员为董事会全体董事(如设董事会)或唯一董事(如不设董事会)或章程规定的主要负责人(如不设董事会和执行董事),社会团体法人的执行机构的成员为理事会全体理事(或依法设立的其他执行机构的成员),农民专业合作社的执行机构的成员为理事会全体理事(如设理事会)或理事长(如不设理事会)。

就事业单位和捐助法人而言,由于《民法典》第70条第2款使用了“法人的董事、理事等执行机构或者决策机构的成员为清算义务人”的表述,因此,在《民法典》的角度,这两类法人解散时的清算义务人,既可以是法人决策机构的成员,也可以是法人执

① 相比较而言,《合伙企业法》第86条针对合伙企业解散时的清算人作出的规定更为清晰:“合伙企业解散,应当由清算人进行清算。清算人由全体合伙人担任;经全体合伙人过半数同意,可以自合伙企业解散事由出现后十五日内指定一个或者数个合伙人,或者委托第三人,担任清算人……”

行机构的成员。[①]

2. 例外规定:以法律或行政法规规定的主体为清算义务人

考虑到在《民法总则》出台之前,既有的法律法规已经针对相关法人的清算义务人作出了规定,《民法典》第 70 条第 2 款在作出"法人的董事、理事等执行机构或者决策机构的成员为清算义务人"的原则性规定的同时,也明确了例外,即:"法律、行政法规另有规定的,依照其规定"。法律、行政法规针对法人解散的清算义务人作出的与"法人的董事、理事等执行机构或者决策机构的成员为清算义务人"不同的规定,比如规定法人的执行机构或决策机构成员之外的主体为清算义务人、法人的法定代表人为清算义务人、法人的执行机构或决策机构成员和法人的出资人为清算义务人等,都属于《民法典》第 70 条第 2 款所说的"法律、行政法规另有规定"。

就法人的清算义务人而言,《民法典》第 70 条第 2 款所说的"法律、行政法规另有规定的,依照其规定",具有三个层面的效果:

一是该规定对《民法典》施行之前的原有法律、行政法规针对法人的清算义务人已经作出的既有的规定(即旧的规定)作出了明确的承认,以确保法律秩序的稳定和延续。

二是该规定明确允许并认可立法机关和国务院在《民法典》施行之后,在必要时通过对现有法律或行政法规进行修改或制定新的法律或行政法规的方式,针对法人的清算义务人作出新的规定(即新的具体规定),以适应社会和经济的发展要求,也为将来制定新的专门的民事特别法律或行政法规预留了空间。

三是法人的清算义务人的范围,应当由法律或行政法规进行规定,而不应由规章、规范性文件等进行规定。

现阶段,《民法典》第 70 条第 2 款针对法人的清算义务人所说的"法律、行政法规另有规定",主要包括:

一是在自 2021 年 1 月 1 日《民法典》施行起至 2024 年 6 月 30 日以前,原《公司法》(2018 年修正)第 183 条所说的"公司因本法第一百八十条第(一)项、第(二)项、第(四)项、第(五)项规定而解散的,应当在解散事由出现之日起十五日内成立清算组,开始清算。有限责任公司的清算组由股东组成,股份有限公司的清算组由董事或者股东

① 需要注意的是,不能以《民法典》第 70 条第 2 款使用了"董事、理事"的表述为由认为事业单位或捐助法人解散时的清算义务人只能是决策机构成员,不能是执行机构成员。比如,宗教活动场所法人的决策机构通常为民主管理组织,而不是董事会或理事会[见《民法典》第 93 条第 2 款、国家宗教事务局《宗教活动场所法人章程示范文本》(国宗发〔2019〕2 号)]。此外,在不同的法人,"理事"既可能是决策机构成员(比如设理事会的事业单位和捐助法人),也可能是执行机构的成员(比如设理事会的社会团体法人和农民专业合作社)。另有,不能简单地认为"董事"是专属于营利法人或专属于执行机构的概念,其他法人(如事业单位)也可以将"董事会"设为其"决策机构"并使用"董事"的概念。比如,《关于建立和完善事业单位法人治理结构的意见》(国办发〔2011〕37 号)提出:"(事业单位)决策监督机构的主要组织形式是理事会,也可探索董事会、管委会等多种形式。"

大会确定的人员组成”。①

但是,自 2024 年 7 月 1 日 2023 年修订后的《公司法》施行后,《公司法》第 232 条第 1 款所说的“公司因本法第二百二十九条第一款第一项、第二项、第四项、第五项规定而解散的,应当清算。董事为公司清算义务人,应当在解散事由出现之日起十五日内组成清算组进行清算”,与《民法典》第 70 条第 2 款第 1 句所说的“法人的董事、理事等执行机构或者决策机构的成员为清算义务人”保持了一致,并非其“法律另有规定”。

二是《农民专业合作社法》第 48 条第 2 款所说的“因前款第一项、第二项、第四项原因解散的,应当在解散事由出现之日起十五日内由成员大会推举成员组成清算组,开始解散清算”。

三是《民办教育促进法》第 58 条所说的“民办学校终止时,应当依法进行财务清算。民办学校自己要求终止的,由民办学校组织清算;被审批机关依法撤销的,由审批机关组织清算”。

四是《慈善法》第 18 条所说的“慈善组织终止,应当进行清算。慈善组织的决策机构应当在本法第十七条规定的终止情形出现之日起三十日内成立清算组进行清算,并向社会公告”。

五是《事业单位登记管理暂行条例》第 13 条第 2 款所说的“事业单位办理注销登记前,应当在审批机关指导下成立清算组织,完成清算工作”。

六是《社会团体登记管理条例》第 20 条所说的“社会团体在办理注销登记前,应当在业务主管单位及其他有关机关的指导下,成立清算组织,完成清算工作”。

七是《基金会管理条例》第 18 条第 1 款所说的“基金会在办理注销登记前,应当在登记管理机关、业务主管单位的指导下成立清算组织,完成清算工作”。

八是《民办非企业单位登记管理暂行条例》第 16 条第 2 款所说的“民办非企业单位在办理注销登记前,应当在业务主管单位和其他有关机关的指导下,成立清算组织,完成清算工作”。

九是《全民所有制工业企业转换经营机制条例》(2011 年修订)第 36 条所说的“企业经停产整顿仍然达不到扭亏目标,并且无法实行合并的,以及因其他原因应当终止的,在保证清偿债务的前提下,由政府主管部门提出,经省级政府或者国务院主管部门

① 比如,辽宁省高级人民法院(2021)辽民申 9205 号民事裁定书认为:“本案中,沈阳某某宝商贸有限公司为有限责任公司,《公司法》作为特别法已明确规定有限责任公司的清算组由股东组成。被申请人孙某庭为沈阳某某宝商贸有限公司执行董事,并不是该公司股东,并非为《公司法》规定的清算义务人,原审据此判决驳回再审申请人上海某某表业有限公司要求孙某庭承担给付责任的诉讼请求,并无不当。”

批准，可以依法予以解散。企业解散，由政府主管部门指定成立的清算组进行清算”。[①]

3. 有关公司的清算义务人的特别规定

在 2023 年修订后的《公司法》2024 年 7 月 1 日施行之前，针对股份公司，最高人民法院倾向于将股份公司的控股股东、实际控制人也视为清算义务人；甚至，最高人民法院也倾向于将有限公司的实际控制人也认定为清算义务人。具体而言：

一是《公司法解释二》第 18 条关于“有限责任公司的股东、股份有限公司的董事和控股股东未在法定期限内成立清算组开始清算，导致公司财产贬值、流失、毁损或者灭失，债权人主张其在造成损失范围内对公司债务承担赔偿责任的，人民法院应依法予以支持。有限责任公司的股东、股份有限公司的董事和控股股东因怠于履行义务，导致公司主要财产、账册、重要文件等灭失，无法进行清算，债权人主张其对公司债务承担连带清偿责任的，人民法院应依法予以支持。上述情形系实际控制人原因造成，债权人主张实际控制人对公司债务承担相应民事责任的，人民法院应依法予以支持”的规定，明确了股份公司的控股股东负有清算义务。

二是最高人民法院《关于审理公司强制清算案件工作座谈会纪要》（法发〔2009〕52 号）第 29 条关于“债权人申请强制清算，人民法院以无法清算或者无法全面清算为由裁定终结强制清算程序的，应当在终结裁定中载明，债权人可以另行依据公司法司法解释二第十八条的规定，要求被申请人的股东、董事、实际控制人等清算义务人对其债务承担偿还责任”的规定，将作为“被申请人”的有限公司、股份公司的实际控制人明确列为“清算义务人”。

三是《最高人民法院关于正确审理企业破产案件为维护市场经济秩序提供司法保障若干问题的意见》（法发〔2009〕36 号）第 16 条关于“人民法院在审理债务人人员下落不明或财产状况不清的破产案件时，要从充分保障债权人合法利益的角度出发，在对债务人的法定代表人、财务管理人员、其他经营管理人员，以及出资人等进行释明，或者采取相应罚款、训诫、拘留等强制措施后，债务人仍不向人民法院提交有关材料或者不提交全部材料，影响清算顺利进行的，人民法院就现有财产对已知债权进行公平清偿并裁定终结清算程序后，应当告知债权人可以另行提起诉讼要求有责任的有限责任公司股东、股份有限公司董事、控股股东，以及实际控制人等清算义务人对债务人的债务承担清偿责任”的规定，也将作为有限公司、股份公司的实际控制人明确列为“清算义务人”。

---

① 比如，在北京华某达经济信息咨询中心与李某纹清算责任纠纷案中，北京市丰台区人民法院（2018）京 0106 民初 28043 号民事判决书认为：“金属中心注销时系全民所有制企业，有关出资人责任的问题不适用公司法相关规定。李某纹虽为原金属中心登记法定代表人，但并非金属中心之清算义务人，亦未对金属中心的有关债权、债务的承担作出意思表示。因此，华某达中心向李某纹主张赔偿责任的诉讼请求缺乏事实依据。”在二审中，北京市第二中级人民法院（2018）京 02 民终 12278 号民事判决书认为：“本案首先需要明确李某纹是否具有清算义务人身份。金属中心于 2014 年 10 月注销，在该时点的关于清算义务人身份的确认应适用当时的法律、行政法规规定。《全民所有制工业企业转换经营机制条例（2011 年修订）》第三十六条规定：‘企业经停产整顿仍然达不到扭亏目标，并且无法实行合并的，以及因其他原因应当终止的，在保证清偿债务的前提下，由政府主管部门提出，经省级政府或者国务院主管部门批准，可以依法予以解散。企业解散，由政府主管部门指定成立的清算组进行清算。’因此，华某达中心上诉主张应适用 2017 年 10 月 1 日起施行的《中华人民共和国民法总则》认定金属中心的厂长李某纹为金属中心的清算义务人，缺乏依据，本院不予采纳。”

但是,自2024年7月1日2023年修订后的《公司法》施行后,由于《公司法》第232条第1款所说的“公司因本法第二百二十九条第一款第一项、第二项、第四项、第五项规定而解散的,应当清算。董事为公司清算义务人,应当在解散事由出现之日起十五日内组成清算组进行清算”,与《民法典》第70条第2款第1句所说的“法人的董事、理事等执行机构或者决策机构的成员为清算义务人”保持了一致,并非其“法律另有规定”,因此,除公司的董事外,任何其他主体,包括股份公司的控股股东、实际控制人、有限公司的实际控制人,都不是《公司法》和《民法典》规定的公司的清算义务人。

(三)清算义务人的义务

由于《民法典》第70条第1款使用了“法人解散的,除合并或者分立的情形外,清算义务人应当及时组成清算组进行清算”的表述,第3款使用了“清算义务人未及时履行清算义务,造成损害的,应当承担民事责任”的表述,因此,清算义务人对法人负有“清算义务”,具体表现为“及时组成清算组进行清算”。

其中,《民法典》第70条第1款所说的“及时组成清算组”中的“及时”,取决于法律法规的规定,通常指解散事由出现之日起15日①或30日②内。

需要注意的是,结合《民法典》第70条第3款所说的“清算义务人未及时履行清算义务……主管机关或者利害关系人可以申请人民法院指定有关人员组成清算组进行清算”,第71条所说的“法人的清算程序和清算组职权,依照有关法律的规定;没有规定的,参照适用公司法律的有关规定”,《公司法》第232条关于“公司因本法第二百二十九条第一款第一项、第二项、第四项、第五项规定而解散的,应当清算。董事为公司清算义务人,应当在解散事由出现之日起十五日内组成清算组进行清算。清算组由董事组成,但是公司章程另有规定或者股东会决议另选他人的除外。清算义务人未及时履行清算义务,给公司或者债权人造成损失的,应当承担赔偿责任”的规定和第234条关于“清算组在清算期间行使下列职权:(一)清理公司财产,分别编制资产负债表和财产清单;(二)通知、公告债权人;(三)处理与清算有关的公司未了结的业务;(四)清缴所欠税款以及清算过程中产生的税款;(五)清理债权、债务;(六)分配公司清偿债务后的剩余财产;(七)代表公司参与民事诉讼活动”的规定,可以认为,清算义务人的义务仅限于在法人解散后及时组成清算组,如未及时组成清算组,则将构成强制清算事由并可能产生损害赔偿责任;但在清算组成立之后,则不再负有清算义务,而由清算组行使清算职权、履行清算义务。

(四)清算义务人与清算组的关系

《民法典》第70条同时使用了“清算义务人”和“清算组”的概念,表明二者具有不

---

① 比如,《公司法》第232条第1款规定:“公司因本法第二百二十九条第一款第一项、第二项、第四项、第五项规定而解散的,应当清算。董事为公司清算义务人,应当在解散事由出现之日起十五日内组成清算组进行清算。”《农民专业合作社法》第48条第2款所说的“因前款第一项、第二项、第四项原因解散的,应当在解散事由出现之日起十五日内由成员大会推举成员组成清算组,开始解散清算”。

② 比如,《慈善法》第18条规定:“慈善组织终止,应当进行清算。慈善组织的决策机构应当在本法第十七条规定的终止情形出现之日起三十日内成立清算组进行清算,并向社会公告……”

同的含义。

1. 清算组

清算组是在法人解散后以清算法人的债权、债务为目的而依法成立，负责对解散的法人的财产进行保管、清理、估价、处理和清偿的组织机构。①

2. 清算义务人与清算组的关系

结合《民法典》第 70 条第 1 款所说的“法人解散的，除合并或者分立的情形外，清算义务人应当及时组成清算组进行清算”和第 3 款所说的“清算义务人未及时履行清算义务……主管机关或者利害关系人可以申请人民法院指定有关人员组成清算组进行清算”，清算义务人与清算组的关系，主要如下：

一是在自行清算的情形，清算组是由全体清算义务人组成的，即清算组成员由清算义务人担任，并且原则上只能由清算义务人担任。此时，清算组与清算义务人通常是重叠的，清算义务人之外的主体不应担任清算组成员（当然，清算组依法聘请律师、会计师等专业人士或律师事务所、会计师事务所、破产清算事务所等社会中介机构协助其对法人进行清算，自无不可）；不过，在法人的清算义务人中包含了法人或非法人组织的情形，则应由法人或非法人组织委派的代表担任清算组成员。

需要注意的时，《公司法》第 232 条第 2 款对公司解散清算时清算组的组成作出了不同的规定：“清算组由董事组成，但是公司章程另有规定或者股东会决议另选他人的除外。”也就是说，就公司解散清算而言，公司章程可以规定清算组成员并非只能由董事组成，公司的股东会也可以决议另选董事之外的主体组成清算组。根据《民法典》第 11 条所说的“其他法律对民事关系有特别规定的，依照其规定”，《公司法》第 232 条第 2 款所说的“清算组由董事组成，但是公司章程另有规定或者股东会决议另选他人的除外”，属于《民法典》第 70 条所说的“法人解散的，除合并或者分立的情形外，清算义务人应当及时组成清算组进行清算”中的“清算义务人应当及时组成清算组”的特别规定，应当优先适用。

二是在强制清算的情形，清算组是由法院指定的人员组成的，法院可以指定清算义务人之外的主体担任清算组成员②。此时，清算组成员不限于清算义务人，甚至可以不包含任何清算义务人。

三是根据《民法典》第 70 条，清算义务人对法人负有“清算义务”，应当“及时组成清算组进行清算”；但是，根据《民法典》第 71 条和《公司法》第 234 条至第 239 条的规定，在清算组依法成立之后、完成法人注销登记之前，对法人负有“清算义务”或“清算职责”的则是清算组，行使“清算职权”、履行“清算义务”或“清算职责”的也是清算组，

---

① 《民通意见》（已废止）第 60 条第 1 款曾规定：“清算组织是以清算企业法人债权、债务为目的而依法成立的组织。它负责对终止的企业法人的财产进行保管、清理、估价、处理和清偿。”

② 最高人民法院《关于审理公司强制清算案件工作座谈会纪要》第 22 条规定：“人民法院受理强制清算案件后，应当及时指定清算组成员。公司股东、董事、监事、高级管理人员能够而且愿意参加清算的，人民法院可优先考虑指定上述人员组成清算组；上述人员不能、不愿进行清算，或者由其负责清算不利于清算依法进行的，人民法院可以指定《人民法院中介机构管理人名册》和《人民法院个人管理人名册》中的中介机构或者个人组成清算组；人民法院也可根据实际需要，指定公司股东、董事、监事、高级管理人员，与管理人名册中的中介机构或者个人共同组成清算组……”

而非清算义务人。

三、未及时履行清算义务的后果

《民法典》第 70 条第 3 款规定了清算义务人在法人解散清算中未及时履行清算义务的两项后果:一是承担损害赔偿责任,二是构成强制清算事由。

(一)损害赔偿责任

清算义务人未及时履行清算义务的第一项后果是需要承担损害赔偿责任。《民法典》第 70 条第 3 款所说的"清算义务人未及时履行清算义务,造成损害的,应当承担民事责任",在性质上属于侵权责任①,这种责任属于过错责任。

关于清算义务人的损害赔偿责任,需要注意以下事项:

1. 责任主体

由于《民法典》第 70 条第 3 款使用了"清算义务人未……造成损害的,应当承担民事责任"的表述,因此,该民事责任的责任主体是"清算义务人",在范围上包括所有"未及时履行清算义务"的清算义务人。

2. 权利主体

由于《民法典》第 70 条第 3 款使用了"清算义务人未及时履行清算义务,造成损害的,应当承担民事责任"的表述,其中并未对权利主体作出限制性规定,因此,该民事责任的权利主体是因清算义务人未及时履行清算义务受到损害的主体,在范围上既可以是法人的债权人,也可以是法人自身,还可以是法人的出资人。应该说,《公司法》第 232 条第 3 款所说的"清算义务人未及时履行清算义务,给公司或者债权人造成损失的,应当承担赔偿责任",规定得更为清晰。

3. 适用条件

由于《民法典》第 70 条第 3 款使用了"清算义务人未及时履行清算义务,造成损害"的表述,因此,该民事责任的适用条件有四:一是法人出现了除合并和分立之外的解散事由,二是清算义务人存在未及时履行清算义务的行为,三是法人或其债权人等权利主体受到了损害,四是法人或其债权人等权利主体的损害与清算义务人未及时履

---

① 《公司法解释二》(2020 年修正)第 18 条第 2 款规定:"有限责任公司的股东、股份有限公司的董事和控股股东因怠于履行义务,导致公司主要财产、账册、重要文件等灭失,无法进行清算,债权人主张其对公司债务承担连带清偿责任的,人民法院应依法予以支持"。《九民会议纪要》认为,《公司法解释二》第 18 条第 2 款"关于有限责任公司股东清算责任的规定,其性质是因股东怠于履行清算义务致使公司无法清算所应当承担的侵权责任"。

行清算义务之间存在因果关系。[①]

需要注意的是,《民法典》第 70 条第 3 款所说的“清算义务人未及时履行清算义务”,跟“怠于履行清算义务”具有不同的含义。

根据《九民会议纪要》第 14 条的规定,《公司法解释二》第 18 条第 2 款所说的“怠于履行清算义务”是指有限责任公司的股东在法定清算事由出现后,在能够履行清算义务的情况下,故意拖延、拒绝履行清算义务,或者因过失导致无法进行清算的消极行为。而《民法典》第 70 条第 3 款所说的“清算义务人未及时履行清算义务”,强调的是“清算义务人没有及时履行清算义务”这一结果或事实状态,在范围上与“怠于履行清算义务”既有不同、也有交叉,既包括清算义务人根本未履行清算义务,也包括清算义务人虽然履行了清算义务、但履行清算义务不及时。

此外,除非未及时履行清算义务是因不可抗力造成的,否则,只要清算义务人未及时履行清算义务,就可以认定清算义务人存在过错,至于这种过错是故意还是重大过失,则是在所不问的。这跟《公司法》第 238 条第 2 款所说的“清算组成员……因故意或者重大过失给债权人造成损失的,应当承担赔偿责任”是不一样的。

基于上述,结合《九民会议纪要》第 14 条至第 16 条的规定,清算义务人可以提出不存在侵权行为、不存在损害、侵权行为与损害之间不存在因果关系以及已经超过诉讼时效期间[②]等抗辩。

4. 责任方式

由于《民法典》第 70 条第 3 款使用了“应当承担民事责任”的表述,其中并未对民事责任作出限制性规定,因此,在责任方式方面,应当适用《民法典》第 179 条关于承担民事责任的方式的一般规定(但主要是损害赔偿)。

---

① 比如,河南省高级人民法院(2018)豫民申 9208 号民事裁定书认为:“本案中,立某声影院作为独立法人被吊销营业执照后,宝丰县文化局作为其主管机关有义务组织清算。孙某国、张某顺主张宝丰县文化局怠于履行清算义务,要求其对立某声影院的债务承担连带清偿责任,孙某国、张某顺应当提供证据证明宝丰县文化局未及时履行清算义务对其造成损害。因孙某国、张某顺未能提交证据证明该损害事实,其应当承担不利后果,故二审判决驳回孙某国、张某顺对宝丰县文化局的诉讼请求,并无不当。”河南省高级人民法院(2019)豫民申 7386 号民事裁定书也认为:“西工区政府作为某工房产公司的主管部门,应当对某工房产公司进行清算,但是未清算不必然导致直接承担民事责任,还需因未清算而对他人造成损害,这也符合侵权责任的一般原理。某古研究院的债权于 1996 年经生效判决确定,1996 年 8 月 20 日洛阳市中级人民法院以某工房产公司无履行能力为由中止执行,某古研究院的债权自 1996 年即不能实现。某工房产公司的营业执照于 2008 年被吊销,虽然西工区政府未及时清算,但无证据证明未清算对某古研究院造成了损害,某古研究院的债权不能实现与未清算之间不具有因果关系,因此某古研究院的该主张不能成立。”

② 《最高人民法院民二庭关于债权人主张公司股东承担清算赔偿责任诉讼时效问题请示的答复》(〔2014〕民二他字第 16 号)认为:“……作为清算义务人的公司股东怠于履行清算义务导致公司债权人损失的,公司债权人有权请求公司股东承担赔偿责任。该赔偿请求权在性质上属于债权请求权,依据《最高人民法院关于审理民事案件适用诉讼时效制度若干问题的规定》第一条规定,债权人行使该项权利,应受诉讼时效制度约束。”《九民会议纪要》第 16 条规定:“公司债权人请求股东对公司债务承担连带清偿责任,股东以公司债权人对公司的债权已经超过诉讼时效期间为由抗辩,经查证属实的,人民法院依法予以支持。公司债权人以公司法司法解释(二)第 18 条第 2 款为依据,请求有限责任公司的股东对公司债务承担连带清偿责任的,诉讼时效期间自公司债权人知道或者应当知道公司无法进行清算之日起计算。”

5. 公司解散时清算义务人损害赔偿责任的特别规定

就公司而言,在2023年修订后的《公司法》2024年7月1日施行前,《公司法解释二》区分不同的情形,对公司解散时清算义务人的损害赔偿责任作出了特别的规定,主要如下:

一是未在法定期限内成立清算组开始清算的赔偿责任。对此,《公司法解释二》第18条第1款规定:“有限责任公司的股东、股份有限公司的董事和控股股东未在法定期限内成立清算组开始清算,导致公司财产贬值、流失、毁损或者灭失,债权人主张其在造成损失范围内对公司债务承担赔偿责任的,人民法院应依法予以支持”,第3款规定:“上述情形系实际控制人原因造成,债权人主张实际控制人对公司债务承担相应民事责任的,人民法院应依法予以支持。”

二是怠于履行清算义务的债务清偿责任。对此,《公司法解释二》第18条第2款规定:“有限责任公司的股东、股份有限公司的董事和控股股东因怠于履行义务,导致公司主要财产、账册、重要文件等灭失,无法进行清算,债权人主张其对公司债务承担连带清偿责任的,人民法院应依法予以支持”,第3款规定:“上述情形系实际控制人原因造成,债权人主张实际控制人对公司债务承担相应民事责任的,人民法院应依法予以支持。”

三是在公司解散后恶意处置公司财产的赔偿责任。对此,《公司法解释二》第19条规定:“有限责任公司的股东、股份有限公司的董事和控股股东,以及公司的实际控制人在公司解散后,恶意处置公司财产给债权人造成损失……债权人主张其对公司债务承担相应赔偿责任的,人民法院应依法予以支持。”

四是未经依法清算,以虚假的清算报告骗取注销登记的赔偿责任。对此,《公司法解释二》第19条规定:“有限责任公司的股东、股份有限公司的董事和控股股东,以及公司的实际控制人在公司解散后……未经依法清算,以虚假的清算报告骗取公司登记机关办理法人注销登记,债权人主张其对公司债务承担相应赔偿责任的,人民法院应依法予以支持。”

五是未经清算即办理注销登记的债务清偿责任。对此,《公司法解释二》第20条第1款规定:“……公司未经清算即办理注销登记,导致公司无法进行清算,债权人主张有限责任公司的股东、股份有限公司的董事和控股股东,以及公司的实际控制人对公司债务承担清偿责任的,人民法院应依法予以支持。”①

自2024年7月1日2023年修订后的《公司法》施行后,有关公司解散时清算义务人的损害赔偿责任,应当以《公司法》和最高人民法院制定的新的司法解释的规定为准。

(二)强制清算

《民法典》第70条第3款所说的“清算义务人未及时履行清算义务……主管机关

① 在此基础上,《公司法解释二》第20条第2款还规定:“公司未经依法清算即办理注销登记,股东或者第三人在公司登记机关办理注销登记时承诺对公司债务承担责任,债权人主张其对公司债务承担相应民事责任的,人民法院应依法予以支持。”

或者利害关系人可以申请人民法院指定有关人员组成清算组进行清算”，是清算义务人在法人解散清算中未及时履行清算义务的第二项后果，即构成强制清算事由。

关于法人强制清算，需要注意以下事项：

1. 适用条件

在适用条件方面，在法人解散事由出现之后、法人终止之前①存在《民法典》第 70 条第 3 款所说的“清算义务人未及时履行清算义务”的情形时，才可以申请人民法院组织实施强制清算。②

如前所说，《民法典》第 70 条第 3 款所说的“清算义务人未及时履行清算义务”，强调的是“清算义务人没有及时履行清算义务”这一结果或事实状态，既包括清算义务人根本未履行清算义务，也包括清算义务人虽然履行了清算义务，但履行清算义务不及时。因此，作为强制清算事由，无须以“造成损害”为前提，也无须以已经催告清算义务人及时履行清算义务为前提。这跟《公司法》第 233 条第 1 款所说的“公司依照前条第一款的规定应当清算，逾期不成立清算组进行清算……不清算的，利害关系人可以申请人民法院指定有关人员组成清算组进行清算。人民法院应当受理该申请，并及时组织清算组进行清算”是相同的。

进而，由于《民法典》第 70 条第 3 款针对强制清算的适用条件使用的是“清算义务人未及时履行清算义务……主管机关或者利害关系人可以申请人民法院指定有关人员组成清算组进行清算”的表述，其中并未提出要求满足其他条件方可申请对法人进行强制清算，因此，只要在解散事由出现后存在“清算义务人未及时履行清算义务”的情形，法人的主管机关或者利害关系人就可以申请法院对该法人进行强制清算。这是《民法典》第 70 条第 3 款赋予法人的主管机关或者利害关系人的权利，不受该法人是

---

① 比如，广东省广州市中级人民法院(2022)粤 01 清终 4 号民事裁定书认为：“《中华人民共和国民法典》第五十九条规定：‘法人的民事权利能力和民事行为能力，从法人成立时产生，到法人终止时消灭。’第七十二条第三款规定：‘清算结束并完成法人注销登记时，法人终止；依法不需要办理法人登记的，清算结束时，法人终止。’现某舜公司已被法定登记机关核准注销，依照上述法律规定，法人终止，其主体资格消灭，因此，上诉人苏某山请求对某舜公司进行强制清算，不符合法定受理条件，依法不予支持。”四川省成都市中级人民法院(2019)川 01 清申 13 号民事裁定书也认为：“自兴某投股份公司已经公司登记机关注销登记，某大科产集团公司申请对自兴某投股份公司强制清算，已无事实依据。”

② 有关机关可能对法人强制清算的适用条件作出更加宽松的规定。比如，针对公司强制清算案件，《公司法解释二》第 7 条第 2 款规定：“有下列情形之一，债权人、公司股东、董事或其他利害关系人申请人民法院指定清算组进行清算的，人民法院应予受理：(一)公司解散逾期不成立清算组进行清算的；(二)虽然成立清算组但故意拖延清算的；(三)违法清算可能严重损害债权人或者股东利益的。”该司法解释对原《公司法》第 183 条关于公司强制清算的适用条件进行了扩大解释。

否同时具备破产原因等其他情形的影响①。②

需要注意的是,法人未出现解散事由③或者虽然出现解散事由但组成清算组的法定期限未届满,都不属于《民法典》第70条第3款所说的"清算义务人未及时履行清算义务",此类情形不构成强制清算事由,主管机关或利害关系人不得申请法人对法人实施强制清算,法院也不应受理其申请④。

此外,就公司而言,公司出现法定解散事由,并非请求法院判决公司解散的理由,法院也不得以公司出现了法定解散事由为由判决公司解散。对此,海南省高级人民法院(2016)琼民终253号民事裁定书认为:"公司章程规定的营业期限届满是公司解散的法定事由之一。本案中,某辰公司章程规定的经营期限届满后,其股东王某林、王某龙未能达成一致意见通过修改公司章程而使某辰公司存续,某辰公司营业期限届满这一法定解散事由已经发生,王某龙以营业期限届满为由向人民法院诉请解散公司没有法律依据,此时存在的只有某辰公司的清算问题。在某辰公司逾期不成立清算组进行清算时,王某龙可依据《中华人民共和国公司法》第一百八十三条的规定向人民法院申请强制清算。"

---

① 比如,最高人民法院(2017)最高法民申2542号民事裁定书认为:"在公司解散后不及时进行清算的情形下,公司债权人向人民法院申请对该公司进行强制清算,是《中华人民共和国公司法》第一百八十三条赋予公司债权人的权利,该权利的行使不受企业是否具有破产情形的限制。"在2012年审理的中国某旅贸易有限责任公司与长江某业开发有限公司强制清算案中,最高人民法院也认为,虽然《企业破产法》规定企业法人不能清偿到期债务且明显缺乏清偿能力系债务人的破产原因之一,但在企业法人解散但未清算、破产原因和强制清算原因竞合的情况下,债权人对是向人民法院直接申请债务人破产清算还是申请强制清算依法享有选择权(转引自刘敏:《破产原因和强制清算原因竞合时债权人依法享有申请破产清算或强制清算的选择权——申请再审人中国某旅贸易有限责任公司与被申请人长江某业开发有限公司强制清算案》,载最高人民法院民事审判第二庭编:《商事审判指导》2012年第3辑,人民法院出版社2013年版)。不过,如果法人同时符合破产清算条件和强制清算条件,法院可能不予受理强制清算申请。对此,《九民会议纪要》第117条规定:"要依法区分公司解散清算与破产清算的不同功能和不同适用条件。债务人同时符合破产清算条件和强制清算条件的,应当及时适用破产清算程序实现对债权人利益的公平保护。债权人对符合破产清算条件的债务人提起公司强制清算申请,经人民法院释明,债权人仍然坚持申请对债务人强制清算的,人民法院应当裁定不予受理。"

② 不过,实务中,并非在法人出现强制清算事由时提出的所有强制清算请求,都能得到法院的支持。比如,最高人民法院(2017)最高法民申1151号民事裁定书认为:"有限责任公司股东申请公司强制清算,其目的是通过解散公司收回其股东投资以及收益从而退出公司。本案中虽然公司经营期限届满,具备了公司章程约定的公司清算条件,但在本案诉讼中,公司其他股东愿意通过股权收购方式收购林某进股权以使公司存续,该公司自力救济的方式有利于打破公司僵局,保护公司其他股东以及公司债权人利益,林某进的股东权利可通过其他途径解决。因此,林某进仅以公司经营期限届满为由申请公司强制清算,原审法院不予受理,并无不当。"

③ 比如,《公司法解释二》第2条规定:"股东提起解散公司诉讼,同时又申请人民法院对公司进行清算的,人民法院对其提出的清算申请不予受理。人民法院可以告知原告,在人民法院判决解散公司后,依据民法典第七十条、公司法第一百八十三条和本规定第七条的规定,自行组织清算或者另行申请人民法院对公司进行清算。"

④ 比如,最高人民法院《关于审理公司强制清算案件工作座谈会纪要》第13条规定:"被申请人……对被申请人是否发生解散事由提出异议的,人民法院对申请人提出的强制清算申请应不予受理。申请人可就有关争议单独提起诉讼或者仲裁予以确认后,另行向人民法院提起强制清算申请。但对上述异议事项已有生效法律文书予以确认,以及发生被吊销企业法人营业执照、责令关闭或者被撤销等解散事由有明确、充分证据的除外。"

值得一提的是，在《民法典》第 70 条第 3 款所说的“清算义务人未及时履行清算义务，……主管机关或者利害关系人可以申请人民法院指定有关人员组成清算组进行清算”之外，《公司法》第 233 条对公司强制清算的适用条件作出了两项新的规定：

一是《公司法》第 233 条第 1 款所说的“公司依照前条第一款的规定应当清算……成立清算组后不清算”。在此情形，利害关系人可以申请人民法院指定有关人员组成清算组进行清算。

二是《公司法》第 233 条第 2 款所说的“公司因本法第二百二十九条第一款第四项的规定而解散”。在此情形，作出吊销营业执照、责令关闭或者撤销决定的部门或者公司登记机关可以申请人民法院指定有关人员组成清算组进行清算，无须满足《民法典》第 70 条第 3 款所说“清算义务人未及时履行清算义务”的要求。

《公司法》的上述规定并非《民法典》第 11 条所说的“其他法律对民事关系有特别规定”，也不是“法律另有规定”，而属于对《民法典》未作规定的事项作出的规定，应当直接适用。

2. 申请人范围

由于《民法典》第 70 条第 3 款使用了“主管机关或者利害关系人可以申请人民法院指定有关人员组成清算组进行清算”的表述，因此，法人强制清算案件的申请人包括法人的主管机关和法人的利害关系人。

其中，《民法典》第 70 条第 3 款所说的“主管机关”，不同于“登记机关”①或税务机关等“监管机构”，指的是设立法人依法需要有主管机关的情形，主要适用于全民所有

---

① 实务中，也存在由登记机关申请对法人进行强制清算的案例。比如，江苏省连云港市中级人民法院(2023)苏 07 清申 16 号民事裁定书认为：“本案中，某驰信息公司已被市场监督管理部门吊销营业执照，公司解散事由已经出现，但现并无证据表明某驰信息公司在解散事由出现之日起十五日内成立清算组，已符合公司解散逾期不成立清算组进行清算的情形。连云港市市场监督管理局作为某驰信息公司的市场监管主管机关，其向本院申请对某驰信息公司进行强制清算，符合法律规定，应依法予以准许。”

制企业①、②社会团体③、基金会④、民办非企业单位⑤，不适用于营利法人、机关法人、农村集体经济组织、农民专业合作社、基层群众性自治组织等。

《民法典》第70条第3款所说的"利害关系人"，指的是与法人清算存在利害关系（具体为能够参与法人清算财产的分配）的主体⑥，既可以是自然人、也可以是组织，既可以是一人、也可以是数人。在范围上，《民法典》第70条第3款所说的"利害关系人"，既包括法人的债权人（包括职工⑦），也包括法人的出资人⑧、董事、监事、高级管理

① 《全民所有制工业企业法》第16条第1款规定："设立企业，必须依照法律和国务院规定，报请政府或者政府主管部门审核批准。经工商行政管理部门核准登记、发给营业执照，企业取得法人资格"，第19条规定："企业由于下列原因之一终止：（一）违反法律、法规被责令撤销。（二）政府主管部门依照法律、法规的规定决定解散。（三）依法被宣告破产。（四）其他原因。"

② 比如，广东省广州市中级人民法院（2021）粤01清申153号民事裁定书认为："某广播公司成立于1988年3月22日，登记机关为广东省市场监督管理局，企业类型为全民所有制，……主管部门为广东某某电视台。2021年4月25日，某广播公司的主管部门某某电视台作出《关于解散广东某广播发展公司股东决定》，决定解散某广播公司并进行清算。……某某电视台作为某广播公司的主管部门，已于2021年4月25日作出《关于解散广东某广播发展公司股东决定》，决定解散某广播公司，某广播公司逾期未成立清算组进行清算，某某电视台以主管部门的身份向本院申请对某广播公司强制清算，符合上述法律规定。"

③ 《社会团体登记管理条例》第3条第1款规定："成立社会团体，应当经其业务主管单位审查同意，并依照本条例的规定进行登记"，第6条第2款规定："国务院有关部门和县级以上地方各级人民政府有关部门、国务院或者县级以上地方各级人民政府授权的组织，是有关行业、学科或者业务范围内社会团体的业务主管单位（以下简称业务主管单位）。"

④ 《基金会管理条例》第6条第1款规定："国务院民政部门和省、自治区、直辖市人民政府民政部门是基金会的登记管理机关"，第7条规定："国务院有关部门或者国务院授权的组织，是国务院民政部门登记的基金会、境外基金会代表机构的业务主管单位。省、自治区、直辖市人民政府有关部门或者省、自治区、直辖市人民政府授权的组织，是省、自治区、直辖市人民政府民政部门登记的基金会的业务主管单位。"

⑤ 《民办非企业单位登记管理暂行条例》第3条规定："成立民办非企业单位，应当经其业务主管单位审查同意，并依照本条例的规定登记"，第5条规定："国务院民政部门和县级以上地方各级人民政府民政部门是本级人民政府的民办非企业单位登记管理机关（以下简称登记管理机关）。国务院有关部门和县级以上地方各级人民政府的有关部门、国务院或者县级以上地方各级人民政府授权的组织，是有关行业、业务范围内民办非企业单位的业务主管单位（以下简称业务主管单位）。"

⑥ 比如，最高人民法院（2021）最高法民申7223号民事裁定书认为："根据《中华人民共和国民法总则》第七十条第三款规定：'清算义务人未及时履行清算义务，造成损害的，应当承担民事责任；主管机关或者利害关系人可以申请人民法院指定有关人员组成清算组进行清算。'……利害关系人的范围，除债权人外，还应包括公司股东以及职工等其他可能参与法人财产分配的主体。"

⑦ 最高人民法院（2021）最高法民申7223号民事裁定书认为："清算义务人未及时履行清算义务时，只有主管机关和利害关系人才有权要求清算义务人履行清算责任或者赔偿损失。利害关系人的范围，除债权人外，还应包括公司股东以及职工等其他可能参与法人财产分配的主体。因此，有权申请对企业法人强制清算的职工应限定在可能参与法人财产分配的主体范围内。"

⑧ 比如，天津市第二中级人民法院（2021）津02清申121号民事裁定书认为："申请人中国某某大学系被申请人某某（天津）选煤技术发展公司的出资人之一，是该公司的利害关系人。被申请人某某（天津）选煤技术发展公司被吊销企业法人营业执照，依据《中华人民共和国民法典》第六十九条的规定，已发生解散事由。……现被申请人的清算义务人未及时组成清算组进行清算，申请人作为利害关系人请求对被申请人强制清算符合法律规定。"

人员等，还包括法人的主管税务机关，甚至可以包括法人的出资人的主管单位[①]、法人的股东的股东[②]等。

其中，由于《民法典》第 70 条第 3 款使用了“主管机关或者利害关系人可以申请……”的表述，因此，法人的主管机关不属于《民法典》第 70 条第 3 款所说的“利害关系人”。此外，就利害关系人中的债权人而言，只需其具有法人的债权人身份即可，至于其债权数额则在所不问。[③]

需要注意的是，在法人强制清算事由出现时，不论是“主管机关”还是“利害关系人”，不论是“利害关系人”中的“债权人”还是“利害关系人”中的“股东等出资人”，各申请人处于平等地位，均可申请法院对法人进行强制清算，不存在先后顺序的限制。[④]

还需注意的是，根据《民事诉讼法》第 67 条第 1 款[⑤]和《民诉法解释》第 90 条、第 91 条[⑥]的规定，申请对法人进行强制清算的主体应当对法人已经出现了解散事由、法人的清算义务人“未及时履行清算义务”和申请人属于《民法典》第 70 条第 3 款所说的“利害关系人”承担举证证明责任；在被申请强制清算的法人对申请人是否属于《民法典》第 70 条第 3 款所说的“利害关系人”提出异议的情况下，法院可能不予受理该强制

---

① 比如，广东省广州市中级人民法院（2021）粤 01 清申 253 号民事裁定书认为：“广州某某法律顾问中心成立于 1994 年 11 月 1 日；登记机关为广州市市场监督管理局；经济性质为国有；……主管部门为广州某某实业开发总公司……广州某某法律顾问中心已于 2001 年 9 月 29 日被吊销营业执照，至今未成立清算组进行清算，其主管部门广州某某实业开发总公司已注销，广东省广州市人民检察院作为广州某某实业开发总公司的主管部门，以利害关系人的身份向本院申请对广州某某法律顾问中心进行强制清算，符合上述法律规定。”

② 比如，上海市第三中级人民法院（2022）沪 03 强清 650 号强制清算与破产裁定书认为：“被申请人成立于 1993 年 1 月 6 日，股东是香港××厂有限公司、上海××公司。2005 年 11 月，被申请人受到吊销营业执照的行政处罚而解散后，未成立清算组自行进行清算。申请人是上海××公司的 100% 股东，上海××公司已于 2005 年 6 月 6 日注销登记。根据相关法律规定，解散事由出现之日起十五日内应成立清算组开始清算，但被申请人至今未能成立清算组进行清算，申请人作为股东的股东，对清算结果存在利害关系，提出强制清算申请符合法律规定。”

③ 比如，陕西省高级人民法院（2018）陕民终 956 号民事裁定书认为：“法律对于在申请公司清算案件的申请立案阶段，只是要求申请人对被申请人享有债权，对于享有债权的数额并未作出具体的要求……”

④ 正是因为这个原因，最高人民法院才在《民法典》通过之后、施行之前，将 2008 年《公司法解释二》第 7 条关于“公司应当依照公司法第一百八十四条的规定，在解散事由出现之日起十五日内成立清算组，开始自行清算。有下列情形之一，债权人申请人民法院指定清算组进行清算的，人民法院应予受理：（一）公司解散逾期不成立清算组进行清算的；（二）虽然成立清算组但故意拖延清算的；（三）违法清算可能严重损害债权人或者股东利益的。具有本条第二款所列情形，而债权人未提起清算申请，公司股东申请人民法院指定清算组对公司进行清算的，人民法院应予受理”的规定，修改为“公司应当依照民法典第七十条、公司法第一百八十三条的规定，在解散事由出现之日起十五日内成立清算组，开始自行清算。有下列情形之一，债权人、公司股东、董事或其他利害关系人申请人民法院指定清算组进行清算的，人民法院应予受理：（一）公司解散逾期不成立清算组进行清算的；（二）虽然成立清算组但故意拖延清算的；（三）违法清算可能严重损害债权人或者股东利益的。”

⑤ 《民事诉讼法》第 67 条第 1 款规定：“当事人对自己提出的主张，有责任提供证据。”

⑥ 《民诉法解释》第 90 条规定：“当事人对自己提出的诉讼请求所依据的事实或者反驳对方诉讼请求所依据的事实，应当提供证据加以证明，但法律另有规定的除外。在作出判决前，当事人未能提供证据或者证据不足以证明其事实主张的，由负有举证证明责任的当事人承担不利的后果”，第 91 条规定：“人民法院应当依照下列原则确定举证证明责任的承担，但法律另有规定的除外：（一）主张法律关系存在的当事人，应当对产生该法律关系的基本事实承担举证证明责任；（二）主张法律关系变更、消灭或者权利受到妨害的当事人，应当对该法律关系变更、消灭或者权利受到妨害的基本事实承担举证证明责任。”

清算申请。比如,针对公司强制清算案件,最高人民法院《关于审理公司强制清算案件工作座谈会纪要》第 13 条规定:"被申请人就申请人对其是否享有债权或者股权……提出异议的,人民法院对申请人提出的强制清算申请应不予受理。申请人可就有关争议单独提起诉讼或者仲裁予以确认后,另行向人民法院提起强制清算申请。但对上述异议事项已有生效法律文书予以确认……的除外。"

3. 强制清算案件的主管和管辖

由于《民法典》第 70 条第 3 款使用了"可以申请人民法院指定有关人员组成清算组进行清算"的表述,因此,法人强制清算案件只能由人民法院受理,仲裁机构无权仲裁。

根据《民法典》第 71 条关于"法人的清算程序和清算组职权,依照有关法律的规定;没有规定的,参照适用公司法律的有关规定"的规定,法人强制清算案件的管辖参照适用公司强制清算案件的管辖规定。①

4. 强制清算的清算组成员的产生办法

在清算组的组成方面,由于《民法典》第 70 条第 3 款使用了"申请人民法院指定有关人员组成清算组"的表述,因此,法人强制清算案件的清算组成员由法院指定。清算组成员的指定办法,可以参照公司强制清算案件清算组成员的产生办法。②

第七十一条 【法人解散的清算程序和清算组职权的法律适用】法人的清算程序和清算组职权,依照有关法律的规定;没有规定的,参照适用公司法律的有关规定。

---

① 最高人民法院《关于审理公司强制清算案件工作座谈会纪要》第 2 条规定:"对于公司强制清算案件的管辖应当分别从地域管辖和级别管辖两个角度确定。地域管辖法院应为公司住所地的人民法院,即公司主要办事机构所在地法院;公司主要办事机构所在地不明确、存在争议的,由公司注册登记地人民法院管辖。级别管辖应当按照公司登记机关的级别予以确定,即基层人民法院管辖县、县级市或者区的公司登记机关核准登记公司的公司强制清算案件;中级人民法院管辖地区、地级市以上的公司登记机关核准登记公司的公司强制清算案件……"此外,存在特殊原因的,该纪要也提出可以参照适用《企业破产法》第 4 条、《民事诉讼法》第 38 条关于指定管辖的规定和第 39 条关于管辖转移的规定确定公司强制清算案件的审理法院。

② 《公司法解释二》第 8 条规定:"人民法院受理公司清算案件,应当及时指定有关人员组成清算组。清算组成员可以从下列人员或者机构中产生:(一)公司股东、董事、监事、高级管理人员;(二)依法设立的律师事务所、会计师事务所、破产清算事务所等社会中介机构;(三)依法设立的律师事务所、会计师事务所、破产清算事务所等社会中介机构中具备相关专业知识并取得执业资格的人员。"最高人民法院《关于审理公司强制清算案件工作座谈会纪要》第 22 条规定:"人民法院受理强制清算案件后,应当及时指定清算组成员。公司股东、董事、监事、高级管理人员能够而且愿意参加清算的,人民法院可优先考虑指定上述人员组成清算组;上述人员不能、不愿进行清算,或者由其负责清算不利于清算依法进行的,人民法院可以指定《人民法院中介机构管理人名册》和《人民法院个人管理人名册》中的中介机构或者个人组成清算组;人民法院也可根据实际需要,指定公司股东、董事、监事、高级管理人员,与管理人名册中的中介机构或者个人共同组成清算组。人民法院指定管理人名册中的中介机构或者个人组成清算组,或者担任清算组成员的,应当参照适用最高人民法院《关于审理企业破产案件指定管理人的规定》。"

【条文通释】

《民法典》第 71 条是关于法人解散的清算程序和清算组职权的法律适用的规定。

结合《民法典》第 73 条关于"法人被宣告破产的,依法进行破产清算并完成法人注销登记时,法人终止"的规定,《民法典》第 71 条所说的"清算程序和清算组职权"指的是法人解散时的"清算程序和清算组职权",不包括破产清算。该规定明确了法人解散的清算程序和清算组职权的法律适用规则。此外,《民法典》第 71 条所说的"公司法律",包括《公司法》及其司法解释以及其他法律有关公司的组织和行为的规定;《民法典》第 71 条所说的"有关规定",指的是公司法律中有关公司解散的清算程序的规定和有关清算组职权的规定。

一、法人解散清算程序的法律适用规则

(一)清算程序的界定

结合《公司法》《企业破产法》和最高人民法院《关于审理公司强制清算案件工作座谈会纪要》等有关清算的规定,《民法典》第 71 条所说法人的"清算程序",指的是与法人解散清算有关的程序事项,包括但不限于清算的启动,清算组的组成、债权人的通知和公告、债权的申报、登记和审查、债权人会议的召集、召开、表决、法人财产的处理和分配,强制清算的管辖、申请、审查、受理、清算组的指定、议事机制、终结、与破产程序的衔接①,等等。

需要注意的是,由于《民法典》第 71 条将"清算程序"与"清算组职权"并列列出,因此,"清算程序"与"清算组职权"具有不同的含义;当然,清算程序的推进也离不开清算组职权的履行或行使。

(二)非公司法人解散清算程序参照适用公司法律

由于《民法典》第 71 条使用了"法人的清算程序……依照有关法律的规定;没有规定的,参照适用公司法律的有关规定"的表述,因此,法人解散清算程序的法律适用规则如下:

其一,就公司法人而言,公司的解散清算程序,直接适用公司法律有关公司解散清

---

① 比如,广东省广州市中级人民法院(2021)粤 01 强清 226 号民事裁定书认为:"《中华人民共和国民法典》第七十一条规定:'法人的清算程序和清算组职权,依照有关法律的规定;没有规定的,参照适用公司法律的有关规定'。参照《中华人民共和国公司法》第一百八十七条第一款规定:'清算组在清理公司财产、编制资产负债表和财产清单后,发现公司财产不足清偿债务的,应当依法向人民法院申请宣告破产';《最高人民法院〈关于审理公司强制清算案件工作座谈会纪要〉》第 32 条规定:'公司强制清算中,清算组在清理公司财产、编制资产负债表和财产清单时,发现公司财产不足清偿债务的,除依据公司法司法解释二第十七条的规定,通过与债权人协商制作有关债务清偿方案并清偿债务的外,应依据公司法第一百八十八条和企业破产法第七条第三款的规定向人民法院申请宣告破产。'本案中,……清算组已依法对某塘房产公司开展清算工作,对某塘房产公司的资产及债权债务情况进行了调查。经调查,清算组认为某塘房产公司的资产现已不足以清偿全部债务。清算组作为依法负有清算责任的人,其向本院申请对某塘房产公司进行破产清算,本院已裁定受理该破产清算申请。现清算组申请终结某塘房产公司强制清算程序的理据充分,本院予以准许。"

算程序的规定，主要是《公司法》第 232 条、第 233 条、第 235 条至第 237 条、第 239 条。此时没有适用《民法典》第 71 条所说的“没有规定的，参照适用公司法律的有关规定”的必要。

其二，就非公司法人而言，在法律就该非公司法人的解散清算程序作出了规定的情况下，不论这些规定与公司法律关于公司解散清算程序的规定是否相同，都应当直接适用该法律的这些规定，而不能适用公司法律关于公司解散清算程序的规定。

比如，就慈善组织而言，《慈善法》第 18 条①针对慈善组织的清算组成立期限和清算后的剩余财产的处理作出了规定，慈善组织的解散清算程序涉及的清算组成立期限和剩余财产处理问题，应当适用《慈善法》第 18 条的规定。

又如，就农民专业合作社而言，《农民专业合作社法》第 50 条至第 52 条②针对农民专业合作社的解散清算程序作出了相应的规定，此时应当适用这些规定。

其三，就非公司法人而言，在法律未就该非公司法人的解散清算程序作出任何规定的情况下，可以并应当参照适用公司法律关于公司解散清算程序的相应规定，主要是《公司法》第 232 条、第 233 条、第 235 条至第 237 条、第 239 条；在法律仅就该非公司法人的解散清算程序作出部分规定的情况下，在该法律没有规定的范围内，可以参照适用并应当参照适用公司法律关于公司解散清算程序的相应规定。

比如，就慈善组织而言，《慈善法》第 18 条③仅对慈善组织的清算组成立期限和清算后的剩余财产的处理作出了规定，未对解散清算程序涉及的债权人通知、债权申报与登记、清算方案的制定与确认等事项作出规定，此时，可以参照适用《公司法》第 235 条、第 236 条和第 239 条的相关规定。

---

① 《慈善法》第 18 条规定：“慈善组织终止，应当进行清算。慈善组织的决策机构应当在本法第十七条规定的终止情形出现之日起三十日内成立清算组进行清算，并向社会公告。不成立清算组或者清算组不履行职责的，民政部门可以申请人民法院指定有关人员组成清算组进行清算。慈善组织清算后的剩余财产，应当按照慈善组织章程的规定转给宗旨相同或者相近的慈善组织；章程未规定的，由民政部门主持转给宗旨相同或者相近的慈善组织，并向社会公告……”

② 《农民专业合作社法》第 50 条规定：“清算组应当自成立之日起十日内通知农民专业合作社成员和债权人，并于六十日内在报纸上公告。债权人应当自接到通知之日起三十日内，未接到通知的自公告之日起四十五日内，向清算组申报债权。如果在规定期间内全部成员、债权人均已收到通知，免除清算组的公告义务。债权人申报债权，应当说明债权的有关事项，并提供证明材料。清算组应当对债权进行审查、登记。在申报债权期间，清算组不得对债权人进行清偿”，第 51 条规定：“农民专业合作社因本法第四十八条第一款的原因解散，或者人民法院受理破产申请时，不能办理成员退社手续”，第 52 条规定：“清算组负责制定包括清偿农民专业合作社员工的工资及社会保险费用，清偿所欠税款和其他各项债务，以及分配剩余财产在内的清算方案，经成员大会通过或者申请人民法院确认后实施。清算组发现农民专业合作社的财产不足以清偿债务的，应当依法向人民法院申请破产。”

③ 《慈善法》第 18 条规定：“慈善组织终止，应当进行清算。慈善组织的决策机构应当在本法第十七条规定的终止情形出现之日起三十日内成立清算组进行清算，并向社会公告。不成立清算组或者清算组不履行职责的，民政部门可以申请人民法院指定有关人员组成清算组进行清算。慈善组织清算后的剩余财产，应当按照慈善组织章程的规定转给宗旨相同或者相近的慈善组织；章程未规定的，由民政部门主持转给宗旨相同或者相近的慈善组织，并向社会公告……”

又如，全民所有制企业法人[①]、股份合作制法人[②]、民办非企业单位法人[③]的清算程序，可以参照适用《公司法》及其司法解释的相关规定。

（三）非公司法人解散清算程序参照适用公司法律的注意事项

就非公司法人的解散清算程序参照适用公司法律而言，需要注意以下事项：

其一，在适用条件方面，非公司法人参照适用公司法律应以有关该非公司法人的法律对其解散清算程序的有关事项没有作出规定为前提。《民法典》第71条所说的“没有规定”，既包括对清算程序未作任何规定，也包括仅对清算程序的部分事项作了规定、对清算程序的其他事项未作规定。

其二，在适用范围方面，非公司法人参照适用的仅限于公司法律有关公司解散清算程序的规定，公司法律的其他规定不属于《民法典》第71条所说的参照适用的范围。

二、法人解散清算组职权的法律适用规则

（一）清算组职权

《民法典》第71条所说的法人的“清算组职权”，指的是在法人解散清算程序中，清算组为履行清算义务所享有的职权。

（二）非公司法人解散的清算组职权参照适用公司法律

由于《民法典》第71条使用了“法人的……清算组职权，依照有关法律的规定；没有规定的，参照适用公司法律的有关规定”的表述，因此，法人解散的清算组职权的法律适用规则如下：

其一，就公司法人而言，公司解散的清算组职权，直接适用公司法律有关公司解散的清算组职权的规定，主要是《公司法》第234条[④]。此时没有适用《民法典》第71条所

---

① 比如，北京市第一中级人民法院（2022）京01清申295号民事裁定书认为：“某垦出租公司企业类型为全民所有制，鉴于全民所有制企业的清算程序未予明文规定，本案参照适用《中华人民共和国公司法》及其司法解释相关规定。”

② 比如，北京市第一中级人民法院（2022）京01清申241号民事裁定书认为：“某家务建筑队企业类型为股份制（合作），鉴于股份制（合作）企业的清算程序未予明文规定，本案参照适用《中华人民共和国公司法》及其司法解释相关规定。”

③ 比如，山东省潍坊市中级人民法院（2021）鲁07民终9860号民事裁定书认为：“《中华人民共和国民事诉讼法》第二十六条规定：‘因公司设立、确认股东资格、分配利润、解散等纠纷提起的诉讼，由公司住所地人民法院管辖。’《中华人民共和国民法典》第七十一条规定：‘法人的清算程序和清算组职权，依照有关法律的规定，没有规定的，参照适用公司法律的有关规定。’……从南京某和的诉求可知，已登记注销的潍坊某科原系民办非企业法人，住所地在潍坊市奎文区，故南京某和以潍坊某科清算组成员在清算过程中未尽清算义务损害债权人利益为由提起的清算责任纠纷诉讼，依法应由原潍坊某科住所地人民法院管辖，一审法院对应认定并无不当。”

④ 《公司法》第234条规定：“清算组在清算期间行使下列职权：（一）清理公司财产，分别编制资产负债表和财产清单；（二）通知、公告债权人；（三）处理与清算有关的公司未了结的业务；（四）清缴所欠税款以及清算过程中产生的税款；（五）清理债权、债务；（六）分配公司清偿债务后的剩余财产；（七）代表公司参与民事诉讼活动。”

说的“没有规定的,参照适用公司法律的有关规定”的必要。

其二,就非公司法人而言,在法律就该非公司法人解散的清算组职权作出了规定的情况下,不论这些规定与公司法律关于公司解散的清算组职权的规定是否相同,都应当直接适用该法律的这些规定,而不能适用公司法律关于公司解散的清算组职权的规定。

比如,就农民专业合作社而言,《农民专业合作社法》第49条、第50条和第52条①针对农民专业合作社解散时清算组的职权作出了相应的规定,此时应当适用这些规定。

其三,就非公司法人而言,在法律未就该非公司法人解散的清算组职权作出任何规定的情况下,可以参照适用并应当参照适用公司法律关于公司解散的清算组职权的规定(主要是《公司法》第234条);在法律仅就该非公司法人解散的清算组职权作出部分规定的情况下,在该法律没有规定的范围内,可以参照适用并应当参照适用公司法律关于公司解散的清算组职权的相应规定。

(三)非公司法人解散的清算组职权参照适用公司法律的注意事项

就非公司法人解散的清算组职权参照适用公司法律而言,需要注意以下事项:

其一,在适用条件方面,非公司法人参照适用公司法律应以有关该非公司法人的法律对其解散的清算组职权的有关事项没有作出规定为前提。②《民法典》第71条所说的“没有规定”,既包括对清算组职权未作任何规定,也包括仅对清算组职权作了部分规定。

其二,在适用范围方面,非公司法人参照适用的仅限于公司法律有关公司解散清算组职权的规定,公司法律的其他规定不属于《民法典》第71条所说的参照适用的范围。

三、非公司法人清算之外的其他事项能否参照适用公司法律

由于《民法典》第71条使用了“法人的清算程序和清算组职权……没有规定的,参照适用公司法律的有关规定”的表述,因此,站在《民法典》的角度,非公司法人的解散

① 《农民专业合作社法》第49条规定:“清算组自成立之日起接管农民专业合作社,负责处理与清算有关未了结业务,清理财产和债权、债务,分配清偿债务后的剩余财产,代表农民专业合作社参与诉讼、仲裁或者其他法律程序,并在清算结束时办理注销登记”,第50条规定:“清算组应当自成立之日起十日内通知农民专业合作社成员和债权人,并于六十日内在报纸上公告。……如果在规定期间内全部成员、债权人均已收到通知,免除清算组的公告义务。债权人申报债权,应当说明债权的有关事项,并提供证明材料。清算组应当对债权进行审查、登记。在申报债权期间,清算组不得对债权人进行清偿”,第52条规定:“清算组负责制定包括清偿农民专业合作社员工的工资及社会保险费用,清偿所欠税款和其他各项债务,以及分配剩余财产在内的清算方案,经成员大会通过或者申请人民法院确认后实施。清算组发现农民专业合作社的财产不足以清偿债务的,应当依法向人民法院申请破产。”

② 比如,北京市第二中级人民法院(2018)京02民终7639号民事判决书认为:“某某复兴中心属于集体所有制(股份合作)企业,应依照《民法总则》及《中华人民共和国城镇集体所有制企业条例》的规定进行经营活动,在相关法律法规尚无清算程序和清算组职权法律规定的情况下,可依据《民法总则》第七十一条‘法人的清算程序和清算组职权,依照有关法律的规定;没有规定的,参照适用公司法的有关规定’对某某复兴中心进行清算。”

清算涉及的"清算程序"和"清算组职权"这两个事项,在有关该非公司法人的法律没有规定的范围内,是可以参照适用、也应当参照适用公司法律有关公司解散清算的"清算程序"和"清算组职权"的规定的。

问题是,非公司法人除"清算程序"和"清算组职权"之外的其他事项,包括但不限于法人清算后剩余财产的处理、清算义务人的责任承担,能否参照适用公司法律的有关规定？对此,《民法典》未直接作出规定。

从体系解释的角度看,由于《民法典》只是在第 71 条针对"法人的清算程序和清算组职权"规定了"(有关法律)没有规定的,参照适用公司法律的有关规定",没有在其他条款或针对法人的其他事项规定"参照适用公司法律的有关规定",因此,不能以《民法典》第 71 条作为非公司法人的其他事项参照适用公司法律的依据;并且,在法律或司法解释没有对此作出明确规定的情况下,非公司法人的其他事项是不能参照适用公司法律的有关规定的。这跟《民法典》第 108 条针对非法人组织的法律适用明确规定了"非法人组织除适用本章规定外,参照适用本编第三章第一节的有关规定"是不同的。

比如,北京市第二中级人民法院(2020)京 02 民终 308 号民事判决书认为:"《民法总则》第七十一条规定:'法人的清算程序和清算组职权,依照有关法律的规定;没有规定的,参照适用公司法的有关规定。'该条规定的法人可以参照适用《公司法》有关规定的问题是清算程序和清算组职权,并未规定清算义务人的责任也可以参照适用《公司法》的规定。"又如,针对全民所有制企业法人的清算义务人是否需要对法人债权承担连带清偿责任的问题,北京市第二中级人民法院(2022)京 02 民终 1931 号民事判决书认为:"……法律、司法解释对于全民所有制企业的清算义务人何种情况下承担连带清偿责任的问题未作具体规定。在本案中,某某服务站为全民所有制企业,全民所有制企业的财产属于全民所有,国家依照所有权和经营权分离的原则授予企业经营管理。因此,全民所有制企业的所有权与经营权的状态与有限责任公司、股份有限公司存在差异,现某某服务站的债权人高某 1、高某 2 主张本案可参照《最高人民法院关于适用〈中华人民共和国公司法〉若干问题的规定(二)》第十八条第二款的规定……要求某兴中心就某某服务站的债务承担连带清偿责任,缺乏法律与事实依据。"①再如,针对特别法人中的农民专业合作社,广西壮族自治区南宁市中级人民法院(2021)桂 01 民终 102 号民事裁定书认为:"贵丰某某农民合作社作为农民专业合作经济组织,属于特别法人而非营利法人,故在法无明文依据的情况下,不能参照适用《中华人民共和国公司法》的相关规定。"

不过,实务中也有不同意见。比如,吉林省高级人民法院(2021)吉民申 2283 号民事裁定书认为:"桦甸市某某工程公司系全民所有制企业法人,但《中华人民共和国全民所有制工业企业法》对清算程序等事宜没有规定,依法应援引适用《中华人民共和国公司法》的规定。《最高人民法院关于适用〈中华人民共和国公司法〉若干问题的规定(二)》第二十条规定:'公司解散应当在依法清算完毕后,申请办理注销登记。公司未

---

① 类似的裁判意见,还可见北京市第二中级人民法院(2022)京 02 民终 2726 号民事判决书、山东省威海市中级人民法院(2022)鲁 10 民终 2282 号民事判决书。

经清算即办理注销登记,导致公司无法清算,债权人主张有限责任公司的股东、股份有限公司的董事和控股股东,以及公司的实际控制人对公司债务承担清偿责任的,人民法院依法予以支持。'从桦甸市某某工程公司注销全过程来看,桦甸市水利局实际控制着桦甸市某某工程公司,因此,桦甸市水利局依法应对桦甸市某某工程公司注销前的债务承担清偿责任。"①

甚至,有的裁判意见还认为,法人的其他事项也可以参照适用《公司法》及其司法解释。比如,北京市第三中级人民法院(2020)京03民终9807号民事判决书认为:"虽然《中华人民共和国公司法》第二条明确规定'本法所称公司是指依照本法在中国境内设立的有限责任公司和股份有限公司',而某某总公司是依照1990年7月1日实施的《中华人民共和国乡村集体所有制企业条例》而设立的企业,但《中华人民共和国公司法》及其司法解释仍可适用于本案。《民法总则》第七十一条及《最高人民法院关于适用〈中华人民共和国公司法〉若干问题的规定(一)》第二条分别规定,'法人的清算程序和清算组职权,依照有关法律的规定;没有规定的,参照适用公司法的有关规定','因公司法实施前有关民事行为或者事件发生纠纷起诉到人民法院的,如当时的法律法规和司法解释没有明确规定时,可参照适用公司法的有关规定'。依据前述规定,非依照公司法规定而成立的法人企业亦可通过前述法律规范的引致功能而导致公司法及其司法解释在相关案件中的适用。"②

考虑到其他法人与公司一样,都是"具有民事权利能力和民事行为能力,依法独立享有民事权利和承担民事义务的组织";尤其是非公司制营利法人与公司一样,都是"以取得利润并分配给股东等出资人为目的成立的法人",因此,按照"相同事务相同处理"的原则,其他法人(至少非公司制营利法人)的其他的某些事项似乎应该也可以"参照适用公司法律的有关规定"。

---

① 类似的裁判意见,还可见四川省成都市中级人民法院(2022)川01民终26119号民事判决书、北京市大兴区人民法院(2022)京0115民初5777号民事判决书等。

② 类似的裁判意见,还可见北京市第一中级人民法院(2023)京01民终1541号民事判决书:"某文社保公司于1994年7月成立,于2005年8月被吊销营业执照,上述事实均发生于《中华人民共和国民法典》实施之前。根据《中华人民共和国民法通则》第四十七条和《中华人民共和国企业法人登记管理条例》(1988年7月1日起施行)第三十三条的规定,某文社保公司被吊销营业执照后应成立清算组织进行清算,其债权债务由主管部门或者清算组织负责清理。当时的法律、行政法规虽未就被吊销营业执照企业的主管部门或清算组织未及时清算的责任做出明确的规定,但《最高人民法院关于适用〈中华人民共和国公司法〉若干问题的规定(一)》(法释〔2006〕3号)第二条规定:'因公司法实施前有关民事行为或者事件发生纠纷起诉到人民法院的,如当时的法律法规和司法解释没有明确规定时,可参照适用公司法的有关规定。'据此,某文社保公司被吊销营业执照后清算事宜、未及时成立清算组及清算组成员怠于履行相关义务的责任等,可参照《中华人民共和国公司法》及相关规定进行认定。"

第七十二条　【法人在清算期间的主体资格和行为能力、剩余财产的处理办法和法人终止时间】清算期间法人存续，但是不得从事与清算无关的活动。

法人清算后的剩余财产，按照法人章程的规定或者法人权力机构的决议处理。法律另有规定的，依照其规定。

清算结束并完成法人注销登记时，法人终止；依法不需要办理法人登记的，清算结束时，法人终止。

【条文通释】

《民法典》第 72 条是关于法人在清算期间的主体资格和行为能力、剩余财产的处理办法和法人终止时间的规定。

一、法人在清算期间的主体资格和行为能力

《民法典》第 72 条第 1 款对法人在清算期间的主体资格和行为能力作出了规定，一方面明确法人在清算期间仍然存续，另一方面也对法人在清算期间的行为能力作出了限制。

（一）清算期间的界定

《民法典》使用了"清算期间"的表述，但没有对"清算期间"作出界定，也没有规定"清算期间"的起止时间和长短。

1. 清算期间的起止时间

结合《民法典》第 70 条第 1 款所说的"法人解散的，除合并或者分立的情形外，清算义务人应当及时组成清算组进行清算"和第 72 条第 1 款所说的"清算期间法人存续"，《民法典》第 72 条第 1 款所说的"清算期间"，始于法人解散后清算组成立之日①，止于法人终止之日。②

其中，就依法需要办理注销登记的法人而言，"清算期间"止于登记机关注销法人登记之日，而非"清算结束之日"。因为根据《公司法》第 234 条、第 236 条第 3 款和第 239 条以及《民法典》第 72 条第 1 款所说的"清算期间法人存续"，清算组在清算结束之后还需要办理法人注销登记，在"清算结束"之后、"注销登记"之前的期间，法人仍然是存续的，这段期间仍然属于"清算期间"。

---

① 有的法院认为，清算期间始于解散事由出现之日。比如，《山东省高级人民法院关于审理公司纠纷案件若干问题的意见（试行）》（鲁高法发〔2007〕3 号）第 96 条第 3 款、《江西省高级人民法院关于审理公司纠纷案件若干问题的指导意见》（赣高法〔2008〕4 号）第 82 条第 3 款都曾规定"清算期间，是指公司解散事由出现之日，至公司清算完毕办理注销登记之前的期间"。

② 从税务的角度，根据《国家税务总局关于印发〈中华人民共和国企业清算所得税申报表〉的通知》（国税函〔2009〕388 号）、《天津市国家税务局、天津市地方税务局关于印发〈企业清算环节所得税管理暂行办法〉的公告》（天津市国家税务局、天津市地方税务局公告 2016 年第 19 号），税务机关认为的"清算期间"，是指纳税人实际生产经营终止之日至办理完毕清算事务之日止的期间。

不过,就依法不需要办理注销登记的法人而言,“清算期间”则止于清算结束之日。对此,《民法典》第72条第3款规定了“依法不需要办理法人登记的,清算结束时,法人终止”。

2. 清算期间的长短

《民法典》没有对法人清算期间的长短作出限制性规定。通常而言,清算期间的长短,取决于法人清算事务的多少、复杂程度等具体情况;尤其是在自行清算的情形,法律不宜强制要求清算组必须在某个期间内完成清算工作。

当然,为保障债权人、出资人等利害关系人的利益及时得到实现,法人自行清算也不能长期拖延清算,避免给相关利害关系人造成不必要的损失;结合《公司法》第233条、第235条的规定,考虑到通知、公告债权人的时间,即便是在公司不存在任何债权人并且在清算组成立之日就在报纸上或国家企业信用信息公示系统刊登公告的情形,清算期间自清算组成立之日起,也不可能少于45天。

不过,针对法院组织实施公司强制清算的清算期间,《公司法解释二》第16条要求清算组在成立之日起6个月内清算完毕,并允许清算组因特殊情况无法在6个月内完成清算的可以申请延长。当然,是否准予延长,取决于法院的裁量权。

(二)法人在清算期间的主体资格

由于《民法典》第72条第1款使用了“清算期间法人存续”的表述,因此,在清算期间,法人的主体资格仍然存在;根据《民法典》第59条关于“法人的民事权利能力和民事行为能力,从法人成立时产生,到法人终止时消灭”和第57条关于“法人是具有民事权利能力和民事行为能力,依法独立享有民事权利和承担民事义务的组织”的规定,法人在清算期间仍然具有法人资格,具有相应的民事主体地位,具有民事权利能力和相应的民事行为能力。

(三)法人在清算期间的活动受限

不过,由于《民法典》第72条第1款在“清算期间法人存续”之后加上了“但是不得从事与清算无关的活动”的但书条款,因此,尽管法人在清算期间仍然存续,但是,法人在清算期间所能从事的民事活动是受到限制的,即:只能从事与清算有关的活动,而不得从事与清算无关的任何活动。

1.“与清算无关的活动”的界定

《民法典》第72条第1款所说的“与清算无关的活动”,既包括“与清算无关的经营活动”,也包括“与清算无关的非经营活动”。也就是说,《民法典》第72条第1款对清算期间的法人的民事行为能力所作的限制,比《公司法》第236条第3款所说的“清算期间,公司存续,但不得开展与清算无关的经营活动”更加严格。据此,就公司而言,由于《公司法》第236条第3款只是禁止公司在清算期间“开展与清算无关的经营活动”,不涉及公司在清算期间“能否开展与清算无关的非经营活动”的问题,属于特别法未作规定的情形,此时应当适用《民法典》第72条第1款所说的“不得从事与清算无关的活动”这一一般规定。

需要注意的是,《民法典》第 72 条第 1 款只是禁止法人在清算期间从事“与清算无关的活动”,并未禁止或限制法人在清算期间从事“与清算有关的活动”,因此,法人在清算期间是可以从事与清算有关的活动的,包括与清算有关的经营活动、非经营活动以及其他必要活动。这也是法人清算活动的应有之义和当然要求。

问题是,何为“与清算无关的活动”?何为“与清算有关的活动”?结合《个人独资企业法》第 30 条所说的“不得开展与清算目的无关的经营活动”,只要法人在清算期间从事的活动与对法人进行清算的目的无关,就属于《民法典》第 72 条第 1 款所说的“与清算无关的活动”①;只要法人在清算期间从事的活动与对法人进行清算的目的有关,就属于“与清算有关的活动”。②

就公司而言,“与清算有关的活动”,不仅包括《公司法》第 234 条第 3 项所说的“与清算有关的公司未了结的业务”中的经营活动,还包括为完成公司清算而需要开展的新的经营活动,也包括为完成公司清算而需要开展的非经营活动;清算组代表公司处理“与清算有关的公司未了结的业务”,因与清算目的有关而不构成《民法典》第 72 条第 1 款所说的“从事与清算无关的活动”。

2. 法人在清算期间从事与清算无关的活动的效力

问题是,法人在清算期间从事的与清算无关的活动是否无效?

考虑到《民法典》本身并未明确规定法人在清算期间从事的与清算无关的活动无效,因此,探究法人在清算期间开展的与清算无关的民事法律行为的效力,应当依照法律的有关规定(主要是《民法典》总则编有关民事法律行为的效力的规定以及合同编有关合同的效力的规定)加以确定;在不存在法律、行政法规规定的合同无效或民事法律行为无效的情形时,法人在清算期间从事的与清算无关的民事法律行为应当是有效的,不应仅仅因为与清算无关就认定相关民事法律行为无效。这跟《民法典》第 505 条所说的“当事人超越经营范围订立的合同的效力,应当依照本法第一编第六章第三节和本编的有关规定确定,不得仅以超越经营范围确认合同无效”是类似的。

比如,广西壮族自治区高级人民法院(2021)桂民申 6922 号民事裁定书认为:“依据《中华人民共和国民法总则》第五十九条:‘法人的民事权利能力和民事行为能力,从法人成立时产生,到法人终止时消灭’及第六十八条:‘有下列原因之一并依法完成清算、注销登记的,法人终止:(一)法人解散;(二)法人被宣告破产;(三)法律规定的其他原因。法人终止,法律、行政法规规定须经有关机关批准的,依照其规定’的规定,企业被吊销营业执照并不是法人终止的原因,企业被吊销营业执照后仍具有民事主体资格,可以从事相应的民事行为。《中华人民共和国公司法》第 187 条第 3 款规定‘清算

① 实务中,有的裁判意见认为法人清算期间办理变更登记属于“与清算无关的活动”。比如,辽宁省沈阳市沈河区人民法院(2021)辽 0103 民初 17937 号民事判决书认为:“就本案而言,某某宝贝学校目前状态为被撤销,公司处于解散状态,按照上述法律规定,应当及时成立清算组进行清算,并于清算结束后依法办理公司注销登记手续。在此期间,不得开展与清算无关的经营活动,故亦不应办理公司任何登记事项的变更手续。”[见辽宁省沈阳市中级人民法院(2022)辽 01 民终 5572 号民事判决书]

② 比如,上海市第一中级人民法院(2019)沪 01 民终 9972 号民事判决书认为:“某润公司被吊销营业执照后,应当及时成立清算组,终止清算目的之外的行为。某润公司虽未及时成立清算组,但其经营资格、经营行为仍应受到一定的限制,其法人行为只能围绕清算目的展开。”

期间,公司存续,但不得开展与清算无关的经营活动',对于公司开展与清算无关的经营活动应承担的法律责任,《中华人民共和国公司法》第206条规定'由公司登记机关予以警告,没收违法所得'。故企业被吊销营业执照后的经营行为并非当然无效。"①

不过,也有的裁判意见认为,法人在清算期间开展的与清算无关的民事法律行为是无效的。比如,河南省高级人民法院(2018)豫民再564号民事判决书认为:"因某业公司的营业执照于2006年12月8日被吊销,依照最高人民法院法经(2000)23号复函,'企业营业执照被吊销后,应当由其开办单位组织清算组依法进行清算,停止清算范围外的活动。'《中华人民共和国民法总则》第七十二条之规定,'清算期间法人存续,但是不得从事与清算无关的活动。'某业公司在被吊销营业执照后,不得从事与清算活动无关的活动。其与某李供销社于2008年12月29日所签订的租赁协议,有变更原双方租赁合同的内容,系重新订立租赁合同的行为,与清算活动无关,该行为无效。"②

二、法人剩余财产的处理办法

(一)剩余财产与清算财产

《民法典》第72条第2款所说的"法人清算后的剩余财产",即"法人的剩余财产",指的是在法人解散清算程序中,清算组依照法律规定的清偿项目和清偿顺序,从法人的清算财产中分别支付清算费用、职工的工资、社会保险费用和法定补偿金、所欠税款、债务和应付的其他款项之后剩余的财产。

结合《企业破产法》第30条和第107条第2款的规定③,法人解散清算开始时属于法人的全部财产,以及法人在清算开始之后至法人终止之前取得的全部财产,均为法人的清算财产④。

在构成方面,法人的清算财产,不仅包括货币、不动产(土地、建筑物和其他土地附着物)、动产(生产设备、原材料、半成品、产品、交通运输工具、船舶、航空器、印章、证照、财务会计资料等),也包括证券(股票、债券、证券投资基金份额等)、投资性权利(股权和在合伙企业中的财产份额等)、知识产权、债权、数据、网络虚拟财产、用益物权(海

---

① 类似的裁判意见,还可见山东省济南市中级人民法院(2022)鲁01民终5496号民事判决书、辽宁省沈阳市中级人民法院(2021)辽01民终13924号民事判决书、湖北省宜昌市中级人民法院(2018)鄂05民终1137号民事判决书等。

② 类似的意见,还可见江苏省高级人民法院(2015)苏民终字第00007号民事判决书、陕西省高级人民法院(2013)陕民二终字第00076号民事判决书、广东省深圳市中级人民法院(2016)粤03民终17735号民事判决书。此外,《山东省高级人民法院关于审理公司纠纷案件若干问题的意见(试行)》(鲁高法发〔2007〕3号)第97条、《江西省高级人民法院关于审理公司纠纷案件若干问题的指导意见》(赣高法〔2008〕4号)第83条均规定:"清算期间,公司从事的与清算无关的民事行为无效。行为相对人明知或应知公司已经进入清算期间的,对于民事行为无效所造成的损失由公司与行为相对人根据各自过错程度分担。行为相对人不知公司已经进入清算期间的,对于民事行为无效而给自己造成的损失,由公司赔偿。"

③ 《企业破产法》第30条规定:"破产申请受理时属于债务人的全部财产,以及破产申请受理后至破产程序终结前债务人取得的财产,为债务人财产",第107条第2款规定:"债务人被宣告破产后,债务人称为破产人,债务人财产称为破产财产,人民法院受理破产申请时对债务人享有的债权称为破产债权。"

④ 《证券法》第131条第2款、《证券投资基金法》第5条第4款、《信托法》第15条和第16条以及《公司法解释二》第22条第1款都使用了"清算财产"的表述。

域使用权、探矿权、采矿权、取水权等）等财产和财产权益，还包括法人已经设定担保物权的特定财产、法人对按份享有所有权的共有财产的相关份额、共同享有所有权的共有财产的相应财产权利以及依法分割共有财产所得部分，但不包括法人基于仓储、保管、承揽、代销、借用、寄存、租赁等合同或者其他法律关系占有、使用的他人财产，法人在所有权保留买卖中尚未取得所有权的财产，所有权专属于国家且不得转让的财产以及其他依法不属于法人的财产。

（二）清算财产的清偿项目和清偿顺序

关于法人解散清算时的清偿项目和清偿顺序，《民法典》本身未作规定，应当根据法人的具体情况适用法律法规的有关规定。

比如，就公司而言，一般的公司解散清算时的清偿项目和清偿顺序，适用《公司法》第 236 条 2 款的规定，即"公司财产在分别支付清算费用、职工的工资、社会保险费用和法定补偿金，缴纳所欠税款，清偿公司债务后的剩余财产，有限责任公司按照股东的出资比例分配，股份有限公司按照股东持有的股份比例分配"；特定领域内的公司解散清算时的清偿项目和清偿顺序，可能还需要适用法律的特别规定。[①]

（三）剩余财产的处理办法

《民法典》第 72 条第 2 款对法人的剩余财产的处理办法及其法律适用规则作出了原则性规定，即：原则上按照法人章程的规定或者法人权力机构的决议处理，但法律另有规定的则按法律的规定处理。其中，《民法典》第 72 条第 2 款所说的"法律另有规定"中的"法律"，既包括其他法律，也包括《民法典》自身。

1. 一般规定

由于《民法典》第 72 条第 2 款使用了"法人清算后的剩余财产，按照法人章程的规定或者法人权力机构的决议处理。法律另有规定的，依照其规定"的表述，因此，只要法律没有另作规定，法人的剩余财产的处理办法就都是"按照法人章程的规定处理"或者"按照法人权力机构的决议处理"。也就是说，除非法律另有规定，否则，《民法典》允许法人通过依法制定的章程或权力机构依法作出的决议，自主地对其剩余财产进行处理；至于剩余财产处理的具体办法，可以自主决定、不受限制，只要不违反法律、行政法规的强制性规定即可。

其中，由于《民法典》第 72 条第 2 款使用了"按照法人章程的规定或者法人权力机构的决议处理"的表述，因此，在剩余财产的处理方面，"法人章程"和"法人权力机构决议"处于同等地位、具有同等效力。也就是说，不仅法人章程可以规定法人剩余财产的处理办法，法人权力机构也可以通过决议来对法人的剩余财产进行处理。

不过，需要注意的是，《民法典》第 72 条第 2 款所说的"按照法人权力机构的决议

---

① 比如，针对营利性民办学校解散清算时的清偿项目和清偿顺序，《民办教育促进法》第 59 条规定："对民办学校的财产按照下列顺序清偿：（一）应退受教育者学费、杂费和其他费用；（二）应发教职工的工资及应缴纳的社会保险费用；（三）偿还其他债务。……营利性民办学校清偿上述债务后的剩余财产，依照公司法的有关规定处理。"

处理”,通常是在法人章程没有对法人剩余财产的处理办法作出规定的情况下适用的;在法人章程已经规定了法人剩余财产的处理办法的情况下,应当按照法人章程的规定进行处理,应该没有适用《民法典》第 72 条第 2 款所说的“按照法人权力机构的决议处理”的余地。并且,即使是在法人章程没有对法人剩余财产的处理办法作出规定的情况下,法人权力机构作出的关于法人剩余财产处理的决议,也不得违反法律、行政法规的强制性规定或法人章程的规定、不得损害法人出资人(尤其是小股东)等主体的利益,否则可能是无效的。

还需注意的是,由于《民法典》第 72 条第 2 款使用了“法人权力机构的决议”的表述,因此,从文义上看,《民法典》第 72 条第 2 款所说的“法人”,仅指依法设置权力机构的营利法人、社会团体法人以及特别法人中的农村集体经济组织[①]和农民专业合作社[②],不包括依法设置决策机构的事业单位、捐助法人,也不包括机关法人、基层群众性自治组织法人。因此,在解释上,《民法典》第 72 条第 2 款所说的“法人的权力机构”应作扩大解释,解释为“法人的权力机构或决策机构”。

2. 特别规定

由于《民法典》第 72 条第 2 款使用了“法人清算后的剩余财产,按照法人章程的规定或者法人权力机构的决议处理。法律另有规定的,依照其规定”的表述,因此,适用“法人清算后的剩余财产,按照法人章程的规定或者法人权力机构的决议处理”的前提,是法律没有对法人的剩余财产的处理办法作出与“按照法人章程的规定或者法人权力机构的决议处理”不同的规定。只要法律作出了不同的规定,就不能“按照法人章程的规定或者法人权力机构的决议处理”,而必须按照法律的特别规定进行处理。

就法人剩余财产的处理办法而言,《民法典》第 72 条第 2 款所说的“法律另有规定的,依照其规定”,具有三个层面的效果:[③]

一是该规定对《民法典》施行之前的原有法律针对法人剩余财产的处理办法已经作出的既有的规定(即旧的特别规定)作出了明确的承认,以确保法律秩序的稳定和延续。

二是该规定明确允许并认可立法机关在《民法典》施行之后,在必要时通过对现有法律进行修改或制定新的法律的方式,针对法人剩余财产的处理办法作出新的规定(即新的特别规定),以适应社会和经济的发展要求,也为将来制定新的专门的民事特别法律预留了空间。

三是法人剩余财产的处理办法,应当由法律进行规定,而不应由行政法规、更不应由规章、规范性文件等进行规定。这跟《民法典》第 70 条第 2 款针对法人的清算义务人所说的“法律、行政法规另有规定的,依照其规定”是不一样的。

现阶段,《民法典》第 72 条第 2 款针对法人剩余财产的处理办法所说的“法律另有

---

① 《农村集体经济组织法》第 26 条第 1 款规定:“农村集体经济组织成员大会由具有完全民事行为能力的全体成员组成,是本农村集体经济组织的权力机构,行使下列职权:……”

② 《农民专业合作社法》第 29 条规定:“农民专业合作社成员大会由全体成员组成,是本社的权力机构,行使下列职权:……”

③ 考虑到《民法典》第 11 条已经规定了“其他法律对民事关系有特别规定的,依照其规定”,《民法典》第 72 条第 2 款所说的“法律另有规定的,依照其规定”,略显重复、多余。

规定”，主要包括：

一是《民法典》第 95 条所说的“为公益目的成立的非营利法人终止时，不得向出资人、设立人或者会员分配剩余财产。剩余财产应当按照法人章程的规定或者权力机构的决议用于公益目的；无法按照法人章程的规定或者权力机构的决议处理的，由主管机关主持转给宗旨相同或者相近的法人，并向社会公告”。

二是《民法典》第 98 条所说的“机关法人被撤销的，法人终止，其民事权利和义务由继任的机关法人享有和承担；没有继任的机关法人的，由作出撤销决定的机关法人享有和承担”。

三是《慈善法》第 18 条第 3 款所说的“慈善组织清算后的剩余财产，应当按照慈善组织章程的规定转给宗旨相同或者相近的慈善组织；章程未规定的，由办理其登记的民政部门主持转给宗旨相同或者相近的慈善组织，并向社会公告”。

四是《民办教育促进法》第 59 条第 2 款所说的“非营利性民办学校清偿上述债务后的剩余财产继续用于其他非营利性学校办学；营利性民办学校清偿上述债务后的剩余财产，依照公司法的有关规定处理”。

五是《公司法》第 236 条第 2 款所说的“公司财产在分别支付清算费用、职工的工资、社会保险费用和法定补偿金，缴纳所欠税款，清偿公司债务后的剩余财产，有限责任公司按照股东的出资比例分配，股份有限公司按照股东持有的股份比例分配”。

六是《农民专业合作社法》第 53 条所说的“农民专业合作社接受国家财政直接补助形成的财产，在解散、破产清算时，不得作为可分配剩余资产分配给成员，具体按照国务院财政部门有关规定①执行”。

七是《外商投资法》第 42 条第 2 款所说的“本法施行前依照《中华人民共和国中外合资经营企业法》、《中华人民共和国外资企业法》、《中华人民共和国中外合作经营企业法》设立的外商投资企业，在本法施行后五年内可以继续保留原企业组织形式等。具体实施办法由国务院规定”和《外商投资法实施条例》第 46 条所说的“现有外商投资企业的组织形式、组织机构等依法调整后，原合营、合作各方在合同中约定的股权或者权益转让办法、收益分配办法、剩余财产分配办法等，可以继续按照约定办理”。

需要注意的是，就机关法人（行政单位等）和事业单位清算后的剩余财产的处理办法而言，除《民法典》第 98 条针对“机关法人被撤销”规定了“机关法人被撤销的，法人终止，其民事权利和义务由继任的机关法人享有和承担；没有继任的机关法人的，由作出撤销决定的机关法人享有和承担”外，全国人大及其常委会目前尚未制定法律，主要是由行政法规《行政事业性国有资产管理条例》和财政部的部门规章《行政单位财务规

① 财政部、农业农村部《农民专业合作社解散、破产清算时接受国家财政直接补助形成的财产处置暂行办法》（财资〔2019〕25 号）第 5 条规定：“剩余财产中国家财政直接补助形成的财产，应当优先划转至原农民专业合作社所在地的其他农民专业合作社，也可划转至原农民专业合作社所在地的村集体经济组织或者代行村集体经济组织职能的村民委员会。因农业结构调整、生态环境保护等原因导致农民专业合作社解散、破产清算的，剩余财产中国家财政直接补助形成的财产，应当优先划转至原农民专业合作社成员新建农民专业合作社，促进转产转业。……”

则》和《事业单位财务规则》予以规定的。[①] 考虑到机关法人(行政单位)和事业单位的特殊性,这些规定可以视为《民法典》第72条第2款所说的"法律另有规定"。

三、法人的终止时间

以法人是否需要办理注销登记为标准,《民法典》第72条第3款针对不同的法人的终止时间作出了不同的规定,即:就依法需要办理注销登记的法人而言,其终止时间为"清算结束并完成法人注销登记时";就依法不需要办理注销登记的法人而言,其终止时间为"清算结束时"。

(一)清算结束

1. 清算结束的界定

《民法典》没有对"清算结束"作出界定。由于《民法典》第72条第3款关于"清算结束并完成法人注销登记时,法人终止;依法不需要办理法人登记的,清算结束时,法人终止"的规定将"法人注销登记"作为"清算结束"之后的事项,考虑到《公司法》第239条针对公司的解散清算规定了"公司清算结束后,清算组应当制作清算报告,报股东会或者人民法院确认,并报送公司登记机关,申请注销公司登记",因此,就依法需要登记的法人而言,《民法典》第72条第3款所说的"清算结束",指向的是清算组依法已经完成了"制作清算报告"之前的所有清算事务的状态,清算结束之后只剩下制作清算报告、将清算报告提交给法人权力机构或决策机构或法院确认、申请办理注销法人登记等后续事务。

---

① 《行政事业性国有资产管理条例》第3条规定:"行政事业性国有资产属于国家所有,实行政府分级监管、各部门及其所属单位直接支配的管理体制",第5条第1款规定:"国务院财政部门负责制定行政事业单位国有资产管理规章制度并负责组织实施和监督检查,牵头编制行政事业性国有资产管理情况报告",第22条规定:"各部门及其所属单位发生分立、合并、改制、撤销、隶属关系改变或者部分职能、业务调整等情形,应当根据国家有关规定办理相关国有资产划转、交接手续";《行政单位财务规则》(财政部令第113号)第51条该规定:"划转撤并的行政单位的资产和负债经主管预算单位审核并上报财政部门和有关部门批准后,分别按照下列规定处理:(一)转为事业单位和改变隶属关系的行政单位,其资产和负债无偿移交,并相应调整、划转经费指标。(二)转为企业的行政单位,其资产按照有关规定进行评估作价并扣除负债后,转作企业的国有资本。(三)撤销的行政单位,其全部资产和负债由财政部门或者财政部门授权的单位处理。(四)合并的行政单位,其全部资产和负债移交接收单位或者新组建单位,并相应划转经费指标;合并后多余的资产,由财政部门或者财政部门授权的单位处理。(五)分立的行政单位,其资产和负债按照有关规定移交分立后的行政单位,并相应划转经费指标";《事业单位财务规则》(财政部令第108号)第54条规定:"事业单位清算结束后,经主管部门审核并报财政部门批准,其资产和负债分别按照下列办法处理:(一)因隶属关系改变,成建制划转的事业单位,全部资产和负债无偿移交,并相应划转经费指标。(二)转为企业的事业单位,全部资产扣除负债后,转作国家资本金。(三)撤销的事业单位,全部资产和负债由主管部门和财政部门核准处理。(四)合并的事业单位,全部资产和负债移交接收单位或者新组建单位,合并后多余的资产由主管部门和财政部门核准处理。(五)分立的事业单位,全部资产和负债按照有关规定移交分立后的事业单位,并相应划转经费指标。"

结合《公司法》第 237 条和第 239 条[①]的规定,《民法典》第 72 条第 3 款所说的“清算结束”,只能发生在法人经解散清算并清偿全部债务之后仍有剩余财产或剩余财产为零的情形;如果法人经解散清算后的剩余财产为负值,意味着法人的全部财产不足以清偿其全部债务,清算组应当依法向人民法院提出破产清算申请,此时法人应转入破产清算程序,解散清算程序终结。

2. 清算结束与清算程序终结

“清算结束”不同于“清算程序终结”。就公司而言,《公司法解释二》第 13 条第 2 款规定:“公司清算程序终结,是指清算报告经股东会、股东大会或者人民法院确认完毕。”据此,“清算结束”发生在“清算程序终结”之前。

3. 清算结束与清算期间届满

“清算结束”也不完全等同于“清算期间届满”。

如前所述,“清算期间”始于法人解散后清算组成立之日,止于法人终止之日。因此,就依法需要办理注销登记的法人而言,“清算结束”发生在注销登记之前,而完成注销登记时,清算期间届满。

不过,就依法不需要办理注销登记的法人而言,“清算结束”与“法人终止”“清算期间届满”是重合的,“清算结束”意味着“清算期间届满”和“法人终止”。

4. 清算结束与清算义务履行完毕

“清算结束”也不完全等同于“清算义务履行完毕”。

就依法需要办理注销登记的法人而言,根据《公司法》第 239 条的规定,在清算结束后,清算组还负有“制作清算报告”“将清算报告报公司权力机构(适用于自行清算)或者人民法院(适用于强制清算)确认”“将经确认的清算报告报送公司登记机关,申请注销公司登记”的义务,因此,“清算结束”发生在“清算义务履行完毕”之前。

不过,就依法不需要办理注销登记的法人而言,“清算结束”意味着“法人终止”,也就意味着“清算义务履行完毕”。

(二)依法需要办理注销登记的法人的终止时间

就依法需要办理注销登记的法人而言,《民法典》第 72 条第 3 款所说的“清算结束并完成法人注销登记时,法人终止”意味着,“清算结束”和“完成法人注销登记”二者缺一不可,只要解散清算未结束,或者虽然清算已经结束但未完成法人注销登记,法人就仍然存续。[②] 比如,针对事业单位法人,《事业单位登记管理暂行条例实施细则》第

---

① 《公司法》第 237 条规定:“清算组在清理公司财产、编制资产负债表和财产清单后,发现公司财产不足清偿债务的,应当依法向人民法院申请破产清算。人民法院受理破产申请后,清算组应当将清算事务移交给人民法院指定的破产管理人”,第 239 条规定:“公司清算结束后,清算组应当制作清算报告,报股东会或者人民法院确认,并报送公司登记机关,申请注销公司登记。”

② 比如,湖北省孝感市中级人民法院(2021)鄂 09 民终 2924 号民事裁定书认为:“《中华人民共和国民法典》第七十二条第三款规定:‘清算结束并完成法人注销登记时,法人终止;依法不需要办理法人登记的,清算结束时,法人终止。’即法人在出现终止事由时,只要其未依法清算完毕并办理注销登记手续,其民事主体资格一直存在,并作为民事诉讼主体参加诉讼,独立承担民事责任。”

58 条规定:"《事业单位法人证书》是限期有效证书,有效期为 5 年,有效期截止日前 30 日内事业单位到登记管理机关换领新的《事业单位法人证书》。超过有效期的《事业单位法人证书》,自动废止……"第 59 条规定:"事业单位的法人证书废止但未经注销登记的,其法人的责任和义务存续。"

实务中,通常以登记机关出具的准予注销登记的文书①或有关法人注销登记的公示信息②作为法人终止的证明。

(三)依法不需要办理注销登记的法人的终止时间

就依法不需要办理注销登记的法人而言,《民法典》第 72 条第 3 款所说的"清算结束时,法人终止"意味着,只要法人解散清算未结束,法人就仍然存续;一旦法人解散清算结束,法人即终止。

就此类法人而言,由于"清算结束"不易为他人知悉,如何确定此类法人的终止时间是个难题。由主管机关对此类法人终止出具相应的证明或予以公示,可能是比较合适的解决办法。

(四)依法不需要进行清算的法人的终止时间

根据《民法典》第 68 条第 1 款第 1 项、第 69 条第 3 项和第 70 条第 1 款的规定,因合并或分立而需要解散的法人无须进行清算。问题是,就解散后依法不需要进行清算的法人而言,其终止时间如何确定?《民法典》第 72 条第 3 款本身未对此作出规定。

由于现阶段暂不存在法律规定法人终止既无须清算、又无须办理注销登记的情形,因此,解散后依法不需要进行清算的法人,应以完成法人注销登记的时间为其终止时间。这也符合《民法典》第 68 条第 1 款关于"有下列原因之一并依法完成清算、注销登记的,法人终止:(一)法人解散……"的规定。

比如,针对因合并或分立需要解散的公司,原《公司法》(2018 年修正)第 179 条第 1 款曾经规定:"公司合并或者分立……公司解散的,应当依法办理公司注销登记……"针对因合并或分立需要解散的公司、非公司企业法人、农民专业合作社等市场主体,《市场主体登记管理条例实施细则》第 44 条规定:"市场主体因解散、被宣告破产或者其他法定事由需要终止的,应当依法向登记机关申请注销登记。……依法不需要清算的,

---

① 《市场主体登记管理条例实施细则》第 44 条规定:"市场主体因解散、被宣告破产或者其他法定事由需要终止的,应当依法向登记机关申请注销登记。……自登记机关予以注销登记之日起,市场主体终止。"《社会团体登记管理条例》第 21 条规定:"社会团体应当自清算结束之日起 15 日内向登记管理机关办理注销登记。……登记管理机关准予注销登记的,发给注销证明文件,收缴该社会团体的登记证书、印章和财务凭证。"《民办非企业单位登记管理暂行条例》第 17 条规定:"民办非企业单位法定代表人或者负责人应当自完成清算之日起 15 日内,向登记管理机关办理注销登记。……登记管理机关准予注销登记的,发给注销证明文件,收缴登记证书、印章和财务凭证。"

② 《事业单位登记管理暂行条例实施细则》第 54 条规定:"登记管理机关核准事业单位注销登记后,应当收缴被注销事业单位的《事业单位法人证书》正、副本及单位印章,并发布注销登记公告。"《基金会管理条例》第 19 条规定:"基金会、基金会分支机构、基金会代表机构以及境外基金会代表机构的设立、变更、注销登记,由登记管理机关向社会公告。"《民办非企业单位登记管理暂行条例》第 18 条规定:"民办非企业单位成立、注销以及变更名称、住所、法定代表人或者负责人,由登记管理机关予以公告。"

应当自决定作出之日起30日内申请注销登记。自登记机关予以注销登记之日起，市场主体终止。”

四、法人因解散而依法终止前的权利义务的处理

需要注意的是，在法人因解散而依法终止后，可能仍然涉及法人原有权利和原有义务的处理问题。

（一）法人因解散而依法终止前的权利的处理

针对法人因解散而依法终止前的权利的处理，《民法典》区分不同的情形规定了相应的处理办法：

一是针对法人因合并而解散并依法终止，《民法典》第67条第1款规定了“法人合并的，其权利……由合并后的法人享有……”

二是针对法人因分立而解散并依法终止，《民法典》第67条第2款规定了“法人分立的，其权利……由分立后的法人享有连带债权……但是债权人和债务人另有约定的除外”

三是针对机关法人因被撤销而解散并依法终止，《民法典》第98条规定了“机关法人被撤销的，法人终止，其民事权利……由继任的机关法人享有……没有继任的机关法人的，由作出撤销决定的机关法人享有……”

此外，考虑到法人因解散而依法终止前的权利在性质上属于“法人清算后的剩余财产”，《民法典》第72条第2款规定了“法人清算后的剩余财产，按照法人章程的规定或者法人权力机构的决议处理。法律另有规定的，依照其规定”，即“按照法人章程的规定或者法人权力机构的决议处理”。该规定适用于法人因合并和分立之外的事由而解散并依法终止的情形。[①]

在此基础上，针对作为申请执行人的法人终止前的权利的处理，《民事执行中变更、追加当事人规定》区分不同的情形，作出了不同的规定：

一是作为申请执行人的法人终止前的权利，由因该法人终止而依法承受相应权利的主体享有[②]。[③]

二是作为申请执行人的法人终止前的权利，由在该法人解散清算程序中依法获得

---

① 比如，吉林省吉林市中级人民法院（2021）吉02民终1727号民事判决书认为：“某源公司被依法核准注销登记后，其法人资格终止，不再具有法人独立的民事权利能力和民事行为能力。某源公司对双某子村委会享有的债权属于公司的剩余财产，应按照股东李某昌和陈某波的出资比例进行分配。现陈某波明确表示公司注销之前的债权由李某昌负责处理，故李某昌提起本案民事诉讼，主体资格适格。”

② 《民事执行中变更、追加当事人规定》第4条规定：“作为申请执行人的法人或非法人组织终止，因该法人或非法人组织终止依法承受生效法律文书确定权利的主体，申请变更、追加其为申请执行人的，人民法院应予支持。”

③ 比如，福建省南平市中级人民法院（2021）闽07民初624号民事判决书认为：“本案中，何某金、何某财所主张的权益属于某佳贸易公司，因某佳贸易公司于2018年4月25日已办理了注销登记，故某佳贸易公司在法律上的主体资格即已终止，不再具有以自己的名义提起诉讼的资格。而对于某佳贸易公司在注销前尚未获得清偿的债权或尚未清偿的债务，根据权利义务承继原理，何某金、何某财作为某佳贸易公司注销前的合计持股100%的两个股东，对某佳贸易公司尚未获得清偿的债权，具有以自己名义提起诉讼的主体资格。”

分配相应权利的第三人享有①。

三是因被撤销而终止的机关法人终止前的权利,由继续履行其职能的主体享有(生效法律文书确定的权利依法应由其他主体承受的除外);没有继续履行其职能的主体且生效法律文书确定权利的承受主体不明确的,则由作出撤销决定的主体享有。②这也是《民法典》第98条所说的"机关法人被撤销的,法人终止,其民事权利和义务由继任的机关法人享有和承担;没有继任的机关法人的,由作出撤销决定的机关法人享有和承担"的内在要求和具体体现。

(二)法人因解散而依法终止前的义务的处理

在法人因解散而依法终止时,可能存在因法人的债权人未及时向清算组申报债权甚至未申报债权而导致相关债权在法人终止前未予清偿的情况。这就涉及法人因解散而依法终止前的义务的处理问题。

针对法人因解散而依法终止前的义务的处理,《民法典》在以下条款规定了相应的处理办法:

一是针对法人因合并而解散并依法终止,《民法典》第67条第1款规定了"法人合并的,其……义务由合并后的法人……承担"。

二是针对法人因分立而解散并依法终止,《民法典》第67条第2款规定了"法人分立的,其……义务由分立后的法人……承担连带债务,但是债权人和债务人另有约定的除外"。

三是针对机关法人因被撤销而解散并依法终止,《民法典》第98条规定了"机关法人被撤销的,法人终止,其民事……义务由继任的机关法人……承担;没有继任的机关法人的,由作出撤销决定的机关法人……承担"。

在此基础上,针对作为被执行人的法人终止前的义务的处理,《民事诉讼法》第243条规定:"……作为被执行人的法人……终止的,由其权利义务承受人履行义务",《民诉法解释》第470条规定:"依照民事诉讼法第二百三十九条规定,执行中作为被执行人的法人……被注销的,如果依照有关实体法的规定有权利义务承受人的,可以裁定该权利义务承受人为被执行人。"上述规定适用于法人因各种法定事由而解散并依法终止的情形。

此外,《民事执行中变更、追加当事人规定》还区分不同的情形,作出了不同的规定:

一是作为被执行人的法人因合并而依法终止的,由变更合并后存续或新设的法人

① 《民事执行中变更、追加当事人规定》第7条规定:"作为申请执行人的法人或非法人组织清算或破产时,生效法律文书确定的权利依法分配给第三人,该第三人申请变更、追加其为申请执行人的,人民法院应予支持。"

② 《民事执行中变更、追加当事人规定》第8条规定:"作为申请执行人的机关法人被撤销,继续履行其职能的主体申请变更、追加其为申请执行人的,人民法院应予支持,但生效法律文书确定的权利依法应由其他主体承受的除外;没有继续履行其职能的主体,且生效法律文书确定权利的承受主体不明确,作出撤销决定的主体申请变更、追加其为申请执行人的,人民法院应予支持。"

履行义务[①]。

二是作为被执行人的法人依法被注销后，其股东、出资人或主管部门无偿接受其财产，致使该被执行人无遗留财产或遗留财产不足以清偿债务的，由该股东、出资人或主管部门在接受的财产范围内承担责任[②]。[③]

第七十三条　【被宣告破产的法人的终止时间】法人被宣告破产的，依法进行破产清算并完成法人注销登记时，法人终止。

【条文通释】

《民法典》第 73 条是关于被宣告破产的法人的终止时间的规定。

一、被宣告破产

根据《企业破产法》第 107 条[④]的规定，《民法典》第 73 条所说的“法人被宣告破产”，即该法人成为破产人，须以法院作出的宣告该法人破产的生效裁定作为认定依据[⑤]；不论是法院作出的受理该法人破产清算申请、破产重整申请或破产和解申请的裁定，还是法院作出的批准该法人重整或和解的裁定、批准该法人重整计划或和解计划的裁定，都不属于《民法典》第 73 条所说的“法人被宣告破产”的裁定。

---

① 《民事执行中变更、追加当事人规定》第 11 条规定：“作为被执行人的法人或非法人组织因合并而终止，申请执行人申请变更合并后存续或新设的法人、非法人组织为被执行人的，人民法院应予支持。”

② 《民事执行中变更、追加当事人规定》第 22 条规定：“作为被执行人的法人或非法人组织，被注销或出现被吊销营业执照、被撤销、被责令关闭、歇业等解散事由后，其股东、出资人或主管部门无偿接受其财产，致使该被执行人无遗留财产或遗留财产不足以清偿债务，申请执行人申请变更、追加该股东、出资人或主管部门为被执行人，在接受的财产范围内承担责任的，人民法院应予支持。”

③ 《民事执行中变更、追加当事人规定》还针对法人非依法终止情形下终止前的义务的处理作出了规定。一是该司法解释第 21 条规定：“作为被执行人的公司，未经清算即办理注销登记，导致公司无法进行清算，申请执行人申请变更、追加有限责任公司的股东、股份有限公司的董事和控股股东为被执行人，对公司债务承担连带清偿责任的，人民法院应予支持”，二是该司法解释第 23 条规定：“作为被执行人的法人或非法人组织，未经依法清算即办理注销登记，在登记机关办理注销登记时，第三人书面承诺对被执行人的债务承担清偿责任，申请执行人申请变更、追加该第三人为被执行人，在承诺范围内承担清偿责任的，人民法院应予支持。”

④ 《企业破产法》第 107 条规定：“人民法院依照本法规定宣告债务人破产的，应当自裁定作出之日起五日内送达债务人和管理人，自裁定作出之日起十日内通知已知债权人，并予以公告。债务人被宣告破产后，债务人称为破产人，债务人财产称为破产财产，人民法院受理破产申请时对债务人享有的债权称为破产债权。”

⑤ 比如，最高人民法院（2021）最高法民终 1290 号民事裁定书认为：“2015 年 12 月 11 日，密云法院以（2015）密破预初字第 2-2 号受理了某点公司对某联公司的破产清算申请。……密云法院在审理破产案过程中，某联公司为抗辩某点公司的破产申请，向密云法院提出其对某桥公司享有价值达约 8 亿元的巨额不动产物权的事由。2020 年 11 月 9 日，密云法院以（2016）京 0118 民破 3 号裁定，驳回某点公司的破产申请，某点公司不服提起上诉，目前该案在北京一中院审理中。本院认为，本案相关的破产案件尚未有受理破产申请的终审裁定……”进而认定“某联公司提起本案诉讼，符合《中华人民共和国民事诉讼法》（修改后）第一百二十二条的规定，应予以受理并审理”，即在不存在受理某联公司破产申请的生效裁定的情况下，某联公司作为原告对某桥公司提起的诉讼不受《企业破产法》第 21 条所说的“人民法院受理破产申请后，有关债务人的民事诉讼，只能向受理破产申请的人民法院提起”的限制。

二、破产清算

《民法典》第 73 条所说的“依法进行破产清算”中的“破产清算”，是与“解散清算”相对应的概念，指的是依照或参照①《企业破产法》（主要是但不限于其第 107 条至第 124 条）规定的破产清算程序，由法院依法指定的破产管理人对被宣告破产的法人（即破产人）进行的清算活动。

三、被宣告破产的法人的终止时间

针对被宣告破产的法人的终止时间，《民法典》第 73 条作出了明确的规定，即：其终止时间为“依法进行破产清算并完成法人注销登记时”。

也就是说，“完成破产清算”和“完成法人注销登记”二者缺一不可，只要破产清算未结束，或者虽然破产清算已经结束但未完成法人注销登记②，被宣告破产的法人就仍然存续。③

实务中，通常以登记机关出具的准予注销登记的文书④作为被宣告破产的法人终止的证明。

需要注意的是，在被宣告破产的法人终止后，尽管该法人已经不再存续，但仍然可能发生因发现其仍有财产而需要进行追加分配的情况。对此，《企业破产法》第 123 条第 1 款规定：“自破产程序依照本法第四十三条第四款或者第一百二十条的规定终结之日起二年内，有下列情形之一的，债权人可以请求人民法院按照破产财产分配方案进行追加分配：（一）发现有依照本法第三十一条、第三十二条、第三十三条、第三十六

---

① 《企业破产法》第 135 条规定：“其他法律规定企业法人以外的组织的清算，属于破产清算的，参照适用本法规定的程序。”

② 根据《企业破产法》第 120 条关于“破产人无财产可供分配的，管理人应当请求人民法院裁定终结破产程序。管理人在最后分配完结后，应当及时向人民法院提交破产财产分配报告，并提请人民法院裁定终结破产程序。人民法院应当自收到管理人终结破产程序的请求之日起十五日内作出是否终结破产程序的裁定。裁定终结的，应当予以公告”和第 121 条关于“管理人应当自破产程序终结之日起十日内，持人民法院终结破产程序的裁定，向破产人的原登记机关办理注销登记”的规定，以及《市场主体登记管理条例》第 34 条关于“人民法院裁定强制清算或者裁定宣告破产的，有关清算组、破产管理人可以持人民法院终结强制清算程序的裁定或者终结破产程序的裁定，直接向登记机关申请办理注销登记”和《市场主体登记管理条例实施细则》第 44 条关于“市场主体因解散、被宣告破产或者其他法定事由需要终止的，应当依法向登记机关申请注销登记。依法需要清算的，应当自清算结束之日起 30 日内申请注销登记。……自登记机关予以注销登记之日起，市场主体终止”的规定，“破产清算结束”先于“法人注销登记”发生，在“破产清算结束”与“法人注销登记”之间通常存在时间间隔。

③ 比如，辽宁省沈阳市中级人民法院（2022）辽 01 民终 8329 号民事裁定书认为：“虽然沈阳某某阀门厂于 2005 年 11 月 25 日经本院[2005]沈中民破字第 10 号民事裁定书宣告进入破产还债程序，于 2006 年 12 月 11 日终结破产程序，但其并未完成法人注销登记。且直至本案二审开庭审理时，本案一审被告沈阳某某阀门厂经营状态仍为存续，其仍具备民事权利能力及民事行为能力……”类似的裁判意见，还可见安徽省阜阳市中级人民法院（2020）皖 12 民终 5458 号民事裁定书、河北省沧州市中级人民法院（2020）冀 09 民终 3204 号民事裁定书等。

④ 《市场主体登记管理条例实施细则》第 44 条规定：“市场主体因……被宣告破产……需要终止的，应当依法向登记机关申请注销登记。……自登记机关予以注销登记之日起，市场主体终止。”

条规定应当追回的财产的;(二)发现破产人有应当供分配的其他财产的。"①

此外,在被宣告破产的法人终止后,尽管该法人已经不再存续,但仍然可能存在需要由破产管理人继续代表该法人参加诉讼或仲裁的情况。对此,《企业破产法》第 122 条规定:"管理人于办理注销登记完毕的次日终止执行职务。但是,存在诉讼或者仲裁未决情况的除外。"②

第七十四条　【法人分支机构的设立及其责任承担】法人可以依法设立分支机构。法律、行政法规规定分支机构应当登记的,依照其规定。

分支机构以自己的名义从事民事活动,产生的民事责任由法人承担;也可以先以该分支机构管理的财产承担,不足以承担的,由法人承担。

【条文通释】

《民法典》第 74 条是关于法人分支机构的设立及其责任承担的规定。

一、法人分支机构的设立

(一)分支机构的法律地位

《民法典》本身没有直接规定法人的分支机构的法律地位。结合《公司法》第 13 条第 2 款所说的"公司可以设立分公司。分公司不具有法人资格,其民事责任由公司承担",《社会团体登记管理条例》第 17 条第 1 款所说的"社会团体的分支机构、代表机构是社会团体的组成部分,不具有法人资格,应当按照其所属于的社会团体的章程所规定的宗旨和业务范围,在该社会团体授权的范围内开展活动、发展会员",在法律地位上,法人的分支机构不具有法人资格,亦非独立的民事主体,并非独立于法人的实体,而属于法人的组成部分,在法人的授权范围内从事民事活动,其民事责任由法人承担。

需要注意的是,在诉讼法上,《民诉法解释》第 52 条将"分支机构"界定为"合法成立、有一定的组织机构和财产,但又不具备法人资格的组织",并将其归入与"公民"、

---

① 《企业破产法》第 123 条第 2 款也规定了不进行追加分配的例外情况,即"有前款规定情形,但财产数量不足以支付分配费用的,不再进行追加分配,由人民法院将其上交国库"。

② 比如,山东省济宁市中级人民法院(2020)鲁 08 民终 3356 号民事裁定书认为:"韩某鱼主张根据《企业破产法》第一百二十二条的规定,管理人仍然可以依法代表债务人处理诉讼未决事宜。本院认为,上述规定是关于管理人终止执行职务的规定。根据上述规定,在人民法院终结破产程序后,如果仍存在未决的诉讼或者仲裁,即使破产人的注销登记手续已办理完毕,作为代表债务人参加诉讼或者仲裁的管理人的职务并不终止,而应当继续执行其职务。但管理人继续执行其职务与法人终止之间是两个不同的概念,管理人继续执行其职务并不能否认法人终止、其民事权利能力和民事行为能力灭失的事实。"

"法人"并列的"其他组织"的范畴。[①] 这跟《民法典》所说的"分支机构"并非组织、而只是法人的组成部分,是不同的。但这不影响分支机构作为法人的组成部分的法律地位。

对此,在黑龙江某某农村商业银行股份有限公司与黑龙江省某某种业有限公司等金融借款合同纠纷案中,针对案涉某某农商行是否有权就其分支机构签订的合同作为诉讼主体主张权利的问题,黑龙江省高级人民法院(2018)黑民终749号民事裁定书认为:"……分支机构虽在机构、人员、财产等方面具有一定的独立性,但人员管理由法人决定、资产隶属于法人,其仍属于法人的组成部分,不能独立承担民事责任。以上相关规定系从不同领域、不同角度对分支机构主体资格及民事责任承担所作规定,实质上并不存在矛盾。有从程序法角度,对分支机构的民事诉讼地位的规定,也有实体法上对民事责任最终归属的规定。法律在一定领域、一定程度上承认分支机构的'主体资格'主要是适应经济生活发展的需要,减轻诉讼负担。但分支机构的这种所谓'主体资格',仅仅具有一种形式上的意义,即本质上分支机构的财产还是法人的财产,分支机构的责任最终还是由法人承担。承认分支机构之形式上的'主体'地位,不等于承认其独立人格,不等于承认其具有完全的权利能力、行为能力和责任能力。法律在赋予不具有法人资格分支机构一定的权利同时,并未禁止法人行使此部分权利,故某某农商行就七星分理处签订的合同提起本案诉讼不违反法律规定,应予准许。"

(二)分支机构的类型

在类型[②]或形式上,法人的分支机构包括分公司、分厂、分店,[③]分行、分行级专营

---

① 《民诉法解释》第52条规定:"民事诉讼法第五十一条规定的其他组织是指合法成立、有一定的组织机构和财产,但又不具备法人资格的组织,包括:(一)依法登记领取营业执照的个人独资企业;(二)依法登记领取营业执照的合伙企业;(三)依法登记领取我国营业执照的中外合作经营企业、外资企业;(四)依法成立的社会团体的分支机构、代表机构;(五)依法设立并领取营业执照的法人的分支机构;(六)依法设立并领取营业执照的商业银行、政策性银行和非银行金融机构的分支机构;(七)经依法登记领取营业执照的乡镇企业、街道企业;(八)其他符合本条规定条件的组织。"

② 《市场主体登记管理条例实施细则》第6条第6项针对分支机构使用了"类型"的表述:"市场主体应当按照类型依法登记下列事项:……(六)分支机构:名称、类型、经营范围、经营场所、负责人姓名。"

③ 《企业名称登记管理规定》(2020年修订)第13条规定:"企业分支机构名称应当冠以其所从属企业的名称,并缀以'分公司'、'分厂'、'分店'等字词。境外企业分支机构还应当在名称中标明该企业的国籍及责任形式。"《市场主体登记管理条例实施细则》第9条第2款规定:"分支机构应当按所属市场主体类型注明分公司或者相应的分支机构。"

机构、支行、分理处、营业部、储蓄所,[①]分会、专业委员会、工作委员会、专项基金管理委员会[②]等。

(三)分支机构的设立要求

根据《民法典》第 74 条第 1 款所说的"法人可以依法设立分支机构",法人可以按照法律法规规定的条件和程序设立分支机构。

其中的"依法",并不意味着任何法人都当然可以设立分支机构;如果法律法规明确禁止法人设立分支机构,则不得设立分支机构。比如,《民办非企业单位登记管理暂行条例》第 13 条规定:"民办非企业单位不得设立分支机构。"

在法律法规未明文禁止法人设立分支机构的情况下,法人可以设立分支机构,但须"依法设立"[③],其中就包括《民法典》第 74 条第 1 款第 2 句所说的"法律、行政法规规定分支机构应当登记的,依照其规定"。此外,在法律法规规定法人设立分支机构须经有关机关批准的情况下[④],法人还须依法办理批准手续[⑤]。

需要注意的是,《民法典》第 74 条第 1 款所说的"依法",不仅包括"依照法律法规的规定",还包括"依照法人章程的规定",即依照法人章程的规定履行相应的决策程序。

(四)分支机构的登记要求

《民法典》第 74 条第 1 款第 2 句所说的"法律、行政法规规定分支机构应当登记

---

① 《中国银保监会中资商业银行行政许可事项实施办法》(2022 年修正)第 19 条规定:"中资商业银行设立的境内分支机构包括分行、分行级专营机构、支行、分行级专营机构的分支机构等……"《中国银保监会办公厅关于优化银行业金融机构分支机构变更营业场所事项的通知》(2020 年)第 1 条规定:"本通知所称银行业金融机构分支机构,包括:(一)大型银行、股份制商业银行、城市商业银行、农村商业银行的分行、分行营业部、支行及以下机构,分行级专营机构及其分支机构;(二)农村合作银行、村镇银行的支行、分理处,贷款公司分公司,农村信用合作联社的信用社,农村信用合作社、县(市、区)农村信用合作社联合社、农村信用合作联社的分社等;(三)外资银行的分行、支行等营业性分支机构,分行级专营机构;(四)金融资产管理公司分公司、企业集团财务公司分公司等非银行金融机构的营业性分支机构。"《证券公司分支机构监管规定》(2020 年修正)第 2 条规定:"本规定所称分支机构,是指证券公司在境内设立的从事业务经营活动的分公司和证券营业部。分支机构不具有法人资格,其法律责任由证券公司承担。"《国家工商行政管理局关于〈中华人民共和国企业法人登记管理条例〉第三十五条第一款中分支机构含义界定的答复》(工商企字〔1997〕第 222 号,已失效)第 3 条规定:"依国家有关法律、法规规定,商业银行、信用合作社依法设立的'分行'、'支行'、'分理处'、'营业部'、'储蓄所'等均分为分支机构"。

② 《社会团体分支机构、代表机构登记办法》第 2 条规定:"社会团体的分支机构,是社会团体根据开展活动的需要,依据业务范围的划分或者会员组成的特点,设立的专门从事该社会团体某项业务活动的机构。分支机构可以称分会、专业委员会、工作委员会、专项基金管理委员会等……"

③ 非法设立的分支机构不具有诉讼主体资格,对此,《民诉法解释》第 53 条规定:"法人非依法设立的分支机构,或者虽依法设立,但没有领取营业执照的分支机构,以设立该分支机构的法人为当事人。"

④ 比如,《商业银行法》第 19 条第 1 款规定:"商业银行根据业务需要可以在中华人民共和国境内外设立分支机构。设立分支机构必须经国务院银行业监督管理机构审查批准。在中华人民共和国境内的分支机构,不按行政区划设立。"

⑤ 对此,原《公司登记管理条例》(已废止)第 47 条第 1 款规定得比较清晰:"公司设立分公司的……法律、行政法规或者国务院决定规定必须报经有关部门批准的,应当自批准之日起 30 日内向公司登记机关申请登记。"

的,依照其规定”,意味着并非任何法人设立分支机构都需要办理登记,只有在法律、行政法规规定法人设立分支机构应当办理登记的情况下,才需要办理分支机构的登记手续。

需要注意的是,《民法典》第 74 条第 1 款第 2 句所说的“法律、行政法规规定分支机构应当登记的,依照其规定”,特别强调了法人分支机构的登记要求,涉及的是登记行政法律关系,并非民事关系,不能被《民法典》第 11 条所说的“其他法律对民事关系有特别规定的,依照其规定”涵盖;不过,可以被《民法典》第 74 条第 1 款第 1 句所说的“依法设立分支机构”涵盖,故《民法典》第 74 条第 1 款第 2 句所说的“法律、行政法规规定分支机构应当登记的,依照其规定”略显重复、多余。

(五)法人的分支机构与非法人组织

法人的分支机构和非法人组织具有一定的相似性,比如都不具有法人资格、都可以以自己的名义从事民事活动、都需要依法设立。

但是,总体而言,二者的区别更明显。非法人组织是与自然人、法人并列的民事主体,具有独立的民事主体地位,可以独立享有民事权利;而法人的分支机构则只是法人的组成部分,并非独立的民事主体,也不能独立享有自己的权利,其权利和责任最终都归属于法人。

(六)法人的分支机构与内部机构

除了分支机构,法人还可能设有内部管理机构①、职能部门②等内部机构。比如,《民法典》第 81 条第 2 款规定:“执行机构行使召集权力机构会议,决定法人的经营计划和投资方案,决定法人内部管理机构的设置,以及法人章程规定的其他职权”,原《担保法》第 10 条第 1 款曾规定:“企业法人的分支机构、职能部门不得为保证人。”其中,《民法典》第 81 条第 2 款所说的“法人内部管理机构”,对应于营利法人的权力机构、执行机构、监督机构和分支机构,与原《担保法》第 10 条所说的“职能部门”③类似,可由执行机构根据法人的实际情况予以设置。

如前所说,不论是“法人的分支机构”还是“法人的内部机构(或职能部门)”都不属于《民法典》意义上的“组织”,而是分别作为“法人”这类组织的组成部分存在的。这是二者的相同之处。

二者的主要不同在于,根据《民法典》第 74 条第 2 款的规定,法人的分支机构可以以自己的名义从事民事活动;而法人的内部机构则不能以自己的名义与他人开展民事

---

① 比如,《民法典》第 81 条第 2 款规定:“执行机构行使召集权力机构会议,决定法人的经营计划和投资方案,决定法人内部管理机构的设置,以及法人章程规定的其他职权。”

② 原《担保法》第 10 条第 1 款曾规定:“企业法人的分支机构、职能部门不得为保证人。”

③ 原《担保法》第 10 条第 1 款规定:“企业法人的分支机构、职能部门不得为保证人。”当然,《民法典》所说的“内部管理机构”与原《担保法》所说的“职能部门”不是一一对应的关系。

活动。[1] 此外,在依法经过登记的情形,法人的分支机构还有登记机关发给的营业执照或登记证书,而法人的内部机构则没有营业执照或登记证书。

二、法人分支机构的民事活动及其责任承担

(一)法人分支机构可以依法以自己的名义从事民事活动

由于《民法典》第 74 条第 2 款使用了"分支机构以自己的名义从事民事活动,产生的民事责任由法人承担"的表述,因此,法人的分支机构可以依法以自己的名义(即分支机构的名义)从事民事活动。其中的"民事活动",可以是各种民事活动,包括向他人借款[2]、为他人提供担保[3]等。

需要注意的是,《民法典》第 74 条第 2 款所说的"分支机构以自己的名义从事民事活动,产生的民事责任由法人承担",只是规定了法人的分支机构以自己的名义从事的民事活动的责任的承担,并不意味着法人的分支机构当然可以以自己的名义从事任何民事活动;在法律法规要求只能以法人的名义从事民事活动,或者法人的分支机构从事特定民事活动须经法人特别授权的情况下,则须遵守相应的规定。

比如,针对种子生产经营活动,《吉林省农作物种子条例》第 37 条规定:"种子生产经营企业可以在种子生产经营许可证载明的有效区域内设立分支机构。分支机构应当按照生产经营许可证确定的有效区域和生产经营范围从事种子生产经营活动,不得以分支机构的名义生产、包装种子。"

---

① 比如,四川省高级人民法院(2019)川民再 151 号民事判决书认为:"根据《中华人民共和国担保法》第十条'企业法人的分支机构、职能部门不得为保证人。企业法人的分支机构有法人书面授权的,可以在授权范围内提供保证'的规定,企业法人的分支机构具有有限的担保主体资格,而职能部门则完全没有担保主体资格。根据《中华人民共和国民法总则》第七十四条'法人可以依法设立分支机构。法律、行政法规规定分支机构应当登记的,依照其规定。分支机构以自己的名义从事民事活动,产生的民事责任由法人承担;也可以先以该分支机构管理的财产承担,不足以承担的,由法人承担'的规定,法人的分支机构是根据法人的意志依法设立的从事法人的部分业务的机构,可以独立从事民事活动,而法人的职能部门是法人根据内部权力分工而设置的内部机构,不能独立对外从事民事活动。"

② 比如,最高人民法院(2020)最高法民终 90 号民事判决书认为:"本案中,首先,案涉借款的四张借条的落款处、'借款人'或'借款公司'处均加盖了某某梧州分公司的公章,可见某某梧州分公司作出了借款的意思表示。其次,吴某生长期担任某某梧州分公司的负责人,借款发生时亦为某某梧州分公司的负责人,某某梧州分公司在梧州当地也有项目进行建设。覃某有理由相信吴某生有权代表某某梧州分公司对外借款,其已尽到合理注意义务。某某公司主张其并未授权某某梧州分公司使用分公司公章对外签订经济合同,并规定由此造成的经济损失及法律责任由分公司自行负责,但是这一规定仅系某某公司的内部规定,在某某公司未举证证明覃某对某某公司上述内部规定知情的情况下,该内部规定对覃某并无约束力。某某公司、某某梧州分公司主张覃某未审查某某公司是否有授权某某梧州分公司签署合同主观上并非善意,缺乏依据,本院不予支持。因此,吴某生代表某某梧州分公司在借条上盖章的行为有效,对某某梧州分公司发生法律效力。"

③ 比如,最高人民法院(2020)最高法民申 6314 号民事裁定书认为:"本案中,案涉《协议书》中有某某青海分公司时任负责人崔某辉签字并加盖有某某青海分公司印章。虽然经鉴定案涉《协议书》中某某青海分公司的印章印文与备案印章印文不一致,但崔某辉作为某某青海分公司时任负责人,其持某某青海分公司印章以某某青海分公司名义签订案涉《协议书》,足以令作为交易相对人的青海某某公司相信其行为代表某某青海分公司,且某某青海分公司在其他业务活动中亦多次使用同一枚印章。基于案涉《协议书》已由双方签字盖章的事实,原判决认定青海某某公司与某某青海分公司之间担保合同关系成立,并不缺乏证据证明,亦符合法律规定。"

又如，就公司而言，针对为他人提供担保的行为，由于《公司法》第 15 条第 1 款规定了“公司向其他企业投资或者为他人提供担保，按照公司章程的规定，由董事会或者股东会决议；公司章程对投资或者担保的总额及单项投资或者担保的数额有限额规定的，不得超过规定的限额”，因此，公司的分支机构不是不可以为他人提供担保，但为他人提供担保须依照公司章程的规定经执行机构或权力机构决议批准。对此，《民法典担保制度解释》第 11 条第 1 款进一步规定：“公司的分支机构未经公司股东(大)会或者董事会决议以自己的名义对外提供担保，相对人请求公司或者其分支机构承担担保责任的，人民法院不予支持，但是相对人不知道且不应当知道分支机构对外提供担保未经公司决议程序的除外。”

此外，结合《九民会议纪要》第 23 条所说的“【债务加入准用担保规则】法定代表人以公司名义与债务人约定加入债务并通知债权人或者向债权人表示愿意加入债务，该约定的效力问题，参照本纪要关于公司为他人提供担保的有关规则处理”，公司的分支机构也可以在依照公司章程的规定经董事会或股东会决议批准后以自己的名义加入他人债务。①

(二)法人分支机构从事民事活动的责任承担

1. 法人是最终责任主体

由于《民法典》第 74 条第 2 款使用了“分支机构以自己的名义从事民事活动，产生的民事责任由法人承担；也可以先以该分支机构管理的财产承担，不足以承担的，由法人承担”的表述，因此，法人分支机构以自己的名义从事民事活动所产生的民事责任，最终须由法人承担。这也是法人的分支机构不具有法人资格、不具有独立的民事主体地位的体现。其中的“民事责任”，既包括违约责任，也包括侵权责任②、缔约过失责任。

需要注意的是，根据《民诉法解释》第 53 条关于“法人非依法设立的分支机构，或者虽依法设立，但没有领取营业执照的分支机构，以设立该分支机构的法人为当事人”的规定，《民法典》第 74 条第 2 款所说的“分支机构”，指的是法人依法设立的分支机

---

① 比如，湖南省高级人民法院(2021)湘民再 12 号民事判决书认为：“……王某梦、湖南某春分公司出具《承诺书》的行为构成债务加入。……本案中，一方面，《承诺书》上虽加盖了湖南某春分公司印章，但雷某波没有证据证明王某梦以湖南某春分公司的名义出具《承诺书》时得到了某春公司授权；另一方面，雷某波并未向湖南某春分公司直接支付过相关款项。无论从是否存在明确的授权委托，还是从相关当事人的有关行为看，均无法得出某春公司授权湖南某春分公司加入债务的结论，故该债务加入对于湖南某春分公司应为无效。……基于前述债务加入可准用担保规则的处理原则，本案可根据《中华人民共和国民法总则》第一百五十七条的规定并参照担保法及其司法解释的前述规定，根据各方当事人对于债务加入行为无效的过错情况，对湖南某春分公司、某春公司是否应承担相应的民事责任予以认定。……本案中雷某波、王某梦、湖南某春分公司对于湖南某春分公司债务加入行为的无效均存在一定过错，湖南某春分公司应当对涉案债务的三分之一承担民事责任。某春公司在债务加入的行为中并不存在过错，无须承担因债务加入无效的赔偿责任。但根据《中华人民共和国民法总则》第七十四条第二款‘分支机构以自己的名义从事民事活动，产生的民事责任由法人承担；也可以先以该分支机构管理的财产承担，不足以承担的，由法人承担’之规定，湖南某春分公司在本案中所应承担责任，由湖南某春分公司先以其管理的经营财产承担，不足以承担的，由某春公司承担。”

② 比如，天津市高级人民法院(2020)津民终 1291 号民事判决书认为：“分支机构是法人的组成部分，从事民事活动产生的法律责任由法人承担。无锡某业分公司系无锡某业公司的分支机构，所以无锡某业公司应当对案涉侵权行为承担法律责任。”

构。对于非依法设立的分支机构,包括依法须经登记但未领取营业执照或登记证书的分支机构,其责任应由法人承担,不适用《民法典》第 74 条第 2 款所说的"先以该分支机构管理的财产承担,不足以承担的,由法人承担"。

2. 具体的责任承担方式

根据《民法典》第 74 条第 2 款的规定,在法人分支机构以自己的名义从事民事活动所产生的民事责任的具体承担方面,有两种方式可供选择:

一是"由法人承担",即:直接由法人承担其分支机构以自己的名义从事民事活动所产生的全部民事责任。此时不需要该分支机构承担民事责任,法人承担的是第一位的、全面的责任。

二是"先以该分支机构管理的财产承担,不足以承担的,由法人承担",即:先以该分支机构管理的财产来承担其以自己的名义从事民事活动所产生的民事责任;如果该分支机构管理的财产足以承担其以自己的名义从事民事活动所产生的民事责任,则无须法人继续承担;如果该分支机构管理的财产不足以承担,则须由法人继续承担。此时法人承担的是"第二位"的、"补充"[①]的责任,并非连带责任[②]。

问题是,《民法典》第 74 条第 2 款所说的"先以该分支机构管理的财产承担,不足以承担的,由法人承担",是否意味着法人享有类似于《民法典》第 687 条第 2 款针对一般保证的保证人规定的先诉抗辩权[③]? 换句话说,在相对人就法人分支机构管理的财产依法强制执行仍不能履行债务之前,法人是否有权拒绝承担责任?

考虑到分支机构属于法人的组成部分,不同于一般保证人的保证人与债务人之间的法律关系,也考虑到法人享有类似于先诉抗辩权将对相对人的权利造成限制、对相对人更为不利,也将架空《民法典》第 74 条第 2 款所说的"分支机构以自己的名义从事民事活动,产生的民事责任由法人承担"和《公司法》第 13 条第 2 款所说的"分公司不具有法人资格,其民事责任由公司承担",因此,可以认为,法人不享有类似于一般保证的保证人的先诉抗辩权,在相对人就法人分支机构管理的财产依法强制执行仍不能履行债务之前,法人无权拒绝承担责任。

对此,新疆维吾尔自治区高级人民法院(2020)新民终 80 号民事判决书认为:"《中华人民共和国民法总则》第七十四条第二款规定分支机构以自己的名义从事民事活

---

① 比如,最高人民法院(2021)最高法知民终 914 号民事判决书认为:"根据民法总则第七十四条第二款的规定,分支机构以自己的名义从事民事活动,产生的民事责任由法人承担;也可以先以该分支机构管理的财产承担,不足以承担的,由法人承担。泰某北京分公司是泰某公司的分公司,泰某公司依法应当对泰某北京分公司不能履行清偿责任部分承担补充责任。"

② 比如,上海市高级人民法院(2021)沪民终 304 号民事判决书认为:"阮某才可以选择要求某纪公司承担付款责任,或选择要求某纪公司上海分公司先行承担,不足部分由某纪公司承担。现阮某才以某纪公司、某纪公司上海分公司同时作为被告提起诉讼,一审法院判决先由某纪公司上海分公司承担付款责任,不足部分由某纪公司承担,符合法律规定。阮某才要求某纪公司、某纪公司上海分公司承担连带责任,缺乏法律依据,本院亦不予支持。"

③ 《民法典》第 687 条第 2 款规定:"一般保证的保证人在主合同纠纷未经审判或者仲裁,并就债务人财产依法强制执行仍不能履行债务前,有权拒绝向债权人承担保证责任,但是有下列情形之一的除外:(一)债务人下落不明,且无财产可供执行;(二)人民法院已经受理债务人破产案件;(三)债权人有证据证明债务人的财产不足以履行全部债务或者丧失履行债务能力;(四)保证人书面表示放弃本款规定的权利。"

动,产生的民事责任由法人承担;也可以先以该分支机构管理的财产承担,不足以承担的,由法人承担。该条款并未强制规定企业法人对其分支机构的民事责任仅承担分支机构管理的财产不足部分的补充责任,一审判令仁某房产公司、仁某分公司对许某峰的债务承担共同清偿责任并无不当,应予维持。"

3. 责任承担方式选择权的归属

问题是,就法人的分支机构以自己的名义从事民事活动所产生的民事责任而言,对于"由法人承担"还是"先以该分支机构管理的财产承担,不足以承担的,由法人承担",选择权归谁?在相对人要求法人承担责任的情况下,法人是否可以以《民法典》第74条第2款为依据主张自己承担的是补充责任,要求相对人先向其分支机构主张?对此,《民法典》未直接作出规定。

单从文义上看,似乎法人及其分支机构、相对人都享有选择权。但是,考虑到法人或其分支机构享有选择权将对相对人的权利构成限制并损害相对人的利益,因此,如此处理可能更合适,即:选择权应当由相对人享有;非依法经相对人同意,法人或其分支机构不应享有选择权。①

对此,《民事执行中变更、追加当事人规定》第15条也规定了:"作为被执行人的法人分支机构,不能清偿生效法律文书确定的债务,申请执行人申请变更、追加该法人为被执行人的,人民法院应予支持。法人直接管理的责任财产仍不能清偿债务的,人民法院可以直接执行该法人其他分支机构的财产。作为被执行人的法人,直接管理的责任财产不能清偿生效法律文书确定债务的,人民法院可以直接执行该法人分支机构的财产。"在李某国与孟某生、长春某祥建筑工程有限公司等案外人执行异议之诉案中,最高人民法院(2016)最高法民再149号民事判决书(载《最高人民法院公报》2017年第2期)也认为:"某和分公司作为某祥公司的分公司在工商行政管理机关依法注册登记,某祥公司与某和分公司之间即形成法律上的公司与分公司之间的关系,应当受到《公司法》所确立的公司与分公司之间各项规则的调整。……无论当时某祥公司与某和分公司内部如何约定双方之间的权利义务关系及责任划分标准,该约定内容均不足以对抗其在工商行政管理机关依法注册登记的公示效力,进而不足以对抗第三人。"

这意味着,相对人既可以选择直接请求法人承担,也可以选择"先要求法人的分支机构承担,不足以承担的,再由法人承担"。这跟《民法典》第75条第2款所说的"设立人为设立法人以自己的名义从事民事活动产生的民事责任,第三人有权选择请求法人或者设立人承担"是类似的,跟《民法典》第515条第1款所说的"标的有多项而债务人只需履行其中一项的,债务人享有选择权;但是,法律另有规定、当事人另有约定或者

① 实务中,存在由法院判决确定法人及其分支机构各自承担的责任范围的案例。比如,最高人民法院(2021)最高法民再3号民事判决书认为:"肥城某某公司及其春秋古城店在经营中使用'某联''某联超市'标识,容易导致相关公众的混淆误认,侵害了涉案商标专用权并构成不正当竞争,某联公司关于肥城某某公司及其春秋古城店停止使用上述标识及'某联'字号的主张于法有据,本院予以支持。此外,关于赔偿数额,……本院确定肥城某某公司及其春秋古城店赔偿某联公司经济损失5万元。根据《中华人民共和国民法总则》第七十四条第二款规定,分支机构以自己的名义从事民事活动,产生的民事责任由法人承担;也可以先以该分支机构管理的财产承担,不足以承担的,由法人承担。据此,本院确定上述赔偿数额中的3万元由肥城某某公司承担;2万元由肥城某某公司春秋古城店承担,不足以承担的,由肥城某某公司承担。"

另有交易习惯的除外”是不同的。

问题是,就法人的分支机构以自己的名义从事民事活动所产生的民事责任而言,相对人是否可以同时要求法人及其分支机构承担责任?对此,《民法典》和《民法典总则编解释》没有直接作出规定。考虑到《民法典》等法律并未禁止或限制相对人同时要求法人及其分支机构承担责任,从保护相对人利益和完善法人治理机构的角度,只要其他法律法规也没有明文禁止或限制,就不应否定或限制相对人同时要求法人及其分支机构承担的权利。①

对此,最高人民法院(2018)最高法民再 177 号民事裁定书(载《最高人民法院公报》2019 年第 4 期)认为:“法人分支机构以自己的名义从事民事活动,产生的民事责任由法人承担;也可以先以该分支机构管理的财产承担,不足以承担的,由法人承担。根据《民事诉讼法》第四十八条,《民事诉讼法司法解释》第五十二条的规定,依法设立并领取营业执照、有一定组织机构和财产的法人分支机构可以作为民事诉讼的当事人。但对于原告在起诉法人分支机构时是否可以一并起诉设立该分支机构法人的问题,相关法律和司法解释并未予以明确,结合民事诉讼法赋予其他组织当事人资格的目的在于保护其他组织和相对方的民事权利、及时解决纠纷,并无限制当事人一并起诉设立分支机构法人的意旨,故除法律法规另有规定外,该事项应属原告起诉时可以选择的程序事项。……某某之友、中华某某联合会因环境污染提起环境民事公益诉讼,将某石油吉林分公司和某石油公司列为共同被告,对督促某石油公司进一步加强对其分支机构的监管,积极承担维护环境公共利益的社会责任,具有积极的推动作用。”②

---

① 实务中存在不同意见。比如,新疆维吾尔自治区高级人民法院(2016)新民初 104 号民事判决书认为:“根据《中华人民共和国民法总则》第七十四条规定‘法人可以依法设立分支机构。法律、行政法规规定分支机构应当登记的,依照其规定。分支机构以自己的名义从事民事活动,产生的民事责任由法人承担;也可以先以该分支机构管理的财产承担,不足以承担的,由法人承担’,故某煤神马新疆分公司要求某地公司与某地天津分公司共同承担赔偿责任的诉讼请求,没有法律依据。”最高人民法院(2018)最高法民终 153 号民事判决书认为该一审判决“认定事实清楚,适用法律正确,应予维持”。

② 广西壮族自治区高级人民法院(2020)桂民终 1192 号民事判决书更为清晰地提出:“根据《中华人民共和国保险法》第七十四条‘保险公司在中华人民共和国境内设立分支机构,应当经保险监督管理机构批准。保险公司分支机构不具有法人资格,其民事责任由保险公司承担’以及《中华人民共和国民法总则》第七十四条第二款‘分支机构以自己的名义从事民事活动,产生的民事责任由法人承担;也可以先以该分支机构管理的财产承担,不足承担的,由法人承担’的规定,被上诉人云南某投公司起诉时将上诉人某泰公司列为本案的被告,并要求其承担责任,有事实和法律依据。因此,一审法院认定上诉人某泰公司系本案的适格被告,并无不当。上诉人认为根据《最高人民法院关于适用〈中华人民共和国民事诉讼法〉的解释》第五十二条、第七十三条以及《关于中国人民保险公司分支机构诉讼主体资格的说明的函》的规定,可以作为诉讼主体的应当是签订保险合同的分支机构,即本案上诉人某泰分公司,上诉人某泰公司作为总公司不是本案适格被告,本院认为其该理由不能成立,上诉人所提及的相关规定只是明确保险公司分支机构具有诉讼主体资格,但并未排除总公司的诉讼主体资格,因此本院对其该上诉主张不予采纳。”北京市高级人民法院(2022)京民终 94 号民事判决书也认为:“本案中,某先一分公司与某某永正公司签订并履行了购货合同,某先一分公司在庭审中亦认可其领取了分公司营业执照,有自己的银行账户,据此可以认定分公司有一定的财产,故本案可以先以某先一分公司管理的财产承担民事责任,不足以承担的部分,再由某先公司承担。某先公司辩称其与某先一分公司共同承担给付责任无法律依据不能成立,本院不予支持。”甚至,实务中也有判决法人和分支机构共同承担责任的裁判意见,比如最高人民法院(2020)最高法民终 90 号民事判决书、最高人民法院(2018)最高法民终 289 号民事判决书、宁夏回族自治区高级人民法院(2020)宁民再 22 号民事判决书、四川省高级人民法院(2019)川民终 323 号民事判决书、广东省深圳市中级人民法院(2019)粤 03 民终 30241 号民事判决书等。

4. 分支机构管理的财产的界定

其中,《民法典》第 74 条第 2 款所说的“该分支机构管理的财产”,指的是归法人所有的、由法人事先或事后授权该分支机构进行管理的财产;在构成方面,“该分支机构管理的财产”不仅包括货币、不动产(土地、建筑物和其他土地附着物)、动产(生产设备、原材料、半成品、产品、交通运输工具、船舶、航空器、印章、证照、财务会计资料等),也包括证券(股票、债券、证券投资基金份额等)、投资性权利(股权和在合伙企业中的财产份额等)、知识产权、债权、数据、网络虚拟财产、用益物权(海域使用权、探矿权、采矿权、取水权等)等财产和财产权益,等等。

需要注意的是,《民法典》第 74 条第 2 款所说的“该分支机构管理的财产”,不包括法人或其分支机构作为受托人管理的不属于法人的财产,不论是法人、法人的分支机构,还是相对人,原则上都不得要求法人或其分支机构以该分支机构管理的他人的财产承担因该分支机构产生的民事责任。

对此,《信托法》第 16 条规定:“信托财产与属于受托人所有的财产(以下简称固有财产)相区别,不得归入受托人的固有财产或者成为固有财产的一部分。受托人死亡或者依法解散、被依法撤销、被宣告破产而终止,信托财产不属于其遗产或者清算财产”;《证券投资基金法》第 5 条规定:“……基金财产独立于基金管理人、基金托管人的固有财产。基金管理人、基金托管人不得将基金财产归入其固有财产。……基金管理人、基金托管人因依法解散、被依法撤销或者被依法宣告破产等原因进行清算的,基金财产不属于其清算财产”,第 151 条第 1 款规定:“依照本法规定,基金管理人、基金托管人、基金服务机构应当承担的民事赔偿责任和缴纳的罚款、罚金,由基金管理人、基金托管人、基金服务机构以其固有财产承担”;《证券法》第 131 条规定:“证券公司客户的交易结算资金应当存放在商业银行,以每个客户的名义单独立户管理。证券公司不得将客户的交易结算资金和证券归入其自有财产。……证券公司破产或者清算时,客户的交易结算资金和证券不属于其破产财产或者清算财产。非因客户本身的债务或者法律规定的其他情形,不得查封、冻结、扣划或者强制执行客户的交易结算资金和证券。”

(三)法人分支机构从事民事活动的利益归属

需要注意的是,就法人的分支机构以自己的名义从事的民事活动而言,从文义上看,《民法典》第 74 条第 2 款只规定了其责任的承担,不涉及其利益的归属。这跟《民法典》第 61 条第 2 款针对法人的法定代表人的代表行为规定了“法定代表人以法人名义从事的民事活动,其法律后果由法人承受”是不同的。

不过,由于法人的分支机构属于法人的组成部分,因此,法人的分支机构以自己的名义从事的民事活动,其各项法律后果(包括利益和不利益)亦应均由法人承受:一方面,法人既有义务承担其分支机构从事的民事活动所产生的民事责任;另一方面,法人也有权利享有其分支机构从事的民事活动所产生的权利和利益。

其中的权利和利益,既包括实体上的权利和利益,也包括程序上的权利和利益。

1. 实体上的权利和利益

就法人享有分支机构以自己的名义从事民事活动所产生的实体上的权利和利益

而言，最高人民法院（2018）最高法民申 4248 号民事裁定书认为："《中华人民共和国民法总则》第七十四条第二款规定：'分支机构以自己的名义从事民事活动，产生的民事责任由法人承担；也可以先以分支机构管理的财产承担，不足以承担的，由法人承担。'依据该条规定，某某农商行榆树川支行从事商业贷款活动所产生的民事责任，由该分支机构的上级法人单位某某农商行承担；基于民法的权利义务对等原则，上级法人单位承担了分支机构从事民事活动的民事责任，也应享有分支机构从事民事活动所享有的民事权利。"

此外，在李某国与孟某生、长春某祥建筑工程有限公司等案外人执行异议之诉案中，最高人民法院（2016）最高法民再 149 号民事判决书（载《最高人民法院公报》2017年第 2 期）也认为："某祥公司与某和分公司之间即形成法律上的公司与分公司之间的关系，应当受到《公司法》所确立的公司与分公司之间各项规则的调整。具体表现为：分公司的财产即为公司财产，分公司的民事责任由公司承担。……既然某和分公司系某祥公司的分支机构，而案涉争议款项又在某和分公司银行账户内，故该笔款项在法律上就是某祥公司的财产。……综上所述，某和分公司系某祥公司的分支机构，某和分公司账户内的案涉争议款项在法律上即为某祥公司的财产。"

2. 程序上的权利和利益

就法人享有分支机构以自己的名义从事民事活动所产生的程序上的权利和利益，最高人民法院（2018）最高法民辖终 62 号民事裁定书认为："《中华人民共和国民法总则》第五十七条规定'法人是具有民事权利能力和民事行为能力，依法独立享有民事权利和承担民事义务的组织。'第七十四条规定'法人可以依法设立分支机构。法律、行政法规规定分支机构应当登记的，依照其规定。分支机构以自己的名义从事民事活动，产生的民事责任由法人承担；也可以先以该分支机构管理的财产承担，不足以承担的，由法人承担。'新某纪分公司是新某纪公司的分支机构，在新某纪公司的授权范围内从事民事行为，该民事行为产生的后果应当由有法人资格的新某纪公司承担。虽然案涉合同是新某纪分公司签订，但因分公司是代表新某纪公司签订合同，故该合同对新某纪公司有约束力。合同中的协议管辖条款作为合同的主要内容之一，对新某纪公司当然有约束力。"

又如，天津市高级人民法院（2018）津民申 1505 号民事裁定书也认为："胡某英、胡某文与中国某水旅行社天津市分社签订的《团队出境旅游合同》明确约定，争议协商或调解不成的，提交天津市仲裁委员会仲裁。中国某水旅行社天津市分社不是独立法人机构，隶属于中国某水旅行社，诉讼中一旦确定中国某水旅行社天津市分社的责任，中国某水旅行社亦依法承担相应责任，故原审法院认定中国某水旅行社有权因相关仲裁约定提出管辖异议，并无不当。胡某英、胡某文以其与中国某水旅行社没有直接订立协议而主张双方发生的争议不能通过仲裁程序解决，缺乏依据不能成立。"

此外，北京市第四中级人民法院（2021）京 04 民特 529 号民事裁定书认为："某某特拉公司对其分公司某某特拉上海分公司与昆山某鑫公司之间签订的《供货合同》中约定仲裁条款的真实性未提出异议，某某特拉公司认为分公司签订的仲裁条款不能约束总公司，对此，本院认为，首先，《中华人民共和国公司法》第十四条第一款规定：'公司可以设立分公司。设立分公司，应当向公司登记机关申请登记，领取营业执照。分公司不具有法人资格,其民事责任由公司承担。'某某特拉公司作为在中国境内成立的中国法人,其分支机构某某特拉上海分公司签订的仲裁协议,对分支机构、法人均具有约束力。某某特拉公司提出自己非《供货合同》的签订方,《供货合同》仲裁协议对自己不具有约束力的主张,与上述法律的规定相悖,本院不予支持。”①

第七十五条 【法人设立行为的法律后果】设立人为设立法人从事的民事活动,其法律后果由法人承受;法人未成立的,其法律后果由设立人承受,设立人为二人以上的,享有连带债权,承担连带债务。

设立人为设立法人以自己的名义从事民事活动产生的民事责任,第三人有权选择请求法人或者设立人承担。

【条文通释】

《民法典》第75条是关于法人设立行为的法律后果的规定。

一、法人设立行为及其法律后果的归属

(一)设立人

《民法典》本身没有对“设立人”进行界定。结合《民法典》第75条和《公司法解释三》第1条的规定②,为设立法人而履行法人设立职责、从事法人设立行为的人,为法人的设立人。设立人既可以是自然人,也可以是法人或非法人组织;既可以是一人,也可以是数人。就公司的设立而言,《公司法》针对有限公司的设立人使用了“设立时的股东”的表述③,针对股份公司的设立人使用了“发起人”的表述④。

① 类似的裁判意见,还可见广东省深圳市中级人民法院(2020)粤03民特530号民事裁定书、北京市第四中级人民法院(2019)京04民特170号民事裁定书、湖南省郴州市中级人民法院(2019)湘10民特15号民事裁定书等。不过,实务中,早前也有不同的裁判意见。比如,四川省成都市中级人民法院(2017)川01民特525号民事裁定书认为:“案涉仲裁协议系由凯某通公司与某莱绵阳分公司订立,本案中某莱公司与凯某通公司之间并无仲裁协议。……某莱公司既不是订立该仲裁协议的当事人,也不再是成都仲裁委员会受理的相关买卖合同纠纷的仲裁案件当事人。因此,某莱公司申请确认仲裁协议无效的请求,应予驳回。”江西省萍乡市中级人民法院(2016)赣03民特16号民事裁定书也认为:“广东某厦建筑工程有限公司江西分公司与被申请人某丰租赁站在租赁合同中约定的仲裁条款亦合法有效,根据合同的相对性原则,该仲裁条款仅约束合同双方当事人,对申请人某厦公司没有约束力。虽然公司法规定‘公司的民事责任由公司承担’,但该规定规范的仅是公司与分公司之间的实体责任承担问题,根据仲裁法的规定,采用仲裁方式解决纠纷,应当双方自愿,达成仲裁协议,申请人某厦公司作为仲裁案件中的被申请人,其自始至终未与某丰租赁站达成任何仲裁协议,故被申请人某丰租赁站依据其与申请人某厦公司的下属江西分公司签订的租赁合同中约定的仲裁条款向萍乡仲裁委员会起诉申请人某厦公司缺乏法律依据。”

② 《公司法解释三》第1条规定:“为设立公司而签署公司章程、向公司认购出资或者股份并履行公司设立职责的人,应当认定为公司的发起人,包括有限责任公司设立时的股东。”

③ 《公司法》第43条、第44条等。

④ 《公司法》第91条至第94条等。

（二）法人设立行为

从民法的角度看，《民法典》第75条第1款所说的"设立人为设立法人从事的民事活动"，即属于法人设立行为，既包括设立人为设立法人以设立中的法人的名义从事的民事活动，也包括《民法典》第75条第2款所说的"设立人为设立法人以自己的名义从事"的民事活动。①

也就是说，界定法人设立行为的关键有三，一是行为人为设立人，二是行为目的为"设立法人"（即为了法人的利益②），三是行为时间发生在法人设立期间（即法人成立之前）。

只要是设立人以设立法人为目的在法人成立之前从事的民事活动，都属于法人设立行为。至于设立人是以设立中的法人的名义还是以设立人自己的名义从事相关活动，则不影响法人设立行为的界定（但根据《民法典》第75条第2款规定，可能影响法律后果的承受）。

与此相对应，不论是设立人以设立人和设立中的法人之外的其他人的名义从事的民事活动，还是设立人并非以设立法人为目的从事的民事活动，抑或设立人在法人成立之后从事的民事活动，都不属于法人设立行为，都不适用《民法典》第75条的规定。

（三）法人设立行为法律后果的归属

根据《民法典》第75条的规定，法人设立行为的法律后果（包括利益和不利益）由谁承受，既取决于法人是否成立，也取决于法人设立行为是以谁的名义实施的。其中，因法人是否成立不同，法人设立行为的法律后果的承受主体也有所不同。

1. 法人成立时的承受主体

《民法典》第75条第1款所说的"设立人为设立法人从事的民事活动，其法律后果由法人承受"，指向的是法人成立的情形；如法人未成立，则应当适用《民法典》第75条第1款所说的"法人未成立的，其法律后果由设立人承受，设立人为二人以上的，享有连带债权，承担连带债务"。

也就是说，根据《民法典》第75条第1款的规定，在法人成立的情况下，设立人为设立法人、以设立中的法人的名义从事的民事活动，其法律后果（包括利益和不利益）均由法人承受，而不由设立人承受；就设立人为设立法人从事民事活动产生的民事责任而言，设立人与法人之间既非连带责任关系，也非补充责任关系。其中，就公司设立而言，《公司法解释三》第3条第1款规定："发起人以设立中公司名义对外签订合同，

---

① 严格来讲，法人设立行为不仅包括为设立法人从事的民事行为，还包括为设立法人向登记机关或审批机关申请登记或审批的行为等。前者涉及民事法律关系，后者涉及行政法律关系。

② 比如，《公司法解释三》第3条第2款规定："公司成立后有证据证明发起人利用设立中公司的名义为自己的利益与相对人签订合同，公司以此为由主张不承担合同责任的，人民法院应予支持，但相对人为善意的除外。"

公司成立后合同相对人请求公司承担合同责任的,人民法院应予支持"①,第 5 条第 1 款规定:"发起人因履行公司设立职责造成他人损害,公司成立后受害人请求公司承担侵权赔偿责任的,人民法院应予支持……"

此外,在法人成立的情况下,设立人为设立法人、以设立人自己的名义从事的民事活动,其法律后果(包括利益和不利益)也原则上由法人承受(《民法典》第 75 条第 2 款等规定了例外②)。

其中,就公司设立而言,《公司法》第 44 条第 1 款作出了与《民法典》第 75 条 1 款相同的规定。此外,《公司法解释三》第 2 条规定:"发起人为设立公司以自己名义对外签订合同,……公司成立后合同相对人请求公司承担合同责任的,人民法院应予支持。"第 5 条第 1 款规定:"发起人因履行公司设立职责造成他人损害,公司成立后受害人请求公司承担侵权赔偿责任的,人民法院应予支持……"

值得一提的是,2020 年 12 月 23 日修正前的《公司法解释三》(2014 年修正)第 2 条的原文为:"发起人为设立公司以自己名义对外签订合同,合同相对人请求该发起人承担合同责任的,人民法院应予支持。公司成立后对前款规定的合同予以确认,或者已经实际享有合同权利或者履行合同义务,合同相对人请求公司承担合同责任的,人民法院应予支持",其第 2 款针对合同相对人就"发起人为设立公司以自己名义对外签订合同"请求成立后的公司承担合同责任设置了"公司成立后对前款规定的合同予以确认,或者已经实际享有合同权利或者履行合同义务"的前置条件。但是,由于 2017 年 10 月 1 日施行的《民法总则》第 75 条第 1 款和 2021 年 1 月 1 日施行的《民法典》第 75 条第 1 款都明确规定了"设立人为设立法人从事的民事活动,其法律后果由法人承受",2014 年修正后的《公司法解释三》第 2 条第 2 款的上述规定已经与上位法相抵触,因此,最高人民法院 2020 年 12 月 23 日将其修改为"发起人为设立公司以自己名义对外签订合同,合同相对人请求该发起人承担合同责任的,人民法院应予支持;公司成立后合同相对人请求公司承担合同责任的,人民法院应予支持"。

《公司法解释三》第 2 条的立法沿革也表明,设立人为设立法人所从事的民事活动,不论是以设立人自己的名义还是以设立中的法人的名义实施的,在法人成立之后,其法律后果都当然由法人承受(相对人根据《民法典》第 75 条第 2 款选择设立人承担

---

① 需要注意的是,发起人以设立中公司名义对外签订合同至少包括两种情形:一是以设立中公司的名义为公司的利益对外签订合同,二是以设立中公司的名义为发起人自己的利益对外签订合同。前者属于法人设立行为,后者则不属于法人设立行为。针对后者,《公司法解释三》第 3 条第 2 款规定:"公司成立后有证据证明发起人利用设立中公司的名义为自己的利益与相对人签订合同,公司以此为由主张不承担合同责任的,人民法院应予支持,但相对人为善意的除外"。该规定属于《公司法解释三》第 3 条第 1 款所说的"发起人以设立中公司名义对外签订合同,公司成立后合同相对人请求公司承担合同责任的,人民法院应予支持"的例外规定。也就是说,除非合同相对人为善意相对人(即不知道并且不应当知道发起人以设立中公司的名义为发起人自己的利益与相对人签订合同),否则,只要公司成立后能够证明发起人利用设立中公司的名义为自己的利益与相对人签订合同,那么,该合同对公司就不具有约束力,其责任就不应该由公司承担。

② 除了《民法典》第 75 条第 2 款规定的例外,还有《公司法解释三》第 3 条第 2 款规定的例外:"公司成立后有证据证明发起人利用设立中公司的名义为自己的利益与相对人签订合同,公司以此为由主张不承担合同责任的,人民法院应予支持,但相对人为善意的除外。"

责任的除外)；这是基于法律的直接规定，无须法人、设立人或相对人的同意或确认。[①]

2. 法人未成立时的承受主体

《民法典》第 75 条第 1 款所说的"法人未成立的，其法律后果由设立人承受，设立人为二人以上的，享有连带债权，承担连带债务"，明确了法人未成立时设立人为设立法人从事的民事活动的法律后果的归属规则，即：在法人未成立的情况下，因法人没有成立而事实上无法适用《民法典》第 75 条第 1 款所说的"其法律后果由法人承受"，故设立人为设立法人从事的民事活动，不论是以设立中的法人的名义从事的还是以设立人自己的名义从事的，其法律后果，不论是利益还是不利益，均由设立人承受；其中，如果有两个或超过两个设立人，则由各个设立人对其中的利益享有连带债权并对其中的不利益承担连带债务。

其中，就公司设立而言，《公司法》第 44 条第 2 款作出了与《民法典》第 75 条第 1 款相同的规定。此外，《公司法解释三》第 4 条第 1 款规定："公司因故未成立，债权人请求全体或者部分发起人对设立公司行为所产生的费用和债务承担连带清偿责任的，人民法院应予支持"。第 5 条第 1 款规定："发起人因履行公司设立职责造成他人损害，……公司未成立，受害人请求全体发起人承担连带赔偿责任的，人民法院应予支持"。针对股份有限公司的设立，原《公司法》(2018 年修正，在 2024 年 6 月 30 日以前适用)第 94 条也规定："股份有限公司的发起人应当承担下列责任：(一)公司不能成立时，对设立行为所产生的债务和费用负连带责任；(二)公司不能成立时，对认股人已缴纳的股款，负返还股款并加算银行同期存款利息的连带责任……"

二、法人设立行为责任承担的特别规定

针对法人成立时法人设立行为的责任归属，在《民法典》第 75 条第 1 款所说的"设立人为设立法人从事的民事活动，其法律后果由法人承受"基础上，《民法典》第 75 条第 2 款作出了特别规定："设立人为设立法人以自己的名义从事民事活动产生的民事责任，第三人有权选择请求法人或者设立人承担。"该特别规定通过赋予第三人选择权，阻却了《民法典》第 75 条第 1 款所说的"设立人为设立法人从事的民事活动，其法

---

① 比如，湖北省高级人民法院(2018)鄂民申 4479 号民事裁定书认为："《中华人民共和国民法总则》第七十五条第一款规定：'设立人为设立法人从事的民事活动，其法律后果由法人承受……'《最高人民法院关于适用〈中华人民共和国公司法〉若干问题的规定(三)》第三条第一款规定：'发起人以设立中公司名义对外签订合同，公司成立后合同相对人请求公司承担合同责任的，人民法院应予支持。'由此可知，设立人为设立法人从事的民事活动，其法律后果应由法人承担。本案中，李某清以设立中的武汉华某威机电技术有限责任公司法定代表人身份与他人签订租赁合同，此租赁合同的法律后果应由武汉华某威机电技术有限责任公司承担。现武汉华某威机电技术有限责任公司以该公司对李某清的行为未追认为由对租赁合同不予认可，请求确认合同无效，违背诚信原则。且武汉华某威机电技术有限责任公司也未提交证据证明此租赁合同存在法律规定的应当认定为无效的情形。原审法院驳回武汉华某威机电技术有限责任公司的诉讼请求适用法律并无不当。"

律后果由法人承受"的直接适用。①

(一)《民法典》第75条第2款的适用条件

由于《民法典》第75条第2款使用了"设立人为设立法人以自己的名义从事民事活动产生的民事责任,第三人有权选择请求法人或者设立人承担"的表述,因此,该款指向的是设立人为设立法人以自己的名义从事民事活动并且法人成立的情形,而不适用于法人未成立的情形,也不适用于设立人为设立法人以设立中的法人的名义从事民事活动并且法人成立的情形。

其中,《民法典》第75条第2款所说的"设立人为设立法人以自己的名义"中的"以自己的名义",既包括以单个设立人的名义(适用于只有一个设立人和有数个设立人的情形),也包括以数个或全部设立人的名义(适用于有数个设立人的情形)②。

(二)第三人的选择权

1. 第三人享有选择权

由于《民法典》第75条第2款使用了"设立人为设立法人以自己的名义从事民事活动产生的民事责任,第三人有权选择请求法人或者设立人承担"的表述,因此,就设立人为设立法人以自己的名义从事的民事活动而言,在法人成立的情况下,对于该民事活动产生的民事责任,第三人对请求法人承担责任还是请求设立人承担责任享有选

---

① 需要说明的是,就公司设立而言,《公司法解释三》第3条第2款所说的"公司成立后有证据证明发起人利用设立中公司的名义为自己的利益与相对人签订合同,公司以此为由主张不承担合同责任的,人民法院应予支持,但相对人为善意的除外",属于《公司法解释三》第3条第1款所说的"发起人以设立中公司名义对外签订合同,公司成立后合同相对人请求公司承担合同责任的,人民法院应予支持"的特别规定。不过,考虑到设立人以设立中公司的名义为设立人自己的利益对外签订合同,严格来说并非《民法典》第75条所说的"设立人为设立法人从事的民事活动"(即法人设立行为),因此,本书本部分"法人设立行为责任承担的特别规定"没有将《公司法解释三》第3条第2款所说的"公司成立后有证据证明发起人利用设立中公司的名义为自己的利益与相对人签订合同,公司以此为由主张不承担合同责任的,人民法院应予支持,但相对人为善意的除外"列入其中。

② 比如,江苏省高级人民法院(2020)苏民申4408号民事裁定书认为:"本案中,张某恒、潘某明为设立腾某达公司以自己名义与联某普公司签订租赁合同,腾某达公司成立后实际使用案涉租赁厂房并支付租金以及水电费等,根据上述法律以及司法解释规定,联某普公司有权选择请求张某恒和潘某明或者腾某达公司承担合同责任。经一审法院法律释明,联某普公司坚持其是因为相信张某恒、潘某明的个人信誉才签订租赁合同,选择请求张某恒、潘某明承担合同责任,故一审、二审法院判决张某恒、潘某明承担合同责任,于法有据。潘某明主张联某普公司仅能请求腾某达公司承担合同责任,与上述规定不符,故不能成立。"又如,江苏省镇江市中级人民法院(2016)苏11民初322号民事判决书认为:"本案中,作为句容某动娱乐有限公司的股东,三被告在该公司设立前,以自己的名义租赁营业场所用于经营KTV、休闲娱乐等相关产业,该民事活动系为设立公司所必需,由此产生的民事责任,第三人有权选择请求法人或者设立人承担,现原告要求三被告承担连带责任,符合法律规定,本院予以支持。"江苏省高级人民法院(2017)苏民终1845号民事判决书认为该一审判决"认定事实清楚、适用法律正确,应予维持"。

择权,即:既可以选择请求法人承担,也可以选择请求设立人承担;但设立人和法人[①]都不享有选择权。其中,《民法典》第 75 条第 2 款所说的“第三人”,指的是设立人和法人之外的、作为该款所说的“设立人为设立法人以自己的名义从事民事活动”的相对方的主体,既可以是自然人,也可以是法人或非法人组织。

就公司设立而言,《公司法》第 44 条第 3 款作出了与《民法典》第 75 条第 2 款相同的规定;此外,《公司法解释三》第 2 条所说的“发起人为设立公司以自己名义对外签订合同,合同相对人请求该发起人承担合同责任的,人民法院应予支持;公司成立后合同相对人请求公司承担合同责任的,人民法院应予支持”,属于《民法典》第 75 条第 2 款在公司设立过程中涉及的合同责任承担的具体体现。

需要注意的是,由于《民法典》第 75 条第 2 款使用了“第三人有权选择请求……设立人承担”的表述,因此,在第三人选择请求设立人承担责任的情况下,即使设立人在法人成立之后通过依法转让股权、减资等方式不再是法人的股东或出资人,设立人也应承担其为设立法人以自己的名义从事民事活动产生的民事责任,该民事责任的承担不因其不再具有法人的股东或出资人身份而受影响。[②] 这跟《公司法》第 50 条所说的“有限责任公司设立时,股东未按照公司章程规定实际缴纳出资,或者实际出资的非货币财产的实际价额显著低于所认缴的出资额的,设立时的其他股东与该股东在出资不足的范围内承担连带责任”是类似的。

还需注意的是,在法人未成立的情形,由于《民法典》第 75 条第 1 款明确规定了“设立人为设立法人从事的民事活动,……法人未成立的,其法律后果由设立人承受,设立人为二人以上的,享有连带债权,承担连带债务”,因此,此时第三人不享有选择权,可以、也应当基于法律的规定直接请求设立人承担责任。这跟《民法典》第 75 条第 2 款所说的“第三人有权选择请求……设立人承担”是不同的。

此外,在法人成立的情况下,就设立人为设立法人以设立中的法人的名义从事的民事活动而言,对于该民事活动产生的民事责任的承担方,不论是设立人、法人还是第

---

① 比如,山东省高级人民法院(2022)鲁民终 1305 号民事裁定书认为:“虽然《中华人民共和国民法典》第七十五条规定:‘设立人为设立法人从事的民事活动,其法律后果由法人承受;法人未成立的,其法律后果由设立人承受,设立人为二人以上的,享有连带债权,承担连带债务。设立人为设立法人以自己的名义从事民事活动产生的民事责任,第三人有权选择请求法人或者设立人承担。’但是该条是对合同责任承担的规定,并非是对合同转让、合同权利转移、继受的规定,承担设立人以自己名义签订的合同责任的选择权在于第三人,而不是后续设立的法人。”

② 实务中有不同意见。比如,山西省大同市中级人民法院(2018)晋 02 民终 2453 号民事判决书认为:“本案中的《租赁合同》系上诉人大同市某某汽车服务有限公司与被上诉人魏某签订,租赁时的经营项目已明确为停车、洗车、汽车美容服务及集贸市场。被上诉人大同市南郊区某某商贸有限责任公司成立后的经营范围符合租赁合同中的约定,因此,被上诉人大同市南郊区某某商贸有限责任公司实际享有租赁合同权利,亦应承担合同义务。关于上诉人主张魏某作为合同相对人应承担违约责任的诉求,本院认为,被上诉人魏某虽未明确通知上诉人其已将股份转让他人并退出公司,但结合大同市南郊区某某商贸有限责任公司的法定代表人庞某宇向上诉人出具的承诺书,上诉人理应知晓大同市南郊区某某商贸有限责任公司更换法定代表人及魏某退出公司的事实,租赁合同的权利义务已由被上诉人大同市南郊区某某商贸有限责任公司承接,故魏某不再承担租金及违约责任。”

三人[①],都不享有选择权,必须适用《民法典》第 75 条第 1 款所说的"设立人为设立法人从事的民事活动,其法律后果由法人承受"。

2. 第三人行使选择权的方式

结合《民法典》第 516 条第 1 款所说的"当事人行使选择权应当及时通知对方,通知到达对方时,标的确定"和《民法典》第 565 条所说的"当事人一方依法主张解除合同的,应当通知对方。……当事人一方未通知对方,直接以提起诉讼或者申请仲裁的方式依法主张解除合同,人民法院或者仲裁机构确认该主张的,合同自起诉状副本或者仲裁申请书副本送达对方时解除",就设立人为设立法人以自己的名义从事民事活动产生的民事责任,在法人成立的情况下,第三人选择请求法人承担或选择设立人承担的方式,既可以采取向法人或设立人发出通知的方式,也可以采取直接对法人或设立人提起诉讼或申请仲裁的方式[②]。

需要注意的是,不论是选择请求法人承担责任还是选择设立人承担责任,第三人行使选择权之后,不得再请求其他主体承担责任。这跟《民法典》第 516 条第 1 款所说的"当事人行使选择权应当及时通知对方,通知到达对方时,标的确定。标的确定后不得变更,但是经对方同意的除外"和第 926 条第 2 款所说的"受托人因委托人的原因对第三人不履行义务,受托人应当向第三人披露委托人,第三人因此可以选择受托人或者委托人作为相对人主张其权利,但是第三人不得变更选定的相对人",是类似的。

3. 第三人是否可以同时要求法人和设立人承担责任

问题是,第三人是否可以同时要求法人和设立人承担责任?

由于《民法典》第 75 条第 2 款使用了"第三人有权选择请求法人或者设立人承担"的表述,而不是"第三人有权请求法人和设立人承担"的表述,因此,第三人只能在"请求法人承担"和"请求设立人承担"之间择一主张,而不能同时要求法人和设立人承担

---

① 比如,辽宁省大连市中级人民法院(2020)辽 02 民终 6615 号民事判决书认为:"本案某鑫公司已设立成功,某鑫公司成立前的案涉借款已以公司名义向上诉人出具借款凭据,并非以设立人名义进行借款,故依照前条规定,案涉债务应由某鑫公司负担,上诉人不享有选择权。"

② 比如,湖南省常德市中级人民法院(2022)湘 07 民终 1786 号民事判决书认为:"根据《中华人民共和国民法典》第七十五条第二款的规定,设立人为设立法人以自己的名义从事民事活动产生的民事责任,第三人有权选择请求法人或者设立人承担。故即便李某主张其是为了设立英某田公司而签订案涉《补充租赁协议》成立,因李某是以自己的名义签订的《补充租赁协议》,某金公司作为第三人有权选择请求英某田公司或者李某承担民事责任。最后,某金公司已经通过诉讼的方式明确选择了由设立人李某承担责任,该行为系某金公司对自己民事权利的处分,本院依法予以支持。"

责任,法人和设立人也无须共同承担责任[①]。这跟《民法典》第 926 条第 2 款所说的"受托人因委托人的原因对第三人不履行义务,受托人应当向第三人披露委托人,第三人因此可以选择受托人或者委托人作为相对人主张其权利,但是第三人不得变更选定的相对人"是类似的。当然,在法人设立过程中,因法人尚未成立,设立人与法人之间并非委托关系。[②]

并且,根据《民法典》第 57 条所说的"法人是具有民事权利能力和民事行为能力,依法独立享有民事权利和承担民事义务的组织"和第 60 条所说的"法人以其全部财产独立承担民事责任",第三人要求法人和设立人对"设立人为设立法人以自己的名义从事民事活动产生的民事责任"承担连带责任或共同责任或补充责任,也跟法人的独立地位不相符。[③]

4. 第三人是否可以要求各个设立人承担连带责任

另一个问题是,在数个设立人为设立法人以数个设立人自己的名义从事民事活动,并且第三人选择请求设立人承担法人设立行为产生的民事责任的情形,第三人可

---

① 比如,山西省高级人民法院(2019)晋民申 1463 号民事裁定书认为:"《中华人民共和国民法总则》第七十五条第二款规定:'设立人为设立法人以自己的名义从事民事活动产生的民事责任,第三人有权选择请求法人或者设立人承担',上述规定赋予了申请人选择权,其可以选择法人或设立人承担责任,但不能同时选择法人和设立人承担责任。"又如,河南省商丘市中级人民法院(2022)豫 14 民终 3416 号民事判决书认为:"《中华人民共和国民法典》第七十五条第一款'设立人为设立法人从事的民事活动,其法律后果由法人承受;法人未成立的,其法律后果由设立人承受,设立人为二人以上的,享有连带债权,承担连带债务。'第二款'设立人为设立法人以自己的名义从事民事活动产生的民事责任,第三人有权选择请求法人或者设立人承担。'也是规定'有权选择请求法人或者设立人承担',并无请求法人和设立人共同承担的请求权。"类似的意见,还可见广东省东莞市中级人民法院(2022)粤 19 民终 11161 号民事判决书、广东省惠州市中级人民法院(2018)粤 13 民终 732 号民事判决书等。

② 比如,江苏省高级人民法院(2020)苏民申 4408 号民事裁定书认为:"本案中,张某恒、潘某明为设立腾某达公司以自己名义与联某普公司签订租赁合同,腾某达公司成立后实际使用案涉租赁厂房并支付租金以及水电费等,根据上述法律以及司法解释规定,联某普公司有权选择请求张某恒和潘某明或者腾某达公司承担合同责任。……案涉租赁合同订立时,腾某达公司尚未成立,张某恒主张其和潘某明仅为授权委托人,租赁合同的相对方为腾某达公司,缺乏事实依据。"又如,四川省南充市中级人民法院(2020)川 13 民终 4045 号民事判决书认为:"案涉《物业(商铺)的租赁合同》及《补充协议》签订于 2016 年 10 月 11 日。虽然温某钢提出其持有的租赁合同及补充协议的首部空白,其仅在租赁合同及补充协议尾部中的承租人法定代表人或授权委托代理人栏内签名;但某禾公司于 2016 年 12 月 27 日成立,成立的时间在租赁合同签订之后。且公司设立名称还需相关管理部门批准确定。再则,2019 年 11 月 14 日签订的《解除〈物业(商铺)租赁合同〉协议》首部载明,乙方(承租方)为温某钢并书写有温某钢的公民身份证号码,且温某钢在合同尾部乙方代表人处签名。故温某钢主张其在签订《物业(商铺)的租赁合同》及《补充协议》之初,是作为某禾公司的代理人签订本案租赁合同的理由不成立。综上,一审认定温某钢是作为公司设立的发起人,以自己名义签订本案租赁合同,并无不当。"

③ 比如,针对某艺公司要求黄某阳、谢某忠、郑某、某桂公司与资溪县某某幼儿园对装修工程款承担连带给付责任的请求,江西省抚州市中级人民法院(2020)赣 10 民终 846 号民事判决书认为:"本案中,2018 年 5 月 21 日资溪县某某幼儿园取得民办非企业单位登记证书,载明法定代表人是华某桂,开办资金 30000 元。可见,资溪县某某幼儿园是取得了《民办非企业单位(法人)登记证书》,该幼儿园的性质是法人。根据《中华人民共和国民法总则》第五十七条规定,法人是具有民事权利能力和民事行为能力,依法独立享有民事权利和承担民事义务的组织。故资溪县某某幼儿园应当独立承担民事义务,在其设立阶段所欠付某艺公司的装修工程款,应由资溪县某某幼儿园负担。黄某阳、谢某忠、郑某、某桂公司作为资溪县某某幼儿园的投资人和创办人,独立于资溪县某某幼儿园,不应当承担连带给付装修工程款的责任。"

以参照《民法典》第75条第1款所说的“其法律后果由设立人承受,设立人为二人以上的,享有连带债权,承担连带债务”,要求各个设立人对“设立人为设立法人以自己的名义从事民事活动产生的民事责任”承担连带责任吗?

对此,《民法典》本身未作规定。按照“相同事务相同处理”的原则,应该是可以参照适用《民法典》第75条第1款所说的“其法律后果由设立人承受,设立人为二人以上的,享有连带债权,承担连带债务”的。① 但是,由于《民法典》第178条第3款规定了“连带责任,由法律规定或者当事人约定”,第518条第2款规定了“连带债权或者连带债务,由法律规定或者当事人约定”,因此,在法律未规定各个设立人须在法人成立后就设立人为设立法人以自己的名义从事的民事活动产生的民事责任承担连带责任,并且当事人也没有约定各个设立人对此承担连带责任的情况下,第三人的此项要求存在法律依据不足的问题。

(三)《民法典》第75条第2款属于法人设立行为责任归属的特别规定

如前所说,根据《民法典》第75条第2款,在法人成立的情况下,就设立人为设立法人以自己的名义从事的民事活动产生的民事责任,第三人对请求法人承担责任还是请求设立人承担责任享有选择权,这就意味着设立人为设立法人以自己的名义从事的民事活动产生的民事责任并非当然就由法人承担、也非当然就由设立人承担。这跟《民法典》第75条第1款所说的“设立人为设立法人从事的民事活动,其法律后果由法人承受”是不同的。

因此,《民法典》第75条第2款所说的“设立人为设立法人以自己的名义从事民事活动产生的民事责任,第三人有权选择请求法人或者设立人承担”,属于《民法典》第75条第1款所说的“设立人为设立法人从事的民事活动,其法律后果由法人承受”的特别规定,应当优先适用。

比如,在广州红某墙文化活动策划有限公司与广州红某厂艺术设计有限公司租赁合同纠纷案中,广东省高级人民法院(2018)粤民申12856号民事裁定书认为:“本案所涉《广州红某厂文化创意厂区租赁合同》是案外人马某、万某以自己的名义签订,并未以红某墙公司的名义签订,红某墙公司在一审诉讼中称马某、万某是该公司发起人和股东,其承租涉案房屋是为了成立红某墙公司,涉案租赁合同的实际履行人是红某墙公司,而红某厂公司在一审诉讼中明确合同相对人是马某、万某,向其支付租金的也是马某、万某,并明确其要求马某、万某承担租赁合同的相关责任。虽然红某厂公司在本案中未提出反诉,但其已经明确不同意红某墙公司作为合同主体。而根据《中华人民共和国民法总则》第七十五条第二款规定,对于设立人为设立法人以自己的名义从事民事活动产生的民事责任,第三人有权选择请求法人或者设立人承担,但并未赋予设立后的法人以自己的名义向与其没有合同关系的第三人提出合同上的请求的选择权。

---

① 比如,江苏省镇江市中级人民法院(2016)苏11民初322号民事判决书认为:“本案中,作为句容某某娱乐有限公司的股东,三被告在该公司设立前,以自己的名义租赁营业场所用于经营KTV、休闲娱乐等相关产业,该民事活动系为设立公司所必需,由此产生的民事责任,第三人有权选择请求法人或者设立人承担,现原告要求三被告承担连带责任,符合法律规定,本院予以支持。”江苏省高级人民法院(2017)苏民终1845号民事判决书认为该一审判决“认定事实清楚、适用法律正确,应予维持”。

红某墙公司认为根据《中华人民共和国民法总则》第七十五条第一款规定，其有权向与其无合同关系的红某厂公司提出合同上的请求，该主张不能成立。”

需要注意的是，《民法典》第 75 条第 2 款的特别之处只是在于其针对设立人为设立法人以自己的名义从事的民事活动所产生的民事责任在法人成立的情况下的归属问题作出了不同于“其法律后果由法人承受”的规定，并未涉及设立人为设立法人以自己的名义从事的民事活动所产生的权利和利益的归属问题；在法人成立的情况下，设立人为设立法人以自己的名义从事的民事活动所产生的权利和利益的归属，仍然应当适用《民法典》第 75 条第 1 款所说的“设立人为设立法人从事的民事活动，其法律后果由法人承受”这一一般规定。

值得一提的是，《民法典》第 75 条第 2 款所说的“设立人为设立法人以自己的名义从事民事活动产生的民事责任，第三人有权选择请求法人……承担”，也属于《民法典》第 465 条第 2 款所说的“依法成立的合同，仅对当事人具有法律约束力，但是法律另有规定的除外”中的“法律另有规定”，属于合同相对性原则的例外规定。

三、法人设立行为涉及的内部法律关系

（一）法人与设立人之间的法律关系

法人设立行为涉及的法人与设立人之间的法律关系，既包括设立人对法人的责任，也包括法人对设立人的责任；但仅适用于法人成立的情形，不适用于法人未成立的情形。

1. 设立人对法人的责任

设立人就法人设立行为对法人的责任，主要指向两种情形：一是因设立人的设立行为造成他人损害，法人在对外承担赔偿责任之后对设立人的追偿权问题；二是因设立人的设立行为直接造成法人损害，法人对设立人的赔偿请求权问题。对此，《民法典》第 75 条本身未直接作规定。

就公司而言，《公司法》及其司法解释对这两个问题作出了规定，这些规定可以参照适用于其他法人。

一是针对公司（包括有限公司和股份有限公司）对设立人的追偿权，《公司法》第 44 条第 4 款和第 107 条规定：“设立时的股东因履行公司设立职责造成他人损害的，公司……承担赔偿责任后，可以向有过错的股东追偿”；《公司法解释三》第 5 条规定：“发起人因履行公司设立职责造成他人损害，公司成立后受害人请求公司承担侵权赔偿责任的，人民法院应予支持；……公司……承担赔偿责任后，可以向有过错的发起人追偿”。

二是针对股份有限公司对设立人的赔偿请求权，原《公司法》（2018 年修正，在 2024 年 6 月 30 日以前适用）第 94 条规定：“股份有限公司的发起人应当承担下列责任：……（三）在公司设立过程中，由于发起人的过失致使公司利益受到损害的，应当对公司承担赔偿责任”。2023 年修订后的《公司法》没有保留该规定，不无遗憾。

2. 法人对设立人的责任

法人就法人设立行为对设立人的责任，主要指向两种情形：一是设立人为设立法

人垫付的各项设立费用[①]的偿还问题；二是设立人在为设立法人从事的民事活动中因不可归责于自己的事由受到损失的赔偿问题。

如果设立人为设立法人代法人垫付了相应的设立费用，在法人成立之后，设立人可以请求法人偿还。这是《民法典》第75条第1款所说的“设立人为设立法人从事的民事活动，其法律后果由法人承受”的应有之义，跟《民法典》第921条所说的“受托人为处理委托事务垫付的必要费用，委托人应当偿还该费用并支付利息”也是类似的。

如果设立人在为设立法人从事的民事活动中因不可归责于自己的事由受到了损失（比如人身权利或财产权益受到第三人侵害等），设立人可以请求法人承担（比如予以赔偿或补偿）。这也是《民法典》第75条第1款所说的“设立人为设立法人从事的民事活动，其法律后果由法人承受”的应有之义，跟《民法典》第930条所说的“受托人处理委托事务时，因不可归责于自己的事由受到损失的，可以向委托人请求赔偿损失”也是类似的。

（二）设立人之间的法律关系

1. 法人未成立时设立人之间的责任承担

《民法典》第75条不涉及在法人未成立的情况下，设立人相互之间就法人设立行为（不论是以设立中的法人的名义还是以设立人自己的名义实施）的责任问题。

由于《民法典》第75条第1款使用了“法人未成立的，其法律后果由设立人承受，设立人为二人以上的，享有连带债权，承担连带债务”的表述，因此，在法人未成立的情况下，设立人相互之间的责任承担应当适用《民法典》第178条第2款[②]、第519条[③]和第521条[④]的相应规定。

其中，针对公司（包括有限责任公司和股份有限公司）的设立人相互之间在公司未成立时的责任承担问题，《公司法》第44条第4款和第107条规定：“设立时的股东因履行公司设立职责造成他人损害的，……无过错的股东承担赔偿责任后，可以向有过错的股东追偿”。此外，《公司法解释三》也作出了相应的规定：

一是《公司法解释三》第4条规定：“公司因故未成立，债权人请求全体或者部分发起人对设立公司行为所产生的费用和债务承担连带清偿责任的，人民法院应予支持。部分发起人依照前款规定承担责任后，请求其他发起人分担的，人民法院应当判令其他发起人按照约定的责任承担比例分担责任；没有约定责任承担比例的，按照约定的

---

① 《公司法》第104条第1款第4项使用了“公司的设立费用”的表述，指向的是为设立公司所发生的各项费用，对应于《企业会计准则——应用指南》（财会〔2006〕18号）附录《会计科目与主要账务处理》所说的“企业在筹建期间内发生的开办费”，包括人员工资、办公费、培训费、差旅费、印刷费、注册登记费以及不计入固定资产成本的借款费用等。

② 《民法典》第178条第2款规定：“连带责任人的责任份额根据各自责任大小确定；难以确定责任大小的，平均承担责任。实际承担责任超过自己责任份额的连带责任人，有权向其他连带责任人追偿。”

③ 《民法典》第519条规定：“连带债务人之间的份额难以确定的，视为份额相同。实际承担债务超过自己份额的连带债务人，有权就超出部分在其他连带债务人未履行的份额范围内向其追偿，并相应地享有债权人的权利，但是不得损害债权人的利益。其他连带债务人对债权人的抗辩，可以向该债务人主张。被追偿的连带债务人不能履行其应分担份额的，其他连带债务人应当在相应范围内按比例分担。”

④ 《民法典》第521条规定：“连带债权人之间的份额难以确定的，视为份额相同。实际受领债权的连带债权人，应当按比例向其他连带债权人返还。连带债权参照适用本章连带债务的有关规定。”

出资比例分担责任；没有约定出资比例的，按照均等份额分担责任。因部分发起人的过错导致公司未成立，其他发起人主张其承担设立行为所产生的费用和债务的，人民法院应当根据过错情况，确定过错一方的责任范围。”

二是《公司法解释三》第 5 条规定：“发起人因履行公司设立职责造成他人损害，……公司未成立，受害人请求全体发起人承担连带赔偿责任的，人民法院应予支持。……无过错的发起人承担赔偿责任后，可以向有过错的发起人追偿。”

2. 法人成立时设立人之间的责任承担

《民法典》第 75 条也不涉及在法人成立的情况下，相关设立人按照第三人的要求对以设立人自己的名义实施的法人设立行为向第三人承担责任之后，设立人相互之间如何承担责任的问题。

问题是，设立人是否可以参照《民法典》第 75 条第 1 款所说的“其法律后果由设立人承受，设立人为二人以上的，享有连带债权，承担连带债务”，主张各个设立人属于连带债务人进而参照适用《民法典》关于连带债务人相互追偿的规定（主要还是《民法典》第 178 条第 2 款、第 519 条和第 521 条）？

就公司而言，《公司法》第 44 条第 4 款和第 107 条对此作出了相应的规定，即：“设立时的股东因履行公司设立职责造成他人损害的，……无过错的股东承担赔偿责任后，可以向有过错的股东追偿”。

此外，由于《民法典》第 178 条第 3 款规定了“连带责任，由法律规定或者当事人约定”，第 518 条第 2 款规定了“连带债权或者连带债务，由法律规定或者当事人约定”，因此，在法律未规定各个设立人须在法人成立后就设立人为设立法人以自己的名义从事的民事活动产生的民事责任承担连带责任，并且当事人也没有约定各个设立人对此承担连带责任的情况下，设立人此项要求存在法律依据不足的问题。

第二节　营利法人

《民法典》总则编第三章第二节“营利法人”共有 11 个条文（第 76 条至第 86 条），是关于营利法人的一般规定，涉及营利法人的定义和类型（第 76 条）、登记要求（第 77 条）、营业执照和成立日期（第 78 条）、法人章程（第 79 条）、权力机构及其职权（第 80 条）、执行机构及其职权和法定代表人的产生办法（第 81 条）、监督机构及其职权（第 82 条）、出资人滥用权利的责任（第 83 条）、特定关联人滥用关联关系的损害赔偿责任（第 84 条）、决议撤销制度（第 85 条）和法人经营活动须遵守的要求（第 86 条）等事项。

在法律适用方面，只要是营利法人，不论是公司还是非公司企业法人抑或其他营利法人，都应当适用《民法典》总则编第三章第二节规定的这些一般规定；当然，在且仅在《民法典》《公司法》和其他法律对特定的营利法人的相关事项作出了特别规定的范围内，则应当适用法律的特别规定。

第七十六条　【营利法人的定义和类型】以取得利润并分配给股东等出资人为目的成立的法人，为营利法人。

营利法人包括有限责任公司、股份有限公司和其他企业法人等。

【条文通释】

《民法典》第 76 条是关于营利法人的定义和类型的规定。

一、营利法人的定义

(一)营利法人的定义

《民法典》第 76 条第 1 款将营利法人界定为“以取得利润并分配给股东等出资人为目的的成立的法人”。结合《民法典》第 87 条第 1 款针对非营利法人所说的“为公益目的或者其他非营利目的成立,不向出资人、设立人或者会员分配所取得利润的法人,为非营利法人”,可以认为,界定营利法人的关键是法人的成立目的;如果法人的成立目的是“取得利润并分配给股东等出资人”,则属于营利法人;否则,就不属于营利法人。

1. 营利目的

因“营”具有“谋求”的含义①,故《民法典》第 76 条第 1 款所说的“取得利润”即为“营利”,“以取得利润为目的”即“以营利为目的”②。与此相对应,《民法典》第 87 条第 1 款所说的“非营利目的”,即“不以取得利润为目的”。

不过,由于《民法典》第 76 条第 1 款使用了“以取得利润并分配给股东等出资人为目的”的表述,因此,营利法人不仅需要“以取得利润为目的”(即以营利为目的)③,还要以“将取得的利润分配给出资人为目的”,仅仅“以取得利润为目的”(即以营利为目的)还不足以认定一个法人为营利法人。

需要注意的是,“营利”不同于“盈利”。结合《企业所得税法》第 17 条和《企业所

---

① 夏征农、陈至立主编:《辞海》,上海辞书出版社 2009 年版,第 2752 页;中国社会科学院语言研究所编修:《新华字典》,商务印书馆 2020 年版,第 584 页。

② 实务中,不同的主管机关在不同的情形下对“以营利为目的”的认定,可能存在不同的标准。比如,针对侵犯著作权犯罪案件“以营利为目的”的认定问题,最高人民法院、最高人民检察院、公安部印发的《关于办理侵犯知识产权刑事案件适用法律若干问题的意见》(法发〔2011〕3 号)规定:“除销售外,具有下列情形之一的,可以认定为‘以营利为目的’:(一)以在他人作品中刊登收费广告、捆绑第三方作品等方式直接或者间接收取费用的;(二)通过信息网络传播他人作品,或者利用他人上传的侵权作品,在网站或者网页上提供刊登收费广告服务,直接或者间接收取费用的;(三)以会员制方式通过信息网络传播他人作品,收取会员注册费或者其他费用的;(四)其他利用他人作品牟利的情形”。

③ 需要注意的是,实践中,存在不以营利为目的的营利法人。比如,中国证券登记结算有限责任公司是经中国证监会批准,依据《公司法》和《证券法》设立的“不以营利为目的的企业法人”(参见中国结算官网,https://www.chinaclear.cn/zdjs/gsgg/about_lmtt.shtml,最后访问日期:2024 年 5 月 14 日)。但是,营利法人不以营利为目的并不能使其变成非营利法人。比如,最高人民法院(2004)民二终字第 262 号民事判决书(载《最高人民法院公报》2005 年第 9 期)认为:“自来水公司领取的是企业法人执照,属于以营利为目的的企业法人,其经营活动虽具有一定的公共服务性质,但不属于以公益为目的的事业单位”。

得税法实施条例》第 10 条、第 128 条的规定[①],“盈利”是与“亏损”相对应的概念,属于“亏损”的反义词;企业每年的收入总额减除不征税收入、免税收入和各项扣除后的数额大于零即属“盈利”。《民法典》第 76 条第 1 款只是要求营利法人须以“取得利润并分配给股东等出资人”为目的,至于营利法人成立后实际上是否取得利润、是否盈利,则不影响营利法人的界定。

2. 利润

根据《企业财务会计报告条例》第 10 条[②]、《企业会计准则——基本准则》(2014 年修订)第 37 条、第 39 条[③]和《企业会计制度》(财会〔2000〕25 号)第 106 条[④],就包括营利法人在内的各类企业而言,“利润”是指企业在一定会计期间的经营成果,“利润”包括“收入”减去“费用”后的净额以及直接计入当期利润的利得和损失等;在计量上,“利润”的具体金额,取决于收入和费用、直接计入当期利润的利得和损失金额的计量。《民法典》第 76 条第 1 款所说的“利润”应该具有上述含义。

就企业而言,“利润”可以分为“营业利润”“利润总额”和“净利润”等,其中的“净利润”指“利润总额”减去所得税后的金额;此外,“利润”还可分为“可供分配的利润”“可供投资者分配的利润”和“未分配利润”等。其中,根据《企业会计制度》第 110 条和第 111 条[⑤],“可供分配的利润”指企业当期实现的净利润,加上年初未分配利润(或减去年初未弥补亏损)和其他转入后的余额;“可供投资者分配的利润”指“可供分配的利润”减去提取的法定盈余公积、法定公益金等后的余额;“未分配利润”则指“可供投

---

① 《企业所得税法》第 17 条规定:“企业在汇总计算缴纳企业所得税时,其境外营业机构的亏损不得抵减境内营业机构的盈利”;《企业所得税法实施条例》第 10 条规定:“企业所得税法第五条所称亏损,是指企业依照企业所得税法和本条例的规定将每一纳税年度的收入总额减除不征税收入、免税收入和各项扣除后小于零的数额”,第 128 条规定:“企业在纳税年度内无论盈利或者亏损,都应当依照企业所得税法第五十四条规定的期限,向税务机关报送预缴企业所得税纳税申报表、年度企业所得税纳税申报表、财务会计报告和税务机关规定应当报送的其他有关资料”。

② 《企业财务会计报告条例》第 10 条规定:“利润表是反映企业在一定会计期间经营成果的报表。利润表应当按照各项收入、费用以及构成利润的各个项目分类分项列示。其中,收入、费用和利润的定义及列示应当遵循下列规定:(一)收入,是指企业在销售商品、提供劳务及让渡资产使用权等日常活动中所形成的经济利益的总流入。收入不包括为第三方或者客户代收的款项。在利润表上,收入应当按照其重要性分项列示。(二)费用,是指企业为销售商品、提供劳务等日常活动所发生的经济利益的流出。在利润表上,费用应当按照其性质分项列示。(三)利润,是指企业在一定会计期间的经营成果。在利润表上,利润应当按照营业利润、利润总额和净利润等利润的构成分类分项列示。”

③ 《企业会计准则——基本准则》第 37 条规定:“利润是指企业在一定会计期间的经营成果。利润包括收入减去费用后的净额、直接计入当期利润的利得和损失等。”第 39 条规定:“利润金额取决于收入和费用、直接计入当期利润的利得和损失金额的计量。”

④ 《企业会计制度》第 106 条规定:“利润,是指企业在一定会计期间的经营成果,包括营业利润、利润总额和净利润。(一)营业利润,是指主营业务收入减去主营业务成本和主营业务税金及附加,加上其他业务利润,减去营业费用、管理费用和财务费用后的金额。(二)利润总额,是指营业利润加上投资收益、补贴收入、营业外收入,减去营业外支出后的金额。……(七)净利润,是指利润总额减去所得税后的金额。”

⑤ 《企业会计制度》第 110 条第 1 款规定:“企业当期实现的净利润,加上年初未分配利润(或减去年初未弥补亏损)和其他转入后的余额,为可供分配的利润。可供分配的利润,按下列顺序分配:(一)提取法定盈余公积;(二)提取法定公益金。”第 111 条规定:“可供分配的利润减去提取的法定盈余公积、法定公益金等后,为可供投资者分配的利润。可供投资者分配的利润,按下列顺序分配:……可供投资者分配的利润,经过上述分配后,为未分配利润(或未弥补亏损)。未分配利润可留待以后年度进行分配……”

资者分配的利润”减去已向投资者分配的利润之后的余额,“未分配利润”可留待以后年度进行分配。

3. 出资人

结合《民法典》第84条所说的“控股出资人”和第125条所说的“股权和其他投资性权利”,《民法典》第76条第1款所说的“出资人”,指的是营利法人的投资者,即持有营利法人股权的民事主体,至于其是通过原始取得方式还是继受取得方式持有营利法人股权则在所不问。

由于《民法典》第76条第1款使用了“股东等出资人”的表述,因此,“出资人”是“股东”的上位概念,“股东”是“出资人”的一种。“出资人”既包括有限责任公司和股份有限公司的股东,也包括股份有限公司的发起人、非公司企业法人的出资人。① 此外,国家出资企业通常不称“股东”或“出资人”,而称“履行出资人职责的机构”。②

(二)营利法人与非营利法人的区分

1. 是否取得利润并非区分依据

《民法典》第87条第1款将“非营利法人”界定为“为公益目的或者其他非营利目的成立,不向出资人、设立人或者会员分配所取得利润的法人”。据此,在成立目的上,非营利法人不得以营利为目的;在利润分配上,非营利法人不得向出资人、设立人或者会员分配所取得的利润,也就是说,非营利法人出资人、设立人或者会员不享有、也不得要求经济回报③。

两相比较可以发现,区分营利法人与非营利法人的关键有二:一是是否以取得利润为成立目的,二是是否将所取得的利润分配给出资人(或设立人或会员)。非营利法

① 《公司法》第84条第1款规定:“有限责任公司的股东之间可以相互转让其全部或者部分股权”,第157条规定:“股份有限公司的股东持有的股份可以向其他股东转让,也可以向股东以外的人转让;公司章程对股份转让有限制的,其转让按照公司章程的规定进行”;《市场主体登记管理条例》第8条第2款规定:“除前款规定外,还应当根据市场主体类型登记下列事项:(一)有限责任公司股东、股份有限公司发起人、非公司企业法人出资人的姓名或者名称;……”;《市场主体登记管理条例实施细则》第6条规定:“市场主体应当按照类型依法登记下列事项:(一)公司:名称、类型、经营范围、住所、注册资本、法定代表人姓名、有限责任公司股东或者股份有限公司发起人姓名或者名称。(二)非公司企业法人:名称、类型、经营范围、住所、出资额、法定代表人姓名、出资人(主管部门)名称……”

② 《企业国有资产法》第4条第1款规定:“国务院和地方人民政府依照法律、行政法规的规定,分别代表国家对国家出资企业履行出资人职责,享有出资人权益”,第5条规定:“本法所称国家出资企业,是指国家出资的国有独资企业、国有独资公司,以及国有资本控股公司、国有资本参股公司”,第11条第3款规定:“代表本级人民政府履行出资人职责的机构、部门,以下统称履行出资人职责的机构”,第12条规定:“履行出资人职责的机构代表本级人民政府对国家出资企业依法享有资产收益、参与重大决策和选择管理者等出资人权利”。

③ 《民间非营利组织会计制度》(财会〔2004〕7号)第2条规定:“本制度适用于在中华人民共和国境内依法设立的符合本制度规定特征的民间非营利组织。民间非营利组织包括依照国家法律、行政法规登记的社会团体、基金会、民办非企业单位和寺院、宫观、清真寺、教堂等。适用本制度的民间非营利组织应当同时具备以下特征:(一)该组织不以营利为宗旨和目的;(二)资源提供者向该组织投入资源不取得经济回报;(三)资源提供者不享有该组织的所有权”。

人不是不可以取得利润，也可以取得利润①，但不得将利润分配给出资人、设立人或会员。对此，《民政部办公厅关于社会团体兴办经济实体有关问题的复函》（民办函〔2002〕21 号）也曾认为："作为非营利性组织，社会团体与公司、企业等营利性组织的主要区别不在于是否营利，而在于营利所得如何分配"。② 因此，是否取得利润并非区分营利法人和非营利法人的关键依据。

2. 公益性并非区分依据

公益性也不是区分营利法人和非营利法人的依据。具体而言：

一是营利法人也可以具有公益性。比如，营利性民办学校虽然属于营利法人③，但其所从事的民办教育事业属于公益性事业、必须坚持教育的公益属性④。

二是有的社会团体法人也并非为公益目的成立。比如，根据《民法典》第 90 条第 1 款⑤的规定，为会员共同利益成立的社会团体法人，并不以公益为目的。

二、营利法人的类型

《民法典》第 76 条第 2 款列举了"有限责任公司""股份有限公司"和"其他企业法人"这 3 种主要的营利法人类型，并以"等"字兜底，将其他"以取得利润并分配给股东

---

① 比如，《民政部办公厅关于社会团体兴办经济实体有关问题的复函》（民办函〔2002〕21 号）认为："作为非营利性组织，社会团体与公司、企业等营利性组织的主要区别不在于是否营利，……社会团体不同于机关和全额拨款的事业单位，其经费仅靠会费、捐赠、政府资助等是远远不够的。兴办经济实体，在核准的业务范围内开展很大或服务取得收入，是社会团体活动费用的重要补充渠道，目的是促使其更加健康发展。"

② 广东省深圳市中级人民法院（2021）粤 03 民再 144 号民事判决书也认为："根据《中华人民共和国民法总则》第七十六条第一款、第八十七条第一款的规定，以取得利润并分配给股东等出资人为目的成立的法人，为营利法人；为公益目的或其他非营利目的成立，不向出资人、设立人或者会员分配所取得利润的法人，为非营利法人。由此可知，'非营利'并非经济学意义上的无利润，也不是不从事经营活动，而是指这种组织的运作目的不是为了向出资人分配利润。'营利'法人与'非营利'法人的区别不在于是否从事获取利润的经营性行为，而在于是否以分配利润为经营目的。"此外，福建省三明市中级人民法院（2018）闽 04 民终 838 号民事判决书也认为："营利法人与非营利法人的区别主要不在于是否从事经营活动，而在于是否向其出资人或设立人分配利润。"

③ 《民办教育促进法》第 10 条第 3 款规定："民办学校应当具备法人条件。"第 19 条规定："民办学校的举办者可以自主选择设立非营利性或者营利性民办学校。但是，不得设立实施义务教育的营利性民办学校。……营利性民办学校的举办者可以取得办学收益，学校的办学结余依照公司法等有关法律、行政法规的规定处理。民办学校取得办学许可证后，进行法人登记，登记机关应当依法予以办理。"《民办学校分类登记实施细则》（教发〔2016〕19 号）第 9 条规定："正式批准设立的营利性民办学校，依据法律法规规定的管辖权限到工商行政管理部门办理登记。"《工商总局、教育部关于营利性民办学校名称登记管理有关工作的通知》（工商企注字〔2017〕156 号）第 1 条规定："［营利性］民办学校应当按照《中华人民共和国公司法》《中华人民共和国民办教育促进法》有关规定，登记为有限责任公司或者股份有限公司，其名称应当符合公司登记管理和教育相关法律法规的规定。"

④ 《民办教育促进法》第 3 条第 1 款规定："民办教育事业属于公益性事业，是社会主义教育事业的组成部分。"《民办教育促进法实施条例》第 4 条第 1 款规定："民办学校应当坚持中国共产党的领导，坚持社会主义办学方向，坚持教育公益性，对受教育者加强社会主义核心价值观教育，落实立德树人根本任务。"《国务院关于鼓励社会力量兴办教育促进民办教育健康发展的若干意见》（国发〔2016〕81 号）要求："坚持教育的公益属性，无论是非营利性民办学校还是营利性民办学校都要始终把社会效益放在首位"。

⑤ 《民法典》第 90 条第 1 款规定："具备法人条件，基于会员共同意愿，为公益目的或者会员共同利益等非营利目的设立的社会团体，经依法登记成立，取得社会团体法人资格；依法不需要办理法人登记的，从成立之日起，具有社会团体法人资格。"

等出资人为目的成立的法人”纳入其中,既涵盖了其他法律规定的企业法人之外的营利法人、也为法律将来在企业法人之外规定新的营利法人类型预留了空间。

由于《公司法》第 3 条第 1 款使用了“公司是企业法人”的表述,因此,《民法典》第 76 条第 2 款所说的“有限责任公司”“股份有限公司”和“其他企业法人”,均属于“企业法人”。其中,因现阶段我国只有有限责任公司和股份有限公司这两种类型的公司①,故“有限责任公司”和“股份有限公司”属于“公司制企业法人”,而“其他企业法人”则属于“非公司企业法人”②。

也就是说,《民法典》第 76 条第 2 款其实只是列明了“企业法人”这一种营利法人类型,“企业法人”是“营利法人”的主要类型、典型类型。对此,立法机关认为,《民法典》总则编“只列举了几种比较典型的具体类型,对现实生活中已经存在或者可能出现的其他法人组织,可以按照其特征,分别归入营利法人或者非营利法人”③。

(一)公司制企业法人

现阶段,公司制企业法人包括且仅包括有限责任公司和股份有限公司这两种类型。

1. 有限责任公司

不论是《民法典》还是《公司法》都没有规定“有限责任公司”的定义。不过,根据《公司法》第 7 条第 1 款关于“依照本法设立的有限责任公司,应当在公司名称中标明有限责任公司或者有限公司字样”的规定,可以通过公司的名称是否包含“有限责任公司”或“有限公司”字样,来分辨该公司是不是有限责任公司。④

在具体的分类方面,根据《关于市场主体统计分类的划分规定》(国统字〔2023〕14 号),有限责任公司可以划分为三大类:一是内资有限责任公司,二是外商投资有限责任公司,三是港澳台投资有限责任公司。

2. 股份有限公司

不论是《民法典》还是《公司法》都没有规定“股份有限公司”的定义。不过,根据《公司法》第 7 条第 2 款关于“依照本法设立的股份有限公司,应当在公司名称中标明股份有限公司或者股份公司字样”的规定,可以通过公司的名称是否包含“股份有限公司”或“股份公司”字样,来分辨该公司是不是股份有限公司。

在具体的分类方面,根据《关于市场主体统计分类的划分规定》(国统字〔2023〕14

---

① 《公司法》第 2 条规定:“本法所称公司,是指依照本法在中华人民共和国境内设立的有限责任公司和股份有限公司”。

② 《市场主体登记管理条例》第 2 条第 1 项、第 8 条第 2 款第 1 项、第 12 条等使用了“非公司企业法人”的表述。

③ 全国人民代表大会常务委员会时任副委员长李建国 2017 年 3 月 8 日在第十二届全国人民代表大会第五次会议上作的《关于〈中华人民共和国民法总则(草案)〉的说明》。

④ 实践中也存在名称中未标明“有限责任公司”“有限公司”字样,但属于有限责任公司的情况。比如,国家开发银行于 2017 年 4 月 19 日将其组织形式由股份有限公司变更为有限责任公司、企业名称由“国家开发银行股份有限公司”变更为“国家开发银行”,其名称中没有标明“有限责任公司”“有限公司”字样,甚至没有标明“公司”字样。此外,成立于 1994 年 10 月 19 日的中国农业发展银行于 2019 年 7 月 10 日由全民所有制企业改制为国有独资的有限责任公司,其名称中也没有标明“有限责任公司”“有限公司”或“公司”字样。

号),股份有限公司可以划分为三大类:一是内资股份有限公司,二是外商投资股份有限公司,三是港澳台投资股份有限公司。

(二)非公司企业法人

非公司企业法人指的是除有限责任公司和股份有限公司之外的企业法人。结合原《企业法人登记管理条例》第 2 条①和《关于市场主体统计分类的划分规定》(国统字〔2023〕14 号)第 2 条第 4 款的规定,非公司企业法人主要包括登记注册为"全民所有制""集体所有制""股份合作制"和"联营"等类型的具有法人资格的企业;根据相关属性,可以将非公司企业法人进一步划分为全民所有制企业(国有企业)、集体所有制企业(集体企业)、股份合作企业②和联营企业。

需要注意的是,实践中,仍然存在一些在其名称中也标明了"公司"字样,但不含有"有限""有限责任""股份"或"股份有限"字样的非公司企业法人。

这些企业并非依照《公司法》设立的,而是依照《全民所有制工业企业法》《城镇集体所有制企业条例》或《乡村集体所有制企业条例》等法律法规设立的,其设立和登记适用的是原《企业法人登记管理条例》而不是《公司法》。这类企业主要是全民所有制形式或集体所有制形式的非公司制企业法人,其名称通常为"××××公司""××××集团公司"或"××××总公司"等。比如,国家电网有限公司的前身国家电网公司为全民所有制企业③,成立于 1981 年 1 月 3 日的北京市工艺金属公司为集体所有制企业;又如,成立于 1984 年 7 月 5 日的中国电影集团公司为全民所有制企业,成立于 1980 年 3 月 24 日的海尔集团公司为集体所有制企业④;再如,成立于 1983 年 12 月 15 日的中国烟草总公司为全民所有制企业,成立于 1993 年 11 月 29 日的北京京南农工商总公司为集体所有制企业。

(三)企业法人之外的营利法人

考虑到除了企业法人,实践中可能还会出现其他类型的营利法人,《民法典》第 76

---

① 《企业法人登记管理条例》(自 2022 年 3 月 1 日起废止)第 2 条规定:"具备法人条件的下列企业,应当依照本条例的规定办理企业法人登记:(一)全民所有制企业;(二)集体所有制企业;(三)联营企业;(四)在中华人民共和国境内设立的中外合资经营企业、中外合作经营企业和外资企业;(五)私营企业;(六)依法需要办理企业法人登记的其他企业。"

② 比如,广东省高级人民法院(2019)粤民终 2774 号民事判决书认为:"根据南雄农信社的企业法人类型,其股份登记应适用《企业法人登记管理条例》和《广东省股份合作制度企业条例》的规定。根据韶关市市场监督管理局《关于南雄市农村信用合作联社股权相关问题的复函》,南雄农信社经济性质为股份合作制企业。《中华人民共和国民法总则》第七十六条规定,营利法人包括有限责任公司、股份有限公司和其他企业法人。股份合作制企业并非有限责任公司、股份有限公司,应当归属于其他企业法人,其设立、登记、股东权利等问题应按照《企业法人登记管理条例》和《广东省股份合作制度企业条例》的规定。换言之,《中华人民共和国公司法》对股权登记的规定不适用于本案南雄农信社的股份登记问题。"

③ 根据国家企业信用信息公示系统公示的信息,国家电网公司已于 2017 年 11 月 30 日改制为国有独资公司"国家电网有限公司"。

④ 根据国家企业信用信息公示系统公示的信息,海尔集团公司的企业类型为"股份制"。不过,上海证券交易所上市公司青岛海尔股份有限公司(股票代码:600690)2016 年年度报告披露的则是:"海尔集团公司工商登记为股份制企业,根据青岛市国有资产管理办公室 2002 年 6 月 1 日出具的说明,认定海尔集团公司企业性质为集体所有制企业。"

条第2款以"等"字兜底,将企业法人之外的营利法人(即非企业营利法人)纳入进来。

由于现有法律并没有规定企业法人之外的营利法人,《民法典》第76条第2款所说的"等"字,主要是为法律将来在企业法人之外规定新的营利法人类型预留空间。

三、非公司营利法人能否参照适用《公司法》

就非公司营利法人而言,除了《民法典》第71条所说的"法人的清算程序和清算组职权,依照有关法律的规定;没有规定的,参照适用公司法律的有关规定",其他事项能否参照适用《公司法》的规定?对此,《民法典》和《公司法》都没有直接作出明确的规定。

从体系解释的角度看,由于《民法典》只是在第71条规定了"法人的清算程序和清算组职权,依照有关法律的规定;没有规定的,参照适用公司法律的有关规定",没有在其他条款规定"参照适用公司法律的有关规定",因此,非公司营利法人的其他事项,似乎是不能"参照适用公司法律的有关规定"的。

不过,考虑到非公司营利法人与公司一样,都是"以取得利润并分配给股东等出资人为目的成立的法人";并且,《民法典》第77条至第86条关于营利法人的规定,不仅适用于公司、也适用于非公司营利法人,因此,按照"相同事务相同处理"的原则,除清算程序和清算组职权外的其他事项,在有关非公司营利法人的法律没有规定的情况下,应该也可以参照适用《公司法》的有关规定。相关分析,请见本书关于《民法典》第71条的通释。

第七十七条 【营利法人的成立】营利法人经依法登记成立。

【条文通释】

《民法典》第77条是关于营利法人的成立的规定。

一、营利法人属于依法需要办理登记的法人

结合《民法典》第78条第1句所说的"依法设立的营利法人,由登记机关发给营利法人营业执照",《民法典》第77条所说的"营利法人经依法登记成立",意味着营利法人属于依法需要办理登记的法人;除非法律另有明文规定,否则不存在不需要办理登记的营利法人。

二、营利法人经登记方成立

结合《民法典》第78条所说的"依法设立的营利法人,由登记机关发给营利法人营业执照。营业执照签发日期为营利法人的成立日期",《民法典》第77条所说的"营利法人经依法登记成立",意味着营利法人经登记机关依法登记之后方可成立,经依法登记并取得营业执照才取得法人资格。

其中,《民法典》第77条所说的"依法登记"中的"登记",指的是设立登记。

需要注意的是,《民法典》第77条所说的"营利法人经依法登记成立",只涉及营利

法人设立的登记这一程序要求,不涉及设立营利法人的实体条件,也不涉及营利法人的成立时间。

三、部分营利法人设立的特别程序要求:审批

《民法典》第 77 条没有规定设立营利法人的审批要求。这跟《民法典》第 103 条针对非法人组织的设立规定了"非法人组织应当依照法律的规定登记。设立非法人组织,法律、行政法规规定须经有关机关批准的,依照其规定"是不一样的。

不过,由于营利法人属于法人的一种类型,此时应当适用《民法典》第 58 条第 3 款针对法人设立作出的一般规定,即"设立法人,法律、行政法规规定须经有关机关批准的,依照其规定"。

第七十八条　【营利法人的营业执照和成立日期】依法设立的营利法人,由登记机关发给营利法人营业执照。营业执照签发日期为营利法人的成立日期。

【条文通释】

《民法典》第 78 条是关于营利法人的营业执照和成立日期的规定。

一、营利法人须取得营业执照

(一)营利法人须取得营业执照

由于《民法典》第 78 条使用了"依法设立的营利法人,由……发给营利法人营业执照。营业执照签发日期为营利法人的成立日期"的表述,因此,营利法人必须取得营业执照,否则不足以认定营利法人已经成立。

(二)营业执照的法律地位

营利法人营业执照是登记机关"依照法定条件和程序",对营利法人的"市场主体资格和一般营业能力进行确认后,颁发给"营利法人,"用来证明其具有民事权利能力和民事行为能力的凭证",是营利法人"具备市场主体资格的唯一合法凭证",也是营利法人"从事一般行业营业资格的基础和凭证"。营利法人营业执照的颁发,既标志着营利法人具备了法人主体资格,"也标志着其具备了从事一般行业经营活动的经营资格,具有相关权利能力及行为能力"。①

营业执照对营利法人具有非常重要的意义。具体来说,一是根据《民法典》第 78 条的规定,营利法人经登记机关依法登记、领取了营业执照,才取得营利法人资格,才

① 《国务院关于在全国推开"证照分离"改革的通知》(国发〔2018〕35 号)、《工商总局关于落实"证照分离"改革举措促进企业登记监管统一规范的指导意见》(工商企注字〔2017〕175 号)。

能独立享有民事权利、独立承担民事义务和民事责任①;二是根据《市场主体登记管理条例》第3条第1款的规定②,营利法人未领取营业执照则“不得以市场主体名义从事经营活动”;三是没有营业执照,营利法人将无法刻制印章③、开立银行账户④;等等。

营利法人的营业执照包括纸质营业执照和电子营业执照,电子营业执照与纸质营业执照具有同等法律效力;其中,纸质营业执照分为正本和副本,具有同等法律效力。⑤

(三)营业执照的签发主体

由于《民法典》第78条使用了“由登记机关发给营利法人营业执照”的表述,因此,营利法人营业执照的签发主体为登记机关,其他主体不具有签发营业执照的职权。

(四)营业执照的签发条件

由于《民法典》第78条使用了“依法设立的营利法人,由登记机关发给营利法人营业执照”的表述,结合《民法典》第77条所说的“营利法人经依法登记成立”,营利法人营业执照的签发条件为营利法人经依法设立登记,非经依法设立登记不得签发营业执照。

(五)营业执照的记载事项

营利法人的营业执照的记载事项包括:(1)名称;(2)法定代表人姓名;(3)类型(组成形式);(4)注册资本(出资额);(5)住所;(6)经营范围;(7)登记机关;(8)成立日期;(9)统一社会信用代码等。⑥

(六)营业执照的使用要求

法律法规对营利法人使用营业执照提出了相应的要求。比如,营利法人应当将营

---

① 比如,四川省高级人民法院(2017)川民申3440号民事裁定书认为:“因皇某与陈某拟共同出资成立成都市某某商贸有限公司,并将企业名称进行了预先核准登记,但最终并未成立,依《中华人民共和国公司法》第七条规定‘依法设立的公司,由公司登记机关发给公司营业执照。公司营业执照签发日期为公司成立日期’,公司没有领取营业执照,不具备企业法人的主体资格,不具备民事权利能力和民事行为能力,二审不适用《中华人民共和国公司法》的相关法律规定,并无不当。”

② 《市场主体登记管理条例》第3条第1款规定:“市场主体应当依照本条例办理登记。未经登记,不得以市场主体名义从事经营活动。法律、行政法规规定无需办理登记的除外。”

③ 《国务院关于国家行政机关和企业事业单位社会团体印章管理的规定》(国发〔1999〕25号)第15条规定:“国家行政机关和企业事业单位、社会团体印章所刊名称,应为法定名称。如名称字数过多不易刻制,可以采用规范化简称”。原《公司登记管理条例》(自2022年3月1日起废止)第25条还曾规定:“……公司凭公司登记机关核发的《企业法人营业执照》刻制印章,开立银行账户,申请纳税登记”。

④ 《人民币银行结算账户管理办法》第17条第1款规定:“存款人申请开立基本存款账户,应向银行出具下列证明文件:(一)企业法人,应出具企业法人营业执照正本。(二)非法人企业,应出具企业营业执照正本……”第18条规定:“存款人申请开立一般存款账户,应向银行出具其开立基本存款账户规定的证明文件、基本存款账户开户登记证和下列证明文件……”第19条规定:“存款人申请开立专用存款账户,应向银行出具其开立基本存款账户规定的证明文件、基本存款账户开户登记证和下列证明文件……”第21条第1款规定:“存款人申请开立临时存款账户,应向银行出具下列证明文件:(一)临时机构,应出具其驻在地主管部门同意设立临时机构的批文。(二)异地建筑施工及安装单位,应出具其营业执照正本或其隶属单位的营业执照正本,以及施工及安装地建设主管部门核发的许可证或建筑施工及安装合同。(三)异地从事临时经营活动的单位,应出具其营业执照正本以及临时经营地工商行政管理部门的批文。(四)注册验资资金,应出具工商行政管理部门核发的企业名称预先核准通知书或有关部门的批文”。

⑤ 《公司法》第33条第3款、《市场主体登记管理条例》第22条。

⑥ 《市场主体登记管理条例实施细则》第23条。

业执照置于住所的醒目位置，从事电子商务经营的市场主体应当在其首页显著位置持续公示营业执照信息或者相关链接标识；[①]任何单位和个人不得伪造、涂改、出租、出借、转让营业执照；[②]营业执照遗失或者毁坏的，应当通过国家企业信用信息公示系统声明作废，申请补领；[③]登记机关依法作出变更登记、注销登记和撤销登记决定的，市场主体应当缴回营业执照；[④]等等。

二、营利法人的成立日期

（一）成立日期的确定

根据《民法典》第 78 条的规定，营利法人的成立日期为“营业执照签发日期”。

当然，《民法典》第 78 条所说的“签发日期”，指的是营利法人成立时的首份营业执照的签发日期。如上所述，营利法人的“成立日期”是作为营业执照记载事项由营业执照载明的。营利法人存续期间换发营业执照的，则应以营业执照载明的成立日期为准，而非新营业执照的签发日期。

需要注意的是，由于《民法典》第 78 条使用了“营业执照签发日期为营利法人的成立日期”的表述，因此，营利法人的成立日期应当以其首份营业执照的签发日期为准，而不能以登记机关作出核准设立登记决定的日期为准（即使登记机关作出核准设立登记的决定和签发营业执照发生在同一天）。

（二）成立日期的意义

营利法人的成立日期，作为确定营利法人的存续期间的起始点，具有重要意义。

根据《民法典》第 59 条所说的“法人的民事权利能力和民事行为能力，从法人成立时产生，到法人终止时消灭”，第 57 条所说的“法人是具有民事权利能力和民事行为能力，依法独立享有民事权利和承担民事义务的组织”和第 60 条所说的“法人以其全部财产独立承担民事责任”，营利法人成立后，自成立之日起，才具有、也即具有民事权利能力和民事行为能力[⑤]，才能享有、也即可享有相应的财产权利和其他权利[⑥]，才可以、

---

① 《市场主体登记管理条例》第 36 条、《市场主体登记管理条例实施细则》第 64 条。

② 《市场主体登记管理条例》第 37 条第 1 款。

③ 《市场主体登记管理条例》第 37 条第 2 款。

④ 《市场主体登记管理条例》第 37 条第 3 款。

⑤ 比如，最高人民法院（2019）最高法民再 390 号民事判决书认为：“义马金某鑫公司已经按照公司法的规定领取了营业执照，且营业执照中明确载明公司的成立时间为 2009 年 7 月 7 日。至此，义马金某鑫公司自 2009 年 7 月 7 日起已经合法成立，具有独立法人资格，应以其全部财产对公司债务承担责任。作为义马金某鑫公司的股东，某某三门峡公司和上海某某投资公司仅以其认缴的出资额为限，对义马金某鑫公司承担责任。义马金某鑫公司的《营业执照》的经营范围部分虽载明‘筹建’，但《营业执照》中对经营范围或事项作出的表述或限制，不具有否定义马金某鑫公司独立法人资格的法律效力。义马金某鑫公司已经依法领取《营业执照》的行为，表明公司已经合法成立。”

⑥ 比如，山东省高级人民法院（2017）鲁行终 425 号行政判决书认为：“公司法人经工商核准登记并颁发营业执照后，才能依法成立，取得法人资格，才具有民事权利能力和民事行为能力。本案中，涉案房产的登记所有权人虽为某能源公司，但因某能源公司至今未办理工商登记，不具有法律上的独立人格，不能自行进行财产处分。”

也应当依法独立享有民事权利、独立承担民事义务①、独立承担民事责任。

(三)成立日期是不变日期

需要注意的是,营利法人一旦成立,其"成立日期"就属于既定事实,如同自然人的出生日期,在营利法人成立之后就不会发生变化。

即便是在营利法人合并和分立的情形,亦不存在营利法人的成立日期发生变化的问题,具体而言:

一是在吸收合并中,被吸收合并的营利法人被注销了,合并后继续存续的营利法人的成立日期未发生变化。

二是在新设合并中,参与合并的各方均被注销,新设的营利法人属于新的营利法人,有了新的成立日期,不属于原营利法人成立日期的变化。

三是在派生分立中,分立出来的营利法人属于新设的营利法人,分立后继续存续的营利法人的成立日期未发生变化。

四是在新设分立中,原营利法人被注销了,新设的各个营利法人都属于新的营利法人、有了新的成立日期,也不属于原营利法人成立日期的变化。

第七十九条 【营利法人制定章程的要求】设立营利法人应当依法制定法人章程。

【条文通释】

《民法典》第 79 条是关于营利法人制定章程的要求的规定。

一、制定章程是营利法人的设立条件

由于《民法典》第 79 条使用了"设立营利法人应当依法制定法人章程"的表述,因此,依法制定法人章程是营利法人设立条件之一。

根据《市场主体登记管理条例》第 16 条第 1 款第 4 项②的规定,章程是申请营利法人设立登记的必备文件。就公司而言,根据《公司法》第 5 条、第 30 条第 1 款、第 45 条、

① 比如,广东省高级人民法院(2019)粤行申 1844 号行政裁定书认为:"周某波 2015 年 2 月至 2015 年 4 月租用案涉厂房从事食品经营活动,直到 2015 年 4 月 9 日才取得以周某波为法定代表人、公司名称为某上好公司的《营业执照》。而在领取《营业执照》前,南海食药监局在 2015 年 4 月 7 日的检查中发现周某波违法从事食品经营活动。……南海食药监局检查涉案厂房时,作为单位主体的某上好公司并未依法成立,周某波便从事违法食品经营活动,某上好公司不应对其成立以前发生的违法事实承担法律责任。南海食药监局以周某波为处罚对象并无不当。周某波主张涉案经营食品的行为是在办理某上好公司登记过程中发生,其依据公司授意作出的职务行为,应由某上好公司承担法律责任,因周某波在领取公司营业执照前实施的违法食品经营活动,不属于发起人在公司设立过程中实施的必要的民事法律行为,周某波主张由某上好公司承担违法经营活动产生的行政违法责任,于法无据,本院不予支持。"

② 《市场主体登记管理条例》第 16 条第 1 款规定:"申请办理市场主体登记,应当提交下列材料:(一)申请书;(二)申请人资格文件、自然人身份证明;(三)住所或者主要经营场所相关文件;(四)公司、非公司企业法人、农民专业合作社(联合社)章程或者合伙企业合伙协议;(五)法律、行政法规和国务院市场监督管理部门规定提交的其他材料。"

第 94 条的规定,制定公司章程是公司的设立条件之一,公司章程也是申请公司设立登记的必备文件。

二、营利法人章程的法律地位

《民法典》本身没有直接界定营利法人章程的法律地位。不过,结合《公司法》中有关公司章程的规定①,并与《宪法》所说的"本宪法以法律的形式确认了中国各族人民奋斗的成果,规定了国家的根本制度和根本任务,是国家的根本法,具有最高的法律效力。全国各族人民、一切国家机关和武装力量、各政党和各社会团体、各企业事业组织,都必须以宪法为根本的活动准则,并且负有维护宪法尊严、保证宪法实施的职责"相对照,可以认为,在法律地位上,对营利法人及其出资人、董事、监事、高级管理人员来说,章程具有类似于宪法之于国家那样的地位。

其中,就公司的章程而言,结合《公司法》第 1 条所说的"为了规范公司的组织和行为",《外商投资法》第 31 条所说的"外商投资企业的组织形式、组织机构及其活动准则,适用《中华人民共和国公司法》、《中华人民共和国合伙企业法》等法律的规定"以及《最高人民法院公报》2012 年第 5 期刊载的"上海大某资产评估有限公司诉楼某华等其他与公司有关的纠纷案"的"裁判摘要"所说的"公司章程是公司组织及活动的基本准则",可以将公司章程称为法律法规之外的、有关公司的组织和行为的基本准则。

此外,针对上市公司的章程,中国证监会制定的《上市公司章程指引》(2023 年修正)第 10 条也规定了"本公司章程自生效之日起,即成为规范公司的组织与行为、公司与股东、股东与股东之间权利义务关系的具有法律约束力的文件,对公司、股东、董事、监事、高级管理人员具有法律约束力的文件"。

三、营利法人制定章程的要求

针对营利法人章程的制定,《民法典》第 79 条明确规定了"设立营利法人应当依法制定法人章程"。这至少包含了两层含义:一是在内容方面,营利法人章程的内容必须符合法律的规定;二是在程序方面,营利法人章程的制定程序必须符合法律的规定。尽管《民法典》第 79 条所说的"设立营利法人应当依法制定法人章程"是针对营利法人的设立作出的规定,但"依法制定法人章程"的要求同样适用于营利法人章程的修改。

(一)营利法人章程的内容必须符合法律规定

1. 章程内容不得违反法律

在内容方面,营利法人章程的内容必须符合有关法律、行政法规关于出资人资格、

---

① 比如,《公司法》第 5 条所说的"公司章程对公司、股东、董事、监事、高级管理人员具有约束力",第 26 条第 1 款所说的"公司股东会、董事会的会议召集程序、表决方式违反……公司章程,或者决议内容违反公司章程的,股东自决议作出之日起六十日内,可以请求人民法院撤销……",第 21 条所说的"公司股东应当遵守法律、行政法规和公司章程,依法行使股东权利",第 125 条第 2 款所说的"[股份有限公司]董事会的决议违反法律、行政法规或者公司章程、股东会决议,给公司造成严重损失的,参与决议的董事对公司负赔偿责任;经证明在表决时曾表明异议并记载于会议记录的,该董事可以免除责任",第 179 条所说的"董事、监事、高级管理人员应当遵守法律、行政法规和公司章程",第 188 条所说的"董事、监事、高级管理人员执行职务违反法律、行政法规或者公司章程的规定,给公司造成损失的,应当承担赔偿责任",等等。

法人名称、组织机构及其产生、职权和议事规则、利润分配、清算等事项的规定。

比如,就公司而言,《公司法》第46条第1款和第95条分别规定了有限公司章程应当载明的事项和股份公司章程应当载明的事项,公司章程所载明的这些事项以及其他事项应当符合《公司法》和其他法律、行政法规关于这些事项的规定。

此外,在法律法规要求营利法人的章程必须载明特定内容时,其章程应当载明该等内容。

比如,针对银行保险机构的章程,《银行保险机构公司治理准则》(银保监发〔2021〕14号)第6条规定:"……银行保险机构应当在公司章程中对股东大会、董事会、监事会、高级管理层的组成和职责等作出安排,明确公司及其股东、董事、监事、高级管理人员等各方权利、义务。银行保险机构应当在公司章程中规定,主要股东应当以书面形式向银行保险机构作出在必要时向其补充资本的长期承诺,作为银行保险机构资本规划的一部分,并在公司章程中规定公司制定审慎利润分配方案时需要考虑的主要因素",第10条规定:"国有银行保险机构应当将党建工作要求写入公司章程,列明党组织的职责权限、机构设置、运行机制、基础保障等重要事项,落实党组织在公司治理结构中的法定地位"。

又如,针对商业银行的章程,《商业银行股权管理暂行办法》(银监会令〔2018〕1号)第28条还规定:"商业银行应当将关于股东管理的相关监管要求、股东的权利义务等写入公司章程,在公司章程中载明下列内容:(一)股东应当遵守法律法规和监管规定;(二)主要股东应当在必要时向商业银行补充资本;(三)应经但未经监管部门批准或未向监管部门报告的股东,不得行使股东大会召开请求权、表决权、提名权、提案权、处分权等权利;(四)对于存在虚假陈述、滥用股东权利或其他损害商业银行利益行为的股东,银监会或其派出机构可以限制或禁止商业银行与其开展关联交易,限制其持有商业银行股权的限额、股权质押比例等,并可限制其股东大会召开请求权、表决权、提名权、提案权、处分权等权利";《银行保险机构公司治理准则》(银保监发〔2021〕14号)第6条第4款规定:"商业银行应当在公司章程中规定股东在本行授信逾期时的权利限制"。

2. 章程内容违法的法律后果

《民法典》本身没有直接规定营利法人章程内容违反法律规定的后果。

就公司章程而言,原《公司登记管理条例》(已废止)第23条曾经明确规定:"公司章程有违反法律、行政法规的内容的,公司登记机关有权要求公司作相应修改。"尽管《市场主体登记管理条例》没有保留此项规定,但是,结合《公司法》第5条、第31条和《国家工商总局外资局〈关于外商投资的公司审批登记管理法律适用若干问题的执行意见〉重点条款解读》,可以认为,审查公司章程是登记机关的法定职责,登记机关在审查过程中发现公司章程有违反法律、行政法规的内容的,应该仍然有权要求公司修改;否则,登记机关可以不予受理或核准公司的设立登记或变更登记申请。

此外,如果公司章程的内容违反了法律、行政法规的强制性规定,由于《公司法》第59条第1款第8项规定了"股东会行使下列职权:……(八)修改公司章程",第112条第1款规定了"本法第五十九条第一款、第二款关于有限责任公司股东会职权的规定,适用于股份有限公司股东会",因此,根据《公司法》第25条关于"公司股东会……的决议内容违反法律、行政法规的无效”的规定,公司权力机构作出的关于修改公司章程的决议中的公司章程中的违反法律、行政法规的内容,可能是无效的。

(二)营利法人章程的制定程序不得违反法律规定

1. 章程的制定和修改程序须符合法律规定

在程序方面,营利法人章程的制定程序和修改程序必须符合法律法规的规定。

比如,对有限公司来说,针对公司设立时的章程制定程序,《公司法》第 45 条规定了“设立有限责任公司,应当由股东共同制定公司章程”,第 46 条第 2 款规定了“股东应当在公司章程上签名或者盖章”;针对公司章程的修改程序,《公司法》第 59 条第 1 款第 8 项规定了“股东会行使下列职权:……(八)修改公司章程”,第 59 条第 3 款规定了“对本条第一款所列事项股东以书面形式一致表示同意的,可以不召开股东会会议,直接作出决定,并由全体股东在决定文件上签名或者盖章”,第 64 条规定了“召开股东会会议,应当于会议召开十五日前通知全体股东;但是,公司章程另有规定或者全体股东另有约定的除外”,第 66 条第 3 款规定了“股东会作出修改公司章程……的决议,……应当经代表三分之二以上表决权的股东通过”;并且,针对股东会通过的修改公司章程的决议,《公司法》第 25 条还规定了“公司股东会……的决议内容违反法律、行政法规的无效”,第 26 条第 1 款规定了“公司股东会……的会议召集程序、表决方式违反法律、行政法规或者公司章程,或者决议内容违反公司章程的,股东自决议作出之日起六十日内,可以请求人民法院撤销……”,第 2 款规定了:“未被通知参加股东会会议的股东自知道或者应当知道股东会决议作出之日起六十日内,可以请求人民法院撤销;自决议作出之日起一年内没有行使撤销权的,撤销权消灭”。对股份公司来说,针对股份公司章程的制定和修改程序,《公司法》第 94 条、第 112 条、第 114 条、第 116 条和第 25 条、第 26 条也作出了类似的规定。

此外,在法律法规规定特定营利法人的章程及其修改须经有关机关批准的情形,法人章程及其修改还须取得有关机关的批准。比如,《商业银行法》第 24 条第 1 款第 6 项规定:“商业银行有下列变更事项之一的,应当经国务院银行业监督管理机构批准:……(六)修改章程”。

因此,不论是在设立营利法人时制定章程,还是在营利法人成立后修改章程,都必须符合相关法律规定的程序。

2. 章程修改程序违法的法律后果

《民法典》和《公司法》都没有直接规定营利法人设立时章程制定程序违法的法律后果。

就章程修改程序违法而言,结合《民法典》第 80 条第 2 款关于“权力机构行使修改法人章程,选举或者更换执行机构、监督机构成员,以及法人章程规定的其他职权”和第 85 条关于“营利法人的权力机构……作出决议的会议召集程序、表决方式违反法律、行政法规、法人章程……的,营利法人的出资人可以请求人民法院撤销该决议”的规定,营利法人章程的修改程序违反法律法规或法人章程本身,可能导致权力机构有关修改章程的决议被撤销,进而导致章程修改不发生效力。

就公司而言,如果修改公司章程的程序违反了法律、行政法规或公司章程本身,根据《公司法》第26条的规定,可能导致公司股东会作出的关于修改公司章程的决议被撤销,从而导致如此修改的公司章程也被撤销。

四、营利法人章程的效力范围

《民法典》本身没有直接规定营利法人章程的效力范围问题。这跟《公司法》第5条直接规定"公司章程对公司、股东、董事、监事、高级管理人员具有约束力"是不同的。

不过,从《民法典》第61条、第62条第2款、第72条第2款、第80条第2款、第81条第2款和第3款、第82条和第85条的规定,也可以得出"营利法人章程对营利法人、出资人、董事、监事、高级管理人员具有约束力"的结论。从而,营利法人以及营利法人的每一个出资人、董事、监事和高级管理人员,以及营利法人的权力机构、执行机构和监督机构,都有义务遵守法人章程,都应当依照法人章程行使相应的权利或职权、履行相应的义务。

其中的"出资人、董事、监事和高级管理人员",指的是营利法人的每一个现有出资人、每一个现任的董事、监事和高级管理人员,通常不包括尚未成为营利法人出资人的主体和虽然曾经是、但现在已经不再是出资人的主体以及虽然曾经担任、但现在已经不再担任营利法人的董事、监事或高级管理人员的主体。[①] 其中的"现有出资人",既包括在营利法人设立时就共同制定法人章程并持续持有营利法人投资性权利的出资人,也包括在营利法人成立之后通过受让营利法人投资性权利或认缴或认购营利法人新增出资而成为营利法人出资人的主体。

结合《上市公司章程指引》的规定,营利法人章程的效力主要体现为:一是营利法人章程自生效之日起,即成为规范营利法人的组织与行为、营利法人与出资人、出资人与出资人之间的权利义务关系的具有法律约束力的文件,对营利法人、出资人、董事、监事、高级管理人员具有法律约束力;二是依据营利法人章程,出资人可以起诉出资人,出资人可以起诉营利法人的董事、监事、高级管理人员,出资人可以起诉营利法人,营利法人可以起诉出资人、董事、监事、高级管理人员(当然,营利法人章程依法规定了

---

① 需要注意的是,在营利法人章程对股东或高级管理人员的资格有特别规定的情况下,章程中的此类特别条款(但并非所有条款)对曾经是、但现在已经不再是出资人的主体以及曾经担任、但现在已经不再担任营利法人的董事、监事或高级管理人员的主体仍具有约束力。比如,河南省高级人民法院(2022)豫民申1337号民事裁定书认为:"《中华人民共和国公司法》第十一条规定:'设立公司必须依法制定公司章程。公司章程对公司、股东、董事、监事、高级管理人员具有约束力。'某方公司2011年3月3日章程第十五条规定:'……股东(出资人)与公司解除合同、死亡(或法定继承人)等,不属于本公司员工的,不能再持有本公司的股金,应于30个工作日内到公司办理出资转让手续。退休员工自愿。……'某方公司2014年9月1日章程第十五条规定:'……(一)股东(出资人)调离本单位或者在职期间身故,与本公司不具有劳动合同关系、不属于本公司员工或者丧失股东(出资人)资格的,不能再成为本公司的股东(出资人),离职退股,按出资额转让。……'高某军于2017年7月19日向某方公司提交书面辞职报告,于2017年8月14日与某方公司签署解除劳动协议书。前述公司章程在高某军与某方公司解除劳动关系之前已经存在,且高某军在任时2014年通过的公司章程正在实行,高某军离职前系某方公司股东、高级管理人员,应当受公司章程约束。根据某方公司章程规定,高某军离职后不能再成为某方公司股东,应当根据要求离职退股。故本案中高某军主张其仍为某方公司股东,依据不足。"类似的裁判意见,还可见河南省高级人民法院(2021)豫民申8187号民事裁定书。

仲裁条款的除外[①])。

需要注意的是,营利法人的章程原则上仅对其出资人、董事、监事和高级管理人员具有约束力,对其他主体(包括营利法人的债权人、营利法人的高级管理人员之外的其他员工、法院[②]以及其他人)则不具有约束力。

五、营利法人章程的成立和生效

(一)营利法人设立时的章程的成立和生效

就营利法人设立时的章程而言,由于营利法人章程作为全体出资人设立法人并规定各自的权利和义务以及有关法人的组织和行为的法律文件,符合《民法典》第 133 条所说的“民事法律行为是民事主体通过意思表示设立、变更、终止民事法律关系的行为”,因此,通常情况下,营利法人设立时的章程的成立与生效,应当适用《民法典》总则编关于民事法律行为成立和生效的一般规定[③],并参照适用《民法典》合同编关于合同成立和生效的一般规定[④]。比如,针对公司章程的生效,最高人民法院(2014)民提字第 00054 号民事判决书认为:“公司章程是股东在协商一致的基础上所签订的法律文件,具有合同的某些属性,在股东对公司章程生效时间约定不明,而公司法又无明确规定的情况下,可以参照适用合同法的相关规定来认定章程的生效问题”。

从而,原则上,只有一个出资人的营利法人设立时的章程,经唯一出资人签署即成

---

① 比如,重庆市高级人民法院(2020)渝民终 2240 号民事裁定书认为:“本案中,深圳市瑞某能和上海某德系第三人重庆瑞某能的股东,依法应受到《重庆瑞某能医药有限公司章程》的约束。《重庆瑞某能医药有限公司章程》第四十四条约定:‘如股东之间在公司经营上产生分歧,应尽力友好协商达成一致。协商后不能达成一致,可以进行仲裁。仲裁地为中国上海仲裁委员会’。本案系因重庆瑞某能拥有销售授权的‘多种微量元素注射液——来维’是否授予其他厂家销售引起的纠纷。是否授予其他厂家销售‘多种微量元素注射液——来维’属于股东之间在公司经营上产生分歧。根据《中华人民共和国民事诉讼法》第一百二十四条第二项‘依照法律规定,双方当事人达成书面仲裁协议申请仲裁、不得向人民法院起诉的,告知原告向仲裁机构申请仲裁’的规定,深圳市瑞某能应当将其请求向上海仲裁委员会申请仲裁。”

② 比如,最高人民法院(2014)执复字第 6 号执行裁定书认为:“关于公司章程的性质,《中华人民共和国公司法》第十一条规定:‘设立公司必须依法制定公司章程。公司章程对公司、股东、董事、监事、高级管理人员具有约束力。’依照该规定,某奥公司《公司章程》第十八条关于股东不得向股东以外的人转让股权的规定,是对于股东在民事活动中向公司以外的平等主体转让股权的限制,在生效判决已确认申请执行人对案涉质押股权享有优先受偿权的情况下,人民法院依据生效判决强制执行被执行人质押的股权,不受《公司章程》该条规定的约束。”

③ 针对民事法律行为的成立,《民法典》第 134 条第 1 款规定了“民事法律行为可以基于双方或者多方的意思表示一致成立,也可以基于单方的意思表示成立”;针对民事法律行为的生效,《民法典》第 136 条第 1 款规定了“民事法律行为自成立时生效,但是法律另有规定或者当事人另有约定的除外”。

④ 针对合同的成立,《民法典》第 490 条第 1 款规定了“当事人采用合同书形式订立合同的,自当事人均签名、盖章或者按指印时合同成立……”针对合同的生效,《民法典》第 502 条第 1 款规定了“依法成立的合同,自成立时生效,但是法律另有规定或者当事人另有约定的除外”。

立并生效;有数个出资人的营利法人设立时的章程,经全体出资人签署即成立并生效。[①] 不过,在由数个发起人采用发起设立或募集设立方式设立的股份公司的情形,公司设立时的章程则须经成立大会通过后才成立并生效。[②]

(二)营利法人成立后修改章程的成立和生效

就营利法人成立后修改的章程而言,根据《民法典》第80条关于"营利法人应当设权力机构。权力机构行使修改法人章程,选举或者更换执行机构、监督机构成员,以及法人章程规定的其他职权"和第134条第2款关于"法人、非法人组织依照法律或者章程规定的议事方式和表决程序作出决议的,该决议行为成立"的规定,通常情况下,营利法人修改后的章程或章程修正案自营利法人权力机构通过修改章程的决议之后成立并生效。[③]

(三)营利法人章程成立和生效的特别规定

在特殊情况下,营利法人设立时的章程以及营利法人成立后修改的章程须经有关机关批准之后方可生效。

比如,在《外商投资法》实施前,涉及国家规定实施准入特别管理措施的中外合资经营企业、外资企业以及公司制的中外合作经营企业,其设立时的公司章程和成立后对公司章程所作的修改,都是经商务审批机关批准后生效的。[④]

又如,部分证券公司、商业银行、保险公司等金融机构设立时的公司章程和成立后对公司章程中的重要条款的修订(甚至对公司章程的任何条款进行修改),都应当报经监管机构批准。[⑤]

---

① 根据《市场主体登记管理条例实施细则》第26条和第27条的规定,向登记机关申请营利法人设立登记时,需要提交"章程"、公司的"法定代表人、董事、监事和高级管理人员的任职文件和自然人身份证明等文件"或非公司企业法人的"法定代表人的任职文件和自然人身份证明"。这就意味着,在营利法人申请设立登记之前,就需要完成法定代表人的确定、公司还需要完成董事与监事的选举或委派、高级管理人员的聘任;而这些事项都需要依据章程进行,如果章程在设立登记之前尚未生效,设立中的法人的这些行为都是没有法律依据和章程依据的,因此,营利法人设立时的章程原则上应以全体出资人签署后生效。对此,最高人民法院(2020)最高法民再15号民事判决书也认为:"关于章程的生效时间,章程明确规定:章程自双方签字盖章之日起生效。……从章程适用的时间看,章程自双方签字盖章之日起生效,即意味着章程不仅适用于工商变更登记后,也适用于工商变更登记前。"

② 《公司法》第94条规定:"设立股份有限公司,应当由发起人共同制订公司章程",第103条规定:"募集设立股份有限公司的发起人应当自公司设立时应发行股份的股款缴足之日起三十日内召开公司成立大会。……以发起设立方式设立股份有限公司成立大会的召开和表决程序由公司章程或者发起人协议规定",第104条第1款规定:"公司成立大会行使下列职权:……(二)通过公司章程……成立大会对前款所列事项作出决议,应当经出席会议的认股人所持表决权过半数通过"。

③ 比如,针对公司章程的修改,最高人民法院(2014)民提字第00054号民事判决书认为:"经法定程序修改的章程,自股东达成修改章程的合意后即发生法律效力,工商登记并非章程的生效要件"。

④ 《中外合资经营企业法实施条例》(自2020年1月1日起废止)第14条、《中外合作经营企业法实施细则》(自2020年1月1日起废止)第11条、《外资企业法实施细则》(自2020年1月1日起废止)第16条。

⑤ 《证券法》第118条第1款第1项和《证券公司监督管理条例》第13条,《商业银行法》第11条、第12条第1项、第15条第1项、第24条第1款第6项,《保险法》第67条、第68条第2项、第84条第6项。

六、营利法人章程的无效和撤销

如前所述，由于营利法人章程符合《民法典》第 133 条所说的“民事法律行为是民事主体通过意思表示设立、变更、终止民事法律关系的行为”；在营利法人权力机构作出修改章程的决议的情形，由于章程修改事项属于营利法人权力机构决议的组成部分，而营利法人权力机构决议行为也属于民事法律行为，因此，原则上，不论是营利法人章程的无效和撤销，还是营利法人权力机构修改章程的决议的无效和撤销，也应当适用《民法典》总则编关于民事法律行为无效和撤销的一般规定，并参照适用《民法典》合同编关于合同无效和撤销的一般规定。

第八十条　【营利法人的权力机构及其职权】营利法人应当设权力机构。

权力机构行使修改法人章程，选举或者更换执行机构、监督机构成员，以及法人章程规定的其他职权。

【条文通释】

《民法典》第 80 条是关于营利法人的权力机构及其职权的规定。

一、营利法人须设权力机构

由于《民法典》第 80 条第 1 款使用了“营利法人应当设权力机构”的表述，因此，站在《民法典》的立场，所有营利法人都必须设权力机构，不允许存在不设权力机构的营利法人。营利法人有自己的权力机构，也是《民法典》第 58 条第 2 款所说的“法人应当有自己的名称、组织机构、住所、财产或者经费”的应有之义。

二、营利法人权力机构的主要形式

（一）原则：以股东会为权力机构

就有限公司而言，由于《公司法》第 58 条使用了“股东会是公司的权力机构，依照本法行使职权”的表述，因此，原则上，有限公司的权力机构是股东会。

就股份公司而言，由于《公司法》第 111 条使用了“股东会是公司的权力机构，依照本法行使职权”的表述，因此，原则上，股份公司的权力机构也是股东会。[①]

（二）例外：不以股东会为权力机构

基于法律的特别规定，存在不以股东会为权力机构的营利法人。

---

① 在 2023 年修订的《公司法》2024 年 7 月 1 日施行之前，根据原《公司法》（2018 年修正）第 98 条所说的“股份有限公司股东大会由全体股东组成。股东大会是公司的权力机构，依照本法行使职权”，股份公司的权力机构是股东大会，而非股东会。

1. 一人公司以唯一股东为权力机构

就只有一个股东的有限责任公司(即一人有限公司)而言,由于《公司法》第 60 条规定了"只有一个股东的有限责任公司不设股东会。股东作出前条第一款所列事项的决定时,应当采用书面形式,并由股东签名或者盖章后置备于公司",因此,一人有限公司的权力机构是其唯一的股东。

就只有一个股东的股份有限公司(即一人股份公司)而言,由于《公司法》第 112 条第 2 款规定了:"本法第六十条关于只有一个股东的有限责任公司不设股东会的规定,适用于只有一个股东的股份有限公司",因此,一人股份公司的权力机构也是其唯一的股东。

2. 国有独资公司以履行出资人职责的机构为权力机构

就国有独资公司而言,由于《公司法》第 172 条规定了"国有独资公司不设股东会,由履行出资人职责的机构行使股东会职权",《企业国有资产法》第 12 条规定了"履行出资人职责的机构代表本级人民政府对国家出资企业依法享有资产收益、参与重大决策和选择管理者等出资人权利",因此,国有独资公司的权力机构是履行出资人职责的机构。

3. 原有中外合资经营的有限公司和中外合作经营的有限公司以董事会为权力机构

在《外商投资法》生效之前,依据当时适用的《中外合资经营企业法》或《中外合作经营企业法》设立的中外合资经营的有限公司、中外合作经营的有限公司,其权力机构不是股东会,而是董事会。

其中,就中外合资经营的有限公司而言,《中外合资经营企业法》(2016 年修正,已废止)第 6 条规定:"合营企业设董事会,……董事会根据平等互利的原则,决定合营企业的重大问题"、"董事会的职权是按合营企业章程规定,讨论决定合营企业的一切重大问题:企业发展规划、生产经营活动方案、收支预算、利润分配、劳动工资计划、停业,以及总经理、副总经理、总工程师、总会计师、审计师的任命或聘请及其职权和待遇等";《中外合资经营企业法实施条例》(2019 年修订,已废止)第 30 条更是明确规定:"董事会是合营企业的最高权力机构,决定合营企业的一切重大问题"。

就中外合作经营的有限公司而言,《中外合作经营企业法》(2017 年修正,已废止)第 12 条第 1 款规定了:"合作企业应当设立董事会或者联合管理机构,依照合作企业合同或者章程的规定,决定合作企业的重大问题";《中外合作经营企业法实施细则》(2017 年第三次修订,已废止)第 24 条更是明确规定:"合作企业设董事会或者联合管理委员会。董事会或者联合管理委员会是合作企业的权力机构,按照合作企业章程的规定,决定合作企业的重大问题"。

上述规定与 2005 年《公司法》第 36 条和 2023 年《公司法》第 58 条关于"有限责任公司股东会由全体股东组成。股东会是公司的权力机构,依照本法行使职权"的规定是不一致的。由于 2005 年《公司法》第 218 条规定了"外商投资的有限责任公司和股份有限公司适用本法;有关外商投资的法律另有规定的,适用其规定",因此,在组织机构方面,在《外商投资法》2020 年 1 月 1 日施行以前依据当时适用的《中外合资经营企业法》或《中外合作经营企业法》设立的中外合资经营的有限公司、中外合作经营的有限公司，适用的是与普通的有限公司不一样的法律规则。并且，《外商投资法》实施之后，国家允许这些以董事会为权力机构的现有外商投资企业，在 2024 年 12 月 31 日之前继续保留其组织机构，可以继续不设股东会、继续以董事会为其权力机构。对此，《外商投资法》第 42 条第 2 款规定了："本法施行前依照《中华人民共和国中外合资经营企业法》、《中华人民共和国外资企业法》、《中华人民共和国中外合作经营企业法》设立的外商投资企业，在本法施行后五年内可以继续保留原企业组织形式等。具体实施办法由国务院规定"；《外商投资法实施条例》第 44 条第 1 款进一步规定："外商投资法施行前依照《中华人民共和国中外合资经营企业法》、《中华人民共和国外资企业法》、《中华人民共和国中外合作经营企业法》设立的外商投资企业（以下称现有外商投资企业），在外商投资法施行后 5 年内，可以依照《中华人民共和国公司法》、《中华人民共和国合伙企业法》等法律的规定调整其组织形式、组织机构等，并依法办理变更登记，也可以继续保留原企业组织形式、组织机构等"。[①]

不过，自 2025 年 1 月 1 日起，国家原则上不再支持（但并非禁止）存在不以股东会为权力机构的外商投资有限公司。对此，《外商投资法实施条例》第 44 条第 2 款规定："自 2025 年 1 月 1 日起，对未依法调整组织形式、组织机构等并办理变更登记的现有外商投资企业，市场监督管理部门不予办理其申请的其他登记事项，并将相关情形予以公示"；《市场监管总局关于贯彻落实〈外商投资法〉做好外商投资企业登记注册工作的通知》（国市监注〔2019〕247 号）第 13 条也规定："自 2025 年 1 月 1 日起，外商投资企业的组织形式、组织机构等不符合《公司法》《合伙企业法》强制性规定，且未依法申请变更登记、章程备案或者董事备案的，登记机关不予办理该企业其他登记事项的变更登记或者备案等事宜，并将相关情形予以公示"。

值得注意的是，《外商投资法实施条例》和《市场监管总局关于贯彻落实〈外商投资法〉做好外商投资企业登记注册工作的通知》（国市监注〔2019〕247 号）只是对这些"未依法调整组织机构并办理变更登记"的以董事会为权力机构的现有外商投资企业采取"不予办理该企业其他登记事项的变更登记或者备案等事宜，并将相关情形予以公示"的措施，并未明确要求这些以董事会为权力机构的现有外商投资企业必须办理注销登

---

① 值得注意的是，《外商投资法》第 42 条第 2 款和《外商投资法实施条例》第 44 条第 1 款的规定仅适用于在 2020 年 1 月 1 日之前已经成立的中外合资经营企业和有限公司形式的中外合作经营企业，不适用于 2020 年 1 月 1 日以后成立的有中国投资者和外国投资者的外商投资企业。根据《外商投资法》第 31 条关于"外商投资企业的组织形式、组织机构及其活动准则，适用《中华人民共和国公司法》、《中华人民共和国合伙企业法》等法律的规定"，自 2020 年 1 月 1 日起，新设立的有中国投资者和外国投资者的外商投资有限公司必须依照《公司法》的规定，建立以股东会为权力机构的法人治理结构（一人公司除外）。

记、也未明确禁止其继续开展生产经营活动,不影响这些外商投资企业的存续。① 当然,这些以董事会为权力机构的现有外商投资企业应当遵守法律法规的要求,在规定的期限内办理相应的变更登记手续。

4. 营利性民办学校以董事会为决策机构并决定重大事项

在民办教育领域,营利性民办学校是以董事会而不是股东会为决策机构的,在法律地位上,营利性民办学校的董事会大体对应于《公司法》所说的权力机构②。具体如下:

其一,由于《民办教育促进法》第20条第1款规定了"民办学校应当设立学校理事会、董事会或者其他形式的决策机构并建立相应的监督机制",第20条第2款规定了"民办学校的举办者根据学校章程规定的权限和程序参与学校的办学和管理",第22条第1款规定了"学校董事会行使下列职权:(一)聘任和解聘校长;(二)修改学校章程和制定学校的规章制度;(三)制定发展规划,批准年度工作计划;(四)筹集办学经费,审核预算、决算;(五)决定教职工的编制定额和工资标准;(六)决定学校的分立、合并、终止;(七)决定其他重大事项",因此,在组织机构方面,营利性民办学校必须设董事会这一"决策机构",并且由董事会决定其重大事项。

其二,2017年8月31日的《工商总局、教育部关于营利性民办学校名称登记管理有关工作的通知》(工商企注字〔2017〕156号)已经明确要求营利性民办学校"应当按照《中华人民共和国公司法》《中华人民共和国民办教育促进法》有关规定,登记为有限责任公司或者股份有限公司,其名称应当符合公司登记管理和教育相关法律法规的规定",因此,现阶段,营利性民办学校属于公司制企业法人。

其三,《民办教育促进法》上述规定与《公司法》关于股东会(或股东大会)是公司的权力机构的规定是不一致的。由于《立法法》第103条规定了"同一机关制定的法律、行政法规、地方性法规、自治条例和单行条例、规章,特别规定与一般规定不一致的,适用特别规定;新的规定与旧的规定不一致的,适用新的规定",而《民办教育促进

① 比如,浙江省湖州市中级人民法院(2021)浙05民终1060号民事判决书认为:"从文义上解释,该条规定现有外商投资企业在5年过渡期内,可以依照公司法、合伙企业法等法律的规定调整其组织形式、组织机构等,并依法办理变更登记,也可以继续保留原企业组织形式、组织机构,该条采用'可以……可以……'的句式,表明就调整与保留组织形式、组织机构等事项,在5年过渡期内赋予现有外商投资企业自主选择权,即现有外商投资企业按照原企业合营合同约定或企业章程规定作出符合相应法律规定的决议,对组织形式、组织机构等事项依照公司法等法律进行调整或者继续予以保留,且调整或者保留组织形式、组织机构等,属于并列的选项,并非原则与例外的关系。……从体系上解释,该条第二款规定了过渡期届满后,未依法调整组织形式、组织机构等并办理变更登记的现有外商投资企业的法律后果,即市场监督管理部门不予办理其申请的其他登记事项,并将相关情形予以公示。可见即使过渡期届满后,现有外商投资企业未依法调整组织形式、组织机构等并办理变更登记的,也并非直接依据公司法等法律规定调整其组织形式、组织机构等,而是采取不予办理其申请的其他登记事项以及公示的方式敦促企业自行调整,则5年过渡期内更不应由现有外商投资企业直接依据公司法等法律规定调整其组织形式、组织机构等。"

② 尽管《民办教育促进法》使用的是"决策机构"的表述,没有像之前的《公司法》和之后的《民法总则》那样使用"权力机构"的表述,但是,从《民办教育促进法》第22条第1款关于营利性民办学校的董事会的职权的规定看,同时考虑到《民办教育促进法》第20条第2款只是规定了"民办学校的举办者根据学校章程规定的权限和程序参与学校的办学和管理",而没有规定"民办学校的举办者组成举办者大会,作为学校的权力机构",在法律地位上,营利性民办学校的董事会实际上就是学校的权力机构。

法》和《公司法》均为全国人大常委会制定的法律，考虑到在公司的组织和行为方面，《公司法》的规定是一般规定，而《民办教育促进法》的规定是特别规定，因此，在营利性民办学校的组织和行为方面，应当优先适用《民办教育促进法》的规定。对此，《全国人民代表大会常务委员会法制工作委员会对营利性民办学校决策机构法律适用问题的答复意见》（法工委复〔2020〕5 号）第 1 条也明确提出："营利性民办学校是公司法人的，其决策机构适用民办教育促进法的特别规定"。①

在《民办教育促进法》关于营利性民办学校的组织机构及其职权的规定未作修改之前，民办教育领域的公司（包括有限公司和股份公司）应当设置董事会并以董事会为其决策机构、由董事会决定其重大事项这一例外将长期存在。

---

① 需要注意的是，《全国人民代表大会常务委员会法制工作委员会对营利性民办学校决策机构法律适用问题的答复意见》（法工委复〔2020〕5 号）第 3 条规定"营利性民办学校办学结余分配、剩余财产处理，应当适用公司法的有关规定，由理事会（董事会）决策后，提交股东会（股东）表决"，实际上是要求营利性民办学校在设有"董事会"这样的决策机构之外再设立"股东会或股东大会或唯一股东"这样的机构。不过，应该说，法工委复〔2020〕5 号文上述意见既不符合《民办教育促进法》的规定，也不符合该意见作出时适用的《公司法》（2018 年修正）关于公司利润分配和剩余财产分配的规定。具体分析如下：

其一，营利性民办学校的办学结余的剩余财产的分配，属于其重大事项，根据《民办教育促进法》第 22 条第 1 款关于"学校理事会或者董事会行使下列职权：（一）聘任和解聘校长；（二）修改学校章程和制定学校的规章制度；（三）制定发展规划，批准年度工作计划；（四）筹集办学经费，审核预算、决算；（五）决定教职工的编制定额和工资标准；（六）决定学校的分立、合并、终止；（七）决定其他重大事项"的规定，应由作为学校决策机构的董事会作出决定，而不是由学校的举办者作出决定。

其二，《民办教育促进法》第 19 条第 3 款的原文为"营利性民办学校的举办者可以取得办学收益，学校的办学结余依照公司法等有关法律、行政法规的规定处理"，第 59 条第 2 款的原文为"非营利性民办学校清偿上述债务后的剩余财产继续用于其他非营利性学校办学；营利性民办学校清偿上述债务后的剩余财产，依照公司法的有关规定处理"。这两个条款使用的都是"依照公司法有关规定处理"的表述，而不是"适用公司法的有关规定"的表述。《民办教育促进法》所说的"依照公司法的有关规定处理"针对的是"办学结余"和"剩余财产"的处理，分别对应于公司的利润分配和剩余财产分配办法，而非就利润分配作出决议或就剩余财产分配作出决议。其中，就公司的利润的处理而言，该意见作出时适用的《公司法》（2018 年修正）第 166 条针对公司的税后利润的分配办法作出了规定，并在其第 4 款针对向股东分配利润的办法作出了规定，即：(1) 有限责任公司的利润分配适用《公司法》（2018 年修正）第 34 条关于"股东按照实缴的出资比例分取红利；……但是，全体股东约定不按照出资比例分取红利或者不按照出资比例优先认缴出资的除外"的规定；(2) 股份有限公司的利润分配适用《公司法》（2018 年修正）第 166 条第 4 款关于"公司弥补亏损和提取公积金后所余税后利润，……股份有限公司按照股东持有的股份比例分配，但股份有限公司章程规定不按持股比例分配的除外"的规定。也就是说，在公司的利润的处理方面，除了"提取任意公积金"需要提交公司的权力机构决定外，无须再提交公司的权力机构审议，《公司法》（2018 年修正）已经直接作出了规定，无须由公司的权力机构再行表决。至于《公司法》（2018 年修正）第 37 条第 1 款、第 99 条所说的作为公司权力机构的职权的"审议批准公司的利润分配方案"，指向的应该是"是否向股东分配利润""向全体股东总共分配多少利润"的问题，而不是"向每一个股东分别分配多少利润"的问题。具体到营利性民办学校，在学校董事会就办学结余的处理作出了方案的情况下，就可以直接依照《公司法》（2018 年修正）第 34 条、第 166 条第 4 款的规定将相应的办学结余直接分配给学校举办者了，根本无须再提交举办者表决。就公司剩余财产的处理而言，《公司法》本身没有规定公司的剩余财产的处理需要提交股东会或股东大会或唯一股东表决，而只是规定公司的清算方案需要提交权力机构（适用于自行清算）或人民法院（适用于强制清算）确认。就剩余财产的分配而言，《公司法》（2018 年修正）第 186 条第 2 款直接规定了分配办法："公司财产在分别支付清算费用、职工的工资、社会保险费用和法定补偿金，缴纳所欠税款，清偿公司债务后的剩余财产，有限责任公司按照股东的出资比例分配，股份有限公司按照股东持有的股份比例分配"，亦即公司的剩余财产直接按照出资比例或持股比例分配，无须再由权力机构表决。具体到营利性民办学校，在清偿各项债务后所余的即为"剩余财产"，直接按照股东出资比例或持股比例分配即可，根本无须再提交举办者表决。

5. 非公司企业法人的权力机构

就非公司企业法人而言,由于《市场主体登记管理条例》第8条规定了:“市场主体的一般登记事项包括:……除前款规定外,还应当根据市场主体类型登记下列事项:(一)……非公司企业法人出资人的姓名或者名称”,《市场主体登记管理条例实施细则》第6条规定了:“市场主体应当按照类型依法登记下列事项:……(二)非公司企业法人:名称、类型、经营范围、住所、出资额、法定代表人姓名、出资人(主管部门)名称”、第21条第2款规定了:“非公司企业法人合并、分立的,应当经出资人(主管部门)批准,自批准之日起30日内申请办理登记”,因此,非公司企业法人的权力机构是其出资人。①

其中,就全民所有制企业法人而言,由于《企业国有资产法》第12条规定了“履行出资人职责的机构代表本级人民政府对国家出资企业依法享有资产收益、参与重大决策和选择管理者等出资人权利”,因此,全民所有制企业法人的权力机构是履行出资人职责的机构。

不过,就城镇集体所有制企业法人而言,由于《城镇集体所有制企业条例》第9条第1款规定了“职工(代表)大会是集体企业的权力机构,由其选举和罢免企业管理人员,决定经营管理的重大问题”,因此,城镇集体所有制企业法人的权力机构是职工(代表)大会。

就乡村集体所有制企业法人而言,由于《乡村集体所有制企业条例》第18条第1款规定:“企业财产属于举办该企业的乡或者村范围内的全体农民集体所有,由乡或者村的农民大会(农民代表会议)或者代表全体农民的集体经济组织行使企业财产的所有权”、第19条第1款规定:“企业所有者依法决定企业的经营方向、经营形式、厂长(经理)人选或者选聘方式,依法决定企业税后利润在其与企业之间的具体分配比例,有权作出关于企业分立、合并、迁移、停业、终止、申请破产等决议”,因此,乡村集体所有制企业法人的权力机构是乡或者村的农民大会(农民代表会议)或者代表全体农民的集体经济组织。

就城市股份合作制企业法人而言,由于原国家体改委《关于发展城市股份合作制企业的指导意见》(已废止)规定了“股份合作制企业实行职工股东大会制度,职工股东大会是企业的权力机构,应当实行一人一票的表决方式。职工股东大会选举产生董事会和监事会成员。企业也可不设董事会,由职工股东大会选举产生或聘任总经理。企业的年度预、决算和利润分配方案、重大投资事项、企业分立、合并、解散等重大决策必须经职工股东大会批准”,因此,城市股份合作制企业法人的权力机构是其职工股东大会。

---

① 就城镇集体所有制企业法人而言,《城镇集体所有制企业条例》第9条第1款将“职工(代表)大会”规定为其权力机构:“职工(代表)大会是集体企业的权力机构,由其选举和罢免企业管理人员,决定经营管理的重大问题”。就乡村集体所有制企业法人而言,《乡村集体所有制企业条例》第18条第1款规定:“企业财产属于举办该企业的乡或者村范围内的全体农民集体所有,由乡或者村的农民大会(农民代表会议)或者代表全体农民的集体经济组织行使企业财产的所有权”,第19条第1款规定:“企业所有者依法决定企业的经营方向、经营形式、厂长(经理)人选或者选聘方式,依法决定企业税后利润在其与企业之间的具体分配比例,有权作出关于企业分立、合并、迁移、停业、终止、申请破产等决议”。

就农民股份合作企业法人而言,由于《农民股份合作企业暂行规定》第 16 条第 1 款规定了"企业应实行股东大会(股东代表大会)制度。股东大会(股东代表大会)是企业的最高权力机构,可选举产生董事会作为常设机构",因此,农民股份合作企业法人的权力机构是其股东大会(或股东代表大会)。

(三)营利法人权力机构形式的变更

作为营利法人的权力机构的形式通常不会发生变化;但在例外情况下,营利法人权力机构形式也可能发生变化。具体而言:

一是营利法人因出资人发生变化,经依法修改法人章程,调整权力机构的形式。比如,在一人公司因发生股权转让或增资导致股东人数由一人变更为数人的情形,该公司的权力机构将由唯一股东变更为股东会。

二是营利法人为适应新施行的法律,经依法修改法人章程,调整权力机构的形式。比如,2020 年 1 月 1 日之前成立的中外合资经营的有限公司,按照《外商投资法》第 42 条第 2 款[①]和《外商投资法实施条例》第 44 条[②]的规定,依法修改公司章程并设置股东会,将导致其权力机构由董事会变更为股东会。

三、营利法人权力机构的职权

《民法典》第 80 条第 2 款列明了营利法人权力机构的 5 项职权:一是修改法人章程,二是选举执行机构成员,三是更换执行机构成员,四是选举监督机构成员,五是更换监督机构成员。在此基础上,《民法典》第 80 条第 2 款还以"法人章程规定的其他职权"兜底,允许营利法人的章程在前述 5 项职权之外依法自主规定权力机构的其他职权。

需要注意的是,《民法典》第 80 条第 2 款列明的 5 项职权是《民法典》赋予营利法人权力机构的法定职权,在其他法律没有作出特别规定的情况下,不论是营利法人的章程还是其他法律文件都不应加以剥夺或削减。

(一)修改法人章程

根据《民法典》第 80 条第 2 款的规定,"修改法人章程"属于营利法人权力机构的职权,营利法人的其他组织机构(执行机构、监督机构等)或人员不应行使此项职权;此项职权也不应授权给其他组织机构或人员行使。不过,"修改法人章程"属于营利法人权力机构的职权,不影响营利法人的执行机构享有并行使制定法人章程修改方案或草

---

① 《外商投资法》第 42 条第 2 款规定:"本法施行前依照《中华人民共和国中外合资经营企业法》、《中华人民共和国外资企业法》、《中华人民共和国中外合作经营企业法》设立的外商投资企业,在本法施行后五年内可以继续保留原企业组织形式等。具体实施办法由国务院规定。"

② 《外商投资法实施条例》第 44 条规定:"外商投资法施行前依照《中华人民共和国中外合资经营企业法》、《中华人民共和国外资企业法》、《中华人民共和国中外合作经营企业法》设立的外商投资企业(以下称现有外商投资企业),在外商投资法施行后 5 年内,可以依照《中华人民共和国公司法》、《中华人民共和国合伙企业法》等法律的规定调整其组织形式、组织机构等,并依法办理变更登记,也可以继续保留原企业组织形式、组织机构等。自 2025 年 1 月 1 日起,对未依法调整组织形式、组织机构等并办理变更登记的现有外商投资企业,市场监督管理部门不予办理其申请的其他登记事项,并将相关情形予以公示。"

案的职权①。

《民法典》第 80 条第 2 款所说的"修改法人章程",指向的是在营利法人成立之后因各种原因对法人章程进行的任何修改。其中的"修改",既包括全面修订,也包括部分修改;但只要改动或需要改动原章程记载的事项(包括字、词、标点符号),不论是修改原章程的内容,还是增加、补充或删除原章程的内容,抑或调整原章程条款的顺序,都属于《民法典》第 80 条第 2 款所说的"修改法人章程"。

需要注意的是,《民法典》第 80 条第 2 款关于"权力机构行使修改法人章程"的职权的规定,属于一般规定。在法律法规对法人章程的修改作出了特别规定的情况下,根据《民法典》第 11 条所说的"其他法律对民事关系有特别规定的,依照其规定",应当优先适用特别规定。比如,根据《公司法》第 87 条的规定,在有限公司的股东依法转让股权或者股东的股权被人民法院依照法定强制执行程序转让之后,该有限公司可以、也应当相应修改公司章程中有关股东及其出资额的记载,对公司章程的该项修改不需再由权力机构决议。②

还需注意的是,"制定法人章程"并非营利法人权力机构的职权。结合《公司法》第 45 条、第 94 条的规定③,"制定法人章程"的"职权"原则上属于营利法人设立时的全体出资人(在特定情形下须报经有关机关批准)。

(二)选举执行机构成员

根据《民法典》第 80 条第 2 款的规定,"选举执行机构成员"属于营利法人权力机构的职权,营利法人的其他组织机构(执行机构、监督机构等)或人员不应行使此项职权;此项职权也不应授权给其他组织机构或人员行使。不过,"选举执行机构成员"属于营利法人权力机构的职权,不影响营利法人的其他机构或人员享有并行使提名执行

---

① 比如,《上市公司章程指引》(2023 年修订)第 107 条第 1 款第 12 项规定:"[上市公司]董事会行使下列职权:……(十二)制订本章程的修改方案";《银行保险机构公司治理准则》(银保监发〔2021〕14 号)第 44 条第 2 款第 10 项规定:"除公司法规定的职权外,银行保险机构董事会职权至少应当包括:……(十)制订章程修改方案,制订股东大会议事规则、董事会议事规则,审议批准董事会专门委员会工作规则"。

② 《公司法》第 87 条规定:"依照本法转让股权后,公司应当及时……相应修改公司章程和股东名册中有关股东及其出资额的记载。对公司章程的该项修改不需再由股东会表决"。此外,针对股份公司,《公司法》第 152 条规定:"公司章程或者股东会可以授权董事会在三年内决定发行不超过已发行股份百分之五十的股份。但以非货币财产作价出资的应当经股东会决议。董事会依照前款规定决定发行股份导致公司注册资本、已发行股份数发生变化的,对公司章程该项记载事项的修改不需再由股东会表决"。

③ 《公司法》第 45 条规定:"设立有限责任公司,应当由股东共同制定公司章程",第 94 条规定:"设立股份有限公司,应当由发起人共同制订公司章程"。

机构成员候选人的职权[①]。

《民法典》第 80 条第 2 款所说的"选举执行机构成员"，指向的是在营利法人存续期间因各种原因选举产生执行机构的任何成员。其中的"选举"，既包括营利法人设立时选举产生第一届执行机构成员，也包括在执行机构成员的任期届满时进行的改选，还包括执行机构任何成员在任期内辞任时进行的补选。

需要注意的是，在营利法人的权力机构只有一个主体组成的情况下，《民法典》第 80 条第 2 款所说的"选举"，实际是"委派"的意思。比如，就国有独资公司董事会成员的产生办法，《公司法》第 173 条第 3 款就使用了"委派"的表述[②]。

还需注意的是，《民法典》第 80 条第 2 款关于"权力机构行使……选举……执行机构……成员"的职权的规定，属于一般规定。在法律法规对营利法人执行机构成员的产生办法作出了特别规定的情况下，根据《民法典》第 11 条所说的"其他法律对民事关系有特别规定的，依照其规定"，应当优先适用特别规定。比如，针对有限责任公司董事会中的职工董事的产生，《公司法》第 68 条第 1 款规定："董事会中的职工代表由公司职工通过职工代表大会、职工大会或者其他形式民主选举产生"。据此，公司权力机构不享有选举职工董事的职权。正是由于这个原因，原《公司法》（2018 年修正）第 47 条在规定有限公司股东会此项职权时明确使用了"选举和更换非由职工代表担任的董事"的表述。

值得一提的是，营利法人与执行机构成员之间的法律关系为委托关系，依营利法人权力机构的选任决议和执行机构成员同意任职而成立委托合同。[③] 对此，《公司法》第 70 条第 3 款规定："董事辞任的，应当以书面形式通知公司，公司收到通知之日辞任生效，但存在前款规定情形的，董事应当继续履行职务"，第 71 条第 1 款规定："股东会可以决议解任董事，决议作出之日解任生效"，《公司法解释五》第 3 条第 1 款规定："董事任期届满前被股东会或者股东大会有效决议解除职务，其主张解除不发生法律效力的，人民法院不予支持"。

---

① 比如，《公司法》第 78 条第 5 项规定："监事会行使下列职权：……（五）向股东会会议提出提案"、第 115 条第 2 款规定："单独或者合计持有公司百分之一以上股份的股东，可以在股东会会议召开十日前提出临时提案并书面提交董事会。临时提案应当有明确议题和具体决议事项……"；《国务院办公厅关于上市公司独立董事制度改革的意见》（国办发〔2023〕9 号）规定："优化提名机制，支持上市公司董事会、监事会、符合条件的股东提名独立董事，鼓励投资者保护机构等主体依法通过公开征集股东权利的方式提名独立董事"；《上市公司独立董事规则》（证监会公告〔2022〕14 号）第 12 条规定："上市公司董事会、监事会、单独或者合并持有上市公司已发行股份百分之一以上的股东可以提出独立董事候选人，并经股东大会选举决定"；《银行保险机构公司治理准则》（银保监发〔2021〕14 号）第 27 条规定："单独或者合计持有银行保险机构有表决权股份总数百分之三以上的股东、董事会提名委员会有权提出非独立董事候选人。……董事会提名委员会应当避免受股东影响，独立、审慎地行使董事提名权"，第 35 条规定："单独或者合计持有银行保险机构有表决权股份总数百分之一以上股东、董事会提名委员会、监事会可以提出独立董事候选人。已经提名非独立董事的股东及其关联方不得再提名独立董事"。

② 《公司法》第 173 条第 3 款规定："［国有独资公司］董事会成员由履行出资人职责的机构委派；但是，董事会成员中的职工代表由公司职工代表大会选举产生"。

③ 《依法保护股东权益 服务保障营商环境——最高人民法院民二庭相关负责人就〈关于适用《中华人民共和国公司法》若干问题的规定（五）〉答记者问》，载《人民法院报》2019 年 4 月 29 日，第 3 版。

(三)更换执行机构成员

既然营利法人权力机构享有“选举执行机构成员”的职权,相应的,营利法人权力机构自然就应当享有“更换由其选举出来的执行机构成员”的职权。因此,根据《民法典》第 80 条第 2 款的规定,“更换执行机构成员”属于营利法人权力机构的职权,营利法人的其他组织机构(执行机构、监督机构等)或人员不应行使此项职权;此项职权也不应授权给其他组织机构或人员行使。

《民法典》第 80 条第 2 款所说的“更换执行机构成员”,指向的是在营利法人存续期间因各种原因以新的执行机构成员代替原执行机构成员,同时涉及免去原执行机构成员职务和选举(或委派)新的执行机构成员这两个行为。据此,在执行机构成员任期届满时进行的改选中连任,和在执行机构成员任期内辞任后进行的补选,不属于《民法典》第 80 条第 2 款所说的“更换执行机构成员”。

就“更换执行机构成员”的职权而言,由于营利法人与执行机构成员之间属于委托关系,因此,结合《公司法》第 71 条所说的“股东会可以决议解任董事,决议作出之日解任生效。无正当理由,在任期届满前解任董事的,该董事可以要求公司予以赔偿”,营利法人权力机构可以在依法作出有效决议的情况下,在执行机构成员任期届满之前,随时解除其执行机构成员职务,不论是否有正当的理由,甚至无须说明据以作出决议的原因或理由。①

需要注意的是,《民法典》第 80 条第 2 款关于“权力机构行使……更换执行机构……成员”的职权的规定,属于一般规定。在法律法规对营利法人执行机构成员的更换办法作出了特别规定的情况下,根据《民法典》第 11 条所说的“其他法律对民事关系有特别规定的,依照其规定”,应当优先适用特别规定。比如,针对有限责任公司董事会中的职工董事的更换,《公司法》第 68 条第 1 款规定:“董事会中的职工代表由公司职工通过职工代表大会、职工大会或者其他形式民主选举产生”。据此,公司权力机构不享有更换职工董事的职权。

(四)选举监督机构成员

根据《民法典》第 80 条第 2 款的规定,“选举监督机构成员”属于营利法人权力机构的职权,营利法人的其他组织机构(执行机构、监督机构等)或人员不应行使此项职权;此项职权也不应授权给其他组织机构或人员行使。② 不过,“选举监督机构成员”属

---

① 但是,在担任执行机构成员职务的人员因其执行机构成员职务被解除而遭受损害的情况下,结合《公司法》第 71 条第 2 款所说的“无正当理由,在任期届满前解任董事的,该董事可以要求公司予以赔偿”和《公司法解释五》第 3 条第 2 款关于“董事职务被解除后,因补偿与公司发生纠纷提起诉讼的,人民法院应当依据法律、行政法规、公司章程的规定或者合同的约定,综合考虑解除的原因、剩余任期、董事薪酬等因素,确定是否补偿以及补偿的合理数额”的规定,担任执行机构成员职务的人员可以考虑依据《公司法》、《民法典》、营利法人章程的规定或者合同的约定,请求营利法人给予赔偿。

② 当然,如果营利法人依法不需要设监督机构,则没有“选举或更换监督机构成员”的适用空间。《民法典》第 82 条使用的表述“营利法人设监事会或者监事等监督机构的”,意味着并非所有营利法人都必须设监督机构。《公司法》第 83 条就规定了:“规模较小或者股东人数较少的有限责任公司,可以不设监事会,设一名监事……经全体股东一致同意,也可以不设监事。”

于营利法人权力机构的职权,不影响营利法人的其他机构或人员享有并行使提名监督机构成员候选人的职权[①]。

《民法典》第 80 条第 2 款所说的“选举监督机构成员”,指向的是在营利法人存续期间因各种原因选举产生监督机构的任何成员。其中的“选举”,既包括营利法人设立时选举产生第一届监督机构成员,也包括在监督机构成员的任期届满时进行的改选,还包括监督机构任何成员在任期内辞职时进行的补选。

需要注意的是,在营利法人的权力机构只有一个主体组成的情况下,《民法典》第 80 条第 2 款所说的“选举”,实际是“委派”的意思。比如,就国有独资公司监事会成员的产生办法,原《公司法》(2018 年修正)第 70 条第 2 款就曾使用了“委派”的表述[②]。

还需注意的是,《民法典》第 80 条第 2 款关于“权力机构行使……选举……监督机构成员”的职权的规定,属于一般规定。在法律法规对营利法人监督机构成员的产生办法作出了特别规定的情况下,根据《民法典》第 11 条所说的“其他法律对民事关系有特别规定的,依照其规定”,应当优先适用特别规定。比如,针对有限责任公司监事会中的职工监事的产生,《公司法》第 76 条第 2 款规定:“监事会中的职工代表由公司职工通过职工代表大会、职工大会或者其他形式民主选举产生”。据此,公司权力机构不享有选举职工监事的职权。正是由于这个原因,原《公司法》(2018 年修正)第 47 条在规定有限公司股东会此项职权时使用了“选举和更换非由职工代表担任的监事”的表述。

同样地,营利法人与监督机构成员之间的法律关系也为委托关系,依营利法人权力机构的选任决议和监督机构成员同意任职而成立委托合同。这跟营利法人与执行机构成员之间的关系是类似的。[③] 因此,营利法人经有效决议也可以在监督机构成员任期届满前解除其职务。

(五)更换监督机构成员

既然营利法人权力机构享有“选举监督机构成员”的职权,相应的,营利法人权力机构自然就应当享有“更换由其选举出来的监督机构成员”的职权。因此,根据《民法典》第 80 条第 2 款的规定,“更换监督机构成员”属于营利法人权力机构的职权,营利法人的其他组织机构(执行机构、监督机构等)或人员不应行使此项职权;此项职权也不应授权给其他组织机构或人员行使。

《民法典》第 80 条第 2 款所说的“更换监督机构成员”,指向的是在营利法人存续

---

① 比如,《公司法》第 78 条第 5 项规定:“监事会行使下列职权:……(五)向股东会会议提出提案”、第 115 条第 2 款规定:“单独或者合计持有公司百分之一以上股份的股东,可以在股东会会议召开十日前提出临时提案并书面提交董事会。临时提案应当有明确议题和具体决议事项……”;《银行保险机构公司治理准则》(银保监发〔2021〕14 号)第 61 条规定:“非职工监事由股东或监事会提名,职工监事由监事会、银行保险机构工会提名。已经提名董事的股东及其关联方不得再提名监事,国家另有规定的从其规定”。

② 原《公司法》(2018 年修正)第 70 条第 2 款规定:“监事会成员由国有资产监督管理机构委派;但是,监事会成员中的职工代表由公司职工代表大会选举产生。监事会主席由国有资产监督管理机构从监事会成员中指定。”

③ 《依法保护股东权益 服务保障营商环境——最高人民法院民二庭相关负责人就〈关于适用《中华人民共和国公司法》若干问题的规定(五)〉答记者问》,载《人民法院报》2019 年 4 月 29 日,第 3 版。

期间因各种原因以新的监督机构成员代替原监督机构成员,同时涉及免去原监督机构成员职务和选举(或委派)新的监督机构成员这两个行为。据此,在监督机构成员任期届满时进行的改选中连任,和在监督机构成员任期内辞职后进行的补选,不属于《民法典》第 80 条第 2 款所说的"更换监督机构成员"。

就"更换监督机构成员"的职权而言,由于营利法人与监督机构成员之间属于委托关系,因此,结合《公司法》第 71 条所说的"股东会可以决议解任董事,决议作出之日解任生效。无正当理由,在任期届满前解任董事的,该董事可以要求公司予以赔偿"和《公司法解释五》第 3 条第 1 款所说的"董事任期届满前被股东会或者股东大会有效决议解除职务,其主张解除不发生法律效力的,人民法院不予支持",营利法人权力机构可以在依法作出有效决议的情况下,在监督机构成员任期届满之前,随时解除其监督机构成员职务,不论是否有正当的理由,甚至无须说明据以作出决议的原因或理由。①

需要注意的是,《民法典》第 80 条第 2 款关于"权力机构行使……更换……监督机构成员"的职权的规定,属于一般规定。在法律法规对营利法人监督机构成员的更换办法作出了特别规定的情况下,根据《民法典》第 11 条所说的"其他法律对民事关系有特别规定的,依照其规定",应当优先适用特别规定。比如,针对有限责任公司监事会中的职工监事的更换,《公司法》第 76 条第 2 款规定:"监事会中的职工代表由公司职工通过职工代表大会、职工大会或者其他形式民主选举产生"。据此,公司权力机构不享有更换职工监事的职权。

(六)章程规定的其他职权

除了《民法典》第 80 条第 2 款列明的"修改法人章程""选举执行机构成员""更换执行机构成员""选举监督机构成员"和"更换监督机构成员"这 5 项职权,《民法典》所说的权力机构行使"法人章程规定的其他职权"允许营利法人章程自主规定权力机构的其他职权,即所谓"章程自治"。

值得一提的是,除了《民法典》第 80 条第 2 款列明的上述 5 项职权,《民法典》的其他条款也直接或间接规定了营利法人权力机构的其他职权,具体而言:

一是对法定代表人代表权的限制作出决议。对此,《民法典》第 61 条第 3 款规定了"法人章程或者法人权力机构对法定代表人代表权的限制,不得对抗善意相对人"。

二是对法人解散作出决议。对此,《民法典》第 69 条第 2 项规定了"有下列情形之一的,法人解散:……(二)法人的权力机构决议解散"。

三是对法人解散清算后的剩余财产的处理办法作出决议。对此,《民法典》第 72 条第 2 款规定了"法人清算后的剩余财产,按照法人章程的规定或者法人权力机构的决议处理。法律另有规定的,依照其规定"。

此外,考虑到就公司的权力机构而言,除了《公司法》第 59 条第 1 款,《公司法》在

① 但是,在担任监督机构成员职务的人员因其监督机构成员职务被解除而遭受损害的情况下,结合《公司法解释五》第 3 条第 2 款关于"董事职务被解除后,因补偿与公司发生纠纷提起诉讼的,人民法院应当依据法律、行政法规、公司章程的规定或者合同的约定,综合考虑解除的原因、剩余任期、董事薪酬等因素,确定是否补偿以及补偿的合理数额"的规定,担任监督机构成员职务的人员可以考虑依据《公司法》、《民法典》、营利法人章程的规定或者合同的约定,请求营利法人给予补偿。

其他条款、最高人民法院的司法解释也规定了公司权力机构的若干职权①,因此,在表述上,《民法典》第 80 条第 2 款如果能够调整为“权力机构行使修改法人章程,选举或者更换执行机构、监督机构成员,以及法律、行政法规和法人章程规定的其他职权”,则更加完善。

需要注意的是,根据《民法典》第 79 条关于“设立营利法人应当依法制定法人章程”的规定,营利法人章程必须在法律法规规定的范围内规定权力机构的其他职权,而不得违反法律法规的规定,尤其是不得将法律法规明确规定为营利法人权力机构的职权规定为营利法人的其他组织机构(比如执行机构或监督机构)或其他人员的职权。结合最高人民法院(2015)民申字第 710 号民事裁定书关于“公司章程是关于公司的组织结构、内部关系和开展公司业务活动的基本规则和依据,亦是股东自治意思规则的载体,具有公司自治特点,只要股东达成合意,且不违背法律的强制性规范,公司章程即为有效”的意见,原则上,营利法人依法制定的章程规定的权力机构的其他职权,只要不违反法律、行政法规的强制性规定,这些规定就应当是有效的。

四、营利法人权力机构行使职权的方式

《民法典》本身没有直接对营利法人权力机构行使职权的方式作出规定。不过,结合《民法典》第 81 条第 2 款所说的“执行机构行使召集权力机构会议,……以及法人章程规定的其他职权”,营利法人的权力机构原则上应当通过召开会议的方式来行使职权。

当然,在法律法规明文规定的例外情况下,营利法人的权力机构也可以通过法律法规规定的其他方式来行使职权,而无须召开权力机构会议。比如,针对有限责任公司,《公司法》第 59 条第 3 款规定:“对本条第一款所列事项股东以书面形式一致表示同意的,可以不召开股东会会议,直接作出决定,并由全体股东在决定文件上签名或者盖章”。

第八十一条　【营利法人的执行机构及其职权和法定代表人的产生办法】营利法人应当设执行机构。

执行机构行使召集权力机构会议,决定法人的经营计划和投资方案,决定法人内部管理机构的设置,以及法人章程规定的其他职权。

执行机构为董事会或者执行董事的,董事长、执行董事或者经理按照法人章程的规定担任法定代表人;未设董事会或者执行董事的,法人章程规定的主要负责人为其执行机构和法定代表人。

---

① 《公司法》第 15 条第 1 款、第 15 条第 2 款、第 67 条第 2 款第 10 项、第 71 条第 1 款、第 83 条、第 89 条第 1 款第 3 项、第 182 条、第 183 条、第 184 条、第 185 条、第 210 条第 3 款、第 215 条、第 230 条第 1 款、第 239 条和《公司法解释三》第 16 条等。

【条文通释】

《民法典》第 81 条是关于营利法人的执行机构及其职权和法定代表人的产生办法的规定。

一、营利法人须设执行机构

由于《民法典》第 81 条第 1 款使用了"营利法人应当设执行机构"的表述,因此,站在《民法典》的立场,所有营利法人都必须设执行机构,不允许存在不设执行机构的营利法人。营利法人有自己的执行机构,也是《民法典》第 58 条第 2 款所说的"法人应当有自己的名称、组织机构、住所、财产或者经费"的应有之义。

二、营利法人执行机构的主要形式

《民法典》第 81 条第 3 款列明了营利法人执行机构的 3 种主要形式:一是董事会,二是执行董事,三是营利法人章程规定的主要负责人。

(一)原则:以董事会为执行机构

公司制营利法人原则上以董事会为执行机构。

其中,就有限公司而言,由于《公司法》第 67 条第 1 款使用了"有限责任公司设董事会,本法第七十五条另有规定的除外"的表述,因此,结合《民法典》第 81 条第 3 款所说的"执行机构为董事会或者执行董事的……未设董事会或者执行董事的……"原则上,有限公司的执行机构是董事会。

就股份公司而言,由于《公司法》第 120 条第 1 款使用了"股份有限公司设董事会,本法第一百二十八条另有规定的除外"的表述,因此,结合《民法典》第 81 条第 3 款所说的"执行机构为董事会或者执行董事的……未设董事会或者执行董事的……"原则上,股份公司的执行机构也是董事会。

需要注意的是,对于设独立董事的公司来说,独立董事原则上属于公司的执行机构董事会的成员,并非公司的监督机构;①不过,在公司依法按照公司章程的规定在董事会中设置由董事组成的审计委员会行使《公司法》规定的监事会职权的情况下,作为董事会审计委员会成员的独立董事既具有公司执行机构成员的身份,也具有公司监督

---

① 《公司法》第 136 条第 1 款规定:"上市公司设独立董事,具体管理办法由国务院证券监督管理机构规定。"《上市公司独立董事管理办法》(2023 年)第 2 条第 1 款规定:"独立董事是指不在上市公司担任除董事外的其他职务,并与其所受聘的上市公司及其主要股东、实际控制人不存在直接或者间接利害关系,或者其他可能影响其进行独立客观判断关系的董事。"第 5 条第 1 款规定:"上市公司独立董事占董事会成员的比例不得低于三分之一,且至少包括一名会计专业人士。"

机构成员的身份。[①]

(二)例外:不以董事会为执行机构

基于法律的特别规定,存在不以董事会为执行机构的营利法人。

1. 特定公司以唯一董事为执行机构

在 2023 年修订后的《公司法》2024 年 7 月 1 日施行前,就规模较小或股东人数较少的有限公司而言,由于原《公司法》(2018 年修正)第 50 条第 1 款使用了"股东人数较少或者规模较小的有限责任公司,可以设一名执行董事,不设董事会"的表述,因此,此类有限责任公司的执行机构是其执行董事。

在 2023 年修订后的《公司法》2024 年 7 月 1 日施行后,就规模较小或股东人数较少的有限公司和股份公司而言,由于《公司法》第 75 条规定了"规模较小或者股东人数较少的有限责任公司,可以不设董事会,设一名董事,行使本法规定的董事会的职权",第 128 条规定了"规模较小或者股东人数较少的股份有限公司,可以不设董事会,设一名董事,行使本法规定的董事会的职权",因此,此类公司的执行机构是其唯一的董事。

2. 营利性民办学校以校长为行政机构负责人

在民办教育领域,根据《民办教育促进法》第 20 条、第 22 条第 1 款和第 25 条、第 65 条第 2 款[②]和《国务院关于鼓励社会力量兴办教育促进民办教育健康发展的若干意见》[③]的规定,在组织机构方面,营利性民办学校设董事会并以董事会为其决策机构,设校长并由校长、副校长等组成行政机构;在法律地位上,校长属于学校行政机构的负责人,兼具《公司法》所说的公司的董事会和经理的部分角色和职权。结合《民法典》第 81 条第 3 款所说的"未设董事会或者执行董事的,法人章程规定的主要负责人为其执

---

① 《公司法》第 69 条规定:"有限责任公司可以按照公司章程的规定在董事会中设置由董事组成的审计委员会,行使本法规定的监事会的职权,不设监事会或者监事。公司董事会成员中的职工代表可以成为审计委员会成员。"第 121 条规定:"股份有限公司可以按照公司章程的规定在董事会中设置由董事组成的审计委员会,行使本法规定的监事会的职权,不设监事会或者监事。审计委员会成员为三名以上,过半数成员不得在公司担任除董事以外的其他职务,且不得与公司存在任何可能影响其独立客观判断的关系。公司董事会成员中的职工代表可以成为审计委员会成员……"

② 《民办教育促进法》第 20 条规定:"民办学校应当设立学校理事会、董事会或者其他形式的决策机构并建立相应的监督机制。民办学校的举办者根据学校章程规定的权限和程序参与学校的办学和管理。"第 22 条第 1 款规定:"学校理事会或者董事会行使下列职权:(一)聘任和解聘校长;(二)修改学校章程和制定学校的规章制度;(三)制定发展规划,批准年度工作计划;(四)筹集办学经费,审核预算、决算;(五)决定教职工的编制定额和工资标准;(六)决定学校的分立、合并、终止;(七)决定其他重大事项。"第 25 条规定:"民办学校校长负责学校的教育教学和行政管理工作,行使下列职权:(一)执行学校理事会、董事会或者其他形式决策机构的决定;(二)实施发展规划,拟订年度工作计划、财务预算和学校规章制度;(三)聘任和解聘学校工作人员,实施奖惩;(四)组织教育教学、科学研究活动,保证教育教学质量;(五)负责学校日常管理工作;(六)学校理事会、董事会或者其他形式决策机构的其他授权。"第 65 条第 2 款规定:"本法所称的校长包括其他民办教育机构的主要行政负责人。"

③ 《国务院关于鼓励社会力量兴办教育促进民办教育健康发展的若干意见》(国发〔2016〕81 号):"健全董事会(理事会)和监事(会)制度,董事会(理事会)和监事(会)成员依据学校章程规定的权限和程序共同参与学校的办学和管理。……健全党组织参与决策制度,积极推进'双向进入、交叉任职',学校党组织领导班子成员通过法定程序进入学校决策机构和行政管理机构,党员校长、副校长等行政机构成员可按照党的有关规定进入党组织领导班子。"

行机构和法定代表人”,校长可以视为营利性民办学校的执行机构。

3. 特定营利法人以章程规定的主要负责人为执行机构

根据《民法典》第 81 条第 3 款所说的“未设董事会或者执行董事的,法人章程规定的主要负责人为其执行机构和法定代表人”,对于既不设董事会、又不设执行董事的非公司制营利法人来说,以其章程规定的主要负责人为执行机构。

其中,就全民所有制企业法人而言,根据《全民所有制工业企业法》第 7 条第 1 款、第 45 条、第 65 条的规定[①],结合《民法典》第 81 条第 3 款所说的“未设董事会或者执行董事的,法人章程规定的主要负责人为其执行机构和法定代表人”,此类营利法人以厂长为执行机构。

(三)营利法人执行机构形式的变更

作为营利法人的执行机构的形式通常不会发生变化;但在例外情况下,营利法人执行机构形式也可能发生变化。具体而言:

一是营利法人经依法修改法人章程,调整执行机构的形式。比如,在公司股东人数增加导致股权结构发生变化的情形,该公司通常会修改公司章程,将执行机构由唯一董事(或执行董事)变更为董事会。反之亦然。

二是营利法人为适应新施行的法律,依法修改法人章程、调整组织机构。比如,2020 年 1 月 1 日之前成立的中外合资经营的有限公司,按照《外商投资法》第 42 条第 2 款[②]和《外商投资法实施条例》第 44 条[③]的规定,依法修改公司章程并设置股东会,将导致其董事会在法律地位上由权力机构变更为执行机构。

三、营利法人执行机构的职权

《民法典》第 81 条第 2 款列明了营利法人执行机构的 4 项职权:一是召集权力机

---

① 《全民所有制工业企业法》第 7 条第 1 款规定:“企业实行厂长(经理)负责制。”第 45 条规定:“厂长是企业的法定代表人。企业建立以厂长为首的生产经营管理系统。厂长在企业中处于中心地位,对企业的物质文明建设和精神文明建设负有全面责任。厂长领导企业的生产经营管理工作,行使下列职权:(一)依照法律和国务院规定,决定或者报请审查批准企业的各项计划。(二)决定企业行政机构的设置。(三)提请政府主管部门任免或者聘任、解聘副厂级行政领导干部。法律和国务院另有规定的除外。(四)任免或者聘任、解聘企业中层行政领导干部。法律另有规定的除外。(五)提出工资调整方案、资金分配方案和重要的规章制度,提请职工代表大会审查同意。提出福利基金使用方案和其他有关职工生活福利的重大事项的建议,提请职工代表大会审议决定。(六)依法奖惩职工;提请政府主管部门奖惩副厂级行政领导干部。”第 65 条规定:“本法的原则适用于全民所有制交通运输、邮电、地质勘探、建筑安装、商业、外贸、物资、农林、水利企业。”

② 《外商投资法》第 42 条第 2 款规定:“本法施行前依照《中华人民共和国中外合资经营企业法》、《中华人民共和国外资企业法》、《中华人民共和国中外合作经营企业法》设立的外商投资企业,在本法施行后五年内可以继续保留原企业组织形式等。具体实施办法由国务院规定。”

③ 《外商投资法实施条例》第 44 条规定:“外商投资法施行前依照《中华人民共和国中外合资经营企业法》、《中华人民共和国外资企业法》、《中华人民共和国中外合作经营企业法》设立的外商投资企业(以下称现有外商投资企业),在外商投资法施行后 5 年内,可以依照《中华人民共和国公司法》、《中华人民共和国合伙企业法》等法律的规定调整其组织形式、组织机构等,并依法办理变更登记,也可以继续保留原企业组织形式、组织机构等。自 2025 年 1 月 1 日起,对未依法调整组织形式、组织机构等并办理变更登记的现有外商投资企业,市场监督管理部门不予办理其申请的其他登记事项,并将相关情形予以公示。”

构会议，二是决定法人的经营计划，三是决定法人的投资方案，四是决定法人内部管理机构的设置。在此基础上，《民法典》第 81 条第 2 款还以"法人章程规定的其他职权"兜底，允许营利法人的章程在前述 4 项职权之外依法自主规定执行机构的其他职权。

需要注意的是，《民法典》第 81 条第 2 款列明的 4 项职权是《民法典》赋予营利法人执行机构的法定职权，在其他法律没有作出特别规定的情况下，不论是营利法人的章程还是其他法律文件都不应加以剥夺或削减。

（一）召集权力机构会议

根据《民法典》第 81 条第 2 款的规定，营利法人执行机构享有"召集权力机构会议"的职权，即权力机构会议召集权。其中的"权力机构会议"，既包括定期会议，也包括临时会议。

问题是，除了执行机构，营利法人的其他组织机构或主体能否行使"召集权力机构会议"的职权？对此，《民法典》本身未作规定。不过，就公司而言，召集权力机构会议并非专属于公司执行机构的职权；在公司执行机构不能履行或不履行召集权力机构会议职责时，公司的监督机构有权召集权力机构会议；并且，在监督机构不能履行或不履行召集权力机构会议职责时，特定股东有权自行召集并主持权力机构会议。对此，《公司法》第 63 条第 2 款和第 114 条第 2 款都作出了明确的规定[①]。

（二）决定法人的经营计划

根据《民法典》第 81 条第 2 款的规定，营利法人执行机构享有"决定法人的经营计划"的职权，营利法人的其他组织机构（执行机构、监督机构等）或人员不应行使此项职权；此项职权也不应授权给其他组织机构或人员行使。

"经营计划"是与"经营方针"相对应的概念。[②] 在日常用语中，"方针"是引导事业前进的方向和目标[③]，"计划"是在工作或行动之前预先拟定的具体内容和步骤[④]。因此，营利法人的"经营方针"是方向性和目标性的，而"经营计划"则是为实现营利法人

---

① 《公司法》第 63 条第 2 款规定："［有限责任公司］董事会不能履行或者不履行召集股东会会议职责的，由监事会召集和主持；监事会不召集和主持的，代表十分之一以上表决权的股东可以自行召集和主持"，第 114 条第 2 款规定："［股份有限公司］董事会不能履行或者不履行召集股东会会议职责的，监事会应当及时召集和主持；监事会不召集和主持的，连续九十日以上单独或者合计持有公司百分之十以上股份的股东可以自行召集和主持"。

② 2005 年《公司法》同时使用了"经营方针"和"经营计划"的表述。2005 年《公司法》第 38 条第 1 款第 1 项规定："股东会行使下列职权：（一）决定公司的经营方针和投资计划"，第 47 条第 3 项规定："董事会对股东会负责，行使下列职权：……（三）决定公司的经营计划和投资方案"。不过，2023 年修订后的《公司法》没有再保留涉及公司的"经营方针"和"投资计划"的内容。

③ 中国社会科学院语言研究所词典编辑室编：《现代汉语词典》（修订本），商务印书馆 1996 年版，第 354 页。

④ 中国社会科学院语言研究所词典编辑室编：《现代汉语词典》（修订本），商务印书馆 1996 年版，第 596 页。

的目标而规划的更为具体的步骤。[①]

（三）决定法人的投资方案

根据《民法典》第81条第2款的规定，营利法人执行机构享有“决定法人的投资方案”的职权，营利法人的其他组织机构（执行机构、监督机构等）或人员不应行使此项职权；此项职权也不应授权给其他组织机构或人员行使。

就营利法人而言，“投资方案”是与“投资计划”相对应的概念。[②] 在日常用语中，“计划”是“工作或行动以前预先拟定的具体内容和步骤”[③]，“方案”既可以指“工作的计划”或“制定的法式”[④]，也可以指“提出计划、办法或其他建议的文件”[⑤]。因此，营利法人的“投资方案”是对其“投资计划”的具体化和细化呈现。

（四）决定法人内部管理机构的设置

根据《民法典》第81条第2款的规定，营利法人执行机构享有“决定法人内部管理机构”的职权，营利法人的其他组织机构（执行机构、监督机构等）或人员不应行使此项职权；此项职权也不应授权给其他组织机构或人员行使。

《民法典》第81条第2款所说的“法人内部管理机构”，对应于营利法人的权力机构、执行机构、监督机构和分支机构，类似于原《担保法》第10条所说的“职能部门”[⑥]，可由执行机构根据法人的实际情况予以设置，比如经理[⑦]、副经理[⑧]、财务部、行政部、销售部等[⑨]。

---

① 针对公司的经营方针和经营计划的区别，江苏省徐州市中级人民法院（2012）徐商终字第0431号民事判决书认为：“公司的经营方针是指以公司的经营思想为基础，根据公司实际情况为公司实现经营目标而提出的指导方针”，“公司的经营计划是指公司在一定时期内确定和组织全部生产活动的综合规划”，“本案中，公司裁减职工是公司基于工作岗位需要和实际经营状况而作出的具体决定，属于公司经营计划范围内的行为”。

② 2005年《公司法》同时使用了“投资计划”和“投资方案”的表述。2005年《公司法》第38条第1款第1项规定：“股东会行使下列职权：（一）决定公司的经营方针和投资计划”，第47条第3项规定：“董事会对股东会负责，行使下列职权：……（三）决定公司的经营计划和投资方案”。不过，2023年修订后的《公司法》没有再保留涉及公司的“经营方针”和“投资计划”的内容。

③ 中国社会科学院语言研究所词典编辑室编：《现代汉语词典》（修订本），商务印书馆1996年版，第596页。

④ 中国社会科学院语言研究所词典编辑室编：《现代汉语词典》（修订本），商务印书馆1996年版，第353页。

⑤ 中国社会科学院语言研究所词典编辑室编：《现代汉语词典》（修订本），商务印书馆1996年版，第10页。

⑥ 原《担保法》第10条第1款规定：“企业法人的分支机构、职能部门不得为保证人”。当然，《民法典》所说的“内部管理机构”与原《担保法》所说的“职能部门”不是一一对应的关系。

⑦ 《公司法》第74条第1款规定：“有限责任公司可以设经理，由董事会决定聘任或者解聘……”

⑧ 《公司法》第67条第1款第8项规定：“董事会行使下列职权：……（八）决定聘任或者解聘公司经理及其报酬事项，并根据经理的提名决定聘任或者解聘公司副经理、财务负责人及其报酬事项”。

⑨ 《公司法》第74条第2款规定：“经理对董事会负责，根据公司章程的规定或者董事会的授权行使职权。经理列席董事会会议”；原《公司法》（2018年修正）第49条第1款第7项规定：“有限责任公司可以设经理，由董事会决定聘任或者解聘。经理对董事会负责，行使下列职权：……（七）决定聘任或者解聘除应由董事会决定聘任或者解聘以外的负责管理人员”。

(五)法人章程规定的其他职权

除了《民法典》第 81 条第 2 款列明的"召集权力机构会议""决定法人的经营计划""决定法人的投资方案"和"决定法人内部管理机构的设置"这 4 项职权,《民法典》所说的执行机构行使"法人章程规定的其他职权",允许营利法人章程依法自主规定执行机构的其他职权。

考虑到就公司的执行机构的职权而言,《公司法》第 67 条第 2 款还规定了"向股东会报告工作""执行股东会的决议""制订公司的利润分配方案和弥补亏损方案"①"制订公司增加或者减少注册资本以及发行公司债券的方案""制订公司合并、分立、解散或者变更公司形式的方案""决定聘任或者解聘公司经理及其报酬事项,并根据经理的提名决定聘任或者解聘公司副经理、财务负责人及其报酬事项""制定公司的基本管理制度"等职权以及"股东会授予的其他职权"。此外,《公司法》在其他条款也规定了公司执行机构的若干职权②,因此,在表述上,《民法典》第 81 条第 2 款如果能够调整为"执行机构行使召集权力机构会议,决定法人的经营计划和投资方案,决定法人内部管理机构的设置,以及法律、行政法规和法人章程规定以及权力机构授予的其他职权",则更加完善。

需要注意的是,根据《民法典》第 79 条关于"设立营利法人应当依法制定法人章程"的规定,营利法人章程必须在法律法规规定的范围内规定执行机构的其他职权,而不得违反法律法规的规定,尤其是不得将法律法规明确规定为营利法人权力机构的职权和监督机构的职权规定为营利法人的执行机构的职权。结合最高人民法院(2015)民申字第 710 号民事裁定书关于"公司章程是关于公司的组织结构、内部关系和开展公司业务活动的基本规则和依据,亦是股东自治意思规则的载体,具有公司自治特点,只要股东达成合意,且不违背法律的强制性规范,公司章程即为有效"的意见,原则上,营利法人依法制定的章程规定的执行机构的其他职权,只要不违反法律、行政法规的强制性规定,这些规定就应当是有效的。

(六)营利法人执行机构行使职权的方式

《民法典》本身也没有直接规定营利法人执行机构行使职权的方式。

就公司而言,由于《公司法》并未对有限公司和股份公司董事会作出"对董事会职权范围内的事项董事以书面形式一致表示同意的,可以不召开董事会会议,直接作出决定,并由全体董事在决定文件上签名、盖章"或与此类似的规定,因此,除非法律法规另有明确规定,否则,不论是有限公司的董事会还是股份公司的董事会,都应当通过召开董事会会议的方式、由董事会集体行使职权,而不能以直接作出书面决定方式来代

---

① 原《公司法》(2018 年修正)第 46 条第 4 项还规定董事会享有"制订公司的年度财务预算方案、决算方案"的职权。

② 《公司法》第 15 条第 1 款、第 51 条第 1 款、第 52 条第 1 款、第 74 条、第 182 条、第 183 条、第 184 条、第 189 条、第 212 条、第 215 条等。

替召开董事会会议,也不能由个别董事单独行使董事会职权。[①]

就其他营利法人而言,执行机构的职权也应当由执行机构全体成员集体行使,不得由执行机构个别成员单独行使。

四、营利法人法定代表人的确定办法

(一)有资格担任法定代表人的职务范围

1.《民法典》的一般规定

由于《民法典》第 81 条第 3 款使用了"董事长、执行董事或者经理按照法人章程的规定担任法定代表人;……法人章程规定的主要负责人为其……法定代表人"的表述,因此,可以担任营利法人法定代表人的职务有 4 种:一是董事长,二是执行董事,三是经理,四是章程规定的主要负责人;至于具体由担任哪个职务的人员担任法定代表人,可以由营利法人章程在法律法规允许的范围内自主作出规定[②]。

由于《民法典》第 81 条第 3 款使用了"执行机构为董事会或者执行董事的"和"董事长、执行董事或者经理按照法人章程的规定担任法定代表人"的表述,因此,结合《民法典》第 82 条针对营利法人的监督机构所说的"营利法人设监事会或者监事等监督机构",《民法典》第 81 条第 3 款所说的"执行董事",在性质上属于营利法人的"执行机构",是与"董事会"相对应的概念,而不仅仅是与"独立董事"和"外部董事"[③]相对应的、同时担任营利法人的高级管理人员的单个的董事个人。也因此,在 2023 年修订后的《公司法》2024 年 7 月 1 日施行之前,《民法典》第 81 条第 3 款所说的"执行董事",主要指的是原《公司法》(2018 年修正)第 50 条第 1 款所说的"股东人数较少或者规模较小的有限责任公司,可以设一名执行董事,不设董事会。执行董事可以兼任公司经理"中的"执行董事";在 2023 年修订后的《公司法》2024 年 7 月 1 日施行后,因 2023 年修订后的《公司法》没有保留"执行董事"的内容,《民法典》第 81 条第 3 款所说的"执行

---

① 比如,针对保险公司,《保险公司章程指引》(保监发〔2017〕36 号)规定:"公司章程须载明'董事会职权由董事会集体行使。董事会法定职权原则上不得授予董事长、董事或者其他个人及机构行使,确有必要授权的,应通过董事会决议的方式依法进行。授权一事一授,不得将董事会职权笼统或者永久授予公司其他机构或者个人行使'。"又如,针对上交所主板上市公司,《上海证券交易所上市公司自律监管指引第 1 号——规范运作(2023 年 12 月修订)》第 2.2.4 条规定:"上市公司董事会各项法定职权应当由董事会集体行使,不得授权他人行使,不得以公司章程、股东大会决议等方式加以变更或者剥夺。公司章程规定的董事会其他职权,涉及重大事项的,应当进行集体决策,不得授予董事长、总经理等其他主体行使。董事会授权董事长在董事会闭会期间行使董事会部分职权的,应当在公司章程中明确规定授权的原则和具体内容。"

② 比如,针对中国信托业保障基金有限责任公司,《信托业保障基金管理办法》(银监发〔2014〕50 号)第 6 条第 2 款规定:"保障基金公司依法成立董事会,董事长为法定代表人,由国务院银行业监督管理机构核准,并向国务院报备"。

③ 《公司法》第 136 条第 1 款规定:"上市公司设独立董事,具体管理办法由国务院证券监督管理机构规定",第 173 条第 2 款规定:"国有独资公司的董事会成员中,应当过半数为外部董事,并应当有公司职工代表"。

董事”，主要指的则是依照《公司法》第 75 条或第 128 条的规定[①]不设董事会的有限公司或股份公司的唯一董事，而不论该唯一董事是否兼任经理。

需要注意的是，由于《民法典》第 81 条第 3 款使用了“董事长、执行董事或者经理按照法人章程的规定担任法定代表人；……法人章程规定的主要负责人为其……法定代表人”的表述，因此，在营利法人的内部法律关系上，担任法定代表人的主体一旦不再具有董事长、执行董事、经理或主要负责人身份，其将同时丧失法定代表人身份。其中，就公司而言，《公司法》第 10 条第 2 款就明确规定了：“担任法定代表人的董事或者经理辞任的，视为同时辞去法定代表人”[②]。[③] 当然，营利法人的权力机构或执行机构决议有必要在作出免去其董事长、执行董事、经理或主要负责人职务的同时一并明确免去其法定代表人职务。

2.《公司法》的特别规定

需要注意的是，针对有资格担任公司的法定代表人人员范围，《公司法》第 10 条第 1 款作出了特别规定，即：“公司的法定代表人按照公司章程的规定，由代表公司执行公司事务的董事或者经理担任”。

据此，就设董事会的公司而言，公司章程可以规定任何代表公司执行公司事务的董事均可以担任公司的法定代表人，而不仅仅限于公司的董事长。

与《民法典》第 81 条第 3 款所说的“[营利法人的]执行机构为董事会或者执行董事的，董事长、执行董事或者经理按照法人章程的规定担任法定代表人”相比，《公司法》第 10 条第 1 款所说的“公司的法定代表人按照公司章程的规定，由代表公司执行

---

① 《公司法》第 75 条规定：“规模较小或者股东人数较少的有限责任公司，可以不设董事会，设一名董事，行使本法规定的董事会的职权。该董事可以兼任公司经理”，第 128 条规定：“规模较小或者股东人数较少的股份有限公司，可以不设董事会，设一名董事，行使本法规定的董事会的职权。该董事可以兼任公司经理”。

② 对此，最高人民法院（2014）民四终字第 20 号民事裁定书（载《最高人民法院公报》2014 年第 8 期）认为：“法律规定对法定代表人变更事项进行登记，其意义在于向社会公示公司意志代表权的基本状态。工商登记的法定代表人对外具有公示效力，如果涉及公司以外的第三人因公司代表权而产生的外部争议，应以工商登记为准。而对于公司与股东之间因法定代表人任免产生的内部争议，则应以有效的股东会任免决议为准，并在公司内部产生法定代表人变更的法律效果。”最高人民法院（2019）最高法民申 4396 号民事裁定书也认为：“法律规定对法定代表人变更事项进行登记，其意义在于向社会公示公司意志代表权的基本状态。对于登记的法定代表人与公司之间因法定代表人产生争议，应以公司意志和有效的股东会任免决议为准。”此外，新疆维吾尔自治区高级人民法院（2018）新行申 15 号行政裁定书也认为：“法定代表人变更属于公司的内部事项，法定代表人工商登记的基本目的系向社会公众公示公司的基本情况，只是起到宣示的效果，不属于设权性登记。公司法定代表人系公司意志的代表，法定代表人的变化作为公司内部事项，应充分尊重公司的自主意思，只要公司内部就法定代表人的变更作出了符合法律、章程的有效决议，公司意志代表即实际发生变更。从本案查明的事实来看，解聘穆某臻某之尚公司的总经理（经理）职务是某之尚公司执行董事的真实意志，故自某之尚公司的执行董事作出公司的总经理（经理）解聘、聘任决定后，某之尚公司的法定代表人即发生变更……”

③ 实务中也有不同意见。比如，河南省高级人民法院（2021）豫民申 3407 号民事裁定书认为：“本案中，郭某堂担任某有公司董事、董事长、法定代表人，是按照某有公司章程的规定，由某有公司股东之一的某能公司推荐，某有公司董事会选举、全体股东会决定，该任职行为系某有公司及其股东之间的内部管理行为，系公司自治。郭某堂的董事的任期虽已于 2020 年 5 月 8 日届满，但至今并无证据显示某有公司已召开股东会改选董事、变更法定代表人，故其某有公司的董事、董事长、公司法定代表人身份问题，现仍系某有公司自治范畴。原审据此认定本案纠纷非人民法院受理案件范围并无不当。”

公司事务的董事或者经理担任”,在总体上保持了有资格担任公司的法定代表人的人员范围的稳定的同时,存在以下特别之处:

一是《公司法》第10条第1款所说的“公司的法定代表人……,由……董事或者经理担任”,从职务的角度扩大了有资格担任公司的法定代表人的人员的范围,使得公司董事长之外的其他董事也可能担任公司的法定代表人。

二是《公司法》第10条第1款所说的“公司的法定代表人……,由代表公司执行公司事务的……担任”,从职权的角度限制了有资格担任公司的法定代表人的人员的范围,使得不具有代表公司执行公司事务的职权的主体(不论是董事长、董事还是经理),不具有担任公司的法定代表人的资格。

(二)营利法人法定代表人的确定办法

以营利法人是否设董事会或执行董事为标准,《民法典》第81条第3款规定了确定法定代表人的3种办法:一是设董事会的营利法人,由董事长或者经理按照法人章程的规定担任法定代表人;二是不设董事会但设执行董事的营利法人,由执行董事或者经理按照法人章程的规定担任法定代表人;三是既不设董事会又不设执行董事的营利法人,由法人章程规定的主要负责人担任法定代表人。但不论由担任哪个职务的人员担任法定代表人,都须由章程予以明确规定。这也是《民法典》第81条第3款所说的“按照法人章程的规定担任法定代表人”和“法人章程规定的主要负责人为其执行机构和法定代表人”的应有之义。

1. 以董事长为法定代表人

如营利法人设董事会,章程可以规定由董事长担任法定代表人。在这种情况下,营利法人依法产生的董事长基于章程的明确规定取得该法人的法定代表人资格。

2. 以执行董事为法定代表人

如营利法人不设董事会、但设执行董事,章程可以规定由执行董事担任法定代表人。在这种情况下,营利法人依法产生的执行董事基于章程的明确规定取得该法人的法定代表人资格。

3. 以经理为法定代表人

如营利法人设经理①,章程可以规定由经理担任法定代表人。在这种情况下,营利法人依法产生的经理基于章程的明确规定取得该法人的法定代表人资格。

4. 以章程规定的主要负责人为法定代表人

如营利法人既不设董事会、又不设执行董事,则应当适用《民法典》第81条第3款所说的“法人章程规定的主要负责人为其执行机构和法定代表人”。

① 根据《公司法》第74条第1款所说的“有限责任公司可以设经理,由董事会决定聘任或者解聘”,《公司法》不强制要求所有有限责任公司都设经理,有限责任公司可以不设经理。不过,根据《公司法》第126条第1款所说的“股份有限公司设经理,由董事会决定聘任或者解聘”,所有股份公司都应当设经理。

由于不同的监管机构对“主要负责人”[①]的界定各不相同，因此，对于有超过一个“主要负责人”的营利法人来说，其章程应当明确规定担任其法定代表人的“主要负责人”的具体职务，避免发生无法确定或难以确定是由哪个“主要负责人”担任其法定代表人的情况。

需要注意的是，《民法典》第 81 条第 3 款所说的“未设董事会或者执行董事”，不够准确，应为“未设董事会和执行董事”，即“既未设董事会、又未设执行董事”，指向的是依法不需要设董事会和执行董事的营利法人，如果法律法规要求设董事会或要求设执行董事，则不能适用《民法典》第 81 条第 3 款所说的“未设董事会或者执行董事的，法人章程规定的主要负责人为其执行机构和法定代表人”。

5.《公司法》关于公司法定代表人确定办法的特别规定

如前所说，《公司法》第 10 条第 1 款针对公司的法定代表人的确定办法做出了特别规定，即：“公司的法定代表人按照公司章程的规定，由代表公司执行公司事务的董事或者经理担任”。该规定明确了只有“代表公司执行公司事务的董事或者经理”才能担任公司的法定代表人；如果公司的董事长、唯一董事或经理不代表公司执行公司事务，则不能担任公司的法定代表人。

（三）营利法人法定代表人的确定属于章程自治的范围

由于《民法典》第 81 条第 3 款使用了“董事长、执行董事或者经理按照法人章程的规定担任法定代表人；……法人章程规定的主要负责人为其……法定代表人”的表述，因此，由谁担任营利法人的法定代表人属于应由营利法人章程自主规定和法人自治的事项；在营利法人章程未作规定且法人权力机构或执行机构未依法作出任免法定代表人决议的情况下，股东或相关主体不能请求法院或其他主体来任免法定代表人。

比如，重庆市高级人民法院（2015）渝高法民申字第 01819 号民事裁定书认为：

---

① 比如，《国务院办公厅关于实施〈国家行政机关公文处理办法〉涉及的几个具体问题的处理意见》（国办函〔2001〕1 号）第 10 条规定：“关于‘主要负责人’的含义。‘主要负责人’指各级行政机关的正职或主持工作的负责人”；《民诉法解释》第 533 条第 2 款规定：“外国企业、组织的主要负责人包括该企业、组织的董事、监事、高级管理人员等”；市场监管总局印发的《企业落实食品安全主体责任监督管理规定》（2022 年）第 20 条第 1 款规定：“食品生产经营企业主要负责人是指在本企业生产经营中承担全面领导责任的法定代表人、实际控制人等主要决策人”；国务院国资委党委印发的《中央企业主要负责人履行推进法治建设第一责任人职责规定》（国资党发法规〔2017〕8 号）第 2 条规定：“本规定所称的中央企业主要负责人是指国务院国资委履行出资人职责的企业党委（党组）书记、董事长、总经理（总裁、院长、局长、主任）”，《生产安全事故罚款处罚规定（试行）》（2015 年修正）第 3 条规定：“本规定所称事故发生单位是指对事故发生负有责任的生产经营单位。本规定所称主要负责人是指有限责任公司、股份有限公司的董事长或者总经理或者个人经营的投资人，其他生产经营单位的厂长、经理、局长、矿长（含实际控制人）等人员”；《建筑施工企业主要负责人、项目负责人和专职安全生产管理人员安全生产管理规定》第 3 条第 1 款规定：“企业主要负责人，是指对本企业生产经营活动和安全生产工作具有决策权的领导人员”，《住房城乡建设部关于印发建筑施工企业主要负责人、项目负责人和专职安全生产管理人员安全生产管理规定实施意见的通知》（建质〔2015〕206 号）规定：“企业主要负责人包括法定代表人、总经理（总裁）、分管安全生产的副总经理（副总裁）、分管生产经营的副总经理（副总裁）、技术负责人、安全总监等”；《新闻出版总署关于规范报纸期刊主要负责人任职资格的通知》（2009 年）规定：“报纸期刊出版单位主要负责人包括报纸期刊出版单位的法定代表人、社长、总编辑、主编、副社长、副总编辑、副主编等”。

"《中华人民共和国公司法》第十三条规定,公司法定代表人依照公司章程的规定,由董事长、执行董事或者经理担任,并依法登记。某工公司章程规定,股东代表大会选举董事,董事会选举董事长,董事长为公司的法定代表人。现代企业管理中,公司主要通过内部自治和自我调节机制来保持顺畅运作,公司自治要求尽量减少司法对公司治理的干预。法定代表人的任免为公司的内部管理事务,应由公司依据法律与公司章程规定自主决定。於某芬、文某芳、伍某润要求以法院判决的形式免去某工公司法定代表人并无法律依据,该诉讼请求不属于人民法院受理案件的范围。"①

第八十二条 【营利法人的监督机构及其职权】营利法人设监事会或者监事等监督机构的,监督机构依法行使检查法人财务,监督执行机构成员、高级管理人员执行法人职务的行为,以及法人章程规定的其他职权。

【条文通释】

《民法典》第82条是关于营利法人的监督机构及其职权的规定。

一、《民法典》不强制要求营利法人设监督机构

《民法典》第82条所说的"营利法人设监事会或者监事等监督机构的",意味着《民法典》本身不强制要求营利法人设监督机构。当然,如果其他法律法规有要求,营利法人就必须设监督机构;在法律法规也不强制要求营利法人设监督机构的情况下,营利法人可以自主决定是否设监督机构。

比如,就公司而言,根据《公司法》第83条所说的"规模较小或者股东人数较少的有限责任公司,可以不设监事会,设一名监事,……经全体股东一致同意,也可以不设监事",规模较小或者股东人数较少的有限责任公司可以不设监督机构。

二、营利法人监督机构的主要形式

《民法典》第82条所说的"营利法人设监事会或者监事等监督机构"表明,营利法人监督机构的形式包括监事会、监事和其他形式。

(一)以监事会为监督机构

就有限公司而言,由于《公司法》第76条第1款使用了"有限责任公司设监事会,本法第六十九条、第八十三条另有规定的除外"的表述,因此,结合《民法典》第82条所说的"营利法人设监事会或者监事等监督机构的",原则上,有限公司以监事会为监督机构。

就股份公司而言,由于《公司法》第130条第1款使用了"股份有限公司设监事会,本法第一百二十一条第一款、第一百三十三条另有规定的除外"的表述,因此,结合《民法典》第82条所说的"营利法人设监事会或者监事等监督机构的",股份公司原则上也

① 类似的裁判意见,还可见山西省高级人民法院(2019)晋民申834号民事裁定书。

以监事会为监督机构。

（二）以监事为监督机构

就规模较小或股东人数较少的有限公司或股份公司而言，由于《公司法》第 83 条规定了"规模较小或者股东人数较少的有限责任公司，可以不设监事会，设一名监事，行使本法规定的监事会的职权"，第 133 条规定了："规模较小或者股东人数较少的股份有限公司，可以不设监事会，设一名监事，行使本法规定的监事会的职权"，因此，此类有限公司或股份公司可以以其唯一的监事为监督机构。

（三）其他形式的监督机构

实务中，也存在营利法人以监事会和监事之外的其他形式的组织机构为监督机构的情形。

比如，就有限公司而言，根据《公司法》第 69 条所说的"有限责任公司可以按照公司章程的规定在董事会中设置由董事组成的审计委员会，行使本法规定的监事会的职权，不设监事会或者监事"和第 76 条第 1 款所说的"有限责任公司设监事会，本法第六十九条、第八十三条另有规定的除外"，所有有限公司都可以按照公司章程的规定在董事会中设置由董事组成的审计委员会作为公司的监督机构，行使《民法典》第 82 条和《公司法》规定的监督机构的职权，不再设监事会或监事。

又如，就股份公司而言，根据《公司法》第 121 条第 1 款所说的"股份有限公司可以按照公司章程的规定在董事会中设置由董事组成的审计委员会，行使本法规定的监事会的职权，不设监事会或者监事"和第 130 条第 1 款所说的"股份有限公司设监事会，本法第一百二十一条第一款、第一百三十三条另有规定的除外"，有限公司可以按照公司章程的规定在董事会中设置由董事组成的审计委员会作为公司的监督机构，行使《民法典》第 82 条和《公司法》规定的监督机构的职权，不再设监事会或监事。

需要注意的是，对于设独立董事的公司来说，独立董事原则上属于公司的执行机构董事会的成员，并非公司的监督机构；①不过，在公司依法按照公司章程的规定在董事会中设置由董事组成的审计委员会行使《公司法》规定的监事会职权的情况下，作为董事会审计委员会成员的独立董事既具有公司执行机构成员的身份，也具有公司监督机构成员的身份。②

---

① 《公司法》第 136 条第 1 款规定："上市公司设独立董事，具体管理办法由国务院证券监督管理机构规定"；《上市公司独立董事管理办法》（2023 年）第 2 条第 1 款规定："独立董事是指不在上市公司担任除董事外的其他职务，并与其所受聘的上市公司及其主要股东、实际控制人不存在直接或者间接利害关系，或者其他可能影响其进行独立客观判断关系的董事"，第 5 条第 1 款规定："上市公司独立董事占董事会成员的比例不得低于三分之一，且至少包括一名会计专业人士"。

② 《公司法》第 69 条规定："有限责任公司可以按照公司章程的规定在董事会中设置由董事组成的审计委员会，行使本法规定的监事会的职权，不设监事会或者监事。公司董事会成员中的职工代表可以成为审计委员会成员"，第 121 条规定："股份有限公司可以按照公司章程的规定在董事会中设置由董事组成的审计委员会，行使本法规定的监事会的职权，不设监事会或者监事。审计委员会成员为三名以上，过半数成员不得在公司担任除董事以外的其他职务，且不得与公司存在任何可能影响其独立客观判断的关系。公司董事会成员中的职工代表可以成为审计委员会成员……"

三、营利法人监督机构的职权

针对设监督机构的营利法人,《民法典》第 82 条列明了营利法人监督机构的 3 项职权:一是检查法人财务,二是监督执行机构成员执行法人职务的行为,三是监督高级管理人员执行法人职务的行为。在此基础上,《民法典》第 82 条还以"法人章程规定的其他职权"兜底,允许营利法人的章程在前述 3 项职权之外依法自主规定监督机构的其他职权。

需要注意的是,《民法典》第 82 条列明的 3 项职权是《民法典》赋予营利法人监督机构的法定职权,在其他法律没有作出特别规定的情况下,不论是营利法人的章程还是其他法律文件都不应予以剥夺或削减。

(一)检查法人财务

根据《民法典》第 82 条的规定,营利法人监督机构享有"检查法人财务"的职权。

其中,"财务"是指"企业、事业、机关单位或其他经济组织中,有关资金的筹集、分配和使用等活动,以及在资金活动中同有关方面发生的经济关系"①。

结合《会计法》《企业财务会计报告条例》《企业财务通则》《企业会计准则》等规定,财务事项贯穿于营利法人的设立、存续、清算、终止的全过程,涉及资金筹集、资产营运、成本控制、收益分配、重组清算等各个方面的财务活动以及相关财务事项的会计确认、计量和报告,涵盖了预算、决算、收入、支出、费用、成本、利润、资产、负债、所有者权益、会计核算、财务报告等方面的内容。

就公司而言,考虑到公司的监督机构行使检查公司财务的职权尤其需要了解或接触公司的财务信息,《公司法》第 80 条规定"监事会可以要求董事、高级管理人员提交执行职务的报告。董事、高级管理人员应当如实向监事会提供有关情况和资料,不得妨碍监事会或者监事行使职权"。

(二)监督执行机构成员执行法人职务的行为

根据《民法典》第 82 条的规定,营利法人监督机构享有"监督执行机构成员执行法人职务的行为"的职权。

其中的"执行机构成员执行法人职务的行为",指向的是执行机构成员基于其执行机构成员的身份所从事的行为,既包括在法人内部执行职务的行为,也包括对外执行职务的行为。至于是否以法人名义行事、是否超越其职权范围,均不影响"执行机构成员执行法人职务的行为"的认定。

就公司而言,《公司法》第 78 条第 2 项还规定公司的监督机构有权"对违反法律、行政法规、公司章程或者股东会决议的董事……提出解任的建议",与"对董事……执行职务的行为进行监督"的职权相结合,以强化监督效果。

---

① 夏征农、陈至立主编:《辞海》,上海辞书出版社 2009 年版,第 211 页。

(三)监督高级管理人员执行法人职务的行为

根据《民法典》第 82 条的规定,营利法人监督机构享有“监督高级管理人员执行法人职务的行为”的职权。

其中的“高级管理人员执行法人职务的行为”,指向的是高级管理人员基于其作为营利法人的高级管理人员的身份所从事的行为,既包括在法人内部执行职务的行为,也包括对外执行职务的行为。至于是否以法人名义行事、是否超越其职权范围,均不影响“高级管理人员执行法人职务的行为”的认定。

就公司而言,《公司法》第 78 条第 2 项还规定公司的监督机构有权“对违反法律、行政法规、公司章程或者股东会决议的……高级管理人员提出解任的建议”,与“对……高级管理人员执行职务的行为进行监督”的职权相结合,以强化监督效果。

(四)章程规定的其他职权

除了《民法典》第 82 条列明的“检查法人财务”“监督执行机构成员执行法人职务的行为”和“监督高级管理人员执行法人职务的行为”这 3 项职权,《民法典》所说的监督机构依法行使“法人章程规定的其他职权”允许营利法人章程自主规定监督机构的其他职权,即所谓“章程自治”。

考虑到就公司的监督机构而言,《公司法》第 78 条还规定了“对违反法律、行政法规、公司章程或者股东会决议的董事、高级管理人员提出解任的建议”“当董事、高级管理人员的行为损害公司的利益时,要求董事、高级管理人员予以纠正”“提议召开临时股东会会议,在董事会不履行本法规定的召集和主持股东会会议职责时召集和主持股东会会议”“向股东会会议提出提案”“依照本法第一百八十九条的规定,对董事、高级管理人员提起诉讼”等职权;此外,《公司法》在其他条款也规定了公司监督机构的若干职权①。因此,在表述上,《民法典》第 82 条如果能够调整为“监督机构依法行使检查法人财务,监督执行机构成员、高级管理人员执行法人职务的行为,以及法律、行政法规和法人章程规定的其他职权”,则更加完善。

需要注意的是,根据《民法典》第 79 条关于“设立营利法人应当依法制定法人章程”的规定,营利法人章程必须在法律法规规定的范围内规定监督机构的其他职权,而不得违反法律法规的规定,尤其是不得将法律法规明确规定为营利法人权力机构的职权和执行机构的职权规定为营利法人的监督机构的职权。结合最高人民法院(2015)民申字第 710 号民事裁定书关于“公司章程是关于公司的组织结构、内部关系和开展公司业务活动的基本规则和依据,亦是股东自治意思规则的载体,具有公司自治特点,只要股东达成合意,且不违背法律的强制性规范,公司章程即为有效”的意见,原则上,营利法人依法制定的章程规定的监督机构的其他职权,只要不违反法律、行政法规的强制性规定,这些规定就应当是有效的。

---

① 《公司法》第 76 条第 3 款、第 79 条、第 80 条等。

(五)营利法人监督机构行使职权的方式

《民法典》本身也没有直接规定营利法人监督机构行使职权的方式。

就设监事会(或董事会审计委员会)的公司而言,由于《公司法》并未对有限公司和股份公司监事会作出"对监事会职权范围内的事项监事以书面形式一致表示同意的,可以不召开监事会会议,直接作出决定,并由全体监事在决定文件上签名、盖章"或与此类似的规定,因此,不论是作为监督机构的有限公司的监事会(或董事会审计委员会)还是股份公司的监事会(或董事会审计委员会),都应当通过召开监事会(或董事会审计委员会)会议的方式、由监事会(或董事会审计委员会)全体成员集体行使职权,而不能以直接作出书面决定方式来代替召开监事会(或董事会审计委员会)会议,也不能由个别监事(或董事会审计委员会成员)单独行使监督机构的职权。①

就其他营利法人而言,监督机构的职权也应当由监督机构全体成员集体行使,不得由监督机构个别成员单独行使。

第八十三条 【营利法人出资人滥用权利的责任】营利法人的出资人不得滥用出资人权利损害法人或者其他出资人的利益;滥用出资人权利造成法人或者其他出资人损失的,应当依法承担民事责任。

营利法人的出资人不得滥用法人独立地位和出资人有限责任损害法人债权人的利益;滥用法人独立地位和出资人有限责任,逃避债务,严重损害法人债权人的利益的,应当对法人债务承担连带责任。

【条文通释】

《民法典》第 83 条是关于营利法人出资人滥用权利的责任的规定。

《民法典》第 83 条对营利法人出资人行使权利提出了相应的要求,并规定了出资人滥用权利的两种法律责任:一是滥用出资人权利损害法人或其他出资人利益的责任,二是滥用法人独立地位和出资人有限责任损害法人债权人利益的责任,其目的是"防止法人成员滥用其权利,维护以独立财产、独立责任为基础的法人制度"②。

一、营利法人出资人滥用出资人权利的责任

《民法典》第 83 条第 1 款对营利法人的出资人行使出资人权利提出了要求,即"不得滥用出资人权利";并规定了相应的后果模式,即"滥用出资人权利造成法人或者其

---

① 比如,湖北省高级人民法院(2017)鄂民申 1489 号民事裁定书认为:"作为公司监督机关的监事(会)与作为公司权力机关的股东(大)会,作为公司执行机关和代表机关的董事会(执行董事)共同构成公司治理的基本机构,监事(会)行使监督职权实际是维护公司利益的公司行为,即使赋予监事(会)相关诉权,也应由监事(会)以公司名义行使,而不应以监事(会)个体名义行使。"类似的裁判意见,还可见甘肃省金昌市中级人民法院(2021)甘 03 民终 580 号民事裁定书。

② 原全国人民代表大会法律委员会 2016 年 10 月 31 日在第十二届全国人民代表大会常务委员会第二十四次会议上作的《关于〈中华人民共和国民法总则(草案)〉修改情况的汇报》。

他出资人损失的，应当依法承担民事责任”。

（一）出资人权利

《民法典》本身没有直接对“出资人权利”作出界定。根据《民法典》第 268 条[①]、《公司法》第 4 条第 2 款[②]和《企业国有资产法》第 12 条、第 21 条[③]等规定，“出资人权利”指的是营利法人的出资人依照法律法规、法人章程对法人享有的“资产收益”“参与重大决策”以及“选择管理者”等权利，是基于“出资人”身份或资格[④]而享有各种权利的总称，包括了多种具体的权利[⑤]。

其中，出资人享有的“资产收益的权利”，主要是指依法获得利润分配（货币形式或非货币形式）、转让对法人的投资性权利以及获得法人剩余财产分配（货币形式或非货币形式）等权利；[⑥]“参与重大决策的权利”，主要是指依法获得权力机构会议通知、提议召开权力机构会议、出席权力机构会议、就权力机构审议的事项行使表决权等权利；“选择管理者的权利”，主要对应于《民法典》第 80 条第 2 款所说的“选举或者更换执行机构、监督机构成员”，主要是指参与选择或更换法人的执行机构成员、监督机构成员等权利。

需要注意的是，就不同的营利法人而言，其出资人享有的权利不尽相同；就公司而言，有限责任公司的股东与股份有限公司的股东享有的权利也有所不同[⑦]；甚至，就同一个公司而言，不同的股东也可能因各自的出资比例、实缴出资等情况不同而享有不

---

① 《民法典》第 268 条规定：“国家、集体和私人依法可以出资设立有限责任公司、股份有限公司或者其他企业。国家、集体和私人所有的不动产或者动产投到企业的，由出资人按照约定或者出资比例享有资产收益、重大决策以及选择经营管理者等权利并履行义务”。

② 《公司法》第 4 条第 2 款规定：“公司股东对公司依法享有资产收益、参与重大决策和选择管理者等权利”。

③ 《企业国有资产法》第 12 条第 1 款规定：“履行出资人职责的机构代表本级人民政府对国家出资企业依法享有资产收益、参与重大决策和选择管理者等出资人权利”，第 21 条第 1 款规定：“国家出资企业对其所出资企业依法享有资产收益、参与重大决策和选择管理者等出资人权利”。

④ 比如，最高人民法院（2008）民抗字第 59 号民事判决书认为：“股权的本质是股东和公司之间的法律关系，既包括股东对公司享有的权利，也包括股东对公司的出资义务，……民事主体获得股权的前提是其取得相应的股东资格……”

⑤ 比如，最高人民法院（2015）行提字第 24 号行政判决书认为：“股权作为股东所享有的一种特殊形态的权利，具有复合性，是一束权利的集合，其既具有普通物权的特征，也具有社员权的特征，既含有财产性权利，也含有非财产性权利。”

⑥ 比如，最高人民法院（2017）最高法民再 8 号民事裁定书认为：“股东通过对公司出资向公司让渡其对出资财产的所有权而持有公司股权，并根据公司章程及公司法的规定享有从公司获取经济利益并参与公司经营管理的权利。根据公司法关于有限责任公司的相关规定，有限责任公司股东对公司享有的资产收益权依法通过行使包括股息红利分配、公司清算后取回剩余财产等股东权利实现。”

⑦ 比如，就股东查阅公司会计账簿、会计凭证的权利而言，《公司法》第 57 条第 2 款针对有限公司规定：“股东可以要求查阅公司会计账簿、会计凭证。股东要求查阅公司会计账簿、会计凭证的，应当向公司提出书面请求，说明目的……”，《公司法》第 110 条第 2 款针对股份公司则规定：“连续一百八十日以上单独或者合计持有公司百分之三以上股份的股东要求查阅公司的会计账簿、会计凭证的，适用本法第五十七条第二款、第三款、第四款的规定。公司章程对持股比例有较低规定的，从其规定”。

一样的股东权利①。特定营利法人的特定出资人能够享有的出资人权利、能够行使的出资人权利,需要结合有关该营利法人的法律法规、该营利法人的章程和特定出资人认缴、实缴出资等情况加以确定。

(二)滥用出资人权利的认定

《民法典》本身没有对何为滥用出资人权利直接作出界定。结合《公司法》第 21 条第 1 款所说的"公司股东应当遵守法律、行政法规和公司章程,依法行使股东权利,不得滥用股东权利损害公司或者其他股东的利益",也考虑到《民法典》第 131 条规定了"民事主体行使权利时,应当履行法律规定的和当事人约定的义务",第 132 条规定了"民事主体不得滥用民事权利损害国家利益、社会公共利益或者他人合法权益",《民法典总则编解释》第 3 条第 1 款规定了:"对于民法典第一百三十二条所称的滥用民事权利,人民法院可以根据权利行使的对象、目的、时间、方式、造成当事人之间利益失衡的程度等因素作出认定",第 2 款规定了"行为人以损害国家利益、社会公共利益、他人合法权益为主要目的的行使民事权利的,人民法院应当认定构成滥用民事权利",可以认为,出资人滥用出资人权利的行为,应当同时满足以下条件:

一是行为人是营利法人的出资人,而非营利法人自身或其执行机构成员、监督机构成员,亦非其他主体。

二是出资人的行为属于行使(或"使用""运用""利用")其出资人权利的行为,既包括积极的作为、也包括消极的不作为,但不包括行使出资人权利之外的权利的行为。

三是出资人行使其出资人权利的行为,存在违反法律、行政法规或法人章程的情形,不论是程序方面的违反、还是实体或内容方面的违反。

四是出资人行使其出资人权利的行为,是以"损害法人的利益"或"损害其他出资人利益"为主要目的的,或造成了"损害法人的利益"或"损害其他出资人利益"的后果。

如果营利法人出资人行使其出资人权利的行为没有同时满足以上条件,可能就不属于滥用出资人权利的行为。尤其是,出资人依法行使、依章程行使其出资人权利,不应当被认定为滥用出资人权利的行为。

此外,如果出资人行使其出资人权利,依法取得了营利法人和其他出资人的同意,或者按照其与营利法人和其他出资人经协商一致达成的约定行使其出资人权利,即使因此给营利法人或其他出资人造成了损失,也不应被认定为滥用出资人权利的行为。

比如,在海南某钢集团有限公司与中国某金矿业总公司及三亚某假村有限公司损害股东利益责任纠纷案中,针对某假村公司的股东中某公司是否滥用了股东权利并由此给某假村公司的另一股东某钢集团造成损失的问题,考虑到"2006 年 10 月 22 日,某假村公司召开股东会,讨论了该公司与某韵公司合作开发事宜,并决定于同年 11 月 7 日之前全体股东就该事项进行书面表决。此后,公司的股东按照董事会要求进行了书面表决,其结果为:包括中某公司在内的三家股东赞成,某钢集团等两家股东反对,另

① 比如,针对有限公司股东获得利润分配的权利,《公司法》第 210 条第 4 款规定,"公司弥补亏损和提取公积金后所余税后利润,有限责任公司按照股东实缴的出资比例分配利润,全体股东约定不按照出资比例分配利润的除外"。

有一家股东(单位)弃权。同年 11 月 17 日,某假村公司董事会作出《三亚某假村有限公司股东会决议》,公布了表决结果,其称股东会以 61.24%的赞成票通过了某假村公司与某韵公司的合作开发方案。该文落款为'三亚某假村有限公司董事会,董事长邹某',并加盖了某假村公司的公章。其后,某假村公司与某韵公司相继签订了《三亚某假村合作开发协议》《补充协议》等协议,并实施了合作开发事项",最高人民法院(2013)民二终字第 43 号民事判决书认为:"在某假村公司股东会进行上述表决过程中,中某公司作为该公司的股东投了赞成票,系正当行使其依法享有表决权的行为,该表决行为并不构成对其他股东权利及利益的侵害。基于全体股东的表决结果,某假村公司董事会制定了《三亚某假村有限公司股东会决议》,其载明:'根据公司法规定:某假村公司股东会通过某假村公司与某韵公司合作开发方案。'此后,双方签订了合作开发协议,并将之付诸实施。这些行为及经营活动均是以'某假村公司董事会、董事长'名义而实施,其对内为董事会行使职权,对外则代表了'某假村公司'的法人行为,没有证据证明是中某公司作为股东而实施的越权行为。"

在此基础上,针对某钢集团提出的"中某公司系某假村公司的控股股东,其法定代表人亦同时为某假村公司董事长,中某公司的经营意图完全可以利用其在某假村公司的控股股东地位通过某假村公司得以体现,两者之间存在人格混同。且在股东会议事方式和表决程序严重违反公司法和公司章程的情况下,中某公司利用其控股股东地位予以通过合作开发决议,明显构成滥用股东权利"的主张,最高人民法院认为:"尽管大股东中某公司的法定代表人邹某同时担任某假村公司董事会的董事长,但此'双重职务身份'并不为我国公司法及相关法律法规所禁止,且该董事长系由某假村公司股东会依公司章程规定选举产生,符合我国公司法第四十五条第三款的规定。在此情形下,某假村公司及其股东中某公司均为人格独立的公司法人,不应仅以两公司的董事长为同一自然人,便认定两公司的人格合一,进而将某假村公司董事会的行为认定为中某公司的行为,这势必造成公司法人内部决策机制及与其法人单位股东在人格关系上的混乱。此外,两公司人格独立还表现为其财产状况的独立和明晰,在没有证据证明公司与其股东之间存在利益输送的情况下,此类'董事长同一'并不自然导致'法人人格否认原理'中的'人格混同'之情形,不能据此得出中某公司的表决行为损害了某假村公司及其股东某钢集团利益的结论。因此,原审判决依'中某公司利用其董事长邹某同时为某假村公司董事长的条件和掌管某假村公司公章的权力自行制作《三亚某假村有限公司股东会决议》',认定中某公司'系滥用股东权利,并由此侵犯了某钢集团的合法权益',没有事实和法律依据。"

又如,在西藏某湖矿业有限公司与西藏某泽矿业有限公司、赵某损害公司利益责任纠纷案中,最高人民法院(2018)最高法民终 514 号民事判决书认为:"股东或高管损害公司利益的行为主要表现为股东滥用股东权利或高管违反法定义务。本院认为,首先,某泽公司并没有滥用股东权利导致某湖公司的公司利益受损。某泽公司、赵某主导某湖公司所签订的《合作框架协议》,不仅已征得另一股东地质某队事实和法律上的同意,而且该协议本身乃是引入资金,增扩某湖公司资产,并非出于转移公司资产或增加公司债务损害公司利益的目的。某湖公司基于自身的合作利益而以全部资产提供担保,因此导致财产被查封,并非某泽公司对其股东权利的滥用。"

(三)滥用出资人权利的法律后果

《民法典》第 83 条第 1 款规定了滥用出资人权利的法律后果,即“滥用出资人权利造成法人或者其他出资人损失的,应当依法承担民事责任”。其中的“民事责任”主要是损害赔偿责任,在性质上属于侵权责任。

也就是说,针对营利法人出资人滥用出资人权利的行为,《民法典》第 83 条第 1 款规定了两项民事责任:一是对法人的损害赔偿责任,二是对其他出资人的损害赔偿责任。

1. 对法人的损害赔偿责任

根据《民法典》第 83 条第 1 款的规定,在出资人滥用出资人权利造成法人损失的情形,该出资人应当对法人承担损害赔偿责任,法人也可以向该出资人主张赔偿。另外,就公司而言,根据《公司法》第 189 条第 3 款,股东滥用股东权利侵犯公司合法权益、给公司造成损失的,符合条件的其他股东也可以依照《公司法》第 189 条第 1 款、第 2 款的规定,以滥用股东权利的股东为被告向人民法院提起股东代表诉讼。对此,《民事案件案由规定》规定了“损害公司利益责任纠纷”案由。

当然,根据《民事诉讼法》第 67 条第 1 款①和《民诉法解释》第 90 条、第 91 条②的规定,营利法人就应当对该出资人存在滥用出资人权利、法人存在损失以及法人的损失与该出资人滥用出资人权利之间存在因果关系承担举证证明责任;否则,其主张可能得不到支持。

2. 对其他出资人的损害赔偿责任

根据《民法典》第 83 条第 1 款的规定,在出资人滥用出资人权利造成其他出资人损失的情形,该出资人应当对其他出资人承担损害赔偿责任,其他出资人也可以向该出资人主张赔偿。③ 对此,《民事案件案由规定》规定了“损害股东利益责任纠纷”案由。

同样地,其他出资人就应当对该出资人存在滥用出资人权利、其他出资人存在损

---

① 《民事诉讼法》第 67 条第 1 款规定:“当事人对自己提出的主张,有责任提供证据。”

② 《民诉法解释》第 90 条规定:“当事人对自己提出的诉讼请求所依据的事实或者反驳对方诉讼请求所依据的事实,应当提供证据加以证明,但法律另有规定的除外。在作出判决前,当事人未能提供证据或者证据不足以证明其事实主张的,由负有举证证明责任的当事人承担不利的后果”,第 91 条规定:“人民法院应当依照下列原则确定举证证明责任的承担,但法律另有规定的除外:(一)主张法律关系存在的当事人,应当对产生该法律关系的基本事实承担举证证明责任;(二)主张法律关系变更、消灭或者权利受到妨害的当事人,应当对该法律关系变更、消灭或者权利受到妨害的基本事实承担举证证明责任。”

③ 比如,最高人民法院(2016)最高法民终 528 号民事判决书(载《最高人民法院公报》2018 年第 8 期)认为:“盈余分配是用公司的利润进行给付,公司本身是给付义务的主体,若公司的应分配资金因被部分股东变相分配利润、隐瞒或转移公司利润而不足以现实支付时,不仅直接损害了公司的利益,也损害到其他股东的利益,利益受损的股东可直接依据《中华人民共和国公司法》第二十条第二款的规定向滥用股东权利的公司股东主张赔偿责任,或依据《中华人民共和国公司法》第二十一条的规定向利用其关联关系损害公司利益的控股股东、实际控制人、董事、监事、高级管理人员主张赔偿责任,或依据《中华人民共和国公司法》第一百四十九条的规定向违反法律、行政法规或者公司章程的规定给公司造成损失的董事、监事、高级管理人员主张赔偿责任。”

失以及其他出资人的损失与该出资人滥用出资人权利之间存在因果关系承担举证证明责任;否则,其主张可能得不到支持。

(四)滥用出资人权利的特别情形:滥用法人独立地位和出资人有限责任

需要注意的是,出资人"滥用法人独立地位和出资人有限责任损害法人债权人的利益",究其实质,也属于滥用出资人权利的行为:滥用的是"其对出资人仅承担有限责任"这一权利。接下来对此展开分析。

二、营利法人出资人滥用法人独立地位和出资人有限责任的责任

《民法典》第83条第2款也对营利法人的出资人行使出资人权利提出了要求,即"不得滥用法人独立地位和出资人有限责任";并规定了相应的后果模式,即"滥用法人独立地位和出资人有限责任,逃避债务,严重损害法人债权人的利益的,应当对法人债务承担连带责任"。

需要注意的是,如同《九民会议纪要》所说,"公司人格独立和股东有限责任是公司法的基本原则",法人独立地位和出资人有限责任是营利法人制度的基石,均不可或缺;不过,不论是法人独立地位还是出资人有限责任,都是原则,都存在例外,即:在特定的情形下,法人独立地位可以被否定,出资人的有限责任也可以被突破。当然,如同《九民会议纪要》所说,"公司人格独立和股东有限责任是公司法的基本原则。否认公司独立人格,由滥用公司法人独立地位和股东有限责任的股东对公司债务承担连带责任,是股东有限责任的例外情形……在审理案件时,需要根据查明的案件事实进行综合判断,既审慎适用,又当用则用。实践中存在标准把握不严而滥用这一例外制度的现象,同时也存在因法律规定较为原则、抽象,适用难度大,而不善于适用、不敢于适用的现象",只有在极少数法律明确规定的例外情形,才可以否定法人的独立地位或出资人的有限责任。①

(一)法人的独立地位

1. 法人独立地位

《民法典》第57条所说的"法人是具有民事权利能力和民事行为能力,依法独立享有民事权利和承担民事义务的组织"和第60条所说的"法人以其全部财产独立承担民事责任",表明法人具有独立的民事主体资格、独立于法人的设立人、出资人等主体,此

---

① 最高人民法院(2016)最高法民终819号民事判决书认为:"法人制度是公司法的基石,法人具备独立完善的法人人格时,股东应受有限责任的保护。当股东滥用法人人格,以法人作为损害他人利益的工具,使法人失去其独立人格基础时,背离了法人制度的初衷,亦违背了民事法律制度最基本的诚实信用原则。则应适用法人人格否认制度,刺破公司面纱,查出隐藏于公司背后的人格滥用者股东,否认作为滥用者的有限责任,使其与法人承担公司债务的连带清偿责任。法人人格否认制度是法人制度的必要补充,是法人制度的完善,是对恶意损害法人制度者的惩罚。法人人格制度是基石,是一面昂然屹立之墙,法人人格否认制度是在此墙上的钻孔,非要撼动整面墙,而是仅以此孔,查出背后损害法人制度的滥用者,科以责任,防止对墙体的进一步侵蚀,以确保整面墙体的稳健。所以,法人制度是原则,法人人格否认制度是例外,适用法人人格否认制度应极其谨慎。"

即《民法典》第83条第2款所说的“法人独立地位”。

2. 法人独立地位的表现

综合《民法典》和《公司法》的规定,营利法人的独立地位,主要表现在法人的人格独立、财产独立、组织机构独立、人员独立、业务独立、权利独立、债务独立、责任独立,具体如下:

第一,在人格方面,“营利法人”属于法人的一种类型,是独立于营利法人的出资人、在民事法律地位上与法人的出资人平等的民事主体、商事主体。

根据《民法典》第57条、第59条、第60条和第76条的规定,营利法人具有民事权利能力和民事行为能力,依法独立享有民事权利、独立承担民事义务,并以其全部财产独立承担民事责任;其民事权利能力和民事行为能力,从营利法人成立时产生,到营利法人终止时消灭。

第二,在财产方面,营利法人有属于自己的、独立的财产,享有法人财产权,营利法人的财产独立于出资人和其他主体的财产。

营利法人出资人缴纳的出资或股款、以营利法人名义取得的一切收益和依法取得的其他财产,均为“营利法人的财产”。① 营利法人的财产与其出资人的财产相互独立,原由出资人所有的货币或非货币财产,作为出资投入营利法人之后,就全部(包括计入资本公积金的溢价部分)成了营利法人的财产。②

第三,在组织机构方面,营利法人有独立的组织机构。

根据《民法典》第80条至第82条的规定,营利法人设有自己的独立的权力机构、执行机构并通常还设有自己的独立的监督机构,并由相关组织机构根据法人章程的规定行使相应的职权,决定法人的相关事务。

第四,在人员方面,营利法人有自己的执行机构成员、高级管理人员和职工,通常还有自己的监督机构成员。

第五,在业务方面,营利法人有独立的业务。

就公司而言,《公司法》第9条第1款规定了“公司的经营范围由公司章程规定。公司可以修改公司章程,变更经营范围”;此外,《公司法》第184条还禁止公司的董事、监事、高级管理人员在“未向董事会或者股东会报告,并按照公司章程的规定经董事会或者股东会决议通过”的情况下自营或者为他人经营与所任职公司同类的业务。

第六,在权利的享有和行使方面,营利法人独立享有权利并独立行使权利,不受干涉。

对此,《民法典》第57条规定了“法人是具有民事权利能力和民事行为能力,依法独立享有民事权利和承担民事义务的组织”,第5条规定了“民事主体从事民事活动,应当遵循自愿原则,按照自己的意思设立、变更、终止民事法律关系”,第130条规定了“民事主体按照自己的意愿依法行使民事权利,不受干涉”。

---

① 《合伙企业法》第20条规定:“合伙人的出资、以合伙企业名义取得的收益和依法取得的其他财产,均为合伙企业的财产”。

② 比如,最高人民法院(2017)最高法民再8号民事裁定书认为:“有限责任公司设立后,股东向公司认缴的出资即转化为公司财产,公司作为独立法律主体,依法对公司财产享有所有权,公司经营期间的收益亦归属于公司,成为公司的财产。”

第七,在债务方面,营利法人的债务独立于其出资人的债务。

根据《民法典》第 118 条第 2 款关于“债权是因合同、侵权行为、无因管理、不当得利以及法律的其他规定,权利人请求特定义务人为或者不为一定行为的权利”的规定,结合原《民法通则》第 84 条第 1 款关于“债是按照合同的约定或者依照法律的规定,在当事人之间产生的特定的权利和义务关系。享有权利的人是债权人,负有义务的人是债务人”和第 2 款关于“债权人有权要求债务人按照合同的约定或者依照法律的规定履行义务”的规定,营利法人的债务指的是以营利法人的名义承担的、应由营利法人负责清偿的所有债务,包括因合同、侵权行为、无因管理、不当得利以及法律的其他规定所产生的各种债务(包括税款、罚款、罚金等)。

根据《民法典》第 60 条,营利法人的债务应当由营利法人以其全部财产进行清偿,原则上,其出资人只对营利法人负有责任、不对营利法人的债务承担责任,营利法人的债权人不能越过营利法人直接要求营利法人的出资人来清偿营利法人的债务。这跟普通合伙企业和有限合伙企业的普通合伙人需要根据《合伙企业法》的规定对合伙企业的债务承担无限的、连带的补充清偿责任是不同的。

此外,参考《合伙企业法》第 41 条①的规定,就营利法人的出资人发生的债务而言,营利法人的出资人的债权人不得以其对该出资人的债权抵销其对营利法人的债务,也不得代位行使该出资人在营利法人中的出资人权利。

第八,在责任承担方面,营利法人独立承担责任。

对此,《民法典》第 60 条规定了“法人以其全部财产独立承担民事责任”。

(二)出资人的有限责任

《民法典》第 83 条第 2 款所说的“营利法人的出资人不得滥用法人独立地位和出资人有限责任”表明,所有营利法人的所有出资人对该法人的责任原则上都是有限的,而不是无限的。这跟《合伙企业法》第 2 条第 2 款和第 44 条第 2 款规定了普通合伙企业和有限合伙企业的普通合伙人对合伙企业的债务承担无限连带责任是不同的,跟《民法典》第 60 条规定法人对其自身债务应当承担无限责任、第 104 条规定非法人组织的出资人或设立人在非法人组织的财产不足以清偿债务时原则上应当对非法人组织的债务承担无限责任也是不一样的。

不过,《民法典》本身没有直接规定出资人的有限责任的具体含义,尤其是没有对出资人的责任限额作出规定。这跟《公司法》第 4 条第 1 款针对有限公司的股东的有限责任明确规定了“有限责任公司的股东以其认缴的出资额为限对公司承担责任”,针对股份有限公司的股东的有限责任规定了“股份有限公司的股东以其认购的股份为限对公司承担责任”是不同的。

就公司而言,根据《公司法》第 4 条第 1 款的规定,原则上,公司的股东对公司承担的责任是有限的责任;并且,公司的股东对公司的债务是不承担清偿责任的。

比如,就有限公司而言,原则上,有限公司的股东仅对公司承担责任,不对公司的

---

① 《合伙企业法》第 41 条规定:“合伙人发生与合伙企业无关的债务,相关债权人不得以其债权抵销其对合伙企业的债务;也不得代位行使合伙人在合伙企业中的权利。”

债务或公司的债权人承担责任，其对公司的责任主要是按照公司章程的规定按期地、足额地向公司缴付其认缴的出资额，该等责任受到数额和期限方面的限制：一是在数额上，以其认缴的出资额为上限；二是在期限上，以公司章程规定的各期出资期限为限制①。在股东已经缴纳了部分出资的情况下，有限公司的股东对该有限公司的责任的上限，应当为该股东已经认缴的出资额当中尚未实际缴纳的那部分出资额。

针对有限公司股东对公司的责任，《公司法》第 49 条第 1 款规定："股东应当按期足额缴纳公司章程规定的各自所认缴的出资额"，第 3 款规定："股东未按期足额缴纳出资的，除应当向公司足额缴纳外，还应当对给公司造成的损失承担赔偿责任"，第 50 条规定："有限责任公司设立时，股东未按照公司章程规定实际缴纳出资，或者实际出资的非货币财产的实际价额显著低于所认缴的出资额的，设立时的其他股东与该股东在出资不足的范围内承担连带责任"，第 54 条规定："公司不能清偿到期债务的，公司……有权要求已认缴出资但未届出资期限的股东提前缴纳出资"。并且，根据《公司法》第 228 条第 1 款的规定，《公司法》的上述规定同样适用于有限公司增加注册资本时新增资本的缴纳。

（三）法人独立地位和出资人有限责任的例外

无论是法人具有独立地位还是出资人承担有限责任，都是原则，都存在例外。《民法典》第 83 条第 2 款的规定就是"法人具有独立地位"和"出资人承担有限责任"的例外规定；此外，《公司法》等其他法律法规、司法解释也规定了相应的例外情形。在这些例外情形下，可以否定法人的独立地位，或者否定出资人的有限责任，甚至同时否定法人的独立地位和出资人的有限责任，从而越过法人直接要求出资人对法人的债务承担相应的责任。

这些例外的情形，主要包括（但不限于）：

第一，根据《民法典》第 83 条第 2 款的规定，作为营利法人的出资人，如果滥用法人的独立地位和出资人的有限责任，逃避债务，严重损害法人债权人利益的，是需要对法人的债务承担连带清偿责任的。《公司法》第 23 条第 1 款也作出了基本相同的规定。上述规定既否定了法人的独立地位，也否定了出资人的有限责任。

第二，根据《公司法》第 23 条第 2 款的规定，作为公司的股东，如果利用其控制的两个以上公司实施"滥用公司法人独立地位和股东有限责任，逃避债务，严重损害任一公司的债权人利益"的行为，各个公司都需要对任一公司的债务承担连带清偿责任。上述规定既否定了公司的独立地位，也否定了股东的有限责任。

第三，根据《公司法》第 23 条第 3 款，作为一人有限公司或一人股份公司的股东，如果

---

① 当然，有限公司股东的出资期限应当符合法律的规定。对此，《公司法》第 47 条规定："有限责任公司的注册资本为在公司登记机关登记的全体股东认缴的出资额。全体股东认缴的出资额由股东按照公司章程的规定自公司成立之日起五年内缴足。法律、行政法规以及国务院决定对有限责任公司注册资本实缴、注册资本最低限额、股东出资期限另有规定的，从其规定"，第 266 条第 2 款规定："本法施行前已登记设立的公司，出资期限超过本法规定的期限的，除法律、行政法规或者国务院另有规定外，应当逐步调整至本法规定的期限以内；对于出资期限、出资额明显异常的，公司登记机关可以依法要求其及时调整。具体实施办法由国务院规定"。

不能证明该一人公司的财产独立于股东自己的财产，是需要对该一人公司的债务承担连带清偿责任的。上述规定既否定了公司的独立地位，也否定了股东的有限责任。

第四，符合《公司法》第 189 条第 1 款规定的条件的股东，根据《公司法》第 189 条的规定，针对公司（或公司的全资子公司）的董事、高级管理人员、监事或他人，以自己的名义、为了公司（或公司的全资子公司）的利益提起股东代表诉讼的情形，也可以视为对公司（或公司的全资子公司）的法人独立地位的否定，属于公司（或公司的全资子公司）的法人独立地位的例外情形（但并非股东的有限责任的例外）。①

第五，银行、保险公司、证券公司等金融机构的股东，在相关金融机构发生特殊情况时，监管机构有权要求其在原有投资的基础上对金融机构追加投资。比如，《保险法》第 138 条第 1 项规定："对偿付能力不足的保险公司，国务院保险监督管理机构应当将其列为重点监管对象，并可以根据具体情况采取下列措施：（一）责令增加资本金、办理再保险"；《银行保险机构公司治理准则》（银保监发〔2021〕14 号）第 6 条第 3 款规定："银行保险机构应当在公司章程中规定，主要股东应当以书面形式向银行保险机构作出在必要时向其补充资本的长期承诺，作为银行保险机构资本规划的一部分，并在公司章程中规定公司制定审慎利润分配方案时需要考虑的主要因素"；《商业银行股权管理暂行办法》第 28 条第 2 项规定："商业银行应当将关于股东管理的相关监管要求、股东的权利义务等写入公司章程，在公司章程中载明下列内容：……（二）主要股东应当在必要时向商业银行补充资本"。当然，上述情形主要是股东的有限责任（而不是公司的法人独立地位）的例外。

第六，作为公司的股东，根据《民法典》第 688 条为公司向他人提供连带责任保证，从而使该股东需要对公司的相应债务承担连带责任。不过，严格来讲，这种情形是基于公司股东与公司之间的交易（即股东为公司提供连带责任保证）、基于其保证人身份而非基于股东身份而对公司的债务承担连带责任的。

此外，《公司法解释三》第 13 条第 2 款、第 14 条第 2 款，《公司法解释二》第 18 条第 1 款和第 2 款、第 19 条、第 20 条，《民事执行中变更、追加当事人规定》第 21 条等也分别从责任承担等角度规定了法人独立地位和/或股东有限责任的例外。②

（四）滥用法人独立地位和出资人有限责任的法律后果

1. 否定法人人格和出资人有限责任

《民法典》第 83 条第 2 款所说的"滥用法人独立地位和出资人有限责任，逃避债务，严重损害法人债权人的利益的，应当对法人债务承担连带责任"，意味着，在营利法

---

① 最高人民法院（2017）最高法行申 3597 号行政裁定书认为："法律允许股东个人提起诉讼，但要符合公司法一百五十一条规定的前置程序。之所以设置这些前置程序，是因为一方面，从公司自身角度讲，公司具有独立的法律人格，股东虽然是公司的创设者，但在法律上与公司属于不同的主体，公司的独立人格应该受到尊重。股东意志应当尽可能地通过公司自身的一系列制度形成公司意志并以公司的名义对外表达。"从最高人民法院上述意见也可以看出，公司的股东以自己的名义提起股东代表诉讼，事实上是以否定公司的法人独立地位为前提的。

② 需要注意的是，2023 年修订后的《公司法》生效后，最高人民法院应该也会对此前已经实施的公司法司法解释等配套规则进行修改，届时应当以修改后的司法解释的规定为准。

人的出资人存在通过滥用法人独立地位和出资人的有限责任来逃避债务的行为并且达到了“严重损害法人债权人的利益”的程度时,营利法人的债权人可以越过法人、直接要求法人的该出资人与法人一起,对法人的债务承担连带清偿责任。对此,《民事案件案由规定》规定了“股东损害公司债权人利益责任纠纷”案由。

实践中,通常把《民法典》第 83 条第 2 款规定的制度称为“刺破法人面纱制度”①或“法人人格否定制度”②。不过,实际上,《民法典》第 83 条第 2 款不仅否定了法人的独立地位,还同时否定了出资人的有限责任。因此,营利法人的出资人如果滥用法人的独立地位和出资人的有限责任,不仅可能导致法人的独立地位被否定,还可能导致出资人有限责任被突破,使得出资人不能受到有限责任的保护。

2. 否定法人人格和出资人有限责任属于例外制度

需要注意的是,法人独立地位和出资人有限责任是营利法人制度的基本原则,不论是否定法人的独立地位还是否定出资人的有限责任,均非原则、而只是例外。对此,《九民会议纪要》明确指出:“否认公司独立人格,由滥用公司法人独立地位和股东有限责任的股东对公司债务承担连带责任,是股东有限责任的例外情形,旨在矫正有限责任制度在特定法律事实发生时对债权人保护的失衡现象”。最高人民法院(2016)最高法民终 819 号民事判决书也认为:“法人制度是公司法的基石,法人具备独立完善的法人人格时,股东应受有限责任的保护。……法人人格否认制度是法人制度的必要补充,是法人制度的完善,是对恶意损害法人制度者的惩罚。法人人格制度是基石,是一面昂然屹立之墙,法人人格否认制度是在此墙上的钻孔,非要撼动整面墙,而是仅以此孔,查出背后损害法人制度的滥用者,科以责任,防止对墙体的进一步侵蚀,以确保整面墙体的稳健。所以,法人制度是原则,法人人格否认制度是例外,适用法人人格否认制度应极其谨慎。要求股东不仅要有滥用法人人格的行为,还要此滥用行为给债权人实际造成损失的后果。”

鉴于“实践中存在标准把握不严而滥用这一例外制度的现象,同时也存在因法律规定较为原则、抽象,适用难度大,而不善于适用、不敢于适用的现象”,《九民会议纪要》要求人民法院“在审理案件时,需要根据查明的案件事实进行综合判断,既审慎适用,又当用则用”,“在审判实践中,要准确把握《公司法》第 20 条第 3 款规定的精神”,具体而言:

“一是只有在股东实施了滥用公司法人独立地位及股东有限责任的行为,且该行为严重损害了公司债权人利益的情况下,才能适用。损害债权人利益,主要是指股东滥用权利使公司财产不足以清偿公司债权人的债权。

“二是只有实施了滥用法人独立地位和股东有限责任行为的股东才对公司债务承

① 最高人民法院(2016)最高法民终 819 号民事判决书认为:“当股东滥用法人人格,以法人作为损害他人利益的工具,使法人失去其独立人格基础时,背离了法人制度的初衷,亦违背了民事法律制度最基本的诚实信用原则。则应适用法人人格否认制度,刺破公司面纱,查出隐藏于公司背后的人格滥用者股东,否认作为滥用者的有限责任,使其与法人承担公司债务的连带清偿责任。”

② 《九民会议纪要》认为:“公司人格独立和股东有限责任是公司法的基本原则。否认公司独立人格,由滥用公司法人独立地位和股东有限责任的股东对公司债务承担连带责任,是股东有限责任的例外情形,旨在矫正有限责任制度在特定法律事实发生时对债权人保护的失衡现象”。

担连带清偿责任,而其他股东不应承担此责任。

"三是公司人格否认不是全面、彻底、永久地否定公司的法人资格,而只是在具体案件中依据特定的法律事实、法律关系,突破股东对公司债务不承担责任的一般规则,例外地判令其承担连带责任。人民法院在个案中否认公司人格的判决的既判力仅仅约束该诉讼的各方当事人,不当然适用于涉及该公司的其他诉讼,不影响公司独立法人资格的存续。如果其他债权人提起公司人格否认诉讼,已生效判决认定的事实可以作为证据使用。

"四是《公司法》第 20 条第 3 款规定的滥用行为,实践中常见的情形有人格混同、过度支配与控制、资本显著不足等。"

3. 否定法人独立地位和出资人有限责任的构成要件

根据《民法典》第 83 条第 2 款所说的"滥用法人独立地位和出资人有限责任,逃避债务,严重损害法人债权人的利益的,应当对法人债务承担连带责任",要否定营利法人的独立人格并要求出资人对法人的债务承担清偿责任,需要满足比较高的标准,至少需要由营利法人的债权人举证证明同时满足以下条件:

一是在行为上,营利法人的出资人存在利用法人独立地位和出资人有限责任的行为。对此,《九民会议纪要》指出:"只有实施了滥用法人独立地位和股东有限责任行为的股东才对公司债务承担连带清偿责任,而其他股东不应承担此责任"。

二是在程度上,出资人对法人独立地位和出资人有限责任的利用达到了滥用的程度,使得法人与出资人在人格、财产等方面产生了混同。《九民会议纪要》指出,此类滥用行为"实践中常见的情形有人格混同、过度支配与控制、资本显著不足等"。

三是在目的上,出资人滥用法人独立地位和出资人有限责任的目的是逃避债务。

四是在后果上,出资人滥用法人独立地位和出资人有限责任严重损害了法人债权人的利益。根据《九民会议纪要》,损害债权人利益主要是指出资人滥用权利使法人财产不足以清偿法人债权人的债权。《九民会议纪要》也指出:"只有在股东实施了滥用公司法人独立地位及股东有限责任的行为,且该行为严重损害了公司债权人利益的情况下,才能适用"。

4. 滥用法人独立地位和出资人有限责任的主要情形:人格混同

《九民会议纪要》第 10 条提出:"认定公司人格与股东人格是否存在混同,最根本的判断标准是公司是否具有独立意思和独立财产,最主要的表现是公司的财产与股东的财产是否混同且无法区分",具体而言:一是,"在认定是否构成人格混同时,应当综合考虑以下因素:(1)股东无偿使用公司资金或者财产,不作财务记载的;(2)股东用公司的资金偿还股东的债务,或者将公司的资金供关联公司无偿使用,不作财务记载的;(3)公司账簿与股东账簿不分,致使公司财产与股东财产无法区分的;(4)股东自身收益与公司盈利不加区分,致使双方利益不清的;(5)公司的财产记载于股东名下,由股东占有、使用的;(6)人格混同的其他情形";二是,"在出现人格混同的情况下,往往同时出现以下混同:公司业务和股东业务混同;公司员工与股东员工混同,特别是财务人员混同;公司住所与股东住所混同"。但是,"人民法院在审理案件时,关键要审查是否构成人格混同,而不要求同时具备其他方面的混同,其他方面的混同往往只是人格混同的补强"。

此外,最高人民法院第 15 号指导案例"某工集团工程机械股份有限公司诉成都某交工贸有限责任公司等买卖合同纠纷案”和《最高人民法院公报》2017 年第 3 期刊载的“邵某与云南通海某通工贸有限公司、通海兴某达工贸有限公司民间借贷纠纷案”,分别从人格、财产、财务、组织机构、人员、业务等方面,对公司与出资人或关联企业之间是否构成混同进行了分析,有助于理解和认定《民法典》第 83 条第 2 款所说的“滥用法人独立地位和出资人有限责任,逃避债务,严重损害法人债权人的利益”的行为。

5. 滥用法人独立地位和出资人有限责任的其他情形

当然,《民法典》第 83 条第 2 款所说的“滥用法人独立地位和出资人有限责任,逃避债务,严重损害法人债权人的利益的,应当对法人债务承担连带责任”,并非只能适用于营利法人与出资人存在混同的情形,只要存在“滥用法人独立地位和出资人有限责任,逃避债务,严重损害法人债权人的利益”的行为,都可以适用《民法典》第 83 条第 2 款所说的“应当对法人债务承担连带责任”的规定。

结合《九民会议纪要》所说的“《公司法》第 20 条第 3 款规定的滥用行为,实践中常见的情形有人格混同、过度支配与控制、资本显著不足等”,除了人格混同,过度支配与控制、资本显著不足也都属于《民法典》第 83 条第 2 款所说的“滥用法人独立地位和出资人有限责任,逃避债务,严重损害法人债权人的利益”的行为。

其中,就过度支配与控制而言,《九民会议纪要》规定:“公司控制股东对公司过度支配与控制,操纵公司的决策过程,使公司完全丧失独立性,沦为控制股东的工具或躯壳,严重损害公司债权人利益,应当否认公司人格,由滥用控制权的股东对公司债务承担连带责任”,并指出,实践中常见的过度支配与控制情形包括:“(1)母子公司之间或者子公司之间进行利益输送的;(2)母子公司或者子公司之间进行交易,收益归一方,损失却由另一方承担的;(3)先从原公司抽走资金,然后再成立经营目的相同或者类似的公司,逃避原公司债务的;(4)先解散公司,再以原公司场所、设备、人员及相同或者相似的经营目的另设公司,逃避原公司债务的;(5)过度支配与控制的其他情形”。比如,营利法人的控股出资人利用其控制地位,先将其控制的不符合破产条件的法人与已资不抵债、符合破产条件的法人进行合并,然后直接申请合并后的法人破产的行为,可能被认定为《民法典》第 83 条第 2 款所说的“滥用法人独立地位和出资人有限责任,逃避债务,严重损害法人债权人的利益”的行为。[①] 2023 年修订后的《公司法》就在其第 23 条第 2 款规定了:“股东利用其控制的两个以上公司实施前款规定行为的,各公司应当对任一公司的债务承担连带责任”。

就资本显著不足而言,《九民会议纪要》规定:“资本显著不足指的是,公司设立后在经营过程中,股东实际投入公司的资本数额与公司经营所隐含的风险相比明显不匹配。股东利用较少资本从事力所不及的经营,表明其没有从事公司经营的诚意,实质

① 在中国某某冶金建设有限公司与上海某达科技集团有限公司股东损害公司债权人利益责任纠纷案中,江苏省高级人民法院(2016)苏民终 187 号民事判决书认为:“某达科技公司作为某洲纸业公司、某大纸业公司的股东,在明确要终止某洲纸业公司、某大纸业公司的情况下,不按照公司法的规定对各公司分别解散、清算或者申请破产,在无证据证明相关公司均符合破产条件且破产清偿率相同的情况下,特意安排先合并、然后直接申请合并后公司破产的终止途径,实质打破了参与合并的公司之间的独立财产界限,构成对某洲纸业公司债权人某某冶公司的侵权,属于《中华人民共和国公司法》第二十条规制的公司股东滥用公司法人独立地位和股东有限责任,逃避债务,严重损害公司债权人利益的行为,应当对公司债务承担连带责任。”

是恶意利用公司独立人格和股东有限责任把投资风险转嫁给债权人。”不过,《九民会议纪要》也提出:“由于资本显著不足的判断标准有很大的模糊性,特别是要与公司采取‘以小博大’的正常经营方式相区分,因此在适用时要十分谨慎,应当与其他因素结合起来综合判断”。

6. 法人人格否认情形下需要对法人债务承担连带责任的主体范围

由于《民法典》第 83 条第 2 款使用的是“营利法人的出资人……滥用……,逃避债务,严重损害法人债权人的利益的,应当对法人债务承担连带责任”的表述,因此,一般而言,即使营利法人的出资人存在“滥用法人独立地位和出资人有限责任,逃避债务,严重损害法人债权人的利益”的行为,该法人的债权人也只能要求存在滥用行为的出资人对该法人的债务承担连带责任,而不能要求虽然是该法人的实际控制人但并非该法人出资人的主体或不存在上述行为的该法人的其他出资人对该法人的债务承担连带责任。

对此,《九民会议纪要》明确指出:“只有实施了滥用法人独立地位和股东有限责任行为的股东才对公司债务承担连带清偿责任,而其他股东不应承担此责任”。此外,广东省广州市中级人民法院(2014)穗中法民二终字第 1581 号民事判决书认为:“《中华人民共和国公司法》第二十条规定:‘公司股东应当遵守法律、行政法规和公司章程,依法行使股东权利,不得滥用股东权利损害公司或者其他股东的利益;不得滥用公司法人独立地位和股东有限责任损害公司债权人的利益。公司股东滥用股东权利给公司或者其他股东造成损失的,应当依法承担赔偿责任。公司股东滥用公司法人独立地位和股东有限责任,逃避债务,严重损害公司债权人利益的,应当对公司债务承担连带责任。’第二十一条规定:‘公司的控股股东、实际控制人、董事、监事、高级管理人员不得利用其关联关系损害公司利益。违反前款规定,给公司造成损失的,应当承担赔偿责任。’对比该两条文可见,公司法并未赋予债权人直接要求公司股东以外的实际控制人对公司债务承担连带责任的权利。”

当然,营利法人的实际控制人虽然可能不是法人的出资人,但是,如果存在《公司法解释二》第 18 条①、第 19 条②、第 20 条第 1 款③和《公司法解释三》第 14 条④等规定的实际控制人须对法人债务承担责任的情形,法人的债权人也可以要求其对法人的债

---

① 《公司法解释二》第 18 条规定:“有限责任公司的股东、股份有限公司的董事和控股股东未在法定期限内成立清算组开始清算,导致公司财产贬值、流失、毁损或者灭失,债权人主张其在造成损失范围内对公司债务承担赔偿责任的,人民法院应依法予以支持。有限责任公司的股东、股份有限公司的董事和控股股东因怠于履行义务,导致公司主要财产、账册、重要文件等灭失,无法进行清算,债权人主张其对公司债务承担连带清偿责任的,人民法院应依法予以支持。上述情形系实际控制人原因造成,债权人主张实际控制人对公司债务承担相应民事责任的,人民法院应依法予以支持。”

② 《公司法解释二》第 19 条规定:“有限责任公司的股东、股份有限公司的董事和控股股东,以及公司的实际控制人在公司解散后,恶意处置公司财产给债权人造成损失,或者未经依法清算,以虚假的清算报告骗取公司登记机关办理法人注销登记,债权人主张其对公司债务承担相应赔偿责任的,人民法院应依法予以支持。”

③ 《公司法解释二》第 20 条第 1 款规定:“公司解散应当在依法清算完毕后,申请办理注销登记。公司未经清算即办理注销登记,导致公司无法进行清算,债权人主张有限责任公司的股东、股份有限公司的董事和控股股东,以及公司的实际控制人对公司债务承担清偿责任的,人民法院应依法予以支持。”

④ 《公司法解释三》第 14 条规定:“股东抽逃出资,公司或者其他股东请求其向公司返还出资本息、协助抽逃出资的其他股东、董事、高级管理人员或者实际控制人对此承担连带责任的,人民法院应予支持。公司债权人请求抽逃出资的股东在抽逃出资本息范围内对公司债务不能清偿的部分承担补充赔偿责任、协助抽逃出资的其他股东、董事、高级管理人员或者实际控制人对此承担连带责任的,人民法院应予支持;抽逃出资的股东已经承担上述责任,其他债权人提出相同请求的,人民法院不予支持。”

务承担相应的责任。

（五）出资人对法人债务的连带责任与普通合伙人对合伙企业债务的责任

需要注意的是，《民法典》第 83 条第 2 款规定的出资人对营利法人的债务所承担的责任，与《合伙企业法》第 2 条规定的普通合伙人对普通合伙企业或有限合伙企业的债务所承担的责任是有区别的。具体而言：

一是就营利法人的单个出资人而言，由于《民法典》第 83 条第 2 款使用的是“营利法人的出资人……，应当对法人债务承担连带责任”的表述，因此，在出资人滥用法人独立地位和出资人的有限责任损害法人债权人利益的情况下，该出资人需要与法人一起对法人的债务承担连带清偿责任，即法人的债权人既可以要求法人清偿法人自己的债务，也可以要求该出资人清偿法人的债务，还可以要求法人与该出资人共同清偿法人的债务。

二是就合伙企业的单个普通合伙人而言，由于《合伙企业法》第 38 条规定了“合伙企业对其债务，应先以其全部财产进行清偿”，第 39 条规定了“合伙企业不能清偿到期债务的，合伙人承担无限连带责任”，第 92 条第 1 款规定了“合伙企业不能清偿到期债务的，债权人可以依法向人民法院提出破产清算申请，也可以要求普通合伙人清偿”，因此，单个普通合伙人对合伙企业的债务承担的是补充清偿责任，而非与合伙企业一起对合伙企业的债务承担连带清偿责任，只有在合伙企业自身的财产不足以清偿其到期债务的情况下，普通合伙人才需要对合伙企业不能清偿的部分承担清偿责任。

（六）反向否认法人人格

还需一提的是，与“法人人格否认”或“刺破法人面纱”相对应，还存在“反向否认法人人格”或“反向刺破法人面纱”的问题。

尽管《民法典》和《公司法》没有直接规定“反向否认法人人格”制度，但是，最高人民法院早在 2003 年就已经规定了反向否认法人人格制度，即：在特定的情况下，法人的出资人的债权人可以要求法人对法人的出资人的债务承担清偿责任。这就是《最高人民法院关于审理与企业改制相关的民事纠纷案件若干问题的规定》（法释〔2003〕1 号）第 7 条的规定：“企业以其优质财产与他人组建新公司，而将债务留在原企业，债权人以新设公司和原企业作为共同被告提起诉讼主张债权的，新设公司应当在所接收的财产范围内与原企业共同承担连带责任”。《民法典》出台后修正的《最高人民法院关于审理与企业改制相关的民事纠纷案件若干问题的规定》（2020 年修正）第 7 条延续了上述内容。

当然，《最高人民法院关于审理与企业改制相关的民事纠纷案件若干问题的规定》第 7 条仅适用于全民所有制企业采取公司制改造的方式进行的改制行为，该条所说的作为新设公司的出资人的“企业”和“原企业”，指的是全民所有制企业，不包括有限责任公司、股份有限公司及其他企业。[①] 并且,《最高人民法院关于审理与企业改制相关的民事纠纷案件若干问题的规定》第 7 条所规定的反向否认法人人格制度,有着严格的适用条件。对此,最高人民法院曾经指出:“这一条规定的新设公司与原企业承担连带责任的法律基础是当事人恶意逃债。只有存在充分证据证明当事人是借企业公司制改造逃废债务时,才适用该项条款”,该条规定“并不限制企业正常投资。……企业投资入股后,原企业的资产价值并不减少,资本金也不发生变化,只是企业部分财产改变了原有的形态,以企业在新设公司中的股权形式表现出来。企业在新设公司中的股权,作为企业的责任财产,与企业的其他财产一样,均可以用于对外偿债。因此,企业投资入股后,如出资人发生偿债问题时,诉讼中不能依据《企业改制规定》第 7 条,将新设公司与出资企业列为共同被告承担连带责任。”[②]具体来说,“其适用条件是:第一,不是正常的出资行为,而是一种掏空企业的行为,将使原企业丧失进行正常生产经营活动的能力。第二,不是真正的企业公司制改造,在转移企业财产的同时,基本不带走债务。财产与负债不成比例,属于一种将债务与资产剥离的行为。第三,债务人企业存在着逃废债务的主观故意”。[③]

此外,最高人民法院于 2019 年 7 月在黑龙江省哈尔滨市召开全国法院民商事审判工作会议期间,法院系统曾有意见特别提及反向刺破法人面纱问题。针对“公司的股东滥用公司法人独立地位,为逃避自身债务将其资产转移至公司,严重损害该股东的债权人利益,该股东的债权人请求公司为该股东的债务承担连带责任”的情形,该意见提出的处理思路是:“人民法院可以根据《公司法》第二十条第三款的规定,支持债权人的诉讼请求。”[④]上述意见尽管未被纳入 2019 年 8 月 6 日公布的《全国法院民商事审判工作会议纪要(最高人民法院民二庭向社会公开征求意见稿)》,也未纳入后来正式出台的《九民会议纪要》,但至少也表明法院系统对反向刺破法人面纱的适用问题存在过上述倾向性意见,应当予以关注。

---

① 《最高人民法院对〈商务部关于请确认《关于审理与企业改制相关的民事纠纷案件若干问题的规定》是否适用于外商投资的函〉的复函》(〔2003〕民二外复第 13 号)认为:“中国企业与外国企业合资、合作的行为,以及外资企业在中国的投资行为,虽然涉及到企业主体、企业资产及股东的变化,但他们不属于国有企业改制范畴,且有专门的法律、法规调整,因此,外商投资行为不受上述司法解释的调整。”

② 转引自潘勇锋:《〈最高人民法院关于审理与企业改制相关民事纠纷案件若干问题的规定〉第七条的适用与反向揭开公司面纱制度——中国工商银行股份有限公司抚顺分行与抚顺铝业有限公司、抚顺铝厂、抚顺新抚钢有限责任公司借款合同纠纷上诉案》,载最高人民法院民事审判第二庭编:《民商事审判指导》2008 年第 2 辑,人民法院出版社 2008 年版。

③ 潘勇锋:《〈最高人民法院关于审理与企业改制相关民事纠纷案件若干问题的规定〉第七条的适用与反向揭开公司面纱制度——中国工商银行股份有限公司抚顺分行与抚顺铝业有限公司、抚顺铝厂、抚顺新抚钢有限责任公司借款合同纠纷上诉案》,载最高人民法院民事审判第二庭编:《民商事审判指导》2008 年第 2 辑,人民法院出版社 2008 年版。

④ 《全国法院民商事审判工作会议会议纪要(征求意见稿)》第 14 条,载微信公众号“中国法律评论”2019 年 8 月 6 日。

第八十四条 【营利法人的特定关联人滥用关联关系的损害赔偿责任】营利法人的控股出资人、实际控制人、董事、监事、高级管理人员不得利用其关联关系损害法人的利益；利用关联关系造成法人损失的，应当承担赔偿责任。

【条文通释】

《民法典》第84条是关于营利法人的特定关联人滥用关联关系的损害赔偿责任的规定。

一、关联人

(一)关联人的界定

"关联人"既是财务概念，也是法律概念。《民法典》本身没有使用"关联人"的表述，但《公司法》使用了"关联人"[①]的表述。《企业会计准则第36号——关联方披露》所说的"关联方"，与"关联人"具有相同的含义，即："一方控制、共同控制另一方或对另一方施加重大影响，以及两方或两方以上同受一方控制、共同控制或重大影响的，构成关联方"。[②]

其中，《民法典》第84条所说的营利法人的"控股出资人""实际控制人""董事""监事"和"高级管理人员"，都属于该营利法人的关联人。

具体而言，结合《公司法》第265条第2项针对公司的"控股股东"所说的"控股股东，是指其出资额占有限责任公司资本总额超过百分之五十或者其持有的股份占股份有限公司股本总额超过百分之五十的股东；出资额或者持有股份的比例虽然低于百分之五十，但依其出资额或者持有的股份所享有的表决权已足以对股东会的决议产生重大影响的股东"，《民法典》第84条所说的"控股出资人"，指向的是其出资额占营利法人资本总额超过50%或者其持有的股份占股份有限公司股本总额超过50%的出资人；出资额或者持有股份的比例虽然不足50%，但依其出资额或者持有的股份所享有的表决权已足以对营利法人权力机构的决议产生重大影响的出资人。

结合《公司法》第265条第3项针对公司的"实际控制人"所说的"实际控制人，是指通过投资关系、协议或者其他安排，能够实际支配公司行为的人"，《民法典》第84条

---

① 《公司法》第182条第2款规定："董事、监事、高级管理人员的近亲属，董事、监事、高级管理人员或者其近亲属直接或者间接控制的企业，以及与董事、监事、高级管理人员有其他关联关系的关联人，与公司订立合同或者进行交易，适用前款规定"。

② 《企业会计准则第36号——关联方披露》第3条规定："一方控制、共同控制另一方或对另一方施加重大影响，以及两方或两方以上同受一方控制、共同控制或重大影响的，构成关联方。控制，是指有权决定一个企业的财务和经营政策，并能据以从该企业的经营活动中获取利益。共同控制，是指按照合同约定对某项经济活动所共有的控制，仅在与该项经济活动相关的重要财务和经营决策需要分享控制权的投资方一致同意时存在。重大影响，是指对一个企业的财务和经营政策有参与决策的权力，但并不能够控制或者与其他方一起共同控制这些政策的制定。"

所说的营利法人的"实际控制人",指的是通过投资关系、协议或者其他安排,能够实际支配营利法人行为的人。

结合《公司法》第 265 条第 1 项针对公司的"高级管理人员"所说的"高级管理人员,是指公司的经理、副经理、财务负责人,上市公司董事会秘书和公司章程规定的其他人员",《民法典》第 84 条所说的营利法人的"高级管理人员",指的是营利法人的经理、副经理、财务负责人,上市公司董事会秘书和法人章程规定为法人高级管理人员的其他人员①。

(二)关联人的范围

需要注意的是,营利法人的关联人不仅仅包括《民法典》第 84 条提及的这 5 类主体,还包括其他主体。

根据《企业会计准则第 36 号——关联方披露》第 4 条的规定,下列各方构成营利法人的关联人:(1)该法人的母公司;(2)该法人的子公司;(3)与该法人受同一母公司控制的其他企业;(4)对该法人实施共同控制的投资方;(5)对该法人施加重大影响的投资方;(6)该法人的合营企业;(7)该法人的联营企业;(8)该法人的主要投资者个人及与其关系密切的家庭成员;(9)该法人或其母公司的关键管理人员及与其关系密切的家庭成员;(10)该法人主要投资者个人、关键管理人员或与其关系密切的家庭成员控制、共同控制或施加重大影响的其他企业。其中,"主要投资者个人"是指能够控制、共同控制一个企业或者对一个企业施加重大影响的个人投资者,"关键管理人员"是指有权力并负责计划、指挥和控制企业活动的人员,"与主要投资者个人或关键管理人员关系密切的家庭成员"是指在处理与企业的交易时可能影响该个人或受该个人影响的家庭成员。

需要注意的是,不同领域的监管机构分别针对各自领域的营利法人规定了不同的

---

① 就高级管理人员的认定而言,实务中有不同意见。有的意见认为应当从相关人员实际行使的职权来认定。比如,甘肃省高级人民法院(2018)甘民终 590 号民事判决书认为:"判断公司相关人员是否为高级管理人员,应从该人员是否担任《中华人民共和国公司法》规定的职务,或者公司的章程是否将担任其他职务的人员规定为公司的高级管理人员进行分析。公司的高级管理人员应是执行公司出资人的决策,拥有执行权或一定程度的决策权,掌握着公司内部管理或外部业务的核心信息,并决定公司的决策及发展方向的特定人群。《甘肃中某某骏车辆有限公司章程》第二十八条规定:'公司设总经理一人,副总经理若干人,正副总经理由董事会聘请'、第二十九条'总经理直接对董事会负责,执行董事会的各项决定,组织领导公司的日常生产、技术和经营管理工作。副总经理协助总经理工作,当总经理缺席或不能工作时,代理行使总经理的职责'。本案中,周某的身份是作为甘肃中某某骏营销部经理全面负责销售工作,在此期间甘肃中某某骏并没有设立副总经理,周某对选择交易对象以及是否签订合同具有决策权,对以什么方式进行资金回收亦有决定权,周某实际上行使的是公司高级管理人员的职权。"《非金融机构支付服务管理办法实施细则》(2020 年修正,已废止)第 3 条第 2 款也曾规定:"前款所称高级管理人员,包括总经理、副总经理、财务负责人、技术负责人或实际履行上述职责的人员。"有的意见则认为,应当主要依据章程的规定来认定。比如,福建省厦门市中级人民法院(2018)闽 02 民终 895 号民事判决书认为:"根据《中华人民共和国公司法》第二百一十六条第一款的规定:'高级管理人员,是指公司的经理、副经理、财务负责人,上市公司董事会秘书和公司章程规定的其他人员'。公司章程具有公示性,某觉公司的公司章程规定的法定代表人以及股东会决议通过的公司经理皆为黄某,章程中并没有记载李某建为公司的正副经理或财务负责人,亦没有其他的授权委任证明。仅凭某觉公司提交的财务凭证及邮件往来,并不足以证明李某建为某觉公司的高管。故……李某建并非某觉公司的高级管理人员。"

关联人认定规则,实务中应当予以关注。比如,针对上市公司的关联人的范围,相关证券交易所的业务规则通常将上市公司的关联人区分为关联法人(或其他组织)和关联自然人,并分别作出了更加具体的规定。① 又如,针对银行保险机构的关联人的范围,《银行保险机构关联交易管理办法》(中国银行保险监督管理委员会令〔2022〕1号)作出了相应的规定②。

(三)不构成关联人的情形

根据《企业会计准则第36号——关联方披露》第5条,仅与营利法人存在下列关系的各方,不构成该法人的关联人:(1)与该法人发生日常往来的资金提供者、公用事业部门、政府部门和机构;(2)与该法人发生大量交易而存在经济依存关系的单个客

---

① 比如,《上海证券交易所股票上市规则(2024年4月修订)》第6.3.3条第1款规定:"上市公司的关联人包括关联法人(或者其他组织)和关联自然人",第2款规定:"具有以下情形之一的法人(或者其他组织),为上市公司的关联法人(或者其他组织):(一)直接或者间接控制上市公司的法人(或者其他组织);(二)由前项所述法人(或者其他组织)直接或者间接控制的除上市公司、控股子公司及控制的其他主体以外的法人(或者其他组织);(三)关联自然人直接或者间接控制的、或者担任董事(不含同为双方的独立董事)、高级管理人员的,除上市公司、控股子公司及控制的其他主体以外的法人(或者其他组织);(四)持有上市公司5%以上股份的法人(或者其他组织)及其一致行动人",第3款规定:"具有以下情形之一的自然人,为上市公司的关联自然人:(一)直接或者间接持有上市公司5%以上股份的自然人;(二)上市公司董事、监事和高级管理人员;(三)直接或者间接地控制上市公司的法人(或者其他组织)的董事、监事和高级管理人员;(四)本款第(一)项、第(二)项所述人士的关系密切的家庭成员",第4款规定:"在过去12个月内或者相关协议或者安排生效后的12个月内,存在本条第二款、第三款所述情形之一的法人(或者其他组织)、自然人,为上市公司的关联人",第5款规定:"中国证监会、本所或者上市公司可以根据实质重于形式的原则,认定其他与上市公司有特殊关系,可能或者已经造成上市公司对其利益倾斜的法人(或者其他组织)或者自然人为上市公司的关联人"。

② 《银行保险机构关联交易管理办法》(中国银行保险监督管理委员会令〔2022〕1号)第5条规定:"银行保险机构的关联方,是指与银行保险机构存在一方控制另一方,或对另一方施加重大影响,以及与银行保险机构同受一方控制或重大影响的自然人、法人或非法人组织",第6条规定:"银行保险机构的关联自然人包括:(一)银行保险机构的自然人控股股东、实际控制人,及其一致行动人、最终受益人;(二)持有或控制银行保险机构5%以上股权的,或持股不足5%但对银行保险机构经营管理有重大影响的自然人;(三)银行保险机构的董事、监事、总行(总公司)和重要分行(分公司)的高级管理人员,以及具有大额授信、资产转移、保险资金运用等核心业务审批或决策权的人员;(四)本条第(一)至(三)项所列关联方的配偶、父母、成年子女及兄弟姐妹;(五)本办法第七条第(一)、(二)项所列关联方的董事、监事、高级管理人员",第7条规定:"银行保险机构的关联法人或非法人组织包括:(一)银行保险机构的法人控股股东、实际控制人,及其一致行动人、最终受益人;(二)持有或控制银行保险机构5%以上股权的,或者持股不足5%但对银行保险机构经营管理有重大影响的法人或非法人组织,及其控股股东、实际控制人、一致行动人、最终受益人;(三)本条第(一)项所列关联方控制或施加重大影响的法人或非法人组织,本条第(二)项所列关联方控制的法人或非法人组织;(四)银行保险机构控制或施加重大影响的法人或非法人组织;(五)本办法第六条第(一)项所列关联方控制或施加重大影响的法人或非法人组织,第六条第(二)至(四)项所列关联方控制的法人或非法人组织",第8条规定:"银行保险机构按照实质重于形式和穿透的原则,可以认定以下自然人、法人或非法人组织为关联方:(一)在过去十二个月内或者根据相关协议安排在未来十二个月内存在本办法第六条、第七条规定情形之一的;(二)本办法第六条第(一)至(三)项所列关联方的其他关系密切的家庭成员;(三)银行保险机构内部工作人员及其控制的法人或其他组织;(四)本办法第六条第(二)、(三)项,以及第七条第(二)项所列关联方可施加重大影响的法人或非法人组织;(五)对银行保险机构有影响,与银行保险机构发生或可能发生未遵守商业原则、有失公允的交易行为,并可据以从交易中获取利益的自然人、法人或非法人组织",第9条规定:"银保监会或其派出机构可以根据实质重于形式和穿透的原则,认定可能导致银行保险机构利益转移的自然人、法人或非法人组织为关联方"。

户、供应商、特许商、经销商或代理商;(3)与该法人共同控制合营企业的合营者。

二、关联关系

(一)关联关系的界定

结合《公司法》第 265 条第 4 项的规定,《民法典》第 84 条所说的"关联关系",指的是营利法人的控股出资人、实际控制人、董事、监事、高级管理人员与其直接或者间接控制的企业之间的关系,以及可能导致该法人利益转移的其他关系;不过,不能仅仅因为"国家控制的营利法人之间同受国家控制"这一事实就认为国家控制的营利法人具有关联关系。

(二)构成关联关系的情形

就公司而言,《公司法》主要是从两个角度来界定"关联关系"的:一是控制的角度,即公司的控股股东、实际控制人、董事、监事、高级管理人员作为控制方,与作为被控制方的企业之间的关系,属于关联关系;二是导致公司利益发生转移的角度,即相关主体与公司之间存在的可能导致利益流入公司或流出公司的关系,也属于关联关系。

据此,如果营利法人与其他主体之间存在控制或被控制的关系,或者存在可能导致营利法人利益发生转移的关系,那么,营利法人与该主体之间就构成关联关系。

此外,如果相关主体之间存在直系血亲、姻亲、共同投资、其他共同利益关系,也可能会被认定为存在关联关系。比如,在上海某宝生物科技有限公司诉辽宁特某维置业发展有限公司等企业借贷纠纷案中,最高人民法院(2015)民二终字第 324 号民事判决书认为:"公司法所称的关联公司,既包括公司股东的相互交叉,也包括公司共同由第三人直接或者间接控制,或者股东之间、公司的实际控制人之间存在直系血亲、姻亲、共同投资等可能导致利益转移的其他关系"。①

(三)不构成关联关系的情形

值得注意的是,并非所有"可能导致营利法人利益转移"的关系都是"关联关系"。尤其是,营利法人仅仅在正常的生产经营过程中与相对方进行交易而导致法人利益转移的情形,不属于关联关系。

对此,《企业会计准则第 36 号——关联方披露》第 5 条规定:"仅与企业存在下列关系的各方,不构成企业的关联方:(一)与该企业发生日常往来的资金提供者、公用事

---

① 上海某宝生物科技有限公司诉辽宁特某维置业发展有限公司企业借贷纠纷案被最高人民法院作为"指导案例 68 号"予以发布。不过,由于最高人民法院在(2015)民二终字第 324 号民事判决书中的关于关联关系的上述意见并没有被"指导案例 68 号"列为"裁判要点",因此,根据《最高人民法院关于案例指导工作的规定》第 7 条关于"最高人民法院发布的指导性案例,各级人民法院审判类似案例时应当参照",《〈最高人民法院关于案例指导工作的规定〉实施细则》第 9 条关于"各级人民法院正在审理的案件,在基本案情和法律适用方面,与最高人民法院发布的指导性案例相类似的,应当参照相关指导性案例的裁判要点作出裁判"和第 10 条关于"各级人民法院审理类似案件参照指导性案例的,应当将指导性案例作为裁判理由引述,但不作为裁判依据引用"的规定,最高人民法院(2015)民二终字第 324 号民事判决书中关于关联关系的上述意见,不属于可以作为人民法院审理类似案件时据以作出裁判的"参照"。

业部门、政府部门和机构。(二)与该企业发生大量交易而存在经济依存关系的单个客户、供应商、特许商、经销商或代理商。(三)与该企业共同控制合营企业的合营者”。

还有,《公司法》第 265 条第 4 项的但书条款也规定了:“国家控股的企业之间不仅因为同受国家控股而具有关联关系”;在此基础上,《企业会计准则第 36 号——关联方披露》第 6 条更是明确规定了:“仅仅同受国家控制而不存在其他关联方关系的企业,不构成关联方”。①

三、关联交易

(一)关联交易的界定

《民法典》第 84 条所说的“利用其关联关系损害法人的利益”主要是通过关联交易实施的。《民法典》仅在第 259 条第 1 款使用了“关联交易”的表述,但没有对“关联交易”进行界定。《公司法》没有使用“关联交易”的表述。《企业会计准则第 36 号——关联方披露》第 7 条所说的“关联方交易”,与“关联交易”具有相同的含义,即:“关联方之间转移资源、劳务或义务的行为,而不论是否收取价款”。

(二)关联交易的类型

结合《企业会计准则第 36 条——关联方披露》第 8 条和《上海证券交易所股票上市规则(2024 年 4 月修订)》的规定,关联交易的类型通常包括下列各项:(1)购买或销售商品;(2)购买或销售商品以外的其他资产(原材料、燃料、动力等);(3)提供或接受劳务;(4)对外投资(含委托理财、委托贷款等);(5)提供财务资助;(6)提供或接受担保②;(7)租入或者租出资产;(8)委托或者受托管理资产和业务;(9)委托或者受托销售;(10)代表企业或由企业代表另一方进行债务结算;(11)支付关键管理人员薪酬;(12)赠与或者受赠资产;(13)债权、债务重组;(14)签订许可使用协议;(15)转让或者受让研究与开发项目;(16)存款、贷款;(17)共同投资;(18)放弃权利(含放弃优先购买权、优先认缴出资权等);(19)通过约定可能引致资源或者义务转移的其他事项。

需要注意的是,针对不同领域的营利法人,监管机构分别规定了不同的关联交易认定规则,实务中应当予以关注。比如,《银行保险机构关联交易管理办法》(中国银行保险监督管理委员会令〔2022〕1 号)针对银行保险机构的关联交易的界定、类型、金额

---

① 值得注意的是,由于《公司法》第 265 条第 4 项的但书条款使用了“不仅因为……”的表述,因此,如果在国家控股的企业之间存在“同受国家控股”这一事实之外,还存在其他情形,可能就应当认定国家控股的这些企业之间具有关联关系了。比如,《上海证券交易所股票上市规则(2024 年 4 月修订)》第 6.3.4 条规定:“上市公司与本规则第 6.3.3 条第二款第(二)项所列法人(或者其他组织)受同一国有资产管理机构控制而形成该项所述情形的,不因此构成关联关系,但其法定代表人、董事长、总经理或者半数以上的董事兼任上市公司董事、监事或者高级管理人员的除外”。

② 就上海证券交易所主板上市公司无偿接受担保而言,虽然在性质上仍然属于关联交易,但可以不按照关联交易的方式进行审议和披露。对此,《上海证券交易所股票上市规则(2024 年 4 月修订)》第 6.3.18 条第 1 项规定:“上市公司与关联人发生的下列交易,可以免于按照关联交易的方式审议和披露:(一)上市公司单方面获得利益且不支付对价、不附任何义务的交易,包括受赠现金资产、获得债务减免、无偿接受担保和财务资助等”。

计算、识别、认定、管理等作出了具体的规定。

四、特定关联人滥用关联关系的损害赔偿责任

(一)特定关联人的范围

由于《民法典》第 84 条使用了"营利法人的控股出资人、实际控制人、董事、监事、高级管理人员……利用关联关系造成法人损失的,应当承担赔偿责任"的表述,因此,《民法典》第 84 条所说的"利用关联关系造成法人损失的,应当承担赔偿责任",仅适用于营利法人的特定关联人,即营利法人的控股出资人、实际控制人、董事、监事、高级管理人员,不适用于营利法人的其他关联人,也不适用于其他主体。[①]

(二)特定关联人不得滥用关联关系

《民法典》第 84 条对营利法人的特定关联人(即控股出资人、实际控制人、董事、监事、高级管理人员)提出了要求,即"不得利用其关联关系损害法人的利益";并规定了相应的后果模式,即特定关联人"利用关联关系造成法人损失的,应当承担赔偿责任"。

《民法典》第 84 条所说的"利用其关联关系损害法人的利益",主要指向的是特定的关联人通过实施关联交易等积极的作为的方式损害法人利益。

需要注意的是,《民法典》和其他法律都没有一刀切地禁止关联交易[②],而只是要求营利法人的关联人不得利用其关联关系损害法人的利益,即不得滥用关联关系,其关键在于关联关系的利用发生了"损害法人利益"的后果。这也是《民法典》第 84 条在"利用关联关系"之后同时要求"损害法人利益"或"造成法人损失"的原因。具体而言,现行法律法规主要从关联交易存在或发生的必要性、合理性、决策程序的合法性、信息披露的规范性、关联交易价格的公允性等方面对关联交易进行规制。[③]

(三)特定关联人利用关联关系的损害赔偿责任

《民法典》第 84 条规定了营利法人特定关联人滥用关联关系的法律后果,即"利用关联关系造成法人损失的,应当承担赔偿责任"。其中的"赔偿责任"在性质上属于侵

---

① 比如,最高人民法院(2020)最高法民再 236 号民事判决书认为:"《中华人民共和国公司法》第二十一条规定,'公司的控股股东、实际控制人、董事、监事、高级管理人员不得利用其关联关系损害公司利益。违反前款规定,给公司造成损失的,应当承担赔偿责任。'据此,利用关联关系损害公司利益承担赔偿责任的主体应当是公司的控股股东、实际控制人、董事、监事、高级管理人员。本案中,协某某顺公司并非协某科技公司股东,故二审法院认定一审判决参照前述规定判定协某某顺公司在其关联交易范围内向协某科技公司的债权人承担相应赔偿责任,属于适用法律错误,并无不当,林某的该项主张亦不能成立,本院不予支持。"

② 即使是针对首次公开发行股票的公司,《首次公开发行股票注册管理办法》第 12 条第 1 项也只是要求发行人"不存在严重影响独立性或者显失公平的关联交易"。

③ 比如《监管规则适用指引——发行类第 4 号》、《监管规则适用指引——发行类第 6 号》、《上海证券交易所上市公司自律监管指引第 5 号——交易与关联交易(2023 年 1 月修订)》第 5 条、《深圳证券交易所上市公司自律监管指引第 7 号——交易与关联交易(2023 年修订)》第 6 条。

权责任①,其权利主体是因此受到损失的营利法人②。

由于《民法典》第 84 条使用了“造成法人损失”的表述,因此,只有在营利法人的特定关联人利用关联关系并由此给法人造成损失的情况下,才需要对法人承担赔偿责任;也因此,法人对“控股出资人、实际控制人、董事、监事、高级管理人员利用关联关系损害了其利益、给法人造成了损失”负有举证证明责任。③ 对此,《民事案件案由规定》规定了“公司关联交易损害责任纠纷”案由。

同样地,营利法人的特定关联人只要利用关联关系并由此给法人造成了损失,不论相关交易行为是否履行了法人的内部决策程序,都应当对法人承担赔偿责任。对此,《公司法解释五》第 1 条第 1 款规定了“关联交易损害公司利益,原告公司依据……公司法第二十一条规定请求控股股东、实际控制人、董事、监事、高级管理人员赔偿所造成的损失,被告仅以该交易已经履行了信息披露、经股东会或者股东大会同意等法律、行政法规或者公司章程规定的程序为由抗辩的,人民法院不予支持”。其理由在于“关联交易的核心是公平,本条司法解释强调的是尽管交易已经履行了相应的程序,但如果违反公平原则,损害公司利益,公司依然可以主张行为人承担损害赔偿责任”,“关联交易损害公司利益的,履行法定程序不能豁免关联交易赔偿责任”。④ 就此,最高人民法院(2021)最高法民再 181 号民事判决书也认为:“合法有效关联交易的实质要件

---

① 比如,最高人民法院(2019)最高法民申 6534 号民事裁定书认为:“根据原审查明的事实,某居公司持有某晟公司 78.2%股权,为某晟公司的控股股东。2006 年至 2016 年期间,某居公司将某晟公司 4700 余万元资金转入某居公司账户,前后共持续十年时间不归还。这些款项支付未经过某晟公司股东会或董事会的决议同意,却是由某居公司法定代表人、董事长、总经理范某涛等人签字审批。而范某涛非某晟公司董事、经理,无权决定某晟公司的相关事项,具体转款手续也是由某居公司员工刘某红经办的,均非某晟公司的自主行为。某晟公司作为企业法人,依法具有独立法人人格,享有独立的法人财产权。某居公司作为某晟公司的控股股东,实施的上述行为损害了某晟公司的法人财产权。根据《中华人民共和国公司法》第二十条第一款‘公司股东应当遵守法律、行政法规和公司章程,依法行使股东权利,不得滥用股东权利损害公司或者其他股东的利益’和第二十一条‘公司的控股股东、实际控制人、董事、监事、高级管理人员不得利用其关联关系损害公司利益。违反前款规定,给公司造成损失的,应当承担赔偿责任’的规定,原审判决认定某居公司的行为构成侵权,判令其返还占用某晟公司资金本金及利息损失,具有事实依据。”

② 比如,最高人民法院(2017)最高法民终 87 号民事判决书认为:“公司法限制大股东及公司高级管理人员与公司进行关联交易,损害公司利益,但并非对关联交易一律禁止,对于不损害公司利益的关联交易在一定程度上是允许的,故公司法第二十一条所规定的赔偿责任,应以关联交易损害公司利益为前提。而且,关联交易所产生的责任,是从事关联交易的公司控股股东及高级管理人员对公司的损害赔偿责任,责任的受偿主体是公司而不是公司的债权人。”

③ 比如,最高人民法院(2021)最高法民申 5255 号民事裁定书认为:“本案是损害公司利益责任纠纷,依据侵权责任法的一般法理,损害事实的发生是构成侵权损害赔偿责任的必备要件之一。《中华人民共和国公司法》第二十一条规定:‘公司的控股股东、实际控制人、董事、监事、高级管理人员不得利用其关联关系损害公司利益。违反前款规定,给公司造成损失的,应当承担赔偿责任。’由此,公司股东、实际控制人、董事、监事、高级管理人员对公司承担损害赔偿责任应以对公司造成损失为前提。本案中薛某和、欧某杰、林某、薛某文提交的证据不足以证明游某辉、郑某耀作为公司股东以某恒公司名义开发某恒樾府项目给某恒公司造成了实际损失,薛某和、欧某杰、林某、薛某文主张的 2080 万元损失仅为预估的数额,亦无相应的证据予以佐证,二审判决据此未支持其关于赔偿 2080 万元损失的诉讼请求,并无不当。”类似的裁判意见,还可见最高人民法院(2019)最高法民终 1008 号民事判决书、最高人民法院(2019)最高法民申 4427 号民事裁定书、最高人民法院(2018)最高法民终 664 号民事判决书。

④ 《依法保护股东权益 服务保障营商环境——最高人民法院民二庭相关负责人就〈关于适用《中华人民共和国公司法》若干问题的规定(五)〉答记者问》,载《人民法院报》2019 年 4 月 29 日,第 3 版。

是交易对价公允。参照《最高人民法院关于适用〈中华人民共和国公司法〉若干问题的规定（五）》第一条……的精神，应当从交易的实质内容即合同约定、合同履行是否符合正常的商业交易规则以及交易价格是否合理等进行审查。"①

就公司而言，针对公司的控股股东、实际控制人利用关联关系损害公司利益的行为，公司可以依据《公司法》第 22 条的规定起诉公司的控股股东、实际控制人；公司的其他股东也可以依据《公司法》第 189 条第 3 款和第 1 款的规定，请求公司的执行机构、监督机构起诉公司的控股股东、实际控制人；在符合《公司法》第 189 条第 2 款规定的条件时，公司的其他股东还可以为了公司的利益以自己的名义直接起诉公司的控股股东、实际控制人。②

针对公司的董事、监事、高级管理人员利用关联关系损害公司利益的行为，公司可以依据《公司法》第 22 条、第 188 条的规定起诉公司的董事、监事、高级管理人员；公司的其他股东也可以依据《公司法》第 189 条第 1 款的规定，请求公司的监督机构起诉公司的董事、高级管理人员，或请求公司的执行机构起诉公司的监事；在符合《公司法》第 189 条第 2 款规定的条件时，公司的其他股东还可以为了公司的利益以自己的名义直接起诉公司的董事、监事、高级管理人员。

对此，《公司法解释五》第 1 条规定了"关联交易损害公司利益，……公司没有提起诉讼的，符合公司法第一百五十一条第一款规定条件的股东，可以依据公司法第一百五十一条第二款、第三款规定向人民法院提起诉讼。"

在此基础上，针对公司的控股股东、实际控制人、董事、监事、高级管理人员利用其关联关系与公司进行的交易存在无效或者可撤销的情形，《公司法解释五》第 2 条进一步规定："关联交易合同存在无效或者可撤销情形，公司没有起诉合同相对方的，符合公司法第一百五十一条第一款规定条件的股东，可以依据公司法第一百五十一条第二款、第三款规定向人民法院提起诉讼。"该规定实际上"扩展了股东代表诉讼的适用范围，将之扩大到关联交易合同的确认无效和撤销纠纷中"③，其背后的考量在于"关联

---

① 此外，湖北省高级人民法院（2018）鄂民再 61 号民事判决书也认为："一般而言，判断交易价格是否公允，是否存在恶意低价出售的情况，应当综合产品市场价格、历史价格、材料成本、终端采购价格等各方面因素进行考察分析。"

② 比如，最高人民法院（2016）最高法民终 528 号民事判决书（载《最高人民法院公报》2018 年第 8 期）认为："盈余分配是用公司的利润进行给付，公司本身是给付义务的主体，若公司的应分配资金因被部分股东变相分配利润、隐瞒或转移公司利润而不足以现实支付时，不仅直接损害了公司的利益，也损害到其他股东的利益，利益受损的股东可直接依据《中华人民共和国公司法》第二十条第二款的规定向滥用股东权利的公司股东主张赔偿责任，或依据《中华人民共和国公司法》第二十一条的规定向利用其关联关系损害公司利益的控股股东、实际控制人、董事、监事、高级管理人员主张赔偿责任，或依据《中华人民共和国公司法》第一百四十九条的规定向违反法律、行政法规或者公司章程的规定给公司造成损失的董事、监事、高级管理人员主张赔偿责任。本案中，首先，李某军既是某一热力公司法定代表人，又是兴某某安公司法定代表人，其利用关联关系将某一热力公司 5600 万余元资产转让款转入关联公司，若李某军不能将相关资金及利息及时返还某一热力公司，则李某军应当按照《中华人民共和国公司法》第二十一条、第一百四十九条的规定对该损失向公司承担赔偿责任。其次，某立门业公司应得的盈余分配先是用某一热力公司的盈余资金进行给付，在给付不能时，则李某军转移某一热力公司财产的行为损及该公司股东某立门业公司利益，某立门业公司可要求李某军在某一热力公司给付不能的范围内承担赔偿责任。"

③ 《依法保护股东权益 服务保障营商环境——最高人民法院民二庭相关负责人就〈关于适用《中华人民共和国公司法》若干问题的规定（五）〉答记者问》，载《人民法院报》2019 年 4 月 29 日，第 3 版。

交易合同不同于一般的合同,是关联人通过关联关系促成的交易,而关联人往往控制公司或者对公司决策产生重大影响,即使合同存在无效或者可撤销的情形,公司本身也很难主动提出请求。故在关联交易中,有必要给股东相应救济的权利。在公司不撤销该交易的情形下,符合条件的股东可根据法律规定提起股东代表诉讼,来维护公司利益,进而维护股东自身利益"①。

应该说,《公司法解释五》第 1 条的上述规定,对《公司法》第 189 条(原《公司法》第 151 条)关于股东代表诉讼的规定进行了扩大解释,使得在公司的董事、监事、高级管理人员利用其关联关系损害公司利益,给公司造成损失但相关行为又不构成公司的董事、监事、高级管理人员执行公司职务的行为的情况下,符合条件的股东也可以针对其提起股东代表诉讼;并且,《公司法解释五》第 2 条的规定,突破了《公司法》第 189 条(原《公司法》第 151 条)关于提起股东代表诉讼须以公司利益受到损害、公司遭受了损失为前提的规定,只要关联交易合同存在无效或可撤销的情形,就有该条适用的余地,而无须以"关联交易损害了公司的利益、给公司造成了损失"为前提。

(四)特定关联人滥用关联关系的共同侵权责任

在营利法人的特定关联人"利用关联关系造成法人损失"的行为符合共同侵权的构成要件的情况下,根据《民法典》第 84 条关于"营利法人的控股出资人、实际控制人、董事、监事、高级管理人员……利用关联关系造成法人损失的,应当承担赔偿责任"和第 1168 条关于"二人以上共同实施侵权行为,造成他人损害的,应当承担连带责任"的规定,该特定关联人须与其他共同侵权人就给法人造成的损害承担连带赔偿责任。②

五、《民法典》第 84 条不涉及关联交易行为的效力认定

需要注意的是,《民法典》第 84 条只是规定了特定关联人滥用关联关系的损害赔偿责任,不涉及关联交易行为的效力认定问题。不能简单地以《民法典》第 84 条使用了"不得利用其关联关系损害法人的利益"的表述就认为违反《民法典》第 84 条规定的关联交易行为无效。③

由于《民法典》第 84 条针对"营利法人的控股出资人、实际控制人、董事、监事、高

---

① 《依法保护股东权益 服务保障营商环境——最高人民法院民二庭相关负责人就〈关于适用《中华人民共和国公司法》若干问题的规定(五)〉答记者问》,载《人民法院报》2019 年 4 月 29 日,第 3 版。

② 比如,最高人民法院(2021)最高法民终 1052 号民事判决书认为:"大某桥公司和中某物流公司利用其关联关系经营本应属于某博公司的国内运输业务,给某博公司造成损失,其双方的侵权行为与某博公司的利益损失具有因果关系,大某桥公司和中某物流公司应承担连带责任。"

③ 比如,最高人民法院(2018)最高法民申 5789 号民事裁定书认为:"《协议》签订之时,某瀚公司的股东为某鼎基金和曾某藩,某鼎基金占股 80%,曾某藩占股 20%。曾某藩与曾某伦系兄弟关系,曾某伦为实际出资人、隐名股东,曾某藩代曾某伦持股,系显名股东。某瀚公司又对某鸿公司 100%持股。故各方签订《协议》所作的安排,确已构成关联交易,但基于关联交易而缔结的合同并不当然无效,某瀚公司仅以构成关联交易而主张否定《协议》之效力,理据不足。某瀚公司既参与了订立五方《协议》,包括其显名股东、隐名股东在内的某瀚公司全部股东也均为《协议》的缔约主体,现其否认《协议》是其真实意思表示,理据并不充分。如其认为某鼎基金、曾某藩、曾某伦等通过《协议》的关联交易损害了公司利益,应依照《中华人民共和国公司法》第二十一条第二款之规定请求相关主体承担赔偿责任,而不能径直否定《协议》之合同效力。"类似的裁判意见,还可见最高人民法院(2016)最高法民申 724 号民事裁定书。

级管理人员”“利用其关联关系损害法人利益”的行为规定的处理办法是“承担赔偿责任”，这种处理办法与《民法典》第 157 条关于民事法律行为无效、被撤销和确定不发生效力的处理办法（即“民事法律行为无效、被撤销或者确定不发生效力后，行为人因该行为取得的财产，应当予以返还；不能返还或者没有必要返还的，应当折价补偿。有过错的一方应当赔偿对方由此所受到的损失；各方都有过错的，应当各自承担相应的责任”）是不同的，因此，《民法典》第 84 条并未被明确为违反了将导致相关民事法律行为无效的强制性规定（或效力性强制性规定），仅仅违反《民法典》第 84 条的规定并不足以使相关行为无效；但是，如果在违反《民法典》第 84 条的规定的同时，还存在《民法典》规定的其他足以导致相关民事法律行为或合同无效的事由，尤其是《民法典》第 154 条所说的“行为人与相对人恶意串通，损害他人合法权益”的情形，则另当别论。

此外，《公司法解释五》第 2 条关于“关联交易合同存在无效、可撤销或者对公司不发生效力的情形，公司没有起诉合同相对方的，符合公司法第一百五十一条第一款规定条件的股东，可以依据公司法第一百五十一条第二款、第三款规定向人民法院提起诉讼”的规定，以及《最高人民法院关于为设立科创板并试点注册制改革提供司法保障的若干意见》第 10 条关于“对于通过关联交易损害公司利益的公司控股股东、实际控制人等责任主体，即使履行了法定公司决议程序也应承担民事赔偿责任；关联交易合同存在无效或者可撤销情形，符合条件的股东通过股东代表诉讼向关联交易合同相对方主张权利的，应当依法予以支持”，实际上也表明，违反《民法典》第 84 条或《公司法》第 22 条的规定实施的民事法律行为并非当然无效，否则上述规定就不会再使用“关联交易合同存在无效或者可撤销情形”的表述了。

基于上述，有关营利法人特定关联人“利用其关联关系损害法人的利益”的行为的效力，包括是否对法人发生效力、是否无效、是否可撤销等，应当依照《民法典》总则编关于民事法律行为的效力的规定和合同编关于合同效力的规定加以认定。

第八十五条　【营利法人决议的撤销】营利法人的权力机构、执行机构作出决议的会议召集程序、表决方式违反法律、行政法规、法人章程，或者决议内容违反法人章程的，营利法人的出资人可以请求人民法院撤销该决议。但是，营利法人依据该决议与善意相对人形成的民事法律关系不受影响。

【条文通释】

《民法典》第 85 条是关于营利法人权力机构、执行机构决议的撤销的规定。

一、营利法人决议的性质和类型

（一）营利法人决议的性质

结合《民法典》第 94 条第 2 款和《公司法》第 59 条、第 66 条、第 67 条、第 73 条、第 78 条、第 112 条、第 116 条、第 120 条、第 124 条等规定，营利法人决议是法人的权力机构、执行机构、监督机构或法定代表人依照法律和法人章程规定的权限和程序，就其职权范围内的事项作出的决定。

根据《民法典》第134条第2款关于“法人、非法人组织依照法律或者章程规定的议事方式和表决程序作出决议的,该决议行为成立”的规定,营利法人的权力机构、执行机构、监督机构或法定代表人作出决议或决定的行为,为法人决议行为,也属于民事法律行为;当然,属于特殊的民事法律行为。

(二)营利法人决议的类型

根据《民法典》第80条至第82条,结合《公司法》有关公司股东会、董事会、监事会决议的规定,从决议作出主体看,营利法人的决议通常包括权力机构决议、执行机构决议和监督机构决议。

此外,结合《民法典》第94条第2款所说的“捐助法人的决策机构、执行机构或者法定代表人作出决定”,营利法人的法定代表人作出的决定,也应属于营利法人的决议类型。

(三)营利法人决议的法律适用

在法律适用上,由于营利法人的决议行为属于特殊的民事法律行为,因此,根据《民法典》第2条关于“民法调整平等主体的自然人、法人和非法人组织之间的人身关系和财产关系”和第11条关于“其他法律对民事关系有特别规定的,依照其规定”的规定,应当先适用《公司法》等特别法律的规定;在且仅在《公司法》等特别法律未作规定的范围内,则应当适用《民法典》有关民事法律行为的一般规定。

二、营利法人决议撤销制度

在《公司法》第26条关于公司决议撤销的规定的基础上,《民法典》第85条建立了适用于各类营利法人的统一的决议撤销制度。

(一)营利法人决议撤销制度的适用对象

由于《民法典》第85条使用了“营利法人的权力机构、执行机构作出决议……的,……可以请求……撤销该决议”的表述,因此,《民法典》第85条规定的决议撤销制度仅适用于营利法人的权力机构决议和执行机构决议,不适用于监督机构决议或法定代表人决定。这跟《公司法》第26条规定的公司决议撤销制度仅适用于公司的股东会决议和董事会决议是相同的,跟《民法典》第94条第2款规定的捐助法人决议撤销制度既适用于捐助法人的决策机构决议和执行机构决议、还适用于捐助法人的法定代表人决定是不同的。

(二)营利法人决议撤销事由

针对营利法人的权力机构决议和执行机构决议,《民法典》第85条规定了三种撤销事由:一是作出决议的会议召集程序、表决方式违反法律,二是作出决议的会议召集程序、表决方式违反法人章程,三是决议内容违反法人章程。前两种属于决议撤销的程序事由,第三种属于决议撤销的实体事由。

1. 程序事由

根据《民法典》第 85 条的规定,营利法人的权力机构或执行机构作出决议的会议召集程序、表决方式,不论是违反法律、行政法规,还是违反法人章程,都属于决议撤销事由。

不过,《民法典》和《公司法》都没有对何为"召集程序"直接作出界定。应该说,会议召集程序涉及会议召集的全过程和各个方面,至少涉及以下几个:

一是召集人的资格和权限。比如,《公司法》第 61 条规定了,有限公司首次股东会会议由出资最多的股东召集;第 63 条规定了,有限公司成立之后的股东会会议原则上由执行机构召集,在特定情况下由监督机构召集或由特定股东召集;第 76 条第 3 款规定了,有限公司的监事会会议原则上由监事会主席召集,在特定情况下由特定监事召集;第 114 条规定了,股份公司的股东会会议原则上由董事会召集,特定情况下由监事会召集或由特定股东召集;第 122 条第 2 款规定了,股份公司的董事会会议原则上由董事长召集,特定情况下由副董事长或特定董事召集;第 130 条第 3 款规定了,股份公司的监事会会议原则上由监事会主席召集,特定情况下由监事会副主席或特定监事召集。

二是召集召开会议的通知,包括通知时间、通知方式、通知对象、通知事项等,具体可见《公司法》第 64 条第 1 款、第 103 条第 1 款、第 115 条第 1 款、第 123 条等条款。

不过,召集程序只是营利法人相关会议召开的部分程序,属于会议召开前的程序,营利法人相关会议的召开过程涉及的事项,同样可能导致营利法人相关决议不符合法律、行政法规的规定。比如,会议的召集人拒绝相关出资人或董事或其他人员出席会议或者设置其他的限制条件,从而事实上剥夺了相关出资人或董事或其他人员出席会议的权利以及对相关事项行使表决权的权利。

同样地,《民法典》和《公司法》也没有对何为"表决方式"作出界定。此外,《民法典》第 134 条第 2 款使用了"议事方式"和"表决程序"的表述,但也没有对"表决程序"作出规定。在合伙企业的情形,《合伙企业法》第 30 条则使用了"表决办法"的表述。应该说,"表决方式"与"表决程序""表决办法"指向的内容是不同的。

第一,关于表决方式。综合《全国人民代表大会议事规则》(2021 年修正)第 60 条、《上市公司股东大会规则》(2022 年修订)第 35 条、《中国银监会关于印发商业银行公司治理指引的通知》(银监发〔2013〕34 号,已废止)第 29 条、《银行保险机构公司治理准则》(银保监发〔2021〕14 号)第 50 条、《中华全国律师协会理事会议事规则(试行)》(2004 年)第 10 条的规定,"表决方式"一般包括以下几种:(1)投票表决方式(包括记名或无记名投票表决)、口头表决方式、举手表决方式、按表决器方式;(2)会议(包括视频会议)表决方式与通讯表决(或书面传签表决)方式;(3)现场表决方式与网络表决方式等。

这些表决方式是基于不同的因素进行的分类,相互之间也有重叠。比如,会议表决方式是与通讯表决方式相对应的,但会议表决也可以采取投票表决方式、口头表决方式、举手表决方式或按表决器的表决方式。

第二,关于表决办法。《民法典》和《公司法》本身没有使用"表决办法"的表述。结合《合伙企业法》第 30 条所说的"合伙协议未约定或者约定不明确的,实行合伙人一人一票并经全体合伙人过半数通过的表决办法”,《第七届全国人民代表大会第三次会议关于〈中华人民共和国香港特别行政区基本法(草案)〉的审议程序和表决办法》《第八届全国人民代表大会第一次会议关于〈中华人民共和国澳门特别行政区基本法(草案)〉的审议程序和表决办法》《第十三届全国人民代表大会第一次会议关于第十三届全国人民代表大会专门委员会主任委员、副主任委员、委员人选的表决办法》,“表决办法”至少包括这些内容:一是表决所采取的表决方式;二是表决票的计算规则;三是通过决议所需的人数或表决票或表决权的数量;四是表决结果的宣布或公布。由此,“表决方式”属于“表决办法”的一部分。

第三,关于表决程序。结合《立法法》《香港特别行政区基本法附件二香港特别行政区立法会的产生办法和表决程序》《北京市高级人民法院关于审理公司强制清算案件操作规范(试行)》(京高法发〔2009〕473 号)的规定,“表决程序”包括的内容比“表决方式”“表决办法”都要广,涵盖了整个表决过程的方方面面,包括:一是相关事项是否进入表决程序。二是关于采取何种方式进行表决、如何进行表决的事项。以投票表决为例,涉及表决票的发放(发票)、表决票的填写规则、表决票的填写及提交(投票)、表决票的计算(计票)、表决票计算的监督(监票),是否可以委托他人代为表决等事项。三是关于相关人员是否需要回避表决、享有表决权的人员的确认、相关人员所进行的表决是否有效等事项。以投票表决为例,相关人员是否因为存在利害关系需要回避表决,如何认定是否需要回避表决,相关人员所填写的表决票是否有效等事项。四是关于相关决议是否通过以及未通过的决议是否进行第二次表决或采取其他安排的规定。比如,《北京市高级人民法院关于审理公司强制清算案件操作规范(试行)》(京高法发〔2009〕473 号)第 36 条规定,在公司强制清算程序中,因清算组成员与决议事项有直接利害关系而回避表决导致无法形成多数意见的,清算组可以请求人民法院决定。

基于上述,“表决程序”“表决办法”和“表决方式”在外延上是包含的关系:“表决程序”的内容包括了“表决办法”和“表决方式”,而“表决办法”的内容则包括了“表决方式”。从而,《民法典》第 85 条采用“表决方式”的措辞可能是一种失误,其本意可能应该是“表决办法”;[①]进而,《民法典》第 85 条所说的导致营利法人的相关决议可被撤销的“表决方式”,不仅应当包括“表决办法”,还应当包括与表决相关的所有事项,这样才符合《民法典》第 85 条的立法目的,才足以保护营利法人出资人尤其是非控股出资人的利益。

进而,从程序正义的角度,有必要将《民法典》第 85 条所说的“会议召集程序、表决方式”扩大适用于相关会议的全过程,包括会议前的召集程序、通知程序、会议的召开程序、会议的记录与决议的签署、会议结果的宣布、通知或公告等事项;只要相关会议的召集、召开、表决以及与召开会议相关的其他程序性事项违反了法律、行政法规或法人章程,均应允许营利法人的出资人申请撤销相关会议作出的决议。两相比较,《民法

① 这在最高人民法院 2012 年 9 月 18 日发布的指导案例 10 号(李某军诉上海佳某力环保科技有限公司公司决议撤销纠纷案)的下述裁判理由中也可以看到:“从表决方式看,根据佳某力公司章程规定,对所议事项作出的决定应由占全体股东三分之二以上的董事表决通过方才有效,上述董事会决议由三位股东(兼董事)中的两名表决通过,故在表决方式上未违反法律、行政法规或公司章程的规定。”上述裁判理由也将“表决办法”表述成“表决方式”。

典》第 94 条第 2 款针对捐助法人决定撤销所说的“捐助法人的决策机构、执行机构或者法定代表人作出决定的程序违反法律、行政法规、法人章程”，更加准确、也更为可取。①

2. 实体事由

根据《民法典》第 85 条的规定，营利法人的权力机构或执行机构的决议内容违反法人章程，属于决议撤销事由。

由于《民法典》第 85 条使用了“决议内容违反法人章程”的表述，考虑到《公司法》第 26 条第 1 款并没有针对公司决议内容违反公司章程这一撤销事由作出类似于“但是，股东会、董事会的会议召集程序或者表决方式仅有轻微瑕疵，对决议未产生实质影响的除外”的限制性规定，因此，只要营利法人的权力机构或执行机构的决议存在违反法人章程的内容，就都属于《民法典》第 85 条所说的“决议内容违反法人章程”，从而构成决议撤销事由。

需要注意的是，营利法人的权力机构或执行机构的决议内容违反法律、行政法规的强制性规定，属于决议无效事由。对此，《公司法》第 25 条规定了：“公司股东会、董事会的决议内容违反法律、行政法规的无效”。据此，如果营利法人的权力机构或执行机构的决议内容不仅违反法人章程，还违反法律、行政法规的强制性规定，那么，该情形就属于决议无效事由，将导致决议无效，而不仅仅是被撤销。

（三）有权撤销营利法人决议的主体

1. 法院

由于《民法典》第 85 条使用的是“营利法人的出资人可以请求人民法院撤销该决议”的表述，而没有像《民法典》第 147 条至第 151 条那样使用“请求人民法院或者仲裁机构予以撤销”的表述，因此，结合《最高人民法院关于撤销中国国际经济贸易仲裁委员会（2009）CIETACBJ 裁决（0355）号裁决案的请示的复函》（〔2011〕民四他字第 13 号）所说的“根据《中华人民共和国公司法》第一百八十一条的规定②，仲裁机构裁决解散公司没有法律依据，属于无权仲裁的情形”，营利法人决议的撤销，需由出资人向法院申请、由法院审理后以裁判方式予以撤销。对此，《民事案件案由规定》规定了“公司决议撤销纠纷”案由。

也就是说，撤销营利法人权力机构或执行机构的决议的权力，只能由法院行使，仲

---

① 值得一提的是，2016 年 4 月 12 日公布的《公司法解释四征求意见稿》第 7 条第 1 款曾规定：“公司法第二十二条第二款所称的‘召集程序’和‘表决方式’，包括股东会或者股东大会、董事会会议的通知、股权登记、提案和议程的确定、主持、投票、计票、表决结果的宣布、决议的形成、会议记录及签署等事项。”应该说，最高人民法院曾经注意到了这个问题。不过，遗憾的是，由于 2017 年 3 月通过的《民法总则》第 85 条使用了与原《公司法》第 22 条第 2 款相同的表述，因此，2017 年正式出台的《公司法解释四》没有纳入上述征求意见稿中的条款。

② 现为《公司法》（2023 年修订）第 229 条第 1 款，原文为：“公司因下列原因解散：（一）公司章程规定的营业期限届满或者公司章程规定的其他解散事由出现；（二）股东会决议解散；（三）因公司合并或者分立需要解散；（四）依法被吊销营业执照、责令关闭或者被撤销；（五）人民法院依照本法第二百三十一条的规定予以解散”。《公司法》第 231 条规定：“公司经营管理发生严重困难，继续存续会使股东利益受到重大损失，通过其他途径不能解决的，持有公司百分之十以上表决权的股东，可以请求人民法院解散公司”。

裁机构无权行使;从而,仲裁机构裁决撤销营利法人决议,没有法律依据,属于无权仲裁的情形。[①] 不过,实务中也有不同意见[②],也存在仲裁机构对决议效力纠纷作出裁决的情况[③]。[④]

需要注意的是,为"解决其他法律规定可诉讼的情形下,与可仲裁性的关系问题",司法部2021年7月30日公布的《中华人民共和国仲裁法(修订)(征求意见稿)》[⑤]第26条规定了"法律规定当事人可以向人民法院提起民事诉讼,但未明确不能仲裁的,当事人订立的符合本法规定的仲裁协议有效"。如果将来立法机关正式通过的修订后的《仲裁法》作出了这样的规定,那么,照此规定,就应当认为,《民法典》第85条所说的"营利法人的出资人可以请求人民法院撤销该决议"并没有排除营利法人的出资人根据法人章程规定的合法有效的仲裁条款就法人决议效力纠纷向仲裁机构申请仲裁。

2. 营利法人权力机构或执行机构自身

结合《公司法》第229条第1款第2项所说的"公司因下列原因解散:……(二)股东会决议解散",第230条所说的"公司有前条第一款……第二项情形,且尚未向股东分配财产的,可以……经股东会决议而存续"和最高人民法院《关于审理公司强制清算

---

① 比如,北京市第四中级人民法院2023年4月10日作出的(2022)京04民特945号民事裁定书认为:"根据《中华人民共和国公司法》第二十二条第二款规定:'股东会或者股东大会、董事会的会议召集程序、表决方式违反法律、行政法规或者公司章程,或者决议内容违反公司章程的,股东可以自决议作出之日起六十日内,请求人民法院撤销。'第一百八十二条规定:'公司经营管理发生严重困难,继续存续会使股东利益受到重大损失,通过其他途径不能解决的,持有公司全部股东表决权百分之十以上的股东,可以请求人民法院解散公司。'《中华人民共和国民事诉讼法》第二十七条规定:'因公司设立、确认股东资格、分配利润、解散等纠纷提起的诉讼,由公司住所地人民法院管辖。'故三方之间就合同书所涉争议而进行的公司决议效力之诉、股东资格确认之诉、公司清算之诉均属于人民法院专属管辖的范围,不具有可仲裁性。"类似意见,还可见北京市第二中级人民法院(2016)京02民特107号民事裁定书。

② 比如,江苏省南京市中级人民法院(2020)苏01民终2723号民事裁定书认为:"首先,……本案中,某鸭公司章程规定了仲裁条款,……该条款不存在上述司法解释规定的除外情形。其次,根据法律规定,某鸭公司章程对于该公司及其股东等均具有拘束力。讼争的董事会决议效力问题系属执行某鸭公司章程所发生的或与该公司章程有关的争议,按照章程规定,该争议应提交上海国际经济贸易仲裁委员会/上海国际仲裁中心仲裁解决。再次,……本案系公司决议效力确认纠纷,讼争董事会决议的内容不涉及上述不能仲裁的纠纷范围。"

③ 比如,济宁仲裁委2020年2月24日作出济仲裁字(2019)第1184号裁决,确认山东某某物流有限公司于2019年6月17日作出的解除山东某某水利工程有限公司股东资格的股东会决议具有法律效力[见山东省济宁市中级人民法院(2020)鲁08民特10号民事裁定书]。

④ 实务中,也有裁判意见认为即使决议效力纠纷可以申请仲裁,也须以决议全体当事人达成书面仲裁协议为条件。比如,福建省南平市中级人民法院(2021)闽07民特2号民事裁定书认为:"公司决议本质上属于民事法律行为,即便对其法律效力可以由仲裁机构作出评判,但根据仲裁自愿、协商一致的原则,对股东会决议、董事会决议提请仲裁的事项也应当由全体股东或董事在作出决议前或决议之后一致达成仲裁协议,再或对该事项明确记载于公司章程之中,体现全体股东或董事的一致意思表示。"

⑤ 司法部2021年7月30日公布的《中华人民共和国仲裁法(修订)(征求意见稿)》全文见 https://zqyj.chinalaw.gov.cn/h5/readmore?listType=&id=4518,最后访问日期:2024年5月14日。

案件工作座谈会纪要》(法发〔2009〕52 号)第 18 条和第 37 条的规定[①],营利法人的权力机构或执行机构自身可以依法作出新的决议,撤销自己此前已经作出的决议,而不论原决议是否违反法律法规或法人章程。

不过,考虑到《民法典》和《公司法》并没有直接赋予营利法人的权力机构撤销执行机构决议的职权,在法人章程也没有规定此项职权的情况下,营利法人的权力机构应该是无权撤销执行机构的决议的。这跟《立法法》第 108 条规定了上位法制定机关有权撤销特定的下位法制定机关制定的法规[②]是不同的。

(四)营利法人决议撤销之诉的管辖

针对公司决议撤销之诉的地域管辖,《民事诉讼法》第 27 条和《民诉法解释》第 22 条作出了明确的规定,即:因公司决议纠纷提起的诉讼,由公司住所地人民法院管辖。由此,营利法人决议撤销之诉,也应由法人住所地法院管辖。结合《民诉法解释》第 3 条[③]、《公司法解释二》第 24 条第 1 款[④]的规定,法人住所地是指法人主要办事机构所在地,法人办事机构所在地不明确的,以其注册地为住所地。

在级别管辖方面,由于《民事诉讼法》和《民诉法解释》没有对法人决议撤销之诉或决议效力纠纷的级别管辖作出特别规定,因此应当适用《民事诉讼法》有关级别管辖的一般规定。这跟《公司法解释二》第 24 条第 2 款针对公司解散诉讼案件和公司清算案

---

① 最高人民法院《关于审理公司强制清算案件工作座谈会纪要》(法发〔2009〕52 号)第 18 条规定:"公司因……股东会、股东大会决议自愿解散的,人民法院受理强制清算申请后,清算组对股东进行剩余财产分配前,申请人以……股东会、股东大会决议公司继续存续为由,请求撤回强制清算申请的,人民法院应予准许",第 37 条规定:"公司因……股东会、股东大会决议自愿解散的,人民法院受理债权人提出的强制清算申请后,对股东进行剩余财产分配前,公司……股东会、股东大会决议公司继续存续,申请人在其个人债权及他人债权均得到全额清偿后,未撤回申请的,人民法院可以根据被申请人的请求裁定终结强制清算程序,强制清算程序终结后,公司可以继续存续"。

② 《立法法》第 108 条规定:"改变或者撤销法律、行政法规、地方性法规、自治条例和单行条例、规章的权限是:(一)全国人民代表大会有权改变或者撤销它的常务委员会制定的不适当的法律,有权撤销全国人民代表大会常务委员会批准的违背宪法和本法第八十五条第二款规定的自治条例和单行条例;(二)全国人民代表大会常务委员会有权撤销同宪法和法律相抵触的行政法规,有权撤销同宪法、法律和行政法规相抵触的地方性法规,有权撤销省、自治区、直辖市的人民代表大会常务委员会批准的违背宪法和本法第八十五条第二款规定的自治条例和单行条例;(三)国务院有权改变或者撤销不适当的部门规章和地方政府规章;(四)省、自治区、直辖市的人民代表大会有权改变或者撤销它的常务委员会制定的和批准的不适当的地方性法规;(五)地方人民代表大会常务委员会有权撤销本级人民政府制定的不适当的规章;(六)省、自治区的人民政府有权改变或者撤销下一级人民政府制定的不适当的规章;(七)授权机关有权撤销被授权机关制定的超越授权范围或者违背授权目的的法规,必要时可以撤销授权"。

③ 《民诉法解释》第 3 条规定:"公民的住所地是指公民的户籍所在地,法人或者其他组织的住所地是指法人或者其他组织的主要办事机构所在地。法人或者其他组织的主要办事机构所在地不能确定的,法人或者其他组织的注册地或者登记地为住所地。"

④ 《公司法解释二》第 24 条第 1 款规定:"解散公司诉讼案件和公司清算案件由公司住所地人民法院管辖。公司住所地是指公司主要办事机构所在地。公司办事机构所在地不明确的,由其注册地人民法院管辖。"

件作出了特别规定[①]是不同的。

(五)营利法人决议撤销之诉的当事人

1. 原告

由于《民法典》第 85 条使用了"营利法人的出资人可以请求人民法院撤销该决议"的表述,并且,《最高人民法院关于适用〈中华人民共和国公司法〉若干问题的规定(四)》(2020 年修正,以下简称"《公司法解释四》")第 2 条规定了"依据民法典第八十五条、公司法第二十二条第二款请求撤销股东会或者股东大会、董事会决议的原告,应当在起诉时具有公司股东资格",第 3 条第 1 款规定了"原告请求确认股东会或者股东大会、董事会决议不成立、无效或者撤销决议的案件,应当列公司为被告。对决议涉及的其他利害关系人,可以依法列为第三人"。第 3 条第 2 款规定了"一审法庭辩论终结前,其他有原告资格的人以相同的诉讼请求申请参加前款规定诉讼的,可以列为共同原告",因此,可以提起营利法人决议撤销之诉的原告,仅限于在起诉时具有营利法人出资人资格的主体,包括营利法人当时的所有出资人,不论其在营利法人权力机构或执行机构决议作出之时是否具有出资人资格、是否参与相关会议、是否对相关会议的决议事项行使了表决权,也不论其是否同意通过相关决议;但是,可以提起决议撤销之诉的主体,不包括该营利法人自身[②],也不包括该营利法人的董事、监事、高级管理人员或其他主体。

不过,营利法人的出资人作为原告提起决议撤销之诉,可能需要在整个诉讼过程中(包括一审、二审程序)持续具备该营利法人的出资人资格。比如,《山东省高级人民法院关于审理公司纠纷案件若干问题的意见(试行)》(鲁高法发〔2007〕3 号)第 75 条规定:"有限责任公司股东可以作为原告提起股东代表诉讼。股份有限公司股东提起诉讼时,已经连续一百八十日以上持股,并单独或合计持股在公司股份百分之一以上的,人民法院应认定其具有原告资格。诉讼中,原告丧失股东资格的,人民法院应裁定驳回起诉",第 89 条规定:"代表公司百分之十以上表决权的股东,可以请求人民法院解散公司。股东的该项诉权不受出资瑕疵的影响。诉讼中,原告丧失股东资格或实际享有的表决权达不到百分之十的,人民法院应裁定驳回起诉。"[③]尽管上述规定仅适用于股东代表诉讼或公司解散诉讼,但其处理思路同样可能适用于营利法人出资人提起的决议撤销之诉。

2. 被告

针对公司决议撤销之诉的被告,《公司法解释四》第 3 条第 1 款第 1 句作出了明确

---

① 《公司法解释二》第 24 条第 2 款规定:"基层人民法院管辖县、县级市或者区的公司登记机关核准登记公司的解散诉讼案件和公司清算案件;中级人民法院管辖地区、地级市以上的公司登记机关核准登记公司的解散诉讼案件和公司清算案件。"

② 比如,四川省高级人民法院(2016)川民申 3086 号民事裁定书认为,根据《中华人民共和国公司法》第二十二条的规定,股东有权对股东会决议的效力提起诉讼或请求人民法院予以撤销,但公司并无前述法律规定的诉权。

③ 类似的裁判意见,还可见最高人民法院(2014)民一终字第 295 号民事裁定书、最高人民法院(2013)民申字第 645 号民事裁定书。

的规定,即"原告请求确认股东会或者股东大会、董事会决议不成立、无效或者撤销决议的案件,应当列公司为被告"。该规定应该同样适用于营利法人决议撤销之诉。

3. 第三人

针对公司决议撤销之诉的第三人,《公司法解释四》第 3 条第 1 款第 2 句作出了明确的规定,即"原告请求确认股东会或者股东大会、董事会决议不成立、无效或者撤销决议的案件,……对决议涉及的其他利害关系人,可以依法列为第三人"。该规定应该同样适用于营利法人决议撤销之诉。

(六)营利法人决议撤销之诉的起诉期限

针对营利法人决议撤销之诉的起诉期限,与《公司法》第 26 条第 1 款针对公司决议撤销之诉规定了"自决议作出之日起六十日内,请求人民法院撤销",第 2 款针对未通知股东参加股东会会议作出的公司股东会决议的撤销之诉规定了"自知道或者应当知道股东会决议作出之日起六十日内,可以请求人民法院撤销;自决议作出之日起一年内没有行使撤销权的,撤销权消灭",《最高人民法院关于适用〈中华人民共和国公司法〉若干问题的规定(一)》(2014 年修正,以下简称"《公司法解释一》")第 3 条规定了"原告以公司法第二十二条第二款……规定事由,向人民法院提起诉讼时,超过公司法规定期限的,人民法院不予受理"不同,《民法典》第 85 条本身未作规定。由于起诉期限在性质上属于对原告的权利的限制,因此,在法律、司法解释未作明确限制性规定的情况下,对于非公司营利法人来说,应当理解为非公司营利法人的出资人提起决议撤销之诉,不受"自决议作出之日起六十日内"的期限的限制。

不过,考虑到《公司法》第 26 条针对公司决议撤销之诉设定 60 日的期限并在第 2 款规定了 1 年的除斥期间的原因在于保护交易安全和交易秩序,而非公司营利法人决议撤销之诉同样存在保护交易安全和交易秩序的需求,因此,在决议撤销之诉的起诉期限方面,法律或司法解释应当对非公司营利法人和公司采取同样的处理办法。

需要注意的是,就决议撤销之诉是否适用诉讼时效的问题,结合《民法典》第 193 条关于"人民法院不得主动适用诉讼时效的规定",第 199 条关于"法律规定或者当事人约定的撤销权、解除权等权利的存续期间,除法律另有规定外,自权利人知道或者应当知道权利产生之日起计算,不适用有关诉讼时效中止、中断和延长的规定。存续期间届满,撤销权、解除权等权利消灭"的规定和《公司法解释一》第 3 条关于"原告以公司法第二十二条第二款……规定事由,向人民法院提起诉讼时,超过公司法规定期限的,人民法院不予受理"的规定,决议撤销之诉应该是不适用诉讼时效的。并且,就公司股东会决议撤销之诉而言,《公司法》第 26 条第 2 款所说的"自知道或者应当知道股东会决议作出之日起六十日内,可以请求人民法院撤销;自决议作出之日起一年内没有行使撤销权的,撤销权消灭",更是表明未通知股东参加股东会会议作出的公司股东会决议的撤销之诉不适用诉讼时效。

(七)法院如何认定营利法人决议是否应予撤销

根据《民法典》第 85 条的规定,如果营利法人的权力机构、执行机构作出相关决议的会议的召集程序违反了法律、行政法规或法人章程的规定,或者作出相关决议的会议的表决方式违反了法律、行政法规或法人章程的规定,或者相关决议的内容违反了法人章程的规定,经出资人依法提起诉讼,法院就应当撤销相关决议。

不过,《公司法》第26条第1款对公司股东以程序事由提起的决议撤销之诉作了限制性规定,即:"但是,股东会、董事会的会议召集程序或者表决方式仅有轻微瑕疵,对决议未产生实质影响的除外"。据此,在上述除外情形下,法院往往不会支持公司股东提出的撤销公司决议的请求。这应该同样适用于非公司营利法人决议的撤销案件。

需要注意的是,在审理法人决议撤销案件时,法院需要衡量司法介入与法人自治的界限,往往会秉持谦抑性原则。在这方面,上海市第二中级人民法院在就某某创新(海南)股份有限公司与平湖某某海湾度假城休闲服务有限公司公司决议撤销纠纷案作出的(2016)沪02民终5408号民事判决书中的意见,可供参考。

在该民事判决书中,上海市第二中级人民法院认为:"公司在法律规定及章程规定的范围内,对涉及公司治理等事项享有决策权,如无法定撤销情形,应当予以尊重。……根据诉辩双方的意见,本案争议的焦点为某某创新公司第六届第27次董事会关于修改公司章程的决议是否存在法定的可撤销理由。某某创新公司认为该次董事会决议修改公司章程系紧急情况,董事会有权就此进行决议。平湖某某度假公司则认为,修改公司章程并非情况紧急,召集程序违反公司章程,应予撤销。对此,需要明确两个方面的问题,一是应如何把握司法介入与公司自治的尺度,即在某某创新公司章程规定'情况紧急'时董事会有权召开临时会议的前提下,对于该'情况紧急'的判断应由法院予以界定,还是交由公司在商业判断的基础上自行认定?二是因紧急情况召开临时董事会应遵循何种召集方式与程序?"

其中,针对如何把握司法介入与公司自治的尺度的问题,上海市第二中级人民法院认为:"该问题的关键在于,在某某创新公司章程规定'情况紧急'时董事会有权召开临时会议的前提下,对于该'情况紧急'的判断应由法院予以界定,还是交由公司在商业判断的基础上自行认定?首先,就法律适用而言,《公司法》及其司法解释对于涉及公司内部治理时何为'情况紧急'并未进行相应规定。但是《公司法》在尊重公司意思自治的基础上,赋予作为市场主体的公司,可以通过制定章程等方式进行自治管理,此亦《公司法》尊重公司内部治理的体现。其次,某某创新公司章程规定了董事会可以在情况紧急情形下召开临时会议,但综观某某创新公司章程及董事会议事规则,并未就'情况紧急'进行任何定义或者列举。根据某某创新公司提供的2005年5月及9月份、2006年3月份因紧急情况召开临时董事会的情况来看,某某创新公司在以往操作中,分别因修改公司名称、变更公司经营范围、修改公司章程、任命副总经理等事项召开过临时股东会。由此可见,对于某某创新公司而言,'情况紧急'并非一般生活意义上所理解的诸如生命安全、财产安全等紧急状况,而是某某创新公司基于自身市场经营以及商业管理状况进行的商业判断,属于公司自治的范畴,修改公司章程是否属于'情况紧急'应由某某创新公司作出判断为宜,对此,法院应当予以尊重。再次,庭审中,双方当事人已确认,第六届第27次董事会临时会议的起因系之前董事会对于公司重组等处置事项,因关联董事回避表决,导致对于该等事项存在争议。基于此,某某创新公司拟通过修改公司章程,增加独立董事席位的方式解决争议问题。本院认为,董事会在公司从事商业运营过程中具有举足轻重的地位,如无法对相关事项形成有效决议,将会导致董事会决议陷入僵局,在章程规定董事会有权提出章程修正案的情况下,董事会通过修改公司章程、增加董事席位等方式解决争议问题,并无不妥。因此,修改公司章程、增加独立董事等事项属于公司内部治理事项,人民法院仅宜在法律规定范围内就有无法定撤销情形进行审理,不宜对涉公司自治事项进行过度干预与介入。"

针对因紧急情况召开临时董事会应遵循何种召集方式与程序的问题,上海市第二中级人民法院认为:"某某创新公司的章程及董事会议事规则载明,情况紧急需要尽快召开董事会临时会议的,可以随时通过口头或者电话等方式发出会议通知,但召集人应当在会议上做出说明。书面通知包括但不限于信件、传真、电子邮件等形式。某某创新公司于 2015 年 12 月 5 日以邮件方式向各位董事发出召开第 27 次会议的通知,于 12 月 6 日以通信方式召开紧急会议。由此可见,该次会议召集程序符合公司章程因紧急情况召开临时董事会的规定。平湖某某度假公司主张召集人并未就紧急情况在会议上做出说明,但在其未参加会议,且未提供相应证据予以证明的情况下,对该主张,本院不予采信。需要指出的是,第六届第 27 次董事会会议明确,该次决议应当提交股东大会审议通过,而某某创新公司已于 12 月 23 日召开 2015 年第一次临时股东大会,审议通过了《关于修改公司章程的议案》,故修改公司章程的事项已得到了某某创新公司最高权力机构即股东大会的审议通过。原审法院认为某某创新公司第六届第 27 次会议召集程序存在瑕疵的认定,有所不当,本院依法予以纠正。"

(八)营利法人决议的部分撤销

《民法典》第 134 条第 2 款所说的"法人、非法人组织依照法律或者章程规定的议事方式和表决程序作出决议的,该决议行为成立"表明,营利法人的权力机构或执行机构作出的决议,也属于民事法律行为,也应当适用《民法典》有关民事法律行为的一般规定。因此,根据《民法典》第 156 条所说的"民事法律行为部分无效,不影响其他部分效力的,其他部分仍然有效",在营利法人的权力机构或执行机构作出的决议只是部分无效且该部分无效不影响该决议其他决议事项的效力并与其他决议事项并非不可分①的情况下,法院可以并应当仅仅撤销该决议中的无效部分,而不应撤销整个决议。

(九)营利法人决议撤销的法律后果

在法律后果方面,营利法人决议被撤销,既涉及法人内部的法律关系,又可能涉及法人外部的法律关系;而在外部法律关系方面,既可能涉及法人与相对人之间的民事法律关系,还可能涉及法人与登记机关等之间的行政法律关系。

1. 民事法律关系:内部效力

如前所述,在法律适用上,根据《民法典》第 11 条关于"其他法律对民事关系有特别规定的,依照其规定"的规定,由于营利法人的权力机构、执行机构作出决议的行为

---

① 《仲裁法解释》第 19 条规定:"当事人以仲裁裁决事项超出仲裁协议范围为由申请撤销仲裁裁决,经审查属实的,人民法院应当撤销仲裁裁决中的超裁部分。但超裁部分与其他裁决事项不可分的,人民法院应当撤销仲裁裁决。"《民诉法解释》第 475 条规定:"仲裁机构裁决的事项,部分有民事诉讼法第二百四十四条第二款、第三款规定情形的,人民法院应当裁定对该部分不予执行。应当不予执行部分与其他部分不可分的,人民法院应当裁定不予执行仲裁裁决。"

属于特殊的民事法律行为,应首先适用《公司法》等特别法律的规定;在且仅在《公司法》等特别法律未作规定的范围内,则应当适用《民法典》有关民事法律行为的一般规定。由于《公司法》等特别法律本身没有对营利法人决议被撤销对法人内部法律关系的影响作出规定,此时,应当适用《民法典》的相关规定。

针对无效的民事法律行为和被撤销的民事法律行为,《民法典》第 155 条规定了"无效的或者被撤销的民事法律行为自始没有法律约束力",第 156 条规定了"民事法律行为部分无效,不影响其他部分效力的,其他部分仍然有效",第 157 条规定了"民事法律行为无效、被撤销或者确定不发生效力后,行为人因该行为取得的财产,应当予以返还;不能返还或者没有必要返还的,应当折价补偿。有过错的一方应当赔偿对方由此所受到的损失;各方都有过错的,应当各自承担相应的责任。法律另有规定的,依照其规定。"根据上述规定,在内部法律关系方面,在营利法人决议被撤销之后,被撤销的法人决议内容,应追溯至其作出或通过之时就自始没有法律约束力、如同自始就没有存在过;但是,未被撤销的决议的其他内容,则不应受此影响,并应具有法律约束力。

不过,实践中,针对法人决议被撤销的法律后果,不同的法院可能会采取不同的处理办法。有的法院在判决撤销法人决议的同时,会判令法人向登记机关办理相应的变更登记手续甚至明确要求将公司登记恢复至变更前的状态①;有的法院则只是在判决书中明确撤销相应的法人决议,但不提及法人决议被撤销的法律后果②。

此外,考虑到撤销法人决议可能涉及多方当事人(包括法人、出资人等人)的利益;尤其是,对于法人在当事人要求撤销的法人决议作出之后发生了增资、股权转让等诸多变更事项的情形,因此,出于维护、保护在当事人要求撤销的法人决议作出之后形成的新的交易秩序、甚至是公共利益的考量,有的法院可能会倾向于不撤销相关决议。比如,在钱某明与浙江长兴某阳制衣有限公司等公司决议效力确认纠纷案中,针对钱某明要求确认浙江长兴某阳制衣有限公司股东会决议无效或者予以撤销的请求,二审法院浙江省湖州市中级人民法院就曾以涉诉股东会决议作出之后,"某阳公司的股权结构已经数次发生变更,如再予撤销,将导致公司股东间发生连环股权交易纠纷"为由,"从公司治理的效率原则以及股东行使权利应遵循诚信原则出发",认为"被上诉人

---

① 比如,山东省高级人民法院(2014)鲁商初字第 23 号民事判决书认为:"公司股东会决议被确认无效后,对公司内部关系具有溯及力,公司内部法律关系应回归到决议作出之前的状态。本案被认定无效的六次股东会决议内容均系公司增资,故该六次股东会决议无效的后果应是恢复至 2007 年 5 月 18 日第一次增资的股东会决议作出之前公司的注册资本状态与当时股东的持股状态。根据《中华人民共和国公司法》第二十二条第四款之规定,'公司根据股东会或者股东大会、董事会决议已办理变更登记的,人民法院宣告该决议无效或者撤销该决议后,公司应当向公司登记机关申请撤销变更登记。'因此,被告某昌公司应当自本判决生效之日起 30 日内向公司登记机关申请变更登记至 2007 年 5 月 18 日股东会决议作出之前的状态……"又如,河南省郑州高新技术产业开发区人民法院(2018)豫 0191 民初 17160 号民事判决判决如下:"一、撤销河南某瑞科技发展有限公司 2018 年 7 月 13 日的股东会决议。……三、河南某瑞科技发展有限公司于本判决生效后十日内撤销 2018 年 7 月 18 日办理的工商登记变更手续,将工商登记恢复为该次变更前的状态"[来源于河南省郑州市中级人民法院(2019)豫 01 民终 6690 号民事判决书]。类似的裁判意见,还可见四川省成都市中级人民法院(2019)川 01 民终 8783 号民事判决书、海南省第一中级人民法院(2016)琼 96 民终 1499 号民事判决书。

② 比如新疆维吾尔自治区昌吉回族自治州中级人民法院(2021)新 23 民终 2861 号民事判决书、江苏省徐州市中级人民法院(2019)苏 03 民终 7190 号民事判决书、陕西省咸阳市中级人民法院(2017)陕 04 民终 91 号民事判决书。

钱某明在事隔多年以后要求确认股东会决议无效或者予以撤销，应当不予支持”，因此驳回了钱某明的诉讼请求。①

值得一提的是，与法人决议无效不同，法人决议被撤销只是暂时阻断了法人决议事项的实施：在决议被撤销之后，营利法人的权力机构或执行机构仍然可以根据法律、行政法规和法人章程的规定，重新召集和召开会议，审议相同的事项，经依法表决后作出与此前被撤销的决议的内容相同的决议，并付诸实施（包括在需要时向登记机关办理变更登记）。当然，在法人决议因其内容违反法人章程而被撤销的情形，重新通过的决议的内容如果仍然违反法人章程，则仍然属于可撤销的决议。

2. 民事法律关系：外部效力

针对营利法人决议撤销涉及的外部法律关系，《民法典》第 85 条规定了但书条款，即：“营利法人依据该决议与善意相对人形成的民事法律关系不受影响”。在此基础上，针对公司决议被撤销，《公司法》第 28 条第 2 款也规定：“股东会、董事会决议被人民法院宣告无效、撤销或者确认不成立的，公司根据该决议与善意相对人形成的民事法律关系不受影响”。其中的“民事法律关系”，指向的主要是营利法人与相对人之间的财产法律关系，包括但不限于买卖、借贷、投资、担保、委托、承揽等。

据此，在对外关系上，如果相对人是善意的，从保护善意相对人的角度，只要营利法人依据该决议与善意相对人形成的民事法律关系不存在法律规定的无效、可撤销、不生效事由，该民事法律关系就是有效的，不会因为法人决议被撤销而受到任何影响；②但是，如果相对人并非善意，那么，法人与该非善意相对人之间的民事法律关系是否有效，就需要结合具体情况加以认定了。

由此可见，《民法典》第 85 条所说的“营利法人依据该决议与善意相对人形成的民事法律关系不受影响”，属于《民法典》第 155 条所说的“被撤销的民事法律行为自始没有法律约束力”的特别规定、例外规定。

3. 行政法律关系：外部效力

需要注意的是，因民法调整的是民事关系，《民法典》第 85 条使用的也是“营利法

---

① 浙江省湖州市中级人民法院（2016）浙 05 民终 33 号民事判决书。

② 比如，湖南省衡阳市中级人民法院（2018）湘 04 民终 1784 号民事判决书认为：“某润公司在出具抵押担保承诺函时其工商登记的股东为某胜公司和阳某平，衡阳某某银行基于工商登记对外公示的内容，审查了某润公司的股东会决议，该公司全体股东均同意公司提供抵押担保，在抵押合同中该公司加盖了公章，该抵押合同亦办理了相关的抵押登记手续。依照法律规定，公司股东会、董事会决议系公司内部治理范畴，某润公司出具的《股东会决议》使用的某胜食品及某润公司印章真实，某胜食品法人代表阳某平的签名亦属实，且在担保合同签订时，某润公司工商登记的股东为阳某平和某胜食品，同时阳某平为某胜食品的法定代表人。……担保债权人基于对担保人的法定代表人身份、公司法人印章真实性的信赖，基于担保人提供的股东会担保决议形式上的合法性，完全有理由相信该《股东会决议》的真实性。因此，衡阳某银行在接受某润公司为其股东阳某平提供担保的过程中，已尽到基本的、合理的审查义务，主观上是善意的。且上诉人阳某平没有提供证据证明衡阳某某银行为非善意相对人。《中华人民共和国民法总则》第八十五条规定‘营利法人的权力机构、执行机构作出决议的会议召集程序、表决方式违反法律、行政法规、法人章程，或者决议内容违反法人章程的，营利法人的出资人可以请求人民法院撤销该决议，但是营利法人依据该决议与善意相对人形成的民事法律关系不受影响’。故本案中，被上诉人衡阳某某银行作为善意相对人与原审第三人某润公司签订的抵押担保合同依法成立有效，抵押登记合法有效，不应解除。”类似的裁判意见，还可见广东省东莞市中级人民法院（2020）粤 19 民终 5998 号民事判决书。

人依据该决议与善意相对人形成的民事法律关系不受影响”的表述，因此，营利法人决议被撤销是否影响法人与登记机关之间的行政登记法律关系，不属于《民法典》调整的范围，需要结合被撤销的决议的具体情况和其他法律法规的规定加以分析。

如果被撤销的决议原本就不涉及法人登记，该决议被撤销自然不会影响法人与登记机关之间的行政法律关系。但如果营利法人此前已经根据该决议办理了相应的变更登记手续，在该决议被撤销之后，可能还需要向登记机关申请撤销原变更登记，这就涉及法人与登记机关之间的行政法律关系。比如，针对公司决议被撤销，《公司法》第28条第1款规定：“公司股东会、董事会决议被人民法院宣告无效、撤销或者确认不成立的，公司应当向公司登记机关申请撤销根据该决议已办理的登记”。

就公司而言，根据《公司法》第28条第1款的规定，在公司相关决议被撤销之后，公司负有向登记机关申请撤销此前已经依据该相关决议办理的公司登记手续的法定义务。如果公司未履行该项义务，公司股东可以请求人民法院判令公司向登记机关办理撤销登记，人民法院也可以依法判决公司办理撤销登记的手续。如同最高人民法院(2014)民二终字第205号民事判决书所说，“一审法院判决双方当事人进行工商登记变更属依约履行合同，并无不当，不存在干涉或侵犯行政权的情形。至于在履行该合同过程中，当事人之间应否按当地有关文件完成工商变更登记所需的相关报批手续，属当事人自行解决的问题，与判决结果正确与否无关”。①

不过，《公司法》第28条第1款并没有规定登记机关负有依公司的申请撤销相应的登记的义务；此外，因公司相关决议被撤销的情况没有涉及法院的协助执行程序，在公司未提出撤销登记的申请的情况下，登记机关没有义务、也不能依职权主动撤销登记。这跟登记机关根据《公司法》第37条的规定主动采取撤销公司设立登记的措施是不同的。因此，对于公司基于《公司法》第28条第1款规定的义务所提出的撤销登记的申请，登记机关可以依法准予撤销登记，也可以依法基于特定的理由和原因不予撤销登记。②

(十)营利法人决议被撤销之前的效力

尽管《民法典》第155条规定了“无效的或者被撤销的民事法律行为自始没有法律约束力”，但是，结合《最高人民法院公报》2010年第2期刊登的“兰州某骏物流有限公

---

① 比如，山东省高级人民法院(2020)鲁行申940号行政裁定书认为：“《中华人民共和国公司法》第二十二条第四款规定，公司根据股东会或者股东大会、董事会决议已办理变更登记的，人民法院宣告该决议无效或者撤销该决议后，公司应当向公司登记机关申请撤销变更登记。据此，申请撤销变更登记的主体应为公司，张某华作为个人不属于申请撤销变更登记的法定主体，其申请聊城市东昌府区市场监督管理局履行撤销变更登记的法定职责理由不能成立，原审法院判决驳回其诉讼请求并无不当。张某华可通过民事诉讼途径要求聊城市某某建业有限责任公司向公司登记机关申请撤销变更登记，以维护自身合法权益。”

② 比如，上海市第一中级人民法院(2013)沪一中行终字第46号行政判决书认为：“本案中，虽被上诉人作出的工商变更登记行为所依据的股东会决议被生效判决确认为虚假，但上诉人申请撤销的9次工商变更登记并非包含该公司最后一次变更登记在内的9次连续变更登记，故被上诉人以上诉人存续期间内外法律关系的建立均依赖于公司登记的社会公信力，撤销变更登记可能对不确定的善意第三人、善意取得股权的其他股东以及债权人的利益造成损害，影响社会经济秩序的稳定，进而对公共利益造成损害为由，作出被诉驳回申请行为并无不当”。

司与兰州某百(集团)股份有限公司侵权纠纷案”的“裁判摘要”所说的“股份公司股东大会作出决议后,在被确认无效前,该决议的效力不因股东是否认可而受到影响。股东大会决议的内容是否已实际履行,并不影响该决议的效力”,营利法人决议在被撤销之前,仍然是有效的、具有相应的法律约束力。

事实上,《民法典》第 85 条关于“……营利法人的出资人可以请求人民法院撤销该决议。但是,营利法人依据该决议与善意相对人形成的民事法律关系不受影响”的规定,其实就包含了这样的意思。否则,如果营利法人决议在被撤销之前是无效的或者对法人、出资人、董事、监事、高级管理人员等相关主体是不具有约束力的,那么,《民法典》第 85 条也就没有必要再明文规定“营利法人依据该决议与善意相对人形成的民事法律关系不受影响”了。

(十一)营利法人决议撤销制度与公司决议撤销制度的比较

如前所述,《民法典》第 85 条规定的营利法人决议撤销制度是在 2005 年《公司法》第 22 条第 2 款关于公司决议撤销的规定的基础上建立起来的,适用于包括公司在内的各类营利法人。2023 年修订后的《公司法》对 2005 年《公司法》第 22 条第 2 款进行了修改,完善了公司决议撤销制度。通过对《民法典》第 85 条与 2023 年修订后的《公司法》第 26 条和第 28 条进行比较,可以发现两者既有相同之处,也有不同之处。

1. 相同之处

二者的第一个相同之处在于,仅就公司而言,《民法典》第 85 条和《公司法》第 26 条第 1 款都规定,在公司的权力机构或执行机构作出决议的会议的召集程序、表决方式违反法律、行政法规或者公司章程,或者决议内容违反公司章程的情况下,股东可以请求人民法院撤销该决议。也就是说,在公司决议撤销之诉的适用对象、撤销事由和原告方面,二者的规定是相同的。

二者的第二个相同之处在于,仅就公司而言,《民法典》第 85 条和《公司法》第 28 条第 2 款都对决议撤销对外部民事法律关系的影响作出了规定,即公司根据该决议“与善意相对人形成的民事法律关系不受影响”。

2. 不同之处

二者的第一个不同之处在于,《公司法》第 26 条第 1 款还对股东提起公司决议撤销之诉的期限提出了要求,即“股东自决议作出之日起六十日内,可以请求人民法院撤销”。这是《民法典》所没有的。该规定是在《民法典》第 85 条未作规定的情况下作出的规定,属于《民法典》第 85 条所说的“营利法人的权力机构……作出决议的会议召集程序……违反法律、行政法规、法人章程……的,营利法人的出资人可以请求人民法院撤销该决议”的限制性规定和特别规定,应当优先适用。

二者的第二个不同之处在于,就公司决议的撤销而言,《公司法》第 26 条第 1 款还以但书条款对公司决议撤销的程序事由作出了限制性规定,将公司决议撤销的程序事由限定于“会议召集程序、表决方式违反法律、行政法规或者公司章程且对决议产生实质影响”的情形。这也是《民法典》所没有的。《公司法》该规定也属于《民法典》第 85 条的特别规定,应当优先适用。

二者的第三个不同之处在于,《公司法》第 26 条第 2 款还对未被通知参加股东会会议的股东请求法院撤销该股东会决议的权利作出了特别规定,即:"未被通知参加股东会会议的股东自知道或者应当知道股东会决议作出之日起六十日内,可以请求人民法院撤销;自决议作出之日起一年内没有行使撤销权的,撤销权消灭"。《公司法》第 26 条第 2 款明确了相关股东请求法院撤销股东会决议的起诉期限的起算日为"未被通知参加股东会会议的股东自知道或者应当知道股东会决议作出之日",而非《公司法》第 26 条第 1 款所说的"决议作出之日",并明确相关股东请求法院撤销股东会决议的请求权适用除斥期间("自决议作出之日起一年内没有行使撤销权的,撤销权消灭")。这也是《民法典》所没有的。《公司法》第 26 条第 2 款属于《公司法》第 26 条第 1 款和《民法典》第 85 条的特别规定,应当优先于《公司法》第 26 条第 1 款和《民法典》第 85 条得到适用。

二者的第四个不同之处在于,《公司法》第 28 条第 1 款还对公司决议被撤销之后的撤销登记问题作出了规定,即"公司股东会、董事会决议被人民法院……撤销……的,公司应当向公司登记机关申请撤销根据该决议已办理的登记"。这也是《民法典》所没有的。《公司法》该规定是在《民法典》未作规定的情况下作出的规定,应当直接适用。

三、营利法人决议无效制度

《民法典》第 134 条第 2 款所说的"法人、非法人组织依照法律或者章程规定的议事方式和表决程序作出决议的,该决议行为成立",明确了法人决议行为在性质上属于特殊的民事法律行为,故营利法人决议应当适用《民法典》有关民事法律行为的一般规定。除此之外,《民法典》本身没有专门规定营利法人决议无效制度。

就公司而言,《公司法》第 25 条、第 28 条[①]和《民法典》总则编关于民事法律行为无效(主要是第 143 条、第 144 条、第 153 条至第 157 条)的规定,共同构建了公司决议无效的制度体系。

在法律适用方面,考虑到非公司营利法人与公司具有诸多共性,且《民法典》第 85 条规定的营利法人决议撤销制度与《公司法》第 26 条规定的公司决议撤销制度具有诸多相同之处,因此,应该可以参照适用公司决议无效制度的相关规定来处理非公司营利法人决议无效问题。

四、营利法人决议不成立制度

针对法人决议的成立,《民法典》第 134 条第 2 款规定:"法人、非法人组织依照法律或者章程规定的议事方式和表决程序作出决议的,该决议行为成立。"该规定明确了法人决议行为在性质上属于特殊的民事法律行为,应当适用《民法典》有关民事法律行

---

① 《公司法》第 25 条规定:"公司股东会、董事会的决议内容违反法律、行政法规的无效",第 28 条规定:"公司股东会、董事会决议被人民法院宣告无效……的,公司应当向公司登记机关申请撤销根据该决议已办理的登记。股东会、董事会决议被人民法院宣告无效……的,公司根据该决议与善意相对人形成的民事法律关系不受影响"。在 2023 年修订后的《公司法》出台之前,《公司法解释四》(2020 年修正)第 1 条、第 3 条和第 6 条已经针对公司决议无效问题作出相应的规定。

为的一般规定。除此之外,《民法典》本身没有专门规定营利法人决议不成立制度。

在法律适用方面,考虑到《民法典》第 157 条没有专门规定民事法律行为不成立的法律后果,结合《九民会议纪要》第 32 条第 1 款所说的"《合同法》第 58 条就合同无效或者被撤销时的财产返还责任和损害赔偿责任作了规定,但未规定合同不成立的法律后果。考虑到合同不成立时也可能发生财产返还和损害赔偿责任问题,故应当参照适用该条的规定",民事法律行为(包括法人决议行为)不成立也应当参照适用《民法典》第 157 条的规定。

此外,就公司而言,公司决议不成立制度主要是由《公司法》第 27 条等①规定的。同样地,考虑到非公司营利法人与公司具有诸多共性,且《民法典》第 85 条规定的营利法人决议撤销制度与《公司法》第 26 条规定的公司决议撤销制度具有诸多相同之处,因此,应该可以参照适用公司决议不成立制度的相关规定来处理非公司营利法人决议不成立问题。

第八十六条　【营利法人从事经营活动的要求】营利法人从事经营活动,应当遵守商业道德,维护交易安全,接受政府和社会的监督,承担社会责任。

【条文通释】

《民法典》第 86 条是关于营利法人从事经营活动应遵守的要求的规定。

一、经营活动

何为"经营活动"?《民法典》《公司法》和其他法律、行政法规没有对此作出统一的规定。

结合《民法典》、《反不正当竞争法》、《律师法》、《公证法》、《外国企业常驻代表机构登记管理条例》、《社会团体登记管理条例》、《民办非企业单位登记管理暂行条例》、《互联网信息服务管理办法》、《最高人民法院经济审判庭关于如何认定企业是否超越经营范围问题的复函》(法经〔1990〕第 101 号)、《民政部办公厅关于社会团体兴办经济实体有关问题的复函》(民办函〔2002〕21 号)、《国家工商总局外资局〈关于外商投资的公司审批登记管理法律适用若干问题的执行意见〉重点条款解读》等法规的相关规定,可以从以下角度来理解"经营活动":

第一,并非所有收取费用的行为都属于经营行为,并非所有业务活动都属于经营活动。

比如,根据《公证法》第 6 条,公证机构是"依法设立,不以营利为目的,依法独立行

---

① 《公司法》第 27 条规定:"有下列情形之一的,公司股东会、董事会的决议不成立:(一)未召开股东会、董事会会议作出决议;(二)股东会、董事会会议未对决议事项进行表决;(三)出席会议的人数或者所持表决权数未达到本法或者公司章程规定的人数或者所持表决权数;(四)同意决议事项的人数或者所持表决权数未达到本法或者公司章程规定的人数或者所持表决权数"。在 2023 年修订后的《公司法》出台之前,《公司法解释四》(2020 年修正)第 1 条、第 3 条、第 5 条已经针对公司决议不成立问题作出相应的规定。

使公证职能、承担民事责任的证明机构”,公证机构开展公证业务并收取公证费的行为,不属于经营活动。又如,《财政部、国家税务总局关于进一步明确全面推开营改增试点有关再保险、不动产租赁和非学历教育等政策的通知》(财税〔2016〕68号)曾明确规定:“各党派、共青团、工会、妇联、中科协、青联、台联、侨联收取党费、团费、会费,以及政府间国际组织收取会费,属于非经营活动”。

第二,并非只有公司、企业等营利性组织才能从事经营活动,非营利性组织也可以从事经营活动。

从《民法典》《社会团体登记管理条例》《民办非企业单位登记管理暂行条例》等法规看,“经营活动”可以分为“营利性经营活动”和“非营利性经营活动”。虽然根据《社会团体登记管理条例》第4条第2款、《民办非企业单位登记管理暂行条例》第4条第2款的规定,社会团体、民办非企业单位等非营利性组织不能从事营利性经营活动,但可以从事非营利性经营活动。对此,最高人民法院(2015)民申字第2313号民事裁定书也认为:“非营利性社团法人虽然不以营利为目的,并不意味着其不能从事一定的市场经营活动。按照《社会团体登记管理条例》的规定,广东省足协作为社团法人,可以在章程范围内作为民事主体对外开展民事活动,独立承担民事责任。广东省足协章程规定:广东省足协可以通过必要的活动为足球运动项目发展筹集资金,积极开展与足球运动有关的活动和咨询服务,广开经费来源渠道;协会的主要经费来源除会费外,还有比赛收入、门票分成收入、出售广播电视转播权收入、广告赞助费收入等;广东省足协是本会所辖的各项赛事所产生的所有权利的最初所有者,根据需要可独自行使赛事权,也可以与第三方合作方式或授权第三方方式行使赛事权。由此可见,广东省足协依章程可以从事与广东省足协职能有关的市场经营活动。事实上,广东省足协长期以来也实际参与或从事了各种与足球赛事有关的经营活动,并获得相应的收益。”

另外,现阶段,有的事业单位也可以开展经营活动。比如,国务院办公厅印发的《关于事业单位分类的意见》(国办发〔2011〕37号文附件1)提到了从事生产经营活动的事业单位(即从事生产经营活动事业单位是指“所提供的产品或服务可以由市场配置资源、不承担公益服务职责的事业单位”),《事业单位登记管理暂行条例实施细则》(中央编办发〔2014〕4号文件的附件)第57条第5项提及“事业单位从事经营活动或者兴办企业”,《事业单位财务规则》(财政部令第108号)第21条第2项也提到“事业单位在专业业务活动及其辅助活动之外开展非独立核算经营活动”。

第三,并非所有公司都以营利为目的。

比如,《证券法》第145条第1款规定,“证券登记结算机构为证券交易提供集中登记、存管与结算服务,不以营利为目的”。根据中国证券登记结算有限责任公司官方网站的介绍,该公司是依据《公司法》和《证券法》设立的“不以营利为目的的企业法人”①。

第四,就企业、公司等营利性组织而言,并非其所有活动都属于经营活动。

结合《交通部、国家工商行政管理局关于加强和完善境外航商常驻代表机构和外

① 参见中国结算官网,https://www.chinaclear.cn/zdjs/gsgg/about_lmtt.shtml,最后访问时间:2024年5月14日。

商投资船务公司办事机构监督管理的通知》(交水发〔1999〕534 号,已失效)、《国家工商总局外资局〈关于外商投资的公司审批登记管理法律适用若干问题的执行意见〉重点条款解读》,公司设立的办事处从事业务的咨询、联络、宣传等活动,属于非经营活动;但是,生产型公司从事的产品的筛选、加工、制造、销售以及与上述业务有关的采购、推销、仓储、配送、安装、调试、维修等活动,非生产型公司从事的直接承揽服务项目、提供相关服务的活动,以及开设经营性账户收取经营性收费、与客户签订服务合同、开具票据等活动,可能会被认定为经营活动。

此外,从会计准则的角度,财政部对企业的经营活动与企业的筹资活动、投资活动也作出了区分。比如,根据《企业会计准则第 31 号——现金流量表》(财会〔2006〕3 号)第 8 条第 2 款、第 12 条和第 14 条的规定,"经营活动"是指企业投资活动和筹资活动以外的所有交易和事项,而"投资活动"是指企业长期资产的购建和不包括在现金等价物范围的投资及其处置活动,"筹资活动"是指导致企业资本及债务规模和构成发生变化的活动。不过,企业进行的筹资活动本身也有可能属于经营活动,比如银行吸收存款;企业进行的投资活动也有可能构成经营活动(对以投资为主要业务的企业来说,尤其如此)。

基于上述,在认定营利法人的经营活动时,应当结合营利法人所从事的活动的具体情况,综合加以判断。

二、营利法人从事经营活动的要求

《民法典》第 86 条规定了营利法人从事经营活动应当遵守的 4 项要求:一是遵守商业道德,二是维护交易安全,三是接受政府的监督和社会的监督,四是承担社会责任。

(一)遵守商业道德

营利法人从事经营活动应当遵守商业道德。不过,《民法典》和其他法律都没有直接对"商业道德"作出界定。根据《反不正当竞争法解释》第 3 条[①]的规定,原则上,特定商业领域普遍遵循和认可的行为规范可以认定为商业道德;但具体到个案当中,监管机构和裁判机构通常需要结合案件具体情况,综合考虑行业规则或者商业惯例、营利法人的主观状态、交易相对人的选择意愿、对消费者权益、市场竞争秩序、社会公共利益的影响等因素,依法判断营利法人是否违反商业道德;在认定营利法人是否违反商业道德时,行业主管部门、行业协会或者自律组织制定的从业规范、技术规范、自律公约等可以作为参考。

---

① 《反不正当竞争法解释》第 3 条规定:"特定商业领域普遍遵循和认可的行为规范,人民法院可以认定为反不正当竞争法第二条规定的'商业道德'。人民法院应当结合案件具体情况,综合考虑行业规则或者商业惯例、经营者的主观状态、交易相对人的选择意愿、对消费者权益、市场竞争秩序、社会公共利益的影响等因素,依法判断经营者是否违反商业道德。人民法院认定经营者是否违反商业道德时,可以参考行业主管部门、行业协会或者自律组织制定的从业规范、技术规范、自律公约等。"

（二）维护交易安全

营利法人从事经营活动应当维护交易安全。"维护交易安全主要适用于商事活动"，而非一般的民事活动，是"从事商事活动应当遵循的基本准则，对于保护善意的交易相对人利益，建立诚实守信的市场环境，促进社会主义市场经济健康发展有着重要意义"。[①]

（三）接受政府的监督和社会的监督

营利法人从事经营活动应当接受政府的监督。针对营利法人的经营活动的具体情形，政府通过事前、事中、事后监管，从行政乃至刑事方面进行全方位的监督管理；从趋势上看，政府将"把更多行政资源从事前审批转到加强事中事后监管上来"，"形成市场自律、政府监管、社会监督互为支撑的协同监管格局"。[②]

营利法人从事经营活动还应当接受社会的监督。比如，《消费者权益保护法》[③]和《反不正当竞争法》[④]等法律都对经营者的经营行为的社会监督作出了具体的规定。

（四）承担社会责任

营利法人从事经营活动应当承担社会责任。不过，《民法典》和其他法律也都没有直接对"社会责任"作出界定。根据《企业内部控制应用指引第4号——社会责任》（财会〔2010〕11号附件）第2条的规定，社会责任是指"企业在经营发展过程中应当履行的社会职责和义务，主要包括安全生产、产品质量（含服务，下同）、环境保护、资源节约、促进就业、员工权益保护等"。

根据《民法典》第85条和《企业内部控制应用指引第4号——社会责任》第4条[⑤]的规定，营利法人应当重视承担社会责任，做到经济效益与社会效益、短期利益与长远利益、自身发展与社会发展相互协调，实现法人与员工、法人与社会、法人与环境的健

---

① 原全国人民代表大会法律委员会2016年10月31日在第十二届全国人民代表大会常务委员会第二十四次会议上作的《关于〈中华人民共和国民法总则（草案）〉修改情况的汇报》。

② 《国务院关于加强和规范事中事后监管的指导意见》（国发〔2019〕18号）。

③ 《消费者权益保护法》第6条规定："保护消费者的合法权益是全社会的共同责任。国家鼓励、支持一切组织和个人对损害消费者合法权益的行为进行社会监督。大众传播媒介应当做好维护消费者合法权益的宣传，对损害消费者合法权益的行为进行舆论监督"，第15条规定："消费者享有对商品和服务以及保护消费者权益工作进行监督的权利。消费者有权检举、控告侵害消费者权益的行为和国家机关及其工作人员在保护消费者权益工作中的违法失职行为，有权对保护消费者权益工作提出批评、建议"，第17条规定："经营者应当听取消费者对其提供的商品或者服务的意见，接受消费者的监督"。

④ 《反不正当竞争法》第5条规定："国家鼓励、支持和保护一切组织和个人对不正当竞争行为进行社会监督。国家机关及其工作人员不得支持、包庇不正当竞争行为。行业组织应当加强行业自律，引导、规范会员依法竞争，维护市场竞争秩序"，第16条规定："对涉嫌不正当竞争行为，任何单位和个人有权向监督检查部门举报，监督检查部门接到举报后应当依法及时处理。监督检查部门应当向社会公开受理举报的电话、信箱或者电子邮件地址，并为举报人保密。对实名举报并提供相关事实和证据的，监督检查部门应当将处理结果告知举报人"。

⑤ 《企业内部控制应用指引第4号——社会责任》第4条规定："企业应当重视履行社会责任，切实做到经济效益与社会效益、短期利益与长远利益、自身发展与社会发展相互协调，实现企业与员工、企业与社会、企业与环境的健康和谐发展"。

康和谐发展。

此外,《中国银监会办公厅关于加强银行业金融机构社会责任的意见》(银监办发〔2007〕252 号)、《关于中央企业履行社会责任的指导意见》(国资发研究〔2008〕1 号)、《中国银行业金融机构企业社会责任指引》(2009 年)、《企业内部控制应用指引第 4 号——社会责任》(财会〔2010〕11 号附件)、《认证机构履行社会责任指导意见》(2012 年)、《直销企业履行社会责任指引》(工商直字〔2013〕165 号)、《网络交易平台经营者履行社会责任指引》(工商市字〔2014〕106 号)、《社会责任指南》(GB/T 36000-2015)、《中国保监会关于保险业履行社会责任的指导意见》(保监发〔2015〕123 号)、《国务院国有资产监督管理委员会关于国有企业更好履行社会责任的指导意见》(国资发研究〔2016〕105 号)等文件对相关领域的企业履行社会责任提出了相应的指引和要求。

第三节　非营利法人

《民法典》总则编第三章第三节“非营利法人”共有 9 个条文(第 87 条至第 95 条),规定了非营利法人制度的基本事项。具体而言,第 87 条规定了非营利法人的定义和类型,第 88 条和第 89 条规定了事业单位的法人资格的取得和法人治理结构,第 90 条和第 91 条规定了社会团体的法人资格的取得、章程和法人治理结构,第 92 条至第 94 条规定了捐助法人的法人资格的取得、章程、法人治理结构、捐助人的权利和捐助法人决定撤销制度,第 95 条则规定了为公益目的成立的非营利法人终止时的剩余财产的处理办法。

其中,《民法典》第 87 条适用于各类非营利法人,第 95 条适用于各类为公益目的成立的非营利法人、但不适用于非为公益目的成立的非营利法人。

第八十七条　【非营利法人的定义和类型】为公益目的或者其他非营利目的成立,不向出资人、设立人或者会员分配所取得利润的法人,为非营利法人。

非营利法人包括事业单位、社会团体、基金会、社会服务机构等。

【条文通释】

《民法典》第 87 条是关于非营利法人的定义和类型的规定。

一、非营利法人的界定

(一)非营利法人的定义

《民法典》第 87 条第 1 款将非营利法人界定为“为公益目的或者其他非营利目的成立,不向出资人、设立人或者会员分配所取得利润的法人”。据此,界定非营利法人的关键有二:一是成立目的须为非营利目的,二是不得以任何形式向出资人、设立人或者会员分配所取得的利润[①]。二者缺一不可,仅仅“为公益目的或者其他非营利目的成立”不足以认定一个法人为非营利法人。

1. 非营利目的

如前所说,因“营”具有“谋求”的含义[②],《民法典》第87条第1款所说的“非营利目的”,即“不以取得利润为目的”,既包括公益目的,也包括《民法典》第90条第1款所说的“会员共同利益”等其他非营利目的。

根据《民法典》第88条、第90条和第92条的规定,站在《民法典》的立场,为“公益目的”成立的非营利法人包括事业单位、捐助法人和以公益为目的的社会团体法人;为“其他非营利目的”成立的非营利法人只有为了会员共同利益等非营利目的的社会团体法人。

结合《公益事业捐赠法》第3条[③]和《慈善法》第3条[④]的规定,“非营利目的”与“公益目的”是一般与特殊的关系;只有以促进社会发展和进步的社会公共和福利事业为目的的非营利性事项才属于“公益目的”,以会员共同利益为目的不属于“公益目的”。

2. 非营利法人的利润

根据《会计法》《企业财务会计报告条例》《政府会计准则——基本准则》《政府会计准则第9号——财务报表编制和列报》《事业单位财务规则》等法规的规定,现阶段,在国家统一的会计制度[⑤]下,“利润”是专属于公司等企业的表述[⑥];针对非营利法人,国家统一的会计制度并未使用“利润”的表述,而是通常针对事业单位使用“盈余”或

---

① 比如,《社会团体登记管理条例》第26条第2款规定:“社会团体的经费,以及开展章程规定的活动按照国家有关规定所取得的合法收入,必须用于章程规定的业务活动,不得在会员中分配”。

② 参见夏征农、陈至立主编:《辞海》,上海辞书出版社2009年版,第2752页;中国社会科学院语言研究所编修:《新华字典》(双色本),商务印书馆2020年版,第584页。

③ 《公益事业捐赠法》第3条规定:“本法所称公益事业是指非营利的下列事项:(一)救助灾害、救济贫困、扶助残疾人等困难的社会群体和个人的活动;(二)教育、科学、文化、卫生、体育事业;(三)环境保护、社会公共设施建设;(四)促进社会发展和进步的其他社会公共和福利事业。”

④ 《慈善法》第3条规定:“本法所称慈善活动,是指自然人、法人和其他组织以捐赠财产或者提供服务等方式,自愿开展的下列公益活动:(一)扶贫、济困;(二)扶老、救孤、恤病、助残、优抚;(三)救助自然灾害、事故灾难和公共卫生事件等突发事件造成的损害;(四)促进教育、科学、文化、卫生、体育等事业的发展;(五)防治污染和其他公害,保护和改善生态环境;(六)符合本法规定的其他公益活动。”

⑤ 《会计法》第8条规定:“国家实行统一的会计制度。国家统一的会计制度由国务院财政部门根据本法制定并公布。国务院有关部门可以依照本法和国家统一的会计制度制定对会计核算和会计监督有特殊要求的行业实施国家统一的会计制度的具体办法或者补充规定,报国务院财政部门审核批准。国家加强会计信息化建设,鼓励依法采用现代信息技术开展会计工作,具体办法由国务院财政部门会同有关部门制定”,第49条规定:“中央军事委员会有关部门可以依照本法和国家统一的会计制度制定军队实施国家统一的会计制度的具体办法,抄送国务院财政部门”,第48条规定:“本法下列用语的含义:……国家统一的会计制度,是指国务院财政部门根据本法制定的关于会计核算、会计监督、会计机构和会计人员以及会计工作管理的制度”。具体而言,国家统一的会计制度包括“由财政部制定、或者财政部与国务院有关部门联合制定、或者经财政部审核批准的在全国范围内统一执行的会计规章、准则、办法等规范性文件”[见《会计基础工作规范》(2019年修正)第97条第1款]。

⑥ 《企业会计报告条例》第10条规定:“利润表是反映企业在一定会计期间经营成果的报表。利润表应当按照各项收入、费用以及构成利润的各个项目分类分项列示。其中,收入、费用和利润的定义及列示应当遵循下列规定:……(三)利润,是指企业在一定会计期间的经营成果。在利润表上,利润应当按照营业利润、利润总额和净利润等利润的构成分类分项列示。”

"结余"的表述①,针对依法需要登记的社会团体、基金会、民办非企业单位和寺院、宫观、清真寺、教堂等其他非营利法人使用"净资产"的表述②。有鉴于此,《民法典》第87条所说的"不向出资人、设立人或者会员分配所取得利润"中的"利润",指向的应该是非营利法人的"盈余""结余"或"净资产"。

3. 非营利法人的出资人、设立人或者会员

《民法典》第87条第1款所说的非营利法人的"出资人、设立人",大体对应于营利法人的"出资人"。不过,就非营利法人而言,《事业单位登记管理暂行条例》《社会团体登记管理条例》《基金会管理条例》《民办非企业单位登记管理暂行条例》和《宗教事务条例》等法规都没有使用"设立人"的表述,通常也不使用"出资人"③的表述,而使用"举办单位"④、"举办者"⑤或"发起人"⑥的表述。

---

① 相关规定主要包括:(1)《政府会计准则——基本准则》(财政部令第78号)第2条规定:"本准则适用于各级政府、各部门、各单位(以下统称政府会计主体)。前款所称各部门、各单位是指与本级政府财政部门直接或者间接发生预算拨款关系的国家机关、军队、政党组织、社会团体、事业单位和其他单位……",第3条第1款规定:"政府会计由预算会计和财务会计构成",第18条规定:"政府预算会计要素包括预算收入、预算支出与预算结余",第24条规定:"预算结余包括结余资金和结转资金。结余资金是指年度预算执行终了,预算收入实际完成数扣除预算支出和结转资金后剩余的资金。结转资金是指预算安排项目的支出年终尚未执行完毕或者因故未执行,且下年需要按原用途继续使用的资金",第26条规定:"政府财务会计要素包括资产、负债、净资产、收入和费用"。(2)《政府会计准则第9号——财务报表编制和列报》第2条第1款规定:"财务报表是对政府会计主体财务状况、运行情况和现金流量等信息的结构性表述。财务报表至少包括下列组成部分:(一)资产负债表;(二)收入费用表;(三)附注",第38条规定:"部门(单位)合并收入费用表应当列示本期盈余项目。本期盈余,是指部门(单位)某一会计期间收入合计金额减去费用合计金额后的差额"。(3)《事业单位财务规则》(财政部令第108号)第2条规定:"本规则适用于各级各类事业单位(以下简称事业单位)的财务活动",第28条规定:"结转和结余是指事业单位年度收入与支出相抵后的余额。结转资金是指当年预算已执行但未完成,或者因故未执行,下一年度需要按照原用途继续使用的资金。结余资金是指当年预算工作目标已完成,或者因故终止,当年剩余的资金。经营收支结转和结余应当单独反映",第29条规定:"财政拨款结转和结余的管理,应当按照同级财政部门的规定执行",第30条规定:"非财政拨款结转按照规定结转下一年度继续使用。非财政拨款结余可以按照国家有关规定提取职工福利基金,剩余部分作为事业基金用于弥补以后年度单位收支差额;国家另有规定的,从其规定"。

② 《民间非营利组织会计制度》(财会〔2004〕7号)第2条第1款规定:"本制度适用于在中华人民共和国境内依法设立的符合本制度规定特征的民间非营利组织。民间非营利组织包括依照国家法律、行政法规登记的社会团体、基金会、民办非企业单位和寺院、宫观、清真寺、教堂等",第8条规定:"民间非营利组织在会计核算时,应当遵循以下基本原则:……(十二)会计核算应当遵循重要性原则,对资产、负债、净资产、收入、费用等有较大影响,并进而影响财务会计报告使用者据以做出合理判断的重要会计事项,必须按照规定的会计方法和程序进行处理,并在财务会计报告中予以充分披露……",第56条规定:"民间非营利组织的净资产是指资产减去负债后的余额。净资产应当按照其是否受到限制,分为限定性净资产和非限定性净资产等",第61条规定:"期末,民间非营利组织应当将本期限定性收入和非限定性收入分别结转至净资产项下的限定性净资产和非限定性净资产",第64条规定:"期末,民间非营利组织应当将本期发生的各项费用结转至净资产项下的非限定性净资产,作为非限定性净资产的减项"。《民间非营利组织新旧会计制度有关衔接问题的处理规定》(财会〔2004〕13号)第二条第(十二)款规定:"新制度没有设置'事业结余'、'结余分配'科目。由于原账中'事业结余'、'结余分配'科目年末无余额,不需要进行调账处理",第(十三)款规定:"新制度没有设置'经营结余'科目。调账时,如果原账中'经营结余'科目有借方余额,应将该余额转入新账中的'非限定性净资产'科目"。

③ 就事业单位而言,《事业单位登记管理暂行条例实施细则》第33条第1款使用了"举办单位或者出资人"的表述。

④ 就事业单位而言,《事业单位登记管理暂行条例实施细则》第19条第1项、第33条第1款、第37条第2款、第38条、第51条、第52条、第70条、第84条和《事业单位法人年度报告公示办法(试行)》第6条、第7条和第9条使用了"举办单位"的表述。

⑤ 就民办非企业单位而言,《民办非企业单位登记管理暂行条例》第9条使用了"举办者"的表述。

⑥ 就社会团体而言,《社会团体登记管理条例》第9条第1款、第11条至第13条使用了"发起人"的表述。就基金会而言,《基金会管理条例》第6条第2款针对非公募基金会使用了"发起人"的表述;《基金会章程示范文本》(民函〔2004〕124号)、《民政部关于规范基金会行为的若干规定(试行)》(民发〔2012〕124号)也使用了"发起人"的表述。

其中,就事业单位而言,《民法典》第 87 条第 1 款所说的“出资人、设立人”,大致指的是事业单位的“举办单位”;就社会团体而言,《民法典》第 87 条所说的“出资人、设立人”,大致指的是社会团体的“发起人”;就基金会而言,《民法典》第 87 条所说的“设立人”,大致指的是基金会的“发起人”;就民办非企业单位法人而言,《民法典》第 87 条所说的“出资人、设立人”,大致指的是民办非企业单位法人的“举办者”。

而《民法典》第 87 条第 1 款所说的非营利法人的“会员”,则是专属于社会团体的概念,其他非营利法人不涉及“会员”事项。

4. 非营利法人向出资人、设立人或会员分配利润的处理

由于“不向出资人、设立人或者会员分配所取得利润”是界定非营利法人的关键之一,因此,结合《公司法》第 211 条所说的“公司违反本法规定向股东分配利润的,股东应当将违反规定分配的利润退还公司”,如果非营利法人违反规定向出资人、设立人或者会员分配所取得利润,那么,相关主体必须将所获得的非营利法人的利润退还给该非营利法人。

甚至,不符合《民法典》第 87 条第 1 款所说的“不向出资人、设立人或者会员分配所取得利润”的条件,将导致相关主体不能被认定为非营利法人或导致相关行为或约定无效①或不被支持②。

---

① 比如,云南省红河哈尼族彝族自治州中级人民法院(2022)云 25 民终 2236 号民事判决书认为:“本案中,个旧市民政局颁发的民办非企业法人证书及个旧市教育局《个旧市教育体育局关于平稳有序推进民办学校分类登记管理的通知》均证明个旧市某冠幼儿园系民办非企业单位中的非营利法人。杨某芝与张某签订的《幼儿园合作协议》第七条约定利润分配分担方法:‘幼儿园利润分配、亏损分担均按照投资份额比例进行;幼儿园所有收入均进入幼儿园财务专户,主要用于幼儿园日常经营管理、管理费用以及购买设施、设备,所结余资金提出 90%进行投资分红;10%结余资金作为幼儿园发展资金和幼儿教师奖励基金。财务结算按每学期一次进行利润换算和分配……在合作期间,各部门对幼儿园的各项补助金投资人均按照投资份额享受’。因上述协议中关于‘幼儿园利润分配、分红’等内容违反法律、行政法规的强制性规定,故双方当事人签订的《幼儿园合作协议》无效,但上述协议中关于‘亏损分担均按照投资份额比例进行’符合法律规定的条款内容仍然有效,双方仍应按约定履行义务。”又如,四川省成都市中级人民法院(2019)川 01 民终 12565 号民事判决书认为:“简阳某科医院作为民办非企业单位、非营利性法人,按照《中华人民共和国民法总则》第八十七条、《民办非企业单位登记管理暂行条例》第二条规定,其不得向出资人分配利润。付某中与简阳某科医院及其他股东签订的《简阳某科医院内部承包合同》及两份补充合同,约定付某中向股东上交承包费,付某中实际也系向股东支付承包费,则上述承包费并非用于简阳某科医院的经营,亦非对其出资人的奖励,其实质是向股东分配的所得利润,违反了非营利法人的设立目的,严重损害了国家、集体和社会公共利益。故,《简阳某科医院内部承包合同》、2016 年 3 月 13 日《简阳某科医院内部承包合同补充合同》、2017 年 6 月 11 日《简阳某科医院内部承包合同补充合同》为无效合同。……虽然简阳某科医院章程在简阳市民政局进行了备案,但该备案行为系行政管理行为,并非确认章程内容合法有效。章程部分内容损害了社会公共利益、违反法律、行政法规的相关规定,亦应当认定为无效。”类似的裁判意见,还可见四川省成都市中级人民法院(2020)川 01 民终 17415 号民事判决书、云南省普洱市中级人民法院(2019)云 08 民终 777 号民事判决书。

② 比如,北京市第二中级人民法院(2019)京 02 民终 9192 号民事判决书认为:“某乐驾校系民办学校,取得事业单位法人资格,且承诺不要求取得合理回报,其章程载明其为公益性社会服务组织。因此,某乐驾校应为非营利法人。《中华人民共和国民法总则》第八十七条规定:‘为公益目的或者其他非营利目的成立,不向出资人、设立人或者会员分配所取得利润的法人,为非营利法人。非营利法人包括事业单位、社会团体、基金会、社会服务机构等。’《中华人民共和国民办教育促进法》第十九条规定:‘非营利性民办学校的举办者不得取得办学收益,学校的办学结余全部用于办学。’根据上述法律规定,某乐驾校作为非营利法人和公益组织不得向其出资人或举办者等分配其办学收益。现某邦公司依据《协议》约定,要求确认其享有某乐驾校 13. 6%的收益权,并要求对某乐驾校的收益盈余进行分配,与法律规定不符,本院不予支持。”

（二）非营利法人行为的限制

1. 非营利法人不得从事营利性经营活动

鉴于非营利法人以非营利目的成立，因此，非营利法人的行为须受其成立目的的限制。除了《民法典》第 87 条第 1 款所说的“不向出资人、设立人或者会员分配所取得利润”，第 95 条所说的“为公益目的成立的非营利法人终止时，不得向出资人、设立人或者会员分配剩余财产”，其他法律法规也对非营利法人的活动作出了明确的限制。

比如，《社会团体登记管理条例》和《民办非企业单位登记管理暂行条例》都明文禁止社会团体、民办非企业单位从事营利性经营活动，并规定了相应的法律责任。①

2. 公益性非营利法人担保行为的特别限制

考虑到以公益为目的的非营利法人具有公益性，法律对此类非营利法人的行为作出特别的限制。

除了《民法典》第 87 条第 1 款所说的“不向出资人、设立人或者会员分配所取得利润”，第 95 条所说的“为公益目的成立的非营利法人终止时，不得向出资人、设立人或者会员分配剩余财产”，法律法规对公益性非营利法人行为的特别限制，也体现在对其担保行为的限制上。具体而言：

一是《民法典》第 399 条第 3 项规定：“下列财产不得抵押：……（三）学校、幼儿园、医疗机构等为公益目的成立的非营利法人的教育设施、医疗卫生设施和其他公益设施”。

二是《民法典》第 683 条第 2 款规定：“以公益为目的的非营利法人、非法人组织不得为保证人”。

三是《民法典担保制度解释》第 6 条第 1 款规定：“以公益为目的的非营利性学校、幼儿园、医疗机构、养老机构等提供担保的，人民法院应当认定担保合同无效，但是有下列情形之一的除外：（一）在购入或者以融资租赁方式承租教育设施、医疗卫生设施、养老服务设施和其他公益设施时，出卖人、出租人为担保价款或者租金实现而在该公益设施上保留所有权；（二）以教育设施、医疗卫生设施、养老服务设施和其他公益设施以外的不动产、动产或者财产权利设立担保物权”。

（三）营利法人与非营利法人的区分

如前所述，不论是“是否取得利润”还是“公益性”都不是区分营利法人和非营利法

---

① 针对社会团体，《社会团体登记管理条例》第 4 条第 2 款规定：“社会团体不得从事营利性经营活动”，第 30 条规定：“社会团体有下列情形之一的，由登记管理机关给予警告，责令改正，可以限期停止活动，并可以责令撤换直接负责的主管人员；情节严重的，予以撤销登记；构成犯罪的，依法追究刑事责任：……（六）从事营利性的经营活动的；……。前款规定的行为有违法经营额或者违法所得的，予以没收，可以并处违法经营额 1 倍以上 3 倍以下或者违法所得 3 倍以上 5 倍以下的罚款”。针对民办非企业单位法人，《民办非企业单位登记管理暂行条例》第 4 条第 3 款规定：“民办非企业单位不得从事营利性经营活动”，第 25 条规定：“民办非企业单位有下列情形之一的，由登记管理机关予以警告，责令改正，可以限期停止活动；情节严重的，予以撤销登记；构成犯罪的，依法追究刑事责任：……（六）从事营利性的经营活动的；……。前款规定的行为有违法经营额或者违法所得的，予以没收，可以并处违法经营额 1 倍以上 3 倍以下或者违法所得 3 倍以上 5 倍以下的罚款”。

人的依据。区分营利法人与非营利法人的关键有二：一是是否以取得利润为成立目的，二是是否将所取得的利润分配给出资人(或设立人或会员)。

是否取得利润并非区分营利法人和非营利法人的依据。非营利法人不是不可以取得利润，也可以取得利润①，但不得将利润分配给出资人、设立人或会员。对此，《民政部办公厅关于社会团体兴办经济实体有关问题的复函》(民办函〔2002〕21号)也曾认为："作为非营利性组织，社会团体与公司、企业等营利性组织的主要区别不在于是否营利，而在于营利所得如何分配"。②

二、非营利法人的类型

《民法典》第87条至第95条规定了"事业单位""社会团体"和"捐助法人"这3类非营利法人；在此基础上，《民法典》第87条第2款以"等"字兜底，将其他"为公益目的或者其他非营利目的成立，不向出资人、设立人或者会员分配所取得利润的法人"纳入其中，既涵盖了其他法律规定的其他的非营利法人，也为法律将来规定新的非营利法人类型预留了空间。对此，立法机关认为，《民法典》总则编"只列举了几种比较典型的具体类型，对现实生活中已经存在或者可能出现的其他法人组织，可以按照其特征，分别归入营利法人或者非营利法人"③。

其中，"捐助法人"包括"基金会""社会服务机构"(即民办非企业单位法人)和"宗教活动场所法人"；"社会团体""基金会"和"民办非企业单位"统称"社会组织"④。

(一)事业单位

事业单位是指"国家为了社会公益目的，由国家机关举办或者其他组织利用国有资产举办的，从事教育、科技、文化、卫生等活动的社会服务组织"。⑤

根据国务院办公厅《关于事业单位分类的意见》(国办发〔2011〕37号文附件1)和

---

① 比如，《民政部办公厅关于社会团体兴办经济实体有关问题的复函》(民办函〔2002〕21号)认为："作为非营利性组织，社会团体与公司、企业等营利性组织的主要区别不在于是否营利，……社会团体不同于机关和全额拨款的事业单位，其经费仅靠会费、捐赠、政府资助等是远远不够的。兴办经济实体，在核准的业务范围内开展活动或服务取得收入，是社会团体活动费用的重要补充渠道，目的是促使其更加健康发展。"

② 广东省深圳市中级人民法院(2021)粤03民再144号民事判决书也认为："根据《中华人民共和国民法总则》第七十六条第一款、第八十七条第一款的规定，以取得利润并分配给股东等出资人为目的成立的法人，为营利法人；为公益目的或其他非营利目的成立，不向出资人、设立人或者会员分配所取得利润的法人，为非营利法人。由此可知，'非营利'并非经济学意义上的无利润，也不是不从事经营活动，而是指这种组织的运作目的不是向出资人分配利润。'营利'法人与'非营利'法人的区别不在于是否从事获取利润的经营性行为，而在于是否以分配利润为经营目的。"此外，福建省三明市中级人民法院(2018)闽04民终838号民事判决书也认为："营利法人与非营利法人的区别主要不在于是否从事经营活动，而在于是否向其出资人或设立人分配利润。"

③ 全国人民代表大会常务委员会时任副委员长李建国2017年3月8日在第十二届全国人民代表大会第五次会议上作的《关于〈中华人民共和国民法总则(草案)〉的说明》。

④ 《社会组织评估管理办法》第2条规定："本办法所称社会组织是指经各级人民政府民政部门登记注册的社会团体、基金会、民办非企业单位。"

⑤ 《事业单位登记管理暂行条例》第2条第1款规定："本条例所称事业单位，是指国家为了社会公益目的，由国家机关举办或者其他组织利用国有资产举办的，从事教育、科技、文化、卫生等活动的社会服务组织。"

《关于承担行政职能事业单位改革的意见》(国办发〔2011〕37 号文附件 2),国家目前按照社会功能,将现有事业单位划分为“承担行政职能的事业单位”“从事生产经营活动的事业单位”和“从事公益服务的事业单位”这 3 个类别。具体如下:

1. 承担行政职能的事业单位

承担行政职能的事业单位指的是“承担行政决策、行政执行、行政监督等职能,主要行使行政许可、行政处罚、行政强制、行政裁决等行政职权”的事业单位。“认定事业单位承担行政职能的依据是国家有关法律法规和中央有关政策规定,不以机构名称、经费来源、人员管理方式等作为依据。”①

在事业单位改革过程中,国家要求这类事业单位“逐步将行政职能划归行政机构,或转为行政机构②。今后,不再批准设立承担行政职能的事业单位”③。

2. 从事生产经营活动的事业单位

从事生产经营活动的事业单位指的是“所提供的产品或服务可以由市场配置资源、不承担公益服务职责的事业单位”④。

在事业单位改革过程中,国家要求这类事业单位“要逐步转为企业或撤销。今后,不再批准设立从事生产经营活动的事业单位”。⑤

3. 从事公益服务的事业单位

从事公益服务的事业单位指的是“面向社会提供公益服务和为机关行使职能提供支持保障的事业单位”。事业单位“改革后,只有这类单位继续保留在事业单位序列”。⑥

“根据职责任务、服务对象和资源配置方式等情况”,国家将从事公益服务的事业单位细分为“公益一类事业单位”和“公益二类事业单位”。⑦

其中,“公益一类事业单位”指的是“承担义务教育、基础性科研、公共文化、公共卫生及基层的基本医疗服务等基本公益服务,不能或不宜由市场配置资源的事业单位”;这类事业单位“不得从事经营活动,其宗旨、业务范围和服务规范由国家确定”。⑧

而“公益二类事业单位”则指“承担高等教育、非营利医疗等公益服务,可部分由市场配置资源的事业单位”;这类事业单位“按照国家确定的公益目标和相关标准开展活动,在确保公益目标的前提下,可依据相关法律法规提供与主业相关的服务,收益的使用按国家有关规定执行”。⑨

《关于事业单位分类的意见》(国办发〔2011〕37 号文附件 1)规定:“在划分从事公

---

① 《关于承担行政职能事业单位改革的意见》(国办发〔2011〕37 号文附件 2)。

② 比如,根据 2023 年 3 月 10 日第十四届全国人民代表大会第一次会议通过的《国务院机构改革方案》,中国证券监督管理委员会由国务院直属事业单位调整为国务院直属机构。

③ 《关于事业单位分类的意见》(国办发〔2011〕37 号文附件 1)。

④ 《关于事业单位分类的意见》(国办发〔2011〕37 号文附件 1)。

⑤ 《关于事业单位分类的意见》(国办发〔2011〕37 号文附件 1)。

⑥ 《关于事业单位分类的意见》(国办发〔2011〕37 号文附件 1)。

⑦ 《关于事业单位分类的意见》(国办发〔2011〕37 号文附件 1)。

⑧ 《关于事业单位分类的意见》(国办发〔2011〕37 号文附件 1)。

⑨ 《关于事业单位分类的意见》(国办发〔2011〕37 号文附件 1)。

益服务事业单位类型时,对完全符合某一类型条件的,直接确定其类型;对基本符合某一类型条件的,经过相应调整后确定其类型;对兼有不同类型特征的事业单位,可按主要职责任务和发展方向确定其类型。”

(二)社会团体

社会团体是指“中国公民自愿组成,为实现会员共同意愿,按照其章程开展活动的非营利性社会组织”。①

现阶段,根据性质和任务,社会团体可以区分为学术性社团、行业性社团、专业性社团、联合性社团等类型,在形式上包括协会、学会、联合会、研究会、联谊会、促进会、商会、同业公会等。②

其中,学术性社团指“从事学术研究与交流为主的社会团体,多以学会或研究会命名”;行业性社团指“以从事某一行业的管理、协调或服务的社会团体,多以行业协会命名”;专业性社团指“由专业人员组成的或以专业技术、专门资金为主,从事某项事业而成立的社会团体,一般以协会、商会和促进会命名”;联合性社团指“人群的联合体或学术性、行业性及专业性团体的联合体,多以联合会、联谊会命名”。③

(三)捐助法人

根据《民法典》第92条的规定,“捐助法人”指的是为公益目的以捐助财产成立,不向出资人、设立人等分配所取得利润的法人,包括基金会、社会服务机构、宗教活动场所法人等,在性质上属于非营利法人。区分捐助法人与事业单位、社会团体的关键,在于法人成立时的财产全部源于捐助,而非举办单位、举办者或发起人的出资或拨款。

1. 基金会

基金会是指“利用自然人、法人或者其他组织捐赠的财产,以从事公益事业为目的,依法成立的非营利性法人”。④

按照能否向公众募捐,基金会分为面向公众募捐的基金会(即公募基金会)和不得面向公众募捐的基金会(即非公募基金会);公募基金会按照募捐的地域范围,分为全国性公募基金会和地方性公募基金会。⑤

---

① 《社会团体登记管理条例》第2条第1款。

② 《社会团体登记管理条例》(1989年,已废止)第2条规定:“在中华人民共和国境内组织的协会、学会、联合会、研究会、基金会、联谊会、促进会、商会等社会团体,均应依照本条例的规定申请登记。社会团体经核准登记后,方可进行活动。但是,法律、行政法规另有规定的除外”;中共中央办公厅、国务院办公厅印发的《行业协会商会与行政机关脱钩总体方案》(中办发〔2015〕39号)规定:“同时具有以下特征的行业协会商会纳入脱钩范围:会员主体为从事相同性质经济活动的单位、同业人员,或同地域的经济组织;名称以‘行业协会’、‘协会’、‘商会’、‘同业公会’、‘联合会’、‘促进会’等字样为后缀;在民政部门登记为社会团体法人”;《广东省社会团体章程示范文本》(粤民函〔2021〕416号)第1条规定:“本会的名称是。社会团体名称应与其宗旨、业务范围、会员分布和活动地域相一致,依次由三方面构成:行政区域的名称、业务范围的反映、社会团体性质的标识。专业性社团一般称协会;学术性社团一般称学会、研究会;联合性社团一般称联合会、促进会、校友会。不得使用已由登记管理机关撤销或取缔的社会团体名称。”

③ 《民政事业统计年报制度》(民发〔1999〕27号)。

④ 《基金会管理条例》第2条。

⑤ 《基金会管理条例》第3条。

需要注意的是，基金会与慈善组织并非一一对应的关系。慈善组织既可以采取基金会形式，也可以采取社会团体或社会服务机构形式。①

2. 社会服务机构

《民法典》所说的作为非营利法人的“社会服务机构”，对应于《民办非企业单位登记管理暂行条例》所说的具有法人资格的“民办非企业单位”，指的是“企业事业单位、社会团体和其他社会力量以及公民个人利用非国有资产举办的，从事非营利性社会服务活动的社会组织”②。现阶段，社会服务机构通常按照所属行业（或事业）进行登记。③

需要注意的是，“社会服务机构”既有采取法人形式的，也有采取合伙形式的，还有采取个体形式的，④是《民法典》所说的作为非营利法人的“社会服务机构”的上位概念。

3. 宗教活动场所法人

宗教活动场所分为“寺院、宫观、清真寺、教堂”和“其他固定宗教活动处所”两大类。⑤ 其中，寺院包括佛教的寺、庙、宫、庵、禅院等；宫观包括道教的宫、观、祠、庙、府、洞、殿、院等；清真寺，即伊斯兰教的清真寺；教堂包括天主教、基督教的教堂；其他固定宗教活动处所是指除寺观教堂以外，规模较小、设施简易、功能较少的进行经常性集体宗教活动的固定活动场所。⑥

无论是哪类宗教活动场所，都须依法设立并取得宗教事务部门颁发的《宗教活动场所登记证》。并且，依法持有《宗教活动场所登记证》的宗教活动场所，按照《国家宗教事务局、民政部关于宗教活动场所办理法人登记事项的通知》（国宗发〔2019〕1 号）

---

① 《慈善法》第 8 条规定：“本法所称慈善组织，是指依法成立、符合本法规定，以面向社会开展慈善活动为宗旨的非营利性组织。善组织可以采取基金会、社会团体、社会服务机构等组织形式。”

② 《民办非企业单位登记管理暂行条例》第 2 条。

③ 《民办非企业单位登记暂行办法》第 4 条规定：“举办民办非企业单位，应按照下列所属行（事）业申请登记：（一）教育事业，如民办幼儿园，民办小学、中学、学校、学院、大学，民办专修（进修）学院或学校，民办培训（补习）学校或中心等；（二）卫生事业，如民办门诊部（所）、医院，民办康复、保健、卫生、疗养院（所）等；（三）文化事业，如民办艺术表演团体、文化馆（活动中心）、图书馆（室）、博物馆（院）、美术馆、画院、名人纪念馆、收藏馆、艺术研究院（所）等；（四）科技事业，如民办科学研究院（所、中心），民办科技传播或普及中心、科技服务中心、技术评估所（中心）等；（五）体育事业，如民办体育俱乐部，民办体育场、馆、院、社、学校等；（六）劳动事业，如民办职业培训学校或中心，民办职业介绍所等；（七）民政事业，如民办福利院、敬老院、托老所、老年公寓，民办婚姻介绍所，民办社区服务中心（站）等；（八）社会中介服务业，如民办评估咨询服务中心（所），民办信息咨询调查中心（所），民办人才交流中心等；（九）法律服务业；（十）其他。”

④ 《民办非企业单位登记暂行办法》第 2 条规定：“民办非企业单位根据其依法承担民事责任的不同方式分为民办非企业单位（法人）、民办非企业单位（合伙）和民办非企业单位（个体）三种。个人出资且担任民办非企业单位负责人的，可申请办理民办非企业单位（个体）登记；两人或两人以上合伙举办的，可申请办理民办非企业单位（合伙）登记；两人或两人以上举办且具备法人条件的，可申请办理民办非企业单位（法人）登记。由企业事业单位、社会团体和其他社会力量举办的或由上述组织与个人共同举办的，应当申请民办非企业单位（法人）登记。”

⑤ 《宗教活动场所管理办法》（国家宗教事务局令第 19 号，2023 年 7 月 9 日）第 2 条。

⑥ 《国务院宗教事务局关于〈宗教活动场所管理条例〉若干条款的解释》（1994 年 4 月 21 日发布）、《广东省寺观教堂和其他固定宗教活动处所区分标准（试行）》（粤民宗规〔2021〕1 号）第 2 条、《山东省寺观教堂和其他固定宗教活动处所区分标准》（鲁民宗发〔2021〕59 号）第 2 条。

经民政部门登记并取得《宗教活动场所法人登记证书》后,才属于捐助法人。

(四)其他非营利法人

考虑到除了事业单位、社会团体和捐助法人,实务中还存在、将来也可能会出现其他类型的非营利法人,《民法典》第 87 条第 2 款以"等"字兜底,将其他"为公益目的或者其他非营利目的成立,不向出资人、设立人或者会员分配所取得利润的法人"纳入其中,既涵盖了其他法律规定的其他的非营利法人(比如合作制公证机构①,既非事业单

① 《公证法》第 6 条规定:"公证机构是依法设立,不以营利为目的,依法独立行使公证职能、承担民事责任的证明机构";《公证机构执业管理办法》第 4 条规定:"公证机构办理公证,不以营利为目的,独立行使公证职能,独立承担民事责任,任何单位和个人不得非法干预,其合法权益不受侵犯",第 18 条规定:"公证机构统称公证处……"上述规定没有限定公证机构的组织形式。根据司法部、中央编办、财政部、人力资源社会保障部印发的《关于推进公证体制改革机制创新工作的意见》(司发〔2017〕8 号),2017 年之前,公证机构包括行政体制公证机构、事业体制公证机构和合作制公证机构三种形式。截至 2017 年 11 月,全国所有行政体制公证机构全部转为事业体制公证机构;现阶段,公证机构包括事业单位形式的公证机构和合作制公证机构(见全国人大常委会时任副委员长曹建明 2021 年 12 月 21 日在第十三届全国人民代表大会常务委员会第三十二次会议上作的《全国人民代表大会常务委员会执法检查组关于检查〈中华人民共和国公证法〉实施情况的报告》)。合作制公证机构通常也具有法人资格。对此,司法部《关于深化公证体制机制改革促进公证事业健康发展的意见》(司发〔2021〕3 号)提出:"支持、引导在自贸区(港)、国家级经济技术开发区等改革开放前沿阵地率先设立合作制公证机构。具备相关条件的事业体制公证机构按程序转为合作制公证机构的,要突出加强党建,妥善解决人员、业务、资产等的衔接,确保工作秩序不乱、国有资产不流失。新设或转设合作制公证机构须报国务院司法行政部门核准后,由省级司法行政机关颁发执业证";《广西壮族自治区合作制公证处管理办法(试行)》(2019 年)第 1 条规定:"合作制公证处是公证机构的组织形式之一。合作制公证处是依法设立,不以营利为目的,依法独立履行公证职能,承担民事责任的证明机构"、第 3 条规定:"合作制公证处的财产由合作人共有,以其全部资产对外承担有限责任",第 36 条规定:"合作制公证处终止后的债务清偿,应参照《公司法》等相关法律规定进行。清偿时应当先行支付公证处员工工资、劳动保险费、税费,然后再清偿普通债务。清算后的剩余资产,按非营利法人有关规定处理"。不过,实务中对合作制公证机构是否属于事业单位之外的非营利法人,认识有待统一。对此,全国人大常委会时任副委员长曹建明 2021 年 12 月 21 日在第十三届全国人民代表大会常务委员会第三十二次会议上作的《全国人民代表大会常务委员会执法检查组关于检查〈中华人民共和国公证法〉实施情况的报告》提及:"……对合作制公证机构单位属性的认识不统一",建议"根据《关于深化公证体制机制改革促进公证事业健康发展的意见》,结合检查中各地区各类公证机构运行情况,研究论证在经济欠发达地区保留公证机构为公益一类事业单位的可行性,……其他地区公证机构为非营利法人的社会服务机构,在坚持公益性的同时,按照市场规律运行,自主开展业务,独立承担法律责任"。

位、又非社会团体法人或捐助法人形式的作为独立的公益性非营利法人的仲裁机构①),也为法律将来规定新的非营利法人类型预留了空间。

第八十八条　【事业单位法人资格的取得】具备法人条件,为适应经济社会发展需要,提供公益服务设立的事业单位,经依法登记成立,取得事业单位法人资格;依法不需要办理法人登记的,从成立之日起,具有事业单位法人资格。

---

① 针对商事仲裁机构的法律地位,《仲裁法》第 10 条规定:"仲裁委员会可以在直辖市和省、自治区人民政府所在地的市设立,也可以根据需要在其他设区的市设立,不按行政区划层层设立。仲裁委员会由前款规定的市的人民政府组织有关部门和商会统一组建。设立仲裁委员会,应当经省、自治区、直辖市的司法行政部门登记",第 14 条规定:"仲裁委员会独立于行政机关,与行政机关没有隶属关系。仲裁委员会之间也没有隶属关系";国务院《仲裁委员会登记暂行办法》第 2 条规定:"仲裁委员会的登记机关是省、自治区、直辖市的司法行政部门",第 3 条规定:"仲裁委员会可以在直辖市和省、自治区人民政府所在地的市设立,也可以根据需要在其他设区的市设立,不按行政区划层层设立。设立仲裁委员会,应当向登记机关办理设立登记;未经设立登记的,仲裁裁决不具有法律效力……",第 4 条规定:"登记机关应当在收到本办法第三条第三款规定的文件之日起 10 日内,对符合设立条件的仲裁委员会予以设立登记,并发给登记证书;对符合设立条件,但所提供的文件不符合本办法第三条第三款规定的,在要求补正后予以登记;对不符合本办法第三条第一款规定的,不予登记",第 8 条规定:"登记机关对仲裁委员会的设立登记、注销登记,自作出登记之日起生效,予以公告,并报国务院司法行政部门备案。仲裁委员会登记证书,由国务院司法行政部门负责印制"。上述规定只是明确了商事仲裁机关并非行政机关,但都没有明确商事仲裁机构是否具有法人地位以及属于何种法人。中共中央办公厅、国务院办公厅 2018 年 12 月 31 日印发的《关于完善仲裁制度提高仲裁公信力的若干意见》则明确规定商事仲裁机构在性质上属于非营利法人,即:"仲裁委员会是政府依据仲裁法组织有关部门和商会组建,为解决合同纠纷和其他财产权益纠纷提供公益性服务的非营利法人",但仍然没有明确或限制商事仲裁机构属于何种形式的非营利法人(事业单位、社团法人或社会服务机构),并提出"各地可以结合实际,对仲裁委员会的运行机制和具体管理方式进行探索改革,条件成熟、具有改革积极性的仲裁委员会可先行试点","仲裁委员会可以根据自身发展实际情况,选择具体财务管理方式,经省级财政、税务、价格主管部门同意后实施,并接受财政、审计、税务、价格等部门的监督。选择行政事业收费管理的,执行事业单位财务规则;选择仲裁收费转为经营服务性收费管理的,比照企业财务通则执行"。从该意见使用的"提供公益性服务的非营利法人"表述看,将商事仲裁机构归入事业单位或社会团体法人或社会服务机构似乎都可以。司法部 2021 年 7 月 30 日公布的《中华人民共和国仲裁法(修订)(征求意见稿)》第 13 条关于"仲裁机构是依照本法设立,为解决合同纠纷和其他财产权益纠纷提供公益性服务的非营利法人,包括仲裁委员会和其他开展仲裁业务的专门组织。仲裁机构经登记取得法人资格"的规定明确了商事仲裁机构的非营利法人地位,但也没有明确其具体的非营利法人类型。在此前的实践中,商事仲裁机构通常是以或曾经是以事业单位形式存在的,比如《深圳国际仲裁院管理规定》(自 2019 年 6 月 1 日起施行)第 3 条第 1 款规定:"深圳国际仲裁院是不以营利为目的的法定机构,作为事业单位法人独立运作";云南省人民政府办公厅 1995 年印发的《昆明仲裁委员会章程》(云政办发〔1995〕210 号)第 2 条曾规定:"昆明仲裁委员会(以下简称仲裁委员会)是省人民政府统一组建的事业单位法人"。不过,上海市委市政府 2021 年印发的《上海仲裁委员会深化改革总体方案》明确改革后的上海仲裁委员会退出事业单位序列,注销事业编制,成为上海市政府组建、由上海市司法局登记管理、面向市场提供仲裁服务的非营利法人;相关改革已经 2021 年 8 月基本完成(来源于《春风一缕勇闯国际:上海仲裁行业对外开放迈上新台阶》,载《上海法治报》2021 年 11 月 9 日,A2 版)。自 2022 年 1 月 15 日起施行《上海仲裁委员会章程(修订)》第 2 条规定:"上海仲裁委员会是上海市人民政府根据仲裁法规定组建,由上海市司法局登记管理,面向市场提供仲裁等争议解决服务的公益性非营利法人……"第 3 条规定:"上海仲裁委员会实行以委员会为核心的法人治理结构,实行决策权、执行权、监督权相互分离、有效制衡、权责对等的治理机制。"

【条文通释】

《民法典》第 88 条是关于事业单位法人资格的取得的规定。

一、事业单位的界定

(一)事业单位的定义

1. 事业单位的定义

《民法典》本身没有对事业单位作出界定。在《民法典》之前,《事业单位登记管理暂行条例》第 2 条第 1 款对"事业单位"作的定义是:"国家为了社会公益目的,由国家机关举办或者其他组织利用国有资产举办的,从事教育、科技、文化、卫生等活动的社会服务组织"。① 根据《事业单位登记管理暂行条例》第 3 条 2 款所说的"事业单位应当具备法人条件",所有依法设立的事业单位都是法人,不存在不具有法人资格的事业单位。

据此,《民法典》所说的"事业单位",指的是为适应经济社会发展需要,由国家机关举办或者其他组织利用国有资产举办的提供公益服务的具备法人条件的社会服务组织。

从而,界定事业单位的关键有二:一是以"适应经济社会发展需要,提供公益服务"为设立目的②;③二是由国家机关举办或其他组织利用国有资产举办。其中,就设立目的而言,根据《事业单位登记管理暂行条例》的上述规定,现阶段,事业单位也是"为公益目的"成立的,在性质上也属于《民法典》第 95 条所说的"为公益目的成立的非营利法人"。

2. 公益服务

结合《关于事业单位分类的意见》(国办发〔2011〕37 号文附件 1)的规定,《民法

---

① 《事业单位登记管理暂行条例实施细则》(中央编办发〔2014〕4 号)第 4 条对事业单位的界定更加宽泛,涵盖了从事生产经营活动的事业单位:"本细则所称事业单位,是指国家为了社会公益目的,由国家机关举办或者其他组织利用国有资产举办的,从事教育、科研、文化、卫生、体育、新闻出版、广播电视、社会福利、救助减灾、统计调查、技术推广与实验、公用设施管理、物资仓储、监测、勘探与勘察、测绘、检验检测与鉴定、法律服务、资源管理事务、质量技术监督事务、经济监督事务、知识产权事务、公证与认证、信息与咨询、人才交流、就业服务、机关后勤服务等活动的社会服务组织"。

② 实践中还存在承担行政职能的事业单位(即承担行政决策、行政执行、行政监督等职能的事业单位)和从事生产经营活动的事业单位(即所提供的产品或服务可以由市场配置资源、不承担公益服务职责的事业单位)。《关于事业单位分类的意见》(国办发〔2011〕37 号文附件 1)要求不再新设承担行政职能的事业单位和从事生产经营活动的事业单位,存量的承担行政职能的事业单位要逐步将行政职能划归行政机构或转为行政机构,存量的从事生产经营活动的事业单位要逐步转为企业或撤销,只保留从事公益服务的事业单位。

③ 根据第十二届全国人民代表大会法律委员会 2017 年 3 月 12 日在第十二届全国人民代表大会第五次会议主席团第二次会议上作的《关于〈中华人民共和国民法总则(草案)〉审议结果的报告》,在《民法总则》立法过程中,考虑到有意见认为"按照事业单位改革的要求,事业单位主要是国家举办的提供公益服务的法人组织,与一般的公益性非营利法人不完全相同",因此,正式通过的《民法总则》第 88 条针对事业单位的设立没有使用"为实现公益目的设立的事业单位",而是使用了"为适应经济社会发展需要,提供公益服务设立的事业单位"的表述。《民法典》延续了这一表述。

典》第 88 条所说的事业单位提供的“公益服务”,既包括事业单位直接“面向社会提供公益服务”,也包括事业单位“为机关行使职能提供支持保障”服务。

3. 事业单位的举办单位

结合《事业单位登记管理暂行条例实施细则》第 13 条、第 14 条①和国家统计局印发的《统计单位划分及具体处理办法》(国统字〔2011〕96 号)第 5 条②以及《江苏省事业单位登记管理办法》第 9 条③的规定,事业单位的举办单位包括:(1)各级党委、政府、人大常委会、政协、法院、检察院、民主党派机关;(2)各级党委部门、政府各部门;(3)直接或者间接使用财政经费的社会团体;(4)各级国有资产监督管理机构履行出资人职责的企业;(5)事业单位等。

(二)从事公益服务的事业单位的分类

根据《关于事业单位分类的意见》(国办发〔2011〕37 号文附件 1),国家根据职责任务、服务对象和资源配置方式等情况,将从事公益服务的事业单位细分为两类:

一是公益一类事业单位,即“承担义务教育、基础性科研、公共文化、公共卫生及基层的基本医疗服务等基本公益服务,不能或不宜由市场配置资源的事业单位”。这类事业单位“不得从事经营活动,其宗旨、业务范围和服务规范由国家确定”。④

二是公益二类事业单位,即“承担高等教育、非营利医疗等公益服务,可部分由市场配置资源的事业单位”。这类事业单位“按照国家确定的公益目标和相关标准开展

---

① 《事业单位登记管理暂行条例实施细则》第 13 条规定:“国家事业单位登记管理局负责下列事业单位的登记管理:(一)中央直属事业单位;(二)中央国家机关各部门举办的事业单位;(三)直接或者间接使用中央财政经费的社会团体举办的事业单位;(四)中央国有资产监督管理机构履行出资人职责的企业和国有重点金融机构举办的事业单位;(五)本条上述事业单位举办的事业单位;(六)依照法律或者有关规定,应当由国家事业单位登记管理局登记管理的其他事业单位”,第 14 条规定:“省、自治区、直辖市登记管理机关负责下列事业单位的登记管理:(一)省、自治区、直辖市直属事业单位;(二)省、自治区、直辖市国家机关各部门举办的事业单位;(三)直接或者间接使用省级财政经费的社会团体举办的事业单位;(四)省、自治区、直辖市国有资产监督管理机构履行出资人职责的企业举办的事业单位;(五)本条上述事业单位举办的事业单位;(六)国家事业单位登记管理局授权登记管理的事业单位;(七)依照法律或者有关规定,应当由省级登记管理机关登记管理的其他事业单位”。

② 《统计单位划分及具体处理办法》(国统字〔2011〕96 号)第 5 条第 2 项规定:“事业单位法人是指经国务院或地方县级以上机构编制管理部门批准,经国家或地方县级以上事业单位登记管理部门登记或备案,领取《事业单位法人证书》,取得法人资格的事业单位。包括:1. 各级党委、政府直属事业单位;2. 中共中央、国务院直属事业单位举办的事业单位;3. 各级人大、政协机关,人民法院、人民检察院和各民主党派机关举办的事业单位;4. 各级党委部门和政府部门举办的事业单位;5. 使用财政性经费的群众团体举办的事业单位;6. 国有企业及其他组织利用国有资产举办的事业单位;7. 依照法律或有关规定,应当由各级登记管理机关登记的其他事业单位。”

③ 《江苏省事业单位登记管理办法》第 9 条第 1 款规定:“省、设区的市、县(市)登记管理机关负责下列事业单位的登记管理:(一)本级党委、政府直属事业单位;(二)本级人大常委会、政协举办的事业单位;(三)本级法院、检察院举办的事业单位;(四)本级党委、政府各部门举办的事业单位;(五)直接或者间接使用本级财政经费的社会团体举办的事业单位;(六)本级国有资产监督管理机构履行出资人职责的企业举办的事业单位;(七)本款前六项列举事业单位举办的事业单位;(八)其他组织举办的冠本级行政区域名称字样的事业单位;(九)上级登记管理机关授权登记管理的事业单位;(十)依法应当由本级登记管理机关登记管理的其他事业单位。”

④ 《关于事业单位分类的意见》(国办发〔2011〕37 号文附件 1)。

活动,在确保公益目标的前提下,可依据相关法律法规提供与主业相关的服务,收益的使用按国家有关规定执行”。①

二、事业单位取得法人资格的时间

针对事业单位取得法人资格的时间,根据是否需要办理法人登记,《民法典》第 88 条规定了两种情形:一是对于依法需要办理登记的事业单位,以完成设立登记并取得登记证书之日为取得事业单位法人资格的时间;二是对于依法不需要办理登记的事业单位,以成立之日为取得事业单位法人资格的时间。

(一)原则:经设立登记并取得登记证书后取得法人资格

对于依法需要办理法人设立登记的事业单位,《民法典》第 88 条规定了其取得法人资格的时间,即:“经依法登记成立,取得事业单位法人资格”。

需要注意的是,《民法典》第 88 条所说的“经依法登记成立,取得事业单位法人资格”,只涉及事业单位设立登记这一程序要求,不涉及设立事业单位的实体条件,也不涉及事业单位的成立时间。

结合《事业单位登记管理暂行条例》第 3 条第 1 款、第 8 条第 1 款②和《事业单位登记管理暂行条例实施细则》第 6 条③的规定,这类事业单位经依法登记后方可成立,经设立登记并取得《事业单位法人证书》后才取得法人资格。

(二)例外:自成立之日而非取得登记证书之日起具有法人资格

根据《事业单位登记管理暂行条例》第 3 条第 1 款、第 11 条和第 12 条④,结合《江

---

① 《关于事业单位分类的意见》(国办发〔2011〕37 号文附件 1)。

② 《事业单位登记管理暂行条例》第 3 条第 1 款规定:“事业单位经县级以上各级人民政府及其有关主管部门(以下统称审批机关)批准成立后,应当依照本条例的规定登记或者备案”,第 8 条第 1 款规定:“登记管理机关应当自收到登记申请书之日起 30 日内依照本条例的规定进行审查,作出准予登记或者不予登记的决定。准予登记的,发给《事业单位法人证书》;不予登记的,应当说明理由”。

③ 《事业单位登记管理暂行条例实施细则》第 6 条规定:“登记管理机关向核准设立登记的事业单位颁发《事业单位法人证书》。《事业单位法人证书》是事业单位法人资格的唯一合法凭证。未取得《事业单位法人证书》的单位,不得以事业单位法人名义开展活动。”

④ 《事业单位登记管理暂行条例》第 3 条第 1 款规定:“事业单位经县级以上各级人民政府及其有关主管部门(以下统称审批机关)批准成立后,应当依照本条例的规定登记或者备案”,第 11 条规定:“法律规定具备法人条件、自批准设立之日起即取得法人资格的事业单位,或者法律、其他行政法规规定具备法人条件、经有关主管部门依法审核或者登记,已经取得相应的执业许可证书的事业单位,不再办理事业单位法人登记,由有关主管部门按照分级登记管理的规定向登记管理机关备案。县级以上各级人民政府设立的直属事业单位直接向登记管理机关备案”,第 12 条规定:“事业单位备案的事项,除本条例第八条第二款所列事项外,还应当包括执业许可证明文件或者设立批准文件。对备案的事业单位,登记管理机关应当自收到备案文件之日起 30 日内发给《事业单位法人证书》”。

苏省事业单位登记管理办法》第 37 条[①]的规定，以下事业单位无须办理事业单位法人登记，而需在向登记机关办理备案后取得《事业单位法人证书》：

一是法律规定具备法人条件、自批准设立之日起即取得法人资格的事业单位。

二是法律、行政法规规定具备法人条件、经有关主管部门依法审核或者登记，已经取得相应的执业许可证书的事业单位。

三是县级以上各级党委、人大常委会、政府、政协设立的直属事业单位。

上述三种情形的事业单位属于《民法典》第 88 条所说的“依法不需要办理法人登记”的事业单位。针对这类事业单位取得法人资格的时间，《民法典》作出了特别的规定，即：“从成立之日起，具有事业单位法人资格”。其中的“成立之日”，通常指的是有关机关批准事业单位设立之日。[②]

第八十九条　【事业单位法人的决策机构和法定代表人产生办法】事业单位法人设理事会的，除法律另有规定外，理事会为其决策机构。事业单位法人的法定代表人依照法律、行政法规或者法人章程的规定产生。

【条文通释】

《民法典》第 89 条是关于事业单位法人的决策机构和法定代表人产生办法的规定。

一、事业单位的法人治理结构

与《民法典》明确要求营利法人和社会团体依法制定章程并设权力机构和执行机构、明确要求捐助法人依法制定章程并设决策机构、执行机构和监督机构不同，《民法典》本身没有直接要求事业单位必须制定章程，只是在第 58 条第 1 款直接要求作为法人的事业单位应当有“自己的组织机构”，在第 89 条间接要求事业单位应当有自己的决策机构和法定代表人。《事业单位登记管理暂行条例》和《事业单位登记管理暂行条例实施细则》也只是要求事业单位有规范的“组织机构（法人治理结构）”[③]，没有明确事业单位应当设置哪些组织机构。

不过，《中共中央、国务院关于分类推进事业单位改革的指导意见》（中发〔2011〕5 号）和国务院办公厅《关于建立和完善事业单位法人治理结构的意见》（国办发〔2011〕

---

① 《江苏省事业单位登记管理办法》（江苏省人民政府令第 35 号）第 37 条规定：“符合下列条件之一的事业单位，应当在被批准设立或者有关决定作出之日起 30 日内，由有关主管部门或者该事业单位向登记管理机关备案：（一）法律规定具备法人条件、自批准设立之日起即取得法人资格的事业单位；（二）法律、行政法规规定具备法人条件、经有关主管部门依法审核或者登记，已经取得相应的执业许可证书的事业单位；（三）党委、人大常委会、政府、政协设立的直属事业单位。”

② 《事业单位登记管理暂行条例实施细则》第 38 条规定：“批准事业单位设立的文件种类如下：（一）机构编制管理部门的批准文件；（二）其他有关政府部门的批准文件；（三）举办单位决定设立的文件；（四）其他批准设立的文件。”

③ 《事业单位登记管理暂行条例》第 6 条第 2 项和《事业单位登记管理暂行条例实施细则》第 36 条第 2 项、第 39 条第 3 项。

37号文附件4)对面向社会提供公益服务的事业单位建立和完善法人治理结构提出了相应的指导意见①,要求事业单位"建立和完善以决策层及其领导下的管理层为主要构架的法人治理结构","明确事业单位决策层的决策地位,把行政主管部门对事业单位的具体管理职责交给决策层,进一步激发事业单位活力。要吸收事业单位外部人员参加决策层,扩大参与事业单位决策和监督的人员范围,进一步规范事业单位的行为,确保公益目标的实现。要明确决策层和管理层的职责权限和运行规则,进一步完善事业单位的激励约束机制,提高运行效率"。②

二、事业单位的章程

在法律地位上,事业单位章程是"法人治理结构的制度载体和理事会、管理层的运行规则,也是有关部门对事业单位进行监管的重要依据"。③

在内容方面,事业单位章程应当"明确理事会和管理层的关系,包括理事会的职责、构成、会议制度,理事的产生方式和任期,管理层的职责和产生方式等"。④

在制定程序方面,"事业单位章程草案由理事会通过,并经举办单位同意后,报登记管理机关核准备案"。⑤

实务中,监管机构通常会制定章程示范文本⑥,特定的事业单位法人可以参照相关示范文本制定其章程。

三、事业单位的决策机构

(一)事业单位应当设决策机构

与《民法典》第93条第2款针对捐助法人直接规定了"捐助法人应当设理事会、民主管理组织等决策机构"不同,《民法典》第88条本身没有直接使用"事业单位应当设决策机构"的表述。

不过,《民法典》第89条所说的"事业单位法人设理事会的,除法律另有规定外,理事会为其决策机构",意味着事业单位也应当设决策机构。国务院办公厅《关于建立和完善事业单位法人治理结构的意见》(国办发〔2011〕37号文附件4)更是要求"面向社会提供公益服务的事业单位要探索建立和完善法人治理结构……(一)建立健全决策监督机构……"

---

① 《中共中央、国务院关于分类推进事业单位改革的指导意见》(中发〔2011〕5号)和国务院办公厅《关于建立和完善事业单位法人治理结构的意见》(国办发〔2011〕37号文附件4)也要求不宜建立法人治理结构的事业单位继续完善现行管理模式。

② 国务院办公厅《关于建立和完善事业单位法人治理结构的意见》(国办发〔2011〕37号文附件4)。

③ 国务院办公厅《关于建立和完善事业单位法人治理结构的意见》(国办发〔2011〕37号文附件4)。

④ 国务院办公厅《关于建立和完善事业单位法人治理结构的意见》(国办发〔2011〕37号文附件4)。

⑤ 国务院办公厅《关于建立和完善事业单位法人治理结构的意见》(国办发〔2011〕37号文附件4)。

⑥ 比如,中央机构编制委员会办公室印发了《事业单位章程示范文本》(中央编办发〔2012〕11号),旨在为建立理事会的事业单位制定章程时提供指导,并为建立董事会、管委会等其他形式法人治理结构的事业单位提供参照,并要求"事业单位制定的章程,应当包括此章程示范文本中所列全部条款内容"。

(二)决策机构的地位和形式

《民法典》本身没有直接规定事业单位决策机构的法律地位。结合《民法典》第 93 条第 2 款所说的“捐助法人应当设理事会、民主管理组织等决策机构,并设执行机构”,第 80 条所说的“营利法人应当设权力机构。权力机构行使修改法人章程,选举或者更换执行机构、监督机构成员,以及法人章程规定的其他职权”和第 81 条所说的“营利法人应当设执行机构。执行机构行使召集权力机构会议,决定法人的经营计划和投资方案,决定法人内部管理机构的设置,以及法人章程规定的其他职权”,事业单位的决策机构相当于营利法人的权力机构,行使事业单位重大事项的决策权,事业单位的法定代表人和管理层在决策机构的领导下开展工作。对此,国务院办公厅《关于建立和完善事业单位法人治理结构的意见》(国办发〔2011〕37 号文附件 4)更是使用了“以决策层及其领导下的管理层为主要构架的事业单位法人治理结构”的表述。

在形式上,《民法典》第 89 条所说的“事业单位法人设理事会的,除法律另有规定外,理事会为其决策机构”表明,只要事业单位设理事会,理事会原则上就当然是其决策机构,而不应以其他机构为决策机构(法律明确规定以其他机构为决策机构的除外)①。②

当然,《民法典》第 89 条所说的“事业单位法人设理事会的,除法律另有规定外,理事会为其决策机构”也表明,理事会属于事业单位决策机构的一种形式,但不是唯一的形式,事业单位可以依法设置其他形式的决策机构。国务院办公厅《关于建立和完善事业单位法人治理结构的意见》(国办发〔2011〕37 号文附件 4)更是确认“事业单位决策监督机构的主要组织形式是理事会”,并明确事业单位决策机构“也可探索董事会、管委会等多种形式”。

实务中,也有的事业单位不设理事会,而实行行政领导人负责制或党委领导下的

---

① 比如,中共中央宣传部、文化部、中央机构编制委员会办公室、财政部、人力资源社会保障部、国家文物局、中国科学技术协会印发的《关于深入推进公共文化机构法人治理结构改革的实施方案》(文公共发〔2017〕28 号)提出“建立以理事会为主要形式的法人治理结构”。

② 需要注意的是,实务中存在会员制事业单位法人,比如上海证券交易所和深圳证券交易所均为中国证监会举办的事业单位[见机关赋码和事业单位登记管理平台(https://www.gjsy.gov.cn/sydwfrxxcx/)公示的上海证券交易所的《事业单位法人年度报告书(2023 年度)》或各自的基本信息]。此类事业单位法人以会员大会为最高权力机构。比如,《上海证券交易所章程(2021 年修订)》第 3 条规定:“本所是为证券集中交易提供场所和设施,组织和监督证券交易,实行自律管理的会员制法人”,第 27 条规定:“会员大会由本所全体会员组成,是本所的权力机构”。《深圳证券交易所章程(2021 年修订)》第 3 条、第 26 条也有类似规定。

行政领导人负责制,其决策机构通常是党委会[①]或行政领导人办公会议[②]。对此,《中国共产党章程》(2022 年修改)第 33 条第 5 款规定:“实行行政领导人负责制的事业单位中党的基层组织,发挥战斗堡垒作用。实行党委领导下的行政领导人负责制的事业单位中党的基层组织,对重大问题进行讨论和作出决定,同时保证行政领导人充分行使自己的职权”。

(三)决策机构的构成和产生办法

《民法典》本身没有规定事业单位决策机构的构成和产生办法。

根据国务院办公厅《关于建立和完善事业单位法人治理结构的意见》(国办发〔2011〕37 号文附件 4),事业单位决策机构“一般由政府有关部门、举办单位、事业单位、服务对象和其他有关方面的代表组成”;其中,“直接关系人民群众切身利益的事业单位,本单位以外人员担任的理事要占多数”。此外,事业单位要根据“规模、职责任务和服务对象等方面特点,兼顾代表性和效率,合理确定理事会的构成和规模”。[③]

就决策机构成员的产生办法而言,国务院办公厅《关于建立和完善事业单位法人治理结构的意见》(国办发〔2011〕37 号文附件 4)要求事业单位“结合理事所代表的不同方面,采取相应的理事产生方式”;其中,“代表政府部门或相关组织的理事一般由政府部门或相关组织委派,代表服务对象和其他利益相关方的理事原则上推选产生,事业单位行政负责人及其他有关职位的负责人可以确定为当然理事”。[④]

(四)决策机构的职权

《民法典》本身也没有规定事业单位决策机构的职权。

---

① 比如,中央和国家机关工委印发的《关于加强中央和国家机关所属事业单位党的建设的意见》(2020 年)提出:“实行党委领导下的行政领导人负责制的事业单位,党委发挥把方向、管大局、作决策、促改革、保落实的领导作用。坚持集体领导和个人分工负责相结合,重大问题应当按照集体领导、民主集中、个别酝酿、会议决定的原则,由党委集体讨论,作出决定,并按照分工抓好组织实施,支持行政主要领导人依法依规独立负责地行使职权。健全党委会议、行政办公会议议事规则,明确各自议事决策范围和程序。党委会议研究和决定单位重大问题,不得以党政联席会议代替党委会议,不是党委委员的行政领导人可以列席党委会议。”又如,中共陕西省文物局党组《省文物局直属事业单位实行党委领导下的馆(院)长负责制实施细则(试行)》(陕文物党〔2012〕7 号)第 2 条规定:“局直属事业单位党委是单位的领导核心,把握文博事业的发展方向,负有对单位发展的战略性、全局性、根本性问题做出决策的责任,统一领导单位工作。”第 10 条规定:“党委会是单位的最高决策机构……”

② 比如,中央和国家机关工委印发的《关于加强中央和国家机关所属事业单位党的建设的意见》(2020 年)提出:“实行行政领导人负责制的事业单位,党组织按照参与决策、推动发展、监督保障的要求,充分发挥战斗堡垒作用。党组织要强化政治功能,加强对重大问题重要事项的政治把关,与行政领导班子共同做好本单位工作。党政主要领导对‘三重一大’事项要充分酝酿、沟通协调,党组织要及时召开会议研究讨论,形成集体意见后,再提交行政办公会议研究决定。”

③ 国务院办公厅《关于建立和完善事业单位法人治理结构的意见》(国办发〔2011〕37 号文附件 4)。中共中央宣传部、文化部、中央机构编制委员会办公室、财政部、人力资源社会保障部、国家文物局、中国科学技术协会印发的《关于深入推进公共文化机构法人治理结构改革的实施方案》(文公共发〔2017〕28 号)也规定:“理事会是公共文化机构的决策机构,成员由政府有关部门、公共文化机构、服务对象和其他有关方面的代表构成,本单位以外人员担任的理事要占多数,要确保理事会成员的社会代表性。理事应当热心公共文化事业,政治素质好,具备相应的知识和能力,遵纪守法,能够忠实、诚信、勤勉地履行职责。”

④ 国务院办公厅《关于建立和完善事业单位法人治理结构的意见》(国办发〔2011〕37 号文附件 4)。

国务院办公厅《关于建立和完善事业单位法人治理结构的意见》(国办发〔2011〕37号文附件4)对事业单位决策机构的职权作出了原则性规定,即:"理事会作为事业单位的决策和监督机构,依照法律法规、国家有关政策和本单位章程开展工作,接受政府监管和社会监督。理事会负责本单位的发展规划、财务预决算、重大业务、章程拟订和修订等决策事项,按照有关规定履行人事管理方面的职责,并监督本单位的运行"。[①]

至于特定事业单位的决策机构的职权,则需要考察其章程的具体规定。

四、事业单位的管理层和法定代表人

(一)管理层的组成和职权

与营利法人、社会团体和捐助法人不同,《民法典》没有要求事业单位设执行机构。不过,由于国务院办公厅《关于建立和完善事业单位法人治理结构的意见》(国办发〔2011〕37号文附件4)明确事业单位的"管理层"属于事业单位决策机构的执行机构[②],因此,事业单位事实上是有执行机构的。

根据国务院办公厅《关于建立和完善事业单位法人治理结构的意见》(国办发〔2011〕37号文附件4),事业单位管理层作为决策机构的执行机构,"由事业单位行政负责人及其他主要管理人员组成";管理层对决策机构负责,按照决策机构决议"独立自主履行日常业务管理、财务资产管理和一般工作人员管理等职责",定期向决策机构报告工作。[③]

(二)事业单位法定代表人的任职资格

事业单位法定代表人是"按照法定程序产生,代表事业单位行使民事权利、履行民事义务的责任人";"事业单位的拟任法定代表人,经登记管理机关核准登记,方取得事业单位法定代表人资格"。[④]

根据《事业单位登记管理暂行条例实施细则》第31条第1款[⑤]的规定,事业单位法定代表人须为具有完全民事行为能力的自然人,并且只有该事业单位的主要行政负责人才可以担任其法定代表人,该事业单位的其他人员不具有担任法定代表人的资格。

此外,中共中央办公厅《事业单位领导人员管理规定》(2022年修订)等法规还对事业单位法定代表人的任职条件和资格提出了更加具体的要求。

(三)事业单位法定代表人的产生办法

针对事业单位法定代表人的产生办法,《民法典》只是要求"依照法律、行政法规或

---

① 国务院办公厅《关于建立和完善事业单位法人治理结构的意见》(国办发〔2011〕37号文附件4)。

② 国务院办公厅《关于建立和完善事业单位法人治理结构的意见》(国办发〔2011〕37号文附件4)规定:"管理层作为理事会的执行机构,由事业单位行政负责人及其他主要管理人员组成。"

③ 国务院办公厅《关于建立和完善事业单位法人治理结构的意见》(国办发〔2011〕37号文附件4)。

④ 《事业单位登记管理暂行条例实施细则》第29条和第30条。

⑤ 《事业单位登记管理暂行条例实施细则》第31条第1款规定:"事业单位法定代表人应当具备下列条件:(一)具有完全民事行为能力的自然人;(二)该事业单位的主要行政负责人。"

者法人章程的规定产生”，具体产生办法则交由其他法律、行政法规或法人章程进行规定。

根据国务院办公厅《关于建立和完善事业单位法人治理结构的意见》(国办发〔2011〕37号文附件4)和《事业单位登记管理暂行条例实施细则》第31条，事业单位法定代表人作为主要行政负责人，应由决策机构任命或提名，并按照人事管理权限报有关部门备案或批准。①

其中，根据中共中央《事业单位领导人员管理规定》(2022年修订)第2条、第16条、第17条、第49条等规定②，各级党委、人大常委会、政府、政协、纪委监委、法院、检察院、群众团体机关所属事业单位的法定代表人通常由设立机构按照干部管理权限的规定进行任免。

五、事业单位的监督机构

《民法典》本身没有规定事业单位是否需要设监督机构。《事业单位登记管理暂行条例》和《事业单位登记管理暂行条例实施细则》也没有要求事业单位必须设监督机构。国务院办公厅《关于建立和完善事业单位法人治理结构的意见》(国办发〔2011〕37号文附件4)也只是提出“也可探索单独设立监事会，负责监督事业单位财务和理事、管理层人员履行职责的情况”。

据此，事业单位可以设、也可以不设单独的监督机构③；在设监督机构的情况下，监督机构的形式可以是监事会、也可以是一至二名监事，监督机构的主要职权是“监督事业单位财务和理事、管理层人员履行职责的情况”。

---

① 国务院办公厅《关于建立和完善事业单位法人治理结构的意见》(国办发〔2011〕37号文附件4)规定：“事业单位行政负责人由理事会任命或提名，并按照人事管理权限报有关部门备案或批准。事业单位其他主要管理人员的任命和提名，根据不同情况可以采取不同的方式”，《事业单位登记管理暂行条例实施细则》第31条规定：“事业单位法定代表人应当具备下列条件：(一)具有完全民事行为能力的自然人；(二)该事业单位的主要行政负责人。违反法律、法规和政策规定产生的事业单位主要行政负责人，不得担任事业单位法定代表人”。

② 《事业单位领导人员管理规定》第2条规定：“本规定适用于省级以上党委和政府直属以及部门所属事业单位领导班子成员，省级以上人大常委会、政协、纪委监委、人民法院、人民检察院、群众团体机关所属事业单位领导班子成员。有关党内法规和法律对事业单位领导人员管理另有规定的，从其规定。事业单位内设机构负责人选拔任用工作按照本规定第二章、第三章有关条款执行”，第16条规定：“选拔任用事业单位领导人员，应当严格执行干部选拔任用工作任前事项报告制度，严格遵守党委(党组)讨论决定干部任免事项有关规定，按照干部管理权限由党委(党组)集体讨论作出任免决定，或者决定提出推荐、提名的意见”，第17条规定：“任用事业单位领导人员，区别不同情况实行选任制、委任制、聘任制。对行政领导人员，结合行业特点和单位实际，逐步加大聘任制推行力度。实行聘任制的，聘任关系通过聘任通知、聘任书等形式确定，根据需要可以签订聘任合同，所聘职务及相关待遇在聘期内有效”，第49条规定：“市(地、州、盟)级以下党委和政府直属以及部门所属事业单位和人大常委会、政协、纪委监委、人民法院、人民检察院、群众团体机关所属事业单位领导人员的管理，由各省、自治区、直辖市党委参照本规定制定或者完善具体办法”。

③ 中共中央宣传部、文化部、中央机构编制委员会办公室、财政部、人力资源社会保障部、国家文物局、中国科学技术协会印发的《关于深入推进公共文化机构法人治理结构改革的实施方案》(文公共发〔2017〕28号)也规定：“具备条件的公共文化机构可单独设立监事会作为监督机构，也可以在理事会中明确若干名承担监督职能的兼职监事。”

第九十条 【社会团体法人资格的取得】具备法人条件，基于会员共同意愿，为公益目的或者会员共同利益等非营利目的设立的社会团体，经依法登记成立，取得社会团体法人资格；依法不需要办理法人登记的，从成立之日起，具有社会团体法人资格。

【条文通释】

《民法典》第 90 条是关于社会团体法人资格的取得的规定。

一、社会团体的界定

《民法典》本身没有对社会团体作出界定。在《民法典》之前，《社会团体登记管理条例》第 2 条第 1 款对“社会团体”作的定义是：“中国公民[①]自愿组成，为实现会员共同意愿，按照其章程开展活动的非营利性社会组织”。

根据《社会团体登记管理条例》第 3 条 2 款所说的“社会团体应当具备法人条件”，所有依法设立的社会团体都是法人，不存在不具有法人资格的社会团体。

根据《民法典》第 90 条所说的“具备法人条件，基于会员共同意愿，为公益目的或者会员共同利益等非营利目的设立的社会团体”，界定社会团体的关键有二：一是须基于会员共同意愿；二是须为“非营利目的”而成立。

其中的“非营利目的”，既可以是“公益目的”，即以促进社会发展和进步的社会公共和福利事业为目的[②]；也可以是公益目的之外的其他非营利目的，包括但不限于“维护会员共同利益”。

也就是说，根据其设立目的，社会团体至少可以分为以下几类：一是完全以公益为目的的社会团体，二是完全以会员共同利益为目的的社会团体，三是完全为公益目的和会员共同利益之外的其他非营利目的成立的社会团体，四是同时以公益、会员共同利益、其他非营利目的中的两项或多项为目的的社会团体。

二、社会团体取得法人资格的时间

针对社会团体取得法人资格的时间，根据是否需要办理法人登记，《民法典》第 90 条也规定了两种情形：一是对于依法需要办理登记的社会团体，以完成设立登记并取得登记证书之日为取得社会团体法人资格的时间；二是对于依法不需要办理登记的社会团体，则以成立之日而非取得登记证书之日为取得社会团体法人资格的时间。

（一）原则：经设立登记并取得登记证书后取得法人资格

对于依法需要办理法人设立登记的社会团体，《民法典》第 90 条规定了其取得法

---

① 当然，国家机关以外的组织也可以作为单位会员加入社会团体。对此，《社会团体登记管理条例》第 2 条第 2 款规定：“国家机关以外的组织可以作为单位会员加入社会团体”。

② 《公益事业捐赠法》第 3 条规定：“本法所称公益事业是指非营利的下列事项：（一）救助灾害、救济贫困、扶助残疾人等困难的社会群体和个人的活动；（二）教育、科学、文化、卫生、体育事业；（三）环境保护、社会公共设施建设；（四）促进社会发展和进步的其他社会公共和福利事业”。

人资格的时间,即:"经依法登记成立,取得社会团体法人资格"。

需要注意的是,《民法典》第 90 条所说的"经依法登记成立,取得社会团体法人资格",只涉及社会团体设立登记这一程序要求,不涉及设立社会团体的实体条件,也不涉及社会团体的成立时间。

结合《社会团体登记管理条例》第 3 条第 1 款、第 9 条第 1 款和第 12 条第 1 款[①]的规定,这类社会团体经依法登记后方可成立,经设立登记并取得《社会团体法人登记证书》后才取得法人资格。

(二)例外:自成立之日而非取得登记证书之日起具有法人资格

《民法典》第 90 条所说的"依法不需要办理法人登记"的社会团体,主要包括:[②]

一是法律明文规定自成立之日起就具有法人资格的社会团体。比如,中华全国总工会和各级地方总工会、产业工会[③]。

二是参加中国人民政治协商会议的人民团体,包括:中华全国总工会、中国共产主义青年团、中华全国妇女联合会、中国科学技术协会、中华全国归国华侨联合会、中华

---

① 《社会团体登记管理条例》第 3 条第 1 款规定:"成立社会团体,应当经其业务主管单位审查同意,并依照本条例的规定进行登记",第 9 条第 1 款规定:"申请成立社会团体,应当经其业务主管单位审查同意,由发起人向登记管理机关申请登记",第 12 条第 1 款规定:"登记管理机关应当自收到本条例第十一条所列全部有效文件之日起 60 日内,作出准予或者不予登记的决定。准予登记的,发给《社会团体法人登记证书》;不予登记的,应当向发起人说明理由"。

② 《社会团体登记管理条例》第 3 条第 3 款规定:"下列团体不属于本条例规定登记的范围:(一)参加中国人民政治协商会议的人民团体;(二)由国务院机构编制管理机关核定,并经国务院批准免于登记的团体;(三)机关、团体、企业事业单位内部经本单位批准成立、在本单位内部活动的团体。"需要注意的是,结合《民政部办公厅关于暂停对企业内部职工持股会进行社团法人登记的函》(民办函〔2000〕110 号,2010 年废止)所说的"1998 年国务院颁布了新修订的《社会团体登记管理条例》,该条例第三条第三款规定'不属于本条例登记范围的:……;机关、团体、企业事业单位内部批准成立、在本单位内部活动的团体。'由于职工持股会属于单位内部团体,不应再由民政部门登记管理。……在国务院没有明确意见前,各地民政部门暂不对企业内部职工持股会进行社团法人登记",《社会团体登记管理条例》第 3 条第 3 款所说的"机关、团体、企业事业单位内部经本单位批准成立、在本单位内部活动的团体"在性质上不属于社会团体。

③ 《工会法》第 15 条规定:"中华全国总工会、地方总工会、产业工会具有社会团体法人资格。基层工会组织具备民法典规定的法人条件的,依法取得社会团体法人资格。"《最高人民法院关于产业工会、基层工会是否具备社会团体法人资格和工会经费集中户可否冻结划拨问题的批复》也规定:"产业工会社会团体法人资格的取得是由工会法直接规定的,依法不需要办理法人登记。"不过,针对基层工会的社团法人资格是否须经登记取得的问题,意见不一。原全国人大法律委员会办公室曾认为 1993 年《天津市实施〈中华人民共和国工会法〉办法》第 9 条第 2 款关于"基层工会组织具备《中华人民共和国民法通则》规定的法人条件的,自批准成立之日起具有社会团体法人资格"的规定与当时适用的 1992 年《工会法》第 14 条第 2 款关于"基层工会组织具备民法通则规定的法人条件的,依法取得社会团体法人资格"不一致;《最高人民法院关于产业工会、基层工会是否具备社会团体法人资格和工会经费集中户可否冻结划拨问题的批复》则认为"基层工会只要符合《中华人民共和国民法典》、工会法和《中国工会章程》规定的条件,报上一级工会批准成立,即具有社会团体法人资格"。各地实施《工会法》的法规对此作出的规定也不尽相同,有的规定基层工会经办理法人资格登记后取得社会团体法人资格(见《北京市实施〈中华人民共和国工会法〉办法》第 12 条第 2 款、《福建省实施〈中华人民共和国工会法〉办法》第 14 条等),有的则重复《工会法》所说的"依法取得社会团体法人资格"、对是否须经登记不作规定(比如《甘肃省实施〈中华人民共和国工会法〉办法》第 8 条第 2 款、《云南省实施〈中华人民共和国工会法〉办法》第 8 条等),有的规定经确认后取得法人资格(比如《天津市实施〈中华人民共和国工会法〉办法》第 9 条第 2 款)。

全国台湾同胞联谊会、中华全国青年联合会、中华全国工商业联合会。①

三是经国务院批准可以免予登记的社会团体,包括:

(1)中国文学艺术界联合会、中国作家协会、中华全国新闻工作者协会、中国人民对外友好协会、中国人民外交学会、中国国际贸易促进会、中国残疾人联合会、宋庆龄基金会、中国法学会、中国红十字总会、中国职工思想政治工作研究会、欧美同学会、黄埔军校同学会、中华职业教育社。②

(2)中国文联所属的 11 个文艺家协会,即:中国戏曲家协会、中国电影家协会、中国音乐家协会、中国美术家协会、中国曲艺家协会、中国舞蹈家协会、中国民间文艺家协会、中国摄影家协会、中国书法家协会、中国杂技家协会、中国电视家协会。③

(3)省、自治区、直辖市文联、作协。④

(4)中国计划生育协会。⑤

针对这类社会团体取得法人资格的时间,《民法典》作出了特别的规定,即:"从成立之日起,具有社会团体法人资格"。其中的"成立之日",通常指的是有关机关批准社会团体成立之日。⑥

需要注意的是,尽管上述社会团体属于"依法不需要办理法人登记"的社会团体,但是,《社会团体登记管理条例》第 15 条要求此类社会团体自批准成立之日起 60 日内向登记机关提交批准文件、申领《社会团体法人登记证书》。

第九十一条　【社会团体法人的章程和法人治理结构】设立社会团体法人应当依法制定法人章程。

社会团体法人应当设会员大会或者会员代表大会等权力机构。

社会团体法人应当设理事会等执行机构。理事长或者会长等负责人按照法人章程的规定担任法定代表人。

【条文通释】

《民法典》第 91 条是关于社会团体法人的章程和法人治理结构的规定。

---

① 《民政部关于对部分团体免予社团登记有关问题的通知》(民发〔2000〕256 号)第 1 条。

② 《民政部关于对部分团体免予社团登记有关问题的通知》(民发〔2000〕256 号)第 2 条。

③ 《民政部关于对部分社团免予社团登记的通知》(民发〔2000〕257 号)第 1 条。

④ 《民政部关于对部分社团免予社团登记的通知》(民发〔2000〕257 号)第 2 条。

⑤ 《民政部关于中国计划生育协会免予社团登记的通知》(民函〔2015〕279 号)。

⑥ 《社会团体登记管理条例》第 15 条规定:"依照法律规定,自批准成立之日起即具有法人资格的社会团体,应当自批准成立之日起 60 日内向登记管理机关提交批准文件,申领《社会团体法人登记证书》。登记管理机关自收到文件之日起 30 日内发给《社会团体法人登记证书》"。

一、社会团体法人的章程

(一)依法制定章程是社会团体法人的设立条件

《民法典》第 91 条第 1 款所说的“设立社会团体法人应当依法制定法人章程”表明,依法制定法人章程是设立社会团体法人的一个条件。并且,根据《社会团体登记管理条例》第 11 条第 5 项①的规定,章程草案是申请社会团体法人设立登记的必备文件。

需要注意的是,《民法典》第 91 条第 1 款所说的“设立社会团体法人应当依法制定法人章程”中的“依法制定法人章程”意味着,如果法律明文规定社会团体法人无须制定章程,那么相关社会团体法人就不用制定章程。事实上,针对依法不需要办理法人登记的社会团体,《社会团体登记管理条例》第 15 条只是要求其自批准成立之日起 60 日内向登记机关提交批准文件、申领《社会团体法人登记证书》,并没有要求此类社会团体向登记机关提交章程。②

(二)章程的法律地位

《民法典》本身没有直接界定社会团体法人章程的法律地位。结合《社会团体登记管理条例》第 2 条第 1 款所说的“本条例所称社会团体,是指中国公民自愿组成,为实现会员共同意愿,按照其章程开展活动的非营利性社会组织”,第 5 条所说的“国家保护社会团体依照法律、法规及其章程开展活动,任何组织和个人不得非法干涉”,第 25 条第 1 款第 2 项所说的“业务主管单位履行下列监督管理职责:……(二)监督、指导社会团体遵守宪法、法律、法规和国家政策,依据其章程开展活动”,第 28 条所说的“社会团体应当于每年 3 月 31 日前向业务主管单位报送上一年度的工作报告,经业务主管单位初审同意后,于 5 月 31 日前报送登记管理机关,接受年度检查。工作报告的内容包括:本社会团体遵守法律法规和国家政策的情况、依照本条例履行登记手续的情况、按照章程开展活动的情况、人员和机构变动的情况以及财务管理的情况”和《民政部关于社会团体登记管理有关问题的通知》(民函〔2007〕263 号)第 1 条所说的“未经核准的章程,不作为社会团体开展活动的依据”以及《关于建立和完善事业单位法人治理结构的意见》(国办发〔2011〕37 号附件 4)针对事业单位法人章程所说的“事业单位章程是法人治理结构的制度载体和理事会、管理层的运行规则,也是有关部门对事业单位进行监管的重要依据”,可以认为,社会团体法人章程是社会团体开展活动的依据,是其法人治理结构的制度载体和权力机构、执行机构和管理层的运行规则,也是有关部门对社会团体法人进行监管的重要依据;在法律地位上,对社会团体法人来说,其章程具有类似于宪法之于国家那样的地位。

---

① 《社会团体登记管理条例》第 11 条规定:“申请登记社会团体,发起人应当向登记管理机关提交下列文件:(一)登记申请书;(二)业务主管单位的批准文件;(三)验资报告、场所使用权证明;(四)发起人和拟任负责人的基本情况、身份证明;(五)章程草案。”

② 《社会团体登记管理条例》第 15 条规定:“依照法律规定,自批准成立之日起即具有法人资格的社会团体,应当自批准成立之日起 60 日内向登记管理机关提交批准文件,申领《社会团体法人登记证书》。登记管理机关自收到文件之日起 30 日内发给《社会团体法人登记证书》。”

(三)社会团体制定章程的要求

针对社会团体法人章程的制定,《民法典》第 91 条第 1 款明确规定了"设立社会团体法人应当依法制定法人章程"。这至少包含了两层含义:一是在内容方面,社会团体法人章程的内容必须符合法律法规的规定;二是在程序方面,制定社会团体法人章程的程序必须符合法律法规的要求。尽管《民法典》第 91 条第 1 款所说的"设立社会团体法人应当依法制定法人章程"是针对社会团体法人的设立作出的规定,但"依法制定法人章程"的要求同样适用于社会团体法人章程的修改。

1. 章程的内容不得违反法律

在内容方面,社会团体法人章程的内容必须符合法律、行政法规关于法人名称、组织机构及其产生、职权和议事规则、章程修改等事项的规定。

在法律法规要求社会团体法人的章程必须载明特定内容时,其章程应当载明该等内容。对此,《社会团体登记管理条例》第 14 条规定:"社会团体的章程应当包括下列事项:(一)名称、住所;(二)宗旨、业务范围和活动地域;(三)会员资格及其权利、义务;(四)民主的组织管理制度,执行机构的产生程序;(五)负责人的条件和产生、罢免的程序;(六)资产管理和使用的原则;(七)章程的修改程序;(八)终止程序和终止后资产的处理;(九)应当由章程规定的其他事项。"

实务中,监管机构通常会制定章程示范文本[①],特定的社会团体法人可以参照相关示范文本制定其章程。

2. 章程的制定程序不得违反法律规定

在程序方面,社会团体法人章程的制定程序和修改程序必须符合法律法规的规定。

就制定程序而言,结合《社会团体登记管理条例》第 9 条第 1 款所说的"申请成立社会团体,应当经其业务主管单位审查同意,由发起人向登记管理机关申请登记",第 11 条第 5 项所说的"申请登记社会团体,发起人应当向登记管理机关提交下列文件:……(五)章程草案",社会团体法人章程草案由发起人制订,经业务主管单位审查同意后,报登记机关核准。

就修改程序而言,《社会团体登记管理条例》第 18 条第 2 款规定:"社会团体修改章程,应当自业务主管单位审查同意之日起 30 日内,报登记管理机关核准";《民政部关于社会团体登记管理有关问题的通知》(民函〔2007〕263 号)第 1 条进一步明确:"社会团体确需对章程进行修改、调整的,应在报会员大会(会员代表大会)审议前,书面征求业务主管单位和登记管理机关意见。章程修改经会员大会(会员代表大会)审议通过后,社会团体应按照《社会团体登记管理条例》规定,及时报登记管理机关核准。社会团体修改章程未履行规定程序的,登记管理机关不予受理章程核准。未经核准的章程,不作为社会团体开展活动的依据,社会团体不应擅自发布"。并且,《民政部关于社会团体登记管理有关问题的通知》(民函〔2007〕263 号)第 1 条还明确了社会团体法人

---

① 比如,针对一般的社会团体,民政部印发了《社会团体章程示范文本》;针对全国性行业协会商会,民政部办公厅印发了《全国性行业协会商会章程示范文本》(民办发〔2024〕11 号)。

未按法定程序修改章程的后果,即:“社会团体修改章程未履行规定程序的,登记管理机关不予受理章程核准。未经核准的章程,不作为社会团体开展活动的依据,社会团体不应擅自发布”。

(四)社会团体章程的效力范围

《民法典》本身没有直接规定社会团体法人章程的效力范围问题。这跟《公司法》第5条直接规定“公司章程对公司、股东、董事、监事、高级管理人员具有约束力”是不同的。

不过,结合《民法典》第91条和《社会团体登记管理条例》第14条①的规定,也可以得出“社会团体法人章程对会员、会员代表、权力机构成员、执行机构成员、负责人、管理人员具有约束力”的结论。

需要注意的是,社会团体法人的章程对其他主体,包括债权人、业务主管单位、登记机关、法院②以及其他人,则不具有约束力(除非法律另有明文规定)。这与《民法典》第465条第2款针对合同相对性原则所说的“依法成立的合同,仅对当事人具有法律约束力,但是法律另有规定的除外”是类似的。

二、社会团体的法人治理结构

社会团体法人应当建立完善的法人治理结构,这也是《民法典》第91条和第58条第2款所说的“法人应当有自己的名称、组织机构、住所、财产或者经费”的应有之义。

(一)社会团体的权力机构

《民法典》第91条第2款要求社会团体法人必须设权力机构。

《民法典》第91条第2款所说的“社会团体法人应当设会员大会或者会员代表大会等权力机构”表明,社会团体法人的权力机构通常采取会员大会或会员代表大会的形式,但也可以采取法律法规允许的其他形式。

《民法典》本身没有对社会团体权力机构的组成、产生办法、职权、议事规则等事项作出规定。这些事项应由社会团体按照其他法律法规的要求在其法人章程中予以明确。

---

① 《社会团体登记管理条例》第14条规定:“社会团体的章程应当包括下列事项:(一)名称、住所;(二)宗旨、业务范围和活动地域;(三)会员资格及其权利、义务;(四)民主的组织管理制度,执行机构的产生程序;(五)负责人的条件和产生、罢免的程序;(六)资产管理和使用的原则;(七)章程的修改程序;(八)终止程序和终止后资产的处理;(九)应当由章程规定的其他事项。”

② 就公司章程而言,最高人民法院(2014)执复字第6号执行裁定书认为:“关于公司章程的性质,《中华人民共和国公司法》第十一条规定:‘设立公司必须依法制定公司章程。公司章程对公司、股东、董事、监事、高级管理人员具有约束力。’依照该规定,中某公司《公司章程》第十八条关于股东不得向股东以外的人转让股权的规定,是对于股东在民事活动中向公司以外的平等主体转让股权的限制,在生效判决已确认申请执行人对案涉质押股权享有优先受偿权的情况下,人民法院依据生效判决强制执行被执行人质押的股权,不受《公司章程》该条规定的约束。”上述意见应该同样可以适用于社会团体法人章程。

（二）社会团体的执行机构

《民法典》第 91 条第 3 款要求社会团体法人必须设执行机构。

《民法典》第 91 条第 3 款所说的“理事会等执行机构”表明，社会团体法人的执行机构通常采取理事会的形式，也可以采取法律法规允许的其他形式。

《民法典》本身也没有对社会团体执行机构的组成、产生办法、职权、议事规则等事项作出规定。这些事项也应由社会团体按照其他法律法规的要求在其法人章程中予以明确。

（三）社会团体的法定代表人

《民法典》第 91 条第 3 款所说的“理事长或者会长等负责人按照法人章程的规定担任法定代表人”，意味着社会团体法人的章程可以在法律法规允许的范围内对其法定代表人的产生办法（包括由哪个职务的人员担任法定代表人、法定代表人如何产生）作出自主的规定。

1. 有资格担任社会团体法定代表人的职务范围

由于《民法典》第 91 条第 3 款使用了“理事长或者会长等负责人……担任法定代表人”的表述，因此，担任社会团体法定代表人的人员必须是其负责人。对此，《民政部关于社会团体登记管理有关问题的通知》（民函〔2007〕263 号）第 5 条进一步明确：“社会团体法定代表人须由章程明确的负责人担任，……法定代表人人选不是章程明确的负责人的，……登记管理机关不予受理法定代表人变更登记”。

其中，就社会团体而言，《民法典》第 91 条第 3 款所说的“负责人”，主要是指担任社会团体的理事长（会长、主席等）、副理事长（副会长、副主席等）、秘书长职务的人员。①

站在《民法典》的角度，具体由哪个负责人担任法定代表人，可由社会团体法人的章程在法律法规允许的范围内自主作出规定。比如，民政部《全国性行业协会商会负责人任职管理办法（试行）》（民发〔2015〕166 号）第 12 条就规定：“全国性行业协会商会法定代表人一般由理事长（会长）担任，……实行理事长（会长）轮值制的全国性行业协会商会法定代表人，可由副理事长（副会长）或者选举产生的秘书长担任”。

2. 社会团体法定代表人的任职条件

《民法典》本身没有直接规定社会团体法定代表人的任职条件。

《社会团体登记管理条例》只是在第 12 条第 3 款要求“社会团体的法定代表人，不得同时担任其他社会团体的法定代表人”。在此基础上，《民政部关于社会团体登记管

---

① 《民政部关于社会团体登记管理有关问题的通知》（民函〔2007〕263 号）第 3 条规定：“社会团体负责人备案，按照‘一届一备、变更必备’的原则进行。社会团体换届产生新一届理事长（会长）、副理事长（副会长）、秘书长后，无论是否发生人员、职务变动，均应按照相关规定，及时到登记管理机关办理负责人变更备案手续”，民政部《全国性行业协会商会负责人任职管理办法（试行）》（民发〔2015〕166 号）第 3 条规定：“全国性行业协会商会负责人是指担任理事长（会长）、副理事长（副会长）、秘书长等职务的人员”；另见民政部办公厅印发的《全国性行业协会商会章程示范文本》（民办发〔2024〕11 号）第 4 条、民政部办公厅印发的《社区社会组织章程示范文本（试行）》（民办函〔2021〕57 号）第 13 条。

理有关问题的通知》(民函〔2007〕263 号)第 5 条进一步明确:"社会团体法定代表人……不得兼任其他社会团体法定代表人。拟任人选如果已担任其他社会团体法定代表人的,应事先解除已经担任的法定代表人职务。法定代表人人选……同时担任其他社会团体法定代表人的,登记管理机关不予受理法定代表人变更登记"。

此外,由于社会团体法定代表人同时具有该社会团体负责人身份,担任社会团体法定代表人的人员还须符合法律法规规定的社会团体负责人的年龄、任期(届)资格条件。对此,《民政部关于社会团体登记管理有关问题的通知》(民函〔2007〕263 号)第 4 条规定:"社会团体应按照《国务院办公厅转发民政部关于清理整顿社会团体意见的通知》(国办发〔1997〕11 号)等文件精神和章程规定,执行社会团体负责人的年龄、任期(届)资格条件。确因特殊原因,需要突破任职资格和条件提名负责人人选的,换届选举前应以书面形式报业务主管单位和登记管理机关批准同意。届内达到最高任职年龄的社会团体负责人,一般应退出领导职位,可以改任名誉职务。根据《国务院办公厅关于加快推进行业协会商会改革和发展的若干意见》(国办发〔2007〕36 号)精神,行业协会、商会负责人未经审批不得由现职公务员担任,并一般不再批准超龄、超届任职"。

(四)社会团体法人可设监督机构

《民法典》本身不强制要求社会团体法人必须设监督机构。这跟《民法典》第 93 条第 3 款针对捐助法人规定了"捐助法人应当设监事会等监督机构"是不一样的。

不过,在其他法律法规要求社会团体法人也应当设监督机构的情况下,社会团体法人也须设监督机构。

比如,针对与各级行政机关脱钩的行业协会商会,国家发展改革委、民政部等印发的《行业协会商会综合监管办法》(发改经体〔2016〕2657 号)第 4 条要求协会商会"根据《总体方案》要求调整完善章程,健全会员大会(会员代表大会)、理事会(常务理事会)、内部监事会(监事)以及党组织参与协会商会重大问题决策等制度"。

又如,针对乡镇、街道商会,《民政部 全国工商联关于加强乡镇、街道商会登记管理工作的通知》(民发〔2020〕76 号)规定:"乡镇、街道商会依照《条例》和《中国工商业联合会章程》制定章程,建立健全法人治理结构和运行机制以及党组织参与重大问题决策等制度安排,完善会员(代表)大会、理事会、监事(会)制度,落实商会民主选举、民主决策和民主管理,健全内部监督机制"。

第九十二条 【捐助法人法人资格的取得和宗教活动场所法人的特别规定】具备法人条件,为公益目的以捐助财产设立的基金会、社会服务机构等,经依法登记成立,取得捐助法人资格。

依法设立的宗教活动场所,具备法人条件的,可以申请法人登记,取得捐助法人资格。法律、行政法规对宗教活动场所有规定的,依照其规定。

【条文通释】

《民法典》第 92 条是关于捐助法人法人资格的取得和宗教活动场所法人的特别

规定。

一、捐助法人的界定

根据《民法典》第 92 条所说的“具备法人条件,为公益目的以捐助财产设立的基金会、社会服务机构等,经依法登记成立,取得捐助法人资格”,界定捐助法人的关键有二:一是须为“公益目的”而成立,二是须以捐助财产设立。

(一)为公益目的设立

《民法典》第 92 条所说的“为公益目的”设立,意味着捐助法人必须以并且只能以促进社会发展和进步的社会公共和福利事业为目的①,既不能以公益目的之外的其他非营利目的(包括“维护会员共同利益”等)为目的,更不能以营利为目的。这跟事业单位只能提供公益服务是类似的,跟社会团体可以以公益目的之外的其他非营利目的成立是不同的。

(二)以捐助财产设立

《民法典》第 92 条所说的“捐助财产”,指的是捐助人有权处分的合法财产,包括货币、实物、房屋、有价证券、股权、知识产权等有形和无形财产。②

《民法典》第 92 条所说的“以捐助财产设立”意味着,捐助法人成立之前就已经取得了由他人捐助的属于设立中的捐助法人自己的财产,具体而言:

一是捐助法人的设立实行的是实缴登记制,而非认缴登记制。对此,《基金会管理条例》和《民办非企业单位登记管理暂行条例》都明确要求申请人在申请设立登记时向登记机关提交相应的验资报告。③

二是捐助人作为为设立捐助法人进行财产捐助的主体,其捐助行为并非营利法人的出资人向营利法人缴纳出资的行为、亦非事业单位的举办单位向事业单位拨付开办资金的行为,不得就其捐助行为或捐助财产向捐助法人主张出资人权益,不得要求取

---

① 《公益事业捐赠法》第 3 条规定:“本法所称公益事业是指非营利的下列事项:(一)救助灾害、救济贫困、扶助残疾人等困难的社会群体和个人的活动;(二)教育、科学、文化、卫生、体育事业;(三)环境保护、社会公共设施建设;(四)促进社会发展和进步的其他社会公共和福利事业”。

② 《慈善法》第 36 条规定:“捐赠人捐赠的财产应当是其有权处分的合法财产。捐赠财产包括货币、实物、房屋、有价证券、股权、知识产权等有形和无形财产。捐赠人捐赠的实物应当具有使用价值,符合安全、卫生、环保等标准。捐赠人捐赠本企业产品的,应当依法承担产品质量责任和义务。”

③ 《基金会管理条例》第 8 条规定:“设立基金会,应当具备下列条件:……(二)全国性公募基金会的原始基金不低于 800 万元人民币,地方性公募基金会的原始基金不低于 400 万元人民币,非公募基金会的原始基金不低于 200 万元人民币;原始基金必须为到账货币资金……”第 9 条规定:“申请设立基金会,申请人应当向登记管理机关提交下列文件:……(三)验资证明和住所证明……”《民办非企业单位登记管理暂行条例》第 9 条规定:“申请民办非企业单位登记,举办者应当向登记管理机关提交下列文件:……(四)验资报告……”

得经济回报[①],其对捐助法人也不享有所有者权益、剩余索取权或类似权益。对此,《民法典》第 95 条规定了“为公益目的成立的非营利法人终止时,不得向出资人、设立人或者会员分配剩余财产。剩余财产应当按照法人章程的规定或者权力机构的决议用于公益目的;无法按照法人章程的规定或者权力机构的决议处理的,由主管机关主持转给宗旨相同或者相近的法人,并向社会公告”,《基金会管理条例》第 33 条规定了“基金会注销后的剩余财产应当按照章程的规定用于公益目的;无法按照章程规定处理的,由登记管理机关组织捐赠给与该基金会性质、宗旨相同的社会公益组织,并向社会公告”。

二、捐助法人的类型

《民法典》第 92 条规定了“基金会”“社会服务机构”和“宗教活动场所法人”这 3 类主要的捐助法人;在此基础上,《民法典》第 92 条第 1 款以“等”字兜底,将其他“为公益目的以捐助财产设立的,不向出资人、设立人或者会员分配所取得利润的法人”纳入其中,既涵盖了其他法律规定的其他的捐助法人,也为法律将来规定新的捐助法人类型预留了空间。其中,“基金会”“民办非企业单位”和“社会团体”统称“社会组织”[②]。

(一)基金会

《民法典》第 92 条第 2 款所说的作为捐助法人的“基金会”,也就是《基金会管理条例》所说的“基金会”,指的是“利用自然人、法人或者其他组织捐赠的财产,以从事公益事业为目的,依法成立的非营利法人”。[③]

按照能否向公众募捐,基金会分为面向公众募捐的基金会(即公募基金会)和不得面向公众募捐的基金会(即非公募基金会);公募基金会按照募捐的地域范围,分为全国性公募基金会和地方性公募基金会。[④]

需要注意的是,基金会与慈善组织并非一一对应的关系。慈善组织既可以采取基金会形式,也可以采取社会团体或社会服务机构形式。[⑤]

(二)社会服务机构

《民法典》所说的作为捐助法人的“社会服务机构”,对应于《民办非企业单位登记管理暂行条例》所说的具有法人资格的“民办非企业单位”,指的是“企业事业单位、社

---

① 《民间非营利组织会计制度》(财会〔2004〕7 号)第 2 条规定:“本制度适用于在中华人民共和国境内依法设立的符合本制度规定特征的民间非营利组织。民间非营利组织包括依照国家法律、行政法规登记的社会团体、基金会、民办非企业单位和寺院、宫观、清真寺、教堂等。适用本制度的民间非营利组织应当同时具备以下特征:(一)该组织不以营利为宗旨和目的;(二)资源提供者向该组织投入资源不取得经济回报;(三)资源提供者不享有该组织的所有权。”

② 《社会组织评估管理办法》第 2 条规定:“本办法所称社会组织是指经各级人民政府民政部门登记注册的社会团体、基金会、民办非企业单位。”

③ 《基金会管理条例》第 2 条。

④ 《基金会管理条例》第 3 条。

⑤ 《慈善法》第 8 条规定:“本法所称慈善组织,是指依法成立、符合本法规定,以面向社会开展慈善活动为宗旨的非营利性组织。善组织可以采取基金会、社会团体、社会服务机构等组织形式。”

会团体和其他社会力量以及公民个人利用非国有资产举办的，从事非营利性社会服务活动的具有法人资格的社会组织”①。现阶段，社会服务机构通常按照所属行业（或事业）进行登记。②

需要注意的是，“社会服务机构”既有采取法人形式的，也有采取合伙形式的，还有采取个体形式的，③是《民法典》所说的作为捐助法人的“社会服务机构”的上位概念。

（三）宗教活动场所法人

宗教活动场所分为“寺院、宫观、清真寺、教堂”和“其他固定宗教活动处所”两大类。④ 其中，寺院包括佛教的寺、庙、宫、庵、禅院等；宫观包括道教的宫、观、祠、庙、府、洞、殿、院等；清真寺，即伊斯兰教的清真寺；教堂包括天主教、基督教的教堂；其他固定宗教活动处所是指除寺观教堂以外，规模较小、设施简易、功能较少的进行经常性集体宗教活动的固定活动场所。⑤

无论是哪类宗教活动场所，都须依法设立并取得宗教事务部门颁发的《宗教活动场所登记证》。并且，依法持有《宗教活动场所登记证》的宗教活动场所，只有具备法人条件并按照《国家宗教事务局、民政部关于宗教活动场所办理法人登记事项的通知》（国宗发〔2019〕1 号）经民政部门登记⑥、取得《宗教活动场所法人登记证书》后，才取得捐助法人资格，才属于法人。

---

① 《民办非企业单位登记管理暂行条例》第 2 条。

② 《民办非企业单位登记暂行办法》第 4 条规定：“举办民办非企业单位，应按照下列所属行（事）业申请登记：（一）教育事业，如民办幼儿园，民办小学、中学、学校、学院、大学，民办专修（进修）学院或学校，民办培训（补习）学校或中心等；（二）卫生事业，如民办门诊部（所）、医院，民办康复、保健、卫生、疗养院（所）等；（三）文化事业，如民办艺术表演团体、文化馆（活动中心）、图书馆（室）、博物馆（院）、美术馆、画院、名人纪念馆、收藏馆、艺术研究院（所）等；（四）科技事业，如民办科学研究院（所、中心），民办科技传播或普及中心、科技服务中心、技术评估所（中心）等；（五）体育事业，如民办体育俱乐部，民办体育场、馆、院、社、学校等；（六）劳动事业，如民办职业培训学校或中心，民办职业介绍所等；（七）民政事业，如民办福利院、敬老院、托老所、老年公寓，民办婚姻介绍所，民办社区服务中心（站）等；（八）社会中介服务业，如民办评估咨询服务中心（所），民办信息咨询调查中心（所），民办人才交流中心等；（九）法律服务业；（十）其他。”

③ 《民办非企业单位登记暂行办法》第 2 条规定：“民办非企业单位根据其依法承担民事责任的不同方式分为民办非企业单位（法人）、民办非企业单位（合伙）和民办非企业单位（个体）三种。个人出资且担任民办非企业单位负责人的，可申请办理民办非企业单位（个体）登记；两人或两人以上合伙举办的，可申请办理民办非企业单位（合伙）登记；两人或两人以上举办且具备法人条件的，可申请办理民办非企业单位（法人）登记。由企业事业单位、社会团体和其他社会力量举办的或由上述组织与个人共同举办的，应当申请民办非企业单位（法人）登记。”

④ 《宗教活动场所管理办法》第 2 条。

⑤ 《国务院宗教事务局关于〈宗教活动场所管理条例〉若干条款的解释》（1994 年 4 月 21 日发布）、《广东省寺观教堂和其他固定宗教活动处所区分标准（试行）》（粤民宗规〔2021〕1 号）第 2 条、《山东省寺观教堂和其他固定宗教活动处所区分标准》（鲁民宗发〔2021〕59 号）第 2 条。

⑥ 需要注意的是，根据《宗教事务条例》第 22 条至第 25 条和《国家宗教事务局、民政部关于宗教活动场所办理法人登记事项的通知》（国宗发〔2019〕1 号）的规定，同一个宗教活动场所法人有两个登记机关：一个是其《宗教活动场所登记证》的发证机关，即所在地县级宗教事务部门；另一个则是其《宗教活动场所法人登记证书》的发证机关，即所在地县级民政部门。

（四）其他捐助法人

考虑到除了基金会、社会服务机构和宗教活动场所法人，可能还会出现其他类型的捐助法人，《民法典》第 92 条第 1 款以“等”字兜底，主要是为法律将来规定新的捐助法人类型预留空间。

三、捐助法人法人资格的取得时间

（一）捐助法人法人资格的取得时间

由于《民法典》第 92 条第 1 款使用了“经依法登记成立，取得捐助法人资格”，第 2 款使用了“可以申请法人登记，取得捐助法人资格”的表述，因此，站在《民法典》的角度，对于所有捐助法人来说，捐助法人资格的取得都必须以依法办理法人登记为前提；如未办理法人登记，则不具有法人资格①。这跟《民法典》第 77 条针对营利法人的成立规定了“营利法人经依法登记成立”是相同的，跟《民法典》第 88 条针对事业单位的成立规定了“经依法登记成立，取得事业单位法人资格；依法不需要办理法人登记的，从成立之日起，具有事业单位法人资格”，第 90 条针对社团法人的成立规定了“经依法登记成立，取得社会团体法人资格；依法不需要办理法人登记的，从成立之日起，具有社会团体法人资格”是不同的。

当然，根据《立法法》第 103 条所说的“同一机关制定的法律……，特别规定与一般规定不一致的，适用特别规定”，如果其他法律明文规定特定的捐助法人无须设立登记即可成立、即可取得捐助法人资格，则应当适用相应的特别规定。

需要注意的是，《民法典》第 92 条第 1 款所说的“经依法登记成立，取得捐助法人资格”和第 2 款所说的“可以申请法人登记，取得捐助法人资格”，只涉及捐助法人登记这一程序要求，不涉及捐助法人设立的实体条件，也不涉及捐助法人法人资格的取得时间。

① 比如，四川省高级人民法院（2018）川清监 2 号民事裁定书认为：“非营利性医疗机构作为民办非企业单位，应先经卫生部门前置行政许可，取得《医疗机构执业许可证》后，再到同级民政部门登记领取登记证书，才能取得相应的主体资格。本案中，‘攀枝花某某医院’是某晨公司与某路公司合作举办的非营利性医疗机构，其按照《医疗机构管理条例》的规定，经卫生部门前置行政许可领取了《医疗机构执业许可证》，但并未按照上述规定到民政部门登记领取登记证书，其在未经过民政部门登记之前，尚未依法取得非企业法人主体资格，不符合非企业法人的设立要件，在性质上不应认定为非企业法人。鉴于‘攀枝花某某医院’已领取了《组织机构代码证》和《医疗机构执业许可证》，并在行业主管部门许可的情况下从事了经常性诊疗活动，应认定其系未经登记而事实上已成立并开展经常性活动的非法人组织的非营利性医疗机构。”

结合《基金会管理条例》第 11 条[1]和《民办非企业单位登记管理暂行条例》第 12 条[2]、《民办非企业单位登记暂行办法》第 21 条[3]的规定，捐助法人经依法登记并取得相应的法人登记证书后才取得法人资格。

（二）捐助法人的成立时间

需要注意的是，并非所有作为捐助法人的组织的成立时间与其法人资格的取得时间都是一致的。

就捐助法人中的基金会而言，由于所有基金会都必须办理设立登记，因此，基金会的成立时间与其法人资格的取得时间是一致的，都是设立登记时的《基金会法人登记证书》的签发之日。[4]

就捐助法人中的社会服务机构而言，由于所有民办非企业单位都必须办理成立登记，因此，民办非企业单位法人的成立时间与其法人资格的取得时间也是一致的，都是成立登记时的《民办非企业单位（法人）登记证书》的签发之日。[5]

但就捐助法人中的宗教活动场所而言，其法人资格的取得时间是民政部门首次颁发的《宗教活动场所法人登记证书》的发证日期；但是，在取得《宗教活动场所法人登记证书》之前，该宗教活动场所就已经依法取得了宗教部门颁发的《宗教活动场所登记证》，属于已经成立的"非法人组织"，其成立时间应为宗教部门首次颁发的《宗教活动场所登记证》的发证日期。

---

① 《基金会管理条例》第 11 条规定："登记管理机关应当自收到本条例第九条所列全部有效文件之日起 60 日内，作出准予或者不予登记的决定。准予登记的，发给《基金会法人登记证书》；不予登记的，应当书面说明理由。基金会设立登记的事项包括：名称、住所、类型、宗旨、公益活动的业务范围、原始基金数额和法定代表人"。

② 《民办非企业单位登记管理暂行条例》第 12 条规定："准予登记的民办非企业单位，由登记管理机关登记民办非企业单位的名称、住所、宗旨和业务范围、法定代表人或者负责人、开办资金、业务主管单位，并根据其依法承担民事责任的不同方式，分别发给《民办非企业单位（法人）登记证书》、《民办非企业单位（合伙）登记证书》、《民办非企业单位（个体）登记证书》。依照法律、其他行政法规规定，经有关主管部门依法审核或者登记，已经取得相应的执业许可证书的民办非企业单位，登记管理机关应当简化登记手续，凭有关主管部门出具的执业许可证明文件，发给相应的民办非企业单位登记证书。"。

③ 《民办非企业单位登记暂行办法》第 21 条规定："成立登记公告的内容包括：名称、住所、法定代表人或单位负责人、开办资金、宗旨和业务范围、业务主管单位、登记时间、登记证号"。

④ 《基金会管理条例》第 9 条、第 11 条。

⑤ 《民办非企业单位登记管理暂行条例》第 9 条、第 11 条、第 12 条。需要注意的是，针对"依照法律、其他行政法规规定，经有关主管部门依法审核或者登记，已经取得相应的执业许可证书的民办非企业单位"，《民办非企业单位登记管理暂行条例》第 12 条只是规定"登记管理机关应当简化登记手续，凭有关主管部门出具的执业许可证明文件，发给相应的民办非企业单位登记证书"，并没有规定此类民办非企业单位可以不办理成立登记。《民法典》第 92 条第 1 款针对社会服务机构规定的是"经依法登记成立，取得捐助法人资格"，而没有像针对宗教活动场所那样规定"依法设立的社会服务机构，具备法人条件的，可以申请法人登记，取得捐助法人资格"，这也表明捐助法人中的社会服务机构经登记后才成立；此外，《民办非企业单位登记暂行办法》第 9 条所说的"按照条例第十二条第二款的规定，应当简化登记手续的民办非企业单位，办理登记时，应向登记管理机关提交下列文件：（一）登记申请书；（二）章程草案；（三）拟任法定代表人或单位负责人的基本情况、身份证明；（四）业务主管单位出具的执业许可证明文件"，也表明在民政部门发给相应的民办非企业单位登记证书之前，此类民办非企业单位并未成立、而只是取得了业务主管单位出具的执业许可证明文件。

四、宗教活动场所法人的特别规定

在《民法典》第92条第1款针对捐助法人的法人资格作出的一般规定的基础上,《民法典》第92条第2款针对宗教活动场所法人资格的取得作出了特别的规定,并明确了宗教活动场所法人的法律适用规则。

(一)宗教活动场所法人资格的取得

如前所说,宗教活动场所分为"寺院、宫观、清真寺、教堂"和"其他固定宗教活动处所"两大类;无论是哪类宗教活动场所,都须依法设立并取得宗教事务部门颁发的《宗教活动场所登记证》。《民法典》第92条第2款所说的"依法设立的宗教活动场所",指的就是依法取得宗教事务部门颁发的《宗教活动场所登记证》的寺院、宫观、清真寺、教堂和其他固定宗教活动处所。

《民法典》第92条第2款所说的"依法设立的宗教活动场所,具备法人条件的,可以申请法人登记,取得捐助法人资格",具有以下几层含义:

一是只有具备法人条件的依法持有《宗教活动场所登记证》的宗教活动场所,才有资格申请法人登记,不具备法人条件的宗教活动场所不能申请法人登记。

对此,《国家宗教事务局、民政部关于宗教活动场所办理法人登记事项的通知》(国宗发〔2019〕1号)第2条第1款规定了:"宗教活动场所申请法人登记,应当具备以下条件:(一)属于经人民政府宗教事务部门依法登记的寺院、宫观、清真寺、教堂;(二)有主持宗教活动的宗教教职人员和与其业务活动相适应的从业人员;(三)有必要的财产,注册资金不少于10万元人民币;(四)财务管理符合国家财务、资产、会计的有关规定;(五)有组织机构和健全的规章制度"。据此,除寺院、宫观、清真寺、教堂外的其他固定宗教活动处所都不具备申请法人登记的资格。

二是依法持有《宗教活动场所登记证》的宗教活动场所,只要具备法人条件,都可以申请法人登记。当然,由于《民法典》第92条第2款使用的是"可以申请法人登记"的表述,依法设立的具备法人条件的宗教活动场所可以自主决定是否申请法人登记。

三是依法持有《宗教活动场所登记证》的具备法人条件的宗教活动场所,只有在依法经民政部门登记[①]并取得《宗教活动场所法人登记证书》之后,才取得捐助法人资格,才属于法人。

(二)宗教活动场所法人的法律适用规则

《民法典》第92条第2款也明确了宗教活动场所法人的法律适用规则,即:"法律、行政法规对宗教活动场所有规定的,依照其规定"。

据此,除了宗教活动场所法人资格的取得应当适用《民法典》第92条第2款所说的"依法设立的宗教活动场所,具备法人条件的,可以申请法人登记,取得捐助法人资

---

① 需要注意的是,根据《宗教事务条例》第22条至第25条和《国家宗教事务局、民政部关于宗教活动场所办理法人登记事项的通知》(国宗发〔2019〕1号)的规定,同一个宗教活动场所法人有两个登记机关:一个是其《宗教活动场所登记证》的发证机关,即所在地县级宗教事务部门;另一个则是其《宗教活动场所法人登记证书》的发证机关,即所在地县级民政部门。

格”外，有关宗教活动场所法人的其他事项，只要法律、行政法规对宗教活动场所作出了规定，这些规定就都统一适用于宗教活动场所法人。此时不存在需要区分法律的一般规定与特别规定、新的规定与旧的规定、上位法的规定与下位法的规定并确定如何适用法律的问题。这跟《民法典》第 11 条所说的“其他法律对民事关系有特别规定的，依照其规定”是不同的，跟《民法典》第 70 条第 2 款针对法人解散清算的清算义务人所说的“法律、行政法规另有规定的，依照其规定”也是不同的。

第九十三条　【捐助法人的章程和法人治理结构】设立捐助法人应当依法制定法人章程。

捐助法人应当设理事会、民主管理组织等决策机构，并设执行机构。理事长等负责人按照法人章程的规定担任法定代表人。

捐助法人应当设监事会等监督机构。

【条文通释】

《民法典》第 93 条是关于捐助法人的章程和法人治理结构的规定。

一、捐助法人的章程

（一）依法制定章程是捐助法人的设立条件

《民法典》第 93 条第 1 款所说的“设立捐助法人应当依法制定法人章程”表明，依法制定法人章程是设立捐助法人的一个条件。并且，根据《基金会管理条例》第 9 条、第 11 条第 1 款①，《民办非企业单位登记管理暂行条例》第 9 条、第 11 条、第 12 条和《民办非企业单位登记暂行办法》第 9 条②，《国家宗教事务局、民政部关于宗教活动场

① 《基金会管理条例》第 9 条规定：“申请设立基金会，申请人应当向登记管理机关提交下列文件：（一）申请书；（二）章程草案；（三）验资证明和住所证明；（四）理事名单、身份证明以及拟任理事长、副理事长、秘书长简历；（五）业务主管单位同意设立的文件”，第 11 条第 1 款规定：“登记管理机关应当自收到本条例第九条所列全部有效文件之日起 60 日内，作出准予或者不予登记的决定。准予登记的，发给《基金会法人登记证书》；不予登记的，应当书面说明理由”。

② 《民办非企业单位登记管理暂行条例》第 9 条规定：“申请民办非企业单位登记，举办者应当向登记管理机关提交下列文件：（一）登记申请书；（二）业务主管单位的批准文件；（三）场所使用权证明；（四）验资报告；（五）拟任负责人的基本情况、身份证明；（六）章程草案”，第 11 条第 1 款规定：“登记管理机关应当自收到成立登记申请的全部有效文件之日起 60 日内作出准予登记或者不予登记的决定”，第 12 条规定：“准予登记的民办非企业单位，由登记管理机关登记民办非企业单位的名称、住所、宗旨和业务范围、法定代表人或者负责人、开办资金、业务主管单位，并根据其依法承担民事责任的不同方式，分别发给《民办非企业单位（法人）登记证书》、《民办非企业单位（合伙）登记证书》、《民办非企业单位（个体）登记证书》。依照法律、其他行政法规规定，经有关主管部门依法审核或者登记，已经取得相应的执业许可证书的民办非企业单位，登记管理机关应当简化登记手续，凭有关主管部门出具的执业许可证明文件，发给相应的民办非企业单位登记证书”；《民办非企业单位登记暂行办法》第 9 条规定：“按照条例第十二条第二款的规定，应当简化登记手续的民办非企业单位，办理登记时，应向登记管理机关提交下列文件：（一）登记申请书；（二）章程草案；（三）拟任法定代表人或单位负责人的基本情况、身份证明；（四）业务主管单位出具的执业许可证明文件”。

所办理法人登记事项的通知》(国宗发〔2019〕1号)第3条①的规定,章程草案是申请基金会法人、民办非企业单位法人或宗教活动场所法人登记的必备文件。

需要注意的是,《民法典》第93条第1款所说的"设立捐助法人应当依法制定法人章程"中的"依法制定法人章程"意味着,如果其他法律明文规定特定捐助法人无须制定章程,那么相关捐助法人就不用制定章程。

(二)章程的法律地位

同样地,捐助法人章程是该法人开展活动的依据,是其法人治理结构的制度载体和决策机构、执行机构、管理层和监督机构的运行规则,也是有关部门对捐助法人进行监管的重要依据;在法律地位上,对捐助法人来说,其章程具有类似于宪法之于国家那样的地位。

(三)捐助法人制定章程的要求

针对捐助法人章程的制定,《民法典》第93条第1款明确规定了"设立捐助法人应当依法制定法人章程"。这至少包含了两层含义:一是在内容方面,捐助法人章程的内容必须符合法律法规的规定;二是在程序方面,制定捐助法人章程的程序必须符合法律法规的要求。尽管《民法典》第93条第1款所说的"设立捐助法人应当依法制定法人章程"是针对捐助法人的设立作出的规定,但"依法制定法人章程"的要求同样适用于捐助法人章程的修改。

1. 章程的内容不得违反法律

在内容方面,捐助法人章程的内容必须符合法律、行政法规关于法人名称、组织机构及其产生、职权和议事规则、章程修改等事项的规定。

在法律法规要求捐助法人的章程必须载明特定内容时,其章程应当载明该等内容。

比如,针对基金会的章程内容,《基金会管理条例》第10条规定:"基金会章程必须明确基金会的公益性质,不得规定使特定自然人、法人或者其他组织受益的内容。基金会章程应当载明下列事项:(一)名称及住所;(二)设立宗旨和公益活动的业务范围;(三)原始基金数额;(四)理事会的组成、职权和议事规则,理事的资格、产生程序和任期;(五)法定代表人的职责;(六)监事的职责、资格、产生程序和任期;(七)财务会计报告的编制、审定制度;(八)财产的管理、使用制度;(九)基金会的终止条件、程序和终止后财产的处理。"

又如,针对民办非企业单位的章程内容,《民办非企业单位登记管理暂行条例》第10条规定:"民办非企业单位的章程应当包括下列事项:(一)名称、住所;(二)宗旨和

---

① 《国家宗教事务局、民政部关于宗教活动场所办理法人登记事项的通知》(国宗发〔2019〕1号)第3条规定:"宗教活动场所办理法人登记前,应当提交下列材料,由所在地县级人民政府宗教事务部门进行审查:(一)法人登记申请书;(二)所在地宗教团体同意的书面意见;(三)《宗教活动场所登记证(副本)》;(四)拟任法定代表人和管理组织成员、主持宗教活动的宗教教职人员和与其业务活动相适应的从业人员的基本情况、身份证,属于宗教教职人员的,同时提交宗教教职人员证;(五)注册资金验资凭证;(六)具有审计资格的会计师事务所出具的财务审计报告;(七)章程草案。"

业务范围;(三)组织管理制度;(四)法定代表人或者负责人的产生、罢免的程序;(五)资产管理和使用的原则;(六)章程的修改程序;(七)终止程序和终止后资产的处理;(八)需要由章程规定的其他事项。”

此外,对于采取基金会或社会服务机构形式的慈善组织,《慈善法》第 11 条还针对其章程内容作出了特别的规定:“慈善组织的章程,应当符合法律法规的规定,并载明下列事项:(一)名称和住所;(二)组织形式;(三)宗旨和活动范围;(四)财产来源及构成;(五)决策、执行机构的组成及职责;(六)内部监督机制;(七)财产管理使用制度;(八)项目管理制度;(九)终止情形及终止后的清算办法;(十)其他重要事项。”

实务中,监管机构通常会制定章程示范文本①,特定的捐助法人可以参照相关示范文本制定其章程。

2. 章程的制定程序不得违反法律规定

在程序方面,捐助法人章程的制定程序和修改程序必须符合法律法规的规定。

其中,就基金会章程的制定程序,结合《基金会管理条例》第 9 条所说的“申请设立基金会,申请人应当向登记管理机关提交下列文件:(一)申请书;(二)章程草案;(三)验资证明和住所证明;(四)理事名单、身份证明以及拟任理事长、副理事长、秘书长简历;(五)业务主管单位同意设立的文件”,第 11 条第 1 款所说的“登记管理机关应当自收到本条例第九条所列全部有效文件之日起 60 日内,作出准予或者不予登记的决定。准予登记的,发给《基金会法人登记证书》;不予登记的,应当书面说明理由”,基金会法人章程草案由发起人制订,经业务主管单位审查同意后,报登记机关核准后生效。针对基金会章程的修改程序,《基金会管理条例》第 15 条第 2 款规定了:“基金会修改章程,应当征得其业务主管单位的同意,并报登记管理机关核准”,第 21 条规定了:“理事会是基金会的决策机构,依法行使章程规定的职权。理事会每年至少召开 2 次会议。理事会会议须有 2/3 以上理事出席方能召开;理事会决议须经出席理事过半数通过方为有效。下列重要事项的决议,须经出席理事表决,2/3 以上通过方为有效:(一)章程的修改……”

就民办非企业单位法人章程的制定程序,结合《民办非企业单位登记管理暂行条例》第 9 条所说的“申请民办非企业单位登记,举办者应当向登记管理机关提交下列文件:(一)登记申请书;(二)业务主管单位的批准文件;(三)场所使用权证明;(四)验资报告;(五)拟任负责人的基本情况、身份证明;(六)章程草案”,第 11 条第 1 款所说的“登记管理机关应当自收到成立登记申请的全部有效文件之日起 60 日内作出准予登记或者不予登记的决定”和《民办非企业单位登记暂行办法》第 6 条第 3 款所说的“业务主管单位的批准文件,应当包括对举办者章程草案、资金情况(特别是资产的非国有性)、拟任法定代表人或单位负责人基本情况、从业人员资格、场所设备、组织机构等内容的审查结论”,民办非企业单位法人章程草案由举办者制订,经业务主管单位审查同意后,报登记机关核准后生效。针对民办非企业单位法人章程的修改程序,《民办非企

---

① 针对基金会,民政部印发《基金会章程示范文本》(民函〔2004〕124 号);针对民办非企业单位,民政部印发了《民办非企业单位(法人)章程示范文本》(民函〔2005〕24 号);针对宗教活动场所法人,国家宗教事务局印发了《宗教活动场所法人章程示范文本》(国宗发〔2019〕2 号)。

业单位登记管理暂行条例》第 15 条第 2 款规定了："民办非企业单位修改章程，应当自业务主管单位审查同意之日起 30 日内，报登记管理机关核准"。

针对宗教活动场所法人章程的制定和修改程序，《国家宗教事务局、民政部关于宗教活动场所办理法人登记事项的通知》（国宗发〔2019〕1 号）第 7 条规定："宗教活动场所法人章程经所在地县级人民政府宗教事务部门核准，自法人登记之日起生效。"

（四）捐助法人章程的效力范围

《民法典》本身没有直接规定捐助法人章程的效力范围问题。这跟《公司法》第 5 条直接规定"公司章程对公司、股东、董事、监事、高级管理人员具有约束力"是不同的。

不过，结合《民法典》第 93 条和《基金会管理条例》第 14 条①的规定，也可以得出"捐助法人章程对该法人、决策机构成员、执行机构成员、法定代表人、监督机构成员具有约束力"的结论；此外，民办非企业单位法人的章程还对举办者具有约束力②。

需要注意的是，捐助法人的章程对其他主体，包括债权人、业务主管单位、登记机关、法院以及其他人，则不具有约束力。这与《民法典》第 465 条第 2 款针对合同相对性原则所说的"依法成立的合同，仅对当事人具有法律约束力，但是法律另有规定的除外"是类似的。

二、捐助法人的法人治理结构

捐助法人应当建立完善的法人治理结构，这也是《民法典》第 93 条和第 58 条第 2 款所说的"法人应当有自己的名称、组织机构、住所、财产或者经费"的应有之义。

（一）捐助法人的决策机构

《民法典》第 93 条第 2 款要求所有捐助法人都必须设决策机构。需要注意的是，对捐助法人来说，《民法典》使用的是"决策机构"的表述，而非"权力机构"的表述，这跟事业单位是类似的。在法律地位上，捐助法人的"决策机构"对应于营利法人和社会团体法人的"权力机构"。

1. 基金会的决策机构

根据《基金会管理条例》第 20 条和第 21 条的规定，基金会必须设理事会，并以理事会为其决策机构，决定基金会的重大事项。

《基金会管理条例》还对基金会理事会的组成、理事任期、职权和议事规则作出了相应的规定。③

---

① 《基金会管理条例》第 10 条第 2 款规定："基金会章程应当载明下列事项：（一）名称及住所；（二）设立宗旨和公益活动的业务范围；（三）原始基金数额；（四）理事会的组成、职权和议事规则，理事的资格、产生程序和任期；（五）法定代表人的职责；（六）监事的职责、资格、产生程序和任期；（七）财务会计报告的编制、审定制度；（八）财产的管理、使用制度；（九）基金会的终止条件、程序和终止后财产的处理。"

② 民政部印发的《民办非企业单位（法人）章程示范文本》（民函〔2005〕24 号）要求了民办非企业单位法人章程对举办者的权利作出相应的规定。

③ 《基金会管理条例》第 20 条、第 21 条。

2. 民办非企业单位法人的决策机构

《民办非企业单位登记管理暂行条例》没有对民办非企业单位法人的决策机构的形式作出规定。不过，根据民政部印发的《民办非企业单位（法人）章程示范文本》（民函〔2005〕24 号），民办非企业单位法人的决策机构通常也采取理事会的形式。

《民办非企业单位（法人）章程示范文本》还对民办非企业单位法人的理事会的组成、理事产生办法、任期、职权和议事规则等事项作出了规定。[①]

3. 宗教活动场所法人的决策机构

根据《民法典》第 93 条第 2 款所说的“捐助法人应当设理事会、民主管理组织等决策机构”和《宗教事务条例》第 25 条[②]的规定，宗教活动场所法人的决策机构为民主管理组织，通常采取民主管理委员会的形式[③]。

国家宗教事务局印发的《宗教活动场所法人章程示范文本》还对宗教活动场所法人的决策机构的组成、职权、议事规则和成员产生办法、任期、任职条件等事项作出了规定。[④]

（二）捐助法人的执行机构

《民法典》第 93 条第 2 款要求所有捐助法人都必须设执行机构，但没有限制执行机构的形式。在法律地位上，捐助法人的“执行机构”对应于营利法人和社会团体法人的“执行机构”。

1. 基金会的执行机构

《基金会管理条例》和民政部印发的《基金会章程示范文本》都没有规定基金会应设固定的执行机构，也没有规定基金会的执行机构可以采取何种形式。

结合《基金会管理条例》第 9 条、第 21 条等规定[⑤]，基金会的理事长、副理事长和秘书长可以认为是基金会执行机构的成员。

《基金会管理条例》和《基金会章程示范文本》还对基金会的理事长、副理事长和秘

---

① 民政部《民办非企业单位（法人）章程示范文本》（民函〔2005〕24 号）第 10 条至第 12 条、第 15 条至第 17 条。

② 《宗教事务条例》第 25 条规定：“宗教活动场所应当成立管理组织，实行民主管理。宗教活动场所管理组织的成员，经民主协商推选，并报该场所的登记管理机关备案。”《宗教活动场所管理办法》第 14 条进一步规定：“宗教活动场所在登记前，应当由筹备组织负责，并在所在地宗教团体的指导下，民主协商成立该场所的管理组织。”

③ 国家宗教事务局印发的《宗教活动场所法人章程示范文本》（国宗发〔2019〕2 号）第 6 条规定：“本单位设民主管理委员会，其成员为　　人（3-25 人）。民主管理委员会设主任 1 名，副主任　名（不超过 3 名）。民主管理委员会是本单位的决策机构。”

④ 国家宗教事务局《宗教活动场所法人章程示范文本》（国宗发〔2019〕2 号）第 6 条至第 15 条。

⑤ 《基金会管理条例》第 9 条规定：“申请设立基金会，申请人应当向登记管理机关提交下列文件：……（四）理事名单、身份证明以及拟任理事长、副理事长、秘书长简历；（五）业务主管单位同意设立的文件”，第 21 条：“理事会是基金会的决策机构，依法行使章程规定的职权。……理事会会议须有 2/3 以上理事出席方能召开；理事会决议须经出席理事过半数通过方为有效。下列重要事项的决议，须经出席理事表决，2/3 以上通过方为有效：……（二）选举或者罢免理事长、副理事长、秘书长……”

书长的任职条件、产生办法、任期、职权等事项作出了相应的规定。①

2. 民办非企业单位法人的执行机构

《民办非企业单位登记管理暂行条例》和民政部印发的《民办非企业单位(法人)章程示范文本》都没有规定民办非企业单位法人应设固定的执行机构,也没有规定民办非企业单位法人的执行机构可以采取何种形式。

结合《民办非企业单位(法人)章程示范文本》第 19 条的规定②,民办非企业单位法人的院长(或校长、所长、主任等)可以认为是民办非企业单位法人执行机构的负责人。

3. 宗教活动场所法人的执行机构

国家宗教事务局印发的《宗教活动场所法人章程示范文本》只是提及“执行机构负责人”,没有规定宗教活动场所法人的执行机构可以采取何种形式。

结合《宗教活动场所法人章程示范文本》第 12 条、第 16 条、第 18 条的规定③,宗教活动场所法人的执行机构负责人对决策机构负责,由其决策机构负责人(兼法定代表人)提名并由决策机构推选或罢免,可以由决策机构成员担任,也可以由非决策机构成员担任。

(三)捐助法人的法定代表人

《民法典》第 93 条第 2 款所说的“理事长等负责人按照法人章程的规定担任法定代表人”,意味着捐助法人的章程可以在法律法规允许的范围内对其法定代表人的产生办法(包括由担任哪个职务的人员担任法定代表人、法定代表人如何产生)作出自主的规定。

1. 有资格担任捐助法人法定代表人的职务范围

由于《民法典》第 93 条第 2 款使用了“理事长等负责人……担任法定代表人”的表述,因此,担任捐助法人法定代表人的人员必须是其负责人。不过,站在《民法典》的角度,具体由哪个负责人担任法定代表人,可由捐助法人的章程在法律法规允许的范围内自主作出规定。

其中,针对基金会的法定代表人,《基金会管理条例》第 20 条第 4 款明确规定:“理

---

① 《基金会管理条例》第 20 条第 4 款、第 23 条、第 24 条和《基金会章程示范文本》第 22 条至第 28 条。

② 《民办非企业单位(法人)章程示范文本》第 19 条规定:“本单位院长(或校长、所长、主任等)对理事会负责,并行使下列职权:(一)主持单位的日常工作,组织实施理事会的决议;(二)组织实施单位年度业务活动计划;(三)拟订单位内部机构设置的方案;(四)拟订内部管理制度;(五)提请聘任或解聘本单位副职和财务负责人;(六)聘任或解聘内设机构负责人;……。本单位院长(或校长、所长、主任等)列席理事会会议”。

③ 《宗教活动场所法人章程示范文本》第 12 条规定:“民主管理委员会的职权:(一)制定、修改章程;(二)推选、罢免主任、副主任、执行机构负责人和民主管理委员会成员;……(八)听取、审议执行机构负责人工作报告,并对其工作进行监督检查;……”第 16 条规定:“民主管理委员会主任是本单位的法定代表人,行使下列职权:……(三)提名执行机构负责人人选;……”第 18 条规定:“本单位执行机构负责人对民主管理委员会负责,并行使下列职权:(一)主持日常工作;(二)组织实施民主管理委员会会议的决议;(三)组织实施年度工作计划;(四)拟订内设机构设置方案;(五)拟订内部管理制度;(六)提出人事安排建议;(七)执行机构负责人不是民主管理委员会成员的,列席民主管理委员会会议;……”

事长是基金会的法定代表人”；也就是说，基金会的法定代表人只能由理事长担任，不能由副理事长、秘书长或其他负责人担任。

就民办非企业单位法人的法定代表人而言，《民办非企业单位登记管理暂行条例》未作限制，民政部《民办非企业单位（法人）章程示范文本》规定民办非企业单位法人的法定代表人既可以由决策机构负责人（理事长）担任，也可以由执行机构负责人（院长、校长、所长、主任等）担任。

针对宗教活动场所法人的法定代表人，国家宗教事务局《宗教活动场所法人章程示范文本》第 16 条明确规定："民主管理委员会主任是本单位的法定代表人"；也就是说，宗教活动场所法人的法定代表人只能由其决策机构负责人（民主管理组织主任）担任，不能由其他负责人担任。

2. 捐助法人法定代表人的任职条件

《民法典》本身没有直接规定捐助法人法定代表人的任职条件。

针对基金会法定代表人的任职条件，《基金会管理条例》第 23 条、第 24 条和《基金会章程示范文本》第 25 条、第 27 条作出了相应的规定，主要包括：(1)基金会法定代表人不得由现职国家工作人员兼任；(2)基金会的法定代表人，不得同时担任其他组织的法定代表人；(3)公募基金会和原始基金来自中国内地的非公募基金会的法定代表人，应当由内地居民担任；(4)担任基金会法定代表人的香港居民、澳门居民、台湾居民、外国人，每年在中国内地居留时间不得少于 3 个月；(5)因犯罪被判处管制、拘役或者有期徒刑，刑期执行完毕之日起未逾 5 年的，因犯罪被判处剥夺政治权利正在执行期间或者曾经被判处剥夺政治权利的，以及曾在因违法被撤销登记的基金会担任理事长、副理事长或者秘书长，且对该基金会的违法行为负有个人责任，自该基金会被撤销之日起未逾 5 年的，不得担任基金会法定代表人。

针对民办非企业单位法定代表人的任职条件，《民办非企业单位（法人）章程示范文本》第 25 条从负面清单的角度规定了不得担任法定代表人的情形，主要包括：(1)无民事行为能力或者限制民事行为能力；(2)正在被执行刑罚或者正在被执行刑事强制措施；(3)正在被公安机关或者国家安全机关通缉；(4)因犯罪被判处刑罚，执行期满未逾 3 年，或者因犯罪被判处剥夺政治权利，执行期满未逾 5 年；(5)担任因违法被撤销登记的民办非企业单位的法定代表人，自该单位被撤销登记之日起未逾 3 年；(6)非中国内地居民；(7)具有法律法规规定不得担任法定代表人的其他情形。

针对宗教活动场所法人的法定代表人的任职条件，《国家宗教事务局、民政部关于宗教活动场所办理法人登记事项的通知》（国宗发〔2019〕1 号）第 6 条第 2 款只是要求宗教活动场所法人的法定代表人原则上不得同时担任其他宗教活动场所的法定代表人；在此基础上，《宗教活动场所法人章程示范文本》第 8 条通过规定宗教活动场所法人的决策机构成员的任职条件的方式间接规定了其法定代表人的任职条件，主要包括：(1)拥护中国共产党的领导和社会主义制度，遵守宪法、法律、法规、规章和国家政策；(2)拥护本宗教活动场所法人的章程，认同本宗教活动场所法人的宗旨，自愿为本宗教活动场所法人服务；(3)熟悉宗教政策法规和本宗教基本知识；(4)诚实守信，乐于奉献，尽心尽责；(5)身体健康，具有完全民事行为能力；(6)是中国内地居民；(7)无刑事犯罪记录。

（四）捐助法人的监督机构

《民法典》第93条第3款要求所有捐助法人都必须设监督机构，监督机构的形式可以是监事会，也可以是法律法规允许的其他形式（比如一至二名监事①）。在法律地位上，捐助法人的“监督机构”对应于营利法人的“监督机构”。

就基金会而言，《基金会管理条例》第22条和《基金会章程示范文本》第16条至第21条对基金会的监督机构的组成、职权、议事规则以及监事的产生办法、权利义务等事项作出了相应的规定。

就民办非企业单位法人而言，《民办非企业单位（法人）章程示范文本》第20条至第23条对民办非企业单位法人的监督机构的组成、职权、议事规则以及监事的产生办法等事项作出了相应的规定。

就宗教活动场所法人而言，《宗教活动场所法人章程示范文本》第19条至第22条对宗教活动场所法人的监督机构的组成、职权、议事规则以及监事的任职条件和产生办法等事项作出了相应的规定。

第九十四条　【捐助人的权利和捐助法人决定的撤销制度】捐助人有权向捐助法人查询捐助财产的使用、管理情况，并提出意见和建议，捐助法人应当及时、如实答复。

捐助法人的决策机构、执行机构或者法定代表人作出决定的程序违反法律、行政法规、法人章程，或者决定内容违反法人章程的，捐助人等利害关系人或者主管机关可以请求人民法院撤销该决定。但是，捐助法人依据该决定与善意相对人形成的民事法律关系不受影响。

【条文通释】

《民法典》第94条是关于捐助人的权利和捐助法人决定的撤销制度的规定。

一、捐助人的权利

（一）捐助人的权利

1.《民法典》第94条第1款规定的权利

《民法典》第94条第1款规定了捐助人的4项权利，包括：一是向捐助法人查询捐

① 比如，针对基金会的监督机构，《基金会章程示范文本》第16条规定：“本基金会设监事　名。监事任期与理事任期相同，期满可以连任。〔3名以上监事可设监事会。〕”针对民办非企业单位法人的监督机构，《民办非企业单位（法人）章程示范文本》第20条规定：“本单位设立监事会，其成员为　人。监事任期与理事任期相同，任期届满，连选可以连任。〔监事会成员不得少于3人，并推选1名召集人。人数较少的民办非企业单位可不设监事会，但必须设1-2名监事〕”。针对宗教活动场所法人的监督机构，《宗教活动场所法人章程示范文本》第19条规定：“本单位设监事　名（3名以上监事可设监事会），监事任期与民主管理委员会成员任期相同。”

助财产的使用情况的权利,二是向捐助法人查询捐助财产的管理情况的权利,三是向捐助法人提出意见的权利,四是向捐助法人提出建议的权利。该 4 项权利指向的义务主体都是捐助法人。其中,前两项均属于捐助人的知情权。《民法典》第 94 条第 1 款的规定是对 1999 年《公益事业捐赠法》第 21 条关于"捐赠人有权向受赠人查询捐赠财产的使用、管理情况,并提出意见和建议。对于捐赠人的查询,受赠人应当如实答复"的规定加以完善而来的。

需要注意的是,《民法典》第 94 条第 1 款所规定的捐助人对捐助法人的知情权,在行使范围上限于"捐助财产的使用情况"和"捐助法人的管理情况",在行使方式上限于"查询"。

2. 捐助人的其他权利

不过,《民法典》第 94 条第 1 款只规定了捐助人的 4 项权利并不意味着捐助人不享有其他权利;在这 4 项权利之外,捐助人还享有法律法规和捐助法人章程规定的其他权利,比如依法复制有关资料的权利①。②

此外,《民法典》第 94 条第 2 款所说的"捐助人……可以请求人民法院撤销该决定",实际上也属于捐助人的权利,即依法请求法院撤销捐助法人相关决定的权利。

(二)捐助法人的答复义务

与捐助人的权利相对应,《民法典》第 94 条第 1 款也规定了捐助法人的义务,即:不论是针对捐助人向其提出的查询捐助财产的使用情况或管理情况的请求,还是针对捐助人向其提出的意见或建议,捐助法人都负有及时答复和如实答复的义务,而不得拒绝、隐匿或作虚假答复。

如果捐助法人拒绝、隐匿或作虚假答复,捐助人可以依法向民政部门投诉、举报,甚至依法向人民法院提起诉讼。③

---

① 比如,《慈善法》第 42 条第 1 款规定:"捐赠人有权查询、复制其捐赠财产管理使用的有关资料,慈善组织应当及时主动向捐赠人反馈有关情况。"

② 比如,江苏省扬州市中级人民法院(2018)苏 10 民终 1528 号民事判决书认为:"江都某民医院是从事非营利性社会服务活动的社会组织,经扬州市江都区民政局依法登记成立,取得捐助法人资格;王某桢是举办者即捐助人,有权向江都某民医院查询捐助财产的使用、管理。2、根据江都某民医院 2016 年章程,王某桢也有权了解单位经营状况和财务状况,有权查阅单位财务会计报告。……上述法律和江都某民医院的章程均未对知情权的具体范围和行使方式作出规定,但是从江都某民医院的组织结构以及设立章程等方面来看,其虽然名为社会服务机构,也仍然按照公司的治理模式进行管理和运行,故可以参照适用《中华人民共和国公司法》关于股东知情权的相关规定。……首先,王某桢有权查阅、复制江都某民医院 2012 年至 2016 年度的财务会计报告。其次,对于会计账簿,账簿查阅权是知情权的重要内容,通过查阅公司账簿可了解公司财务状况。……王某桢查阅权行使的范围应当包括会计账簿(含总账、明细账、日记账和其他辅助性账簿)和会计凭证(含相关记账凭证、原始凭证),王某桢要求查阅 2012 年 1 月 1 日至 2016 年 12 月 31 日的会计账簿(含总账、明细账、日记账、其他辅助性账簿及相应会计凭证)的请求,合法有据,本院予以支持。对于王某桢要求复制上述会计账簿、查阅复制会计账簿中分类账的请求,没有依据,不予支持。"

③ 比如,《慈善法》第 42 条规定:"捐赠人有权查询、复制其捐赠财产管理使用的有关资料,慈善组织应当及时主动向捐赠人反馈有关情况。慈善组织违反捐赠协议约定的用途,滥用捐赠财产的,捐赠人有权要求其改正;拒不改正的,捐赠人可以向民政部门投诉、举报或者向人民法院提起诉讼。"

二、捐助法人决定的撤销制度

《民法典》第 94 条第 2 款规定了适用于各类捐助法人的统一的决定撤销制度。

(一)捐助法人决定的性质、类型和法律适用

1. 捐助法人决定的性质

结合《民法典》第 94 条第 2 款、第 95 条和《公司法》第 59 条、第 66 条、第 67 条、第 73 条、第 78 条、第 112 条、第 116 条、第 120 条、第 124 条等规定,捐助法人决定是该法人的决策机构、执行机构、监督机构或法定代表人依照法律和法人章程规定的权限和程序,就其职权范围内的事项作出的决定或决议。

根据《民法典》第 134 条第 2 款关于"法人、非法人组织依照法律或者章程规定的议事方式和表决程序作出决议的,该决议行为成立"的规定,捐助法人的决策机构、执行机构、监督机构或法定代表人作出决定的行为,为法人决议行为,也属于民事法律行为;当然,属于特殊的民事法律行为。

2. 捐助法人决定的类型

从决定作出主体看,捐助法人的决定通常包括决策机构决定、执行机构决定、监督机构决定和法定代表人决定。

3. 捐助法人决定的法律适用

在法律适用上,根据《民法典》第 2 条关于"民法调整平等主体的自然人、法人和非法人组织之间的人身关系和财产关系"和第 11 条关于"其他法律对民事关系有特别规定的,依照其规定"的规定,由于捐助法人的决定行为属于特殊的民事法律行为,因此,应当先适用《慈善法》《基金会管理条例》等特别法律法规的规定;在《慈善法》《基金会管理条例》等特别法律法规未作规定的情况下,则应当适用《民法典》有关民事法律行为的一般规定。

(二)捐助法人决定撤销制度的适用对象

由于《民法典》第 94 条第 2 款使用了"捐助法人的决策机构、执行机构或者法定代表人作出决定……的,……可以请求……撤销该决定"的表述,因此,《民法典》第 94 条第 2 款规定的决定撤销制度适用于捐助法人的决策机构决定、执行机构决定和法定代表人决定,但不适用于捐助法人的监督机构决定①。这跟《民法典》第 85 条规定的营利法人决议撤销制度仅适用于营利法人的权力机构决议和执行机构决议是不同的。

此外,从文义上看,《民法典》第 94 条第 2 款规定的决定撤销制度,仅适用于捐助法人,不适用于其他非营利法人(事业单位和社会团体)。

---

① 比如,江苏省扬州市中级人民法院(2018)苏 10 民终 2025 号民事裁定书认为:"根据《中华人民共和国民法总则》第九十四条第二款'捐助法人的决策机构、执行机构或者法定代表人作出决定的程序违反法律、行政法规、法人章程,或者决定内容违反法人章程的,捐助人等利害关系人或者主管机关可以请求人民法院撤销该决定,但是捐助法人依据该决定与善意相对人形成的民事法律关系不受影响',捐助人可行使撤销权的决定限于捐助法人的决策机构、执行机构或法定代表人作出的决定……"

(三)捐助法人决定撤销事由

针对捐助法人的决策机构决定、执行机构决定和法定代表人决定,《民法典》第 94 条第 2 款规定了三种撤销事由:一是作出决定的程序违反法律、行政法规,二是作出决定的程序违反法人章程,三是决定的内容违反法人章程。前两种属于决定撤销的程序事由,第三种属于决定撤销的实体事由。

1. 程序事由

根据《民法典》第 94 条第 2 款的规定,捐助法人的决策机构或执行机构或法定代表人作出决定的程序,不论是违反法律、行政法规,还是违反法人章程,都属于决定撤销事由。这跟《民法典》第 85 条将营利法人决议撤销事由限定于“作出决议的会议召集程序、表决方式”违反法律、行政法规、法人章程,而非整个“作出决定的程序”违反法律、行政法规、法人章程相比,是更为周全的。

其中,《民法典》第 94 条第 2 款所说的“作出决定的程序”,涉及捐助法人的决策机构或执行机构或法定代表人作出决定的全过程,既包括会议前的召集程序、通知程序,也包括会议的召开程序、会议的记录与决议的签署、会议结果的宣布、通知或公告等事项;只要捐助法人的决策机构或执行机构或法定代表人作出决定涉及的程序性事项违反了法律、行政法规或法人章程,均应允许捐助人等利害关系人或者主管机关申请撤销捐助法人的决策机构或执行机构或法定代表人作出的决定。

不过,考虑到《公司法》第 26 条第 1 款针对公司决议撤销规定了但书条款:“但是,股东会、董事会的会议召集程序或者表决方式仅有轻微瑕疵,对决议未产生实质影响的除外”,因此,如果捐助法人的决策机构或执行机构或法定代表人作出决定的程序仅有轻微瑕疵并且对决定未产生实质影响,那么,相关程序瑕疵可能不足以导致相关决定被撤销。

2. 实体事由

根据《民法典》第 94 条第 2 款的规定,捐助法人的决策机构或执行机构或法定代表人作出的决定的内容违反法人章程,属于决定撤销事由。由于《民法典》第 94 条第 2 款使用了“决定内容违反法人章程”的表述,因此,只要捐助法人的决策机构或执行机构或法定代表人作出的决定存在违反法人章程的内容,都属于《民法典》第 94 条第 2 款所说的“决定内容违反法人章程”,构成决定撤销事由。

需要注意的是,结合《公司法》第 25 条所说的“公司股东会、董事会的决议内容违反法律、行政法规的无效”,捐助法人的决策机构或执行机构或法定代表人的决定的内容违反法律、行政法规的强制性规定,属于决定无效事由。据此,如果捐助法人的决策机构或执行机构或法定代表人的决定的内容不仅违反法人章程,还违反法律、行政法规的强制性规定,那么,该情形就属于决定无效事由,将导致相关决定无效,而不仅仅是被撤销。

(四)有权撤销捐助法人决定的主体

1. 法院

由于《民法典》第 94 条第 2 款使用的是“捐助人等利害关系人或者主管机关可以

请求人民法院撤销该决定”的表述,而没有像《民法典》第 147 条至第 151 条那样使用“请求人民法院或者仲裁机构予以撤销”的表述,因此,结合《最高人民法院关于撤销中国国际经济贸易仲裁委员会(2009)CIETACBJ 裁决(0355)号裁决案的请示的复函》(〔2011〕民四他字第 13 号)所说的“根据《中华人民共和国公司法》第一百八十一条的规定,仲裁机构裁决解散公司没有法律依据,属于无权仲裁的情形”,捐助法人决定的撤销,需由捐助人等利害关系人或者主管机关向法院申请、由法院审理后以裁判形式予以撤销。①

也就是说,撤销捐助法人的决策机构或执行机构或法定代表人的决定的权力,只能由法院行使,仲裁机构无权行使;从而,仲裁机构裁决撤销捐助法人的决定,没有法律依据,属于无权仲裁的情形。

需要注意的是,为“解决其他法律规定可诉讼的情形下,与可仲裁性的关系问题”,司法部 2021 年 7 月 30 日公布的《中华人民共和国仲裁法(修订)(征求意见稿)》第 26 条规定了“法律规定当事人可以向人民法院提起民事诉讼,但未明确不能仲裁的,当事人订立的符合本法规定的仲裁协议有效”。如果将来立法机关正式通过的修订后的《仲裁法》作出了这样的规定,那么,照此规定,就应当认为,《民法典》第 94 条第 2 款所说的“捐助人等利害关系人或者主管机关可以请求人民法院撤销该决定”并没有排除相关申请人根据捐助法人章程规定的合法有效的仲裁条款就捐助法人决定效力纠纷向仲裁机构申请仲裁。

2. 捐助法人决策机构或执行机构或法定代表人自身

结合《公司法》第 229 条第 1 款第 2 项所说的“公司因下列原因解散:……(二)股东会决议解散”,第 230 条所说的“公司有前条第一款……第二项情形,且尚未向股东分配财产的,可以……经股东会决议而存续”和最高人民法院《关于审理公司强制清算案件工作座谈会纪要》(法发〔2009〕52 号)第 18 条和第 37 条的规定②,捐助法人的决策机构或执行机构或法定代表人可以依法作出新的决定,撤销自己此前已经作出的决定,而不论原决定是否违反法律法规或法人章程。

不过,考虑到《民法典》等法律法规并没有直接赋予捐助法人的决策机构撤销执行机构或法定代表人决定的职权、没有直接赋予捐助法人的执行机构撤销法定代表人决定的职权,在法人章程也没有规定此项职权的情况下,捐助法人的决策机构无权撤销执行机构的决定或法定代表人的决定、执行机构也无权撤销法定代表人的决定。考虑到《民法典》和《公司法》并没有直接赋予营利法人的权力机构撤销执行机构决议的职

① 《民事案件案由规定》规定的“公司决议撤销纠纷”案由能否参照适用于捐助法人决定的撤销,有待观察。

② 最高人民法院《关于审理公司强制清算案件工作座谈会纪要》(法发〔2009〕52 号)第 18 条规定:“公司因……股东会、股东大会决议自愿解散的,人民法院受理强制清算申请后,清算组对股东进行剩余财产分配前,申请人以……股东会、股东大会决议公司继续存续为由,请求撤回强制清算申请的,人民法院应予准许”,第 37 条规定:“公司因……股东会、股东大会决议自愿解散的,人民法院受理债权人提出的强制清算申请后,对股东进行剩余财产分配前,公司……股东会、股东大会决议公司继续存续,申请人在其个人债权及他人债权均得到全额清偿后,未撤回申请的,人民法院可以根据被申请人的请求裁定终结强制清算程序,强制清算程序终结后,公司可以继续存续”。

权,在法人章程也没有规定此项职权的情况下,营利法人的权力机构应该是无权撤销执行机构的决议的。这跟《立法法》第 108 条规定了上位法制定机关有权撤销特定的下位法制定机关制定的法规①是不同的。

(五)捐助法人决定撤销之诉的原告

由于《民法典》第 94 条第 2 款使用了"捐助人等利害关系人或者主管机关可以请求人民法院撤销该决定"的表述,因此,可以提起捐助法人决定撤销之诉的原告,包括两类:一是包括捐助人在内的捐助法人的利害关系人,二是捐助法人的主管机关。

其中,《民法典》第 94 条第 2 款所说的"捐助人等利害关系人",指的是捐助法人的捐助人以及与捐助法人决定有利害关系的其他主体,包括捐助法人的决策机构成员、执行机构成员、法定代表人等。

需要注意的是,由于《民法典》第 94 条第 2 款将"主管机关"与"利害关系人"并列列出,因此,捐助法人的主管机关并非捐助法人的利害关系人,而是与捐助法人的利害关系人并列的主体。

其中,《民法典》第 94 条第 2 款所说的捐助法人的"主管机关",不同于"登记机关",就基金会而言,指的是《基金会管理条例》所说的"业务主管单位",即该条例第 7 条所说的"国务院有关部门或者国务院授权的组织"或"省、自治区、直辖市人民政府有关部门或者省、自治区、直辖市人民政府授权的组织";就民办非企业单位法人而言,指的是《民办非企业单位登记管理暂行条例》所说的"业务主管单位",即该条例第 5 条第 2 款所说的"国务院有关部门和县级以上地方各级人民政府的有关部门、国务院或者县级以上地方各级人民政府授权的组织";就宗教活动场所法人而言,指的是宗教事务部门。

(六)捐助法人决定的部分撤销

《民法典》第 134 条第 2 款所说的"法人、非法人组织依照法律或者章程规定的议事方式和表决程序作出决议的,该决议行为成立"表明,捐助法人的决策机构、执行机构或法定代表人作出的决定,也属于民事法律行为,也应当适用《民法典》有关民事法律行为的一般规定。因此,根据《民法典》第 156 条所说的"民事法律行为部分无效,不影响其他部分效力的,其他部分仍然有效",在捐助法人的决策机构、执行机构或法定代表人作出的决定只是部分无效且该部分无效不影响该决定其他事项的效力并与其

---

① 《立法法》第 108 条规定:"改变或者撤销法律、行政法规、地方性法规、自治条例和单行条例、规章的权限是:(一)全国人民代表大会有权改变或者撤销它的常务委员会制定的不适当的法律,有权撤销全国人民代表大会常务委员会批准的违背宪法和本法第八十五条第二款规定的自治条例和单行条例;(二)全国人民代表大会常务委员会有权撤销同宪法和法律相抵触的行政法规,有权撤销同宪法、法律和行政法规相抵触的地方性法规,有权撤销省、自治区、直辖市的人民代表大会常务委员会批准的违背宪法和本法第八十五条第二款规定的自治条例和单行条例;(三)国务院有权改变或者撤销不适当的部门规章和地方政府规章;(四)省、自治区、直辖市的人民代表大会有权改变或者撤销它的常务委员会制定的和批准的不适当的地方性法规;(五)地方人民代表大会常务委员会有权撤销本级人民政府制定的不适当的规章;(六)省、自治区的人民政府有权改变或者撤销下一级人民政府制定的不适当的规章;(七)授权机关有权撤销被授权机关制定的超越授权范围或者违背授权目的的法规,必要时可以撤销授权。"

他决定事项并非不可分①的情况下,法院可以并应当仅仅撤销该决定中的无效部分,而不应撤销整个决定。

(七)捐助法人决定撤销的法律后果

在法律后果方面,捐助法人决定被撤销,既涉及法人内部的法律关系,又可能涉及法人外部的法律关系;在外部法律关系方面,既可能涉及法人与相对人之间的民事法律关系,还可能涉及法人与登记机关等之间的行政法律关系。

1. 民事法律关系:内部效力

如前所述,在法律适用上,根据《民法典》第11条关于"其他法律对民事关系有特别规定的,依照其规定"的规定,由于捐助法人的决策机构、执行机构或法定代表人作出决定的行为属于特殊的民事法律行为,应首先适用《慈善法》《基金会管理条例》等特别法律法规的规定;在《慈善法》《基金会管理条例》等特别法律法规未作规定的情况下,则应当适用《民法典》有关民事法律行为的一般规定。

由于《慈善法》《基金会管理条例》等特别法律法规本身没有对捐助法人决定被撤销对法人内部法律关系的影响作出规定,此时,应当适用《民法典》的相关规定。

针对无效的民事法律行为和被撤销的民事法律行为,《民法典》第155条规定了"无效的或者被撤销的民事法律行为自始没有法律约束力",第156条规定了"民事法律行为部分无效,不影响其他部分效力的,其他部分仍然有效",第157条规定了"民事法律行为无效、被撤销或者确定不发生效力后,行为人因该行为取得的财产,应当予以返还;不能返还或者没有必要返还的,应当折价补偿。有过错的一方应当赔偿对方由此所受到的损失;各方都有过错的,应当各自承担相应的责任。法律另有规定的,依照其规定。"根据上述规定,在内部法律关系方面,在捐助法人决定被撤销之后,被撤销的法人决定内容,应追溯至其作出或通过之时就自始没有法律约束力、如同自始就没有存在过;但是,未被撤销的决定的其他内容,则不应受此影响,并应具有法律约束力。

值得一提的是,与捐助法人决定无效不同,捐助法人决定被撤销只是暂时阻断了捐助法人决定事项的实施:在决定被撤销之后,捐助法人的决策机构、执行机构或法定代表人仍然可以根据法律、行政法规和法人章程规定的权限和程序,依法重新作出与此前被撤销的决定的内容相同的决定,并付诸实施(包括在适用时向登记机关办理变更登记)。当然,在法人决定因其内容违反法人章程而被撤销的情形,重新通过的决定的内容如果仍然违反法人章程,则仍然属于可撤销的决定。

2. 民事法律关系:外部效力

针对捐助法人决定撤销涉及的外部法律关系,《民法典》第94条第2款规定了但书条款,即:"捐助法人依据该决定与善意相对人形成的民事法律关系不受影响"。

---

① 《仲裁法解释》第19条规定:"当事人以仲裁裁决事项超出仲裁协议范围为由申请撤销仲裁裁决,经审查属实的,人民法院应当撤销仲裁裁决中的超裁部分。但超裁部分与其他裁决事项不可分的,人民法院应当撤销仲裁裁决。"《民诉法解释》第475条规定:"仲裁机构裁决的事项,部分有民事诉讼法第二百四十四条第二款、第三款规定情形的,人民法院应当裁定对该部分不予执行。应当不予执行部分与其他部分不可分的,人民法院应当裁定不予执行仲裁裁决。"

据此，在对外关系上，如果相对人是善意的，从保护善意相对人的角度，只要捐助法人依据该决定与善意相对人形成的民事法律关系不存在法律规定的无效、可撤销、不生效事由，该民事法律关系就是有效的，不会因为捐助法人决定被撤销而受到任何影响；但是，如果相对人并非善意，那么，捐助法人与该非善意相对人之间的民事法律关系是否有效，就需要结合具体情况加以判断了。

由此可见，《民法典》第 94 条第 2 款所说的“捐助法人依据该决定与善意相对人形成的民事法律关系不受影响”，属于《民法典》第 155 条所说的“被撤销的民事法律行为自始没有法律约束力”的特别规定、例外规定。

3. 行政法律关系：外部效力

需要注意的是，因民法调整的是民事关系，《民法典》第 94 条第 2 款使用的也是“捐助法人依据该决定与善意相对人形成的民事法律关系不受影响”的表述，因此，捐助法人决定被撤销是否影响法人与登记机关之间的行政登记法律关系，不属于《民法典》调整的范围，需要结合被撤销的决议的具体情况和其他法律法规的规定加以分析。

如果被撤销的决定原本就不涉及法人登记，该决定被撤销自然不会影响捐助法人与登记机关之间的行政法律关系。如果捐助法人此前已经根据该决定办理了相应的变更登记手续，在该决定被撤销之后，可能还需要向登记机关申请撤销原变更登记，这就涉及法人与登记机关之间的行政法律关系。

不过，由于法律法规并没有规定登记机关负有依捐助法人的申请撤销相应的变更登记的义务，也没有涉及法院的协助执行程序，因此，在捐助法人未提出撤销变更登记的申请的情况下，登记机关没有义务、也不能依职权主动撤销变更登记；此外，对于捐助法人提出的撤销变更登记的申请，登记机关可以依法准予撤销变更登记，也可以依法基于特定的理由和原因不予撤销变更登记。

（八）捐助法人决定被撤销之前的效力

尽管《民法典》第 155 条规定了“无效的或者被撤销的民事法律行为自始没有法律约束力”，但是，结合《最高人民法院公报》2010 年第 2 期刊登的“兰州某骏物流有限公司与兰州某百（集团）股份有限公司侵权纠纷案”的“裁判摘要”所说的“股份公司股东大会作出决议后，在被确认无效前，该决议的效力不因股东是否认可而受到影响。股东大会决议的内容是否已实际履行，并不影响该决议的效力”，捐助法人决定在被撤销之前，仍然是有效的、具有相应的法律约束力。

事实上，《民法典》第 94 条第 2 款关于“……捐助人等利害关系人或者主管机关可以请求人民法院撤销该决定。但是，捐助法人依据该决定与善意相对人形成的民事法律关系不受影响”的规定，其实就包含了这样的意思。否则，如果捐助法人决定在被撤销之前是无效的或者对法人等相关主体是不具有约束力的，那么，也就没有必要再明文规定“捐助法人依据该决定与善意相对人形成的民事法律关系不受影响”了。

（九）捐助法人决定撤销制度与营利法人决议撤销制度的比较

通过对《民法典》第 85 条规定的营利法人决议撤销制度与《民法典》第 94 条第 2 款规定的捐助法人决定撤销制度进行比较，可以发现两者既有相同之处，也有不同之处。

1. 相同之处

二者的第一个相同之处在于,在撤销事由方面,《民法典》第 85 条和《民法典》第 94 条第 2 款都规定,法人的权力机构(或决策机构)或执行机构作出决定的会议的召集程序、表决方式违反法律、行政法规或者法人章程,或者决定内容违反法人章程属于法人决议或决定的撤销事由。

二者的第二个相同之处在于,在法人决定撤销涉及的外部法律关系方面,《民法典》第 85 条和《民法典》第 94 条第 2 款都规定,法人的权力机构(或决策机构)或执行机构决定被撤销不影响法人依据该决定与善意相对人形成的民事法律关系。

2. 不同之处

二者的第一个不同之处在于,在适用范围方面,《民法典》第 94 条第 2 款规定的决定撤销制度不仅适用于捐助法人的决策机构决定和执行机构决定,还适用于捐助法人的法定代表人决定。这是《民法典》第 85 条规定的营利法人决议撤销制度所没有的。

二者的第二个不同之处在于,在决议撤销的程序事由方面,《民法典》第 94 条第 2 款规定的决定撤销制度适用于捐助法人的决策机构、执行机构和法定代表人作出决定的整个程序,而《民法典》第 85 条规定的营利法人决议撤销制度仅明文规定适用于营利法人权力机构、执行机构作出决议的会议召集程序或表决方式。

(十)捐助法人决定撤销之诉的其他程序事项

现阶段,《民法典》《民法典总则编解释》《民事诉讼法》和《民诉法解释》都没有对捐助法人决定撤销之诉的其他程序事项,比如管辖、被告、第三人列明等,作出规定。

鉴于《公司法》及其司法解释针对公司决议撤销制度构建了相对完善的规则体系,值得思考的问题是,捐助法人决议撤销之诉能否参照适用公司决议撤销制度的相关规定?对此,《民法典》《民法典总则编解释》《民事诉讼法》和《民诉法解释》未直接作出规定。

从体系解释的角度看,由于《民法典》只是在第 71 条规定了“法人的清算程序和清算组职权,依照有关法律的规定;没有规定的,参照适用公司法律的有关规定”,没有在其他条款规定“参照适用公司法律的有关规定”,因此,在法律或司法解释没有对此作出明确的规定的情况下,捐助法人决议撤销之诉是不能参照适用公司法律的有关规定的。这跟《民法典》第 108 条针对非法人组织的法律适用明确规定了“非法人组织除适用本章规定外,参照适用本编第三章第一节的有关规定”是不同的。

不过,考虑到捐助法人与公司一样,都是法人(即“具有民事权利能力和民事行为能力,依法独立享有民事权利和承担民事义务的组织”),并且,《民法典》第 85 条规定的营利法人决议撤销制度与《民法典》第 94 条第 2 款规定的捐助法人决定撤销制度存在诸多相同之处,因此,按照“相同事务相同处理”的原则,捐助法人决议撤销之诉应该也可以参照适用公司决议撤销之诉的有关规定。

(十一)捐助法人决定撤销制度能否参照适用于事业单位和社会团体

由于《民法典》第 94 条第 2 款使用了“捐助法人的决策机构、执行机构或者法定代表人作出决定……的，……可以请求人民法院撤销该决定”的表述，因此，从文义上看，该款规定仅适用于捐助法人、不适用于事业单位和社会团体等其他非营利法人。

问题是，《民法典》第 94 条第 2 款规定的捐助法人决定撤销制度能否参照适用于事业单位和社会团体？对此，《民法典》《民法典总则编解释》《民事诉讼法》和《民诉法解释》未直接作出规定。

考虑到捐助法人与其他非营利法人一样，都是非营利法人（即“为公益目的或者其他非营利目的成立，不向出资人、设立人或者会员分配所取得利润的法人”），因此，按照“相同事务相同处理”的原则，在有关其他非营利法人的法律法规没有规定的情况下，《民法典》第 94 条第 2 款规定的捐助法人决定撤销制度应该是可以参照适用于事业单位和社会团体的。

三、捐助法人决定无效制度

如前所述，由于捐助法人的决策机构、执行机构或法定代表人作出决定的行为属于特殊的民事法律行为，在《慈善法》《基金会管理条例》等特别法律法规没有规定捐助法人决定无效制度的情况下，应当适用《民法典》总则编关于民事法律行为无效的一般规定（主要是第 143 条、第 144 条、第 153 条至第 157 条）。

同样地，考虑到《公司法》第 25 条、第 28 条[①]针对公司决议无效制度构建了相对完善的规则体系，捐助法人决定无效应该也可以参考公司决议无效制度的有关规定。

四、捐助法人决定不成立制度

针对捐助法人决定的成立，《民法典》第 134 条第 2 款规定：“法人、非法人组织依照法律或者章程规定的议事方式和表决程序作出决议的，该决议行为成立。”该规定明确了捐助法人的决定行为在性质上属于特殊的民事法律行为，应当适用《民法典》有关民事法律行为的一般规定。除此之外，《民法典》本身没有专门规定捐助法人决定不成立制度。

在法律适用方面，考虑到《民法典》第 157 条没有专门规定民事法律行为不成立的法律后果，结合《九民会议纪要》第 32 条第 1 款所说的“《合同法》第 58 条就合同无效或者被撤销时的财产返还责任和损害赔偿责任作了规定，但未规定合同不成立的法律后果。考虑到合同不成立时也可能发生财产返还和损害赔偿责任问题，故应当参照适用该条的规定”，民事法律行为（包括捐助法人决定行为）不成立也应当参照适用《民法典》第 157 条的规定。

---

① 《公司法》第 25 条规定：“公司股东会、董事会的决议内容违反法律、行政法规的无效”，第 28 条规定：“公司股东会、董事会决议被人民法院宣告无效……的，公司应当向公司登记机关申请撤销根据该决议已办理的登记。股东会、董事会决议被人民法院宣告无效……的，公司根据该决议与善意相对人形成的民事法律关系不受影响”。在 2023 年修订后的《公司法》出台之前，《公司法解释四》（2020 年修正）第 1 条、第 3 条和第 6 条已经针对公司决议无效问题作出相应的规定。

此外，考虑到《公司法》第27条等①针对公司决议不成立构建了相应的规则体系，捐助法人决定不成立应该也可以参考公司决议不成立制度的有关规定。

第九十五条 【公益性非营利法人终止时剩余财产的处理办法】为公益目的成立的非营利法人终止时，不得向出资人、设立人或者会员分配剩余财产。剩余财产应当按照法人章程的规定或者权力机构的决议用于公益目的；无法按照法人章程的规定或者权力机构的决议处理的，由主管机关主持转给宗旨相同或者相近的法人，并向社会公告。

【条文通释】

《民法典》第95条是关于公益性非营利法人终止时剩余财产的处理办法的规定。

一、为公益目的成立的非营利法人的范围

根据《民法典》第87条、第88条、第90条和第92条的规定，《民法典》第95条所说的"为公益目的成立的非营利法人"，包括所有事业单位②、为公益目的成立的社会团体和所有捐助法人，不包括为会员共同利益等非公益的非营利目的成立的社会团体。

由此，《民法典》第95条第2句所说的"剩余财产应当按照法人章程的规定或者权力机构的决议用于公益目的；无法按照法人章程的规定或者权力机构的决议处理的……"是不准确的，因为事业单位和捐助法人都不设权力机构、而设决策机构。因此，在解释上，《民法典》第95条第2句中的"权力机构"应作扩大解释，解释为"权力机构或决策机构"。

---

① 《公司法》第27条规定："有下列情形之一的，公司股东会、董事会的决议不成立：(一)未召开股东会、董事会会议作出决议；(二)股东会、董事会会议未对决议事项进行表决；(三)出席会议的人数或者所持表决权数未达到本法或者公司章程规定的人数或者所持表决权数；(四)同意决议事项的人数或者所持表决权数未达到本法或者公司章程规定的人数或者所持表决权数"。在2023年修订后的《公司法》出台之前，《公司法解释四》(2020年修正)第1条、第3条、第5条已经针对公司决议不成立问题作出相应的规定。

② 尽管在《民法总则》立法过程中，有意见认为"按照事业单位改革的要求，事业单位主要是国家举办的提供公益服务的法人组织，与一般的公益性非营利法人不完全相同"(见第十二届全国人民代表大会法律委员会2017年3月12日在第十二届全国人民代表大会第五次会议主席团第二次会议上作的《关于〈中华人民共和国民法总则(草案)〉审议结果的报告》)，《民法典》第88条针对事业单位的设立没有使用"为实现公益目的设立的事业单位"，而是使用了"为适应经济社会发展需要，提供公益服务设立的事业单位"的表述，但是，就设立目的而言，根据《事业单位登记管理暂行条例》第2条第1款所说的"本条例所称事业单位，是指国家为了社会公益目的，由国家机关举办或者其他组织利用国有资产举办的，从事教育、科技、文化、卫生等活动的社会服务组织"，现阶段，事业单位也是"为公益目的"成立的，在性质上也属于《民法典》第95条所说的"为公益目的成立的非营利法人"。如果将来修订后的《事业单位登记管理暂行条例》或其他法律法规明确将事业单位界定为"为公益目的之外的其他非营利目的成立"，而非"为公益目的成立的非营利法人"，届时应当适用相关法律法规的该等规定，将事业单位认定为不属于《民法典》第95条所说的"为公益目的成立的非营利法人"，不适用《民法典》第95条所说的"终止时，不得向出资人、设立人或者会员分配剩余财产。剩余财产应当按照法人章程的规定或者权力机构的决议用于公益目的；无法按照法人章程的规定或者权力机构的决议处理的，由主管机关主持转给宗旨相同或者相近的法人，并向社会公告"。

二、公益性非营利法人的剩余财产

考虑到根据《企业破产法》第 107 条第 2 款所说的“债务人被宣告破产后,债务人称为破产人,债务人财产称为破产财产,人民法院受理破产申请时对债务人享有的债权称为破产债权”,第 120 条所说的“破产人无财产可供分配的,管理人应当请求人民法院裁定终结破产程序。管理人在最后分配完结后,应当及时向人民法院提交破产财产分配报告,并提请人民法院裁定终结破产程序。人民法院应当自收到管理人终结破产程序的请求之日起十五日内作出是否终结破产程序的裁定。裁定终结的,应当予以公告”,第 121 条所说的“管理人应当自破产程序终结之日起十日内,持人民法院终结破产程序的裁定,向破产人的原登记机关办理注销登记”和第 124 条所说的“破产人的保证人和其他连带债务人,在破产程序终结后,对债权人依照破产清算程序未受清偿的债权,依法继续承担清偿责任”,在法人“被宣告破产,依法进行破产清算并完成法人注销登记”的情形,法人已经“资产不足以清偿债务”①、不可能有剩余财产,因此,《民法典》第 95 条所说的“为公益目的成立的非营利法人终止”,不包括《民法典》第 68 条第 1 款第 2 项所说的法人因“被宣告破产并依法完成清算、注销登记”而终止的情形。

也因此,《民法典》第 95 条所说的“为公益目的成立的非营利法人终止时”的“剩余财产”,与《民法典》第 72 条第 2 款所说的“法人清算后的剩余财产”具有相同的含义,指的是在法人解散清算程序中,清算组依照法律规定的清偿项目和清偿顺序,从法人的清算财产中分别支付清算费用、职工的工资、社会保险费用和法定补偿金、所欠税款、债务和应付的其他款项之后剩余的财产。

三、公益性非营利法人的剩余财产的处理办法

针对为公益目的成立的非营利法人终止时的剩余财产的处理办法,《民法典》第 95 条从三个层面进行了规制:一是限定剩余财产的用途,二是赋予法人相应的自主权,三是设置兜底处理方案。

(一)剩余财产的用途限制

《民法典》第 95 条对为公益目的成立的非营利法人终止时的剩余财产的处理办法同时作出了两项限制性规定:一是不得向出资人、设立人或会员分配,二是必须用于公益目的。

(二)法人处理剩余财产的自主权

在同时满足上述两项限制性规定的前提下,《民法典》第 95 条将为公益目的成立的非营利法人的剩余财产的处理权交予该法人,即:“按照法人章程的规定或者权力机构的决议处理”。

也就是说,只要剩余财产不被分配给出资人、设立人或会员并能用于公益目的,为

---

① 《企业破产法》第 7 条第 3 款规定:“企业法人已解散但未清算或者未清算完毕,资产不足以清偿债务的,依法负有清算责任的人应当向人民法院申请破产清算”。

公益目的成立的非营利法人对其剩余财产的处理就拥有相应的自主决定权,既可以通过章程规定其剩余财产的具体的处理办法,也可以在章程未作具体规定的情况下由权力机构或决策机构对其剩余财产的具体处理办法作出决定,并付诸实施。

据此,为公益目的成立的非营利法人的章程可以事先就规定其剩余财产的处理办法,但必须全部"用于公益目的";在法人章程没有规定的情况下,则可以由权力机构或决策机构依法通过决议,确定将剩余财产全部"用于公益目的"。至于具体用于哪些公益目的、用于特定公益目的剩余财产的数量或金额具体是多少等,均可由法人章程或权力机构或决策机构决议自主予以安排。

需要注意的是,由于《民法典》第 95 条使用了"按照法人章程的规定或者权力机构的决议"的表述,因此,为公益目的成立的非营利法人只能按照其依法指定的章程明文规定的剩余财产处理办法,或者在其章程未作规定的情况下按照其权力机构或决策机构依法作出的关于剩余财产处理的决定,将其剩余财产用于公益目的;该法人的执行机构、法定代表人或其他主体(包括清算组)均无权决定其剩余财产的处理办法。

(三)剩余财产处理的兜底方案

不过,《民法典》第 95 条也设置了为公益目的成立的非营利法人的剩余财产处理的兜底方案,即:"无法按照法人章程的规定或者权力机构的决议处理的,由主管机关主持转给宗旨相同或者相近的法人,并向社会公告",以应对为公益目的成立的非营利法人因种种原因无法按照法人章程的规定或者权力机构的决议处理其剩余财产的情况。这跟《民法典》第 32 条[①]规定的国家兜底监护制度是类似的。

其中,《民法典》第 95 条所说的"无法按照法人章程的规定或者权力机构的决议处理",指的应该是"无法按照法人章程的规定处理,也无法按照法人权力机构(或决策机构)的决议处理",主要包括以下情形:一是法人章程未规定剩余财产的处理办法并且法人的权力机构(或决策机构)也未就剩余财产的处理通过有效的决议;二是法人章程对剩余财产的处理作出了相互矛盾的规定或者所作出的规定无法执行;三是法人章程未规定剩余财产的处理办法并且法人的权力机构(或决策机构)就剩余财产的处理作出了相互矛盾的决议或者所作出的决议无法执行。

《民法典》第 95 条所说的"宗旨相同或者相近的法人",指的是为相同或相近的公益目的成立的其他的非营利法人,不包括营利法人或特别法人。

需要注意的是,《民法典》第 95 条使用了"无法按照法人章程的规定或者权力机构的决议处理的,由主管机关主持……"的表述,只有在无法按照法人章程的规定且无法按照法人权力机构(或决策机构)的决议处理其剩余财产的情况下,才能由主管机关主持将为公益目的成立的非营利法人的剩余财产转给宗旨相同或者相近的法人,并向社会公告;只要能够按照法人章程的规定或者能够按照法人权力机构(或决策机构)的决议将其剩余财产用于公益目的,主管机关就不应介入。同样地,只要出现无法按照为公益目的成立的非营利法人的章程的规定且无法按照法人权力机构(或决策机构)的

① 《民法典》第 32 条规定:"没有依法具有监护资格的人的,监护人由民政部门担任,也可以由具备履行监护职责条件的被监护人住所地的居民委员会、村民委员会担任。"

决议处理其剩余财产的情形，就应当由主管机关主持将该为公益目的成立的非营利法人的剩余财产转给宗旨相同或者相近的法人。

（四）其他法律的特别规定

需要注意的是，《民法典》第 95 条关于“剩余财产应当按照法人章程的规定或者权力机构的决议用于公益目的；无法按照法人章程的规定或者权力机构的决议处理的，由主管机关主持转给宗旨相同或者相近的法人，并向社会公告”的规定，属于一般规定。在法律法规对为公益目的成立的非营利法人的剩余财产的处理作出了特别规定的情况下，根据《民法典》第 11 条所说的“其他法律对民事关系有特别规定的，依照其规定”，应当优先适用特别规定。

需要注意的是，针对宗教活动场所法人剩余财产的处理，《宗教事务条例》第 60 条规定：“……宗教活动场所注销或者终止的，应当进行财产清算，清算后的剩余财产应当用于与其宗旨相符的事业”①。总体而言，该规定并没有对宗教活动场所法人剩余财产的处理作出与《民法典》第 95 条所说的“剩余财产应当按照法人章程的规定或者权力机构的决议用于公益目的；无法按照法人章程的规定或者权力机构的决议处理的，由主管机关主持转给宗旨相同或者相近的法人，并向社会公告”不同的规定，因此，宗教活动场所法人剩余财产的处理应当适用《民法典》第 95 条的一般规定。

1.《慈善法》的特别规定

比如，针对慈善组织剩余财产的处理，《慈善法》第 18 条第 3 款规定：“慈善组织清算后的剩余财产，应当按照慈善组织章程的规定转给宗旨相同或者相近的慈善组织；章程未规定的，由民政部门主持转给宗旨相同或者相近的慈善组织，并向社会公告。”

具体而言，《慈善法》第 18 条第 3 款对慈善组织剩余财产的处理作出了两项特别规定：

一是限制了有资格接收慈善组织剩余财产的法人的范围。根据该规定，慈善组织剩余财产只能转给宗旨相同或者相近的其他慈善组织，并非慈善组织的其他法人（包括宗旨相同或者相近的为公益目的成立的其他非营利法人）不具有接收资格。

二是排除了慈善组织决策机构对其剩余财产的处理作出决定的权利。根据该规定，只要慈善组织的章程没有对其剩余财产的处理作出规定，就直接由民政部门主持转给宗旨相同或者相近的慈善组织，而不适用《民法典》第 95 条所说的“按照法人权力机构的决议用于公益目的”。

2. 事业单位的特别规定

需要注意的是，尽管根据《事业单位登记管理暂行条例》第 2 条第 1 款所说的“本条例所称事业单位，是指国家为了社会公益目的，由国家机关举办或者其他组织利用国有资产举办的，从事教育、科技、文化、卫生等活动的社会服务组织”，事业单位现阶段也属于《民法典》第 95 条所说的“为公益目的成立的非营利法人”，但是，事业单位终

① 国家宗教事务局《宗教活动场所法人章程示范文本》（国宗发〔2019〕2 号）第 32 条第 2 款作出了类似的规定：“本单位终止后的剩余财产，在（县级人民政府宗教事务部门）的监督下，按照国家有关规定，用于与本单位宗旨相符的事业，并向社会公告。”

止时,其剩余财产的处理不能适用《民法典》第 95 条所说的“剩余财产应当按照法人章程的规定或者权力机构的决议用于公益目的;无法按照法人章程的规定或者权力机构的决议处理的,由主管机关主持转给宗旨相同或者相近的法人,并向社会公告”,而应当适用国家有关事业单位终止时剩余财产处理的特别规定,这些特别规定主要包括:

一是《民法典》第 256 条关于“国家举办的事业单位对其直接支配的不动产和动产,享有占有、使用以及依照法律和国务院的有关规定收益、处分的权利”的规定。根据该规定,就国家举办的事业单位终止时的剩余财产而言,国家举办的事业单位享有“依照法律和国务院的有关规定”进行处分的权利。其中的“法律和国务院的有关规定”包括《行政事业性国有资产管理条例》等法律法规有关事业单位终止时的剩余财产的处理的规定。

二是《行政事业性国有资产管理条例》第 22 条关于“各部门及其所属单位发生分立、合并、改制、撤销、隶属关系改变或者部分职能、业务调整等情形,应当根据国家有关规定办理相关国有资产划转、交接手续”和第 37 条第 2 项关于“有下列情形之一的,各部门及其所属单位应当对行政事业性国有资产进行清查:……(二)发生重大资产调拨、划转以及单位分立、合并、改制、撤销、隶属关系改变等情形”的规定。①

三是《事业单位财务规则》(财政部令第 108 号)第 52 条关于“事业单位发生划转、撤销、合并、分立时,应当进行清算”,第 53 条关于“事业单位清算,应当在主管部门和财政部门的监督指导下,对单位的财产、债权、债务等进行全面清理,编制财产目录和债权、债务清单,提出财产作价依据和债权、债务处理办法,做好资产的移交、接收、划转和管理工作,并妥善处理各项遗留问题”和第 54 条关于“事业单位清算结束后,经主管部门审核并报财政部门批准,其资产分别按照下列办法处理:(一)因隶属关系改变,成建制划转的事业单位,全部资产无偿移交,并相应划转经费指标。(二)转为企业管理的事业单位,全部资产扣除负债后,转作国家资本金。需要进行资产评估的,按照国家有关规定执行。(三)撤销的事业单位,全部资产由主管部门和财政部门核准处理。(四)合并的事业单位,全部资产移交接收单位或者新组建单位,合并后多余的资产由主管部门和财政部门核准处理。(五)分立的事业单位,资产按照有关规定移交分立后的事业单位,并相应划转经费指标”的规定。

四、非公益性非营利法人剩余财产的处理不受《民法典》第 95 条的限制

由于《民法典》第 95 条使用了“为公益目的成立的非营利法人终止时,不得向出资人、设立人或者会员分配剩余财产……”的表述,因此,该条仅适用于公益性非营利法人(即“为公益目的成立的非营利法人”),不适用于非公益性非营利法人(主要是非公益性的社会团体)。

非公益性非营利法人的剩余财产的处理,应当适用《民法典》第 72 条第 2 款关于“法人清算后的剩余财产,按照法人章程的规定或者法人权力机构的决议处理。法律

---

① 《行政事业性国有资产管理条例》第 2 条规定:“行政事业性国有资产,是指行政单位、事业单位通过以下方式取得或者形成的资产:(一)使用财政资金形成的资产;(二)接受调拨或者划转、置换形成的资产;(三)接受捐赠并确认为国有的资产;(四)其他国有资产”,第 3 条规定:“行政事业性国有资产属于国家所有,实行政府分级监管、各部门及其所属单位直接支配的管理体制”。

另有规定的，依照其规定”的规定。

不过，由于非公益性非营利法人主要是指非公益性的社会团体，而《社会团体登记管理条例》第 22 条规定了“社会团体处分注销后的剩余财产，按照国家有关规定办理”，民政部《社会团体章程示范文本》第 45 条规定了“本团体终止后的剩余财产，在业务主管单位和社团登记管理机关的监督下，按照国家有关规定，用于发展与本团体宗旨相关的事业”，民政部办公厅《全国性行业协会商会章程示范文本》第 77 条规定了“本会清算后的剩余财产，在登记管理机关和相关部门的监督下，按照国家有关规定，用于发展与本会宗旨相关的事业，或者捐赠给宗旨相近的社会组织”，因此，非公益性非营利法人剩余财产的处理办法，跟《民法典》第 95 条针对公益性非营利法人剩余财产的处理所规定的“不得向出资人、设立人或者会员分配剩余财产。剩余财产应当按照法人章程的规定或者权力机构的决议用于公益目的；无法按照法人章程的规定或者权力机构的决议处理的，由主管机关主持转给宗旨相同或者相近的法人”，在实质上是趋同的。

第四节　特别法人

《民法典》总则编第三章第四节“特别法人”共有 6 个条文（第 96 条至第 101 条），规定了特别法人的类别。其中，第 96 条规定了特别法人包括的类型，第 97 条和第 98 条规定了机关法人法人资格的取得、终止的事由及其效力，第 99 条规定了农村集体经济组织法人资格的取得和法律适用，第 100 条规定了城镇农村的合作经济组织法人资格的取得和法律适用，第 101 条则规定了基层群众性自治组织的法人资格和村民委员会的代行职能。

特别法人是在营利法人和非营利法人之外增设的法人类型，主要是因为实践中存在“具有特殊性的法人组织”，“与营利法人和非营利法人在设立、终止等方面都有所不同，难以纳入这两类法人”；此类具有特殊性的法人组织“主要有以下几种情况：一是机关法人，其在设立依据、目的、职能和责任最终承担上，均与其他法人存在较大差别；二是基层群众性自治组织和农村集体经济组织，其设立、变更和终止，管理的财产性质，成员的加入和退出，承担的职能等等都有其特殊性；三是合作经济组织，既具有公益性或者互益性，又具有营利性”，“对上述这些法人，单独设立一种法人类别，有利于其更好地参与民事生活，也有利于保护其成员和与其进行民事活动的相对人的合法权益”。①

第九十六条　【特别法人的类型】本节规定的机关法人、农村集体经济组织法人、城镇农村的合作经济组织法人、基层群众性自治组织法人，为特别法人。

① 原全国人民代表大会法律委员会 2016 年 12 月 19 日在第十二届全国人民代表大会常务委员会第二十五次会议上作的《关于〈中华人民共和国民法总则（草案）〉修改情况的汇报》。

【条文通释】

《民法典》第 96 条是关于特别法人的类型的规定。

根据《民法典》第 96 条的规定,特别法人包括机关法人、农村集体经济组织法人、城镇农村的合作经济组织法人和基层群众性自治组织法人这 4 种类型;其中,基层群众性自治组织法人包括城镇的居民委员会和农村的村民委员会这两种类型。

由于《民法典》第 96 条对特别法人类型的规定采用的是穷尽式的列举,因此,《民法典》本身只规定了上述 4 类特别法人。当然,根据《民法典》第 11 条所说的“其他法律对民事关系有特别规定的,依照其规定”和《立法法》第 103 条所说的“同一机关制定的法律,特别规定与一般规定不一致的,适用特别规定”,其他法律也可以在上述 4 类特别法人之外增加其他的特别法人类型。

第九十七条 【机关法人法人资格的取得】有独立经费的机关和承担行政职能的法定机构从成立之日起,具有机关法人资格,可以从事为履行职能所需要的民事活动。

【条文通释】

《民法典》第 97 条是关于机关法人法人资格的取得的规定。

一、机关法人的界定和分类

机关法人是指各级政党机关和国家机关。① 其中,国家机关包括各级国家权力机关、行政机关、监察机关、审判机关、检察机关。

在类别方面,《民法典》第 97 条规定了“有独立经费的机关”和“承担行政职能的法定机构”这两类机关法人。

其中,《民法典》第 97 条所说的“承担行政职能的法定机构”,指的是虽然不是机关,但法律法规明确规定其“承担行政决策、行政执行、行政监督等职能,主要是行政许可、行政处罚、行政强制、行政裁决等行政职权”的机构。② 认定相关机构“承担行政职能的依据是国家有关法律法规和中央有关政策规定,不以机构名称、经费来源、人员管

---

① 国家统计局《统计单位划分及具体处理办法》(国统字〔2011〕96 号)第 5 条第 3 项规定:“机关法人是指各级政党机关和国家机关……”

② 国务院办公厅《关于承担行政职能事业单位改革的意见》(国办发〔2011〕37 号文附件 2)规定:“承担行政职能是指事业单位承担行政决策、行政执行、行政监督等职能,主要行使行政许可、行政处罚、行政强制、行政裁决等行政职权。”需要注意的是,因历史原因,实践中存在承担行政职能的事业单位,此类机构虽然承担了行政职能,但在性质上属于事业单位、并非机关法人。比如,在 2023 年国务院机构改革之前,中国证券监督管理委员会经《国务院关于中国证券监督管理委员会列入国务院直属事业单位序列的通知》(国发〔1994〕2 号)列为国务院直属事业单位;在 2023 年国务院机构改革时,中国证券监督管理委员会由国务院直属事业单位调整为国务院直属机构(见第十四届全国人民代表大会第一次会议审议批准的《国务院机构改革方案》)。

理方式等作为依据”。[①]

具体而言,根据《宪法》、《监察法》第 15 条[②]、国家事业单位登记管理局《机关群团统一社会信用代码赋码工作有关问题办理意见》(国事登发〔2016〕5 号)[③]、国家统计局印发的《统计单位划分及具体处理办法》(国统字〔2011〕96 号)[④]和国家标准《组织机构类型》(GB/T 20091-2021),机关法人主要包括:(1)县级以上各级中国共产党委员会及其所属各工作部门;(2)县级以上各级人民代表大会机关;(3)县级以上各级人民政府及其所属各工作部门、地区行政行署、派出机关[⑤];(4)县级以上各级监察委员会、人民法院、检察院机关;(5)县级以上各级政治协商会议机关;(6)县级以上各民主党派机关;(7)乡、镇中国共产党委员会和人民政府。

二、机关法人取得法人资格的时间

针对机关法人取得法人资格的时间,《民法典》作出了特别的规定,即:“从成立之日起,具有机关法人资格”。其中的“成立之日”,通常指的是有关机关批准设立或组建该机关法人之日,而非挂牌日期。

需要注意的是,由于法律没有规定机关法人须办理登记,结合《民法典》第 88 条关于“具备法人条件,为适应经济社会发展需要,提供公益服务设立的事业单位,经依法登记成立,取得事业单位法人资格;依法不需要办理法人登记的,从成立之日起,具有事业单位法人资格”的规定,机关法人的成立无须经过登记。

三、机关法人的民事行为能力

---

① 国务院办公厅《关于承担行政职能事业单位改革的意见》(国办发〔2011〕37 号文附件 2)规定:“认定事业单位承担行政职能的依据是国家有关法律法规和中央有关政策规定,不以机构名称、经费来源、人员管理方式等作为依据。”

② 《监察法》第 15 条规定:“监察机关对下列公职人员和有关人员进行监察:(一)中国共产党机关、人民代表大会及其常务委员会机关、人民政府、监察委员会、人民法院、人民检察院、中国人民政治协商会议各级委员会机关、民主党派机关和工商业联合会机关的公务员,以及参照《中华人民共和国公务员法》管理的人员;(二)法律、法规授权或者受国家机关依法委托管理公共事务的组织中从事公务的人员;(三)国有企业管理人员;(四)公办的教育、科研、文化、医疗卫生、体育等单位中从事管理的人员;(五)基层群众性自治组织中从事管理的人员;(六)其他依法履行公职的人员。”

③ 国家事业单位登记管理局《机关群团统一社会信用代码赋码工作有关问题办理意见》(国事登发〔2016〕5 号)第 2 条规定:“为《机构编制实名制数据库机构名录》中的机关群团赋码,主要包括:各级党委、政府所属办公厅(室)、组成(工作)部门、直属特设机构、直属机构、办事机构,人大和政协机关,审判、检察机关,群众团体,各民主党派机关和工商联机构;部门管理机构和行政机关下属的独立行政机构等。证书刊载机构性质为:机关或群众团体,证书有效期为长期。”

④ 《统计单位划分及具体处理办法》(国统字〔2011〕96 号)第 5 条第 3 项规定:“机关法人是指各级政党机关和国家机关。包括:1. 县级以上各级中国共产党委员会及其所属各工作部门;2. 县级以上各级人民代表大会机关;3. 县级以上各级人民政府及其所属各工作部门,以及地区行政行署;4. 县级以上各级政治协商会议机关;5. 县级以上各级人民法院、检察院机关;6. 县级以上各民主党派机关;7. 乡、镇中国共产党委员会和人民政府。”

⑤ 《地方各级人民代表大会和地方各级人民政府组织法》第 85 条规定:“省、自治区的人民政府在必要的时候,经国务院批准,可以设立若干派出机关。县、自治县的人民政府在必要的时候,经省、自治区、直辖市的人民政府批准,可以设立若干区公所,作为它的派出机关。市辖区、不设区的市的人民政府,经上一级人民政府批准,可以设立若干街道办事处,作为它的派出机关。”

(一)机关法人可以从事民事活动

由于《民法典》第 97 条使用了“有独立经费的机关和承担行政职能的法定机构……具有机关法人资格,可以从事为履行职能所需要的民事活动”的表述,因此,机关法人尽管具有特殊性,但仍然可以作为民事主体从事特定的民事活动。

据此,机关法人在履行职能的过程中以民事主体的身份从事的活动,属于民事活动;根据《民法典》第 4 条关于“民事主体在民事活动中的法律地位一律平等”的规定,在该民事活动中,机关法人与相对人处于平等的法律地位;由此引发的纠纷,应当适用《民法典》和《民事诉讼法》等民事实体法律和民事程序法律,而不是《行政诉讼法》等进行处理。

(二)机关法人可以从事有限的民事活动

根据《民法典》第 57 条的规定,机关法人作为法人,具有民事权利能力和民事行为能力,依法独立享有民事权利和承担民事义务。在此基础上,考虑到机关法人“在设立依据、目的、职能和责任最终承担上,均与其他法人存在较大差别”①,《民法典》第 97 条针对机关法人的民事行为能力作出相应的限制,即:“可以从事为履行职能所需要的民事活动”。

据此,机关法人所能从事的民事活动限于“为履行职能所需要的民事活动”,至于非为履行职能所需要的民事活动,则不宜从事。

问题是,如何认定相关民事活动是否属于“为履行职能所需要的民事活动”? 对此,应当结合特定机关法人所承担的职能和相关民事活动的具体情况加以确定。

比如,就民政部门而言,在被监护人没有依法具有监护资格的人的情况下,根据《民法典》第 32 条和第 34 条的规定,由民政部门担任其监护人、行使监护权利并履行监护职责,属于《民法典》第 97 条所说的“为履行职能所需要的民事活动”。

(三)机关法人民事行为的法律适用

在法律适用上,根据《民法典》第 2 条关于“民法调整平等主体的自然人、法人和非法人组织之间的人身关系和财产关系”的规定,机关法人从事的为履行职能所需要的民事活动,应当适用《民法典》的规定。

不过,根据《民法典》第 11 条关于“其他法律对民事关系有特别规定的,依照其规定”的规定,在其他法律针对机关法人从事的为履行职能所需要的民事活动作出了特别规定的情况下,应当优先适用这些特别规定。

比如,就政府采购②而言,《政府采购法》在第 43 条第 1 款规定“政府采购合同适用合同法。采购人和供应商之间的权利和义务,应当按照平等、自愿的原则以合同方式

---

① 原全国人民代表大会法律委员会 2016 年 12 月 19 日在第十二届全国人民代表大会常务委员会第二十五次会议上作的《关于〈中华人民共和国民法总则(草案)〉修改情况的汇报》。

② 《政府采购法》第 2 条规定:“在中华人民共和国境内进行的政府采购适用本法。本法所称政府采购,是指各级国家机关、事业单位和团体组织,使用财政性资金采购依法制定的集中采购目录以内的或者采购限额标准以上的货物、工程和服务的行为……”

约定”的同时,也针对政府采购的方式、程序、合同等事项作出了专门的规定(这些规定有的属于特别规定①,有的属于《民法典》未作规定的内容②,政府采购应当适用这些规定;在《政府采购法》未作规定的范围内,则应当适用《民法典》的一般规定。

第九十八条　【机关法人被撤销的法律后果】机关法人被撤销的,法人终止,其民事权利和义务由继任的机关法人享有和承担;没有继任的机关法人的,由作出撤销决定的机关法人享有和承担。

【条文通释】

《民法典》第 98 条是关于机关法人被撤销的法律后果的规定。

一、机关法人被撤销的法律后果

《民法典》第 98 条规定了机关法人被撤销的两项法律后果:一是机关法人被撤销将导致法人终止,二是机关法人被撤销将导致其民事权利和义务发生概括转移。

二、机关法人被撤销导致法人终止

(一)机关法人被撤销将导致法人终止

《民法典》第 98 条所说的“机关法人被撤销的,法人终止”,意味着机关法人被撤销将导致机关法人终止、其民事权利能力和民事行为能力消灭、民事主体资格消灭。

(二)机关法人被撤销并非法人终止事由

需要注意的是,根据《民法典》第 68 条和第 69 条的规定,机关法人“被撤销”属于法人的解散事由,而非终止事由。

(三)被撤销的机关法人的终止时间

根据《民法典》第 70 条第 1 款所说的“法人解散的,除合并或者分立的情形外,清算义务人应当及时组成清算组进行清算”和第 72 条第 3 款所说的“清算结束并完成法人注销登记时,法人终止;依法不需要办理法人登记的,清算结束时,法人终止”,《民法典》第 98 条所说的“机关法人被撤销的,法人终止”并不意味着机关法人的终止时间为其被撤销之时,而应该是“机关法人清算结束时”。

---

① 比如,针对政府采购合同的撤销,《政府采购法》第 73 条第 2 项规定:“有前两条违法行为之一影响中标、成交结果或者可能影响中标、成交结果的,按下列情况分别处理:……(二)中标、成交供应商已经确定但采购合同尚未履行的,撤销合同,从合格的中标、成交候选人中另行确定中标、成交供应商……”

② 比如,针对政府采购合同的签订,《政府采购法》第 46 条规定:“采购人与中标、成交供应商应当在中标、成交通知书发出之日起三十日内,按照采购文件确定的事项签订政府采购合同。中标、成交通知书对采购人和中标、成交供应商均具有法律效力。中标、成交通知书发出后,采购人改变中标、成交结果的,或者中标、成交供应商放弃中标、成交项目的,应当依法承担法律责任。”

三、机关法人被撤销导致民事权利义务的概括转移

根据《民法典》第98条，在机关法人被撤销的情形，被撤销的机关法人的民事权利和民事义务将发生概括转移。按照机关法人被撤销之后是否有继任的机关法人，《民法典》第98条规定了不同的处理办法。

(一) 由继任的机关法人享有和承担

由于《民法典》第98条所说的"其民事权利和义务由继任的机关法人享有和承担；没有继任的机关法人的，由作出撤销决定的机关法人享有和承担"，因此，在机关法人被撤销的情形，只要有继任的机关法人，被撤销的机关法人在被撤销之前已经产生的全部民事权利和民事义务就都由继任的机关法人概括承受。

其中，《民法典》第98条所说的"继任的机关法人"，指的是继续履行被撤销的机关法人的原有职能的机关法人，既可以是承受被撤销的机关法人的原有职能的新组建的机关法人①，也可以是承受被撤销的机关法人的原有职能的已有的机关法人②。在被撤销的机关法人的职能分别被划入不同的机关法人的情形，各该不同的机关法人均属《民法典》第98条所说的"继任的机关法人"。③

(二) 由作出撤销决定的机关法人享有和承担

根据《民法典》第98条，在机关法人被撤销的情形，只有在"没有继任的机关法人"的情况下，才由"作出撤销决定的机关法人"概括承受被撤销的机关法人在被撤销前已经产生的全部民事权利和义务；同样地，只要"没有继任的机关法人"，就应当由"作出

---

① 比如，广西壮族自治区高级人民法院(2019)桂民终769号民事判决书认为："根据2004年6月4日中共广西壮族自治区委员会作出的桂办发〔2004〕22号办公厅文件，组建桂林市商务局时，对桂林市人民政府的相关部门，包括桂林市外贸局的职能进行整合后，划入桂林市商务局，同时撤销桂林市外贸局。一审法院依据上述文件认定桂林市商务局承接了桂林市外贸局的职能，有事实依据。桂林市商务局主张其没有承接桂林市外贸局的权利义务，与事实不符。"

② 《全国人民代表大会常务委员会关于国务院机构改革涉及法律规定的行政机关职责调整问题的决定》(2018年4月27日第十三届全国人民代表大会常务委员会第二次会议通过)第1条规定："现行法律规定的行政机关职责和工作，《国务院机构改革方案》确定由组建后的行政机关或者划入职责的行政机关承担的，在有关法律规定尚未修改之前，调整适用有关法律规定，由组建后的行政机关或者划入职责的行政机关承担；相关职责尚未调整到位之前，由原承担该职责和工作的行政机关继续承担。地方各级行政机关承担法律规定的职责和工作需要进行调整的，按照上述原则执行。"

③ 考虑到历史上曾经出现过将行政机关的职能划入事业单位的情况[比如，国务院办公厅印发的《中国证券监督管理委员会职能配置内设机构和人员编制规定》(国办发〔1998〕131号)提及国家将原国务院证券委员会的职能和中国人民银行履行的证券业监管职能划入国务院直属事业单位中国证券监督管理委员会]，如果发生被撤销的机关法人的职能分别被划入其他机关法人和事业单位的情况，从文义看，该事业单位不属于《民法典》第98条所说的"继任的机关法人"，但在法律适用上能否将《民法典》第98条所说的"其民事权利和义务由继任的机关法人享有和承担"扩大适用于该事业单位，不无疑问。当然，《民事执行中变更、追加当事人规定》第8条所说的"作为申请执行人的机关法人被撤销，继续履行其职能的主体申请变更、追加其为申请执行人的，人民法院应予支持，但生效法律文书确定的权利依法应由其他主体承受的除外"当中的"继续履行其职能的主体"，似乎能够将该事业单位涵盖进来。另外，考虑到国务院办公厅《关于事业单位分类的意见》(国办发〔2011〕37号文附件1)明确提出"今后，不再批准设立承担行政职能的事业单位"，将机关法人的职能划入事业单位的情况会越来越少。

撤销决定的机关法人”概括承受被撤销的机关法人在被撤销前已经产生的全部民事权利和义务。对此,《民事执行中变更、追加当事人规定》第 8 条也规定:“作为申请执行人的机关法人被撤销,……没有继续履行其职能的主体,且生效法律文书确定权利的承受主体不明确,作出撤销决定的主体申请变更、追加其为申请执行人的,人民法院应予支持”。①

其中,《民法典》第 98 条所说的“没有继任的机关法人”,主要指向被撤销的机关法人原履行的职能不需要作为机关法人职能保留的情形,包括机关法人被撤销且其职能被取消,但不包括行政单位改制为事业单位或企业②、机关法人转为企业③等情形。

需要注意的是,由于《民法典》第 98 条所说的“机关法人被撤销的,法人终止,其民事权利和义务由继任的机关法人享有和承担”和“机关法人被撤销的,没有继任的机关法人的,由作出撤销决定的机关法人享有和承担”分别是针对“机关法人被撤销,有继任的机关法人”和“机关法人被撤销,没有继任的机关法人”这两种不同的事项作出的规定,而非针对同一事项作出的规定,因此,《民法典》第 98 条所说的“机关法人被撤销的,法人终止,其民事权利和义务由继任的机关法人享有和承担”和“机关法人被撤销的,没有继任的机关法人的,由作出撤销决定的机关法人享有和承担”之间并非一般规定和特别规定的关系。

(三)其他法律的特别规定

需要注意的是,《民法典》第 98 条的规定属于一般规定,在法律法规对被撤销的机关法人的民事权利和义务的处理作出了特别规定的情况下,根据《民法典》第 11 条所说的“其他法律对民事关系有特别规定的,依照其规定”,应当优先适用这些特别规定。

现阶段,这些特别规定主要包括:

一是《民法典》第 255 条的规定,即:“国家机关对其直接支配的不动产和动产,享有占有、使用以及依照法律和国务院的有关规定处分的权利”,尤其是其中的“依照法律和国务院的有关规定处分的权利”。

二是《行政事业性国有资产管理条例》第 22 条的规定,即:“各部门及其所属单位发生分立、合并、改制、撤销、隶属关系改变或者部分职能、业务调整等情形,应当根据

---

① 需要注意的是,《民事执行中变更、追加当事人规定》第 8 条规定的作出撤销决定的主体申请变更、追加其为申请执行人的要件,不仅包括“没有继续履行其职能的主体”,还增加了“生效法律文书确定权利的承受主体不明确”。

② 《行政单位财务规则》第 51 条第 1 项和第 2 项针对行政单位转为事业单位、企业时的资产和负债处理办法作出了相应的规定:“划转撤并的行政单位的资产和负债经主管预算单位审核并上报财政部门和有关部门批准后,分别按照下列规定处理:(一)转为事业单位和改变隶属关系的行政单位,其资产和负债无偿移交,并相应调整、划转经费指标。(二)转为企业的行政单位,其资产按照有关规定进行评估作价并扣除负债后,转作企业的国有资本。”财政部《行政事业单位划转撤并相关会计处理规定》(财会〔2022〕29 号)将上述情形成为“改制”:“改制,是指单位性质发生变化,具体包括以下两种情形:一是单位转为企业(以下简称转企改制);二是单位由行政单位转为事业单位或由事业单位转为行政单位(以下简称非转企改制)”。

③ 《行政单位财务规则》第 51 条第 2 项针对行政单位转为企业时的资产和负债处理办法作出了相应的规定:“划转撤并的行政单位的资产和负债经主管预算单位审核并上报财政部门和有关部门批准后,分别按照下列规定处理:……(二)转为企业的行政单位,其资产按照有关规定进行评估作价并扣除负债后,转作企业的国有资本。”

国家有关规定办理相关国有资产划转、交接手续”。

三是《行政单位财务规则》第 51 条第 3 项的规定,即:“划转撤并的行政单位的资产和负债经主管预算单位审核并上报财政部门和有关部门批准后,分别按照下列规定处理:……(三)撤销的行政单位,其全部资产和负债由财政部门或者财政部门授权的单位处理”。

第九十九条 【农村集体经济组织的法人资格和法律适用】农村集体经济组织依法取得法人资格。

法律、行政法规对农村集体经济组织有规定的,依照其规定。

【条文通释】

《民法典》第 99 条是关于农村集体经济组织法人资格和法律适用的规定。

一、农村集体经济组织的法人资格

(一)农村集体经济组织的界定

农村集体经济组织具有宪法上的地位。《宪法》第 8 条第 1 款规定:“农村集体经济组织实行家庭承包经营为基础、统分结合的双层经营体制。……参加农村集体经济组织的劳动者,有权在法律规定的范围内经营自留地、自留山、家庭副业和饲养自留畜”。“农村集体经济组织具有鲜明的中国特色。赋予其法人地位符合党中央有关改革精神,有利于完善农村集体经济实现形式和运行机制,增强农村集体经济发展活力。”①

农村集体经济组织是指“以土地集体所有为基础,依法代表成员集体行使所有权,实行家庭承包经营为基础、统分结合双层经营体制的区域性经济组织,包括乡镇级农村集体经济组织、村级农村集体经济组织、组级农村集体经济组织”。②

在名称方面,农村集体经济组织的名称中应当标明“集体经济组织”字样,以及所在县、不设区的市、市辖区、乡、民族乡、镇、村或组的名称。③

(二)农村集体经济组织法人资格的取得

由于《民法典》第 99 条第 1 款使用了“农村集体经济组织依法取得法人资格”的表述,因此,农村集体经济组织并非当然具有法人资格。这跟《民法典》针对机关法人所

① 全国人民代表大会常务委员会时任副委员长李建国 2017 年 3 月 8 日在第十二届全国人民代表大会第五次会议上作的《关于〈中华人民共和国民法总则(草案)〉的说明》。

② 《农村集体经济组织法》第 2 条。值得一提的是,《农村集体经济组织法(草案二次审议稿)》第 2 条曾经规定农村集体经济组织“不包括农村供销合作社、农村信用合作社、农民专业合作社等合作经济组织”(来源:陕西省农业农村厅网站,https://nynct.shaanxi.gov.cn/wap/zcfg0829/20240103/9833917.html,最后访问日期:2024 年 5 月 14 日,下同),但正式通过的《农村集体经济组织法》没有保留该内容。

③ 《农村集体经济组织法》第 21 条第 1 款。

说的“有独立经费的机关和承担行政职能的法定机构从成立之日起，具有机关法人资格”是不同的。

农村集体经济组织是否无须登记即可取得法人资格，取决于法律是否对此作出了明确的规定。针对农村集体经济组织法人资格的取得，《农村集体经济组织法》第 6 条第 1 款规定：“农村集体经济组织依照本法登记，取得特别法人资格，依法从事与其履行职能相适应的民事活动”。从而，农村集体经济组织应依法登记后成立并取得特别法人资格。

（三）农村集体经济组织的类型

在类型方面，农村集体经济组织包括乡镇级农村集体经济组织、村级农村集体经济组织、组级农村集体经济组织。①

符合法定条件的村一般应当设立农村集体经济组织，村民小组可以根据情况设立农村集体经济组织；乡镇确有需要的，可以设立农村集体经济组织。②

二、农村集体经济组织的法律适用

《民法典》第 99 条第 2 款也明确了农村集体经济组织的法律适用规则，即：“法律、行政法规对农村集体经济组织有规定的，依照其规定”。

据此，除了农村集体经济组织法人资格的取得应当适用《民法典》第 99 条第 1 款所说的“农村集体经济组织依法取得法人资格”和农村集体经济组织在性质上属于特别法人外，有关农村集体经济组织的其他事项，只要法律、行政法规作出了规定，这些规定就都统一适用于农村集体经济组织。此时不存在需要区分法律的一般规定与特别规定、新的规定与旧的规定、上位法的规定与下位法的规定并确定如何适用法律的问题。这跟《民法典》第 11 条所说的“其他法律对民事关系有特别规定的，依照其规定”是不同的，跟《民法典》第 70 条第 2 款所说的“法律、行政法规另有规定的，依照其规定”也是不同的。

具体来说，《民法典》第 99 条第 2 款所说的“对农村集体经济组织有规定”的“法律、行政法规”主要是《农村集体经济组织法》及其配套法规。

第一百条　【城镇农村的合作经济组织的法人资格和法律适用】城镇农村的合作经济组织依法取得法人资格。

法律、行政法规对城镇农村的合作经济组织有规定的，依照其规定。

【条文通释】

《民法典》第 100 条是关于城镇农村的合作经济组织的法人资格和法律适用的规定。

---

① 《农村集体经济组织法》第 2 条。

② 《农村集体经济组织法》第 19 条第 2 款。

一、城镇农村的合作经济组织的法人资格

(一)城镇农村的合作经济组织的界定

不论是农村的合作经济,还是城镇的合作经济,都具有宪法上的地位。《宪法》第8条第1款规定:"……农村中的生产、供销、信用、消费等各种形式的合作经济,是社会主义劳动群众集体所有制经济……",第2款规定:"城镇中的手工业、工业、建筑业、运输业、商业、服务业等行业的各种形式的合作经济,都是社会主义劳动群众集体所有制经济"。

城镇农村的合作经济组织"对内具有共益性或者互益性,对外也可以从事经营活动,依照法律的规定取得法人资格后,作为特别法人"。①

(二)城镇农村的合作经济组织法人资格的取得

由于《民法典》第100条第1款使用了"城镇农村的合作经济组织依法取得法人资格"的表述,因此,城镇农村的合作经济组织并非当然具有法人资格。这跟《民法典》针对机关法人所说的"有独立经费的机关和承担行政职能的法定机构从成立之日起,具有机关法人资格"是不同的。

特定城镇农村的合作经济组织是否无须登记即可取得法人资格,取决于法律法规是否对此作出了明确的规定。但并非所有的城镇农村的合作经济组织都须经登记后才取得法人资格。比如,中华全国供销合作总社是中共中央、国务院决定成立的、由国务院领导的全国供销合作社的联合组织②,无须办理法人登记。

(三)城镇农村的合作经济组织的类型

结合《宪法》第8条第1款和第2款的上述规定,《民法典》第100条所说的"城镇农村的合作经济组织",包括城镇的合作经济组织和农村的合作经济组织两大类,主要类型包括:供销合作社、农民专业合作社等。③

---

① 全国人民代表大会常务委员会时任副委员长李建国2017年3月8日在第十二届全国人民代表大会第五次会议上作的《关于〈中华人民共和国民法总则(草案)〉的说明》。

② 《中共中央、国务院关于深化供销合作社改革的决定》(中发〔1995〕5号)、《中华全国供销合作总社章程》(2015年7月22日中华全国供销合作社第六次代表大会第四次修订,载中国供销合作网,https://www.chinacoop.gov.cn/HTML/2015/07/31/101883.html,最后访问日期:2024年5月14日)第2条、第6条。

③ 《农村集体经济组织法(草案二次审议稿)》第2条曾经规定:"本法所称农村集体经济组织,是指以土地集体所有为基础,依法代表成员集体行使所有权,实行家庭承包经营为基础、统分结合双层经营体制的地区性经济组织,包括乡镇级集体经济组织、村级集体经济组织、组级集体经济组织,不包括农村供销合作社、农村信用合作社、农民专业合作社等合作经济组织"。其中,农村信用合作社在性质上属于企业法人,而非特别法人,见《中国银保监会农村中小银行机构行政许可事项实施办法》(2022年修正)第2条、第25条,《农村信用合作社管理规定》(银发〔1997〕390号,已废止)第2条,《农村信用社省(自治区、直辖市)联合社管理暂行规定》(银监发〔2003〕14号)第2条,《城市信用合作社联合社管理办法》(银发〔1998〕1号,已废止)第2条。

1. 供销合作社

供销合作社是为农服务的以农民社员为主体的集体所有制的综合性合作经济组织①,“在性质上与乡(镇)农民集体、村农民集体和村民小组有着本质的区别”②,分为基层供销合作社、县级供销合作社联合社、市级供销合作社联合社、省级供销合作社联合社和中华全国供销合作总社③。其中,中华全国供销合作总社是国务院领导下的全国供销合作社的联合组织,负责领导全国供销合作事业发展。④

在法律地位上,“供销合作社形成了独具中国特色的组织和服务体系,组织成分多元,资产构成多样,地位性质特殊,既体现党和政府政策导向,又承担政府委托的公益性服务,既有事业单位和社团组织的特点,又履行管理社有企业的职责,既要办成以农民为基础的合作经济组织,又要开展市场化经营和农业社会化服务,是党和政府以合作经济组织形式推动‘三农’工作的重要载体,是新形势下推动农村经济社会发展不可替代、不可或缺的重要力量”。⑤

2. 农民专业合作社

农民专业合作社是指“在农村家庭承包经营基础上,农产品的生产经营者或者农业生产经营服务的提供者、利用者,自愿联合、民主管理的互助性经济组织”。⑥ 农民专业合作社经依法登记后成立,并取得特别法人资格。⑦

农民专业合作社的成员以农民为主体,成员地位平等、实行民主管理,以服务成员为宗旨,谋求全体成员的共同利益,以其成员为主要服务对象,开展以下一种或者多种

---

① 《中华全国供销合作总社章程》(2015 年 7 月 22 日中华全国供销合作社第六次代表大会第四次修订,载中国供销合作网,https://www.chinacoop.gov.cn/HTML/2015/07/31/101883.html,最后访问日期:2024 年 5 月 14 日)第 2 条第 1 款规定:“中国供销合作社是为农服务的以农民社员为主体的集体所有制的合作经济组织,是党和政府密切联系农民群众的桥梁纽带和做好农业、农村、农民工作的重要载体。”此外,《乡村振兴促进法》第 23 条规定:“各级人民政府应当深化供销合作社综合改革,鼓励供销合作社加强与农民利益联结,完善市场运作机制,强化为农服务功能,发挥其为农服务综合性合作经济组织的作用”;《中共中央、国务院关于深化供销合作社综合改革的决定》(中发〔2015〕11 号)提出:“供销合作社是为农服务的合作经济组织”;《中共中央、国务院关于深化供销合作社改革的决定》(中发〔1995〕5 号):“供销合作社是农民的合作经济组织”;《国务院关于加快供销合作社改革发展的若干意见》(国发〔2009〕40 号)规定:“供销合作社是为农服务的合作经济组织”“经过多年改革发展,供销合作社正在从传统经营方式向现代流通业态转变,从单纯购销业务向综合经营服务转变,从单一供销合作向多领域全面合作转变,成为经营性服务功能充分发挥、公益性服务作用不断体现的新型农村合作经济组织”。

② 《国务院法制办公室关于供销合作社能否享有集体土地所有权问题的复函》(国法秘函〔2002〕14 号)提及:“供销合作社是由部分农民集资或者以资金参股形式成立的合作经济组织,在性质上与乡(镇)农民集体、村农民集体和村民小组有着本质的区别”。

③ 《中华全国供销合作总社章程》(2015 年 7 月 22 日中华全国供销合作社第六次代表大会第四次修订,载中国供销合作网,https://www.chinacoop.gov.cn/HTML/2015/07/31/101883.html,最后访问日期:2024 年 5 月 14 日)第 2 条第 2 款规定:“中国供销合作社分为基层供销合作社,县级、市级、省级供销合作社联合社,中华全国供销合作总社。”

④ 《中华全国供销合作总社章程》(2015 年 7 月 22 日中华全国供销合作社第六次代表大会第四次修订,载中国供销合作网,https://www.chinacoop.gov.cn/HTML/2015/07/31/101883.html,最后访问日期:2024 年 5 月 14 日)第 2 条第 3 款。

⑤ 《中共中央、国务院关于深化供销合作社综合改革的决定》(中发〔2015〕11 号)。

⑥ 《农民专业合作社法》第 2 条。

⑦ 《农民专业合作社法》第 5 条第 1 款、《市场主体登记管理条例》第 3 条。

业务:(1)农业生产资料的购买、使用;(2)农产品的生产、销售、加工、运输、贮藏及其他相关服务;(3)农村民间工艺及制品、休闲农业和乡村旅游资源的开发经营等;(4)与农业生产经营有关的技术、信息、设施建设运营等服务。①

《农民专业合作社法》还对农民专业合作社的设立和登记、成员、组织机构、财务管理、合并、分立、解散和清算以及农民专业合作社联合社等事项作出了相应的规定。

二、城镇农村的合作经济组织的法律适用

《民法典》第100条第2款也明确了城镇农村的合作经济组织的法律适用规则,即:"法律、行政法规对城镇农村的合作经济组织有规定的,依照其规定"。

据此,除了城镇农村的合作经济组织法人资格的取得应当适用《民法典》第100条第1款所说的"城镇农村的合作经济组织依法取得法人资格"和城镇农村的合作经济组织在性质上属于特别法人外,有关城镇农村的合作经济组织的其他事项,只要法律、行政法规作出了规定,这些规定就都统一适用于城镇农村的合作经济组织。此时不存在需要区分法律的一般规定与特别规定、新的规定与旧的规定、上位法的规定与下位法的规定并确定如何适用法律的问题。这跟《民法典》第11条所说的"其他法律对民事关系有特别规定的,依照其规定"是不同的,跟《民法典》第70条第2款所说的"法律、行政法规另有规定的,依照其规定"也是不同的。

具体来说,《民法典》第100条第2款所说的"对城镇农村的合作经济组织有规定"的"法律、行政法规",主要是《农村专业合作社法》、中共中央和国务院有关供销合作社的法规②及其各自的配套文件。

第一百零一条 【居民委员会、村民委员会的法人资格和村民委员会代行村集体经济组织职能的特别规定】居民委员会、村民委员会具有基层群众性自治组织法人资格,可以从事为履行职能所需要的民事活动。

未设立村集体经济组织的,村民委员会可以依法代行村集体经济组织的职能。

【条文通释】

《民法典》第101条是关于居民委员会、村民委员会的法人资格和村民委员会代行村集体经济组织职能的特别规定。

---

① 《农民专业合作社法》第3条、第4条。

② 包括《中共中央、国务院关于深化供销合作社改革的决定》(中发〔1995〕5号)、《国务院办公厅关于印发中华全国供销合作总社组建方案的通知》(国办发〔1995〕39号)、《国务院关于解决当前供销合作社几个突出问题的通知》(国发〔1999〕5号)、《国务院关于加快供销合作社改革发展的若干意见》(国发〔2009〕40号)、《中共中央、国务院关于深化供销合作社综合改革的决定》(中发〔2015〕11号)等。

一、居民委员会、村民委员会的法人资格

(一)基层群众性自治组织的类型

《民法典》第101条第1款规定了两种类型的基层群众性自治组织:一是城市的居民委员会,二是农村的村民委员会。

1. 居民委员会

居民委员会是城市居民"自我管理、自我教育、自我服务的基层群众性自治组织"。①

在设置方面,"居民委员会根据居民居住状况,按照便于居民自治的原则,一般在一百户至七百户的范围内设立"②;"居民委员会的设立、撤销、规模调整,由不设区的市、市辖区的人民政府决定"③。

2. 村民委员会

村民委员会是农村村民"自我管理、自我教育、自我服务的基层群众性自治组织,实行民主选举、民主决策、民主管理、民主监督"④;"村民委员会办理本村的公共事务和公益事业,调解民间纠纷,协助维护社会治安,向人民政府反映村民的意见、要求和提出建议"⑤。

在设置方面,"村民委员会根据村民居住状况、人口多少,按照便于群众自治,有利于经济发展和社会管理的原则设立";"村民委员会的设立、撤销、范围调整,由乡、民族乡、镇的人民政府提出,经村民会议讨论同意,报县级人民政府批准";"村民委员会可以根据村民居住状况、集体土地所有权关系等分设若干村民小组"。⑥

3. 其他基层群众性自治组织

除了《民法典》已经明确规定为基层群众性自治组织的居民委员会和村民委员会,现阶段暂无其他基层群众性自治组织。不过,根据《民法典》第11条所说的"其他法律对民事关系有特别规定的,依照其规定",其他法律也可以规定新的基层群众性自治组织类型。

(二)居民委员会、村民委员会的法人资格的取得

《宪法》第111条第1款所说的"城市和农村按居民居住地区设立的居民委员会或者村民委员会是基层群众性自治组织",确立了居民委员会和村民委员会的基层群众性自治组织地位。而基层群众性自治组织的法人资格,则是《民法典》确立的。

由于《民法典》第101条第1款使用了"居民委员会、村民委员会具有基层群众性自

---

① 《城市居民委员会组织法》第1条、第2条第1款、第21条。

② 《城市居民委员会组织法》第6条第1款。

③ 《城市居民委员会组织法》第6条第2款。

④ 《村民委员会组织法》第1条、第2条第1款。

⑤ 《村民委员会组织法》第2条第2款。

⑥ 《村民委员会组织法》第3条。

治组织法人资格”的表述,第 96 条也规定了“本节规定的……基层群众性自治组织法人,为特别法人”,因此,居民委员会、村民委员会一经成立就取得了法人资格(具体为特别法人中的基层群众性自治组织法人),其基层群众性自治组织法人资格是由《民法典》直接规定的,无须办理法人设立登记。这跟《民法典》第 97 条所说的“有独立经费的机关和承担行政职能的法定机构从成立之日起,具有机关法人资格”,《工会法》第 15 条所说的“中华全国总工会、地方总工会、产业工会具有社会团体法人资格”是类似的。①

二、居民委员会、村民委员会的民事行为能力

(一)居民委员会、村民委员会可以从事民事活动

由于《民法典》第 101 条第 1 款使用了“居民委员会、村民委员会……可以从事为履行职能所需要的民事活动”的表述,因此,居民委员会、村民委员会尽管具有特殊性,但仍然可以作为民事主体从事特定的民事活动。

据此,居民委员会、村民委员会在履行职能的过程中以民事主体的身份从事的活动,属于民事活动;根据《民法典》第 4 条关于“民事主体在民事活动中的法律地位一律平等”的规定,在该民事活动中,居民委员会、村民委员会与相对人处于平等的法律地位;由此引发的纠纷,应当适用《民法典》和《民事诉讼法》等民事实体法律和民事程序法律而不是《行政诉讼法》等进行处理。对此,《民诉法解释》第 68 条也规定:“居民委员会、村民委员会或者村民小组与他人发生民事纠纷的,居民委员会、村民委员会或者有独立财产的村民小组为当事人”。

此外,居民委员会、村民委员会也可以从事为履行职能所需要的诉讼活动或其他活动。对此,《民诉法解释》第 68 条规定:“居民委员会、村民委员会或者村民小组与他人发生民事纠纷的,居民委员会、村民委员会或者有独立财产的村民小组为当事人。”最高人民法院(2020)最高法民再 216 号民事裁定书认为:“《中华人民共和国民法总则》第一百零一条第一款规定,居民委员会、村民委员会具有基层群众性自治组织法人资格,可以从事为履行职能所需要的民事活动。村民委员会组织法第八条第二款规定,村民委员会依照法律规定,管理本村属于村农民集体所有的土地和其他财产,引导村民合理利用自然资源,保护和改善生态环境。博某村委会行使诉讼权利维护村集体财产利益,是履行其职能的表现,与案涉标的具有利害关系,符合上述法律规定”,并且,“村委会提起诉讼的行为并非处分财产行为,是通过司法程序行使救济权利的行为,不属于村民委员会组织法第二十四条规定的必须经过村民会议决议的事项”。

(二)居民委员会、村民委员会可以从事有限的民事活动

根据《民法典》第 57 条的规定,居民委员会、村民委员会作为法人,具有民事权利能力和民事行为能力,依法独立享有民事权利和承担民事义务。在此基础上,考虑到

---

① 针对产业工会社会团体法人资格的取得,《最高人民法院关于产业工会、基层工会是否具备社会团体法人资格和工会经费集中户可否冻结划拨问题的批复》明确:“产业工会社会团体法人资格的取得是由工会法直接规定的,依法不需要办理法人登记。”

居民委员会、村民委员会"在设立、变更和终止以及行使职能和责任承担上都有其特殊性"①,《民法典》第 101 条第 1 款针对居民委员会、村民委员会的民事行为能力作出相应的限制,即:"可以从事为履行职能所需要的民事活动"。

据此,居民委员会、村民委员会所能从事的民事活动限于"为履行职能所需要的民事活动",至于非为履行职能所需要的民事活动,则不宜从事。

问题是,如何认定相关民事活动是否属于"为履行职能所需要的民事活动"？对此,应当结合法律法规规定的居民委员会或村民委员会的职能和相关民事活动的具体情况加以确定。

比如,在对监护人的确定有争议的情况下,根据《民法典》第 31 条的规定,被监护人住所地的居民委员会或村民委员会可以在尊重被监护人的真实意愿的前提下,按照最有利于被监护人的原则,在依法具有监护资格的人中指定监护人。这就属于《民法典》第 101 条第 1 款所说的"为履行职能所需要的民事活动"。

(三)居民委员会、村民委员会民事行为的法律适用

在法律适用上,根据《民法典》第 2 条关于"民法调整平等主体的自然人、法人和非法人组织之间的人身关系和财产关系",居民委员会或村民委员会从事的为履行职能所需要的民事活动,应当适用《民法典》的规定。

此外,居民委员会或村民委员会从事为履行职能所需要的民事活动,还应当适用《城市居民委员会组织法》和《村民委员会组织法》的相关规定。

比如,村民委员会办理涉及村民利益的相关事项,不是村民委员会负责人所能单独决定的事项,应当依照《村民委员会组织法》第 24 条的规定②,经村民会议讨论决定方可办理;村民委员会负责人未经法定程序擅自决定的,构成越权代表。

对此,在上海某民房地产开发有限公司诉宝山区杨行镇某宗村村民委员会借款合同纠纷案(载《最高人民法院公报》2022 年第 5 期)中,上海市第二中级人民法院(2020)沪 02 民终 9965 号民事判决书认为:"村民委员会是村民自我管理、自我教育、自我服务的基层群众性自治组织,可依法在一定权限内处理村集体事务。但是,根据《村委会组织法》第二十四条第一款第七项、第八项规定,涉及村民利益的征地补偿费的使用、分配方案,以及以借贷、租赁或者其他方式处分村集体财产,经村民会议讨论决定,或者由村民会议授权村民代表会议讨论决定,方可办理。本案中某泰厂资产在某宗实业公司购买后,已成为某宗村集体资产。现某宗村村委会在涉案《承诺书》中承诺某民公司在某泰厂全部资产中享有 40%的权益,以及某泰厂资产被征收所得补偿款

---

① 全国人民代表大会常务委员会时任副委员长李建国 2017 年 3 月 8 日在第十二届全国人民代表大会第五次会议上作的《关于〈中华人民共和国民法总则(草案)〉的说明》。

② 《村民委员会组织法》第 24 条规定:"涉及村民利益的下列事项,经村民会议讨论决定方可办理:(一)本村享受误工补贴的人员及补贴标准;(二)从村集体经济所得收益的使用;(三)本村公益事业的兴办和筹资筹劳方案及建设承包方案;(四)土地承包经营方案;(五)村集体经济项目的立项、承包方案;(六)宅基地的使用方案;(七)征地补偿费的使用、分配方案;(八)以借贷、租赁或者其他方式处分村集体财产;(九)村民会议认为应当由村民会议讨论决定的涉及村民利益的其他事项。村民会议可以授权村民代表会议讨论决定前款规定的事项。法律对讨论决定村集体经济组织财产和成员权益的事项另有规定的,依照其规定。"

的 40%由某民公司享有，该些承诺系处分村集体财产以及分配涉及村民利益的征地补偿费，因涉及村民重大利益，不是村委会或其负责人所能单独决定的事项，依法应当由村民会议或者由村民会议授权村民代表会议讨论决定，未经法定程序擅自决定处分的，构成越权代表。现无证据证明上述承诺经由村民会议或者村民代表会议讨论决定，故某宗村村委会及其负责人向某民公司所作承诺系越权代表。……越权代表行为仅对不知道或者不应当知道超越权限的善意相对人有效。《村委会组织法》作为由全国人民代表大会常务委员会颁布施行的全国性法律，一经公布，即推定所有人都应知晓并遵守。本案中，某民公司与某宗村村委会进行交易活动，但并未提供证据证明其对于村民会议或者村民代表会议的决定提出审查要求或尽到了审查义务，故某民公司并非善意相对人，其合同权益不应得到支持。因此，本院认为，一审法院认定某宗村村委会在《承诺书》中确认某民公司在某泰厂全部资产中享有 40%权益并可取得该厂被征收补偿款的 40%的承诺无效，具有事实与法律依据，应予维持。”①

三、村民委员会代行村集体经济组织职能的特别规定

《民法典》第 101 条第 2 款规定了村民委员会代行村集体经济组织职能的制度，《民法典》第 262 条第 1 项所说的“对于集体所有的土地和森林、山岭、草原、荒地、滩涂等，依照下列规定行使所有权：(一)属于村农民集体所有的，由村集体经济组织或者村民委员会依法代表集体行使所有权”中的“由村民委员会依法代表集体行使所有权”，是这一制度的具体体现。

(一)村民委员会代行村集体经济组织职能的条件

由于《民法典》第 101 条第 2 款使用了“未设立村集体经济组织的，村民委员会可以依法代行村集体经济组织的职能”的表述，因此，在且仅在“未设立村集体经济组织”的情形，才可以由村民委员会代行村集体经济组织的职能；只要设立了村集体经济组织，就不能由村民委员会代行村集体经济组织的职能；在原未设立村集体经济组织的情形，一旦设立村集体经济组织，村民委员会就应当终止代行事宜；并且，村民委员会即使代行村集体经济组织的职能，也须“依法”代行。

需要注意的是，由于根据《民法典》第 262 条②和《农村集体经济组织法》第 2 条的规定，农村集体经济组织包括乡镇级农村集体经济组织、村级农村集体经济组织、组级农村集体经济组织，因此，《民法典》第 101 条第 2 款所说的“村集体经济组织”应指“村级集体经济组织”，而非“农村集体经济组织”，不包括“村民小组级集体经济组织”，也不包括“乡镇级集体经济组织”；《民法典》第 101 条第 2 款所说的“村民委员会可以依法代行村集体经济组织的职能”只适用于未设立村级集体经济组织的情形，不适用于未设立乡镇级集体经济组织和未设立村民小组级集体经济组织的情形。至于未设立

---

① 类似的裁判意见，还可见最高人民法院(2021)最高法民申 2957 号民事裁定书。

② 《民法典》第 262 条规定：“对于集体所有的土地和森林、山岭、草原、荒地、滩涂等，依照下列规定行使所有权：(一)属于村农民集体所有的，由村集体经济组织或者村民委员会依法代表集体行使所有权；(二)分别属于村内两个以上农民集体所有的，由村内各该集体经济组织或者村民小组依法代表集体行使所有权；(三)属于乡镇农民集体所有的，由乡镇集体经济组织代表集体行使所有权。”

村民小组级集体经济组织的情形能否也由村民委员会依法代行村民小组级集体经济组织的职能，则取决于法律法规是否对此作出了相应的规定。根据《民法典》第 262 条第 2 项的规定，可以由村民小组代行村民小组级集体经济组织职能；实践中也存在村民小组代行村集体经济组织职能的情况。①《农村集体经济组织法》第 64 条更是对此作出了明确的规定："未设立农村集体经济组织机构的，村民委员会、村民小组可以依法代行农村集体经济组织的职能。村民委员会、村民小组依法代行农村集体经济组织职能的，讨论决定有关集体财产和成员权益的事项参照适用本法的相关规定"。

还需注意的是，《民法典》第 101 条第 2 款所说的"村民委员会可以依法代行村集体经济组织的职能"，意味着在未设村集体经济组织的情况下，村民委员会既可以代行、也可以不代行村集体经济组织的职能；如果代行村集体经济组织的职能，则须由村民委员会依照《村民委员会组织法》第 24 条的规定②履行相应的讨论决定程序，否则可能属于无效的行为。比如，根据《民法典担保制度解释》第 5 条第 2 款所说的"居民委员会、村民委员会提供担保的，人民法院应当认定担保合同无效，但是依法代行村集体经济组织职能的村民委员会，依照村民委员会组织法规定的讨论决定程序对外提供担保的除外"，依法代行村集体经济组织职能的村民委员会未依照《村民委员会组织法》规定的讨论决定程序对外提供担保的，担保合同无效。

考虑到"随着农村经济社会发展，农村社区人员与集体经济组织成员不一致现象日益突出，村民委员会代行村集体经济组织职能的做法越来越不适应集体经济发展的需要"，"许多地方结合实际情况进行了有益的探索，明晰村集体经济组织和村民委员会的职能关系，推动经济事务和自治事务相分离，使村集体经济组织和村民委员会各归其位、各司其职，取得了积极的成效"。③《中共中央、国务院关于稳步推进农村集体产权制度改革的意见》(2016 年 12 月 26 日) 也要求："在基层党组织领导下，探索明晰农村集体经济组织与村民委员会的职能关系，有效承担集体经济经营管理事务和村民自治事务。有需要且条件许可的地方，可以实行村民委员会事务和集体经济事务分离。妥善处理好村党组织、村民委员会和农村集体经济组织的关系。"

(二) 村民委员会与村集体经济组织的关系

根据《民法典》第 99 条第 1 款、第 101 条第 1 款、《农村集体经济组织法》和《村民

---

① 比如，农业部、监察部印发的《农村集体经济组织财务公开规定》(农经发〔2011〕13 号) 第 2 条规定："本规定适用于按村或村民小组设置的集体经济组织 (以下称村集体经济组织)。代行村集体经济组织职能的村民委员会 (村民小组)、撤村后代行原村集体经济组织职能的农村社区 (居委会)、村集体经济组织产权制度改革后成立的股份合作经济组织，适用本规定。"《黑龙江省农村集体经济组织条例》(2020 年 8 月 21 日黑龙江省第十三届人民代表大会常务委员会第二十次会议通过) 第 7 条第 2 款也规定："农村集体经济组织享受村民委员会和村民小组代行其职能时期的优惠政策，享受本省对新型农业经营主体制定的优惠政策。"

② 《村民委员会组织法》第 24 条规定："涉及村民利益的下列事项，经村民会议讨论决定方可办理：(一) 本村享受误工补贴的人员及补贴标准；(二) 从村集体经济所得收益的使用；(三) 本村公益事业的兴办和筹资筹劳方案及建设承包方案；(四) 土地承包经营方案；(五) 村集体经济项目的立项、承包方案；(六) 宅基地的使用方案；(七) 征地补偿费的使用、分配方案；(八) 以借贷、租赁或者其他方式处分村集体财产；(九) 村民会议认为应当由村民会议讨论决定的涉及村民利益的其他事项。村民会议可以授权村民代表会议讨论决定前款规定的事项。法律对讨论决定村集体经济组织财产和成员权益的事项另有规定的，依照其规定。"

③ 《农业部对十二届全国人大五次会议第 3691 号建议的答复》(农办议〔2017〕345 号)。

委员会组织法》的规定,村民委员会和村集体经济组织虽然都属于特别法人,但是,二者总体上属于在性质、职能、责任等方面都各不相同的法人组织。[①] 只有在未设立村集体经济组织的情况下,村民委员会才可以代为履行村集体经济组织的职能;一旦设立村集体经济组织,村民委员会的代行角色就应当终止。

其中,在农村集体资产的所有权方面,《民法典》第262条规定:"对于集体所有的土地和森林、山岭、草原、荒地、滩涂等,依照下列规定行使所有权:(一)属于村农民集体所有的,由村集体经济组织或者村民委员会依法代表集体行使所有权;(二)分别属于村内两个以上农民集体所有的,由村内各该集体经济组织或者村民小组依法代表集体行使所有权;(三)属于乡镇农民集体所有的,由乡镇集体经济组织代表集体行使所有权";此外,《中共中央、国务院关于稳步推进农村集体产权制度改革的意见》(2016年12月26日)的以下意见也较为清晰地反映了村民委员会与村集体经济组织的关系:"在清产核资基础上,把农村集体资产的所有权确权到不同层级的农村集体经济组织成员集体,并依法由农村集体经济组织代表集体行使所有权。属于村农民集体所有的,由村集体经济组织代表集体行使所有权,未成立集体经济组织的由村民委员会代表集体行使所有权;分别属于村内两个以上农民集体所有的,由村内各该集体经济组织代表集体行使所有权,未成立集体经济组织的由村民小组代表集体行使所有权;属于乡镇农民集体所有的,由乡镇集体经济组织代表集体行使所有权"。[②]

(三)村民委员会代行村集体经济组织职能的法律适用

在村民委员会代行村集体经济组织职能的情况下,不仅要适用《村民委员会组织法》[③],还要适用有关村集体经济组织的法律法规。

对此,《农村集体经济组织法》第64条第2款规定了:"村民委员会、村民小组依法代行农村集体经济组织职能的,讨论决定有关集体财产和成员权益的事项参照适用本法的相关规定";财政部印发的《村集体经济组织会计制度》(财会〔2004〕12号)也规定:"本制度适用于按村或村民小组设置的社区性集体经济组织(以下称村集体经济组织)。代行村集体经济组织职能的村民委员会执行本制度"。

---

① 《农业部对十二届全国人大五次会议第3691号建议的答复》(农办议〔2017〕345号)提及:"根据《宪法》《物权法》的相关规定,村集体经济组织和村民委员会是性质不同、职能不同、难以相互替代的两种法人组织。农村集体经济组织是以土地等集体所有资产为纽带,承担管理集体资产、开发集体资源、发展集体经济、服务集体成员等功能的经济组织,依法代表成员集体行使集体资产所有权,享有独立经济活动的自主权;村民委员会则是村民自我管理、自我教育、自我服务的自治组织,负责办理本村的公共事务和公益事业,调解民间纠纷,协助维护社会治安,向人民政府反映村民的意见、要求和提出建议,实行民主选举、民主决策、民主管理、民主监督"。

② 类似的意见,还可见《全国人民代表大会常务委员会法制工作委员会对关于村民委员会和村经济合作社的权利和关系划分的请示的答复》(1992年1月31日):"集体所有的土地依照法律规定属于村农民集体所有的,应当由村农业生产合作社等农业集体经济组织经营、管理,没有村农业集体经济组织的,由村民委员会经营、管理"。

③ 比如,《民法典担保制度解释》第5条第2款规定:"居民委员会、村民委员会提供担保的,人民法院应当认定担保合同无效,但是依法代行村集体经济组织职能的村民委员会,依照村民委员会组织法规定的讨论决定程序对外提供担保的除外"。

第四章　非法人组织

《民法典》总则编第四章“非法人组织”共有7个条文(第102条至第108条),规定了非法人组织的一般规则,涉及非法人组织的定义和类型(第102条)、非法人组织的登记和设立批准(第103条)、非法人组织出资人或设立人的责任形式(第104条)、非法人组织的负责人(第105条)、非法人组织的解散事由(第106条)、非法人组织的解散清算(第107条)和非法人组织的法律适用规则(第108条)。

总体而言,只要是非法人组织,不论是个人独资企业,还是合伙企业、不具有法人资格的专业服务机构,抑或是其他非法人组织,就应当适用《民法典》总则编第四章规定的这些一般规定;当然,在且仅在《民法典》和《个人独资企业法》《合伙企业法》《律师法》等其他法律对特定的非法人组织的相关事项作出了特别规定的范围内,则应当适用法律的特别规定。

第一百零二条　【非法人组织的定义和类型】非法人组织是不具有法人资格,但是能够依法以自己的名义从事民事活动的组织。

非法人组织包括个人独资企业、合伙企业、不具有法人资格的专业服务机构等。

【条文通释】

《民法典》第102条是关于非法人组织的定义和类型的规定。

一、非法人组织的定义

(一)非法人组织的定义

《民法典》第102条第1款规定了“非法人组织”的定义,即“不具有法人资格,但是能够依法以自己的名义从事民事活动的组织”,其关键词有三:一是“组织”,二是“不具有法人资格”,三是“能够依法以自己的名义从事民事活动”。

1. 非法人组织是组织

非法人组织是一种组织,即“按照一定的宗旨和系统建立起来的团体”①。这就把“非法人组织”跟“自然人”(或“个人”)“法人的分支机构”“非法人组织的分支机构”

① 夏征农、陈至立主编:《辞海》,上海辞书出版社2009年版,第3083页。

"法人的内部机构(或职能部门)"等非团体区分开来。

需要注意的是,"法人的分支机构""非法人组织的分支机构""法人的内部机构"(或职能部门)不属于《民法典》意义上的"组织",而是分别以作为组织的"法人""非法人组织"的组成部分的角色存在的。

2. 非法人组织不具有法人资格

非法人组织是不具有法人资格的组织,这就将"非法人组织"跟"法人"区分开来。

《民法典》第57条所说的"法人是具有民事权利能力和民事行为能力,依法独立享有民事权利和承担民事义务的组织"和第102条第1款所说的"非法人组织是不具有法人资格……的组织",意味着,具有法人资格的"法人"与不具有法人资格的"非法人组织",都属于"组织"。这也就意味着,在《民法典》意义上,"组织"只包括"法人"和"非法人组织"这两类;"自然人"之外的民事主体,必然属于"法人"或"非法人组织",不是"法人"就只能是"非法人组织",不是"非法人组织"就只能是"法人"。

3. 非法人组织能够依法以自己的名义从事民事活动

《民法典》第102条第1款所说的"能够依法以自己的名义从事民事活动",指的是能够依法以自己的名义"独立地"从事民事活动。这就将"非法人组织"跟"法人的内部机构"区分开来。

需要注意的是,仅"能够依法以自己的名义从事民事活动"不能将"非法人组织"跟"自然人"或"法人"区分开来,也不能将"非法人组织"与"法人的分支机构"区分开来,因为自然人①、法人以及法人的分支机构②都能够以自己的名义从事民事活动。

4. 非法人组织具有民事权利能力和民事行为能力

尽管《民法典》总则编第四章没有像《民法典》第57条那样直接规定非法人组织具有民事权利能力和民事行为能力,但是,根据《民法典》第108条所说的"非法人组织除适用本章规定外,参照适用本编第三章第一节的有关规定",非法人组织可以参照适用《民法典》第57条,因而非法人组织也具有民事权利能力和民事行为能力。

并且,尽管《民法典》只是针对自然人规定了"民事权利能力一律平等",没有针对法人或非法人组织规定"民事权利能力一律平等",但是,考虑到民事权利能力是民事主体据以享有民事权利、承担民事义务的资格,可以认为,法人或非法人组织的民事权利能力也是一律平等的。

(二)《民法典》上的"非法人组织"与《民事诉讼法》上的"其他组织"

需要注意的是,《民法典》规定的"非法人组织",跟《民事诉讼法》规定的"其他组

---

① 根据《民法典》第19条至第22条的规定,即使是无民事行为能力人、限制民事行为能力人,也可以以自己的名义从事民事活动,只不过须由其法定代理人代理实施民事法律行为或者经其法定代理人同意或追认;根据《民法典》第162条和第163条的规定,即使是在由无民事行为能力人、限制民事行为能力人的法定代理人代理实施民事法律行为的情况下,相关民事法律行为也是其法定代理人依照法律的规定以作为被代理人的无民事行为能力人、限制民事行为能力人的名义实施的。

② 《民法典》第74条第2款规定:"[法人的]分支机构以自己的名义从事民事活动,产生的民事责任由法人承担;也可以先以该分支机构管理的财产承担,不足以承担的,由法人承担。"

织”，不具有一一对应的关系。

《民事诉讼法》规定的民事诉讼当事人包括“自然人”（包括公民、外国人、无国籍人）、“法人”和“其他组织”这 3 类[①]。也就是说，《民事诉讼法》意义上的“其他组织”具有与“自然人”和“法人”相并列的地位。

就《民事诉讼法》意义上的“其他组织”，《民诉法解释》第 52 条进行了界定，即：“民事诉讼法第五十一条规定的其他组织是指合法成立、有一定的组织机构和财产，但又不具备法人资格的组织”，并列明了《民事诉讼法》意义上的“其他组织”的主要类型：“（一）依法登记领取营业执照的个人独资企业；（二）依法登记领取营业执照的合伙企业；（三）依法登记领取我国营业执照的中外合作经营企业、外资企业；（四）依法成立的社会团体的分支机构、代表机构；（五）依法设立并领取营业执照的法人的分支机构；（六）依法设立并领取营业执照的商业银行、政策性银行和非银行金融机构的分支机构；（七）经依法登记领取营业执照的乡镇企业、街道企业；（八）其他符合本条规定条件的组织”。

通过比较可以发现，《民诉法解释》第 52 条列明的上述“其他组织”当中，只有第 1 项至第 3 项、第 7 项所说的“其他组织”属于《民法典》所说的“非法人组织”。

由此可见，《民事诉讼法》所说的“其他组织”的外延比《民法典》所说的“非法人组织”大，不仅包括了《民法典》所说的“非法人组织”，也包括了法人的分支机构、代表机构等。

二、非法人组织的类型

《民法典》第 102 条第 2 款列举了个人独资企业、合伙企业和不具有法人资格的专业服务机构这 3 类主要的非法人组织，并以“等”字兜底，将其他“不具有法人资格，但是能够依法以自己的名义从事民事活动的组织”纳入其中。[②]

在《民法典》第 102 条第 3 款的基础上，国家市场监督管理总局和国家标准化管理委员会 2021 年 5 月发布的推荐性国家标准《组织机构类型》（GB/T 20091-2021）将“非法人组织”分为“营利性非法人组织”和“非营利性非法人组织”这两个大类，其中的“营利性非法人组织”包括“个人独资企业”“合伙企业”“不具有法人资格的营利性专业服务机构”和“其他营利性非法人组织”这四类，“非营利性非法人组织”则包括“不具有法人资格的非营利性专业服务机构”和“其他非营利性非法人组织”这两类。

（一）个人独资企业

个人独资企业是依照《个人独资企业法》“在中国境内设立，由一个自然人投资，财

---

① 《民事诉讼法》第 3 条、第 5 条、第 51 条、第 122 条等。

② 需要注意的是，企业集团不属于非法人组织。比如，在梁某生与江西某华燃气集团有限公司居间合同纠纷案中，广东省高级人民法院（2020）粤民申 4916 号民事裁定书认为：“江西某华燃气集团领取江西省安福县工商行政管理局颁发的编号为×××的《企业集团登记证》，但经本院向该集团企业登记部门江西省安福县工商行政管理局调查核实，江西某华燃气集团不具有企业法人资格，经核准的企业集团名称可以在宣传和广告中使用，但不得以企业集团名义订立经济合同，从事经营活动，不属于《民法总则》第一百零二条规定的‘不具有法人资格，但是能够依法以自己的名义从事民事活动的组织’非法人组织。”

产为投资人个人所有,投资人以其个人财产对企业债务承担无限责任的经营实体",[①]但不包括外商独资企业[②]。

在投资人方面,个人独资企业有且只有一个投资人[③],且该投资人须为中国籍自然人[④]。

在企业财产所有权方面,个人独资企业投资人对本企业的财产依法享有所有权,其有关权利可以依法进行转让或继承。[⑤]

在投资人的责任形式方面,个人独资企业财产不足以清偿债务时,投资人应当以其个人的其他财产予以清偿并以其个人财产对企业债务承担无限责任[⑥],但投资人在申请个人独资企业设立登记时明确以其家庭共有财产作为个人出资的,则应当依法以家庭共有财产对个人独资企业的债务承担无限责任[⑦];并且,个人独资企业解散后,原投资人对个人独资企业存续期间的债务仍应承担偿还责任(但债权人在5年内未向债务人提出偿债请求的,该责任消灭)[⑧]。

(二)合伙企业

合伙企业是依照《合伙企业法》在中国境内设立的非法人组织,包括普通合伙企业和有限合伙企业;其中,普通合伙企业由普通合伙人组成,合伙人对合伙企业债务承担无限连带责任(但《合伙企业法》对普通合伙人承担责任的形式有特别规定的,从其规定);有限合伙企业由普通合伙人和有限合伙人组成,普通合伙人对合伙企业债务承担无限连带责任,有限合伙人以其认缴的出资额为限对合伙企业债务承担责任。[⑨]

在投资人方面,普通合伙企业须有2个或超过2个的普通合伙人方可设立且普通合伙人的合伙人人数上限没有限制[⑩],有限合伙企业原则上须有2个或超过2个但不超过50个的合伙人设立(法律另有规定的除外,但至少应当有1个普通合伙人)[⑪];其中,不论是普通合伙企业还是有限合伙企业,限制民事行为能力和无民事行为能力的自然人都不得成为其普通合伙人[⑫],且国有独资公司、国有企业、上市公司以及公益性的事业单位、社会团体也都不得成为其普通合伙人[⑬]。

在企业财产所有权方面,合伙人的出资、以合伙企业名义取得的收益和依法取得的其他财产均为合伙企业的财产,合伙企业的财产独立于合伙人的财产。[⑭]

---

① 《个人独资企业法》第2条。
② 《个人独资企业法》第47条。
③ 《个人独资企业法》第2条、第8条第1项。
④ 《个人独资企业法》第47条规定:"外商独资企业不适用本法"。
⑤ 《个人独资企业法》第17条。
⑥ 《个人独资企业法》第2条、第31条。
⑦ 《个人独资企业法》第18条。
⑧ 《个人独资企业法》第28条。
⑨ 《合伙企业法》第2条。
⑩ 《合伙企业法》第14条第1项。
⑪ 《合伙企业法》第61条。
⑫ 《合伙企业法》第14条第1项。
⑬ 《合伙企业法》第3条。
⑭ 《合伙企业法》第20条、第21条。

在投资人的责任形式方面，合伙企业对其债务，应先以其全部财产进行清偿[①]；合伙企业不能清偿到期债务时，则由其普通合伙人以其自身的财产承担无限连带责任[②]，有限合伙企业的有限合伙人则以其认缴的出资额为限承担责任[③]；并且，即使在合伙企业注销后，原普通合伙人对合伙企业存续期间的债务仍应承担无限连带责任[④]；甚至，在合伙企业依法被宣告破产后，普通合伙人对合伙企业债务仍应承担无限连带责任[⑤]。

（三）不具有法人资格的专业服务机构

1. 专业服务机构的范围

国务院和国务院办公厅的相关文件[⑥]提到了银行、证券、信托、融资租赁、担保、保险等专业服务机构、会计师事务所、律师事务所、公证机构、检验检测认证机构、信用服务机构、安全生产专业服务机构、网络安全专业服务机构、知识产权专业服务机构、专业化社会服务（家庭服务、养老服务）机构、孤儿养护、流浪儿童保护和残疾儿童康复的专业服务机构、规划、建筑工程、建筑设计、仲裁、医疗健康、影视、会展等专业服务机构，这些机构应该属于《民法典》第 102 条第 2 款所说的“专业服务机构”。

2. 不具有法人资格的专业服务机构

现阶段，《民法典》第 102 条第 2 款所说的“不具有法人资格的专业服务机构”，主要是指采取合伙制但又并非合伙企业的专业服务机构，比如领取《民办非企业单位（合伙）登记证书》的专业服务机构；但其中比较典型的例子是合伙制的律师事务所。[⑦]

---

① 《合伙企业法》第 38 条。

② 《合伙企业法》第 2 条第 2 款、第 38 条、第 39 条。

③ 《合伙企业法》第 2 条第 3 款、第 77 条。

④ 《合伙企业法》第 91 条。

⑤ 《合伙企业法》第 92 条第 2 款。

⑥ 主要包括：《国务院关于进一步促进广西经济社会发展的若干意见》（国发〔2009〕42 号）、《国务院关于进一步加强企业安全生产工作的通知》（国发〔2010〕23 号）、《国务院关于印发中国妇女发展纲要和中国儿童发展纲要的通知》（国发〔2011〕24 号）、《国务院关于印发服务业发展“十二五”规划的通知》（国发〔2012〕62 号）、《国务院关于印发“十二五”国家自主创新能力建设规划的通知》（国发〔2013〕4 号，已失效）、《国务院关于印发进一步深化中国（上海）自由贸易试验区改革开放方案的通知》（国发〔2015〕21 号）、《国务院关于大力发展电子商务加快培育经济新动力的意见》（国发〔2015〕24 号）、《国务院办公厅关于运用大数据加强对市场主体服务和监管的若干意见》（国办发〔2015〕51 号）、《国务院关于上海市开展“证照分离”改革试点总体方案的批复》（国函〔2015〕222 号）、《国务院办公厅关于建立统一的绿色产品标准、认证、标识体系的意见》（国办发〔2016〕86 号）、《国务院关于印发中国（湖北）自由贸易试验区总体方案的通知》（国发〔2017〕18 号）、《国务院关于印发中国（海南）自由贸易试验区总体方案的通知》（国发〔2018〕34 号）、《国务院关于全面推进北京市服务业扩大开放综合试点工作方案的批复》（国函〔2019〕16 号）等。

⑦ 现阶段，会计师事务所采取的是普通合伙企业、特殊普通合伙企业和有限责任公司形式，均须办理企业登记、领取营业执照。虽然会计师事务所属于专业服务机构，但是，由于普通合伙企业和特殊普通合伙企业形式的会计师事务所属于《民法典》第 102 条第 2 款所说的“合伙企业”，而《民法典》第 102 条第 2 款已经将“合伙企业”与“不具有法人资格的专业服务机构”并列列出，因此，普通合伙企业和特殊普通合伙企业形式的会计师事务所不属于《民法典》第 102 条第 2 款所说的“不具有法人资格的专业服务机构”。不过，财政部办公厅 2021 年 10 月 15 日公布的《中华人民共和国注册会计师法修订草案（征求意见稿）》第 17 条第 3 款规定了“会计师事务所无需进行工商登记”，因此，如果正式通过的《注册会计师法》规定“会计师事务所无需进行工商登记”，那么，会计师事务所届时也属于《民法典》第 102 条第 2 款所说的“不具有法人资格的专业服务机构”。

根据《律师法》、《律师事务所管理办法》(2018年修正)、《司法部关于律师事务所不应进行工商登记的通知》(司发〔1990〕56号,已于2020年12月30日被废止)、《司法部关于律师事务所不进行民政登记的批复》(司复〔2000〕4号),律师事务所是依据《律师法》设立的“律师的执业机构”,律师事务所经司法行政机关审核登记后依法成立,不再进行民政、工商等形式的登记。实践中,律师事务所除持有司法行政机关颁发的律师事务所执业许可证外,还进行了税务登记,但不持有营业执照或民办非企业单位登记证书。故律师事务所不属于合伙企业。

根据《律师法》第15条、第16条、第20条和《司法部办公厅关于律师事务所从业资质有关问题的复函》(司办函〔2010〕125号)的规定,现阶段可以设立个人律师事务所、合伙律师事务所和国家出资设立的律师事务所这三种形式的律师事务所。① 针对合伙律师事务所,《律师法》第15条第2款规定:“合伙律师事务所可以采用普通合伙或者特殊的普通合伙形式设立。合伙律师事务所的合伙人按照合伙形式对该律师事务所的债务依法承担责任”;在此基础上,《律师事务所管理办法》(2018年修正)第53条第1款规定,律师违法执业或者因过错给当事人造成损失的,由其所在的律师事务所承担赔偿责任;律师事务所赔偿后,可以向有故意或者重大过失行为的律师追偿。

根据《律师法》第15条第2款和《合伙企业法》第107条②的规定,《律师事务所管理办法》第53条就各种形式的律师事务所的债务承担作出了如下规定:

第一,“普通合伙律师事务所的合伙人对律师事务所的债务承担无限连带责任。”这与《合伙企业法》第2条第2款第1句所说的“普通合伙企业由普通合伙人组成,合伙人对合伙企业债务承担无限连带责任”是一致的。

第二,“特殊的普通合伙律师事务所一个合伙人或者数个合伙人在执业活动中因故意或者重大过失造成律师事务所债务的,应当承担无限责任或者无限连带责任,其他合伙人以其在律师事务所中的财产份额为限承担责任;合伙人在执业活动中非因故意或者重大过失造成的律师事务所债务,由全体合伙人承担无限连带责任。”这与《合伙企业法》第57条的规定是一致的。

第三,“个人律师事务所的设立人对律师事务所的债务承担无限责任。”这跟《个人独资企业法》第2条的规定类似。

第四,“国家出资设立的律师事务所以其全部资产对其债务承担责任。”这跟《民法典》第60条规定的法人独立责任类似。

(四)不具有法人资格但又并非合伙企业的外商投资企业

除了明确列出“个人独资企业”“合伙企业”和“不具有法人资格的专业服务机构”这3类非法人组织,《民法典》第102条第2款还以“等”字兜底,将其他的非法人组织

① 司法部公布的《2022年度律师、基层法律服务工作统计分析》显示,截至2022年底,全国共有律师事务所3.86万多家。其中,合伙所2.82万多家,占73.16%;国资所604家,占1.56%;个人所9777家,占25.28%(见司法部网站,https://www.moj.gov.cn/pub/sfbgw/zwxxgk/fdzdgknr/fdzdgknrtjxx/202306/t20230614_480740.html,最后访问日期:2024年5月14日)。

② 《合伙企业法》第107条规定:“非企业专业服务机构依据有关法律采取合伙制的,其合伙人承担责任的形式可以适用本法关于特殊的普通合伙企业合伙人承担责任的规定。”

也涵盖进来。其中就包括在《外商投资法》施行前设立的不具有法人资格但又并非合伙企业的外资企业和中外合作经营企业。[①]

针对不具有法人资格的外资企业,1986 年的《外资企业法》(已于 2020 年 1 月 1 日废止)第 8 条规定:“外资企业符合中国法律关于法人条件的规定的,依法取得中国法人资格”,1990 年的《外资企业法实施细则》(已于 2020 年 1 月 1 日废止)第 19 条规定:“外资企业的组织形式为有限责任公司。经批准也可以为其他责任形式。……外资企业为其他责任形式的,外国投资者对企业的责任适用中国法律、法规的规定”。

针对不具有法人资格的中外合作经营企业,1984 年的《中外合作经营企业法》(已于 2020 年 1 月 1 日废止)第 2 条规定:“中外合作者举办合作企业,应当依照本法的规定,在合作企业合同中约定投资或者合作条件、收益或者产品的分配、风险和亏损的分担、经营管理的方式和合作企业终止时财产的归属等事项。合作企业符合中国法律关于法人条件的规定的,依法取得中国法人资格”,1995 年的《中外合作经营企业法实施细则》(已于 2020 年 1 月 1 日废止)第九章“关于不具有法人资格的合作企业的特别规定”还对不具有法人资格的中外合作企业作出了特别规定,其中第 50 条规定“不具有法人资格的合作企业及其合作各方,依照中国民事法律的有关规定,承担民事责任”。

基于以下理由,可以认为,这些依据原《外资企业法》及其实施细则、原《中外合作经营企业法》及其实施细则设立的不具有法人资格的外商投资企业在组织形式上既非公司亦非合伙企业,且数量比较少:

(1)首部《合伙企业法》是 1997 年才通过的,当时仅规定了普通合伙企业[②],并且没有关于外国投资者在境内投资合伙企业的规定;此外,在首部《合伙企业法》通过之前,截至 1995 年底,全国仅有近 12 万个合伙企业[③]。

(2)直到 2006 年修订后的《合伙企业法》(即现行《合伙企业法》)才首次规定了有关外商投资合伙企业的问题[④],2010 年 3 月 1 日生效的国务院的《外国企业或者个人在中国境内设立合伙企业管理办法》(已于 2020 年 11 月被废止)才规定了外商投资合伙企业的具体规则。

(3)商务部 2007 年 1 月 23 日公布的《〈外商投资合伙企业管理办法(送审稿)〉起草说明》明确提及“与《中外合作经营企业法实施细则》中规定的非法人制企业的制度衔接(第 36 条):鉴于外商投资合伙企业与上述非法人制企业在制度设计上不完全相同,‘办法’将不适用于按照《中外合作经营企业法实施细则》设立的‘不具有法人资格

---

① 根据《外商投资法》第 42 条第 2 款关于“本法施行前依照《中华人民共和国中外合资经营企业法》、《中华人民共和国外资企业法》、《中华人民共和国中外合作经营企业法》设立的外商投资企业,在本法施行后五年内可以继续保留原企业组织形式等。具体实施办法由国务院规定”的规定,这些不具有法人资格又不是合伙企业的外商投资企业可以在 2024 年 12 月 31 日以前继续保留其原有的企业组织形式。

② 1997 年《合伙企业法》第 2 条规定:“本法所称合伙企业,是指依照本法在中国境内设立的由各合伙人订立合伙协议,共同出资、合伙经营、共享收益、共担风险,并对合伙企业债务承担无限连带责任的营利性组织”,第 8 条规定:“设立合伙企业,应当具备下列条件:(一)有二个以上合伙人,并且都是依法承担无限责任者……”

③ 全国人大财经委员会时任副主任委员黄毅诚 1996 年 10 月 23 日在第八届全国人民代表大会常务委员会第二十二次会议上作的《关于〈中华人民共和国合伙企业法(草案)〉的说明》。

④ 《合伙企业法》第 108 条规定:“外国企业或者个人在中国境内设立合伙企业的管理办法由国务院规定”。

的合作企业'"①。这也表明这些不具有法人资格的外商投资企业并非合伙企业。

(4)原国务院法制办负责人就《外国企业或者个人在中国境内设立合伙企业管理办法》(已废止)答记者问时曾说明:"外国企业或者个人在中国境内设立合伙企业,是和'三资'企业不完全相同的一种外商投资方式,无法直接适用有关'三资'企业的法律、行政法规。"②

(5)《市场监管总局关于贯彻落实〈外商投资法〉做好外商投资企业登记注册工作的通知》(国市监注〔2019〕247号)第10条规定了:"依照《中华人民共和国中外合作经营企业法实施细则》或者《中华人民共和国外资企业法实施细则》设立的不具有法人资格的外商投资企业,可以在《外商投资法》实施后五年内申请改制为合伙制企业"。这也表明这些不具有法人资格的外商投资企业并非合伙企业,否则就无须"申请改制为合伙企业"了。

需要注意的是,《外商投资法》实施之后,国家允许这些在2020年1月1日之前已经成立的既有的既非公司又非合伙企业的不具有法人资格的外商投资企业,在2024年12月31日之前继续保留其组织形式。对此,《外商投资法》第42条第2款规定了:"本法施行前依照《中华人民共和国中外合资经营企业法》、《中华人民共和国外资企业法》、《中华人民共和国中外合作经营企业法》设立的外商投资企业,在本法施行后五年内可以继续保留原企业组织形式等。具体实施办法由国务院规定。"其中的"在本法施行后五年内"指的是自2020年1月1日当日起至2024年12月31日当日止的期间。基于《外商投资法》的上述授权,《外商投资法实施条例》第44条第1款进一步规定:"外商投资法施行前依照《中华人民共和国中外合资经营企业法》、《中华人民共和国外资企业法》、《中华人民共和国中外合作经营企业法》设立的外商投资企业(以下称现有外商投资企业),在外商投资法施行后5年内,可以依照《中华人民共和国公司法》、《中华人民共和国合伙企业法》等法律的规定调整其组织形式、组织机构等,并依法办理变更登记,也可以继续保留原企业组织形式、组织机构等"。

不过,自2025年1月1日起,国家原则上不再支持存在既非公司又非合伙企业的不具有法人资格的外商投资企业。对此,《外商投资法实施条例》第44条第2款规定:"自2025年1月1日起,对未依法调整组织形式、组织机构等并办理变更登记的现有外商投资企业,市场监督管理部门不予办理其申请的其他登记事项,并将相关情形予以公示";《市场监管总局关于贯彻落实〈外商投资法〉做好外商投资企业登记注册工作的通知》(国市监注〔2019〕247号)第13条也规定:"自2025年1月1日起,外商投资企业的组织形式、组织机构等不符合《公司法》《合伙企业法》强制性规定,且未依法申请变更登记、章程备案或者董事备案的,登记机关不予办理该企业其他登记事项的变更登记或者备案等事宜,并将相关情形予以公示"。

当然,《外商投资法实施条例》和《市场监管总局关于贯彻落实〈外商投资法〉做好外商投资企业登记注册工作的通知》(国市监注〔2019〕247号)只是对这些"未依法调

---

① 商务部2007年1月23日公布的《〈外商投资合伙企业管理办法(送审稿)〉起草说明》,载商务部网站,https://mofcom.gov.cn/article/bh/200703/20070304413077.shtml,最后访问日期:2024年5月14日。

② 《国务院法制办负责人就〈外国企业或者个人在中国境内设立合伙企业管理办法〉答记者问》,载中国政府网,https://www.gov.cn/zwhd/2009-12/02/content_1478320.htm,最后访问日期:2024年5月14日。

整组织形式并办理变更登记”的现有既非公司又非合伙企业的不具有法人资格的外商投资企业采取“不予办理该企业其他登记事项的变更登记或者备案等事宜，并将相关情形予以公示”的措施，并未明确要求这些外商投资企业必须办理注销登记，也未明确禁止其继续开展生产经营活动，不影响这些外商投资企业的存续。

（五）不具有法人资格的宗教活动场所

如前所说，宗教活动场所分为“寺院、宫观、清真寺、教堂”和“其他固定宗教活动处所”两大类。① 其中，寺院包括佛教的寺、庙、宫、庵、禅院等；宫观包括道教的宫、观、祠、庙、府、洞、殿、院等；清真寺，即伊斯兰教的清真寺；教堂包括天主教、基督教的教堂；其他固定宗教活动处所是指除寺观教堂以外，规模较小、设施简易、功能较少的进行经常性集体宗教活动的固定活动场所。②

无论是哪类宗教活动场所，都须依法设立并取得宗教事务部门颁发的《宗教活动场所登记证》。③ 但是，由于只有依法持有《宗教活动场所登记证》并且具备法人条件的宗教活动场所，在按照《国家宗教事务局、民政部关于宗教活动场所办理法人登记事项的通知》（国宗发〔2019〕1 号）经民政部门登记并取得《宗教活动场所法人登记证书》后，才取得捐助法人资格，④因此，依法持有《宗教活动场所登记证》、但不具备法人条件的宗教活动场所⑤，以及依法持有《宗教活动场所登记证》、虽然具备法人条件但未申请取得《宗教活动场所法人登记证书》的宗教活动场所，都属于《民法典》第 102 条所说的非法人组织。

（六）不具有法人资格的其他组织

实务中还存在经有关机关批准设立并已经开展业务活动但未在登记机关进行法人登记的其他组织，这类组织也属于非法人组织。

比如，广西壮族自治区高级人民法院（2019）桂民申 5401 号民事裁定书认为：“本案幼儿看护点没有进行法人登记，不具有法人资格，但于 2014 年 9 月经原宜州市教育局批准获得了 B 类幼儿看护点许可，并能够以自己的名义从事经营活动，故依法应当

---

① 《宗教活动场所管理办法》第 2 条。

② 《国务院宗教事务局关于〈宗教活动场所管理条例〉若干条款的解释》（1994 年 4 月 21 日发布）、《广东省寺观教堂和其他固定宗教活动处所区分标准（试行）》（粤民宗规〔2021〕1 号）第 2 条、《山东省寺观教堂和其他固定宗教活动处所区分标准》（鲁民宗发〔2021〕59 号）第 2 条。

③ 《宗教事务条例》第 22 条规定：“宗教活动场所经批准筹备并建设完工后，应当向所在地的县级人民政府宗教事务部门申请登记。县级人民政府宗教事务部门应当自收到申请之日起 30 日内对该宗教活动场所的管理组织、规章制度建设等情况进行审核，对符合条件的予以登记，发给《宗教活动场所登记证》”。

④ 《宗教事务条例》第 23 条规定：“宗教活动场所符合法人条件的，经所在地宗教团体同意，并报县级人民政府宗教事务部门审查同意后，可以到民政部门办理法人登记”。

⑤ 《国家宗教事务局、民政部关于宗教活动场所办理法人登记事项的通知》（国宗发〔2019〕1 号）第 2 条第 1 款规定：“二、宗教活动场所申请法人登记，应当具备以下条件：（一）属于经人民政府宗教事务部门依法登记的寺院、宫观、清真寺、教堂；（二）有主持宗教活动的宗教教职人员和与其业务活动相适应的从业人员；（三）有必要的财产，注册资金不少于 10 万元人民币；（四）财务管理符合国家财务、资产、会计的有关规定；（五）有组织机构和健全的规章制度”。据此，除寺院、宫观、清真寺、教堂外的其他固定宗教活动处所不属于可以申请法人登记的宗教活动场所。

认定为非法人组织。"

又如,四川省高级人民法院(2018)川清监2号民事裁定书认为:"非营利性医疗机构作为民办非企业单位,应先经卫生部门前置行政许可,取得《医疗机构执业许可证》后,再到同级民政部门登记领取登记证书,才能取得相应的主体资格。本案中,'攀枝花某某医院'是某晨公司与某路公司合作举办的非营利性医疗机构,其按照《医疗机构管理条例》的规定,经卫生部门前置行政许可领取了《医疗机构执业许可证》,但并未按照上述规定到民政部门登记领取登记证书,其在未经过民政部门登记之前,尚未依法取得非企业法人主体资格,不符合非企业法人的设立要件,在性质上不应认定为非企业法人。鉴于'攀枝花某某医院'已领取了《组织机构代码证》和《医疗机构执业许可证》,并在行业主管部门许可的情况下从事了经常性诊疗活动,应认定其系未经登记而事实上已成立并开展经常性活动的非法人组织的非营利性医疗机构。"

再如,北京市西城区人民法院(2018)京0102民初14216号民事判决书认为:"本案中,某某职业学校虽取得了民办学校办学许可证,但未向相关登记机关办理法人登记。某某职业学校作为未经登记的组织,并非一个完全独立的法人组织,其法律地位相当于无法人资格的组织,但其事实上已正式成立并开展经常性活动。因此,在法律上可以将某某职业学校推定为非法人组织。"

(七)其他非法人组织

考虑到除了个人独资企业、合伙企业、不具有法人资格的专业服务机构、不具有法人资格但又并非合伙企业的外商投资企业、不具有法人资格的宗教活动场所等,可能还存在或还会出现其他类型的非法人组织,《民法典》第102条第2款以"等"字兜底,将其他"不具有法人资格,但是能够依法以自己的名义从事民事活动的组织"纳入其中,既对现有法律法规已经规定的其他非法人组织类型进行了认可,也为法律将来规定新的非法人组织类型预留了空间。

(八)个体工商户和农村承包经营户不是非法人组织

需要注意的是,在编排体例上,《民法典》总则编将"个体工商户"和"农村承包经营户"规定在第二章"自然人",与第三章"法人"和第四章"非法人组织"并列,这就表明,"个体工商户"和"农村承包经营户"作为民事主体,在性质上是被作为自然人对待的,并非组织,既不是法人、也不是非法人组织。

三、非法人组织具有独立的民事主体地位

《民法典》规定了自然人、法人和非法人组织这3类民事主体。故跟自然人、法人一样,非法人组织也具有独立的民事主体地位,是独立于其各个出资人或设立人的民事主体,有属于自己的、独立于其各个出资人或设立人的财产,也有属于自己的债务。

(一)非法人组织的财产与出资人或设立人的财产相互独立

由于《民法典》第102条第1款使用了"非法人组织是不具有法人资格,但是能够依法以自己的名义从事民事活动的组织",第104条使用了"非法人组织的财产不足以

清偿债务的，其出资人或者设立人承担无限责任”的表述，结合《民法典》第 113 条关于“民事主体的财产权利受法律平等保护”和第 107 条关于“非法人组织解散的，应当依法进行清算”的规定，因此，非法人组织自然也享有财产权，非法人组织与其出资人或设立人是相互独立的，非法人组织的财产与其出资人或设立人的财产也是相互独立的。

这样看来，非法人组织所享有的财产权，与公司所享有的法人财产权，在很多方面是类似的，主要区别在于作为法人的公司能够独立承担民事责任、公司的股东原则上无须对公司的债务承担责任，而非法人组织不能完全独立承担民事责任、非法人组织的出资人需要对该非法人组织的债务承担无限的补充清偿责任。

需要注意的是，就个人独资企业而言，尽管《个人独资企业法》第 17 条规定了“个人独资企业投资人对本企业的财产依法享有所有权，其有关权利可以依法进行转让或继承”，但是，该规定并不意味着个人独资企业没有自己的财产；事实上，《个人独资企业法》第 17 条所使用“本企业的财产”的表述、第 20 条所说的“投资人委托或者聘用的管理个人独资企业事务的人员不得有下列行为：……（二）利用职务或者工作上的便利侵占企业财产；（三）挪用企业的资金归个人使用或者借贷给他人；（四）擅自将企业资金以个人名义或者以他人名义开立帐户储存；（五）擅自以企业财产提供担保；……（八）未经投资人同意，擅自将企业商标或者其他知识产权转让给他人使用；（九）泄露本企业的商业秘密”等，都是以承认“个人独资企业有自己的财产”为前提的。

对此，在石林县下某龙煤矿、周某华与尹某龙、周某伟、梁某兴承包经营合同纠纷案中，最高人民法院（2015）民申字第 243 号民事裁定书认为：“本案下某龙煤矿系个人独资企业。依据个人独资企业法第二条‘本法所称个人独资企业，是指依照本法在中国境内设立，由一个自然人投资，财产为投资人个人所有，投资人以其个人财产对企业债务承担无限责任的经营实体’，第三十一条‘个人独资企业财产不足以清偿债务的，投资人应当以其个人的其他财产予以清偿’的规定，虽然下某龙煤矿投资人应以其个人财产对下某龙煤矿债务承担无限责任，但其清偿顺序为先由下某龙煤矿以企业财产清偿，不足部分由投资人以个人其他财产予以清偿，下某龙煤矿虽非法人，但符合民事诉讼法及相关司法解释规定的其他组织的条件，具有相对独立的财产和责任能力”。[①]

（二）非法人组织的债务与出资人或设立人的债务相对独立

由于《民法典》第 104 条使用了“非法人组织的财产不足以清偿债务的，其出资人或者设立人承担无限责任”的表述，因此，在债务的归属上，非法人组织的债务并非出资人或设立人的债务，非法人组织的债务与出资人或设立人的债务是相对独立的、分属于不同民事主体的债务。

比如，在石林县下某龙煤矿、周某华与尹某龙、周某伟、梁某兴承包经营合同纠纷案中，针对再审申请人提出的“下某龙煤矿投资人变更前的债务属原投资人周某伟的个人债务”的观点，最高人民法院（2015）民申字第 243 号民事裁定书认为：“本案下某

---

① 下某龙煤矿、周某华在最高人民法院驳回其再审申请之后，向检察机关申诉；经最高人民检察院抗诉，最高人民法院于 2018 年 11 月 28 日以（2018）最高法民抗 33 号民事裁定决定提审该案。

龙煤矿系个人独资企业。……本案尹某龙起诉主张的债权,系基于周某伟在其任下某龙煤矿投资人及负责人期间,代表下某龙煤矿与尹某龙签订转让协议书而发生的债权债务关系。虽然下某龙煤矿的投资人先后变更为梁某兴和周某华,但对下某龙煤矿而言,系其投资人发生变更,不影响其作为个人独资企业的主体地位。周某伟作为投资人期间代表下某龙煤矿对外产生的债务,是下某龙煤矿的债务,并非周某伟个人债务,应由下某龙煤矿及其投资人依法承担清偿责任,下某龙煤矿、周某华关于下某龙煤矿在周某伟经营期间发生的债务系周某伟个人债务的申请再审理由不能成立。"①

由于非法人组织的财产与出资人或设立人的财产相互独立,对于非法人组织自身的债务,原则上自然应先以非法人组织自身的财产进行清偿,只有在"非法人组织的财产不足以清偿债务"的情况下,才由"其出资人或者设立人承担无限责任"。

四、非法人组织与法人的比较

结合《民法典》总则编第三章第一节关于法人的一般规定和第四章关于非法人组织的规定,可以发现,非法人组织与法人既有相同之处,也有不同之处;但是,基于《民法典》第108条关于"非法人组织除适用本章规定外,参照适用本编第三章第一节的有关规定"的规定,总体而言,非法人组织与法人的相同之处多于不同之处。

(一)非法人组织与法人的相同之处

非法人组织与法人的相同之处,主要在于:

第一,非法人组织和法人都属于民事主体,都属于组织,即"按照一定的宗旨和系统建立起来的团体"②。

第二,非法人组织和法人都应当依法成立。

第三,非法人组织和法人都具有民事权利能力和民事行为能力,都能够依法以自己的名义从事民事活动,都有自己的名称、自己的财产、自己的住所、自己的债务。

第四,非法人组织和法人都需要以自己的全部财产对自己的债务承担责任。

(二)非法人组织与法人的不同之处

非法人组织与法人的不同之处,主要在于非法人组织"不具有法人资格"。

根据《民法典》第57条关于"法人是具有民事权利能力和民事行为能力,依法独立享有民事权利和承担民事义务的组织",第60条关于"法人以其全部财产独立承担民事责任"的规定和第102条第1款关于"非法人组织是不具有法人资格,但是能够依法以自己的名义从事民事活动的组织",第104条关于"非法人组织的财产不足以清偿债务的,其出资人或者设立人承担无限责任。法律另有规定的,依照其规定"的规定,非法人组织与法人的关键区别在于:法人原则上独立承担民事责任,而非法人组织不能独立承担民事责任。也就是说,区分法人与非法人组织的关键在于"该组织是否原则

① 下某龙煤矿、周某华在最高人民法院驳回其再审申请之后,向检察机关申诉;经最高人民检察院抗诉,最高人民法院于2018年11月28日以(2018)最高法民抗33号民事裁定决定提审该案。

② 夏征农、陈至立主编:《辞海》,上海辞书出版社2009年版,第3083页。

上独立承担民事责任”,这也是认定“该组织是否具有法人资格”的关键。

具体而言,法人既能够独立享有民事权利,又能够独立承担民事义务,并以其全部财产独立承担民事责任,法人的股东等出资人或设立人原则上不对法人的债务承担责任[①];而非法人组织虽然能够独立享有民事权利,但不能完全独立承担民事责任,在非法人组织的全部财产不足以清偿其到期债务时,须由其出资人或者设立人以自己的财产对非法人组织不能清偿的部分承担无限的清偿责任。

第一百零三条　【非法人组织的登记和设立批准】非法人组织应当依照法律的规定登记。

设立非法人组织,法律、行政法规规定须经有关机关批准的,依照其规定。

【条文通释】

《民法典》第 103 条是关于非法人组织的登记和设立批准的规定。

一、非法人组织的登记

《民法典》第 103 条第 1 款对非法人组织的登记作出了原则性规定,即“非法人组织应当依照法律的规定登记”。

(一)非法人组织的登记依据和登记机关

就不同的非法人组织而言,《民法典》第 103 条第 1 款所说的“依照法律”,指的是不同的法律法规。

其中,就个人独资企业而言,其登记的主要依据为《个人独资企业法》[②]和《市场主体登记管理条例》[③],登记机关为市场监督管理部门[④]。

就合伙企业而言,其登记的主要依据为《合伙企业法》[⑤]和《市场主体登记管理条例》[⑥],登记机关为市场监督管理部门[⑦]。

就合伙制的民办非企业单位而言,其登记的主要依据为《民办非企业单位登记管

---

① 仅在极少数例外情况下,法人的股东等出资人、设立人须对法人的债务承担连带责任。比如,《民法典》第 83 条第 2 款规定:“营利法人的出资人不得滥用法人独立地位和出资人有限责任损害法人债权人的利益;滥用法人独立地位和出资人有限责任,逃避债务,严重损害法人债权人的利益的,应当对法人债务承担连带责任。”

② 《个人独资企业法》第 9 条、第 15 条、第 32 条。

③ 《市场主体登记管理条例》第 2 条第 2 项、第 5 条、第 24 条、第 31 条。

④ 《市场主体登记管理条例》第 5 条、《市场主体登记管理条例实施细则》第 3 条、第 4 条、第 10 条。

⑤ 《合伙企业法》第 9 条、第 13 条、第 90 条。

⑥ 《市场主体登记管理条例》第 2 条第 2 项、第 5 条、第 24 条、第 31 条。

⑦ 《市场主体登记管理条例》第 5 条、《市场主体登记管理条例实施细则》第 3 条、第 4 条、第 10 条。

理暂行条例》①,登记机关为民政部门②。

除个人独资企业、合伙企业、合伙制的民办非企业单位之外的不具有法人资格的专业服务机构,也应当按照其各自的行业法律法规向相应的登记机关进行登记。

当然,如前所说,律师事务所只需根据《律师法》《律师事务所管理办法》办理执业许可手续,无须在市场监督管理部门或民政部门办理登记手续。

也因此,《民法典》第 103 条第 1 款所说的"非法人组织应当依照法律的规定登记",也包含了"法律、行政法规规定设立非法人组织无需办理登记的,依照其规定"的含义,不能当然认为所有的非法人组织都需要办理登记手续。

(二)非法人组织登记的类型和性质

《民法典》第 103 条第 1 款所说的"非法人组织应当依照法律的规定登记"中的"登记",指的是"办理登记手续",在类型上包括设立登记、变更登记和注销登记③;在解释上也包括备案④。

在性质上,根据《行政许可法》第 12 条第 5 项关于"下列事项可以设定行政许可:……(五)企业或者其他组织的设立等,需要确定主体资格的事项"的规定,《民法典》第 103 条第 1 款所说的"登记",属于行政许可事项。⑤

---

① 《民办非企业单位登记管理暂行条例》第 3 条、第 12 条、第 15 条、第 16 条。

② 《民办非企业单位登记管理暂行条例》第 5 条。

③ 《个人独资企业法》第 9 条、第 15 条、第 32 条,《合伙企业法》第 9 条、第 13 条、第 90 条,《市场主体登记管理条例》第 3 条第 2 款、第 24 条、第 31 条,《民办非企业单位登记管理暂行条例》第 3 条、第 12 条、第 15 条、第 16 条等。

④ 《市场主体登记管理条例》第 9 条、第 29 条。

⑤ 就变更登记是否属于行政许可的问题,实务中存在争议。有观点认为变更登记不属于行政许可。比如,山东省威海市中级人民法院认为,公司变更登记系公司登记机关对公司自治事项予以确认的证权性行政行为,而非行政许可行为[山东省威海市中级人民法院(2021)鲁 10 行终 19 号行政判决书、(2020)鲁 10 行终 110 号行政判决书];又如,市场监管总局在 2020 年 6 月 15 日公布的《〈中华人民共和国商事主体登记管理条例(草案)〉起草说明》中曾认为:"从事商业活动并非为法律普遍所禁止,而是通常被允许的,而行政许可以一般禁止为前提,以个别解禁为内容。行政许可是一种授益行为,其内涵在于行政主体为行政相对人设定权益或者免除义务,但是从事经营活动的权利(行商权)并非源自于授予,而是一项代表了自由意志的基本权利。同时,商事登记的功能之一是确立商事主体对内对外的关系(权利和义务),这也是商事登记的目的,这个过程中并没有创设新的私法上的相对权,只是通过公示的方式产生了对世权(对抗权)。因此,商事登记不同于行政许可。随着商事制度改革的持续深入,在当前商事主体登记过程中,登记机关进行形式审查、几无自由裁量权、并奉行准则主义,赋予了商事登记羁束行政行为的特征。《条例(草案)》将商事主体登记的性质界定为通过登记确认商事主体资格和一般经营资格,既否认了商事登记是对商事主体的许可,又保留了商事登记的创设力。"

但也有法院认为,变更登记属于行政许可。比如,最高人民法院(2017)最高法行申 4779 号行政裁定书认为:"关于公司登记的行为属性,在《中华人民共和国行政许可法》(下称行政许可法)颁布实施前,存在较大争议,存在行政确认说和行政许可说两种基本观点。但随着行政许可法的全面实施,该法第十二条第五项明确规定:'下列事项可以设定行政许可:企业或者其他组织的设立等,需要确定主体资格的事项。'该条规定从法律上宣告了公司登记的行政许可性质","公司依法设立以后的存续期间,因公司股东、法定代表人、名称和住所地、注册资本和经营范围等变化,公司登记机关会对公司登记事项进行相应的变更登记。作为公司登记的一种法定种类,公司变更登记的性质取决于公司登记的性质","既然公司登记属于行政许可事项,那么针对公司登记事项的变更登记原则上也应当属于行政许可,需要遵循行政许可法的规定。"

二、非法人组织的设立审批

考虑到国家针对在特定领域设立非法人组织规定了审批程序①,《民法典》第 103 条第 2 款规定:“设立非法人组织,法律、行政法规规定须经有关机关批准的,依照其规定。”确保与相关法律、行政法规协调适用。

亦即,只要法律、行政法规规定设立非法人组织必须经有关机关批准,非法人组织的设立人等申请人就必须遵守这些规定,在办理非法人组织设立登记之前或非法人组织成立之前取得有关机关的批准文件,否则将导致非法人组织不能成立。

(一)并非所有非法人组织的设立均须经有关机关批准

《民法典》第 103 条第 2 款使用的“设立非法人组织,法律、行政法规规定须经有关机关批准的”的表述,表明并非所有的非法人组织的设立都需要取得有关机关的批准,只有法律、行政法规明确规定其设立须经有关机关批准的非法人组织,才需要依法办理批准手续。

并且,《民法典》第 103 条在“非法人组织应当依照法律的规定登记”之后规定“设立非法人组织,法律、行政法规规定须经有关机关批准的,依照其规定”,也表明“设立非法人组织无需经过批准”是原则、常态,“设立非法人组织须经批准”则是例外、少数,且须以法律、行政法规有明文规定为前提;如果法律、行政法规没有明确规定设立非法人组织须经有关机关批准,那么,基于民事主体“法无禁止即可为”和行政机关“法无授权不可为”的原则②,设立人或出资人就可以直接向相应的登记机关办理非法人组织的设立登记手续。

---

① 比如,《律师法》第 14 条规定:“律师事务所是律师的执业机构。设立律师事务所应当具备下列条件:(一)有自己的名称、住所和章程;(二)有符合本法规定的律师;(三)设立人应当是具有一定的执业经历,且三年内未受过停止执业处罚的律师;(四)有符合国务院司法行政部门规定数额的资产”,第 15 条规定:“设立合伙律师事务所,除应当符合本法第十四条规定的条件外,还应当有三名以上合伙人,设立人应当是具有三年以上执业经历的律师。合伙律师事务所可以采用普通合伙或者特殊的普通合伙形式设立。合伙律师事务所的合伙人按照合伙形式对该律师事务所的债务依法承担责任”,第 18 条规定:“设立律师事务所,应当向设区的市级或者直辖市的区人民政府司法行政部门提出申请,受理申请的部门应当自受理之日起二十日内予以审查,并将审查意见和全部申请材料报送省、自治区、直辖市人民政府司法行政部门。省、自治区、直辖市人民政府司法行政部门应当自收到报送材料之日起十日内予以审核,作出是否准予设立的决定。准予设立的,向申请人颁发律师事务所执业证书;不准予设立的,向申请人书面说明理由”。

② 《最高人民法院关于依法平等保护非公有制经济促进非公有制经济健康发展的意见》(法发〔2014〕27 号)明确使用了“人民法院审理行政案件,要正确处理好权利与权力的关系,对非公有制经济主体要坚持‘法无禁止即可为’的原则,对行政权力要坚持‘法无授权不可为’的原则”的表述。在国务院层面,《国务院批转发展改革委关于 2014 年深化经济体制改革重点任务意见的通知》(国发〔2014〕18 号)明确使用了“让政府部门‘法无授权不可为’”的表述,《国务院批转发展改革委关于 2015 年深化经济体制改革重点工作意见的通知》(国发〔2015〕26 号)提出了“实现政府法无授权不可为、法定职责必须为,市场主体法无禁止即可为”的要求,《国务院关于加强政务诚信建设的指导意见》(国发〔2016〕76 号)也提出“坚持依法行政。各级人民政府和公务员要始终坚持依法治国、依法行政,切实履行法定职责必须为、法无授权不可为的要求”,《国务院关于加强和规范事中事后监管的指导意见》(国发〔2019〕18 号)也要求“坚持权责法定、依法行政,法定职责必须为,法无授权不可为”。

(二)非法人组织设立审批属于机构准入事项

需要注意的是,《民法典》第103条第2款所说的"设立非法人组织,法律、行政法规规定须经有关机关批准",强调的是未经批准不得设立非法人组织,属于机构准入的一种方式①,有别于法律法规针对非法人组织从事特定的活动所设置的批准或许可(即业务准入,包括前置许可和后置许可)②。未取得业务准入的后果是不得从事相关活动,但通常不影响非法人组织的设立,相关主体可以先设立非法人组织、后办理业务准入手续③;而未取得设立批准的后果则是非法人组织无法设立,更谈不上从事相关的业务。

比如,针对律师事务所的设立,《律师法》规定设立律师事务所应当符合该法规定的条件,并向设区的市级或者直辖市的区人民政府司法行政部门提出申请,由受理申请的部门审查后将审查意见和全部申请材料报送省级司法行政部门;省级司法行政部门经审核后,作出是否准予设立的决定。④

又如,针对合伙制民办非企业单位的设立,《民办非企业单位管理暂行条例》规定"成立民办非企业单位,应当经其业务主管单位审查同意",并要求举办者在申请设立登记时向登记管理机关提交业务主管单位的批准文件。⑤

(三)《民法典》第103条第2款与《民法典》第11条的关系

《民法典》第103条第2款所说的"设立非法人组织,法律、行政法规规定须经有关机关批准的,依照其规定",指向的是行政关系,涉及行政许可事项;而《民法典》第11条所说的"其他法律对民事关系有特别规定的,依照其规定"指向的是民事关系,二者

---

① 机构准入不等同于设立审批,有的机构准入其实属于业务准入。比如,根据《国务院关于实施银行卡清算机构准入管理的决定》(国发〔2015〕22号)和《银行卡清算机构管理办法》,国家对在境内从事银行卡清算业务实施机构准入管理,要求向中国人民银行提出申请,经中国人民银行征求银行业监督管理机构同意后予以批准,取得银行卡清算业务许可证,但并没有要求成为专门从事银行卡清算业务的机构必须先取得中国人民银行的设立批准、后办理企业法人登记手续,而是要求申请人先完成企业法人设立登记,并在向中国人民银行提出筹备申请时提交"企业法人营业执照复印件和公司章程"。

② 比如,《合伙企业法》第9条第2款规定:"合伙企业的经营范围中有属于法律、行政法规规定在登记前须经批准的项目的,该项经营业务应当依法经过批准,并在登记时提交批准文件。"《行政许可法》第2条规定:"本法所称行政许可,是指行政机关根据公民、法人或者其他组织的申请,经依法审查,准予其从事特定活动的行为。"《国务院关于严格控制新设行政许可的通知》(国发〔2013〕39号)规定:"行政许可,是行政机关根据公民、法人或其他组织的申请,经依法审查,准予其从事特定活动的行为,是各级行政机关在依法管理经济社会事务过程中对公民、法人或其他组织的活动实行事前控制的一种手段。"

③ 当然,如果拟设立的非法人组织所从事的业务只有一项并且从事该业务必须取得前置许可,那么,未取得业务准入许可也将导致无法设立非法人组织。比如,《合伙企业法》第9条第2款规定:"合伙企业的经营范围中有属于法律、行政法规规定在登记前须经批准的项目的,该项经营业务应当依法经过批准,并在登记时提交批准文件。"《工商总局关于落实"证照分离"改革举措促进企业登记监管统一规范的指导意见》(工商企注字〔2017〕175号)进一步明确:"企业申请登记的经营范围中属于前置许可经营项目的,应先行取得审批部门批准的许可证,再向企业登记机关申请营业执照,企业登记机关依照审批机关的批准文件、证件进行登记。"

④ 《律师法》第14条至第18条。

⑤ 《民办非企业单位登记管理暂行条例》第3条、第9条第2项。

的适用范围不同,属于不同性质的法律关系的法律适用问题。

三、未办理登记是否属于非法人组织

由于《民法典》第 103 条第 1 款使用了“非法人组织应当依照法律的规定登记”的表述,因此,在法律规定非法人组织须经登记方可成立的情况下,如果未依法办理登记,则不属于《民法典》第 103 条所说的“非法人组织”、不具有民事主体资格,进而也就不能适用《民法典》总则编第四章的规定。

比如,山东省潍坊市中级人民法院(2021)鲁 07 民终 6587 号民事判决书认为:“本案中,郭某涛交纳的 2000 元款项,收据中加盖了安丘汾阳某某修谱理事会印章,说明该款项系以安丘汾阳某某修谱理事会名义收取。郭某田、郭某涛、郭某农、郭某海等二十余人成立的安丘汾阳某某修谱理事会并非依法成立的组织,其不具有相应的民事权利和义务,修谱期间所产生的权利和义务应由该理事会的全体成员共同承担。”

又如,广东省深圳市中级人民法院(2019)粤 03 民终 18248 号民事判决书认为:“《借据》的出借方系‘某鹏联谊会’,而‘某鹏联谊会’未依法进行登记,不属于法人或非法人组织,不具备民事法律主体资格。”

再如,安徽省高级人民法院(2019)皖民终 256 号民事裁定书认为:“《中华人民共和国民法总则》第一百零三条规定:‘非法人组织应当依照法律的规定登记。’某某股份制林场作为非法人组织,因其未依法进行登记,根据《最高人民法院关于适用〈中华人民共和国民事诉讼法〉的解释》第六十二条第一项规定,其不具有进行民事诉讼的主体资格。”①

不过,实务中,也存在虽未办理登记但被认定为事实上的非法人组织的案例。

比如,广西壮族自治区高级人民法院(2019)桂民申 5401 号民事裁定书认为:“本案幼儿看护点没有进行法人登记,不具有法人资格,但于 2014 年 9 月经原宜州市教育局批准获得了 B 类幼儿看护点许可,并能够以自己的名义从事经营活动,故依法应当认定为非法人组织。”

又如,四川省高级人民法院(2018)川清监 2 号民事裁定书认为:“本案中,‘攀枝花某某医院’是某晨公司与某路公司合作举办的非营利性医疗机构,其按照《医疗机构管理条例》的规定,经卫生部门前置行政许可领取了《医疗机构执业许可证》,但并未按照上述规定到民政部门登记领取登记证书,其在未经过民政部门登记之前,尚未依法取得非企业法人主体资格,不符合非企业法人的设立要件,在性质上不应认定为非企业法人。鉴于‘攀枝花某某医院’已领取了《组织机构代码证》和《医疗机构执业许可证》,并在行业主管部门许可的情况下从事了经常性诊疗活动,应认定其系未经登记而事实上已成立并开展经常性活动的非法人组织的非营利性医疗机构。”

---

① 类似的裁判意见,还可见河南省高级人民法院(2020)豫民申 945 号民事裁定书、黑龙江省佳木斯市中级人民法院(2019)黑 08 民终 929 号民事裁定书。

第一百零四条 【非法人组织的出资人或设立人承担责任的形式】非法人组织的财产不足以清偿债务的，其出资人或者设立人承担无限责任。法律另有规定的，依照其规定。

【条文通释】

《民法典》第104条是关于非法人组织的出资人或设立人承担责任的形式①的规定。

一、非法人组织出资人或设立人的责任形式

（一）出资人的责任形式

1. 出资人的责任形式

由于《民法典》第104条使用了“非法人组织的财产不足以清偿债务的，其出资人……承担无限责任。法律另有规定的，依照其规定”的表述，因此，原则上，非法人组织的出资人对非法人组织的债务承担的是无限的补充清偿责任；仅在法律有不同规定的情况下，才按照法律明确规定的其他责任形式对非法人组织的债务承担相应的责任。

2. 出资人的范围：是否包括原出资人

《民法典》第104条所说的“出资人”，指的是向非法人组织认缴或缴纳出资的主体。

从文义看，《民法典》第104条所说的“非法人组织不能清偿债务的，其出资人或者设立人承担无限责任”中的“出资人”，包括该非法人组织现有的出资人，当无疑问。问题是，在非法人组织原出资人依法通过转让等方式退出该非法人组织之后，原出资人是否仍应对非法人组织不能清偿的债务承担无限责任？

实务中，有裁判意见认为，《民法典》第104条所说的“出资人”既包括非法人组织的现有出资人，也包括原有的出资人。

比如，在石林县下某龙煤矿、周某华与尹某龙、周某伟、梁某兴承包经营合同纠纷案中，在认定“本案下部龙煤矿系个人独资企业。……本案尹兆龙起诉主张的债权，……是下某龙煤矿的债务，并非周某伟个人债务，应由下某龙煤矿及其投资人依法承担清偿责任”之后，针对“关于周某华作为下某龙煤矿的现投资人是否应当对下某龙煤矿的债务承担清偿责任”的问题，最高人民法院（2015）民申字第243号民事裁定书认为：“根据本案查明的事实，尹某龙承包经营下某龙煤矿的起止时间为2007年12月6日至2009年7月14日，其间周某伟、梁某兴、周某华先后为下部龙煤矿的投资人。

① 尽管《市场主体登记管理条例》针对合伙企业的合伙人使用的是“承担责任方式”的表述，由于《合伙企业法》第2条第2款和第107条均使用了“合伙人承担责任的形式”的表述（《公司法》第246条第1款针对在中国境内设立分公司的外国公司也使用了“该外国公司的……责任形式”的表述），故本书采用与《合伙企业法》一致的表述。

本案判决为充分保护债权人利益,结合本案的实际情况,判令下某龙煤矿的所有投资人即周某华、周某伟、梁某兴在下某龙煤矿的财产不足以清偿债务时,以其个人的其他财产予以清偿,同时明确下某龙煤矿各投资人之间的债权债务纠纷,可以按照彼此之间的协议,另行解决,并无不当"。[①]

又如,河南省高级人民法院(2020)豫知民终32号民事判决书认为:"城某加油站系个人独资企业,在2019年5月30日公证侵权事实时,刘某丽、赵某荣先后为该加油站的投资人,依据上述法律规定若城某加油站的财产不足以清偿本案债务的,应由其投资人刘某丽、赵某荣承担清偿责任。由于城某加油站的侵权事实主要发生于刘某丽投资经营期间,赵某荣投资城某加油站在之后,一审法院判令若城某加油站的财产不足以清偿上述债务时,酌定刘某丽对上述债务中的100000元、赵某荣对上述债务中的20000元承担清偿责任并无不当,本院予以维持。"

不过,在解释上,将《民法典》第104条所说的"出资人"解释为仅指"现出资人",不包括"原出资人",可能是更合适的。因为既然曾经是非法人组织的"出资人"的主体因种种原因不再是非法人组织的"出资人"了,就不能再称之为"出资人"或对其使用"出资人"的表述了。这跟《民法典》第106条第2项所说的"有下列情形之一的,非法人组织解散:……(二)出资人或者设立人决定解散"中的"出资人"仅指非法人组织现有的出资人是一样的,跟《民法典》第85条所说的"营利法人的权力机构、执行机构作出决议的会议召集程序、表决方式违反法律、行政法规、法人章程,或者决议内容违反法人章程的,营利法人的出资人可以请求人民法院撤销该决议"中的"出资人"仅指营利法人现有的出资人[②]也是一样的。此其一。

其二,退一步讲,考虑到《民法典》第104条在规定"非法人组织不能清偿债务的,其出资人或者设立人承担无限责任"的同时还规定了"法律另有规定的,依照其规定",并且,《民法典》第11条也规定了"其他法律对民事关系有特别规定的,依照其规定",针对《民法典》第104条所说的"出资人"是否包括原有的出资人的问题,也不能一概而论,更不能仅仅因为《民法典》第104条使用了"非法人组织的财产不足以清偿债务的,其出资人……承担无限责任"的表述,就要求非法人组织的出资人在任何时候(包括在其不再是非法人组织的出资人之后)都对"非法人组织的财产不足以清偿"的债务承担"无限责任",而应当结合非法人组织的具体类型及其适用的法律的具体规定作出认定。尤其是在曾经作为非法人组织的出资人的主体已经依法通过权益转让、退伙、减资等方式退出该非法人组织的情况下,只有在法律明文规定非法人组织的原出资人对非法人组织的相应债务承担无限责任的情形(比如,《合伙企业法》第53条所说的"退伙人对基于其退伙前的原因发生的合伙企业债务,承担无限连带责任"),才由曾经担任非法人组织的出资人但届时已经退出该非法人组织的主体按照法律的明文规定(包括明文规定的债务和数额)承担相应的责任。

---

① 下某龙煤矿、周某华在最高人民法院驳回其再审申请之后,向检察机关申诉;经最高人民检察院抗诉,最高人民法院于2018年11月28日以(2018)最高法民抗33号民事裁定决定提审该案。

② 针对公司股东提起决议撤销之诉,《公司法解释四》第2条更是明确规定:"依据民法典第八十五条、公司法第二十二条第二款请求撤销股东会或者股东大会、董事会决议的原告,应当在起诉时具有公司股东资格"。

(二)设立人的责任形式

1. 设立人的责任形式

由于《民法典》第104条使用了“非法人组织的财产不足以清偿债务的,其……设立人承担无限责任。法律另有规定的,依照其规定”的表述,因此,原则上,非法人组织的设立人对非法人组织的债务承担的是无限的补充清偿责任①;仅在法律有不同规定的情况下,才按照法律明确规定的其他责任形式对非法人组织的债务承担相应的责任。

2. 设立人并非在任何时候都须对非法人组织不能清偿的债务承担责任

结合《公司法解释三》第1条关于公司的发起人的认定的规定②,《民法典》第104条所说的“设立人”指的是为设立非法人组织而履行设立职责③的主体。

由于在非法人组织成立后,作为“设立人”的主体范围是确定不变的,因此,《民法典》第104条所说的“设立人”也是确定不变的;在非法人组织成立之后才成为其出资人的主体,不属于《民法典》第104条所说的“设立人”。

需要注意的是,不能仅仅因为《民法典》第104条使用了“非法人组织的财产不足以清偿债务的,其……设立人承担无限责任”的表述,就要求非法人组织的设立人在任何时候都对“非法人组织的财产不足以清偿”的债务承担“无限责任”。

尤其是在作为非法人组织的设立人的主体已经依法通过权益转让、退伙等方式退出该非法人组织的情况下,只有在法律明文规定非法人组织的设立人对非法人组织的相应债务承担责任的情形,才由曾经作为非法人组织的设立人但后来已经退出该非法人组织的主体承担法律明文规定的责任。这跟《公司法》第50条所说的“有限责任公司设立时,股东未按照公司章程规定实际缴纳出资,或者实际出资的非货币财产的实际价额显著低于所认缴的出资额的,设立时的其他股东与该股东在出资不足的范围内承担连带责任”和第99条所说的“发起人不按照其认购的股份缴纳股款,或者作为出

① 比如,广西壮族自治区高级人民法院(2019)桂民申5401号民事裁定书认为:“本案幼儿看护点没有进行法人登记,不具有法人资格,但于2014年9月经原宜州市教育局批准获得了B类幼儿看护点许可,并能够以自己的名义从事经营活动,故依法应当认定为非法人组织。《中华人民共和国民法总则》第一百零四条规定:‘非法人组织的财产不足以清偿债务的,其出资人或者设立人承担无限责任。’本案幼儿看护点申报表、原宜州市教育局等部门印发的宜教发[2014]44号通知、唐某与黄某某璇签订的转让协议等在案证据证明,唐某为幼儿看护点的举办者、负责人、出资人。因此,在幼儿看护点的财产不足以清偿本案债务时,唐某依法应当(承担)无限责任。虽然唐某与黄某某璇于2015年3月签订转让协议,约定将其股权全部转让黄某某璇、其对幼儿看护点不再承担责任,但是该协议属于双方的内部约定,对外不发生效力。由于本案事故发生时唐某仍是经有关部门审批的幼儿看护点负责人,所以一、二审法院判决其承担无限责任并无不当,本院予以维持。”

② 《公司法解释三》第1条规定:“为设立公司而签署公司章程、向公司认购出资或者股份并履行公司设立职责的人,应当认定为公司的发起人,包括有限责任公司设立时的股东。”

③ 需要注意的是,在设立个人独资企业的情形,其投资人无须签署企业章程或向登记机关提交企业章程(《个人独资企业法》第8条、第9条、《市场主体登记管理条例实施细则》第25条);在国家出资设立的律师事务所的情形,则由当地县级司法行政机关筹建,由所在地县级人民政府有关部门核拨编制、提供经费保障(见《律师事务所管理办法》第12条第2款、第19条第3款)。因此,签署章程或认缴出资并非成为非法人组织的设立人的必备要件。

资的非货币财产的实际价额显著低于所认购的股份的,其他发起人与该发起人在出资不足的范围内承担连带责任”是类似的。

二、非法人组织财产不足以清偿债务的认定

由于《民法典》第 104 条使用了“非法人组织的财产不足以清偿债务的,其出资人或者设立人承担无限责任”的表述,因此,非法人组织的出资人或设立人对该非法人组织的债务承担无限责任的前提是“非法人组织的财产不足以清偿债务”。在且仅在“非法人组织的财产不足以清偿债务”的情况下,才应当由、就应当由其出资人或者设立人承担无限责任。

(一)“不足以清偿债务”中的“债务”的含义

《民法典》第 104 条所说的“非法人组织的财产不足以清偿债务”中的“债务”,具有以下几层含义:

第一,《民法典》第 104 条所说的“非法人组织的财产不足以清偿债务”中的“债务”,指的是“非法人组织的债务”,而不是其出资人或设立人的债务。

第二,《民法典》第 104 条所说的“非法人组织的财产不足以清偿债务”中的“债务”,指的是非法人组织的到期债务。在非法人组织的债务履行期限届满之前,非法人组织原则上享有期限利益、有权拒绝其债权人提出的清偿要求①,也就谈不上要求其出资人或者设立人承担清偿责任的问题。

第三,《民法典》第 104 条所说的“非法人组织的财产不足以清偿债务”中的“债务”,可以是全部债务,也可以是部分债务。如果非法人组织的财产连其特定部分的债务都不足以清偿,那就意味着非法人组织的财产更不足以清偿其全部债务,自然属于“非法人组织的财产不足以清偿债务”。所谓“举轻以明重”。

第四,《民法典》第 104 条所说的“非法人组织的财产不足以清偿债务”中的“债务”,既包括该非法人组织对第三人负有的债务,也包括该非法人组织对其出资人或设立人负有的债务。

第五,《民法典》第 104 条所说的“非法人组织的财产不足以清偿债务”,既包括非法人组织在存续期间财产不足以清偿债务,也包括非法人组织经解散清算或破产清算后财产不足以清偿债务。比如,《个人独资企业法》第 28 条规定:“个人独资企业解散后,原投资人对个人独资企业存续期间的债务仍应承担偿还责任,但债权人在五年内

---

① 在例外情况下,债权人有权要求作为债务人的非法人组织提前清偿债务。比如,《民法典》第 408 条、第 432 条第 2 款、第 433 条、第 442 条、第 443 条第 2 款、第 444 条第 2 款、第 445 条第 2 款、第 673 条都作出了相应的规定。

未向债务人提出偿债请求的,该责任消灭”[①],《合伙企业法》第 91 条规定:“合伙企业注销后,原普通合伙人对合伙企业存续期间的债务仍应承担无限连带责任”,第 92 条规定:“合伙企业不能清偿到期债务的,债权人可以依法向人民法院提出破产清算申请,也可以要求普通合伙人清偿。合伙企业依法被宣告破产的,普通合伙人对合伙企业债务仍应承担无限连带责任”。

(二)“不足以清偿债务”的认定

问题是,《民法典》第 104 条所说的“非法人组织的财产不足以清偿债务”,如何认定?

结合《公司法》第 237 条第 1 款关于“清算组在清理公司财产、编制资产负债表和财产清单后,发现公司财产不足清偿债务的,应当依法向人民法院申请破产清算”,《农民专业合作社法》第 52 条第 2 款关于“清算组发现农民专业合作社的财产不足以清偿债务的,应当依法向人民法院申请破产”和《企业破产法》第 7 条第 3 款关于“企业法人已解散但未清算或者未清算完毕,资产不足以清偿债务的,依法负有清算责任的人应当向人民法院申请破产清算”,第 135 条关于“其他法律规定企业法人以外的组织的清算,属于破产清算的,参照适用本法规定的程序”的规定,可以认为,《民法典》第 104 条所说的“非法人组织的财产不足以清偿债务”,指的是“非法人组织的财产不足以清偿全部到期债务”。

进而,参考《最高人民法院关于适用〈中华人民共和国企业破产法〉若干问题的规定(一)》(以下简称“《破产法解释一》”)第 3 条[②]的规定,只要非法人组织的资产负债表或者审计报告、资产评估报告等显示其全部资产不足以偿付其全部负债,就可以认定该非法人组织的资产不足以清偿全部债务(但有相反证据足以证明该非法人组织的资产能够偿付全部负债的除外)。

(三)“不足以清偿债务”与“不能清偿债务”“明显缺乏清偿能力”

由于《企业破产法》第 2 条第 1 款所说的“企业法人不能清偿到期债务,并且资产不足以清偿全部债务或者明显缺乏清偿能力的,依照本法规定清理债务”是将“资产不足以清偿全部债务”与“不能清偿到期债务”“明显缺乏清偿能力”并列列出的,只有在债务人“不能清偿到期债务”且具有“资产不足以清偿全部债务”或“明显缺乏清偿能力”之一时,才能认定其具备破产原因,因此,《民法典》第 104 条所说的“非法人组织的

---

① 广州知识产权法院(2022)粤 73 民终 3680 号民事判决书认为:“田某胜系原个人独资企业某胜百货店的投资人,根据《中华人民共和国个人独资企业法》第二条、第二十八条、第三十一条关于‘本法所称个人独资企业,是指依照本法在中国境内设立,由一个自然人投资,财产为投资人个人所有,投资人以其个人财产对企业债务承担无限责任的经营实体’‘个人独资企业解散后,原投资人对个人独资企业存续期间的债务仍应承担偿还责任’‘个人独资企业财产不足以清偿债务的,投资人应当以其个人的其他财产予以清偿’的规定,在田某胜将某胜百货店进行工商登记注销后,某胜百货店存续期间所产生的赔偿责任应当由其投资人承担偿还责任,故某胜百货店在本案中的赔偿责任应由其投资人田某胜承担。”

② 《破产法解释一》第 3 条的原文为:“债务人的资产负债表,或者审计报告、资产评估报告等显示其全部资产不足以偿付全部负债的,人民法院应当认定债务人资产不足以清偿全部债务,但有相反证据足以证明债务人资产能够偿付全部负债的除外。”

财产不足以清偿债务”,与非法人组织“不能清偿到期债务”,非法人组织“明显缺乏清偿能力”具有不同的含义;不论是非法人组织“不能清偿到期债务”,还是非法人组织“明显缺乏清偿能力”,都不当然意味着“非法人组织的财产不足以清偿债务”。[①]

其中,参考《破产法解释一》第 2 条的规定[②],下列情形同时存在时,可以认定“非法人组织不能清偿到期债务”:一是非法人组织与债权人之间的债权债务关系依法成立;二是非法人组织履行债务的期限已经届满;三是非法人组织作为债务人未完全清偿债务。就其中的“未完全清偿债务”而言,可以参考《最高人民法院关于适用〈中华人民共和国担保法〉若干问题的解释》(已失效)第 131 条关于“本解释所称‘不能清偿’指对债务人的存款、现金、有价证券、成品、半成品、原材料、交通工具等可以执行的动产和其他方便执行的财产执行完毕后,债务仍未能得到清偿的状态”的规定,加以认定。

参考《破产法解释一》第 4 条的规定[③],非法人组织的账面资产虽大于负债,但存在下列情形之一的,也可以认定“非法人组织不能清偿到期债务”:一是因资金严重不足或者财产不能变现等原因,无法清偿债务;二是负责人下落不明且无其他人员负责管理财产,无法清偿债务;三是经人民法院强制执行,无法清偿债务;四是长期亏损且经营扭亏困难,无法清偿债务;五是导致非法人组织丧失清偿能力的其他情形。

(四)“非法人组织财产不足以清偿债务”的证明责任

根据《民事诉讼法》第 67 条第 1 款[④]和《民诉法解释》第 90 条、第 91 条[⑤]的规定,非法人组织的债权人应当对该非法人组织存在“财产不足以清偿债务”这一事实承担举证证明责任,否则,其要求该非法人组织的出资人或设立人对该非法人组织的债务承担清偿责任的请求可能就得不到法院的支持。

比如,在李某喜与永兴县某家村一矿等合同纠纷案中,针对普通合伙企业永兴县某家村一矿的普通合伙人左某仁、李某成、黄某清、马某元、李某生应否对案涉合伙企业债务承担连带清偿责任的问题,湖南省高级人民法院(2015)湘高法民一终字第 43

---

① 不过,实务中存在将“不能清偿债务”也认定为“不足以清偿债务”的情形。比如,针对民事执行程序,《民诉法解释》第 471 条就直接规定:“其他组织在执行中不能履行法律文书确定的义务的,人民法院可以裁定执行对该其他组织依法承担义务的法人或者公民个人的财产”。

② 《破产法解释一》第 2 条的原文为:“下列情形同时存在的,人民法院应当认定债务人不能清偿到期债务:(一)债权债务关系依法成立;(二)债务履行期限已经届满;(三)债务人未完全清偿债务。”

③ 《破产法解释一》第 4 条的原文为:“债务人账面资产虽大于负债,但存在下列情形之一的,人民法院应当认定其明显缺乏清偿能力:(一)因资金严重不足或者财产不能变现等原因,无法清偿债务;(二)法定代表人下落不明且无其他人员负责管理财产,无法清偿债务;(三)经人民法院强制执行,无法清偿债务;(四)长期亏损且经营扭亏困难,无法清偿债务;(五)导致债务人丧失清偿能力的其他情形。”

④ 《民事诉讼法》第 67 条第 1 款规定:“当事人对自己提出的主张,有责任提供证据。”

⑤ 《民诉法解释》第 90 条规定:“当事人对自己提出的诉讼请求所依据的事实或者反驳对方诉讼请求所依据的事实,应当提供证据加以证明,但法律另有规定的除外。在作出判决前,当事人未能提供证据或者证据不足以证明其事实主张的,由负有举证证明责任的当事人承担不利的后果”,第 91 条规定:“人民法院应当依照下列原则确定举证证明责任的承担,但法律另有规定的除外:(一)主张法律关系存在的当事人,应当对产生该法律关系的基本事实承担举证证明责任;(二)主张法律关系变更、消灭或者权利受到妨害的当事人,应当对该法律关系变更、消灭或者权利受到妨害的基本事实承担举证证明责任。”

号民事判决书认为:"根据《中华人民共和国合伙企业法》的规定,合伙人仅在合伙企业不能清偿债务时才承担无限连带责任。本案中,李某喜既是合伙企业的债权人,又是合伙企业的合伙人,其在合伙企业某家村一矿仍在正常经营的情况下,并未举证证明某家村一矿不能清偿本案债务,因此,对李某喜上诉要求合伙人左某仁、李某成、黄某清、马某元、李某生承担连带清偿责任的请求,本院不予支持。"

三、原则:出资人或设立人对非法人组织债务承担补充清偿责任

(一)出资人或设立人与非法人组织之间原则上并非连带责任关系

由于《民法典》第104条所说的"非法人组织的财产不足以清偿债务的,其出资人或者设立人承担无限责任"没有提及非法人组织与其出资人或者设立人之间的连带责任的问题,因此,根据《民法典》第178条第3款关于"连带责任,由法律规定或者当事人约定"的规定,原则上,就向非法人组织的债权人清偿该非法人组织的债务而言,非法人组织的各个出资人或设立人与该非法人组织之间不属于连带责任关系,各个出资人或设立人对非法人组织的债务不承担连带责任;否则的话,根据《民法典》第178条第1款关于"二人以上依法承担连带责任的,权利人有权请求部分或者全部连带责任人承担责任"的规定,非法人组织的债权人就可以在不要求该非法人组织清偿债务的情况下直接要求该非法人组织的出资人或设立人清偿非法人组织的债务了,或者同时要求该非法人组织及其出资人或设立人对该非法人组织的债务承担清偿责任,而不论该非法人组织自身的财产是否足以清偿其债务。

在这方面,刊载于《最高人民法院公报》2011年第7期、由江苏省高级人民法院在2009年11月17日就卞某与南通某盈贸易有限公司等买卖合同纠纷案作出的(2009)苏民二终字第0130号民事判决书中的处理意见,可供参考。在该案中,江苏省高级人民法院(2009)苏民二终字第0130号民事判决书认为:"《合伙企业法》第三十九条规定:'合伙企业对其债务,应先以其全部财产进行清偿。合伙企业财产不足清偿到期债务的,各合伙人应当承担无限连带清偿责任。'第四十条第一款规定:'以合伙企业财产清偿合伙企业债务时,其不足的部分,由各合伙人按照本法第三十二条第一款规定的比例,用其在合伙企业出资以外的财产承担清偿责任。'据此可知,合伙企业债务的承担分为两个层次:第一顺序的债务承担人是合伙企业,第二顺序的债务承担人是全体合伙人。由于债权人的交易对象是合伙企业而非合伙人,合伙企业作为与债权人有直接法律关系的主体,应先以其全部财产进行清偿。因合伙企业不具备法人资格,普通合伙人不享受有限责任的保护,合伙企业的财产不足清偿债务的,全体普通合伙人应对合伙企业未能清偿的债务部分承担无限连带清偿责任。进而言之,《合伙企业法》第三十九条所谓的'连带'责任,是指合伙人在第二顺序的责任承担中相互之间所负的连带责任,而非合伙人与合伙企业之间的连带责任。本案中,对于某达厂欠某盈公司的货款,某达厂应先以其全部财产进行清偿。某达厂的财产不足清偿该债务的,卞某等合伙人对不能清偿的部分承担无限连带清偿责任。"

此外,最高人民法院(2019)最高法民申3260号民事裁定书也认为:"《中华人民共和国合伙企业法》第三十九条规定,'合伙企业不能清偿到期债务的,合伙人承担无限

连带责任。'该条规定有两层意思:一是合伙企业不具备法人资格,普通合伙人不享受有限责任的保护,合伙企业的财产不足清偿债务的,全体普通合伙人对合伙企业未能清偿的债务部分承担无限连带清偿责任;二是在债务的清偿顺序上,要先由合伙企业对外承担责任,合伙企业不能清偿到期债务的才由合伙人互负无限连带责任。"

(二)各个出资人(或设立人)相互之间原则上并非连带责任关系

同样地,由于《民法典》第 104 条所说的"非法人组织的财产不足以清偿债务的,其出资人或者设立人承担无限责任"没有提及出资人或者设立人相互之间的连带责任的问题,因此,根据《民法典》第 178 条第 3 款关于"连带责任,由法律规定或者当事人约定"的规定,原则上,就向非法人组织的债权人清偿该非法人组织的财产不足以清偿的债务而言,各个出资人或设立人相互之间也不属于连带责任关系,各个出资人或设立人相互之间就非法人组织的财产不足以清偿的债务的清偿不承担连带责任。这跟《民法典》第 699 条所说的"同一债务有两个以上保证人的,保证人应当按照保证合同约定的保证份额,承担保证责任;没有约定保证份额的,债权人可以请求任何一个保证人在其保证范围内承担保证责任"是类似的。

(三)出资人或设立人对非法人组织的债务原则上承担补充责任

如前所说,由于《民法典》第 104 条使用的是"非法人组织的财产不足以清偿债务的,其出资人或者设立人承担无限责任"的表述,因此,结合《合伙企业法》第 38 条、第 39 条、第 92 条第 1 款[①]的规定,就非法人组织的债务,各个出资人或设立人原则上承担的都是无限的补充清偿责任;就非法人组织的财产不足以清偿的到期债务,各个出资人或设立人承担的才是无限的清偿责任。

由于《民法典》第 104 条在"其出资人或者设立人承担无限责任"之前加上了"非法人组织的财产不足以清偿债务的"这样的限定,因此,非法人组织应当首先以其财产对其债务进行清偿,只有在非法人组织的自有财产不足以清偿其债务的情况下,才由其出资人或设立人对其不能清偿的债务进行清偿;也因此,只要在非法人组织的自有财产不足以清偿其债务的情况下,就应当由其出资人或设立人对其不能清偿的债务进行清偿。

这就意味着,非法人组织的出资人或设立人不是非法人组织债务的第一责任人,非法人组织才是其债务的第一责任人,出资人或设立人对非法人组织的债务承担的是补充的责任、第二位的责任。这跟《合伙企业法》第 38 条和第 39 条规定普通合伙人对合伙企业的债务承担的也是补充责任,具有类似性[②];与最高人民法院(2011)民提字第 89 号民事判决书所说的"……补充给付责任与连带偿还责任相比,补充赔偿责任的承担人享有在对主债务人进行强制执行之前拒绝承担责任的抗辩权,故其责任轻于连带

---

① 《合伙企业法》第 38 条规定:"合伙企业对其债务,应先以其全部财产进行清偿。"第 39 条规定:"合伙企业不能清偿到期债务的,合伙人承担无限连带责任。"第 92 条第 1 款规定:"合伙企业不能清偿到期债务的,债权人可以依法向人民法院提出破产清算申请,也可以要求普通合伙人清偿。"

② 所不同的是,《民法典》第 104 条不涉及非法人组织的出资人或设立人之间的责任承担问题,而《合伙企业法》第 39 条明确了普通合伙人之间对合伙企业不能清偿的债务须承担连带责任。

偿还责任”的意见,也是一致的。

对此,最高人民法院(2015)民申字第243号民事裁定书也认为:“本案下某龙煤矿系个人独资企业。依据个人独资企业法第二条‘本法所称个人独资企业,是指依照本法在中国境内设立,由一个自然人投资,财产为投资人个人所有,投资人以其个人财产对企业债务承担无限责任的经营实体’,第三十一条‘个人独资企业财产不足以清偿债务的,投资人应当以其个人的其他财产予以清偿’的规定,虽然下某龙煤矿投资人应以其个人财产对下某龙煤矿债务承担无限责任,但其清偿顺序为先由下某龙煤矿以企业财产清偿,不足部分由投资人以个人其他财产予以清偿……”

四、例外:出资人或设立人承担其他责任

由于《民法典》第104条在“非法人组织的财产不足以清偿债务的,其出资人或者设立人承担无限责任”之后还规定了“法律另有规定的,依照其规定”,并且《民法典》第11条也规定了“其他法律对民事关系有特别规定的,依照其规定”,因此,在且仅在法律另有明文规定的情况下,非法人组织的出资人或设立人才对“非法人组织的财产不足以清偿部分的债务”承担与“无限责任”不同的责任。

其中,《民法典》第104条所说的“法律另有规定”,指的是法律就非法人组织的债务承担作出的与“非法人组织的财产不足以清偿债务的,其出资人或者设立人承担无限责任”不同的规定,既包括《民法典》本身作出的不同规定、也包括其他法律作出的不同规定。这些“另有规定”,既可以是责任形式方面的不同规定(比如承担有限责任、连带责任),也可以是责任对象方面的不同规定(比如仅就部分特定债务承担无限责任),还可以是责任期限方面的不同规定(比如限制无限责任的存续期限),等等。

现阶段,由于《民法典》本身没有直接作出与《民法典》第104条所说的“非法人组织的财产不足以清偿债务的,其出资人或者设立人承担无限责任”不同的规定,因此,《民法典》第104条所说的“法律另有规定”主要指《个人独资企业法》《合伙企业法》和《律师法》等其他法律作出的不同规定。

(一)《个人独资企业法》的特别规定

就个人独资企业而言,《民法典》第104条所说的“法律另有规定”,主要指《个人独资企业法》第18条和第28条的规定。

1.《个人独资企业法》第18条

《个人独资企业法》第18条规定:“个人独资企业投资人在申请企业设立登记时明确以其家庭共有财产作为个人出资的,应当依法以家庭共有财产对企业债务承担无限责任”。

该规定将个人独资企业投资人的家庭共有财产纳入承担个人独资企业债务的责任财产的范围,突破了《个人独资企业法》第2条和第31条所说的个人独资企业投资人以其个人财产对个人独资企业财产不足以清偿部分的债务承担无限责任的规定,与《民法典》第104条所说的“非法人组织的财产不足以清偿债务的,其出资人或者设立人承担无限责任”也是不同的,属于《民法典》第104条所说的“法律另有规定”(旧的特别规定),故应当优先于《民法典》第104条所说的“非法人组织的财产不足以清偿债

务的,其出资人或者设立人承担无限责任”得到适用。

2.《个人独资企业法》第 28 条

《个人独资企业法》第 28 条规定:“个人独资企业解散后,原投资人对个人独资企业存续期间的债务仍应承担偿还责任,但债权人在五年内未向债务人提出偿债请求的,该责任消灭”。

《民法典》第 104 条并未对个人独资企业的债权人请求该个人独资企业的投资人清偿该个人独资企业债务的实体权利的存续期限作出任何限制,而《个人独资企业法》第 28 条将个人独资企业的债权人请求该个人独资企业的投资人清偿该个人独资企业债务的实体权利的存续期限限定为该个人独资企业终止后 5 年,与《民法典》第 104 条所说的“非法人组织的财产不足以清偿债务的,其出资人或者设立人承担无限责任”是不同的,属于《民法典》第 104 条所说的“法律另有规定”(旧的特别规定),故应当优先于《民法典》第 104 条所说的“非法人组织的财产不足以清偿债务的,其出资人或者设立人承担无限责任”得到适用。

(二)《合伙企业法》的特别规定

就合伙企业而言,《民法典》第 104 条所说的“法律另有规定”,包括《合伙企业法》第 2 条第 2 款、第 38 条、第 39 条、第 44 条第 2 款、第 53 条、第 83 条、第 84 条、第 91 条、第 92 条,第 57 条,第 2 条第 3 款、第 77 条、第 81 条的规定。这些规定分别针对普通合伙企业的合伙人、特殊的普通合伙企业的合伙人以及有限合伙企业的有限合伙人对合伙企业的债务承担责任的形式作出了特别的规定(旧的特别规定)。

1. 关于合伙企业普通合伙人责任的特别规定

根据《合伙企业法》第 2 条第 2 款、第 38 条、第 39 条、第 44 条第 2 款、第 53 条、第 83 条、第 84 条、第 91 条、第 92 条的规定,合伙企业(包括普通合伙企业和有限合伙企业)的普通合伙人对该合伙企业的债务承担的责任主要如下:

第一,对于合伙企业的到期债务,首先应当由合伙企业以自己的财产进行清偿;只有在合伙企业不能清偿其到期债务的情况下,才由普通合伙人进行清偿,合伙企业的债权人才可以要求普通合伙人清偿。普通合伙人享有类似于《民法典》第 687 条所规定的一般保证人所享有的针对债权人的先诉抗辩权那样的权利。这与《民法典》第 104 条所说的“非法人组织的财产不足以清偿债务的,其出资人或者设立人承担无限责任”是不同的,属于《民法典》第 104 条所说的“法律另有规定”,故应当优先于《民法典》第 104 条所说的“非法人组织的财产不足以清偿债务的,其出资人或者设立人承担无限责任”得到适用。

第二,就向合伙企业的债权人清偿该合伙企业的债务而言,各个普通合伙人承担的都是无限的补充清偿责任;就向合伙企业的债权人清偿该合伙企业不能清偿的到期债务而言,各个普通合伙人承担的都是无限的清偿责任。这跟《民法典》第 104 条所说的“非法人组织的财产不足以清偿债务的,其出资人或者设立人承担无限责任”,是一致的。

第三,就向合伙企业的债权人清偿该合伙企业不能清偿的到期债务而言,各个普通合伙人与合伙企业之间不属于连带责任关系,各个普通合伙人对非法人组织的债务不承担连带责任。这跟《民法典》第 104 条所说的"非法人组织的财产不足以清偿债务的,其出资人或者设立人承担无限责任",也是一致的。

第四,就向合伙企业的债权人清偿该合伙企业不能清偿的到期债务而言,各个普通合伙人相互之间属于连带责任关系,各个普通合伙人相互之间就该合伙企业不能清偿的到期债务的清偿承担连带责任,该合伙企业的债权人可以只要求某一个普通合伙人清偿合伙企业未能清偿的全部债务,也可以要求某几个普通合伙人或全部普通合伙人清偿合伙企业未能清偿的全部债务。这属于《民法典》第 104 条所说的"非法人组织的财产不足以清偿债务的,其出资人或者设立人承担无限责任"没有规定的事项,跟《民法典》第 104 条所说的"非法人组织的财产不足以清偿债务的,其出资人或者设立人承担无限责任"是不同的①,属于《民法典》第 104 条所说的"法律另有规定",应当直接适用。

第五,就普通合伙人退伙后对合伙企业的债务的责任而言,《合伙企业法》第 53 条规定:"退伙人对基于其退伙前的原因发生的合伙企业债务,承担无限连带责任。"该规定将普通合伙人退伙后对合伙企业的债务的责任对象限定为"基于其退伙前的原因发生的合伙企业债务",属于与《民法典》第 104 条所说的"非法人组织的财产不足以清偿债务的,其出资人或者设立人承担无限责任"不同的规定,属于《民法典》第 104 条所说的"法律另有规定",故应当优先于《民法典》第 104 条所说的"非法人组织的财产不足以清偿债务的,其出资人或者设立人承担无限责任"得到适用。

基于上述,可以认为,《合伙企业法》针对合伙企业的普通合伙人承担责任的形式作出的特别规定主要在于:一是明确了合伙企业的普通合伙人承担清偿责任的条件为"合伙企业不能清偿到期债务"而非"合伙企业财产不足以清偿债务",二是明确了各个普通合伙人之间对合伙企业不能清偿的债务的清偿构成连带责任关系。

2. 关于特殊的普通合伙企业合伙人责任的特别规定

《合伙企业法》第 57 条针对特殊的普通合伙企业的合伙人的责任作出了特别的规定,具体而言:

第一,《合伙企业法》第 57 条第 1 款规定:"一个合伙人或者数个合伙人在执业活动中因故意或者重大过失造成合伙企业债务的,应当承担无限责任或者无限连带责任,其他合伙人以其在合伙企业中的财产份额为限承担责任"。其中的"数个合伙人在执业活动中因故意或者重大过失造成合伙企业债务的,应当承担无限连带责任",明确了特殊的普通合伙企业的数个合伙人之间的连带责任,属于《民法典》第 104 条所说的"非法人组织的财产不足以清偿债务的,其出资人或者设立人承担无限责任"没有规定的事项;而其中的"其他合伙人以其在合伙企业中的财产份额为限承担责任",则将特殊的普通合伙企业其他合伙人的责任限额限定为"其在合伙企业中的财产份额",属于

① 需要注意的是,在有限合伙企业的情形,如果该有限合伙企业只有一个普通合伙人,那么,由于此时没有适用连带责任的余地,其唯一的普通合伙人需对该有限合伙企业不能清偿的到期债务承担的责任,与《民法典》第 104 条所说的"非法人组织的财产不足以清偿债务的,其出资人或者设立人承担无限责任"是相同的。

与《民法典》第 104 条所说的“非法人组织的财产不足以清偿债务的，其出资人或者设立人承担无限责任”不同的规定，均属于《民法典》第 104 条所说的“法律另有规定”，故应当优先于《民法典》第 104 条所说的“非法人组织的财产不足以清偿债务的，其出资人或者设立人承担无限责任”得到适用。

第二，《合伙企业法》第 57 条第 2 款规定：“合伙人在执业活动中非因故意或者重大过失造成的合伙企业债务以及合伙企业的其他债务，由全体合伙人承担无限连带责任。”其中的“由全体合伙人承担无限连带责任”，与《民法典》第 104 条所说的“非法人组织的财产不足以清偿债务的，其出资人或者设立人承担无限责任”是不同的，属于《民法典》第 104 条所说的“法律另有规定”，故应当优先于《民法典》第 104 条所说的“非法人组织的财产不足以清偿债务的，其出资人或者设立人承担无限责任”得到适用。

3. 关于有限合伙人责任的特别规定

在有限合伙企业的情形，针对有限合伙企业的有限合伙人对合伙企业债务的责任，《合伙企业法》也作出了特别的规定，具体而言：

第一，《合伙企业法》第 2 条第 3 款规定：“有限合伙企业由普通合伙人和有限合伙人组成，……有限合伙人以其认缴的出资额为限对合伙企业债务承担责任”，第 77 条规定：“新入伙的有限合伙人对入伙前有限合伙企业的债务，以其认缴的出资额为限承担责任”。这些规定将有限合伙人对合伙企业的债务的责任限额限定为“其认缴的出资额”，属于与《民法典》第 104 条所说的“非法人组织的财产不足以清偿债务的，其出资人或者设立人承担无限责任”不同的规定，均属于《民法典》第 104 条所说的“法律另有规定”，故应当优先于《民法典》第 104 条所说的“非法人组织的财产不足以清偿债务的，其出资人或者设立人承担无限责任”得到适用。

第二，《合伙企业法》第 81 条规定：“有限合伙人退伙后，对基于其退伙前的原因发生的有限合伙企业债务，以其退伙时从有限合伙企业中取回的财产承担责任。”该规定将有限合伙人退伙后对合伙企业的债务的责任对象限定为“基于其退伙前的原因发生的有限合伙企业债务”，并将责任限额限定为“其退伙时从有限合伙企业中取回的财产”，属于与《民法典》第 104 条所说的“非法人组织的财产不足以清偿债务的，其出资人或者设立人承担无限责任”不同的规定，属于《民法典》第 104 条所说的“法律另有规定”，故应当优先于《民法典》第 104 条所说的“非法人组织的财产不足以清偿债务的，其出资人或者设立人承担无限责任”得到适用。

第三，《合伙企业法》第 76 条第 1 款规定：“第三人有理由相信有限合伙人为普通合伙人并与其交易的，该有限合伙人对该笔交易承担与普通合伙人同样的责任。”该规定将有限合伙人承担无限责任的责任对象限定为“第三人有理由相信有限合伙人为普通合伙人并与其交易”所产生的合伙企业的债务，属于与《民法典》第 104 条“非法人组织的财产不足以清偿债务的，其出资人或者设立人承担无限责任”不同的规定，属于《民法典》第 104 条所说的“法律另有规定”，故应当优先于《民法典》第 104 条所说的“非法人组织的财产不足以清偿债务的，其出资人或者设立人承担无限责任”得到适用。

基于上述，《合伙企业法》针对有限合伙企业的有限合伙人承担责任的形式作出的特别规定,主要在于明确了有限合伙人对合伙企业不能清偿的债务原则上承担的是有限责任、仅在例外情况下才承担无限责任。这与《民法典》第104条所说的"非法人组织的财产不足以清偿债务的,其出资人或者设立人承担无限责任。法律另有规定的,依照其规定"明确的"非法人组织的出资人或设立人对非法人组织不足以清偿的债务原则上承担无限责任,例外情况下承担有限责任或其他责任",刚好相反。

(三)《律师法》的特别规定

就律师事务所这类"不具有法人资格的专业服务机构"而言,《民法典》第104条所说的"法律另有规定",主要包括《律师法》第15条、第20条和《合伙企业法》第107条的规定。这些规定分别针对普通合伙律师事务所、特殊的普通合伙律师事务所和国家出资设立的律师事务所对律师事务所的债务承担责任的形式作出了特别的规定(旧的特别规定)。①

1. 关于普通合伙律师事务所合伙人责任的特别规定

《律师法》第15条第2款规定:"合伙律师事务所可以采用普通合伙或者特殊的普通合伙形式设立。合伙律师事务所的合伙人按照合伙形式对该律师事务所的债务依法承担责任。"在此基础上,针对普通合伙律师事务所合伙人的责任,《律师事务所管理办法》(2018年修正)第53条第2款规定:"普通合伙律师事务所的合伙人对律师事务所的债务承担无限连带责任"。

由于上述法律法规针对普通合伙律师事务所合伙人责任的规定与《合伙企业法》针对合伙企业普通合伙人责任的规定在实质上是一致的,因此,上文"(二)《合伙企业法》的特别规定"之"1. 关于合伙企业普通合伙人责任的特别规定"的分析,也适用于上述法律法规针对普通合伙律师事务所合伙人责任的特别规定。

2. 关于特殊的普通合伙律师事务所合伙人责任的特别规定

在《律师法》第15条第2款和《合伙企业法》第107条、第57条的规定的基础上,针对特殊的普通合伙律师事务所合伙人责任,《律师事务所管理办法》(2018年修正)第53条第2款也规定:"特殊的普通合伙律师事务所一个合伙人或者数个合伙人在执业活动中因故意或者重大过失造成律师事务所债务的,应当承担无限责任或者无限连带责任,其他合伙人以其在律师事务所中的财产份额为限承担责任;合伙人在执业活动中非因故意或者重大过失造成的律师事务所债务,由全体合伙人承担无限连带责任。"

由于上述法律法规针对特殊普通合伙律师事务所合伙人责任的规定与《合伙企业法》针对特殊的普通合伙企业合伙人责任的规定在实质上是一致的,因此,上文"(二)《合伙企业法》的特别规定"之"2. 关于特殊的普通合伙企业合伙人责任的特别规定"的分析,也适用于上述法律法规针对特殊的普通合伙律师事务所合伙人责任的特别

① 需要注意的是,针对个人律师事务所债务的承担,《律师法》第16条规定:"设立个人律师事务所,除应当符合本法第十四条规定的条件外,设立人还应当是具有五年以上执业经历的律师。设立人对律师事务所的债务承担无限责任。"该规定与《民法典》第104条所说的"非法人组织的财产不足以清偿债务的,其出资人或者设立人承担无限责任",实质上是一致的。

规定。

3. 关于国家出资设立的律师事务所债务承担的特别规定

针对国家出资设立的律师事务所的债务的责任承担,《律师法》第 20 条规定:“国家出资设立的律师事务所,依法自主开展律师业务,以该律师事务所的全部资产对其债务承担责任”。该规定明确了国家出资设立的律师事务所对其债务独立承担责任,其出资人或设立人对其债务不承担任何责任,属于与《民法典》第 104 条所说的“非法人组织的财产不足以清偿债务的,其出资人或者设立人承担无限责任”不同的规定,属于《民法典》第 104 条所说的“法律另有规定”,故应当优先于《民法典》第 104 条所说的“非法人组织的财产不足以清偿债务的,其出资人或者设立人承担无限责任”得到适用。

五、债权人可以一并起诉非法人组织及其各个出资人或设立人

由于《民法典》第 104 条没有使用“非法人组织不能清偿债务的,其出资人或者设立人承担无限责任”的表述,因此,非法人组织的各个出资人或设立人不享有类似于《民法典》第 687 条所规定的一般保证人所享有的针对债权人的先诉抗辩权那样的权利,非法人组织的债权人只要能够证明“非法人组织的财产不足以清偿债务”,就可以要求该非法人组织的出资人或设立人承担无限责任,而无须先就其与该非法人组织之间的债权债务关系提起诉讼或申请仲裁,更无须先就该非法人组织的财产申请强制执行并达到“仍不能履行债务”的结果。

也就是说,基于《民法典》第 104 条的规定,非法人组织的债权人可以在起诉非法人组织的同时,将该非法人组织的出资人或设立人一并列为被告。这跟《民法典担保制度解释》第 26 条第 2 款针对债权人一并起诉债务人和一般保证人所说的“一般保证中,债权人一并起诉债务人和保证人的,人民法院可以受理……”是类似的。

比如,最高人民法院(2019)最高法民辖终 270 号民事裁定书认为:“某财投资为合伙企业,某翔公司是其普通合伙人。根据《中华人民共和国合伙企业法》第三十九条等规定,在某财投资不能清偿到期债务时,某翔公司作为普通合伙人要承担无限连带责任。故某某证券公司在起诉某财投资的同时起诉某翔公司,具有法律依据。”

当然,由于《民法典》第 104 条规定了“非法人组织的财产不足以清偿债务的,其出资人或者设立人承担无限责任”,因此,在非法人组织的债权人同时起诉非法人组织及其出资人或设立人,要求清偿债务的情况下,法院(或仲裁机构)在支持非法人组织的债权人的主张时,应当区分非法人组织对案涉非法人组织债务的第一位清偿责任和非法人组织的出资人或设立人对该非法人组织不能清偿的到期债务的清偿责任,而不宜直接判决非法人组织的出资人或设立人对案涉非法人组织债务承担无限责任,否则属于适用法律不当甚至是适用法律错误。这跟《民法典担保制度解释》第 26 条第 2 款针对债权人一并起诉债务人和一般保证人所说的“一般保证中,债权人一并起诉债务人和保证人的,人民法院可以受理,但是在作出判决时,除有民法典第六百八十七条第二款但书规定的情形外,应当在判决书主文中明确,保证人仅对债务人财产依法强制执行后仍不能履行的部分承担保证责任”是类似的。

比如,云南省高级人民法院(2017)云民终 1060 号民事判决书认为:“根据《中华人

民共和国合伙企业法》第三十八条‘合伙企业对其债务,应先以其全部财产进行清偿’,第三十九条‘合伙企业不能清偿到期债务的,合伙人承担无限连带责任’的规定,合伙企业的债务应当先由合伙企业以其全部财产进行承担,在仍不能清偿的情况下,由合伙人承担连带清偿责任。因此,本案中新某益公司向沙某岩煤矿主张返还的款项,沙某岩煤矿应先以其全部财产进行清偿,当沙某岩煤矿的财产不足以清偿该债务时,唐某全、李某春、李某对不能清偿的债务部分承担无限连带清偿责任。一审判决直接判令唐某全、陈某、李某春、李某等合伙人对沙某岩煤矿的债务承担连带责任不当,应予以纠正。”

又如,北京市第一中级人民法院(2021)京01民终3992号民事判决书也认为:“《中华人民共和国合伙企业法》第二条第三款规定:‘有限合伙企业由普通合伙人和有限合伙人组成,普通合伙人对合伙企业债务承担无限连带责任,有限合伙人以其认缴的出资额为限对合伙企业债务承担责任。’第三十八条规定:‘合伙企业对其债务,应先以其全部财产进行清偿。’第三十九条规定:‘合伙企业不能清偿到期债务的,合伙人承担无限连带责任。’由此可以看出,合伙企业首先应以企业财产承担合伙企业债务,普通合伙人承担无限连带责任应以合伙企业财产承担责任为前提,即只有在合伙企业的财产不足以清偿合伙企业债务时,才由普通合伙人承担无限连带责任。因此,王某峰作为某获企业的原普通合伙人,在某获企业不能清偿到期债务时,应对某获企业的债务承担无限连带责任。一审法院判决王某峰对某获企业的债务直接承担连带责任有误,本院予以纠正。”

六、在非法人组织作为被执行人时,债权人可以申请变更、追加该非法人组织的出资人或设立人为被执行人

根据《民法典》第104条关于“非法人组织的财产不足以清偿债务的,其出资人或者设立人承担无限责任”的规定,在非法人组织作为被执行人时,债权人可以申请变更、追加该非法人组织的出资人或设立人为被执行人。就此,《民事执行中变更、追加当事人规定》分别针对不同的非法人组织作出了相应的具体规定。

(一)变更、追加个人独资企业的投资人为被执行人

在被执行人是个人独资企业的情形,如果其不能清偿生效法律文书确定的债务,其债权人可以将其投资人追加为被执行人。对此,《民事执行中变更、追加当事人规定》第13条规定:“作为被执行人的个人独资企业,不能清偿生效法律文书确定的债务,申请执行人申请变更、追加其出资人为被执行人的,人民法院应予支持。个人独资企业出资人作为被执行人的,人民法院可以直接执行该个人独资企业的财产。个体工商户的字号为被执行人的,人民法院可以直接执行该字号经营者的财产”。

(二)变更、追加合伙企业的合伙人为被执行人

在被执行人是合伙企业(不论是普通合伙企业还是有限合伙企业)的情形,如果其不能清偿生效法律文书确定的债务,其债权人可以将其各个普通合伙人追加为被执行人。对此,《民事执行中变更、追加当事人规定》第14条第1款规定:“作为被执行人的

合伙企业,不能清偿生效法律文书确定的债务,申请执行人申请变更、追加普通合伙人为被执行人的,人民法院应予支持”。

此外,在被执行人是有限合伙企业的情形,只有在有限合伙人未按期缴纳出资的情况下,债权人才可以变更、追加该有限合伙人为被执行人,而不能变更、追加已经按期足额缴纳出资的有限合伙人为被执行人。对此,《民事执行中变更、追加当事人规定》第 14 条第 2 款规定:“作为被执行人的有限合伙企业,财产不足以清偿生效法律文书确定的债务,申请执行人申请变更、追加未按期足额缴纳出资的有限合伙人为被执行人,在未足额缴纳出资的范围内承担责任的,人民法院应予支持”。

(三)变更、追加律师事务所的合伙人为被执行人

在被执行人是律师事务所的情形,如果其不能清偿生效法律文书确定的债务,其债权人可以将其各个合伙人追加为被执行人。对此,《民事执行中变更、追加当事人规定》第 16 条规定:“个人独资企业、合伙企业、法人分支机构以外的非法人组织作为被执行人,不能清偿生效法律文书确定的债务,申请执行人申请变更、追加依法对该非法人组织的债务承担责任的主体为被执行人的,人民法院应予支持。”

比如,北京市高级人民法院(2021)京执复 59 号执行裁定书认为:“本案中,被执行人某永律所的组织形式为普通合伙,合伙人为李某阳、杨某飞和杨某三人,属于非法人组织。依据《中华人民共和国民法总则》第一百零四条的规定,非法人组织的财产不足以清偿债务的,其出资人或者设立人承担无限责任。法律另有规定的,依照其规定。因此,在被执行人某永律所无能力履行本案生效法律文书所确定债务的情况下,申请执行人肖某东申请追加某永律所的合伙人李某阳为本案被执行人,在某永律所应履行而未履行的债务范围内承担清偿责任,符合法律规定,应予支持。复议申请人李某阳主张其只是在司法局登记的名义合伙人,并未实际出资,不应承担债务清偿责任,该复议理由没有法律依据,本院不予支持”。

(四)变更、追加其他非法人组织的出资人或设立人为被执行人

同样地,基于《民法典》第 104 条和《民事执行中变更、追加当事人规定》第 16 条的规定,在被执行人是除个人独资企业、合伙企业和律师事务所之外的非法人组织的情形,如果其不能清偿生效法律文书确定的债务,其债权人也可以将其各个出资人或设立人追加为被执行人。

第一百零五条 【非法人组织的负责人】非法人组织可以确定一人或者数人代表该组织从事民事活动。

【条文通释】

《民法典》第 105 条是关于非法人组织的负责人的规定。

一、非法人组织的负责人

与《民法典》针对法人使用了“法定代表人”的表述[①]不同，针对非法人组织，《民法典》本身没有使用“代表人”的表述[②]，而是使用了“负责人”的表述[③]。

结合《民法典》第 61 条第 1 款所说的“依照法律或者法人章程的规定，代表法人从事民事活动的负责人，为法人的法定代表人”，可以认为，《民法典》第 105 条所说的“非法人组织可以确定一人或者数人代表该组织从事民事活动”中的“人”，即为《民法典》第 504 条所说的“非法人组织的负责人”，与法人的“法定代表人”具有类似的法律地位。

二、非法人组织负责人的人数和产生办法

《民法典》第 105 条规定了非法人组织的负责人的人数和产生办法。

(一)非法人组织负责人的人数

由于《民法典》第 105 条使用了“确定一人或者数人代表该组织”的表述，因此，非法人组织的负责人可以是一人，也可以是两人，还可以超过两人(即三人以上)。

比如，就合伙企业而言，合伙企业可以“按照合伙协议的约定或者经全体合伙人决定，委托一个或者数个合伙人对外代表合伙企业，执行合伙事务”[④]；合伙协议未约定或者全体合伙人未决定委托执行事务合伙人的，除有限合伙人外，其他合伙人均为执行事务合伙人[⑤]。

(二)非法人组织负责人的产生办法

就非法人组织的负责人的产生办法，《民法典》第 105 条本身只是作了原则性的规定，即“非法人组织可以确定一人或者数人代表该组织”；至于非法人组织具体应如何确定其负责人，则未作规定，可由非法人组织根据相应法律法规的规定、结合其实际情况，自主加以确定。

比如，就合伙企业的负责人(即执行事务合伙人)的产生办法而言，《合伙企业法》

---

① 《民法典》第 61 条、第 62 条、第 504 条、第 532 条等。

② 由于《民法典》第 504 条针对法人的法定代表人和非法人组织的负责人都使用了“代表行为”的表述，而《民法典》第 105 条也使用了“非法人组织可以确定一人或者数人代表该组织从事民事活动”的表述；同时，也考虑到《民法典》第 105 条所说的“代表该组织从事民事活动”与《民法典》第 170 条所说的“执行非法人组织工作任务的人员，就其职权范围内的事项，以非法人组织的名义实施的民事法律行为”是不同的，前者属于代表行为，后者属于代理行为，因此，将《民法典》第 105 条所说的“代表非法人组织从事民事活动的人”称为非法人组织的“代表人”似乎比“负责人”更为准确。非法人组织的“代表人”与《民法典》第 504 条所说的“非法人组织的负责人”是相对应的关系，可以认为二者具有相同的含义。

③ 《民法典》第 504 条、第 532 条。

④ 《合伙企业法》第 26 条第 2 款。

⑤ 《市场主体登记管理条例实施细则》第 11 条第 2 款规定：“合伙协议未约定或者全体合伙人未决定委托执行事务合伙人的，除有限合伙人外，申请人应当将其他合伙人均登记为执行事务合伙人”；原行政法规《合伙企业登记管理办法》(已于 2022 年 3 月 1 日废止)第 9 条规定：“合伙协议未约定或者全体合伙人未决定委托执行事务合伙人的，全体合伙人均为执行事务合伙人。有限合伙人不得成为执行事务合伙人”。

第 26 条规定:“[普通]合伙人对执行合伙事务享有同等的权利。按照合伙协议的约定或者经全体合伙人决定,可以委托一个或者数个合伙人对外代表合伙企业,执行合伙事务。作为合伙人的法人、其他组织执行合伙事务的,由其委派的代表执行”,第 67 条规定:“有限合伙企业由普通合伙人执行合伙事务”。

又如,就律师事务所负责人的产生办法而言,《律师事务所管理办法》第 15 条规定:“合伙律师事务所的负责人,应当从本所合伙人中经全体合伙人选举产生;国家出资设立的律师事务所的负责人,由本所律师推选,经所在地县级司法行政机关同意。个人律师事务所设立人是该所的负责人”。

三、非法人组织负责人的任职资格和代表权

(一)非法人组织负责人的任职资格

《民法典》第 105 条所说的“一人或者数人”中的“人”,可以是自然人,也可以是法人,还可以是非法人组织。亦即,除非法律另有规定,非法人组织的负责人可以由法人或其他非法人组织担任,并非只有自然人才可以担任非法人组织的负责人。

除此之外,《民法典》本身没有对非法人组织负责人的任职资格或应当具备的条件作出规定,应结合非法人组织的类型适用相应的法律法规的规定,并可以在非法人组织的章程中予以明确。

不过,考虑到非法人组织的负责人拥有代表该组织从事民事活动的权限和职责,担任非法人组织负责人的自然人至少应当具有完全民事行为能力方可;在非法人组织的负责人由法人或其他非法人组织担任的情形,则应参照《合伙企业法》第 26 条第 3 款关于“作为合伙人的法人、其他组织执行合伙事务的,由其委派的代表执行”的规定,由该法人或其他非法人组织委派的具有完全民事行为能力的自然人来具体实施代表行为。

(二)非法人组织负责人的代表权

《民法典》第 105 条所说的“代表该组织从事民事活动”,属于非法人组织的负责人的代表权,非法人组织的各个负责人都当然地享有代表该非法人组织从事民事活动的权利。

除此之外,《民法典》本身没有对非法人组织负责人的其他权利作出规定,应结合非法人组织的类型适用相应的法律法规的规定,并可以在非法人组织的章程中予以明确。

四、非法人组织负责人的代表行为的效力

非法人组织的负责人代表该组织从事的民事活动,即《民法典》第 504 条所说的“代表行为”。《民法典》第 105 条本身没有对非法人组织的负责人的代表行为的效力作出规定。不过,根据《民法典》第 108 条关于“非法人组织除适用本章规定外,参照适用本编第三章第一节的有关规定”和第 61 条(位于总则编第三章第一节)第 2 款关于“法定代表人以法人名义从事的民事活动,其法律后果由法人承受”,第 62 条(位于总

则编第三章第一节)第1款关于"法定代表人因执行职务造成他人损害的,由法人承担民事责任"的规定,非法人组织的负责人实施的代表行为,即非法人组织的负责人以非法人组织的名义从事的民事活动或执行职务的行为,其法律后果应由该非法人组织承受;非法人组织的负责人因执行职务造成他人损害的,由该非法人组织(而非该负责人)对被侵权人承担民事责任。①

并且,根据《民法典》第108条关于"非法人组织除适用本章规定外,参照适用本编第三章第一节的有关规定"和第61条(位于总则编第三章第一节)第3款关于"法人章程或者法人权力机构对法定代表人代表权的限制,不得对抗善意相对人"的规定,结合《合伙企业法》第37条关于"合伙企业对合伙人执行合伙事务以及对外代表合伙企业权利的限制,不得对抗善意第三人"的规定,非法人组织对其负责人代表权的限制,也不具有对抗善意相对人的效力。

特别地,《民法典》第504条针对非法人组织的负责人超越权限订立的合同的效力直接作出了规定,即:"……非法人组织的负责人超越权限订立的合同,除相对人知道或者应当知道其超越权限外,该代表行为有效,订立的合同对……非法人组织发生效力"。

第一百零六条 【非法人组织的解散事由】有下列情形之一的,非法人组织解散:

(一)章程规定的存续期间届满或者章程规定的其他解散事由出现;

(二)出资人或者设立人决定解散;

(三)法律规定的其他情形。

【条文通释】

《民法典》第106条是关于非法人组织的解散事由的规定。

一、非法人组织的解散事由

《民法典》第106条列明的非法人组织的3种解散事由包括:(1)非法人组织章程规定的存续期间届满;(2)非法人组织章程规定的其他解散事由出现;(3)非法人组织的出资人(或设立人)决定解散。在此基础上,《民法典》第106条第3项以"法律规定的其他情形"兜底,既涵盖了《民法典》和其他法律已经规定的非法人组织的其他解散事由,也为法律将来规定新的非法人组织解散事由预留了空间。

---

① 比如,贵州省高级人民法院(2015)黔高民申字第922号民事裁定书认为:"本案中,马某祥与王某生二人合伙开办安龙县龙山某鹰煤矿,在贵州省工商行政管理局颁发的合伙企业营业执照上,明确载明合伙企业事务执行人为王某生,故王某生依法有权对外代表合伙企业执行合伙事务。王某生在执行合伙企业事务的过程中,代表合伙企业与辛某平签订兼并协议,将合伙企业的资产整体转让给辛某平,王某生对外行为的法律效力当然及于全体合伙人。至于王某生执行合伙事务的行为是否符合合伙协议的约定及是否对其他合伙人构成侵权的问题,属于合伙企业的内部关系问题,与合伙企业之外的第三人无关,该问题不属于本案的审理范围,二审判决在本案中不予处理并无不当"。

（一）非法人组织章程规定的存续期间届满

根据《民法典》第 106 条第 1 项的规定，非法人组织章程规定的存续期间届满属于该非法人组织的解散事由，在出现该解散事由时，非法人组织应当解散。

就合伙企业而言，结合《合伙企业法》第 85 条第 2 项关于"合伙企业有下列情形之一的，应当解散：……（二）合伙协议约定的解散事由出现"的规定，《民法典》第 106 条所说的"章程"，与《合伙企业法》所说的"合伙企业的合伙协议"具有相同的含义；在解释上，对《民法典》第 106 条所说的"章程"作扩大解释，解释为包括合伙企业的合伙协议。

需要注意的是，由于《民法典》第 106 条第 1 项使用的是"章程规定的存续期间届满"，而非"营业执照或登记证书载明的存续期限届满"的表述，因此，作为非法人组织解散事由的"存续期限届满"，应当以非法人组织的章程而非营业执照（或登记证书或其他文件）记载的存续期限为准；只有非法人组织章程规定的存续期限届满才属于非法人组织解散事由，非法人组织营业执照或登记证书记载的存续期限届满则不属于《民法典》第 106 条第 1 项所规定的作为非法人组织解散事由的"章程规定的存续期间届满"。[①] 当然，如果非法人组织的章程明确将非法人组织的营业执照（或登记证书或其他文件）记载的存续期限届满规定为解散事由，则应当将非法人组织的营业执照（或登记证书或其他文件）记载的存续期限届满认定为《民法典》第 106 条第 1 项所规定的作为非法人组织解散事由的"章程规定的其他解散事由出现"。

关于非法人组织的存续期限，如法律法规没有特别要求[②]，非法人组织原则上可以自主确定其存续期限。不过，登记机关可能也会出台有关非法人组织存续期限核定的具体要求，实务中应当予以关注。就非法人组织存续期限届满发生争议时，非法人组织或其出资人等可以请求人民法院确认非法人组织的存续期限是否已经届满。

不过，尽管《民法典》第 106 条第 1 项将"章程规定的存续期间届满"列为非法人组织解散事由，但是，结合《公司法》第 229 条第 1 款第 1 项所说的"公司因下列原因解散：（一）公司章程规定的营业期限届满……"和第 230 条第 1 款所说的"公司有前条第一款第一项……情形，且尚未向股东分配财产的，可以通过修改公司章程……而存续"，在非法人组织章程规定的存续期限届满的情况下，如果非法人组织能够依法通过修改章程的决议或决定、延长非法人组织的存续期限（比如延长 5 年、10 年甚至将存续期限修改为永久）并依法取得有关机关的批准（依法不需要批准的除外）、完成变更登记（依法不需要登记的除外），那么，非法人组织就可以继续存续而无须解散了。

还需注意的是，由于个人独资企业无须置备章程，不存在"章程"的概念，因此，《民法典》第 106 条第 1 项所说的"有下列情形之一的，非法人组织解散：（一）章程规定的

---

① 值得一提的是，根据《市场监管总局办公厅关于调整营业执照照面事项的通知》（市监注发〔2022〕71 号），自 2022 年 9 月 1 日起，经登记机关准予设立、变更登记以及补发营业执照的各类市场主体（包括公司、非公司企业法人、合伙企业、分支机构等），其营业执照不再记载"营业期限""经营期限""合伙期限"信息项。

② 比如，《国务院关于印发进一步深化中国（广东）自由贸易试验区改革开放方案的通知》（国发〔2018〕13 号）、《国务院关于印发进一步深化中国（天津）自由贸易试验区改革开放方案的通知》（国发〔2018〕14 号）提出："除特殊领域外，取消对外商投资企业经营期限的特别管理要求。"

存续期间届满……出现”,不适用于个人独资企业。

(二)非法人组织章程规定的其他解散事由出现

根据《民法典》第106条第1项的规定,非法人组织章程规定的其他解散事由出现,属于该非法人组织的解散事由;在出现该解散事由时,非法人组织应当解散。

其中,《民法典》第106条第1项所说的“其他解散事由”,指的是《民法典》第106条第1项规定的“章程规定的存续期间届满”和该条第2项规定的“出资人或者设立人决定解散”以及该条第3项规定的“法律规定的其他情形”以外的事由。

由于《民法典》第106条第1项使用了“有下列情形之一的,非法人组织解散:(一)……章程规定的其他解散事由出现”的表述,因此,非法人组织的章程可以自主将其他事由规定为非法人组织的解散事由。《民法典》第106条的这一规定为非法人组织实行灵活的解散制度留出了空间。

尽管《民法典》第106条第1项将“章程规定的其他解散事由出现”列为非法人组织的解散事由,但是,结合《公司法》第229条第1款第1项所说的“公司因下列原因解散:(一)……公司章程规定的其他解散事由出现”和第230条第1款所说的“公司有前条第一款第一项……情形,且尚未向股东分配财产的,可以通过修改公司章程……而存续”,在非法人组织章程规定的其他解散事由出现的情况下,如果能够依法通过修改章程的决议或决定、将相关事由的出现不再作为解散事由,那么,非法人组织也可以继续存续而无须解散了。

同样地,由于个人独资企业无须置备章程,不存在“章程”的概念,因此,《民法典》第106条第1项所说的“有下列情形之一的,非法人组织解散:(一)……章程规定的其他解散事由出现”,不适用于个人独资企业。

(三)非法人组织出资人或者设立人决定解散

根据《民法典》第106条第2项的规定,非法人组织的出资人或设立人作出解散决定,属于该非法人组织的解散事由;在出现该解散事由时,非法人组织应当解散。

需要注意的是,在这种情况下解散非法人组织,可以没有具体的原因,只要出资人或设立人依法作出了解散非法人组织的决定,该非法人组织就应当予以解散(除非出资人或设立人其后又依法撤销了该解散决定)。

问题是,就有数个出资人或设立人的非法人组织而言,《民法典》第106条第2项所说的“出资人或者设立人决定解散”,指的是经全体出资人或全体设立人一致同意作出决定,还是经多数出资人或设立人同意后作出决定?其中的多数决实行三分之二以上多数决还是过半数多数决?对此,考虑到非法人组织的设立须经全体出资人或设立人一致同意,在法律法规和非法人组织的章程均未规定的情况下,《民法典》第106条第2项所说的“出资人或者设立人决定解散”应理解为“经全体出资人或全体设立人一致同意决定解散”。

尽管《民法典》第106条第2项将“出资人或者设立人决定解散”列为非法人组织的解散事由,但是,结合《公司法》第229条第1款第2项所说的“公司因下列原因解散:……(二)股东会决议解散”和第230条第1款所说的“公司有前条第一款……第二项情形,且尚未向股东分配财产的,可以……经股东会决议而存续”,在非法人组织出资人或者设立人此前已经作出了解散的决定的情况下,如果其出资人或设立人能够依法作出继续存续的决定,那么,非法人组织也可以继续存续而无须解散了。

(四)法律规定的其他解散事由

1.“法律规定的其他情形”的理解

《民法典》第 106 条第 3 项所说的“法律规定的其他情形”,既包括《民法典》本身规定的除《民法典》第 106 条第 1 项和第 2 项所列的情形之外的其他解散事由,也包括其他法律规定的除《民法典》第 106 条第 1 项和第 2 项所列的情形之外的其他解散事由。此外,结合《合伙企业法》第 85 条第 7 项关于“合伙企业有下列情形之一的,应当解散:……(七)法律、行政法规规定的其他原因”的规定,在解释上,《民法典》第 106 条第 3 项所说的“法律规定的其他情形”,还包括行政法规规定的除《民法典》第 106 条第 1 项和第 2 项所列的情形之外的其他解散事由。

就非法人组织的解散事由而言,《民法典》第 106 条第 3 项所说的“法律规定的其他情形”,具有三个层面的效果:

一是该规定对《民法典》施行之前的原有法律、行政法规针对非法人组织解散事由已经作出的既有的规定(即旧的规定)作出了明确的承认,以确保法律秩序的稳定和延续。

二是该规定明确允许并认可立法机关和国务院在《民法典》施行之后,在必要时通过对现有法律或行政法规进行修改或制定新的法律或行政法规的方式,针对非法人组织解散事由作出新的规定,以适应社会和经济的发展要求,也为将来制定新的专门的民事特别法律或行政法规预留了空间。①

三是非法人组织解散的其他事由,应当由法律或行政法规进行规定,而不应由规章、规范性文件等进行规定。可以将此称为“非法人组织解散事由法定”,跟《民法典》第 116 条所说的“物权的种类和内容,由法律规定”是类似的。

需要注意的是,《民法典》第 106 条第 3 项所说的“有下列情形之一的,非法人组织解散:……(三)法律规定的其他情形”,须以法律或行政法规明确作出了“相关其他情形属于非法人组织的解散事由”的规定为前提。

2.《个人独资企业法》规定的解散事由

针对个人独资企业的解散事由,《个人独资企业法》第 26 条规定:“个人独资企业有下列情形之一时,应当解散:(一)投资人决定解散;(二)投资人死亡或者被宣告死亡,无继承人或者继承人决定放弃继承;(三)被依法吊销营业执照;(四)法律、行政法规规定的其他情形”。

其中的第 2 项、第 3 项以及第 4 项所说的“行政法规规定的其他情形”,均属于《民法典》第 106 条第 3 项所说的“法律规定的其他情形”。

---

① 比如,结合《合伙企业法》第 85 条第 5 项所说的“合伙企业有下列情形之一的,应当解散:……(五)合伙协议约定的合伙目的已经实现或者无法实现”,法律、行政法规可以将“设立非法人组织的目的已经实现或者无法实现”规定为非法人组织解散的其他事由。

3.《合伙企业法》规定的解散事由

针对合伙企业的解散事由,《合伙企业法》第 85 条规定:"合伙企业有下列情形之一的,应当解散:(一)合伙期限届满,合伙人决定不再经营;(二)合伙协议约定的解散事由出现;(三)全体合伙人决定解散;(四)合伙人已不具备法定人数满三十天;(五)合伙协议约定的合伙目的已经实现或者无法实现;(六)依法被吊销营业执照、责令关闭或者被撤销;(七)法律、行政法规规定的其他原因。"

其中的第 1 项、第 4 项、第 5 项、第 6 项和第 7 项所说的"行政法规规定的其他原因",均属于《民法典》第 106 条第 3 项所说的"法律规定的其他情形"。

(五)被宣告破产不属于解散事由

根据《民法典》第 68 条、第 69 条和第 73 条的规定,解散和被宣告破产均属于法人的终止原因,二者属于并列的同一位阶的法律制度;法人被宣告破产后,将进入破产清算程序。因此,被宣告破产不属于解散事由。这同样适用于非法人组织。非法人组织被宣告破产也不是非法人组织的解散事由。

二、非法人组织解散事由出现的后果

根据《民法典》第 107 条的规定,非法人组织出现解散事由时,应当依法进行清算。亦即,解散事由出现即触发了对非法人组织进行清算的义务。

第一百零七条 【非法人组织的解散清算】非法人组织解散的,应当依法进行清算。

【条文通释】

《民法典》第 107 条是关于非法人组织的解散清算的规定。

一、非法人组织解散时的清算

由于《民法典》第 107 条在第 106 条所说的"有下列情形之一的,非法人组织解散:……"的基础上使用了"非法人组织解散的,应当依法进行清算"的表述,因此,只要非法人组织出现了解散事由,就应当依照相关法律的规定进行清算。

(一)解散清算的类型

《民法典》第 107 条没有规定非法人组织解散后的清算的类型。结合《个人独资企业法》和《合伙企业法》有关清算的规定,《民法典》第 107 条所说的"清算",既包括非法人组织的出资人或设立人自行进行的清算①,也包括法院基于非法人组织的债权人

① 《个人独资企业法》第 27 条、《合伙企业法》第 86 条第 1 款、第 2 款。

等利害关系人的申请指定清算人进行的强制清算①,②但不包括破产清算。

(二)解散清算的清算义务人、清算程序等

《民法典》第 107 条没有直接规定非法人组织解散后的清算义务人和清算程序等事项,而只是要求"依法进行清算"。因此,非法人组织的清算义务人和清算程序等事项,应当结合该非法人组织的类型,根据其所适用的法律法规的规定予以确定。

其中,个人独资企业的清算应当适用《个人独资企业法》第 27 条至第 32 条的规定,合伙企业的清算应当适用《合伙企业法》第 86 条至第 90 条的规定。

此外,就非法人组织的清算程序和清算组职权而言,根据《民法典》第 108 条关于"非法人组织除适用本章规定外,参照适用本编第三章第一节的有关规定"和第 71 条(位于《民法典》总则编第三章第一节)关于"法人的清算程序和清算组职权,依照有关法律的规定;没有规定的,参照适用公司法律的有关规定"的规定,在且仅在有关非法人组织的法律未作规定的范围内,非法人组织的清算程序和清算组职权还可以(并应当)参照适用《公司法》等公司法律关于公司清算程序和清算组职权的规定。

(三)非法人组织解散后未经清算的,出资人或设立人不得要求分割非法人组织的财产

《民法典》第 107 条没有直接规定非法人组织解散后、清算前的出资人或设立人能否要求分割非法人组织的财产的问题。

在合伙企业的情形,《合伙企业法》第 21 条第 1 款明确规定了"合伙人在合伙企业清算前,不得请求分割合伙企业的财产;但是,本法另有规定的除外"。上述规定同样可以适用于其他非法人组织,即:在非法人组织解散后未经清算的情况下,原则上,出资人或设立人要求分割非法人组织财产(包括分配利润或收回出资等)的请求,不应予以支持。

比如,在李某军与袁某椿等合伙协议纠纷案中,在认定"2014 年 1 月,某华医院停业,至今未恢复营业"等事实的基础上,江西省高级人民法院(2020)赣民终 713 号民事判决书认为:"本案中,李某军、袁某椿等人共同出资开办某华医院。各方当事人签订了《赣州某华医院章程》,明确了'股东'的出资数额、权利和义务、议事规则、财务管理、增资和减资、清算等事项,并约定'本章程未尽事宜,依照《中华人民共和国合伙企业法》的有关规定执行。'各方当事人也均认可某华医院系合伙成立的真实意思表示。因

---

① 《个人独资企业法》第 27 条、《合伙企业法》第 86 条第 3 款。

② 实务中,有裁判意见认为,非法人组织是否适用强制清算,应当由相关法律予以明确。比如,四川省高级人民法院(2018)川清监 2 号民事裁定书认为:"根据《中华人民共和国公司法》第一百八十三条及相关司法解释的规定,强制清算是公司出现解散事由后,因自行清算存在障碍,债权人或公司股东申请人民法院指定清算组对公司进行的清算,法律规定强制清算的对象应当是公司,即企业法人。虽然依照相关法律规定,非企业法人或非法人组织终止前,也应当进行清算,但对于企业法人以外的组织是否适用强制清算,应当由相关法律予以明确。'攀枝花某某医院'作为事实上存在的非法人组织的非营利性医疗机构,并未取得法人主体资格,不属于《中华人民共和国公司法》的调整范围,不能直接适用该法的规定进行强制清算,而其他相关法律也并无此类组织可以向人民法院申请强制清算,并参照适用我国公司法律规定的程序的规定,因此,某晨公司申请法院对'攀枝花某某医院'进行强制清算,缺乏明确的法律依据。"

此,《赣州某华医院章程》虽然名为'章程',但实为合伙协议。根据《中华人民共和国合伙企业法》第二十一条规定,合伙人在合伙企业清算前,不得请求分割合伙企业的财产;但是,本法另有规定的除外。合伙人在合伙企业清算前私自转移或者处分合伙企业财产的,合伙企业不得以此对抗善意第三人。以及《赣州某华医院章程》第六十一条'医院歇业清算前,股东不能请求分割医院财产'的约定,在赣州某华医院清算前,合伙人不得请求分割合伙企业的财产。因此,上诉人请求分割赣州某华医院财产的诉求不予支持"。

二、非法人组织因出现解散事由进入清算程序后并非只能走向终止

需要注意的是,在非法人组织因出现解散事由进入清算程序之后,并非不可逆转地只能走向注销登记或非法人组织终止。在注销登记之前,如果导致非法人组织解散的事由得到了消除,则该非法人组织可能还可以继续存续。

因为在公司的情形,在《公司法》第 229 条第 1 款第 1 项和第 2 项关于"公司因下列原因解散:(一)公司章程规定的营业期限届满或者公司章程规定的其他解散事由出现;(二)股东会决议解散"的规定的基础上,《公司法》第 230 条第 1 款规定了:"公司有前条第一款第一项、第二项情形,且尚未向股东分配财产的,可以通过修改公司章程或者经股东会决议而存续"。这就意味着,在公司因"公司章程规定的营业期限届满""公司章程规定的其他解散事由出现"或"股东会决议解散"而进入清算程序的情形,即使清算组已经完成了清算方案的制订和确认工作,并完成了清算费用、职工的工资、社会保险费用和法定补偿金的支付和公司所欠税款的缴纳以及公司债务的清偿工作,只要满足"尚未向股东分配财产"的条件,就都可以"通过修改公司章程"或"经股东会决议"而存续。

其中,针对强制清算的情形,最高人民法院《关于审理公司强制清算案件工作座谈会纪要》(法发〔2009〕52 号)第 18 条规定:"公司因公司章程规定的营业期限届满或者公司章程规定的其他解散事由出现,或者股东会、股东大会决议自愿解散的,人民法院受理强制清算申请后,清算组对股东进行剩余财产分配前,申请人以公司修改章程,或者股东会、股东大会决议公司继续存续为由,请求撤回强制清算申请的,人民法院应予准许",第 19 条规定:"公司因依法被吊销营业执照、责令关闭或者被撤销,或者被人民法院判决强制解散的,人民法院受理强制清算申请后,清算组对股东进行剩余财产分配前,申请人向人民法院申请撤回强制清算申请的,人民法院应不予准许。但申请人有证据证明相关行政决定被撤销,或者人民法院作出解散公司判决后当事人又达成公司存续和解协议的除外"。

根据《民法典》第 108 条所说的"非法人组织除适用本章规定外,参照适用本编第三章第一节的有关规定"和第 71 条(位于《民法典》总则编第三章第一节)所说的"法人的清算程序和清算组职权,依照有关法律的规定;没有规定的,参照适用公司法律的有关规定",《公司法》和最高人民法院《关于审理公司强制清算案件工作座谈会纪要》(法发〔2009〕52 号)的上述规定,可以参照适用于非法人组织的解散、清算。

三、非法人组织能否进行破产清算

由于《民法典》第 107 条使用了"非法人组织解散的,应当依法进行清算"的表述,

因此,《民法典》第 107 条本身并未规定非法人组织能否进行破产清算的问题。

现阶段,《企业破产法》规定了企业法人的破产程序,并由其第 135 条规定了"其他法律规定企业法人以外的组织的清算,属于破产清算的,参照适用本法规定的程序"。据此,只有在法律明文规定可以申请对非法人组织进行破产清算的情况下,才能参照适用《企业破产法》关于破产清算程序的规定,并非所有的非法人组织都可以进行破产清算。

(一)个人独资企业可以进行破产清算

《个人独资企业法》本身没有直接规定个人独资企业的投资人或债权人可以申请对该个人独资企业进行破产清算。不过,《最高人民法院关于个人独资企业清算是否可以参照适用企业破产法规定的破产清算程序的批复》(法释〔2012〕16 号)规定:"根据《中华人民共和国企业破产法》第一百三十五条的规定,在个人独资企业不能清偿到期债务,并且资产不足以清偿全部债务或者明显缺乏清偿能力的情况下,可以参照适用企业破产法规定的破产清算程序进行清算"。据此,个人独资企业可以参照适用《企业破产法》有关破产清算程序的规定进行破产清算。

不过,由于《个人独资企业法》第 31 条规定了"个人独资企业财产不足以清偿债务的,投资人应当以其个人的其他财产予以清偿",因此,《最高人民法院关于个人独资企业清算是否可以参照适用企业破产法规定的破产清算程序的批复》(法释〔2012〕16 号)也明确规定:"人民法院参照适用破产清算程序裁定终结个人独资企业的清算程序后,个人独资企业的债权人仍然可以就其未获清偿的部分向投资人主张权利"。也就是说,尽管个人独资企业可以进行破产清算,但其投资人对个人独资企业未清偿的债务的责任不因此而被免除。

需要注意的是,个人独资企业的债权人在该个人独资企业破产清算完结后就其未获清偿的部分向投资人主张权利,仅受诉讼时效的限制,没有存续期限的限制。这跟《个人独资企业法》第 28 条关于"个人独资企业解散后,原投资人对个人独资企业存续期间的债务仍应承担偿还责任,但债权人在五年内未向债务人提出偿债请求的,该责任消灭"的规定将个人独资企业的债权人在个人独资企业解散清算的情形下请求该个人独资企业的投资人清偿该个人独资企业债务的实体权利的存续期限限定为 5 年,是不同的。

(二)合伙企业可以进行破产清算

根据《合伙企业法》第 92 条第 1 款关于"合伙企业不能清偿到期债务的,债权人可以依法向人民法院提出破产清算申请,也可以要求普通合伙人清偿"的规定,合伙企业的债权人可以申请对合伙企业进行破产清算。因此,根据《企业破产法》第 135 条关于"其他法律规定企业法人以外的组织的清算,属于破产清算的,参照适用本法规定的程序"的规定,合伙企业也可以参照适用《企业破产法》有关破产清算程序的规定进行破产清算。

不过,由于《合伙企业法》第 92 条第 2 款规定了"合伙企业依法被宣告破产的,普通合伙人对合伙企业债务仍应承担无限连带责任",因此,尽管合伙企业也可以进行破产清算,但其普通合伙人对合伙企业未清偿的债务的责任不因此而被免除。

(三)律师事务所不可以进行破产清算

现阶段,律师事务所不可以进行破产清算。

对此,在重庆富某律师事务所申请破产清算案中,最高人民法院(2021)最高法民申1295号民事裁定书认为:"依照《企业破产法》第二条、第一百三十五条之规定,可以根据该法规定清理债务或者重整的主体,主要包括企业法人或者其他法律规定可以参照该法进行破产清算的组织。富某律所作为不具有法人资格的专业服务机构,不能直接适用《企业破产法》进行破产清算。……目前亦并无其他法律明确规定律师事务所可以参照《企业破产法》进行破产清算。因此,富某律所不具有《企业破产法》规定的主体资格……"

第一百零八条 【非法人组织的法律适用】非法人组织除适用本章规定外,参照适用本编第三章第一节的有关规定。

【条文通释】

《民法典》第108条是关于非法人组织的法律适用的规定。

一、非法人组织法律适用的一般要求

《民法典》第108条明确了非法人组织法律适用的一般要求,即:非法人组织既要适用本章(即《民法典》总则编第4章)的各项规定,又要参照适用《民法典》总则编第3章第1节中的"有关"的规定。

(一)非法人组织既要适用总则编第四章规定,又要参照适用总则编第三章第一节的有关规定

由于《民法典》第108条使用了"非法人组织除适用本章规定外,参照适用本编第三章第一节的有关规定"的表述,因此,非法人组织既要适用"本章规定",又要参照适用"本编第三章第一节的有关规定"。这跟《民法典》第439条第2款①和第690条第2款②分别针对最高额质权和最高额保证的法律适用问题作出的规定是类似的;跟《民法典》第467条第1款③针对《民法典》和其他法律没有明文规定的合同的法律适用问题所说的"适用本编通则的规定"也是类似的,但跟该款所说的"可以参照适用本编或者其他法律最相类似合同的规定"是不同的。

---

① 《民法典》第439条第2款规定:"最高额质权除适用本节有关规定外,参照适用本编第十七章第二节的有关规定"。

② 《民法典》第690条第2款规定:"最高额保证除适用本章规定外,参照适用本法第二编最高额抵押权的有关规定"。

③ 《民法典》第467条第1款规定:"本法或者其他法律没有明文规定的合同,适用本编通则的规定,并可以参照适用本编或者其他法律最相类似合同的规定"。

问题是，就非法人组织的法律适用而言，在“本章规定”和“总则编第三章第一节的有关规定”之间，是否存在“优先适用本章规定，只有在本章没有规定的情况下才参照适用总则编第三章第一节的有关规定”的问题？考虑到《民法典》总则编第三章第一节是有关法人的一般规定，而本章（即总则编第四章）是有关非法人组织的规定，二者是针对不同的事项作出的规定，因此，结合《立法技术规范（试行）（一）》（法工委发〔2009〕62 号）第 18.3 条所说的“‘参照’一般用于没有直接纳入法律调整范围，但是又属于该范围逻辑内涵自然延伸的事项”，在非法人组织的法律适用上，本章（即总则编第四章）的规定自然是应当适用的；就本章（即总则编第四章）没有规定的事项，则可以并应当参照适用总则编第三章第一节的有关规定。也就是说，虽然《民法典》第 108 条没有像《民法典》第 960 条和第 966 条①那样使用“本章没有规定的，参照适用本编第三章第一节的有关规定”的表述，但是，《民法典》第 108 条事实上也包含了“本章没有规定的，参照适用本编第三章第一节的有关规定”的含义。

（二）“参照适用”并非直接适用

需要注意的是，《民法典》第 108 条所说的“参照适用本编第三章第一节的有关规定”，并非直接适用相关规定。因为《民法典》总则编第三章第一节规定的是法人的一般事项，毕竟不是针对非法人组织作出的规定，这些规定自然不能直接适用于非法人组织。

（三）“参照适用”的仅限于“有关”的规定

还需注意的是，《民法典》第 108 条所说的“参照适用”的范围，也仅限于《民法典》总则编第三章第一节的“有关”的规定，“无关”或“不相关”的规定不在“参照适用”的范围。

由此，准确区分《民法典》总则编第三章第一节的规定当中，哪些规定属于《民法典》第 108 条所说的“有关规定”就非常重要了。

二、《民法典》总则编第三章第一节可以参照适用于非法人组织的规定的范围

就《民法典》总则编第三章第一节关于法人的一般规定（第 57 条至第 75 条）而言，针对其中每一个条款对非法人组织的适用情况，分析如下：

---

① 《民法典》第 960 条和第 966 条分别针对行纪合同和中介合同规定：“本章没有规定的，参照适用委托合同的有关规定。”

表5 《民法典》总则编第三章第一节各条款对非法人组织的适用分析

条款序号	条款内容	对非法人组织的参照适用	说明
第57条	法人是具有民事权利能力和民事行为能力,依法独立享有民事权利和承担民事义务的组织	不参照适用	非法人组织的定义,适用《民法典》第102条第1款
第58条第1款	法人应当依法成立	参照适用	《民法典》第103条第1款只涉及非法人组织应当依法登记的问题,不涉及"非法人组织应当依法成立"的问题
第58条第2款	法人应当有自己的名称、组织机构、住所、财产或者经费。法人成立的具体条件和程序,依照法律、行政法规的规定	部分参照适用,"法人应当有自己的组织机构"不参照适用	《民法典》总则编第四章、《合伙企业法》《个人独资企业法》等均未要求非法人组织应当有自己的组织机构
第58条第3款	设立法人,法律、行政法规规定须经有关机关批准的,依照其规定	不参照适用	非法人组织适用《民法典》第103条第2款
第59条	法人的民事权利能力和民事行为能力,从法人成立时产生,到法人终止时消灭	参照适用	《民法典》总则编第四章没有规定非法人组织的民事权利能力和民事行为能力的产生时间和消灭时间①
第60条	法人以其全部财产独立承担民事责任	不参照适用	非法人组织适用《民法典》第104条,非法人组织的财产不足以清偿债务的,原则上应由其出资人或者设立人承担无限责任,故非法人组织并非以其全部财产独立地承担民事责任
第61条第1款	依照法律或者法人章程的规定,代表法人从事民事活动的负责人,为法人的法定代表人	不参照适用	与《民法典》针对法人使用了"法定代表人"的表述不同,针对非法人组织,《民法典》本身没有使用"代表人"的表述,而是使用了"负责人"的表述

① 比如,在林某亨与东莞市中堂镇蕉利某某股份经济合作社土地租赁合同纠纷案中,广东省高级人民法院(2020)粤民申4153号民事裁定书认为:"蕉利某某合作社是非法人组织。……《中华人民共和国民法总则》第一百零二条第一款规定:'非法人组织是不具有法人资格,但是能够依法以自己的名义从事民事活动的组织。'第一百零八条规定:'非法人组织除适用本章规定外,参照适用本法第三章第一节的有关规定。'《中华人民共和国民法总则》第三章第一节是对法人的一般规定,其中第五十九条规定:'法人的民事权利能力和民事行为能力,从法人成立时产生,到法人终止时消灭。'第七十二条第三款规定:'清算结束并完成法人注销登记时,法人终止;依法不需要办理法人登记的,清算结束时,法人终止。'根据上述规定,蕉利某某合作社在完成注销登记时终止。"

（续表）

条款序号	条款内容	对非法人组织的参照适用	说明
第 61 条第 2 款	法定代表人以法人名义从事的民事活动，其法律后果由法人承受	参照适用	《民法典》第 105 条只是规定了非法人组织的代表的人数问题，不涉及非法人组织的负责人或负责人的代表行为的法律后果承受问题
第 61 条第 3 款	法人章程或者法人权力机构对法定代表人代表权的限制，不得对抗善意相对人	参照适用	《民法典》第 105 条只是规定了非法人组织的代表的人数问题，不涉及非法人组织对其代表或负责人的代表权的限制能否对抗相对人的问题
第 62 条第 1 款	法定代表人因执行职务造成他人损害的，由法人承担民事责任	参照适用	《民法典》第 105 条只是规定了非法人组织的代表的人数问题，不涉及非法人组织的代表或负责人的职务行为致人损害的责任承担问题
第 62 条第 2 款	法人承担民事责任后，依照法律或者法人章程的规定，可以向有过错的法定代表人追偿	参照适用	《民法典》第 105 条只是规定了非法人组织的代表的人数问题，不涉及非法人组织的代表或负责人的职务行为致人损害后的内部追偿问题
第 63 条	法人以其主要办事机构所在地为住所。依法需要办理法人登记的，应当将主要办事机构所在地登记为住所	参照适用	《民法典》总则编第四章没有规定非法人组织的住所问题
第 64 条	法人存续期间登记事项发生变化的，应当依法向登记机关申请变更登记	参照适用	《民法典》总则编第四章没有规定非法人组织的变更登记问题
第 65 条	法人的实际情况与登记的事项不一致的，不得对抗善意相对人	参照适用	《民法典》总则编第四章没有规定非法人组织的登记事项的对抗效力问题①
第 66 条	登记机关应当依法及时公示法人登记的有关信息	参照适用	《民法典》总则编第四章没有规定非法人组织登记信息的公示问题

① 比如，上海金融法院（2022）沪 74 民初 728 号民事判决书认为：“《中华人民共和国合伙企业法》虽然未就合伙企业登记事项的对抗效力作出规定，但是《中华人民共和国民法总则》第六十五条规定：‘法人的实际情况与登记的事项不一致的，不得对抗善意相对人。’同时，根据该法第一百零八条：‘非法人组织除适用本章规定外，参照适用本法第三章第一节的有关规定。’故对于合伙企业而言，其登记事项对‘善意相对人’的效力可参照《中华人民共和国民法总则》第六十五条规定确认。因此，对于合理信赖工商登记的公信力而从事相关交易的善意且无过失相对人，应依法予以保护。”

(续表)

条款序号	条款内容	对非法人组织的参照适用	说明
第67条第1款	法人合并的,其权利和义务由合并后的法人享有和承担	参照适用①	《民法典》总则编第四章没有规定非法人组织合并后的权利义务承担问题。司法部的部门规章《律师事务所管理办法》规定律师事务所可以合并②
第67条第2款	法人分立的,其权利和义务由分立后的法人享有连带债权,承担连带债务,但是债权人和债务人另有约定的除外	参照适用③	《民法典》总则编第四章没有规定非法人组织分立后的权利义务问题。司法部的部门规章《律师事务所管理办法》规定律师事务所可以分立④
第68条第1款	有下列原因之一并依法完成清算、注销登记的,法人终止	—	—
	(一)法人解散	参照适用	《民法典》总则编第四章只规定了非法人组织的解散事由,不涉及非法人组织的终止事由
	(二)法人被宣告破产	参照适用	《民法典》总则编第四章只规定了非法人组织的解散事由,不涉及非法人组织的终止事由;但具体的非法人组织能否"被宣告破产","被宣告破产"能否作为具体的非法人组织的终止事由,取决于法律或司法解释是否有明文规定

① 需要注意的是,此处的参照适用,指的是在非法人组织合并的情况下,参照适用《民法典》第67条第1款所说的"其权利和义务由合并后的法人享有和承担",这里不涉及非法人组织能否合并的问题,因为《民法典》第67条第1款所说的"法人合并的,其权利和义务由合并后的法人享有和承担",本身也只是针对法人合并的情况下权利和义务如何享有和承担作出的规定,至于具体的法人能否合并,《民法典》第67条第1款本身并未涉及。

② 需要注意的是,由于《合伙企业法》《个人独资企业法》都没有规定合伙企业或个人独资企业可以合并,而合伙企业或个人独资企业的合并涉及组织法事项,不仅仅是《民法典》规范的范围,因此,合伙企业、个人独资企业等特定的非法人组织能否合并,应以法律、法规的明确规定为准。

③ 需要注意的是,此处的参照适用,指的是在非法人组织分立的情况下,参照适用《民法典》第67条第2款所说的"其权利和义务由分立后的法人享有连带债权,承担连带债务,但是债权人和债务人另有约定的除外",这里不涉及非法人组织能否分立的问题,因为《民法典》第67条第2款所说的"法人分立的,其权利和义务由分立后的法人享有连带债权,承担连带债务,但是债权人和债务人另有约定的除外",本身也是针对法人分立的情况下权利和义务如何享有和承担作出的规定,至于具体的法人能否分立,《民法典》第67条第2款本身并未涉及。

④ 需要注意的是,由于《合伙企业法》《个人独资企业法》都没有规定合伙企业或个人独资企业可以分立,而合伙企业或个人独资企业的分立涉及组织法事项,不仅仅是《民法典》规范的范围,因此,合伙企业、个人独资企业等具体的非法人组织能否分立,应以法律、法规的明确规定为准。

（续表）

条款序号	条款内容	对非法人组织的参照适用	说明
第 68 条第 1 款	（三）法律规定的其他原因	参照适用	《民法典》总则编第四章只规定了非法人组织的解散问题，不涉及非法人组织的终止事由
第 68 条第 2 款	法人终止，法律、行政法规规定须经有关机关批准的，依照其规定	参照适用	《民法典》总则编第四章（第 103 条第 2 款）只规定了设立非法人组织的前置批准的问题，没有涉及非法人组织终止的前置批准问题
第 69 条	有下列情形之一的，法人解散	—	—
	（一）法人章程规定的存续期间届满或者法人章程规定的其他解散事由出现	不参照适用	非法人组织适用《民法典》第 106 条第 1 项
	（二）法人的权力机构决议解散	不参照适用	非法人组织适用《民法典》第 106 条第 2 项
	（三）因法人合并或者分立需要解散	参照适用①	《民法典》总则编第四章没有规定非法人组织是否因合并或分立而解散的问题；司法部的部门规章《律师事务所管理办法》规定律师事务所可以合并或分立②
	（四）法人依法被吊销营业执照、登记证书，被责令关闭或者被撤销	参照适用	《民法典》总则编第四章没有明确将"依法被吊销营业执照（或登记证书）、被责令关闭或者被撤销"列为非法人组织的解散事由
	（五）法律规定的其他情形	不参照适用	非法人组织适用《民法典》第 106 条第 3 项
第 70 条第 1 款	法人解散的，除合并或者分立的情形外，清算义务人应当及时组成清算组进行清算	参照适用	《民法典》总则编第四章没有涉及非法人组织的清算义务人及时组成清算组进行清算的问题

① 需要注意的是，此处的参照适用，指的是在非法人组织合并或分立的情况下，参照适用《民法典》第 69 条第 3 项所说的"有下列情形之一的，法人解散：……（三）因法人合并或者分立需要解散"，不涉及非法人组织能否合并或分立的问题。

② 需要注意的是，由于《合伙企业法》《个人独资企业法》都没有规定合伙企业或个人独资企业可以合并或分立，而合伙企业或个人独资企业的合并或分立涉及组织法事项，不仅仅是《民法典》规范的范围，因此，合伙企业、个人独资企业等非法人组织能否合并或分立，应以法律、法规的明确规定为准。

条款序号	条款内容	对非法人组织的参照适用	说明
第70条第2款	法人的董事、理事等执行机构或者决策机构的成员为清算义务人。法律、行政法规另有规定的,依照其规定	不参照适用	非法人组织没有《民法典》意义上的执行机构或决策机构等组织机构
第70条第3款	清算义务人未及时履行清算义务,造成损害的,应当承担民事责任;主管机关或者利害关系人可以申请人民法院指定有关人员组成清算组进行清算	参照适用①	《民法典》总则编第四章没有涉及非法人组织的清算义务人未及时履行清算义务的民事责任和强制清算问题
第71条	法人的清算程序和清算组职权,依照有关法律的规定;没有规定的,参照适用公司法律的有关规定	参照适用②	《民法典》总则编第四章没有涉及非法人组织的清算程序和清算组职权问题
第72条第1款	清算期间法人存续,但是不得从事与清算无关的活动	参照适用	《民法典》总则编第四章没有涉及非法人组织清算期间是否存续和行为限制的问题

① 比如,上海市第一中级人民法院(2018)沪01民初599号民事裁定书认为:"《中华人民共和国民法总则》第七十一条规定,法人的清算程序和清算组职权,依照有关法律的规定;没有规定的,参照适用公司法的有关规定。第一百零八条规定,非法人组织除适用本章规定外,参照适用本法第三章第一节的有关规定。因此,合伙企业作为非法人组织,其解散清算,指定清算人的相关程序,可以参照适用公司法的相关规定。"实务中也有不同意见。比如,在上海某晨医院投资管理有限公司与攀枝花某路建设有限公司申请强制清算案中,针对某晨公司提出的"'攀枝花某某医院'的清算应当按照《中华人民共和国民法总则》第七十一条'法人的清算程序和清算组职权,依照有关法律的规定;没有规定的,参照适用公司法的有关规定'的规范指引进行操作"的再审理由,四川省高级人民法院(2018)川清监2号民事裁定书认为:"根据《中华人民共和国公司法》第一百八十三条及相关司法解释的规定,强制清算是公司出现解散事由后,因自行清算存在障碍,债权人或公司股东申请人民法院指定清算组对公司进行的清算,法律规定强制清算的对象应当是公司,即企业法人。虽然依照相关法律规定,非企业法人或非法人组织终止前,也应当进行清算,但对于企业法人以外的组织是否适用强制清算,应当由相关法律予以明确。'攀枝花某某医院'作为事实上存在的非法人组织的非营利性医疗机构,并未取得法人主体资格,不属于《中华人民共和国公司法》的调整范围,不能直接适用该法的规定进行强制清算,而其他相关法律也并无此类组织可以向人民法院申请强制清算,并参照适用我国公司法律规定的程序的规定,因此,某晨公司申请法院对'攀枝花某某医院'进行强制清算,缺乏明确的法律依据。"

② 比如,上海市第一中级人民法院(2018)沪01民初599号民事裁定书认为:"《中华人民共和国民法总则》第七十一条规定,法人的清算程序和清算组职权,依照有关法律的规定;没有规定的,参照适用公司法的有关规定。第一百零八条规定,非法人组织除适用本章规定外,参照适用本法第三章第一节的有关规定。因此,合伙企业作为非法人组织,其解散清算,指定清算人的相关程序,可以参照适用公司法的相关规定。"

（续表）

条款序号	条款内容	对非法人组织的参照适用	说明
第 72 条第 2 款	法人清算后的剩余财产，按照法人章程的规定或者法人权力机构的决议处理。法律另有规定的，依照其规定	参照适用	《民法典》总则编第四章没有涉及非法人组织清算后的剩余财产的处理问题
第 72 条第 3 款	清算结束并完成法人注销登记时，法人终止；依法不需要办理法人登记的，清算结束时，法人终止	参照适用①	《民法典》总则编第四章没有涉及非法人组织清算结束后的终止时间问题②
第 73 条	法人被宣告破产的，依法进行破产清算并完成法人注销登记时，法人终止	参照适用③	《民法典》总则编第四章没有涉及非法人组织被宣告破产时的终止时间问题；但具体的非法人组织能否"被宣告破产"，《民法典》本身并未涉及，取决于法律或司法解释是否有明文规定
第 74 条第 1 款	法人可以依法设立分支机构。法律、行政法规规定分支机构应当登记的，依照其规定	参照适用	《民法典》总则编第四章没有涉及非法人组织设立分支机构的问题

① 比如，广东省高级人民法院（2020）粤民申 4153 号民事裁定书认为："蕉利某某合作社是非法人组织。……《中华人民共和国民法总则》第一百零二条第一款规定：'非法人组织是不具有法人资格，但是能够依法以自己的名义从事民事活动的组织。'第一百零八条规定：'非法人组织除适用本章规定外，参照适用本法第三章第一节的有关规定。'《中华人民共和国民法总则》第三章第一节是对法人的一般规定，其中第五十九条规定：'法人的民事权利能力和民事行为能力，从法人成立时产生，到法人终止时消灭。'第七十二条第三款规定：'清算结束并完成法人注销登记时，法人终止；依法不需要办理法人登记的，清算结束时，法人终止。'根据上述规定，蕉利某某合作社在完成注销登记时终止。"

② 比如，广东省高级人民法院（2020）粤民申 4153 号民事裁定书认为："蕉利某某合作社是非法人组织。……《中华人民共和国民法总则》第一百零二条第一款规定：'非法人组织是不具有法人资格，但是能够依法以自己的名义从事民事活动的组织。'第一百零八条规定：'非法人组织除适用本章规定外，参照适用本法第三章第一节的有关规定。'《中华人民共和国民法总则》第三章第一节是对法人的一般规定，其中第五十九条规定：'法人的民事权利能力和民事行为能力，从法人成立时产生，到法人终止时消灭。'第七十二条第三款规定：'清算结束并完成法人注销登记时，法人终止；依法不需要办理法人登记的，清算结束时，法人终止。'根据上述规定，蕉利某某合作社在完成注销登记时终止。"

③ 需要注意的是，此处的参照适用，指的是在非法人组织被宣告破产的情况下，参照适用《民法典》第 73 条所说的"依法进行破产清算并完成法人注销登记时，法人终止"，不涉及非法人组织能否被宣告破产的问题。

(续表)

条款序号	条款内容	对非法人组织的参照适用	说明
第74条第2款	分支机构以自己的名义从事民事活动,产生的民事责任由法人承担;也可以先以该分支机构管理的财产承担,不足以承担的,由法人承担	参照适用①	《民法典》总则编第四章没有涉及非法人组织分支机构的行为及其责任的承担问题
第75条第1款	设立人为设立法人从事的民事活动,其法律后果由法人承受;法人未成立的,其法律后果由设立人承受,设立人为二人以上的,享有连带债权,承担连带债务	参照适用	《民法典》总则编第四章没有涉及非法人组织设立行为的责任承担问题
第75条第2款	设立人为设立法人以自己的名义从事民事活动产生的民事责任,第三人有权选择请求法人或者设立人承担	参照适用	《民法典》总则编第四章没有涉及设立人为非法人组织以自己的名义从事民事活动的民事责任承担问题

① 比如,在中国音像著作权集体管理协会与龙陵县龙山镇某程商务酒店(普通合伙)某某娱乐会所、龙陵县龙山镇某程商务酒店(普通合伙)、龙陵县龙山镇大某会娱乐厅侵害作品放映权纠纷案中,云南省大理白族自治州中级人民法院(2022)云29民初401号民事判决书认为:"根据《中华人民共和国民法典》第一百零八条'非法人组织除适用本章规定外,参照适用本编第三章第一节的有关规定'及第七十四条'法人可以依法设立分支机构。法律、行政法规规定分支机构应当登记的,依照其规定。分支机构以自己的名义从事民事活动,产生的民事责任由法人承担;也可以先以该分支机构管理的财产承担,不足以承担的,由法人承担'的规定,某程酒店某某娱乐会所作为某程酒店的分支机构,其在本案中所应承担的责任,由某程酒店某某娱乐会所先以其管理财产承担,不足以承担的,应由某程酒店承担。原告关于应由二被告对其因侵权行为所致的损害后果共同承担责任的主张成立,本院予以支持。但主张承担连带责任的意见,不符合法律规定,本院不予采纳。"

第五章　民事权利

根据《民法典》第 1 条和第 3 条,保护民事主体的合法权益是《民法典》的立法目的和重要任务。“民事权利受法律保护是民法的基本精神,统领整部民法典和各民商事特别法”①。《民法典》总则编第五章规定民事主体的各项民事权利,旨在“凸显对民事权利的尊重,加强对民事权利的保护,为民法典各分编和民商事特别法律具体规定民事权利提供依据”②。

《民法典》总则编第五章“民事权利”共有 24 个条文(第 109 条至第 132 条),构建了民事主体的民事权利体系,包括:

一是规定了民事权利的种类和内容,包括人身权利(第 109 条至第 112 条)、财产权利(第 113 条至第 122 条、第 124 条和第 125 条)、兼具人身权属性和财产权属性的知识产权(第 123 条)③以及其他合法权益(即“其他民事权利和利益”,第 126 条)。

二是明确了新型民事权利客体(数据和网络虚拟财产)保护的法律适用规则(第 127 条)。

三是明确了弱势群体(未成年人、老年人、残疾人、妇女、消费者等)民事权利特别保护的法律适用规则(第 128 条)。

四是明确了民事权利的取得方式(第 129 条)。

五是规定了民事权利行使规范,包括权利行使自愿原则(第 130 条)、权利和义务相统一原则(第 131 条)和禁止权利滥用原则(第 132 条)。

除《民法典》第 109 条、第 110 条第 1 款、第 111 条、第 112 条和第 124 条仅适用于自然人(包括中国籍自然人、外国人和无国籍人),第 110 条第 2 款仅适用于法人和非法人组织,第 128 条仅适用于未成年人、老年人、残疾人、妇女、消费者等弱势自然人群体外,《民法典》总则编第五章的其他规定均统一适用于各类民事主体。

第一百零九条　【自然人的人身自由和人格尊严】自然人的人身自由、人格尊严受法律保护。

---

① 第十二届全国人民代表大会法律委员会 2017 年 3 月 12 日在第十二届全国人民代表大会第五次会议主席团第二次会议上作的《关于〈中华人民共和国民法总则(草案)〉审议结果的报告》。

② 全国人民代表大会常务委员会时任副委员长李建国 2017 年 3 月 8 日在第十二届全国人民代表大会第五次会议上作的《关于〈中华人民共和国民法总则(草案)〉的说明》。

③ 《民法典》第 440 条第 5 项和第 444 条使用了“注册商标专用权、专利权、著作权等知识产权中的财产权”的表述,《著作权法》第 10 条第 1 款使用了“著作权包括下列人身权和财产权”,第 28 条使用了“著作权中的财产权”的表述。

【条文通释】

《民法典》第109条是关于自然人的人身自由和人格尊严的规定。

一、自然人的人身自由

(一)人身自由的界定

《民法典》本身没有规定"人身自由"的定义。

通常认为,人身自由是自然人按照自己的意志支配自己的身体活动①,不受非法干涉、拘束、妨碍②、限制或剥夺的自由。

(二)人身自由受法律保护

自然人的人身自由受法律保护。对此,《宪法》《立法法》《民法典》《刑法》《治安管理处罚法》《行政处罚法》等都作出了明确的规定,比如:

一是《宪法》第37条规定:"中华人民共和国公民的人身自由不受侵犯。任何公民,非经人民检察院批准或者决定或者人民法院决定,并由公安机关执行,不受逮捕。禁止非法拘禁和以其他方法非法剥夺或者限制公民的人身自由,禁止非法搜查公民的身体"。

二是《立法法》第11条第5项规定:"下列事项只能制定法律:……(五)对公民政治权利的剥夺、限制人身自由的强制措施和处罚",第12条规定:"本法第十一条规定的事项尚未制定法律的,全国人民代表大会及其常务委员会有权作出决定,授权国务院可以根据实际需要,对其中的部分事项先制定行政法规,但是有关犯罪和刑罚、对公民政治权利的剥夺和限制人身自由的强制措施和处罚、司法制度等事项除外";此外,《行政处罚法》第10条也规定:"法律可以设定各种行政处罚。限制人身自由的行政处罚,只能由法律设定"。

三是《民法典》第109条规定:"自然人的人身自由、人格尊严受法律保护",第120条规定:"民事权益受到侵害的,被侵权人有权请求侵权人承担侵权责任",第995条规定:"人格权受到侵害的,受害人有权依照本法和其他法律的规定请求行为人承担民事

---

① 比如,原劳动部办公厅印发的《关于〈劳动法〉若干条文的说明》(劳办发〔1994〕289号)第32条第2款规定:"本条中的'非法限制人身自由'是指采用拘留、禁闭或其他强制方法非法剥夺或限制他人按照自己的意志支配自己的身体活动的自由的行为";江苏省高级人民法院(2015)苏审二民申字第01229号民事裁定书认为:"限制人身自由是指采用拘留、禁闭或者其他强制手段剥夺或限制他人按照自己的意志支配自己身体活动的自由的行为";辽宁省高级人民法院(2017)辽行申1108号行政裁定书认为:"限制人身自由是指行政机关在行政管理过程中,为制止违法行为、防止证据损毁、避免危害发生、控制危险扩大等情形,采取拘留、禁闭或者其他强制手段,剥夺或者限制他人按照自己意志支配自己身体活动的自由的行为";江西省高级人民法院(2019)赣刑终194号刑事裁定书认为:"非法拘禁罪侵害的是他人人身权利,其实质是非法剥夺他人的人身自由,使其身体被强制性地约束在一定的有限空间内,不能按自己的意志支配其身体脱离该空间范围,对于拘禁的场所是否固定、封闭,并不影响该罪成立"。

② 比如,湖北省荆门市中级人民法院(2016)鄂08民终392号民事判决书认为:"所谓自然人的人身自由,是指自然人的活动不受非法干涉、拘束或者妨碍的权利,包括身体自由和意志自由两个方面,是人之为人的一般人格利益"。

责任。受害人的停止侵害、排除妨碍、消除危险、消除影响、恢复名誉、赔礼道歉请求权,不适用诉讼时效的规定”,第 1011 条规定:“以非法拘禁等方式剥夺、限制他人的行动自由,或者非法搜查他人身体的,受害人有权依法请求行为人承担民事责任”。据此,《民法典》将享有人身自由权①的主体范围由《宪法》规定的公民扩大到了所有自然人。

四是《治安管理处罚法》第 40 条第 3 项规定:“有下列行为之一的,处十日以上十五日以下拘留,并处五百元以上一千元以下罚款;情节较轻的,处五日以上十日以下拘留,并处二百元以上五百元以下罚款:……(三)非法限制他人人身自由、非法侵入他人住宅或者非法搜查他人身体的”,第 116 条规定:“人民警察办理治安案件,有下列行为之一的,依法给予行政处分;构成犯罪的,依法追究刑事责任:……(二)超过询问查证的时间限制人身自由的;……办理治安案件的公安机关有前款所列行为的,对直接负责的主管人员和其他直接责任人员给予相应的行政处分”。

五是《刑法》第 238 条针对“非法拘禁罪”规定:“非法拘禁他人或者以其他方法非法剥夺他人人身自由的,处三年以下有期徒刑、拘役、管制或者剥夺政治权利。具有殴打、侮辱情节的,从重处罚。犯前款罪,致人重伤的,处三年以上十年以下有期徒刑;致人死亡的,处十年以上有期徒刑。使用暴力致人伤残、死亡的,依照本法第二百三十四条、第二百三十二条的规定定罪处罚。为索取债务非法扣押、拘禁他人的,依照前两款的规定处罚。国家机关工作人员利用职权犯前三款罪的,依照前三款的规定从重处罚”,第 293 条之一第 2 项针对“催收非法债务罪”规定:“有下列情形之一,催收高利放贷等产生的非法债务,情节严重的,处三年以下有期徒刑、拘役或者管制,并处或者单处罚金:……(二)限制他人人身自由或者侵入他人住宅的”,第 239 条针对“绑架罪”规定:“以勒索财物为目的绑架他人的,或者绑架他人作为人质的,处十年以上有期徒刑或者无期徒刑,并处罚金或者没收财产;情节较轻的,处五年以上十年以下有期徒刑,并处罚金。犯前款罪,杀害被绑架人的,或者故意伤害被绑架人,致人重伤、死亡的,处无期徒刑或者死刑,并处没收财产。以勒索财物为目的偷盗婴幼儿的,依照前两款的规定处罚。”

六是《国家赔偿法》第 3 条规定:“行政机关及其工作人员在行使行政职权时有下列侵犯人身权情形之一的,受害人有取得赔偿的权利:(一)违法拘留或者违法采取限制公民人身自由的行政强制措施的;(二)非法拘禁或者以其他方法非法剥夺公民人身自由的;……”,第 17 条规定:“行使侦查、检察、审判职权的机关以及看守所、监狱管理机关及其工作人员在行使职权时有下列侵犯人身权情形之一的,受害人有取得赔偿的权利:(一)违反刑事诉讼法的规定对公民采取拘留措施的,或者依照刑事诉讼法规定的条件和程序对公民采取拘留措施,但是拘留时间超过刑事诉讼法规定的时限,其后决定撤销案件、不起诉或者判决宣告无罪终止追究刑事责任的;(二)对公民采取逮捕措施后,决定撤销案件、不起诉或者判决宣告无罪终止追究刑事责任的……”,第 33 条

---

① 《民事案件案由规定》(2020 年修改)使用了“人身自由权纠纷”的表述。此前的《最高人民法院关于确定民事侵权精神损害赔偿责任若干问题的解释》(法释〔2001〕第 7 号)、《最高人民法院、最高人民检察院关于办理刑事赔偿案件适用法律若干问题的解释》(法释〔2015〕24 号)、《最高人民法院关于为实施乡村振兴战略提供司法服务和保障的意见》(法发〔2018〕19 号)等文件也都使用了“人身自由权”的表述。

规定:"侵犯公民人身自由的,每日赔偿金按照国家上年度职工日平均工资计算"。

二、自然人的人格尊严

(一)人格尊严的界定

《民法典》本身也没有规定"人格尊严"的定义。

在日常用语中,"人格"是指人之为人的资格,或"人能作为权利、义务的主体的资格"①;"尊严"是指"对个人或社会集团的自身价值和社会价值的自我肯定和不可贬损性"②,其中,"尊重人的生命价值是人的最基本的尊严"③;"人格尊严"是指自然人作为一个"人"所应有的最起码的社会地位及应受到社会和他人最起码的尊重④。

(二)人格尊严受法律保护

自然人的人格尊严受法律保护。对此,《宪法》《民法典》等都作出了明确的规定,比如:

一是《宪法》第 38 条规定:"中华人民共和国公民的人格尊严不受侵犯。禁止用任何方法对公民进行侮辱、诽谤和诬告陷害。"

二是《民法典》第 990 条规定:"人格权是民事主体享有的生命权、身体权、健康权、姓名权、名称权、肖像权、名誉权、荣誉权、隐私权等权利。除前款规定的人格权外,自然人享有基于人身自由、人格尊严产生的其他人格权益",第 991 条规定:"民事主体的人格权受法律保护,任何组织或者个人不得侵害",第 120 条规定:"民事权益受到侵害的,被侵权人有权请求侵权人承担侵权责任",第 995 条规定:"人格权受到侵害的,受害人有权依照本法和其他法律的规定请求行为人承担民事责任。受害人的停止侵害、排除妨碍、消除危险、消除影响、恢复名誉、赔礼道歉请求权,不适用诉讼时效的规定"。

比如,在林某某、陈某某诉蔡某某一般人格权纠纷案(载《最高人民法院公报》2020 年第 11 期),广东省汕头市濠江区人民法院 2016 年 8 月 30 日作出的民事判决书认为:"本案原告林某某与原告陈某某虽系夫妻关系,但林某某在公共场所公然使用暴力扇打陈某某的脸部,林某某的该行为具有违法性,且已侵害了陈某某的人格尊严。被告蔡某某对林某某的上述不法暴力行为进行拍摄并予以公布,并无不当。但是,对于陈

---

① 中国社会科学院语言研究所词典编辑室编:《现代汉语词典》(修订本),商务印书馆 1996 年版,第 1062 页;夏征农、陈至立主编:《辞海》,上海辞书出版社 2009 年版,第 1879 页。

② 夏征农、陈至立主编:《辞海》,上海辞书出版社 2009 年版,第 3088 页。

③ 夏征农、陈至立主编:《辞海》,上海辞书出版社 2009 年版,第 3088 页。

④ 比如,在林某某、陈某某诉蔡某某一般人格权纠纷案(载《最高人民法院公报》2020 年第 11 期),广东省汕头市濠江区人民法院 2016 年 8 月 30 日作出的民事判决书认为:"人格尊严是指作为一个'人'所应有的最起码的社会地位,及应受到社会和他人最起码的尊重。"在此之前,浙江省杭州市上城区人民法院(2009)杭上民初字第 176 号民事判决书(2009 年 3 月 9 日作出)、浙江省嘉兴市中级人民法院(2009)浙嘉民终字第 250 号民事判决书(2009 年 6 月 16 日作出)、辽宁省高级人民法院(2010)辽立三民申字第 421 号民事判决书(2010 年 5 月 7 日作出)、上海市第一中级人民法院(2014)沪一中民一(民)终字第 2315 号民事判决书等裁判文书也都提出了基本一致的观点。此外,北京市第一中级人民法院(2017)京 01 民终 9424 号民事判决书也认为:"人格尊严是指自然人作为人应当受到他人尊重的权利。"

某某而言，在公共场所被他人暴力扇打脸部，其人格尊严本已受到侵害，而蔡某某在没有对视频中陈某某的容貌及形象进行模糊处理的情况下，对该视频进行公布，导致视频在安徽公共频道上播放，其行为事实上导致陈某某因人格尊严受侵害而形成的不利影响得以扩大，给陈某某造成更大的精神伤害。蔡某某应对此承担相应的侵权责任。……行为人因过错侵害他人民事权益，应当承担侵权责任。公民的人格尊严受到侵害的，有权要求停止侵害、消除影响、赔礼道歉，并可以要求赔偿损失。被告蔡某某将涉诉视频通过互联网进行公布并被安徽公共频道播放，致该视频至今仍存在于安徽卫视网站上，蔡某某有义务通知安徽卫视对其网站上存在的该视频予以删除。……陈某某要求蔡某某进行赔礼道歉，符合法律规定。至于赔礼道歉的方式应当与侵权行为影响范围相应，法院认为蔡某某应采用书面形式致歉，内容须经法院审核。因蔡某某实施侵害陈某某人格尊严的行为，必定给陈某某精神造成损害，陈某某要求支付精神损失费，理由正当，结合本案的侵权范围、影响、过错程度，法院酌定被告蔡某某赔偿陈某某精神损害抚慰金 1000 元”。

又如，在彭某诉江某一般人格权纠纷案中，上海市第一中级人民法院（2014）沪一中民一（民）终字第 2315 号民事判决书认为：“本案中，江某隐瞒其已婚事实，使彭某在错误认识的基础上与其发生性关系，给彭某的心理造成一定伤害。在交往过程中，江某的隐瞒行为存在主观上的故意，实际上也没有将彭某视为平等的、具有人格尊严的民事主体进行对待，所以其过错行为侵犯了彭某的一般人格权，依法应当承担侵权责任。同时应当指出，根据《中华人民共和国民法通则》第四条‘民事活动应当遵循自愿、公平、等价有偿、诚实信用的原则’、第七条‘民事活动应当尊重社会公德’之规定，江某的行为亦有违诚实信用和公序良俗原则。原审法院根据江某的过错程度、行为方式及后果，酌情判令其赔偿彭某精神损害抚慰金人民币三万元并书面赔礼道歉，该处理方式并无不当，本院予以认同”。

当然，根据《民事诉讼法》第 67 条第 1 款①和《民诉法解释》第 90 条、第 91 条②的规定，自然人如以其人格尊严受到侵害为由主张侵权人承担侵权责任，就应当对行为人存在过错、行为人行为违法、自己人格尊严受到损害、行为人的行为与损害结果之间存在因果关系等承担举证证明责任；否则，其主张可能得不到支持。

比如，辽宁省高级人民法院（2010）辽立三民申字第 421 号民事判决书认为：“关于被申请人确定的采暖费补贴标准是否侵犯了申请再审人的人格（尊严）权问题。承担侵犯人格（尊严）权的民事责任必须同时具备具有侵犯人格尊严的损害事实、行为具有违法性、行为人主观上具有过错以及违法行为与损害事实之间存在因果关系四个要件，其中具有侵犯人格尊严的损害事实尤为重要，无损害即无责任。虽然人格尊严具

---

① 《民事诉讼法》第 67 条第 1 款规定：“当事人对自己提出的主张，有责任提供证据。”

② 《民诉法解释》第 90 条规定：“当事人对自己提出的诉讼请求所依据的事实或者反驳对方诉讼请求所依据的事实，应当提供证据加以证明，但法律另有规定的除外。在作出判决前，当事人未能提供证据或者证据不足以证明其事实主张的，由负有举证证明责任的当事人承担不利的后果”，第 91 条规定：“人民法院应当依照下列原则确定举证证明责任的承担，但法律另有规定的除外：（一）主张法律关系存在的当事人，应当对产生该法律关系的基本事实承担举证证明责任；（二）主张法律关系变更、消灭或者权利受到妨害的当事人，应当对该法律关系变更、消灭或者权利受到妨害的基本事实承担举证证明责任。”

有一定的主观因素，不同的民事主体对自身价值的认识及主观上尊严感会有所不同。但人格尊严是民事主体作为一个‘人’所应有的最起码的社会地位并且受到社会和他人最起码的尊重，而这个‘最起码’的限定，客观的考察标准取决于一定时期的社会上大多数人的判断。本案中被申请人的做法并非仅针对申请再审人个人，亦不会导致社会和他人对申请再审人的学识、资历、人品产生怀疑或否定，故申请再审人该主张无事实及法律依据。”

又如，浙江省嘉兴市中级人民法院(2009)浙嘉民终字第250号民事判决书认为："所谓人格尊严，是指民事主体作为一个‘人’所应有的最起码的社会地位并且受到他人和社会最起码的尊重。人格尊严首先是人的一种观念，是民事主体对自身价值的认识，具有主观性。同时，人格尊严又是一种社会态度，是一个社会及社会中的具体的人对他人作为‘人’应有的尊重，故又有其客观的考察标准。构成侵害人格尊严的侵权行为，除了必须具备行为要素外，还要求达到一般人看来该行为已构成对人格尊严的侵害的程度，即该行为应当具有一定恶劣性程度的要求。本案中，杨某为某嘉房产公司提供法律服务，是在代表自己单位履行相关法律服务合同约定的义务。双方当事人代表各自单位对相关优先代理权、代理费用及法律服务协议等问题进行协商时，对相关合同义务的履行情况各执己见，甚至发生争吵，尚属正常。如王某梅对杨某履行合同义务的效果不予认同甚至评判错误，也情有可原，因为王某梅并非法律专业人士，不能要求其以一个法律人的专业标准来评判杨某履行合同义务是否正确、全面、合理。王某梅认为杨某的法律服务水平有瑕疵，但并没有使用足以侮辱、贬损杨某人格的言语。争论过程中王某梅一时行为和语气上有些偏激，此属不当，但远未达到一般人看来已构成对人格尊严的侵害的恶劣程度，因此不足以构成对杨某人格尊严的侵害"。①

三是《治安管理处罚法》第42条规定："有下列行为之一的，处五日以下拘留或者五百元以下罚款；情节较重的，处五日以上十日以下拘留，可以并处五百元以下罚款：……(二)公然侮辱他人或者捏造事实诽谤他人的；(三)捏造事实诬告陷害他人，企图使他人受到刑事追究或者受到治安管理处罚的；(四)对证人及其近亲属进行威胁、侮辱、殴打或者打击报复的；(五)多次发送淫秽、侮辱、恐吓或者其他信息，干扰他人正常生活的……"

四是《刑法》第246条针对"侮辱罪"和"诽谤罪"规定："以暴力或者其他方法公然侮辱他人或者捏造事实诽谤他人，情节严重的，处三年以下有期徒刑、拘役、管制或者剥夺政治权利。前款罪，告诉的才处理，但是严重危害社会秩序和国家利益的除外。通过信息网络实施第一款规定的行为，被害人向人民法院告诉，但提供证据确有困难的，人民法院可以要求公安机关提供协助"。

三、自然人人身自由、人格尊严保护的法律适用

《民法典》总则编只是宣示性地明确了"自然人的人身自由、人格尊严受法律保护"，但没有对如何保护自然人的人身自由、人格尊严作出规定，《民法典》有关自然人的人身自由、人格尊严保护的规定主要是由《民法典》第四编(即人格权编)和第七编

① 类似的裁判意见，还可见浙江省杭州市上城区人民法院(2009)杭上民初字第176号民事判决书。

(即侵权责任编)作出的。

其中,针对自然人人身自由的保护,《民法典》第 1011 条直接作出了规定,即:"以非法拘禁等方式剥夺、限制他人的行动自由,或者非法搜查他人身体的,受害人有权依法请求行为人承担民事责任。"这个条文是放在《民法典》人格权编第二章"生命权、身体权和健康权"中予以规定的。

此外,《民法典》第 991 条至第 1000 条(人格权编第一章)对人格权的保护作出了一般规定,《民法典》侵权责任编也针对各种侵权行为的责任作出了具体的规定。根据《民法典总则编解释》第 1 条第 1 款所说的"民法典第二编至第七编对民事关系有规定的,人民法院直接适用该规定",有关自然人人身自由、人格尊严的保护,可以(并应当)直接适用《民法典》人格权编和侵权责任编的有关规定,主要包括《民法典》第 991 条、第 992 条、第 995 条至第 1000 条和第 1165 条至第 1175 条、第 1177 条、第 1178 条、第 1183 条、第 1194 条至第 1198 条。

第一百一十条　【自然人和组织的具体人格权】自然人享有生命权、身体权、健康权、姓名权、肖像权、名誉权、荣誉权、隐私权、婚姻自主权等权利。

法人、非法人组织享有名称权、名誉权和荣誉权。

【条文通释】

《民法典》第 110 条是关于自然人和组织的具体人格权的规定。

一、自然人的具体人格权

"人格权是民事主体对其特定的人格利益享有的权利,关系到每个人的人格尊严,是民事主体最基本的权利。"①《民法典》第 110 条第 1 款列明了自然人享有的 8 项具体人格权:(1)生命权;(2)身体权;(3)健康权;(4)姓名权;(5)肖像权;(6)名誉权;(7)荣誉权;(8)隐私权;(9)婚姻自主权。在此基础上,《民法典》第 110 条第 1 款以"等"字兜底,既涵盖了《民法典》和其他法律已经规定的其他具体人格权,也为法律将来规定新的具体人格权预留了空间。

由于《民法典》第 990 条第 2 款在该条第 1 款所说的"人格权是民事主体享有的生命权、身体权、健康权、姓名权、名称权、肖像权、名誉权、荣誉权、隐私权等权利"之后,使用了"除前款规定的人格权外,自然人享有基于人身自由、人格尊严产生的其他人格权益"的表述,因此,可以认为,自然人所享有的各项具体人格权都是基于其人身自由、人格尊严产生的人格权益。

---

① 全国人民代表大会常务委员会时任副委员长王晨 2020 年 5 月 22 日在第十三届全国人民代表大会第三次会议上作的《关于〈中华人民共和国民法典(草案)〉的说明》。

(一)生命权

1. 生命权的界定

《民法典》本身没有规定生命权的定义。

生命权被公认为是自然人固有的权利①,是自然人最基本、最重要的人权②。结合《民法典》第1002条所说的“自然人享有生命权。自然人的生命安全和生命尊严受法律保护。任何组织或者个人不得侵害他人的生命权”,生命权的核心内容是自然人的生命安全和生命尊严。也因此,通常认为,生命权是指以自然人的生命安全利益为内容的权利,生命权是法律保护的最高权利形态,侵害生命权的结果是生命权的丧失。③

2. 生命权的保护

自然人的生命权受法律保护。对此,《民法典》《刑法》等法律都作出了明确的规定,比如:

一是《民法典》第1002条规定:“自然人享有生命权。自然人的生命安全和生命尊严受法律保护。任何组织或者个人不得侵害他人的生命权”,第1005条规定:“自然人的生命权……受到侵害或者处于其他危难情形的,负有法定救助义务的组织或者个人应当及时施救”,第120条规定:“民事权益受到侵害的,被侵权人有权请求侵权人承担侵权责任”,第995条规定:“人格权受到侵害的,受害人有权依照本法和其他法律的规定请求行为人承担民事责任。受害人的停止侵害、排除妨碍、消除危险、消除影响、恢复名誉、赔礼道歉请求权,不适用诉讼时效的规定”;此外,《最高人民法院关于依法妥善审理涉及夫妻债务案件有关问题的通知》(法〔2017〕48号)也提出“要树立生存权益高于债权的理念。对夫妻共同债务的执行涉及到夫妻双方的工资、住房等财产权益,甚至可能损害其基本生存权益的,应当保留夫妻双方及其所扶养家属的生活必需费用。执行夫妻名下住房时,应保障生活所必需的居住房屋,一般不得拍卖、变卖或抵债被执行人及其所扶养家属生活所必需的居住房屋。”

二是《刑法》第232条针对“故意杀人罪”规定:“故意杀人的,处死刑、无期徒刑或者十年以上有期徒刑;情节较轻的,处三年以上十年以下有期徒刑”,第233条针对“过

---

① 1948年《世界人权宣言》第3条规定:“人人有权享有生命、自由和人身安全”;1966年《公民权利和政治权利国际公约》(中华人民共和国政府于1998年10月5日在联合国总部签署了该公约,尚未批准该公约)第6条第1款规定:“人人有固有的生命权。这个权利应受法律保护。不得任意剥夺任何人的生命”;1989年《儿童权利公约》(1992年4月2日对中华人民共和国生效)第6条第1款规定:“缔约国确认每个儿童均有固有的生命权”,第2款规定:“缔约国应最大限度地确保儿童的存活与发展”;2006年《残疾人权利公约》(2008年8月31日对中华人民共和国生效)第10条规定:“缔约国重申人人享有固有的生命权,并应当采取一切必要措施,确保残疾人在与其他人平等的基础上切实享有这一权利”。

② 《湖北省人民政府关于进一步强化制度建设确保安全生产的决定》(鄂政发〔2013〕34号)、《中国法治建设年度报告(2012)》(中国法学会2013年6月)、广东省深圳市中级人民法院(2016)粤03民终825号民事裁定书等。

③ 云南省大理白族自治州中级人民法院(2017)云29民终1125号民事判决书、湖南省郴州市中级人民法院(2018)湘10民终78号民事判决书、湖北省咸宁市中级人民法院(2018)鄂12民终149号民事判决书、陕西省渭南市中级人民法院(2018)陕05民终2181号民事判决书、河南省濮阳市中级人民法院(2018)豫09民终2846号民事判决书、甘肃省天水市中级人民法院(2021)甘05民终807号民事判决书等。

失致人死亡罪”规定:“过失致人死亡的,处三年以上七年以下有期徒刑;情节较轻的,处三年以下有期徒刑。本法另有规定的,依照规定”。

三是《国家赔偿法》第3条规定:“行政机关及其工作人员在行使行政职权时有下列侵犯人身权情形之一的,受害人有取得赔偿的权利:……(三)以殴打、虐待等行为或者唆使、放纵他人以殴打、虐待等行为造成公民身体伤害或者死亡的;(四)违法使用武器、警械造成公民身体伤害或者死亡的;(五)造成公民身体伤害或者死亡的其他违法行为”,第17条规定:“行使侦查、检察、审判职权的机关以及看守所、监狱管理机关及其工作人员在行使职权时有下列侵犯人身权情形之一的,受害人有取得赔偿的权利:……(四)刑讯逼供或者以殴打、虐待等行为或者唆使、放纵他人以殴打、虐待等行为造成公民身体伤害或者死亡的;(五)违法使用武器、警械造成公民身体伤害或者死亡的”,第34条规定:“侵犯公民生命健康权的,赔偿金按照下列规定计算:……(三)造成死亡的,应当支付死亡赔偿金、丧葬费,总额为国家上年度职工年平均工资的二十倍。对死者生前扶养的无劳动能力的人,还应当支付生活费。前款第二项、第三项规定的生活费的发放标准,参照当地最低生活保障标准执行。被扶养的人是未成年人的,生活费给付至十八周岁止;其他无劳动能力的人,生活费给付至死亡时止。”

四是《国家人权行动计划(2021-2025年)》①提出要“保护公民的生命安全和生命尊严在常态和应急状态下均不受非法侵害”。

(二)身体权

1. 身体权的界定

《民法典》本身没有规定身体权的定义。

结合《民法典》第1003条所说的“自然人享有身体权。自然人的身体完整和行动自由受法律保护。任何组织或者个人不得侵害他人的身体权”,身体权的核心内容是自然人的身体完整和行动自由。也因此,通常认为,身体权是指自然人维护其身体完整并能自由支配其身体各个组成部分的权利。② 由此,侵害自然人的人身自由,相应地也就侵害了自然人的身体权。

身体权与健康权紧密相关,但身体权不同于健康权。对此,河南省濮阳市中级人民法院(2018)豫09民终2846号民事判决书认为:“健康权是指公民以其机体生理机能正常运作和功能完善发挥、维护人体生命活动的利益为内容的人格权。身体权是指公民维护其身体完整并能自由支配其身体各个组成部分的权利。在实践中,侵害身体权的行为常见于非法搜查公民身体的行为、不影响身体健康的情况下对公民身体进行破坏的行为、不破坏身体组织的殴打行为、对尸体的损害行为等。而本案中岳某超是因失火身体被烧伤,符合健康权纠纷的特征,因此应当定性为健康权纠纷。”广东省佛山市中级人民法院(2017)粤06民终9329号民事判决书也认为:“健康权是指公民以

---

① 《国家人权行动计划(2021-2025年)》由国务院新闻办公室和外交部牵头编制,经国家人权行动计划联席会议机制审核同意,授权国务院新闻办公室发布。

② 河南省濮阳市中级人民法院(2018)豫09民终2846号民事判决书、甘肃省天水市中级人民法院(2021)甘05民终807号民事判决书等。

其机体生理机能正常运作和功能完善发挥,维护人体生命活动的利益为内容的人格权;而身体权是指公民维护其身体完整并能自由支配其身体各个组成部分的权利,其客体是公民的身体,身体权最重要的就是保持其身体的完整性、完全性。在实践中,侵害身体权的行为常见于非法搜查公民身体行为、不影响身体健康的情况下对公民身体进行破坏的行为、不破坏身体组织的殴打行为、对尸体的损害行为等等。本案中,邱某珍的头部被打伤,诊断为头部挫裂伤,应属于被侵害健康权的情形,而非侵害身体权。一审法院将案由定为身体权纠纷不当,应属于健康权纠纷,本院依法予以纠正。"

2. 身体权的保护

自然人的身体权受法律保护。对此,《民法典》《刑法》等法律都作出了明确的规定,比如:

一是《民法典》第1003条规定:"自然人享有身体权。自然人的身体完整和行动自由受法律保护。任何组织或者个人不得侵害他人的身体权",第1005条规定:"自然人的……身体权……受到侵害或者处于其他危难情形的,负有法定救助义务的组织或者个人应当及时施救",第120条规定:"民事权益受到侵害的,被侵权人有权请求侵权人承担侵权责任",第995条规定:"人格权受到侵害的,受害人有权依照本法和其他法律的规定请求行为人承担民事责任。受害人的停止侵害、排除妨碍、消除危险、消除影响、恢复名誉、赔礼道歉请求权,不适用诉讼时效的规定"。

二是《刑法》第234条针对"故意伤害罪"规定:"故意伤害他人身体的,处三年以下有期徒刑、拘役或者管制。犯前款罪,致人重伤的,处三年以上十年以下有期徒刑;致人死亡或者以特别残忍手段致人重伤造成严重残疾的,处十年以上有期徒刑、无期徒刑或者死刑。本法另有规定的,依照规定",第234条之一针对"组织出卖人体器官罪"规定:"组织他人出卖人体器官的,处五年以下有期徒刑,并处罚金;情节严重的,处五年以上有期徒刑,并处罚金或者没收财产。未经本人同意摘取其器官,或者摘取不满十八周岁的人的器官,或者强迫、欺骗他人捐献器官的,依照本法第二百三十四条、第二百三十二条的规定定罪处罚。违背本人生前意愿摘取其尸体器官,或者本人生前未表示同意,违反国家规定,违背其近亲属意愿摘取其尸体器官的,依照本法第三百零二条的规定定罪处罚",第235条针对"过失致人重伤罪"规定:"过失伤害他人致人重伤的,处三年以下有期徒刑或者拘役。本法另有规定的,依照规定"。

三是《国家赔偿法》第3条规定:"行政机关及其工作人员在行使行政职权时有下列侵犯人身权情形之一的,受害人有取得赔偿的权利:……(三)以殴打、虐待等行为或者唆使、放纵他人以殴打、虐待等行为造成公民身体伤害或者死亡的;(四)违法使用武器、警械造成公民身体伤害或者死亡的;(五)造成公民身体伤害或者死亡的其他违法行为",第17条规定:"行使侦查、检察、审判职权的机关以及看守所、监狱管理机关及其工作人员在行使职权时有下列侵犯人身权情形之一的,受害人有取得赔偿的权利:……(四)刑讯逼供或者以殴打、虐待等行为或者唆使、放纵他人以殴打、虐待等行为造成公民身体伤害或者死亡的;(五)违法使用武器、警械造成公民身体伤害或者死亡的",第34条规定:"侵犯公民生命健康权的,赔偿金按照下列规定计算:(一)造成身体伤害的,应当支付医疗费、护理费,以及赔偿因误工减少的收入。减少的收入每日的赔偿金按照国家上年度职工日平均工资计算,最高额为国家上年度职工年平均工资的五倍;(二)造成部分或者全部丧失劳动能力的,应当支付医疗费、护理费、残疾生活辅助具费、康复费等因残疾而增加的必要支出和继续治疗所必需的费用,以及残疾赔偿金。残疾赔偿金根据丧失劳动能力的程度,按照国家规定的伤残等级确定,最高不超过国家上年度职工年平均工资的二十倍。造成全部丧失劳动能力的,对其扶养的无劳动能力的人,还应当支付生活费;……。前款第二项、第三项规定的生活费的发放标准,参照当地最低生活保障标准执行。被扶养的人是未成年人的,生活费给付至十八周岁止;其他无劳动能力的人,生活费给付至死亡时止。”

(三)健康权

1. 健康权的界定

《民法典》本身没有规定健康权的定义。

结合《民法典》第 1004 条所说的“自然人享有健康权。自然人的身心健康受法律保护。任何组织或者个人不得侵害他人的健康权”,健康权的核心内容是自然人的身体健康和心理健康。[①] 健康“不仅仅是没有疾病或虚弱,而是身体、心理和社会适应的完好状态”[②];其中的心理健康,则是“人在成长和发展过程中,认知合理、情绪稳定、行为适当、人际和谐、适应变化的一种完好状态”,是健康的重要组成部分。[③]

健康权与身体权紧密相关,但健康权不同于身体权。对此,河南省濮阳市中级人民法院(2018)豫 09 民终 2846 号民事判决书认为:“健康权是指公民以其机体生理机能正常运作和功能完善发挥、维护人体生命活动的利益为内容的人格权。身体权是指公民维护其身体完整并能自有支配其身体各个组成部分的权利。在实践中,侵害身体权的行为常见于非法搜查公民身体的行为、不影响身体健康的情况下对公民身体进行破坏的行为、不破坏身体组织的殴打行为、对尸体的损害行为等。而本案中岳某超是因失火身体被烧伤,符合健康权纠纷的特征,因此应当定性为健康权纠纷。”广东省佛山市中级人民法院(2017)粤 06 民终 9329 号民事判决书也认为:“健康权是指公民以其机体生理机能正常运作和功能完善发挥,维护人体生命活动的利益为内容的人格权;而身体权是指公民维护其身体完整并能自由支配其身体各个组成部分的权利,其客体是公民的身体,身体权最重要的就是保持其身体的完整性、完全性。在实践中,侵害身体权的行为常见于非法搜查公民身体行为、不影响身体健康的情况下对公民身体进行破坏的行为、不破坏身体组织的殴打行为、对尸体的损害行为等等。本案中,邱某珍的头部被打伤,诊断为头部挫裂伤,应属于被侵害健康权的情形,而非侵害身体权。一审法院将案由定为身体权纠纷不当,应属于健康权纠纷,本院依法予以纠正。”

---

① 有裁判意见认为,健康权是指自然人以其机体生理机能正常运作和功能完善发挥、维护人体生命活动的利益为内容的人格权。见河南省濮阳市中级人民法院(2018)豫 09 民终 2846 号民事判决书、甘肃省天水市中级人民法院(2021)甘 05 民终 807 号民事判决书等。

② 教育部《中小学健康教育指导纲要》(教体艺〔2008〕12 号)、《中国公民健康素养——基本知识与技能(2015 年版)》(国卫办宣传函〔2015〕1188 号)。

③ 原国家卫生计生委、中宣部、中央综治办等《关于加强心理健康服务的指导意见》(国卫疾控发〔2016〕77 号)、《健康中国行动(2019—2030 年)》(健康中国行动推进委员会 2019 年 7 月 9 日)。

2. 健康权的保护

自然人的健康权受法律保护。对此,《民法典》《刑法》等法律都作出了明确的规定,比如:

一是《民法典》第1004条规定:"自然人享有健康权。自然人的身心健康受法律保护。任何组织或者个人不得侵害他人的健康权",第1005条规定:"自然人的……健康权受到侵害或者处于其他危难情形的,负有法定救助义务的组织或者个人应当及时施救",第1009条规定:"从事与人体基因、人体胚胎等有关的医学和科研活动,应当遵守法律、行政法规和国家有关规定,不得危害人体健康,不得违背伦理道德,不得损害公共利益",第120条规定:"民事权益受到侵害的,被侵权人有权请求侵权人承担侵权责任",第995条规定:"人格权受到侵害的,受害人有权依照本法和其他法律的规定请求行为人承担民事责任。受害人的停止侵害、排除妨碍、消除危险、消除影响、恢复名誉、赔礼道歉请求权,不适用诉讼时效的规定"。

二是《刑法》第234条针对"故意伤害罪"、第234条之一针对"组织出卖人体器官罪"、第235条针对"过失致人重伤罪"作出了相应的规定。

此外,《刑法》第141条至第145条、第334条至第336条等条文还分别针对侵害自然人健康权的"生产、销售、提供假药罪""生产、销售、提供劣药罪""妨害药品管理罪""生产、销售不符合安全标准的食品罪""生产、销售有毒、有害食品罪""生产、销售不符合标准的医用器材罪""非法采集、供应血液、制作、供应血液制品罪""采集、供应血液、制作、供应血液制品事故罪""医疗事故罪""非法行医罪""非法进行节育手术罪"等作出了规定。

三是《国家赔偿法》第3条规定:"行政机关及其工作人员在行使行政职权时有下列侵犯人身权情形之一的,受害人有取得赔偿的权利:……(三)以殴打、虐待等行为或者唆使、放纵他人以殴打、虐待等行为造成公民身体伤害或者死亡的;(四)违法使用武器、警械造成公民身体伤害或者死亡的;(五)造成公民身体伤害或者死亡的其他违法行为",第17条规定:"行使侦查、检察、审判职权的机关以及看守所、监狱管理机关及其工作人员在行使职权时有下列侵犯人身权情形之一的,受害人有取得赔偿的权利:……(四)刑讯逼供或者以殴打、虐待等行为或者唆使、放纵他人以殴打、虐待等行为造成公民身体伤害或者死亡的;(五)违法使用武器、警械造成公民身体伤害或者死亡的",第34条规定:"侵犯公民生命健康权的,赔偿金按照下列规定计算:(一)造成身体伤害的,应当支付医疗费、护理费,以及赔偿因误工减少的收入。减少的收入每日的赔偿金按照国家上年度职工日平均工资计算,最高额为国家上年度职工年平均工资的五倍;(二)造成部分或者全部丧失劳动能力的,应当支付医疗费、护理费、残疾生活辅助具费、康复费等因残疾而增加的必要支出和继续治疗所必需的费用,以及残疾赔偿金。残疾赔偿金根据丧失劳动能力的程度,按照国家规定的伤残等级确定,最高不超过国家上年度职工年平均工资的二十倍。造成全部丧失劳动能力的,对其扶养的无劳动能力的人,还应当支付生活费;……。前款第二项、第三项规定的生活费的发放标准,参照当地最低生活保障标准执行。被扶养的人是未成年人的,生活费给付至十八周岁止;其他无劳动能力的人,生活费给付至死亡时止。"

（四）姓名权

1. 姓名权的界定

结合《民法典》第 1012 条所说的“自然人享有姓名权，有权依法决定、使用、变更或者许可他人使用自己的姓名”，自然人的姓名权是指自然人依照法律决定自己的姓名①、使用自己的姓名、变更自己的姓名或者许可他人使用自己的姓名②的权利。姓名被用于指代、称呼、区分特定的自然人，姓名权是自然人对其姓名享有的人格权。③

根据《民法典》第 1017 条的规定，“姓名权”中的“姓名”，包括具有一定社会知名度、被他人使用足以造成公众混淆的笔名、艺名、网名、译名④、字号、姓名的简称等；其中的“姓”，即姓氏，体现着血缘传承、伦理秩序和文化传统⑤。

2. 姓名权的保护

自然人的姓名权受法律保护。对此，《民法典》《刑法》等法律都作出了明确的规定，比如：

一是《民法典》第 990 条第 1 款规定：“人格权是民事主体享有的生命权、身体权、健康权、姓名权、名称权、肖像权、名誉权、荣誉权、隐私权等权利”，第 991 条规定：“民事主体的人格权受法律保护，任何组织或者个人不得侵害”，第 1014 条规定：“任何组

---

① 需要注意的是，自然人享有姓名权，有权决定、改变自己的姓名，但姓名权人并不能禁止他人善意、合法地“决定”起同样的名字。见最高人民法院（2016）最高法行再 27 号行政判决书。

② 对此，《民法典》第 1023 条第 1 款规定：“对姓名等的许可使用，参照适用肖像许可使用的有关规定”。湖北省高级人民法院（2017）鄂民终 3252 号民事判决书也认为：“姓名权是自然人对其姓名享有的重要民事权利，姓名权中包含的财产性权益亦为法律所保护。本案中袁隆平院士因其在杂交水稻研究领域的成就和知名度，其姓名不仅仅具有人身属性，还蕴含财产性利益。袁隆平院士通过与袁隆平公司签署《袁隆平品牌权许可使用协议》，约定袁隆平院士许可袁隆平公司在经营过程中独占使用其姓名权，许可的内容包括‘袁隆平’‘隆平’及相应的中英文名称，甚至袁隆平院士自己不得使用其姓名用于企业名称、商号字号及其他经营性活动，也不得再许可任何第三人使用其姓名用于经营性活动。前述许可使用行为系袁隆平院士通过协议方式让渡其姓名中的非人身属性权益，并将此部分权益进行商业化利用，为特定商品代言并获取相应经济利益，而袁隆平公司通过支付相应对价，取得提升自身品牌形象、推销商品、扩大知名度的商业效果。袁隆平公司获得的对‘袁隆平’姓名独占商业使用的财产性权益，既体现了企业对科技人才的尊重，也体现了市场对‘袁隆平’姓名商业价值的认可，并且独占姓名中的财产性权益能够为企业带来现实经济利益，此种民事权益的正当性和经济属性应当得到法律保护。”

③ 最高人民法院（2016）最高法行再 27 号行政判决书。

④ 比如，最高人民法院（2016）最高法行再 27 号行政判决书认为：“关于外国人能否就其外文姓名的部分中文译名主张姓名权保护的问题。本院认为，由于语言和文化等方面的差异以及为了便于称呼，我国相关公众通常习惯于以外国人外文姓名的部分中文译名来指代、称呼该外国人，而不会使用其完整姓名的中文译名，有时甚至对其完整姓名的中文译名不了解、不熟悉。因此，在判断外国人能否就其外文姓名的部分中文译名主张姓名权保护时，需要考虑我国相关公众对外国人的称谓习惯。本案中，不论是再审申请人主张的‘乔丹’，抑或是商标评审委员会被诉裁定中错误认定为再审申请人全名的‘迈克尔·乔丹’，实质上都是再审申请人完整英文姓名‘Michael Jeffrey Jordan’的部分中文译名，但都被相关公众用于称呼和指代再审申请人。综上，再审申请人主张的‘乔丹’如符合本院阐明的前述三项条件，可以依法主张姓名权的保护。对于乔丹公司有关‘单纯“姓氏”或其翻译不能成为姓名权的客体’的主张，本院不予支持。”

⑤ 《全国人民代表大会常务委员会关于〈中华人民共和国民法通则〉第九十九条第一款、〈中华人民共和国婚姻法〉第二十二条的解释》（已失效）提及：“在中华传统文化中，‘姓名’中的‘姓’，即姓氏，体现着血缘传承、伦理秩序和文化传统，公民选取姓氏涉及公序良俗。”

织或者个人不得以干涉、盗用、假冒等方式侵害他人的姓名权或者名称权”①，第120条规定：“民事权益受到侵害的，被侵权人有权请求侵权人承担侵权责任”，第995条规定：“人格权受到侵害的，受害人有权依照本法和其他法律的规定请求行为人承担民事责任。受害人的停止侵害、排除妨碍、消除危险、消除影响、恢复名誉、赔礼道歉请求权，不适用诉讼时效的规定。”②

比如，在周某某诉中某某真无锡建材科技有限公司肖像权、姓名权纠纷案（载《最高人民法院公报》2020年第2期）中，上海市第一中级人民法院认为：“姓名权的客体包括全名，以及其他能够与特定自然人建立对应关系的主体识别符号，例如笔名、艺名、雅号等。被告在涉案广告上盗用原告姓名和艺名的行为构成了对原告姓名权的侵犯。”

又如，在王某生诉张某峰等侵权纠纷案（载《最高人民法院公报》2008年第10期）中，江苏省南京市江宁区人民法院认为：“姓名权是指公民自由决定、使用和依照规定改变自己的姓名，并禁止他人干涉、盗用、假冒自己姓名的一项民事权利。……根据本案事实，被告张某峰在捡到原告王某生遗失的身份证后，既未将身份证归还原告，也未征得原告同意，而是擅自使用原告的身份证，以原告的姓名申请办理信用卡，其行为即属于盗用、假冒他人姓名、侵犯他人姓名权的民事侵权行为。”

二是《刑法》第280条之二针对“冒名顶替罪”规定：“盗用、冒用他人身份，顶替他人取得的高等学历教育入学资格③、公务员录用资格、就业安置待遇的，处三年以下有期徒刑、拘役或者管制，并处罚金。组织、指使他人实施前款行为的，依照前款的规定从重处罚。国家工作人员有前两款行为，又构成其他犯罪的，依照数罪并罚的规定处罚”。

（五）肖像权

1. 肖像权的界定

结合《民法典》第1018条第1款所说的“自然人享有肖像权，有权依法制作、使用、公开或者许可他人使用自己的肖像”和第1019条第1款所说的“未经肖像权人同意，不得制作、使用、公开肖像权人的肖像，但是法律另有规定的除外”，自然人的肖像权是指自然人依照法律制作或不制作自己的肖像、使用或不使用自己的肖像、公开或不公开自己的肖像、许可或不许可他人使用自己的肖像的权利。

---

① 需要注意的是，“‘使用’是姓名权人享有的权利内容之一，并非其承担的义务，更不是姓名权人‘禁止他人干涉、盗用、假冒’，主张保护其姓名权的法定前提条件”，见最高人民法院（2016）最高法行再27号行政判决书。

② 此外，《公司法解释三》第29条还针对冒用他人名义取得股东登记规定了：“冒用他人名义出资并将该他人作为股东在公司登记机关登记的，冒名登记行为人应当承担相应责任；公司、其他股东或者公司债权人以未履行出资义务为由，请求被冒名登记为股东的承担补足出资责任或者对公司债务不能清偿部分的赔偿责任的，人民法院不予支持。”

③ 比如《最高人民法院关于以侵犯姓名权的手段侵犯宪法保护的公民受教育的基本权利是否应承担民事责任的批复》（法释〔2001〕25号，已于2008年12月24日废止）曾经提出：“根据本案事实，陈晓琪等以侵犯姓名权的手段，侵犯了齐玉苓依据宪法规定所享有的受教育的基本权利，并造成了具体的损害后果，应承担相应的民事责任。”

其中,《民法典》第 1018 条第 2 款给“肖像”作的定义是“通过影像、雕塑、绘画等方式在一定载体上所反映的特定自然人可以被识别的外部形象”。肖像是自然人的外貌在物质载体上通过绘画、照相、电影、电视、录像、雕塑等形式再现的视觉形象;肖像作为自然人的一种图像标志,与该自然人的外部形象及人格密切相关,它直接关系到自然人的人格尊严及其形象的社会评价。①

针对肖像的界定,迈克尔·杰弗里·乔丹与国家工商行政管理总局商标评审委员会等商标争议行政纠纷案中,最高人民法院(2015)知行字第 332 号行政裁定书(载《最高人民法院公报》2018 年第 9 期)认为:“肖像权所保护的‘肖像’是对特定自然人体貌特征的视觉反映,社会公众通过‘肖像’识别、指代其所对应的自然人,并能够据此将该自然人与他人相区分。本院认为,根据肖像权以及肖像的性质,肖像权所保护的‘肖像’应当具有可识别性,其中应当包含足以使社会公众识别其所对应的权利主体,即特定自然人的个人特征,从而能够明确指代其所对应的权利主体。如果请求肖像权保护的标识不具有可识别性,不能明确指代特定自然人,则难以在该标识上形成依法应予保护,且归属于特定自然人的人格尊严或人格利益。其次,从社会公众的认知习惯和特点来看,自然人的面部特征是其体貌特征中最为主要的个人特征,一般情况下,社会公众通过特定自然人的面部特征就足以对其进行识别和区分。如果当事人主张肖像权保护的标识并不具有足以识别的面部特征,则应当提供充分的证据,证明该标识包含了其他足以反映其所对应的自然人的个人特征,具有可识别性,使得社会公众能够认识到该标识能够明确指代该自然人。”

此外,在叶某诉某贞医院等肖像权纠纷案(载《最高人民法院公报》2003 年第 6 期)中,北京市东城区人民法院认为:“通过绘画、摄影、雕刻、录像、电影等艺术手段,在物质载体上再现某一个自然人的相貌特征,就形成肖像。肖像的特征,除肖像与原形人在客观上相互独立成为能让人力支配的物品外,再就是具有完整、清晰、直观、可辨的形象再现性或称形象标识性。这里所说的形象,是指原形人相貌综合特征给他人形成的、能引起一般人产生与原形人有关的思想或感情活动的视觉效果。画像、照片等载体,如果其内容不能再现原形人的相貌综合特征,不能引起一般人产生与原形人有关的思想或感情活动,一般人不能凭直观清晰辨认该内容就是某一自然人的形象,这样的载体不能称为肖像。如果载体所表现的内容,只有凭借高科技技术手段进行对比,才能确定这是某一自然人特有的一部分形象而非该自然人清晰完整的形象,一般人不能凭直观清晰辨认载体所表现的内容就是该自然人,则这一载体也不能称为该自然人的肖像。该自然人只是载体所表现内容的原形人,不是肖像人。由于这样的载体所表现的内容不构成肖像,原形人也就对这一内容不享有肖像权。……原告叶某所诉的这张照片,只有脸上的鼻子和嘴部分,不是完整的特定人形象。这张照片不能反映特定人相貌的综合特征,不能引起一般人产生与特定人有关的思想或感情活动,因此不是法律意义上的肖像。叶某据此照片主张保护肖像权,理由不能成立。”

---

① 周某某诉中某某真无锡建材科技有限公司肖像权、姓名权纠纷案(载《最高人民法院公报》2020 年第 2 期)。

2. 肖像权的保护

自然人的肖像权受法律保护。对此,《民法典》第 990 条第 1 款规定:"人格权是民事主体享有的生命权、身体权、健康权、姓名权、名称权、肖像权、名誉权、荣誉权、隐私权等权利",第 991 条规定:"民事主体的人格权受法律保护,任何组织或者个人不得侵害",第 1019 条第 1 款规定:"任何组织或者个人不得以丑化、污损,或者利用信息技术手段伪造等方式侵害他人的肖像权。未经肖像权人同意,不得制作、使用、公开肖像权人的肖像,但是法律另有规定的除外",第 2 款规定:"未经肖像权人同意,肖像作品权利人不得以发表、复制、发行、出租、展览等方式使用或者公开肖像权人的肖像",第 120 条规定:"民事权益受到侵害的,被侵权人有权请求侵权人承担侵权责任",第 995 条规定:"人格权受到侵害的,受害人有权依照本法和其他法律的规定请求行为人承担民事责任。受害人的停止侵害、排除妨碍、消除危险、消除影响、恢复名誉、赔礼道歉请求权,不适用诉讼时效的规定。"

"为了合理平衡保护肖像权与维护公共利益之间的关系",《民法典》第 1020 条规定了"肖像权的合理使用规则",①即:"合理实施下列行为的,可以不经肖像权人同意:(一)为个人学习、艺术欣赏、课堂教学或者科学研究,在必要范围内使用肖像权人已经公开的肖像;(二)为实施新闻报道,不可避免地制作、使用、公开肖像权人的肖像;(三)为依法履行职责,国家机关在必要范围内制作、使用、公开肖像权人的肖像;(四)为展示特定公共环境,不可避免地制作、使用、公开肖像权人的肖像;(五)为维护公共利益或者肖像权人合法权益,制作、使用、公开肖像权人的肖像的其他行为"。②

需要注意的是,《民法典》第 1019 条第 1 款所说的"未经肖像权人同意,不得制作、使用、公开肖像权人的肖像,但是法律另有规定的除外"意味着,除法律另有规定外,未经肖像权人同意使用肖像权人的肖像,属于侵害其肖像权的行为,至于肖像的使用是否以营利为目的则是在所不问的。这跟原《民法通则》第 100 条所说的"公民享有肖像权,未经本人同意,不得以营利为目的使用公民的肖像"是不一样的。

(六)名誉权

1. 名誉权的界定

《民法典》本身没有规定"名誉权"的定义。不过,《民法典》第 1024 条第 2 款规定了"名誉"的定义,即:"对民事主体的品德、声望、才能、信用等的社会评价"。其中的

---

① 全国人民代表大会常务委员会时任副委员长王晨 2020 年 5 月 22 日在第十三届全国人民代表大会第三次会议上作的《关于〈中华人民共和国民法典(草案)〉的说明》提及:"为了合理平衡保护肖像权与维护公共利益之间的关系,草案结合司法实践,规定肖像权的合理使用规则。"

② 比如,在施某某、张某某、桂某某诉徐某某肖像权、名誉权、隐私权纠纷案(载《最高人民法院公报》2016 年第 4 期)中,江苏省南京市江宁区人民法院认为:"本案中,徐某某在知晓施某某被伤害后,为揭露可能存在的犯罪行为和保护未成年人合法权益不受侵犯而使用施某某受伤的九张照片,虽未经施某某同意,但其使用是为了维护社会公共利益和施某某本人利益的需要,也没有以营利为目的,且使用时已对照片脸部进行了模糊处理,应认定该使用行为不构成对施某某肖像权的侵害。"

"社会评价"是对民事主体的品德、声望、才能、信用及其他素质形成的综合评价[①]、总体社会评价[②]。由此,可以认为,"名誉权"是民事主体依赖自己的名誉参与社会生活、社会竞争的权利。[③]

2. 名誉权的保护

自然人的名誉权受法律保护。对此,《民法典》《刑法》等法律都作出了明确的规定,比如:

一是《民法典》第1024条第1款规定:"民事主体享有名誉权。任何组织或者个人不得以侮辱、诽谤等方式侵害他人的名誉权",第1025条规定:"行为人为公共利益实施新闻报道、舆论监督等行为,影响他人名誉的,不承担民事责任,但是有下列情形之一的除外:(一)捏造、歪曲事实;(二)对他人提供的严重失实内容未尽到合理核实义务;(三)使用侮辱性言辞等贬损他人名誉",第1027条第1款规定:"行为人发表的文学、艺术作品以真人真事或者特定人为描述对象,含有侮辱、诽谤内容,侵害他人名誉权的,受害人有权依法请求该行为人承担民事责任",第1028条规定:"民事主体有证据证明报刊、网络等媒体报道的内容失实,侵害其名誉权的,有权请求该媒体及时采取更正或者删除等必要措施",第1029条规定:"民事主体可以依法查询自己的信用评价;发现信用评价不当的,有权提出异议并请求采取更正、删除等必要措施。信用评价人应当及时核查,经核查属实的,应当及时采取必要措施",第120条规定:"民事权益受到侵害的,被侵权人有权请求侵权人承担侵权责任",第995条规定:"人格权受到侵害的,受害人有权依照本法和其他法律的规定请求行为人承担民事责任。受害人的停止侵害、排除妨碍、消除危险、消除影响、恢复名誉、赔礼道歉请求权,不适用诉讼时效的规定"。[④]

需要注意的是,在认定对自然人作出的不良评价是否构成名誉权侵权行为时,应当对行为人是否存在过错、自然人的名誉是否受损(即社会评价是否因行为人的行为

---

① 李某平诉南京某某学院、江苏某泽律师事务所名誉权侵权纠纷案(载《最高人民法院公报》2008年第11期)。

② 徐某诉上海某钢冶金建设公司侵犯名誉权纠纷案(载《最高人民法院公报》2006年第12期)。

③ 李某平诉南京某某学院、江苏某泽律师事务所名誉权侵权纠纷案(载《最高人民法院公报》2008年第11期)。

④ 比如,在李某平诉南京某某学院、江苏某泽律师事务所名誉权侵权纠纷案(载《最高人民法院公报》2008年第11期)中,江苏省南京市中级人民法院认为:"良好的名誉是公民或法人参与社会生活、社会竞争的重要条件,对名誉的侵犯必然直接妨害、影响公民或法人参与社会竞争的资格,因此,法律保护公民或法人的名誉权不受他人侵犯。本案中,上诉人某某学院、某泽律师事务所共同发表涉案律师声明,在未明确指明起止时间的情况下,模糊、笼统地宣称被上诉人李某平'既非某某学院人员也非某某培训中心人员''某某学院培训中心从未授权李某平以某某培训中心名义对外开展活动',该声明内容与事实不符。某某学院、某泽律师事务所应当预见自己的行为可能发生损害李某平名誉的后果,但仍在报刊、网站刊载涉案律师声明,致使李某平的社会评价降低。某某学院、某泽律师事务所的上述行为不具有抗辩事由或阻却违法的事由,已构成对李某平名誉权的侵害,原审法院根据某某学院、某泽律师事务所的过错程度、侵权行为的情节、后果和影响,判决二上诉人停止侵害、赔礼道歉并赔偿被上诉人精神损害抚慰金3000元,并无不当。"

而降低)①、自然人名誉受损与行为人的行为之间是否存在因果关系等要件予以综合认定。②

二是《刑法》第 246 条针对"侮辱罪"和"诽谤罪"、第 299 条之一针对"侵害英雄烈士名誉、荣誉罪"作出了相应的规定。

(七)荣誉权

1. 荣誉权的界定

《民法典》本身没有规定"荣誉"和"荣誉权"的定义。在日常用语中,"荣誉"指的是"个人或团体由于出色地履行义务而获得的公认的赞许和奖励,以及与之相应的主观上的肯定感受",是"客观评价和主观感受的统一。在不同的社会或阶级中有不同的内容和表现形式",是"国家或其他组织通过颁发证书、嘉奖等形式给予有贡献、成就的公民或法人的一种赞誉、表扬,如劳动模范、文明单位等,是一种正式的社会评价"。③也可以将"荣誉"简单地理解为"光荣的名誉"④。⑤

由此,可以认为,"荣誉权"是民事主体所享有的,因自己的突出贡献或者特殊劳动

---

① 比如,在上海某率信息技术有限公司诉北京某虎科技有限公司名誉权纠纷案(载《最高人民法院公报》2020 年第 10 期)中,上海市第二中级人民法院认为:"在名誉权纠纷中,原告的社会评价是否因被告的行为而降低,是判断是否构成侵犯名誉权的重要条件。本案中,某某某手机卫士软件对涉案号码 021-××××1721 的标记一开始并未显示上诉人某率公司的名称和 LOGO,在某率公司提出申请后,被上诉人某虎公司才在安装某某某手机卫士的手机上对涉案号码添加显示某率公司的名称和 LOGO,以使手机用户能够辨认;再结合某率公司的咨询业务量并未因标记行为而降低的情况,故本案某率公司的证据不足以证明其因标记行为而导致其社会评价降低的损害结果。因此,某率公司诉称某虎公司构成侵犯名誉权的主张难以成立,不予支持。"

② 比如,在徐某诉上海某钢冶金建设公司侵犯名誉权纠纷案(载《最高人民法院公报》2006 年第 12 期)中,上海市第二中级人民法院认为:"名誉是指根据公民的观点、行为、作用、表现等所形成的关于公民品德、才干及其他素质的总体社会评价,是对公民社会价值的一般认识。公民享有名誉权,法律禁止用侮辱、诽谤等方式损害公民的名誉。劳动用工单位有权对劳动者实施管理并对劳动者的劳动、工作情况作出客观、公正的评价,这种评价也是劳动者总体社会评价的重要组成部分。劳动用工单位对劳动者作出不实、不良的评价是否构成对劳动者名誉权的侵犯,应当根据劳动用工单位的行为是否具有过错、劳动者的名誉有无被损害的事实、劳动用工单位的行为与劳动者的名誉受损之间有无因果关系等因素加以认定。"

③ 夏征农、陈至立主编:《辞海》,上海辞书出版社 2009 年版,第 1898 页。

④ 中国社会科学院语言研究所词典编辑室编:《现代汉语词典》(修订本),商务印书馆 1996 年版,第 1070 页。

⑤ 比如,《军人地位和权益保障法》第 21 条第 1 款规定:"军人荣誉是国家、社会对军人献身国防和军队建设、社会主义现代化建设的褒扬和激励,是鼓舞军人士气、提升军队战斗力的精神力量"。需要注意的是,公司为其员工颁发的称号不属于《民法典》意义上的"荣誉"。比如,海南省三亚市中级人民法院(2021)琼 02 民终 1648 号民事裁定书认为:"某航集团是有限责任公司,不是国家机关和社会组织,《实施细则》是某航集团内部规章制度,属于公司内部自决事项。某航集团为郭某军颁发的'功勋英才'称号不属于法律规定的荣誉权中的'荣誉'范畴……"

成果等而依法参与荣誉授予[①],获得[②]、接受、保持和支配[③]其荣誉的权利。

2. 荣誉权的保护

自然人的荣誉权受法律保护。对此,《民法典》《刑法》等法律都作出了明确的规定,比如:

一是《民法典》第 1031 条第 1 款规定:“民事主体享有荣誉权。任何组织或者个人不得非法剥夺他人的荣誉称号,不得诋毁、贬损他人的荣誉”、第 2 款规定:“获得的荣誉称号应当记载而没有记载的,民事主体可以请求记载;获得的荣誉称号记载错误的,民事主体可以请求更正”,第 849 条规定:“完成技术成果的个人享有在有关技术成果文件上写明自己是技术成果完成者的权利和取得荣誉证书、奖励的权利”,第 120 条规定:“民事权益受到侵害的,被侵权人有权请求侵权人承担侵权责任”,第 995 条规定:“人格权受到侵害的,受害人有权依照本法和其他法律的规定请求行为人承担民事责任。受害人的停止侵害、排除妨碍、消除危险、消除影响、恢复名誉、赔礼道歉请求权,不适用诉讼时效的规定”。

需要注意的是,在认定荣誉权侵权行为时,应当对行为人是否存在违法行为、行为人是否存在过错、自然人的荣誉是否受损、自然人荣誉受损与行为人的行为之间是否存在因果关系等要件予以综合认定。[④]

二是《刑法》第 299 条之一针对侵害英雄烈士的荣誉特别规定了“侵害英雄烈士名誉、荣誉罪”,即:“侮辱、诽谤或者以其他方式侵害英雄烈士的名誉、荣誉,损害社会公共利益,情节严重的,处三年以下有期徒刑、拘役、管制或者剥夺政治权利”。

---

① 比如,辽宁省大连市甘井子区人民法院作出(2021)辽 0211 民初 9474 号民事判决书认为:“荣誉权是指自然人依法享有的参与荣誉授予,获得、接受和保持其享有的荣誉称号,并不受他人非法侵害和剥夺的权利。”[转引自辽宁省大连市中级人民法院(2022)辽 02 民终 1739 号民事判决书]但也有裁判意见认为荣誉权仅限于对已经实际取得的荣誉所享有的权利。比如,天津市高级人民法院(2017)津民申 1219 号民事裁定书认为荣誉权“需由特定民事主体基于一定事实、经过专门程序受到特定组织的表彰或奖励后方可取得,即只有实际获得荣誉才能成为荣誉权的主体”。

② 比如,天津市高级人民法院(2017)津民申 1219 号民事裁定书认为:“荣誉权是公民或法人所享有的,因自己的突出贡献或者特殊劳动成果等而获得的光荣称号或其他荣誉的权利……”又如,上海市第一中级人民法院(2020)沪 01 民终 5947 号民事判决书认为:“荣誉权是社会组织基于某人某方面的突出表现或贡献而作出的一种正式评价,即荣誉称号或与荣誉称号齐名的其他荣誉权。”

③ 比如,辽宁省大连市甘井子区人民法院作出(2021)辽 0211 民初 9474 号民事判决书认为:“荣誉权是指自然人依法享有的参与荣誉授予,获得、接受和保持其享有的荣誉称号,并不受他人非法侵害和剥夺的权利。”[转引自辽宁省大连市中级人民法院(2022)辽 02 民终 1739 号民事判决书]又如,新疆生产建设兵团第一师中级人民法院(2015)兵一民终字第 00041 号民事判决书认为:“所谓荣誉权是指民事主体对其获得的荣誉及其利益享有的保持、支配的一种权利。”

④ 比如,新疆生产建设兵团第一师中级人民法院(2015)兵一民终字第 00041 号民事判决书认为:“侵害荣誉权民事责任的构成,必须具备违法行为、损害事实、因果关系、主观过错四个必备要件:(1)侵害荣誉权的违法行为,是指行为人对荣誉权人的荣誉及其利益造成损害的行为。(2)侵害荣誉权的损害事实,是指违法行为侵害荣誉权,造成荣誉权及其利益损害的客观事实。(3)侵害荣誉权的因果关系,要求侵害荣誉权的损害事实必须是由侵害荣誉权的违法行为所引起。(4)侵害荣誉权的主观过错,可以是故意和过失。依据以上分析,凡是非法剥夺他人荣誉,非法侵害他人荣誉,严重诋毁他人所获得的荣誉等,都是侵害荣誉权的行为,都应承担民事法律责任。”

(八)隐私权

1. 隐私权的界定

《民法典》没有规定隐私权的定义。不过,《民法典》第 1032 条第 2 款规定了“隐私”的定义,即:“自然人的私人生活安宁和不愿为他人知晓的私密空间、私密活动、私密信息”。

据此,“受法律保护的隐私,同时具有‘涉及私人生活安宁’和‘不愿为他人知晓的私密性’两个基本特征”[①],主要包括“自然人的私人生活安宁”和“不愿为他人知晓的私密空间、私密活动、私密信息”这两个方面。

其中,“‘涉及私人生活安宁’主要考量个人所享有与公共利益无关的发展个性所必要的安宁和清静是否被非法侵扰,自然人有权排斥他人对其正常生活的骚扰”;而“不愿为他人知晓的私密性”则指自然人“不愿公开、不愿为他人知晓的信息,即客观上一般呈现为不为公众所知悉的样态,在主观上权利人也具有不愿为他人知晓的意图”。[②] 故“判断是否属于法律意义上的隐私,既强调当事人不愿公开的主观意愿,也应当符合社会对私密性的一般合理认知”。[③] “如果某一信息涉及私人生活安宁,但该自然人愿意为他人知晓,或者某一信息不涉及私人生活安宁,即使该自然人不愿意为他人知晓,都不属于受法律保护的隐私。……而对于不为外界广泛知悉且公民本人也并不希望外界广为知悉的个人信息,则属于隐私范畴,可以受到隐私权的保护。”[④]

具体而言,自然人的个人生物识别信息、婚姻状况、家庭住址、联系电话等敏感信

---

① 广东省深圳市中级人民法院(2021)粤 03 民终 9583 号民事判决书。

② 广东省深圳市中级人民法院(2021)粤 03 民终 9583 号民事判决书。

③ 广东省深圳市中级人民法院(2021)粤 03 民终 9583 号民事判决书。

④ 广东省深圳市中级人民法院(2021)粤 03 民终 9583 号民事判决书。此外,辽宁省大连市中级人民法院(2022)辽 02 民终 6078 号民事判决书也认为:“自然人之住所本身确属私密空间,但其私密功能的实现除他人负不得侵害之义务,隐私权人自身也应以适当的方式积极维护。具体到本案,倘上诉人之住所房门关闭或者虽敞开但适当遮挡,则无隐私泄露风险。如将房门洞开,屋内情况展现于过往行人眼前,则属自身亦未能以适当方式维护自身隐私。且本案中,被上诉人虽于走廊中进行了拍摄,但拍摄位置位于公共区域内,并未进入上诉人的居所。上诉人没有证据证明被上诉人将拍摄内容不当使用产生损害后果,故上诉人关于被上诉人之行为侵犯其隐私权之主张于法无据。”

息[①]、裸照[②]、出入家门信息[③]、私下与他人的谈话及通话内容[④]、个人感情生活(包括婚外男女关系)[⑤]等,通常都属于隐私。

由此,可以认为,"隐私权"是指自然人享有的对其个人的私人生活安宁与私密空间、私密活动、私密信息进行支配,并排除他人以非法刺探(包括拍摄、窥视、窃听等)、侵扰(包括进入等)、泄露、公开、处理等方式侵害的权利。[⑥] 其中的"支配",包括自主决定是否披露以及在什么范围内、向哪些主体披露其哪些隐私。[⑦]

2. 隐私权的保护

自然人的隐私权受法律保护。对此,《民法典》《刑法》等法律都作出了明确的规定,比如:

一是《民法典》第 1032 条第 1 款规定:"自然人享有隐私权。任何组织或者个人不

---

① 比如,广东省广州市中级人民法院(2022)粤 01 民终 1832 号民事判决书认为:"他人的私密信息是指任何私人不愿意为他人知晓的信息,只要该种隐匿不违反法律和社会公德,都应当受到法律的保护。……具体而言,自然人的个人生物识别信息、婚姻状况、家庭住址、联系电话等属于个人信息中的敏感私密信息,并与个人的生活安宁相关联,应当属于隐私权的保护范围。"又如,山东省青岛市中级人民法院(2022)鲁 02 民终 16229 号民事判决书认为:"上诉人在微信群和物业公示栏中公布的判决书包含被上诉人的出生年月日和住址私密信息,该信息不属于公共领域,且被上诉人隐匿不违反法律和社会公德,该私密信息受法律保护。上诉人在微信群和物业公示栏中公开上述私密信息,构成对被上诉人隐私权的侵犯。"

② 比如,江西省上饶市中级人民法院(2017)赣 11 民终 1418 号民事判决书认为:"被上诉人向某会因上诉人刘某祥存有其裸照并向其发送的情况下向公安机关报警,说明被上诉人向某会并不愿意上诉人刘某祥知悉其隐私,上诉人刘某祥在被勒令删除裸照后仍保存有被上诉人的裸照,并向被上诉人向某会发送,构成对被上诉人向某会隐私权的侵犯……"

③ 比如,北京市第一中级人民法院(2022)京 01 民终 7249 号民事判决书认为:"对于孙某家人来说,出入家门信息属于不愿被他人了解的个人隐私。"类似的裁判意见,还可见北京市第三中级人民法院(2022)京 03 民终 14685 号民事判决书、河南省周口市中级人民法院(2022)豫 16 民终 6436 号民事判决书。

④ 比如,北京市高级人民法院(2021)京民申 2229 号民事裁定书认为:"本案中,刘某 1 与刘某 2 每半月轮流居住在同一房间内照顾母亲杨某,刘某 2 居住的时间段应属其私人活动空间,应当属于隐私权保护的范畴。刘某 1 在刘某 2 不知情的情况下,在其与刘某 2 轮流居住的房间与客厅之间隐蔽放置录音笔,对刘某 2 私下与他人的谈话及通话内容进行录音,已经构成对刘某 2 隐私权的侵害。……刘某 1 主张放置录音笔是为保障母亲安全虽有一定合理性,但在未明确告知刘某 2 的情况下,仍属于窃听他人私密空间的行为。"

⑤ 比如,在利用信息网络侵害人身权益典型案例之六"王某与张某、北京某云互动信息技术有限公司、海南某涯在线网络科技有限公司侵犯名誉权纠纷系列案"(最高人民法院 2014 年 10 月发布)中,北京市朝阳区人民法院认为:"公民的个人感情生活包括婚外男女关系均属个人隐私。张某披露王某的个人信息行为侵害了王某的隐私权。某云公司在其经营的某旗网上对关于该事件的专题网页报道未对当事人姓名等个人信息和照片进行技术处理,侵害了王某的隐私权并导致王某的名誉权遭受损害,应当承担删除专题网页、赔礼道歉和赔偿精神损害等侵权责任。"该案的典型意义在于"本案是曾引起舆论广泛关注的所谓博客自杀第一案。本案中,虽然原告王某的婚外情在道德上值得批评,但这并非公众干预其个人生活的合法理由。公民的个人感情生活包括婚外男女关系均属个人隐私,无论是个人通过互联网披露、还是媒体的公开报道,都应当注意个人隐私的保护。"

⑥ 施某某、张某某、桂某某诉徐某某肖像权、名誉权、隐私权纠纷案(载《最高人民法院公报》2016 年第 4 期)、吉林省高级人民法院(2017)吉民申 2502 号民事裁定书、陕西省高级人民法院(2018)陕民申 92 号民事裁定书、北京市高级人民法院(2020)京民申 3447 号民事裁定书等。

⑦ 比如,广东省广州市中级人民法院(2022)粤 01 民终 1832 号民事判决书认为:"自然人对隐私信息除享有消极的保密权之外,还享有积极的处置权,在个人对其私密信息的积极控制过程中,有权决定其私密信息公开的范围和程度。同时,隐私具有一定的相对性,当事人就其私密信息向特定人进行了披露,或者在一定范围内公开,但并不等于完全抛弃其隐私。"

得以刺探、侵扰、泄露、公开等方式侵害他人的隐私权”，第 1033 条规定：“除法律另有规定或者权利人明确同意外，任何组织或者个人不得实施下列行为：（一）以电话、短信、即时通讯工具、电子邮件、传单等方式侵扰他人的私人生活安宁；（二）进入、拍摄、窥视他人的住宅、宾馆房间等私密空间；（三）拍摄、窥视、窃听、公开他人的私密活动；（四）拍摄、窥视他人身体的私密部位；（五）处理他人的私密信息；（六）以其他方式侵害他人的隐私权”，第 1034 条第 3 款规定：“个人信息中的私密信息，适用有关隐私权的规定；没有规定的，适用有关个人信息保护的规定”，第 1039 条规定：“国家机关、承担行政职能的法定机构及其工作人员对于履行职责过程中知悉的自然人的隐私和个人信息，应当予以保密，不得泄露或者向他人非法提供”，第 1226 条规定：“医疗机构及其医务人员应当对患者的隐私和个人信息保密。泄露患者的隐私和个人信息，或者未经患者同意公开其病历资料的，应当承担侵权责任”，第 120 条规定：“民事权益受到侵害的，被侵权人有权请求侵权人承担侵权责任”，第 995 条规定：“人格权受到侵害的，受害人有权依照本法和其他法律的规定请求行为人承担民事责任。受害人的停止侵害、排除妨碍、消除危险、消除影响、恢复名誉、赔礼道歉请求权，不适用诉讼时效的规定”。

需要注意的是，认定是否构成侵犯隐私权，除了须先认定相关事项构成隐私外，还应当对受害人确有隐私被损害的事实、行为人行为违法、违法行为与损害后果之间有因果关系、行为人主观上有过错等要件进行综合考察。①

比如，在施某某、张某某、桂某某诉徐某某肖像权、名誉权、隐私权纠纷案（载《最高人民法院公报》2016 年第 4 期）中，江苏省南京市江宁区人民法院认为：“本案中，徐某某对相关信息的披露是节制的，对相关照片进行了模糊处理，没有暴露受害儿童真实面容，也没有披露施某某的姓名和家庭住址，其目的是揭露可能存在的犯罪行为。徐某某所发微博的内容虽出现收养的词语，但微博文字与照片结合后，第三人不能明显识别出微博中的受害儿童即为施某某。徐某某所发微博的内容未涉及张某某、桂某某的任何信息资料，至于徐某某发表微博后，网民对张某某、桂某某搜索导致其相关信息被披露，不应由徐某某承担责任。故施某某、张某某、桂某某主张徐某某侵害其隐私权不能成立。”

二是《刑法》第 253 条之一针对“侵犯公民个人信息罪”规定：“违反国家有关规定，向他人出售或者提供公民个人信息，情节严重的，处三年以下有期徒刑或者拘役，并处或者单处罚金；情节特别严重的，处三年以上七年以下有期徒刑，并处罚金。违反国家有关规定，将在履行职责或者提供服务过程中获得的公民个人信息，出售或者提供给他人的，依照前款的规定从重处罚。窃取或者以其他方法非法获取公民个人信息的，依照第一款的规定处罚。单位犯前三款罪的，对单位判处罚金，并对其直接负责的主管人员和其他直接责任人员，依照各该款的规定处罚。”由于自然人个人隐私中的私密信息属于特殊的个人信息，因此，《刑法》第 253 条之一也能适用于隐私权的保护。

三是《治安管理处罚法》第 42 条规定：“有下列行为之一的，处五日以下拘留或者五百元以下罚款；情节较重的，处五日以上十日以下拘留，可以并处五百元以下罚

① 施某某、张某某、桂某某诉徐某某肖像权、名誉权、隐私权纠纷案（载《最高人民法院公报》2016 年第 4 期）。

款:……(五)多次发送淫秽、侮辱、恐吓或者其他信息,干扰他人正常生活的;(六)偷窥、偷拍、窃听、散布他人隐私的。”

(九)婚姻自主权

1. 婚姻自主权的界定

《民法典》没有规定婚姻自主权的定义;并且,婚姻自主权也没有纳入《民法典》人格权编的范围,而是由《民法典》婚姻家庭编予以规定的,但婚姻自主权作为自然人人格权的性质不因此受影响。

结合《妇女权益保障法》第61条所说的“国家保护妇女的婚姻自主权。禁止干涉妇女的结婚、离婚自由”,可以认为,“婚姻自主”即“婚姻自由”,包括“结婚自由”和“离婚自由”;进而,“婚姻自主权”既包括结婚自主权、又包括离婚自主权,指向的是自然人依照法律法规自主决定结婚(包括是否结婚、与谁结婚、什么时候结婚、在哪里结婚等)和自主决定离婚(包括是否离婚、什么时候离婚等),而不受任何他人干涉的权利。

对此,北京市第一中级人民法院(2018)京01民终2388号民事判决书认为:“婚姻自主权是指婚姻当事人有权按照法律的规定,自主自愿地决定自己的婚姻问题,不受任何人强制或干涉的权利。婚姻自主权的内容中包括结婚自主决定权和离婚自主决定权”;福州市中级人民法院(2021)闽01民终1306号民事判决书也认为:“婚姻自由是我国婚姻法确定的基本原则,婚姻自由既包括结婚自由又包括离婚自由,这是婚姻关系当事人不可剥夺的法定人身权利,任何人不得以任何理由或设置任何条件限制婚姻自由”。

其中,就结婚自主权而言,湖北省襄阳市中级人民法院(2017)鄂06民终2382号民事判决书认为:“公民(男、女)之间是否登记结婚,是双方完全自愿(行使的)一项重要的民事权利,即使男、女双方建立了恋爱关系,也不能作为男或女一方强制对方必须进行结婚登记成为法定夫妻的理由。具体到本案不难评判,闫某明与张某粉恋爱后拒绝登记结婚,系法律赋予闫某明对自己婚姻的自由权利,不应认定对张某粉婚姻自主权的侵权行为,否则与本法立法目的相悖……”

就离婚自主权而言,北京市第一中级人民法院(2018)京01民终2388号民事判决书认为:“离婚自主决定权是指婚姻当事人在夫妻关系破裂,不愿再继续维持婚姻关系的情况下,自主决定解除婚姻关系的权利,该权利的行使不受婚姻关系的另一方及第三人的干涉。离婚自主决定权,可由婚姻双方合意,如果双方就离婚问题达成一致,即可按照法定程序登记离婚,如果双方达不成一致意见,也应当彼此尊重,不能强迫对方接受自己的决定。决定离婚的一方也可以依据其婚姻自主权,诉诸法院裁决,最终由法院根据双方感情是否破裂的标准,作出准予双方离婚或者不准予离婚的判决结果。虽然是否离婚由法院判定,不取决于婚姻一方当事人是否同意离婚,但是离婚诉讼中,婚姻相对人有权发表意见表达自己对于离婚的意愿,行使自己的婚姻自主权。离婚自主决定权的内容,不仅体现为自主决定是否离婚,在特定场合下还体现为对离婚意愿的自主表达。”

2. 婚姻自主权的保护

自然人的婚姻自主权受法律保护。对此,《宪法》和《民法典》《刑法》等法律都作

出了明确的规定,比如:

一是《宪法》第 49 条规定:"婚姻、家庭、母亲和儿童受国家的保护。……禁止破坏婚姻自由……"《妇女权益保障法》第 61 条更是明确规定:"国家保护妇女的婚姻自主权。禁止干涉妇女的结婚、离婚自由。"

二是《民法典》第 1041 条第 2 款规定:"实行婚姻自由、一夫一妻、男女平等的婚姻制度",第 1042 条第 1 款规定:"禁止包办、买卖婚姻和其他干涉婚姻自由的行为。禁止借婚姻索取财物",第 1046 条规定:"结婚应当男女双方完全自愿,禁止任何一方对另一方加以强迫,禁止任何组织或者个人加以干涉",第 1052 条第 1 款规定:"因胁迫结婚的,受胁迫的一方可以向人民法院请求撤销婚姻",第 1076 条第 1 款规定:"夫妻双方自愿离婚的,应当签订书面离婚协议,并亲自到婚姻登记机关申请离婚登记",第 1078 条规定:"婚姻登记机关查明双方确实是自愿离婚,并已经对子女抚养、财产以及债务处理等事项协商一致的,予以登记,发给离婚证",第 1079 条第 1 款和第 2 款规定:"夫妻一方要求离婚的,可以由有关组织进行调解或者直接向人民法院提起离婚诉讼。人民法院审理离婚案件,应当进行调解;如果感情确已破裂,调解无效的,应当准予离婚",第 1083 条规定:"离婚后,男女双方自愿恢复婚姻关系的,应当到婚姻登记机关重新进行结婚登记",第 120 条规定:"民事权益受到侵害的,被侵权人有权请求侵权人承担侵权责任",第 995 条规定:"人格权受到侵害的,受害人有权依照本法和其他法律的规定请求行为人承担民事责任。受害人的停止侵害、排除妨碍、消除危险、消除影响、恢复名誉、赔礼道歉请求权,不适用诉讼时效的规定"。

比如,在吴某与吴某炯婚姻自主权纠纷案中,北京市第一中级人民法院(2018)京 01 民终 2388 号民事判决书认为:"离婚自主决定权的内容,不仅体现为自主决定是否离婚,在特定场合下还体现为对离婚意愿的自主表达。就本案情形而言,吴某炯在离婚诉讼中违反诚实信用原则的行为,不仅对吴某在离婚诉讼中诉讼权利的行使构成妨害,同时客观上使得吴某未能在诉讼中自主表达离婚与否的意愿。而在诉讼已经启动的情况下,如果吴某不能在诉讼中表达这种意愿,则她将彻底失去在法律程序中表达离婚与否意愿的机会。因此,吴某炯的行为显然是构成了对吴某婚姻自主权的侵犯,吴某炯对此应承担相应民事责任。"

三是《刑法》第 257 条针对"暴力干涉婚姻自由罪"规定:"以暴力干涉他人婚姻自由的,处二年以下有期徒刑或者拘役。犯前款罪,致使被害人死亡的,处二年以上七年以下有期徒刑。第一款罪,告诉的才处理"。

对此,最高人民检察院指导性案例"张某云与张某森离婚纠纷支持起诉案"(检例第 126 号)的"指导意义"也指出:"家庭暴力受害人享有婚姻自主权、人身损害赔偿请求权。家庭暴力受害人因害怕本人、父母、子女遭受报复等而不敢起诉维权,在获得妇女联合会等部门帮助下仍未能实现维权目标的,在充分尊重家庭暴力受害人真实意愿的前提下,检察机关可依其申请支持起诉,维护其合法权益"。

(十)基于人身自由、人格尊严产生的其他人格权益

除了《民法典》第 110 条第 1 款和第 990 条第 1 款列明的生命权、身体权、健康权、姓名权、肖像权、名誉权、荣誉权、隐私权、婚姻自主权,自然人还享有其他人格权益。

对此,《民法典》第 990 条第 2 款规定了:“除前款规定的人格权外,自然人享有基于人身自由、人格尊严产生的其他人格权益”。《民事案件案由规定》也在二级案由“人格权纠纷”所列的上述具体人格权纠纷案由之后,规定了三级案由“一般人格权纠纷”。

其中,平等就业权是比较典型的《民法典》第 990 条第 2 款所说的“基于人身自由、人格尊严产生的其他人格权益”。《民事案件案由规定》也在二级案由“人格权纠纷”项下的三级案由“一般人格权纠纷”之下规定了四级案由“平等就业权纠纷”。

比如,最高人民法院指导案例 185 号“闫佳琳诉浙江喜来登度假村有限公司平等就业权纠纷案”中,法院生效裁判认为:“平等就业权是劳动者依法享有的一项基本权利,既具有社会权利的属性,亦具有民法上的私权属性,劳动者享有平等就业权是其人格独立和意志自由的表现,侵害平等就业权在民法领域侵害的是一般人格权的核心内容——人格尊严,人格尊严重要的方面就是要求平等对待,就业歧视往往会使人产生一种严重的受侮辱感,对人的精神健康甚至身体健康造成损害。据此,劳动者可以在其平等就业权受到侵害时向人民法院提起民事诉讼,寻求民事侵权救济。”最高人民法院指导案例 185 号“闫佳琳诉浙江喜来登度假村有限公司平等就业权纠纷案”的“裁判要点”进一步指出:“用人单位在招用人员时,基于地域、性别等与‘工作内在要求’无必然联系的因素,对劳动者进行无正当理由的差别对待的,构成就业歧视,劳动者以平等就业权受到侵害,请求用人单位承担相应法律责任的,人民法院应予支持。”

又如,在梁某某诉广东某某佳经济发展有限公司、广州市越秀区某某轩鱼翅海鲜大酒楼人格权纠纷案(载《最高人民法院公报》2021 年第 1 期)中,广东省广州市中级人民法院(2016)粤 01 民终 10790 号民事判决书认为:“就业平等权系指劳动者不论民族、种族、性别、宗教信仰等不同,而依法享有平等就业、自主择业而不受歧视的权利。就业平等权不仅属于劳动者的劳动权利范畴,亦属劳动者作为自然人的人格权范畴。……某某佳公司、某某轩酒楼在招聘过程中仅因招聘者性别而产生的区别、限制以及排斥的行为,损害了梁某某的就业平等权,给梁某某造成了一定的精神损害。”

此外,自然人隐瞒自身已婚情况与他人建立恋爱关系、发生性关系,通常会被认定为侵害他人一般人格权的行为。

比如,上海市浦东新区人民法院(2022)沪 0115 民初 74148 号民事判决书认为:“根据双方的微信聊天记录,被告于 2021 年 11 月 24 日曾向原告发送了一张伪造的《离婚证》,该《离婚证》上记载被告早在 2018 年就已登记离婚,然而实际情况是被告当时仍在已婚状态,尚未与前妻离婚。被告发送伪造的《离婚证》的行为属于故意隐瞒与欺骗的行为,明显存在过错。被告的欺骗行为,导致原告误以为被告系单身,原告在这一错误认识下与被告长期交往,建立恋爱关系,发生性关系,直至谈婚论嫁。原告之后发现被告欺骗行为,现诉称其一般人格权及精神遭受损害,合理可信,本院可予认定。”

又如,陕西省西安市碑林区人民法院(2022)陕 0103 民初 20495 号民事判决书认为:“被告姬某某隐瞒其已婚已育的事实,与李某某交往并多次发生了性关系,导致李某某怀孕、堕胎的事实发生,被告姬某某的行为明显有过错,且违背社会公德,侵害了李某某的人格权。被告辩称其并未侵害原告的人格权,根据《中华人民共和国民法典》第九百九十条第二款‘除前款规定的人格权外,自然人享有基于人身自由、人格尊严产生的其他人格权益’之规定,原告的权利符合该条款规定,属于一般人格权,故本院对被告的该项主张不予采纳。”

二、死者人格利益保护的特别规定

如前所说,根据《民法典》第13条所说的“自然人从出生时起到死亡时止,具有民事权利能力,依法享有民事权利,承担民事义务”,死者并非自然人、并非民事主体,无论是《民法典》第109条所说的“自然人的人身自由、人格尊严受法律保护”,还是《民法典》第110条第1款所说的“自然人享有生命权、身体权、健康权、姓名权、肖像权、名誉权、荣誉权、隐私权、婚姻自主权等权利”,抑或是《民法典》第990条所说的“人格权是民事主体享有的生命权、身体权、健康权、姓名权、名称权、肖像权、名誉权、荣誉权、隐私权等权利。除前款规定的人格权外,自然人享有基于人身自由、人格尊严产生的其他人格权益”,都不能直接适用于死者。

不过,死者也享有相应的人格利益[①],死者的人格利益同样受法律保护。对此,《民法典》《刑法》等法律都作出了明确的规定,比如:

一是《民法典》第994条针对死者人格利益的保护作出了特别的规定,即:“死者的姓名、肖像、名誉、荣誉、隐私、遗体等受到侵害的,其配偶、子女、父母有权依法请求行为人承担民事责任;死者没有配偶、子女且父母已经死亡的,其他近亲属有权依法请求行为人承担民事责任”。[②] 这跟《民法典》第16条针对胎儿利益保护作出了特别规定具有一定的类似性。由此,在死者的姓名、肖像、名誉、荣誉、隐私、遗体等人格利益受到侵害的情形,事实上也获得了与自然人姓名权、肖像权、名誉权、荣誉权、隐私权、身体权等人格权类似的保护。

此外,考虑到“英雄和烈士是一个国家和民族精神的体现,是引领社会风尚的标杆,加强对英烈姓名、名誉、荣誉等的法律保护,对于促进社会尊崇英烈,扬善抑恶,弘扬社会主义核心价值观意义重大”[③],《民法典》第185条还针对死者中的英雄烈士等的姓名、肖像、名誉、荣誉的保护作出了特别规定,即:“侵害英雄烈士等的姓名、肖像、名誉、荣誉,损害社会公共利益的,应当承担民事责任”;《英雄烈士保护法》第22条更是

---

① 全国人民代表大会常务委员会时任副委员长王晨2020年5月22日在第十三届全国人民代表大会第三次会议上作的《关于〈中华人民共和国民法典(草案)〉的说明》针对“死者的姓名、肖像、名誉、荣誉、隐私、遗体等”使用了“死者人格利益”的表述。

② 在《民法典》之前,司法解释已经对死者的特定人格利益的保护作出了规定。比如,1989年的《最高人民法院关于死亡人的名誉权应受法律保护的函》(〔1988〕民他字第52号,已废止)第1条指出“吉文贞(艺名荷花女)死后,其名誉权应依法保护,其母陈秀琴亦有权向人民法院提起诉讼。”2001年的《最高人民法院关于确定民事侵权精神损害赔偿责任若干问题的解释》(法释〔2001〕7号)第3条规定:“自然人死亡后,其近亲属因下列侵权行为遭受精神痛苦,向人民法院起诉请求赔偿精神损害的,人民法院应当依法予以受理:(一)以侮辱、诽谤、贬损、丑化或者违反社会公共利益、社会公德的其他方式,侵害死者姓名、肖像、名誉、荣誉;(二)非法披露、利用死者隐私,或者以违反社会公共利益、社会公德的其他方式侵害死者隐私;(三)非法利用、损害遗体、遗骨,或者以违反社会公共利益、社会公德的其他方式侵害遗体、遗骨”,第7条规定:“自然人因侵权行为致死,或者自然人死亡后其人格或者遗体遭受侵害,死者的配偶、父母和子女向人民法院起诉请求赔偿精神损害的,列其配偶、父母和子女为原告;没有配偶、父母和子女的,可以由其他近亲属提起诉讼,列其他近亲属为原告”。

③ 第十二届全国人民代表大会法律委员会2017年3月12日在第十二届全国人民代表大会第五次会议主席团第二次会议上作的《关于〈中华人民共和国民法总则(草案)〉审议结果的报告》。

直接规定:“禁止歪曲、丑化、亵渎、否定英雄烈士事迹和精神。英雄烈士的姓名、肖像、名誉、荣誉受法律保护。任何组织和个人不得在公共场所、互联网或者利用广播电视、电影、出版物等,以侮辱、诽谤或者其他方式侵害英雄烈士的姓名、肖像、名誉、荣誉。任何组织和个人不得将英雄烈士的姓名、肖像用于或者变相用于商标、商业广告,损害英雄烈士的名誉、荣誉。公安、文化、新闻出版、广播电视、电影、网信、市场监督管理、负责英雄烈士保护工作的部门发现前款规定行为的,应当依法及时处理。”

二是《刑法》第 302 条针对“盗窃、侮辱、故意毁坏尸体、尸骨、骨灰罪”规定:“盗窃、侮辱、故意毁坏尸体、尸骨、骨灰的,处三年以下有期徒刑、拘役或者管制”,第 234 条之一第 3 款也规定:“违背本人生前意愿摘取其尸体器官,或者本人生前未表示同意,违反国家规定,违背其近亲属意愿摘取其尸体器官的,依照本法第三百零二条的规定定罪处罚。”

此外,针对死者中的英雄烈士等的姓名、肖像、名誉、荣誉的保护,《刑法》第 299 条之一还规定了“侵害英雄烈士名誉、荣誉罪”,即:“侮辱、诽谤或者以其他方式侵害英雄烈士的名誉、荣誉,损害社会公共利益,情节严重的,处三年以下有期徒刑、拘役、管制或者剥夺政治权利”。

三、法人、非法人组织的人格权

《民法典》第 110 条第 2 款列明了法人、非法人组织享有的 3 项具体人格权:(1)名称权;(2)名誉权;(3)荣誉权。

(一)名称权

1. 名称权的界定

《民法典》没有规定组织的名称权的定义。结合《民法典》第 1013 条所说的“法人、非法人组织享有名称权,有权依法决定、使用、变更、转让或者许可他人使用自己的名称”和第 1014 条所说的“任何组织或者个人不得以干涉、盗用、假冒等方式侵害他人的姓名权或者名称权”,可以认为,法人、非法人组织的名称权是指法人、非法人组织依照法律决定自己的名称、使用自己的名称、变更自己的名称、转让自己的名称或者许可他人使用自己的名称的权利。①

法人或非法人组织的名称是法人或非法人组织的文字符号,是法人或非法人组织区别于其他组织和自然人的首要标志,通常由法人或非法人组织所在地的行政区划名

---

① 当然,法人或非法人组织决定、变更、转让名称原则上需要依法向有关机关办理登记乃至审批手续。对此,《民法典》第 1016 条第 1 款规定:“……法人、非法人组织决定、变更、转让名称的,应当依法向有关机关办理登记手续,但是法律另有规定的除外。”

称、法人或非法人组织的字号、所属行业（或事业）或业务领域、组织形式组成。① 作为名称权的客体的法人或非法人组织的名称，包括登记机关依法登记的名称（包括简称、字号等）、在中国境内进行商业使用的境外企业名称等。②

2. 名称权的保护

法人、非法人组织的名称权受法律保护。

对此，《民法典》第990条第1款规定："人格权是民事主体享有的生命权、身体权、健康权、姓名权、名称权、肖像权、名誉权、荣誉权、隐私权等权利"，第991条规定："民事主体的人格权受法律保护，任何组织或者个人不得侵害"，第1014条规定："任何组织或者个人不得以干涉、盗用、假冒等方式侵害他人的姓名权或者名称权"，第1017条规定："具有一定社会知名度，被他人使用足以造成公众混淆的……网名、译名、字号、……和名称的简称等，参照适用……名称权保护的有关规定"，第120条规定："民事权益受到侵害的，被侵权人有权请求侵权人承担侵权责任"，第995条规定："人格权受到侵害的，受害人有权依照本法和其他法律的规定请求行为人承担民事责任。受害人的停止侵害、排除妨碍、消除危险、消除影响、恢复名誉、赔礼道歉请求权，不适用诉讼时效的规定"。③

此外，法人、非法人组织的名称权还受到《反不正当竞争法》的保护。对此，《反不正当竞争法》第6条第2项规定："经营者不得实施下列混淆行为，引人误认为是他人商品或者与他人存在特定联系：……（二）擅自使用他人有一定影响的企业名称（包括简称、字号等）、社会组织名称（包括简称等）、姓名（包括笔名、艺名、译名等）"，第18条第2款规定："经营者登记的企业名称违反本法第六条规定的，应当及时办理名称变更登记；名称变更前，由原企业登记机关以统一社会信用代码代替其名称"。

比如，在山东某重机有限公司与山东山某重工有限公司侵犯企业名称权纠纷案（载《最高人民法院公报》2010年第3期）中，针对企业名称的简称的保护，最高人民法院（2008）民申字第758号民事裁定书认为："简称源于语言交流的方便。简称的形成

① 比如，国务院《企业名称登记管理规定》第6条规定："企业名称由行政区划名称、字号、行业或者经营特点、组织形式组成。跨省、自治区、直辖市经营的企业，其名称可以不含行政区划名称；跨行业综合经营的企业，其名称可以不含行业或者经营特点。"《事业单位登记管理暂行条例实施细则》第19条规定："事业单位名称是事业单位的文字符号，是各事业单位之间相互区别并区别于其他组织的首要标志，应当由以下部分依次组成：（一）字号：表示该单位的所在地域，或者举办单位，或者单独字号的字样；（二）所属行业：表示该单位业务属性、业务范围的字样，如数学研究、教育出版、妇幼保健等；（三）机构形式：表示该单位属于某种机构形式的字样，如院、所、校、社、馆、台、站、中心等。"《民办非企业单位名称管理暂行规定》第3条规定："民办非企业单位名称应当由以下部分依次组成：字号、行（事）业或业务领域、组织形式。民办非企业单位名称应当冠以民办非企业单位所在地省（自治区、直辖市）、市（地、州）、县（县级市、市辖区）行政区划名称或地名。"

② 《反不正当竞争法解释》第9条规定："市场主体登记管理部门依法登记的企业名称，以及在中国境内进行商业使用的境外企业名称，人民法院可以认定为反不正当竞争法第六条第二项规定的'企业名称'。有一定影响的个体工商户、农民专业合作社（联合社）以及法律、行政法规规定的其他市场主体的名称（包括简称、字号等），人民法院可以依照反不正当竞争法第六条第二项予以认定。"

③ 此外，《公司法解释三》第28条还针对冒用他人名义取得股东登记规定了："冒用他人名义出资并将该他人作为股东在公司登记机关登记的，冒名登记行为人应当承担相应责任；公司、其他股东或者公司债权人以未履行出资义务为由，请求被冒名登记为股东的承担补足出资责任或者对公司债务不能清偿部分的赔偿责任的，人民法院不予支持。"

与两个过程有关：一是企业使用简称代替其正式名称；二是社会公众对于简称与正式名称所指代对象之间的关系认同。这两个过程相互交织。由于简称省去了正式名称中某些具有限定作用的要素，可能不适当地扩大了正式名称所指代的对象范围。因此，一个企业的简称是否能够特指该企业，取决于该简称是否为相关公众认可，并在相关公众中建立起与该企业的稳定联系。本案中，……可以认定'山某'在一定地域范围内已为相关公众识别为山东某重机厂，两者之间建立了稳定联系。原审法院认定'山某'是'山东某重机厂'为公众认可的特定简称并无不当。……对于具有一定市场知名度、为相关公众所熟知并已实际具有商号作用的企业或者企业名称的简称，可以视为企业名称。如果经过使用和公众认同，企业的特定简称已经为特定地域内的相关公众所认可，具有相应的市场知名度，与该企业建立起了稳定联系，已产生识别经营主体的商业标识意义，他人在后擅自使用该知名企业简称，足以使特定地域内的相关公众对在后使用者和在先企业之间发生市场主体上的混淆，进而将在后使用者提供的商品或服务误认为在先企业提供的商品或服务，造成市场混淆，在后使用者就会不恰当地利用在先企业的商誉，侵害在先企业的合法权益。"

（二）名誉权

根据《民法典》第 110 条第 2 款和第 1024 条的规定，法人或非法人组织也享有名誉权。

由于《民法典》第 1024 条至第 1030 条针对名誉权的主体规定使用的是"民事主体"或"他人"的表述，而"民事主体"和"他人"既包括自然人、也包括法人和非法人组织，因此，《民法典》有关自然人名誉权的规定同样适用于法人或非法人组织的名誉权，法人、非法人组织的名誉权跟自然人的名誉权适用的是同样的规则。

（三）荣誉权

根据《民法典》第 110 条第 2 款和第 1031 条的规定，法人或非法人组织也享有荣誉权。

由于《民法典》第 1031 条针对荣誉权的主体规定使用的是"民事主体"或"他人"的表述，而"民事主体"和"他人"既包括自然人、也包括法人和非法人组织，因此，《民法典》有关自然人荣誉权的规定同样适用于法人或非法人组织的荣誉权，法人、非法人组织的荣誉权跟自然人的荣誉权适用的是同样的规则。

（四）法人、非法人组织不享有其他人格权

需要注意的是，由于《民法典》第 110 条第 2 款使用了"法人、非法人组织享有名称权、名誉权和荣誉权"的表述，采用的是穷尽式列举的立法模式，这跟《民法典》第 110 条第 1 款针对自然人的人格权在列明了 8 项具体人格权之后还以"等权利"兜底是不同的，因此，站在《民法典》的立场，非自然人，不论是法人还是非法人组织，都只享有名称权、名誉权和荣誉权这 3 项人格权，不享有只能由自然人享有的人身自由、人格尊严、生命权、身体权、健康权、姓名权、肖像权、隐私权、婚姻自主权以及基于人身自由、

人格尊严产生的其他人格权益。①

当然,根据《民法典》第 11 条所说的"其他法律对民事关系有特别规定的,依照其规定"和《立法法》第 103 条所说的"同一机关制定的法律……,特别规定与一般规定不一致的,适用特别规定",其他法律明确规定法人、非法人组织也享有其他人格权,也不是不可以。

第一百一十一条 【自然人的个人信息权益】自然人的个人信息受法律保护。任何组织或者个人需要获取他人个人信息的,应当依法取得并确保信息安全,不得非法收集、使用、加工、传输他人个人信息,不得非法买卖、提供或者公开他人个人信息。

【条文通释】

《民法典》第 111 条是关于自然人的个人信息权益②的规定。

考虑到"个人信息权利是公民在现代信息社会享有的重要权利,明确对个人信息的保护对于保护公民的人格尊严,使公民免受非法侵扰,维护正常的社会秩序具有现实意义"③,《民法典》总则编第 111 条对自然人的个人信息权益保护作出了原则性规定。

一、个人信息的界定

(一)个人信息的定义

《民法典》第 1034 条第 2 款规定了"个人信息"的定义,即:"以电子或者其他方式记录的能够单独或者与其他信息结合识别特定自然人的各种信息"。

在外延上,"个人信息"包括"自然人的姓名、出生日期、身份证件号码、生物识别信息、住址、电话号码、电子邮箱、健康信息、行踪信息等"。④

据此,站在《民法典》的角度,界定个人信息的关键不在于信息的记录方式,而在于

---

① 第十三届全国人民代表大会宪法和法律委员会 2020 年 5 月 26 日作的《关于〈中华人民共和国民法典(草案)〉审议结果的报告》提及:"[民法典]草案第一百一十条第二款规定,法人、非法人组织享有名称权、名誉权、荣誉权等权利。有的代表提出,对于法人、非法人组织来说,只享有名称权、名誉权、荣誉权这三项人格权,不存在'等权利',建议修改。宪法和法律委员会经研究,建议采纳这一意见,将该款规定修改为:法人、非法人组织享有名称权、名誉权和荣誉权。"

② 《个人信息保护法》使用了"个人信息权益"的表述,没有直接使用"个人信息权"的表述。《最高人民法院 2018 年度司法解释立项计划》(法办〔2018〕121 号)、《最高人民法院 2019 年度司法解释立项计划》(法办〔2019〕139 号)、《最高人民法院 2020 年度司法解释立项计划》(法办〔2020〕71 号)列入的立项计划"关于审理个人信息权纠纷案件适用法律若干问题的解释"则直接使用了"个人信息权"的表述。

③ 原全国人民代表大会法律委员会 2016 年 10 月 31 日在第十二届全国人民代表大会常务委员会第二十四次会议上作的《关于〈中华人民共和国民法总则(草案)〉修改情况的汇报》。

④ 《民法典》关于个人信息的定义来源于 2016 年《网络安全法》第 76 条第 5 项的规定:"本法下列用语的含义:……(五)个人信息,是指以电子或者其他方式记录的能够单独或者与其他信息结合识别自然人个人身份的各种信息,包括但不限于自然人的姓名、出生日期、身份证件号码、个人生物识别信息、住址、电话号码等。"

信息应当具有“识别特定的自然人”的效果或功能。比如,广东省深圳市中级人民法院(2021)粤 03 民终 9583 号民事判决书认为:“受法律保护的个人信息核心要件在于‘可识别性’,即‘能够单独或者与其他信息结合识别特定自然人’,核心在于是否在客观上可识别特定自然人的身份”。①

需要注意的是,《个人信息保护法》第 4 条第 1 款也对“个人信息”进行了定义,即:“以电子或者其他方式记录的与已识别或者可识别的自然人有关的各种信息,不包括匿名化处理后的信息”。据此,站在《个人信息保护法》的角度,界定个人信息的关键也不在于信息的记录方式,而在于信息的内容须“与已识别或者可识别的自然人有关”。

应该说,在界定个人信息方面,无论是界定个人信息的角度,还是所界定的个人信息的含义,《民法典》和《个人信息保护法》都存在明显的差异。具体而言,《民法典》对个人信息的界定角度是基于已知的一项或数项信息,来识别自然人是谁,即先知道信息的情况、后知道自然人是谁;而《个人信息保护法》对个人信息的界定角度则是基于已经知道的或至少可以知道的自然人是谁,来判断目标信息是否与该自然人有关,即先知道自然人是谁和信息的情况、后判断信息是否与该自然人有关。尤其是,尽管《个人信息保护法》第 73 条第 4 项将“匿名化”定义为“个人信息经过处理无法识别特定自然人且不能复原的过程”,但《个人信息保护法》第 4 条第 1 款将“匿名化处理后的信息”排除在“个人信息”之外,跟《民法典》第 1034 条第 2 款所说的“个人信息是……能够……与其他信息结合识别特定自然人的各种信息”是不一致的,没有充分考虑到“匿名化处理后的信息”在与其他信息(包括其他“匿名化处理后的信息”)相结合之后能够产生识别特定自然人的效果的情形,实际上限缩了《民法典》第 1034 条第 2 款所界

① 针对可识别性的判断,广东省深圳市中级人民法院(2021)粤 03 民终 9583 号民事判决书认为:“‘可识别性’既包括对个体身份的识别,也包括对个体特征的识别:对个体身份的识别确定信息主体‘是谁’,对个体特征的识别确定信息主体‘是什么样的人’,即该信息能够显现个人自然痕迹或社会痕迹,勾勒出个人人格形象”,“判断与自然人相关的信息是否具有个人信息意义上的‘识别性’,可以综合考量识别场景、识别主体、识别效果、识别作用四个要素”,具体而言:一是“在考量是否具有可识别性时,不应机械、割裂地对每一个单独的信息进行判断,而应结合具体场景,如果将各个信息机械地割裂,分别考量是否属于个人信息,既脱离个人信息使用的现实情况,也不利于加强个人信息保护”。二是“从识别主体看,能否达到识别效果,是否发挥识别作用,是相对于识别场景下的识别主体而言,既可能是较小的特定主体范围,也可能是较大的特定主体范围,甚至有可能是社会公众范围。不同识别主体所掌握的背景信息不同,与特定或者不特定的个人信息主体之间的社会关系不同。具体到互联网平台环境,应当将识别主体理解为一般平台用户或潜在用户,而不应局限到平台信息处理者”。三是“从识别效果看,在识别特定自然人时是单独还是与其他信息结合方可达成,可将个人信息区分为‘单独型’和‘结合型’。‘单独型’个人信息,是指无须借助其他信息、该条信息即可识别特定自然人。‘结合型’个人信息则指该条信息不能单独进行特定自然人识别,需与其他信息进行结合后才可发生识别效果”。四是“从识别作用看,是指在达到识别效果的过程中,发挥了直接或者间接的识别特定自然人的作用”。该民事判决书认为:“判断是否具有识别作用,即在具体场景下,该结合信息体一旦离开了该条或多条特定信息,则信息结合体无法定位至具体自然人,如果缺少该条或多条特定信息,即使其他结合的信息组成一起也无法准确指向特定个体。是否发挥识别作用,不应理解为在所有相关信息都披露后判断某项信息是否发挥识别作用,不同的互联网平台获取的个体信息不同,不同识别主体获取的信息也不相同,故只要该条信息能和其中部分信息结合起来具体到个人,即起到识别作用。”

定的“个人信息”的范围。①

不过,由于在个人信息的界定和保护方面,自2021年1月1日起施行的《民法典》的规定是一般规定、旧的规定,而自2021年11月1日起施行的《个人信息保护法》的规定是特别规定、新的规定,因此,根据《民法典》第11条所说的“其他法律对民事关系有特别规定的,依照其规定”和《立法法》第103条所说的“同一机关制定的法律……,特别规定与一般规定不一致的,适用特别规定;新的规定与旧的规定不一致的,适用新的规定”,在二者规定不一致的范围内,应当适用《个人信息保护法》的规定。

(二)个人信息与隐私

“隐私”是与“个人信息”紧密相关的概念。

由《民法典》第1034条第3款所说的“个人信息中的私密信息,适用有关隐私权的规定;没有规定的,适用有关个人信息保护的规定”可知,自然人的个人信息包括其私密信息和非私密信息。其中,“个人信息”中的“私密信息”,即《民法典》第1032条第2款所说的“隐私是自然人的私人生活安宁和不愿为他人知晓的私密空间、私密活动、私密信息”中的“私密信息”,属于隐私,应当适用《民法典》有关隐私和隐私权的规定。

由此可见,“个人信息”与“隐私”并非简单的包含与被包含的关系,也不是一般与特殊的关系,二者既有交叉、也有不同。具体而言,“个人信息”中的“私密信息”,对应于“隐私”中的“自然人不愿为他人知晓的私密信息”,这是“个人信息”与“隐私”重叠的部分;但“个人信息”中的“非私密信息”则不属于“隐私”的范畴,“隐私”中的“私人生活安宁”“不愿为他人知晓的私密空间”和“不愿为他人知晓的私密活动”也往往不属于“个人信息”的范畴②。

比如,广东省深圳市中级人民法院(2021)粤03民终9583号民事判决书认为:“个人信息保护与隐私权是两个既有联系又有区别的法律范畴,相互之间不是简单的交叉关系,两者的法律概念、保护原则、权能范围、侵权判断以及被侵害发生的法律后果均不一致”,具体而言:一是“个人信息与作为隐私权客体的私密信息既有交叉亦有不同……隐私与个人信息具有诸多共同点,包括:权利主体均为自然人;均体现了个人对其私人生活的自主决定;在客体上具有交错性;在侵害后果上具有竞合性。两者在法律属性上仍然存在显著区别,在利益内容上,隐私权主要是一种精神性的人格权,一般保护的是非公知的事实;隐私主要体现的是人格利益,侵害隐私权也主要导致的是精神损害。划入隐私的个人信息,应强调其‘私密性’。根据现有司法实践,在判断个人信息的私密性时,应当考虑以下方面:(1)客观上一般呈现为不为公众所知悉的样态;

---

① 对此,广东省深圳市中级人民法院(2021)粤03民终9583号民事判决书提出了这样的理解:“随着技术的不断发展,互联网对个人信息的收集、控制、处理及传播使个人信息的外延不断更新,对个人信息范畴的界定不能局限于现有法律列举的事项。当信息结合体中的信息种类和数量达到一定程度时,信息结合体便能够定位识别至具体自然人。如果对这些信息均赋予受法律保护的个人信息地位,将导致个人信息的保护范围过大,显然将不当增加信息收集者的责任和义务。因此,‘结合型’个人信息不能泛化,仍应有一定的限制范围,避免将‘识别特定自然人’泛化为‘具有某种同类特征的不特定人’”。

② 但是,“隐私”中的“私人生活安宁”“不愿为他人知晓的私密空间”和“不愿为他人知晓的私密活动”,如果被以电子或其他方式记录下来并且符合“能够单独或者与其他信息结合识别特定自然人”或“与已识别或者可识别的自然人有关”的条件,则构成个人信息。

(2)主观上权利人具有不愿为他人知晓的主观意愿,但该主观意愿的界定应符合社会一般合理认知;(3)由于许多个人信息本身具有私密性,而归入隐私的是以个人信息的形式表现出来,故应当结合实际应用场景,以'场景化模式'具体探讨该场景中是否存在侵害隐私的行为"。二是"个人信息与隐私在保护方式上的不同……隐私权要解决的核心问题是私密性与公开性的关系,而个人信息权益要解决的核心问题是个人信息的保护与社会利用问题。个人信息保护建立在信息流通之上,而隐私权则是建立在信息封锁之上。对个人信息的保护应注重预防,强调信息主体积极、自决的利用权益,如选择、访问、更正、删除等;而隐私的保护则应注重事后救济,更注重消极性、防御性,保护更为严格。隐私权是一种消极的、防御性的权利,在该权利遭受侵害之前,个人无法积极主动地行使权利,而只能在遭受侵害的情况下请求他人排除妨害、赔偿损失等。个人信息则同时涉及信息利用、流通价值,也包括精神利益及财产利益"。

又如,上海市第一中级人民法院(2019)沪 01 民终 15531 号民事判决书认为:"隐私权是指自然人享有的私人生活安宁与私人生活信息依法受到保护,不受他人侵扰、知悉、使用、披露和公开的权利。隐私权的核心在于'隐',其客体主要是一种私密性的信息,主要是权利主体不愿意公开披露的且不涉及公共利益的信息。但个人信息,一般是指与公共利益没有直接关系但与个人相关的、并且能够借此识别自然人的身份的信息。个人信息虽与隐私权有密切联系,但个人信息不完全属于隐私的范畴,不能将其与隐私权混同。本案中所涉及的姓名信息、个人身份证信息、家庭地址等信息,是在社会交往和公共管理中必须在一定范围内为社会特定人或者不特定人所周知的,所以这些个人信息显然难以归入隐私权的范畴,而应界定为个人信息。某某业委会在其微信公众号上发布的 No. 2019-×××公告附件中涉及的乔某的姓名、家庭地址、身份证号码等信息均属于自然人的个人信息,故乔某主张某某业委会侵犯了其隐私权,于法无据,本院不予支持。同时,应当指出,虽然本案所涉的个人信息未归入隐私权范畴,但仍应受到法律的保护,某某业委会在使用时,不应过于随意,从而确保信息的安全。"

需要注意的是,"敏感个人信息"与"隐私"也不是一一对应的关系。《个人信息保护法》第 28 条第 1 款对"敏感个人信息"作的定义是"一旦泄露或者非法使用,容易导致自然人的人格尊严受到侵害或者人身、财产安全受到危害的个人信息,包括生物识别、宗教信仰、特定身份、医疗健康、金融账户、行踪轨迹等信息,以及不满十四周岁未成年人的个人信息",其侧重点在于:一是"一旦泄露或者非法使用,容易导致自然人的人格尊严受到侵害或者人身、财产安全受到危害",这跟《民法典》第 1032 条第 2 款所说的"隐私是自然人的私人生活安宁和不愿为他人知晓的私密空间、私密活动、私密信息"中的"私密信息"侧重于"不愿为他人知晓"是不同的;二是不满 14 周岁的未成年人的所有个人信息均属"敏感个人信息",这跟《民法典》第 1032 条第 2 款所说的"不愿为他人知晓的私密信息"存在明显的差别。

(三)个人信息与数据

与"个人信息"相关的概念还有"数据"。《数据安全法》第 3 条第 1 款对"数据"作的定义是"任何以电子或者其他方式对信息的记录"。据此,凡是被记录下来的信息,不论其记录方式为何,均为"数据"。

由此,凡是“个人信息”,都属于“数据”;“数据”是“个人信息”的上位概念,二者是包含与被包含、一般与特殊的关系。

二、个人信息的保护

自然人的个人信息受法律保护。对此,《民法典》《个人信息保护法》《刑法》等法律法规都作出了明确的规定。

(一)《民法典》的原则规定和一般规定

针对个人信息的保护,《民法典》总则编(第111条)作出了原则性规定,即:“自然人的个人信息受法律保护。任何组织或者个人需要获取他人个人信息的,应当依法取得并确保信息安全,不得非法收集、使用、加工、传输他人个人信息,不得非法买卖、提供或者公开他人个人信息”。该规定一方面从正向角度规定了个人信息处理者的依法获取义务和安全保障义务,另一方面从反向角度禁止非法收集、使用、加工、传输、买卖、提供或公开他人个人信息的行为。

此外,《民法典》人格权编还对个人信息保护作出了一般性规定(第1034条至第1039条),主要如下:

一是规定了个人信息的定义(第1034条第2款)、个人信息中的私密信息保护的法律适用规则(第1034条第3款)。

二是规定了个人信息处理的含义和应遵循的原则和条件(第1035条)。

三是规定了个人信息处理的免责事由(第1036条)。

四是规定了自然人在个人信息处理中的基本权利(第1037条)。

五是规定了个人信息处理者的基本义务(第1038条)。

六是规定了国家机关、承担行政职能的法定机构及其工作人员对自然人的隐私和个人信息的保密义务(第1039条)。

(二)《个人信息保护法》的专门规定和特别规定

《个人信息保护法》是在《民法典》等法律法规的基础上出台的有关个人信息保护的专门法律和特别规定,旨在“增强法律规范的系统性、针对性和可操作性,在个人信息保护方面形成更加完备的制度、提供更加有力的法律保障”①。

《个人信息保护法》作为个人信息保护领域的基本法律,基于其“权益保护的立法定位”,细化、充实了个人信息保护的制度规则②,主要如下:

1. 个人信息处理应遵循的原则

《个人信息保护法》确立了个人信息处理应遵循的原则,主要如下:

一是合法、正当、必要和诚信原则(第5条),禁止通过误导、欺诈、胁迫等方式处理

---

① 全国人大常委会法制工作委员会时任副主任刘俊臣2020年10月13日在第十三届全国人民代表大会常务委员会第二十二次会议上作的《关于〈中华人民共和国个人信息保护法(草案)〉的说明》。

② 全国人大常委会法制工作委员会时任副主任刘俊臣2020年10月13日在第十三届全国人民代表大会常务委员会第二十二次会议上作的《关于〈中华人民共和国个人信息保护法(草案)〉的说明》。

个人信息。

二是处理目的的明确、合理原则，与处理目的的直接相关原则，最小必要原则（第6条），要求处理个人信息应当采取对个人权益影响最小的方式，收集个人信息应当限于实现处理目的的最小范围，禁止过度收集个人信息。

三是公开、透明原则（第7条），包括公开个人信息处理规则，明示处理的目的、方式和范围等。

四是质量保证原则（第8条），要求避免因个人信息不准确、不完整对个人权益造成不利影响。

五是安全保障原则（第9条），要求个人信息处理者对其个人信息处理活动负责，并采取必要措施保障所处理的个人信息的安全。

上述原则贯穿于个人信息处理的全过程、各环节①。

2. 个人信息处理的具体规则

《个人信息保护法》确立了以"告知—同意"为核心的个人信息处理规则体系，主要如下：

一是要求处理个人信息应当在事先充分告知的前提下取得个人同意（第13条第1款第1项、第14条第1款、第17条），并且个人有权撤回同意（第15条）；个人信息处理的重要事项发生变更的，应当重新取得个人同意（第14条第2款）；不得以个人不同意为由拒绝提供产品或者服务（第16条）。考虑到经济社会生活的复杂性和个人信息处理的不同情况，《个人信息保护法》还对基于个人同意以外合法处理个人信息的情形作了规定（第13条第1款第2项至第7项、第2款、第18条）。

二是根据个人信息处理的不同环节、不同的个人信息种类，对个人信息的共同处理（第20条）、委托处理（第21条）、转移（第22条）、向其他个人信息处理者提供（第23条）、公开（第25条）、用于自动化决策（第24条）、已公开个人信息的处理（第27条）、图像采集、个人身份识别设备在公共场所的安装及其收集的个人图像、身份识别信息的使用（第26条）等提出有针对性的要求。

三是设专节对敏感个人信息的处理规则作出特别规定，施以更严格的限制（第28条至第32条），包括：明确"只有在具有特定的目的和充分的必要性，并采取严格保护措施的情形下"，方可处理敏感个人信息（第28条），并且应当取得个人的单独同意乃至书面同意（第29条）；规定处理敏感个人信息的特别告知义务（第30条）；规定处理不满十四周岁未成年人个人信息的特别要求（第31条）；明确敏感个人信息处理的行政许可和更严限制规定的适用规则（第32条）。

四是设专节对国家机关处理个人信息的规则作出特别规定（第33条至37条），在保障国家机关依法履行职责的同时，要求国家机关处理个人信息应当依照法律、行政

① 全国人大常委会法制工作委员会时任副主任刘俊臣2020年10月13日在第十三届全国人民代表大会常务委员会第二十二次会议上作的《关于〈中华人民共和国个人信息保护法（草案）〉的说明》提及："［个人信息保护法］草案共八章七十条，主要内容包括：……（二）健全个人信息处理规则　一是，确立个人信息处理应遵循的原则，强调处理个人信息应当采用合法、正当的方式，具有明确、合理的目的，限于实现处理目的的最小范围，公开处理规则，保证信息准确，采取安全保护措施等，并将上述原则贯穿于个人信息处理的全过程、各环节。"

法规规定的权限和程序进行(第34条);明确国家机关处理个人信息的告知义务及其豁免事由(第35条);规定国家机关处理的个人信息的存储和向境外提供的要求(第36条)等。

五是以专章确立了个人信息跨境提供规则(第38条至第43条),包括:明确向境外提供个人信息的条件(第38条)、对跨境提供个人信息的"告知—同意"作出更严格的要求(第39条);明确关键信息基础设施运营者和处理个人信息达到国家网信部门规定数量的个人信息处理者在境内收集和产生的个人信息的存储要求和向境外提供个人信息的要求(第40条);规定了因国际司法协助或者行政执法协助向境外提供个人信息的处理和事前批准要求(第41条)等。

3. 个人在个人信息处理活动中的权利

《个人信息保护法》以专章(第44条至50条)明确了个人在个人信息处理活动中的各项权利,包括知情权、决定权(第44条),查阅权、复制权(第45条),更正权、补充权(第46条),请求删除权(第47条),请求解释说明权(第48条),死者相关个人信息权利的行使(第49条),要求个人信息处理者建立个人行使权利的申请受理和处理机制并规定了个人寻求救济的途径(第50条)。

4. 其他规则

《个人信息保护法》还分别以专章规定了个人信息处理者的义务(第五章)、明确了履行个人信息保护职责的部门(第六章),并对违反《个人信息保护法》行为的行政责任和侵害个人信息权益的民事责任等作了规定(第七章)。

5. 个人信息权益侵权的过错推定原则

需要注意的是,针对个人信息权益侵权的归责原则,《个人信息保护法》第69条第1款确立了过错推定原则,即:"处理个人信息侵害个人信息权益造成损害,个人信息处理者不能证明自己没有过错的,应当承担损害赔偿等侵权责任。"

(三)《刑法》规定的侵犯公民个人信息罪

就个人信息的刑法保护而言,《刑法》第253条之一规定了"侵犯公民个人信息罪",即:"违反国家有关规定,向他人出售或者提供公民个人信息,情节严重的,处三年以下有期徒刑或者拘役,并处或者单处罚金;情节特别严重的,处三年以上七年以下有期徒刑,并处罚金。违反国家有关规定,将在履行职责或者提供服务过程中获得的公民个人信息,出售或者提供给他人的,依照前款的规定从重处罚。窃取或者以其他方法非法获取公民个人信息的,依照第一款的规定处罚。单位犯前三款罪的,对单位判处罚金,并对其直接负责的主管人员和其他直接责任人员,依照各该款的规定处罚。"

其中,不论是向特定人提供公民个人信息,还是通过信息网络或者其他途径发布公民个人信息,抑或未经被收集者同意,将合法收集的公民个人信息向他人提供(经过处理无法识别特定个人且不能复原的除外),均属于《刑法》第253条之一所说的"提供公民个人信息”①;违反法律、行政法规、部门规章有关公民个人信息保护的规定,通过购买、收受、交换等方式获取公民个人信息,或者在履行职责、提供服务过程中收集公民个人信息,均属于《刑法》第 253 条之一所说的“以其他方法非法获取公民个人信息”②。

第一百一十二条　【自然人因婚姻家庭关系等产生的人身权利】自然人因婚姻家庭关系等产生的人身权利受法律保护。

【条文通释】

《民法典》第 112 条是关于自然人因婚姻家庭关系等产生的人身权利的规定。

一、因婚姻家庭关系等产生的人身权利

(一)因婚姻家庭关系等产生的人身权利的界定

结合《民法典》第 464 条第 2 款所说的“婚姻、收养、监护等有关身份关系的协议,适用有关该身份关系的法律规定;没有规定的,可以根据其性质参照适用本编规定”,第 1001 条所说的“对自然人因婚姻家庭关系等产生的身份权利的保护,适用本法第一编、第五编和其他法律的相关规定;没有规定的,可以根据其性质参照适用本编人格权保护的有关规定”,第 1040 条所说的“本编调整因婚姻家庭产生的民事关系”等,可以认为,《民法典》第 112 条所说的“自然人因婚姻家庭关系等产生的人身权利”,指向的是因夫妻关系、父母子女关系、其他近亲属关系、收养关系等婚姻家庭关系产生的身份权利,主要包括夫妻之间、父母子女之间、其他家庭成员之间享有的身份权利③以及知识产权中的人身权。

(二)因婚姻家庭关系等产生的人身权利的主要类型

1. 因夫妻关系产生的身份权利

因夫妻关系所产生的身份权利(一方享有权利,对应为另一方承担义务),主要是

---

① 《最高人民法院、最高人民检察院关于办理侵犯公民个人信息刑事案件适用法律若干问题的解释》(法释〔2017〕10 号)第 3 条。

② 《最高人民法院、最高人民检察院关于办理侵犯公民个人信息刑事案件适用法律若干问题的解释》(法释〔2017〕10 号)第 2 条、第 4 条。

③ 比如,北京市第二中级人民法院(2022)京 02 民终 11713 号民事判决书:“本案中,万某源的身份证、死亡证明从法律性质上而言并非万某源死亡时遗留的遗产,当事人是否有权保管逝者的身份证、死亡证明,是其继承人基于亲属关系而产生的一种身份权利,故不宜在本案继承纠纷中予以处理,各当事人应当另行协商或依据请求权基础的性质另行解决。”又如,在段某某、徐某 1、徐某 2、杨某某与于某人格权纠纷一案中,北京市西城区人民法院(2022)京 0102 民初 17093 号民事判决书认为:“本案中,段某某系徐某 3 的配偶,徐某 1 系徐某 3 的儿子,徐某 2、杨某某系徐某 3 的父母,原告均系徐某 3 的近亲属,其与徐某 3 因婚姻家庭关系产生的人身权利受法律保护,其依法享有对徐某 3 生前病危治疗及丧葬后事处理的知情权、参与权及决定权等一系列民事权益。根据查明的事实,于某在未通知及取得原告授权的情况下,冒用徐某 3 配偶的名义,擅自处理徐某 3 生前病重住院治疗及火化丧葬后事,严重侵犯了原告的上述诸多人身权益。”

由《民法典》的以下条款(位于婚姻家庭编)加以规定的:

表6 《民法典》有关因夫妻关系产生的身份权利的规定

序号	条款序号	条款内容
1	第1043条第2款	夫妻应当互相忠实,互相尊重,互相关爱;家庭成员应当敬老爱幼,互相帮助,维护平等、和睦、文明的婚姻家庭关系
2	第1058条	夫妻双方平等享有对未成年子女抚养、教育和保护的权利,共同承担对未成年子女抚养、教育和保护的义务
3	第1059条	夫妻有相互扶养的义务。 需要扶养的一方,在另一方不履行扶养义务时,有要求其给付扶养费的权利
4	第1060条	夫妻一方因家庭日常生活需要而实施的民事法律行为,对夫妻双方发生效力,但是夫妻一方与相对人另有约定的除外。 夫妻之间对一方可以实施的民事法律行为范围的限制,不得对抗善意相对人
5	第1088条	夫妻一方因抚育子女、照料老年人、协助另一方工作等负担较多义务的,离婚时有权向另一方请求补偿,另一方应当给予补偿。具体办法由双方协议;协议不成的,由人民法院判决
6	第1090条	离婚时,如果一方生活困难,有负担能力的另一方应当给予适当帮助。具体办法由双方协议;协议不成的,由人民法院判决
7	第1091条	有下列情形之一,导致离婚的,无过错方有权请求损害赔偿: (一)重婚; (二)与他人同居; (三)实施家庭暴力; (四)虐待、遗弃家庭成员; (五)有其他重大过错

2. 因父母子女关系产生的身份权利

因父母子女关系所产生的身份权利(一方享有权利,对应为另一方承担义务),主要是由《民法典》的以下条款(位于总则编、婚姻家庭编)加以规定的:

表7 《民法典》有关因父母子女关系产生的身份权利的规定

序号	条款序号	条款内容
1	第26条	父母对未成年子女负有抚养、教育和保护的义务。 成年子女对父母负有赡养、扶助和保护的义务
2	第27条第1款	父母是未成年子女的监护人

（续表）

序号	条款序号	条款内容
3	第 28 条	无民事行为能力或者限制民事行为能力的成年人，由下列有监护能力的人按顺序担任监护人： （一）配偶； （二）父母、子女； （三）其他近亲属； （四）其他愿意担任监护人的个人或者组织，但是须经被监护人住所地的居民委员会、村民委员会或者民政部门同意
4	第 1067 条	父母不履行抚养义务的，未成年子女或者不能独立生活的成年子女，有要求父母给付抚养费的权利。 成年子女不履行赡养义务的，缺乏劳动能力或者生活困难的父母，有要求成年子女给付赡养费的权利
5	第 1068 条	父母有教育、保护未成年子女的权利和义务。未成年子女造成他人损害的，父母应当依法承担民事责任
6	第 1069 条	子女应当尊重父母的婚姻权利，不得干涉父母离婚、再婚以及婚后的生活。子女对父母的赡养义务，不因父母的婚姻关系变化而终止
7	第 1070 条	父母和子女有相互继承遗产的权利
8	第 1071 条	非婚生子女享有与婚生子女同等的权利，任何组织或者个人不得加以危害和歧视。 不直接抚养非婚生子女的生父或者生母，应当负担未成年子女或者不能独立生活的成年子女的抚养费
9	第 1072 条	继父母与继子女间，不得虐待或者歧视。 继父或者继母和受其抚养教育的继子女间的权利义务关系，适用本法关于父母子女关系的规定
10	第 1073 条	对亲子关系有异议且有正当理由的，父或者母可以向人民法院提起诉讼，请求确认或者否认亲子关系。 对亲子关系有异议且有正当理由的，成年子女可以向人民法院提起诉讼，请求确认亲子关系
11	第 1084 条	父母与子女间的关系，不因父母离婚而消除。离婚后，子女无论由父或者母直接抚养，仍是父母双方的子女。 离婚后，父母对于子女仍有抚养、教育、保护的权利和义务。 离婚后，不满两周岁的子女，以由母亲直接抚养为原则。已满两周岁的子女，父母双方对抚养问题协议不成的，由人民法院根据双方的具体情况，按照最有利于未成年子女的原则判决。子女已满八周岁的，应当尊重其真实意愿
12	第 1085 条	离婚后，子女由一方直接抚养的，另一方应当负担部分或者全部抚养费。负担费用的多少和期限的长短，由双方协议；协议不成的，由人民法院判决。 前款规定的协议或者判决，不妨碍子女在必要时向父母任何一方提出超过协议或者判决原定数额的合理要求

(续表)

序号	条款序号	条款内容
13	第1086条	离婚后,不直接抚养子女的父或者母,有探望子女的权利,另一方有协助的义务。 行使探望权利的方式、时间由当事人协议;协议不成的,由人民法院判决。 父或者母探望子女,不利于子女身心健康的,由人民法院依法中止探望;中止的事由消失后,应当恢复探望

3. 因其他近亲属关系产生的身份权利

因其他近亲属关系所产生的身份权利(一方享有权利,对应为另一方承担义务),主要是由《民法典》的以下条款(位于总则编、婚姻家庭编)加以规定的:

表8 《民法典》有关因其他近亲属关系产生的身份权利的规定

序号	条款序号	条款内容
1	第27条第2款	未成年人的父母已经死亡或者没有监护能力的,由下列有监护能力的人按顺序担任监护人: (一)祖父母、外祖父母; (二)兄、姐; (三)其他愿意担任监护人的个人或者组织,但是须经未成年人住所地的居民委员会、村民委员会或者民政部门同意
2	第28条	无民事行为能力或者限制民事行为能力的成年人,由下列有监护能力的人按顺序担任监护人: (一)配偶; (二)父母、子女; (三)其他近亲属; (四)其他愿意担任监护人的个人或者组织,但是须经被监护人住所地的居民委员会、村民委员会或者民政部门同意
3	第1043条第2款	夫妻应当互相忠实,互相尊重,互相关爱;家庭成员应当敬老爱幼,互相帮助,维护平等、和睦、文明的婚姻家庭关系
4	第1045条	亲属包括配偶、血亲和姻亲。 配偶、父母、子女、兄弟姐妹、祖父母、外祖父母、孙子女、外孙子女为近亲属。 配偶、父母、子女和其他共同生活的近亲属为家庭成员
5	第1074条	有负担能力的祖父母、外祖父母,对于父母已经死亡或者父母无力抚养的未成年孙子女、外孙子女,有抚养的义务。 有负担能力的孙子女、外孙子女,对于子女已经死亡或者子女无力赡养的祖父母、外祖父母,有赡养的义务
6	第1075条	有负担能力的兄、姐,对于父母已经死亡或者父母无力抚养的未成年弟、妹,有扶养的义务。 由兄、姐扶养长大的有负担能力的弟、妹,对于缺乏劳动能力又缺乏生活来源的兄、姐,有扶养的义务

4. 因收养关系产生的身份权利

因收养关系所产生的身份权利（一方享有权利，对应为另一方承担义务），主要是由《民法典》的以下条款（位于婚姻家庭编）加以规定的：

表 9　《民法典》有关因收养关系产生的身份权利的规定

序号	条款序号	条款内容
1	第 1108 条	配偶一方死亡，另一方送养未成年子女的，死亡一方的父母有优先抚养的权利
2	第 1111 条	自收养关系成立之日起，养父母与养子女间的权利义务关系，适用本法关于父母子女关系的规定；养子女与养父母的近亲属间的权利义务关系，适用本法关于子女与父母的近亲属关系的规定。 养子女与生父母以及其他近亲属间的权利义务关系，因收养关系的成立而消除
3	第 1114 条	收养人在被收养人成年以前，不得解除收养关系，但是收养人、送养人双方协议解除的除外。养子女八周岁以上的，应当征得本人同意。 收养人不履行抚养义务，有虐待、遗弃等侵害未成年养子女合法权益行为的，送养人有权要求解除养父母与养子女间的收养关系。送养人、收养人不能达成解除收养关系协议的，可以向人民法院提起诉讼
4	第 1115 条	养父母与成年养子女关系恶化、无法共同生活的，可以协议解除收养关系。不能达成协议的，可以向人民法院提起诉讼
5	第 1117 条	收养关系解除后，养子女与养父母以及其他近亲属间的权利义务关系即行消除，与生父母以及其他近亲属间的权利义务关系自行恢复。但是，成年养子女与生父母以及其他近亲属间的权利义务关系是否恢复，可以协商确定
6	第 1118 条	收养关系解除后，经养父母抚养的成年养子女，对缺乏劳动能力又缺乏生活来源的养父母，应当给付生活费。因养子女成年后虐待、遗弃养父母而解除收养关系的，养父母可以要求养子女补偿收养期间支出的抚养费。 生父母要求解除收养关系的，养父母可以要求生父母适当补偿收养期间支出的抚养费；但是，因养父母虐待、遗弃养子女而解除收养关系的除外

5. 知识产权中的人身权

知识产权中的人身权主要包括：

一是著作权中的人身权，即发表权、署名权、修改权和保护作品完整权。①

① 《著作权法》第 10 条规定："著作权包括下列人身权和财产权：（一）发表权，即决定作品是否公之于众的权利；（二）署名权，即表明作者身份，在作品上署名的权利；（三）修改权，即修改或者授权他人修改作品的权利；（四）保护作品完整权，即保护作品不受歪曲、篡改的权利；……。著作权人可以许可他人行使前款第五项至第十七项规定的权利，并依照约定或者本法有关规定获得报酬。著作权人可以全部或者部分转让本条第一款第五项至第十七项规定的权利，并依照约定或者本法有关规定获得报酬。"

二是专利权中的人身权,即发明人、设计人的署名权。[①]

三是技术成果[②]人身权,即技术成果完成人的署名权、荣誉权、奖励权。[③]

其中,针对发明人、设计人的署名权作为人身权利的属性,最高人民法院(2022)最高法知民终2930号民事裁定书明确提出:"发明人、设计人署名权是发明人或者设计人享有的一项重要人身权利,这项人身权利主要具有两项特征:一是专有性,即署名权只能由发明人或者设计人享有,其他任何人都无权享有;二是不可让与性,即署名权与发明人或者设计人本人不可分离,与专利申请权和专利权归属的变化无关,即使专利申请权和专利权发生转让,受让人也不享有署名权。发明人、设计人署名权的人身专属性仅是对发明人、设计人自身而言……"

二、因婚姻家庭关系等产生的人身权利保护的法律适用

针对自然人因婚姻家庭关系等产生的身份权利的保护,《民法典》第1001条(人格权编)规定:"对自然人因婚姻家庭关系等产生的身份权利的保护,适用本法第一编、第五编和其他法律的相关规定;没有规定的,可以根据其性质参照适用本编人格权保护的有关规定"。

该规定明确了《民法典》总则编、婚姻家庭编和人格权编以及其他法律在自然人因婚姻家庭关系等产生的身份权利的保护上的适用规则,即:自然人因婚姻家庭关系等产生的身份权利的保护,应当适用《民法典》总则编、婚姻家庭编和其他法律(比如《未成年人保护法》《老年人权益保障法》《妇女权益保障法》《著作权法》《专利法》等)的相关规定;在且仅在《民法典》总则编、婚姻家庭编和其他法律没有规定的情况下,才可以根据自然人因婚姻家庭关系等产生的身份权利的性质,参照适用《民法典》人格权编中人格权保护的有关的规定。

---

① 《专利法》第16条第1款规定:"发明人或者设计人有权在专利文件中写明自己是发明人或者设计人";《专利法实施细则》第14条规定:"专利法所称发明人或者设计人,是指对发明创造的实质性特点作出创造性贡献的人。在完成发明创造过程中,只负责组织工作的人、为物质技术条件的利用提供方便的人或者从事其他辅助工作的人,不是发明人者设计人"。《最高人民法院关于审理专利纠纷案件适用法律问题的若干规定》第1条第12项和《民事案件案由规定》更是直接使用了"发明创造发明人、设计人署名权纠纷(案件)"的表述。

② 《最高人民法院关于审理技术合同纠纷案件适用法律若干问题的解释》第1条规定:"技术成果,是指利用科学技术知识、信息和经验作出的涉及产品、工艺、材料及其改进等的技术方案,包括专利、专利申请、技术秘密、计算机软件、集成电路布图设计、植物新品种等。技术秘密,是指不为公众所知悉、具有商业价值并经权利人采取相应保密措施的技术信息。"

③ 《民法典》第849条规定:"完成技术成果的个人享有在有关技术成果文件上写明自己是技术成果完成者的权利和取得荣誉证书、奖励的权利"。《最高人民法院关于审理技术合同纠纷案件适用法律若干问题的解释》第6条规定:"民法典第八百四十七条所称'职务技术成果的完成人'、第八百四十八条所称'完成技术成果的个人',包括对技术成果单独或者共同作出创造性贡献的人,也即技术成果的发明人或者设计人。人民法院在对创造性贡献进行认定时,应当分解所涉及技术成果的实质性技术构成。提出实质性技术构成并由此实现技术方案的人,是作出创造性贡献的人。提供资金、设备、材料、试验条件,进行组织管理,协助绘制图纸、整理资料、翻译文献等人员,不属于职务技术成果的完成人、完成技术成果的个人。"《民事案件案由规定》更是直接使用了"技术成果完成人署名权、荣誉权、奖励权纠纷"的表述。

第一百一十三条　【财产权利受法律平等保护】民事主体的财产权利受法律平等保护。

【条文通释】

《民法典》第 113 条是关于民事主体的财产权利受法律平等保护的规定。

《民法典》第 113 条所说的“民事主体的财产权利受法律平等保护”，既是《民法典》第 3 条所说的“民事主体的人身权利、财产权利以及其他合法权益受法律保护，任何组织或者个人不得侵犯”的具体体现和应有之义，也是《民法典》第 4 条规定的平等原则（即“民事主体在民事活动中的法律地位一律平等”）在财产权利保护方面的具体体现和应有之义。

《民法典》第 113 条的关键词有三：一是“民事主体”，二是“财产权利”，三是“平等保护”。其中的“民事主体”，既包括自然人，也包括法人和非法人组织；“财产权利”是与“人身权利”“其他合法权益”相对应的概念，既包括物权、债权，也包括继承权①、股权等投资性权利②，还包括知识产权中的财产权以及其他财产权利③。

其中，就物权而言，《民法典》第 207 条（物权编）进一步规定：“国家、集体、私人的物权和其他权利人的物权受法律平等保护，任何组织或者个人不得侵犯”。

第一百一十四条　【物权的定义和种类】民事主体依法享有物权。

物权是权利人依法对特定的物享有直接支配和排他的权利，包括所有权、用益物权和担保物权。

【条文通释】

《民法典》第 114 条是关于物权的定义和种类的规定。

---

① 《宪法》第 13 条第 2 款所说的“国家依照法律规定保护公民的私有财产权和继承权”将“继承权”与“私有财产权”并列列出。不过，《妇女权益保障法》将“继承权”列于其第六章“财产权益”而非第三章“人身和人格权益”中予以规定。全国人民代表大会常务委员会时任副委员长李建国 2017 年 3 月 8 日在第十二届全国人民代表大会第五次会议上作的《关于〈中华人民共和国民法总则（草案）〉的说明》也提及：“保护民事权利是民事立法的重要任务。草案第五章规定了民事权利。……关于民事权利，草案规定了以下主要内容：一是人身权利。……二是财产权利。草案规定，民事主体的财产权利受法律平等保护（草案第一百一十六条）。民事主体依法享有物权、债权、继承权、股权和其他投资性权利（草案第一百一十七条至第一百二十五条，第一百二十七条至第一百二十九条）。三是知识产权。……”

② 全国人民代表大会常务委员会时任副委员长李建国 2017 年 3 月 8 日在第十二届全国人民代表大会第五次会议上作的《关于〈中华人民共和国民法总则（草案）〉的说明》。

③ 《民法典》第 440 条规定：“债务人或者第三人有权处分的下列权利可以出质：……（五）可以转让的注册商标专用权、专利权、著作权等知识产权中的财产权；……（七）法律、行政法规规定可以出质的其他财产权利。”

一、物权的定义

《民法典》第 114 条第 2 款规定了“物权”的定义,即:“权利人依法对特定的物享有直接支配和排他的权利”。具体而言:

其一,《民法典》第 114 条第 2 款所说的“对特定的物享有……的权利”表明,物权是对物权(对特定的物的权利),而非对人权(对特定的人的权利)。这跟债权属于对人权(即《民法典》第 118 条第 2 款所说的“债权是因合同、侵权行为、无因管理、不当得利以及法律的其他规定,权利人请求特定义务人为或者不为一定行为的权利”)是不一样的。

其二,《民法典》第 114 条第 2 款所说的“对特定的物享有直接支配……的权利”表明,物权具有支配性,无须他人协助即享有权利①,权利人对特定的物享有支配权、控制权。

其三,《民法典》第 114 条第 2 款所说的“对特定的物享有……排他的权利”表明,物权具有排他性、对世性、绝对性,权利人对特定的物享有排除所有他人支配②或妨害的权利。对此,《民法典》第 235 条规定:“无权占有不动产或者动产的,权利人可以请求返还原物”,第 236 条规定了:“妨害物权或者可能妨害物权的,权利人可以请求排除妨害或者消除危险”,第 237 条规定:“造成不动产或者动产毁损的,权利人可以依法请求修理、重作、更换或者恢复原状”,第 238 条规定:“侵害物权,造成权利人损害的,权利人可以依法请求损害赔偿,也可以依法请求承担其他民事责任”。

二、物权的种类

除了规定物权的定义,《民法典》第 114 条第 2 款还规定了物权的种类:一是所有权,二是用益物权,三是担保物权。

(一)所有权

1. 所有权的定义

根据《民法典》第 240 条所说的“所有权人对自己的不动产或者动产,依法享有占有、使用、收益和处分的权利”,所有权是所有权人依法对自己的物享有的占有、使用、收益和处分的权利。

也就是说,所有权是权利人依法对自己的物享有的权利。这跟用益物权和担保物权属于权利人依法对他人所有的物享有的权利是不同的。

根据《民法典》第 240 条、第 356 条、第 357 条、第 753 条、第 221 条第 1 款和《民法

---

① 原全国人大法律委员会 2005 年 10 月 19 日作的《关于〈中华人民共和国物权法(草案)〉修改情况的汇报》。

② 原全国人大法律委员会 2005 年 10 月 19 日作的《关于〈中华人民共和国物权法(草案)〉修改情况的汇报》。

典物权编解释一》第 4 条的规定[①],其中的“处分”应理解为是指转让、互换、出资(投资入股)或者赠与等会导致财产所有权发生变动的行为,以及抵押、质押等设立用益物权、担保物权的行为,但不包括对相关财产进行的占有、使用、收益的行为。

2. 所有权的种类

《民法典》总则编没有规定所有权的种类。所有权的种类是由《民法典》物权编予以规定的。

根据《民法典》物权编,所有权的种类包括国家所有权、集体所有权、私人所有权、业主的建筑物区分所有权、共有(按份共有和共同共有)等。

(二)用益物权

1. 用益物权的定义

根据《民法典》第 323 条所说的“用益物权人对他人所有的不动产或者动产,依法享有占有、使用和收益的权利”,用益物权是用益物权人依法对他人的物享有的占有、使用和收益的权利。

也就是说,用益物权属于权利人依法对他人所有的物享有的权利。这跟所有权是权利人依法对自己的物享有的权利是不同的。

需要注意的是,用益物权人对他人的物不享有处分权,不得损害所有权人的权益。

2. 用益物权的种类

《民法典》总则编没有规定用益物权的种类。用益物权的种类是由《民法典》物权编予以规定的。

根据《民法典》物权编,用益物权的种类包括土地承包经营权、建设用地使用权、宅基地使用权、居住权、地役权、海域使用权、探矿权、采矿权、取水权以及养殖权、捕捞权[②]等。

(三)担保物权

1. 担保物权的定义

根据《民法典》第 386 条所说的“担保物权人在债务人不履行到期债务或者发生当

---

① 《民法典》第 240 条规定:“所有权人对自己的不动产或者动产,依法享有占有、使用、收益和处分的权利”,第 356 条规定:“建设用地使用权转让、互换、出资或者赠与的,附着于该土地上的建筑物、构筑物及其附属设施一并处分”,第 357 条规定:“建筑物、构筑物及其附属设施转让、互换、出资或者赠与的,该建筑物、构筑物及其附属设施占用范围内的建设用地使用权一并处分”,第 753 条规定:“承租人未经出租人同意,将租赁物转让、抵押、质押、投资入股或者以其他方式处分的,出租人可以解除融资租赁合同”,第 221 条第 1 款规定:“当事人签订买卖房屋的协议或者签订其他不动产物权的协议,为保障将来实现物权,按照约定可以向登记机构申请预告登记。预告登记后,未经预告登记的权利人同意,处分该不动产的,不发生物权效力”,《民法典物权编解释一》第 4 条规定:“未经预告登记的权利人同意,转让不动产所有权等物权,或者设立建设用地使用权、居住权、地役权、抵押权等其他物权的,应当依照民法典第二百二十一条第一款的规定,认定其不发生物权效力。”

② 《最高人民法院关于深入学习贯彻习近平生态文明思想为新时代生态环境保护提供司法服务和保障的意见》(法发〔2018〕7 号)提出:“依法审理涉及海域使用权、矿业权、取水权、养殖权、捕捞权、林业权等自然资源用益物权纠纷,妥善处理司法裁判与行政监管的关系,维护资源开发利用秩序。”

事人约定的实现担保物权的情形,依法享有就担保财产优先受偿的权利,但是法律另有规定的除外”,担保物权是担保物权人在债务人不履行到期债务或者发生当事人约定的实现担保物权的情形,依法享有就债务人或第三人所有的担保财产优先受偿的权利。

也就是说,跟用益物权类似,担保物权也属于权利人依法对他人所有的物享有的权利。这跟所有权是权利人依法对自己的物享有的权利是不同的。

需要注意的是,担保物权人对他人的物也不享有处分权,不得损害所有权人的权益。

2. 担保物权的种类

《民法典》总则编没有规定担保物权的种类。担保物权的种类是由《民法典》物权编予以规定的。

根据《民法典》物权编,担保物权的种类包括抵押权、质权、留置权。

需要注意的是,让与担保并非原《担保法》、原《物权法》或《民法典》等法律直接明文规定的担保物权种类,而是经法院判例①、司法规范性文件②和司法解释③等逐步确认的非典型的担保方式。

并且,从 2019 年的《九民会议纪要》第 71 条第 2 款使用的“债权人请求参照法律关于担保物权的规定对财产拍卖、变卖、折价优先偿还其债权的,人民法院依法予以支持”的表述以及 2020 年的《民法典担保制度解释》第 68 条第 1 款使用的“债权人请求参照民法典关于担保物权的有关规定就该财产优先受偿的,人民法院应予支持”,第 2 款使用的“债权人请求参照民法典关于担保物权的规定对财产折价或者以拍卖、变卖该财产所得的价款优先受偿的,人民法院应予支持”的表述看,让与担保实际上最终还是需要通过参照《民法典》有关抵押权或质权的规定来实现其担保功能的,因此可以认为,让与担保并非独立于抵押权和质权的全新的担保物权种类。

三、物权须依法享有

由于《民法典》第 114 条第 1 款使用了“民事主体依法享有物权”的表述,因此,并非任何民事主体都当然享有一切物权,任何民事主体享有任何物权均须“依法”,包括但不限于由法律规定的权利人,依照法律规定的条件、内容、程序、方式、顺序,针对法律规定的物权客体,享有法律规定的权利,主要如下:

---

① 比如最高人民法院(2011)民提字第 344 号、(2013)民提字第 135 号、(2018)最高法民终 119 号、(2019)最高法民终 133 号民事判决书等。

② 在《民法典》之前,《最高人民法院关于依法平等保护非公有制经济促进非公有制经济健康发展的意见》(法发〔2014〕27 号)、《最高人民法院关于依法审理和执行民事商事案件 保障民间投资健康发展的通知》(法〔2016〕334 号)都提出要“根据物权法定原则的最新发展,正确认定新型担保合同的法律效力”;《最高人民法院关于进一步加强金融审判工作的若干意见》(法发〔2017〕22 号)第 3 条也要求:“依法认定新类型担保的法律效力,拓宽中小微企业的融资担保方式。丰富和拓展中小微企业的融资担保方式,除符合合同法第五十二条规定的合同无效情形外,应当依法认定新类型担保合同有效;符合物权法有关担保物权的规定的,还应当依法认定其物权效力……”2019 年《九民会议纪要》第 71 条则正式明确规定了让与担保制度。

③ 2015 年的《最高人民法院关于审理民间借贷案件适用法律若干问题的规定》第 24 条、2020 年的《民法典担保制度解释》第 68 条。

一是法律规定只有特定主体才能对特定的物享有物权。比如,《民法典》第 242 条规定:“法律规定专属于国家所有的不动产和动产,任何组织或者个人不能取得所有权”。

二是法律规定须由数个主体共同对特定的物享有物权。比如,《民法典》第 298 条规定:“按份共有人对共有的不动产或者动产按照其份额享有所有权”,第 309 条规定:“按份共有人对共有的不动产或者动产享有的份额,没有约定或者约定不明确的,按照出资额确定;不能确定出资额的,视为等额享有”,第 299 条规定:“共同共有人对共有的不动产或者动产共同享有所有权”,第 308 条规定:“共有人对共有的不动产或者动产没有约定为按份共有或者共同共有,或者约定不明确的,除共有人具有家庭关系等外,视为按份共有”,第 310 条规定:“两个以上组织、个人共同享有用益物权、担保物权的,参照适用本章的有关规定”。

三是法律规定特定的主体对特定的物的特定部分享有此类物权、对该特定的物的其他部分享有其他种类的物权。比如,《民法典》第 271 条规定:“业主对建筑物内的住宅、经营性用房等专有部分享有所有权,对专有部分以外的共有部分享有共有和共同管理的权利”,第 272 条规定:“业主对其建筑物专有部分享有占有、使用、收益和处分的权利。业主行使权利不得危及建筑物的安全,不得损害其他业主的合法权益”,第 273 条规定:“业主对建筑物专有部分以外的共有部分,享有权利,承担义务;不得以放弃权利为由不履行义务。业主转让建筑物内的住宅、经营性用房,其对共有部分享有的共有和共同管理的权利一并转让”。

四是法律规定特定的担保物权人优先于其他担保物权人受偿。比如,《民法典》第 414 条规定:“同一财产向两个以上债权人抵押的,拍卖、变卖抵押财产所得的价款依照下列规定清偿:(一)抵押权已经登记的,按照登记的时间先后确定清偿顺序;(二)抵押权已经登记的先于未登记的受偿;(三)抵押权未登记的,按照债权比例清偿。其他可以登记的担保物权,清偿顺序参照适用前款规定”,第 415 条规定:“同一财产既设立抵押权又设立质权的,拍卖、变卖该财产所得的价款按照登记、交付的时间先后确定清偿顺序”,第 456 条规定:“同一动产上已经设立抵押权或者质权,该动产又被留置的,留置权人优先受偿”。

第一百一十五条　【物权的客体】物包括不动产和动产。法律规定权利作为物权客体的,依照其规定。

【条文通释】

《民法典》第 115 条是关于物权客体的规定。

一、物权客体的范围

由于《民法典》第 115 条使用了“物包括不动产和动产。法律规定权利作为物权客体的,依照其规定”的表述,因此,物权的客体原则上为物,即“存在于人体之外,能够为人力所控制或支配并能满足人类社会生活需要的有体物和自然力”[①],包括不动产和动产;在且仅在法律明文规定权利作为物权客体的范围内,物权的客体还包括权利。

需要注意的是,根据《民法典》第 114 条第 2 款所说的“物权是权利人依法对特定的物享有直接支配和排他的权利”,除非法律另有规定[②],作为物权客体的不动产、动产或权利,原则上须为特定的不动产、动产或权利。

二、不动产

(一)不动产的定义

《民法典》本身没有规定“不动产”的定义。

结合《不动产登记暂行条例》(2024 年修订)第 2 条第 2 款[③]、《增值税暂行条例实施细则》(2011 年修订)第 23 条第 2 款[④]的规定,“不动产”是指不能移动的物或移动后会引起性质、形状改变的物,包括土地、海域以及房屋、林木等定着物[⑤](或附着物[⑥])。

(二)不动产的主要类型

结合《不动产登记暂行条例》《增值税暂行条例实施细则》和国家标准《不动产单元设定与代码编制规则》(GB/T 37346-2019)的规定,不动产主要包括三大类:一是土地,二是海域,三是固定于土地或海域的定着物。其中,固定于土地或海域的定着物包括房屋等建筑物、构筑物、森林、林木等。

1. 土地

国家实行土地的社会主义公有制,即全民所有制和劳动群众集体所有制;全民所有,即国家所有土地的所有权由国务院代表国家行使。[⑦] 其中,城市市区的土地属于国家所有;农村和城市郊区的土地,除由法律规定属于国家所有的以外,属于农民集体所有;宅基地和自留地、自留山,属于农民集体所有。[⑧]

---

① 上海市第一中级人民法院就“吴某澜诉上海某仁生物科技有限公司买卖合同纠纷案”(载《最高人民法院公报》2021 年第 6 期)作出的(2020)沪 01 民终 4321 号民事判决书。

② 比如,《民法典》第 396 条规定:“企业、个体工商户、农业生产经营者可以将现有的以及将有的生产设备、原材料、半成品、产品抵押,债务人不履行到期债务或者发生当事人约定的实现抵押权的情形,债权人有权就抵押财产确定时的动产优先受偿”,第 440 条第 6 项规定:“债务人或者第三人有权处分的下列权利可以出质:……(六)现有的以及将有的应收账款”。

③ 《不动产登记暂行条例》(2024 年修订)第 2 条第 2 款规定:“本条例所称不动产,是指土地、海域以及房屋、林木等定着物。”

④ 《增值税暂行条例实施细则》(2011 年修订)第 23 条规定:“条例第十条第(一)项和本细则所称非增值税应税项目,是指提供非增值税应税劳务、转让无形资产、销售不动产和不动产在建工程。前款所称不动产是指不能移动或者移动后会引起性质、形状改变的财产,包括建筑物、构筑物和其他土地附着物”。此外,《司法部公证律师司关于加强研究和积极开展不动产法律事务公证的通知》(司法部〔88〕司公字第 23 号)也提及:“不动产是指不能移动或移动后会引起性质、形状改变,损失经济价值的物,如土地、建筑物及定着物等”。

⑤ 《不动产登记暂行条例》第 2 条第 2 款和原《民通意见》第 186 条使用了“定着物”的表述。

⑥ 《民法典》第 243 条第 2 款使用了“地上附着物”,第 395 条第 1 款第 1 项使用了“土地附着物”的表述。

⑦ 《土地管理法》第 2 条。

⑧ 《土地管理法》第 9 条。

国家将土地分为农用地、建设用地和未利用地。其中,“农用地”是指直接用于农业生产的土地,包括耕地、林地、草地、农田水利用地、养殖水面等;“建设用地”是指建造建筑物、构筑物的土地,包括城乡住宅和公共设施用地、工矿用地、交通水利设施用地、旅游用地、军事设施用地等;“未利用地”是指农用地和建设用地以外的土地。①

2. 海域

《海域使用管理法》第 2 条第 1 款规定了“海域”的定义,即:“中华人民共和国内水、领海的水面、水体、海床和底土”,其中的“内水”是指中华人民共和国领海基线向陆地一侧至海岸线的海域②。

海域属于国家所有,国务院代表国家行使海域所有权;任何组织或个人使用海域,必须依法取得海域使用权;海域使用申请人自领取海域使用权证书之日起,取得海域使用权。③

3. 房屋等建筑物

建筑物是指供人们在其内生产、生活和其他活动的房屋或者场所④,包括房屋等。

其中,“房屋”一般指上有屋顶、周围有墙、能防风避雨、御寒保温,供人们在其中工作、生活、学习、娱乐和储藏物资,并具有固定基础,层高一般在 2.2 米以上的永久性场所。⑤ 房屋包括独立成幢、权属界线封闭的空间以及区分套、层、间等可以独立使用、权属界线封闭的空间,⑥可以分为办公用房、业务用房、宗教用房、军事用房、住宅和其他房屋⑦。

需要注意的是,以建筑物为载体的附属设备和配套设施,包括给排水、采暖、卫生、通风、照明、通讯、煤气、消防、中央空调、电梯、电气、智能化楼宇设备和配套设施,通常属于建筑物的组成部分。⑧

4. 构筑物

构筑物是指人们不在其内生产、生活的人工建造物⑨,包括池、罐、槽、塔、烟囱、井、坑、台、站、码头、道路、隧道、沟、洞、廊、桥梁、架、航道、坝、堰及水道、闸、水利管道、市政管道、库、仓、场、斗、罩棚、墙、车位和其他构筑物⑩。

---

① 《土地管理法》第 4 条。

② 《海域使用管理法》第 2 条第 2 款。

③ 《海域使用管理法》第 3 条、第 19 条。

④ 《财政部、国家税务总局关于固定资产进项税额抵扣问题的通知》(财税〔2009〕113 号)。

⑤ 《房地产统计指标解释(试行)》(建住房〔2002〕66 号,已废止)。《财政部、税务总局关于房产税和车船使用税几个业务问题的解释与规定》(〔87〕财税地字第 003 号)第 1 条也规定:“房屋是指有屋面和围护结构(有墙或两边有柱),能够遮风避雨,可供人们在其中生产、工作、学习、娱乐、居住或储藏物资的场所。独立于房屋之外的建筑物,如围墙、烟囱、水塔、变电塔、油池油柜、酒窖菜窖、酒精池、糖蜜池、室外游泳池、玻璃暖房、砖瓦石灰窑以及各种油气罐等,不属于房产。”

⑥ 《不动产登记暂行条例实施细则》第 5 条第 4 款。

⑦ 《固定资产等资产基础分类与代码》(GB/T 14885-2022)表 1“房屋(A01010000)”。

⑧ 《财政部、国家税务总局关于固定资产进项税额抵扣问题的通知》(财税〔2009〕113 号)。

⑨ 《财政部、国家税务总局关于固定资产进项税额抵扣问题的通知》(财税〔2009〕113 号)。

⑩ 《固定资产等资产基础分类与代码》(GB/T 14885-2022)表 2“构筑物(A01020000)”。

5. 其他定着物

其他定着物主要是指矿产资源[①]以及森林、林木等不能移动的物[②]。

三、动产

(一)动产的定义

《民法典》本身没有规定"动产"的定义。通常认为,不动产之外的物均属动产[③]。

(二)动产的主要类型

动产包括生产设备、原材料、半成品、产品[④]等[⑤]普通动产,和船舶、航空器、机动车等特殊动产。[⑥]

四、权利作为物权客体

(一)权利物权客体法定

由于《民法典》第115条使用了"法律规定权利作为物权客体的,依照其规定"的表述,因此,权利作为物权客体须以法律有明文规定为前提。对此,可以称为"权利物权客体法定"。

其中的"法律规定",既包括《民法典》自身的规定和其他法律的规定[⑦],还包括行

---

① 《财政部、国家税务总局关于固定资产进项税额抵扣问题的通知》(财税〔2009〕113号)。最高人民法院环境资源审判庭时任庭长在最高人民法院2017年7月27日就《最高人民法院关于审理矿业权纠纷案件适用法律若干问题的解释》举行新闻发布会上答记者提问时也提及:"矿产资源属于不动产范畴,矿业权适用不动产法律法规的调整原则"(见中国法院网,https://www.chinacourt.org/article/subjectdetail/id/MzAwNMhI-MoABAA.shtml,最后访问日期:2024年8月21日)。

② 《不动产登记暂行条例实施细则》第5条、《不动产单元设定与代码编制规则》(GB/T 37346-2019)。

③ 原《担保法》第92条第1款规定:"本法所称动产是指不动产以外的物"。

④ 《民法典》第396条规定:"企业、个体工商户、农业生产经营者可以将现有的以及将有的生产设备、原材料、半成品、产品抵押,债务人不履行到期债务或者发生当事人约定的实现抵押权的情形,债权人有权就抵押财产确定时的动产优先受偿。"

⑤ 比如《中国银保监会 中国人民银行关于推动动产和权利融资业务健康发展的指导意见》(银保监发〔2022〕29号)规定的动产范围也包括活体:"银行机构应根据自身业务开展情况和风险控制能力,将符合押品条件的动产和权利纳入押品目录,包括交通运输工具、生产设备、活体、原材料、半成品、产品等动产,以及现有的和将有的应收账款、知识产权中的财产权、货权、林权等权利"。

⑥ 《民法典》第225条规定:"船舶、航空器和机动车等的物权的设立、变更、转让和消灭,未经登记,不得对抗善意第三人"。《最高人民法院关于审理买卖合同纠纷案件适用法律问题的解释》第6条规定:"出卖人就同一普通动产订立多重买卖合同,在买卖合同均有效的情况下,买受人均要求实际履行合同的,应当按照以下情形分别处理:……",第7条规定:"出卖人就同一船舶、航空器、机动车等特殊动产订立多重买卖合同,在买卖合同均有效的情况下,买受人均要求实际履行合同的,应当按照以下情形分别处理:……"

⑦ 《合伙企业法》第25条、第72条。

政法规的规定[①]、司法解释的规定[②]。

（二）权利作为物权客体的主要情形

法律法规规定权利作为物权客体的情形，主要包括：

一是建设用地使用权、海域使用权、探矿权、采矿权、特定的农村土地经营权等用益物权可以成为抵押权的客体。对此，《民法典》第 395 条第 1 款规定："债务人或者第三人有权处分的下列财产可以抵押：……（二）建设用地使用权；（三）海域使用权；……（七）法律、行政法规未禁止抵押的其他财产"；《最高人民法院关于审理矿业权纠纷案件适用法律若干问题的解释》第 14 条第 1 款规定："矿业权人为担保自己或者他人债务的履行，将矿业权抵押给债权人的，抵押合同自依法成立之日起生效，但法律、行政法规规定不得抵押的除外"；《民法典》第 342 条规定："通过招标、拍卖、公开协商等方式承包农村土地，经依法登记取得权属证书的，可以依法采取出租、入股、抵押或者其他方式流转土地经营权"[③]，第 381 条规定："地役权不得单独抵押。土地经营权、建设用地使用权等抵押的，在实现抵押权时，地役权一并转让"。

二是若干财产权利可以成为质权的客体。对此，《民法典》第 440 条规定："债务人或者第三人有权处分的下列权利可以出质：（一）汇票、本票、支票；（二）债券、存款单；（三）仓单、提单；（四）可以转让的基金份额、股权；（五）可以转让的注册商标专用权、专利权、著作权等知识产权中的财产权；（六）现有的以及将有的应收账款；（七）法律、行政法规规定可以出质的其他财产权利"；《合伙企业法》第 25 条规定："[普通合伙企业]合伙人以其在合伙企业中的财产份额出质的，须经其他合伙人一致同意；未经其他合伙人一致同意，其行为无效，由此给善意第三人造成损失的，由行为人依法承担赔偿责任"，第 72 条规定："有限合伙人可以将其在有限合伙企业中的财产份额出质；但是，合伙协议另有约定的除外"；此外，国务院印发的《"十三五"节能减排综合工作方案》（国发〔2016〕74 号）也提出："支持以用能权、碳排放权、排污权和节能项目收益权等为抵（质）押的绿色信贷"。

第一百一十六条　【物权法定原则】物权的种类和内容，由法律规定。

【条文通释】

《民法典》第 116 条是关于物权法定原则的规定。

---

① 《民法典》第 440 条规定："债务人或者第三人有权处分的下列权利可以出质：……（七）法律、行政法规规定可以出质的其他财产权利"。

② 《最高人民法院关于审理矿业权纠纷案件适用法律若干问题的解释》第 14 条规定："矿业权人为担保自己或者他人债务的履行，将矿业权抵押给债权人的，抵押合同自依法成立之日起生效，但法律、行政法规规定不得抵押的除外。当事人仅以未经主管部门批准或者登记、备案为由请求确认抵押合同无效的，人民法院不予支持。"

③ 《农村土地承包法》第 53 条作出了相同的规定："通过招标、拍卖、公开协商等方式承包农村土地，经依法登记取得权属证书的，可以依法采取出租、入股、抵押或者其他方式流转土地经营权。"

一、物权法定原则

《民法典》第 116 条所说的"物权的种类和内容,由法律规定",即为物权法定原则,包括物权的种类法定和物权的内容法定这两个方面的内容。

《民法典》第 116 条所说的"物权的种类和内容,由法律规定"当中的"法律",仅指全国人民代表大会和全国人民代表大会常务委员会制定的法律,包括全国人民代表大会常务委员会的法律解释①,行政法规、地方性法规、自治条例、单行条例、部门规章、地方政府规章、行政规范性文件等都不得规定物权的种类或内容。这跟《行政处罚法》第 10 条第 2 款所说的"限制人身自由的行政处罚,只能由法律设定"是类似的。

需要注意的是,尽管从文义看,《民法典》第 116 条所说的"物权的种类和内容,由法律规定"当中的"法律"并不包括司法解释,但是,由于《人民法院组织法》第 18 条第 1 款规定了"最高人民法院可以对属于审判工作中具体应用法律的问题进行解释",《全国人民代表大会常务委员会关于加强法律解释工作的决议》第 2 条规定了"凡属于法院审判工作中具体应用法律、法令的问题,由最高人民法院进行解释",《最高人民法院关于司法解释工作的规定》(2021 年修正)第 5 条规定了"最高人民法院发布的司法解释,具有法律效力",实践中存在由司法解释创设物权种类的情形。典型的例子有让与担保制度②、债权人的受托人享有并行使担保物权制度③和留置第三人动产的留置权制度④。

---

① 《立法法》第 53 条规定:"全国人民代表大会常务委员会的法律解释同法律具有同等效力"。

② 《民法典担保制度解释》第 68 条。

③ 针对担保物权,《民法典》第 386 条规定:"担保物权人在债务人不履行到期债务或者发生当事人约定的实现担保物权的情形,依法享有就担保财产优先受偿的权利,但是法律另有规定的除外",第 387 条第 1 款规定:"债权人在借贷、买卖等民事活动中,为保障实现其债权,需要担保的,可以依照本法和其他法律的规定设立担保物权",第 394 条规定:"为担保债务的履行,债务人或者第三人不转移财产的占有,将该财产抵押给债权人的,债务人不履行到期债务或者发生当事人约定的实现抵押权的情形,债权人有权就该财产优先受偿。前款规定的债务人或者第三人为抵押人,债权人为抵押权人,提供担保的财产为抵押财产",第 425 条规定:"为担保债务的履行,债务人或者第三人将其动产出质给债权人占有的,债务人不履行到期债务或者发生当事人约定的实现质权的情形,债权人有权就该动产优先受偿。前款规定的债务人或者第三人为出质人,债权人为质权人,交付的动产为质押财产",第 447 条规定:"债务人不履行到期债务,债权人可以留置已经合法占有的债务人的动产,并有权就该动产优先受偿。前款规定的债权人为留置权人,占有的动产为留置财产"。其中均要求担保物权人应当是债权人、担保物权应当登记在债权人名下、担保物权应由债权人行使。不过,《民法典担保制度解释》第 4 条则明确规定担保物权可以登记在债权人的受托人名下并且债权人或其受托人均可以行使担保物权,即:"有下列情形之一,当事人将担保物权登记在他人名下,债务人不履行到期债务或者发生当事人约定的实现担保物权的情形,债权人或者其受托人主张就该财产优先受偿的,人民法院依法予以支持:(一)为债券持有人提供的担保物权登记在债券受托管理人名下;(二)为委托贷款人提供的担保物权登记在受托人名下;(三)担保人知道债权人与他人之间存在委托关系的其他情形"。

④ 针对留置权,《民法典》第 447 条第 1 款规定:"债务人不履行到期债务,债权人可以留置已经合法占有的债务人的动产,并有权就该动产优先受偿",其中要求留置权的客体是"债务人的动产"。不过,《民法典担保制度解释》第 62 条第 1 款将留置权的客体"债务人的动产"扩大解释为"债务人自己的动产和债务人合法占有的第三人的动产",即:"债务人不履行到期债务,债权人因同一法律关系留置合法占有的第三人的动产,并主张就该留置财产优先受偿的,人民法院应予支持。第三人以该留置财产并非债务人的财产为由请求返还的,人民法院不予支持。"显然,该规定在《民法典》之外创设了留置第三人动产的留置权制度。

二、物权的种类法定

(一)物权的种类只能由法律规定

由于《民法典》第 116 条使用了“物权的种类……,由法律规定”的表述,因此,物权的种类只能由法律规定;非由法律规定的权利,无论是国家机关规定的还是当事人约定的①,均不属于物权,不发生物权效力②。

根据《民法典》第 115 条的规定,除非全国人大及其常委会通过新的法律创设新的物权种类,否则,任何主体,包括但不限于政府机关、法院、地方立法机关,都不得在现有的物权种类之外规定或创设新的物权种类。比如,有的地方性法规规定,进行水力发电需要通过招标、拍卖等方式从政府取得“水能资源开发利用权”并缴纳出让金,该等“水能资源开发利用权”具有用益物权性质,不符合《民法典》确立的物权法定原则。③

(二)现有的物权种类

《民法典》规定的物权种类包括:一是所有权,二是担保物权,三是用益物权。

如前所说,根据《民法典》物权编,所有权的种类包括国家所有权、集体所有权、私人所有权、业主的建筑物区分所有权、共有等;用益物权的种类包括土地承包经营权、建设用地使用权、宅基地使用权、居住权、地役权、海域使用权、探矿权、采矿权、取水权以及使用水域、滩涂从事养殖、捕捞的权利等;担保物权的种类包括抵押权、质权、留置权。

三、物权的内容法定

---

①　比如,最高人民法院(2016)最高法民终 763 号民事判决书(载《最高人民法院公报》2018 年第 8 期)认为:“依照《物权法》规定的物权法定原则,物权的种类和内容,由法律规定,当事人之间不能创设。”又如,最高人民法院(2022)最高法民再 250 号民事判决书认为:“本案中,某瑞公司主张的历史航次运费所对应的运输合同与本航次运输的货物不属于同一法律关系,其只能留置债务人捷某通公司所有的动产。案涉货物并非捷某通公司所有,某瑞公司不享有商事留置权。《中华人民共和国民法总则》第一百一十六条规定:‘物权的种类和内容,由法律规定。’留置权为法定担保物权,具有法定性。留置权只能直接依据法律的规定发生,不能由当事人自由设定。某瑞公司与捷某通公司签订的《航次租船合同》约定,承租方不支付、未按期支付已到付款期限的历史航次运费,出租方有权留置船上货物。该约定仅在当事人之间产生债权效力,不具有创设商事留置权的效力。”

②　比如,最高人民法院(2020)最高法民申 6293 号民事裁定书认为:“某恒公司取得的使用港口岸线的权利并非物权。根据物权法定原则,物权的种类和内容由法律规定。现行法律并未规定港口岸线使用权。根据《中华人民共和国港口法》第十三条的规定,建设港口设施,使用非深水岸线的,由港口行政管理部门批准。根据该规定,港口岸线使用行政审批是使用港口岸线的前置审批程序,其性质为行政许可。某恒公司因《宁德港务局关于同意福建省某恒船舶工程有限公司使用港口岸线的批复》取得的权利是一种开发利用港口岸线的资格。原判决认定某恒公司对港口岸线使用的权利不具有物权性质是正确的。某恒公司关于港口岸线使用权为自然资源使用权,属于用益物权的再审申请理由不能成立。”

③　全国人大常委会法制工作委员会主任沈春耀 2022 年 12 月 28 日在第十三届全国人民代表大会常务委员会第三十八次会议上作的《全国人民代表大会常务委员会法制工作委员会关于十三届全国人大以来暨 2022 年备案审查工作情况的报告》。

（一）物权的内容只能由法律规定

由于《民法典》第 116 条使用了“物权的……内容，由法律规定”的表述，因此，物权的内容只能由法律规定；非由法律规定的权利内容，当事人约定的或登记机构记载的①与法律规定的物权内容不一致的部分，或者当事人约定变更法律规定的物权的内容②，均不发生相应的物权效力③。

（二）物权内容法定的体现

物权内容法定在《民法典》和相关司法解释中都有相应的体现，比如：

一是针对业主的建筑物区分所有权，《民法典》第 271 条规定：“业主对建筑物内的住宅、经营性用房等专有部分享有所有权，对专有部分以外的共有部分享有共有和共同管理的权利”，第 273 条第 2 款规定：“业主转让建筑物内的住宅、经营性用房，其对共有部分享有的共有和共同管理的权利一并转让”。

二是针对建设用地使用权、建筑物、构筑物及其附属设施的处分，《民法典》第 356 条规定：“建设用地使用权转让、互换、出资或者赠与的，附着于该土地上的建筑物、构筑物及其附属设施一并处分”，第 357 条规定：“建筑物、构筑物及其附属设施转让、互换、出资或者赠与的，该建筑物、构筑物及其附属设施占用范围内的建设用地使用权一并处分”。

三是针对担保物权，《民法典》第 390 条规定：“担保期间，担保财产毁损、灭失或者被征收等，担保物权人可以就获得的保险金、赔偿金或者补偿金等优先受偿。被担保债权的履行期限未届满的，也可以提存该保险金、赔偿金或者补偿金等”。

四是针对抵押权，《民法典》第 394 条第 1 款规定：“为担保债务的履行，债务人或者第三人不转移财产的占有，将该财产抵押给债权人的，债务人不履行到期债务或者发生当事人约定的实现抵押权的情形，债权人有权就该财产优先受偿”，第 410 条第 1

---

① 比如，“昆山某某置业有限公司诉昆山市国土资源局不动产行政登记及行政赔偿纠纷案”（载《最高人民法院公报》2022 年第 8 期）的“裁判摘要”认为：“不动产登记系对物权的公示，涉及民事、行政双重法律关系，既应遵循物权法定等民事法律规范，又应符合不动产登记相关行政法规。物权的种类和内容由法律规定，当事人无权通过约定变更物权的法定内容。登记机关如将缺乏法律依据的约定内容进行登记，有违物权法定原则，当事人请求撤销相关登记内容的，人民法院应予支持”。该案例亦被收入人民法院案例库参考案例（案例名称为“昆山某某公司诉昆山市国土资源局行政登记案”，入库编号：2023-12-3-006-004）。

② 比如，在“昆山某某置业有限公司诉昆山市国土资源局不动产行政登记及行政赔偿纠纷案”（载《最高人民法院公报》2022 年第 8 期）中，苏州市姑苏区人民法院认为：“根据物权法定原则，物权的种类、内容均由法律明确规定，当事人之间不能任意创立物权或约定变更物权的法定内容”。该案例亦被收入人民法院案例库参考案例（案例名称为“昆山某某公司诉昆山市国土资源局行政登记案”，入库编号：2023-12-3-006-004）。

③ 比如，最高人民法院（2016）最高法民申 3662 号民事裁定书认为：“中华人民共和国《物权法》第五条‘物权的种类和内容，由法律规定’的规定已经明确规定了严格的物权法定原则，而第二百二十三条规定可以出质的权利为汇票、支票、本票；债券、存款单；仓单、提单；可以转让的基金份额、股权；可以转让的注册商标专用权、专利权、著作权等知识产权中的财产权；应收账款；法律、行政法规规定可以处置的其他财产权利，并不包括银行卡，故原判决认定某元公司享有权利质权，适用法律不当。邱某东的上述交付行为不能设立权利质权，且交付银行卡和身份证原件的行为也不能产生货币资金的实际转移占有，亦不能设立动产质权，故该交付行为未设立他物权，其性质仅为履行资金监管合同义务的行为”。

款规定:“债务人不履行到期债务或者发生当事人约定的实现抵押权的情形,抵押权人可以与抵押人协议以抵押财产折价或者以拍卖、变卖该抵押财产所得的价款优先受偿”,第 401 条规定:“抵押权人在债务履行期限届满前,与抵押人约定债务人不履行到期债务时抵押财产归债权人所有的,只能依法就抵押财产优先受偿”。

五是针对不动产抵押权,《民法典》第 397 条规定:“以建筑物抵押的,该建筑物占用范围内的建设用地使用权一并抵押。以建设用地使用权抵押的,该土地上的建筑物一并抵押。抵押人未依据前款规定一并抵押的,未抵押的财产视为一并抵押”,第 398 条规定:“乡镇、村企业的建设用地使用权不得单独抵押。以乡镇、村企业的厂房等建筑物抵押的,其占用范围内的建设用地使用权一并抵押”,第 381 条规定:“土地经营权、建设用地使用权等抵押的,在实现抵押权时,地役权一并转让”。

六是针对动产质权,《民法典》第 425 条第 1 款规定:“为担保债务的履行,债务人或者第三人将其动产出质给债权人占有的,债务人不履行到期债务或者发生当事人约定的实现质权的情形,债权人有权就该动产优先受偿”,第 436 条第 2 款规定:“债务人不履行到期债务或者发生当事人约定的实现质权的情形,质权人可以与出质人协议以质押财产折价,也可以就拍卖、变卖质押财产所得的价款优先受偿”,第 428 条规定:“质权人在债务履行期限届满前,与出质人约定债务人不履行到期债务时质押财产归债权人所有的,只能依法就质押财产优先受偿”。

七是针对留置权,《民法典》第 447 条第 1 款规定:“债务人不履行到期债务,债权人可以留置已经合法占有的债务人的动产,并有权就该动产优先受偿”,第 453 条第 1 款规定:“……债务人逾期未履行的,留置权人可以与债务人协议以留置财产折价,也可以就拍卖、变卖留置财产所得的价款优先受偿”。

八是针对让与担保,《民法典担保制度解释》第 68 条第 1 款规定:“债务人或者第三人与债权人约定将财产形式上转移至债权人名下,债务人不履行到期债务,债权人有权对财产折价或者以拍卖、变卖该财产所得价款偿还债务的,人民法院应当认定该约定有效。当事人已经完成财产权利变动的公示,债务人不履行到期债务,债权人请求参照民法典关于担保物权的有关规定就该财产优先受偿的,人民法院应予支持”,第 2 款规定:“债务人或者第三人与债权人约定将财产形式上转移至债权人名下,债务人不履行到期债务,财产归债权人所有的,人民法院应当认定该约定无效,但是不影响当事人有关提供担保的意思表示的效力。当事人已经完成财产权利变动的公示,债务人不履行到期债务,债权人请求对该财产享有所有权的,人民法院不予支持;债权人请求参照民法典关于担保物权的规定对财产折价或者以拍卖、变卖该财产所得的价款优先受偿的,人民法院应予支持;债务人履行债务后请求返还财产,或者请求对财产折价或者以拍卖、变卖所得的价款清偿债务的,人民法院应予支持”,第 3 款规定:“债务人与债权人约定将财产转移至债权人名下,在一定期间后再由债务人或者其指定的第三人以交易本金加上溢价款回购,债务人到期不履行回购义务,财产归债权人所有的,人民法院应当参照第二款规定处理。回购对象自始不存在的,人民法院应当依照民法典第一百四十六条第二款的规定,按照其实际构成的法律关系处理。”

第一百一十七条 【因不动产或动产被征收或征用获得公平合理补偿的权利】为了公共利益的需要,依照法律规定的权限和程序征收、征用不动产或者动产的,应当给予公平、合理的补偿。

【条文通释】

《民法典》第117条是关于因不动产或动产被征收或征用获得公平合理补偿的权利的规定。

一、获得公平合理的征收或征用补偿的权利

(一)征收与征用的界定

《民法典》使用了“征收”和“征用”的表述,但未规定其各自的含义。

结合《民法典》第243条关于征收的规定①和第245条关于征用的规定②以及第229条所说的“因人民法院、仲裁机构的法律文书或者人民政府的征收决定等,导致物权设立、变更、转让或者消灭的,自法律文书或者征收决定等生效时发生效力”,可以认为,“征收”指向的是为了公共利益的需要,依照法律规定的权限和程序,强制将集体所有的土地或自然人、法人或非法人组织所有的房屋或其他不动产收归国有,并依法给予相应的补偿的行为;“征用”则指国家为了公共利益的需要(包括因抢险救灾、疫情防控等紧急需要),依照法律规定的权限和程序,强制使用自然人、法人或非法人组织所有的不动产或者动产,并依法给予相应的补偿的行为。

由此可见,“征收和征用既有共同之处,又有不同之处。共同之处在于,都是为了公共利益需要,都要经过法定程序,都要依法给予补偿。不同之处在于,征收主要是所有权的改变,征用只是使用权的改变”③。

此外,“征收”和“征用”的不同之处还在于,“征收”的对象仅限于不动产,而“征用”的对象既可以是不动产、也可以是动产;“征收”将导致不动产所有权发生变动,而“征用”只是强制使用动产或不动产、不会导致动产或不动产所有权发生变动(当然,被征用的动产或不动产可能因发生毁损、灭失而导致所有权消灭)。

---

① 《民法典》第243条规定:“为了公共利益的需要,依照法律规定的权限和程序可以征收集体所有的土地和组织、个人的房屋以及其他不动产。征收集体所有的土地,应当依法及时足额支付土地补偿费、安置补助费以及农村村民住宅、其他地上附着物和青苗等的补偿费用,并安排被征地农民的社会保障费用,保障被征地农民的生活,维护被征地农民的合法权益。征收组织、个人的房屋以及其他不动产,应当依法给予征收补偿,维护被征收人的合法权益;征收个人住宅的,还应当保障被征收人的居住条件。任何组织或者个人不得贪污、挪用、私分、截留、拖欠征收补偿费等费用”。

② 《民法典》第245条规定:“因抢险救灾、疫情防控等紧急需要,依照法律规定的权限和程序可以征用组织、个人的不动产或者动产。被征用的不动产或者动产使用后,应当返还被征用人。组织、个人的不动产或者动产被征用或者征用后毁损、灭失的,应当给予补偿”。

③ 全国人民代表大会常务委员会时任副委员长王兆国2004年3月8日在第十届全国人民代表大会第二次会议上作的《关于〈中华人民共和国宪法修正案(草案)〉的说明》。

（二）获得公平合理补偿的权利

《民法典》第 117 条对民事主体因其不动产或动产被征收或征用而获得补偿的权利作出了原则性规定，要求给予被征收人或被征用人公平、合理的补偿。此为"公平合理补偿原则"，其关键有二：一是给予公平的补偿，二是给予合理的补偿。这也是《宪法》第 10 条第 3 款所说的"国家为了公共利益的需要，可以依照法律规定对土地实行征收或者征用并给予补偿"和第 13 条第 3 款所说的"国家为了公共利益的需要，可以依照法律规定对公民的私有财产实行征收或者征用并给予补偿"的具体要求和应有之义。所谓"有征收（征用）必有补偿，无补偿则无征收（征用）"①。

此外，被征收人或被征用人还享有及时获得补偿的权利②。此为"及时补偿原则"，与"公平补偿原则""合理补偿原则"合称为"及时合理补偿原则"③。上述补偿原则应当贯穿于征收（或征用）和补偿的全过程④。

对此，在山西省某业集团有限公司诉山西省太原市人民政府收回国有土地使用权决定案（载《最高人民法院公报》2017 年第 1 期）中，最高人民法院（2016）最高法行再 80 号行政判决书认为："有征收必有补偿，无补偿则无征收。为了保障国家安全、促进国民经济和社会发展等公共利益的需要，国家可以依法收回国有土地使用权，也可征收国有土地上单位、个人的房屋；但必须对被征收人给予及时公平补偿，而不能只征收不补偿，也不能迟迟不予补偿。"

（三）公平补偿的认定标准

问题是，何为"公平的补偿"？公平补偿的认定标准是什么？对此，《民法典》本身没有直接作出规定，而是由法律法规针对具体的征收或征用情形分别予以规定的，比如：

---

① 最高人民法院（2016）最高法行再 80 号行政判决书提及："有征收必有补偿，无补偿则无征收。"

② 比如，《民法典》第 243 条第 2 款规定："征收集体所有的土地，应当依法及时足额支付土地补偿费、安置补助费以及农村村民住宅、其他地上附着物和青苗等的补偿费用，并安排被征地农民的社会保障费用，保障被征地农民的生活，维护被征地农民的合法权益"；《土地管理法》第 48 条第 2 款规定："征收土地应当依法及时足额支付土地补偿费、安置补助费以及农村村民住宅、其他地上附着物和青苗等的补偿费用，并安排被征地农民的社会保障费用"；《外商投资法》第 20 条第 2 款规定："在特殊情况下，国家为了公共利益的需要，可以依照法律规定对外国投资者的投资实行征收或者征用。征收、征用应当依照法定程序进行，并及时给予公平、合理的补偿"。

③ 《中共中央、国务院关于完善产权保护制度依法保护产权的意见》（中发〔2016〕28 号）、《最高人民法院关于充分发挥审判职能作用切实加强产权司法保护的意见》（法发〔2016〕27 号）、《最高人民法院、国家发展和改革委员会关于为新时代加快完善社会主义市场经济体制提供司法服务和保障的意见》（法发〔2020〕25 号）、《最高人民法院关于人民法院为海南自由贸易港建设提供司法服务和保障的意见》（法发〔2021〕1 号）等文件直接使用了"遵循及时合理补偿原则"的表述。

④ 最高人民法院 2014 年 8 月发布的征收拆迁十大案例之"孔某丰诉泗水县人民政府房屋征收决定案"的"典型意义"提及："本案典型意义在于：《国有土地上房屋征收补偿条例》第二条规定的对被征收人给予公平补偿原则，应贯穿于房屋征收与补偿全过程。无论有关征收决定还是补偿决定的诉讼，人民法院都要坚持程序审查与实体审查相结合，一旦发现补偿方案确定的补偿标准明显低于法定的'类似房地产的市场价格'，即便对于影响面大、涉及人数众多的征收决定，该确认违法的要坚决确认违法，该撤销的要坚决撤销，以有力地维护人民群众的根本权益"。

其一,就土地的征收补偿而言,《土地管理法》第 48 条规定:“征收土地应当给予公平、合理的补偿,保障被征地农民原有生活水平不降低、长远生计有保障。征收土地应当依法及时足额支付土地补偿费、安置补助费以及农村村民住宅、其他地上附着物和青苗等的补偿费用,并安排被征地农民的社会保障费用。征收农用地的土地补偿费、安置补助费标准由省、自治区、直辖市通过制定公布区片综合地价确定。制定区片综合地价应当综合考虑土地原用途、土地资源条件、土地产值、土地区位、土地供求关系、人口以及经济社会发展水平等因素,并至少每三年调整或者重新公布一次。征收农用地以外的其他土地、地上附着物和青苗等的补偿标准,由省、自治区、直辖市制定。对其中的农村村民住宅,应当按照先补偿后搬迁、居住条件有改善的原则,尊重农村村民意愿,采取重新安排宅基地建房、提供安置房或者货币补偿等方式给予公平、合理的补偿,并对因征收造成的搬迁、临时安置等费用予以补偿,保障农村村民居住的权利和合法的住房财产权益……”。

其二,就国有土地上房屋的征收补偿而言,《国有土地上房屋征收与补偿条例》第 19 条第 1 款规定:“对被征收房屋价值的补偿,不得低于房屋征收决定公告之日被征收房屋类似房地产的市场价格。被征收房屋的价值,由具有相应资质的房地产价格评估机构按照房屋征收评估办法评估确定。”

关于被征收房屋的公平补偿,最高人民法院(2020)最高法行赔申 1655 号行政赔偿裁定书认为:“通常认为,公平补偿包括两个维度:在横向维度上,比较被征收房屋价值的补偿和房屋征收决定公告之日被征收房屋类似房地产的市场价格,对被征收房屋价值的补偿应当不低于房屋征收决定公告之日被征收房屋类似房地产的市场价格;在纵向维度上,比较被征收房屋价值的补偿和被征收人在实际获得补偿安置时购买类似房地产的市场价格,保障被征收人在实际获得补偿安置时能够在市场上购买到类似房地产。在这两个维度上判断补偿是否公平,核心要义是保障被征收人生产、生活水平不降低。”

针对被征收不动产价值的评估问题,在山西省某业集团有限公司诉山西省太原市人民政府收回国有土地使用权决定案(载《最高人民法院公报》2017 年第 1 期)中,最高人民法院(2016)最高法行再 80 号行政判决书认为:“国家因公共利益需要使用城市市区的土地和房屋的,市、县人民政府一般应按照《国有土地上房屋征收与补偿条例》(以下简称《征补条例》)规定的程序和方式进行,并应根据《国有土地上房屋征收评估办法》和《城镇土地估价规程》等规定精神,由专业的房地产价格评估机构在实地查勘的基础上,根据被征收不动产的区位、用途等影响被征收不动产价值的因素和当地房地产市场状况,综合选择市场法、收益法、成本法、假设开发法等评估方法对被征收不动产价值进行评估,合理确定评估结果,并在此基础上进行补偿。……对被征收不动产价值评估的时点,一般应当为征收决定公告之日或者征收决定送达被征收人之日。因征收人原因造成征收补偿不合理迟延的,且被征收不动产价格明显上涨的,被征收人有权主张以作出征收补偿决定或者签订征收补偿协议时的市场价格作为补偿基准”。

其三,针对外国投资者在中国境内的投资的补偿,《外商投资法实施条例》第 21 条第 2 款规定:“在特殊情况下,国家为了公共利益的需要依照法律规定对外国投资者的投资实行征收的,应当依照法定程序、以非歧视性的方式进行,并按照被征收投资的市场价值及时给予补偿。”

二、征收、征用的具体事项

需要注意的是，尽管《民法典》第 117 条暗含着“为了公共利益的需要，依照法律规定的权限和程序可以征收、征用不动产或动产”的含义，但是，《民法典》第 117 条本身只是要求给予被征收人或被征用人公平合理的补偿，并未直接涉及“能否”征收或征用不动产或动产以及征收或征用不动产或动产的“条件”“权限”“程序”等事项，这些事项主要是由《民法典》物权编[①]、《土地管理法》及其实施条例[②]、《国防法》[③]、《国防动员法》[④]、《外商投资法》及其实施条例[⑤]、《国有土地上房屋征收与补偿条例》等法律法规予以规定的。

根据这些规定，在且仅在“为了公共利益的需要”的目的，方可征收或征用民事主体的不动产或动产；并且，“为了公共利益的需要”实施的征收或征用必须“依照法律规定的权限和程序”进行。非为公共利益的需要，不得征收或征用任何民事主体的任何不动产或动产。对此，《最高人民法院、国家发展和改革委员会关于为新时代加快完善社会主义市场经济体制提供司法服务和保障的意见》（法发〔2020〕25 号）第 9 条也规定：“严格界定公共利益用地范围，对不符合公共利益需要征收、征用土地的行为，依法不予支持”。

其中，作为征收或征用不动产或动产的目的的“公共利益的需要”，应当受到严格限制、避免扩大化[⑥]，必须以法律至少是行政法规的明文规定为依据。比如，就土地的征收而言，须以《土地管理法》第 45 条[⑦]及其他法律明确规定的公共利益情形[⑧]为限；

---

① 《民法典》第 243 条至第 245 条。

② 《土地管理法》第 45 条至第 51 条、《土地管理法实施条例》第 26 条至第 32 条。

③ 《国防法》第 51 条。

④ 《国防动员法》第 54 条至第 59 条。

⑤ 《外商投资法》第 20 条、《外商投资法实施条例》第 21 条。

⑥ 《中共中央、国务院关于完善产权保护制度依法保护产权的意见》（中发〔2016〕28 号）提出：“完善土地、房屋等财产征收征用法律制度，合理界定征收征用适用的公共利益范围，不将公共利益扩大化，细化规范征收征用法定权限和程序”；《最高人民法院关于充分发挥审判职能作用切实加强产权司法保护的意见》（法发〔2016〕27 号）第 10 条规定：“准确把握立法精神，合理把握征收征用适用的公共利益范围，坚决防止公共利益扩大化”。

⑦ 《土地管理法》第 45 条规定：“为了公共利益的需要，有下列情形之一，确需征收农民集体所有的土地的，可以依法实施征收：（一）军事和外交需要用地的；（二）由政府组织实施的能源、交通、水利、通信、邮政等基础设施建设需要用地的；（三）由政府组织实施的科技、教育、文化、卫生、体育、生态环境和资源保护、防灾减灾、文物保护、社区综合服务、社会福利、市政公用、优抚安置、英烈保护等公共事业需要用地的；（四）由政府组织实施的扶贫搬迁、保障性安居工程建设需要用地的；（五）在土地利用总体规划确定的城镇建设用地范围内，经省级以上人民政府批准由县级以上地方人民政府组织实施的成片开发建设需要用地的；（六）法律规定为公共利益需要可以征收农民集体所有的土地的其他情形。前款规定的建设活动，应当符合国民经济和社会发展规划、土地利用总体规划、城乡规划和专项规划；第（四）项、第（五）项规定的建设活动，还应当纳入国民经济和社会发展年度计划；第（五）项规定的成片开发并应当符合国务院自然资源主管部门规定的标准。”

⑧ 比如，《民法典》第 245 条规定：“因抢险救灾、疫情防控等紧急需要，依照法律规定的权限和程序可以征用组织、个人的不动产或者动产。……”

就国有土地上的房屋的征收而言,须以《国有土地上房屋征收与补偿条例》第 8 条[①]及其他法律明确规定的公共利益情形为限。

需要注意的是,就不动产或动产的征用而言,《民法典》第 117 条所说的"为了公共利益的需要,依照法律规定的权限和程序……征用不动产或者动产的"和第 245 条所说的"因抢险救灾、疫情防控等紧急需要,依照法律规定的权限和程序可以征用组织、个人的不动产或者动产",意味着"因抢险救灾、疫情防控等紧急需要"属于"为了公共利益的需要"。

第一百一十八条 【债权的定义和种类】民事主体依法享有债权。

债权是因合同、侵权行为、无因管理、不当得利以及法律的其他规定,权利人请求特定义务人为或者不为一定行为的权利。

【条文通释】

《民法典》第 118 条是关于债权的定义和种类的规定。

一、债权的定义

《民法典》第 118 条第 2 款规定了"债权"的定义,即:"因合同、侵权行为、无因管理、不当得利以及法律的其他规定,权利人请求特定义务人为或者不为一定行为的权利"。

《民法典》第 118 条第 2 款所说的"请求特定义务人……"表明,债权是对人权、相对权,具有相对性,而非对物权、不具有绝对性。这跟物权属于对物权、支配权(即《民法典》第 114 条第 2 款所说的"物权是权利人依法对特定的物享有直接支配和排他的权利")是不一样的。[②]

《民法典》第 118 条第 2 款所说的"请求……的权利"表明,债权是请求权,不具有支配性,需要义务人或相关主体协助或配合方可实现。

《民法典》第 118 条第 2 款所说的"请求特定义务人为或者不为一定行为"表明,债权既包括积极的进攻性的权利(即请求特定义务人为一定行为),比如请求继续履行或

---

① 《国有土地上房屋征收与补偿条例》第 8 条规定:"为了保障国家安全、促进国民经济和社会发展等公共利益的需要,有下列情形之一,确需征收房屋的,由市、县级人民政府作出房屋征收决定:(一)国防和外交的需要;(二)由政府组织实施的能源、交通、水利等基础设施建设的需要;(三)由政府组织实施的科技、教育、文化、卫生、体育、环境和资源保护、防灾减灾、文物保护、社会福利、市政公用等公共事业的需要;(四)由政府组织实施的保障性安居工程建设的需要;(五)由政府依照城乡规划法有关规定组织实施的对危房集中、基础设施落后等地段进行旧城区改建的需要;(六)法律、行政法规规定的其他公共利益的需要。"

② 对此,在大连某海建筑工程总公司与大连金某纪房屋开发有限公司等建设工程施工合同纠纷案(载《最高人民法院公报》2008 年第 11 期)中,最高人民法院(2007)民一终字第 39 号民事判决书认为:"债权属于相对权,相对性是债权的基础。债是特定当事人之间的法律关系,债权人和债务人都是特定的。债权人只能向特定的债务人请求给付,债务人只能对特定的债权人负有给付义务。即使因第三人的行为致使债权不能实现,债权人也不能依据债权的效力向第三人请求排除妨害,债权在性质上属于对人权。"

强制履行①;也包括消极的防御性的权利(即请求特定义务人不为一定行为),比如请求停止侵害②。

《民法典》第 118 条第 2 款所说的"因……法律的其他规定,权利人请求特定义务人为或者不为一定行为的权利",指的是基于法律的规定产生的除合同之债、侵权之债、无因管理之债和不当得利之债之外的债权,比如《民法典》第 500 条规定的缔约过失之债③、第 501 条规定的保密义务④、第 558 条规定的后合同义务⑤、第 1067 条第 1 款规定的请求支付抚养费的权利⑥、第 1067 条第 2 款规定的请求支付赡养费的权利⑦、第 1059 条规定的请求支付扶养费的权利⑧,《公司法》和《合伙企业法》规定的请求缴付出资的权利⑨,等等。这些规定属于《民法典》第 118 条第 2 款所说的"法律的其他规定"。

二、债权的种类

---

① 《民法典》第 579 条、第 580 条第 1 款等。

② 《民法典》第 995 条、第 997 条、第 1167 条、第 1205 条、第 1206 条等。

③ 《民法典》第 500 条规定:"当事人在订立合同过程中有下列情形之一,造成对方损失的,应当承担赔偿责任:(一)假借订立合同,恶意进行磋商;(二)故意隐瞒与订立合同有关的重要事实或者提供虚假情况;(三)有其他违背诚信原则的行为。"

④ 《民法典》第 501 条规定:"当事人在订立合同过程中知悉的商业秘密或者其他应当保密的信息,无论合同是否成立,不得泄露或者不正当地使用;泄露、不正当地使用该商业秘密或者信息,造成对方损失的,应当承担赔偿责任。"

⑤ 《民法典》第 558 条规定:"债权债务终止后,当事人应当遵循诚信等原则,根据交易习惯履行通知、协助、保密、旧物回收等义务。"

⑥ 《民法典》第 1067 条第 1 款规定:"父母不履行抚养义务的,未成年子女或者不能独立生活的成年子女,有要求父母给付抚养费的权利。"

⑦ 《民法典》第 1067 条第 2 款规定:"成年子女不履行赡养义务的,缺乏劳动能力或者生活困难的父母,有要求成年子女给付赡养费的权利。"

⑧ 《民法典》第 1059 条规定:"夫妻有相互扶养的义务。需要扶养的一方,在另一方不履行扶养义务时,有要求其给付扶养费的权利。"

⑨ 《公司法》第 49 条规定:"股东应当按期足额缴纳公司章程规定的各自所认缴的出资额。股东以货币出资的,应当将货币出资足额存入有限责任公司在银行开设的账户;以非货币财产出资的,应当依法办理其财产权的转移手续。股东未按期足额缴纳出资的,除应当向公司足额缴纳外,还应当对给公司造成的损失承担赔偿责任",第 50 条规定:"有限责任公司设立时,股东未按照公司章程规定实际缴纳出资,或者实际出资的非货币财产的实际价额显著低于所认缴的出资额的,设立时的其他股东与该股东在出资不足的范围内承担连带责任",第 51 条第 1 款规定:"有限责任公司成立后,董事会应当对股东的出资情况进行核查,发现股东未按期足额缴纳公司章程规定的出资的,应当由公司向该股东发出书面催缴书,催缴出资",第 98 条规定:"发起人应当在公司成立前按照其认购的股份全额缴纳股款。发起人的出资,适用本法第四十八条、第四十九条第二款关于有限责任公司股东出资的规定",第 99 条规定:"发起人不按照其认购的股份缴纳股款,或者作为出资的非货币财产的实际价额显著低于所认购的股份的,其他发起人与该发起人在出资不足的范围内承担连带责任",第 228 条规定:"有限责任公司增加注册资本时,股东认缴新增资本的出资,依照本法设立有限责任公司缴纳出资的有关规定执行。股份有限公司为增加注册资本发行新股时,股东认购新股,依照本法设立股份有限公司缴纳股款的有关规定执行";《合伙企业法》第 17 条规定:"合伙人应当按照合伙协议约定的出资方式、数额和缴付期限,履行出资义务。以非货币财产出资的,依照法律、行政法规的规定,需要办理财产权转移手续的,应当依法办理",第 65 条规定:"有限合伙人应当按照合伙协议的约定按期足额缴纳出资;未按期足额缴纳的,应当承担补缴义务,并对其他合伙人承担违约责任。"

(一)债权的种类

除了规定债权的定义,《民法典》第 118 条第 2 款还基于债权的发生原因规定了债权的种类:一是合同之债,二是侵权之债,三是无因管理之债,四是不当得利之债,五是法律规定的其他债权。其中,合同之债属于意定之债[①],侵权之债[②]、无因管理之债[③]、不当得利之债[④]和法律规定的其他债权属于法定之债。

其中,结合《民法典》第 463 条所说的“本编调整因合同产生的民事关系”和第 468 条所说的“非因合同产生的债权债务关系”,“合同之债”属于“因合同产生的债权债务关系”;而“侵权之债”“无因管理之债”“不当得利之债”和法律规定的其他债权债务,则属于“非因合同产生的债权债务关系”。

《民法典》第 119 条至第 122 条分别针对主要的债权种类作出了原则性规定,具体请见本书对这些条款的通释。

(二)不同种类债权的法律适用

针对合同之债的法律适用,《民法典》第 463 条(合同编)规定了:“本编调整因合同产生的民事关系”;针对合同之债之外的债权债务的法律适用,《民法典》第 468 条规定了:“非因合同产生的债权债务关系,适用有关该债权债务关系的法律规定;没有规定的,适用本编通则的有关规定,但是根据其性质不能适用的除外。”

此外,根据《民法典总则编解释》第 1 条第 1 款所说的“民法典第二编至第七编对民事关系有规定的,人民法院直接适用该规定;民法典第二编至第七编没有规定的,适用民法典第一编的规定,但是根据其性质不能适用的除外”,在《民法典》第二编至第七编没有针对相关债权作出规定的范围内,还应当根据相关债权的性质,适用《民法典》总则编的有关规定(比如总则编关于民事法律行为、代理、诉讼时效等规定)。

三、债权须依法享有

由于《民法典》第 118 条第 1 款使用了“民事主体依法享有债权”的表述,因此,并

---

① 比如,安徽省高级人民法院(2018)皖民再 96 号民事判决书认为:“在本案中,朱某贵、何某文与莫某常之间通过签订合法有效的协议,形成了意定之债……”山西省高级人民法院(2019)晋民终 638 号民事判决书认为:“本案中南通某建与太原某棉厂之间在履行建设工程合同中,又发生合作、借贷等法律关系,补充协议的内容具有对多个法律关系所形成债权债务清理结算的一般特征。……按照补充协议中所使用的词句,能够清晰表明太原某棉厂意思表示的含义为认可欠款为工程款,附件 1-10 中的款项虽不完全为工程欠款,但法律、行政法规并不禁止同一债务人和债权人对因不同合同形成的意定之债已履行的金钱给付义务之间通过一致的意思表示作出变更和转化。太原某棉厂认为欠款应理解为合作款的理由,有悖于诚信原则,本院依法不予采信。”

② 比如,甘肃省高级人民法院(2021)甘民申 3196 号民事裁定书认为:“侵权赔偿之债是法定之债,应按照法律规定承担侵权责任。”

③ 比如,山西省高级人民法院(2013)晋民申字第 362 号民事裁定书认为:“本案中,冯某文没有为村集体垫付资金的义务,但作为村党支部书记,在村里资金周转不开的情况下,为了村里的公共事务个人垫资处理,属于法定之债中的无因管理之债,冯某文有权要求村委会支出该笔费用”。

④ 比如,最高人民法院(2023)最高法民再 16 号民事判决书认为:“不当得利属于法定之债,在法律无特别规定的情况下,可由当事人选择行使何种请求权。”

非任何民事主体都当然享有一切债权，任何民事主体享有任何债权均须“依法”进行，包括但不限于由法律规定的权利人①，依照法律规定的条件②、内容③、方式④、顺序⑤等，针对法律规定的义务人⑥，享有法律规定的请求权⑦。⑧

第一百一十九条　【合同的约束力】依法成立的合同，对当事人具有法律约束力。

【条文通释】

《民法典》第 119 条是关于合同的约束力的规定。

一、已成立合同的法律约束力

(一)依法成立的合同

由于《民法典》第 119 条使用了“依法成立的合同，对当事人具有法律约束力”的表述，因此，只有“依法成立的合同”，才“对当事人具有法律约束力”；非依法成立的合同，

---

① 比如，针对连带债务人的追偿权，《民法典》第 519 条第 2 款规定：“实际承担债务超过自己份额的连带债务人，有权就超出部分在其他连带债务人未履行的份额范围内向其追偿，并相应地享有债权人的权利，但是不得损害债权人的利益……”

② 比如，针对房屋承租人的优先购买权，《民法典》第 726 条规定：“出租人出卖租赁房屋的，应当在出卖之前的合理期限内通知承租人，承租人享有以同等条件优先购买的权利；但是，房屋按份共有人行使优先购买权或者出租人将房屋出卖给近亲属的除外”；针对承租人的优先承租权，《民法典》第 734 条第 2 款规定：“租赁期限届满，房屋承租人享有以同等条件优先承租的权利。”

③ 比如，针对连带债务人的追偿权，《民法典》第 519 条第 2 款规定：“实际承担债务超过自己份额的连带债务人，有权就超出部分在其他连带债务人未履行的份额范围内向其追偿，并相应地享有债权人的权利，但是不得损害债权人的利益”；又如，针对保证人的追偿权和代位权，《民法典》第 700 条规定：“保证人承担保证责任后，除当事人另有约定外，有权在其承担保证责任的范围内向债务人追偿，享有债权人对债务人的权利，但是不得损害债权人的利益。”

④ 比如，针对按份之债，《民法典》第 517 条规定：“债权人为二人以上，标的可分，按照份额各自享有债权的，为按份债权；债务人为二人以上，标的可分，按照份额各自负担债务的，为按份债务。按份债权人或者按份债务人的份额难以确定的，视为份额相同。”

⑤ 比如，针对保理合同的保理人取得应收账款的顺序，《民法典》第 768 条规定：“应收账款债权人就同一应收账款订立多个保理合同，致使多个保理人主张权利的，已经登记的先于未登记的取得应收账款；均已经登记的，按照登记时间的先后顺序取得应收账款；均未登记的，由最先到达应收账款债务人的转让通知中载明的保理人取得应收账款；既未登记也未通知的，按照保理融资款或者服务报酬的比例取得应收账款。”

⑥ 比如，针对连带债务人的追偿权，《民法典》第 519 条第 2 款规定：“实际承担债务超过自己份额的连带债务人，有权就超出部分在其他连带债务人未履行的份额范围内向其追偿，并相应地享有债权人的权利，但是不得损害债权人的利益……”

⑦ 比如，针对债权转让后受让人享有的权利，《民法典》第 547 条规定：“债权人转让债权的，受让人取得与债权有关的从权利，但是该从权利专属于债权人自身的除外。受让人取得从权利不因该从权利未办理转移登记手续或者未转移占有而受到影响。”

⑧ 比如，吉林省高级人民法院(2021)吉民再 312 号民事判决书认为：“《中华人民共和国民法总则》第一百一十八条第一款规定：‘民事主体依法享有债权。’因此，民事主体享有的债权应该具有合法性，因赌博等非法原因产生的债务属于非法债务，不受法律保护。”

对当事人不具有法律约束力[①];既然合同未成立,自然也就谈不上合同的法律约束力问题。

结合《民法典》第 502 条所说的"依法成立的合同,自成立时生效,但是法律另有规定或者当事人另有约定的除外。……未办理批准等手续影响合同生效的,不影响合同中履行报批等义务条款以及相关条款的效力……",第 507 条所说的"合同不生效……的,不影响合同中有关解决争议方法的条款的效力"和第 157 条所说的"民事法律行为……确定不发生效力后……"可以认为,《民法典》第 119 条所说的"依法成立的合同",包括"依法成立但尚未生效的合同""依法成立并已经生效的合同"和"依法成立但确定不生效的合同"。不论是"依法成立并已经生效的合同",还是"依法成立但尚未生效的合同",抑或"依法成立但确定不生效的合同",都属于"依法成立的合同"、都"对当事人具有法律约束力"。

至于相关合同是否属于"依法成立的合同"或"合同是否依法成立"的问题,则应当根据《民法典》合同编关于合同订立的有关规定(主要是《民法典》第 471 条至第 491 条)和《民法典》总则编关于民事法律行为的有关规定(第 134 条、第 135 条、第 137 条至第 142 条)加以认定。

(二)已成立合同的法律约束力范围

《民法典》第 119 条所说的"依法成立的合同,对当事人具有法律约束力",明确了依法成立的合同的约束力范围为"当事人"。在此基础上,《民法典》第 465 条第 2 款更是直白无误地点明"仅对当事人具有法律约束力"(当然,法律另有规定的除外)。

结合《民法典》第 464 条第 1 款所说的"合同是民事主体之间设立、变更、终止民事法律关系的协议",第 470 条第 1 款第 1 项所说的"合同的内容由当事人约定,一般包括下列条款:(一)当事人的姓名或者名称和住所",第 490 条所说的"当事人采用合同书形式订立合同的,自当事人均签名、盖章或者按指印时合同成立",第 555 条所说的"当事人一方经对方同意,可以将自己在合同中的权利和义务一并转让给第三人"和原《民法通则》第 84 条所说的"债是按照合同的约定或者依照法律的规定,在当事人之间产生的特定的权利和义务关系,享有权利的人是债权人,负有义务的人是债务人",可以认为,《民法典》第 119 条所说的"当事人",指的是依法成立的合同的缔约方,即按照该合同享有相应的权利的债权人和负有相应的义务的债务人[②],通常是合同上注明其

---

① 当然,合同不成立不意味着无须承担任何责任或义务。对此,《民法典》第 500 条规定了当事人的缔约过失责任,即"当事人在订立合同过程中有下列情形之一,造成对方损失的,应当承担赔偿责任:(一)假借订立合同,恶意进行磋商;(二)故意隐瞒与订立合同有关的重要事实或者提供虚假情况;(三)有其他违背诚信原则的行为",第 501 条规定了当事人的保密义务和违反保密义务的赔偿责任,即"当事人在订立合同过程中知悉的商业秘密或者其他应当保密的信息,无论合同是否成立,不得泄露或者不正当地使用;泄露、不正当地使用该商业秘密或者信息,造成对方损失的,应当承担赔偿责任";《民法典总则编解释》第 23 条也规定:"民事法律行为不成立,当事人请求返还财产、折价补偿或者赔偿损失的,参照适用民法典第一百五十七条的规定";《九民会议纪要》第 32 条至第 35 条还对合同不成立情况下的财产返还(标的物返还、价款返还)或折价补偿和损害赔偿等问题作出了具体的规定,明确提出"不能使不诚信的当事人因合同不成立……而获益"。

② 最高人民法院(2015)民申字第 1342 号民事裁定书认为:"合同法所称当事人,是指以合同一方主体身份出现,并与对方当事人进行要约和承诺活动的人。"

姓名或名称并在合同上签名、盖章或按指印的主体[①]。[②]

比如,最高人民法院(2019)最高法民终 591 号民事判决书认为:"本案中,虽然厦门某工与通化某件、长春某达签订的《某工产品经销协议》约定'乙方'包括'乙方的分公司、子公司、办事处、二级分销商',但因各分销商未在该协议上签字或盖章,故各分销商均不是该合同当事人,不应受该合同约束。此外,虽然通化某件、长春某达、通化某备、白山某达、松原某达在案涉经销业务开展期间具有关联关系,但上述各公司均是依法设立的独立法人,公司之间的关联关系并不导致通化某备、白山某达、松原某达受通化某件、长春某达对外签订的合同约束,成为合同的当事人"。

(三)已成立合同的法律约束力的含义

《民法典》第 119 条所说的"依法成立的合同,对当事人具有法律约束力"当中的"法律约束力",具有如下含义:

其一,结合《民法典》第 136 条第 2 款所说的"行为人非依法律规定或者未经对方同意,不得擅自变更或者解除民事法律行为",原《民法通则》第 57 条所说的"民事法律行为从成立时起具有法律约束力。行为人非依法律规定或者取得对方同意,不得擅自变更或者解除"和原《合同法》第 8 条第 1 款所说的"依法成立的合同,对当事人具有法律约束力。当事人应当按照约定履行自己的义务,不得擅自变更或者解除合同",依法成立的合同,不论是"依法成立并已经生效的合同",还是"依法成立但尚未生效的合同",抑或"依法成立但确定不生效的合同",其任何当事人,非依法律规定、或非依合同约定或未经对方同意,都不得单方变更合同内容或解除合同。

其二,根据《民法典》第 502 条第 2 款所说的"依照法律、行政法规的规定,合同应当办理批准等手续的,依照其规定。未办理批准等手续影响合同生效的,不影响合同中履行报批等义务条款以及相关条款的效力。应当办理申请批准等手续的当事人未履行义务的,对方可以请求其承担违反该义务的责任",依法成立但尚未生效的合同中的履行报批等义务条款以及相关条款独立生效[③],对方当事人有权请求合同约定的应当办理申请批准等手续的当事人履行报批等义务;应当办理申请批准等手续的当事人未履行报批等义务的,对方当事人有权请求其承担违反该义务的责任。对此,《民法典合同编通则解释》第 12 条进一步规定:"合同依法成立后,负有报批义务的当事人不履

---

① 比如,北京市高级人民法院(2019)京民申 4916 号民事裁定书认为:"本案中,案涉《租赁合同》系基于某阳科技公司与新某航科技公司意思表示一致成立的民事法律行为。案涉合同第六条第八款约定了'乙方公司法定代表人作为自然人,同意对乙方违约责任承担连带担保责任',根据法律规定,公司与其作为自然人的法定代表人并非同一法律主体,案涉《租赁合同》乙方处仅有某阳科技公司盖章,王某并未以某阳科技公司担保人的身份在合同'乙方担保人'处签字,因此不能认定王某做出过同意针对某阳科技公司违约责任承担连带担保责任的意思表示,故案涉《租赁合同》第六条第八款不对合同之外的王某个人发生法律效力。"

② 当然,也存在在合同上注明其姓名或名称并在合同上签名、盖章或按指印的主体并非合同当事人的情形。比如,《民法典》第 925 条规定:"受托人以自己的名义,在委托人的授权范围内与第三人订立的合同,第三人在订立合同时知道受托人与委托人之间的代理关系的,该合同直接约束委托人和第三人;但是,有确切证据证明该合同只约束受托人和第三人的除外。"

③ 《九民会议纪要》第 38 条规定:"须经行政机关批准生效的合同,对报批义务及未履行报批义务的违约责任等相关内容作出专门约定的,该约定独立生效。"

行报批义务或者履行报批义务不符合合同的约定或者法律、行政法规的规定,对方请求其继续履行报批义务的,人民法院应予支持;对方主张解除合同并请求其承担违反报批义务的赔偿责任的,人民法院应予支持。人民法院判决当事人一方履行报批义务后,其仍不履行,对方主张解除合同并参照违反合同的违约责任请求其承担赔偿责任的,人民法院应予支持……"

其三,根据《民法典》第 507 条所说的"合同不生效……的,不影响合同中有关解决争议方法的条款的效力",不论是依法成立但尚未生效的合同,还是依法成立但确定不生效的合同,其中的有关解决争议方法的条款均独立生效,当事人有权根据约定的争议解决方法来解决相关争议。

其四,结合《民法典》第 532 条所说的"合同生效后,当事人不得因姓名、名称的变更或者法定代表人、负责人、承办人的变动而不履行合同义务",第 507 条所说的"合同不生效、无效、被撤销或者终止的,不影响合同中有关解决争议方法的条款的效力"、第 509 条第 1 款所说的"当事人应当按照约定全面履行自己的义务",第 577 条所说的"当事人一方不履行合同义务或者履行合同义务不符合约定的,应当承担继续履行、采取补救措施或者赔偿损失等违约责任",不论是依法成立但尚未生效的合同,还是依法成立但确定不生效的合同,其任何当事人均不享有请求对方当事人履行合同主要债务或要求对方当事人承担违约责任等合同权利。

对此,《民法典合同编通则解释》第 12 条也规定:"合同依法成立后,负有报批义务的当事人不履行报批义务或者履行报批义务不符合合同的约定或者法律、行政法规的规定,对方请求其继续履行报批义务的,人民法院应予支持……合同获得批准前,当事人一方起诉请求对方履行合同约定的主要义务,经释明后拒绝变更诉讼请求的,人民法院应当判决驳回其诉讼请求,但是不影响其另行提起诉讼";此前的《九民会议纪要》第 37 条也规定:"……未生效合同已具备合同的有效要件,对双方具有一定的拘束力,任何一方不得擅自撤回、解除、变更,但因欠缺法律、行政法规规定或当事人约定的特别生效条件,在该生效条件成就前,不能产生请求对方履行合同主要权利义务的法律效力";最高人民法院(2020)最高法民终 137 号民事判决书也认为:"已经成立的合同具有形式拘束力,受到双方合意的拘束,除当事人同意或有解除、撤销原因外,不允许任何一方随意解除或撤销,但当事人不得请求履行合同约定的义务。而成立后的合同产生效力则表现为当事人应当按照合同约定履行义务,否则将承担债务不履行的法律责任。"

需要注意的是,尽管"依法成立的合同"对当事人所具有的"法律约束力"不同于"生效的合同"对当事人所具有的效力,但是,结合《民法典》第 507 条(位于合同编第一分编"通则"第三章"合同的效力")所说的"合同不生效、无效、被撤销或者终止的,不影响合同中有关解决争议方法的条款的效力"和第 157 条(位于总则编第六章"民事法律行为"第三节"民事法律行为的效力")所说的"民事法律行为无效、被撤销或者确定不发生效力后,行为人因该行为取得的财产,应当予以返还;不能返还或者没有必要返还的,应当折价补偿。有过错的一方应当赔偿对方由此所受到的损失;各方都有过错的,应当各自承担相应的责任。法律另有规定的,依照其规定",可以认为,"依法成立的合同"对当事人所具有的"法律约束力",在性质上也属于合同效力的范畴;《民法典》第 119 条所说的“依法成立的合同,对当事人具有法律约束力”,也属于对合同效力的认定和判断。对此,最高人民法院(2015)民二终字第 428 号民事裁定书(载《最高人民法院公报》2016 年第 7 期)认为:“合同效力是对已经成立的合同是否具有合法性的评价,依法成立的合同,始对当事人具有法律约束力。合同成立之前不存在合同效力的问题。”

二、合同的相对性

(一)合同相对性原则

通常认为,《民法典》第 119 条所说的“依法成立的合同,对当事人具有法律约束力”,即为“合同相对性原则”。[①] 不过,应该说,《民法典》第 465 条第 2 款所说的“依法成立的合同,仅对当事人具有法律约束力”,才是有关合同相对性原则的更准确的表达(当然,“法律另有规定的除外”,所谓“有原则必有例外”)。

严格来讲,《民法典》第 119 条所说的“依法成立的合同,对当事人具有法律约束力”,和第 465 条第 2 款所说的“依法成立的合同,仅对当事人具有法律约束力,但是法律另有规定的除外”,是有差别的。具体而言,《民法典》第 119 条所说的“依法成立的合同,对当事人具有法律约束力”只是明确了“依法成立的合同,对哪些主体具有法律约束力”的问题,并没有涉及“对当事人以外的人是否具有法律约束力”的问题;而《民法典》第 465 条第 2 款所说的“依法成立的合同,仅对当事人具有法律约束力,但是法律另有规定的除外”,既重申了“依法成立的合同,对当事人具有法律约束力”的问题,也以“仅对当事人具有法律约束力”明确了“依法成立的合同对当事人以外的人不具有法律约束力”,还规定了“法律规定依法成立的合同对当事人以外的人具有法律约束力

---

① 比如,最高人民法院(2023)最高法民申 2242 号民事裁定书认为:“《中华人民共和国合同法》(以下简称合同法)第八条第一款规定:‘依法成立的合同,对当事人具有法律约束力。当事人应当按照约定履行自己的义务,不得擅自变更或者解除合同。’该条款规定了合同具有相对性,即依法成立的合同,仅对缔约当事人具有法律约束力”;最高人民法院(2020)最高法民终 1141 号民事裁定书认为:“《中华人民共和国合同法》第八条第一款规定:‘依法成立的合同,对当事人具有法律约束力。当事人应当按照约定履行自己的义务,不得擅自变更或者解除合同。’一般情况下,根据合同相对性原则,合同通常只在签订合同的相对人之间发生法律效力……”;最高人民法院(2017)最高法民申 146 号民事裁定书认为:“《中华人民共和国合同法》第八条第一款规定:‘依法成立的合同,对当事人具有法律约束力’,规定了合同相对性原则”;最高人民法院(2015)民申字第 3 号民事裁定书认为:“《中华人民共和国合同法》第八条规定,依法成立的合同,对当事人具有法律约束力。当事人应当按照约定履行自己的义务,不得擅自变更或者解除合同。故根据该条所确定的合同相对性原则,当事人之间所签订的合同原则上不能约束合同当事人之外的第三人”;最高人民法院(2014)民四终字第 51 号民事判决书认为:“《中华人民共和国合同法》第八条规定:‘依法成立的合同,对当事人具有法律约束力。’正某贸易、正某矿业均没有被列为《收购协议》的当事人,根据合同相对性原则,合同不能约束合同以外的当事人,故绿某公司仅与合同相对人蒋某平之间存在合同债权债务关系”;最高人民法院(2014)民提字第 83 号民事判决书认为:“2008 年 3 月 17 日签订《合作协议》的当事人为王某忠、王某奎和方某圆公司,合同当事人并无刘某平,且《合作协议》约定的义务承担人为王某忠、王某奎,其中并无刘某平需要履行义务的意思表示。《中华人民共和国合同法》第八条规定,依法成立的合同,对当事人具有法律约束力,故基于上述法律所确定的合同相对性原理,《合作协议》的效力应及于合同当事人王某忠、王某奎与方某圆公司,而不能及于合同当事人之外的刘某平”。

的,依照其规定”的例外[①]。

据此,合同相对性原则指的是依法成立的合同(包括依法成立但尚未生效的合同、依法成立并生效的合同和依法成立但确定不生效的合同)仅对该合同的当事人具有法律约束力,对该合同的当事人之外的任何主体均不具有法律约束力。

此外,就依法成立并生效的合同而言,合同相对性原则还意味着:

一是只有该合同的当事人才享有该合同项下的权利,该合同的当事人之外的任何主体均不享有该合同项下的任何权利,也无权援引该合同的约定主张享有或行使该合同项下的任何权利。

二是只有该合同的当事人才负有该合同项下的义务、才承担该合同项下的责任;该合同的当事人之外的任何主体均不负有该合同项下的义务、均不承担该合同项下的责任,该合同的当事人也无权在该合同中为该合同的当事人之外的任何主体创设任何义务或援引该合同的约定主张由该合同的当事人之外的任何主体履行该合同项下的义务或承担该合同项下的责任。

《民法典》的诸多条款体现了合同相对性原则,比如:第522条第1款(向第三人履行的合同)[②]、第523条(由第三人履行的合同)[③]、第593条(因第三人原因造成违约的违约责任承担)[④]、第958条(行纪人与第三人之间的合同)[⑤]、第975条(合伙合同权利原则上不得代位行使)[⑥],等等。

值得一提的是,合同相对性原则在仲裁协议上体现得尤为明显。对此,《仲裁法》第4条规定:“当事人采用仲裁方式解决纠纷,应当双方自愿,达成仲裁协议。没有仲裁协议,一方申请仲裁的,仲裁委员会不予受理”,第58条第1款第1项规定:“当事人提出证据证明裁决有下列情形之一的,可以向仲裁委员会所在地的中级人民法院申请撤销裁决:(一)没有仲裁协议的”;《民事诉讼法》第248条第2款第1项规定:“被申请人提出证据证明仲裁裁决有下列情形之一的,经人民法院组成合议庭审查核实,裁定不予执行:(一)当事人在合同中没有订有仲裁条款或者事后没有达成书面仲裁协议的。”

---

① 结合《民法典》第925条所说的“受托人以自己的名义,在委托人的授权范围内与第三人订立的合同,第三人在订立合同时知道受托人与委托人之间的代理关系的,该合同直接约束委托人和第三人;但是,有确切证据证明该合同只约束受托人和第三人的除外”,可以认为,《民法典》第465条第2款所说的“依法成立的合同,仅对当事人具有法律约束力,但是法律另有规定的除外”中的“法律另有规定”,也包含了“法律规定依法成立的合同对当事人不具有法律约束力的,依照其规定”的含义。

② 《民法典》第522条第1款规定:“当事人约定由债务人向第三人履行债务,债务人未向第三人履行债务或者履行债务不符合约定的,应当向债权人承担违约责任。”

③ 《民法典》第523条规定:“当事人约定由第三人向债权人履行债务,第三人不履行债务或者履行债务不符合约定的,债务人应当向债权人承担违约责任。”

④ 《民法典》第593条规定:“当事人一方因第三人的原因造成违约的,应当依法向对方承担违约责任。当事人一方和第三人之间的纠纷,依照法律规定或者按照约定处理。”

⑤ 《民法典》第958条规定:“行纪人与第三人订立合同的,行纪人对该合同直接享有权利、承担义务。第三人不履行义务致使委托人受到损害的,行纪人应当承担赔偿责任,但是行纪人与委托人另有约定的除外。”

⑥ 《民法典》第975条规定:“合伙人的债权人不得代位行使合伙人依照本章规定和合伙合同享有的权利,但是合伙人享有的利益分配请求权除外。”

（二）合同相对性的例外

《民法典》第 119 条没有涉及合同相对性的例外问题。《民法典》第 465 条第 2 款所说的“依法成立的合同，仅对当事人具有法律约束力，但是法律另有规定的除外”中的“法律另有规定的除外”，明确了合同相对性的例外制度。据此，只有法律才可以规定合同相对性的例外，可以称之为“合同相对性例外法定原则”。

其中，《民法典》第 465 条第 2 款所说的“依法成立的合同”，包括依法成立但尚未生效的合同、依法成立并生效的合同和依法成立但确定不生效的合同。

而《民法典》第 465 条第 2 款所说的“法律另有规定”，指的是与《民法典》第 465 条第 2 款所说的“依法成立的合同，仅对当事人具有法律约束力”不同的规定，既可以是“依法成立的合同，不仅对当事人具有法律约束力，也对当事人之外的第三人具有法律约束力”，也可以是“依法成立的合同，对部分当事人不具有法律约束力，但对其他当事人和当事人之外的第三人具有法律约束力”①，甚至可以是“依法成立的合同，对各个当事人均不具有法律约束力，而对当事人之外的第三人具有法律约束力”②。上述三种情形均属于合同相对性的例外。

此外，就依法成立并生效的合同而言，合同相对性的例外还可以指第三人享有该合同项下的权利、但不负有该合同项下的义务，或负有该合同项下的义务、但不享有该合同项下的权利。

《民法典》的诸多条款规定或体现了合同相对性的例外情形，比如：第 67 条（法人新设合并、派生分立后权利和义务的承继、转移）③、第 98 条（机关法人被撤销后民事权利和义务的承继）④、第 522 条第 2 款（法定的向第三人履行合同）⑤、第 524 条第 1 款

---

① 比如，根据《民法典》第 925 条所说的“受托人以自己的名义，在委托人的授权范围内与第三人订立的合同，第三人在订立合同时知道受托人与委托人之间的代理关系的，该合同直接约束委托人和第三人；但是，有确切证据证明该合同只约束受托人和第三人的除外”，受托人以自己的名义，在委托人的授权范围内与第三人订立的合同，如果第三人在订立合同时知道受托人与委托人之间的代理关系，则该合同原则上对作为当事人的受托人不具有法律约束力，但对作为当事人的第三人和作为非当事人的委托人具有法律约束力。

② 比如，根据《民法典》第 925 条所说的“受托人以自己的名义，在委托人的授权范围内与第三人订立的合同，第三人在订立合同时知道受托人与委托人之间的代理关系的，该合同直接约束委托人和第三人；但是，有确切证据证明该合同只约束受托人和第三人的除外”，如果直接订立合同的双方当事人都是以受托人身份、以自己的名义、在其各自的委托人的授权范围内与对方订立合同，并且在订立合同时知道对方与其委托人之间的代理关系，则该合同原则上直接约束其各自的委托人，而对都以受托人身份直接订立合同的双方当事人不具有约束力。

③ 《民法典》第 67 条规定：“法人合并的，其权利和义务由合并后的法人享有和承担。法人分立的，其权利和义务由分立后的法人享有连带债权，承担连带债务，但是债权人和债务人另有约定的除外。”

④ 《民法典》第 98 条规定：“机关法人被撤销的，法人终止，其民事权利和义务由继任的机关法人享有和承担；没有继任的机关法人的，由作出撤销决定的机关法人享有和承担。”

⑤ 《民法典》第 522 条第 2 款规定：“法律规定……第三人可以直接请求债务人向其履行债务，第三人未在合理期限内明确拒绝，债务人未向第三人履行债务或者履行债务不符合约定的，第三人可以请求债务人承担违约责任；债务人对债权人的抗辩，可以向第三人主张。”

(第三人代为履行)①、第535条第1款和第536条(债权人代位权)②、第538条和第539条(债权人撤销权)③、第392条(担保人追偿权)④、第700条和第701条(保证人追偿权、代位权、抗辩权)⑤、第725条(买卖不破租赁)⑥、第732条(承租人共同居住人或共同经营人的租赁权)⑦、第975条的但书条款(合伙人利益分配请求权的代位行使)⑧,第1064条(夫妻共同债务)⑨,等等。

值得一提的是,《民法典》的诸多条款都同时体现了合同相对性原则及其例外。比如,就《民法典》第975条而言,该条所说的"合伙人的债权人不得代位行使合伙人依照本章规定和合伙合同享有的权利"是合同相对性原则的具体体现和应有之义,而该条

---

① 《民法典》第524条第1款规定:"债务人不履行债务,第三人对履行该债务具有合法利益的,第三人有权向债权人代为履行;但是,根据债务性质、按照当事人约定或者依照法律规定只能由债务人履行的除外。"

② 《民法典》第535条第1款规定:"因债务人怠于行使其债权或者与该债权有关的从权利,影响债权人的到期债权实现的,债权人可以向人民法院请求以自己的名义代位行使债务人对相对人的权利,但是该权利专属于债务人自身的除外",第536条规定:"债权人的债权到期前,债务人的债权或者与该债权有关的从权利存在诉讼时效期间即将届满或者未及时申报破产债权等情形,影响债权人的债权实现的,债权人可以代位向债务人的相对人请求其向债务人履行、向破产管理人申报或者作出其他必要的行为。"其中,在债务人与相对人之间存在合同关系的情形,《民法典》上述关于债权人代位权的规定是对债务人与其相对人之间的合同的相对性的突破,使得债务人能够以自己的名义代位行使债务人对相对人的合同权利的同时,却又不用履行债务人对相对人的合同义务(即只行使债务人对相对人的合同权利、无须履行债务人对相对人的合同义务)。对此,《民法典合同编通则解释》第35条也规定:"债权人依据民法典第五百三十五条的规定对债务人的相对人提起代位权诉讼的,由被告住所地人民法院管辖,但是依法应当适用专属管辖规定的除外。债务人或者相对人以双方之间的债权债务关系订有管辖协议为由提出异议的,人民法院不予支持",第36条规定:"债权人提起代位权诉讼后,债务人或者相对人以双方之间的债权债务关系订有仲裁协议为由对法院主管提出异议的,人民法院不予支持。但是,债务人或者相对人在首次开庭前就债务人与相对人之间的债权债务关系申请仲裁的,人民法院可以依法中止代位权诉讼。"

③ 《民法典》第538条规定:"债务人以放弃其债权、放弃债权担保、无偿转让财产等方式无偿处分财产权益,或者恶意延长其到期债权的履行期限,影响债权人的债权实现的,债权人可以请求人民法院撤销债务人的行为",第539条规定:"债务人以明显不合理的低价转让财产、以明显不合理的高价受让他人财产或者为他人的债务提供担保,影响债权人的债权实现,债务人的相对人知道或者应当知道该情形的,债权人可以请求人民法院撤销债务人的行为。"

④ 《民法典》第392条规定:"被担保的债权既有物的担保又有人的担保的,债务人不履行到期债务或者发生当事人约定的实现担保物权的情形,债权人应当按照约定实现债权;没有约定或者约定不明确,债务人自己提供物的担保的,债权人应当先就该物的担保实现债权;第三人提供物的担保的,债权人可以就物的担保实现债权,也可以请求保证人承担保证责任。提供担保的第三人承担担保责任后,有权向债务人追偿。"

⑤ 《民法典》第700条规定:"保证人承担保证责任后,除当事人另有约定外,有权在其承担保证责任的范围内向债务人追偿,享有债权人对债务人的权利,但是不得损害债权人的利益",第701条规定:"保证人可以主张债务人对债权人的抗辩。债务人放弃抗辩的,保证人仍有权向债权人主张抗辩。"

⑥ 《民法典》第725条规定:"租赁物在承租人按照租赁合同占有期限内发生所有权变动的,不影响租赁合同的效力。"

⑦ 《民法典》第732条规定:"承租人在房屋租赁期限内死亡的,与其生前共同居住的人或者共同经营人可以按照原租赁合同租赁该房屋。"

⑧ 《民法典》第975条规定:"合伙人的债权人不得代位行使合伙人依照本章规定和合伙合同享有的权利,但是合伙人享有的利益分配请求权除外。"

⑨ 《民法典》第1064条规定:"……夫妻一方在婚姻关系存续期间以个人名义为家庭日常生活需要所负的债务,属于夫妻共同债务。夫妻一方在婚姻关系存续期间以个人名义超出家庭日常生活需要所负的债务,不属于夫妻共同债务;但是,债权人能够证明该债务用于夫妻共同生活、共同生产经营……的除外。"

的但书条款“但是合伙人享有的利益分配请求权除外”则明显属于合同相对性的例外情形。

三、有关合同的具体事项

需要注意的是,《民法典》第 119 条本身只是对合同的约束力范围作出了原则性规定,并未直接涉及合同的订立、成立、效力、履行、保全、变更、转让、终止、违约责任以及各种典型合同等具体事项,这些事项主要是由《民法典》合同编等法律法规予以规定的。

就《民法典》总则编和合同编的适用关系而言,根据《民法典总则编解释》第 1 条第 1 款所说的“民法典第二编至第七编对民事关系有规定的,人民法院直接适用该规定;民法典第二编至第七编没有规定的,适用民法典第一编的规定,但是根据其性质不能适用的除外”,有关合同的具体事项,应当直接适用《民法典》合同编的有关规定;在《民法典》合同编没有作出规定的范围内,还应当根据相关合同的性质,适用《民法典》总则编的有关规定(比如总则编关于民事法律行为的规定)。

第一百二十条　【侵权之债】民事权益受到侵害的,被侵权人有权请求侵权人承担侵权责任。

【条文通释】

《民法典》第 120 条是关于侵权之债的规定。

一、有关侵权之债的原则规定

《民法典》第 120 条对侵权之债作出了原则性规定,明确了被侵权人在其民事权益受到侵害时,享有请求侵权人承担侵权责任的权利。

(一)民事权益

《民法典》第 120 条所说的“民事权益”,与《民法典》第 1 条所说的“民事主体的合法权益”和第 3 条所说的“民事主体的人身权利、财产权利以及其他合法权益”具有相同含义,包括但不限于《民法典》第 109 条至第 127 条(总则编第五章“民事权利”)规定的各项民事权利和利益,不仅仅限于人身权利和财产权利,在外延上比原《侵权责任法》第 2 条所说的“本法所称民事权益,包括生命权、健康权、姓名权、名誉权、荣誉权、肖像权、隐私权、婚姻自主权、监护权、所有权、用益物权、担保物权、著作权、专利权、商标专用权、发现权、股权、继承权等人身、财产权益”要大。

需要注意的是,虽然《民法典》第 120 条所说的“民事权益”,也包括合同当事人基于该合同所享有的债权,但是,实务中,对于作为合同当事人一方的受损害方以对方当事人的违约行为侵害其在该合同项下的债权为由针对违约方提出的侵权赔偿之诉,法院通常倾向于从严把握。

比如,在某某兰芬兰有限公司等与荣成市某某口船业有限公司等船舶设备买卖侵权纠纷案中,最高人民法院(2016)最高法民再16号民事判决书认为:"《中华人民共和国侵权责任法》第二条规定:'侵害民事权益,应当依照本法承担侵权责任。本法所称民事权益,包括生命权、健康权、姓名权、名誉权、荣誉权、肖像权、隐私权、婚姻自主权、监护权、所有权、用益物权、担保物权、著作权、专利权、商标专用权、发现权、股权、继承权等人身、财产权益。'《中华人民共和国侵权责任法》并没有将合同债权列入该法保护范围,亦即侵权责任法不调整违约行为。除非合同一方当事人的行为违反合同约定,又同时侵害侵权责任法所保护的民事权益,构成违约责任与侵权责任竞合,合同对方当事人无权针对一方的违约行为提起侵权责任之诉。合同相对人之间单纯的合同债权属于合同法调整范围,而不属于侵权责任法调整范围。对于单纯合同履行利益,原则上应坚持根据合同法保护,而不应支持当事人寻求侵权责任救济。某某口船业就其合同履行利益损失请求合同相对方某某兰公司承担侵权责任,一、二审法院予以支持,没有法律依据,应予以纠正。"

又如,在吉林市某某企业信用担保集团有限公司与某某资产管理股份有限公司吉林省分公司等侵权责任纠纷、股东损害公司债权人利益责任纠纷案中,最高人民法院(2017)最高法民终181号民事判决书(载《最高人民法院公报》2019年第3期)认为:"根据某某资产公司吉林分公司的诉讼请求和理由,某某资产公司吉林分公司主要请求某某企业担保公司承担侵权责任。一般来说,债权发生在特定的当事人之间,缺乏公示性,第三人往往无法预见,通常不属于侵权法的保护范围,当然,侵权责任法亦未将债权排除在保护范围之外。故,债权保护主要通过合同法等法律制度救济,如认定合同当事人以外的第三人承担侵权赔偿责任,应当从严把握。……《民法通则》第五条规定,'公民、法人的合法的民事权益受法律保护,任何组织和个人不得侵犯。'某某资产公司吉林分公司的担保债权属于债权人依法享有的财产权益,受法律保护。在债权债务关系中,债务人应当遵循诚实信用原则,履行合同义务,积极促进实现债权的清偿。同时,债务人之外的第三人,对于依法成立并生效的债权,亦应秉持善意,不得随意侵犯。某星公司在资不抵债、濒临破产的情形下无偿划转案涉股权给他人,具有逃废债务的主观故意。某某企业担保公司未能提供证据证明其取得股权财产支付了合理对价。某某企业担保公司配合某星公司逃废债务行为违反了法律和规范性文件规定,违背公序良俗,具有侵犯他人财产权的主观过错。……某星公司将案涉股权划转至某某企业担保公司后即进入破产程序。吉林高新区法院(2011)吉高新民破字第1-4号裁定查明,2011年8月23日,根据破产管理人的清核,某星公司的破产财产仅包括4台车辆、3台电脑和现金322.12万元总计371.86万元,尚不足以清偿第一顺位劳动报酬债权。案涉股权的无偿划转与接收客观上导致某星公司偿债能力降低,与涉案担保债权不能实现具有直接因果关系,某某资产公司吉林分公司通过不良资产转让形式继受取得的担保债权无法依据担保法、合同法等合同之债途径突破合同相对性向合同当事人以外的第三人,即无偿接收财产的某某企业担保公司,主张权利。据此,根据本案实际情况,适用侵权责任法作为保护财产权益的补充手段,是必要的;否则,享有合法财产权益的债权人,难以通过法定路径予以救济,有违公平正义”。[①]

(二)侵权行为

结合《民法典》第 1164 条至第 1167 条[②]、第 236 条[③],以及第 180 条第 1 款[④]、第 181 条第 1 款[⑤]、第 182 条第 1 款[⑥]、第 184 条[⑦]、第 245 条[⑧]、第 311 条[⑨]、第 447 条第 1 款[⑩]、第 903 条[⑪]、第 1020 条[⑫]等的规定,可以认为,“侵权行为”指向的是行为人没有法律根据和合同根据,非法侵害他人民事权益或妨害他人人身、财产安全的行为;至于行为人

---

① 其后,吉林市某某企业信用担保集团有限公司等当事人针对(2017)最高法民终 181 号民事判决申请再审,但被最高人民法院以(2018)最高法民申 1952 号民事裁定驳回了。

② 《民法典》第 1164 条规定:“本编调整因侵害民事权益产生的民事关系”,第 1165 条规定:“行为人因过错侵害他人民事权益造成损害的,应当承担侵权责任”,第 1166 条规定:“行为人造成他人民事权益损害,不论行为人有无过错,法律规定应当承担侵权责任的,依照其规定”,第 1167 条规定:“侵权行为危及他人人身、财产安全的,被侵权人有权请求侵权人承担停止侵害、排除妨碍、消除危险等侵权责任。”

③ 《民法典》第 236 条规定:“妨害物权或者可能妨害物权的,权利人可以请求排除妨害或者消除危险。”

④ 《民法典》第 180 条第 1 款规定:“因不可抗力不能履行民事义务的,不承担民事责任。法律另有规定的,依照其规定。”

⑤ 《民法典》第 181 条第 1 款规定:“因正当防卫造成损害的,不承担民事责任。”

⑥ 《民法典》第 182 条第 1 款规定:“因紧急避险造成损害的,由引起险情发生的人承担民事责任。”

⑦ 《民法典》第 184 条规定:“因自愿实施紧急救助行为造成受助人损害的,救助人不承担民事责任。”

⑧ 《民法典》第 245 条规定:“因抢险救灾、疫情防控等紧急需要,依照法律规定的权限和程序可以征用组织、个人的不动产或者动产。被征用的不动产或者动产使用后,应当返还被征用人。组织、个人的不动产或者动产被征用或者征用后毁损、灭失的,应当给予补偿。”

⑨ 《民法典》第 311 条规定:“无处分权人将不动产或者动产转让给受让人的,所有权人有权追回;除法律另有规定外,符合下列情形的,受让人取得该不动产或者动产的所有权:(一)受让人受让该不动产或者动产时是善意;(二)以合理的价格转让;(三)转让的不动产或者动产依照法律规定应当登记的已经登记,不需要登记的已经交付给受让人。受让人依据前款规定取得不动产或者动产的所有权的,原所有权人有权向无处分权人请求损害赔偿。当事人善意取得其他物权的,参照适用前两款规定。”

⑩ 《民法典》第 447 条第 1 款规定:“债务人不履行到期债务,债权人可以留置已经合法占有的债务人的动产,并有权就该动产优先受偿。”

⑪ 《民法典》第 903 条规定:“寄存人未按照约定支付保管费或者其他费用的,保管人对保管物享有留置权,但是当事人另有约定的除外。”

⑫ 《民法典》第 1020 条规定:“合理实施下列行为的,可以不经肖像权人同意:(一)为个人学习、艺术欣赏、课堂教学或者科学研究,在必要范围内使用肖像权人已经公开的肖像;(二)为实施新闻报道,不可避免地制作、使用、公开肖像权人的肖像;(三)为依法履行职责,国家机关在必要范围内制作、使用、公开肖像权人的肖像;(四)为展示特定公共环境,不可避免地制作、使用、公开肖像权人的肖像;(五)为维护公共利益或者肖像权人合法权益,制作、使用、公开肖像权人的肖像的其他行为。”

主观上是否存在过错①、是否实际造成损害②,均不影响侵权行为的认定。其中的“侵害”,既包括造成物质损害,也包括造成精神损害。③

需要注意的是,行为人依照法律规定或合同约定正当行使权利的行为,即使给他人造成了损害,通常也不属于侵权行为。比如,在施某某、张某某、桂某某诉徐某某肖像权、名誉权、隐私权纠纷案(载《最高人民法院公报》2016年第4期)中,江苏省南京市江宁区人民法院认为:“《中华人民共和国未成年人保护法》第六条第二款④规定,对侵犯未成年人合法权益的行为,任何组织和个人都有权予以劝阻、制止或者向有关部门提出检举或者控告。本案中,徐某某在知晓施某某被伤害后,为揭露可能存在的犯罪行为和保护未成年人合法权益不受侵犯而使用施某某受伤的九张照片,虽未经施某某同意,但其使用是为了维护社会公共利益和施某某本人利益的需要,也没有以营利为目的,且使用时已对照片脸部进行了模糊处理,应认定该使用行为不构成对施某某肖像权的侵害。”⑤

(三)侵权人与被侵权人

侵权人即实施侵权行为的人,被侵权人即其民事权益受到侵害的人,均可以是各类民事主体:既可以是自然人,也可以是法人或非法人组织;既可以是完全民事行为能力人,也可以是限制民事行为能力人、无民事行为能力人⑥。

需要注意的是,结合《民法典》第1165条第1款所说的“行为人因过错侵害他人民事权益造成损害的,应当承担侵权责任”,第1166条所说的“行为人造成他人民事权益损害,不论行为人有无过错,法律规定应当承担侵权责任的,依照其规定”和第1167条所说的“侵权行为危及他人人身、财产安全的,被侵权人有权请求侵权人承担停止侵

---

① 比如,《民法典》第1166条规定:“行为人造成他人民事权益损害,不论行为人有无过错,法律规定应当承担侵权责任的,依照其规定”,第1202条规定:“因产品存在缺陷造成他人损害的,生产者应当承担侵权责任”,第1229条规定:“因污染环境、破坏生态造成他人损害的,侵权人应当承担侵权责任”,第1236条规定:“从事高度危险作业造成他人损害的,应当承担侵权责任”,第1245条规定:“饲养的动物造成他人损害的,动物饲养人或者管理人应当承担侵权责任;但是,能够证明损害是因被侵权人故意或者重大过失造成的,可以不承担或者减轻责任”,等等。

② 比如,《民法典》第236条规定:“妨害物权或者可能妨害物权的,权利人可以请求排除妨害或者消除危险”,第1167条规定:“侵权行为危及他人人身、财产安全的,被侵权人有权请求侵权人承担停止侵害、排除妨碍、消除危险等侵权责任。”

③ 《民法典婚姻家庭编解释一》第86条规定:“民法典第一千零九十一条规定的‘损害赔偿’,包括物质损害赔偿和精神损害赔偿。涉及精神损害赔偿的,适用《最高人民法院关于确定民事侵权精神损害赔偿责任若干问题的解释》的有关规定。”

④ 现为《未成年人保护法》第11条第1款:“任何组织或者个人发现不利于未成年人身心健康或者侵犯未成年人合法权益的情形,都有权劝阻、制止或者向公安、民政、教育等有关部门提出检举、控告。”

⑤ 又如,在海南某钢集团有限公司与中国某金矿业总公司及三亚某假村有限公司损害股东利益责任纠纷案中,最高人民法院(2013)民二终字第43号民事判决书认为:“在某假村公司股东会进行上述表决过程中,中某公司作为该公司的股东投了赞成票,系正当行使其依法享有的表决权的行为,该表决行为并不构成对其他股东权利及利益的侵害。”

⑥ 比如,《民法典》第1188条第1款规定:“无民事行为能力人、限制民事行为能力人造成他人损害的,由监护人承担侵权责任。监护人尽到监护职责的,可以减轻其侵权责任”,第1189条规定:“无民事行为能力人、限制民事行为能力人造成他人损害,监护人将监护职责委托给他人的,监护人应当承担侵权责任;受托人有过错的,承担相应的责任。”

害、排除妨碍、消除危险等侵权责任”，被侵权人应当是侵权人之外的民事主体，不包括侵权人自己。

(四)侵权责任及其承担方式

侵权责任是侵权人侵害他人合法权益应当承担的法律后果。① 结合《民法典》第179条②和原《侵权责任法》第15条③的规定，承担侵权责任的方式主要有：(1)停止侵害；(2)排除妨碍；(3)消除危险；(4)返还财产；(5)恢复原状；(6)赔偿损失(包括惩罚性赔偿④)；(7)赔礼道歉；(8)消除影响、恢复名誉。以上承担侵权责任的方式，根据案件的具体情况(包括侵权行为的情况、情节)，可以单独适用，也可以合并适用。

二、有关侵权之债的具体事项

需要注意的是，《民法典》第120条本身只是对侵权之债作出了原则性规定，并未直接涉及侵权责任的归责原则、承担侵权责任的方式、侵权责任的免除或减轻、侵害人身权益和财产权益的赔偿规则、精神损害赔偿规则、特殊侵权责任主体、具体侵权责任等具体事项，这些事项主要是由《民法典》侵权责任编和其他法律予以规定的。

就侵权之债的法律适用而言，根据《民法典》第468条所说的“非因合同产生的债权债务关系，适用有关该债权债务关系的法律规定；没有规定的，适用本编通则的有关规定，但是根据其性质不能适用的除外”和《民法典总则编解释》第1条第1款所说的“民法典第二编至第七编对民事关系有规定的，人民法院直接适用该规定；民法典第二编至第七编没有规定的，适用民法典第一编的规定，但是根据其性质不能适用的除外”，有关侵权之债的具体事项，应当直接适用《民法典》侵权责任编的有关规定；在《民法典》侵权责任编没有作出规定的范围内，还应当根据侵权之债的性质适用《民法典》合同编通则的有关规定和《民法典》总则编的有关规定。

第一百二十一条　【无因管理之债】没有法定的或者约定的义务，为避免他人利益受损失而进行管理的人，有权请求受益人偿还由此支出的必要费用。

---

① 全国人民代表大会常务委员会时任副委员长王晨2020年5月22日在第十三届全国人民代表大会第三次会议上作的《关于〈中华人民共和国民法典(草案)〉的说明》。

② 《民法典》第179条规定：“承担民事责任的方式主要有：(一)停止侵害；(二)排除妨碍；(三)消除危险；(四)返还财产；(五)恢复原状；(六)修理、重作、更换；(七)继续履行；(八)赔偿损失；(九)支付违约金；(十)消除影响、恢复名誉；(十一)赔礼道歉。法律规定惩罚性赔偿的，依照其规定。本条规定的承担民事责任的方式，可以单独适用，也可以合并适用。”

③ 原《侵权责任法》第15条规定：“承担侵权责任的方式主要有：(一)停止侵害；(二)排除妨碍；(三)消除危险；(四)返还财产；(五)恢复原状；(六)赔偿损失；(七)赔礼道歉；(八)消除影响、恢复名誉。以上承担侵权责任的方式，可以单独适用，也可以合并适用。”

④ 比如，《民法典》第1185条规定：“故意侵害他人知识产权，情节严重的，被侵权人有权请求相应的惩罚性赔偿。”有关知识产权侵权惩罚性赔偿，可见《著作权法》第53条、《专利法》第71条、《商标法》第63条、《反不正当竞争法》第17条、《种子法》第72条和《最高人民法院关于审理侵害知识产权民事案件适用惩罚性赔偿的解释》等。

【条文通释】

《民法典》第 121 条是关于无因管理之债的规定。

一、有关无因管理之债的原则规定

《民法典》第 121 条对无因管理之债作出了原则性规定,明确了无因管理的管理人享有就其因管理受益人事务而支出的必要费用向受益人请求偿还的权利。

(一)无因管理的构成要件

《民法典》第 121 条规定了无因管理的构成要件,包括无因要件、主体要件、客体要件、行为要件和目的要件。

1. 无因要件

"无因管理"中的"无因",即《民法典》第 121 条所说的"没有法定的或者约定的义务",指的是行为人(即管理人)既不负有法律法规规定的管理他人事务的义务,也不负有合同约定的管理他人事务的义务。

不论是行为人对他人事务负有法定的管理义务(比如监护人对被监护人负有监护职责①、财产代管人对失踪人的财产负有代管职责②③,还是行为人对他人事务负有约

---

① 《民法典》第 34 条第 1 款规定:"监护人的职责是代理被监护人实施民事法律行为,保护被监护人的人身权利、财产权利以及其他合法权益等。"

② 《民法典》第 43 条第 1 款规定:"财产代管人应当妥善管理失踪人的财产,维护其财产权益。"

③ 比如,湖南省高级人民法院(2020)湘民申 3430 号民事裁定书认为:"本案中,首先,火灾隐患发现于酒店经营期间,世纪某某公司不能证明火灾隐患系因业主的原因导致或双方曾约定消防整改责任在于业主,故就现有证据而言,被申请人无法定或约定的义务负担本案消防整改费用。其次,因世纪某某大酒店的消防设施存在安全隐患,被消防部门责令整改,世纪某某公司作为酒店经营者,对消除酒店的消防隐患本身具有法律上的义务,其亦因此受益。再次,无因管理之债的产生基于管理人已经为管理事务支出必要费用,而世纪某某公司实际并未支付本案消防整改费用。综上,世纪某某公司聘请他人消除其租赁的某某大厦房屋消防隐患不构成无因管理,无权请求某某大厦业委会承担本案消防整改费用。"

定的管理义务(比如受托人须按照委托合同约定处理委托人的事务[1][2]),都不能构成无因管理。由此可见,《民法典》第 121 条和第 979 条第 1 款使用"没有法定的或者约定的义务"的表述是不准确的,应当使用"没有法定的和约定的义务"的表述。

2. 主体要件

无因管理的主体涉及管理人和受益人。

其中的"管理人",即《民法典》第 121 条所说的"没有法定的或者约定的义务,为避免他人利益受损失而进行管理的人",《民法典》合同编准合同分编无因管理章所说的"管理人",指的是对他人的事务既不负有法定的管理义务、也不负有约定的管理义务的主体,既可以是自然人,也可以是法人或非法人组织;既可以是完全民事行为能力人,也可以是限制民事行为能力人或无民事行为能力人。

而"受益人"即《民法典》第 121 条所说的"他人"和"受益人",属于无因管理的"本人"[3],指的是管理人之外的主体,既可以是自然人,也可以是法人(包括机关法人[4]或

---

① 《民法典》第 919 条规定:"委托合同是委托人和受托人约定,由受托人处理委托人事务的合同",第 922 条规定:"受托人应当按照委托人的指示处理委托事务。需要变更委托人指示的,应当经委托人同意;因情况紧急,难以和委托人取得联系的,受托人应当妥善处理委托事务,但是事后应当将该情况及时报告委托人。"

② 比如,四川省高级人民法院(2017)川民申 2528 号民事裁定书认为:"依照我国相关法律规定,抚养教育周某婷是周某刚、杨某萍的法定义务,而作为祖父母的周某福夫妇并无直接的抚养义务。然而,孙子女由祖父母帮忙照顾是我国普通家庭普遍的生活方式与习惯。祖父母、外祖父母多数出于亲情自愿协助抚养孙子女,自愿在生活开销、教育投资、医疗费用等方面花费支出,这种出于亲情的投入一般是不求回报的自愿行为,除非双方在事前就通过协议约定一定数额的报酬。本案中,周某刚、杨某萍长年在外务工,周某福夫妇帮忙照看周某婷符合我国大多数普通家庭的生活习惯,特别是在 2006 年至 2011 年期间,周某福夫妇搬入周某刚、杨某萍所购房屋居住生活并照料抚养周某婷,此种行为应理解为出于亲情为支持子女的工作,周某福夫妇与周某刚、杨某萍之间形成委托关系,即周某福夫妇接受周某刚、杨某萍的委托抚养周某婷,现周某福夫妇并未举证证明双方约定了委托管理的费用及金额,故应认定周某福夫妇抚养周某婷系无偿自愿的受委托行为。……无因管理成立的条件系没有法定的或者约定的义务,如上分析,周某福、伍某芳抚养周某婷虽不是法定的义务,但基于亲情他们的抚养行为应视为接受周某刚、伍某芳(注:此处应为"杨某萍")委托约定而为,因此,本案不符合无因管理的法定条件……"

③ 《最高人民法院关于审理民事案件适用诉讼时效制度若干问题的规定》(2020 年修正)第 7 条使用了"本人"的表述:"管理人因无因管理行为产生的给付必要管理费用、赔偿损失请求权的诉讼时效期间,从无因管理行为结束并且管理人知道或者应当知道本人之日起计算。本人因不当无因管理行为产生的赔偿损失请求权的诉讼时效期间,从其知道或者应当知道管理人及损害事实之日起计算。"

④ 比如,吉林省高级人民法院(2018)吉民申 419 号民事裁定书认为:"虽然某赢公司与死亡工人家属就赔偿事项已达成了一致意见,但某赢公司并未按约定全部履行赔偿责任,导致杨木林镇政府后来垫付赔偿款。因事故发生的时间在年末,杨木林镇政府主张为维稳而垫付款项符合客观事实。……在某赢公司没有全额支付赔偿款的情形下,为避免给社会及某赢公司造成不稳定因素,杨木林镇政府为某赢公司垫付了赔偿款,原审判决认为杨木林镇政府系无因管理行为,并无不当。"

非法人组织);既可以是完全民事行为能力人(包括管理人的成年子女[①]),也可以是限制民事行为能力人或无民事行为能力人(比如他人的未成年人子女)。

但是,如果管理人对其(比如管理人的未成年人子女)事务负有法定的或约定的管理义务,则该主体不属于无因管理的受益人。

3. 客体要件

无因管理的客体即《民法典》第 979 条、第 981 条和第 982 条所说的"他人事务"。如果管理人管理的是自己的事务,则不构成无因管理。

需要注意的是,行为人根据法律法规规定或按照约定对他人的事务进行管理的行为,属于履行其法定义务或约定义务的行为,在性质上也属于管理自己的事务,不属于《民法典》合同编准合同分编无因管理章所说的"管理他人事务"。

4. 行为要件

只有在对他人的事务既不负有法定的管理义务、也不负有约定的管理义务的主体对他人的事务实施了管理行为,才能构成无因管理。其中的管理行为,应为积极的作为,不能是消极的不作为。

5. 目的要件

构成无因管理还须以"为避免他人利益受损失"为目的,无此目的则不构成无因管理[②]。至于在以"为避免他人利益受损失"为目的的同时,是否存在利己的目的,不影响无因管理的认定。[③]

此外,受益人最终是否因管理人的管理行为而实际受益、受益人的利益最终是否因管理人的管理行为而免受损失,也不影响无因管理的认定。[④]

(二)必要费用偿还请求权

《民法典》第 121 条规定无因管理的管理人享有请求受益人偿还因无因管理行为而支出的必要费用的权利。

《民法典》第 121 条所说的"由此支出的必要费用",指向的是无因管理的管理人为

---

① 比如,四川省成都市中级人民法院(2018)川 01 民终 9179 号民事判决书认为:"本案中,王某某在婚前具有独立生活能力,其父母(注:王某刚、李某民)对王某某不再具有法定的抚养义务。王某某与陆某缔结婚姻,形成夫妻关系,彼此之间具有互相扶养的法定义务。夫妻间的扶养义务,包括情感上的关心,生活上的帮助和经济上的支持。当一方身患重病,另一方有义务照顾并予以经济支持。……王某刚、李某民对于王某某没有法定的抚养义务,其为王某某支付医疗费以及丧葬费,不具有法定义务,亦没有证据证明其与王某某或者陆某之间就该费用的支付存在约定,因此,应当认定王某刚、李某民在无法定及约定义务的情况下支付前述费用,构成无因管理。"

② 比如,河北省高级人民法院(2020)冀民申 6893 号民事裁定书认为:"刘某奇在维修涉案房屋屋顶时,其主观上并没有避免他人利益受损的意愿,原审法院据此认定刘某奇的行为不符合无因管理行为的构成要件,认定事实、适用法律并无不当。"

③ 比如,江苏省高级人民法院(2020)苏民申 1217 号民事裁定书认为:"无因管理的构成要件只要求管理人的管理行为有利于他人,至于是否有利于自己在所不问。因为帮助他人,同时有利于自己的行为,并不违反无因管理制度的立法目的。"

④ 比如,最高人民法院(2019)最高法民申 4796 号民事裁定书认为:"无因管理费用的支付在法律上并不以管理或者服务活动全面完成为前提。"

管理受益人的事务而垫付的必要的费用。其中的“由此支出”要求相关费用的支出须与管理受益人的事务存在因果关系;其中的“必要费用”要求相关费用的支出须以必要为限。至于受益人最终是否因管理人的管理行为而实际受益、受益人的利益最终是否因管理人的管理行为而免受损失,不影响管理人享有和行使必要费用偿还请求权。[①]

需要注意的是,考虑到《民法典》第979条第1款所说的“管理人没有法定的或者约定的义务,为避免他人利益受损失而管理他人事务的,可以请求受益人偿还因管理事务而支出的必要费用;管理人因管理事务受到损失的,可以请求受益人给予适当补偿”区分了“因管理事务而支出的必要费用”和“因管理事务受到的损失”,因此,《民法典》第121条所说的“由此支出的必要费用”中的“必要费用”,不包括管理人因管理受益人事务受到的损失。这跟原《民通意见》第132条所说的“民法通则第九十三条规定的管理人或者服务人可以要求受益人偿付的必要费用,包括在管理或者服务活动中直接支出的费用,以及在该活动中受到的实际损失”将“管理人或者服务人在无因管理中受到的实际损失”纳入“由此而支付的必要费用”是不同的。

还需注意的是,《民法典》第979条第2款对管理人此项权利作出了限制性规定,即管理人享有此项权利原则上须以“管理事务符合受益人真实意思”为条件,即:“管理事务不符合受益人真实意思的,管理人不享有前款规定的权利;但是,受益人的真实意思违反法律或者违背公序良俗的除外”。

(三)损失补偿请求权

在无因管理的管理人因管理受益人事务受到损失的情况下,管理人是否可以请求受益人予以赔偿或给予补偿?《民法典》第121条本身没有涉及。

对此,《民法典》第979条第1款进行了明确,即:“管理人因管理事务受到损失的,可以请求受益人给予适当补偿”。这跟《民法典》第930条针对受托人的损失赔偿请求权规定的“受托人处理委托事务时,因不可归责于自己的事由受到损失的,可以向委托人请求赔偿损失”是不同的,跟原《民通意见》第132条所说的“民法通则第九十三条规定的管理人或者服务人可以要求受益人偿付的必要费用,包括在管理或者服务活动中直接支出的费用,以及在该活动中受到的实际损失”将“管理人或者服务人在无因管理中受到的实际损失”纳入“由此而支付的必要费用”也是不同的。

此外,《民法典》第979条第2款对管理人的损失赔偿请求权还作出了限制性规定,要求管理人享有此项权利原则上须以“管理事务符合受益人真实意思”为条件,即:“管理事务不符合受益人真实意思的,管理人不享有前款规定的权利;但是,受益人的真实意思违反法律或者违背公序良俗的除外”。

二、有关无因管理之债的具体事项

《民法典》第121条本身只是对无因管理之债作出了原则性规定,并未直接涉及受

---

① 最高人民法院(2019)最高法民申4796号民事裁定书。

益人事务管理的方法[①]、通知[②]、报告[③]、追认[④]、损失补偿[⑤]、必要费用返还和损失补偿的例外情形[⑥]等具体事项,这些事项主要是由《民法典》合同编第二十八章(第三分编"准合同"之"无因管理"章)予以规定的。

就无因管理之债的法律适用而言,根据《民法典》第468条所说的"非因合同产生的债权债务关系,适用有关该债权债务关系的法律规定;没有规定的,适用本编通则的有关规定,但是根据其性质不能适用的除外"和《民法典总则编解释》第1条第1款所说的"民法典第二编至第七编对民事关系有规定的,人民法院直接适用该规定;民法典第二编至第七编没有规定的,适用民法典第一编的规定,但是根据其性质不能适用的除外",有关无因管理之债的具体事项,应当直接适用《民法典》合同编准合同分编无因管理章的有关规定[⑦];在《民法典》合同编准合同分编无因管理章没有作出规定的范围内,还应当根据无因管理的性质适用《民法典》合同编通则的有关规定和《民法典》总则编的有关规定。

第一百二十二条 【不当得利之债】因他人没有法律根据,取得不当利益,受损失的人有权请求其返还不当利益。

【条文通释】

《民法典》第122条是关于不当得利之债的规定。

一、有关不当得利之债的原则规定

《民法典》第122条对不当得利之债作出了原则性规定,明确了受损失的人享有请

---

① 《民法典》第981条规定:"管理人管理他人事务,应当采取有利于受益人的方法。中断管理对受益人不利的,无正当理由不得中断。"

② 《民法典》第982条规定:"管理人管理他人事务,能够通知受益人的,应当及时通知受益人。管理的事务不需要紧急处理的,应当等待受益人的指示。"

③ 《民法典》第983条规定:"管理结束后,管理人应当向受益人报告管理事务的情况。管理人管理事务取得的财产,应当及时转交给受益人。"

④ 《民法典》第981条规定:"管理人管理他人事务,应当采取有利于受益人的方法。中断管理对受益人不利的,无正当理由不得中断。"

⑤ 《民法典》第979条规定:"管理人没有法定的或者约定的义务,为避免他人利益受损失而管理他人事务的,可以请求受益人偿还因管理事务而支出的必要费用;管理人因管理事务受到损失的,可以请求受益人给予适当补偿。管理事务不符合受益人真实意思的,管理人不享有前款规定的权利;但是,受益人的真实意思违反法律或者违背公序良俗的除外",《民法典》第980条规定:"管理人管理事务不属于前条规定的情形,但是受益人享有管理利益的,受益人应当在其获得的利益范围内向管理人承担前条第一款规定的义务。"

⑥ 《民法典》第979条规定:"管理人没有法定的或者约定的义务,为避免他人利益受损失而管理他人事务的,可以请求受益人偿还因管理事务而支出的必要费用;管理人因管理事务受到损失的,可以请求受益人给予适当补偿。管理事务不符合受益人真实意思的,管理人不享有前款规定的权利;但是,受益人的真实意思违反法律或者违背公序良俗的除外。"

⑦ 其中,在特定情形下,无因管理还适用委托合同的有关规定。对此,《民法典》第984条规定:"管理人管理事务经受益人事后追认的,从管理事务开始时起,适用委托合同的有关规定,但是管理人另有意思表示的除外。"

求没有法律根据取得其利益的主体返还不当利益的权利。

（一）不当得利的构成要件

《民法典》第 122 条规定了不当得利的构成要件，包括以下四项：一是一方获得利益，二是另一方受到损失，三是一方获利与另一方受损之间存在因果关系，四是一方获得利益没有法律根据。①

其中，《民法典》第 122 条所说的“他人”，即《民法典》合同编准合同分编不当得利章所说的“得利人”，指向的是受损失的人之外的、从受损失的人处取得利益的主体，既可以是自然人，也可以是法人或非法人组织；既可以是完全民事行为能力人，也可以是限制民事行为能力人或无民事行为能力人。

《民法典》第 122 条所说的“法律根据”，应作扩大解释，包括：（1）法律法规的规定；（2）生效法律文书②的规定；（3）依法成立并生效的合同的约定；（4）法人或非法人组织的章程、决议的规定，等等。③

《民法典》第 122 条所说的“不当利益”，指的是在没有法律根据的情况下取得利益，既包括物质利益，也包括非物质利益。其中的“利益”，既包括财产的增加，也包括债务的减少。《民法典合同编通则解释》第 51 条第 1 款所说的“第三人加入债务并与债务人……没有约定追偿权，第三人依照民法典关于不当得利等的规定，在其已经向债权人履行债务的范围内请求债务人向其履行的，人民法院应予支持，但是第三人知道或者应当知道加入债务会损害债务人利益的除外”，就表明了这点。

《民法典》第 122 条所说的“受损失的人”，指的是得利人之外的、合法利益受到损失的主体，即不当利益返还请求权人，既可以是自然人，也可以是法人或非法人组织；

---

① 比如，最高人民法院（2021）最高法民再 249 号民事判决书认为：“不当得利是指没有法律根据，取得不当利益，造成他人损失的情形。不当得利对民事主体之间的财产流转关系有调节作用，其目的在于恢复民事主体之间在特定情形下所发生的非正常的利益变动。《中华人民共和国民法通则》第九十二条规定：‘没有合法根据，取得不当利益，造成他人损失的，应当将取得的不当利益返还受损失的人。’《中华人民共和国民法总则》第一百二十二条规定：‘因他人没有法律根据，取得不当利益，受损失的人有权请求其返还不当利益。’上述两部法律就不当得利的表述虽略有差异，但据以认定不当得利返还请求权的四个构成要件并无不同，即一方取得利益，另一方受到损失，取得利益与受到损失之间存在因果关系，没有法律根据”。类似的裁判意见，还可见最高人民法院（2020）最高法民申 3004 号民事裁定书、（2017）最高法民再 42 号民事判决书、江苏百某特贸易有限公司诉张某红不当得利纠纷案（载《最高人民法院公报》2018 年第 5 期）。

② 《最高人民法院关于人民法院执行工作若干问题的规定（试行）》（2020 年修正）第 2 条规定：“执行机构负责执行下列生效法律文书：（1）人民法院民事、行政判决、裁定、调解书，民事制裁决定、支付令，以及刑事附带民事判决、裁定、调解书，刑事裁判涉财产部分；（2）依法应由人民法院执行的行政处罚决定、行政处理决定；（3）我国仲裁机构作出的仲裁裁决和调解书，人民法院依据《中华人民共和国仲裁法》有关规定作出的财产保全和证据保全裁定；（4）公证机关依法赋予强制执行效力的债权文书；（5）经人民法院裁定承认其效力的外国法院作出的判决、裁定，以及国外仲裁机构作出的仲裁裁决；（6）法律规定由人民法院执行的其他法律文书。”

③ 比如，在天津某某锐国际贸易有限公司与江苏某某港集团有限公司等不当得利纠纷案中，最高人民法院（2023）最高法民再 16 号民事判决书认为：“某某港公司构成不当得利。《中华人民共和国民法总则》第一百二十二条规定：‘因他人没有法律根据，取得不当利益，受损失的人有权请求其返还不当利益。’第一，某某锐公司受有损失。……第二，某某港公司取得利益。……第三，某某港公司取得利益没有法律根据。法律根据包括合同依据和法律依据，法律依据包括生效法律文书”。

既可以是完全民事行为能力人,也可以是限制民事行为能力人或无民事行为能力人。

需要注意的是,构成不当得利的核心要件是得利人没有合法根据取得利益。① 就该事实,受损失的人和得利人都负有相应的举证责任。

比如,在郑某与洪某珊、吴某花不当得利纠纷案中,最高人民法院(2016)最高法民再39号民事判决书认为:"在举证责任分配问题上,《中华人民共和国民事诉讼法》第六十四条第一款规定:当事人对自己提出的主张,有责任提供证据。依照上述法律规定,郑某应就洪某珊取得其诉争8685503元款项构成不当得利的诉讼请求提供证据。结合本案案情,认定洪某珊是否不当得利,关键是认定其取得诉争款项是否具有合法依据。从举证责任角度分析,对得利没有合法依据的举证,系对消极事实的证明;权利主张人对于消极事实通常无法直接予以证明,而需要从相关事实中予以推导判断。这其中,得利被主张人对消极事实的抗辩,则会成为认定消极事实主张是否成立的直接证据。《最高人民法院关于适用〈中华人民共和国民事诉讼法〉的解释》第九十条规定,当事人对自己提出的诉讼请求所依据的事实或者反驳对方诉讼请求所依据的事实,应当提供证据加以证明,没有证据或者证据不足以证明当事人的事实主张的,由负有举证责任的当事人承担不利后果。根据上述司法解释规定精神,对于洪某珊取得诉争款项是否具有合法依据,不仅郑某需就其主张提供证据,洪某珊亦需就其抗辩主张提供证据,人民法院在审核认定双方提交证据的证明力基础上作出认定。具体到本案,在郑某提交了案涉8685503元真实的银行转账凭证并主张洪某珊不当得利后,洪某珊应当就不欠款项或双方存在合作关系等抗辩事由承担初步的举证责任。二审法院简单以不当得利主张人应当对给付欠缺原因的具体情形负举证责任为由,将举证责任完全分配给郑某,并以郑某没有提供其个人向洪某珊支付款项缺失给付原因,双方公司之间存在合作经营煤炭关系、个人资金往来与公司之间资金往来存在联系和混同为由,驳回了郑某的诉讼请求,属举证责任分配不当,适用法律错误,应予纠正。"

(二)不当利益返还请求权

《民法典》第122条规定了受损失的人的不当利益返还请求权,即"受损失的人有权请求得利人返还不当利益"。

其中,不当利益返还请求权的权利人为"受损失的人",义务人为"没有法律根据,取得不当利益"的得利人。

需要注意的是,由于《民法典》第122条使用了"取得不当利益"和"返还不当利益"的表述,《民法典》合同编准合同分编不当得利章也使用了"取得的利益"的表述,并且,《民法典》第988条还规定:"得利人已经将取得的利益无偿转让给第三人的,受损失的人可以请求第三人在相应范围内承担返还义务",因此,返还的范围为得利人实

① 最高人民法院(2019)最高法民终450号民事判决书、(2016)最高法民终223号民事判决书。

际取得的不当利益[1];至于得利人尚未取得的利益以及已经取得的具有法律根据的利益,则不在返还之列。

二、有关不当得利之债的具体事项

《民法典》第 122 条本身只是对不当得利之债作出了原则性规定,并未直接涉及不当得利返还的例外[2]、免除[3]、损失赔偿[4]、第三人返还[5]等具体事项,这些事项主要是由《民法典》合同编第二十九章(第三分编“准合同”之“不当得利”章)予以规定的。

就不当得利之债的法律适用而言,根据《民法典》第 468 条所说的“非因合同产生的债权债务关系,适用有关该债权债务关系的法律规定;没有规定的,适用本编通则的有关规定,但是根据其性质不能适用的除外”和《民法典总则编解释》第 1 条第 1 款所说的“民法典第二编至第七编对民事关系有规定的,人民法院直接适用该规定;民法典第二编至第七编没有规定的,适用民法典第一编的规定,但是根据其性质不能适用的除外”,有关不当得利之债的具体事项,应当直接适用《民法典》合同编准合同分编不当得利章的有关规定;在《民法典》合同编准合同分编不当得利章没有作出规定的范围内,还应当根据不当得利之债的性质适用《民法典》合同编通则的有关规定和《民法典》总则编的有关规定。

---

① 比如,最高人民法院(2016)最高法民再 99 号民事判决书认为:“不当得利的返还范围应以不当得利人的实际得利为限。”实务中也存在不同的裁判意见。比如,最高人民法院(2017)最高法民再 287 号民事判决书认为:“不当得利关系中,亦应区分受益人的善意与否,确定不同的返还义务范围,如受益人主观上是善意的,其返还义务的范围应以现存利益为限,没有现存利益的,不再负有不当利益的返还义务;如受益人主观上为恶意,即使没有现存利益,也不能免除其返还所受不当利益的义务。事实上,这一结论,在比较法解释的层面上,亦能获得充分的支持。基于上述分析,本案中,某政公司作为善意受益人,因其在收到 600 万元的次日即将该款项转出,所受利益已不存在,不应向刘某友负有返还义务。二审判决关于某政公司无论过错与否均需返还 600 万元及其利息的认定,适用法律已有不当;在此之外还依据某桥公司对刘某友作出的‘月息 2 分’的承诺来计算某政公司未返还款项的利息,认定事实更为错误,本院予以纠正”。

② 《民法典》第 985 条规定:“得利人没有法律根据取得不当利益的,受损失的人可以请求得利人返还取得的利益,但是有下列情形之一的除外:(一)为履行道德义务进行的给付;(二)债务到期之前的清偿;(三)明知无给付义务而进行的债务清偿。”

③ 《民法典》第 986 条规定:“得利人不知道且不应当知道取得的利益没有法律根据,取得的利益已经不存在的,不承担返还该利益的义务。”

④ 《民法典》第 987 条规定:“得利人知道或者应当知道取得的利益没有法律根据的,受损失的人可以请求得利人返还其取得的利益并依法赔偿损失。”

⑤ 《民法典》第 988 条规定:“得利人已经将取得的利益无偿转让给第三人的,受损失的人可以请求第三人在相应范围内承担返还义务。”

第一百二十三条 【知识产权】民事主体依法享有知识产权。

知识产权是权利人依法就下列客体享有的专有的权利:

(一)作品;

(二)发明、实用新型、外观设计;

(三)商标;

(四)地理标志;

(五)商业秘密;

(六)集成电路布图设计;

(七)植物新品种;

(八)法律规定的其他客体。

【条文通释】

《民法典》第123条是关于知识产权的规定。

《民法典》第123条"对知识产权作了概括性规定,以统领各个单行的知识产权法律"。①

一、知识产权的定义

《民法典》第123条第2款规定了"知识产权"的定义,即:权利人依法就法律规定的客体即智力成果②享有的专有的权利。

其中,《民法典》第123条第2款所说的"专有的权利",指向的是知识产权的排他性,"知识产权的最重要特征是赋予权利人在法律上享有排除他人非法利用相关知识产权客体的专有权利"③。这跟《民法典》第114条第2款针对物权所说的"排他的权利"是类似的。

需要注意的是,知识产权兼有人身权和财产权,并非单纯的财产权。对此,《民法典》第440条第5项和第444条使用了"注册商标专用权、专利权、著作权等知识产权中的财产权"、《著作权法》第28条使用了"著作权中的财产权"的表述,《著作权法》第10

① 全国人民代表大会常务委员会时任副委员长王晨2020年5月22日在第十三届全国人民代表大会第三次会议上作的《关于〈中华人民共和国民法典(草案)〉的说明》、全国人民代表大会常务委员会时任副委员长李建国2017年3月8日在第十二届全国人民代表大会第五次会议上作的《关于〈中华人民共和国民法总则(草案)〉的说明》。

② 《著作权法》第3条第1款规定:"本法所称的作品,是指文学、艺术和科学领域内具有独创性并能以一定形式表现的智力成果,包括:……",《著作权法实施条例》第2条规定:"著作权法所称作品,是指文学、艺术和科学领域内具有独创性并能以某种有形形式复制的智力成果",《最高人民法院关于全面加强知识产权司法保护的意见》(法发〔2020〕11号)第7条也提出:"积极促进智力成果流转应用。依法妥善审理知识产权智力成果流转、转化、应用过程中的纠纷,秉持尊重当事人意思自治、降低交易成本的精神,合理界定智力成果从创造到应用各环节的法律关系、利益分配和责任承担,依法准确界定职务发明与非职务发明,有效保护职务发明人的产权权利,保障研发人员获得奖金和专利实施报酬的合法权益。"

③ 见第十二届全国人民代表大会法律委员会2017年3月12日在第十二届全国人民代表大会第五次会议主席团第二次会议上作的《关于〈中华人民共和国民法总则(草案)〉审议结果的报告》。

条第 1 款更是使用了“著作权包括下列人身权和财产权”的表述。

二、知识产权的客体

《民法典》第 123 条第 2 款列明了知识产权的 7 种客体:(1)作品;(2)发明、实用新型、外观设计;(3)商标;(4)地理标志;(5)商业秘密;(6)集成电路布图设计;(7)植物新品种。在此基础上,《民法典》第 123 条第 2 款以“法律规定的其他客体”兜底,既涵盖了《民法典》和其他法律已经规定的其他知识产权客体,也为法律将来规定新的知识产权客体预留了空间。

上述知识产权客体均属智力成果,分别对应于不同种类的知识产权。具体如下:

(一)作品

作品是著作权的客体。“作品”是指文学、艺术和科学领域内具有独创性并能以某种有形形式复制的智力成果,包括[①]:(1)文字作品[②];(2)口述作品[③];(3)音乐、戏剧、曲艺、舞蹈、杂技艺术作品[④];(4)美术、建筑作品[⑤];(5)摄影作品[⑥];(6)视听作品[⑦];(7)工程设计图、产品设计图、地图、示意图等图形作品[⑧]和模型作品[⑨];(8)计算机软件[⑩];(9)符合作品特征的其他智力成果。

著作权,即版权[⑪],包括下列人身权(前 4 项)和财产权(后 13 项)[⑫]:

---

① 《著作权法》第 3 条、《著作权法实施条例》第 2 条。

② 文字作品是指“小说、诗词、散文、论文等以文字形式表现的作品”(《著作权法实施条例》第 4 条第 1 项)。

③ 口述作品是指“即兴的演说、授课、法庭辩论等以口头语言形式表现的作品”(《著作权法实施条例》第 4 条第 2 项)。

④ 音乐作品是指“歌曲、交响乐等能够演唱或者演奏的带词或者不带词的作品”;戏剧作品是指“话剧、歌剧、地方戏等供舞台演出的作品”;曲艺作品是指“相声、快书、大鼓、评书等以说唱为主要形式表演的作品”;舞蹈作品是指“通过连续的动作、姿势、表情等表现思想情感的作品”;杂技艺术作品是指“杂技、魔术、马戏等通过形体动作和技巧表现的作品”(《著作权法实施条例》第 4 条第 3 项至第 7 项)。

⑤ 美术作品是指“绘画、书法、雕塑等以线条、色彩或者其他方式构成的有审美意义的平面或者立体的造型艺术作品”;建筑作品是指“以建筑物或者构筑物形式表现的有审美意义的作品”(《著作权法实施条例》第 4 条第 8 项、第 9 项)。

⑥ 摄影作品是指“借助器械在感光材料或者其他介质上记录客观物体形象的艺术作品”(《著作权法实施条例》第 4 条第 10 项)。

⑦ 电影作品和以类似摄制电影的方法创作的作品是指“摄制在一定介质上,由一系列有伴音或者无伴音的画面组成,并且借助适当装置放映或者以其他方式传播的作品”(《著作权法实施条例》第 4 条第 11 项)。

⑧ 图形作品是“指为施工、生产绘制的工程设计图、产品设计图,以及反映地理现象、说明事物原理或者结构的地图、示意图等作品”(《著作权法实施条例》第 4 条第 12 项)。

⑨ 模型作品是指“为展示、试验或者观测等用途,根据物体的形状和结构,按照一定比例制成的立体作品”(《著作权法实施条例》第 4 条第 13 项)。

⑩ 计算机软件(即软件),是指“计算机程序及其有关文档”。其中,计算机程序是指“为了得到某种结果而可以由计算机等具有信息处理能力的装置执行的代码化指令序列,或者可以被自动转换成代码化指令序列的符号化指令序列或者符号化语句序列”,并且,“同一计算机程序的源程序和目标程序为同一作品”。文档是指“用来描述程序的内容、组成、设计、功能规格、开发情况、测试结果及使用方法的文字资料和图表等,如程序设计说明书、流程图、用户手册等”(《计算机软件保护条例》第 2 条、第 3 条)。

⑪ 《著作权法》第 62 条规定:“本法所称的著作权即版权。”

⑫ 《著作权法》第 10 条。

(1)发表权,即“决定作品是否公之于众的权利”。

(2)署名权,即“表明作者身份,在作品上署名的权利”。

(3)修改权,即“修改或者授权他人修改作品的权利”。

(4)保护作品完整权,即“保护作品不受歪曲、篡改的权利”。

(5)复制权,即“以印刷、复印、拓印、录音、录像、翻录、翻拍、数字化等方式将作品制作一份或者多份的权利”。

(6)发行权,即“以出售或者赠与方式向公众提供作品的原件或者复制件的权利”。

(7)出租权,即“有偿许可他人临时使用视听作品、计算机软件的原件或者复制件的权利,计算机软件不是出租的主要标的的除外”。

(8)展览权,即“公开陈列美术作品、摄影作品的原件或者复制件的权利”。

(9)表演权,即“公开表演作品,以及用各种手段公开播送作品的表演的权利”。

(10)放映权,即“通过放映机、幻灯机等技术设备公开再现美术、摄影、视听作品等的权利”。

(11)广播权,即“以有线或者无线方式公开传播或者转播作品,以及通过扩音器或者其他传送符号、声音、图像的类似工具向公众传播广播的作品的权利”,但不包括信息网络传播权。

(12)信息网络传播权,即“以有线或者无线方式向公众提供,使公众可以在其选定的时间和地点获得作品的权利”。

(13)摄制权,即“以摄制视听作品的方法将作品固定在载体上的权利”。

(14)改编权,即“改变作品,创作出具有独创性的新作品的权利”。

(15)翻译权,即“将作品从一种语言文字转换成另一种语言文字的权利”。

(16)汇编权,即“将作品或者作品的片段通过选择或者编排,汇集成新作品的权利”。

(17)应当由著作权人享有的其他权利。

著作权自作品创作完成之日起产生。① 国家对作品实行自愿登记制度,作者等著作权人可以向国家著作权主管部门认定的登记机构办理作品登记②;但作品不论是否登记,作者或其他著作权人依法取得的著作权不受影响③。

著作权属于作者等著作权人④。著作权人包括作者和其他依法享有著作权的自然人、法人或者非法人组织⑤。作者是创作作品的自然人;但由法人或者非法人组织主持,代表法人或者非法人组织意志创作,并由法人或者非法人组织承担责任的作品,法人或者非法人组织视为作者。⑥ “创作”是指“直接产生文学、艺术和科学作品的智力活动”;但是,“为他人创作进行组织工作,提供咨询意见、物质条件,或者进行其他辅助

① 《著作权法实施条例》第6条。
② 《著作权法》第12条第2款。
③ 《作品自愿登记试行办法》第2条。
④ 《著作权法》第11条。
⑤ 《著作权法》第9条。
⑥ 《著作权法》第11条。

工作,均不视为创作"。[①] 在作品上署名的自然人、法人或者非法人组织推定为作者(有相反证明的除外)。[②]

有关特定的作品及其著作权的具体事项,主要适用《著作权法》《著作权法实施条例》《计算机软件保护条例》《信息网络传播权保护条例》等专门法律法规和司法解释的规定。

(二)发明、实用新型、外观设计

发明创造是专利申请权和专利权的客体,包括发明、实用新型和外观设计[③]。其中,"发明"是指"对产品、方法或者其改进所提出的新的技术方案"[④];"实用新型"是指"对产品的形状、构造或者其结合所提出的适于实用的新的技术方案"[⑤];"外观设计"是指"对产品的整体或者局部的形状、图案或者其结合以及色彩与形状、图案的结合所作出的富有美感并适于工业应用的新设计"[⑥]。

当然,就发明和实用新型而言,授予专利权的发明和实用新型,应当具备新颖性[⑦]、创造性[⑧]和实用性[⑨]。[⑩] 就外观设计而言,授予专利权的外观设计,应当不属于现有设计[⑪];也没有任何单位或者个人就同样的外观设计在申请日以前向国务院专利行政部门提出过申请,并记载在申请日以后公告的专利文件中;授予专利权的外观设计与现有设计或者现有设计特征的组合相比,应当具有明显区别;并且,授予专利权的外观设计不得与他人在申请日以前已经取得的合法权利相冲突。[⑫]

职务发明创造,即执行本单位[⑬]的任务或者主要是利用本单位的物质技术条件[⑭]

---

① 《著作权法实施条例》第 3 条。

② 《著作权法》第 12 条。

③ 《专利法》第 2 条第 1 款。

④ 《专利法》第 2 条第 2 款。

⑤ 《专利法》第 2 条第 3 款。

⑥ 《专利法》第 2 条第 4 款。

⑦ "新颖性"是指"该发明或者实用新型不属于现有技术;也没有任何单位或者个人就同样的发明或者实用新型在申请日以前向国务院专利行政部门提出过申请,并记载在申请日以后公布的专利申请文件或者公告的专利文件中";"现有技术"是指"申请日以前在国内外为公众所知的技术"(《专利法》第 22 条第 2 款、第 5 款)。

⑧ "创造性"是指"与现有技术相比,该发明具有突出的实质性特点和显著的进步,该实用新型具有实质性特点和进步"(《专利法》第 22 条第 3 款)。

⑨ "实用性"是指"该发明或者实用新型能够制造或者使用,并且能够产生积极效果"(《专利法》第 22 条第 4 款)。

⑩ 《专利法》第 22 条第 1 款。

⑪ "现有设计"是指"申请日以前在国内外为公众所知的设计"(《专利法》第 23 条第 4 款)。

⑫ 《专利法》第 23 条。

⑬ "本单位"包括临时工作单位(《专利法实施细则》第 13 条第 2 款)。

⑭ "本单位的物质技术条件"是指"本单位的资金、设备、零部件、原材料或者不对外公开的技术信息和资料等"(《专利法实施细则》第 13 条第 2 款)。

所完成的发明创造[①],申请专利的权利属于该单位;专利申请被批准后,该单位为专利权人。[②] 非职务发明创造,申请专利的权利属于发明人或者设计人[③];专利申请被批准后,该发明人或者设计人为专利权人。[④] 利用本单位的物质技术条件所完成的发明创造,单位与发明人或者设计人订有合同,对申请专利的权利和专利权的归属作出约定的,从其约定。[⑤]

发明专利权自国务院专利行政部门公告授予发明专利权之日起生效[⑥],有效期自申请日起20年[⑦];实用新型专利权自国务院专利行政部门公告授予实用新型专利权之日起生效[⑧],有效期自申请日起10年[⑨];外观设计专利权自国务院专利行政部门公告授予外观设计专利权之日起生效[⑩],有效期自申请日起15年[⑪]。

发明和实用新型专利权被授予后,除法律另有规定的以外,"任何单位或者个人未经专利权人许可,都不得实施其专利,即不得为生产经营目的制造、使用、许诺销售、销售、进口其专利产品,或者使用其专利方法以及使用、许诺销售、销售、进口依照该专利方法直接获得的产品"。[⑫] 外观设计专利权被授予后,"任何单位或者个人未经专利权人许可,都不得实施其专利,即不得为生产经营目的制造、许诺销售、销售、进口其外观设计专利产品"。[⑬]

有关特定的发明创造及其专利申请权和专利权的具体事项,主要适用《专利法》《专利法实施细则》等专门法律法规和司法解释的规定。

(三)商标

商标是商标权的客体,是用于将自己的商品或服务与他人的商品或服务区别开的

---

① "执行本单位的任务所完成的职务发明创造"是指"(一)在本职工作中作出的发明创造;(二)履行本单位交付的本职工作之外的任务所作出的发明创造;(三)退休、调离原单位后或者劳动、人事关系终止后1年内作出的,与其在原单位承担的本职工作或者原单位分配的任务有关的发明创造"(《专利法实施细则》第13条第1款)。

② 《专利法》第6条第1款。

③ 《专利法》第6条第2款。

④ "发明人或者设计人"是指"对发明创造的实质性特点作出创造性贡献的人";并且,"在完成发明创造过程中,只负责组织工作的人、为物质技术条件的利用提供方便的人或者从事其他辅助工作的人,不是发明人或者设计人"(《专利法实施细则》第14条第1款)。

⑤ 《专利法》第6条第3款。

⑥ 《专利法》第39条、第45条。

⑦ 《专利法》第42条第1款。

⑧ 《专利法》第40条、第45条。

⑨ 《专利法》第42条第1款。

⑩ 《专利法》第40条、第45条。

⑪ 《专利法》第42条第1款。

⑫ 《专利法》第11条第1款。

⑬ 《专利法》第11条第2款。

标志[①]或用以识别和区分商品或者服务来源的标志[②],包括注册商标和未注册商标(含未注册驰名商标)。

注册商标是经国家知识产权局商标局核准注册的商标,包括商品商标、服务商标和集体商标[③]、证明商标[④]。[⑤] 自注册商标核准注册之日起十年内,以核准注册的商标和核定使用的商品或服务为限,商标注册人对注册商标享有商标专用权。[⑥] 未经商标注册人许可,在同一种商品上使用与其注册商标相同的商标,或者未经商标注册人的许可,在同一种商品上使用与其注册商标近似的商标,容易导致混淆的;或者未经商标注册人许可,在类似商品上使用与其注册商标相同或者近似的商标,容易导致混淆的,均属侵犯商标专用权的行为。[⑦]

因国家实行以自愿注册为原则、强制注册为例外的商标注册制度[⑧],除了注册商标,还有未注册商标[⑨]。未注册商标的权利人对其使用的未注册商标虽然不享有商标

---

① 《商标法》第 8 条规定:"任何能够将自然人、法人或者其他组织的商品与他人的商品区别开的标志,包括文字、图形、字母、数字、三维标志、颜色组合和声音等,以及上述要素的组合,均可以作为商标申请注册。"

② 《商标法》第 48 条规定:"本法所称商标的使用,是指将商标用于商品、商品包装或者容器以及商品交易文书上,或者将商标用于广告宣传、展览以及其他商业活动中,用于识别商品来源的行为";《最高人民法院对十三届全国人大五次会议第 4455 号建议的答复》(2022 年 6 月 27 日)提及:"根据商标法有关规定,商标是用以识别和区分商品或者服务来源的标志。任何能够将自然人、法人或者其他组织的商品与他人的商品区别开的标志,在符合商标法有关规定的条件下,均可以作为商标申请注册";国家知识产权局 2023 年 1 月 13 日公布的《中华人民共和国商标法修订草案(征求意见稿)》第 4 条规定:"本法所称商标,包括商品商标和服务商标,是指能够用以识别和区分商品或者服务来源的标志,包括文字、图形、字母、数字、三维标志、颜色组合、声音或者其他要素,以及上述要素的组合,可以依法作为商标申请注册"。

③ "集体商标"是指"以团体、协会或者其他组织名义注册,供该组织成员在商事活动中使用,以表明使用者在该组织中的成员资格的标志"(《商标法》第 3 条第 2 款)。

④ "证明商标"是指"由对某种商品或者服务具有监督能力的组织所控制,而由该组织以外的单位或者个人使用于其商品或者服务,用以证明该商品或者服务的原产地、原料、制造方法、质量或者其他特定品质的标志"(《商标法》第 3 条第 3 款)。

⑤ 《商标法》第 3 条第 1 款。

⑥ 《商标法》第 3 条第 1 款、第 39 条、第 56 条。

⑦ 《商标法》第 57 条。

⑧ 《商标法》第 4 条第 1 款规定:"自然人、法人或者其他组织在生产经营活动中,对其商品或者服务需要取得商标专用权的,应当向商标局申请商标注册。不以使用为目的的恶意商标注册申请,应当予以驳回",第 6 条规定:"法律、行政法规规定必须使用注册商标的商品,必须申请商标注册,未经核准注册的,不得在市场销售。"

⑨ 比如,《商标法》第 59 条第 3 款规定:"商标注册人申请商标注册前,他人已经在同一种商品或者类似商品上先于商标注册人使用与注册商标相同或者近似并有一定影响的商标的,注册商标专用权人无权禁止该使用人在原使用范围内继续使用该商标,但可以要求其附加适当区别标识";《商标侵权判断标准》(国知发保字〔2020〕23 号)第 33 条第 1 款规定:"商标法第五十九条第三款规定的'有一定影响的商标'是指在国内在先使用并为一定范围内相关公众所知晓的未注册商标"。《国家工商行政管理局商标局关于未注册商标是否可以在广告中使用问题的答复》(商标函〔1995〕22 号)也曾认为:"根据《商标法》的规定,除了人用药品和烟草制品必须使用注册商标外,其他商品的商标都是实行自愿注册的原则,即这些商品的商标即使用权不申请注册,在生产、销售等经营活动中也可以使用。因此,在广告宣传中,可以出现未加注册标记的商标"。

专用权,但也享有在先使用权等合法权益①。

有关商标和商标权的具体事项,主要适用《商标法》《商标法实施条例》《反不正当竞争法》等专门法律法规和司法解释的规定。

(四)地理标志

地理标志是指"标示某商品或服务来源于某地区,该商品的特定质量、信誉或者其他特征,主要由该地区的自然因素或者人文因素所决定的标志"。②

地理标志受法律保护。商标中有商品的地理标志,而该商品并非来源于该标志所标示的地区,误导公众的,不予注册并禁止使用(但是,已经善意取得注册的继续有效)。③ 地理标志也可以依法作为证明商标或者集体商标申请注册。④ 不过,申请地理标志产品保护⑤,须经国家知识产权局审核批准;使用地理标志产品专用标志,须经国家知识产权局注册登记。⑥ 此外,国家对农产品地理标志实行登记制度,经登记的农产品地理标志受法律保护。⑦

有关地理标志的具体事项,主要适用《商标法》《商标法实施条例》《地理标志产品保护规定》《农产品地理标志管理办法》和《反不正当竞争法》等专门法律法规和司法解释的规定。

(五)商业秘密

商业秘密是指"不为公众所知悉、具有商业价值并经权利人采取相应保密措施的

① 比如,《商标法》第15条规定:"未经授权,代理人或者代表人以自己的名义将被代理人或者被代表人的商标进行注册,被代理人或者被代表人提出异议的,不予注册并禁止使用。就同一种商品或者类似商品申请注册的商标与他人在先使用的未注册商标相同或者近似,申请人与该他人具有前款规定以外的合同、业务往来关系或者其他关系而明知该他人商标存在,该他人提出异议的,不予注册",第32条规定:"申请商标注册不得损害他人现有的在先权利,也不得以不正当手段抢先注册他人已经使用并有一定影响的商标",第58条规定:"将他人注册商标、未注册的驰名商标作为企业名称中的字号使用,误导公众,构成不正当竞争行为的,依照《中华人民共和国反不正当竞争法》处理",第59条第3款规定:"商标注册人申请商标注册前,他人已经在同一种商品或者类似商品上先于商标注册人使用与注册商标相同或者近似并有一定影响的商标的,注册商标专用权人无权禁止该使用人在原使用范围内继续使用该商标,但可以要求其附加适当区别标识";针对为相关公众所熟知的未注册商标,《商标法》第13条还规定:"为相关公众所熟知的商标,持有人认为其权利受到侵害时,可以依照本法规定请求驰名商标保护。就相同或者类似商品申请注册的商标是复制、摹仿或者翻译他人未在中国注册的驰名商标,容易导致混淆的,不予注册并禁止使用……"此外,《反不正当竞争法》第6条第1项也规定:"经营者不得实施下列混淆行为,引人误认为是他人商品或者与他人存在特定联系:(一)擅自使用与他人有一定影响的商品名称、包装、装潢等相同或者近似的标识。"

② 《商标法》第16条第2款。

③ 《商标法》第16条第1款。

④ 《商标法实施条例》第4条。

⑤ 《地理标志产品保护规定》第21条规定:"各地质检机构依法对地理标志保护产品实施保护。对于擅自使用或伪造地理标志名称及专用标志的;不符合地理标志产品标准和管理规范要求而使用该地理标志产品的名称的;或者使用与专用标志相近、易产生误解的名称或标识及可能误导消费者的文字或图案标志,使消费者将该产品误认为地理标志保护产品的行为,质量技术监督部门和出入境检验检疫部门将依法进行查处。社会团体、企业和个人可监督、举报。"

⑥ 《地理标志产品保护规定》第5条、《国家知识产权局职能配置、内设机构和人员编制规定》(2018年)。

⑦ 《农产品地理标志管理办法》第3条。

技术信息[①]、经营信息[②]等商业信息”。[③] 权利人的商业秘密受法律保护，经营者不得实施侵害商业秘密的行为。[④]

有关商业秘密的具体事项，主要适用《反不正当竞争法》等专门法律法规和司法解释的规定。

(六)集成电路布图设计

集成电路布图设计，简称布图设计，是布图设计专有权的客体，指的是“集成电路中至少有一个是有源元件的两个以上元件和部分或者全部互连线路的三维配置，或者为制造集成电路而准备的上述三维配置”。[⑤] 其中的“集成电路”指的是半导体集成电路，即“以半导体材料为基片，将至少有一个是有源元件的两个以上元件和部分或者全部互连线路集成在基片之中或者基片之上，以执行某种电子功能的中间产品或者最终产品”。[⑥]

布图设计专有权经国务院知识产权行政部门登记产生。[⑦] 布图设计权利人享有下列专有权：(1)对受保护的布图设计的全部或者其中任何具有独创性的部分进行复制[⑧]；(2)将受保护的布图设计、含有该布图设计的集成电路或者含有该集成电路的物品投入商业利用[⑨]。[⑩]

布图设计专有权的保护期为10年，自布图设计登记申请之日或者在世界任何地方首次投入商业利用之日(以较前日期为准)起计算；但是，无论是否登记或者投入商

---

① “与技术有关的结构、原料、组分、配方、材料、样品、样式、植物新品种繁殖材料、工艺、方法或其步骤、算法、数据、计算机程序及其有关文档等信息”，可以认定构成《反不正当竞争法》第9条第4款所称的“技术信息”[《最高人民法院关于审理侵犯商业秘密民事案件适用法律若干问题的规定》(法释〔2020〕7号)第1条第1款]。

② “与经营活动有关的创意、管理、销售、财务、计划、样本、招投标材料、客户信息、数据等信息”，可以认定构成《反不正当竞争法》第9条第4款所称的“经营信息”。前述“客户信息”，包括客户的名称、地址、联系方式以及交易习惯、意向、内容等信息[《最高人民法院关于审理侵犯商业秘密民事案件适用法律若干问题的规定》(法释〔2020〕7号)第1条第2款、第3款]。

③ 《反不正当竞争法》第9条第4款。

④ 《反不正当竞争法》第9条规定：“经营者不得实施下列侵犯商业秘密的行为：(一)以盗窃、贿赂、欺诈、胁迫、电子侵入或者其他不正当手段获取权利人的商业秘密；(二)披露、使用或者允许他人使用以前项手段获取的权利人的商业秘密；(三)违反保密义务或者违反权利人有关保守商业秘密的要求，披露、使用或者允许他人使用其所掌握的商业秘密；(四)教唆、引诱、帮助他人违反保密义务或者违反权利人有关保守商业秘密的要求，获取、披露、使用或者允许他人使用权利人的商业秘密。经营者以外的其他自然人、法人和非法人组织实施前款所列违法行为的，视为侵犯商业秘密。第三人明知或者应知商业秘密权利人的员工、前员工或者其他单位、个人实施本条第一款所列违法行为，仍获取、披露、使用或者允许他人使用该商业秘密的，视为侵犯商业秘密……”

⑤ 《集成电路布图设计保护条例》第2条第2项。

⑥ 《集成电路布图设计保护条例》第2条第1项。

⑦ 《集成电路布图设计保护条例》第8条。

⑧ 复制是指重复制作布图设计或者含有该布图设计的集成电路的行为(《集成电路布图设计保护条例》第2条第4项)。

⑨ 商业利用是指“为商业目的进口、销售或者以其他方式提供受保护的布图设计、含有该布图设计的集成电路或者含有该集成电路的物品的行为”(《集成电路布图设计保护条例》第2条第5项)。

⑩ 《集成电路布图设计保护条例》第7条。

业利用，布图设计自创作完成之日起15年后，不再受《集成电路布图设计保护条例》保护。①

有关集成电路布图设计的具体事项，主要适用《集成电路布图设计保护条例》《集成电路布图设计保护条例实施细则》等专门法规和司法解释的规定。

（七）植物新品种

植物新品种是植物新品种申请权和植物新品种权（即品种权）的客体，指的是"经过人工培育的或者对发现的野生植物加以开发，具备新颖性②、特异性③、一致性④和稳定性⑤并有适当命名的植物品种"。⑥ 国务院农业、林业行政部门按照职责分工共同负责植物新品种权申请的受理和审查并对符合法律法规规定的植物新品种授予品种权。⑦ 品种权的保护期限，自授权之日起，藤本植物、林木、果树和观赏树木为20年，其他植物为15年。⑧

"执行本单位的任务或者主要是利用本单位的物质条件所完成的职务育种，植物新品种的申请权属于该单位；非职务育种，植物新品种的申请权属于完成育种的个人；申请被批准后，品种权属于申请人"。⑨ "委托育种或者合作育种，品种权的归属由当事人在合同中约定；没有合同约定的，品种权属于受委托完成或者共同完成育种的单位或者个人"。⑩

---

① 《集成电路布图设计保护条例》第12条。

② 《种子法》第90条第6项规定："新颖性是指申请植物新品种权的品种在申请日前，经申请权人自行或者同意销售、推广其种子，在中国境内未超过一年；在境外，木本或者藤本植物未超过六年，其他植物未超过四年。本法施行后新列入国家植物品种保护名录的植物的属或者种，从名录公布之日起一年内提出植物新品种权申请的，在境内销售、推广该品种种子未超过四年的，具备新颖性。除销售、推广行为丧失新颖性外，下列情形视为已丧失新颖性：1. 品种经省、自治区、直辖市人民政府农业农村、林业草原主管部门依据播种面积确认已经形成事实扩散的；2. 农作物品种已审定或者登记两年以上未申请植物新品种权的。"

③ 特异性是指"一个植物品种有一个以上性状明显区别于已知品种"（《种子法》第90条第7项）。

④ 一致性是指"一个植物品种的特性除可预期的自然变异外，群体内个体间相关的特征或者特性表现一致"（《种子法》第90条第8项）。

⑤ 稳定性是指"一个植物品种经过反复繁殖后或者在特定繁殖周期结束时，其主要性状保持不变"（《种子法》第90条第9项）。

⑥ 《植物新品种保护条例》第2条。

⑦ 《植物新品种保护条例》第3条。

⑧ 《植物新品种保护条例》第34条。《植物新品种保护条例》第36条同时规定："有下列情形之一的，品种权在其保护期限届满前终止：（一）品种权人以书面声明放弃品种权的；（二）品种权人未按照规定缴纳年费的；（三）品种权人未按照审批机关的要求提供检测所需的该授权品种的繁殖材料的；（四）经检测该授权品种不再符合被授予品种权时的特征和特性的。"

⑨ 《植物新品种保护条例》第7条第1款。

⑩ 《植物新品种保护条例》第7条第2款。

品种权所有人对其授权品种享有排他的独占权。[①] 除法律行政法规另有规定[②]外,任何单位或者个人未经品种权所有人许可,不得生产、繁殖和为繁殖而进行处理、许诺销售、销售、进口、出口以及为实施上述行为储存该授权品种的繁殖材料,不得为商业目的将该授权品种的繁殖材料重复使用于生产另一品种的繁殖材料。[③]

有关植物新品种和植物新品种权的具体事项,主要适用《种子法》《植物新品种保护条例》等专门法律法规和司法解释的规定。

(八)法律规定的其他客体

《民法典》第 123 条第 2 款第 8 项所说的"法律规定的其他客体",包括《民法典》本身和其他法律规定的除《民法典》第 123 条第 2 款第 1 项至第 7 项所列的知识产权客体之外的其他客体。此外,在解释上,《民法典》第 123 条第 2 款第 8 项所说的"法律规定的其他客体",包括行政法规规定的其他的知识产权客体。

就知识产权的其他客体而言,《民法典》第 123 条第 2 款第 8 项所说的"法律规定的其他客体",具有三个层面的效果:

一是该规定对《民法典》施行之前的原有法律、行政法规针对知识产权的其他客体已经作出的既有的规定(即旧的规定)作出了明确的承认,以确保法律秩序的稳定和延续。

二是该规定明确允许并认可立法机关和国务院在《民法典》施行之后,在必要时通过对现有法律或行政法规进行修改或制定新的法律或行政法规的方式,针对知识产权的其他客体作出新的规定,以适应社会和经济的发展要求,也为将来规定新的知识产权客体预留了空间。

三是知识产权的其他客体,应当由法律或行政法规进行规定,而不应由规章、规范性文件等进行规定。可以将此称为"知识产权客体法定",跟《民法典》第 116 条所说的"物权的种类和内容,由法律规定"是类似的。

三、知识产权须依法享有

由于《民法典》第 123 条第 1 款使用了"民事主体依法享有知识产权"的表述,因此,并非任何民事主体都当然享有一切知识产权,任何民事主体享有任何知识产权均须"依法"进行。

---

① 《种子法》第 28 条、《植物新品种保护条例》第 6 条。

② 比如,《种子法》第 29 条规定:"在下列情况下使用授权品种的,可以不经植物新品种权所有人许可,不向其支付使用费,但不得侵犯植物新品种权所有人依照本法、有关法律、行政法规享有的其他权利:(一)利用授权品种进行育种及其他科研活动;(二)农民自繁自用授权品种的繁殖材料",第 30 条规定:"为了国家利益或者社会公共利益,国务院农业农村、林业草原主管部门可以作出实施植物新品种权强制许可的决定,并予以登记和公告。取得实施强制许可的单位或者个人不享有独占的实施权,并且无权允许他人实施。"

③ 《种子法》第 28 条。

第一百二十四条　【自然人的继承权】自然人依法享有继承权。

自然人合法的私有财产，可以依法继承。

【条文通释】

《民法典》第124条是关于自然人继承权的规定。

一、继承权的界定

（一）继承权的主体

"继承制度是关于自然人死亡后财富传承的基本制度。"[①]继承权是作为继承人的自然人（包括中国籍自然人、外国人、无国籍人）依法享有的继承被继承人的遗产的权利。继承权的主体即继承人，但丧失继承权的继承人不享有继承权[②]。

根据《民法典》继承编的规定，继承包括法定继承和遗嘱继承；此外，遗产的处理方式还有遗赠（包括遗赠扶养协议）。受遗赠权是跟继承权不同的权利。"继承开始后，按照法定继承办理；有遗嘱的，按照遗嘱继承或者遗赠办理；有遗赠扶养协议的，按照协议办理"。[③]

（二）继承权的客体

遗产是继承权的客体，即"自然人死亡时遗留的个人合法财产"[④]，也就是《民法典》第124条所说的"自然人合法的私有财产"。

据此，凡是被继承人生前已经取得的或已经明确可以取得的[⑤]、在其死亡时遗留的归其个人所有的合法财产，都属于被继承人的遗产；凡是被继承人生前尚未取得的[⑥]或不归被继承人所有的他人的财产，比如被继承人生前基于仓储、保管、承揽、代销、借用、寄存、租赁等合同或者其他法律关系占有、使用的他人财产，被继承人生前在所有权保留买卖中尚未取得所有权的财产，均不属于被继承人的遗产（但相应的债权构成遗产的一部分）。

---

① 全国人民代表大会常务委员会时任副委员长王晨2020年5月22日在第十三届全国人民代表大会第三次会议上作的《关于〈中华人民共和国民法典（草案）〉的说明》。

② 《民法典》第1125条规定："继承人有下列行为之一的，丧失继承权：（一）故意杀害被继承人；（二）为争夺遗产而杀害其他继承人；（三）遗弃被继承人，或者虐待被继承人情节严重；（四）伪造、篡改、隐匿或者销毁遗嘱，情节严重；（五）以欺诈、胁迫手段迫使或者妨碍被继承人设立、变更或者撤回遗嘱，情节严重。继承人有前款第三项至第五项行为，确有悔改表现，被继承人表示宽恕或者事后在遗嘱中将其列为继承人的，该继承人不丧失继承权。受遗赠人有本条第一款规定行为的，丧失受遗赠权。"

③ 《民法典》第1123条。

④ 《民法典》第1122条第1款。

⑤ 《民法典婚姻家庭编解释一》第24条规定："民法典第一千零六十二条第一款第三项规定的'知识产权的收益'，是指婚姻关系存续期间，实际取得或者已经明确可以取得的财产性收益。"

⑥ 比如，海南省高级人民法院（2019）琼民申118号民事裁定书认为："陈某兴于2016年11月10日死亡，陈某兴死亡后由其妻子潘某经营管理涉案果园，该果园2017年5月才收果，该果园的果实应不能认定为陈某兴的遗产。震某公司主张该果园的果实收入为陈某兴的遗产，应不予支持"。

结合《民法典》总则编第五章关于民事权利的规定,《民法典》第 395 条[①]、第 1153 条[②]和《破产法解释二》第 1 条至第 4 条的规定[③],遗产指向的是在被继承人死亡时依法归被继承人个人所有的全部财产和财产权益,不仅包括收入或收益[④]、货币[⑤]、不动产(土地、建筑物和其他土地附着物)[⑥]、动产[⑦](生产设备、原材料、半成品、产品、交通运输工具、船舶、航空器以及依法收藏的文物[⑧]等),也包括证券(股票、债券、证券投资

---

① 《民法典》第 395 条规定:"债务人或者第三人有权处分的下列财产可以抵押:(一)建筑物和其他土地附着物;(二)建设用地使用权;(三)海域使用权;(四)生产设备、原材料、半成品、产品;(五)正在建造的建筑物、船舶、航空器;(六)交通运输工具;(七)法律、行政法规未禁止抵押的其他财产。"

② 《民法典》第 1153 条规定:"夫妻共同所有的财产,除有约定的外,遗产分割时,应当先将共同所有的财产的一半分出为配偶所有,其余的为被继承人的遗产。遗产在家庭共有财产之中的,遗产分割时,应当先分出他人的财产。"

③ 《破产法解释二》第 1 条规定:"除债务人所有的货币、实物外,债务人依法享有的可以用货币估价并可以依法转让的债权、股权、知识产权、用益物权等财产和财产权益,人民法院均应认定为债务人财产",第 2 条规定:"下列财产不应认定为债务人财产:(一)债务人基于仓储、保管、承揽、代销、借用、寄存、租赁等合同或者其他法律关系占有、使用的他人财产;(二)债务人在所有权保留买卖中尚未取得所有权的财产;(三)所有权专属于国家且不得转让的财产;(四)其他依照法律、行政法规不属于债务人的财产",第 3 条第 1 款规定:"债务人已依法设定担保物权的特定财产,人民法院应当认定为债务人财产",第 4 条第 1 款规定:"债务人对按份享有所有权的共有财产的相关份额,或者共同享有所有权的共有财产的相应财产权利,以及依法分割共有财产所得部分,人民法院均应认定为债务人财产。"

④ 《农村土地承包法》第 32 条规定:"承包人应得的承包收益,依照继承法的规定继承。林地承包的承包人死亡,其继承人可以在承包期内继续承包",《民法典继承编解释一》第 2 条规定:"承包人死亡时尚未取得承包收益的,可以将死者生前对承包所投入的资金和所付出的劳动及其增值和孳息,由发包单位或者接续承包合同的人合理折价、补偿。其价额作为遗产。"

⑤ 比如,《保险法》第 42 条第 1 款规定:"被保险人死亡后,有下列情形之一的,保险金作为被保险人的遗产,由保险人依照《中华人民共和国继承法》的规定履行给付保险金的义务:(一)没有指定受益人,或者受益人指定不明无法确定的;(二)受益人先于被保险人死亡,没有其他受益人的;(三)受益人依法丧失受益权或者放弃受益权,没有其他受益人的";《社会保险法》第 11 条规定:"基本养老保险实行社会统筹与个人账户相结合。基本养老保险基金由用人单位和个人缴费以及政府补贴等组成",第 12 条规定:"用人单位应当按照国家规定的本单位职工工资总额的比例缴纳基本养老保险费,记入基本养老保险统筹基金。职工应当按照国家规定的本人工资的比例缴纳基本养老保险费,记入个人账户。无雇工的个体工商户、未在用人单位参加基本养老保险的非全日制从业人员以及其他灵活就业人员参加基本养老保险的,应当按照国家规定缴纳基本养老保险费,分别记入基本养老保险统筹基金和个人账户",第 14 条规定:"个人账户不得提前支取,记账利率不得低于银行定期存款利率,免征利息税。个人死亡的,个人账户余额可以继承";《国务院办公厅关于推动个人养老金发展的意见》(国办发〔2022〕7 号)第 7 条规定:"[个人养老金]参加人死亡后,其个人养老金资金账户中的资产可以继承";《退役军人逐月领取退役金安置办法》(退役军人部发〔2021〕82 号)第 25 条规定:"逐月领取退役金的退役军人去世的,按照国家有关规定发给抚恤金和丧葬补助费,其基本养老、基本医疗保险个人账户和军人职业年金账户资金余额可以继承。"

⑥ 《民法典》第 230 条规定:"因继承取得物权的,自继承开始时发生效力",《不动产登记暂行条例》第 14 条规定:"因买卖、设定抵押权等申请不动产登记的,应当由当事人双方共同申请。属于下列情形之一的,可以由当事人单方申请:……(二)继承、接受遗赠取得不动产权利的……"

⑦ 《民法典》第 230 条规定:"因继承取得物权的,自继承开始时发生效力。"

⑧ 《文物保护法》第 50 条规定:"文物收藏单位以外的公民、法人和其他组织可以收藏通过下列方式取得的文物:(一)依法继承或者接受赠与;(二)从文物商店购买;(三)从经营文物拍卖的拍卖企业购买;(四)公民个人合法所有的文物相互交换或者依法转让;(五)国家规定的其他合法方式。文物收藏单位以外的公民、法人和其他组织收藏的前款文物可以依法流通",第 6 条规定:"属于集体所有和私人所有的纪念建筑物、古建筑和祖传文物以及依法取得的其他文物,其所有权受法律保护。文物的所有者必须遵守国家有关文物保护的法律、法规的规定。"

基金份额等)[①]、特定投资性权利(对股份有限公司的股份、对有限责任公司的股权[②]和在合伙企业中的财产份额[③]等)、知识产权中的财产权[④]、债权[⑤]、特定的用益物权(海域使用权[⑥]、建设用地使用权[⑦]等)等财产和财产权益[⑧],还包括被继承人生前已经设定担保物权的特定财产、被继承人对按份享有所有权的共有财产的相关份额、共同享有所

---

① 《最高人民法院关于贯彻执行〈中华人民共和国继承法〉若干问题的意见》(法〔民〕发〔1985〕22号,已废止)第3条曾规定:"公民可继承的其他合法财产包括有价证券和履行标的为财物的债权等。"

② 《公司法》第90条规定:"自然人股东死亡后,其合法继承人可以继承股东资格;但是,公司章程另有规定的除外。"

③ 《合伙企业法》第50条规定:"合伙人死亡或者被依法宣告死亡的,对该合伙人在合伙企业中的财产份额享有合法继承权的继承人,按照合伙协议的约定或者经全体合伙人一致同意,从继承开始之日起,取得该合伙企业的合伙人资格。有下列情形之一的,合伙企业应当向合伙人的继承人退还被继承合伙人的财产份额:(一)继承人不愿意成为合伙人;(二)法律规定或者合伙协议约定合伙人必须具有相关资格,而该继承人未取得该资格;(三)合伙协议约定不能成为合伙人的其他情形。合伙人的继承人为无民事行为能力人或者限制民事行为能力人的,经全体合伙人一致同意,可以依法成为有限合伙人,普通合伙企业依法转为有限合伙企业。全体合伙人未能一致同意的,合伙企业应当将被继承合伙人的财产份额退还该继承人",第80条规定:"作为有限合伙人的自然人死亡、被依法宣告死亡或者作为有限合伙人的法人及其他组织终止时,其继承人或者权利承受人可以依法取得该有限合伙人在有限合伙企业中的资格。"

④ 《著作权法》第10条第1款规定:"著作权包括下列人身权和财产权:(一)发表权,即决定作品是否公之于众的权利;(二)署名权,即表明作者身份,在作品上署名的权利;(三)修改权,即修改或者授权他人修改作品的权利;(四)保护作品完整权,即保护作品不受歪曲、篡改的权利;(五)复制权,即以印刷、复印、拓印、录音、录像、翻录、翻拍、数字化等方式将作品制作一份或者多份的权利;(六)发行权,即以出售或者赠与方式向公众提供作品的原件或者复制件的权利;(七)出租权,即有偿许可他人临时使用视听作品、计算机软件的原件或者复制件的权利,计算机软件不是出租的主要标的的除外;(八)展览权,即公开陈列美术作品、摄影作品的原件或者复制件的权利;(九)表演权,即公开表演作品,以及用各种手段公开播送作品的表演的权利;(十)放映权,即通过放映机、幻灯机等技术设备公开再现美术、摄影、视听作品等的权利;(十一)广播权,即以有线或者无线方式公开传播或者转播作品,以及通过扩音器或者其他传送符号、声音、图像的类似工具向公众传播广播的作品的权利,但不包括本款第十二项规定的权利;(十二)信息网络传播权,即以有线或者无线方式向公众提供,使公众可以在其选定的时间和地点获得作品的权利;(十三)摄制权,即以摄制视听作品的方法将作品固定在载体上的权利;(十四)改编权,即改变作品,创作出具有独创性的新作品的权利;(十五)翻译权,即将作品从一种语言文字转换成另一种语言文字的权利;(十六)汇编权,即将作品或者作品的片段通过选择或者编排,汇集成新作品的权利;(十七)应当由著作权人享有的其他权利",第21条规定:"著作权属于自然人的,自然人死亡后,其本法第十条第一款第五项至第十七项规定的权利在本法规定的保护期内,依法转移";《专利法实施细则》第15条第1款规定:"除依照专利法第十条规定转让专利权外,专利权因其他事由发生转移的,当事人应当凭有关证明文件或者法律文书向国务院专利行政部门办理专利权转移手续。"

⑤ 《最高人民法院关于贯彻执行〈中华人民共和国继承法〉若干问题的意见》(法〔民〕发〔1985〕22号,已废止)第3条曾规定:"公民可继承的其他合法财产包括有价证券和履行标的为财物的债权等。"

⑥ 《海域使用管理法》第27条第3款规定:"海域使用权可以依法继承。"

⑦ 《城镇国有土地使用权出让和转让暂行条例》(2020年修订)第2条规定:"国家按照所有权与使用权分离的原则,实行城镇国有土地使用权出让、转让制度,但地下资源、埋藏物和市政公用设施除外。前款所称城镇国有土地是指市、县城、建制镇、工矿区范围内属于全民所有的土地(以下简称土地)",第48条规定:"依照本条例的规定取得土地使用权的个人,其土地使用权可以继承。"

⑧ 《信托法》第48条规定:"受益人的信托受益权可以依法转让和继承,但信托文件有限制性规定的除外。"

有权的共有财产的相应财产权利以及依法分割共有财产所得部分①。

需要注意的是，特定的财产权利能否继承，取决于相关法律法规的规定②。

此外，烈士褒扬金、现役军人死亡抚恤金，③参加社会保险的个人死亡的丧葬补助金、抚恤金（或因工死亡供养亲属抚恤金）、因工死亡补助金，④被侵权人死亡的死亡赔偿金、丧葬费⑤，因其权利人是烈士或死者的遗属或近亲属，相关权利产生于烈士或死者死亡之后，并非烈士或死者个人所有的财产或权利，不符合“遗产”的定义（即“自然人死亡时遗留的个人合法财产”），不属于继承人可以继承的财产范围。⑥

还有，并非被继承人的所有遗产都可以继承。对此，《民法典》第 1122 条第 2 款规定：“依照法律规定或者根据其性质不得继承的遗产，不得继承。”比如，《民法典》明确规定，居住权不得继承⑦、宅基地使用权不得单独继承⑧。

---

① 《民法典》第 1153 条规定：“夫妻共同所有的财产，除有约定的外，遗产分割时，应当先将共同所有的财产的一半分出为配偶所有，其余的为被继承人的遗产。遗产在家庭共有财产之中的，遗产分割时，应当先分出他人的财产。”

② 比如《公司法》第 90 条、《合伙企业法》第 50 条。

③ 《军人地位和权益保障法》第 48 条规定：“国家实行军人死亡抚恤制度。军人死亡后被评定为烈士的，国家向烈士遗属颁发烈士证书，保障烈士遗属享受规定的烈士褒扬金、抚恤金和其他待遇。军人因公牺牲、病故的，国家向其遗属颁发证书，保障其遗属享受规定的抚恤金和其他待遇”，第 49 条规定：“国家实行军人残疾抚恤制度。军人因战、因公、因病致残的，按照国家有关规定评定残疾等级并颁发证件，享受残疾抚恤金和其他待遇，符合规定条件的以安排工作、供养、退休等方式妥善安置。”

④ 《社会保险法》第 17 条规定：“参加基本养老保险的个人，因病或者非因工死亡的，其遗属可以领取丧葬补助金和抚恤金；在未达到法定退休年龄时因病或者非因工致残完全丧失劳动能力的，可以领取病残津贴。所需资金从基本养老保险基金中支付”，第 38 条第 8 项规定：“因工伤发生的下列费用，按照国家规定从工伤保险基金中支付：……（八）因工死亡的，其遗属领取的丧葬补助金、供养亲属抚恤金和因工死亡补助金”，第 49 条规定：“失业人员在领取失业保险金期间死亡的，参照当地对在职职工死亡的规定，向其遗属发给一次性丧葬补助金和抚恤金。所需资金从失业保险基金中支付。个人死亡同时符合领取基本养老保险丧葬补助金、工伤保险丧葬补助金和失业保险丧葬补助金条件的，其遗属只能选择领取其中的一项。”

⑤ 《民法典》第 1179 条规定：“侵害他人……造成死亡的，还应当赔偿丧葬费和死亡赔偿金”，第 1181 条第 1 款规定：“被侵权人死亡的，其近亲属有权请求侵权人承担侵权责任……”

⑥ 针对被侵权人死亡的死亡赔偿金的性质，《最高人民法院关于空难死亡赔偿金能否作为遗产处理的复函》（〔2004〕民一他字第 26 号）规定：“空难死亡赔偿金是基于死者死亡对死者近亲属所支付的赔偿。获得空难死亡赔偿金的权利人是死者近亲属，而非死者。故空难死亡赔偿金不宜认定为遗产。”陕西省高级人民法院（2020）陕民申 2848 号民事裁定书也认为：“公民因身体受到伤害而死亡，所获得的死亡赔偿金等不属于遗产范围，而是死者因他人致害死亡后由责任人给其亲属所造成的物质性收入损失的一种补偿。死亡赔偿金不能作为遗产继承，但死者近亲属可以请求分割。”类似的裁判意见，还可见江苏省高级人民法院（2016）苏民申 3884 号民事裁定书。针对因工死亡补助金、抚恤金，河北省高级人民法院（2020）冀民申 1807 号民事裁定书认为：“因一次性工亡赔偿金和供养亲属抚恤金系对死者近亲属的赔偿，因此并不属于遗产范畴，更不能用于清偿死者债务”。

⑦ 《民法典》第 369 条规定：“居住权不得转让、继承……”

⑧ 最高人民法院（2020）最高法行再 375 号行政判决书认为：“自然资源部 2020 年 9 月 9 日对十三届全国人大三次会议第 3226 号建议的答复中‘农民的宅基地使用权可以依法由城镇户籍的子女继承并办理不动产登记’。根据《继承法》规定，被继承人的房屋作为遗产由继承人继承，按照房地一体原则，继承人继承取得房屋所有权和宅基地使用权，农村宅基地不能被单独继承。《不动产登记操作规范（试行）》明确规定，非本农村集体经济组织成员（含城镇居民），因继承房屋占有宅基地的，可按相关规定办理确权登记，在不动产登记簿及附注栏注记的该权利人为非本农民集体经济组织成员住宅的合法继承人。”

(三)人格权不得继承

需要注意的是,《民法典》第124条只是明确了自然人合法的私有财产可以依法继承,不涉及人身权能否继承的问题;从而,既不能直接将《民法典》第124条所说的“自然人依法享有继承权”作为“人身权可以继承”的依据,也不能将《民法典》第124条所说的“自然人合法的私有财产,可以依法继承”作为“人身权不得继承”的依据。

不过,针对人格权的继承问题,《民法典》第992条明确规定了“人格权不得放弃、转让或者继承”。据此,自然人的所有人格权都不属于可以继承的权利范围。

基于行政法规的特别规定,被继承人的著作权中的人身权(发表权、署名权、修改权、保护作品完整权),因由作者的继承人行使或保护而在事实上被“继承”了。

对此,《著作权法实施条例》第13条规定:“作者身份不明的作品,由作品原件的所有人行使除署名权以外的著作权。作者身份确定后,由作者或者其继承人行使著作权”,第15条规定:“作者死亡后,其著作权中的署名权、修改权和保护作品完整权由作者的继承人或者受遗赠人保护。著作权无人继承又无人受遗赠的,其署名权、修改权和保护作品完整权由著作权行政管理部门保护”,第17条规定:“作者生前未发表的作品,如果作者未明确表示不发表,作者死亡后50年内,其发表权可由继承人或者受遗赠人行使;没有继承人又无人受遗赠的,由作品原件的所有人行使。”

二、继承权须依法享有和行使

由于《民法典》第124条使用了“依法享有继承权”和“可以依法继承”的表述,因此,无论是继承权的享有,还是继承权的行使,即继承任何自然人任何合法的私有财产,均须“依法”进行,包括但不限于由法律规定的权利人①,依照法律规定的方式②、顺

---

① 比如,《民法典》第1127条规定:“遗产按照下列顺序继承:(一)第一顺序:配偶、子女、父母;(二)第二顺序:兄弟姐妹、祖父母、外祖父母。继承开始后,由第一顺序继承人继承,第二顺序继承人不继承;没有第一顺序继承人继承的,由第二顺序继承人继承……”第1133条规定:“自然人可以依照本法规定立遗嘱处分个人财产,并可以指定遗嘱执行人。自然人可以立遗嘱将个人财产指定由法定继承人中的一人或者数人继承。自然人可以立遗嘱将个人财产赠与国家、集体或者法定继承人以外的组织、个人……”第1158条规定:“自然人可以与继承人以外的组织或者个人签订遗赠扶养协议。按照协议,该组织或者个人承担该自然人生养死葬的义务,享有受遗赠的权利”,第1155条规定:“遗产分割时,应当保留胎儿的继承份额。胎儿娩出时是死体的,保留的份额按照法定继承办理”,第1131条规定:“对继承人以外的依靠被继承人扶养的人,或者继承人以外的对被继承人扶养较多的人,可以分给适当的遗产。”

② 比如,《民法典》第1123条规定:“继承开始后,按照法定继承办理;有遗嘱的,按照遗嘱继承或者遗赠办理;有遗赠扶养协议的,按照协议办理。”

序①、期限②、条件③、客体范围④、份额⑤等，继承或取得相应的遗产。

三、有关继承和继承权的具体事项

需要注意的是，《民法典》第 124 条本身只是对自然人的继承权作出了原则性规定，并未直接涉及继承的方式、继承权、继承的顺序、遗产的处理等具体事项，这些事项主要是由《民法典》继承编予以规定的。

就《民法典》总则编和继承编的适用关系而言，根据《民法典总则编解释》第 1 条第 1 款所说的"民法典第二编至第七编对民事关系有规定的，人民法院直接适用该规定；民法典第二编至第七编没有规定的，适用民法典第一编的规定，但是根据其性质不能适用的除外"，有关继承和继承权的具体事项，应当直接适用《民法典》继承编的有关规定；在《民法典》继承编没有作出规定的范围内，还应当根据相关事项的性质，适用《民法典》总则编的有关规定（比如总则编关于民事法律行为的规定）。

四、法人、非法人组织权利义务的承继

结合《民法典》第 124 条第 1 款所说的"自然人依法享有继承权"，第 1120 条所说的"国家保护自然人的继承权"，第 1121 条第 1 款所说的"继承从被继承人死亡时开始"，可以认为，只有自然人才享有继承权，法人或非法人组织不享有继承权。

不过，法人或非法人组织依法享有与自然人的继承权类似的承继其他法人或非法人组织的权利义务的权利，能够依法享有或取得其他法人或非法人组织终止时所享有的财产或权利。

比如，《民法典》第 67 条第 1 款规定："法人合并的，其权利和义务由合并后的法人

---

① 比如，《民法典》第 1127 条规定："遗产按照下列顺序继承：（一）第一顺序：配偶、子女、父母；（二）第二顺序：兄弟姐妹、祖父母、外祖父母。继承开始后，由第一顺序继承人继承，第二顺序继承人不继承；没有第一顺序继承人继承的，由第二顺序继承人继承……"第 1129 条规定："丧偶儿媳对公婆，丧偶女婿对岳父母，尽了主要赡养义务的，作为第一顺序继承人。"

② 比如，《民法典》第 1124 条规定："继承开始后，继承人放弃继承的，应当在遗产处理前，以书面形式作出放弃继承的表示；没有表示的，视为接受继承。受遗赠人应当在知道受遗赠后六十日内，作出接受或者放弃受遗赠的表示；到期没有表示的，视为放弃受遗赠。"

③ 比如，《民法典》第 1144 条规定："遗嘱继承或者遗赠附有义务的，继承人或者受遗赠人应当履行义务。没有正当理由不履行义务的，经利害关系人或者有关组织请求，人民法院可以取消其接受附义务部分遗产的权利"，第 1159 条规定："分割遗产，应当清偿被继承人依法应当缴纳的税款和债务；但是，应当为缺乏劳动能力又没有生活来源的继承人保留必要的遗产"，第 1161 条规定："继承人以所得遗产实际价值为限清偿被继承人依法应当缴纳的税款和债务。超过遗产实际价值部分，继承人自愿偿还的不在此限。继承人放弃继承的，对被继承人依法应当缴纳的税款和债务可以不负清偿责任"，第 1163 条规定："既有法定继承又有遗嘱继承、遗赠的，由法定继承人清偿被继承人依法应当缴纳的税款和债务；超过法定继承遗产实际价值部分，由遗嘱继承人和受遗赠人按比例以所得遗产清偿。"

④ 比如，《民法典》第 1122 条第 2 款规定："依照法律规定或者根据其性质不得继承的遗产，不得继承。"

⑤ 比如，《民法典》第 1130 条规定："同一顺序继承人继承遗产的份额，一般应当均等。对生活有特殊困难又缺乏劳动能力的继承人，分配遗产时，应当予以照顾。对被继承人尽了主要扶养义务或者与被继承人共同生活的继承人，分配遗产时，可以多分。有扶养能力和有扶养条件的继承人，不尽扶养义务的，分配遗产时，应当不分或者少分。继承人协商同意的，也可以不均等。"

享有和承担”,第 98 条规定:“机关法人被撤销的,法人终止,其民事权利和义务由继任的机关法人享有和承担;没有继任的机关法人的,由作出撤销决定的机关法人享有和承担”,第 1181 条第款规定:“……被侵权人为组织,该组织分立、合并的,承继权利的组织有权请求侵权人承担侵权责任。”《公司法》第 221 条也规定:“公司合并时,合并各方的债权、债务,应当由合并后存续的公司或者新设的公司承继。”

又如,《最高人民法院关于审理涉及农村土地承包纠纷案件适用法律问题的解释》(2020 年修正)第 23 条规定:“林地家庭承包中,承包方的继承人请求在承包期内继续承包的,应予支持。其他方式承包中,承包方的继承人或者权利义务承受者请求在承包期内继续承包的,应予支持。”

第一百二十五条 【股权等投资性权利】民事主体依法享有股权和其他投资性权利。

【条文通释】

《民法典》第 125 条是关于股权等投资性权利的规定。

一、投资性权利的界定

(一)投资性权利的定义

由于《民法典》第 125 条使用了“股权和其他投资性权利”的表述,因此,“股权”属于“投资性权利”的一种类型,“投资性权利”是“股权”的上位概念,“投资性权利”与“股权”是包含与被包含、一般与特殊的关系。

不过,《民法典》没有规定“投资性权利”的定义。结合《企业所得税法》第 14 条、第 46 条[①]和《企业所得税法实施条例》(2019 年修订)第 71 条第 1 款、第 119 条[②]的规定,《民法典》第 125 条所说的“投资性权利”,指向的是作为投资者的民事主体基于其对被投资主体的权益性投资所享有的权利,包括资产收益、选择管理者、参与重大决策等权利[③]。

---

① 《企业所得税法》第 14 条规定:“企业对外投资期间,投资资产的成本在计算应纳税所得额时不得扣除”,第 46 条规定:“企业从其关联方接受的债权性投资与权益性投资的比例超过规定标准而发生的利息支出,不得在计算应纳税所得额时扣除。”

② 《企业所得税法实施条例》第 71 条第 1 款规定:“企业所得税法第十四条所称投资资产,是指企业对外进行权益性投资和债权性投资形成的资产”,第 119 条规定:“企业所得税法第四十六条所称债权性投资,是指企业直接或者间接从关联方获得的,需要偿还本金和支付利息或者需要以其他具有支付利息性质的方式予以补偿的融资。企业间接从关联方获得的债权性投资,包括:(一)关联方通过无关联第三方提供的债权性投资;(二)无关联第三方提供的、由关联方担保且负有连带责任的债权性投资;(三)其他间接从关联方获得的具有负债实质的债权性投资。企业所得税法第四十六条所称权益性投资,是指企业接受的不需要偿还本金和支付利息,投资人对企业净资产拥有所有权的投资。”

③ 《公司法》第 4 条第 2 款规定:“公司股东对公司依法享有资产收益、参与重大决策和选择管理者等权利。”

其中的“权益性投资”，是与“债权性投资”相对的概念，指的是被投资主体接受的不需要偿还本金和支付利息，投资者对被投资主体的净资产拥有所有权的投资，包括股权、股票、合伙企业财产份额等①；而“债权性投资”则指被投资主体从他人获得的需要偿还本金和支付利息或者需要以其他具有支付利息性质的方式予以补偿的融资。

（二）投资性权利与债券

结合《公司法》第 194 条第 1 款所说的“本法所称公司债券，是指公司发行的约定按期还本付息的有价证券”和《企业债券管理条例》第 5 条所说的“本条例所称企业债券，是指企业依照法定程序发行、约定在一定期限内还本付息的有价证券”，投资者基于其持有的债券所享有的权利，并非投资性权利，在性质上属于《民法典》第 118 条所说的“债权”。

（三）投资性权利与证券投资基金份额

证券投资基金份额包括公开募集基金的基金份额（即公募基金份额）和非公开募集基金的基金份额（即私募基金份额）②；私募基金份额包括公司制私募基金份额、合伙企业制私募基金份额和契约型私募基金份额③。

其中，投资者基于其所持有的公司制私募基金份额或合伙企业制私募基金份额所享有的权利，属于《民法典》第 125 条所说的“投资性权利”；而投资者基于其所持有的公募基金份额或契约型私募基金份额所享有的权利，属于基于基金合同所享有的合同权利，在性质上属于《民法典》第 118 条所说的“债权”。

（四）投资性权利与存托凭证

跟股票和债券一样，中国存托凭证也属于证券④，指的是由存托人签发、以境外证券为基础在中国境内发行、代表境外基础证券权益的证券。存托凭证的制度安排如下：基础证券发行人、存托人及存托凭证持有人通过存托协议明确存托凭证所代表权益及各方权利义务；基础证券发行人在境外发行的基础证券由存托人持有，并由存托人在境内签发存托凭证；投资者持有存托凭证即成为存托协议当事人，视为其同意并

---

① 《关于权益性投资经营所得个人所得税征收管理的公告》（财政部 税务总局公告 2021 年第 41 号）第 1 条规定：“持有股权、股票、合伙企业财产份额等权益性投资的个人独资企业、合伙企业（以下简称独资合伙企业），一律适用查账征收方式计征个人所得税。”

② 《证券投资基金法》第 3 条第 3 款规定：“通过公开募集方式设立的基金（以下简称公开募集基金）的基金份额持有人按其所持基金份额享受收益和承担风险，通过非公开募集方式设立的基金（以下简称非公开募集基金）的收益分配和风险承担由基金合同约定。”

③ 《私募投资基金监督管理条例》第 2 条规定：“在中华人民共和国境内，以非公开方式募集资金，设立投资基金或者以进行投资活动为目的依法设立公司、合伙企业，由私募基金管理人或者普通合伙人管理，为投资者的利益进行投资活动，适用本条例”，第 4 条规定：“私募基金财产独立于私募基金管理人、私募基金托管人的固有财产。私募基金财产的债务由私募基金财产本身承担，但法律另有规定的除外。投资者按照基金合同、公司章程、合伙协议（以下统称基金合同）约定分配收益和承担风险。”

④ 《证券法》第 2 条第 1 款规定：“在中华人民共和国境内，股票、公司债券、存托凭证和国务院依法认定的其他证券的发行和交易，适用本法；本法未规定的，适用《中华人民共和国公司法》和其他法律、行政法规的规定。”

遵守存托协议约定；存托凭证持有人依法享有存托凭证代表的境外基础证券权益，并按照存托协议约定，通过存托人行使其权利；存托人按照存托协议约定，根据存托凭证持有人意愿行使境外基础证券相应权利，办理存托凭证分红、派息等业务。①

由此可见，存托凭证制度与股份代持安排具有诸多相同之处，可以视为股份代持的特殊形式，即存托凭证持有人对应于“实际股东”（或实际出资人），存托人对应于“代持人”（或名义股东），境外基础股票发行人对应于“标的公司”。存托凭证持有人基于其所持有的存托凭证所享有的权利，属于基于存托协议所享有的合同权利，在性质上也属于《民法典》第 118 条所说的“债权”，但属于《证券法》所说的“具有股权性质的证券”②。

二、投资性权利的种类

关于投资性权利的种类，《民法典》第 125 条只是明确列出了“股权”，并以“其他投资性权利”兜底，既涵盖了《民法典》和其他法律已经规定的其他的投资性权利，也为法律将来规定新的投资性权利预留了空间。

（一）股权

《民法典》第 125 条所说的“股权”，与《民法典》第 440 条第 4 项和第 443 条所说的用于质押担保的“股权”具有相同的含义，指向的是股东在公司中的股权，不仅包括出资人基于对有限责任公司认缴或实缴的出资所享有的权利，也包括出资人基于其所持有的股份有限公司的股份或股票所享有的权利，还包括出资人基于对特定的公司认购的优先股所享有的权利。

（二）其他投资性权利

现阶段，《民法典》所说的“其他投资性权利”，主要包括：（1）在其他营利法人（比如全民所有制企业法人、集体所有制企业法人）中的投资性权利；（2）在个人独资企业中的投资性权利；（3）在合伙企业中的投资性权利；（4）在农民专业合作社中的投资性权利。

三、有关投资性权利的具体事项

需要注意的是，《民法典》第 125 条本身只是对投资性权利作出了原则性规定，并未直接涉及各种投资性权利的具体事项，这些事项主要是由《公司法》《全民所有制工业企业法》《个人独资企业法》《合伙企业法》《农民专业合作社法》《城镇集体所有制企业条例》《乡村集体所有制企业条例》等专门法律法规予以规定的。

根据《民法典》第 11 条所说的“其他法律对民事关系有特别规定的，依照其规定”，

---

① 《关于开展创新企业境内发行股票或存托凭证试点的若干意见》（国办发〔2018〕21 号文件转发）。

② 《证券法》第 40 条、第 44 条、第 187 条和第 189 条使用了“股票或者其他具有股权性质的证券”的表述；《境内企业境外发行证券和上市管理试行办法》（2023 年）第 2 条第 3 款规定：“本办法所称证券，是指境内企业直接或者间接在境外发行上市的股票、存托凭证、可转换为股票的公司债券或者其他具有股权性质的证券。”

《立法法》第 103 条所说的“同一机关制定的法律……特别规定与一般规定不一致的，适用特别规定”和《民法典总则编解释》第 1 条第 2 款所说的“就同一民事关系，其他民事法律的规定属于对民法典相应规定的细化的，应当适用该民事法律的规定。民法典规定适用其他法律的，适用该法律的规定”，有关投资性权利的具体事项，应当根据特定的投资性权利的具体情况，直接适用相关专门法律的规定。

四、投资性权利须依法享有

由于《民法典》第 125 条使用了“民事主体依法享有股权和其他投资性权利”的表述，因此，并非任何民事主体都当然享有投资性权利，任何民事主体享有任何投资性权利均须“依法”进行。

第一百二十六条　【其他民事权利和利益】民事主体享有法律规定的其他民事权利和利益。

【条文通释】

《民法典》第 126 条是关于其他民事权利和利益的规定。

在《民法典》第 109 条至第 125 条列明的各项民事权利的基础上，《民法典》第 126 条以“法律规定的其他民事权利和利益”兜底，既涵盖了《民法典》和其他法律已经规定的其他民事权利和利益，也为法律将来规定新的民事权利和利益类型预留了空间。

比如，体育赛事商业权利属于《民法典》第 126 条所说的“法律规定的其他民事权利”。对此，《体育法》第 52 条规定：“在中国境内举办的体育赛事，其名称、徽记、旗帜及吉祥物等标志按照国家有关规定予以保护。未经体育赛事活动组织者等相关权利人许可，不得以营利为目的采集或者传播体育赛事活动现场图片、音视频等信息”；最高人民法院（2021）最高法知民终 1790 号民事判决书认为：“中国足球协会是中国足球运动的自治体育组织，依法最初取得中国足球竞赛所产生的所有赛事商业权利。根据体育法（2016 年修正）第三十一条、第三十九条的规定，全国单项体育竞赛由该项运动的全国性协会负责；全国性的单项体育协会管理该项运动的普及与提高工作，代表中国参加相应的国际单项体育组织。中国足球协会根据法律的授权和政府的委托管理全国足球事务，其享有的赛事商业权利主要是基于其组织赛事而产生的以财产利益为主要内容的民事权益。虽然目前法律并没有专门规定该类赛事商业权利的范围及其独占性、排他性等属性，但其作为赛事组织者可以通过各类合同形式（如格式条款的宣传、协议专门约定、门票所载格式条款提示等）与其他赛事参与者（进场观众、新闻媒体等）约定其赛事资源权利范围及其属性，明确类似赛事的以下商业规则：未经体育赛事活动组织者等相关权利人许可，不得以营利为目的采集或者传播体育赛事活动现场图片、音视频等信息。……由于赛事商业权利属于一种民事权利，也是一种独占性、排他性权利，其原始权利人可以选择由本人自己行使、授权他人行使、与他人合作行使。中国足球协会独家授权某超公司行使足球赛事商业权利，某超公司又部分转授权某脉公司独家行使其中赛事图片经营权，均是中国足球协会和某超公司行使民事权利的体现”。

就其他民事权利和利益而言,《民法典》第 126 条所说的“法律规定的其他民事权利和利益”,具有三个层面的效果:

一是该规定对《民法典》施行之前的原有法律、行政法规针对其他民事权利和利益已经作出的既有的规定(即旧的规定)作出了明确的承认,以确保法律秩序的稳定和延续。

二是该规定明确允许并认可立法机关和国务院在《民法典》施行之后,在必要时通过对现有法律或行政法规进行修改或制定新的法律或行政法规的方式,针对其他民事权利和利益作出新的规定,以适应社会和经济的发展要求,为将来规定其他民事权利和利益预留了空间。

三是其他民事权利和利益应当由法律或行政法规进行规定,而不应由规章、规范性文件等进行规定。可以将此称为“其他民事权利和利益法定”,跟《民法典》第 116 条所说的“物权的种类和内容,由法律规定”是类似的。

第一百二十七条 【数据、网络虚拟财产的保护】法律对数据、网络虚拟财产的保护有规定的,依照其规定。

【条文通释】

《民法典》第 127 条是关于数据、网络虚拟财产的保护的规定。

《民法典》第 127 条规定了数据和网络虚拟财产这两类新型民事权利客体,并对其保护作了原则性规定,以“适应互联网和大数据时代发展的需要”①。

一、数据的保护

(一)数据的界定

数据是指“任何以电子或者其他方式对信息的记录”②,数据的收集、存储、使用、加工、传输、提供、公开等均属于数据处理③。

国家根据数据在经济社会发展中的重要程度,以及一旦遭到篡改、破坏、泄露或者非法获取、非法利用,对国家安全、公共利益或者个人、组织合法权益造成的危害程度,对数据实行分类分级保护;国家数据安全工作协调机制统筹协调有关部门制定重要数据目录,加强对重要数据的保护;关系国家安全、国民经济命脉、重要民生、重大公共利益等数据属于国家核心数据,实行更加严格的管理制度;各地区、各部门应当确定本地区、本部门以及相关行业、领域的重要数据具体目录,对列入目录的数据进行重点保护。④

---

① 全国人民代表大会常务委员会时任副委员长李建国 2017 年 3 月 8 日在第十二届全国人民代表大会第五次会议上作的《关于〈中华人民共和国民法总则(草案)〉的说明》。

② 《数据安全法》第 3 条第 1 款。

③ 《数据安全法》第 3 条第 2 款。

④ 《数据安全法》第 21 条。

数据保护的关键在于确保数据安全,即“通过采取必要措施,确保数据处于有效保护和合法利用的状态,以及具备保障持续安全状态的能力”①。

(二)有关数据保护的法律法规

现阶段,有关数据保护的法律体系主要是由《数据安全法》《网络安全法》《个人信息保护法》《刑法》②《关键信息基础设施安全保护条例》等法律、行政法规和国家网信部门、工业、电信、交通、金融、自然资源、卫生健康、教育、科技等主管部门以及公安机关、国家安全机关等监管机构出台的部门规章、规范性文件以及国家标准、行业标准③等组成的。

其中,《数据安全法》是“数据领域的基础性法律”,确立了“数据安全保护管理各项基本制度”。④

需要注意的是,数据构成个人信息(包括私密信息)的,还可以作为个人信息受到《民法典》人格权编和《个人信息保护法》的保护;数据符合知识产权客体(比如软件作品、商业秘密)的条件的,还可以作为相应的知识产权受到相关知识产权法律的保护。

(三)数据保护的法律适用规则

《民法典》第 127 条明确了数据保护的法律适用规则,即“法律对数据的保护有规定的,依照其规定”。其中的“法律”,既包括其他法律,也包括《民法典》自身。

据此,有关数据及其保护的事项,只要法律、行政法规对数据及其保护作出了规定,这些规定就都统一适用于数据及其保护。此时不存在需要区分法律的一般规定与特别规定、新的规定与旧的规定、上位法的规定与下位法的规定并确定如何适用法律的问题。这跟《民法典》第 11 条所说的“其他法律对民事关系有特别规定的,依照其规定”是不同的,跟《民法典》第 70 条第 2 款针对法人解散清算的清算义务人所说的“法律、行政法规另有规定的,依照其规定”也是不同的。

---

① 《数据安全法》第 3 条第 3 款。

② 比如,《刑法》第 285 条第 2 款规定了“非法获取计算机信息系统数据、非法控制计算机信息系统罪”,第 286 条第 2 款规定了“破坏计算机信息系统罪”,第 134 条之一规定了“危险作业罪”。

③ 《数据安全法》第 17 条规定:“国家推进数据开发利用技术和数据安全标准体系建设。国务院标准化行政主管部门和国务院有关部门根据各自的职责,组织制定并适时修订有关数据开发利用技术、产品和数据安全相关标准。国家支持企业、社会团体和教育、科研机构等参与标准制定”,第 10 条规定:“相关行业组织按照章程,依法制定数据安全行为规范和团体标准,加强行业自律,指导会员加强数据安全保护,提高数据安全保护水平,促进行业健康发展”;《标准化法》第 2 条规定:“本法所称标准(含标准样品),是指农业、工业、服务业以及社会事业等领域需要统一的技术要求。标准包括国家标准、行业标准、地方标准和团体标准、企业标准。国家标准分为强制性标准、推荐性标准,行业标准、地方标准是推荐性标准。强制性标准必须执行。国家鼓励采用推荐性标准”,第 25 条规定:“不符合强制性标准的产品、服务,不得生产、销售、进口或者提供”,第 36 条规定:“生产、销售、进口产品或者提供服务不符合强制性标准,或者企业生产的产品、提供的服务不符合其公开标准的技术要求的,依法承担民事责任”,第 37 条规定:“生产、销售、进口产品或者提供服务不符合强制性标准的,依照《中华人民共和国产品质量法》、《中华人民共和国进出口商品检验法》、《中华人民共和国消费者权益保护法》等法律、行政法规的规定查处,记入信用记录,并依照有关法律、行政法规的规定予以公示;构成犯罪的,依法追究刑事责任。”

④ 全国人大常委会法制工作委员会时任副主任刘俊臣 2020 年 6 月 28 日在第十三届全国人民代表大会常务委员会第二十次会议上作的《关于〈中华人民共和国数据安全法(草案)〉的说明》。

二、网络虚拟财产的保护

(一)网络虚拟财产的界定

现有法律尚未对网络虚拟财产进行界定。实务中,网络游戏账号[①],网络游戏的道具、装备[②]和虚拟货币(表现为网络游戏的预付充值卡、预付金额或点数等形式)[③],微信公众号[④]、抖音号[⑤]等电商账号[⑥]等,通常会被认定为网络虚拟财产。

需要注意的是,现阶段,虽然比特币、以太币、泰达币等虚拟货币也属于网络虚拟财产[⑦],但是,由于《中国人民银行、工业和信息化部、中国银行业监督管理委员会、中国证券监督管理委员会、中国保险监督管理委员会关于防范比特币风险的通知》(银发〔2013〕289 号)和中国人民银行、中央网信办、最高人民法院等《关于进一步防范和处置虚拟货币交易炒作风险的通知》(银发〔2021〕237 号)已经认定“虚拟货币不具有与法定货币等同的法律地位”“不具有法偿性与强制性等货币属性,并不是真正意义的货币”“不应且不能作为货币在市场上流通使用”,并明文规定“虚拟货币相关业务活动属

---

① 广东省高级人民法院(2021)粤民申 14367 号民事裁定书。

② 《新闻出版总署、中央文明办、教育部、公安部、信息产业部、团中央、全国妇联、中国关心下一代工作委员会关于保护未成年人身心健康实施网络游戏防沉迷系统的通知》(新出联〔2007〕5 号)附件 1《网络游戏防沉迷系统开发标准》第 2.2.2.2 条第 1 款规定:“由于不同的游戏有不同范畴,游戏收益定义为:‘游戏收益=游戏中与游戏角色成长升级相关的所有数据(包括但不限于经验值、荣誉值、声望值、称号等)的提升+获得的包括道具、装备、虚拟货币等在内的虚拟财产’。”

③ 《文化部、商务部关于加强网络游戏虚拟货币管理工作的通知》(文市发〔2009〕20 号)规定:“本通知所称的网络游戏虚拟货币,是指由网络游戏运营企业发行,游戏用户使用法定货币按一定比例直接或间接购买,存在于游戏程序之外,以电磁记录方式存储于网络游戏运营企业提供的服务器内,并以特定数字单位表现的一种虚拟兑换工具。网络游戏虚拟货币用于兑换发行企业所提供的指定范围、指定时间内的网络游戏服务,表现为网络游戏的预付充值卡、预付金额或点数等形式,但不包括游戏活动中获得的游戏道具”,“网络游戏虚拟货币的使用范围仅限于兑换发行企业自身所提供的虚拟服务,不得用以支付、购买实物产品或兑换其它企业的任何产品和服务”。

④ 河南省新乡市中级人民法院(2019)豫 07 民终 3460 号民事判决书、河南省高级人民法院(2020)豫民再 463 号民事判决书。

⑤ 新疆维吾尔自治区高级人民法院伊犁哈萨克自治州分院(2023)新 40 民终 737 号民事判决书。

⑥ 广东省高级人民法院(2020)粤民申 14433 号民事裁定书。

⑦ 《中国人民银行、工业和信息化部、中国银行业监督管理委员会、中国证券监督管理委员会、中国保险监督管理委员会关于防范比特币风险的通知》(银发〔2013〕289 号)规定:“虽然比特币被称为‘货币’,但由于其不是由货币当局发行,不具有法偿性与强制性等货币属性,并不是真正意义的货币。从性质上看,比特币应当是一种特定的虚拟商品……”

于非法金融活动"①,并明确提出"任何法人、非法人组织和自然人投资虚拟货币及相关衍生品,违背公序良俗的,相关民事法律行为无效,由此引发的损失由其自行承担;涉嫌破坏金融秩序、危害金融安全的,由相关部门依法查处",因此,虚拟货币将难以作为网络虚拟财产得到保护。

对此,最高人民法院指导性案例 199 号"高哲宇与深圳市云丝路创新发展基金企业、李斌申请撤销仲裁裁决案"的"裁判要点"也提出:"仲裁裁决裁定被申请人赔偿与比特币等值的美元,再将美元折算成人民币,属于变相支持比特币与法定货币之间的兑付交易,违反了国家对虚拟货币金融监管的规定,违背了社会公共利益,人民法院应当裁定撤销仲裁裁决。"

(二)网络虚拟财产保护的法律适用规则

《民法典》第 127 条明确了网络虚拟财产保护的法律适用规则,即"法律对网络虚拟财产的保护有规定的,依照其规定"。

据此,有关网络虚拟财产及其保护的事项,只要法律、行政法规对网络虚拟财产及其保护作出了规定,这些规定就都统一适用于网络虚拟财产及其保护。此时不存在需要区分法律的一般规定与特别规定、新的规定与旧的规定、上位法的规定与下位法的规定并确定如何适用法律的问题。这跟《民法典》第 11 条所说的"其他法律对民事关系有特别规定的,依照其规定"是不同的,跟《民法典》第 70 条第 2 款针对法人解散清算的清算义务人所说的"法律、行政法规另有规定的,依照其规定"也是不同的。

第一百二十八条　【弱势群体的民事权利保护】法律对未成年人、老年人、残疾人、妇女、消费者等的民事权利保护有特别规定的,依照其规定。

【条文通释】

《民法典》第 128 条是关于弱势群体②的民事权利保护的规定。

---

① 中国人民银行、中央网信办、最高人民法院等《关于进一步防范和处置虚拟货币交易炒作风险的通知》(银发〔2021〕237 号)第(二)款规定:"虚拟货币相关业务活动属于非法金融活动。开展法定货币与虚拟货币兑换业务、虚拟货币之间的兑换业务、作为中央对手方买卖虚拟货币、为虚拟货币交易提供信息中介和定价服务、代币发行融资以及虚拟货币衍生品交易等虚拟货币相关业务活动涉嫌非法发售代币票券、擅自公开发行证券、非法经营期货业务、非法集资等非法金融活动,一律严格禁止,坚决依法取缔。对于开展相关非法金融活动构成犯罪的,依法追究刑事责任",第(三)款规定:"境外虚拟货币交易所通过互联网向我国境内居民提供服务同样属于非法金融活动。对于相关境外虚拟货币交易所的境内工作人员,以及明知或应知其从事虚拟货币相关业务,仍为其提供营销宣传、支付结算、技术支持等服务的法人、非法人组织和自然人,依法追究有关责任"。

② 中国人大网 2016 年 7 月 5 日公布的《关于〈中华人民共和国民法总则(草案)〉的说明》针对"未成年人、老年人、残疾人、妇女、消费者等"使用了"弱势群体民事权利的特别保护"的表述。《最高人民法院关于深入推进社会主义核心价值观融入裁判文书释法说理的指导意见》(法〔2021〕21 号)也使用了"老年人、妇女、儿童、残疾人等弱势群体"的表述。

一、弱势群体的范围

《民法典》第128条列明了未成年人、老年人、残疾人、妇女、消费者这5类弱势群体;在此基础上,还以"等"字兜底,将其他弱势群体纳入其中,既涵盖了其他法律规定的其他弱势群体(比如患者①、精神障碍患者②),也为法律将来在上述5类弱势群体之外规定新的弱势群体类型预留了空间。

二、弱势群体民事权利保护的法律适用规则

《民法典》第128条明确了未成年人、老年人、残疾人、妇女、消费者等弱势群体的民事权利保护的法律适用规则,即"法律有特别规定的,依照其规定"。这也是《民法典》第11条所说的"其他法律对民事关系有特别规定的,依照其规定"的具体体现和应有之义。

其中,《民法典》第128条所说的"特别规定",是与"一般规定"相对应的概念。就弱势群体的民事权利保护而言,《民法典》(包括总则编和其他各编)的规定属于"一般规定",其他法律作出的不同的规定则属于"特别规定"。

需要注意的是,《未成年人保护法》《老年人权益保障法》《妇女权益保障法》《残疾人保障法》《消费者权益保障法》分别属于未成年人、老年人、妇女、残疾人、消费者权利保护的专门法律,并非这些法律的所有规定都属于《民法典》第128条所说的"特别规定",只有这些法律中与《民法典》的相关规定不同的规定,才属于《民法典》第128条所说的"特别规定",才能"依照其规定"。

据此,有关未成年人、老年人、残疾人、妇女、消费者等弱势群体的民事权利保护的事项,只要法律、行政法规作出了跟《民法典》不同的规定,这些不同的规定就都应当优先于《民法典》得到适用。这跟《民法典》第127条所说的"法律对数据、网络虚拟财产的保护有规定的,依照其规定"是不同的。

此外,如果其他法律对弱势群体的民事权利保护作出了规定而《民法典》未作规定,此时不存在适用《民法典》第11条和第128条的空间,应当直接适用其他法律的相应规定。

第一百二十九条 【民事权利的取得方式】民事权利可以依据民事法律行为、事实行为、法律规定的事件或者法律规定的其他方式取得。

【条文通释】

《民法典》第129条是关于民事权利取得方式的规定。

《民法典》第129条列举了3种取得民事权利的方式:(1)民事法律行为;(2)事实

① 《基本医疗卫生与健康促进法》《医师法》对公民接受医疗卫生服务过程中的权利等事项作出了规定。

② 《精神卫生法》对精神障碍患者的权益及其保护、精神障碍的诊断、治疗等事项作出了规定。

行为；(3)法律规定的事件。在此基础上，《民法典》第 129 条还以“法律规定的其他方式”兜底，将取得民事权利的其他方式纳入其中，既涵盖了《民法典》和其他法律规定的其他的权利取得方式，也为法律将来在上述 3 种方式之外规定新的权利取得方式预留了空间。

一、民事法律事实

通常认为，《民法典》第 129 条所说的“民事法律行为”“事实行为”和“法律规定的事件”，均属“民事法律事实”，[①]即“能够引起民事法律关系产生、变更或消灭的事实或客观现象”[②]。

其中，“民事法律行为”和“事实行为”均属“行为”，即“人的活动”[③]或“受思想支配而表现在外面的活动”[④]；而“法律规定的事件”和“状态”则属“自然事实”。

二、民事权利取得方式之民事法律行为

(一)民事法律行为的界定

民事主体可以依据民事法律行为取得民事权利。“民事法律行为”具有《民法典》第 133 条规定的定义，即“民事主体通过意思表示设立、变更、终止民事法律关系的行为”。

有关民事法律行为的具体事项，请见本书关于《民法典》第 133 条至第 160 条的通释。

(二)并非所有民事法律行为都能产生民事权利

需要注意的是，并非所有的民事法律行为都能作为取得民事权利的依据。

对此，《民法典》第 153 条规定：“违反法律、行政法规的强制性规定的民事法律行为无效。但是，该强制性规定不导致该民事法律行为无效的除外。违背公序良俗的民事法律行为无效”，第 155 条规定：“无效的或者被撤销的民事法律行为自始没有法律约束力”，第 157 条规定：“民事法律行为无效、被撤销或者确定不发生效力后，行为人因该行为取得的财产，应当予以返还；不能返还或者没有必要返还的，应当折价补偿。有过错的一方应当赔偿对方由此所受到的损失；各方都有过错的，应当各自承担相应的责任。法律另有规定的，依照其规定。”

---

① 郭锋、陈龙业、贾玉慧、程立武：《〈关于适用民法典时间效力的若干规定〉的理解与适用》，载《人民司法》2021 年第 10 期；北京市高级人民法院(2021)京民终 532 号民事判决书、新疆维吾尔自治区高级人民法院(2021)新民终 269 号民事判决书、西藏自治区高级人民法院(2023)藏民申 84 号民事裁定书。

② 郭锋、陈龙业、贾玉慧、程立武：《〈关于适用民法典时间效力的若干规定〉的理解与适用》，载《人民司法》2021 年第 10 期；北京市高级人民法院(2021)京民终 532 号民事判决书、新疆维吾尔自治区高级人民法院(2021)新民终 269 号民事判决书、西藏自治区高级人民法院(2023)藏民申 84 号民事裁定书。

③ 《立法技术规范(试行)(一)》(法工委发〔2009〕62 号)第 8.2 条规定：“‘行为’用于表示人的活动”。

④ 中国社会科学院语言研究所词典编辑室编：《现代汉语词典》(修订本)，商务印书馆 1996 年版，第 1409 页。

三、民事权利取得方式之事实行为

(一)事实行为的界定

民事主体还可以依据事实行为取得民事权利。不过,《民法典》和《民法典总则编解释》都没有规定“事实行为”的定义。

在民法领域[①],“事实行为”是与“民事法律行为”相对应的概念,通常指向的是“行为人不具有设立、变更或消灭民事法律关系的意图,但依照法律规定能引起民事法律后果的行为”[②]。

结合《民法典》第231条所说的“因合法建造、拆除房屋等事实行为设立或者消灭物权的,自事实行为成就时发生效力”等,通常认为,建造、设置[③]行为,制作家具、缝制衣服,[④]拆除(包括强制拆除[⑤]、自愿拆除,合法拆除、违法拆除)、清除[⑥](或清理填埋[⑦]、推平[⑧]行为),无因管理[⑨],侵权行为[⑩],债权人催告债务人清偿债务的行为[⑪],盖章行为[⑫],错误操作的付款行为[⑬],等等,属于事实行为。

---

① 在行政法领域也存在“事实行为”的概念。根据行为结果是否出自行政机关及其工作人员的主观故意,行政行为可以分为法律行为和事实行为(见《最高人民法院行政审判庭负责人就〈关于审理行政赔偿案件若干问题的规定〉答记者问》,载最高人民法院网,https://www.court.gov.cn/zixun/xiangqing/351951.html,最后访问日期:2024年5月14日)。其中,作为行政行为的事实行为是指“一切并非以发生法律效果为目的,而以发生事实效果为目的的行政措施”[见最高人民法院(2017)最高法行申2930号行政裁定书]。

② 四川省高级人民法院(2016)川民申1705号民事裁定书、浙江省绍兴市中级人民法院(2013)浙绍民终字第1304号民事判决书。

③ 比如,最高人民法院(2019)最高法行申3386号行政裁定书认为:“本案中,再审申请人针对顶铺路路障设置行为提起诉讼,该路障设置行为虽系涵江区政府投资建设,但该行为属于事实行为,其不是相关行政机关行使行政职权的行为,对再审申请人行政法上权利、义务不产生实质上的影响,依法不属于行政诉讼的受案范围。”

④ 辽宁省沈阳市中级人民法院(2022)辽01民终1179号民事判决书。

⑤ 最高人民法院(2020)最高法行申5187号、(2019)最高法行申5630号、(2018)最高法行申4878号、(2017)最高法行申6501号行政裁定书等。

⑥ 最高人民法院(2019)最高法行申10324号行政裁定书。

⑦ 最高人民法院(2018)最高法行申4374号行政裁定书。

⑧ 最高人民法院(2017)最高法行申2891号行政裁定书。

⑨ 江苏省高级人民法院(2019)苏民申3134号民事裁定书、北京市第一中级人民法院(2018)京01民终474号民事判决书、上海市第二中级人民法院(2016)沪02民终3216号民事判决书。

⑩ 河北省衡水市中级人民法院(2021)冀11民终2249号民事判决书、湖南省长沙市中级人民法院(2021)湘01民终10581号民事判决书、江西省上饶市中级人民法院(2018)赣11民终1049号民事判决书。

⑪ 比如,在张某与湖南某锋房地产开发有限公司等债权转让纠纷案中,最高人民法院(2021)最高法民申4189号民事裁定书认为:“债权人罗某俊与某锋房地产公司催告债务人张某及其近亲属张某兰、唐某伟清偿债务的行为,属于事实行为,而非通过意思表示设立、变更、终止民事法律关系的民事法律行为。”

⑫ 山东省青岛市中级人民法院(2018)鲁02民终9162号民事判决书。

⑬ 比如,最高人民法院(2017)最高法民申322号民事裁定书(载《最高人民法院公报》2018年第2期)认为:“由于某博公司向某恒公司划款4244670.06元系误转所致,某博公司对于划款行为不具有真实的意思表示,某恒公司亦缺乏接受款项的意思表示,故该划款行为不属于能够设立、变更、终止民事权利和民事义务的民事法律行为,而仅属于可变更或撤销的民事行为——该误转款项的行为未能产生转移款项实体权益的法律效果,该款项的实体权益仍属某博公司所有,而不属于某恒公司。”

(二)并非所有事实行为都能产生民事权利

需要注意的是,并非所有的事实行为都能作为取得民事权利的依据。

比如,针对建造房屋的事实行为,在陕西某立实业发展有限公司与中国某达资产管理股份有限公司陕西省分公司、西安某佳房地产综合开发有限责任公司案外人执行异议之诉案(载《最高人民法院公报》2018 年第 8 期)中,最高人民法院(2016)最高法民终 763 号民事判决书认为:"虽然《物权法》第三十条规定,因合法建造、拆除房屋等事实行为设立或者消灭物权的,自事实行为成就时发生效力。但合法建造取得物权,应当包括两个前提条件,一是必须有合法的建房手续,完成特定审批,取得合法土地权利,符合规划要求;二是房屋应当建成。根据查明事实,案涉房屋的国有土地使用权证、建筑用地规划许可证、建筑工程规划许可证、施工许可证等记载的权利人均为某佳公司。即在案涉房屋开发的立项、规划、建设过程中,某佳公司是相关行政审批机关确定的建设方,某立公司仅依据其与某佳公司的联建协议,并不能直接认定其为《物权法》第三十条规定的合法建造人,并因事实行为而当然取得物权"。[①]

四、民事权利取得方式之法律规定的事件

民事主体还可以依据法律规定的事件取得民事权利。不过,《民法典》和《民法典总则编解释》都没有规定"法律规定的事件"的定义。

通常认为,"法律规定的事件"指向的是"法律规定的,不以人的意志为转移的能够引起法律关系的产生、变更、消灭的客观情况",包括"社会事件"和"自然事件","前者如社会革命、战争,后者如生老病死和地震、洪水等自然灾害"。[②] 不可抗力[③]属于比较典型的法律规定的事件。

五、取得民事权利的其他方式

除了《民法典》第 129 条列明的"民事法律行为""事实行为"和"法律规定的事件"

---

① 广西壮族自治区玉林市中级人民法院(2020)桂 09 民初 7 号民事判决书也认为:"建造厂房属于事实行为,虽是建筑物所有权原始取得的方式之一,但该事实行为不得违反土地管理法、城乡规划法等相关法律法规的强制性规定,否则不能得到法律的肯定性评价,此为《中华人民共和国物权法》第三十条'因合法建造、拆除房屋等事实行为设立或者消灭物权的,自事实行为成就时发生效力'所明确规定。本案涉案厂房系覃某成在未取得建设规划行政许可、未取得建设用地使用权的情况下建造,事后亦无法办理产权登记手续,该厂房因建造程序上的违法性,决定了建造人覃某成不能因建造事实行为取得物权法上的所有权。但与此同时,覃某成对于该涉案厂房虽不享有所有权,但由于其对该厂房的建设付出一定劳动和成本,在该厂房建成之后其对之形成了一种事实上的管领、控制之占有状态,亦应受法律所保护。归之言之,覃某成对于该厂房的权益属性当属占有而并非是所有权。"

② 江苏省高级人民法院(2015)苏审二商申字第 00388 号民事裁定书认为:"本案中,双方当事人对于案涉合同第十条'由于不可抗力或超出买卖双方可控制范围之外的事件'理解存在争议,在双方并未对'可控制范围之外的事件'进行明确约定的情形下,应作一般法理解释,即事件是指法律规定的,不以人的意志为转移的能够引起法律关系的产生、变更、消灭的客观情况。法律事件可以分为社会事件和自然事件,前者如社会革命、战争,后者如生老病死、地震、洪水等自然灾害。"

③ 《民法典》第 180 条规定:"因不可抗力不能履行民事义务的,不承担民事责任。法律另有规定的,依照其规定。不可抗力是不能预见、不能避免且不能克服的客观情况。"

这3种取得民事权利的方式,《民法典》第129条还以“法律规定的其他方式”兜底,将取得民事权利的其他方式纳入其中。

就取得民事权利的方式而言,《民法典》第129条所说的“法律规定的其他方式”,具有三个层面的效果:

一是该规定对《民法典》施行之前的原有法律针对民事权利的取得方式已经作出的既有的规定(即旧的规定)作出了明确的承认,以确保法律秩序的稳定和延续。

二是该规定明确允许并认可立法机关在《民法典》施行之后,在必要时通过对现有法律进行修改或制定新的法律的方式,针对民事权利的取得方式作出新的规定,以适应社会和经济的发展要求,也为将来制定新的专门的民事特别法律预留了空间。

三是民事权利的其他取得方式,应当由法律进行规定,而不应由规章、规范性文件等进行规定。可以将此称为“民事权利取得方式法定”,跟《民法典》第116条所说的“物权的种类和内容,由法律规定”是类似的。

具体而言,《民法典》第67条第1款所说的“法人合并的,其权利和义务由合并后的法人享有和承担”,第98条所说的“机关法人被撤销的,法人终止,其民事权利和义务由继任的机关法人享有和承担;没有继任的机关法人的,由作出撤销决定的机关法人享有和承担”,第229条所说的“因人民法院、仲裁机构的法律文书或者人民政府的征收决定等,导致物权设立、变更、转让或者消灭的,自法律文书或者征收决定等生效时发生效力”,第230条所说的“因继承取得物权的,自继承开始时发生效力”[①]等,都属于《民法典》第129条所说的取得民事权利的“法律规定的其他方式”。

实务中,通常还将民事权利的取得方式区分为“原始取得”和“继受取得”[②]。比如,最高人民法院(2015)民申字第2302号民事裁定书认为:“所有权作为物权的一种,其取得的方式分为继受取得和原始取得,买卖即为继受取得的原因之一”;最高人民法院(2017)最高法民申4040号民事裁定书认为:“根据我国公司法的相关规定,公司股东资格的取得方式分为原始取得与继受取得两种。原始取得是指因设立公司或增资而成为公司的股东,继受取得是指因转让、继承等受让股份而成为股东”;最高人民法院(2020)最高法民终394号民事判决书也认为:“原始取得与继受取得是获得注册商标专用权的两种方式。判断是否构成继受取得,应当审查当事人之间是否就权属变更、使用期限、使用性质等做出了明确约定,并根据当事人的真实意思表示及实际履行情况综合判断”;[③]最高人民法院(2020)最高法知民终670号民事判决书认为:“个人或单位可以通过原始取得或继受取得某特定发明创造的专利权,原始取得需要发明者

---

① 考虑到《民法典》在第230条规定了“因继承取得物权的,自继承开始时发生效力”之后,又在第231条规定了“因合法建造、拆除房屋等事实行为设立或者消灭物权的,自事实行为成就时发生效力”,而没有见“继承”一并规定在其第231条所说的“事实行为”之中,再结合《民法典》第1121条第1款所说的“继承从被继承人死亡时开始”,第1123条所说的“继承开始后,按照法定继承办理;有遗嘱的,按照遗嘱继承或者遗赠办理;有遗赠扶养协议的,按照协议办理”,可以认为,“继承”并非“事实行为”。

② 《公司法解释三》(2020年修正)第23条直接使用了“继受取得”的表述:“当事人依法履行出资义务或者依法继受取得股权后,公司未根据公司法第三十一条、第三十二条的规定签发出资证明书、记载于股东名册并办理公司登记机关登记,当事人请求公司履行上述义务的,人民法院应予支持。”

③ 转引自《最高人民法院办公厅关于印发2020年中国法院10大知识产权案件和50件典型知识产权案例的通知》(法办〔2021〕146号)。

的创造性行为,继受取得包括通过协议约定的方式受让专利权"。

不过,"原始取得"和"继受取得"是从"民事权利的取得是否依他人的既存的权利"的角度对权利取得方式作出的区分①,并非《民法典》第 129 条所说的作为民事权利取得方式的"法律规定的其他方式"。

第一百三十条　【民事权利行使的自愿原则】民事主体按照自己的意愿依法行使民事权利,不受干涉。

【条文通释】

《民法典》第 130 条是关于民事权利行使的自愿原则的规定。该规定与随后的第 131 条、第 132 条均属于为规范民事权利行使而设置的规则。②

一、民事权利行使的自愿原则

(一)民事权利行使的自愿原则

《民法典》第 130 条所说的"按照自己的意愿",即"自愿";所说的"民事主体按照自己的意愿依法行使民事权利,不受干涉",即为民事权利行使的自愿原则,是《民法典》第 5 条规定的自愿原则的具体体现和应有之义。在民事程序法上,与此相对应的是《民事诉讼法》第 13 条第 2 款规定的"处分原则",即:"当事人有权在法律规定的范围内处分自己的民事权利和诉讼权利"。

民事权利行使的自愿原则指向的是民事主体有权在法律规定的范围内,按照自己

---

① 比如,广东省高级人民法院(2019)粤民申 2730 号民事裁定书认为:"物权取得方式主要有原始取得和继受取得,原始取得是指非依他人既存的权利而基于法律规定而直接取得所有权,继受取得是指基于他人既存的权利而直接取得所有权,继受取得主要是依法律行为如买卖、赠与或受遗赠等行为而取得";辽宁省沈阳市中级人民法院(2022)辽 01 民终 1179 号民事判决书认为:"财产所有权的取得方式有原始取得和继受取得。原始取得包括:生产,先占,添附,善意取得,没有所有权人的埋藏物和隐藏物,国家取得。原始取得是指非依他人既存的权利而是基于法律规定直接取得所有权";内蒙古自治区呼伦贝尔市中级人民法院(2022)内 07 民终 347 号民事判决书认为:"按照新的物权人取得物权是否基于原物权人的意愿,物权的取得区分为原始取得与继受取得。原始取得是指不以他人的权利及意思为依据,而是依据法律规定直接取得物权,如:因劳动生产、征收、先占等方式取得;继受取得是指以他人的权利及意思为依据取得物权,如:因买卖、赠与等合同方式取得,继受取得又可分为创设与转移两种方式"。

② 全国人民代表大会常务委员会时任副委员长李建国 2017 年 3 月 8 日在第十二届全国人民代表大会第五次会议上作的《关于〈中华人民共和国民法总则(草案)〉的说明》提及:"为了规范民事权利的行使,草案规定,民事主体不得滥用民事权利损害社会公共利益或者他人合法权益";全国人民代表大会常务委员会时任副委员长王晨 2020 年 5 月 22 日在第十三届全国人民代表大会第三次会议上作的《关于〈中华人民共和国民法典(草案)〉的说明》提及:"保护民事权利是民事立法的重要任务。第一编第五章规定了民事权利制度,包括各种人身权利和财产权利。……还规定了民事权利的取得和行使规则等内容";2017 年 3 月 14 日第十二届全国人民代表大会第五次会议主席团第三次会议通过的《第十二届全国人民代表大会法律委员会关于〈中华人民共和国民法总则(草案修改稿)〉修改意见的报告》提及:"草案修改稿第十条对民事主体行使权利时应当履行法律规定的和当事人约定的义务作了规定。有的代表提出,这一条规定属于对民事主体正确行使民事权利的要求,建议移至'民事权利'一章,集中作出规定。法律委员会赞成上述意见,建议将草案修改稿第十条移至第一百三十一条后作规定"。

的意愿、自主地行使其民事权利,既可以行使、也可以不行使,既可以部分行使、也可以全部行使,既可以分次行使、也可以一次行使,既可以即刻行使、也可以嗣后行使,既可以以这种方式行使、也可以以其他方式行使,而不受任何主体(包括但不限于父母、子女、工作单位、国家机关)的非法干涉。

(二)违反民事权利行使的自愿原则的法律后果

通常情况下,违反民事权利行使的自愿原则通常不会直接导致民事法律行为无效,而可能使非自愿行使民事权利的民事主体享有撤销权。比如,《民法典》第 147 条、第 148 条、第 149 条、第 150 条分别针对因重大误解、受欺诈、受胁迫行使民事权利所实施的民事法律行为的撤销权作出了规定,第 1052 条[①]、第 1053 条[②]分别针对受胁迫结婚、隐瞒重大疾病结婚的婚姻撤销权作出了规定。

但是,在少数特定情况下,法律也直接规定违反民事权利行使的自愿原则实施的民事法律行为无效。比如,《民法典》第 1143 条第 2 款针对违反自愿原则所立的遗嘱的效力规定:"遗嘱必须表示遗嘱人的真实意思,受欺诈、胁迫所立的遗嘱无效。"

二、民事权利须依法行使

由于《民法典》第 130 条使用了"依法行使民事权利"的表述,因此,任何民事主体行使其任何民事权利,均须"依法"进行,包括但不限于由法律规定的主体[③],依照法律

① 《民法典》第 1052 条第 1 款规定:"因胁迫结婚的,受胁迫的一方可以向人民法院请求撤销婚姻。"

② 《民法典》第 1053 条第 1 款规定:"一方患有重大疾病的,应当在结婚登记前如实告知另一方;不如实告知的,另一方可以向人民法院请求撤销婚姻。"

③ 比如,《民法典》第 262 条规定:"对于集体所有的土地和森林、山岭、草原、荒地、滩涂等,依照下列规定行使所有权:(一)属于村农民集体所有的,由村集体经济组织或者村民委员会依法代表集体行使所有权;(二)分别属于村内两个以上农民集体所有的,由村内各该集体经济组织或者村民小组依法代表集体行使所有权;(三)属于乡镇农民集体所有的,由乡镇集体经济组织代表集体行使所有权。"

规定的方式①、顺序②、期限③、条件④、客体范围⑤、份额⑥等，行使（包括放弃⑦）相应的民事权利。《民事诉讼法》第 13 条第 2 款所说的“当事人有权在法律规定的范围内处分自己的民事权利……”，比较清晰地表明了这点。

第一百三十一条　【权利与义务相统一原则】民事主体行使权利时，应当履行法律规定的和当事人约定的义务。

---

① 比如，《民法典》第 145 条规定：“限制民事行为能力人……实施的其他民事法律行为经法定代理人同意或者追认后有效。相对人可以催告法定代理人自收到通知之日起三十日内予以追认。……民事法律行为被追认前，善意相对人有撤销的权利。撤销应当以通知的方式作出”，第 565 条规定：“当事人一方依法主张解除合同的，应当通知对方。……当事人一方未通知对方，直接以提起诉讼或者申请仲裁的方式依法主张解除合同，人民法院或者仲裁机构确认该主张的，合同自起诉状副本或者仲裁申请书副本送达对方时解除”，第 1124 条第 2 款规定：“受遗赠人应当在知道受遗赠后六十日内，作出接受或者放弃受遗赠的表示；到期没有表示的，视为放弃受遗赠。”

② 比如，《民法典》第 415 条规定：“同一财产既设立抵押权又设立质权的，拍卖、变卖该财产所得的价款按照登记、交付的时间先后确定清偿顺序”，第 1127 条规定：“遗产按照下列顺序继承：（一）第一顺序：配偶、子女、父母；（二）第二顺序：兄弟姐妹、祖父母、外祖父母。继承开始后，由第一顺序继承人继承，第二顺序继承人不继承；没有第一顺序继承人继承的，由第二顺序继承人继承……”第 1129 条规定：“丧偶儿媳对公婆，丧偶女婿对岳父母，尽了主要赡养义务的，作为第一顺序继承人。”

③ 比如，《民法典》第 152 条规定：“有下列情形之一的，撤销权消灭：（一）当事人自知道或者应当知道撤销事由之日起一年内、重大误解的当事人自知道或者应当知道撤销事由之日起九十日内没有行使撤销权；（二）当事人受胁迫，自胁迫行为终止之日起一年内没有行使撤销权；（三）当事人知道撤销事由后明确表示或者以自己的行为表明放弃撤销权。当事人自民事法律行为发生之日起五年内没有行使撤销权的，撤销权消灭”，第 541 条规定：“撤销权自债权人知道或者应当知道撤销事由之日起一年内行使。自债务人的行为发生之日起五年内没有行使撤销权的，该撤销权消灭”，第 564 条规定：“法律规定或者当事人约定解除权行使期限，期限届满当事人不行使的，该权利消灭。法律没有规定或者当事人没有约定解除权行使期限，自解除权人知道或者应当知道解除事由之日起一年内不行使，或者经对方催告后在合理期限内不行使的，该权利消灭。”

④ 比如，《民法典》第 131 条规定：“民事主体行使权利时，应当履行法律规定的和当事人约定的义务”，第 305 条规定：“按份共有人可以转让其享有的共有的不动产或者动产份额。其他共有人在同等条件下享有优先购买的权利”，第 726 条第 1 款规定：“出租人出卖租赁房屋的，应当在出卖之前的合理期限内通知承租人，承租人享有以同等条件优先购买的权利；但是，房屋按份共有人行使优先购买权或者出租人将房屋出卖给近亲属的除外。”

⑤ 比如，《民法典》第 396 条规定：“企业、个体工商户、农业生产经营者可以将现有的以及将有的生产设备、原材料、半成品、产品抵押，债务人不履行到期债务或者发生当事人约定的实现抵押权的情形，债权人有权就抵押财产确定时的动产优先受偿”，第 1122 条第 2 款规定：“依照法律规定或者根据其性质不得继承的遗产，不得继承。”

⑥ 比如，《民法典》第 1130 条规定：“同一顺序继承人继承遗产的份额，一般应当均等。对生活有特殊困难又缺乏劳动能力的继承人，分配遗产时，应当予以照顾。对被继承人尽了主要扶养义务或者与被继承人共同生活的继承人，分配遗产时，可以多分。有扶养能力和有扶养条件的继承人，不尽扶养义务的，分配遗产时，应当不分或者少分。继承人协商同意的，也可以不均等。”

⑦ 比如，《民法典》第 197 条第 2 款规定：“当事人对诉讼时效利益的预先放弃无效”，第 538 条规定：“债务人以放弃其债权、放弃债权担保、无偿转让财产等方式无偿处分财产权益，或者恶意延长其到期债权的履行期限，影响债权人的债权实现的，债权人可以请求人民法院撤销债务人的行为”，第 1124 条第 1 款规定：“继承开始后，继承人放弃继承的，应当在遗产处理前，以书面形式作出放弃继承的表示；没有表示的，视为接受继承。”

【条文通释】

《民法典》第 131 条是关于权利与义务相统一原则的规定。

一、原则：行使权利时须履行义务

根据《民法典》第 131 条的规定，在法律规定了相应的义务的情况下，民事主体行使权利时，应当履行法律规定的义务；此外，在当事人约定了相应的义务的情况下，民事主体行使权利时，应当履行当事人约定的义务；在法律规定了特定的义务、当事人也约定了其他义务的情况下，民事主体行使权利时，既应当履行法律规定的义务，也应当履行当事人约定的义务。

其中，《民法典》第 131 条所说的"法律规定的义务"，与《民法典》第 121 条所说的"法定的义务"具有相同的含义，指向的是法律、行政法规等规定的义务；《民法典》第 131 条所说的"当事人约定的义务"，与《民法典》第 121 条所说的"约定的义务"具有相同的含义，指向的是当事人通过协议约定的义务，包括基于民事主体单方意思表示产生的义务。

《民法典》的诸多条款都体现了权利和义务相统一原则，比如：

一是就所有权而言，《民法典》在第 241 条规定"所有权人有权在自己的不动产或者动产上设立用益物权和担保物权"的同时，也在第 326 条规定："所有权人不得干涉用益物权人行使权利。"

二是就用益物权而言，《民法典》第 241 条规定："用益物权人、担保物权人行使权利，不得损害所有权人的权益"，第 326 条规定："用益物权人行使权利，应当遵守法律有关保护和合理开发利用资源、保护生态环境的规定……"

三是就业主的建筑物区分所有权而言，《民法典》第 272 条在规定"业主对其建筑物专有部分享有占有、使用、收益和处分的权利"之后，同时也规定"业主行使权利不得危及建筑物的安全，不得损害其他业主的合法权"，并在第 273 条规定："业主对建筑物专有部分以外的共有部分，享有权利，承担义务；不得以放弃权利为由不履行义务。业主转让建筑物内的住宅、经营性用房，其对共有部分享有的共有和共同管理的权利一并转让。"

四是针对附义务的赠与合同，《民法典》第 661 条规定："赠与可以附义务。赠与附义务的，受赠人应当按照约定履行义务。"

五是针对遗嘱继承和遗赠，《民法典》第 1144 条规定："遗嘱继承或者遗赠附有义务的，继承人或者受遗赠人应当履行义务。没有正当理由不履行义务的，经利害关系人或者有关组织请求，人民法院可以取消其接受附义务部分遗产的权利。"

六是针对继承权的行使，《民法典》第 1161 条规定："继承人以所得遗产实际价值为限清偿被继承人依法应当缴纳的税款和债务。超过遗产实际价值部分，继承人自愿偿还的不在此限。继承人放弃继承的，对被继承人依法应当缴纳的税款和债务可以不负清偿责任。"

二、例外：行使权利时无须履行义务

由于《民法典》第 131 条使用了"应当履行法律规定的和当事人约定的义务"的表

述，因此，如果法律没有规定、当事人也没有约定民事主体在行使权利时负有义务，那么，就不存在需要由该民事主体在行使民事权利时履行的义务了。

比如，限制民事行为能力人基于不附义务的赠与合同请求赠与人交付赠与财产，属于纯获利益的民事法律行为，无须履行义务。[①]

三、不履行义务的法律后果

民事主体行使权利时，不履行法律规定的义务或当事人约定的义务，或履行义务不符合法律规定或当事人约定的，原则上将承担相应的不利后果。主要如下：

一是承担相应的违约责任或侵权责任（除非存在法定或约定的免责事由[②]）。比如，《民法典》第 176 条规定："民事主体依照法律规定或者按照当事人约定，履行民事义务，承担民事责任"，第 577 条规定："当事人一方不履行合同义务或者履行合同义务不符合约定的，应当承担继续履行、采取补救措施或者赔偿损失等违约责任"，第 451 条规定："留置权人负有妥善保管留置财产的义务；因保管不善致使留置财产毁损、灭失的，应当承担赔偿责任"，第 34 条第 3 款规定："监护人不履行监护职责……的，应当承担法律责任"，第 1188 条第 1 款规定："无民事行为能力人、限制民事行为能力人造成他人损害的，由监护人承担侵权责任。监护人尽到监护职责的，可以减轻其侵权责任。"

二是丧失实体权利。比如，《民法典》第 1144 条规定："遗嘱继承或者遗赠附有义务的，继承人或者受遗赠人应当履行义务。没有正当理由不履行义务的，经利害关系人或者有关组织请求，人民法院可以取消其接受附义务部分遗产的权利。"

第一百三十二条　【禁止权利滥用原则】民事主体不得滥用民事权利损害国家利益、社会公共利益或者他人合法权益。

【条文通释】

《民法典》第 132 条是关于禁止权利滥用原则的规定。

一、滥用民事权利的认定

---

① 《民法典》第 145 条第 1 款规定："限制民事行为能力人实施的纯获利益的民事法律行为或者与其年龄、智力、精神健康状况相适应的民事法律行为有效……"第 657 条规定："赠与合同是赠与人将自己的财产无偿给予受赠人，受赠人表示接受赠与的合同"，第 658 条规定："赠与人在赠与财产的权利转移之前可以撤销赠与。经过公证的赠与合同或者依法不得撤销的具有救灾、扶贫、助残等公益、道德义务性质的赠与合同，不适用前款规定"，第 660 条规定："经过公证的赠与合同或者依法不得撤销的具有救灾、扶贫、助残等公益、道德义务性质的赠与合同，赠与人不交付赠与财产的，受赠人可以请求交付。依据前款规定应当交付的赠与财产因赠与人故意或者重大过失致使毁损、灭失的，赠与人应当承担赔偿责任"，第 661 条规定："赠与可以附义务。赠与附义务的，受赠人应当按照约定履行义务。"

② 比如，《民法典》第 180 条第 1 款规定："因不可抗力不能履行民事义务的，不承担民事责任。法律另有规定的，依照其规定"，第 1178 条规定："本法和其他法律对不承担责任或者减轻责任的情形另有规定的，依照其规定。"

(一)滥用民事权利的认定

《民法典》和《民法典总则编解释》都没有对何为滥用民事权利直接作出界定。

不过,针对认定滥用民事权利应当考虑的因素,《民法典总则编解释》第 3 条第 1 款作出了指引性规定,即:“对于民法典第一百三十二条所称的滥用民事权利,人民法院可以根据权利行使的对象、目的、时间、方式、造成当事人之间利益失衡的程度等因素作出认定。”在此基础上,《民法典总则编解释》第 3 条第 2 款进一步规定:“行为人以损害国家利益、社会公共利益、他人合法权益为主要目的行使民事权利的,人民法院应当认定构成滥用民事权利。”

由于《民法典》第 132 条使用了“民事主体不得滥用民事权利损害国家利益、社会公共利益或者他人合法权益”的表述,因此,结合《民法典总则编解释》上述规定,可以认为,滥用民事权利的行为,应当同时满足以下条件:

一是民事主体实施了相应的行为,既可以是积极的作为、也可以是消极的不作为。

二是民事主体的行为属于行使(或“使用”“运用”“利用”)其民事权利的行为。

三是民事主体行使其民事权利的行为,存在违反法律法规或当事人约定的情形。

四是民事主体行使其民事权利的行为,是以“损害国家利益”或“损害社会公共利益”或“损害他人合法权益”为目的,或者造成了“损害国家利益”或“损害社会公共利益”或“损害他人合法权益”的后果。

如果民事主体行使其民事权利的行为没有同时满足以上条件,可能就不属于滥用民事权利的行为。尤其是,民事主体依法行使、按照约定行使其民事权利,不应当被认定为滥用民事权利的行为。① 此外,如果民事主体行使其民事权利,依法取得了相关主体的同意或追认,即使因此给相关主体造成了损失,也不应被认定为滥用民事权利的行为。

(二)国家利益、社会公共利益、他人合法权益

需要注意的是,由于《民法典》第 132 条并列列出了“国家利益”“社会公共利益”和“他人合法权益”的表述,因此,“国家利益”“社会公共利益”和“他人合法权益”属于不同的概念、具有不同的含义。

目前尚未有法律、行政法规、司法解释对“国家利益”和“社会公共利益”作出统一的界定。

关于“国家利益”,通常认为,“国家利益”指向的是以我国全体公民利益为前提的,国家在整体上所具有的政治利益、经济利益和国防利益。② 具体的国有企业的利益不应与国家利益混同,不能简单地将具体的国有企业的利益认定为国家利益。③

关于“社会公共利益”,通常认为,社会公共利益一般是指关系到全体社会成员或

---

① 最高人民法院(2013)民二终字第 43 号民事判决书。

② 最高人民法院(2017)最高法民申 4336 号民事裁定书。类似意见,还可见最高人民法院(2017)最高法民申 1496 号民事裁定书、(2019)最高法民申 5634 号民事裁定书。

③ 最高人民法院(2017)最高法民申 4336 号民事裁定书、(2017)最高法民申 1496 号民事裁定书、(2019)最高法民申 5634 号民事裁定书。

者社会不特定多数人的利益,主要包括社会公共秩序以及社会善良风俗等;[①]指向的是以社会公众为利益主体的,涉及整个社会最根本的法律、道德的一般利益,其主体具有社会公众性、内容具有普遍性,违背或损害社会公共利益的表现形式应当是违背或损害我国法律的基本制度与准则、违背社会和经济生活的基本价值取向、违背社会的基本道德和伦理等。[②]

至于"他人合法权益",指向的应该是除国家利益、社会公共利益之外的其他主体的合法权益,既可以是自然人的合法权益,也可以是法人(包括国有企业等国有法人)或非法人组织的合法权益。

二、滥用民事权利的法律后果

关于滥用民事权利行为的法律后果,《民法典总则编解释》第 3 条作出了相应的规定:

一是针对滥用民事权利行为的效力,《民法典总则编解释》第 3 条第 3 款规定:"构成滥用民事权利的,人民法院应当认定该滥用行为不发生相应的法律效力。"也就是说,民事主体滥用民事权利的行为,不发生其行使民事权利的效力,如同其不曾行使其民事权利。

二是针对滥用民事权利行为的损害赔偿责任,《民法典总则编解释》第 3 条第 4 款规定:"滥用民事权利造成损害的,依照民法典第七编等有关规定处理。"也就是说,如果民事主体滥用民事权利造成了国家利益、社会公共利益或者他人合法权益损害,则应当适用《民法典》侵权责任编等的有关规定进行处理,由实施了权利滥用行为的民事主体承担相应的侵权责任。

需要注意的是,在特定的情形下,民事主体滥用民事权利的行为,也可能会被认定为无效、而非不发生效力。

比如,《民法典》第 850 条规定:"非法垄断技术或者侵害他人技术成果的技术合同无效。"据此,如果权利人滥用民事权利的行为构成非法垄断技术[③],则应当被认定为无效。

又如,《反垄断法》第 68 条规定:"经营者依照有关知识产权的法律、行政法规规定

---

① 最高人民法院(2015)民二终字第 129 号民事判决书,最高人民法院(2019)最高法民终 475 号民事判决书。

② 北京市第三中级人民法院(2014)三中民特字第 05113 号民事裁定书,广东省深圳市中级人民法院(2014)深中法涉外仲字第 254 号民事裁定书和北京市第三中级人民法院(2016)京 03 民特 136 号民事裁定书。

③ 《最高人民法院关于审理技术合同纠纷案件适用法律若干问题的解释》(2020 年修正)第 10 条规定:"下列情形,属于民法典第八百五十条所称的'非法垄断技术':(一)限制当事人一方在合同标的技术基础上进行新的研究开发或者限制其使用所改进的技术,或者双方交换改进技术的条件不对等,包括要求一方将其自行改进的技术无偿提供给对方、非互惠性转让给对方、无偿独占或者共享该改进技术的知识产权;(二)限制当事人一方从其他来源获得与技术提供方类似技术或者与其竞争的技术;(三)阻碍当事人一方根据市场需求,按照合理方式充分实施合同标的技术,包括明显不合理地限制技术接受方实施合同标的技术生产产品或者提供服务的数量、品种、价格、销售渠道和出口市场;(四)要求技术接受方接受并非实施技术必不可少的附带条件,包括购买非必需的技术、原材料、产品、设备、服务以及接收非必需的人员等;(五)不合理地限制技术接受方购买原材料、零部件、产品或者设备等的渠道或者来源;(六)禁止技术接受方对合同标的技术知识产权的有效性提出异议或者对提出异议附加条件。"

行使知识产权的行为,不适用本法;但是,经营者滥用知识产权,排除、限制竞争的行为,适用本法”;《最高人民法院关于审理因垄断行为引发的民事纠纷案件应用法律若干问题的规定》(2020 年修正)第 15 条规定:“被诉合同内容、行业协会的章程等违反反垄断法或者其他法律、行政法规的强制性规定的,人民法院应当依法认定其无效。但是,该强制性规定不导致该民事法律行为无效的除外。”据此,知识产权权利人滥用知识产权排除、限制竞争的行为,违反了《反垄断法》或者其他法律、行政法规的强制性规定的,也可能被依法认定为无效。

还需注意的是,在特定的情形下,民事主体滥用民事权利还需承担恢复原状的责任。

比如,在邢某才等与董某颜相邻权纠纷案中,针对被告董某颜在装修其房屋时,将其原有的厨房部分改为卫生间的行为,吉林省通化市东昌区人民法院(2022)吉 0502 民初 2123 号民事判决书认为:“本案为相邻权纠纷。依照……《中华人民共和国民法典》第二百七十二条:‘业主对其建筑物专有部分享有占有、使用、收益和处分的权利。业主行使权利不得危及建筑物的安全,不得损害其他业主的合法权益。’《中华人民共和国民事诉讼法》第十三条:‘民事诉讼应当遵循诚实信用原则。当事人有权在法律规定的范围内处分自己的民事权利和诉讼权利。’……中华人民共和国住房和城乡建设部发布的《住宅设计规范》(GB50096-2011)5.4.4:‘卫生间不应直接布置在下层住户的卧室、起居室(厅)、厨房、餐厅的上层’。中华人民共和国住房和城乡建设部公告(第 1093 号)《关于发布国家标准的公告》:‘现批准《住宅设计规范》为国家标准,编号为 GB50096-2011,自 2012 年 8 月 1 日起实施。其中,第 5.1.1、5.3.3、5.4.4……条为强制性条文,必须严格执行。原《住宅设计规范》GB50096-1999(2003 年版)同时废止。本规范由我部标准定额研究所组织中国建筑工业出版社出版发行。’的规定,厨房和卫生间的功能明确,对其建造有一定的特殊要求,并且该规定为强制标准,必须严格执行。开发商在建造房屋时按照规定标准设计、建造,是由被告董某颜在装修时对卫生间位置进行改动。依据上述的规定,被告董某颜不应该将卫生间设置在下层的厨房上方。被告董某颜将厨房改造成卫生间,不仅违反了当时和现行国家强制性标准的要求,也违反了公序良俗,给下层的住户造成了心里不适,对其居住生活也造成了不良影响,被告董某颜应该恢复原状”,故判决“被告董某颜于本判决生效之日起三十日内,将其房屋内由厨房改造的卫生间恢复原状”。

第六章　民事法律行为

第一节　一般规定

《民法典》总则编第六章“民事法律行为”和第七章“代理”都是“规范民事活动的制度”①。

《民法典》总则编第六章“民事法律行为”共有 28 个条文(第 133 条至第 160 条),构建起了民事法律行为的制度体系,包括民事法律行为的一般规定、意思表示制度、民事法律行为的效力制度以及民事法律行为的附条件制度和附期限制度。

其中,《民法典》总则编第六章第一节“一般规定”共有 4 个条文(第 133 条至第 136 条),规定了民事法律行为的一般规则,涉及民事法律行为的定义(第 133 条)、成立(第 134 条)、形式(第 135 条)、生效时间和法律约束力(第 136 条)。

《民法典》总则编第六章第一节“一般规定”原则上统一适用于所有的民事法律行为(但第 134 条分别适用于相应类型的民事法律行为);在《民法典》和其他法律对民事法律行为的相关事项没有作出特别规定的情况下,应当适用《民法典》总则编第六章第一节的一般规定。

第一百三十三条　【民事法律行为的定义】民事法律行为是民事主体通过意思表示设立、变更、终止民事法律关系的行为。

【条文通释】

《民法典》第 133 条是关于民事法律行为的定义的规定。

一、民事法律行为的定义

《民法典》第 133 条规定了“民事法律行为”的定义,即:“民事主体通过意思表示设立、变更、终止民事法律关系的行为”,其关键词有四:一是“行为”,二是“民事主体”,三是“通过意思表示”,四是“设立、变更、终止民事法律关系”。

---

① 全国人民代表大会常务委员会时任副委员长王晨 2020 年 5 月 22 日在第十三届全国人民代表大会第三次会议上作的《关于〈中华人民共和国民法典(草案)〉的说明》提及:“我国民事主体制度中的法人制度,规范民事活动的民事法律行为制度、代理制度,调整各类财产关系的物权制度,调整各类交易关系的合同制度,保护和救济民事权益的侵权责任制度,都是坚持和完善社会主义基本经济制度不可或缺的法律制度规范和行为规则。”

（一）民事法律行为属于民事主体实施的行为

《民法典》第 133 条将“民事法律行为”界定为民事主体的“行为”，而“行为”在日常用语中指的是“人的活动”[①]或“受思想支配而表现在外面的活动”[②]，这就将“民事法律行为”跟“事件”等“客观情况”[③]区分开来。

需要注意的是，仅民事主体的“行为”不能将“民事法律行为”跟“事实行为”区分开来，因为“事实行为”跟“民事法律行为”一样都属于民事主体的“行为”。

（二）民事法律行为属于民事主体通过意思表示实施的行为

《民法典》第 133 条将“民事法律行为”界定为民事主体“通过意思表示”实施的“行为”，意思表示是区分“民事法律行为”和“事实行为”的关键，是“构成民事法律行为的基础”[④]和“民事法律行为的核心要素”[⑤]。这就将“民事法律行为”跟“事实行为”区分开来，因为“事实行为”虽然也属民事主体的“行为”，但通常指向的是“行为人不具有设立、变更或消灭民事法律关系的意图，但依照法律规定能引起民事法律后果的行为”[⑥]。

（三）民事法律行为的目的是设立、变更或终止民事法律关系

《民法典》第 133 条所说的“设立、变更、终止民事法律关系”，属于民事主体实施民事法律行为的目的或效果意思[⑦]。

其中的“民事法律关系”，指的是民事法律规范调整社会关系过程中形成的民事主体之间的民事权利义务关系[⑧]；“设立、变更、终止民事法律关系”当中的顿号（“、”），指的应该是“或者”的意思，而非“并且”的意思。

需要注意的是，民事法律行为最终是否产生了行为人追求的效果，即是否设立了、变更了或终止了相应的民事法律关系或产生了相应的民事权利或民事义务，则需要依照《民法典》有关民事法律行为的成立、效力的规定加以判断。比如，《民法典》第 155 条（位于总则编）规定：“无效的或者被撤销的民事法律行为自始没有法律约束力”，第 1054 条（位于婚姻家庭编）规定：“无效的或者被撤销的婚姻自始没有法律约束力，当事人不具有夫妻的权利和义务……”

---

① 《立法技术规范（试行）（一）》（法工委发〔2009〕62 号）第 8.2 条规定：“‘行为’用于表示人的活动。”

② 中国社会科学院语言研究所词典编辑室编：《现代汉语词典》（修订本），商务印书馆 1996 年版，第 1409 页。

③ 《民法典》第 180 条第 2 款规定：“不可抗力是不能预见、不能避免且不能克服的客观情况。”

④ 全国人民代表大会常务委员会时任副委员长李建国 2017 年 3 月 8 日在第十二届全国人民代表大会第五次会议上作的《关于〈中华人民共和国民法总则（草案）〉的说明》。

⑤ 最高人民法院（2018）最高法民终 816 号民事判决书。

⑥ 四川省高级人民法院（2016）川民申 1705 号民事裁定书、浙江省绍兴市中级人民法院（2013）浙绍民终字第 1304 号民事判决书。

⑦ 比如，最高人民法院（2014）民二终字第 106 号民事判决书认为：“依据民法基本原理，双方通谋的虚伪意思表示的本质是当事人在协议中所体现的意思表示并非是其追求的效果意思。”

⑧ 最高人民法院（2015）民一终字第 78 号民事判决书（载《最高人民法院公报》2016 年第 1 期）。

（四）民事法律行为的类型

《民法典》总则编本身从不同的角度规定了民事法律行为的类型。

1. 按行为人的人数分类

按照行为人的人数，民事法律行为可以区分为单方民事法律行为、双方民事法律行为和多方民事法律行为（《民法典》第 134 条第 1 款）；在此基础上，《民法典》第 134 条第 2 款还规定了法人和非法人组织的决议行为。

2. 按行为的效力分类

按照行为的效力，民事法律行为可以区分为合法有效的民事法律行为（《民法典》第 143 条、第 145 条第 1 款）、无效的民事法律行为（《民法典》第 144 条、第 146 条第 1 款、第 153 条、第 154 条）、可撤销的民事法律行为（《民法典》第 147 条至第 151 条）、效力待定的民事法律行为（《民法典》第 145 条）和确定不发生效力的民事法律行为（《民法典》第 145 条、第 157 条）。①

其中，无效的民事法律行为又可以细分为部分无效的民事法律行为和全部无效的民事法律行为（《民法典》第 156 条）。

3. 按行为的形式分类

按照民事法律行为是否需要采取特定的形式，民事法律行为可以区分为要式民事法律行为和不要式民事法律行为（《民法典》第 135 条、第 469 条第 1 款）。

根据《民法典》第 135 条和第 469 条第 1 款的规定②，民事法律行为以不要式为原则、要式为例外；只有在法律、行政法规规定或者当事人约定采用特定形式的情形，民事法律行为才是要式的。

4. 其他分类

《民法典》总则编还从其他角度规定了民事法律行为的类型。

比如，按照是否附条件，民事法律行为可以区分为附条件的民事法律行为和不附条件的民事法律行为；按照所附条件的情形，附条件的民事法律行为可以细分为附生效条件的民事法律行为和附解除条件的民事法律行为（《民法典》第 158 条）等。

又如，按照是否附期限，民事法律行为可以区分为附期限的民事法律行为和不附期限的民事法律行为；按照所附期限的情形，附期限的民事法律行为可以细分为附生效期限的民事法律行为和附终止期限的民事法律行为（《民法典》第 160 条）等。

再如，按照行为人是本人还是代理人，民事法律行为可以区分为本人实施的民事

---

① 全国人民代表大会常务委员会时任副委员长李建国 2017 年 3 月 8 日在第十二届全国人民代表大会第五次会议上作的《关于〈中华人民共和国民法总则（草案）〉的说明》提及："草案在民法通则和合同法规定的基础上，对民事法律行为和代理制度主要作了以下完善：一是扩充了民事法律行为的内涵，既包括合法的法律行为，也包括无效、可撤销和效力待定的法律行为。这样既尊重民事主体的意愿，也强调对自己的行为负责，有利于提升民事主体的规则意识和责任意识（草案第一百三十六条）。"

② 《民法典》第 135 条规定："民事法律行为可以采用书面形式、口头形式或者其他形式；法律、行政法规规定或者当事人约定采用特定形式的，应当采用特定形式"，第 469 条第 1 款规定："当事人订立合同，可以采用书面形式、口头形式或者其他形式。"

法律行为和代理人实施的民事法律行为(即代理行为)。

二、意思表示的界定

(一)意思表示的定义

如前所说,意思表示是“构成民事法律行为的基础”①,是区分民事法律行为和事实行为的关键。不过,《民法典》和《民法典总则编解释》都没有规定“意思表示”的定义。

通常认为,“意思表示”是“民事主体希望产生法律效果的内心意愿的外在表达”②。据此,界定意思表示的关键词有二:一是“意思”,即“希望产生法律效果的内心意愿”;二是“表示”,即“意思的外在表达”。对此,最高人民法院(2018)最高法民终816号民事判决书认为:“意思表示是民事法律行为的核心要素,即行为人主观上具有追求效果意思的动机,客观上存在一般相对方可理解与接受的外化行为……”

结合《民事诉讼法》第75条第2款所说的“不能正确表达意思的人,不能作证”,“意思表示”中的“表示”,具有与“表达”相同的含义,其方式有多种:既可以是明示,也可以是默示,甚至还可以是沉默(《民法典》第140条)。其中的明示,既可以采取书面形式或口头形式予以表示,也可以采取特定的积极行为予以表示。

纵观《民法典》全文,《民法典》所说的“意思表示”,是一个名词,指向的是行为人通过特定的外在形式所表示出来的意思;“意思表示”既不同于“表示”③或“表示行为”,也不必然反映了行为人的内心真实意思④(当然,在行为人内心的真实意思完整无误地被表示出来的情况下,“意思表示”即为行为人的内心真实意思)⑤。

(二)意思表示的类型

《民法典》总则编本身从不同的角度规定了意思表示的类型。

比如,按照意思表示是否反映了民事主体的真实意思,意思表示可以区分为真实

---

① 全国人民代表大会常务委员会时任副委员长李建国2017年3月8日在第十二届全国人民代表大会第五次会议上作的《关于〈中华人民共和国民法总则(草案)〉的说明》。

② 全国人民代表大会常务委员会时任副委员长李建国2017年3月8日在第十二届全国人民代表大会第五次会议上作的《关于〈中华人民共和国民法总则(草案)〉的说明》。

③ 比如,《民法典》第472条规定:“要约是希望与他人订立合同的意思表示,该意思表示应当符合下列条件……”第473条第1款规定:“要约邀请是希望他人向自己发出要约的表示……”

④ 《民法典》第142条第2款、第148条、第149条、第150条、第979条第2款、第1143条第2款直接使用了“真实意思”的表述。《民法典》第30条、第31条第2款、第35条第2款和第3款、第38条、第1084条第3款还使用了“真实意愿”的表述。“真实意愿”即“真实的意思和愿望”,包含了“真实意思”的含义,并且比“真实意思”的含义更广。

⑤ 比如,《民法典》第142条第2款规定:“无相对人的意思表示的解释,不能完全拘泥于所使用的词句,而应当结合相关条款、行为的性质和目的、习惯以及诚信原则,确定行为人的真实意思。”第146条规定:“行为人与相对人以虚假的意思表示实施的民事法律行为无效。以虚假的意思表示隐藏的民事法律行为的效力,依照有关法律规定处理。”第148条、第149条和第150条都使用了“在违背真实意思的情况下实施的民事法律行为”的表述。第1143条第2款规定:“遗嘱必须表示遗嘱人的真实意思,受欺诈、胁迫所立的遗嘱无效。”

的意思表示和虚假的意思表示。①

又如，按照意思表示是否有特定的相对人，意思表示可以区分为有相对人的意思表示和无相对人的意思表示。②

再如，按照意思表示的作出方式，意思表示可以区分为以对话方式作出的意思表示和以非对话方式作出的意思表示（包括以公告方式作出的意思表示）。③

复如，按照意思表示的主体数量，意思表示可以区分为单方意思表示、共同意思表示④（包括双方一致意思表示和多方一致意思表示等）。⑤

（三）表示与意思不一致

当民事主体表示出来的意思没有反映其内心真实意思时，就出现了表示与意思不一致（即意思表示与真实意思不一致）的情况。其中，《民法典》第 146 条所说的通谋虚伪意思表示，第 147 条所说的重大误解，第 148 条和第 149 条所说的欺诈，第 150 条所说的胁迫和第 151 条所说的乘人之危等情形下作出的意思表示，都属于典型的表示与意思不一致的情形。

需要注意的是，表示与意思不一致指向的是民事主体表示出来的意思与其内心真实意思不相符的结果或状态；至于导致发生这种结果或状态的原因是什么，则是在所不问的。

不过，就表示与意思不一致的产生原因而言，《民法典》第 146 条所说的通谋虚伪意思表示属于民事主体主动、故意造成的表示与意思不一致；《民法典》第 148 条和第 149 条所说的欺诈、第 150 条所说的胁迫和第 151 条所说的乘人之危，属于在一方意思表示不自由的情形下被动产生的表示与意思不一致；《民法典》第 147 条所说的重大误解，则属于各方当事人基于错误的认识而产生的表示与意思不一致。

第一百三十四条　【民事法律行为的成立条件】民事法律行为可以基于双方或者多方的意思表示一致成立，也可以基于单方的意思表示成立。

法人、非法人组织依照法律或者章程规定的议事方式和表决程序作出决议的，该决议行为成立。

---

① 《民法典》第 146 条第 1 款、第 142 条第 1 款。

② 《民法典》第 137 条、第 138 条、第 142 条。

③ 《民法典》第 137 条。

④ 《民法典》第 1064 条使用了“共同意思表示”的表述：“夫妻双方共同签名或者夫妻一方事后追认等共同意思表示所负的债务，以及夫妻一方在婚姻关系存续期间以个人名义为家庭日常生活需要所负的债务，属于夫妻共同债务。夫妻一方在婚姻关系存续期间以个人名义超出家庭日常生活需要所负的债务，不属于夫妻共同债务；但是，债权人能够证明该债务用于夫妻共同生活、共同生产经营或者基于夫妻双方共同意思表示的除外。”

⑤ 《民法典》第 134 条、第 1064 条。

【条文通释】

《民法典》第 134 条是关于民事法律行为的成立条件[①]的规定。

考虑到不同类型的民事法律行为的成立条件可能各不相同,《民法典》第 134 条区分不同类型的民事法律行为分别规定了不同的成立条件。

一、单方民事法律行为的成立

(一)单方民事法律行为的界定

《民法典》本身没有使用"单方民事法律行为"的表述,不过,《民法典》第 134 条第 1 款所说的"民事法律行为……也可以基于单方的意思表示成立",指向的其实就是"单方民事法律行为",即仅基于当事人一方的意思表示即可依法成立的民事法律行为[②]或由特定的民事主体单方实施的民事法律行为。其中的"单方"可以是一人,也可以是数人。

通常认为,订立遗嘱[③]、遗赠[④]、委托代理授权[⑤]、单方出具承诺函[⑥]属于典型的单方

---

① 《民法典总则编解释》第 18 条针对民事法律行为的成立使用了"成立条件"的表述:"当事人未采用书面形式或者口头形式,但是实施的行为本身表明已经作出相应意思表示,并符合民事法律行为成立条件的,人民法院可以认定为民法典第一百三十五条规定的采用其他形式实施的民事法律行为。"

② 比如,最高人民法院(2020)最高法民再 24 号民事判决书认为:"单方民事法律行为指仅基于当事人一方意思表示即可依法成立的民事法律行为,可分为有相对人的行为和无相对人的行为。除了法律另有规定之外,单方民事法律行为自行为人独立表达其意思时即成立。"北京市高级人民法院(2021)京民终 233 号民事判决书也认为:"单方行为,是指基于一方民事主体的意思表示即可成立的民事法律行为,单方行为中的一方意思表示可产生设立、变更、终止法律关系的效果。"

③ 《民法典》第 1133 条规定:"自然人可以依照本法规定立遗嘱处分个人财产,并可以指定遗嘱执行人。自然人可以立遗嘱将个人财产指定由法定继承人中的一人或者数人继承。自然人可以立遗嘱将个人财产赠与国家、集体或者法定继承人以外的组织、个人。自然人可以依法设立遗嘱信托。"《遗嘱公证细则》(司法部令第 57 号)第 2 条规定:"遗嘱是遗嘱人生前在法律允许的范围内,按照法律规定的方式处分其个人财产或者处理其他事务,并在其死亡时发生效力的单方法律行为。"此外,湖北省高级人民法院(2014)鄂监二抗再终字第 00022 号民事判决书认为:"遗嘱属于遗嘱人处分个人财产的单方民事法律行为。"北京市第一中级人民法院(2021)京 01 民终 3253 号民事判决书也认为:"遗嘱系被继承人生前订立、死后生效的单方民事法律行为,处分的是遗嘱人死亡时遗留的个人合法财产。"

④ 比如,北京市高级人民法院(2022)京民申 3074 号民事裁定书认为:"遗赠系遗赠人死后生效的单方民事法律行为……"贵州省高级人民法院(2019)黔民申 3618 号民事裁定书认为:"遗赠是公民采用遗嘱的方式将个人的合法财产赠给国家、集体或者法定继承人以外的其他公民,并于其死亡后才发生法律效力的单方民事法律行为……"

⑤ 《民法典》第 165 条规定:"委托代理授权采用书面形式的,授权委托书应当载明代理人的姓名或者名称、代理事项、权限和期限,并由被代理人签名或者盖章。"《重庆市高级人民法院关于商业银行及其分支机构在诉讼中的主体资格问题的意见》(渝高法〔2004〕89 号)第 2 条规定:"商业银行总行与分、支行之间是委托代理关系,分行的代理权是基于总行的委托授权行为而产生,分行作为代理人又根据总行的授权选任支行为复代理人。代理人、复代理人在授权范围内的行为对被代理人发生法律效力。委托授权行为属于单方法律行为,总行随时有权撤回其授权,从而使分行的代理权归于消灭;分行对支行有监督权和解任权,随时有权撤回对支行的授权。"最高人民法院(2020)最高法民再 24 号民事判决书也认为:"授权行为自行为人作出单方意思表示即可产生授权的法律效力,属于单方法律行为。授权行为人与相对人以共同签订协议的形式签订授权书,不能改变授权行为是单方法律行为的性质。将授权行为视为双方法律行为,与授权行为的性质相悖。"

⑥ 比如,北京市高级人民法院(2021)京民终 233 号民事判决书认为:"本案中,新某联公司向中某证券公司出具《承诺函》,属于新某联公司向相对人中某证券公司作出的单方民事法律行为。"需要注意的是,并非所有单方出具的承诺函都是单方民事法律行为。比如,根据《民法典》第 685 条第 2 款关于"第三人单方以书面形式向债权人作出保证,债权人接收且未提出异议的,保证合同成立"的规定,第三人单方以书面形式向债权人出具的关于提供保证的承诺函,属于要约,经债权人承诺(包括"接收且未提出异议"这种默示承诺)后,即在第三人和债权人之间成立了保证合同(双方民事法律行为)。

民事法律行为。

（二）单方民事法律行为的成立条件

根据《民法典》第 134 条第 1 款所说的“民事法律行为……也可以基于单方的意思表示成立”，单方民事法律行为经民事主体单方作出相应的意思表示即可成立，无须其他民事主体作出任何意思表示或实施任何行为。

（三）单方民事法律行为的成立时间

需要注意的是，《民法典》第 134 条第 1 款所说的“民事法律行为……也可以基于单方的意思表示成立”，只是明确了单方民事法律行为的成立条件，并未直接规定单方民事法律行为的成立时间。这跟《民法典》第 423 条①针对最高额抵押权的债权的确定只规定了确定事由、没有规定确定时间是类似的，跟《民法典》第 411 条②针对动产浮动抵押的抵押财产的确定既规定了确定事由、又规定了确定时间是不同的。

根据《民法典》第 137 条至第 139 条关于意思表示生效的规定，考虑到意思表示的作出与意思表示的生效是不同的概念，民事主体作出意思表示并不意味着意思表示当然生效，因此，单方民事法律行为应自民事主体作出的单方意思表示生效时成立。③ 至于单方意思表示的生效时间，则应当依照《民法典》第 137 条至第 139 条的规定加以确定。

二、双方或多方民事法律行为的成立

（一）双方或多方民事法律行为的界定

《民法典》本身没有使用“双方民事法律行为”或“多方民事法律行为”的表述，不过，《民法典》第 134 条第 1 款所说的“民事法律行为可以基于双方的意思表示一致成立”和“民事法律行为可以基于多方的意思表示一致成立”，分别指向的其实就是“双方民事法律行为”和“多方民事法律行为”，即由两方当事人实施的民事法律行为或由超过两方当事人实施的民事法律行为④。

其中，《民法典》第 134 条第 1 款所说的“双方”，指的是两方民事主体；所说的“多

---

① 《民法典》第 423 条规定：“有下列情形之一的，抵押权人的债权确定：（一）约定的债权确定期间届满；（二）没有约定债权确定期间或者约定不明确，抵押权人或者抵押人自最高额抵押权设立之日起满二年后请求确定债权；（三）新的债权不可能发生；（四）抵押权人知道或者应当知道抵押财产被查封、扣押；（五）债务人、抵押人被宣告破产或者解散；（六）法律规定债权确定的其他情形。”

② 《民法典》第 411 条规定：“依据本法第三百九十六条规定设定抵押的，抵押财产自下列情形之一发生时确定：（一）债务履行期限届满，债权未实现；（二）抵押人被宣告破产或者解散；（三）当事人约定的实现抵押权的情形；（四）严重影响债权实现的其他情形。”

③ 实务中，也有裁判意见认为，单方民事法律行为在行为人作出意思表示时即告成立。比如，最高人民法院（2020）最高法民再 24 号民事判决书认为：“除了法律另有规定之外，单方民事法律行为自行为人独立表达其意思时即成立。”

④ 最高人民法院（2020）最高法民再 24 号民事判决书认为：“双方或多方民事法律行为指基于双方或多方当事人的意思表示一致才能发生法律效力的民事法律行为。”

方”,指的是三方或超过三方民事主体;“双方”和“多方”可以合称为“数方民事主体”[①]。需要注意的是,不论是双方民事法律行为还是多方民事法律行为,其中任何一方民事主体在人数上既可以是一人、也可以是数人。

《民法典》第134条第1款所说的“意思表示一致”,指的是“达成合意”[②]或“协商一致”[③]。

根据《民法典》第464条第1款所说的“合同是民事主体之间设立、变更、终止民事法律关系的协议”,有双方当事人的合同是典型的双方民事法律行为,有多方当事人的合同则是典型的多方民事法律行为。

(二)双方或多方民事法律行为的成立条件

根据《民法典》第134条第1款所说的“民事法律行为可以基于双方或者多方的意思表示一致成立”,双方民事法律行为须经双方达成一致的意思表示才成立,多方民事法律行为则须经各方达成一致的意思表示才成立。

从而,双方或多方民事主体的意思表示达成一致,既是认定双方或多方民事法律行为成立的关键,也具有确定民事法律行为的当事人范围[④]和明确当事人权利义务的

---

① 针对“一个”和“数个”,《民法典》第970条第2款规定:“合伙事务由全体合伙人共同执行。按照合伙合同的约定或者全体合伙人的决定,可以委托一个或者数个合伙人执行合伙事务;其他合伙人不再执行合伙事务,但是有权监督执行情况。”

② 最高人民法院指导性案例196号“运裕有限公司与深圳市中苑城商业投资控股有限公司申请确认仲裁协议效力案”的“裁判要点2”提出:“仲裁条款独立存在,其成立、效力与合同其他条款是独立、可分的。当事人在订立合同时对仲裁条款进行磋商并就提交仲裁达成合意的,合同成立与否不影响仲裁条款的成立、效力。”《民法典合同编通则解释》第6条第3款规定:“当事人订立的认购书、订购书、预订书等已就合同标的、数量、价款或者报酬等主要内容达成合意……”

③ 比如,《民法典》第543条规定:“当事人协商一致,可以变更合同”,第562条第1款规定:“当事人协商一致,可以解除合同”,第569条规定:“当事人互负债务,标的物种类、品质不相同的,经协商一致,也可以抵销”,第1076条规定:“夫妻双方自愿离婚的,应当签订书面离婚协议,并亲自到婚姻登记机关申请离婚登记。离婚协议应当载明双方自愿离婚的意思表示和对子女抚养、财产以及债务处理等事项协商一致的意见”,第1078条规定:“婚姻登记机关查明双方确实是自愿离婚,并已经对子女抚养、财产以及债务处理等事项协商一致的,予以登记,发给离婚证”,等等。此外,最高人民法院(2018)最高法民终816号民事判决书认为:“……因设定保证法律关系是保证人和债权人之间的法律行为,该种行为要求双方当事人意思表示达成一致,而达成一致的过程应是两个意思表示双向交流的过程”;新疆维吾尔自治区高级人民法院(2023)新民申1059号民事裁定书也认为:“双方民事法律行为的成立需要双方的意思表示一致,仅凭一方的意思表示而没有经过对方的认可或者同意不能成立”。

④ 比如,最高人民法院(2007)民二终字第35号民事判决书(载《最高人民法院公报》2008年第1期)认为:“根据《中华人民共和国合同法》第三十二条的规定:‘当事人采用合同书形式订立合同的,自双方当事人签字或者盖章时合同成立。’这里的签字盖章的效力是表明合同内容为签字或盖章当事人的意思表示,并据以享有合同权利、履行合同义务,尤其具有使合同相对人确信交易对方、从而确定合同当事人的作用”。又如,北京市高级人民法院(2019)京民申4916号民事裁定书认为:“本案中,案涉《租赁合同》系基于某阳科技公司与新某航科技公司意思表示一致成立的民事法律行为。案涉合同第六条第八款约定了‘乙方公司法定代表人作为自然人,同意对乙方违约责任承担连带担保责任’,根据法律规定,公司与其作为自然人的法定代表人并非同一法律主体,案涉《租赁合同》乙方处仅有某阳科技公司盖章,王某并未以某阳科技公司担保人的身份在合同‘乙方担保人’处签字,因此不能认定王某做出过同意针对某阳科技公司违约责任承担连带担保责任的意思表示,故案涉《租赁合同》第六条第八款不对合同之外的王某个人发生法律效力”。

边界和内容[①]的作用。至于民事主体之间是否达成“意思表示一致”，则应当根据《民法典》第 137 条至第 139 条关于意思表示生效和《民法典》合同编关于合同的订立的规定（主要是《民法典》第 471 条至第 495 条）加以认定。[②]

需要注意的是，针对合同的成立条件，《民法典合同编通则解释》第 3 条第 1 款作出了更加具体的规定，即：“当事人对合同是否成立存在争议，人民法院能够确定当事人姓名或者名称、标的和数量的，一般应当认定合同成立。但是，法律另有规定或者当事人另有约定的除外”。对该款的内容，《民法典合同编通则解释》第 6 条第 3 款[③]更是直接使用了“本解释第三条第一款规定的合同成立条件”的表述。

此外，《民法典合同编通则解释》第 6 条还对预约合同的成立条件作出了具体的规定：“当事人以认购书、订购书、预订书等形式约定在将来一定期限内订立合同，或者为担保在将来一定期限内订立合同交付了定金，能够确定将来所要订立合同的主体、标的等内容的，人民法院应当认定预约合同成立。当事人通过签订意向书或者备忘录等方式，仅表达交易的意向，未约定在将来一定期限内订立合同，或者虽然有约定但是难以确定将来所要订立合同的主体、标的等内容，一方主张预约合同成立的，人民法院不予支持……”

（三）双方或多方民事法律行为的成立时间

同样需要注意的是，《民法典》第 134 条第 1 款所说的“可以基于双方或者多方的意思表示一致成立”，只是明确了双方或多方民事法律行为的成立条件，并未直接规定双方或多方民事法律行为的成立时间。

至于双方或多方民事法律行为的成立时间，应当依照《民法典》第 483 条、第 490

---

① 比如，最高人民法院（2015）民一终字第 78 号民事判决书（载《最高人民法院公报》2016 年第 1 期）认为：“除基于法律特别规定，民事法律关系的产生、变更、消灭，需要通过法律关系参与主体的意思表示一致才能形成。判断民事主体根据法律规范建立一定法律关系时所形成的一致意思表示，目的在于明晰当事人权利义务的边界、内容。”

② 比如，广西壮族自治区高级人民法院（2018）桂民终 536 号民事裁定书认为：“本案中，某城港代理公司与深圳某流公司签订的《债权转让协议》，该民事法律行为为双方民事法律行为，必须有双方意思表示一致才能成立，虽然在 2016 年 5 月签订的《债权转让协议》中双方当事人均在合同中加盖了公司公章，协议表面上符合合同订立的形式要件，但在 2016 年 2 月 16 日该《债权转让协议》签订之前，深圳某流公司已在《深圳特区报》刊登《遗失声明》，称遗失营业执照、正副本、公章、刻章登记卡，声明作废。因此，该《债权转让协议》上加盖的深圳某流公司的公章系已登报作废的公章，该公章已不能代表深圳某流公司，即该协议并非深圳某流公司作出的意思表示。况且，深圳某流公司的法定代表人刘某志亦明确表示其从未签署或授权他人签署过任何将深圳某流公司对某航公司享有的债权转让给防某港代理公司的文件，其至今对该协议不予认可，故该《债权转让协议》并非双方当事人意思表示一致的民事法律行为，《债权转让协议》未能成立。”又如，广东省高级人民法院（2012）粤高法执复字第 2 号执行裁定书认为：“在有关文件上加盖骑缝章，不能作为当事人作出同意要约的意思表示及订立合同的证据。2005 年 8 月 8 日，某联公司、香港某成有限公司共同向农行某城支行出具《还款承诺书》，仅只是一方当事人的意思表示，即使农行广州某城支行在此加盖骑缝章，也不能证明双方意思表示一致成立合同。”

③ 《民法典合同编通则解释》第 6 条第 3 款规定：“当事人订立的认购书、订购书、预订书等已就合同标的、数量、价款或者报酬等主要内容达成合意，符合本解释第三条第一款规定的合同成立条件，未明确约定在将来一定期限内另行订立合同，或者虽然有约定但是当事人一方已实施履行行为且对方接受的，人民法院应当认定本约合同成立。”

条、第 491 条、第 586 条第 1 款、第 679 条、第 814 条、第 890 条、第 905 条[①]和《民法典合同编通则解释》第 4 条[②]等有关合同成立时间或民事法律行为成立时间的规定加以确定。

其中,根据《民法典》第 158 条所说的"民事法律行为可以附条件,但是根据其性质不得附条件的除外"和第 160 条所说的"民事法律行为可以附期限,但是根据其性质不得附期限的除外",在当事人对双方或多方民事法律行为的成立附条件或附期限的情况下,相关双方或多方民事法律行为的成立时间为所附条件成就时或所附期限届至时。

三、决议行为的成立

《民法典》在第 134 条第 1 款规定了单方民事法律行为、双方民事法律行为和多方民事法律行为的成立之后,在其第 134 条第 2 款专门对法人或非法人组织的决议行为的成立作出了规定。

(一)决议行为

根据《民法典》第 134 条第 2 款,并结合《民法典》第三章、第四章关于法人和非法人组织的规定,决议行为指向的是法人的相关组织机构或非法人组织,依照法律和章程的规定,就其职权范围内的事项作出决定的行为。

在类型方面,法人的决议主要包括法人的权力机构(或决策机构)的决议、执行机构的决议、监督机构的决议和法定代表人的决定[③];非法人组织的决议则主要包括非法

---

① 《民法典》第 483 条规定:"承诺生效时合同成立,但是法律另有规定或者当事人另有约定的除外",第 490 条规定:"当事人采用合同书形式订立合同的,自当事人均签名、盖章或者按指印时合同成立。在签名、盖章或者按指印之前,当事人一方已经履行主要义务,对方接受时,该合同成立。法律、行政法规规定或者当事人约定合同应当采用书面形式订立,当事人未采用书面形式但是一方已经履行主要义务,对方接受时,该合同成立",第 491 条规定:"当事人采用信件、数据电文等形式订立合同要求签订确认书的,签订确认书时合同成立。当事人一方通过互联网等信息网络发布的商品或者服务信息符合要约条件的,对方选择该商品或者服务并提交订单成功时合同成立,但是当事人另有约定的除外",第 586 条第 1 款规定:"当事人可以约定一方向对方给付定金作为债权的担保。定金合同自实际交付定金时成立",第 679 条规定:"自然人之间的借款合同,自贷款人提供借款时成立",第 814 条规定:"客运合同自承运人向旅客出具客票时成立,但是当事人另有约定或者另有交易习惯的除外",第 890 条规定:"保管合同自保管物交付时成立,但是当事人另有约定的除外",第 905 条规定:"仓储合同自保管人和存货人意思表示一致时成立。"

② 《民法典合同编通则解释》第 4 条第 1 款规定:"采取招标方式订立合同,当事人请求确认合同自中标通知书到达中标人时成立的,人民法院应予支持。合同成立后,当事人拒绝签订书面合同的,人民法院应当依据招标文件、投标文件和中标通知书等确定合同内容",第 2 款规定:"采取现场拍卖、网络拍卖等公开竞价方式订立合同,当事人请求确认合同自拍卖师落槌、电子交易系统确认成交时成立的,人民法院应予支持。合同成立后,当事人拒绝签订成交确认书的,人民法院应当依据拍卖公告、竞买人的报价等确定合同内容",第 3 款规定:"产权交易所等机构主持拍卖、挂牌交易,其公布的拍卖公告、交易规则等文件公开确定了合同成立需要具备的条件,当事人请求确认合同自该条件具备时成立的,人民法院应予支持"。

③ 《民法典》第 85 条规定:"营利法人的权力机构、执行机构作出决议的会议召集程序、表决方式违反法律、行政法规、法人章程……的,营利法人的出资人可以请求人民法院撤销该决议。但是,营利法人依据该决议与善意相对人形成的民事法律关系不受影响",第 94 条第 2 款规定:"捐助法人的决策机构、执行机构或者法定代表人作出决定的程序违反法律、行政法规、法人章程……的,捐助人等利害关系人或者主管机关可以请求人民法院撤销该决定。但是,捐助法人依据该决定与善意相对人形成的民事法律关系不受影响。"

人组织的出资人或设立人的决定①或决议②、负责人的决定。

（二）决议行为的成立

由于《民法典》第 134 条第 2 款使用了“法人、非法人组织依照法律或者章程规定的议事方式和表决程序作出决议的，该决议行为成立”的表述，因此，在且仅在法人的相关组织机构或非法人组织依照法律或该组织的章程规定的议事方式和表决程序作出相应的决议时，该决议才成立、该决议即成立。

1. 作出决议的含义

结合《公司法》关于公司决议通过的规定③和《公司法》第 27 条关于公司决议不成立的规定④，就法人的权力机构（或决策机构）、执行机构和监督机构而言，《民法典》第 134 条第 2 款所说的“作出决议”，指的应该是“通过决议”；如果决议未获得通过，即《公司法》第 27 条第 4 项所说的“同意决议事项的人数或者所持表决权数未达到本法或者公司章程规定的人数或者所持表决权数”，自然也就属于“决议不成立”，而不属于“决议成立”。

2. 作出决议的程序

《民法典》第 134 条第 2 款规定了法人或非法人组织作出决议的两种程序，一是依

---

① 《民法典》第 106 条第 2 项规定：“有下列情形之一的，非法人组织解散：……（二）出资人或者设立人决定解散……”

② 比如，《合伙企业法》第 30 条规定：“合伙人对合伙企业有关事项作出决议，按照合伙协议约定的表决办法办理。合伙协议未约定或者约定不明确的，实行合伙人一人一票并经全体合伙人过半数通过的表决办法。本法对合伙企业的表决办法另有规定的，从其规定”，第 49 条第 1 款规定：“合伙人有下列情形之一的，经其他合伙人一致同意，可以决议将其除名：……”

③ 《公司法》第 66 条规定：“……[有限责任公司]股东会作出决议，应当经代表过半数表决权的股东通过。股东会作出修改公司章程、增加或者减少注册资本的决议，以及公司合并、分立、解散或者变更公司形式的决议，应当经代表三分之二以上表决权的股东通过”，第 116 条规定：“……[股份有限公司]股东会作出决议，应当经出席会议的股东所持表决权过半数通过。股东会作出修改公司章程、增加或者减少注册资本的决议，以及公司合并、分立、解散或者变更公司形式的决议，应当经出席会议的股东所持表决权的三分之二以上通过”，第 135 条规定：“上市公司在一年内购买、出售重大资产或者向他人提供担保的金额超过公司资产总额百分之三十的，应当由股东会作出决议，并经出席会议的股东所持表决权的三分之二以上通过”；第 73 条第 2 款规定：“[有限责任公司]董事会会议应当有过半数的董事出席方可举行。董事会作出决议，应当经全体董事的过半数通过”；第 124 条第 1 款规定：“[股份有限公司]董事会会议应当有过半数的董事出席方可举行。董事会作出决议，应当经全体董事的过半数通过”；第 81 条第 3 款规定：“[有限责任公司]监事会决议应当经全体监事的过半数通过”，第 132 条第 3 款规定：“[股份有限公司]监事会决议应当经全体监事的过半数通过。”

④ 《公司法》第 27 条规定：“有下列情形之一的，公司股东会、董事会的决议不成立：（一）未召开股东会、董事会会议作出决议；（二）股东会、董事会会议未对决议事项进行表决；（三）出席会议的人数或者所持表决权数未达到本法或者公司章程规定的人数或者所持表决权数；（四）同意决议事项的人数或者所持表决权数未达到本法或者公司章程规定的人数或者所持表决权数。”此前，《公司法解释四》第 5 条也规定：“股东会或者股东大会、董事会决议存在下列情形之一，当事人主张决议不成立的，人民法院应当予以支持：（一）公司未召开会议的，但依据公司法第三十七条第二款或者公司章程规定可以不召开股东会或者股东大会而直接作出决定，并由全体股东在决定文件上签名、盖章的除外；（二）会议未对决议事项进行表决的；（三）出席会议的人数或者股东所持表决权不符合公司法或者公司章程规定的；（四）会议的表决结果未达到公司法或者公司章程规定的通过比例的；（五）导致决议不成立的其他情形。”

照法律规定的议事方式和表决程序作出决议,二是依照章程规定的议事方式和表决程序作出决议。不论是依照法律规定的议事方式和表决程序作出的决议,还是依照章程规定的议事方式和表决程序作出的决议,该决议行为都是成立的。

其中,《民法典》第134条第2款所说的"依照法律规定的议事方式和表决程序作出决议",主要适用于以下几种情形:一是依法无须制定章程的法人或非法人组织,比如机关法人、基层群众性自治组织法人;二是法人或非法人组织的章程没有规定相应的议事方式和表决程序;三是依法必须适用法律规定的议事方式和表决程序①。

而《民法典》第134条第2款所说的"依照章程规定的议事方式和表决程序作出决议",则主要适用于依法需要制定章程的法人和依法需要制定章程的非法人组织(现阶段主要指的是依法需要制定章程的不具有法人资格的专业服务机构②),不适用于依法无须制定章程的非法人组织。不过,就非法人组织中的合伙企业而言,尽管《合伙企业法》只要求设立合伙企业须有书面合伙协议、并不要求合伙企业制定章程③,但是,由于《合伙企业法》也规定了合伙企业的决议制度④,因此,在解释上,《民法典》第134条第2款所说的"章程"应作扩大解释,解释为包括合伙企业的合伙协议。就合伙企业而言,结合《合伙企业法》第85条第2项关于"合伙企业有下列情形之一的,应当解散:……(二)合伙协议约定的解散事由出现"的规定,《民法典》第106条所说的"章程",与《合伙企业法》所说的"合伙企业的合伙协议"具有相同的含义。

需要注意的是,就非法人组织中的个人独资企业而言,由于个人独资企业依照《个人独资企业法》和《市场主体登记管理条例》无须制定或置备章程,《个人独资企业法》

---

① 比如,《公司法》第66条第1款规定:"[有限责任公司]股东会的议事方式和表决程序,除本法有规定的外,由公司章程规定",第73条第1款规定:"[有限责任公司]董事会的议事方式和表决程序,除本法有规定的外,由公司章程规定",第81条第2款规定:"[有限责任公司]监事会的议事方式和表决程序,除本法有规定的外,由公司章程规定",第121条第5款规定:"[股份有限公司董事会]审计委员会的议事方式和表决程序,除本法有规定的外,由公司章程规定",第132条第2款规定:"[股份有限公司]监事会的议事方式和表决程序,除本法有规定的外,由公司章程规定。"

② 比如,就不具有法人资格的专业服务机构中的律师事务所而言,《律师法》第14条规定:"律师事务所是律师的执业机构。设立律师事务所应当具备下列条件:(一)有自己的名称、住所和章程;(二)有符合本法规定的律师;(三)设立人应当是具有一定的执业经历,且三年内未受过停止执业处罚的律师;(四)有符合国务院司法行政部门规定数额的资产",第17条规定:"申请设立律师事务所,应当提交下列材料:(一)申请书;(二)律师事务所的名称、章程;(三)律师的名单、简历、身份证明、律师执业证书;(四)住所证明;(五)资产证明。设立合伙律师事务所,还应当提交合伙协议。"据此,包括合伙律师事务所、个人律师事务所和国家出资设立的律师事务所在内的所有律师事务所均须依法制定章程。

③ 《合伙企业法》第9条第1款规定:"申请设立合伙企业,应当向企业登记机关提交登记申请书、合伙协议书、合伙人身份证明等文件",第14条第2项规定:"设立[普通]合伙企业,应当具备下列条件:……(二)有书面合伙协议",第60条规定:"有限合伙企业及其合伙人适用本章规定;本章未作规定的,适用本法第二章第一节至第五节关于普通合伙企业及其合伙人的规定。"

④ 《合伙企业法》第30条规定:"合伙人对合伙企业有关事项作出决议,按照合伙协议约定的表决办法办理。合伙协议未约定或者约定不明确的,实行合伙人一人一票并经全体合伙人过半数通过的表决办法。本法对合伙企业的表决办法另有规定的,从其规定",第31条规定:"除合伙协议另有约定外,合伙企业的下列事项应当经全体合伙人一致同意:……",第37条规定:"合伙企业对合伙人执行合伙事务以及对外代表合伙企业权利的限制,不得对抗善意第三人",第49条规定:"合伙人有下列情形之一的,经其他合伙人一致同意,可以决议将其除名……对合伙人的除名决议应当书面通知被除名人。被除名人接到除名通知之日,除名生效,被除名人退伙。被除名人对除名决议有异议的,可以自接到除名通知之日起三十日内,向人民法院起诉。"

也没有关于个人独资企业的事务管理须遵循特定的议事方式和表决程序的规定，因此，《民法典》第 134 条第 2 款所说的“法人、非法人组织依照法律或者章程规定的议事方式和表决程序作出决议的，该决议行为成立”，不适用于个人独资企业。

3. 议事方式和表决程序的界定

《民法典》第 134 条第 2 款使用了“议事方式”和“表决程序”的表述，但没有规定相应的定义。这跟《民法典》第 85 条使用了“召集程序”和“表决方式”，但没有规定其定义是类似的。关于“议事方式”和“表决程序”，可见本书对《民法典》第 85 条的通释。

值得一提的是，通过将《民法典》第 134 条第 2 款所说的“依照法律或者章程规定的议事方式和表决程序作出决议”，跟《民法典》第 85 条所说的“作出决议的会议召集程序、表决方式”和第 94 条第 2 款所说的“作出决定的程序”相比较，可以发现，如果《民法典》第 134 条第 2 款的表述能够调整为“法人、非法人组织依照法律或者章程规定的程序作出决议的，该决议行为成立”，可能是更准确、周全的。

4. 决议行为不成立的主要情形

《公司法》第 27 条对公司决议不成立的主要情形作出了规定，即“有下列情形之一的，公司股东会、董事会的决议不成立：（一）未召开股东会、董事会会议作出决议；（二）股东会、董事会会议未对决议事项进行表决；（三）出席会议的人数或者所持表决权数未达到本法或者公司章程规定的人数或者所持表决权数；（四）同意决议事项的人数或者所持表决权数未达到本法或者公司章程规定的人数或者所持表决权数”。上述规定同样可以参照适用于其他法人和非法人组织决议不成立的认定。

（三）决议行为不同于单方、双方或多方民事法律行为

决议行为不同于单方民事法律行为，也不同于双方民事法律行为、多方民事法律行为①。这也是《民法典》第 134 条将决议行为和单方民事法律行为、双方民事法律行为、多方民事法律行为分别作出规定的原因。具体而言：

其一，在成立机制方面，决议行为系依照法律或者法人或非法人组织章程规定的程序作出的。法人或非法人组织通常采取“多数同意”的表决办法，而非作为“意思表示一致”的特别形式的“一致同意”作出决议。这跟双方或多方民事法律行为须“基于双方或者多方的意思表示一致成立”存在明显的不同。②

其二，在约束力方面，决议行为具有内部性，仅对法人或非法人组织自身及其股东

---

① 实务中，有裁判意见认为决议行为属于多方民事法律行为。比如，陕西省西安市中级人民法院（2022）陕 01 民终 6028 号民事判决书认为：“公司决议行为作为一种多方民事法律行为，区别于单方或双方法律行为。即股东会决议遵循资本多数决原则，系公司自治原则的体现。”又如，四川天府新区成都片区人民法院（2020）川 0192 民初 2146 号民事判决书也认为：“本案中，2019 年 11 月 29 日某某旅游公司召开股东会并形成的《2019 年第一次股东会决议》对某投集团受让某友公司持有的某某旅游公司 7.5%的股权以及股权转让对价为 545.111 万元的意思表示是清楚的，已经包含股权转让合同所必须具备的转让标的股权、价款的主要条款，包括某友公司、某投集团在内的各股东均签字盖章。该股东会决议属于多方民事法律行为……”

② 比如，上海市第一中级人民法院（2019）沪 01 民终 10925 号民事判决书认为：“决议行为与单方或多方民事法律行为不同，决议行为一般不需要所有当事人意思表示一致才能成立，而是多数人意思表示一致就可以成立。这种‘多数决’的正当性就在于程序正义，即决议必须依一定的程序作出。”

等出资人和董事、监事、高级管理人员等内部人员具有约束力，对外部主体则不具有约束力；[①]决议行为本身只是作出该决议的法人或非法人组织的机构（比如权力机构或决策机构、执行机构、监督机构、法定代表人或负责人）的行为，尚非法人或非法人组织本身的行为，须经法人的法定代表人或非法人组织的负责人或该组织的代理人依据该决议以该组织的名义对外实施相对应的民事法律行为，才转化为该法人或非法人组织的民事法律行为、才具有相应的外部约束力。[②] 这跟单方民事法律行为、双方民事法律行为和多方民事法律行为一经成立就具有相应的外部约束力[③]存在明显的不同。

四、法院应当依职权审查民事法律行为是否成立

在处理民事纠纷的过程中，法院应当依职权主动审查案涉民事法律行为是否成立。[④] 这跟法院处理合同纠纷时应当依职权审查合同的效力[⑤]是类似的。

比如，针对合同是否成立的问题，《民法典合同编通则解释》第 3 条第 3 款规定："当事人主张合同无效或者请求撤销、解除合同等，人民法院认为合同不成立的，应当依据《最高人民法院关于民事诉讼证据的若干规定》第五十三条的规定将合同是否成立作为焦点问题进行审理，并可以根据案件的具体情况重新指定举证期限。"

第一百三十五条 【民事法律行为的形式】民事法律行为可以采用书面形式、口头形式或者其他形式；法律、行政法规规定或者当事人约定采用特定形式的，应当采用特定形式。

---

① 比如，《公司法》第 5 条规定："设立公司应当依法制定公司章程。公司章程对公司、股东、董事、监事、高级管理人员具有约束力。"第 67 条第 2 款规定："董事会行使下列职权：……（二）执行股东会的决议；……"第 74 条第 2 款规定："经理对董事会负责，根据公司章程的规定或者董事会的授权行使职权。"

② 比如，《民法典》第 85 条规定："营利法人的权力机构、执行机构作出决议的会议召集程序、表决方式违反法律、行政法规、法人章程，或者决议内容违反法人章程的，营利法人的出资人可以请求人民法院撤销该决议。但是，营利法人依据该决议与善意相对人形成的民事法律关系不受影响"，第 94 条第 2 款规定："捐助法人的决策机构、执行机构或者法定代表人作出决定的程序违反法律、行政法规、法人章程，或者决定内容违反法人章程的，捐助人等利害关系人或者主管机关可以请求人民法院撤销该决定。但是，捐助法人依据该决定与善意相对人形成的民事法律关系不受影响。"

③ 《民法典》第 136 条第 2 款规定："行为人非依法律规定或者未经对方同意，不得擅自变更或者解除民事法律行为"，第 465 条第 2 款规定："依法成立的合同，仅对当事人具有法律约束力，但是法律另有规定的除外。"

④ 甚至，法院还应依职权主动审查民事法律行为的状态。比如，江苏省高级人民法院（2015）苏审三民申字第 00013 号民事裁定书认为："在合同纠纷中，除合同的效力（包括是否有效、抑或效力待定）外，合同的状态（包括是否处于履行状态、中止状态、终止状态、抑或解除状态）亦属于人民法院应当依职权主动审查的内容。这是因为合同的状态对于确定双方的权利义务关系、责任承担以及最终判定诉讼请求能否得到支持等也具有重要意义。特别是如果享有解除权的一方当事人在诉讼前已经以通知方式解除了涉案合同的情形下，则涉案合同目前所处的法律状态就直接影响着案件的处理结果。"

⑤ 《九民会议纪要》要求："人民法院在审理合同纠纷案件过程中，要依职权审查合同是否存在无效的情形，注意无效与可撤销、未生效、效力待定等合同效力形态之间的区别，准确认定合同效力，并根据效力的不同情形，结合当事人的诉讼请求，确定相应的民事责任"；最高人民法院（2018）最高法民申 1774 号民事裁定书（载《最高人民法院公报》2020 年第 3 期）也认为："对合同效力的认定，属于人民法院依职权应当审查的范畴，并不局限于当事人的诉讼请求。"

【条文通释】

《民法典》第 135 条是关于民事法律行为的形式[①]的规定。

一、民事法律行为的形式

《民法典》第 135 条列明了民事法律行为的两种形式:(1)书面形式;(2)口头形式。在此基础上,《民法典》第 135 条还有"其他形式"兜底,将"书面形式"和"口头形式"之外的形式纳入其中,既对现有法律法规已经规定的其他的民事法律行为形式进行了认可,也为法律将来规定新的民事法律行为形式预留了空间。

(一)书面形式

《民法典》第 135 条所说的"书面形式",具有《民法典》第 469 条第 2 款规定的含义,即:"合同书、信件、电报、电传、传真等可以有形地表现所载内容的形式"。此外,根据《民法典》第 469 条第 3 款,"以电子数据交换、电子邮件等方式能够有形地表现所载内容,并可以随时调取查用的数据电文",也视为"书面形式"。就此,《民法典》第 137 条第 2 款也使用了"采用数据电文形式的意思表示"的表述。

其中的"数据电文",具有《电子签名法》第 2 条第 2 款规定的含义,即"以电子、光学、磁或者类似手段生成、发送、接收或者储存的信息"。

(二)口头形式

《民法典》第 135 条所说的"口头形式",指向的是"用说话方式来表达"的形式[②],包括单方的说话、双方或多方的对话等。

需要注意的是,根据《民法典》第 469 条第 2 款和第 3 款和《电子签名法》第 2 条第 2 款的规定,以及《民诉法解释》第 116 条所说的"视听资料包括录音资料和影像资料。电子数据是指通过电子邮件、电子数据交换、网上聊天记录、博客、微博客、手机短信、电子签名、域名等形成或者存储在电子介质中的信息。存储在电子介质中的录音资料和影像资料,适用电子数据的规定",通过对民事主体的说话或对话进行录音或录像所形成的录音资料或影像资料,不再属于口头形式,而转化成了书面形式。

(三)其他形式

至于《民法典》第 135 条所说的"其他形式",现阶段主要包括:(1)录音录像形式;和(2)行为形式。

1. 录音录像形式

由于《民法典》在第 1137 条规定民事主体可以采用录音录像形式立遗嘱的基础

---

① 全国人民代表大会常务委员会时任副委员长王晨 2020 年 5 月 22 日在第十三届全国人民代表大会第三次会议上作的《关于〈中华人民共和国民法典(草案)〉的说明》使用了"民事法律行为的形式"的表述。

② 中国社会科学院语言研究所词典编辑室编:《现代汉语词典》(修订本),商务印书馆 1996 年版,第 725 页。

上,在第 1138 条明确将以录音录像形式立遗嘱与以口头形式立遗嘱、以书面形式立遗嘱置于并列地位,①因此,可以认为,录音录像形式属于《民法典》第 135 条所说的民事法律行为的"其他形式"。

需要注意的是,录音录像形式与录音资料、影像资料是不同的概念。如前所说,录音资料和影像资料属于视听资料,在性质上属于书面形式;而录音录像形式则是在民事法律行为实施当时将该民事法律行为即时记录到特定的载体的形式。

2. 行为形式

民事法律行为还可以通过行为直接作出。

比如,针对通过行为作出承诺,《民法典》第 480 条规定:"承诺应当以通知的方式作出;但是,根据交易习惯或者要约表明可以通过行为作出承诺的除外",第 484 条规定:"以通知方式作出的承诺,生效的时间适用本法第一百三十七条的规定。承诺不需要通知的,根据交易习惯或者要约的要求作出承诺的行为时生效。"②

此外,《民法典总则编解释》第 18 条更是直接规定:"当事人未采用书面形式或者口头形式,但是实施的行为本身表明已经作出相应意思表示,并符合民事法律行为成立条件的,人民法院可以认定为民法典第一百三十五条规定的采用其他形式实施的民事法律行为。"

比如,在临沂市某世纪房地产开发有限公司与苏州某世纪房地产开发有限公司民间借贷纠纷案中,在查明案件事实"2016 年 7 月 14 日,邯郸市政府就邯郸某世纪与苏州某世纪之间债权债务处置事宜召开会议进行专题研究,李某燕受邯郸某世纪、史某豹、高某兰的共同委托,全权参加会议。该次会议议定事项主要有:原则同意邯郸某世纪就该公司、史某豹及其名下关联公司(共 16 家公司,包含临沂某世纪)等与苏州某世纪资金往来形成的债权债务事宜达成协议,以苏州某世纪向邯郸某世纪支付 2. 3 亿元了结双方所有债权债务;苏州某世纪依协议将 2. 3 亿元支付到指定共管账户后,帮助邯郸某世纪敦请公安机关依法解除对苏州某世纪及其股东资产的查封;双方协议履行完毕后,应视为邯郸某世纪与苏州某世纪之间存在的债权债务予以完结,邯郸某世纪因此事不再向司法机关提请民事及刑事诉讼。2016 年 7 月 19 日,苏州某世纪向邯郸某世纪汇款 1. 3 亿元。2016 年 7 月 20 日临沂某世纪召开股东会并形成决议,载明:1. 同意本公司此前与苏州某世纪的一切债权债务由邯郸某世纪全权处理;2. 同意在邯郸某世纪与苏州某世纪将上述债权债务处理完毕后,本公司放弃向苏州某世纪另行主张权利的权利。2016 年 8 月 2 日,苏州某世纪向邯郸某世纪汇款 1 亿元。至此,苏州某世纪完全履行了邯郸会议的决定"的基础上,山东省高级人民法院(2019)鲁民终 867 号民事判决书认为:"临沂某世纪向苏州某世纪所出具的股东会决议(原件)所载明的内容,其实质是附条件的承诺,即在邯郸某世纪与苏州某世纪公司将上述债权债务处

---

① 《民法典》第 1137 条规定:"以录音录像形式立的遗嘱,应当有两个以上见证人在场见证。遗嘱人和见证人应当在录音录像中记录其姓名或者肖像,以及年、月、日",第 1138 条规定:"遗嘱人在危急情况下,可以立口头遗嘱。口头遗嘱应当有两个以上见证人在场见证。危急情况消除后,遗嘱人能够以书面或者录音录像形式立遗嘱的,所立的口头遗嘱无效。"

② 类似的规定,还可见《民法典》第 152 条第 1 款第 3 项(撤销权的放弃)、第 528 条(不安抗辩权人的解除权)、第 563 条第 1 款第 2 项(法定解除权)、第 578 条(预期违约)等。

理完毕后,临沂某世纪放弃向苏州某世纪另行主张权利的权利。该内容不违反法律规定,系临沂某世纪对自己权益的有效处分。临沂某世纪向苏州某世纪出具股东会决议(原件)的行为,是将自己的意思告知苏州某世纪;苏州某世纪与邯郸某世纪将债权债务处理完毕的行为,系苏州某世纪对临沂某世纪意思表示的回应。纵观全案,双方当事人在债权债务处置上虽没有形成书面合意,却以实际行动体现了合意的形成。该合意的形成不违反法律规定,系当事人真实意思的体现,合法有效。临沂某世纪虽向苏州某世纪主张债权,但没有提交苏州某世纪与邯郸某世纪债权债务尚未处理完毕的证据。临沂某世纪在苏州某世纪与邯郸某世纪的债权债务已处理完毕(即合意已形成且履行)的情况下,违背其向苏州某世纪的承诺,又起诉主张其对苏州某世纪的债权及利息,有悖诚实信用原则,本院不予支持"。

二、民事法律行为的形式要求:以不要式为原则、要式为例外

根据《民法典》第 135 条和第 469 条第 1 款,民事法律行为以不要式为原则、以要式为例外。也因此,按照民事法律行为是否需要采用特定的形式,民事法律行为可以区分为要式民事法律行为和不要式民事法律行为。

(一)原则:不要式

《民法典》第 135 条前半句所说的"民事法律行为可以采用书面形式、口头形式或者其他形式",意味着,原则上,民事法律行为无须采用特定的形式,既可以采用书面形式,也可以采用口头形式,还可以采用其他形式。

这也是《民法典》第 5 条规定的自愿原则(即"民事主体从事民事活动,应当遵循自愿原则,按照自己的意思设立、变更、终止民事法律关系")的具体体现和应有之义。

(二)例外:要式

《民法典》第 135 条后半句所说的"法律、行政法规规定或者当事人约定采用特定形式的,应当采用特定形式",意味着,一是如果法律法规和当事人都没有要求采用特定形式,则应当适用《民法典》第 135 条前半句说的"民事法律行为可以采用书面形式、口头形式或者其他形式",此时民事法律行为的形式不受限制;二是只有在法律、行政法规明确规定或者当事人明确约定采用特定形式的情形,民事法律行为才是要式的,可以称之为"要式须法定或约定"。

比如,根据《民法典》的要求,建设用地使用权出让、转让、互换、出资、赠与或者抵

押[①],设立居住权[②],设立地役权[③],设立抵押权、质权和提供保证[④],非自然人之间的借款[⑤],融资租赁[⑥],保理[⑦],工程建设和委托监理[⑧],技术开发、技术转让和技术许可[⑨],物业服务[⑩],继承人放弃继承权[⑪]等,均属要式民事法律行为。

需要注意的是,就法律、行政法规规定或者当事人约定采用特定形式的民事法律行为而言,除非法律另有明文规定[⑫],否则当事人没有采用该特定形式这一事实本身并不当然导致相应的民事法律行为不成立或无效[⑬]。

比如,针对未按规定或约定采用书面形式订立合同的情形,《民法典》第 490 条第 2 款规定:"法律、行政法规规定或者当事人约定合同应当采用书面形式订立,当事人未采用书面形式但是一方已经履行主要义务,对方接受时,该合同成立。"

---

① 《民法典》第 348 条第 1 款规定:"通过招标、拍卖、协议等出让方式设立建设用地使用权的,当事人应当采用书面形式订立建设用地使用权出让合同。"第 354 条规定:"建设用地使用权转让、互换、出资、赠与或者抵押的,当事人应当采用书面形式订立相应的合同……"

② 《民法典》第 367 条第 1 款规定:"设立居住权,当事人应当采用书面形式订立居住权合同。"

③ 《民法典》第 373 条第 1 款规定:"设立地役权,当事人应当采用书面形式订立地役权合同。"

④ 《民法典》第 400 条第 1 款规定:"设立抵押权,当事人应当采用书面形式订立抵押合同",第 427 条第 1 款规定:"设立质权,当事人应当采用书面形式订立质押合同",第 685 条规定:"保证合同可以是单独订立的书面合同,也可以是主债权债务合同中的保证条款。第三人单方以书面形式向债权人作出保证,债权人接收且未提出异议的,保证合同成立。"

⑤ 《民法典》第 668 条第 1 款规定:"借款合同应当采用书面形式,但是自然人之间借款另有约定的除外。"

⑥ 《民法典》第 736 条第 2 款规定:"融资租赁合同应当采用书面形式。"

⑦ 《民法典》第 762 条第 2 款规定:"保理合同应当采用书面形式。"

⑧ 《民法典》第 789 条规定:"建设工程合同应当采用书面形式。"第 796 条规定:"建设工程实行监理的,发包人应当与监理人采用书面形式订立委托监理合同……"

⑨ 《民法典》第 851 条第 3 款规定:"技术开发合同应当采用书面形式",第 863 条第 3 款规定:"技术转让合同和技术许可合同应当采用书面形式。"

⑩ 《民法典》第 938 条第 3 款规定:"物业服务合同应当采用书面形式。"

⑪ 《民法典》第 1124 条第 1 款规定:"继承开始后,继承人放弃继承的,应当在遗产处理前,以书面形式作出放弃继承的表示;没有表示的,视为接受继承。"

⑫ 比如,当事人采用仲裁方式解决纠纷,必须订立书面仲裁协议,否则视为当事人之间没有仲裁协议。对此,《仲裁法》第 4 条规定:"当事人采用仲裁方式解决纠纷,应当双方自愿,达成仲裁协议。没有仲裁协议,一方申请仲裁的,仲裁委员会不予受理",第 16 条规定:"仲裁协议包括合同中订立的仲裁条款和以其他书面方式在纠纷发生前或者纠纷发生后达成的请求仲裁的协议。仲裁协议应当具有下列内容:(一)请求仲裁的意思表示;(二)仲裁事项;(三)选定的仲裁委员会";《仲裁法解释》第 1 条规定:"仲裁法第十六条规定的'其他书面形式'的仲裁协议,包括以合同书、信件和数据电文(包括电报、电传、传真、电子数据交换和电子邮件)等形式达成的请求仲裁的协议。"

⑬ 不过,遗嘱人在非危急情况下以口头形式订立的遗嘱,以及在危急情况下以口头形式订立遗嘱,在危急情况消除后,遗嘱人能够以书面或者录音录像形式立遗嘱而未以书面或者录音录像形式立遗嘱的,所立的口头遗嘱无效。对此,《民法典》第 1138 条规定:"遗嘱人在危急情况下,可以立口头遗嘱。口头遗嘱应当有两个以上见证人在场见证。危急情况消除后,遗嘱人能够以书面或者录音录像形式立遗嘱的,所立的口头遗嘱无效。"

第一百三十六条　【民事法律行为的生效时间和法律约束力】民事法律行为自成立时生效，但是法律另有规定或者当事人另有约定的除外。

行为人非依法律规定或者未经对方同意，不得擅自变更或者解除民事法律行为。

【条文通释】

《民法典》第136条是关于民事法律行为的生效时间和法律约束力的规定。

一、民事法律行为的生效时间

根据《民法典》第136条第1款的规定，原则上，民事法律行为自“成立时”生效，仅在例外情况下才在法律规定的时间或当事人约定的时间生效。据此，《民法典》第136条第1款确立了民事法律行为以在成立时生效为原则、在规定时间或约定时间生效为例外的生效制度。

（一）原则：自成立时生效

由于《民法典》第136条第1款使用了“民事法律行为自成立时生效，但是法律另有规定或者当事人另有约定的除外”的表述，因此，只要法律没有对民事法律行为的生效时间作出不同的规定并且当事人也没有对民事法律行为的生效时间作出不同的约定，那么，所有民事法律行为均“自成立时”生效。

至于其中的“成立时”，则应当根据《民法典》第134条关于民事法律行为的成立、第137条至第139条关于意思表示生效和《民法典》合同编关于合同的订立的规定（主要是《民法典》第471条至第495条）加以认定。[①]

（二）例外：成立后按规定或约定生效

《民法典》第136条第1款规定了民事法律行为不在成立时生效的两种例外情形：一是“法律另有规定”，二是“当事人另有约定”[②]。

---

① 比如，江苏省高级人民法院（2019）苏民申4647号民事裁定书认为：“本案中，陆某与某融公司签订的房屋租赁合同合法有效，双方均应依约履行。实际履行中，陆某未按期支付房屋租金和物业费，其于2014年12月29日出具《承诺书》，愿意承担所欠的租金、物业费，并明确了所欠租金、物业费的具体金额。该《承诺书》不存在违反法律、行政法规强制性规定的情形，自成立之日起即对陆某具有约束力。陆某虽主张其出具《承诺书》时双方并未对账，系受某融公司胁迫所签，但未有证据证明，且其未在法定期间内主张撤销。”

② 比如，甘肃省高级人民法院（2020）甘民终428号民事判决书认为：“民事法律行为成立并不意味着民事法律行为必然会发生法律效力，民事法律行为是行为人的意思表示，行为人有权按照自己的意愿对某一行为附有决定该行为效力发生或者消灭的条件。杨某、李某2、李某3三人分别出具的《承担连带责任承诺函》第六条载明：‘本承诺函自承诺人及配偶签字捺印之日起生效’，其三人明确了提供担保的民事法律行为生效条件为承诺人及配偶在该承诺函上签字。……在本案中，农商银行某城支行提供的三份《承担连带责任承诺函》明确表示生效的条件，但因杨某、李某2、李某3三人的配偶均未签字，且该承诺函上所附配偶签字捺印的条件并不与担保行为的性质相悖，所附条件的事实符合相关法律规定，应认定《承担连带责任承诺函》并未发生法律效力。”

就民事法律行为的生效时间而言,《民法典》第136条第1款所说的“但是法律另有规定或者当事人另有约定的除外”,具有以下几个层面的效果:

一是该规定对《民法典》施行之前的原有法律针对民事法律行为的生效时间已经作出的既有的规定(即旧的规定)作出了明确的承认,以确保法律秩序的稳定和延续。

二是该规定明确允许并认可立法机关在《民法典》施行之后,在必要时通过对现有法律进行修改或制定新的法律的方式,针对民事法律行为的生效时间作出新的规定,以适应社会和经济的发展要求,也为将来制定新的专门的民事特别法律预留了空间。

三是该规定明确允许当事人经协商一致针对民事法律行为的生效时间作出自主的约定。这也是《民法典》第5条规定的自愿原则(即“民事主体从事民事活动,应当遵循自愿原则,按照自己的意思设立、变更、终止民事法律关系”)的具体体现和应有之义。

《民法典》第136条第1款所说的“但是法律另有规定或者当事人另有约定的除外”,意味着,只要法律针对民事法律行为的生效时间作出了不同于“自成立时生效”的规定,就应当以法律规定的生效时间作为相关民事法律行为的生效时间;此外,只要当事人针对民事法律行为的生效时间作出了不同于“自成立时生效”的约定,就应当以当事人约定的生效时间作为相关民事法律行为的生效时间。

其中,《民法典》第136条第1款所说的“另有规定”或“另有约定”,指的是与“自成立时生效”不同的规定或约定。由此,不论是针对民事法律行为生效时间的“法律另有规定”还是“当事人另有约定”,所规定或约定的民事法律行为的生效时间都必须发生在民事法律行为成立之后①,既不能是民事法律行为成立时(否则不属于“另有规定”或“另有约定”),更不能发生在民事法律行为成立之前(因民事法律行为不成立则谈不上生效)。

(三)民事法律行为的生效条件

需要注意的是,《民法典》第136条第1款只是规定了民事法律行为的生效时间,不涉及民事法律行为的生效条件。民事法律行为的生效条件是由《民法典》第158条等规定的。

《民法典》第158条所说的“民事法律行为可以附条件,但是根据其性质不得附条件的除外。附生效条件的民事法律行为,自条件成就时生效”,属于《民法典》第136条第1款所说的“法律另有规定”,该规定既明确了法律可以规定、当事人也可以约定民事法律行为的生效条件,也明确了附生效条件的民事法律行为的生效时间即为其所附的生效条件成就之时。

由此可见,就附生效条件的民事法律行为而言,该民事法律行为的生效时间与其所附的生效条件密不可分,其所附生效条件是否成就以及所附生效条件的成就时间,都直接决定该民事法律行为的生效时间。

---

① 比如,北京市第三中级人民法院(2021)京03民终3244号民事判决书认为:“如果法律行为已成立,但不完全符合法定生效要件,则待定条件出现或经同意或追认后,该法律行为可以生效。”

二、民事法律行为的法律约束力

(一)民事法律行为的约束力

《民法典》第 136 条第 2 款明确了民事法律行为的法律约束力,即:“行为人非依法律规定或者未经对方同意,不得擅自变更或者解除民事法律行为”。这就意味着,民事法律行为一经成立即具有相应的法律约束力,不得非法变更或解除。

当然,行为人可以依照法律的规定变更或解除民事法律行为[①],也可以在取得对方同意的基础上变更或解除民事法律行为[②]。这两种情形都是《民法典》第 136 条第 2 款的应有之义。其中,前者是行为人依法行使法律规定的变更或解除权的行为;后者则是当事人经协商一致后按照约定实施的行为[③],也是《民法典》第 5 条规定的自愿原则的具体体现和应有之义。

(二)《民法典》第 136 条第 2 款适用于所有依法成立的民事法律行为

需要注意的是,《民法典》第 136 条第 2 款所说的“行为人非依法律规定或者未经对方同意,不得擅自变更或者解除民事法律行为”,适用于所有依法成立的民事法律行为,包括“依法成立但尚未生效的民事法律行为”“依法成立并生效的民事法律行为”和“依法成立但确定不生效的民事法律行为”。

也就是说,包括“依法成立并生效的民事法律行为”在内的所有“依法成立的民事法律行为”都具有法律约束力,非依法律规定或者未经对方同意,都不得擅自变更或者解除。不能仅仅因为《民法典》第 136 条第 2 款所说的“行为人非依法律规定或者未经对方同意,不得擅自变更或者解除民事法律行为”,在编排位置上位于《民法典》第 136 条第 1 款所说的“民事法律行为自成立时生效,但是法律另有规定或者当事人另有约定的除外”之后并与该款共同构成《民法典》第 136 条,就当然认为《民法典》第 136 条第 2 款所说的“行为人非依法律规定或者未经对方同意,不得擅自变更或者解除民事法律行为”仅适用于“依法成立并生效的民事法律行为”。

比如,针对所有依法成立的合同的约束力,《民法典》第 120 条规定:“依法成立的合同,对当事人具有法律约束力”,第 465 条第 2 款规定:“依法成立的合同,仅对当事

---

① 比如,《民法典》第 1142 条规定:“遗嘱人可以撤回、变更自己所立的遗嘱”;第 563 条规定:“有下列情形之一的,当事人可以解除合同:(一)因不可抗力致使不能实现合同目的;(二)在履行期限届满前,当事人一方明确表示或者以自己的行为表明不履行主要债务;(三)当事人一方迟延履行主要债务,经催告后在合理期限内仍未履行;(四)当事人一方迟延履行债务或者有其他违约行为致使不能实现合同目的;(五)法律规定的其他情形。以持续履行的债务为内容的不定期合同,当事人可以随时解除合同,但是应当在合理期限之前通知对方。”

② 比如,《民法典》第 543 条规定:“当事人协商一致,可以变更合同”,第 562 条规定:“当事人协商一致,可以解除合同。当事人可以约定一方解除合同的事由。解除合同的事由发生时,解除权人可以解除合同。”

③ 比如,最高人民法院(2020)最高法民再 24 号民事判决书认为:“双方或多方民事法律行为指基于双方或多方当事人的意思表示一致才能发生法律效力的民事法律行为。双方或多方民事法律行为的变更或者解除,除法律有特别规定之外,必须经过双方或多方当事人协商一致。”

人具有法律约束力，但是法律另有规定的除外”；《九民会议纪要》第37条规定：“无效合同从本质上来说是欠缺合同的有效要件，或者具有合同无效的法定事由，自始不发生法律效力。而未生效合同已具备合同的有效要件，对双方具有一定的拘束力，任何一方不得擅自撤回、解除、变更，但因欠缺法律、行政法规规定或当事人约定的特别生效条件，在该生效条件成就前，不能产生请求对方履行合同主要权利义务的法律效力”；最高人民法院（2020）最高法民终137号民事判决书也认为：“已经成立的合同具有形式拘束力，受到双方合意的拘束，除当事人同意或有解除、撤销原因外，不允许任何一方随意解除或撤销，但当事人不得请求履行合同约定的义务”。《民法典合同编通则解释》第12条所说的“合同依法成立后，负有报批义务的当事人不履行报批义务或者履行报批义务不符合合同的约定或者法律、行政法规的规定，对方请求其继续履行报批义务的，人民法院应予支持；对方主张解除合同并请求其承担违反报批义务的赔偿责任的，人民法院应予支持。人民法院判决当事人一方履行报批义务后，其仍不履行，对方主张解除合同并参照违反合同的违约责任请求其承担赔偿责任的，人民法院应予支持。合同获得批准前，当事人一方起诉请求对方履行合同约定的主要义务，经释明后拒绝变更诉讼请求的，人民法院应当判决驳回其诉讼请求，但是不影响其另行提起诉讼”也表明了这点。

应该说，针对依法成立的民事法律行为的法律约束力的问题，原《民法通则》第57条所说的“民事法律行为从成立时起具有法律约束力。行为人非依法律规定或者取得对方同意，不得擅自变更或者解除”规定得更为清晰。《民法典》第136条第2款没有延续原《民法通则》第57条所说的“民事法律行为从成立时起具有法律约束力”，不无遗憾。

三、民事法律行为的变更和解除

《民法典》第136条第2款所说的“行为人非依法律规定或者未经对方同意，不得擅自变更或者解除民事法律行为”，意味着：

一是就单方民事法律行为、双方民事法律行为或多方民事法律行为而言，在法律有规定的情况下，行为人可以依照法律的规定变更或解除民事法律行为。此即民事法律行为的法定变更制度或法定解除制度。比如，《民法典》第563条[①]规定的合同解除制度就是比较典型的法定解除制度。

二是就双方或多方民事法律行为而言，在经对方当事人同意的情况下，行为人可以变更或解除民事法律行为。此即民事法律行为的约定变更制度或约定解除制度。这也是《民法典》第5条所说的“民事主体从事民事活动，应当遵循自愿原则，按照自己的意思设立、变更、终止民事法律关系”的具体体现和应有之义。比如，《民法典》第543条所说的“当事人协商一致，可以变更合同”，是比较典型的约定变更制度；《民法

---

① 《民法典》第563条规定：“有下列情形之一的，当事人可以解除合同：（一）因不可抗力致使不能实现合同目的；（二）在履行期限届满前，当事人一方明确表示或者以自己的行为表明不履行主要债务；（三）当事人一方迟延履行主要债务，经催告后在合理期限内仍未履行；（四）当事人一方迟延履行债务或者有其他违约行为致使不能实现合同目的；（五）法律规定的其他情形。以持续履行的债务为内容的不定期合同，当事人可以随时解除合同，但是应当在合理期限之前通知对方。”

典》第 562 条所说的“当事人协商一致,可以解除合同。当事人可以约定一方解除合同的事由。解除合同的事由发生时,解除权人可以解除合同”,则是比较典型的约定解除制度。

其中,《民法典》第 136 条第 2 款所说的“经对方同意”,既可以是在民事法律行为成立之后、变更或解除民事行为之前单独取得对方的同意,也可以是民事法律行为(如合同)本身就包含对方预先给予的同意。

第二节　意思表示

《民法典》总则编第六章第二节“意思表示”共有 6 个条文(第 137 条至第 142 条),构建了意思表示的规则体系,涉及有相对人的意思表示的生效时间(第 137 条)、无相对人的意思表示的生效时间(第 138 条)、以公告方式作出的意思表示的生效时间(第 139 条)、意思表示的方式(第 140 条)、意思表示的撤回(第 141 条)和意思表示的解释(第 142 条)等事项。

第一百三十七条　【有相对人的意思表示的生效时间】以对话方式作出的意思表示,相对人知道其内容时生效。

以非对话方式作出的意思表示,到达相对人时生效。以非对话方式作出的采用数据电文形式的意思表示,相对人指定特定系统接收数据电文的,该数据电文进入该特定系统时生效;未指定特定系统的,相对人知道或者应当知道该数据电文进入其系统时生效。当事人对采用数据电文形式的意思表示的生效时间另有约定的,按照其约定。

【条文通释】

《民法典》第 137 条是关于有相对人的意思表示的生效时间的规定。

一、有相对人的意思表示的类型

由《民法典》第 137 条第 1 款使用的“相对人知道其内容”和第 2 款使用的“到达相对人”等表述可知,《民法典》第 137 条是针对有相对人的意思表示的生效时间作出的规定。

具体而言,《民法典》第 137 条规定了两种类型的有相对人的意思表示,一是以对话方式作出的有相对人的意思表示,二是以非对话方式作出的有相对人的意思表示。其中,要约和承诺都是典型的有相对人的意思表示。①

---

① 《民法典》第 464 条第 1 款规定:“合同是民事主体之间设立、变更、终止民事法律关系的协议”,第 471 条规定:“当事人订立合同,可以采取要约、承诺方式或者其他方式”,《民法典》第 472 条规定:“要约是希望与他人订立合同的意思表示,该意思表示应当符合下列条件:(一)内容具体确定;(二)表明经受要约人承诺,要约人即受该意思表示约束”,第 479 条规定:“承诺是受要约人同意要约的意思表示”,第 466 条第 1 款规定:“当事人对合同条款的理解有争议的,应当依据本法第一百四十二条第一款的规定,确定争议条款的含义”,第 142 条第 1 款规定:“有相对人的意思表示的解释,应当按照所使用的词句,结合相关条款、行为的性质和目的、习惯以及诚信原则,确定意思表示的含义。”

结合《民法典》第139条所说的"以公告方式作出的意思表示,公告发布时生效",《民法典》所说的"有相对人的意思表示"中的"相对人",指的是特定的相对人,而非不特定的相对人。这跟《民法典》第118条第2款所说的"债权是……权利人请求特定义务人为或者不为一定行为的权利"中的"特定义务人"是类似的。

二、以对话方式作出的意思表示的生效时间

《民法典》第137条第1款明确了以对话方式作出的意思表示的生效时间,即:"相对人知道其内容时"。

(一)对话方式的界定

在日常用语中,"对话"具有"两个或更多的人之间的谈话"的含义。[①] 由此,《民法典》第137条第1款所说的"对话方式"中的"对话",既包括当面交谈(或面对面交谈)[②],也包括电话通话[③]。

据此,《民法典》所说的"以对话方式作出的意思表示",指的是民事主体在与他人当面交谈或电话通话过程中作出的意思表示。

(二)"相对人知道"的认定

在日常用语中,"知道"具有"对事情或道理有认识;懂得"的含义。[④] 据此,《民法典》第137条第1款所说的"相对人知道其内容",指的是在对话中作出意思表示的民事主体的相对人已经认识到该民事主体作出了该意思表示。

考虑到"相对人知道其内容"属于相对人主观意识的范畴、难以从正面加以证明,

---

① 中国社会科学院语言研究所词典编辑室编:《现代汉语词典》(修订本),商务印书馆1996年版,第318页。

② 比如,北京市第二中级人民法院(2023)京02民终285号民事判决书认为:"本案中,赵某认可涉案合同系二人就合同的修改意见协商并一致后所打印出来的,窦某龙、某亿地产公司对此予以认可。窦某龙作为某亿地产公司授权代表系与赵某二人以面对面沟通的方式就合同达成了一致意见,该方式属对话方式。在窦某龙认可该合同的意思表示到达赵某时,该意思表示即生效。现赵某自认二人当时已达成一致意见,即窦某龙所代表的某亿地产公司愿意受到涉案合同约束的意思表示已到达赵某,赵某与某亿地产公司之间的合同已成立。赵某以某亿地产公司当时并未加盖公章为由主张某亿地产公司未做出承诺,故其在当日23时23分的微信中要求窦某龙先别上交涉案合同属于对要约的撤销,缺乏事实和法律依据,本院不予采信。"

③ 比如,福建省高级人民法院(2021)闽民申2141号民事裁定书认为:"根据本案查明的事实,庄某昭、张某仁在磋商过程中,通过电话通话及微信聊天方式各自作出了相关意思表示。2018年9月29日,庄某昭代理人致电张某仁,表明身份后称'那你作为共同还款人哦',张某仁回答'嗯……钱是辛苦钱,是工资,应该给你的,该多少我一分都不少你';庄某昭代理人再称'那这个调解协议书你作为共同还款人,我们定下来',张某仁回答'好'。之后,庄某昭代理人根据对话加张某仁为微信好友并将《调解协议书》通过微信发送给张某仁,《调解协议书》上记载共同还款人为张某仁,并约定'如果张某柱未按上述约定还款,共同还款人张某仁承担连带责任。'张某仁收到上述《调解协议书》后回复'同意'。……庄某昭通过其代理人与张某仁以对话、非对话方式作出明确意思表示愿意以共同还款人身份加入庄某昭与张某柱原债务中,该意思表示真实有效,所设立的债务加入法律关系成立。庄某昭代理人通过微信这一数据电文载体有形地表现所载内容,符合书面形式要件,应认定庄某昭与张某仁形成书面债务加入协议"。

④ 中国社会科学院语言研究所词典编辑室编:《现代汉语词典》(修订本),商务印书馆1996年版,第1612页。

再结合《民法典》第 481 条第 2 款第 1 项所说的“要约没有确定承诺期限的，承诺应当依照下列规定到达：(一)要约以对话方式作出的，应当即时作出承诺”，可以认为，原则上，民事主体的意思表示一经以对话方式作出，就应当视为“相对人知道其内容”；当然，在例外情况下，如果在行为人以对话方式作出意思表示之时，因客观原因(比如飞机轰鸣而过、突发爆炸声等巨响)导致相对人未能即时听见或听清该意思表示的内容，则不宜认定“相对人知道其内容”，相对人可以即时以未听见或未听清为由要求该民事主体对该意思表示予以说明。

(三)“相对人知道其内容”的证明

根据《民事诉讼法》第 67 条第 1 款[①]和《民诉法解释》第 90 条、第 91 条[②]的规定，不论是以对话方式作出意思表示的行为人，还是其相对人，如其主张适用《民法典》第 137 条第 1 款所说的“以对话方式作出的意思表示，相对人知道其内容时生效”，就应当对该意思表示的内容为相对人所知道承担举证证明责任；否则，其主张可能得不到支持。

三、以非对话方式作出的意思表示的生效时间

(一)一般规定

“非对话方式”是与“对话方式”相对应的概念，指的是“对话方式”之外的各种方式，包括但不限于公告方式[③]，合同书方式[④]，信件、电报方式以及电传、传真、电子邮件等快速通讯方式[⑤]。

《民法典》第 137 条第 2 款明确了以非对话方式作出的意思表示的生效时间，即：“到达相对人时”。此为一般规定，原则上适用于所有以非对话方式作出的意思表示。

结合《联合国国际货物销售合同公约》[⑥]第 15 条第 1 款所说的“发价于送达被发价

---

① 《民事诉讼法》第 67 条第 1 款规定：“当事人对自己提出的主张，有责任提供证据。”

② 《民诉法解释》第 90 条规定：“当事人对自己提出的诉讼请求所依据的事实或者反驳对方诉讼请求所依据的事实，应当提供证据加以证明，但法律另有规定的除外。在作出判决前，当事人未能提供证据或者证据不足以证明其事实主张的，由负有举证证明责任的当事人承担不利的后果”，第 91 条规定：“人民法院应当依照下列原则确定举证证明责任的承担，但法律另有规定的除外：(一)主张法律关系存在的当事人，应当对产生该法律关系的基本事实承担举证证明责任；(二)主张法律关系变更、消灭或者权利受到妨害的当事人，应当对该法律关系变更、消灭或者权利受到妨害的基本事实承担举证证明责任。”

③ 《民法典》第 139 条规定：“以公告方式作出的意思表示，公告发布时生效。”

④ 《民法典》第 490 条第 1 款规定：“当事人采用合同书形式订立合同的，自当事人均签名、盖章或者按指印时合同成立。在签名、盖章或者按指印之前，当事人一方已经履行主要义务，对方接受时，该合同成立”，第 491 条第 1 款规定：“当事人采用信件、数据电文等形式订立合同要求签订确认书的，签订确认书时合同成立。”

⑤ 《民法典》第 482 条规定：“要约以信件或者电报作出的，承诺期限自信件载明的日期或者电报交发之日开始计算。信件未载明日期的，自投寄该信件的邮戳日期开始计算。要约以电话、传真、电子邮件等快速通讯方式作出的，承诺期限自要约到达受要约人时开始计算。”

⑥ 《联合国国际货物销售合同公约》1988 年 1 月 1 日对我国生效。我国声明不受该公约第 1 条 1 款 2 项、第 11 条及与第 11 条内容有关的规定的约束；2013 年 11 月 16 日，我国通知撤回对该公约第 11 条有关内容的保留；2022 年 5 月 5 日，我国声明了该公约适用于香港的情况。见外交部网站，https://treaty. mfa. gov. cn/web/detail1. jsp? objid = 1531876008552，最后访问日期：2024 年 5 月 14 日。

人时生效”,第18条第2款所说的“接受发价于表示同意的通知送达发价人时生效”,第24条所说的“为公约本部分的目的,发价、接受声明或任何其他意旨表示‘送达’对方,系指用口头通知对方或通过任何其他方法送交对方本人,或其营业地或通讯地址,如无营业地或通讯地址,则送交对方惯常居住地”等,可以认为,《民法典》第137条第2款所说的“到达相对人”,指的是以非对话方式作出的意思表示“送达相对人”。

关于送达方式,原则上应当采用当事人约定的送达方式;在当事人未约定的情况下,可以采用法律法规规定的能够确认相对人收悉[①]的方式,包括书面送达方式、电子送达方式[②]甚至是公告送达方式[③]。

关于送达时间,原则上应当按照当事人的约定予以确定;在当事人未约定的情况下,可以参照适用《民事诉讼法》和《民诉法解释》有关送达的规定予以认定。其中,在无须确定以非对话方式作出的意思表示到达对方的确切时间的情况下,仅凭相对人持有载有该意思表示的函件等载体这一事实本身就可以认定该意思表示“到达相对人”。比如,在中国某某工程局有限公司与山西某某房地产开发有限公司建设工程施工合同纠纷案中,山西省高级人民法院(2018)晋民初440号民事判决书认为:“关于某某公司向某某工程局有限公司(北京)出具承诺函的主体认定。……该份承诺函中载明的相对人虽系中国某某工程局有限公司(北京),但从其行为性质与目的,及条款中明确表明‘承诺放弃依承诺函第六条追究贵公司违约责任的权利,具体违约责任仍按照中某某局与我公司签订的建设工程施工合同执行’的内容来看,应当认定为是针对相对人中某某局华北公司所出具承诺作出的承诺,中某某局华北公司不具有独立法人资格,其取得权利应由中某某局行使,中某某局持有该承诺函并作为证据向法庭提交,能够证明某某公司承诺的意思表示到达中某某局”。[④]

---

① 《海事诉讼特别程序法》第33条、第80条、《民事诉讼法》第90条、《公司法解释四》第17条、《民事执行中拍卖、变卖规定》第11条、《最高人民法院关于涉外民事或商事案件司法文书送达问题若干规定》第10条等都使用了“能够确认收悉”或“能够确认其收悉”的表述。

② 针对民事诉讼法律文书的送达,《民事诉讼法》第90条规定:“经受送达人同意,人民法院可以采用能够确认其收悉的电子方式送达诉讼文书。通过电子方式送达的判决书、裁定书、调解书,受送达人提出需要纸质文书的,人民法院应当提供。采用前款方式送达的,以送达信息到达受送达人特定系统的日期为送达日期”;《民诉法解释》第135条规定:“电子送达可以采用传真、电子邮件、移动通信等即时收悉的特定系统作为送达媒介。民事诉讼法第九十条第二款规定的到达受送达人特定系统的日期,为人民法院对应系统显示发送成功的日期,但受送达人证明到达其特定系统的日期与人民法院对应系统显示发送成功的日期不一致的,以受送达人证明到达其特定系统的日期为准”。上述规定可以作为民事活动中意思表示的电子送达的参考。

③ 比如,《最高人民法院关于审理民事案件适用诉讼时效制度若干问题的规定》(2020年修正)第8条第1款第4项规定:“具有下列情形之一的,应当认定为民法典第一百九十五条规定的‘权利人向义务人提出履行请求’,产生诉讼时效中断的效力:……(四)当事人一方下落不明,对方当事人在国家级或者下落不明的当事人一方住所地的省级有影响的媒体上刊登具有主张权利内容的公告的,但法律和司法解释另有特别规定的,适用其规定。”

④ 根据最高人民法院(2019)最高法民终1587号民事裁定书,(2018)晋民初440号民事判决因按上诉人山西某某房地产开发有限公司自动撤回上诉而在(2019)最高法民终1587号民事裁定书送达之日发生法律效力。

(二)关于采用数据电文形式的意思表示的特别规定

采用数据电文形式作出意思表示属于以非对话方式作出意思表示的特殊情形。在作出"以非对话方式作出的意思表示,到达相对人时生效"的一般规定的基础上,《民法典》第 137 条第 2 款第 2 句和第 3 句还针对采用数据电文形式的意思表示的生效时间作出了具体的规定和特别的规定,包括:一是"以非对话方式作出的采用数据电文形式的意思表示,相对人指定特定系统接收数据电文的,该数据电文进入该特定系统时生效",二是"以非对话方式作出的采用数据电文形式的意思表示,相对人……未指定特定系统的,相对人知道或者应当知道该数据电文进入其系统时生效",三是"当事人对采用数据电文形式的意思表示的生效时间另有约定的,按照其约定"。

其中,前两者属于对《民法典》第 137 条第 2 款第 1 句所说的"以非对话方式作出的意思表示,到达相对人时生效"的具体规定和细化规定;更确切地说,是对其中的"到达相对人时"的具体规定和细化规定,将"到达相对人时"进一步明确为"进入该特定系统时"或"相对人知道或者应当知道该数据电文进入其系统时"。

而《民法典》第 137 条第 2 款第 3 句所说的"当事人对采用数据电文形式的意思表示的生效时间另有约定的,按照其约定",则属于对《民法典》第 137 条第 2 款前两句所说的"以非对话方式作出的意思表示,到达相对人时生效"和"以非对话方式作出的采用数据电文形式的意思表示,相对人指定特定系统接收数据电文的,该数据电文进入该特定系统时生效"以及"以非对话方式作出的采用数据电文形式的意思表示,相对人……未指定特定系统的,相对人知道或者应当知道该数据电文进入其系统时生效"的特别规定,允许当事人在协商一致的基础上对采用数据电文形式的意思表示的生效时间自主作出不同的约定;只要当事人对采用数据电文形式的意思表示的生效时间作出了不同的约定,就应当按照当事人的约定来确定采用数据电文形式的意思表示的生效时间。

结合《电子签名法》第 9 条第 1 款第 2 项所说的"数据电文有下列情形之一的,视为发件人发送:……(二)发件人的信息系统自动发送的",第 11 条第 1 款所说的"数据电文进入发件人控制之外的某个信息系统的时间,视为该数据电文的发送时间。收件人指定特定系统接收数据电文的,数据电文进入该特定系统的时间,视为该数据电文的接收时间;未指定特定系统的,数据电文进入收件人的任何系统的首次时间,视为该数据电文的接收时间",可以认为,《民法典》第 137 条第 2 款所说的"特定系统",指的是相对人指定的用于接收特定的民事主体采用数据电文形式作出的意思表示的信息系统;在数量上既可以是单个特定系统、也可以是数个特定系统;《民法典》第 137 条第 2 款所说的"其系统",指的是相对人的任何用于接收数据电文的信息系统,在数量上也可以是单个特定系统或数个特定系统。其中的"信息系统",即"计算机信息系统",是指"由计算机及其相关的和配套的设备、设施(含网络)构成的,按照一定的应用目标和规则对信息进行采集、加工、存储、传输、检索等处理的人机系统"①。

需要注意的是,根据《电子签名法》第 11 条第 2 款所说的"收件人……未指定特定

① 《计算机信息系统安全保护条例》(2011 年修订)第 2 条。

系统的，数据电文进入收件人的任何系统的首次时间，视为该数据电文的接收时间”，《民法典》第137条第2款所说的“相对人知道或者应当知道该数据电文进入其系统时”，指的应该是以非对话方式作出的采用数据电文形式的意思表示进入该相对人的任何系统的首次时间①（除非相对人能够证明其不知道并且不应当知道该意思表示在该首次时间进入其系统）。

（三）意思表示到达相对人的证明

根据《民事诉讼法》第67条第1款②和《民诉法解释》第90条、第91条③的规定，不论是以非对话方式作出意思表示的行为人，还是其相对人，如其主张适用《民法典》第137条第2款所说的“以非对话方式作出的意思表示，到达相对人时生效”“以非对话方式作出的采用数据电文形式的意思表示，相对人指定特定系统接收数据电文的，该数据电文进入该特定系统时生效”或“未指定特定系统的，相对人知道或者应当知道该数据电文进入其系统时生效”，就应当对该意思表示“到达相对人”“进入该特定系统”或“相对人知道或者应当知道该数据电文进入其系统”承担举证证明责任；否则，其主张可能得不到支持。

比如，在江苏某某科技有限公司与重庆某某乘用车有限公司等票据追索权纠纷案中，重庆市高级人民法院（2021）渝民终13号民事判决书认为：“某某科技公司虽于2019年12月27日通过托收行向某某财务公司提示付款，但电子商业汇票的持票人提示付款请求需到达承兑人系统始发生票据法上提示付款的效力。某某科技公司主张其已于2019年12月27日向某某财务公司提示付款，应对提示付款请求到达某某财务公司承担举证责任。某某科技公司举示的电子商业汇票系统截图显示，案涉票据状态为‘背书已签收’，备注为‘交易系统参与机构线上清算要素检查失败——交易系统参与者不允许发起线上清算方式’；同时，某某科技公司举示的（2020）苏泰兴证字第2237号《公证书》显示：案涉票据的交易类型为‘发出托收申请’，指令状态为‘交易成功’，票据状态为‘背书已签收’。前述证据仅能证明某某科技公司向托收行发出托收申请的指令已成功，并不能证明提示付款的指令已经通过电子商业汇票系统到达了某某财务公司系统，某某财务公司亦否认收到某某科技公司发出的提示付款指令，故某某科技公司举示的证据不足以证明其主张，其应当承担举证不能的法律后果，某某科技公

① 比如，湖北省宜昌市中级人民法院（2020）鄂05民再31号民事判决书认为：“2013年4月11日，刘某向甘某gan×××@gmail.com邮箱发送邮件，告知了甘某转账还款事宜。甘某诉称因该邮箱其本人较少使用并未收到还款通知。但在本案庭审时甘某亦自述在刘某还款前其使用过该邮箱，仅在还款前后这段时间未使用。……本案中，甘某并未向刘某指定用于沟通还款的特定系统和方式，刘某向甘某邮箱成功发送了邮件，即应推定甘某对刘某还款一事已知晓。”

② 《民事诉讼法》第67条第1款规定：“当事人对自己提出的主张，有责任提供证据。”

③ 《民诉法解释》第90条规定：“当事人对自己提出的诉讼请求所依据的事实或者反驳对方诉讼请求所依据的事实，应当提供证据加以证明，但法律另有规定的除外。在作出判决前，当事人未能提供证据或者证据不足以证明其事实主张的，由负有举证证明责任的当事人承担不利的后果”，第91条规定：“人民法院应当依照下列原则确定举证证明责任的承担，但法律另有规定的除外：（一）主张法律关系存在的当事人，应当对产生该法律关系的基本事实承担举证证明责任；（二）主张法律关系变更、消灭或者权利受到妨害的当事人，应当对该法律关系变更、消灭或者权利受到妨害的基本事实承担举证证明责任。”

司关于其已于案涉票据到期日 2019 年 12 月 27 日向承兑人某某财务公司提示付款的主张不能成立,本院不予支持”。

又如,在赵某全与韩某滨房屋租赁合同纠纷案中,辽宁省辽河中级人民法院(2021)辽 74 民终 115 号民事判决书认为:“赵某全通过微信这种即时通讯工具通知韩某滨妻子解除合同,属于采用数据电文形式作出意思表示,韩某滨未指定特定系统接收,双方也无其他约定,根据上述法律规定,应当以韩某滨或其妻子知道或者应当知道数据电文进入其系统时生效,赵某全对该事实负有举证责任,其未能提供相应证据,应当承担举证不能的不利后果,故本院只能依据韩某滨妻子回复该信息的时间即 2020 年 12 月 4 日认定解除合同通知的生效时间”。

第一百三十八条　【无相对人的意思表示的生效时间】无相对人的意思表示,表示完成时生效。法律另有规定的,依照其规定。

【条文通释】

《民法典》第 138 条是关于无相对人的意思表示的生效时间的规定。

一、无相对人的意思表示

“无相对人的意思表示”是与“有相对人的意思表示”相对应的概念,指向的是在作出之时,无须存在特定的相对人,或无须为特定的相对人所知道,或无须到达特定的相对人的意思表示。①

---

① 比如,在岳阳市某裕实业有限公司等与武汉某化燃油有限公司民间借贷纠纷案中,针对某裕实业公司在其减资时向登记机关出具的载明“公司对原有债务负有清偿责任,全体股东提供相应担保”的《债务清偿或提供担保的说明》的法律效力,湖北省高级人民法院(2019)鄂民终 519 号民事判决书认为:“说明常见于有限责任公司减少注册资本的工商登记资料中,显系公司应工商登记行政管理机关的要求而作出,如将说明内容视为公司及股东作出的无相对人的意思表示,应结合法律规定和出具的特定环境进行解释。《中华人民共和国公司法》第一百七十七条第二款规定:‘公司应当自作出减少注册资本决议之日起十日内通知债权人,并于三十日内在报纸上公告。债权人自接到通知书之日起三十日内,未接到通知书的自公告之日起四十五日内,有权要求公司清偿债务或者提供相应的担保。’从上述规定及说明的内容可以看出,出具说明的背景是公司的减资行为已依据减资决议通知债权人,没有债权人提出债务清偿或提供担保的要求,如将‘公司对原有债务负有清偿责任,全体股东提供相应的担保’视为股东对公司原有债务承担补充赔偿责任的意思表示,则将公司与股东个人债务混同,背离了公司独立承担民事责任和股东有限责任的原则,以公司减资时应工商登记部门要求出具的文件将公司债务泛化至股东债务,难以推定为股东的真实意思表示,因此,在解释上应以股东未履行法定义务实际损害债权人利益为前提,其意思表示的真实含义是股东未按法定程序减少注册资本构成抽逃出资损害债权人利益情形下对债权人在抽逃出资本息范围内承担补充赔偿责任,与法定责任相一致”。尽管该民事判决书没有直接、明确地将公司股东在公司减资时向登记机关出具的有关公司债务清偿或提供担保的说明认定为无相对人的意思表示,但实际上是按照无相对人的意思表示进行处理的。

通常认为,遗嘱属于典型的无相对人的意思表示①;悬赏声明②等以公告方式、面向不特定对象作出的意思表示,通常也属于无相对人的意思表示③。

需要注意的是,并非所有"以公告方式作出的意思表示"都属于"无相对人的意思表示"。行为人采用公告方式对特定的一个或数个民事主体作出的意思表示,属于"有相对人的意思表示"。比如,债权人以公告方式向其债务人主张权利④。

二、无相对人的意思表示的生效时间

根据《民法典》第138条的规定,无相对人的意思表示原则上在"表示完成时"生效,在且仅在法律另有明文规定的例外情形下,才在法律规定的时间生效。据此,《民法典》第138条确立了无相对人的意思表示以在表示完成时生效为原则、在规定时间生效为例外的生效制度。

(一)原则:在表示完成时生效

由于《民法典》第138条使用了"无相对人的意思表示,表示完成时生效。法律另有规定的,依照其规定"的表述,因此,只要法律没有对无相对人的意思表示的生效时间作出不同的规定,所有无相对人的意思表示均在"表示完成时"生效。

其中的"表示完成",就以口头形式作出的无相对人的意思表示而言,指的是行为人以口头形式将其意思完整地表达出来;就以书面形式作出的无相对人的意思表示而

---

① 比如,四川省高级人民法院(2020)川民再153号民事判决书认为:"遗嘱是典型的要式行为及无相对人的单方法律行为,与合同等双方法律行为存在本质区别。"山东省青岛市中级人民法院(2022)鲁02民终10945号民事判决书认为:"遗嘱是无相对人的单方民事法律行为,遗嘱是否成立并生效不需要相对人的承诺……"北京市第一中级人民法院(2020)京01民终3027号民事判决书认为:"遗嘱是自然人生前依据法律规定处分自己的财产以及安排相关事务,并于死后发生法律效力的单方法律行为。……遗嘱属于单方、无相对人的意思表示,即遗嘱只是记载自己对死后财产处分以及安排其他事务的意愿,其无需向任何被继承人表达该意思。"

② 《民法典》第499条规定:"悬赏人以公开方式声明对完成特定行为的人支付报酬的,完成该行为的人可以请求其支付"。

③ 比如,在郑某诉遵义恒某某贵房地产开发有限公司商品房销售合同纠纷案中,针对恒某某贵公司在销售楼盘过程中对外发出的写有"无理由退房"的宣传资料,贵州省遵义市红花岗区人民法院(2021)黔0302民初6606号民事判决书认为,对于郑某所提解除双方签订的该认购书的诉请,因恒某某贵公司公开承诺可以无理由退房,应当视为恒某某贵公司认可郑某享有无条件解除合同的权利,根据《中华人民共和国民法通则》第一百三十八条:"无相对人的意思表示,表示完成时生效。法律另有规定的,依照其规定",《中华人民共和国合同法》第九十三条第二款、第九十六条第一款之规定,恒某某贵公司公开承诺可以无理由退房,故郑某对双方签订的认购书依法享有解除权,对于郑某主张的解除郑某、恒某某贵公司双方签订的认购书的诉请一审法院予以支持,该认购书于2021年4月13日一审法院向恒某某贵公司送达起诉状副本时解除。对于恒某某贵公司主张"无理由退房"的承诺不针对郑某购买的商铺的辩解,因恒某某贵公司作出"无理由退房"的公开承诺并未明确表示该承诺不针对商铺,故对恒某某贵公司该辩解一审法院不予采信[转引自贵州省遵义市中级人民法院(2021)黔03民终9749号民事判决书]。二审法院贵州省遵义市中级人民法院(2021)黔03民终9749号民事判决书认为上述"一审判决认定事实清楚,判决结果正确,应予维持"。

④ 《最高人民法院关于审理民事案件适用诉讼时效制度若干问题的规定》(2020年修正)第8条第1款第4项规定:"具有下列情形之一的,应当认定为民法典第一百九十五条规定的'权利人向义务人提出履行请求',产生诉讼时效中断的效力:……(四)当事人一方下落不明,对方当事人在国家级或者下落不明的当事人一方住所地的省级有影响的媒体上刊登具有主张权利内容的公告的,但法律和司法解释另有特别规定的,适用其规定。"

言,指的是行为人以书面形式将其意思完整地表现出来[①];就以其他形式作出的无相对人的意思表示而言,指的是行为人以行动等其他形式将其意思完整地呈现出来。

(二)例外:在法律规定的时间生效

《民法典》第 138 条规定了无相对人的意思表示不在表示完成时生效的例外情形,即:"法律另有规定"。

其中,《民法典》第 138 条所说的"法律另有规定"中的"法律",包括其他法律,也包括《民法典》自身。事实上,如后所说,《民法典》第 139 条针对以公告方式作出的无相对人的意思表示的生效时间作出了特别规定。

《民法典》第 138 条所说的"另有规定",指的是与"表示完成时生效"不同的规定。由此,法律所规定的无相对人的意思表示的生效时间必须发生在该意思表示完成之后,既不能是该意思表示完成之时(否则不属于"另有规定"),更不能发生在该意思表示完成之前。

《民法典》第 138 条所说的"法律另有规定的,依照其规定",意味着,只要法律针对无相对人的意思表示的生效时间作出了不同于"表示完成时生效"的规定,就应当以法律规定的生效时间作为相关无相对人的意思表示的生效时间。

比如,遗嘱作为无相对人的意思表示,并非在"表示完成时"生效,而是在遗嘱人死亡时生效。对此,《遗嘱公证细则》(司法部令第 57 号)第 2 条规定:"遗嘱是遗嘱人生前在法律允许的范围内,按照法律规定的方式处分其个人财产或者处理其他事务,并在其死亡时发生效力的单方法律行为。"[②]

又如,以公告方式作出的无相对人的意思表示,并非在"表示完成时"生效,而是在公告发布时生效。对此,《民法典》第 139 条规定了"以公告方式作出的意思表示,公告发布时生效"。从而,《民法典》第 139 条的规定属于《民法典》第 138 条所说的"法律另有规定",《民法典》第 139 条所说的"以公告方式作出的意思表示,公告发布时生效"属于《民法典》第 138 条所说的"无相对人的意思表示,表示完成时生效"的特别规定。

(三)无相对人的意思表示的生效时间须由法律规定

需要注意的是,由于《民法典》第 138 条使用了"无相对人的意思表示,表示完成时生效。法律另有规定的,依照其规定"的表述,因此,站在《民法典》的角度,无相对人的意思表示的生效时间只能由法律规定,不能由当事人约定。这跟《民法典》第 137 条第 2 款所说的"当事人对采用数据电文形式的意思表示的生效时间另有约定的,按照其约

---

① 《民法典》第 469 条第规定:"……书面形式是合同书、信件、电报、电传、传真等可以有形地表现所载内容的形式。以电子数据交换、电子邮件等方式能够有形地表现所载内容,并可以随时调取查用的数据电文,视为书面形式。"

② 实务中通常也认为遗嘱在遗嘱人死亡时生效。比如,贵州省高级人民法院(2015)黔高民申字第 960 号民事裁定书认为:"遗嘱是指立遗嘱人生前通过法律允许的方式对其合法拥有的财产进行处分,并于立遗嘱人死亡时发生效力的法律行为";广西壮族自治区高级人民法院(2018)桂民申 1348 号民事裁定书认为:"自书遗嘱是指遗嘱人生前在法律允许的范围内,按照法律规定的方式对其遗产或者其他事务所作的个人处分,并于遗嘱人死亡时发生效力的法律行为";北京市高级人民法院(2022)京民申 2976 号民事裁定书认为:"遗嘱是指具有完全自由的遗嘱人在生前合法处分自己的遗产等事务,并于其死亡时发生效力的法律行为"。

定”是不一样的。对此,可以称为无相对人的意思表示“生效时间法定”。

就无相对人的意思表示的生效时间而言,《民法典》第138条所说的“法律另有规定的,依照其规定”,具有以下两个层面的效果:

一是该规定对《民法典》施行之前的原有法律针对无相对人的意思表示的生效时间已经作出的既有的规定(即旧的规定)作出了明确的承认,以确保法律秩序的稳定和延续。

二是该规定明确允许并认可立法机关在《民法典》施行之后,在必要时通过对现有法律进行修改或制定新的法律的方式,针对无相对人的意思表示的生效时间作出新的规定,以适应社会和经济的发展要求,也为将来制定新的专门的民事特别法律预留了空间。

第一百三十九条 【以公告方式作出的意思表示的生效时间】以公告方式作出的意思表示,公告发布时生效。

【条文通释】

《民法典》第139条是关于以公告方式作出的意思表示的生效时间的规定。该规定既适用于有相对人的意思表示,也适用于无相对人的意思表示。

一、公告方式与公开方式

(一)公告方式属于公开方式的特殊情形

《民法典》同时使用了“公告方式”(第139条)和“公开方式”(第499条)的表述。

通常认为,通过报刊、电台、电视台、互联网等公众传播媒体或者讲座、报告会、分析会、推介会、说明会、广告、公告等方式向不特定对象宣传、推介,属于公开方式。① 认定属于“公开方式”的关键在于“向不特定对象”宣传、推介;其中,累计超过200人的特定对象,通常被认为是不特定对象。②

“公告方式”属于“公开方式”的特殊情形。在日常用语中,“公告”的含义是“通

---

① 比如,《证券投资基金法》第91条规定:“非公开募集基金,不得向合格投资者之外的单位和个人募集资金,不得通过报刊、电台、电视台、互联网等公众传播媒体或者讲座、报告会、分析会等方式向不特定对象宣传推介”;《证券公司风险处置条例》(2016年修订)第29条:“行政清理组应当在具备证券业务经营资格的机构中,采用招标、公开询价等公开方式转让证券类资产。证券类资产转让方案应当报国务院证券监督管理机构批准”;《国务院办公厅关于严厉打击非法发行股票和非法经营证券业务有关问题的通知》(国办发〔2006〕99号)规定:“向不特定对象发行股票或向特定对象发行股票后股东累计超过200人的,为公开发行,应依法报经证监会核准。……向特定对象发行股票后股东累计不超过200人的,为非公开发行。非公开发行股票及其股权转让,不得采用广告、公告、广播、电话、传真、信函、推介会、说明会、网络、短信、公开劝诱等公开方式或变相公开方式向社会公众发行”。

② 《证券法》第9条第2款规定:“有下列情形之一的,为公开发行:(一)向不特定对象发行证券;(二)向特定对象发行证券累计超过二百人,但依法实施员工持股计划的员工人数不计算在内……”,《股权众筹风险专项整治工作实施方案》(证监发〔2016〕29号)规定:“向不特定对象发行股票或向特定对象发行股票后股东累计超过200人的,为公开发行……”

告”[①],对“通告”的释义则是“普遍地通知”或“普遍通知的文告”[②]。据此,《民法典》第 139 条所说的“公告方式”,指向的是民事主体向社会公众(即不特定对象)公布其意思表示的方式,其关键在于“向社会公众公布”;至于民事主体使用“公告”“声明”[③]还是其他名称公布其意思表示,则不影响公告方式的认定。

比如,悬赏广告即为以公告方式作出的意思表示。对此,四川省宜宾市中级人民法院(2021)川 15 民终 2612 号民事判决书认为:“《中华人民共和国民法典》第四百九十九条规定:‘悬赏人以公开方式声明对完成特定行为的人支付报酬的,完成该行为的人可以请求其支付。’根据上述法律规定,悬赏应当以公开形式予以声明,即以‘广告形式’作出悬赏的意思表示,以‘广告形式’其意在要求悬赏应当以针对不特定人而声明”;河南省洛阳市中级人民法院(2008)洛民终字第 198 号民事判决书认为:“悬赏广告是指悬赏人以广告形式声明对完成悬赏广告中规定的特定行为的任何人,给付广告中约定报酬的意思表示行为”;上海市长宁区人民法院(2021)沪 0105 民初 7742 号民事判决书认为:“根据《民法典》第 499 条之规定,悬赏人以公开方式声明对完成特定行为的人支付报酬的,完成该行为的人可以请求其支付。据此,悬赏广告的核心要件有二:一是悬赏广告意思表示相对人的不确定性;……之所以将悬赏广告认定为附生效条件的要约、而非内容具体确定的要约邀请,主要原因在于:如果是内容具体确定的要约邀请,相对人响应邀请作出意思表示后,要约邀请方尚有决定是否为承诺的自由;而对于附生效条件的要约而言,在条件成就后,完成特定行为者一旦作出承诺意思表示,悬赏人对合同是否成立再无决定自由”。

(二)以公告方式作出非意思表示

需要注意的是,并非以公告方式作出的事项都属于意思表示。

比如,根据《民法典》第 472 条所说的“要约是希望与他人订立合同的意思表示,该意思表示应当符合下列条件……”和第 473 条第 1 款所说的“要约邀请是希望他人向自己发出要约的表示。拍卖公告、招标公告、招股说明书、债券募集办法、基金招募说明书、商业广告和宣传、寄送的价目表等为要约邀请”,拍卖公告、招标公告、招股说明书、债券募集办法、基金招募说明书等属于要约邀请,是“表示”、而非“意思表示”,自然也就不属于“无相对人的意思表示”。

二、以公开方式作出的意思表示的生效时间

(一)以公告方式作出的意思表示的生效时间

《民法典》第 139 条所说的“以公告方式作出的意思表示,公告发布时生效”,意味

---

① 中国社会科学院语言研究所词典编辑室编:《现代汉语词典》(修订本),商务印书馆 1996 年版,第 435 页。

② 中国社会科学院语言研究所词典编辑室编:《现代汉语词典》(修订本),商务印书馆 1996 年版,第 1261 页。

③ 《民法典》第 499 条规定:“悬赏人以公开方式声明对完成特定行为的人支付报酬的,完成该行为的人可以请求其支付。”

着,以公告方式作出的意思表示的生效时间为"公告发布时"。

据此,不论是以公告方式(非对话方式)作出的有相对人的意思表示,还是以公告方式作出的无相对人的意思表示,均以"公告发布时"作为生效时间。

进而,就以公告方式作出的有相对人的意思表示而言,《民法典》第139条属于《民法典》第137条第2款所说的"以非对话方式作出的意思表示,到达相对人时生效"的特别规定;就以公告方式作出的无相对人的意思表示而言,《民法典》第139条属于《民法典》第138条所说的"无相对人的意思表示,表示完成时生效"的特别规定,《民法典》第139条属于《民法典》第138条所说的"法律另有规定"。

(二)以公告方式作出的意思表示的生效时间须由法律规定

由于《民法典》第139条没有针对以公告方式作出的意思表示的生效时间使用"法律另有规定的,依照其规定"的表述,因此,《民法典》本身没有为以公告方式作出的意思表示的生效时间设置例外规定。

不过,根据《民法典》第11条所说的"其他法律对民事关系有特别规定的,依照其规定"和《立法法》第103条所说的"同一机关制定的法律……特别规定与一般规定不一致的,适用特别规定",其他法律对以公告方式作出的意思表示的生效时间作出与"公告发布时生效"不同的规定,也不是不可以。

需要注意的是,站在《民法典》的角度,以公告方式作出的意思表示的生效时间只能由法律规定,不能由当事人约定。这跟《民法典》第137条第2款所说的"当事人对采用数据电文形式的意思表示的生效时间另有约定的,按照其约定"是不一样的。对此,可以称为以公告方式作出的意思表示"生效时间法定"。

第一百四十条 【意思表示的明示、默示和沉默】行为人可以明示或者默示作出意思表示。

沉默只有在有法律规定、当事人约定或者符合当事人之间的交易习惯时,才可以视为意思表示。

【条文通释】

《民法典》第140条是关于意思表示的明示、默示和沉默[①]的规定。该规定既适用于有相对人的意思表示,也适用于无相对人的意思表示。

---

① 明示和默示属于作出意思表示的方式。对此,中国人大网2016年7月5日公布的《关于〈中华人民共和国民法总则(草案)〉的说明》和全国人民代表大会常务委员会时任副委员长李建国2017年3月8日在第十二届全国人民代表大会第五次会议上作的《关于〈中华人民共和国民法总则(草案)〉的说明》使用了"意思表示的作出方式"的表述,全国人民代表大会常务委员会时任副委员长王晨2020年5月22日在第十三届全国人民代表大会第三次会议上作的《关于〈中华人民共和国民法典(草案)〉的说明》使用了"意思表示的方式"的表述。不过,考虑到《民法典》第139条也涉及意思表示的作出方式(即公告方式)问题,故本书没有将《民法典》第140条的主旨概括为"意思表示的作出方式"。

一、明示、默示和沉默的界定

(一)明示与默示的界定

由于《民法典》第 140 条使用了“明示或者默示作出意思表示”的表述,因此,该条所说的“明示”和“默示”,指向的是意思表示的作出方式。

在日常用语中,“明示”的含义是“明确地指示”或“明白地表示”。[①] 结合《民法典总则编解释》第 18 条所说的“当事人未采用书面形式或者口头形式,但是实施的行为本身表明已经作出相应意思表示,并符合民事法律行为成立条件的,人民法院可以认定为民法典第一百三十五条规定的采用其他形式实施的民事法律行为”和原《民通意见》第 66 条所说的“一方当事人向对方当事人提出民事权利的要求,对方未用语言或者文字明确表示意见,但其行为表明已接受的,可以认定为默示”,可以认为,《民法典》第 140 条第 1 款所说的作为作出意思表示方式的“明示”,指的是行为人采用书面形式或口头形式将其意思直接地、明确地表示出来[②];所说的作为作出意思表示方式的“默示”,指的则是行为人没有采用书面形式或者口头形式,而是通过行为主动地将其意思间接地表示出来或通过其行为将其意思间接地推断出来。“默示意思表示”的实质是基于通过行为人的行为推定行为人作出了相应的意思表示[③]。

通常而言,以对话方式或非对话方式作出意思表示,包括以书面形式或口头形式的通知、公告方式作出意思表示,均属于明示作出意思表示;而以积极的作为的方式作

---

① 中国社会科学院语言研究所词典编辑室编:《现代汉语词典》(修订本),商务印书馆 1996 年版,第 890 页。

② 比如,福建省高级人民法院(2021)闽民终 97 号民事判决书认为:“《中华人民共和国民法典》第一百四十条规定‘行为人可以明示或者默示作出意思表示。沉默只有在有法律规定、当事人约定或者符合当事人之间的交易习惯时,才可以视为意思表示’。明示是指用口头或书面形式明确进行意思表示的方式……”江苏省高级人民法院(2009)苏民三终字第 0250 号民事判决书认为:“……民事行为的意思表示可以明示或默示的方式为之。所谓明示,一般是指行为人用语言或文字等方法直接表达其内在意思的表意形式……”

③ 比如,上海市高级人民法院(2021)沪民终 362 号民事判决书认为:“民事法律行为的意思表示形式可以默示的方式作出。专利许可行为作为民事法律行为亦存在默示情形,即行为人虽没有以语言或文字等明示方式作出专利许可的意思表示,但通过其行为可以推定出其作出了专利许可的意思表示”;江苏省高级人民法院(2009)苏民三终字第 0250 号民事判决书认为:“……民事行为的意思表示可以明示或默示的方式为之。……所谓默示,是指行为人虽未用语言或者文字明确表示意见,但可以从其行为间接推断出其意思表示。不作为的默示即沉默只有在法律有规定或者当事人双方有约定的情况下,才可以视为意思表示”。

出意思表示,通常属于默示作出意思表示①。其中,《民法典》针对特定事项作出的“视为……”的规定,通常属于“默示”。②

(二)默示与沉默的区分

由于行为包括作为和不作为,因此,《民法典》第140条第1款所说的作为作出意思表示方式的“默示”,包括“作为的默示”和“不作为的默示”③。事实上,原《民通意见》第66条就使用了“不作为的默示”的表述。其中,“不作为的默示”,即《民法典》第140条第2款所说的“沉默”④,指向的是行为人既没有采用书面形式或者口头形式、也没有通过积极的作为将其意思表示出来的状态,即:既没有书面形式的表示,也没有口头形式的表示,也没有积极的行为表示,而只是单纯的不作为。

需要注意的是,认定当事人的行为构成作为的默示还是沉默(或不作为的默示),应当结合其行为的内容等具体情况加以判断。

比如,就撤销权的放弃而言,《民法典》第152条第1款第3项规定:“有下列情形之一的,撤销权消灭:……(三)当事人知道撤销事由后明确表示或者以自己的行为表明放弃撤销权”。其中的“以自己的行为表明放弃撤销权”属于作为的默示还是属于沉默,取决于该“行为”的具体内容:如果该行为是积极的作为(比如继续向相对人履行义务),则属于作为的默示、而非沉默;如果该行为是消极的不作为,则应该属于沉默。

又如,就法定解除权的产生而言,《民法典》第563条第1款第2项规定:“有下列情形之一的,当事人可以解除合同:……(二)在履行期限届满前,当事人一方明确表示或者以自己的行为表明不履行主要债务”。其中的“以自己的行为表明不履行主要债务”属于作为的默示还是属于沉默,也取决于该“行为”的具体内容:如果该行为是积极

① 比如,在陈×、林×华等借款合同纠纷执行监督案中,最高人民法院(2021)最高法执监338号执行裁定书认为:“本案中,案涉《债权转让协议》第三条约定,法院裁定追加陈×为申请执行人时该协议才能生效。根据《中华人民共和国民法典》(以下简称民法典)第一百五十八条‘附生效条件的民事法律行为,自条件成就时生效’的规定,如双方没有达成新的合意,则该协议应自法院裁定追加陈×为申请执行人时生效。根据查明事实,协议签订后,陈×向天津二中院申请追加其为本案的申请执行人,并提供了《债权转让协议》及《今晚报》刊登的《债权转让通知及债务催收联合公告》,在本案被天津高院发回重审后,林×华、陈×又向天津二中院提交了认可债权转让的《情况说明》,上述事实足以证明林×华、陈×已经达成了新的合意,即双方的债权转让不需要经过法院裁定变更追加即可生效。换言之,林×华、陈×虽然并未以明示的方式变更原《债权转让协议》的生效条款,但是双方实际以向执行法院提交《情况说明》的此种默示的方式,作出了对原《债权转让协议》的内容——协议应自法院裁定追加陈×为申请执行人时生效——进行变更的意思表示,该变更方式符合民法典第一百四十条‘行为人可以明示或者默示作出意思表示’的规定。同时,债权转让协议不是法律规定必须采用书面形式的合同,故应当认定案涉《债权转让协议》已经生效……”

② 相关条文,比如《民法典》第145条、第171条、第503条、第522条第2款、第528条、第551条、第552条、第638条第1款和第2款、第718条、第726条、第727条、第1077条、第1124条第1款、第1142条第2款等。

③ 实务中,有裁判意见认为沉默既非明示、也非默示。比如,北京市第二中级人民法院(2023)京02民终2887号民事判决书认为:“默示是指行为人没有通过书面、口头等积极行为的方式表现,而是通过行为的方式作出意思表示。沉默是一种完全的不作为,其既非明示亦非默示,故而从沉默中推定出行为人的意思表示内容应当谨慎,只有在法律规定、当事人约定或者符合当事人之间的交易习惯时沉默才可以视为意思表示”。

④ 比如,江苏省高级人民法院(2009)苏民三终字第0250号民事判决书认为:“……民事行为的意思表示可以明示或默示的方式为之。……不作为的默示即沉默只有在法律有规定或者当事人双方有约定的情况下,才可以视为意思表示”。

的作为(比如出卖人将买卖合同项下的标的物转卖给他人),则属于作为的默示;如果是消极的不作为(即既未作出任何表示、也未实施任何作为),则应该属于沉默。

二、意思表示的明示和默示

(一)明示或默示作出意思表示的自愿原则

由于《民法典》第 140 条第 1 款使用了"行为人可以明示或者默示作出意思表示"的表述,因此,原则上,民事主体既可以明示作出意思表示,也可以默示作出意思表示;当然,法律(包括《民法典》总则编、各分编和其他法律)规定或当事人约定应当采用明示方式作出意思表示时,当事人就应当明示作出意思表示。①

需要注意的是,《民法典》第 140 条第 1 款所说的"行为人可以明示或者默示作出意思表示",并没有包含"意思表示的作出须以明示为原则、默示为例外"②的含义,也没有对各方当事人都以默示作出意思表示作出限制或禁止③。这也是《民法典》第 5 条和第 130 条规定的自愿原则的应有之义和具体体现。

(二)权利的放弃以明示为原则、默示为例外

不过,就权利的放弃而言,除非有法律规定或当事人约定,否则,权利的放弃须以明示方式为之。

对此,最高人民法院指导案例 57 号"温州银行股份有限公司宁波分行诉浙江创菱电器有限公司等金融借款合同纠纷案"的"裁判理由"认为:"民事权利的放弃必须采取明示的意思表示才能发生法律效力,默示的意思表示只有在法律有明确规定及当事人

---

① 比如,针对不安抗辩权的行使,《民法典》第 528 条规定:"当事人依据前条规定中止履行的,应当及时通知对方……"又如,针对抵销权的行使,《民法典》第 568 条规定:"当事人互负债务,该债务的标的物种类、品质相同的,任何一方可以将自己的债务与对方的到期债务抵销;但是,根据债务性质、按照当事人约定或者依照法律规定不得抵销的除外。当事人主张抵销的,应当通知对方。通知自到达对方时生效。抵销不得附条件或者附期限。"

② 实务中,存在不同的裁判意见。比如,最高人民法院(2021)最高法民申 4762 号民事裁定书认为:"《中华人民共和国民法总则》第一百四十条规定:'行为人可以明示或者默示作出意思表示。沉默只有在有法律规定、当事人约定或者符合当事人之间的交易习惯时,才可以视为意思表示。'可知放弃民事权利的意思表示通常须以明示的方式作出,只有在法律有明确规定或当事人有明确约定的情况下才可以默示的方式作出";最高人民法院(2019)最高法执监 329 号执行裁定书认为:"《中华人民共和国民法总则》第一百四十条规定,行为人可以明示或者默示作出意思表示。沉默只有在有法律规定、当事人约定或者符合当事人之间的交易习惯时,才可以视为意思表示。根据该条规定,默示的意思表示只有在法律有明确规定及当事人有特别约定等情况下才能发生法律效力,除此之外,行为人均应当以明示的方式作出意思表示";广东省高级人民法院(2017)粤民终 1284 号民事判决书更是直接认为:"行为人可以明示或者默示作出意思表示。行为人意思表示以明示为原则,默示为例外"。

③ 实务中,存在不同的裁判意见。比如,广东省高级人民法院(2017)粤民终 1284 号民事判决书认为:"默示构成意思表示,须符合法律规定。《最高人民法院关于贯彻执行〈中华人民共和国民法通则〉若干问题的意见(试行)》第 66 条规定:'一方当事人向对方当事人提出民事权利的要求,对方未用语言或者文字明确表示意见,但其行为表明已接受的,可以认定为默示。不作为的默示只有在法律有规定或者当事人双方有约定的情况下,才可以视为意思表示。'该条规定对当事人采取默示形式实施的民事法律行为予以明确,但该规定只能适用于由一方当事人通过明示而对方当事人通过默示所实施的行为,不能适用于双方当事人均通过默示实施的行为"。类似的裁判意见,还可见山东省高级人民法院(2017)鲁民终 74 号民事判决书。

有特别约定的情况下才能发生法律效力,不宜在无明确约定或者法律无特别规定的情况下,推定当事人对权利进行放弃”;最高人民法院(2018)最高法民终83号民事判决书也认为:“民事权利的放弃事关当事人的切身利益,必须有明示的意思表示才能发生权利放弃法律效力,默示的意思表示只有在法律有明确规定及当事人有特别约定的情况下才能发生法律效力,不宜在法律无特别规定或者当事人无明确约定的情形下,推定当事人对权利作出放弃”。①

当然,在法律明确规定或当事人在协商一致的基础上约定一方当事人就特定事项未作表示即视为弃权的情况下,应当依照法律的规定或当事人的约定进行处理。这也是《民法典》第140条第2款所说的“沉默只有在有法律规定、当事人约定或者符合当事人之间的交易习惯时,才可以视为意思表示”的应有之义。

比如,《民法典》第727条针对房屋承租人优先购买权的放弃所说的“出租人委托拍卖人拍卖租赁房屋的,应当在拍卖五日前通知承租人。承租人未参加拍卖的,视为放弃优先购买权”,第1124条第2款针对受遗赠人受遗赠权的放弃所说的“受遗赠人应当在知道受遗赠后六十日内,作出接受或者放弃受遗赠的表示;到期没有表示的,视为放弃受遗赠”;《公司法》第85条针对有限责任公司其他股东的优先购买权的放弃所说的“人民法院依照法律规定的强制执行程序转让股东的股权时,应当通知公司及全体股东,其他股东在同等条件下有优先购买权。其他股东自人民法院通知之日起满二十日不行使优先购买权的,视为放弃优先购买权”;《企业破产法》第118条针对债权人在破产清算程序中受理破产财产分配的权利的放弃所说的“债权人未受领的破产财产分配额,管理人应当提存。债权人自最后分配公告之日起满二个月仍不领取的,视为放弃受领分配的权利,管理人或者人民法院应当将提存的分配额分配给其他债权人”,都属于法律明文规定的以默示方式放弃权利的情形。

三、沉默仅在例外情形才视为意思表示

(一)沉默仅在例外情形才视为意思表示

《民法典》第140条第1款所说的“行为人可以……默示作出意思表示”,并不意味着行为人所有的默示都可以被认为作出了意思表示或者具有作出意思表示的效果。

事实上,针对《民法典》第140条第1款所说的“行为人可以……默示作出意思表示”,《民法典》第140条第2款作出了限制性规定和特别规定,即:“沉默只有在有法律规定、当事人约定或者符合当事人之间的交易习惯时,才可以视为意思表示”。

也就是说,沉默(即不作为的默示)原则上不视为意思表示,即:作为原则,不得将当事人的沉默(即不作为的默示)认定为作出了意思表示(不论是对其有利的意思表

① 类似的裁判意见,还可见最高人民法院(2021)最高法民申4762号民事裁定书、(2019)最高法民终780号民事判决书、(2019)最高法执监329号执行裁定书、(2021)最高法知民终1346号民事判决书等。

示,还是对其不利的意思表示)①;在且仅在《民法典》第 140 条第 2 款明文规定的以下 3 种例外情形下,沉默才能被视为意思表示②:

一是“有法律规定”,即法律明确规定特定情形下的沉默视为作出了相应的意思表示。比如,《民法典》第 145 条所说的“限制民事行为能力人……实施的其他民事法律行为经法定代理人同意或者追认后有效。相对人可以催告法定代理人自收到通知之日起三十日内予以追认。法定代理人未作表示的,视为拒绝追认”当中的“法定代理人未作表示”,即为“沉默”,但《民法典》第 145 条明确将该沉默视为“作出了拒绝追认的

---

① 比如,在贵州某龙药业股份有限公司与浙江康某利药业有限公司股权转让纠纷案中,贵州省高级人民法院(2020)黔民终 378 号民事判决书认为:“根据《中华人民共和国民法总则》第一百四十条‘行为人可以明示或者默示作出意思表示。沉默只有在有法律规定、当事人约定或者符合当事人之间的交易习惯时,才可以视为意思表示’的规定,行为人可以以默示的方式作出意思表示,但需要有法律规定、当事人约定或者符合当事人之间交易习惯时才应被认定为意思表示行为成立。在本案中,首先,并无相关法律规定在对公司股权进行评估的场景下不表示异议即认定为默示同意;其次,某龙公司与康某利公司之间也并未有关于不明确表示异议则为默示同意的约定或是交易习惯。此外,根据台州某科向某龙公司及相关股东发出的系列律师函中反复提及的‘各股东就台州某科退出和收购美国×××已经做出了明确决议,但是,如若不是你方长期以来逾期拖延履行该决议,导致该决议一直不能履行’、‘贵司自《发起人协议》签订之后,一直推脱接收康某利公司的股份,并一直拖延按照《发起人协议》收购×××’‘自以上协议(《发起人协议》《临时股东大会决议》)生效开始,台州某科多次发函要求贵司履行,贵司均以还在商讨为由拒绝’等内容,可证明某龙公司确实一直在拖延履行《发起人协议》及《临时股东大会决议》的相关内容,也未对《评估报告书》中的评估价格进行确认,据此本院认为,应认定某龙公司未认可《评估报告书》中的评估价格”。此外,宜兴市新街街道海某某园业主委员会诉宜兴市某兴置业有限公司、南京某竹物业管理股份有限公司宜兴分公司物权确认纠纷、财产损害赔偿纠纷案(载《最高人民法院公报》2018 年第 11 期)的“裁判摘要”也提出:“开发商与小区业主对开发商在小区内建造的房屋发生权属争议时,应由开发商承担举证责任。如开发商无充分证据证明该房屋系其所有,且其已将该房屋建设成本分摊到出售给业主的商品房中,则该房屋应当属于小区全体业主所有。开发商在没有明确取得业主同意的情况下,自行占有使用该房屋,不能视为业主默示同意由开发商无偿使用,应认定开发商构成侵权”。

② 比如,在白城市大安市天某粮食有限公司与吉林省恒某粮谷有限公司买卖合同纠纷案中,吉林省高级人民法院(2023)吉民再 270 号民事判决书认为:“《中华人民共和国民法典》第一百四十条规定:‘行为人可以明示或者默示作出意思表示。沉默只有在有法律规定、当事人约定或者符合当事人之间的交易习惯时,才可以视为意思表示。’在特殊情况下,沉默也可以作为一种意思表示的作出方式。所谓‘视为意思表示’,是指沉默事实上不能作为意思表示的作出方式,但是基于特别情况,法律有条件地把沉默拟制为意思表示,从而使沉默像以明示或者默示方式作出的意思表示那样获得某种法律后果。只有在下述三种情形下,沉默才可以视为意思表示:存在法律规定、存在当事人约定、符合当事人之间的交易习惯。民事法律关系的产生、变更或者终止,应尊重当事人的自主意思。沉默在本质上根本无法对外表达当事人的内心意思,不能作为意思表示的作出方式。把沉默强制地拟制为一种意思表示,极有可能会违背当事人内心意思的情况发生。因此,只有在极其特殊情况下,才能把沉默依法拟制为意思表示。本案中,天某公司依约交付定金后,恒某公司单方通知合同解除,天某公司保持沉默未作出意思表示,二审法院据此认定天某公司无异议,缺乏法律依据”。

意思表示”。①

二是“有当事人约定”，即当事人经协商一致后②明确约定特定情形下的沉默视为作出了相应的意思表示。这也是《民法典》第 5 条和第 130 条规定的自愿原则的应有之义和具体体现。比如，《最高人民法院关于审理建设工程施工合同纠纷案件适用法律问题的解释（一）》（法释〔2020〕25 号）第 10 条第 2 款规定：“当事人约定承包人未在约定期限内提出工期顺延申请视为工期不顺延的，按照约定处理，但发包人在约定期限后同意工期顺延或者承包人提出合理抗辩的除外。”其中的“承包人未在约定期限内提出工期顺延申请”属于“沉默”，当事人可以明确约定将该沉默视为“当事人作出了工期不顺延的意思表示”。③

三是“符合当事人之间的交易习惯”，即按照当事人之间的交易习惯可以将当事人一方在特定情形下的沉默视为作出了相应的意思表示。

比如，在徐某与魏某艳买卖合同纠纷案中，吉林省高级人民法院（2023）吉民申 809 号民事裁定书认为：“本案徐某在一审质证时已明确表示对魏某艳提交的微信聊天记录真实性无异议。徐某与魏某艳系朋友关系，从魏某艳提交的 2019 年至 2022 年初双

① 类似的规定，还比如《民法典》第 171 条、第 528 条、第 551 条第 2 款、第 638 条第 1 款、第 718 条、第 726 条第 2 款、第 727 条、第 1077 条、第 1124 条第 1 款、第 2 款等。此外，在民事诉讼程序中，《最高人民法院关于民事诉讼证据的若干规定》（2019 年修正）第 4 条规定：“一方当事人对于另一方当事人主张的于己不利的事实既不承认也不否认，经审判人员说明并询问后，其仍然不明确表示肯定或者否定的，视为对该事实的承认。”其中所说的“一方当事人对于另一方当事人主张的于己不利的事实既不承认也不否认，经审判人员说明并询问后，其仍然不明确表示肯定或者否定”，也属于“沉默”；司法解释将该沉默规定为“视为对该事实的承认”。另有，在袁某、吕某群与吕某明、袁某明土地承包经营权转让合同纠纷案中，四川省高级人民法院（2018）川民申 1098 号民事裁定书也认为：“一般而言被代理人应当以明示的方式予以追认，且在法律规定必须用书面形式表示的，应当以书面形式表示。但，追认并非不能以默示的行为表示，如《中华人民共和国民法通则》第六十六条就规定‘本人知道他人以本人名义实施民事行为而不否认表示的，视为同意。’本案中，袁某明与吕某志于 2000 年 10 月 18 日在当地村社干部见证下签订了《承包土地转让协议》，长达十二年的时间袁某明未对该协议提出异议，袁某、吕某群亦未提出反对意见，袁某、吕某群在吕某明在诉争土地建房还进行过阻拦，后在吕某品协调下吕某明支付了 1500 元后得以建房，修建房屋时袁某明还为其提供了劳务，直至争议土地被征用，支付了吕某明土地征用款后，申请人才对其争议土地发生纠纷。故，本案一审、二审认定袁某、吕某群以默示的方式对《承包土地转让协议》进行了追认并无不妥，本院予以支持。”

② 当事人一方的单方主张不属于《民法典》第 140 条第 1 款所说的“当事人约定”。比如，上海市高级人民法院（2017）沪民申 1972 号民事裁定书认为：“本院经审查认为，不作为的默示只有在法律有规定或者当事人双方有约定的情况下，才可以视为意思表示。本案中，张某静将其自行制作的《协议书》和《关于和解协议履行的书面通知》以电子邮件方式发送给哈芙琳公司，并言明指定期限内‘未提异议’‘未退款’，即为‘确认协议效力’，此系单方设定行为，非双方共同约定，故哈芙琳公司的沉默不能视为对系争协议书的认可。张某静以哈芙琳公司不作为默示构成承诺为由要求确认 2015 年 10 月 8 日协议书有效，缺乏法律依据”。山西省高级人民法院（2020）晋民终 701 号民事判决书也认为：“……在法律并没有规定买卖合同涉及质量问题可以通过默示的方式进行意思表示，双方之间也没有可以通过默认的方式订立合同的在先约定或者交易习惯的情况下，不能仅以在己方为对方设置的回复期限内未作出回复便认为对方默示同意”。

③ 对此，最高人民法院（2018）最高法民申 549 号民事裁定书认为：“《中华人民共和国民法总则》第一百四十条规定：‘行为人可以明示或者默示作出意思表示。沉默只有在有法律规定、当事人约定或者符合当事人之间的交易习惯时，才可以视为意思表示。’建设工程合同司法解释第二十条规定：‘当事人约定，发包人收到竣工结算文件后，在约定期限内不予答复，视为认可竣工结算文件的，按照约定处理。承包人请求按照竣工结算文件结算工程价款的，应予支持。’根据上述法律规定，某通公司与某车城公司签订的《补充协议》系双方真实意思的表达，约定默示行为方式来表达认可竣工文件的意思表示，不违反法律规定，合法有效”。

方微信聊天记录看,除日常交流外,徐某、魏某艳习惯以微信聊天方式对借款、订货、货款对账、催款、还款等事宜进行沟通或转账。原审采信该证据,并将其作为双方交易习惯,符合《最高人民法院关于适用〈中华人民共和国民事诉讼法〉的解释》第一百零五条'人民法院应当按照法定程序,全面、客观地审核证据,依照法律规定,运用逻辑推理和日常生活经验法则,对证据有无证明力和证明力大小进行判断,并公开判断的理由和结果'的规定。……本案徐某、魏某艳之间持续发生服装、食品等货物买卖行为但并未签订书面买卖合同。根据《中华人民共和国民法典》第五百一十条'合同生效后,当事人就质量、价款或者报酬、履行地点等内容有约定或者约定不明确的,可以协议补充;不能达成协议的,按照合同相关条款或者交易习惯确定'的规定,结合上节论述,应以双方微信聊天记录体现的双方交易习惯即微信赊购对账、现场或跑腿取货,认定欠付货款数额等基本事实。徐某、魏某艳在 2019 年至 2022 年初始终以微信聊天记录的方式对货款欠付数额进行记载对账,当徐某赊购货物或偿还货款时,魏某艳会在前期数额基础上更新欠付货款的对账数额,对此,徐某均以直接回复确认或沟通发广告或继续还货款的明示或默示方式表示认可,符合《中华人民共和国民法典》第一百四十条'行为人可以明示或者默示作出意思表示。沉默只有在有法律规定、当事人约定或者符合当事人之间的交易习惯时,才可以视为意思表示'的规定。至 2021 年 11 月 28 日魏某艳通过微信向徐某发送截至当日欠款数额 92300 元,并要求徐某于当年年底还清,徐某微信回复'年底你扒了我的皮也还不清啊''唉!真是,窟窿是越来越大''主要是两年也不挣钱,月月还款,现在贷款都贷不出来了',结合前述双方交易习惯,可以认定徐某对该欠款数额 92300 元无异议。2021 年 12 月 30 日,魏某艳在收到徐某微信转账后向徐某发送微信"92300-300-1000=91000",徐某虽未直接回复确认,但在 2022 年 1 月 5 日向魏某艳发送广告,结合前述双方交易习惯,原审法院认定徐某截至 2021 年 12 月 30 日欠魏某艳货款 91000 元,并无不当"。

其中,《民法典》第 140 条第 2 款所说的"当事人之间的交易习惯"的认定,应当适用《民法典合同编通则》第 2 条第 1 款所说的"下列情形,不违反法律、行政法规的强制性规定且不违背公序良俗的,人民法院可以认定为民法典所称的'交易习惯':(一)当事人之间在交易活动中的惯常做法;(二)在交易行为当地或者某一领域、某一行业通常采用并为交易对方订立合同时所知道或者应当知道的做法"。

根据《民事诉讼法》第 67 条第 1 款①和《民诉法解释》第 90 条、第 91 条②的规定以及《民法典总则编解释》第 2 条第 2 款所说的"当事人主张适用习惯的,应当就习惯及其具体内容提供相应证据;必要时,人民法院可以依职权查明"和《民法典合同编通则解释》第 2 条第 2 款所说的"对于交易习惯,由提出主张的当事人一方承担举证责任",

---

① 《民事诉讼法》第 67 条第 1 款规定:"当事人对自己提出的主张,有责任提供证据。"

② 《民诉法解释》第 90 条规定:"当事人对自己提出的诉讼请求所依据的事实或者反驳对方诉讼请求所依据的事实,应当提供证据加以证明,但法律另有规定的除外。在作出判决前,当事人未能提供证据或者证据不足以证明其事实主张的,由负有举证证明责任的当事人承担不利的后果",第 91 条规定:"人民法院应当依照下列原则确定举证证明责任的承担,但法律另有规定的除外:(一)主张法律关系存在的当事人,应当对产生该法律关系的基本事实承担举证证明责任;(二)主张法律关系变更、消灭或者权利受到妨害的当事人,应当对该法律关系变更、消灭或者权利受到妨害的基本事实承担举证证明责任。"

不论是行为人还是行为人的相对人,如其主张“沉默符合当事人之间的交易习惯,应当视为意思表示”,就应当对当事人之间存在相应的交易习惯承担举证证明责任;否则,其主张可能得不到支持。

比如,在洛川某某农资发展有限责任公司与浙江某仑建设集团股份有限公司建设工程施工合同纠纷案中,陕西省高级人民法院(2021)陕民终194号民事判决书认为:“虽然洛川农资公司在《函》中载明‘若贵司存有其他不同意见或建议,请予三日内书面答复我方,逾期视同认可上述内容’,但《中华人民共和国民法总则》第一百四十条第二款规定,沉默只有在有法律规定、当事人约定或者符合当事人之间的交易习惯时,才可以视为意思表示。双方之间并无关于逾期答复视为认可的约定,洛川农资公司亦无证据证明双方之间存在交易习惯,故虽然某仑公司未予答复,但不能证明其予以认可”。

又如,在武汉市某某储运有限责任公司与某某银行股份有限公司长春一汽支行等合同纠纷案中,针对武汉某储公司提出的“其在《质押监管协议》履行过程中实际并未在节假日进行盘库,并未进行过节假日盘点结果汇报,某某银行长春一汽支行对此亦明知,而且并未提出过异议,说明双方对盘点时间的约定进行了变更”的主张,吉林省高级人民法院(2019)吉民终340号民事判决书认为:“合同条款变更的成立在本质上亦为双方达成新的合意,亦应遵循要约、承诺的合同成立要件,即双方均应当对于新合意做出了意思表示。武汉某储公司并未举证证明《质押监管协议》签订后,曾向某某银行长春一汽支行明确提出修改监管时限的约定,其未履行节假日监管义务的行为系消极行为;同时,对于实际履行仅工作日盘库的合同条款变更,某某银行长春一汽支行并未以言语、文字或行为的方式作出过同意或接受的表示,即某某银行长春一汽支行对此作出的反应为沉默,根据《中华人民共和国民法总则》第一百四十条第二款的规定:‘沉默只有在有法律规定、当事人约定或者符合当事人之间的交易习惯时,才可以视为意思表示’,即在法律没有相关规定、武汉某储公司不能举证证明双方对于合同条款的变更约定为可以沉默的方式进行、或是双方对合同条款的变更存在以沉默方式表达的交易习惯时,不能认定某某银行长春一汽支行对于合同条款的变更作出过同意的意思表示”。

再如,在深圳百某宫珠宝有限公司与深圳市某某百货华强北有限公司房屋租赁合同纠纷案中,针对百某宫公司提供《拆店证明》及《装修进场卡》证明其成功退场,以此证明某某百货公司同意解除合同的意见,广东省高级人民法院(2020)粤民申3545号民事裁定书认为:“《中华人民共和国民法总则》第一百四十条第二款规定:‘沉默只有在有法律规定、当事人约定或者符合当事人之间的交易习惯时,才可以视为意思表示。’法律并未规定协商同意解除合同的意思表示可以默示的方式作出。解除合同的法律后果会导致合同当事人之间的权利义务消灭,合同的法律效力归于终止,对合同各方当事人来说均属于对自身权利义务有重大影响的合同事项,该意思表示应以双方明示的方式作出。在当事人未明确作出解除合同的意思表示的情况下,若未有当事人约定或者符合当事人之间的交易习惯时,不能以当事人的沉默作为同意的意思表示。本案中,某某百货公司对于百某宫公司解除合同的意见并未明确表示同意,双方事先也未约定百某宫公司所称某某百货公司的沉默等相关行为构成同意解除合同且放弃主张违约责任,双方在先也未有交易习惯及做法证明这一事实。因此,不能以百某宫公司可成功退场的行为反推某某百货公司默认同意解除合同，更不能由此证明某某百货公司放弃要求百某宫公司承担违约责任的权利”。

（二）沉默构成的意思表示的具体内容

需要注意的是，《民法典》第 140 条第 2 款所说的“沉默只有在有法律规定、当事人约定或者符合当事人之间的交易习惯时，才可以视为意思表示”，只是涉及“沉默在何种情形下可以视为意思表示”的问题，不涉及“该沉默构成的意思表示的具体内容是什么”的问题；至于该沉默构成的意思表示包含了什么内容，则属于意思表示的解释的问题，应当依照《民法典》第 142 条（总则编）和第 466 条（合同编）等规定予以确定。

第一百四十一条　【意思表示的撤回】行为人可以撤回意思表示。撤回意思表示的通知应当在意思表示到达相对人前或者与意思表示同时到达相对人。

【条文通释】

《民法典》第 141 条是关于意思表示的撤回的规定。该规定仅适用于有相对人的意思表示，不适用于无相对人的意思表示。

一、意思表示的撤回

（一）可以撤回的意思表示的范围

尽管《民法典》第 141 条第 1 句规定了“行为人可以撤回意思表示”，但是，这并不意味着所有的意思表示均可撤回。

《民法典》第 141 条第 2 句所说的“撤回意思表示的通知应当……到达相对人”中的“意思表示到达相对人”，意味着，可以撤回的意思表示限于以非对话方式作出的有相对人的意思表示，不论是无相对人的意思表示，还是以对话方式作出的有相对人的意思表示，都不属于可以撤回的意思表示的范围。具体而言：

一是就无相对人的意思表示而言，《民法典》第 138 条所说的“无相对人的意思表示，表示完成时生效。法律另有规定的，依照其规定”，意味着，无相对人的意思表示原则上在“表示完成时”就已经生效（法律另有规定的除外①），事实上不存在撤回的可能性。

二是就以对话方式作出的有相对人的意思表示而言，《民法典》第 137 条第 1 款所说的“以对话方式作出的意思表示，相对人知道其内容时生效”，意味着，以对话方式作

---

① 需要注意的是，遗嘱这种无相对人的意思表示也可以撤回。针对遗嘱的撤回，《民法典》第 1142 条规定：“遗嘱人可以撤回、变更自己所立的遗嘱。立遗嘱后，遗嘱人实施与遗嘱内容相反的民事法律行为的，视为对遗嘱相关内容的撤回……”据此，不论是此前所立的遗嘱是否已经向继承人或他人公开，遗嘱人都可以撤回遗嘱；并且，遗嘱人可以通过“实施与遗嘱内容相反的民事法律行为”的方式撤回其遗嘱。

出的有相对人的意思表示在"相对人知道该意思表示的内容时"即已生效,不适用"意思表示到达相对人"的要求。[①] 这跟《民法典》第 137 条第 2 款针对以非对话方式作出的意思表示在"到达相对人时"生效是不同的。

也因此,《民法典》第 141 条的规定仅适用于以非对话方式作出的有相对人的意思表示,不适用于无相对人的意思表示和以对话方式作出的意思表示。

(二)撤回意思表示的条件

由于《民法典》第 141 条使用了"撤回意思表示的通知应当在意思表示到达相对人前或者与意思表示同时到达相对人"的表述,因此,结合《民法典》第 137 条第 2 款所说的"以非对话方式作出的意思表示,到达相对人时生效",只有尚未生效的以非对话方式作出的有相对人的意思表示方可撤回,以非对话方式作出的有相对人的意思表示生效后就不可撤回了[②],而只能依照法律的规定予以撤销。这也是《民法典》第 141 条要求撤回意思表示的通知应当"在意思表示到达相对人前到达相对人",或者至少"与意思表示同时到达相对人"的原因。

需要注意的是,根据《民事诉讼法》第 67 条第 1 款[③]和《民诉法解释》第 90 条、第 91 条[④]的规定,行为人如主张其意思表示已经被撤回,就应当对其向相对人发出了撤回意思表示的通知并且撤回意思表示的通知在其意思表示到达相对人前或者与意思表示同时到达相对人承担举证证明责任;否则,其主张可能得不到支持。比如,在张某与新疆凯某某特供应链管理有限公司等买卖合同纠纷案中,山东省高级人民法院(2022)鲁民申 6353 号民事裁定书认为:"本案中,张某向凯某某特公司承诺,其受某图公司的委托,代某图公司向凯某某特公司付款。因此,张某要撤回承诺的意思表示,需在意思表示到达相对人前或与意思表示同时到达相对人,但张某并未举证证明其收回

---

① 就以对话方式作出的意思表示而言,根据《民法典》第 137 条第 1 款所说的"以对话方式作出的意思表示,相对人知道其内容时生效"和第 481 条所说的"承诺应当在要约确定的期限内到达要约人。要约没有确定承诺期限的,承诺应当依照下列规定到达:(一)要约以对话方式作出的,应当即时作出承诺……"通常情况下,以对话方式作出的意思表示在行为人作出意思表示后就即时地为相对人所知道,难以按照《民法典》第 141 条第 2 句所说的"撤回意思表示的通知应当在意思表示到达相对人前或者与意思表示同时到达相对人"予以撤回,因此,以对话方式作出的意思表示通常也不能撤回。即使是在行为人以对话方式作出意思表示时,因客观原因(比如飞机轰鸣而过、突发爆炸声等巨响)导致相对人未能即时知道其内容的情形,由于该以对话方式作出的意思表示并没有为相对人知道,也就不存在需要撤回该以对话方式作出的意思表示的必要。

② 比如,江苏省徐州市中级人民法院(2020)苏 03 民终 2027 号民事判决书认为:"根据《中华人民共和国民法总则》第一百四十一条的规定,行为人可以撤回意思表示。撤回意思表示的通知应当在意思表示到达相对人前或者与意思表示同时到达相对人。本案中,上诉人的辞职意思表示已经做出且已到达被上诉人,被上诉人对其辞职报告亦予明确回复。在双方劳动关系已告解除的情况下,上诉人再反悔要回辞职报告并将其销毁,不能起到撤回意思表示的法律效果"。

③ 《民事诉讼法》第 67 条第 1 款规定:"当事人对自己提出的主张,有责任提供证据。"

④ 《民诉法解释》第 90 条规定:"当事人对自己提出的诉讼请求所依据的事实或者反驳对方诉讼请求所依据的事实,应当提供证据加以证明,但法律另有规定的除外。在作出判决前,当事人未能提供证据或者证据不足以证明其事实主张的,由负有举证证明责任的当事人承担不利的后果",第 91 条规定:"人民法院应当依照下列原则确定举证证明责任的承担,但法律另有规定的除外:(一)主张法律关系存在的当事人,应当对产生该法律关系的基本事实承担举证证明责任;(二)主张法律关系变更、消灭或者权利受到妨害的当事人,应当对该法律关系变更、消灭或者权利受到妨害的基本事实承担举证证明责任。"

《委托付款授权书》的时间,不能证明其收回《委托付款授权书》的意思表示在意思表示到达相对人前或与意思表示同时到达相对人。故原判决根据在案证据,认为在张某完成付款后,又要求凯某某特公司返还该款项于法无据,亦无不妥”。

(三)撤回意思表示的方式

《民法典》第 141 条使用的“行为人可以撤回意思表示。撤回意思表示的通知应当……到达相对人”的表述,意味着,意思表示的撤回应当以通知的方式向相对人作出,而不能通过行为作出。这跟《民法典》第 145 条第 2 款所说的“民事法律行为被追认前,善意相对人有撤销的权利。撤销应当以通知的方式作出”和第 171 条第 2 款所说的“行为人实施的行为被追认前,善意相对人有撤销的权利。撤销应当以通知的方式作出”是类似的。

不过,撤回意思表示的通知,在形式上可以是口头通知,也可以是书面通知(但法律有明确规定或当事人有明确约定的除外)。此外,结合《民法典》第 477 条所说的“撤销要约的意思表示以对话方式作出的,该意思表示的内容应当……撤销要约的意思表示以非对话方式作出的,应当……”,撤回意思表示的通知,原则上既可以以对话方式作出、也可以以非对话方式作出。

(四)撤回意思表示的效力

《民法典》总则编本身没有直接规定撤回意思表示的效力。结合《民法典》第 141 条所说的“撤回意思表示的通知应当在意思表示到达相对人前或者与意思表示同时到达相对人”和第 137 条第 2 款所说的“以非对话方式作出的意思表示,到达相对人时生效”,行为人依法撤回以非对话方式作出的有相对人的意思表示,具有使该意思表示不生效的效力。

需要注意的是,行为人向相对人或其代理人以外的主体送达撤回意思表示的通知,不产生撤回该意思表示的效力。比如,在四川省南江县某安建筑劳务开发有限公司与陕西某色建设有限公司、榆林市某源建设工程有限公司建设工程施工合同纠纷案中,陕西省高级人民法院(2021)陕民申 1696 号民事裁定书认为:“首先,某安公司主张其已经通过发送《通知函》撤销《情况说明》,《中华人民共和国民法总则》第一百四十一条规定,行为人可以撤回意思表示。撤回意思表示的通知应当在意思表示到达相对人前或者与意思表示同时到达相对人。《情况说明》中某安公司与某源公司于 2017 年 8 月 29 日盖章确认,《通知函》载明的落款时间为 2017 年 9 月 2 日,已经超出前述法律规定的时间。其次,根据前述法律规定,行为人撤回其关于工程价款意思表示的通知应当向相对人某源公司作出,而其向某色公司作出不能撤回意思表示”。

二、意思表示的撤销

(一)意思表示并非当然不可撤销

《民法典》总则编只是在第 141 条规定了意思表示的撤回制度,没有涉及意思表示的撤销问题。不过,这并不意味着意思表示只能撤回、不能撤销。事实上,《民法典》合同编就明确规定了要约(一种有相对人的意思表示)的撤销制度。

针对要约的撤销,《民法典》第476条规定:“要约可以撤销,但是有下列情形之一的除外:(一)要约人以确定承诺期限或者其他形式明示要约不可撤销;(二)受要约人有理由认为要约是不可撤销的,并已经为履行合同做了合理准备工作。”据此,《民法典》合同编确立了以可撤销为原则、不可撤销为例外的要约撤销制度。①

当然,考虑到《民法典》总则编的规定属于一般规定、合同编的规定属于具体规定,因此,在《民法典》总则编没有作出意思表示可以撤销的一般规定的情况下,特定的意思表示能否撤销、如何撤销,应当以法律(包括《民法典》各分编和其他法律)作出的明文规定为依据;在法律没有明确规定特定的意思表示可以撤销的情况下,应当认为,该特定的意思表示是不可撤销的。

比如,《民法典》合同编规定了承诺(一种有相对人的意思表示)的撤回制度②、没有规定承诺的撤销制度;此外,《民法典》还在第483条明确规定了“承诺生效时合同成立,但是法律另有规定或者当事人另有约定的除外”,据此可以认为,承诺是不可撤销的。

又如,《民法典》继承编规定了遗嘱的撤回、变更③和无效④,但没有规定遗嘱的撤销,据此也可以认为,遗嘱是不可撤销的。

(二)撤销意思表示的方式

就依法可以撤销的意思表示而言,结合《民法典》第477条所说的“撤销要约的意思表示以对话方式作出的,该意思表示的内容应当……撤销要约的意思表示以非对话方式作出的,应当……”,可以认为,意思表示的撤销,原则上应当由作出该意思表示的行为人另行作出撤销该意思表示的意思表示,并及时送达相对人;至于撤销该意思表示的意思表示的作出方式,既可以以对话方式作出、也可以以非对话方式作出。

其中,就要约的撤销而言,根据《民法典》第477条的规定,要约人作出的撤销要约

---

① 《民法典》第477条所说的“撤销要约的意思表示以对话方式作出的,该意思表示的内容应当在受要约人作出承诺之前为受要约人所知道;撤销要约的意思表示以非对话方式作出的,应当在受要约人作出承诺之前到达受要约人”,意味着:一是要约的撤销必须以要约人作出撤销该要约的意思表示为条件,至于撤销该要约的意思表示的作出方式,原则上既可以以对话方式作出、也可以以非对话方式作出;二是要约人作出的撤销要约的意思表示必须在受要约人作出承诺之前为受要约人所知道(适用于以对话方式作出的撤销要约的意思表示)或到达受要约人(适用于以非对话方式作出的撤销要约的意思表示)方可产生撤销要约的效果,在受要约人已经在承诺期限内作出承诺的情况下,则该要约不再属于可撤销的要约。

② 《民法典》第485条规定:“承诺可以撤回。承诺的撤回适用本法第一百四十一条的规定。”

③ 《民法典》第1142条规定:“遗嘱人可以撤回、变更自己所立的遗嘱。立遗嘱后,遗嘱人实施与遗嘱内容相反的民事法律行为的,视为对遗嘱相关内容的撤回。立有数份遗嘱,内容相抵触的,以最后的遗嘱为准。”

④ 《民法典》第1138条规定:“遗嘱人在危急情况下,可以立口头遗嘱。口头遗嘱应当有两个以上见证人在场见证。危急情况消除后,遗嘱人能够以书面或者录音录像形式立遗嘱的,所立的口头遗嘱无效”,第1143条规定:“无民事行为能力人或者限制民事行为能力人所立的遗嘱无效。遗嘱必须表示遗嘱人的真实意思,受欺诈、胁迫所立的遗嘱无效。伪造的遗嘱无效。遗嘱被篡改的,篡改的内容无效”,第1125条第1款第5项规定:“继承人有下列行为之一的,丧失继承权:……(五)以欺诈、胁迫手段迫使或者妨碍被继承人设立、变更或者撤回遗嘱,情节严重。”

的意思表示必须在受要约人作出承诺之前为受要约人所知道(适用于以对话方式作出的撤销要约的意思表示),或在受要约人作出承诺之前到达受要约人(适用于以非对话方式作出的撤销要约的意思表示),方可产生撤销要约的效果;在受要约人已经在承诺期限内作出承诺并送达承诺的情况下,该要约不再属于可撤销的要约。

(三)撤销意思表示的效力

《民法典》总则编本身没有规定撤销意思表示的效力。结合《民法典》第 478 条第 2 项所说的"有下列情形之一的,要约失效:……(二)要约被依法撤销",可以认为,行为人依法撤销其作出的意思表示,具有使该意思表示失效的效力。

也就是说,意思表示的撤销是使已经作出并生效的意思表示失去效力,这跟意思表示的撤回是使已经作出但尚未生效的意思表示不发生效力是不同的。

(四)意思表示的撤销与民事法律行为的撤销

针对民事法律行为,《民法典》总则编第六章"民事法律行为"第三节"民事法律行为的效力"规定了民事法律行为的撤销制度[①]。此外,《民法典》物权编[②]和合同编[③]规定了特定的民事法律行为(主要是合同行为)的撤销制度,婚姻家庭编规定了婚姻的撤销制度[④]。

尽管如前所说,《民法典》第 133 条将"民事法律行为"界定为"民事主体通过意思表示设立、变更、终止民事法律关系的行为",并且,意思表示是"构成民事法律行为的基础"[⑤],但是,由于"意思表示"和"民事法律行为"属于不同的概念和事项,"意思表示"和"民事法律行为"并非一一对应的关系,因此,不能当然认为《民法典》关于民事法律行为撤销的规定可以直接适用于意思表示的撤销。

---

① 《民法典》第 145 条、第 147 条至第 152 条、第 155 条、第 157 条。

② 《民法典》第 410 条第 1 款规定:"债务人不履行到期债务或者发生当事人约定的实现抵押权的情形,抵押权人可以与抵押人协议以抵押财产折价或者以拍卖、变卖该抵押财产所得的价款优先受偿。协议损害其他债权人利益的,其他债权人可以请求人民法院撤销该协议。"

③ 《民法典》第 538 条规定:"债务人以放弃其债权、放弃债权担保、无偿转让财产等方式无偿处分财产权益,或者恶意延长其到期债权的履行期限,影响债权人的债权实现的,债权人可以请求人民法院撤销债务人的行为",第 539 条规定:"债务人以明显不合理的低价转让财产、以明显不合理的高价受让他人财产或者为他人的债务提供担保,影响债权人的债权实现,债务人的相对人知道或者应当知道该情形的,债权人可以请求人民法院撤销债务人的行为";第 658 条规定:"赠与人在赠与财产的权利转移之前可以撤销赠与。经过公证的赠与合同或者依法不得撤销的具有救灾、扶贫、助残等公益、道德义务性质的赠与合同,不适用前款规定",第 663 条第 1 款规定:"受赠人有下列情形之一的,赠与人可以撤销赠与:(一)严重侵害赠与人或者赠与人近亲属的合法权益;(二)对赠与人有扶养义务而不履行;(三)不履行赠与合同约定的义务",第 664 条第 1 款规定:"因受赠人的违法行为致使赠与人死亡或者丧失民事行为能力的,赠与人的继承人或者法定代理人可以撤销赠与。"

④ 《民法典》第 1052 条第 1 款规定:"因胁迫结婚的,受胁迫的一方可以向人民法院请求撤销婚姻",第 1053 条第 1 款规定:"一方患有重大疾病的,应当在结婚登记前如实告知另一方;不如实告知的,另一方可以向人民法院请求撤销婚姻。"

⑤ 全国人民代表大会常务委员会时任副委员长李建国 2017 年 3 月 8 日在第十二届全国人民代表大会第五次会议上作的《关于〈中华人民共和国民法总则(草案)〉的说明》。

第一百四十二条 【意思表示的解释】有相对人的意思表示的解释，应当按照所使用的词句，结合相关条款、行为的性质和目的、习惯以及诚信原则，确定意思表示的含义。

无相对人的意思表示的解释，不能完全拘泥于所使用的词句，而应当结合相关条款、行为的性质和目的、习惯以及诚信原则，确定行为人的真实意思。

【条文通释】

《民法典》第142条是关于意思表示的解释的规定。

一、有相对人的意思表示的解释

《民法典》第142条所说的"确定意思表示的含义"和"确定行为人的真实意思"表明，意思表示的解释，其实质就是确定意思表示的含义(或行为人的真实意思)是什么。

针对有相对人的意思表示的解释，《民法典》第142条第1款规定了相应的解释要求(或解释方法)，即："应当按照所使用的词句，结合相关条款、行为的性质和目的、习惯以及诚信原则，确定意思表示的含义"。① 其中包含了文义解释、体系解释、目的解释、习惯解释、诚信解释等解释要求(或解释方法)。

(一)文义解释

《民法典》第142条第1款所说的"按照所使用的词句"，意味着，意思表示的解释必须基于该意思表示所使用的词句，按照常人在相同情况下理解的词句的通常含义予以解释，而不能脱离该意思表示所使用的词句。对此，《民法典》第498条更是明确规定："对格式条款的理解发生争议的，应当按照通常理解予以解释……"《民法典合同编通则解释》第1条第1款也规定："人民法院依据民法典第一百四十二条第一款、第四百六十六条第一款的规定解释合同条款时，应当以词句的通常含义为基础……"其中，"按照所使用的词句"进行解释，即为"文义解释"②。

---

① 在此基础上，《民法典》第466条针对合同的解释规定："当事人对合同条款的理解有争议的，应当依据本法第一百四十二条第一款的规定，确定争议条款的含义。合同文本采用两种以上文字订立并约定具有同等效力的，对各文本使用的词句推定具有相同含义。各文本使用的词句不一致的，应当根据合同的相关条款、性质、目的以及诚信原则等予以解释"，第498条针对合同中的格式条款的解释规定："对格式条款的理解发生争议的，应当按照通常理解予以解释。对格式条款有两种以上解释的，应当作出不利于提供格式条款一方的解释。格式条款和非格式条款不一致的，应当采用非格式条款"，第1021条针对肖像许可使用合同中的肖像使用条款的解释规定："当事人对肖像许可使用合同中关于肖像使用条款的理解有争议的，应当作出有利于肖像权人的解释。"

② 《最高人民法院关于深入推进社会主义核心价值观融入裁判文书释法说理的指导意见》(法〔2021〕21号)和《全国法院贯彻实施民法典工作会议纪要》(法〔2021〕94号)等都使用了"文义解释"的表述。比如，最高人民法院《全国法院贯彻实施民法典工作会议纪要》(法〔2021〕94号)第20条规定："准确把握民法典各编之间关系，充分认识'总则与分则''原则与规则''一般与特殊'的逻辑体系，综合运用文义解释、体系解释和目的解释等方法，全面、准确理解民法典核心要义，避免断章取义。"

《民法典》第 142 条第 1 款所说的“按照所使用的词句,结合相关条款、行为的性质和目的、习惯以及诚信原则”,意味着,文义解释是对意思表示进行解释的首要的、基本的、基础性的方法和要求。[①] 这从《民法典》第 142 条第 2 款针对无相对人的意思表示的解释所说的“不能完全拘泥于所使用的词句,而应当结合……”的对比中也可以看出来。对此,《民法典合同编通则解释》第 1 条第 1 款也明确规定了:“人民法院依据民法典第一百四十二条第一款、第四百六十六条第一款的规定解释合同条款时,应当以词句的通常含义为基础,结合……参考……等因素确定争议条款的含义。”

当然,《民法典》第 142 条第 1 款所说的“按照所使用的词句,结合相关条款、行为的性质和目的、习惯以及诚信原则”,也意味着,意思表示的解释也不能完全按照意思表示所使用的词句(即该条第 2 款所说的“不能完全拘泥于所使用的词句”),而应当将“该意思表示所使用的词句”和“相关条款”“行为的性质”“行为的目的”“习惯”以及“诚信原则”结合起来进行解释。在此基础上,《民法典合同编通则解释》第 1 条第 1 款还要求“参考缔约背景、磋商过程、履行行为等因素”进行解释。

(二)体系解释

《民法典》第 142 条第 1 款所说的“按照所使用的词句,结合相关条款”,意味着,意思表示的解释既要基于该意思表示所使用的词句,也要将该意思表示所使用的词句和与该意思表示相关的条款相结合,而不能仅仅局限于该意思表示所使用的词句。“按照所使用的词句,结合相关条款”进行解释,即为“体系解释”[②]。

就合同的解释而言,体系解释意味着“不单要看文义解释,还要从整个合同的全部内容上理解、分析和说明当事人争议的有关合同的内容和含义,并根据合同的性质、订约目的等来考虑当事人的意图,尤其是当事人在合同中所使用的语言文字必须联系起来考察,不能孤立地探究每一句话或者每一个词的意思,而应当把语句的上下语所使用的其他词语联系起来”[③]。最高人民法院(2019)最高法民再 202 号民事判决书也认为:“一个法律行为,要理解其整体意思必须准确理解其各个部分的意思;反之,要理解各个部分的意思,也必须将各个部分置于整体之中,使其相互协调,才能准确理解各个部分的含义。”

比如,在某某银行股份有限公司广州荔湾支行与广东某粤能源发展有限公司等信用证开证纠纷案中,针对当事人签订的《关于开立信用证的特别约定》第 9 条第 2 款中约定的“担保权利”的性质的问题,最高人民法院(2015)民提字第 126 号民事判决书

---

① 比如,最高人民法院(2015)民申字第 1179 号民事裁定书认为:“意思表示解释的客体虽然是表意人的意思,但应以相对人足以客观了解的表示内容为准。在意思与表示不一致的情况下,这一客观性立场更有利于保护相对人的信赖利益以及维护交易秩序的稳定。……意思表示解释的目的不仅在于探寻表意人的内在意思,更要通过判断相对人可以了解的‘规范性意思’来确定表意人的实际意思”。

② 《最高人民法院关于深入推进社会主义核心价值观融入裁判文书释法说理的指导意见》(法〔2021〕21 号)和《全国法院贯彻实施民法典工作会议纪要》(法〔2021〕94 号)等都使用了“体系解释”的表述。比如,最高人民法院《全国法院贯彻实施民法典工作会议纪要》(法〔2021〕94 号)第 20 条规定:“准确把握民法典各编之间关系,充分认识‘总则与分则’‘原则与规则’‘一般与特殊’的逻辑体系,综合运用文义解释、体系解释和目的解释等方法,全面、准确理解民法典核心要义,避免断章取义。”

③ 广西壮族自治区高级人民法院(2017)桂民终 133 号民事判决书。

(载《最高人民法院公报》2016年第5期)认为:"……某粤能源与某行荔湾支行签订的《关于开立信用证的特别约定》第九条第二款中约定,一旦某粤能源违约或发生《贸易融资额度合同》中约定的可能危及某行荔湾支行债权的情形之一的,某行荔湾支行有权行使下述一项或几项权利,其中第四项约定有权'行使担保权利',第五项约定有权'要求甲方追加保证金或乙方认可的其他担保'。基于以下两点理由,可以认为第四项约定的'担保权利'与第五项所约定的'其他担保'指向不同:其一,从本案查明的事实看,第五项所指的保证金已由某粤能源交付,'其他担保'指当事人之间约定的某东电力、某海海运、蓝某彬提供的连带责任保证以及蓝某彬以其持有的某粤能源的6%股权设定的质押;其二,就合同体系解释的角度而言,在合同条款有两种以上的解释时,不应当采纳使部分合同条款成为赘文的解释,而应当采纳使各个合同条款都具备一定意义的解释,因此,应认为第四项和第五项的约定具有不同的功能与法律意义。在第五项约定的'其他担保'指向明确的情况下,第四项约定的'担保权利'应是指向第五项约定的担保权利之外的担保。

"至于第四项约定所称的'担保权利'是一种什么性质的担保,综合合同约定以及案件事实,可以认为其指的就是提单权利质押,理由如下:其一,跟单信用证的基本机制和惯例就是开证行持有提单,开证申请人付款赎单,开证申请人不付款,开证行就不放单,可见,开证行持有提单的目的是担保其债权的实现。如前所述,开证行对提单项下货物并不享有所有权,如果不认定其对提单或提单项下货物享有担保物权,这将完全背离跟单信用证制度关于付款赎单的交易习惯及基本机制,亦完全背离跟单信用证双方当事人以提单等信用证项下的单据担保开证行债权实现的交易目的。其二,《关于开立信用证的特别约定》第九条第二款除约定了上述第四项、第五项内容外,还约定了第三项,即一旦某粤能源违约或发生《贸易融资额度合同》中约定的可能危及某行荔湾支行债权的情形之一的,某行荔湾支行有权'处分信用证项下单据及/或货物'。该约定表明,某行荔湾支行有权以自己的意思处分提单及/或提单项下货物,处分当然包括设定提单质押。由于这种处分权的事先赋予,某行荔湾支行事后作出将自己所持有的提单设定质权的意思表示完全符合第三项的约定。当然,即便某行荔湾支行事后作出以提单项下货物所有权担保其债权实现的意思表示亦符合第三项的约定,只是以货物所有权担保其债权实现,违反物权法定原则。在某行荔湾支行既主张以提单项下货物所有权担保其债权,又主张提单质权的情况下,应当支持更符合法律规定的主张,认定该项约定所谓的处分为设定提单质权。综上,某行荔湾支行持有提单,提单可以设立权利质权,有关合同既有设定担保的一般约定,又有以自己的意思处分提单的明确约定,依据《中华人民共和国合同法》第一百二十五条有关合同解释的规定以及《中华人民共和国物权法》第二百二十四条关于权利质押的规定,应当认定某行荔湾支行享有提单权利质权"。

又如,在北京某华化学工程有限公司与重庆某峰工业集团有限公司专利实施许可和专有技术转让合同纠纷案中,针对某峰公司提出的"重庆市政府对涉案合同项目作出停建决定,属于涉案合同中约定的'政府行为或国家公权力'"的主张,最高人民法院(2018)最高法民再271号民事判决书认为:"涉案合同第18条第(24)项约定:'"不可抗力"指超出本合同双方控制范围、无法预见、无法避免或无法克服、使得本合同一方部分或者全部不能履行本合同的事件。这类事件包括但不限于……政府行为或国家公权力的行为……'第 16 条约定:'发生不可抗力,致使本合同的履行成为不必要或不可能,可以解除本合同。'第 20.3.3 约定:'如不可抗力事故延续到一百二十(120)天以上时,双方应通过友好协商尽快解决合同执行的问题,若双方无法达成一致,则本合同终止。'第 9.5 条约定:'由于买方原因(包括不可抗力)造成的合同提前终止,买方已支付给卖方的款项,卖方不予退还。'……对某峰公司主张的'政府行为或国家公权力'的理解,应符合该条款的真实意思表示。……对于涉案合同中的'政府行为或国家公权力的行为'的理解,应当与涉案合同第 18 条第(24)项约定的内容相适应,即应限于超出本合同双方控制范围或无法预见或无法避免或无法克服的情形,而不是所有的政府行为或国家公权力的行为均可构成涉案合同约定的合同解除条件,否则,将导致涉案合同的履行始终处于不确定状态。而且,《第八次会议纪要》显示,'由于产品价格持续下滑,且设备未进行采购,醋酸及醋酸乙烯/聚乙烯醇装置停建'。此处提到的'产品价格持续下滑,且设备未进行采购'等原因均属于正常的商业风险,并非当事人无法预见、无法避免或无法克服的情形。因此,一、二审判决均认定某峰公司不能继续履行涉案合同的原因不属于'不可抗力',并无不当"。

需要注意的是,就体系解释而言,如果当事人就意思表示相关条款的解释顺序作出了约定,则应当按照当事人约定的顺序进行解释。比如,针对建设项目工程总承包合同的解释,住房和城乡建设部、国家市场监督管理总局联合制定的《建设项目工程总承包合同(示范文本)》(GF-2020-0216)第二部分"通用合同条件"第 1.5 条("合同文件的优先顺序")第 1 款就规定:"组成合同的各项文件应互相解释,互为说明。除专用合同条件另有约定外,解释合同文件的优先顺序如下:(1)合同协议书;(2)中标通知书(如果有);(3)投标函及投标函附录(如果有);(4)专用合同条件及《发包人要求》等附件;(5)通用合同条件;(6)承包人建议书;(7)价格清单;(8)双方约定的其他合同文件"。

(三)性质解释

《民法典》第 142 条第 1 款所说的"按照所使用的词句,结合……行为的性质",意味着,意思表示的解释既要基于该意思表示所使用的词句,也要跟行为的性质相结合,而不能仅仅局限于该意思表示所使用的词句。与"文义解释""目的解释"等说法相对应,可以将"结合行为的性质"进行解释称为"性质解释"。

比如,在兰州某政施工有限公司与兰州某政实业开发有限公司、吴忠市某通工程有限公司执行异议复议案中,针对案涉执行和解协议约定的义务应由哪个被执行人履行的问题,最高人民法院(2022)最高法执复 46 号执行裁定书认为:"从案涉和解协议的内容看,截至申请执行人申请恢复执行前,被执行人应履行的第一笔义务为于 2020 年 12 月 31 日前支付 200 万元,而吴忠某通公司享有的权利是分两期共获得 7893937 元,和解协议并未明确是由哪一被执行人履行。对此,涉及对案涉执行和解协议的解释问题。《中华人民共和国民法典》第一百四十二条第一款规定,有相对人的意思表示的解释,应当按照所使用的词句,结合相关条款、行为的性质和目的、习惯以及诚信原则,确定意思表示的含义。根据上述法律规定,对案涉执行和解协议约定的第一期款项,由被执行人哪一方履行均无不可,主要理由有三:首先,从案涉执行和解协议的性质和目的来看。执行和解协议系协议各方当事人通过协商一致,改变原裁判文书所确定的执行主体、内容,起到用新的债权债务关系取代已有的债权债务关系的目的。对申请执行人而言,其订立和解协议的目的在于取得和解协议所约定的支付款项,故只要能实现该目的,至于由谁支付并不影响该目的的实现。经查明,案涉执行和解协议签订后,被执行人一方某政实业公司于 2020 年 9 月 8 日通过甘肃高院履行了 2878500 元,因此,吴忠某通公司订立执行和解协议取得第一笔执行款的缔约目的已经实现。其次,从执行和解协议履行的习惯来看。在执行实践中,由他人代付执行和解协议约定的应付款项,也是执行实践中广泛存在的做法,故即使案涉执行和解协议没有约定某政实业公司的义务,在某政实业公司实际履行了付款义务、且某政实业公司认可该付款系履行案涉执行和解协议的情况下,则该付款行为亦可认定为某政施工公司的履行行为。再次,从诚实信用原则角度来看。在吴忠某通公司已经收取案涉第一笔款项实现其签订执行和解协议目的的情况下,其再主张案涉执行和解协议约定的第一笔款项未履行,进而申请恢复执行案件,亦有违诚实信用原则。综上,本案被执行人已经履行了案涉执行和解协议约定的支付第一笔款项的义务,申请执行人无权以该执行和解协议第一笔款项未获履行为由申请恢复对原判决的执行;甘肃高院认定某政施工公司未按案涉执行和解协议约定支付第一笔款项,事实认定错误”。

(四)目的解释

《民法典》第 142 条第 1 款所说的“按照所使用的词句,结合……行为的……目的”,意味着,意思表示的解释既要基于该意思表示所使用的词句,也要与行为的目的相结合,而不能仅仅局限于该意思表示所使用的词句。“结合行为的目的”进行解释,即为“目的解释”①。

比如,在利辛县信某达融资担保有限公司与安徽某安建设集团股份有限公司、利辛县某腾置业有限公司第三人撤销之诉案中,针对某安建设公司放弃建设工程价款优先受偿权的行为是否因损害建筑工人利益而无效的问题,最高人民法院(2022)最高法民终 233 号民事判决书认为:“《最高人民法院关于审理建设工程施工合同纠纷案件适用法律问题的解释(二)》第二十三条规定‘发包人与承包人约定放弃或者限制建设工程价款优先受偿权,损害建筑工人利益,发包人根据该约定主张承包人不享有建设工程价款优先受偿权的,人民法院不予支持。’因此,认定承包人放弃建设工程价款优先受偿权的行为是否无效,关键看其是否损害建筑工人利益。案涉《在建工程抵押建筑商声明书》虽是承包人某安建设公司向发包人的债权人信某达担保公司作出,并非直接向发包人某腾置业公司作出,但其核心内容仍是某安建设公司处分了建设工程价款优先受偿权,对其效力判断仍应适用前述司法解释的规定。从目的上看,本案中某安

---

① 《最高人民法院关于深入推进社会主义核心价值观融入裁判文书释法说理的指导意见》(法〔2021〕21 号)和《全国法院贯彻实施民法典工作会议纪要》(法〔2021〕94 号)等都使用了“目的解释”的表述。比如,最高人民法院《全国法院贯彻实施民法典工作会议纪要》(法〔2021〕94 号)第 20 条规定:“准确把握民法典各编之间关系,充分认识‘总则与分则’‘原则与规则’‘一般与特殊’的逻辑体系,综合运用文义解释、体系解释和目的解释等方法,全面、准确理解民法典核心要义,避免断章取义。”

建设公司放弃建设工程价款优先受偿权不具有损害建筑工人利益的非法目的。某安建设公司向信某达担保公司承诺放弃建设工程价款优先受偿权，目的在于获取信某达担保公司为案涉项目建设贷款提供担保，以保障项目建设获得必要的资金支持，而这对某安建设公司自身以及建筑工人均是有利的。从后果上看，某安建设公司的放弃行为也不会损害建筑工人利益。综合考虑《在建工程抵押建筑商声明书》作出的背景及目的，根据目的解释、诚信解释原则，可以认定某安建设公司只是就案涉 10 号楼已经为信某达担保公司设定抵押的 108 套房产放弃了优先受偿权，以保障信某达担保公司抵押权的实现。……某安建设公司放弃只占总工程面积约 4.5%、评估价值 22373538 元房产的优先受偿权，仍对占总工程面积 95.5%的剩余房产享有建设工程价款优先受偿权，因此某安建设公司的放弃行为不影响其对某腾置业公司的 48733386 元工程款及利息债权获得清偿，不会损害建筑工人的合法权益，在不存在其他无效事由的情况下，应认定该放弃行为有效”。

（五）习惯解释

《民法典》第 142 条第 1 款所说的“按照所使用的词句，结合……习惯”，意味着，意思表示的解释既要基于该意思表示所使用的词句，也要跟习惯相结合，而不能仅仅局限于该意思表示所使用的词句。“结合习惯”进行解释，即为“习惯解释”。

比如，在北京中某金苑投资管理公司与中某某建工集团有限公司、北京中某宝苑国际商业管理有限公司建设工程施工合同纠纷案中，针对中某宝苑公司是否有权代表中某金苑公司与中某某公司就案涉工程款进行结算的问题，最高人民法院（2021）最高法民申 2788 号民事裁定书认为：“根据原审查明的事实，中某金苑公司在案涉合同履行过程中多次为中某宝苑公司出具授权文件，其中 2008 年 7 月 15 日《授权书》载明：‘授权鑫某银公司和薛某刚代表中某金苑公司在工程项目中行使建设方的权利，负建设方责任，履行建设方义务；授权鑫某银公司和薛某刚签署与工程有关的一切文件和凭证，对中某金苑公司具有法律约束力’，2009 年 12 月 28 日《授权书》载明：‘授权中某宝苑公司负责北京某苑科技交流中心项目的资金筹措、建设施工、招商推广和经营管理’。尽管《授权书》中没有‘工程结算’的直接表述，但根据《中华人民共和国民法总则》第一百四十二条第一款关于‘有相对人的意思表示的解释，应当按照所使用的词句，结合相关条款、行为的性质和目的、习惯以及诚信原则，确定意思表示的含义’的规定，从《授权书》中‘签署与工程有关的一切文件’和‘经营管理’的表述，结合日常生活经验法则以及中某金苑公司已经部分履行结算的实际情况，足以表明中某宝苑公司具有代表中某金苑公司与中某某公司进行对账的资格”。

（六）诚信解释

《民法典》第 142 条第 1 款所说的“按照所使用的词句，结合……诚信原则”，意味着，意思表示的解释既要基于该意思表示所使用的词句，也要跟诚信原则相结合，而不能仅仅局限于该意思表示所使用的词句。这也是《民法典》第 7 条规定的诚信原则的具体体现和应有之义。“结合诚信原则”进行解释,即为“诚信解释”①。

比如,在黑龙江某宏风力发电有限公司与北京某源科创风电技术有限责任公司建设工程施工合同纠纷案中,针对某源公司是否已经完成了安装视频监控系统的义务的问题,最高人民法院(2020)最高法民终982号民事判决书认为:“双方当事人对合同中约定的‘监控系统’的解释产生争议。《中华人民共和国民法总则》第一百四十二条第一款规定:‘有相对人的意思表示的解释,应当按照所使用的词句,结合相关条款、行为的性质和目的、习惯以及诚信原则,确定意思表示的含义。’根据上述法律规定,应从文义解释、体系解释和诚信原则等方面,确定案涉《总承包合同》所约定的‘监控系统’的具体所指。首先,从合同文义及当事人的缔约目的来看,案涉《总承包合同》中约定的某源公司施工内容不应包括某宏公司所称的案涉升压站为防盗而应安装的视频防盗系统。一方面,案涉《总承包合同》约定的文义为‘监控系统’,该约定从字面表述上看不包含视频监控的内容;另一方面,就该监控系统与案涉工程的关系来看,应为支撑案涉工程运行的监控系统。而某宏公司所主张的视频监控系统并非案涉工程风力发电所需要,而系工程之外为防止某宏公司升压站财产丢失而安装在四周围墙之上的视频防盗系统。而从某宏公司于2014年12月24日占有使用案涉工程并网发电至2018年12月30日解网的情况来看,案涉工程所需要支撑案涉工程运行的监控系统已经安装,且正常运行。故就某宏公司缔约目的而言,当事人争议的监控系统不应为其所主张的为防盗而安装的视频防盗监控系统。其次,从体系上看,该监控系统属于‘通信和控制设备及安装’项下的内容;根据《总承包合同》约定,某源公司负责案涉工程的总承包建设,‘通信和控制设备及安装’系风电场内相关发电设备应施工完成的相关内容,而本院于2020年10月20日对案涉工程进行现场勘察的过程中,某宏公司自认案涉工程发电运行过程中的监控系统已经安装。故从体系解释来看,案涉合同所约定的监控系统是与案涉风电场建设及风力发电有关的监控系统。而某宏公司主张的视频监控系统系为该场站防盗而安装在四周院墙上的系统,故从体系角度解释很难与案涉工程运行中风力发电的监控有关。就此而言,某宏公司的主张很难符合案涉合同的体系解释要求。再次,从诚信原则上看,2014年6月12日,某宏公司向某源公司作出《表扬信》,载明‘目前33基箱变基础全部完成,场内检修道路返修施工已基本完成,升压站各配电装置基础全部完成’,据此,某宏公司对某源公司已经完成了升压站各配电装置基础工程作出了书面认可。这也说明,其对于案涉监控系统非为防盗监控系统有较为明确的认知,否则其自然在工作联系函件中会指出案涉施工所存在的漏项问题。综合以上三个方面因素,某源公司主张其已经完成了合同约定的‘监控系统’的安装义务,具有事实依据”。

二、无相对人的意思表示的解释

与《民法典》第142条第1款要求有相对人的意思表示的解释应当“按照所使用的词句”并“结合相关条款、行为的性质和目的、习惯以及诚信原则”不同,针对无相对人

① 最高人民法院(2022)最高法民终233号和(2020)最高法民终368号民事判决书都直接使用了“诚信解释”的表述,(2019)最高法民再202号民事判决书则使用了“诚实信用原则解释”的表述。

的意思表示的解释,《民法典》第 142 条第 2 款要求解释的侧重点不能放在该意思表示“所使用的词句”,而应“结合相关条款、行为的性质和目的、习惯以及诚信原则”。

也就是说,无相对人的意思表示的解释,应当侧重于使用体系解释、目的解释、习惯解释和诚信解释的方法,以“确定行为人的真实意思”。

需要注意的是,就无相对人的意思表示的解释而言,《民法典》第 142 条第 2 款所说的“不能完全拘泥于所使用的词句”,并不意味着文义解释不重要或可以脱离该意思表示所使用的词句进行解释。“不能完全拘泥于所使用的词句”本身仍然包含了“应当按照所使用的词句”的含义,文义解释仍然是对无相对人的意思表示进行解释的基础;只不过,《民法典》第 142 条第 2 款要求无相对人的意思表示的解释在此基础上,比有相对人的意思表示的解释更加侧重使用体系解释、目的解释、习惯解释和诚信解释的方法。

比如,在董某 1 与庞某 2、庞某 1、庞某 3、董某 2 遗嘱继承纠纷案中,针对案涉遗嘱的解释,上海市第二中级人民法院(2019)沪 02 民终 6985 号民事判决书认为:“遗嘱系单方民事行为,属无相对人的意思表示,在探求立遗嘱人的真意时,不能仅拘泥于简单地分析文本,也要考虑遗嘱外部的因素来探求立遗嘱人的真意。围绕本案在案证据,首先,被继承人在 1998 年所立代书遗嘱中陈述,一直是董某 2 对其进行照顾,且董某 2 没有住房,其三个女儿均有宽敞住房。虽然该份遗嘱不符合法定形式要件,但各方均确认该份遗嘱未签名的草稿系被继承人所写,对草稿内容所涉客观事实的描述各方亦予确认。在两个月之后,被继承人立了本案系争公证遗嘱,其时,客观情况并未发生实质变化。其次,1999 年 3 月 9 日,董某 1 写给庞某 3 的信中也明确表述了被继承人担心董某 2 与妻子离婚会把系争房屋分掉,立遗嘱把房屋交给董某 1 处理的意思表示,且董某 1 在信中亦明确该房屋是给董某 2 居住,作为兄弟姊妹在上海的大本营。再次,在 2008 年 8 月 6 日,董某 1 的自书遗嘱中,其明确如其去世或丧失行为能力,系争房屋由董某 2 继承,并且强调与此遗嘱相悖的决定均无效。上述一系列事实均印证,被继承人虽然在公证遗嘱中表示将系争房屋给董某 1,但是其内心真实意思是不愿意系争房屋被分割,或意图避免发生如董某 2 继承系争房屋后离婚,系争房屋会被作为董某 2 的夫妻共同财产予以处分的后果。综合全案证据和事实状况,究其本意,被继承人并非将系争房屋交由董某 1 一人所有,而是为所有子女设立了居住权。故,无法确认公证遗嘱中的内容是被继承人对系争房屋进行最终处分的真实意思表示。基于上述分析,现董某 1 提起本案诉讼要求继承取得系争房屋产权并要求董某 2 搬离系争房屋,依据不足,本院难以支持。一审法院按照法定继承的原则对系争房屋进行处理,于法不悖,本院予以维持”。

三、意思表示解释的基本要求

尽管《民法典》第 142 条针对有相对人的意思表示和无相对人的意思表示分别规定了不同的解释方法或提出了不同的解释要求,但是,《民法典》第 142 条也表明,任何意思表示(无论是有相对人的意思表示、还是无相对人的意思表示)的解释,都必须遵守以下两项基本要求:

一是不能脱离意思表示所使用的词句。无论是《民法典》第 142 条第 1 款所说的

"按照所使用的词句",还是《民法典》第 142 条第 2 款所说的"不能完全拘泥于所使用的词句",都表明,任何意思表示的解释都必须以该意思表示所使用的词句为基础,而不能抛开该意思表示所使用的词句。①

对此,有的裁判意见甚至提出,文义解释属于意思表示解释的首要方法。比如,最高人民法院(2007)民二终字第 99 号民事裁定书(载《最高人民法院公报》2007 年第 12 期)认为:"从合同解释角度来看,当事人对合同条文发生争议时,必须探究当事人内在的真实意思表示,判断当事人真实的意思表示首要方法是判断当事人字面的意思表示。这正所谓合同解释中的文义解释方法……"

二是不能局限于意思表示所使用的词句。无论是《民法典》第 142 条第 1 款所说的"按照所使用的词句"和"结合相关条款、行为的性质和目的、习惯以及诚信原则",还是《民法典》第 142 条第 2 款所说的"不能完全拘泥于所使用的词句"和"应当结合相关条款、行为的性质和目的、习惯以及诚信原则",都表明,任何意思表示的解释都必须兼顾该意思表示所使用的词句和其他相关的事项(比如相关的条款、行为的性质、行为的目的、习惯以及诚信原则),而不能局限于该意思表示所使用的词句。② 比如,最高人民法院(2020)最高法知民终 401 号民事判决书认为:"对于合同的解释,首先要根据合同文本记载的内容进行确定,即以合同文义为出发点,且要将合同各个条款整体上进行体系解释,从各个合同条款的相互关联、所处的地位和总体联系上解释有争议的合同用语。对于不同条款中出现的相同用语,在没有特别约定的情况下,应当做同一含义的解释"。

问题是,在使用《民法典》第 142 条规定的解释方法对意思表示进行解释时,是否存在使用的先后顺序的问题?

实务中,有的裁判意见认为,应当依次采用《民法典》第 142 条规定的解释方法进行解释。比如,最高人民法院(2019)最高法民再 202 号民事判决书认为:"合同法第一百二十五条第一款规定:'当事人对合同的条款理解有争议的,应当按照合同所使用的词句、合同的有关条款、合同的目的、交易习惯以及诚实信用原则,确定该条款的真实意思。'根据该条规定,对于当事人之间有争议合同条款的解释,应依次采取文义解释、整体解释、目的解释、习惯解释以及诚实信用原则解释等方法来确定该条款的真实含义";最高人民法院(2007)民二终字第 99 号民事裁定书(载《最高人民法院公报》2007 年第 12 期)也认为:"从合同解释角度来看,当事人对合同条文发生争议时,必须探究当事人内在的真实意思表示,判断当事人真实的意思表示首要方法是判断当事人字面

① 比如,广东省东莞市中级人民法院(2019)粤 19 民终 3632 号民事判决书认为,根据《中华人民共和国民法总则》第一百四十二条规定……陈某标 2018 年 5 月 20 日借据写明陈某标确认尚欠莫某烨 200 万元债务并愿意按照月利息率 1%自借出日起向莫某烨支付利息。一审认定陈某标 2018 年 5 月 20 日借据的意思表示为:如陈某标根据还款计划的约定还款时,则陈某标无需支付借款期限的利息。该认定与上述关于"有相对人的意思表示的解释"的规定不符,依法应予纠正。

② 对此,有裁判意见认为应采取主客观相结合的解释方法。比如,天津市第一中级人民法院(2019)津 01 民终 1728 号民事判决书认为:"依据《中华人民共和国民法总则》第一百四十二条之规定,有相对人的意思表示的解释,应当按照所使用的词句,结合相关条款、行为的性质和目的、习惯以及诚信原则,确定意思表示的含义。无相对人的意思表示的解释,不能完全拘泥于所使用的词句,而应当结合相关条款、行为的性质和目的、习惯以及诚信原则,确定行为人的真实意思。因此,意思表示的解释应采取主客观相结合的方式"。

的意思表示。这正所谓合同解释中的文义解释方法,只有在文义解释不能确定该条款的准确含义时,再运用其他解释方法去确定合同条款的含义以及填补合同的漏洞”。

不过,从《民法典》第142条第1款和第2款所使用的表述看,无论是针对有相对人的意思表示的解释,还是针对无相对人的意思表示的解释,《民法典》第142条都没有提出“依次采用”相关解释方法的要求,也没有规定相关解释方法之间属于主次关系或辅助关系。这跟《民法典》第27条和第28条针对担任监护人的顺序作出了明确的规定[①]、第1127条针对法定继承人的继承顺序作出了明确的规定[②]是不同的,跟《民法典》第388条和第682条明确规定担保合同与主债权债务合同之间是从合同与主合同的关系[③]也是不同的。

四、意思表示解释方法的综合运用

实务中,单独运用文义解释或体系解释可能都难以确定意思表示的含义,而需要结合案件的具体情况,综合运用文义解释、体系解释、目的解释、习惯解释、诚信解释等解释方法中的一种或数种对相关意思表示进行解释。

(一)(2017)最高法民再370号民事判决书:转让费的支付是否需要以盈利为条件的认定

比如,在深圳乐某某玛电子有限公司与某隆投资有限公司及深圳某新精密工业有限公司中外合资经营企业合同纠纷案中,针对乐某某玛公司向某隆公司支付1150万美元转让费是否以乐某某玛公司盈利为条件的问题,最高人民法院(2017)最高法民再370号民事判决书认为:“对争议条款的合同解释,应以合同所使用词句所表达的文义解释为基础,重点结合合同文本的相关条款,通过体系解释确定当事人的真实意思,并借助合同目的解释进行判断印证,同时还要以交易习惯、诚实信用原则、公平原则等认定争议条款或者发生歧义的词句的准确含义,平衡当事人之间的利益冲突,确保公平合理的确定合同内容”,具体而言:

“首先,以合同争议条款本身文义解释为基础。文义解释是以合同当事人的内在意愿为解释的原则,它关注的是合同条款所表达的当事人的内心想法。合同的条款由语言文字构成,解释合同必须先由词句的含义入手。本案中,《××重组框架协议》第5

---

① 《民法典》第27条规定:“父母是未成年子女的监护人。未成年人的父母已经死亡或者没有监护能力的,由下列有监护能力的人按顺序担任监护人:(一)祖父母、外祖父母;(二)兄、姐;(三)其他愿意担任监护人的个人或者组织,但是须经未成年人住所地的居民委员会、村民委员会或者民政部门同意”,第28条规定:“无民事行为能力或者限制民事行为能力的成年人,由下列有监护能力的人按顺序担任监护人:(一)配偶;(二)父母、子女;(三)其他近亲属;(四)其他愿意担任监护人的个人或者组织,但是须经被监护人住所地的居民委员会、村民委员会或者民政部门同意。”

② 《民法典》第1127条规定:“遗产按照下列顺序继承:(一)第一顺序:配偶、子女、父母;(二)第二顺序:兄弟姐妹、祖父母、外祖父母。继承开始后,由第一顺序继承人继承,第二顺序继承人不继承;没有第一顺序继承人继承的,由第二顺序继承人继承……”

③ 《民法典》第388条第1款规定:“设立担保物权,应当依照本法和其他法律的规定订立担保合同。担保合同包括抵押合同、质押合同和其他具有担保功能的合同。担保合同是主债权债务合同的从合同。主债权债务合同无效的,担保合同无效,但是法律另有规定的除外”,第682条第1款规定:“保证合同是主债权债务合同的从合同。主债权债务合同无效的,保证合同无效,但是法律另有规定的除外。”

条约定:‘××将通过销售佣金(或其他适当方式)的方式支付某隆公司总额 1150 万美元的转让费。××每年偿还转让费总金额比例原则上不超过××每年盈利总额的 40%,某隆公司在每年回收的外债中拿出 35%用来偿还赖某民先生借款,65%用来偿还某隆公司股东借款,中外管理团队借款根据《乐某管理团队激励和约束机制》中相关条款约定逐年偿还。’从该条款文义出发,可以明确乐某某玛公司需对某隆公司偿付 1150 万美元的转让费,支付方式为销售佣金(或其他适当方式),每年偿还总金额受限于乐某某玛公司的盈利总额,即不超过盈利总额的 40%。因此仅从该条款本身文义理解,难以确定 1150 万美元转让费的支付需以乐某某玛公司盈利为前提条件。

“其次,结合合同文本通过体系解释确定合同真意。合同条款是合同整体的一部分,条款的各自含义以及相互之间的关联共同塑造着合同的整体意义。因此,合同解释不能仅仅依赖词句含义,还要与合同中相关条款联系起来分析判断,才能较为准确地把握该条款的真实意思。本案中,除了第 5 条争议条款,《××重组框架协议》其他条款还约定了各方在公司重组时的股权安排,某隆公司通过借款方式进行重组出资,以及双方部分资产转移使用。特别是第 6 条约定:‘根据第五条约定,原某隆公司同意转让后,则原某隆公司股东拥有的 Enmar 外销业务(包括全部的客户资源),原 Enmar 的检测设备、装配生产线、开发模具、购买的专利技术以及其他与 TV 业务有关的无形资产全部无偿转让给××使用。’该条款明确了某隆公司相关的设备、技术、客户资源等有形及无形资产无偿转让给乐某某玛公司,并且在逻辑顺序上是依据第 5 条约定之后的结果,则某隆公司主张 1150 万美元属于技术转让费与此相冲突,并且在合同条款理解上产生歧义,同时也无其他证据证明其主张,本院对此不予支持。乐某某玛公司主张,双方约定的 1150 万美元实际上是对于马来西亚某玛公司前期投入和相关业务损失的一种补偿,并约定采用‘转让费’的名义支付给某隆公司,还通过约定销售佣金以及其他适当支付方式来规避外汇管制。根据已经查明的事实,某隆公司与中方股东正是基于盈利预期才签订重组协议,约定上述补偿款项,并且决定从盈利总额中进行分配,之后才约定对相关有形和无形资产无偿转让。因此,结合合同整体和相关条款约定来看,乐某某玛公司主张 1150 万美元补偿款需以盈利为支付条件具有一定合理性。

“再次,借助双方在交易洽谈、履行中所体现的合同目的进行判断印证。当事人签订合同都是为达到一定的目的,合同中的各条款都是为达到合同目的而制定的。因此,对条款的解释还应当从符合合同目的的角度进行剖析,当条款表达意见含混不清或相互矛盾时,作出与合同目的协调一致的解释。本案中,乐某某玛公司再审提交的第一、二、三组证据表明,某隆公司股东和马来西亚某玛公司股东李某昌的妻子陈××、父亲 Lee××在李某昌知情并授意下与乐某某玛公司法定代表人李某伟进行了多次邮件沟通,这些证据涉及对《××重组框架协议》第 5 条争议条款的理解,与本案具有紧密联系。Lee ××认为以银行贷款的方式融资导致‘银行的利息费用也会算在××的损益表内,这样对于××的利润会有影响’,会‘明显的降低了 ENMAR 的利润并且导致以利润计算的转让费显得不公平’;陈××也提到‘当初合作的时候,我方分文未取,同意技术转让金以利润分割的方式来分配’,选择这种分配方式是因为‘我方对 TV 经营的利润非常有信心,所以才没有一开始就索取任何费用’。上述证据表明,合作之初双方对于发展前景非常乐观,认为乐某某玛公司能够产生较高的利润,某隆公司才同意转让费以利润分割的方式进行,也即 1150 万美元转让费需以乐某某玛公司的盈利为基础进行计算。通过对双方当事人在合同洽谈、履行期间的表现和反馈等行为进行合同目的解释,进一步印证了《××重组框架协议》第 5 条约定 1150 万美元的真实含义,实则是基于良好盈利预期下对于盈利分配的一种补偿安排,应以乐某某玛公司盈利为前提条件。

"最后,通过交易习惯、诚实信用原则等进行价值衡量和利益平衡。《中华人民共和国合同法》第五条、第六条分别规定'当事人应当遵循公平原则确定各方的权利和义务''当事人行使权利、履行义务应当遵循诚实信用原则'。由此可见,诚实信用原则(包括公平原则)是合同法的基本原则之一,贯穿合同从订立到终止的整个过程。诚实信用原则要求实事求是地考虑各种因素,认定争议条款或者发生歧义的词句的准确含义,并以公平原则平衡当事人之间的利益冲突。商业合作的本质是共担风险、共负盈亏,这是市场经济活动中的一项基本原则和商业惯例。某隆公司与中方基于良好的合作背景和盈利预期,依法合资设立乐某某玛公司,是出于双方优势互补、共同发展的成熟考虑。在合作过程中,中方主要提供资金和平台,某隆公司主要提供外方客户、销售渠道以及有关设备技术等资源。在以某隆公司为代表的外方管理团队经营下,乐某某玛公司出现了巨额亏损,中方也遭受了严重损失,双方理应友好协商、共同承担。在此情形下,如果某隆公司还向乐某某玛公司主张 1150 万美元的巨额转让费,对乐某某玛公司明显不公,也与商业合作共担风险、共负盈亏的本质相悖,有违诚信原则和公平原则。因此,某隆公司主张 1150 万美元转让费应无条件支付的诉求于法无据,于理不合,本院不予支持。

"综上所述,乐某某玛公司向某隆公司支付 1150 万美元转让费应以乐某某玛公司盈利为条件,现乐某某玛公司并未盈利且双方合作已经终止,因此其无需向某隆公司支付 1150 万美元转让费"。

(二)(2019)最高法民申 4143 号民事裁定书:存在数份协议时股权转让价款的认定

又如,在某晖电脑科技有限公司与香港某晖电脑科技有限公司、曾某强、赖某隆股权转让纠纷案中,针对当事人先后签订的两份股权转让协议约定不同的股权转让价款如何认定的问题,最高人民法院(2019)最高法民申 4143 号民事裁定书认为:"本案中,鉴于福建某晖公司系中外合作企业,台湾某晖公司与曾某强、赖某隆签订 623 协议后,已特别授权曾某强、赖某隆办理案涉股权的相关事宜,因此,为依照法律规定完成案涉股权的变更登记,曾某强、赖某隆成立香港某晖公司,赖某隆代理台湾某晖公司与香港某晖公司签订 830 协议,实际上是为履行 623 协议而签订。曾某强、赖某隆作为案涉股权的实际受让人,香港某晖公司是其二人为受让该股权而设立,在双方未调整股权价款以及无明显价值变动的情况下,曾某强、赖某隆作为台湾某晖公司的全权委托代表,并无理由额外增加自身应付的股权转让款。因此,830 协议中股权转让价款是为了配合外资企业股权变更登记而设定,并非双方当事人的真实意思表示。在另案诉讼中,台湾某晖公司亦明确表述双方实际履行的是 623 协议,623 协议是双方的真实意思表示,并以该协议向曾某强、赖某隆主张股权转让款及违约责任等。《中华人民共和国合同法》第八条规定:'依法成立的合同,对当事人具有法律约束力。当事人应当按照约定履行自己的义务,不得擅自变更或解除合同。依法成立的合同,受法律保护。'623 协议是台湾某晖公司与曾某强、赖某隆的真实意思表示,虽未经行政机关批准生效,但已依法成立,属于成立但未生效合同,该协议中的真实意思表示对双方仍具有法律约束力。因此,830 协议中关于股权转让价格的条款并不是双方当事人的真实意思表示,双方应以 623 协议中约定的股权转让款作为真实的股权转让价款。原审法院综合两份协议形成的时间和背景、协议之间的关系、当事人实际履行情况等事实以及当事人陈述,确定 623 协议中的股权转让价款为双方真实意思表示,并无不当"。

(三)(2020)最高法民终 368 号民事判决书:真实意思是转让拆迁补偿收益权还是转让土地使用权

再如,在某金产权交易有限公司与黑龙江某方学院、哈尔滨市某某储备中心合同纠纷案中,针对某金公司与某方学院订立案涉《产权转让合同》及《补充合同》《补充协议》的真实意思是否系转让划拨土地使用权的问题,最高人民法院(2020)最高法民终 368 号民事判决书认为:"《中华人民共和国民法总则》第一百四十二条规定:'有相对人的意思表示的解释,应当按照所使用的词句,结合相关条款、行为的性质和目的、习惯以及诚信原则,确定意思表示的含义。'就案涉《产权转让合同》及《补充合同》《补充协议》涉及的当事人真实意思表示而言,应通过上述合同解释方法,探究当事人的真实意思表示。对此,无论自文义解释、目的解释、体系解释、诚信解释等解释方法来看,还是以当事人实际履行合同的过程以及我国房地产开发的实践及惯例来看,均不能得出当事人的缔约意思为转让全部建筑物拆迁补偿收益权,而只能得出其真实意思系转让案涉国有划拨土地使用权",具体如下:

"首先,从案涉相关合同约定文义及中金公司订立合同欲实现的目的来看,其真实意思均指向某方学院老校区的土地使用权,而非某方学院老校区面临拆迁的建筑物,更非该建筑物拆迁所能够获得的收益权。案涉《产权转让合同》第一条约定,转让标的为某方学院无任何负债的现有校区全部产权。根据物权法及房地产管理法所确立的房地一体原则,该条转让的产权自然包括某方学院老校区的建筑物及其所占用的国有划拨土地使用权。《产权转让合同》第二条更加明确了转让标的为某方学院拥有产权的坐落于哈尔滨市南岗区占地面积 20.6 万平方米,建筑面积 19.38 万平方米的某方学院老校区全部建筑产权,该标的已然包括某方学院老校区土地使用权。第三条转让价款及支付方式约定,转让价款为 9.7 亿元;某金公司须在哈尔滨市政府及哈西办批准某方学院立项申报某方学院老校区毛地挂牌转让的文件下发并由国土资源部门履行公开挂牌转让(容积率 2.5~3.5)程序后,即时向某方学院支付第一笔产权转让金 3.5 亿元,其余的产权转让金分三次支付给某方学院,支付期限和结算办法,双方另行商定。某方学院须在某金公司支付第一笔产权转让金后的两年之内迁入新校区,并将现有校区移交给某金公司。上述合同约定已经明确了支付的条件为'毛地挂牌转让'的立项审报工作之后支付。第四条进一步约定:'某方学院须于本合同生效后 30 天内完成校区毛地挂牌转让的立项申报工作。'就上述合同约定的文义来看,指向毛地挂牌转让,此处的毛地显然指案涉某方学院老校区国有划拨土地使用权。而在《补充协议》中,某方学院与某金公司重新划定收储面积、范围、资金使用及各种职能范围,该《补充协议》的合同标的直接指向案涉国有划拨土地使用权。而在 2011 年 3 月 25 日某金公司、某方学院、某利开发公司签订《某方学院项目合作协议》中,合同内容亦直接针对合作开发占地面积 20.6 万平方米的某方学院老校区,而并未涉及到某方学院校区的建筑物。故就上述《产权转让合同》及《补充合同》《补充协议》的文义及当事人的缔约目的来看,均直接指向案涉国有土地使用权,而非建筑物拆迁收益权。

“其次,从本案各方当事人所签订系列合同的体系解释来看,也应认定案涉《产权转让合同》及《补充合同》《补充协议》等转让的实际标的为国有划拨土地使用权。本案当事人合作的前提,系在某方学院整体搬迁并拆除某方学院老校区建筑的基础之上,围绕某方学院老校区的土地使用权收储及溢价归属问题等进行合作。就此而言,在某方学院老校区的建筑物面临拆迁的情况下,其自无使用价值,某方学院与某金公司对此均系明知。在某方学院老校区地上建筑物并无价值的情况下,所谓通过转让建筑物获得建筑物收益权的主张不能成立。而《产权转让合同》第一条、第二条、第三条、第四条均指向国有划拨土地使用权,案涉《某方学院项目合作协议》的内容则完全指向土地使用权。《补充协议》中,更加直接围绕国有土地使用权而订立。故自上述当事人所签订系列合同的体系解释而言,能够确定当事人的真实意思表示为获得某方学院老校区国有划拨土地使用权,在所转让土地使用权上的建筑物于缔约后即被某金公司拆除以备土地收储开发利用的情况下,某金公司主张缔约真实意思为转让全部建筑物收益权的上诉理由不能成立。

“再次,从本案某金公司与某方学院自签订《产权转让合同》直至某方学院终止合同至发生争议之前的合同履行过程来看,双方当事人的真实意思亦为转让划拨土地使用权。2012 年 3 月 31 日,某方学院与某金公司签订《补充协议》,第一条约定,某方学院同意某金公司拟将某方学院老校区 20.6 万平方米一起进行收储开发,某金公司负责征得哈西办准许,某方学院负责出面联系哈市规划设计院进行整体开发改造详细规划意向方案。在某方学院为其老校区产权人的情况下,其同意某金公司对该产权进行收储开发,显然需要以某金公司取得该划拨用地使用权为前提,即需要通过转让方式实现。2013 年 10 月 28 日,某方学院、某金公司共同向哈西办作出黑东院发〔2013〕107 号《关于某方学院与某金产权交易公司合作收储老校区土地置业新校区的申请》,该申请中明确‘转让或收储老校区(南岗区某某路 331 号)20.6 万平方米土地及 19.6 万平方米房产给某金公司’,其履行行为直接表示为由某金公司取得案涉某方学院老校区 20.6 万平方米土地及 19.6 万平方米房产。2014 年 12 月 29 日,某方学院与某金公司设立银行专项账户并签订《资金共管协议》,约定:‘资金共管专项账户的单位公章印为某方学院,个人名章印为赵某跃。两枚印章业经锦州银行备案印模后不得另行更改……资金共管专项账户所收支的资金仅限于某方学院现校区出让事宜所产生的收购定金、出让金及补偿金,其中的 7.9 亿元为某方学院所得,超出 7.9 亿元的资金归某金公司所得(依据双方于 2010 年 10 月 11 日签订的合同)。当收购定金、出让金、补偿金总额确定后,双方可按各自应得比例分别支用已实际进账款,但应保障共管账户内资金存量不低于 5000 万元’,该《资金共管协议》进一步印证了某金公司欲取得该国有划拨土地使用权在挂牌出让之后所溢价的国有土地使用权出让金。故就上述双方当事人实际履行合同过程来看,某金公司的真实意思均指向案涉土地使用权,而非其地上建筑物,更非该建筑物的收益权。

"复次,从我国老旧校(厂)区改造所涉及的项目合作或者项目转让实践和习惯来看,当事人缔约目的多指向土地使用权,而非在于面临拆迁的老旧校(厂)区的建筑物所有权及所谓的收益权,这是房地产合作开发或者转让的实践惯常做法和常理。而在物权法、房地产管理法均明确了房地一体的处理原则的情况下,当事人合同所约定的建筑物产权转让则必然导致国有土地使用权一并转让。从案涉《产权转让合同》《某方学院项目合作协议》的约定看,在某金公司、某方学院对于某方学院老校区面临搬迁及合作前提为老校区被拆迁等事实均有明确认知的情况下,将其真实意思表示定位于转让具有升值空间的某方学院老校区国有土地使用权,而非建筑物收益权,符合我国老旧校(厂)区产权整体转让或者合作开发的实践。就此而言,某金公司所谓的建筑物收益权转让,系其为规避划拨土地使用权转让违法这一节事实而作的单方解释和抗辩,此种解释和抗辩不符合实践做法和常理,难以成立。一审法院认定本案当事人真实意思表示系转让案涉国有划拨土地使用权,符合此类交易习惯和常理。

"最后,某金公司主张本案当事人真实意思表示为建筑物拆迁收益权转让,亦有违诚实信用原则。一方面,某金公司本案中所提的诉讼请求为某方学院应向其履行交付土地的合同义务,及确认某方学院与某某中心签订的《协议书》《国有土地收购合同》无效的诉讼请求,进一步印证其真实意思系取得土地使用权;否则,其自然可以主张拆迁有关的权益,而不主张国有土地使用权的利益,更不必要求确定某方学院与某某中心签订的《国有土地收购合同》无效。故其关于其缔约目的为取得建筑物拆迁收益权的主张,明显与其诉讼请求相左,有违诚实信用原则。另一方面,某方学院与某金公司签订《补充合同》,所体现的内容也违反诚实信用原则。该《补充合同》载明:'一、《产权转让合同》约定的9.7亿元转让价款是为确保某金公司拍得某方学院现有校区(某某路331号)产权而适当提高的申报竞拍价款,实际双方协商一致的执行转让价款为7.9亿元。某金公司或某金公司的合作公司若中标,超过7.9亿元的价款返还某金公司,返还给某金公司的部分价款可作为某方学院教育基金的某金公司注册资金(关于双方成立某方学院教育基金事宜另行商议)。'上述约定通过阴阳合同的形式,为恶意阻止他人参与竞争而设定了两个不同的拍卖价款,以确保某金公司能够以较高价格9.7亿元竞拍成功,之后再以较低价格7.9亿元来履行合同,将超过部分款项返还某金公司。此种行为明显扰乱国家房地产招拍挂市场秩序,亦有违诚实信用原则。

"综上,本案某金公司与某方学院之间订立《产权转让合同》及《补充合同》《补充协议》的真实意思系转让案涉划拨土地使用权,一审法院对此认定,理据适当"。

(四)(2022)最高法民再59号民事判决书:网络拍卖买受人是否需要承担补交城镇土地使用税的责任的认定

复如,在成都金某盟科技有限公司与成都某华康复医院有限公司拍卖合同纠纷案中,针对通过淘宝网司法拍卖网络平台竞得案涉拍卖标的物的买受人金某盟公司是否需要承担被执行人某华医院就案涉拍卖标的物补交的城镇土地使用税1579094.16元的问题,最高人民法院(2022)最高法民再59号民事判决书认为:"《拍卖公告》第六条载明,'标的物过户登记手续由买受人自行办理。拍卖成交买受人付清全部拍卖价款后,凭法院出具的民事裁定书、协助执行通知书及拍卖成交确认书自行至相关管理部门办理标的物权属变更手续。办理过程中所涉及的买卖双方所需承担的一切税、费和所需补交的相关税、费(包括但不限于所得税、营业税、土地增值税、契税、过户手续费、印花税、权证费、水利基金费、出让金以及房产及土地交易中规定缴纳的各种费用)及物管费、水、电等欠费均由买受人自行承担,具体费用请竞买人于拍卖前至相关单位自行查询。'判断金某盟公司是否应当承担某华医院补交的城镇土地使用税,关键在于确定城镇土地使用税是否属于该条约定的'所需补交的相关税、费'。《中华人民共和国合同法》第一百二十五条第一款规定,'当事人对合同条款的理解有争议的,应当按照合同所使用的词句、合同的有关条款、合同的目的、交易习惯以及诚实信用原则,确定该条款的真实意思。'根据该规定,当事人对合同条款理解存在争议的,应按照文义解释、体系解释、交易规则或者习惯、诚实信用等原则进行解释",具体而言:

"首先,从文义解释上看,《拍卖公告》第六条用概括加列举的方式约定了买受人需自行承担的税费,概括即'办理过程中所涉及的买卖双方所需承担的一切税、费和所需补交的相关税、费',列举即括号中列明的相关税费。按通常理解,买受人应承担的税费应先以列举项目为准,如果某项税费不属于列举项目,则应判断是否属于'概括'范畴。案涉城镇土地使用税并非括号列明项目。'办理过程中所涉及的买卖双方所需承担的一切税、费和所需补交的相关税、费'明确表明买受人需承担的仅限于'办理过程中所涉及的'。《中华人民共和国城镇土地使用税暂行条例》第三条第一款规定,'土地使用税以纳税人实际占用的土地面积为计税依据,依照规定税额计算征收。'城镇土地使用税是基于土地使用权人实际占用土地而征缴的税种,是为提高土地使用效益设置的税种,与土地权属变更无关,不属于'办理过程中'的税费。因此,城镇土地使用税不属于《拍卖公告》第六条约定的需补交税费。

"其次,从体系解释上看,《拍卖公告》第六条由三句话组成,第三句话是对买受人自行承担税费的约定,前两句话为'标的物过户登记手续由买受人自行办理。拍卖成交买受人付清全部拍卖价款后,凭法院出具的民事裁定书、协助执行通知书及拍卖成交确认书自行至相关管理部门办理标的物权属变更手续'。可见,第三句关于税费负担的约定系在权属变更语境下作出的,并不包括权属变更过程之外的税费,即不包括案涉城镇土地使用税。

"再次,从交易规则或习惯来看,一方面,根据《最高人民法院关于人民法院网络司法拍卖若干问题的规定》第六条第二项和第十四条第三项规定,司法拍卖中应当说明拍卖财产现状、权利负担等内容,并在拍卖公告中特别提示拍卖财产已知瑕疵和权利负担。拍卖财产的瑕疵和权利负担等类似信息应当为被执行人掌握。本案中,执行法院明确要求某华医院提供案涉土地相关材料,某华医院也承诺自行承担资料不齐造成的不利后果。但是,某华医院并未举证其提供了与案涉土地相关的城镇土地使用税欠缴情况,《拍卖公告》未对该笔税费欠缴情况进行说明和提示,《评估报告》也未说明该欠缴情况及其对土地评估价格的影响。基于对《拍卖公告》《评估报告》披露信息的信赖,金某盟公司在参与竞买时对承担城镇土地使用税未有预期应属正常。另外,根据《中华人民共和国税收征收管理法》第八条第二款规定的'税务机关应当依法为纳税人、扣缴义务人的情况保密',竞买人一般无法从税务机关查询到被执行人欠税信息,即金某盟公司一般无法自行查询案涉城镇土地使用税欠缴情况。因此,在某华医院未披露欠缴城镇土地使用税具体情况下,由金某盟公司承担拍卖时不属于权属交易行为产生的且无法预见的1579094.16元城镇土地使用税,有违公平原则。另一方面,《最高人民法院关于人民法院网络司法拍卖若干问题的规定》第十三条第九项规定,法院应当在拍卖公告中公示'拍卖财产产权转移可能产生的税费及承担方式',据此,竞买人一般仅对权属变更本身形成的税费负担有合理预见。城镇土地使用税虽与案涉土地直接关联,但竞买人对需要补交城镇土地使用税一般不会有预见,且其本身属于某华医院纳税义务范畴。如若未经特别说明,即要求金某盟公司承担该税费有违诚实信用原则。

"最后,《最高人民法院关于人民法院网络司法拍卖若干问题的规定》第三十条规定,'因网络司法拍卖本身形成的税费,应当依照相关法律、行政法规的规定,由相应主体承担;没有规定或者规定不明的,人民法院可以根据法律原则和案件实际情况确定税费承担的相关主体、数额。'据此,网络司法拍卖本身形成的能够预见的权属变更税费,原则上尚且由法律规定的纳税义务人承担,与权属变更无关的超出竞买人预见的税费更应由法定纳税人承担,除非买卖双方当事人有明确具体的特别约定。本案中,案涉城镇土地使用税属于与权属变更无关的税费,应由其法定纳税人某华医院承担,而非买受人金某盟公司承担"。

第三节 民事法律行为的效力

《民法典》总则编第六章第三节"民事法律行为的效力"共有15个条文(第143条至第157条),规定了民事法律行为的效力规则体系,涉及民事法律行为的有效要件(第143条)、无民事行为能力人实施的民事法律行为的效力(第144条)、限制民事行为能力人实施的民事法律行为的效力(第145条)、通谋以虚假的意思表示实施的民事法律行为及其隐藏的民事法律行为的效力(第146条)、基于重大误解实施的民事法律行为的撤销(第147条)、受欺诈行为的撤销(第148条和第149条)、受胁迫行为的撤销(第150条)、成立时显失公平行为的撤销(第151条)、撤销权的消灭事由(第152条)、民事法律行为的无效(第153条、第154条)和部分无效(第156条)、无效的或者被撤销的民事法律行为的法律约束力(第155条)和民事法律行为无效、被撤销或者确定不发生效力后的处理办法(第156条)。

其中,《民法典》第144条、第146条、第153条和第154条规定了民事法律行为的无效事由,第147条至第151条则规定了民事法律行为的可撤销事由。

就民事法律行为的效力认定而言,在《民法典》和其他法律没有作出特别规定的情况下,应当适用《民法典》总则编第六章第三节的一般规定。

第一百四十三条 【民事法律行为的有效要件】具备下列条件的民事法律行为有效:

(一)行为人具有相应的民事行为能力;

(二)意思表示真实;

(三)不违反法律、行政法规的强制性规定,不违背公序良俗。

【条文通释】

《民法典》第 143 条是关于民事法律行为的有效要件[①]的规定。

一、民事法律行为的有效要件

《民法典》第 143 条规定了民事法律行为有效的四个要件,一是行为人具有相应的民事行为能力,二是行为人的意思表示真实,三是该民事法律行为不违反法律、行政法规的强制性规定,四是该民事法律行为不违背公序良俗。

结合《民法典》第 1098 条所说的"收养人应当同时具备下列条件:……",可以认为,《民法典》第 143 条所说的"具备下列条件",指的是"同时具备下列条件"。《民法典》第 143 条第 4 项所说的"不违反法律、行政法规的强制性规定"中的顿号("、"),指的是"和"的意思,而不是"或"的意思。

(一)行为人具有相应的民事行为能力

由于《民法典》第 143 条第 1 项使用了"行为人具有相应的民事行为能力",而非"行为人具有完全民事行为能力"的表述,因此,《民法典》本身并没有统一要求行为人必须为完全民事行为能力人,并非只有完全民事行为能力人实施的民事法律行为才有效。

事实上,《民法典》第 19 条就规定了:"八周岁以上的未成年人为限制民事行为能力人,实施民事法律行为由其法定代理人代理或者经其法定代理人同意、追认;但是,可以独立实施纯获利益的民事法律行为或者与其年龄、智力相适应的民事法律行为",第 22 条规定了:"不能完全辨认自己行为的成年人为限制民事行为能力人,实施民事法律行为由其法定代理人代理或者经其法定代理人同意、追认;但是,可以独立实施纯获利益的民事法律行为或者与其智力、精神健康状况相适应的民事法律行为",第 145 条第 1 款也规定了:"限制民事行为能力人实施的纯获利益的民事法律行为或者与其年龄、智力、精神健康状况相适应的民事法律行为有效;实施的其他民事法律行为经法定代理人同意或者追认后有效。"

根据《民法典》第 143 条第 1 项的规定,就特定的民事法律行为而言,是否要求行为人具备完全民事行为能力,需要根据该民事法律行为的具体情况加以确定。比如,根据《民法典》第 19 条、第 22 条和第 145 条第 1 款的规定,实施纯获利益的民事法律行为以及实施与行为人的年龄、智力、精神健康状况相适应的民事法律行为,行为人无须具有完全民事行为能力(但也不能是无民事行为能力人)。

---

① 全国人民代表大会常务委员会时任副委员长李建国 2017 年 3 月 8 日在第十二届全国人民代表大会第五次会议上作的《关于〈中华人民共和国民法总则(草案)〉的说明》使用了"民事法律行为有效要件"的表述。

(二)行为人的意思表示真实

如前所说,意思表示是"构成民事法律行为的基础"①和"民事法律行为的核心要素"②。如果行为人的意思表示不真实,则可能导致民事法律行为无效或者可被撤销。对此,《民法典》第146条至第151条分别作出了相应的规定。

《民法典》第143条第2项所说的"意思表示真实",指向的是民事主体表示出来的意思与其内心的真实意思相符的结果或状态。与此相对应,"意思表示不真实"指向的则是民事主体表示出来的意思没有反映其内心的真实意思,也可以称为"表示与意思不一致"。《民法典》第146条所说的通谋虚伪意思表示,以及在第147条所说的重大误解、第148条和第149条所说的欺诈、第150条所说的胁迫和第151条所说的乘人之危等情形下作出的意思表示,都属于意思表示不真实的情形。

其中,就表示与意思不真实的产生原因而言,《民法典》第146条所说的通谋虚伪意思表示属于行为人主动、故意造成的意思表示不真实;《民法典》第148条至第151条涉及的则是在一方意思表示不自由的情形下被动产生的意思表示不真实;《民法典》第147条所说的重大误解则属于行为人基于错误的认识而产生的意思表示不真实。

需要注意的是,行为人意思表示不真实并不意味着行为人的民事法律行为当然无效。比如,《民法典》第147条至第151条规定的涉及行为人意思表示不真实的民事法律行为属于可撤销的民事法律行为,而非无效的民事法律行为。

此外,就行为人主动、故意造成的意思表示不真实而言,除了《民法典》第146条所说的通谋虚伪意思表示,还包括"真意保留"情形下的意思表示。通常认为,"真意保留"指向的是行为人故意作出与其内心真实意思不一致的意思表示③,而"真意保留"往往涉及相对人的信赖利益保护和表意人内心真实意思的保护之间的平衡问题,不能一刀切地认为"真意保留"情形下的民事法律行为无效。

比如,江苏省高级人民法院(2020)苏民申7510号民事裁定书认为:"所谓真意保留,指表意人故意隐匿其内心所欲追求的效果意思,而为与效果意思相反的表示行为。……有相对人的意思表示一旦为相对人所受领,相对人就会对此产生合理信赖,如果出现表意人的内心意思表示和外在表示出来的意思表示不一致的情况,就需要平衡保护相对人的信赖利益与保护表意人的内心真实意思。在相对人不知悉或不应知悉表意人真意的情形下,应当按照表示行为解释意思表示,以保护相对人的信赖利益

---

① 全国人民代表大会常务委员会时任副委员长李建国2017年3月8日在第十二届全国人民代表大会第五次会议上作的《关于〈中华人民共和国民法总则(草案)〉的说明》。

② 最高人民法院(2018)最高法民终816号民事判决书。

③ 比如,北京市高级人民法院(2021)京民终405号民事判决书认为:"真意保留民事行为是行为人将真实意思保留于心中而作出的不反映其真实意思的民事行为……"江苏省高级人民法院(2020)苏民申7510号民事裁定书认为:"所谓真意保留,指表意人故意隐匿其内心所欲追求的效果意思,而为与效果意思相反的表示行为。"

和交易安全;反之,则应当从利益衡平的角度按照表意人的真实意思解释意思表示”。[①]

(三)该民事法律行为不违反法律和行政法规的强制性规定

民事法律行为作为民事主体设立、变更、终止民事法律关系的行为,不得违反法律,更不得违反法律的强制性规定和行政法规的强制性规定。这也是《民法典》第 8 条所说的“民事主体从事民事活动,不得违反法律”的应有之义和具体体现。

民事法律行为违反法律的强制性规定,或违反行政法规的强制性规定,通常会导致该民事法律行为无效。对此,《民法典》第 153 条第 1 款规定:“违反法律、行政法规的强制性规定的民事法律行为无效。但是,该强制性规定不导致该民事法律行为无效的除外。”

(四)该民事法律行为不违背公序良俗

民事法律行为作为民事主体设立、变更、终止民事法律关系的行为,也不得违背公序良俗。这也是《民法典》第 8 条所说的“民事主体从事民事活动……不得违背公序良俗”的应有之义和具体体现。

民事法律行为违背公序良俗,将导致该民事法律行为无效,概无例外。对此,《民法典》第 153 条第 2 款规定:“违背公序良俗的民事法律行为无效”。

二、并非所有具备有效要件的民事法律行为都是有效的

需要注意的是,《民法典》第 143 条规定的只是民事法律行为有效应当具备的要件,并不意味着凡是同时具备该条规定的四个要件的民事法律行为都是有效的。

比如,针对恶意串通行为的效力,《民法典》第 154 条特别规定:“行为人与相对人恶意串通,损害他人合法权益的民事法律行为无效”;又如,针对口头遗嘱的效力,《民法典》第 1138 条规定:“遗嘱人在危急情况下,可以立口头遗嘱。口头遗嘱应当有两个以上见证人在场见证。危急情况消除后,遗嘱人能够以书面或者录音录像形式立遗嘱的,所立的口头遗嘱无效。”

由此可见,认定特定的民事法律行为的效力,不仅需要考察该民事法律行为是否具备《民法典》第 143 条规定的有效要件,还要考察该民事法律行为是否存在法律规定

---

① 江苏省宿迁市中级人民法院(2018)苏 13 民终 2202 号民事判决书也认为:“所谓真意保留,是指表意人虽然不具有受其意思表示约束的真意,却故意隐匿该真意而发出意思表示。我国法律对于通谋虚伪表示的法律效力加以直接规定,明确行为人与相对人以虚假的意思表示实施的民事法律行为无效,但对于真意保留的法律效果,我国现行民事法律并未作出直接规定。在现行法律构架下,可以从意思表示解释规则出发加以规范。……相较于无相对人的意思表示解释,有相对人的意思表示解释是以表示主义为原则,意思主义为例外,相对人不知悉或不应当知悉表意人真意的,应当按照表示主义解释意思表示,以此保护相对人合理信赖,维护交易安全。真意保留情形下,相对人不知悉或不应当知悉表意人真实意思的,表意人意思表示不因真意保留而不生效力;但在相对人知悉或者应当知悉表意人内心保留情况下,应按照表意人真意解释意思表示,由于表意人真意是不欲发生表示出的法律效果,对此表示的解释结果便应是意思表示不存在。从利益衡量出发,因相对人此时并无需要予以保护的合理信赖,故认定意思表示不存在也不会损及相对人利益以及交易安全。简言之,真意保留情形下的法律适用规则如下:一是相对人不知悉或不应当知悉表意人内心保留的,应当以表示意思解释表意人的意思表示;二是相对人知悉或应当知悉表示人内心保留的,应当按照表意人真意解释其意思表示”。

的无效事由或可撤销事由。

三、并非所有不具备有效要件的民事法律行为都是无效的

还需注意的是,《民法典》第 143 条所说的"具备下列条件的民事法律行为有效……"并不意味着凡是不具备该条规定的四个要件的民事法律行为都是无效的。

事实上,《民法典》规定的民事法律行为的效力形态①至少包括以下几种:

(1)成立并有效的民事法律行为。

(2)成立但确定不生效(或确定不发生效力)的民事法律行为②。

(3)效力待定的民事法律行为③,包括成立待生效的民事法律行为④、限制民事行为能力人事先未经其法定代理人同意实施的除"纯获利益的民事法律行为"和"与其年龄、智力、精神健康状况相适应的民事法律行为"之外的其他民事法律行为等。

(4)无效的民事法律行为。

(5)可撤销的民事法律行为。

(6)终止的民事法律行为。

由此可见,"民事法律行为有效"与"民事法律行为无效"并非"非此即彼"的关系,不具备《民法典》第 143 条规定的有效要件的民事法律行为不一定就是无效的民事法律行为。

其中,就合同的效力认定而言,《九民会议纪要》就明确要求:"人民法院在审理合同纠纷案件过程中,要依职权审查合同是否存在无效的情形,注意无效与可撤销、未生效、效力待定等合同效力形态之间的区别,准确认定合同效力,并根据效力的不同情形,结合当事人的诉讼请求,确定相应的民事责任。"最高人民法院(2007)民二终字第 117 号民事判决书也认为:"合同是否生效与合同是否有效是两个不同的法律问题。合同生效与合同不生效相对应,合同有效与合同无效相对应。合同是否生效,取决于合同是否符合当事人约定和法律法规规定的生效条件;合同是否有效,取决于该合同是否存在法律法规规定的无效事由。因此,合同生效不等于合同有效,合同无效不等于合同不生效"。

---

① 《九民会议纪要》第三部分"关于合同纠纷案件的审理"使用了"合同效力形态"的表述:"人民法院在审理合同纠纷案件过程中,要依职权审查合同是否存在无效的情形,注意无效与可撤销、未生效、效力待定等合同效力形态之间的区别,准确认定合同效力,并根据效力的不同情形,结合当事人的诉讼请求,确定相应的民事责任。"

② 《民法典》第 157 条使用了"民事法律行为……确定不发生效力"的表述,第 507 条也使用了"合同不生效"的表述。

③ 全国人民代表大会常务委员会时任副委员长李建国 2017 年 3 月 8 日在第十二届全国人民代表大会第五次会议上作的《关于〈中华人民共和国民法总则(草案)〉的说明》提及:"草案在民法通则和合同法规定的基础上,对民事法律行为和代理制度主要作了以下完善:一是扩充了民事法律行为的内涵,既包括合法的法律行为,也包括无效、可撤销和效力待定的法律行为……"《九民会议纪要》也针对合同效力使用了"效力待定"的表述。

④ 《九民会议纪要》第 37 条规定:"……无效合同从本质上来说是欠缺合同的有效要件,或者具有合同无效的法定事由,自始不发生法律效力。而未生效合同已具备合同的有效要件,对双方具有一定的拘束力,任何一方不得擅自撤回、解除、变更,但因欠缺法律、行政法规规定或当事人约定的特别生效条件,在该生效条件成就前,不能产生请求对方履行合同主要权利义务的法律效力。"

四、有权确认民事法律行为效力的主体

需要注意的是，只有法院或仲裁机构才享有确认民事法律行为效力的权利，包括当事人在内的任何个人或其他组织都不享有此项权利。《民法典》第 147 条至第 151 条针对可撤销的民事法律行为所规定的“请求人民法院或者仲裁机构予以撤销”也表明了这点。

其中，针对合同效力的认定，最高人民法院（2005）民一终字第 104 号民事判决书（载《最高人民法院公报》2006 年第 9 期）更是明确指出：“合同当事人不享有确认合同无效的法定权利，只有仲裁机构和人民法院有权确认合同是否有效。合同效力的认定，实质是国家公权力对民事行为进行的干预。”

五、处理民事纠纷时，法院应当依职权审查民事法律行为的效力

在处理民事纠纷的过程中，法院应当依职权主动审查案涉民事法律行为的效力问题，即相关民事法律行为是否生效、是否存在无效事由、可撤销事由等。①

其中，就合同纠纷案件涉及的合同效力问题，《九民会议纪要》明确要求：“人民法院在审理合同纠纷案件过程中，要依职权审查合同是否存在无效的情形，注意无效与可撤销、未生效、效力待定等合同效力形态之间的区别，准确认定合同效力，并根据效力的不同情形，结合当事人的诉讼请求，确定相应的民事责任”；最高人民法院（2018）最高法民申 1774 号民事裁定书（载《最高人民法院公报》2020 年第 3 期）也认为：“对合同效力的认定，属于人民法院依职权应当审查的范畴，并不局限于当事人的诉讼请求。”②

不过，对于可撤销的民事法律行为，法院虽应主动审查其效力问题，但非依当事人申请，不应依职权主动撤销案涉民事法律行为。比如，针对合同的撤销，《九民会议纪要》第 42 条规定：“撤销权应当由当事人行使。当事人未请求撤销的，人民法院不应当依职权撤销合同……”至于当事人申请撤销的方式，既可以是在本诉或反诉中提出的诉讼请求，也可以是在诉讼中提出的抗辩。对此，《九民会议纪要》第 42 条规定：“……一方请求另一方履行合同，另一方以合同具有可撤销事由提出抗辩的，人民法院应当在审查合同是否具有可撤销事由以及是否超过法定期间等事实的基础上，对合同是否可撤销作出判断，不能仅以当事人未提起诉讼或者反诉为由不予审查或者不予支持……”

---

① 甚至，法院还应依职权主动审查民事法律行为的状态。比如，江苏省高级人民法院（2015）苏审三民申字第 00013 号民事裁定书认为：“在合同纠纷中，除合同的效力（包括是否有效、抑或效力待定）外，合同的状态（包括是否处于履行状态、中止状态、终止状态、抑或解除状态）亦属于人民法院应当依职权主动审查的内容。这是因为合同的状态对于确定双方的权利义务关系、责任承担以及最终判定诉讼请求能否得到支持等也具有重要意义。特别是如果享有解除权的一方当事人在诉讼前已经以通知方式解除了涉案合同的情形下，则涉案合同目前所处的法律状态就直接影响着案件的处理结果”。

② 此外，最高人民法院（2019）最高法民申 2898 号民事裁定书也认为：“鉴于合同效力原则上属于人民法院主动依职权审查的范围，尽管本案当事人没有明确主张《协议书》及其附件未生效，本院也可直接作出审查认定。”类似的裁判意见，还可见最高人民法院（2021）最高法知民终 1722 号、（2018）最高法民终 1167 号民事判决书等。

基于上述,就确认民事法律行为无效而言,除非当事人在本诉或反诉中将确认相关民事法律行为无效作为诉讼请求,否则,法院在裁判文书"本院认为"部分作出民事法律行为无效的认定意见即可,无须在判决主文中载明确认该民事法律行为无效的判项;①但是,就撤销民事法律行为而言,基于当事人在诉讼请求或抗辩理由中提出的撤销相关民事法律行为的请求②,法院应当在判决主文中载明撤销该民事法律行为的判项。

第一百四十四条 【无民事行为能力人实施的民事法律行为的效力】无民事行为能力人实施的民事法律行为无效。

【条文通释】

《民法典》第144条是关于无民事行为能力人实施的民事法律行为的效力的规定。

一、无民事行为能力人实施的民事法律行为一概无效

根据《民法典》第20条和第21条的规定③,《民法典》第144条所说的"无民事行为能力人",包括三类:一是不满8周岁的未成年人,二是不能辨认自己行为的成年人,三是不能辨认自己行为的8周岁以上的未成年人;并且,无民事行为能力人不得自己实施任何民事法律行为,只能由其法定代理人代理实施民事法律行为。这跟《民法典》第19条和第22条允许限制民事行为能力人自己独立实施少数特定的民事法律行为并在经其法定代理人同意或追认的情况下实施其他民事法律行为是不同的。

有鉴于此,针对无民事行为能力人实施的民事法律行为的效力,《民法典》第144条规定:"无民事行为能力人实施的民事法律行为无效。"

据此,凡是无民事行为能力人实施的民事法律行为,不论是纯获利益的民事法律行为,还是与其年龄、智力、精神健康状况相适应的民事法律行为,抑或其他民事法律行为,都是无效的,概无例外。这跟原《民通意见》第6条所说的"无民事行为能力人……接受奖励、赠与、报酬,他人不得以行为人无民事行为能力……为由,主张以上行为无效"是不同的。

需要注意的是,结合《民法典》第161条第1款所说的"民事主体可以通过代理人

---

① 比如,根据最高人民法院(2019)最高法民终44号民事判决书,在成都市青羊区某某工程总公司与银川某某工业园区管理委员会建设工程施工合同纠纷案中,当事人没有提出确认合同无效的诉讼请求,但一审法院和二审法院都认定案涉建设工程施工合同无效,并且判决主文中都没有确认合同无效的判项。类似的处理,还可见最高人民法院(2018)最高法民再166号民事判决书。

② 当然,《九民会议纪要》第42条也规定:"……一方主张合同无效,依据的却是可撤销事由,此时人民法院应当全面审查合同是否具有无效事由以及当事人主张的可撤销事由。当事人关于合同无效的事由成立的,人民法院应当认定合同无效。当事人主张合同无效的理由不成立,而可撤销的事由成立的,因合同无效和可撤销的后果相同,人民法院也可以结合当事人的诉讼请求,直接判决撤销合同。"

③ 《民法典》第20条规定:"不满八周岁的未成年人为无民事行为能力人,由其法定代理人代理实施民事法律行为",第21条规定:"不能辨认自己行为的成年人为无民事行为能力人,由其法定代理人代理实施民事法律行为。八周岁以上的未成年人不能辨认自己行为的,适用前款规定。"

实施民事法律行为”,第 163 条所说的“代理包括委托代理和法定代理。……法定代理人依照法律的规定行使代理权”和第 20 条所说的“不满八周岁的未成年人为无民事行为能力人,由其法定代理人代理实施民事法律行为”,第 21 条所说的“不能辨认自己行为的成年人为无民事行为能力人,由其法定代理人代理实施民事法律行为。八周岁以上的未成年人不能辨认自己行为的,适用前款规定”,可以认为,《民法典》第 144 条所说的“无民事行为能力人实施的民事法律行为”,指的是无民事行为能力人本人自己实施的民事法律行为,不包括通过其法定代理人代理其实施的民事法律行为。

二、无民事行为能力人实施的民事法律行为不因被追认或同意而有效

需要注意的是,由于《民法典》第 144 条使用了“无民事行为能力人实施的民事法律行为无效”的表述,因此,即使在事先取得了其法定代理人的同意或事后取得了其法定代理人的追认,无民事行为能力人自己实施的民事法律行为也是无效的,不因被法定代理人追认或取得法定代理人的同意而有效。这跟《民法典》第 145 条第 1 款针对限制民事行为能力人实施的其他民事法律行为的效力所说的“限制民事行为能力人……实施的其他民事法律行为经法定代理人同意或者追认后有效”是不同的。

第一百四十五条　【限制民事行为能力人实施的民事法律行为的效力】限制民事行为能力人实施的纯获利益的民事法律行为或者与其年龄、智力、精神健康状况相适应的民事法律行为有效;实施的其他民事法律行为经法定代理人同意或者追认后有效。

相对人可以催告法定代理人自收到通知之日起三十日内予以追认。法定代理人未作表示的,视为拒绝追认。民事法律行为被追认前,善意相对人有撤销的权利。撤销应当以通知的方式作出。

【条文通释】

《民法典》第 145 条是关于限制民事行为能力人实施的民事法律行为的效力的规定。

一、限制民事行为能力人可以自己实施的民事法律行为

根据《民法典》第 19 条、第 21 条和第 22 条的规定①,《民法典》第 145 条第 1 款所说的“限制民事行为能力人”,包括两类:一是 8 周岁以上的未成年人(但不能辨认自己行为

① 《民法典》第 19 条规定:“八周岁以上的未成年人为限制民事行为能力人,实施民事法律行为由其法定代理人代理或者经其法定代理人同意、追认;但是,可以独立实施纯获利益的民事法律行为或者与其年龄、智力相适应的民事法律行为”,第 21 条规定:“不能辨认自己行为的成年人为无民事行为能力人,由其法定代理人代理实施民事法律行为。八周岁以上的未成年人不能辨认自己行为的,适用前款规定”,第 22 条规定:“不能完全辨认自己行为的成年人为限制民事行为能力人,实施民事法律行为由其法定代理人代理或者经其法定代理人同意、追认;但是,可以独立实施纯获利益的民事法律行为或者与其智力、精神健康状况相适应的民事法律行为。”

的8周岁以上的未成年人属于无民事行为能力人),二是不能完全辨认自己行为的成年人;并且,限制民事行为能力人既可以由其法定代理人代理实施民事法律行为,也可以依照法律规定自己实施部分民事法律行为。这跟《民法典》第20条和第21条明确规定无民事行为能力人只能由其法定代理人代理实施所有民事法律行为是不同的。

其中,限制民事行为能力人可以依照法律规定自己实施的民事法律行为包括:

一是限制民事行为能力人可以独立实施纯获利益的民事法律行为,无须其法定代理人同意或追认。关于"纯获利益的民事法律行为",可见本书关于《民法典》第19条的通释。

二是限制民事行为能力人可以独立实施与其年龄、智力、精神健康状况相适应的民事法律行为,无须其法定代理人同意或追认。关于"与其年龄、智力相适应的民事法律行为",可见本书关于《民法典》第19条的通释;关于"与其智力、精神健康状况相适应的民事法律行为",可见本书关于《民法典》第22条的通释。

三是在经其法定代理人同意或追认的情况下,限制民事行为能力人可以实施各种其他的民事法律行为。

二、限制民事行为能力人独立实施的纯获利益的民事法律行为有效

由于《民法典》第145条第1款使用了"限制民事行为能力人实施的纯获利益的民事法律行为……有效"的表述,因此,限制民事行为能力人独立实施的纯获利益的民事法律行为,是有效的民事法律行为。

需要注意的是,《民法典》第145条第1款只是明确了限制民事行为能力人实施的纯获利益的民事法律行为的效力(有效),并不涉及该限制民事行为能力人的相对人的行为的效力问题;该限制民事行为能力人的相对人的行为是否有效,应当依照法律的有关规定(主要是《民法典》总则编有关民事法律行为的效力的规定和合同编有关合同效力的规定等)加以认定。

比如,在限制民事行为能力人接受他人赠与财产的情形,尽管该限制民事行为能力人实施的接受赠与的行为是有效的,但是,如果他人向该限制民事行为能力人赠与财产的行为影响了该他人的债权人债权的实现,根据《民法典》第538条所说的"债务人以……无偿转让财产等方式无偿处分财产权益……影响债权人的债权实现的,债权人可以请求人民法院撤销债务人的行为"和第542条所说的"债务人影响债权人的债权实现的行为被撤销的,自始没有法律约束力",该他人的债权人有权请求法院撤销该他人的该赠与行为,被撤销的该赠与行为自始没有法律约束力。

三、限制民事行为能力人独立实施的与其年龄、智力、精神健康状况相适应的民事法律行为有效

由于《民法典》第145条第1款使用了"限制民事行为能力人实施的……与其年龄、智力、精神健康状况相适应的民事法律行为有效"的表述,因此,限制民事行为能力人独立实施的与其年龄、智力、精神健康状况相适应的民事法律行为,是有效的民事法律行为。

同样地,《民法典》第145条第1款只是明确了限制民事行为能力人实施的与其年

龄、智力、精神健康状况相适应的民事法律行为的效力(有效),并不涉及该限制民事行为能力人的相对人的行为的效力问题;该限制民事行为能力人的相对人的行为是否有效,也应当依照法律的有关规定(主要是《民法典》总则编有关民事法律行为的效力的规定和合同编有关合同效力的规定等)加以认定。

比如,在限制民事行为能力人以明显不合理的低价受让他人财产的情形,即使该限制民事行为能力人实施的该受让行为是有效的,但是,如果他人向该限制民事行为能力人低价转让财产的行为影响了该他人的债权人债权的实现,根据《民法典》第 539 条所说的"债务人以明显不合理的低价转让财产……影响债权人的债权实现,债务人的相对人知道或者应当知道该情形的,债权人可以请求人民法院撤销债务人的行为"和第 542 条所说的"债务人影响债权人的债权实现的行为被撤销的,自始没有法律约束力",该他人的债权人有权请求法院撤销该他人的该转让行为,被撤销的该转让行为自始没有法律约束力。

四、限制民事行为能力人自行实施的其他民事法律行为的效力

(一)限制民事行为能力人自行实施的其他民事法律行为的效力

由于《民法典》第 145 条第 1 款使用了"限制民事行为能力人……实施的其他民事法律行为经法定代理人同意或者追认后有效"的表述,因此,限制民事行为能力人自行实施的除"纯获利益的民事法律行为"和"与其年龄、智力、精神健康状况相适应的民事法律行为"之外的其他民事法律行为,可能属于效力待定的民事法律行为,具体而言:

其一,限制民事行为能力人实施的其他民事法律行为,如果在事前取得了其法定代理人的同意,则属于有效的民事法律行为,并非效力未定的民事法律行为。

其二,限制民事行为能力人实施的其他民事法律行为,虽然在事先未取得其法定代理人同意但如果在事后取得了其法定代理人的追认,也属于有效的民事法律行为,亦非效力未定的民事法律行为。

其中,就限制民事行为能力人的法定代理人的追认的生效时间而言,《民法典总则编解释》第 29 条规定:"法定代理人……依据民法典第一百四十五条……的规定向相对人作出追认的意思表示的,人民法院应当依据民法典第一百三十七条的规定确认其追认意思表示的生效时间。"也就是说,如果限制民事行为能力人的法定代理人以对话方式向相对人作出追认的意思表示,则适用《民法典》第 137 条第 1 款所说的"相对人知道其内容时生效";如果限制民事行为能力人的法定代理人以非对话方式向相对人作出追认的意思表示,则适用《民法典》第 137 条第 2 款所说的"到达相对人时生效"。这跟《最高人民法院关于适用〈中华人民共和国合同法〉若干问题的解释(二)》(以下简称"《合同法解释二》",已于 2021 年 1 月 1 日废止)第 11 条所说的"根据合同法第四十七条①、第四十八条的规定,追认的意思表示自到达相对人时生效"是不同的。

---

① 原《合同法》第 47 条规定:"限制民事行为能力人订立的合同,经法定代理人追认后,该合同有效,但纯获利益的合同或者与其年龄、智力、精神健康状况相适应而订立的合同,不必经法定代理人追认。相对人可以催告法定代理人在一个月内予以追认。法定代理人未作表示的,视为拒绝追认。合同被追认之前,善意相对人有撤销的权利。撤销应当以通知的方式作出。"

此外,根据《民法典》第 140 条第 1 款所说的“行为人可以明示或者默示作出意思表示”,结合《民法典》第 503 条关于“无权代理人以被代理人的名义订立合同,被代理人已经开始履行合同义务或者接受相对人履行的,视为对合同的追认”的规定,限制民事行为能力人的法定代理人以自己的行为表明接受限制民事行为能力人的相对人的履行或者开始履行限制民事行为能力人的义务的,应视为对限制民事行为能力人实施的民事法律行为的追认。

其三,限制民事行为能力人实施的其他民事法律行为,如果未在事先取得其法定代理人同意,那么,在事后取得其法定代理人追认之前,属于效力未定的民事法律行为。在不存在法定无效事由的情况下,该其他民事法律行为是否有效,取决于能否取得其法定代理人的追认。这跟最高人民法院(2019)最高法民申 2898 号民事裁定书所说的“效力未定合同即‘未决的不生效’,原则上不生效,但因当事人追认而生效,该合同的效力由当事人自主决定……”是类似的。

其四,限制民事行为能力人实施的其他民事法律行为,如果既未在事先取得其法定代理人同意、也未在事后取得其法定代理人的追认,则并非有效的民事法律行为。

由上可知,限制民事行为能力人在事前未经其法定代理人同意的情况下实施的其他民事法律行为,在被其法定代理人追认或拒绝追认之前,属于效力待定的民事法律行为。

(二)相对人的催告权、善意相对人的撤销权和法定代理人的追认权

考虑到限制民事行为能力人实施的其他民事法律行为可能存在效力待定的问题,《民法典》第 145 条第 2 款赋予了相对人催告权、善意相对人撤销权、法定代理人追认权。

1.《民法典》第 145 条第 2 款的适用对象

由于《民法典》第 145 条第 2 款使用了“相对人可以催告法定代理人自收到通知之日起三十日内予以追认”的表述,因此,《民法典》第 145 条第 2 款仅适用于限制民事行为能力人在事前未经其法定代理人同意的情况下实施的有相对人的其他民事法律行为,既不适用于限制民事行为能力人实施的无相对人的民事法律行为(否则不存在“相对人”之说),也不适用于限制民事行为能力人在事前经其法定代理人同意的情况下实施的其他民事法律行为(否则无须追认),也不适用于限制民事行为能力人实施的“纯获利益的民事法律行为”或“与其年龄、智力、精神健康状况相适应的民事法律行为”(否则也无须追认)。

2. 相对人的催告权

由于《民法典》第 145 条第 2 款使用了“相对人可以催告法定代理人自收到通知之日起三十日内予以追认”的表述,因此,针对限制民事行为能力人在事前未经其法定代理人同意的情况下实施的其他民事法律行为,相对人享有催告权,即以通知方式催告法定代理人自收到通知之日起 30 日内对限制民事行为能力人实施的其他民事法律行为进行追认。结合该款第 2 句所说的“善意相对人有撤销的权利”,《民法典》第 145 条第 2 款第 1 句中的“相对人”,既包括善意相对人,也包括非善意的相对人。

当然，相对人行使催告权，须以相对人已经知道行为人为限制民事行为能力人并且该限制民事行为能力人实施的民事法律行为并非“纯获利益的民事法律行为”或“与其年龄、智力、精神健康状况相适应的民事法律行为”且在事前未取得法定代理人的同意为前提。如果相对人并不知道上述情形，自然也就不存在进行催告的余地。

就催告的对象而言，《民法典》第 145 条第 2 款所说的“相对人可以催告法定代理人……予以追认”，意味着，相对人行使催告权的对象是限制民事行为能力人的法定代理人，而非其他主体；当然，在限制民事行为能力人的法定代理人有数人的情况下，相对人对其中任何一个法定代理人进行催告即可发生催告的效力。

就催告的方式而言，《民法典》第 145 条第 2 款所说的“催告……自收到通知之日起……”，意味着，相对人行使催告权，应当以通知的方式进行。这跟该款所说的“撤销应当以通知的方式作出”是类似的。至于通知的形式，因该款未作限制，应理解为既可以是书面形式，也可以是口头形式。

就催告通知的内容而言，除了《民法典》第 145 条第 2 款所说的“法定代理人自收到通知之日起三十日内予以追认”，在不违反法律法规的规定且不损害该限制民事行为能力人及其法定代理人的合法权益的情况下，相对人还可以载明其他相关事项。

其中，相对人可以在催告通知中为限制民事行为能力人的法定代理人行使追认权确定一个比《民法典》第 145 条第 2 款所说的“自收到通知之日起三十日内”更长的期限；不过，如果相对人在催告通知中确定的追认权行使期限短于 30 日，因相对人单方确定的该期限构成对法定代理人追认权的限制，故应当适用《民法典》第 145 条第 2 款规定的 30 日期限。这跟《公司法解释四》第 19 条针对有限责任公司其他股东优先购买权行使期限所说的“有限责任公司的股东主张优先购买转让股权的，应当在收到通知后，在公司章程规定的行使期间内提出购买请求。公司章程没有规定行使期间或者规定不明确的，以通知确定的期间为准，通知确定的期间短于三十日或者未明确行使期间的，行使期间为三十日”是类似的。

此外，由于《民法典》第 145 条第 2 款明确规定了“法定代理人未作表示的，视为拒绝追认”，因此，相对人在催告通知中载明的“法定代理人未在三十日内追认即视为予以追认”之类的意思表示，对法定代理人或限制民事行为能力人不具有约束力。

需要注意的是，由于《民法典》第 145 条第 2 款使用了“相对人可以催告……”的表述，因此，相对人既可以催告、也可以不催告法定代理人进行追认；相对人未作表示，即为沉默，应解释为不催告。这是《民法典》第 140 条第 2 款所说的“沉默只有在有法律规定、当事人约定或者符合当事人之间的交易习惯时，才可以视为意思表示”的应有之义和具体体现，跟《民法典》针对限制民事行为能力人的法定代理人明确规定了“法定代理人未作表示的，视为拒绝追认”是不一样的。

3. 善意相对人的撤销权

在赋予相对人催告权的基础上，《民法典》第 145 条第 2 款还规定善意相对人享有撤销权，即：“民事法律行为被追认前，善意相对人有撤销的权利”。

其中，就撤销权的主体而言，只有善意相对人才享有撤销权，非善意相对人不享有撤销权（但相关民事法律行为存在《民法典》第 147 条至第 151 条等规定的法定撤销事由的除外）。《民法典》第 145 条第 2 款所说的“善意相对人”，指的是在限制民事行为能力人在事前未经其法定代理人同意的情况下实施的其他民事法律行为被其法定代理人追认之前,相对人当中不知道并且不应该知道“行为人为限制民事行为能力人”,或者虽然知道“行为人为限制民事行为能力人”但不知道并且不应当知道“行为人实施的民事法律行为在事前未取得其法定代理人的同意”的主体,既可以是自然人,也可以是法人或非法人组织。这跟《民法典担保制度解释》第7条第3款所说的“……所称善意,是指相对人在订立担保合同时不知道且不应当知道法定代表人超越权限”是类似的。

就撤销权的行使期限而言,善意相对人应当在民事法律行为被限制民事行为能力人的法定代理人追认之前行使撤销权。《民法典》第145条第2款所说的“民事法律行为被追认前”,指的是善意相对人尚未知悉或尚未收到限制民事行为能力人的法定代理人作出的追认的意思表示。也就是说,就限制民事行为能力人在事前未经其法定代理人同意的情况下实施的其他民事法律行为而言,只要善意相对人尚未知悉或尚未收到其法定代理人作出的追认的意思表示,包括法定代理人根本未进行追认、虽然进行了追认但追认的意思表示尚未发出或追认的意思表示虽然发出但尚未到达该相对人,善意相对人都享有撤销权,而不论善意相对人是否对法定代理人进行了催告。不能仅仅因为《民法典》第145条第2款所说的“民事法律行为被追认前,善意相对人有撤销的权利”在编排上位于该款所说的“相对人可以催告法定代理人自收到通知之日起三十日内予以追认”之后,就认为只有对法定代理人进行了催告的善意相对人才享有撤销权或才能行使撤销权。

当然,善意相对人行使撤销权,须以该相对人已经知道行为人为限制民事行为能力人并且该限制民事行为能力人实施的民事法律行为并非“纯获利益的民事法律行为”或“与其年龄、智力、精神健康状况相适应的民事法律行为”且在事前未取得法定代理人的同意为前提。如果善意相对人并不知道上述情形,自然也就不存在行使撤销权的余地。进而,根据《民法典》第199条所说的“法律规定……的撤销权……的存续期间,除法律另有规定外,自权利人知道或者应当知道权利产生之日起计算,不适用有关诉讼时效中止、中断和延长的规定。存续期间届满,撤销权……消灭”,在法定代理人以对话方式作出的追认的意思表示为善意相对人所知道或以非对话方式作出的追认的意思表示到达善意相对人之后,因撤销权已经消灭,善意相对人也就无法行使撤销权了。

就撤销权的行使方式而言,《民法典》第145条第2款所说的“撤销应当以通知的方式作出”,明确了撤销权只能以通知的方式明示行使,而不能以行为等方式默示行使。也因此,善意相对人未作表示,应解释为不行使撤销权或放弃行使撤销权。

就撤销的对象而言,《民法典》第145条第2款所说的“善意相对人有撤销的权利”,指向的是该善意相对人实施的民事法律行为。在善意相对人与限制民事行为能力人订立合同的情形,撤销的则是双方之间的合同。

4. 法定代理人的追认权

就限制民事行为能力人在事前未经其法定代理人同意的情况下实施的其他民事法律行为而言,《民法典》第19条、第22条和第145条规定法定代理人享有追认权。这也是监护制度的应有之义和具体体现。①

其中,就追认权的主体而言,根据《民法典》第 23 条所说的"无民事行为能力人、限制民事行为能力人的监护人是其法定代理人",限制民事行为能力人的法定代理人,即其监护人,才享有追认权或有权行使追认权。在监护人有数人的情形,任何一个监护人均可以单独行使追认权。这跟《民法典》第 166 条针对委托代理所说的"数人为同一代理事项的代理人的,应当共同行使代理权,但是当事人另有约定的除外"是不一样的。

就追认权的行使期限而言,由于《民法典》第 145 条第 2 款使用了"相对人可以催告法定代理人自收到通知之日起三十日内予以追认。法定代理人未作表示的,视为拒绝追认"的表述,因此,法定代理人应当自收到相对人的催告通知之日起 30 日内行使追认权。当然,如前所说,如果相对人在催告通知中确定了比 30 日更长的追认权行使期限,那么,法定代理人可以在相对人确定的更长的期限内行使追认权。这跟《公司法解释四》第 19 条针对有限责任公司其他股东优先购买权行使期限所说的"有限责任公司的股东主张优先购买转让股权的,应当在收到通知后,在公司章程规定的行使期间内提出购买请求。公司章程没有规定行使期间或者规定不明确的,以通知确定的期间为准,通知确定的期间短于三十日或者未明确行使期间的,行使期间为三十日"是类似的。

进而,根据《民法典》第 199 条所说的"法律规定或者当事人约定的撤销权、解除权等权利的存续期间,除法律另有规定外,自权利人知道或者应当知道权利产生之日起计算,不适用有关诉讼时效中止、中断和延长的规定。存续期间届满,撤销权、解除权等权利消灭",第 145 条第 2 款所说的"相对人可以催告法定代理人自收到通知之日起三十日内予以追认。……民事法律行为被追认前,善意相对人有撤销的权利",在《民法典》第 145 条第 2 款规定的 30 日期限或相对人在催告通知中确定的更长期限届满之后,或者善意相对人依法撤销其民事法律行为之后,因追认权已经消灭,法定代理人也就无法行使追认权了。

就追认权的行使方式而言,由于《民法典》第 145 条第 2 款没有作出诸如"撤销应当以通知的方式作出"之类的规定,因此,根据《民法典》第 140 条第 1 款所说的"行为人可以明示或者默示作出意思表示",在相对人催告的情况下,法定代理人既可以明确作出追认的意思表示,也可以明确作出不予追认或拒绝追认的意思表示,还可以不作出任何表示。其中,如果法定代理人未作任何表示(即以沉默应对),则应当适用《民法典》第 145 条第 2 款所说的"视为拒绝追认"。

需要注意的是,由于《民法典》第 145 条第 2 款在紧随"相对人可以催告法定代理人自收到通知之日起三十日内予以追认"之后规定"法定代理人未作表示的,视为拒绝追认",因此,基于体系解释,《民法典》第 145 条第 2 款所说的"法定代理人未作表示的,视为拒绝追认",仅适用于相对人向法定代理人发出了催告通知的情形。在相对人

---

① 全国人民代表大会常务委员会时任副委员长李建国 2017 年 3 月 8 日在第十二届全国人民代表大会第五次会议上作的《关于〈中华人民共和国民法总则(草案)〉的说明》提及:"监护是保护无民事行为能力人或者限制民事行为能力人的合法权益,弥补其民事行为能力不足的法律制度。"

未催告的情形,不能仅以法定代理人未作表示而认定法定代理人作出了拒绝追认的意思表示;在此情形,根据《民法典》第 140 条第 2 款所说的"沉默只有在有法律规定、当事人约定或者符合当事人之间的交易习惯时,才可以视为意思表示",法定代理人未作表示这一事实意味着法定代理人未作出任何意思表示,既不能被认定为作出了追认的意思表示①、也不能被认定为作出了拒绝追认的意思表示,不论法定代理人是否知道或应当知道限制民事行为能力人在事前未经其同意的情况下实施了其他民事法律行为。有鉴于此,为避免限制民事行为能力人实施的其他民事法律行为长时间处于效力待定状态,相对人应当在知道限制民事行为能力人实施的相关民事法律行为未取得法定代理人同意之后尽快向法定代理人发出催告通知,法定代理人也应当在知道限制民事行为能力人实施的相关民事法律行为未取得其同意之后尽快明确地作出追认或拒绝追认的意思表示。

就追认的对象而言,法定代理人追认的是限制民事行为能力人在事前未经其同意的情况下实施的其他民事法律行为。在限制民事行为能力人与相对人订立合同的情形,追认的对象则是双方之间的合同。这跟《民法典》第 503 条所说的"无权代理人以被代理人的名义订立合同,被代理人已经开始履行合同义务或者接受相对人履行的,视为对合同的追认"是类似的。②

(三)限制民事行为能力人实施的未经法定代理人同意且被拒绝追认的其他民事法律行为的效力

如前所说,既然民事法律行为的效力形态包括有效、无效、可撤销、确定不发生效力等情形,"民事法律行为有效"与"民事法律行为无效"并非"非此即彼"的关系,那么,限制民事行为能力人实施的其他民事法律行为,如果在事先未取得其法定代理人同意、事后又被其法定代理人拒绝追认(包括视为拒绝追认),除了能确认该民事法律行为并非有效的民事法律行为之外,其效力形态究竟为何?对此,《民法典》第 145 条未直接作出明确的规定,实务中存在不同的观点。

有的裁判意见认为,此类民事法律行为是无效的。

比如,在中某信托有限责任公司与李某平等借款及担保合同纠纷案中,最高人民法院(2020)最高法民终 881 号民事判决书认为:"由于李某平于 2016 年 6 月系限制行为能力人,其认知能力受到损害,对担保 2.5 亿元本金及利息之巨额债务这一重大复杂的民事行为并无相应的认知能力,其从事的签署案涉担保协议的民事行为与其智

---

① 比如,云南省普洱市中级人民法院(2020)云 08 民终 1782 号民事判决书认为:"本案罗某仁知晓陈某桥因车祸后病退的事实,双方在合同履行过程中发生争议,陈某桥一方主张因陈某桥属于限制民事行为能力人其所为民事行为无效。而《中华人民共和国民法总则》第一百四十五条规定,陈某桥转让带有职工福利性质的房屋购买权不属于纯获利益或与其智力状况相适应的民事法律行为应经法定代理人追认。该条规定赋予相对人催告权,法定代理人应明确表示,否则视为拒绝追认,并未规定在法定代理人知晓但并未提出异议时产生追认的法律效果。故即使本案陈某桥的法定代理人在合同履行过程中知晓合同的存在,但未明确作出意思表示时不能产生合同有效的法律后果。"

② 当然,《民法典》第 145 条针对的是法定代理人对限制民事行为能力人实施的民事法律行为的追认(即代理人追认本人的行为),而《民法典》第 503 条针对的是被代理人对代理人实施的民事法律行为的追认(即本人追认代理人的行为)。

力、精神健康状况不相适应,且法定代理人拒绝追认,根据上述法律规定,应当认定李某平上述担保行为无效。"①

又如,在于荣某与于群某确认合同无效纠纷案中,北京市高级人民法院(2021)京民申 6944 号民事裁定书认为:"于群某于 2017 年 3 月 22 日被法院宣告为限制民事行为能力人,依据在该案中'于群某临床诊断精神发育迟滞'的鉴定意见,再结合该案鉴定机构在另案中对上述鉴定意见出具的《关于被鉴定人于群某鉴定民事行为能力的补充说明》中'因为精神发育迟滞是一种持续性的病程,自幼年期即表现智力低下和社会适应困难,本民事行为能力评定是自成年期开始的,延续终身'的内容,认定于群某在签订诉争两份协议时已是限制民事行为能力人。于荣某因对于群某是否为限制民事行为能力人及鉴定意见存在异议,但未提供实质证据予以证明,无法推翻生效判决的认定。且于群某与于荣某签订的诉争两份协议内容已超出了于群某智力能力范围,于群某的法定代理人两份协议亦不认可。故于群某与于荣某签订的诉争两份协议应为无效合同。"

再如,在姜某 1 与沈阳某合网络文化传媒有限公司合同纠纷案中,辽宁省沈阳市中级人民法院(2022)辽 01 民终 8099 号民事判决书认为:"姜某 1 于 2004 年 3 月 7 日出生,2020 年 11 月 3 日,某合公司与姜某 1 在签订该协议时,姜某 1 已满 16 周岁未满 18 周岁,属于限制民事行为能力人。……庭审中某合公司未举证证明姜某 1 在签订合同前能以自己的劳动收入作为主要生活来源。因此无法认定姜某 1 为完全民事行为能力人。其签订的协议在未经其法定代理人同意的情况下,属于无效协议,对姜某 1 无约束力。"②

也有的裁判意见认为,此类民事法律行为属于不发生效力的民事法律行为。

比如,在陈某辉与陈某莹民间借贷纠纷案中,广东省茂名市中级人民法院(2021)粤 09 民终 3061 号民事判决书认为:"当时陈某莹尚未年满十八周岁,虽然未满十八周岁并不必然导致实施的民事行为无效,但本案的涉案金额较大③,出具《借款合同》已超出该年龄的判断和认知,而且陈某莹对《借款合同》的效力未予追认,陈某辉也未能提供证据证明陈某莹以自己劳动收入为主要生活来源,故一审判决认定涉案《借款合同》不发生效力,并无不当,本院予以维持。"

又如,在周某艳与吴某、沭阳金某建设开发有限公司房屋买卖合同纠纷案中,江苏省宿迁市中级人民法院(2020)苏 13 民终 3392 号民事判决书认为:"本案中,吴某父亲

---

① 此外,最高人民法院(2016)最高法民申 1678 号民事裁定书也认为:"综合前述证据及原审查明事实,顾某荣民事行为能力欠缺事实的存在具有高度盖然性。原审判决认定顾某荣为丧失缔约能力的限制行为能力人,并无不当。根据《中华人民共和国合同法》第四十七条第一款的规定,顾某荣订立的游艇买卖合同,标的较大,内容复杂,与其精神健康状况不相适应,须经法定代理人追认后,合同方为有效。顾某荣法定代理人拒绝追认,合同应为无效。二审认定游艇买卖合同为可撤销的合同,虽然法律适用有误,但是并未影响案件的处理结果。"

② 类似的裁判意见,还可见吉林省高级人民法院(2021)吉民申 503 号民事裁定书、内蒙古自治区高级人民法院(2020)内民申 28 号民事裁定书、云南省昆明市中级人民法院(2022)云 01 民终 13377 号民事判决书、贵州省安顺市中级人民法院(2021)黔 04 民终 1808 号民事判决书、吉林省通化市中级人民法院(2021)吉 05 民终 99 号民事判决书、新疆维吾尔自治区乌鲁木齐市中级人民法院(2020)新 01 民终 3662 号民事判决书。

③ 案涉《借款合同》约定的借款金额为 21 万元。

去世后,其母亲应为吴某的监护人,即法定代理人。吴某与周某艳签订房屋买卖合同时年仅15周岁,属于限制行为能力的未成年人,吴某1亦非吴某的法定代理人,吴某签订房屋买卖合同的行为未经其法定代理人同意或追认,吴某成年后亦未追认案涉房屋买卖合同,且房屋系公民重大的生活资料,订立案涉房屋买卖合同行为,明显与吴某当时的年龄、智力不相适应,故本案房屋买卖合同不发生法律效力。"

再如,在景某与胡某红房屋买卖合同纠纷案中,江苏省常州市中级人民法院(2019)苏04民终263号民事判决书认为:"本案中,景某系限制民事行为能力人,涉案标的为不动产,故涉案买卖合同在景某的法定代理人同意或追认后有效;宋某对于景某与胡某红签订涉案房屋买卖合同不同意、不追认,故涉案合同依法成立,但不生效。"

根据《民法典》第19条、第22条的规定和第143条第1项所说的"具备下列条件的民事法律行为有效:(一)行为人具有相应的民事行为能力",考虑到"监护是保护无民事行为能力人或者限制民事行为能力人的合法权益,弥补其民事行为能力不足的法律制度"①,《民法典》第144条针对无民事行为能力人实施的民事法律行为的效力明确规定了"无民事行为能力人实施的民事法律行为无效",结合《最高人民法院关于审理技术合同纠纷案件适用法律若干问题的解释》(2020年12月修正)第20条针对委托开发或者合作开发完成的技术秘密成果的使用权、转让权规定了"民法典第八百六十一条②所称'当事人均有使用和转让的权利',包括……当事人一方将技术秘密成果的转让权让与他人,或者以独占或者排他使用许可的方式许可他人使用技术秘密,未经对方当事人同意或者追认的,应当认定该让与或者许可行为无效",可以认为,此类民事法律

① 全国人民代表大会常务委员会时任副委员长李建国2017年3月8日在第十二届全国人民代表大会第五次会议上作的《关于〈中华人民共和国民法总则(草案)〉的说明》。

② 《民法典》第861条规定:"委托开发或者合作开发完成的技术秘密成果的使用权、转让权以及收益的分配办法,由当事人约定;没有约定或者约定不明确,依据本法第五百一十条的规定仍不能确定的,在没有相同技术方案被授予专利权前,当事人均有使用和转让的权利。但是,委托开发的研究开发人不得在向委托人交付研究开发成果之前,将研究开发成果转让给第三人。"

行为应当认定为无效的民事法律行为，而非不发生效力的民事法律行为。[①]《最高人民法院关于适用〈中华人民共和国民法典〉婚姻家庭编的解释（二）（征求意见稿）》（2024 年 4 月 7 日公布）第 5 条第 2 款所说的"八周岁以上不满十六周岁或者十六周岁以上不能以自己的劳动收入为主要生活来源的未成年人未经法定代理人同意，通过网络直播

---

① 不过，在无效与不发生效力之外，以下观点可能是更可取的，即：限制民事行为能力人实施的除纯获利益的民事法律行为和与其年龄、智力相适应的民事法律行为之外的其他民事法律行为，如果既未在事先取得其法定代理人同意、又未能在事后取得其法定代理人的追认，则属于民事法律行为不成立，既非无效的民事法律行为，也非确定不发生效力的民事法律行为。具体分析如下：

第一，该民事法律行为不属于无效的民事法律行为。主要理由包括：

其一，与《民法典》第 144 条针对无民事行为能力人实施的民事法律行为直接规定了"无民事行为能力人实施的民事法律行为无效"不同，《民法典》第 145 条并未规定此类民事法律行为属无效的民事法律行为。

其二，就民事法律行为的效力而言，《民法典》规定了"无效""被撤销""确定不发生效力""效力待定"等多种效力形态，与《民法典》第 145 条第 1 款所说的"实施的其他民事法律行为经法定代理人同意或者追认后有效"中的"有效"相对应的情形，不仅仅限于"无效"，"有效"与"无效"也并非"非此即彼""一一对应"的关系。

其三，《民法典》第 145 条所说的"限制民事行为能力人……实施的其他民事法律行为经法定代理人同意或者追认后有效"，表明：限制民事行为能力人实施的其他民事法律行为并非当然无效、绝对无效、自始无效，其有效性取决于其法定代理人的同意或追认，即：如其法定代理人同意或追认，则有效；如其法定代理人不同意且不追认，则并非有效。这与《民法典》第 155 条针对无效的民事法律行为所规定的"自始没有法律约束力"的特征是不相符的。

第二，该民事法律行为也不属于不发生效力的民事法律行为。主要理由包括：

其一，结合《民法典》第 134 条第 1 款、第 136 条、第 465 条，《最高人民法院关于审理外商投资企业纠纷案件若干问题的规定（一）》（2020 年修正）第 1 条、第 5 条、第 6 条和《最高人民法院关于审理矿业权纠纷案件适用法律若干问题的解释》（2020 年修正）第 8 条，以及《九民会议纪要》第 39 条、第 40 条和第 37 条的规定，不发生效力的民事法律行为属于已经成立的民事法律行为，并非不具有任何约束力，不能擅自变更或解除，更不属于可以由当事人单方撤销的民事法律行为；况且，即使是《民法典》第 147 条至第 151 条所规定的可撤销的民事法律行为，也只能由撤销权人请求法院或仲裁机构撤销，而不能由撤销权人自行撤销。

其二，由于《民法典》第 145 条第 2 款没有使用"善意相对人有解除的权利"或"善意相对人有撤回的权利"的表述，而《民法典》总则编只规定了意思表示的撤回制度、没有规定意思表示的撤销制度，结合《民法典》第 476 条和第 477 条的规定，可以认为，《民法典》第 145 条第 2 款所说的"民事法律行为被追认前，善意相对人有撤销的权利"，指向的是善意相对人在限制民事行为能力人的法定代理人以明示或默示的方式作出追认之前，撤销善意相对人自己的民事法律行为，而不是撤销该限制民事行为能力人实施的民事法律行为。这跟《民法典》第 477 条规定的要约撤销制度具有相似性，即：善意相对人向限制民事行为能力人实施的民事法律行为类似于要约，而法定代理人对限制民事行为能力人向善意相对人实施的民事法律行为的追认则类似于作出承诺，在法定代理人作出追认（即作出承诺）之前，善意相对人可以撤销其民事法律行为（即要约）。

其三，根据《民法典》第 134 条第 1 款关于"民事法律行为可以基于双方或者多方的意思表示一致成立"的规定，结合《民法典》第 171 条关于"行为人没有代理权、超越代理权或者代理权终止后，仍然实施代理行为，未经被代理人追认的，对被代理人不发生效力。……行为人实施的行为被追认前，善意相对人有撤销的权利。……行为人实施的行为未被追认的，善意相对人有权请求行为人履行债务或者就其受到的损害请求行为人赔偿"的规定，在限制民事行为能力人向相对人实施的其他民事法律行为未被其法定代理人追认的情况下，该其他民事法律行为不能视为限制民事行为能力人的行为，相对人与限制民事行为能力人之间因不符合"意思表示一致"而不成立相应的双方或多方民事法律行为，也就谈不上发生效力，故对限制民事行为能力人不发生效力、不具有约束力。

基于上述，限制民事行为能力人实施的其他民事法律行为，如果既未在事先取得其法定代理人同意、又未能在事后取得其法定代理人的追认，则属于民事法律行为不成立，既非无效的民事法律行为，也非确定不发生效力的民事法律行为；也就是说，法定代理人的追认是限制民事行为能力人实施的其他民事法律行为的成立要件，既非生效要件、亦非有效要件。

平台实施与其年龄、智力和精神健康状况不相适应的打赏行为,法定代理人不予追认并主张该民事法律行为无效,请求网络直播平台返还已打赏款项的,人民法院应依法予以支持",也表明了这点。

当然,根据《民法典》第157条的规定,不论是被认定为无效的民事法律行为,还是被认定为不发生效力的民事法律行为,各自在处理办法方面适用的是相同的规则。

还需注意的是,据此认定为无效的只是限制民事行为能力人实施的民事法律行为。在限制民事行为能力人实施的民事法律行为与相对人实施的民事法律行为可以分开的情况下,限制民事行为能力人实施的未经其法定代理人同意和追认的其他民事法律行为无效,不影响相对人实施的民事法律行为的效力;但是,如果限制民事行为能力人实施的民事法律行为与相对人实施的民事法律行为不可分,则限制民事行为能力人实施的未经其法定代理人同意和追认的其他民事法律行为无效也将导致相对人实施的民事法律行为无效。

基于上述,就限制民事行为能力人实施的除纯获利益的民事法律行为和与其年龄、智力、精神健康状况相适应的民事法律行为以外的、未在事先取得其法定代理人同意的其他民事法律行为而言,以后续是否被其法定代理人拒绝追认(包括视为拒绝追认)为标准,可以区分为以下几种情形:

第一,相对人(包括善意相对人和非善意相对人)没有催告法定代理人予以追认,但法定代理人明确予以追认。在这种情形下,根据《民法典》第145条第1款所说的"实施的其他民事法律行为经法定代理人追认后有效",限制民事行为能力人实施的该民事法律行为有效。

第二,相对人(包括善意相对人和非善意相对人)没有催告法定代理人予以追认,但法定代理人明确拒绝追认。在这种情形下,限制民事行为能力人实施的该民事法律行为无效、自始没有法律约束力。

第三,善意相对人没有催告法定代理人予以追认、也没有行使撤销权,法定代理人也未予以追认或未作出任何表示。在这种情形下,限制民事行为能力人实施的该民事法律行为处于效力待定状态。

第四,善意相对人没有催告法定代理人予以追认,法定代理人也未予以追认或未作出任何表示,但善意相对人向法定代理人发出撤销通知并送达法定代理人。在这种情形下,限制民事行为能力人实施的该民事法律行为因善意相对人行使撤销权而被撤销、自始没有法律约束力。

第五,相对人(包括善意相对人和非善意相对人)催告法定代理人予以追认,且法定代理人明确表示予以追认或者以自己的行为表明予以追认。在这种情况下,根据《民法典》第145条第1款所说的"实施的其他民事法律行为经法定代理人追认后有效",限制民事行为能力人实施的该民事法律行为有效。

第六,相对人(包括善意相对人和非善意相对人)催告法定代理人予以追认,但法定代理人明确拒绝追认。在这种情况下,限制民事行为能力人实施的该民事法律行为无效、自始没有法律约束力。

第七,相对人(包括善意相对人和非善意相对人)催告法定代理人予以追认,但法定代理人未作表示,即既不追认、也不明示拒绝追认。在这种情况下,根据《民法典》第

145 条第 2 款所说的“法定代理人未作表示的,视为拒绝追认”,限制民事行为能力人实施的该民事法律行为无效、自始没有法律约束力。

第八,善意相对人在催告法定代理人予以追认之后、法定代理人追认之前,向法定代理人发出了撤销通知并送达法定代理人。在这种情形下,限制民事行为能力人实施的该民事法律行为因善意相对人行使撤销权而自始没有法律约束力。

(四)限制民事行为能力人实施的其他民事法律行为未经法定代理人同意且被拒绝追认后的处理

根据《民法典》第 157 条所说的“民事法律行为无效、被撤销或者确定不发生效力后,行为人因该行为取得的财产,应当予以返还;不能返还或者没有必要返还的,应当折价补偿。有过错的一方应当赔偿对方由此所受到的损失;各方都有过错的,应当各自承担相应的责任。法律另有规定的,依照其规定”和《民法典总则编解释》第 23 条所说的“民事法律行为不成立,当事人请求返还财产、折价补偿或者赔偿损失的,参照适用民法典第一百五十七条的规定”,结合《九民会议纪要》第 32 条第 1 款所说的“《合同法》第 58 条就合同无效或者被撤销时的财产返还责任和损害赔偿责任作了规定①,但未规定合同不成立的法律后果。考虑到合同不成立时也可能发生财产返还和损害赔偿责任问题,故应当参照适用该条的规定”,就限制民事行为能力人实施的事前未经其法定代理人同意且事后被其法定代理人拒绝追认的其他民事法律行为而言,不论是被认定为无效还是被认定为不发生效力抑或被认定为不成立,其处理办法都是相同的,即:“行为人因该行为取得的财产,应当予以返还;不能返还或者没有必要返还的,应当折价补偿。有过错的一方应当赔偿对方由此所受到的损失;各方都有过错的,应当各自承担相应的责任。法律另有规定的,依照其规定”。

此外,还需要考虑的问题包括,一是限制民事行为能力人对此是否有过错?二是其法定代理人对此是否有过错、是否需要因此承担相应的责任?对此,《民法典》总则编和《民法典总则编解释》本身没有直接作出规定。

1. 限制民事行为能力人的过错

就限制民事行为能力人而言,实务中,法院往往以相关民事法律行为是因行为人属于限制民事行为能力人导致无效(或不生效)为由,认定限制民事行为能力人自身对此不存在过错。

比如,在中某信托有限责任公司与李某平等借款及担保合同纠纷案中,最高人民法院(2020)最高法民终 881 号民事判决书认为:“中某信托公司上诉主张根据当时有效的《最高人民法院关于适用〈中华人民共和国担保法〉若干问题的解释》第七条之规定,对主合同有效而担保合同无效,债权人无过错的,由担保人与债务人对主合同债权人的经济损失承担连带赔偿责任。然而,案涉担保协议因签约人李某平系限制行为能力人而无效,故李某平对担保协议的无效并不具有过错。上述第七条并未规定主合同

① 原《合同法》第 58 条规定:“合同无效或者被撤销后,因该合同取得的财产,应当予以返还;不能返还或者没有必要返还的,应当折价补偿。有过错的一方应当赔偿对方因此所受到的损失,双方都有过错的,应当各自承担相应的责任。”

有效而担保合同无效，债权人和担保人均无过错的情形。退一步说，即使认为上述第七条涵盖了债权人和担保人均无过错的情形，该条亦仅是针对担保人责任的一般规定。而原《中华人民共和国民法总则》、现《中华人民共和国民法典》第二十二条是保护限制行为能力人利益的特别规定，强调的是限制行为能力人对其从事的与其智力、精神健康状况不相适应之民事法律行为不承担责任，经法定代理人同意、追认的除外。在法律有特别规定时，不应适用当时有效的《最高人民法院关于适用〈中华人民共和国担保法〉若干问题的解释》第七条的一般规定。根据当时有效的《中华人民共和国合同法》第五十八条关于合同无效时'有过错的一方应当赔偿对方因此所受到的损失'以及《中华人民共和国担保法》第五条第二款关于'担保合同被确认无效后，债务人、担保人、债权人有过错的，应当根据其过错各自承担相应的民事责任'的规定，合同被认定无效时的赔偿责任系缔约过失赔偿责任，赔偿须以过错为前提，如担保人对担保合同无效无过错的，无须承担赔偿责任。故一审法院认为李某平不应承担本案《借款合同》项下的担保责任，适用法律并无不当。"

又如，在汪某梅与杨某敏、梁某旭、梁某国房屋买卖合同纠纷案中，吉林省通化市中级人民法院(2021)吉05民终99号民事判决书认为："缔约过失责任是在合同订立过程中，一方违背诚实信用原则，而导致另一方信赖利益遭受损失。《中华人民共和国合同法》第四十二条规定：'当事人在订立合同过程中有下列情形之一，造成对方损失的，应当承担赔偿责任：(一)假借订立合同，恶意进行磋商；(二)故意隐瞒与订立合同有关的重要事实或者提供虚假情况；(三)有其他违背诚信原则的行为。'上述法律规定是对缔约过失责任的认定及因此而产生的法律后果的规定。结合本案，梁某旭为限定行为能力人，其与杨某敏之间签订的《房屋买卖合同》无效，系因其个人不具有签订该合同的行为能力，并不存在上述法律规定的'恶意磋商'或'故意隐瞒重要事实及提供虚假情况'，故本案梁某旭的行为不构成缔约过失责任。"

不过，实务中也存在根据限制民事行为能力人行为的具体情况，认定其存在过错的裁判意见。

比如，在安顺市平坝区羊昌乡某某汽车租赁行与郭某等租赁合同纠纷案中，贵州省安顺市中级人民法院(2021)黔04民终1808号民事判决书认为："本案中，被上诉人郭某在签订案涉两份车辆租赁合同时系限制民事行为能力人，其签订的合同依法应由其监护人追认，但上诉人并未举证证明郭某租车行为获得了其监护人追认。另，郭某租车时虽已满16周岁，但上诉人亦未举证证明此时郭某已以自己的劳动收入为主要生活来源的。故，一审认定案涉两份租车合同及协议无效并无不当。……本案中，虽郭某与上诉人签订的两份租车合同及协议无效，但被上诉人郭某明知自己无驾驶证、系未成年人，仍假冒他人，隐瞒事实，使用他人身份证及驾驶证进行租车活动，具有较大过错，应承担案涉损失主要赔偿责任；上诉人作为租车行，未尽到全面审查义务，亦存在一定过错，应承担本案损失次要责任。故本院酌情认定郭某承担案涉损失80%责任，上诉人承担20%责任……"

基于上述，认定限制民事行为能力人是否存在过错，应当结合案件的实际情况，依据法律规定加以判断；尤其是，对于故意隐瞒与订立合同有关的重要事实、故意提供虚假情况的限制民事行为能力人，可以(也应当)认定其具有过错。

2. 法定代理人的过错与责任

就法定代理人而言，实务中，法院通常认为，既要考察法定代理人对于该民事法律行为的无效（或不生效）是否存在过错，又要考察法定代理人在履行监护职责方面是否存在过错。

比如，在张某宏、王某珍与某某银行股份有限公司北京顺义区支行金融借款合同纠纷案中，在确认限制民事行为能力人张某宏与某某顺义支行签订的额度 50 万元、但其法定代理人王某珍并未同意、追认的《个人额度借款合同》无效的基础上，针对某某顺义支行提出的判令张某宏、王某珍共同偿还相关贷款本金、利息及罚息损失等主张，北京市第三中级人民法院（2021）京 03 民终 5026 号民事判决书认为："……本案中的借款返还法律后果是基于张某宏作为限制民事行为能力人签署的合同未被追认导致无效而产生，因此应当审查王某珍对于借款合同的无效及行使监管职责方面是否存在过错"，并认定"王某珍对于张某宏并不存在明显监管过错，对于合同无效不存在过错，不应因此承担共同还款责任"，理由如下：

"首先，王某珍已经依法履行了相应的法律手续，对已经成年且有正常工作的张某宏进行了精神鉴定并申请法院确认张某宏为限制民事行为能力人，成为张某宏的法定代理人。

"其次，张某宏属于有固定工作单位的成年人员，借款合同签订当天为工作日，要求已经 80 多岁的王某珍对张某宏工作日的行为均进行有效管控过于苛刻，亦超出了正常的监护人的监护能力和范围。

"最后，和谐是中国传统文化的基本理念，老有所养、老有所依是社会和谐的重要内容，王某珍老人 80 余岁仍需照顾患精神病的成年子女，为社会家庭的和谐稳定作出了贡献，再要求其承担过苛的监护责任，在无明显过错的情况下承担 50 万元巨额款项的返还责任，明显有违民法基本的公平原则。"

又如，在刘某 1 与广州某某信息技术有限公司网络服务合同纠纷案中，广东省高级人民法院（2021）粤民申 592 号民事裁定书认为："一审法院查明，刘某 1 对游戏账户进行注册、充值时为八周岁以上未成年人，系限制民事行为能力人，其大额充值的行为与其年龄、智力不相符合，因此，在刘某 1 法定代理人刘某 2 表示不予追认的情况下，该民事行为不具有法律效力。对于该民事行为造成的损失，一方面，刘某 1 擅自使用刘某 2 的身份信息注册游戏账户，多次、长时间玩网络游戏并使用刘某 2 的账户进行多笔大额充值，刘某 2 作为刘某 1 的监护人，应当对刘某 1 进行必要的教育、监管并妥善保管好自己的身份证件和账户信息。但刘某 2 对刘某 1 的行为未作必要的管束，未能防止刘某 1 擅自注册账户，未保管好自己账户、密码等信息，并且在发现刘某 1 大额充值后未立即采取有效措施防止所充虚拟货币被消耗，导致损失扩大，因此刘某 1 及其监护人刘某 2 对案涉损失的造成具有重大过错……"

再如，在汪某梅与杨某敏、梁某旭、梁某国房屋买卖合同纠纷案中，吉林省通化市中级人民法院（2021）吉 05 民终 99 号民事判决书认为："本案梁某旭为限定行为能力人，其购买房屋属于处分重大财产，系与其精神健康状况不相适应的民事法律行为，梁某旭监护人梁某国、汪某梅拒绝追认，该行为无效。……本案，梁某旭的监护人梁某国、汪某梅未能履行好监护义务，任由梁某旭持定金与杨某敏签订《房屋买卖合同》，后又将家具行李搬入杨某敏房屋内，使杨某敏误认为梁某旭为完全民事行为能力人，导致杨某敏产生房屋租金损失，应当承担赔偿责任”。

需要注意的是，由于限制民事行为能力人实施的其他民事法律行为不同于侵权行为，因此，在认定限制民事行为能力人实施的事前未经其法定代理人同意且事后被其法定代理人拒绝追认的其他民事法律行为无效（或不生效）之后，简单地适用《民法典》第1188条和第1189条（侵权责任编）关于监护人侵权责任的规定①来确定法定代理人的责任②，可能是不合适的。

比如，在张某宏、王某珍与某某银行股份有限公司北京顺义区支行金融借款合同纠纷案中，北京市第三中级人民法院（2021）京03民终5026号民事判决书认为：“本案系某某顺义支行以金融借款合同纠纷为由提起的诉讼，一审法院并未直接适用侵权责任法第三十二条的规定认定王某珍对张某宏的借款行为承担共同还款责任，亦未对王某珍承担共同还款责任的法律依据进行明确说明，现某某顺义支行虽辩称，一审法院系参照的侵权责任法第三十二条，但并未提交充分依据证明其主张成立，故本院不予采信。再结合该条规定的内容，本院认为即使一审法院系参照该条法律规定作出的认定，亦存在明显法律适用错误。一审法院并未对张某宏是否实施具体侵权行为及造成某某顺义支行的直接财产损失、王某珍是否存在监护失职的过错等事实进行审查，而根据一审法院查明的事实，造成本案合同无效的原因系由于张某宏为限制民事行为能力人，现有证据无法证明张某宏的签约行为构成侵权行为并因此造成某某顺义支行的直接财产损失，某某顺义支行亦未提交充分证据证明王某珍对于张某宏存在明显未尽到监护责任的情形，故某某顺义支行主张应当适用侵权责任法的相关规定判决王某珍对此笔借款承担共同还款责任，明显于法无据。”

（五）限制民事行为能力人实施的其他民事法律行为存在法定无效事由或可撤销事由的处理

需要注意的是，《民法典》第145条本身只涉及法定代理人的同意或者追认对限制

---

① 《民法典》第1188条规定：“无民事行为能力人、限制民事行为能力人造成他人损害的，由监护人承担侵权责任。监护人尽到监护职责的，可以减轻其侵权责任。有财产的无民事行为能力人、限制民事行为能力人造成他人损害的，从本人财产中支付赔偿费用；不足部分，由监护人赔偿”，第1189条规定：“无民事行为能力人、限制民事行为能力人造成他人损害，监护人将监护职责委托给他人的，监护人应当承担侵权责任；受托人有过错的，承担相应的责任。”

② 比如，在安顺市平坝区羊昌乡某某汽车租赁行与郭某、郭某国、曹某、马某明租赁合同纠纷案中，在认定“本案中，被上诉人郭某在签订案涉两份车辆租赁合同时系限制民事行为能力人，其签订的合同依法应由其监护人追认，但上诉人并未举证证明郭某租车行为获得了其监护人追认。另，郭某租车时虽已满16周岁，但上诉人亦未举证证明此时郭某已以自己的劳动收入为主要生活来源的。故，一审认定案涉两份租车合同及协议无效并无不当”和“本案中，虽郭某与上诉人签订的两份租车合同及协议无效，但被上诉人郭某明知自己无驾驶证、系未成年人，仍假冒他人，隐瞒事实，使用他人身份证及驾驶证进行租车活动，具有较大过错，应承担案涉损失主要赔偿责任；上诉人作为租车行，未尽到全面审查义务，亦存在一定过错，应承担本案损失次要责任。故本院酌情认定郭某承担案涉损失80%责任，上诉人承担20%责任”之后，贵州省安顺市中级人民法院（2021）黔04民终1808号民事判决书认为：“因被上诉人郭某系限制民事行为能力人，根据《中华人民共和国民法典》第一千一百八十八条第一款‘无民事行为能力人、限制民事行为能力人造成他人损害的，由监护人承担侵权责任’的规定，被上诉人郭某应承担的赔偿责任应由其监护人被上诉人郭某国、曹某承担”。

民事行为能力人实施的其他民事法律行为的效力的影响问题。如果限制民事行为能力人实施的其他民事法律行为还存在法定无效事由或可撤销事由,则应当依照《民法典》第 146 条至第 157 条的规定对该民事法律行为的效力作出相应的认定和处理。

第一百四十六条　【通谋虚伪行为及其隐藏的民事法律行为的效力】行为人与相对人以虚假的意思表示实施的民事法律行为无效。

以虚假的意思表示隐藏的民事法律行为的效力,依照有关法律规定处理。

【条文通释】

《民法典》第 146 条是关于通谋虚伪行为[①]及其隐藏的民事法律行为的效力的规定。

一、通谋虚伪行为无效

(一)通谋虚假意思表示与单方虚假意思表示

《民法典》第 146 条所说的"虚假的意思表示",指向的是民事主体主动、故意作出的与其内心真实意思不一致的意思表示,既属于"表示与意思不一致"[②],也属于"真意保留"[③];既包括民事主体单方故意作出的虚假的意思表示(即单方虚假意思表示),也包括民事主体双方或多方通谋或串通故意作出虚假意思表示并基于各自的虚假意思表示达成合意的情形(即通谋虚假意思表示)。

其中,《民法典》第 146 条第 1 款所说的"行为人与相对人以虚假的意思表示",属

---

① 最高人民法院(2021)最高法民终 956 号、(2019)最高法民终 818 号、(2019)最高法民终 688 号、(2017)最高法民终 41 号民事判决书等使用了"通谋虚伪行为"的表述。

② 比如,最高人民法院(2019)最高法民申 1809 号民事裁定书认为:"《中华人民共和国民法总则》第一百四十六条第一款规定:'行为人与相对人以虚假的意思表示实施的民事法律行为无效。'该规定是指在合同双方当事人通谋下所作出的意思表示与当事人内心真实意思表示不一致,则所作出的虚伪意思表示无效。"

③ 比如,湖北省高级人民法院(2019)鄂民终 872 号民事判决书认为:"三峡某铭公司以合作开发的名义与某一市场公司签订实为土地使用权转让的协议,系虚伪意思表示,存在双方通谋下的真意保留,在'合作'之下隐藏土地使用权转让的行为。"

于民事主体双方或多方故意通谋作出虚假的意思表示①,即“行为人与相对人都知道自己所表示的意思并非真意,通谋作出与真意不一致的意思表示”②。其中的“相对人”可以一人,也可以是数人③。

根据《民法典》第134条第1款所说的“民事法律行为可以基于双方或者多方的意思表示一致成立”,《民法典》第146条第1款所说的“行为人与相对人以虚假的意思表示实施的民事法律行为”,在性质上属于双方民事法律行为或多方民事法律行为,指向的是行为人与相对人故意通谋以虚假的意思表示达成合意并实施相应的民事法律行为,即双方通谋虚伪行为或多方通谋虚伪行为。

也就是说,在通谋虚伪行为中,行为人与相对人不仅均知道对方作出了虚假的意思表示,还就各自均作出虚假的意思表示达成了合意,并就各自以虚假的意思表示实施相应的民事法律行为达成了合意。

对此,最高人民法院(2016)最高法民终745号民事判决书认为:“通谋虚伪的行为指表意人与相对人进行通谋,双方一致对外做出虚假的、非自己真意的意思表示,双方合意造成订立某项法律行为的表面假象,但其真意并非追求有关法律行为的法律效果产生”;最高人民法院(2014)民二终字第106号民事判决书认为:“依据民法基本原理,双方通谋的虚伪意思表示的本质是当事人在协议中所体现的意思表示并非是其追求的效果意思”。

---

① 比如,在沈阳市苏家屯区人民政府、沈阳市自然资源局苏家屯分局与沈阳某锦置业有限公司建设用地使用权出让合同纠纷案中,最高人民法院(2021)最高法民再351号民事判决书认为:“经查,案涉《国有建设用地使用权出让合同》签订于2011年9月13日,该合同约定的案涉土地净地交付时间为2011年9月1日。根据现已查明的事实,案涉土地在合同签订时并未全部达到交付标准。因此,在案涉《国有建设用地使用权出让合同》签订时,合同约定的违约事实即已发生。某锦公司作为房地产开发公司,在案涉《国有建设用地使用权出让合同》签订前对土地现状进行了多轮尽调,对案涉土地名为净地出让实为毛地出让的事实显属明知。根据合同法基本原理,合同中关于违约责任的条款,应是就将来可能发生的违约事实,约定由违约方向守约方承担相应责任的条款。由此可见,案涉《国有建设用地使用权出让合同》中关于案涉土地交付时间及所对应的迟延交付违约责任条款并非苏家屯区政府、区自然资源局和某锦公司的真实意思表示。否则,苏家屯区政府、区自然资源局自缔约时即已构成违约,就需承担13天的迟延交付土地违约责任,这显然与双方缔约时的真实意思表示不符。……因此,案涉《国有建设用地使用权出让合同》中关于案涉土地交付时间及所对应的迟延交付违约责任的条款,属双方通谋的虚假意思表示”。

② 司法部2022年3月26日发布的律师工作指导案例一“律师代理某房地产公司参与杨某诉其合同纠纷一审、重审、二审案”的“案例评析”。

③ 比如,在中某农控股有限公司与中某信托有限责任公司等借款合同纠纷案中,最高人民法院(2022)最高法民终19号民事判决书认为:“关于案涉《债权购买协议》及其补充协议是否属于共同虚假意思表示。在当事人方面,《债权购买协议》及其补充协议的五个缔约主体……在内容方面,……《债权转让合同》与《债权购买协议》的缔约主体存在直接、间接、共同持股等密切关系,且协议内容彼此关联。在这种情况下,当《债权转让合同》被依法认定为共同虚假意思表示,实为借款合同、标的债权并不真实存在的情况下,中某农控股公司应当就其签订《债权购买协议》的目的系受让债权的主张提供充分的证据予以证明。因中某农控股公司未能提供相应证据,因而《债权购买协议》依法应当被认定为共同虚假意思表示……”又如,在上海某峰(集团)有限公司贸易二部与某泉煤业集团国际贸易有限公司等买卖合同纠纷案中,最高人民法院(2021)最高法民终435号民事判决书认为:“根据已经查明的事实,五方当事人之间虽然签订有《煤炭采购合同》和《煤炭销售合同》,上海某峰公司据此主张其和某煤国贸公司之间存在煤炭买卖合同关系,但是从查明的事实看,案涉交易模式存在以下不同于买卖合同关系之处……综合上述分析,可以认定上海某峰公司主张的煤炭买卖合同关系为各方当事人之间虚假的意思表示,上海某峰公司和宁波某用公司之间实际为借款合同关系……”

此外,最高人民法院(2021)最高法民终 956 号民事判决书也认为:"通谋虚伪行为是双方当事人一致同意以虚假的意思表示实施的民事法律行为,而实际上并不想使该民事法律行为产生法律效果";最高人民法院(2021)最高法知民终 809 号民事判决书认为:"虚假意思表示的特征在于:双方当事人都知道自己所表示的意思不是真实意思,民事法律行为本身欠缺效果意思,双方均不希望此行为能够真正发生法律上的效力",并提出:"对于双方当事人签订特定类型合同是否存在虚假意思表示,一般可以按照以下'三步法'进行具体认定:第一步,可以根据主给付义务的真实情况进行判定。如果双方当事人之间的主给付义务实际上根本不具备特定类型合同项下主给付义务的基本特征,则可以初步认定双方签订合同时存在虚假意思表示。第二步,在此情况下,可以根据双方当事人订立合同前后的情况(特别是双方缔约背景)和履约行为等相关事实,进一步认定双方订立合同所隐藏的真实意图。第三步,综合全案案情,如果上述两个方面的认定可以相互吻合并能够排除合理怀疑,即可最终认定双方当事人以虚假的意思表示订立合同"。

(二)通谋虚假意思表示与恶意串通

需要注意的是,通谋虚假意思表示本身只是要求行为人与相对人均存在作出虚假的意思表示的故意,无须考察行为人与相对人是否善意。也就是说,行为人与相对人以虚假的意思表示实施民事法律行为,既包括行为人与相对人善意地通谋作出虚假意思表示,也包括行为人与相对人非善意地通谋作出虚假意思表示。

注意到《民法典》第 154 条使用了"行为人与相对人恶意串通"的表述,考虑到在日常用语中,"串通"具有"暗中勾结,使彼此言语行动相互配合"的含义①,因此,可以认为,行为人与相对人恶意地通谋作出虚假意思表示,属于"恶意串通"的一种形式。

当然,所不同的是,"恶意串通"更多地适用于行为人与相对人恶意地通谋,损害国家利益、社会公共利益或者他人合法权益的情形②;并且,在"恶意串通"的情形,行为人

---

① 中国社会科学院语言研究所词典编辑室编:《现代汉语词典》(修订本),商务印书馆 1996 年版,第 196 页。

② 比如,《民法典》第 154 条规定:"行为人与相对人恶意串通,损害他人合法权益的民事法律行为无效";《拍卖法》第 37 条规定:"竞买人之间、竞买人与拍卖人之间不得恶意串通,损害他人利益"、第 65 条规定:"违反本法第三十七条的规定,竞买人之间、竞买人与拍卖人之间恶意串通,给他人造成损害的,拍卖无效,应当依法承担赔偿责任……";《企业国有资产法》第 72 条规定:"在涉及关联方交易、国有资产转让等交易活动中,当事人恶意串通,损害国有资产权益的,该交易行为无效";《最高人民法院关于审理与企业改制相关的民事纠纷案件若干问题的规定》(2020 年修正)第 18 条规定:"企业出售中,当事人双方恶意串通,损害国家利益的,人民法院在审理相关的民事纠纷案件时,应当确认该企业出售行为无效";《最高人民法院关于审理外商投资企业纠纷案件若干问题的规定(一)》(2020 年修正)第 20 条规定:"实际投资者与外商投资企业名义股东之间的合同因恶意串通,损害国家、集体或者第三人利益,被认定无效的,人民法院应当将因此取得的财产收归国家所有或者返还集体、第三人。"

与相对人作出的意思表示,通常是(但并非全部都是)真实的意思表示①、而非虚假的意思表示;此外,根据《民诉法解释》第109条所说的"当事人对……恶意串通事实的证明……人民法院确信该待证事实存在的可能性能够排除合理怀疑的,应当认定该事实存在","恶意串通"事实的证明标准需要达到"排除合理怀疑"的程度。

(三)通谋虚伪行为无效

针对通谋虚伪行为的效力,《民法典》第146条第1款明确规定了"行为人与相对人以虚假的意思表示实施的民事法律行为无效"。因此,只要是行为人与相对人通谋以虚假的意思表示实施的民事法律行为,都是无效的,概无例外。其背后的原因主要在于行为人与相对人以虚假的意思表示实施的民事法律行为"欠缺真实意思表示,不具备民事法律行为的有效条件"②。

比如,在江西某荣实业有限公司与某某银行股份有限公司南昌高新支行债权转让合同纠纷案中,最高人民法院(2020)最高法民申7094号民事裁定书(载《最高人民法院公报》2023年第1期)认为:"本案某荣公司与某某银行南昌高新支行所签订的《债权转让协议》和《资产委托管理协议》名为债权转让和资产委托管理协议,实为双方订立的本金为5400万元的借款合同的组成部分。"理由如下:

"首先,从《债权转让协议》和《资产委托管理协议》的约定看,该两份协议约定的内容不符合常理。一般而言,某荣公司作为案涉债权受让方及资产委托管理方,其受让案涉债权并委托某某银行南昌高新支行清收,应以获取收益为目的,但本案双方签订的《债权转让协议》《资产委托管理协议》约定,某荣公司以10620439.51元的对价受让某某银行南昌高新支行的债权,再委托某某银行南昌高新支行予以清收,清收所得款项在扣除支出费用后,剩余款项全部作为委托管理费归某某银行南昌高新支行所有,即某荣公司在向某某银行南昌高新支行支付了10620439.51元的债权转让款后,并不能从受让的上述债权中获取任何收益。

---

① 比如,在吴某崎与吴某民、吴某磊确认合同无效纠纷案中,针对江阴市某伯净化干燥设备有限公司的股东吴某民与非股东吴某磊先在2012年3月10日签订的关于将吴某民在某伯公司1%的股权(计1.18万元出资额)以15万元的价格转让给吴某磊的协议、后又在2012年10月29日签订的关于将吴某民在某伯公司中的59%的股权(计69.62万元出资额)以62万元的价格转让给吴某磊的协议的效力问题,江苏省高级人民法院(2015)苏商再提字第00068号民事判决书认为:"吴某民与吴某磊之间的涉案两份股权转让协议存在合同法第五十二条第(二)项规定的恶意串通损害第三人利益的情形,属于无效协议",其裁判理由为:"吴某民和吴某磊在7个月的时间内以极其悬殊的价格前后两次转让股权,严重损害吴某崎的利益。吴某民和吴某磊第一次转让1%的股权价格为15万元,第二次转让59%的股权实际价格62万元(以此测算第二次股权转让价格约为每1%价格1.05万元),在公司资产没有发生显著变化的情形下,价格相差达14倍以上,其目的在于规避公司法关于其他股东优先购买权的规定,从而导致吴某崎无法实际享有在同等条件下的优先购买权,即首次转让抬高价格,排除法律赋予其他股东同等条件下的优先购买权,受让人取得股东资格后,第二次完成剩余股权转让"。也就是说,案涉当事人恶意串通订立的第一份股权转让协议有关转让1%的股权的价格为15万元的约定并非当事人的真实意思表示,这就表明,行为人与相对人"恶意串通"行为并非只能指向真实的意思表示。

② 江西省高级人民法院(2020)赣民终278号民事判决书认为:"民法总则第一百四十六第一款规定,行为人与相对人以虚假的意思表示实施的民事法律行为无效。据此,当事人以通谋虚假意思表示实施的民事行为,因欠缺真实意思表示,不具备民事法律行为的有效条件而无效"。

"其次,从双方签订《债权转让协议》《资产委托管理协议》的目的看,某荣公司是为了与某某银行南昌高新支行签订借款合同,以获得某某银行南昌高新支行 5400 万元的借款;某某银行南昌高新支行与某荣公司签订《债权转让协议》《资产委托管理协议》是为了在借款合同之外另行收取 10620439.51 元的款项,并达到剥离不良资产即案涉债权的目的。某荣公司 2015 年 5 月 13 日向某某银行南昌高新支行出具的《关于要求提供债务人信息资料的报告》中载明:'我公司为了在贵行贷款伍仟肆佰万元人民币,接受了贵行债务人江西某财实业有限公司的不良贷款债权转让条件……'某某银行南昌高新支行在本案一审中也有关于'该借款某荣公司享受了优惠的利率政策,年利率仅为 6.15%,当时某某银行南昌高新支行的贷款利率执行的标准为年利率 13%左右,这也是某荣公司同意接受本案债权的原因所在'的陈述。

"第三,从《债权转让协议》和《资产委托管理协议》的实际履行情况看,某某银行南昌高新支行并未实际履行该两份协议。《债权转让协议》第二条约定,某某银行南昌高新支行应在交割日即 2013 年 10 月 28 日将案涉债权及从权利转让给某荣公司,但根据某某银行南昌高新支行在本案一审中自认的事实,其在收到某荣公司支付的 10620439.51 元债权转让款后并未将案涉债权移交给某荣公司,而是继续以自己的名义通过提起诉讼、申请法院强制执行的方式对案涉债权进行追讨,且某某银行南昌高新支行并未提供证据证明其已将相关债权追讨情况告知了某荣公司。综合以上分析可以看出,某荣公司与某某银行南昌高新支行关于债权转让及资产委托管理的意思表示是虚假的,某某银行南昌高新支行收取的 10620439.51 元的债权转让款应认定为其就案涉 5400 万元借款在双方于 2013 年 10 月 21 日签订的《借款合同》之外另行收取的利息。

"《中华人民共和国民法总则》第一百四十六条规定:'行为人与相对人以虚假的意思表示实施的民事法律行为无效。以虚假的意思表示隐藏的民事法律行为的效力,依照有关法律规定处理。'根据该条法律规定,本案中某荣公司与某某银行南昌高新支行以虚假的意思表示所实施的债权转让及资产委托管理行为应为无效;双方以该虚假的意思表示所隐藏的支付 10620439.51 元借款利息的行为,实际系双方订立本金为 5400 万元的借款合同这一民事法律行为的组成部分,对该行为的效力应依照有关法律规定处理"。

当然,根据《民事诉讼法》第 67 条第 1 款①和《民诉法解释》第 90 条、第 91 条②的规定,不论是行为人还是相对人抑或其他主体,如其主张适用《民法典》第 146 条第 1 款关于"行为人与相对人以虚假的意思表示实施的民事法律行为无效"的规定,就应当对"行为人与相对人以虚假的意思表示实施了相关民事法律行为"承担举证证明责任;否

---

① 《民事诉讼法》第 67 条第 1 款规定:"当事人对自己提出的主张,有责任提供证据。"

② 《民诉法解释》第 90 条规定:"当事人对自己提出的诉讼请求所依据的事实或者反驳对方诉讼请求所依据的事实,应当提供证据加以证明,但法律另有规定的除外。在作出判决前,当事人未能提供证据或者证据不足以证明其事实主张的,由负有举证证明责任的当事人承担不利的后果",第 91 条规定:"人民法院应当依照下列原则确定举证证明责任的承担,但法律另有规定的除外:(一)主张法律关系存在的当事人,应当对产生该法律关系的基本事实承担举证证明责任;(二)主张法律关系变更、消灭或者权利受到妨害的当事人,应当对该法律关系变更、消灭或者权利受到妨害的基本事实承担举证证明责任。"

则,其主张可能得不到支持。①

至于通谋虚伪行为无效后的处理,则应当适用《民法典》第155条关于"无效的……民事法律行为自始没有法律约束力",第156条关于"民事法律行为部分无效,不影响其他部分效力的,其他部分仍然有效"和第157条关于"民事法律行为无效……后,行为人因该行为取得的财产,应当予以返还;不能返还或者没有必要返还的,应当折价补偿。有过错的一方应当赔偿对方由此所受到的损失;各方都有过错的,应当各自承担相应的责任。法律另有规定的,依照其规定"的规定。并且,被确认无效的通谋虚伪行为,将视为在当事人之间自始不存在②。

(四)通谋虚伪行为与"名实不符"的合同行为

需要注意的是,应当将"名实不符"的合同行为跟"行为人与相对人以虚假的意思表示实施的民事法律行为"区分开来,而非简单地认定"名实不符"合同无效。

其中,较为典型的"名实不符"合同的例子包括名为融资租赁、实为借贷的合同和名为股权转让合同、实为让与担保的合同。

1. 名为融资租赁合同、实为借贷合同的效力认定

针对名为融资租赁合同、实为借贷合同的效力认定,《最高人民法院关于审理融资租赁合同纠纷案件适用法律问题的解释》(2020年修正)第1条规定:"人民法院应当根据民法典第七百三十五条的规定,结合标的物的性质、价值、租金的构成以及当事人的合同权利和义务,对是否构成融资租赁法律关系作出认定。对名为融资租赁合同,但实际不构成融资租赁法律关系的,人民法院应按照其实际构成的法律关系处理。"这就意味着名为融资租赁、实为借贷的合同并非当然无效。

比如,在某银金融租赁有限公司与某纳国际(铜陵)电子材料有限公司等融资租赁合同纠纷案中,最高人民法院(2018)最高法民再373号民事判决书认为:"本案中,即

① 比如,在汪某某与北京某控投资有限公司、北京某然国际拍卖有限公司买卖合同纠纷案中,最高人民法院(2021)最高法民终956号民事判决书认为:"本案中,某控公司与某然公司于2017年9月14日签订《转让协议》,某控公司与某然公司、汪某某于2017年9月28日签订《补充协议》,汪某某主张上述合同并非双方真实意思表示,案涉买卖合同隐藏的真实关系是汪某某与谢某之间的合作关系,谢某通过签订案涉合同的方式向汪某某支付合作资金,汪某某应当提供充分证据证明其主张。……本案中,汪某某主张其与谢某达成共同开设艺术馆的合作思路并通过签订案涉合同的方式接收谢某支付的合作资金,并非存在真实的买卖合同关系,但其提交的《关于艺术品的合作协议(初稿)》并无相关当事人签字,且从内容上也不能证明汪某某与谢某已经达成通过签订案涉《转让协议》《补充协议》,由谢某向汪某某支付5亿元合作资金的合意;某大艺术馆有限公司登记资料、某大集团宝库空间室内设计资料、某大宝库商标资料并未显示该公司与汪某某有关,邀请函和学术研讨会议程等资料亦不能证明合作关系的确立。汪某某提交的其与谢某、臧某霞等的录音和录像资料中,并未显示双方之间已经达成合作协议且一致同意通过签订案涉合同的方式向汪某某支付5亿元的明确表述,不足以证明签订案涉合同的真实意思是谢某向汪某某支付5亿元合作资金且汪某某无需交付合同约定的标的艺术品。据此,汪某某提供的证据不足以证明其主张,应承担举证不能的不利法律后果,一审法院对汪某某的此项主张未予支持,并无不当"。

② 比如,在沈阳市苏家屯区人民政府、沈阳市自然资源局苏家屯分局与沈阳某锦置业有限公司建设用地使用权出让合同纠纷案中,最高人民法院(2021)最高法民再351号民事判决书认为:"案涉《国有建设用地使用权出让合同》关于土地交付时间及其对应的迟延交付土地违约责任条款,属双方通谋的虚假意思表示,依法应认定为无效条款。上述条款无效后,应视为苏家屯区政府、区自然资源局和某锦公司对案涉土地交付时间及迟延交付土地的违约责任没有进行约定"。

使某银公司与某纳公司在签订合同之时,融资租赁行为系其通谋虚伪的意思表示,但其隐藏的民间借贷法律行为,并不当然无效。……案涉合同系企业间的借款合同关系,应当按照该性质认定合同的效力。本院《关于审理民间借贷案件适用法律若干问题的规定》(以下简称民间借贷司法解释)第十一条规定:'法人之间、其他组织之间以及它们相互之间为生产、经营需要订立的民间借贷合同,除存在合同法第五十二条、本规定第十四条规定的情形外,当事人主张民间借贷合同有效的,人民法院应予支持。'合同法第五十二条规定:'有下列情形之一的,合同无效。……(二)恶意串通,损害国家、集体或者第三人利益;(三)以合法形式掩盖非法目的;……(五)违反法律、行政法规的强制性规定。……某纳公司、某江公司无证据证明案涉合同具有民间借贷司法解释第十四条规定的合同无效情形。因此,某纳公司、某江公司、某行开发区支行关于合同无效的理由不成立,案涉4号《融资租赁合同》有效。原判决以本案系企业间民间借贷关系,确认4号《融资租赁合同》无效,适用法律确有错误,本院予以纠正。"

2. 名为股权转让合同、实为让与担保合同的效力认定

针对名为股权转让合同、实为让与担保合同的效力认定,《民法典担保制度解释》第68条第2款规定:"债务人或者第三人与债权人约定将财产形式上转移至债权人名下,债务人不履行到期债务,财产归债权人所有的,人民法院应当认定该约定无效,但是不影响当事人有关提供担保的意思表示的效力。当事人已经完成财产权利变动的公示,债务人不履行到期债务,债权人请求对该财产享有所有权的,人民法院不予支持;债权人请求参照民法典关于担保物权的规定对财产折价或者以拍卖、变卖该财产所得的价款优先受偿的,人民法院应予支持;债务人履行债务后请求返还财产,或者请求对财产折价或者以拍卖、变卖所得的价款清偿债务的,人民法院应予支持。"

比如,在黑龙江某成投资集团有限公司与某林钢铁集团有限公司、第三人刘某平民间借贷纠纷案中,最高人民法院(2019)最高法民终133号民事判决书(载《最高人民法院公报》2020年第1期)认为:"是否为'以虚假的意思表示实施的民事法律行为',应当结合当事人在主合同即借款合同和从合同即让与担保合同中作出的真实意思表示,统筹作出判断。约定将债务人或第三人股权转让给债权人的合同目的是设立担保,翠某山公司64%股权转让至某成公司代持股人刘某平名下是为某钢公司向某成公司的巨额借款提供担保,而非设立股权转让民事关系。对此,债权人、债务人明知。从这一角度看,债权人、债务人的真实意思是以向债权人转让翠某山公司股权的形式为债权实现提供担保,'显现的'是转让股权,'隐藏的'是为借款提供担保而非股权转让,均为让与担保既有法律特征的有机组成部分,均是债权人、债务人的真实意思,该意思表示不存在不真实或不一致的瑕疵,也未违反法律、行政法规的效力性强制性规定。"

又如,在修水县某通投资控股有限公司与福建省某某稀土(集团)有限公司及江西某通实业有限公司合同纠纷案中,针对修水某通关于"《股权转让协议》名为转让实为担保,各方当事人具有通谋的虚伪意思表示,应为无效"的上述主张,最高人民法院(2018)最高法民终119号民事判决书也认为:

"……让与担保是否因当事人具有通谋的虚伪意思表示而无效,应在现行法律规定以及当事人意思表示这两个层面来检视。就现行法律规定而言,《中华人民共和国合同法》第五十二条规定……该条规定并未将单纯的通谋虚伪意思表示列为合同无效

的法定情形。《中华人民共和国民法总则》第一百四十六条则规定,‘行为人与相对人以虚假的意思表示实施的民事法律行为无效。以虚假的意思表示隐藏的民事法律行为的效力,依照有关法律规定处理。’根据该条规定,如当事人之间存在通谋的虚假意思表示,基于该虚假意思表示实施的民事法律行为应为无效。由此,让与担保是否无效的关键在于,当事人是否具有通谋的虚假意思表示。对此,实践中多有误解,认为让与担保中,债务人将标的物权利转移给债权人,仅仅属于外观形式,其真实意思是在于设定担保,故为双方通谋而为虚假的转移权利的意思表示,应为无效。但事实上,在让与担保中,债务人为担保其债务将担保物的权利转移给债权人,使债权人在不超过担保目的的范围内取得担保物的权利,是出于真正的效果意思而做出的意思表示。尽管其中存在法律手段超越经济目的的问题,但与前述禁止性规定中以虚假的意思表示隐藏其他法律行为的做法,明显不同,不应因此而无效。

"本案中,《股权转让协议》约定了转让标的、转让价款、变更登记等事项,江西某通、修水某通均就股权转让事宜作出股东会决议,案涉股权亦办理了变更登记手续,具备股权转让的外在表现形式。修水某通虽提供黄某、叶某花等证人证言,拟证明其同意转让案涉股权的目的在于提供担保,但此种事实恰恰符合让与担保以转移权利的手段实现担保债权目的的基本架构,不构成欠缺效果意思的通谋的虚假意思表示,其据此主张《股权转让协议》无效,于法无据。且《股权转让协议》第 3.1 条约定了清算条款,不违反流质条款的禁止性规定。故,《股权转让协议》系各方当事人通过契约方式设定让与担保,形成一种受契约自由原则和担保经济目的双重规范的债权担保关系,不违反法律、行政法规的禁止性规定,应为合法有效"。①

(五)单方虚伪行为的效力

由于《民法典》第 146 条第 1 款使用了"行为人与相对人以虚假的意思表示实施的民事法律行为无效"的表述,因此,该规定仅适用于通谋虚伪行为,即"行为人与相对人

---

① 类似的裁判意见,还可见最高人民法院(2019)最高法民终 688 号民事判决书。该判决书认为:"本案中,某某信托与潘某义因签订案涉《股权收购及转让协议》而建立法律关系,但该协议中并没有潘某义向某某信托借款的相关文字表述或可据以判定双方存在借款关系的内容。因此,对某某信托与潘某义间是否是借款关系的判断,需结合当事人签订《股权收购及转让协议》的真实意思加以考察,即是否属于前述法律规定的以通谋虚伪行为隐藏真实意思表示的情形。从案涉《股权收购及转让协议》签订前,潘某义作为实际控制人的某厦公司与东方某某公司原股东某海公司、某伊公司签订的系列股权转让协议及因履行协议引发纠纷形成的相关判决可以看出,潘某义具有通过某厦公司购买东方某某公司股权的真实意愿,某伊公司也有向某厦公司转让所持东方某某公司股权的意思。对某某信托而言,其作为案涉《信托合同》的受托人,要依照《信托合同》约定以 1.5 亿元信托资金购买某伊公司持有的东方某某公司 100%的股权,并在信托期满时将所购股权转让给远期股权受让人潘某义。根据案涉《股权收购及转让协议》约定,某伊公司以 1.5 亿元向某某信托转让所持有东方某某公司 100%的股权,某某信托在合同约定期满时再按约定价格将该股权转让给潘某义。按照《股权收购及转让协议》的交易安排,某伊公司实现了将所持有东方某某公司股权进行转让并获得对价的目的,潘某义最终也将获得东方某某公司股权,某某信托则在潘某义受让股权后履行了案涉《信托合同》确定的义务。此种交易安排实现了某伊公司、某某信托与潘某义各自的交易目的和需求,协议履行结果为各方所追求。据此可判断,该协议所约定权利义务应是协议各方的真实意思表示。协议签订后,某某信托按约向某伊公司支付了 1.5 亿元股权收购款,东方某某公司 100%的股权也已变更登记到某某信托名下,某某信托与某伊公司的履行行为也进一步印证了当事人签订案涉《股权收购及转让协议》并非以通谋虚伪行为隐藏真实意思表示。"

以虚假的意思表示实施的民事法律行为”，不适用于行为人单方以虚假意思表示实施的民事法律行为（即单方虚伪行为或单方真意保留行为）。

至于行为人单方以虚假意思表示实施的民事法律行为的效力，则应当依照法律的有关规定（主要是《民法典》总则编有关民事法律行为效力的规定和合同编有关合同效力的规定）加以认定。这跟《民法典》第 146 条第 2 款所说的“以虚假的意思表示隐藏的民事法律行为的效力，依照有关法律规定处理”是类似的。

通常认为，单方虚伪行为或单方真意保留行为往往涉及相对人的信赖利益保护和表意人内心真实意思的保护之间的平衡问题，不能一刀切地认为此类行为无效。

比如，在邬某与佛山某阳新能源有限公司、杭州某某广告有限公司买卖合同纠纷案中，江苏省高级人民法院（2020）苏民申 7510 号民事裁定书认为：“本案中，某阳公司虽然在××××.com 网络交易平台作出以 1 元价格销售空气能热水器的意思表示，但其真实意思并非以 1 元价格出售价值万元的商品，而是为了提高销量排名所为的‘1 元交易’刷单行为，故其作出的‘1 元交易’意思表示应认定为真意保留。有相对人的意思表示一旦为相对人所受领，相对人就会对此产生合理信赖，如果出现表意人的内心意思和外在表示出来的意思表示不一致的情况，就需要平衡保护相对人的信赖利益与保护表意人的内心真实意思。在相对人不知悉或不应知悉表意人真意的情形下，应当按照表示行为解释意思表示，以保护相对人的信赖利益和交易安全；反之，则应当从利益衡平的角度按照表意人的真实意思解释意思表示。邬某在首次购买 4 台空气能热水器时，并不知晓某阳公司的标价系虚伪意思表示，亦无证据证明邬某有利用商家虚假标注商品价格或因疏忽大意错标商品价格从中牟利的恶意，故邬某在首次交易时存在合理信赖，应以某阳公司的表示行为解释其意思表示，双方订立的买卖合同成立并生效。首次交易后，邬某在商家未实际发货的情形下，未按照通常网购惯例采取提醒商家发货、客服咨询、查看物流等措施进行确认，而是在之后一个半月时间又继续购置 16 台空气能热水器，明显不符合常理，邬某对此亦无法作出合理解释，足以认定此时其应当已经意识到案涉商品销售存在异样，尤其是商品价格存在错标的可能，此时邬某继续从事交易则明显存在从中牟利的恶意，二审判决据此以某阳公司真实意思解释其意思表示，认为双方并未形成订立合同的一致意思表示，买卖合同不成立，符合意思表示解释原则。某阳公司为了提高销量排名从事刷单行为扰乱了网络交易市场秩序，但邬某的动机亦非为了净化市场，而是利用商家的不良行为为其自身牟利，亦违背了诚实信用原则，不存在信赖利益保护的问题。在邬某未提交证据证明因某阳公司的违约行为给其造成损失的情况下，二审判决从违法归责和利益衡平的角度判令某阳公司按照首次交易商品市场价赔偿邬某损失,已经兼顾了双方当事人的利益,并无不当”。①

又如,在刘某玮与深圳聚某田科技信息服务有限公司民间借贷纠纷案中,重庆市高级人民法院(2020)渝民申2642号民事裁定书认为:“根据刘某玮在公安机关的陈述,其对刑事案件的被告人袁某等人实施合同诈骗行为是知情的,其向聚某田科技公司借款时,真实目的并非与聚某田科技公司建立真正的借贷关系,属于单方虚假的真意保留行为,该真意保留行为对于善意相对人的聚某田科技公司并不产生影响,双方之间借贷关系的法律效力不因此受到影响。由于聚某田科技公司并无金融经营资质,发放贷款的行为违反国家金融管理规定,应当认定为无效。借款合同被认定为无效后,刘某玮应当将借款本金返还给聚某田科技公司,并赔偿相应的资金占用损失。”

二、隐藏行为的效力:既非当然无效,亦非当然有效

由于《民法典》第146条第2款使用了“以虚假的意思表示隐藏的民事法律行为的效力,依照有关法律规定处理”的表述,因此,只要是“以虚假的意思表示隐藏的民事法律行为”,其效力均应当依照有关法律规定处理,即:既非当然无效、亦非当然有效,有效与否均须以有关法律规定为依据。其中,《民法典》第146条第2款所说的“有关法律规定”,指的是《民法典》和其他法律有关民事法律行为的效力的规定(主要是《民法典》总则编有关民事法律行为效力的规定②和合同编有关合同效力的规定)。

具体而言,如果隐藏行为存在法定无效事由,则应当认定隐藏行为无效;如果隐藏行为存在法定可撤销事由,则应当认定隐藏行为可撤销;如果隐藏行为不存在法定无效事由、也不存在法定可撤销事由,则应当认定隐藏行为有效。这跟《民法典》第505条所说的“当事人超越经营范围订立的合同的效力,应当依照本法第一编第六章第三节和本编的有关规定确定,不得仅以超越经营范围确认合同无效”是类似的。

对此,最高人民法院(2020)最高法民终1068号民事判决书认为:“即使根据民法总则第一百四十六条‘行为人与相对人以虚假的意思表示实施的民事法律行为无效。以虚假的意思表示隐藏的民事法律行为的效力,依照有关法律规定处理’之规定,以虚假的意思表示实施的民事法律行为无效并不必然导致隐藏的民事法律行为无效”。此外,《九民会议纪要》第69条认为:“保兑仓交易以买卖双方有真实买卖关系为前提。

① 江苏省宿迁市中级人民法院(2018)苏13民终2202号民事判决书也认为:“所谓真意保留,是指表意人虽然不具有受其意思表示约束的真意,却故意隐匿该真意而发出意思表示。我国法律对于通谋虚伪表示的法律效力加以直接规定,明确行为人与相对人以虚假的意思表示实施的民事法律行为无效,但对于真意保留的法律效果,我国现行民事法律并未作出直接规定。在现行法律构架下,可以从意思表示解释规则出发加以规范。……相较于无相对人的意思表示解释,有相对人的意思表示解释是以表示主义为原则,意思主义为例外,相对人不知悉或不应当知悉表意人真意的,应当按照表示主义解释意思表示,以此保护相对人合理信赖,维护交易安全。真意保留情形下,相对人不知悉或不应当知悉表意人真实意思的,表意人意思表示不因真意保留而不生效力;但在相对人知悉或者应当知悉表意人内心保留情况下,应按照表意人真意解释意思表示,由于表意人真意是不欲发生表示出的法律效果,对此表示的解释结果便应是意思表示不存在。从利益衡量出发,因相对人此时并无需要予以保护的合理信赖,故认定意思表示不存在也不会损及相对人利益以及交易安全。简言之,真意保留情形下的法律适用规则如下:一是相对人不知悉或不应当知悉表意人内心保留的,应当以表示意思解释表意人的意思表示;二是相对人知悉或应当知悉表示人内心保留的,应当按照表意人真意解释其意思表示。”

② 主要是《民法典》第143条至第151条、第153条、第154条和第156条。

双方无真实买卖关系的，该交易属于名为保兑仓交易实为借款合同，保兑仓交易因构成虚伪意思表示而无效，被隐藏的借款合同是当事人的真实意思表示，如不存在其他合同无效情形，应当认定有效”；最高人民法院（2019）最高法民终 1425 号民事判决书也认为：“……即便如中某源公司所称，案涉煤炭买卖属于融资性买卖，根据《中华人民共和国民法总则》第一百四十六条第二款有关‘以虚假的意思表示隐藏的民事法律行为的效力，依照有关规定处理’之规定，也仅是作为虚伪意思表示的买卖合同无效，而被隐藏的借贷行为，如不存在其他无效事由的，依法应当认定有效”。

需要注意的是，与《民法典》第 146 条第 1 款使用了“行为人与相对人以虚假的意思表示实施……”的表述不同，《民法典》第 146 条第 2 款所说的“以虚假的意思表示隐藏的民事法律行为”并没有对“以虚假的意思表示隐藏民事法律行为”的主体作出限制性规定，因此，《民法典》第 146 条第 2 款所说的“以虚假的意思表示隐藏的民事法律行为”，既包括该条第 1 款所说的“行为人与相对人以虚假的意思表示隐藏”的双方民事法律行为或多方民事法律行为，还包括“行为人单方以虚假的意思表示隐藏”的单方民事法律行为。

也就是说，根据《民法典》第 146 条第 2 款的规定，不论是行为人与相对人以虚假的意思表示隐藏的民事法律行为，还是行为人单方以虚假的意思表示隐藏的民事法律行为，其效力均应当“依照有关法律规定处理”。

第一百四十七条　【重大误解行为的撤销】基于重大误解实施的民事法律行为，行为人有权请求人民法院或者仲裁机构予以撤销。

【条文通释】

《民法典》第 147 条是关于重大误解行为的撤销①的规定。

一、重大误解的认定

（一）误解与重大误解

在日常用语中，作为名词的“误解”的含义是“不正确的理解”。② 据此，《民法典》第 147 条所说的“重大误解”中的“误解”，即错误的理解，也就是《民法典总则编解释》第 19 条第 1 款所说的“错误认识”；而“重大误解”则指具有重大性的错误理解（或认识）。

问题是，什么样的“误解”具有“重大性”或属于“重大误解”？对此，《民法典总则编解释》第 19 条第 1 款规定：“行为人对行为的……等产生错误认识，按照通常理解如

① 全国人民代表大会常务委员会时任副委员长李建国 2017 年 3 月 8 日在第十二届全国人民代表大会第五次会议上作的《关于〈中华人民共和国民法总则（草案）〉的说明》使用了“重大误解行为的撤销”的表述。

② 中国社会科学院语言研究所词典编辑室编：《现代汉语词典》（修订本），商务印书馆 1996 年版，第 1339 页。

果不发生该错误认识行为人就不会作出相应意思表示的,人民法院可以认定为民法典第一百四十七条规定的重大误解。”

据此,《民法典总则编解释》是将“按照通常理解如果不发生该错误认识行为人就不会作出相应意思表示”,作为判断误解是否具有重大性、是否构成重大误解的标准。应该说,《民法典总则编解释》的这一规定,抛弃了原《民通意见》第71条[①]和《全国法院贯彻实施民法典工作会议纪要》(法〔2021〕94号)第2条[②]针对重大误解的认定所采取的要求在结果方面满足“行为的后果与自己的意思相悖,并造成较大损失”的思路[③],从中可以看到《民法典》第926条第1款[④]针对间接代理[⑤]所说的“第三人与受托人订立合同时如果知道该委托人就不会订立合同的除外”的影子。也就是说,根据《民法典总则编解释》第19条第1款的规定,认定重大误解可以不考察相关民事法律行为是否造成了损失。

比如,人民法院案例库参考案例“宁夏某废旧物资公司诉宁夏某产权交易所、第三人中卫市某公司合同纠纷案”[入库编号:2023-08-2-483-011,裁判文书:宁夏回族自治区银川市中级人民法院(2023)宁01民终2800号民事判决书]的“裁判要旨”提出:“根据《最高人民法院关于适用〈中华人民共和国民法典〉总则编若干问题的解释》第十九条:‘行为人对行为的性质、对方当事人或者标的物的品种、质量、规格、价格、数量等产生错误认识,按照通常理解如果不发生该错误认识行为人就不会作出相应意思表示的,人民法院可以认定为民法典第一百四十七条规定的重大误解……’重大误解认定的基础在于错误认识本身的影响力,即‘如果不发生该错误认识,行为人就不会作出相应意思表示’,才属于法律规定的‘重大’情形。以营利为目的系商业行为的基本原则,如果错误行为影响商业主体营利的目的性,甚至可能产生亏损,则根据商业伦理,

---

① 原《民通意见》(已废止)第71条规定:“行为人因为对行为的性质、对方当事人、标的物的品种、质量、规格和数量等的错误认识,使行为的后果与自己的意思相悖,并造成较大损失的,可以认定为重大误解。”

② 《全国法院贯彻实施民法典工作会议纪要》(法〔2021〕94号)第2条规定:“行为人因对行为的性质、对方当事人、标的物的品种、质量、规格和数量等的错误认识,使行为的后果与自己的意思相悖,并造成较大损失的,人民法院可以认定为民法典第一百四十七条、第一百五十二条规定的重大误解。”该规定的实质内容源自原《民通意见》(已废止)第71条,随着《民通意见》被废止而失效。

③ 比如,在祝某民等与上海某恺(集团)有限公司等股权转让纠纷案中,最高人民法院(2020)最高法民申4426号民事裁定书认为:“《中华人民共和国民法总则》第一百四十七条规定:‘基于重大误解实施的民事法律行为,行为人有权请求人民法院或者仲裁机构予以撤销。’重大误解是指行为人作出意思表示时,对涉及合同法律效果的重要事项存在认识上的显著缺陷,使得行为人利益受到损失或者达不到订立合同的目的,通常体现在因行为人过失而产生误解,对合同内容构成重大误解,且该误解与合同的订立或者合同条件存在因果关系。本案中,祝某民、王某壮、郑某与某恺公司、宋某中签订案涉《股权转让协议书》,其合同目的在于受让标的公司全部股权,在签订协议之前,祝某民、王某壮、郑某已对合同内容、标的公司经营状况及相应股权结构进行了调查和研究,协议所涉专利及商标等资产亦真实存在,事实上案涉股权也已经全部转让完成,并未使得行为人利益受到损失或者达不到订立合同的目的。因此,案涉《股权转让协议书》并不存在具有重大误解的情形”。

④ 《民法典》第926条第1款规定:“受托人以自己的名义与第三人订立合同时,第三人不知道受托人与委托人之间的代理关系的,受托人因第三人的原因对委托人不履行义务,受托人应当向委托人披露第三人,委托人因此可以行使受托人对第三人的权利。但是,第三人与受托人订立合同时如果知道该委托人就不会订立合同的除外。”

⑤ 《九民会议纪要》第2条第2款所说的“民法总则仅规定了显名代理,没有规定《合同法》第402条的隐名代理和第403条的间接代理”使用了“间接代理”的表述。

应当认定为商业行为人一般不会作出不利于自身的意思表示,该种影响合同订立意思表示的误解,一般应当认定构成重大误解”。

当然,需要注意的是,《民法典总则编解释》第 19 条第 1 款只是规定了认定重大误解的一种思路,并没有否定、也没有排除其他合理的认定标准。《民法典总则编解释》第 19 条第 1 款使用了“人民法院可以认定为……重大误解”的表述,而不是“民法典第一百四十七条所规定的重大误解,是指……”的表述①,也表明了这点。

(二)重大误解的主体

原则上,《民法典》第 147 条所说的“重大误解”的主体,指向的是在实施民事法律行为时,对相关事项存在重大误解并基于该重大误解实施了相关民事法律行为的行为人。

不过,在行为人的意思表示经由第三人转达的情形,如果第三人将行为人的意思表示转达给相对人的过程中出现了重大错误,也可以认定为行为人存在重大误解。对此,《民法典总则编解释》第 20 条规定:“行为人以其意思表示存在第三人转达错误为由请求撤销民事法律行为的,适用本解释第十九条的规定。”

(三)重大误解的对象

需要注意的是,《民法典》第 147 条所说的“基于重大误解实施的民事法律行为”省略了部分内容,其完整的表述应该是“基于对……的重大误解实施的民事法律行为”。

问题是,行为人对什么存在重大误解?即重大误解的对象是什么?根据《民法典总则编解释》第 19 条第 1 款所说的“行为人对行为的性质、对方当事人或者标的物的品种、质量、规格、价格、数量等产生错误认识,按照通常理解如果不发生该错误认识行为人就不会作出相应意思表示的,人民法院可以认定为民法典第一百四十七条规定的重大误解”,重大误解的对象应为“行为的内容”,即“行为的性质、对方当事人或者标的物的品种、质量、规格、价格、数量等”。事实上,原《民法通则》第 59 条第 1 款第 1 项②更是直接使用了“行为人对行为内容有重大误解”的表述。

也就是说,只要行为人对行为的任何内容(不论是行为的性质、对方当事人,还是标的物的品种、质量、规格、价格、数量等事项)产生了错误认识,并且按照通常理解如果不发生该错误认识行为人就不会作出相应的意思表示,就可以认定行为人实施民事

---

① 比如,《民法典物权编解释一》第 17 条第 1 款规定:“民法典第三百一十一条第一款第一项所称的‘受让人受让该不动产或者动产时’,是指依法完成不动产物权转移登记或者动产交付之时”;《民法典婚姻家庭编解释一》第 2 条规定:“民法典第一千零四十二条、第一千零七十九条、第一千零九十一条规定的‘与他人同居’的情形,是指有配偶者与婚外异性,不以夫妻名义,持续、稳定地共同居住”,第 20 条规定:“民法典第一千零五十四条所规定的‘自始没有法律约束力’,是指无效婚姻或者可撤销婚姻在依法被确认无效或者被撤销时,才确定该婚姻自始不受法律保护”,第 24 条规定:“民法典第一千零六十二条第一款第三项规定的‘知识产权的收益’,是指婚姻关系存续期间,实际取得或者已经明确可以取得的财产性收益。”

② 原《民法通则》第 59 条规定:“下列民事行为,一方有权请求人民法院或者仲裁机关予以变更或者撤销:(一)行为人对行为内容有重大误解的;(二)显失公平的。被撤销的民事行为从行为开始起无效。”

法律行为时存在重大误解。①

其中，就合同行为而言，结合《民法典》第487条关于对要约的内容作出实质性变更和第488条关于对要约的内容作出非实质性变更的规定②，当事人对合同的性质、对方当事人、合同的标的、数量、质量、价款或者报酬、履行期限、履行地点和方式、违约责任和解决争议方法等重要内容产生的错误认识，可以认定为存在重大误解。

比如，最高人民法院(2020)最高法民申4426号民事裁定书认为："《中华人民共和国民法总则》第一百四十七条规定：'基于重大误解实施的民事法律行为，行为人有权请求人民法院或者仲裁机构予以撤销。'重大误解是指行为人作出意思表示时，对涉及合同法律效果的重要事项存在认识上的显著缺陷，使得行为人利益受到损失或者达不到订立合同的目的，通常体现在因行为人过失而产生误解，对合同内容构成重大误解，且该误解与合同的订立或者合同条件存在因果关系。"

又如，在孙某等与陈某萍等民间借贷纠纷一案中，在认定"陈某萍、徐某蕾与孙某签订《借款及担保协议书》的真实意思是：孙某出借款项8080万元给陈某萍、徐某蕾，陈某萍、徐某蕾以该8080万元加上自有资金或另外借贷资金4920万元共计1.3亿元为对价取得48号地块的使用权。具体操作是：孙某以自己名义竞拍土地并向毕节市国土资源局支付1.3亿元土地款项、获得该块土地使用权，以该块土地使用权为财产担保，待陈某萍、徐某蕾还清孙某全部款项后再办理土地使用权转让过户手续。据此，该合同主要内容包括两部分，即借款内容和担保内容"，并认定"《借款及担保协议书》关于担保的约定内容违反法律效力性强制规定，应认定无效"和"《借款及担保协议书》关于借款的约定并未实际履行，不发生法律效力……该合同关于借款的约定内容部分属于成立而不成效的未生效约定。该未生效合同部分已不具备生效可能，系自始没有法律效力，在法律后果上可比照无效合同处理"的基础上，最高人民法院(2015)民一终字第149号民事判决书认为："当事人订立《债权债务清算协议》的前提是认为《借款及担保协议书》合法有效。如上所述，《借款及担保协议书》部分无效、部分未生效。因

① 比如，在朱某强与新疆生产建设兵团第九师某某农场城镇管理服务中心合同纠纷案中，新疆生产建设兵团第九师中级人民法院(2023)兵09民终97号民事判决书认为："根据《中华人民共和国民法典》第一百四十七条：'基于重大误解实施的民事法律行为，行为人有权请求人民法院或者仲裁机构予以撤销'的规定，重大误解是行为人因误解而作出的意思表示，其表示行为以错误认识为基础，从而导致内心真意与客观事实不相符，若未对相关事实产生误解，行为人不会有该行为的意思表示，本案中，因某某农场城镇管理服务中心对沥青路的归属陷入错误认识，导致合同签订时未意识到沥青路属某某农场资产，签订回购合同的行为与内心真实意思相悖，并因此遭受重大损失，属于对涉及回购合同的重要事项存在认识上的显著缺陷，即某某农场知晓沥青路属于自身资产，其不会作出有偿回购沥青路的意思表示。虽本案的起因是由于某某农场城镇管理服务中心工作人员自身工作过失所引起的错误认识，但该过失行为并不影响重大误解的构成。且朱某强作为沥青路的使用者，其在上诉状中陈述沥青路之前已经存在，可以证实朱某强明知沥青路不属于其名下资产，在合同签订时未能尽到合理的审慎义务。据此，某某农场作出有偿回购的行为符合重大误解的一般特征……"

② 《民法典》第488条规定："承诺的内容应当与要约的内容一致。受要约人对要约的内容作出实质性变更的，为新要约。有关合同标的、数量、质量、价款或者报酬、履行期限、履行地点和方式、违约责任和解决争议方法等的变更，是对要约内容的实质性变更"，第489条规定："承诺对要约的内容作出非实质性变更的，除要约人及时表示反对或者要约表明承诺不得对要约的内容作出任何变更外，该承诺有效，合同的内容以承诺的内容为准。"

此，陈某萍、徐某蕾签订《债权债务清算协议》时存在重大误解的情形”。

再如，人民法院案例库参考案例“黄某清与某银行执行复议案”［入库编号：2024-17-5-202-035，裁判文书：福州市中级人民法院（2023）闽 01 执复 208 号执行裁定书］的“裁判要旨”提出：“在对车辆的拍卖中，车辆的行车里程数是评判车辆价值的一个重要因素，也是竞买人参与竞拍意愿的一个重要考量。由于拍卖案涉车辆的文字说明、视频、照片展示以及瑕疵说明严重失实，致使竞买人产生重大误解，购买目的无法实现，且该失实的信息披露并不属于拍卖时的技术水平不能发现或者已经就相关瑕疵以及责任承担予以公示说明的情形，竞买人请求撤销网络司法拍卖的，符合《最高人民法院关于人民法院网络司法拍卖若干问题的规定》第三十一条的规定，人民法院应当支持。”

二、基于重大误解实施的民事法律行为的效力

（一）属于可撤销的民事法律行为

由于《民法典》第 147 条使用了“基于重大误解实施的民事法律行为，行为人有权请求人民法院或者仲裁机构予以撤销”的表述，因此，行为人基于对行为的内容存在的重大误解所实施的民事法律行为，属于可撤销的民事法律行为，行为人享有请求法院或仲裁机构予以撤销的权利，即《民法典》第 152 条所说的“撤销权”。

（二）撤销事由

《民法典》第 147 条所说的“基于重大误解实施”民事法律行为，即为撤销事由。也就是，只有对行为的内容存在具有重大性的误解并基于该重大误解实施了相应的民事法律行为，才属于《民法典》第 147 条规定的撤销事由；虽然存在误解但不构成重大误解的，或者虽然存在重大误解但所实施的民事法律行为并非基于该重大误解实施的，不属于《民法典》第 147 条规定的撤销事由。

当然，主张行使撤销权的主体对其“基于对行为的内容存在重大误解并基于该重大误解实施了相应的民事法律行为”负有举证证明责任。对此，《民法典总则编解释》第 19 条第 2 款也规定：“行为人能够证明自己实施民事法律行为时存在重大误解，并请求撤销该民事法律行为的，人民法院依法予以支持……”

比如，在北京某某国际文化交流服务有限公司、江西某某文化发展有限公司与江西省某某中心、江西省某某馆、程某金房屋租赁合同纠纷案中，针对北京某某公司、江西某某公司提出的“江西省某某馆隐瞒案涉租赁物的权属，致使北京某某公司、江西某某公司产生重大误解，其有权请求撤销案涉《租赁合同》并主张合同相对方退还其已支付租金、赔偿相应损失”的主张，最高人民法院（2021）最高法民申 7102 号民事裁定书认为：“《中华人民共和国民法总则》第一百四十七条规定，基于重大误解实施的民事法律行为，行为人有权请求人民法院或者仲裁机构予以撤销。北京某某公司、江西某某公司在本案中是否有权以重大误解为由主张撤销案涉《租赁合同》，取决于江西省某某馆是否隐瞒了案涉租赁物的权属情况，并因此造成北京某某公司、江西某某公司对案涉《租赁合同》的签订产生重大误解。一般而言，因重大误解而签订的合同，具有以下

特征:对于合同自身或合同标的物的本质、性质存在误解,直接影响到当事人享有权利、承担义务以及合同目的的实现,或合同一旦履行会导致误解方遭受重大损失等。从本案合同的签订来看,案涉租赁物的招租公告中已经明确载明'系江西省某某中心资产',即江西省某某馆作为出租人并未隐瞒案涉租赁物的权属,北京某某公司、江西某某公司并无证据证明江西省某某馆存在隐瞒行为并导致其产生误解。从合同的效力来看,根据合同法第二百一十三条规定,出租人是否系租赁物的所有权人以及对租赁物是否具有管理使用权,并不影响租赁合同的效力,故案涉《租赁合同》合法有效。从合同的履行来看,北京某某公司签订案涉《租赁合同》的目的在于承租案涉租赁物。在该合同签订后,江西省某某馆完成了交付租赁物的合同义务,北京某某公司、江西某某公司已实际占有、使用该租赁物,且无其他权利人对此提出异议,并不存在合同目的无法实现的情形。此外,北京某某公司、江西某某公司因无法按约支付租赁费而导致合同解除,即北京某某公司、江西某某公司所遭受的损失并非其所称的'误解'所致。简言之,案涉《租赁合同》合法有效,北京某某公司、江西某某公司签订该合同的目的可以实现并且已经实现,且不存在因所谓'误解'导致的重大损失,故其主张因存在重大误解撤销案涉《租赁合同》,缺乏事实和法律依据。"

(三)撤销权的权利人

由于《民法典》第147条使用了"基于重大误解实施的民事法律行为,行为人有权请求……予以撤销"的表述,因此,"行为人",即对行为的内容存在重大误解并且基于重大误解实施了相应的民事法律行为的主体,才是撤销权的权利人,不包括不存在重大误解的民事主体以及虽然存在重大误解但没有基于重大误解实施民事法律行为的主体。

其中,如果各方当事人均对相关事项存在重大误解并且均基于重大误解实施了相应的民事法律行为,那么,各方当事人可能均属于《民法典》第147条所说的"行为人",均为撤销权的权利人。这跟《民法典》第148条和第149条针对欺诈行为仅规定"受欺诈方",第150条针对胁迫行为仅规定"受胁迫方"和第151条针对显失公平行为仅规定"受损害方"享有撤销权是不同的。

但是,并非所有对行为的内容存在重大误解并且基于重大误解实施了相应的民事法律行为的主体,都能被认定为撤销权的权利人。比如,《民法典总则编解释》第19条第2款规定:"行为人能够证明自己实施民事法律行为时存在重大误解,并请求撤销该民事法律行为的,人民法院依法予以支持;但是,根据交易习惯等认定行为人无权请求撤销的除外。"其中的但书条款意味着,存在根据交易习惯或其他依据认定行为人不享有撤销权的可能。

(四)有权撤销的主体

需要注意的是,撤销权的权利人自身并不能直接撤销基于重大误解实施的民事法律行为,而需要请求法院或仲裁机构予以撤销。法院(适用于当事人之间不存在仲裁协议的情形)或仲裁机构(适用于当事人之间存在仲裁协议的情形)才是有权撤销相关民事法律行为的主体,其他主体(包括当事人自身)不享有撤销相关民事法律行为的职权或权利。这跟《民法典》第 145 条针对限制民事行为能力人的相对人所说的“[限制民事行为能力人实施的其他]民事法律行为被追认前,善意相对人有撤销的权利。撤销应当以通知的方式作出”和第 171 条针对无权代理人的相对人所说的“行为人实施的行为被追认前,善意相对人有撤销的权利。撤销应当以通知的方式作出”是不一样的,跟《民法典》第 658 条第 1 款、第 663 条第 1 款和第 664 条第 1 款针对赠与的撤销直接使用了“赠与人可以撤销赠与”或“赠与人的继承人或者法定代理人可以撤销赠与”的表述①也是不一样的。

对此,最高人民法院(2019)最高法民申 2898 号民事裁定书认为:“可撤销合同属于‘未决的生效’,即原则上生效(被撤销前仍然有效),但可因当事人申请撤销而自始没有法律约束力,对于可撤销合同效力的最终决定,当事人自身难以全部完成,须诉诸人民法院或者仲裁机构。”

也因此,《民法典》总则编本身没有针对就特定民事法律行为享有撤销权的主体直接使用“撤销权人”的表述②,以与“有权撤销民事法律行为”的法院或裁判机构相区分。

需要注意的是,法院或仲裁机构须依当事人的申请作出撤销相关民事法律行为的裁判(判决或裁决),而不能主动进行撤销。《民法典》第 147 条使用的表述“请求人民法院或者仲裁机构予以撤销”,也表明了这点。此外,《九民会议纪要》第 42 条也明确规定:“【撤销权的行使】撤销权应当由当事人行使。当事人未请求撤销的,人民法院不应当依职权撤销合同。”

(五)撤销权的行使方式

由于《民法典》第 147 条使用了“行为人有权请求人民法院或者仲裁机构予以撤销”的表述,因此,撤销权的行使必须通过向法院提起诉讼或向仲裁机构申请仲裁的方

---

① 《民法典》第 658 条第 1 款规定:“赠与人在赠与财产的权利转移之前可以撤销赠与”,第 663 条第 1 款规定:“受赠人有下列情形之一的,赠与人可以撤销赠与:(一)严重侵害赠与人或者赠与人近亲属的合法权益;(二)对赠与人有扶养义务而不履行;(三)不履行赠与合同约定的义务”,第 664 条第 1 款规定:“因受赠人的违法行为致使赠与人死亡或者丧失民事行为能力的,赠与人的继承人或者法定代理人可以撤销赠与。”

② 事实上,整部《民法典》也只在第 665 条针对赠与的撤销使用了“撤销权人”的表述:“撤销权人撤销赠与的,可以向受赠人请求返还赠与的财产。”最高人民法院民二庭 2019 年 8 月公布的《全国法院民商事审判工作会议纪要(最高人民法院民二庭向社会公开征求意见稿)》第 39 条也曾使用“撤销权人”的表述,但正式通过的《九民会议纪要》第 42 条没有采用“撤销权人”的表述,而是使用了“撤销权应当由当事人行使”的表述。

式行使,这跟选择权[①]、解除权[②]或抵销权[③]的行使方式是不一样的。

当然,在诉讼中,撤销权的权利人也可以提出其实施的民事法律行为具有可撤销事由的抗辩。对此,《九民会议纪要》第42条规定了:"……一方请求另一方履行合同,另一方以合同具有可撤销事由提出抗辩的,人民法院应当在审查合同是否具有可撤销事由以及是否超过法定期间等事实的基础上,对合同是否可撤销作出判断,不能仅以当事人未提起诉讼或者反诉为由不予审查或者不予支持……"

(六)撤销权的行使期限

《民法典》第147条规定的撤销权在性质上属于形成权[④],其行使受到《民法典》第152条规定的行使期限的约束,即:一是当事人自知道或者应当知道撤销事由之日起1年内没有行使撤销权的,撤销权消灭;二是当事人知道撤销事由后明确表示放弃撤销权或者以自己的行为表明放弃撤销权的,撤销权消灭;三是当事人自民事法律行为发生之日起5年内没有行使撤销权的,撤销权消灭。也因此,即使属于《民法典》第147条所说的"基于重大误解实施的民事法律行为",如果行为人在法定的撤销权行使期限届满之后才请求人民法院或者仲裁机构撤销该民事法律行为,那么,其请求也得不到支持。

此外,根据《民法典》第199条所说的"法律规定或者当事人约定的撤销权……的存续期间,除法律另有规定外,自权利人知道或者应当知道权利产生之日起计算,不适用有关诉讼时效中止、中断和延长的规定。存续期间届满,撤销权……消灭",《民法典》第147条规定的撤销权,并非请求权,不适用诉讼时效制度。

(七)是否存在不可撤销的例外

针对基于重大误解实施的民事法律行为,《民法典》和《民法典总则编解释》都没有规定不可撤销的例外情形。

需要注意的是,《民法典总则编解释》第19条第2款所说的"行为人能够证明自己实施民事法律行为时存在重大误解,并请求撤销该民事法律行为的,人民法院依法予以支持;但是,根据交易习惯等认定行为人无权请求撤销的除外"中的但书条款,规定

① 《民法典》第516条第1款规定:"当事人行使选择权应当及时通知对方,通知到达对方时,标的确定。标的确定后不得变更,但是经对方同意的除外。"

② 《民法典》第565条规定:"当事人一方依法主张解除合同的,应当通知对方。合同自通知到达对方时解除;通知载明债务人在一定期限内不履行债务则合同自动解除,债务人在该期限内未履行债务的,合同自通知载明的期限届满时解除。对方对解除合同有异议的,任何一方当事人均可以请求人民法院或者仲裁机构确认解除行为的效力。当事人一方未通知对方,直接以提起诉讼或者申请仲裁的方式依法主张解除合同,人民法院或者仲裁机构确认该主张的,合同自起诉状副本或者仲裁申请书副本送达对方时解除。"

③ 《民法典》第568条规定:"当事人互负债务,该债务的标的物种类、品质相同的,任何一方可以将自己的债务与对方的到期债务抵销;但是,根据债务性质、按照当事人约定或者依照法律规定不得抵销的除外。当事人主张抵销的,应当通知对方。通知自到达对方时生效。抵销不得附条件或者附期限。"

④ 比如,最高人民法院(2018)最高法民申2582号民事裁定书认为:"《中华人民共和国合同法》第五十五条规定:'有下列情形之一的,撤销权消灭:(一)具有撤销权的当事人自知道或者应当知道撤销事由之日起1年内没有行使撤销权;(二)具有撤销权的当事人知道撤销事由后明确表示或者以自己的行为放弃撤销权。'撤销权属于形成权,适用除斥期间。"

的并非基于重大误解实施的民事法律行为的不可撤销制度,而只是明确了特定的行为人不享有撤销权。

当然,根据《民法典》第 11 条关于“其他法律对民事关系有特别规定的,依照其规定”的规定和《立法法》第 103 条关于“同一机关制定的法律、行政法规、地方性法规、自治条例和单行条例、规章,特别规定与一般规定不一致的,适用特别规定;新的规定与旧的规定不一致的,适用新的规定”的规定,其他法律针对基于重大误解实施的民事法律行为明确规定不可撤销的例外情形,也不是不可以。

第一百四十八条　【受对方当事人欺诈实施的民事法律行为的撤销】一方以欺诈手段,使对方在违背真实意思的情况下实施的民事法律行为,受欺诈方有权请求人民法院或者仲裁机构予以撤销。

【条文通释】

《民法典》第 148 条是关于受对方当事人欺诈实施的民事法律行为的撤销[①]的规定。

一、欺诈行为的认定与分类

(一)欺诈行为的认定

《民法典》本身没有规定“欺诈”的含义。有关欺诈的认定标准,主要是由《民法典总则编解释》规定的。

《民法典总则编解释》第 21 条规定:“故意告知虚假情况,或者负有告知义务的人故意隐瞒真实情况,致使当事人基于错误认识作出意思表示的,人民法院可以认定为民法典第一百四十八条、第一百四十九条规定的欺诈。”据此,以下两种行为,均属欺诈行为:一是行为人故意告知一方当事人虚假情况;二是负有告知义务的人故意向当事人一方隐瞒真实情况。

也就是说,就欺诈方而言,欺诈的认定须以欺诈方在主观上具有欺诈的故意和使受欺诈方产生错误认识的目的(或意图)[②],并在客观上实施了欺诈的行为为要件。至于欺诈的表现形式,既可以是故意告知虚假情况,也可以是故意隐瞒真实情况;其中,前者不要求欺诈方负有告知义务,后者则要求欺诈方负有告知义务。

由此看来,《民法典总则编解释》第 21 条有关欺诈行为的认定,采取了更为严格的思路,不仅要求考察欺诈方“故意告知虚假情况,或者负有告知义务的人故意隐瞒真实

---

① 全国人民代表大会常务委员会时任副委员长李建国 2017 年 3 月 8 日在第十二届全国人民代表大会第五次会议上作的《关于〈中华人民共和国民法总则(草案)〉的说明》使用了“欺诈行为的撤销”的表述。

② 最高人民法院(2021)最高法民申 2322 号民事裁定书也认为:“欺诈是指以使人发生错误认识为目的的故意行为,当事人由于他人的故意的错误陈述,发生认识上的错误而为意思表示,即构成因受欺诈而为的民事行为。”

情况”,还要求考察受欺诈方“基于错误认识作出意思表示”这一“既遂”的结果。①

当然,需要注意的是,《民法典总则编解释》第 21 条只是规定了认定欺诈的一种思路,并没有否定、也没有排除其他合理的认定标准;《民法典总则编解释》第 21 条使用了“人民法院可以认定为……欺诈”的表述,而不是“民法典第一百四十八条、第一百四十九条规定的欺诈,是指……”的表述②,也表明了这点。

还需注意的是,在《民法典总则编解释》自 2022 年 3 月 1 日起施行之后,不论是原《民通意见》(已废止)第 68 条所说的“一方当事人故意告知对方虚假情况,或者故意隐瞒真实情况,诱使对方当事人作出错误意思表示的,可以认定为欺诈行为”,还是《全国法院贯彻实施民法典工作会议纪要》(法〔2021〕94 号)第 3 条所说的“故意告知虚假情况,或者故意隐瞒真实情况,诱使当事人作出错误意思表示的,人民法院可以认定为民法典第一百四十八条、第一百四十九条规定的欺诈”,均不应继续作为认定欺诈的依据。

(二)欺诈行为的分类

按照欺诈方是否为当事人,可以将欺诈行为区分为对方当事人实施的欺诈行为和第三人实施的欺诈行为。与此相对应,《民法典》第 148 条规定了受当事人欺诈实施的民事法律行为的撤销制度,第 149 条规定了受第三人欺诈实施的民事法律行为的撤销制度。

需要注意的是,由于《民法典》第 148 条使用了“一方以欺诈手段,使对方……受欺诈方……”的表述,第 149 条使用了“第三人实施欺诈行为,使一方……对方知道或者应当知道该欺诈行为的,受欺诈方……”的表述,因此,作为欺诈方的主体应为受欺诈方的对方当事人或第三人,不包括同属欺诈方一方的当事人;受并非对方当事人的同一方当事人欺诈,不属于《民法典》第 148 条规定的欺诈行为。

二、受对方当事人欺诈实施的民事法律行为的认定

“欺诈行为”与“受欺诈实施的民事法律行为”是不同的概念:前者的行为人是欺诈方,后者的行为人则是受欺诈方。《民法典》第 148 条所说的“一方以欺诈手段,使对方

---

① 实务中,有裁判意见从行为内容是否具有重大性来判断是否构成欺诈的。比如,在酒泉某厦建业有限责任公司与甘肃某光新天地农产品有限公司建设工程施工合同纠纷案中,针对某厦公司提出的“某光公司在招投标时提交的白图与实际施工的蓝图之间工程量和内容存在差距,构成欺诈,诉请撤销双方之间的《建设工程施工合同》”的主张,甘肃省高级人民法院(2021)甘民终 251 号民事判决书认为:“案涉《建设工程施工合同》是经过招投标程序后签订。虽然在招投标时某光公司提供的是白图,在合同签订后才提供的蓝图进行的施工。但白图与蓝图的工程范围和内容并不存在实质性差距,工程量经一审法院委托司法鉴定相差仅为 761707.7 元,不构成欺诈”。

② 比如,《民法典物权编解释一》第 17 条第 1 款规定:“民法典第三百一十一条第一款第一项所称的‘受让人受让该不动产或者动产时’,是指依法完成不动产物权转移登记或者动产交付之时”;《民法典婚姻家庭编解释一》第 2 条规定:“民法典第一千零四十二条、第一千零七十九条、第一千零九十一条规定的‘与他人同居’的情形,是指有配偶者与婚外异性,不以夫妻名义,持续、稳定地共同居住”,第 20 条规定:“民法典第一千零五十四条所规定的‘自始没有法律约束力’,是指无效婚姻或者可撤销婚姻在依法被确认无效或者被撤销时,才确定该婚姻自始不受法律保护”,第 24 条规定:“民法典第一千零六十二条第一款第三项规定的‘知识产权的收益’,是指婚姻关系存续期间,实际取得或者已经明确可以取得的财产性收益。”

在违背真实意思的情况下实施的民事法律行为”，即为受对方当事人欺诈实施的民事法律行为。至于虽然对方当事人实施了欺诈行为，但一方当事人并未受此影响而实施的符合其真实意思的民事法律行为，不属于受对方当事人欺诈实施的民事法律行为。

根据《民法典》第 148 条所说的“一方以欺诈手段，使对方在违背真实意思的情况下实施的民事法律行为”和《民法典总则编解释》第 21 条所说的“故意告知虚假情况，或者负有告知义务的人故意隐瞒真实情况，致使当事人基于错误认识作出意思表示的，人民法院可以认定为民法典第一百四十八条……规定的欺诈”，受对方当事人欺诈实施的民事法律行为违背了受欺诈方的真实意思，属于意思表示不自由、意思表示不真实①、表示与意思不一致的行为，其构成要件包括：

一是对方当事人（即欺诈方）故意对一方当事人（即受欺诈方）实施了欺诈行为，包括欺诈方故意向受欺诈方告知虚假情况或欺诈方在负有告知义务的情况下故意对受欺诈方隐瞒真实情况，或同时实施了前述两种欺诈行为②。

二是一方当事人（即受欺诈方）实施了相应的民事法律行为。

三是一方当事人（即受欺诈方）实施的民事法律行为与自己的内心真实意思相违背，而不仅仅是与其内心真实意思不一致。

四是一方当事人（即受欺诈方）实施该民事法律行为与对方当事人（即欺诈方）的欺诈行为之间存在因果关系，即：如果对方当事人没有对一方当事人实施欺诈行为，该一方当事人就不会实施该民事法律行为。

比如，针对受当事人欺诈订立的合同的认定，最高人民法院（2015）民三终字第 8 号民事判决书（载《最高人民法院公报》2018 年第 1 期）认为：“判断一个合同是否构成合同法第五十四条第二款所规定的欺诈情形下订立的合同，既要看被诉欺诈的一方是否实施了欺诈行为，也要看主张被欺诈的一方是否因欺诈而陷于错误判断，并基于该错误判断做出了违背自己真意的意思表示，二者缺一不可。若被诉欺诈的一方本就未实施欺诈行为，合同自然不能因欺诈而予变更或撤销；但即便被诉欺诈的一方实施了欺诈行为，只要另一方未因欺诈而陷于错误判断，其意思表示仍与其真实意思相符，那么合同的订立并不违反意思自治原则，该合同也就不能因此而予变更或撤销”。

又如，最高人民法院（2019）最高法知民终 469 号民事判决书认为：“《中华人民共和国民法总则》第一百四十八条规定，一方以欺诈手段，使对方在违背真实意思的情况下实施的民事法律行为，受欺诈方有权请求人民法院或者仲裁机构予以撤销。欺诈是指故意陈述虚假事实或故意隐瞒真实信息；基于受欺诈人的请求而可被撤销的行为还

---

① 比如，北京市高级人民法院（2021）京民终 386 号民事判决书认为：“受欺诈方是因对方的欺诈行为而陷入内心错误，进而因内心错误而作出了错误的意思表示，因此可撤销合同一定是意思表示不真实的合同”。

② 比如，人民法院案例库参考案例“广东某乙公司诉某甲生物公司股权转让纠纷案”［入库编号：2023-16-2-269-004，裁判文书：最高人民法院（2021）最高法民申 1599 号民事裁定书］的“裁判要旨”提出：“股权转让合同纠纷中，目标公司存在虚增银行存款、利润情况不真实、虚构应收账款以及隐瞒担保及负债等情形，目标公司的实际控制人及股东故意提供虚假信息、隐瞒真实情况，对投资人接受股权转让条件构成欺诈，目标公司的实际控制人及股东需对其签订《购买资产协议》中存在的欺诈行为和自己的其他行为承担责任”。

需要满足‘在违背真实意思的情况下实施’这一条件”。①

再如，在沈阳某朋科技有限公司与沈阳市某达教育科技有限公司计算机软件开发合同纠纷案中，最高人民法院(2019)最高法知民终469号民事判决书认为：“《中华人民共和国民法总则》第一百四十八条规定，一方以欺诈手段，使对方在违背真实意思的情况下实施的民事法律行为，受欺诈方有权请求人民法院或者仲裁机构予以撤销。欺诈是指故意陈述虚假事实或故意隐瞒真实信息；基于受欺诈人的请求而可被撤销的行为还需要满足‘在违背真实意思的情况下实施’这一条件。因此，在认定某朋公司与某达公司签订的《[某某宝应用]服务合同》是否应被撤销的问题上，应将某朋公司是否存在欺诈行为与该行为是否导致某达公司在违背真实意思的情况下与其签约综合起来判断。本案中，某达公司作为一家从事教育服务的企业，其基于对某某宝平台的了解和信任，意图通过分析、利用该平台上的信息和数据来推广自己的教育服务。因某某宝平台为小程序免费开放有上传端口，则实现该目的的方法既可以是某达公司自行编写程序上传至某某宝平台，并为该小程序申请注册自行选定的名称；也可以是委托第三方公司协助完成上述工作。在决定是自行完成还是委托第三方协助，以及选择哪一家第三方公司协助时，第三方公司的小程序开发水平、注册小程序名称的成功率，以及收费情况都将成为某达公司审查和考量的重点内容。因“某某开放平台”在辽宁省沈阳市的服务商共有三家企业，某朋公司仅为其中之一，则以上三个方面也是其与另外两家企业相互竞争、争取客户时需要着重宣传的部分。然而，某朋公司在针对某达公司的招商和签约过程中，并未就上述问题作出如实陈述。某朋公司在招商过程中故意隐瞒了其并未与某某宝签订有合作合同或取得了授权证书的事实，并在招商所演示的PPT中刻意回避了对该公司开发和上传小程序的能力介绍，而是利用宣传‘某某宝应用’的市场前景来为自己招揽客户。签约过程中，某朋公司制作了服务合同及确认书的格式文本，其中大量使用的‘某某宝应用’或‘某某宝沈阳服务中心’字样向另一方签约主体某达公司反复提示和强调着某朋公司与某某宝之间具有极为密切的合作关系。虽然某朋公司将此冠名方式解释为‘小程序服务行业对经销商的一种称谓’，但并未举证证明在企业名称前冠以某平台小程序‘服务中心’的字样已在小程序服务行业内成为从事小程序开发及上传服务商家的惯常做法。相反，正是出于对上述极为密切合作关系的错误认识，某达公司忽略了审查某朋公司的小程序开发水平和收费19900元的合理性，误以为仅凭借某朋公司与某某宝的极为密切合作关系就能使某朋公司在小程序的开发质量、上传效率和名称注册成功率方面达到优于某达公司自行完成或交由其他服务商协助的效果，并由此决定与某朋公司签订《[某某宝应用]服务合同》和支付19900元服务费。因此，虽然某朋公司确未向某达公司直接表述自己是某某宝设立在

① 在西藏某华实业发展有限公司与郭某房屋租赁合同纠纷案中，西藏自治区高级人民法院(2021)藏民再9号民事判决书也认为：“退一步讲，即便西藏某华公司针对案涉房屋面积存在欺诈，但案涉合同要符合可撤销的条件，仍应满足该欺诈行为导致郭某违背真实的意思表示而签订案涉合同。结合本案，虽然案涉合同约定的租金及物业服务费的计付依据均为房屋面积，但根据郭某在合同订立及履行过程中并未对房屋面积这一合同要素引起足够重视可以看出，仅因案涉房屋实际面积与约定面积不符并不足以导致合同目的不能实现。对此，郭某自认其在2018年12月知悉案涉房屋实际面积与约定不符，但其直至西藏某华公司以欠付租金等费用为由将其诉至一审法院后方才提起撤销权主张的事实亦可予以佐证”。

辽宁省沈阳市的线下服务中心，但其在招商和签约过程中隐瞒客观事实、传递虚假信息的多个行为综合起来已使某达公司产生了错误认识，并基于该错误认识而与某朋公司签订《[某某宝应用]服务合同》，则某朋公司的上述行为对某达公司构成欺诈。某朋公司关于其不存在欺诈行为的上诉主张因与事实不符而不能成立。”

需要注意的是，受欺诈方是否实际发生了损失以及损失的大小，均不影响受对方当事人欺诈实施的民事法律行为的认定。①

还需注意的是，一方当事人受对方当事人和第三人共同实施欺诈实施的民事法律行为，也属于《民法典》第 148 条所说的“一方以欺诈手段，使对方在违背真实意思的情况下实施的民事法律行为”。

三、受对方当事人欺诈实施的民事法律行为的效力

(一)原则上属于可撤销的民事法律行为

由于《民法典》第 148 条使用了“一方以欺诈手段，使对方在违背真实意思的情况下实施的民事法律行为，受欺诈方有权请求人民法院或者仲裁机构予以撤销”的表述，因此，原则上，受对方当事人欺诈所实施的民事法律行为，属于可撤销的民事法律行为，受欺诈方享有请求法院或仲裁机构撤销该民事法律行为的权利，即《民法典》第 152 条所说的“撤销权”。

就其背后的原因而言，最高人民法院(2015)民三终字第 8 号民事判决书(载《最高人民法院公报》2018 年第 1 期)认为：“因受欺诈而违背自己真实意思订立的合同之所以可以被……撤销，是因为该类合同的订立有违意思自治原则。意思自治，一方面意味着民事主体有权在法律规定的范围内，依其意思自由创设、变更、终止民事法律关系；另一方面也意味着其须为自己创设、变更、终止民事法律关系的行为承担责任。但‘责任’须以‘真意’为前提和范围，民事主体不应为并非自己真意，或超出自己真意范围的意思表示承担责任。因此，判断一个合同是否构成合同法第五十四条第二款所规定的欺诈情形下订立的合同，既要看被诉欺诈的一方是否实施了欺诈行为，也要看主张被欺诈的一方是否因欺诈而陷于错误判断，并基于该错误判断做出了违背自己真意的意思表示，二者缺一不可。若被诉欺诈的一方本就未实施欺诈行为，合同自然不能因欺诈而予……撤销；但即便被诉欺诈的一方实施了欺诈行为，只要另一方未因欺诈而陷于错误判断，其意思表示仍与其真实意思相符，那么合同的订立并不违反意思自治原则，该合同也就不能因此而予……撤销”。

---

① 比如，天津市高级人民法院(2021)津民终 927 号民事判决书认为：“根据《中华人民共和国民法典》第一百四十八条规定，一方以欺诈手段，使对方在违背真实意思的情况下实施的民事法律行为，受欺诈方有权请求人民法院或者仲裁机构予以撤销。据此，受欺诈的民事法律行为可撤销需满足以下条件：1. 欺诈方具有欺诈的故意；2. 欺诈方实施了欺诈行为；3. 受欺诈方因欺诈而作出错误意思表示”；福建省高级人民法院(2021)闽民再 183 号民事判决书认为：“《民法总则》和《合同法》中规定的使受欺诈方违背真实意思表示作出民事法律行为的欺诈，均应满足以下构成要件：第一，行为人有欺诈的故意；第二，行为人有欺诈的行为；第三，欺诈的行为与引起、强化或维持相对人的错误认识之间存在因果关系；第四，相对人基于该错误认识作出了违背真实意思的意思表示”。

需要注意的是，与原《合同法》第54条第2款针对受对方当事人欺诈订立的合同规定了"受损害方有权请求人民法院或者仲裁机构变更或者撤销"不同，《民法典》第148条针对受对方当事人欺诈实施的民事法律行为(包括订立的合同)仅规定了"受欺诈方有权请求人民法院或者仲裁机构予以撤销"，因此，受欺诈方不享有请求法院或仲裁机构对受对方当事人欺诈所实施的民事法律行为进行变更的权利，该民事法律行为也不属于可由裁判机构予以变更的民事法律行为。

还需注意的是，并非所有受欺诈的民事法律行为都只是可撤销的民事法律行为，在法律明确规定特定的受欺诈的民事法律行为无效的情况下，应当将该民事法律行为认定为无效的民事法律行为。比如，针对受欺诈订立的遗嘱行为，《民法典》第1143条第2款规定："遗嘱必须表示遗嘱人的真实意思，受欺诈、胁迫所立的遗嘱无效。"①

(二)撤销事由

《民法典》第148条所说的"一方以欺诈手段，使对方在违背真实意思的情况下实施"民事法律行为，即为撤销事由。

根据《民事诉讼法》第67条第1款②和《民诉法解释》第90条、第91条、第109条③的规定，受欺诈方应当对受对方当事人欺诈实施民事法律行为的构成要件承担举证证明责任并达到排除合理怀疑的证明标准；否则，其主张可能得不到支持。

比如，在上海金某某利资产管理有限公司与深圳某思十八期股权投资基金合伙企业(有限合伙)、深圳某思基金管理有限公司等合伙协议纠纷案中，最高人民法院(2018)最高法民终539号民事判决书认为："首先，某思基金与金某某利公司签订《合伙协议》约定成立有限合伙企业，对外进行股权、债权或组合投资，明确约定了投资目标为丰某某业公司，企业所募集的资金用于丰某某业公司的宝某寺项目。金某某利公司向某思十八期缴纳出资49230万元款项后，某思十八期与某某银行股份有限公司深圳上步支行、丰某某公司签订了《人民币委托贷款合同》，通过委托贷款方式将49230万元转贷给丰某某业公司。可见，某思基金已经按照《合伙协议》约定，将某思十八期募集的资金投入了协议约定的投资目标丰某某业公司，并无欺诈金某某利公司的行为。其次，根据上海市高级人民法院(2016)刑沪终42号刑事判决所认定的事实，即某思基金的实际控制人李某刚与丰某某业公司的实际控制人李某锋策划由某思基金通过设立某思十八期向李某刚实际控制的丰某某业公司名下的宝某寺项目投资，可以认

---

① 当然，遗嘱属于无相对人的民事法律行为，与《民法典》第148条适用于有相对人的民事法律行为是不同的。

② 《民事诉讼法》第67条第1款规定："当事人对自己提出的主张，有责任提供证据。"

③ 《民诉法解释》第90条规定："当事人对自己提出的诉讼请求所依据的事实或者反驳对方诉讼请求所依据的事实，应当提供证据加以证明，但法律另有规定的除外。在作出判决前，当事人未能提供证据或者证据不足以证明其事实主张的，由负有举证证明责任的当事人承担不利的后果"，第91条规定："人民法院应当依照下列原则确定举证证明责任的承担，但法律另有规定的除外：(一)主张法律关系存在的当事人，应当对产生该法律关系的基本事实承担举证证明责任；(二)主张法律关系变更、消灭或者权利受到妨害的当事人，应当对该法律关系变更、消灭或者权利受到妨害的基本事实承担举证证明责任"，第109条规定："当事人对欺诈、胁迫、恶意串通事实的证明，以及对口头遗嘱或者赠与事实的证明，人民法院确信该待证事实存在的可能性能够排除合理怀疑的，应当认定该事实存在。"

定该二人在《合伙协议》订立前协商达成的合意与《合伙协议》约定投资丰某某业公司宝某寺项目的合同目的一致。另外，根据金某某利公司在二审期间举示的上海市高级人民法院(2016)刑沪终 42 号刑事案件复印材料中李某刚和李某锋等人的笔录，亦无该二人在事前合谋的供述。因此，尽管丰某某业公司实际控制人李某锋在收到某思十八期的贷款后将大部分资金挪用，但根据目前查明的事实尚不能证明某思基金在与金某某利公司签订《合伙协议》之前即与李某锋形成了挪用基金款项的合意。最后，关于某思基金在与金某某利公司签订《合伙协议》之前提供的《尽职调查报告》是否存在虚构事实和隐瞒真相的问题。《尽职调查报告》系某思基金对其拟开展项目的一个整体介绍而非邀约。该报告宣称"某思基金团队管理资产规模 30 亿元以及某某银行深圳分行累计为其发行近 10 亿元私募基金"，无论是否存在对自身实力的不合理夸大，金某某利公司作为专业的基金投资公司，在作出上亿元资金投入前均负有必要的注意义务，应对某思基金的真实实力进行必要的核实。《尽职调查报告》作出了'资金通过委托贷款进入丰某某业公司账户后，将转入由政府设立的'官渡区宝某寺城中村改造项目指挥部'专用账户并由政府监管使用，专项用于宝某寺项目的征地拆迁，从而保证委托贷款的资金安全'的介绍，但资金在进入丰某某业公司账户后，丰某某业公司并未转入政府设立的账户并专项用于宝某寺项目，此为实际履行过程中发生的客观事实，但不能仅凭此认定某思基金在作出《尽职调查报告》时即明知资金进入丰某某业公司账户后不会进入指挥部专用账户，且不会专款专用。《尽职调查报告》对于还款来源和债务人资产规模的陈述仅仅是根据当时的情况对未来还款保证所作的预估，不能以此后的实际情况来推定吾思基金在作出《尽职调查报告》时即存在故意虚构和隐瞒真实情况的行为。关于《尽职调查报告》中对丰某某业公司及其还款保证人的资产规模的陈述，金某某利公司并未提供证据证明某思基金关于债务人资产状况的陈述系故意虚构。就债务人的负债规模而言，结合《尽职调查报告》作出的时间和债务人及还款保证人对外债务的发生时间来看，《尽职调查报告》是在 2013 年 6 月作出的，而债务人及还款保证人的部分债务是发生在《尽职调查报告》作出及《合伙协议》订立之后，其中包括 2013 年 7 月 23 日丰某某业公司的实际控制人李某锋和法定代表人张某新向杨某勋所借的 2.1 亿元。因此，金某某利公司主张某思基金在《尽职报告》中故意隐瞒债务人债务规模的事实不成立。综上，金某某利公司主张《合伙协议》系因为受到某思基金的欺诈陷入错误进而在错误的基础上违背其真实意愿所订立的，缺乏足够的证据予以证明。一审判决认定《合伙协议》并非基于欺诈而订立并无不当，金某某利公司以《合伙协议》存在欺诈为由要求撤销的上诉请求应予驳回。"

又如，在西藏某华实业发展有限公司与郭某房屋租赁合同纠纷案中，西藏自治区高级人民法院(2021)藏民再 9 号民事判决书认为："《最高人民法院关于适用〈中华人民共和国民事诉讼法〉的解释》第一百零九条规定：'当事人对欺诈、胁迫、恶意串通事实的证明，以及对口头遗嘱或者赠与事实的证明，人民法院确信该待证事实存在的可能性能够排除合理怀疑的，应当认定该事实的存在。'上述规定对于认定欺诈的证明标准作出了高于一般民事案件'待证事实存在具有高度可能性证明标准'的特别证明标准。本案中，虽然约定的面积与房屋实际面积不一致，但现有证据无法证明西藏某华公司存在欺诈的故意这一待证事实存在的可能性能够排除合理怀疑。首先，根据案涉合同的约定及当事人的陈述,郭某在签订案涉合同前曾察看案涉租赁房屋,合同签订后,西藏某华公司亦向郭某提供了案涉房屋的图纸,且该公司在合同签订及履行过程中并没有阻止郭某对案涉房屋面积进行实测,同时案涉合同约定面积与实际面积相差达到436.47平方米,不足面积占合同总面积达14.5%,故西藏某华公司欠缺进行欺诈的条件,其主观上存在欺诈故意这一待证事实并不能够排除合理怀疑。其次,本案现有证据并不能证明郭某在2018年底前已知悉案涉房屋实际面积与合同约定面积不符的事实,但郭某在未经实际测量的情况下,即在案涉合同上确认租赁面积为3000平方米,且其在对案涉房屋进行装修设计、消防设计以及装修施工后仍对案涉房屋实际面积缺乏了解,说明郭某在案涉合同的订立及履行过程中并未尽到正常合理的注意义务,其自身亦存在过错。退一步讲,即便西藏某华公司针对案涉房屋面积存在欺诈,但案涉合同要符合可撤销的条件,仍应满足该欺诈行为导致郭某违背真实的意思表示而签订案涉合同。结合本案,虽然案涉合同约定的租金及物业服务费的计付依据均为房屋面积,但根据郭某在合同订立及履行过程中并未对房屋面积这一合同要素引起足够重视可以看出,仅因案涉房屋实际面积与约定面积不符并不足以导致合同目的不能实现。对此,郭某自认其在2018年12月知悉案涉房屋实际面积与约定不符,但其直至西藏某华公司以欠付租金等费用为由将其诉至一审法院后方才提起撤销权主张的事实亦可予以佐证。”

(三)撤销权的权利人

就受对方当事人欺诈实施的民事法律行为而言,由于《民法典》第148条使用了“一方以欺诈手段,使对方……受欺诈方有权请求……予以撤销”的表述,因此,仅受对方当事人欺诈的“受欺诈方”享有撤销权,欺诈方或其他主体均不享有撤销权。

(四)有权撤销的主体

同样地,受欺诈方自身也不能直接撤销受对方当事人欺诈实施的民事法律行为,而需要请求法院或仲裁机构予以撤销。法院(适用于当事人之间不存在仲裁协议的情形)或仲裁机构(适用于当事人之间存在仲裁协议的情形)才是有权撤销相关民事法律行为的主体。这跟《民法典》第145条第2款针对限制民事行为能力人的相对人所说的“[限制民事行为能力人实施的其他]民事法律行为被追认前,善意相对人有撤销的权利。撤销应当以通知的方式作出”和第171条第2款针对无权代理人的相对人所说的“行为人实施的行为被追认前,善意相对人有撤销的权利。撤销应当以通知的方式作出”是不一样的,跟《民法典》第658条第1款、第663条第1款和第664条第1款针对赠与的撤销直接使用了“赠与人可以撤销赠与”或“赠与人的继承人或者法定代理人可以撤销赠与”的表述①也是不一样的。

对此,最高人民法院(2019)最高法民申2898号民事裁定书认为:“可撤销合同属

① 《民法典》第658条第1款规定:“赠与人在赠与财产的权利转移之前可以撤销赠与”,第663条第1款规定:“受赠人有下列情形之一的,赠与人可以撤销赠与:(一)严重侵害赠与人或者赠与人近亲属的合法权益;(二)对赠与人有扶养义务而不履行;(三)不履行赠与合同约定的义务”,第664条第1款规定:“因受赠人的违法行为致使赠与人死亡或者丧失民事行为能力的,赠与人的继承人或者法定代理人可以撤销赠与。”

于‘未决的生效’，即原则上生效（被撤销前仍然有效），但可因当事人申请撤销而自始没有法律约束力，对于可撤销合同效力的最终决定，当事人自身难以全部完成，须诉诸人民法院或者仲裁机构”。

需要注意的是，法院或仲裁机构须依受欺诈方的申请作出撤销相关民事法律行为的裁判（判决或裁决），而不能主动进行撤销。《民法典》第 148 条使用的表述“请求人民法院或者仲裁机构予以撤销”，也表明了这点。此外，《九民会议纪要》第 42 条也明确规定：“【撤销权的行使】撤销权应当由当事人行使。当事人未请求撤销的，人民法院不应当依职权撤销合同……”

（五）撤销权的行使方式

由于《民法典》第 148 条使用了“受欺诈方有权请求人民法院或者仲裁机构予以撤销”的表述，因此，受欺诈方也必须通过向法院提起诉讼或向仲裁机构申请仲裁的方式行使撤销权。

当然，在诉讼中，受欺诈方也可以提出其实施的民事法律行为具有可撤销事由的抗辩。对此，《九民会议纪要》第 42 条规定了：“……一方请求另一方履行合同，另一方以合同具有可撤销事由提出抗辩的，人民法院应当在审查合同是否具有可撤销事由以及是否超过法定期间等事实的基础上，对合同是否可撤销作出判断，不能仅以当事人未提起诉讼或者反诉为由不予审查或者不予支持……”

（六）撤销权的行使期限

《民法典》第 148 条规定的受欺诈方的撤销权在性质上也属于形成权，其行使受到《民法典》第 152 条规定的行使期限的约束，即：一是受欺诈方自知道或者应当知道撤销事由之日起 1 年内没有行使撤销权的，撤销权消灭；二是受欺诈方知道撤销事由后明确表示放弃撤销权或者以自己的行为表明放弃撤销权的，撤销权消灭；三是受欺诈方自民事法律行为发生之日起 5 年内没有行使撤销权的，撤销权消灭。也因此，即使符合《民法典》第 148 条所说的“一方以欺诈手段，使对方在违背真实意思的情况下实施的民事法律行为”，如果受欺诈方在法定的撤销权行使期限届满之后才请求人民法院或者仲裁机构撤销该民事法律行为，那么，其请求也得不到支持。

此外，根据《民法典》第 199 条所说的“法律规定或者当事人约定的撤销权……的存续期间，除法律另有规定外，自权利人知道或者应当知道权利产生之日起计算，不适用有关诉讼时效中止、中断和延长的规定。存续期间届满，撤销权……消灭”，《民法典》第 148 条规定的受欺诈方的撤销权，并非请求权，不适用诉讼时效制度。

（七）是否存在不可撤销的例外

针对受对方当事人欺诈实施的民事法律行为，《民法典》和《民法典总则编解释》都没有规定不可撤销的例外情形。

当然，根据《民法典》第 11 条关于“其他法律对民事关系有特别规定的，依照其规定”的规定和《立法法》第 103 条关于“同一机关制定的法律、行政法规、地方性法规、自治条例和单行条例、规章，特别规定与一般规定不一致的，适用特别规定；新的规定与旧的规定不一致的,适用新的规定”的规定,其他法律针对受对方当事人欺诈实施的民事法律行为明确规定不可撤销的例外情形,也不是不可以。

第一百四十九条 【受第三人欺诈实施的民事法律行为的撤销】第三人实施欺诈行为,使一方在违背真实意思的情况下实施的民事法律行为,对方知道或者应当知道该欺诈行为的,受欺诈方有权请求人民法院或者仲裁机构予以撤销。

【条文通释】

《民法典》第149条是关于受第三人欺诈实施的民事法律行为的撤销①的规定。

一、受第三人欺诈实施的民事法律行为的认定

(一)第三人的范围

《民法典》第149条所说的“第三人实施欺诈行为”中的“第三人”,指的是当事人之外的民事主体,既可以是自然人,也可以是法人或非法人组织;至于该第三人与当事人尤其是受欺诈方的对方当事人是否存在亲属关系、关联关系或其他利害关系,则在所不问。

需要注意的是,在《民法典》第149条所说的“对方”(即受欺诈方的对方当事人)有数人的情形,《民法典》第149条所说的“对方”中的任何一人,均不是《民法典》第149条所说的“第三人实施欺诈行为”中的“第三人”。

(二)第三人欺诈行为的认定

根据《民法典总则编解释》第21条所说的“故意告知虚假情况,或者负有告知义务的人故意隐瞒真实情况,致使当事人基于错误认识作出意思表示的,人民法院可以认定为民法典……第一百四十九条规定的欺诈”,第三人实施的以下两种行为,均属第三人欺诈行为:一是第三人故意告知一方当事人(即受欺诈方)虚假情况;二是负有告知义务的第三人故意向一方当事人(即受欺诈方)隐瞒真实情况。

也就是说,就第三人欺诈而言,欺诈的认定须以欺诈方在主观上具有欺诈的故意和使受欺诈方产生错误认识的目的(或意图)②,并在客观上实施了欺诈的行为为要件。至于欺诈的表现形式,既可以是故意告知虚假情况,也可以是故意隐瞒真实情况;其中,前者不要求欺诈方负有告知义务,后者则要求欺诈方负有告知义务。

---

① 全国人民代表大会常务委员会时任副委员长李建国2017年3月8日在第十二届全国人民代表大会第五次会议上作的《关于〈中华人民共和国民法总则(草案)〉的说明》使用了“欺诈行为的撤销”的表述。

② 最高人民法院(2021)最高法民申2322号民事裁定书也认为:“欺诈是指以使人发生错误认识为目的的故意行为,当事人由于他人的故意的错误陈述,发生认识上的错误而为意思表示,即构成因受欺诈而为的民事行为。”

(三)受第三人欺诈实施的民事法律行为的认定

"第三人欺诈行为"与"受第三人欺诈实施的民事法律行为"是不同的概念:前者的行为人是欺诈方,后者的行为人则是受欺诈方。《民法典》第 149 条所说的"第三人实施欺诈行为,使一方在违背真实意思的情况下实施的民事法律行为",即为受第三人欺诈实施的民事法律行为。至于虽然第三人实施了欺诈行为,但一方当事人并未受此影响而实施的符合其真实意思的民事法律行为,则不属于受第三人欺诈实施的民事法律行为。

根据《民法典》第 149 条所说的"第三人实施欺诈行为,使一方在违背真实意思的情况下实施的民事法律行为"和《民法典总则编解释》第 21 条所说的"故意告知虚假情况,或者负有告知义务的人故意隐瞒真实情况,致使当事人基于错误认识作出意思表示的,人民法院可以认定为民法典……第一百四十九条规定的欺诈",受第三人欺诈实施的民事法律行为违背了受欺诈方的真实意思,也属于意思表示不自由、意思表示不真实、表示与意思不一致的行为,其构成要件包括:

一是第三人(即欺诈方)故意对一方当事人(即受欺诈方)实施了欺诈行为,包括欺诈方故意向受欺诈方告知虚假情况或欺诈方在负有告知义务的情况下故意对受欺诈方隐瞒真实情况,或同时实施了前述两种欺诈行为。

二是一方当事人(即受欺诈方)实施了相应的民事法律行为。

三是一方当事人(即受欺诈方)实施的民事法律行为与自己的内心真实意思相违背,而不仅仅是与其内心真实意思不一致。

四是一方当事人(即受欺诈方)实施该民事法律行为与第三人(即欺诈方)的欺诈行为之间存在因果关系,即:如果第三人没有对一方当事人实施欺诈行为,该一方当事人就不会实施该民事法律行为。

同样地,受欺诈方是否实际发生了损失以及损失的大小,均不影响受第三人欺诈实施的民事法律行为的认定。

(四)可撤销的受第三人欺诈实施的民事法律行为的认定

根据《民法典》第 149 条所说的"第三人实施欺诈行为,使一方在违背真实意思的情况下实施的民事法律行为,对方知道或者应当知道该欺诈行为",按照受欺诈方的对方当事人是否知道或应当知道第三人对受欺诈方实施了欺诈行为,可以将受第三人欺诈实施的民事法律行为区分为对方当事人善意情形下受第三人欺诈实施的民事法律行为和对方当事人非善意情形下受第三人欺诈实施的民事法律行为。

需要注意的是,并非所有的受第三人欺诈实施的民事法律行为都是可撤销的。由于《民法典》第 149 条使用的表述是"第三人实施欺诈行为,……对方知道或者应当知道该欺诈行为的",因此,《民法典》第 149 条所说的"受欺诈方有权请求人民法院或者仲裁机构予以撤销"的民事法律行为的认定,还须以受欺诈方的对方当事人"知道或应当知道"第三人对受欺诈方实施了欺诈行为为要件;如果受欺诈方的对方当事人不知道且不应当知道第三人对受欺诈方实施了欺诈行为,那就意味着受欺诈方的对方当事人是善意的,在此情形下,受欺诈方受第三人欺诈实施的民事法律行为就不属于《民法典》第 149 条所说的可撤销的民事法律行为。

对此,最高人民法院(2019)最高法民申 5016 号民事裁定书认为:"《中华人民共和国民法总则》第一百四十九条系受欺诈人因第三人欺诈且相对人知道或应当知道的,可以行使撤销权;若相对人不知道也不应当知道的情形下,则不得行使撤销权,以维护相对人信赖交易安全的利益。"

二、受第三人欺诈实施的民事法律行为的效力

(一)原则上属于可撤销的民事法律行为

由于《民法典》第 149 条使用了"第三人实施欺诈行为,……对方知道或者应当知道该欺诈行为的,受欺诈方有权请求人民法院或者仲裁机构予以撤销"的表述,因此,一方当事人在对方当事人非善意的情况下受第三人欺诈实施的民事法律行为,属于可撤销的民事法律行为,受欺诈方享有请求法院或仲裁机构撤销该民事法律行为的权利,即《民法典》第 152 条所说的"撤销权";但是,受第三人欺诈的一方当事人在对方当事人善意的情况下受第三人欺诈实施的民事法律行为,则不属于《民法典》第 149 条所说的可撤销的民事法律行为。

需要注意的是,并非所有受第三人欺诈实施的民事法律行为都只是可撤销的民事法律行为,在法律明确规定特定的受欺诈实施的民事法律行为无效的情况下,应当将该民事法律行为认定为无效的民事法律行为。比如,针对受欺诈订立的遗嘱行为,《民法典》第 1143 条第 2 款规定:"遗嘱必须表示遗嘱人的真实意思,受欺诈、胁迫所立的遗嘱无效"①。其中的"受欺诈",也包括受第三人欺诈。

(二)撤销事由

《民法典》第 149 条所说的"第三人实施欺诈行为,使一方在违背真实意思的情况

① 当然,遗嘱属于无相对人的民事法律行为,与《民法典》第 149 条适用于有相对人的民事法律行为是不同的。

下实施”民事法律行为且“对方知道或者应当知道该欺诈行为”①,即为撤销事由。

根据《民事诉讼法》第 67 条第 1 款②和《民诉法解释》第 90 条、第 91 条、第 109 条③的规定,受欺诈方应当对受第三人欺诈实施民事法律行为的构成要件以及对方当事人

---

① 比如,在宁波镇海君某某立创业投资有限公司与英某某德有限合伙企业股权转让纠纷案中,浙江省高级人民法院(2021)浙民终 171 号民事判决书认为:“英某某德企业上诉主张《国有产权转让合同》存在《中华人民共和国民法总则》第一百四十九条规定的可撤销情形。……君某某立公司、英某某德企业在本案中对于原审判决认定零某尚公司创始人实施了通过刷单、伪造银行流水等方式虚增零某尚公司营业收入和利润的行为这一事实认定未提出异议,故案涉双方当事人对于案外第三人实施了欺诈行为并无争议,争议在于君某某立公司是否知道或者应当知道该欺诈行为。本院认为,君某某立公司系股权转让方,案涉股权系根据法律规定经过产权交易所公开竞价程序进行转让。根据前文论述,案涉股权转让公告及《审计报告》《评估报告》均系君某某立公司、英某某德企业签订的《国有产权转让合同》的重要组成内容。君某某立公司亦在公告中承诺保证公告及《审计报告》《评估报告》的内容不存在任何重大遗漏、虚假陈述和严重误导。而在案涉股权交易之前,君某某立公司在 2017 年 11 月与零某尚公司创始人杨某英、焦某芸、亿某某基公司等签订《增资协议》时,曾发现当时的亿某某基公司管理层提交的财务数据存在虚数等报表差异并在《增资协议》中指出并将‘报表差异说明’列为协议附件,并要求零某尚公司创始人对前述报表虚数差异进行财务规范。2018 年 5 月 14 日,君某某立公司工作人员又曾通过微信指出零某尚公司 2018 年 1-4 月销售明细表中‘订单数、销售额、客单价、连单率等几个数据勾稽关系有点不大合逻辑’。虽然君某某立公司于 2017 年 11 月发现的财务虚数问题与本案零某尚公司创始人的刷单虚增数据行为并非同一原因引起,但前述事实表明君某某立公司曾注意到零某尚公司或亿某某基公司的财务数据存在不规范的情形。而君某某立公司作为零某尚公司的股东,其‘有权对公司及其子公司的资产、财务账簿和其他经营记录进行查勘核对’。君某某立公司的主要管理人员王某亦担任零某尚公司的董事,有权利了解零某尚公司的实际经营情况。故当君某某立公司作为转让方转让案涉股权并委托审计时,在其之前已经有发现零某尚公司或亿某某基公司管理层提供的财务数据存在虚数或不勾稽关系等财务不规范情形的情况下,其应当对零某尚公司提交审计之用的财务资料进行必要的核实、了解、审查,以确保零某尚公司提交供审计之用的财务数据真实、完整,可以如实反映公司的经营情况,而君某某立公司并未提供证据证明其已对此进行了必要的审查、核实,而此后的《审计报告》《评估报告》也均由于零某尚公司存在通过刷单等方式虚增营业收入和利润而未能真实反映案涉股权的实际价值,导致英某某德企业因信任前述报告结论而陷入错误认识,认为案涉股权具有较高的价值,并进而签订了《国有产权转让合同》,故君某某立公司未能做到其公告中关于保证‘公告及《审计报告》《评估报告》的内容不存在任何重大遗漏、虚假陈述和严重误导’的承诺,也违反了《国有产权转让合同》关于‘君某某立公司保证其交付的文件、资料无重大遗漏及虚假’的约定,故原审判决认定其对零某尚公司创始人的欺诈行为属于应当知道的范畴,亦无不当。……综上,目标公司零某尚公司创始人实施财务造假、虚构目标公司经营业绩等行为,构成《中华人民共和国民法总则》第一百四十九条规定的第三人欺诈;转让方君某某立公司根据其股东地位更有条件掌握和了解相关欺诈行为;因第三人欺诈行为导致目标公司真实估价的重大、实质性影响,结合本案具体情况,可认定转让方君某某立公司违反了告知义务。这里的告知义务根据合同约定、法律规定、诚实信用原则等,结合案件的具体情境妥当确定。本案中,君某某立公司和英某某德企业均是专业投资机构,不宜仅以受让方为专业投资机构而否认转让方的告知义务。英某某德企业在知道案涉撤销事由即零某尚公司创始人存在欺诈行为后一年内向原审法院诉请撤销《国有产权转让合同》,存在事实和法律依据,原审判决予以支持并无不当”。

② 《民事诉讼法》第 67 条第 1 款规定:“当事人对自己提出的主张,有责任提供证据。”

③ 《民诉法解释》第 90 条规定:“当事人对自己提出的诉讼请求所依据的事实或者反驳对方诉讼请求所依据的事实,应当提供证据加以证明,但法律另有规定的除外。在作出判决前,当事人未能提供证据或者证据不足以证明其事实主张的,由负有举证证明责任的当事人承担不利的后果”,第 91 条规定:“人民法院应当依照下列原则确定举证证明责任的承担,但法律另有规定的除外:(一)主张法律关系存在的当事人,应当对产生该法律关系的基本事实承担举证证明责任;(二)主张法律关系变更、消灭或者权利受到妨害的当事人,应当对该法律关系变更、消灭或者权利受到妨害的基本事实承担举证证明责任”,第 109 条规定:“当事人对欺诈、胁迫、恶意串通事实的证明,以及对口头遗嘱或者赠与事实的证明,人民法院确信该待证事实存在的可能性能够排除合理怀疑的,应当认定该事实存在”。

知道或者应当知道第三人该欺诈行为承担举证证明责任，并且对第三人实施了欺诈行为的证明还应当达到排除合理怀疑的标准；否则，其主张可能得不到支持。

比如，在重庆某特资产管理有限公司与重庆某港实业集团有限公司等股权转让纠纷案中，重庆市高级人民法院（2020）渝民终160号民事判决书认为："《股权转让协议》是某特资产公司与某港实业公司签订的，某港实业公司主张重庆某某担保公司实施欺诈行为，请求撤销《股权转让协议》，是根据《中华人民共和国民法总则》第一百四十九条关于第三人实施欺诈行为而行使撤销权的规定。根据该条'第三人实施欺诈行为，使一方在违反真实意思的情况下实施的民事法律行为，对方知道或者应当知道该欺诈行为的，受欺诈方有权请求人民法院或仲裁机构予以撤销'的规定，某港实业公司需证明：一是重庆某某担保公司实施了欺诈行为；二是某特资产公司知道或应当知道该欺诈行为。某港实业公司主张重庆某某担保公司实施的欺诈行为主要是利用某港实业公司急需借款，虚构必须先成为重庆某某担保公司股东才能向其借款的条件，诱使某港实业公司签订了《股权转让协议》。为此，某港实业公司举示了《承诺书》、录音录像及电话录音、潘某源和吴某忠的证人证言、某港实业公司签订的《重庆某营实业有限公司股权转让协议》以及《委托持股协议》等证据予以证明。本院认为，欺诈是指故意隐瞒真实情况或者故意告知对方虚假情况欺骗对方，诱使对方作出错误的意思表示成立民事法律关系。根据《最高人民法院关于适用〈中华人民共和国民事诉讼法〉的解释》第一百零九条规定：'当事人对欺诈、胁迫、恶意串通事实的证明，以及对口头遗嘱或者赠与事实的证明，人民法院确信该待证事实存在的可能性能够排除合理怀疑的，应当认定该事实存在'，对于欺诈事实的证明标准要达到能够排除合理怀疑的程度，该证明标准高于具有高度可能性的一般证明标准。本案中，某港实业公司举示的现有证据，尚不足以使其主张的欺诈事实存在的可能性达到能够排除合理怀疑的证明标准。对此，具体分析认定如下：一是对于某港实业公司举示的《承诺书》，该份承诺书载明'在某港实业公司还清相关借款并解除重庆某某担保公司的担保责任后，方可退股'，该条款反映出重庆某担保公司就'相关借款'提供担保，并未反映出'相关借款'是由重庆某某担保公司向某港实业公司出借，因此，不能证明某港实业公司主张的欺诈事实。二是某港实业公司举示的录音录像及电话录音，能够证明某港实业公司是因需要借款而认识重庆某某担保公司工作人员，但就某港实业公司为何要成为重庆某某担保公司股东，仅有潘某源及其夫人的陈述，由于潘某源及其夫人与某港实业公司有利害关系，其陈述内容不能单独作为认定案件事实的证据。三是对于潘某源和吴某忠的证人证言，因潘某源系某港实业公司法定代表人潘某江的父亲，吴某忠系潘某源的朋友，均与某港实业公司存在利害关系，其证言不能单独作为认定案件事实的证据。四是某港实业公司举示的与《股权转让协议》同时期形成的《重庆某营实业有限公司股权转让协议》以及《委托持股协议》，能够证明某港实业公司曾通过签订多份协议以不同的形式成为重庆某某担保公司股东，但却不能证明其成为重庆某某担保公司股东仅是为了借款，也不能证明重庆某某担保公司向其作出了要成为股东才能借款的陈述。五是某港实业公司并未提交其与重庆某某担保公司签订的借款合同，某港实业公司于2016年4月11日已经工商变更登记成为重庆某某担保公司股东，如其所称属实，其应当立即着手向重庆某某担保公司借款4500万元，但其并未提交证据证明相关事实，其提交的潘某源与名称为‘张总担保公司’的短信聊天信息，自 2016 年 12 月开始，且内容仅涉及 300 万元的借款，即使“张总担保公司”是重庆某某担保公司员工，某港实业公司在成为股东后近 8 个月时间才向重庆某某担保公司提出借款 300 万元的要求，明显与其主张的事实不符。同时，某港实业公司有可供抵押的财产，其既可以该财产抵押进行其他融资，也可以在签订借款合同后办理抵押登记，而本案中却是为股权转让款提供担保且在并未签订其所谓的借款合同的情况下即办理抵押登记，这一行为使其主张的事实存疑。综上，某港实业公司举示的证据均不足以证明其主张的欺诈事实，根据《最高人民法院关于适用〈中华人民共和国民事诉讼法〉的解释》第九十条‘……’的规定，应由某港实业公司承担不利的后果，故本案尚无法认定重庆某某担保公司在某港实业公司与某特资产公司的股权转让交易中实施了第三人欺诈行为。因此，某港实业公司主张适用《中华人民共和国民法总则》第一百四十九条的条件不成就，双方关于某特资产公司是否知道或应当知道重庆某某担保公司实施欺诈行为的争议，已无讨论的必要。某港实业公司要求撤销涉案《股权转让协议》以及返还股权的诉讼请求，缺乏事实和法律依据，本院不予支持”。

(三)撤销权的权利人

就一方当事人在对方当事人非善意的情况下受第三人欺诈实施的民事法律行为而言，由于《民法典》第 149 条使用了“第三人实施欺诈行为，使一方……，对方知道或者应当知道该欺诈行为的，受欺诈方有权请求……予以撤销”的表述，因此，仅“受欺诈方”享有撤销权，作为欺诈方的第三人或受欺诈方的对方当事人均不享有撤销权。

(四)有权撤销的主体

同样地，受欺诈方自身也不能直接撤销受第三人欺诈实施的民事法律行为，而需要请求法院或仲裁机构予以撤销。法院(适用于当事人之间不存在仲裁协议的情形)或仲裁机构(适用于当事人之间存在仲裁协议的情形)才是有权撤销相关民事法律行为的主体。这跟《民法典》第 145 条针对限制民事行为能力人的相对人所说的“[限制民事行为能力人实施的其他]民事法律行为被追认前，善意相对人有撤销的权利。撤销应当以通知的方式作出”和第 171 条针对无权代理人的相对人所说的“行为人实施的行为被追认前，善意相对人有撤销的权利。撤销应当以通知的方式作出”是不一样的，跟《民法典》第 658 条第 1 款、第 663 条第 1 款和第 664 条第 1 款针对赠与的撤销直接使用了“赠与人可以撤销赠与”或“赠与人的继承人或者法定代理人可以撤销赠与”的表述①也是不一样的。

对此，最高人民法院(2019)最高法民申 2898 号民事裁定书认为：“可撤销合同属于‘未决的生效’，即原则上生效(被撤销前仍然有效)，但可因当事人申请撤销而自始没有法律约束力，对于可撤销合同效力的最终决定，当事人自身难以全部完成，须诉诸

① 《民法典》第 658 条第 1 款规定：“赠与人在赠与财产的权利转移之前可以撤销赠与”，第 663 条第 1 款规定：“受赠人有下列情形之一的，赠与人可以撤销赠与：(一)严重侵害赠与人或者赠与人近亲属的合法权益；(二)对赠与人有扶养义务而不履行；(三)不履行赠与合同约定的义务”，第 664 条第 1 款规定：“因受赠人的违法行为致使赠与人死亡或者丧失民事行为能力的，赠与人的继承人或者法定代理人可以撤销赠与”。

人民法院或者仲裁机构。”

需要注意的是,法院或仲裁机构须依受欺诈方的申请作出撤销相关民事法律行为的裁判(判决或裁决),而不能主动进行撤销。《民法典》第 149 条使用的表述“请求人民法院或者仲裁机构予以撤销”,也表明了这点。此外,《九民会议纪要》第 42 条也明确规定:“【撤销权的行使】撤销权应当由当事人行使。当事人未请求撤销的,人民法院不应当依职权撤销合同”。

(五)撤销权的行使方式

由于《民法典》第 149 条使用了“受欺诈方有权请求人民法院或者仲裁机构予以撤销”的表述,因此,受欺诈方也必须通过向法院提起诉讼或向仲裁机构申请仲裁的方式行使撤销权。

当然,在诉讼中,受欺诈方也可以提出其实施的民事法律行为具有可撤销事由的抗辩。对此,《九民会议纪要》第 42 条规定了:“一方请求另一方履行合同,另一方以合同具有可撤销事由提出抗辩的,人民法院应当在审查合同是否具有可撤销事由以及是否超过法定期间等事实的基础上,对合同是否可撤销作出判断,不能仅以当事人未提起诉讼或者反诉为由不予审查或者不予支持”。

(六)撤销权的行使期限

《民法典》第 149 条规定的受欺诈方的撤销权在性质上也属于形成权,其行使受到《民法典》第 152 条规定的行使期限的约束,即:一是受欺诈方自知道或者应当知道撤销事由之日起 1 年内没有行使撤销权的,撤销权消灭;二是受欺诈方知道撤销事由后明确表示放弃撤销权或者以自己的行为表明放弃撤销权的,撤销权消灭;三是受欺诈方自民事法律行为发生之日起 5 年内没有行使撤销权的,撤销权消灭。也因此,即使符合《民法典》第 149 条所说的“第三人实施欺诈行为,使一方在违背真实意思的情况下实施的民事法律行为,对方知道或者应当知道该欺诈行为的”,如果受欺诈方在法定的撤销权行使期限届满之后才请求人民法院或者仲裁机构撤销该民事法律行为,那么,其请求也得不到支持。

此外,根据《民法典》第 199 条所说的“法律规定或者当事人约定的撤销权……的存续期间,除法律另有规定外,自权利人知道或者应当知道权利产生之日起计算,不适用有关诉讼时效中止、中断和延长的规定。存续期间届满,撤销权……消灭”,《民法典》第 149 条规定的受欺诈方的撤销权,并非请求权,不适用诉讼时效制度。

(七)是否存在不可撤销的例外

针对一方当事人在对方当事人非善意的情况下受第三人欺诈实施的民事法律行为,《民法典》和《民法典总则编解释》都没有规定不可撤销的例外情形。

当然,根据《民法典》第 11 条关于“其他法律对民事关系有特别规定的,依照其规定”的规定和《立法法》第 103 条关于“同一机关制定的法律、行政法规、地方性法规、自治条例和单行条例、规章,特别规定与一般规定不一致的,适用特别规定;新的规定与旧的规定不一致的,适用新的规定”的规定,其他法律针对一方当事人在对方当事人非善意的情况下受第三人欺诈实施的民事法律行为明确规定不可撤销的例外情形，也不是不可以。

三、作为欺诈方的第三人的民事责任

需要注意的是，《民法典》第149条所说的"受欺诈方有权请求人民法院或者仲裁机构予以撤销"，指向的是受欺诈方在其对方当事人非善意的情况下受第三人欺诈实施的民事法律行为；即使是在相关民事法律行为被撤销的情况下，被撤销的也是受欺诈方与其对方当事人之间的民事法律行为，依照《民法典》第157条所说的"民事法律行为……被撤销……后，行为人因该行为取得的财产，应当予以返还；不能返还或者没有必要返还的，应当折价补偿。有过错的一方应当赔偿对方由此所受到的损失；各方都有过错的，应当各自承担相应的责任。法律另有规定的，依照其规定"处理的也只是受欺诈方与其对方当事人之间的法律关系，没有涉及作为欺诈方的第三人的责任问题。尤其是，在受欺诈方的撤销权已经消灭或者受欺诈方在其对方当事人善意的情况下受第三人欺诈实施的民事法律行为的情形，受欺诈方更加无法依照《民法典》第149条和第157条寻求救济。

不过，在一方当事人受第三人欺诈而与对方当事人订立合同的情形，受欺诈方可以请求作为欺诈方的第三人承担相应的赔偿责任。对此，《民法典合同编通则解释》第5条也规定："第三人实施欺诈……行为，使当事人在违背真实意思的情况下订立合同，受到损失的当事人请求第三人承担赔偿责任的，人民法院依法予以支持；……但是，法律、司法解释对当事人与第三人的民事责任另有规定的，依照其规定"。①

比如，根据《证券法》第85条、第163条②、《民法典》第1165条③和《最高人民法院关于审理证券市场虚假陈述侵权民事赔偿案件的若干规定》（法释〔2022〕2号）第13条④的规定，证券服务机构为证券的交易故意制作、出具存在虚假记载、误导性陈述或

---

① 当然，《民法典合同编通则解释》第5条在规定"第三人实施欺诈、胁迫行为，使当事人在违背真实意思的情况下订立合同，受到损失的当事人请求第三人承担赔偿责任的，人民法院依法予以支持"的基础上，也规定："当事人亦有违背诚信原则的行为的，人民法院应当根据各自的过错确定相应的责任。但是，法律、司法解释对当事人与第三人的民事责任另有规定的，依照其规定"。

② 《证券法》第85条规定："信息披露义务人未按照规定披露信息，或者公告的证券发行文件、定期报告、临时报告及其他信息披露资料存在虚假记载、误导性陈述或者重大遗漏，致使投资者在证券交易中遭受损失的，信息披露义务人应当承担赔偿责任；发行人的控股股东、实际控制人、董事、监事、高级管理人员和其他直接责任人员以及保荐人、承销的证券公司及其直接责任人员，应当与发行人承担连带赔偿责任，但是能够证明自己没有过错的除外"，第163条规定："证券服务机构为证券的发行、上市、交易等证券业务活动制作、出具审计报告及其他鉴证报告、资产评估报告、财务顾问报告、资信评级报告或者法律意见书等文件，应当勤勉尽责，对所依据的文件资料内容的真实性、准确性、完整性进行核查和验证。其制作、出具的文件有虚假记载、误导性陈述或者重大遗漏，给他人造成损失的，应当与委托人承担连带赔偿责任，但是能够证明自己没有过错的除外"。

③ 《民法典》第1165条规定："行为人因过错侵害他人民事权益造成损害的，应当承担侵权责任。依照法律规定推定行为人有过错，其不能证明自己没有过错的，应当承担侵权责任"。

④ 《最高人民法院关于审理证券市场虚假陈述侵权民事赔偿案件的若干规定》（法释〔2022〕2号）第13条规定："证券法第八十五条、第一百六十三条所称的过错，包括以下两种情形：（一）行为人故意制作、出具存在虚假陈述的信息披露文件，或者明知信息披露文件存在虚假陈述而不予指明、予以发布；（二）行为人严重违反注意义务，对信息披露文件中虚假陈述的形成或者发布存在过失"。

者重大遗漏的审计报告及其他鉴证报告、资产评估报告、财务顾问报告、资信评级报告或者法律意见书等信息披露文件,给证券投资者造成损失的,“因交易关系发生在投资者之间,信息披露义务人并非投资者交易活动的相对人,无论交易方式是集中竞价交易还是协议转让,都构成合同当事人之外的第三方实施欺诈行为”①,相关证券服务机构应当与委托人承担连带赔偿责任(能够证明自己没有过错的除外)。

又如,在林某何与某某银行股份有限公司福州分行损害赔偿纠纷案中,最高人民法院(2018)最高法民再360号民事判决书认为:“本案借款关系发生在林某何和林某锦之间,林某何主张在其决定是否要向林某锦出借款项的过程中,某某银行福州分行实施了欺诈行为,故要求某某银行福州分行承担返还款项的责任。此种情形,属于合同之外的第三人实施欺诈引发的诉讼。《中华人民共和国民法总则》第一百四十八条规定:‘一方以欺诈手段,使对方在违背真实意思的情况下实施的民事法律行为,受欺诈方有权请求人民法院或者仲裁机构予以撤销’。第一百四十九条规定:‘第三人实施欺诈行为,使一方在违背真实意思的情况下实施的民事法律行为,对方知道或者应当知道该欺诈行为的,受欺诈方有权请求人民法院或者仲裁机构予以撤销’。参考上述规定,按照‘举重以明轻’的法律解释方法,在法律行为事实上已经无法撤销的情况下,对于行为人受欺诈实施法律行为而遭受的损失,当然有权向欺诈者请求赔偿。本院(2001)民监他字第9号复函的内容②,体现了上述解释逻辑。《中华人民共和国侵权责任法》第六条关于‘行为人因过错侵害他人民事权益,应当承担侵权责任’的规定在本案中可资适用。据此,判断某某银行福州分行是否需承担赔偿责任,应当从是否存在欺诈行为、欺诈的故意、损害后果、因果关系四个方面予以考量,具体包括:1. 某某银行福州分行是否存在告知虚假情况和隐瞒真实情况的欺诈行为;2. 某某银行福州分行是否有欺诈的故意;3. 林某何是否合理依赖某某银行福州分行的不当表述而作出意思表示;4. 林某何是否因作出了违背其真实意思的意思表示而遭受金钱损失。详述如下:首先,某某银行福州分行存在陈述虚假信息、隐瞒真实信息的欺诈行为,且具有欺诈故意。……其次,某某银行福州分行的虚假陈述和隐瞒事实造成了林某何的损失。……最后,林某何因某某银行福州分行的欺诈行为遭受了损失。林某何与林某锦签订借款合同并提供款项后,由于林某锦并未能够获得后续贷款以清偿林某何的借款,且林某锦自身也已缺乏偿债能力,林某何作为刑事案件的受害人也未从刑事退赔程序中获赔,因此林某何损失确已产生,其有权请求某某银行福州分行承担赔偿损失的责任。”

---

① 林文学、付金联、周伦军:《〈关于审理证券市场虚假陈述侵权民事赔偿案件的若干规定〉的理解与适用》,载《人民司法》2022年第7期。

② 《最高人民法院关于中国工商银行湘潭市板塘支行与中国建筑材料科学研究院湘潭中间试验所及湘潭市有机化工厂的借款合同纠纷一案的复函》(〔2001〕民监他字第9号)第2条规定:“有机化工厂与中试所签订的借款协议,违反了企业之间不能相互借贷的有关规定,原审认定协议无效是正确的。中国工商银行湘潭市板塘支行(以下简称板塘支行)明知企业之间不能相互借贷,与有机化工厂已根本无能力还款的状况下,为了下属公司能收回贷款,自己又不承担民事责任,利用中试所对其的信任,与有机化工厂恶意串通,向中试所故意隐瞒借款的真实目的,并积极促成有机化工厂与中试所签订了不具有真实意思表示的借款协议,将到期不能收回借款的风险转嫁给了中试所。板塘支行和有机化工厂的行为,已对中试所构成欺诈。由此造成借款协议无效的后果,有机化工厂与板塘支行应承担连带赔偿责任”。

四、欺诈同时构成犯罪的处理

(一)欺诈方的刑事责任

不论是对方当事人或者第三人,以欺诈手段或实施欺诈行为使得一方当事人在违背真实意思的情况下实施相应的民事法律行为,如果构成犯罪,还将被依法追究刑事责任。

比如,《刑法》第二编“分则”的第三章“破坏社会主义市场经济秩序罪”第五节“金融诈骗罪”(第 192 条至第 200 条)分别规定了集资诈骗罪、贷款诈骗罪、票据诈骗罪、信用证诈骗罪、信用卡诈骗罪、有价证券诈骗罪、保险诈骗罪等金融诈骗罪,第 224 条规定了合同诈骗罪、第 266 条规定了诈骗罪,等等。

(二)欺诈构成犯罪对受欺诈实施的民事法律行为的效力认定的影响

在对方当事人或者第三人因对一方当事人实施欺诈行为同时构成犯罪的情况下,受欺诈方因受欺诈实施的民事法律行为的效力,仍然应当依照《民法典》第 148 条或第 149 条等民事法律的规定予以认定,不能仅仅因为欺诈方实施欺诈构成犯罪就简单地认定相关民事法律行为无效。①

《最高人民法院公报》2016 年第 1 期刊载的“上海闽某润贸易有限公司与上海某翼贸易有限公司买卖合同纠纷案”的“裁判摘要”也提出:“在判定合同的效力时,不能仅因合同当事人一方实施了涉嫌犯罪的行为,而当然认定合同无效。此时,仍应根据《合同法》等法律、行政法规的规定对合同的效力进行审查判断,以保护合同中无过错一方当事人的合法权益,维护交易安全和交易秩序。在合同约定本身不属于无效事由的情况下,合同中一方当事人实施的涉嫌犯罪的行为并不影响合同的有效性。”

此外,针对民间借贷合同的效力,《最高人民法院关于审理民间借贷案件适用法律若干问题的规定》(2020 年第二次修正)第 12 条第 1 款更是明确规定:“借款人或者出借人的借贷行为涉嫌犯罪,或者已经生效的裁判认定构成犯罪,当事人提起民事诉讼的,民间借贷合同并不当然无效。人民法院应当依据民法典第一百四十四条、第一百四十六条、第一百五十三条、第一百五十四条以及本规定第十三条之规定,认定民间借贷合同的效力”。在汪某华与邓某诣等民间借贷纠纷案中,最高人民法院(2018)最高法民再 372 号民事裁定书也认为:“本案中,杜某峰骗取汪某华款项的行为被生效法律文书认定构成诈骗罪,但杜某峰承担的刑事责任,是依据刑法规范对其诈骗行为作出的法律评价,而对其与出借人、担保人形成的债务关系、担保关系,则属于民法规范评

---

① 最高人民法院 2022 年 11 月 4 日公布的《最高人民法院关于适用〈中华人民共和国民法典〉合同编通则部分的解释(征求意见稿)》第 18 条曾经规定:“合同违反法律、行政法规的强制性规定,由行为人承担行政责任足以实现该强制性规定的目的,人民法院可以认定合同不因违反强制性规定无效。行为人在订立合同时涉嫌犯罪,或者已经生效的裁判认定构成犯罪,当事人或者第三人提起民事诉讼的,合同并不当然无效。人民法院应当结合犯罪主体是一方当事人还是双方当事人、合同内容与犯罪行为的关系、当事人意思表示是否真实等因素,依据民法典的有关规定认定合同效力。”上述规定尽管没有被纳入正式通过的《民法典合同编通则解释》,但仍然有助于理解欺诈构成犯罪对受欺诈实施的民事法律行为的效力认定的影响问题。

价和调整的范畴。因此,汪某华与杜某峰签订的《借款合同》并不当然无效……”

又如,在焦某波、青岛某泰资源国际贸易有限公司与安徽某昌炉料销售有限公司保证合同纠纷案中,最高人民法院(2019)最高法民申4513号民事裁定书也认为:“刑事裁定等新证据仅能证明李某南或其控制下的某明公司具有欺诈故意,但并不能当然否定相关民事法律行为及案涉合同效力,……合同一方当事人因实施犯罪承担刑事责任,并不能当然认定合同无效……”

复如,在阿城某皮沟矿业有限公司与鸡西市区某某信用合作联社等借款、担保合同纠纷案中,黑龙江省高级人民法院(2013)黑高商终字第17号民事判决书认为:“本案争议的关键系鲁某刚的犯罪行为是否影响案涉借款合同的效力。虽然案涉2300万元借款被鲁某刚使用,牡丹江市阳明区人民法院(2010)阳刑初字第54号刑事判决亦因其使用包括该笔款项在内的贷款而认定鲁某刚构成骗取贷款罪,但本案系因吴某华等六名借款人不能按照借款合同的约定偿还借款所引发的民事纠纷,对于民事纠纷原则上还应按照民事案件关于合同效力判断以及相关法律规定来进行审理,即判断合同的效力应审查当事人之间合同约定本身是否违反法律、行政法规的效力性强制性规定。由于刑事诉讼与民事诉讼在诉讼目的、诉讼原则、责任构成要件、归责原则等方面存在本质差异,当事人承担责任的性质也不同,因此当事人一方的犯罪行为是否必然影响合同效力,尚需要具体分析……”①

当然,根据《民诉法解释》第93条②和《最高人民法院关于民事诉讼证据的若干规定》第10条③的规定,如果相关生效刑事裁判文书认定对方当事人或第三人的欺诈行为构成犯罪,则属于“已为人民法院发生法律效力的裁判所确认的基本事实”,受欺诈方原则上无须再就对方当事人或第三人实施了欺诈行为举证证明。

比如,在岳阳某协置业有限公司与某某银行股份有限公司佛山南海支行等借款合同纠纷案中,最高人民法院(2012)民再申字第212号民事裁定书认为:“湖南省高级人民法院(2008)湘高法刑终字第5号刑事判决认定,佛山某协以非法占有为目的,隐瞒

---

① 转引自最高人民法院(2017)最高法民再75号民事判决书。因检察机关抗诉,最高人民法院对该案进行了再审。最高人民法院(2017)最高法民再75号民事判决书认为:“认定信用社与吴某华等六名自然人之间签订的《借款合同》的效力,应根据《中华人民共和国合同法》第五十二条的规定作出,与鲁某刚被判决承担刑事责任无直接关联。……原判决认定案涉《借款合同》不存在《中华人民共和国合同法》第五十二条规定的无效情形,故合同合法有效,有事实和法律依据”,并认定“原审判决认定事实基本清楚,适用法律正确,应予维持。检察机关的抗诉意见不能成立,本院不予采纳”,故判决“维持黑龙江省高级人民法院(2013)黑高商终字第17号民事判决”。

② 《民诉法解释》(2022年修正)第93条规定:“下列事实,当事人无须举证证明:(一)自然规律以及定理、定律;(二)众所周知的事实;(三)根据法律规定推定的事实;(四)根据已知的事实和日常生活经验法则推定出的另一事实;(五)已为人民法院发生法律效力的裁判所确认的事实;(六)已为仲裁机构生效裁决所确认的事实;(七)已为有效公证文书所证明的事实。前款第二项至第四项规定的事实,当事人有相反证据足以反驳的除外;第五项至第七项规定的事实,当事人有相反证据足以推翻的除外”。

③ 《最高人民法院关于民事诉讼证据的若干规定》(2019年修正)第10条规定:“下列事实,当事人无须举证证明:(一)自然规律以及定理、定律;(二)众所周知的事实;(三)根据法律规定推定的事实;(四)根据已知的事实和日常生活经验法则推定出的另一事实;(五)已为仲裁机构的生效裁决所确认的事实;(六)已为人民法院发生法律效力的裁判所确认的基本事实;(七)已为有效公证文书所证明的事实。前款第二项至第五项事实,当事人有相反证据足以反驳的除外;第六项、第七项事实,当事人有相反证据足以推翻的除外”。

公司投资实力、履约能力等事实真相，通过签订合同骗取对方信任将财物进行抵押获取银行贷款后，既不用于投资项目又不向银行偿还贷款，甚至谎称贷款未到，避而不见，将所获贷款自用，导致抵押财物被人民法院判决抵偿债务和裁定冻结，从而将债务风险转嫁给对方当事人，严重危害了正常的社会经济秩序，侵害了相关银行、企业单位的合法权益，情节严重，已构成合同诈骗罪。据此，可认定佛山某协在签订本案《综合授信合同》过程中实施了欺诈行为……"

（三）欺诈类民刑交叉案件的程序处理

在对方当事人或者第三人对一方当事人实施欺诈的行为同时涉嫌犯罪的情况下，还涉及如何协调处理相应的民事案件与刑事案件的程序问题。

对此，《九民会议纪要》提出了相应的处理办法，即："在审理案件时，应当依照《最高人民法院关于在审理经济纠纷案件中涉及经济犯罪嫌疑若干问题的规定》《最高人民法院关于审理非法集资刑事案件具体应用法律若干问题的解释》《最高人民法院最高人民检察院公安部关于办理非法集资刑事案件适用法律若干问题的意见》以及民间借贷司法解释等规定，处理好民刑交叉案件之间的程序关系"。具体而言：

一是针对处理民刑交叉案件之间的程序关系的原则，《九民会议纪要》第 128 条规定："同一当事人因不同事实分别发生民商事纠纷和涉嫌刑事犯罪，民商事案件与刑事案件应当分别审理"，而不能"以民商事案件涉嫌刑事犯罪为由不予受理，已经受理的，裁定驳回起诉"。这也是《最高人民法院关于在审理经济纠纷案件中涉及经济犯罪嫌疑若干问题的规定》（法释〔1998〕7 号）第 1 条所说的"同一公民、法人或其他经济组织因不同的法律事实，分别涉及经济纠纷和经济犯罪嫌疑的，经济纠纷案件和经济犯罪嫌疑案件应当分开审理"的具体要求和应有之义。

二是针对涉众型经济犯罪与民商事案件的程序处理，《九民会议纪要》第 129 条规定："……涉嫌集资诈骗、非法吸收公众存款等涉众型经济犯罪，所涉人数众多、当事人分布地域广、标的额特别巨大、影响范围广，严重影响社会稳定，对于受害人就同一事实提起的以犯罪嫌疑人或者刑事被告人为被告的民事诉讼，人民法院应当裁定不予受理，并将有关材料移送侦查机关、检察机关或者正在审理该刑事案件的人民法院。受害人的民事权利保护应当通过刑事追赃、退赔的方式解决。正在审理民商事案件的人民法院发现有上述涉众型经济犯罪线索的，应当及时将犯罪线索和有关材料移送侦查机关。侦查机关作出立案决定前，人民法院应当中止审理；作出立案决定后，应当裁定驳回起诉；侦查机关未及时立案的，人民法院必要时可以将案件报请党委政法委协调处理"，但"当事人因租赁、买卖、金融借款等与上述涉众型经济犯罪无关的民事纠纷，请求上述主体承担民事责任的，人民法院应予受理"。

三是针对民刑交叉案件中民商事案件中止审理的条件，《九民会议纪要》第 130 条规定："人民法院在审理民商事案件时，如果民商事案件必须以相关刑事案件的审理结果为依据,而刑事案件尚未审结的,应当根据《民事诉讼法》第150条第5项[①]的规定裁定中止诉讼。待刑事案件审结后,再恢复民商事案件的审理。如果民商事案件不是必须以相关的刑事案件的审理结果为依据,则民商事案件应当继续审理”。

第一百五十条 【受胁迫实施的民事法律行为的撤销】一方或者第三人以胁迫手段,使对方在违背真实意思的情况下实施的民事法律行为,受胁迫方有权请求人民法院或者仲裁机构予以撤销。

【条文通释】

《民法典》第150条是关于受胁迫实施的民事法律行为的撤销[②]的规定。

一、胁迫行为的认定与分类

(一)胁迫行为的认定

《民法典》本身没有规定“胁迫”的含义。有关胁迫行为的认定标准,主要是由《民法典总则编解释》规定的。

《民法典总则编解释》第22条规定:“以给自然人及其近亲属等的人身权利、财产权利以及其他合法权益造成损害或者以给法人、非法人组织的名誉、荣誉、财产权益等造成损害为要挟,迫使其基于恐惧心理作出意思表示的,人民法院可以认定为民法典第一百五十条规定的胁迫”。据此,以下两种行为,均属胁迫行为:

一是针对自然人,行为人(即胁迫方)以给该自然人(即受胁迫方)本人的或其近亲属等主体的合法权益(包括人身权利、财产权利或其他合法权益)造成损害为要挟,以使该自然人(即受胁迫方)陷入恐惧心理。

二是针对法人或非法人组织,行为人(即胁迫方)以给该法人或非法人组织(即受胁迫方)的合法权益(包括名誉、荣誉、财产权益等)造成损害为要挟,以使该法人或非法人组织(即受胁迫方)陷入恐惧心理。

也就是说,无论是哪种胁迫行为,均须以胁迫方在主观上存在胁迫的故意和使受胁迫方陷入恐惧的目的(或意图),并在客观上实施了胁迫的行为为要件。

由此看来,《民法典总则编解释》第22条从受胁迫方被迫“基于恐惧心理作出意思表示”这一“既遂”的结果出发来认定胁迫,采取了更为严格的思路,而不仅仅需要考察胁迫方的胁迫故意和意图。当然,《民法典总则编解释》第22条只是规定了认定胁迫

① 现为《民事诉讼法》第153条第1款第5项:“有下列情形之一的,中止诉讼:(一)一方当事人死亡,需要等待继承人表明是否参加诉讼的;(二)一方当事人丧失诉讼行为能力,尚未确定法定代理人的;(三)作为一方当事人的法人或者其他组织终止,尚未确定权利义务承受人的;(四)一方当事人因不可抗拒的事由,不能参加诉讼的;(五)本案必须以另一案的审理结果为依据,而另一案尚未审结的;(六)其他应当中止诉讼的情形。”

② 全国人民代表大会常务委员会时任副委员长李建国2017年3月8日在第十二届全国人民代表大会第五次会议上作的《关于〈中华人民共和国民法总则(草案)〉的说明》使用了“胁迫行为的撤销”的表述。

的一种思路，并没有否定、也没有排除其他合理的认定标准；《民法典总则编解释》第 22 条使用了"人民法院可以认定为……胁迫"的表述，而不是"民法典第一百五十条规定的胁迫，是指……"的表述[①]，也表明了这点。

需要注意的是，胁迫还须具有手段或目的上的不法性。[②] 行为人依法行使权利[③]、在对方因涉嫌违法或犯罪而处于被调查状态而与其订立合同[④]、选择违约而拒绝履行合同义务[⑤]等，通常不属于胁迫行为。

还需注意的是，在《民法典总则编解释》自 2022 年 3 月 1 日起施行之后，不论是原《民通意见》（已废止）第 69 条所说的"以给公民及其亲友的生命健康、荣誉、名誉、财产等造成损害或者以给法人的荣誉、名誉、财产等造成损害为要挟，迫使对方作出违背真实的意思表示的，可以认定为胁迫行为"，还是《全国法院贯彻实施民法典工作会议纪

---

① 比如，《民法典物权编解释一》第 17 条第 1 款规定："民法典第三百一十一条第一款第一项所称的'受让人受让该不动产或者动产时'，是指依法完成不动产物权转移登记或者动产交付之时"；《民法典婚姻家庭编解释一》第 2 条规定："民法典第一千零四十二条、第一千零七十九条、第一千零九十一条规定的'与他人同居'的情形，是指有配偶者与婚外异性，不以夫妻名义，持续、稳定地共同居住"，第 20 条规定："民法典第一千零五十四条所规定的'自始没有法律约束力'，是指无效婚姻或者可撤销婚姻在依法被确认无效或者被撤销时，才确定该婚姻自始不受法律保护"，第 24 条规定："民法典第一千零六十二条第一款第三项规定的'知识产权的收益'，是指婚姻关系存续期间，实际取得或者已经明确可以取得的财产性收益"。

② 比如，贵州省高级人民法院（2018）黔行终 2098 号行政判决书认为："所谓胁迫，是指行为人通过威胁、恐吓等不法手段对他人思想上施加强制，由此使他人产生恐惧心理并基于恐惧心理作出意思表示的行为。胁迫的构成要件一般应当包括：一是胁迫人主观上有胁迫的故意；二是胁迫人客观上实施了胁迫的行为，即以实施某种加害行为相胁迫，可以是对受胁迫人自身或其亲友的人身、财产权益的加害，使受胁迫人产生了恐惧心理；三是胁迫须具目的或手段的不法性。"

③ 比如，在白山市某德房地产开发有限公司、袁某林与白山某生热力有限公司合同纠纷案中，吉林省高级人民法院（2020）吉民终 127 号民事判决书认为："某德公司、袁某林主张某生公司在严冬拒收居民热费，不予开栓，导致居民上访，某隆公司、袁某林迫于居民及政府的压力，不得已与某生公司签订《大某汇项目接网费用抵押协议》，该协议应予撤销。《中华人民共和国民法总则》第一百五十条规定：'一方或者第三人以胁迫手段，使对方在违背真实意思的情况下实施的民事法律行为，受胁迫方有权请求人民法院或者仲裁机构予以撤销。'胁迫是指不法的向相对人表示施加压力，使之恐惧，并且基于此种恐惧而为一定意思表示的行为。该种因胁迫行为而为的意思表示因并非行为人的本意，可予以撤销。从中可以看出，所使用的构成胁迫的手段与胁迫欲达成的目的应当为两个行为，而不能是合同中对等的权利义务。本案中，基于某德公司、袁某林未交纳管网建设费以及供热费，某生公司不予开栓，系形成对等关系的合同权利与义务，上述内容也正是三方签订《大某汇项目接网费用抵押协议》的主要合同条款，而并非协议以外存在的胁迫行为，故某隆公司、袁某林以此主张某生公司不予开栓构成胁迫，本院不予支持。"又如，在高平市某和机械工程有限公司与贾某合同纠纷案中，山西省高级人民法院（2019）晋民申 2680 号民事裁定书认为："依法上访维权是法律赋予公民的合法权利，该行为不能被认定为是对申请人构成胁迫。"

④ 比如，在蓬莱市某某精细化工研究所与江阴市某马化工有限公司、山东某昂生物科技有限公司股权转让纠纷案中，山东省高级人民法院（2020）鲁民终 938 号民事判决书认为："本案中，研究所主张股权转让协议签订前后目标公司即康某某某迅公司、时任法定代表人林某美由于涉嫌环境污染犯罪正在受到刑事追诉，进而基于胁迫而签订股权转让协议。但是，康某某某迅公司及时任法定代表人林某美是否实施了环境污染犯罪行为，属于司法机关依法履行职责予以判断进而决定应否刑事追诉的范畴，并不会因为研究所是否转让其所持有的目标公司股权而改变，研究所以此主张受到胁迫与事实不符……"

⑤ 比如，在舟山某弘海运有限公司与江苏某泰物流有限公司船舶租用合同纠纷案中，湖北省高级人民法院（2020）鄂民终 320 号民事判决书认为："某泰公司主张，两份函件是在某弘公司指使'某裕 006'轮停止工作的情形下被迫出具的，不应作为认定事实的依据。对此，本院认为，其一，即使某弘公司指使'某裕 006'轮停止工作的情形客观存在，该行为仅属于某弘公司对'某裕 006'轮所涉租船合同的违约行为，而不构成对某泰公司的胁迫。"

要》(法〔2021〕94 号)第 4 条所说的"以给自然人及其亲友的生命、身体、健康、名誉、荣誉、隐私、财产等造成损害或者以给法人、非法人组织的名誉、荣誉、财产等造成损害为要挟,迫使其作出不真实的意思表示的,人民法院可以认定为民法典第一百五十条规定的胁迫",均不应继续作为认定胁迫的依据。

(二)胁迫行为的分类

结合《民法典》第 150 条所说的"一方或者第三人以胁迫手段",按照胁迫方是否为当事人,可以将胁迫行为区分为对方当事人实施的胁迫行为和第三人实施的胁迫行为。

需要注意的是,由于《民法典》第 150 条使用了"一方或者第三人以胁迫手段,使对方……,受胁迫方……"的表述,因此,作为胁迫方的主体应为对方当事人或第三人,或对方当事人和第三人,不包括同属一方的当事人;受并非对方当事人的同一方当事人胁迫,不属于《民法典》第 150 条规定的胁迫行为。①

此外,根据《民法典总则编解释》第 22 条,按照受胁迫方是否为自然人,可以将胁迫行为区分为针对自然人实施的胁迫行为、针对法人实施的胁迫行为和针对非法人组织实施的胁迫行为。

二、受胁迫实施的民事法律行为的认定

"胁迫行为"与"受胁迫实施的民事法律行为"是不同的概念:前者的行为人是胁迫方(可以是对方当事人或第三人),后者的行为人则是受胁迫方。《民法典》第 150 条规定了两种受胁迫实施的民事法律行为,一是受对方当事人胁迫实施的民事法律行为,二是受第三人胁迫实施的民事法律行为。

(一)受对方当事人胁迫实施的民事法律行为的认定

《民法典》第 150 条所说的"一方……以胁迫手段,使对方在违背真实意思的情况下实施的民事法律行为",即为受对方当事人胁迫实施的民事法律行为。至于虽然对方当事人实施了胁迫行为,但一方当事人并未受此影响而实施的符合其真实意思的民事法律行为,则不属于受对方当事人胁迫实施的民事法律行为。

根据《民法典》第 150 条和《民法典总则编解释》第 22 条的规定,受对方当事人胁迫实施的民事法律行为违背了受胁迫方的真实意思,属于意思表示不自由、意思表示不真实、表示与意思不一致的行为,其构成要件包括:

一是对方当事人(即胁迫方)故意对一方当事人(即受胁迫方)实施了胁迫行为。

二是一方当事人(即受胁迫方)实施了相应的民事法律行为。

三是一方当事人(即受胁迫方)实施的民事法律行为与自己的内心真实意思相违背,而不仅仅是与其内心真实意思不一致。

---

① 比如,在朱某芹、陆某飞与孙某华房屋买卖合同纠纷案中,江苏省高级人民法院(2020)苏民申 7382 号民事裁定书认为:"朱某芹主张其被陆某飞殴打胁迫出售涉案房屋,朱某芹与陆某飞同为出卖方,朱某芹所称的该情形非法定受胁迫可撤销事由,朱某芹无证据证明孙某华或第三人以胁迫手段迫使朱某芹、陆某飞签订《房地产买卖中介服务协议》"。

四是一方当事人（即受胁迫方）实施该民事法律行为与对方当事人（即胁迫方）的胁迫行为之间存在因果关系，即：如果对方当事人没有对一方当事人实施胁迫行为，该一方当事人就不会实施该民事法律行为。

至于受胁迫方是否实际发生了损失以及损失的大小，均不影响受对方当事人胁迫实施的民事法律行为的认定。

比如，在吴某强与孟某合同纠纷案中，新疆维吾尔自治区高级人民法院（2020）新民申 1436 号民事裁定书认为："《中华人民共和国民法总则》第一百五十条规定：'一方或者第三人以胁迫手段，使对方在违背真实意思的情况下实施的民事法律行为，受胁迫方有权请求人民法院或者仲裁机构予以撤销。'该法律规定构成可得撤销的受胁迫行为，须具备的要件：一是须有胁迫行为；二是须有胁迫故意；三是胁迫须为非法；四是须被胁迫人因胁迫而陷于恐惧，并因恐惧而为意思表示；五是被胁迫人所作意思表示违背其真实意思。"

就《民法典》第 150 条所说的"在违背真实意思的情况下实施"民事法律行为而言，福建省高级人民法院（2019）闽民终 21 号民事判决书认为："胁迫行为在本质上违背了受胁迫方的意思表示自由。意思表示自由具有主观性和内部性的特征，对是否存在违背受损害方真实意愿的事实认定，必须结合具体客观情形加以判断，包括实施民事行为的原因、过程、内容、履行情况等。"

比如，在刘某平与湖南福某来电子陶瓷有限公司合同纠纷案中，湖南省高级人民法院（2019）湘民申 4009 号民事裁定书认为："从审理查明的事实来看，刘某平在福某来公司任副总经理时就以湖南省新化县某江电子有限责任公司名义与福某来公司的原有客户深圳麦某某尔股份有限公司开展业务往来，违反了《中华人民共和国公司法》第一百四十八条第一款第五项'董事、高级管理人员不得有下列行为：……（五）未经股东会或者股东大会同意，利用职务便利为自己或者他人谋取属于公司的商业机会，自营或者为他人经营与所任职公司同类的业务'的规定。同时，也违反了福某来公司与刘某平订立的《劳动合同书》第四十四条'乙方（刘某平）在甲方任职期间，保证不私自保留复制和泄露（漏）任何商业机密，不在其他公司兼职'的约定。《中华人民共和国民法总则》第一百五十条规定：'一方或者第三人以胁迫手段，使对方在违背真实意思的情况下实施的民事法律行为，受胁迫方有权请求人民法院或者仲裁机构予以撤销。'福某来公司于 2016 年成立，2017 年属于福某来公司的起步阶段，2017 年 4 月至 11 月期间的业务量总和都不及案涉订单这一笔业务的价值，该笔 60.6 万元的生产订单对于福某来公司的生产经营有重大影响，刘某平若将该笔业务转移至湖南省新化县某某电子有限责任公司，将使福某来公司的生产经营产生重大损失。在此情况下，福某来公司与刘某平签订案涉《业务合作协议》并约定支付刘某平提成费，是因为刘某平任职福某来公司期间与深圳麦某某尔股份有限公司联系紧密，对案涉订单可以产生重大影响，如不与刘某平签订案涉《业务合作协议》，福某来公司将失去案涉订单，公司财产利益将受到重大损失。故二审法院认定案涉《业务合作协议》的签订并不是福某来公司真实意思表示，而是被迫所为，案涉《业务合作协议》可以撤销并无不当"。

（二）受第三人胁迫实施的民事法律行为的认定

《民法典》第 150 条所说的"第三人以胁迫手段，使对方在违背真实意思的情况下实施的民事法律行为”，即为受第三人胁迫实施的民事法律行为。至于虽然第三人实施了胁迫行为，但一方当事人并未受此影响而实施的符合其真实意思的民事法律行为，则不属于受第三人胁迫实施的民事法律行为。

1. 第三人的范围

《民法典》第 150 条所说的“第三人以胁迫手段”中的“第三人”，指的是当事人之外的民事主体，既可以是自然人，也可以是法人或非法人组织；至于该第三人与当事人尤其是受胁迫方的对方当事人是否存在亲属关系、关联关系或其他利害关系，则在所不问。

2. 受第三人胁迫实施的民事法律行为的认定

根据《民法典》第 150 条和《民法典总则编解释》第 22 条的规定，受第三人胁迫实施的民事法律行为违背了受胁迫方的真实意思，属于意思表示不自由、意思表示不真实、表示与意思不一致的行为，其构成要件包括：

一是第三人（即胁迫方）故意对一方当事人（即受胁迫方）实施了胁迫行为。

二是一方当事人（即受胁迫方）实施了相应的民事法律行为。

三是一方当事人（即受胁迫方）实施的民事法律行为与自己的内心真实意思相违背，而不仅仅是与其内心真实意思不一致。

四是一方当事人（即受胁迫方）实施该民事法律行为与第三人（即胁迫方）的胁迫行为之间存在因果关系，即：如果第三人没有对一方当事人实施胁迫行为，该一方当事人就不会实施该民事法律行为。

同样地，受胁迫方是否实际发生了损失以及损失的大小，均不影响受第三人胁迫实施的民事法律行为的认定。

按照受胁迫方的对方当事人是否知道或应当知道第三人对受胁迫方实施了胁迫行为，也可以将受第三人胁迫实施的民事法律行为区分为对方当事人善意情形下受第三人胁迫实施的民事法律行为和对方当事人非善意情形下受第三人胁迫实施的民事法律行为。不过，由于《民法典》第 150 条使用的表述是“第三人以胁迫手段，……受胁迫方有权请求……予以撤销”，因此，不论受胁迫方的对方当事人是否善意，均不影响受第三人胁迫实施的民事法律行为的效力的认定，这跟《民法典》第 149 条针对可撤销的受第三人欺诈实施的民事法律行为规定了“对方知道或者应当知道该欺诈行为”的要件是不同的。也就是说，不论受胁迫方的对方当事人是否知道或应当知道第三人对受胁迫方实施了胁迫行为，受胁迫方都享有撤销权。

三、受胁迫实施的民事法律行为的效力

（一）原则上属于可撤销的民事法律行为

由于《民法典》第 150 条使用了“一方或者第三人以胁迫手段，使对方在违背真实意思的情况下实施的民事法律行为，受胁迫方有权请求人民法院或者仲裁机构予以撤销”的表述，因此，不论是受对方当事人胁迫所实施的民事法律行为，还是受第三人胁迫所实施的民事法律行为，原则上都属于可撤销的民事法律行为，受胁迫方享有请求

法院或仲裁机构撤销该民事法律行为的权利，即《民法典》第 152 条所说的“撤销权”。

需要注意的是，与原《合同法》第 54 条第 2 款针对受对方当事人胁迫订立的合同规定了“受损害方有权请求人民法院或者仲裁机构变更或者撤销”不同，《民法典》第 150 条针对受对方当事人胁迫实施的民事法律行为（包括订立的合同）仅规定了“受胁迫方有权请求人民法院或者仲裁机构予以撤销”，因此，受胁迫方不享有请求法院或仲裁机构对受对方当事人胁迫所实施的民事法律行为进行变更的权利，该民事法律行为也不属于可由裁判机构予以变更的民事法律行为。

还需注意的是，并非所有受胁迫的民事法律行为都只是可撤销的民事法律行为，在法律明确规定特定的受胁迫的民事法律行为无效的情况下，应当将该民事法律行为认定为无效的民事法律行为。

比如，针对受胁迫订立的遗嘱行为，《民法典》第 1143 条第 2 款规定：“遗嘱必须表示遗嘱人的真实意思，受欺诈、胁迫所立的遗嘱无效。”①其中的“受胁迫”，既包括受继承人胁迫，也包括受第三人胁迫。

又如，针对受胁迫订立的仲裁协议，《仲裁法》第 17 条第 3 项规定：“有下列情形之一的，仲裁协议无效：……（三）一方采取胁迫手段，迫使对方订立仲裁协议的”。其中的“采取胁迫手段”，仅指受胁迫方的对方当事人采取胁迫手段，不包括当事人之外的第三人胁迫。

（二）撤销事由

《民法典》第 150 条所说的“一方或者第三人以胁迫手段，使对方在违背真实意思的情况下实施”民事法律行为，即为撤销事由。

根据《民事诉讼法》第 67 条第 1 款②和《民诉法解释》第 90 条、第 91 条、第 109 条③的规定，受胁迫方应当对受对方当事人或第三人胁迫实施民事法律行为的构成要件承担举证证明责任，并且对对方当事人或第三人实施了胁迫行为的证明还应当达到排除合理怀疑的证明标准；否则，其主张可能得不到支持。

比如，在天津某航物流有限公司诉洋浦某良海运有限公司、深圳市某泓航运有限公司海上、通海水域货物运输合同纠纷案中，天津市高级人民法院（2020）津民终 307 号民事判决书认为：“本案一审中，某航公司原以‘显失公平’作为撤销涉案批注事由，后转以‘胁迫’作为撤销涉案批注事由，其法律基础为《中华人民共和国民法总则》第一

---

① 当然，遗嘱属于无相对人的民事法律行为，与《民法典》第 150 条适用于有相对人的民事法律行为是不同的。

② 《民事诉讼法》第 67 条第 1 款规定：“当事人对自己提出的主张，有责任提供证据。”

③ 《民诉法解释》第 90 条规定：“当事人对自己提出的诉讼请求所依据的事实或者反驳对方诉讼请求所依据的事实，应当提供证据加以证明，但法律另有规定的除外。在作出判决前，当事人未能提供证据或者证据不足以证明其事实主张的，由负有举证证明责任的当事人承担不利的后果”，第 91 条规定：“人民法院应当依照下列原则确定举证证明责任的承担，但法律另有规定的除外：（一）主张法律关系存在的当事人，应当对产生该法律关系的基本事实承担举证证明责任；（二）主张法律关系变更、消灭或者权利受到妨害的当事人，应当对该法律关系变更、消灭或者权利受到妨害的基本事实承担举证证明责任”，第 109 条规定：“当事人对欺诈、胁迫、恶意串通事实的证明，以及对口头遗嘱或者赠与事实的证明，人民法院确信该待证事实存在的可能性能够排除合理怀疑的，应当认定该事实存在。”

百五十条‘一方或者第三人以胁迫手段,使对方在违背真实意思的情况下实施的民事法律行为,受胁迫方有权请求人民法院或者仲裁机构予以撤销’之规定。以给自然人及其近亲属的生命、身体、健康、名誉、荣誉、隐私、财产等造成损害或者以给法人、非法人组织的名誉、荣誉、财产等造成损害为要挟,迫使对方作出不真实的意思表示的,应当认定为该条规定的胁迫。本案如存在胁迫情形,属于‘经济胁迫’,亦在该条调整范围内。在认定‘经济胁迫’时,应当在认定胁迫构成要件的框架下,重点考量行为时的环境、是否存在胁迫行为及相应行为是否具有不法性、意思表示方是否因不存在其他实际可行法律救济而不得不屈服、意思表示方是否提出了抗议等因素,予以综合考量。同时,在证明标准方面,依照《最高人民法院关于适用〈中华人民共和国民事诉讼法〉的解释》第一百零九条规定,当事人对欺诈、胁迫、恶意串通事实的证明,以及对口头遗嘱或者赠与事实的证明,人民法院确信该待证事实存在的可能性能够排除合理怀疑的,应当认定该事实存在。在承担举证证明责任的当事人提供证据证明存在上述情形后,对方当事人提出合理怀疑的,承担举证证明责任的当事人就需要举证排除该合理怀疑。本案某航公司从‘显失公平’转而采取‘胁迫’作为其撤销事由,应同时承担更高的证明要求,即对胁迫事实的证明应达到排除合理怀疑的程度,以维护基于以意思表示为核心要素的民事法律行为所形成交易秩序的稳定。”天津市高级人民法院(2020)津民终307号民事判决书在分别考察案涉行为时的环境、是否存在胁迫行为及相应行为是否具有不法性、意思表示方是否因不存在其他实际可行法律救济而不得不屈服、意思表示方是否提出了抗议等事项之后,认为“本案认定胁迫事实存在的可能性尚不能够排除合理怀疑”,判决驳回了原告的全部诉讼请求。

(三)撤销权的权利人

由于《民法典》第150条使用了“一方或者第三人以胁迫手段,使对方……,受胁迫方有权请求……予以撤销”的表述,因此,仅受对方当事人或第三人胁迫的“受胁迫方”享有撤销权,对方当事人(不论是否为胁迫方)或其他主体均不享有撤销权。

(四)有权撤销的主体

同样地,受胁迫方自身也不能直接撤销受胁迫实施的民事法律行为,而需要请求法院或仲裁机构予以撤销。法院(适用于当事人之间不存在仲裁协议的情形)或仲裁机构(适用于当事人之间存在仲裁协议的情形)才是有权撤销相关民事法律行为的主体。这跟《民法典》第145条针对限制民事行为能力人的相对人所说的“[限制民事行为能力人实施的其他]民事法律行为被追认前,善意相对人有撤销的权利。撤销应当以通知的方式作出”和第171条针对无权代理人的相对人所说的“行为人实施的行为被追认前,善意相对人有撤销的权利。撤销应当以通知的方式作出”是不一样的,跟《民法典》第658条第1款、第663条第1款和第664条第1款针对赠与的撤销直接使用了“赠与人可以撤销赠与”或“赠与人的继承人或者法定代理人可以撤销赠与”的表述[①]也是不一样的。

对此，最高人民法院（2019）最高法民申 2898 号民事裁定书认为：“可撤销合同属于‘未决的生效’，即原则上生效（被撤销前仍然有效），但可因当事人申请撤销而自始没有法律约束力，对于可撤销合同效力的最终决定，当事人自身难以全部完成，须诉诸人民法院或者仲裁机构。”

需要注意的是，法院或仲裁机构须依受胁迫方的申请作出撤销相关民事法律行为的裁判（判决或裁决），而不能主动进行撤销。《民法典》第 150 条使用的表述“请求人民法院或者仲裁机构予以撤销”，也表明了这点。此外，《九民会议纪要》第 42 条也明确规定：“【撤销权的行使】撤销权应当由当事人行使。当事人未请求撤销的，人民法院不应当依职权撤销合同”。

（五）撤销权的行使方式

由于《民法典》第 150 条使用了“受胁迫方有权请求人民法院或者仲裁机构予以撤销”的表述，因此，受胁迫方也必须通过向法院提起诉讼或向仲裁机构申请仲裁的方式行使撤销权。

比如，在深圳市某鹰建设集团股份有限公司与郫县某峰石材经营部、西藏某和投资有限公司买卖合同纠纷案中，最高人民法院（2019）最高法民申 5143 号民事裁定书认为：“《中华人民共和国民法总则》第一百五十条规定，一方或者第三人以胁迫手段，使对方在违背真实意思的情况下实施的民事法律行为，受胁迫方有权请求人民法院或者仲裁机构予以撤销。前述规定赋予了受胁迫方以撤销权，但是也限制了撤销权的行使方式，要求必须以诉讼或者仲裁的方式行使，以避免撤销权的滥用。”

当然，在诉讼中，受胁迫方也可以提出其实施的民事法律行为具有可撤销事由的抗辩。对此，《九民会议纪要》第 42 条规定了：“一方请求另一方履行合同，另一方以合同具有可撤销事由提出抗辩的，人民法院应当在审查合同是否具有可撤销事由以及是否超过法定期间等事实的基础上，对合同是否可撤销作出判断，不能仅以当事人未提起诉讼或者反诉为由不予审查或者不予支持。”

（六）撤销权的行使期限

《民法典》第 150 条规定的受胁迫方的撤销权在性质上也属于形成权，其行使受到《民法典》第 152 条规定的行使期限的约束，即：一是受胁迫方自知道或者应当知道撤销事由之日起 1 年内没有行使撤销权的，撤销权消灭；二是受胁迫方知道撤销事由后明确表示放弃撤销权或者以自己的行为表明放弃撤销权的，撤销权消灭；三是受胁迫方自民事法律行为发生之日起 5 年内没有行使撤销权的，撤销权消灭。也因此，即使符合《民法典》第 150 条所说的“一方或者第三人以胁迫手段，使对方在违背真实意思

---

① 《民法典》第 658 条第 1 款规定：“赠与人在赠与财产的权利转移之前可以撤销赠与”，第 663 条第 1 款规定：“受赠人有下列情形之一的，赠与人可以撤销赠与：（一）严重侵害赠与人或者赠与人近亲属的合法权益；（二）对赠与人有扶养义务而不履行；（三）不履行赠与合同约定的义务”，第 664 条第 1 款规定：“因受赠人的违法行为致使赠与人死亡或者丧失民事行为能力的，赠与人的继承人或者法定代理人可以撤销赠与”。

的情况下实施的民事法律行为”,如果受胁迫方在法定的撤销权行使期限届满之后才请求人民法院或者仲裁机构撤销该民事法律行为,那么,其请求也得不到支持。

此外,根据《民法典》第 199 条所说的“法律规定或者当事人约定的撤销权……的存续期间,除法律另有规定外,自权利人知道或者应当知道权利产生之日起计算,不适用有关诉讼时效中止、中断和延长的规定。存续期间届满,撤销权……消灭”,《民法典》第 150 条规定的受胁迫方的撤销权,并非请求权,不适用诉讼时效制度。

(七)是否存在不可撤销的例外

针对受胁迫实施的民事法律行为,《民法典》和《民法典总则编解释》都没有规定不可撤销的例外情形。

当然,根据《民法典》第 11 条关于“其他法律对民事关系有特别规定的,依照其规定”的规定和《立法法》第 103 条关于“同一机关制定的法律、行政法规、地方性法规、自治条例和单行条例、规章,特别规定与一般规定不一致的,适用特别规定;新的规定与旧的规定不一致的,适用新的规定”的规定,其他法律针对受胁迫实施的民事法律行为明确规定不可撤销的例外情形,也不是不可以。

四、作为胁迫方的第三人的民事责任

就受第三人胁迫实施的民事法律行为而言,《民法典》第 150 条所说的“受胁迫方有权请求人民法院或者仲裁机构予以撤销”,指向的是受胁迫方受第三人胁迫实施的违背真实意思的民事法律行为;即使是在相关民事法律行为被撤销的情况下,被撤销的也只是受胁迫方与其对方当事人之间的民事法律行为,依照《民法典》第 157 条所说的“民事法律行为……被撤销……后,行为人因该行为取得的财产,应当予以返还;不能返还或者没有必要返还的,应当折价补偿。有过错的一方应当赔偿对方由此所受到的损失;各方都有过错的,应当各自承担相应的责任。法律另有规定的,依照其规定”处理的也只是受胁迫方与其对方当事人之间的法律关系,没有涉及作为胁迫方的第三人的责任问题。尤其是,在受胁迫方的撤销权已经消灭的情形,受胁迫方更加无法依照《民法典》第 150 条和第 157 条寻求救济。

不过,在一方当事人受第三人胁迫而与对方当事人订立合同的情形,受胁迫方可以请求作为胁迫方的第三人承担相应的赔偿责任。对此,《民法典合同编通则解释》第 5 条规定:“第三人实施欺诈、胁迫行为,使当事人在违背真实意思的情况下订立合同,受到损失的当事人请求第三人承担赔偿责任的,人民法院依法予以支持……”①

---

① 当然,《民法典合同编通则解释》第 5 条在规定“第三人实施欺诈、胁迫行为,使当事人在违背真实意思的情况下订立合同,受到损失的当事人请求第三人承担赔偿责任的,人民法院依法予以支持”的基础上,也规定:“当事人亦有违背诚信原则的行为的,人民法院应当根据各自的过错确定相应的责任。但是,法律、司法解释对当事人与第三人的民事责任另有规定的,依照其规定”。

五、胁迫同时构成犯罪的处理

(一)胁迫方的刑事责任

不论是对方当事人或者第三人,以胁迫手段使得一方当事人在违背真实意思的情况下实施相应的民事法律行为,如果构成犯罪,还将被依法追究刑事责任。

比如,针对强迫交易罪,《刑法》第 226 条规定了:“以暴力、威胁手段,实施下列行为之一,情节严重的,处三年以下有期徒刑或者拘役,并处或者单处罚金;情节特别严重的,处三年以上七年以下有期徒刑,并处罚金:(一)强买强卖商品的;(二)强迫他人提供或者接受服务的;(三)强迫他人参与或者退出投标、拍卖的;(四)强迫他人转让或者收购公司、企业的股份、债券或者其他资产的;(五)强迫他人参与或者退出特定的经营活动的。”

(二)胁迫构成犯罪对受胁迫实施的民事法律行为的效力认定的影响

在对方当事人或者第三人因对一方当事人实施胁迫行为同时构成犯罪的情况下,受胁迫方因受胁迫实施的民事法律行为的效力,仍然应当依照《民法典》第 150 条等民事法律的规定予以认定,不能仅仅因为胁迫方实施胁迫构成犯罪就简单地认定相关民事法律行为无效。

当然,根据《民诉法解释》第 93 条①和《最高人民法院关于民事诉讼证据的若干规定》第 10 条②的规定,如果相关生效刑事裁判文书认定对方当事人或第三人的胁迫行为构成犯罪,则属于“已为人民法院发生法律效力的裁判所确认的基本事实”,受胁迫方原则上无须再就对方当事人或第三人实施了胁迫行为举证证明。③

(三)胁迫类民刑交叉案件的程序处理

对方当事人或者第三人对一方当事人实施胁迫的行为同时涉嫌犯罪的,也将涉及如何协调处理相应的民事案件与刑事案件的程序问题。相关内容,可见本书关于《民法典》第 149 条的通释。

---

① 《民诉法解释》(2022 年修正)第 93 条规定:“下列事实,当事人无须举证证明:(一)自然规律以及定理、定律;(二)众所周知的事实;(三)根据法律规定推定的事实;(四)根据已知的事实和日常生活经验法则推定出的另一事实;(五)已为人民法院发生法律效力的裁判所确认的事实;(六)已为仲裁机构生效裁决所确认的事实;(七)已为有效公证文书所证明的事实。前款第二项至第四项规定的事实,当事人有相反证据足以反驳的除外;第五项至第七项规定的事实,当事人有相反证据足以推翻的除外”。

② 《最高人民法院关于民事诉讼证据的若干规定》(2019 年修正)第 10 条规定:“下列事实,当事人无须举证证明:(一)自然规律以及定理、定律;(二)众所周知的事实;(三)根据法律规定推定的事实;(四)根据已知的事实和日常生活经验法则推定出的另一事实;(五)已为仲裁机构的生效裁决所确认的事实;(六)已为人民法院发生法律效力的裁判所确认的基本事实;(七)已为有效公证文书所证明的事实。前款第二项至第五项事实,当事人有相反证据足以反驳的除外;第六项、第七项事实,当事人有相反证据足以推翻的除外”。

③ 最高人民法院(2017)最高法民终 892 号民事判决书认为:“刑事审判的目的在于追究惩罚犯罪,其与民事审判探求当事人之间民事法律关系的任务虽有不同,但刑事判决与民事判决中对主要的客观事实的认定应当是一致的。本院《关于民事诉讼证据的若干规定》第九条亦规定,已为人民法院发生法律效力的裁判所确认的事实,当事人无需举证证明,除非当事人有相反证据足以推翻。”

第一百五十一条 【成立时显失公平行为的撤销】一方利用对方处于危困状态、缺乏判断能力等情形,致使民事法律行为成立时显失公平的,受损害方有权请求人民法院或者仲裁机构予以撤销。

【条文通释】

《民法典》第151条是关于成立时显失公平行为的撤销[①]的规定。

一、成立时显失公平行为的认定

(一)成立时显失公平行为的构成要件

《民法典》第151条所说的"一方利用对方处于危困状态、缺乏判断能力等情形,致使……成立时显失公平"的民事法律行为,即为成立时显失公平的民事法律行为。

根据《民法典》第151条,结合《民法典》第534条所说的"继续履行合同对于当事人一方明显不公平",成立时显失公平行为指向的是一方当事人在其劣势地位被对方当事人利用的情况下实施的成立时对该一方当事人明显不公平的民事法律行为,其构成要件包括:

一是一方当事人处于危困状态、缺乏判断能力等情形,即处于劣势地位。

二是对方当事人知道或应当知道该一方当事人处于劣势地位,并利用该一方当事人的劣势地位,即对方当事人处于优势地位且非善意。

三是处于劣势地位的一方当事人与对方当事人实施了相应的民事法律行为。

四是处于劣势地位的一方当事人与对方当事人实施的民事法律行为在成立时对于该一方当事人是明显不公平的。

五是处于劣势地位的一方当事人实施的民事法律行为在成立时对于该一方当事人明显不公平,与对方当事人利用了该一方当事人的劣势地位之间存在因果关系,即如果对方当事人没有利用一方当事人的劣势地位,该一方当事人就不会实施该显失公平的民事法律行为。

六是处于劣势地位的一方当事人因成立时显失公平的民事法律行为而遭受了损害。这也是《民法典》第151条使用"受损害方"的表述的应有之义。

据此,成立时显失公平行为须以对方当事人在主观上知道或应当知道一方当事人处于危困状态、缺乏判断能力等情形并在客观上利用了该一方当事人的劣势地位,以及相关民事法律行为在成立时在客观上对于处于劣势地位的一方当事人不公平且达到明显不公平的程度为要件。

对此,最高人民法院(2018)最高法民申1774号民事裁定书(载《最高人民法院公报》2020年第3期)认为:"显失公平系指一方利用对方处于危困状态,缺乏判断能力等

---

① 全国人民代表大会常务委员会时任副委员长李建国2017年3月8日在第十二届全国人民代表大会第五次会议上作的《关于〈中华人民共和国民法总则(草案)〉的说明》使用了"显失公平等行为的撤销"的表述。

情形,致使双方在从事民事法律行为时权利义务明显有违公平的情形。认定合同是否构成显失公平时,应采用主观要件和客观要件相结合”;最高人民法院(2020)最高法民申 1231 号民事裁定书也认为:“显失公平须包括两项要件:一是主观上,民事法律行为的一方当事人利用了对方处于危困状态、缺乏判断能力等情形。这意味着,一方当事人主观上意识到对方当事人处于不利情境,且有利用这一不利情境之故意。……二是客观上,民事行为成立时显失公平。此处的显失公平是指双方当事人在民事法律行为中的权利义务明显失衡、显著不相称”。

从而,如果一方当事人并未处于危困状态、缺乏判断能力等劣势地位①,或虽然一方当事人处于劣势地位但对方当事人不知道且不应当知道该一方当事人处于劣势地位,或对方当事人虽然知道一方当事人处于劣势地位但并没有利用该一方当事人的劣势地位,或相关民事法律行为在成立时是公平的或只是对于处于劣势地位的一方当事人略微不公平,则不属于《民法典》第 151 条所说的成立时显失公平行为。

尤其是,由于《民法典》第 151 条使用了“民事法律行为成立时显失公平”的表述,因此,只要相关民事法律行为在成立时不存在明显不公平的情形,即使在履行过程中出现继续履行该民事法律行为对于当事人一方明显不公平的情形(比如,《民法典》第 533 条就针对合同成立之后发生情势变更规定了相应的处理办法②),或出现履行结果对于当事人一方明显不公平的情形,也不属于《民法典》第 151 条所说的显失公平行为③;相应地,只要相关民事法律行为在成立时存在明显不公平的情形,即使最终的履行结果对于当事人一方是公平的或者反而对当事人一方更有利、对于对方当事人明显不公平(比如,《民法典》第 513 条针对合同生效后价格上涨或下降规定了相应的处理

---

① 比如,在吉林某城房地产综合开发有限责任公司与汤某鹏房屋买卖合同纠纷案中,最高人民法院(2018)最高法民申 1774 号民事裁定书(载《最高人民法院公报》2020 年第 3 期)认为:“显失公平系指一方利用对方处于危困状态,缺乏判断能力等情形,致使双方在从事民事法律行为时权利义务明显有违公平的情形。认定合同是否构成显失公平时,应采用主观要件和客观要件相结合。某城公司作为独立的商事主体,与自然人汤某鹏相比,并不明显处于劣势地位,且某城公司并无相关证据证明其与汤某鹏签订《商品房买卖合同》,系因受汤某鹏欺诈、胁迫,而在违背其真实意思的情况下作出,虽然案涉七套房屋的评估价值高于抵债价格,但也不宜认定《商品房买卖合同》显失公平”。

② 《民法典》第 533 条规定,“合同成立后,合同的基础条件发生了当事人在订立合同时无法预见的、不属于商业风险的重大变化,继续履行合同对于当事人一方明显不公平的,受不利影响的当事人可以与对方重新协商;在合理期限内协商不成的,当事人可以请求人民法院或者仲裁机构变更或者解除合同。人民法院或者仲裁机构应当结合案件的实际情况,根据公平原则变更或者解除合同”。

③ 比如,在陆某成与万某某集(成都)科技股份有限公司计算机软件开发合同纠纷案中,最高人民法院(2021)最高法知民终 1507 号民事判决书认为:“涉案合同为技术服务合同或软件开发合同,约定由陆某成委托万某某集公司注册域名、开发小程序,陆某成依据合同向万某某集公司支付相关费用。万某某集公司提供的域名注册、小程序开发等服务并无统一市场指导价,且软件开发或技术服务具有极强的个性化因素,根据本案在案证据无法判断涉案合同中开发标的或者相关服务的真实价值。陆某成作为企业经营者,具有与其认知和经营能力相匹配的商业判断力,其选择与万某某集公司进行交易,系其依据自身判断所做的经营选择,应当自行承担相应的商业风险。陆某成称涉案合同所约定开发的小程序及申请的域名无法运行或者打开,因此毫无价值。本院认为,显失公平是指合同在订立时权利义务存在严重失衡的情况。本案中涉案合同已经履行完毕,相关成果已完成交付,不能用已交付的标的物价值大小反推合同订立时是否构成显失公平。陆某成如认为万某某集公司交付的成果不符合合同约定,可另行提起违约之诉寻求救济。因此陆某成上诉称涉案合同在签订时存在显失公平的情形因而应当予以撤销的上诉理由,本院不予支持”。

办法①),也仍然属于《民法典》第151条所说的显失公平行为。

需要注意的是,尽管与处于危困状态、缺乏判断能力等情形的一方当事人相比,对方当事人事实上处于相对优势地位,但是,由于《民法典》第151条只使用了“一方利用对方处于危困状态、缺乏判断能力等情形”的表述,没有使用“一方利用其优势”的表述,因此,《民法典》第151条所说的显失公平行为的认定,无须考察对方当事人是否具有优势地位,亦无须考察对方当时是否利用了优势地位;从而,原《民通意见》(已废止)第72条所说的“一方当事人利用优势或者利用对方没有经验,致使双方的权利与义务明显违反公平、等价有偿原则的,可以认定为显失公平”不应继续作为认定显失公平的依据。

(二)处于劣势地位的认定

如前所说,《民法典》第151条所说的“处于危困状态、缺乏判断能力等情形”,指向的是一方当事人处于劣势地位。《民法典》第151条列举了“处于危困状态”和“缺乏判断能力”这两种常见的处于劣势地位的情形,并以“等情形”兜底,将“处于劣势地位”的其他情形纳入其中。

1. 处于危困状态

结合《民法典》第36条第1款第2项所说的“怠于履行监护职责,或者无法履行监护职责且拒绝将监护职责部分或者全部委托给他人,导致被监护人处于危困状态”,《民法典》第151条所说的一方当事人“处于危困状态”,侧重于物质层面的困境,指向的是该当事人因陷入某种暂时性的危急困难,从而对于金钱、物质的需求极为迫切等情形②。

比如,在李某平、李某辉与李某军、李某股权转让纠纷案中,最高人民法院(2020)最高法民申1231号民事裁定书认为:“2015年3月19日李某军因涉嫌诈骗犯罪被采取刑事强制措施,其客观上不能对其开办的湖南某富植物油脂有限公司(以下简称某富油脂公司)及作为股东和执行董事的某业公司进行经营和管理。在其妻田某外出躲避情况下,李某军唯有特别授权其刚大学毕业回国的女儿李某代其行使权利。2016年4月30日,某富油脂公司所借某某银行邵阳市分行(以下简称邵阳某某行)2000万元贷款到期,逾期后该行多次与李某协商还款事宜,并明确告知李某,如逾期贷款不能按时归还,该行将采取诉讼保全措施。李某多方筹措资金未果。以上事实说明股权转让前,李某军及其某富油脂公司已处于危困状态,如处理不及时,随时面临某富油脂公司被纳入失信人、抵押担保的财产被处分的危险境地。”

---

① 《民法典》第513条规定:“执行政府定价或者政府指导价的,在合同约定的交付期限内政府价格调整时,按照交付时的价格计价。逾期交付标的物的,遇价格上涨时,按照原价格执行;价格下降时,按照新价格执行。逾期提取标的物或者逾期付款的,遇价格上涨时,按照新价格执行;价格下降时,按照原价格执行”。

② 最高人民法院(2020)最高法民申1231号民事裁定书认为:“显失公平须包括两项要件:一是主观上,民事法律行为的一方当事人利用了对方处于危困状态、缺乏判断能力等情形。……所谓危困状态,一般指因陷入某种暂时性的急迫困境而对于金钱、物的需求极为迫切等情形……”北京市第三中级人民法院(2021)京03民终19779号民事判决书认为:“显失公平的民事法律行为是指一方在从事某种法律行为时因情况紧迫或缺乏经验而作出明显对自己有重大不利的行为。……利用危困状态是指利用某人因陷入某种暂时性的急迫困境,从而急需金钱或其他急需的状态……”

又如,在辽宁某泰实业有限公司、抚顺某某洋实业有限公司与浙江某某洋房产开发有限公司借款合同纠纷案中,最高人民法院(2019)最高法民申 2898 号民事裁定书认为:"辽宁某泰公司、抚顺某某洋公司、浙江某某洋公司经办人员于 2016 年 8 月 1 日在案涉《协议书》及其附件上盖章时,该三公司共同的法定代表人陆某华因配合有关机关调查已被限制人身自由 8 个月,抚顺某某洋公司财务资料被公安机关调取,执行总经理田某和财务人员钟某炜也被逮捕,可以认定抚顺某某洋公司当时正处于危难之中。对此,辽宁某泰公司应当明知,但其却在此情况下通过无权代理抚顺某某洋公司和浙江某某洋公司的经办人签订《协议书》及其附件,将抚顺某某洋公司对其账款余额 7650 万元作平账处理。二审法院认定《协议书》及其附件的订立过程存在法律规定的乘人之危情形,也并无明显不妥。"

2. 缺乏判断能力

《民法典》第 151 条所说的"缺乏判断能力"省略了部分内容,其完整的表述应该是"对……缺乏判断能力"。

问题是,处于劣势的一方当事人对什么缺乏判断能力?即判断的对象是什么?

结合《最高人民法院关于充分发挥司法职能作用助力中小微企业发展的指导意见》(法发〔2022〕2 号)第 3 条所说的"具有优势地位的市场主体利用中小微企业……对内容复杂的合同缺乏判断能力,致使合同成立时显失公平,中小微企业请求撤销该合同的,应予支持"和《民法典总则编解释》第 19 条第 1 款针对重大误解所说的"行为人对行为的性质、对方当事人或者标的物的品种、质量、规格、价格、数量等产生错误认识"以及《民法典合同编通则解释》第 11 条针对该自然人是否缺乏判断能力的认定所说的"当事人一方是自然人,根据该当事人的年龄、智力、知识、经验并结合交易的复杂程度,能够认定其对合同的性质、合同订立的法律后果或者交易中存在的特定风险缺乏应有的认知能力的,人民法院可以认定该情形构成民法典第一百五十一条规定的'缺乏判断能力'",可以认为,《民法典》第 151 条所说的"缺乏判断能力",指向的是当事人对行为的内容(即"行为的性质、对方当事人或者标的物的品种、质量、规格、价格、数量等")、后果和行为涉及的风险等事项缺乏判断能力或认知能力。[①]

需要注意的是,行为人对行为的内容和后果的"判断能力",不能等同于其民事行为能力。比如,在李某平、李某辉与李某军、李某股权转让纠纷案中,最高人民法院(2020)最高法民申 1231 号民事裁定书认为:"李某于 2015 年 2 月从学校毕业回国,在其父亲李某军被羁押后,于同年 4 月开始参与某业公司的经营管理。从原审查明的事实'2015 年 6 月 29 日某业公司时任工作人员彭某瑾通过电子邮件发送给李某的股东决议:李某定期参加公司股东会和重大事宜决策会议,行使李某军股东权益,李某不参与项目具体事项处理,不涉及重大决策的相关事项确定由李某星向李某反馈信息'看,李某参与某业公司的管理,并没有深入了解某业公司的情况,仅参加重大事宜决策会议,对某业公司的具体管理、运营等均无具体参与。综合以上情形,李某刚从学校毕业

---

① 最高人民法院(2020)最高法民申 1231 号民事裁定书认为:"显失公平须包括两项要件:一是主观上,民事法律行为的一方当事人利用了对方处于危困状态、缺乏判断能力等情形。……所谓缺乏判断能力,是指缺少基于理性考虑而实施民事法律行为或对民事法律行为的后果予以评估的能力……"

步入社会,其是在父亲李某军被羁押,母亲田某外出躲避的情况下,才仓促代表李某军参与某业公司管理,其缺少对企业管理经营经验,且参与某业公司管理时间短,对某业公司的基本情况未全面摸清。在此情形下,原审法院认定李某缺乏对李某军持有某业公司股权正确估值的判断能力,并无不当。李某平、李某辉主张李某具有完全民事行为能力和完整的判断能力,与李某是否具备对李某军持有某业公司股权正确估值的判断能力,是两个不同的概念,李某平、李某辉的该项主张不成立,本院不予支持。"

3. 处于劣势地位的其他情形

考虑到除了"处于危困状态"和"缺乏判断能力",实践中可能还会出现一方当事人处于劣势地位的其他情形,《民法典》第 151 条以"等情形"兜底,既涵盖了其他法律规定的处于劣势地位的其他情形,也为法律将来规定新的处于劣势地位的情形预留了空间,以更好地保护相关民事主体的合法权益。这也是《民法典》第 6 条所规定的公平原则的应有之义。

(三)成立时显失公平的认定

另一个问题是,如何认定民事法律行为成立时"显失公平"或"明显不公平"？对此,《民法典》和《民法典总则编解释》都没有作出规定。

通常认为,判断民事法律行为成立时是否存在显失公平,主要看在民事法律行为成立时当事人之间的权利和义务是否存在严重失衡或利益严重不平衡的情况。①

1. 交易价格明显不公平

考虑到交易价格是衡量当事人之间的权利义务是否平衡的重要指标,通常可以从交易价格来考察民事法律行为成立时是否存在显失公平的情形。就交易价格是否显失公平的认定而言,可以参考《民法典》第 539 条针对债权人撤销权规定的"明显不合理的高价"和"明显不合理的低价"的认定标准。

针对债权人的撤销权,《民法典》第 539 条规定:"债务人以明显不合理的低价转让财产、以明显不合理的高价受让他人财产或者为他人的债务提供担保,影响债权人的债权实现,债务人的相对人知道或者应当知道该情形的,债权人可以请求人民法院撤销债务人的行为。"

针对其中的"明显不合理的高价"和"明显不合理的低价",《民法典合同编通则解释》第 42 条第 1 款作出了原则性的规定,即:"对于民法典第五百三十九条规定的'明

① 比如,最高人民法院(2019)最高法民申 2898 号民事裁定书认为:"判断合同各方当事人之间是否存在显失公平,主要看各方权利义务(诸如收益与支出等)是否失衡";最高人民法院(2020)最高法民申 1231 号民事裁定书认为:"……显失公平是指双方当事人在民事法律行为中的权利义务明显失衡、显著不相称";最高人民法院(2021)最高法知民终 1507 号民事判决书认为:"显失公平是指合同在订立时权利义务存在严重失衡的情况";在西藏中某某源实业有限公司与拉萨市柳梧新区某某投资建设发展集团有限公司合同纠纷案中,最高人民法院(2019)最高法民终 760 号民事判决书认为:"西藏中某公司主张《收购协议》的签订系乘人之危,且结果显失公平,要求撤销。故西藏中某公司的合同撤销权是否成立应当从主、客观两方面的构成要件进行考察和认定:一是主观上,是否存在一方当事人利用了对方处于危困状态、缺乏判断能力等情形,使对方在违背真实意思的情况下订立合同;二是客观上,是否造成当事人之间在给付与对待给付之间严重失衡或利益严重不平衡"。

显不合理'的低价或者高价,人民法院应当按照交易当地一般经营者的判断,并参考交易时交易地的市场交易价或者物价部门指导价予以认定";在此基础上,该条第 2 款提出了具体的认定标准,即:"转让价格未达到交易时交易地的市场交易价或者指导价百分之七十的,一般可以认定为'明显不合理的低价';受让价格高于交易时交易地的市场交易价或者指导价百分之三十的,一般可以认定为'明显不合理的高价'"①。② 当然,《全国法院贯彻实施民法典工作会议纪要》(法〔2021〕94 号)第 9 条第 2 款也指出:"当事人对于其所主张的交易时交易地的指导价或者市场交易价承担举证责任"。

参考上述规定,就认定"一方利用对方处于危困状态、缺乏判断能力等情形,致使民事法律行为成立时"是否"显失公平"而言,在处于劣势地位的一方当事人为转让人(或服务提供方)的情形,如果交易价格未达到交易时交易地的市场交易价或者指导价的 70%,可以认定为显失公平;在处于劣势地位的一方当事人为受让人(或服务接受方)的情形,如果交易价格高于交易时交易地的市场交易价或者指导价的 130%,可以认定为显失公平。

事实上,《最高人民法院关于充分发挥司法职能作用助力中小微企业发展的指导意见》(法发〔2022〕2 号)第 13 条就提出:"机关、事业单位和大型企业就拖欠账款问题迫使中小微企业接受不平等条件,达成与市场价格明显背离的以物抵债协议……,中小微企业以显失公平为由请求撤销该协议或者约定的,人民法院应予支持"。在李某平、李某辉与李某军、李某股权转让纠纷案中,最高人民法院(2020)最高法民申 1231 号民事裁定书也认为:"……合同法解释二第十九条第二款规定,转让价格达不到交易时交易地的指导价或者市场交易价百分之七十的,一般可以视为明显不合理的低价。案涉股权价值在原审中经专业评估机构鉴定的最低评估值为 181961122.38 元,案涉股权转让价仅为股权评估价最低值的 63%左右。据此原审法院根据合同法解释二第十九条第二款规定,认定 11600 万元股权转让款为明显不合理低价、显失公平,符合法律规定。……《中华人民共和国合同法》第五十四条第一款第二项规定,在订立合同时显失公平的,当事人一方有权请求人民法院或者仲裁机构变更或者撤销。案涉《股权转让协议》显失公平,符合上述法律规定的情形,原审判决撤销该《股权转让协议》,并无不当。"

需要注意的是,在涉及以评估、审计等专业机构出具的评估报告为基础确定交易价格的情形,不能简单地以实际交易价格大幅低于评估值或审计值为由认为交易价格明显不公平,而应当结合案件的实际情况和当事人的具体约定加以判断。

比如,在西藏中某某源实业有限公司与拉萨市柳梧新区某某投资建设发展集团有限公司合同纠纷案中,最高人民法院(2019)最高法民终 760 号民事判决书认为:"……

---

① 需要注意的是,《民法典合同编通则解释》第 42 条第 3 款也作出了除外规定,即:"债务人与相对人存在亲属关系、关联关系的,不受前款规定的百分之七十、百分之三十的限制"。

② 此前,针对其中的"明显不合理的高价"和"明显不合理的低价",《全国法院贯彻实施民法典工作会议纪要》(法〔2021〕94 号)第 9 条也作出了类似的规定,即:"对于民法典第五百三十九条规定的明显不合理的低价或者高价,人民法院应当以交易当地一般经营者的判断,并参考交易当时交易地的物价部门指导价或者市场交易价,结合其他相关因素综合考虑予以认定。转让价格达不到交易时交易地的指导价或者市场交易价百分之七十的,一般可以视为明显不合理的低价;对转让价格高于当地指导价或者市场交易价百分之三十的,一般可以视为明显不合理的高价……"

当事人在交易中的利益失衡经常发生,而且此种失衡往往是当事人所应当承担的正常的交易风险。只有在利益失衡超出了社会公平观念所能容忍的界限和破坏了正常人所具有的道德标准时,法律才应当对其进行干预。合同撤销权中的显失公平,是指一方当事人不是出于自己的真实意愿签约,对方当事人因此获得不正当利益而导致的利益失衡,而不是仅指价格与价值之差。……单从收购价格上看,双方在第三方评估鉴定结果的基础上,商定最终收购价符合双方合同约定,亦不违反公平合理原则。首先,《收购意向书》载明'收购前由甲方聘用专业机构进行审计、资产评估和造价鉴定,以报告结果为参考,双方商定收购价'。西藏中某公司与柳梧某某公司共同作为委托方,分别与河南某鼎工程咨询有限公司、成都某城房地产评估有限公司签订了委托评估协议,即便如西藏中某公司所称评估机构由柳梧某某公司选取,无论是《收购意向书》中关于单方委托的约定、还是共同委托的事实行为,均表明西藏中某公司对评估机构的认可。现西藏中某公司又以评估报告系单方委托,未体现资产真实价值为由申请司法鉴定,本院不予准许。其次,成都某城房地产评估有限公司出具的《房地产估价咨询报告》,虽然资产评估总价为6.08亿元,但也同时载明,中某·城市广场在建工程部分已设定抵押,欠大部分工程款,本次评估结果未考虑应付工程款和抵押对其价值的影响。而河南某鼎工程咨询有限公司出具的《拉萨中某城市广场工程中期结算审核报告》载明案涉项目工程款结算审核金额为4.65亿余元。双方在此基础之上,通过谈判协商,扣除西藏中某公司已将320套房屋售出收取的购房款8917万元以及应向320户购房人支付的逾期交房违约金348万元,最终确定收购价为4.725亿元。该收购价是双方基于当时项目的实际情况进行谈判协商的结果,不能得出收购价严重偏离市场价,造成双方利益严重失衡的结论。"

2. 其他交易条件明显不公平

需要注意的是,交易价格明显不合理只是显失公平的一个方面,如果相关民事法律行为在成立时还存在其他方面的明显不公平情形,也可以认定为显失公平。

事实上,《最高人民法院关于充分发挥司法职能作用助力中小微企业发展的指导意见》(法发〔2022〕2号)第13条所说的"机关、事业单位和大型企业就拖欠账款问题迫使中小微企业接受不平等条件,……约定明显不合理的支付期限、条件,中小微企业以显失公平为由请求撤销该协议或者约定的,人民法院应予支持",就涉及价款(或报酬)的支付期限和支付条件方面的显失公平。

还需注意的是,就《民法典》第151条所说的"显失公平"的认定而言,不宜参考《民法典》第585条第2款针对违约金规定的"过分高于造成的损失"的认定标准①,因为

---

① 针对当事人约定的违约金的调整,《民法典》第585条第2款规定:"约定的违约金低于造成的损失的,人民法院或者仲裁机构可以根据当事人的请求予以增加;约定的违约金过分高于造成的损失的,人民法院或者仲裁机构可以根据当事人的请求予以适当减少。"针对其中的"约定的违约金过分高于造成的损失",《民法典合同编通则解释》第65条规定:"当事人主张约定的违约金过分高于违约造成的损失,请求予以适当减少的,人民法院应当以民法典第五百八十四条规定的损失为基础,兼顾合同主体、交易类型、合同的履行情况、当事人的过错程度、履约背景等因素,遵循公平原则和诚信原则进行衡量,并作出裁判。约定的违约金超过造成损失的百分之三十的,人民法院一般可以认定为过分高于造成的损失……"当然,《民法典合同编通则解释》第64条第2款也要求:"违约方主张约定的违约金过分高于违约造成的损失,请求予以适当减少的,应当承担举证责任。非违约方主张约定的违约金合理的,也应当提供相应的证据";第65条第3款还明确:"恶意违约的当事人一方请求减少违约金的,人民法院一般不予支持"。此前,《全国法院贯彻实施民法典工作会议纪要》(法〔2021〕94号)第11条也作出了类似的规定。

《民法典》第 585 条第 2 款针对违约金规定的“过分高于造成的损失”只是赋予主张约定的违约金过高的当事人请求法院或仲裁机构将约定的违约金数额予以适当减少的权利，并没有赋予相关当事人请求法院或仲裁机构将约定的违约金条款予以撤销的权利。

二、成立时显失公平行为的效力

（一）属于可撤销的民事法律行为

由于《民法典》第 151 条使用了“一方利用对方处于危困状态、缺乏判断能力等情形，致使民事法律行为成立时显失公平的，受损害方有权请求人民法院或者仲裁机构予以撤销”的表述，因此，一方当事人在其劣势地位被对方当事人利用的情况下实施的成立时对该一方当事人显失公平并且实际上致使其受到损失的民事法律行为，属于可撤销的民事法律行为，受损害方享有请求法院或仲裁机构撤销该民事法律行为的权利，即《民法典》第 152 条所说的“撤销权”。

需要注意的是，与原《民法通则》第 59 条第 1 款针对显失公平的民事行为规定了“一方有权请求人民法院或者仲裁机关予以变更或者撤销”不同，《民法典》第 151 条针对成立时显失公平的民事法律行为仅规定了“受损害方有权请求人民法院或者仲裁机构予以撤销”，因此，成立时显失公平行为的受损害方不享有请求法院或仲裁机构对成立时显失公平的民事法律行为进行变更的权利，该民事法律行为也不属于可由裁判机构予以变更的民事法律行为。

（二）撤销事由

《民法典》第 151 条所说的“一方利用对方处于危困状态、缺乏判断能力等情形，致使民事法律行为成立时显失公平”且对方因此受到损害，即为成立时显失公平行为的撤销事由。

根据《民事诉讼法》第 67 条第 1 款①和《民诉法解释》第 90 条、第 91 条②的规定，成立时显失公平行为的受损害方应当对显失公平行为的构成要件承担举证证明责任；否则，其主张可能得不到支持。

比如，在灵宝某鑫黄金冶炼有限责任公司、灵宝市某盛生态绿化有限公司与河南某某管理有限公司不当得利纠纷案中，最高人民法院（2020）最高法民申 5563 号民事裁定书认为：“某鑫黄金公司、某盛生态公司主张《承诺函》是河南某某公司在乘人之危的情形下作出的，是显失公平的不平等交易，但其未提交证据证明出具《承诺函》时某

---

① 《民事诉讼法》第 67 条第 1 款规定：“当事人对自己提出的主张，有责任提供证据。”

② 《民诉法解释》第 90 条规定：“当事人对自己提出的诉讼请求所依据的事实或者反驳对方诉讼请求所依据的事实，应当提供证据加以证明，但法律另有规定的除外。在作出判决前，当事人未能提供证据或者证据不足以证明其事实主张的，由负有举证证明责任的当事人承担不利的后果”，第 91 条规定：“人民法院应当依照下列原则确定举证证明责任的承担，但法律另有规定的除外：（一）主张法律关系存在的当事人，应当对产生该法律关系的基本事实承担举证证明责任；（二）主张法律关系变更、消灭或者权利受到妨害的当事人，应当对该法律关系变更、消灭或者权利受到妨害的基本事实承担举证证明责任”。

盛公司存在处于危困状态、缺乏判断能力等情形;且《承诺函》中载明了标的资产清单及债务人、债权数额,说明某盛生态公司已经明确了解案涉债权的基本信息,故某鑫黄金公司、某盛生态公司该再审主张不能成立,本院不予支持。"①

需要注意的是,与《民诉法解释》第109条②针对欺诈、胁迫、恶意串通等事实的证明规定了"排除合理怀疑"的证明标准不同,显失公平的证明标准无须达到"排除合理怀疑"的程度。

(三)撤销权的权利人

由于《民法典》第151条使用了"一方利用……,致使……的,受损害方有权请求……予以撤销"的表述,因此,成立时显失公平行为的"受损害方"享有撤销权,对方当事人或其他主体均不享有撤销权。

(四)有权撤销的主体

同样地,成立时显失公平行为的受损害方自身也不能直接撤销显失公平的民事法律行为,而需要请求法院或仲裁机构予以撤销。法院(适用于当事人之间不存在仲裁协议的情形)或仲裁机构(适用于当事人之间存在仲裁协议的情形)才是有权撤销相关民事法律行为的主体。这跟《民法典》第145条针对限制民事行为能力人的相对人所说的"[限制民事行为能力人实施的其他]民事法律行为被追认前,善意相对人有撤销的权利。撤销应当以通知的方式作出"和第171条针对无权代理人的相对人所说的"行为人实施的行为被追认前,善意相对人有撤销的权利。撤销应当以通知的方式作出"是不一样的,跟《民法典》第658条第1款、第663条第1款和第664条第1款针对赠与的撤销直接使用了"赠与人可以撤销赠与"或"赠与人的继承人或者法定代理人可以撤销赠与"的表述③也是不一样的。

对此,最高人民法院(2019)最高法民申2898号民事裁定书认为:"可撤销合同属于'未决的生效',即原则上生效(被撤销前仍然有效),但可因当事人申请撤销而自始没有法律约束力,对于可撤销合同效力的最终决定,当事人自身难以全部完成,须诉诸人民法院或者仲裁机构。"

需要注意的是,法院或仲裁机构须依成立时显失公平行为的受损害方的申请作出撤销相关民事法律行为的裁判(判决或裁决),而不能主动进行撤销。《民法典》第151条使用的表述"请求人民法院或者仲裁机构予以撤销",也表明了这点。此外,《九民会议纪要》第42条也明确规定:"【撤销权的行使】撤销权应当由当事人行使。当事人未

---

① 类似的裁判意见,还可见最高人民法院(2021)最高法民申3867号民事裁定书、(2019)最高法民终1386号民事判决书等。

② 《民诉法解释》第109条规定:"当事人对欺诈、胁迫、恶意串通事实的证明,以及对口头遗嘱或者赠与事实的证明,人民法院确信该待证事实存在的可能性能够排除合理怀疑的,应当认定该事实存在"。

③ 《民法典》第658条第1款规定:"赠与人在赠与财产的权利转移之前可以撤销赠与",第663条第1款规定:"受赠人有下列情形之一的,赠与人可以撤销赠与:(一)严重侵害赠与人或者赠与人近亲属的合法权益;(二)对赠与人有扶养义务而不履行;(三)不履行赠与合同约定的义务",第664条第1款规定:"因受赠人的违法行为致使赠与人死亡或者丧失民事行为能力的,赠与人的继承人或者法定代理人可以撤销赠与"。

请求撤销的，人民法院不应当依职权撤销合同”。

（五）撤销权的行使方式

由于《民法典》第 151 条使用了“受损害方有权请求人民法院或者仲裁机构予以撤销”的表述，因此，成立时显失公平行为的受损害方也必须通过向法院提起诉讼或向仲裁机构申请仲裁的方式行使撤销权。

当然，在诉讼中，受损害方也可以提出其实施的民事法律行为具有可撤销事由的抗辩。对此，《九民会议纪要》第 42 条规定了：“一方请求另一方履行合同，另一方以合同具有可撤销事由提出抗辩的，人民法院应当在审查合同是否具有可撤销事由以及是否超过法定期间等事实的基础上，对合同是否可撤销作出判断，不能仅以当事人未提起诉讼或者反诉为由不予审查或者不予支持”。

（六）撤销权的行使期限

《民法典》第 151 条规定的显失公平行为的受损害方的撤销权在性质上也属于形成权，其行使受到《民法典》第 152 条规定的行使期限的约束，即：一是受损害方自知道或者应当知道撤销事由之日起 1 年内没有行使撤销权的，撤销权消灭；二是受损害方知道撤销事由后明确表示放弃撤销权或者以自己的行为表明放弃撤销权的，撤销权消灭；三是受损害方自民事法律行为发生之日起 5 年内没有行使撤销权的，撤销权消灭。也因此，即使符合《民法典》第 151 条所说的“一方利用对方处于危困状态、缺乏判断能力等情形，致使民事法律行为成立时显失公平”，如果受损害方在法定的撤销权行使期限届满之后才请求人民法院或者仲裁机构撤销该民事法律行为，那么，其请求也得不到支持。

此外，根据《民法典》第 199 条所说的“法律规定或者当事人约定的撤销权……的存续期间，除法律另有规定外，自权利人知道或者应当知道权利产生之日起计算，不适用有关诉讼时效中止、中断和延长的规定。存续期间届满，撤销权……消灭”，《民法典》第 151 条规定的受损害方的撤销权，并非请求权，不适用诉讼时效制度。

（七）是否存在不可撤销的例外

针对成立时显失公平的民事法律行为，《民法典》和《民法典总则编解释》都没有规定不可撤销的例外情形。

当然，根据《民法典》第 11 条关于“其他法律对民事关系有特别规定的，依照其规定”的规定和《立法法》第 103 条关于“同一机关制定的法律、行政法规、地方性法规、自治条例和单行条例、规章，特别规定与一般规定不一致的，适用特别规定；新的规定与旧的规定不一致的，适用新的规定”的规定，其他法律针对成立时显失公平的民事法律行为明确规定不可撤销的例外情形，也不是不可以。

第一百五十二条 【撤销权的存续期间和消灭事由】有下列情形之一的，撤销权消灭：

（一）当事人自知道或者应当知道撤销事由之日起一年内、重大误解的当事人自知道或者应当知道撤销事由之日起九十日内没有行使撤销权；

（二）当事人受胁迫，自胁迫行为终止之日起一年内没有行使撤销权；

（三）当事人知道撤销事由后明确表示或者以自己的行为表明放弃撤销权。

当事人自民事法律行为发生之日起五年内没有行使撤销权的，撤销权消灭。

【条文通释】

《民法典》第152条是关于撤销权的存续期间和消灭事由的规定。

一、撤销权的存续期间

（一）撤销权的存续期间：一般规定

《民法典》第152条第1款所说的“自知道或者应当知道撤销事由之日起一年内”“自知道或者应当知道撤销事由之日起九十日内”“自胁迫行为终止之日起一年内”，都属于《民法典》第199条所说的“法律规定的撤销权的存续期间”。

针对基于不同的可撤销民事法律行为产生的撤销权，《民法典》第152条第1款分别规定了不同的存续期间①，具体如下：

一是就基于重大误解实施的民事法律行为而言，其撤销权的存续期间为自权利人知道或者应当知道撤销事由之日起90日。

二是就受对方当事人或第三人胁迫实施的民事法律行为而言，其撤销权的存续期间为自胁迫行为终止之日起一年。

三是就受对方当事人欺诈实施的民事法律行为而言，其撤销权的存续期间为自受欺诈方知道或者应当知道撤销事由之日起一年。

四是就在对方当事人非善意情况下受第三人欺诈实施的民事法律行为而言，其撤销权的存续期间为自受欺诈方知道或者应当知道撤销事由之日起一年。

五是就一方当事人在其劣势地位被对方当事人利用的情况下实施的成立时显失公平的民事法律行为而言，其撤销权的存续期间为自受损害方知道或者应当知道撤销事由之日起一年。

需要注意的是，除了存续期间的期限长短方面的不同，有的撤销权的存续期间的起算日也存在不同。具体而言，就受对方当事人或第三人胁迫实施的民事法律行为而

---

① 在《民法典》第152条之外，《民法典》第541条（合同编）针对债权人的撤销权的存续期间作出了相应的规定，即：“撤销权自债权人知道或者应当知道撤销事由之日起一年内行使。自债务人的行为发生之日起五年内没有行使撤销权的，该撤销权消灭”。

言,其撤销权的存续期间的起算日为"胁迫行为终止之日"的次日[①],而非"自知道或者应当知道撤销事由之日"的次日,这跟其他撤销权的存续期间的起算日是不同的。

（二）撤销权的存续期间:特别规定

在《民法典》第152条第1款关于撤销权存续期间的一般规定的基础上,《民法典》第152条第2款还对基于可撤销民事法律行为产生的撤销权的存续期间作出了特别规定,即:"当事人自民事法律行为发生之日起五年内没有行使撤销权的,撤销权消灭"。

据此,基于可撤销民事法律行为产生的撤销权的存续期间,最长即为自该民事法律行为发生之日起的五年,不论权利人是否知道或应当知道撤销事由,也不论权利人何时知道或应当知道撤销事由。

当然,《民法典》第152条第2款所说的"自民事法律行为发生之日起五年内没有行使撤销权的,撤销权消灭",仅适用于少数特殊情形,具体如下:

其一,就以"自知道或者应当知道撤销事由之日"的次日为起算日计算存续期间的撤销权而言,权利人通常在民事法律行为发生之后的较短的期限内就能够知道或应该知道撤销事由,权利人通常也会主张行使其撤销权,从而没有适用《民法典》第152条第2款所说的"自民事法律行为发生之日起五年内没有行使撤销权的,撤销权消灭"的必要。

其二,就以"自知道或者应当知道撤销事由之日"的次日为起算日计算存续期间的撤销权而言,权利人通常在民事法律行为发生之后的较短的期限内(而无须等到"自民事法律行为发生之日起五年"),就能够知道或应该知道撤销事由,如其未在《民法典》第152条第1款规定的相应期限内行使撤销权,则将发生撤销权消灭的法律后果,自然也就不存在适用《民法典》第152条第2款所说的"自民事法律行为发生之日起五年内没有行使撤销权的,撤销权消灭"的可能。

其三,就以"自知道或者应当知道撤销事由之日"的次日为起算日计算存续期间的撤销权而言,只有在权利人"自民事法律行为发生之日起满四年"(如为一年的除斥期间)或"自民事法律行为发生之日起满四年三个季度"(如为90日的除斥期间)后仍不知道且不应当知道撤销事由的情形,才有适用《民法典》第152条第2款所说的"自民事法律行为发生之日起五年内没有行使撤销权的,撤销权消灭"的空间。

由此可见,《民法典》第152条第2款所说的"自民事法律行为发生之日起五年内没有行使撤销权的,撤销权消灭",通常适用于权利人"自民事法律行为发生之日起满四年"(如为一年的除斥期间)或"自民事法律行为发生之日起满四年三个季度"(如为90日的除斥期间)仍不知道且不应当知道撤销事由的情形;在此情形,《民法典》第152条第2款所说的"自民事法律行为发生之日起五年内没有行使撤销权的,撤销权消灭",属于对《民法典》第152条第1款第1项所说的"有下列情形之一的,撤销权消灭:(一)当事人自知道或者应当知道撤销事由之日起一年内、重大误解的当事人自知道或者应当知道撤销事由之日起九十日内没有行使撤销权"的限制性规定和特别规定,使得无须再计算相关撤销权的存续期间的最后一日,而统一以该民事法律行为发生之日

---

① 《民法典》第201条第1款规定:"按照年、月、日计算期间的,开始的当日不计入,自下一日开始计算"。

起满五年之日为撤销权存续期间的最后一日①。

需要注意的是,《民法典》第152条第2款所说的"当事人自民事法律行为发生之日起五年内没有行使撤销权的,撤销权消灭",不适用于因受胁迫结婚而请求撤销婚姻的情形。对此,在《民法典》第1052条关于"因胁迫结婚的,受胁迫的一方可以向人民法院请求撤销婚姻。请求撤销婚姻的,应当自胁迫行为终止之日起一年内提出。被非法限制人身自由的当事人请求撤销婚姻的,应当自恢复人身自由之日起一年内提出"的基础上,《民法典婚姻家庭编解释一》第19条第2款进一步明确:"受胁迫或者被非法限制人身自由的当事人请求撤销婚姻的,不适用民法典第一百五十二条第二款的规定",有利于更好地保护受胁迫一方的婚姻关系当事人本人的结婚自由和婚姻自主权。

由此产生的问题是,对于同样属于受胁迫实施的其他民事法律行为而言,其撤销权的存续期间是否也可以不适用《民法典》第152条第2款关于"当事人自民事法律行为发生之日起五年内没有行使撤销权的,撤销权消灭"的规定?

就此问题,从法律适用规则的角度看,由于《民法典》和《民法典总则编解释》没有作出特别规定,因此,根据《立法法》第103条所说的"同一机关制定的法律……,特别规定与一般规定不一致的,适用特别规定",《民法典》第152条第2款所说的"自民事法律行为发生之日起五年内没有行使撤销权的,撤销权消灭"因属于特别规定而应当优先于《民法典》第152条第1款第2项所说的"有下列情形之一的,撤销权消灭:……(二)当事人受胁迫,自胁迫行为终止之日起一年内没有行使撤销权"的一般规定得到适用。

但是,在受胁迫方因受对方当事人或第三人胁迫而违背自己的真实意思实施了相应的民事法律行为,并且胁迫方的胁迫行为持续至该民事法律行为发生之日起满五年后才终止的情况下,如果仍然适用《民法典》第152条第2款所说的"当事人自民事法律行为发生之日起五年内没有行使撤销权的,撤销权消灭",那就意味着,受胁迫方的撤销权在胁迫方的胁迫行为终止之前就已经消灭了。显然,这种处理结果对受胁迫方是不公平的。有鉴于此,有必要采取与《民法典婚姻家庭编解释一》第19条第2款相同的处理办法,明确规定"受胁迫方依照民法典第一百五十条的规定请求撤销民事法律行为的,不适用民法典第一百五十二条第二款的规定"。

(三)撤销权存续期间的性质

《民法典》第152条规定的撤销权的存续期间,在性质上属于除斥期间,不属于诉讼时效期间。比如,《最高人民法院关于审理民事案件适用诉讼时效制度若干问题的规定》(2020年修正,以下简称"《诉讼时效制度解释》")第5条第1款明确规定了:"享有撤销权的当事人一方请求撤销合同的,应适用民法典关于除斥期间的规定。对方当事人对撤销合同请求权提出诉讼时效抗辩的,人民法院不予支持"。

此外,根据《民法典》第199条所说的"法律规定……的撤销权……的存续期间,除

① 《民法典》第202条规定:"按照年、月计算期间的,到期月的对应日为期间的最后一日;没有对应日的,月末日为期间的最后一日",第203条第1款规定:"期间的最后一日是法定休假日的,以法定休假日结束的次日为期间的最后一日。"

法律另有规定外，……不适用有关诉讼时效中止、中断和延长的规定”和《民法典婚姻家庭编解释一》第 19 条第 1 款所说的“民法典第一千零五十二条规定的一年①，不适用诉讼时效中止、中断或者延长的规定”，结合《民法典》第 197 条第 1 款针对诉讼时效期间规定的“诉讼时效的期间、计算方法以及中止、中断的事由由法律规定，当事人约定无效”，《民法典》第 692 条针对保证期间规定的“保证期间是确定保证人承担保证责任的期间，不发生中止、中断和延长”和原《最高人民法院关于适用〈中华人民共和国合同法〉若干问题的解释（一）》（以下简称“《合同法解释一》”，已于 2021 年 1 月 1 日废止）第 8 条所说的“合同法第五十五条②规定的‘一年’……为不变期间，不适用诉讼时效中止、中断或者延长的规定”，可以认为，原则上，《民法典》第 152 条规定的撤销权的存续期间属于法定期间，具有法定性，不可由当事人约定；属于不变期间，不发生中止、中断和延长。

当然，由于《民法典》第 199 条也使用了“除法律另有规定外”的表述，根据《民法典》第 11 条关于“其他法律对民事关系有特别规定的，依照其规定”和《立法法》第 103 条关于“同一机关制定的法律……，特别规定与一般规定不一致的，适用特别规定；新的规定与旧的规定不一致的，适用新的规定”的规定，如果《民法典》自身或其他法律针对基于可撤销民事法律行为产生的撤销权的存续期间的起算、中止、中断或延长作出了特别的规定，则应当适用法律的特别规定。

需要注意的是，《民法典婚姻家庭编解释一》第 19 条第 2 款关于“受胁迫或者被非法限制人身自由的当事人请求撤销婚姻的，不适用民法典第一百五十二条第二款的规定”的规定，只是排除了《民法典》第 152 条第 2 款的适用，并未对权利人的撤销权的存续期间作出特别的规定，不属于《民法典》第 199 条所说的“法律另有规定”。

二、撤销权的消灭事由

《民法典》第 152 条规定了基于可撤销民事法律行为产生的撤销权的消灭事由：一是存续期间届满，权利人没有行使撤销权；二是权利人放弃撤销权。

（一）存续期间届满，权利人没有行使撤销权

无论是《民法典》第 152 条第 1 款所说的“（一）当事人自知道或者应当知道撤销事由之日起一年内、重大误解的当事人自知道或者应当知道撤销事由之日起九十日内没有行使撤销权；（二）当事人受胁迫，自胁迫行为终止之日起一年内没有行使撤销权”，还是该条第 2 款所说的“当事人自民事法律行为发生之日起五年内没有行使撤销权”，指向的都是撤销权的权利人在撤销权的法定存续期间没有行使撤销权的情形，这些情形都将导致发生“撤销权消灭”的后果。这也是《民法典》第 199 条所说的“存续期间届

① 《民法典》第 1052 条规定：“因胁迫结婚的，受胁迫的一方可以向人民法院请求撤销婚姻。请求撤销婚姻的，应当自胁迫行为终止之日起一年内提出。被非法限制人身自由的当事人请求撤销婚姻的，应当自恢复人身自由之日起一年内提出。”

② 原《合同法》第 55 条规定：“有下列情形之一的，撤销权消灭：（一）具有撤销权的当事人自知道或者应当知道撤销事由之日起一年内没有行使撤销权；（二）具有撤销权的当事人知道撤销事由后明确表示或者以自己的行为放弃撤销权。”

满,撤销权……消灭"的具体体现和应有之义。

比如,在万宁香某某拉房地产开发有限公司、海南某利旅业有限公司与刘某和、刘某成股权转让纠纷案中,最高人民法院(2018)最高法民申2582号民事裁定书认为:"《中华人民共和国合同法》第五十五条规定:'有下列情形之一的,撤销权消灭:(一)具有撤销权的当事人自知道或者应当知道撤销事由之日起一年内没有行使撤销权;(二)具有撤销权的当事人知道撤销事由后明确表示或者以自己的行为放弃撤销权。'撤销权属于形成权,适用除斥期间。上述法条规定的一年期间为不变期间,不适用诉讼时效中止、中断或者延长的规定。如果具有撤销权的当事人没有在法定期间内行使撤销权,撤销权即归于消灭。"

又如,在刘某高与某某集团有限公司等劳务合同纠纷案中,最高人民法院(2014年)民申字第1586号民事裁定书认为:"《中华人民共和国合同法》第五十四条规定:……。第五十五条规定:有下列情形之一的,撤销权消灭:(一)具有撤销权的当事人自知道或者应当知道撤销事由之日起一年内没有行使撤销权;(二)具有撤销权的当事人知道撤销事由后明确表示或者以自己的行为放弃撤销权。上述法律规定的一年除斥期间为法定不变期间,不适用中断、中止的规定。具有撤销权的当事人自知道或者应当知道撤销事由之日起一年内没有行使撤销权,撤销权消灭。且这里所说的一年除斥期间的起算时间点,除了当事人对撤销事由'知道'外,还存在'应当知道'的情况。本案中,刘某高作为案涉工程的承包人,其在与第二项目队签订《工序劳务施工合同》、《劳务合作协议》、《工程结算书》等文件时,对其所提供的劳务与对方给付的报酬是否合适、公平、合理,结算价与合同约定是否相符,具有一定的认识和分辨能力,且劳务费多少也应是其提供劳务时最为关注的问题,也应当清楚明白'结算'的意义所在及该行为会带来什么样的法律后果,其不可能也不会不问费用如何只埋头干活,更不可能在不知自己干了多少活、对方给付了多少钱、也不知文件内容的情况下,连续在四份相关结算文件上签名、捺指印、手写'同意以上结算',还附上自己的身份证复印件等等。因此,若存在可撤销事由,那么刘某高属于知道或至少属于'应当知道'的情形。刘某高对于自己所为而形成的多份相关结算文件申请再审称系本案一审期间才看到,该陈述明显与客观事实不符。因此,根据刘某高于2008年6月18日与二项目队签订《工序劳务施工合同》,2008年7月31日签订《劳务合作协议》,2009年5月27日与第二项目队进行结算并签订《工程结算协议》等事实,本案一年的除斥期间的起算点至最迟应按2009年5月27日签订结算书之日起开始计算,至2010年5月26日止。如刘某高认为合同显失公平,或认为对方在订立合同、进行结算时有欺诈行为,应当在上述一年期间内向人民法院或者仲裁机构申请变更或者撤销合同。而刘某高2013年1月才向一审法院递交诉状,主张撤销,显然超过了一年除斥期间。由于对法律行为的撤销权属于形成诉权,刘某高在法定期间内,既未向法院起诉,又未提起仲裁,即使协议存在可撤销事由,其撤销权也已经消灭"。

需要注意的是,在当事人主张相关行为属于可撤销的民事法律行为并要求行使撤销权的案件当中,不论是撤销权存续期间是否届满,还是权利人在存续期间是否行使撤销权，都属于对案件的裁判结果有实质性影响的基本事实[①]，应当由法院依职权主动进行查明。这跟《民法典担保制度解释》第 34 条第 1 款针对保证合同纠纷所说的“人民法院在审理保证合同纠纷案件时，应当将保证期间是否届满、债权人是否在保证期间内依法行使权利等事实作为案件基本事实予以查明”是类似的。事实上，《九民会议纪要》第 42 条也规定：“一方请求另一方履行合同，另一方以合同具有可撤销事由提出抗辩的，人民法院应当在审查合同是否具有可撤销事由以及是否超过法定期间等事实的基础上，对合同是否可撤销作出判断，不能仅以当事人未提起诉讼或者反诉为由不予审查或者不予支持”。

当然，根据《民事诉讼法》第 67 条第 1 款[②]和《民诉法解释》第 90 条、第 91 条[③]的规定，撤销权的权利人如主张其在法定存续期间行使了撤销权，则应当承担相应的举证证明责任；否则，其主张将不能得到支持。

还需注意的是，针对撤销权的权利人在知道撤销事由之后采取先向公安机关报案等方式通过刑事诉讼程序寻求救济、待刑事案件处理完毕之后才向人民法院提起诉讼请求撤销相关民事法律行为的情形，是否可以将权利人的报案行为认定为依法行使撤销权的行为，实务中存在不同的裁判意见。

有的裁判意见认为，可以将权利人的报案行为认定为依法行使撤销权的行为，并认定其行使撤销权未超过除斥期间。

比如，在郑某、北京某某世纪互动电视科技有限公司与穆某娟、河北某彤实业集团有限公司合同纠纷案中，针对穆某娟在受欺诈于 2011 年 6 月 13 日签订案涉投资协议并于 2011 年 6 月 15 日向北京某某公司汇入投资款 3000 万元之后直到 2018 年 1 月 9 日才向一审法院提起合同撤销权之诉是否已经超过撤销权的一年除斥期间和最长五年除斥期间的问题，最高人民法院（2019）最高法民申 4559 号民事裁定书认为：“《中华人民共和国合同法》第五十五条规定：‘有下列情形之一的，撤销权消灭：（一）具有撤销权的当事人自知道或者应当知道撤销事由之日起一年内没有行使撤销权；（二）具有撤销权的当事人知道撤销事由后明确表示或者以自己的行为放弃撤销权。’法律规定了当事人应在法定除斥期间内行使撤销权的目的在于督促权利人尽快行使权利，以平衡保护权利人和相对人的合法权益，维护交易安全。本案中，案涉《某某卫视投资协议书》签订于 2011 年 6 月 13 日，穆某娟于 2011 年 6 月 15 日向北京某某公司汇入投资款 3000 万元。穆某娟称在案涉《某某卫视投资协议书》签订后不久便发现郑某存在诈骗

---

① 《民事诉讼法》第 177 条第 1 款第 3 项规定：“第二审人民法院对上诉案件，经过审理，按照下列情形，分别处理：……（三）原判决认定基本事实不清的，裁定撤销原判决，发回原审人民法院重审，或者查清事实后改判……”《民诉法解释》第 333 条规定：“民事诉讼法第一百七十七条第一款第三项规定的基本事实，是指用以确定当事人主体资格、案件性质、民事权利义务等对原判决、裁定的结果有实质性影响的事实。”

② 《民事诉讼法》第 67 条第 1 款规定：“当事人对自己提出的主张，有责任提供证据。”

③ 《民诉法解释》第 90 条规定：“当事人对自己提出的诉讼请求所依据的事实或者反驳对方诉讼请求所依据的事实，应当提供证据加以证明，但法律另有规定的除外。在作出判决前，当事人未能提供证据或者证据不足以证明其事实主张的，由负有举证证明责任的当事人承担不利的后果。”第 91 条规定：“人民法院应当依照下列原则确定举证证明责任的承担，但法律另有规定的除外：（一）主张法律关系存在的当事人，应当对产生该法律关系的基本事实承担举证证明责任；（二）主张法律关系变更、消灭或者权利受到妨害的当事人，应当对该法律关系变更、消灭或者权利受到妨害的基本事实承担举证证明责任。”

行为,于2011年8月30日向公安机关报案,公安机关以合同诈骗罪对郑某立案侦查。穆某娟在发现其权益受到损害后,首先通过刑事诉讼程序积极寻求救济,相关刑事案件经立案侦查、提起公诉等程序,由石家庄中院一审审理。石家庄中院作出(2013)石刑初字第00013号刑事判决认定,郑某在开办某某卫视电视台过程中,与穆某娟签订投资协议,吸收资金3000万元,后双方为股份问题发生纠纷,属于民事纠纷,应适用相关民事法律法规予以调整。该案经河北高院二审,该院于2017年12月18日作出(2015)冀刑四终字第111号刑事裁定维持一审刑事判决。穆某娟遂提起本案民事诉讼。《最高人民法院关于在审理经济纠纷案件中涉及经济犯罪嫌疑若干问题的规定》第十一条规定:'人民法院作为经济纠纷受理的案件,经审理认为不属经济纠纷案件而有经济犯罪嫌疑的,应当裁定驳回起诉,将有关材料移送公安机关或检察机关。'依据上述规定,在穆某娟对郑某等人在签订及履行案涉协议过程中的欺诈行为先行进行刑事报案且相关刑事案件已进入人民法院刑事诉讼审理程序后,穆某娟能否通过民事诉讼主张权利应以刑事案件审理结果为依据。故,在刑事诉讼期间,客观上穆某娟无法提起民事诉讼主张撤销权。在生效刑事裁定认定案涉纠纷不构成刑事犯罪并赋予穆某娟民事诉权后,穆某娟对此产生合理信赖,并据此提起本案民事诉讼,请求撤销案涉《某某卫视投资协议书》并要求返还投资款及利息,其并非怠于主张民事权利。刑事法律规范和民事法律规范均具有保护公民合法权益不受侵犯的功能,当公民的合法权益受到侵害时,其有权选择依靠刑事诉讼追逃追赃挽回损失或者通过提起民事诉讼实现损害赔偿,至于侵害行为是否构成刑事犯罪,应由人民法院依法作出认定和处理,不受当事人主观认知影响。如受害人首先选择刑事诉讼程序进行权利救济,仅因诉讼程序衔接原因导致当事人撤销权消灭,违反公平原则,亦与立法精神不符。况且,本案中,无论穆某娟是通过刑事诉讼程序追索赃款,还是通过民事诉讼请求返还投资款,其目的都是否定案涉《某某卫视投资协议书》的合法性进而实现损失赔偿。穆某娟在刑事诉讼中举报郑某涉嫌的合同诈骗罪与其在民事诉讼中主张郑某等人签订案涉合同构成欺诈,其所依据的事实基础和意欲实现的法律效果具有一致性和连续性。据此,根据除斥期间的立法精神并结合本案基本事实和具体实际,不应将穆某娟行使撤销权的除斥期间的起算点片面孤立地理解为其提起本案民事诉讼之时,考虑到穆某娟于2011年8月30日向公安机关报案即具有撤销案涉《某某卫视投资协议书》的意思表示,且穆某娟在报案后始终积极主张权利,本院认为,一、二审判决认定穆某娟行使撤销权的除斥期间应从其2011年8月30日向公安机关报案时计算,故其在本案中主张撤销权并未超过法定除斥期间,并无不当"。

也有的裁判意见认为,权利人的报案行为表明其已经知道撤销事由,如其未在法定的除斥期间起诉请求撤销相关民事法律行为,应当认定撤销权消灭。

比如,在浦某、袁某鑫与黄某蓉、林某干、王某农、崔某、何某、黄某丹股权转让纠纷案中,最高人民法院(2018)最高法民终1342号民事判决书认为:"根据合同法第七十五条的规定和《中华人民共和国民法总则》第一百五十二条的规定,当事人自知道或者应当知道撤销事由之日起一年内行使撤销权。本案中,浦某、袁某鑫于2013年9月9日向西宁市公安局举报崔某、何某、黄某蓉、林某干、王某农诈骗,浦某、袁某鑫的举报行为表明其已经知道崔某、何某、黄某蓉、林某干、王某农在案涉股权转让中存在欺骗行为，故应以此为除斥期间起算点，至 2014 年 9 月 9 日浦某、袁某鑫对其与黄某蓉、林某干、王某农签订的《股份转让协议》撤销权消灭。浦某、袁某鑫于 2018 年 1 月 15 日起诉黄某蓉、林某干、王某农等人请求撤销《股份转让协议》，一审法院认定依法超过法定期间并无不当。浦某、袁某鑫上诉主张未超过法定期间的理由依法不能成立，本院不予支持。”

（二）权利人放弃撤销权

撤销权的权利人放弃撤销权也属于撤销权的消灭事由。权利人放弃撤销权属于对其权利的处分，也是《民法典》第 130 条所说的“民事主体按照自己的意愿依法行使民事权利，不受干涉”的应有之义和具体体现。

由于《民法典》第 152 条第 1 款第 3 项使用了“当事人知道撤销事由后明确表示或者以自己的行为表明放弃撤销权”的表述，因此，只有同时满足以下条件，才能认定构成放弃撤销权：

一是只有撤销权的权利人才能放弃撤销权，非权利人的行为原则上不产生放弃撤销权的效力。

二是权利人放弃撤销权须作出明确的放弃撤销权的意思表示，或以自己积极的作为表明放弃了撤销权。原则上，权利人单纯的消极不作为（即沉默）可以被认定为没有行使撤销权，但不应被认定为放弃撤销权。这也是《民法典》第 140 条第 2 款所说的“沉默只有在有法律规定、当事人约定或者符合当事人之间的交易习惯时，才可以视为意思表示”的应有之义。①

三是权利人作出放弃撤销权的行为或意思表示应当发生在其已经知道撤销事由之后。由于《民法典》第 152 条第 1 款第 3 项针对放弃撤销权的时间仅使用了“知道撤销事由后”的表述，因此，对于权利人“知道撤销事由”的认定，不能简单地以其“应当知道撤销事由”作为代替。这跟《民法典》第 152 条第 1 款第 1 项针对相关撤销权存续期间的起算同时使用了“知道撤销事由”和“应当知道撤销事由”的表述是不同的。

问题是，如何认定“以自己的行为表明放弃撤销权”？对此，《民法典》和《民法典总则编解释》没有作出规定。结合《民法典》第 1142 条第 2 款所说的“立遗嘱后，遗嘱人实施与遗嘱内容相反的民事法律行为的，视为对遗嘱相关内容的撤回”，可以认为，撤销权的权利人在知道撤销事由之后，作出诸如要求对方当事人继续履行合同、要求对方当事人承担违约责任、要求解除合同等包含承认民事法律行为有效或与请求撤销民事法律行为相反的意思表示或行为，均属于《民法典》第 152 条第 1 款第 3 项所说的“以自己的行为表明放弃撤销权”。

比如，在四川某某能源股份有限公司与德阳中德阿某斯环保科技有限公司、成都某华科技有限公司合同纠纷案中，四川省高级人民法院（2020）川民终 254 号民事判决书认为：“从《收益补偿协议书》和案涉协议约定的内容来看，案涉协议系《收益补偿协议书》项下交易的一个环节，两份协议共同构成了关于阿某斯环保公司整个股权性融

---

① 当然，根据《民法典》第 152 条第 2 款的规定，撤销权的权利人自可撤销的民事法律行为发生之日起 5 年内持续的消极不作为（即沉默）也将导致撤销权消灭。

资交易的整体。其中,《收益补偿协议书》系基于阿某斯环保公司境外收购项目而签订,而案涉协议系基于阿某斯环保公司境外收购项目签订,《收益补偿协议书》签订的前提覆盖了案涉协议;同样,本案中,某某能源公司认为2017年2月1.5亿元资金挪用行为构成欺诈,但在第83号案件中,则认为该部分事实构成违约之部分事实,两案涉及同一事实行为。在此种情况下,案涉协议若因该事实行为构成欺诈而被撤销,则《收益补偿协议书》的效力亦应受到该欺诈行为的影响。而某某能源公司在第83号案件中,并未对《收益补偿协议书》的效力提出异议,而是以包括1.5亿元资金被挪用的事由,依据该协议条款约定要求某华科技公司等履行回购、退款等义务,此行为表明其认可《收益补偿协议书》效力,亦即表明其并不认为案涉挪用资金的行为使自己受到欺诈,应将该行为理解为撤销权人知道撤销事由后仍要求合同相对方按协议履行,表明撤销权人已放弃撤销权。"

三、撤销权消灭的后果

基于可撤销的民事法律行为产生的撤销权消灭后,如不存在法定无效事由和其他撤销事由,相关可撤销的民事法律行为就因该撤销权的消灭而确定有效,对各方当事人具有法律约束力。

比如,在某某林业集团公司与某某银行等金融借款合同纠纷案中,最高人民法院(2019)最高法民终114号民事判决书认为:"刑事判决已经认定本案主债务人某杉林公司构成骗取贷款罪,构成民法上欺诈,其与某某行订立的案涉贷款合同为可撤销合同。而贷款人某某行作为撤销权人,没有主张撤销合同,则合同有效。"在青海某宜融资担保有限公司与化隆回族自治县某某信用合作联社等金融借款合同纠纷案中,最高人民法院(2018)最高法民申534号民事裁定书也认为:"某画公司与化隆某信社签订《流动资金借款合同》,采用虚假合同以欺骗手段获取化隆某信社1500万元贷款,属于《中华人民共和国合同法》第五十四条第二款规定的'一方以欺诈、胁迫的手段或者乘人之危,使对方在违背真实意思的情况下订立的合同,受损害方有权请求人民法院或者仲裁机构变更或者撤销'的情形,受欺诈方化隆某信社可以据此请求撤销涉案借款合同,其未行使撤销权,该合同仍然有效。"

并且,该撤销权消灭后不可恢复,相关主体不再享有、也无权行使该撤销权。这跟《民法典担保制度解释》第34条第2款针对保证责任的消灭所说的"保证责任消灭后,债权人书面通知保证人要求承担保证责任,保证人在通知书上签字、盖章或者按指印,债权人请求保证人继续承担保证责任的,人民法院不予支持"是类似的,跟《民法典》第192条第2款针对诉讼时效期间届满所说的"诉讼时效期间届满后,义务人同意履行的,不得以诉讼时效期间届满为由抗辩;义务人已经自愿履行的,不得请求返还"是不同的。

当然,撤销权的消灭不影响曾经享有该撤销权的主体依法寻求其他救济,比如在对方当事人违约时请求其承担相应的违约责任,在存在法定或约定的解除事由时要求解除相应的民事法律行为。

第一百五十三条 【违反法律、行政法规的强制性规定和违背公序良俗的民事法律行为的效力】违反法律、行政法规的强制性规定的民事法律行为无效。但是,该强制性规定不导致该民事法律行为无效的除外。

违背公序良俗的民事法律行为无效。

【条文通释】

《民法典》第153条是关于违反法律、行政法规的强制性规定和违背公序良俗的民事法律行为的效力的规定。

一、违反法律、行政法规的强制性规定的民事法律行为的效力

(一)强制性规定的界定和识别

现有法律、行政法规、司法解释没有直接规定"强制性规定"的含义。结合《宪法》第5条第4款所说的"一切国家机关和武装力量、各政党和各社会团体、各企业事业组织都必须遵守宪法和法律。一切违反宪法和法律的行为,必须予以追究",第53条所说的"中华人民共和国公民必须遵守宪法和法律",第18条第2款所说的"在中国境内的外国企业和其他外国经济组织以及中外合资经营的企业,都必须遵守中华人民共和国的法律"和第32条第1款所说的"在中国境内的外国人必须遵守中华人民共和国的法律",以及《标准化法》第2条①所说的"强制性标准必须执行"和第25条所说的"不符合强制性标准的产品、服务,不得生产、销售、进口或者提供",可以认为,"强制性规定"指向的是法律、法规条款中的必须予以遵守和执行的规定。

《民法典》第153条第1款所说的"法律、行政法规的强制性规定",既包括《民法典》本身(包括总则编和各分编)的强制性规定,也包括其他法律的强制性规定,还包括国务院制定的行政法规的强制性规定。

结合《民法典》第153条使用的"该强制性规定不导致该民事法律行为无效"的表述,按照违反了是否会发生导致相应的民事法律行为无效的结果,可以将强制性规定区分为违反了会导致民事法律行为无效的强制性规定和违反了不导致民事法律行为无效的强制性规定。

实务中,通常将违反了会导致民事法律行为无效的强制性规定称为"效力性强制性规定";至于违反了不导致民事法律行为无效的强制性规定,则可以称为"非效力性强制性规定"。最高人民法院的司法解释等司法文件曾经在直接使用"效力性强制性规定"的表述的同时,也将违反了不导致民事法律行为无效的强制性规定称为"管理性

---

① 《标准化法》第2条规定:"本法所称标准(含标准样品),是指农业、工业、服务业以及社会事业等领域需要统一的技术要求。标准包括国家标准、行业标准、地方标准和团体标准、企业标准。国家标准分为强制性标准、推荐性标准,行业标准、地方标准是推荐性标准。强制性标准必须执行。国家鼓励采用推荐性标准"。

强制性规定”。比如，原《合同法解释二》（已废止）第 14 条[①]直接使用了“效力性强制性规定”的表述；《最高人民法院关于当前形势下审理民商事合同纠纷案件若干问题的指导意见》（法发〔2009〕40 号）[②]和《九民会议纪要》[③]同时使用了“效力性强制规定”和“管理性强制规定”的表述。

不过，考虑到“一是因为，虽然有的强制性规定究竟是效力性强制性规定还是管理性强制性规定十分清楚，但是有的强制性规定的性质却很难区分。问题出在区分的标准不清晰，没有形成共识，特别是没有形成简便易行、务实管用的可操作标准，导致审判实践中有时裁判尺度不统一。二是因为，在有的场合，合同有效还是无效，是裁判者根据一定的因素综合进行分析的结果，而不是其作出判决的原因。三是因为，自效力性强制性规定的概念提出以来，审判实践中出现了望文生义的现象，即大量公法上的强制性规定被认为属于管理性强制性规定，不是效力性强制性规定”，2023 年 12 月 5 日施行的《民法典合同编通则解释》没有继续使用“效力性强制性规定”的表述，也没有采取原《合同法解释二》第 14 条将强制性规定区分为效力性强制性规定和管理性强制性规定的做法，而是采取了直接对《民法典》第 153 条第 1 款规定的“但书”进行解释的思路[④]。[⑤] 具体如下：

一是《民法典合同编通则解释》第 16 条第 1 款规定：“合同违反法律、行政法规的强制性规定，有下列情形之一，由行为人承担行政责任或者刑事责任能够实现强制性规定的立法目的的，人民法院可以依据民法典第一百五十三条第一款关于‘该强制性规定不导致该民事法律行为无效的除外’的规定认定该合同不因违反强制性规定无效：（一）强制性规定虽然旨在维护社会公共秩序，但是合同的实际履行对社会公共秩序造成的影响显著轻微，认定合同无效将导致案件处理结果有失公平公正；（二）强制性规定旨在维护政府的税收、土地出让金等国家利益或者其他民事主体的合法利益而非合同当事人的民事权益，认定合同有效不会影响该规范目的的实现；（三）强制性规定旨在要求当事人一方加强风险控制、内部管理等，对方无能力或者无义务审查合同

---

① 原《合同法解释二》（已废止）第 14 条规定：“合同法第五十二条第（五）项规定的‘强制性规定’，是指效力性强制性规定”。

② 《最高人民法院关于当前形势下审理民商事合同纠纷案件若干问题的指导意见》（法发〔2009〕40 号）第 15 条规定：“人民法院应当注意根据《合同法解释（二）》第十四条之规定，注意区分效力性强制规定和管理性强制规定。违反效力性强制规定的，人民法院应当认定合同无效；违反管理性强制规定的，人民法院应当根据具体情形认定其效力”。

③ 《九民会议纪要》第 32 条第 2 款规定：“人民法院在审理合同纠纷案件时，要依据《民法总则》第 153 条第 1 款和合同法司法解释（二）第 14 条的规定慎重判断‘强制性规定’的性质，特别是要在考量强制性规定所保护的法益类型、违法行为的法律后果以及交易安全保护等因素的基础上认定其性质，并在裁判文书中充分说明理由。下列强制性规定，应当认定为‘效力性强制性规定’：强制性规定涉及金融安全、市场秩序、国家宏观政策等公序良俗的；交易标的禁止买卖的，如禁止人体器官、毒品、枪支等买卖；违反特许经营规定的，如场外配资合同；交易方式严重违法的，如违反招投标等竞争性缔约方式订立的合同；交易场所违法的，如在批准的交易场所之外进行期货交易。关于经营范围、交易时间、交易数量等行政管理性质的强制性规定，一般应当认定为‘管理性强制性规定’”。

④ 《最高人民法院民二庭、研究室负责人就民法典合同编通则司法解释答记者问》。

⑤ 《最高人民法院民二庭、研究室负责人就民法典合同编通则司法解释答记者问》也提及：“解释这样规定，不妨碍民商法学界继续对效力性强制性规定和管理性强制性规定区分标准的研究。我们也乐见优秀研究成果服务审判实践，共同解决这一世界难题，共同助力司法公正。”

是否违反强制性规定,认定合同无效将使其承担不利后果;(四)当事人一方虽然在订立合同时违反强制性规定,但是在合同订立后其已经具备补正违反强制性规定的条件却违背诚信原则不予补正;(五)法律、司法解释规定的其他情形。”

二是《民法典合同编通则解释》第 16 条第 2 款规定:“法律、行政法规的强制性规定旨在规制合同订立后的履行行为,当事人以合同违反强制性规定为由请求认定合同无效的,人民法院不予支持。但是,合同履行必然导致违反强制性规定或者法律、司法解释另有规定的除外。”

三是《民法典合同编通则解释》第 18 条规定:“法律、行政法规的规定虽然有‘应当’‘必须’或者‘不得’等表述,但是该规定旨在限制或者赋予民事权利,行为人违反该规定将构成无权处分、无权代理、越权代表等,或者导致合同相对人、第三人因此获得撤销权、解除权等民事权利的,人民法院应当依据法律、行政法规规定的关于违反该规定的民事法律后果认定合同效力。”

具体到《反垄断法》,《最高人民法院关于审理因垄断行为引发的民事纠纷案件应用法律若干问题的规定》(2020 年修正)第 15 条所说的“被诉合同内容、行业协会的章程等违反反垄断法或者其他法律、行政法规的强制性规定的,人民法院应当依法认定其无效。但是,该强制性规定不导致该民事法律行为无效的除外”,也意味着,《反垄断法》的强制性规定并非当然属于“违反了会导致民事法律行为无效的强制性规定”(或效力性强制性规定),其中哪些强制性规定属于“违反了会导致民事法律行为无效的强制性规定”(或效力性强制性规定)仍然需要依照《民法典合同编通则解释》的上述要求加以判断。

(二)违反法律、行政法规的强制性规定的民事法律行为的效力

针对违反法律、行政法规的强制性规定的民事法律行为的效力,《民法典》第 153 条第 1 款规定:“违反法律、行政法规的强制性规定的民事法律行为无效。但是,该强制性规定不导致该民事法律行为无效的除外”。据此,《民法典》第 153 条针对违反法律、行政法规的强制性规定的民事法律行为,确立了以无效为原则、不因此而无效为例外的效力制度。《民法典合同编通则解释》第 16 条第 1 款所说的“合同违反法律、行政法规的强制性规定,有下列情形之一,由行为人承担行政责任或者刑事责任能够实现强制性规定的立法目的的,人民法院可以依据民法典第一百五十三条第一款关于‘该强制性规定不导致该民事法律行为无效的除外’的规定认定该合同不因违反强制性规定无效……”也表明了这点。

1. 原则:无效

由于《民法典》第 153 条第 1 款使用了“违反法律、行政法规的强制性规定的民事法律行为无效。但是,……除外”的表述,因此,在民事法律行为违反法律、行政法规的强制性规定的情况下,只要不存在“该强制性规定不导致该民事法律行为无效”这种除外情形,该民事法律行为就应当被认定为无效的民事法律行为。其背后的原因在于,“违反法律、行政法规强制性规定……的民事法律行为无效的规定,是防止民事主体滥用权利,维护社会公共利益的重要手段,也是司法机关判断民事法律行为是否无效的

主要裁判依据”①。

其中,《民法典》第 153 条第 1 款所说的“法律、行政法规的强制性规定”中的顿号(、),应理解为“或者”而非“并且”的意思。也就是说,不论是违反法律的强制性规定,还是违反行政法规的强制性规定②,都适用《民法典》第 153 条第 1 款所说的“违反法律、行政法规的强制性规定的民事法律行为无效。但是,该强制性规定不导致该民事法律行为无效的除外”。

2. 例外:不因违反该强制性规定而无效

《民法典》第 153 条第 1 款的除外条款所说的“该强制性规定不导致该民事法律行为无效的除外”,意味着违反该强制性规定的民事法律行为并不因此而无效。也因此,可以将《民法典》第 153 条第 1 款所说的“不导致该民事法律行为无效”的强制性规定称为“违反了不会导致民事法律行为无效的强制性规定”。

其中,针对“违反了不会导致合同无效的强制性规定”的认定,《民法典合同编通则解释》第 16 条第 1 款列举了 5 种情形,即:“合同违反法律、行政法规的强制性规定,有下列情形之一,由行为人承担行政责任或者刑事责任能够实现强制性规定的立法目的的,人民法院可以依据民法典第一百五十三条第一款关于‘该强制性规定不导致该民事法律行为无效的除外’的规定认定该合同不因违反强制性规定无效:(一)强制性规定虽然旨在维护社会公共秩序,但是合同的实际履行对社会公共秩序造成的影响显著轻微,认定合同无效将导致案件处理结果有失公平公正;(二)强制性规定旨在维护政府的税收、土地出让金等国家利益或者其他民事主体的合法利益而非合同当事人的民事权益,认定合同有效不会影响该规范目的的实现;(三)强制性规定旨在要求当事人一方加强风险控制、内部管理等,对方无能力或者无义务审查合同是否违反强制性规定,认定合同无效将使其承担不利后果;(四)当事人一方虽然在订立合同时违反强制

---

① 第十二届全国人民代表大会法律委员会 2017 年 3 月 12 日在第十二届全国人民代表大会第五次会议主席团第二次会议上作的《关于〈中华人民共和国民法总则(草案)〉审议结果的报告》。

② 比如,在李某晋、洪某馨与某忠控股有限公司及陈某策股权转让纠纷案中,最高人民法院(2021)最高法民终 332 号民事判决书认为:“《中华人民共和国民办教育促进法》第十条第一款规定:“举办民办学校的社会组织,应当具有法人资格”。《指导外商投资方向规定》(国务院令第 346 号)第四条规定:“外商投资项目分为鼓励、允许、限制和禁止四类。鼓励类、限制类和禁止类的外商投资项目,列入《外商投资产业指导目录》。不属于鼓励类、限制类和禁止类的外商投资项目,为允许类外商投资项目。允许类外商投资项目不列入《外商投资产业指导目录》。”而《外商投资产业指导目录》(2015 年修订)载明:限制外商投资产业目录:32. 普通高中教育机构(限于合作、中方主导);禁止外商投资产业目录:24. 义务教育机构。因此,根据我国法律和行政法规,普通高中教育机构属于限制外商投资项目,义务教育机构属于禁止外商投资项目。经查,泉州某某中学《民办非企业单位登记证书》(2012 年 5 月 23 日—2016 年 5 月 22 日)载明,泉州某某中学办学范围为全日制高中、初中教育;该校《中华人民共和国民办学校办学许可证》(2015 年 8 月至 2020 年 8 月)载明,学校类型为普通完全教育;办学内容为初中、高中普通教育。因此,根据上述事实,一审判决认定泉州某某中学的办学内容包括全日制义务教育,某忠公司受让案涉股权主体不适格,其合同目的不能实现,双方签订的《泉州某某中学收购协议书》《补充协议书》违反了国家法律法规的强制性规定,应确认为无效,具有事实和法律依据”。该案被作为参考案例“某公司诉李某晋、洪某馨、陈某某股权转让纠纷案”纳入人民法院案例库[入库编号:2023-10-2-269-002,裁判文书:最高人民法院(2021)最高法民终 332 号民事判决书],该参考案例的“裁判要旨”提出:“根据我国法律和行政法规规定,普通高中教育机构属于限制外商投资项目,义务教育机构属于禁止外商投资项目。境外注册成立的公司受让义务教育机构的股权,违反法律、行政法规的强制性规定,股权转让协议应当认定无效。”

性规定,但是在合同订立后其已经具备补正违反强制性规定的条件却违背诚信原则不予补正;(五)法律、司法解释规定的其他情形”。

需要注意的是,《民法典》第 153 条第 1 款的但书条款本身只是明确了该民事法律行为不因违反该强制性规定而无效,并不意味着该民事法律行为是有效的。至于违反不导致无效的法律、行政法规的强制性规定的民事法律行为是否有效,仍然需要考察该民事法律行为是否存在其他无效事由(比如通谋虚伪意思表示、违背公序良俗、恶意串通损害第三人合法权益等)以及是否存在可撤销事由(比如重大误解、欺诈、胁迫),方能确定。这跟《民法典》第 505 条所说的“当事人超越经营范围订立的合同的效力,应当依照本法第一编第六章第三节和本编的有关规定确定,不得仅以超越经营范围确认合同无效”是类似的。

对此,《民法典合同编通则解释》第 18 条也规定:“法律、行政法规的规定虽然有‘应当’‘必须’或者‘不得’等表述,但是该规定旨在限制或者赋予民事权利,行为人违反该规定将构成无权处分、无权代理、越权代表等,或者导致合同相对人、第三人因此获得撤销权、解除权等民事权利的,人民法院应当依据法律、行政法规规定的关于违反该规定的民事法律后果认定合同效力。”

(三)违反其他法规的强制性规定的民事法律行为的效力

《民法典》第 153 条第 1 款本身没有直接规定违反法律和行政法规的强制性规定之外的其他法规的强制性规定(包括地方性法规、自治条例、单行条例、国务院部门规章、地方政府规章和其他规范性文件的强制性规定)的民事法律行为的效力问题。

不过,根据“举重以明轻”的解释原则,既然《民法典》第 153 条第 1 款已经明确了违反法律、行政法规的强制性规定的民事法律行为无效,那么,民事法律行为仅仅违反其他强制性规定这一事实本身,就不应成为影响其效力的因素,更不能以《民法典》第 153 条第 1 款作为确认其无效的依据。也就是说,仅仅违反其他强制性规定本身,不当然导致民事法律行为无效。

对此,原《合同法解释一》第 4 条曾明确规定:“合同法实施以后,人民法院确认合同无效,应当以全国人大及其常委会制定的法律和国务院制定的行政法规为依据,不得以地方性法规、行政规章为依据”①;最高人民法院(2004)民一终字第 106 号民事判决书(载《最高人民法院公报》2007 年第 3 期)也认为:“只有违反法律和行政法规强制性规定的合同才能被确认为无效,地方性法规和行政规章不能作为确认合同无效的依据。”

当然,如果违反其他强制性规定的民事法律行为存在法定无效事由(比如通谋虚伪意思表示、违背公序良俗、恶意串通损害第三人合法权益等)或存在可撤销事由(比如重大误解、欺诈、胁迫),则应当依照《民法典》的其他相关规定对其效力加以认定。

对此,《九民会议纪要》第 31 条规定:“违反规章一般情况下不影响合同效力,但该

---

① 最高人民法院《全国法院贯彻实施民法典工作会议纪要》(法〔2021〕94 号)第 12 条规定:“除上述内容外,对于民通意见、合同法解释一、合同法解释二的实体性规定所体现的精神,与民法典及有关法律不冲突且在司法实践中行之有效的,……,人民法院可以在裁判文书说理时阐述。”

规章的内容涉及金融安全、市场秩序、国家宏观政策等公序良俗的,应当认定合同无效。人民法院在认定规章是否涉及公序良俗时,要在考察规范对象基础上,兼顾监管强度、交易安全保护以及社会影响等方面进行慎重考量,并在裁判文书中进行充分说理。”

比如,在饶某礼与江西省某某管理局物资供应站等房屋租赁合同纠纷案中,针对违反行政规章签订的约定将经鉴定机构鉴定存在严重结构隐患,或将造成重大安全事故的应当尽快拆除的危房出租用于经营酒店的租赁合同的效力,最高人民法院(2019)最高法民再97号民事判决书(载《最高人民法院公报》2022年第6期)认为:“经有权鉴定机构鉴定,案涉房屋已被确定属于存在严重结构隐患、或将造成重大安全事故的应当尽快拆除的D级危房。根据中华人民共和国住房和城乡建设部《危险房屋鉴定标准》(2016年12月1日实施)第6.1条规定,房屋危险性鉴定属D级危房的,系指承重结构已不能满足安全使用要求,房屋整体处于危险状态,构成整幢危房。尽管《危险房屋鉴定标准》第7.0.5条规定,对评定为局部危房或整幢危房的房屋可按下列方式进行处理:1.观察使用;2.处理使用;3.停止使用;4.整体拆除;5.按相关规定处理。但本案中,有权鉴定机构已经明确案涉房屋应予拆除,并建议尽快拆除该危房的全部结构。因此,案涉危房并不具有可在加固后继续使用的情形。《商品房屋租赁管理办法》第六条规定,不符合安全、防灾等工程建设强制性标准的房屋不得出租。《商品房屋租赁管理办法》虽在效力等级上属部门规章,但是,该办法第六条规定体现的是对社会公共安全的保护以及对公序良俗的维护。结合本案事实,在案涉房屋已被确定属于存在严重结构隐患、或将造成重大安全事故、应当尽快拆除的D级危房的情形下,双方当事人仍签订《租赁合同》,约定将该房屋出租用于经营可能危及不特定公众人身及财产安全的商务酒店,明显损害了社会公共利益、违背了公序良俗。从维护公共安全及确立正确的社会价值导向的角度出发,对本案情形下合同效力的认定应从严把握,司法不应支持、鼓励这种为追求经济利益而忽视公共安全的有违社会公共利益和公序良俗的行为。故依照《中华人民共和国民法总则》第一百五十三条第二款关于违背公序良俗的民事法律行为无效的规定,以及《中华人民共和国合同法》第五十二条第四项关于损害社会公共利益的合同无效的规定,本院确认案涉《租赁合同》无效。原审判决关于《租赁合同》不违反法律规定应属有效的认定,系适用法律不当,本院予以纠正。”

又如,在福建某杰投资有限公司与福州某策实业有限公司、某某人寿保险股份有限公司营业信托纠纷案中,针对违反部门规章有关禁止保险公司股权代持的强制性规定的协议的效力问题,最高人民法院(2017)最高法民终529号民事裁定书认为:“某策公司、某杰公司签订的《信托持股协议》内容,明显违反中国保险监督管理委员会制定的《保险公司股权管理办法》第八条关于‘任何单位或者个人不得委托他人或者接受他人委托持有保险公司的股权’的规定,对该《信托持股协议》的效力审查,应从《保险公司股权管理办法》禁止代持保险公司股权规定的规范目的、内容实质,以及实践中允许代持保险公司股权可能出现的危害后果进行综合分析认定。首先,从《保险公司股权管理办法》禁止代持保险公司股权的制定依据和目的来看,尽管《保险公司股权管理办法》在法律规范的效力位阶上属于部门规章,并非法律、行政法规,但中国保险监督管理委员会是依据《中华人民共和国保险法》第一百三十四条关于‘国务院保险监督管理机构依照法律、行政法规制定并发布有关保险业监督管理的规章'的明确授权，为保持保险公司经营稳定，保护投资人和被保险人的合法权益，加强保险公司股权监管而制定。据此可以看出，该管理办法关于禁止代持保险公司股权的规定与《中华人民共和国保险法》的立法目的一致，都是为了加强对保险业的监督管理，维护社会经济秩序和社会公共利益，促进保险事业的健康发展。其次，从《保险公司股权管理办法》禁止代持保险公司股权规定的内容来看，该规定系中国保险监督管理委员会在本部门的职责权限范围内，根据加强保险业监督管理的实际需要具体制定，该内容不与更高层级的相关法律、行政法规的规定相抵触，也未与具有同层级效力的其他规范相冲突，同时其制定和发布亦未违反法定程序，因此《保险公司股权管理办法》关于禁止代持保险公司股权的规定具有实质上的正当性与合法性。再次，从代持保险公司股权的危害后果来看，允许隐名持有保险公司股权，将使得真正的保险公司投资人游离于国家有关职能部门的监管之外，如此势必加大保险公司的经营风险，妨害保险行业的健康有序发展。加之由于保险行业涉及众多不特定被保险人的切身利益，保险公司这种潜在的经营风险在一定情况下还将危及金融秩序和社会稳定，进而直接损害社会公共利益。综上可见，违反中国保险监督管理委员会《保险公司股权管理办法》有关禁止代持保险公司股权规定的行为，在一定程度上具有与直接违反《中华人民共和国保险法》等法律、行政法规一样的法律后果，同时还将出现破坏国家金融管理秩序、损害包括众多保险法律关系主体在内的社会公共利益的危害后果。《中华人民共和国合同法》第五十二条规定，'有下列情形之一的，合同无效：(一)一方以欺诈、胁迫的手段订立合同，损害国家利益；(二)恶意串通，损害国家、集体或者第三人利益；(三)以合法形式掩盖非法目的；(四)损害社会公共利益；(五)违反法律、行政法规的强制性规定。'故依照《中华人民共和国合同法》第五十二条第四项等规定，本案某策公司、某杰公司之间签订的《信托持股协议》应认定为无效。"

再如，在杨某国与林某坤、常州某某顿股份有限公司股权转让纠纷案中，针对违反部门规章有关禁止上市公司股权代持的强制性规定的协议的效力问题，最高人民法院(2017)最高法民申 2454 号民事裁定书认为："诉争协议即为上市公司股权代持协议，对于其效力的认定则应当根据上市公司监管相关法律法规以及《中华人民共和国合同法》等规定综合予以判定。首先，中国证券监督管理委员会于 2006 年 5 月 17 日颁布的《首次公开发行股票并上市管理办法》第十三条规定：'发行人的股权清晰，控股股东和受控股股东、实际控制人支配的股东持有的发行人股份不存在重大权属纠纷。'《中华人民共和国证券法》第十二条规定：'设立股份有限公司公开发行股票，应当符合《中华人民共和国公司法》规定的条件和经国务院批准的国务院证券监督管理机构规定的其他条件'。第六十三条规定：'发行人、上市公司依法披露的信息，必须真实、准确、完整，不得有虚假记载、误导性陈述或者重大遗漏。'中国证券监督管理委员会于 2007 年 1 月 30 日颁布的《上市公司信息披露管理办法》第三条规定：'发行人、上市公司的董事、监事、高级管理人员应当忠实、勤勉地履行职责，保证披露信息的真实、准确、完整、及时、公平'。根据上述规定等可以看出，公司上市发行人必须股权清晰，且股份不存在重大权属纠纷，并公司上市需遵守如实披露的义务，披露的信息必须真实、准确、完整，这是证券行业监管的基本要求，也是证券行业的基本共识。由此可见，上市公司发行人必须真实,并不允许发行过程中隐匿真实股东,否则公司股票不得上市发行,通俗而言,即上市公司股权不得隐名代持。本案之中,在某某顿公司上市前,林某坤代杨某国持有股份,以林某坤名义参与公司上市发行,实际隐瞒了真实股东或投资人身份,违反了发行人如实披露义务,为上述规定明令禁止。其次,中国证券监督管理委员会根据《中华人民共和国证券法》授权对证券行业进行监督管理,是为保护广大非特定投资者的合法权益。要求拟上市公司股权必须清晰,约束上市公司不得隐名代持股权,系对上市公司监管的基本要求,否则如上市公司真实股东都不清晰的话,其他对于上市公司系列信息披露要求、关联交易审查、高管人员任职回避等等监管举措必然落空,必然损害到广大非特定投资者的合法权益,从而损害到资本市场基本交易秩序与基本交易安全,损害到金融安全与社会稳定,从而损害到社会公共利益。据此,根据《中华人民共和国合同法》第五十二条规定,'有下列情形之一的,合同无效:(一)一方以欺诈、胁迫的手段订立合同,损害国家利益;(二)恶意串通,损害国家、集体或者第三人利益;(三)以合法形式掩盖非法目的;(四)损害社会公共利益;(五)违反法律、行政法规的强制性规定'。本案杨某国与林某坤签订的《委托投资协议书》与《协议书》,违反公司上市系列监管规定,而这些规定有些属于法律明确应予遵循之规定,有些虽属于部门规章性质,但因经法律授权且与法律并不冲突,并属于证券行业监管基本要求与业内共识,并对广大非特定投资人利益构成重要保障,对社会公共利益亦为必要保障所在,故依据《中华人民共和国合同法》第五十二条第四项等规定,本案上述诉争协议应认定为无效。"

二、违背公序良俗的民事法律行为的效力

(一)公序良俗的界定

《民法典》和其他法律都没有直接对"公序良俗"作出界定。

通常认为,《民法典》第 153 条第 2 款等规定所说的"公序良俗",即"公共秩序和善良风俗",包括"公共秩序"和"善良风俗",体现在政治、经济、军事、文化、宗教、民族、环境等诸多方面①,涉及国家安全、社会秩序、国家宏观政策、社会公德、家庭伦理等②。

有关公序良俗、公共秩序和善良风俗,请见本书关于《民法典》第 8 条的通释。

(二)违背公序良俗的民事法律行为的效力

由于《民法典》第 153 条第 2 款使用了"违背公序良俗的民事法律行为无效"的表述,因此,任何民事法律行为,只要违背公序良俗,就应当被认定为无效的民事法律行为。其背后的原因在于,"……违背公序良俗的民事法律行为无效的规定,是防止民事主体滥用权利,维护社会公共利益的重要手段,也是司法机关判断民事法律行为是否

① 最高人民法院 2010 年印发的《关于审理商标授权确权行政案件若干问题的意见》(法发〔2010〕12 号)提出:"人民法院在审查判断有关标志是否构成具有其他不良影响的情形时,应当考虑该标志或者其构成要素是否可能对我国政治、经济、文化、宗教、民族等社会公共利益和公共秩序产生消极、负面影响。"

② 《民法典合同编通则解释》第 17 条第 1 款、最高人民法院《全国法院民商事审判工作会议纪要》(法〔2019〕254 号)第 30 条、第 31 条。

无效的主要裁判依据"①。

就合同而言,《民法典合同编通则解释》第 17 条第 1 款列举了违背公序良俗的合同情形,即:"合同虽然不违反法律、行政法规的强制性规定,但是有下列情形之一,人民法院应当依据民法典第一百五十三条第二款的规定认定合同无效:(一)合同影响政治安全、经济安全、军事安全等国家安全的;(二)合同影响社会稳定、公平竞争秩序或者损害社会公共利益等违背社会公共秩序的;(三)合同背离社会公德、家庭伦理或者有损人格尊严等违背善良风俗的"。

此外,《民法典合同编通则解释》第 17 条第 2 款也规定:"人民法院在认定合同是否违背公序良俗时,应当以社会主义核心价值观为导向,综合考虑当事人的主观动机和交易目的、政府部门的监管强度、一定期限内当事人从事类似交易的频次、行为的社会后果等因素,并在裁判文书中充分说理"。

需要注意的是,由于《民法典》第 153 条第 2 款所说的"违背公序良俗的民事法律行为无效"之后并无但书或除外条款,因此,站在《民法典》的角度,违背公序良俗的民事法律行为一律无效,概无例外。这跟《民法典》第 153 条第 1 款针对违反法律、行政法规的强制性规定的民事法律行为的效力还规定了"但是,该强制性规定不导致该民事法律行为无效的除外"是不同的。

当然,根据《民法典》第 11 条关于"其他法律对民事关系有特别规定的,依照其规定"的规定和《立法法》第 103 条关于"同一机关制定的法律、行政法规、地方性法规、自治条例和单行条例、规章,特别规定与一般规定不一致的,适用特别规定;新的规定与旧的规定不一致的,适用新的规定"的规定,其他法律明确规定违背公序良俗的民事法律行为在特定情形下可以是有效的,也不是不可以。

第一百五十四条　【恶意串通行为的效力】行为人与相对人恶意串通,损害他人合法权益的民事法律行为无效。

【条文通释】

《民法典》第 154 条是关于恶意串通行为的效力的规定。

一、恶意串通的认定

(一)恶意串通的认定

界定"恶意串通"的关键词在"恶意"和"串通"。在日常用语中,"恶意"的含义是

① 第十二届全国人民代表大会法律委员会 2017 年 3 月 12 日在第十二届全国人民代表大会第五次会议主席团第二次会议上作的《关于〈中华人民共和国民法总则(草案)〉审议结果的报告》。

“不良的居心”或“坏的用意”①,“串通”的含义是“暗中勾结,使彼此言语行动相互配合”②。据此,《民法典》第154条所说的“恶意串通”,指向的是行为人与相对人基于其各自在主观上存在的损害他人合法权益的故意,就实施损害他人合法权益的行为达成了合意。

应该说,行为人与相对人“恶意串通”属于行为人与相对人“通谋”的一种形式。当然,“恶意串通”更多地适用于行为人与相对人恶意地通谋,损害国家利益、社会公共利益或者他人合法权益的情形;并且,在“恶意串通”的情形,行为人与相对人作出的意思表示,通常是(但并非全部都是)是真实的意思表示、而非虚假的意思表示。而“通谋”则既包括善意的通谋,也包括恶意的通谋;既包括通谋作出真实的意思表示,也包括通谋作出虚假的意思表示。

(二)恶意串通事实的证明

根据《民事诉讼法》第67条第1款③和《民诉法解释》第90条、第91条、第109条④的规定,受损害方应当对行为人和相对人恶意串通实施损害其合法权益承担举证证明责任并达到排除合理怀疑的证明标准;否则,其主张可能得不到支持。

比如,在嵊泗县某礁渔家乐服务有限公司与青岛金某洋船艇科技有限责任公司、郎某鹏船舶买卖合同纠纷案中,山东省高级人民法院(2021)鲁民终1666号民事判决书认为:“《中华人民共和国民法典》第一百五十四条规定:行为人与相对人恶意串通,损害他人合法权益的民事法律行为无效。该条款中并未将商业贿赂行为规定为合同无效的直接判断条件,商业贿赂符合恶意串通的认定后,才能认定行为无效。叶某根在案件审理中自述‘拿了他的好处费,担心事情暴露,没有威胁我,签完之后就不会把给钱的事情说出来’,根据叶某根上述自述内容,其签订合同时,并不存在与郎某鹏的通谋行为,即便《船艇销售补充协议》客观上会损害某礁公司的权益,但该补充协议并非恶意串通形成的;上述法律条款涉及三方,即行为人、相对人和第三人,郎某鹏代表金某洋公司与叶某根签订补充协议,是因为叶某根的身份所在,叶某根签署的补充协议能够代表某礁公司,否则,金某洋公司无须找寻叶某根签订补充协议,所以该《船艇销售补充协议》是某礁公司与金某洋公司签订的,某礁公司是行为人,金某洋公司是相对人,该补充协议没有侵害第三人的利益。叶某根接受郎某鹏的汇款36000元,自认

---

① 中国社会科学院语言研究所词典编辑室编:《现代汉语词典》(修订本),商务印书馆1996年版,第329页。

② 中国社会科学院语言研究所词典编辑室编:《现代汉语词典》(修订本),商务印书馆1996年版,第196页。

③ 《民事诉讼法》第67条第1款规定:“当事人对自己提出的主张,有责任提供证据。”

④ 《民诉法解释》第90条规定:“当事人对自己提出的诉讼请求所依据的事实或者反驳对方诉讼请求所依据的事实,应当提供证据加以证明,但法律另有规定的除外。在作出判决前,当事人未能提供证据或者证据不足以证明其事实主张的,由负有举证证明责任的当事人承担不利的后果”,第91条规定:“人民法院应当依照下列原则确定举证证明责任的承担,但法律另有规定的除外:(一)主张法律关系存在的当事人,应当对产生该法律关系的基本事实承担举证证明责任;(二)主张法律关系变更、消灭或者权利受到妨害的当事人,应当对该法律关系变更、消灭或者权利受到妨害的基本事实承担举证证明责任”,第109条规定:“当事人对欺诈、胁迫、恶意串通事实的证明,以及对口头遗嘱或者赠与事实的证明,人民法院确信该待证事实存在的可能性能够排除合理怀疑的,应当认定该事实存在”。

14000 元为好处费，其余为借款，14000 元的汇款发生于 2020 年 6 月 2 日，此时，双方尚未签订《船艇销售逾期补偿协议》和《原定双层驾驶室缺失的补偿协议》，叶某根接受 14000 元款项后与金某洋公司签订上述两份补充协议，而在案件审理中，某礁公司认可上述两份补充协议，可见，叶某根接受郎某鹏汇款并非一定构成恶意串通，导致行为无效的后果，某礁公司仅以协议结果倒推叶某根与郎某鹏恶意串通的理由不成立。综上，某礁公司不能证明海某公司与金某洋公司或者叶某根与郎某鹏存在恶意串通行为，某礁公司主张《船艇销售补充协议》无效的理由不成立。"

不过，针对法人或非法人组织的法定代表人、负责人或代理人与相对人恶意串通的证明标准，《民法典合同编通则解释》规定了更低的证明要求。对此，《民法典合同编通则解释》第 23 条在第 1 款规定"法定代表人、负责人或者代理人与相对人恶意串通，以法人、非法人组织的名义订立合同，损害法人、非法人组织的合法权益，法人、非法人组织主张不承担民事责任的，人民法院应予支持"之后，在第 2 款规定："根据法人、非法人组织的举证，综合考虑当事人之间的交易习惯、合同在订立时是否显失公平、相关人员是否获取了不正当利益、合同的履行情况等因素，人民法院能够认定法定代表人、负责人或者代理人与相对人存在恶意串通的高度可能性的，可以要求前述人员就合同订立、履行的过程等相关事实作出陈述或者提供相应的证据。其无正当理由拒绝作出陈述，或者所作陈述不具合理性又不能提供相应证据的，人民法院可以认定恶意串通的事实成立"。

由于在证明责任方面，《民法典合同编通则解释》第 23 条第 2 款的规定属于特别规定、新的规定，而《民诉法解释》第 109 条所说的"当事人对……恶意串通事实的证明，……人民法院确信该待证事实存在的可能性能够排除合理怀疑的，应当认定该事实存在"和《最高人民法院关于民事诉讼证据的若干规定》（法释〔2019〕19 号）第 86 条第 1 款所说的"当事人对于……恶意串通事实的证明，……人民法院确信该待证事实存在的可能性能够排除合理怀疑的，应当认定该事实存在"属于一般规定、旧的规定，因此，结合《立法法》第 103 条所说的"同一机关制定的法律、行政法规、地方性法规、自治条例和单行条例、规章，特别规定与一般规定不一致的，适用特别规定；新的规定与旧的规定不一致的，适用新的规定"，应当适用《民法典合同编通则解释》第 23 条第 2 款的规定。

二、恶意串通行为的认定

《民法典》第 154 条所说的"行为人与相对人恶意串通，损害他人合法权益的民事法律行为"，即为恶意串通行为。

其中，《民法典》第 154 条所说的"他人合法权益"，跟《民法典》第 132 条所说的"民事主体不得滥用民事权利损害国家利益、社会公共利益或者他人合法权益"中的"他人合法权益"不一样，在解释上应当解释为"国家利益、社会公共利益和他人合法权益"。比如，《企业国有资产法》第 72 条规定："在涉及关联方交易、国有资产转让等交易活动中，当事人恶意串通，损害国有资产权益的，该交易行为无效"，《最高人民法院关于审理与企业改制相关的民事纠纷案件若干问题的规定》（2020 年修正）第 18 条规定："企业出售中，当事人双方恶意串通，损害国家利益的，人民法院在审理相关的民事纠纷案件时,应当确认该企业出售行为无效”,《民诉法解释》第 190 条规定:“民事诉讼法第一百一十五条①规定的他人合法权益,包括案外人的合法权益、国家利益、社会公共利益”。

根据《民法典》第 154 条,结合《民法典总则编解释》第 3 条第 2 款所说的“行为人以损害国家利益、社会公共利益、他人合法权益为主要目的行使民事权利的,人民法院应当认定构成滥用民事权利”,可以认为,恶意串通行为指向的是行为人与相对人基于其各自在主观上存在的损害他人合法权益的故意,就实施损害他人合法权益的行为达成合意之后实施的损害或可能损害他人合法权益的民事法律行为,其构成要件包括:

一是行为人与相对人各自在主观上都存在损害他人合法权益的故意。

二是行为人与相对人就实施损害他人合法权益的行为达成了合意。

三是行为人与相对人实施了相应的民事法律行为。

四是行为人与相对人实施相应的民事法律行为,是以“损害他人合法权益”为主要目的,或造成了“损害他人合法权益”的后果。

比如,针对债务人以明显不合理的低价将其主要财产转让给关联公司的行为是否构成恶意串通的问题,最高人民法院指导案例 33 号“瑞士嘉吉国际公司诉福建金石制油有限公司等确认合同无效纠纷案”的第 1 项“裁判要点”提出:“债务人将主要财产以明显不合理低价转让给其关联公司,关联公司在明知债务人欠债的情况下,未实际支付对价的,可以认定债务人与其关联公司恶意串通、损害债权人利益……”

又如,最高人民法院指导案例 35 号“广东龙正投资发展有限公司与广东景茂拍卖行有限公司委托拍卖执行复议案”的“裁判要点”提出:“拍卖行与买受人有关联关系,拍卖行为存在以下情形,损害与标的物相关权利人合法权益的,人民法院可以视为拍卖行与买受人恶意串通……:(1)拍卖过程中没有其他无关联关系的竞买人参与竞买,或者虽有其他竞买人参与竞买,但未进行充分竞价的;(2)拍卖标的物的评估价明显低于实际价格,仍以该评估价成交的。”针对买受人与拍卖人之间的恶意串通行为的认定,该指导案例的“裁判理由”部分进一步提出:“买受人在拍卖过程中与拍卖机构是否存在恶意串通,应从拍卖过程、拍卖结果等方面综合考察。如果买受人与拍卖机构存在关联关系,拍卖过程没有进行充分竞价,而买受人和拍卖机构明知标的物评估价和成交价明显过低,仍以该低价成交,损害标的物相关权利人合法权益的,可以认定双方存在恶意串通”。

需要注意的是,恶意串通行为的认定无须以实际发生了“损害他人合法权益”的结果为要件,这跟合同成立或合同生效(或无效)的认定无须以损害结果发生为要件是类似的。

三、恶意串通行为的效力

由于《民法典》第 154 条使用了“行为人与相对人恶意串通,损害他人合法权益的民事法律行为无效”的表述,因此,只要构成恶意串通行为,就属于无效的民事法律

① 《民事诉讼法》第 115 条规定:“当事人之间恶意串通,企图通过诉讼、调解等方式侵害他人合法权益的,人民法院应当驳回其请求,并根据情节轻重予以罚款、拘留;构成犯罪的,依法追究刑事责任。”

行为。

需要注意的是，由于《民法典》第 154 条所说的“行为人与相对人恶意串通，损害他人合法权益的民事法律行为无效”之后并无但书或除外条款，因此，站在《民法典》的角度，恶意串通行为一律无效，概无例外。这跟《民法典》第 153 条第 1 款针对违反法律、行政法规的强制性规定的民事法律行为的效力还规定了“但是，该强制性规定不导致该民事法律行为无效的除外”是不同的。

当然，根据《民法典》第 11 条关于“其他法律对民事关系有特别规定的，依照其规定”的规定和《立法法》第 103 条关于“同一机关制定的法律、行政法规、地方性法规、自治条例和单行条例、规章，特别规定与一般规定不一致的，适用特别规定；新的规定与旧的规定不一致的，适用新的规定”的规定，其他法律明确规定恶意串通行为可以在特定情形下有效，也不是不可以。

四、民事法律行为无效事由法定

（一）《民法典》规定的无效事由

针对民事法律行为的效力，《民法典》规定了以下无效事由：[①]

（1）《民法典》第 144 条规定：“无民事行为能力人实施的民事法律行为无效”。

（2）《民法典》第 146 条第 1 款：“行为人与相对人以虚假的意思表示实施的民事法律行为无效”。

（3）《民法典》第 153 条第 1 款规定：“违反法律、行政法规的强制性规定的民事法律行为无效。但是，该强制性规定不导致该民事法律行为无效的除外”，第 2 款规定：“违背公序良俗的民事法律行为无效”。

（4）《民法典》第 154 条规定：“行为人与相对人恶意串通，损害他人合法权益的民事法律行为无效”。

（5）《民法典》第 197 条第 1 款规定：“诉讼时效的期间、计算方法以及中止、中断的事由由法律规定，当事人约定无效”，第 2 款规定：“当事人对诉讼时效利益的预先放弃无效”。

（6）《民法典》第 388 条第 1 款规定：“……担保合同是主债权债务合同的从合同。主债权债务合同无效的，担保合同无效，但是法律另有规定的除外”。

（7）《民法典》第 497 条规定：“有下列情形之一的，该格式条款无效：（一）具有本法第一编第六章第三节和本法第五百零六条规定的无效情形；（二）提供格式条款一方不合理地免除或者减轻其责任、加重对方责任、限制对方主要权利；（三）提供格式条款

---

① 需要注意的是，最高人民法院的司法解释针对特定的民事法律行为规定了新的无效事由。比如，针对民间借贷合同，《最高人民法院关于审理民间借贷案件适用法律若干问题的规定》（2020 年第二次修正）第 13 条规定：“具有下列情形之一的，人民法院应当认定民间借贷合同无效：（一）套取金融机构贷款转贷的；（二）以向其他营利法人借贷、向本单位职工集资，或者以向公众非法吸收存款等方式取得的资金转贷的；（三）未依法取得放贷资格的出借人，以营利为目的向社会不特定对象提供借款的；（四）出借人事先知道或者应当知道借款人借款用于违法犯罪活动仍然提供借款的；（五）违反法律、行政法规强制性规定的；（六）违背公序良俗的。”其中第 1 项至第 4 项属于该司法解释规定的新的无效事由。

一方排除对方主要权利”。

(8)《民法典》第 506 条规定:“合同中的下列免责条款无效:(一)造成对方人身损害的;(二)因故意或者重大过失造成对方财产损失的”。

(9)《民法典》第 682 条第 1 款规定:“保证合同是主债权债务合同的从合同。主债权债务合同无效的,保证合同无效,但是法律另有规定的除外”。

(10)《民法典》第 705 条第 1 款规定:“租赁期限不得超过二十年。超过二十年的,超过部分无效”。

(11)《民法典》第 737 条规定:“当事人以虚构租赁物方式订立的融资租赁合同无效”。

(12)《民法典》第 850 条规定:“非法垄断技术或者侵害他人技术成果的技术合同无效”。

(13)《民法典》第 1007 条规定:“禁止以任何形式买卖人体细胞、人体组织、人体器官、遗体。违反前款规定的买卖行为无效”。

(14)《民法典》第 1051 条规定:“有下列情形之一的,婚姻无效:(一)重婚;(二)有禁止结婚的亲属关系;(三)未到法定婚龄”。

(15)《民法典》第 1113 条第 1 款规定:“有本法第一编关于民事法律行为无效规定情形或者违反本编规定的收养行为无效”。

(16)《民法典》第 1138 条规定:“遗嘱人在危急情况下,可以立口头遗嘱。口头遗嘱应当有两个以上见证人在场见证。危急情况消除后,遗嘱人能够以书面或者录音录像形式立遗嘱的,所立的口头遗嘱无效”。

(17)《民法典》第 1143 条第 1 款规定:“无民事行为能力人或者限制民事行为能力人所立的遗嘱无效”,第 2 款规定:“遗嘱必须表示遗嘱人的真实意思,受欺诈、胁迫所立的遗嘱无效”,第 3 款规定:“伪造的遗嘱无效”,第 4 款规定:“遗嘱被篡改的,篡改的内容无效”。

(二)无效事由法定

结合《民法典》第 505 条①、《民法典合同编通则解释》第 14 条和第 27 条②、《最高人民法院关于审理民间借贷案件适用法律若干问题的规定》(2020 年第二次修正)第 12 条第 1 款③、《最高人民法院关于破产企业国有划拨土地使用权应否列入破产财产

---

① 《民法典》第 505 条规定:“当事人超越经营范围订立的合同的效力,应当依照本法第一编第六章第三节和本编的有关规定确定,不得仅以超越经营范围确认合同无效”。

② 《民法典合同编通则解释》第 14 条第 3 款规定:“当事人就同一交易订立的多份合同均系真实意思表示,且不存在其他影响合同效力情形的,人民法院应当在查明各合同成立先后顺序和实际履行情况的基础上,认定合同内容是否发生变更。法律、行政法规禁止变更合同内容的,人民法院应当认定合同的相应变更无效”,第 27 条第 1 款规定:“债务人或者第三人与债权人在债务履行期限届满后达成以物抵债协议,不存在影响合同效力情形的,人民法院应当认定该协议自当事人意思表示一致时生效。”

③ 《最高人民法院关于审理民间借贷案件适用法律若干问题的规定》(2020 年第二次修正)第 12 条第 1 款规定:“借款人或者出借人的借贷行为涉嫌犯罪,或者已经生效的裁判认定构成犯罪,当事人提起民事诉讼的,民间借贷合同并不当然无效。人民法院应当依据民法典第一百四十四条、第一百四十六条、第一百五十三条、第一百五十四条以及本规定第十三条之规定,认定民间借贷合同的效力。”

等问题的批复》(2020 年修正)第 3 条[①]、《九民会议纪要》第 5 条第 1 款和第 89 条第 1 款[②]以及《全国法院审理债券纠纷案件座谈会纪要》(法〔2020〕185 号)第 15 条第 1 款[③],可以认为,只有存在法律明文规定的无效事由时,才可以认定特定的民事法律行为无效。[④] 对此,可以称为民事法律行为"无效事由法定"。

其中,结合《民法典婚姻家庭编解释一》第 17 条第 1 款所说的"当事人以民法典第一千零五十一条规定的三种无效婚姻以外的情形请求确认婚姻无效的,人民法院应当判决驳回当事人的诉讼请求",当事人非基于法定无效事由提出的确认民事法律行为无效的请求,不应得到支持。

民事法律行为"无效事由法定"也意味着,只要存在法律明文规定的无效事由,就可以(并应当)认定相应的民事法律行为无效。至于相关民事法律行为事实上已经履行完毕、取得了有关机关的批准等事项,均不影响该民事法律行为无效的认定,无效的民事法律行为不因此变为有效(法律、司法解释另有规定的除外[⑤])。对此,《民法典合同编通则解释》第 13 条规定:"合同存在无效……的情形,当事人以该合同已在有关行政管理部门办理备案、已经批准机关批准或者已依据该合同办理财产权利的变更登记、移转登记等为由主张合同有效的,人民法院不予支持"。

---

① 《最高人民法院关于破产企业国有划拨土地使用权应否列入破产财产等问题的批复》(2020 年修正)第 3 条规定:"国有企业以关键设备、成套设备、建筑物设定抵押的,如无其他法定的无效情形,不应当仅以未经政府主管部门批准为由认定抵押合同无效"。

② 《九民会议纪要》第 5 条第 1 款规定:"投资方与目标公司订立的'对赌协议'在不存在法定无效事由的情况下,目标公司仅以存在股权回购或者金钱补偿约定为由,主张'对赌协议'无效的,人民法院不予支持",第 89 条第 1 款规定:"信托公司在资金信托成立后,以募集的信托资金受让特定资产或者特定资产收益权,属于信托公司在资金依法募集后的资金运用行为,由此引发的纠纷不应当认定为营业信托纠纷。如果合同中约定由转让方或者其指定的第三方在一定期间后以交易本金加上溢价款等固定价款无条件回购的,无论转让方所转让的标的物是否真实存在、是否实际交付或者过户,只要合同不存在法定无效事由,对信托公司提出的由转让方或者其指定的第三方按约定承担责任的诉讼请求,人民法院依法予以支持"。

③ 《全国法院审理债券纠纷案件座谈会纪要》(法〔2020〕185 号)第 15 条第 1 款规定:"债券持有人会议根据债券募集文件规定的决议范围、议事方式和表决程序所作出的决议,除非存在法定无效事由,人民法院应当认定为合法有效……"

④ 比如,在北京某坤生物科技有限公司与北京某朗生物科技有限公司专利权转让合同纠纷案中,针对专利权被宣告无效前已经签订的专利实施许可合同或者转让合同的效力,最高人民法院(2019)最高法知民终 394 号民事判决书(载《最高人民法院公报》2021 年第 1 期)认为:"《中华人民共和国民法总则》第一百四十三条规定:'具备下列条件的民事法律行为有效:(一)行为人具有相应的民事行为能力;(二)意思表示真实;(三)不违反法律、行政法规的强制性规定,不违背公序良俗。'《中华人民共和国合同法》第五十二条规定:'有下列情形之一的,合同无效:(一)一方以欺诈、胁迫的手段订立合同,损害国家利益;(二)恶意串通,损害国家、集体或者第三人利益;(三)以合法形式掩盖非法目的;(四)损害社会公共利益;(五)违反法律、行政法规的强制性规定。'专利权被宣告无效使得专利权许可或转让合同的标的不存在,使得合同客观上无法履行。但根据上述规定,专利权被宣告无效并非导致合同无效的事由,如果相关合同系当事人的真实意思表示,不违反法律、行政法规的强制性规定,不违背公序良俗,也不存在导致合同无效的其他事由,基于维护当事人意思自治以及促进交易的价值考虑,不能仅仅因为专利权被宣告无效而认定无效前已经签订的专利许可或转让合同亦无效。专利权被宣告无效对合同履行产生的后果应当是与专利权相关的义务履行不能,由于合同客观上无法继续履行,当事人可以主张解除合同,合同的权利义务终止。"

⑤ 需要注意的是,在法律、司法解释有明文规定的情形,原本可以被认定为无效的民事法律行为,可能因法律的修改、期间的经过或当事人采取补救措施等特殊事由而变为有效。相关分析,请见本书对《民法典》第 155 条的通释。

特别需要指出的是,除非法律明文规定侵害对方当事人或他人的合法权益的民事法律行为无效(比如《民法典》第154条、第506条、第850条),否则,不应仅仅以相关民事法律行为侵害了对方当事人或他人的合法权益为由认定该民事法律行为无效。这跟《民法典》第505条所说的"当事人超越经营范围订立的合同的效力,应当依照本法第一编第六章第三节和本编的有关规定确定,不得仅以超越经营范围确认合同无效"是类似的。在相关民事法律行为未被认定为无效的情况下,受损害方可以通过追究相关行为人的违约责任或侵权责任等途径寻求救济。

比如,针对侵害按份共有人的优先购买权的合同的效力,《民法典物权编解释一》第12条就规定:"按份共有人向共有人之外的人转让其份额,其他按份共有人根据法律、司法解释规定,请求按照同等条件优先购买该共有份额的,应予支持。其他按份共有人的请求具有下列情形之一的,不予支持:……(二)以其优先购买权受到侵害为由,仅请求撤销共有份额转让合同或者认定该合同无效"。

又如,针对侵犯有限责任公司其他股东优先购买权的股权转让合同的效力,《九民会议纪要》第9条指出:"审判实践中,部分人民法院对公司法司法解释(四)第21条规定的理解存在偏差,往往以保护其他股东的优先购买权为由认定股权转让合同无效",并提出:"准确理解该条规定,既要注意保护其他股东的优先购买权,也要注意保护股东以外的股权受让人的合法权益,正确认定有限责任公司的股东与股东以外的股权受让人订立的股权转让合同的效力。一方面,其他股东依法享有优先购买权,在其主张按照股权转让合同约定的同等条件购买股权的情况下,应当支持其诉讼请求,除非出现该条第1款规定的情形。另一方面,为保护股东以外的股权受让人的合法权益,股权转让合同如无其他影响合同效力的事由,应当认定有效。其他股东行使优先购买权的,虽然股东以外的股权受让人关于继续履行股权转让合同的请求不能得到支持,但不影响其依约请求转让股东承担相应的违约责任"。

五、请求确认民事法律行为无效的主体范围

需要注意的是,与《民法典》第147条至第151条明确规定了有权请求撤销可撤销的民事法律行为的主体(即分别为行为人、受欺诈方、受胁迫方、受损害方)不同,《民法典》第144条、第146条、第153条和第154条没有对有权请求确认相关民事法律行为无效的主体范围作出规定。

不过,不能据此就认为,任何人尤其是行为人、当事人之外的主体都可以请求确认相应的民事法律行为无效。尽管《民法典》没有明确有权请求确认特定的民事法律行为无效的主体的范围,但是,由于须向法院或仲裁机构提出请求,因此,应当依据《民事诉讼法》或《仲裁法》来作出判断。

(一)有权请求法院确认民事法律行为无效的主体范围

就民事诉讼而言,由于《民事诉讼法》第122条规定了:"起诉必须符合下列条件:(一)原告是与本案有直接利害关系的公民、法人和其他组织;(二)有明确的被告;(三)有具体的诉讼请求和事实、理由;(四)属于人民法院受理民事诉讼的范围和受诉人民法院管辖",《民诉法解释》第208条也规定了"人民法院接到当事人提交的民事起

诉状时,对符合民事诉讼法第一百二十二条的规定,且不属于第一百二十七条[①]规定情形的,应当登记立案;……立案后发现不符合起诉条件或者属于民事诉讼法第一百二十七条规定情形的,裁定驳回起诉”,因此,请求法院确认相关民事法律行为无效的主体应当满足“与本案有直接利害关系”的条件(即“原告适格”[②]),与确认相关民事法律行为无效之诉没有直接利害关系的主体不具有请求法院确认该民事法律行为无效的资格。

比如,人民法院案例库参考案例“黄某某诉青岛某置业有限公司、青岛某典当公司、黄某坡合同纠纷案”[入库编号:2023-01-2-483-006,裁判文书:最高人民法院(2021)最高法民再191号民事裁定书]的“裁判要旨”提出:“合同纠纷案件的起诉人虽非签订合同的主体,但是其与案件具有直接利害关系,即为适格原告。至于原告的诉讼请求是否应予支持、被告是否认可原告主张的案件事实均非否定原告诉权的理由”。

又如,在湖南某皇米业有限公司与温某鸿等确认合同无效纠纷案中,最高人民法院(2020)最高法民申4884号民事裁定书认为:“所谓‘原告是与本案有直接利害关系’,是指当事人自己的民事权益受到侵害或者与他人发生争议。而某皇公司并非案涉《股权转让协议》的合同当事人,其提交的证据亦不足以证明《股权转让协议》有效与否同其有直接的利害关系。因此,某皇公司提起本案诉讼不符合《中华人民共和国民事诉讼法》第一百一十九条规定的起诉条件,原审法院裁定驳回其起诉,并无不当。”

再如,在济南某代医药科技有限公司与山东某新药物研发有限公司等技术转让合同纠纷案中,最高人民法院(2019)最高法民申6713号民事裁定书认为:“民事诉讼法第一百一十九条规定:‘起诉必须符合下列条件:(一)原告是与本案有直接利害关系的公民、法人和其他组织。’其中直接的利害关系,是指原告请求法院保护的其受到损害或者发生争议的民事权益,必须是自己的或依法由自己管理、支配的民事权益。根据上述规定,原告适格是起诉的法定要件之一。本案某代公司是以债权受让人的身份提起诉讼,但如上文所述,某生公司将涉案合同权利转让给某代公司的行为无效,某代公司没有实体上的管理权或处分权,对合同争议欠缺诉的利益。因此,某生公司并非适格的原告,其起诉不符合法定条件”。

---

① 《民事诉讼法》第127条规定:“人民法院对下列起诉,分别情形,予以处理:(一)依照行政诉讼法的规定,属于行政诉讼受案范围的,告知原告提起行政诉讼;(二)依照法律规定,双方当事人达成书面仲裁协议申请仲裁、不得向人民法院起诉的,告知原告向仲裁机构申请仲裁;(三)依照法律规定,应当由其他机关处理的争议,告知原告向有关机关申请解决;(四)对不属于本院管辖的案件,告知原告向有管辖权的人民法院起诉;(五)对判决、裁定、调解书已经发生法律效力的案件,当事人又起诉的,告知原告申请再审,但人民法院准许撤诉的裁定除外;(六)依照法律规定,在一定期限内不得起诉的案件,在不得起诉的期限内起诉的,不予受理;(七)判决不准离婚和调解和好的离婚案件,判决、调解维持收养关系的案件,没有新情况、新理由,原告在六个月内又起诉的,不予受理。”

② 比如,最高人民法院(2013)民提字第42号民事裁定书认为:“修改前的《中华人民共和国民事诉讼法》第一百零八条规定:‘起诉必须符合下列条件:(一)原告是与本案有直接利害关系的公民、法人和其他组织;(二)有明确的被告;(三)有具体的诉讼请求和事实、理由;(四)属于人民法院受理民事诉讼的范围和受诉人民法院管辖。’此条规定为原告起诉的条件,从法院立案工作角度而言,也是法院受理民事案件的条件。民事诉讼法对受理条件的规定首先要求原告与案件有直接利害关系,此为原告的主体资格问题,也称为原告的‘适格性’,即适格原告应当是争议的法律关系的主体”。

(二)有权请求仲裁机构确认民事法律行为无效的主体范围

就申请仲裁而言,《仲裁法》第2条规定:“平等主体的公民、法人和其他组织之间发生的合同纠纷和其他财产权益纠纷,可以仲裁”,第3条规定:“下列纠纷不能仲裁:(一)婚姻、收养、监护、扶养、继承纠纷;(二)依法应当由行政机关处理的行政争议”,第4条规定:“当事人采用仲裁方式解决纠纷,应当双方自愿,达成仲裁协议。没有仲裁协议,一方申请仲裁的,仲裁委员会不予受理”,第16条第1款规定:“仲裁协议包括合同中订立的仲裁条款和以其他书面方式在纠纷发生前或者纠纷发生后达成的请求仲裁的协议”,第17条规定:“有下列情形之一的,仲裁协议无效:(一)约定的仲裁事项超出法律规定的仲裁范围的;(二)无民事行为能力人或者限制民事行为能力人订立的仲裁协议;(三)一方采取胁迫手段,迫使对方订立仲裁协议的”。据此,在相关纠纷属于可仲裁事项的情况下,除非法律另有明文规定,否则,请求仲裁机构确认相关民事法律行为无效的主体应当与对方当事人之间存在有效的仲裁协议,其他主体不能请求仲裁机构确认相关民事法律行为无效。①

第一百五十五条 【无效的或被撤销的民事法律行为的约束力】无效的或者被撤销的民事法律行为自始没有法律约束力。

【条文通释】

《民法典》第155条是关于无效的或被撤销的民事法律行为的约束力的规定。

一、无效的民事法律行为的约束力

(一)无效的民事法律行为的界定

《民法典》第155条所说的“无效的民事法律行为”,指的是已经被法院或仲裁机构作出的生效法律文书确认无效的民事法律行为;非经法院或仲裁机构确定无效,不得作为无效的民事法律行为对待。

(二)无效的民事法律行为自始没有法律约束力

《民法典》第155条明确了无效的民事法律行为的约束力,即“自始没有法律约束

---

① 需要注意的是,司法部2021年7月30日公布的《中华人民共和国仲裁法(修订)(征求意见稿)》第25条规定:“公司股东、合伙企业的有限合伙人依照法律规定,以自己的名义,代表公司、合伙企业向对方当事人主张权利的,该公司、合伙企业与对方当事人签订的仲裁协议对其有效。”如果将来立法机关正式通过的修订后的《仲裁法》作出了这样的规定,那么,照此规定,就应当认为,未直接与对方当事人签订仲裁协议的主体,也可以依照法律的规定请求仲裁机构确认其并非当事人的相关民事法律行为无效。

力"。对此,可以称为"自始无效"①。

1. 没有约束力的溯及力

根据《民法典》第134条所说的"民事法律行为可以基于双方或者多方的意思表示一致成立,也可以基于单方的意思表示成立。法人、非法人组织依照法律或者章程规定的议事方式和表决程序作出决议的,该决议行为成立",第136条第2款所说的"行为人非依法律规定或者未经对方同意,不得擅自变更或者解除民事法律行为"以及第119条所说的"依法成立的合同,对当事人具有法律约束力",《民法典》第155条所说的"自始没有法律约束力"中的"自始",指的是自相关民事法律行为成立时起。也就是说,相关民事法律行为被确认为无效之后,还将溯及至其成立时起就没有法律约束力。

需要注意的是,结合《民法典婚姻家庭编解释一》第20条所说的"民法典第一千零五十四条所规定的'自始没有法律约束力',是指无效婚姻或者可撤销婚姻在依法被确认无效或者被撤销时,才确定该婚姻自始不受法律保护",可以认为,无效的民事法律行为在依法被确认无效时,才确定该民事法律行为自始没有法律约束力,在依法被确认无效之前则不能确定其没有法律约束力。

2. 没有约束力的对象范围

《民法典》第155条没有直接规定无效的民事法律行为自始对其没有法律约束力的对象范围。结合《民法典》第119条所说的"依法成立的合同,对当事人具有法律约束力",可以认为,《民法典》第155条所说的"自始没有法律约束力"指的是对该无效的民事法律行为的行为人没有约束力,即:在单方民事法律行为被确认无效的情形,对行为人自身自始没有约束力;在双方或多方民事法律行为被确认为无效的情形,对各个行为人(即该民事法律行为的每一个当事人)自始没有约束力。

从而,被确认无效的民事法律行为,视为在当事人之间自始不存在,如同没有实施过该民事法律行为。比如,在沈阳市苏家屯区人民政府、沈阳市自然资源局苏家屯分局与沈阳某锦置业有限公司建设用地使用权出让合同纠纷案中,最高人民法院(2021)最高法民再351号民事判决书认为:"案涉《国有建设用地使用权出让合同》关于土地交付时间及其对应的迟延交付土地违约责任条款,属双方通谋的虚假意思表示,依法应认定为无效条款。上述条款无效后,应视为苏家屯区政府、区自然资源局和某锦公司对案涉土地交付时间及迟延交付土地的违约责任没有进行约定"。

需要注意的是,在相关民事法律行为被确认无效的情况下,行为人之外的主体通常不因此而受影响。比如,《公司法》第28条第2款规定:"股东会、董事会决议被人民法院宣告无效……的,公司根据该决议与善意相对人形成的民事法律关系不受影响。"

(三)民事法律行为被确认无效之前的效力

问题是,在被依法确认为无效之前,该民事法律行为的效力如何?对当事人是否

---

① 《公证法》第39条("……公证书的内容违法或者与事实不符的,公证机构应当撤销该公证书并予以公告,该公证书自始无效……")、原《婚姻法》第12条("无效或被撤销的婚姻,自始无效……")、原《合同法解释一》第25条("债权人依照合同法第七十四条的规定提起撤销权诉讼,请求人民法院撤销债务人放弃债权或转让财产的行为,人民法院应当就债权人主张的部分进行审理,依法撤销的,该行为自始无效")等直接使用了"自始无效"的表述。

具有约束力？

结合《最高人民法院公报》2010 年第 2 期刊载的“兰州某骏物流有限公司与兰州某百（集团）股份有限公司侵权纠纷案”的“裁判摘要”所说的“股份公司股东大会作出决议后，在被确认无效前，该决议的效力不因股东是否认可而受到影响。股东大会决议的内容是否已实际履行，并不影响该决议的效力”，可以认为，民事法律行为被确认无效之前，应当视为是有效的、对当事人具有法律约束力的。

事实上，《民法典》第 85 条关于“……营利法人的出资人可以请求人民法院撤销该决议。但是，营利法人依据该决议与善意相对人形成的民事法律关系不受影响”的规定，和第 94 条第 2 款关于“捐助法人的决策机构、执行机构或者法定代表人作出决定的程序违反法律、行政法规、法人章程，或者决定内容违反法人章程的，捐助人等利害关系人或者主管机关可以请求人民法院撤销该决定。但是，捐助法人依据该决定与善意相对人形成的民事法律关系不受影响”的规定，其实就包含了这样的意思。否则，如果营利法人的决议或捐助法人的决定在被确认无效之前，就已经是无效的、对当事人不具有约束力的，那么，就没有必要再明文规定“依据该决议（或决定）与善意相对人形成的民事法律关系不受影响”了。

此外，《民法典》关于胎儿利益保护的规定也可作参考。根据《民法典》第 16 条所说的“涉及遗产继承、接受赠与等胎儿利益保护的，胎儿视为具有民事权利能力。但是，胎儿娩出时为死体的，其民事权利能力自始不存在”和第 1155 条所说的“遗产分割时，应当保留胎儿的继承份额。胎儿娩出时是死体的，保留的份额按照法定继承办理”，在“胎儿娩出时为死体”这一事实得到确认之前，胎儿一直被视为具有民事权利能力，在分割遗产时也应当为胎儿保留相应的继承份额；只有在“胎儿娩出时为死体”这一事实得到确认后，才能按照法定继承来处理原本已经为胎儿保留的继承份额。对此，《民法典继承编解释一》第 31 条进一步明确了：“……为胎儿保留的遗产份额，如胎儿出生后死亡的，由其继承人继承；如胎儿娩出时是死体的，由被继承人的继承人继承”。

二、被撤销的民事法律行为的约束力

（一）被撤销的民事法律行为的界定

《民法典》第 155 条所说的“被撤销的民事法律行为”，指的是已经被法院或仲裁机构作出的生效法律文书撤销的民事法律行为；非经法院或仲裁机构的生效法律文书明确予以撤销，不得作为被撤销的民事法律行为对待。

（二）被撤销的民事法律行为自始没有约束力

由于《民法典》第 155 条使用了“无效的或者被撤销的民事法律行为自始没有法律约束力”的表述，因此，在约束力方面，被撤销的民事法律行为和无效的民事法律行为适用的是同样的规则。上文关于“无效的民事法律行为自始没有法律约束力”部分的分析，同样适用于被撤销的民事法律行为，具体而言：

一是相关民事法律行为被撤销之后，溯及至其成立时起就没有法律约束力；但被撤销的民事法律行为在依法被撤销时，才确定该民事法律行为自始没有法律约束力，在依法被撤销之前则不能确定其没有法律约束力。

二是被撤销的民事法律行为"自始没有法律约束力"，指的是对该被撤销的民事法律行为的行为人没有约束力，即：在单方民事法律行为被撤销的情形，对行为人自身自始没有约束力；在双方或多方民事法律行为被撤销的情形，对各个行为人（即该民事法律行为的每一个当事人）自始没有约束力。

不过，在相关民事法律行为被撤销的情况下，行为人之外的主体不因此而受影响。比如，《民法典》第 85 条规定："……营利法人的出资人可以请求人民法院撤销该决议。但是，营利法人依据该决议与善意相对人形成的民事法律关系不受影响"，第 94 条第 2 款规定："捐助法人的决策机构、执行机构或者法定代表人作出决定的程序违反法律、行政法规、法人章程，或者决定内容违反法人章程的，捐助人等利害关系人或者主管机关可以请求人民法院撤销该决定。但是，捐助法人依据该决定与善意相对人形成的民事法律关系不受影响"；《公司法》第 28 条第 2 款也规定："股东会、董事会决议被人民法院……撤销……的，公司根据该决议与善意相对人形成的民事法律关系不受影响"。

（三）民事法律行为被撤销之前的效力

需要注意的是，可撤销的民事法律行为在被依法撤销之前，同样是有效的，对当事人具有法律约束力。

对此，最高人民法院（2019）最高法民申 2898 号民事裁定书认为："可撤销合同属于'未决的生效'，即原则上生效（被撤销前仍然有效），但可因当事人申请撤销而自始没有法律约束力，对于可撤销合同效力的最终决定，当事人自身难以全部完成，须诉诸人民法院或者仲裁机构。"

此外，在某某林业集团公司与某某银行等金融借款合同纠纷案中，最高人民法院（2019）最高法民终 114 号民事判决书认为："刑事判决已经认定本案主债务人某杉林公司构成骗取贷款罪，构成民法上欺诈，其与某某行订立的案涉贷款合同为可撤销合同。而贷款人某某行作为撤销权人，没有主张撤销合同，则合同有效。"在青海某宜融资担保有限公司与化隆回族自治县某某信用合作联社等金融借款合同纠纷案中，最高人民法院（2018）最高法民申 534 号民事裁定书也认为："某画公司与化隆某信社签订《流动资金借款合同》，采用虚假合同以欺骗手段获取化隆某信社 1500 万元贷款，属于《中华人民共和国合同法》第五十四条第二款规定的'一方以欺诈、胁迫的手段或者乘人之危，使对方在违背真实意思的情况下订立的合同，受损害方有权请求人民法院或者仲裁机构变更或者撤销'的情形，受欺诈方化隆某信社可以据此请求撤销涉案借款合同，其未行使撤销权，该合同仍然有效。"①

三、民事法律行为无效是否属于绝对无效

针对民事法律行为的无效，《民法典》和《民法典总则编解释》本身没有使用"绝对

---

① 类似的裁判意见，还可见最高人民法院（2016）最高法民终 655 号民事判决书、（2014）民抗字第 82 号民事判决书、（2012）民再申字第 212 号民事裁定书等。

无效”的表述。实务中,存在认为民事法律行为无效属于绝对无效的裁判意见。比如,最高人民法院(2019)最高法民申716号民事裁定书认为:“由于案涉《协议书》无效,应属自始无效、绝对无效……”;最高人民法院(2019)最高法民申1533号民事裁定书认为:“某厦公司与某旺公司通谋所为的虚伪意思表示,在其二者之间发生绝对无效的法律后果,但与第三人某行二支行之间,则应视某行二支行是否知道或应当知道该虚伪意思表示而确定不同的法律后果”①;广东省中山市中级人民法院(2019)粤20民终1250号民事判决书认为:“结合我国《合同法》第五十六条关于无效的合同自始没有法律约束力的规定可知,我国现行法律规定的无效合同属于绝对无效、自始无效。本案中,双方当事人签订的两份《协议书》均因违反了法律的强制性规定而无效,故该两份《协议书》系属绝对无效的合同,合同自始没有法律效力。李某生上诉所称该两份《协议书》系属相对无效的合同,并以此为由主张曹某村委会对合同无效的后果承担全部或主要的过错责任,理据不足,本院不予支持。”

不过,从法律的沿革和现有司法解释的规定看,即便就同一民事法律行为而言,认为“民事法律行为无效属于绝对无效”也是不准确的。具体分析如下:

一是法律法规的修改,可能使原本无效的民事法律行为转变为可撤销的民事法律行为甚至是有效的民事法律行为。

比如,就受欺诈实施的民事法律行为和受胁迫实施的民事法律行为而言,原《民法通则》第58条第1款第3项②规定此类民事法律行为是无效的民事法律行为;原《合同法》第52条第1项和第54条第2款则按照是否损害国家利益而将此类民事法律行为分别规定为无效的民事法律行为和可变更或撤销的民事法律行为;③但是,原《民法总则》第148条至第150条(现《民法典》第148条至第150条)则规定此类民事法律行为是可撤销的民事法律行为。这就意味着,当事人在2017年10月1日(原《民法总则》施行之日)之前受欺诈实施的民事法律行为或受胁迫实施的民事法律行为,在2017年10月1日之后,如权利人不行使撤销权,则此类民事法律行为将因为法律的修改而转变为有效的民事法律行为。

又如,针对外国投资者投资外商投资准入负面清单规定禁止投资的领域形成的投资合同④的效力,《最高人民法院关于适用〈中华人民共和国外商投资法〉若干问题的解释》(法释〔2019〕20号,以下简称“《外商投资法解释》”)第3条规定:“外国投资者

① 类似的裁判意见,还可见最高人民法院(2014)民二终字第271号民事判决书、(2017)最高法民再164号民事判决书等。

② 原《民法通则》(已废止)第58条第1款第3项规定:“下列民事行为无效:(一)无民事行为能力人实施的;(二)限制民事行为能力人依法不能独立实施的;(三)一方以欺诈、胁迫的手段或者乘人之危,使对方在违背真实意思的情况下所为的”。

③ 原《合同法》(已废止)第52条第1项规定:“有下列情形之一的,合同无效:(一)一方以欺诈、胁迫的手段订立合同,损害国家利益”,第54条第2款规定:“一方以欺诈、胁迫的手段或者乘人之危,使对方在违背真实意思的情况下订立的合同,受损害方有权请求人民法院或者仲裁机构变更或者撤销”。

④《最高人民法院关于适用〈中华人民共和国外商投资法〉若干问题的解释》(法释〔2019〕20号)第1条第1款规定:“本解释所称投资合同,是指外国投资者即外国的自然人、企业或者其他组织因直接或者间接在中国境内进行投资而形成的相关协议,包括设立外商投资企业合同、股份转让合同、股权转让合同、财产份额或者其他类似权益转让合同、新建项目合同等协议。外国投资者因赠与、财产分割、企业合并、企业分立等方式取得相应权益所产生的合同纠纷,适用本解释”。

投资外商投资准入负面清单规定禁止投资的领域,当事人主张投资合同无效的,人民法院应予支持”,第 5 条规定:“在生效裁判作出前,因外商投资准入负面清单调整,外国投资者投资不再属于禁止或者限制投资的领域,当事人主张投资合同有效的,人民法院应予支持”。据此,在外国投资者原投资合同涉及的投资领域因国家调整外商投资准入负面清单①而不再属于禁止外商投资的领域的情况下,外国投资者原投资合同的效力将因外商投资准入负面清单的调整而从原本的无效合同转变为有效合同。

二是期间的经过,可能使原本无效的民事法律行为转变为有效的民事法律行为。

比如,针对无效婚姻,《民法典》第 1051 条第 3 项规定:“有下列情形之一的,婚姻无效:……(三)未到法定婚龄”;《民法典婚姻家庭编解释一》第 10 条规定:“当事人依据民法典第一千零五十一条规定向人民法院请求确认婚姻无效,法定的无效婚姻情形在提起诉讼时已经消失的,人民法院不予支持”。据此,原本因婚姻关系当事人未达到法定婚龄而无效的婚姻将因当事人达到法定婚龄而转变为有效婚姻。

三是行为人在特定的期限内实施特定的行为或采取特定的补救措施,可能使原本无效的民事法律行为转变为有效的民事法律行为。

比如,针对无效婚姻,《民法典》第 1051 条规定:“有下列情形之一的,婚姻无效:(一)重婚;……”;《民法典婚姻家庭编解释一》第 10 条规定:“当事人依据民法典第一千零五十一条规定向人民法院请求确认婚姻无效,法定的无效婚姻情形在提起诉讼时已经消失的,人民法院不予支持”。据此,原本因婚姻关系当事人一方或双方重婚而无效的婚姻将因重婚事实的消除而转变为有效婚姻。

又如,针对外国投资者投资外商投资准入负面清单规定限制投资的领域形成的投资合同的效力,《外商投资法解释》第 4 条规定:“外国投资者投资外商投资准入负面清单规定限制投资的领域,当事人以违反限制性准入特别管理措施为由,主张投资合同无效的,人民法院应予支持。人民法院作出生效裁判前,当事人采取必要措施满足准入特别管理措施的要求,当事人主张前款规定的投资合同有效的,应予支持”。

再如,针对出卖人在未取得商品房预售许可证明的情况下与买受人订立的商品房预售合同,《最高人民法院关于审理商品房买卖合同纠纷案件适用法律若干问题的解释》(2020 年修正)第 2 条:“出卖人未取得商品房预售许可证明,与买受人订立的商品房预售合同,应当认定无效,但是在起诉前取得商品房预售许可证明的,可以认定有效”。

复如,针对当事人在均不具备房地产开发经营资质的情况下订立的合作开发房地产合同的效力,《最高人民法院关于审理涉及国有土地使用权合同纠纷案件适用法律问题的解释》(2020 年修正)第 13 条第 1 款规定:“合作开发房地产合同的当事人一方具备房地产开发经营资质的,应当认定合同有效。当事人双方均不具备房地产开发经营资质的,应当认定合同无效。但起诉前当事人一方已经取得房地产开发经营资质或者已依

---

① 《外商投资法》第 4 条第 1 款规定:“国家对外商投资实行准入前国民待遇加负面清单管理制度”、第 3 款规定:“负面清单由国务院发布或者批准发布”,《外商投资法实施条例》第 4 条规定:“外商投资准入负面清单(以下简称负面清单)由国务院投资主管部门会同国务院商务主管部门等有关部门提出,报国务院发布或者报国务院批准后由国务院投资主管部门、商务主管部门发布。国家根据进一步扩大对外开放和经济社会发展需要,适时调整负面清单。调整负面清单的程序,适用前款规定”。

法合作成立具有房地产开发经营资质的房地产开发企业的,应当认定合同有效”。

类似的规定,还可见《最高人民法院关于审理涉及国有土地使用权合同纠纷案件适用法律问题的解释》(2020 年修正)第 2 条①、《最高人民法院关于审理建设工程施工合同纠纷案件适用法律问题的解释(一)》(法释〔2020〕25 号)第 3 条第 1 款②等。

由此可见,除了《民法典》第 146 条第 1 款所说的“行为人与相对人以虚假的意思表示实施的民事法律行为”,第 153 条第 2 款所说的“违背公序良俗的民事法律行为”和第 154 条所说的“行为人与相对人恶意串通,损害他人合法权益的民事法律行为”可以被称为绝对无效的民事法律行为外,《民法典》或其他法律规定的其他无效民事法律行为都可能因法律的修改、期间的经过或补救措施的采取而转变为有效的民事法律行为。

比如,就违反法律、行政法规的效力性强制性规定的民事法律行为而言,结合《外商投资法解释》第 5 条所说的“在生效裁判作出前,因外商投资准入负面清单调整,外国投资者投资不再属于禁止或者限制投资的领域,当事人主张投资合同有效的,人民法院应予支持”,可以认为,在该法律、行政法规的效力性强制性规定因法律、行政法规的修改而调整为非效力性强制性规定或非强制性规定的情况下,该民事法律行为也可以转变为有效的民事法律行为。

由此可以认为,法律本身和法律的沿革都在某种程度上丰富和完善了《民法典》规定的民事法律行为无效制度。

第一百五十六条 【民事法律行为的部分无效】民事法律行为部分无效,不影响其他部分效力的,其他部分仍然有效。

【条文通释】

《民法典》第 156 条是关于民事法律行为的部分无效的规定。

一、民事法律行为的部分无效

(一)部分无效的认定

民事法律行为部分无效是与民事法律行为全部无效相对应的概念。比如,《民法

① 《最高人民法院关于审理涉及国有土地使用权合同纠纷案件适用法律问题的解释》(2020 年修正)第 2 条:“开发区管理委员会作为出让方与受让方订立的土地使用权出让合同,应当认定无效。本解释实施前,开发区管理委员会作为出让方与受让方订立的土地使用权出让合同,起诉前经市、县人民政府自然资源主管部门追认的,可以认定合同有效”。

② 《最高人民法院关于审理建设工程施工合同纠纷案件适用法律问题的解释(一)》(法释〔2020〕25 号)第 3 条第 1 款规定:“当事人以发包人未取得建设工程规划许可证等规划审批手续为由,请求确认建设工程施工合同无效的,人民法院应予支持,但发包人在起诉前取得建设工程规划许可证等规划审批手续的除外。”

典继承编解释一》第 3 条[①]针对遗嘱无效直接使用了“全部无效”和“部分无效”的表述。当然，不论是部分无效还是全部无效，都是指同一民事法律行为的部分无效或全部无效。

《民法典》第 156 条所说的“民事法律行为部分无效，不影响其他部分效力的”，即为民事法律行为部分无效的构成要件，其关键词在于“部分无效”和“不影响其他部分效力”，具体而言：

一是同一民事法律行为可以区分为若干部分（至少可以区分为两部分，即一部分和另一部分）。如果民事法律行为是一个不具有可分性的整体，不能区分为若干部分，则不存在民事法律行为部分无效的可能。

二是民事法律行为的一部分存在无效事由、其他部分不存在无效事由。不论是民事法律行为不存在任何无效事由，还是民事法律行为的各个部分或整体都存在无效事由，都不属于民事法律行为部分无效。

比如，在绵阳市某日实业有限公司、蒋某诉绵阳高新区某创实业有限公司股东会决议效力及公司增资纠纷案中，最高人民法院（2010）民提字第 48 号民事判决书（载《最高人民法院公报》2011 年第 3 期）认为：“2003 年 12 月 16 日某创公司作出的股东会决议，在其股东某日公司、蒋某明确表示反对的情况下，未给予某日公司和蒋某优先认缴出资的选择权，径行以股权多数决的方式通过了由股东以外的第三人陈某高出资 800 万元认购某创公司全部新增股份 615.38 万股的决议内容，侵犯了某日公司和蒋某按照各自的出资比例优先认缴新增资本的权利，违反了上述法律规定。现行公司法第二十二条第一款规定：‘公司股东会或者股东大会、董事会的决议内容违反法律、行政法规的无效。’根据上述规定，某创公司 2003 年 12 月 16 日股东会议通过的由陈某高出资 800 万元认购某创公司新增 615.38 万股股份的决议内容中，涉及新增股份中 14.22%和 5.81%的部分因分别侵犯了蒋某和某日公司的优先认缴权而归于无效，涉及新增股份中 79.97%的部分因其他股东以同意或弃权的方式放弃行使优先认缴权而发生法律效力。四川省绵阳市中级人民法院（2006）绵民初字第 2 号民事判决认定决议全部有效不妥，应予纠正。该股东会将吸纳陈某高为新股东列为一项议题，但该议题中实际包含增资 800 万元和由陈某高认缴新增出资两方面的内容，其中由陈某高认缴新增出资的决议内容部分无效不影响增资决议的效力，某创公司认为上述两方面的内容不可分割缺乏依据，本院不予支持。”

又如，在青岛市国土资源和房屋管理局崂山国土资源分局与青岛某坤木业有限公司土地使用权出让合同纠纷案，最高人民法院（2007）民一终字第 84 号民事判决书（载《最高人民法院公报》2008 年第 5 期）认为：“本合同虽约定合同须经山东省人民政府批准方可生效，但在合同签订前，合同项下的 84 亩土地已经山东省人民政府批准，由农业用地转为建设用地，故这部分土地未经审批不影响相应部分的合同效力；合同项下其余部分土地尚未办理农用地转用审批手续，按约定合同尚未生效，依法不得出让。

---

① 《民法典继承编解释一》第 3 条规定：“被继承人生前与他人订有遗赠扶养协议，同时又立有遗嘱的，继承开始后，如果遗赠扶养协议与遗嘱没有抵触，遗产分别按协议和遗嘱处理；如果有抵触，按协议处理，与协议抵触的遗嘱全部或者部分无效。”

崂山国土资源分局认为合同已经成立但未生效,不应认定部分有效、部分无效。本院认为,涉案合同是双方当事人的真实意思表示,内容不损害国家、集体和第三人的合法权益,且已经过公证,应认定已经成立。我国《合同法》第四十四条规定:'依法成立的合同,自成立时生效。法律、行政法规规定应当办理批准、登记等手续生效的,依照其规定。'《土地管理法》第四十四条规定:'建设占用土地,涉及农用地转为建设用地的,应当办理农用地转用审批手续。'据此认定本案中未经政府批准农转用土地的部分合同无效。根据《合同法》第五十六条的规定,部分合同无效,不影响其他部分效力的,其他部分仍然有效。就本案情况看,认定部分合同无效,不会影响其他部分的效力。因此,应当认定合同中经过政府批准的 84 亩土地使用权出让有效,未经政府批准的 131 亩土地使用权出让无效,其他合同条款仍然有效。对于崂山国土资源分局关于涉案合同项下转让的土地是不可分物,不适用量上的部分有效、部分无效的上诉主张,本院不予支持。"①

三是民事法律行为中存在无效事由的部分,与不存在无效事由的其他部分是可分的,并非不可分的;如果无效部分与其他部分不可分,则民事法律行为应被认定为全部无效。

比如,在姚某东与镇赉县某某湿地管理总站农业承包合同纠纷中,吉林省高级人民法院(2020)吉民申 457 号民事裁定书认为:"姚某东承包的草原位于吉林莫莫格国

① 类似的案例,还可见甘肃某某农场有限公司与金某公司、某某市人民政府国有资产监督管理委员会公司决议效力确认纠纷案。在该案中,甘肃省高级人民法院(2020)甘民终 576 号民事判决书认为:"从双方诉辩来看,双方的实质争议是该股东会决议中有关公司股东增资部分,某某农场上诉认为 2014 年 10 月 22 日金某公司股东会决议增加注册资本的内容违反法律行政法规的规定,应认定为无效,某某市国资委则抗辩不存在无效的情形。从股东会决议记载的内容来看,金某公司将案涉八宗土地按照基准地价评估后,作为某市国资委对金某公司的增资,使金某公司的注册资本从 6943.4 万元变更为 10997.4 万元,注册资本增加了 4054 万元。根据本案现有证据,金某公司增资包括两部分,一部分为金某公司组建时某某市国资委所出资两宗土地增值的 187.74 万元,另一部分为金某公司组建后陆续划拨给金某公司价值 3866.32 万元的六宗国有土地。关于金某公司组建时某某市国资委所出资两宗土地的增值部分。该两宗土地是金某公司组建时某某市国资委的出资,该出资已被 2000 年 4 月 19 日永昌县审计事务所出具的验资报告确认为截至 2000 年 4 月 18 日金某公司的注册资本,且该验资报告已存入工商档案,具有一定的公示效力,该土地使用权已归属于金某公司所有,某某市国资委对该土地的使用权转化为对金某公司享有的股东权益,这两块土地的增值相应归金某公司所有而非某某市国资委。公司的财产价值并不当然就是股东的股权价值,在金某公司未通过法定程序将该部分增值作为公司利润分配给股东的情形下,金某公司的股东对该增值并不具有实质权益,该部分增值仍属于金某公司的财产,2014 年 10 月 22 日金某公司股东会表决通过将该部分增值作为某某市国资委的增资,导致某某市国资委未实际增资而增加公司注册资本,违反《中华人民共和国公司法》第二十八条的规定。关于金某公司组建后陆续划拨给金某公司六宗国有土地。《中华人民共和国土地管理法》第二条第五款规定,'国家依法实行国有土地有偿使用制度。但是,国家在法律规定的范围内划拨国有土地使用权的除外。'金某公司不属于法律规定使用划拨国有土地使用权的范畴,应有偿使用国有土地,金昌市人民政府批复将划拨给金某公司使用的国有土地使用权评估作价后作为对金某公司增资,某某市国资委作为代表金昌市人民政府行使国有资产监督管理机构,有权将该土地使用权作为对金某公司的增资,该六宗土地的使用权也已登记在金某公司名下,该增资行为并不违反相关法律法规的规定。在某某市国资委将该六宗土地使用权作为对金某公司的增资后,金某公司取得该六宗土地的使用权,某某市国资委应依法享有相应的股东权益。金某公司于 2014 年 10 月 22 日作出增加注册资本的股东会决议,在实质上是可以拆分为彼此独立的两项决议内容,根据《中华人民共和国民法总则》第一百五十六条的规定,'民事法律行为部分无效,不影响其他部分效力的,其他部分仍然有效。'故某某农场上诉请求确认注册资本增加 187.74 万元无效的主张成立,本院予以支持;上诉请求确认注册资本增加 3866.32 万元无效的主张不能成立,本院不予支持"。最高人民法院(2021)最高法民申 3524 号民事裁定书认为,(2020)甘民终 576 号民事判决"认定金某公司于 2014 年 10 月 22 日作出增加注册资本的股东会决议中关于注册资本增加 187.74 万元无效的主张成立、关于确认注册资本增加 3866.32 万元无效的主张不能成立,并无不当"。

家级自然保护区核心区，虽然姚某东与湿地管理总站签订《承包合同书》意思表示真实，但双方约定承包草原用途为‘乙方负责完成县政府交给甲方发展牧业（牛、羊、鹅、鸭等）的养殖任务’，违反《中华人民共和国自然保护区条例》第二十六条‘禁止在自然保护区内进行砍伐、放牧、狩猎、捕捞、采药、开垦、烧荒、开矿、采石、挖沙等活动’的规定，有悖于我国生态环境保护的基本国策，损害国家利益、社会公共利益。根据《中华人民共和国合同法》第五十二条规定：‘有下列情形之一的，合同无效：（一）一方以欺诈、胁迫的手段订立合同，损害国家利益；（二）恶意串通，损害国家、集体或者第三人利益；（三）以合法形式掩盖非法目的；（四）损害社会公共利益；（五）违反法律、行政法规的强制性规定。’因此，无论合同当事人姚某东与湿地管理总站是否自认，及是否存在姚某东在合同履行中完成地方政府派发任务的事实，均不影响对案涉《承包合同书》依法无效的认定。管护草原与放牧收益在合同中是整体的约定，并非各自独立的，故姚某东主张合同部分无效，缺乏事实与法律依据，不予支持。”

（二）部分无效的影响

《民法典》第 155 条意味着，在民事法律行为部分无效的情况下，如果该部分的无效不影响其他部分的效力，则其他部分是有效的。

比如，《民法典》第 705 条第 1 款针对租赁合同的租赁期限规定的“租赁期限不得超过二十年。超过二十年的，超过部分无效”，就属于民事法律行为部分无效的情形。此外，《保险法》第 55 条第 3 款关于“保险金额不得超过保险价值。超过保险价值的，超过部分无效，保险人应当退还相应的保险费”的规定，《海商法》第 220 条关于“保险金额由保险人与被保险人约定。保险金额不得超过保险价值；超过保险价值的，超过部分无效”的规定，以及《最高人民法院关于审理存单纠纷案件的若干规定》（2020 年修正）第 7 条针对存单纠纷案件中存在的委托贷款关系所规定的“构成委托贷款的，……委托贷款中约定的利率超过人民银行规定的部分无效……”，也都是比较典型的部分无效的例子。

需要注意的是，《民法典》第 156 条所说的“民事法律行为部分无效，不影响其他部分效力”，指向的是同一民事法律行为可以区分为若干部分，并且可以对此部分的效力和其他部分的效力分别加以认定的情形。结合《民法典》第 146 条所说的“行为人与相对人以虚假的意思表示实施的民事法律行为无效。以虚假的意思表示隐藏的民事法律行为的效力，依照有关法律规定处理”和第 505 条所说的“当事人超越经营范围订立的合同的效力，应当依照本法第一编第六章第三节和本编的有关规定确定，不得仅以超越经营范围确认合同无效”，可以认为，《民法典》第 156 条所说的“民事法律行为部分无效，不影响其他部分效力”，只是明确了“其他部分的效力不受此部分无效的影响”这一事实，至于其他部分的效力是有效、无效还是可撤销抑或效力待定，则应当“依照有关法律规定处理”。应该说，《民法典》第 156 条在“民事法律行为部分无效，不影响其他部分效力的”之后，直接规定“其他部分仍然有效”，这就将其他部分的效力形态由原本存在“有效”“无效”“可撤销”和“效力待定”等多种可能的情形限缩为只有“有效”这一种情形，似嫌过于武断、有失妥当。

比如，针对担保合同中有关担保独立性的约定无效对担保合同其他部分的效力的影响,《民法典担保制度解释》第2条第1款在明确"当事人在担保合同中约定担保合同的效力独立于主合同,或者约定担保人对主合同无效的法律后果承担担保责任,该有关担保独立性的约定无效"的基础上,还根据主合同是否有效作出了不同的规定,即:"主合同有效的,有关担保独立性的约定无效不影响担保合同的效力;主合同无效的,人民法院应当认定担保合同无效,但是法律另有规定的除外"。

(三)超过部分的效力:无效与不产生特定效力

如前所说,《民法典》第705条第1款针对租赁合同的租赁期限规定的"超过二十年的,超过部分无效",《保险法》第55条第3款和《海商法》第220条针对保险金额规定的"超过保险价值的,超过部分无效"以及《最高人民法院关于审理存单纠纷案件的若干规定》(2020年修正)第7条针对存单构成委托贷款情形时的约定利率规定的"超过人民银行规定的部分无效",属于比较典型的部分无效的例子。

不过,在法律针对民事法律行为的数量、金额、期限等规定了特定的限额的情况下,当事人实施的民事法律行为中超过规定限额的部分的效力,应当依照有关法律规定处理,并非一概认定为无效。

比如,针对定金的数额,《民法典》第586条第2款规定:"定金的数额由当事人约定;但是,不得超过主合同标的额的百分之二十,超过部分不产生定金的效力"。该规定只是否定了当事人约定的定金数额当中超过主合同标的额的20%的部分的定金效力,并未规定超过部分是无效的①;超过部分虽然不产生定金效力,但仍然属于当事人

① 实务中,也存在认为超过部分无效的裁判意见。比如,新疆维吾尔自治区高级人民法院(2023)新民申136号民事裁定书认为:"定金是担保合同债务履行的方式之一,是指合同当事人约定为确保合同履行,由一方当事人预先向对方交付的一定款项。定金合同系实践性合同,自定金交付时成立。虽然定金主要依据当事人的约定确定数额,但因其具有惩罚性违约金的性质,当事人违约时将丧失或双倍返还定金,如定金数额约定过高,将违背公平和诚实信用原则,故当事人约定的定金数额超过主合同标的额的20%的部分无效。"又如,江西省高级人民法院(2017)赣民终17号民事判决书认为:"上诉人上饶某某公司交纳的1000万元诚意保证金是为担保其公司履行订立本约合同义务而交付的定金,双方在《合作意向书》中明确股权收购价格为3100万元,而双方约定的定金为1000万元,超过了法定的'百分之二十'的规定,因此定金数额超过合同标的额百分之二十的部分无效。"

一方向对方支付的款项,该部分款项可以结合案件的具体情况认定为预付款(或货款)[①]或补偿款(或赔偿款)[②]。

二、民事法律行为的部分撤销

(一)民事法律行为可否部分撤销

《民法典》没有明确规定民事法律行为的部分撤销问题。不过,基于以下理由,可以认为,符合特定条件的民事法律行为也可以部分撤销:

一是根据《民法典》第 156 条所说的“民事法律行为部分无效,不影响其他部分效力的,其他部分仍然有效”,既然符合特定条件的民事法律行为可以部分无效、部分有效,那么,符合特定条件的民事法律行为应该也可以部分被撤销。

二是根据《民诉法解释》第 298 条所说的“对第三人撤销或者部分撤销发生法律效力的判决、裁定、调解书内容的请求,人民法院经审理,按下列情形分别处理:(一)请求成立且确认其民事权利的主张全部或部分成立的,改变原判决、裁定、调解书内容的错误部分;(二)请求成立,但确认其全部或部分民事权利的主张不成立,或者未提出确认其民事权利请求的,撤销原判决、裁定、调解书内容的错误部分;(三)请求不成立的,驳回诉讼请求。……原判决、裁定、调解书的内容未改变或者未撤销的部分继续有效”,既然法院作出的符合特定条件的生效判决、裁定、调解书都可以部分撤销,那么,当事

---

① 比如,在江阴市某嵋纺织有限公司与宁波某年服饰有限公司定作合同纠纷案中,浙江省高级人民法院(2019)浙民申 2778 号民事裁定书认为:“案涉合同 5.1 条规定:某年公司在某嵋公司付面料款前支付合同总金额的 30%作为定金。某嵋公司主张该定金具有预付款性质,某年公司认为合同金额的 20%为定金,10%为预付款。故,双方当事人均认可案涉合同约定的‘定金’兼具定金和预付款的性质。《中华人民共和国担保法》第九十一条规定,定金金额不得超过主合同标的额的百分之二十。故,案涉合同 5.1 条规定的合同总金额的 30%中,20%为定金,超过 20%的部分为预付款。”又如,在江西某昇电子有限公司与某林数控设备(深圳)有限公司等合同纠纷案中,江西省高级人民法院(2019)赣民终 404 号民事判决书认为:“案涉合同体现定金条款的约定是第四条‘付款方式’,内容为‘合同签订后 10 天内,支付设备总款的 30%定金(即 6304200 元),设备入厂、验收合格后,按设备验收合格日起,余款 14709800 元平均按 980653 元/月整分 15 个月付清’。从该条内容看,支付设备总款 30%作为定金是明确的,之后余下货款分期支付,也明确了履行合同后,定金充抵货款。故该条约定符合担保法定金的性质,应认定为定金条款。……本案前面已阐述第 18、19 号合同某林深圳公司未交付一台设备,构成根本违约,故某林深圳公司应承担双倍返还定金的违约责任。根据法律规定,定金数额不得超过合同价款的 20%,故本案定金数额应确认为 420.28 万元,双倍返还定金为 840.56 万元。超过定金的 2101400 元应为货款,由某林深圳公司返还给某昇公司。”类似的裁判意见,还可见山东省高级人民法院(2020)鲁民再 368 号民事判决书。

② 比如,在安徽某离智能科技股份有限公司与周某祥计算机软件开发合同纠纷案中,针对当事人签订的案涉合同约定“在签订合同后 7 个工作日内付研发费用为费用的 30%(9 万元)为定金”,安徽省合肥市中级人民法院(2021)皖 01 民初 870 号民事判决书认为:“某离公司已实际支付给周某祥合同款的 30%即 9 万元,其中的 6 万元即合同款的 20%应作为定金处理。因项目已启动,而某离公司作为给付定金的一方,未履行义务致合同目的不能实现,其无权请求返还定金。……考虑到周某祥为项目开发必然投入一定的智力成本,综合项目研发进度及某离公司违约行为等因素,某离公司已付 9 万元中的另 3 万元应作为周某祥为涉案项目所付出智力投入的补偿”;在该案的二审程序中,最高人民法院(2021)最高法知民终 2328 号民事判决书认为:“某离公司向周某祥支付的第一笔合同款项 9 万元,其中 6 万元即合同标的额百分之二十的部分应认定为定金”,并认为“原审法院综合项目开发进度及某离公司违约行为等因素,将某离公司已支付合同款项中的 3 万元作为对周某祥的补偿并无明显不当”。

人实施的符合特定条件的民事法律行为也应该可以部分撤销。

三是根据《仲裁法解释》第19条所说的"当事人以仲裁裁决事项超出仲裁协议范围为由申请撤销仲裁裁决,经审查属实的,人民法院应当撤销仲裁裁决中的超裁部分。但超裁部分与其他裁决事项不可分的,人民法院应当撤销仲裁裁决",既然仲裁机构作出的符合特定条件的仲裁裁决都可以部分撤销,那么,当事人实施的符合特定条件的民事法律行为也应该可以部分撤销。

四是根据最高人民法院《关于审理涉及金融不良债权转让案件工作座谈会纪要》(法发〔2009〕19号)第6条第2款所说的"在金融资产管理公司转让不良债权后,国有企业债务人有证据证明不良债权根本不存在或者已经全部或部分归还而主张撤销不良债权转让合同的,人民法院应当撤销或者部分撤销不良债权转让合同;不良债权转让合同被撤销或者部分撤销后,受让人可以请求金融资产管理公司承担相应的缔约过失责任",既然符合条件的不良债权转让合同可以部分撤销,那么,当事人订立的符合条件的其他合同以及当事人实施的符合特定条件的民事法律行为也应该可以部分撤销。

(二)民事法律行为部分撤销的条件

参照《民法典》第156条所说的"民事法律行为部分无效,不影响其他部分效力的,其他部分仍然有效"和《仲裁法解释》第19条所说的"当事人以仲裁裁决事项超出仲裁协议范围为由申请撤销仲裁裁决,经审查属实的,人民法院应当撤销仲裁裁决中的超裁部分。但超裁部分与其他裁决事项不可分的,人民法院应当撤销仲裁裁决",在民事法律行为部分存在可撤销事由,并且存在可撤销事由的部分与其他部分可分、被撤销不影响其他部分的效力的情况下,经相关权利人请求,法院或裁判机构可以依法撤销该部分民事法律行为。

比如,在邓某梅与某发集团(漳州)房地产开发有限公司、漳州市某某测绘队商品房预售合同纠纷案中,在认定"某发公司系利用业主掌握的信息不对称,故意隐瞒面积可能存在较大差异的真实情况,使邓某梅陷于错误认知并作出同意'建筑面积、套内建筑面积误差比绝对值超过3%的,双方仍据实结算房价款,继续履行合同'的意思表示,应当认定某发公司的行为构成欺诈"的基础上,针对"邓某梅能否仅针对《合同补充协议》第一条、第二条行使撤销权"的问题,福建省高级人民法院(2021)闽民再154号民事判决书认为:"从整份《合同补充协议》的内容来看,共包括七节内容,其中第一条、第二条构成第一节'面积差异处理'的全部内容,与其他六节内容相互独立,可以分离。邓某梅主张撤销《合同补充协议》第一条和第二条,不影响该协议中其他条款内容发生效力,予以支持。邓某梅于2017年11月某发公司发送《不动产权证书办理通知书》时知晓房屋面积差异情况,于2018年6月向一审法院提起诉讼,未超过撤销权行使一年除斥期间,应予支持"。

但是,如果民事法律行为当中存在可撤销事由的部分与其他部分不可分,则不能仅撤销该部分民事法律行为,而应当撤销作为一个整体的民事法律行为。

比如,在北京某某园凤凰置业发展有限公司与应城某达商务咨询中心(有限合伙)等股权转让纠纷案中,北京市高级人民法院(2021)京民终386号民事判决书认为:

"……可撤销合同一定是意思表示不真实的合同。同时,如果请求撤销合同的某些条款,该部分内容与合同的其他内容相比较,应当是相对独立的,该部分与合同的其他部分具有可分性,如果部分条款与其他条款具有不可分性,那么就不能仅撤销合同部分条款,保留合同其他内容"。①

第一百五十七条　【民事法律行为无效、被撤销或者确定不发生效力后的处理办法】民事法律行为无效、被撤销或者确定不发生效力后,行为人因该行为取得的财产,应当予以返还;不能返还或者没有必要返还的,应当折价补偿。有过错的一方应当赔偿对方由此所受到的损失;各方都有过错的,应当各自承担相应的责任。法律另有规定的,依照其规定。

【条文通释】

《民法典》第 157 条是关于民事法律行为无效、被撤销或者确定不发生效力后的处理办法的规定。

一、民事法律行为无效、被撤销或者确定不发生效力后的处理办法

由于《民法典》第 157 条使用了"民事法律行为无效、被撤销或者确定不发生效力后,……"的表述,因此,民事法律行为无效、被撤销或者确定不发生效力后的处理办法适用的是同样的规则②,即《民法典》第 157 条所说的"行为人因该行为取得的财产,应当予以返还;不能返还或者没有必要返还的,应当折价补偿。有过错的一方应当赔偿对方由此所受到的损失;各方都有过错的,应当各自承担相应的责任"(但"法律另有规定的,依照其规定")。

其中,《民法典》第 157 条所说的"行为人因该行为取得的财产,应当予以返还;不

① 具体到该案,针对某某园公司提出的"撤销《股权收购合同》第 6.4 条中'将剩余股权转让款 60000 万元一次性支付给乙方(其中应向乙方 1 支付 42600 万元,向乙方 2 支付 17400 万元)'以及《补充协议一》第 5 条中'将剩余股权转让款 60000 万元一次性支付给乙方(其中应向乙方 1 支付 17262 万元,向乙方 2 支付 42738 万元)'的约定"的主张,北京市高级人民法院(2021)京民终 386 号民事判决书在认定"《股权收购合同》第 6.4 条及《补充协议一》第 5 条的约定,并非是某某园公司因受到某达中心、某泰中心、夏某关于'不存在任何未披露负债及欠缴土地出让金'承诺的欺诈,陷入内心错误,进而因内心错误而作出了错误意思表示,上述条款恰恰是某某园公司真实意思的体现"的基础上,认为:"《股权收购合同》第 6.4 条中'将剩余股权转让款 60000 万元一次性支付给乙方(其中应向乙方 1 支付 42600 万元,向乙方 2 支付 17400 万元)'以及《补充协议一》第 5 条中'将剩余股权转让款 60000 万元一次性支付给乙方(其中应向乙方 1 支付 17262 万元,向乙方 2 支付 42738 万元)'的约定并非相对独立,与条款中支付条件及支付方式的其他约定不具有可分性。而《股权收购合同》第 6.4 条及《补充协议一》第 5 条的约定与《股权收购合同》及《补充协议一》的其他价款支付条款也不具有可分性",并认定:"某某园公司关于撤销《股权收购合同》第 6.4 条及《补充协议一》第 5 条中第三笔股权转让款支付内容的诉讼请求,不符合相关法律规定。一审判决驳回某某园公司的诉讼请求并无不当"。

② 最高人民法院(2020)最高法民终 904 号民事判决书(载《最高人民法院公报》2021 年第 5 期)也认为:"从结果上看,合同确定不生效所产生的合同不具有履行力的法律效果,与合同无效所产生的合同不具有履行力的法律效果是相同的。"

能返还或者没有必要返还的,应当折价补偿”,实际上即为“恢复原状”,包括返还财产和作为返还财产的替代的折价补偿;所说的“有过错的一方应当赔偿对方由此所受到的损失;各方都有过错的,应当各自承担相应的责任”,则为“赔偿损失”。这跟《民法典》第566条第1款①针对合同解除的处理办法既规定了“恢复原状”、又规定了“赔偿损失”是类似的。

基于上述,针对民事法律行为无效、被撤销或者确定不发生效力后的处理办法,《民法典》第157条明确了如下规则:

一是返还财产,即:各个行为人如果因该行为取得了财产,则应当将其各自取得的财产返还给原权利人;如果行为人没有因该行为取得财产,则无须返还。

二是折价补偿,即:如果行为人不能返还所取得的财产或者没有必要返还所取得的财产,则应当向相关财产的权利人进行折价补偿。

三是赔偿损失,即:在返还财产或折价补偿之外,如果对方还因该民事法律行为受到了损失,则有过错的一方还应当赔偿对方由此受到的全部损失;如果行为人没有过错,则无须赔偿。

四是如果各方对该民事法律行为无效、被撤销或确定不发生效力都有过错,则按照各自的过错各自承担相应的责任。

五是如果法律(包括《民法典》自身)对民事法律行为无效、被撤销或者确定不发生效力后的处理办法作出了其他规定,则依照法律的这些其他规定处理。

需要注意的是,在民事法律行为无效、被撤销或者确定不发生效力的情况下,具体采用哪种处理办法,应当根据案件的具体情况加以确定。对此,人民法院案例库参考案例“宁波某汽车销售服务公司诉深圳某数据科技公司技术服务合同纠纷案”[入库编号:2024-13-2-152-003,裁判文书:最高人民法院(2021)最高法知民终2005号民事判决书]的“裁判要旨”提出:“民事法律行为的效力被否定后,需根据其行为性质、无效原因等确定下一步处理方式,并非在任何情况下都存在返还财产、折价补偿或者赔偿损失的问题。法律对有关财产的性质和处理另有规定的,应当依照其规定处理。”

二、恢复原状

由于《民法典》第157条使用了“民事法律行为无效、被撤销或者确定不发生效力后,行为人因该行为取得的财产,应当予以返还;不能返还或者没有必要返还的,应当折价补偿”的表述,因此,原则上,民事法律行为被依法确认无效、被撤销或者确定不发生效力后,各个行为人因该民事法律行为所取得的所有财产,均应当予以返还;只有在财产“无法返还”或“没有必要返还”的例外情况下,才应当由取得该财产的行为人进行折价补偿。其中的“不能返还或者没有必要返还”,是适用“折价补偿”的前提条件。

也就是说,因该无效、被撤销或者确定不发生效力的民事法律行为取得财产的各个行为人,都负有返还财产的义务或折价补偿的义务;与此相对应,因该无效、被撤销或者确定不发生效力的民事法律行为失去财产的各个行为人,都享有财产返还请求权

① 《民法典》第566条第1款规定:“合同解除后,尚未履行的,终止履行;已经履行的,根据履行情况和合同性质,当事人可以请求恢复原状或者采取其他补救措施,并有权请求赔偿损失。”

或折价补偿请求权。其中的折价补偿，是作为返还财产的替代形式存在的。

之所以要求“行为人因该行为取得的财产，应当予以返还；不能返还或者没有必要返还的，应当折价补偿”，是因为在民事法律行为被依法确认无效、被撤销或者确定不发生效力后，行为人丧失了取得、占有相关财产的合法根据，存在适用《民法典》第 122 条所说的“因他人没有法律根据，取得不当利益，受损失的人有权请求其返还不当利益”的空间。

对此，在广东某诚矿业有限公司与某向资源有限公司等买卖合同纠纷案中，最高人民法院(2021)最高法民终 512 号民事判决书认为：“合同无效后，广东某诚公司主张某向资源有限公司、某正资源公司和新佳某公司承担相应款项的返还责任属于行使不当得利请求权。”人民法院案例库参考案例“王某诉陈某买卖合同纠纷案”[入库编号：2024-11-2-084-001，裁判文书：山东省德州市中级人民法院(2023)鲁 14 民终 2174 号民事判决书]的“裁判要旨”也提出：“‘挖矿’(挖‘比特币’)对产业发展、科技进步的带动作用有限，不仅滋生洗钱、非法集资等违法犯罪行为，危及金融安全，且能源消耗和碳排放量巨大，严重污染环境。当事人以从事‘挖矿’活动为目的从事‘矿机’交易，有悖公序良俗，违反绿色原则，损害社会公共利益，合同应当依法认定为无效。因无效的民事法律行为所取得、占有对方的财产无合法根据，应当予以返还。”

(一)原则：返还财产

1. 返还主体

由于《民法典》第 157 条使用了“行为人因该行为取得的财产，应当予以返还”的表述，因此，《民法典》第 157 条所说的“应当予以返还”的主体，即负有返还财产的义务的主体，指向的是因该无效、被撤销或者确定不发生效力的民事法律行为取得财产的每一个行为人，既可能是个人，也可能是法人或非法人组织。

《民法典》第 157 条所说的“取得的财产”中的“财产”，指向的是行为人因该无效、被撤销或者确定不发生效力的民事法律行为实际取得的所有财产，在形式上包括货币、不动产(土地、建筑物和其他土地附着物)、动产(生产设备、原材料、半成品、产品、交通运输工具、船舶、航空器、印章、证照、财务会计资料等)，也包括证券(股票、债券、证券投资基金份额等)、投资性权利(股权和在合伙企业中的财产份额等)、知识产权、债权、数据、网络虚拟财产、用益物权(海域使用权、探矿权、采矿权、取水权等)等财产和财产权益。

需要注意的是，在各方当事人均因该无效、被撤销或者确定不发生效力的民事法律行为取得了财产的情形，各方当事人均负有返还其所取得的财产的义务。

比如，针对合同不成立、无效或者被撤销时的财产返还，《九民会议纪要》第 33 条规定：“双务合同不成立、无效或者被撤销后，双方因该合同取得财产的，应当相互返还。”

2. 返还对象

《民法典》第 157 条所说的“行为人因该行为取得的财产，应当予以返还”，省略了返还的对象。从“返还”的表述可知，财产返还的对象应为该财产的原权利人。

比如，在福建某石制油有限公司、某纺粮油(福建)有限公司、漳州开发区汇某源贸易有限公司与某吉国际公司买卖合同纠纷案中,最高人民法院(2012)民四终字第1号民事判决书认为:"对于无效合同的处理,人民法院应当首先根据《中华人民共和国合同法》第五十八条的规定,'合同无效……后,因该合同取得的财产,应当予以返还;不能返还或者没有必要返还的,应当折价补偿。有过错的一方应当赔偿对方因此所受到的损失,双方都有过错的,应当各自承担相应的责任',判令取得财产的一方返还财产。本案涉及的福建某石公司与某源公司之间于2006年5月8日签订的《国有土地使用权及资产买卖合同》、某源公司与汇某源公司之间于2008年2月21日签订的《买卖合同》均被认定无效,两份合同涉及的财产相同,其中国有土地使用权已经从福建某石公司经某源公司变更至汇某源公司名下,在没有证据证明本案所涉房屋已经由某源公司过户至汇某源公司名下、所涉设备已经由某源公司交付汇某源公司的情况下,一审法院直接判令取得国有土地使用权的汇某源公司、取得房屋和设备的某源公司分别就各自取得的财产返还给福建某石公司并无不妥。上诉人福建某石公司、某纺福建公司、汇某源公司并未举出充分的证据证明所涉房屋和设备均已由汇某源公司取得,故其关于即使返还财产也应当由汇某源公司返还的上诉理由没有事实和法律依据,本院不予支持。《中华人民共和国合同法》第五十九条规定:'当事人恶意串通,损害……第三人利益的,因此取得的财产……返还……第三人。'该条应当适用于能够确定第三人为财产所有权人的情况。本案中,某吉公司对福建某石公司享有普通债权,本案所涉财产系福建某石公司的财产,并非某吉公司的财产,因此,只能判令将系争财产返还给福建某石公司,不能直接判令返还给某吉公司"。

需要注意的是,财产返还的对象不一定是因该无效、被撤销或者确定不发生效力的民事法律行为取得该财产的当事人的对方当事人。比如,就《民法典》第154条所说的"行为人与相对人恶意串通,损害他人合法权益的民事法律行为"而言,该民事法律行为无效之后的财产返还对象应为合法权益受到损害的该他人。从这个角度,应该说,原《合同法》第59条所说的"当事人恶意串通,损害国家、集体或者第三人利益的,因此取得的财产收归国家所有或者返还集体、第三人",规定得更为清晰。

3. 返还范围

由于《民法典》第157条使用了"行为人因该行为取得的财产,应当予以返还"的表述,因此,返还的范围为(也限于)行为人因该无效、被撤销或者确定不发生效力的民事法律行为实际取得的财产。也就是说,行为人实际取得了多少财产,就有义务返还多少财产;如果行为人没有因该无效、被撤销或者确定不发生效力的民事法律行为取得财产,则不负有返还财产的义务。

比如,在广东某诚矿业有限公司与某向资源有限公司等买卖合同纠纷案中,最高人民法院(2021)最高法民终512号民事判决书认为:"合同无效后,广东某诚公司主张某向资源有限公司、某正资源公司和新某联公司承担相应款项的返还责任属于行使不当得利请求权。根据已查明的事实,签订上述《氧化铝购销合同》和取得信用证的行为均系在'某正系公司'控制下完成,开设信用证的1800万元保证金也来自青岛某诚公司,某向资源有限公司在整个交易过程中系资金通道的地位。根据整个交易流程安排,某向资源有限公司取得信用证贴现款,应当支付给青岛某诚公司。现有证据证明,某向资源有限公司取得信用证后,分别于2013年12月2日向青岛某诚公司分两笔共汇款 8692.8 万元，于 2013 年 12 月 5 日向青岛某诚公司汇款 28.6 万元，共计汇款 8721.4 万元。即，某向资源有限公司已将信用证贴现款绝大部分支付给了青岛某诚公司，其并未占有使用该款项。另，广东某诚公司开立信用证的保证金 1800 万元来源于青岛某诚公司，信用证敞口 7200 万元由其股东广东某润公司作为担保人代为清偿，广东某诚公司并无实际损失。据此，一审法院认定广东某诚公司诉请某向资源有限公司返还全部货款及利息没有事实和法律依据，并无不当。"

针对合同不成立、无效或者被撤销后返还财产的范围，《九民会议纪要》第 32 条第 2 款作出了原则性规定，即："在确定合同不成立、无效或者被撤销后财产返还……范围时，要根据诚实信用原则的要求，在当事人之间合理分配，不能使不诚信的当事人因合同不成立、无效或者被撤销而获益。合同不成立、无效或者被撤销情况下，当事人所承担的缔约过失责任不应超过合同履行利益"；在此基础上，针对财产发生增值或贬值时的返还范围，《九民会议纪要》第 33 条规定："合同不成立、无效或者被撤销后，在确定财产返还时，要充分考虑财产增值或者贬值的因素。……应予返还的股权、房屋等财产相对于合同约定价款出现增值或者贬值的，人民法院要综合考虑市场因素、受让人的经营或者添附等行为与财产增值或者贬值之间的关联性，在当事人之间合理分配或者分担，避免一方因合同不成立、无效或者被撤销而获益"。此外，针对返还的方式，《民法典合同编通则解释》第 24 条第 1 款进一步规定："合同不成立、无效、被撤销或者确定不发生效力，当事人请求返还财产，经审查财产能够返还的，人民法院应当根据案件具体情况，单独或者合并适用返还占有的标的物、更正登记簿册记载等方式……"在确认民事法律行为无效、被撤销或者确定不发生效力后应当返还的财产的范围时，在《民法典合同编通则解释》不涉及的范围内，可以继续参照适用《九民会议纪要》上述规定的精神。

问题是，负有价款返还义务的一方当事人在返还价款时是否需要支付相应的利息？即，价款返还的范围是否包括利息？实务中，通常认为价款返还的范围包括利息。对此，《民法典合同编通则解释》第 25 条第 1 款规定："合同不成立、无效、被撤销或者确定不发生效力，有权请求返还价款或者报酬的当事人一方请求对方支付资金占用费的，人民法院应当在当事人请求的范围内按照中国人民银行授权全国银行间同业拆借中心公布的一年期贷款市场报价利率（LPR）计算。但是，占用资金的当事人对于合同不成立、无效、被撤销或者确定不发生效力没有过错的，应当以中国人民银行公布的同期同类存款基准利率计算"。[①]

比如，在李某晋、洪某馨与某忠控股有限公司及陈某策股权转让纠纷案中，在认定案涉《泉州某某中学收购协议书》《补充协议书》因违反了国家法律法规的强制性规定、应确认为无效的基础上，针对某忠公司诉请李某晋、洪某馨返还股权转让款 2000 万元及其利息应否支持的问题，最高人民法院（2021）最高法民终 332 号民事判决书认为："……关于利息。案涉股权转让协议涉及行业准入，且金额巨大，双方均应尽到审慎义务，对于法律规定、国家政策予以充分了解。对案涉合同无效，双方均有过错，应依法

① 此前，《九民会议纪要》第 34 条针对双务合同不成立、无效或者被撤销时"应否支付利息"的问题也使用了"使用费……可与占有价款一方应当支付的资金占用费相互抵销"的表述。

承担相应的责任。一审判决对某忠公司关于按中国人民银行同期同类贷款利率计算资金占用期间利息损失的主张未予支持,判令李某晋、洪某馨向某忠公司支付按中国人民银行同期同类存款利率计算的利息,并无不当。资金占用期间的利息属于法定孳息,一审判决从某忠公司支付案涉股权转让款之日起计算利息,亦无不当。李某晋、洪某馨上诉主张即使支付利息也应从某忠公司起诉之日开始计算,缺乏事实和法律依据。因此,李某晋、洪某馨的此项上诉理由也不能成立,本院不予支持"。

至于负有价款返还义务的一方当事人最终是否实际需要支付利息,则取决于负有标的物返还义务的对方当事人是否返还了标的物。对此,《九民会议纪要》第 34 条规定:"双务合同不成立、无效或者被撤销时,标的物返还与价款返还互为对待给付,双方应当同时返还。关于应否支付利息问题,只要一方对标的物有使用情形的,一般应当支付使用费,该费用可与占有价款一方应当支付的资金占用费相互抵销,故在一方返还原物前,另一方仅须支付本金,而无须支付利息";《民法典合同编通则解释》第 25 条第 2 款也规定:"双方互负返还义务,当事人主张同时履行的,人民法院应予支持;占有标的物的一方对标的物存在使用或者依法可以使用的情形,对方请求将其应支付的资金占用费与应收取的标的物使用费相互抵销的,人民法院应予支持,但是法律另有规定的除外"。

4. 返还时间

在各方当事人均因该无效、被撤销或者确定不发生效力的民事法律行为从对方当事人取得了财产的情形,各方当事人应当同时返还其所取得的财产。这跟《民法典》第 525 条针对同时履行抗辩权所说的"当事人互负债务,没有先后履行顺序的,应当同时履行。一方在对方履行之前有权拒绝其履行请求。一方在对方履行债务不符合约定时,有权拒绝其相应的履行请求"是类似的。

比如,针对合同不成立、无效或者被撤销时的财产返还,《九民会议纪要》第 34 条规定:"双务合同不成立、无效或者被撤销时,标的物返还与价款返还互为对待给付,双方应当同时返还",第 36 条第 1 款更是规定:"在双务合同中,原告起诉请求确认合同有效并请求继续履行合同,被告主张合同无效的,或者原告起诉请求确认合同无效并返还财产,而被告主张合同有效的,都要防止机械适用'不告不理'原则,仅就当事人的诉讼请求进行审理,而应向原告释明变更或者增加诉讼请求,或者向被告释明提出同时履行抗辩,尽可能一次性解决纠纷。例如,基于合同有给付行为的原告请求确认合同无效,但并未提出返还原物或者折价补偿、赔偿损失等请求的,人民法院应当向其释明,告知其一并提出相应诉讼请求;原告请求确认合同无效并要求被告返还原物或者赔偿损失,被告基于合同也有给付行为的,人民法院同样应当向被告释明,告知其也可以提出返还请求;人民法院经审理认定合同无效的,除了要在判决书'本院认为'部分对同时返还作出认定外,还应当在判项中作出明确表述,避免因判令单方返还而出现不公平的结果。"①《民法典合同编通则解释》第 25 条第 2 款也规定:"双方互负返还义

① 当然,针对返还财产或者赔偿损失的范围确实难以确定或争议较大的特殊情况,《九民会议纪要》第 36 条第 2 款也规定:"如果返还财产或者赔偿损失的范围确实难以确定或者双方争议较大的,也可以告知当事人通过另行起诉等方式解决,并在裁判文书中予以明确"。

务,当事人主张同时履行的,人民法院应予支持……"

（二）例外:折价补偿

1. 折价补偿的适用条件

如前所说,在且仅在财产"无法返还"或"没有必要返还"这两种例外情况下,因无效、被撤销或者确定不发生效力的民事法律行为取得了财产的当事人,才不负有返还财产的义务,转为负有进行折价补偿的义务;与此相对应,该财产的原权利人也只享有请求折价补偿的权利,不再享有请求返还原物的权利。对此,《九民会议纪要》第 33 条规定:"在标的物已经灭失、转售他人或者其他无法返还的情况下,当事人主张返还原物的,人民法院不予支持,但其主张折价补偿的,人民法院依法予以支持";《民法典合同编通则解释》第 24 条第 1 款规定:"合同不成立、无效、被撤销或者确定不发生效力,当事人请求返还财产,……经审查财产不能返还或者没有必要返还的,人民法院应当……判决折价补偿"。

其中,《民法典》第 157 条所说的"不能返还",主要是站在因无效、被撤销或者确定不发生效力的民事法律行为取得了财产的当事人的立场,而非原权利人的立场进行考察的,既包括法律上无法返还(比如相关财产已经转让给他人或者因受限于他人的优先购买权而无法返还),也包括事实上无法返还(比如相关财产已经灭失)。对此,《九民会议纪要》第 33 条使用了"标的物已经灭失、转售他人或者其他无法返还的情况"。也就是说,《民法典》第 157 条所说的"不能……返还的,应当折价补偿",主要是从便利因无效、被撤销或者确定不发生效力的民事法律行为取得了财产的当事人的角度作出的规定,使得该当事人可以在无法返还原标的物的情况下,以折价补偿作为替代。

与此相对应,《民法典》第 157 条所说的"没有必要返还",则主要是站在原权利人的立场,而非因无效、被撤销或者确定不发生效力的民事法律行为取得财产的当事人的立场进行考察的,指向的是返还原标的物对于原权利人来说已经没有必要的情形,比如作为出卖人的原权利人,在将原标的物出卖给买受人之后,已经移居境外。也就是说,《民法典》第 157 条所说的"没有必要返还的,应当折价补偿",主要是从便利原权利人的角度作出的规定,赋予了原权利人一项选择权,使得原权利人即使在因无效、被撤销或者确定不发生效力的民事法律行为取得财产的当事人能够返还原标的物的情况下,也可以要求其进行折价补偿、而非返还原标的物。

2. 折价补偿的价格确定办法

《民法典》第 157 条本身没有对折价补偿的价格确定办法作出一般性的规定。

就合同不成立、无效或者被撤销后折价补偿的价格确定办法而言,《九民会议纪要》第 32 条第 2 款作出了原则性的规定,即:"在确定合同不成立、无效或者被撤销后……折价补偿范围时,要根据诚实信用原则的要求,在当事人之间合理分配,不能使不诚信的当事人因合同不成立、无效或者被撤销而获益。合同不成立、无效或者被撤销情况下,当事人所承担的缔约过失责任不应超过合同履行利益";在此基础上,《九民会议纪要》第 33 条进一步规定:"折价时,应当以当事人交易时约定的价款为基础,同时考虑当事人在标的物灭失或者转售时的获益情况综合确定补偿标准。标的物灭失时当事人获得的保险金或者其他赔偿金,转售时取得的对价,均属于当事人因标的物而获得的利益。对获益高于或者低于价款的部分,也应当在当事人之间合理分配或者分担”。

不过,针对合同不成立、无效、被撤销或者确定不发生效力后的折价补偿的价格确定办法,《民法典合同编通则解释》第 24 条第 1 款作出了不同的规定,即:“合同不成立、无效、被撤销或者确定不发生效力,当事人请求返还财产,……经审查财产不能返还或者没有必要返还的,人民法院应当以认定合同不成立、无效、被撤销或者确定不发生效力之日该财产的市场价值或者以其他合理方式计算的价值为基准判决折价补偿”。

通过比较可以发现,《民法典合同编通则解释》规定的折价基准为“认定合同不成立、无效、被撤销或者确定不发生效力之日该财产的市场价值或者以其他合理方式计算的价值”,而《九民会议纪要》规定的折价基准为“当事人交易时约定的价款”。由于《民法典合同编通则解释》是司法解释、具有法律效力①且属于新的规定,因此,应当适用《民法典合同编通则解释》的规定,以“认定合同不成立、无效、被撤销或者确定不发生效力之日该财产的市场价值或者以其他合理方式计算的价值”为基准确定折价的价格,而不再适用《九民会议纪要》的上述规定。这跟《民法典》第 410 条、第 436 条和第 453 条②规定担保物权实现时的担保财产的协议折价应当参照市场价格是类似的,跟《民法典》第 53 条第 1 款所说的“被撤销死亡宣告的人有权请求依照本法第六编取得其财产的民事主体返还财产;无法返还的,应当给予适当补偿”是不一样的。

不过,结合《民法典》第 513 条所说的“执行政府定价或者政府指导价的,在合同约定的交付期限内政府价格调整时,按照交付时的价格计价。逾期交付标的物的,遇价格上涨时,按照原价格执行;价格下降时,按照新价格执行。逾期提取标的物或者逾期付款的,遇价格上涨时,按照新价格执行;价格下降时,按照原价格执行”,在自事后被认定不成立、无效、被撤销或者确定不发生效力的民事法律行为实施之日起,至该民事法律行为被认定不成立、无效、被撤销或者确定不发生效力之日止的期限内,如果财产的市场价格发生变化尤其是大幅波动,无论是直接将《民法典合同编通则解释》第 24 条第 1 款所说的“认定合同不成立、无效、被撤销或者确定不发生效力之日该财产的市场价值”作为折价补偿的基准,还是将《九民会议纪要》第 33 条所说的“当事人交易时约定的价款”作为折价补偿的价格,都可能出现一方因此受益、而另一方因此受损的不公平结果;故应当考虑遵循《九民会议纪要》第 32 条第 2 款所说的“要根据诚实信用原则的要求,在当事人之间合理分配”予以处理,或者适用《民法典合同编通则解释》第 24 条第 1 款所说的“以其他合理方式计算的价值为基准判决折价补偿”,使得处理结果

① 《最高人民法院关于司法解释工作的规定》(2021 年修正)第 5 条规定:“最高人民法院发布的司法解释,具有法律效力”。

② 《民法典》第 410 条规定:“债务人不履行到期债务或者发生当事人约定的实现抵押权的情形,抵押权人可以与抵押人协议以抵押财产折价……抵押财产折价或者变卖的,应当参照市场价格”,第 436 条规定:“……债务人不履行到期债务或者发生当事人约定的实现质权的情形,质权人可以与出质人协议以质押财产折价,……质押财产折价或者变卖的,应当参照市场价格”,第 453 条规定:“……债务人逾期未履行的,留置权人可以与债务人协议以留置财产折价,……留置财产折价或者变卖的,应当参照市场价格”。

符合“利益归于无过错方、不利益归于有过错方、责任与过错相当”的要求。

需要注意的是，在法律（包括《民法典》自身）针对特定的民事法律行为（如合同）不成立、无效、被撤销或者确定不发生效力后的折价补偿的价格确定办法作出了具体规定的情况下，应当直接适用法律的具体规定，而不适用《民法典合同编通则解释》或《九民会议纪要》等司法文件的规定。比如，建设工程施工合同无效后工程价款的折价补偿，应当直接适用《民法典》第 793 条第 1 款关于“建设工程施工合同无效，但是建设工程经验收合格的，可以参照合同关于工程价款的约定折价补偿承包人”和第 2 款关于“建设工程施工合同无效，且建设工程经验收不合格的，按照以下情形处理：（一）修复后的建设工程经验收合格的，发包人可以请求承包人承担修复费用；（二）修复后的建设工程经验收不合格的，承包人无权请求参照合同关于工程价款的约定折价补偿”的规定。

此外，考虑到《民法典合同编通则解释》属于一般规定，在其他司法解释针对特定的合同不成立、无效、被撤销或者确定不发生效力后的折价补偿的价格确定办法作出了特别规定的情况下，根据“特别规定优于一般规定”的法律适用规则，也应当适用其他司法解释的特别规定，而不适用《民法典合同编通则解释》的一般规定。比如，当事人就同一建设工程订立的数份建设工程施工合同均无效后工程价款的折价补偿，应当直接适用《最高人民法院关于审理建设工程施工合同纠纷案件适用法律问题的解释（一）》（法释〔2020〕25 号）第 24 条关于“当事人就同一建设工程订立的数份建设工程施工合同均无效，但建设工程质量合格，一方当事人请求参照实际履行的合同关于工程价款的约定折价补偿承包人的，人民法院应予支持。实际履行的合同难以确定，当事人请求参照最后签订的合同关于工程价款的约定折价补偿承包人的，人民法院应予支持”的规定。

三、赔偿损失

根据《民法典》第 157 条，在对方当事人因无效、被撤销或者确定不发生效力的民事法律行为受到损失的情况下，对该民事法律行为被确认无效、被撤销或确定不发生效力有过错的当事人负有损害赔偿责任；与此相对应，对方当事人享有损害赔偿请求权。

（一）适用条件

在民事法律行为无效、被撤销或者确定不发生效力的情况下，由于《民法典》第 157 条既规定了“行为人因该行为取得的财产，应当予以返还；不能返还或者没有必要返还的，应当折价补偿”，又规定了“有过错的一方应当赔偿对方由此所受到的损失”，因此，《民法典》第 157 条所说的“对方由此所受到的损失”与行为人需要予以返还或折价补偿的“因该行为取得的财产”属于不同的概念。也就是说，有过错的一方承担损害赔偿责任的前提条件是对方当事人在获得财产返还或折价补偿之后仍然存在损失。这跟《民法典》第 583 条所说的“当事人一方不履行合同义务或者履行合同义务不符合约定的，在履行义务或者采取补救措施后，对方还有其他损失的，应当赔偿损失”是类似的。

比如，针对合同不成立、无效或者被撤销时的损失赔偿，《九民会议纪要》第 35 条规定:“合同不成立、无效或者被撤销时,仅返还财产或者折价补偿不足以弥补损失,一方还可以向有过错的另一方请求损害赔偿”;针对合同不成立、无效、被撤销或者确定不发生效力后的损失赔偿,《民法典合同编通则解释》第 24 条第 2 款也规定:“除前款规定的情形外,当事人还请求赔偿损失的,人民法院应当结合财产返还或者折价补偿的情况,综合考虑财产增值收益和贬值损失、交易成本的支出等事实,按照双方当事人的过错程度及原因力大小,根据诚信原则和公平原则,合理确定损失赔偿额”。

(二)赔偿主体

就赔偿主体而言,由于《民法典》第 157 条使用了“民事法律行为无效、被撤销或者确定不发生效力后,……有过错的一方应当赔偿对方由此所受到的损失”的表述,因此,赔偿主体限于对该民事法律行为被确认无效、被撤销或确定不发生效力有过错的当事人,对此没有过错的当事人不承担赔偿责任。《民法典合同编通则解释》第 25 条第 1 款关于“合同不成立、无效、被撤销或者确定不发生效力,有权请求返还价款或者报酬的当事人一方请求对方支付资金占用费的,人民法院应当在当事人请求的范围内按照中国人民银行授权全国银行间同业拆借中心公布的一年期贷款市场报价利率(LPR)计算。但是,占用资金的当事人对于合同不成立、无效、被撤销或者确定不发生效力没有过错的,应当以中国人民银行公布的同期同类存款基准利率计算”的规定,区分占用资金的当事人对于合同不成立、无效、被撤销或者确定不发生效力是否存在过错而适用不同的资金占用费利率,也体现了这一点。

在各方对该民事法律行为被确认无效、被撤销或确定不发生效力都有过错的情况下,由于《民法典》第 157 条使用了“各方都有过错的,应当各自承担相应的责任”的表述,因此,每一个有过错方都对对方当事人由此所受到的损失负有相应的赔偿责任。

需要注意的是,《民法典》第 157 条所说的“各方都有过错的,应当各自承担相应的责任”,并非“各自互不承担责任”,而是都应当承担与其过错相适应的责任,所谓“责任与过错相适应”①。具体而言,应当首先分别针对每一个受损害方的损失,分别确定各方(包括受损害方自身)的责任大小、进而确认各方应对该受损害方承担的损失赔偿额

① 《国务院办公厅关于进一步规范财务审计秩序促进注册会计师行业健康发展的意见》(国办发〔2021〕30 号)使用了“过罚相当原则”的表述(“按照过罚相当原则依法处理涉会计师事务所责任案件,研究完善会计师事务所和注册会计师法律责任相关司法解释,进一步明确特殊普通合伙会计师事务所的民事责任承担方式”);《国务院办公厅关于上市公司独立董事制度改革的意见》(国办发〔2023〕9 号)使用了“过罚相当”的表述(“按照责权利匹配的原则,兼顾独立董事的董事地位和外部身份特点,明确独立董事与非独立董事承担共同而有区别的法律责任,在董事对公司董事会决议、信息披露负有法定责任的基础上,推动针对性设置独立董事的行政责任、民事责任认定标准,体现过罚相当、精准追责。结合独立董事的主观过错、在决策过程中所起的作用、了解信息的途径、为核验信息采取的措施等情况综合判断,合理认定独立董事承担民事赔偿责任的形式、比例和金额,实现法律效果和社会效果的有机统一”);最高人民法院《对十三届全国人大五次会议第 2336 号建议的答复》(2022 年 9 月 14 日)使用了“过罚相当的基本原则”“‘过错与责任相适应’原则”和“过责相当”的表述[“一直以来,最高人民法院在证券虚假陈述纠纷中秉持过罚相当的基本原则,持续构建和完善包括会计师事务所在内的中介机构民事赔偿责任体系。在制度供给层面,2007 年出台的《最高人民法院关于审理涉及会计师事务所在审计业务活动中民事侵权赔偿案件的若干规定》(以下简称《审计侵权司法解释》)和 2020 年出台的《全国法院审理债券纠纷案件座谈会纪要》(以下简称《债券座谈会纪要》)等司法解释和司法政策文件明确提出了‘根据过失大小确定赔偿责任’‘将责任承担与过错程度相结合’,清晰地表达了侵权责任法中‘过错与责任相适应’原则。在案件审理层面,上海高院在‘中安科’案中,……广州中院在康美药业案中,……上述司法实践体现了精细化认定主体责任、‘过责相当’的审理思路”]。

(包括该受损害方自身应当承担的损失赔偿额);再分别对各方所受到的损失与其各自应对其他方承担的损失赔偿额进行汇总和抵扣处理之后,确认各方最终实际应对其他方承担的损害赔偿额。

其中,在确定每一个有过错方的赔偿责任时,可以参考《民法典》第 177 条①、第 178 条第 2 款②和《民法典担保制度解释》第 17 条第 1 款③的规定。

(三)赔偿范围

《民法典》第 157 条所说的"赔偿对方由此所受到的损失",意味着,有过错方的损害赔偿范围为对方当事人因该民事法律行为被确认无效、被撤销或确定不发生效力所实际受到的全部损失。

针对合同不成立、无效或者被撤销时如何确定损害赔偿范围,《九民会议纪要》第 35 条提出了原则性的指导意见,即:"在确定损害赔偿范围时,既要根据当事人的过错程度合理确定责任,又要考虑在确定财产返还范围时已经考虑过的财产增值或者贬值因素,避免双重获利或者双重受损的现象发生"。针对合同不成立、无效、被撤销或者确定不发生效力后如何确定损害赔偿范围,《民法典合同编通则解释》第 24 条第 2 款也规定:"除前款规定的情形外,当事人还请求赔偿损失的,人民法院应当结合财产返还或者折价补偿的情况,综合考虑财产增值收益和贬值损失、交易成本的支出等事实,按照双方当事人的过错程度及原因力大小,根据诚信原则和公平原则,合理确定损失赔偿额"。

由于《民法典合同编通则解释》是司法解释、具有法律效力④且属于新的规定,因此,在《民法典合同编通则解释》已经作出规定的范围内,应当适用《民法典合同编通则解释》的规定,而不适用《九民会议纪要》的规定;在《民法典合同编通则解释》不涉及的范围内,则可以继续适用《九民会议纪要》的精神(比如"避免双重获利或者双重受损的现象发生")。

---

① 《民法典》第 177 条规定:"二人以上依法承担按份责任,能够确定责任大小的,各自承担相应的责任;难以确定责任大小的,平均承担责任"。

② 《民法典》第 178 条第 2 款规定:"连带责任人的责任份额根据各自责任大小确定;难以确定责任大小的,平均承担责任"。

③ 《民法典担保制度解释》第 17 条第 1 款规定:"主合同有效而第三人提供的担保合同无效,人民法院应当区分不同情形确定担保人的赔偿责任:(一)债权人与担保人均有过错的,担保人承担的赔偿责任不应超过债务人不能清偿部分的二分之一;(二)担保人有过错而债权人无过错的,担保人对债务人不能清偿的部分承担赔偿责任;(三)债权人有过错而担保人无过错的,担保人不承担赔偿责任"。

④ 《最高人民法院关于司法解释工作的规定》(2021 年修正)第 5 条规定:"最高人民法院发布的司法解释,具有法律效力"。

(四)受损害方的证明责任

根据《民事诉讼法》第67条第1款①和《民诉法解释》第90条、第91条②的规定,受损害方应当对该民事法律行为无效、被撤销或确定不发生效力,行为人对该民事法律行为被确认无效、被撤销或确定不发生效力存在过错,其受到的损失,其损失与该民事法律行为被确认无效、被撤销或确定不发生效力之间存在因果关系承担举证证明责任;否则,其主张可能得不到支持。

比如,在洛阳某迈置业有限公司与某建某局第二建筑工程有限公司建设工程施工合同纠纷案中,最高人民法院(2022)最高法民终49号民事判决书认为:"首先,根据《中华人民共和国民法典》第一百五十七条规定,'民事法律行为无效、被撤销或者确定不发生效力后,行为人因该行为取得的财产,应当予以返还;不能返还或者没有必要返还的,应当折价补偿。有过错的一方应当赔偿对方由此所受到的损失;各方都有过错的,应当各自承担相应的责任'。本案中,由于《建设工程施工合同》无效,洛阳某迈公司请求某建某局按照合同约定支付工程逾期违约金、未达到优质工程标准违约金和未达到安全文明工地标准罚金的诉讼请求不能成立,但有权主张赔偿损失。其次,根据《建设工程司法解释二》第三条规定,'建设工程施工合同无效,一方当事人请求对方赔偿损失的,应当就对方过错、损失大小、过错与损失之间的因果关系承担举证责任。损失大小无法确定,一方当事人请求参照合同约定的质量标准、建设工期、工程价款支付时间等内容确定损失大小的,人民法院可以结合双方过错程度、过错与损失之间的因果关系等因素作出裁判',洛阳某迈公司主张由某建某局支付工期逾期违约金、未达到优质工程标准违约金和未达到安全文明工地标准罚金,需要证明某建某局的过错、洛阳某迈公司的损失以及两者之间的因果关系。案涉工程工期逾期由多方面原因造成,难以认定仅由某建某局造成,一审法院未予支持洛阳某迈公司主张由某建某局承担工期违约金及罚款的诉讼请求,具有事实和法律依据。再次,洛阳某迈公司未能证明某建某局对工程未达到优质工程标准和未达到安全文明工地标准存在过错,故一审判决未予支持洛阳某迈公司请求某建某局支付未达到优质工程标准违约金和未达到安全文明工地标准罚金,并无不当。最后,因双方原因造成案涉工程已无法被评定为优质结构工程,故优质结构工程申请主体对判定双方过错已无参考价值。综上,洛阳某迈公司相关上诉理由不能成立,本院不予支持。"

又如,在刘某玉与某冶纸业集团有限公司合同纠纷案中,最高人民法院(2021)最高法民终1201号民事判决书认为:"因案涉《承包协议》无效,对于无效合同的处理应依据《合同法》第五十八条的规定进行。《合同法》第五十八条规定:'合同无效或者被

---

① 《民事诉讼法》第67条第1款规定:"当事人对自己提出的主张,有责任提供证据。"

② 《民诉法解释》第90条规定:"当事人对自己提出的诉讼请求所依据的事实或者反驳对方诉讼请求所依据的事实,应当提供证据加以证明,但法律另有规定的除外。在作出判决前,当事人未能提供证据或者证据不足以证明其事实主张的,由负有举证证明责任的当事人承担不利的后果",第91条规定:"人民法院应当依照下列原则确定举证证明责任的承担,但法律另有规定的除外:(一)主张法律关系存在的当事人,应当对产生该法律关系的基本事实承担举证证明责任;(二)主张法律关系变更、消灭或者权利受到妨害的当事人,应当对该法律关系变更、消灭或者权利受到妨害的基本事实承担举证证明责任。"

撤销后,因该合同取得的财产,应当予以返还;不能返还或者没有必要返还的,应当折价补偿。有过错的一方应当赔偿对方因此所受到的损失,双方都有过错的,应当各自承担相应的责任。'本案中,刘某玉与某冶集团签署《承包协议》时明知某冶集团尚未获得采矿许可证,双方对于合同无效均有过错,合同当事人应承担财产返还、折价补偿及过错损失赔偿责任。《承包协议》签订后,刘某玉向某冶集团支付了 750 万元承包费,某冶集团收取的 750 万元承包费应返还给刘某玉,刘某玉将案涉煤矿返还给某冶集团。现《承包协议》无效,该合同项下的违约条款亦无效,故对于刘某玉依据《承包协议》约定,要求某冶集团双倍返还承包费的主张,本院不予支持。关于刘某玉要求某冶集团赔偿其损失的主张,因本案双方当事人对于《承包协议》无效均有过错,故对于刘某玉因合同无效所遭受的损失应由双方按照过错程度承担相应责任。首先,关于刘某玉主张的露天探槽采剥施工工程损失 187195014 元。本案一审中,某冶集团委托甘肃省地质调查院出具了《宁夏中卫市某某园煤矿区中东部勘探区卫星遥感解译和测绘成果报告》,该报告对案涉矿区挖填土石方进行了测算。本院认为,根据《宁夏中卫市某某园煤矿区中东部勘探区卫星遥感解译和测绘成果报告》,结合本案实际情况,可以认定刘某玉在案涉矿区存在施工投入。因双方当事人对于合同无效均存在过错,故刘某玉施工投入损失应由双方分担。刘某玉主张该项损失的依据为宁夏矿调院出具的《测绘报告》和某建公司出具的《鉴定意见书》。但《测绘报告》中地貌变化测算时间段与刘某玉作业时间不符,故该《测绘报告》测算结论与刘某玉实际作业量缺乏关联性,不能作为证明刘某玉实际作业量的证据使用。《鉴定意见书》系在《测绘报告》的基础上出具,在刘某玉未提供其他佐证文件证明其实际投入的情况下,该证据亦不能直接作为证明刘某玉实际投入损失的依据,但可以作为计算刘某玉实际损失的参考。本院参考某冶集团提交的《宁夏中卫市某某园煤矿区中东部勘探区卫星遥感解译和测绘成果报告》中关于案涉矿区挖填土石方总量及《鉴定意见书》中关于相应挖填土石方总量对应的损失金额,酌定某冶集团应向刘某玉支付施工工程损失 2000 万元。其次,关于刘某玉主张的停工损失 85842000 元。刘某玉提出该项主张的依据为宁某建(鉴)字【2019】09 号《补充鉴定意见书》,因《补充鉴定意见书》为刘某玉自行单方委托某建公司出具,某冶集团不予认可,刘某玉未提交其他证据予以佐证,本院对刘某玉主张的该项损失不予支持。最后,关于刘某玉主张的利息损失 155399896. 36 元及经营损失 5000 万元。关于利息损失 155399896. 36 元,因刘某玉未举证证明利息损失来源,故本院对其主张的该项损失不予支持。刘某玉主张的经营损失 5000 万元亦缺乏事实及法律依据,本院亦不予支持。"

四、法律的特别规定优先适用

(一)关于"法律另有规定的,依照其规定"的理解

针对民事法律行为无效、被撤销或者确定不发生效力后的处理办法,由于《民法典》第 157 条规定了"法律另有规定的,依照其规定",因此,只要法律作出了不同于《民法典》第 157 条所说的"行为人因该行为取得的财产,应当予以返还;不能返还或者没有必要返还的,应当折价补偿。有过错的一方应当赔偿对方由此所受到的损失;各方

都有过错的,应当各自承担相应的责任"的规定,就应当适用法律的这些不同规定,而不适用《民法典》第157条前两句的相应规定。

其中,《民法典》第157条所说的"法律",既包括《民法典》自身,也包括其他法律;《民法典》第157条所说的"法律另有规定",不仅包括与"有过错的一方应当赔偿对方由此所受到的损失;各方都有过错的,应当各自承担相应的责任"不同的规定,也包括与"行为人因该行为取得的财产,应当予以返还;不能返还或者没有必要返还的,应当折价补偿"不同的规定。

就民事法律行为无效、被撤销或者确定不发生效力后的处理办法而言,《民法典》第157条所说的"法律另有规定的,依照其规定",具有三个层面的效果:

一是该规定对《民法典》施行之前的原有法律(被《民法典》废止的法律除外)针对民事法律行为无效、被撤销或者确定不发生效力后的处理办法已经作出的既有的规定(即旧的特别规定)作出了明确的承认,以确保法律秩序的稳定和延续。

二是该规定明确允许并认可立法机关在《民法典》施行之后,在必要时通过对现有法律进行修改或制定新的法律的方式,针对民事法律行为无效、被撤销或者确定不发生效力后的处理办法作出新的规定(即新的特别规定),以适应社会和经济的发展要求,也为将来制定新的专门的民事特别法律预留了空间。

三是民事法律行为无效、被撤销或者确定不发生效力后的处理办法,应当由法律进行规定,而不应由行政法规、更不应由规章、规范性文件等进行规定。这跟《民法典》第70条第2款针对法人的清算义务人所说的"法律、行政法规另有规定的,依照其规定"是不一样的。

(二)"法律另有规定"的主要情形

现阶段,《民法典》第157条针对民事法律行为无效、被撤销或者确定不发生效力后的处理办法所说的"法律另有规定",包括(但不限于):

一是《民法典》第760条所说的"融资租赁合同无效,当事人就该情形下租赁物的归属有约定的,按照其约定;没有约定或者约定不明确的,租赁物应当返还出租人。但是,因承租人原因致使合同无效,出租人不请求返还或者返还后会显著降低租赁物效用的,租赁物的所有权归承租人,由承租人给予出租人合理补偿"。该规定允许融资租赁合同的当事人在该合同中针对合同被认定为无效时租赁物的归属自主作出约定,属于《民法典》第157条所说的"行为人因该行为取得的财产,应当予以返还;不能返还或者没有必要返还的,应当折价补偿"的特别规定。

二是《民法典》第1054条第1款所说的"无效的或者被撤销的婚姻自始没有法律约束力,……同居期间所得的财产,由当事人协议处理;协议不成的,由人民法院根据照顾无过错方的原则判决"。该规定允许当事人在婚姻被确认无效或被撤销后对同居期间所得的财产的处理自主作出约定,也属于《民法典》第157条所说的"行为人因该行为取得的财产,应当予以返还;不能返还或者没有必要返还的,应当折价补偿"的特别规定。

三是《企业破产法》有关债务人债务清偿的规定。比如,《企业破产法》第44条、第

94 条、第 106 条、第 113 条[①]等。这些规定要求债权人在债务人进入破产程序后按照《企业破产法》规定的程序行使权利，并从债务清偿顺序或清偿数额方面对债权人的债权作出了限制性规定。这些规定属于《民法典》第 157 条所说的"行为人因该行为取得的财产，应当予以返还；不能返还或者没有必要返还的，应当折价补偿"的特别规定。这跟《民法典》第 537 条针对债权人代位权所说的"人民法院认定代位权成立的，由债务人的相对人向债权人履行义务，债权人接受履行后，债权人与债务人、债务人与相对人之间相应的权利义务终止。……债务人破产的，依照相关法律的规定处理"是类似的。

四是司法解释有关对债务人强制执行的规定。比如，《民诉法解释》第 506 条、第 508 条和第 511 条、第 513 条、第 514 条[②]等。这些规定要求债权人在债务人被采取执行措施后按照法律和司法解释有关执行的规定行使权利，并从债务清偿顺序方面对债权人的债权作出了限制性规定。这些规定属于《民法典》第 157 条所说的"行为人因该行为取得的财产，应当予以返还；不能返还或者没有必要返还的，应当折价补偿"的特别规定。这跟《民法典》第 537 条针对债权人代位权所说的"人民法院认定代位权成立的，由债务人的相对人向债权人履行义务，债权人接受履行后，债权人与债务人、债务人与相对人之间相应的权利义务终止。债务人对相对人的债权或者与该债权有关的从权利被采取保全、执行措施……的，依照相关法律的规定处理"是类似的。

五是法律有关违法犯罪所得处理的规定，包括但不限于《刑法》第 64 条所说的"犯罪分子违法所得的一切财物，应当予以追缴或者责令退赔；对被害人的合法财产，应当及时返还；违禁品和供犯罪所用的本人财物，应当予以没收。没收的财物和罚金，一律上缴国库，不得挪用和自行处理"。

---

① 《企业破产法》第 44 条规定："人民法院受理破产申请时对债务人享有债权的债权人，依照本法规定的程序行使权利"，第 94 条规定："按照重整计划减免的债务，自重整计划执行完毕时起，债务人不再承担清偿责任"，第 106 条规定："按照和解协议减免的债务，自和解协议执行完毕时起，债务人不再承担清偿责任"，第 113 条规定："破产财产在优先清偿破产费用和共益债务后，依照下列顺序清偿：（一）破产人所欠职工的工资和医疗、伤残补助、抚恤费用，所欠的应当划入职工个人账户的基本养老保险、基本医疗保险费用，以及法律、行政法规规定应当支付给职工的补偿金；（二）破产人欠缴的除前项规定以外的社会保险费用和破产人所欠税款；（三）普通破产债权。破产财产不足以清偿同一顺序的清偿要求的，按照比例分配。……"

② 针对被执行人为自然人或非法人组织的情形，《民诉法解释》第 506 条规定："被执行人为公民或者其他组织，在执行程序开始后，被执行人的其他已经取得执行依据的债权人发现被执行人的财产不能清偿所有债权的，可以向人民法院申请参与分配。对人民法院查封、扣押、冻结的财产有优先权、担保物权的债权人，可以直接申请参与分配，主张优先受偿权"，第 508 条规定："参与分配执行中，执行所得价款扣除执行费用，并清偿应当优先受偿的债权后，对于普通债权，原则上按照其占全部申请参与分配债权数额的比例受偿。清偿后的剩余债务，被执行人应当继续清偿。债权人发现被执行人有其他财产的，可以随时请求人民法院执行"；针对被执行人为企业法人的情形，《民诉法解释》第 511 条规定："在执行中，作为被执行人的企业法人符合企业破产法第二条第一款规定情形的，执行法院经申请执行人之一或者被执行人同意，应当裁定中止对该被执行人的执行，将执行案件相关材料移送被执行人住所地人民法院"，第 513 条规定："被执行人住所地人民法院裁定受理破产案件的，执行法院应当解除对被执行人财产的保全措施。被执行人住所地人民法院裁定宣告被执行人破产的，执行法院应当裁定终结对该被执行人的执行。被执行人住所地人民法院不受理破产案件的，执行法院应当恢复执行"，第 514 条规定："当事人不同意移送破产或者被执行人住所地人民法院不受理破产案件的，执行法院就执行变价所得财产，在扣除执行费用及清偿优先受偿的债权后，对于普通债权，按照财产保全和执行中查封、扣押、冻结财产的先后顺序清偿"。

比如,在深圳某数据科技有限公司与宁波某汽车销售服务有限公司技术服务合同纠纷案中,最高人民法院(2021)最高法知民终2005号民事判决书认为,民法总则第一百五十七条规定……据此,民事法律行为的效力被否定后,需根据其行为性质、无效原因来确定下一步处理方式,并非在任何情况下都存在返还财产、折价补偿或者赔偿损失的问题,法律对有关财产的性质和处理另有规定的,应当依照其规定来处理。本案中,宁波某乙汽车公司与深圳某甲数据公司签订涉案合同的行为因违法而被认定为无效,同时宁波某乙汽车公司及深圳某甲数据公司收集、获取、使用个人信息的行为构成违法并可能涉嫌犯罪,本院将依法将相关违法线索移送公安机关处理。深圳某甲数据公司已收取宁波某乙汽车公司支付的技术服务费54万元涉嫌构成违法所得,宜由公安机关一并处理。故,宁波某乙汽车公司本诉请求深圳某甲数据公司返还已付合同款54万元及相应利息、深圳某甲数据公司反诉请求宁波某乙汽车公司支付剩余合同款32万元及相应利息,本院均不予支持。

需要注意的是,《民法典》第311条关于善意取得的规定[①]不属于《民法典》第157条所说的"法律另有规定"。财产被他人善意取得将导致行为人不能履行财产返还义务,属于《民法典》第157条所说的"不能返还",应当适用《民法典》第157条所说的"不能返还……的,应当折价补偿",不存在适用《民法典》第157条所说的"法律另有规定的,依照其规定"的余地。

还需注意的是,《民法典》第793条关于建设工程施工合同无效后工程价款的折价补偿的规定[②],属于《民法典》合同编在《民法典》总则编未对民事法律行为无效后的折价补偿的价格确定办法作出规定的情况下直接作出的具体规定,不属于《民法典》第157条所说的"法律另有规定"。

五、《民法典》第157条参照适用于民事法律行为不成立的处理

针对民事法律行为不成立的处理办法,《民法典》本身没有直接作出规定。不过,《民法典总则编解释》第23条对此作出了明确的规定,即:"民事法律行为不成立,当事人请求返还财产、折价补偿或者赔偿损失的,参照适用民法典第一百五十七条的规定"。此外,针对合同不成立的处理办法,《九民会议纪要》第32条第1款也规定:"《合同法》第58条就合同无效或者被撤销时的财产返还责任和损害赔偿责任作了规定,但未规定合同不成立的法律后果。考虑到合同不成立时也可能发生财产返还和损害赔偿责任问题,故应当参照适用该条的规定";《民法典合同编通则解释》第24条和第25

---

① 《民法典》第311条规定:"无处分权人将不动产或者动产转让给受让人的,所有权人有权追回;除法律另有规定外,符合下列情形的,受让人取得该不动产或者动产的所有权:(一)受让人受让该不动产或者动产时是善意;(二)以合理的价格转让;(三)转让的不动产或者动产依照法律规定应当登记的已经登记,不需要登记的已经交付给受让人。受让人依据前款规定取得不动产或者动产的所有权的,原所有权人有权向无处分权人请求损害赔偿。当事人善意取得其他物权的,参照适用前两款规定。"

② 《民法典》第793条第1款规定:"建设工程施工合同无效,但是建设工程经验收合格的,可以参照合同关于工程价款的约定折价补偿承包人",第2款规定:"建设工程施工合同无效,且建设工程经验收不合格的,按照以下情形处理:(一)修复后的建设工程经验收合格的,发包人可以请求承包人承担修复费用;(二)修复后的建设工程经验收不合格的,承包人无权请求参照合同关于工程价款的约定折价补偿",第3款规定:"发包人对因建设工程不合格造成的损失有过错的,应当承担相应的责任"。

条也将合同不成立与合同无效、被撤销或者确定不发生效力并列列出、同等处理。

据此，《民法典》157 条所说的"行为人因该行为取得的财产，应当予以返还；不能返还或者没有必要返还的，应当折价补偿。有过错的一方应当赔偿对方由此所受到的损失；各方都有过错的，应当各自承担相应的责任。法律另有规定的，依照其规定"，也参照适用于民事法律行为不成立的处理，本书上述分析也同样适用于民事法律行为不成立的处理。

六、民事法律行为无效、被撤销或者确定不发生效力对第三人的影响

问题是，民事法律行为无效、被撤销或者确定不发生效力，对第三人有什么影响？对此，《民法典》第 157 条略有涉及，但没有直接作出规定。

（一）恢复原状对第三人的适用

在行为人与相对人恶意串通实施损害第三人合法权益的民事法律行为的情形，根据《民法典》第 154 条所说的"行为人与相对人恶意串通，损害他人合法权益的民事法律行为无效"，该民事法律行为应当被认定为无效。进而，《民法典》第 157 条所说的"民事法律行为无效……后，行为人因该行为取得的财产，应当予以返还；不能返还或者没有必要返还的，应当折价补偿"，适用于其合法权益因此受到损害的第三人。也就是说，其合法权益因此受到损害的第三人享有请求行为人返还财产的权利；在不能返还或者没有必要返还的情况下，则享有请求行为人折价补偿的权利。

（二）能否对抗善意第三人

在立法过程中，《中华人民共和国民法总则（草案）》曾经针对通谋虚伪行为规定"以虚假的意思表示实施的民事法律行为无效，但是不得对抗善意第三人"，针对可撤销行为规定"因重大误解、欺诈、显失公平致民事法律行为被撤销的，不得对抗善意第三人"。但是，考虑到"民事法律行为无效或者被撤销后对第三人产生的法律后果，情况比较复杂，不宜一概规定不得对抗善意第三人，宜区分情形由民法典的物权编、合同编等分编作具体规定"①，正式通过的《民法总则》没有对此作出规定。《民法典》延续了《民法总则》的这一做法。从而，民事法律行为无效、被撤销或者确定不发生效力，对第三人产生的影响，应当结合案件的具体情况，依照《民法典》相关分编的规定作出判断。

不过，结合《民法典》第 85 条所说的"营利法人的权力机构、执行机构作出决议的会议召集程序、表决方式违反法律、行政法规、法人章程，或者决议内容违反法人章程的，营利法人的出资人可以请求人民法院撤销该决议。但是，营利法人依据该决议与善意相对人形成的民事法律关系不受影响"和第 94 条第 2 款所说的"捐助法人的决策机构、执行机构或者法定代表人作出决定的程序违反法律、行政法规、法人章程，或者决定内容违反法人章程的，捐助人等利害关系人或者主管机关可以请求人民法院撤销

---

① 第十二届全国人民代表大会法律委员会 2017 年 3 月 12 日在第十二届全国人民代表大会第五次会议主席团第二次会议上作的《关于〈中华人民共和国民法总则（草案）〉审议结果的报告》。

该决定。但是,捐助法人依据该决定与善意相对人形成的民事法律关系不受影响”,《公司法》第 28 条第 2 款所说的“股东会、董事会决议被人民法院宣告无效、撤销或者确认不成立的,公司根据该决议与善意相对人形成的民事法律关系不受影响”,以及《民法典担保制度解释》第 7 条第 1 款所说的“公司的法定代表人违反公司法关于公司对外担保决议程序的规定,超越权限代表公司与相对人订立担保合同,人民法院应当依照民法典第六十一条和第五百零四条等规定处理:(一)相对人善意的,担保合同对公司发生效力;相对人请求公司承担担保责任的,人民法院应予支持。(二)相对人非善意的,担保合同对公司不发生效力;相对人请求公司承担赔偿责任的,参照适用本解释第十七条的有关规定”,可以认为,从保护善意第三人利益的角度看,民事法律行为不成立、无效、被撤销或者确定不发生效力原则上不具有对抗善意第三人的效力,应该是妥当的。

第四节 民事法律行为的附条件和附期限

《民法典》总则编第六章第四节“民事法律行为的附条件和附期限”共有 3 个条文(第 158 条至第 160 条),构建了民事法律行为的附条件制度和附期限制度,分别规定了附条件的民事法律行为(第 158 条)、条件成就或不成就的拟制(第 159 条)和附期限的民事法律行为(第 160 条)。

第一百五十八条 【民事法律行为的附条件】民事法律行为可以附条件,但是根据其性质不得附条件的除外。附生效条件的民事法律行为,自条件成就时生效。附解除条件的民事法律行为,自条件成就时失效。

【条文通释】

《民法典》第 158 条是关于民事法律行为的附条件的规定。

一、条件的界定

(一)条件的定义

《民法典》和《民法典总则编解释》都没有规定“民事法律行为可以附条件”中的“条件”的含义。结合“条件”在日常用语中具有“影响事物发生、存在或发展的因素”“为某事而提出的要求或定出的标准”和“状况”[①]的含义,可以认为,“民事法律行为可以附条件”中的“条件”,既可以指影响特定的民事法律行为的成立(发生)、生效(存在)、履行(发展)或失效的因素,也可以指针对特定的民事法律行为提出的要求或定出的标准。

针对“民事法律行为的附条件”中的“条件”的实质,最高人民法院(2014)民申字

---

① 中国社会科学院语言研究所词典编辑室编:《现代汉语词典》(修订本),商务印书馆 1996 年版,第 1251 页。

第175号民事裁定书认为:“条件的实质是当事人对民事法律行为所添加的限制,由于这个限制,使得法律效果的发生、变更、消灭系于将来不确定的事实,法律行为经附条件后就处在一种不确定状态。亦即,条件的本质特征在于成就与否的不确定性。”

(二)所附条件应当满足的要求

通常认为,当事人针对民事法律行为所附的条件,应当是将来发生的、不确定的、约定的、合法的、不与民事法律行为的主要内容相矛盾的事实,而不能是已经发生的事实、确定的事实、法定的事实或不合法的事实。

比如,最高人民法院(2004)民一终字第106号民事判决书(载《最高人民法院公报》2007年第3期)认为:“根据《中华人民共和国合同法》第四十五条规定,当事人对合同的效力可以约定附条件。附条件的合同,自条件成就时生效。所谓附条件的合同,是指当事人在合同中特别约定一定的条件,以条件是否成就作为合同效力发生的根据。合同所附条件,必须是将来发生的、不确定的事实,是当事人约定的而不是法定的,同时还必须是合法的。”又如,最高人民法院(2014)民申字第175号民事裁定书认为:“所谓附条件的合同,是指当事人在合同中特别约定一定的条件,以条件的是否成就来决定合同效力的发生或消灭的合同。条件应当是将来不确定发生的事实,条件必须合法且由当事人协议确定,并且不得与合同的主要内容相矛盾。”

其中,如果当事人将合同义务约定为民事法律行为所附的条件,应当视为未附条件。对此,最高人民法院(2014)民申字第175号民事裁定书认为:“合同义务不能成为条件,理由在于:首先,合同义务具有约束力,当事人应当按照约定履行其义务,而条件是否能够成就是不确定的,当事人不负有使条件成就的义务。其次,合同义务没有完成,当事人要承担违约责任,而条件没有成就,当事人不承担违约责任。再次,合同义务没有完成,原则上不能拟制其已经完成,而拟制成就是条件制度的重要内容。第四,依法成立的合同具有约束力和确定性,所谓附条件法律行为的不确定性是合同确定性的例外。如果将条件的范围扩大到合同义务,那么条件天然的不确定性将毁灭合同的确定性本身。第五,条件的作用是限制合同效力,如果合同义务可以作为条件,那么合同效力将完全取决于当事人的履行意愿。”

此外,如果当事人将法律法规规定的有关机关对特定事项的审批或批准约定为民事法律行为所附的条件,也应当视为未附条件。对此,最高人民法院(2004)民一终字第106号民事判决书(载《最高人民法院公报》2007年第3期)认为:“在我国,政府机关对有关事项或者合同审批或者批准的权限和职责,源于法律和行政法规的规定,而不属于当事人约定的范围。当事人将法律和行政法规规定的政府机关对有关事项或者合同的审批权或者批准权约定为附条件的合同中的条件,不符合合同法有关附条件的合同的规定。当事人将法律和行政法规没有规定的政府机关对有关事项或者合同的审批权或者批准权约定为附条件的合同中的条件,同样不符合合同法有关附条件合同的规定。根据合同法规定精神,当事人在订立合同时,将法定的审批权或者批准权作为合同生效条件的,视为没有附条件。将法律未规定为政府机关职责范围的审批权或者批准权作为包括合同在内的民事法律行为生效条件的,同样视为没有附条件,所附的‘条件’不产生限制合同效力的法律效果。”

需要注意的是，针对如何处理当事人将不可能发生的事实约定为民事法律行为所附的条件的问题，与原《民通意见》（已废止）第75条①明确规定附不可能发生的条件的民事法律行为无效不同，《民法典总则编解释》第24条区分当事人将其约定为生效条件还是解除条件规定了不同的处理办法，即："民事法律行为所附条件不可能发生，当事人约定为生效条件的，人民法院应当认定民事法律行为不发生效力；当事人约定为解除条件的，应当认定未附条件，民事法律行为是否失效，依照民法典和相关法律、行政法规的规定认定"。也就是说，应当按照当事人将不可能发生的事实约定为生效条件还是解除条件作出不同的对待，即：如果当事人将不可能发生的事实约定为生效条件，则应当认定该约定具有附生效条件的效力，并基于"该生效条件不可能发生"的事实认定该民事法律行为不发生效力；如果当事人将不可能发生的事实约定为解除条件，则应当认定该约定不具有附解除条件的效力，如同当事人未对该民事法律行为附解除条件，如果该民事法律行为不存在法定的失效事由和约定的其他失效事由，则不能认定该民事法律行为失效。有鉴于此，不能简单地认为任何不可能发生的事实都不能作为民事法律行为所附的条件。

还需注意的是，合同中通常载明的"本合同自各方签字盖章之日起生效"并非约定附生效条件。对此，最高人民法院（2016）最高法民申226号民事裁定书认为："本案中，双方当事人签订的解除协议第六条明确约定'本协议自双方签字盖章之日起生效'，故该协议自2009年9月11日双方签字盖章之日起即发生法律效力，不存在双方约定合同附生效条件或附生效期限的情形。"②

（三）所附条件的类型

根据所附条件针对的事项，可以将民事法律行为所附的条件区分为不同的类型。

一是针对民事法律行为的效力所附的条件，包括生效条件和解除条件。比如，《民法典》第158条第2句规定："附生效条件的民事法律行为，自条件成就时生效"，第3句规定："附解除条件的民事法律行为，自条件成就时失效"。

二是针对民事法律行为的成立所附的条件，即成立条件或"民事法律行为成立需要具备的条件"③。比如，针对保管合同的成立，《民法典》第890条规定："保管合同自保管物交付时成立，但是当事人另有约定的除外"；针对客运合同的成立，《民法典》第814条规定："客运合同自承运人向旅客出具客票时成立，但是当事人另有约定或者另有交易习惯的除外"。此外，《民法典合同编通则解释》第6条第3款、第22条第2款

---

① 原《民通意见》（已废止）第75条规定："附条件的民事行为，如果所附的条件是违背法律规定或者不可能发生的，应当认定该民事行为无效"。

② 不过，当事人可以将盖章约定为合同的成立条件。《民法典合同编通则解释》第22条第2款所说的"合同系以法人、非法人组织的名义订立，但是仅有法定代表人、负责人或者工作人员签名或者按指印而未加盖法人、非法人组织的印章，相对人能够证明法定代表人、负责人或者工作人员在订立合同时未超越权限的，人民法院应当认定合同对法人、非法人组织发生效力。但是，当事人约定以加盖印章作为合同成立条件的除外"中的"当事人约定以加盖印章作为合同成立条件的除外"，就表明了这点。

③ 《民法典合同编通则解释》第4条第3款使用了"合同成立需要具备的条件"的表述："产权交易所等机构主持拍卖、挂牌交易，其公布的拍卖公告、交易规则等文件公开确定了合同成立需要具备的条件，当事人请求确认合同自该条件具备时成立的，人民法院应予支持"。

和第 67 条第 3 款针对合同的成立更是直接使用了“合同成立条件”的表述[①]。还有，《民法典》第 490 条第 1 款所说的“当事人采用合同书形式订立合同的，自当事人均签名、盖章或者按指印时合同成立”中的“签名、盖章或者按指印”，就可以被当事人约定为合同成立条件。《民法典合同编通则解释》第 22 条第 2 款所说的“合同系以法人、非法人组织的名义订立，但是仅有法定代表人、负责人或者工作人员签名或者按指印而未加盖法人、非法人组织的印章，相对人能够证明法定代表人、负责人或者工作人员在订立合同时未超越权限的，人民法院应当认定合同对法人、非法人组织发生效力。但是，当事人约定以加盖印章作为合同成立条件的除外”，就表明了这一点。

三是针对民事法律行为的履行所附的条件，即履行条件。比如，针对执行和解协议的履行，《最高人民法院关于执行和解若干问题的规定》（2020 年修正）第 11 条第 2 项规定：“申请执行人以被执行人一方不履行执行和解协议为由申请恢复执行，人民法院经审查，理由成立的，裁定恢复执行；有下列情形之一的，裁定不予恢复执行：……（二）执行和解协议约定的……履行条件尚未成就的，但符合民法典第五百七十八条[②]规定情形的除外……”[③]又如，北京市高级人民法院（2021）京民终 908 号民事判决书认为：“《中华人民共和国民法总则》第一百五十八条规定，民事法律行为可以附条件，但是按照其性质不得附条件的除外。参照该规定，当事人可以就合同的义务约定履行的条件，明确约定一方合同义务的履行以合同以外的其他交易主体的履行行为成就作为条件。”

需要注意的是，由于《民法典》第 158 条所说的“民事法律行为可以附条件，但是根据其性质不得附条件的除外”并没有将其中的“附条件”限定为“对民事法律行为的效力附条件”，这跟原《合同法》第 45 条第 1 款针对附条件的合同限定为“当事人对合同的效力可以约定附条件”是不一样的，因此，不能仅仅因为《民法典》第 158 条只规定了“附生效条件的民事法律行为”和“附解除条件的民事法律行为”，就简单地认为只能对民事法律行为的效力附条件，也不能简单地认为“附条件的民事法律行为”只包括“附生效条件的民事法律行为”和“附解除条件的民事法律行为”。

---

① 《民法典合同编通则解释》第 6 条第 3 款规定：“当事人订立的认购书、订购书、预订书等已就合同标的、数量、价款或者报酬等主要内容达成合意，符合本解释第三条第一款规定的合同成立条件，未明确约定在将来一定期限内另行订立合同，或者虽然有约定但是当事人一方已实施履行行为且对方接受的，人民法院应当认定本约合同成立”，第 22 条第 2 款规定：“合同系以法人、非法人组织的名义订立，但是仅有法定代表人、负责人或者工作人员签名或者按指印而未加盖法人、非法人组织的印章，相对人能够证明法定代表人、负责人或者工作人员在订立合同时未超越权限的，人民法院应当认定合同对法人、非法人组织发生效力。但是，当事人约定以加盖印章作为合同成立条件的除外”，第 67 条第 3 款规定：“当事人约定以交付定金作为合同成立或者生效条件，应当交付定金的一方未交付定金，但是合同主要义务已经履行完毕并为对方所接受的，人民法院应当认定合同在对方接受履行时已经成立或者生效”。

② 《民法典》第 578 条规定：“当事人一方明确表示或者以自己的行为表明不履行合同义务的，对方可以在履行期限届满前请求其承担违约责任”。

③ 针对执行外和解协议的履行，《最高人民法院关于执行和解若干问题的规定》（2020 年修正）第 19 条第 2 项也规定：“执行过程中，被执行人根据当事人自行达成但未提交人民法院的和解协议，或者一方当事人提交人民法院但其他当事人不予认可的和解协议，依照民事诉讼法第二百二十五条规定提出异议的，人民法院按照下列情形，分别处理：……（二）和解协议约定的……履行条件尚未成就的，裁定中止执行，但符合民法典第五百七十八条规定情形的除外……”

二、民事法律行为的附条件

针对民事法律行为,《民法典》第 158 条规定:“民事法律行为可以附条件,但是根据其性质不得附条件的除外”。据此,《民法典》确立了以可附条件为原则、不得附条件为例外的民事法律行为附条件制度。

(一)以可附条件为原则

由于《民法典》第 158 条使用了“民事法律行为可以附条件,但是根据其性质不得附条件的除外”的表述,因此,只要不是“根据其性质不得附条件”这种除外情形,任何民事法律行为都可以附条件。

(二)不得附条件的例外情形

《民法典》第 158 条规定了民事法律行为不得附条件的唯一的例外情形,即:根据民事法律行为的性质不得附条件。最高人民法院(2023)最高法民终 142 号民事判决书认为:“[《民法典》第一百五十八条规定的]‘根据其性质不得附条件’的除外情形主要包括身份法上的行为以及性质上要求即时、确定地发生效力的行为”。

实务中,有裁判意见认为,买方在买卖合同项下付款义务属于《民法典》第 158 条所说的“根据其性质不得附条件”的情形。比如,在埃某某斯(北京)电气有限公司与河南某源电气股份有限公司买卖合同纠纷案中,河南省高级人民法院(2019)豫民再 781 号民事判决书认为:“《民法总则》第一百五十八条规定‘民事法律行为可以附条件,但是按照其性质不得附条件的除外。附生效条件的民事法律行为,自条件成就时生效。附解除条件的民事法律行为,自条件成就时失效。’第一百六十条规定‘民事法律行为可以附期限,但是按照其性质不得附期限的除外。附生效期限的民事法律行为,自期限届至生效。附终止期限的民事法律行为,自期限届满时失效。’本案埃某某斯公司与某源公司签订的买卖合同合法有效,埃某某斯公司依约供应了货物,某源公司支付合同约定的货款的义务是确定的,因此某源公司的付款义务应属于上述不得附条件的民事法律行为。采购合同第六条第一项‘付款方式:甲方在收到项目方某能公司就本批开关柜合同第二笔足额货款后的 5 个工作日内向乙方支付本合同的全部货款’符合上述第一百六十条关于‘附生效期限’的规定,某源公司付款义务系附期限的民事法律行为”。

结合《民法典总则编解释》第 24 条所说的“民事法律行为所附条件不可能发生,……当事人约定为解除条件的,应当认定未附条件,民事法律行为是否失效,依照民法典和相关法律、行政法规的规定认定”,当事人针对根据其性质不得附条件的民事法律行为附设的条件,应当被认定为未附条件。

比如,在王某宇与田某中等民间借贷纠纷案中,借款人田某中 2018 年 12 月 3 日向出借人王某宇出具借条,其内容为:“今借到王某宇现金 100000 元整(壹拾万元整)。此款在王某宇把 0993-26××××、26××××两个固定电话交给本人名下后,由本人把借款偿还给王某宇。号码归还当天借款还清”,针对田某中偿还借款的条件是否成就的问题,新疆生产建设兵团第八师中级人民法院(2022)兵 08 民终 991 号民事判决书认为:“在该借条中,除了载明借款事项外,还将被上诉人把两个特定的固定电话号码办理至上诉人名下设定为偿还借款的附加条件。本案双方当事人之间形成的法律关系在性质上属于借贷法律关系，但所设定的偿还借款的附加条件与借贷关系相违背，因办理特定的固定电话号码属于通信公司的业务范畴，自然人无权处置，若将超出出借人能力范畴的事项设定为偿还借款的附加条件，则不利于保护债权人的合法权益。本案中，将办理特定的固定电话号码设定为偿还借款的附加条件不符合法律规定，应视为未附条件。对借款期限没有约定或者约定不明确，贷款人可以催告借款人在合理期限内返还。被上诉人通过起诉要求上诉人归还借款的行为视为履行了催告，偿还借款的条件业已成就。"①

（三）附条件的自愿

《民法典》第 158 条第 1 句使用了"民事法律行为可以附条件"的表述，这就意味着，民事法律行为的附条件，也应当遵循自愿原则，即：是否对民事法律行为附条件、对民事法律行为的哪个部分附条件、对民事法律行为或其部分附何种条件，均由行为人按照自己的意愿进行。这跟原《合同法》第 45 条第 1 款②只是规定"当事人对合同的效力可以约定附条件"是不一样的。

也就是说，在不违反法律、行政法规的强制性规定和不违背公序良俗的前提下，经单方民事法律行为的行为人自主决定、双方或多方民事法律行为的当事人达成一致的意思表示，既可以附条件、也可以不附条件，既可以附此类条件（比如附生效条件、附解除条件）、也可以附其他条件（比如附成立条件、附履行条件）。

（四）附条件的效果

《民法典》第 158 条第 2 句和第 3 句分别规定了民事法律行为附生效条件的效果和附解除条件的效果。

考虑到原《合同法》第 45 条第 1 款是在规定"当事人对合同的效力可以约定附条件"之后规定"附生效条件的合同，自条件成就时生效。附解除条件的合同，自条件成就时失效"的，这就意味着原《合同法》第 45 条第 1 款所说的"附生效条件"和"附解除条件"都是针对合同的效力附设的条件，因此，不论是《民法典》第 158 条第 2 句所说的"附生效条件的民事法律行为，自条件成就时生效"，还是该条第 3 句所说的"附解除条件的民事法律行为，自条件成就时失效"，都仅适用于已经成立的民事法律行为，不适用于未成立的民事法律行为。

对此，在北京居某某家投资控股集团有限公司与马鞍山市煜某丰房地产开发有限

---

① 实务中，也有裁判意见认为当事人针对还款附加条件构成附条件的民事法律行为，但结合案件具体情况认定还款所附条件成就的时间无法确定，进而认定债权人可随时要求债务人还款。比如，在李某红与张某平等合资、合作开发房地产合同纠纷案中，陕西省高级人民法院（2020）陕民终 590 号民事判决书认为："双方在协议书中约定'承诺人在 2015 年该项目转出后，第一笔转让款到账三日内一次性付清，并打入李某红指定的银行账号，若不能支付，承诺人愿按欠款总额的 20% 支付违约金并承担利息损失。'从文本字义可以看出，该承诺属于附条件的民事法律行为，但还款所附条件成就的时间无法确定，故协议中关于还款义务的履行时间应属于约定不明。本案所涉 1500 万元欠款属于还款期限约定不明的债务……"

② 原《合同法》第 45 条第 1 款规定："当事人对合同的效力可以约定附条件。附生效条件的合同，自条件成就时生效。附解除条件的合同，自条件成就时失效。"

公司房屋租赁合同纠纷案中,针对当事人签署的和解协议的效力问题,最高人民法院(2020)最高法民申 6019 号民事裁定书认为:"一审诉讼期间,煜某丰公司授权石某与居某某家公司草签《和解协议》,该协议第四条约定'本协议经双方法定代表人或授权签字并加盖公章后生效',因双方法定代表人均没有在该协议上签字并加盖单位印章,根据《中华人民共和国合同法》第三十二条关于合同成立时间的规定:'当事人采用合同书形式订立合同的,自双方当事人签字或者盖章时合同成立',故该协议未成立和生效。居某某家公司主张煜某丰公司恶意阻止合同生效,对此本院认为,《中华人民共和国合同法》第四十五条关于合同生效条件的规定……系针对已成立的附条件合同而言,因双方法定代表人的签字和盖章是《和解协议》成立的要件,并非《和解协议》所附生效条件,而案涉《和解协议》未成立,故居某某家公司关于煜某丰公司恶意阻止合同生效的主张不能成立。"

1. 附生效条件的效果

就附生效条件而言,《民法典》第 158 条第 2 句所说的"附生效条件的民事法律行为,自条件成就时生效",明确了所附生效条件的效果,即:所附生效条件一经成就,该民事法律行为即生效,且生效时间为"条件成就时"。

相应地,只要所附生效条件不成就,该民事法律行为就不生效。比如,在大连某业船舶工程有限公司与王某昌、付某鑫、某粮集团大连运销总公司股权转让合同纠纷案中,最高人民法院(2016)最高法民再 75 号民事判决书认为:"运销总公司作为某粮集团下属全资子公司,其与某业公司之间的资产转让协议仍需以某粮集团的批准为生效条件,并将该条件在《资产转让协议书》最后一款注明,根据《中华人民共和国合同法》第四十五条的规定,当事人对合同的效力可以约定附条件,附生效条件的合同,自条件成就时生效。涉案《资产转让协议书》系附条件生效的合同,而某粮集团并未批准该协议,而是要求通过公开拍卖的方式处置粮食储备库的资产,因此某业公司与运销总公司的合同并未生效,其主张的通过合同项下的债权而取得处分权一说,就更无从谈起。"又如,在兰州某某商业银行股份有限公司金城支行与白银某瑞生物工程有限公司等金融借款合同纠纷案中,甘肃省高级人民法院(2020)甘民终 428 号民事判决书认为:"民事法律行为成立并不意味着民事法律行为必然会发生法律效力,民事法律行为是行为人的意思表示,行为人有权按照自己的意愿对某一行为附有决定该行为效力发生或者消灭的条件。杨某、李某 2、李某 3 三人分别出具的《承担连带责任承诺函》第六条载明:'本承诺函自承诺人及配偶签字捺印之日起生效',其三人明确了提供担保的民事法律行为生效条件为承诺人及配偶在该承诺函上签字。……在本案中,某某银行金城支行提供的三份《承担连带责任承诺函》明确表示生效的条件,但因杨某、李某 2、李某 3 三人的配偶均未签字,且该承诺函上所附配偶签字捺印的条件并不与担保行为的性质相悖,所附条件的事实符合相关法律规定,应认定《承担连带责任承诺函》并未发生法律效力。"

其中,在所附的生效条件实际上已经不可能成就的情况下,应当认定该民事法律行为确定不发生效力。对此,《民法典总则编解释》第 24 条规定:"民事法律行为所附条件不可能发生,当事人约定为生效条件的,人民法院应当认定民事法律行为不发生效力。"这跟原《民通意见》第 75 条所说的"附条件的民事行为,如果所附的条件是……

不可能发生的,应当认定该民事行为无效”是不一样的。

2. 附解除条件的效果

就附解除条件而言,《民法典》第 158 条第 3 句所说的“附解除条件的民事法律行为,自条件成就时失效”,明确了所附解除条件的效果,即:所附解除条件一经成就,该民事法律行为即自行失效,无须当事人为或不为任何行为。比如,最高人民法院(2020)最高法民申 3029 号民事裁定书认为:“附解除条件是行为人为了限制自己行为的效力,以意思表示对法律行为所加的附款,……解除条件成就,附解除条件的民事法律行为当然且自动地消灭,不需要当事人再作意思表示……”

在当事人针对特定的民事法律行为所附的解除条件不可能发生的情况下,应当认定为当事人未对该民事法律行为附解除条件。对此,《民法典总则编解释》第 24 条规定:“民事法律行为所附条件不可能发生,……当事人约定为解除条件的,应当认定未附条件,民事法律行为是否失效,依照民法典和相关法律、行政法规的规定认定”。这跟原《民通意见》第 75 条所说的“附条件的民事行为,如果所附的条件是……不可能发生的,应当认定该民事行为无效”是不一样的。

3. 附成立条件的效果

在当事人针对特定的民事法律行为的成立约定附条件的情况下,所附成立条件一经成就,该民事法律行为即告成立;如果约定的成立条件不成就,则该民事法律行为暂不成立。

比如,在梁某聪与某某国际信托股份有限公司等营业信托纠纷案中,针对案涉《信托合同》约定的 8 项成立条件是否成就的问题,陕西省高级人民法院(2018)陕民终 797 号民事判决书认为:“《信托合同》第十七条第(一)款第 2 项约定了 8 项条件,8 项条件同时满足,信托计划成立,且目前双方均认可该 8 项中除第(5)(6)(7)三项约定的办理赋予强制执行效力的公证债权文书条件没有满足以外,其余条件均已经满足。该争议的三项条件分别为‘(5)某俊集团及其下属三家煤矿已经就采矿权抵押出具了受托人认可的承诺函并办理完毕赋予强制执行效力的债权文书公证手续;(6)某联投资向受托人出具承诺函,承诺其持有的某俊集团另外 35%已出质股权,在解除质押后质押给受托人,且承诺函办理完毕赋予强制执行效力的债权文书公证手续;(7)某盛能源投资向受托人出具承诺函,承诺在郭某某未能及时完全履行回购义务时,由其代为履行回购义务,且承诺函办理完毕赋予强制执行效力的债权文书公证手续。’本院认为,首先,上述三项条件约定的信托成立条件为三家煤矿采矿权抵押登记的承诺函、35%质押股权的承诺函以及股权回购的承诺函,而非梁某聪上诉称的实质落实采矿权抵押登记和股权质押登记。梁某聪依据《信托合同》第十七条第(一)款第 2 项约定主张某某信托公司未落实担保措施,因而信托计划不成立,与合同约定的信托计划成立条件不符。其次,关于落实采矿权抵押登记和股权质押登记问题,《信托合同》第十五条第(一)款风险揭示第 9 项采矿权抵押及实现风险中明确:‘……承诺函中承诺的采矿权抵押暂不能实现;同时某俊集团在与吕梁市离市区××社的 10 亿元长期贷款业务中,已口头承诺将某业煤矿的采矿权作抵押,因此存在一定抵押不能及时办理、办理不成的操作风险。……届时采矿权存在无法及时变现或者不能变现的风险。’《信托合同》第八条第

(二)款第 2 项担保措施(2)明确:'某联投资向受托人出具承诺函,承诺其持有的某俊集团另外 35%已出质股权,在解除质押后的 10~15 个工作日内,质押给受托人'。在梁某聪签署《信托合同》时,某某信托公司已经明确告知其案涉三个煤矿的采矿权抵押登记和某俊集团 35%的股权质押登记在签订合同时无法办理,且后续办理也存在一定的风险,梁某聪对此明知。因此,梁某聪主张必须落实三个煤矿采矿权的抵押登记和 35%的股权质押登记,信托计划才能成立的上诉理由不能成立。第三,关于上述(5)(6)(7)三项约定承诺函是否办理赋予强制执行效力的债权文书公证手续问题。虽然该条约定该 3 项承诺应当办理赋予强制执行效力的公证债权文书,但是该 3 份承诺函依法不符合办理赋予强制执行效力的债权文书公证的条件,对信托计划成立不构成影响。《公证程序规则》第三十九条规定:'具有强制执行效力的债权文书的公证,应当符合下列条件:(一)债权文书以给付货币、物品或者有价证券为内容;(二)债权债务关系明确,债权人和债务人对债权文书有关给付内容无疑义'。本案承诺函是一种诺成行为,本身没有给付内容,不符合办理强制执行公证的条件。最后,根据本案查明事实,梁某聪投资的已经是某某信托公司信托计划的第三期,此前,第一期、第二期信托计划已经宣告成立并已经履行。在某某信托公司宣告第三期信托计划成立时,梁某聪也并未提出异议。信托计划成立后,某某信托公司也定期披露信托计划的执行情况,并向梁某聪支付了 95 万元信托受益分配款,双方信托合同已经开始履行。综上,梁某聪主张信托计划不成立,与事实不符,缺乏法律依据,本院不予支持"。

需要注意的是,就合同而言,即使当事人约定所附的成立条件未成就,合同也可能因当事人一方履行合同主要义务且对方接受而成立。比如,《民法典合同编通则解释》第 67 条第 3 款规定:"当事人约定以交付定金作为合同成立或者生效条件,应当交付定金的一方未交付定金,但是合同主要义务已经履行完毕并为对方所接受的,人民法院应当认定合同在对方接受履行时已经成立或者生效"。

4. 附履行条件的效果

在当事人针对特定的民事法律行为的履行约定附条件的情况下,所附履行条件一经成就,相关当事人即负有履行相应的民事法律行为或相应部分的民事法律行为的义务;如果约定的履行条件不成就,则有关当事人无须履行相应的民事法律行为或相应部分的民事法律行为。

比如,在象山某立酒店管理有限公司等与北京志某某高商贸有限公司民间借贷纠纷案中,北京市高级人民法院(2021)京民终 908 号民事判决书认为:"《中华人民共和国民法总则》第一百五十八条规定,民事法律行为可以附条件,但是按照其性质不得附条件的除外。参照该规定,当事人可以就合同的义务约定履行的条件,明确约定一方合同义务的履行以合同以外的其他交易主体的履行行为成就作为条件。本案中,志某某高公司与象山某立公司在《借款合同》《补充协议》中对借款的利息,违约金,还款时间均做出了约定,但在志某某高公司、象山某立公司、香港某信公司、某新公司四方签订的《确认书》中,各方明确约定,本《确认书》与《借款合同》及其《补充协议》《担保合同补充协议》《贷款协议》约定不一致的,以本《确认书》为准。即《确认书》对《借款合同》中象山某立公司偿还借款本金、利息及违约金的义务作出了补充约定,各方均同意以《确认书》中的约定为准。鉴于《借款合同》《补充协议》和《贷款协议》中对于象山某立公司及香港某信公司的还款期限及还款数额、利息的约定均一致，而对于《借款合同》《补充协议》中象山某立公司还款付息义务的履行，《确认书》又约定了自本确认书签署之日起，《借款合同》及其《补充协议》《贷款协议》项下的包括但不限于借款本息、贷款本息、服务费（如有）、违约金等，象山某立公司和香港某信公司需按照《借款合同》及其《补充协议》和《贷款协议》的约定同时、同比例进行支付或归还，象山某立公司（含象山某立公司的担保方）或香港某信公司违约，则香港某信公司或象山某立公司有权等比例延迟相应义务直至象山某立公司（含象山某立公司的担保方）或香港某信公司履行了相应义务。因此，根据《确认书》的上述约定，如果香港某信公司未能与象山某立公司同时、同比例归还借款本息，象山某立公司有权等比例延长相应还款付息的履行时间。现志某某高公司在二审庭审中认可象山某立公司关于香港某信公司就《贷款协议》仅归还了一期利息的陈述，且认可象山某立公司于 2021 年 2 月 18 日归还志某某高公司借款利息 738888. 89 元，2021 年 3 月 18 日归还志某某高公司借款利息 583333. 33 元，故按照《确认书》中的上述约定，因香港某信公司没有与象山某立公司同时、同比例归还借款利息，象山某立公司有权相应延期归还借款本息的时间，直至香港某信公司履行了相应义务。"

三、约定附解除条件与约定解除事由

在允许当事人针对民事法律行为的效力约定附解除条件的同时，《民法典》也允许当事人针对民事法律行为约定解除事由①。约定附解除条件和约定解除事由是《民法典》作出的两种不同的制度安排，共同丰富了民事法律行为制度的内涵。

（一）解除条件与解除事由的区别

早在《民法典》之前，1999 年的《合同法》就规定了合同的约定附解除条件制度和合同的约定解除制度，并且针对这两种制度使用了"解除条件"和"解除合同的条件"这样几乎相同的表述。其中，就合同的附解除条件，原《合同法》第 45 条第 1 款规定："当事人对合同的效力可以约定附条件。……附解除条件的合同，自条件成就时失效"；就合同的约定解除，原《合同法》第 93 条第 2 款规定："当事人可以约定一方解除合同的条件。解除合同的条件成就时，解除权人可以解除合同"②。

不过，《民法典》作出了不同的规定。在表述上，《民法典》第 158 条针对约定附解除条件延续了"解除条件"的表述，但《民法典》第 562 条第 2 款针对合同约定解除则没有再使用"解除合同的条件"的表述，而是改用了"解除合同的事由"的表述，《民法典》

---

① 《民法典》第 136 条第 2 款所说的"行为人非依法律规定或者未经对方同意，不得擅自变更或者解除民事法律行为"，本身就包含了民事法律行为可以依法或依约解除的含义。相关分析，可见本书关于《民法典》第 136 条的通释。

② 原《合同法》第 93 条第 1 款所说的"当事人协商一致，可以解除合同"，也是关于合同约定解除的规定。

第 564 条第 2 款甚至直接使用了“解除事由”的表述。①

由此可见，站在《民法典》的立场，“解除条件”和“解除事由”是不同的概念，民事法律行为的附解除条件和民事法律行为的约定解除也是不同的制度。因此，实务中，针对民事法律行为的附解除条件，应当使用“解除条件”的表述，尽量避免使用“解除事由”的表述；而针对民事法律行为的约定解除，则应当使用“解除事由”的表述，尽量避免使用“解除条件”的表述。

（二）约定附解除条件与约定解除事由的比较

结合《民法典》总则编关于民事法律行为附解除条件的规定（第 158 条）和《民法典》合同编关于合同约定解除的规定（第 562 条、第 564 条至第 566 条），可以发现，当事人对民事法律行为约定附解除条件与当事人对民事法律行为约定解除事由既有相似之处，也有不同之处；但是，总体而言，约定附解除条件与约定解除事由分属不同的制度，二者的不同之处多于相似之处。

1. 相似之处

约定附解除条件与约定解除事由的相似之处，主要在于：

一是二者都属于当事人约定的事项，并非法律规定的事项。《民法典》第 562 条第 2 款所说的“当事人可以约定一方解除合同的事由。解除合同的事由发生时，解除权人可以解除合同”，直接表明了这点。尽管《民法典》第 158 条没有针对民事法律行为的附解除条件直接使用“当事人可以约定附解除条件”的表述，但是，结合原《合同法》第 45 条第 1 款所说的“当事人对合同的效力可以约定附条件”和《保险法》第 13 条第 3 款所说的“依法成立的保险合同，自成立时生效。投保人和保险人可以对合同的效力约定附条件或者附期限”，《民法典》第 158 条所说的“民事法律行为可以附条件”指的其实就是“当事人可以对民事法律行为约定附条件”。

二是二者都是基于《民法典》第 5 条②规定的自愿原则而产生的。《民法典》第 158 条针对约定附解除条件所说的“可以附条件”和《民法典》第 562 条第 2 款针对约定解除事由所说的“可以约定一方解除合同的事由”，都直接表明了这点。

三是二者最终都可能产生导致相应的权利义务关系终止的效果，进而可能都需要适用《民法典》有关权利义务关系终止的一般规定（主要是《民法典》第 558 条、第 559 条、第 567 条、第 507 条③。具体而言，《民法典》第 158 条所说的民事法律行为因约定

---

① 《民法典》第 562 条第 2 款规定：“当事人可以约定一方解除合同的事由。解除合同的事由发生时，解除权人可以解除合同”，第 564 条第 2 款规定：“法律没有规定或者当事人没有约定解除权行使期限，自解除权人知道或者应当知道解除事由之日起一年内不行使，或者经对方催告后在合理期限内不行使的，该权利消灭”。

② 《民法典》第 5 条规定：“民事主体从事民事活动，应当遵循自愿原则，按照自己的意思设立、变更、终止民事法律关系”。

③ 《民法典》第 558 条规定：“债权债务终止后，当事人应当遵循诚信等原则，根据交易习惯履行通知、协助、保密、旧物回收等义务”，第 559 条规定：“债权债务终止时，债权的从权利同时消灭，但是法律另有规定或者当事人另有约定的除外”，第 567 条规定：“合同的权利义务关系终止，不影响合同中结算和清理条款的效力”，第 507 条规定：“合同……终止的，不影响合同中有关解决争议方法的条款的效力”。

所附的解除条件成就而“失效”①，属于《民法典》第 557 条第 1 款第 6 项所说的“有下列情形之一的，债权债务终止：……（六）法律规定……终止的其他情形”②；而《民法典》第 565 条所说的合同因约定的解除事由出现且当事人依法行使解除权而“解除”，则属于《民法典》第 557 条第 2 款所说的“合同解除的，该合同的权利义务关系终止”，二者都属于《民法典》合同编第七章所说的“债权债务终止”的事由。

四是不论是民事法律行为因约定所附的解除条件成就而失效，还是民事法律行为因解除权人在约定的解除事由发生后依法行使解除权而解除，都不影响相关当事人在相应的权利义务关系终止之前已经产生的民事责任的承担。在这方面，《民法典》第 566 条第 2 款针对合同解除所说的“合同因违约解除的，解除权人可以请求违约方承担违约责任，但是当事人另有约定的除外”规定得更为明确、清晰；《民法典》第 580 条第 2 款所说的“有前款规定的除外情形之一，致使不能实现合同目的的，人民法院或者仲裁机构可以根据当事人的请求终止合同权利义务关系，但是不影响违约责任的承担”，也可作为参考。

五是在当事人就约定情形是否发生（成就或出现）、相应的权利义务关系是否终止等事项发生争议时，都须请求法院或仲裁机构予以确认。在这方面，《民法典》第 565 条第 1 款第 3 句针对合同解除所说的“对方对解除合同有异议的，任何一方当事人均可以请求人民法院或者仲裁机构确认解除行为的效力”规定得更为明确、清晰。

2. 不同之处

约定附解除条件与约定解除事由的不同之处，主要在于：

一是在性质上，约定附解除条件属于《民法典》针对民事法律行为的效力所规定的制度，而约定解除事由则属于《民法典》针对债权债务的终止所规定的制度。《民法典》从体例上对二者作出的编排，也表明了这点。

二是在发生上，《民法典》在第 159 条针对约定附解除条件规定了拟制条件成就制度和拟制条件不成就制度，但没有针对约定解除事由规定拟制解除事由发生或拟制解除事由不发生的制度。

三是在主体上，根据《民法典》第 158 条的规定，在约定所附的解除条件成就时，任何当事人均可主张该民事法律行为失效；而根据《民法典》第 562 条第 2 款的规定，在约定的解除事由发生时，只有“解除权人”才可以依法主张解除合同。

四是在效果上，根据《民法典》第 158 条的规定，只要当事人针对民事法律行为约定所附的解除条件成就，就自动地、当然地产生“民事法律行为失效”的法律后果，无须当事人为或不为任何行为；而根据《民法典》第 564 条和第 565 条的规定，仅仅当事人约定的解除事由发生这一事实本身并不能自动地、当然地产生解除民事法律行为的法

---

① 《民法典》第 158 条规定：“民事法律行为可以附条件，但是根据其性质不得附条件的除外。……附解除条件的民事法律行为，自条件成就时失效”。

② 《民法典》第 557 条第 1 款规定：“有下列情形之一的，债权债务终止：（一）债务已经履行；（二）债务相互抵销；（三）债务人依法将标的物提存；（四）债权人免除债务；（五）债权债务同归于一人；（六）法律规定或者当事人约定终止的其他情形”。

律后果,不仅须由享有解除权的当事人积极主动地行使解除权,还须在特定的期限内①、通过特定的方式②行使解除权,方可产生解除民事法律行为的效果。③

五是在终止时间上,根据《民法典》第 158 条的规定,只要当事人针对民事法律行为约定所附的解除条件成就,该民事法律行为就在"条件成就时"失效,并且该失效时间是固定不变的、不可由当事人选择的;而根据《民法典》第 565 条的规定,民事法律行为因享有解除权的当事人在约定的解除事由发生时依法行使解除权而解除的时间,并非固定不变的,而是由解除权人选择确定的,这个解除时间虽然可以是"约定的解除事由发生时",但通常并非"约定的解除事由发生时",而是发生在其后的"解除通知到达对方时""解除合同载明的债务履行宽限期限届满时"或"起诉状副本或者仲裁申请书副本送达对方时"。

由此可见,《民法典》第 158 条所说的民事法律行为失效,虽然属于《民法典》第 557 条第 1 款第 6 项所说的法律规定的导致债权债务终止的"其他情形",但终究不是民事法律行为不成立、无效、被撤销、确定不发生效力或解除;在《民法典》没有针对民事法律行为失效规定专门的处理办法的情况下,除非法律另有明文规定或当事人另有明确约定,否则不宜适用《民法典》专门针对民事法律行为不成立、无效、被撤销、确定不发生效力或解除规定的处理办法。具体而言:

一是因民事法律行为失效并非民事法律行为不成立、无效、被撤销、确定不发生效力,民事法律行为的失效不具有溯及力,不适用《民法典》第 157 条等专门针对民事法律行为不成立、无效、被撤销、确定不发生效力规定的恢复原状的处理办法。

二是因民事法律行为失效并非民事法律行为解除,在民事法律行为所附解除条件成就的情况下,即使同时满足约定解除权的行使条件,解除权人也因该民事法律行为自所附的解除条件成就时失效而无法再行使解除权,自然也就不能适用《民法典》第 566 条专门针对民事法律行为的解除规定的处理办法。④

不过,如前所说,在民事法律行为因所附的解除条件成就而失效的情况下,该民事法律行为因此失效不影响相关当事人在相应的权利义务关系终止之前已经产生的民事责任的承担。这跟《民法典》第 566 条第 2 款所说的"合同因违约解除的,解除权人可以请求违约方承担违约责任,但是当事人另有约定的除外"是类似的。

---

① 《民法典》第 564 条规定:"法律规定或者当事人约定解除权行使期限,期限届满当事人不行使的,该权利消灭。法律没有规定或者当事人没有约定解除权行使期限,自解除权人知道或者应当知道解除事由之日起一年内不行使,或者经对方催告后在合理期限内不行使的,该权利消灭"。

② 《民法典》第 565 条规定:"当事人一方依法主张解除合同的,应当通知对方。……当事人一方未通知对方,直接以提起诉讼或者申请仲裁的方式依法主张解除合同,人民法院或者仲裁机构确认该主张的,合同自起诉状副本或者仲裁申请书副本送达对方时解除"。

③ 比如,最高人民法院(2020)最高法民申 3029 号民事裁定书认为:"附解除条件是行为人为了限制自己行为的效力,以意思表示对法律行为所加的附款,而合同解除通常不是合同的附款。解除条件成就,附解除条件的民事法律行为当然且自动地消灭,不需要当事人再作意思表示;但合同按约定解除必须有解除合同的意思表示。"又如,湖北省高级人民法院(2018)鄂民初 68 号民事判决书认为:"附解除条件的合同目的在于限制合同的效力,条件成就时,合同当然自动地失效,无需当事人再做出任何意思表示。"

④ 实务中,也有裁判意见认为附解除条件的民事法律行为因解除条件成就而失效的法律后果即为民事法律行为解除。比如,河南省高级人民法院(2013)豫法民二终字第 186 号民事判决书认为:"……成就所附解除条件,合同失效,该合同失效的法律后果即是合同解除,违约一方当事人承担约定的违约责任。"

(三)约定附解除条件与约定解除事由的识别

尽管站在《民法典》的立场,“解除条件”和“解除事由”是分别对应于民事法律行为的附解除条件制度和民事法律行为解除制度的不同的概念,但是,由于“解除条件”和“解除事由”这两个概念本身就不易区分,加之此前存在原《合同法》针对这两种制度使用“解除条件”和“解除合同的条件”这样近乎相同的表述的历史背景,因此,实务中存在将“解除条件”和“解除事由”混用的情况也就可以理解了。

问题是,在当事人使用“解除条件”“自动作废”或“自动失效”等类似表述的情况下,该表述是在约定附解除条件,还是在约定解除事由?应该说,这属于意思表示解释的问题,其实质是要确定当事人的真实意思是什么,因此应当依照《民法典》有关意思表示解释的规定(主要是《民法典》第142条第1款),考察当事人所说的“解除条件”是否符合《民法典》第158条针对附条件的民事法律行为所说的“条件”的要求。

具体而言,如果当事人所说的“解除条件”“自动作废”或“自动失效”并不符合《民法典》有关民事法律行为附条件的要求,其目的是赋予当事人在特定情况下解除合同的权利,则应当将其认定为合同解除的“解除事由”,并适用《民法典》有关合同解除的规定,而不能仅仅基于“解除条件”的表述就将该合同认定为附解除条件的合同并适用《民法典》有关附解除条件的民事法律行为的规定。

比如,在某某资产管理股份有限公司江苏省分公司与某某银行股份有限公司杭州分行等第三人撤销之诉一案中,最高人民法院(2021)最高法民终861号民事判决书认为:“本案中,某行宜兴支行与某荆公司、某特公司于2013年12月签订《债权转让合同》,约定将某行宜兴支行对某特公司的7000万元债权转让至某荆公司,合同项下转让的债权自合同生效之时发生转移,且合同经各方签署后即发生法律效力。同时第四条约定:‘如果甲方(即某行宜兴支行)无法在二〇一三年十二月十五日前将资产抵押权转移至乙方(即某荆公司)名下,本合同规定的债权和相关权利的转让即取消,债权和相关权利均回复至甲方所有,共管账户随即解除共管,其中的所有款项(含利息)归乙方所有并可自由处置。’……本院认为,根据《中华人民共和国民法总则》第一百五十八条、《中华人民共和国合同法》第四十五条的规定,所谓附条件的民事法律行为,是指当事人以未来客观上不确定发生的事实,作为民事法律行为效力的附款。民事法律行为所附条件,必须是将来不确定的事实,该不确定性应当客观存在,不以当事人的认识或者主观判断为认定依据;而且条件必须决定整个民事法律行为的效力,如果只是决定其他内容,则不属于附条件的民事法律行为。从案涉《债权转让合同》第四条的字面含义看,当事人意欲将拟转让债权所附抵押权能否在约定期限内办理变更登记至受让人名下作为转让债权的条件,如果该条件未成就,则取消债权转让,转让的债权仍回复至出让人。换言之,该约定将某荆公司能否取得转让债权所附抵押权作为案涉债权转让是否解除的条件。……抵押权具有从属性,债权人转让主债权的,抵押权一般应一并转让,其目的在于保障受让人债权得以实现。本案中,在当事人并未就抵押权与债权一并转让作出其他约定的情况下,案涉抵押权应随主债权于《债权转让合同》生效之日起一并转让至受让人某荆公司,上述法律效果并不因当事人的认识或者意志而处于不确定的状态,即便抵押权未变更登记至某荆公司名下,亦不影响其成为案涉债权的实际抵押权人并行使抵押权。由于该从权利的转让与否不足以影响主债权转让行为的效力,故案涉抵押权是否变更登记至某荆公司名下并不构成债权转让行为所附之条件,《债权转让合同》的效力不受该条约定的影响。结合案涉《债权转让合同》第三条第2项关于'在乙方存入共管账户7000万元之日起,甲方必须立即配合乙方、丙方将抵押的资产转移抵押登记至乙方名下'的内容,第四条实际约定的是某行宜兴支行协助办理变更抵押登记之义务的履行期限以及不能履行的后果。故一审法院认定案涉《债权转让合同》第四条属于附解除条件的条款,适用法律错误,应予纠正。"

又如,在某圣制药集团股份有限公司与海南某栋药物研究所有限公司等技术转让合同纠纷案中,针对案涉技术转让合同第十三条第5项关于"若某圣公司不支付约定款项,某栋公司有权停止向某圣公司进行新药技术转让,并不退还某圣公司已支付款项"的约定属于约定解除合同的条款还是附解除条件的合同的问题,最高人民法院(2012)民申字第1542号民事裁定书认为:"合同效力附条件是指当事人对合同效力的发生或者消灭施加限制,使其取决于将来的不确定性事实,附条件包括附生效条件和解除条件。附解除条件的合同,自条件成就时失效。一般认为,合同所附解除条件是对合同所加的附款,通常与合同自身的内容以及合同的履行行为本身无关。合同约定的解除条件则是指当事人在合同中约定了解除合同的条件,合同的解除条件成就时,解除权人可以依照法律规定的程序和方式解除合同。对本案技术转让合同第十三条第5项约定的性质的解释,应结合该约定的内容、该约定与整个技术转让合同的关系、约定的目的等因素进行。从约定的内容看,该项约定在某圣公司不支付约定款项的情况下,赋予了某栋公司停止向某圣公司进行技术转让的权利,并且不退还某圣公司已支付款项。这实际上是约定了在某圣公司出现违约的情况下,某栋公司享有的权利以及所产生的相应法律后果。从该约定与整个技术转让合同的关系看,该约定被规定在本案技术转让合同的第十三条即违约责任条款中。显然,合同双方当事人约定该项的目的在于防范一方的违约行为,而不是简单地通过附款限制本案技术转让合同的效力。由上可见,本案技术转让合同第十三条第5项实际上约定了合同解除的条件以及合同解除后双方当事人之间的权利义务关系处理,该项约定应该属于合同法第九十三条规定的合同约定的解除条件,而不是对本案技术转让合同的效力附条件"。

再如,在南京华某胎毛笔制作中心、王某彬与南京某某蓝摄影有限公司合同纠纷案中,江苏省高级人民法院(2018)苏民再344号民事判决书认为:"我国合同法第四十五条规定,当事人对合同的效力可以约定附条件。附生效条件的合同,自条件成就时生效。附解除条件的合同,自条件成就时失效。该法条中所指'条件',应指客观的不确定的将来之事实,不包括合同的履行义务。因为民事法律行为往往是基于当事人对于未来的期待而进行设计的,民事法律行为所附条件即将对于未来的不确定性同法律行为的效力结合在一起。而合同的履行义务,对于当事人的期待则是确定的,也是可能的,其在合同生效后需要当事人严格履行,当事人也恰恰是基于相互之间履行此种确定的约定,以实现其已经设计规划好了的意图。故,本案中双方协议4.4条约定,'如有一方违反本条款约定,本协议即自动解除',不属于协议所附解除条件,而应当是解除事由的约定。一方违约并不导致合同失效,但另一方可据此主张解除合同。根据合同法第九十六条的规定,当事人一方主张解除合同的,应当通知对方。合同自通知到达对方时解除。本案中,某某蓝公司存在违约行为,根据协议约定,华某胎毛笔中心、王某彬有权提出解除合同,但华某胎毛笔中心、王某彬在已经知道某某蓝公司存在违约行为的情形下,未提出解除合同,而且继续接受某某蓝公司给付的推送费,并继续履行推送义务。应当认定协议并未解除,双方仍应受合同义务的约束。”

复如,在成都某大置业有限公司与北京某联商厦股份有限公司房屋租赁合同纠纷案中,四川省高级人民法院(2017)川民终 124 号民事判决书认为:“核心问题在于《租赁合同终止协议》中约定的‘如果乙方未能在上述时间内完成前述移交工作,本解除协议自动失效’,‘如乙方未能按本协议约定按时付款,逾期付款,本协议失效’的法律性质如何认定。某大公司主张‘乙方未能在上述时间内完成前述移交工作’、‘乙方未能按本协议约定按时付款’属于双方约定的《租赁合同终止协议》失效条件。《中华人民共和国合同法》第四十五条第一款规定:‘当事人对合同的效力可以约定附条件。附生效条件的合同,自条件成就时生效。附解除条件的合同,自条件成就时失效。’根据该规定,当事人有权约定合同失效的条件,即作为‘附条件解除的合同’。按照该条文的文意理解,双方约定的合同生效或失效的‘条件’,是将来不确定发生的事实,不得以当事人自己意志为转移,不得受当事人自己行为控制,且不得与合同的主要内容相矛盾。由此,合同本身约定的当事人不履行或延迟履行合同义务的行为,不能成为合同失效的‘条件’。……本案中,《租赁合同终止协议》能否最终依约履行,是履行结果的不确定性,并非‘条件’的不确定,不应将某联公司未按约定履行义务的行为本身作为协议失效的条件。因此,双方的上述约定,本院视为对合同失效的‘条件’未明确约定。某联公司未严格按《租赁合同终止协议》履行义务,应当承担相应的违约责任,而非《租赁合同终止协议》自动失效。因此,某大公司主张《租赁合同终止协议》已自动失效,《房屋租赁合同》尚未解除的观点,本院不予支持。”

第一百五十九条 【条件成就或不成就的拟制】附条件的民事法律行为,当事人为自己的利益不正当地阻止条件成就的,视为条件已经成就;不正当地促成条件成就的,视为条件不成就。

【条文通释】

《民法典》第 159 条是关于条件成就或不成就的拟制的规定。

一、条件成就与否的拟制

就附条件的民事法律行为而言,针对实践中有的当事人为了自己的利益单方面采取不正当手段阻止条件成就或促成条件成就的情况,法律进行了干预,分别采取“视为条件已经成就”和“视为条件不成就”的处理办法。对此,通常称为“拟制条件成就”和

"拟制条件不成就"[①]。

与《民法典》第158条所说的"民事法律行为可以附条件,但是根据其性质不得附条件的除外"中的"条件"一样,《民法典》第159条所说的"条件",不仅限于针对民事法律行为的效力(生效或失效)所附的条件,还可以是针对民事法律行为的成立所附的条件和针对民事法律行为的履行所附的条件。

需要注意的是,不论是拟制条件成就,还是拟制条件不成就,都是法律站在对诚信的当事人有利而对不诚信的当事人不利的立场,采取的与不诚信的当事人的主观目的完全相反的处理办法,使得不诚信的当事人的目的落空,使不诚信的当事人不能从其不正当行为中获益[②];甚至,在(事后发现)即使不诚信的当事人没有实施不正当地阻止(或促成)条件成就的行为,民事法律行为所附的条件客观上也不能成就(或能成就)的情况下,拟制条件成就(或拟制条件不成就)还起到了对不诚信的当事人予以一定的否定性评价的效果。

二、条件成就的拟制

(一)拟制条件成就的条件

由于《民法典》第159条使用了"附条件的民事法律行为,当事人为自己的利益不正当地阻止条件成就的,视为条件已经成就"的表述,因此,拟制条件成就适用于附条件的民事法律行为,不适用于其他民事法律行为(包括附期限的民事法律行为),其构成要件包括:

一是当事人一方在主观上具有为自己的利益阻止条件成就的目的[③]。也就是说,阻止条件成就的主体应当是若条件成就对其不利或若条件不成就对其有利的当事人一方。

二是当事人一方在客观上实施了阻止条件成就的行为(包括积极的作为和消极的

---

① 比如,最高人民法院(2014)民申字第175号民事裁定书使用了"拟制成就"的表述("合同义务不能成为条件,理由在于:……再次,合同义务没有完成,原则上不能拟制其已经完成,而拟制成就是条件制度的重要内容");江苏省高级人民法院(2017)苏民终1974号民事判决书使用了"拟制条件成就"的表述("对于附生效条件的合同,当事人负有必要顺应条件的自然发展而不是加以不正当地干预的义务,如果当事人恶意阻止作为条件的事实发生,法律就要加以干预,拟制条件成就")。

② 比如,最高人民法院(2018)最高法民终1327号民事判决书认为:"按照《中华人民共和国合同法》第四十五条的立法宗旨,不能使恶意促成条件成就者从条件成就中获得利益……"

③ 比如,在山西某玉种业科技股份有限公司与山西某盛种业有限公司植物新品种实施许可合同纠纷案中,最高人民法院(2017)最高法民申2794号民事裁定书认为:"附条件的合同的生效或者终止的效力取决于所附条件的成就或者不成就,因此,任何一方均不得以违反诚实信用原则的方法恶意地促成条件的成就或者阻止条件的成就。本案中,某玉公司申请再审主张某盛公司不正当地阻止条件成就的事实是将余款汇至姚某账户,导致某玉公司未能受领许可费款项。该事实仅能说明某玉公司未能受领全部许可费的原因,并不能证明某盛公司是通过不正当的手段阻止了《协议》约定的生效条件的成就,相反,某盛公司申请再审主张《协议》不仅成立而且已经生效。因此,无事实依据认定某盛公司具有阻止《协议》生效的主观意图,以及恶意阻却《协议》生效条件的客观行为。本院对某玉公司以某盛公司阻止合同成立的条件成就为由,主张《协议》已经生效的申请再审理由,不予支持。"

不作为[①]),且该行为不具有正当性。如果当事人一方实施的客观上具有阻止条件成就的效果的行为具有正当性,比如系依照法律规定或按照合同约定行使自己的权利的行为[②],则不应被认定为“不正当地阻止条件成就”。[③]

---

① 比如,在凯里市某兰房地产开发有限责任公司、凯里市某南高级中学与凯里市某某旅游产业投资发展有限公司买卖合同纠纷案中,最高人民法院(2021)最高法民申 3409 号民事裁定书认为:“《某南中学财产转让协议》第六条第四款约定,‘本协议经双方签字盖章后成立,甲乙双方办妥转让财产的产权登记手续,取得全部产权证书时生效。’该约定属于附生效条件的约定。根据《某南中学财产转让协议》第一条第三款、第四款约定,在某投公司支付 8000 万元转让款后,某兰公司需将该部分转让款用于偿还银行贷款并解除案涉财产的抵押登记,随后将房产、土地过户至某投公司名下。本案中,某兰公司违背订立合同的初衷,在某投公司已经全额支付转让款 17000 万元的情况下,未按约定履行偿还银行贷款并办理解押登记的义务,某兰公司的行为属于为了自己的利益以不作为的方式不当阻碍条件成就。《中华人民共和国合同法》第四十五条第二款规定,‘当事人为自己的利益不正当地阻止条件成就的,视为条件已成就;不正当地促成条件成就的,视为条件不成就。’二审法院认定《某南中学财产转让协议》已经生效符合上述法律规定。”又如,在苏州工业园区某康科技有限公司与江苏某邦建工集团有限公司等建设工程施工合同纠纷案中,江苏省高级人民法院(2017)苏民终 1974 号民事判决书认为:“……对于附生效条件的合同,当事人负有必要顺应条件的自然发展而不是加以不正当地干预的义务,如果当事人恶意阻止作为条件的事实发生,法律就要加以干预,拟制条件成就。2014 年 5 月 6 日某康公司已经签收了张某新提交的工程决算书,但其未按照《建设工程施工合同》的约定指定有资质的审计单位审计,更未按照约定在双方确定工程决算总造价的基础上支付工程款,现并无证据证明系因某邦公司或张某新原因导致未能审计完成,结合 2014 年 12 月 23 日某邦公司出具给某康公司督促审计决算的函告内容,能够认定迟延审计的责任在于某康公司,某康公司以不作为的方式阻止《建设工程施工终止合同》生效,根据法律规定,视为所附条件已成就。”

② 比如,在华某某龙(宜昌)医药有限公司与秭归县某达建筑有限责任公司建设工程施工合同纠纷案中,湖北省高级人民法院(2016)鄂民终 547 号民事判决书认为:“《合同法》第四十五条第二款规定‘当事人为自己的利益不正当地阻止条件成就的,视为条件已成就;不正当地促成条件成就的,视为条件不成就。’评判条件拟制成就的效力,须以当事人负有顺应条件的自然发展亦即不作为的义务为前提。原审判决关于建设单位可以对市、省级奖项申报一并审核并盖章,故某达建筑公司即便未取得地市级优质结构奖,亦能申报省级结构工程优质奖的认定,与《宜昌市建筑结构优质工程评审办法》、《湖北省建筑结构优质工程评审办法》等规定不相符,缺乏证据支持。而本案中,华某某龙医药公司并不负有在某达建筑公司申报省级结构工程优质奖的程序中不作为的义务,对于工程质量的异议是其作为建设单位的法定权利。故,原审判决认定案涉工程未取得省优质结构工程奖励,系因华某某龙医药公司不正当阻止所致,进而视为案涉工程省优质结构工程奖励条件成就,缺乏相应的证据予以证明,适用法律不当,本院予以纠正。”

③ 比如,在西安某迅科技有限责任公司与成都某大铁发轨道交通材料有限公司技术开发合同纠纷案中,最高人民法院(2019)最高法知民终 721 号民事判决书认为:“《中华人民共和国民法总则》第一百五十九条规定,附条件的民事法律行为,当事人为自己的利益不正当地阻止条件成就的,视为条件已成就;不正当地促成条件成就的,视为条件不成就。2017 年 8 月 15 日,某大材料公司向某迅科技公司购买 7 台制票机机芯,组装完成 7 台制票机,通过某大智能公司于 10 月份销售给哈尔滨铁路局哈尔滨东站。2018 年 2 月 7 日某大智能公司通知某迅科技公司该批制票机存在质量问题,2018 年 4 月又以质量问题为由要求退货。上述交易虽然不属于《技术开发(委托)合同》的范畴,但是交易涉及的制票机机芯与上述合同开发的产品属于同种型号,可资判断各方的合同责任。根据双方签订的《技术开发(委托)合同》,产品的定型、准入是设备研发的最后两个环节,且为某大材料公司的义务。但是,产品的定型、准入是建立在产品质量有可靠保证的基础上。从 7 台同型号制票机在哈尔滨东站的使用效果可见,该产品的技术尚不成熟、性能尚不稳定。在这种情况下,如果贸然进行定型、准入,不但实现不了合同目的,反而会进一步扩大损失。因此,某大材料公司未进行产品定型、准入,而在合同履行期限届满之前,明确以自己的行为终止了合同的履行。从这个角度上,某大材料公司确实是阻止了付款条件成就。但是,如果充分考虑到制票机产品技术和性能的客观情况,这种阻止付款条件成就的做法则具有一定的正当性。因为在技术开发合同履行过程中,因出现无法克服的技术困难,致使研究开发无法继续进行时,主动终止合同履行不失为一种明智的做法,可以最大限度的减少双方的损失。因此本院确认,某大材料公司并非是不正当地阻止付款条件成就。”

三是在客观上出现了条件不成就的结果。

四是条件不成就的结果的出现与当事人一方实施的阻止条件成就的行为之间存在因果关系。

对此,安徽省高级人民法院(2017)皖民初4号民事判决书①认为:“法律明确规定条件拟制成就的,应当是当事人为自己的利益不正当地阻止条件实现,在主观意图上有为自己利益人为改变条件状态的故意,客观上有积极阻止实现的行为,同时行为本身具有不正当性,而不仅仅是当事人对条件的不成就在客观上存在责任。”

据此,只要符合“当事人为自己的利益不正当地阻止条件成就”的条件,就可以、也应当采取“视为条件已经成就”的处理办法。也就是说,只要当事人出于为自己的利益的目的,实施了不正当地阻止条件成就的行为,就可以采取(也应当采取)“视为条件已经成就”的处理办法;至于事后发现即使当事人不阻止条件成就,所附条件也不能成就,则不影响“视为条件已经成就”的适用。

比如,在枣庄某平置业有限公司与彭某、殷某平合同纠纷案中,最高人民法院(2014)民申字第610号民事裁定书认为:“彭某与某平公司法定代表人殷某平所达成的书面协议及口头补充协议系双方当事人的真实意思表示,且不违反法律、行政法规的强制性规定,该协议有效,彭某和某平公司应当按照约定履行各自的义务。双方在协议中约定,彭某协助取得南楼旧楼改造的规划许可证、施工许可证、销售许可证、房产证等手续后某平公司给付250万元款项;现彭某已协助某平公司办理了包括南楼(属于二期改造项目)在内整个项目所需的国有土地使用权证、建设用地规划许可证、建筑工程规划许可证、建筑工程施工许可证。上述批准手续取得后,某平公司即可实施对南楼的改造,但某平公司直至诉讼时仍未动工。根据原建设部《商品房销售管理办法》第七条第四项的规定,房屋通过竣工验收方可准予现房销售。鉴此,在南楼改造项目未能动工的情况下,办理该楼销售许可证的条件尚不具备,遑论办理改造后的房屋所有权证。由上述分析可知,南楼销售许可证、房产证未能办理系因某平公司不作为所致,根据《中华人民共和国合同法》第四十五条第二款‘当事人为自己的利益不正当地阻止条件成就的,视为条件已成就;不正当地促成条件成就的,视为条件不成就’之规定,某平公司给付彭某250万元的条件已经成就,故二审判决的认定并无不当”。

又如,在某新塑化(上海)有限公司与徐某梅劳动合同纠纷案中,针对某新公司违法解除劳动合同的前提下,是否需支付徐某梅年终奖、长期储蓄金及留任金的问题,上海市第一中级人民法院(2017)沪01民终9708号民事判决书认为:“虽然某新公司的员工手册及双方签订的《留任协议》均约定了如员工离职,不享有上述奖金。但本院认为是否应支付奖金仍需衡量员工离职的原因。因为根据法理,附条件的民事法律行为,当事人为自己的利益不正当地阻止条件成就的,视为条件已成就;不正当地促成条件成就的,视为条件不成就。某新公司与徐某梅约定了上述奖金的支付条件是徐某梅须在职,但因某新公司违法解除双方的劳动合同导致徐某梅无法在职,即某新公司不正当地阻止了支付条件的成就,故应视为支付条件已成就。”

问题是,在当事人一方自身并没有采取阻止条件成就的行为,而是由第三人为当

① 安徽省高级人民法院(2019)皖执21号执行裁定书提及,(2017)皖民初4号民事判决已发生法律效力。

事人一方的利益不正当地阻止条件成就的情形，能否"视为条件已经成就"？对此，《民法典》和《民法典总则编解释》没有作出规定。

需要注意的是，根据《民事诉讼法》第 67 条第 1 款[①]和《民诉法解释》第 90 条、第 91 条[②]的规定，主张适用"视为条件已经成就"的当事人应当对对方当事人存在"为自己的利益不正当地阻止条件成就"的行为承担举证证明责任；否则，其主张可能得不到支持。

比如，在山东某钢泰达车库有限公司与成都市某来房地产开发有限公司承揽合同纠纷执行监督案中，最高人民法院（2021）最高法执监 421 号执行裁定书认为："（2015）成民初字第 2549 号民事判决判令某来公司在某钢公司采取修理、更换等补救措施后十日内向某钢公司支付货款及安装费 1989337.43 元。可见，某来公司支付货款及安装费的前提是某钢公司已履行对案涉车库设备的修理、更换等义务。某钢公司自认其尚未履行判决义务。尽管某钢公司提交的邮政 EMS 邮单显示其曾于 2019 年 4 月 30 日、5 月 12 日、8 月 15 日向某来公司寄送函件，但某来公司否认收到上述函件，并质疑函件内容。（2020）川执复 233 号执行裁定认定某钢公司所提交的证据不足以证明某来公司阻止其履行'采取维修、更换等补救措施'的义务、阻止付款条件成就，并无不当。（2020）川 01 执异 306 号执行裁定以本案尚不具备某来公司向某钢公司支付款项的情形，不满足执行规定（1998 年版）第 18 条'义务人在生效判决确定的期限内未履行义务'的条件为由，驳回某钢公司的执行申请，（2020）川执复 233 号执行裁定予以维持，有事实和法律依据。"

（二）拟制条件成就的效果

《民法典》第 159 条没有直接规定拟制条件成就的效果。结合《民法典》第 158 条所说的"附生效条件的民事法律行为，自条件成就时生效。附解除条件的民事法律行为，自条件成就时失效"，可以认为，在拟制条件成就的情况下，附生效条件的民事法律

---

① 《民事诉讼法》第 67 条第 1 款规定："当事人对自己提出的主张，有责任提供证据。"

② 《民诉法解释》第 90 条规定："当事人对自己提出的诉讼请求所依据的事实或者反驳对方诉讼请求所依据的事实，应当提供证据加以证明，但法律另有规定的除外。在作出判决前，当事人未能提供证据或者证据不足以证明其事实主张的，由负有举证证明责任的当事人承担不利的后果"，第 91 条规定："人民法院应当依照下列原则确定举证证明责任的承担，但法律另有规定的除外：（一）主张法律关系存在的当事人，应当对产生该法律关系的基本事实承担举证证明责任；（二）主张法律关系变更、消灭或者权利受到妨害的当事人，应当对该法律关系变更、消灭或者权利受到妨害的基本事实承担举证证明责任"。

行为因条件成就而生效[①],进而应当适用《民法典》关于民事法律行为生效后的效果的规定(比如《民法典》第509条第1款、第577条[②]等);附解除条件的民事法律行为因条件成就而失效,进而应当适用《民法典》关于民事法律行为失效后的处理的规定(比如《民法典》第558条、第559条、第567条、第507条[③];附成立条件的民事法律行为因条件成就而成立,进而应当适用《民法典》关于民事法律行为成立后的效果的规定(比如《民法典》第136条第2款、第465条第2款[④]等);附履行条件的民事法律行为因条件

① 比如,在黑龙江某瑞商业发展有限公司与哈尔滨某林集团股份有限公司等房屋买卖合同纠纷案中,最高人民法院(2014)民一终字第314号民事判决书认为:“某林股份公司与某瑞商业公司签订的《房地产买卖协议》约定,协议经双方签署,某林股份公司股东大会审批同意后生效。该协议第三条第二款约定,协议签订后的十六日内,某林股份公司负责召开股东大会对本协议所述房地产转让以及本协议进行审批。即,某林股份公司负有召开股东大会对案涉房地产转让进行审批的义务。某林股份公司在签订《房地产买卖协议》后未提交股东大会就《房地产买卖协议》事宜进行审批,系‘为自己的利益不正当地阻止条件成就’,根据《合同法》第四十五条规定,可以视为条件已成就。《框架协议》及其《补充协议》的内容及履行情况,可以证明某林股份公司已经作出向某瑞商业公司出售案涉房地产的意思表示并已经部分实际履行。某林股份公司主张因《房地产买卖协议》未获得股东大会的审批,故某林股份公司尚未对出售房地产作出意思表示,不能成立”。又如,在广西某某控股股份有限公司与南宁某某燃气有限责任公司管道燃气管网资产确权及租赁纠纷案中,鉴于广西某壮股份有限公司(后改名为某某控股公司)与某某燃气公司2001年6月19日就某某燃气公司承租某壮公司投资购买的南宁市某某燃气供气设施一事签订的《租赁合同》第十条约定:“本合同经双方签章即成立,但本合同附生效条件及特别约定:1. 某壮公司(即某某控股公司)须在2002年2月28日前依双方于2001年6月19日所订立的《协议书》支付完应支付的全部款项,并已按某某燃气公司所列资产明细表,全部接收某某燃气公司所移交的资产。2. 本租赁合同是双方2001年6月19日《协议书》不可分割的一部分,如某某燃气公司不履行或不完全履行本协议,即《协议书》对双方失去任何约束力,《协议书》自动解除,某某燃气公司应无条件退回已收转让款本息”,最高人民法院(2006)民二终字第234号民事判决书认为:“本案中,某某燃气公司没有在《协议书》约定的时间内完成管网工程建设,已经构成违约。2002年5月8日,某某燃气公司致函某某控股公司,告知其代建的工程截至同年4月30日已完成。由于某某燃气公司没有依约移交该工程的资产明细表及质量验收证明等资料,且其又于同年8月1日提出解除《协议书》,拒绝向投资方某某控股公司交付该工程的相关产权资料,致使‘双方按照租赁物的资产明细表抽查验收后由某某控股公司移交给某某燃气公司’的交付行为无法实施,其行为已构成‘阻止该条件成就’。根据《合同法》第四十五条关于‘附生效条件的合同,自条件成就时生效’,‘当事人为自己的利益不正当地阻止条件成就的,视为条件已成就’的规定,应当认定本案《租赁合同》约定的生效条件已经成就,该《租赁合同》已依法生效”。

② 《民法典》第509条第1款规定:“当事人应当按照约定全面履行自己的义务”,第577条规定:“当事人一方不履行合同义务或者履行合同义务不符合约定的,应当承担继续履行、采取补救措施或者赔偿损失等违约责任。”

③ 《民法典》第558条规定:“债权债务终止后,当事人应当遵循诚信等原则,根据交易习惯履行通知、协助、保密、旧物回收等义务”,第559条规定:“债权债务终止时,债权的从权利同时消灭,但是法律另有规定或者当事人另有约定的除外”,第567条规定:“合同的权利义务关系终止,不影响合同中结算和清理条款的效力”,第507条规定:“合同……终止的,不影响合同中有关解决争议方法的条款的效力”。

④ 《民法典》第136条第2款规定:“行为人非依法律规定或者未经对方同意,不得擅自变更或者解除民事法律行为”,第465条第2款规定:“依法成立的合同,仅对当事人具有法律约束力,但是法律另有规定的除外”。

成就而需要履行,否则可能需要承担相应的违约责任①。

三、条件不成就的拟制

(一)拟制条件不成就的条件

由于《民法典》第 159 条使用了“附条件的民事法律行为,当事人为自己的利益……不正当地促成条件成就的,视为条件不成就”的表述,因此,拟制条件不成就适用于附条件的民事法律行为,不适用于其他民事法律行为(包括附期限的民事法律行为),其构成要件包括:

一是当事人一方在主观上具有为自己的利益促成条件成就的目的。也就是说,采取不正当手段促成条件成就的主体应当是若条件成就对其有利或若条件不成就对其不利的当事人一方。

二是当事人一方在客观上实施了促成条件成就的行为(包括积极的作为和消极的不作为),且该行为不具有正当性。如果当事人一方实施的客观上具有促成条件成就的效果的行为具有正当性,比如系依照法律规定或按照合同约定行使自己的权利的行为,则不应被认定为“不正当地促成条件成就”。

三是在客观上出现了条件成就的结果。

---

① 比如,在某产高技术发展有限责任公司与北京某楠科技有限公司计算机软件开发合同纠纷案中,最高人民法院(2021)最高法知民终 1605 号民事判决书认为:“本案中,按照《补充协议》的约定,合同尾款 3 万元应在《开发完成确认单》签订后 5 个工作日内,由某产高公司向某楠公司支付。在某楠公司已经为某产高公司开通涉案电子商城基础版的授权,并完成对定制功能的涉案电子商城的授权切换后,某产高公司无正当理由一直未签署《开发完成确认单》,属于不正当地阻止付款条件成就,应视为 3 万元合同尾款的付款条件已经成就。原审法院认定某产高公司在某楠公司完成合同义务的情况下,仍拖欠合同尾款,构成违约。据此,原审法院依照《中华人民共和国合同法》第一百零九条关于未支付价款违约责任的规定,判决某产高公司向某楠公司支付 3 万元合同尾款,并无不当,本院予以支持。”又如,在蓝某泽、张某、贵州省黔东南州某某基房地产开发有限公司与雷某桦、彭某江、于某锦、吴某义股权转让合同纠纷案中,最高人民法院(2017)最高法民终 274 号民事判决书认为:“根据《股权转让补充协议书》的约定,剩余 2560 万元股权转让款的支付条件是办理好建设施工许可证十天内支付。截至目前某某基公司尚未办理建设施工许可证,但不能据此认定雷某桦等人要求支付剩余 2560 万元股权转让款的条件没有成就。首先,根据《股权转让补充协议书》第五条关于‘股权变更后,转让方应积极协助公司办理项目的报规、报建工作直至取得施工许可证’之约定,建设施工许可证办理的主体是某某基公司,雷某桦等四人承担的只是协助义务。其次,结合本案查明的事实,贵州黔东经济开发区国土资源分局和镇远县住房和城乡建设局作为主管部门,相继书面通知某某基公司,督促其办理开工手续。2014 年 3 月 27 日,某某基公司缴清土地出让金,按照镇远县住房和城乡建设局 2014 年 4 月 2 日的《通知》,某某基公司最迟应于 2014 年 5 月 10 日前办理相关开工手续。某某基公司作为办理建设施工许可证的建设单位和责任主体,在已交清土地出让金,相关主管部门多次催促其办理开工手续以尽快开工的情形下,一直未办理建设施工许可证,某某基公司的两名股东蓝某泽、张某亦未督促公司尽快办理,由此造成的法律后果应当由蓝某泽、张某、某某基公司承担。再次,根据合同法第四十五条第二款关于‘当事人为自己的利益不正当地阻止条件成就的,视为条件已成就;不正当地促成条件成就的,视为条件不成就’之规定,建设施工许可证未能办理的原因是蓝某泽、张某、某某基公司能够办理而未办理,应当视为付款条件已成就。因此,结合双方约定,一审判决认定案涉剩余股权转让款支付条件自 2014 年 5 月 10 日就已经成就并无不当。……案涉剩余股权转让款付款期限于 2014 年 5 月 20 日届满,故一审判决认定上述逾期利息以剩余股权转让款为基数,自 2014 年 5 月 21 日起至判决确定的履行期限届满之日止按照中国人民银行同期贷款利率计算并无不当”。

四是条件成就的结果的出现与当事人一方实施的促成条件成就的行为之间存在因果关系。

据此,只要符合“当事人为自己的利益不正当地促成条件成就”的条件,就可以、也应当采取“视为条件不成就”的处理办法。也就是说,只要当事人出于为自己的利益的目的,实施了不正当地促成条件成就的行为,就可以采取(也应当采取)“视为条件不成就”的处理办法;至于事后发现即使当事人不采取不正当手段,所附条件也能成就,则不影响“视为条件不成就”的适用。

问题是,在当事人一方自身并没有采取促成条件成就的行为,而是由第三人为当事人一方的利益不正当地促成条件成就的情形,能否“视为条件不成就”?对此,《民法典》和《民法典总则编解释》没有作出规定。

需要注意的是,根据《民事诉讼法》第67条第1款①和《民诉法解释》第90条、第91条②的规定,主张适用“视为条件不成就”的当事人应当对对方当事人存在“为自己的利益不正当地促成条件成就”的行为承担举证证明责任;否则,其主张可能得不到支持。

比如,在四川某鹰房地产开发有限公司与资阳市某裕建设投资有限公司等合同纠纷案中,最高人民法院(2022)最高法民申449号民事裁定书认为:“因《三方协议书》约定,在某城公司取得案涉土地开发权时,某鹰公司同意将其基于《投资合作协议书》取得的29545073元本金及收益转给某城公司,用于支付案涉土地的土地价款,由某城公司向某鹰公司支付相应的投资本金及收益,故在《三方协议书》生效后,某鹰公司应按约定将其基于《投资合作协议书》所取得的本金及收益全部转给某城公司,某裕公司向某城公司履行支付义务后,某鹰公司则不能通过《投资合作协议书》向某裕公司主张资金及收益的权利,《投资合作协议书》虽未明确予以解除,但实际上已无法履行。《三方协议书》约定的生效条件为‘某城公司竞得案涉土地’,原审已查明,某城公司于2016年10月17日竞得案涉土地,故《三方协议书》已发生法律效力,《投资合作协议书》约定的投资款本金及收益的支付应按照《三方协议书》的约定履行。至于某鹰公司提出系某裕公司不当促使《三方协议书》的生效条件成就,应视为生效条件不成就的意见,因其举示的证据不能证实该事实,本院对此不予采信。”

(二)拟制条件不成就的效果

《民法典》第159条没有直接规定拟制条件不成就的效果。结合《民法典》第158条所说的“附生效条件的民事法律行为,自条件成就时生效。附解除条件的民事法律行为,自条件成就时失效”,可以认为,在拟制条件不成就的情况下,附生效条件的民事

---

① 《民事诉讼法》第67条第1款规定:“当事人对自己提出的主张,有责任提供证据。”

② 《民诉法解释》第90条规定:“当事人对自己提出的诉讼请求所依据的事实或者反驳对方诉讼请求所依据的事实,应当提供证据加以证明,但法律另有规定的除外。在作出判决前,当事人未能提供证据或者证据不足以证明其事实主张的,由负有举证证明责任的当事人承担不利的后果”,第91条规定:“人民法院应当依照下列原则确定举证证明责任的承担,但法律另有规定的除外:(一)主张法律关系存在的当事人,应当对产生该法律关系的基本事实承担举证证明责任;(二)主张法律关系变更、消灭或者权利受到妨害的当事人,应当对该法律关系变更、消灭或者权利受到妨害的基本事实承担举证证明责任”。

法律行为因条件不成就而不发生效力,附解除条件的民事法律行为因条件不成就而未失效、仍然有效①,附成立条件的民事法律行为因条件不成就而暂未成立②,附履行条件的民事法律行为因条件不成就而暂时不需要履行。

第一百六十条　【民事法律行为的附期限】民事法律行为可以附期限,但是根据其性质不得附期限的除外。附生效期限的民事法律行为,自期限届至时生效。附终止期限的民事法律行为,自期限届满时失效。

【条文通释】

《民法典》第 160 条是关于民事法律行为的附期限的规定。

一、期限的界定

(一)期限的定义

《民法典》和《民法典总则编解释》都没有规定"民事法律行为可以附期限"中的"期限"的含义。考虑到"期限"在日常用语中具有"限定的一段时间"和"所限时间的最后界线"③的含义,可以认为,《民法典》第 160 条所说的"民事法律行为可以附期限"中的"期限",指的应该是针对民事法律行为限定的一段时间。

结合《票据法》第 107 条所说的"本法规定的各项期限的计算,适用民法通则关于

---

① 比如,在某盈控股集团有限公司与西安某鸿新材料科技股份有限公司等合同纠纷案中,基于陕西省高级人民法院(2019)陕民终 1069 号民事判决书认定的事实[2014 年 8 月 5 日,某盈公司(甲方)与某鸿新材料公司(乙方)签订《协议书》,约定因甲方及甲方持股的西安某鸿置业有限公司需提前解除某鸿置业此前与乙方签订的《管理协议》和《补充协议》并收回此前根据《管理协议》和《补充协议》交由乙方自用和进行物业管理的某鸿产业园,甲方同意向乙方支付 2000 万元人民币,以补偿因提前要求乙方及租户搬迁而产生的搬迁及停工损失,该《协议书》第八条还约定:"本协议自甲、乙双方盖章之日起生效。但若截至 2014 年 11 月 15 日,甲方仍未向乙方付清贰仟万元补偿款,则本协议自动丧失效力,《管理协议》及《补充协议》依然有效";某鸿新材料公司在签订前述《协议书》后依约履行了搬迁等合同义务,但某盈公司未依约履行其相应付款义务],针对某盈公司提出的案涉《协议书》已经作废的主张,最高人民法院(2020)最高法民申 2274 号民事裁定书认为:"根据查明的事实,某鸿新材料公司在签订《协议书》后已依约履行搬迁等合同义务,但某盈公司未依约履行相应付款义务。《中华人民共和国合同法》第四十五条规定:'当事人对合同的效力可以约定附条件。附生效条件的合同,自条件成就时生效。附解除条件的合同,自条件成就时失效。当事人为自己的利益不正当地阻止条件成就的,视为条件已成就;不正当地促成条件成就的,视为条件不成就。'在某鸿新材料公司已依约履行搬迁义务的情况下,某盈公司拒绝依约履行付款义务,且以此为由主张合同约定的解除条件成就,有违诚信,属于为自己的利益不正当地促成合同解除条件成就。依据上述法律规定,应视为条件不成就。某盈公司关于根据案涉《协议书》第八条约定《协议书》已经作废的主张不能成立。原审法院判决其依约承担付款责任,判决结果并无不当"。

② 需要注意的是,就合同而言,即使当事人约定的成立条件未成就,合同也可能因当事人一方履行合同主要义务且对方接受而成立。比如,《民法典合同编通则解释》第 67 条第 3 款规定:"当事人约定以交付定金作为合同成立或者生效条件,应当交付定金的一方未交付定金,但是合同主要义务已经履行完毕并为对方所接受的,人民法院应当认定合同在对方接受履行时已经成立或者生效"。

③ 中国社会科学院语言研究所词典编辑室编:《现代汉语词典》(修订本),商务印书馆 1996 年版,第 992 页。

计算期间的规定”,可以认为,《民法典》第160条所说的“民事法律行为可以附期限”中的“期限”,与《民法典》第200条至第204条所说的“期间”具有相同的含义。

结合《民法典》第199条所说的“法律规定或者当事人约定的撤销权、解除权等权利的存续期间”,第662条第2款所说的“法律、行政法规规定的期限”和第605条等所说的“约定的期限”,可以认为,《民法典》第160条所说的“民事法律行为可以附期限”中的“期限”,指的是约定的期限。

(二)所附期限应当满足的要求

通常认为,当事人针对民事法律行为所附的期限,应当是确定的、将来一定会发生的事实,而不能是已经发生的事实或不确定的事实。

比如,最高人民法院(2020)最高法民申4755号民事裁定书认为:“合同所附的履行期限应是指确定的、将来一定会发生的事实……”河南省高级人民法院(2021)豫民再60号民事裁定书认为:“所谓期限,是指当事人以将来客观上确定到来的事实作为合同效力的附款”;新疆维吾尔自治区高级人民法院(2017)新民再40号民事判决书认为:“附期限是针对合同效力约定附期限,且期限的到来具有必然性。期限是以一定时间或期间的到来对合同的效力起限制作用,只有尚未到来且必然到来的时间和期间才能作为附期限的合同中的期限。”

需要注意的是,合同中通常载明的“本合同自各方签字盖章之日起生效”并非附期限。对此,最高人民法院(2016)最高法民申226号民事裁定书认为:“本案中,双方当事人签订的解除协议第六条明确约定‘本协议自双方签字盖章之日起生效’,故该协议自2009年9月11日双方签字盖章之日起即发生法律效力,不存在双方约定合同附生效条件或附生效期限的情形。”①

正是因为当事人针对民事法律行为所附的期限是确定的、将来一定会发生的事实,而非已经发生的事实或不确定的事实,因此,不存在需要对期限的届至或届满进行拟制的必要。这跟《民法典》第159条专门规定了条件成就的拟制和条件不成就的拟制是不一样的。

(三)所附期限的类型

根据所附期限针对的事项,可以将民事法律行为所附的期限区分为不同的类型。

一是针对民事法律行为的效力所附的期限,包括生效期限和终止期限。比如,《民法典》第160条第2句规定:“附生效期限的民事法律行为,自期限届至时生效”,第3句规定:“附终止期限的民事法律行为,自期限届满时失效”。

其中,当事人针对合同的有效期或执行期约定的期限,通常会被认定为民事法律行为的附终止期限。

比如,在海北某东体育文化有限责任公司与海北藏族自治州某某馆合同纠纷案

---

① 新疆维吾尔自治区高级人民法院(2022)新民申973号民事裁定书也认为:“《中华人民共和国合同法》第四十六条规定:‘当事人对合同的效力可以约定附期限。附生效期限的合同,自期限届至时生效。附终止期限的合同,自期限届满时失效。’……订货合同经当事人签字确认成立并生效,不属于上述法律规定合同约定附期限的情形。”

中，青海省高级人民法院（2023）青民申 22 号民事裁定书认为："州某某馆与某东公司于 2018 年 3 月 12 日签订《托管协议书》，协议第二条明确约定：'托管期限为三年，自 2018 年 3 月 12 日起至 2021 年 3 月 11 日止。托管期限届满，托管协议自然终止'，第五条第四款还约定：'甲方承诺，托管期满如果继续向社会托管，乙方享有第二个托管期的优先托管权'，从前述合同约定内容看，双方约定了明确的托管期限及托管协议终止时间，且无法认定托管期满后自动续签，故，案涉合同为附终止期限的合同……"

又如，山西省高级人民法院（2022）晋民申 174 号民事裁定书认为："本案当事人对合同履行期限已经作出明确的约定，即 2020 年 8 月 10 日至 2020 年 12 月 30 日。根据《中华人民共和国合同法》第四十六条规定，'当事人对合同的效力可以约定附期限。附生效期限的合同，自期限届至时生效。附终止期限的合同，自期限届满时失效。'本案中，合同已随着约定期限的到来而失效……"

再如，重庆市高级人民法院（2018）渝民终 392 号民事判决书认为："终止期限是指决定合同效力消灭的期限。附终止期限的合同，在期限到来以前，合同持续有效，而在期限到来时，合同效力消灭。本案中，《国有土地使用权成交确认书》明确约定'本确认书有效期至 2007 年 10 月 6 日止。'该期限即为合同的终止期限。"①

二是针对民事法律行为的成立所附的期限，即成立期限。比如，针对电子合同的成立时间，《民法典》第 491 条第 2 款规定："当事人一方通过互联网等信息网络发布的商品或者服务信息符合要约条件的，对方选择该商品或者服务并提交订单成功时合同成立，但是当事人另有约定的除外"，《电子商务法》第 49 条规定："电子商务经营者发布的商品或者服务信息符合要约条件的，用户选择该商品或者服务并提交订单成功，合同成立。当事人另有约定的，从其约定"；针对保管合同的成立时间，《民法典》第 890 条规定："保管合同自保管物交付时成立，但是当事人另有约定的除外"；针对客运合同的成立时间，《民法典》第 814 条规定："客运合同自承运人向旅客出具客票时成立，但是当事人另有约定或者另有交易习惯的除外"。尽管上述法律规定没有直接规定当事人可以像依照《民法典》第 493 条②约定合同成立的地点那样约定合同成立的时间，但是，基于上述法律规定针对合同的成立时间所说的"当事人另有约定"得出电子合同、保管合同或客运合同的当事人"可以针对合同的成立附期限"的结论，并非毫无法律依据。

三是针对民事法律行为的履行所附的期限，即履行期限。比如，针对合同的内容，

---

① 类似的裁判意见，还见新疆维吾尔自治区高级人民法院（2020）新民终 332 号民事判决书、山东省高级人民法院（2020）鲁民再 575 号民事判决书、湖南省高级人民法院（2019）湘民申 2369 号民事裁定书、贵州省高级人民法院（2016）黔民终 751 号民事判决书、吉林省高级人民法院（2014）吉民二终字第 19 号民事判决书。也有的裁判意见认为，合同中约定的期限并非当然属于附终止期限，有的属于履行期限。比如，山东省高级人民法院（2021）鲁民申 3669 号民事裁定书认为："合同法第四十六条和《最高人民法院关于贯彻执行〈中华人民共和国民法通则〉若干问题的意见（试行）》第 76 条均对附期限的民事法律行为作了规定，合同中所附的期限是合同生效或者解除的条件。就本案而言，涉案贷款合作协议约定的合同有效期限为 3 年，该期限应是合同的履行期限，而非合同的生效或者解除期限，也就是说，涉案贷款合作协议并非附期限的民事法律行为，因而申请人主张涉案贷款合作协议已失效于法无据。"

② 《民法典》第 493 条规定："当事人采用合同书形式订立合同的，最后签名、盖章或者按指印的地点为合同成立的地点，但是当事人另有约定的除外。"

《民法典》第470条第1款第6项规定:“合同的内容由当事人约定,一般包括下列条款:……(六)履行期限、地点和方式……”;针对留置权的行使,《民法典》第453条第1款规定:“留置权人与债务人应当约定留置财产后的债务履行期限;没有约定或者约定不明确的,留置权人应当给债务人六十日以上履行债务的期限,但是鲜活易腐等不易保管的动产除外。债务人逾期未履行的,留置权人可以与债务人协议以留置财产折价,也可以就拍卖、变卖留置财产所得的价款优先受偿”。此外,《民法典》第189条①也使用了“约定同一债务分期履行”和“最后一期履行期限”的表述。

需要注意的是,由于《民法典》第160条所说的“民事法律行为可以附期限,但是根据其性质不得附期限的除外”并没有将其中的“附期限”限定为“对民事法律行为的效力附期限”,因此,不能仅仅因为《民法典》第160条只规定了“附生效期限的民事法律行为”和“附终止期限的民事法律行为”,就简单地认为只能对民事法律行为的效力附期限,也不能简单地认为“附期限的民事法律行为”只包括“附生效期限的民事法律行为”和“附终止期限的民事法律行为”。这跟原《合同法》第46条针对附期限的合同限定为“当事人对合同的效力可以约定附期限”是不一样的。

二、民事法律行为的附期限

针对民事法律行为,《民法典》第160条第1句规定:“民事法律行为可以附期限,但是根据其性质不得附期限的除外。”据此,《民法典》确立了以可附期限为原则、不得附期限为例外的民事法律行为附期限制度。

(一)以可附期限为原则

由于《民法典》第160条使用了“民事法律行为可以附期限,但是根据其性质不得附期限的除外”的表述,因此,只要不是“根据其性质不得附期限”这种除外情形,任何民事法律行为都可以附期限。

(二)不得附期限的例外情形

《民法典》第160条规定了民事法律行为不得附期限的唯一的例外情形,即:根据民事法律行为的性质不得附期限。

结合《民法典总则编解释》第24条所说的“民事法律行为所附条件不可能发生,……当事人约定为解除条件的,应当认定未附条件,民事法律行为是否失效,依照民法典和相关法律、行政法规的规定认定”,当事人针对根据其性质不得附期限的民事法律行为约定附期限,应当被认定为未附期限。

(三)附期限的自愿

《民法典》第160条第1句使用了“民事法律行为可以附期限”的表述,这就意味着,民事法律行为的附期限,也应当遵循自愿原则,即:是否对民事法律行为附期限、对

① 《民法典》第189条规定:“当事人约定同一债务分期履行的,诉讼时效期间自最后一期履行期限届满之日起计算。”

民事法律行为的哪个部分附期限、对民事法律行为或其部分附何种期限，均由行为人按照自己的意愿进行。这跟原《合同法》第 46 条[①]只是规定"当事人对合同的效力可以约定附期限"是不一样的。

也就是说，在不违反法律、行政法规的强制性规定和不违背公序良俗的前提下，经单方民事法律行为的行为人自主决定、双方或多方民事法律行为的当事人达成一致的意思表示，既可以附期限、也可以不附期限，既可以附此类期限（比如附生效期限或附终止期限）、也可以附其他期限（比如附成立期限或附履行期限）。

（四）附期限的效果

《民法典》第 160 条第 2 句和第 3 句分别规定了民事法律行为附生效期限的效果和附终止期限的效果。

考虑到原《合同法》第 46 条是在规定"当事人对合同的效力可以约定附期限"之后规定"附生效期限的合同，自期限届至时生效。附终止期限的合同，自期限届满时失效"的，这就意味着原《合同法》第 46 条所说的"附生效期限"和"附终止期限"都是针对合同的效力附设的期限，因此，不论是《民法典》第 160 条第 2 句所说的"附生效期限的民事法律行为，自期限届至时生效"，还是第 3 句所说的"附终止期限的民事法律行为，自期限届满时失效"，都仅适用于已经成立的民事法律行为，不适用于未成立的民事法律行为。

1. 附生效期限的效果

就附生效期限而言，《民法典》第 160 条第 2 句所说的"附生效期限的民事法律行为，自期限届至时生效"，明确了所附生效期限的效果，即：所附生效期限一旦届至，该民事法律行为就生效，且生效时间为"期限届至时"；相应地，只要所附生效期限未届至，该民事法律行为就不生效。

2. 附终止期限的效果

就附终止期限而言，《民法典》第 160 条第 3 句所说的"附终止期限的民事法律行为，自期限届满时失效"，明确了所附终止期限的效果，即：所附终止期限一旦届满，该民事法律行为即自行失效、不再具有法律约束力。

也就是说，根据《民法典》第 160 条第 3 句的规定，只要当事人针对民事法律行为约定所附的终止期限届满，就自动地、当然地产生"民事法律行为失效"的法律后果，无须当事人为或不为任何行为；并且，其失效时间为"期限届满时"这一固定不变的、不可由当事人选择的时间。

比如，重庆市高级人民法院（2018）渝民终 392 号民事判决书认为："《中华人民共和国合同法》第四十六条规定：'当事人对合同的效力可以约定附期限。附生效期限的合同，自期限届至时生效。附终止期限的合同，自期限届满时失效。'终止期限是指决定合同效力消灭的期限。附终止期限的合同，在期限到来以前，合同持续有效，而在期限到来时，合同效力消灭。"

---

① 原《合同法》第 46 条规定："当事人对合同的效力可以约定附期限。附生效期限的合同，自期限届至时生效。附终止期限的合同，自期限届满时失效"。

又如,在宜昌某亿矿业有限公司与四川某达化工集团有限公司买卖合同纠纷案中,湖北省高级人民法院(2014)鄂民二终字第00036号民事判决书认为:"四份合同均约定了有效期,即四份合同均是附期限的合同。《中华人民共和国合同法》第四十六条规定:'当事人对合同的效力可以约定附期限。附生效期限的合同,自期限届至时生效,附终止期限的合同,自期限届满时失效'。双方前三份合同的有效期届满日均为2011年12月31日,第四份合同的有效期为2011年12月22日至2012年12月31日,故双方所签四份合同分别于2011年12月31日、2012年12月31日终止。合同终止后,合同中约定的权利和义务对双方不再具有约束力。"

其中,附终止期限的合同因所附期限届满而失效,属于《民法典》合同编第七章所说的"债权债务终止"的事由,即《民法典》第557条第1款第6项所说的"有下列情形之一的,债权债务终止:……(六)法律规定……终止的其他情形"①,将产生导致相应的权利义务关系终止的效果,进而需要适用《民法典》有关权利义务关系终止的一般规定(主要是《民法典》第558条、第559条、第567条、第507条②)。

对此,在李某成、王某生与自贡某某印务有限责任公司房屋买卖合同纠纷案中,最高人民法院(2014)民申字第1651号民事裁定书认为:"案涉《房屋买卖协议》约定,若在本协议签订之日起四个月政府规划条件未出台,本协议终止,甲方不退还定金;但因不可抗力(自然灾害、政策变化、有关部门人员变动等甲方不能抗拒的情况),时间相应顺延。该约定表明本案合同系附终止期限的合同,即至协议签订之日起四个月政府规划条件未出台则《房屋买卖协议》失效,而但书约定的'时间相应顺延'系对合同有效期的展期。……根据合同法第九十一条第一款'有下列情形之一的,合同的权利义务终止:……(七)法律规定或者当事人约定终止的其他情形'的规定,以及双方对政府规划条件未在约定时间内出台不持异议的事实,一、二审法院认定《房屋买卖协议》按约已终止并无不当。"

由此可见,《民法典》第160条所说的民事法律行为因所附终止期限届满而失效,与《民法典》第158条所说的民事法律行为因所附解除条件成就而失效一样,虽然属于《民法典》第557条第1款第6项所说的法律规定的导致债权债务终止的"其他情形",但终究不是民事法律行为不成立、无效、被撤销、确定不发生效力或解除;在《民法典》没有针对民事法律行为失效规定专门的处理办法的情况下,除非法律另有明文规定或当事人另有明确约定,否则不宜适用《民法典》专门针对民事法律行为不成立、无效、被撤销、确定不发生效力或解除规定的处理办法。

比如,山西省高级人民法院(2022)晋民申174号民事裁定书认为:"本案当事人对合同履行期限已经作出明确的约定,即2020年8月10日至2020年12月30日。根据

① 《民法典》第557条第1款规定:"有下列情形之一的,债权债务终止:(一)债务已经履行;(二)债务相互抵销;(三)债务人依法将标的物提存;(四)债权人免除债务;(五)债权债务同归于一人;(六)法律规定或者当事人约定终止的其他情形。"

② 《民法典》第558条规定:"债权债务终止后,当事人应当遵循诚信等原则,根据交易习惯履行通知、协助、保密、旧物回收等义务",第559条规定:"债权债务终止时,债权的从权利同时消灭,但是法律另有规定或者当事人另有约定的除外",第567条规定:"合同的权利义务关系终止,不影响合同中结算和清理条款的效力",第507条规定:"合同……终止的,不影响合同中有关解决争议方法的条款的效力。"

《中华人民共和国合同法》第四十六条规定，‘当事人对合同的效力可以约定附期限。附生效期限的合同，自期限届至时生效。附终止期限的合同，自期限届满时失效。’本案中，合同已随着约定期限的到来而失效，故申请人主张解除合同无事实和法律依据”。

又如，在×××有限公司与某联知识产权调查中心委托合同纠纷案中，北京市高级人民法院（2010）高民终字第 1866 号民事判决书认为：“×××公司对顾某的委托期限截止于 2008 年 10 月 31 日，因此顾某的转委托行为系基于×××公司的授权所产生，虽然×××公司主张在顾某向某联中心转授权的过程中，2000 年 6 月 8 日和 2004 年 8 月 10 日的授权委托书中没有截止日期，但是顾某的授权已于 2008 年 10 月 31 日终止，故其对于某联中心的转授权亦应终止于 2008 年 10 月 31 日。另，刘某向某联中心签发的授权书期限从 2008 年 11 月 1 日至 2009 年 10 月 31 日止，故某联中心基于刘某的转授权自 2009 年 10 月 31 日已然终止。根据《合同法》第四十六条的规定，当事人对合同的效力可以约定附期限。附生效期限的合同，自期限届至时生效。附终止期限的合同，自期限届满时失效。×××公司所主张解除的合同应为依法成立并有效的合同，现×××公司所主张口头合同并未证明已经成立，而在案的授权书所对应合同的权利义务均已终止，故×××公司关于解除合同的请求缺乏事实依据，本院不予采纳。原审判决中所述的‘自然解除’虽然表述欠妥，但是认定结果正确……”①

不过，在民事法律行为因所附终止期限届满而失效的情况下，该民事法律行为因此失效不影响相关当事人在相应的权利义务关系终止之前已经产生的民事责任的承担。这跟《民法典》第 566 条第 2 款所说的“合同因违约解除的，解除权人可以请求违约方承担违约责任，但是当事人另有约定的除外”是类似的；《民法典》第 580 条第 2 款所说的“有前款规定的除外情形之一，致使不能实现合同目的的，人民法院或者仲裁机构可以根据当事人的请求终止合同权利义务关系，但是不影响违约责任的承担”，也可作为参考。

比如，山西省高级人民法院（2020）晋民申 2008 号民事裁定书认为：“本案中，双方的两份购销合同中均约定了合同的有效期。《中华人民共和国合同法》第四十六条规定‘当事人对合同的效力可以约定附期限。附生效期限的合同，自期限届至时生效。附终止期限的合同，自期限届满时失效’。第九十八条规定‘合同的权利义务终止，不影响合同中结算和清理条款的效力。’两份购销合同的有效期届满后，双方基于合同的

---

① 实务中，也有裁判意见认为附终止期限的民事法律行为因终止期限届满而失效的法律后果即为民事法律行为解除。比如，在广州市某功船务有限公司与张某船舶权属及船舶经营管理合同纠纷案中，广东省高级人民法院（2019）粤民终 1976、1977 号民事判决书认为：“双方签订的代管协议明确约定代管期限为 2012 年 7 月 1 日起至 2015 年 6 月 30 日止，并约定在协议到期后如任何一方未提出终止协议，协议自动延续 3 年。据此，双方均确认上述代管协议在 2015 年 6 月 30 日到期后，且在到期后双方均未提出终止协议的主张，协议已自动延续至 2018 年 6 月 30 日。但对于代管协议在 2018 年 6 月 30 日到期后能否再行延续三年的问题，双方存在争议。……从上述代管协议的文义看，无法得出代管协议在每次到期后均可延续三年的结论，结合代表某功公司签订代管协议的原法定代表人田某钧的证人证言，也可证实双方在签订该协议时并没有作出协议可连续延续的意思表示，故张某认为代管协议仅能延续一次的解释更符合协议的文义和双方签订协议时的真实意思表示，本院予以采信。依照《中华人民共和国合同法》第四十六条关于‘当事人对合同的效力可以约定附期限。附生效期限的合同，自期限届至时生效。附终止期限的合同，自期限届满时失效’的规定，一审法院认定双方之间的代管协议已于 2018 年 6 月 30 日因到期而解除正确，本院予以维持。”

权利义务已终止,两份购销合同已经不存在解除的问题。合同终止后,不影响双方依据合同约定承担各自责任。"

又如,在吉林省某某山国家森林公园股份有限公司与白山市江源区某兴煤矿、白山市某盛耐火材料有限公司买卖合同纠纷案中,吉林省高级人民法院(2014)吉民二终字第19号民事判决书认为:"双方《煤炭销售合同》约定该合同有效期为自2009年12月28日至2010年12月28日,即该合同约定了终止期限。依照《中华人民共和国合同法》第四十六条'当事人对合同的效力可以约定附期限。附生效期限的合同,自期限届至时生效。附终止期限的合同,自期限届满时失效'之规定,该合同已于2010年12月29日失效。由于该合同在失效之前已部分履行,根据《中华人民共和国合同法》第九十一条第七项'法律规定或者当事人约定终止的其他情形'合同的权利义务终止的规定,应认定该合同的权利义务终止,双方当事人不再负有履行义务。同时,根据《中华人民共和国合同法》第九十八条'合同的权利义务终止,不影响合同中结算和清理条款的效力'的规定,双方当事人应当依照合同约定的价格对已履行部分进行结算,对超出履行部分煤炭对价的预付款,某某山公司有权要求返还"。

再如,在贵州省岑巩县某箭铁合金有限公司与上海某信贸易有限公司买卖合同纠纷案中,贵州省高级人民法院(2016)黔民终751号民事判决书认为:"经查,《长期协议》约定协议签订后由需方向供方预付600万元货款,作为长期合作的保证金,合作终止后7个工作日内供方全额退还给需方,供方向需方每月供货1000吨,每批次500吨,协议自2014年8月29日起至2015年1月28日止有效,期满自行废止。协议签订后,作为需方的某信公司已依约向供方某箭公司汇付了600万元预付货款,作为履约保证金,而在协议约定的履行期限内,供方某箭公司未按约定履行供货义务。按照《长期协议》确定的双方协议履行期限,根据《合同法》第四十六条'当事人对合同的效力可以约定附期限。附生效期限的合同,自期限届至时生效。附终止期限的合同,自期限届满时失效'的规定,《长期协议》已于2015年1月29日协议履行期届满后失效,合同终止后供方某箭公司未依约在7个工作日内退还需方某信公司预付货款600万元,应承担相应违约责任。"

3. 附成立期限的效果

在当事人针对特定的民事法律行为的成立约定附期限的情况下,所附成立期限一经届至,该民事法律行为即告成立;如果约定的成立期限未届至,则该民事法律行为暂不成立。

需要注意的是,就合同而言,结合《民法典》第490条第1款所说的"当事人采用合同书形式订立合同的,自当事人均签名、盖章或者按指印时合同成立。在签名、盖章或者按指印之前,当事人一方已经履行主要义务,对方接受时,该合同成立"和第2款所说的"法律、行政法规规定或者当事人约定合同应当采用书面形式订立,当事人未采用书面形式但是一方已经履行主要义务,对方接受时,该合同成立"以及《民法典合同编通则解释》第67条第3款所说的"当事人约定以交付定金作为合同成立或者生效条件,应当交付定金的一方未交付定金,但是合同主要义务已经履行完毕并为对方所接受的,人民法院应当认定合同在对方接受履行时已经成立或者生效",可以认为,即使当事人约定的成立期限未届至,合同也因当事人一方履行合同主要义务且对方接受而在对方接受履行时成立。

4. 附履行期限的效果

在当事人针对特定的民事法律行为的履行约定附期限的情况下，所附履行期限一旦届满，相关当事人就应当履行实施相应的民事法律行为或相应部分的民事法律行为的义务，否则可能构成违约、依法承担相应的违约责任。

三、附期限与附条件的判断

(一)附期限与附条件的识别

尽管《民法典》第 158 条和第 160 条对民事法律行为的附条件和民事法律行为的附期限分别作出了规定，并且分别使用了“附条件”与“附期限”、“附生效条件”与“附生效期限”、“附解除条件”与“附终止期限”这类在字面上看似乎区别比较明显的表述，不过，实务中，准确地区分当事人针对民事法律行为所附设的约定在性质上属于附条件还是附期限，并非易事。

比如，最高人民法院(2020)最高法民再 231 号民事判决书就认为：“期限和条件是法律中的两个重要概念，两者的区别在于观察问题的角度，前者基于时间维度，后者基于逻辑视角；但在外延上，两者并非泾渭分明，而是存在交叉重叠。”

实务中，通常从当事人针对民事法律行为所附的约定属于确定会发生的事实还是不确定发生的事实来作出判断。比如，河南省高级人民法院(2021)豫民再 60 号民事裁定书认为：“所谓条件，是指当事人以将来客观上不确定发生的事实作为合同效力的附款。所谓期限，是指当事人以将来客观上确定到来的事实作为合同效力的附款。条件与期限的区别在于，条件的发生与否属于不确定的事实，但期限的到来则是确定发生的事实”；又如，湖南省高级人民法院(2020)湘民终 1215 号民事判决书认为：“附条件是指当事人约定以将来可能发生、也可能不发生的事实作为合同生效或失效的条件；附期限是指当事人约定以将来确定的某一期限作为合同效力发生或终止的根据。”再如，四川省高级人民法院(2019)川民终 1133 号民事判决书认为：“期限和条件虽均属于当事人对法律行为效果的发生或消灭所加的限制，但对法律行为效果的影响存在根本区别。根据合同法的相关理论，期限是对合同效力或履行产生影响的未来确定会发生的事实，而条件是对合同效力或履行存在影响的未来不确定的事实。”

进而，如果当事人针对民事法律行为所附的约定属于不确定发生的事实，则认定为附条件。

比如，在李某涛与钟某平等股权转让纠纷案中，针对案涉股权转让协议关于“在某宇公司与某隆公司就某某街 6 号地项目，正式签订了有关合作开发协议后 5 个工作日内，钟某平再向李某涛支付股权转让尾款贰仟万元正”的约定属于附条件还是附期限的问题，最高人民法院(2020)最高法民申 4755 号民事裁定书认为：“对该问题的认定应根据协议内容、签订背景以及股权价值等各方面进行综合考量。首先，根据协议内容看，协议双方不仅明确了协议签订的基础在于‘某宇公司与某隆公司签订了《某某街 6 号项目合作开发意向书》及补充协议’‘钟某平已明白某宇公司注册原因及某某街 6 号项目基本情况’，而且明确约定李某涛转让的不仅是其持有的某宇公司 45%的股权，还包括其在某某街 6 号项目拥有的一切权益,即某宇公司即将参与合作开发某某街 6 号项目所能给股东带来的商业机会或预期收益。另从字面上看,钟某平支付 2000 万元股权转让尾款是在某宇公司与某隆公司正式签订某某街 6 号项目有关合作开发协议后 5 个工作日内。而某宇公司与某隆公司就案涉项目未正式缔约,双方前期所签订的合作开发意向书及其补充协议亦经仲裁解除,已不具备签约及履行条件。其次,从协议签订背景看,某宇公司系李某涛等人为与某隆公司合作开发某某街 6 号项目而成立的项目公司,公司成立后的主要工作是积极筹备合作开发相关事宜,促使某某街 6 号地块的土地使用权恢复登记至某隆公司名下,除此以外,该公司并未从事与合作开发无关的其他经营活动。在钟某平受让股权前,某宇公司注册资本已转入股东李某涛的个人账户,除因协调某某街 6 号项目土地使用权登记所垫支的费用外,公司并无其他债权债务及相应资产。即使李某涛前期投入了不少资金和精力,但股权价值不能仅以其前期投入来衡量。钟某平受让李某涛持有的某宇公司股权,其目的在于通过某宇公司与某隆公司合作开发某某街 6 号项目获取收益,若某宇公司与某隆公司未能就案涉项目签订正式合作开发协议,某宇公司股权的价值亦会降低,钟某平受让股权的目的亦不能完全实现。再次,从协议约定的性质看,钟某平支付剩余股权转让款的前提是某宇公司与某隆公司正式签订合作开发协议,而正式签订合作开发协议需由某宇公司与某隆公司协商一致,并非单方能够决定,最终能否正式签订协议亦属于不确定是否发生的事实。而合同所附的履行期限应是指确定的、将来一定会发生的事实,故本案双方关于余款支付的约定属于履行条件的约定。”

又如,在崔某宏与山西潞安某某能源开发股份有限公司、山西潞安某丰矿业有限公司合同纠纷案中,最高人民法院(2017)最高法民申 3587 号民事裁定书认为:“经查,《增资扩股协议书》第四条第 2 项载明:‘……另外 3340 万元待长治某丰拟建的临县某某山煤矿投产后,按煤炭实际产量吨煤 10 元计算归还给崔某宏,直到付清为止。’根据该约定可知,崔某宏对诉争 3340 万元享有债权是确定的,但附期限法律行为对期限一般要求该期限须为将来确定发生的事实而设定的期限,虽然崔某宏对潞安某丰享有确定债权,但是并不代表临县某某山煤矿投产这个事实是未来必然发生的,该煤矿是否能够投产是一个不确定的事实,故上述约定是一个附条件的协议条款,临县某某山煤矿投产是所附条件,按煤炭实际产量吨煤 10 元计算偿还给崔某宏,直到付清为止是给付方式……”

再如,在张某兵与河南某融置业有限公司居间合同纠纷案中,针对涉案佣金合同是否系附条件、附期限的合同的问题,河南省高级人民法院(2021)豫民再 60 号民事裁定书认为:“本案中,关于佣金及付款方式,某融公司、张某兵约定:‘佣金=本协议约定成交底价×0.05+(实际成交金额-本协议约定成交底价)×0.5;本协议约定合同成交底价为人民币 15600 万元;协议签订后,某融公司按以下比例支付张某兵佣金:某某发合同签订并支付定金后 7 日内支付张某兵佣金总额的 25%;第一笔购置款到位后 7 日内支付张某兵佣金总额的 20%;车库顶板浇筑完成,第二笔购置款到位后 7 日内支付张某兵佣金总额的 30%;负一层商业顶板浇筑完成,第三笔购置款到位后 7 日内支付张某兵佣金总额的 25%。’对于张某兵主张的第三笔佣金即总额的 30%,双方约定的付款要求是‘车库顶板浇筑完成’且‘第二笔购置款到位’。张某兵主张的第四笔佣金即总额的 25%，双方约定的付款要求是‘负一层商业顶板浇筑完成’且‘第三笔购置款到位’。上述付款要求明显系将来客观上不确定发生的事实，而不是将来客观上确定到来的事实，即属于付款条件的约定而不属于付款期限的约定。因此，本案双方关于佣金的约定系附条件约定即附条件合同”。

相应地，如果当事人针对民事法律行为所附的约定属于确定会发生的事实，则认定为附期限。

比如，在埃某某斯（北京）电气有限公司与河南某源电气股份有限公司买卖合同纠纷案中，针对涉案采购合同第六条关于付款方式的约定系附条件还是附期限民事法律行为的问题，河南省高级人民法院（2019）豫民再 781 号民事判决书认为：“本案埃某某斯公司与某源公司签订的买卖合同合法有效，埃某某斯公司依约供应了货物，某源公司支付合同约定的货款的义务是确定的，因此某源公司的付款义务应属于上述不得附条件的民事法律行为。采购合同第六条第一项‘付款方式：甲方在收到项目方某能公司就本批开关柜合同第二笔足额货款后的 5 个工作日内向乙方支付本合同的全部货款’符合上述第一百六十条关于‘附生效期限’的规定，某源公司付款义务系附期限的民事法律行为。”

（二）“背靠背”付款条款属于当事人针对价款支付所附的履行期限

实务中，建设工程等领域存在关于合同价款支付的“背靠背”付款条款①，即在一方当事人履行合同义务之后，另一方当事人履行支付合同价款的义务须以收到第三方支付的价款为条件。针对此类“背靠背”付款条款的性质，实务中存在不同的意见。

有的裁判意见认为，“背靠背”付款条款属于附条件的民事法律行为。

比如，在西安某顿软件技术有限公司与浩某云计算科技股份有限公司计算机软件开发合同纠纷案中，最高人民法院（2019）最高法知民终 819 号民事判决书认为：“虽然某顿公司已按协议约定履行了主要合同义务，但涉案协议第二部分工作说明书第 7 条对付款条件明确约定，‘某鲸公司收到客户合同款’是某鲸公司向某顿公司付款的‘先行条件’。此前，某鲸公司就涉案平台项目已向某顿公司支付 105 万元，也是基于某鲸公司从上手深圳市中某某讯电子有限公司处取得 1669164 元合同款项。某顿公司在本案中提交的证据，不能证明某鲸公司从其上手客户处取得了上述款项之外的款项，且无证据证明某鲸公司存在《中华人民共和国民法总则》第一百五十九条所规定的‘不正

---

① 比如，国务院国资委《关于认真贯彻落实〈保障中小企业款项支付条例〉进一步做深做实清理拖欠中小企业账款工作的通知》（国资发财评〔2021〕104 号）要求各中央企业“严控‘背靠背’付款条款，对于提前明示、合同约定‘背靠背’付款条款的，要加强上游款项催收，上游付款后及时对中小企业付款”；国务院国资委《关于中央企业助力中小企业纾困解难促进协同发展有关事项的通知》（国资发财评〔2022〕40 号）要求各中央企业“加强合规管理，清理霸王条款，不得设立不合理的付款条件、时限。严控‘背靠背’付款条款，加强上游款项催收，上游付款后要及时对中小企业付款”。又如，《北京市高级人民法院关于审理建设工程施工合同纠纷案件若干疑难问题的解答》（京高法发〔2012〕245 号）第 22 条针对“分包合同中约定总包人收到发包人支付工程款后再向分包人支付的条款的效力如何认定”的答复：“分包合同中约定待总包人与发包人进行结算且发包人支付工程款后，总包人再向分包人支付工程款的，该约定有效。因总包人拖延结算或怠于行使其到期债权致使分包人不能及时取得工程款，分包人要求总包人支付欠付工程款的，应予支持。总包人对于其与发包人之间的结算情况以及发包人支付工程款的事实负有举证责任”。

当地阻止条件成就’的情形，因此，某鲸公司向某顿公司支付剩余合同款的条件尚未成就，某顿公司无权请求某鲸公司支付剩余合同款”。在该案的再审审查程序中，最高人民法院(2020)最高法民申5936号民事裁定书更是认为：“根据涉案协议约定，某鲸公司向某顿公司支付剩余合同款的条件为，某顿公司向某鲸公司交付包括程序源代码在内的涉案软件，且某鲸公司收到客户合同款。二审判决认定某鲸公司向某顿公司支付剩余合同款的条件尚未成就，涉案协议约定的付款条件成就时，某顿公司可另行向某鲸公司主张权利，并无不当。”

又如，在某某一局(集团)有限公司与沈阳某越市政工程有限公司、沈阳某东城市开发建设投资有限公司建设工程施工合同纠纷案中，针对某某一局主张的工程款支付所附“背靠背”条件是否成就的问题，最高人民法院(2020)最高法民终106号民事判决书认为：“某某一局提出双方约定了在某东建设未支付工程款情况下，某某一局不负有付款义务。但是，某某一局的该项免责事由应以其正常履行协助验收、协助结算、协助催款等义务为前提，作为某东建设工程款的催收义务人，某某一局并未提供有效证据证明其在盖章确认案涉工程竣工后至本案诉讼前，已积极履行以上义务，对某东建设予以催告验收、审计、结算、收款等。相反，某某一局工作人员房某的证言证实某某一局主观怠于履行职责，拒绝某越公司要求，始终未积极向某东建设主张权利，该情形属于《中华人民共和国合同法》第四十五条第二款规定附条件的合同中当事人为自己的利益不正当地阻止条件成就的，视为条件已成就的情形，故某某一局关于‘背靠背’条件未成就、某某一局不负有支付义务的主张，理据不足。”

也有裁判意见认为，“背靠背”付款条款属于附期限(具体为附生效期限)的民事法律行为。

比如，在埃某某斯(北京)电气有限公司与河南某源电气股份有限公司买卖合同纠纷案中，河南省高级人民法院(2019)豫民再781号民事判决书认为：“《民法总则》第一百五十八条规定‘民事法律行为可以附条件，但是按照其性质不得附条件的除外。附生效条件的民事法律行为，自条件成就时生效。附解除条件的民事法律行为，自条件成就时失效。’第一百六十条规定‘民事法律行为可以附期限，但是按照其性质不得附期限的除外。附生效期限的民事法律行为，自期限届至生效。附终止期限的民事法律行为，自期限届满时失效。’本案埃某某斯公司与某源公司签订的买卖合同合法有效，埃某某斯公司依约供应了货物，某源公司支付合同约定的货款的义务是确定的，因此某源公司的付款义务应属于上述不得附条件的民事法律行为。采购合同第六条第一项‘付款方式：甲方在收到项目方某能公司就本批开关柜合同第二笔足额货款后的5个工作日内向乙方支付本合同的全部货款’符合上述第一百六十条关于‘附生效期限’的规定，某源公司付款义务系附期限的民事法律行为。”

还有裁判意见认为，“背靠背”付款条款并非附条件的民事法律行为，而只是关于当事人付款义务的履行期限的约定。

比如，在贵州某杰置业有限公司与重庆某某建筑工程有限责任公司建设工程施工合同纠纷案中，针对某杰公司是否应当向某某公司支付剩余2200万元工程款的问题，最高人民法院(2016)最高法民终811号民事判决书认为：“根据会议纪要内容，案涉工程本次工程款支付金额为4000万元；支付资金来源为开发商自筹和银行贷款；工程款分三次支付。现某杰公司已经按照会议纪要约定的资金来源和额度实际支付了 1800 万元，尚余 2200 万元。因会议纪要约定的第三次付款时间为‘施工单位协助开发商办理贷款到账’，某杰公司据此主张某某公司并未举证证明其协助开发商办理贷款到账，故第三次付款条件未能成就，某某公司无权请求其支付剩余款项。本院认为，因案涉工程已经竣工验收并实际交付使用，无论支付的工程款来源是开发商自筹，还是银行贷款，某杰公司均为付款义务人，即对于双方约定的 4000 万元工程款，其支付行为应为确定的、必然的，而非可以支付，也可以不支付。根据《民法通则》第六十二条的规定，附条件的民事法律行为在条件成就时生效。如果将‘施工单位协助开发商办理贷款到账’的约定视为附条件，则条件成就时，某杰公司应履行付款义务；条件不成就时，某杰公司则无需支付工程款。因此，该约定不能认为是某杰公司支付行为所附条件，某杰公司支付 4000 万元只是时间的早晚问题，而非是否支付的问题，一审法院将其视为对付款义务履行期限的约定并无不当。某杰公司认为第三次付款条件不成就，故不应支付剩余工程款的主张无事实和法律依据，本院不予支持。按照‘施工单位协助开发商办理贷款到账’的约定，第三次付款时间是模糊、不确定的。依据《合同法》第六十一条、第六十二条第四项之规定，对于合同约定的履行期限不明确的，‘债务人可以随时履行，债权人也可以要求随时履行，但应当给对方必要的准备时间’。某杰公司已经按照会议纪要履行了部分付款义务，其应继续向某某公司支付剩余 2200 万元工程款。”

又如，在江苏某电节能工程有限公司与新疆生产建设兵团某某工程（集团）有限责任公司建设工程分包合同纠纷案中，针对案涉建设工程总承包人与分包人在分包合同中约定的“总承包人收到发包人工程款后，再向分包人付款”的性质问题，新疆维吾尔自治区高级人民法院（2022）新民再 157 号民事判决书认为：“建设工程总承包人与分包人在分包合同中约定以‘总承包人收到发包人工程款后，再向分包人付款’的内容，一般被称为‘背靠背’条款。依据当事人意思自治原则，‘背靠背’条款是总承包人与分包人的真实意思表示，在分包合同不违反现有法律、行政法规的强制性规定的情形下，应为合法有效。司法实践中，对于‘背靠背’条款的性质以及如何适用存有争议。本院认为，根据建设工程分包合同约定的权利义务内容，结合‘背靠背’条款设立目的，该条款系对总承包人支付工程款履行期限的约定，而非附条件或附期限的合同。”

在此基础上，（2022）新民再 157 号民事判决书进一步认为：“‘背靠背’条款虽为当事人的真实意思表示，但应对其合理解释和适用，以防止损害分包人的合法权益”，具体理由如下：

“首先，《中华人民共和国合同法》第二百六十九条规定，建设工程合同是承包人进行工程建设，发包人支付价款的合同。第二百七十二条规定，总承包人或者勘察、设计、施工承包人经发包人同意，可以将自己承包的部分工作交由第三人完成。《中华人民共和国建筑法》第二十九条规定，建筑工程总承包单位可以将承包工程中的部分工程发包给具有相应资质条件的分包单位。根据上述规定，总承包人与分包人分别属于建设工程分包合同的发、承包方，总承包人负有向分包人支付工程价款的合同义务，分包人完成施工义务交付工程且经验收合格，总承包人即应按照约定支付工程价款。在建筑工程领域，发包人拖延或者拒绝支付工程款的情形时常发生，在分包合同中设置‘背靠背’条款成为总承包人规避风险的常见方式。

"其次,……建设工程分包合同设立的'背靠背'条款是当事人关于工程价款支付时间的约定,即通过以发包人对总承包人支付工程款的时间来确定总承包人应向分包人支付工程款的时间,故该条款仅决定总承包人支付工程款的履行期限,而不影响其支付工程款义务的成立。即在总承包人履行期限到来之前,双方的权利义务关系已经确立,均应受到法律行为的拘束。

"再次,在双务合同中,双方约定一方履行合同义务,而另一方履行支付对价义务以第三方支付为前提,则该约定形式上看是有关履行条件的约定,本质为履行期限的约定。申言之,当第三方履行支付行为存在重大障碍或者丧失可能性,且已经过合理期限时,除非债权人已经做出明确意思表示,否则不能推定其承诺永久放弃债权,此时根据保护债权、诚实信用原则,可以参照《中华人民共和国合同法》第六十二条:'当事人就有关合同内容约定不明确,依照本法第六十一条的规定仍不能确定的,适用下列规定:(四)履行期限不明确的,债务人可以随时履行,债权人也可以随时要求履行,但应当给对方必要的准备时间'之规定,认定债权人在给对方必要准备时间后,可以要求债务人履行支付义务。特别是,在当事人缔约地位不平等,所签订的合同条款主要反映强势一方当事人的意志和利益的情形下,应当遵循诚信原则,将商业道德和公共道德运用到意思表示的解释之中,从而对意思表示进行合理的解释和限制。在建筑市场领域,分包人相对于总承包人在缔约时处于弱势地位,为争取市场份额往往会接受'背靠背'条款。如果分包人投入大量物力和财力将其劳动成果物化为建设工程,完成工程建设并投入使用,而发包人资不抵债进入破产程序,能否及时足额向总承包人支付工程款存在极大不确定性时,适用'背靠背'条款将致使总承包人向分包人支付工程款的期限长期难以确定,则总承包人应当承担的发包人的付款风险将转嫁由分包人承担,意味着分包人的工程款债权难以实现,可能因此实际上免除总承包人应当履行的工程款义务,与分包合同约定的权利义务内容及等价有偿原则、公平正义原则明显不符,亦有可能损害农民工的合法权益,从而影响社会稳定。故此时应当认定总承包人的付款履行期限已经届至,对其以'背靠背'条款进行抗辩的理由不予支持。

"最后,2020 年 9 月 1 日起施行的《保障中小企业款项支付条例》第六条第一款规定'机关、事业单位和大型企业不得要求中小企业接受不合理的付款期限、方式、条件和违约责任等交易条件,不得违约拖欠中小企业的货物、工程、服务款项。'可见,保障公平交易,保护广大中小企业的利益也是我国立法和司法为实现实质正义的政策选择。

"综上,在分包人已经履行全部合同义务,确有证据能够证明发包人明显丧失付款能力,且经过合理期限后分包人未明确同意放弃工程款债权的情况下,适用'背靠背'条款将导致总承包人的履行期限长期无法确定,此时应当认定该履行期限不明确,分包人在给总承包人必要的准备时间后可以向其主张工程款。"

如前所说,《民法典》第 160 条所说的"民事法律行为可以附期限,但是根据其性质不得附期限的除外"并没有将其中的"附期限"限定为"对民事法律行为的效力附期限",而当事人对民事法律行为所附的期限既可以是《民法典》第 160 条所说的"生效期限""终止期限",也可以是"成立期限"或"履行期限",结合"背靠背"付款条款具有为当事人的付款义务约定履行期限的性质,将"背靠背"付款条款认定为附期限的民事法律行为中的附履行期限的民事法律行为,可能是更合适的;在当事人关于履行期限的约定不明确的情况下,应当适用《民法典》第 510 条关于“合同生效后,当事人就质量、价款或者报酬、履行地点等内容没有约定或者约定不明确的,可以协议补充;不能达成补充协议的,按照合同相关条款或者交易习惯确定”和第 511 条第 4 项关于“当事人就有关合同内容约定不明确,依据前条规定仍不能确定的,适用下列规定:……(四)履行期限不明确的,债务人可以随时履行,债权人也可以随时请求履行,但是应当给对方必要的准备时间”的规定。

第七章　代　理

第一节　一般规定

与《民法典》总则编第六章“民事法律行为”一样,《民法典》总则编第七章“代理”也是规范民事活动(具体为代理行为)的制度①。代理制度是“民事主体通过代理人实施民事法律行为的制度”②,调整的是“被代理人、代理人和第三人之间的关系”③。

《民法典》总则编第七章“代理”共有 15 个条文(第 161 条至第 175 条),构建了民事代理的制度体系,包括代理的一般规定、委托代理和代理的终止等制度。

其中,《民法典》总则编第七章第一节“一般规定”共有 4 个条文(第 161 条至第 164 条),规定了民事代理的一般规则,涉及代理的适用范围(第 161 条)、代理的效力归属(第 162 条)、代理的类型(第 163 条)和代理人的责任(第 164 条)。

《民法典》总则编第七章第一节“一般规定”原则上统一适用于所有的民事代理行为(但第 163 条分别适用于相应类型的代理行为);在《民法典》和其他法律对代理行为的相关事项没有作出特别规定的情况下,应当适用《民法典》总则编第七章第一节的一般规定。

第一百六十一条　【代理制度的适用范围】民事主体可以通过代理人实施民事法律行为。

依照法律规定、当事人约定或者民事法律行为的性质,应当由本人亲自实施的民事法律行为,不得代理。

---

① 全国人民代表大会常务委员会时任副委员长王晨 2020 年 5 月 22 日在第十三届全国人民代表大会第三次会议上作的《关于〈中华人民共和国民法典(草案)〉的说明》提及:“我国民事主体制度中的法人制度,规范民事活动的民事法律行为制度、代理制度,调整各类财产关系的物权制度,调整各类交易关系的合同制度,保护和救济民事权益的侵权责任制度,都是坚持和完善社会主义基本经济制度不可或缺的法律制度规范和行为规则。”

② 全国人民代表大会常务委员会时任副委员长李建国 2017 年 3 月 8 日在第十二届全国人民代表大会第五次会议上作的《关于〈中华人民共和国民法总则(草案)〉的说明》、全国人民代表大会常务委员会时任副委员长王晨 2020 年 5 月 22 日在第十三届全国人民代表大会第三次会议上作的《关于〈中华人民共和国民法典(草案)〉的说明》。

③ 中国人大网 2016 年 7 月 5 日公布的《关于〈中华人民共和国民法总则(草案)〉的说明》提及:“代理制度是调整被代理人、代理人和第三人之间关系的法律制度。”

【条文通释】

《民法典》第 161 条是关于代理制度的适用范围[①]的规定。

一、代理制度的适用范围

由于《民法典》第 161 条使用了"通过代理人实施民事法律行为"和"应当由本人亲自实施的民事法律行为,不得代理"的表述,因此,代理制度适用于民事法律行为,不适用于事实行为和其他行为。

根据《民法典》第 161 条的规定,《民法典》针对民事法律行为确立了以可以代理为原则、不得代理为例外的民事代理制度。

(一)以可以代理为原则

由于《民法典》第 161 条使用了"民事主体可以通过代理人实施民事法律行为。……应当由本人亲自实施的民事法律行为,不得代理"的表述,因此,只要不是"应当由本人亲自实施的民事法律行为"这种除外情形,民事主体都可以通过代理人实施民事法律行为。通过代理人实施民事法律行为也是民事主体的一项权利,即自主决定实施民事法律行为的方式的权利。这也是《民法典》第 5 条所说的"民事主体从事民事活动,应当遵循自愿原则,按照自己的意思设立、变更、终止民事法律关系"和第 130 条所说的"民事主体按照自己的意愿依法行使民事权利,不受干涉"的具体体现和应有之义。

也就是说,除"依照民事法律行为的性质,应当由本人亲自实施的民事法律行为"外,除非法律明确规定或当事人明确约定不得代理,否则,其他的民事法律行为均可以代理。

比如,针对股东出席股东会会议和表决权的行使,《公司法》第 118 条规定:"股东委托代理人出席股东会会议的,应当明确代理人代理的事项、权限和期限;代理人应当向公司提交股东授权委托书,并在授权范围内行使表决权";针对董事职务的履行,《公司法》第 125 条第 1 款规定:"[股份有限公司]董事会会议,应当由董事本人出席;董事因故不能出席,可以书面委托其他董事代为出席,委托书应当载明授权范围"。

其中,《民法典》第 161 条第 1 款所说的"民事主体",即被代理人,既可以是自然人,也可以是法人或非法人组织。

需要注意的是,《民法典》总则编第七章"代理"所说的"代理事项"或"代理事务",仅指民事法律行为,不包括事实行为。这跟《民法典》合同编第二十三章"委托合同"所

---

① 全国人民代表大会常务委员会时任副委员长王晨 2020 年 5 月 22 日在第十三届全国人民代表大会第三次会议上作的《关于〈中华人民共和国民法典(草案)〉的说明》使用了"代理的适用范围"的表述。

说的"委托事务"既包括民事法律行为,也包括事实行为是不同的。①

(二)不得代理的例外情形

《民法典》第 161 条第 2 款规定了民事主体不得通过代理人实施民事法律行为的例外情形,即:"应当由本人亲自实施的民事法律行为,不得代理"。

其中,《民法典》第 161 条第 2 款所说的"不得代理",对应于"应当由本人亲自实施"民事法律行为,指的是民事主体不得通过代理人实施民事法律行为。

而《民法典》第 161 条第 2 款所说的"应当由本人亲自实施的民事法律行为",则包括以下三种情形:

一是法律规定应当由本人亲自实施的民事法律行为,包括法律明确禁止代理的民事法律行为。比如,针对结婚行为,《民法典》第 1049 条规定:"要求结婚的男女双方应当亲自到婚姻登记机关申请结婚登记……"针对协议离婚行为,《民法典》第 1076 条第 1 款规定:"夫妻双方自愿离婚的,应当签订书面离婚协议,并亲自到婚姻登记机关申请离婚登记……"②

二是当事人约定应当由本人亲自实施的民事法律行为,即当事人经协商一致明确

---

① 比如,在无锡某华国际货运代理有限公司与锦州某海生物化学有限公司、上海某苒货物运输代理有限公司海上货运代理合同纠纷案中,上海市高级人民法院(2022)沪民终 96 号民事判决书认为:"事实上,无锡某华作为货运代理企业,并非仅可从事代理性质的业务,某海公司对其的委托系复合性委托,其中包含代为订舱等委托代理事务与其他委托非代理事务。就某海公司委托的进仓、装箱事务而言,本系事实行为,并不属于受托人必须通过实施民事法律行为,例如与第三人缔结合同才能完成的事务。即使受托人为此与第三人缔结合同,也并非必须以委托人的代理人身份为之。换言之,某海公司通过合同委托无锡某华处理涉案货物进仓、装箱等事务,并不需要也不能证明某海公司因此已授予无锡某华代理其从事相关民事法律行为之代理权。本案中虽根据货运委托书记载,某海公司认可无锡某华的代理行为,但一方面该货运委托书中的约定系针对某海公司与无锡某华在涉案货物整箱交接后的货代事务,另一方面针对涉案货物的进仓、装箱等事务,亦无证据表明某海公司具有向无锡某华授予代理权,将无锡某华与第三人订立合同之法律效果归于自身的意思表示。因此,无锡某华与某苒公司订立合同,委托某苒公司办理涉案货物进仓、装箱等事务的行为,并非是基于某海公司授予其代理权的代理行为,而是无锡某华独立以自身名义从事的民事法律行为。"

② 上海市第三中级人民法院(2020)沪 03 行终 456 号行政判决书也认为:"《中华人民共和国民法总则》第三十四条规定,监护人的职责是代理被监护人实施民事法律行为,保护被监护人的人身权利、财产权利以及其他合法权益等。第一百六十一条第二款规定,依照法律规定、当事人约定或者民事法律行为的性质,应当由本人亲自实施的民事法律行为,不得代理。《婚姻法》第八条规定,要求结婚的男女双方必须亲自到婚姻登记机关进行结婚登记。根据上述规定,像结婚这种具有严格的人身性质的行为,只能由当事人本人行使,即使是监护人,也无权进行代理。但结婚毕竟涉及人生大事,按照国人的普遍观点,结婚不仅是两个人的事,更是两个家庭的事,与当事人的人身权益、财产权益息息相关。作为限制民事行为能力人,本就依靠监护人的照顾而生活,完全排除监护人的意见似乎也并不合适。因此,本院认为,就限制民事行为能力人缔结婚姻的决定,监护人可向被监护人提供建议,帮助其了解婚姻承担的社会责任和法律责任,但结婚涉及人身法律关系的调整,必须也只能由当事人本人亲自决定及实施。如因监护人不同意,就可以否决被监护人结婚的决定,这既违反了婚姻自由的法律原则,也违背了被监护人的天性和意愿。"

约定[①]应当由当事人亲自实施特定的民事法律行为。在此情况下，当事人也应当亲自实施，而不能委托代理人实施。

三是根据其性质应当由本人亲自实施的民事法律行为。通常认为，订立遗嘱、收养子女等行为属于根据其性质应当由本人亲自实施的民事法律行为[②]。[③]

需要注意的是，根据《民法典》第 8 条关于"民事主体从事民事活动，不得违反法律，不得违背公序良俗"的规定，民事主体不仅本人不得实施违法行为，也不得通过代理人实施违法行为，对此可以称为"违法行为不得代理"[④]。不过，由《民法典》第 161 条第 1 款所说的"民事主体可以通过代理人实施民事法律行为"可知，违法行为显然不是《民法典》第 161 条第 2 款规定的"不得代理"的"应当由本人亲自实施的民事法律行为"。

（三）民事主体通过代理人实施的应当由本人亲自实施的民事法律行为的效力

《民法典》第 161 条第 2 款所说的"依照法律规定、当事人约定或者民事法律行为的性质，应当由本人亲自实施的民事法律行为，不得代理"，既是对民事主体本人的限制（即不得通过代理人实施相关民事法律行为），也是对代理人的限制（即不得接受代理、以被代理人的名义实施相关民事法律行为），还是对相对人的限制（即不得接受代理人以被代理人的名义实施相关民事法律行为）。

问题是，民事主体通过代理人实施的应当由本人亲自实施的民事法律行为的效力如何？对此，《民法典》和《民法典总则编解释》没有直接作出规定。

---

① 实务中，有裁判意见认为，合同中关于本合同经当事人签名、盖章或按手印之日起生效的约定并非《民法典》第 161 条所说的关于"应当由本人亲自实施的民事法律行为"的"当事人约定"。比如，在江某等与某某银行股份有限公司贵州省分行等金融借款与保证合同纠纷案中，最高人民法院（2018）最高法民申 5042 号民事裁定书认为："经查，《M1B2 保证合同》中的'保证人'明确记载为：刘某然等某宝公司全部自然人股东。虽然该合同第 7.3 条规定：'本合同自下列条件全部满足之日起生效：（1）保证人法定代表人（负责人）或授权代表签字（或盖章）并加盖公章；保证人为自然人的，保证人签字；……'，但该条款并没有排除可以由自然人的代理人签字的情形，且《个人担保合作协议书》及《M1B2 保证合同》的乙方均为某行贵州分行，某行贵州分行是在明知刘某然与某宝公司自然人股东之间有代理关系的情形下签订《M1B2 保证合同》，表明该合同系当事人双方真实意思表示。因此，二审法院根据《合同法》第四百零二条的规定，认定《M1B2 保证合同》对本案的再审申请人有约束力，并无不妥。"

② 比如，在张某生、谭某华侵权责任纠纷案中，针对提出的"监护人完全可以代理被监护人办理遗嘱公证"的主张，天津市高级人民法院（2020）津民申 1710 号民事裁定书认为："根据《中华人民共和国民法总则》第二十二条、第二十三条规定，限制民事行为能力人的监护人是其法定代理人，限制民事行为能力人实施民事法律行为由其法定代理人代理或者经其法定代理人同意、追认。《中华人民共和国民法总则》第一百六十一条规定，依照法律规定、当事人约定或者民事法律行为的性质，应当由本人亲自实施的民事法律行为，不得代理。根据《中华人民共和国继承法》第十六条、第十七条的规定，订立遗嘱是具有严格的人身属性且必须由本人亲自作出决定和予以表达的民事法律行为，不得由代理人代为实施。天津市河东公证处拒绝为张某生、谭某华的监护人办理公证遗嘱，符合法律规定"；北京市第三中级人民法院（2021）京 03 民终 15449 号民事判决书认为："《中华人民共和国民法总则》第一百六十一条规定，民事主体可以通过代理人实施民事法律行为。依照法律规定、当事人约定或者民事法律行为的性质，应当由本人亲自实施的民事法律行为，不得代理。人身专属性的行为，即具有严格的人身性质而且必须由本人亲自作出决定和予以表达的行为，如订立遗嘱、婚姻登记、收养子女等行为不得代理"；在寿某甲、寿某乙与寿某丁、寿某丙继承纠纷案中，辽宁省沈阳市中级人民法院（2018）辽 01 民终 5886 号民事裁定书认为："……遗嘱属于应当由本人亲自实施的民事法律行为，不得代理，原审法院直接认定由寿某代被继承人沈某某立遗嘱行为有效，明显不当"。类似的裁判意见，还可见重庆市第三中级人民法院（2018）渝 03 民终 903 号民事判决书。

③ 实务中，也有裁判意见认为，主张侵权赔偿也属于应当由本人亲自实施的民事法律行为。比如，辽宁省营口市中级人民法院（2020）辽 08 民终 2739 号民事裁定书认为："主张侵权赔偿属于私权利，对于自身合法权利的保护，及保护到何种程度，亦属于应当由本人亲自实施的民事法律行为，不得无权代理。"

④ 辽宁省高级人民法院（2019）辽民终 304 号民事判决书、重庆市第三中级人民法院（2018）渝 03 民终 903 号民事判决书等使用了"违法行为不得代理"的表述。

结合《民法典》第 146 条第 2 款所说的“以虚假的意思表示隐藏的民事法律行为的效力，依照有关法律规定处理”和第 505 条所说的“当事人超越经营范围订立的合同的效力，应当依照本法第一编第六章第三节和本编的有关规定确定，不得仅以超越经营范围确认合同无效”，可以认为，对于民事主体通过代理人实施的应当由本人亲自实施的民事法律行为的效力的问题，包括是否生效、有效还是无效、是否可以被撤销等，应当依照法律的有关规定（主要是《民法典》总则编有关民事法律行为的效力的规定以及合同编有关合同的效力的规定）加以确定。具体而言：

其一，就依照法律规定应当由本人亲自实施的民事法律行为而言，根据《民法典》第 153 条第 1 款所说的“违反法律、行政法规的强制性规定的民事法律行为无效。但是，该强制性规定不导致该民事法律行为无效的除外”，在法律关于应当由本人亲自实施的民事法律行为的规定属于效力性强制性规定的情况下，民事主体通过代理人实施的相关民事法律行为应当是无效的；在法律关于应当由本人亲自实施的民事法律行为的规定并非效力性强制性规定的情况下，民事主体通过代理人实施相关民事法律行为这一事实本身并不当然导致代理人实施的民事法律行为无效，在不存在其他无效事由和可撤销事由的情况下，民事主体通过代理人实施的民事法律行为应当是有效的。这跟原《民通意见》（已废止）第 78 条所说的“凡是依法……必须由本人亲自实施的民事行为，本人未亲自实施的，应当认定行为无效”是不一样的。

比如，针对合同效力的认定，《民法典合同编通则解释》第 18 条规定：“法律、行政法规的规定虽然有‘应当’‘必须’或者‘不得’等表述，但是该规定旨在限制或者赋予民事权利，行为人违反该规定将构成无权处分、无权代理、越权代表等，或者导致合同相对人、第三人因此获得撤销权、解除权等民事权利的，人民法院应当依据法律、行政法规规定的关于违反该规定的民事法律后果认定合同效力”。①

其二，就依照民事法律行为的性质应当由本人亲自实施的民事法律行为而言，除

① 实务中，也裁判意见认为，违反金融监管机构部门规章关于应当由本人亲自实施的民事法律行为的规定的代理行为无效。比如，在某某银行股份有限公司龙陵县支行与杨某庆、黄某云信用卡纠纷案中，云南省保山市中级人民法院（2021）云 05 民再 37 号民事判决书认为：“被上诉人杨某庆虽存在自行将身份证及相关资料交给被上诉人黄某云，用于办理其为经营人的‘龙陵县某某农产品经营部’后，未及时收回，致使黄某云用其身份信息办理了其名下的金穗贷记卡并由黄某云长期管理、使用的行为。但，黄某云自始，确认办理尾号为 7505 的金穗贷记卡时，杨某庆并没有亲自到场，该金穗贷记卡申请、领用、持有、使用均系其所为，黄某云愿意承担归还龙陵县某行透支贷记卡本金，一审予以支持正确。根据《商业银行信用卡业务监督管理办法》第三十八条规定‘发卡银行应当公开、明确告知申请人需提交的申请材料和基本要求，申请材料必须由申请人本人亲自签名，不得在客户不知情或违背客户意愿的情况下发卡’；该办法第四十二条规定‘发卡银行应当根据总体风险管理要求确定信用卡申请材料的必填（选）要素，对信用卡申请材料出现漏填（选）必填信息或必选选项，他人代办（单位代办商务差旅卡和商务采购卡、主卡持卡人代办附属卡除外）、他人代签名、申请材料未签名等情况的，不得核发信用卡’。从该办法可以看出‘申领人必须亲自签名’和‘他人代办、代签名不得核发’是行政法规强制性规定；杨某庆再审称其名下尾号为 7505 的金穗贷记卡申领表、授权书、领用合约上杨某庆的签名捺印并非本人签名捺印，黄某云亦否认杨某庆在上述申请材料中签名，且龙陵县某行在庭审时认可办理涉案贷记卡时杨某庆并没有亲自到场，据此，应认定杨某庆名下的涉案贷记卡并非杨某庆本人申领，对杨某庆再审申请提出没有办理涉案贷记卡的真实意思表示一审予以采信正确。根据《中华人民共和国民法总则》第一百六十一条第二款规定‘依照法律规定、当事人约定或者民事法律行为的性质，应当由本人亲自实施的民事法律行为，不得代理’，该申领贷记卡领用合约已由《商业银行信用卡业务监督管理办法》界定为‘应当由本人亲自实施的民事法律行为’，属于不得代理的民事行为；一审庭审中，龙陵县某行认可黄某云办理贷记卡时没有杨某庆的授权委托书，黄某云亦认可没有授权委托书，且龙陵县某行在催告时杨某庆未签名，视为拒绝追认；龙陵县某行以黄某云持有杨某庆身份证即为表见代理的观点一审不予支持正确，并确认涉案贷记卡领用合约违反国家法律、行政法规的强制性规定，属无效合同的判定正确”。

非法律另有明文规定①,否则,民事主体通过代理人实施相关民事法律行为这一事实本身也不当然导致相应的民事法律行为无效;在不存在法定无效事由和可撤销事由,并且相对人也予以认可的情况下,民事主体通过代理人实施的民事法律行为应当是有效的。

其三,就按照当事人的约定应当由本人亲自实施的民事法律行为而言,民事主体不是本人亲自实施而是通过代理人实施相关民事法律行为这一事实本身也不当然导致相应的民事法律行为无效;在不存在法定无效事由和可撤销事由,并且相对人也予以认可的情况下,民事主体通过代理人实施的民事法律行为应当是有效的。结合《民法典》第 136 条第 2 款所说的"行为人非依法律规定或者未经对方同意,不得擅自变更或者解除民事法律行为"和第 543 条所说的"当事人协商一致,可以变更合同",此时可以视为当事人经协商一致将原来关于应当由本人亲自实施的民事法律行为的约定变更为可以通过代理人实施相关民事法律行为。即使在相对人不予认可的情况下,相对人也仍然可以依法通过解除合同或追究被代理人本人的违约责任等方式获得救济。②

需要注意的是,《民法典》第 161 条第 2 款所说的"依照……当事人约定……应当由本人亲自实施的民事法律行为"中的"当事人",指的是本人(被代理人)与相对人,而非本人(被代理人)与代理人。

二、自愿代理与强制代理

针对民事法律行为的实施,《民法典》既规定了自愿代理制度,也规定了强制代理

---

① 比如,针对结婚登记,《民法典》第 1049 条规定:"要求结婚的男女双方应当亲自到婚姻登记机关申请结婚登记。符合本法规定的,予以登记,发给结婚证。完成结婚登记,即确立婚姻关系。未办理结婚登记的,应当补办登记";针对离婚登记,《民法典》第 1076 条第 1 款规定:"夫妻双方自愿离婚的,应当签订书面离婚协议,并亲自到婚姻登记机关申请离婚登记",第 1077 条规定:"自婚姻登记机关收到离婚登记申请之日起三十日内,任何一方不愿意离婚的,可以向婚姻登记机关撤回离婚登记申请。前款规定期限届满后三十日内,双方应当亲自到婚姻登记机关申请发给离婚证;未申请的,视为撤回离婚登记申请"。

② 比如,在常州某发农业装备工程技术研究有限公司诉上海某开汽车技术有限公司技术服务合同纠纷案中,江苏省常州市中级人民法院(2020)苏 04 民初 56 号民事判决书认为:"某发公司与某开公司签订的《CF4108 合同》系双方当事人真实意思表示,内容不违反法律及行政法规的强制性规定,是合法成立并发生法律效力的合同,对双方当事人具有法律拘束力。……本案的争议焦点是,某开公司根据其与沃某福公司之间的协议让沃某福工作人员参与案涉项目,某开公司上述行为是否构成根本违约,《CF4108 合同》能否依法被解除。本院认为,某开公司的上述行为构成根本违约,某发公司有权主张解除《CF4108 合同》,理由如下:一是某开公司的行为违反了《CF4108 合同》的规定。《CF4108 合同》第七条规定,未经甲方同意,乙方不得将本合同项目部分或全部研究开发工作转让第三人承担。某开公司未经某发公司同意,将案涉项目研发工作交由沃某福公司工作人员承担,违反了上述合同规定。二是某开公司的行为违反了法律规定。《中华人民共和国民法总则》第一百六十一条第二款规定,依照法律规定、当事人约定或者民事法律行为的性质,应当由本人亲自实施的民事法律行为,不得代理。本案中,根据《CF4108 合同》第七条的规定,亲自实施案涉项目研究开发工作的应当是某开公司的工作人员,包括沃某福公司的工作人员在内的其他人员不得代理。因此,即便沃某福公司工作人员根据沃某福公司与某开公司之间的人员互派协议参与了案涉项目,由于双方在《CF4108 合同》中明确约定应当由某开公司亲自实施研发工作,不得代理,因此某开公司的行为违反了上述法律规定。……四是某开公司的行为严重影响了某发公司研制 CF4108 发动机目的的实现。……综上,某开公司的辩称理由不能成立,某开公司的行为违反了合同的约定、法律的规定以及诚实信用原则,严重影响了某发公司研制 CF4108 发动机目的的实现,致使《CF4108 合同》的目的无法实现,构成根本违约。……某发公司有权主张解除《CF4108 合同》"。

制度①,并确立了以自愿代理为原则、强制代理为例外的代理制度体系。

(一)原则:自愿代理

自愿代理包括被代理人自愿和代理人自愿两个方面。

1. 被代理人的自愿

《民法典》第 161 条第 1 款所说的"民事主体可以通过代理人实施民事法律行为",指向的就是被代理人自愿。通过代理人实施民事法律行为作为民事主体从事民事活动的一种方式,原则上也应当遵循自愿原则。这也是《民法典》第 5 条所说的"民事主体从事民事活动,应当遵循自愿原则,按照自己的意思设立、变更、终止民事法律关系"和第 130 条所说的"民事主体按照自己的意愿依法行使民事权利,不受干涉"的具体体现和应有之义。

根据《民法典》第 161 条第 1 款的规定,原则上,民事主体既可以通过代理人实施民事法律行为,也可以不通过代理人而亲自实施民事法律行为;此外,在决定通过代理人实施民事法律行为的情况下,代理事项、代理人资格、代理人人数、代理权限、代理期限等的确定,也应由作为被代理人的民事主体按照自己的意愿作出决定,包括代理人在内的任何其他主体均不得强行要求进行代理。《民法典》第 173 条第 2 项所说的"有下列情形之一的,委托代理终止:……(二)被代理人取消委托……",也表明了这点。

比如,针对当时存在的"利用行政权力强行要求纳税人在办理相关涉税业务时提交社会中介组织的涉税鉴证报告"等强制代理、指定代理问题,国家税务总局在 2014 年印发了《国家税务总局关于规范涉税鉴证服务严禁强制代理的通知》(税总函〔2014〕220 号),提出了规范涉税鉴证服务、严禁强制代理等要求;此外,《纳税服务投诉管理办法》(2019 年修订)第 11 条第 6 项也将"税务机关及其工作人员违反规定强制要求纳税人出具涉税鉴证报告,违背纳税人意愿强制代理、指定代理"列入纳税人对税务机关及其工作人员服务质效的投诉事项。

2. 代理人的自愿

根据《民法典》第 5 条所说的"民事主体从事民事活动,应当遵循自愿原则,按照自己的意思设立、变更、终止民事法律关系",也考虑到作为代理人的民事主体负有为被代理人的利益、以被代理人的名义实施相应的民事法律行为的职责,因此,原则上,作为被代理人的民事主体通过代理人实施民事法律行为,不仅要遵循被代理人自愿原则,也要遵循代理人自愿原则;非依法律规定或未经代理人同意,包括被代理人在内的任何其他主体均不得将代理职责强加给代理人。《民法典》第 173 条第 2 项所说的"有下列情形之一的,委托代理终止:……(二)……代理人辞去委托",也表明了这点。

---

① 《国内水路运输管理条例》(2023 年修订)第 31 条使用了"强行代理"的表述("船舶代理、水路旅客运输代理、水路货物运输代理业务的经营者接受委托提供代理服务,应当与委托人订立书面合同,按照国家有关规定和合同约定办理代理业务,不得强行代理……");最高人民法院《2021 年人民法院司法改革工作要点》(法〔2021〕72 号)使用了"律师强制代理"的表述("探索进一步扩大刑事申诉领域律师强制代理的试点范围")。本书使用"强制代理"的表述。

（二）例外：强制代理

需要注意的是，不论是民事主体自愿作为被代理人通过代理人实施民事法律行为，还是民事主体自愿作为代理人代理他人实施民事法律行为，都属于原则，存在特定的例外。事实上，《民法典》就规定了强制代理制度，即法定代理制度，具体如下：

一是针对无民事行为能力人，《民法典》第20条规定："不满八周岁的未成年人为无民事行为能力人，由其法定代理人代理实施民事法律行为"，第21条规定："不能辨认自己行为的成年人为无民事行为能力人，由其法定代理人代理实施民事法律行为。八周岁以上的未成年人不能辨认自己行为的，适用前款规定"，第144条规定："无民事行为能力人实施的民事法律行为无效"。据此，无民事行为能力人不得亲自实施任何民事法律行为，而只能通过其法定代理人代理实施民事法律行为。

二是针对限制民事行为能力人，《民法典》第19条规定："八周岁以上的未成年人为限制民事行为能力人，实施民事法律行为由其法定代理人代理或者经其法定代理人同意、追认；但是，可以独立实施纯获利益的民事法律行为或者与其年龄、智力相适应的民事法律行为"，第22条规定："不能完全辨认自己行为的成年人为限制民事行为能力人，实施民事法律行为由其法定代理人代理或者经其法定代理人同意、追认；但是，可以独立实施纯获利益的民事法律行为或者与其智力、精神健康状况相适应的民事法律行为"，第145条第1款规定："限制民事行为能力人实施的纯获利益的民事法律行为或者与其年龄、智力、精神健康状况相适应的民事法律行为有效；实施的其他民事法律行为经法定代理人同意或者追认后有效"。据此，限制民事行为能力人可以亲自实施的民事法律行为仅限于纯获利益的民事法律行为和与其年龄、智力、精神健康状况相适应的民事法律行为，实施其他民事法律行为则须由其法定代理人代理或者经其法定代理人同意或追认。

也就是说，在强制代理制度下，法律规定作为被代理人的民事主体只能通过法律规定的代理人、而不能选择亲自实施相应的民事法律行为，法律规定作为代理人的民事主体只能、也必须依照法律的规定代理被代理人实施相应的民事法律行为，而不能选择不担任代理人或拒绝履行代理职责。

三、代理人应当具备的条件

《民法典》总则编第七章"代理"本身没有对代理人应当具备的条件作出规定，既没有从正面角度规定担任代理人应当具备的条件，也没有从反面角度规定不得担任代理人的事由。

不过，就法定代理而言，由于法定代理属于强制代理，代理人的条件和主体范围都具有法定性。对此，《民法典》第23条规定："无民事行为能力人、限制民事行为能力人的监护人是其法定代理人"，第27条规定："父母是未成年子女的监护人。未成年人的父母已经死亡或者没有监护能力的，由下列有监护能力的人按顺序担任监护人：（一）祖父母、外祖父母；（二）兄、姐；（三）其他愿意担任监护人的个人或者组织，但是须经未成年人住所地的居民委员会、村民委员会或者民政部门同意"，第28条规定："无民事行为能力或者限制民事行为能力的成年人，由下列有监护能力的人按顺序担任监护人:(一)配偶;(二)父母、子女;(三)其他近亲属;(四)其他愿意担任监护人的个人或者组织,但是须经被监护人住所地的居民委员会、村民委员会或者民政部门同意"。

就委托代理而言,尽管委托代理属于自愿代理,被代理人有权自主选定代理人,但是,由于根据《民法典》第 161 条第 1 款、第 162 条和第 164 条的规定①,委托代理人负有按照被代理人的委托、以被代理人的名义、为被代理人的利益实施民事法律行为的职责;并且,根据《民法典》第 144 条所说的"无民事行为能力人实施的民事法律行为无效",因此,委托代理人至少应当具有履行代理职责的能力,无民事行为能力人不得担任委托代理人,自然人委托代理人原则上应当是完全民事行为能力人。

不过,由于根据《民法典》第 19 条、第 22 条和第 145 条第 1 款的规定②,限制民事行为能力人可以独立实施与其年龄、智力、精神健康状况相适应的民事法律行为,而《民法典》本身也没有明确禁止限制民事行为能力人担任委托代理人,因此,限制民事行为能力人应该也可以作为代理人以被代理人的名义实施与其年龄、智力、精神健康状况相适应的民事法律行为。

需要注意的是,如果法律法规对担任代理人的主体的条件作出了规定,或者被代理人或相对人等当事人对担任代理人的主体的条件作出了约定,则应当遵守此类规定或约定的要求。

比如,针对股份公司董事委托出席董事会会议的代理人的资格,《公司法》第 125 条第 1 款规定:"[股份有限公司]董事会会议,应当由董事本人出席;董事因故不能出席,可以书面委托其他董事代为出席,委托书应当载明授权范围"。

又如,针对上市公司的董事担任该公司其他董事的代理人,《公司法》第 139 条规定:"上市公司董事与董事会会议决议事项所涉及的企业或者个人有关联关系的,该董事应当及时向董事会书面报告。有关联关系的董事不得对该项决议行使表决权,也不得代理其他董事行使表决权……"

再如,针对国有资本控股公司和国有资本参股公司的董事担任该公司其他董事的代理人,《企业国有资产法》第 46 条第 2 款规定:"公司董事会对公司与关联方的交易作出决议时,该交易涉及的董事不得行使表决权,也不得代理其他董事行使表决权"。

复如,针对律师担任代理人,《律师法》第 39 条:"律师不得在同一案件中为双方当事人担任代理人,不得代理与本人或者其近亲属有利益冲突的法律事务"。

还需注意的是,如果法律法规对代理人行使代理权的条件作出了规定,则应当遵守此类规定的要求。比如,《公司法解释四》(2020 年修正)第 10 条第 2 款曾经规定:

---

① 《民法典》第 161 条第 1 款规定:"民事主体可以通过代理人实施民事法律行为",第 162 条规定:"代理人在代理权限内,以被代理人名义实施的民事法律行为,对被代理人发生效力",第 164 条第 1 款规定:"代理人不履行或者不完全履行职责,造成被代理人损害的,应当承担民事责任"。

② 《民法典》第 19 条规定:"八周岁以上的未成年人为限制民事行为能力人,实施民事法律行为由其法定代理人代理或者经其法定代理人同意、追认;但是,可以独立实施纯获利益的民事法律行为或者与其年龄、智力相适应的民事法律行为",第 22 条规定:"不能完全辨认自己行为的成年人为限制民事行为能力人,实施民事法律行为由其法定代理人代理或者经其法定代理人同意、追认;但是,可以独立实施纯获利益的民事法律行为或者与其智力、精神健康状况相适应的民事法律行为",第 145 条第 1 款规定:"限制民事行为能力人实施的纯获利益的民事法律行为或者与其年龄、智力、精神健康状况相适应的民事法律行为有效;实施的其他民事法律行为经法定代理人同意或者追认后有效"。

"股东依据人民法院生效判决查阅公司文件材料的,在该股东在场的情况下,可以由会计师、律师等依法或者依据执业行为规范负有保密义务的中介机构执业人员辅助进行";据此,在该司法解释适用当时,公司的股东委托会计师、律师等中介机构执业人员行使查阅权,应当满足"该股东在场"的条件,否则公司有权拒绝相关中介机构执业人员查阅公司的文件材料。[①]

第一百六十二条　【代理行为的效力归属】代理人在代理权限内,以被代理人名义实施的民事法律行为,对被代理人发生效力。

【条文通释】

《民法典》第 162 条是关于代理行为的效力归属[②]的规定。

一、代理行为的界定

(一)代理行为的定义

《民法典》第 167 条、第 171 条、第 172 条和第 174 条都使用了"代理行为"的表述,但没有对"代理行为"作出界定。

结合《民法典》第 162 条所说的"代理人在代理权限内,以被代理人名义实施的民事法律行为,对被代理人发生效力",第 163 条第 2 款所说的"委托代理人按照被代理人的委托行使代理权。法定代理人依照法律的规定行使代理权",第 167 条所说的"代理人知道或者应当知道代理事项违法仍然实施代理行为,或者被代理人知道或者应当知道代理人的代理行为违法未作反对表示的,被代理人和代理人应当承担连带责任"和第 169 条第 3 款所说的"转委托代理未经被代理人同意或者追认的,代理人应当对转委托的第三人的行为承担责任;但是,在紧急情况下代理人为了维护被代理人的利益需要转委托第三人代理的除外",可以认为,"代理行为"指的是代理人在被代理人委托授权的代理权限(适用于委托代理)或法律规定的代理权限(适用于法定代理)内,以

---

① 需要注意的是,2023 年修订后的《公司法》针对股东委托会计师事务所、律师事务所等中介机构查阅公司的会计账簿、会计凭证,没有再作出须有"该股东在场"的限制,而只是要求"股东及其委托的会计师事务所、律师事务所等中介机构查阅、复制有关材料,应当遵守有关保护国家秘密、商业秘密、个人隐私、个人信息等法律、行政法规的规定"。见《公司法》第 57 条、第 110 条。

② 全国人民代表大会常务委员会时任副委员长王晨 2020 年 5 月 22 日在第十三届全国人民代表大会第三次会议上作的《关于〈中华人民共和国民法典(草案)〉的说明》使用了"代理的效力"的表述。

被代理人(而非代理人自己)的名义①,为了被代理人的利益,代表被代理人与被代理人之外的主体(包括相对人和代理人自己②),实施的民事法律行为(包括作出意思表示③)。据此,代理行为也属于民事法律行为。

相应地,"代理权"指的是民事主体基于被代理人的委托授权(适用于委托代理)或法律的规定(适用于法定代理),以代理人的身份,以被代理人的名义,为了被代理人的利益,实施民事法律行为的权利。

(二)代理行为的类型

根据代理权来源的不同,可以将代理行为区分为委托代理和法定代理。对此,《民法典》第 163 条规定了:"代理包括委托代理和法定代理。委托代理人按照被代理人的委托行使代理权。法定代理人依照法律的规定行使代理权"。

根据行为人是否具有代理权,可以将代理行为区分为有权代理和无权代理;其中,无权代理又可以细分为自始没有代理权实施的代理、超越代理权实施的代理、代理权终止后实施的代理;其中,表见代理虽然属于无权代理,但具有有权代理的效力。对此,《民法典》第 171 条和第 172 条作出了相应的规定。

此外,《民法典》第 168 条至第 170 条还分别规定了自己代理、双方代理、转委托代理和职务代理。

(三)显名代理与隐名代理

需要注意的是,《民法典》总则编第七章规定的是显名代理制度,即代理人以被代理人的名义实施民事法律行为,没有规定隐名代理(即代理人以自己的名义而非被代

---

① 比如,在珠海市华某一电线电缆有限公司与珠海市华某计算机科技有限公司买卖合同纠纷案中,广东省高级人民法院(2021)粤民申 11954 号民事裁定书认为:"《中华人民共和国民法总则》第一百六十二条规定:'代理人在代理权限内,以被代理人名义实施的民事法律行为,对被代理人发生效力。'珠海华某一公司作为东莞华某公司的代理人,须以被代理人的名义实施民事法律行为。珠海华某一公司申请再审提交落款时间为 2021 年 5 月 23 日、委托单位处有'东莞市华某实业有限公司'字样的印章的《授权委托书》(复印件),主张东莞华某公司已向珠海华某一公司授权。……该《授权委托书》无论是名称还是内容,均是东莞华某公司委托珠海华某一公司实施民事法律行为,其中'可以以珠海华某一公司的名义提起诉讼'不符合法律对代理的规定,故珠海华某一公司以自己的名义提起本案诉讼,不具有本案民事诉讼主体资格。"

② 《民法典》第 168 条第 1 款所说的"代理人不得以被代理人的名义与自己实施民事法律行为,但是被代理人同意或者追认的除外",表明代理人在特定情形下可以以被代理人的名义与自己实施民事法律行为。

③ 比如,贵州省高级人民法院(2018)黔民终 778 号民事判决书认为:"《中华人民共和国民法总则》第一百三十三条规定:'民事法律行为是民事主体通过意思表示设立、变更、中止民事法律关系的行为。'意思表示是民事法律行为的核心要素,没有意思表示即没有民事法律行为,《中华人民共和国民法总则》第一百六十一条规定,民事主体可以通过代理人实施民事法律行为,也就是说当然可以通过代理人作出意思表示,从而实施民事法律行为。一审判决认为民事主体可以通过代理人实施民事法律行为,而不能通过代理人作出意思表示,这一认定不正确,本院依法予以纠正。"

理人的名义实施代理行为)。[①] 隐名代理主要是由《民法典》第 925 条[②]和第 926 条[③](均位于合同编)规定的。有鉴于此,如非特别说明,本书所说的"代理""代理行为"指向的是显名代理,而非隐名代理。

二、代理行为的效力

(一)代理行为的效力归属:原则与例外

1. 原则:代理行为的效力归属于被代理人

针对代理人所实施的代理行为的效力归属,《民法典》第 162 条作出了规定,即:"代理人在代理权限内,以被代理人名义实施的民事法律行为,对被代理人发生效力"。该规定既适用于委托代理,也适用于法定代理。

在《民法典》第 162 条的一般规定的基础上,《民法典》第 170 条第 1 款针对委托代理中的职务代理的效力归属进一步规定:"执行法人或者非法人组织工作任务的人员,就其职权范围内的事项,以法人或者非法人组织的名义实施的民事法律行为,对法人或者非法人组织发生效力"。

其中,《民法典》第 162 条所说的"民事法律行为",既包括合法的民事法律行为,也包括违法的民事法律行为。《民法典》第 167 条所说的"被代理人知道或者应当知道代理人的代理行为违法未作反对表示的,被代理人和代理人应当承担连带责任",也表明了这点。

此外,《民法典》第 162 条所说的"民事法律行为",既可以是代理人以被代理人的名义与第三人实施的民事法律行为,在特定情形下也可以是代理人以被代理人的名义与代理人自己实施的民事法律行为。《民法典》第 168 条第 1 款所说的"代理人不得以被代理人的名义与自己实施民事法律行为,但是被代理人同意或者追认的除外",也表明了这点。

而《民法典》第 162 条所说的"对被代理人发生效力",则意味着:

---

① 中国人大网 2016 年 7 月 5 日公布的《关于〈中华人民共和国民法总则(草案)〉的说明》提及:"为了适应商事活动的需要,草案规定了隐名代理制度,即代理人在代理权限内以自己的名义与第三人实施民事法律行为,第三人知道代理人与被代理人之间的代理关系的,该民事法律行为直接约束被代理人和第三人,但是有确切证据证明该民事法律行为只约束代理人和第三人的除外"。不过,上述规定没有被纳入正式通过的《民法总则》。《九民会议纪要》第 2 条第 2 款也提及:"民法总则仅规定了显名代理,没有规定《合同法》第 402 条的隐名代理和第 403 条的间接代理"。

② 《民法典》第 925 条规定:"受托人以自己的名义,在委托人的授权范围内与第三人订立的合同,第三人在订立合同时知道受托人与委托人之间的代理关系的,该合同直接约束委托人和第三人;但是,有确切证据证明该合同只约束受托人和第三人的除外"。

③ 《民法典》第 926 条规定:"受托人以自己的名义与第三人订立合同时,第三人不知道受托人与委托人之间的代理关系的,受托人因第三人的原因对委托人不履行义务,受托人应当向委托人披露第三人,委托人因此可以行使受托人对第三人的权利。但是,第三人与受托人订立合同时如果知道该委托人就不会订立合同的除外。受托人因委托人的原因对第三人不履行义务,受托人应当向第三人披露委托人,第三人因此可以选择受托人或者委托人作为相对人主张其权利,但是第三人不得变更选定的相对人。委托人行使受托人对第三人的权利的,第三人可以向委托人主张其对受托人的抗辩。第三人选定委托人作为其相对人的,委托人可以向第三人主张其对受托人的抗辩以及受托人对第三人的抗辩"。

一是代理人在代理权限内,以被代理人名义实施的民事法律行为,视为被代理人本人亲自实施的民事法律行为,而非代理人自己的民事法律行为。

二是代理人在代理权限内,以被代理人名义实施的民事法律行为,其法律后果均由被代理人承受,代理人既不享有代理行为产生的利益、也不承担代理行为产生的不利益。亦即"行为人与责任主体不一致"①"行为人与利益主体不一致"。

前述"其法律后果均由被代理人承受"中的"法律后果",既包含利益,即对被代理人有利的事项,比如代理行为所产生的民事权益(包括《民法典》第927条所说的受托人处理委托事务取得的财产),均归被代理人而非代理人享有;也包括不利益,即对被代理人不利的事项,比如代理行为所产生的侵权责任②(包括《民法典》第1192条第1款所说的用人单位的工作人员因执行工作任务造成他人损害的侵权责任)、缔约过失责任、违约责任,均由被代理人承担。这跟《合伙企业法》第28条第1款所说的"由一个或者数个合伙人执行合伙事务的,执行事务合伙人……执行合伙事务所产生的收益归合伙企业,所产生的费用和亏损由合伙企业承担"是类似的。

比如,在湖北某华实业有限公司与苏某水等商品房买卖合同纠纷案中,最高人民法院(2012)民抗字第24号民事判决书(载《最高人民法院公报》2014年第1期)认为:"根据《中华人民共和国民法通则》第六十三条的规定,被代理人对代理人在代理权限内以被代理人名义实施的代理行为,承担民事责任。因此,本案某羽公司销售行为的法律后果归属于某华公司取决于某羽公司的销售行为是否构成有权代理。本院认为某羽公司的销售行为已构成有权代理,理由是:……。综上,某羽公司基于有效的委托代理关系所实施的代理行为不违反法律法规禁止性规定,应认定为有效,其代理行为的法律后果应直接约束被代理人,所产生的民事责任直接由被代理人承担。某羽公司作为委托代理人签订的×号、××号合同应直接约束被代理人某华公司,某羽公司作为委托代理人收取款项的法律后果亦应归属于被代理人某华公司,某羽公司所为产生的相应民事责任应由某华公司承担。"

三是在被代理人与相对人之间因代理人在代理权限内以被代理人名义实施的民事法律行为发生纠纷的情况下,除非法律另有明文规定③,否则,被代理人和相对人才是该纠纷案件的当事人,代理人并非该纠纷案件的当事人或第三人。

---

① 比如,最高人民法院(2019)最高法民申6149号民事裁定书认为:"代理人与被代理人作为两个主体对相对人而言都是明知的,亦即相对人明知行为人与责任主体不一致……"

② 比如,在深圳市某讯计算机系统有限公司等与某际无限(北京)科技有限公司等侵害商标权纠纷案中,广东省高级人民法院(2020)粤民终1098号民事判决书认为:"《中华人民共和国民法总则》第一百六十二条规定,代理人在代理权限内,以被代理人名义实施的民事法律行为,对被代理人发生效力。本案中,在某讯公司已经授权北京某思创信科技有限公司代为推广'某某快报'软件的情况下,被诉行为并未超出委托事项,且某讯公司为被诉侵权行为的受益人,故某思公司的行为对其产生效力。某讯公司称某思公司在某讯公司不知情的情况下实施了被诉侵权行为,依据不足,本院不予支持。"

③ 比如,《民法典》第1188条规定:"无民事行为能力人、限制民事行为能力人造成他人损害的,由监护人承担侵权责任。监护人尽到监护职责的,可以减轻其侵权责任。有财产的无民事行为能力人、限制民事行为能力人造成他人损害的,从本人财产中支付赔偿费用;不足部分,由监护人赔偿",第1189条第1款规定:"无民事行为能力人、限制民事行为能力人造成他人损害,监护人将监护职责委托给他人的,监护人应当承担侵权责任;受托人有过错的,承担相应的责任";《民诉法解释》第67条规定:"无民事行为能力人、限制民事行为能力人造成他人损害的,无民事行为能力人、限制民事行为能力人和其监护人为共同被告"。

比如,在新疆阿图什某程建设有限责任公司与阿图什市某某信用合作联社等借款合同纠纷案中,最高人民法院(2019)最高法民申 1675 号民事裁定书认为:“根据某程公司所称《授权委托书》的内容,某程公司与陈某构成委托代理关系。……本案系借款合同纠纷,陈某既非案涉借款关系主体,又非案涉担保关系主体,某程公司又未能举证证明陈某滥用代理权给其造成了实际损失,其代理从事案涉贷款行为的法律后果应当由某程公司承担。原审判决依据《中华人民共和国民事诉讼法》关于共同诉讼当事人的规定,认定陈某并非本案共同诉讼当事人,具有事实和法律依据。”①

又如,在马某鹰与临夏县融某通小额贷款有限责任公司等民间借贷纠纷案中,最高人民法院(2019)最高法民申 2106 号民事裁定书认为:“本案中,融某通公司与张某杰系委托代理关系,张某杰的借贷行为系以融某通公司的名义从事的代理行为,后果由融某通公司承担,马某鹰认为张某杰应当作为‘具有独立请求权’第三人参加诉讼,没有法律依据。”

需要注意的是,《民法典》第 162 条所说的“代理人在代理权限内,以被代理人名义实施的民事法律行为,对被代理人发生效力”,并不涉及代理人的代理行为的效力认定问题,只是明确了代理人的代理行为的法律后果的归属问题,即:不论代理人的代理行为有效还是无效、合法还是违法,其法律后果都由被代理人承受。具体而言,如果代理人的代理行为有效,就由被代理人承受该代理行为有效的法律后果;如果代理人的代理行为无效,则由被代理人承受该代理行为无效的法律后果。

还需注意的是,尽管代理人代理行为的不利后果(不利益)由被代理人承受,但是,在代理人实施代理行为的过程中存在过错的情况下,承受不利益的被代理人可以请求有过错的代理人赔偿损失。这跟《民法典》第 62 条所说的“法定代表人因执行职务造成他人损害的,由法人承担民事责任。法人承担民事责任后,依照法律或者法人章程的规定,可以向有过错的法定代表人追偿”是类似的。对此,《民法典》第 164 条也规定了“代理人不履行或者不完全履行职责,造成被代理人损害的,应当承担民事责任。代理人和相对人恶意串通,损害被代理人合法权益的,代理人和相对人应当承担连带责任”,第 1191 条第 1 款也规定了:“用人单位的工作人员因执行工作任务造成他人损害的,由用人单位承担侵权责任。用人单位承担侵权责任后,可以向有故意或者重大过失的工作人员追偿”。类似的规定,还包括《合伙企业法》第 35 条第 2 款所说的“被聘任的合伙企业的经营管理人员,超越合伙企业授权范围履行职务,或者在履行职务过程中因故意或者重大过失给合伙企业造成损失的,依法承担赔偿责任”。

与此相对应,考虑到代理人代理行为的有利后果(利益)归属于被代理人,在代理人履行代理职责的过程中非因自己的原因受到损失的情况下,代理人可以请求被代理

---

① 又如,在李某斌与石狮市动感某牛鞋业有限公司等买卖合同纠纷案中,山西省高级人民法院(2020)晋民再 70 号民事判决书认为:“宋某香和王某杰均认可李某斌为其雇佣的配货员,日常对账工作由李某斌负责,某牛鞋业公司在原审过程中认可李某斌在欠款单上的签名是王某杰安排的。因此原二审法院关于王某杰鞋店的经营者王某杰与宋某香雇佣李某斌,经宋某香、王某杰授意,李某斌在对账单上签字的认定正确,但二审认定由李某斌与宋某香以及王某杰鞋店共同向某牛鞋业公司支付欠款缺乏法律依据。李某斌作为宋某香与王某杰的雇员,并非买卖合同的一方当事人,不应承担支付对价的合同义务,其经宋某香、王某杰授权在对账单上签字所产生的法律后果,依法应当由王某杰鞋店及其共同经营者宋某香承担。”

人赔偿损失。比如,《民法典》第 930 条规定:"受托人处理委托事务时,因不可归责于自己的事由受到损失的,可以向委托人请求赔偿损失"。

2. 例外:代理人也应承担相应的责任

需要注意的是,《民法典》第 162 条所说的"代理人在代理权限内,以被代理人名义实施的民事法律行为,对被代理人发生效力",属于代理行为效力归属的一般规定。在此基础上,《民法典》总则编也针对代理行为的效力归属作出了特别的规定。

比如,针对委托代理人知道或应当知道代理事项违法仍然实施的代理行为,《民法典》第 167 条规定:"代理人知道或者应当知道代理事项违法仍然实施代理行为,……被代理人和代理人应当承担连带责任"。因该规定一方面增加了代理事项违法情况下实施的代理行为的不利后果的承受主体,突破了代理行为的效力归属于被代理人的一般规则,另一方面也明确了代理人与被代理人之间的连带责任关系,强化了相对人利益保护,故属于《民法典》第 162 条所说的"代理人在代理权限内,以被代理人名义实施的民事法律行为,对被代理人发生效力"的特别规定。

又如,针对被代理人知道或者应当知道委托代理人的代理行为违法未作反对表示的情形,《民法典》第 167 条规定:"……被代理人知道或者应当知道代理人的代理行为违法未作反对表示的,被代理人和代理人应当承担连带责任"。因该规定也增加了违法的代理行为的不利后果的承受主体,突破了代理行为的效力归属于被代理人的一般规则,明确了代理人与被代理人之间的连带责任关系,属于《民法典》第 162 条所说的"代理人在代理权限内,以被代理人名义实施的民事法律行为,对被代理人发生效力"的特别规定。

(二)行为人无权代理行为的效力归属

由于《民法典》第 162 条使用了"代理人在代理权限内,以被代理人名义实施的民事法律行为,对被代理人发生效力"的表述,因此,该规定不适用于行为人在没有代理权、超越代理权或者代理权终止后,以被代理人名义实施的民事法律行为(即无权代理行为)的效力归属问题。有关无权代理行为的效力归属问题,主要是由《民法典》第 171 条和第 172 条加以规定的。具体可见本书关于《民法典》第 171 条和第 172 条的通释。

(三)代理人以自己名义实施的代理行为的效力归属

需要注意的是,《民法典》第 162 条所说的"代理人在代理权限内,以被代理人名义实施的民事法律行为,对被代理人发生效力"以及《民法典》总则编第七章"代理"部分,规定的都是显名代理行为的效力归属,不涉及"代理人在代理权限内,以自己的名义为被代理人的利益实施的民事法律行为"(即隐名代理行为)的效力归属问题。

就代理人在代理权限内,以自己的名义为被代理人的利益与第三人订立的合同的效力归属而言,按照第三人在订立合同时是否知道代理人与被代理人之间的代理关系,《民法典》合同编作出了不同的规定,即:

一是针对第三人在订立合同时知道代理人与被代理人之间的代理关系的情形,《民法典》第 925 条规定:"受托人以自己的名义,在委托人的授权范围内与第三人订立的合同,第三人在订立合同时知道受托人与委托人之间的代理关系的,该合同直接约束委托人和第三人;但是,有确切证据证明该合同只约束受托人和第三人的除外”。据此,在此情形下,隐名代理行为原则上对被代理人发生效力(对被代理人不发生效力的例外情形为“有确切证据证明该合同只约束受托人和第三人”)。

二是针对第三人在订立合同时不知道代理人与被代理人之间的代理关系的情形,《民法典》第 926 条规定:“受托人以自己的名义与第三人订立合同时,第三人不知道受托人与委托人之间的代理关系的,受托人因第三人的原因对委托人不履行义务,受托人应当向委托人披露第三人,委托人因此可以行使受托人对第三人的权利。但是,第三人与受托人订立合同时如果知道该委托人就不会订立合同的除外。受托人因委托人的原因对第三人不履行义务,受托人应当向第三人披露委托人,第三人因此可以选择受托人或者委托人作为相对人主张其权利,但是第三人不得变更选定的相对人……”。据此,在此情形下,隐名代理行为并不当然对被代理人发生效力,是否对被代理人发生效力取决于是否存在“第三人与受托人订立合同时如果知道该委托人就不会订立合同”的事由或第三人是否选择被代理人作为相对人。

三、代理行为的效力认定

如前所说,《民法典》第 162 条所说的“代理人在代理权限内,以被代理人名义实施的民事法律行为,对被代理人发生效力”,仅涉及代理人代理行为的法律后果归属问题,不涉及代理行为本身的效力认定问题。

至于代理人实施的代理行为的效力,包括是否生效、有效还是无效、是否可以被撤销等,则应当依照法律的有关规定(主要是《民法典》总则编有关民事法律行为的效力的规定以及合同编有关合同的效力的规定)加以确定。

第一百六十三条　【代理的类型】代理包括委托代理和法定代理。

委托代理人按照被代理人的委托行使代理权。法定代理人依照法律的规定行使代理权。

【条文通释】

《民法典》第 163 条是关于代理的类型①的规定。

一、代理的类型

《民法典》第 163 条第 1 款规定了代理的两种类型,一是委托代理,二是法定代理。

结合《民法典》第 163 条第 2 款所说的“委托代理人按照被代理人的委托行使代理权”和“法定代理人依照法律的规定行使代理权”,可以认为,《民法典》第 163 条将代理区分为委托代理和法定代理这两种类型,其依据在于代理权的来源。

---

① 全国人民代表大会常务委员会时任副委员长王晨 2020 年 5 月 22 日在第十三届全国人民代表大会第三次会议上作的《关于〈中华人民共和国民法典(草案)〉的说明》使用了“代理的类型”的表述。

需要注意的是,原《民法通则》第 64 条曾将代理区分为委托代理、法定代理和指定代理这 3 种类型,并明确“指定代理人按照人民法院或者指定单位的指定行使代理权”。[①] 在原《民法总则》生效之后、《民法典》实施之前(即自 2017 年 10 月 1 日起至 2020 年 12 月 31 日止)的期限内,根据当时适用的《立法法》(2015 年修正)第 92 条所说的“同一机关制定的法律……,特别规定与一般规定不一致的,适用特别规定;新的规定与旧的规定不一致的,适用新的规定”,由于《民法总则》第 163 条属于新的规定、《民法通则》第 64 条属于旧的规定,因此,应当适用《民法总则》第 163 条的规定、而不适用《民法通则》第 64 条的规定[②],代理只包括委托代理和法定代理。在《民法典》自 2021 年 1 月 1 日实施起生效之后,由于《民法通则》已经被《民法典》废止且《民法典》第 163 条延续了原《民法总则》第 163 条的规定,因此,《民法典》意义上的代理类型仍然只包括委托代理和法定代理,不包括指定代理。

二、委托代理

(一)委托代理的界定

根据《民法典》第 163 条第 2 款的规定,委托代理是代理人按照被代理人的委托行使代理权的制度;结合《民法典》第 165 条所说的“委托代理授权采用书面形式的,授权委托书应当载明代理人的姓名或者名称、代理事项、权限和期限,并由被代理人签名或者盖章”,委托代理人的代理权源于被代理人的委托授权,而非法律的规定。

(二)委托代理的规则体系

针对委托代理,在《民法典》第 161 条至第 164 条的一般规定的基础上,《民法典》总则编还在第七章“代理”专设一节(即第二节“委托代理”),以 8 个条文(第 165 条至第 172 条)构建了委托代理制度的具体规则。具体可见本书关于《民法典》第 165 条至第 172 条的通释。

(三)委托代理的自愿性

《民法典》第 163 条第 2 款所说的“委托代理人按照被代理人的委托行使代理权”,表明委托代理具有自愿性,属于自愿代理制度、而非强制代理制度;其中的自愿性,既

① 《民法通则》(已废止)第 64 条规定:“代理包括委托代理、法定代理和指定代理。委托代理人按照被代理人的委托行使代理权,法定代理人依照法律的规定行使代理权,指定代理人按照人民法院或者指定单位的指定行使代理权”。

② 全国人民代表大会常务委员会时任副委员长李建国 2017 年 3 月 8 日在第十二届全国人民代表大会第五次会议上作的《关于〈中华人民共和国民法总则(草案)〉的说明》也指出:“关于民法总则与民法通则的关系。1986 年制定的民法通则在我国民事立法史上具有里程碑意义,发挥了重要作用。民法通则既规定了民法的一些基本制度和一般性规则,也规定了合同、所有权及其他财产权、知识产权、民事责任、涉外民事关系法律适用等具体内容,被称为一部‘小民法典’。草案基本吸收了民法通则规定的民事基本制度和一般性规则,同时作了补充、完善和发展。民法通则规定的合同、所有权及其他财产权、民事责任等具体内容还需要在编纂民法典各分编时作进一步统筹,系统整合。据此,民法总则草案通过后暂不废止民法通则。民法总则与民法通则的规定不一致的,根据新法优于旧法的原则,适用民法总则的规定。”

包括被代理人的自愿,也包括代理人的自愿。具体而言:

一是是否采用委托代理的自愿性,既包括被代理人是否委托代理人的自愿,也包括代理人是否接受委托代理的自愿。其中,代理人对是否接受委托代理具有决定权,跟《民法典总则编解释》第 7 条第 1 款所说的“担任监护人的被监护人父母通过遗嘱指定监护人,遗嘱生效时被指定的人不同意担任监护人的,人民法院应当适用民法典第二十七条、第二十八条的规定确定监护人”是类似的。

二是选择代理人的自愿性,被代理人既可以自主确定由谁担任代理人,也可以自主确定代理人的数量。

三是确定代理事项的自愿性,被代理人既可以授权代理人代理实施一项或数项民事法律行为,也可以授权代理人实施特定领域的一切民事法律行为。

四是确定行为相对人的自愿性,被代理人既可以授权代理人只能以被代理人的名义与第三人实施民事法律行为,也可以允许代理人以被代理人的名义与代理人自己实施民事法律行为。对此,《民法典》第 168 条第 1 款规定:“代理人不得以被代理人的名义与自己实施民事法律行为,但是被代理人同意或者追认的除外”。

五是确定代理权限的自愿性,被代理人既可以授予代理人一般代理权限,也可以授予代理人特别代理权限。

六是确定代理期限的自愿性,被代理人既可以将代理期限确定为一段固定的期限,也可以将代理权限确定为不定期的期限。

七是决定终止代理的自愿性,既包括被代理人自主决定取消委托,也包括代理人自主决定辞去委托。对此,《民法典》第 173 条第 2 项规定:“有下列情形之一的,委托代理终止:……(二)被代理人取消委托或者代理人辞去委托”。

(四)委托代理与委托合同

委托代理与委托合同都是民事主体委托他人处理自己的事务,二者具有相似之处。此外,结合《民法典》第 163 条第 2 款所说的“委托代理人按照被代理人的委托行使代理权……”,第 135 条所说的“民事法律行为可以采用书面形式、口头形式或者其他形式;法律、行政法规规定或者当事人约定采用特定形式的,应当采用特定形式”,第 165 条所说“委托代理授权采用书面形式的,授权委托书应当载明代理人的姓名或者名称、代理事项、权限和期限,并由被代理人签名或者盖章”和第 469 条第 2 款所说的“书面形式是合同书、信件、电报、电传、传真等可以有形地表现所载内容的形式”,可以认为,在委托代理关系中,被代理人(委托人)不仅可以采用授权委托书的形式进行委托代理授权,也可以采取委托合同的形式向委托代理人授予代理权。

不过,总体而言,委托代理与委托合同属于不同的法律制度,其区别比较明显。具体如下:

就委托代理而言,根据《民法典》第 161 条第 1 款所说的“民事主体可以通过代理人实施民事法律行为”,第 163 条所说的“代理包括委托代理和法定代理。委托代理人按照被代理人的委托行使代理权……”和第 162 条所说的:“代理人在代理权限内,以被代理人名义实施的民事法律行为,对被代理人发生效力”,委托代理属于代理的一种类型，委托代理制度是民事主体通过委托代理人实施民事法律行为的制度[①]，调整的是被代理人、委托代理人和相对人之间的关系[②]；并且，在委托代理关系中，代理事项或代理事务仅限于民事法律行为、不包括事实行为。

而就委托合同而言，根据《民法典》第919条所说的"委托合同是委托人和受托人约定，由受托人处理委托人事务的合同"和第920条所说的"委托人可以特别委托受托人处理一项或者数项事务，也可以概括委托受托人处理一切事务"，委托合同制度调整的则是委托人（被代理人）与受托人（代理人）之间的关系；并且，在委托合同关系中，委托事务不限于民事法律行为，既可以是民事法律行为，也可以是事实行为。

基于上述，在委托代理关系中，如果被代理人与代理人之间存在委托合同关系，并且委托人委托受托人以委托人的名义实施的是民事法律行为，则《民法典》合同编第二十三章"委托合同"的规定（第919条至第936条）也适用于该委托代理关系。

三、法定代理

（一）法定代理的界定

根据《民法典》第163条第2款的规定，法定代理是代理人按照法律的规定行使代理权的制度，代理人的代理权是由法律直接规定的，并非源于被代理人的委托授权。

（二）法定代理的规则体系

针对法定代理，在《民法典》第161条至第164条的一般规定之外，《民法典》总则编第七章"代理"没有集中作出规定；《民法典》总则编有关法定代理的规定散见于《民法典》总则编第二章（"自然人"）第二节（"监护"）和第六章（"民事法律行为"）第三节"民事法律行为的效力"，主要包括《民法典》第19条至第23条和第145条。

（三）法定代理的法定性

《民法典》第163条第2款所说的"法定代理人依照法律的规定行使代理权"，表明法定代理具有法定性，属于强制代理制度、而非自愿代理制度。具体而言：

---

① 全国人民代表大会常务委员会时任副委员长王晨2020年5月22日在第十三届全国人民代表大会第三次会议上作的《关于〈中华人民共和国民法典（草案）〉的说明》提及："代理是民事主体通过代理人实施民事法律行为"。

② 中国人大网2016年7月5日公布的《关于〈中华人民共和国民法总则（草案）〉的说明》提及："代理制度是调整被代理人、代理人和第三人之间关系的法律制度"。

一是代理关系主体的法定性，既包括被代理人法定[①]，也包括代理人法定[②]。

二是代理事项的法定性，即法定代理的代理事项是由法律直接规定的，而非被代理人确定的。[③] 这跟委托代理的代理事项是由被代理人自主确定的是不同的。

三是代理权限的法定性，即法定代理人的代理权是由法律直接规定的，而非被代理人授权的。[④] 这跟委托代理的代理权限是由被代理人确定的是不同的。

四是代理期限的法定性，即法定代理的代理期限是由法律直接规定的，而非由被代理人或代理人确定的。[⑤] 这跟委托代理的代理期限是由被代理人确定的是不同的。

五是代理终止事由的法定性，即法定代理的终止事由是由法律直接规定的，原则上不能由被代理人或代理人自行终止。[⑥] 这跟委托代理可以因被代理人自主取消委托或代理人自主辞去委托而终止是不同的。

第一百六十四条 【代理人的责任】代理人不履行或者不完全履行职责，造成被代理人损害的，应当承担民事责任。

代理人和相对人恶意串通，损害被代理人合法权益的，代理人和相对人应当承担连带责任。

---

① 针对限制民事行为能力人，《民法典》第19条规定："八周岁以上的未成年人为限制民事行为能力人，实施民事法律行为由其法定代理人代理或者经其法定代理人同意、追认；但是，可以独立实施纯获利益的民事法律行为或者与其年龄、智力相适应的民事法律行为"，第22条规定："不能完全辨认自己行为的成年人为限制民事行为能力人，实施民事法律行为由其法定代理人代理或者经其法定代理人同意、追认；但是，可以独立实施纯获利益的民事法律行为或者与其智力、精神健康状况相适应的民事法律行为"；针对无民事行为能力人，《民法典》第20条规定："不满八周岁的未成年人为无民事行为能力人，由其法定代理人代理实施民事法律行为"，第21条规定："不能辨认自己行为的成年人为无民事行为能力人，由其法定代理人代理实施民事法律行为。八周岁以上的未成年人不能辨认自己行为的，适用前款规定"。

② 《民法典》第23条规定："无民事行为能力人、限制民事行为能力人的监护人是其法定代理人"，第27条规定："父母是未成年子女的监护人。未成年人的父母已经死亡或者没有监护能力的，由下列有监护能力的人按顺序担任监护人：(一)祖父母、外祖父母；(二)兄、姐；(三)其他愿意担任监护人的个人或者组织，但是须经未成年人住所地的居民委员会、村民委员会或者民政部门同意"，第28条规定："无民事行为能力或者限制民事行为能力的成年人，由下列有监护能力的人按顺序担任监护人：(一)配偶；(二)父母、子女；(三)其他近亲属；(四)其他愿意担任监护人的个人或者组织，但是须经被监护人住所地的居民委员会、村民委员会或者民政部门同意"。

③ 见《民法典》第19条至第22条。

④ 《民法典》第23条规定："无民事行为能力人、限制民事行为能力人的监护人是其法定代理人"，第34条第1款规定："监护人的职责是代理被监护人实施民事法律行为，保护被监护人的人身权利、财产权利以及其他合法权益等"。

⑤ 《民法典》第23条规定："无民事行为能力人、限制民事行为能力人的监护人是其法定代理人"，第175条规定："有下列情形之一的，法定代理终止：(一)被代理人取得或者恢复完全民事行为能力；(二)代理人丧失民事行为能力；(三)代理人或者被代理人死亡；(四)法律规定的其他情形"，第39条规定："有下列情形之一的，监护关系终止：(一)被监护人取得或者恢复完全民事行为能力；(二)监护人丧失监护能力；(三)被监护人或者监护人死亡；(四)人民法院认定监护关系终止的其他情形。监护关系终止后，被监护人仍然需要监护的，应当依法另行确定监护人"。

⑥ 《民法典》第175条规定："有下列情形之一的，法定代理终止：(一)被代理人取得或者恢复完全民事行为能力；(二)代理人丧失民事行为能力；(三)代理人或者被代理人死亡；(四)法律规定的其他情形"。

【条文通释】

《民法典》第164条是关于代理人的责任的规定。

一、代理人的责任

《民法典》第164条规定了代理人的两类责任,一是代理人因不履行代理职责或者不完全履行代理职责,造成被代理人损害而应当承担的责任;二是代理人和相对人恶意串通,损害被代理人合法权益而应当承担的责任。这两类责任都属于对被代理人的损害赔偿责任。

(一)代理人不履行或不完全履行职责对被代理人的损害赔偿责任

1. 对被代理人的责任

《民法典》第164条第1款规定了代理人因不履行或不完全履行代理职责而应当对被代理人承担的责任,即:"代理人不履行或者不完全履行职责,造成被代理人损害的,应当承担民事责任"。据此,代理人在不履行代理职责或者不完全履行代理职责,并因此给被代理人造成损害的情况下,应当对被代理人承担相应的民事责任。该规定既适用于委托代理和委托代理人,也适用于法定代理和法定代理人。

其中,《民法典》第164条第1款所说"代理人不履行职责",指的是代理人根本没有履行任何代理职责;所说的"代理人不完全履行职责",指的是代理人虽然履行了一定的代理职责,但履行代理职责不符合法律规定(适用于法定代理)或不符合被代理人的要求(适用于委托代理)。对此,可以统称为代理人"未勤勉尽责"。这跟《民法典》合同编针对合同债务履行所说的"不履行债务或者履行债务不符合约定"①是类似的。

需要注意的是,行为人在没有代理权、超越代理权或者代理权终止的情况下以被代理人的名义实施代理行为(即无权代理),不属于"代理人不履行代理职责"或"代理人不完全履行代理职责",不适用《民法典》第164条第1款关于"代理人不履行或者不完全履行职责,造成被代理人损害的,应当承担民事责任"的规定。《民法典》第929条在第1款所说的"有偿的委托合同,因受托人的过错造成委托人损失的,委托人可以请求赔偿损失。无偿的委托合同,因受托人的故意或者重大过失造成委托人损失的,委托人可以请求赔偿损失"的基础上,在第2款单独规定"受托人超越权限造成委托人损失的,应当赔偿损失",也表明了这点。

《民法典》第164条第1款所说的"造成被代理人损害的",意味着代理人对被代理人所需承担的责任,须以被代理人因代理人不履行代理职责或不完全履行代理职责受到损害为要件。也因此,《民法典》第164条第1款所说的"民事责任",主要是(但不限

① 《民法典》第523条、第577条、第581条、第583条、第584条、第587条。

于)损害赔偿责任,代理人对被代理人承担责任的方式①主要是(但不限于②)赔偿损失。

需要注意的是,《民法典》第 164 条第 1 款所说的“民事责任”,在性质上可能是侵权责任,也可能是违约责任。其中,就法定代理而言,法定代理人因不履行或不完全履行代理职责而需对被代理人承担的损害赔偿责任属于侵权责任;就委托代理而言,在被代理人与委托代理人之间成立委托合同关系的情况下,因委托代理人不履行或者不完全履行职责属于违约行为,根据《民法典》第 186 条所说的“因当事人一方的违约行为,损害对方人身权益、财产权益的,受损害方有权选择请求其承担违约责任或者侵权责任”,被代理人可以选择根据《民法典》第 929 条的规定③请求代理人承担相应的违约责任,也可以选择请求代理人承担侵权责任。

还需注意的是,《民法典》第 164 条第 1 款所说的“代理人不履行或者不完全履行职责”,既包括代理人故意不履行或不完全履行代理职责,也包括代理人因过失(包括重大过失和一般过失)不履行或不完全履行代理职责,还包括代理人非因过错不履行或不完全履行代理职责。不过,这并不意味着只要发生“代理人不履行或者不完全履行职责,造成被代理人损害”的情形,代理人就必须对被代理人承担损害赔偿责任。

比如,不论是法定代理还是委托代理,在代理人因不可抗力不履行或者不完全履行职责,造成被代理人损害的情形,根据《民法典》第 180 条第 1 款所说的“因不可抗力不能履行民事义务的,不承担民事责任。法律另有规定的,依照其规定”,除非法律另有明文规定,否则代理人无须对被代理人承担民事责任。

又如,就委托代理而言,在被代理人与委托代理人之间成立委托合同关系的情况下,根据《民法典》第 929 条的规定,有偿的委托合同的代理人仅在因过错造成被代理人损失的情况下,才需对被代理人承担损害赔偿责任;无偿委托的代理人则仅在因故意或重大过失造成被代理人损失的情况下,才需对被代理人承担损害赔偿责任;代理人在对“不履行或者不完全履行职责,造成被代理人损害”不存在过错的情况下,无须对被代理人承担损害赔偿责任。

---

① 《民法典》第 179 条第 1 款规定:“承担民事责任的方式主要有:(一)停止侵害;(二)排除妨碍;(三)消除危险;(四)返还财产;(五)恢复原状;(六)修理、重作、更换;(七)继续履行;(八)赔偿损失;(九)支付违约金;(十)消除影响、恢复名誉;(十一)赔礼道歉。”

② 比如,在毛某学与穆某佳委托合同纠纷案中,辽宁省高级人民法院(2020)辽民终 133 号民事判决书认为:“从当事人上述行为可以判断出,毛某学的主观意愿是通过穆某佳使自己成为 7 号船公司的股东,并以股东的身份对该公司进行投资;穆某佳也通过行为表示其完成了毛某学的意愿。《中华人民共和国合同法》第三百九十六条规定,委托合同是委托人和受托人约定,由受托人处理委托人事务的合同。可见,毛某学与穆某佳之间的行为更符合委托合同的特性,故一审认定双方是委托合同法律关系并无明显不当,毛某学主张的投资合作法律关系不成立。……《中华人民共和国民法总则》第一百六十四条第一款规定,代理人不履行或者不完全履行职责,造成被代理人损害的,应当承担民事责任;第一百七十九条第一款第四项规定,承担民事责任的方式之一为返还财产。据此,穆某佳违反诚实信用的民事活动基本原则,不履行职责,造成毛某学损害,毛某学主张返还人民币 4145612 元和 20 万美元(按照汇率 6.8263 折算人民币 1365260 元)的诉讼请求依法有据,应予支持……”

③ 《民法典》第 929 条规定:“有偿的委托合同,因受托人的过错造成委托人损失的,委托人可以请求赔偿损失。无偿的委托合同,因受托人的故意或者重大过失造成委托人损失的,委托人可以请求赔偿损失。受托人超越权限造成委托人损失的,应当赔偿损失。”

需要注意的是,根据《民事诉讼法》第 67 条第 1 款[①]和《民诉法解释》第 90 条、第 91 条[②]的规定,不论是委托代理还是法定代理,被代理人如其依据《民法典》第 164 条第 1 款的规定请求代理人承担损害赔偿责任,就应当对代理人存在"不履行或者不完全履行职责"的行为、被代理人存在损害以及被代理人的损害与代理人"不履行或者不完全履行职责"的行为之间存在因果关系承担举证证明责任;否则,其主张可能得不到支持。[③]

此外,根据《民法典》第 1165 条所说的"行为人因过错侵害他人民事权益造成损害的,应当承担侵权责任。依照法律规定推定行为人有过错,其不能证明自己没有过错的,应当承担侵权责任"和第 1166 条所说的"行为人造成他人民事权益损害,不论行为人有无过错,法律规定应当承担侵权责任的,依照其规定",由于《民法典》第 164 条第 1 款既没有明确推定代理人有过错、也没有明文规定不论代理人是否有过错都应当承担责任,因此,在《民法典》第 164 条第 1 款所说的"民事责任"属于侵权责任的情况下,《民法典》第 164 条第 1 款所说代理人应当承担的"民事责任"应当属于过错责任,而非过错推定责任或无过错责任。

基于上述,在表述上,《民法典》第 164 条第 1 款如果能够调整为"代理人不履行或者不完全履行职责,造成被代理人损害的,应当依法承担民事责任",则更加准确。

2. 对他人的责任

《民法典》第 164 条没有涉及代理人"不履行或者不完全履行职责,造成他人损害"的责任问题。此时需要区分委托代理和法定代理、代理人不履行代理职责造成他人损害和代理人不完全履行代理职责造成他人损害,分别加以分析。

一是就委托代理人不履行代理职责造成他人损害的责任问题,因委托代理人根本没有履行代理职责而没有适用《民法典》第 162 条所说的"代理人在代理权限内,以被代理人名义实施的民事法律行为,对被代理人发生效力"的余地。不过,结合《民法典》第 593 条关于"当事人一方因第三人的原因造成违约的,应当依法向对方承担违约责

---

① 《民事诉讼法》第 67 条第 1 款规定:"当事人对自己提出的主张,有责任提供证据。"

② 《民诉法解释》第 90 条规定:"当事人对自己提出的诉讼请求所依据的事实或者反驳对方诉讼请求所依据的事实,应当提供证据加以证明,但法律另有规定的除外。在作出判决前,当事人未能提供证据或者证据不足以证明其事实主张的,由负有举证证明责任的当事人承担不利的后果。"第 91 条规定:"人民法院应当依照下列原则确定举证证明责任的承担,但法律另有规定的除外:(一)主张法律关系存在的当事人,应当对产生该法律关系的基本事实承担举证证明责任;(二)主张法律关系变更、消灭或者权利受到妨害的当事人,应当对该法律关系变更、消灭或者权利受到妨害的基本事实承担举证证明责任。"

③ 比如,在陈某付与陈某明、淮安市清江浦区某辰法律服务所诉讼代理合同纠纷案中,江苏省高级人民法院(2020)苏民申 9354 号民事裁定书认为:"代理人不履行或者不完全履行职责,造成被代理人损害的,应当承担民事责任。经查,(2017)苏 0803 民初 350 号民事判决送达后,陈某明在接受陈某付委托授权后已代理其提起上诉,淮安市中级人民法院对其上诉予以受理,充分保护了陈某付的上诉权,陈某付以陈某明、某辰法律服务所未在法定期限内提起上诉主张其承担责任的理由不能成立。在(2018)苏 08 民终 1462 号案件中,陈某明对陈某娟等人提供的证据只是质证认为其真实性不能确定,但同时认为该证据涉及的房屋与陈某付自建房没有关系,该主张与陈某付关于不应将其自建房屋纳入遗产的诉讼主张是一致的,且该院判决系基于对事实和证据的综合分析判断作出,而非依据陈某明的该质证意见,故现并无证据证明陈某明、某辰法律服务所存在不履行或者不完全履行职责损害陈某付利益的情形,一、二审判决驳回陈某付的诉讼请求,并无不当"。

任。当事人一方和第三人之间的纠纷,依照法律规定或者按照约定处理”的规定,因委托代理人不履行代理职责造成他人损害的责任,也应当由被代理人承担;被代理人在承担责任之后,可以依照《民法典》第 164 条第 1 款所说的“代理人不履行或者不完全履行职责,造成被代理人损害的,应当承担民事责任”,请求代理人赔偿损失。

二是就法定代理人不履行代理职责造成他人损害的责任问题,因法定代理人根本没有履行代理职责而没有适用《民法典》第 162 条所说的“代理人在代理权限内,以被代理人名义实施的民事法律行为,对被代理人发生效力”的余地,此时应当适用《民法典》第 1188 条和第 1189 条等规定。[①]

三是就委托代理人或法定代理人不完全履行代理职责造成他人损害的责任问题,因代理人履行了一定的代理职责而应当适用《民法典》第 162 条关于“代理人在代理权限内,以被代理人名义实施的民事法律行为,对被代理人发生效力”的规定,由被代理人对他人承担相应的赔偿责任;被代理人在承担责任之后,可以依照《民法典》第 164 条第 1 款所说的“代理人不履行或者不完全履行职责,造成被代理人损害的,应当承担民事责任”,请求代理人赔偿损失。

(二)代理人和相对人恶意串通行为的责任:对被代理人承担连带责任

《民法典》第 164 条第 2 款规定了代理人和相对人恶意串通行为的责任,即:“代理人和相对人恶意串通,损害被代理人合法权益的,代理人和相对人应当承担连带责任”。也就是说,代理人和相对人应就其恶意串通行为对被代理人承担连带的损害赔偿责任。该规定既适用于委托代理和委托代理人,也适用于法定代理和法定代理人。

其中,《民法典》第 164 条第 2 款所说的“恶意串通”,与《民法典》第 154 条所说的“恶意串通”具有相同的含义,指的是代理人和相对人基于其各自在主观上存在的损害被代理人合法权益的故意,就实施损害被代理人合法权益的行为达成了合意。也因此,《民法典》第 164 条第 2 款所说的“代理人和相对人恶意串通,损害被代理人合法权益的,代理人和相对人应当承担连带责任”,指向的是代理人和相对人故意通谋实施侵害被代理人合法权益的行为的责任,该责任在性质上属于侵权责任,是《民法典》第 1168 条所说的“二人以上共同实施侵权行为,造成他人损害的,应当承担连带责任”的应有之义和具体体现。

需要注意的是,《民法典》第 164 条第 2 款所说的“代理人和相对人恶意串通,损害被代理人合法权益的,代理人和相对人应当承担连带责任”,只是明确了代理人和相对人恶意串通行为的责任承担问题,不涉及代理人和相对人恶意串通实施的民事法律行为的效力问题。此外,《民法典合同编通则解释》第 23 条第 1 款所说的“法定代表人、负责人或者代理人与相对人恶意串通,以法人、非法人组织的名义订立合同,损害法人、非法人组织的合法权益,法人、非法人组织主张不承担民事责任的,人民法院应予

---

① 《民法典》第 1188 条规定:“无民事行为能力人、限制民事行为能力人造成他人损害的,由监护人承担侵权责任。监护人尽到监护职责的,可以减轻其侵权责任。有财产的无民事行为能力人、限制民事行为能力人造成他人损害的,从本人财产中支付赔偿费用;不足部分,由监护人赔偿。”第 1189 条规定:“无民事行为能力人、限制民事行为能力人造成他人损害,监护人将监护职责委托给他人的,监护人应当承担侵权责任;受托人有过错的,承担相应的责任。”

支持。法人、非法人组织请求法定代表人、负责人或者代理人与相对人对因此受到的损失承担连带赔偿责任的,人民法院应予支持”,也只是明确了作为被代理人的法人或非法人组织对代理人与相对人恶意串通以法人或非法人组织的名义订立的损害该法人或非法人组织的合法权益的合同不承担任何民事责任(不论是侵权责任还是违约责任抑或缔约过失责任),也只是涉及责任承担的问题,跳过了“法定代表人、负责人或者代理人与相对人恶意串通,以法人、非法人组织的名义订立的损害法人、非法人组织的合法权益”的合同是否有效的问题,并没有涉及合同效力的认定问题。

由于《民法典》没有对代理人和相对人恶意串通实施的民事法律行为的效力作出特别规定,考虑到代理人即为代理行为(即代理人以被代理人的名义实施的民事法律行为)的“行为人”、被代理人即为代理人和相对人之外的“他人”①,因此,认定“代理人和相对人恶意串通,损害被代理人合法权益”的民事法律行为的效力,仍然应当适用《民法典》第 154 条关于“行为人与相对人恶意串通,损害他人合法权益的民事法律行为无效”的一般规定,即“代理人与相对人恶意串通,损害被代理人合法权益的民事法律行为无效”。

比如,在赣州某某研究所等与刘某禄等房屋租赁合同纠纷案中,江西省高级人民法院(2020)赣民终 517 号民事判决书认为:“揆诸历史沿革与立法旨意,《中华人民共和国民法通则》第五十八条第四项‘恶意串通,损害国家、集体或者第三人利益’、《中华人民共和国合同法》第五十二条第二项‘恶意串通,损害国家、集体或者第三人利益’、《中华人民共和国民法总则》第一百五十四条‘行为人与相对人恶意串通,损害他人合法权益的民事法律行为无效’的规定,规制的对象之一就是行为人的法定代表人或者代理人与相对方恶意串通,损害法人或者被代理人的合法权益。本案中,钟某梅中标 34 号商铺租赁后不久(刘某禄供述 2007 年 7、8 月),即向时任赣研所法定代表人刘某禄行贿 3 万元。钟某梅行贿、刘某禄受贿的事实已经生效刑事判决书认定。钟某梅行贿的目的是为了在承租赣研所不动产中获得利益,刘某禄受贿则利用其职权为钟某梅谋取利益,通过贿赂两人目标指向一致、行为合拍,并通过实施或签订一系列的退租、减租、减少保证金履行金、延期的行为或者合同,以达到双方共同的目的,由此损害了赣研所的合法利益。钟某梅与刘某禄的行为,属于恶意串通且损害了赣研所的合法权益。……钟某梅提出没有与刘某禄恶意串通,双方签订合同在平等自愿的基础上签订,系双方真实意思表示,未违反法律、行政法规强制性规定的上诉主张,与本案事实不符,也与法律规定相悖,不予采纳。钟某梅提交《委托书》,认为案涉 34 号商铺出租事宜由张某负责,刘某禄并不负责,其与刘某禄不可能恶意串通。本院认为,刘某禄时任赣研所的法定代表人,其委托下属处理租赁事宜并不能排除其与钟某梅恶意串通的可能。就 34 号商铺,在已经招投标程序确定租金价格且钟某梅按照约定缴纳押金、预付租金的情况下,钟某梅 7 月提出退租,赣研所于 7 月 25 日退回部分款项,退租时间与钟某梅第一次行贿的时间吻合,该退租行为完全是钟某梅与刘某禄恶意串通的结果,且实际上在 2007 年 11 月 8 日钟某梅以赖某秀的名义又与赣研所签订了租赁合同,也

---

① 比如,《民法典》第 168 条第 2 款针对双方代理所说的“代理人不得以被代理人的名义与自己同时代理的其他人实施民事法律行为,但是被代理的双方同意或者追认的除外”就将“被代理人”称为“其他人”。

印证钟某梅退租是双方虚假意思表示,依照《中华人民共和国民法总则》第一百四十六条之规定,该民事法律行为无效。在虚假退租后,2007 年 11 月 18 日(由赖某秀代表钟某梅)、2009 年 1 月 1 日、2010 年 1 月 1 日分别签订的《某某路 34 号第 12 栋一至二层商用店铺租赁合同》,对照《中标通知书》确定的价格,一而再、再而三降低租金价格、延长租赁期限。就 36 号办公楼,对照 2010 年 3 月 9 日合同约定,2010 年 4 月 1 日的《租赁经营合同》、2010 年 4 月 2 日《租赁经营合同》、2010 年 4 月 10 日《补充协议》、2010 年 12 月 31 日《〈租赁经营合同〉补充协议》,亦总体呈现租金价格下降、租期延长的事实。由此,钟某梅与刘某禄恶意串通、不断损害赣研所合法权益昭然可见。……钟某梅上诉主张 34 号商铺租金价格根据市场价格调减,与当地租赁市场价格不断增长的事实明显相悖,不予采纳;钟某梅上诉主张 36 号楼租金价格以 2010 年 4 月 2 日合同为准,一直没有进行调减,与本院认定的事实不符,不予采纳。赣研所主张就 34 号商铺 2007 年 11 月 18 日(由赖某秀代表钟某梅)、2009 年 1 月 1 日、2010 年 1 月 1 日分别签订的《某某路 34 号第 12 栋一至二层商用店铺租赁合同》,就 36 号办公楼 2010 年 4 月 1 日的《租赁经营合同》、2010 年 4 月 2 日《租赁经营合同》、2010 年 4 月 10 日《补充协议》、2010 年 12 月 31 日《〈租赁经营合同〉补充协议》无效,本院予以认可,上述合同均不能作为认定本案赣研所、钟某梅权利义务的依据”。

不过,实务中也有不同意见。比如,在刘某云与刘某君、汪某晖确认合同无效纠纷案中,广东省深圳市中级人民法院(2018)粤 03 民终 23109 号民事判决书认为:“在代理人违反义务滥用代理权的情况下,如果相对人与代理人恶意串通,则其理应知晓代理人的代理行为系无权代理。在此情况下,如果仍坚持要求被代理人对代理行为承担责任,保护相对人的信赖利益,则不仅会纵容恶意串通的不当行为,也有违诚信原则和公平原则。根据上述法律规定,在相对人与代理人恶意串通的情况下,应当认定代理行为为无权代理。……如果被代理人对代理行为不予追认,则代理行为对被代理人不发生效力,给被代理人合法权益造成损害的,相对人与代理人应当承担连带责任。在本案中,刘某君与汪某晖恶意串通买卖涉案房屋,刘某君与汪某晖就涉案房屋所签订的买卖合同即使真实,在刘某云拒绝追认的情况下,对刘某云不发生效力。刘某云有权要求汪某晖返还房屋,包括将涉案房屋过户回刘某云名下。至于汪某晖与刘某君之间的房屋买卖合同是否真实有效、汪某晖能否要求刘某君承担民事责任,系汪某晖与刘某君之间的民事关系,不属于本案处理范围,本院不作评判。因此,对于刘某云要求确认刘某君与汪某晖签订的涉案房屋备案买卖合同无效的诉讼请求,本院不予支持;对于刘某云要求汪某晖将涉案房屋恢复登记至其名下的诉讼请求,本院予以支持。”①

此外,最高人民法院《民法典合同编通则解释》起草工作组《〈关于适用民法典合同编通则若干问题的解释〉的理解与适用》一文也提出:“实践中,代表人、代理人与相对人恶意串通,损害法人或者非法人组织的事件时有发生。尽管民法典第一百五十四条规定‘行为人与相对人恶意串通,损害他人合法权益的民事法律行为无效’,但因法定代表人或者负责人系以法人或者非法人组织的名义订立合同,且损害的是法人或者非法人组织的利益,而非‘他人’利益,导致人民法院无法依据该条认定合同无效。……

① 类似的裁判意见,还可见广东省惠州市中级人民法院(2021)粤 13 民终 706 号民事判决书。

我们认为,法定代表人或者代理人与相对人恶意串通损害单位的合法利益,是代表权或者代理权滥用的典型表现,其订立合同的行为自应构成越权代表或者无权代理,因而应根据民法典关于越权代表或者无权代理的规定认定合同效力。因此,法人、非法人组织如果对该行为不予追认,则不发生有效代理或者代表的后果。”①

二、代理人的权利

与《民法典》第34条第2款针对监护人的权利规定了“监护人依法履行监护职责产生的权利,受法律保护”不同,《民法典》总则编第七章“代理”没有专门直接涉及代理人的权利问题。

不过,《民法典》在不同的条款中也直接或间接地规定了代理人的相关权利,比如:一是《民法典》第162条关于“代理人在代理权限内,以被代理人名义实施的民事法律行为,对被代理人发生效力”的规定。根据该规定,代理人依法实施的代理行为所产生的不利后果不应由代理人承担,而应由被代理人承担。

二是《民法典》第163条第2款关于“委托代理人按照被代理人的委托行使代理权。法定代理人依照法律的规定行使代理权”的规定。根据该规定,委托代理人享有按照被代理人的委托实施代理行为的权利,法定代理人享有依照法律的规定实施代理行为的权利。

三是《民法典》第169条第3款关于“转委托代理未经被代理人同意或者追认的,代理人应当对转委托的第三人的行为承担责任;但是,在紧急情况下代理人为了维护被代理人的利益需要转委托第三人代理的除外”的规定。根据该规定,委托代理人享有在紧急情况下为了维护被代理人的利益而转委托第三人代理的权利,无须取得被代理人的事先同意或事后追认。

四是《民法典》第173条第2项关于“有下列情形之一的,委托代理终止:(二)……代理人辞去委托”的规定。根据该规定,代理人享有辞去委托的权利。

五是《民法典》第921条关于“委托人应当预付处理委托事务的费用。受托人为处理委托事务垫付的必要费用,委托人应当偿还该费用并支付利息”的规定。根据该规定,在被代理人与代理人之间成立委托合同关系的情况下,委托代理人享有要求被代理人预付处理代理事务的费用的权利和要求被代理人偿还其为处理代理事务垫付的必要费用的权利。

六是《民法典》第928条关于“受托人完成委托事务的,委托人应当按照约定向其

---

① 最高人民法院《民法典合同编通则解释》起草工作组:《〈关于适用民法典合同编通则若干问题的解释〉的理解与适用》,载《人民司法》2024年第1期。类似观点还可见刘贵祥:《当前民商事审判中几个方面的法律适用问题》,载王利明主编:《判解研究》2022年第2辑,人民法院出版社2023年版。该观点值得商榷。尤其是,不论是《民法典》第171条第1款所说的“行为人没有代理权、超越代理权或者代理权终止后,仍然实施代理行为,未经被代理人追认的,对被代理人不发生效力”,还是《民法典》第172条所说的“行为人没有代理权、超越代理权或者代理权终止后,仍然实施代理行为,相对人有理由相信行为人有代理权的,代理行为有效”,指向的都是不构成表见代理的无权代理行为和表见代理行为的法律后果归属问题,并不涉及“民事法律行为的效力”问题;即使被代理人对“代理人和相对人恶意串通,损害被代理人合法权益”的民事法律行为予以追认,也不能阻却适用《民法典》第154条关于“行为人与相对人恶意串通,损害他人合法权益的民事法律行为无效”的规定。

支付报酬。因不可归责于受托人的事由,委托合同解除或者委托事务不能完成的,委托人应当向受托人支付相应的报酬。当事人另有约定的,按照其约定”的规定。根据该规定,在被代理人与代理人之间成立委托合同关系的情况下,委托代理人享有根据委托合同的约定请求被代理人支付报酬的权利。

七是《民法典》第 930 条关于“受托人处理委托事务时,因不可归责于自己的事由受到损失的,可以向委托人请求赔偿损失”的规定。根据该规定,在被代理人与代理人之间成立委托合同关系的情况下,委托代理人享有就其处理代理事务时,因不可归责于自己的事由受到的损失请求被代理人予以赔偿的权利。

第二节　委托代理

委托代理是代理制度的重要组成部分。《民法典》总则编第七章第二节“委托代理”共有 8 个条文(第 165 条至第 172 条),规定了委托代理的具体规则,涉及授权委托书的内容和形式要求(第 165 条)、数人代理时代理权的行使要求(第 166 条)、代理事项违法或代理行为违法时被代理人和代理人的责任(第 167 条)、自己代理和双方代理(第 168 条)、转委托代理(第 169 条)、职务代理(第 170 条)、无权代理(第 171 条)和表见代理(第 172 条)。

需要注意的是,《民法典》第 165 条至第 172 条的规定均仅适用于委托代理,不适用于法定代理。

第一百六十五条　【授权委托书的内容和形式要求】委托代理授权采用书面形式的,授权委托书应当载明代理人的姓名或者名称、代理事项、权限和期限,并由被代理人签名或者盖章。

【条文通释】

《民法典》第 165 条是关于授权委托书的内容和形式要求的规定。

一、委托代理授权的性质

委托代理授权仅适用于委托代理,不适用于法定代理,指的是委托代理人将代理权委托给[①]代理人的行为。

在性质上,委托代理授权属于单方民事法律行为,即《民法典》第 134 条第 1 款所说的“可以基于单方的意思表示成立”的民事法律行为。对此,最高人民法院(2020)最高法民再 24 号民事判决书认为:“授权行为自行为人作出单方意思表示即可产生授权的法律效力,属于单方法律行为。授权行为人与相对人以共同签订协议的形式签订授权书,不能改变授权行为是单方法律行为的性质。将授权行为视为双方法律行为,与

① 《民法典》第 169 条使用了“转委托第三人代理”的表述,第 36 条和第 1189 条针对监护人监护职责采用了“委托给他人”的表述,第 941 条针对物业服务使用了“委托给专业性服务组织或者其他第三人”和“转委托给第三人”的表述。

授权行为的性质相悖。”①

二、委托代理授权的形式

《民法典》第165条所说的“委托代理授权采用书面形式的”,意味着委托代理授权并非只能采用书面形式,既可以采用书面形式,也可以依法采用口头形式或其他形式。这也是《民法典》第135条所说的“民事法律行为可以采用书面形式、口头形式或者其他形式;法律、行政法规规定或者当事人约定采用特定形式的,应当采用特定形式”的应有之义和具体体现。应该说,原《民法通则》第65条所说的“民事法律行为的委托代理,可以用书面形式,也可以用口头形式。法律规定用书面形式的,应当用书面形式”规定得更为清晰。

结合《民法典》第469条的规定②,可以认为,《民法典》第165条所说的“书面形式”,既可以是授权委托书、合同书、信件、电报、电传、传真等可以有形地表现所载内容的形式,也可以是电子数据交换、电子邮件等方式能够有形地表现所载内容并可以随时调取查用的数据电文。《民法典》第165条所说的“授权委托书”只是书面形式的一种情形。

三、授权委托书的内容和形式要求

针对被代理人采用书面形式进行委托授权的情形,《民法典》第165条规定了授权委托书的必备内容和形式要求。

(一)授权委托书的必备内容

根据《民法典》第165条的规定,就委托代理而言,授权委托书的必备内容包括以下5项:(1)代理人的姓名或名称;(2)代理事项;(3)代理权限;(4)代理期限;和(5)被代理人的姓名或名称。上述内容共同组成委托代理授权的基本要素,共同证明被代理人向代理人作出了委托授权的意思表示。

1. 代理人的姓名或名称

代理人的姓名或名称是授权委托书的必备内容,限定了有权行使代理权的主体范围。欠缺代理人的姓名或名称的授权委托书不具有委托代理授权的效力。

比如,在某某基航运有限公司与江西某艺户外家具有限公司等海上货物运输合同纠纷案中,湖北省高级人民法院(2020)鄂民终2号民事判决书认为:“在中国海商法

---

① 最高人民法院(2013)民提字第25号民事判决书也认为:“委托行为属于单方法律行为,严某军、刘某1、刘某2以其行为接受了梁某的委托。”《重庆市高级人民法院关于商业银行及其分支机构在诉讼中的主体资格问题的意见》(渝高法〔2004〕89号)第2条也规定:“商业银行总行与分、支行之间是委托代理关系,分行的代理权是基于总行的委托授权行为而产生,分行作为代理人又根据总行的授权选任支行为复代理人。代理人、复代理人在授权范围内的行为对被代理人发生法律效力。委托授权行为属于单方法律行为,总行随时有权撤回其授权,从而使分行的代理权归于消灭;分行对支行有监督权和解任权,随时有权撤回对支行的授权”。

② 《民法典》第469条规定:“当事人订立合同,可以采用书面形式、口头形式或者其他形式。书面形式是合同书、信件、电报、电传、传真等可以有形地表现所载内容的形式。以电子数据交换、电子邮件等方式能够有形地表现所载内容,并可以随时调取查用的数据电文,视为书面形式。”

下,仅在记名提单后加盖印章不足以构成记名收货人委托第三方提货的有效授权。将印章视为授权,其实质是将记名提单视同指示提单处理,此种理解不符合海商法对记名提单赋予的法律性质。同时按照民法总则第一百六十五条之规定,委托代理授权采用书面形式的,授权委托书应当载明代理人的姓名或者名称、代理事项、权限和期间,并由被代理人签名或者盖章。本案除某卡公司印章外,未见有其他任何关于委托代理授权的说明,无法确定代理人的名称、代理事项、代理权限及期间等代理关系的基本构成要素,故本案记名提单后加盖某卡公司印章,不足以证明某卡公司委托××公司提货"。

其中,《民法典》第 165 条所说的"代理人的姓名"适用于代理人为自然人的情形,"代理人的名称"则适用于代理人为非自然人的情形。结合《民法典》第 1017 条所说的"具有一定社会知名度,被他人使用足以造成公众混淆的笔名、艺名、网名、译名、字号、姓名和名称的简称等,参照适用姓名权和名称权保护的有关规定",在解释上,《民法典》第 165 条所说的"代理人的姓名或者名称",包括能够使代理人特定化的笔名、艺名、网名、译名、字号、姓名或名称的简称。

2. 代理事项

代理事项是授权委托书的必备内容,限定了委托代理人有权行使代理权的事务范围。欠缺代理人事项的授权委托书不具有委托代理授权的效力。

《民法典》第 165 条所说的"代理事项",与《民法典》第 169 条第 2 款①、第 173 条第 1 项②和第 174 条第 1 款第 3 项③所说的"代理事务",具有相同的含义,指向的是被代理人授权代理人可以以被代理人的名义实施的民事法律行为,即《民法典》第 161 条第 1 款所说的"民事主体可以通过代理人实施民事法律行为"和《民法典》第 162 条所说的"代理人在代理权限内,以被代理人名义实施的民事法律行为,对被代理人发生效力"当中的原本应由被代理人实施的"民事法律行为"。

结合《民法典》第 920 条所说的"委托人可以特别委托受托人处理一项或者数项事务,也可以概括委托受托人处理一切事务",可以认为,除非法律法规另有规定或当事人另有约定,被代理人授权代理人的"代理事项"可以是一项或数项,对应于特别授权④;也可以是一切代理事务⑤,对应于概括授权。

不过,如前所说,《民法典》总则编第七章"代理"所说的"代理事项"或"代理事

---

① 《民法典》第 169 条第 2 款规定:"转委托代理经被代理人同意或者追认的,被代理人可以就代理事务直接指示转委托的第三人,代理人仅就第三人的选任以及对第三人的指示承担责任。"

② 《民法典》第 173 条第 1 项规定:"有下列情形之一的,委托代理终止:(一)代理期限届满或者代理事务完成。"

③ 《民法典》第 174 条第 1 款第 3 项规定:"被代理人死亡后,有下列情形之一的,委托代理人实施的代理行为有效:……(三)授权中明确代理权在代理事务完成时终止"。

④ 需要注意的是,《民事诉讼法》第 62 条针对当事人委托诉讼代理人所说的"委托他人代为诉讼,必须向人民法院提交由委托人签名或者盖章的授权委托书。授权委托书必须记明委托事项和权限。诉讼代理人代为承认、放弃、变更诉讼请求,进行和解,提起反诉或者上诉,必须有委托人的特别授权"中的"特别授权",指向的是委托代理权限、而非委托代理事项。

⑤ 与委托代理可作对照的是,根据《民法典》第 20 条、第 21 条和第 144 条,无民事行为能力人实施任何民事法律行为,均须由其法定代理人代理实施。

务”,仅限于民事法律行为,不包括事实行为。这跟《民法典》合同编第二十三章“委托合同”所说“委托事务”既包括民事法律行为、也包括事实行为是不同的。

还需注意的是,尽管《民法典》第165条将“代理事项”与“代理权限”并列列出,但是,“代理事项”本身也具有确定和限制代理权限的作用。具体而言,授权委托书中的“代理事项”明确了代理人可以以被代理人名义实施的民事法律行为的事务范围,并据此对代理人的代理权进行了限制;在被代理人并未授权代理人以被代理人的名义实施任何民事法律行为的情况下,代理人以被代理人的名义实施了任何民事法律行为,则构成无权代理(即自始没有代理权);在被代理人仅授权代理人以被代理人的名义实施某项或某几项民事法律行为的情况下,代理人以被代理人的名义实施了其他民事法律行为,则构成越权代理(即“超越代理权”)。

比如,在兰某织与任某等借款合同纠纷案中,甘肃省高级人民法院(2023)甘民申3417号民事裁定书认为:“本案中,任某向谢某出具的《委托书》明确载明‘因办理个人经营性贷款需要与兰某织签订相关手续……代为办理如下事项:代为办理贷款业务,并在相关文件及表格上签字…受托人在上述权限范围内所进行的代理活动,办理有关事项,签署有关文件,委托人均予以认可。’从《委托书》记载的内容可以看出,任某委托谢某为代办个人经营性贷款,委托事务仅限于以任某名义向银行申请借款,而非给他人提供担保。因此,对《委托书》中委托事项的理解,应当严格依据《委托书》记载内容进行理解,不宜做扩大解释,更不能仅因任某在兰州某银行没有个人贷款而反向推定《委托书》系针对案涉贷款。谢某向兰某织出具了《委托书》及《公证书》,兰某织应当查看谢某的代理事项及代理权限。兰某织明知谢某超越代理权限,于2019年9月30日代任某向其出具《个人不可撤销保证书》代任某承诺对案涉贷款提供连带保证,兰某织自身存在过错,本案不构成表见代理,而应属于狭义无权代理范畴。依据《中华人民共和国民法典》第一百七十一条:‘行为人没有代理权、超越代理权或者代理权终止后,仍然实施代理行为,未经被代理人追认的,对被代理人不发生效力’的规定,因任某明确对此代理行为不予追认,故谢某代任某签署《个人不可撤销保证书》的行为对任某不发生效力,兰某织不能以此主张任某就案涉借款承担连带保证责任。”

又如,在李某明与广安某新建设工程有限责任公司、龙某虎、郑某买卖合同纠纷案中,四川省高级人民法院(2019)川民申6341号民事裁定书认为:“首先,根据《中华人民共和国民法总则》第一百六十五条‘委托代理授权采用书面形式的,授权委托书应当载明代理人的姓名或者名称、代理事项、权限和期间,并由被代理人签名或者盖章’的规定,书面委托代理应有明确的代理事项、权限和期限等。经审查,《法人授权委托书》明确为广安某新公司向业主单位雅安市某某区国土资源局出具,内容为授权龙某虎以广安某新公司名义与雅安市某某区国土资源局签订案涉施工合同并进行‘项目管理事宜’、‘现场施工管理事宜’,未授权龙某虎可以以广安某新公司的名义与第三人订立买卖合同。因此,龙某虎不具有委托代理权。其次,根据《最高人民法院印发〈关于当前形势下审理民商事合同纠纷案件若干问题的指导意见〉的通知》第十三条……的规定,合同相对人需要举证证明其善意且无过失地相信代理人具有代理权的权利外观。本案中,李某明与龙某虎之间系口头约定,并无书面合同。李某明主张与广安某新公司买卖合同成立的依据《法人授权委托书》,亦是在一审诉讼中才申请调取的,而该《法人授权委托书》系广安某新公司出具给雅安市某某区国土资源局且由该局保存，由此可见，在李某明在与龙某虎达成口头协议时，李某明既不能证明其审查过龙某虎的身份和代理权限，也不能举证证明龙某虎持有合同书、公章、印鉴等有权代理的客观表象，因此，没有证据表明达成案涉买卖合同时，李某明有充足的理由相信龙某虎有代理权，尽到了合理的注意义务，李某明并非善意无过失。最后，广安某新公司从未向李某明支付过任何货款，也未对案涉买卖合同的履行与结算予以签字、盖章或者追认，同时，广安某新公司已经向郑某支付完毕了案涉工程款。因此，龙某虎的行为不构成有权代理，亦不构成表见代理，四川省雅安市中级人民法院（2019）川 18 民终 475 号民事判决基于买卖合同相对性原则，认定广安某新公司并非案涉买卖合同当事人，不应承担支付货款的合同责任，认定的事实清楚，适用法律正确，本院予以支持”。

3. 代理权限

《民法典》第 165 条所说的“代理权限”，即被代理人授予或委托给代理人的代理权的范围，限定了代理人在以被代理人的名义处理代理事项时可以从事的民事活动的范围，比如委托代理人就相关事项与相对人进行协商谈判、发出要约、订立合同、履行合同、结算、付款或收款等①。

比如，在延边某神国际贸易有限公司与新疆某诺商贸有限公司买卖合同纠纷案中，新疆生产建设兵团第十三师中级人民法院（2023）兵 12 民终 102 号民事判决书认为：“《中华人民共和国民法典》第一百六十二条规定，‘代理人在代理权限内，以被代理人名义实施的民事法律行为，对被代理人发生效力。’第一百六十五条规定，‘委托代理授权采用书面形式的，授权委托书应当载明代理人的姓名或者名称、代理事项、权限和期限，并由被代理人签名或者盖章。’本案中，崔某春在与被上诉人协商达成案涉买卖合同时，其提交了由上诉人出具的授权委托书，该授权委托书载明：‘委托人延边某神国际贸易有限公司委托上列授权委托人崔某春在与哈密某源环保科技有限责任公司项目业务办理过程中全权负责一切事宜代办。’从该授权委托书的授权内容来看，是就崔某春在办理涉及有关哈密某源环保科技有限责任公司项目业务的授权，而并非仅仅是针对哈密某源环保科技有限责任公司的授权。案涉买卖合同达成后，被上诉人按照上诉人指定的交付地点履行了供货义务，本案合同的交付地点为哈密某源环保科技有限责任公司院内，属于崔某春的代理权限范围。并且上诉人也向被上诉人实际履行了支付部分货款的合同义务，上诉人的行为应视为是对崔某春代理行为的认可亦或追认。本案上诉人对崔某春的委托代理授权符合上述法律规定，崔某春在其代理权限内与被上诉人实施的买卖行为对上诉人发生效力，上诉人应当对崔某春的代理行为承担民事责任”。

---

① 比如，在北京某润玻璃有限公司与某元建设发展有限公司定作合同纠纷案中，北京市高级人民法院（2021）京民再 130 号民事判决书认为：“本案中，另案生效判决已确认 2015 年 3 月 8 日某元公司出具《授权委托书》，授权葛某军全权处理某洋大厦外装饰幕墙工程相关事宜，《授权委托书》载明的授权范围包括签订、执行承包合同、进行合同及价格谈判等事项。葛某军有权代表某元公司与某润公司签订《玻璃买卖合同》；在合同停止继续履行后，葛某军与某润公司多次磋商确认未送货的玻璃成品半成品数量与价格，故本院再审认定葛某军与某元公司之间存在代理关系，某元公司辩称葛某军的行为超越授权范围的理由亦不能成立。葛某军的代理行为对某元公司发生法律效力，某润公司与某元公司之间构成定作合同关系”。

需要注意的是，授权委托书未载明具体的代理权限或者对代理权限约定不明确，并不当然导致授权委托书不发生委托代理授权的效力；此时应当根据《民法典》第142条第1款所说的“有相对人的意思表示的解释，应当按照所使用的词句，结合相关条款、行为的性质和目的、习惯以及诚信原则，确定意思表示的含义”，确定代理人的代理权限。

比如，在某绵城市投资有限公司与汾阳某某村经济技术开发区管理委员会合同纠纷案中，针对某绵城市公司2020年8月29日向管委会出具的内容为“为更好协商处理汾阳某某村经开区管委会与某绵城市公司（曾用名：某绵城市投资股份有限公司）关于退还汾阳某某村经济技术开发区湿地公园项目EPC模式合作项目诚意保证金事宜，我公司现委托某双公司在委托管理期限内负责商谈此笔保证金退还相关事项。如未达成，某双公司在委托期限外无权办理相关事宜。我公司将直接与贵方办理此诚意保证金退还相关事宜。委托期限：2020.8.29至2021.5.31止。特此委托。其他无转委托权”的授权委托书中的委托代理权限的解释问题，北京市第二中级人民法院（2023）京02民终710号民事判决书认为：“委托代理授权采用书面形式的，授权委托书应当载明代理人的姓名或者名称、代理事项、权限和期限，并由被代理人签名或者盖章。某绵城市公司上诉主张委托内容仅为‘商谈’，不包含‘代为收款’，故该委托书的代理权限范围系本案主要争点。首先，从目的解释角度，该委托书出具目的系为更好协商处理退还诚意保证金事宜，包含协商与处理两个层面。其次，从文意解释角度，尽管委托内容为‘负责商谈此笔保证金退还相关事宜’，该项委托并未排除代为收款权限，结合双方合作过程中某双公司法定代表人曾进行前期介绍、协调的事实背景，综合考虑，可以认定某双公司代为收取退款并未超出委托权限。最后，从交易过程来看，管委会与某绵城市公司一直通过某双公司作为中间媒介进行沟通和处理，故上述解释与实际情况相印证。综上，某绵城市公司关于委托权限仅为‘商谈’的上诉主张不是最合理的解释，且与实际情况不符，故本院不予采纳。”

此外，针对委托代理授权不明的责任，原《民法通则》第65条第3款曾经规定：“委托书授权不明的，被代理人应当向第三人承担民事责任，代理人负连带责任”。不过，由于《民法典》对此未作规定，根据《民法典》第178条第3款所说的“连带责任，由法律规定或者当事人约定”，委托代理授权不明这一事实本身，并不导致被代理人与代理人对相对人承担连带责任。

4. 代理期限

《民法典》第165条所说的“代理期限”，限定了被代理人授权代理人可以以被代理人的名义实施的民事法律行为的时间范围，既可以是有明确的起始日和终止日的具体期间，也可以是只有明确的起始日但没有终止日的具体期间，还可以是类似于“长期有效”的原则性的期限（比如《民法典》第174条第1款第3项所说的“在代理事务完成时终止”）。

需要注意的是，尽管《民法典》第165条将“代理期限”与“代理权限”并列列出，但是，“代理期限”本身也具有确定代理权限的作用。具体而言，授权委托书中的“代理期限”明确了代理人可以以被代理人名义实施相应的民事法律行为的时间范围，并据此对代理人的代理权进行了限制。根据《民法典》第173条第1项所说的“有下列情形之一的,委托代理终止:(一)代理期限届满”,代理期限届满将导致委托代理终止和代理权终止,代理人在代理期限届满之后仍然以被代理人的名义实施的民事法律行为,属于《民法典》第 171 条第 1 款和第 172 条所说的“代理权终止后,仍然实施代理行为”,未经被代理人追认,构成无权代理,原则上对被代理人不发生效力。

同样地,授权委托书未载明具体的代理期限,并不当然导致授权委托书不发生委托代理授权的效力,此时应当根据《民法典》第 142 条第 1 款所说的“有相对人的意思表示的解释,应当按照所使用的词句,结合相关条款、行为的性质和目的、习惯以及诚信原则,确定意思表示的含义”,确定代理人的代理期限。根据《民法典》第 173 条第 2 项所说的“有下列情形之一的,委托代理终止:……(二)被代理人取消委托或者代理人辞去委托”,并结合《民法典》第 563 条第 2 款所说的“以持续履行的债务为内容的不定期合同,当事人可以随时解除合同,但是应当在合理期限之前通知对方”和第 730 条所说的“当事人对租赁期限没有约定或者约定不明确,依据本法第五百一十条的规定仍不能确定的,视为不定期租赁;当事人可以随时解除合同,但是应当在合理期限之前通知对方”,可以认为,在授权委托书未载明具体的代理期限的情形,被代理人可以随时取消委托,代理人也可以随时辞去委托;但是,在被代理人取消委托、代理人辞去委托之前,委托代理授权应当是持续有效的。

比如,在陈某军与湖南某电集团有限责任公司星宁电力工程分公司劳动争议纠纷案中,湖南省长沙市中级人民法院(2017)湘 01 民终 7811 号民事判决书认为:“本案中,陈某军于 2012 年 11 月 29 日出具委托书,全权委托姜某锋办理与某鑫公司的一切事宜。故姜某锋作为陈某军的委托代理人于 2012 年 11 月 30 日与某鑫公司签订的协议对方某连发生法律效力。陈某军称,其对姜某锋的授权期限仅为 2012 年 11 月 29 日,经审查,陈某军出具的委托书上未载明代理时限,根据《中华人民共和国民法总则》第一百七十三条之规定:有下列情形之一的,委托代理终止:(一)代理期间届满或者代理事务完成;(二)被代理人取消委托或者代理人辞去委托;(三)代理人丧失民事行为能力;(四)代理人或者被代理人死亡;(五)作为代理人或者被代理人的法人、非法人组织终止,陈某军亦未提供证据证明其对姜某锋的委托存在该条法律规定的委托代理终止或已撤销委托之情形”。

5. 被代理人的姓名或名称

尽管《民法典》第 165 条没有直接规定委托代理的授权委托书应当载明“被代理人的姓名或名称”,但是,《民法典》第 165 条所说的“授权委托书应当……由被代理人签名或者盖章”,实际上也意味着“被代理人的姓名或名称”也属于授权委托书的必备内容。其中,“被代理人的姓名”适用于被代理人为自然人的情形,“被代理人的名称”则适用于被代理人为非自然人的情形。

同样地,结合《民法典》第 1017 条所说的“具有一定社会知名度,被他人使用足以造成公众混淆的笔名、艺名、网名、译名、字号、姓名和名称的简称等,参照适用姓名权和名称权保护的有关规定”,可以认为,《民法典》第 165 条所说的被代理人的“签名或者盖章”,包括在授权委托书上签署的能够使代理人特定化的笔名、艺名、网名、译名、字号、姓名或名称的简称或加盖的相应的印章。

(二)授权委托书的其他记载事项

《民法典》第 165 条本身不要求授权委托书载明出具日期等其他内容。在不违反法律法规规定的情况下,被代理人可以根据需要在其出具的授权委托书上载明其他事项,比如出具日期、授权委托书编号、法定代表人或负责人的姓名、代理人或被代理人的住所、联系电话,等等。

其中,授权委托书载明的出具日期既可以早于代理期限的起始日,也可以晚于代理期限的起始日。具体而言,授权委托书的出具日期早于代理期限的起始日的,属于预先授权;出具日期晚于代理期限起始日的,则属于事后追认授权,都不影响委托代理授权的效力。

需要注意的是,授权委托书未记载《民法典》第 165 条列明的事项之外的事项这一事实本身不导致授权委托书无效或不具有委托授权的效力。

比如,在遂昌某章小超市与上海某化联合股份有限公司侵害商标权纠纷案中,浙江省高级人民法院(2019)浙民终 456 号民事判决书认为:"《中华人民共和国民法总则》第一百六十五条规定:'委托代理授权采用书面形式的,授权委托书应当载明代理人的姓名或者名称、代理事项、权限和期间,并由被代理人签名或者盖章。'本案中,某章超市上诉认为某化公司一、二审提交的授权委托书因缺乏其法定代表人签字而无效。本院认为,公章系企业法人权利的象征,依法刻制并经工商机关登记备案的公章系法人行使管理本单位事务、对外承担法律义务和后果的标记,在没有特别约定的情况下,法人在相应法律文书上加盖公章的行为对公司具有约束力。某化公司提交的起诉书中加盖了公司公章,其委托律师代理本案诉讼的授权委托书中亦载明了受托人的姓名、代理事项、权限和期间,并有某化公司盖章确认。经核对,本案起诉书、授权委托书、某化公司法定代表人身份证明中的公章均相同,因此本案起诉及授权委托行为系某化公司真实意思表示,在某章超市并未提供相反证据证明本案诉讼并非某化公司真实意思表示的情况下,一审法院据此认定某化公司系本案适格原告并无不当。某章超市的该点上诉理由不能成立,本院不予支持。"

(三)授权委托书的形式要求

《民法典》第 165 条对委托代理授权的授权委托书的形式要求作出了规定,即:"应当……由被代理人签名或者盖章"。

要求被代理人在授权委托书上签名或盖章,既是确定被代理人的主体范围的需要,也是表明授权委托书的内容属于被代理人的意思表示和被代理人对授权委托书的内容予以认可的需要。① 此外,根据《民法典》第 134 条第 1 款所说的"民事法律行为……也可以基于单方的意思表示成立",被代理人在授权委托书上签名或盖章,也是被代理人作出了相应的授权委托的意思表示和该授权行为成立的标志,欠缺"被代理

---

① 最高人民法院(2007)民二终字第 35 号民事判决书(载《最高人民法院公报》2008 年第 1 期)认为:"根据《中华人民共和国合同法》第三十二条的规定:'当事人采用合同书形式订立合同的,自双方当事人签字或者盖章时合同成立。'这里的签字盖章的效力是表明合同内容为签字或盖章当事人的意思表示,并据以享有合同权利、履行合同义务,尤其具有使合同相对人确信交易对方、从而确定合同当事人的作用。"

人的签名或盖章”的授权委托书不能产生委托代理授权的效力。

需要注意的是，结合《民法典》第 490 条第 1 款所说的“当事人采用合同书形式订立合同的，自当事人均签名、盖章或者按指印时合同成立”，在解释上，《民法典》第 165 条所说的“签名或者盖章”应作扩大解释，解释为包括“按指印”；尤其是在被代理人不会签名（或无法签名）又没有印章（或无法盖章）的情况下，应当认定被代理人在授权委托书上按指印具有与签名或盖章同等的效力。

还需注意的是，就法人或非法人组织被代理人而言，结合《民法典合同编通则解释》第 22 条第 2 款所说的“合同系以法人、非法人组织的名义订立，但是仅有法定代表人、负责人或者工作人员签名或者按指印而未加盖法人、非法人组织的印章，相对人能够证明法定代表人、负责人或者工作人员在订立合同时未超越权限的，人民法院应当认定合同对法人、非法人组织发生效力。但是，当事人约定以加盖印章作为合同成立条件的除外”，授权委托书上仅有其法定代表人、负责人的签名或者按指印而未加盖法人、非法人组织的印章，原则上不影响委托代理授权的效力。

第一百六十六条　【数人代理的代理权行使方式】数人为同一代理事项的代理人的，应当共同行使代理权，但是当事人另有约定的除外。

【条文通释】

《民法典》第 166 条是关于数人代理[①]的代理权行使方式的规定。

一、一人代理和数人代理

就委托代理而言，《民法典》第 166 条所说的“数人为同一代理事项的代理人的”，意味着被代理人既可以将代理权委托授权给一人，也可以将代理权委托授权给数人（包括二人和超过二人）。前者可以称为一人代理或独家代理，后者可以称为数人代理。

其中的“人”，在不违反法律法规的规定的情况下，既可以是自然人，也可以是法人或非法人组织。

二、数人代理的代理权行使方式

在被代理人将代理权委托授权给数人的情形，涉及数个代理人之间如何行使代理权的问题。对此，《民法典》第 166 条规定了相应的要求，即：“数人为同一代理事项的代理人的，应当共同行使代理权，但是当事人另有约定的除外”。据此，《民法典》确立以共同行使代理权为原则、不共同行使代理权为例外的数人代理制度。

（一）以共同行使代理权为原则

在被代理人将代理权委托授权给数人的情形，由于《民法典》第 166 条使用了“数

① 广东省高级人民法院（2020）粤民再 182 号民事裁定书、四川省德阳市中级人民法院（2018）川 06 民终 403 号民事判决书等使用了“共同代理”的表述。

人为同一代理事项的代理人的，应当共同行使代理权，但是当事人另有约定的除外”的表述，因此，只要当事人没有另作约定，数个代理人就应当共同行使代理权。

其中，《民法典》第166条所说的“共同行使代理权”，既包括数个代理人以明示方式共同行使代理权，也包括其中一个代理人以明示方式行使代理权、而其他代理人以自己的行为表明其共同行使代理权。①

也因此，在被代理人将代理权委托授权给数人的情形，非经全体代理人一致同意，任何一个或部分代理人均不得擅自行使代理权，否则将构成无权代理，未经被代理人追认，原则上对被代理人不发生效力。《民法典总则编解释》第25条所说的“数个委托代理人共同行使代理权，其中一人或者数人未与其他委托代理人协商，擅自行使代理权的，依据民法典第一百七十一条、第一百七十二条等规定处理”，也表明了这点。

比如，在四川省某基汇通融资理财信息咨询有限公司与周某建等96人确认合同有效纠纷案中，四川省德阳市中级人民法院（2018）川06民终403号民事判决书认为：“《中华人民共和国民法总则》第一百六十五条规定：‘委托代理授权采用书面形式的，授权委托书应当载明代理人的姓名或者名称、代理事项、权限和期间，并由被代理人签名或者盖章’。第一百六十六条的规定：‘数人为同一代理事项的代理人的，应当共同行使代理权，但是当事人另有约定的除外’。共同代理具有的特征是数个代理人共同行使一个代理权。即在没有另外约定情况下，共同代理中各代理人应当共同实施代理行为，享有共同的权利和义务，任何一个代理人都不得擅自单独实施代理行为。本案中，从上诉人提交的本案被上诉人等人向周某建等债权人代表出具的授权委托来看，其中明确载明了受托人为多人，根据上述法律规定，在没有约定的情况下，被代理人就同一事项确定了数个代理人时，法律推定为共同代理。因此，本案周某建等全部代理人应共同行使代理权。但根据查明的事实，至少有两名授权委托书上的受托人，即王某兰、唐某杰未在还款协议上签字，由于本案《还款协议》并非周某建等全部代理人应共同行使代理权的结果，与某基公司签订还款协议的行为属于无权代理行为，因未获得相关被代理人的追认，对相关被代理人不具有法律效力。”②

---

① 比如，在王某一与曾某蓉等房屋买卖合同纠纷案中，针对王某一提出的“其委托授权的是父母二人，现合同中只有其父一人签名，违反《中华人民共和国民法总则》第一百六十六条之规定，要求确认无效”的上诉理由，北京市第二中级人民法院（2018）京02民终12769号民事判决书认为：“首先，依据王某一出具的《委托书》可以确认，王某一委托其父母全权出售名下案涉房屋，并没有记载必须由二人共同签字确认所签合同才是有效合同的约定条款。其次，根据现有证据表明，王某一的父亲王某某与曾某蓉签订房屋买卖合同后，在合同履行过程中，王某一的母亲杨某是有参与的，如收取房屋定金时在收款凭证上签名、按照房屋买卖合同约定偿还案涉房屋的抵押贷款并领取解押材料等行为，可以确认，杨某对于王某某已签订房屋买卖合同且合同已经在履行过程中的事实是知晓的。但杨某在整个过程中并未提出异议，由此可见，杨某对于王某某的行为是不持否认态度的。第三，王某某与杨某是夫妻关系，二人是王某一的父母，加之在合同履行过程中，杨某亦有参与，所以在整个房屋交易过程中，曾某蓉有理由相信王某某签订房屋买卖合同杨某是知晓并且不持异议的。综上，虽然签订合同时只有王某某一人签字，杨某未签名，但在整个房屋买卖交易过程中，杨某有参与，应当确认王某某与杨某均履行了受托人的义务，只是具体方式不同。故王某一的该项理由，缺乏依据，本院不予支持。”

② 在该案的再审审查程序中，四川省高级人民法院（2018）川民申4611号民事裁定书也认为：“本案中的《还款协议》并非周某建等全部代理人应共同行使代理权的结果，与某基公司签订《还款协议》的行为属于无权代理行为，也未获得相关被代理人的追认，对相关被代理人不具有法律效力。”

当然，在对外关系方面，一个或数个代理人擅自行使代理权并不当然导致代理行为对被代理人不发生效力。根据《民法典》第 171 条和第 172 条以及《民法典总则编解释》第 25 条的规定，一个或数个代理人擅自行使代理权，如果经被代理人追认或者构成表见代理，则仍然对被代理人发生效力。

此外，在对内关系方面，结合《民法典》第 932 条针对委托合同所说的“两个以上的受托人共同处理委托事务的，对委托人承担连带责任”，依法应当共同行使代理权的数个代理人，相互之间似乎也应当对被代理人承担连带责任。这跟原《民通意见》（已废止）第 79 条第 1 款所说的“数个委托代理人共同行使代理权的，如果其中一人或者数人未与其他委托代理人协商，所实施的行为侵害被代理人权益的，由实施行为的委托代理人承担民事责任”是不一样的。不过，由于《民法典》第 932 条属于法律针对委托合同作出的具体规定和特别规定，而《民法典》总则编第七章“代理”并没有针对数人代理作出“数人为同一代理事项的代理人的，应当对被代理人承担连带责任”的一般规定，因此，根据《民法典》第 178 条第 3 款所说的“连带责任，由法律规定或者当事人约定”，在被代理人与代理人之间不成立委托合同关系并且当事人也没有明确约定“数人为同一代理事项的代理人的，应当对被代理人承担连带责任”的情况下，要求数人代理情形下的各个代理人对被代理人承担连带责任的法律依据不够充分。

需要注意的是，《民法典》第 166 条关于“数人为同一代理事项的代理人的，应当共同行使代理权，但是当事人另有约定的除外”的规定，仅适用委托代理，不适用于法定代理。

对此，在寇某枝与党某赠与合同纠纷案中，针对“在被监护人存在多个共同监护人的情况下，部分监护人能否基于保护被监护人合法权益的目的，代理被监护人向人民法院起诉”的问题，广东省高级人民法院（2020）粤民再 182 号民事裁定书认为：“《中华人民共和国民法总则》第三十四条第一款、第二款规定：‘监护人的职责是代理被监护人实施民事法律行为，保护被监护人的人身权利、财产权利以及其他合法权益等；监护人依法履行监护职责产生的权利，受法律保护。’可见此种监护人代理被监护人实施民事法律行为的权限是基于法律规定的身份而产生，不同于被代理人在具备完全民事行为能力的情况下进行的委托代理。本案中，党某群、党某丽作为党某国、寇某枝的法定监护人，认为党某国、寇某枝在不具有完全民事行为能力的情况下，将自己名下的涉案房屋赠与党某，会损害到党某国、寇某枝的合法权益，而代理党某国、寇某枝起诉本案请求确认涉案《赠与合同》无效的同时要求党某将涉案房屋返还给党某国、寇某枝，该起诉行为是党某群、党某丽作为法定监护人对于被监护人党某国、寇某枝的财产处分，基于法定监护人应当妥善管理和保护被监护人合法财产的监护职责和尽到善良管理人应尽到的注意义务，为实现和保护被监护人合法权益的代理形式。因此，党某群、党某丽代理党某国、寇某枝提起的本案诉讼，符合《中华人民共和国民事诉讼法》第一百一十九条规定的起诉条件，人民法院应予受理并进行实体审理。本案争议是共同监护问题，故一、二审裁定适用《中华人民共和国民法总则》第一百六十六条关于委托代理中的共同代理方面的法律规定裁定驳回本案起诉、上诉，属适用法律错误，本院依法予以纠正。”

（二）以不共同行使代理权为例外

根据《民法典》第166条的规定，在被代理人与各个代理人就代理权的行使方式达成了与“数个代理人共同行使代理权”不同的约定的情况下，各个代理人都应当按照该约定行使代理权。这也是《民法典》第136条第2款所说的“行为人非依法律规定或者未经对方同意，不得擅自变更……民事法律行为”的应有之义和具体体现。

其中，《民法典》第166条所说的“当事人”，指的是数人代理的全部当事人，即被代理人和各个代理人，可以包括被代理人的相对人、也可以不包括被代理人的相对人。而《民法典》第166条所说的“当事人另有约定”，指向的则是被代理人与各个代理人之间达成的与“数个代理人共同行使代理权”不同的约定。具体而言：

一是在形式上，这种约定既可以是被代理人在授权委托书中事先作出的约定，也可以是被代理人和各个代理人在授权委托书出具之后达成的约定。其中，结合《民法典》第685条第2款所说的“第三人单方以书面形式向债权人作出保证，债权人接收且未提出异议的，保证合同成立”，在被代理人出具的授权委托书针对数个代理人行使代理权的方式载明了与“数个代理人共同行使代理权”不同的要求的情形，各个代理人接收该授权委托书且未提出异议，则构成《民法典》第165条所说的“当事人另有约定”。

需要注意的是，在被代理人与各个代理人之间虽然没有明确作出与“数个代理人共同行使代理权”不同的约定的情形，对于一个或数个代理人单独行使代理权的行为，如果被代理人明确表示或以自己的行为表明予以认可或追认，那么，结合《民法典》第140条第1款所说的“行为人可以明示或者默示作出意思表示”和《民法典总则编解释》第18条所说的“当事人未采用书面形式或者口头形式，但是实施的行为本身表明已经作出相应意思表示，并符合民事法律行为成立条件的，人民法院可以认定为民法典第一百三十五条规定的采用其他形式实施的民事法律行为”，应当视为被代理人与各个代理人之间以行为的方式达成了与“数个代理人共同行使代理权”不同的约定。

二是在内容上，这种约定既可以是各个代理人分别对整个代理事项独立行使代理权，也可以是各个代理人分别对代理事项的特定部分独立行使代理权，还可以是其他与“数个代理人共同行使代理权”不同的代理权行使方式。

第一百六十七条 【代理事项违法或代理行为违法时被代理人和代理人的责任】代理人知道或者应当知道代理事项违法仍然实施代理行为，或者被代理人知道或者应当知道代理人的代理行为违法未作反对表示的，被代理人和代理人应当承担连带责任。

【条文通释】

《民法典》第167条是关于代理事项违法或代理行为违法时被代理人和代理人的责任的规定。

一、代理事项违法情况下实施的代理行为的责任承担

（一）代理事项违法情况下实施的代理行为的责任承担

就委托代理而言，针对代理人在知道或者应当知道代理事项违法的情况下仍然实施的代理行为，《民法典》第 167 条规定了相应的责任承担规则，即“代理人知道或者应当知道代理事项违法仍然实施代理行为……的，被代理人和代理人应当承担连带责任”。此项责任指向的是被代理人和代理人对相对人的责任。

其中，《民法典》第 167 条所说的“代理事项违法”中的“代理事项”，即“代理事务”，指向的是被代理人委托代理人处理的事项；其中的“违法”，既包括违反法律，也包括违反行政法规和其他法规；既包括违反法律法规的强制性规定，也包括违反法律法规的非强制性规定①。

如前所说，委托代理属于自愿代理，在被代理人委托代理人处理代理事务的情况下，代理人享有接受或不接受委托代理授权的权利。代理人如果知道或者应当知道代理事项违法，就应当拒绝代理，而不应该接受委托代理授权，更不应该实施代理行为（不论代理行为是否违法）；否则，根据《民法典》第 167 条的规定，代理人就须与被代理人就因违法的代理事项所产生的责任承担连带责任。这也是《民法典》第 8 条所说的“民事主体从事民事活动，不得违反法律，不得违背公序良俗”的具体要求。

比如，在金某、张某与济南某乐 · 西亚泽食品有限公司财产损害赔偿纠纷案中，山东省高级人民法院（2019）鲁民申 2656 号民事裁定书认为：“根据已查明事实，本案纠纷系因济南某乐公司的董事会成员任免问题而引发，济南某乐公司是案外人德国某乐 · 西亚泽有限公司的全资子公司，德国某乐 · 西亚泽有限公司总经理委托北京某某律师事务所根据其任免决议对济南某乐公司的董事进行任免并接管公司。《中华人民共和国民法总则》第一百六十七条规定：‘代理人知道或者应当知道代理事项违法仍然实施代理行为，或者被代理人知道或者应当知道代理人的代理行为违法未做反对表示的，被代理人和代理人应当承担连带责任。’代理行为应当遵守法律规定，并符合正当程序，否则应承担相应责任。本案中，德国某乐 · 西亚泽有限公司及其受委托人进行公司接管，行为缺乏合法依据；济南某乐公司原审中提交的现场照片、视频资料、证人证言等证据及当事人的当庭陈述，可以证明金某、张某作为代理人欲接管济南某乐公

---

① 不过，实务中，有裁判意见认为，《民法典》第 167 条所说的“代理事项违法”和“代理行为违法”中的“违法”，指的是违反法律法规的强制性规定。比如，在北京某欧制衣有限责任公司与北京某某肥羊城火锅店、北京信某诚物业管理有限责任公司租赁合同纠纷案中，北京市第一中级人民法院（2019）京 01 民终 9845 号民事裁定书认为：“肥羊城主张某欧公司对信某诚公司的赔偿义务承担连带责任的理由有二，一是某欧公司与信某诚公司之间有关委托的代理事项及代理行为违法，二是某欧公司与信某诚公司系关联公司，人格混同。就肥羊城的第一个诉讼理由，代理人知道或者应当知道代理事项违法仍然实施代理行为，或者被代理人知道或者应当知道代理人的代理行为违法未作反对表示的，被代理人和代理人应当承担连带责任。其中，对于‘违法’的理解应为：违反法律强制性规定的行为或者事项。本案中，某某城未提供证据证明某欧公司指示信某诚公司进行强行断水断电等妨碍肥羊城使用租赁房屋行为，且信某诚公司在履行合同中采取的强行断水断电以及撬门的行为，亦不属于违反法律强制性规定的范畴，故一审法院以代理事项违法为由认定由某欧公司承担信某诚公司对肥羊城赔偿责任的连带责任错误。”

司,带领保安人员强行推开济南某乐公司大门,造成该公司大门受损的事实。故原审以此认定金某、张某等构成共同侵权,承担连带责任,有事实和法律依据并无不当。”

又如,在柳某佳与蒋某等建设用地使用权转让合同纠纷案中,广东省中山市中级人民法院(2022)粤20民终7574号民事判决书认为:“本案现有证据显示,柳某佳委托黄某现将案涉土地予以转让,黄某现遂通过罗某坚、罗某帮忙介绍买家,并最终以罗某辉名义与买家签订转让协议。柳某佳对其委托黄某现转让案涉土地的事实明确予以确认,则两人之间依法成立委托代理关系,即柳某佳为委托人或被代理人,黄某现为受托人或代理人。……本案中,柳某佳从黄某现、陈某兴处受让壳塘地块后因壳塘地块为农用地的性质一直未能修建厂房,及后其以牟利为目的,非法转让前述地块的土地使用权并由罗某辉代表其与各受让人签订《土地使用权转让协议》,罗某辉与各受让人签订的《土地使用权转让协议》因违反强制性规定而应认定为无效。……就柳某佳与黄某现之间的委托代理关系中的委托事项而言,案涉土地系柳某佳从黄某现、陈某兴处受让所得,柳某佳述称由于受让后一直因土地性质的原因无法修建厂房,故其产生向黄某现、陈某兴退回案涉土地的想法(后因黄某现不同意退回且提出愿意帮忙转让而作罢),由此可见柳某佳对案涉土地的性质(集体用地)及依法不能出让、转让使用权的情况是清楚的。根据《中华人民共和国民法总则》第一百六十七条的规定,代理人知道或者应当知道代理事项违法仍然实施代理行为,或者被代理人知道或者应当知道代理人的代理行为违法未作反对表示的,被代理人和代理人应当承担连带责任。因此,柳某佳和黄某现应对违法代理行为的法律后果承担连带责任。就本案而言,由于案涉土地转让无效,根据《中华人民共和国合同法》第五十六条和第五十八条的规定,柳某佳作为被代理人应向各受让人返还土地转让款,黄某现作为代理人应对柳某佳的上述返还义务承担连带责任。柳某佳以其对于罗某辉与各受让人签订及履行《土地使用权转让协议》不知情为由提出其无须向各受让人返还土地转让款,与上述法律规定相悖,本院不予采纳。”

(二)适用范围

需要注意的是,由于《民法典》第167条使用了“代理人知道或者应当知道代理事项违法仍然实施代理行为,……被代理人和代理人应当承担连带责任”的表述,因此,只有满足“代理人知道或者应当知道代理事项违法仍然实施代理行为”的前提,才适用《民法典》第167条所说的“被代理人和代理人应当承担连带责任”;如果代理人在不知道且不应当知道代理事项违法的情况下实施了代理行为,则不适用《民法典》第167条所说的“被代理人和代理人应当承担连带责任”,而应当适用《民法典》第162条所说的“代理人在代理权限内,以被代理人名义实施的民事法律行为,对被代理人发生效力”,由被代理人承担相应的民事责任。

还需注意的是,《民法典》第167条所说的“代理人知道或者应当知道代理事项违法仍然实施代理行为,……被代理人和代理人应当承担连带责任”,仅适用于委托代理人具有代理权的情形,不适用于委托代理人自始就不具有代理权的情形。

对此,在泸州市某某建筑工程公司与山西金某得贸易有限公司、叶某银合同纠纷案中,最高人民法院(2020)最高法民申4282号民事裁定书认为:“《中华人民共和国民法总则》第一百六十七条规定：代理人知道或者应当知道代理事项违法仍然实施代理行为，或者被代理人知道或者应当知道代理人的代理行为违法未作反对表示的，被代理人和代理人应当承担连带责任。该条规定适用的前提是代理人系有权代理，……具体到本案，只有叶某银具有代理权的情况下，才能适用该条规定。但根据本案原审查明的事实，现有证据并不能证明叶某银系有权代理，二审法院依据该条作出裁判系适用法律错误”。①

（三）与《民法典》第 162 条的关系

《民法典》第 167 条所说的“代理人知道或者应当知道代理事项违法仍然实施代理行为，……被代理人和代理人应当承担连带责任”，属于《民法典》第 162 条所说的“代理人在代理权限内，以被代理人名义实施的民事法律行为，对被代理人发生效力”的特别规定②。

具体而言，根据《民法典》第 162 条所说的“代理人在代理权限内，以被代理人名义实施的民事法律行为，对被代理人发生效力”，委托代理人实施的代理行为产生的责任原本应当由被代理人承担；在此基础上，《民法典》第 167 条所说的“代理人知道或者应当知道代理事项违法仍然实施代理行为，……被代理人和代理人应当承担连带责任”，一方面将代理人增加为代理行为不利后果的承受主体，突破了代理行为的效力归属于被代理人的一般规则；另一方面也明确了代理人与被代理人之间的连带责任关系，进一步强化了相对人利益保护。

二、代理行为违法情况下的责任承担

（一）代理行为违法时被代理人未作反对表示的责任承担

1. 代理行为违法时被代理人未作反对表示的责任承担

就委托代理而言，针对被代理人知道或者应当知道代理人的代理行为违法未作反对表示的情形，《民法典》第 167 条规定了相应的责任承担规则，即“被代理人知道或者应当知道代理人的代理行为违法未作反对表示的，被代理人和代理人应当承担连带责

---

① 在许某文、龙某亮与吴某石确认合同无效纠纷案中，北京市第三中级人民法院（2022）京 03 民终 7171 号民事判决书也认为：“许某文另主张根据法律规定，代理人知道或者应当知道代理事项违法仍然实施代理行为，或者被代理人知道或者应当知道代理人的代理行为违法未作反对表示的，被代理人和代理人应当承担连带责任，故吴某石、龙某亮应当承担连带责任。对此本院认为，前述法律规定的是在有权代理的情形下，代理人与被代理人对实施违法事项应当承担的责任，而本案中龙某亮的行为系无权代理，并非该法律条款所规定的情形，故本院对许某文的该项上诉意见不予采纳。”

② 不过，实务中也有裁判意见认为，《民法典》第 167 条所说的“被代理人和代理人应当承担连带责任”中的“责任”，在性质上为侵权责任。比如，天津市高级人民法院（2018）津民申 2458 号民事裁定书认为：“……依照《中华人民共和国民法总则》第一百六十二条‘代理人在代理权限内，以被代理人名义实施的民事法律行为，对被代理人发生效力’之规定，因代理行为的效果直接归属于被代理人，即使代理行为违法，也不发生代理人对相对人的违约责任，故此，《中华人民共和国民法总则》第一百六十七条规定的连带责任性质应为侵权责任而非违约责任。本案中，荆某诉请判令解除《房产买卖中介合同》，并请求判令吴某孝返还定金、支付违约金，其诉请依据为《房产买卖中介合同》，性质属于违约责任，故而，作为吴某孝代理人的刘某刚不对该违约责任承担连带责任。”

任”。此项责任指向的也是被代理人和代理人对相对人的责任。

其中,《民法典》第167条所说的“代理行为违法”,指的是委托代理人基于被代理人的委托授权以被代理人的名义实施的民事法律行为违法,不包括委托代理人以自己的名义实施的民事法律行为违法①,也不包括《民法典》第167条所说的“代理事项违法”;其中的“违法”,既包括违反法律,也包括违反行政法规和其他法规,既包括违反法律法规的强制性规定②,也包括违反法律法规的非强制性规定③。《民法典》第167条所说的“反对表示”,在解释上应当限缩为明示的反对的意思表示,不包括默示的反对的意思表示。

如前所说,委托代理属于自愿代理,被代理人享有随时取消委托的权利。被代理人如果知道或者应当知道委托代理人实施的代理行为违法,就应当明确表示反对甚至直接取消委托;否则,根据《民法典》第167条的规定,被代理人就须与代理人就因违法的代理行为所产生的责任承担连带责任。这也是《民法典》第8条所说的“民事主体从事民事活动,不得违反法律,不得违背公序良俗”的具体要求。

比如,在上海某立教育投资咨询有限公司与卢某玲、陈某强合同纠纷案中,江西省高级人民法院(2020)赣民申443号民事裁定书认为:“根据某立公司与陈某强之间《咨询协议》的约定,某立公司授权陈某强使用其公司的专有商标、教学资料、教学软件和管理软件等,陈某强应于培训机构开业前获得某立公司的书面同意,并始终在某立公

---

① 比如,在王某华与吉林省某鹏房地产开发有限公司、松原市某和置业有限公司、胡某房屋买卖合同纠纷案中,吉林省高级人民法院(2020)吉民申248号民事裁定书认为:“《中华人民共和国民法总则》第一百六十七条规定:‘代理人知道或者应当知道代理事项违法仍然实施代理行为,或者被代理人知道或者应当知道代理人的代理行为违法未作反对表示的,被代理人和代理人应当承担连带责任。’从法律条文的文义理解,该条文的适用要件为:代理人从事的应为代理行为;代理人应以被代理人名义从事代理行为;被代理人知道或应当知道代理人的代理行为违法;被代理人未作否认表示。本案中,《协议》约定某和公司、胡某受委托以某鹏公司名义对外销售房屋,但实际销售时,某和公司以自己的名义进行销售,所销售价款也未交付某鹏公司。某和公司所实施的行为并非上述法律条文规定的代理行为,同时,也无证据表明某和公司以自己名义对外销售房屋的行为为某鹏公司所知晓或应当知晓,故王某华以该规定为依据要求判令某鹏公司承担连带责任并不适当。”

② 比如,在陕西某侨建工集团有限公司与张某等建设工程施工合同纠纷案中,陕西省高级人民法院(2020)陕民申2651号民事裁定书认为:“本案中,申请人某侨公司将其资质出借给某森公司,并允许某森公司的分公司负责人李某以某侨公司名义与无资质的张某签订工程承包协议,构成代理关系。因李某的行为应认定为某森公司的职务行为,故代理人为某森公司,某侨公司为被代理人。被代理人某侨公司应知代理人将工程发包给张某构成违法,却未作反对表示,与代理人依法应当承担连带责任。”

③ 不过,实务中,有裁判意见认为,《民法典》第167条所说的“代理事项违法”和“代理行为违法”中的“违法”指的是违反法律的强制性规定。比如,在北京某欧制衣有限责任公司与北京某某肥羊城火锅店、北京信某诚物业管理有限责任公司租赁合同纠纷案中,北京市第一中级人民法院(2019)京01民终9845号民事裁定书认为:“肥羊城主张某欧公司对信某诚公司的赔偿义务承担连带责任的理由有二,一是某欧公司与信某诚公司之间有关委托的代理事项及代理行为违法,二是某欧公司与信某诚公司系关联公司,人格混同。就肥羊城的第一个诉讼理由,代理人知道或者应当知道代理事项违法仍然实施代理行为,或者被代理人知道或者应当知道代理人的代理行为违法未作反对表示的,被代理人和代理人应当承担连带责任。其中,对于‘违法’的理解应为:违反法律强制性规定的行为或者事项。本案中,肥羊城未提供证据证明某欧公司指示信某诚公司进行强行断水断电等妨碍肥羊城使用租赁房屋行为,且信某诚公司在履行合同中采取的强行断水断电以及撬门的行为,亦不属于违反法律强制性规定的范畴,故一审法院以代理事项违法为由认定由某欧公司承担信某诚公司对肥羊城赔偿责任的连带责任错误。”

司的指导下经营，且接受某立公司对其房屋、培训机构、账簿、记录、账目的检查。从上述协议约定可以认定某立公司与陈某强实质上形成了代理法律关系。卢某玲通过抬头名为某立国际教育且有某立公司公章的现金缴款单、宣传广告、使用教材等，有理由相信其是与某立公司签订合同进行教育培训，其在主观上不存在过错。某立公司在陈某强未取得办学资质的情形下仍授权陈某强使用其专有商标、教材、教学软件等，属于《中华人民共和国民法总则》第一百六十七条规定的'代理人知道或者应当知道代理人的代理行为违法未作反对表示的'情形，一、二审法院据此判决某立公司对陈某强应返还的培训费承担连带责任，认定事实、适用法律均无不当"。

又如，在中国某某第八工程局有限公司、湖南某立投资有限公司与朱某、李某等建设工程施工合同纠纷案中，湖南省高级人民法院(2018)湘民再 11 号民事判决书认为："某立公司是 G209 工业园路段改线工程的投资方，因李某、蒋某朋不具有相应施工企业资质，故某立公司与李某、蒋某朋签订的《项目责任承包协议书》依法为无效协议。某立公司为获取更大利润，违背法律法规的规定，不顾其与怀化市人民政府签订的《G209 工业园路段改线工程建设补充合同》的约定，不将涉案工程交由某某八局施工，而是自行聘任李某为 G209 工业园路段改线工程项目负责人，由李某具体负责此路段的施工管理及组织协调工作，并将 G209 工业园路段改线工程全部承包给李某。本院综合考虑前述因素，认定某立公司聘任李某的行为，实质是一种授权行为，授权李某代表某立公司对涉案工程进行管理和组织施工，某立公司与李某之间是代理关系。根据《中华人民共和国民法通则》第六十七条关于'代理人知道被委托代理的事项违法仍然进行代理活动的，或者被代理人知道代理人的代理行为违法不表示反对的，由被代理人和代理人负连带责任'的规定，本案中李某明知朱某是自然人，不具有施工资质，仍将涉案工程承包交由其施工，进行代理活动；某立公司知道李某将涉案工程违法分包给不具有施工资质的朱某施工，没有表示反对，故某立公司和李某因违法代理行为，应对该工程产生的对外民事责任承担连带责任，原审法院判决某立公司和李某连带给付朱某工程劳务款并无不当。"

2. 适用范围

同样地，由于《民法典》第 167 条使用了"被代理人知道或者应当知道代理人的代理行为违法未作反对表示的，被代理人和代理人应当承担连带责任"的表述，因此，只有满足"被代理人知道或者应当知道代理人的代理行为违法"且"未作反对表示"的前提，才适用《民法典》第 167 条所说的"被代理人和代理人应当承担连带责任"；如果被代理人不知道且不应当知道代理人的代理行为违法，或者被代理人在知道或者应当知道代理人的代理行为违法后及时作出了反对的意思表示(包括取消委托等)，则不适用《民法典》第 167 条所说的"被代理人和代理人应当承担连带责任"。

此外，《民法典》第 167 条所说的"被代理人知道或者应当知道代理人的代理行为违法未作反对表示的，被代理人和代理人应当承担连带责任"，也仅适用于委托代理并且委托代理人具有代理权的情形,不适用于不构成委托代理关系的情形①,也不适用于委托代理人自始就不具有代理权的情形②。

3. 与《民法典》第 162 条的关系

《民法典》第 167 条所说的"被代理人知道或者应当知道代理人的代理行为违法未作反对表示的,被代理人和代理人应当承担连带责任",属于《民法典》第 162 条所说的"代理人在代理权限内,以被代理人名义实施的民事法律行为,对被代理人发生效力"的特别规定③。

具体而言,根据《民法典》第 162 条所说的"代理人在代理权限内,以被代理人名义实施的民事法律行为,对被代理人发生效力",委托代理人已经实施的违法的代理行为产生的责任原本应当由被代理人承担;《民法典》第 167 条所说的"被代理人知道或者应当知道代理人的代理行为违法未作反对表示的,被代理人和代理人应当承担连带责任",一方面将代理人增加为违法的代理行为的不利后果的承受主体,突破了代理行为的效力归属于被代理人的一般规则;另一方面也明确了代理人与被代理人之间的连带责任关系,进一步强化了相对人利益保护。

(二)代理行为违法时被代理人表示反对后的责任承担

在被代理人知道或者应当知道委托代理人实施的代理行为违法之后及时明确表示反对的情况下,委托代理人仍然以被代理人名义实施的违法的代理行为,其责任如何承担?对此,《民法典》第 167 条没有涉及。

---

① 比如,在王某华与吉林省某鹏房地产开发有限公司、松原市某和置业有限公司、胡某房屋买卖合同纠纷案中,吉林省高级人民法院(2020)吉民申 248 号民事裁定书认为:"《中华人民共和国民法总则》第一百六十七条规定:'代理人知道或者应当知道代理事项违法仍然实施代理行为,或者被代理人知道或者应当知道代理人的代理行为违法未作反对表示的,被代理人和代理人应当承担连带责任。'从法律条文的文义理解,该条文的适用要件为:代理人从事的应为代理行为;代理人应以被代理人名义从事代理行为;被代理人知道或应当知道代理人的代理行为违法;被代理人未作否认表示。本案中,《协议》约定某和公司、胡某受委托以某鹏公司名义对外销售房屋,但实际销售时,某和公司以自己的名义进行销售,所销售价款也未交付某鹏公司。某和公司所实施的行为并非上述法律条文规定的代理行为,同时,也无证据表明某和公司以自己名义对外销售房屋的行为为某鹏公司所知晓或应当知晓,故王某华以该规定为依据要求判令某鹏公司承担连带责任并不适当。"

② 比如,最高人民法院(2020)最高法民申 4282 号民事裁定书认为:"《中华人民共和国民法总则》第一百六十七条规定:代理人知道或者应当知道代理事项违法仍然实施代理行为,或者被代理人知道或者应当知道代理人的代理行为违法未作反对表示的,被代理人和代理人应当承担连带责任。该条规定适用的前提是代理人系有权代理,'被代理人知道或者应当知道代理人的代理行为违法'中的'代理行为违法'是指代理人基于代理权实施的代理行为违法。"

③ 不过,实务中也有裁判意见认为,《民法典》第 167 条所说的"被代理人和代理人应当承担连带责任"中的"责任",在性质上为侵权责任。比如,天津市高级人民法院(2018)津民申 2458 号民事裁定书认为:"……依照《中华人民共和国民法总则》第一百六十二条'代理人在代理权限内,以被代理人名义实施的民事法律行为,对被代理人发生效力'之规定,因代理行为的效果直接归属于被代理人,即使代理行为违法,也不发生代理人对相对人的违约责任,故此,《中华人民共和国民法总则》第一百六十七条规定的连带责任性质应为侵权责任而非违约责任。本案中,荆某诉请判令解除《房产买卖中介合同》,并请求判令吴某孝返还定金、支付违约金,其诉请依据为《房产买卖中介合同》,性质属于违约责任,故而,作为吴某孝代理人的刘某刚不对该违约责任承担连带责任。"

由于在此情况下，委托代理人以被代理人名义实施的违法的代理行为，类似于《民法典》第 171 条第 1 款所说的“行为人……超越代理权……仍然实施代理行为”，因此，该违法代理行为是否对被代理人发生效力，应当依照《民法典》第 171 条和第 172 条的规定加以认定。

另外，与此相关的问题是，在被代理人知道或者应当知道委托代理人实施的代理行为违法并明确表示反对甚至取消委托的情况下，委托代理人在被代理人表示反对之前已经实施的违法的代理行为产生的责任，是否也应当由被代理人和代理人承担连带责任？对此，《民法典》第 167 条也不涉及。

（三）代理行为违法但被代理人不知道且不应当知道情况下的责任承担

在被代理人不知道且不应当知道代理人的代理行为违法的情况下，代理行为产生的责任由谁承担？对此，《民法典》第 167 条也不涉及。

三、代理事项违法时实施的代理行为或违法的代理行为的效力认定

需要注意的是，《民法典》第 167 条所说的“代理人知道或者应当知道代理事项违法仍然实施代理行为，或者被代理人知道或者应当知道代理人的代理行为违法未作反对表示的，被代理人和代理人应当承担连带责任”，并不涉及委托代理人在知道或者应当知道代理事项违法的情况下仍然实施的代理行为的效力认定问题，也不涉及代理人实施的违法的代理行为的效力认定问题。

关于委托代理人在知道或者应当知道代理事项违法的情况下仍然实施的代理行为的效力，以及委托代理人实施的违法的代理行为的效力，包括是否生效、有效还是无效、是否可以被撤销等，则应当依照法律的有关规定（主要是《民法典》总则编有关民事法律行为的效力的规定以及合同编有关合同的效力的规定）加以确定。

尤其需要注意的是，根据《民法典》第 153 条第 1 款关于“违反法律、行政法规的强制性规定的民事法律行为无效。但是，该强制性规定不导致该民事法律行为无效的除外”的规定，代理事项违法或代理行为违法本身并不当然导致相应的代理行为无效。

第一百六十八条　【自己代理和双方代理】代理人不得以被代理人的名义与自己实施民事法律行为，但是被代理人同意或者追认的除外。

代理人不得以被代理人的名义与自己同时代理的其他人实施民事法律行为，但是被代理的双方同意或者追认的除外。

【条文通释】

《民法典》第 168 条是关于自己代理和双方代理①的规定。

① 中国人大网 2016 年 7 月 5 日公布的《关于〈中华人民共和国民法总则（草案）〉的说明》使用了“自己代理”和“双方代理”的表述。

一、自己代理

针对委托代理,《民法典》第 168 条第 1 款确立了以不得自己代理为原则、可以自己代理为例外的代理制度。

(一)原则:不得自己代理

就委托代理而言,由于《民法典》第 168 条第 1 款使用了“代理人不得以被代理人的名义与自己实施民事法律行为,但是……除外”的表述,因此,只要不存在该款规定的除外情形,委托代理人就都不得以被代理人的名义与自己实施任何民事法律行为。其中,代理人“以被代理人的名义与自己实施民事法律行为”,即为“自己代理”。

考虑到《民法典》第 168 条第 1 款位于《民法典》总则编第七章“代理”第二节“委托代理”中,并且,《民法典》第 168 条第 1 款的但书条款也使用了“被代理人同意或者追认”的表示,而法定代理的被代理人因要么是无民事行为能力人、要么是限制民事行为能力人而不具有予以同意或追认所需的民事行为能力,因此,《民法典》第 168 条第 1 款中的“代理人”指的是委托代理人,不包括法定代理人;其中的“被代理人”指的是委托代理的被代理人,不包括法定代理的被代理人。①

结合《民法典》第 171 条第 1 款所说的“行为人没有代理权、超越代理权或者代理权终止后,仍然实施代理行为,未经被代理人追认的,对被代理人不发生效力”,委托代理人在事先没有取得被代理人同意的情况下实施的自己代理行为,如果事后也没有获得被代理人的追认,则该自己代理行为对被代理人不发生效力。其背后的原因在于“在自己代理的情况下,代理人同时作为代理关系的代理人和相对人,其又是完全独立的以被代理人名义实施法律行为,交易双方的意思表示实际上均由代理人一人作出。由于一般交易目的都是以对方利益为代价追求自身利益的最大化,因此不可避免地存在代理人本人与被代理人之间的利益冲突,引起代理人为自己的利益牺牲被代理人利益的极大风险”。②

比如,在新某某嘉经贸有限公司与某虹电子(沈阳)有限公司买卖合同纠纷案中,山东省高级人民法院(2022)鲁民申 4798 号民事裁定书认为:“案涉《债务转让协议》的三方当事人分别为债权人某虹公司淄博分公司、债务人新某某嘉公司、债务受让人庄某涛,债权债务指向的是 2019 年期间的煤炭购销货款。根据在案证据和已查明事实,某虹公司将其淄博分公司的经营业务交由某沛公司办理,其淄博分公司的公章由某沛公司的工作人员持有。庄某涛系某沛公司的监事,亦为某虹公司认可的经办淄博分公

---

① 不过,实务中,有裁判意见认为,《民法典》第 168 条第 1 款关于禁止自己代理的规定也适用于法定代理。比如,上海市第三中级人民法院(2020)沪 03 行终 566 号行政判决书认为:“《民法总则》第一百六十八条第一款规定:代理人不得以被代理人的名义与自己实施民事法律行为,但是被代理人同意或者追认的除外。该条款是关于禁止自己代理的规定。……尽管该条款系《民法总则》‘委托代理’章节中的规定,但自己代理行为的效力既然不能被‘维护被代理人利益’的委托代理所认可,那当然也不能为‘最有利于被监护人’的法定代理所接受。更何况,即使在被代理人具有完全民事行为能力的委托代理中,自己代理的行为仍然被法律所禁止。举轻以明重,遑论被代理人是限制民事行为能力人或者无民事行为能力人的法定代理。因此,《民法总则》第一百六十八条第一款关于禁止自己代理的规定,可适用于法定代理的情形。”

② 上海市第三中级人民法院(2020)沪 03 行终 566 号行政判决书。

司与新某某嘉公司之间煤炭业务的交易代表,负责合同签订、对账、送货、开具发票、收款等事宜。《中华人民共和国民法总则》第一百六十八条规定:‘代理人不得以被代理人的名义与自己实施民事法律行为,但是被代理人同意或者追认的除外。’据此,庄某涛作为某虹公司淄博分公司的交易代表,签订案涉《债务转让协议》,将新某某嘉公司对某虹公司淄博分公司 2656956.66 元的债务转让给其本人,且未提供证据证实该转让行为业经某虹公司同意或追认,新某某嘉公司亦未提交证据证实李某伟签字系经某虹公司淄博分公司授权,违反上述法律规定。故原审认定该债务转移不成立,并无不当”。

(二)例外:经被代理人同意或追认可以自己代理

《民法典》第 168 条第 1 款规定了委托代理人可以自己代理的两种例外情形,一是“被代理人同意”,二是“被代理人追认”。这也是委托代理自愿性(被代理人自愿)的具体体现。

前者适用于被代理人事先就作出了委托代理人可以以被代理人的名义与代理人自己实施民事法律行为的意思表示,这种意思表示既可以直接在授权委托书中载明,也可以在出具授权委托书之后、代理人实施自己代理行为之前作出。

后者适用于被代理人在事先并未作出委托代理人可以以被代理人的名义与代理人自己实施民事法律行为的意思表示但委托代理人事实上已经以被代理人的名义与代理人自己实施了相应的民事法律行为的情形。结合《民法典》第 503 条所说的“无权代理人以被代理人的名义订立合同,被代理人已经开始履行合同义务或者接受相对人履行的,视为对合同的追认”,被代理人既可以明确表示追认,也可以以积极的行为表明追认。

问题是,在被代理人事先未予以同意,事后又未明确表示追认、也没有以积极的行为表明追认的情况下,是否可以参照《民法典》第 171 条的规定将被代理人的沉默视为拒绝追认?考虑到代理事项的相对人可以视为《民法典》第 165 条所说的代理权限的构成要素,《民法典》第 168 条第 1 款也要求委托代理人原则上不得自己代理,因此,可以将委托代理人实施的未经被代理人同意和明示追认的自己代理行为认定为无权代理行为,进而适用《民法典》第 171 条第 2 款所说的“被代理人未作表示的,视为拒绝追认”。

需要注意的是,由于委托代理人即为自己代理的相对人,其不可能属于善意相对人,因此,在自己代理的情形,不存在适用《民法典》第 172 条关于表见代理的规定的余地。

(三)违反《民法典》第 168 条第 1 款规定的代理行为的效力

尽管《民法典》第 168 条第 1 款针对自己代理使用了“代理人不得以被代理人的名义与自己实施民事法律行为”的表述,但是,由于该款也同时规定了“被代理人同意或者追认的除外”,因此,委托代理人违反《民法典》第 168 条第 1 款规定实施的自己代理行为,并不因此而当然无效①;该自己代理行为的效力,应当依照法律的有关规定(主要是《民法典》总则编有关民事法律行为的效力的规定以及合同编有关合同的效力的规定)加以确定。这跟《民法典》第505条所说的"当事人超越经营范围订立的合同的效力,应当依照本法第一编第六章第三节和本编的有关规定确定,不得仅以超越经营范围确认合同无效"是类似的。

（四）自己代理与行纪行为

值得一提的是,与《民法典》第168条第1款针对委托代理确立了委托代理人原则上不得自己代理、例外情况下可以自己代理的模式相反,《民法典》第956条第1款针对行纪关系确立了行纪人原则上可以自己与委托人交易、例外情况下不得与委托人交易的模式。

不过,《民法典》第956条第1款所说的"行纪人卖出或者买入具有市场定价的商品,除委托人有相反的意思表示外,行纪人自己可以作为买受人或者出卖人",并非《民法典》第168条第1款的例外规定或特别规定。因为根据《民法典》第162条所说的"代理人在代理权限内,以被代理人名义实施的民事法律行为,对被代理人发生效力",《民法典》总则编第七章规定的"代理行为"限于"代理人在代理权限内,以被代理人名义实施的民事法律行为",不包括代理人以自己的名义实施的民事法律行为;而根据《民法典》第951条所说的"行纪合同是行纪人以自己的名义为委托人从事贸易活动,委托人支付报酬的合同",行纪行为则是行纪人以自己的名义为委托人从事贸易活动的行为,并非《民法典》总则编所说的"代理行为",二者并非针对同一事项作出的规定,自然也就不是一般规定和特别规定的关系。

二、双方代理

针对委托代理,《民法典》第168条第2款确立了以不得双方代理为原则、可以双方代理为例外的代理制度。

---

① 不过,实务中,有裁判意见认为,违反《民法典》第168条第1款规定的自己代理行为是无效的。比如,在慕某俐与董某英等房屋买卖合同纠纷案中,上海市高级人民法院(2016)沪民申2670号民事裁定书认为:"代理人不得以被代理人的名义与自己实施民事法律行为。根据查明的事实,彭某作为董某英代理人与钱某光签订房屋买卖合同,但系争房屋的实际购买人系彭某本人,仅以钱某光的名义办理了系争房屋过户手续,董某英在知晓该情况后并未予以追认,相反提起了确认合同无效之诉。故一、二审法院认定彭某作为董某英代理人与钱某光签订的房屋买卖合同无效,并无不当。"又如,在朱某强、朱某红、任某琳与杨某林民间借贷纠纷执行复议案中,湖南省高级人民法院(2022)湘执复48号执行裁定书认为:"根据朱某强于2014年6月5日出具的《同意并承诺》,其同意以其在仲裁调解书中确认的债权份额中置换朱某立房产担保贷款及两笔基金,即朱某立作为杨某林的转委托代理人与朱某强签订调解协议,确认朱某强对杨某林享有债权557万元,但实际上朱某立又在前述557万元债权中享有部分债权利益,其行为违反《中华人民共和国民法典》第一百六十八条中关于代理人不得以被代理人的名义与自己实施民事法律行为的规定。故湘潭中院认定朱某立因违反上述关于禁止自己代理的法律规定、其在(2014)潭仲调字第87号仲裁案件中全权代理杨某林的行为应为无效,并无不当。"类似的裁判意见,还可见北京市第三中级人民法院(2020)京03民终8903号民事判决书、北京市第一中级人民法院(2020)京01民终3163号民事判决书。

（一）原则：不得双方代理

就委托代理而言，由于《民法典》第 168 条第 2 款使用了"代理人不得以被代理人的名义与自己同时代理的其他人实施民事法律行为，但是……除外"的表述，因此，只要不存在该款规定的除外情形，委托代理人都不得以被代理人的名义与自己同时代理的其他人实施民事法律行为。其中的"代理人以被代理人的名义与自己同时代理的其他人实施民事法律行为"，即为"双方代理"。

考虑到《民法典》第 168 条第 2 款位于《民法典》总则编第七章"代理"第二节"委托代理"中，并且，《民法典》第 168 条第 2 款的但书条款也使用了"被代理的双方同意或者追认"的表述，而法定代理的被代理人因要么是无民事行为能力人、要么是限制民事行为能力人而不具有予以同意或追认所需的民事行为能力，因此，《民法典》第 168 条第 2 款中的"代理人"指的是委托代理人，不包括法定代理人；其中的"被代理人""自己同时代理的其他人"和"被代理的双方"，均指委托代理的被代理人，不包括法定代理的被代理人。①

结合《民法典》第 171 条第 1 款所说的"行为人没有代理权、超越代理权或者代理权终止后，仍然实施代理行为，未经被代理人追认的，对被代理人不发生效力"，可以认为，委托代理人在事先没有取得被代理的双方同意的情况下实施的双方代理行为，如果事后也没有获得被代理的双方的追认，则该双方代理行为对被代理双方不发生效力。

（二）例外：经被代理的双方同意或追认可以双方代理

《民法典》第 168 条第 2 款规定了委托代理人可以双方代理的例外情形，即"被代理的双方同意或者追认"，这也是委托代理自愿性（被代理人自愿）的具体体现，主要包

---

① 不过，实务中，有裁判意见认为，《民法典》第 168 条第 2 款中的"代理人"也可以是法定代理人，其中的"自己同时代理的其他人"也可以是法定代理中的被代理人。比如，在高某与高某娟、高某全、邓某房屋买卖合同纠纷案中，四川省高级人民法院（2019）川民申 3443 号民事裁定书认为："虽然《中华人民共和国民法总则》第一百六十二条'代理人在代理权限内，以被代理人名义实施的民事法律行为，对被代理人发生效力'的规定，但是《中华人民共和国民法总则》第一百六十八条'代理人不得以被代理人的名义与自己实施民事法律行为，但是被代理人同意或者追认的除外。代理人不得以被代理人的名义与自己同时代理的其他人实施民事法律行为，但是被代理的双方同意或者追认的除外'规定，本案中，高某全明知案涉房屋的市场价值于 2013 年 4 月即被评估为 176 万余元，其以高某娟的代理人身份与邓某、高某于 2014 年 4 月 18 日签订《成存房买（2014-04-18）第××××号成都天府新区存量房屋买卖合同（自由成交）》，约定的合同价款为 86 万元，远低于市场价格，在该次交易行为中，高某全虽为高某娟的代理人，但其同时系高某的父亲（法定代理人）、邓某的丈夫，显然，高某全的行为存在以被代理人的名义与自己同时代理的其他人实施民事法律行为的情形，而被代理人高某娟并未对该交易行为予以同意或追认。高某主张其父亲高某全、母亲邓某以代高某娟还贷 40 万元、退赃 40 万元、以恒某某碧天下的房屋（当时价值 80 万元）置换给高某娟的方式，超额支付了购房款。经审查，高某全代高某娟归还了欠银行的剩余贷款虽属实，但案涉房屋一直由高某全管理并对外出租收取租金；无证据表明高某全、邓某代高某娟退赃 40 万元；邓某与高某全的离婚协议中虽载明恒某某碧天下的房屋置换给高某娟，但该协议仅能约束高某全、邓某，即使高某娟的母亲杜某玲居住于恒某某碧天下房屋属实，但该事实并不能当然证明高某娟同意置换，且恒某某碧天下的房屋亦并未变更登记在高某娟名下。因此，原审法院根据《中华人民共和国民法总则》第一百五十四条、《中华人民共和国合同法》第五十二条之规定，认定高某全、高某、邓某关于案涉两份存量房买卖合同的行为系无效民事行为并无不当。"

括以下几种情形：

一是“被代理的双方同意”，即作为被代理人的双方事先均同意委托代理人以被代理人的名义与该委托代理人同时代理的其他被代理人实施民事法律行为。

该情形指向的是各个被代理人事先就作出了委托代理人可以以被代理人的名义与该委托代理人同时代理的其他被代理人实施民事法律行为的意思表示，这种意思表示既可以直接在授权委托书中载明，也可以在出具授权委托书之后、代理人实施双方代理行为之前作出。

二是“被代理的双方追认”，即作为被代理人的双方事后均对委托代理人以被代理人的名义与该委托代理人同时代理的其他被代理人实施的民事法律行为予以追认。结合《民法典》第 503 条所说的“无权代理人以被代理人的名义订立合同，被代理人已经开始履行合同义务或者接受相对人履行的，视为对合同的追认”，各个被代理人既可以明确表示追认，也可以以积极的行为表明追认。

该情形指向的是各个被代理人在事先并未作出委托代理人可以以被代理人的名义与代理人自己实施民事法律行为的意思表示但委托代理人事实上已经以被代理人的名义与该委托代理人同时代理的其他被代理人实施了相应的民事法律行为的情形。同样地，结合《民法典》第 503 条所说的“无权代理人以被代理人的名义订立合同，被代理人已经开始履行合同义务或者接受相对人履行的，视为对合同的追认”，被代理人既可以明确表示追认，也可以以积极的行为表明追认。

三是“被代理的一方事先同意、被代理的另一方事后追认”。

四是“被代理的一方事后追认、被代理的另一方事先同意”。

后两种情形指向的是有一方被代理人事先作出了委托代理人可以以被代理人的名义与该委托代理人同时代理的其他被代理人实施民事法律行为的意思表示，而另一方被代理人事先并未作出委托代理人可以以被代理人的名义与该委托代理人同时代理的其他被代理人实施民事法律行为的意思表示的情形。

同样地，在被代理人事先未予以同意，事后又未明确表示追认，也没有以积极的行为表明追认的情况下，可以将委托代理人未经被代理人同意和明示追认的双方代理行为认定为无权代理行为，进而适用《民法典》第 171 条第 2 款所说的“被代理人未作表示的，视为拒绝追认”。

需要注意的是，由于委托代理人同时代理了数个被代理人，其对各个被代理人授予的代理权限都是清楚的，因此，在双方代理的情形，也不存在适用《民法典》第 172 条关于表见代理的规定的余地。

（三）违反《民法典》第 168 条第 2 款规定的代理行为的效力

尽管《民法典》第 168 条第 2 款针对双方代理使用了“代理人不得以被代理人的名义与自己同时代理的其他人实施民事法律行为”的表述，但是，由于该款同时规定了“被代理的双方同意或者追认的除外”，因此，委托代理人违反《民法典》第 168 条第 2

款规定实施的双方代理行为，并不因此而当然无效[①]；该双方代理行为的效力，应当依照法律的有关规定（主要是《民法典》总则编有关民事法律行为的效力的规定以及合同编有关合同的效力的规定）加以确定。

第一百六十九条　【转委托代理】代理人需要转委托第三人代理的，应当取得被代理人的同意或者追认。

转委托代理经被代理人同意或者追认的，被代理人可以就代理事务直接指示转委托的第三人，代理人仅就第三人的选任以及对第三人的指示承担责任。

转委托代理未经被代理人同意或者追认的，代理人应当对转委托的第三人的行为承担责任；但是，在紧急情况下代理人为了维护被代理人的利益需要转委托第三人代理的除外。

【条文通释】

《民法典》第 169 条是关于转委托代理的规定。

一、转委托代理的界定

（一）转委托代理的界定

《民法典》第 169 条在其第 2 款和第 3 款直接使用了“转委托代理”的表述，但没有规定“转委托代理”的定义。

结合《民法典》第 923 条所说的“受托人应当亲自处理委托事务。经委托人同意，受托人可以转委托”，可以认为，“转委托代理”是与委托代理人亲自处理代理事务相对应的概念。[②] 实务中，通常也将转委托代理称为“复代理”，将委托代理人亲自代理称为“本代理”。[③]

根据《民法典》第 169 条和第 162 条的规定，转委托代理也属于委托代理制度，指

---

① 不过，实务中，有裁判意见认为，违反《民法典》第 168 条第 2 款规定的双方代理行为是无效的。比如，在东阳盟某威影视文化有限公司与江苏某利文化传媒有限公司、霍尔果斯某二文化传媒有限公司合同纠纷案中，江苏省扬州市中级人民法院（2018）苏 10 民终 3144 号民事判决书认为：“即使张某有权同时代表某利公司和某二公司签订《补充协议二》和《补充协议三》，因违反《中华人民共和国民法总则》第一百六十八条第二款关于禁止双方代理行为的规定，其双方代理行为依法应当认定为无效。”

② 比如，山东省高级人民法院（2022）鲁民终 114 号民事判决书认为：“根据《中华人民共和国合同法》委托合同一章的相关规定，委托合同是委托人和受托人约定，由委托人处理委托人事务的合同。一般情况下，受托人应当按照委托人的指示，亲自处理委托事务。经委托人同意，受托人可以转委托。所谓转委托，是受托人把本应由自己亲自处理的委托事务交给他人处理的行为。”

③ 比如，江苏省高级人民法院（2002）苏民三终字第 019 号民事判决书、河南省周口市中级人民法院（2023）豫 16 民终 2486 号民事判决书、四川省成都市中级人民法院（2020）川 01 民终 6937 号民事裁定书、山西省阳泉市中级人民法院（2018）晋 03 民终 1215 号民事判决书使用了“复代理”的表述，山西省临汾市中级人民法院（2018）晋 10 民终 2409 号民事判决书使用了“本代理”和“复代理”的表述。

的是委托代理人在取得被代理人的委托代理授权之后,在需要时,将代理事务部分或全部转委托给第三人,由该第三人以被代理人的名义(而非代理人的名义或该第三人自己的名义)实施相应的民事法律行为。

结合《民法典》第 169 条第 2 款所说的“转委托代理经被代理人同意或者追认的,被代理人可以就代理事务直接指示转委托的第三人,代理人仅就第三人的选任以及对第三人的指示承担责任”和第 165 条所说的“委托代理授权采用书面形式的,授权委托书应当载明代理人的姓名或者名称、代理事项、权限和期限,并由被代理人签名或者盖章”,可以认为,转委托代理与委托代理的区别主要在于转委托代理人是由委托代理人(而非被代理人)选任的,而委托代理人则是由被代理人本人选任的。

需要注意的是,结合《民法典》第 135 条所说的“民事法律行为可以采用书面形式、口头形式或者其他形式;法律、行政法规规定或者当事人约定采用特定形式的,应当采用特定形式”和第 165 条所说的“委托代理授权采用书面形式的,授权委托书应当载明代理人的姓名或者名称、代理事项、权限和期限,并由被代理人签名或者盖章”,委托代理人转委托第三人代理,既可以采用授权委托书等书面形式,也可以采用口头形式或其他形式,将代理权明确地转委托给第三人。①

还需注意的是,根据《民法典》第 169 条第 2 款所说的“转委托代理经被代理人同意或者追认的,被代理人可以就代理事务直接指示转委托的第三人,代理人仅就第三人的选任以及对第三人的指示承担责任”,在转委托代理经被代理人同意或者追认的情形,委托代理人并未退出委托代理关系,仍然享有代理权,并有权就代理事务向转委托的第三人作出指示;②同时,委托代理人需要就其亲自实施的代理行为、其选任第三人的行为及其对第三人作出的指示对被代理人承担责任。当然,在转委托代理未经被代理人同意和追认的情形,委托代理人也没有退出委托代理关系,仍然享有代理权。

---

① 比如,在伊某某斯礼品有限公司与张某等委托合同纠纷案中,山东省高级人民法院(2022)鲁民终 114 号民事判决书认为:“本案中,伊某某斯公司委托陈某萍在中国境内代为采购口罩,就委托事项向陈某萍下达指示要求,并未直接指示张某。从陈某萍与张某的微信聊天中可看出,陈某萍作为伊某某斯公司的代理人,向张某转达伊某某斯公司对口罩价款、数量、质量等需求,而张某代为反馈某某无纺布厂的意见,陈某萍与张某之间系在为促成伊某某斯公司与某某无纺布厂的口罩买卖合同而进行沟通协商。陈某萍与张某之间既没有签订书面委托合同,亦没有作出将受托事项转委托给张某的意思表示。因此,伊某某斯公司关于其与张某之间存在转委托合同关系的主张,并无充分证据予以证明……”

② 比如,山西省临汾市中级人民法院(2018)晋 10 民终 2409 号民事判决书认为:“《中华人民共和国民法总则》第一百六十四条第一款规定,代理人不履行或者不完全履行职责,造成被代理人损害的,应当承担民事责任。第一百六十九条第一款、第二款规定,代理人需要转委托第三人代理的,应当取得被代理人的同意或者追认。转委托代理经被代理人同意或者追认的,被代理人可以就代理事务直接指示转委托的第三人,代理人仅就第三人的选任以及对第三人的指示承担责任。关于复代理的构成要件,须有本代理存在,须事先征得被代理人同意或者事后经被代理人追认,须代理人以自己独立意思为被代理人选任复代理人,须复代理权应在原代理权限范围内。一般认为,构成复代理后,原代理权并未消灭,而是仍然存续,在发生复代理后,复代理人并不取代代理人,代理人的地位不变,只是由复代理人分担了其部分职责。代理人的代理权并未让给复代理人,而只是在代理权之下,派生出另一个代理权。选任复代理人后,代理人仍然可以继续行使代理权。复代理人行使代理权须在原代理权限范围之内,同时要受到代理人指示范围的约束,超出这两个范围权限的复代理行为构成无权代理。”

（二）转委托代理的类型

按照不同的标准，可以将转委托代理区分为不同的类型。

按照转委托代理是否取得被代理人的同意或追认，可以将转委托代理区分为经被代理人的同意或追认的转委托代理和未经被代理人的同意和追认的转委托代理。对此，《民法典》第169条第2款和第3款分别作出了规定。

结合《民法典》第36条第1款第2项、第1189条和《民法典总则编解释》第13条关于监护人将监护职责全部或部分委托给他人的规定①，按照转委托给第三人代理的是全部代理事项还是部分代理事项，可以将转委托代理区分为全部代理事项的转委托代理和部分代理事项的转委托代理。比如，《民法典》第941条允许物业服务人将物业服务区域内的部分专项服务事项委托给第三人（当然，该条也明文禁止物业服务人将其应当提供的全部物业服务转委托给第三人）。②

需要注意的是，《民法典》总则编并没有明确禁止委托代理人将代理事务全部转委托给第三人代理。事实上，根据《民法典》第169条第3款的规定，即使是在被代理人在授权委托书中明确载明了禁止转委托代理的内容的情形，委托代理人也可以在紧急情况下为了维护被代理人的利益，将代理事项全部转委托第三人代理。

当然，考虑到被代理人是基于对委托代理人的信任而委托其实施民事法律行为的，且《民法典》第169条第1款和第3款针对转委托代理分别使用了"代理人需要转委托第三人代理"和"在紧急情况下代理人为了维护被代理人的利益需要转委托第三人代理"的表述，结合《民法典》第791条第2款针对建设工程转包作出的禁止性规定③和第941条针对全部物业服务转委托作出的禁止性规定④，委托代理人转委托代理时不得产生类似于转包那样的委托代理人在实质上没有亲自实施任何代理行为的效果，尤其是委托代理人不应当在整个代理期限内将代理事项全部转委托给第三人代理。

---

① 《民法典》第36条第1款第2项规定："监护人有下列情形之一的，人民法院根据有关个人或者组织的申请，撤销其监护人资格，……；……（二）怠于履行监护职责，或者无法履行监护职责且拒绝将监护职责部分或者全部委托给他人，导致被监护人处于危困状态"，第1189条规定："无民事行为能力人、限制民事行为能力人造成他人损害，监护人将监护职责委托给他人的，监护人应当承担侵权责任；受托人有过错的，承担相应的责任"；《民法典总则编解释》第13条规定："监护人因患病、外出务工等原因在一定期限内不能完全履行监护职责，将全部或者部分监护职责委托给他人，当事人主张受托人因此成为监护人的，人民法院不予支持"。

② 《民法典》第941条规定："物业服务人将物业服务区域内的部分专项服务事项委托给专业性服务组织或者其他第三人的，应当就该部分专项服务事项向业主负责。物业服务人不得将其应当提供的全部物业服务转委托给第三人，或者将全部物业服务支解后分别转委托给第三人"。

③ 《民法典》第791条第2款规定："总承包人或者勘察、设计、施工承包人经发包人同意，可以将自己承包的部分工作交由第三人完成。第三人就其完成的工作成果与总承包人或者勘察、设计、施工承包人向发包人承担连带责任。承包人不得将其承包的全部建设工程转包给第三人或者将其承包的全部建设工程支解以后以分包的名义分别转包给第三人。"《建筑法》第28条也规定："禁止承包单位将其承包的全部建筑工程转包给他人，禁止承包单位将其承包的全部建筑工程肢解以后以分包的名义分别转包给他人。"

④ 《民法典》第941条规定："物业服务人将物业服务区域内的部分专项服务事项委托给专业性服务组织或者其他第三人的，应当就该部分专项服务事项向业主负责。物业服务人不得将其应当提供的全部物业服务转委托给第三人，或者将全部物业服务支解后分别转委托给第三人。"

（三）转委托代理与数人代理

转委托代理不同于数人代理。

根据《民法典》第166条所说的“数人为同一代理事项的代理人的，应当共同行使代理权，但是当事人另有约定的除外”，在数人代理的情形，数人均为委托代理人，虽然原则上应当共同行使代理权，但均由被代理人本人选任、其各自的代理权均源自被代理人本人的直接授权。

而在转委托代理的情形，根据《民法典》第169条的规定，转委托代理的第三人的代理权，并非源自被代理人本人的直接授权，而是来源于委托代理人的转委托；甚至在紧急情况下为了维护被代理人的利益需要转委托第三人代理的情形，委托代理人无须取得被代理人的同意或追认即可转委托第三人代理。

（四）转委托代理与职务代理

执行法人或非法人组织工作任务的人员，就其职权范围内的事项委托他人以法人或非法人组织的名义实施民事法律行为，不属于转委托代理（即复代理），而属于委托代理（即本代理）。

比如，在西安市长安区某某建筑工程有限公司与杨某俊建设工程施工分包合同纠纷案中，针对长安某建提出的关于西安市长安区某某建筑工程公司某某生态农业示范园项目部未经许可委托徐某安代理收款属于未经被委托人同意的转委托的主张，考虑到“2016年4月12日，长安某建向某利公司出具了《收款委托书》，委托徐某安为其项目委托代理收款人，授权徐某安代表其进行代收款工作，该收款委托书上盖有长安某建某某项目部公章，贺某兵在‘项目部负责人’处签名”，陕西省高级人民法院（2020）陕民申428号民事裁定书认为：“……根据相关法律规定，案涉委托行为并非转委托，而是职务代理行为。职务代理行为与一般的意定代理有所区别，内涵并不完全一致，故不能完全适用基于意定代理的转委托的相关规定。关于长安某建主张其不应当为返还义务人的问题。根据《收款委托书》，徐某安的收款行为系基于长安某建所成立的项目部的委托，代理人在代理权限内，以被代理人名义实施的民事法律行为，对被代理人发生法律效力。长安某建某某项目部不具有独立对外承担责任的主体资格，故原审判令由长安某建返还保证金并无不当。”

又如，在广东某白建设集团有限公司与唐某威等劳务合同纠纷案中，广东省韶关市中级人民法院（2021）粤02民终2767号民事判决书认为：“本案中，某白公司主张依照《中华人民共和国民法典》第一百六十九条‘代理人需要转委托第三人代理的，应当取得被代理人的同意或者追认。转委托代理经被代理人同意或者追认的，被代理人可以就代理事务直接指示转委托的第三人，代理人仅就第三人的选任以及对第三人的指示承担责任。转委托代理未经被代理人同意或者追认的，代理人应当对转委托的第三人的行为承担责任；但是，在紧急情况下代理人为了维护被代理人的利益需要转委托第三人代理的除外’的规定，崔某宁未经其同意委托他人进行结算所产生的责任应由崔某宁自行承担。但崔某宁作为某白公司指派的涉案工程项目的项目经理，其雇请唐某威进行施工及委托姜某平与唐某威进行结算均系履行代表某白公司的职务行为，因此所产生的权利义务应由某白公司承担。”

二、转委托代理的条件

根据《民法典》第 169 条的规定，原则上，委托代理人转委托代理应当取得被代理人的同意或追认，仅在法律规定的例外情况下无须取得被代理人的同意或者追认。据此，《民法典》第 169 条确立了以须经被代理人同意或追认为原则、无须被代理人同意或追认为例外的转委托代理制度。

（一）原则：须经被代理人同意或追认

由于《民法典》第 169 条使用了“代理人需要转委托第三人代理的，应当取得被代理人的同意或者追认。……转委托代理未经被代理人同意或者追认的，代理人应当对转委托的第三人的行为承担责任；但是，……的除外”的表述，因此，只要不存在《民法典》第 169 条第 3 款所说的除外情形，委托代理人转委托第三人代理都应当取得被代理人的同意或者追认。

其中，《民法典》第 169 条第 1 款所说的“代理人需要转委托第三人代理”中的“需要”，应当是“为了维护被代理人的利益需要”，既包括《民法典》第 169 条第 3 款所说的“在紧急情况下为了维护被代理人的利益需要”，也包括“非紧急情况下为了维护被代理人的利益需要”。应该说，原《民法通则》第 68 条所说的“委托代理人为被代理人的利益需要转托他人代理的，应当事先取得被代理人的同意”规定得更为清晰。

《民法典》第 169 条第 1 款所说的“应当取得被代理人的同意或者追认”中的“同意”，指的是委托代理人在转委托代理之前取得被代理人对“转委托第三人代理”的同意；其中的“追认”，指的则是在事先没有取得被代理人对“转委托第三人代理”的同意的情况下，委托代理人在转委托给第三人代理之后取得被代理人对“转委托第三人代理”的认可，既包括被代理人明示的认可，也包括被代理人以积极的行为作出的默示的认可①。

---

① 比如，在刘某诉耿某霞、程某房屋买卖合同纠纷案中，河南省周口市中级人民法院（2023）豫 16 民终 2486 号民事判决书认为：“本案中，某拓公司的办公地点在某晨公司售楼处；观某达公司认可某拓公司为观某达公司的渠道公司对某联城市广场项目进行销售，并将收取的费用交给观某达公司；某晨公司向业主出具有承诺函。某晨公司对观某达公司转委托某拓公司销售房屋是明知的，并已经接受了某拓公司的劳动成果，某晨公司以自己的实际行动追认了观某达公司的转委托行为。故，某晨公司与观某达公司之间是委托代理关系，观某达公司与某拓公司之间是转委托法律关系，某晨公司与某拓公司是复代理关系。”又如，在贵州某勘房地产开发有限公司与贵州俊某某程商业管理有限公司及贵州卓某易商业管理有限公司委托合同纠纷案中，贵州省遵义市中级人民法院（2020）黔 03 民终 1245 号民事判决书认为：“虽然俊某某程公司和卓某易公司之间签订了招商代理合同，某勘公司不是合同相对人，但一方面，某勘公司多次向俊某某程公司法定代表人宁某支付月度管理费，说明某勘公司知晓俊某某程公司为其提供服务；另一方面，卓某易公司的法定代表人刘某陈述收取的租金款项也是通过卓某易公司最终转到某勘公司或其指定的公司或个人账户，某勘公司实际控制和管理招商所得租金收益。根据《中华人民共和国民法总则》第一百六十九条‘代理人需要转委托第三人代理的，应当取得被代理人的同意或者追认。转委托代理经被代理人同意或者追认的，被代理人可以就代理事务直接指示转委托的第三人，代理人仅就第三人的选任以及对第三人的指示承担责任’之规定，某勘公司以事实行为表示对卓某易公司转委托招商代理事宜的认可，卓某易公司与俊某某程公司的转委托关系成立，某勘公司应当承担招商代理合同中约定的法律后果。”

就经被代理人同意或追认的转委托代理而言,《民法典》第 169 条第 2 款所说的“代理人仅就第三人的选任以及对第三人的指示承担责任”,将委托代理人的责任范围限定于因“选任第三人”产生的责任和因“委托代理人对第三人的指示”产生的责任,委托代理人就转委托代理人按照被代理人直接作出的指示实施的行为则不承担责任。这与《民法典》第 169 条第 3 款针对未经被代理人同意或者追认的转委托代理所说的“代理人应当对转委托的第三人的行为承担责任”形成明显的对比,体现了《民法典》要求委托代理人就转委托代理取得被代理人同意或追认的价值导向。

(二)例外:紧急情况下转委托代理无须被代理人同意或追认

由于《民法典》第 169 条第 3 款使用了“转委托代理未经被代理人同意或者追认的,代理人应当对转委托的第三人的行为承担责任;但是,在紧急情况下代理人为了维护被代理人的利益需要转委托第三人代理的除外”的表述,因此,在紧急情况下为了维护被代理人的利益而需要转委托第三人代理时,即便转委托代理未经被代理人同意或者追认,委托代理人也无须就其在该情形下选任的转委托代理人的行为承担责任。进而,基于“举重以明轻”的解释规则,委托代理人在紧急情况下为了维护被代理人的利益转委托第三人代理,就更无须取得被代理人的同意或追认了。

针对《民法典》第 169 条第 3 款所说的“紧急情况”,《民法典总则编解释》第 26 条作出了解释性规定,即:“由于急病、通讯联络中断、疫情防控等特殊原因,委托代理人自己不能办理代理事项,又不能与被代理人及时取得联系,如不及时转委托第三人代理,会给被代理人的利益造成损失或者扩大损失的,人民法院应当认定为民法典第一百六十九条规定的紧急情况。”

当然,根据《民事诉讼法》第 67 条第 1 款①和《民诉法解释》第 90 条、第 91 条②的规定,不论是委托代理人还是转委托代理人,如其主张未经被代理人同意和追认的转委托代理对被代理人发生效力,就应当对“在紧急情况下代理人为了维护被代理人的利益需要转委托第三人代理”承担举证证明责任;否则,其主张可能得不到支持。

比如,在李某与李某敏、关某芳、梁某婷及向某姝合同纠纷案中,四川省成都市中级人民法院(2021)川 01 民再 202 号民事判决书认为:“《中华人民共和国民法总则》第一百六十九条第三款规定:‘转委托未经被代理人同意或者追认的,代理人应当对转委托的第三人的行为承担责任,但是在紧急情况下为了维护被代理人的利益需要转委托第三人代理的除外。’本案中,李某主张其系在紧急情况下为了完成协议约定的义务而转委托向某姝购买案涉资管产品,根据本案查明的事实,关某芳、李某敏、梁某婷向李某转款 450 万元的时间是在 2016 年 12 月 16 日,金某转款 130 万元的时间是在 2016 年

---

① 《民事诉讼法》第 67 条第 1 款规定:“当事人对自己提出的主张,有责任提供证据。”

② 《民诉法解释》第 90 条规定:“当事人对自己提出的诉讼请求所依据的事实或者反驳对方诉讼请求所依据的事实,应当提供证据加以证明,但法律另有规定的除外。在作出判决前,当事人未能提供证据或者证据不足以证明其事实主张的,由负有举证证明责任的当事人承担不利的后果。”第 91 条规定:“人民法院应当依照下列原则确定举证证明责任的承担,但法律另有规定的除外:(一)主张法律关系存在的当事人,应当对产生该法律关系的基本事实承担举证证明责任;(二)主张法律关系变更、消灭或者权利受到妨害的当事人,应当对该法律关系变更、消灭或者权利受到妨害的基本事实承担举证证明责任。”

12 月 19 日，何某分 14 笔转款 70 万元的时间是在 2016 年 12 月 21 日，而案涉资管产品成立日期和备案日期为 2016 年 12 月 27 日。李某收到最后一笔转款到案涉资管产品的成立时间较短，且期间还有两天是周末，而购买案涉资管产品还涉及现场风险评测、审核等程序问题，因时间紧急，加之向某姝的工作地点与某某财富资产管理有限公司较近，办理购买案涉资管产品更为方便快捷，李某主张其系在紧急情况下转委托给向某姝办理案涉资管产品的购买理由合理，应予采纳。……李某虽没有由其本人代为认购并持有资管产品份额，转委托其女儿向某姝认购和持有该资管产品份额，但根据上述分析其转委托行为符合法律规定。"

又如，在朱某爱与罗某惠委托合同纠纷案中，广东省佛山市中级人民法院(2020)粤 06 民终 715 号民事判决书认为："经审查，案涉委托事宜的交涉和款项的支付均发生于罗某惠与朱某爱间，双方间的微信聊天记录亦无罗某惠同意朱某爱将相应事务转委托予确定的案外人或对相应转委托行为进行追认的内容。且，双方关于朱某爱无需就委托事务能否办妥提供担保的协商，并未涉及转委托事宜，不足以证明朱某爱转委托第三人办理案涉委托事宜已经罗某惠同意或追认。又，本案并无证据反映，朱某爱乃在紧急情况下为维护罗某惠利益而进行转委托，由此，案涉委托合同履行的法律后果仍由朱某爱承担。"

再如，在张某、启东市某安法律咨询服务部与启东市某誉法律服务所、庄某法律服务合同纠纷案中，江苏省南通市中级人民法院(2020)苏 06 民终 3863 号民事判决书认为："某安法律服务部与张某之间存在委托代理关系，某安法律服务部、某誉法律服务所之间存在转委托关系，……本案中，某安法律服务部将张某的委托事宜转委托给某誉法律服务所时，并未征得张某的同意，事后也未得到张某的追认，则某安法律服务部应对某誉法律服务所的行为承担责任。二审中，某安法律服务部提交两份行政判决书，以证明其不清楚行政判决的存在，以为仲裁时效将过，故在时效的最后一天找俞某明办理仲裁立案。对此，本院认为，仅凭两份判决不能证明某安法律服务部判断当时属情况紧急的合理性，因为其接受委托时就明知其不具有代理仲裁的资格，其接受委托后就应及时转委托有资格的人，而根据邓某华在一审庭审中的证言，某安法律服务部是立案前(即 2018 年 11 月 16 日)的两三天接受的张某的委托，则即使其认识有误，以为 2018 年 11 月 16 日是时效的最后一天，其也不应拖到最后一天再转委托他人立案。故不能认定某安法律服务部的转委托属情况紧急，其应对某誉法律服务所的行为承担责任，某誉法律服务所对张某不承担责任。"

(三)转委托代理的非强制性

需要注意的是，《民法典》第 169 条第 1 款所说的"代理人需要转委托第三人代理的，应当取得被代理人的同意或者追认"和第 3 款所说的"在紧急情况下代理人为了维护被代理人的利益需要转委托第三人代理"，只是规定转委托代理原则上须经被代理人同意或追认，并没有规定委托代理人在"需要转委托第三人代理"时必须转委托第三人代理；对于是否转委托第三人代理，委托代理人享有选择权。

三、经同意或追认的转委托代理

《民法典》第 169 条第 2 款规定了经被代理人同意或追认的转委托代理的代理

规则。

(一)被代理人对转委托代理人的指示权

《民法典》第 169 条第 2 款所说的“转委托代理经被代理人同意或者追认的，被代理人可以就代理事务直接指示转委托的第三人”，意味着，就经被代理人同意或追认的转委托代理而言，被代理人享有直接向转委托代理人作出指示的权利。

结合《民法典》第 922 条所说的“受托人应当按照委托人的指示处理委托事务”，可以认为，在被代理人向其发出指示的情况下，转委托代理人负有按照被代理人的指示办理代理事项的义务。这也是《民法典》第 169 条第 2 款所说的“被代理人可以就代理事务直接指示转委托的第三人”的应有之义。

(二)委托代理人对转委托代理人的指示权

《民法典》第 169 条第 2 款所说的“转委托代理经被代理人同意或者追认的，……代理人仅就第三人的选任以及对第三人的指示承担责任”，意味着，就经被代理人同意或追认的转委托代理而言，委托代理人也享有向转委托代理人作出指示的权利。

与此相对应，在委托代理人向其发出指示的情况下，转委托代理人也应当按照委托代理人的指示办理代理事项。这也是《民法典》第 169 条第 2 款所说的“转委托代理经被代理人同意或者追认的，……代理人仅就……对第三人的指示承担责任”的应有之义。

也就是说，就经被代理人同意或追认的转委托代理而言，转委托代理人既要接受被代理人的指示，又要接受代理人的指示。问题是，当被代理人和委托代理人均向转委托代理人作出了指示并且二者的指示不一致时，转委托代理人应当执行谁的指示？对此，考虑到委托代理人也负有按照被代理人的指示办理代理事务的义务，因此，转委托代理人原则上应当执行被代理人的指示。不过，在先有委托代理人的指示、后有被代理人的指示的情形，则应当先执行委托代理人的指示，并在收到被代理人的指示之后，再按照被代理人的指示办理；在先有被代理人的指示、后有委托代理人的指示的情形，则应继续执行被代理人的指示、而不执行委托代理人作出的与被代理人的指示不一致的指示。

(三)转委托代理人代理行为的效力归属

《民法典》总则编第七章“代理”没有直接规定转委托代理人实施的代理行为的效力归属问题。

不过，通过将《民法典》第 169 条第 2 款所说的“转委托代理经被代理人同意或者追认的，被代理人可以就代理事务直接指示转委托的第三人，代理人仅就第三人的选任以及对第三人的指示承担责任”，和《民法典》第 169 条第 3 款所说的“转委托代理未经被代理人同意或者追认的，代理人应当对转委托的第三人的行为承担责任；但是，……除外”进行比较，可以认为，就经被代理人同意或追认的转委托代理而言，转委托代理人实施的代理行为对被代理人发生效力，其法律后果应当由被代理人承受。也就是说，《民法典》第 162 条所说的“代理人在代理权限内，以被代理人名义实施的民事法律行为，对被代理人发生效力"，也适用于经被代理人同意或追认的转委托代理。

比如，江苏省高级人民法院(2002)苏民三终字第 019 号民事判决书认为："所谓复代理，是指委托代理人为了处理代理权限内的全部或部分事务，选定他人为本人的代理人，他人(复代理人)行为的效果直接由本人承担。也就是说，复代理人是被代理人的代理人，复代理人以被代理人名义实施的法律行为的法律效果直接归属于被代理人，不必经由代理人从中移转。……根据我国《民法通则》第六十八条的规定，除了在紧急情况下，为了保护被代理人的利益而转委托他人代理外，委托代理人在事先没有取得被代理人同意且被代理人事后又不予追认的情况下，应当对自己转托的人的行为负民事责任。反之，如果代理人事先征得被代理人同意，或虽未事先征得同意，但被代理人事后对代理人的转委托行为予以追认的，则代理人对其所转委托的人的行为不承担责任，而应当由被代理人对代理人所转委托的人的行为承担民事责任。由此可以看出，我国法律允许代理人在特定情况下将其受托事项转委托给其自行选定的其他人，且其所转委托的人的行为的法律后果由委托人承担。因此，我国《民法通则》也设立了复代理制度"。[①]

需要注意的是，根据《民事诉讼法》第 67 条第 1 款[②]和《民诉法解释》第 90 条、第 91 条[③]的规定，不论是委托代理人还是被代理人，抑或转委托代理人，如其主张转委托代理人实施的行为对被代理人发生效力，就应当对相关行为构成转委托代理并且取得了被代理人的同意或追认承担举证证明责任；否则，其主张可能得不到支持。

比如，在王某茹与杜某琏、吕某东委托合同纠纷案中，北京市高级人民法院(2021)京民终 861 号民事判决书认为："王某茹主张其与吕某东存在转委托合同关系，则王某茹应当承担举证责任。本案中，即使吕某东与王某茹确实签订了《协议书》，但因杜某对吕某东的授权委托事项仅限于'代表本人向北京市有关当局办理诉有关人士侵占上述房产之有关事宜，要求他们交回房产，有权要求庭外和解，提起反诉或者上诉，以及缴当局有关诉讼之手续费用'。王某茹提交的《北京市住房和城乡建设委员会信访事项复查答复意见书(京建信复[2018]60×××)》《东城区住房和城市建设委员会信访事项处理意见书》信[2021 年]××号、《东城区住房和城市建设委员会信访事项处理意见

---

① 四川省成都市中级人民法院(2020)川 01 民终 6937 号民事裁定书也认为："按照《中华人民共和国民法总则》第一百六十九条'代理人需要转委托第三人代理的，应当取得被代理人的同意或者追认。转委托代理经被代理人同意或者追认的，被代理人可以就代理事务直接指示转委托的第三人，代理人仅就第三人的选任以及对第三人的指示承担责任。转委托代理未经被代理人同意或者追认的，代理人应当对转委托的第三人的行为承担责任，但是在紧急情况下代理人为了维护被代理人的利益需要转委托第三人代理的除外'的规定，复代理系指代理人为了实施代理权限内的全部或部分行为，以自己的名义选定他人担任最初的被代理人的代理人，并由选定的他人代理被代理人实施法律行为的情形，被选定的他人为复代理人，其代理的法律效果直接归属于被代理人"。

② 《民事诉讼法》第 67 条第 1 款规定："当事人对自己提出的主张，有责任提供证据。"

③ 《民诉法解释》第 90 条规定："当事人对自己提出的诉讼请求所依据的事实或者反驳对方诉讼请求所依据的事实，应当提供证据加以证明，但法律另有规定的除外。在作出判决前，当事人未能提供证据或者证据不足以证明其事实主张的，由负有举证证明责任的当事人承担不利的后果。"第 91 条规定："人民法院应当依照下列原则确定举证证明责任的承担，但法律另有规定的除外：(一)主张法律关系存在的当事人，应当对产生该法律关系的基本事实承担举证证明责任；(二)主张法律关系变更、消灭或者权利受到妨害的当事人，应当对该法律关系变更、消灭或者权利受到妨害的基本事实承担举证证明责任。"

书》信[2021 年]×××号，亦无法证明在《协议书》中转委托事项除‘清理住户’外，其他超越吕某东受委托事项，已经杜某同意或追认。故即使吕某东与王某茹确实签订了《协议书》，《协议书》中超越授权部分，对杜某不发生法律效力。因此，本案中，王某茹提交的证据不足以证明其‘为房屋翻建、维修、装饰支付费用’系杜某委托。王某茹对案涉房屋翻建、维修、装饰的行为超出杜某对吕某东的授权范围，对杜某不发生委托事项下的法律效力，故其基于委托合同或转委托合同要求杜某琏向其支付房屋翻建、维修、装饰费用及利息的诉讼请求，依据不足，本院不予支持。”

又如，在青岛米某娃国际贸易有限公司与青岛易某达国际物流股份有限公司海上、通海水域货物运输合同纠纷案中，山东省高级人民法院(2021)鲁民终 255 号民事判决书认为：“某德公司一审中提供的其与易某达公司签署的《债权转让协议书》记载，米某娃公司委托某德公司办理高岭土进口业务，某德公司先行垫付除清关外的全部费用，双方结算以某德公司提供的发票为准。某德公司接受委托后又委托易某达公司办理上述进口业务，易某达公司完成受托事务后，与某德公司对账，以易某达公司产生的发票为准。业务完成后，某德公司根据其与易某达公司对账结果，通知米某娃公司支付费用，米某娃公司拒绝履行支付义务，所以某德公司将其对米某娃公司的债权转让给易某达公司。根据上述内容，某德公司接受米某娃公司委托后将受托事项委托给易某达公司，该行为无论是否征得米某娃公司的同意或追认，转委托事实均已发生，在上述转委托关系中，没有证据表明某德公司的转委托行为事先得到米某娃公司的同意，也没有证据证明事后得到米某娃公司的追认。虽然，易某达公司完成受托事项后，米某娃公司就货物倒柜问题与易某达公司进行过沟通，但是在沟通过程中双方并未涉及追认转委托关系的内容，米某娃公司在易某达公司履行受托义务过程中，未向易某达公司直接发出过指示，事后也未向易某达公司支付过费用，因此，米某娃公司没有明确表示接受转委托的行为。另外，按照《债权转让协议书》载明内容，某德公司与米某娃公司和易某达公司分别存在独立的受托和委托关系，某德公司与米某娃公司和易某达公司存在独立的结算关系，易某达公司接受某德公司《债权转让协议书》的行为也排除了其与米某娃公司存在直接合同关系的可能。易某达公司陈述其通过某德公司转委托而与米某娃公司建立直接委托关系因其不能证明已得到米某娃公司的同意而不成立，易某达公司与米某娃公司不存在委托合同关系，无权要求米某娃公司向其支付垫付费用。”

(四)委托代理人对被代理人的责任

《民法典》第 169 条第 2 款所说的“转委托代理经被代理人同意或者追认的，被代理人可以就代理事务直接指示转委托的第三人，代理人仅就第三人的选任以及对第三人的指示承担责任”，意味着，就经被代理人同意或追认的转委托代理而言，不论被代理人是否直接向转委托代理人作出指示，委托代理人都应当就“第三人的选任”和“委托代理人对第三人的指示”这两个事项对被代理人承担责任。

其中，就“第三人的选任”而言，在委托代理人需要转委托代理的情形，因转委托代理人是否具有办理代理事项的能力、能否全面履行代理职责等直接关涉被代理人的利益，因此，委托代理人负有谨慎选任转委托代理人的义务并应当对其选任行为承担责任。

比如，在上海某航国际货物运输代理有限公司天津分公司、上海某航国际货物运输代理有限公司与保定某利纺织品有限公司海上货运代理合同纠纷案中，天津市高级人民法院(2017)津民终620号民事判决书认为："本案系海上货运代理合同纠纷。各方当事人对某利公司系委托人、某航公司系转委托人、某航天津分公司为受托人均不持异议，……按照现有证据，不能证明某航天津分公司电放涉案货物符合当事人约定。在收货人尚未支付全部货款情形下，某航天津分公司未按照某利公司指示将涉案货物电放，构成违约行为，某航天津分公司未能证明其没有过错，应承担相应责任。……《中华人民共和国民法总则》第一百六十九条第二款规定，转委托代理经被代理人同意或者追认的，被代理人可以就代理事务直接指示转委托的第三人，代理人仅就第三人的选任以及对第三人的指示承担责任。故而，某航公司作为代理人，将代理事务转委托给某航天津分公司办理，应就某航天津分公司的选任承担责任。在某航天津分公司违反指示电放货物情形下，某航公司负有选任责任，应与某航天津分公司承担共同责任，一审判决认定结果并无不当，本院予以维持。"

当然，考虑到《民法典》第169条第3款针对未经被代理人同意或追认的转委托代理专门规定了"代理人应当对转委托的第三人的行为承担责任"，因此，因《民法典》第169条第2款所说的"第三人的选任"产生的责任与因《民法典》第169条第3款所说的"转委托的第三人的行为"产生的责任，属于不同的事项，不能仅仅因为转委托代理人是由委托代理人选任的这一事实就要求委托代理人对转委托代理人的全部行为承担责任。

就"对第三人的指示承担责任"而言，该规定仅适用于委托代理人向转委托代理人作出了指示的情形；在委托代理人未向转委托代理人作出指示的情形，不存在适用的空间。

需要注意的是，委托代理人还应当就其亲自实施的代理行为对被代理人承担责任。这也是《民法典》第164条第1款所说的"代理人不履行或者不完全履行职责，造成被代理人损害的，应当承担民事责任"的应有之义。

四、未经同意和追认的转委托代理

《民法典》第169条第3款规定了未经被代理人同意和追认的转委托代理的责任承担事宜。

(一)被代理人对转委托代理人的指示权

就未经被代理人同意和追认的转委托代理而言，《民法典》第169条第3款没有规定被代理人享有直接向转委托代理人作出指示的权利。

结合《民法典》第503条所说的"无权代理人以被代理人的名义订立合同，被代理人已经开始履行合同义务或者接受相对人履行的，视为对合同的追认"，如果被代理人直接向转委托代理人作出指示，则应当视为对转委托代理的追认，从而使未经被代理人同意或追认的转委托代理转变成了经被代理人追认的转委托代理，进而应当适用《民法典》第169条第2款关于"转委托代理经被代理人同意或者追认的，被代理人可以就代理事务直接指示转委托的第三人,代理人仅就第三人的选任以及对第三人的指示承担责任”的规定。

有鉴于此,《民法典》第169条第3款所说的“转委托代理未经被代理人同意或者追认”不够准确,指的应当是“转委托代理未经被代理人同意且未经被代理人追认”的意思。

(二)代理人对转委托代理人的指示权

就未经被代理人同意和追认的转委托代理而言,《民法典》第169条第3款也没有规定委托代理人享有直接向转委托代理人作出指示的权利。

不过,《民法典》第169条第3款所说的“转委托代理未经被代理人同意或者追认的,代理人应当对转委托的第三人的行为承担责任”,意味着,委托代理人是享有向转委托代理人作出指示的权利的;与此相对应,在委托代理人向其发出指示的情况下,转委托代理人应当按照委托代理人的指示办理代理事项。

(三)转委托代理人实施的行为的效力归属

由于《民法典》第169条第3款使用了“转委托代理未经被代理人同意或者追认的,代理人应当对转委托的第三人的行为承担责任;但是,在紧急情况下代理人为了维护被代理人的利益需要转委托第三人代理的除外”的表述,因此,就未经被代理人同意和追认的转委托代理而言,原则上,委托代理人应当对转委托代理人的所有行为承担责任,即:转委托代理人实施的行为的法律后果均由委托代理人(而非被代理人)承受;只有在“紧急情况下代理人为了维护被代理人的利益需要转委托第三人代理”的例外情况下,转委托代理人实施的行为的法律后果才由被代理人(而非委托代理人)承受。①

其中,《民法典》第169条第3款所说的“转委托的第三人的行为”,指的是转委托代理人以被代理人的名义实施的民事法律行为,不包括转委托代理人以其自己的名义、委托代理人的名义或其他主体的名义实施的民事法律行为。

也就是说,转委托代理未经被代理人同意和追认这一事实,原则上将导致转委托

① 比如,在朱某爱与罗某惠委托合同纠纷案中,广东省佛山市中级人民法院(2020)粤06民终715号民事判决书认为:“《中华人民共和国民法总则》第一百六十九条规定:‘代理人需要转委托第三人代理的,应当取得被代理人的同意或者追认。转委托代理经被代理人同意或者追认的,被代理人可以就代理事务直接指示转委托的第三人,代理人仅就第三人的选任以及对第三人的指示承担责任。转委托代理未经被代理人同意或者追认的,代理人应当对转委托的第三人的行为承担责任,但是在紧急情况下代理人为了维护被代理人的利益需要转委托第三人代理的除外。’依该规定,除紧急情况下受托人为维护委托人的利益需要转委托的情形以外,受托人转委托均须经委托人同意或追认,否则,受托人应当对转委托的第三人的行为承担责任。”

代理人实施的行为构成无权代理[①]、对被代理人不发生效力,导致委托代理人因其未就转委托代理取得被代理人的同意和追认而承受"对转委托的第三人的行为承担责任"的不利后果。

比如,在江西某登建设工程有限公司与景德镇市某华工贸有限责任公司、余某华合同纠纷案中,江西省高级人民法院(2019)赣民再173号民事判决书认为:"转委托代理是指代理人为实施代理权限内的全部或者部分行为,以自己的名义选定他人担任自己的被代理人的代理人,并由该他人代理被代理人实施法律行为的情形。本案某登公司与某某坝公司签订的《西藏某某金属矿某某沟尾款库系统土建工程基础坝土石方施工劳务合同》中规定,案涉工程项目的发包方是某某坝公司,某某坝公司将案涉项目的土石方工程发包给某登公司。某登公司作为承包人承接项目后据此成立案涉工程项目部,并委派余某华担任驻工地履行本合同的项目负责人,为此世某公司向某某坝公司出具了关于余某华作为该公司代理人的授权委托书,该授权委托书上明确载明了余某华没有转委托权。从某华公司提交的意见看,可知某华公司对上述授权委托书的内容是知晓的,……余某华虽是案涉工程项目施工的全权责任人,但该身份是针对某某坝公司而言;而对于某华公司而言,余某华的身份应是案涉工程项目承包人某登公司的委托代理人,在代理人明确其不具有转委托权的情况下,对外将案涉工程项目的劳务分包用股权转让的形式委托他人完成,且没有征得被代理人某登公司的事后追认,所引发的法律后果和责任,不应由某登公司承担。"

需要注意的是,在转委托代理人的行为构成表见代理的情况下,即使转委托代理未经被代理人同意和追认,转委托代理人实施的行为的法律后果也应由被代理人承受。对此,《民法典》第172条规定:"行为人没有代理权、超越代理权或者代理权终止后,仍然实施代理行为,相对人有理由相信行为人有代理权的,代理行为有效。"

比如,在农安县某丰粮食有限公司与张某新民间借贷纠纷案中,吉林省长春市中级人民法院(2020)吉01民终2854号民事判决书认为:"本案中,结合原审法院对张某、王某平的调查笔录、某丰公司原审陈述、王某的证人证言综合考量,某丰公司和王某之间系委托代理关系,即王某代理某丰公司以该公司的名义向外借款,但王某并未直接与相对人完成其代理事项,而是找到王某平代为借款,最终由王某平以某丰公司名义向张某新借到案涉款项,王某平完成了王某的代理事项,故王某与王某平之间系

---

① 比如,在陈某、刘某东、王某红与顾某逵、龚某健房屋买卖合同纠纷案中,江苏省南通市中级人民法院(2019)苏06民终632号民事判决书认为:"顾某逵委托其女儿龚某健出售案涉房屋,顾某逵和龚某健在二审应诉答辩时对此仍提出异议,但对一审判决作出上述认定的以下前提事实并未提供反驳证据,即'龚某健在网络上(本院注:龚某健二审陈述是在微信群中)发布了案涉房屋的出售信息、顾某逵又将案涉房屋的钥匙交龚某健。由此可以确定,在案涉房产买卖合同中,房产权利人顾某逵是被代理人,女儿龚某健是代理人,而刘某东、王某红夫妻是龚某健选任的第三人,即复代理人,这可以从龚某健与王某红在案涉合同签订前后的微信聊天记录以及交钥匙的行为得到证实。刘某东、王某红夫妻作为龚某健转委托的第三人,该转委托行为有未得到被代理人顾某逵的同意或者追认,其余当事人均未提供证据,包括刘某东、王某红一审提供的由其诉讼代理人与顾某逵通话的录音证据对此亦无法确定。而顾某逵在一审诉讼中即否认委托他人出售案涉房产,包括其女儿龚某健,并陈述与陈某和刘某东、王某红夫妻均不认识,也未有过接触。因龚某健上述转委托代理行为未经被代理人顾某逵同意或者追认,且该转委托行为并非法定的紧急情况,故代理人龚某健的转委托代理行为对被代理人顾某逵不发生效力,应认定为无权代理。"

'复代理'的法律关系。结合某丰公司从前向张某新借款的相关情况,张某新事后又取得以某丰公司名义向其出具的借据,张某新有理由相信王某平具有代理权,故王某平与张某新之间构成表见代理,其后果应归属于某丰公司,王某平收到张某新提供的借款时,张某新即完成了向某丰公司交付款项的义务,张某新与某丰公司之间的借贷关系成立,某丰公司应向张某新偿还案涉款项及利息。"

由此可见,《民法典》第 172 条所说的"行为人没有代理权、超越代理权或者代理权终止后,仍然实施代理行为,相对人有理由相信行为人有代理权的,代理行为有效",跟《民法典》第 169 条第 3 款所说的"在紧急情况下代理人为了维护被代理人的利益需要转委托第三人代理"一样,也属于《民法典》第 169 条第 3 款所说的"转委托代理未经被代理人同意或者追认的,代理人应当对转委托的第三人的行为承担责任"的例外规定和特别规定。

五、转委托代理人对被代理人的责任

(一)转委托代理人对被代理人的责任

《民法典》总则编第七章"代理"没有直接涉及转委托代理人对被代理人的责任问题,也没有明确《民法典》有关委托代理人的责任的规定是否适用于转委托代理人。

就经被代理人同意或追认的转委托代理而言,考虑到转委托代理人跟委托代理人一样,也需要以被代理人的名义、为了被代理人的利益办理代理事务,因此,转委托代理人也应当适用《民法典》有关委托代理人的责任的规定。

就未经被代理人同意和追认的转委托代理而言,如果该转委托代理不属于"在紧急情况下代理人为了维护被代理人的利益需要转委托第三人代理"并且也不构成表见代理,由于《民法典》第 169 条第 3 款已经明确规定了"代理人应当对转委托的第三人的行为承担责任",因此,转委托代理人无须对被代理人承担责任。

比如,在某甲公司、某乙公司与某丙公司委托合同纠纷案中,山东省青岛市中级人民法院(2023)鲁 02 民终 16583 号民事判决书认为:"本案中,某甲公司委托某丙公司代为办理商业保险业务,某丙公司在未经某甲公司同意亦未履行告知义务的情形下,将上述事项转委托给某乙公司,某乙公司在办理上述保险业务事项时,未将某甲公司列为被保险人,导致某甲公司在案涉保险事故发生后未能得以赔付,且某乙公司未提交证据证实未将某甲公司列为被保险人系不能归责于其自身的第三人过错所导致,故某乙公司对此存在过错。某乙公司在本案一审及(2022)苏 0105 民初 8901 号案件中均主张,系保险公司过错导致未将某甲公司列为被保险人,说明其对被保险人应为某甲公司是清楚的,现某乙公司上诉主张各方对此未予约定,与某乙公司在一审及另案中主张事实相悖,本院不予采信。其次,关于各方责任承担问题,根据法律规定,转委托未经同意或追认的,受托人应当对转委托的第三人的行为承担责任,针对转委托第三人某乙公司的过错行为,因某丙公司的转委托行为未取得某甲公司的同意及追认,故应由某丙公司向某甲公司承担赔偿责任,某乙公司并非委托合同相对方,不应直接向某甲公司承担责任。"

（二）转委托代理人与委托代理人之间的关系

就其各自对被代理人的责任而言，由于《民法典》总则编既没有明文规定委托代理人应当就转委托代理人对被代理人的责任承担连带责任，也没有明文规定转委托代理人应当就委托代理人对被代理人的责任承担连带责任，因此，根据《民法典》第 178 条第 3 款所说的“连带责任，由法律规定或者当事人约定”，不论是经被代理人的同意或追认的转委托代理，还是在紧急情况下代理人为了维护被代理人的利益未经被代理人的同意或追认的转委托代理，委托代理人与转委托代理人对被代理人均非连带责任关系。

第一百七十条　【职务代理】执行法人或者非法人组织工作任务的人员，就其职权范围内的事项，以法人或者非法人组织的名义实施的民事法律行为，对法人或者非法人组织发生效力。

法人或者非法人组织对执行其工作任务的人员职权范围的限制，不得对抗善意相对人。

【条文通释】

《民法典》第 170 条是关于职务代理[①]的规定。

一、职务代理行为的界定

（一）职务代理行为及其性质

由于《民法典》第 170 条第 1 款使用了“执行法人或者非法人组织工作任务的人员”“职权范围内的事项”和“以法人或者非法人组织的名义实施”的表述，结合《民法典》第 847 条第 2 款所说的“职务技术成果是执行法人或者非法人组织的工作任务，或者主要是利用法人或者非法人组织的物质技术条件所完成的技术成果”和第 1191 条第 1 款所说的“用人单位的工作人员因执行工作任务造成他人损害的，由用人单位承担侵权责任”，因此，通常将《民法典》第 170 条第 1 款所说的“执行法人或者非法人组织工作任务的人员，就其职权范围内的事项，以法人或者非法人组织的名义实施的民

---

① 目前暂无法律、司法解释直接使用“职务代理”的表述。最高人民法院 2022 年 11 月 4 日公布的《最高人民法院关于适用〈中华人民共和国民法典〉合同编通则部分的解释（征求意见稿）》第 21 条的标题使用了“职务代理”的表述（“【职务代理与合同效力】执行法人、非法人组织工作任务的人员就超越其职权范围的事项以法人、非法人组织的名义订立合同，法人、非法人组织主张该合同对其不发生效力的，人民法院应予支持，但是依据民法典第一百七十二条构成表见代理的除外……”）。《最高人民法院民二庭、研究室负责人就民法典合同编通则司法解释答记者问》提及：“民法典合同编通则部分就无权代理所订合同的效力作了规定，但实践中较为突出的问题是法人或者非法人组织的工作人员（如项目经理）在以法人或者非法人组织的名义订立合同时，何时构成职务代理，何时构成无权代理，常常发生认识上的分歧。为此，解释就职务代理的认定进行了规定。”

事法律行为”称为“职务代理行为”,该行为在性质上属于职务行为,即法人或者非法人组织的工作人员执行该组织职务(即“法人或者非法人组织工作任务”)的行为。

也就是说,职务代理行为指向的是执行法人或者非法人组织工作任务的人员(即职务代理人),就其职权范围内的事项(即代理事项),以法人或者非法人组织的名义、代表法人或非法人组织实施民事法律行为的职务行为。如果执行法人或者非法人组织工作任务的人员实施的民事法律行为并非其职权范围内的事项,或者是以其个人的名义而非以其所任职的法人或非法人组织的名义实施相应的民事法律行为,则原则上不构成职务代理行为。

比如,在张某芳与河南辉县某某商业银行股份有限公司及张某西等借贷纠纷案中,针对时任辉县某商行企业客户管理部负责人的张某西以自己的名义向张某芳借款的行为是否构成职务代理的问题,最高人民法院(2020)最高法民申 6360 号民事裁定书认为:“张某西向张某芳借款的行为不是职权范围内的事项,也不是以辉县某商行的名义实施的民事法律行为。首先,张某西向张某芳借款不是其职权范围内的事项。张某西并非辉县某商行法定代表人,若其以辉县某商行名义从事民事法律行为,应当有明确授权。二审已查明,辉县市某某信用合作联社(即辉县某商行)印发的辉某信(2008)××号和辉某信(2008)××号文件并未授权辉县某商行企业客户管理部及其经理对外高息借款,张某芳亦未能举证证明辉县某商行企业客户管理部及其经理有权代表辉县某商行对外签订借款合同,因此签订案涉借款合同并非张某西的职务行为。其次,张某西并未以辉县某商行的名义而是以自己名义签订案涉借款合同。二审已查明,案涉借款合同抬头和结尾‘借款人’处签名均为张某西,并未将辉县某商行列为借款人。‘借款人’处均无辉县某商行的公章盖章或法定代表人签字,仅在合同抬头部分加盖‘辉县某商行企业客户管理部’印章,该印章系银行内设机构印章,不能替代辉县某商行的公章,无法产生约束辉县某商行的效力。生效刑事判决认定,案涉借款合同上加盖的‘辉县某商行企业客户管理部’印章系张某西伪造,张某西在 2013 年 8 月 27 日接受辉县市公安局讯问时也供述,其系案涉借款 1000 万元的真实借款人和使用者,张某芳与辉县某商行之间不存在借款关系。此外,张某西已向张某芳偿还了本金 350 万元及利息 35 万元,张某芳提交的 2012 年 8 月 16 日还款协议上的‘借款人’签名仍为张某西,辉县某商行未在该还款协议上加盖公章。因此,张某芳关于张某西向其借款系履行职务代理行为的再审理由不能成立,应予驳回。”①

又如,在连云港市某东建设工程有限公司与赣榆区青口镇某远建材商店、张某喜

---

① 在太原市城区某某信用合作联社新城信用社与太原市某鼎工贸有限公司等金融借款合同纠纷案中,山西省高级人民法院(2019)晋民再 374 号民事判决书也认为:“作为某鼎工贸公司的财务负责人和办公室主任周某 1 并非公司法定代表人,其若对外以某鼎工贸公司名义进行民事活动,需取得某鼎工贸公司或法定代表人周某 2 的书面授权。案涉‘授权委托书’经司法鉴定委托人‘周某 2’不是某鼎工贸公司法定代表人周某 2 书写,该授权委托书无效,周某 1 未经授权不能代表公司对外进行民事活动,其代理行为非职务行为,对某鼎工贸公司没有法律约束力。……本院认为,1. 如前所述周某 1 基于其职务无权代表公司对外进行经营活动;2. 据双方的交易习惯及约定,保证合同由某鼎工贸公司法定代表人周某 2 亲笔签名,如需周某 1 代为办理,则需给周某 1 出具授权委托书;3. 周某 1 作为某鼎工贸公司的办公室主任兼财务经理,虽然对公司公章及其法定代表人个人私章有管理之责,但并不构成概括性授权。故其在担保合同及借款借据上签字、盖章的行为不属于职务代理行为,其后果不应由某鼎工贸公司承担。”

买卖合同纠纷案中，针对某远建材商店提出的依据《民法总则》第170条规定，张某喜的行为系职务行为、对某东公司有约束力的主张，江苏省高级人民法院（2020）苏民再195号民事判决书认为："依据查明事实，某东公司承包涉案工程后又与张某喜签订《建设工程承包合同》，将涉案工程转包给没有建筑施工资质的张某喜实际施工，据此，某东公司和张某喜之间的法律关系系违法转包关系，张某喜并未与某东公司签订劳动合同并领取劳动报酬，某东公司也没有为张某喜缴纳社会保险，张某喜并非某东公司员工。再者，张某喜系以自己而非某东公司的名义签订的买卖合同，不符合上述法律规定中的'以法人名义实施民事法律行为'情形，张某喜的行为不属于职务行为，其签订的相关合同对某东公司没有约束力。"①

再如，在朱某华与广州市某兴大酒店有限公司等装饰装修合同纠纷案中，广东省高级人民法院（2020）粤民再353号民事判决书认为："职务代理的构成必须满足三个要件：一是代理人是法人或者非法人组织的工作人员；二是代理人实施的必须是其职权范围内的事项；三是必须以法人或者非法人组织的名义实施民事法律行为。本案中，李某定和叶某波系与某兴公司签订《酒店租赁合同》的承租方，承租经营某兴公司原某兴大酒店。租赁期间，李某定并非某兴公司的员工，并非执行某兴公司工作任务的人员，其与朱某华签订《工程合同》时虽然是以某兴公司的名义签订，但其并没有经过某兴公司的授权，且《工程合同》上所盖某兴公司的合同专用章已被生效刑事判决确认为伪造，故李某定以某兴公司的名义与朱某华签订《工程合同》并不构成职务代理。朱某华主张李某定的工资由某兴公司发放，系某兴公司的员工，但李某定与某兴公司之间并未建立劳动关系；某兴公司虽认可李某定的工资由其发放，但主张是因为叶某波、李某定承租某兴大酒店后尚未建立完善的人事管理制度，故委托某兴公司发放工资，叶某波、李某定对此亦不否认，本院采纳某兴公司的主张。"②

不过，在执行法人或者非法人组织工作任务的人员虽然是以其个人的名义而非以其所任职的法人或非法人组织的名义实施了相应的民事法律行为，但因该民事法律行

---

① 在河南省某成建设工程有限公司与崔某良、河南某开化工投资控股集团有限责任公司、张某旭买卖合同纠纷案中，河南省高级人民法院（2020）豫民再458号民事判决书也认为："《中华人民共和国民法总则》第一百七十条第一款的规定，执行法人或者非法人组织工作任务的人员，就其职权范围内的事项，以法人或者非法人组织的名义实施民事法律行为，对法人或者非法人组织发生效力，本案中，崔某良以自己名义，而非以某成建设公司的名义书写承诺书，故不能认定崔某良是执行职务的行为。"

② 在四川省彭州市某彭建筑工程有限公司与杨某等买卖合同纠纷案中，四川省高级人民法院（2019）川民再563号民事判决书也认为："本案中，万某彬与杨某之间系口头约定，未签订书面合同，但杨某认可，双方协商过程中万某彬未向其出示某彭建筑公司和发包方签订的《建设工程施工合同》、某彭建筑公司的授权委托书以及某彭建筑公司和万某彬签订的《转承包合同》。合同履行过程中，双方的款项结算及支付均由万某彬或万某彬的妻子王某容出面与杨某进行接洽。……某彭建筑公司提交给法庭的某彭建筑公司与万某彬签订的《转承包合同》约定，该公司只收取2%的管理费，工程全部由万某彬出资，独立自主经营，自负盈亏，证明某彭建筑公司系将案涉工程全部违法转包给万某彬。万某彬与某彭建筑公司不具有劳动关系，不属于某彭建筑公司的工作人员，某彭建筑公司也未任命万某彬担任案涉工程的项目经理，因此，万某彬的行为也不属于《中华人民共和国民法总则》第一百七十条关于'执行法人或者非法人组织工作任务的人员，就其职权范围内的事项，以法人或者非法人组织的名义实施民事法律行为，对法人或者非法人组织发生效力'规定的履行法定职责的行为。……根据合同相对性原则，杨某与万某彬二人之间签订的合同，法律后果应当由万某彬个人承担。"

为产生的利益实际归属于其所任职的法人或非法人组织,并且其所任职的法人或非法人组织也明确表示承受该民事法律行为的法律后果的情况下,该民事法律行为仍然构成职务代理行为。

比如,在云南某兴房地产开发经营(集团)有限公司、昆明市富民县某源小额贷款股份有限公司与张某华民间借贷纠纷案中,最高人民法院(2020)最高法民申5187号民事裁定书认为:“据原审查明,吴某刚持有某兴公司84%股权,系某兴公司及某源公司法定代表人,某兴公司为某源公司的法人股东。郭某系某源公司的自然人股东之一,并担任该公司总经理,已去世。……2012年9月29日张某华支付给郭某300万元,同日张某华还委托张某萍向郭某支付200万元。2012年10月1日,郭某(乙方)与张某华(甲方)签订《借款合同》约定,乙方向甲方借款1000万元,借款时间为12个月,从2012年10月1日起至2013年10月1日止。……本案中,2012年9月29日,张某华本人及委托他人共计向郭某工商银行尾号2656账户转账支付500万元,随后在郭某与张某华2012年10月1日签订的《借款合同》中,某源公司在借款合同乙方借款人与丙方担保人中间加盖公章,并有郭某在乙方处签名,丙方担保人处为空白,并未注明担保人。本院认为,虽然2012年10月1日的《借款合同》系张某华与郭某签订,但据原审查明,某源公司在云南省高级人民法院(2017)云民初49号及最高人民法院(2018)最高法民终306号案件中向法院提交的《补充证据(三)》‘证明对象’中陈述:‘2011年至2013年期间,第三人郭某工商银行卡(账)号为:62×××56的账户收取的款项人民币453586818.63元(已扣除刘某所支付给郭某的款项)均属于某源公司资金,与郭某及他方无关,相关权利义务均由某源公司享有和承担’。郭某时任某源公司总经理,且张某华向郭某账户转款以及张某华与郭某签订《借款合同》的时间均发生在2011年至2013年期间,据此可以认定郭某2012年9月29日收到张某华500万元借款和在该《借款合同》上签字的行为系代表某源公司的职务行为,故二审判决认定某源公司与张某华之间成立500万元的借款法律关系,某源公司应承担偿还张某华500万元借款本息的民事责任,并无不当。某源公司关于本案的借款主体是郭某而非某源公司的主张,不能成立。”

需要注意的是,由于《民法典》第170条关于职务代理的规定在体例上位于《民法典》总则编第七章“代理”第二节“委托代理”之中,因此,在性质上,职务代理属于委托代理。

(二)职务代理人的范围

《民法典》第170条第1款所说的“执行法人或者非法人组织工作任务的人员”,即为职务代理人。

结合《民法典》第847条第2款和《最高人民法院关于审理技术合同纠纷案件适用法律若干问题的解释》(2020年修正)第2条第1款①、《著作权法》第18条第1款和

---

① 《民法典》第847条第2款规定:“职务技术成果是执行法人或者非法人组织的工作任务,或者主要是利用法人或者非法人组织的物质技术条件所完成的技术成果”,《最高人民法院关于审理技术合同纠纷案件适用法律若干问题的解释》(2020年修正)第2条第1款规定:“民法典第八百四十七条第二款所称‘执行法人或者非法人组织的工作任务’,包括:(一)履行法人或者非法人组织的岗位职责或者承担其交付的其他技术开发任务;(二)离职后一年内继续从事与其原所在法人或者非法人组织的岗位职责或者交付的任务有关的技术开发工作,但法律、行政法规另有规定的除外”。

《著作权法实施条例》(2013 年修订)第 11 条第 1 款[①]的规定,可以认为,《民法典》第 170 条第 1 款所说的"执行法人或者非法人组织工作任务",指的是履行法人或非法人组织的岗位职责或承担法人或非法人组织交付的其他任务。其中的"岗位职责",指的是根据法人或非法人组织的规定,相关人员所任工作岗位的工作任务和责任范围。[②]

进而,《民法典》第 170 条第 1 款所说的"执行法人或者非法人组织工作任务的人员",指向的是履行法人或非法人组织的特定岗位职责或承担法人或非法人组织交付的其他任务的人员,既包括董事、监事、高级管理人员,也包括其他管理人员和普通工作人员,还包括法人的法定代表人或非法人组织的负责人;既包括与法人或非法人组织建立劳动关系的劳动者,也包括劳务派遣单位派遣到作为用工单位的法人或非法人组织的人员[③],还包括在法人或非法人组织任职但并未建立劳动关系的董事、监事等人员,但不包括仅与法人或非法人组织存在合作关系或委托代理关系但不在该法人或非法人组织任职或执行其工作任务的人员[④]。

也就是说,确定职务代理人的关键在于行为人是否"执行法人或者非法人组织工

---

① 《著作权法》第 18 条第 1 款规定:"自然人为完成法人或者非法人组织工作任务所创作的作品是职务作品,除本条第二款的规定以外,著作权由作者享有,但法人或者非法人组织有权在其业务范围内优先使用。作品完成两年内,未经单位同意,作者不得许可第三人以与单位使用的相同方式使用该作品",《著作权法实施条例》(2013 修订)第 11 条第 1 款规定:"著作权法第十六条第一款关于职务作品的规定中的'工作任务',是指公民在该法人或者该组织中应当履行的职责"。

② 《全国法院知识产权审判工作会议关于审理技术合同纠纷案件若干问题的纪要》(法〔2001〕84 号)第 4 条提出:"合同法第三百二十六条第二款所称执行法人或者其他组织的工作任务,是指:(1)职工履行本岗位职责或者承担法人或者其他组织交付的其他科学研究和技术开发任务。(2)离职、退职、退休后一年内继续从事与其原所在法人或者其他组织的岗位职责或者交付的任务有关的科学研究和技术开发,但法律、行政法规另有规定或者当事人另有约定的除外。前款所称岗位职责,是指根据法人或者其他组织的规定,职工所在岗位的工作任务和责任范围。"

③ 《民法典》第 1191 条规定:"用人单位的工作人员因执行工作任务造成他人损害的,由用人单位承担侵权责任。……劳务派遣期间,被派遣的工作人员因执行工作任务造成他人损害的,由接受劳务派遣的用工单位承担侵权责任;劳务派遣单位有过错的,承担相应的责任。"

④ 比如,在姚某与某力控股集团有限公司、汪某峰借款合同纠纷案中,最高人民法院(2020)最高法民申 1256 号民事裁定书认为:"据原审查明,某力公司承包案涉工程后,通过签订《施工项目内部承包协议书》的形式将案涉项目交由汪某峰实际施工。四川省高级人民法院(2018)川民终 326 号生效民事判决认定:'汪某峰并非某力公司员工,其与某力公司的内部承包合同,实为转包行为,并非代表某力公司的职务行为。'某力公司出具的《法定代表人授权委托书》亦明确汪某峰的权利范围为负责案涉项目工程施工管理相关事宜。案涉借款关系中,借条载明出借人为汪某峰,姚某将案涉款项转入汪某峰的个人账户,也未提供充分证据证明汪某峰收到案涉款项后,将该款交给某力公司或者实际用于支付案涉工程价款。因此,姚某主张汪某峰的借款行为为履行职务行为的再审理由不能成立,不予支持。"又如,在山西某阳工程爆破有限公司、山西某阳工程爆破有限公司洛阳分公司与马某伟、王某柱、南召县圣某垛生态农林开发有限公司劳务合同纠纷案中,河南省高级人民法院(2021)豫民再 10 号民事判决书认为:"本案中,2017 年 12 月 29 日某阳爆破洛阳分公司与王某柱签订合作协议约定,案涉爆破工程项目由王某柱全权负责施工及日常管理,且由其实行独立核算、自负盈亏,某阳爆破洛阳分公司收取资质技术服务费等。由此可以看出,虽然某阳爆破洛阳分公司与王某柱之间名义上签订的是合作协议,但是根据双方权利义务具体条款的约定,双方实际为借用资质与转包关系。王某柱并非某阳爆破洛阳分公司员工,双方不存在行政隶属关系,原审认定王某柱签订合同的行为系职务行为无事实和法律依据。况且,2018 年 1 月 28 日王某柱并未以某阳爆破洛阳分公司名义与马某伟签订工程承包合同,不存在认定职务行为的前提。……2017 年 12 月 1 日,某阳爆破洛阳分公司向王某柱出具的委托书已明确委托权限:1. 发包方洽谈合同条款;2. 负责该项目合同履行的日常施工管理、安全生产等。据此,王某柱依该委托书有权代表某阳爆破洛阳分公司与发包方洽谈合同条款,但无权代表公司与其他人洽谈合同条款。2018 年 3 月 6 日,马某伟向王某柱缴纳工程保证金 30 万元的事实,进一步印证了马某伟与王某柱之间存在直接的合同关系。按照合同相对性原则,马某伟无权要求某阳爆破洛阳分公司承担民事责任。王某柱将爆破工程再次转包给马某伟已超出其日常施工管理范围,王某柱的行为属个人行为,其行为后果应自行承担。"

作任务”、是否在该法人或非法人组织担任职务；至于行为人是否与该法人或非法人组织存在劳动关系、是否在该法人或非法人组织担任管理人员，均在所不问。

（三）职务代理权的来源

鉴于职务代理在性质上属于委托代理，根据《民法典》第163条第2款和第170条的规定，职务代理人的代理权也源于作为被代理人的法人或非法人组织的授权委托。① 这跟法人的法定代表人的代表权来源于“法律的规定”或“法人章程的规定”②，而非法人权力机构、执行机构或其他组织机构或主体的授权或委托③是不一样的。

其中，法人或非法人组织对执行其工作任务的人员进行授权委托的形式，既可以是《民法典》第165条所说的“授权委托书”，也可以是法人或非法人组织的章程、决议、内部规章制度、劳动合同④或岗位责任书⑤，还可以是法律的明文规定⑥。

比如，在德阳某方掌城智能停车管理有限公司、北京某方城市信息科技有限公司

---

① 比如，《合伙企业法》第35条规定：“被聘任的合伙企业的经营管理人员应当在合伙企业授权范围内履行职务。被聘任的合伙企业的经营管理人员，超越合伙企业授权范围履行职务，或者在履行职务过程中因故意或者重大过失给合伙企业造成损失的，依法承担赔偿责任。”

② 《民法典》第61条规定：“依照法律或者法人章程的规定，代表法人从事民事活动的负责人，为法人的法定代表人。……法人章程或者法人权力机构对法定代表人代表权的限制，不得对抗善意相对人。”

③ 实务中，也有裁判意见认为，法定代表人的代表权源自法人权力机构的授权。比如，最高人民法院（2022）最高法民再94号民事判决书（载《最高人民法院公报》2022年第12期）认为：“……法定代表人行使代表人职权的基础为公司权力机关的授权，公司权力机关终止授权则法定代表人对外代表公司从事民事活动的职权终止……本案中……韦某兵系受公司权力机关委托担任公司法定代表人。”

④ 《劳动合同法》第8条规定：“用人单位招用劳动者时，应当如实告知劳动者工作内容、工作条件、工作地点、职业危害、安全生产状况、劳动报酬，以及劳动者要求了解的其他情况；用人单位有权了解劳动者与劳动合同直接相关的基本情况，劳动者应当如实说明”，第17条第1款规定：“劳动合同应当具备以下条款：（一）用人单位的名称、住所和法定代表人或者主要负责人；（二）劳动者的姓名、住址和居民身份证或者其他有效身份证件号码；（三）劳动合同期限；（四）工作内容和工作地点；……（九）法律、法规规定应当纳入劳动合同的其他事项”；第58条第1款规定：“劳务派遣单位是本法所称用人单位，应当履行用人单位对劳动者的义务。劳务派遣单位与被派遣劳动者订立的劳动合同，除应当载明本法第十七条规定的事项外，还应当载明被派遣劳动者的用工单位以及派遣期限、工作岗位等情况”，第59条第1款规定：“劳务派遣单位派遣劳动者应当与接受以劳务派遣形式用工的单位（以下称用工单位）订立劳务派遣协议。劳务派遣协议应当约定派遣岗位和人员数量、派遣期限、劳动报酬和社会保险费的数额与支付方式以及违反协议的责任”。

⑤ 比如，在四川省仁寿县某意建筑劳务有限公司、四川某州建设工程有限公司与某厦成都国际商贸城股份有限公司、北京某交建筑工程总队建设工程施工合同纠纷案中，最高人民法院（2019）最高法民申2411号民事裁定书认为：“根据《中华人民共和国民法总则》第一百七十条第一款规定，执行法人或者非法人组织工作任务的人员，就其职权范围内的事项，以法人或者非法人组织的名义实施民事法律行为，对法人或者非法人组织发生效力。本案中，某州公司认可曾某辉系其公司员工，并与曾某辉签订《项目工程承包经营管理责任书》，确定曾某辉为案涉项目工程负责人。2010年7月28日，曾某辉以某州公司名义与某意公司签订《内部协议书》，由某意公司对案涉项目工程进行实际施工。曾某辉的前述行为系履行职务行为，对某州公司发生效力。”

⑥ 比如，针对公司经理的职权，原《公司法》（2018年修正）第49条规定：“有限责任公司可以设经理，由董事会决定聘任或者解聘。经理对董事会负责，行使下列职权：（一）主持公司的生产经营管理工作，组织实施董事会决议；（二）组织实施公司年度经营计划和投资方案；（三）拟订公司内部管理机构设置方案；（四）拟订公司的基本管理制度；（五）制定公司的具体规章；（六）提请聘任或者解聘公司副经理、财务负责人；（七）决定聘任或者解聘除应由董事会决定聘任或者解聘以外的负责管理人员；（八）董事会授予的其他职权。公司章程对经理职权另有规定的，从其规定。经理列席董事会会议”，第113条规定：“股份有限公司设经理，由董事会决定聘任或者解聘。本法第四十九条关于有限责任公司经理职权的规定，适用于股份有限公司经理”。《民法典合同编通则解释》第21条第2款也规定：“合同所涉事项有下列情形之一的，人民法院应当认定法人、非法人组织的工作人员在订立合同时超越其职权范围：（一）依法应当由法人、非法人组织的权力机构或者决策机构决议的事项；（二）依法应当由法人、非法人组织的执行机构决定的事项；（三）依法应当由法定代表人、负责人代表法人、非法人组织实施的事项；（四）不属于通常情形下依其职权可以处理的事项。”

与四川泊某道科技发展有限公司、李某洁计算机软件著作权转让合同纠纷案中，最高人民法院(2021)最高法知民终 1656 号民事判决书认为："根据《中华人民共和国民法总则》第一百七十条规定，执行法人或者非法人组织工作任务的人员，就其职权范围内的事项，以法人或者非法人组织的名义实施民事法律行为，对法人或者非法人组织发生效力。法人或者非法人组织对执行其工作任务的人员职权范围的限制，不得对抗善意相对人。经查，李某洁于 2016 年 4 月 22 日至 2018 年 1 月 22 日期间担任德阳某方公司的总经理，依据公司章程规定负责管理德阳某方公司的日常经营活动，其以德阳某方公司的名义对外签订合同，并委托德阳某方公司的员工李某代为签署涉案合同及《软件验收单》应对德阳某方公司发生法律效力。"

(四)职务代理权的范围及其限制

职务代理人的职权范围和代理权限主要取决于法人或非法人组织的授权。这也是《民法典》第 163 条第 2 款所说的"委托代理人按照被代理人的委托行使代理权"和第 165 条所说的"委托代理授权采用书面形式的，授权委托书应当载明代理人的姓名或者名称、代理事项、权限和期限……"的应有之义。

也因此，法人或非法人组织可以在授权委托书等授权文件中对职务代理人的代理权限和职权范围作出相应的限制。其中的"限制"，既可以是职权(或事务)范围的限制(比如仅限于一项或数项特定的事务)，也可以是权限范围的限制(比如须与特定人员共同行使)，还可以是地域范围的限制(比如仅限于境内、某省、某市)、时间范围的限制(比如仅限于某个年度、季度、月度)、数额的限制(比如单项交易金额或累计交易金额不得超过特定的数额)，等等。

需要注意的是，《民法典》第 170 条第 2 款所说的"法人或者非法人组织对执行其工作任务的人员职权范围的限制"，指的是法人或非法人组织在授权委托书等授权文件中对职务代理人的代理权限和职权范围作出的限制，并非法律法规规定的限制①。根据《民法典合同编通则解释》第 21 条的规定②，法律法规对执行法人或者非法人组织工作任务的人员的职权范围作出的限制，具有对抗善意相对人的效力。

并且，在涉及法人或非法人组织外部法律关系的情况下，由于《民法典》第 170 条第 2 款使用了"法人或者非法人组织对执行其工作任务的人员职权范围的限制，不得

---

① 比如，《民法典合同编通则解释》第 21 条第 2 款就提及法律法规对执行法人或非法人组织工作任务的人员的职权范围的限制，即："合同所涉事项有下列情形之一的，人民法院应当认定法人、非法人组织的工作人员在订立合同时超越其职权范围：(一)依法应当由法人、非法人组织的权力机构或者决策机构决议的事项；(二)依法应当由法人、非法人组织的执行机构决定的事项；(三)依法应当由法定代表人、负责人代表法人、非法人组织实施的事项；(四)不属于通常情形下依其职权可以处理的事项"。

② 《民法典合同编通则解释》第 21 条规定了："法人、非法人组织的工作人员就超越其职权范围的事项以法人、非法人组织的名义订立合同，相对人主张该合同对法人、非法人组织发生效力并由其承担违约责任的，人民法院不予支持。但是，法人、非法人组织有过错的，人民法院可以参照民法典第一百五十七条的规定判决其承担相应的赔偿责任。前述情形，构成表见代理的，人民法院应当依据民法典第一百七十二条的规定处理。合同所涉事项有下列情形之一的，人民法院应当认定法人、非法人组织的工作人员在订立合同时超越其职权范围：(一)依法应当由法人、非法人组织的权力机构或者决策机构决议的事项；(二)依法应当由法人、非法人组织的执行机构决定的事项；(三)依法应当由法定代表人、负责人代表法人、非法人组织实施的事项；(四)不属于通常情形下依其职权可以处理的事项。……"

对抗善意相对人"的表述,因此,结合《民法典》第 61 条第 3 款针对法人的法定代表人代表权所说的"法人章程或者法人权力机构对法定代表人代表权的限制,不得对抗善意相对人",法人或者非法人组织的章程、决议、内部规章制度或权力机构、执行机构等对执行其工作任务的人员职权范围所作的限制,只具有对抗非善意相对人的效力,但不具有对抗善意相对人的效力。

也就是说,即使法人或者非法人组织的章程、决议、内部规章制度或权力机构、执行机构等对执行其工作任务的人员的职权范围进行了限制,善意相对人与该职务代理人实施的民事法律行为也不受该限制的影响,仍然对该法人或者非法人组织发生效力。对此,《民法典合同编通则解释》第 21 条第 3 款也规定了:"合同所涉事项未超越依据前款确定的职权范围①,但是超越法人、非法人组织对工作人员职权范围的限制,相对人主张该合同对法人、非法人组织发生效力并由其承担违约责任的,人民法院应予支持。但是,法人、非法人组织举证证明相对人知道或者应当知道该限制的除外。"

其中,结合《民法典》第 504 条所说的"法人的法定代表人或者非法人组织的负责人超越权限订立的合同,除相对人知道或者应当知道其超越权限外,该代表行为有效,订立的合同对法人或者非法人组织发生效力"和《民法典担保制度解释》第 7 条第 3 款所说的"第一款所称善意,是指相对人在订立担保合同时不知道且不应当知道法定代表人超越权限",可以认为,《民法典》第 170 条第 2 款所说的"善意相对人",是指在与执行法人或者非法人组织工作任务的人员开展相关活动时,不知道且不应当知道该职务代理人从事的行为超越了法人或非法人组织规定的职权范围的主体②,既可以是自然人,也可以是法人或非法人组织。

问题是,应当由相对人来证明自己善意,还是应当由法人或者非法人组织来证明相对人非善意?对此,根据《民法典合同编通则解释》第 21 条第 3 款所说的"合同所涉事项未超越依据前款确定的职权范围,但是超越法人、非法人组织对工作人员职权范围的限制,相对人主张该合同对法人、非法人组织发生效力并由其承担违约责任的,人民法院应予支持。但是,法人、非法人组织举证证明相对人知道或者应当知道该限制的除外",应当由法人或非法人组织就相对人非善意(即知道或应当知道该限制)承担

---

① 《民法典合同编通则解释》第 21 条第 2 款规定:"合同所涉事项有下列情形之一的,人民法院应当认定法人、非法人组织的工作人员在订立合同时超越其职权范围:(一)依法应当由法人、非法人组织的权力机构或者决策机构决议的事项;(二)依法应当由法人、非法人组织的执行机构决定的事项;(三)依法应当由法定代表人、负责人代表法人、非法人组织实施的事项;(四)不属于通常情形下依其职权可以处理的事项。"

② 《民法典担保制度解释》第 7 条规定:"公司的法定代表人违反公司法关于公司对外担保决议程序的规定,超越权限代表公司与相对人订立担保合同,人民法院应当依照民法典第六十一条和第五百零四条等规定处理:(一)相对人善意的,担保合同对公司发生效力;相对人请求公司承担担保责任的,人民法院应予支持。(二)相对人非善意的,担保合同对公司不发生效力;相对人请求公司承担赔偿责任的,参照适用本解释第十七条的有关规定。法定代表人超越权限提供担保造成公司损失,公司请求法定代表人承担赔偿责任的,人民法院应予支持。第一款所称善意,是指相对人在订立担保合同时不知道且不应当知道法定代表人超越权限。相对人有证据证明已对公司决议进行了合理审查,人民法院应当认定其构成善意,但是公司有证据证明相对人知道或者应当知道决议系伪造、变造的除外。"

举证责任。这跟《民法典总则编解释》第 28 条第 2 款[①]针对当事人对是否构成表见代理发生争议时要求被代理人就相对人知道或应当知道行为人行为时没有代理权承担举证责任是类似的。

比如，在某甲与钱某坤、新疆某群建设工程有限公司建设工程施工合同纠纷案中，新疆维吾尔自治区高级人民法院(2023)新民再 21 号民事判决书认为："本案中，某群公司在一审诉讼中向和田市人民法院提交的《关于 2017 年和田农村学前双语幼儿园建设项目(第二十五标段)工程的情况说明》中载明：'……，当初我单位安排我公司项目负责人某甲提任项目负责人实施此项目施工，……'。某群公司认可某甲自 2017 年 2 月左右在其公司担任项目经理职务，其虽称某甲无权与他人签订合同，但结合某群公司在案涉工程中的付款行为，某群公司在没有证据证明钱某坤明知或应当知道其公司对某甲的职权范围进行了相关限制的情形下，某甲作为某群公司指派在案涉工程中的项目负责人，以甲方负责人的身份在《协议书》签字并摁手印的行为，属于其就职权范围内事项以某群公司名义实施的民事法律行为，该行为应对某群公司发生效力。"

(五)相对人对职务代理人代理权限的审查义务及其限度

由于《民法典》第 162 条规定了"代理人在代理权限内，以被代理人名义实施的民事法律行为，对被代理人发生效力"，第 170 条第 1 款规定了"执行法人或者非法人组织工作任务的人员，就其职权范围内的事项，以法人或者非法人组织的名义实施的民事法律行为，对法人或者非法人组织发生效力"，因此，相对人负有要求职务代理人出示法人或非法人组织出具的授权委托书等授权文件并予以审查的义务，以确定职务代理人是否享有相应的代理权、其代理权限和职权范围，进而确定职务代理人是否有权代表法人或非法人组织与自己实施相应的行为，而不能仅凭职务代理人单方声称的代理权或职权范围就认为该职务代理人享有代理权或相关事项属于该职务代理人职权范围内的事项。

比如，在尹某红等与贵州中某某佳房地产开发有限公司等民间借贷纠纷案中，最高人民法院(2019)最高法民再 170 号民事判决书认为："《中华人民共和国民法通则》第六十五条第一款和第二款规定，民事法律行为的委托代理，可以用书面形式，也可以用口头形式。书面委托代理的授权委托书应当载明代理人的姓名或者名称、代理事项、权限和期限，并由委托人签名或者盖章。依此规定，当事人以代理方式实施法律行为，代理行为的相对人应当核验'人与章是否一致''印与信是否相符'，即不仅要查验印章加盖人的法定代表人或委托代理人身份，也要审核委托代理权限书函或口信，仅凭印章和樊某阳执行董事身份不足以反映法律规定对代理人及其权限所要求的基本信息。本案证据证实，尹某红作为长期从事商事活动的一方当事人，相较于一般民间借贷的当事人而言，在商事交易中应以更高的标准尽到谨慎勤勉之注意义务，对樊某阳的代理权限作出力所能及的审查核实。事实上，樊某阳承认其未取得中某某佳公司

---

① 《民法典总则编解释》第 28 条规定："同时符合下列条件的，人民法院可以认定为民法典第一百七十二条规定的相对人有理由相信行为人有代理权：(一)存在代理权的外观；(二)相对人不知道行为人行为时没有代理权，且无过失。因是否构成表见代理发生争议的，相对人应当就无权代理符合前款第一项规定的条件承担举证责任；被代理人应当就相对人不符合前款第二项规定的条件承担举证责任。"

的口头或书面授权委托;尹某红、东阳某建公司及其贵州分公司作为相对人也没有提供证据证明其在订立案涉协议时查验了樊某阳的委托代理权手续。尹某红出借520万元,金额较大,却未通过工商信息网站等公开渠道审核中某某佳公司的法定代表人及樊某阳的职务身份,也未要求樊某阳提供中某某佳公司法定代表人的书面授权文件或公司章程等可证实樊某阳有代理权或代表权的证明文件,仅以樊某阳加盖其私刻的中某某佳公司印章和樊某阳执行董事身份,即轻信樊某阳有该公司的代表权或代理权,并与之签订《借款担保协议书》,主观上明显存在过失。"

应该说,最高人民法院在2022年7月28日的《对十三届全国人大五次会议第4254号建议的答复》中,针对表见代理规则作出的以下说明,对于理解《民法典》第170条第2款所说的"善意相对人"及其审查义务,具有较好的参考意义:"最高人民法院在认定相对人善意且无过失时是比较严格的,即对于相对人善意的要求程度较高,相对人不仅主观上不能有重大过失,而且应无一般过失。需要说明的是,相对人是否有过失的判断,取决于相对人对于代理人有无代理权是否已尽到合理注意。在司法实践中,对于相对人是否尽到合理注意义务应当倾向于理解为积极义务,而不是消极义务。结合我们检索的案例,对于相对人对行为人的身份及有无代理权未进行核实【最高法院(2013)民申字第2016号民事裁定】,或者对订立合同过程中的异常做法发生合理怀疑而不向被代理人核实【最高法院(2013)民提字第95号民事判决】,或者在订立违反常规的合同时未尽合理注意【最高法院(2013)民申字第312号民事裁定】,均认定构成过失。"

不过,相对人的审查义务应该是有限度的合理审查,而非绝对的①。尤其是,在相对人此前已经审查了职务代理人出示的法人或非法人组织出具的授权委托书等授权文件的情况下,如果法人或非法人组织通过出具新的授权委托书或以其他方式对职务代理人的职权范围或代理权限作出了限制,则应当由该法人或非法人组织主动、及时地告知相对人;否则,根据《民法典》第170条第2款关于"法人或者非法人组织对执行其工作任务的人员职权范围的限制,不得对抗善意相对人",上述限制不具有对抗不知道并且不应该知道职务代理人的职权范围或代理权限已经被限制的相对人的效力。对此,《民法典合同编通则解释》第21条第3款规定:"合同所涉事项未超越依据前款确定的职权范围,但是超越法人、非法人组织对工作人员职权范围的限制,相对人主张该合同对法人、非法人组织发生效力并由其承担违约责任的,人民法院应予支持。但是,法人、非法人组织举证证明相对人知道或者应当知道该限制的除外。"

比如,在刘某飞与北京某软交互科技有限公司计算机软件开发合同纠纷案中,最

---

① 可作对比的是相对人对其接受公司为他人向其提供担保时的合理审查义务。对此,《民法典担保制度解释》第7条规定:"公司的法定代表人违反公司法关于公司对外担保决议程序的规定,超越权限代表公司与相对人订立担保合同,人民法院应当依照民法典第六十一条和第五百零四条等规定处理:……第一款所称善意,是指相对人在订立担保合同时不知道且不应当知道法定代表人超越权限。相对人有证据证明已对公司决议进行了合理审查,人民法院应当认定其构成善意,但是公司有证据证明相对人知道或者应当知道决议系伪造、变造的除外。"对此,最高人民法院在2022年7月28日的《对十三届全国人大五次会议第4254号建议的答复》中指出:"2020年底发布的《最高人民法院关于适用〈中华人民共和国民法典〉有关担保制度的解释》第七条第二款则将善意解释为相对人已对公司决议进行了合理审查,并且说明合理审查就是要进行有限的实质审查……"

高人民法院(2021)最高法知民终 264 号民事判决书认为:“《中华人民共和国民法总则》第一百七十条第一款规定:‘执行法人或者非法人组织工作任务的人员,就其职权范围内的事项,以法人或者非法人组织的名义实施民事法律行为,对法人或者非法人组织发生效力。’双方于 2018 年 9 月签订的涉案合同第十二条虽约定孙某晔为合同有效期内甲方项目联系人,但合同尾部项目负责人处的签名亦为孙某晔,因此,在涉案合同签订之初,孙某晔即为涉案软件开发某柏公司一方的授权代理人,其签章行为应当代理某柏公司的意思表示。在涉案合同履行过程中,某柏公司法定代表人虽变更为刘某飞;但是,没有证据证明甲乙双方对合同中约定的联系人相关条款进行变更。《中华人民共和国民法总则》第一百七十二条规定:‘行为人没有代理权、超越代理权或者代理权终止后,仍然实施代理行为,相对人有理由相信行为人有代理权的,代理行为有效。’故,某柏公司未作出变更合同授权代理人的意思表示并通知合同相对方某软公司,因此,孙某晔合同职务代理人的身份未发生变更,其后续的相关合同行为仍是代理某柏公司进行的法律行为,相关法律后果由被代理人某柏公司承担。因此,孙某晔签署的相关合同文件对某柏公司具有约束力。”

由此看来,《民法典》第 170 条第 2 款所说的“法人或者非法人组织对执行其工作任务的人员职权范围的限制,不得对抗善意相对人”中的“法人或者非法人组织对执行其工作任务的人员职权范围的限制”,指向的仅仅是法人或非法人组织在相对人知道或应当知道职务代理人的职权范围或代理权限之后,对执行其工作任务的人员的职权范围新增的但不为相对人知悉的限制,既不包括法律法规对执行其工作任务的人员职权范围作出的限制(此类限制属于相对人应当知道的限制①),也不包括法人或非法人组织在最初的授权委托书等授权文件中对执行其工作任务的人员的职权范围或代理权限所载明的限制(此类限制属于相对人此前已经知道或至少是应当知道的限制)。

(六)职务代理行为与代表行为

就法人或非法人组织而言,与职务代理行为相关的,还有法人的法定代表人或非法人组织的负责人的代表行为,二者均属于职务行为,既有共性,又有区别。具体内容,可见本书关于《民法典》第 61 条的通释。

二、职务代理行为的法律后果归属

(一)原则:职务代理行为的法律后果归属于被代理人

针对职务代理人所实施的职务代理行为的法律后果归属,在《民法典》第 162 条关

---

① 《民法典合同编通则解释》第 21 条也规定:“法人、非法人组织的工作人员就超越其职权范围的事项以法人、非法人组织的名义订立合同,相对人主张该合同对法人、非法人组织发生效力并由其承担违约责任的,人民法院不予支持。但是,法人、非法人组织有过错的,人民法院可以参照民法典第一百五十七条的规定判决其承担相应的赔偿责任。前述情形,构成表见代理的,人民法院应当依据民法典第一百七十二条的规定处理。合同所涉事项有下列情形之一的,人民法院应当认定法人、非法人组织的工作人员在订立合同时超越其职权范围:(一)依法应当由法人、非法人组织的权力机构或者决策机构决议的事项;(二)依法应当由法人、非法人组织的执行机构决定的事项;(三)依法应当由法定代表人、负责人代表法人、非法人组织实施的事项;(四)不属于通常情形下依其职权可以处理的事项。……”

于“代理人在代理权限内,以被代理人名义实施的民事法律行为,对被代理人发生效力”的一般规定的基础上,《民法典》第170条第1款进一步规定:“执行法人或者非法人组织工作任务的人员,就其职权范围内的事项,以法人或者非法人组织的名义实施的民事法律行为,对法人或者非法人组织发生效力”。

其中,《民法典》第170条第1款所说的“以法人或者非法人组织的名义实施的民事法律行为”中的“民事法律行为”,既包括合法的民事法律行为,也包括违法的民事法律行为。《民法典》第167条所说的“被代理人知道或者应当知道代理人的代理行为违法未作反对表示的,被代理人和代理人应当承担连带责任”,也表明了这点。

而《民法典》第170条第1款所说的“对法人或者非法人组织发生效力”,则意味着:

一是职务代理人就其职权范围内的事项,以法人或者非法人组织的名义实施的民事法律行为,属于法人或者非法人组织的民事法律行为,并非职务代理人自己的民事法律行为。

二是职务代理人就其职权范围内的事项,以法人或者非法人组织的名义实施的民事法律行为,其法律后果均由作为被代理人的法人或者非法人组织承受,职务代理人既不享有职务代理行为产生的利益(有利后果),也不承担职务代理行为产生的不利益(不利后果)。

比如,在孙某丽与延吉市爱某欧慢摇吧、朴某俊买卖合同纠纷案中,吉林省高级人民法院(2021)吉民再28号民事判决书认为:“《中华人民共和国民法总则》第一百七十条规定:‘执行法人或者非法人组织工作任务的人员,就其职权范围内的事项,以法人或者非法人组织的名义实施民事法律行为,对法人或者非法人组织发生效力。法人或者非法人组织对执行其工作任务的人员职权范围的限制,不得对抗善意相对人。’朴某俊为慢摇吧的工作人员,其在孙某丽的《销货清单》、《销售凭证》上签字的行为应属经慢摇吧授权的职务行为,其行为后果应由慢摇吧承担,故其不应承担货款连带偿还责任。”

当然,根据《民事诉讼法》第67条第1款①和《民诉法解释》第90条、第91条②的规定,不论是相对人还是行为人(职务代理人),如其主张行为人以法人或者非法人组织的名义实施的民事法律行为对该法人或者非法人组织发生效力,就应当对行为人在身份上属于执行法人或者非法人组织工作任务的人员并且其实施的民事法律行为属于其职权范围内的事项承担举证证明责任;否则,其主张可能得不到支持。

比如,在王某先与新源县某泰房地产开发有限公司建设工程施工合同纠纷案中,新疆维吾尔自治区高级人民法院(2022)新民再142号民事判决书认为:“《中华人民共和国民法总则》第一百七十条规定:‘执行法人或者非法人组织工作任务的人员,就其

---

① 《民事诉讼法》第67条第1款规定:“当事人对自己提出的主张,有责任提供证据。”

② 《民诉法解释》第90条规定:“当事人对自己提出的诉讼请求所依据的事实或者反驳对方诉讼请求所依据的事实,应当提供证据加以证明,但法律另有规定的除外。在作出判决前,当事人未能提供证据或者证据不足以证明其事实主张的,由负有举证证明责任的当事人承担不利的后果。”第91条规定:“人民法院应当依照下列原则确定举证证明责任的承担,但法律另有规定的除外:(一)主张法律关系存在的当事人,应当对产生该法律关系的基本事实承担举证证明责任;(二)主张法律关系变更、消灭或者权利受到妨害的当事人,应当对该法律关系变更、消灭或者权利受到妨害的基本事实承担举证证明责任。”

职权范围内的事项,以法人或者非法人组织的名义实施民事法律行为,对法人或者非法人组织发生效力。'第一百七十二条规定:'行为人没有代理权、超越代理权或者代理权终止后,仍然实施代理行为,相对人有理由相信行为人有代理权的,代理行为有效。'本案中,王某先提供的张某春出具的欠条内容为'某泰房产公司阳光金岸张某春欠王某先工程款120万元整……'落款处张某春系以某泰房产公司名义签字却未加盖公司印章,且2019年8月17日张某春出具欠条时,某泰房产公司法定代表人已经进行了变更登记,不再由张某春担任,上述工商变更登记信息具有公示公信力。换言之,张某春向王某先出具欠条时已并非某泰房产公司的法定代表人,王某先也未能提供证据证明张某春出具欠条的行为系在履行某泰房产公司的工作任务,其对张某春的信任亦不符合善意且无过失的条件。因此,该欠条在无其他证据相互印证的情形下,对某泰房产公司不发生法律效力。"

需要注意的是,《民法典》第170条第1款所说的"执行法人或者非法人组织工作任务的人员,就其职权范围内的事项,以法人或者非法人组织的名义实施的民事法律行为,对法人或者非法人组织发生效力",并不涉及职务代理行为的效力认定问题,只是明确了职务代理行为的法律后果的归属问题,即:不论职务代理行为有效还是无效、合法还是违法,其法律后果都由作为被代理人的法人或者非法人组织承受。也就是说,如果职务代理行为有效,就由作为被代理人的法人或者非法人组织承受该职务代理行为有效的法律后果;如果职务代理行为无效,则由作为被代理人的法人或者非法人组织承受该职务代理行为无效的法律后果。

还需注意的是,尽管职务代理行为的不利后果(不利益)由作为被代理人的法人或者非法人组织承受,但是,在职务代理人实施代理行为的过程中存在过错的情况下,承受了不利益的法人或者非法人组织可以请求有过错的职务代理人赔偿损失。这跟《民法典》第62条所说的"法定代表人因执行职务造成他人损害的,由法人承担民事责任。法人承担民事责任后,依照法律或者法人章程的规定,可以向有过错的法定代表人追偿"是类似的。对此,《民法典》第164条规定:"代理人不履行或者不完全履行职责,造成被代理人损害的,应当承担民事责任。代理人和相对人恶意串通,损害被代理人合法权益的,代理人和相对人应当承担连带责任",第1191条第1款也规定:"用人单位的工作人员因执行工作任务造成他人损害的,由用人单位承担侵权责任。用人单位承担侵权责任后,可以向有故意或者重大过失的工作人员追偿";此外,《民法典合同编通则解释》第21条第4款也规定:"法人、非法人组织承担民事责任后,向故意或者有重大过失的工作人员追偿的,人民法院依法予以支持"。[①]

相应地,考虑到职务代理行为的有利后果(利益)归属于作为被代理人的法人或者非法人组织,在职务代理人履行代理职责的过程中非因自己的原因受到损失的情况下,职务代理人可以请求作为被代理人的法人或者非法人组织赔偿损失。比如,《民法典》第930条规定:"受托人处理委托事务时,因不可归责于自己的事由受到损失的,可

---

① 类似的规定,还包括《合伙企业法》第35条第2款所说的"被聘任的合伙企业的经营管理人员,超越合伙企业授权范围履行职务,或者在履行职务过程中因故意或者重大过失给合伙企业造成损失的,依法承担赔偿责任"等。

以向委托人请求赔偿损失。”

（二）例外：职务代理人也应承担相应的责任

需要注意的是，《民法典》第 170 条第 1 款所说的“执行法人或者非法人组织工作任务的人员，就其职权范围内的事项，以法人或者非法人组织的名义实施的民事法律行为，对法人或者非法人组织发生效力”，属于职务代理行为效力归属的一般规定。在此之外，《民法典》总则编也针对职务代理行为的效力归属作出了特别规定。

比如，针对职务代理人知道或应当知道代理事项违法仍然实施的职务代理行为，《民法典》第 167 条规定：“代理人知道或者应当知道代理事项违法仍然实施代理行为，……被代理人和代理人应当承担连带责任”。因该规定一方面增加了代理事项违法情况下实施的职务代理行为的不利后果的承受主体，突破了职务代理行为的效力归属于作为被代理人的法人或者非法人组织的一般规则，另一方面也明确了职务代理人与作为被代理人的法人或者非法人组织之间的连带责任关系，强化了相对人利益保护，故属于《民法典》第 170 条第 1 款所说的“执行法人或者非法人组织工作任务的人员，就其职权范围内的事项，以法人或者非法人组织的名义实施的民事法律行为，对法人或者非法人组织发生效力”的特别规定。

又如，针对作为被代理人的法人或者非法人组织知道或者应当知道职务代理人的代理行为违法未作反对表示的情形，《民法典》第 167 条规定：“……被代理人知道或者应当知道代理人的代理行为违法未作反对表示的，被代理人和代理人应当承担连带责任”。因该规定也增加了违法的职务代理行为的不利后果的承受主体，突破了职务代理行为的效力归属于被代理人的一般规则，明确了代理人与被代理人之间的连带责任关系，故也属于《民法典》第 170 条第 1 款所说的“执行法人或者非法人组织工作任务的人员，就其职权范围内的事项，以法人或者非法人组织的名义实施的民事法律行为，对法人或者非法人组织发生效力”的特别规定。

（三）职务代理人以自己名义实施的代理行为的法律后果归属

需要注意的是，《民法典》第 162 条所说的“代理人在代理权限内，以被代理人名义实施的民事法律行为，对被代理人发生效力”以及《民法典》总则编第七章“代理”部分，规定的都是显名代理行为的法律后果归属，不涉及“代理人在代理权限内，以自己的名义为被代理人的利益实施的民事法律行为”（即隐名代理行为）的法律后果归属问题。

在职务代理人在代理权限内，以自己的名义为作为被代理人的法人或者非法人组织的利益与第三人订立合同的情形，针对该合同的法律后果归属，按照第三人在订立合同时是否知道代理人与法人或者非法人组织之间的职务代理关系，《民法典》合同编作出了不同的规定，即：

一是针对第三人在订立合同时知道行为人与法人或者非法人组织之间的职务代理关系的情形，《民法典》第 925 条规定：“受托人以自己的名义，在委托人的授权范围内与第三人订立的合同，第三人在订立合同时知道受托人与委托人之间的代理关系的，该合同直接约束委托人和第三人；但是，有确切证据证明该合同只约束受托人和第三人的除外。"据此,在此情形下,职务代理人的隐名代理行为原则上对该法人或非法人组织发生效力。

二是针对第三人在订立合同时不知道行为人与法人或者非法人组织之间的职务代理关系的情形,《民法典》第 926 条规定:"受托人以自己的名义与第三人订立合同时,第三人不知道受托人与委托人之间的代理关系的,受托人因第三人的原因对委托人不履行义务,受托人应当向委托人披露第三人,委托人因此可以行使受托人对第三人的权利。但是,第三人与受托人订立合同时如果知道该委托人就不会订立合同的除外。受托人因委托人的原因对第三人不履行义务,受托人应当向第三人披露委托人,第三人因此可以选择受托人或者委托人作为相对人主张其权利,但是第三人不得变更选定的相对人……"据此,在此情形下,职务代理人的隐名代理行为并不当然对该法人或非法人组织发生效力,是否对该法人或非法人组织发生效力取决于是否存在"第三人与受托人订立合同时如果知道该委托人就不会订立合同"的事由或第三人是否选择该法人或非法人组织作为相对人。

三、职务代理行为的效力认定

如前所说,《民法典》第 170 条第 1 款所说的"执行法人或者非法人组织工作任务的人员,就其职权范围内的事项,以法人或者非法人组织的名义实施的民事法律行为,对法人或者非法人组织发生效力",仅涉及职务代理行为的法律后果归属,不涉及职务代理行为本身的效力认定问题。

至于职务代理人实施的代理行为的效力,包括是否生效、有效还是无效、是否可以被撤销等,则应当依照法律的有关规定(主要是《民法典》总则编有关民事法律行为的效力的规定以及合同编有关合同的效力的规定)加以确定。在职务代理行为存在法定无效事由或可撤销事由的情况下,应当依法确认无效或依撤销权人的申请予以撤销。

比如,在北京某安建设投资集团有限公司与路某凤建设工程施工合同纠纷案中,吉林省松原市中级人民法院(2021)吉 07 民终 100 号民事判决书认为:"某安建设投资公司认可马某明系其单位委派到市住建局解决工人信访问题的工作人员,马某明代表某安建设投资公司签订《还款协议书》的真实性,某安建设投资公司并不否认。本案的争议焦点为:《还款协议书》效力如何认定,应否继续履行。《中华人民共和国民法总则》第一百六十一条规定:'民事主体可以通过代理人实施民事法律行为。依照法律规定、当事人约定或者民事法律行为的性质,应当由本人亲自实施的民事法律行为,不得代理',第一百六十二条规定:'代理人在代理权限内,以被代理人名义实施的民事法律行为,对被代理人发生效力',第一百六十三条规定:'代理包括委托代理和法定代理。委托代理人按照被代理人的委托行使代理权。法定代理人依照法律的规定行使代理权'。依据上述法律规定,结合已查明的事实可认定,某安建设投资公司委托马某明到市住建局解决路某凤等人提前撤场的工资及赔偿等问题,马某明作为本单位的派出人员,不但是依职权代表本单位处理该事件,亦是以委托代理人身份行使本单位的权利、履行本单位的义务,因此,马某明对外实施民事法律行为产生的法律后果,应直接归属于某安建设投资公司。《中华人民共和国合同法》第五十二条规定:'有下列情形之一的,合同无效:(一)一方以欺诈、胁迫的手段订立合同,损害国家利益;(二)恶意串通,损害国家、集体或者第三人利益；（三）以合法形式掩盖非法目的；（四）损害社会公共利益；（五）违反法律、行政法规的强制性规定。'案涉《还款协议书》在签订过程中，不存在上述法律规定的无效情形，《还款协议书》应认定为有效，双方均应按约履行各自的权利义务。"

第一百七十一条 【无权代理】行为人没有代理权、超越代理权或者代理权终止后，仍然实施代理行为，未经被代理人追认的，对被代理人不发生效力。

相对人可以催告被代理人自收到通知之日起三十日内予以追认。被代理人未作表示的，视为拒绝追认。行为人实施的行为被追认前，善意相对人有撤销的权利。撤销应当以通知的方式作出。

行为人实施的行为未被追认的，善意相对人有权请求行为人履行债务或者就其受到的损害请求行为人赔偿。但是，赔偿的范围不得超过被代理人追认时相对人所能获得的利益。

相对人知道或者应当知道行为人无权代理的，相对人和行为人按照各自的过错承担责任。

【条文通释】

《民法典》第171条是关于无权代理的规定。

一、无权代理的界定

（一）无权代理的定义

《民法典》在第171条第4款直接使用了"无权代理"的表述，在第503条直接使用了"无权代理人"的表述①，但没有规定"无权代理"的定义。

结合《民法典》第162条所说的"代理人在代理权限内，以被代理人名义实施的民事法律行为，对被代理人发生效力"，第171条第1款所说的"行为人没有代理权、超越代理权或者代理权终止后，仍然实施代理行为，未经被代理人追认的，对被代理人不发生效力"和第503条所说的"无权代理人以被代理人的名义订立合同，被代理人已经开始履行合同义务或者接受相对人履行的，视为对合同的追认"，可以认为，"无权代理"指的是行为人在不具有被代理人相应的委托授权的情况下，以被代理人的名义实施民事法律行为。

（二）无权代理的类型

《民法典》第171条第1款规定了无权代理的三种类型：

---

① 《民法典》第503条规定："无权代理人以被代理人的名义订立合同，被代理人已经开始履行合同义务或者接受相对人履行的，视为对合同的追认。"

一是“行为人没有代理权,仍然实施代理行为”,指向的是行为人在根本没有取得被代理人委托授权的情形,以被代理人的名义实施民事法律行为。此为自始无权代理。

二是“行为人超越代理权,实施代理行为”,指向的是行为人虽然就特定代理事项取得了被代理人的委托授权,但就其代理权限外的事项,以被代理人的名义实施民事法律行为。此为越权代理。①

三是“行为人在代理权终止后,仍然实施代理行为”,指向的是行为人虽然曾经取得了被代理人的委托授权,但在其代理权因各种原因终止之后,仍然以被代理人的名义实施民事法律行为。此为超期代理。

其中,《民法典》第 171 条第 1 款所说的“仍然实施代理行为”,虽然其中的“仍然”在文义上是与“代理权终止”相对应的,但指的应该是“以被代理人的名义实施民事法律行为”。

不论是自始无权代理,还是越权代理,抑或超期代理,都属于无权代理,应当适用《民法典》有关无权代理的规定(主要包括《民法典》第 171 条、第 172 条、第 503 条、第 929 条第 2 款等)。

二、无权代理行为的效力归属

(一)无权代理行为的效力归属

由于《民法典》第 171 条第 1 款使用了“行为人没有代理权、超越代理权或者代理权终止后,仍然实施代理行为,未经被代理人追认的,对被代理人不发生效力”的表述,因此,无权代理人以被代理人的名义实施的民事法律行为,其法律效力归属原则上处于待定状态,具体而言:

其一,无权代理人以被代理人的名义实施的民事法律行为,在事后取得被代理人追认之前,属于法律效力归属待定的民事法律行为。该民事法律行为是否对被代理人发生效力,取决于能否取得被代理人的追认。

其二,无权代理人以被代理人的名义实施的民事法律行为,如果在事后取得了被代理人的追认,则对被代理人确定发生效力,其法律后果确定由被代理人承受,不再处

① 比如,在襄阳市新某业机械设备有限公司与襄阳市襄州区粮食局某某运销公司、王某房屋租赁合同纠纷案中,湖北省高级人民法院(2017)鄂民再 383 号民事判决书认为:“襄州区某某运销公司与新某业公司签订的《租房合同书》第十五条约定:‘房租抵林某旺建房款,房租由王某代收。’依据上述约定,王某有权在租赁合同存续期间内代表襄州区某某运销公司向新某业公司收取房租。襄州区某某运销公司由于进入破产清算程序,于 2013 年 12 月 31 日向新某业公司发出《解除合同通知书》。依据《中华人民共和国企业破产法》第十八条第一款关于‘人民法院受理破产申请后,管理人对破产申请受理前成立而债务人和对方当事人均未履行完毕的合同有权决定解除或者继续履行,并通知对方当事人。管理人自破产申请受理之日起二个月内未通知对方当事人,或者自收到对方当事人催告之日起三十日内未答复的,视为解除合同’的规定,襄州区某某运销公司与新某业公司间的《租房合同书》于 2013 年 12 月 31 日解除。《租房合同书》解除后,王某已无权继续代表襄州区某某运销公司向新某业公司收取涉讼房屋的占用使用费。同时,襄州区某某运销公司并未授权王某在租赁合同解除或到期后有权代表其接收腾退的房屋,因此,王某在《租房合同书》解除后继续收取新某业公司缴纳的房屋占用费并接收其腾退的房屋,超出了襄州区某某运销公司的授权范围,属于无权代理”。

于效力归属待定状态。

其中,针对被代理人的追认的生效时间,《民法典总则编解释》第 29 条规定:“……被代理人依据民法典……第一百七十一条的规定向相对人作出追认的意思表示的,人民法院应当依据民法典第一百三十七条的规定确认其追认意思表示的生效时间。”也就是说,如果被代理人以对话方式向相对人作出追认的意思表示,则适用《民法典》第 137 条第 1 款所说的“相对人知道其内容时生效”;如果被代理人以非对话方式向相对人作出追认的意思表示,则适用《民法典》第 137 条第 2 款所说的“到达相对人时生效”。这跟原《合同法解释二》(已于 2021 年 1 月 1 日废止)第 11 条所说的“根据合同法第四十七条、第四十八条[①]的规定,追认的意思表示自到达相对人时生效”是不同的。

此外,根据《民法典》第 140 条第 1 款所说的“行为人可以明示或者默示作出意思表示”,结合《民法典》第 503 条关于“无权代理人以被代理人的名义订立合同,被代理人已经开始履行合同义务或者接受相对人履行的,视为对合同的追认”的规定,可以认为,被代理人以自己的行为表明接受相对人的履行或者开始履行相关义务的,应视为对无权代理人以其名义实施的民事法律行为的追认。

其三,无权代理人以被代理人的名义实施的民事法律行为,如果在事后经被代理人拒绝追认(包括视为拒绝追认),则原则上对被代理人确定不发生效力、其法律后果确定不由被代理人承受(在构成表见代理的例外情况下对被代理人确定发生效力、其法律后果确定由被代理人承受),也不再处于效力归属待定状态。

需要注意的是,就无权代理中的越权代理而言,仅被被代理人拒绝追认的越权代理行为对被代理人不发生效力;至于行为人在代理权限内实施的代理行为,则应当适用《民法典》第 162 条所说的“代理人在代理权限内,以被代理人名义实施的民事法律行为,对被代理人发生效力”,由被代理人承受相应的法律后果。比如,针对代理人超越代理权在票据上签章的行为的效力归属,《票据法》第 5 条第 2 款就规定:“没有代理权而以代理人名义在票据上签章的,应当由签章人承担票据责任;代理人超越代理权限的,应当就其超越权限的部分承担票据责任。”

由上可知,无权代理人以被代理人的名义实施的民事法律行为,在被被代理人追认或拒绝追认之前,原则上属于效力归属待定的民事法律行为(在构成表见代理的情况下对被代理人确定发生效力)。

(二)相对人的催告权、善意相对人的撤销权和被代理人的追认权

考虑到无权代理人以被代理人的名义实施的民事法律行为可能存在效力归属待定的问题,《民法典》第 171 条第 2 款赋予了相对人催告权、善意相对人撤销权、被代理人追认权。

1.《民法典》第 171 条第 2 款的适用对象

由于《民法典》第 171 条第 2 款第 1 句使用了“相对人可以催告被代理人自收到通

---

① 原《合同法》第 48 条规定:“行为人没有代理权、超越代理权或者代理权终止后以被代理人名义订立的合同,未经被代理人追认,对被代理人不发生效力,由行为人承担责任。相对人可以催告被代理人在一个月内予以追认。被代理人未作表示的,视为拒绝追认。合同被追认之前,善意相对人有撤销的权利。撤销应当以通知的方式作出。”

知之日起三十日内予以追认”的表述,因此,《民法典》第 171 条第 2 款仅适用于无权代理人以被代理人的名义实施的有相对人的民事法律行为,不适用于无权代理人以被代理人的名义实施的无相对人的民事法律行为(否则不存在“相对人”之说)。

2. 相对人的催告权

由于《民法典》第 171 条第 2 款第 1 句使用了“相对人可以催告被代理人自收到通知之日起三十日内予以追认”的表述,因此,针对无权代理人以被代理人名义实施的民事法律行为,相对人享有催告权,即催告被代理人自收到通知之日起 30 日内对无权代理人以被代理人名义实施的民事法律行为进行追认。结合该款第 3 句所说的“行为人实施的行为被追认前,善意相对人有撤销的权利”,可以认为,《民法典》第 171 条第 2 款第 1 句中的“相对人”,既包括善意相对人,即不知道且不应当知道行为人无权代理的相对人;也包括非善意的相对人,即知道或应当知道行为人无权代理的相对人。

当然,相对人行使催告权,须以相对人已经知道行为人以被代理人名义实施的民事法律行为属于无权代理行为为前提。如果相对人并不知道上述情形,自然也就不存在进行催告的余地。

就催告的对象而言,《民法典》第 171 条第 2 款所说的“相对人可以催告被代理人……予以追认”,意味着,相对人行使催告权的对象是被代理人本人,而非无权代理人或其他主体。

就催告的方式而言,《民法典》第 171 条第 2 款所说的“催告……自收到通知之日起……”,意味着,相对人行使催告权,应当以通知的方式进行。这跟该款所说的“撤销应当以通知的方式作出”是类似的。至于通知的形式,因该款未作限制,既可以是书面形式,也可以是口头形式。

就催告通知的内容而言,除了载明《民法典》第 171 条第 2 款所说的“被代理人自收到通知之日起三十日内予以追认”,在不违反法律法规的规定且不损害被代理人的合法权益的情况下,相对人还可以载明其他相关事项。

其中,相对人可以在催告通知中为被代理人行使追认权确定一个比《民法典》第 171 条第 2 款所说的“自收到通知之日起三十日内”更长的期限;不过,如果相对人在催告通知中确定的追认权行使期限短于 30 日,因相对人单方确定的该期限构成对被代理人追认权的限制,故应当适用《民法典》第 171 条第 2 款规定的 30 日期限。这跟《公司法解释四》第 19 条针对有限责任公司其他股东优先购买权行使期限所说的“有限责任公司的股东主张优先购买转让股权的,应当在收到通知后,在公司章程规定的行使期间内提出购买请求。公司章程没有规定行使期间或者规定不明确的,以通知确定的期间为准,通知确定的期间短于三十日或者未明确行使期间的,行使期间为三十日”是类似的。

此外,由于《民法典》第 171 条第 2 款明确规定了“被代理人未作表示的,视为拒绝追认”,因此,相对人在催告通知中载明的“被代理人未在三十日内追认即视为予以追认”之类的意思表示,对被代理人不具有约束力。

需要注意的是,由于《民法典》第 171 条第 2 款使用了“相对人可以催告……”的表述,因此,相对人既可以催告、也可以不催告被代理人进行追认;相对人未作表示,即为沉默,应解释为不催告。这是《民法典》第 140 条第 2 款所说的“沉默只有在有法律规定、当事人约定或者符合当事人之间的交易习惯时,才可以视为意思表示"的应有之义和具体体现,跟《民法典》第 171 条第 2 款针对被代理人明确规定了"被代理人未作表示的,视为拒绝追认"是不一样的。

3. 善意相对人的撤销权

在赋予相对人催告权的基础上,《民法典》第 171 条第 2 款还规定善意相对人享有撤销权,即:"行为人实施的行为被追认前,善意相对人有撤销的权利"。

其中,就撤销权的主体而言,只有善意相对人才享有撤销权,非善意相对人不享有撤销权(但相关民事法律行为存在《民法典》第 147 条至第 151 条等规定的法定撤销事由的,则可依法请求法院或仲裁机构予以撤销)。《民法典》第 171 条第 2 款所说的"善意相对人",指的是在行为人以被代理人名义与其实施民事法律行为时不知道并且不应当知道行为人无权代理的主体,既可以是自然人,也可以是法人或非法人组织。这跟《民法典担保制度解释》第 7 条第 3 款所说的"……所称善意,是指相对人在订立担保合同时不知道且不应当知道法定代表人超越权限"是类似的。

就撤销权的行使期限而言,善意相对人应当在无权代理人以被代理人名义实施的民事法律行为被被代理人追认之前行使撤销权。结合《民法典总则编解释》第 29 条所说的"……被代理人依据民法典……第一百七十一条的规定向相对人作出追认的意思表示的,人民法院应当依据民法典第一百三十七条的规定确认其追认意思表示的生效时间",《民法典》第 171 条第 2 款所说的"行为人实施的行为被追认前",指的是善意相对人尚未知悉或尚未收到被代理人作出的追认的意思表示。也就是说,就无权代理人以被代理人的名义实施的民事法律行为而言,只要善意相对人尚未知悉或尚未收到被代理人作出的追认的意思表示,包括被代理人根本未进行追认、虽然进行了追认但追认的意思表示尚未发出或追认的意思表示虽然发出但尚未到达该相对人,善意相对人都享有撤销权,而不论善意相对人是否对被代理人进行了催告。不能仅仅因为《民法典》第 171 条第 2 款所说的"行为人实施的行为被追认前,善意相对人有撤销的权利"在编排上位于该款所说的"相对人可以催告被代理人自收到通知之日起三十日内予以追认"之后,就认为只有对被代理人进行了催告的善意相对人才享有撤销权或才能行使撤销权。

当然,善意相对人行使撤销权,须以该相对人已经知道行为人以被代理人名义实施的民事法律行为属于无权代理行为为前提。如果善意相对人并不知道上述情形,自然也就不存在行使撤销权的余地。进而,根据《民法典》第 199 条所说的"法律规定……的撤销权……的存续期间,除法律另有规定外,自权利人知道或者应当知道权利产生之日起计算,不适用有关诉讼时效中止、中断和延长的规定。存续期间届满,撤销权……消灭",在被代理人以对话方式作出的追认的意思表示为善意相对人所知道或以非对话方式作出的追认的意思表示到达善意相对人之后,因撤销权已经消灭,善意相对人也就无以行使撤销权了。

就撤销权的行使方式而言,《民法典》第 171 条第 2 款所说的"撤销应当以通知的方式作出",明确了善意相对人的撤销权只能以通知的方式明示行使,而不能以行为等方式默示行使。至于通知的形式,因该款未作限制,既可以是书面形式,也可以是口头形式。也因此,善意相对人未作表示,应解释为不行使撤销权或放弃行使撤销权。

就撤销的对象而言,《民法典》第 171 条第 2 款所说的“善意相对人有撤销的权利”,指向的是该善意相对人实施的民事法律行为;在善意相对人与无权代理人订立合同的情形,撤销的则是双方之间的合同。

需要注意的是,《民法典》第 171 条第 2 款所说的“行为人实施的行为被追认前,善意相对人有撤销的权利”所规定的善意相对人的撤销权,仅适用不构成表见代理的无权代理情形,不适用于表见代理情形;在无权代理构成表见代理的情形,应当适用《民法典》第 172 条所说的“行为人没有代理权、超越代理权或者代理权终止后,仍然实施代理行为,相对人有理由相信行为人有代理权的,代理行为有效”。《民法典》第 171 条第 2 款所规定的善意相对人的撤销权,与《民法典》第 172 条所规定的相对人的权利,适用于不同的情形,是不可兼享的权利。

4. 被代理人的追认权

就无权代理人以被代理人名义实施的民事法律行为而言,《民法典》第 171 条第 2 款规定被代理人享有追认权。

其中,就追认权的主体而言,其名义被无权代理人用于与相对人实施民事法律行为的被代理人才享有追认权、才有权行使追认权。

就追认权的行使期限而言,由于《民法典》第 171 条第 2 款使用了“相对人可以催告被代理人自收到通知之日起三十日内予以追认。被代理人未作表示的,视为拒绝追认”的表述,因此,被代理人应当在收到相对人的催告通知之日起 30 日内行使追认权。当然,如前所说,如果相对人在催告通知中确定了比 30 日更长的追认权行使期限,那么,被代理人可以在相对人确定的更长的期限内行使追认权。

进而,根据《民法典》第 199 条所说的“法律规定或者当事人约定的撤销权……等权利的存续期间,除法律另有规定外,自权利人知道或者应当知道权利产生之日起计算,不适用有关诉讼时效中止、中断和延长的规定。存续期间届满,撤销权……等权利消灭”和第 171 条第 2 款所说的“相对人可以催告被代理人自收到通知之日起三十日内予以追认。……行为人实施的行为被追认前,善意相对人有撤销的权利”,在《民法典》第 171 条第 2 款规定的 30 日期限或相对人在催告通知中确定的更长期限届满之后,或者善意相对人依法撤销其民事法律行为之后,因追认权已经消灭,被代理人也就无以行使追认权了。

就追认权的行使方式而言,由于《民法典》第 171 条第 2 款没有作出诸如“追认应当以通知的方式作出”之类的规定,因此,根据《民法典》第 140 条第 1 款所说的“行为人可以明示或者默示作出意思表示”,结合《民法典》第 503 条所说的“无权代理人以被代理人的名义订立合同,被代理人已经开始履行合同义务或者接受相对人履行的,视为对合同的追认”,在相对人催告的情况下,被代理人既可以明确作出追认的意思表示(包括明确表示追认和以积极的行为表明追认[①]),也可以明确作出不予追认或拒绝追

---

① 比如,在许某聪与某某银行股份有限公司莆田黄石支行信用卡纠纷案中,福建省莆田市中级人民法院(2018)闽 03 民终 1481 号民事判决书认为:“本案中,经鉴定信用卡申请表并非许某聪本人签字,应系案外人以许某聪名义申请办理信用卡,但许某聪自认在某行黄石支行向其发放信用卡时,其在发卡登记簿及卡片启用凭条上签字并当场领取信用卡,应视为许某聪同意案外人以其本人的名义办卡,并以实际行为对案外人的代办信用卡的行为予以了追认,相应的法律后果由许某聪承担。”

认的意思表示，还可以不作出任何表示。其中，如果被代理人未作任何表示（即以沉默应对），则应当适用《民法典》第171条第2款所说的"视为拒绝追认"。

需要注意的是，由于《民法典》第171条第2款在紧随"相对人可以催告被代理人自收到通知之日起三十日内予以追认"之后规定"被代理人未作表示的，视为拒绝追认"，因此，基于体系解释，《民法典》第171条第2款所说的"被代理人未作表示的，视为拒绝追认"，仅适用于相对人向被代理人发出了催告通知的情形。在相对人未催告的情形，不能仅以被代理人未作表示而直接认定被代理人作出了拒绝追认的意思表示；在此情形，根据《民法典》第140条第2款所说的"沉默只有在有法律规定、当事人约定或者符合当事人之间的交易习惯时，才可以视为意思表示"，被代理人未作表示这一事实仅仅意味着被代理人未作出任何意思表示，不论被代理人是否知道或应当知道无权代理人以其名义实施了相关民事法律行为，都不能据此认定被代理人作出了追认的意思表示，也不能据此认定被代理人作出了拒绝追认的意思表示。

就追认的对象而言，被代理人追认的是无权代理人以其名义实施的民事法律行为。在无权代理人以被代理人的名义与相对人订立合同的情形，追认的对象则是双方之间的合同。对此，《民法典》第503条规定了："无权代理人以被代理人的名义订立合同，被代理人已经开始履行合同义务或者接受相对人履行的，视为对合同的追认。"

（三）无权代理行为被拒绝追认后的处理

针对无权代理行为被被代理人拒绝追认后的处理办法，《民法典》第171条第3款和第4款分别区分相对人是否为善意相对人作出了不同的规定，即：就善意相对人而言，其有权选择向无权代理人行使实际履行请求权或损害赔偿请求权；就非善意相对人而言，其应当与无权代理人按照各自的过错各自承担相应的责任。

在此基础上，《民法典总则编解释》第27条从举证责任分配的角度进一步作出了规定："无权代理行为未被追认，相对人请求行为人履行债务或者赔偿损失的，由行为人就相对人知道或者应当知道行为人无权代理承担举证责任。行为人不能证明的，人民法院依法支持相对人的相应诉讼请求；行为人能够证明的，人民法院应当按照各自的过错认定行为人与相对人的责任。"

需要注意的是，结合《民法典》第171条第1款和第2款的规定，《民法典》第171条第3款所说的"行为人实施的行为未被追认"，指的是无权代理人以被代理人名义实施的行为被被代理人拒绝追认（包括视为拒绝追认），不包括"尚未被追认"。

1. 善意相对人的债务履行请求权和损害赔偿请求权：二选一

在无权代理人以被代理人名义实施的民事法律行为被被代理人拒绝追认的情况下，由于《民法典》第171条第3款使用了"行为人实施的行为未被追认的，善意相对人有权请求行为人履行债务或者就其受到的损害请求行为人赔偿"的表述，因此，《民法典》第171条第3款规定善意相对人享有两项权利：一是请求无权代理人履行债务的权利，二是就其受到的损害向无权代理人请求赔偿的权利。与此相对应，无权代理人对善意相对人负有履行债务的义务或赔偿损失的义务。

其中，《民法典》第171条第3款所说的"请求行为人履行债务"中的"债务"，指向的无权代理人以被代理人名义与善意相对人实施的民事法律行为项下的债务。这就意味着,虽然行为人是以被代理人名义与善意相对人实施相应的民事法律行为的,但是,原则上,只要善意相对人提出行为人履行债务的情形,法律就将该民事法律行为认定为无权代理人自己的行为、要求无权代理人自行承受该民事法律行为的法律后果。

而《民法典》第 171 条第 3 款所说的"受到的损害",指向的则是善意相对人因无权代理人的无权代理行为受到的损害。

不过,在赋予善意相对人两项权利的同时,《民法典》第 171 条第 3 款也从两个角度对善意相对人的权利作出了限制,具体而言:

一是针对善意相对人可以行使的权利,要求善意相对人只能在"请求行为人履行债务"和"就其受到的损害请求行为人赔偿"这两项权利之间选择一项权利行使。这跟《民法典》第 186 条所说的"因当事人一方的违约行为,损害对方人身权益、财产权益的,受损害方有权选择请求其承担违约责任或者侵权责任"和第 588 条第 1 款所说的"当事人既约定违约金,又约定定金的,一方违约时,对方可以选择适用违约金或者定金条款"是类似的,跟《民法典》第 566 条第 1 款所说的"合同解除后,尚未履行的,终止履行;已经履行的,根据履行情况和合同性质,当事人可以请求恢复原状或者采取其他补救措施,并有权请求赔偿损失"和第 583 条所说的"当事人一方不履行合同义务或者履行合同义务不符合约定的,在履行义务或者采取补救措施后,对方还有其他损失的,应当赔偿损失"是不同的。

二是针对善意相对人的损害赔偿请求权,明确限定"赔偿的范围不得超过被代理人追认时相对人所能获得的利益"。其中,《民法典》第 171 条第 3 款所说的"被代理人追认时相对人所能获得的利益",指向的是假设在无权代理人以被代理人名义实施的民事法律行为获得被代理人追认,并且按照当事人的预期得到履行的情况下,该善意相对人原本可以获得的利益;其中的"利益",既包括经济利益,也包括其他利益。这跟《民法典》第 584 条所说的"当事人一方不履行合同义务或者履行合同义务不符合约定,造成对方损失的,损失赔偿额应当相当于因违约所造成的损失,包括合同履行后可以获得的利益"是类似的。

需要注意的是,尽管《民法典》第 171 条第 3 款没有直接规定,但是,善意相对人的债务履行请求权也受到若干限制。比如,一是善意相对人的债务履行请求权的享有和行使须以无权代理人以被代理人名义与善意相对人实施的民事法律行为有效为前提,如果相关民事法律行为被确认无效、被撤销或确定不发生效力,则善意相对人不享有债务履行请求权;二是在相关债务并非金钱债务的情况下,善意相对人的债务履行请求权还应受到《民法典》第 580 条第 1 款所说的"当事人一方不履行非金钱债务或者履行非金钱债务不符合约定的,对方可以请求履行,但是有下列情形之一的除外:(一)法律上或者事实上不能履行;(二)债务的标的不适于强制履行或者履行费用过高;(三)债权人在合理期限内未请求履行"的限制。从而,在前述情况下,"就其受到的损害请求行为人赔偿"成为善意相对人可以寻求的主要的救济途径。

还需注意的是,不论是相对人主张行使债务履行请求权还是主张行使损害赔偿请求权,都应由无权代理人对"相对人知道或者应当知道行为人无权代理"承担举证证明责任。对此,《民法典总则编解释》第 27 条规定了:"无权代理行为未被追认,相对人请求行为人履行债务或者赔偿损失的,由行为人就相对人知道或者应当知道行为人无权代理承担举证责任。行为人不能证明的,人民法院依法支持相对人的相应诉讼请求;行为人能够证明的,人民法院应当按照各自的过错认定行为人与相对人的责任。"这就意味着,《民法典总则编解释》第 27 条推定相对人为善意相对人(即推定相对人不知道且不应当知道行为人无权代理)。

2. 非善意相对人与无权代理人的过错责任

在无权代理人以被代理人名义实施的民事法律行为被被代理人拒绝追认(包括视为拒绝追认),并且相对人知道或者应当知道行为人无权代理(即相对人并非善意相对人)的情况下,由于《民法典》第 171 条第 4 款使用了"相对人知道或者应当知道行为人无权代理的,相对人和行为人按照各自的过错承担责任"的表述,因此,此时不能适用《民法典》第 171 条第 3 款所说的"行为人实施的行为未被追认的,善意相对人有权请求行为人履行债务或者就其受到的损害请求行为人赔偿。但是,赔偿的范围不得超过被代理人追认时相对人所能获得的利益",相对人既无权请求行为人履行债务、也无权就其受到的损害请求行为人赔偿,而应由非善意相对人和无权代理人按照其各自的过错各自承担相应的责任。

在此基础上,《民法典总则编解释》第 27 条进一步规定:"无权代理行为未被追认,相对人请求行为人履行债务或者赔偿损失的,由行为人就相对人知道或者应当知道行为人无权代理承担举证责任。……行为人能够证明的,人民法院应当按照各自的过错认定行为人与相对人的责任。"

需要注意的是,《民法典》第 171 条第 4 款所说的"相对人和行为人按照各自的过错承担责任",并非"各自互不承担责任",而是都应当承担与其过错相适应的责任,所谓"责任与过错相适应"①。这跟《民法典》第 157 条所说的"各方都有过错的,应当各自承担相应的责任"和第 1172 条所说的"二人以上分别实施侵权行为造成同一损害,能够确定责任大小的,各自承担相应的责任;难以确定责任大小的,平均承担责任"是类似的。

---

① 《国务院办公厅关于进一步规范财务审计秩序促进注册会计师行业健康发展的意见》(国办发〔2021〕30 号)使用了"过罚相当原则"的表述("按照过罚相当原则依法处理涉会计师事务所责任案件,研究完善会计师事务所和注册会计师法律责任相关司法解释,进一步明确特殊普通合伙会计师事务所的民事责任承担方式");《国务院办公厅关于上市公司独立董事制度改革的意见》(国办发〔2023〕9 号)使用了"过罚相当"的表述("按照责权利匹配的原则,兼顾独立董事的董事地位和外部身份特点,明确独立董事与非独立董事承担共同而有区别的法律责任,在董事对公司董事会决议、信息披露负有法定责任的基础上,推动针对性设置独立董事的行政责任、民事责任认定标准,体现过罚相当、精准追责。结合独立董事的主观过错、在决策过程中所起的作用、了解信息的途径、为核验信息采取的措施等情况综合判断,合理认定独立董事承担民事赔偿责任的形式、比例和金额,实现法律效果和社会效果的有机统一");最高人民法院《对十三届全国人大五次会议第 2336 号建议的答复》(2022 年 9 月 14 日)使用了"过罚相当的基本原则""'过错与责任相适应'原则"和"过责相当"的表述["一直以来,最高人民法院在证券虚假陈述纠纷中秉持过罚相当的基本原则,持续构建和完善包括会计师事务所在内的中介机构民事赔偿责任体系。在制度供给层面,2007 年出台的《最高人民法院关于审理涉及会计师事务所在审计业务活动中民事侵权赔偿案件的若干规定》(以下简称《审计侵权司法解释》)和 2020 年出台的《全国法院审理债券纠纷案件座谈会纪要》(以下简称《债券座谈会纪要》)等司法解释和司法政策文件明确提出了'根据过失大小确定赔偿责任''将责任承担与过错程度相结合',清晰地表达了侵权责任法中'过错与责任相适应'原则。在案件审理层面,上海高院在'中安科'案中,……广州中院在康美药业案中,……上述司法实践体现了精细化认定主体责任、'过责相当'的审理思路"]。

3. 被代理人的过错责任

在无权代理人以被代理人名义实施的民事法律行为被被代理人拒绝追认并且无权代理不构成表见代理的情况下，《民法典》第 171 条没有涉及被代理人是否需要承担责任的问题。

不过，这并不意味着被代理人不需要承担任何责任。如前所说，《民法典》第 171 条第 1 款所说的“行为人没有代理权、超越代理权或者代理权终止后，仍然实施代理行为，未经被代理人追认的，对被代理人不发生效力”，只是明确了无权代理人以被代理人的名义实施的被被代理人拒绝追认的民事法律行为的法律后果归属问题，并不涉及被代理人的责任问题。在被代理人对无权代理行为的实施和相对人受到损害存在过错的情况下，被代理人也需要向相对人承担与其过错相应的责任。这跟《民法典担保制度解释》第 7 条和第 17 条针对公司的法定代表人越权担保规定了虽然越权担保合同因相对人非善意而对公司不发生效力，但公司仍然需要因其法定代表人选任不当或印章管理不严等过错而承担一定的赔偿责任①是类似的。

事实上，针对法人、非法人组织的工作人员超越权限的职务代理行为的法律责任承担问题，《民法典合同编通则解释》第 21 条第 1 款就规定了：“法人、非法人组织的工作人员就超越其职权范围的事项以法人、非法人组织的名义订立合同，相对人主张该合同对法人、非法人组织发生效力并由其承担违约责任的，人民法院不予支持。但是，法人、非法人组织有过错的，人民法院可以参照民法典第一百五十七条的规定判决其承担相应的赔偿责任。前述情形，构成表见代理的，人民法院应当依据民法典第一百七十二条的规定处理。”

此外，最高人民法院在 2022 年 7 月 28 日的《对十三届全国人大五次会议第 4254 号建议的答复》中也指出：“因被代理人不具有可归责性，不构成表见代理时，被代理人不对相对人承担责任。但是被代理人如对于造成授予代理权的外观有过错，并导致相对人受到损失的，相对人有权依据侵权责任请求被代理人承担赔偿责任。无权代理人依照《民法典》第 171 条第三款所承担的责任，与被代理人承担侵权责任并不矛盾。例如行为人私刻或者拾到被代理人印章，并伪造授权委托书而与相对人签订合同。此种情形下，不构成表见代理，但如相对人相信授权委托书是真的，因此被诈取财物，被代理人对于公章被私刻或者遗失有过错的，该过错与相对人所受损失有因果关系，仍应承担相应的赔偿责任。相对人也有过错的，适用过错相抵规则。”

---

① 《民法典担保制度解释》第 7 条第 1 款规定：“公司的法定代表人违反公司法关于公司对外担保决议程序的规定，超越权限代表公司与相对人订立担保合同，人民法院应当依照民法典第六十一条和第五百零四条等规定处理：（一）相对人善意的，担保合同对公司发生效力；相对人请求公司承担担保责任的，人民法院应予支持。（二）相对人非善意的，担保合同对公司不发生效力；相对人请求公司承担赔偿责任的，参照适用本解释第十七条的有关规定。”第 17 条规定：“主合同有效而第三人提供的担保合同无效，人民法院应当区分不同情形确定担保人的赔偿责任：（一）债权人与担保人均有过错的，担保人承担的赔偿责任不应超过债务人不能清偿部分的二分之一；（二）担保人有过错而债权人无过错的，担保人对债务人不能清偿的部分承担赔偿责任；（三）债权人有过错而担保人无过错的，担保人不承担赔偿责任。主合同无效导致第三人提供的担保合同无效，担保人无过错的，不承担赔偿责任；担保人有过错的，其承担的赔偿责任不应超过债务人不能清偿部分的三分之一。”

三、无权代理行为的效力认定

需要注意的是,《民法典》第 171 条仅涉及无权代理行为的法律后果归属和被拒绝追认后的处理问题,不涉及无权代理行为本身的效力认定问题。应该说,在这点上,原《民法通则》第 66 条第 1 款所说的"没有代理权、超越代理权或者代理权终止后的行为,只有经过被代理人的追认,被代理人才承担民事责任。未经追认的行为,由行为人承担民事责任",规定得更为清晰。

至于无权代理行为的效力,包括是否生效、有效还是无效、是否可以被撤销等,则应当依照法律的有关规定(主要是《民法典》总则编有关民事法律行为的效力的规定以及合同编有关合同的效力的规定)加以确定。在无权代理行为存在法定无效事由或可撤销事由的情况下,应当依法确认无效或依撤销权人的申请予以撤销。

第一百七十二条 【表见代理】行为人没有代理权、超越代理权或者代理权终止后,仍然实施代理行为,相对人有理由相信行为人有代理权的,代理行为有效。

【条文通释】

《民法典》第 172 条是关于表见代理[①]的规定。

一、表见代理与无权代理

由于《民法典》第 171 条第 1 款针对无权代理和《民法典》第 172 条针对表见代理都使用了"行为人没有代理权、超越代理权或者代理权终止后,仍然实施代理行为"的表述,因此,表见代理行为在性质上也属于无权代理行为,无权代理行为是表见代理行为的上位概念,无权代理行为与表见代理行为是包含与被包含、一般与特殊的关系,表见代理行为属于特殊的无权代理行为。

通过将《民法典》第 171 条第 1 款和《民法典》第 172 条进行比较,可以发现,二者的主要区别在于无权代理行为的法律后果的归属不同。具体而言,表见代理的特殊之处在于表见代理行为对被代理人发生效力,不论被代理人是否追认、也无须被代理人追认;而不构成表见代理的无权代理行为则非经被代理人追认对被代理人不发生效力。

据此,《民法典》第 172 条所说的"行为人没有代理权、超越代理权或者代理权终止后,仍然实施代理行为,相对人有理由相信行为人有代理权的,代理行为有效",属于《民法典》第 171 条所说的"行为人没有代理权、超越代理权或者代理权终止后,仍然实施代理行为,未经被代理人追认的,对被代理人不发生效力"的特别规定和例外规定。

---

① 中国人大网 2016 年 7 月 5 日公布的《关于〈中华人民共和国民法总则(草案)〉的说明》使用了"表见代理制度"的表述。

二、表见代理的认定

考虑到“实践中,表见代理的具体适用情形比较广泛,甚至还可能涉及‘民刑交叉’等复杂问题,立法无法列举穷尽”,《民法典》沿用原《民法总则》的概括性规定的做法,以明确其构成要件的形式规定了表见代理制度。①

(一)表见代理的构成要件

《民法典》第 172 条规定表见代理的三个构成要件,具体而言:

一是行为人以被代理人的名义与相对人实施了民事法律行为。如果行为人并没有以被代理人的名义实施民事法律行为,则不构成表见代理。②

二是行为人以被代理人的名义实施该民事法律行为时没有代理权,即行为人的行为构成无权代理,包括在自始没有代理权、超越代理权或代理权已经终止的情况下以被代理人的名义实施该民事法律行为。至于行为人在以被代理人的名义实施该民事法律行为之前或之后拥有或取得代理权,则不影响无权代理的认定。

三是“相对人有理由相信行为人有代理权”,即:相对人有理由相信行为人在以被代理人的名义与其实施该民事法律行为时有代理权。此为认定表见代理的关键要件。

针对《民法典》第 172 条所说的“相对人有理由相信行为人有代理权”,《民法典总则编解释》第 28 条第 1 款进一步作出了解释性的规定,即:“同时符合下列条件的,人民法院可以认定为民法典第一百七十二条规定的相对人有理由相信行为人有代理权:(一)存在代理权的外观;(二)相对人不知道行为人行为时没有代理权,且无过失”。

也就是说,《民法典》第 172 条所说的“相对人有理由相信行为人有代理权”同时从行为人和相对人的角度针对表见代理的构成要件提出了相应的要求,具体而言:

一是在行为人方面,要求行为人应当存在享有以被代理人的名义实施民事法律行为的权利外观。

对此,最高人民法院认为:“构成表见代理,行为人应当有具有授予代理权的外观。代理权外观或表象,强调的是认定行为人取得代理权外观的客观事实。典型的如无权代理人持有被代理人签名盖章的授权委托书,而其代理权实际上已终止或根本未发生。”③

此外,人民法院案例库参考案例“某公司诉某甲公司等保理合同纠纷案”[入库编号:2023-08-2-113-002,裁判文书:最高人民法院(2021)最高法民申 3746 号民事裁定书]的副标题“职务外观并不包含相应职权的,不构成表见代理”,更是直接明确地点明了表见代理必须具备“存在代理权的外观”的要件。

---

① 最高人民法院在 2022 年 7 月 28 日的《对十三届全国人大五次会议第 4254 号建议的答复》。

② 比如,在青岛某佳经贸实业进出口有限公司与某某银行股份有限公司济南分行等金融借款合同纠纷案中,最高人民法院(2015)民二终字第 64 号民事判决书认为:“从济南分行与天桥支行的关系来看,二者并非某佳公司主张的表见代理关系。《中华人民共和国合同法》第四十九条对表见代理做了如下规定:行为人没有代理权、超越代理权或者代理权终止后以被代理人名义订立合同,相对人有理由相信行为人有代理权的,该代理行为有效,因此表见代理的构成要件之一是代理人以被代理人名义实施民事法律行为。而本案中,《账户使用声明》系天桥支行盖章确认,而非以济南分行的名义,因此本案不存在表见代理的适用事由。”

③ 最高人民法院在 2022 年 7 月 28 日的《对十三届全国人大五次会议第 4254 号建议的答复》。

具体而言,该参考案例的“裁判要旨”提出:“若应收账款债务人的员工不具备代表公司签订保理相关合同的权利外观,相关行为也没有得到公司的授权或追认,且保理合同的外观形式具有瑕疵时,原审法院可据此认定保理合同并非应收账款债务人的真实意思表示,因此,应收账款债务人不受保理合同法律关系约束。”在该案中,最高人民法院(2021)最高法民申3746号民事裁定书认为:“根据原审查明的事实,王某曾为某乙公司员工,任职供应链管理部经理,黄某为某乙公司在职员工,为供应链管理部、供应商开发管理。从职务上看,与某丙公司之间应付账款金额的最终确认、审核相关保理合同真实性等通常不属于该二人所任职务应具备的职权范围,该二人也不具备代表某乙公司签订保理相关合同的其他权利外观,相关行为也没有得到某乙公司的授权或追认,某公司不应通过以上二人所任职务,认为其天然具备上述职权。通过《同意书》的内容可知,案涉保理系向债务人某乙公司披露保理人的明保理,而某公司和某丙公司主张案涉《同意书》是先由某丙公司盖章后寄送给某乙公司,某乙公司盖章后寄送给某公司,即某公司并未与某乙公司当面签署或者直接向某乙公司邮寄相关合同。且原审亦查明,《同意书》中加盖的‘广东某乙×××互感器有限公司’的印章印文与样本中的印章印文不是同一枚印章盖印,某公司亦未举证证明某乙公司有使用该《同意书》中加盖的印章的情形。综上,原审法院认定《同意书》并非某乙公司真实意思表示,其不应受《同意书》约定约束,并无不当,某公司关于黄某、王某系职务行为,应收账款转让应当对某乙公司发生效力的再审申请理由不能成立。”

又如,在某某市建设工程集团有限公司、某某市建设工程集团有限公司二分公司与某某第八工程局有限公司及陈某武建设工程施工合同纠纷案中,最高人民法院(2016)最高法民再346号民事判决书认为:“2007年3月22日,某某八局广巴高速公路×××合同段项目经理部与某建二分公司签订《工程施工合同》,由某建二分公司承包广巴高速公路×××合同段某家湾大桥、某井湾大桥建设施工工程。合同履行过程中,某建二分公司先后于2007年3月23日、2008年4月14日向某某八局项目部出具《法人委托证明书》,委托楚某伟、陈某武代表某建二分公司与某某八局项目部依法办理工程实施和结算工作。而2008年8月26日某某八局与某建二分公司签订的《补充协议书》虽未加盖某建二分公司公章,但该协议的主体为某某八局(某某八局广巴项目部)和某建二分公司,基于某建二分公司向某某八局项目部出具《法人委托证明书》,某某八局有理由相信陈某武的行为代表某建二分公司。而且,从某建二分公司于2010年5月11日向某某八局、某某八局第四工程局、某某八局项目部发出的《关于广巴高速×××合同段某家湾、某井湾、大、小某家沟及某某树大桥有关问题的函》的内容看,其又进一步佐证了某某八局有理由相信其与陈某武签订《补充协议书》时,陈某武代表某建二分公司。因此,从客观上看,陈某武具有使某某八局相信其有代理权的外观表象”。

需要注意的是,最高人民法院也指出,“行为人单纯持有公章、合同书、被代理人营业执照、被代理人不动产物权证书等,不构成有代理权外观。持有上述公章等物,须与足以构成授予代理权外观的另一事实(如授权委托书、总经理等特定职务)相结合,方能表明代理权外观”。①

① 最高人民法院在2022年7月28日的《对十三届全国人大五次会议第4254号建议的答复》。

比如，在青海某信混凝土有限公司与某天建设集团有限公司青海分公司等民间借贷纠纷案中，最高人民法院（2019）最高法民终 1535 号民事判决书认为："根据查明的事实，案涉《协议书》签订时，崔某辉为安某某鑫公司的股东，但并非安某某鑫公司法定代表人，亦无证据证明其在安某某鑫公司任职或具有代理安某某鑫公司对外进行相关民事行为的授权。而仅因崔某辉系安某某鑫公司股东，不足以成为青海某信公司相信崔某辉有权代理安某某鑫公司在案涉《协议书》上签字盖章的合理理由，故崔某辉的行为亦不构成表见代理，对安某某鑫公司不具有约束力。"①

又如，在岳阳市某厦基础有限公司与湘阴某塘建筑有限责任公司、岳阳某河置业有限公司、甘某奎建设工程施工合同纠纷案中，最高人民法院（2018）最高法民申 2538 号民事裁定书认为："本案中，在签订《钻孔灌注桩施工承包合同》时，除了甘某奎私刻的某塘公司第二项目部的公章形式上能代表某塘公司外，某厦公司并无证据证明甘某奎提供了具有某塘公司工作人员的身份证明、与某塘公司存在内部承包关系、持有相应的授权委托书等具有代理权的其他外观。在合同履行中，某厦公司既无证据证明某塘公司曾对案涉工程提供过人力和技术支持，也无证据证明其对某厦公司的施工进行过管理或向某厦公司支付过工程款，而是由甘某奎直接支付其工程款并出具欠条。因此，《钻孔灌注桩施工承包合同》从签订到履行、案涉工程款的支付与出具欠条的行为均发生在甘某奎与某厦公司之间，某塘公司自始未参与。《钻孔灌注桩施工承包合同》系甘某奎与某厦公司的真实意思表示，而非某塘公司的真实意思表示。故二审法院认定甘某奎的行为不构成表见代理，并无不当。"

二是在相对人方面，要求相对人不知道行为人在以被代理人的名义与其实施该民事法律行为时没有代理权，并且相对人对其不知道行为人行为时没有代理权不存在过失，即"相对人已尽了充分的注意，仍无法否认行为人的代理权"②。其中，判断相对人"不知道行为人行为时没有代理权，且无过失"，是对相对人在行为时主观心态的判

---

① 又如，在湖南省某某工程有限公司与刘某康等民间借贷纠纷案中，四川省高级人民法院（2020）川民再 152 号民事判决书认为："根据刘某康在再审阶段的陈述，其向刘某光出借案涉两笔借款时，刘某光出示了湖南省某某工程有限公司的营业执照、组织机构代码证、税务登记证等证照的复印件以及刘某光身份证的复印件。上述证据并不足以形成湖南省某某工程有限公司授权刘某光对外借款的外观表象。如前所述，项目部银行账户的开设，也不能当然证明该项目部的成立获得了湖南省某某工程有限公司的授权与许可。即使在案涉两笔借款发生之前，刘某光曾经通过案涉工程项目部的银行账户向刘某康偿还过其他借款，也无法证明刘某康具有合理的理由相信其出借的对象是湖南省某某工程有限公司，特别是在刘某康与刘某光曾经试图以劳务合同形式隐藏真实的民间借贷关系的情形下，刘某康在出借案涉借款时的主观状态难谓善意无过失。因此，二审判决以表见代理和沙坪项目部系湖南省某某工程有限公司内设机构为由，判令湖南省某某工程有限公司承担还款责任，属于适用法律错误。"

② 对此，最高人民法院（2013）民提字第 95 号民事判决书（载《最高人民法院公报》2015 年第 7 期）认为："从立法目的解释表见代理的构成要件，应当包括代理人的无权代理行为在客观上形成具有代理权的表象，相对人在主观上善意且无过失地相信行为人有代理权。相对人善意且无过失应当包含两方面含义：一是，相对人相信代理人所进行的代理行为属于代理权限内的行为；二是相对人无过失，即相对人已尽了充分的注意，仍无法否认行为人的代理权。"

断①,其判断时点应为“行为时”②,既非行为前、也非行为后。

对此,最高人民法院指出:“构成表见代理,相对人必须是善意无过失,即相对人不知道行为人行为时没有代理权,且对于其‘不知道’没有主观上的过失”,并强调,“在司法实践中,最高人民法院一直对于是否构成表见代理持较为审慎的态度。……最高人民法院在认定相对人善意且无过失时是比较严格的,即对于相对人善意的要求程度较高,相对人不仅主观上不能有重大过失,而且应无一般过失”,而“相对人是否有过失的判断,取决于相对人对于代理人有无代理权是否已尽到合理注意。在司法实践中,对于相对人是否尽到合理注意义务应当倾向于理解为积极义务,而不是消极义务”。③

实务中,相对人对行为人的身份及有无代理权未进行核实④,相对人对订立合同过程中的异常做法发生合理怀疑而不向被代理人核实⑤,相对人在订立违反常规的合同

---

① 比如,最高人民法院(2016)最高法民再346号民事判决书认为:“对表见代理中相对人是否善意无过失,是对相对人在订立协议时主观心态的判断,应结合案件的相关事实予以判定。”

② 比如,在江苏某都建设工程有限公司、江苏某都建设工程有限公司靖江分公司与某某建设集团有限公司、沙某博建设工程施工合同纠纷案中,最高人民法院(2019)最高法民申1614号民事裁定书认为:“本案争议焦点为:沙某博以某都公司名义签订《联合施工协议》是否构成表见代理。……判断表见代理的过失,应以合同签订时为时间界点……”

③ 最高人民法院在2022年7月28日的《对十三届全国人大五次会议第4254号建议的答复》。

④ 比如,在张某与汕尾某厦及汕尾某厦有限责任公司普通破产债权确认纠纷案中,最高人民法院(2023)最高法民申2469号民事裁定书认为:“本案中,蒋某仅是汕尾某厦的副总经理,并非法定代表人,张某未提供证据证明在涉案借款之前汕尾某厦存在委托蒋某代理借款的先例,在客观上不能形成蒋某具有代理权的表象。从2010年借款发生至2022年起诉的时间跨度长达十余年,蒋某多次表示系其个人借款;张某只确认从蒋某处收到少部分利息,并未提交向汕尾某厦主张过债权的证据,亦未在2018年2月3日、3月3日两次汕尾某厦破产公告期间向汕尾某厦破产管理人申报债权,而是在蒋某2021年过世后才向汕尾某厦破产管理人申报债权。张某对蒋某无代理权方面存在明显疏忽与懈怠,不能证明自己主观上善意且无过失。二审判决关于蒋某向张某的借款不构成表见代理的认定,并无不当。”又如,在巴某山与某某建设工程有限公司买卖合同纠纷案中,最高人民法院(2013)民申字第2016号民事裁定书认为:“根据已查明事实,巴某山签订涉案买卖合同时对以下事实未予以充分注意,不能证明其有理由相信吕某源有代理权。一是对于吕某源的身份并未进行核实。吕某源自始不享有以第三工程处名义对外签订劳保用品买卖合同的身份和职权,并且吕某源签订涉案买卖合同所使用的第三工程处公章系其私刻。二是对于交易方式异常也未予以注意,使吕某源的诈骗行为得逞。本案中,对于买卖合同的核心义务之一即交付货物以及货物是否符合合同约定双方并不关注,仅仅是进行现金的流转。对于这种非正常的交易方式,巴某山并未尽到充分注意义务。三是虽然吕某源原为第六工程处安全员,即使其原来有权以第六工程处名义对外签订买卖合同,但在其又以第三工程处名义与巴某山签订合同时,巴某山也应对身份变化情况及是否享有相应权限进行审查核实。由于巴某山未尽到上述注意义务,故其无理由相信吕某源有以第三工程处名义对外签订买卖合同的职权,吕某源的行为不构成表见代理。”

⑤ 比如,在李某勇与某某银行股份有限公司重庆云阳支行储蓄存款合同纠纷案中,最高人民法院(2013)民提字第95号民事判决书(载《最高人民法院公报》2015年第7期)认为:“本案中,李某勇在与谭某力商谈存款事宜过程中,在以下方面存在未尽合理注意义务的过失。一是,对谭某力行长的身份未经核实即轻信。李某勇是经刚认识的刘某等陌生人介绍认识‘行长’谭某力,谭某力接待李某勇时并未在某行云阳支行办公地点,而是在某行云阳支行云江大道分理处的办公室,作为‘行长’的谭某力亲自带李某勇到柜台办理‘存款’业务,李某勇因为疏忽,对谭某力作为‘行长’不符合常规的做法未产生怀疑,未尽合理注意义务;二是,李某勇对存款过程存在的诸多不合常规操作未产生怀疑。谭某力交给李某勇的《承诺书》载明,某行云阳支行在三个月存款期内承诺对款项‘不抵押、不查询、不提起支取’。上述承诺内容均为李某勇作为存款所有权人可以行使的权利,放弃权利的承诺应当由权利人作出。但‘某行云阳支行’却对此作出承诺。李某勇应当注意到承诺书内容的不合常理之处。李某勇作为储户应当知道在银行柜台办理业务时,需向柜员表明业务办理事项,却未在柜台交易时作出存款的意思表示。李某勇作为办理过银行存款业务的储户,应当知道存款应当填写存款凭条,存单应当由柜员直接交付储户。李某勇没有填写存款凭条,存单又是放在信封中从银行柜台递出,李某勇因疏忽轻信而未向柜台工作人员核实。三是,李某勇主观上具有违规追求高额利息的故意。钟某明承诺给李某勇每月5.5%的高息,换算成年息为66%,李某勇对如此高的利息未产生怀疑,亦未向某行云阳支行核实,主观上并非善意。因李某勇不符合善意无过错的表见代理构成要件要求,谭某力的行为不构成表见代理。”

时未尽合理注意①,相对人对合同上加盖的当事人的印章的印文没有尽到合理的注意义务②,都可能会被认定为存在过失,从而不构成《民法典》第 172 条所说的"相对人有理由相信行为人有代理权"。

由此可见,与《民法典担保制度解释》第 7 条针对主张构成越权代表的相对人提出的要求③和《民法典》第 170 条第 2 款规定的"善意相对人"的要求相比,《民法典总则编解释》第 28 条针对主张构成表见代理的相对人提出的要求更高,仅仅"相对人在行为时不知道且不应当知道行为人无权代理"还不足以满足《民法典总则编解释》第 28

---

① 比如,在刘某淮与某某银行股份有限公司蚌埠分行民间借贷纠纷案中,最高人民法院(2013)民申字第 312 号民事裁定书认为:"本案中,首先,如前所述,石某林的行为不属于其职权范围内的经营活动,系无权代理行为。其次,虽然刘某淮称本案借款行为发生在石某林在蚌埠某行的办公室内,借款时间发生在蚌埠某行的工作时间,且石某林当时具有蚌埠某行营销二部经理的身份,并在借条上盖有营销二部的印章,但是刘某淮作为具有完全民事行为能力的人,从事个体经营职业,应当知道向个人借款并支付高额利润不属于蚌埠某行的经营范围,并且刘某淮出借百万巨款既未通过银行转账支付,也未要求石某林出具任何银行单据,其未尽到合理的注意义务,在主观上具有过失。因此,石某林的行为不构成表见代理"。又如,在张某芳与河南辉县某某商业银行股份有限公司及张某西等民间借贷纠纷案中,针对时任辉县某商行企业客户管理部负责人的张某西以自己的名义向张某芳借款的行为是否构成表见代理的问题,最高人民法院(2020)最高法民申 6360 号民事裁定书认为:"综合全案证据,不能认定张某西的行为构成表见代理。首先,张某西在签订借款合同时并未形成具有代理辉县某商行对外借款的表象。……其次,张某芳作为相对人,签订借款合同时未尽到谨慎注意义务,主观上不符合善意且无过失的条件。1. 张某芳派另外二人与介绍人王某功一起代表自己与张某西进行磋商并签订《借款合同》,介绍人王某功作为曾经在银行从业的人员,对银行内设机构的职责范围、经营模式应有充分的了解,对企业客户管理部不具有代表辉县某商行对外借款的职能应有明确的认知;且王某功了解张某西的身份,对张某西作为企业客户管理部的经理不能代表辉县某商行对外借款亦应明知。张某芳对外出借巨额款项,在磋商、签订、履行《借款合同》时未到现场,未严格审查合同中'借款人'是否为辉县某商行,未要求张某西提供辉县某商行授权张某西对外借款的证明,也未要求张某西提供辉县某商行收款账户,在签订合同时未尽到必要的注意义务。2. 案涉借款合同约定的月利率高达 3.5%,远远超过商业银行向社会公众吸收存款乃至对外放贷的利息,张某芳签订该违背商业常理的借款合同应当更加谨慎,但其未向辉县某商行进行核实。另外,案涉借款并未流向辉县某商行的自有账户,而是转入张某芳本人在辉县某商行开设的账户,该做法也不符合通常借款交易习惯。张某芳对以上严重背离常理和交易习惯的行为,未尽到谨慎注意义务,并非善意相对人。因此,张某芳关于张某西向其借款系表见代理的再审理由不能成立,应予驳回。"

② 比如,人民法院案例库参考案例"重庆某路桥工程有限公司诉王某某、安某某民间借贷纠纷案"[入库编号:2023-16-2-103-006,裁判文书:青海省高级人民法院(2018)青民再 48 号民事判决书]的"裁判要旨"提出:"表象材料具有重大瑕疵而相对人没有尽到合理的注意义务,不宜认定善意无过失;相对人为从事经常性商事活动的商个人,对于其注意义务的标准,一般应当高于普通的民事主体。构成代表行为,相对人知道或者应当知道行为人必须是法人的法定代表人或其他组织的负责人,并超越了法定代表人或负责人的权限订立了合同。作为经常从事商事活动的个人,应当对刻有'对外签订合同/收据无效'字样的印章有合理的注意、审查和判断义务,应当审查有无单位的明确授权或者事后追认,在上述实践表象不具备之情形下,不能认定相对人具有善意、无过失。"

③ 《民法典担保制度解释》第 7 条规定:"公司的法定代表人违反公司法关于公司对外担保决议程序的规定,超越权限代表公司与相对人订立担保合同,人民法院应当依照民法典第六十一条和第五百零四条等规定处理:(一)相对人善意的,担保合同对公司发生效力;相对人请求公司承担担保责任的,人民法院应予支持。(二)相对人非善意的,担保合同对公司不发生效力;相对人请求公司承担赔偿责任的,参照适用本解释第十七条的有关规定。法定代表人超越权限提供担保造成公司损失,公司请求法定代表人承担赔偿责任的,人民法院应予支持。第一款所称善意,是指相对人在订立担保合同时不知道且不应当知道法定代表人超越权限。相对人有证据证明已对公司决议进行了合理审查,人民法院应当认定其构成善意,但是公司有证据证明相对人知道或者应当知道决议系伪造、变造的除外。"

条第1款第2项所说的“相对人不知道行为人行为时没有代理权,且无过失”。

需要注意的是,根据《民法典》第172条的规定,被代理人对无权代理行为是否存在过错本身,并非表见代理的构成要件;不论被代理人存在过错还是不存在过错,均不影响表见代理的认定。不过,被代理人存在过错可能导致其需要承担与其过错相适应的责任。对此,最高人民法院指出:“被代理人存在过失虽然并非表见代理的构成要件,但可成为判定其分担损失的事实依据。具体而言,第一,在自始无代理权时,须有被代理人实施授权行为的外观,且授权行为外观基于被代理人的自主意思而形成。例如,被代理人将公章和空白授权委托书出借给行为人,此种情形下被代理人至少具有过失,因此具有可归责性。非基于被代理人自主意思,行为人占有空白授权书等代理权外观证据的(盗窃、盗用、拾得遗失的授权委托书),被代理人不具有可归责性。第二,在超越代理权时,被代理人另有限制或者变更代理权范围的意思,但未将代理权范围的限制或者变更通知相对人或以与代理权授予方式相同的方式予以公告,此种情形下被代理人至少具有过失,因此具有可归责性。第三,在代理权终止时,被代理人疏于未将代理权消灭的事实通知相对人,或以与代理权授予方法相同的方法予以公告,或收回授予代理权的外观证据,此种情形下被代理人至少具有过失,因此具有可归责性。”①

(二)构成表见代理的证明责任

考虑到《民法典》第172条所说的“相对人有理由相信行为人有代理权”属于构成表见代理的关键要件,而相对人和被代理人往往都会对此发生争议,因此,《民法典总则编解释》第28条在其第1款关于“同时符合下列条件的,人民法院可以认定为民法典第一百七十二条规定的相对人有理由相信行为人有代理权:(一)存在代理权的外观;(二)相对人不知道行为人行为时没有代理权,且无过失”的规定的基础上,也对当事人的证明责任进行了分配,即:“因是否构成表见代理发生争议的,相对人应当就无权代理符合前款第一项规定的条件承担举证责任;被代理人应当就相对人不符合前款第二项规定的条件承担举证责任”。

据此,主张构成表见代理的相对人有义务举证证明行为人在以被代理人的名义与其实施该民事法律行为时享有代理权的外观或表象,而主张不构成表见代理的被代理人则有义务举证证明相对人知道或应当知道行为人在以被代理人的名义与其实施该民事法律行为时没有代理权。

也就是说,“相对人就行为人存在代理权的外观承担举证责任,被代理人就相对人非善意承担举证责任,为表见代理举证分配的一般原则”,其背后的原因在于“基于消极事实无需举证的原则,相对人‘不知道’是难于举证证明的,故不要求相对人就自己属于善意举证,而依‘善意推定’的法理进行判断,并由被代理人对相对人非善意事实负举证责任”。②“具体而言,授予代理权外观的存在、相对人对授予代理权外观的相信、相对人已尽合理注意(因而无过失)、相对人因相信有代理权而与代理人实施法律行为,由相对人承担举证责任;但关于相对人知道行为人无代理权、授权委托书系伪造

① 最高人民法院在2022年7月28日的《对十三届全国人大五次会议第4254号建议的答复》。

② 最高人民法院在2022年7月28日的《对十三届全国人大五次会议第4254号建议的答复》。

或者被代理人公章系行为人私刻或盗用、被代理人已尽通知义务或收回代理权外观证据等，均属积极事实，由被代理人负举证责任。”①

比如，在陈某正、武汉市某业广地农业有限公司与陈亚荣等民间借贷纠纷案中，最高人民法院(2020)最高法民申3932号民事裁定书认为：“《中华人民共和国民法总则》第一百七十二条规定，行为人没有代理权、超越代理权或者代理权终止后，仍然实施代理行为，相对人有理由相信行为人有代理权的，代理行为有效。本案中，陈某荣不是某业公司的股东或工作人员，也没有某业公司的授权委托书。陈某正称陈某荣出具借条的行为构成表见代理，其应当举证证明其有理由相信陈某荣有代理权。从本案查明事实来看，首先，陈某荣向陈某正出具的十张借条中，除《借条一》外，其他九张借条均有某业公司的抬头，而《借条一》的落款处亦载明了某业公司的名称、网址、地址等信息。其次，涉案十张借条中有四张加盖了某业公司的印章，其他六张借条上某业公司的印章虽然为彩色影印件，但该彩色影印件通过与其他四张借条上的印章对比，从肉眼来看，难以辨别其真伪。第三，陈某荣系某业公司实际控制人陈某兴的弟弟，陈某荣自述其曾在广某冷链国际食品交易中心(某业公司投资建设)向陈某正出具借条，并当面加盖某业公司印章，且陈某正向陈某荣出借的涉案款项均转至陈某荣个人账户。据此，陈某正有理由相信陈某荣有权代表某业公司对外借款。反之，某业公司虽对涉案借款不予认可，但经鉴定，涉案十张借条中有四张借条加盖了某业公司的印章，且二审法院询问某业公司，是否举报借条出具者陈某荣涉嫌犯罪，并要求其三日内提交报案材料，但某业公司至今未提交。某业公司亦未举证证明陈某正知道或者应当知道陈某荣无权代理。综合上述情况分析，二审法院认定陈某荣出具借条的行为构成表见代理并无明显不当。”

需要注意的是，针对当事人举证责任的分配，最高人民法院也指出：“相对人在不知道行为人无代理权方面不存在疏忽或懈怠，是相对人应当承担的举证责任，在相对人未完成举证义务时，并不发生举证责任的转移，不能直接推定相对人善意且无过失，而由被代理人承担反证的义务。”②

比如，在山东某锟建设集团有限公司与林某勇买卖合同纠纷案中，山东省高级人民法院(2020)鲁民再409号民事判决书认为：“本案中，若林某勇有理由相信文某1具有某锟公司的代理权，则林某勇就可以向本人即某锟公司主张权利并要求其承担合同中所规定的义务，因此，分析本案的关键在于林某勇主张的有理由相信是否成立。根据证据规则，合同相对人主张构成表见代理的，应承担举证责任，其不仅应当举证证明代理行为存在诸如合同书、公章等有权代理的客观表象形式要素，而且应当证明其善意无过失地相信行为人具有代理权。具体到本案中，本院认为林某勇主张的有理由相信不能成立，主要理由如下：第一，从合同形式上看，案涉合同首端明确约定了买方为文某1，合同末端载明的地址及其他信息均为文某1的个人信息，因此，从合同形式上分析，该合同的主体应为文某1个人。第二，从合同内容上分析，案涉合同的权利义务均是围绕文某1与林某勇制定，合同内容未约定某锟公司任何的权利义务，因此，从合

① 最高人民法院在2022年7月28日的《对十三届全国人大五次会议第4254号建议的答复》。

② 最高人民法院在2022年7月28日的《对十三届全国人大五次会议第4254号建议的答复》。

同的内容上分析,合同的主体亦应为文某1个人。第三,从合同的履行情况看,林某勇持有的收货单中载明的收货单位及经手人处均载明为文某1或文某2,而且林某勇所收到的款项也是通过文某1个人账户转账支付,其并无证据证明某锟公司参与了案涉合同的收货或付款等履行过程。第四,林某勇亦无证据证明其相信文某1具有代理权的其他理由。首先,文某1与某锟公司之间没有劳动关系,二者之间并不存在代理的外在特征,林某勇无法从外在特征这一表象信任文某1具有某锟公司的代理权,其次,本院已对林某勇所提文某1身份证复印件的证据效力进行了分析,退一步讲,即使该证据为真实,也难以证实林某勇有充分理由相信文某1在本案合同中具有代理权,原因在于案涉合同在形式、内容、履行及付款的每一环节均未涉及某锟公司,即使文某1具有代理权,也无法认定其在本案合同中行使了代理权。第五,根据林某勇在多次庭审中关于合同签订过程的陈述看,其亦自认不信任文某1具有某锟公司的代理权。一审及本次再审过程中,林某勇均述称签订合同时并未拿走合同,主要原因在于不愿与文某1个人签订合同,其在送货后文某1才送交盖章的合同文本,该陈述亦可佐证,林某勇在签订案涉合同时尤其是合同没有加盖某锟公司项目部印章前亦不相信文某1具有某锟公司的代理权。综合以上分析,林某勇关于其在本案合同中有理由相信文某1具有代理权的主张不能成立,本院不予支持。"

三、表见代理行为的法律后果归属

在无权代理人以被代理人的名义实施民事法律行为构成表见代理的情况下,《民法典》第172条明确了该无权代理行为的法律后果归属,即:"代理行为有效"。"表见代理制度的法律意义在于保护善意第三人的信赖利益和民事交易的安全,法律强制被代理人承担相应的法律后果"。①

需要注意的是,结合《民法典》第162条所说的"代理人在代理权限内,以被代理人名义实施的民事法律行为,对被代理人发生效力"和第171条第1款所说的"行为人没有代理权、超越代理权或者代理权终止后,仍然实施代理行为,未经被代理人追认的,对被代理人不发生效力",可以认为,《民法典》第172条所说的"行为人没有代理权、超越代理权或者代理权终止后,仍然实施代理行为,相对人有理由相信行为人有代理权的,代理行为有效"中的"代理行为有效",指向的是表见代理行为的法律后果归属或效力归属问题,即"表见代理行为对被代理人发生效力,其法律后果由被代理人承受",而不是指"表见代理行为是有效的民事法律行为"。这跟《民法典》第504条所说的"法人的法定代表人或者非法人组织的负责人超越权限订立的合同,除相对人知道或者应当知道其超越权限外,该代表行为有效,订立的合同对法人或者非法人组织发生效力"是类似的。

对此,最高人民法院(2020)最高法民申4282号民事裁定书也认为:"根据《中华人民共和国民法总则》第一百七十二条规定,表见代理的法律后果,产生与有权代理相同的法律效力,表见代理人代理实施的民事法律行为后果由被代理人承担。"

有鉴于此,《民法典》第172条的表述如果调整为"行为人没有代理权、超越代理权

---

① 最高人民法院(2018)最高法民终820号民事判决书。

或者代理权终止后，仍然实施代理行为，相对人有理由相信行为人有代理权的，代理行为对被代理人发生效力”，可能是更为准确的。

也就是说，由于“相对人有理由相信行为人有代理权”，《民法典》从“维护交易安全，保护善意相对人的利益”的角度①，对表见代理行为的法律后果归属作出了特别的处理，即：虽然行为人并非委托代理人、并非“在代理权限内”以被代理人名义实施民事法律行为，但是，该民事法律行为的法律后果仍然应当由被代理人承受。由此可以认为，《民法典》第 172 条既是《民法典》第 171 条第 1 款的特别规定，也是《民法典》第 162 条的特别规定。

四、表见代理行为的效力认定

需要注意的是，《民法典》第 172 条仅规定了表见代理行为的效力归属问题，不涉及表见代理行为本身的效力认定问题。

比如，在王某强、魏某华与河南某九建设工程有限公司等合同纠纷案中，在基于“本案中，在 2007 年 4 月 5 日签订涉案《协议书》之前，王某强曾与某九公司签订内部的承包协议，其对外也多次以某九公司委托代理人的身份就涉案工程签订合同，尽管某九公司在 2006 年 7 月 10 日撤销了王某强在涉案七标段工程的负责人身份，但从 2007 年 3 月的会议纪要看，其又被任命为涉案七标段工程一区、二区的负责人，而涉案的外墙保温工程就包含在上述七标段工程一区范围内，魏某华有充分理由相信王某强以某九公司名义与其签订的涉案《协议书》虽未加盖某九公司印章，但系受某九公司委托并代表该公司的真实意思”，认定“王某强签订涉案《协议书》构成表见代理，某九公司应承担该《协议书》所产生的法律义务”之后，河南省高级人民法院（2021）豫民再 315 号民事判决书认为：“合同无效并不排斥表见代理的适用。涉案《协议书》因王某强借用施工资质、魏某华没有施工资质应被认定无效，对此当事人并无异议。某九公司认为当涉案《协议书》无效，合同当事人有过错，其意思表示法律也不予保护，从法律本意上应无适用表见代理的必要。对此本院认为，表见代理制度意在保护合理信赖所产生的交易稳定，其首先是一个事实问题，在确定这一事实后才有法律评价或法律适用的可能，也即适用法律确认涉案《协议书》无效，从逻辑上应出现在认定表见代理之后，故后来的确认合同无效，不能排斥此前已经形成的表见代理行为。不过，在认定表见代理后，确认涉案《协议书》无效的法律责任，就不是由王某强承担，而是由某九公司承担。”

至于表见代理行为的效力，包括是否生效、有效还是无效、是否可以被撤销等，则应当依照法律的有关规定（主要是《民法典》总则编有关民事法律行为的效力的规定以及合同编有关合同的效力的规定）加以确定。在表见代理行为存在法定无效事由或可

---

① 中国人大网 2016 年 7 月 5 日公布的《关于〈中华人民共和国民法总则（草案）〉的说明》提及：“随着社会主义市场经济的发展，代理活动越来越广泛，也越来越复杂，为了保护被代理人、第三人合法权益，维护交易安全，应当对代理行为予以规范。据此，草案在现行法律规定的基础上完善了代理规则：……三是完善了表见代理制度。草案规定，行为人没有代理权、超越代理权或者代理权终止后以被代理人名义实施民事法律行为，相对人有正当理由相信行为人有代理权的，该代理行为有效；同时明确了不适用表见代理的情形。这样规定有利于维护交易安全，保护善意第三人的利益（草案第一百五十二条）。”

撤销事由的情况下,应当依法确认无效或依撤销权人的申请予以撤销。

五、《民法典》第 172 条不涉及的被代理人权利救济问题

《民法典》总则编本身没有直接规定在行为人的行为构成表见代理时被代理人如何寻求救济的问题。

在《民法典》实施之前,原《合同法解释二》(已废止)第 13 条曾经对此作出了规定,即:"被代理人依照合同法第四十九条的规定承担有效代理行为所产生的责任后,可以向无权代理人追偿因代理行为而遭受的损失。"虽然原《合同法解释二》已经废止,但是,结合最高人民法院《全国法院贯彻实施民法典工作会议纪要》(法〔2021〕94 号)第 12 条所说的"除上述内容外,对于民通意见、合同法解释一、合同法解释二的实体性规定所体现的精神,与民法典及有关法律不冲突且在司法实践中行之有效的……人民法院可以在裁判文书说理时阐述",原《合同法解释二》该规定的精神仍然可以作为被代理人寻求救济的参考。

此外,针对执行法人、非法人组织工作任务的人员就超越其职权范围的事项以法人、非法人组织的名义订立的合同因构成表见代理而对法人、非法人组织发生效力的情形,《民法典合同编通则解释》第 21 条也规定:"法人、非法人组织的工作人员就超越其职权范围的事项以法人、非法人组织的名义订立合同,相对人主张该合同对法人、非法人组织发生效力并由其承担违约责任的,人民法院不予支持。但是,法人、非法人组织有过错的,人民法院可以参照民法典第一百五十七条的规定判决其承担相应的赔偿责任。前述情形,构成表见代理的,人民法院应当依据民法典第一百七十二条的规定处理。……法人、非法人组织承担民事责任后,向故意或者有重大过失的工作人员追偿的,人民法院依法予以支持。"

虽然《民法典合同编通则解释》该规定仅适用于被代理人为"法人、非法人组织"并且法人或非法人组织的工作人员就其越权代理行为存在故意或重大过失的情况,既不适用于被代理人为自然人的情况,也不适用于法人或非法人组织的工作人员就其越权代理行为仅存在一般过失的情况,但是,该规定也为被代理人寻求救济提供了可以借鉴的思路。

还有,表见代理情形下的被代理人还可以结合案件的具体情况,依照《民法典》第 120 条(总则编)、第 235 条和第 238 条(物权编)①以及第 1165 条、第 1166 条和第 1191

① 《民法典》第 233 条规定:"物权受到侵害的,权利人可以通过和解、调解、仲裁、诉讼等途径解决。"第 235 条规定:"无权占有不动产或者动产的,权利人可以请求返还原物。"第 237 条规定:"造成不动产或者动产毁损的,权利人可以依法请求修理、重作、更换或者恢复原状。"第 238 条规定:"侵害物权,造成权利人损害的,权利人可以依法请求损害赔偿,也可以依法请求承担其他民事责任。"

条第 1 款(侵权责任编)[1]等规定,要求无权代理人承担相应的民事责任。

比如,在襄阳市新某业机械设备有限公司与襄阳市襄州区粮食局某某运销公司、王某房屋租赁合同纠纷案中,湖北省高级人民法院(2017)鄂民再 383 号民事判决书认为:“王某在襄州区某某运销公司解除《租房合同书》后继续收取新某业公司缴纳的房屋占用费并接收其腾退的租赁房屋,构成表见代理。新某业公司在《租房合同书》解除后向王某支付房屋占用费并在《租房合同书》租赁期限届满后向王某移交本案涉讼房屋,视为向襄州区某某运销公司支付及返还。二审判决认定新某业公司支付房屋占用费及交付房屋对象错误,判令新某业公司向襄州区某某运销公司支付房屋占用费并返还房屋,认定事实及适用法律错误,依法应予以纠正。王某在无法律规定及合同约定的情况下占有本案涉讼房屋,侵害了房屋所有权人襄州区某某运销公司的合法权益,依法应予以返还。”

又如,在牟某英与某某银行股份有限公司兰州分行、某某银行股份有限公司兰州酒泉路支行、刘某侵权责任纠纷案中,在认定曾任某某银行酒泉路支行大堂经理、时任某某银行兰州分行人力资源部工作人员的刘某以某某银行员工身份在某某银行酒泉路支行的工作场所、工作时间向牟某英推荐案涉“理财产品”并通过操作该行的工作设备为其购买该“理财产品”的行为构成表见代理的基础上,甘肃省高级人民法院(2021)甘民再 31 号民事判决书认为:“刘某的行为构成表见代理,其法律责任应由酒泉路支行承担,该行对牟某英的本金及利息损失承担全部赔偿责任后,有权向刘某追偿。”

第三节　代理终止

《民法典》总则编第七章第三节“代理终止”共有 3 个条文(第 173 条至第 175 条),构建了代理的终止制度,分别规定了委托代理的终止事由(第 173 条)、委托代理人在被代理人死亡或终止后实施的代理行为有效的事由(第 174 条)和法定代理的终止事由(第 175 条)。

---

① 《民法典》第 120 条规定:“民事权益受到侵害的,被侵权人有权请求侵权人承担侵权责任”,第 1165 条规定:“行为人因过错侵害他人民事权益造成损害的,应当承担侵权责任。依照法律规定推定行为人有过错,其不能证明自己没有过错的,应当承担侵权责任”,第 1166 条规定:“行为人造成他人民事权益损害,不论行为人有无过错,法律规定应当承担侵权责任的,依照其规定”,第 1168 条规定:“二人以上共同实施侵权行为,造成他人损害的,应当承担连带责任”,第 1169 条第 1 款规定:“教唆、帮助他人实施侵权行为的,应当与行为人承担连带责任”,第 1175 条规定:“损害是因第三人造成的,第三人应当承担侵权责任”,第 1191 条第 1 款规定:“用人单位的工作人员因执行工作任务造成他人损害的,由用人单位承担侵权责任。用人单位承担侵权责任后,可以向有故意或者重大过失的工作人员追偿”。

第一百七十三条 【委托代理的终止事由】有下列情形之一的，委托代理终止：

（一）代理期限届满或者代理事务完成；

（二）被代理人取消委托或者代理人辞去委托；

（三）代理人丧失民事行为能力；

（四）代理人或者被代理人死亡；

（五）作为代理人或者被代理人的法人、非法人组织终止。

【条文通释】

《民法典》第173条是关于委托代理的终止事由的规定。

一、委托代理的终止事由

《民法典》第173条以穷尽式列举的方式规定了委托代理终止的9种事由：(1)代理期限届满；(2)代理事务完成；(3)被代理人取消委托；(4)代理人辞去委托；(5)代理人丧失民事行为能力；(6)代理人死亡；(7)被代理人死亡；(8)作为代理人的法人或非法人组织终止；(9)作为被代理人的法人或非法人组织终止。

（一）代理期限届满

就委托代理而言，根据《民法典》第165条的规定，代理期限属于委托代理授权的必备内容，限定了委托代理人可以行使代理权的时间范围。代理权限届满，既将导致代理权终止，也将导致委托代理终止。

需要注意的是，《民法典》第173条所说的"有下列情形之一的，委托代理终止：（一）代理期限届满……"仅适用于存在能够确定具体的代理权限到期日的委托代理情形，不适用于《民法典》第174条第1款第3项所说的"授权中明确代理权在代理事务完成时终止"的情形。

还需注意的是，代理期限届满不同于被代理人取消委托和代理人辞去委托。不论是被代理人取消委托还是代理人辞去委托，都属于发生在代理期限届满之前的行为。

此外，在委托代理因代理期限届满而终止的情况下，如委托代理人仍然以被代理人名义实施相应的民事法律行为，则构成无权代理（具体为超期代理），应当根据《民法典》第171条和第172条的规定进行处理。

（二）代理事务完成

根据《民法典》第173条第1项的规定，代理事务完成是委托代理的终止事由。

结合《民法典》第161条第1款所说的"民事主体可以通过代理人实施民事法律行为"，第162条所说的"代理人在代理权限内，以被代理人名义实施的民事法律行为，对被代理人发生效力"和第163条第2款所说的"委托代理人按照被代理人的委托行使代理权"，可以认为，"代理事务完成"指向的是委托代理人已经按照被代理人的委托，以被代理人的名义将被代理人委托的民事法律行为实施完毕的结果状态。

在委托代理因代理事务完成而终止的情况下，如委托代理人仍然以被代理人名义实施相应的民事法律行为，则构成无权代理（具体为就该民事法律行为自始没有代理权），应当根据《民法典》第 171 条和第 172 条的规定进行处理。

（三）被代理人取消委托

根据《民法典》第 173 条第 2 项的规定，被代理人取消委托是委托代理的终止事由。

如前所述，委托代理原则上并非强制代理制度，而是自愿代理制度，很大程度上取决于被代理人自愿委托代理人实施民事法律行为。在代理期限届满之前，被代理人自主取消委托也是《民法典》第 5 条所说的"民事主体从事民事活动，应当遵循自愿原则，按照自己的意思设立、变更、终止民事法律关系"的具体体现和应有之义。

需要注意的是，被代理人取消委托应当作出取消委托的意思表示，该意思表示属于以委托代理人为相对人的有相对人的意思表示。至于作出取消委托的意思表示的方式，在法律法规没有规定且当事人没有约定的情况下，根据《民法典》第 137 条和第 140 条的规定[①]，既可以采取对话方式作出，也可以采取非对话方式作出；既可以明示作出，也可以通过积极的作为表示出来。当然，无论采取何种方式，被代理人取消委托的意思表示的生效，都应当适用《民法典》第 137 条的规定，即：以对话方式作出的取消委托的意思表示，委托代理人知道其内容时生效；以非对话方式作出的取消委托的意思表示，到达委托代理人时生效。

还需注意的是，根据《民法典》第 171 条第 1 款所说的"行为人没有代理权、超越代理权或者代理权终止后，仍然实施代理行为，未经被代理人追认的，对被代理人不发生效力"和第 172 条所说的"行为人没有代理权、超越代理权或者代理权终止后，仍然实施代理行为，相对人有理由相信行为人有代理权的，代理行为有效"，被代理人也应当将取消对原委托代理人的委托代理授权的情况及时通知相对人，以避免相对人利益或

---

① 《民法典》第 137 条规定："以对话方式作出的意思表示，相对人知道其内容时生效。以非对话方式作出的意思表示，到达相对人时生效。以非对话方式作出的采用数据电文形式的意思表示，相对人指定特定系统接收数据电文的，该数据电文进入该特定系统时生效；未指定特定系统的，相对人知道或者应当知道该数据电文进入其系统时生效。当事人对采用数据电文形式的意思表示的生效时间另有约定的，按照其约定。"第 140 条规定："行为人可以明示或者默示作出意思表示。沉默只有在有法律规定、当事人约定或者符合当事人之间的交易习惯时，才可以视为意思表示。"

被代理人自身利益受损失。①

此外，在被代理人与委托代理人之间存在委托合同关系的情况下，根据《民法典》第 933 条所说的“委托人或者受托人可以随时解除委托合同。因解除合同造成对方损失的，除不可归责于该当事人的事由外，无偿委托合同的解除方应当赔偿因解除时间不当造成的直接损失，有偿委托合同的解除方应当赔偿对方的直接损失和合同履行后可以获得的利益”，如果被代理人取消委托给委托代理人造成损失，被代理人可能还需要对委托代理人承担相应的赔偿责任。

在委托代理因被代理人取消委托而终止的情况下，如委托代理人仍然以被代理人名义实施相应的民事法律行为，则构成无权代理，应当根据《民法典》第 171 条和第 172 条的规定进行处理。

（四）委托代理人辞去委托

根据《民法典》第 173 条第 2 项的规定，委托代理人辞去委托也是委托代理的终止事由。

如前所述，委托代理原则上并非强制代理制度，而是自愿代理制度，不仅取决于被代理人自愿，也取决于委托代理人自愿。在代理期限届满之前，委托代理人辞去委托也是《民法典》第 5 条所说的“民事主体从事民事活动，应当遵循自愿原则，按照自己的意思设立、变更、终止民事法律关系”的具体体现和应有之义。

需要注意的是，委托代理人辞去委托应当作出辞去委托的意思表示，该意思表示属于以被代理人为相对人的有相对人的意思表示。至于作出辞去委托的意思表示的方式，在法律法规没有规定且当事人没有约定的情况下，根据《民法典》第 137 条和第 140 条的规定②，既可以采取对话方式作出，也可以采取非对话方式作出；既可以明示作出，也可以通过积极的作为表示出来。当然，无论采取何种方式，委托代理人辞去委托的意思表示的生效，都应当适用《民法典》第 137 条的规定，即：以对话方式作出的辞去委托的意思表示，被代理人知道其内容时生效；以非对话方式作出的辞去委托的意

---

① 比如，在辽源某达建筑装饰工程有限公司与辽源市某旺新型建材有限公司等买卖合同纠纷案中，吉林省辽源市中级人民法院(2022)吉 04 民终 154 号民事判决书认为：“虽辽源市龙山区人民法院(2019)吉 0402 民申 5 号民事裁定书认定‘辽源某达公司于 2015 年 6 月 16 日登报声明公章丢失作废，王某秀作为辽源某达公司代理人的代理手续无效，系在辽源某达公司登报声明后实施的行为，因王某秀无代理权，故相对人与王某秀签订的调解协议对辽源某达公司不具有法律效力’。但本案中，辽源某达公司明知与某旺公司合同的存在，如果作出解除与王某秀的代理或聘用关系，应书面或口头通知某旺公司。其采取登报声明的方式要求合同相对人知悉不符合常理。某旺公司在与辽源某达公司签订合同之初就由王某秀与之沟通联系，在辽源某达公司未按约定给付货款后，在诉讼时效期间向王某秀主张权利，符合情理。因此，本案的诉讼时效因某旺公司向王某秀主张而中断。现辽源某达公司无证据证明某旺公司向王某秀主张权利超过诉讼时效，应承担举证不能的责任。”

② 《民法典》第 137 条规定：“以对话方式作出的意思表示，相对人知道其内容时生效。以非对话方式作出的意思表示，到达相对人时生效。以非对话方式作出的采用数据电文形式的意思表示，相对人指定特定系统接收数据电文的，该数据电文进入该特定系统时生效；未指定特定系统的，相对人知道或者应当知道该数据电文进入其系统时生效。当事人对采用数据电文形式的意思表示的生效时间另有约定的，按照其约定。”第 140 条规定：“行为人可以明示或者默示作出意思表示。沉默只有在有法律规定、当事人约定或者符合当事人之间的交易习惯时，才可以视为意思表示。”

思表示,到达被代理人时生效。

还需注意的是,根据《民法典》第 171 条第 1 款所说的“行为人没有代理权、超越代理权或者代理权终止后,仍然实施代理行为,未经被代理人追认的,对被代理人不发生效力”和第 172 条所说的“行为人没有代理权、超越代理权或者代理权终止后,仍然实施代理行为,相对人有理由相信行为人有代理权的,代理行为有效”,委托代理人也应当将辞去委托的情况及时通知相对人;被代理人也应当将原委托代理人辞去委托的情况及时通知相对人,以避免相对人利益或被代理人自身利益受损失。

此外,在被代理人与委托代理人之间存在委托合同关系的情况下,根据《民法典》第 933 条所说的“委托人或者受托人可以随时解除委托合同。因解除合同造成对方损失的,除不可归责于该当事人的事由外,无偿委托合同的解除方应当赔偿因解除时间不当造成的直接损失,有偿委托合同的解除方应当赔偿对方的直接损失和合同履行后可以获得的利益”,如果委托代理人辞去委托给被代理人造成损失,委托代理人可能还需要对被代理人承担相应的赔偿责任。

还有,在委托代理因代理人辞去委托而终止的情况下,如委托代理人仍然以被代理人名义实施相应的民事法律行为,则构成无权代理,应当根据《民法典》第 171 条和第 172 条的规定进行处理。

(五)委托代理人丧失民事行为能力

根据《民法典》第 173 条第 3 项的规定,委托代理人丧失民事行为能力是委托代理的终止事由。

鉴于《民法典》第 33 条关于意定监护的规定同时使用了“丧失民事行为能力”和“部分丧失民事行为能力”的表述①,因此,《民法典》第 173 条第 3 项所说的“代理人丧失民事行为能力”,指的是作为委托代理人的自然人完全丧失民事行为能力,不包括委托代理人部分丧失民事行为能力的情形。

由于根据《民法典》第 144 条所说的“无民事行为能力人实施的民事法律行为无效”,作为委托代理人的自然人在其丧失民事行为能力的情况下实施的民事法律行为属于无效的民事法律行为,因此,作为委托代理人的自然人丧失民事行为能力将导致其不得担任代理人,也将导致委托代理终止。

需要注意的是,根据《民法典》第 24 条第 1 款关于“不能辨认或者不能完全辨认自己行为的成年人,其利害关系人或者有关组织,可以向人民法院申请认定该成年人为无民事行为能力人或者限制民事行为能力人”的规定,以及《民事诉讼法》第 200 条第 2 款关于“人民法院经审理认定申请有事实根据的,判决该公民为无民事行为能力或者限制民事行为能力人;认定申请没有事实根据的,应当判决予以驳回”的规定,“丧失民事行为能力”与“无民事行为能力人”属于不同的概念,“丧失民事行为能力”须以有资质的机构出具的鉴定意见为依据,而“无民事行为能力人”则须以法院作出的认定其为

---

① 《民法典》第 33 条规定:“具有完全民事行为能力的成年人,可以与其近亲属、其他愿意担任监护人的个人或者组织事先协商,以书面形式确定自己的监护人,在自己丧失或者部分丧失民事行为能力时,由该监护人履行监护职责。”

无民事行为能力人的生效判决为依据,委托代理人丧失民事行为能力并不导致其立即成为无民事行为能力人。

此外,根据《民法典》第 173 条第 3 项的规定,委托代理人部分丧失民事行为能力并非委托代理的终止事由。委托代理人部分丧失民事行为能力,将导致委托代理人变成限制民事行为能力人,而根据《民法典》第 19 条、第 22 条和第 145 条第 1 款的规定[①],限制民事行为能力人可以独立实施与其年龄、智力、精神健康状况相适应的民事法律行为,《民法典》本身也没有明确禁止限制民事行为能力人担任委托代理人,因此,在委托代理事项属于与部分丧失民事行为能力的委托代理人的年龄、智力、精神健康状况相适应的民事法律行为的情况下,该部分丧失民事行为能力的委托代理人仍然可以继续作为代理人以被代理人的名义实施相应的民事法律行为。

还有,《民法典》第 173 条第 3 项所说的"有下列情形之一的,委托代理终止:……(三)代理人丧失民事行为能力"属于一般规定,在法律作出了不同规定的情况下,根据《立法法》第 103 条所说的"同一机关制定的法律……特别规定与一般规定不一致的,适用特别规定",应当适用法律的特别规定。

比如,针对受托人丧失民事行为能力是否导致委托合同终止的问题,《民法典》第 934 条规定:"……受托人……丧失民事行为能力……的,委托合同终止;但是,当事人另有约定或者根据委托事务的性质不宜终止的除外"。据此,在委托合同作出了受托人丧失民事行为能力不导致委托合同终止的约定或根据委托事务的性质不宜终止的情况下,受托人丧失民事行为能力就不再属于委托合同的终止事由。

也就是说,根据《民法典》第 934 条的规定,《民法典》第 173 条第 3 项所说的"有下列情形之一的,委托代理终止:……(三)代理人丧失民事行为能力",并非强制性规定,可以经当事人合意排除适用。

(六)作为委托代理人的自然人死亡

根据《民法典》第 173 条第 4 项的规定,委托代理人死亡是委托代理的终止事由。

由于死亡是对应于自然人的概念、终止是对应于法人或非法人组织的概念,因此,《民法典》第 173 条第 4 项所说的"代理人死亡",指的是作为委托代理人的自然人死亡,包括生理死亡和被宣告死亡[②]。

需要注意的是,《民法典》第 173 条第 4 项所说的"有下列情形之一的,委托代理终止:……(四)代理人……死亡"属于一般规定,在法律作出了不同规定的情况下,根据《立法法》第 103 条所说的"同一机关制定的法律……特别规定与一般规定不一致的,

---

① 《民法典》第 19 条规定:"八周岁以上的未成年人为限制民事行为能力人,实施民事法律行为由其法定代理人代理或者经其法定代理人同意、追认;但是,可以独立实施纯获利益的民事法律行为或者与其年龄、智力相适应的民事法律行为。"第 22 条规定:"不能完全辨认自己行为的成年人为限制民事行为能力人,实施民事法律行为由其法定代理人代理或者经其法定代理人同意、追认;但是,可以独立实施纯获利益的民事法律行为或者与其智力、精神健康状况相适应的民事法律行为。"第 145 条第 1 款规定:"限制民事行为能力人实施的纯获利益的民事法律行为或者与其年龄、智力、精神健康状况相适应的民事法律行为有效;实施的其他民事法律行为经法定代理人同意或者追认后有效。"

② 《民法典继承编解释一》第 1 条第 1 款规定:"继承从被继承人生理死亡或者被宣告死亡时开始。"

适用特别规定”,应当适用法律的特别规定。

比如,针对受托人死亡是否导致委托合同终止的问题,《民法典》第 934 条规定:“……受托人死亡……的,委托合同终止;但是,当事人另有约定或者根据委托事务的性质不宜终止的除外”。据此,在委托合同作出了受托人死亡不导致委托合同终止的约定或根据委托事务的性质不宜终止的情况下,受托人死亡就不再属于委托合同的终止事由。

也就是说,根据《民法典》第 934 条的规定,《民法典》第 173 条第 4 项所说的“有下列情形之一的,委托代理终止:……(四)代理人……死亡”,并非强制性规定,可以经当事人合意排除适用。

(七)作为被代理人的自然人死亡

根据《民法典》第 173 条第 4 项的规定,被代理人死亡也是委托代理的终止事由。

同样地,《民法典》第 173 条第 4 项所说的“被代理人死亡”,指的是作为被代理人的自然人死亡,包括生理死亡和被宣告死亡①。

结合《民法典》第 13 条所说的“自然人从出生时起到死亡时止,具有民事权利能力,依法享有民事权利,承担民事义务”和第 144 条所说的“无民事行为能力人实施的民事法律行为无效”,在被代理人死亡的情况下,其民事权利能力、民事行为能力和主体资格均归于消灭,委托代理人仍然以其名义实施的民事法律行为,除非法律另有明确规定(如《民法典》第 174 条第 1 款),该民事法律行为不成立,也不得被视为被代理人实施的民事法律行为。

比如,在王某 1、马某与某汉置业集团有限责任公司房屋买卖合同纠纷案中,北京市第一中级人民法院(2018)京 01 民终 5887 号民事判决书认为:“合同的成立要件一般应当包括三个方面:一是存在双方或多方的订约主体,其既可以是合同当事人,也可以是当事人的代理人,合同当事人实际享有合同权利并承担合同义务;二是当事人就合同主要条款达成合意,其中主要条款一般包括当事人、标的和数量;三是合同的成立要经过要约和承诺的阶段。本案中,首先,‘王某 4’与某汉置业公司于 2013 年 4 月 22 日签订《北京市商品房预售合同》时,‘王某 4’已经去世,其已不具有民事权利能力,无法实际享有民事权利并承担民事义务,亦无法就商品房买卖与某汉置业公司进行要约、承诺,进而达成合意。其次,‘王某 4’去世前委托王某 2 办理涉案经济适用房的购买等相关手续,该委托代理关系自‘王某 4’去世后即终止。因此,本案中的《北京市商品房预售合同》不具备合同成立的一般要件,王某 1、马某主张其成立缺乏法律依据,本院对此不予采信。”

又如,在刘某翠与某某网络通信有限公司吉林省分公司、某某网络通信有限公司长白鲜族自治县分公司劳动争议案中,吉林省长春市中级人民法院(2021)吉 01 民终 7872 号民事裁定书认为:“《中华人民共和国民法典》第一百七十三条规定:‘有下列情形之一的,委托代理终止:(一)代理期限届满或者代理事务完成;(二)被代理人取消委托或者代理人辞去委托;(三)代理人丧失民事行为能力;(四)代理人或者被代理人死

① 《民法典继承编解释一》第 1 条第 1 款规定:“继承从被继承人生理死亡或者被宣告死亡时开始。”

亡;(五)作为代理人或者被代理人的法人、非法人组织终止。'刘某翠2021年9月5日即本案一审立案前已经死亡,其生前即使与孙某、刘某然形成委托合同关系,也于刘某翠死亡时终止。2021年9月13日孙某、刘某然以刘某翠名义缴纳案件受理费并以刘某翠名义进行一审诉讼。一审过程中,孙某、刘某然未向原审法院及时说明刘某翠2021年9月5日死亡的事实。2021年10月4日刘某翠不可能再出具上诉状。本案诉讼不是刘某翠真实意思表示,原告主体不适格,不符合法律规定的起诉条件,对孙某、刘某然以刘某翠名义的起诉依法应予驳回。"

在委托代理因作为被代理人的自然人死亡而终止的情况下,如委托代理人仍然以被代理人名义实施相应的民事法律行为,应当根据《民法典》第174条的规定进行处理。

需要注意的是,《民法典》第173条第4项所说的"有下列情形之一的,委托代理终止:……(四)……被代理人死亡"属于一般规定,在法律作出了不同规定的情况下,根据《立法法》第103条所说的"同一机关制定的法律……特别规定与一般规定不一致的,适用特别规定",应当适用法律的特别规定。

比如,针对委托人死亡是否导致委托合同终止的问题,《民法典》第934条规定:"委托人死亡……的,委托合同终止;但是,当事人另有约定或者根据委托事务的性质不宜终止的除外。"据此,在委托合同作出了委托人死亡不导致委托合同终止的约定或根据委托事务的性质不宜终止的情况下,委托人死亡就不再属于委托合同的终止事由。

也就是说,根据《民法典》第934条的规定,《民法典》第173条第4项所说的"有下列情形之一的,委托代理终止:……(四)……被代理人死亡",并非强制性规定,可以经当事人合意排除适用。

(八)作为委托代理人的法人或非法人组织终止

根据《民法典》第173条第5项的规定,作为委托代理人的法人或非法人组织终止是委托代理的终止事由。

其中,根据《民法典》第72条第3款所说的"清算结束并完成法人注销登记时,法人终止;依法不需要办理法人登记的,清算结束时,法人终止"和第73条所说的"法人被宣告破产的,依法进行破产清算并完成法人注销登记时,法人终止",《民法典》第173条第5项所说的"作为代理人的法人终止",应当以登记机关的注销登记(适用于需要办理注销登记的法人)或清算结束(适用于不需要办理注销登记的法人)为准;根据《民法典》第103条第1款所说的"非法人组织应当依照法律的规定登记",《民法典》第173条第5项所说的"作为代理人的非法人组织终止",应当以登记机关的注销登记为准。

需要注意的是,就法人或非法人组织而言,由于"解散""被宣告破产"属于终止事由、并非"终止"本身,因此,作为委托代理人的法人或非法人组织解散或被宣告破产,不属于委托代理的终止事由,不会导致委托代理立即终止。

还需注意的是,《民法典》第173条第5项所说的"有下列情形之一的,委托代理终止:……(五)作为代理人……的法人、非法人组织终止"属于一般规定,在法律作出了不同规定的情况下，根据《立法法》第 103 条所说的“同一机关制定的法律……特别规定与一般规定不一致的，适用特别规定”，应当适用法律的特别规定。

比如，针对作为受托人的法人或非法人组织终止是否导致委托合同终止的问题，《民法典》第 934 条规定：“……受托人……终止的，委托合同终止；但是，当事人另有约定或者根据委托事务的性质不宜终止的除外”。据此，在委托合同作出了作为受托人的法人或非法人组织终止不导致委托合同终止的约定或根据委托事务的性质不宜终止的情况下，作为受托人的法人或非法人组织终止就不再属于委托合同的终止事由。

也就是说，根据《民法典》第 934 条的规定，《民法典》第 173 条第 5 项所说的“有下列情形之一的，委托代理终止：……（五）作为代理人……的法人、非法人组织终止”，并非强制性规定，可以经当事人合意排除适用。

（九）作为被代理人的法人或非法人组织终止

根据《民法典》第 173 条第 5 项的规定，作为被代理人的法人或非法人组织终止也是委托代理的终止事由。

同样地，《民法典》第 173 条第 5 项所说的“作为被代理人的法人终止”，应当以登记机关的注销登记（适用于需要办理注销登记的法人）或清算结束（适用于不需要办理注销登记的法人）为准；根据《民法典》第 103 条第 1 款所说的“非法人组织应当依照法律的规定登记”，《民法典》第 173 条第 5 项所说的“作为被代理人的非法人组织终止”，应当以登记机关的注销登记为准；作为被代理人的法人或非法人组织解散或被宣告破产，不属于委托代理的终止事由，不会导致委托代理立即终止。

在委托代理因作为被代理人的法人或非法人组织终止而终止的情况下，如委托代理人仍然以被代理人名义实施相应的民事法律行为，应当根据《民法典》第 174 条的规定进行处理。

需要注意的是，《民法典》第 173 条第 5 项所说的“有下列情形之一的，委托代理终止：……（五）作为……被代理人的法人、非法人组织终止”属于一般规定，在法律作出了不同规定的情况下，根据《立法法》第 103 条所说的“同一机关制定的法律……特别规定与一般规定不一致的，适用特别规定”，应当适用法律的特别规定。

比如，针对作为受托人的法人或非法人组织终止是否导致委托合同终止的问题，《民法典》第 934 条规定：“委托人……终止的，委托合同终止；但是，当事人另有约定或者根据委托事务的性质不宜终止的除外”。据此，在委托合同作出了作为委托人的法人或非法人组织终止不导致委托合同终止的约定或根据委托事务的性质不宜终止的情况下，作为委托人的法人或非法人组织终止就不再属于委托合同的终止事由。

也就是说，根据《民法典》第 934 条的规定，《民法典》第 173 条第 5 项所说的“有下列情形之一的，委托代理终止：……（五）作为……被代理人的法人、非法人组织终止”，并非强制性规定，可以经当事人合意排除适用。

（十）法律规定或当事人约定的其他终止事由

虽然《民法典》第 173 条采用穷尽式列举的方式对委托代理的终止事由作出了规定，但是，法律（包括《民法典》自身）也可以在《民法典》第 173 条列明的 9 种终止事由之外规定委托代理的其他终止事由，就如同《民法典》第175条第4项针对法定代理的终止事由规定了"有下列情形之一的，法定代理终止：……（四）法律规定的其他情形"那样。这也是《立法法》第103条所说的"同一机关制定的法律……特别规定与一般规定不一致的，适用特别规定"和《民法典》第11条所说的"其他法律对民事关系有特别规定的，依照其规定"的应有之义。

此外，结合《民法典》第934条所说的"委托人死亡、终止或者受托人死亡、丧失民事行为能力、终止的，委托合同终止；但是，当事人另有约定或者根据委托事务的性质不宜终止的除外"和第557条第1款所说的"有下列情形之一的，债权债务终止：……（六）法律规定或者当事人约定终止的其他情形"，被代理人和代理人经协商一致也可以将其他事由约定为委托代理终止的事由。

也因此，《民法典》第173条如能增加一项"法律规定或者当事人约定终止的其他情形"作为兜底，则是更加周延的。

（十一）发生委托代理终止事由的证明

根据《民事诉讼法》第67条第1款①和《民诉法解释》第90条、第91条②的规定，不论是被代理人，还是委托代理人，抑或相对人，如其主张适用《民法典》第173条所说的"委托代理终止"，就应当对发生了该条规定的委托代理终止事由承担举证证明责任；否则，其主张可能得不到支持。

比如，在南昌欧某光科技有限公司等与南昌某升工业设备有限公司买卖合同纠纷案中，江西省南昌市中级人民法院（2020）赣01民终733号民事判决书认为："被上诉人某升公司于2019年3月15日就其与欧某光四公司案件的诉讼、仲裁向叶某伟律师出具特别授权委托书，该授权委托书并未载明授权的截止时间。结合2019年10月10日《律师费结清证明》中'……该案委托事项已办理终结'字样可知，叶某伟律师在2019年10月10日前对被上诉人某升公司与欧某光四公司之间的纠纷处理有代理权限。被上诉人某升公司虽主张叶某伟律师无权代理其就《调解书》的履行问题与欧某光四公司之间进行沟通，但并未提出直接的证据证明其已经取消了叶某伟律师的授权，根据《中华人民共和国民法总则》第一百七十三条：'有下列情形之一的，委托代理终止：（一）代理期间届满或者代理事务完成；（二）被代理人取消委托或者代理人辞去委托；（三）代理人丧失民事行为能力；（四）代理人或者被代理人死亡；（五）作为代理人或者被代理人的法人、非法人组织终止'的规定，在无相反证据的情况下，本院认定叶某伟律师在2019年10月10日前对被上诉人某升公司与欧某光四公司之间的纠纷处理有代理权限。"

---

① 《民事诉讼法》第67条第1款规定："当事人对自己提出的主张，有责任提供证据。"

② 《民诉法解释》第90条规定："当事人对自己提出的诉讼请求所依据的事实或者反驳对方诉讼请求所依据的事实，应当提供证据加以证明，但法律另有规定的除外。在作出判决前，当事人未能提供证据或者证据不足以证明其事实主张的，由负有举证证明责任的当事人承担不利的后果。"第91条规定："人民法院应当依照下列原则确定举证证明责任的承担，但法律另有规定的除外：（一）主张法律关系存在的当事人，应当对产生该法律关系的基本事实承担举证证明责任；（二）主张法律关系变更、消灭或者权利受到妨害的当事人，应当对该法律关系变更、消灭或者权利受到妨害的基本事实承担举证证明责任。"

又如，在陈某军与湖南某电集团有限责任公司星宁电力工程分公司劳动争议纠纷案中，湖南省长沙市中级人民法院(2017)湘 01 民终 7811 号民事判决书认为："本案中，陈某军于 2012 年 11 月 29 日出具委托书，全权委托姜某锋办理与某鑫公司的一切事宜。故姜某锋作为陈某军的委托代理人于 2012 年 11 月 30 日与某鑫公司签订的协议对方某连发生法律效力。陈某军称，其对姜某锋的授权期限仅为 2012 年 11 月 29 日，经审查，陈某军出具的委托书上未载明代理时限，根据《中华人民共和国民法总则》第一百七十三条之规定：有下列情形之一的，委托代理终止：(一)代理期间届满或者代理事务完成；(二)被代理人取消委托或者代理人辞去委托；(三)代理人丧失民事行为能力；(四)代理人或者被代理人死亡；(五)作为代理人或者被代理人的法人、非法人组织终止，陈某军亦未提供证据证明其对姜某锋的委托存在该条法律规定的委托代理终止或已撤销委托之情形。"

二、委托代理的终止时间

需要注意的是，《民法典》第 173 条只是规定了委托代理终止的事由，没有直接规定委托代理终止的具体时间。这跟《民法典》第 423 条[①]针对最高额抵押权的债权的确定只规定了确定事由、没有规定确定时间是类似的，跟《民法典》第 411 条[②]针对动产浮动抵押的抵押财产的确定既规定了确定事由、又规定了确定时间是不同的。

委托代理终止的具体时间，需要根据相应的终止事由加以判断，主要如下：

表 10　不同终止事由发生时委托代理的终止时间

序号	委托代理的终止事由	委托代理的终止时间
1	代理期限届满	代理期限届满时
2	代理事务完成	代理事务完成时
3	被代理人取消委托	被代理人作出的取消委托的意思表示生效时
4	代理人辞去委托	委托代理人作出的辞去委托的意思表示生效时
5	代理人丧失民事行为能力	法院作出的认定委托代理人为无民事行为能力人的判决生效之日
6	代理人死亡	委托代理人的死亡证明记载的死亡时间(适用于生理死亡)或意外事件发生之日(适用于因意外事件下落不明被宣告死亡)或人民法院宣告死亡的判决作出之日(适用于其他宣告死亡)

---

① 《民法典》第 423 条规定："有下列情形之一的，抵押权人的债权确定：(一)约定的债权确定期间届满；(二)没有约定债权确定期间或者约定不明确，抵押权人或者抵押人自最高额抵押权设立之日起满二年后请求确定债权；(三)新的债权不可能发生；(四)抵押权人知道或者应当知道抵押财产被查封、扣押；(五)债务人、抵押人被宣告破产或者解散；(六)法律规定债权确定的其他情形。"

② 《民法典》第 411 条规定："依据本法第三百九十六条规定设定抵押的，抵押财产自下列情形之一发生时确定：(一)债务履行期限届满，债权未实现；(二)抵押人被宣告破产或者解散；(三)当事人约定的实现抵押权的情形；(四)严重影响债权实现的其他情形。"

(续表)

序号	委托代理的终止事由	委托代理的终止时间
7	被代理人死亡	被代理人的死亡证明记载的死亡时间(适用于生理死亡)或意外事件发生之日(适用于因意外事件下落不明被宣告死亡)或人民法院宣告死亡的判决作出之日(适用于其他宣告死亡)
8	作为代理人的法人或非法人组织终止	完成注销登记时(适用于非法人组织和需要办理注销登记的法人)或清算结束时(适用于不需要办理注销登记的法人)
9	作为被代理人的法人或非法人组织终止	完成注销登记时(适用于非法人组织和需要办理注销登记的法人)或清算结束时(适用于不需要办理注销登记的法人)
10	法律规定或当事人约定代理终止的其他事由	根据具体情形认定委托代理终止的具体时间

第一百七十四条 【在被代理人死亡或终止后实施的委托代理行为的效力归属】被代理人死亡后,有下列情形之一的,委托代理人实施的代理行为有效:

(一)代理人不知道且不应当知道被代理人死亡;

(二)被代理人的继承人予以承认;

(三)授权中明确代理权在代理事务完成时终止;

(四)被代理人死亡前已经实施,为了被代理人的继承人的利益继续代理。

作为被代理人的法人、非法人组织终止的,参照适用前款规定。

【条文通释】

《民法典》第174条是关于在被代理人死亡或终止后实施的委托代理行为的效力归属的规定。

一、在被代理人死亡后实施的委托代理行为的效力归属

(一)例外:对被代理人发生效力

针对委托代理人在被代理人死亡后实施的代理行为的效力归属,《民法典》第174条第1款作出了规定,即:在该款列明的任一情形下,委托代理人在被代理人死亡后"实施的代理行为有效"。

其中,《民法典》第174条第1款所说的"代理行为有效",与《民法典》第172条针对表见代理所说的"代理行为有效"具有相同的含义,指的也是代理行为对被代理人发生效力的意思,指向的也是代理行为的效力归属,而非代理行为的效力状态(有效、无效、可撤销、不发生效力等)。

也就是说,尽管根据《民法典》第 173 条第 4 项的规定,委托代理关系和委托代理权均因被代理人死亡而终止,但是,基于《民法典》第 174 条第 1 款的明文规定,委托代理人在被代理人死亡后实施的代理行为,仍然被法律视为对被代理人发生效力的代理行为。

也因此,《民法典》第 174 条第 1 款关于“被代理人死亡后,有下列情形之一的,委托代理人实施的代理行为有效……”的规定,属于《民法典》第 162 条所说的“代理人在代理权限内,以被代理人名义实施的民事法律行为,对被代理人发生效力”的特别规定。

需要注意的是,《民法典》第 174 条第 1 款关于“被代理人死亡后,有下列情形之一的,委托代理人实施的代理行为有效……”的规定,并非《民法典》第 173 条第 4 项所说的“有下列情形之一的,委托代理终止:……(四)……被代理人死亡”的特别规定,《民法典》第 174 条第 1 款是在承认委托代理已经因被代理人死亡而终止的前提下对委托代理人以被代理人名义实施的民事法律行为的效力归属作出的规定,二者处理的是不同的事项。进而,不能因为《民法典》第 174 条第 1 款规定了“被代理人死亡后,有下列情形之一的,委托代理人实施的代理行为有效……”就认为在被代理人死亡后符合该款列明的情形的委托代理仍然没有终止。

还需注意的是,《民法典》第 174 条第 1 款适用于被代理人已经死亡的情形,跟《民法典》第 171 条和第 172 条适用于被代理人并未死亡的情形是不一样的。对此,在姬某冰、翟某玲与殷某山物权纠纷案中,最高人民法院(2020)最高法民申 6361 号民事裁定书认为:“代理是指代理人在代理权范围内,以被代理人的名义独立与第三人实施民事法律行为,由此产生的法律效果归属于被代理人。一般情况下,代理的发生是以被代理人存在为前提,在被代理人死亡的情况下,应适用《民法总则》第一百七十四条的相关规定处理。本案中,由于殷某钧于 2010 年 9 月 20 日已经死亡,殷某民于 2013 年 3 月 23 日仍以殷某钧名义将案涉房屋出售给姬某冰、翟某玲的行为,不适用表见代理的法律规定,而应结合《民法总则》第一百七十四条的规定进行评判。”

(二)原则:对被代理人不发生效力

问题是,除了《民法典》第 174 条第 1 款所列明的 4 种情形,委托代理人在被代理人死亡后实施的代理行为,是否可以适用《民法典》第 174 条第 1 款所说的“委托代理人实施的代理行为有效”? 对此,《民法典》和《民法典总则编解释》均未作出规定。

考虑到《民法典》第 174 条第 1 款仅仅将该款列明的 4 种情形规定为委托代理人在被代理人死亡后实施的代理行为对被代理人发生效力的事由,根据《民法典》第 173 条第 4 项所说的“有下列情形之一的,委托代理终止:……(四)……被代理人死亡”,作为被代理人的自然人死亡将导致委托代理终止;再结合《民法典》第 13 条所说的“自然人从出生时起到死亡时止,具有民事权利能力,依法享有民事权利,承担民事义务”,第 59 条所说的“法人的民事权利能力和民事行为能力,从法人成立时产生,到法人终止时消灭”,第 133 条所说的“民事法律行为是民事主体通过意思表示设立、变更、终止民事法律关系的行为”和第 144 条所说的“无民事行为能力人实施的民事法律行为无效”,因此,除非法律另有明文规定,否则,在被代理人死亡的情况下,因其民事权利能力、民事行为能力和主体资格均归于消灭,故委托代理人仍然以其名义实施的不符合《民法典》第 174 条第 1 款所列情形的民事法律行为,应当是不成立的民事法律行为,不应被视为被代理人实施的民事法律行为。

比如,在王某 1、马某与某汉置业集团有限责任公司房屋买卖合同纠纷案中,北京市第一中级人民法院(2018)京 01 民终 5887 号民事判决书认为:"本案中,首先,'王某 4'与某汉置业公司于 2013 年 4 月 22 日签订《北京市商品房预售合同》时,'王某 4'已经去世,其已不具有民事权利能力,无法实际享有民事权利并承担民事义务,亦无法就商品房买卖与某汉置业公司进行要约、承诺,进而达成合意。其次,'王某 4'去世前委托王某 2 办理涉案经济适用房的购买等相关手续,该委托代理关系自'王某 4'去世后即终止。因此,本案中的《北京市商品房预售合同》不具备合同成立的一般要件,王某 1、马某主张其成立缺乏法律依据,本院对此不予采信。"

又如,在王某娟与匡某兰、北京某某房地产经纪有限公司房屋买卖合同纠纷案中,北京市海淀区人民法院(2016)京 0108 民初 31424 号民事判决书认为:"根据现有证据及庭审中当事人陈述,匡某兰以其配偶吴某 1 名义与王某娟订立《北京市存量房屋买卖合同(经纪成交版)》、《补充协议》,但吴某 1 已于 2006 年去世,匡某兰未提交证据证明吴某 1 在其去世前委托匡某兰出售其名下不动产,亦未提交证据证明《中华人民共和国民法总则》第 174 条第一款规定之情形,因此吴某 1 与匡某兰间不存在合法、有效的代理关系,因此匡某兰不能以已去世吴某 1 之名义签订《北京市存量房屋买卖合同(经纪成交版)》、《补充协议》,由于买受人王某娟签订合同时已明知吴某 1 已去世,因此吴某 1 非《北京市存量房屋买卖合同(经纪成交版)》、《补充协议》当事人,从而《北京市存量房屋买卖合同(经纪成交版)》、《补充协议》并未成立,对王某娟与匡某兰无法律约束力,故王某娟诉请解除 2016 年 2 月 18 日《北京市存量房屋买卖合同(经纪成交版)》、《补充协议》及匡某兰赔偿违约金 35 万元之诉讼请求,于法无据,本院不予支持。"①

也就是说,除了其字面意思,《民法典》第 174 条第 1 款也隐含了"除本款规定的情形外,被代理人死亡后,委托代理人实施的代理行为对被代理人不发生效力"的意思。因此,在表述上,《民法典》第 174 条第 1 款如果能够调整为"被代理人死亡后,委托代理人实施的代理行为对被代理人不发生效力,但是有下列情形之一的除外:(一)代理人不知道且不应当知道被代理人死亡;(二)被代理人的继承人予以承认;(三)授权中明确代理权在代理事务完成时终止;(四)被代理人死亡前已经实施,为了被代理人的继承人的利益继续代理",可能是更准确的。

需要注意的是,委托代理人在被代理人死亡后实施的不符合《民法典》第 174 条第

---

① 实务中,有裁判意见认为,委托代理人仍然以被代理人名义实施的不符合《民法典》第 174 条第 1 款所列情形的民事法律行为属于无权处分行为。比如,在姬某冰、翟某玲与殷某山物权纠纷案中,最高人民法院(2020)最高法民申 6361 号民事裁定书认为:"根据原审查明的情况,殷某民于 2013 年 3 月 23 日以殷某钧名义将案涉房屋出售给姬某冰、翟某玲时,其三人对殷某钧已经死亡一事均是明知,现有证据也不足以说明殷某民受殷某钧生前所托处理案涉房屋,且其处理案涉房屋的行为,并未获得殷某山事前授权以及事后追认。同时结合姬某冰、翟某玲'殷某民称,殷某钧生前无子女'的陈述,显然殷某民出售案涉房屋的行为也并未是为了殷某钧继承人的利益。综上,殷某民以殷某钧的名义将案涉房屋出售给姬某冰、翟某玲的行为,不符合《民法总则》第一百七十四条规定的代理行为有效的情形,原审认定殷某民处置该房屋的行为系无权处分行为并无不当。"

1 款所列情形的代理行为,因被代理人已经死亡而在事实上不存在由被代理人追认的可能性,并非“被代理人拒绝追认”,因此也就不存在适用《民法典》第 171 条第 2 款、第 3 款或第 4 款[①]的余地了。

二、在被代理人死亡后实施的委托代理行为对被代理人发生效力的事由

《民法典》第 174 条第 1 款以穷尽式列举的方式规定了委托代理人在被代理人死亡后实施的代理行为对被代理人发生效力的 4 种事由:(1)委托代理人不知道且不应当知道被代理人死亡;(2)被代理人的继承人予以承认;(3)委托代理授权中明确代理权在代理事务完成时终止;(4)被代理人死亡前已经实施,为了被代理人的继承人的利益继续代理。

(一)委托代理人不知道且不应当知道被代理人死亡

《民法典》第 174 条第 1 款第 1 项关于“被代理人死亡后,有下列情形之一的,委托代理人实施的代理行为有效:(一)代理人不知道且不应当知道被代理人死亡”的规定,是《民法典》从保护善意的委托代理人的角度作出的特别安排,也是《民法典》第 7 条所说的“民事主体从事民事活动,应当遵循诚信原则,秉持诚实,恪守承诺”的具体体现和应有之义。

《民法典》第 174 条第 1 款第 1 项所说的“代理人不知道且不应当知道被代理人死亡”,指的是委托代理人在实施代理行为之前至实施代理行为之时都不知道且不应当知道被代理人已经死亡。

委托代理人在实施代理行为之后才知道或应当知道被代理人死亡,不影响《民法典》第 174 条第 1 款所说的“委托代理人实施的代理行为有效”的适用。委托代理人在实施代理行为时不知道且不应当知道被代理人已经死亡,表明委托代理人对其在被代理人死亡后仍然实施代理行为是善意的。

问题是,就委托代理人在不知道且不应当知道被代理人死亡的情况下实施的代理行为,如果相对人在委托代理人实施代理行为之时已经知道或应当知道被代理人死亡,是否还能适用《民法典》第 174 条第 1 款所说的“委托代理人实施的代理行为有效”?

对此,由于一是从文义解释的角度看,《民法典》第 174 条第 1 款并没有规定适用其所说的“委托代理人实施的代理行为有效”也须以“相对人不知道且不应当知道被代理人死亡”为条件;二是从体系解释的角度看,《民法典》第 174 条第 1 款第 2 项和第 4 项所说的“被代理人死亡后,有下列情形之一的,委托代理人实施的代理行为有效:……(二)被代理人的继承人予以承认;……(四)被代理人死亡前已经实施,为了被代理人的继承人的利益继续代理”,均可以在相对人知道或应当知道被代理人死亡的

---

① 《民法典》第 171 条第 2 款规定:“相对人可以催告被代理人自收到通知之日起三十日内予以追认。被代理人未作表示的,视为拒绝追认。行为人实施的行为被追认前,善意相对人有撤销的权利。撤销应当以通知的方式作出”,第 3 款规定:“行为人实施的行为未被追认的,善意相对人有权请求行为人履行债务或者就其受到的损害请求行为人赔偿。但是,赔偿的范围不得超过被代理人追认时相对人所能获得的利益”,第 4 款规定:“相对人知道或者应当知道行为人无权代理的,相对人和行为人按照各自的过错承担责任”。

情况下得到适用，因此，相对人在委托代理人实施代理行为之时是否知道或应当知道被代理人死亡，不影响《民法典》第 174 条第 1 款所说的“被代理人死亡后，有下列情形之一的，委托代理人实施的代理行为有效……”的适用。

不过，结合《民法典》第 7 条所说的“民事主体从事民事活动，应当遵循诚信原则，秉持诚实，恪守承诺”和第 509 条第 2 款所说的“当事人应当遵循诚信原则，根据合同的性质、目的和交易习惯履行通知、协助、保密等义务”，如果相对人在委托代理人实施代理行为之时已经知道或应当知道被代理人死亡，就应当将该事实告知委托代理人，否则有违诚信原则；结合《民法典》第 500 条所说的“当事人在订立合同过程中有下列情形之一，造成对方损失的，应当承担赔偿责任：……（二）故意隐瞒与订立合同有关的重要事实……；（三）有其他违背诚信原则的行为”，相对人应当承担与其不诚信行为相应的不利后果。

（二）被代理人的继承人予以承认

《民法典》第 174 条第 1 款第 2 项关于“被代理人死亡后，有下列情形之一的，委托代理人实施的代理行为有效：……（二）被代理人的继承人予以承认”的规定，是《民法典》从尊重被代理人的继承人的意思表示和真实意愿的角度作出的特别安排，也是《民法典》第 5 条所说的“民事主体从事民事活动，应当遵循自愿原则，按照自己的意思设立、变更、终止民事法律关系”和第 130 条所说的“民事主体按照自己的意愿依法行使民事权利，不受干涉”的具体体现和应有之义。

《民法典》第 174 条第 1 款第 2 项所说的“被代理人的继承人予以承认”，指的是被代理人的继承人对委托代理人在被代理人死亡后实施的代理行为作出了承认的意思表示。在被代理人的继承人予以承认的情况下，委托代理人和相对人在委托代理人实施该代理行为时是否知道或应当知道被代理人已经死亡，均不影响《民法典》第 174 条第 1 款所说的“委托代理人实施的代理行为有效”的适用。

其中，《民法典》第 174 条第 1 款第 2 项所说的“被代理人的继承人予以承认”中的“承认”，就其权利主体而言，有权对委托代理人在被代理人死亡后实施的代理行为予以承认的主体限于被代理人的继承人①；在被代理人的继承人有数人的情况下，结合《民法典》第 1132 条所说的“继承人应当本着互谅互让、和睦团结的精神，协商处理继承问题”，各个继承人应当协商一致决定是否对委托代理人在被代理人死亡后实施的代理行为予以承认。应该说，原《民通意见》（已废止）第 82 条所说的“被代理人死亡后

① 不过，考虑到根据《民法典》第 1133 条第 1 款所说的“自然人可以依照本法规定立遗嘱处分个人财产，并可以指定遗嘱执行人”，第 1145 条所说的“继承开始后，遗嘱执行人为遗产管理人；没有遗嘱执行人的，继承人应当及时推选遗产管理人；继承人未推选的，由继承人共同担任遗产管理人；没有继承人或者继承人均放弃继承的，由被继承人生前住所地的民政部门或者村民委员会担任遗产管理人”，第 1147 条所说的“遗产管理人应当履行下列职责：（一）清理遗产并制作遗产清单；（二）向继承人报告遗产情况；（三）采取必要措施防止遗产毁损、灭失；（四）处理被继承人的债权债务；（五）按照遗嘱或者依照法律规定分割遗产；（六）实施与管理遗产有关的其他必要行为”和第 1148 条所说的“遗产管理人应当依法履行职责，因故意或者重大过失造成继承人、受遗赠人、债权人损害的，应当承担民事责任”，遗嘱执行人等遗产管理人在继承开始后即负有采取必要措施防止遗产毁损、灭失、处理被继承人的债权债务和实施与管理遗产有关的其他必要行为等职责，有必要将有权对委托代理人在被代理人死亡后实施的代理行为进行承认的主体扩大至遗产管理人。

有下列情况之一的,委托代理人实施的代理行为有效:……(2)被代理人的继承人均予承认的……”规定得更为清晰。

就其内容而言,应当是承认委托代理人在被代理人死亡后实施的整个代理行为,不能是仅仅承认代理行为的一部分、而对其他部分不予承认。

就其方式而言,结合《民法典》第 503 条所说的“无权代理人以被代理人的名义订立合同,被代理人已经开始履行合同义务或者接受相对人履行的,视为对合同的追认”,被代理人的继承人既可以明确表示承认,也可以以积极的行为表明承认,但被代理人的继承人的沉默不构成承认。

就其期限而言,被代理人的继承人应当在合理的期限内予以承认。

就其效力而言,被代理人的继承人对委托代理人在被代理人死亡后实施的代理行为予以承认,应视为在委托代理人与被代理人的继承人之间形成了新的委托代理关系。①

问题是,相对人或委托代理人是否可以催告被代理人的继承人予以承认?对此,《民法典》和《民法典总则编解释》都没有作出规定。从保护被代理人的继承人、委托代理人和相对人的利益和维护交易安全的角度,可以参考《民法典》第 171 条第 2 款所说的“相对人可以催告被代理人自收到通知之日起三十日内予以追认。被代理人未作表示的,视为拒绝追认。行为人实施的行为被追认前,善意相对人有撤销的权利。撤销应当以通知的方式作出”,赋予相对人和委托代理人催告权、善意相对人撤销权。

(三)委托代理授权中明确代理权在代理事务完成时终止

《民法典》第 174 条第 1 款第 3 项关于“被代理人死亡后,有下列情形之一的,委托代理人实施的代理行为有效:……(三)授权中明确代理权在代理事务完成时终止”的规定,是《民法典》从尊重被代理人生前意思表示和真实意愿的角度作出的特别安排,也是《民法典》第 5 条所说的“民事主体从事民事活动,应当遵循自愿原则,按照自己的意思设立、变更、终止民事法律关系”和第 130 条所说的“民事主体按照自己的意愿依法行使民事权利,不受干涉”的具体体现和应有之义。

《民法典》第 174 条第 1 款第 3 项所说的“授权中明确代理权在代理事务完成时终止”,指的是被代理人在死亡前作出的委托代理授权中载明了“代理权在代理事务完成时终止”等类似内容。比如,授权委托书载明的代理期限为“至代理事务完成”,即属于《民

---

① 比如,在冯某与杨某等证券投资基金权利确认纠纷案中,广东省深圳市中级人民法院(2021)粤 03 民终 1460 号民事判决书认为:“冯某与常某通过订立《资产管理计划及股权投资代持协议》形成委托合同关系。依据《中华人民共和国民法总则》第一百七十三条的规定,有下列情形之一的,委托代理终止:(一)代理期间届满或者代理事务完成;(二)被代理人取消委托或者代理人辞去委托;(三)代理人丧失民事行为能力;(四)代理人或者被代理人死亡;(五)作为代理人或者被代理人的法人、非法人组织终止。现常某已经去世,双方协议因一方死亡而自然终止。在冯某与常某的继承人未能达成新的代持协议的情况下,仅基于继承人一方的意思表示,不能产生合同继续履行的法律后果。一审以杨某同意继续履行《代持协议》,而认定合同继续履行,适用法律错误。”

法典》第 174 条第 1 款第 3 项所说的"授权中明确代理权在代理事务完成时终止"。①

在委托代理授权中明确代理权在代理事务完成时终止的情况下,委托代理人和相对人在委托代理人实施该代理行为时是否知道或应当知道被代理人已经死亡,均不影响《民法典》第 174 条第 1 款所说的"委托代理人实施的代理行为有效"的适用。

需要注意的是,《民法典》第 174 条第 1 款第 3 项所说的"授权",指的是被代理人在死亡前作出的在其死亡时仍然有效的委托代理授权,不包括被代理人在死亡前作出、但在其死亡时已经被取消或代理期限已经届满的委托代理授权。

(四)被代理人死亡前已经实施,为了被代理人的继承人的利益继续代理

《民法典》第 174 条第 1 款第 4 项关于"被代理人死亡后,有下列情形之一的,委托代理人实施的代理行为有效:……(四)被代理人死亡前已经实施,为了被代理人的继承人的利益继续代理"的规定,是《民法典》从保护被代理人的继承人的利益的角度作出的特别安排。

《民法典》第 174 条第 1 款第 4 项所说的"被代理人死亡前已经实施,为了被代理人的继承人的利益继续代理",指的是委托代理人在被代理人死亡前已经开始实施代理行为,但在代理事务完成前发生了被代理人死亡事件,为了被代理人的继承人的利益继续实施代理行为。其中的"被代理人死亡前已经实施,……继续代理",表明委托代理人在被代理人死亡前已经开始实施代理行为,但在被代理人死亡时代理事务尚未完成;而其中的"为了被代理人的继承人的利益继续代理",则表明委托代理人在开始实施代理行为之后、完成代理事务之前知道被代理人死亡的事实。如果委托代理人在被代理人死亡前尚未开始实施代理行为,则不适用《民法典》第 174 条第 1 款所说的"委托代理人实施的代理行为有效"。

(五)其他事由

由于《民法典》第 174 条第 1 款采用穷尽式列举的方式规定了委托代理人在被代理人死亡后实施的代理行为有效的事由,因此,除非法律另有明文规定,否则,其他事由不属于委托代理人在被代理人死亡后实施的代理行为对被代理人发生效力的事由。

比如,针对委托人死亡导致委托合同终止将损害委托人利益的情形,《民法典》第 935 条规定:"因委托人死亡……致使委托合同终止将损害委托人利益的,在委托人的继承人、遗产管理人……承受委托事务之前,受托人应当继续处理委托事务"。据此,在委托人死亡之后、委托人的继承人、遗产管理人或者清算人承受委托事务之前,受托人为了维护委托人利益而继续处理委托事务的行为对委托人也是发生效力的。

---

① 又如,在孙某 1、孙某 2、赵某、葛某与王某 1、王某 2 遗嘱继承纠纷案中,山东省青岛市中级人民法院(2021)鲁 02 民申 229 号民事裁定书认为:"经查,现没有证据证明孙××之委托诉讼代理人在本案二审审理中知道被代理人孙××死亡;在本案二审审理中,孙××之委托诉讼代理人的代理期限明确表述为二审程序。基于以上,孙××在本案二审期间死亡,不影响委托代理行为有效。"

(六)存在法定事由的证明

根据《民事诉讼法》第 67 条第 1 款[①]和《民诉法解释》第 90 条、第 91 条[②]的规定,不论是委托代理人,还是死亡的被代理人的继承人,抑或相对人,如其主张适用《民法典》第 174 条第 1 款所说的“委托代理人实施的代理行为有效”,就应当对存在该款规定的事由承担举证证明责任;否则,其主张可能得不到支持。

三、在被代理人死亡后实施的委托代理行为的效力认定

如前所说,《民法典》第 174 条第 1 款所说的“委托代理人实施的代理行为有效”,指向的是委托代理人在被代理人死亡后实施的代理行为的效力归属问题,即委托代理人在被代理人死亡后实施的存在《民法典》第 174 条第 1 款所列任一情形的代理行为对被代理人发生效力、应由被代理人承受其法律后果,而非民事法律行为的效力(有效、无效、可撤销等),其更准确的表述应该是“委托代理人实施的代理行为对被代理人发生效力”。这跟《民法典》第 172 条针对表见代理所说的“代理行为有效”是类似的。

比如,在姬某冰、翟某玲与殷某山物权纠纷案中,最高人民法院(2020)最高法民申 6361 号民事裁定书认为:“根据《中华人民共和国民法总则》(以下简称《民法总则》)第一百六十二条:‘代理人在代理权限内,以被代理人名义实施的民事法律行为,对被代理人发生效力’,第一百七十二条:‘行为人没有代理权、超越代理权或者代理权终止后,仍然实施代理行为,相对人有理由相信行为人有代理权的,代理行为有效’及第一百七十四条:‘被代理人死亡后,有下列情形之一的,委托代理人实施的代理行为有效:(一)代理人不知道并且不应当知道被代理人死亡;(二)被代理人的继承人予以承认;(三)授权中明确代理权在代理事务完成时终止;(四)被代理人死亡前已经实施,为了被代理人的继承人的利益继续代理。作为被代理人的法人、非法人组织终止的,参照适用前款规定’,根据以上规定可知,代理是指代理人在代理权范围内,以被代理人的名义独立与第三人实施民事法律行为,由此产生的法律效果归属于被代理人。一般情况下,代理的发生是以被代理人存在为前提,在被代理人死亡的情况下,应适用《民法总则》第一百七十四条的相关规定处理。本案中,由于殷某钧于 2010 年 9 月 20 日已经死亡,殷某民于 2013 年 3 月 23 日仍以殷某钧名义将案涉房屋出售给姬某冰、翟某玲的行为,不适用表见代理的法律规定,而应结合《民法总则》第一百七十四条的规定进行评判。根据原审查明的情况,殷某民于 2013 年 3 月 23 日以殷某钧名义将案涉房屋出售给姬某冰、翟某玲时,其三人对殷某钧已经死亡一事均是明知,现有证据也不足以说明殷某民受殷某钧生前所托处理案涉房屋,且其处理案涉房屋的行为,并未获得殷某

① 《民事诉讼法》第 67 条第 1 款规定:“当事人对自己提出的主张,有责任提供证据。”

② 《民诉法解释》第 90 条规定:“当事人对自己提出的诉讼请求所依据的事实或者反驳对方诉讼请求所依据的事实,应当提供证据加以证明,但法律另有规定的除外。在作出判决前,当事人未能提供证据或者证据不足以证明其事实主张的,由负有举证证明责任的当事人承担不利的后果。”第 91 条规定:“人民法院应当依照下列原则确定举证证明责任的承担,但法律另有规定的除外:(一)主张法律关系存在的当事人,应当对产生该法律关系的基本事实承担举证证明责任;(二)主张法律关系变更、消灭或者权利受到妨害的当事人,应当对该法律关系变更、消灭或者权利受到妨害的基本事实承担举证证明责任。”

山事前授权以及事后追认。同时结合姬某冰、翟某玲‘殷某民称，殷某钧生前无子女’的陈述，显然殷某民出售案涉房屋的行为也并未是为了殷某钧继承人的利益。综上，殷某民以殷某钧的名义将案涉房屋出售给姬某冰、翟某玲的行为，不符合《民法总则》第一百七十四条规定的代理行为有效的情形，原审认定殷某民处置该房屋的行为系无权处分行为并无不当。”

有关委托代理人在被代理人死亡后实施的存在《民法典》第 174 条第 1 款所列情形的代理行为的效力，包括是否生效、有效还是无效、是否可以被撤销等，则应当依照法律的有关规定（主要是《民法典》总则编有关民事法律行为的效力的规定以及合同编有关合同的效力的规定）加以确定。在相关代理行为存在法定无效事由或可撤销事由的情况下，应当依法确认无效或依撤销权人的申请予以撤销。

至于委托代理人在被代理人死亡后实施的不符合该款规定的情形的代理行为的效力，也应当依照法律的有关规定（主要是《民法典》总则编有关民事法律行为的效力的规定以及合同编有关合同的效力的规定）加以确定，而不能仅仅因为《民法典》第 174 条第 1 款使用了“被代理人死亡后，有下列情形之一的，委托代理人实施的代理行为有效”的表述，就简单地按照“明示其一则排除其他”的解释规则，认为委托代理人在被代理人死亡后实施的不符合该款规定的情形的代理行为是无效①的。

不过，如前所述，根据《民法典》第 173 条第 4 项所说的“有下列情形之一的，委托代理终止：……（四）……被代理人死亡”，作为被代理人的自然人死亡将导致委托代理终止；再结合《民法典》第 13 条所说的“自然人从出生时起到死亡时止，具有民事权利能力，依法享有民事权利，承担民事义务”，第 59 条所说的“法人的民事权利能力和民事行为能力，从法人成立时产生，到法人终止时消灭”，第 133 条所说的“民事法律行为是民事主体通过意思表示设立、变更、终止民事法律关系的行为”和第 144 条所说的“无民事行为能力人实施的民事法律行为无效”，因此，在被代理人死亡的情况下，因其民事权利能力、民事行为能力和主体资格均归于消灭，委托代理人仍然以其名义实施的不符合《民法典》第 174 条第 1 款所列情形的民事法律行为，应当是不成立的民事法律行为②，不应被视为被代理人实施的民事法律行为；既然是民事法律行为不成立，自

---

① 比如，在范某辉要求撤销高安市某某镇人民政府与刘某英签订的江西高安巴某洛生态农业综合体项目集体土地上房屋征收与补偿安置协议案中，江西省宜春市中级人民法院（2018）赣 09 行终 84 号行政裁定书认为：“本案中，上诉人范某辉在被代理人刘某英死亡之前已取得代理权限，在刘某英死亡后需要继续代理，应举证证明其继续进行的代理行为是为了被代理人的继承人的利益，或者范某辉的继续代理取得了刘某英的继承人的承认，才能认定代理行为有效。刘某英的继承人范某志、范某香均系有独立民事行为能力人，并未对范某辉的继续代理予以承认，且该两人通过选定安置房、补交相应款项等行为已经表明继续履行刘某英与高安市某某镇人民政府签订的《房屋征收与补偿安置协议》符合其利益。上诉人范某辉未能举证证明其继续代理是为了被代理人的继承人的利益的情况下，被代理人的继承人作出了自己的利益选择，且范某辉继续代理要求撤销《房屋征收与补偿安置协议》的主张与被代理人的继承人的选择相悖，故不能认定范某辉的继续代理是为了被代理人的继承人的利益，范某辉作为委托代理人的代理行为无效。上诉人范某辉既不是本案行政相对人刘某英的继承人，未取得刘某英的继承人的承认，其要求撤销《房屋征收与补偿安置协议》的代理行为也无效……”

② 相关裁判意见，可见北京市第一中级人民法院（2018）京 01 民终 5887 号民事判决书、北京市海淀区人民法院（2016）京 0108 民初 31424 号民事判决书。

然也就谈不上对其效力进行评价了①。

四、在被代理人终止后实施的委托代理行为的参照适用

针对委托代理人在作为被代理人的法人或非法人组织终止后实施的代理行为的效力归属,《民法典》第 174 条第 2 款也作出了规定,即:"参照适用前款规定"。

也就是说,作为被代理人的法人或非法人组织终止后,有下列情形之一的,委托代理人实施的代理行为对被代理人发生效力:(1)代理人不知道且不应当知道被代理人终止;(2)被代理人的权利承受人予以承认;(3)授权中明确代理权在代理事务完成时终止;(4)被代理人终止前已经实施,为了被代理人的权利承受人的利益继续代理。

第一百七十五条　【法定代理的终止事由】有下列情形之一的,法定代理终止:

(一)被代理人取得或者恢复完全民事行为能力;

(二)代理人丧失民事行为能力;

(三)代理人或者被代理人死亡;

(四)法律规定的其他情形。

【条文通释】

《民法典》第 175 条是关于法定代理的终止事由的规定。

一、法定代理的终止事由

《民法典》第 175 条列明了法定代理终止的 5 种事由,即:(1)被代理人取得完全民事行为能力;(2)被代理人恢复完全民事行为能力;(3)法定代理人丧失民事行为能力;(4)代理人死亡;(5)被代理人死亡。在此基础上,《民法典》第 175 条第 4 项还以"法律规定的其他情形"兜底,既涵盖了《民法典》和其他法律已经规定的法定代理的其他终止事由,也为法律将来规定新的法定代理终止事由预留了空间。

(一)被代理人取得完全民事行为能力

《民法典》第 175 条第 1 项所说的"被代理人取得完全民事行为能力",主要是指未成年被代理人因年满 18 周岁而成为完全民事行为能力人的情形,与该项所说的"被代理人恢复完全民事行为能力"相对应。

根据《民法典》第 17 条关于"十八周岁以上的自然人为成年人。不满十八周岁的自然人为未成年人",第 18 条第 1 款关于"成年人为完全民事行为能力人,可以独立实施民事法律行为"和第 1259 条关于"民法所称的'以上'……包括本数"的规定,未成年

---

① 最高人民法院(2015)民二终字第 428 号民事裁定书(载《最高人民法院公报》2016 年第 7 期)认为:"合同效力是对已经成立的合同是否具有合法性的评价,依法成立的合同,始对当事人具有法律约束力。合同成立之前不存在合同效力的问题。"

被代理人在年满18周岁之日，即成为成年人，可以独立实施民事法律行为，无须监护，法定代理即行终止。

需要注意的是，被代理人因年满18周岁、成为完全民事行为能力人而取得完全民事行为能力，不需要由法院或其他主体进行宣告，在该事由发生时，法定代理即终止。

还需注意的是，对于以自己的劳动收入为主要生活来源的十六周岁以上的未成年人来说，根据《民法典》第18条所说的"成年人为完全民事行为能力人，可以独立实施民事法律行为。十六周岁以上的未成年人，以自己的劳动收入为主要生活来源的，视为完全民事行为能力人"，由于其被法律"视为完全民事行为能力人"而"可以独立实施民事法律行为"，因此，作为被代理人的未成年人同时符合"年满十六周岁"和"以自己的劳动收入为主要生活来源"这两个条件的，也属于《民法典》第175条第1项所说的"被代理人取得完全民事行为能力"。

（二）被代理人恢复完全民事行为能力

《民法典》第175条第1项所说的"被代理人恢复完全民事行为能力"，指的是不能辨认或不能完全辨认自己的行为的成年人，被法院认定为限制民事行为能力人或无民事行为能力人之后，因其智力、精神健康恢复至能够完全辨认自己的行为而被法院认定恢复为完全民事行为能力人的情形，与该项所说的"被代理人取得完全民事行为能力"相对应。

同样地，被代理人恢复完全民事行为能力时，即成为完全民事行为能力人，可以独立实施民事法律行为，不再需要监护，在该事由发生时，法定代理即终止。

需要注意的是，根据《民法典》第24条第2款①和《民事诉讼法》第201条②的规定，被代理人恢复完全民事行为能力，须以法院作出认定其恢复为完全民事行为能力人的判决为依据；在法院作出该判决之前，法定代理并未终止。

（三）法定代理人丧失民事行为能力

根据《民法典》第23条、第27条第2款和第28条的规定，具有监护能力是具有监护资格、成为监护人、成为法定代理人的前提条件；而根据《民法典》第23条③、第34条第1款④的规定，"有监护能力"首先必须具有完全民事行为能力，否则就属于无民事行为能力人或限制民事行为能力人、属于被监护人的范畴。因此，在担任法定代理人的主体丧失民事行为能力时，其就丧失了监护能力、不再具有监护资格，不能再担任监护人和法定代理人，法定代理即终止。

---

① 《民法典》第24条第2款规定："被人民法院认定为无民事行为能力人或者限制民事行为能力人的，经本人、利害关系人或者有关组织申请，人民法院可以根据其智力、精神健康恢复的状况，认定该成年人恢复为限制民事行为能力人或者完全民事行为能力人。"

② 《民事诉讼法》第201条规定："人民法院根据被认定为无民事行为能力人、限制民事行为能力人本人、利害关系人或者有关组织的申请，证实该公民无民事行为能力或者限制民事行为能力的原因已经消除的，应当作出新判决，撤销原判决。"

③ 《民法典》第23条规定："无民事行为能力人、限制民事行为能力人的监护人是其法定代理人。"

④ 《民法典》第34条第1款规定："监护人的职责是代理被监护人实施民事法律行为，保护被监护人的人身权利、财产权利以及其他合法权益等。"

需要注意的是,根据《民事诉讼法》第 67 条第 1 款①和《民诉法解释》第 90 条、第 91 条②的规定,不论是被代理人,还是法定代理人,抑或相对人,如其主张适用《民法典》第 175 条第 2 项关于“有下列情形之一的,法定代理终止:……(二)代理人丧失民事行为能力”的规定,就应当对法定代理人满足“丧失民事行为能力”的条件承担举证证明责任;否则,其主张可能得不到支持。

还需注意的是,根据《民法典》第 24 条第 1 款关于“不能辨认或者不能完全辨认自己行为的成年人,其利害关系人或者有关组织,可以向人民法院申请认定该成年人为无民事行为能力人或者限制民事行为能力人”的规定,以及《民事诉讼法》第 200 条第 2 款关于“人民法院经审理认定申请有事实根据的,判决该公民为无民事行为能力或者限制民事行为能力人;认定申请没有事实根据的,应当判决予以驳回”的规定,“丧失民事行为能力”与“无民事行为能力人”属于不同的概念,“丧失民事行为能力”须以有资质的机构出具的鉴定意见为依据,而“无民事行为能力人”则须以法院作出的认定其为无民事行为能力人的生效判决为依据,法定代理人丧失民事行为能力并不导致其立即成为无民事行为能力人。

(四)法定代理人死亡

与《民法典》第 173 条第 4 项所说的“代理人或者被代理人死亡”类似,《民法典》第 175 条第 3 项所说的“代理人死亡”,包括法定代理人生理死亡和被宣告死亡;其中,法定代理人的生理死亡原则上应当以死亡证明为依据,被宣告死亡则应当以法院作出的宣告死亡判决为依据。

在法定代理人死亡的情形,因法定代理人不再存续,将导致原法定代理终止,需要为被代理人另行确定新的法定代理人(监护人)。不过,与被代理人死亡将导致法定代理终止、归于消灭或消除不同,法定代理人死亡只是导致原法定代理关系终止,可以另行为被代理人确定新的法定代理人并在新的法定代理人与被代理人之间建立新的法定代理关系。

当然,在法定代理人被宣告死亡的情形,原法定代理终止后,如果该法定代理人重新出现、死亡宣告被撤销,结合《民法典》第 51 条关于“被宣告死亡的人的婚姻关系,自死亡宣告之日起消除。死亡宣告被撤销的,婚姻关系自撤销死亡宣告之日起自行恢复。但是,其配偶再婚或者向婚姻登记机关书面声明不愿意恢复的除外”的规定,原被代理人与原法定代理人之间的法定代理关系也应当自撤销死亡宣告之日起自行恢复,但原被代理人已经取得完全民事行为能力、恢复完全民事行为能力、另行确定了新的法定代理人或者原法定代理人重新出现时已经丧失监护能力的除外。

---

① 《民事诉讼法》第 67 条第 1 款规定:“当事人对自己提出的主张,有责任提供证据。”

② 《民诉法解释》第 90 条规定:“当事人对自己提出的诉讼请求所依据的事实或者反驳对方诉讼请求所依据的事实,应当提供证据加以证明,但法律另有规定的除外。在作出判决前,当事人未能提供证据或者证据不足以证明其事实主张的,由负有举证证明责任的当事人承担不利的后果。”第 91 条规定:“人民法院应当依照下列原则确定举证证明责任的承担,但法律另有规定的除外:(一)主张法律关系存在的当事人,应当对产生该法律关系的基本事实承担举证证明责任;(二)主张法律关系变更、消灭或者权利受到妨害的当事人,应当对该法律关系变更、消灭或者权利受到妨害的基本事实承担举证证明责任。”

需要注意的是,尽管根据《民法典》第 23 条、第 27 条第 2 款、第 28 条、第 32 条、第 33 条的规定①,组织也可以成为监护人和法定代理人,但是,由于《民法典》第 175 条第 3 项使用了“[法定]代理人死亡”而非“[法定]代理人死亡或者终止”的表述,因此,该项不适用于作为法定代理人的组织终止的情形。不过,结合《民法典》第 174 条关于“被代理人死亡后,有下列情形之一的,委托代理人实施的代理行为有效……作为被代理人的法人、非法人组织终止的,参照适用前款规定”的规定,在担任法定代理人的组织终止时,也应该可以参照适用《民法典》第 175 条第 3 项关于“有下列情形之一的,法定代理终止:……(三)代理人……死亡”的规定,认定法定代理终止。

(五)被代理人死亡

同样地,《民法典》第 175 条第 3 项所说的“被代理人死亡”,包括被代理人生理死亡和被宣告死亡。

在被代理人死亡的情形,因作为监护对象的被代理人不再存续,法定代理即行终止;并且,与法定代理人死亡导致原法定代理终止、需要为被代理人另行确定新的法定代理人并在新的法定代理人与被代理人之间建立新的法定代理关系不同,被代理人生理死亡将导致法定代理关系归于消灭、被代理人被宣告死亡将导致法定代理关系归于消除②。

当然,在被代理人被宣告死亡的情形,法定代理终止后,如果被代理人重新出现、死亡宣告被撤销,结合《民法典》第 51 条关于“被宣告死亡的人的婚姻关系,自死亡宣告之日起消除。死亡宣告被撤销的,婚姻关系自撤销死亡宣告之日起自行恢复。但是,其配偶再婚或者向婚姻登记机关书面声明不愿意恢复的除外”的规定,被代理人与原法定代理人之间的法定代理关系也应当自撤销死亡宣告之日起自行恢复,但原被代理人重新出现时已经取得完全民事行为能力、恢复完全民事行为能力或者在原被代理人重新出现时原法定代理人已经丧失监护能力、死亡的除外。

(六)法律规定法定代理终止的其他事由

《民法典》第 175 条第 4 项所说的“法律规定的其他情形”,既包括《民法典》本身规定的除《民法典》第 175 条第 1 项至第 3 项所列的情形之外的其他解散事由,也包括其

---

① 《民法典》第 23 条规定:“无民事行为能力人、限制民事行为能力人的监护人是其法定代理人。”第 27 条第 2 款规定:“未成年人的父母已经死亡或者没有监护能力的,由下列有监护能力的人按顺序担任监护人:(一)祖父母、外祖父母;(二)兄、姐;(三)其他愿意担任监护人的个人或者组织,但是须经未成年人住所地的居民委员会、村民委员会或者民政部门同意。”第 28 条规定:“无民事行为能力或者限制民事行为能力的成年人,由下列有监护能力的人按顺序担任监护人:(一)配偶;(二)父母、子女;(三)其他近亲属;(四)其他愿意担任监护人的个人或者组织,但是须经被监护人住所地的居民委员会、村民委员会或者民政部门同意。”第 32 条规定:“没有依法具有监护资格的人的,监护人由民政部门担任,也可以由具备履行监护职责条件的被监护人住所地的居民委员会、村民委员会担任。”第 33 条规定:“具有完全民事行为能力的成年人,可以与其近亲属、其他愿意担任监护人的个人或者组织事先协商,以书面形式确定自己的监护人,在自己丧失或者部分丧失民事行为能力时,由该监护人履行监护职责。”

② 针对被宣告死亡的人的婚姻关系,原《民法总则》第 51 条使用的是“消灭”的表述,《民法典》第 51 条将“消灭”修改为“消除”(“被宣告死亡的人的婚姻关系,自死亡宣告之日起消除……”)。

他法律规定的除《民法典》第 175 条第 1 项至第 3 项所列的情形之外的其他解散事由。

就法定代理的终止事由而言,《民法典》第 175 条第 4 项所说的“法律规定的其他情形”,具有三个层面的效果:

一是该规定对《民法典》施行之前的原有法律针对法定代理的终止事由已经作出的既有的规定(即旧的规定)作出了明确的承认,以确保法律秩序的稳定和延续。

比如,根据《民法典》第 19 条、第 22 条、第 145 条第 1 款和第 33 条的规定[①],法定代理人部分丧失民事行为能力将导致其成为限制民事行为能力人,只能独立实施纯获利益的民事法律行为和与其年龄、智力、精神健康状况相适应的民事法律行为,不再具有监护能力、不能再作为监护人和法定代理人,因此,法定代理人部分丧失民事行为能力,也是该法定代理的终止事由,属于《民法典》第 175 条第 4 项所说的“法律规定的其他情形”。

又如,在原法定代理人因对被代理人实施故意犯罪导致被法院撤销监护人资格的情形,由于根据《民法典》第 38 条的规定,其监护人资格已经不可能再被恢复了,因此,法定代理人的监护人资格被撤销事实上也导致了该法定代理的终止,也是该法定代理的终止事由,也属于《民法典》第 175 条第 4 项所说的“法律规定的其他情形”。

二是该规定明确允许并认可立法机关在《民法典》施行之后,在必要时通过对现有法律进行修改或制定新的法律的方式,针对法定代理的终止事由作出新的规定,以适应社会和经济的发展要求,也为将来制定新的专门的民事特别法律预留了空间。

三是法定代理终止的其他事由应当由法律进行规定,而不应由行政法规、规章、规范性文件等进行规定。可以将此称为“法定代理的终止事由法定”,跟《民法典》第 116 条所说的“物权的种类和内容,由法律规定”是类似的。

(七)存在法定代理终止事由的证明

根据《民事诉讼法》第 67 条第 1 款[②]和《民诉法解释》第 90 条、第 91 条[③]的规定,不论是法定代理人,还是被代理人,抑或相对人,如其主张适用《民法典》第 175 条所说的

---

① 《民法典》第 19 条规定:“八周岁以上的未成年人为限制民事行为能力人,实施民事法律行为由其法定代理人代理或者经其法定代理人同意、追认;但是,可以独立实施纯获利益的民事法律行为或者与其年龄、智力相适应的民事法律行为。”第 22 条规定:“不能完全辨认自己行为的成年人为限制民事行为能力人,实施民事法律行为由其法定代理人代理或者经其法定代理人同意、追认;但是,可以独立实施纯获利益的民事法律行为或者与其智力、精神健康状况相适应的民事法律行为。”第 145 条第 1 款规定:“限制民事行为能力人实施的纯获利益的民事法律行为或者与其年龄、智力、精神健康状况相适应的民事法律行为有效;实施的其他民事法律行为经法定代理人同意或者追认后有效。”第 33 条规定:“具有完全民事行为能力的成年人,可以与其近亲属、其他愿意担任监护人的个人或者组织事先协商,以书面形式确定自己的监护人,在自己丧失或者部分丧失民事行为能力时,由该监护人履行监护职责。”

② 《民事诉讼法》第 67 条第 1 款规定:“当事人对自己提出的主张,有责任提供证据。”

③ 《民诉法解释》第 90 条规定:“当事人对自己提出的诉讼请求所依据的事实或者反驳对方诉讼请求所依据的事实,应当提供证据加以证明,但法律另有规定的除外。在作出判决前,当事人未能提供证据或者证据不足以证明其事实主张的,由负有举证证明责任的当事人承担不利的后果。”第 91 条规定:“人民法院应当依照下列原则确定举证证明责任的承担,但法律另有规定的除外:(一)主张法律关系存在的当事人,应当对产生该法律关系的基本事实承担举证证明责任;(二)主张法律关系变更、消灭或者权利受到妨害的当事人,应当对该法律关系变更、消灭或者权利受到妨害的基本事实承担举证证明责任。”

"法定代理终止",就应当对存在该条规定的事由承担举证证明责任;否则,其主张可能得不到支持。

二、法定代理的终止时间

同样地,《民法典》第175条也只是规定了法定代理终止的事由,没有直接规定法定代理终止的具体时间。这跟《民法典》第423条①针对最高额抵押权的债权的确定只规定了确定事由、没有规定确定时间是类似的,跟《民法典》第411条②针对动产浮动抵押的抵押财产的确定既规定了确定事由、又规定了确定时间是不同的。

法定代理终止的具体时间,需要根据相应的终止事由加以判断,主要如下:

表11 不同终止事由发生时法定代理的终止时间

序号	法定代理的终止事由	法定代理的终止时间
1	被代理人取得完全民事行为能力	被代理人年满18周岁时,或同时符合"年满十六周岁"和"以自己的劳动收入为主要生活来源"这两个条件时
2	被代理人恢复完全民事行为能力	法院认定被代理人恢复为完全民事行为能力人的时间(不一定是判决生效时间)
3	法定代理人丧失民事行为能力	法院认定法定代理人丧失民事行为能力的时间
4	法定代理人死亡	法定代理人的死亡证明记载的死亡时间(适用于生理死亡)或意外事件发生之日(适用于因意外事件下落不明被宣告死亡)或人民法院宣告死亡的判决作出之日(适用于其他宣告死亡)
5	被代理人死亡	被代理人的死亡证明记载的死亡时间(适用于生理死亡)或意外事件发生之日(适用于因意外事件下落不明被宣告死亡)或人民法院宣告死亡的判决作出之日(适用于其他宣告死亡)
6	法律规定法定代理终止的其他事由	根据具体情形认定法定代理终止的具体时间

---

① 《民法典》第423条规定:"有下列情形之一的,抵押权人的债权确定:(一)约定的债权确定期间届满;(二)没有约定债权确定期间或者约定不明确,抵押权人或者抵押人自最高额抵押权设立之日起满二年后请求确定债权;(三)新的债权不可能发生;(四)抵押权人知道或者应当知道抵押财产被查封、扣押;(五)债务人、抵押人被宣告破产或者解散;(六)法律规定债权确定的其他情形。"

② 《民法典》第411条规定:"依据本法第三百九十六条规定设定抵押的,抵押财产自下列情形之一发生时确定:(一)债务履行期限届满,债权未实现;(二)抵押人被宣告破产或者解散;(三)当事人约定的实现抵押权的情形;(四)严重影响债权实现的其他情形。"

第八章　民事责任

根据《民法典》第 1 条和第 3 条，保护民事主体的合法权益是《民法典》的立法目的和重要任务。而民事责任制度是“保障和维护民事权利的重要制度”①，明确民事责任，“有利于引导民事主体强化自觉履行法定或者约定义务的意识，预防并制裁违反民事义务的行为，切实保护权利人的民事权益”②。

《民法典》总则编第八章“民事责任”共有 12 个条文（第 176 条至第 187 条），构建了民事责任制度体系，包括：

一是规定了民事责任的一般规则，包括承担民事责任的根据（第 176 条）、按份责任（第 177 条）、连带责任（第 178 条）、承担民事责任的方式（第 179 条）。

二是规定了特殊的民事责任承担规则，包括不可抗力（第 180 条）、正当防卫（第 181 条）、紧急避险（第 182 条）、见义勇为（第 183 条）、自愿实施紧急救助（第 184 条）等情况下的民事责任承担办法。

三是规定了侵害英雄烈士等的人格权益、损害社会公共利益的民事责任（第 185 条）。

四是明确了责任竞合的处理规则，包括违约责任与侵权责任竞合的处理办法（第 186 条），民事责任与行政责任、刑事责任竞合的处理办法（第 187 条）。

第一百七十六条　【承担民事责任的根据】民事主体依照法律规定或者按照当事人约定，履行民事义务，承担民事责任。

【条文通释】

《民法典》第 176 条是关于承担民事责任的根据③的规定。

---

① 全国人民代表大会常务委员会时任副委员长王晨 2020 年 5 月 22 日在第十三届全国人民代表大会第三次会议上作的《关于〈中华人民共和国民法典（草案）〉的说明》。

② 中国人大网 2016 年 7 月 5 日公布的《关于〈中华人民共和国民法总则（草案）〉的说明》。

③ 原全国人大法律委员会时任副主任委员李适时 2008 年 12 月 22 日在第十一届全国人民代表大会常务委员会第六次会议上作的《全国人民代表大会法律委员会关于〈中华人民共和国侵权责任法（草案）〉主要问题的汇报》提及：“承担侵权责任的原则是追究侵权责任的基本依据，一般称为归责原则。草案根据民法通则的规定，明确我国侵权责任制度实行过错责任和无过错责任相结合的原则。过错责任原则是指行为人对损害的发生必须有过错才承担侵权责任。草案规定：‘因过错侵害他人人身、财产，造成损害的，应当承担侵权责任。’近些年来，一些领域安全事故不断发生，侵权纠纷日益增多，只根据过错责任原则已难以有效保护受害人，因此在环境污染、产品责任等纠纷处理中已实行无过错责任。无过错责任原则是指企业经营者没有过错也要依法承担赔偿责任。我国民法通则、民用航空法、产品质量法、环境保护法等法律中都规定了无过错责任。草案规定：‘行为人没有过错，法律规定也要承担侵权责任的，依照其规定。’”

一、民事义务

根据《民法典》第131条所说的“民事主体行使权利时,应当履行法律规定的和当事人约定的义务”和《民法典》第176条所说的“民事主体依照法律规定或者按照当事人约定,履行民事义务”,“民事义务”包括法律规定的民事义务(即法定义务)和当事人约定的民事义务(即约定义务)。

《民法典》第131条所说的“民事主体行使权利时,应当履行法律规定的和当事人约定的义务”和第176条所说的“民事主体依照法律规定或者按照当事人约定,履行民事义务”,也意味着,民事主体也应当依法履行民事义务。这跟民事主体应当依法享有民事权利①、依法行使民事权利②是类似的。

具体而言,在当事人有约定的情况下,民事主体应当按照当事人的约定(包括按照约定的标的、数量、质量、价款或报酬、履行期限、履行地点、履行方式等)和法律的规定,全面履行自己的义务;在当事人没有约定或约定不明,又不能达成补充协议的情况下③,或者在不能由当事人予以约定的情况下,则应当履行法律规定的义务④。

---

① 就依法享有民事权利而言,《民法典》第13条规定:“自然人从出生时起到死亡时止,具有民事权利能力,依法享有民事权利,承担民事义务。”第57条规定:“法人是具有民事权利能力和民事行为能力,依法独立享有民事权利和承担民事义务的组织。”第114条第1款规定:“民事主体依法享有物权。”第118条第1款规定:“民事主体依法享有债权。”第123条第1款规定:“民事主体依法享有知识产权。”第124条第1款规定:“自然人依法享有继承权。”第125条规定:“民事主体依法享有股权和其他投资性权利。”第126条规定:“民事主体享有法律规定的其他民事权利和利益。”第240条规定:“所有权人对自己的不动产或者动产,依法享有占有、使用、收益和处分的权利。”第323条规定:“用益物权人对他人所有的不动产或者动产,依法享有占有、使用和收益的权利。”第386条规定:“担保物权人在债务人不履行到期债务或者发生当事人约定的实现担保物权的情形,依法享有就担保财产优先受偿的权利,但是法律另有规定的除外。”等等。

② 就依法行使民事权利而言,《民法典》第130条规定:“民事主体按照自己的意愿依法行使民事权利,不受干涉。”第132条规定:“民事主体不得滥用民事权利损害国家利益、社会公共利益或者他人合法权益”。

③ 比如,《民法典》第510条规定:“合同生效后,当事人就质量、价款或者报酬、履行地点等内容没有约定或者约定不明确的,可以协议补充;不能达成补充协议的,按照合同相关条款或者交易习惯确定”,第511条规定:“当事人就有关合同内容约定不明确,依据前条规定仍不能确定的,适用下列规定:(一)质量要求不明确的,按照强制性国家标准履行;没有强制性国家标准的,按照推荐性国家标准履行;没有推荐性国家标准的,按照行业标准履行;没有国家标准、行业标准的,按照通常标准或者符合合同目的的特定标准履行。(二)价款或者报酬不明确的,按照订立合同时履行地的市场价格履行;依法应当执行政府定价或者政府指导价的,依照规定履行。(三)履行地点不明确,给付货币的,在接受货币一方所在地履行;交付不动产的,在不动产所在地履行;其他标的,在履行义务一方所在地履行。(四)履行期限不明确的,债务人可以随时履行,债权人也可以随时请求履行,但是应当给对方必要的准备时间。(五)履行方式不明确的,按照有利于实现合同目的的方式履行。(六)履行费用的负担不明确的,由履行义务一方负担;因债权人原因增加的履行费用,由债权人负担。”

④ 2017年3月14日第十二届全国人民代表大会第五次会议主席团第三次会议通过的《第十二届全国人民代表大会法律委员会关于〈中华人民共和国民法总则(草案修改稿)〉修改意见的报告》提及:“[中华人民共和国民法总则]草案修改稿第一百七十六条第二款规定,民事主体不履行或者不完全履行民事义务的,应当依法承担民事责任。有的代表提出,公平责任、无过错责任等在侵权责任法中作了规定,建议民法总则的规定涵盖这类情形。法律委员会经研究,建议将这一条修改为:民事主体依照法律规定和当事人约定,履行民事义务,承担民事责任。(草案建议表决稿第一百七十六条)。”

二、民事责任

(一)民事责任的界定

“民事责任是民事主体违反民事义务的法律后果。”[①]不论是违反法律规定的义务(即法定义务),还是违反当事人约定的义务(即约定义务),都应当依法承担相应的民事责任。

需要注意的是,承担民事责任只是民事主体违反民事义务的一种法律后果,并非任何违反民事义务都必然导致承担民事责任。这也是《民法典》第 176 条所说的“依照法律规定……承担民事责任”的具体体现和应有之义。比如,在存在法定或约定的免责事由的情况下,民事主体即使违反民事义务也无须承担民事责任。

(二)民事责任的类型

《民法典》本身从不同的角度规定了民事责任的类型。

一是按照责任的性质,民事责任可以区分为违约责任、侵权责任和缔约过失责任。其中,违约责任指向的则是民事主体因不履行约定义务或履行约定义务不符合约定而应承担的民事责任[②],侵权责任指向的是民事主体因侵害他人民事权益而应承担的民事责任[③],缔约过失责任指向的则是当事人一方因其在订立合同过程中有违背诚信原则的行为造成对方损失而应承担的赔偿责任[④]。根据《民法典》第 186 条的规定,在当事人之间存在合同关系的情况下,因当事人一方的违约行为损害对方人身权益或财产权益的,受损害方有权选择请求其承担违约责任或者侵权责任。

---

① 全国人民代表大会常务委员会时任副委员长王晨 2020 年 5 月 22 日在第十三届全国人民代表大会第三次会议上作的《关于〈中华人民共和国民法典(草案)〉的说明》。

② 《民法典》第 577 条规定:“当事人一方不履行合同义务或者履行合同义务不符合约定的,应当承担继续履行、采取补救措施或者赔偿损失等违约责任。”

③ 《民法典》第 120 条规定:“民事权益受到侵害的,被侵权人有权请求侵权人承担侵权责任。”

④ 《民法典》第 500 条规定:“当事人在订立合同过程中有下列情形之一,造成对方损失的,应当承担赔偿责任:(一)假借订立合同,恶意进行磋商;(二)故意隐瞒与订立合同有关的重要事实或者提供虚假情况;(三)有其他违背诚信原则的行为。”

二是按照责任的形式①,民事责任可以区分为有限责任②和无限责任③。

三是按照责任人的归责原则④,民事责任可以区分为过错责任⑤、过错推定责任⑥和无过错责任⑦。

四是按照责任人的数量,民事责任可以区分为单独责任和数人责任;其中,数人责

---

① 关于责任形式,《公司法》第 246 条第 1 款规定:“外国公司的分支机构应当在其名称中标明该外国公司的国籍及责任形式。”《合伙企业法》第 2 条第 2 款规定:“普通合伙企业由普通合伙人组成,合伙人对合伙企业债务承担无限连带责任。本法对普通合伙人承担责任的形式有特别规定的,从其规定。”第 3 款规定:“有限合伙企业由普通合伙人和有限合伙人组成,普通合伙人对合伙企业债务承担无限连带责任,有限合伙人以其认缴的出资额为限对合伙企业债务承担责任。”第 57 条规定:“[特殊的普通合伙企业的]一个合伙人或者数个合伙人在执业活动中因故意或者重大过失造成合伙企业债务的,应当承担无限责任或者无限连带责任,其他合伙人以其在合伙企业中的财产份额为限承担责任。合伙人在执业活动中非因故意或者重大过失造成的合伙企业债务以及合伙企业的其他债务,由全体合伙人承担无限连带责任。”第 107 条规定:“非企业专业服务机构依据有关法律采取合伙制的,其合伙人承担责任的形式可以适用本法关于特殊的普通合伙企业合伙人承担责任的规定。”

② 比如,《民法典》第 83 条第 2 款规定了有限责任:“营利法人的出资人不得滥用法人独立地位和出资人有限责任损害法人债权人的利益;滥用法人独立地位和出资人有限责任,逃避债务,严重损害法人债权人的利益的,应当对法人债务承担连带责任。”

③ 比如,《民法典》第 104 条规定了无限责任:“非法人组织的财产不足以清偿债务的,其出资人或者设立人承担无限责任。法律另有规定的,依照其规定。”

④ 原全国人大法律委员会时任副主任委员李适时 2008 年 12 月 22 日在第十一届全国人民代表大会常务委员会第六次会议上作的《全国人民代表大会法律委员会关于〈中华人民共和国侵权责任法(草案)〉主要问题的汇报》提及:“承担侵权责任的原则是追究侵权责任的基本依据,一般称为归责原则。草案根据民法通则的规定,明确我国侵权责任制度实行过错责任和无过错责任相结合的原则。过错责任原则是指行为人对损害的发生必须有过错才承担侵权责任。草案规定:‘因过错侵害他人人身、财产,造成损害的,应当承担侵权责任。’近些年来,一些领域安全事故不断发生,侵权纠纷日益增多,只根据过错责任原则已难以有效保护受害人,因此在环境污染、产品责任等纠纷处理中已实行无过错责任。无过错责任原则是指企业经营者没有过错也要依法承担赔偿责任。我国民法通则、民用航空法、产品质量法、环境保护法等法律中都规定了无过错责任。草案规定:‘行为人没有过错,法律规定也要承担侵权责任的,依照其规定。’”

⑤ 比如,《民法典》第 1165 条第 1 款规定:“行为人因过错侵害他人民事权益造成损害的,应当承担侵权责任。”

⑥ 比如,《民法典》第 1165 条第 2 款规定:“依照法律规定推定行为人有过错,其不能证明自己没有过错的,应当承担侵权责任。”

⑦ 比如,《民法典》第 1166 条规定:“行为人造成他人民事权益损害,不论行为人有无过错,法律规定应当承担侵权责任的,依照其规定。”

任又可以区分为按份责任①和连带责任②、分别责任③与共同责任④、在先责任和补充责任⑤等。

三、承担民事责任的根据

《民法典》第176条规定了民事主体承担民事责任的两种根据,一是"依照法律规定"承担民事责任,二是"按照当事人约定"承担民事责任。前者主要(但不仅限于)指向的是侵权责任,后者主要对应于违约责任。

不过,就违约责任而言,在当事人没有约定、当事人的约定违反法律的强制性规定等情况下,也应当适用《民法典》第176条所说的"民事主体依照法律规定……承担民事责任"。对此,《民法典》第582条规定了:"履行不符合约定的,应当按照当事人的约定承担违约责任。对违约责任没有约定或者约定不明确,依据本法第五百一十条的规定仍不能确定的,受损害方根据标的的性质以及损失的大小,可以合理选择请求对方承担修理、重作、更换、退货、减少价款或者报酬等违约责任"。此外,结合《民法典》第113条所说的"民事主体的财产权利受法律平等保护",第118条所说的"民事主体依法享有债权。债权是因合同、侵权行为、无因管理、不当得利以及法律的其他规定,权利人请求特定义务人为或者不为一定行为的权利"和第465条第1款所说的"依法成立的合同,受法律保护。""按照当事人约定"承担民事责任最终也属于"依照法律规定"承担民事责任。

由于《民法典》第176条使用了"民事主体依照法律规定或者按照当事人约定……承担民事责任"的表述,因此,并非任何民事主体应当承担一切民事责任,任何民事主体承担任何民事责任均须"依法"进行,包括但不限于由法律规定的或当事人约定的责

---

① 比如,《民法典》第177条规定:"二人以上依法承担按份责任,能够确定责任大小的,各自承担相应的责任;难以确定责任大小的,平均承担责任。"

② 比如,《民法典》第178条规定:"二人以上依法承担连带责任的,权利人有权请求部分或者全部连带责任人承担责任。连带责任人的责任份额根据各自责任大小确定;难以确定责任大小的,平均承担责任。实际承担责任超过自己责任份额的连带责任人,有权向其他连带责任人追偿。连带责任,由法律规定或者当事人约定。"

③ 比如,《民法典》第388条第2款规定:"担保合同被确认无效后,债务人、担保人、债权人有过错的,应当根据其过错各自承担相应的民事责任。"第592条第1款规定:"当事人都违反合同的,应当各自承担相应的责任。"第1172条规定:"二人以上分别实施侵权行为造成同一损害,能够确定责任大小的,各自承担相应的责任;难以确定责任大小的,平均承担责任。"

④ 比如,《民法典》第1168条规定:"二人以上共同实施侵权行为,造成他人损害的,应当承担连带责任。"

⑤ 比如,针对一般保证的保证责任,《民法典》第687条第2款规定:"一般保证的保证人在主合同纠纷未经审判或者仲裁,并就债务人财产依法强制执行仍不能履行债务前,有权拒绝向债权人承担保证责任,但是有下列情形之一的除外……"《民法典担保制度解释》第26条第2款进一步规定:"一般保证中,债权人一并起诉债务人和保证人的,人民法院可以受理,但是在作出判决时,除有民法典第六百八十七条第二款但书规定的情形外,应当在判决书主文中明确,保证人仅对债务人财产依法强制执行后仍不能履行的部分承担保证责任。"此外,《民法典》第1198条第2款规定:"因第三人的行为造成他人损害的,由第三人承担侵权责任;经营者、管理者或者组织者未尽到安全保障义务的,承担相应的补充责任。经营者、管理者或者组织者承担补充责任后,可以向第三人追偿。"第1201条规定:"无民事行为能力人或者限制民事行为能力人在幼儿园、学校或者其他教育机构学习、生活期间,受到幼儿园、学校或者其他教育机构以外的第三人人身损害的,由第三人承担侵权责任;幼儿园、学校或者其他教育机构未尽到管理职责的,承担相应的补充责任。幼儿园、学校或者其他教育机构承担补充责任后,可以向第三人追偿。"

任人(责任主体)①,依照法律规定的或当事人约定的方式②、范围③、顺序④等,向法律规定的或当事人约定的权利人⑤,承担法律规定的或当事人约定的责任。这跟民事主体应当依法享有民事权利⑥、依法行使民事权利⑦也是类似的。

也因此,《民法典》第 176 条所说的“民事主体依照法律规定或者按照当事人约定……承担民事责任”意味着,任何民事主体要求他人承担民事责任,都应当具有相应的法律依据或当事人约定的根据。如果既无法律依据、也无约定根据,则要求他人承担民事责任的主张难以得到支持。

---

① 比如,《民法典》第 104 条规定:“非法人组织的财产不足以清偿债务的,其出资人或者设立人承担无限责任。法律另有规定的,依照其规定。”第 164 条第 2 款规定:“代理人和相对人恶意串通,损害被代理人合法权益的,代理人和相对人应当承担连带责任。”第 1191 条第 1 款规定:“用人单位的工作人员因执行工作任务造成他人损害的,由用人单位承担侵权责任。用人单位承担侵权责任后,可以向有故意或者重大过失的工作人员追偿。”第 1188 条第 1 款规定:“无民事行为能力人、限制民事行为能力人造成他人损害的,由监护人承担侵权责任。监护人尽到监护职责的,可以减轻其侵权责任。”

② 比如,《民法典》第 686 条针对承担保证责任的方式规定:“保证的方式包括一般保证和连带责任保证。当事人在保证合同中对保证方式没有约定或者约定不明确的,按照一般保证承担保证责任。”

③ 比如,《民法典》第 691 条针对保证责任的范围规定:“保证的范围包括主债权及其利息、违约金、损害赔偿金和实现债权的费用。当事人另有约定的,按照其约定。”又如,《民法典》第 1244 条针对承担高度危险责任的赔偿限额规定:“承担高度危险责任,法律规定赔偿限额的,依照其规定,但是行为人有故意或者重大过失的除外。”

④ 比如,《民法典》第 392 条针对担保责任的承担顺序规定:“被担保的债权既有物的担保又有人的担保的,债务人不履行到期债务或者发生当事人约定的实现担保物权的情形,债权人应当按照约定实现债权;没有约定或者约定不明确,债务人自己提供物的担保的,债权人应当先就该物的担保实现债权;第三人提供物的担保的,债权人可以就物的担保实现债权,也可以请求保证人承担保证责任。提供担保的第三人承担担保责任后,有权向债务人追偿。”又如,《民法典》第 561 条针对债务履行顺序规定:“债务人在履行主债务外还应当支付利息和实现债权的有关费用,其给付不足以清偿全部债务的,除当事人另有约定外,应当按照下列顺序履行:(一)实现债权的有关费用;(二)利息;(三)主债务。”再如,《民法典》第 1213 条针对机动车交通事故损害赔偿的顺序规定:“机动车发生交通事故造成损害,属于该机动车一方责任的,先由承保机动车强制保险的保险人在强制保险责任限额范围内予以赔偿;不足部分,由承保机动车商业保险的保险人按照保险合同的约定予以赔偿;仍然不足或者没有投保机动车商业保险的,由侵权人赔偿。”

⑤ 比如,《民法典》第 994 条针对死者合法权益受到侵害时的权利人规定:“死者的姓名、肖像、名誉、荣誉、隐私、遗体等受到侵害的,其配偶、子女、父母有权依法请求行为人承担民事责任;死者没有配偶、子女且父母已经死亡的,其他近亲属有权依法请求行为人承担民事责任。”第 1181 条第 1 款针对被侵权人死亡、分立或合并时的权利人规定:“被侵权人死亡的,其近亲属有权请求侵权人承担侵权责任。被侵权人为组织,该组织分立、合并的,承继权利的组织有权请求侵权人承担侵权责任。”

⑥ 就依法享有民事权利而言,《民法典》第 13 条规定:“自然人从出生时起到死亡时止,具有民事权利能力,依法享有民事权利,承担民事义务。”第 57 条规定:“法人是具有民事权利能力和民事行为能力,依法独立享有民事权利和承担民事义务的组织。”第 114 条第 1 款规定:“民事主体依法享有物权。”第 118 条第 1 款规定:“民事主体依法享有债权。”第 123 条第 1 款规定:“民事主体依法享有知识产权。”第 124 条第 1 款规定:“自然人依法享有继承权。”第 125 条规定:“民事主体依法享有股权和其他投资性权利。”第 126 条规定:“民事主体享有法律规定的其他民事权利和利益。”第 240 条规定:“所有权人对自己的不动产或者动产,依法享有占有、使用、收益和处分的权利。”第 323 条规定:“用益物权人对他人所有的不动产或者动产,依法享有占有、使用和收益的权利。”第 386 条规定:“担保物权人在债务人不履行到期债务或者发生当事人约定的实现担保物权的情形,依法享有就担保财产优先受偿的权利,但是法律另有规定的除外。”等等。

⑦ 就依法行使民事权利而言,《民法典》第 130 条规定:“民事主体按照自己的意愿依法行使民事权利,不受干涉。”第 132 条规定:“民事主体不得滥用民事权利损害国家利益、社会公共利益或者他人合法权益。”

第一百七十七条　【按份责任】二人以上依法承担按份责任，能够确定责任大小的，各自承担相应的责任；难以确定责任大小的，平均承担责任。

【条文通释】

《民法典》第 177 条是关于按份责任的规定。

一、按份责任的界定

在民事法律关系内部，按份责任则是与按份权利（典型者如按份共有[①]、按份债权[②]）、按份义务（典型者如按份债务[③]）相对应的概念。

根据《民法典》第 177 条的规定，结合《民法典》第 517 条第 1 款所说的“债务人为二人以上，标的可分，按照份额各自负担债务的，为按份债务”，可以认为，按份责任指的是责任人为二人以上时，各个责任人依法按照各自的责任份额分别向权利人承担责任。也就是说，按份责任不适用于责任人仅有一人的情形。

二、按份责任的承担规则

《民法典》第 177 条明确了按份责任的承担规则，即：一是按份责任的承担须依法进行；二是不论是在对外关系上，还是在按份责任人内部关系上，各个责任人都按照其各自的份额承担责任。

（一）依法承担按份责任

由于《民法典》第 177 条使用了“二人以上依法承担按份责任”的表述，因此，按份责任的承担须依法进行，而不得违反法律规定。

其中的“依法”，包括依照法律规定和按照当事人的约定。比如，针对同一债务有两个以上保证人的保证责任承担，《民法典》第 699 条规定：“同一债务有两个以上保证人的，保证人应当按照保证合同约定的保证份额，承担保证责任；没有约定保证份额的，债权人可以请求任何一个保证人在其保证范围内承担保证责任。”

（二）按照份额承担按份责任

结合《民法典》第 517 条第 1 款所说的“债务人为二人以上，标的可分，按照份额各自负担债务的，为按份债务”和第 1172 条所说的“二人以上分别实施侵权行为造成同

---

① 比如，《民法典》第 297 条规定：“不动产或者动产可以由两个以上组织、个人共有。共有包括按份共有和共同共有。”第 298 条规定：“按份共有人对共有的不动产或者动产按照其份额享有所有权。”第 308 条规定：“共有人对共有的不动产或者动产没有约定为按份共有或者共同共有，或者约定不明确的，除共有人具有家庭关系等外，视为按份共有。”第 310 条规定：“两个以上组织、个人共同享有用益物权、担保物权的，参照适用本章的有关规定。”

② 比如，《民法典》第 517 条第 1 款规定：“债权人为二人以上，标的可分，按照份额各自享有债权的，为按份债权……”

③ 比如，《民法典》第 517 条第 1 款规定：“……债务人为二人以上，标的可分，按照份额各自负担债务的，为按份债务”。

一损害,能够确定责任大小的,各自承担相应的责任;难以确定责任大小的,平均承担责任”,《民法典》第177条所说的“二人以上依法承担按份责任,能够确定责任大小的,各自承担相应的责任;难以确定责任大小的,平均承担责任”,意味着,不论是在对外关系上,还是在按份责任人内部关系上,各个责任人都是按照其各自的份额承担责任的。具体而言:

一是在对外关系上,不论是责任人还是权利人,都可以向对方主张适用《民法典》第177条所说的“能够确定责任大小的,各自承担相应的责任;难以确定责任大小的,平均承担责任”,权利人无权要求按份责任人承担超过其责任份额的责任,与此相对应,按份责任人也没有义务向权利人承担超过其责任份额的责任。

这跟《民法典》第178条第1款针对连带责任的对外关系规定了“二人以上依法承担连带责任的,权利人有权请求部分或者全部连带责任人承担责任”,第518条第1款针对连带债务的对外关系规定了“债务人为二人以上,债权人可以请求部分或者全部债务人履行全部债务的,为连带债务”是不同的,跟《民法典》第307条针对按份共有的对外关系和对内关系规定了“因共有的不动产或者动产产生的债权债务,在对外关系上,共有人享有连带债权、承担连带债务,但是法律另有规定或者第三人知道共有人不具有连带债权债务关系的除外;在共有人内部关系上,除共有人另有约定外,按份共有人按照份额享有债权、承担债务,共同共有人共同享有债权、承担债务。偿还债务超过自己应当承担份额的按份共有人,有权向其他共有人追偿”也是不同的。

二是在按份责任人内部关系上,每一个按份责任人都可以向其他按份责任人主张适用《民法典》第177条所说的“能够确定责任大小的,各自承担相应的责任;难以确定责任大小的,平均承担责任”,任何按份责任人都无权要求其他按份责任人承担超过该其他按份责任人的责任份额的责任,也都有权拒绝其他按份责任人提出的要求其承担超过其责任份额的责任。

也就是说,虽然《民法典》第177条没有像第178条第1款针对连带责任的对外关系规定了“权利人有权请求部分或者全部连带责任人承担责任”那样,直接规定“权利人有权请求按份责任人按照份额承担责任”,但是,不能仅仅因此就认为《民法典》第177条所说的“能够确定责任大小的,各自承担相应的责任;难以确定责任大小的,平均承担责任”,只涉及按份责任人的内部关系,不涉及按份责任人的对外关系。

三、按份责任人的责任份额的确定规则

就按份责任人的责任份额的确定规则而言,《民法典》第177条确立了先按照责任大小确定责任份额、难以确定责任大小时才按照“平均承担责任”的办法确定责任份额的模式。

(一)原则上先按照责任大小确定责任份额

由于《民法典》第177条使用了“能够确定责任大小的,各自承担相应的责任;难以确定责任大小的,平均承担责任”的表述,因此,只要能够确定各个按份责任人的责任大小,就应当适用“各自承担相应的责任”,即由各个按份责任人按照基于各自责任大小确定的份额分别向权利人承担相应的责任。

也就是说,应当先确定各个按份责任人各自的责任大小,再根据各自的责任大小确定其各自的责任份额。应该说,在这点上,《民法典》第 178 条第 2 款所说的"连带责任人的责任份额根据各自责任大小确定;难以确定责任大小的,平均承担责任",规定得更清晰。

需要注意的是,《民法典》第 177 条所说的"能够确定责任大小的,各自承担相应的责任",只是明确了"如果能够确定责任大小,就按责任大小各自承担相应的责任",并没有强制规定按份责任人的责任份额只能"根据各自责任大小确定"。在法律对按份责任人的责任份额直接规定了相应的确定办法的情况下,无须先确定按份责任人各自的责任大小,应当按照法律的规定确定各自的责任份额。

比如,针对道路交通事故损害赔偿责任份额(比例),《道路交通安全法》第 76 条规定:"机动车发生交通事故造成人身伤亡、财产损失的,由保险公司在机动车第三者责任强制保险责任限额范围内予以赔偿;不足的部分,按照下列规定承担赔偿责任:(一)机动车之间发生交通事故的,由有过错的一方承担赔偿责任;双方都有过错的,按照各自过错的比例分担责任。(二)机动车与非机动车驾驶人、行人之间发生交通事故,非机动车驾驶人、行人没有过错的,由机动车一方承担赔偿责任;有证据证明非机动车驾驶人、行人有过错的,根据过错程度适当减轻机动车一方的赔偿责任;机动车一方没有过错的,承担不超过百分之十的赔偿责任。交通事故的损失是由非机动车驾驶人、行人故意碰撞机动车造成的,机动车一方不承担赔偿责任。"

又如,针对同一债务有两个以上保证人时的保证份额(保证责任份额),根据《民法典》第 699 条关于"同一债务有两个以上保证人的,保证人应当按照保证合同约定的保证份额,承担保证责任;没有约定保证份额的,债权人可以请求任何一个保证人在其保证范围内承担保证责任"的规定,保证人和债权人可以约定各个保证人的保证份额。

(二)难以确定责任大小则平均承担责任

由于《民法典》第 177 条使用了"能够确定责任大小的,各自承担相应的责任;难以确定责任大小的,平均承担责任"的表述,因此,只有在"难以确定责任大小"的情况下,才能适用该条所说的"平均承担责任",而不能径行适用"平均承担责任"。

其中,《民法典》第 177 条所说的"平均承担责任",与《民法典》第 517 条第 2 款和第 519 条第 1 款和第 521 条第 1 款所说的"视为份额相同"具有相同的含义,指的是按照每个责任人占责任人总数的比例平均承担责任或等额承担责任①。

而《民法典》第 177 条所说的"难以确定责任大小的,平均承担责任",一方面为确定按份责任人的责任份额规定了兜底办法,另一方面也要求当事人首先应当尽可能地确定各个按份责任人的责任大小,只有在确实难以确定责任大小的情况下才能采取平均承担责任的办法。

比如,在舟山某翔船务有限公司虾峙分公司与茂名市某横石化有限公司、茂名某某东成化工有限公司执行复议案中,针对生效判决判令某横公司、某成公司支付给某

---

① 《民法典》第 309 条规定:"按份共有人对共有的不动产或者动产享有的份额,没有约定或者约定不明确的,按照出资额确定;不能确定出资额的,视为等额享有。"

翔公司滞期费426325元及利息,两公司承担的是连带责任还是按份责任的问题,广东省高级人民法院(2022)粤执复319号执行裁定书认为:"首先,《中华人民共和国民法典》第一百七十六条规定:'民事主体依照法律规定或者按照当事人约定,履行民事义务,承担民事责任。'并在第一百七十七条和第一百七十八条分别进一步规定了按份责任和连带责任。第一百七十八条第三款规定:'连带责任,由法律规定或者当事人约定。'因此,对于两个及以上的民事主体民事责任承担的方式,对于没有法律规定为连带责任的情形,通常即为承担按份责任。另外,依据《中华人民共和国民法典》侵权责任编的有关规定,还存在法定的补充责任。本案中,某横公司和某成公司作为涉案航次租船合同的托运人,涉案的航次租船合同并未约定两公司应当对滞期费承担连带责任。同时,《中华人民共和国海商法》等相关海商海事法律亦未规定航次租船合同的不同托运人应当对滞期费承担连带责任。也正因此,生效判决驳回了某翔公司主张某成公司对某横公司的支付义务承担连带清偿责任的诉请。因此,海事法院将本案的民事责任承担的方式确定为按份责任并无不当。其次,本案生效判决书的主文明确'依照《中华人民共和国合同法》第二百九十二条和第三百零九条的规定,在合同未明确约定滞期费由谁负担的情况下,承运人可按法律规定向托运人或收货人计收滞期费,某横公司、某成公司均为涉案航次运输合同的托运人,应共同向某翔公司支付滞期费。''根据《中华人民共和国合同法》第六十条第一款规定,某横公司和某成公司作为涉案航次运输合同的当事人,均应依约向某翔公司支付滞期费。至于某横公司和某成公司内部之间所约定安排卸货责任主体及造成滞期如何分担责任,不影响某横公司和某成公司共同向某翔公司支付滞期费的义务。'这样的论述并未明确两公司具有共同的'全部支付滞期费的责任',也没有确认某成公司应负有'全部责任'。仅仅是认定某横公司、某成公司应共同向某翔公司支付滞期费。两个及以上的民事主体按份责任必然是共同承担,《中华人民共和国民法典》第一百七十六条规定:'二人以上依法承担按份责任,能够确定责任大小的,各自承担相应的责任;难以确定责任大小的,平均承担责任。'本案生效判决未确定两公司责任大小,即是因为难以确定,故海事法院认定某横公司和某成公司平均承担责任符合法律规定"。

又如,在葛某等与王某等机动车交通事故责任纠纷案中,江苏省高级人民法院(2019)苏民申2268号民事裁定书认为:"《中华人民共和国侵权责任法》第十二条规定:'二人以上分别实施侵权行为造成同一损害,能够确定责任大小的,各自承担相应的责任;难以确定责任大小的,平均承担赔偿责任。'《中华人民共和国民法总则》第一百七十七条规定:'二人以上依法承担按份责任,能够确定责任大小的,各自承担相应的责任;难以确定责任大小的,平均承担责任。'涉案《道路交通事故证明》载明:'对于豫P×××××小型轿车的停车原因,以目前的证据尚无法查实,且该原因是认定该起事故责任的重要因素,故无法认定双方当事人对本起事故应承担的责任。'根据上述规定,以现有的证据无法查实豫P×××××小型轿车的停车原因,从而无法确定刘某、华某云对本起事故应承担的责任,一、二审法院根据本案的实际情况,认定刘某、华某云对本起事故造成的损害平均承担责任,并无不当。"

需要注意的是,《民法典》第177条所说的"难以确定责任大小",并不要求当事人穷尽所有可以确定责任大小的办法,这跟《民事诉讼法》第95条第1款针对公告送达所说的“受送达人下落不明,或者用本节规定的其他方式无法送达的,公告送达”①是不同的。

四、按份责任人相互之间原则上不享有追偿权

在按份责任人实际承担责任超过自己责任份额的情况下,该按份责任人是否有权向其他按份责任人追偿?对此,《民法典》第 177 条和《民法典总则编解释》都没有涉及。

由于如前所说,《民法典》第 177 条意味着,不论是在对外关系上,还是在按份责任人内部关系上,各个责任人都是按照其各自的份额承担责任的,权利人无权要求按份责任人承担超过其责任份额的责任,与此相对应,按份责任人也没有义务向权利人承担超过其责任份额的责任,也考虑到《民法典》第 177 条并没有像第 178 条第 2 款针对连带责任人的内部关系明确规定了“实际承担责任超过自己责任份额的连带责任人,有权向其他连带责任人追偿”那样规定“实际承担责任超过自己责任份额的按份责任人,有权向其他按份责任人追偿”,因此,除非法律另有明确规定或者各按份责任人之间另有明确约定,否则,按份责任人相互之间不享有追偿权。这跟《民法典担保制度解释》第 13 条针对担保人之间的追偿权问题所作的规定②是类似的。

比如,在季某红与季某追偿权纠纷案中,针对季某能否向季某红行使追偿权的问题,新疆维吾尔自治区高级人民法院(2023)新民再 41 号民事判决书认为:“7878 号民事判决虽然判令季某、季某红对案外人刘某承担还款责任,但是该还款责任系基于季某、季某红在借条中签字后作为借款合同相对方应对出借人刘某承担的责任。本案系季某在承担还款责任后向季某红行使追偿权,即涉及二人内部对该笔借款的责任承担问题。根据《中华人民共和国民法总则》第一百七十八条第三款关于‘连带责任,由法律规定或当事人约定’的规定,季某对季某红行使追偿权应当以二人内部对共同借款的还款责任存在约定或存在法律规定的连带责任为依据。共同借款人内部之间承担连带责任并无法律规定。季某对季某红的追偿权还可以基于二人对共同借款还款责任的约定,7878 号民事判决查明案涉借款用于某和医院装修工程,季某认为该工程系与季某红等人合伙承包,借款用于合伙承包的工程,故应由二人共同承担。《最高人民法院关于适用〈中华人民共和国民事诉讼法〉的解释》第九十条规定,‘当事人对自己提

---

① 《民事诉讼法》第 95 条第 1 款规定:“受送达人下落不明,或者用本节规定的其他方式无法送达的,公告送达。自发出公告之日起,经过三十日,即视为送达。”《最高人民法院关于全面推进涉外商事海事审判精品战略为构建开放型经济体制和建设海洋强国提供有力司法保障的意见》(法〔2015〕205 号)第 3 条要求:“严格适用公告送达、邮寄送达的条件,在未穷尽其他送达途径前不得直接进行公告送达,切实保护域外当事人的程序权利。”

② 《民法典担保制度解释》第 13 条第 1 款规定:“同一债务有两个以上第三人提供担保,担保人之间约定相互追偿及分担份额,承担了担保责任的担保人请求其他担保人按照约定分担份额的,人民法院应予支持;担保人之间约定承担连带共同担保,或者约定相互追偿但是未约定分担份额的,各担保人按照比例分担向债务人不能追偿的部分。”第 2 款规定:“同一债务有两个以上第三人提供担保,担保人之间未对相互追偿作出约定且未约定承担连带共同担保,但是各担保人在同一份合同书上签字、盖章或者按指印,承担了担保责任的担保人请求其他担保人按照比例分担向债务人不能追偿部分的,人民法院应予支持。”第 3 款规定:“除前两款规定的情形外,承担了担保责任的担保人请求其他担保人分担向债务人不能追偿部分的,人民法院不予支持。”

出的诉讼请求所依据的事实或者反驳对方诉讼请求所依据的事实，应当提供证据加以证明，但法律另有规定的除外。在作出判决前，当事人未能提供证据或者证据不足以证明其事实主张的，由负有举证证明责任的当事人承担不利的后果’。季某应对其诉讼请求所依据的事实承担举证责任，承上所述，季某提交的证据不足以证明其与季某红存在合伙承包工程的关系，二人对该笔借款的还款责任亦没有约定，案涉借款由季某收取，并用于其承包的某和医院装修工程，一审法院在季某未能举证证明与季某红存在合伙承包工程的情况下，认定季某偿还因某和医院装修工程借款后向季某红进行追偿缺乏事实和法律依据，并无不当，本院予以维持”。

问题是，如果发生按份责任人向权利人实际承担责任超过自己责任份额的情况，该按份责任人是否可以向其他按份责任人追偿？是否可以基于不当得利向权利人主张返还超过部分？对此，《民法典》第 177 条没有涉及。如果相关当事人主张参考《民法典担保制度解释》第 3 条第 2 款所说的“担保人承担的责任超出债务人应当承担的责任范围，担保人向债务人追偿，债务人主张仅在其应当承担的责任范围内承担责任的，人民法院应予支持；担保人请求债权人返还超出部分的，人民法院依法予以支持”进行处理，有一定的合理性。

第一百七十八条 【连带责任】二人以上依法承担连带责任的，权利人有权请求部分或者全部连带责任人承担责任。

连带责任人的责任份额根据各自责任大小确定；难以确定责任大小的，平均承担责任。实际承担责任超过自己责任份额的连带责任人，有权向其他连带责任人追偿。

连带责任，由法律规定或者当事人约定。

【条文通释】

《民法典》第 178 条是关于连带责任的规定。

一、连带责任的界定

（一）连带责任的界定

在民事法律关系内部，连带责任则是与连带权利（典型者如连带债权①）、连带义务（典型者如连带债务②）相对应的概念。

根据《民法典》第 178 条的规定，结合《民法典》第 518 条第 1 款所说的“债务人为二人以上，债权人可以请求部分或者全部债务人履行全部债务的，为连带债务”，可以

① 比如，《民法典》第 518 条第 1 款规定：“债权人为二人以上，部分或者全部债权人均可以请求债务人履行债务的，为连带债权……”

② 比如，《民法典》第 518 条第 1 款规定：“……债务人为二人以上，债权人可以请求部分或者全部债务人履行全部债务的，为连带债务。”

认为,连带责任指的是责任人为二人以上时,权利人可以请求部分或全部责任人承担全部责任。也就是说,连带责任不适用于责任人仅有一人的情形。

(二)连带责任与按份责任

就数人责任而言,连带责任是比按份责任更严厉的责任形式①,但连带责任与按份责任不是非此即彼的关系。比如,除了连带责任和按份责任,还有补充责任②。这跟《民法典》针对保证责任只规定了一般保证和连带责任保证,一般保证和连带责任保证属于非此即彼的关系③是不一样的。

当然,在确定责任人的责任份额方面,连带责任和按份责任适用的是相同的规则,即:一是能够确定责任大小的,根据各自责任大小确定各自的责任份额;二是难以确定责任大小的,平均承担责任。

二、连带责任的承担规则

《民法典》第178条明确了连带责任的承担规则,即:一是连带责任须由法律明文规定或由当事人明确约定;二是在对外关系上,权利人既可以请求一个或数个连带责任人承担全部责任,也可以请求全部连带责任人承担责任;三是在连带责任人内部关系上,各个责任人都按照其各自的责任份额承担责任,实际承担责任超过自己责任份额的连带责任人,有权向其他连带责任人追偿。

(一)连带责任须由法律明文规定或由当事人明确约定

由于《民法典》第178条第1款使用了"二人以上依法承担连带责任"的表述,因此,连带责任的承担须依法进行,而不得违反法律规定。其中的"依法",既包括依照法律规定,也包括按照当事人的约定。《民法典》第178条第3款所说的"连带责任,由法律规定或者当事人约定",也表明了这点。

根据《民法典》第178条第3款关于"连带责任,由法律规定或者当事人约定"的规定,连带责任须由法律明文规定或由当事人明确约定,连带责任也因此分为法定的连

---

① 2017年3月14日第十二届全国人民代表大会第五次会议主席团第三次会议通过的《第十二届全国人民代表大会法律委员会关于〈中华人民共和国民法总则(草案修改稿)〉修改意见的报告》提及:"连带责任是两个或者两个以上的债务人共同向债权人承担民事责任,是一种较为严厉的责任方式,除当事人有约定外,宜由法律作出规定。"

② 比如,《民法典》第1198条规定:"宾馆、商场、银行、车站、机场、体育场馆、娱乐场所等经营场所、公共场所的经营者、管理者或者群众性活动的组织者,未尽到安全保障义务,造成他人损害的,应当承担侵权责任。因第三人的行为造成他人损害的,由第三人承担侵权责任;经营者、管理者或者组织者未尽到安全保障义务的,承担相应的补充责任。经营者、管理者或者组织者承担补充责任后,可以向第三人追偿。"第1201条规定:"无民事行为能力人或者限制民事行为能力人在幼儿园、学校或者其他教育机构学习、生活期间,受到幼儿园、学校或者其他教育机构以外的第三人人身损害的,由第三人承担侵权责任;幼儿园、学校或者其他教育机构未尽到管理职责的,承担相应的补充责任。幼儿园、学校或者其他教育机构承担补充责任后,可以向第三人追偿。"《公司法》第88条第1款规定:"股东转让已认缴出资但未届出资期限的股权的,由受让人承担缴纳该出资的义务;受让人未按期足额缴纳出资的,转让人对受让人未按期缴纳的出资承担补充责任。"

③ 《民法典》第686条规定:"保证的方式包括一般保证和连带责任保证。当事人在保证合同中对保证方式没有约定或者约定不明确的,按照一般保证承担保证责任。"

带责任和约定的连带责任。

其中,《民法典》第 178 条第 3 款所说的“连带责任,由法律规定或者当事人约定”,包含以下三层含义:

一是连带责任的存在(即是否承担连带责任)须以有法律的明文规定或者有当事人的明确约定为前提和依据;如果法律没有规定为连带责任,并且当事人也没有约定为连带责任,则不存在连带责任,也不得要求责任人承担连带责任。

对此,在某富国际有限公司与黄某荣、上海某成资源(集团)有限公司等服务合同纠纷案中,最高人民法院(2022)最高法民再 91 号民事判决书(载《最高人民法院公报》2023 年第 9 期)认为:“连带责任是一种法定责任,由法律规定或者当事人约定产生。由于连带责任对责任人苛以较为严格的共同责任,使得责任人处于较为不利地位,因此对连带责任的适用应当遵循严格的法定原则,即不能通过自由裁量权行使的方式任意将多人责任关系认定为连带责任,而必须具有明确的法律规定或合同约定,才能适用连带责任。”[①]又如,在嘉峪关市某某金融服务股份有限公司与某某银行股份有限公司嘉峪关分行、嘉峪关某源置业有限责任公司合同纠纷案中,最高人民法院(2021)最高法民申 6501 号民事裁定书认为:“根据《借款协议书》《转贷基金合作协议》的约定,某行嘉峪关分行非借款人,合同也未约定某行嘉峪关分行与借款人具有共同还款义务,仅约定嘉峪关分行承担转贷基金 100% 的损失。故某行嘉峪关分行无与某源置业公司共同还款的意思表示,原判决未认定某行嘉峪关分行为案涉借款的共同还款人,并无不当。且金融服务公司一审的起诉请求为要求某行嘉峪关分行和某源置业公司承担连带赔偿责任。根据《中华人民共和国民法总则》第一百七十八条第三款‘连带责任,由法律规定或者当事人约定’的规定,金融服务公司提交的《借款协议书》《转贷基金合作协议》《转贷基金业务联系单》《关于指定转贷资金收款账户的函》等证据不能证明某行嘉峪关分行存在应承担连带责任的法定或约定情形,其主张原判决认定由某行嘉峪关分行承担补充赔偿责任过轻,某行嘉峪关分行应和某源置业公司承担共同还款责任,缺乏依据。”

二是连带责任的具体内容,包括但不限于各个连带责任人对权利人的责任范围(或份额、限额),可以由法律予以规定或者由当事人予以约定,即:在不违反法律、行政

---

① 具体到该案,最高人民法院(2022)最高法民再 91 号民事判决书认为:“本案中,首先,原审判决判令某成公司对黄某荣向某富公司支付服务报酬义务承担连带责任并无明确法律依据。其次,案涉《咨询中介协议》系黄某荣以其个人名义签署,某成公司并非该协议的签约当事人,某富公司也无充分证据证明黄某荣与其签订上述协议的行为系代表某成公司而实施或某成公司在该协议之外与其达成过为黄某荣的案涉债务承担付款责任的补充约定。虽然某成公司客观上从案涉资产重组方案中获得了利益,但是根据合同相对性原则,某成公司不是合同相对人,不应承担该合同责任。因此,原审判决判令某成公司承担连带责任也缺乏当事人约定依据。最后,原审判决不应直接适用公平原则,行使自由裁量权判令某成公司对黄某荣向某富公司支付服务报酬义务承担连带责任。民事审判中,只有在法律没有具体规定的情况下,为了实现个案正义,法院才可以适用法律的基本原则和基本精神进行裁判。通常情况下,法院不能直接将‘公平原则’这一法律基本原则作为裁判规则,否则就构成向一般条款逃逸,违背法律适用的基本规则。本案原审判决以公平原则认定非合同当事人的实际受益人某成公司对黄某荣的付款义务承担连带责任,既缺乏当事人的意思自治,又无视当事人在民商事活动中的预期,还容易开启自由裁量的滥用。综上,在既无法律规定也无合同约定的情况下,原审判决仅以黄某荣系某成公司的法定代表人,其委托某富公司提供案涉融资服务实际系为某成公司的利益而实施为由,判令某成公司对黄某荣支付服务报酬义务承担连带责任,确属不当,本院予以纠正。”

法规的强制性规定的前提下,当事人(同时包括权利人和责任人)也可以在协商一致的基础上明确约定特定的连带责任人对权利人所承担的连带责任的范围(或份额、限额)。这属于当事人的意思自治,也属于权利人对其权利的处分,应当予以尊重、也应当得到尊重。

事实上,《民法典》本身就规定了数项带有责任限额的连带责任。

比如,《民法典》第 552 条规定的债务加入情形下加入人的连带责任,就是可以设定责任限额的约定的连带责任。《民法典》第 552 条规定:"第三人与债务人约定加入债务并通知债权人,或者第三人向债权人表示愿意加入债务,债权人未在合理期限内明确拒绝的,债权人可以请求第三人在其愿意承担的债务范围内和债务人承担连带债务。"其中的"在其愿意承担的债务范围内和债务人承担连带债务",就是对加入人的连带责任的限额作出的限制,债务加入情形下的第三人的连带责任限于"其愿意承担的债务范围"、并非当然包括债务人的全部债务。

又如,《民法典》第 688 条规定的连带责任保证的保证人的连带责任,其实也是可以设定责任限额的约定的连带责任。《民法典》第 688 条规定:"当事人在保证合同中约定保证人和债务人对债务承担连带责任的,为连带责任保证。连带责任保证的债务人不履行到期债务或者发生当事人约定的情形时,债权人可以请求债务人履行债务,也可以请求保证人在其保证范围内承担保证责任。"其中的"在其保证范围内承担保证责任",就是对保证人的连带责任的限额作出的限制,连带责任保证的保证人的连带责任限于"其保证范围"、并非当然包括债务人的全部债务;而根据《民法典》第 691 条关于"保证的范围包括主债权及其利息、违约金、损害赔偿金和实现债权的费用。当事人另有约定的,按照其约定"的规定,连带责任保证的保证人的保证范围是可以由保证人和债权人事先加以约定的,且所约定的保证范围既可以等于主债权金额,也可以大于主债权金额(加上实现债权的费用等后),还可以小于主债权金额。在约定的保证范围小于主债权金额的情况下,连带责任保证的保证人的连带责任事实上就是有责任限额的连带责任。

此外,《民法典》还规定了带有责任限额的法定的连带责任。比如,《民法典》第 1195 条第 2 款规定的网络服务提供者的连带责任,就是设定责任限额的法定的连带责任。在《民法典》第 1195 条第 1 款关于"网络用户利用网络服务实施侵权行为的,权利人有权通知网络服务提供者采取删除、屏蔽、断开链接等必要措施"的规定的基础上,《民法典》第 1195 条第 2 款规定:"网络服务提供者接到通知后,应当及时将该通知转送相关网络用户,并根据构成侵权的初步证据和服务类型采取必要措施;未及时采取必要措施的,对损害的扩大部分与该网络用户承担连带责任。"其中的"对损害的扩大部分",就是对网络服务提供者的连带责任的责任限额作出的限制,使得网络服务提供者的连带责任限于"损害的扩大部分",至于并非"损害的扩大部分"的部分(包括原有损害和其他损害),则无需承担责任、更谈不上承担连带责任。这跟《民法典》第 1197 条所说的"网络服务提供者知道或者应当知道网络用户利用其网络服务侵害他人民事权益,未采取必要措施的,与该网络用户承担连带责任"针对网络服务提供者规定的没有责任限额的连带责任,是不一样的。

基于上述,站在权利人的立场,就连带责任的责任范围而言,不论是法定的连带责任,还是约定的连带责任,都可以针对特定的连带责任人对权利人所需承担的连带责任设定一定的范围(或份额、限额)。

三是就连带责任的范围(或份额、限额)所作的限定,必须以法律的明文规定或者当事人的明确约定(尤其是须经权利人同意或认可)为前提和依据;如果法律和当事人都没有对连带责任的范围(或份额、限额)作出限定,就应当直接适用《民法典》第178条第1款关于“二人以上依法承担连带责任的,权利人有权请求部分或者全部连带责任人承担责任”的规定,此时的连带责任属于全额连带责任。

（二）连带责任的对外关系

针对连带责任的对外关系,《民法典》第178条第1款规定:“二人以上依法承担连带责任的,权利人有权请求部分或者全部连带责任人承担责任”,第3款规定:“连带责任,由法律规定或者当事人约定。”其中,《民法典》第178条第1款所说的“部分连带责任人”,是与“全部连带责任人”相对应的概念,既可以是一个连带责任人,也可以是数个连带责任人。

据此,只要法律未作不同规定且当事人亦未作不同约定,权利人就既可以请求一个连带责任人或数个连带责任人承担全部责任,也可以请求全部连带责任人承担责任,任何一个连带责任人都有义务按照权利人的要求承担全部责任。① 应该说,《票据法》第68条针对汇票的出票人、背书人、承兑人和保证人的连带责任所说的“汇票的出票人、背书人、承兑人和保证人对持票人承担连带责任。持票人可以不按照汇票债务人的先后顺序,对其中任何一人、数人或者全体行使追索权”,规定得更为清晰;此外,原《担保法》(已废止)第12条针对连带共同保证所说的“同一债务有两个以上保证人的……保证人承担连带责任,债权人可以要求任何一个保证人承担全部保证责任,保证人都负有担保全部债权实现的义务”,规定得也更为清晰。

也就是说,在连带责任的对外关系上,如法律无特别规定且当事人亦无特别约定,则权利人有权请求任何一个连带责任人承担全部责任,任何一个连带责任人对权利人的责任都是全额的,而不是部分的或有限额的,不存在所谓的“比例连带责任”或“部分

---

① 比如,在郑州新某荣置业有限公司与新郑市某通投资控股有限公司、河南某南置业集团有限公司借款合同纠纷案中,最高人民法院(2020)最高法民终1071号民事判决书认为:“《中华人民共和国民法总则》第一百七十八条第一款规定:‘二人以上依法承担连带责任的,权利人有权请求部分或者全部连带责任人承担责任。’根据该规定,对于承担连带责任的保证人,权利人既可以起诉部分保证人,也可以起诉全部保证人,即连带责任的保证人并非必须共同进行诉讼的当事人。”又如,在王某河、杨某明与内蒙古某汇矿业工程有限责任公司等借款合同纠纷案中,最高人民法院(2019)最高法民终1666号民事判决书认为:“《中华人民共和国民法总则》第一百七十八条第一款规定:‘二人以上依法承担连带责任的,权利人有权请求部分或者全部连带责任人承担责任。’据此,即便如王某河、杨某明所称,某烨公司和某聚公司为本案债务承担连带责任,作为债权人的某汇公司也有权选择对其提起或者不提起诉讼,不提起诉讼并不意味着免除其担保责任,也不影响其他担保人根据约定承担担保责任……”此外,最高人民法院(2019)最高法民申2197号民事裁定书认为:“《中华人民共和国民法总则》第一百七十八条第一款规定:‘二人以上依法承担连带责任的,权利人有权请求部分或者全部连带责任人承担责任。’依据上述法律规定,债权人张某享有选择连带责任人起诉的权利。”最高人民法院(2018)最高法民终1148号民事判决书认为:“根据《中华人民共和国民法总则》第一百七十八条第一款的规定,二人以上依法承担连带责任的,权利人有权请求部分或者全部连带责任人承担责任,并不区分连带责任人的主次关系。”

连带责任”。

这就意味着,各个连带责任人需要对权利人承担责任的范围,与其各自的责任大小或责任份额无关,各个连带责任人之间即使存在有关责任份额的约定也不具有对抗权利人的效力。这也是法律规定连带责任制度以加强对债权人等受损害人的保护的应有之义。应该说,原《最高人民法院关于适用〈中华人民共和国担保法〉若干问题的解释》(法释〔2000〕44号,已废止)第19条第2款针对连带共同保证所说的“连带共同保证的保证人以其相互之间约定各自承担的份额对抗债权人的,人民法院不予支持”,规定得更为清晰。

(三)连带责任人的内部关系

针对连带责任人的内部关系,《民法典》第178条第2款规定:“连带责任人的责任份额根据各自责任大小确定;难以确定责任大小的,平均承担责任。实际承担责任超过自己责任份额的连带责任人,有权向其他连带责任人追偿。”

据此,在内部关系上,连带责任人承担连带责任的规则如下:

一是每一个连带责任人都可以向其他连带责任人主张适用《民法典》第178条第2款所说的“连带责任人的责任份额根据各自责任大小确定;难以确定责任大小的,平均承担责任”,任何连带责任人都无权要求其他连带责任人承担超过其责任份额的责任。

二是因向权利人承担连带责任而实际承担责任超过自己责任份额的每一个连带责任人,都有权向其他连带责任人追偿。

但是,如前所说,任何连带责任人都无权向权利人主张适用《民法典》第178条第2款所说的“连带责任人的责任份额根据各自责任大小确定;难以确定责任大小的,平均承担责任”;在权利人要求其承担全部责任的情况下,任何连带责任人都负有向权利人承担全部责任的义务,并且无权要求权利人返还其实际承担的超过其责任份额的部分。在对外关系方面,连带责任人和按份责任人所负有的义务是截然不同的。

三、连带责任人的责任份额的确定办法

就连带责任人的责任份额的确定规则而言,《民法典》第178条第2款确立了先按照责任大小确定责任份额、难以确定责任大小时才按照“平均承担责任”的办法确定责任份额的模式。这跟《民法典》第177条针对按份责任人的责任份额规定的确定办法是相同的。

需要注意的是,《民法典》第178条第2款所说的“连带责任人的责任份额”和“自己责任份额”,是与该款所说的“实际承担责任”相对应的概念,指的都是各个连带责任人依法应当承担的责任份额①。

---

① 比如,《民法典》第973条规定:“合伙人对合伙债务承担连带责任。清偿合伙债务超过自己应当承担份额的合伙人,有权向其他合伙人追偿。”《民法典》第307条规定:“因共有的不动产或者动产产生的债权债务……在共有人内部关系上,除共有人另有约定外,按份共有人按照份额享有债权、承担债务……偿还债务超过自己应当承担份额的按份共有人,有权向其他共有人追偿。”

（一）原则上先按照责任大小确定责任份额

由于《民法典》第178条第2款第1句使用了“连带责任人的责任份额根据各自责任大小确定；难以确定责任大小的，平均承担责任”的表述，因此，只要能够确定各个连带责任人各自的责任大小，就应当“根据各自责任大小确定”各自的责任份额，即：在连带责任人内部，由各个连带责任人按照基于各自责任大小确定的份额最终分别承担相应的责任。也就是说，应当先确定各个连带责任人各自的责任大小，再根据各自的责任大小确定其各自的责任份额。

需要注意的是，《民法典》第178条第2款第1句使用了“连带责任人的责任份额根据各自责任大小确定”，只是明确了“如果能够确定责任大小，就按责任大小确定各自的责任份额”，并没有涉及“如何确定各自的责任大小”的问题。关于连带责任人的责任大小，应当首先按照法律规定的办法予以确定①；在法律没有规定的情况下，通常由法院或仲裁机关予以确定。

比如，在赵某鹏、王某东与甘肃某基农业集团有限公司、邵某林追偿权纠纷案中，针对各个连带责任人的责任比例的划分，甘肃省高级人民法院（2019）甘民终33号民事判决书认为：“根据《中华人民共和国侵权责任法》第十四条的规定：‘连带责任人根据各自责任大小确定相应的赔偿数额；难以确定责任大小的，平均承担赔偿责任。支付超出自己赔偿数额的连带责任人，有权向其他连带责任人追偿。’共同侵权人对外，即向被侵权人，承担连带责任，共同侵权人对内，即共同侵权人之间，应根据各自责任大小确定赔偿数额，承担按份责任，一审判决支持某基公司要求其他共同侵权人承担连带责任的诉讼请求错误，应予纠正。关于各当事人之间的责任划分问题。本案中某基公司作为享有育种资质的生产企业，明知法律规范和地区行政管理规定的情况下，本应对制种育种的生产过程、保障种植农户的生产利益负有主要的责任，但其违法出借资质，对邵某林提供的种子亲本未加检验即协助办理生产许可、审查备案等规避行政部门监管的事项，应当对损害结果承担主要责任，一审法院酌定其承担40%的责任过轻，应以60%为适当。邵某林主要联络、组织种子生产，王某东提供种子亲本，其二人的行为均为案涉侵权行为不可或缺的环节，王某东抗辩其只是按照邵某林要求提供种子亲本，并没有共同实施侵权行为的主观过错，但没有提供证据加以证明，根据刑事判决确认的事实，王某东没有取得种子生产、经营许可证，违反国家禁止性规定，共同故意生产玉米种子，行为本身的违法性就体现了主观上的过错，因无证据能够证明其二人对于案涉种子亲本含有转基因成分的主观过错程度，故依据二人在侵权行为中所起的作用确定邵某林、王某东分别承担25%、10%的赔偿责任。关于赵某鹏应承担责任的依据一审判决已有叙明，本院不再赘述，因其主要起到斡旋、联络的作用，故确定其承担5%的赔偿责任。赵某鹏上诉称其并非刑事案件的共同被告，不应承担责任的抗辩理由，因本案并非基于刑事案件确定的赔偿责任产生的追偿权纠纷，赵某鹏的行

---

① 比如，针对两个以上侵权人污染环境、破坏生态的责任大小的确定办法，《民法典》第1231条规定：“两个以上侵权人污染环境、破坏生态的，承担责任的大小，根据污染物的种类、浓度、排放量，破坏生态的方式、范围、程度，以及行为对损害后果所起的作用等因素确定。”

为符合共同侵权的责任构成要件,判令其对种植农户的损失承担相应责任并无不当,故该上诉理由于法无据,不予支持。"

还需注意的是,在法律、司法解释对各个连带责任人各自的责任份额直接规定了相应的确定办法的情况下,无须先确定各个连带责任人各自的责任大小,而应当直接按照法律、司法解释的规定确定各个连带责任人的责任份额。比如,《民法典担保制度解释》第 13 条第 1 款规定:"同一债务有两个以上第三人提供担保,……担保人之间约定承担连带共同担保……的,各担保人按照比例分担向债务人不能追偿的部分",第 2 款规定:"同一债务有两个以上第三人提供担保,担保人之间未对相互追偿作出约定且未约定承担连带共同担保,但是各担保人在同一份合同书上签字、盖章或者按指印,承担了担保责任的担保人请求其他担保人按照比例分担向债务人不能追偿部分的,人民法院应予支持。"

(二)难以确定责任大小则平均承担责任

由于《民法典》第 178 条第 2 款第 1 句使用了"连带责任人的责任份额根据各自责任大小确定;难以确定责任大小的,平均承担责任"的表述,因此,只有在"难以确定责任大小"的情况下,才能适用该条所说的"平均承担责任",而不能径行适用"平均承担责任"。

其中,《民法典》第 178 条第 2 款第 1 句所说的"平均承担责任",与《民法典》第 517 条第 2 款和第 519 条第 1 款和第 521 条第 1 款所说的"视为份额相同"具有相同的含义,指的是按照每个责任人占责任人总数的比例平均承担责任或等额承担责任①。

而《民法典》第 178 条第 2 款第 1 句所说的"难以确定责任大小的,平均承担责任",一方面为确定连带责任人的责任份额规定了兜底办法,另一方面也要求当事人首先应当尽可能地确定各个连带责任人的责任大小,只有在确实难以确定责任大小的情况下才能采取平均承担责任的办法。

比如,在杜某与某某坝新疆工程局(有限公司)、黄某、袁某康追偿权纠纷案中,鉴于另案生效判决判令某某坝新疆工程局、黄某、袁某康、杜某向某沙公司连带返还投资款本金 14355878.87 元及相应的资金占用费并且某某坝新疆工程局作为连带责任人已被重庆市长寿区人民法院执行划拨案款 29981549 元,重庆市高级人民法院(2020)渝民终 608 号民事判决书认为:"根据黄某、袁某康、杜某在公安机关的陈述内容,三人对外筹资系为了用于某都新城项目业主方代表冀某栋清退前期施工人,积极寻找资金来源并对外成为用资人。黄某作为某某坝重庆分公司的负责人,其在筹资过程中的行为具有双重属性,既是代表某某坝重庆分公司的职务行为,也是其个人行为。因此,某某坝重庆分公司、黄某、袁某康、杜某对于某沙公司 2000 万元系用于某都新城项目业主方代表冀某栋清退前期施工人的目的是明知且认可的。在实际履行过程中,杜某是根据某某坝重庆分公司、黄某、袁某康在《投资协议》中的共同指定实际接收并占有该 2000 万元。杜某将接收的《投资协议》项下 2000 万元中 1600 万元转给冀某栋。该 1600 万

① 《民法典》第 309 条规定:"按份共有人对共有的不动产或者动产享有的份额,没有约定或者约定不明确的,按照出资额确定;不能确定出资额的,视为等额享有。"

元转账行为是符合四名用资人共同意思表示的,并非杜某私自使用。根据《中华人民共和国民法总则》第一百七十八条之规定:‘连带责任人的责任份额根据各自责任大小确定;难以确定责任大小的,平均承担责任。实际承担责任超过自己责任份额的连带责任人,有权向其他连带责任人追偿。’因此,该1600万元应当按照某某坝重庆分公司、黄某、袁某康、杜某四人的约定确定责任份额。四名用资人并未举证证明其内部约定如何确定责任份额,根据查明事实,也难以确定责任大小。因此,该1600万元的返还及相应损失应由某某坝重庆分公司、黄某、袁某康、杜某四人平均分担。同时,1600万元转给冀某栋后的相应权益也应由上述四人共同享有。庭审中,杜某陈述,余下400万元转给了但某春用于归还自己的欠款利息,而该400万元是冀某栋偿还的之前借款2000万元的利息。但杜某所举示的重庆某某商贸有限责任公司出具的《情况说明》仅能证明其向贵阳新某纪房地产开发有限公司转账支付2000万元,并不能证明其与冀某栋存在2000万元借款关系,以及冀某栋归还400万元利息。因此,该400万元应系杜某私自使用而未按四名用资人的共同意思表示使用,其应当自行承担该400万元的返还责任及相应损失。此外,案外人卢某接受某沙公司的委托于2013年2月5日向四名用资人共同指定的收款人李某转账支付210万元。对于该210万元,四名用资人并未举证证明其内部约定如何确定责任份额,根据查明事实,也难以确定责任大小的,四名用资人应当平均分担责任。同时,该210万元产生的相应权益也应由四名用资人共同享有。综上所述,某某坝重庆分公司、黄某、袁某康、杜某需对1810万元投资款平均承担返还责任。杜某除前述份额外,还需对另外400万元投资款承担返还责任。现某某坝重庆分公司仅对其在重庆市长寿区人民法院(2015)长法民初字第4622号案中经执行代偿的款项进行追偿,某某坝重庆分公司、黄某、袁某康、杜某承担责任比例分别为20.48%(452.50万元/2210万元)、20.48%(452.50万元/2210万元)、20.48%(452.50万元/2210万元)、38.56%(852.50万元/2210万元),据此计算其各自承担代偿款金额分别为6140221.24元(29981549元×20.48%)、6140221.24元(29981549元×20.48%)、6140221.24元(29981549元×20.48%)、11560885.28元(29981549元×38.56%)。”

需要注意的是,第178条第2款第1句所说的“难以确定责任大小”,并不要求当事人穷尽所有可以确定责任大小的办法,这跟《民事诉讼法》第95条第1款针对公告送达所说的“受送达人下落不明,或者用本节规定的其他方式无法送达的,公告送达”①是不同的。

四、超额承担责任的连带责任人的追偿权

考虑到因连带责任的权利人有权请求任何一个连带责任人承担全部责任导致有的连带责任人实际承担了超过自己应当承担的责任份额的责任,《民法典》第178条第

① 《民事诉讼法》第95条第1款规定:“受送达人下落不明,或者用本节规定的其他方式无法送达的,公告送达。自发出公告之日起,经过三十日,即视为送达。”《最高人民法院关于全面推进涉外商事海事审判精品战略为构建开放型经济体制和建设海洋强国提供有力司法保障的意见》(法〔2015〕205号)要求:“严格适用公告送达、邮寄送达的条件,在未穷尽其他送达途径前不得直接进行公告送达,切实保护域外当事人的程序权利。”

2 款第 2 句赋予超额承担责任的连带责任人一项追偿权,即:"实际承担责任超过自己责任份额的连带责任人,有权向其他连带责任人追偿"。

比如,在王某武、宋某萍与陕西某红房地产开发有限公司、王某明追偿权纠纷案中,针对股东因公司人格被否认而对公司债务承担连带责任后是否对公司享有追偿权的问题,最高人民法院(2021)最高法民再 180 号民事判决书认为:"首先,根据《中华人民共和国公司法》第二十条第三款关于'公司股东滥用公司法人独立地位和股东有限责任,逃避债务,严重损害公司债权人利益的,应当对公司债务承担连带责任'的规定,王某明在刺破某红公司面纱要求股东王某武、宋某萍夫妇承担连带责任后,某红公司因股东王某武、宋某萍夫妇的清偿行为而使得其所欠王某明的债务消灭。但本案的特殊之处在于,对于某红公司因债务减少相当于资产增加的 413730832 元,系某红公司原股东王某武、宋某萍的股权价值,故王某武、宋某萍作为债务人承担连带责任后对上述 413730832 元享有追偿权。其次,留在某红公司的 413730832 元价值并不是依据王某明的经营行为而获得的增值,而是由于王某武、宋某萍在某红公司的股权被拍卖已经清偿了债权人王某明债务的同时,免除了原某红公司向债权人王某明偿还欠款的责任,该免除的款项属于某红公司原股东王某武、宋某萍股权价值留在某红公司,对该部分利益,某红公司应予返还。第三,本案王某武、宋某萍用其在某红公司的股权偿还了王某明的债务,某红公司作为债务人不仅未承担还款责任,反而因王某武、宋某萍的偿还行为免除了某红公司对王某明承担债务的责任,从而使某红公司的资产得以增加 413730832 元。根据《中华人民共和国民法总则》第一百七十八条关于'实际承担责任超过自己责任份额的连带责任人,有权向其他连带责任人追偿'的规定,王某武、宋某萍有权向某红公司进行追偿。第四,鉴于王某武、宋某萍履行义务后可向某红公司主张偿还 413730832 元,该款项被某红公司占用所产生的利息,某红公司亦应予以返还。原审判决认定王某武、宋某萍没有追偿权有误,本院对此亦予以纠正。"

又如,在某某银行股份有限公司吉林市分行与吉林市某鑫拍卖有限公司、张某追偿权纠纷案中,最高人民法院(2020)最高法民申 7075 号民事裁定书认为:"《中华人民共和国民法总则》第一百七十八条规定:'二人以上依法承担连带责任的,权利人有权请求部分或者全部连带责任人承担责任。连带责任人的责任份额根据各自责任大小确定;难以确定责任大小的,平均承担责任。实际承担责任超过自己责任份额的连带责任人,有权向其他连带责任人追偿。连带责任,由法律规定或者当事人约定。'根据已发生法律效力的吉林省高级人民法院(2017)吉民终 334 号民事判决,承担该案民事责任的主体是某鑫公司,某行吉林市分行承担连带责任。在执行该案过程中,某行吉林市分行通过强制执行方式承担了该案全部民事责任。在承担全部民事责任后,某行吉林市分行有权依据双方的过错程度,依法对超出应承担份额部分向某鑫公司追偿。因此,对于某鑫公司关于某行吉林市分行无追偿权的再审申请理由,本院不予支持。"

不过,《民法典》总则编本身没有规定超额承担责任的连带责任人行使追偿权的具体规则。根据《民法典》第 118 条所说的"民事主体依法享有债权。债权是因合同、侵权行为、无因管理、不当得利以及法律的其他规定,权利人请求特定义务人为或者不为一定行为的权利。"第 463 条所说的"本编调整因合同产生的民事关系"和第 468 条所说的"非因合同产生的债权债务关系,适用有关该债权债务关系的法律规定;没有规定的,适用本编通则的有关规定,但是根据其性质不能适用的除外”,此时应当适用《民法典》第519条第2款和第3款针对连带债务人追偿权作出的规定①,具体而言:

其一,在追偿权的权利主体方面,只有实际承担责任超过自己责任份额的连带责任人才享有追偿权,不论是未承担自己责任份额的连带责任人,还是未足额承担自己责任份额的连带责任人,抑或是只承担了自己责任份额的连带责任人,都不享有追偿权。

其二,在追偿权的义务主体方面,所有未承担自己责任份额的连带责任人和未足额承担自己责任份额的连带责任人,都是追偿权的义务主体。

其三,在追偿权的行使范围方面,实际承担责任超过自己责任份额的连带责任人向特定的连带责任人行使追偿权的范围受到双重限制,一是以其实际承担的责任超过其依法应当承担的责任份额之间的差额为限,二是以被追偿的该连带责任人未承担的责任份额为限。

比如,在某某银行股份有限公司吉林市分行与吉林市某鑫拍卖有限公司、张某追偿权纠纷案中,吉林省高级人民法院(2020)吉民终96号民事判决书认为:“某行吉林市分行与某鑫公司之间形成委托拍卖合同关系,某鑫公司在完成某行吉林市分行委托事项的过程中收取了某北百货1500万元,某鑫公司对其一直占用1500万元并无异议。根据《中华人民共和国合同法》第四百零四条‘受托人处理委托事务取得的财产,应当转交给委托人’的规定,某鑫公司应当在因办理委托事项取得1500万元后转交给某行吉林市分行,故某鑫公司应对因未将1500万元交付给某行吉林市分行,并给某行吉林市分行造成的损失承担主要责任。某行吉林市分行在案涉房产第一次拍卖后向某北百货发出要约,但隐瞒了与吉林某贸之间因拍卖纠纷未结的事实,致使某北百货参与竞买并支付1500万元,某行吉林市分行存在过错。且在拍卖不成时,某行吉林市分行未及时处理与某鑫公司的委托拍卖合同关系亦存在过错,致使案涉1500万元一直由某鑫公司占有并给某北百货造成损失,某行吉林市分行对因案涉1500万元产生的利息等损失应承担次要责任。因某行吉林市分行在另案中就案涉事实对某北百货承担了责任,故其有权就其已实际履行的超过自己责任份额的部分向某鑫公司进行追偿,就案涉1500万元某鑫公司同意偿还给某行吉林市分行,对因1500万元产生的赔偿某北百货的利息损失,根据双方承担的主次责任比例,一审法院酌定某鑫公司承担1500万元利息损失的70%,某行吉林市分行承担1500万元利息损失的30%并无不当”。②

其四,实际承担责任超过自己责任份额的连带责任人,在其追偿权范围内,还相应地享有权利人的权利,但是不得损害权利人的利益。

其五,在被实际承担责任超过自己责任份额的连带责任人追偿时,其他连带债务人可以向该连带责任人主张其对权利人的抗辩。

---

① 《民法典》第519条第2款规定:“实际承担债务超过自己份额的连带债务人,有权就超出部分在其他连带债务人未履行的份额范围内向其追偿,并相应地享有债权人的权利,但是不得损害债权人的利益。其他连带债务人对债权人的抗辩,可以向该债务人主张”,第3款规定:“被追偿的连带债务人不能履行其应分担份额的,其他连带债务人应当在相应范围内按比例分担。”

② 三方当事人均曾向最高人民法院申请再审,但均被最高人民法院以(2020)最高法民申7075号民事裁定予以驳回。

其六,被追偿的连带责任人不能向实际承担责任超过自己责任份额的连带责任人承担其依法应当承担的责任份额的,除该被追偿的连带责任人外的其他连带责任人(包括实际承担责任超过自己责任份额的连带责任人)应当在相应范围内按比例承担。

第一百七十九条 【民事责任的承担方式】承担民事责任的方式主要有:

(一)停止侵害;

(二)排除妨碍;

(三)消除危险;

(四)返还财产;

(五)恢复原状;

(六)修理、重作、更换;

(七)继续履行;

(八)赔偿损失;

(九)支付违约金;

(十)消除影响、恢复名誉;

(十一)赔礼道歉。

法律规定惩罚性赔偿的,依照其规定。

本条规定的承担民事责任的方式,可以单独适用,也可以合并适用。

【条文通释】

《民法典》第179条是关于民事责任的承担方式①或责任方式②的规定。

一、民事责任承担方式的主要类型及其适用条件

《民法典》第179条第1款列明了民事责任承担方式的14种主要类型,即:(1)停止侵害;(2)排除妨碍;(3)消除危险;(4)返还财产;(5)恢复原状;(6)修理;(7)重作;(8)更换;(9)继续履行;(10)赔偿损失;(11)支付违约金;(12)消除影响;(13)恢复名誉;(14)赔礼道歉。在此基础上,《民法典》第179条第2款也明确了惩罚性赔偿的适用规则。

(一)停止侵害

作为承担民事责任的方式的"停止侵害",指向的是责任人应当承担的停止其正在实施的侵害权利人合法权益的行为的责任。

---

① 全国人民代表大会常务委员会时任副委员长王晨2020年5月22日在第十三届全国人民代表大会第三次会议上作的《关于〈中华人民共和国民法典(草案)〉的说明》使用了"民事责任的承担方式"的表述。

② 原《侵权责任法》第二章的标题"责任构成和责任方式"使用了"责任方式"的表述。

1. 适用对象

其中的“停止”和“侵害”,分别从行为过程和行为类型的角度,限定了该责任方式的适用对象,具体而言:

一是其中的“停止”,意味着该责任方式只适用于正在实施中的行为,不适用于尚未开始的行为或已经完成的行为。

如果相关行为尚未实施,则不能适用“停止侵害”,而应当根据具体情况适用“消除危险”;如果相关行为已经完成,则不能、也没有必要适用“停止侵害”,而应当根据具体情况适用“返还财产”“恢复原状”“赔偿损失”“消除影响”“恢复名誉”或“赔礼道歉”等责任方式中的一种或数种。

二是其中的“侵害”,则意味着该责任方式只适用于承担侵权责任,不适用于承担违约责任。

事实上,《民法典》合同编第八章“违约责任”(尤其是第577条所说的“当事人一方不履行合同义务或者履行合同义务不符合约定的,应当承担继续履行、采取补救措施或者赔偿损失等违约责任”)并没有规定承担违约责任的方式包括“停止侵害”;《民法典》只是在物权编(第286条[①])、人格权编(第995条[②])和侵权责任编(第1167条、第1205条[③])规定了承担侵权责任的方式包括“停止侵害”。在因当事人一方的违约行为,损害对方人身权益、财产权益的情形,如果受损害方根据《民法典》第186条选择请求其承担违约责任,则不能适用“停止侵害”的责任方式。

2. 适用条件

基于上述,“停止侵害”须以责任人正在实施侵权行为或侵权行为仍在持续进行当中为适用条件。

比如,在大连某通数据平台管理中心(有限合伙)与崔某吉侵害技术秘密纠纷案中,针对某通数据诉请崔某吉立即停止侵害涉案技术秘密的请求,最高人民法院(2021)最高法知民终1687号民事判决书认为:“停止侵害的责任方式是以侵权行为正在进行中或仍在持续进行为适用条件,然而,某通数据在本案中主张的崔某吉盗窃技术秘密的行为已经实施完毕,故某通数据诉请要求崔某吉停止盗窃涉案技术秘密已不具备适用条件,原审法院判决崔某吉立即停止以不正当手段获取涉案技术秘密认定有

---

① 《民法典》第286条第2款规定:“业主大会或者业主委员会,对任意弃置垃圾、排放污染物或者噪声、违反规定饲养动物、违章搭建、侵占通道、拒付物业费等损害他人合法权益的行为,有权依照法律、法规以及管理规约,请求行为人停止侵害、排除妨碍、消除危险、恢复原状、赔偿损失。”

② 《民法典》第995条规定:“人格权受到侵害的,受害人有权依照本法和其他法律的规定请求行为人承担民事责任。受害人的停止侵害、排除妨碍、消除危险、消除影响、恢复名誉、赔礼道歉请求权,不适用诉讼时效的规定。”

③ 《民法典》第1167条规定:“侵权行为危及他人人身、财产安全的,被侵权人有权请求侵权人承担停止侵害、排除妨碍、消除危险等侵权责任。”第1205条规定:“因产品缺陷危及他人人身、财产安全的,被侵权人有权请求生产者、销售者承担停止侵害、排除妨碍、消除危险等侵权责任。”

误,本院予以纠正。”①

又如,在蒙某某某集团股份有限公司与玉林市玉州区某某陶瓷店等侵害商标权及反不正当竞争纠纷案中,针对一审法院未判处被上诉人立即停止侵权行为是否正确的问题,广西壮族自治区高级人民法院(2021)桂民终 853 号民事判决书认为:“根据原审查明,原审中,经承办人员现场查看,涉案侵权店铺的店内装饰、店铺门头招牌等并未完全拆除涉案侵权标识,原审仅以当事人的口头承诺即认定侵权标识拆除完毕、被上诉人不再经营侵权店铺等事实,不当。一审判决作出后,上诉人于 2021 年 2 月 21 日到涉案店铺查看,从门头招牌看尚有标识未拆除,说明被上诉人的侵权行为一直在持续,依据《最高人民法院关于适用〈中华人民共和国民法典〉时间效力的若干规定》第一条第三款,本案应适用民法典的规定。《中华人民共和国民法典》第一百七十九条、第一千一百六十七条规定,承担民事责任的方式主要有停止侵害、排除妨碍、消除危险、赔偿损失等;侵权行为危及他人人身、财产安全的,被侵权人有权请求侵权人承担停止侵害、排除妨碍、消除危险等侵权责任。而本案中被上诉人尚未完全拆除侵权标识,且即使已将侵权标识拆除完毕并停止经营,但基于被上诉人已构成侵权的事实,上诉人为保护其民事权益,防止被上诉人再次实施侵权行为,而请求侵权人承担停止侵害、消除危险等预防性民事侵权责任,有事实和法律依据。原审不予判决被上诉人立即停止侵害涉案第 14××××7 号、第 32××××0 号、第 34××××8 号、第 17××××2 号注册商标专用权的行为错误,本院予以纠正。”

3. 实施要求

需要注意的是,适用“停止侵害”的责任方式也应当同时明确责任人停止侵害行为的具体实施方式、时间范围、地域范围等事项。

对此,《最高人民法院关于人民法院立案、审判与执行工作协调运行的意见》(法发〔2018〕9 号)第 11 条第 1 款第 7 项规定:“法律文书主文应当明确具体:……(7)停止侵害的,应当明确停止侵害行为的具体方式,以及被侵害权利的具体内容或者范围等。”《最高人民法院关于审理侵犯商业秘密民事案件适用法律若干问题的规定》(法释〔2020〕7 号)第 17 条针对停止侵犯商业秘密的适用也规定:“人民法院对于侵犯商业秘密行为判决停止侵害的民事责任时,停止侵害的时间一般应当持续到该商业秘密已为公众所知悉时为止。依照前款规定判决停止侵害的时间明显不合理的,人民法院可以在依法保护权利人的商业秘密竞争优势的情况下,判决侵权人在一定期限或者范围内停止使用该商业秘密。”

此外,最高人民法院(2013)民申字第 371 号民事裁定书也认为:“停止侵害责任的具体方式的确定,需要结合被诉行为的特点,考虑具体责任方式的合目的性、必要性和均衡性。即该种具体责任方式要能够和适于实现停止侵害的目的;在能够有效实现停

① 又如,贵州省高级人民法院(2018)黔民再 58 号民事判决书认为:“停止侵害作为一种物权保护方法,针对的是正在进行的侵权行为,采取停止侵害的物权保护方法可以有效的阻止侵权人继续实施侵害行为,有效防止损害后果的进一步发生。本案中,如前所述,某美公司确实侵害石阡某某六组、王某成所享有的林权,但涉案道路已建成并实际投入使用,某美公司的侵权行为已经实施完毕,且损害结果业已实际发生并固定,故本案不适用停止侵害的物权保护方法,本院对三申诉人所提‘停止侵害’的诉讼请求不予支持。”

止侵害目的的各种手段中,对被诉侵权人利益造成的不利影响相对较小,且不会与停止侵害的目的不成比例。"①

又如,在广州某赐高新材料股份有限公司等与华某等侵害技术秘密纠纷案中,针对两某赐公司提出的销毁专用设备的上诉请求,最高人民法院(2019)最高法知民终562号民事判决书认为:"根据业已查明的事实,安徽某曼公司在生产卡波产品过程中使用的设备侵害了两某赐公司相关技术秘密,但应注意的是,安徽某曼公司的卡波生产设备并非仅使用涉案技术信息,根据第45号司法鉴定意见书,仅反应釜内换热管采用××结构、外部冷却采用××结构构成侵害技术秘密。安徽某曼公司通过生产设备零部件替换等方式便可达到停止侵害两某赐公司技术秘密的目的。因此,关于其要求销毁安徽某赐公司专用生产设备的上诉请求,本院依法不予支持。"

需要注意的是,销毁库存的侵权产品和用于侵权的工具、设备、材料等是承担停止侵害的责任的应有之义和具体内容。

对此,《最高人民法院关于当前经济形势下知识产权审判服务大局若干问题的意见》(法发〔2009〕23号)第15条要求:"充分发挥停止侵害的救济作用,妥善适用停止侵害责任,有效遏制侵权行为。根据当事人的诉讼请求、案件的具体情况和停止侵害的实际需要,可以明确责令当事人销毁制造侵权产品的专用材料、工具等,但采取销毁措施应当以确有必要为前提,与侵权行为的严重程度相当,且不能造成不必要的损失……"

比如,在某域视觉科技(上海)有限公司与常州某某车灯股份有限公司等侵害发明专利权纠纷案中,最高人民法院(2018)最高法民申984号民事裁定书也认为:"停止侵害即是对侵权人正在实施侵权行为的禁止,销毁库存的侵权产品及用于生产被诉侵权产品的专用模具为停止侵害的应有之义。在侵权事实成立的情况下,如侵权人持有专门用于实施侵权行为的工具、材料,或者现存有侵权产品,为防止该专用工具或者材料用于继续侵权和防止该侵权产品进入销售渠道,原则上即应予以销毁。因此,一旦侵权事实成立,且专利权人能够对实施侵权行为需要专用工具或者材料,或者仍有库存侵权产品等事实提出主张并对此进行了合理解释和说明,侵权人即应当对其是否持有侵权专用工具或者材料,以及是否仍有库存侵权产品等事实作出如实陈述并提交相应证据予以佐证。二审法院以某域公司并未举证证明是否存在库存侵权产品,以及并未证明库存侵权产品和专用模具的具体存放地点、数量、模具型号等为由,对某域公司要求销毁侵权产品和专用模具的诉讼请求未予支持,举证责任分配明显不当,对此应予纠正。"

---

① 具体到该案,该民事裁定书认为:"本案中,某文出版社实施了使用与他人知名商品近似的名称和装潢的不正当竞争行为。对于使用与他人知名商品近似的名称的行为而言,只要被诉侵权图书使用'××××××××××××'这一名称,均可能导致相关公众发生混淆和误认,附加区别标识不足以起到停止侵害的目的。对于使用与他人知名商品近似的装潢的行为而言,只有变更装潢,改变原有装潢的显著性的情况下,才会达到停止侵害的目的。因此,本案中通过附加区别标识不足以实现停止侵害的目的,原审法院判令某文出版社于判决生效后立即停止出版、发行'使用《××××××××××××大全集》名称及其封面封底设计'的图书,这一责任方式并无不当。"

4. 证明责任

根据《民事诉讼法》第67条第1款①和《民诉法解释》第90条、第91条②的规定,主张适用"停止侵害"的责任方式的当事人应当对责任人存在侵害其合法权益的行为并且该行为正在实施过程中承担举证证明责任;否则,其主张可能得不到支持。

比如,在某域视觉科技(上海)有限公司与常州某某车灯股份有限公司等侵害发明专利权纠纷案中,上海市高级人民法院(2019)沪知民再1号民事判决书认为:"某域公司可以在本案中请求法院作出对侵权产品和用于生产侵权产品的专用模具等生产设备予以销毁的民事判决,但应当就其所主张的常州某某公司持有生产被控侵权产品的专用模具以及侵权产品库存向法院提供初步的、有效的证据。而在本案诉讼过程中,某域公司只是主张常州某某公司生产侵权产品必然需要专用模具,专用模具及侵权产品库存必然存放在常州某某公司的生产经营场所,其就上述事实主张仅向法院提供了其自行制作的常州某某公司用于生产侵权产品专用模具种类的统计表,该统计表内容的真实性并无其他任何证据予以佐证。鉴于常州某某公司被控侵权行为成立,原审法院判决常州某某公司、某安公司应立即停止对涉案发明专利权的侵害,且原二审法院已明确指出,根据《中华人民共和国民法通则》第一百一十八条规定,停止侵害即是对侵权人继续实施侵权行为的禁止,销毁侵权产品及生产侵权产品模具为停止侵权的应有之义,并对原一审判决相关不妥表述进行了纠正。如某域公司在本案执行阶段发现常州某某公司持有生产被控侵权产品的专用模具以及侵权产品库存,可依据停止对涉案专利发明权的侵害之主文申请执行进行销毁;如某域公司在本案结束后发现常州某某公司持有并使用专用模具再次生产或销售被控侵权产品,则可另行起诉要求常州某某公司停止侵权、销毁专用模具,并可请求适用惩罚性赔偿以保障其合法权益。由此可见,在某域公司未向法院提供初步的、有效的证据证明常州某某公司持有侵权产品及用于生产侵权产品专用模具的情况下,其合法权益不会因本案判决主文中未列明销毁侵权产品及用于生产侵权产品专用模具之判项而受到损害,故本院难以支持其上述主张。"

5. 不适用停止侵害的例外情况

针对正在实施的侵权行为,原则上应当适用停止侵害的责任方式;但在特定的例外情况下,也可以不适用停止侵害,而适用其他更为合适的责任方式。

对此,《最高人民法院关于当前经济形势下知识产权审判服务大局若干问题的意见》(法发〔2009〕23号)第15条提出:"……如果停止有关行为会造成当事人之间的重大利益失衡,或者有悖社会公共利益,或者实际上无法执行,可以根据案件具体情况进行利益衡量,不判决停止行为,而采取更充分的赔偿或者经济补偿等替代性措施了断

---

① 《民事诉讼法》第67条第1款规定:"当事人对自己提出的主张,有责任提供证据。"

② 《民诉法解释》第90条规定:"当事人对自己提出的诉讼请求所依据的事实或者反驳对方诉讼请求所依据的事实,应当提供证据加以证明,但法律另有规定的除外。在作出判决前,当事人未能提供证据或者证据不足以证明其事实主张的,由负有举证证明责任的当事人承担不利的后果。"第91条规定:"人民法院应当依照下列原则确定举证证明责任的承担,但法律另有规定的除外:(一)主张法律关系存在的当事人,应当对产生该法律关系的基本事实承担举证证明责任;(二)主张法律关系变更、消灭或者权利受到妨害的当事人,应当对该法律关系变更、消灭或者权利受到妨害的基本事实承担举证证明责任。"

纠纷。权利人长期放任侵权、怠于维权,在其请求停止侵害时,倘若责令停止有关行为会在当事人之间造成较大的利益不平衡,可以审慎地考虑不再责令停止行为,但不影响依法给予合理的赔偿。"

不过,针对正在实施的侵权行为不适用停止侵害,是作为"非常态"而不是"常态"存在的,必须从严把握。

对此,在余某等与陈某侵害著作权纠纷案中,北京市高级人民法院(2015)高民(知)终字第1039号民事判决书认为:"停止侵权责任仍然是著作权侵权中首要和基本的救济方式,侵权人不承担停止侵权责任是一种基于利益衡量之后的政策选择,是一种例外情形,应当严格予以把握。是否对权利人的停止侵害请求权加以限制,主要考量的是个人利益之间的利益平衡以及个人和社会公众利益之间的平衡。"

具体到该案,该民事判决书认为:"本案具体可以从以下方面进行判断:

"第一,权利人和侵权人之间是否具有竞争关系。如果权利人和侵权人之间具有竞争关系,则不宜对停止侵害请求权进行限制,否则不判令承担停止侵权责任,意味着给侵权人赋予了强制许可,这种违背权利人意愿的方式有可能极大损害权利人通过投资获得收益并取得竞争优势。本案中,陈某与余某、湖南某视公司、东阳某娱公司、某达公司、东阳某瑞公司之间是具有竞争关系的。陈某作为涉案作品的著作权人,虽然涉案作品于1992年创作完成,1993年被拍摄为电视剧并播映,但是陈某仍然可以对涉案作品进行再次的改编、拍摄。小说或剧本的影视改编、摄制、发行活动,是实现小说或剧本市场价值、商业利益的重要方式。余某同样作为编剧,湖南某视公司等作为电视剧的制片者,与陈某之间具有竞争关系,剧本《宫某某城》与涉案作品构成实质性相似的情况下,基于该剧本拍摄的电视剧《宫某某城》继续复制、发行、传播将意味着其取得了强制许可,这显然违背了陈某本人的意愿,且损害了陈某再次改编、拍摄涉案作品并投入市场的竞争优势。

"第二,侵权人市场获利是否主要基于著作权的行使。如果侵权人的商业产品获得成功并非来源于产品中著作权发挥的功能,或者其发挥的功能仅占产品市场成功的很小部分时,基于权利人利益和侵权人利益之间的平衡,可以对停止侵害请求权进行限制。本案中,电视剧《宫某某城》的拍摄融合了导演、编剧、演员、摄影等若干人员的劳动,但对于余某担任编剧的电视剧,其之所以获得较高收视率的核心因素在于余某创作的据以拍摄的剧本,也就是说剧本《宫某某城》对于电视剧《宫某某城》的市场成功起到了决定性作用,由此,余某、湖南某视公司、东阳某娱公司、某达公司、东阳某瑞公司应当承担停止侵权的责任。

"第三,权利人的主观意图和侵权人的实际状况。陈某自获知电视剧《宫某某城》之后即开始积极维权,并未怠于行使其权利。对于电视剧《宫某某城》的制片者来说,停止复制、发行、播放电视剧的行为并非不可实现或者实现困难。

"第四,社会公众利益。如果对停止侵害请求权进行限制已经损害了社会公众利益,则不宜判令侵权人承担停止侵权的责任。社会公众利益是一个不确定概念,但可以确定的是个别人或者个别公司的利益不属于社会公众利益。信息作为一种公共产品,赋予其专有权的目的在于激励创作,长远来看有利于社会发展。停止侵权责任将强化著作权的保护,更符合长远的社会公众利益。

“综合上述因素,原审法院判令湖南某视公司、东阳某娱公司、某达公司、东阳某瑞公司承担停止复制、发行、传播的责任并无不当。”

6. 停止侵害的责任方式与停止侵害的行为保全

值得一提的是,停止侵害可以通过在诉讼中或起诉前申请行为保全的方式实现。根据《民事诉讼法》第103条①和第104条②的规定,权利人可以在诉讼中或诉讼前,请求法院作出责令行为人停止侵害行为的行为保全裁定。尽管作为承担民事责任方式的停止侵害,与作为行为保全制度的停止侵害,属于不同的制度,但是,对于有效保护权利人合法权益来说,停止侵害的行为保全仍然具有独立的、明显的价值。

对此,最高人民法院指导案例115号“某某奥清洗系统公司诉厦门某某斯汽车配件有限公司等侵害发明专利权纠纷案”的第2项“裁判要点”指出:“在专利侵权诉讼程序中,责令停止被诉侵权行为的行为保全具有独立价值。当事人既申请责令停止被诉侵权行为,又申请先行判决停止侵害,人民法院认为需要作出停止侵害先行判决的,应当同时对行为保全申请予以审查;符合行为保全条件的,应当及时作出裁定。”

在该案中,最高人民法院(2019)最高法知民终2号民事判决书(载《最高人民法院公报》2019年第8期)认为:“本案需要考虑的特殊情况是,原审法院虽已作出关于责令停止侵害涉案专利权的部分判决,但并未生效,专利权人继续坚持其在一审程序中的行为保全申请。虽然该行为保全申请与判令停止侵害的部分判决在内容上存在重叠的可能,在功能上具有尽快明确各方当事人之间的法律关系状态、提高纠纷解决效率的类似之处,但作为两种不同的制度设计,责令停止侵害的行为保全申请在特定情况下仍具有独特价值。例如,当发生申请人利益被侵害的紧急情况或者给申请人造成损害的其他情况,判令停止侵害的部分判决因处于上诉状态而尚未发生效力时,责令停止侵害的诉中行为保全措施可以起到及时制止侵权行为的效果,更加有效保护专利权。特别是,在我国相关民事诉讼法律并未规定未生效判决临时执行制度的现实情况下,责令停止侵害的行为保全的价值更加明显。鉴此,第二审人民法院对于停止侵害专利权的行为保全申请,可以考虑如下情况,分别予以处理:如果情况紧急或者可能造成其他损害,专利权人提出行为保全申请,而第二审人民法院无法在行为保全申请处理期限内作出终审判决的,应当对行为保全申请单独处理,依法及时作出裁定;符合行为保全条件的,应当及时采取保全措施。此时,由于原审判决已经认定侵权成立,第二审人民法院可根据案情对该行为保全申请进行审查,且不要求必须提供担保。如果第二审人民法院能够在行为保全申请处理期限内作出终审判决的,可以及时作出判决并驳回行为保全申请。本案中,某某奥公司在二审程序中坚持其责令某某斯公司、某可公司停止侵害涉案专利权的诉中行为保全申请,但是某某奥公司所提交的证据并不足以证明发生了给其造成损害的紧急情况,且本院已经当庭作出判决,本案判决已经发

① 《民事诉讼法》第103条第1款规定:“人民法院对于可能因当事人一方的行为或者其他原因,使判决难以执行或者造成当事人其他损害的案件,根据对方当事人的申请,可以裁定对其财产进行保全、责令其作出一定行为或者禁止其作出一定行为;当事人没有提出申请的,人民法院在必要时也可以裁定采取保全措施。”

② 《民事诉讼法》第104条第1款规定:“利害关系人因情况紧急,不立即申请保全将会使其合法权益受到难以弥补的损害的,可以在提起诉讼或者申请仲裁前向被保全财产所在地、被申请人住所地或者对案件有管辖权的人民法院申请采取保全措施。申请人应当提供担保,不提供担保的,裁定驳回申请。”

生法律效力,另行作出责令停止侵害涉案专利权的行为保全裁定已无必要。因此,对于某某奥公司的诉中行为保全申请,不予支持。”

(二)排除妨碍

作为承担民事责任的方式的“排除妨碍”,与“排除妨害”[①]具有大致相同的含义,指向的是责任人应当承担的排除其正在实施或已经实施的妨碍他人合法权益的行为的责任。

1. 适用对象

其中的“排除”和“妨碍”,限定了该责任方式的适用对象,具体而言:

一是其中的“排除”,意味着该责任方式只适用于已经存在的妨碍行为,包括正在实施的妨碍行为和已经实施完毕的妨碍行为,但不适用于尚未开始的行为。如果相关行为尚未实施,则不能适用“排除妨碍”,而应当根据具体情况适用“消除危险”。

二是其中的“妨碍”,即“妨碍行为”,指向的是责任人实施的对权利人合法权益的享有或行使造成妨碍[②]的不具有法律依据或合同根据的行为[③],意味着该责任方式不适用于承担违约责任。

事实上,《民法典》合同编第八章“违约责任”(尤其是第577条所说的“当事人一方不履行合同义务或者履行合同义务不符合约定的,应当承担继续履行、采取补救措施或者赔偿损失等违约责任”)并没有规定承担违约责任的方式包括“排除妨碍”;《民法典》只是在物权编(第236条、第286条、第462条[④])、人格权编(第995条[⑤])和侵权责任编(第1167条、第1205条[⑥])规定了承担责任的方式包括“排除妨碍”或“排除妨害”。在因当事人一方的违约行为,损害对方人身权益、财产权益的情形,如果受损害方根据《民法典》第186条选择请求其承担违约责任,则不能适用“排除妨碍”的责任

---

① 《民法典》第236条规定:“妨害物权或者可能妨害物权的,权利人可以请求排除妨害或者消除危险。”

② 比如,广西壮族自治区高级人民法院(2019)桂民申1950号民事裁定书认为:“根据《中华人民共和国物权法》第三十五条规定,请求排除妨害的前提是物权所有人的物权行使受到或可能受到他人的妨害”;又如,广西壮族自治区桂林市中级人民法院(2022)桂03民终1937号民事判决书认为:“……从排除妨碍的角度分析,排除妨碍的构成要件是存在妨碍他人行使民事权利或享有民事权益的状态……”

③ 比如,江西省九江市中级人民法院(2018)赣04民终2257号民事判决书认为:“《物权法》第三十五条规定‘妨害物权或者可能妨害物权的,权利人可以请求排除妨害或者消除危险’。即妨害是以非法、不正当的行为对权利人的物或者物权造成妨害或妨碍,现实地阻碍了特定物的权利人行使权利。”

④ 《民法典》第236条规定:“妨害物权或者可能妨害物权的,权利人可以请求排除妨害或者消除危险。”第286条第2款规定:“业主大会或者业主委员会,对任意弃置垃圾、排放污染物或者噪声、违反规定饲养动物、违章搭建、侵占通道、拒付物业费等损害他人合法权益的行为,有权依照法律、法规以及管理规约,请求行为人停止侵害、排除妨碍、消除危险、恢复原状、赔偿损失。”第462条第1款规定:“占有的不动产或者动产被侵占的,占有人有权请求返还原物;对妨害占有的行为,占有人有权请求排除妨害或者消除危险;因侵占或者妨害造成损害的,占有人有权依法请求损害赔偿。”

⑤ 《民法典》第995条规定:“人格权受到侵害的,受害人有权依照本法和其他法律的规定请求行为人承担民事责任。受害人的停止侵害、排除妨碍、消除危险、消除影响、恢复名誉、赔礼道歉请求权,不适用诉讼时效的规定。”

⑥ 《民法典》第1167条规定:“侵权行为危及他人人身、财产安全的,被侵权人有权请求侵权人承担停止侵害、排除妨碍、消除危险等侵权责任。”第1205条规定:“因产品缺陷危及他人人身、财产安全的,被侵权人有权请求生产者、销售者承担停止侵害、排除妨碍、消除危险等侵权责任。”

方式。

2. 适用条件

基于上述,“排除妨碍”须以行为人实施了或正在实施妨碍权利人享有或行使合法权益的侵权行为为适用条件。

比如,在陈某与吕某梅排除妨害纠纷案中,江苏省淮安市中级人民法院(2019)苏08民终2333号民事判决书认为:“权利人对物权的享有和行使受到侵占以外的方式侵害时有权对妨碍人请求排除妨碍,使自己的物权恢复到圆满状态。构成妨碍的要件包括:1. 被妨碍的标的物仍然存在并由所有人占有;2. 妨碍人以占有以外的方式妨碍权利人行使权利且这种行为持续进行;3. 妨碍是不正当的。争议土地在二轮承包时由被上诉人取得,依据《中华人民共和国土地承包法》的规定,国家依法保护农村承包关系的稳定,耕地的承包期为三十年不变。但在承包期内,发包方违反法律规定,擅自将涉案土地调整给了上诉人,为此,涟水县成集镇人民政府重新确权给被上诉人,并且已经(2017)苏08行初19号行政判决书和(2017)苏行终1863号行政判决书撤销了上诉人领取的《土地承包经营权证》,判决已发生法律效力。根据有效的行政决定和生效的行政判决书确认的事实,被上诉人为争议土地的合法使用权人,上诉人虽曾取得过争议土地的经营权证书,但因该证书被撤销而丧失,上诉人应当归还争议土地给被上诉人,其未能归还,被上诉人诉讼要求排除妨碍,符合排除妨碍的构成要件,应予支持。”

如果声称被妨碍的主体并非权利人、并不享有合法权益,或者行为人实施的行为具有法律依据或合同依据,或者没有对权利人的合法权益构成妨碍,则不能适用“排除妨碍”。

比如,在李某与魏某亭、李某珠排除妨害纠纷案中,广西壮族自治区高级人民法院(2019)桂民申1950号民事裁定书认为:“李某以排除妨害为由提起本案诉讼,根据《中华人民共和国物权法》第三十五条规定,请求排除妨害的前提是物权所有人的物权行使受到或可能受到他人的妨害。根据本案查明的事实,案涉停车位系建设于建筑区划规划红线图之内,属于《中华人民共和国物权法》第七十四条第一款及第二款规定的建筑区划内规划用于停放汽车的车位,并未占用业主共有场地增设。且在魏某亭、李某珠提供的案涉小区购房合同约定,案涉小区不计入公摊或属商业性质的配套建筑属出卖人即开发商所有。因此,李某主张该停车位属于业主共有,但未能提供相应证据证实,不应得到支持。二审裁定依现有证据及本案事实认定李某不是案涉停车位的权利人、与案涉停车位没有直接的利害关系,不具有起诉要求拆除案涉停车位建筑物的诉讼主体资格,并无不当。”

又如,在庐山某业发展有限公司与彭某禄等排除妨害纠纷案中,江西省九江市中级人民法院(2018)赣04民终2257号民事判决书认为:“本案是一起排除妨害纠纷案件。《物权法》第三十五条规定:‘妨害物权或者可能妨害物权的,权利人可以请求排除妨害或者消除危险。’即妨害是以非法、不正当的行为对权利人的物或者物权造成妨害或妨碍,现实地阻碍了特定物的权利人行使权利。权利人对物或者物权具有合法、正当的权利是排除妨害的构成要件。本案中上诉人诉请排除被上诉人在某某项目工地施工的阻扰,经查依据现有的证据,该施工为违法施工,即上诉人诉请保护的物权不具有合法性和正当性,不构成排除妨害的要件。”

再如，在刘某余与某网内蒙古东部电力有限公司奈曼旗供电分公司等侵权责任纠纷案中，内蒙古自治区通辽市中级人民法院(2020)内05民终288号民事判决书认为："为解决村民用电问题，奈曼旗沙日浩来镇某某村自筹资金于1986年经原乡电管站实施建设了案涉10千伏供电线路，该案涉供电线路通过刘某余家林地，经该村与原乡政府负责人协调不予补偿至今。考虑到案涉供电线路建设时对占用林地已经予以协调处理，该供电线路为某某村八个自然屯供电至今已三十余年，因涉及众多村民的生产、生活用电而具有公益性、合理性，一审法院以妨碍状态不具有不正当性判决驳回刘某余的诉讼请求并无不当。上诉人刘某余的上诉主张无事实及法律依据，本院不予支持。"

复如，在王某书与蔡某、郭某艳排除妨害纠纷案中，广西壮族自治区桂林市中级人民法院(2022)桂03民终1937号民事判决书认为："被上诉人蔡某主张将涉案的排水管拆除，主要理由是涉案的排水管建在了自己的外墙上并影响了美观。《中华人民共和国民法典》第二百八十八条规定：不动产的相邻权利人应当按照有利生产、方便生活、团结互助、公平合理的原则，正确处理相邻关系。上诉人王某书与被上诉人蔡某两家相邻而居，理应互相提供便利，从相邻关系的角度分析，涉案的排水管并未对被上诉人蔡某的生产、生活造成影响；从排除妨碍的角度分析，排除妨碍的构成要件是存在妨碍他人行使民事权利或享有民事权益的状态，涉案的排水管并不妨碍被上诉人行使排水、通风、采光的相邻权。因此，被上诉人蔡某以涉案的排水管建在了自己的外墙上并影响了美观为由要求将涉案排水管拆除的理由不能成立，本院不予支持。"

3. 实施要求

需要注意的是，适用"排除妨碍"的责任方式也应当同时明确责任人排除妨碍行为的具体实施方式、时间范围、地域范围等事项。

对此，《最高人民法院关于人民法院立案、审判与执行工作协调运行的意见》(法发〔2018〕9号)第11条第1款第6项规定："法律文书主文应当明确具体：……(6)排除妨碍、恢复原状的，应当明确排除妨碍、恢复原状的标准、时间等。"

4. 证明责任

根据《民事诉讼法》第67条第1款①和《民诉法解释》第90条、第91条②的规定，主张适用"排除妨碍"的责任方式的当事人应当对责任人存在妨碍其合法权益的行为承担举证证明责任；否则，其主张可能得不到支持。

比如，在宫某某与黑龙江省某宇物业管理有限公司等排除妨碍纠纷案中，黑龙江省高级人民法院(2021)黑民申4542号民事裁定书认为："宫某某一审诉讼请求为'疏通其房屋烟道排除妨碍并赔偿损失'，一审法院依据宫某某的诉讼请求确认本案为排除妨碍纠纷并无不当。宫某某在一、二审期间均未对本案案由提出异议，其在二审期

---

① 《民事诉讼法》第67条第1款规定："当事人对自己提出的主张，有责任提供证据。"

② 《民诉法解释》第90条规定："当事人对自己提出的诉讼请求所依据的事实或者反驳对方诉讼请求所依据的事实，应当提供证据加以证明，但法律另有规定的除外。在作出判决前，当事人未能提供证据或者证据不足以证明其事实主张的，由负有举证证明责任的当事人承担不利的后果。"第91条规定："人民法院应当依照下列原则确定举证证明责任的承担，但法律另有规定的除外：(一)主张法律关系存在的当事人，应当对产生该法律关系的基本事实承担举证证明责任；(二)主张法律关系变更、消灭或者权利受到妨害的当事人，应当对该法律关系变更、消灭或者权利受到妨害的基本事实承担举证证明责任。"

间亦再次表明其请求是'排除妨碍,赔偿损失',宫某某关于本案并非排除妨碍纠纷的主张不能成立。某宇物业公司虽认可宫某某所有的房屋烟道不畅,但宫某某仍需举证证明烟道不畅系由某宇物业公司或黑龙江省某宇房地产开发有限公司实施的侵权行为所导致,在现有证据不能证明案涉烟道不畅原因的情况下,原审法院驳回宫某某诉讼请求并无不当。"

又如,在姜某绪与王某贤物权保护纠纷案中,辽宁省大连市中级人民法院(2019)辽 02 民终 10008 号民事判决书认为:"本案上诉人主张诉争的 0.35 亩土地系其承包土地,被上诉人长期在该土地上堆放杂物、停放车辆侵犯上诉人权利,故要求被上诉人排除妨碍、恢复原状,并赔偿相应损失。上诉人提供了其与案外人复州城镇某某庄村民委员会签订的《土地转包协议书》,暂且不论该协议的效力问题,虽然该协议载明了承包土地的四至,但由于土地利用状况的变化,当事人双方对承包地四至的具体位置存有争议,故在土地发包方未就该承包地协议约定的土地四至具体包括的土地范围做出说明的情况下,现有证据不能证明争议土地是否包含在协议书记载的承包地四至范围之内,上诉人对该事实应承担举证不能的法律后果。"

(三)消除危险

作为承担民事责任的方式的"消除危险",指向的是责任人应当承担的消除其实施的危及权利人合法权益的行为所带来的危险的责任。其中的"危险",指的是"有遭受损害或失败的可能"[①]。

1. 适用对象

其中的"消除"和"危险",限定了该责任方式的适用对象,具体而言:

一是其中的"消除",意味着该责任方式只适用于已经实施或正在实施中的行为,不适用于尚未开始的行为。

二是其中的"危险",意味着该责任方式不适用于承担违约责任。

事实上,《民法典》合同编第八章"违约责任"(尤其是第 577 条所说的"当事人一方不履行合同义务或者履行合同义务不符合约定的,应当承担继续履行、采取补救措施或者赔偿损失等违约责任")并没有规定承担违约责任的方式包括"消除危险";《民法典》只是在物权编(第 236 条、第 286 条、第 462 条[②]),人格权编(第 995 条[③])和侵权

---

① 中国社会科学院语言研究所词典编辑室编:《现代汉语词典》(修订本),商务印书馆 1996 年版,第 1305 页。

② 《民法典》第 236 条规定:"妨害物权或者可能妨害物权的,权利人可以请求排除妨害或者消除危险。"第 286 条第 2 款规定:"业主大会或者业主委员会,对任意弃置垃圾、排放污染物或者噪声、违反规定饲养动物、违章搭建、侵占通道、拒付物业费等损害他人合法权益的行为,有权依照法律、法规以及管理规约,请求行为人停止侵害、排除妨碍、消除危险、恢复原状、赔偿损失。"第 462 条第 1 款规定:"占有的不动产或者动产被侵占的,占有人有权请求返还原物;对妨害占有的行为,占有人有权请求排除妨害或者消除危险;因侵占或者妨害造成损害的,占有人有权依法请求损害赔偿。"

③ 《民法典》第 995 条规定:"人格权受到侵害的,受害人有权依照本法和其他法律的规定请求行为人承担民事责任。受害人的停止侵害、排除妨碍、消除危险、消除影响、恢复名誉、赔礼道歉请求权,不适用诉讼时效的规定。"

责任编（第1167条、第1205条①）规定了承担责任的方式包括“消除危险”。在因当事人一方的违约行为，损害对方人身权益、财产权益的情形，如果受损害方根据《民法典》第186条选择请求其承担违约责任，则不能适用“消除危险”的责任方式。

2. 适用条件

“消除危险”须以责任人的行为虽未对权利人的合法权益造成实际损害，但已经造成了现实的威胁为适用条件。

对此，辽宁省高级人民法院（2019）辽民申6912号民事裁定书认为：“一般而言，消除危险是指污染者的污染行为对他人的人身或财产造成了现实威胁，受到威胁的当事人请求污染者消除危险状况，保障其人身财产安全的民事责任方式。消除危险的适用必须以危险确实存在为前提，即污染者的污染行为对他人人身、财产安全造成现实威胁，但还未发生实际损害。”

比如，在大连某通数据平台管理中心（有限合伙）与崔某吉侵害技术秘密纠纷案中，针对某通数据提出的要求禁止崔某吉不得以任何目的、任何形式使用及传播涉案技术秘密的诉请，最高人民法院（2021）最高法知民终1687号民事判决书认为：“某通数据该项诉讼请求实为要求消除崔某吉因获取其技术秘密而进行后续传播及使用的危险。由于崔某吉将含有涉案技术秘密的信息已转移至自己所有和控制的电子邮箱，使得涉案技术秘密可能面临被披露、传播和使用的风险，故有禁止崔某吉进一步传播及使用的必要，且这一禁令也未增加崔某吉的义务。”

而在谭某某与贺州钟山县某某碳酸钙新材料有限公司侵权责任纠纷案中，广西壮族自治区贺州市中级人民法院（2022）桂11民终1187号民事判决书则认为：“消除危险指尚未实际发生的但有可能出现的妨害，对于可能出现的排除，适用消除危险的请求权。本案根据被上诉人的陈述，被上诉人在放炮之前会通过提前告知村民，拉警戒线等方式防范危险，且也积极欲通过在矿山背面山脚租赁部分滩头村农田以建立防滚石沟等安全防护措施等方法来防范可能发生的危险。通过以上方式，常理上判断已经可以消除可能存在的危险。上诉人上诉要求被上诉人消除危险，但亦未能提供具体确切的方式，故对上诉人的上诉请求，本院不予支持。”

3. 证明责任

根据《民事诉讼法》第67条第1款②和《民诉法解释》第90条、第91条③的规定，主张适用“停止侵害”的责任方式的当事人应当对责任人存在侵害其合法权益的行为并

---

① 《民法典》第1167条规定：“侵权行为危及他人人身、财产安全的，被侵权人有权请求侵权人承担停止侵害、排除妨碍、消除危险等侵权责任。”第1205条规定：“因产品缺陷危及他人人身、财产安全的，被侵权人有权请求生产者、销售者承担停止侵害、排除妨碍、消除危险等侵权责任。”

② 《民事诉讼法》第67条第1款规定：“当事人对自己提出的主张，有责任提供证据。”

③ 《民诉法解释》第90条规定：“当事人对自己提出的诉讼请求所依据的事实或者反驳对方诉讼请求所依据的事实，应当提供证据加以证明，但法律另有规定的除外。在作出判决前，当事人未能提供证据或者证据不足以证明其事实主张的，由负有举证证明责任的当事人承担不利的后果。”第91条规定：“人民法院应当依照下列原则确定举证证明责任的承担，但法律另有规定的除外：（一）主张法律关系存在的当事人，应当对产生该法律关系的基本事实承担举证证明责任；（二）主张法律关系变更、消灭或者权利受到妨害的当事人，应当对该法律关系变更、消灭或者权利受到妨害的基本事实承担举证证明责任。”

且该行为正在实施过程中承担举证证明责任；否则，其主张可能得不到支持。

比如，在胡某波、邬某与大连某某开发有限公司等环境污染责任纠纷案中，辽宁省高级人民法院(2019)辽民申 6912 号民事裁定书认为："就本案情况看，胡某波、邬某主张被申请人承担消除危险的侵权责任方式，应提交证据证明其房屋存在现实危险，但原审期间，其未能提交有效证据证明其主张，应承担举证不能的法律后果。"

又如，在王某君与某网吉林榆树市供电有限公司消除危险纠纷案中，吉林省高级人民法院(2017)吉民申 565 号民事裁定书认为："王某君主张争议 36 号铁塔距其房屋较近，对其房屋及家人人身安全构成威胁，但未能提供供电公司架设铁塔及线路对其造成实际损害、存在需要消除的危险及供电公司架设的铁塔及线路不符合环境保护要求的证据，一、二审法院判决驳回其诉讼请求，并无不当。"

(四)返还财产

作为承担民事责任的方式的"返还财产"，指向的是责任人应当承担的将其取得的原本属于权利人的财产返还给该权利人的责任。其中的"财产"，既包括货币财产，也包括非货币财产。①

1. 适用对象

作为承担民事责任的方式的"返还财产"，既可以适用于承担侵权责任；也可以适用于承担缔约过失责任②，但通常不适用于承担违约责任。

2. 适用条件

"返还财产"须以责任人占有或取得了原本属于权利人的财产为适用条件；并且，返还的财产范围限于责任人因其行为实际取得的财产。对此，《民法典》第 157 条所说的"民事法律行为无效、被撤销或者确定不发生效力后，行为人因该行为取得的财产，应当予以返还"，规定得比较清晰。③

---

① 比如，《民法典》第 901 条针对保管合同项下保管物的返还规定："保管人保管货币的，可以返还相同种类、数量的货币；保管其他可替代物的，可以按照约定返还相同种类、品质、数量的物品。"

② 比如，《民法典》第 157 条规定："民事法律行为无效、被撤销或者确定不发生效力后，行为人因该行为取得的财产，应当予以返还；不能返还或者没有必要返还的，应当折价补偿……"《九民会议纪要》第 32 条规定："《合同法》第 58 条就合同无效或者被撤销时的财产返还责任和损害赔偿责任作了规定，但未规定合同不成立的法律后果。考虑到合同不成立时也可能发生财产返还和损害赔偿责任问题，故应当参照适用该条的规定。在确定合同不成立、无效或者被撤销后财产返还或者折价补偿范围时，要根据诚实信用原则的要求，在当事人之间合理分配，不能使不诚信的当事人因合同不成立、无效或者被撤销而获益。合同不成立、无效或者被撤销情况下，当事人所承担的缔约过失责任不应超过合同履行利益……"

③ 最高人民法院(2020)最高法执监 506 号执行裁定书也认为："……在执行回转案件中，特定民事主体必须满足两个要件才负有财产返还义务。第一个要件是，该主体是原执行案件中的申请执行人；第二个要件是，该主体经由原执行程序取得了财产。"

3. 证明责任

根据《民事诉讼法》第67条第1款①和《民诉法解释》第90条、第91条②的规定，主张适用“返还财产”的责任方式的当事人应当对责任人占有或取得了原本属于权利人的财产等事项承担举证证明责任；否则，其主张可能得不到支持。

4. 不适用返还财产的例外情况

在特定的例外情况下，可以不适用、甚至无法使用“返还财产”这一责任方式，而应当根据具体情况适用其他更为合适的责任方式。这些例外情况主要包括法律上不能返还、事实上不能返还、没有必要返还等。

比如，针对民事法律行为无效、被撤销或确定不发生效力后的处理，《民法典》第157条规定：“民事法律行为无效、被撤销或者确定不发生效力后，行为人因该行为取得的财产，应当予以返还；不能返还或者没有必要返还的，应当折价补偿……”③

又如，针对双务合同不成立、无效或者被撤销后的处理，《九民会议纪要》第33条也规定：“……双务合同不成立、无效或者被撤销后，双方因该合同取得财产的，应当相互返还。……在标的物已经灭失、转售他人或者其他无法返还的情况下，当事人主张返还原物的，人民法院不予支持，但其主张折价补偿的，人民法院依法予以支持……”

再如，在青海德某某天然气有限公司清算组与青海省德令哈市某和天然气有限公司等返还财产纠纷案中，最高人民法院(2018)最高法民再335号民事裁定书认为：“本案中，德天公司清算组的诉讼请求包括返还涉案天然气管网及配套设施，因涉案天然气管网及配套设施涉及当地的社会公共利益，重审时可向当事人释明，变更返还相关财产的诉讼请求为折价补偿或者赔偿损失。”

(五)恢复原状

作为承担民事责任的方式的“恢复原状”，指向的是责任人应当承担的将当事人之

---

① 《民事诉讼法》第67条第1款规定：“当事人对自己提出的主张，有责任提供证据。”

② 《民诉法解释》第90条规定：“当事人对自己提出的诉讼请求所依据的事实或者反驳对方诉讼请求所依据的事实，应当提供证据加以证明，但法律另有规定的除外。在作出判决前，当事人未能提供证据或者证据不足以证明其事实主张的，由负有举证证明责任的当事人承担不利的后果。”第91条规定：“人民法院应当依照下列原则确定举证证明责任的承担，但法律另有规定的除外：(一)主张法律关系存在的当事人，应当对产生该法律关系的基本事实承担举证证明责任；(二)主张法律关系变更、消灭或者权利受到妨害的当事人，应当对该法律关系变更、消灭或者权利受到妨害的基本事实承担举证证明责任。”

③ 类似的规定，还比如《民法典》第53条第1款(“被撤销死亡宣告的人有权请求依照本法第六编取得其财产的民事主体返还财产；无法返还的，应当给予适当补偿”)，第758条第2款(“当事人约定租赁期限届满租赁物归出租人所有，因租赁物毁损、灭失或者附合、混合于他物致使承租人不能返还的，出租人有权请求承租人给予合理补偿”)等。

间的法律关系恢复至发生相关行为或事件之前原本就有的状态[①]的责任。

1. 适用对象

作为承担民事责任的方式的"恢复原状",既可以适用于承担侵权责任[②];也可以适用于承担违约责任[③],还可以适用于合同解除后的处理[④]。

需要注意的是,考虑到《民法典》第 566 条第 2 款单独规定了"合同因违约解除的,解除权人可以请求违约方承担违约责任,但是当事人另有约定的除外",可以认为,《民法典》第 566 条第 1 款所说的"合同解除后,尚未履行的,终止履行;已经履行的,根据履行情况和合同性质,当事人可以请求恢复原状或者采取其他补救措施,并有权请求赔偿损失"中的"恢复原状",属于合同解除后的处理办法,并非承担违约责任的责任方式。

2. 适用条件

"恢复原状"的适用须以恢复原状具有现实可能性和必要性为条件。

比如,在许某云诉金华市某某区人民政府房屋行政强制及行政赔偿案中,最高人民法院(2017)最高法行再 101 号行政判决书(《最高人民法院公报》2018 年第 6 期)认为:"《国家赔偿法》第三十二条规定,国家赔偿以支付赔偿金为主要方式。能够返还财产或者恢复原状的,予以返还财产或者恢复原状。据此,返还财产、恢复原状是国家赔偿首选的赔偿方式,既符合赔偿请求人的要求也更为方便快捷;但其适用条件是原物未被处分或未发生毁损灭失,若相关财产客观上已无法返还或恢复原状时,则应支付相应的赔偿金或采取其他赔偿方式。本案中,案涉房屋已经被列入旧城区改造的征收范围,且已被某某区政府拆除,因此,对许某云要求恢复房屋原状的赔偿请求,本院不予支持。"

---

① 比如,最高人民法院(2020)最高法知民终 683 号民事判决书认为:"恢复原状作为侵权责任承担方式,其价值取向在于保障权益的完整价值,从广义上讲是指恢复到如果没有发生损害赔偿义务事件时原本应有的状态。"又如,最高人民法院(2022)最高法知民终 2308 号民事判决书认为:"对合同解除后的法律效果,双方当事人除终止履行外,主要应当依法处理两个层面的问题:第一是对已经履行部分恢复原状或者采取其他补救措施,其中恢复原状主要是指对于能够恢复原状的已履行部分在物理形态上恢复到订约前的状态,采取其他补救措施主要是指对不能恢复原状的已履行部分进行折价补偿(即在价值形态上恢复到订约前的状态);第二是双方如果采取恢复原状或者采取其他补救措施后,还因对方违约或者合同解除而遭受损失的,应当依法确定损失赔偿责任。"

② 比如,《民法典》第 237 条规定:"造成不动产或者动产毁损的,权利人可以依法请求修理、重作、更换或者恢复原状。"

③ 比如,《民法典》第 715 条规定:"承租人经出租人同意,可以对租赁物进行改善或者增设他物。承租人未经出租人同意,对租赁物进行改善或者增设他物的,出租人可以请求承租人恢复原状或者赔偿损失。"《最高人民法院关于审理城镇房屋租赁合同纠纷案件具体应用法律若干问题的解释》(2020 年修正)第 11 条规定:"承租人未经出租人同意装饰装修或者扩建发生的费用,由承租人负担。出租人请求承租人恢复原状或者赔偿损失的,人民法院应予支持。"此外,《最高人民法院公报》2013 年第 5 期刊载的"陈某豪与南京某宁房地产开发有限公司、南京某和物业管理有限公司财产损害赔偿纠纷案"的"裁判摘要"也提出:"价值较大的财物在受损后,虽经修复,但与原物相比,不仅在客观价值上可能降低,而且在人们心理上价值降低,这就是价值贬损,按照违约责任理论,承担违约责任的方式首先是恢复原状,而恢复原状肯定要求赔偿财物的价值贬损。"

④ 比如,《民法典》第 566 条第 1 款规定:"合同解除后,尚未履行的,终止履行;已经履行的,根据履行情况和合同性质,当事人可以请求恢复原状或者采取其他补救措施,并有权请求赔偿损失。"

又如，山东省青岛市中级人民法院(2023)鲁02民终6791号民事判决书认为："适用恢复原状的责任形式，应当具备的条件是：第一，须有修复的可能。恢复原状可以通过多种方式实现，但无论通过何种形式，恢复原状不仅要在实际上可能，而且要在经济上合理，否则，就不应该采取这种方式。第二，须有修复的必要。在适用恢复原状责任时，需要考量的是，恢复原状的必要性和合理性，在恢复原状明显成本过高或者可以通过赔偿损失。"①

3. 实施要求

需要注意的是，适用"恢复原状"的责任方式也应当同时明确责任人恢复原状的具体实施方式、时间范围、地域范围等事项。

对此，《最高人民法院关于人民法院立案、审判与执行工作协调运行的意见》(法发〔2018〕9号)第11条第1款第6项规定："法律文书主文应当明确具体：……(6)排除妨碍、恢复原状的，应当明确排除妨碍、恢复原状的标准、时间等……"

4. 证明责任

根据《民事诉讼法》第67条第1款②和《民诉法解释》第90条、第91条③的规定，主张适用"恢复原状"的责任方式的当事人应当对其系权利人、相关财产或法律关系的原始状态等事项承担举证证明责任；否则，其主张可能得不到支持。

比如，在薛某清与内蒙古某某房地产开发有限责任公司等恢复原状纠纷案中，内蒙古自治区高级人民法院(2018)内民申3280号民事裁定书认为："他人对物权人的动产或者不动产侵害以致毁损的，权利人可以请求修理、重作、更换或者恢复原状。恢复原状的适用前提为权利人依法对特定的物享有直接支配和排他的权利。薛某清对于呼和浩特市回民区大庆路某某机厂某宿舍×栋付×号的存在以及其为权利人的事实应承担举证责任。内蒙古某某房地产开发有限责任公司出示的《移交呼市国有资产管理局土地上地上住户名单》，证明原某某机厂平房拆迁户中没有薛某清，薛某清虽然出示了内蒙古某某齿轮厂证明以及户籍信息证明，但并不能充分证明诉争房屋存在及其对诉争房屋享有物权，故原审对其恢复原状的诉讼请求不予支持并无不当。"

又如，在尹某英与尹某庆恢复原状纠纷案中，北京市第一中级人民法院(2019)京01民终9156号民事判决书认为："在房屋被拆除已经毁损灭失的情况下，恢复原状须以可能和必要为前提。本案中，尹某英未提交足够证据证明其被尹某庆拆除的房屋的全部原始状态，故一审法院认定涉案房屋不具备恢复原状的现实可能性，并在多次释明尹某英坚持不变更诉讼请求的情况下，对尹某英要求恢复原状的诉讼请求予以驳

---

① 类似的裁判意见，还可见陕西省咸阳市中级人民法院(2022)陕04民申96号民事裁定书、山西省晋中市中级人民法院(2020)晋07民终1468号民事判决书等。

② 《民事诉讼法》第67条第1款规定："当事人对自己提出的主张，有责任提供证据。"

③ 《民诉法解释》第90条规定："当事人对自己提出的诉讼请求所依据的事实或者反驳对方诉讼请求所依据的事实，应当提供证据加以证明，但法律另有规定的除外。在作出判决前，当事人未能提供证据或者证据不足以证明其事实主张的，由负有举证证明责任的当事人承担不利的后果。"第91条规定："人民法院应当依照下列原则确定举证证明责任的承担，但法律另有规定的除外：(一)主张法律关系存在的当事人，应当对产生该法律关系的基本事实承担举证证明责任；(二)主张法律关系变更、消灭或者权利受到妨害的当事人，应当对该法律关系变更、消灭或者权利受到妨害的基本事实承担举证证明责任。"

回，本院认为并无不当。”

5. 不适用恢复原状的例外情况

在特定的例外情况下，可以不适用、甚至无法适用“恢复原状”这一责任方式，而应当根据具体情况适用其他更为合适的责任方式。这些例外情况主要包括法律上不能恢复原状、事实上不能恢复原状、没有必要恢复原状等。

比如，在安某卫、叶某珍与北京市朝阳区某某乡人民政府恢复原状纠纷案中，北京市高级人民法院（2017）京民申 3902 号民事裁定书认为：“恢复原状的适用应考虑事实上或法律上的履行可能，在不能恢复原状或恢复原状显有重大困难时，被害人可以选择损害赔偿等救济途径。本案中，安某卫、叶某珍认为某某乡政府擅自将房屋拆除侵害其合法权利，因而要求将房屋恢复原状。但客观上来说，某某乡政府为实施整体环境整治腾退项目，已将包括 110 号房屋在内的土地纳入拆迁并重新进行规划建造，在此情况下，恢复原状从客观上和经济角度均存在障碍。据此，原审法院对于安某卫、叶某珍提出的恢复原状的诉求不予支持，并无不当。”

又如，在张某海与北京市丰台区长辛店镇某某庄村民委员会物权保护纠纷案中，北京市第二中级人民法院（2019）京 02 民终 15478 号民事判决书认为：“恢复原状，其目的在于填补受害人所遭受的损害，使之可以恢复到权利受侵害之前的权利保有或法益享有状态。适用恢复原状作为民事责任的承担方式时，需要考量恢复原状的必要性。本案中，张某海已就某某庄×××号房屋与某某庄村委会订立《补偿协议》。根据该协议，张某海应于 2017 年 1 月 24 日前将该房屋腾退交予某某庄村委会。虽然某某庄村委会在合同未到期前将张某海房屋强制拆除，但如将该房屋恢复原状，则双方在后续履行《补偿协议》的过程中该房屋仍将被腾退给某某庄村委会，势必造成社会资源的浪费。故张某海要求某某庄村委会恢复原状的主张缺乏必要性，本院不予支持。”

6. 恢复原状与返还财产、消除影响、恢复名誉

根据《民法典》第 179 条第 1 款和第 3 款的规定，总体而言，“恢复原状”和“返还财产”“消除影响”“恢复名誉”属于承担民事责任的不同方式，原则上可以分别适用、也可以合并适用。

不过，在一方当事人因相关行为或事件从对方当事人取得相应财产的情况下，如果当事人依法需要通过恢复原状来承担民事责任，则返还财产属于恢复原状的应有之义，也是恢复原状的必不可少的步骤，可以视为恢复原状的具体形式。

比如，在长春某恒房屋开发有限公司与长春市规划和自然资源局国有土地使用权出让合同纠纷案中，最高人民法院（2019）最高法民再 246 号民事判决书（载《最高人民法院公报》2020 年第 6 期）认为：“根据《中华人民共和国合同法》第九十七条的规定，合同解除后，已经履行的，根据履行情况和合同性质，当事人可以要求恢复原状。据此，某恒公司在本院判决解除合同的情况下，请求长春自然资源局返还其已经支付的国有土地使用权土地出让金，符合上述法律规定，故长春自然资源局应向某恒公司返还土地出让金以及占用资金期间的法定孳息。”

类似地，在责任人因相关行为或事件给权利人造成不利影响或侵害了权利人的名誉的情况下，消除影响或恢复名誉也属于恢复原状的步骤，可以视为恢复原状的具体

形式。

(六)修理

作为承担民事责任的方式的“修理”,指向的是责任人应当承担的将毁损的标的物修复至原来的状态或功能①,或将不符合质量要求的标的物修复至符合应达到的质量要求②的责任。

1. 适用对象

作为承担民事责任的方式的“修理”,既可以适用于承担侵权责任③;也可以适用于承担违约责任④。

2. 适用条件

“修理”的适用须以标的物具有修复的现实可能性和必要性为条件。

比如,在喀什某凯矿业有限责任公司与段某生等承揽合同纠纷案中,新疆维吾尔自治区高级人民法院(2020)新民终 13 号民事判决书认为:“《中华人民共和国合同法》第二百六十二条规定:‘承揽人交付的工作成果不符合质量要求的,定作人可以要求承揽人承担修理、重作、减少报酬、赔偿损失等违约责任’。《2012 年地质勘查钻探合同》在违约责任条款约定,工程质量不能达到合同规定时,由段某生、卢某利负责全部返工费用。某凯公司在上诉状中明确表示因涉案工程所在地已纳入野生动物自然保护区,某凯公司已被相关部门要求禁止一切修建、采矿、探矿等活动,涉案工程已无返工修复的可能,因此修理、重作等违约责任承担方式在本案中并不适用。”

又如,江苏省溧阳市人民法院(2021)苏 0481 民初 631 号民事判决书认为:“《中华人民共和国民法总则》第一百七十九条中规定承担民事责任的方式‘恢复原状;修理、重作、更换’,对于车辆来说,‘修理’其实是实现恢复原状目的的方式之一,但并不等同于恢复原状,判断车辆是否有修理的必要性,则应与实际价值进行比较,以有修复的可能及必要为前提,当车辆维修费大于实际价值时,被侵权人坚持维修,则使得侵权人承担

① 在日常用语中,“修理”具有“使损坏的东西恢复原来的形状或作用”的含义[中国社会科学院语言研究所词典编辑室编:《现代汉语词典》(修订本),商务印书馆 1996 年版,第 1416 页]。此外,《增值税暂行条例实施细则》(2011 年修订)第 2 条第 3 款规定:“条例第一条所称修理修配,是指受托对损伤和丧失功能的货物进行修复,使其恢复原状和功能的业务。”

② 比如,《民法典》第 781 条规定:“承揽人交付的工作成果不符合质量要求的,定作人可以合理选择请求承揽人承担修理、重作、减少报酬、赔偿损失等违约责任。”第 801 条规定:“因施工人的原因致使建设工程质量不符合约定的,发包人有权请求施工人在合理期限内无偿修理或者返工、改建……”

③ 比如,《民法典》第 237 条规定:“造成不动产或者动产毁损的,权利人可以依法请求修理、重作、更换或者恢复原状。”

④ 比如,《民法典》第 582 条针对违约责任规定:“履行不符合约定的,应当按照当事人的约定承担违约责任。对违约责任没有约定或者约定不明确,依据本法第五百一十条的规定仍不能确定的,受损害方根据标的的性质以及损失的大小,可以合理选择请求对方承担修理、重作、更换、退货、减少价款或者报酬等违约责任。”第 781 条针对承揽合同规定:“承揽人交付的工作成果不符合质量要求的,定作人可以合理选择请求承揽人承担修理、重作、减少报酬、赔偿损失等违约责任。”第 801 条针对施工合同规定:“因施工人的原因致使建设工程质量不符合约定的,发包人有权请求施工人在合理期限内无偿修理或者返工、改建。经过修理或者返工、改建后,造成逾期交付的,施工人应当承担违约责任。”

的法律责任超出了被侵权人的实际损失,损害了侵权人的合法利益,有违公平原则。"①

3. 证明责任

根据《民事诉讼法》第67条第1款②和《民诉法解释》第90条、第91条③的规定,主张适用"修理"的责任方式的当事人应当对标的物存在修理的可能性和必要性等事项承担举证证明责任;否则,其主张可能得不到支持。

(七)重作

作为承担民事责任的方式的"重作",指向的是责任人应当承担的在标的物毁损情况下予以重新制作④,或在交付的标的物不符合质量要求的情况下予以重新制作⑤的责任。

1. 适用对象

作为承担民事责任的方式的"重作",既可以适用于承担侵权责任⑥;也可以适用于承担违约责任⑦。

2. 适用条件

"重作"的适用须以标的物具有重作的现实可能性和必要性为条件。

---

① 转引自江苏省常州市中级人民法院(2021)苏04民终3270号民事判决书。

② 《民事诉讼法》第67条第1款规定:"当事人对自己提出的主张,有责任提供证据。"

③ 《民诉法解释》第90条规定:"当事人对自己提出的诉讼请求所依据的事实或者反驳对方诉讼请求所依据的事实,应当提供证据加以证明,但法律另有规定的除外。在作出判决前,当事人未能提供证据或者证据不足以证明其事实主张的,由负有举证证明责任的当事人承担不利的后果。"第91条规定:"人民法院应当依照下列原则确定举证证明责任的承担,但法律另有规定的除外:(一)主张法律关系存在的当事人,应当对产生该法律关系的基本事实承担举证证明责任;(二)主张法律关系变更、消灭或者权利受到妨害的当事人,应当对该法律关系变更、消灭或者权利受到妨害的基本事实承担举证证明责任。"

④ 比如,《民法典》第237条规定:"造成不动产或者动产毁损的,权利人可以依法请求修理、重作、更换或者恢复原状。"

⑤ 比如,《民法典》第781条规定:"承揽人交付的工作成果不符合质量要求的,定作人可以合理选择请求承揽人承担修理、重作、减少报酬、赔偿损失等违约责任。"

⑥ 比如,《民法典》第237条规定:"造成不动产或者动产毁损的,权利人可以依法请求修理、重作、更换或者恢复原状。"

⑦ 比如,《民法典》第582条针对违约责任规定:"履行不符合约定的,应当按照当事人的约定承担违约责任。对违约责任没有约定或者约定不明确,依据本法第五百一十条的规定仍不能确定的,受损害方根据标的的性质以及损失的大小,可以合理选择请求对方承担修理、重作、更换、退货、减少价款或者报酬等违约责任。"第781条针对承揽合同规定:"承揽人交付的工作成果不符合质量要求的,定作人可以合理选择请求承揽人承担修理、重作、减少报酬、赔偿损失等违约责任。"

3. 证明责任

根据《民事诉讼法》第67条第1款①和《民诉法解释》第90条、第91条②的规定，主张适用“重作”的责任方式的当事人应当对存在重作的可能性和必要性等事项承担举证证明责任；否则，其主张可能得不到支持。

(八)更换

作为承担民事责任的方式的“更换”，指向的是责任人应当承担的在标的物毁损的情况下更换新的标的物③，或在交付的标的物不符合要求的情况下更换新的标的物④的责任。

1. 适用对象

作为承担民事责任的方式的“更换”，既可以适用于承担侵权责任⑤，也可以适用于承担违约责任⑥。

2. 适用条件

“更换”的适用须以标的物具有更换的现实可能性和必要性为条件。

3. 证明责任

根据《民事诉讼法》第67条第1款⑦和《民诉法解释》第90条、第91条⑧的规定，主张适用“更换”的责任方式的当事人应当对存在更换的可能性和必要性等事项承担举

---

① 《民事诉讼法》第67条第1款规定：“当事人对自己提出的主张，有责任提供证据。”

② 《民诉法解释》第90条规定：“当事人对自己提出的诉讼请求所依据的事实或者反驳对方诉讼请求所依据的事实，应当提供证据加以证明，但法律另有规定的除外。在作出判决前，当事人未能提供证据或者证据不足以证明其事实主张的，由负有举证证明责任的当事人承担不利的后果。”第91条规定：“人民法院应当依照下列原则确定举证证明责任的承担，但法律另有规定的除外：(一)主张法律关系存在的当事人，应当对产生该法律关系的基本事实承担举证证明责任；(二)主张法律关系变更、消灭或者权利受到妨害的当事人，应当对该法律关系变更、消灭或者权利受到妨害的基本事实承担举证证明责任。”

③ 比如，《民法典》第237条规定：“造成不动产或者动产毁损的，权利人可以依法请求修理、重作、更换或者恢复原状。”

④ 比如，《民法典》第582条针对违约责任规定：“履行不符合约定的，应当按照当事人的约定承担违约责任。对违约责任没有约定或者约定不明确，依据本法第五百一十条的规定仍不能确定的，受损害方根据标的的性质以及损失的大小，可以合理选择请求对方承担修理、重作、更换、退货、减少价款或者报酬等违约责任。”

⑤ 比如，《民法典》第237条规定：“造成不动产或者动产毁损的，权利人可以依法请求修理、重作、更换或者恢复原状。”

⑥ 比如，《民法典》第582条针对违约责任规定：“履行不符合约定的，应当按照当事人的约定承担违约责任。对违约责任没有约定或者约定不明确，依据本法第五百一十条的规定仍不能确定的，受损害方根据标的的性质以及损失的大小，可以合理选择请求对方承担修理、重作、更换、退货、减少价款或者报酬等违约责任。”

⑦ 《民事诉讼法》第67条第1款规定：“当事人对自己提出的主张，有责任提供证据。”

⑧ 《民诉法解释》第90条规定：“当事人对自己提出的诉讼请求所依据的事实或者反驳对方诉讼请求所依据的事实，应当提供证据加以证明，但法律另有规定的除外。在作出判决前，当事人未能提供证据或者证据不足以证明其事实主张的，由负有举证证明责任的当事人承担不利的后果。”第91条规定：“人民法院应当依照下列原则确定举证证明责任的承担，但法律另有规定的除外：(一)主张法律关系存在的当事人，应当对产生该法律关系的基本事实承担举证证明责任；(二)主张法律关系变更、消灭或者权利受到妨害的当事人，应当对该法律关系变更、消灭或者权利受到妨害的基本事实承担举证证明责任。”

证证明责任;否则,其主张可能得不到支持。

(九)继续履行

作为承担民事责任的方式的"继续履行",指向的是责任人应当承担的继续履行其法定义务或约定义务的责任。

1. 适用对象

作为承担民事责任的方式的"继续履行",仅适用于承担违约责任①,不适用于承担侵权责任。《民法典》所规定的承担侵权责任的方式中也没有包括"继续履行"。

2. 适用条件

根据《民法典》第577条、第579条和第580条的规定②,就金钱债务而言,因金钱债务产生的违约责任都适用"继续履行",概无例外,因此,不存在需要满足特定的适用条件的问题;而就非金钱债务而言,因非金钱债务产生的违约责任原则上适用"继续履行"③,仅在特定的例外情形下不适用"继续履行"。

也就是说,金钱债务无条件适用"继续履行",而非金钱债务适用"继续履行",须以相关债务适于继续履行并且继续履行存在现实可能性④和必要性⑤为条件。

比如,在上海某昊信息科技有限公司与上海某格科技有限公司计算机软件开发合同纠纷案中,最高人民法院(2022)最高法知民终586号民事判决书认为:"涉案合同的类型为计算机软件开发合同,作为开发方的主要义务是根据合同约定在一定期限内开发完成并向委托方交付符合要求的开发成果,该合同义务属非金钱债务。根据已查明

---

① 《民法典》第577条规定:"当事人一方不履行合同义务或者履行合同义务不符合约定的,应当承担继续履行、采取补救措施或者赔偿损失等违约责任。"

② 《民法典》第577条规定:"当事人一方不履行合同义务或者履行合同义务不符合约定的,应当承担继续履行、采取补救措施或者赔偿损失等违约责任。"第579条规定:"当事人一方未支付价款、报酬、租金、利息,或者不履行其他金钱债务的,对方可以请求其支付。"第580条第1款规定:"当事人一方不履行非金钱债务或者履行非金钱债务不符合约定的,对方可以请求履行,但是有下列情形之一的除外:(一)法律上或者事实上不能履行;(二)债务的标的不适于强制履行或者履行费用过高;(三)债权人在合理期限内未请求履行。"

③ 比如,最高人民法院(2013)民申字第904号民事裁定书认为:"只要合同继续履行的基础存在,合同一方当事人要求合同履行的应当继续履行。"

④ 比如,在四川省南充市某达房地产开发有限公司与南充市国土资源局等建设用地使用权出让合同纠纷案中,最高人民法院(2016)最高法民终187号民事判决书认为:"本案中,案涉争议土地使用权业经过户登记到某达置业公司名下,且某达置业公司已投资进行开发建设,南充国土局与某达房产公司之间的出让合同事实上已不具备继续履行的可能性。"

⑤ 比如,在沈阳某运集团有限公司与香港某利发展有限公司等中外合作经营企业合同纠纷案中,最高人民法院(2018)最高法民终935号民事判决书认为:"本案中,香港某利公司与沈阳某运集团2008年4月1日签订的《协议书》及2009年5月《调账事项说明》,均明确约定香港某利公司应将已提折旧21295036.51元进行二期出资,具体方式为香港某利公司代沈阳某利公司偿还购车贷款。实际履行中,香港某利公司仅有前述两笔款项合计4297820元可视为二期出资,尚有16997216.51元未到位,存在违约。但沈阳某运集团在以房屋、土地出资中未办理批准手续,亦存在出资不到位的违约行为。鉴于双方合作合同剩余期限较短,且双方已经同意对沈阳某利公司进行清算。综合上述事实,沈阳某运集团要求香港某利公司补足二期出资,并无实际意义,一审判决不予支持并无不当。"又如,《最高人民法院关于中国矿业大学与重庆市环境保护局等非专利技术转让及委托设计合同纠纷案的函》(〔2000〕知监字第8号函)提及"一、二审判决在未对合同继续履行是否已成为不可能或者不必要进行认定的情况下,而判决终止合同履行(实际上是解除合同)不妥"。

事实,某昊公司交付的软件尚有酒店部分功能未开发,虽然某昊公司称该部分未完成系某格公司的原因,并主张除去该部分开发内容,而某格公司却要求某昊公司按合同约定将该部分完成。可见,双方并未就酒店部分功能开发与否达成一致意见。除此之外,软件测试完善、BUG 修复、售后服务与人员培训等工作亦未完全履行完毕,上述内容的履行均需要双方当事人相互配合、共同推进,原审法院在合同有效期届满且某格公司明确拒绝继续履行并主张解除合同的情况下,认定涉案合同具有不适于强制履行的债务标的应终止履行,并无不当,本院予以确认。"

3. 实施要求

需要注意的是,适用"继续履行"的责任方式也应当同时明确责任人继续履行的事项、方式、期限等具体内容。

对此,《民诉法解释》第 461 条规定:"当事人申请人民法院执行的生效法律文书应当具备下列条件:(一)权利义务主体明确;(二)给付内容明确。法律文书确定继续履行合同的,应当明确继续履行的具体内容。"《最高人民法院关于人民法院立案、审判与执行工作协调运行的意见》(法发〔2018〕9 号)第 11 条第 1 款第 5 项规定:"法律文书主文应当明确具体:……(5)继续履行合同的,应当明确当事人继续履行合同的内容、方式等……"

此外,《最高人民法院关于人民法院办理仲裁裁决执行案件若干问题的规定》(法释〔2018〕5 号)第 3 条也规定:"仲裁裁决或者仲裁调解书执行内容具有下列情形之一导致无法执行的,人民法院可以裁定驳回执行申请;导致部分无法执行的,可以裁定驳回该部分的执行申请;导致部分无法执行且该部分与其他部分不可分的,可以裁定驳回执行申请。……仲裁裁决或者仲裁调解书仅确定继续履行合同,但对继续履行的权利义务,以及履行的方式、期限等具体内容不明确,导致无法执行的,依照前款规定处理。"

4. 证明责任

就非金钱债务的履行而言,根据《民法典》第 577 条所说的"当事人一方不履行合同义务或者履行合同义务不符合约定的,应当承担继续履行、采取补救措施或者赔偿损失等违约责任"和第 580 条第 1 款所说的"当事人一方不履行非金钱债务或者履行非金钱债务不符合约定的,对方可以请求履行,但是有下列情形之一的除外……"请求违约方继续履行是当事人的权利,因此,根据《民事诉讼法》第 67 条第 1 款①和《民诉法解释》第 90 条、第 91 条②的规定,在一方当事人请求对方当事人继续履行非金钱债务的情况下,对方当事人如主张不适用继续履行,则应当对存在不适用继续履行的法定事由(包括情势变更)承担举证证明责任;否则,其主张可能得不到支持。

比如,在长春市某捷汽车销售服务有限公司与吉林省某辉投资咨询有限公司合同

---

① 《民事诉讼法》第 67 条第 1 款规定:"当事人对自己提出的主张,有责任提供证据。"

② 《民诉法解释》第 90 条规定:"当事人对自己提出的诉讼请求所依据的事实或者反驳对方诉讼请求所依据的事实,应当提供证据加以证明,但法律另有规定的除外。在作出判决前,当事人未能提供证据或者证据不足以证明其事实主张的,由负有举证证明责任的当事人承担不利的后果。"第 91 条规定:"人民法院应当依照下列原则确定举证证明责任的承担,但法律另有规定的除外:(一)主张法律关系存在的当事人,应当对产生该法律关系的基本事实承担举证证明责任;(二)主张法律关系变更、消灭或者权利受到妨害的当事人,应当对该法律关系变更、消灭或者权利受到妨害的基本事实承担举证证明责任。"

纠纷案中,针对某捷公司提出的案涉《资产转让合同》应继续履行的主张和某辉公司提出的案涉《资产转让合同》已经不能履行的主张,最高人民法院(2020)最高法民再 102 号民事判决书认为:“……(三)本案证据不足以证明案涉《资产转让合同》已处于法律上或者事实上不能履行的情形。……某辉公司在消除合同标的权利瑕疵方面毫无作为的情况下,主张案涉《资产转让合同》已不能履行,缺乏事实依据。(四)本案没有证据证明案涉合同不适于强制履行或者继续履行费用过高,导致当事人不能实现合同目的。……如上所述,本案证据尚不能证明案涉合同经过某辉公司的积极努力在法律上或者事实上仍不能实际履行,尚不能认定案涉合同存在不适于强制履行的因素。在判断履行费用是否过高时,需要对比履行的费用与债权人通过履行所可能获得的利益、履行的费用与采取其他补救措施的费用,还需要考量守约方从其他渠道获得履行进行替代交易的合理性和可能性。……某辉公司并无证据证明在合同继续履行的情况下,某捷公司占有使用合同标的物的所得利益与某辉公司因履约产生的费用相比极不对等;某辉公司也尚未提出某捷公司认可的替代履行方式或者补救措施,以说明合同继续实际履行存在履行费用与采取补救措施的费用相比不合理的问题。……某辉公司不能证明其积极采取措施后仍不能促成合同全面履行以取得剩余价款 2300 万元,其以合同目的无法实现为由主张解除合同,缺乏事实和法律依据。(五)本案不存在适用情势变更原则的前提条件。……本案没有证据证明案涉合同履行中存在情势变更情形,某辉公司不能以情势变更为由主张解除合同。”

又如,在北京某建建设工程有限公司与北京某石投资管理有限公司合同纠纷案中,针对某建公司提出的因案涉土地系划拨土地,未经有批准权的人民政府审批,《联建合同》约定的办理房产过户无法履行的主张,最高人民法院(2018)最高法民再 454 号民事判决书认为:“某建公司并未提交充分证据证明《联建合同》无法继续履行。……案涉项目用地性质为国有划拨用地,根据上述规定,转让划拨土地上房屋应经政府审批。本院经向行政主管机关征求意见,行政主管机关的复函证明,原以划拨方式取得使用权的用地,报请行政主管机关研究批准,依法依规可以办理土地有偿出让手续。此外,行政主管机关对 48 号综合培训楼项目办理产权手续的程序予以明确:首先为某建公司办理房屋所有权首次登记;其次依规办理 48 号综合培训楼项目的土地有偿出让手续;然后可将属于某石公司的房屋产权转移至某石公司名下。据此,本案并不存在法律上或事实上不能履行的情形。某建公司应履行报批义务,申请政府批准将案涉划拨土地使用权变更为国有出让土地使用权,某石公司也应予以配合,按照《联建合同》约定缴纳土地出让金。土地使用权出让手续办理完毕后,某建公司即能够办理房产过户手续。某建公司在未向行政主管部门提出申请并提交材料的情况下,即主张案涉合同无法继续履行,缺乏依据。某石公司请求某建公司办理案涉房产房屋产权证的诉讼请求应予支持。一审判决某建公司继续履行《联建合同》,办理产权手续,并最终将属于某石公司的房产过户至某石公司名下,并无不当。”

再如,在三亚市天某某角旅游发展有限公司与海南万某通电子磁卡系统工程有限公司合同纠纷案中,最高人民法院(2019)最高法民申 2588 号认为:“在本案中,首先,涉案合同在法律上或事实上能履行。……其次,涉案合同不存在不适于强制履行或者履行费用过高的情况。如继续履行涉案合同,万某通愿意并能够承担主要的技术性工作重新安装运营电子门禁系统,而天某某角公司只需履行配合安装的辅助性义务,不存在因技术的独创或复杂性等导致不适于强制履行的情况。至于将天某某角现在已实际运营的上海某某电子科技有限公司的新系统更换为万某通公司的电子门禁系统,是否会导致履行费用过高,天某某角公司未提供有效证据证明,应承担举证不能的责任……”

5. 不适用继续履行的例外情况

就非金钱债务而言,在特定的例外情况下,可以不适用、甚至无法使用“继续履行”这一责任方式,而应当根据具体情况适用其他更为合适的责任方式或处理办法。这些例外情况主要包括法律上不能继续履行、事实上不能继续履行、债务的标的不适于继续履行、履行费用过高、权利人在合理期限内未请求继续履行、发生情势变更等。

对此,《民法典》第 580 条第 1 款规定:“当事人一方不履行非金钱债务或者履行非金钱债务不符合约定的,对方可以请求履行,但是有下列情形之一的除外:(一)法律上或者事实上不能履行;(二)债务的标的不适于强制履行或者履行费用过高;(三)债权人在合理期限内未请求履行。”

此外,《民法典》第 533 条也规定:“合同成立后,合同的基础条件发生了当事人在订立合同时无法预见的、不属于商业风险的重大变化,继续履行合同对于当事人一方明显不公平的,受不利影响的当事人可以与对方重新协商;在合理期限内协商不成的,当事人可以请求人民法院或者仲裁机构变更或者解除合同。人民法院或者仲裁机构应当结合案件的实际情况,根据公平原则变更或者解除合同。”

《最高人民法院关于充分发挥司法职能作用助力中小微企业发展的指导意见》(法发〔2022〕2 号)第 3 条也提出:“……对于受疫情等因素影响直接导致中小微企业合同履行不能或者继续履行合同对其明显不公的,依照民法典第五百九十条或者第五百三十三条的规定适用不可抗力或者情势变更规则妥善处理。”

其中,就法律上不能继续履行而言,在某某银行股份有限公司日喀则分行与西藏日喀则市超某某策太阳能应用有限责任公司抵押合同纠纷案中,最高人民法院(2020)最高法民申 2368 号民事裁定书认为:“本案中,超某某策公司出具的《抵押承诺书》系对《固定资产借款合同》约定的担保内容及方式进一步明确及具体化,其与某行日喀则分行已达成抵押合意,双方抵押合同关系成立。超某某策公司未履约,某行日喀则分行有权要求其继续履行。某行日喀则分行诉请超某某策公司履行办理抵押登记手续时,案涉土地已被上海市虹口区人民法院查封,法律上已不能履行。”又如,在四川某龙建设集团有限公司与简阳某某湖旅游快速通道投资有限公司等股权转让纠纷案中,最高人民法院(2013)民二终字第 54 号民事判决书认为:“因某仁公司已经合法取得某云公司、某珩公司的股权,某某湖公司、刘某良在法律上已无权对属于某仁公司的财产进行处分,故本案中有关履行某云公司、某珩公司股权转让的合同义务部分,属于某某湖公司、刘某良在法律上不能履行的情形。”

就事实上不能继续履行而言,在廖某发与深圳市某运集团有限公司合同纠纷案中,最高人民法院(2021)最高法民终 1208 号民事判决书认为:“原审查明,案涉项目的综合楼和公寓楼由某运集团接手后已自行拆除完毕,置换用地也由其进行了开发建设。现双方合作基础已经不存在,也无法就继续合作达成合意。根据合同法第一百一十条第一项‘当事人一方不履行非金钱债务或者履行非金钱债务不符合约定的,对方可以要求履行,但有下列情形之一的除外:(一)法律上或者事实上不能履行'的规定,在案涉合同事实上不能履行的情况下,廖某发要求继续履行合同,缺乏事实和法律依据,本院不予支持。"又如,在某创(厦门)科技股份有限公司与淮阳某容环境科技有限公司等招标投标买卖合同纠纷案中,最高人民法院(2021)最高法民申6177号民事裁定书认为:"本案中,某创公司一审诉讼请求为判令淮阳某容公司向某创公司一次性付清合同总价19936800元并支付迟延付款利息,中原某资公司与淮阳某容公司共同承担连带付款责任。而据原审查明,某创公司未交付设备,二审时经法庭询问,某创公司陈述其公司可在三个月内交付全部案涉设备,故某创公司请求权基础实为要求继续履行合同。然淮阳某容公司与某创公司所签合同是针对案涉项目的要求而定制的设备,现淮阳某容公司已被取消案涉项目的特许经营权并退出案涉项目建设,新的合同方已中标案涉项目并已开始建设,淮阳某容公司事实上已无法接收某创公司交付设备。基于某创公司现尚未交付设备的客观情况,二审法院认定本案构成事实上的履行不能,案涉合同不应再继续履行,并驳回某创公司相应诉请,并无不当。"

就债务的标的不适于继续履行而言,最高人民法院2023年12月5日发布的《关于适用〈中华人民共和国民法典〉合同编通则若干问题的解释》相关典型案例四"某旅游管理公司与某村村民委员会等合同纠纷案"的"裁判要点"提及:"……该当事人请求终止合同权利义务关系,守约方不同意终止合同,但双方当事人丧失合作可能性导致合同目的不能实现的,属于《中华人民共和国民法典》第五百八十条第一款第二项规定的'债务的标的不适于强制履行'……"又如,在成都某旺置业有限公司与上海某丽酒店管理有限公司租赁合同纠纷案中,最高人民法院(2019)最高法民终879号民事判决书认为:"合同法第一百一十条第二款规定了'不适于强制履行'的除外条款。所谓债务标的不适于强制履行,一般是指根据债务的性质不宜直接强制履行。该类债务通常具有较强的人身专属性,主要依靠债务人通过实施自身的技能或者完成相关事务来实现合同目的,如基于医疗服务合同、技术开发合同、委托合同、合伙合同、演出合同等发生的主合同义务。不能以法律规定或者合同约定的配合、通知、协助、保密等从合同义务或者附随义务来判断合同履行是否具有人身专属性。本案双方当事人之间为房屋租赁法律关系,作为出租人的某旺公司,根据合同法第二百一十六条规定,其主要的合同义务为按照合同约定将租赁物交付承租人,并在租赁期间保持租赁物符合约定的用途。从上述规定可知,出租人按约交付租赁物并保持租赁物符合约定的用途并不具有人身专属性或依附性。在双方当事人已经签订了房屋租赁合同以后,就不能再以一方是否愿意继续履行合同的主观意愿来判断该合同是否适于强制履行。因此,某旺公司所提出的案涉租赁合同继续履行具有人身依附性,不适于也无法进行强制履行的上诉理由,既无事实依据,亦属对法律规定的不当理解,本院对其该项上诉主张不予支持。"再如,在四川某瑞建筑工程有限公司与四川某川压缩机有限责任公司等合同纠纷案中,最高人民法院(2019)最高法民终1964号民事判决书认为:"某瑞公司请求某川公司继续履行的合同义务包括:设立公司、办理土地性质调整手续、土地出资入股、完成老厂房的搬迁、股权转让等,均为非金钱债务。合同法第一百一十条规定:'当事人一方不履行非金钱债务或者履行非金钱债务不符合约定的,对方可以要求履行,但有下列情形之一的除外:(一)法律上或者事实上不能履行;(二)债务的标的不适于强制履行或者履行费用过高；（三）债权人在合理期限内未要求履行。’以某川公司名义设立房地产开发公司，需提交某川公司法定代表人签署的设立登记申请书、全体股东指定代表或者共同委托代理人的证明、公司章程、股东的主体资格证明或者自然人身份证明、公司法定代表人任职文件和身份证明等。上述义务，某瑞公司及第三人无法替代履行。老厂房的搬迁涉及当地区域规划、职工安置等问题。两项义务符合前引法条第二项规定的‘债务的标的不适于强制履行’情形，某川公司此项抗辩事由成立，本院予以支持。”

就履行费用过高而言，在海南某富鹅业有限公司与琼中黎族苗族自治县某某科学研究所等租赁合同纠纷案中，最高人民法院（2015）民申字第1931号民事裁定书认为：“根据一、二审查明的事实，本案琼中某科所约定租赁给某富鹅业的场地，在双方签订协议之前已经租赁给若干农户，为了履行向某富鹅业交付全部出租场地的义务，琼中县政府积极协调各部门配合收回琼中某科所先前出租的土地，2012年已经组织通过征用方式收回。2013年5月17日，琼中县国土局以《拨付县某科所收地经费的请示》向琼中县政府汇报了总征地成本费为6878615元，要求县政府拨付该款项开展征地补偿工作。由于收地成本价过高，琼中县政府没有资金拨付。上述情况表明，琼中某科所收回已经出租出去的土地，履行向某富鹅业交付全部土地的义务，需支付6878615元的成本费，而其依据协议可以从某富鹅业处收取的五十年租金加上补偿金总共只有1575000元。琼中某科所继续履约所需的代价超出其基于合同履行所能获得利益的数倍，因此该协议书已经不再具有继续履行的合理性，此种情况属于合同法第一百一十条第二项所规定的非金钱债务履行费用过高的情形，某富鹅业请求继续履行协议书的诉讼请求不能得到支持，应当驳回某富鹅业继续履行合同的诉讼请求。这种情况实际上已经使合同关系处于终止状态，从合同不能再继续履行的意义上看，与解除合同的效果相当，而某富鹅业也提出了琼中某科所赔偿损失的请求。故为了彻底了结该合同项下纠纷，避免当事人通过另行诉讼宣告一项只具有形式意义的结论之讼累，即使当事人仅仅以抗辩的形式表达了实质上类似的意思，而并未明确地将解除合同作为一项请求提出，人民法院判决解除合同的，也可以视为是对驳回继续履行合同诉讼请求及解决违约责任之裁判内容的自然延伸，而不属于民事诉讼法第二百条第十一项规定的‘超出诉讼请求’。本案二审中，琼中某科所明确要求解除协议书，二审维持解除合同的判决，并无不当。”又如，在某宇公司诉冯某梅商铺买卖合同纠纷案（载《最高人民法院公报》2006年第6期）中，江苏省南京市中级人民法院也认为：“合同法第一百零七条规定：‘当事人一方不履行合同义务或者履行合同义务不符合约定的，应当承担继续履行、采取补救措施或者赔偿损失等违约责任。’从这条规定看，当违约情况发生时，继续履行是令违约方承担责任的首选方式。法律之所以这样规定，是由于继续履行比采取补救措施、赔偿损失或者支付违约金，更有利于实现合同目的。但是，当继续履行也不能实现合同目的时，就不应再将其作为判令违约方承担责任的方式。合同法第一百一十条规定：‘当事人一方不履行非金钱债务或者履行非金钱债务不符合约定的，对方可以要求履行，但有下列情形之一的除外：（一）法律上或者事实上不能履行；（二）债务的标的不适于强制履行或者履行费用过高；（三）债权人在合理期限内未要求履行。’此条规定了不适用继续履行的几种情形，其中第（二）项规定的‘履行费用过高’，可以根据履约成本是否超过各方所获利益来进行判断。当违约方继续履约所需的财力、物力超过合同双方基于合同履行所能获得的利益时,应该允许违约方解除合同,用赔偿损失来代替继续履行。"

就权利人在合理期限内未请求继续履行而言,在上海某龙水务设备有限公司与宿迁市某日装饰工程有限公司买卖合同纠纷案[人民法院案例库参考案例,入库编号:2024-08-2-084-006]中,上海市第一中级人民法院(2021)沪 01 民终 2526 号民事判决书认为:"本案中,某日公司在合同约定的交货期限内曾向某龙公司发出《催货通知书》,但某龙公司未按约供货,确已构成违约。合同约定的交货期届满后,某日公司于 2018 年 1 月 15 日委托律师向某龙公司发出《律师函》,要求某龙公司于接函后 3 日内解决违约一事,否则依法通过诉讼主张巨额赔偿或者违约金。但之后某龙公司未继续履行,某日公司亦未积极主张权利。如果某日公司仍需要合同约定的剩余货物,按常理其应积极向某龙公司主张履行。如果某日公司认为某龙公司的违约行为导致其合同目的不能实现或者致其遭受损失,其亦应积极向某龙公司主张权利,除非其放弃相应合同权利。但是,某日公司在之后长达两年多时间内,既未向某龙公司主张履行,也未通过向法院起诉请求履行或者解除合同并要求某龙公司赔偿损失。况且,在某龙公司向一审法院起诉请求解除合同并要求某日公司支付货款后,某日公司既不同意某龙公司的诉请,也未提出反诉要求某龙公司承担继续履行等违约责任。由此可见,虽然某日公司在合同约定的交货期届满前后曾向某龙公司主张履行,但其之后长期怠于向某龙公司主张履行的行为已构成《中华人民共和国民法典》第五百八十条第一款规定的'债权人在合理期限内未要求履行的'的除外情形。"并认为:"根据现已查明的案件事实,某龙公司作为违约方,其在主观上就其违约行为并不具有恶意。鉴于合同标的物即热镀锌钢管目前的市场价格明显高于合同约定的单价,若现在要求某龙公司继续履行合同约定的交货义务,则会对其明显不公平。而某日公司作为守约方,其未在合理期限内要求履行,同时又拒绝解除合同,显然有违诚信原则。在出现这样合同僵局情况下,会造成某龙公司因未履行全部交货义务而无法获得已履行部分的相应对价的情形,继而导致双方利益的失衡。因此,虽然本案争议的合同成立及法律事实均发生在民法典施行前,但根据前述规定,本案应适用《中华人民共和国民法典》第五百八十条第二款规定,故某龙公司起诉请求解除合同,具有事实和法律依据,本院予以支持。案涉合同自某龙公司关于解除合同的诉讼请求到达某日公司时解除。"

(十)赔偿损失

作为承担民事责任的方式的"赔偿损失",指向的是责任人应当承担的对其或他人[①]给权利人造成的损失或损害予以赔偿(包括精神损害赔偿)[②]的责任。

1. 适用对象

作为承担民事责任的方式的"赔偿损失",既可以适用于承担侵权责任[③];也可以适用于承担违约责任[④],还可以适用于合同解除后的处理[⑤]。

2. 适用条件

"赔偿损失"中的"损失"意味着,"赔偿损失"的适用须以权利人因责任人或他人的行为受到了损害或损失为条件。如果权利人的损失并未发生,则不适用"赔偿损失"。

3. 证明责任

根据《民事诉讼法》第67条第1款[⑥]和《民诉法解释》第90条、第91条[⑦]的规定,主张适用"赔偿损失"的责任方式的当事人应当对其系权利人、其遭受的损失、其遭受的损失与责任人或他人的行为之间存在因果关系等事项承担举证证明责任;否则,其主张可能得不到支持。

比如,在成都某建科技有限公司与贵州某兰矿业有限责任公司采矿权纠纷案中,针对某建公司关于解除《目标责任管理协议》给其造成了1000万元技改损失应由某兰

---

① 比如,《民法典》第1188条规定:"无民事行为能力人、限制民事行为能力人造成他人损害的,由监护人承担侵权责任。监护人尽到监护职责的,可以减轻其侵权责任。有财产的无民事行为能力人、限制民事行为能力人造成他人损害的,从本人财产中支付赔偿费用;不足部分,由监护人赔偿。"

② 比如,《民法典》第1183条规定:"侵害自然人人身权益造成严重精神损害的,被侵权人有权请求精神损害赔偿。因故意或者重大过失侵害自然人具有人身意义的特定物造成严重精神损害的,被侵权人有权请求精神损害赔偿。"第996条规定:"因当事人一方的违约行为,损害对方人格权并造成严重精神损害,受损害方选择请求其承担违约责任的,不影响受损害方请求精神损害赔偿。"

③ 比如,《民法典》第286条第2款规定:"业主大会或者业主委员会,对任意弃置垃圾、排放污染物或者噪声、违反规定饲养动物、违章搭建、侵占通道、拒付物业费等损害他人合法权益的行为,有权依照法律、法规以及管理规约,请求行为人停止侵害、排除妨碍、消除危险、恢复原状、赔偿损失。"第462条第1款规定:"占有的不动产或者动产被侵占的,占有人有权请求返还原物;对妨害占有的行为,占有人有权请求排除妨害或者消除危险;因侵占或者妨害造成损害的,占有人有权依法请求损害赔偿。"第1179条规定:"侵害他人造成人身损害的,应当赔偿医疗费、护理费、交通费、营养费、住院伙食补助费等为治疗和康复支出的合理费用,以及因误工减少的收入。造成残疾的,还应当赔偿辅助器具费和残疾赔偿金;造成死亡的,还应当赔偿丧葬费和死亡赔偿金。"第1182条规定:"侵害他人人身权益造成财产损失的,按照被侵权人因此受到的损失或者侵权人因此获得的利益赔偿;被侵权人因此受到的损失以及侵权人因此获得的利益难以确定,被侵权人和侵权人就赔偿数额协商不一致,向人民法院提起诉讼的,由人民法院根据实际情况确定赔偿数额。"

④ 比如,《民法典》第577条规定:"当事人一方不履行合同义务或者履行合同义务不符合约定的,应当承担继续履行、采取补救措施或者赔偿损失等违约责任。"第583条规定:"当事人一方不履行合同义务或者履行合同义务不符合约定的,在履行义务或者采取补救措施后,对方还有其他损失的,应当赔偿损失。"

⑤ 比如,《民法典》第566条第1款规定:"合同解除后,尚未履行的,终止履行;已经履行的,根据履行情况和合同性质,当事人可以请求恢复原状或者采取其他补救措施,并有权请求赔偿损失。"

⑥ 《民事诉讼法》第67条第1款规定:"当事人对自己提出的主张,有责任提供证据。"

⑦ 《民诉法解释》第90条规定:"当事人对自己提出的诉讼请求所依据的事实或者反驳对方诉讼请求所依据的事实,应当提供证据加以证明,但法律另有规定的除外。在作出判决前,当事人未能提供证据或者证据不足以证明其事实主张的,由负有举证证明责任的当事人承担不利的后果。"第91条规定:"人民法院应当依照下列原则确定举证证明责任的承担,但法律另有规定的除外:(一)主张法律关系存在的当事人,应当对产生该法律关系的基本事实承担举证证明责任;(二)主张法律关系变更、消灭或者权利受到妨害的当事人,应当对该法律关系变更、消灭或者权利受到妨害的基本事实承担举证证明责任。"

公司承担的主张，最高人民法院（2020）最高法民终 961 号民事判决书认为："首先，……协议履行期间，案涉项目的经营、技改和建设等投入均由某建公司自行承担。其次，即便如某建公司所述公司账本已遗失，但其发放员工工资的银行流水，购买机器设备以及与第三方签订的相关合同、结算单据、付款凭证等，具备收集和还原的条件。因此，对于技改及投入损失某建公司负有举证责任，其应提交相应的证据证明存在损失的客观依据。其未提供相应证据证明应承担举证不能的不利后果。至于某建公司提交一份自制的损失表，并无相应客观证据予以佐证。另有装载机增值税发票亦不能直接指向投入了案涉煤矿。综上，某建公司请求某兰公司支付 1000 万元技改损失的主张依据不足，本院不予支持。"

又如，在潘某海与蔡某标及某海资本有限公司股权转让纠纷案中，最高人民法院（2017）最高法民再 315 号民事判决书认为："本案中，《框架协议》及相关附件解除后，股权转让的交易无法继续履行，则蔡某标已支付给潘某海的股权转让款 7520 万元，潘某海依法应予返还。对于蔡某标就该股权转让款请求按照中国人民银行逾期同期同类贷款利率计算的损失赔偿，由于本案合同的解除系蔡某标的违约行为所致，而潘某海并未构成违约，即本案合同的解除从根本上来说并不是潘某海的行为导致，故蔡某标还要求潘某海赔偿利息损失的请求，于法无据，本院不予支持。"

需要注意的是，在侵权责任纠纷中，如果权利人不能证明自己遭受的损失、但能够证明侵权人因此获得的利益，则可按侵权人因此获得的利益进行赔偿；如果权利人也不能证明侵权人因此获得的利益，则由法院依照相关法律规定[①]并根据案件的实际情况确定具体的赔偿数额。[②]

---

① 比如，《著作权法》第 54 条规定："侵犯著作权或者与著作权有关的权利的，侵权人应当按照权利人因此受到的实际损失或者侵权人的违法所得给予赔偿；权利人的实际损失或者侵权人的违法所得难以计算的，可以参照该权利使用费给予赔偿。……权利人的实际损失、侵权人的违法所得、权利使用费难以计算的，由人民法院根据侵权行为的情节，判决给予五百元以上五百万元以下的赔偿。赔偿数额还应当包括权利人为制止侵权行为所支付的合理开支……"《专利法》第 71 条规定："侵犯专利权的赔偿数额按照权利人因被侵权所受到的实际损失或者侵权人因侵权所获得的利益确定；权利人的损失或者侵权人获得的利益难以确定的，参照该专利许可使用费的倍数合理确定。……权利人的损失、侵权人获得的利益和专利许可使用费均难以确定的，人民法院可以根据专利权的类型、侵权行为的性质和情节等因素，确定给予三万元以上五百万元以下的赔偿……"《商标法》第 63 条规定："侵犯商标专用权的赔偿数额，按照权利人因被侵权所受到的实际损失确定；实际损失难以确定的，可以按照侵权人因侵权所获得的利益确定；权利人的损失或者侵权人获得的利益难以确定的，参照该商标许可使用费的倍数合理确定……"《反不正当竞争法》第 17 条规定："……因不正当竞争行为受到损害的经营者的赔偿数额，按照其因被侵权所受到的实际损失确定；实际损失难以计算的，按照侵权人因侵权所获得的利益确定。……经营者违反本法第六条、第九条规定，权利人因被侵权所受到的实际损失、侵权人因侵权所获得的利益难以确定的，由人民法院根据侵权行为的情节判决给予权利人五百万元以下的赔偿。"

② 《民法典》第 1182 条规定："侵害他人人身权益造成财产损失的，按照被侵权人因此受到的损失或者侵权人因此获得的利益赔偿；被侵权人因此受到的损失以及侵权人因此获得的利益难以确定，被侵权人和侵权人就赔偿数额协商不一致，向人民法院提起诉讼的，由人民法院根据实际情况确定赔偿数额。"

（十一）惩罚性赔偿

1. 惩罚性赔偿须由法律规定

《民法典》第179条在第1款将“赔偿损失”列为承担民事责任的方式的同时，也在第2款规定：“法律规定惩罚性赔偿的，依照其规定”。

就惩罚性赔偿而言，由于《民法典》第179条第2款使用了“法律规定惩罚性赔偿的，依照其规定”的表述，因此，只要法律针对特定责任的承担规定了惩罚性赔偿，就可以适用（并应当适用）法律的这一规定。

其中，《民法典》第179条第2款所说的“法律”，既包括其他法律，也包括《民法典》自身。

就作为民事责任承担方式的惩罚性赔偿而言，《民法典》第179条第2款所说的“法律规定惩罚性赔偿的，依照其规定”，具有三个层面的效果：

一是该规定对《民法典》施行之前的原有法律（被《民法典》废止的法律除外）针对惩罚性赔偿已经作出的既有的规定（即旧的特别规定）作出了明确的承认，以确保法律秩序的稳定和延续。

二是该规定明确允许并认可立法机关在《民法典》施行之后，在必要时通过对现有法律进行修改或制定新的法律的方式，针对惩罚性赔偿作出新的规定（即新的特别规定），以适应社会和经济的发展要求，也为将来制定新的专门的民事特别法律预留了空间。

三是惩罚性赔偿应当由法律进行规定，适用惩罚性赔偿须以法律有明文规定为前提，并以法律的明确规定为依据，而不应由行政法规、更不应由规章、规范性文件等进行规定。这跟《民法典》第92条第2款、第99条第2款、第100条第2款等针对宗教活动场所、农村集体经济组织、城镇农村的合作经济组织等使用了“法律、行政法规对……有规定的，依照其规定”的表述是不一样的。

也因此，作为民事责任承担方式的惩罚性赔偿，仅适用于侵权责任的承担，不适用于违约责任的承担①。《民法典》第584条针对违约损失赔偿额所规定的“当事人一方

① 值得一提的是，原《最高人民法院关于审理商品房买卖合同纠纷案件适用法律若干问题的解释》（法释〔2003〕7号）第8条和第9条曾经针对违约责任的承担规定了惩罚性赔偿制度。该解释第8条规定：“具有下列情形之一，导致商品房买卖合同目的不能实现的，无法取得房屋的买受人可以请求解除合同、返还已付购房款及利息、赔偿损失，并可以请求出卖人承担不超过已付购房款一倍的赔偿责任：（一）商品房买卖合同订立后，出卖人未告知买受人又将该房屋抵押给第三人；（二）商品房买卖合同订立后，出卖人又将该房屋出卖给第三人。”第9条规定：“出卖人订立商品房买卖合同时，具有下列情形之一，导致合同无效或者被撤销、解除的，买受人可以请求返还已付购房款及利息、赔偿损失，并可以请求出卖人承担不超过已付购房款一倍的赔偿责任：（一）故意隐瞒没有取得商品房预售许可证明的事实或者提供虚假商品房预售许可证明；（二）故意隐瞒所售房屋已经抵押的事实；（三）故意隐瞒所售房屋已经出卖给第三人或者为拆迁补偿安置房屋的事实。”《最高人民法院关于修改〈最高人民法院关于在民事审判工作中适用《中华人民共和国工会法》若干问题的解释〉等二十七件民事类司法解释的决定》（法释〔2020〕17号）删除了上述惩罚性赔偿的规定，上述惩罚性赔偿的规定自2021年1月1日起不再实施。还需注意的是，《消费者权益保护法》第55条第1款针对经营者欺诈规定的惩罚性赔偿也属于承担侵权责任的惩罚性赔偿。对此，最高人民法院（2023）最高法民辖107号民事裁定书认为：“《中华人民共和国消费者权益保护法》第五十五条规定……根据上述规定，经营者提供的商品有欺诈行为的，应当承担惩罚性赔偿责任。消费者向经营者请求赔偿，固然存在买卖合同，但其提起惩罚性赔偿诉讼请求，请求权基础为侵权赔偿责任，由此提起的损害赔偿请求之诉应当认定为侵权责任纠纷……”

不履行合同义务或者履行合同义务不符合约定,造成对方损失的,损失赔偿额应当相当于因违约所造成的损失,包括合同履行后可以获得的利益;但是,不得超过违约一方订立合同时预见到或者应当预见到的因违约可能造成的损失",也表明了这点。

2. 法律规定惩罚性赔偿的主要情形

现阶段,法律规定惩罚性赔偿的情形主要包括:

一是知识产权侵权惩罚性赔偿。对此,《民法典》第 1185 条规定:"故意侵害他人知识产权,情节严重的,被侵权人有权请求相应的惩罚性赔偿。"《著作权法》第 54 条第 1 款规定:"侵犯著作权或者与著作权有关的权利的,侵权人应当按照权利人因此受到的实际损失或者侵权人的违法所得给予赔偿;权利人的实际损失或者侵权人的违法所得难以计算的,可以参照该权利使用费给予赔偿。对故意侵犯著作权或者与著作权有关的权利,情节严重的,可以在按照上述方法确定数额的一倍以上五倍以下给予赔偿。"《专利法》第 71 条第 1 款规定:"侵犯专利权的赔偿数额按照权利人因被侵权所受到的实际损失或者侵权人因侵权所获得的利益确定;权利人的损失或者侵权人获得的利益难以确定的,参照该专利许可使用费的倍数合理确定。对故意侵犯专利权,情节严重的,可以在按照上述方法确定数额的一倍以上五倍以下确定赔偿数额。"《商标法》第 63 条第 1 款规定:"侵犯商标专用权的赔偿数额,按照权利人因被侵权所受到的实际损失确定;实际损失难以确定的,可以按照侵权人因侵权所获得的利益确定;权利人的损失或者侵权人获得的利益难以确定的,参照该商标许可使用费的倍数合理确定。对恶意侵犯商标专用权,情节严重的,可以在按照上述方法确定数额的一倍以上五倍以下确定赔偿数额。赔偿数额应当包括权利人为制止侵权行为所支付的合理开支。"《种子法》第 72 条第 3 款规定:"侵犯植物新品种权的赔偿数额按照权利人因被侵权所受到的实际损失确定;实际损失难以确定的,可以按照侵权人因侵权所获得的利益确定。权利人的损失或者侵权人获得的利益难以确定的,可以参照该植物新品种权许可使用费的倍数合理确定。故意侵犯植物新品种权,情节严重的,可以在按照上述方法确定数额的一倍以上五倍以下确定赔偿数额。"《反不正当竞争法》第 17 条第 3 款规定:"因不正当竞争行为受到损害的经营者的赔偿数额,按照其因被侵权所受到的实际损失确定;实际损失难以计算的,按照侵权人因侵权所获得的利益确定。经营者恶意实施侵犯商业秘密行为,情节严重的,可以在按照上述方法确定数额的一倍以上五倍以下确定赔偿数额。赔偿数额还应当包括经营者为制止侵权行为所支付的合理开支。"

二是产品质量缺陷惩罚性赔偿。对此,《民法典》第 1207 条规定:"明知产品存在缺陷仍然生产、销售,或者没有依据前条规定采取有效补救措施,造成他人死亡或者健康严重损害的,被侵权人有权请求相应的惩罚性赔偿。"《消费者权益保护法》第 55 条第 2 款规定:"经营者明知商品或者服务存在缺陷,仍然向消费者提供,造成消费者或者其他受害人死亡或者健康严重损害的,受害人有权要求经营者依照本法第四十九条、第五十一条等法律规定赔偿损失,并有权要求所受损失二倍以下的惩罚性赔偿。"

三是经营者欺诈惩罚性赔偿。对此,《消费者权益保护法》第 55 条第 1 款规定:"经营者提供商品或者服务有欺诈行为的,应当按照消费者的要求增加赔偿其受到的损失,增加赔偿的金额为消费者购买商品的价款或者接受服务的费用的三倍;增加赔偿的金额不足五百元的,为五百元。法律另有规定的,依照其规定。"

需要注意的是,《消费者权益保护法》第 55 条第 1 款针对经营者欺诈规定的惩罚性赔偿,属于承担侵权责任的惩罚性赔偿,而非承担违约责任的惩罚性赔偿。对此,在冯某治与方某连、浙江某宝网络有限公司产品责任纠纷案中,最高人民法院(2023)最高法民辖 107 号民事裁定书认为:"本案中,冯某治起诉时名义上主张其与方某连存在着信息网络买卖合同纠纷,但从诉讼请求看,冯某治依据《中华人民共和国消费者权益保护法》第五十五条的规定,要求方某连等支付三倍货款的赔偿金。《中华人民共和国消费者权益保护法》第五十五条规定……根据上述规定,经营者提供的商品有欺诈行为的,应当承担惩罚性赔偿责任。消费者向经营者请求赔偿,固然存在买卖合同,但其提起惩罚性赔偿诉讼请求,请求权基础为侵权赔偿责任,由此提起的损害赔偿请求之诉应当认定为侵权责任纠纷,故本案冯某治提起的诉讼应当认定为侵权责任纠纷之下的产品责任纠纷……"

四是食品药品安全惩罚性赔偿。对此,《食品安全法》第 148 条第 2 款规定:"生产不符合食品安全标准的食品或者经营明知是不符合食品安全标准的食品,消费者除要求赔偿损失外,还可以向生产者或者经营者要求支付价款十倍或者损失三倍的赔偿金;增加赔偿的金额不足一千元的,为一千元。但是,食品的标签、说明书存在不影响食品安全且不会对消费者造成误导的瑕疵的除外。"《药品管理法》第 144 条第 3 款规定:"生产假药、劣药或者明知是假药、劣药仍然销售、使用的,受害人或者其近亲属除请求赔偿损失外,还可以请求支付价款十倍或者损失三倍的赔偿金;增加赔偿的金额不足一千元的,为一千元。"

五是生态环境侵权惩罚性赔偿。对此,《民法典》第 1232 条规定:"侵权人违反法律规定故意污染环境、破坏生态造成严重后果的,被侵权人有权请求相应的惩罚性赔偿。"

六是劳动者权益保护领域的惩罚性赔偿。对此,《劳动合同法》第 82 条规定:"用人单位自用工之日起超过一个月不满一年未与劳动者订立书面劳动合同的,应当向劳动者每月支付二倍的工资。用人单位违反本法规定不与劳动者订立无固定期限劳动合同的,自应当订立无固定期限劳动合同之日起向劳动者每月支付二倍的工资。"《工会法》第 53 条规定:"违反本法规定,有下列情形之一的,由劳动行政部门责令恢复其工作,并补发被解除劳动合同期间应得的报酬,或者责令给予本人年收入二倍的赔偿:(一)职工因参加工会活动而被解除劳动合同的;(二)工会工作人员因履行本法规定的职责而被解除劳动合同的。"

3. 惩罚性赔偿与赔偿损失的关系

尽管惩罚性赔偿也具有对权利人受到的损失进行赔偿的功能、惩罚性赔偿的适用也需要以权利人实际受到损失为条件,但是,由于《民法典》第 179 条是将"赔偿损失"和"惩罚性赔偿"并列规定为承担民事责任的方式的,因此,总体而言,"惩罚性赔偿"是独立于"赔偿损失"的、与"赔偿损失"不同的民事责任承担方式。

尤其是,从现有法律规定的适用惩罚性赔偿的上述情形看,在适用对象方面,惩罚性赔偿仅适用于侵权责任的承担,不适用于违约责任的承担;在适用条件方面,惩罚性赔偿主要适用于法律明确规定的故意实施的、损害结果严重的侵权行为。

需要注意的是,尽管惩罚性赔偿与赔偿损失总体上属于不同的民事责任承担方式,《民法典》第 179 条第 3 款也规定了"本条规定的承担民事责任的方式,可以单独适用,也可以合并适用”,但是,不能当然地认为凡是法律规定适用“惩罚性赔偿”的情形都可以同时主张“赔偿损失”;权利人能否在主张惩罚性赔偿的同时主张赔偿损失,也应当以法律的明文规定为依据。

比如,就知识产权侵权惩罚性赔偿而言,根据《著作权法》《专利法》《商标法》《种子法》《反不正当竞争法》的上述规定,依法确定的惩罚性赔偿数额已经包含了损失赔偿金额,权利人不能同时请求“惩罚性赔偿”和“赔偿损失”。而就食品药品安全惩罚性赔偿而言,根据《食品安全法》《药品管理法》的上述规定,权利人则可以同时请求“惩罚性赔偿”和“赔偿损失”。

(十二)支付违约金

作为承担民事责任的方式的“支付违约金”,指向的是责任人应当承担的向权利人支付相应的违约金的责任。

1. 适用对象

其中的“违约金”限定了该责任方式的适用对象,即该责任方式只适用于承担违约责任,不适用于承担侵权责任;仅适用于违约行为,不适用于侵权行为。

在因当事人一方的违约行为,损害对方人身权益、财产权益的情形,如果受损害方根据《民法典》第 186 条选择请求其承担侵权责任,则不能适用“支付违约金”的责任方式。

2. 适用条件

根据《民法典》第 585 条第 1 款关于“当事人可以约定一方违约时应当根据违约情况向对方支付一定数额的违约金,也可以约定因违约产生的损失赔偿额的计算方法”的规定,“支付违约金”的适用须以当事人之间约定了有效的违约金条款①并且当事人一方存在违约行为为条件。

需要注意的是,在适用“支付违约金”的责任承担方式时,责任人应当支付的违约

---

① 如果当事人之间不存在有效的违约金条款,自然也就不适用“支付违约金”的责任承担方式。比如,在沈阳市苏家屯区人民政府、沈阳市自然资源局苏家屯分局与沈阳某锦置业有限公司建设用地使用权出让合同纠纷案中,在认定“案涉《国有建设用地使用权出让合同》关于土地交付时间及其对应的迟延交付土地违约责任条款,属双方通谋的虚假意思表示,依法应认定为无效条款。上述条款无效后,应视为苏家屯区政府、区自然资源局和某锦公司对案涉土地交付时间及迟延交付土地的违约责任没有进行约定”的基础上,最高人民法院(2021)最高法民再 351 号民事判决书认为:“因案涉《国有建设用地使用权出让合同》关于土地交付时间及迟延交付违约责任的条款被认定为双方通谋的虚假意思表示而无效,苏家屯区政府、区自然资源局的违约责任在没有合同约定的情况下,应当根据《中华人民共和国合同法》第一百一十二条和第一百一十三条关于违约损失赔偿的规定加以确定。原审判决错误认定案涉《国有建设用地使用权出让合同》违约条款有效,并进而将苏家屯区政府、区自然资源局的违约责任认定为案涉未交付土地部分对应的出让金 3689 万元,属适用法律错误,本院依法予以纠正。”又如,在天水某丰果汁饮料有限责任公司等与孟某军等建设工程施工合同纠纷案中,最高人民法院(2019)最高法民申 4136 号民事裁定书认为:“案涉《建筑工程施工总承包合同》系没有资质的实际施工人孟某军借用有资质的建筑施工企业天水某厦建筑公司名义而签订,应属无效,从而违约金条款无效。在天水某丰果汁公司、天水某丰新能源公司未提交证据证明其实际损失的情况下,其以孟某军逾期交付工程为由主张违约金,无合同依据,亦无事实依据。”

金的具体数额，须以责任人违约给权利人造成的损失（包括合同履行后可以获得的利益[①]）为基础予以确定，并非当然按照约定的违约金数额进行支付。对此，《民法典合同编通则解释》第65条第1款明确规定："当事人主张约定的违约金过分高于违约造成的损失，请求予以适当减少的，人民法院应当以民法典第五百八十四条规定的损失为基础，兼顾合同主体、交易类型、合同的履行情况、当事人的过错程度、履约背景等因素，遵循公平原则和诚信原则进行衡量，并作出裁判。"

还需注意的是，作为民事责任承担方式的"支付违约金"，不仅仅具有损失填补功能（补偿性质），也具有一定的惩罚功能（惩罚性质）[②]。这跟"赔偿损失"作为填补权利人受到的损失的责任方式是不一样的。具体而言，《民法典》第585条第2款前半句所说的"约定的违约金低于造成的损失的，人民法院或者仲裁机构可以根据当事人的请求予以增加"，体现了违约金的补偿性质；而《民法典》第585条第2款后半句所说的"约定的违约金过分高于造成的损失的，人民法院或者仲裁机构可以根据当事人的请求予以适当减少"和该条第3款所说的"当事人就迟延履行约定违约金的，违约方支付违约金后，还应当履行债务"，则体现了违约金的惩罚性质。也因此，不能当然认为责任人应当支付的违约金数额不得超过权利人因其违约受到的损失。

3. 实施要求

适用"支付违约金"这一责任方式也应当明确责任人应当支付的违约金的计算基数、标准、起止时间等事项。对此，《最高人民法院关于人民法院立案、审判与执行工作协调运行的意见》（法发〔2018〕9号）第11条第1款第1项规定："法律文书主文应当明确具体：（1）给付金钱的，应当明确数额。需要计算利息、违约金数额的，应当有明确的计算基数、标准、起止时间等……"

---

① 最高人民法院《全国法院贯彻实施民法典工作会议纪要》（法〔2021〕94号）第11条规定："民法典第五百八十五条第二款规定的损失范围应当按照民法典第五百八十四条规定确定，包括合同履行后可以获得的利益，但不得超过违约一方订立合同时预见到或者应当预见到的因违约可能造成的损失……"《九民会议纪要》第50条也规定："认定约定违约金是否过高，一般应当以《合同法》第113条规定的损失为基础进行判断，这里的损失包括合同履行后可以获得的利益……"

② 对此，《最高人民法院关于当前形势下审理民商事合同纠纷案件若干问题的指导意见》（法发〔2009〕40号）第6条规定："在当前企业经营状况普遍较为困难的情况下，对于违约金数额过分高于违约造成损失的，应当根据合同法规定的诚实信用原则、公平原则，坚持以补偿性为主、以惩罚性为辅的违约金性质，合理调整裁量幅度，切实防止以意思自治为由而完全放任当事人约定过高的违约金。"最高人民法院（2007）民二终字第139号民事判决书（载《最高人民法院公报》2008年第7期）也认为："……合同法第一百一十四条规定的违约金制度已经确定违约金具有'补偿和惩罚'双重性质，合同法该条第二款明确规定'约定的违约金过分高于造成损失的，当事人可以请求人民法院或者仲裁机构予以适当减少'，据此应当解释为只有在'过分高于造成损失'的情形下方能适当调整违约金，而一般高于的情形并无必要调整。"

4. 证明责任

根据《民事诉讼法》第 67 条第 1 款[①]和《民诉法解释》第 90 条、第 91 条[②]的规定，主张适用“支付违约金”责任方式的当事人应当对责任人存在违约行为并且当事人之间约定了违约金条款承担举证证明责任；否则，其主张可能得不到支持。

其中，在当事人就约定的违约金是否过分高于造成的损失发生争议时，《民法典合同编通则解释》第 64 条第 2 款对各当事人的举证责任进行了相应的分配，即“违约方主张约定的违约金过分高于违约造成的损失，请求予以适当减少的，应当承担举证责任。非违约方主张约定的违约金合理的，也应当提供相应的证据”。据此，违约方应当对“约定的违约金过分高于违约造成的损失”承担举证证明责任，而非违约方则需要对“约定的违约金合理”承担相应的举证证明责任。

(十三)消除影响

作为承担民事责任的方式的“消除影响”，指向的是责任人应当承担的消除因其侵权行为给权利人带来的不利影响的责任。

1. 适用对象

其中的“消除”和“影响”，限定了该责任方式的适用对象，具体而言：

一是其中的“消除”，意味着该责任方式只适用于已经对权利人产生影响的行为，包括正在实施的行为和已经实施完毕的行为，但不适用于尚未开始的行为。如果相关行为尚未实施，则不能适用“消除影响”，而应当根据具体情况适用“消除危险”。

二是其中的“影响”，指向的是给权利人造成的不利影响或负面影响、不包括给权利人带来的积极影响或正面影响，意味着该责任方式只适用于承担侵权责任，不适用于承担违约责任；仅适用于侵权行为，不适用于违约行为。

事实上，《民法典》合同编第八章“违约责任”(尤其是第 577 条所说的“当事人一方不履行合同义务或者履行合同义务不符合约定的，应当承担继续履行、采取补救措施或者赔偿损失等违约责任”)并没有规定承担违约责任的方式包括“消除影响”；《民法典》只是在人格权编(第 995 条、第 1000 条[③])规定了承担侵权责任的方式包括“消除

---

① 《民事诉讼法》第 67 条第 1 款规定：“当事人对自己提出的主张，有责任提供证据。”

② 《民诉法解释》第 90 条规定：“当事人对自己提出的诉讼请求所依据的事实或者反驳对方诉讼请求所依据的事实，应当提供证据加以证明，但法律另有规定的除外。在作出判决前，当事人未能提供证据或者证据不足以证明其事实主张的，由负有举证证明责任的当事人承担不利的后果。”第 91 条规定：“人民法院应当依照下列原则确定举证证明责任的承担，但法律另有规定的除外：(一)主张法律关系存在的当事人，应当对产生该法律关系的基本事实承担举证证明责任；(二)主张法律关系变更、消灭或者权利受到妨害的当事人，应当对该法律关系变更、消灭或者权利受到妨害的基本事实承担举证证明责任。”

③ 《民法典》第 995 条规定：“人格权受到侵害的，受害人有权依照本法和其他法律的规定请求行为人承担民事责任。受害人的停止侵害、排除妨碍、消除危险、消除影响、恢复名誉、赔礼道歉请求权，不适用诉讼时效的规定。”第 1000 条第 1 款规定：“行为人因侵害人格权承担消除影响、恢复名誉、赔礼道歉等民事责任的，应当与行为的具体方式和造成的影响范围相当。”

影响”;此外,其他法律通常也是针对侵害知识产权①(包括其中的人身权利和财产权利②)、人格权(包括人格尊严、人身自由、名誉权、个人信息权益等③)等情形规定了承担民事责任的方式包括了“消除影响”。④ 在因当事人一方的违约行为,损害对方人身权益、财产权益的情形,如果受损害方根据《民法典》第186条选择请求其承担违约责任,则不能适用“消除影响”的责任方式。

2. 适用条件

“消除影响”的适用须以责任人的行为给权利人带来了不利影响为条件。

比如,在上海二某某五网络科技有限公司与北京某山安全软件有限公司、北京某豹移动科技有限公司侵害计算机软件著作权及不正当竞争纠纷案中,最高人民法院

---

① 比如,《著作权法》第52条规定:“有下列侵权行为的,应当根据情况,承担停止侵害、消除影响、赔礼道歉、赔偿损失等民事责任:(一)未经著作权人许可,发表其作品的;(二)未经合作作者许可,将与他人合作创作的作品当作自己单独创作的作品发表的;(三)没有参加创作,为谋取个人名利,在他人作品上署名的;(四)歪曲、篡改他人作品的;(五)剽窃他人作品的;(六)未经著作权人许可,以展览、摄制视听作品的方法使用作品,或者以改编、翻译、注释等方式使用作品的,本法另有规定的除外;(七)使用他人作品,应当支付报酬而未支付的;(八)未经视听作品、计算机软件、录音录像制品的著作权人、表演者或者录音录像制作者许可,出租其作品或者录音录像制品的原件或者复制件的,本法另有规定的除外;(九)未经出版者许可,使用其出版的图书、期刊的版式设计的;(十)未经表演者许可,从现场直播或者公开传送其现场表演,或者录制其表演的;(十一)其他侵犯著作权以及与著作权有关的权利的行为。”《反不正当竞争法》第23条规定:“经营者违反本法第十一条规定损害竞争对手商业信誉、商品声誉的,由监督检查部门责令停止违法行为、消除影响,处十万元以上五十万元以下的罚款;情节严重的,处五十万元以上三百万元以下的罚款。”《最高人民法院关于审理商标民事纠纷案件适用法律若干问题的解释》(2020年修正)第21条第1款规定:“人民法院在审理侵犯注册商标专用权纠纷案件中,依据民法典第一百七十九条、商标法第六十条的规定和案件具体情况,可以判决侵权人承担停止侵害、排除妨碍、消除危险、赔偿损失、消除影响等民事责任,还可以作出罚款,收缴侵权商品、伪造的商标标识和主要用于生产侵权商品的材料、工具、设备等财物的民事制裁决定。罚款数额可以参照商标法第六十条第二款的有关规定确定。”

② 对此,最高人民法院(2016)最高法民申673号民事裁定书提出:“消除影响的侵权责任并非仅适用于侵害人身权”。在余某等与陈某侵害著作权纠纷案中,北京市高级人民法院(2015)高民(知)终字第1039号民事判决书也认为:“关于赔礼道歉、消除影响的责任。本案中虽然陈某主张的是改编权、摄制权,即著作财产权,但原审法院判令余某承担赔礼道歉、消除影响的责任并无不当。首先,通常而言,著作人身权受到侵害时适用赔礼道歉、消除影响的民事责任。赔礼道歉是消除影响的手段,消除影响是赔礼道歉的后果。但从《中华人民共和国著作权法》第四十七条规定的字面含义来看,在改编权、摄制权受到侵害时,并不排除赔礼道歉、消除影响责任和赔偿损失责任的并行适用。其次,尽管陈某在本案中主张的是改编权、摄制权,但对于侵犯改编权的行为而言,在剧本《宫某某城》与涉案作品构成实质性相似的情况下,实质上暗含了对于涉案作品著作人身权的侵害,比如署名权,同时结合权利人明确提出了要求赔礼道歉、消除影响的诉讼主张,判令余某承担上述责任并未违反同质救济的原则。”

③ 比如,《消费者权益保护法》第50条规定:“经营者侵害消费者的人格尊严、侵犯消费者人身自由或者侵害消费者个人信息依法得到保护的权利的,应当停止侵害、恢复名誉、消除影响、赔礼道歉,并赔偿损失。”《食品安全法》第141条第2款规定:“媒体编造、散布虚假食品安全信息的,由有关主管部门依法给予处罚,并对直接负责的主管人员和其他直接责任人员给予处分;使公民、法人或者其他组织的合法权益受到损害的,依法承担消除影响、恢复名誉、赔偿损失、赔礼道歉等民事责任。”

④ 相比较而言,原《民法通则》第118条和第120条规定得更为清晰。原《民法通则》第118条规定:“公民、法人的著作权(版权)、专利权、商标专用权、发现权、发明权和其他科技成果权受到剽窃、篡改、假冒等侵害的,有权要求停止侵害,消除影响,赔偿损失。”第120条规定:“公民的姓名权、肖像权、名誉权、荣誉权受到侵害的,有权要求停止侵害,恢复名誉,消除影响,赔礼道歉,并可以要求赔偿损失。法人的名称权、名誉权、荣誉权受到侵害的,适用前款规定。”

(2020)最高法知民终1567号民事判决书认为:"二某某五公司在提供涉案软件下载服务时的相关不正当竞争行为,包括二某某五公司移除某某官网网址'××××.com',以及移除某山公司、某豹公司原来'捆绑'的软件安装及网络服务选项,替换为'捆绑'二某某五公司自营的软件安装与网络服务选项。这些行为虽然剥夺了某山公司、某豹公司在涉案软件下载安装过程中获取更多网络用户'注意力'和'流量'的机会,损害了某山公司、某豹公司的经济利益,但是并未对某山公司、某豹公司的商誉造成不良影响,亦未对涉案软件的美誉度造成不良影响,并且,替换后安装界面上的广告信息'××××软件大全带给你不一样的下载感受www.××××.com'明确告知消费者,二某某五公司为下载服务的提供者,而非涉案软件的著作权人,亦不存在造成消费者混淆误认的情形,因此,二某某五公司无需承担消除影响的民事责任,其相关上诉理由成立,原审法院的相关处理不当,本院予以纠正"。①

3. 实施要求

需要注意的是,适用"消除影响"的责任方式也应当同时明确责任人消除影响的具体实施方式、时间范围、地域范围等事项。

比如,《民法典》第1000条针对侵害人格权承担消除影响责任规定了:"行为人因侵害人格权承担消除影响、恢复名誉、赔礼道歉等民事责任的,应当与行为的具体方式和造成的影响范围相当。行为人拒不承担前款规定的民事责任的,人民法院可以采取在报刊、网络等媒体上发布公告或者公布生效裁判文书等方式执行,产生的费用由行为人负担。"

4. 证明责任

根据《民事诉讼法》第67条第1款②和《民诉法解释》第90条、第91条③的规定,主张适用"消除影响"的责任方式的当事人应当对责任人存在侵害其合法权益的行为并且该行为给其带来了不利影响承担举证证明责任;否则,其主张可能得不到支持。

比如,在深圳某某绽放网络科技股份有限公司与浙江某兴数智科技股份有限公司等侵害技术秘密纠纷案中,最高人民法院(2021)最高法知民终2298号民事判决书认为:"本案中,某某绽放公司诉请某兴公司、某石公司承担消除影响和赔偿损失的侵权责任。关于消除影响,因未有证据证明披露涉案技术秘密的侵权行为给某某绽放公司造成了必须消除的不良影响,故对该项诉请本院不予支持。"④

---

① 类似的裁判意见,还可见最高人民法院(2014)民提字第31号民事判决书、北京市高级人民法院(2016)京民终544号民事判决书等。

② 《民事诉讼法》第67条第1款规定:"当事人对自己提出的主张,有责任提供证据。"

③ 《民诉法解释》第90条规定:"当事人对自己提出的诉讼请求所依据的事实或者反驳对方诉讼请求所依据的事实,应当提供证据加以证明,但法律另有规定的除外。在作出判决前,当事人未能提供证据或者证据不足以证明其事实主张的,由负有举证证明责任的当事人承担不利的后果。"第91条规定:"人民法院应当依照下列原则确定举证证明责任的承担,但法律另有规定的除外:(一)主张法律关系存在的当事人,应当对产生该法律关系的基本事实承担举证证明责任;(二)主张法律关系变更、消灭或者权利受到妨害的当事人,应当对该法律关系变更、消灭或者权利受到妨害的基本事实承担举证证明责任。"

④ 类似的裁判意见,还可见最高人民法院(2018)最高法民申6142号民事裁定书、山东省高级人民法院(2012)鲁民三终字第121号民事判决书等。

(十四)恢复名誉

作为承担民事责任的方式的"恢复名誉",指向的是责任人应当承担的恢复因其侵权行为给权利人的名誉带来的不利影响的责任。其中的"名誉",即《民法典》第1024条第2款所说的"对民事主体的品德、声望、才能、信用等的社会评价",包括自然人的名誉和法人或非法人组织的名誉。

1. 适用对象

"恢复名誉"的表述本身就限定了该责任方式的适用对象,意味着该责任方式只适用于承担侵权责任,不适用于承担违约责任;并且仅适用于侵权行为中的侵害民事主体名誉权的行为,不适用于其他侵权行为。

事实上,《民法典》只是在人格权编(第995条、第1000条[①])针对侵害人格权规定了"恢复名誉"这一承担侵权责任的方式。在因当事人一方的违约行为,侵害对方名誉权的情形,如果受损害方根据《民法典》第186条选择请求其承担违约责任,则不能适用"恢复名誉"的责任方式[②]。

2. 适用条件

"恢复名誉"的适用须以行为人侵害了权利人的名誉权为条件,如行为人的行为不构成名誉权侵权,则不适用"恢复名誉"这一责任方式。

比如,在施某某、张某某、桂某某诉徐某某肖像权、名誉权、隐私权纠纷案(载《最高人民法院公报》2016年第4期)中,江苏省南京市江宁区人民法院认为:"本案中,徐某某通过网络公开了男童遭受虐待的事实,是一种公开的网络举报行为,不存在主观上的过错。徐某某所发微博的内容既没有夸大或隐瞒事实,更没有虚构、造谣和污蔑,且施某某受到伤害情况客观存在,微博反映的内容与客观事实基本相一致,微博中也没有使用侮辱、诽谤性的语言,客观上不会造成施某某社会声望和评价的降低。徐某某所发微博的内容未涉及张某某、桂某某的任何信息资料,不存在对张某某、桂某某进行侮辱或诽谤。施某某、张某某、桂某某亦未能提供充分证据证明由于徐某某的网络发贴行为导致原告的名誉受损的事实。故施某某、张某某、桂某某主张徐某某侵犯其名誉权不能成立。"故判决驳回原告提出的请求法院判令徐某某为其三人恢复名誉等诉讼请求。

3. 实施要求

需要注意的是,适用"恢复名誉"的责任方式也应当同时明确责任人恢复名誉的具体实施方式、时间范围、地域范围等事项。

---

① 《民法典》第995条规定:"人格权受到侵害的,受害人有权依照本法和其他法律的规定请求行为人承担民事责任。受害人的停止侵害、排除妨碍、消除危险、消除影响、恢复名誉、赔礼道歉请求权,不适用诉讼时效的规定。"第1000条第1款规定:"行为人因侵害人格权承担消除影响、恢复名誉、赔礼道歉等民事责任的,应当与行为的具体方式和造成的影响范围相当。"

② 但不影响受损害方依法请求精神损害赔偿。对此,《民法典》第996条规定:"因当事人一方的违约行为,损害对方人格权并造成严重精神损害,受损害方选择请求其承担违约责任的,不影响受损害方请求精神损害赔偿。"

比如,《民法典》第 1000 条针对侵害人格权承担恢复名誉责任规定了:“行为人因侵害人格权承担消除影响、恢复名誉、赔礼道歉等民事责任的,应当与行为的具体方式和造成的影响范围相当。行为人拒不承担前款规定的民事责任的,人民法院可以采取在报刊、网络等媒体上发布公告或者公布生效裁判文书等方式执行,产生的费用由行为人负担。”

4. 证明责任

根据《民事诉讼法》第 67 条第 1 款[①]和《民诉法解释》第 90 条、第 91 条[②]的规定,主张适用“恢复名誉”的责任方式的当事人应当对责任人存在侵害其名誉权的行为并且该行为给其名誉带来了不利影响承担举证证明责任;否则,其主张可能得不到支持。

比如,在厦门豪某利商贸发展有限公司与某马发动机(上海)有限公司名誉权侵权纠纷案中,最高人民法院(2017)最高法民终 362 号民事判决书认为:“法人名誉权是否受到损害,应当以法人商品信誉和商业信誉的社会评价是否受到贬损作为判断依据,而非依据被侵权人的主观感受。如能够证明存在侵害法人商业信誉和商品声誉的行为,并且该侵权行为为第三人所知悉,就可以推定法人名誉权受损害的事实客观存在。此时侵权人如主张法人名誉权损害事实不存在的,应承担相应的举证责任。本案中,豪某利公司提交的证据并不足以证明某马上海公司对其实施了侵害名誉权的行为,因此,也就不存在因侵权行为而导致其社会评价受到贬损的问题。同时,豪某利公司所提交的证据本身亦不足以证明其社会评价因为某马上海公司的行为受到贬损。……综上,原审认定豪某利公司名誉未受损害并无不当”,故判决维持一审判决、驳回豪某利公司提出的判令某马上海公司消除影响、恢复名誉等诉讼请求。

(十五)赔礼道歉

作为承担民事责任的方式的“赔礼道歉”,指向的是责任人应当承担的因其侵权行为而向权利人进行赔礼、道歉的责任。

1. 适用对象

“赔礼道歉”这一责任方式只适用于承担侵权责任,不适用于承担违约责任。

事实上,《民法典》合同编第八章“违约责任”(尤其是第 577 条所说的“当事人一方不履行合同义务或者履行合同义务不符合约定的,应当承担继续履行、采取补救措施或者赔偿损失等违约责任”)并没有规定承担违约责任的方式包括“赔礼道歉”;《民

---

① 《民事诉讼法》第 67 条第 1 款规定:“当事人对自己提出的主张,有责任提供证据。”

② 《民诉法解释》第 90 条规定:“当事人对自己提出的诉讼请求所依据的事实或者反驳对方诉讼请求所依据的事实,应当提供证据加以证明,但法律另有规定的除外。在作出判决前,当事人未能提供证据或者证据不足以证明其事实主张的,由负有举证证明责任的当事人承担不利的后果。”第 91 条规定:“人民法院应当依照下列原则确定举证证明责任的承担,但法律另有规定的除外:(一)主张法律关系存在的当事人,应当对产生该法律关系的基本事实承担举证证明责任;(二)主张法律关系变更、消灭或者权利受到妨害的当事人,应当对该法律关系变更、消灭或者权利受到妨害的基本事实承担举证证明责任。”

法典》只是在人格权编（第995条、第1000条①）针对侵害人格权规定了“赔礼道歉”这一承担侵权责任的方式；此外，其他法律法规通常也是针对侵害知识产权②（包括其中的人身权利和财产权利）③、人格权（包括人格尊严、人身自由、名誉权、个人信息权益等）④、损害社会公共利益⑤等情形规定了承担民事责任的方式包括了“赔礼道歉”。⑥在因当事人一方的违约行为，损害对方人身权益、财产权益的情形，如果受损害方根据《民法典》第186条选择请求其承担违约责任，则不能适用“赔礼道歉”的责任方式。

---

① 《民法典》第995条规定：“人格权受到侵害的，受害人有权依照本法和其他法律的规定请求行为人承担民事责任。受害人的停止侵害、排除妨碍、消除危险、消除影响、恢复名誉、赔礼道歉请求权，不适用诉讼时效的规定。”第1000条第1款规定：“行为人因侵害人格权承担消除影响、恢复名誉、赔礼道歉等民事责任的，应当与行为的具体方式和造成的影响范围相当。”

② 比如，《著作权法》第52条规定：“有下列侵权行为的，应当根据情况，承担停止侵害、消除影响、赔礼道歉、赔偿损失等民事责任：（一）未经著作权人许可，发表其作品的；（二）未经合作作者许可，将与他人合作创作的作品当作自己单独创作的作品发表的；（三）没有参加创作，为谋取个人名利，在他人作品上署名的；（四）歪曲、篡改他人作品的；（五）剽窃他人作品的；（六）未经著作权人许可，以展览、摄制视听作品的方法使用作品，或者以改编、翻译、注释等方式使用作品的，本法另有规定的除外；（七）使用他人作品，应当支付报酬而未支付的；（八）未经视听作品、计算机软件、录音录像制品的著作权人、表演者或者录音录像制作者许可，出租其作品或者录音录像制品的原件或者复制件的，本法另有规定的除外；（九）未经出版者许可，使用其出版的图书、期刊的版式设计的；（十）未经表演者许可，从现场直播或者公开传送其现场表演，或者录制其表演的；（十一）其他侵犯著作权以及与著作权有关的权利的行为。”

③ 比如，在余某等与陈某侵害著作权纠纷案中，北京市高级人民法院（2015）高民（知）终字第1039号民事判决书也认为：“关于赔礼道歉、消除影响的责任。本案中虽然陈某主张的是改编权、摄制权，即著作财产权，但原审法院判令余某承担赔礼道歉、消除影响的责任并无不当。首先，通常而言，著作人身权受到侵害时适用赔礼道歉、消除影响的民事责任。赔礼道歉是消除影响的手段，消除影响是赔礼道歉的后果。但从《中华人民共和国著作权法》第四十七条规定的字面含义来看，在改编权、摄制权受到侵害时，并不排除赔礼道歉、消除影响责任和赔偿损失责任的并行适用。其次，尽管陈某在本案中主张的是改编权、摄制权，但对于侵犯改编权的行为而言，在剧本《宫某某城》与涉案作品构成实质性相似的情况下，实质上暗含了对于涉案作品著作人身权的侵害，比如署名权，同时结合权利人明确提出了要求赔礼道歉、消除影响的诉讼主张，判令余某承担上述责任并未违反同质救济的原则。”

④ 比如，《消费者权益保护法》第50条规定：“经营者侵害消费者的人格尊严、侵犯消费者人身自由或者侵害消费者个人信息依法得到保护的权利的，应当停止侵害、恢复名誉、消除影响、赔礼道歉，并赔偿损失。”《食品安全法》第141条第2款规定：“媒体编造、散布虚假食品安全信息的，由有关主管部门依法给予处罚，并对直接负责的主管人员和其他直接责任人员给予处分；使公民、法人或者其他组织的合法权益受到损害的，依法承担消除影响、恢复名誉、赔偿损失、赔礼道歉等民事责任。”

⑤ 比如，《最高人民法院关于审理消费民事公益诉讼案件适用法律若干问题的解释》（2020年修正）第13条第1款规定：“原告在消费民事公益诉讼案件中，请求被告承担停止侵害、排除妨碍、消除危险、赔礼道歉等民事责任的，人民法院可予支持。”《最高人民法院关于审理环境民事公益诉讼案件适用法律若干问题的解释》（2020年修正）第18条规定：“对污染环境、破坏生态，已经损害社会公共利益或者具有损害社会公共利益重大风险的行为，原告可以请求被告承担停止侵害、排除妨碍、消除危险、修复生态环境、赔偿损失、赔礼道歉等民事责任。”最高人民检察院《人民检察院公益诉讼办案规则》第98条规定：“人民检察院可以向人民法院提出要求被告停止侵害、排除妨碍、消除危险、恢复原状、赔偿损失等诉讼请求。针对不同领域案件，还可以提出以下诉讼请求：……（三）英雄烈士等的姓名、肖像、名誉、荣誉保护案件，可以提出要求被告消除影响、恢复名誉、赔礼道歉等诉讼请求……”

⑥ 相比较而言，原《民法通则》第118条和第120条规定得更为清晰。原《民法通则》第118条规定：“公民、法人的著作权（版权）、专利权、商标专用权、发现权、发明权和其他科技成果权受到剽窃、篡改、假冒等侵害的，有权要求停止侵害，消除影响，赔偿损失。”第120条规定：“公民的姓名权、肖像权、名誉权、荣誉权受到侵害的，有权要求停止侵害，恢复名誉，消除影响，赔礼道歉，并可以要求赔偿损失。法人的名称权、名誉权、荣誉权受到侵害的，适用前款规定。”

2. 适用条件

“赔礼道歉”的适用须以行为人侵害了民事主体人身权利或损害社会公共利益为条件。

比如,在施某某、张某某、桂某某诉徐某某肖像权、名誉权、隐私权纠纷案(载《最高人民法院公报》2016 年第 4 期)中,江苏省南京市江宁区人民法院认为:“被告徐某某在原告施某某受伤害后,为保护未成年人利益和揭露可能存在的犯罪行为,依法在其微博中发表未成年人受伤害信息,符合社会公共利益原则和儿童利益最大化原则。徐某某的网络举报行为未侵犯施某某的肖像权、名誉权、隐私权,未侵犯原告张某某、桂某某的名誉权、隐私权。”故判决驳回原告提出的请求法院判令徐某某赔礼道歉等诉讼请求。

3. 实施要求

需要注意的是,适用“赔礼道歉”的责任方式也应当同时明确责任人恢复名誉的具体实施方式、时间范围、地域范围等事项。

比如,《民法典》第 1000 条针对侵害人格权承担赔礼道歉责任规定了:“行为人因侵害人格权承担消除影响、恢复名誉、赔礼道歉等民事责任的,应当与行为的具体方式和造成的影响范围相当。行为人拒不承担前款规定的民事责任的,人民法院可以采取在报刊、网络等媒体上发布公告或者公布生效裁判文书等方式执行,产生的费用由行为人负担。”①

---

① 不过,法院对于是否判令责任人赔礼道歉具有一定的裁量权。比如,在重庆两江某某发展中心与萍乡某某钢铁有限公司等环境污染责任纠纷案中,江西省高级人民法院(2020)赣民终 737 号民事判决书认为:“根据《最高人民法院关于审理环境侵权责任纠纷案件适用法律若干问题的解释》第十三条有关‘人民法院应当根据被侵权人的诉讼请求以及具体案情,合理判定污染者承担停止侵害、排除妨碍、消除危险、恢复原状、赔礼道歉、赔偿损失等民事责任’的规定,责任人在环境侵权案件中承担的法律责任方式有多种,赔礼道歉系其中的一种责任承担方式。在环境侵权案件中应否适用赔礼道歉,关键在于责任人实施的环境侵权行为是否对社会公众享有美好生活的权益造成精神损害。本案中,萍某钢公司超标排放大气污染物的行为,除了污染环境外,给当地民众也造成了一定的环境精神权益损害,需承担相应的法律责任毋庸置疑。但一方面,通过两江中心提起的萍某钢公司、萍乡某海锌营养科技有限公司环境污染责任纠纷案及本案这两起诉讼案件,萍某钢公司对环境保护的重要性、必要性及企业应承担环境治理的主体责任有了进一步的认识,在萍某钢公司采取投入运行烧结机烟气超低排放改造工程、改进生产工艺等举措后,其各生产工序颗粒物浓度等目前均实现达标排放,部分工序还符合国家超低排放标准。萍某钢公司落实企业大气污染防治主体责任的整改行动初见成效,且获得萍乡市生态环境局认可。另一方面,萍某钢公司在其安源厂区建设的某大萍某钢铁工业旅游景区,已获批国家 3A 级旅游景区,该举措对改善当地生态环境,满足社会公众生态需求具有积极意义。本院认为,企业的实际行动相比赔礼道歉更能弥补民众的精神权益损害。此外,法院在审理环境公益诉讼案件时,既要考虑社会公众的生态环境利益,也应考虑企业经济利益和长远发展。且公益诉讼制度的目的与企业发展的目标是一致的,都是为了社会进步和满足人民群众对美好生活的向往。萍安钢公司对本次事件给社会公众精神权益造成的损害,已在采取积极行动进行弥补。在此情况下,非必要以判决方式要求其在省级媒体公开赔礼道歉,从有利于企业的后续发展出发,本院对萍某钢公司请求撤销赔礼道歉的诉请予以支持。但萍某钢公司仍应继续加大环保投入,规范自身经营行为,积极履行社会责任和环境保护主体责任。”

4. 证明责任

根据《民事诉讼法》第67条第1款[①]和《民诉法解释》第90条、第91条[②]的规定,主张适用"赔礼道歉"的责任方式的当事人应当对责任人存在侵害其相关人身权利或损害社会公共利益承担举证证明责任;否则,其主张可能得不到支持。

比如,在广州某赐高新材料股份有限公司等与华某等侵害技术秘密纠纷案中,针对两某赐公司要求华某、刘某、安徽某曼公司登报赔礼道歉的上诉请求,最高人民法院(2019)最高法知民终562号民事判决书认为:"本案为侵害技术秘密案件,并不涉及侵害商业声誉或信誉,现有证据也不足以证明华某、刘某、安徽某曼公司等的侵权行为给两某赐公司的声誉或信誉造成损害,故两某赐公司的该项上诉请求依据不足,本院不予支持。"

(十六)承担民事责任的其他方式

需要注意的是,《民法典》第179条第1款所说的"承担民事责任的方式主要有……"意味着该款并没有穷尽民事责任承担方式的所有类型,在法律规定或当事人约定了其他的民事责任承担方式的情况下,应当依法予以适用。此外,根据《民法典》第11条所说的"其他法律对民事关系有特别规定的,依照其规定"和《立法法》第103条所说的"同一机关制定的法律……特别规定与一般规定不一致的,适用特别规定",法律(包括《民法典》自身)也可以规定承担民事责任的其他方式。

事实上,《民法典》本身就规定了其他的民事责任承担方式。比如,针对当事人因履行义务不符合约定而应当承担的违约责任,《民法典》第582条[③]不仅规定了"修理""重作"和"更换",还规定了"退货"[④]"减少价款""减少报酬"的责任承担方式。当然,具体适用哪种责任承担方式,应当由权利人即受损害方根据"标的的性质以及损失的大小"进行"合理选择"。

又如,针对违约责任,《民法典》第587条还规定了定金罚则作为责任承担方式,

---

① 《民事诉讼法》第67条第1款规定:"当事人对自己提出的主张,有责任提供证据。"

② 《民诉法解释》第90条规定:"当事人对自己提出的诉讼请求所依据的事实或者反驳对方诉讼请求所依据的事实,应当提供证据加以证明,但法律另有规定的除外。在作出判决前,当事人未能提供证据或者证据不足以证明其事实主张的,由负有举证证明责任的当事人承担不利的后果。"第91条规定:"人民法院应当依照下列原则确定举证证明责任的承担,但法律另有规定的除外:(一)主张法律关系存在的当事人,应当对产生该法律关系的基本事实承担举证证明责任;(二)主张法律关系变更、消灭或者权利受到妨害的当事人,应当对该法律关系变更、消灭或者权利受到妨害的基本事实承担举证证明责任。"

③ 《民法典》第582条规定:"履行不符合约定的,应当按照当事人的约定承担违约责任。对违约责任没有约定或者约定不明确,依据本法第五百一十条的规定仍不能确定的,受损害方根据标的的性质以及损失的大小,可以合理选择请求对方承担修理、重作、更换、退货、减少价款或者报酬等违约责任。"

④ 比如,在浙江某通新能源有限公司与扬中市某某化工厂有限公司买卖合同纠纷案中,浙江省高级人民法院(2014)浙商提字第93号民事判决书认为:"可以认定某通新能源公司提供的案涉节电设备不符合约定的质量要求,且该质量瑕疵致使某某化工公司不能实现其使用目的。……本案双方在《产品供货合同》中对某通新能源公司安装的节电设备如影响某某化工公司生产如何承担违约责任并未明确约定,考虑到某通新能源公司不同意采取修理、更换的补救措施,因此,某某化工公司在一、二审中要求某通新能源公司自行撤回案涉三台节电设备,也即要求某通新能源公司承担退货的违约责任,理应予以支持。系争节电设备应返还给某通新能源公司,由某通新能源公司自行提取。"

即:“给付定金的一方不履行债务或者履行债务不符合约定,致使不能实现合同目的的,无权请求返还定金;收受定金的一方不履行债务或者履行债务不符合约定,致使不能实现合同目的的,应当双倍返还定金”。当然,定金罚则的适用需要以给付定金的一方或收受定金的一方“不履行债务或者履行债务不符合约定,致使不能实现合同目的”为条件①。并且,针对同时约定了违约金和定金的情形,《民法典》第 588 条第 1 款明确规定:“当事人既约定违约金,又约定定金的,一方违约时,对方可以选择适用违约金或者定金条款。”

二、承担民事责任的方式的适用

(一)适用办法:单独适用或合并适用

《民法典》第 179 条第 3 款规定了民事责任承担方式的适用办法,即:“本条规定的承担民事责任的方式,可以单独适用,也可以合并适用”。这跟《民法典》第 239 条针对物权保护方式所说的“本章规定的物权保护方式,可以单独适用,也可以根据权利被侵害的情形合并适用”是类似的。

需要注意的是,尽管《民法典》第 179 条第 3 款使用了“本条规定的承担民事责任的方式”的表述,但是,这并不意味着“本条没有规定的承担民事责任的方式”不适用“可以单独适用,也可以合并适用”,《民法典》的其他条文或其他法律规定的承担民事责任方式仍然“可以单独适用,也可以合并适用”。

根据《民法典》第 179 条第 3 款的规定,结合《最高人民法院关于审理消费民事公益诉讼案件适用法律若干问题的解释》(2020 年修正)第 5 条所说的“人民法院认为原告提出的诉讼请求不足以保护社会公共利益的,可以向其释明变更或者增加停止侵害等诉讼请求”和《最高人民法院、最高人民检察院关于检察公益诉讼案件适用法律若干问题的解释》(2020 年修正)第 18 条所说的“人民法院认为人民检察院提出的诉讼请求不足以保护社会公共利益的,可以向其释明变更或者增加停止侵害、恢复原状等诉讼请求”,权利人可以根据案件的具体情况,按照最有利于其合法权益的原则,自主决定选择单独适用哪种或合并适用哪几种具体的责任承担方式;在权利人没有主张合并适用相关责任承担方式的情况,法院或仲裁机构不应依职权予以合并适用。

(二)各种民事责任承担方式的适用条件

需要注意的是,《民法典》第 179 条只是规定了民事责任承担方式的主要类型和适用办法(单独适用或合并适用),并没有规定各种民事责任承担方式的适用条件;但每一种民事责任承担方式都有其特定的适用条件,都应当在符合相应条件的前提下予以适用。关于各种主要的民事责任承担方式的适用条件,可见上文。

---

① 需要注意的是,《民法典合同编通则解释》第 68 条第 2 款创设了无须以“履行债务不符合约定,致使不能实现合同目的”为适用条件的比例定金罚则,即:“当事人一方已经部分履行合同,对方接受并主张按照未履行部分所占比例适用定金罚则的,人民法院应予支持。对方主张按照合同整体适用定金罚则的,人民法院不予支持,但是部分未履行致使不能实现合同目的的除外”。

（三）合并适用的条件

《民法典》第 179 条尽管规定了“本条规定的承担民事责任的方式……也可以合并适用”，但没有规定民事责任承担方式合并适用的条件。

结合《民法典》第 158 条所说的“民事法律行为可以附条件，但是根据其性质不得附条件的除外”，第 160 条所说的“民事法律行为可以附期限，但是根据其性质不得附期限的除外”，第 468 条所说的“非因合同产生的债权债务关系，适用有关该债权债务关系的法律规定；没有规定的，适用本编通则的有关规定，但是根据其性质不能适用的除外”和第 545 条第 1 款所说的“债权人可以将债权的全部或者部分转让给第三人，但是有下列情形之一的除外：（一）根据债权性质不得转让；（二）按照当事人约定不得转让；（三）依照法律规定不得转让”，可以认为，并非各种承担民事责任的方式都可以合并适用，在法律规定不得合并适用、根据相关责任承担方式的性质不得合并适用的情况下，则不得合并适用。

比如，就作为承担违约责任的支付违约金和定金罚则而言，由于《民法典》第 588 条第 1 款规定了“当事人既约定违约金，又约定定金的，一方违约时，对方可以选择适用违约金或者定金条款”，因此，“支付违约金”和定金罚则属于法律规定不得合并适用的情形。

又如，就“继续履行”和“恢复原状”而言，二者相互排斥，属于根据其性质不得同时适用的情形，也不得合并适用。此外，“继续履行”和“返还财产”，“修理”和“更换”，“修理”和“退货”也属于根据其性质不得合并适用的责任承担方式。①

第一百八十条 【因不可抗力不能履行民事义务的民事责任】因不可抗力不能履行民事义务的，不承担民事责任。法律另有规定的，依照其规定。

不可抗力是不能预见、不能避免且不能克服的客观情况。

【条文通释】

《民法典》第 180 条是关于因不可抗力不能履行民事义务的民事责任的规定。

---

① 当然，“继续履行”和“支付违约金”并非当然根据其性质不得合并适用的责任承担方式。比如，《民法典》第 585 条第 3 款就规定：“当事人就迟延履行约定违约金的，违约方支付违约金后，还应当履行债务。”此外，“返还财产”和“赔偿损失”也不是当然根据其性质不得合并适用的责任承担方式。比如，《民法典》第 53 条第 2 款就规定：“利害关系人隐瞒真实情况，致使他人被宣告死亡而取得其财产的，除应当返还财产外，还应当对由此造成的损失承担赔偿责任。”第 157 条也规定：“民事法律行为无效、被撤销或者确定不发生效力后，行为人因该行为取得的财产，应当予以返还；不能返还或者没有必要返还的，应当折价补偿。有过错的一方应当赔偿对方由此所受到的损失……”

一、不可抗力的界定

(一)不可抗力的定义

1. 不可抗力的构成要件

《民法典》第 180 条第 2 款规定了不可抗力的定义,即:“不能预见、不能避免且不能克服的客观情况”。据此,界定不可抗力的关键词有四:一是“客观情况”,二是“不能预见”,三是“不能避免”,四是“不能克服”。只有同时满足“不能预见”“不能避免”和“不能克服”这三项要求的“客观情况”,才属于“不可抗力”。

第一,不可抗力须为客观情况,即“在意识之外,不依赖主观意识而存在(跟‘主观’相对)”①的情况;主观情况,即“属于自我意识方面(跟‘客观’相对)”②的情况,则不属于不可抗力。

对此,最高人民法院(2019)最高法民终 773 号民事判决书认为:“所谓不可抗力,是指不能预见、不能避免并且不能克服的客观情况,其中……客观情况是指不依赖于某些个人的主观意志而存在的情况。”

第二,不可抗力须为不能预见的客观情况。

其中,《民法典》第 180 条第 2 款中的“预见”,指的是“根据事物的发展规律预先料到将来”③;“不能预见”,指的是在当时的条件下预见不到客观情况将会发生。

不过,《民法典》第 180 条第 2 款只是明确了该款所说的“不能预见”的对象(即“客观情况”),没有明确“不能预见”的主体(即谁不能预见)和“不能预见”的时间(即何时不能预见)。

其中,就主体而言,“预见”或“不能预见”的主体应为一般的人。对此,最高人民法院(2019)最高法民终 773 号民事判决书认为:“所谓不可抗力,是指不能预见、不能避免并且不能克服的客观情况,其中不能预见是指一般的人在现有的技术条件下不可能预见到该客观情况的发生、后果等……”最高人民法院(2017)最高法民申 3253 号民事裁定书认为:“根据《中华人民共和国民法通则》第一百五十三条的规定,‘不可抗力’是指不能预见、不能避免并不能克服的客观情况。通常依据现有技术水平和一般人的认知而不可能预知为不能预见”;青海省高级人民法院(2020)青民再 141 号民事判决书认为:“《中华人民共和国民法总则》第一百八十条第二款规定:‘不可抗力是指不能预见、不能避免且不能克服的客观情况’。不能预见,是指按照通常的社会认知能力不可能预测到会发生某种事件……”

---

① 中国社会科学院语言研究所词典编辑室编:《现代汉语词典》(修订本),商务印书馆 1996 年版,第 716 页。

② 中国社会科学院语言研究所词典编辑室编:《现代汉语词典》(修订本),商务印书馆 1996 年版,第 1642 页。

③ 中国社会科学院语言研究所词典编辑室编:《现代汉语词典》(修订本),商务印书馆 1996 年版,第 1542 页。

问题是,是否应当参照《民法典》第584条[①]那样将"预见"或"不能预见"的主体限定为"因不可抗力不能履行民事义务"的当事人一方或与"因不可抗力不能履行民事义务"的当事人一方处于相同或者类似情况的民事主体[②]？或者,是否应当参照《民法典》第533条[③]那样将"预见"或"不能预见"的主体限定为各方当事人？就此,考虑到跟《民法典》第584条和第533条本身都对"预见"主体作出了直接的、明确的规定不同,《民法典》第180条第2款本身没有对"预见"(或"不能预见")的主体作出任何限制,因此,不应当将界定不可抗力的"不能预见"的主体限定为当事人或与当事人处于相同或类似情况的民事主体,这样也能避免不可抗力认定标准的不统一。

就时间而言,既然是"预"见或不能"预"见,自然应当在客观情况发生之前"预见"或"不能预见"到客观情况将会发生。

问题是,是否应当参照《民法典》第533条或第584条那样将"预见"或"不能预见"的时间限定为订立合同时或行为时？就此,考虑到跟《民法典》第584条和第533条本身都对"预见"的时间作出了直接的、明确的规定不同,《民法典》第180条第2款本身没有对"预见"(或"不能预见")的时间作出任何限制,结合《民法典》第180条第1款所说的"因不可抗力不能履行民事义务",不应当将界定不可抗力的"不能预见"的时间限定为订立合同时或行为时,只要在不可抗力发生之前不能预见即可。

《民法典》第180条第2款意味着,可以预见的客观情况不属于不可抗力。比如,在海南某某园房地产开发有限公司与三亚某利投资有限公司、张某男等确认合同效力纠纷案中,最高人民法院(2019)最高法民终960号民事判决书(载《最高人民法院公报》2021年第2期)认为:"本案中,某利公司未能在2017年10月30日前完成《资产转让合同》第四条约定的案涉地块的容积率、土地性质等规划指标的调整。某利公司辩称,其无法如期完成案涉地块规划指标的调整,系因2017年9月海南省人民政府出台的'两个暂停'政策导致,属于不可抗力,不应认定其构成违约。但根据查明的事实,……早在2016年2月23日海南省人民政府便实施了'两个暂停'政策,2017年9月28日的《海南省人民政府关于进一步深化'两个暂停'政策促进房地产业平稳健康发展的意见》(琼府〔2017〕76号)是对2016年2月23日《海南省人民政府关于加强房地产市场调控的通知》(琼府〔2016〕22号)的继续深化落实。《资产转让合同》于2017年7月15日签订,某利公司作为在海南省三亚市登记注册的专业房地产投资公司,海南省人民政府的'两个暂停'政策不属于某利公司在签订该合同时无法预见的客观情况,现某利公司主张相关政府政策调整构成不可抗力进而主张其应免责,依据不足,本

---

① 《民法典》第584条规定:"当事人一方不履行合同义务或者履行合同义务不符合约定,造成对方损失的,损失赔偿额应当相当于因违约所造成的损失,包括合同履行后可以获得的利益;但是,不得超过违约一方订立合同时预见到或者应当预见到的因违约可能造成的损失。"

② 《民法典合同编通则解释》第63条第1款规定:"在认定民法典第五百八十四条规定的'违约一方订立合同时预见到或者应当预见到的因违约可能造成的损失'时,人民法院应当根据当事人订立合同的目的,综合考虑合同主体、合同内容、交易类型、交易习惯、磋商过程等因素,按照与违约方处于相同或者类似情况的民事主体在订立合同时预见到或者应当预见到的损失予以确定。"

③ 《民法典》第533条第1款规定:"合同成立后,合同的基础条件发生了当事人在订立合同时无法预见的、不属于商业风险的重大变化,继续履行合同对于当事人一方明显不公平的,受不利影响的当事人可以与对方重新协商;在合理期限内协商不成的,当事人可以请求人民法院或者仲裁机构变更或者解除合同。"

院不予支持。"①

第三,不可抗力须为不能避免的客观情况,可以避免的客观情况不属于不可抗力。

其中,《民法典》第 180 条第 2 款中的"避免",指的是"设法不使某种情形发生"②;"不能避免",指的是在当时的条件下无法使客观情况不发生,即该客观情况的发生具有必然性。对此,最高人民法院(2019)最高法民终 773 号民事判决书认为:"所谓不可抗力,是指不能预见、不能避免并且不能克服的客观情况,其中……不能避免是指当事人即使尽了最大的努力也不可能防止该客观情况的发生……"最高人民法院(2014)民申字第 1041 号民事裁定书认为:"根据《中华人民共和国合同法》第一百一十七条第二款之规定,'本法所称不可抗力,是指不能预见、不能避免并不能克服的客观情况'。其中的'不能避免并不能克服'是指损害结果发生的必然性,应理解为即使预见到事件的发生也无法避免损害结果的发生。"

第四,不可抗力须为不能克服的客观情况,可以克服的客观情况不属于不可抗力。

其中,《民法典》第 180 条第 2 款中的"克服",指的是"用坚强的意志和力量战胜"③;"不能克服",指的是在当时的条件下无法克服该客观情况带来的不利影响,即该客观情况产生相应的不利影响具有必然性。

对此,最高人民法院(2019)最高法民终 773 号民事判决书认为:"所谓不可抗力,是指不能预见、不能避免并且不能克服的客观情况,其中……不能克服是指在该客观情况发生以后,当事人即使尽了最大的努力也不可能克服该客观情况造成的损害后果……"最高人民法院(2014)民申字第 1041 号民事裁定书认为:"根据《中华人民共和国合同法》第一百一十七条第二款之规定,'本法所称不可抗力,是指不能预见、不能避免并不能克服的客观情况'。其中的'不能避免并不能克服'是指损害结果发生的必然性,应理解为即使预见到事件的发生也无法避免损害结果的发生。"

---

① 又如,在广州某阳房地产开发有限公司与石河子某某股权投资管理有限公司等借款、担保合同纠纷案中,针对某阳公司主张因政府各部门政策不协调,导致位于广州市天河区的某某项目开发受阻,属于不可抗力,应予免责的问题,最高人民法院(2021)最高法民终 962 号民事判决书认为:"根据《中华人民共和国合同法》第一百一十七条第二款的规定,合同法上的不可抗力,是指不能预见、不能避免并不能克服的客观情况。基于一般生活经验,某阳公司作为房地产行业的企业法人,应对房地产市场风险即各种履行障碍有一定程度的预见和判断,故其于本案所称不协调的'政策'并非不能预见。在没有明确约定的情况下,借款人通常不能将其借款、担保合同法律关系之外的商业风险转嫁给出借人,故某阳公司的该项主张明显不能成立,本院不予支持。"类似的裁判意见,还可见最高人民法院(2021)最高法民申 6845 号民事裁定书、最高人民法院(2020)最高法知民终 958 号民事判决书等。

② 中国社会科学院语言研究所词典编辑室编:《现代汉语词典》(修订本),商务印书馆 1996 年版,第 72 页。

③ 中国社会科学院语言研究所词典编辑室编:《现代汉语词典》(修订本),商务印书馆 1996 年版,第 715 页。

2. 常见的不可抗力情形

通常而言,战争①,地震②、山洪泥石流灾害③、低温雨雪冰冻灾害④、台风等自然灾害⑤,新冠肺炎疫情等突发公共卫生事件⑥,政府出台新的政策等政府行为⑦,总体上都能符合"不能避免"和"不能克服"的要件,如果还符合"不能预见"的要求,则构成不可抗力;但如果不符合"不能预见"的要求(即可以预见),则仍然不构成不可抗力。

比如,针对政府行为是否构成不可抗力的问题,在福州某某场站运营有限公司与福建某天信息科技股份有限公司承揽合同纠纷案中,最高人民法院(2021)最高法民申6537号民事裁定书认为:"无论基于法律规定还是合同约定,政府行为均可能成为不可

---

① 《契税暂行条例细则》(财法字〔1997〕52号,《契税暂行条例》已被《契税法》废止)第14条曾规定:"条例所称不可抗力,是指自然灾害、战争等不能预见、不能避免并不能克服的客观情况。"

② 《最高人民法院关于依法做好抗震救灾恢复重建期间民事审判和执行工作的通知》(法〔2008〕164号)第4条规定:"当事人因四川汶川特大地震不可抗力不能及时主张权利的,依照民法通则的规定诉讼时效中止,从中止时效的原因消除之日起,诉讼时效期间继续计算。人民法院对当事人因抗震救灾、灾后重建而不能参加诉讼活动的,要依法延期或中止审理;延期或中止的原因消除后,及时恢复审理。"《最高人民法院关于依法做好抗震救灾和恢复重建期间审判工作切实维护灾区社会稳定的通知》(法〔2010〕178号)第7条、《最高人民法院关于依法做好甘肃舟曲等地区抢险救援和恢复重建期间审判工作切实维护灾区社会稳定的通知》(法〔2010〕271号)第8条也作出了类似的规定。

③ 《最高人民法院关于依法做好甘肃舟曲等地区抢险救援和恢复重建期间审判工作切实维护灾区社会稳定的通知》(法〔2010〕271号)第8条规定:"当事人因特大山洪泥石流灾害等不可抗力因素不能及时主张权利的,依照民法通则的规定诉讼时效应当中止,从中止时效的原因消除之日起,诉讼时效期间继续计算……"

④ 《最高人民法院关于审理与低温雨雪冰冻灾害有关的行政案件若干问题座谈会纪要》(法〔2008〕139号)规定:"公民、法人或者其他组织因低温雨雪冰冻灾害耽误法定起诉期限,在障碍消除后的10日内申请延长期限的、人民法、院应当认定属于行政诉讼法第四十条规定的不可抗力。低温雨雪冰冻灾害的起止时间,原则上应以当地气象部门的认定为准。"

⑤ 《民事诉讼法》第76条规定:"经人民法院通知,证人应当出庭作证。有下列情形之一的,经人民法院许可,可以通过书面证言、视听传输技术或者视听资料等方式作证:……(三)因自然灾害等不可抗力不能出庭的……"《最高人民法院关于对经济确有困难的当事人提供司法救助的规定》(法发〔2005〕6号)第3条第10项规定:"当事人符合本规定第二条并具有下列情形之一的,可以向人民法院申请司法救助:……(十)因自然灾害等不可抗力造成生活困难,正在接受社会救济,或者家庭生产经营难以为继的……"

⑥ 《突发公共卫生事件应急条例》(2011年修订)第2条规定:"本条例所称突发公共卫生事件(以下简称突发事件),是指突然发生,造成或者可能造成社会公众健康严重损害的重大传染病疫情、群体性不明原因疾病、重大食物和职业中毒以及其他严重影响公众健康的事件。"工业和信息化部、发展改革委、科技部等《关于健全支持中小企业发展制度的若干意见》(工信部联企业〔2020〕108号)第23条提出:"建立健全中小企业应急救援救济机制,帮助中小企业应对自然灾害、事故灾难、公共卫生事件和社会安全事件等不可抗力事件。"《最高人民法院关于依法妥善审理涉新冠肺炎疫情民事案件若干问题的指导意见(一)》(法发〔2020〕12号)第2条规定:"……对于受疫情或者疫情防控措施直接影响而产生的民事纠纷,符合不可抗力法定要件的,适用《中华人民共和国民法总则》第一百八十条、《中华人民共和国合同法》第一百一十七条和第一百一十八条等规定妥善处理;其他法律、行政法规另有规定的,依照其规定。当事人主张适用不可抗力部分或者全部免责的,应当就不可抗力直接导致民事义务部分或者全部不能履行的事实承担举证责任。"

⑦ 比如,在玉门市某贵再生资源回收有限责任公司与某某股份有限公司玉门油田分公司合同纠纷案中,最高人民法院(2019)最高法民申3854号民事裁定书认为:"不可抗力系指不能预见、不能避免并且不能克服的客观情况,因政府颁布新政策导致合同实际不能履行属于不可抗力。本案中,玉门油田分公司提交甘肃省酒泉市政府相关文件,证明因国家环保项目改造致使案涉《水电厂粉煤灰储灰场承包管理协议》无法继续履行。原审判决认定玉门油田分公司解除《水电厂粉煤灰储灰场承包管理协议》系不可抗力并非单方违约,具有事实和法律依据。"

抗力的具体情形,但亦应符合当事人在签订合同时不能预见、不能避免并不能克服的客观要件。换言之,应限于政府为了应对重大、突发的自然灾害、危及公共安全的各种社会事件等作出的具有宏观性的应对措施,或者针对社会经济生活作出的具有全局性影响的重大政策调整等。如果政府出于一般社会管理需要,就社会生活中某一具体的事项作出的具体行为,并不具有社会影响的宏观性和全局性,在合同法领域则不能将该政府行为定性为不可抗力,而应属于商业风险的范畴。就本案而言,福州市人民政府出于为城市居民提供公共自行车这一社会公共产品的目的,决定与本案有关的项目立项,但随着社会经济的进一步发展,该市政府后又取缔该项目。本案合同双方当事人作为商事主体,在签订合同时对此应有充分认识,并且福州市人民政府要求中止在建合同等行为,是针对场站公司、某天公司等特定主体作出的特定行为,亦不同于对社会产生普遍影响的政策性调整。因此,本案相关政府行为属于正常商业风险,并非当事人无法预见、不能避免或不能克服的情形。"[①]而在湖北某某饮食文化发展有限公司与武汉市洪山区人民政府洪山街办事处某某村村民委员会、武汉某鸿实业有限责任公司房屋租赁合同纠纷案中,最高人民法院(2018)最高法民终107号民事判决书则认为:"……根据《中华人民共和国民法总则》第一百八十条关于'不可抗力是指不能预见、不能避免且不能克服的客观情况'的规定,不可抗力并不限于双方当事人在上述《房屋租赁合同》中约定的情形,应以有关客观情况是否同时具备不可预见性、不可避免性、不可克服性等特征加以综合判断。具体到本案中,根据武汉市人民政府2011年3月18日发布的〔2011〕第54号征收土地公告,案涉土地作为某某村综合改造还建用地,在征收土地的四至范围内,并根据《省国土资源厅关于批准武汉市2010年度城中村改造第三批次建设用地的函》(鄂土资函〔2010〕374号)及《武汉市建设用地批准书》(武土批准书〔2014〕第23号)文件,随后办毕征收土地批后手续,在拆除原某某大酒店后作为国有建设用地使用。……上述征收及拆迁行为系政府行为的属性,即有关征收及拆迁行为仍是由政府决定并付诸实施的强制行为,符合不可预见性、不可避免性、不

---

① 又如,在某信装备制造集团有限公司与信某富(北京)投资管理有限公司建设工程施工合同纠纷案中,最高人民法院(2020)最高法民再67号民事判决书认为:"某信公司在履约过程中并不存在过错,信某富公司在2010年5月得知因政府部门要进行土地收储,无法取得建设工程施工许可证后,即通知了某信公司。某信公司得知上述情况后即停止施工,防止了损失的进一步扩大。信某富公司的通知行为属合同解除行为,但其既没有约定的单方解除权,也无法定解除权,应当负相应的违约责任。政府部门的土地收储行为包括征收、收购、优先购买或收回土地等情形,其需要与被收储方进行协商,并支付一定的土地价款或征地和拆迁补偿费用。土地被政府收储虽不是当事人的主观过错,但亦非不能预见、不能避免并不能克服的客观情况,不属于不可抗力,原再审对此认定错误,本院予以纠正。"在广西某某数字科技有限公司与贵阳市某某开发投资有限公司技术服务合同纠纷案中,最高人民法院(2020)最高法知民终958号民事判决书认为:"本案中,贵阳某某公司场馆建设项目占用土地面积9334㎡,贵阳市乌当区发展和改革局的备案通知明确告知其需完善国土等相关手续后才能动工,贵阳某某公司对于其项目建设应当办理相关手续是明知的,其因用地不符合规划而被行政处罚,并非不能预见和不能避免,因此贵阳市国土资源局乌当区分局下达乌国土执告(2017)18号《行政处罚告知书》并不属于'不可抗力'。"

可克服性等不可抗力的基本特征,不能归责于本案任何一方。”①

又如,针对台风是否属于不可抗力的问题,在某某财产保险股份有限公司泉州市分公司与某某港集装箱码头有限公司港口货物保管合同纠纷案中,最高人民法院(2017)最高法民申3253号民事裁定书认为:“对于台风而言,根据现有技术手段,人类可能在一定程度上提前预知,但是无法准确、及时预见其发生的确切时间、地点、延续时间、影响范围等。预见的范围包括客观情况的发生和影响范围、影响程度,而本案中的损害结果正是由于未能准确预见台风影响范围所造成的。虽然在台风‘海鸥’发生前,海南省以及海口市新闻媒体对台风‘海鸥’登陆时间和最大风力进行了预报,泉州某保公司申请再审认为,通过国家海洋预报台预报的风暴潮最大增水和《潮汐表》中的天文大潮潮高可以计算出预计将会出现的最大潮高,但是上述信息仅为一种预估,并非将要发生的台风实际情况的准确反映,而且作为货物损失最直接的原因——海水倒灌并未在预报中有所体现。泉州某保公司还认为,刚刚发生的台风‘威马逊’与本案台风非常相近,某某集装箱公司应当对此类台风以及台风造成的后果有更为准确的预见。本院认为,属于不可抗力造成的损害总有重复发生,如果先前已发生的类似偶发事件可以阻却之后发生事件的不可预见性,则不可预见的条件就很难得到满足,不可抗力的制度价值即可能落空。综上,原审判决认定本案台风的发生及其影响为当事人所不能预见,并无不当。台风‘海鸥’直接引起的天文潮和风暴潮叠加亦不可避免,进而发生的海水倒灌是引发本案货损的直接原因。根据一审法院认定的事实,海口市潮水位高达4.37米,达到66年来最高潮位,在海口市大面积内涝积水的情况下,某某集装箱公司码头集装箱堆场被淹没在所难免。而且某某集装箱公司堆场呈平面结构且面积达到28万㎡,采用堆放沙包等防水措施并不现实,即使采取上述措施,海水仍可通过排水管道以及市内河渠等涌进集装箱堆场。因此,原审判决认定本案台风引起的海水倒灌实属不能避免,并无不当。在本案台风发生前,某某集装箱公司及时通知货主、船运公司提货以降低损失,同时还召开紧急会议,明确防台方案为重箱区域施行平铺,层高不能超过三层,并将堆场内的集装箱按重箱与空箱分类堆放绑扎。防台重在防风,该方案符合港口经营人防台抗台的惯常做法。至于泉州某保公司所提出的防台方案,在时间紧迫及全城被淹的情况下,要求某某集装箱公司将重箱转移到更为安全的地方并不现实。泉州某保公司并无证据证明通过增加层高减少底层箱量的方案可以降低台风造成的损失。综上,涉案‘海鸥’台风符合不可抗力的构成要件,一、二审法院判决某某集装箱公司依法免除赔偿责任,并无不当。”而在台州市某平海运有限公司与某某财产保险股份有限公司张家港支公司水路货物运输合同纠纷案中,最高人民法院(2011)民申字第448号民事裁定书则认为:“尽管承运船舶在运输途中遭遇台风,但台风登陆前已有预报,某平公司应做好相应的准备。因篷布捆扎不牢被吹开导致海水

---

① 也有的裁判意见认为,政府行为可能不构成不可抗力,而属于情势变更。比如,在某工程顾问集团某某设计院有限公司与艾某特(厦门)设备工程有限公司等建设工程合同纠纷案中,最高人民法院(2018)最高法民终105号民事判决书认为:“2006年12月20日,艾某特公司与某某设计院签订《施工总承包合同》,后在该合同履行过程中,厦门市人民政府宣布缓建案涉项目,国家相关部委批准案涉项目搬迁,该事件属于当事人在订立合同时无法预见的、非不可抗力造成的不属于商业风险的重大变化,一审法院认定该事件构成情势变更,并无不当。”

进入船舱，同时船员没有及时检查船舱进水情况并立即排水，而是在台风于 2007 年 8 月 19 日登陆后，直至 8 月 29 日在船舶靠码头卸货时才发现船舱进水、钢材锈蚀，然后排水。就本案货损而言，某平公司有明显的管货过失；台风不属于《中华人民共和国民法通则》第一百五十三条规定的'不能预见、不能避免并不能克服的客观情况'，即不构成不可抗力。"①

3. 发生不可抗力的证明责任

根据《民事诉讼法》第 67 条第 1 款②和《民诉法解释》第 90 条、第 91 条③的规定，主张存在不可抗力的当事人应当对发生了不可抗力承担举证证明责任，否则其主张可能得不到支持。

比如，在南通某运贸易有限公司与某某财产保险股份有限公司南通中心支公司等海上、通海水域货物运输保险代位追偿纠纷案中，最高人民法院（2021）最高法民申 6706 号民事裁定书认为："根据相关法律规定，不可抗力的构成需同时满足'不能预见''不能避免'及'不能克服'三个条件。就案涉事故和案涉货物损失的发生，虽然某运公司可能无法预见水下物体的存在，但案涉驳船航行是否必然触碰水下物体，触碰是否必然导致案涉驳船沉没，案涉驳船沉没是否必然无法阻止，案涉货物损失是否无法挽回等问题均没有相关证据加以证明。也就是说，除了可能存在的对案涉事故发生'不能预见'之外，某运公司无法证明案涉事故和案涉货物损失的发生是'不能避免'和'不能克服'的，原审判决认定案涉货物损失不属于不可抗力并无不当，某运公司关于案涉事故属不可抗力，原审适用法律错误的再审申请理由缺乏事实和法律依据，不能成立。"

又如，在华某顿（福建）集团有限责任公司与海南某和实业投资有限公司及杨某明合作开发房地产合同纠纷案中，最高人民法院（2019）最高法民终 773 号民事判决书认为："所谓不可抗力，是指不能预见、不能避免并且不能克服的客观情况，其中不能预见是指一般的人在现有的技术条件下不可能预见到该客观情况的发生、后果等，不能避免是指当事人即使尽了最大的努力也不可能防止该客观情况的发生，不能克服是指在

① 又如，在晁某琛、晁某泉与某某隧道工程局有限公司及青海省某通控股集团有限公司财产损害赔偿纠纷案中，针对案涉大暴雨是否属于不可抗力的问题，青海省高级人民法院（2020）青民再 141 号民事判决书认为："《中华人民共和国民法总则》第一百八十条第二款规定：'不可抗力是指不能预见、不能避免且不能克服的客观情况。'不能预见，是指按照通常的社会认知能力不可能预测到会发生某种事件；不能避免，是指当事人已经尽了最大的努力，但仍然无法避免某种事件的发生；不能克服，是指当事人在事件发生后已经尽了最大的努力，但仍然不能克服事件所造成的损害后果。某某隧道公司作为某化公路项目的建筑施工方，应具备高于通常的社会认知能力并尽到保证项目建设安全生产的注意义务。2018 年 8 月 2 日，乐都区瞿昙镇地区出现强降雨天气虽然不能避免，但某某隧道公司施工过程正逢汛期，对可能发生强降雨等灾害性天气及造成的后果可以预见并制定相应预案，故'2018 年 8 月 2 日瞿昙镇大暴雨'不属于不可抗力。"

② 《民事诉讼法》第 67 条第 1 款规定："当事人对自己提出的主张，有责任提供证据。"

③ 《民诉法解释》第 90 条规定："当事人对自己提出的诉讼请求所依据的事实或者反驳对方诉讼请求所依据的事实，应当提供证据加以证明，但法律另有规定的除外。在作出判决前，当事人未能提供证据或者证据不足以证明其事实主张的，由负有举证证明责任的当事人承担不利的后果。"第 91 条规定："人民法院应当依照下列原则确定举证证明责任的承担，但法律另有规定的除外：（一）主张法律关系存在的当事人，应当对产生该法律关系的基本事实承担举证证明责任；（二）主张法律关系变更、消灭或者权利受到妨害的当事人，应当对该法律关系变更、消灭或者权利受到妨害的基本事实承担举证证明责任。"

该客观情况发生以后，当事人即使尽了最大的努力也不可能克服该客观情况造成的损害后果，而客观情况是指不依赖于某些个人的主观意志而存在的情况。本案中某和公司未能提供证据证明政策前后变化的具体情况，以及该政策变化属于不能预见、不能避免并且不能克服的情形，对其关于本案存在不可抗力导致不能实现合同目的，合同应予解除的主张不予支持。”

（二）法定的不可抗力和约定的不可抗力

通常情况下，不可抗力是由法律直接规定的，但这不影响当事人经协商一致之后将特定的事项约定为不可抗力。对此，最高人民法院（2022）最高法民终 359 号[①]民事判决书认为：“对于不可抗力所包括的情形，既可以基于当事人的合同约定，也可以基于法律的规定。”最高人民法院（2021）最高法民申 6537 号民事裁定书认为：“通常情况下，不可抗力分为两类，一类是法律规定的不可抗力，一类是当事人合同约定的不可抗力。”

不过，当事人约定作为不可抗力的事项仍然应当满足《民法典》第 180 条第 2 款所说的“不能预见、不能避免且不能克服的客观情况”的条件。对此，最高人民法院（2022）最高法民终 359 号[②]民事判决书认为：“在当事人通过合同约定不可抗力的情形时，不可抗力应当限于当事人签订合同时不能预见、不能避免且不能克服的客观情况。”最高人民法院（2021）最高法民申 6537 号民事裁定书也认为：“合同法第一百一十七条规定不可抗力是指不能预见、不能避免并不能克服的客观情况。无论基于法律规定还是合同约定，政府行为均可能成为不可抗力的具体情形，但亦应符合当事人在签订合同时不能预见、不能避免并不能克服的客观要件。”

在当事人约定的事项构成不可抗力并且因此不能履行民事义务的情况下，自然可以适用并应当适用《民法典》第 180 条第 1 款所说的“因不可抗力不能履行民事义务的，不承担民事责任。法律另有规定的，依照其规定”，该约定的不可抗力原则上构成免责事由。

（三）不可抗力与情势变更

《民法典》第 533 条第 1 款规定了情势变更制度，即：“合同成立后，合同的基础条件发生了当事人在订立合同时无法预见的、不属于商业风险的重大变化，继续履行合同对于当事人一方明显不公平的，受不利影响的当事人可以与对方重新协商；在合理期限内协商不成的，当事人可以请求人民法院或者仲裁机构变更或者解除合同”。该

---

① 中国裁判文书网公布的某天建设集团有限公司与陕西某达投资（集团）有限责任公司建设工程施工合同纠纷二审案的案号为“最高法民终 359 号”，由该判决书披露的最高人民法院对该案的受理时间（2022 年 10 月 10 日）和判决作出时间（2022 年 11 月 28 日）推知，该案的案号应为（2022）最高法民终 359 号。

② 中国裁判文书网公布的该案件的案号为“最高法民终 359 号”，由该判决书披露的最高人民法院对该案的受理时间（2022 年 10 月 10 日）和判决作出时间（2022 年 11 月 28 日）推知，该案的案号应为（2022）最高法民终 359 号。

款没有直接规定不可抗力是否可以构成情势变更，这跟原《合同法解释二》第 26 条[①]明确将不可抗力排除在情势变更之外是不同的。

不过，基于以下理由，可以认为，情势变更与不可抗力在构成要件、导致的后果和处理办法方面都存在明显的差别，二者在性质上属于不同的事项、适用的也是不同的规则：

一是在构成要件和导致的后果方面，《民法典》第 533 条规定的情势变更的构成要件为“合同成立后，合同的基础条件发生了当事人在订立合同时无法预见的、不属于商业风险的重大变化”，其导致的后果是“继续履行合同对于当事人一方明显不公平”，而非“不能继续履行合同”；而《民法典》第 180 条第 2 款规定的不可抗力的构成要件为“不能预见、不能避免且不能克服的客观情况”，其导致的后果是“不能履行民事义务”。

二是在处理办法方面，《民法典》第 533 条针对情势变更规定的处理办法是“受不利影响的当事人可以与对方重新协商”“在合理期限内协商不成的，当事人可以请求人民法院或者仲裁机构变更或者解除合同”和“人民法院或者仲裁机构应当结合案件的实际情况，根据公平原则变更或者解除合同”；而《民法典》第 180 条第 1 款和第 590 条第 1 款针对不可抗力规定的处理办法则是“不承担民事责任。法律另有规定的，依照其规定”或“根据不可抗力的影响，部分或者全部免除责任，但是法律另有规定的除外”和“因不可抗力不能履行合同的，应当及时通知对方，以减轻可能给对方造成的损失，并应当在合理期限内提供证明”。

事实上，《最高人民法院关于充分发挥司法职能作用 助力中小微企业发展的指导意见》(法发〔2022〕2 号)所说的“对于受疫情等因素影响直接导致中小微企业合同履行不能或者继续履行合同对其明显不公的，依照民法典第五百九十条或者第五百三十三条的规定适用不可抗力或者情势变更规则妥善处理”，也在某种程度上表明了二者的不同。从这个意义上讲，原《合同法解释二》第 26 条关于情势变更制度的规定是更为清晰的。

(四)不可抗力与免责事由

不可抗力与免责事由也是不同的事项。具体而言：

一是《民法典》第 180 条第 1 款所说的“因不可抗力不能履行民事义务的，不承担民事责任。法律另有规定的，依照其规定”，意味着不可抗力原则上是民事责任的免责事由，但不当然能成为免责事由。只有同时满足“因不可抗力不能履行民事义务”和“法律没有另有规定”这两个条件时，不可抗力才是免责事由。

这意味着，客观情况是否构成不可抗力，跟客观情况能否成为免责事由，是两回事。客观情况不能成为免责事由，不影响其构成不可抗力。《民法典》第 590 条第 2 款所说的“当事人迟延履行后发生不可抗力的，不免除其违约责任”就表明了这点。

二是即使是在不可抗力构成免责事由的情况下，不可抗力也只是免责事由的一种

---

① 原《合同法解释二》(已废止)第 26 条规定：“合同成立以后客观情况发生了当事人在订立合同时无法预见的、非不可抗力造成的不属于商业风险的重大变化，继续履行合同对于一方当事人明显不公平或者不能实现合同目的，当事人请求人民法院变更或者解除合同的，人民法院应当根据公平原则，并结合案件的实际情况确定是否变更或者解除。”

类型。免责事由还包括其他的类型。比如,根据《民法典》第 181 条、第 182 条、第 184 条的规定,正当防卫、紧急避险、见义勇为都可以在满足法定条件的情况下成为免责事由。

二、不可抗力作为民事责任的免责事由

(一)不可抗力可以成为民事责任的免责事由

《民法典》第 180 条第 1 款所说的"因不可抗力不能履行民事义务的,不承担民事责任。法律另有规定的,依照其规定",意味着,不可抗力可以成为民事责任的免责事由[①]。

其中,《民法典》第 180 条第 1 款所说的"不能履行民事义务",既包括全部不能履行民事义务,也包括部分不能履行民事义务[②];既包括不能履行法律规定的民事义务(比如不侵害他人合法权益的义务),也包括不能履行当事人约定的民事义务[③]。

《民法典》第 180 条第 1 款所说的"不承担民事责任",既包括不承担任何民事责任(即全部免除责任),也包括不承担部分民事责任(即部分免除责任)。

1. 不可抗力作为违约责任的免责事由

从文义上看,考虑到《民法典》第 180 条第 1 款第 1 句只使用了"因不可抗力不能履行民事义务的,不承担民事责任"的表述,而没有像原《民法通则》第 107 条和原《侵权责任法》第 29 条[④]那样同时使用"因不可抗力造成他人损害的,不承担责任"的表述,因此,《民法典》第 180 条第 1 款第 1 句所说的"因不可抗力不能履行民事义务的,不承担民事责任",主要是明确了不可抗力可以成为违约责任的免责事由。对此,《民法典》第 590 条第 1 款更是直接规定了:"当事人一方因不可抗力不能履行合同的,根据不可抗力的影响,部分或者全部免除责任,但是法律另有规定的除外……"

2. 不可抗力作为特定的侵权责任的免责事由

不过,这并不意味着《民法典》第 180 条第 1 款第 1 句所说的"因不可抗力不能履行民事义务的,不承担民事责任",不能作为侵权责任免责的法律依据。在当事人因不

---

① 针对通过不可抗力等免责事由分情况对待合同违约问题的建议,最高人民法院 2020 年 9 月 12 日的《关于政协十三届全国委员会第三次会议第 0715 号(政治法律类 062 号)提案答复的函》提及:"我们在制定《最高人民法院关于依法妥善审理涉新冠肺炎疫情民事案件若干问题的指导意见(一)》(以下简称《意见一》)时,进行了重点研究,要求各级法院准确把握疫情或者疫情防控措施与合同不能履行之间的因果关系和原因力大小,严格限制不可抗力免责的适用条件,对于不受疫情影响的类型化合同,当事人以合同履行困难为由请求解除合同的,人民法院不予支持。"

② 《最高人民法院关于依法妥善审理涉新冠肺炎疫情民事案件若干问题的指导意见(一)》(法发〔2020〕12 号)要求"当事人主张适用不可抗力部分或者全部免责的,应当就不可抗力直接导致民事义务部分或者全部不能履行的事实承担举证责任"。

③ 《民法典》第 131 条规定:"民事主体行使权利时,应当履行法律规定的和当事人约定的义务。"

④ 原《民法通则》第 107 条规定:"因不可抗力不能履行合同或者造成他人损害的,不承担民事责任,法律另有规定的除外。"原《侵权责任法》第 29 条规定:"因不可抗力造成他人损害的,不承担责任。法律另有规定的,依照其规定。"

可抗力不能履行法律规定的义务（比如未尽到法定的安全保障义务[①]）并由此造成他人损害的情形，不可抗力同样可以成为侵权责任的免责事由。

需要注意的是，就侵权责任而言，《民法典》第 180 条第 1 款所说的"因不可抗力不能履行民事义务"，意味着该规定仅适用于因不作为的侵权行为造成他人损害的侵权责任的免除，不适用于因积极的侵权行为造成他人损害的侵权责任的免除。

还需注意的是，《民法典》第 180 条第 1 款所说的"因不可抗力不能履行民事义务的，不承担民事责任"，也不同于《民法典》第 1239 条所说的"占有或者使用易燃、易爆、剧毒、高放射性、强腐蚀性、高致病性等高度危险物造成他人损害的，占有人或者使用人应当承担侵权责任；但是，能够证明损害是因……不可抗力造成的，不承担责任"和第 1240 条所说的"从事高空、高压、地下挖掘活动或者使用高速轨道运输工具造成他人损害的，经营者应当承担侵权责任；但是，能够证明损害是因……不可抗力造成的，不承担责任"。严格来讲，《民法典》第 1239 条和第 1240 条规定"能够证明损害是因……不可抗力造成的，不承担责任"，其原因在于被侵权人受到的损害是由不可抗力造成的、与侵权人的侵权行为之间不存在因果关系，因此，在后两种情形下，行为人不承担责任系因不符合侵权责任的构成要件，而不是适用《民法典》第 180 条第 1 款所说的"因不可抗力不能履行民事义务的，不承担民事责任"的结果。

（二）不可抗力作为免责事由的构成要件

由于《民法典》第 180 条第 1 款第 1 句使用了"因不可抗力不能履行民事义务的，不承担民事责任。法律另有规定的，依照其规定"的表述，第 590 条第 1 款使用了"当事人一方因不可抗力不能履行合同的，根据不可抗力的影响，部分或者全部免除责任，但是法律另有规定的除外"的表述，因此，不可抗力作为不能履行民事义务的免责事由，必须同时满足以下要件：

一是须发生了不可抗力，并且，根据《民法典》第 590 条第 2 款所说的"当事人迟延履行后发生不可抗力的，不免除其违约责任"，不可抗力须在法律规定或当事人约定的义务人应当履行民事义务的期限届满之前发生。

二是须出现了当事人一方不能履行（全部不能履行或部分不能履行）法律规定的义务或当事人约定的义务的结果。

三是当事人一方不能履行民事义务系因该不可抗力造成的，即当事人一方不能履行民事义务与该不可抗力之间存在因果关系。

如果当事人不能履行民事义务并非由不可抗力造成的，则不适用《民法典》第 180 条第 1 款第 1 句所说的"因不可抗力不能履行民事义务的，不承担民事责任"。比如，

---

① 比如，《民法典》第 1169 条第 2 款规定："教唆、帮助无民事行为能力人、限制民事行为能力人实施侵权行为的，应当承担侵权责任；该无民事行为能力人、限制民事行为能力人的监护人未尽到监护职责的，应当承担相应的责任。"第 1198 条第 1 款规定："宾馆、商场、银行、车站、机场、体育场馆、娱乐场所等经营场所、公共场所的经营者、管理者或者群众性活动的组织者，未尽到安全保障义务，造成他人损害的，应当承担侵权责任。"第 2 款规定："因第三人的行为造成他人损害的，由第三人承担侵权责任；经营者、管理者或者组织者未尽到安全保障义务的，承担相应的补充责任……"第 1200 条规定："限制民事行为能力人在学校或者其他教育机构学习、生活期间受到人身损害，学校或者其他教育机构未尽到教育、管理职责的，应当承担侵权责任。"

针对在当事人迟延履行、已经构成违约之后发生的不可抗力,《民法典》第 590 条第 2 款就规定了:"当事人迟延履行后发生不可抗力的,不免除其违约责任。"①

四是法律没有作出有关"即使因不可抗力不能履行民事义务也需要承担民事责任"的规定。根据《民法典》第 180 条第 1 款第 2 句所说的"法律另有规定的,依照其规定"和第 590 条第 1 款所说的"但是法律另有规定的除外",如果法律另有规定,则不能适用《民法典》第 180 条第 1 款第 1 句关于"因不可抗力不能履行民事义务的,不承担民事责任"的规定。

(三)不可抗力作为免责事由的适用

1. 原则与例外

由于《民法典》第 180 条第 1 款使用了"因不可抗力不能履行民事义务的,不承担民事责任。法律另有规定的,依照其规定"的表述,因此,原则上,不可抗力属于民事责任的免责事由,当事人排除适用不可抗力免责的条款无效②;在且仅在法律另有明确的相反规定的情况下,不可抗力才不是民事责任的免责事由。

同样地,由于《民法典》第 180 条第 1 款使用了"法律另有规定的,依照其规定"的表述,因此,只要法律作出了不同于《民法典》第 180 条第 1 款所说的"因不可抗力不能履行民事义务的,不承担民事责任"的规定,就应当适用法律的这些不同规定,而不适用《民法典》第 180 条第 1 款所说的"因不可抗力不能履行民事义务的,不承担民事责任"。

其中,《民法典》第 180 条第 1 款所说的"法律",既包括《民法典》自身,也包括其他法律;《民法典》第 180 条第 1 款所说的"法律另有规定",指向的是《民法典》和其他法

---

① 又如,在某某银行股份有限公司北京分行与北京某投公路建设发展有限公司金融借款合同纠纷案中,北京市高级人民法院(2022)京民终 427 号民事判决书认为:"虽然我国相关立法机构将新冠疫情以及相应防控措施的性质明确为不可抗力,但是,根据最高人民法院《关于依法妥善审理涉新冠肺炎疫情民事案件若干问题的指导意见(一)》第三条:'受疫情或者疫情防控措施直接影响而产生的合同纠纷案件,除当事人另有约定外,在适用法律时,应当综合考量疫情对不同地区、不同行业、不同案件的影响,准确把握疫情或者疫情防控措施与合同不能履行之间的因果关系和原因力大小……'之规定,应具体案件具体分析及认定。本案争议标的为金钱债务的履行,新冠肺炎疫情暴发及相关疫情防控措施对案涉《贷款合同》的履行并不产生直接的、必然的影响,其与某投公路的违约行为之间没有直接因果关系。同时,某投公路并非中国人民银行等五部门发布的《关于进一步强化金融支持防控新型冠状病毒感染肺炎疫情的通知》中规定的企业,某投公路的业务范围也不涉及疫情物资。再者,本案系金融借款合同纠纷,因某投公路和相关银行的经营状况均会受到疫情不同程度的影响,如完全免除某投公路应依约向某某银行北京分行支付的贷款罚息及复利,则既不符合法律规定,亦损害某某银行北京分行的金融债权,有违公平原则。故某投公路关于应减轻或免除其违约责任的上诉理由,本院不予支持。"

② 针对当事人约定违约责任不因疫情或疫情防控措施而免除,该约定是否有效的问题,《江西省高级人民法院关于涉新冠肺炎疫情民事案件法律适用问题的系列问答(一)》(赣高法〔2022〕61 号)给出的答复是:"合同约定因疫情或疫情防控措施造成当事人违约,违约责任不因疫情或疫情防控措施而免除,违约方请求确认该条款无效的,人民法院应结合当事人在订立合同时对于合同履行期间暴发的疫情或疫情防控措施是否可以预见、可以克服、可以避免,依法认定疫情或疫情防控措施是否属于不可抗力。合同因不可抗力而不能履行的,当事人约定排除不可抗力免责的条款无效。当事人在订立合同时对于履行期间暴发的疫情或疫情防控措施能够预见,并已约定相应的克服、避免措施或者能够采取克服、避免措施的,疫情或疫情防控措施不属于不可抗力,当事人关于疫情或疫情防控措施排除违约责任免除的约定,并非排除不可抗力免责的约定,合法有效。"

律作出的与“因不可抗力不能履行民事义务的，不承担民事责任”不同的规定，包括“因不可抗力不能履行民事义务的，仍然需要承担相应的民事责任，或者需要附条件承担相应的民事责任”等。

就不可抗力不作为民事责任的免责事由而言，《民法典》第 180 条第 1 款所说的“法律另有规定的，依照其规定”，具有三个层面的效果：

一是该规定对《民法典》施行之前的原有法律（被《民法典》废止的法律除外）针对不可抗力不作为违约责任的免责事由的情形已经作出的既有的规定（即旧的特别规定）作出了明确的承认，以确保法律秩序的稳定和延续。

二是该规定明确允许并认可立法机关在《民法典》施行之后，在必要时通过对现有法律进行修改或制定新的法律的方式，针对不可抗力不作为违约责任的免责事由的情形作出新的规定（即新的特别规定），以适应社会和经济的发展要求，也为将来制定新的专门的民事特别法律预留了空间。

三是不可抗力不作为民事责任的免责事由的情形应当由法律进行规定，而不应由行政法规、更不应由规章、规范性文件等进行规定。这跟《民法典》第 70 条第 2 款针对法人的清算义务人所说的“法律、行政法规另有规定的，依照其规定”是不一样的。

现阶段，《民法典》第 180 条第 1 款针对不可抗力不作为民事责任的免责事由的情形所说的“法律另有规定”，主要包括《邮政法》第 48 条第 1 项所说的“因下列原因之一造成的给据邮件损失，邮政企业不承担赔偿责任：（一）不可抗力，但因不可抗力造成的保价的给据邮件的损失除外”①。该规定明确了邮政企业应当赔偿因不可抗力造成的保价的给据邮件的损失，属于《民法典》第 180 条第 1 款所说的“因不可抗力不能履行民事义务的，不承担民事责任”的特别规定。

需要注意的是，《民法典》第 590 条第 2 款规定的“当事人迟延履行后发生不可抗力的，不免除其违约责任”，是因为当事人迟延履行后发生的不可抗力与其不能履行合同义务之间不存在因果关系、不属于“当事人一方因不可抗力不能履行合同”或“因不可抗力不能履行民事义务”，并非《民法典》第 180 条第 1 款和第 590 条第 1 款针对不可抗力不作为民事责任的免责事由的情形所说的“法律另有规定”。

还需注意的是，在法律有关不承担民事责任的事由的规定本身没有列明不可抗力的情况下（比如，与《民法典》第 1239 条和第 1240 条②明确将“不可抗力”与“受害人故

---

① 《民事案件案由规定》（法〔2020〕347 号）在一级案由“合同纠纷”下的二级案由“服务合同纠纷”之下规定了三级案由“邮政服务合同纠纷”。

② 《民法典》第 1239 条规定：“占有或者使用易燃、易爆、剧毒、高放射性、强腐蚀性、高致病性等高度危险物造成他人损害的，占有人或者使用人应当承担侵权责任；但是，能够证明损害是因受害人故意或者不可抗力造成的，不承担责任。被侵权人对损害的发生有重大过失的，可以减轻占有人或者使用人的责任。”第 1240 条规定：“从事高空、高压、地下挖掘活动或者使用高速轨道运输工具造成他人损害的，经营者应当承担侵权责任；但是，能够证明损害是因受害人故意或者不可抗力造成的，不承担责任。被侵权人对损害的发生有重大过失的，可以减轻经营者的责任。”

意”一并列为免责事由不同,《民法典》第 1237 条、第 1238 条和第 1245 条①在明确将“受害人故意”列为免责事由的同时并没有将“不可抗力”一并列为免责事由),不能仅仅因为该法律规定没有将不可抗力列为免责事由,就认为该法律规定如同《邮政法》第 48 条第 1 项那样已经将不可抗力排除在免责事由之外了。此时,根据《民法典总则编解释》第 1 条第 1 款所说的“民法典第二编至第七编对民事关系有规定的,人民法院直接适用该规定;民法典第二编至第七编没有规定的,适用民法典第一编的规定,但是根据其性质不能适用的除外”,应当认为,该法律规定并未对“不可抗力是否属于免责事由”作出规定,该法律规定不属于《民法典》第 180 条第 1 款第 2 句所说的“法律另有规定”,不存在适用《民法典》第 180 条第 1 款第 2 句所说的“法律另有规定的,依照其规定”的条件,而应当直接适用《民法典》第 180 条第 1 款第 1 句关于“因不可抗力不能履行民事义务的,不承担民事责任”的规定。

2. 全部免责与部分免责

如前所说,《民法典》第 180 条第 1 款所说的“因不可抗力不能履行民事义务”,既包括“因不可抗力全部不能履行民事义务”,也包括“因不可抗力部分不能履行民事义务”;与此相对应,《民法典》第 180 条第 1 款所说的“不承担民事责任”,也包括全部免除责任和部分免除责任。

至于是全部免责还是部分免责,则需要根据不可抗力对当事人履行民事义务所造成的影响来确定,既不能一刀切地适用全部免责,也不能一刀切地适用部分免责。对此,《民法典》第 590 条第 1 款规定了:“当事人一方因不可抗力不能履行合同的,根据不可抗力的影响,部分或者全部免除责任……”

3. 证明责任

当事人如主张适用《民法典》第 180 条第 1 款第 1 句关于“因不可抗力不能履行民事义务的,不承担民事责任”的规定,不论是主张全部免责还是部分免责,都负有及时通知和举证证明的义务。对此,《民法典》第 590 条第 1 款第 2 句规定了:“因不可抗力不能履行合同的,应当及时通知对方,以减轻可能给对方造成的损失,并应当在合理期限内提供证明。”

并且,根据《民事诉讼法》第 67 条第 1 款②和《民诉法解释》第 90 条、第 91 条③的规

① 《民法典》第 1237 条规定:“民用核设施或者运入运出核设施的核材料发生核事故造成他人损害的,民用核设施的营运单位应当承担侵权责任;但是,能够证明损害是因战争、武装冲突、暴乱等情形或者受害人故意造成的,不承担责任。”第 1238 条规定:“民用航空器造成他人损害的,民用航空器的经营者应当承担侵权责任;但是,能够证明损害是因受害人故意造成的,不承担责任。”第 1245 条规定:“饲养的动物造成他人损害的,动物饲养人或者管理人应当承担侵权责任;但是,能够证明损害是因被侵权人故意或者重大过失造成的,可以不承担或者减轻责任。”

② 《民事诉讼法》第 67 条第 1 款规定:“当事人对自己提出的主张,有责任提供证据。”

③ 《民诉法解释》第 90 条规定:“当事人对自己提出的诉讼请求所依据的事实或者反驳对方诉讼请求所依据的事实,应当提供证据加以证明,但法律另有规定的除外。在作出判决前,当事人未能提供证据或者证据不足以证明其事实主张的,由负有举证证明责任的当事人承担不利的后果。”第 91 条规定:“人民法院应当依照下列原则确定举证证明责任的承担,但法律另有规定的除外:(一)主张法律关系存在的当事人,应当对产生该法律关系的基本事实承担举证证明责任;(二)主张法律关系变更、消灭或者权利受到妨害的当事人,应当对该法律关系变更、消灭或者权利受到妨害的基本事实承担举证证明责任。”

定,在诉讼中提出该主张的当事人也应当对“发生了不可抗力”和其“因不可抗力不能履行民事义务”承担举证证明责任,否则其主张可能得不到支持。对此,《最高人民法院关于依法妥善审理涉新冠肺炎疫情民事案件若干问题的指导意见(一)》(法发〔2020〕12 号)第 2 条也明确规定:“对于受疫情或者疫情防控措施直接影响而产生的民事纠纷,……当事人主张适用不可抗力部分或者全部免责的,应当就不可抗力直接导致民事义务部分或者全部不能履行的事实承担举证责任。”

三、不可抗力在《民法典》中的其他价值

除了规定不可抗力原则上是民事责任的免责事由,《民法典》还规定不可抗力具有其他价值。

(一)作为合同解除的法定解除事由

不可抗力可以成为合同解除的法定解除事由。

对此,《民法典》第 563 条第 1 款第 1 项规定:“有下列情形之一的,当事人可以解除合同:(一)因不可抗力致使不能实现合同目的……”当然,不可抗力构成合同的法定解除事由须满足“因不可抗力致使不能实现合同目的”的条件。

(二)作为诉讼时效的中止事由

不可抗力可以成为诉讼时效的中止事由。

对此,《民法典》第 194 条规定:“在诉讼时效期间的最后六个月内,因下列障碍,不能行使请求权的,诉讼时效中止:(一)不可抗力……自中止时效的原因消除之日起满六个月,诉讼时效期间届满。”当然,不可抗力构成诉讼时效的中止事由须满足“因不可抗力致使不能行使请求权”的条件。

第一百八十一条　【正当防卫致人损害的民事责任】因正当防卫造成损害的,不承担民事责任。

正当防卫超过必要的限度,造成不应有的损害的,正当防卫人应当承担适当的民事责任。

【条文通释】

《民法典》第 181 条是关于正当防卫致人损害的民事责任的规定。

一、正当防卫的界定

(一)正当防卫的定义

《民法典》使用了“正当防卫”的表述,但没有给出“正当防卫”的定义。在日常用语中,作为名词的“防卫”具有“防御和保卫”①的含义,其中既包含了防御的意思,也包含了保卫的意思;作为形容词的“正当”则具有“合理合法”②的含义。据此,《民法典》第181条所说的“正当防卫”,指向的是合理合法的防御和保卫行为,其中既有防御行为、又有保卫行为。

《民法典总则编解释》第30条对如何认定正当防卫作出了解释,即:“为了使国家利益、社会公共利益、本人或者他人的人身权利、财产权利以及其他合法权益免受正在进行的不法侵害,而针对实施侵害行为的人采取的制止不法侵害的行为,应当认定为民法典第一百八十一条规定的正当防卫”。据此,特定的防卫行为,原则上需要同时满足以下要件,才构成正当防卫:

一是在起因条件上,必须存在针对国家利益、社会公共利益、防卫人本人或者他人的人身权利、财产权利以及其他合法权益的不法侵害。其中的“不法侵害”,指的是没有法律依据和合同依据的“用暴力或非法手段损害”③他人合法权益的行为,属于“人的活动”④或“受思想支配而表现在外面的活动”⑤,而非“事件”等“客观情况”⑥。

针对刑法上的正当防卫,最高人民法院、最高人民检察院、公安部印发的《关于依法适用正当防卫制度的指导意见》(法发〔2020〕31号)第5条规定:“……正当防卫的前提是存在不法侵害。不法侵害既包括侵犯生命、健康权利的行为,也包括侵犯人身自由、公私财产等权利的行为;既包括犯罪行为,也包括违法行为。不应将不法侵害不当限缩为暴力侵害或者犯罪行为。对于非法限制他人人身自由、非法侵入他人住宅等不法侵害,可以实行防卫。不法侵害既包括针对本人的不法侵害,也包括危害国家、公共利益或者针对他人的不法侵害。对于正在进行的拉拽方向盘、殴打司机等妨害安全驾驶、危害公共安全的违法犯罪行为,可以实行防卫。成年人对于未成年人正在实施的针对其他未成年人的不法侵害,应当劝阻、制止;劝阻、制止无效的,可以实行防卫。”上述意见同样可以用于认定民法上的正当防卫。

二是在时间条件上,必须是国家利益、社会公共利益、防卫人本人或者他人的人身权利、财产权利以及其他合法权益正在遭受不法侵害。

针对刑法上的正当防卫,最高人民法院、最高人民检察院、公安部印发的《关于依法适用正当防卫制度的指导意见》(法发〔2020〕31号)第6条规定:“……正当防卫必须是针对正在进行的不法侵害。对于不法侵害已经形成现实、紧迫危险的,应当认定为不法侵害已经开始;对于不法侵害虽然暂时中断或者被暂时制止,但不法侵害人仍有继续实施侵害的现实可能性的,应当认定为不法侵害仍在进行;在财产犯罪中,不法

---

① 中国社会科学院语言研究所词典编辑室编:《现代汉语词典》(修订本),商务印书馆1996年版,第355页。

② 中国社会科学院语言研究所词典编辑室编:《现代汉语词典》(修订本),商务印书馆1996年版,第1606页。

③ 中国社会科学院语言研究所词典编辑室编:《现代汉语词典》(修订本),商务印书馆1996年版,第1024页。

④ 《立法技术规范(试行)(一)》(法工委发〔2009〕62号)第8.2条规定:“‘行为’用于表示人的活动。”

⑤ 中国社会科学院语言研究所词典编辑室编:《现代汉语词典》(修订本),商务印书馆1996年版,第1409页。

⑥ 《民法典》第180条第2款规定:“不可抗力是不能预见、不能避免且不能克服的客观情况。”

侵害人虽已取得财物,但通过追赶、阻击等措施能够追回财物的,可以视为不法侵害仍在进行;对于不法侵害人确已失去侵害能力或者确已放弃侵害的,应当认定为不法侵害已经结束。对于不法侵害是否已经开始或者结束,应当立足防卫人在防卫时所处情境,按照社会公众的一般认知,依法作出合乎情理的判断,不能苛求防卫人。对于防卫人因为恐慌、紧张等心理,对不法侵害是否已经开始或者结束产生错误认识的,应当根据主客观相统一原则,依法作出妥当处理。"上述意见同样可以用于认定民法上的正当防卫。

三是在目的条件(或意图条件)上,防卫行为的目的必须是使国家利益、社会公共利益、本人或者他人的人身权利、财产权利以及其他合法权益免受正在进行的不法侵害。

针对刑法上的正当防卫,最高人民法院、最高人民检察院、公安部印发的《关于依法适用正当防卫制度的指导意见》(法发〔2020〕31 号)第 8 条规定:"……正当防卫必须是为了使国家、公共利益、本人或者他人的人身、财产和其他权利免受不法侵害。对于故意以语言、行为等挑动对方侵害自己再予以反击的防卫挑拨,不应认定为防卫行为。"上述意见同样可以用于认定民法上的正当防卫。

四是在对象条件上,防卫行为针对的对象必须是正在实施不法侵害行为的人。

针对刑法上的正当防卫,最高人民法院、最高人民检察院、公安部印发的《关于依法适用正当防卫制度的指导意见》(法发〔2020〕31 号)第 7 条规定:"……正当防卫必须针对不法侵害人进行。对于多人共同实施不法侵害的,既可以针对直接实施不法侵害的人进行防卫,也可以针对在现场共同实施不法侵害的人进行防卫。明知侵害人是无刑事责任能力人或者限制刑事责任能力人的,应当尽量使用其他方式避免或者制止侵害;没有其他方式可以避免、制止不法侵害,或者不法侵害严重危及人身安全的,可以进行反击。"上述意见虽然是针对刑法上的正当防卫提出的,但同样可以用于认定民法上的正当防卫。

五是在行为方面,行为人实施的必须是制止不法侵害的防卫行为,包括防御行为和保卫行为。

针对刑法上的正当防卫,最高人民法院、最高人民检察院、公安部印发的《关于依法适用正当防卫制度的指导意见》(法发〔2020〕31 号)第 9 条规定:"准确界分防卫行为与相互斗殴。防卫行为与相互斗殴具有外观上的相似性,准确区分两者要坚持主客观相统一原则,通过综合考量案发起因、对冲突升级是否有过错、是否使用或者准备使用凶器、是否采用明显不相当的暴力、是否纠集他人参与打斗等客观情节,准确判断行为人的主观意图和行为性质。因琐事发生争执,双方均不能保持克制而引发打斗,对于有过错的一方先动手且手段明显过激,或者一方先动手,在对方努力避免冲突的情况下仍继续侵害的,还击一方的行为一般应当认定为防卫行为。双方因琐事发生冲突,冲突结束后,一方又实施不法侵害,对方还击,包括使用工具还击的,一般应当认定为防卫行为。不能仅因行为人事先进行防卫准备,就影响对其防卫意图的认定。"第 10 条规定:"防止将滥用防卫权的行为认定为防卫行为。对于显著轻微的不法侵害,行为人在可以辨识的情况下,直接使用足以致人重伤或者死亡的方式进行制止的,不应认定为防卫行为。不法侵害系因行为人的重大过错引发,行为人在可以使用其他手段避免侵害的情况下，仍故意使用足以致人重伤或者死亡的方式还击的，不应认定为防卫行为。”上述意见同样可以用于认定民法上的正当防卫。

需要注意的是，《民法典总则编解释》第30条只是规定了认定正当防卫的一种思路，并没有否定、也没有排除其他合理的认定标准。《民法典总则编解释》第30条使用了“应当认定为……正当防卫”的表述，而不是“民法典第一百八十一条规定的正当防卫，是指……”的表述①，也表明了这点。

（二）正当防卫的类型

《民法典》第181条第1款和第2款分别规定了两种类型的正当防卫，一是没有超过必要的限度的正当防卫，二是超过必要的限度的正当防卫（即防卫过当）。

此外，按照是否造成不应有的损害，超过必要的限度的正当防卫还可以细分为造成了不应有的损害的防卫过当和没有造成不应有的损害的防卫过当。

《民法典》第181条第2款所说的“正当防卫超过必要的限度，造成不应有的损害的，正当防卫人应当承担适当的民事责任”，尤其是其中的“正当防卫”和“正当防卫人”的表述，意味着，尽管相关防卫行为超过了必要的限度，但并不因此导致相关防卫行为在性质上变成非正当防卫行为。因此，超过必要的限度的正当防卫即防卫过当，仍然属于正当防卫。

二、正当防卫致人损害的民事责任承担规则

《民法典》第181条明确了正当防卫致人损害的民事责任承担规则：

一是因没有超过必要的限度的正当防卫致人损害的，正当防卫人不承担任何民事责任。此时正当防卫构成全部免责事由。

二是因防卫过当致人损害的，按照是否造成了不应有的损害，认定正当防卫人是否需要承担民事责任：没有造成不应有的损害的（包括没有造成任何损害），正当防卫人不承担民事责任；造成了不应有的损害的，正当防卫人需要承担适当的民事责任。此时，防卫过当虽然不能构成全部免责事由，但仍然构成部分免责事由。

（一）没有超过必要限度的正当防卫构成全部免责事由

《民法典》第181条第1款所说的“正当防卫”，是与《民法典》第181条第2款所说的“超过必要的限度”的正当防卫相对应的概念，指向的仅仅是没有超过必要限度的正当防卫。

《民法典》第181条第1款所说的“因正当防卫造成损害的，不承担民事责任”，意

---

① 比如，《民法典物权编解释一》第17条第1款规定：“民法典第三百一十一条第一款第一项所称的‘受让人受让该不动产或者动产时’，是指依法完成不动产物权转移登记或者动产交付之时。”《民法典婚姻家庭编解释一》第2条规定：“民法典第一千零四十二条、第一千零七十九条、第一千零九十一条规定的‘与他人同居’的情形，是指有配偶者与婚外异性，不以夫妻名义，持续、稳定地共同居住。”第20条规定：“民法典第一千零五十四条所规定的‘自始没有法律约束力’，是指无效婚姻或者可撤销婚姻在依法被确认无效或者被撤销时，才确定该婚姻自始不受法律保护。”第24条规定：“民法典第一千零六十二条第一款第三项规定的‘知识产权的收益’，是指婚姻关系存续期间，实际取得或者已经明确可以取得的财产性收益。”

味着：

一是只要行为人的行为构成正当防卫且没有超过必要的限度，正当防卫人就不承担任何民事责任。也就是说，没有超过必要的限度的正当防卫属于民事责任的免责事由，并且是全部免责事由，而非部分免责事由。对此，《民法典总则编解释》第31条第2款规定了："经审理，正当防卫没有超过必要限度的，人民法院应当认定正当防卫人不承担责任……"

二是没有超过必要的限度的正当防卫作为全部免责事由，在《民法典》项下概无例外。这跟《民法典》第590条第1款针对不可抗力所说的"当事人一方因不可抗力不能履行合同的，根据不可抗力的影响，部分或者全部免除责任，但是法律另有规定的除外"是不一样的。

其中，《民法典》第181条第1款所说的"因正当防卫造成损害"中的"损害"，既包括造成不法侵害人损害，也包括造成遭受正在进行的不法侵害的国家利益、社会公共利益或者他人的人身权利、财产权利以及其他合法权益的损害。因没有超过必要的限度的正当防卫造成的损害，不论造成谁的损害、何种损害，正当防卫人均不承担任何民事责任。

当然，根据《民事诉讼法》第67条第1款[①]和《民诉法解释》第90条、第91条[②]的规定，主张正当防卫免责的人需要对其行为构成正当防卫且没有超过必要的限度承担举证证明责任；否则，其主张可能得不到支持。

需要注意的是，《民法典》第181条第1款所说的"因正当防卫造成损害的，不承担民事责任"，不影响遭受不法侵害的人依照《民法典》第120条和侵权责任编的规定请求不法侵害人承担侵权责任；在正当防卫人为保护他人民事权益免受正在进行的不法侵害而采取正当防卫行为导致自己受到损害的情形，还存在适用《民法典》第183条的余地。

（二）防卫过当构成部分免责事由

《民法典》第181条第2款所说的"正当防卫超过必要的限度，造成不应有的损害的，正当防卫人应当承担适当的民事责任"，意味着：

一是只有同时满足"正当防卫超过必要的限度"和"造成不应有的损害"这两个条件，正当防卫人才需要承担民事责任。不论是正当防卫没有超过必要的限度、但造成了损害（此时应当适用《民法典》第181条第1款），还是正当防卫超过必要的限度、造成了损害但没有造成不应有的损害，正当防卫人都不承担任何民事责任。

其中，针对正当防卫是否超过必要的限度的认定，《民法典总则编解释》第31条第

---

① 《民事诉讼法》第67条第1款规定："当事人对自己提出的主张，有责任提供证据。"

② 《民诉法解释》第90条规定："当事人对自己提出的诉讼请求所依据的事实或者反驳对方诉讼请求所依据的事实，应当提供证据加以证明，但法律另有规定的除外。在作出判决前，当事人未能提供证据或者证据不足以证明其事实主张的，由负有举证证明责任的当事人承担不利的后果。"第91条规定："人民法院应当依照下列原则确定举证证明责任的承担，但法律另有规定的除外：（一）主张法律关系存在的当事人，应当对产生该法律关系的基本事实承担举证证明责任；（二）主张法律关系变更、消灭或者权利受到妨害的当事人，应当对该法律关系变更、消灭或者权利受到妨害的基本事实承担举证证明责任。"

1 款和第 3 款作出了指引性规定，即："对于正当防卫是否超过必要的限度，人民法院应当综合不法侵害的性质、手段、强度、危害程度和防卫的时机、手段、强度、损害后果等因素判断"，"实施侵害行为的人不能证明防卫行为造成不应有的损害，仅以正当防卫人采取的反击方式和强度与不法侵害不相当为由主张防卫过当的，人民法院不予支持"。

二是在正当防卫超过必要的限度且造成不应有的损害的情况下，正当防卫人既不是不承担任何民事责任，也不是承担全部民事责任，而是承担部分责任，即"承担适当的民事责任"。也就是说，防卫过当虽然不构成全部免责事由，但至少构成部分免责事由。

其中，《民法典》第 181 条第 2 款所说的"承担适当的民事责任"，指的是承担与正当防卫人防卫行为"超出必要的限度"和造成的"不应有的损害"相适应的民事责任。对此，《民法典总则编解释》第 31 条第 2 款规定了："……正当防卫超过必要限度的，人民法院应当认定正当防卫人在造成不应有的损害范围内承担部分责任；实施侵害行为的人请求正当防卫人承担全部责任的，人民法院不予支持。"

同样地，《民法典》第 181 条第 2 款所说的"造成不应有的损害"中的"损害"，既包括造成不法侵害人损害，也包括造成遭受正在进行的不法侵害的国家利益、社会公共利益或者他人的人身权利、财产权利以及其他合法权益的损害。

当然，根据《民事诉讼法》第 67 条第 1 款[①]和《民诉法解释》第 90 条、第 91 条[②]的规定，要求防卫人承担民事责任的主体（包括不法侵害人等）需要对防卫人的防卫行为不具有正当性或超过了必要的限度并且造成了不应有的损害承担举证证明责任；否则，其主张可能得不到支持。对此，《民法典总则编解释》第 31 条第 3 款也规定了："实施侵害行为的人不能证明防卫行为造成不应有的损害，仅以正当防卫人采取的反击方式和强度与不法侵害不相当为由主张防卫过当的，人民法院不予支持。"

需要注意的是，《民法典》第 181 条第 2 款所说的"正当防卫超过必要的限度，造成不应有的损害的，正当防卫人应当承担适当的民事责任"，不影响遭受不法侵害的人依照《民法典》第 120 条和侵权责任编的规定请求不法侵害人承担侵权责任；在正当防卫人为保护他人民事权益免受正在进行的不法侵害而采取正当防卫行为导致自己受到损害的情形，还存在适用《民法典》第 183 条的余地。

问题是，在正当防卫人为保护他人民事权益免受正在进行的不法侵害而采取正当防卫但防卫行为超过必要的限度，造成他人不应有的损害的情况下，考虑到《民法典》第 181 条第 2 款所说的"正当防卫超过必要的限度，造成不应有的损害的，正当防卫人应当承担适当的民事责任"与《民法典》第 184 条所说的"因自愿实施紧急救助行为造成受助人损害的，救助人不承担民事责任"存在矛盾，此时应当如何适用？

---

① 《民事诉讼法》第 67 条第 1 款规定："当事人对自己提出的主张，有责任提供证据。"

② 《民诉法解释》第 90 条规定："当事人对自己提出的诉讼请求所依据的事实或者反驳对方诉讼请求所依据的事实，应当提供证据加以证明，但法律另有规定的除外。在作出判决前，当事人未能提供证据或者证据不足以证明其事实主张的，由负有举证证明责任的当事人承担不利的后果。"第 91 条规定："人民法院应当依照下列原则确定举证证明责任的承担，但法律另有规定的除外：（一）主张法律关系存在的当事人，应当对产生该法律关系的基本事实承担举证证明责任；（二）主张法律关系变更、消灭或者权利受到妨害的当事人，应当对该法律关系变更、消灭或者权利受到妨害的基本事实承担举证证明责任。"

就此，基于《民法总则》第 184 条（现《民法典》第 184 条）“免除见义勇为者的后顾之忧，倡导培育见义勇为、乐于助人的良好社会风尚”的立法目的①，应该认为，此时应当适用《民法典》第 184 条、而不适用《民法典》第 181 条第 2 款，即：正当防卫人就其防卫过当造成他人不应有的损害也不承担民事责任。

由此看来，《民法典》第 181 条第 2 款所说的“正当防卫超过必要的限度，造成不应有的损害的，正当防卫人应当承担适当的民事责任”，就仅适用于正当防卫人为保护自己的民事权益免受正在进行的不法侵害而采取正当防卫但防卫行为超过必要的限度，造成不法侵害人不应有的损害的情形。

三、刑法上的正当防卫制度的借鉴

在现有法律中，不仅《民法典》规定了正当防卫制度，《刑法》也规定了正当防卫制度。

《刑法》第 20 条第 1 款规定：“为了使国家、公共利益、本人或者他人的人身、财产和其他权利免受正在进行的不法侵害，而采取的制止不法侵害的行为，对不法侵害人造成损害的，属于正当防卫，不负刑事责任。”第 2 款规定：“正当防卫明显超过必要限度造成重大损害的，应当负刑事责任，但是应当减轻或者免除处罚。”第 3 款规定：“对正在进行行凶、杀人、抢劫、强奸、绑架以及其他严重危及人身安全的暴力犯罪，采取防卫行为，造成不法侵害人伤亡的，不属于防卫过当，不负刑事责任。”在此基础上，最高人民法院、最高人民检察院、公安部印发了《关于依法适用正当防卫制度的指导意见》（法发〔2020〕31 号），为依法准确适用正当防卫制度、维护公民的正当防卫权利、鼓励见义勇为、弘扬社会正气等提供指导。

通过比较可以发现，《民法典总则编解释》第 30 条关于《民法典》第 181 条规定的正当防卫的解释，明显源于《刑法》第 20 条关于正当防卫的规定；在构成要件方面，民法上的正当防卫和刑法上的正当防卫在实质上是趋于一致的。因此，在民事案件中认定正当防卫，可以参考、借鉴刑事法律法规有关正当防卫的认定的规定和相关指导案例。

比如，最高人民法院指导案例 144 号“张那木拉正当防卫案”的第 2 项“裁判要点”提出：“对于多人共同实施不法侵害，部分不法侵害人已被制伏，但其他不法侵害人仍在继续实施侵害的，仍然可以进行防卫。”

又如，人民法院案例库参考案例“张某故意伤害案”［入库编号：2023-16-1-179-002，裁判文书：广东省高级人民法院（2021）粤刑再 3 号刑事附带民事裁定书］的“裁判要旨”提出：“涉正当防卫案件的处理，要立足防卫人防卫时的具体情境，综合考虑案件

---

① 2017 年 3 月 14 日第十二届全国人民代表大会第五次会议主席团第三次会议通过的《第十二届全国人民代表大会法律委员会关于〈中华人民共和国民法总则（草案修改稿）〉修改意见的报告》提及：“草案修改稿第一百八十四条规定，因自愿实施紧急救助行为造成受助人损害的，救助人不承担民事责任。受助人能够证明救助人有重大过失造成自己不应有的重大损害的，救助人承担适当的民事责任。一些代表提出，草案修改稿的后一句规定较草案规定虽作了进一步严格限定，针对的是在实践中可能出现的特殊情况，但仍难以免除见义勇为者的后顾之忧，不利于倡导培育见义勇为、乐于助人的良好社会风尚，建议删除。法律委员会经研究，赞成这一意见，建议删除这一内容。（草案建议表决稿第一百八十四条）”

发生的整体经过，不能简单地以是否使用了工具为标准。在防卫人被动面对不断升级的危害时，出于免受不法侵害的目的使用适当刀具进行有节制的防卫，未造成重大损害结果，危害解除后也没有任何主动攻击行为的，可认定构成正当防卫。1. 不法侵害是否结束应立足于防卫人在防卫时所处的具体情境。根据《最高人民法院、最高人民检察院、公安部关于依法适用正当防卫制度的指导意见》规定，对于不法侵害虽然暂时中止或者被暂时制止，但不法侵害人仍有继续实施侵害的现实可能性的，应当认定为不法侵害仍在进行。对于不法侵害是否已经开始或者结束，应当立足防卫人在防卫时所处情境，按照社会公众的一般认知，依法作出合乎情理的判断，不能苛求防卫人。判断不法侵害的结束不能仅看动作结束，还要考虑行为的连续性，行为在具体情境下有无结束的现实可能。2. 防卫方事先准备工具、现场没有向对方明示以阻吓对方的并不影响防卫意图的认定。判断是否具有防卫意图，必须坚持主客观相一致原则，通过综合考量案发起因、对冲突升级是否有过错，是否准备使用凶器，是否采用明显不相当的暴力，是否纠集人参与打斗等客观情节。双方发生打斗时，一方先动手，在对方努力避免冲突的情况下仍继续伤害的，还击一方的行为人一般应当认定为防卫行为。防卫方事先准备工具，本身并不能得出具体是用于双方打斗还是防卫，要结合持刀人使用刀具的情况来判断。审核使用刀具过程中是否属于具有防卫意图，主要考虑两点：一是在发生冲突时不主动攻击，面对明显处于弱势的对象不能直接使用刀具。二是使用刀具限于能够保障自身合法权益，能抵挡住对方的伤害行为即可。”

又如，人民法院案例库参考案例“汪某佑正当防卫案”[入库编号：2024-18-1-179-001，裁判文书：河北省秦皇岛市中级人民法院（2018）冀03刑终430号刑事附带民事裁定书]的第1项“裁判要旨”提出：“根据刑法第二十条第一款的规定，正当防卫的前提是存在不法侵害，这是正当防卫的起因条件。不法侵害既包括侵犯生命、健康权利的行为，也包括侵犯人身自由、公私财产等权利的行为；既包括针对本人的不法侵害，也包括危害国家、公共利益或者针对他人的不法侵害。要防止将不法侵害限缩为暴力侵害或者犯罪行为，进而排除对轻微暴力侵害或者非暴力侵害以及违法行为实行正当防卫。对于非法侵入他人住宅等不法侵害，可以实行防卫。”第2项“裁判要旨”提出：“对于因琐事发生争执，引发打斗的案件，判断行为人的行为是否系防卫行为，较之一般案件更为困难，须妥当把握。特别是，不能认为因琐事发生争执、冲突，引发打斗的，就不再存在防卫的空间。双方因琐事发生冲突，冲突结束后，一方又实施不法侵害，对方还击，包括使用工具还击的，一般应当认定为防卫行为。”

第一百八十二条 【紧急避险致人损害的民事责任】因紧急避险造成损害的，由引起险情发生的人承担民事责任。

危险由自然原因引起的，紧急避险人不承担民事责任，可以给予适当补偿。

紧急避险采取措施不当或者超过必要的限度，造成不应有的损害的，紧急避险人应当承担适当的民事责任。

【条文通释】

《民法典》第182条是关于紧急避险致人损害的民事责任的规定。

一、紧急避险的界定

（一）紧急避险的定义

《民法典》使用了“紧急避险”的表述，但没有给出“紧急避险”的定义。考虑到“紧急”在日常用语中具有“必须立即采取行动、不容许拖延的”[①]的含义，作为动词的“避”在日常用语中则具有“躲开；回避；防止”的含义[②]，作为名词的“危险”在日常用语中具有“有遭到损害或失败的可能”[③]的含义，因此，《民法典》第182条所说的“紧急避险”，指向的是在紧急情况下采取的躲避危险的行为。

其中，结合《民法典》第182条第2款所说的“危险由自然原因引起的”，《民法典》所说的“紧急避险”中的“险”或“危险”，既包括由自然原因引起的危险，也包括因人为原因引起的危险，还包括因自然原因和人为原因共同引起的危险。

结合《刑法》第21条第1款针对刑法上的紧急避险所说的“为了使国家、公共利益、本人或者他人的人身、财产和其他权利免受正在发生的危险，不得已采取的紧急避险行为，造成损害的，不负刑事责任”，《民法典总则编解释》第32条对民法上如何认定紧急避险作出了解释，即：“为了使国家利益、社会公共利益、本人或者他人的人身权利、财产权利以及其他合法权益免受正在发生的急迫危险，不得已而采取紧急措施的，应当认定为民法典第一百八十二条规定的紧急避险”。据此，并参考最高人民法院、最高人民检察院、公安部印发的《关于依法适用正当防卫制度的指导意见》（法发〔2020〕31号）第5条至第10条关于刑法上的正当防卫的认定的规定，构成紧急避险，原则上需要同时满足以下要件：

一是在起因条件上，必须存在针对国家利益、社会公共利益、行为人本人或者他人的人身权利、财产权利以及其他合法权益的急迫危险。

二是在时间条件上，必须是国家利益、社会公共利益、行为人本人或者他人的人身权利、财产权利以及其他合法权益正在遭遇急迫危险。

三是在目的条件（或意图条件）上，行为人行为的目的必须是使国家利益、社会公共利益、本人或者他人的人身权利、财产权利以及其他合法权益免受正在发生的急迫危险。

四是在行为方面，行为人必须是在不得已的情况下采取的躲避急迫危险的紧急措施。

需要注意的是，《民法典总则编解释》第32条只是规定了认定紧急避险的一种思路，并没有否定、也没有排除其他合理的认定标准。《民法典总则编解释》第32条使用

---

① 中国社会科学院语言研究所词典编辑室编：《现代汉语词典》（修订本），商务印书馆1996年版，第657页。

② 中国社会科学院语言研究所词典编辑室编：《现代汉语词典》（修订本），商务印书馆1996年版，第72页。

③ 中国社会科学院语言研究所词典编辑室编：《现代汉语词典》（修订本），商务印书馆1996年版，第1305页。

了“应当认定为……紧急避险”的表述，而不是“民法典第一百八十二条规定的紧急避险，是指……”的表述[①]，也表明了这点。

在广西某洲水电开发有限责任公司与张某康等船舶损害赔偿纠纷案中，基于法院查明的案件事实“2005 年 6 月下旬，梧州市发生特大洪水，长洲水利枢纽工程外江上游围堰洪水水位不断上涨，6 月 22 日上午 9 时许，某洲水电公司为确保围堰的安全，防止漫顶或垮塌，决定在下游围堰（下称下围堰）进行破堰充水作业，以平衡上游围堰两侧压力，减轻围堰破坏。11 时 20 分许，某洲水电公司开始破堰，12 时 40 分许，开始进水。17 时许，围堰缺口突然崩塌至约宽 100 米、深 20 多米，致使堰外江水急剧涌进堰内基坑，形成强大的吸入流。受吸入流的影响，停泊在距离下围堰 500 多米糖厂码头的‘某安 33’‘某平一司 013’‘某桂平货 0168’等四艘船舶系岸缆突然绷断、走锚，并一起顺着吸入流向下围堰急速漂移，漂移中挤压在糖厂水塔后出现大幅度倾斜，先是‘某安 33’号船座沉、‘某平一司 013’向左舷倾斜翻沉，接着‘某桂平货 0168’号船向右舷倾斜翻沉。17 时 30 分许，围堰基坑灌满水后，随即形成一股强大的反冲流，从下围堰缺口射向下游。在强大的反冲流作用下，停泊在下围堰下游约 1600 米的龙圩航道站水域的一些船型航标灯、采石船、一号船坞（含其附属设施）等相继断缆并随急流漂向下游，其后一号船坞碰撞停泊在龙圩客运码头附近水域的 135 号船，导致 135 号船锚缆绷断后与一号船坞搅缠一起漂向下游，在碰撞梧州西江大桥后 135 号船沉没，一号船坞漂流到梧州港麻湾对开水域沉没”，针对上诉人某洲水电公司破堰充水作业是否属于紧急避险的问题，广西壮族自治区高级人民法院（2007）桂民四终字第 10 号民事判决书认为：“该次洪水是梧州有水文记载以来的第二次大洪水，长洲水利枢纽工程外江上游围堰洪水水位不断上涨，该工程外江围堰设计的防洪标准仅为十年一遇洪水，当时百年一遇的洪水远远超过其渡汛能力。根据防汛指挥部传真给上诉人的数据计算，外江上游围堰水位为 28.5 米，超出上游围堰迎水面设计水位 2.17 米（设计水位为 26.33 米），故上游围堰两侧承受着巨大压力，围堰本身、附近泗化洲岛上尚未撤离的 300 多居民的生命财产及上、下游沿岸安全处于紧迫危险状态，一旦漫顶或垮堰危害不堪设想。为防止围堰发生危险，上诉人及时采取了相应措施：22 日凌晨连夜填筑加高围堰 1 米多，但防渗效果仍难以达到要求，上下游围堰前水位已超过围堰防渗体高程，防渗体以上堰体、上游围堰左岸靠近泗化洲岛部位和下游围堰多处渗漏现象严重。此外，上诉人还考虑过继续加高子堰，但经论证加高子堰十分困难，且稳定和防渗效果仍无法满足确保安全的要求。正是在加高围堰无果、加高子堰不可行，避险已别无选择的紧急关头，上诉人组织设计、监理、施工等单位专家研究，一致认为：为维护社会公共利益，防止垮堰等重大事故发生，在下游围堰进行破堰充水作业。由此可见，实施破堰是在

---

① 比如，《民法典物权编解释一》第 17 条第 1 款规定：“民法典第三百一十一条第一款第一项所称的‘受让人受让该不动产或者动产时’，是指依法完成不动产物权转移登记或者动产交付之时。”《民法典婚姻家庭编解释一》第 2 条规定：“民法典第一千零四十二条、第一千零七十九条、第一千零九十一条规定的‘与他人同居’的情形，是指有配偶者与婚外异性，不以夫妻名义，持续、稳定地共同居住。”第 20 条规定：“民法典第一千零五十四条所规定的‘自始没有法律约束力’，是指无效婚姻或者可撤销婚姻在依法被确认无效或者被撤销时，才确定该婚姻自始不受法律保护。”第 24 条规定：“民法典第一千零六十二条第一款第三项规定的‘知识产权的收益’，是指婚姻关系存续期间，实际取得或者已经明确可以取得的财产性收益”。

各方专家充分酝酿的基础上，在确有必要情况下集体决策的。事后，梧州市政府授予上诉人 2005 年度抗洪抢险先进集体，并给予上诉人总经理毛某权记二等功。梧州市防汛抗旱指挥部作为当地政府的防汛主管部门也认可破堰充水是一项科学决策，并认为上诉人成功实施破堰充水，保证了泗化洲岛居民的生命财产安全，缓解了下游梧州市抗洪抢险的压力，使工程和国家损失降到最低限度。显然，市政府的表彰及市防汛抗旱指挥部的认同充分说明上诉人的破堰不仅没有超出必要的限度或导致损失扩大，而且为梧州市的抗洪抢险作出重大贡献，保全了更大的利益。因此，上诉人破堰充水作业符合紧急避险的构成要件及特征，属于紧急避险行为。”

（二）紧急避险的类型

《民法典》第 182 条规定了三种类型的紧急避险，一是采取措施适当且没有超过必要的限度的紧急避险，二是采取措施不当但没有超过必要的限度的紧急避险，三是采取措施适当但超过必要的限度的紧急避险。按照是否造成不应有的损害，后两种紧急避险都可以细分为造成了不应有的损害的紧急避险和没有造成不应有的损害的紧急避险。此外，还存在采取措施不当且超过必要的限度的紧急避险

《民法典》第 182 条第 3 款所说的“紧急避险采取措施不当或者超过必要的限度，造成不应有的损害的，紧急避险人应当承担适当的民事责任”，尤其是其中的“紧急避险”和“紧急避险人”的表述，意味着，尽管相关避险行为采取措施不当或超过了必要的限度且造成了不应有的损害，但并不因此导致相关避险行为在性质上变成非紧急避险行为。因此，采取措施不当或超过必要的限度的紧急避险，不论是否造成不应有的损害，仍然属于紧急避险。

二、紧急避险致人损害的民事责任承担规则

《民法典》第 182 条明确了紧急避险致人损害的民事责任承担规则：

一是因采取措施适当且没有超过必要的限度的紧急避险致人损害的，紧急避险人不承担任何民事责任。此时紧急避险构成全部免责事由。

二是因采取措施不当致人损害的，按照是否造成了不应有的损害，认定紧急避险人是否需要承担民事责任：没有造成不应有的损害的（包括没有造成任何损害），紧急避险人不承担民事责任；造成了不应有的损害的，紧急避险人需要承担适当的民事责任。此时紧急避险虽然不能构成全部免责事由、但仍然构成部分免责事由。对此，《民事案件案由规定》在二级案由“侵权责任纠纷”项下规定了三级案由“紧急避险损害责任纠纷”。

三是因紧急避险超过必要的限度致人损害的，按照是否造成了不应有的损害，认定紧急避险人是否需要承担民事责任：没有造成不应有的损害的（包括没有造成任何损害），紧急避险人不承担民事责任；造成了不应有的损害的，紧急避险人需要承担适当的民事责任。此时紧急避险虽然不能构成全部免责事由、但仍然构成部分免责事由。

（一）采取措施适当且没有超过必要限度的紧急避险构成全部免责事由

《民法典》第 182 条第 1 款所说的“紧急避险”，是与《民法典》第 182 条第 3 款所说

的"采取措施不当"的紧急避险和"超过必要的限度"的紧急避险相对应的概念,指向的仅仅是采取措施适当且没有超过必要限度的紧急避险。

其中,《民法典》第 182 条第 1 款所说的"因紧急避险造成损害的,由引起险情发生的人承担民事责任"适用于由人为原因引起的危险,《民法典》第 182 条第 2 款所说的"危险由自然原因引起的,紧急避险人不承担民事责任,可以给予适当补偿"则适用于由自然原因引起的危险。

《民法典》第 182 条第 1 款所说的"因紧急避险造成损害的,由引起险情发生的人承担民事责任"和第 2 款所说的"危险由自然原因引起的,紧急避险人不承担民事责任,可以给予适当补偿",意味着:

一是只要行为人的行为构成紧急避险且采取措施适当、也没有超过必要的限度,紧急避险人就不承担任何民事责任,不论危险是由人为原因造成的还是由自然原因造成的。也就是说,采取措施适当且没有超过必要的限度的紧急避险属于民事责任的免责事由,并且是全部免责事由、而非部分免责事由。

对此,《民法典总则编解释》第 33 条第 2 款第 1 句规定了:"经审理,紧急避险采取措施并无不当且没有超过必要限度的,人民法院应当认定紧急避险人不承担责任。"应该说,《刑法》第 21 条第 1 款所说的"为了使国家、公共利益、本人或者他人的人身、财产和其他权利免受正在发生的危险,不得已采取的紧急避险行为,造成损害的,不负刑事责任",规定得更为清晰;《民法典》第 182 条第 1 款如能调整为"因紧急避险造成损害的,紧急避险人不承担民事责任,由引起险情发生的人承担民事责任",则更为准确。

二是采取措施适当且没有超过必要的限度的紧急避险作为全部免责事由,在《民法典》项下概无例外。这跟《民法典》第 590 条第 1 款针对不可抗力所说的"当事人一方因不可抗力不能履行合同的,根据不可抗力的影响,部分或者全部免除责任,但是法律另有规定的除外"是不一样的。

其中,《民法典》第 182 条第 1 款所说的"因紧急避险造成损害"中的"损害",既包括造成引发险情发生的人损害,也包括造成遭受正在发生的急迫危险的国家利益、社会公共利益或者他人的人身权利、财产权利以及其他合法权益的损害。因采取措施适当且没有超过必要的限度的紧急避险造成的损害,不论造成谁的损害、何种损害,紧急避险人均不承担任何民事责任。

三是针对由自然原因造成的危险,采取措施适当且没有超过必要的限度的紧急避险人在不承担民事责任的前提下,也可以基于自愿原则向在紧急避险过程中遭受损害的人给予"适当的补偿"。这也是《民法典》第 182 条第 2 款所说的"危险由自然原因引起的,紧急避险人不承担民事责任,可以给予适当补偿"中的"紧急避险人……可以给予适当补偿"的应有之义。这种"适当的补偿",在性质上并非"赔偿",也不同于《民法典》第 182 条第 3 款针对紧急避险人在紧急避险采取措施不当或者超过必要的限度、造成不应有的损害时所说的"紧急避险人应当承担适当的民事责任"中的"适当的民事责任"。

当然，根据《民事诉讼法》第 67 条第 1 款①和《民诉法解释》第 90 条、第 91 条②的规定，主张紧急避险免责的人需要对其行为构成紧急避险且采取措施适当、也没有超过必要的限度承担举证证明责任；否则，其主张可能得不到支持。

需要注意的是，《民法典》第 182 条第 1 款所说的"因紧急避险造成损害的，由引起险情发生的人承担民事责任"中的"由引起险情发生的人承担民事责任"，既包括由引起险情发生的人向在紧急避险中遭受损害的人承担民事责任，也包括由引起险情发生的人向为保护他人民事权益免受正在发生的急迫危险而采取紧急避险行为导致自己受到损害的紧急避险人承担民事责任；此外，在紧急避险人为保护他人民事权益免受正在发生的急迫危险而采取紧急避险行为导致自己受到损害的情形，《民法典》第 182 条第 1 款所说的"因紧急避险造成损害的，由引起险情发生的人承担民事责任"不影响《民法典》第 183 条的适用。

（二）采取措施不适当的紧急避险构成部分免责事由

《民法典》第 182 条第 3 款所说的"紧急避险采取措施不当……造成不应有的损害的，紧急避险人应当承担适当的民事责任"，意味着：

一是在同时满足"紧急避险采取措施不当"和"造成不应有的损害"这两个条件的情况下，紧急避险人需要承担民事责任，而非不承担民事责任。

其中，针对紧急避险是否采取措施不当的认定，《民法典总则编解释》第 33 条第 1 款作出了指引性规定，即："对于紧急避险是否采取措施不当……人民法院应当综合危险的性质、急迫程度、避险行为所保护的权益以及造成的损害后果等因素判断"。

比如，在广西某洲水电开发有限责任公司与张某康等船舶损害赔偿纠纷案中，在认定上诉人某洲水电公司破堰充水作业符合紧急避险的构成要件及特征、属于紧急避险行为的基础上，针对某洲水电公司采取避险措施有无不当的问题，广西壮族自治区高级人民法院（2007）桂民四终字第 10 号民事判决书认为："不可否认，上诉人为破堰做了一定的前期准备工作，并于实施作业前将拟破堰事宜报告有关部门。事前，上诉人制定《防汛措施及计划》和《应急预案》规定了遇超二十年一遇洪水可实施破堰及具体的操作措施和程序，并将计划、预案报海事局备案、报市防汛指挥部批准。6 月 21 日、22 日水情最严峻时，上诉人两次召开紧急会议研究对策，将可能出现的管涌、垮堰和管涌、决堤危险分别报告市政府和市防汛指挥部，要求市政府和市防汛指挥部安排附近船舶撤离，执行破堰决定前上诉人还形成专门的书面报告告知市防汛指挥部。破堰时，上诉人按照经批准的预案所规定的步骤、措施实施作业。但上诉人采取避险措施仍有不当之处，主要表现在两方面：其一，《内河交通安全管理条例》第二十九条规定

---

① 《民事诉讼法》第 67 条第 1 款规定："当事人对自己提出的主张，有责任提供证据。"

② 《民诉法解释》第 90 条规定："当事人对自己提出的诉讼请求所依据的事实或者反驳对方诉讼请求所依据的事实，应当提供证据加以证明，但法律另有规定的除外。在作出判决前，当事人未能提供证据或者证据不足以证明其事实主张的，由负有举证证明责任的当事人承担不利的后果。"第 91 条规定："人民法院应当依照下列原则确定举证证明责任的承担，但法律另有规定的除外：（一）主张法律关系存在的当事人，应当对产生该法律关系的基本事实承担举证证明责任；（二）主张法律关系变更、消灭或者权利受到妨害的当事人，应当对该法律关系变更、消灭或者权利受到妨害的基本事实承担举证证明责任。"

进行可能影响航道通航安全的作业时，应当在作业区域设置标志和显示信号，并按照海事管理机构的规定，采取相应的安全措施，保障通航安全。但上诉人未能举证证明其破堰前按规定设置了标志和显示信号。其二，《中华人民共和国民法通则》第四条规定民事活动应当遵循诚实信用原则，因此，尽管没有法律法规明确规定上诉人负有自行通知附近水域内船舶撤离的义务，但上诉人作为专业的水电公司凭借其掌握的专业知识应当预见到其破堰对这些船舶可能造成的危害，故其仍应直接地通知有关船舶撤离以履行其基于诚信原则的要求所承担的对附近船舶的注意和安全保护义务。然而，破堰前上诉人未通知有关船舶，在从开始破堰至发生船舶沉没长达几小时的过程中，上诉人的现场工作人员未通知有关船舶撤离。综上所述，本院认为：被上诉人的船舶损失系上诉人实施长洲坝破堰充水作业所致，但上诉人破堰属于紧急避险，应确认为合法行为。纵观本案事实，上诉人的行为虽属紧急避险，但其在紧急避险过程中采取避险措施不当，又鉴于本案险情是自然原因即百年一遇的洪水引起的，根据《中华人民共和国民法通则》第一百二十九条'因紧急避险造成损害的，由引起险情发生的人承担民事责任。如果危险是自然原因引起的，紧急避险人不承担民事责任或承担适当的民事责任。因紧急避险采取措施不当或超过必要的限度，造成不应有的损害的，紧急避险人应当承担适当的民事责任'的规定，上诉人应适当补偿被上诉人的船舶损失。案涉船舶是在上诉人破堰后反冲流的影响及一号船坞的碰撞两个因素共同作用下发生沉没的。而一号船坞是在反冲流的外力作用下发生断缆，在完全失控的状态下碰撞案涉船舶的，其对于造成案涉船舶的损失并无过错，故其所有人陈某坤等七人及该船坞所挂靠的船舶修造厂和航运某公司不应承担赔偿案涉船舶损失的责任。案涉船舶原停泊在长洲坝下围堰下游约 1600 米处的龙圩客运码头，破堰前没有接到撤离通知。海事部门通知其他船舶撤离的最远距离为围堰一公里以外，即便以此为衡量标准，该船停泊的地点也符合撤离距离的要求，故该船本身对其所受损失亦无过错。被上诉人的船舶损失应由上诉人赔偿，各方对于一审认定的被上诉人船舶损失 335838.96 元均未提出异议，上诉人应按此数额赔偿 50%，即 167919.48 元。"

二是在紧急避险采取措施不当且造成不应有的损害的情况下，紧急避险人既不是不承担任何民事责任，也不是承担全部民事责任，而是承担部分责任，即"承担适当的民事责任"。也就是说，采取措施不当的紧急避险虽然不构成全部免责事由，但至少构成部分免责事由。

其中，《民法典》第 182 条第 3 款所说的"承担适当的民事责任"，指的是承担与紧急避险人"采取措施不当"和造成的"不应有的损害"相适应的民事责任。对此，《民法典总则编解释》第 33 条第 2 款规定了："……紧急避险采取措施不当……的，人民法院应当根据紧急避险人的过错程度、避险措施造成不应有的损害的原因力大小、紧急避险人是否为受益人等因素认定紧急避险人在造成的不应有的损害范围内承担相应的责任。"

同样地，《民法典》第 182 条第 3 款所说的"造成不应有的损害"中的"损害"，既包括造成引发险情发生的人损害，也包括造成遭受正在发生的急迫危险的国家利益、社会公共利益或者他人的人身权利、财产权利以及其他合法权益的损害。

当然，根据《民事诉讼法》第 67 条第 1 款[①]和《民诉法解释》第 90 条、第 91 条[②]的规定，要求紧急避险人承担民事责任的主体（包括引发险情发生的人等）需要对紧急避险人采取措施不当并且造成了不应有的损害承担举证证明责任；否则，其主张可能得不到支持。这跟《民法典总则编解释》第 31 条第 3 款针对防卫过当所说的“实施侵害行为的人不能证明防卫行为造成不应有的损害，仅以正当防卫人采取的反击方式和强度与不法侵害不相当为由主张防卫过当的，人民法院不予支持”是类似的。

需要注意的是，《民法典》第 182 条第 3 款所说的“紧急避险采取措施不当……，造成不应有的损害的，紧急避险人应当承担适当的民事责任”，不影响在紧急避险中遭受损害的人依照《民法典》第 120 条和侵权责任编的规定请求引发险情发生的人承担侵权责任；此外，在紧急避险人为保护他人民事权益免受正在发生的急迫危险而采取紧急避险行为导致自己受到损害的情形，《民法典》第 182 条第 3 款所说的“紧急避险采取措施不当……，造成不应有的损害的，紧急避险人应当承担适当的民事责任”不影响《民法典》第 183 条的适用。

问题是，在紧急避险人为保护他人民事权益免受正在发生的急迫危险而采取紧急避险行为但采取措施不当，造成他人不应有的损害的情况下，考虑到《民法典》第 182 条第 3 款所说的“紧急避险采取措施不当……，造成不应有的损害的，紧急避险人应当承担适当的民事责任”与《民法典》第 184 条所说的“因自愿实施紧急救助行为造成受助人损害的，救助人不承担民事责任”存在矛盾，此时应当如何适用？

就此，基于《民法总则》第 184 条（现《民法典》第 184 条）“免除见义勇为者的后顾之忧，倡导培育见义勇为、乐于助人的良好社会风尚”的立法目的[③]，应该认为，此时应当适用《民法典》第 184 条、而不适用《民法典》第 182 条第 3 款，即：紧急避险人就其采取措施不当造成他人不应有的损害也不承担民事责任。

由此看来，《民法典》第 182 条第 3 款所说的“紧急避险采取措施不当……造成不应有的损害的，紧急避险人应当承担适当的民事责任”，就仅适用于紧急避险人为了使本人民事权益免受正在发生的急迫危险而采取紧急避险行为但采取措施不当，造成他人不应有的损害的情形。

---

① 《民事诉讼法》第 67 条第 1 款规定：“当事人对自己提出的主张，有责任提供证据。”

② 《民诉法解释》第 90 条规定：“当事人对自己提出的诉讼请求所依据的事实或者反驳对方诉讼请求所依据的事实，应当提供证据加以证明，但法律另有规定的除外。在作出判决前，当事人未能提供证据或者证据不足以证明其事实主张的，由负有举证证明责任的当事人承担不利的后果。”第 91 条规定：“人民法院应当依照下列原则确定举证证明责任的承担，但法律另有规定的除外：（一）主张法律关系存在的当事人，应当对产生该法律关系的基本事实承担举证证明责任；（二）主张法律关系变更、消灭或者权利受到妨害的当事人，应当对该法律关系变更、消灭或者权利受到妨害的基本事实承担举证证明责任。”

③ 2017 年 3 月 14 日第十二届全国人民代表大会第五次会议主席团第三次会议通过的《第十二届全国人民代表大会法律委员会关于〈中华人民共和国民法总则（草案修改稿）〉修改意见的报告》提及：“草案修改稿第一百八十四条规定，因自愿实施紧急救助行为造成受助人损害的，救助人不承担民事责任。受助人能够证明救助人有重大过失造成自己不应有的重大损害的，救助人承担适当的民事责任。一些代表提出，草案修改稿的后一句规定较草案规定虽作了进一步严格限定，针对的是在实践中可能出现的特殊情况，但仍难以免除见义勇为者的后顾之忧，不利于倡导培育见义勇为、乐于助人的良好社会风尚，建议删除。法律委员会经研究，赞成这一意见，建议删除这一内容。（草案建议表决稿第一百八十四条）”

(三)超过必要限度的紧急避险构成部分免责事由

《民法典》第 182 条第 3 款所说的"紧急避险……超过必要的限度,造成不应有的损害的,紧急避险人应当承担适当的民事责任",意味着:

一是在同时满足"紧急避险超过必要的限度"和"造成不应有的损害"这两个条件的情况下,紧急避险人需要承担民事责任,而非不承担民事责任。

其中,针对紧急避险是否超过必要的限度的认定,《民法典总则编解释》第 33 条第 1 款作出了指引性规定,即"对于紧急避险是否……超过必要的限度,人民法院应当综合危险的性质、急迫程度、避险行为所保护的权益以及造成的损害后果等因素判断"。

二是在紧急避险超过必要的限度且造成不应有的损害的情况下,紧急避险人既不是不承担任何民事责任,也不是承担全部民事责任,而是承担部分责任,即"承担适当的民事责任"。也就是说,超过必要的限度的紧急避险虽然不构成全部免责事由,但至少构成部分免责事由。

其中,《民法典》第 182 条第 3 款所说的"承担适当的民事责任",指的是承担与紧急避险人紧急避险行为"超过必要的限度"和造成的"不应有的损害"相适应的民事责任。对此,《民法典总则编解释》第 33 条第 2 款规定了:"……紧急避险……超过必要限度的,人民法院应当根据紧急避险人的过错程度、避险措施造成不应有的损害的原因力大小、紧急避险人是否为受益人等因素认定紧急避险人在造成的不应有的损害范围内承担相应的责任。"

同样地,《民法典》第 182 条第 3 款所说的"造成不应有的损害"中的"损害",既包括造成引发险情发生的人损害,也包括造成遭受正在发生的急迫危险的国家利益、社会公共利益或者他人的人身权利、财产权利以及其他合法权益的损害。

当然,根据《民事诉讼法》第 67 条第 1 款①和《民诉法解释》第 90 条、第 91 条②的规定,要求紧急避险人承担民事责任的主体(包括引发险情发生的人等)需要对紧急避险人紧急避险行为超过必要的限度并且造成了不应有的损害承担举证证明责任;否则,其主张可能得不到支持。这跟《民法典总则编解释》第 31 条第 3 款针对防卫过当所说的"实施侵害行为的人不能证明防卫行为造成不应有的损害,仅以正当防卫人采取的反击方式和强度与不法侵害不相当为由主张防卫过当的,人民法院不予支持"是类似的。

需要注意的是,《民法典》第 182 条第 3 款所说的"紧急避险……超过必要的限度,造成不应有的损害的,紧急避险人应当承担适当的民事责任",不影响在紧急避险中遭受损害的人依照《民法典》第 120 条和侵权责任编的规定请求引发险情发生的人承担

---

① 《民事诉讼法》第 67 条第 1 款规定:"当事人对自己提出的主张,有责任提供证据。"

② 《民诉法解释》第 90 条规定:"当事人对自己提出的诉讼请求所依据的事实或者反驳对方诉讼请求所依据的事实,应当提供证据加以证明,但法律另有规定的除外。在作出判决前,当事人未能提供证据或者证据不足以证明其事实主张的,由负有举证证明责任的当事人承担不利的后果。"第 91 条规定:"人民法院应当依照下列原则确定举证证明责任的承担,但法律另有规定的除外:(一)主张法律关系存在的当事人,应当对产生该法律关系的基本事实承担举证证明责任;(二)主张法律关系变更、消灭或者权利受到妨害的当事人,应当对该法律关系变更、消灭或者权利受到妨害的基本事实承担举证证明责任。"

侵权责任；此外，在紧急避险人为保护他人民事权益免受正在发生的急迫危险而采取紧急避险行为导致自己受到损害的情形，《民法典》第 182 条第 3 款所说的"紧急避险……超过必要的限度，造成不应有的损害的，紧急避险人应当承担适当的民事责任"不影响《民法典》第 183 条的适用。

问题是，在紧急避险人为保护他人民事权益免受正在发生的急迫危险而采取紧急避险行为但超过必要的限度，造成他人不应有的损害的情况下，考虑到《民法典》第 182 条第 3 款所说的"紧急避险……超过必要的限度，造成不应有的损害的，紧急避险人应当承担适当的民事责任"与《民法典》第 184 条所说的"因自愿实施紧急救助行为造成受助人损害的，救助人不承担民事责任"存在矛盾，此时应当如何适用？

就此，基于《民法总则》第 184 条（现《民法典》第 184 条）"免除见义勇为者的后顾之忧，倡导培育见义勇为、乐于助人的良好社会风尚"的立法目的①，应该认为，此时应当适用《民法典》第 184 条、而不适用《民法典》第 182 条第 3 款，即：紧急避险人就其超过必要限度的紧急避险行为造成他人不应有的损害也不承担民事责任。

由此看来，《民法典》第 182 条第 3 款所说的"紧急避险……超过必要的限度，造成不应有的损害的，紧急避险人应当承担适当的民事责任"，就仅适用于紧急避险人为了使本人民事权益免受正在发生的急迫危险而采取紧急避险行为但超过必要的限度，造成他人不应有的损害的情形。

三、刑法上的紧急避险制度的借鉴

在现有法律中，不仅《民法典》规定了紧急避险制度，《刑法》也规定了紧急避险制度。

《刑法》第 21 条第 1 款规定："为了使国家、公共利益、本人或者他人的人身、财产和其他权利免受正在发生的危险，不得已采取的紧急避险行为，造成损害的，不负刑事责任。"第 2 款规定："紧急避险超过必要限度造成不应有的损害的，应当负刑事责任，但是应当减轻或者免除处罚。"第 3 款规定："第一款中关于避免本人危险的规定，不适用于职务上、业务上负有特定责任的人。"

通过比较可以发现，《民法典总则编解释》第 32 条关于《民法典》第 182 条规定的紧急避险的解释，明显源于《刑法》第 21 条关于紧急避险的规定；在构成要件方面，民法上的紧急避险和刑法上的紧急避险在实质上是一致的。因此，在民事案件中认定紧急避险，可以参考、借鉴刑事法律法规有关紧急避险的认定的规定和相关指导案例。

问题是，《刑法》第 21 条第 3 款所说的"第一款中关于避免本人危险的规定，不适用于职务上、业务上负有特定责任的人"的精神，是否适用于民法上认定紧急避险？就

---

① 2017 年 3 月 14 日第十二届全国人民代表大会第五次会议主席团第三次会议通过的《第十二届全国人民代表大会法律委员会关于〈中华人民共和国民法总则（草案修改稿）〉修改意见的报告》提及："草案修改稿第一百八十四条规定，因自愿实施紧急救助行为造成受助人损害的，救助人不承担民事责任。受助人能够证明救助人有重大过失造成自己不应有的重大损害的，救助人承担适当的民事责任。一些代表提出，草案修改稿的后一句规定较草案规定虽作了进一步严格限定，针对的是在实践中可能出现的特殊情况，但仍难以免除见义勇为者的后顾之忧，不利于倡导培育见义勇为、乐于助人的良好社会风尚，建议删除。法律委员会经研究，赞成这一意见，建议删除这一内容。（草案建议表决稿第一百八十四条）"

此，考虑到作为后法的《民法典》和《民法典总则编解释》都没有吸收《刑法》第21条第3款关于“第一款中关于避免本人危险的规定，不适用于职务上、业务上负有特定责任的人”的规定，因此，在立法机关和最高法院对此作出明确的肯定的规定之前，应当认为，《刑法》第21条第3款的精神不适用于民法上认定紧急避险。

第一百八十三条 【见义勇为受损害的民事责任】因保护他人民事权益使自己受到损害的，由侵权人承担民事责任，受益人可以给予适当补偿。没有侵权人、侵权人逃逸或者无力承担民事责任，受害人请求补偿的，受益人应当给予适当补偿。

【条文通释】

《民法典》第183条是关于见义勇为受损害的民事责任的规定。

一、见义勇为的界定

《民法典》和《民法典总则编解释》都没有使用“见义勇为”的表述。

通常认为，“见义勇为”指向的是不负有法定职责、法定义务或者约定义务的人员，为保护国家利益、社会公共利益、他人的人身权利、财产权利以及其他合法权益，实施的制止正在发生的犯罪行为、违法行为或侵权行为、抓获或者协助有关机关抓获犯罪嫌疑人、罪犯或者救人、抢险、救灾等行为。

比如，《国务院办公厅转发民政部等部门关于加强见义勇为人员权益保护意见的通知》(国办发〔2012〕39号)规定：“国家对公民在法定职责、法定义务之外，为保护国家利益、社会公共利益和他人的人身、财产安全挺身而出的见义勇为行为，依法予以保护，对见义勇为人员的合法权益，依法予以保障，对见义勇为人员及其家庭的生活困难给予必要帮扶。”最高人民法院指导案例98号“张庆福、张殿凯诉朱振彪生命权纠纷案”的“裁判要点”提出：“行为人非因法定职责、法定义务或约定义务，为保护国家、社会公共利益或者他人的人身、财产安全，实施阻止不法侵害者逃逸的行为，人民法院可以认定为见义勇为。”《宁夏回族自治区见义勇为人员奖励和保护条例》(2021年修订)第7条规定：“不负有法定职责、特定义务或者约定义务的人员，为保护国家利益、公共利益或者他人人身、财产安全，实施下列行为，确认为见义勇为行为：(一)制止正在实施的危害国家安全、公共安全或者妨害社会管理秩序的违法犯罪行为的；(二)制止正在实施的侵害国家财产、集体财产或者他人人身、财产安全的违法犯罪行为的；(三)抓获或者主动协助有关机关抓获犯罪嫌疑人、罪犯的；(四)抢险、救灾、救人的；(五)依法确认的其他见义勇为行为的。”

也因此，《民法典》第183条所说的“他人民事权益”，应作扩大解释，解释为包括国家利益、社会公共利益和他人合法权益。这跟《民法典》第154条所说的“行为人与相对人恶意串通，损害他人合法权益的民事法律行为无效”中的“他人合法权益”是类似的。

二、见义勇为受损害的民事责任

为“匡正社会风气，鼓励见义勇为的行为”[①]，《民法典》第 183 条规定了见义勇为人因见义勇为受到损害的民事责任承担规则：

一是原则上由侵权人承担民事责任；与此相对应，见义勇为人对侵权人享有损害赔偿请求权。

二是在法定例外情况下，受到损害的见义勇为人对受益人享有适当补偿的请求权；与此相对应，受益人对受害人负有给予适当补偿的法定义务。

其中，《民法典》第 183 条所说的“受益人”，即其民事权益因见义勇为人的行为受到保护的“他人”。

三、见义勇为人的损害赔偿请求权

《民法典》第 183 条第 1 句所说的“因保护他人民事权益使自己受到损害的，由侵权人承担民事责任，受益人可以给予适当补偿”，意味着，见义勇为人对侵权人享有损害赔偿请求权；与此同时，受益人也可以基于自愿原则向受到损害的见义勇为人给予适当的补偿，但在此种情况下见义勇为人对受益人不享有补偿请求权。

《民法典》第 183 条第 1 句适用于见义勇为人因实施见义勇为受到损害，并且有侵权人、也能够找到侵权人、侵权人也有能力承担民事责任的情形。

在没有侵权人（比如由自然原因导致国家利益、社会公共利益、本人或者他人的人身权利、财产权利以及其他合法权益遭受损害或面临危险）或侵权人实施侵权行为后逃逸或侵权人没有能力承担赔偿责任的情况下，则应当适用《民法典》第 183 条第 2 句所说的“受害人请求补偿的，受益人应当给予适当补偿”。

其中的“受益人”，指的是《民法典》第 183 条所说的因保护他人民事权益使自己受到损害”中的“他人”，即：见义勇为行为所要保护的民事权益的权利人。比如，在张某、孙某全与刘某华见义勇为人受害责任纠纷案中，北京市高级人民法院（2022）京民申 1593 号民事裁定书认为：“本案中经查明，2020 年 3 月 27 日下午，北京市丰台区南苑至善街一平房房屋（以下简称起火房屋）屋顶平台杂物起火，刘某华发现火情后参与救火。北京市丰台区民政局于 2020 年 9 月 21 日向刘某华颁发《北京市见义勇为人员证书》。张某与孙某全系夫妻关系，系北京市丰台区南苑至善街××号房房主，该房屋由其二人出租收取租金，该房屋建有上下两层，紧邻起火房屋，二楼有门窗，通过该房屋二层可以至起火房屋屋顶平台。一、二审法院根据查明的事实及双方诉辩意见，结合在案证据，认定张某、孙某全作为受益人应当给予适当补偿，并无不当”。

需要注意的是，《民法典》第 183 条第 1 句所说的“受益人可以给予适当补偿”，意

---

① 全国人民代表大会常务委员会时任副委员长李建国 2017 年 3 月 8 日在第十二届全国人民代表大会第五次会议上作的《关于〈中华人民共和国民法总则（草案）〉的说明》提及：“为匡正社会风气，鼓励见义勇为的行为，草案规定，因自愿实施紧急救助行为造成受助人损害的，救助人不承担民事责任（草案第一百八十七条）。草案还规定，因保护他人民事权益而使自己受到损害的，由侵权人承担民事责任，受益人可以给予适当补偿。没有侵权人、侵权人逃逸或者无力承担民事责任，受害人请求补偿的，受益人应当给予适当补偿（草案第一百八十八条）。”

味着,在有侵权人、能够找到侵权人且侵权人有能力承担民事责任的情形,受益人在法律上不负有向受到损害的见义勇为人(即受害人)给予补偿的义务、见义勇为人对受益人也不享有补偿请求权;是否给予补偿、给予多少补偿、如何给予补偿,完全取决于受益人基于自愿原则作出的决定。这跟《民法典》第183条第2句针对"没有侵权人、侵权人逃逸或者无力承担民事责任"的情形所说的"受害人请求补偿的,受益人应当给予适当补偿"是不同的。但是,在有侵权人、能够找到侵权人且侵权人有能力承担民事责任的情形,如果受益人基于自愿原则作出了对见义勇为人给予特定的补偿的意思表示并且该意思表示也已经为见义勇为人所知道(适用于受益人以对话方式作出的补偿的思表示)或达到见义勇为人(适用于受益人以非对话方式作出的补偿的思表示),那么,基于《民法典》第182条"匡正社会风气,鼓励见义勇为的行为"的立法目的①,见义勇为人因此对受益人享有相应的补偿请求权,可以请求受益人履行补偿义务。

四、见义勇为人的补偿请求权

《民法典》第183条第1句所说的"没有侵权人、侵权人逃逸或者无力承担民事责任,受害人请求补偿的,受益人应当给予适当补偿",意味着,受到损害的见义勇为人(即受害人)对受益人享有给予适当补偿的请求权;与此相对应,受益人对受害人负有给予适当补偿的法定义务。

针对受益人对见义勇为人(即受害人)的民事责任,《民法典》第183条所说的"受害人请求补偿的,受益人应当给予适当补偿",从三个方面对受益人的责任作出了限定:一是在前置条件上,须以见义勇为人(即受害人)向受益人提出了补偿请求为条件;二是在性质上,受益人的民事责任为补偿责任,而非赔偿责任,不能直接适用《民法典》

---

① 全国人民代表大会常务委员会时任副委员长李建国2017年3月8日在第十二届全国人民代表大会第五次会议上作的《关于〈中华人民共和国民法总则(草案)〉的说明》提及:"为匡正社会风气,鼓励见义勇为的行为,草案规定,因自愿实施紧急救助行为造成受助人损害的,救助人不承担民事责任(草案第一百八十七条)。草案还规定,因保护他人民事权益而使自己受到损害的,由侵权人承担民事责任,受益人可以给予适当补偿。没有侵权人、侵权人逃逸或者无力承担民事责任,受害人请求补偿的,受益人应当给予适当补偿(草案第一百八十八条)。"

侵权责任编（主要是其第二章“损害赔偿”）有关侵权损害赔偿的规定①；三是在范围上，受益人的责任范围只是“适当补偿”，并非当然的“全额补偿”。

针对《民法典》第 183 条所说的“受益人应当给予适当补偿”中的“适当补偿”，《民法典总则编解释》第 34 条作出了指导性规定，即：“因保护他人民事权益使自己受到损害，受害人依据民法典第一百八十三条的规定请求受益人适当补偿的，人民法院可以根据受害人所受损失和已获赔偿的情况、受益人受益的多少及其经济条件等因素确定受益人承担的补偿数额”。

其中的“受害人所受损失”，包括作为受害人的见义勇为人“因保护他人民事权益使自己受到损害”而实际发生的误工费、医疗费等损失，但不包括精神抚慰金等精神损害赔偿。

比如，在鸡西市隆旺汽车运输有限公司与杨振海见义勇为受害责任纠纷案中，黑龙江省鸡西市中级人民法院（2019）黑 03 民终 962 号民事判决书认为：“见义勇为是指行为人在没有约定义务，也没有法定义务情况下，为了使国家利益、社会公共利益或者他人的合法权益不受或者免受损害，而实施的制止侵害、防止损失的行为。本案中被上诉人杨振海在上诉人公司车库发生火灾后，上到车库房顶部帮助查看火灾情况时房顶坍塌，摔伤，上诉人虽然提出其拒绝被上诉人到房顶，但被上诉人到房顶系上诉人公司铲车给送到房顶，上诉人无证据证实其明确拒绝被上诉人到房顶帮助查看是否存在火灾隐患，故一审认定该案系见义勇为受害责任纠纷并无不当。关于原审判决上诉人补偿被上诉人 80%损失是否合理问题。见义勇为行为人实施见义勇为时其自身受到损害的，可以请求侵权人赔偿或者受益人适当补偿。在确定补偿数额时应考虑受益人受益额度及经济状况确定应承担的补偿数额，上诉人公司失火房屋为车库，上诉人在

---

① 比如，黑龙江省高级人民法院（2020）黑民申 2020 号民事裁定书认为：“本案是见义勇为受害责任纠纷。根据《中华人民共和国民法总则》第一百三十八条规定：‘因保护他人民事权益使自己受到损害的，由侵权人承担民事责任，受益人可以给予适当补偿。没有侵权人、侵权人逃逸或者无力承担民事责任，受害人请求补偿的，受益人应当给予适当补偿。’在此类案件中，受益人承担补偿责任而非赔偿责任。在确定补偿范围时，应当综合考虑双方的经济情况和受益人的受益范围。”又如，在合肥某川物流有限公司与季某陶侵权责任纠纷案中，针对某川物流公司上诉提出的“一审法院认定事实不清，某川物流公司与季某陶之间系受益人与受害人关系，而不系侵权人与被侵权人关系，且适用法律错误，本案纠纷系补偿责任纠纷，不应根据《中华人民共和国侵权责任法》第六条进行过错责任归责”的主张，安徽省芜湖市中级人民法院（2021）皖 02 民终 524 号民事判决书认为：“……一审法院在‘本院认为’部分已经明确表述，季某陶提交的证据不足以证实某川物流公司作为货运站点的负责人具有侵权行为和过错，也不能证实某川物流公司的行为与季某陶的损害后果具有因果关系。季某陶在没有约定义务、法定义务的情况下，为了使社会公共利益、他人合法权益不受或免受损害而主动参与救火的行为属于见义勇为行为，应按照见义勇为的规定处理。故，一审法院并未认定某川物流公司与季某陶之间系侵权人与被侵权人关系，也未适用《中华人民共和国侵权责任法》第六条进行过错责任归责。故，某川物流公司上述上诉意见，本院不予采信。《中华人民共和国民法总则》第一百八十三条规定：‘因保护他人民事权益使自己受到损害的，由侵权人承担民事责任，受益人可以给予适当补偿。没有侵权人、侵权人逃逸或者无力承担民事责任，受害人请求补偿的，受益人应当给予适当补偿。’本案中，某川物流公司作为受益人，应当对见义勇为者季某陶的损失予以适当补偿。”再如，北京市第一中级人民法院（2017）京 01 民终 121 号民事判决书也认为：“见义勇为的救助者在危难关头挺身而出的救助行为，体现了中华民族的传统美德，见义勇为的行为值得褒奖与弘扬。对于见义勇为的救助者自身受害的损失，应最终通过构建多元化的社会救助机制加以填平。作为受益人仅应依据公平原则，承担适当的补偿责任，否则无意于加重无过错受益人的负担，将社会应承担责任附加给了受益人。”

火灾发生后,为修复该车库支付购买彩钢瓦和安装彩钢瓦共计花费1260元,本案中上诉人受益额度仅为1260元,虽然上诉人作为公司其经济能力要较被上诉人强,但一审确定让其承担80%的补偿额度明显偏高应予以调整,以免出现新的利益失衡。关于一审判决认定的误工费、医疗费数额是否正确问题。关于误工费问题庭审时被上诉人自述其与他人合伙经营货车其是司机,依据最高人民法院《关于审理人身损害赔偿案件适用法律若干问题的解释》第二十条:受害人有固定收入的,误工费按照实际减少的收入计算。受害人无固定收入的,按照其最近三年的平均收入计算,受害人不能举证证明其最近三年收入的,可以参照受诉法院所在地相同或者相近行业上一年度职工的平均工资计算。被上诉人杨振海未能提供其近三年的收入情况证明,一审以2018年黑龙江省城镇非私营单位就业人员年度平均工资60780元计算亦无不当。另查杨振海受伤后在鸡西市人民医院住院其间花费医疗费59621.29元,一审时并未按比例将杨振海应承担的份额扣除。杨振海各项损失合计384894.18元,应由上诉人隆旺汽车运输公司给予适当补偿。关于一审判决上诉人给付被上诉人精神抚慰金6000元是否合理问题;最高人民法院关于精神损害赔偿司法解释第一条规定:自然人因下列人格权利,遭受非法侵害,向人民法院起诉请求赔偿精神损害的,人民法院应依法予以受理;(一)生命权、健康权、身体权;(二)姓名权、肖像权、名誉权、荣誉权;(三)人格尊严权、人身自由权。违反社会公共利益,社会公德侵害他人隐私或者其他人格利益,受害人以侵权为由向人民法院起诉请求赔偿精神损害的人民法院应当依法予以受理。依据此规定,请求精神损害赔偿的前提是权利人遭受非法侵害,以侵权为由请求精神损害赔偿。而本案系见义勇为受害责任纠纷,并非侵权案由,适用的是适当补偿原则,被上诉人要求精神损害赔偿不符合上述规定,被上诉人此项诉求不应予以支持。关于一审判决给付未发生的更换人工关节费用是否合理问题。根据鉴定意见杨振海现更换的人工关节需每十年更换一次,每次费用60000元,为减少当事人诉累,一审结合我国人均寿命等因素,支持一次更换人工关节的费用亦无不当。”故判决“上诉人鸡西市隆旺汽车运输有限公司于本判决生效后十日内一次性补偿被上诉人杨振海各项损失合计118184.9元。”

在该案的再审审查程序中,针对二审法院判决的补偿数额是否合理的问题,黑龙江省高级人民法院(2020)黑民申2020号民事裁定书认为:“本案是见义勇为受害责任纠纷。根据《中华人民共和国民法总则》第一百三十八条规定:‘因保护他人民事权益使自己受到损害的,由侵权人承担民事责任,受益人可以给予适当补偿。没有侵权人、侵权人逃逸或者无力承担民事责任,受害人请求补偿的,受益人应当给予适当补偿。’在此类案件中,受益人承担补偿责任而非赔偿责任。在确定补偿范围时,应当综合考虑双方的经济情况和受益人的受益范围。具体到本案中,杨振海登上房顶时,火情已经得到控制,二审法院认定受益人的受益额度为受益人为修复着火车库支付购买彩钢瓦和安装彩钢瓦的花费1260元并无不当。杨振海主张若未检测出火灾隐情,损失的是整个车库和其中车辆无事实依据。杨振海并未提供证据证明其发现何种火灾隐情以及避免的损失范围,因此对该主张不予支持。杨振海主张伤残精神抚慰金问题。《最高人民法院关于确定民事侵权精神损害赔偿责任若干问题的解释》第一条规定:自然人因下列人格权利,遭受非法侵害,向人民法院起诉请求赔偿精神损害的,人民法院应依法予以受理:(一)生命权、健康权、身体权;(二)姓名权、肖像权、名誉权、荣誉权;(三)人格尊严权、人身自由权。违反社会公共利益,社会公德侵害他人隐私或者其他人格利益,受害人以侵权为由向人民法院起诉请求赔偿精神损害的人民法院应当依法予以受理。根据此规定,自然人在遭受非法侵害时才可请求精神损害赔偿,精神损害赔偿是在侵权纠纷时才可主张,而本案是见义勇为受害责任纠纷而非侵权案件,杨振海主张精神损害赔偿不符合上述法律规定,对杨振海此项主张不予支持。杨振海主张隆旺公司既是侵权人又是受益人,应当承担双重赔偿责任问题。杨振海主张车库着火是隆旺公司职工在点火时不慎造成的,职工行为是职务行为,因此本案的侵权人是隆旺公司。杨振海就该项主张未提供证据予以证实,该主张无事实依据。并且杨振海受伤与案涉车库着火原因没有直接关系,杨振海的该项主张不予支持。综上所述,二审法院在综合考虑双方当事人的经济情况和受益人的受益范围判令隆旺公司给予杨振海 118184. 9 元补偿并无不当。"

又如,在合肥某川物流有限公司与季某陶侵权责任纠纷案中,安徽省芜湖市中级人民法院(2021)皖 02 民终 524 号民事判决书认为:"季某陶作为见义勇为者,是为了受益人某川物流公司的财产安全而受到损害,对该损害,某川物流公司应当与季某陶共同分担,给予季某陶适当补偿。季某陶主动参与救火,遭受了人身损害,经鉴定伤残等级评定九级,但该损害并非某川物流公司的非法侵害造成,不应由某川物流公司承担精神损害赔偿责任。某川物流公司承担的补偿责任范围应当根据见义勇为者季某陶所受损失情况、某川物流获益情况及其经济承受能力综合考虑,无需进一步区分补偿是否包含精神损害的补偿。一审法院根据查明的事实、结合本案实际情况,酌定某川物流公司补偿季某陶 112858. 29 元,符合客观实情。"

第一百八十四条　【自愿实施紧急救助致受助人损害的民事责任】因自愿实施紧急救助行为造成受助人损害的,救助人不承担民事责任。

【条文通释】

《民法典》第 184 条是关于自愿实施紧急救助致受助人损害的民事责任的规定。

一、紧急救助行为的界定

《民法典》使用了"紧急救助"的表述,但没有给出"紧急救助"的定义。考虑到在日常用语中,"紧急"的含义是"必须立即采取行动、不容许拖延的"①,"救助"的含义是

① 中国社会科学院语言研究所词典编辑室编:《现代汉语词典》(修订本),商务印书馆 1996 年版,第 657 页。

"拯救和援助"①,可以认为,《民法典》第 184 条所说的"紧急救助",指向的是在紧急情况下对需要帮助的人施以援手,予以拯救和援助的行为。

其中的"需要帮助",既包括因治安刑事案件、自然灾害、意外事故等受伤而需要帮助,也包括因战争、武装冲突、暴乱、严重自然灾害、重大事故灾难、重大传染病疫情、恐怖袭击等重大突发事件导致人身、财产安全受到威胁而需要帮助②。

由此可以认为,《民法典》第 184 条所说的"自愿实施紧急救助",指向的是不负有法定职责、法定义务或者约定义务的人员,基于自愿,在紧急情况下对需要帮助的人施以援手、予以救助;如果救助人对受助人负有法定救助职责、法定救助义务或者约定救助义务,则不适用《民法典》第 184 条所说的"因自愿实施紧急救助行为造成受助人损害的,救助人不承担民事责任"。

比如,在张某 1、张某 2、陈某与林某安、覃某珊生命权纠纷案中,广西壮族自治区高级人民法院(2019)桂民申 4795 号民事裁定书认为:"2018 年 3 月 11 日,林某某在红水河溺亡。在公安机关调查询问时,在场人员韦某、韦某 1、周某帆等均陈述了张某 1 带着林某某往深水区的事实,三人陈述张某 1 带林某某的动作、姿势基本一致,且与在场人员韦某 2 的陈述也能够相互作证。虽然此后韦某 1、周某帆否认过各自在公安机关所作的陈述,但他们均未提供充分理由,鉴于二人年龄较小、易受外界影响,在没有相反证据佐证的情况下,在前的陈述应当更为真实。因此,一、二审法院采信韦某、韦某 1、周某帆、韦某 2 在公安机关所作的陈述,认定林某某被张某 1 带到深水区最终溺亡,并无不当,本院予以维持。《中华人民共和国民法总则》第一百八十四条规定:'因自愿实施紧急救助行为造成受助人损害的,救助人不承担民事责任。'张某 1 使林某某处于危险境地后进行施救且未获成功,其救助行为显然不符合见义勇为的法律规定。"

又如,在陕西某某石油榆林天然气化工有限责任公司与柳某艳等财产损害赔偿纠纷案中,陕西省高级人民法院(2020)陕民申 559 号民事裁定书认为:"涉案房屋系由被申请人柳某艳的丈夫张某国以其拥有申请人榆天化公司职工资格而集资修建,房屋产权归个人所有,该房屋所在小区即榆天化家属院物业由榆天化公司负责代为管理。2009 年 8 月,榆天化公司对小区屋面组织施工,进行维修。其时遭遇大雨,造成积水渗漏到被申请人房屋导致财产受损。2018 年 8 月,案涉房屋再次漏水造成被申请人财产损失。榆天化公司作为案涉小区物业管理者,对小区物业的共有部分具有日常维护的义务,且其在对小区楼房屋面进行维修过程中,未采取及时有效措施,造成被申请人财产损失,具有过错,原审判令其向被申请人赔偿相应的财产损失,其认定事实和适用法律并无不当。申请人称其并非维修义务主体以及其对小区公共部分进行维修系《中华

---

① 《领事保护与协助条例》第 14 条第 1 款规定:"获知在国外的中国公民因治安刑事案件、自然灾害、意外事故等受伤的,驻外外交机构应当根据相关情形向驻在国有关部门了解核实情况,敦促开展紧急救助和医疗救治,要求依法公正妥善处理",第 15 条第 1 款规定:"驻在国发生战争、武装冲突、暴乱、严重自然灾害、重大事故灾难、重大传染病疫情、恐怖袭击等重大突发事件,在国外的中国公民、法人、非法人组织因人身财产安全受到威胁需要帮助的,驻外外交机构应当及时核实情况,敦促驻在国采取有效措施保护中国公民、法人、非法人组织的人身财产安全,并根据相关情形提供协助。"

② 中国社会科学院语言研究所词典编辑室编:《现代汉语词典》(修订本),商务印书馆 1996 年版,第 678 页。

人民共和国民法总则》第一百八十四条规定的自愿实施紧急救助行为，救助人不承担民事责任无事实和法律依据，其此项再审申请理由不能成立。”

再如，在班某卫与黄某线等生命权纠纷案中，广西壮族自治区高级人民法院(2019)桂民申 5411 号民事裁定书认为：“本案中，班某卫与班某会一起在班某群家饮酒，后班某卫与班某会相邀一同回家，此时，班某卫就具有履行安全护送班某会回家和对班某会出现危险进行救助的义务。也就是说，班某卫与班某会一起饮酒，后相邀一同回家的先前行为，产生了班某卫安全护送班某会回家和对班某会出现危险进行救助的义务。但班某卫没有安全护送班某会到家，班某卫发现班某会掉入河中后，虽实施一定的救助手段，但其实施行为无果后并未报警或打电话告知家属、朋友及时救助，而是返回到班某群家门口打电话给班某决接其回去睡觉，违反了履行安全护送和救助义务，导致班某会死亡，其主观上具有一定过错，应承担相应的赔偿责任。一、二审认定班某卫承担 30%的赔偿责任并无不妥。……如上所述，班某卫具有履行安全护送班某会回家和对班某会出现危险进行救助的义务。这项义务是必须履行，而不是班某卫自愿履行。因此，班某卫的行为不符合《中华人民共和国民法总则》第一百八十四条规定：‘因自愿实施紧急救助行为造成受助人损害的，救助人不承担民事责任’的见义勇为行为”。

二、紧急救助行为造成受助人损害的民事责任

《民法典》第 184 条规定了因自愿实施紧急救助行为造成受助人损害的民事责任承担规则，即：“救助人不承担民事责任”，其目的在于“免除见义勇为者的后顾之忧”和“倡导培育见义勇为、乐于助人的良好社会风尚”[①]，“匡正社会风气，鼓励和保护见义勇为行为”[②]。

也就是说，在救助人自愿实施救济救助行为造成受助人损害的情形，不论救助人采取的救助措施是否存在不当或超过必要的限度的问题、是否造成了不应有的损害，都免除救助人的民事责任，救助人不因其自愿实施的紧急救助行为对受助人承担任何民事责任。

比如，在最高人民法院 2023 年 8 月 2 日发布的“人民法院抓实公正与效率践行社会主义核心价值观典型案例”之案例十三“齐某某诉孙某某健康权纠纷案”中，在查明该案案情“2017 年 9 月 7 日晚 8 时左右，齐某某因感觉头晕到孙某某经营的药店买药。齐某某服下硝酸甘油药片后出现心脏骤停现象，孙某某即实施心肺复苏进行抢救。齐某某恢复意识后，由 120 救护车送往康平县人民医院住院治疗，被诊断为双侧多发肋骨骨折、右肺挫伤、低钾血症，共计住院 18 天。齐某某提起本案诉讼，请求孙某某赔偿医疗费、护理费、交通费、住院伙食补助费共计 9 千余元”的基础上，辽宁省康平县人民法院认为，孙某某系自愿实施紧急救助行为，虽然救助过程中导致齐某某身体损害，但没有证据证明齐某某心脏骤停与服用的硝酸甘油药物有关。且孙某某具有医学从业

---

① 2017 年 3 月 14 日第十二届全国人民代表大会第五次会议主席团第三次会议通过的《第十二届全国人民代表大会法律委员会关于〈中华人民共和国民法总则(草案修改稿)〉修改意见的报告》。

② 原全国人民代表大会法律委员会 2016 年 12 月 19 日在第十二届全国人民代表大会常务委员会第二十五次会议上作的《关于〈中华人民共和国民法总则(草案)〉修改情况的汇报》。

资质,给老人进行心肺复苏造成肋骨骨折及肺挫伤无法完全避免,其救助行为没有过错,不违反诊疗规范,故孙某某作为救助人对齐某某的损害不承担民事责任。

当然,在救助人采取救助措施不当或超过必要的限度且造成受助人不应有的损害的情况下,救助人尽管在法律上不需要承担任何民事责任,但可以基于自愿原则给予受助人适当的补偿。

需要注意的是,《民法典》第 184 条所说的"因自愿实施紧急救助行为造成受助人损害的,救助人不承担民事责任",只是明确了救助人不承担民事责任,并不意味着其他主体当然也不需要承担民事责任,受助人有权依照《民法典》第 120 条和侵权责任编、第 182 条第 1 款等规定请求引发险情发生的人等侵权人承担侵权责任。

三、紧急救助与正当防卫的竞合

根据《民法典》第 181 条和第 183 条的规定,在行为人为了使国家利益、社会公共利益或他人的人身权利、财产权利以及其他合法权益免受正在进行的不法侵害,而针对实施侵害行为的人采取的制止不法侵害的行为,也造成合法权益遭受不法侵害的主体(即受助人)损害的情形,存在正当防卫和紧急救助的竞合,此时应当适用《民法典》第 184 条所说的"因自愿实施紧急救助行为造成受助人损害的,救助人不承担民事责任",而不适用《民法典》第 181 条第 2 款所说的"正当防卫超过必要的限度,造成不应有的损害的,正当防卫人应当承担适当的民事责任",以彰显《民法典》"免除见义勇为者的后顾之忧,倡导培育见义勇为、乐于助人的良好社会风尚"的立法目的①。

四、紧急救助与紧急避险的竞合

同样地,根据《民法典》第 182 条和第 183 条的规定,在行为人为了使国家利益、社会公共利益或者他人的人身权利、财产权利以及其他合法权益免受正在发生的急迫危险,不得已而采取紧急措施,也造成合法权益遭遇正在发生的紧迫危险的主体(即受助人)损害的情形,存在紧急避险和紧急救助的竞合,此时也应当适用《民法典》第 184 条所说的"因自愿实施紧急救助行为造成受助人损害的,救助人不承担民事责任",而不适用《民法典》第 182 条第 3 款所说的"紧急避险采取措施不当或者超过必要的限度,造成不应有的损害的,紧急避险人应当承担适当的民事责任",以彰显《民法典》"免除

---

① 2017 年 3 月 14 日第十二届全国人民代表大会第五次会议主席团第三次会议通过的《第十二届全国人民代表大会法律委员会关于〈中华人民共和国民法总则(草案修改稿)〉修改意见的报告》提及:"草案修改稿第一百八十四条规定,因自愿实施紧急救助行为造成受助人损害的,救助人不承担民事责任。受助人能够证明救助人有重大过失造成自己不应有的重大损害的,救助人承担适当的民事责任。一些代表提出,草案修改稿的后一句规定较草案规定虽作了进一步严格限定,针对的是在实践中可能出现的特殊情况,但仍难以免除见义勇为者的后顾之忧,不利于倡导培育见义勇为、乐于助人的良好社会风尚,建议删除。法律委员会经研究,赞成这一意见,建议删除这一内容。(草案建议表决稿第一百八十四条)"

见义勇为者的后顾之忧，倡导培育见义勇为、乐于助人的良好社会风尚”的立法目的①。

第一百八十五条　【侵害英烈等的特定人格利益、损害社会公共利益的民事责任】侵害英雄烈士等的姓名、肖像、名誉、荣誉，损害社会公共利益的，应当承担民事责任。

【条文通释】

《民法典》第 185 条是关于侵害英烈等的特定人格利益②、损害社会公共利益的民事责任的规定。

一、侵害英雄烈士特定人格利益的民事责任

考虑到“英雄和烈士是一个国家和民族精神的体现，是引领社会风尚的标杆，加强对英烈姓名、名誉、荣誉等的法律保护，对于促进社会尊崇英烈，扬善抑恶，弘扬社会主义核心价值观意义重大”③，《民法典》第 185 条针对英雄烈士的姓名、肖像、名誉、荣誉的保护作出了原则性规定：“侵害英雄烈士等的姓名、肖像、名誉、荣誉，损害社会公共利益的，应当承担民事责任。”

（一）英雄烈士的范围

根据《英雄烈士保护法》第 2 条、《最高人民法院、最高人民检察院、公安部关于依法惩治侵害英雄烈士名誉、荣誉违法犯罪的意见》（公通字〔2022〕5 号）和最高人民检察院第八检察厅 2021 年印发的《人民检察院公益诉讼检察部门办理英雄烈士保护民事公益诉讼案件工作指引》，《民法典》第 185 条所说的“英雄烈士”，“主要是指近代以来，为了争取民族独立和人民解放，实现国家富强和人民幸福，促进世界和平和人类进步而毕生奋斗、英勇献身的英雄烈士”，具体而言：

一是“英雄烈士的时代范围为‘近代以来’”，不包括近代以前的英雄烈士，“重点是中国共产党、人民军队和中华人民共和国历史上的英雄烈士”。

二是“英雄烈士是指已经牺牲、去世的英雄烈士”。对健在的英雄模范人物的保

---

① 2017 年 3 月 14 日第十二届全国人民代表大会第五次会议主席团第三次会议通过的《第十二届全国人民代表大会法律委员会关于〈中华人民共和国民法总则（草案修改稿）〉修改意见的报告》提及：“草案修改稿第一百八十四条规定，因自愿实施紧急救助行为造成受助人损害的，救助人不承担民事责任。受助人能够证明救助人有重大过失造成自己不应有的重大损害的，救助人承担适当的民事责任。一些代表提出，草案修改稿的后一句规定较草案规定虽作了进一步严格限定，针对的是在实践中可能出现的特殊情况，但仍难以免除见义勇为者的后顾之忧，不利于倡导培育见义勇为、乐于助人的良好社会风尚，建议删除。法律委员会经研究，赞成这一意见，建议删除这一内容。（草案建议表决稿第一百八十四条）”

② 全国人民代表大会常务委员会时任副委员长王晨 2020 年 5 月 22 日在第十三届全国人民代表大会第三次会议上作的《关于〈中华人民共和国民法典（草案）〉的说明》针对“死者的姓名、肖像、名誉、荣誉、隐私、遗体等”使用了“死者人格利益”的表述。

③ 第十二届全国人民代表大会法律委员会 2017 年 3 月 12 日在第十二届全国人民代表大会第五次会议主席团第二次会议上作的《关于〈中华人民共和国民法总则（草案）〉审议结果的报告》。

护，适用《国家勋章和国家荣誉称号法》《军人地位和权益保障法》[①]等相关法律法规。

三是“英雄烈士既包括个人，也包括群体；既包括有名英雄烈士，也包括无名英雄烈士”。

四是对经依法评定为烈士的，应当认定为《民法典》第185条规定的“英雄烈士”；已牺牲、去世，尚未评定为烈士，但其事迹和精神为我国社会普遍公认的英雄模范人物或者群体，可以认定为《民法典》第185条规定的“英雄烈士”。[②]

五是其他法律法规、司法解释等规定可以作为“英雄烈士”对待的人物或者群体，应当认定为《民法典》第185条规定的“英雄烈士”。[③]

（二）侵害英雄烈士的姓名、肖像、名誉、荣誉的民事责任

《民法典》第185条所说的“侵害英雄烈士等的姓名、肖像、名誉、荣誉，损害社会公共利益的，应当承担民事责任”，只是原则性地规定了“侵害英雄烈士等的姓名、肖像、名誉、荣誉，损害社会公共利益”的行为应当承担民事责任；至于承担何种民事责任、如何承担民事责任，则应当适用《民法典》其他规定（主要是人格权编和侵权责任编的有关规定）和其他法律（比如《英雄烈士保护法》）的有关规定。

其中，《民法典》第185条所说的“侵害英雄烈士等的姓名、肖像、名誉、荣誉”，指向的是通过各种各样的方式侵害英雄烈士等的姓名、肖像、名誉、荣誉的行为。比如，任何组织和个人以细节考据、观点争鸣等名义对英雄烈士的事迹和精神进行污蔑和贬损，属于歪曲、丑化、亵渎、否定英雄烈士事迹和精神的行为，[④]属于《民法典》第185条所说的“侵害英雄烈士等的姓名、肖像、名誉、荣誉”。

鉴于“英雄烈士保护民事公益诉讼的客体是英雄烈士等的姓名、肖像、名誉、荣誉以及社会公共利益，不包括财产性利益”[⑤]，《民法典》第185条所说的“应当承担民事责任”中的“民事责任”，主要是指《民法典》第179条第1款所说的停止侵害、排除妨

---

① 《军人地位和权益保障法》第62条规定：“侵害军人荣誉、名誉和其他相关合法权益，严重影响军人有效履行职责使命，致使社会公共利益受到损害的，人民检察院可以根据民事诉讼法、行政诉讼法的相关规定提起公益诉讼”；《最高人民法院、最高人民检察院、公安部关于依法惩治侵害英雄烈士名誉、荣誉违法犯罪的意见》（公通字〔2022〕5号）规定：“英雄烈士是指已经牺牲、去世的英雄烈士。对侮辱、诽谤或者以其他方式侵害健在的英雄模范人物或者群体名誉、荣誉，构成犯罪的，适用刑法有关侮辱、诽谤罪等规定追究刑事责任，符合适用公诉程序条件的，由公安机关依法立案侦查，人民检察院依法提起公诉。但是，被侵害英雄烈士群体中既有已经牺牲的烈士，也有健在的英雄模范人物的，可以统一适用侵害英雄烈士名誉、荣誉罪。”

② 《最高人民法院、最高人民检察院、公安部关于依法惩治侵害英雄烈士名誉、荣誉违法犯罪的意见》（公通字〔2022〕5号）规定：“对经依法评定为烈士的，应当认定为刑法第二百九十九条之一规定的‘英雄烈士’；已牺牲、去世，尚未评定为烈士，但其事迹和精神为我国社会普遍公认的英雄模范人物或者群体，可以认定为‘英雄烈士’。”

③ 最高人民检察院第八检察厅2021年印发的《人民检察院公益诉讼检察部门办理英雄烈士保护民事公益诉讼案件工作指引》提出：“对英雄烈士的认定，应当注意把握以下几点：……5.其他法律法规、司法解释等规定可以作为‘英雄烈士’对待的人物或者群体属于公益诉讼保护范围。”

④ 最高人民法院指导案例99号“葛长生诉洪振快名誉权、荣誉权纠纷案”的“裁判要点3”提出：“任何组织和个人以细节考据、观点争鸣等名义对英雄烈士的事迹和精神进行污蔑和贬损，属于歪曲、丑化、亵渎、否定英雄烈士事迹和精神的行为，应当依法承担法律责任。”

⑤ 最高人民检察院第八检察厅2021年印发的《人民检察院公益诉讼检察部门办理英雄烈士保护民事公益诉讼案件工作指引》。

碍、消除危险、消除影响、恢复名誉、赔礼道歉。对此,《民法典》第 995 条规定:“人格权受到侵害的,受害人有权依照本法和其他法律的规定请求行为人承担民事责任。受害人的停止侵害、排除妨碍、消除危险、消除影响、恢复名誉、赔礼道歉请求权,不适用诉讼时效的规定”,第 998 条规定:“认定行为人承担侵害除生命权、身体权和健康权外的人格权的民事责任,应当考虑行为人和受害人的职业、影响范围、过错程度,以及行为的目的、方式、后果等因素”,第 1000 条规定:“行为人因侵害人格权承担消除影响、恢复名誉、赔礼道歉等民事责任的,应当与行为的具体方式和造成的影响范围相当。行为人拒不承担前款规定的民事责任的,人民法院可以采取在报刊、网络等媒体上发布公告或者公布生效裁判文书等方式执行,产生的费用由行为人负担。”

针对英雄烈士的姓名、肖像、名誉、荣誉等的保护,《英雄烈士保护法》作出了更加具体的规定。其中,《英雄烈士保护法》第 22 条规定:“禁止歪曲、丑化、亵渎、否定英雄烈士事迹和精神。英雄烈士的姓名、肖像、名誉、荣誉受法律保护。任何组织和个人不得在公共场所、互联网或者利用广播电视、电影、出版物等,以侮辱、诽谤或者其他方式侵害英雄烈士的姓名、肖像、名誉、荣誉。任何组织和个人不得将英雄烈士的姓名、肖像用于或者变相用于商标、商业广告,损害英雄烈士的名誉、荣誉。公安、文化、新闻出版、广播电视、电影、网信、市场监督管理、负责英雄烈士保护工作的部门发现前款规定行为的,应当依法及时处理”,第 25 条规定:“对侵害英雄烈士的姓名、肖像、名誉、荣誉的行为,英雄烈士的近亲属可以依法向人民法院提起诉讼。英雄烈士没有近亲属或者近亲属不提起诉讼的,检察机关依法对侵害英雄烈士的姓名、肖像、名誉、荣誉,损害社会公共利益的行为向人民法院提起诉讼。负责英雄烈士保护工作的部门和其他有关部门在履行职责过程中发现第一款规定的行为,需要检察机关提起诉讼的,应当向检察机关报告。英雄烈士近亲属依照第一款规定提起诉讼的,法律援助机构应当依法提供法律援助服务”,第 26 条规定:“以侮辱、诽谤或者其他方式侵害英雄烈士的姓名、肖像、名誉、荣誉,损害社会公共利益的,依法承担民事责任;构成违反治安管理行为的,由公安机关依法给予治安管理处罚;构成犯罪的,依法追究刑事责任。”

需要注意的是,《民法典》第 185 条只是规定了侵害英雄烈士的姓名、肖像、名誉、荣誉并且损害社会公共利益的行为的民事责任承担问题,不涉及侵害英雄烈士的姓名、肖像、名誉、荣誉但未损害社会公共利益的行为的民事责任承担问题,此时应当适用《民法典》第 994 条关于“死者的姓名、肖像、名誉、荣誉、隐私、遗体等受到侵害的,其配偶、子女、父母有权依法请求行为人承担民事责任;死者没有配偶、子女且父母已经死亡的,其他近亲属有权依法请求行为人承担民事责任”的一般规定。对此,最高人民法院指导案例 99 号“葛长生诉洪振快名誉权、荣誉权纠纷案”的“裁判要点 1”也指出:“对侵害英雄烈士名誉、荣誉等行为,英雄烈士的近亲属依法向人民法院提起诉讼的,人民法院应予受理。”

(三)侵害英雄烈士的隐私、遗体等其他人格利益的民事责任

还需注意的是,《民法典》第 185 条只是规定了侵害英雄烈士的姓名、肖像、名誉、荣誉并且损害社会公共利益的行为的民事责任承担问题,不涉及侵害英雄烈士的隐私、遗体等其他人格利益的行为的民事责任承担问题,此时也应当适用《民法典》第 994

条关于"死者的姓名、肖像、名誉、荣誉、隐私、遗体等受到侵害的，其配偶、子女、父母有权依法请求行为人承担民事责任；死者没有配偶、子女且父母已经死亡的，其他近亲属有权依法请求行为人承担民事责任"的一般规定。

在侵害英雄烈士的隐私、遗体等其他人格利益，同时构成侵害英雄烈士等的名誉、损害社会公共利益的情况下，还应当适用《民法典》第185条和《英雄烈士保护法》第25条、第26条等规定。

二、英雄烈士之外的其他主体的特定人格利益的保护

《民法典》第185条在"英雄烈士"之后以"等"字兜底，将英雄烈士之外的其他特定主体的姓名、肖像、名誉、荣誉的保护纳入其中。

这些英雄烈士之外的其他特定主体，主要指向的是近代以来，为人民利益英勇斗争而牺牲，堪为楷模的人，以及在保卫国家和国家建设中作出巨大贡献、建立卓越功勋，已经故去的人。①

根据《民法典》第185条的规定，侵害这些其他特定主体的姓名、肖像、名誉、荣誉，损害社会公共利益的，也应当承担民事责任。站在《民法典》第185条的立场，这跟追究侵害英雄烈士的姓名、肖像、名誉、荣誉且损害社会公共利益的行为的民事责任适用的是同样的规则。

第一百八十六条 【违约责任和侵权责任竞合的处理办法】因当事人一方的违约行为，损害对方人身权益、财产权益的，受损害方有权选择请求其承担违约责任或者侵权责任。

【条文通释】

《民法典》第186条是关于违约责任和侵权责任竞合②的处理办法的规定。

一、违约责任与侵权责任竞合的构成要件

《民法典》第186条所说的"因当事人一方的违约行为，损害对方人身权益、财产权益"，明确了违约责任和侵权责任竞合的构成要件。具体而言：

一是在主体上，仅适用于存在合法有效的合同法律关系的当事人，且责任主体只

---

① 最高人民检察院第八检察厅2021年印发的《人民检察院公益诉讼检察部门办理英雄烈士保护民事公益诉讼案件工作指引》提出："对英雄烈士的认定，应当注意把握以下几点：……4.《中华人民共和国民法典》在《中华人民共和国英雄烈士保护法》的基础上，将英雄烈士保护公益诉讼的保护范围由'英雄烈士'扩大为'英雄烈士等'，包括近代以来，为人民利益英勇斗争而牺牲，堪为楷模的人，以及在保卫国家和国家建设中作出巨大贡献、建立卓越功勋，已经故去的人。"

② 《民法典》本身没有直接使用"竞合"的表示。《最高人民法院关于审理期货纠纷案件若干问题的规定》（2020年修正）第6条使用了"侵权与违约竞合"的表述，《最高人民法院关于印发修改后的〈民事案件案由规定〉的通知》（法〔2020〕347号）和原《合同法解释一》则使用了"请求权竞合"的表述。考虑到在体例上，《民法典》第186条位于《民法典》总则编第八章"民事责任"，因此，本书采用"责任竞合"的表述。

能是合同法律关系中存在违约行为的一方当事人，而不能是合同当事人之外的主体；而权利主体即受损害方则只能是其人身权益或财产权益因责任主体的违约行为而受到损害的合同对方当事人。

对此，在湖北某宁化工股份有限公司与李某荣侵权纠纷案中，最高人民法院(2017)最高法民辖终230号民事裁定书认为："《中华人民共和国合同法》第一百二十二条规定'因当事人一方的违约行为，侵害对方人身、财产权益的，受损害方有权选择依照本法要求其承担违约责任或者依照其他法律要求其承担侵权责任。'该条规定的违约责任和侵权责任的竞合是指针对同一责任主体，权利人有权选择其承担违约责任或侵权责任。在本案中，'某宁公司与土地中心是不同的主体，李某荣要求土地中心承担违约责任，而李某荣与某宁公司不存在合同关系，无权要求某宁公司承担违约责任，亦不存在违约责任和侵权责任之间选择的问题。"

二是在行为上，须合同当事人一方存在违约行为，即《民法典》第577条所说的"不履行合同义务或者履行合同义务不符合约定"的行为。

对此，在河北盛某利印铁制罐有限公司与珠海市万某达包装设备有限公司侵权纠纷管辖权异议案中，最高人民法院(2014)民申字第282号民事裁定书认为："根据《中华人民共和国合同法》第一百二十二条'因当事人一方的违约行为，侵害对方人身、财产权益的，受损害方有权选择依照本法要求其承担违约责任或者依照其他法律要求其承担侵权责任'的规定，盛某利公司有权根据自己的利益判断选择行使请求权。但在违约责任和侵权责任竞合的情况下，违约是侵权产生的前提……"

三是在行为结果上，合同当事人一方的违约行为损害了对方当事人的人身权益或财产权益，构成侵权行为。即合同当事人一方的同一行为，必须既构成违约行为、又构成侵权行为。此为"行为竞合"。

对此，在中山市某成日用制品有限公司与湖北某霸儿童用品有限公司侵害实用新型专利权纠纷案中，最高人民法院(2013)民提字第116号民事判决书(载《最高人民法院公报》2015年第1期)认为："合同法第一百二十二条所规定的侵权与违约责任的竞合，其法律要件是'因当事人一方的违约行为，侵害对方人身、财产权益'。就该规定来看，违约责任与侵权责任发生竞合的前提是当事人双方之间存在一种基础的交易合同关系。基于该交易合同关系，一方当事人违反合同约定的义务，该违约行为侵害了对方权益而产生侵权责任。因此，该规定中的违约行为应当是指对基础交易合同约定义务的违反，且该违约行为同时侵害了对方权益，而不是指对侵权行为发生之后当事人就如何承担赔偿责任所作约定的违反。合同法第一百二十二条中的违约行为与侵权行为是同一法律行为……"

需要注意的是，《民法典》第186条没有使用"人身权利、财产权利"的表述，其所说的"因当事人一方的违约行为，损害对方人身权益、财产权益"中的"人身权益、财产权益"，指向的是作为违约方的对方当事人的受损害方的"人身权利、财产权利和其他合法权益"。

还需注意的是，虽然《民法典》第186条所说的"因当事人一方的违约行为，损害对方人身权益、财产权益"中的"人身权益、财产权益"，也包括作为合同对方当事人的受损害方基于该合同所享有的债权，但是，实务中，对于作为合同对方当事人的受损害方以违约方侵害其在该合同项下的债权为由针对违约方提出的侵权赔偿之诉,法院通常倾向于从严把握。

比如,在某某兰芬兰有限公司等与荣成市某某口船业有限公司等船舶设备买卖侵权纠纷案中,最高人民法院(2016)最高法民再16号民事判决书认为:"《中华人民共和国侵权责任法》第二条规定:'侵害民事权益,应当依照本法承担侵权责任。本法所称民事权益,包括生命权、健康权、姓名权、名誉权、荣誉权、肖像权、隐私权、婚姻自主权、监护权、所有权、用益物权、担保物权、著作权、专利权、商标专用权、发现权、股权、继承权等人身、财产权益。'《中华人民共和国侵权责任法》并没有将合同债权列入该法保护范围,亦即侵权责任法不调整违约行为。除非合同一方当事人的行为违反合同约定,又同时侵害侵权责任法所保护的民事权益,构成违约责任与侵权责任竞合,合同对方当事人无权针对一方的违约行为提起侵权责任之诉。合同相对人之间单纯的合同债权属于合同法调整范围,而不属于侵权责任法调整范围。对于单纯合同履行利益,原则上应坚持根据合同法保护,而不应支持当事人寻求侵权责任救济。某某口船业就其合同履行利益损失请求合同相对方某某兰公司承担侵权责任,一、二审法院予以支持,没有法律依据,应予以纠正。"

又如,在吉林市某某企业信用担保集团有限公司与某某资产管理股份有限公司吉林省分公司等侵权责任纠纷、股东损害公司债权人利益责任纠纷案中,最高人民法院(2017)最高法民终181号民事判决书(载《最高人民法院公报》2019年第3期)认为:"根据某某资产公司吉林分公司的诉讼请求和理由,某某资产公司吉林分公司主要请求某某企业担保公司承担侵权责任。一般来说,债权发生在特定的当事人之间,缺乏公示性,第三人往往无法预见,通常不属于侵权法的保护范围,当然,侵权责任法亦未将债权排除在保护范围之外。故,债权保护主要通过合同法等法律制度救济,如认定合同当事人以外的第三人承担侵权赔偿责任,应当从严把握。……《民法通则》第五条规定,'公民、法人的合法的民事权益受法律保护,任何组织和个人不得侵犯。'某某资产公司吉林分公司的担保债权属于债权人依法享有的财产权益,受法律保护。在债权债务关系中,债务人应当遵循诚实信用原则,履行合同义务,积极促进实现债权的清偿。同时,债务人之外的第三人,对于依法成立并生效的债权,亦应秉持善意,不得随意侵犯。某星公司在资不抵债、濒临破产的情形下无偿划转案涉股权给他人,具有逃废债务的主观故意。某某企业担保公司未能提供证据证明其取得股权财产支付了合理对价。某某企业担保公司配合某星公司逃废债务行为违反了法律和规范性文件规定,违背公序良俗,具有侵犯他人财产权的主观过错。……某星公司将案涉股权划转至某某企业担保公司后即进入破产程序。吉林高新区法院(2011)吉高新民破字第1-4号裁定查明,2011年8月23日,根据破产管理人的清核,某星公司的破产财产仅包括4台车辆、3台电脑和现金322.12万元总计371.86万元,尚不足以清偿第一顺位劳动报酬债权。案涉股权的无偿划转与接收客观上导致某星公司偿债能力降低,与涉案担保债权不能实现具有直接因果关系,某某资产公司吉林分公司通过不良资产转让形式继受取得的担保债权无法依据担保法、合同法等合同之债途径突破合同相对性向合同当事人以外的第三人,即无偿接收财产的某某企业担保公司,主张权利。据此,根据本案实际情况,适用侵权责任法作为保护财产权益的补充手段,是必要的;否则,享有合法财产权益的债权人，难以通过法定路径予以救济，有违公平正义。”①

二、违约责任与侵权责任竞合的处理办法

结合《民法典》第 187 条所说的“民事主体因同一行为应当承担民事责任、行政责任和刑事责任的，承担行政责任或者刑事责任不影响承担民事责任”，可以认为，是行为竞合导致了责任竞合。《民法典》第 186 条规定了因违约行为同时构成侵权行为导致违约责任和侵权责任竞合的处理办法，即：“受损害方有权选择请求其承担违约责任或者侵权责任”。

（一）受损害方享有选择权

由于《民法典》第 186 条使用了“因当事人一方的违约行为，损害对方人身权益、财产权益的，受损害方有权选择请求其承担违约责任或者侵权责任”的表述，因此，在因合同当事人一方的违约行为同时构成侵权行为导致违约责任和侵权责任竞合的情况下，对于该行为产生的民事责任，受损害方对请求违约方承担违约责任还是请求违约方承担侵权责任享有选择权（但违约方不享有选择权）。

对此，最高人民法院（2020）最高法民申 4202 号民事裁定书认为：“《中华人民共和国民事诉讼法》第十三条第二款规定：‘当事人有权在法律规定的范围内处分自己的民事权利和诉讼权利。’因此，当事人以何种理由主张权利（或者权益）是当事人处分权范围之内的事情；法律并不禁止受损害方在综合各种因素、权衡利弊之后，在依照《中华人民共和国合同法》要求对方承担违约责任与依照其他法律以及事实要求相关人员承担侵权责任之间，做出选择。”

又如，在贵州某泰再生资源科技有限公司等与合肥某的电冰箱有限公司侵权责任纠纷案中，针对关于合肥某的是否可以行使侵权责任请求权的问题，最高人民法院（2017）最高法民辖终 224 号民事裁定书认为：“首先，本案合肥某的在一审起诉时称某泰公司、某某银行贵阳分行和某某证券共同实施了侵权，给其造成巨大财产损失，请求判令某泰公司赔偿损失，某某银行贵阳分行、某某证券承担连带赔偿责任等，基于的主要事实为，其与某某证券签订标的为 3 亿元的《某某 86 号定向资产管理计划资产管理合同》、某某证券与某某国际信托有限公司签订《单一信托管理合同》、某某国际信托有限公司又与某泰公司签订《信托贷款合同》，某某银行贵阳分行对某泰公司的此项融资出具《承诺函》提供担保，某某证券将合肥某的汇入的 3 亿元通过某某国际信托有限公司发放给某泰公司，后发现某某银行贵阳分行的《承诺函》虚假才知被骗，公安机关对此已经以合同诈骗犯罪立案进行刑事侦查。可以看出，合肥某的认为其巨额经济损失系某泰公司、某某银行贵阳分行与某某证券的一系列虚假、欺诈行为共同所致，符合《中华人民共和国侵权责任法》第二条规定的财产权益受到侵害的情形，可以要求侵害者承担侵权责任。其次，合肥某的所主张的部分侵权行为以签订、履行合同形式体现，侵权责任与合同纠纷中的违约责任、缔约过失责任等合同责任，存在基于相同行为事

---

① 其后，吉林市某某企业信用担保集团有限公司等当事人针对（2017）最高法民终 181 号民事判决申请再审，但被最高人民法院以（2017）最高法民申 1952 号民事裁定驳回了。

实,在相同的当事人之间,发生同一给付内容,同时符合了两种以上民事责任构成要件的情形,构成了侵权责任与合同责任的竞合。再次,根据《中华人民共和国合同法》第一百二十二条规定的精神,当合同责任与侵权责任存在竞合时,受害人可以选择行使其认为有利于实现权利主张的请求权,法院亦应尊重当事人的选择,至于其诉求是否成立则属实体审查问题。本案中,一审法院认为合肥某的可以选择行使侵权责任请求权并无不当。因此,上诉人某泰公司和某某证券认为本案为合同纠纷,不存在侵权责任和违约责任竞合问题,一审法院适用法律错误的主张不能成立,本院不予采纳。”

需要注意的是,在因合同当事人一方的违约行为同时构成侵权行为导致违约责任和侵权责任竞合的情况下,如果受损害方选择请求违约方承担侵权责任,违约方尽管不享有选择权,但有权基于其与受损害方之间的合同的相关约定提出相应的抗辩。

在这方面,上海市第二中级人民法院在东京某某保险(中国)有限公司上海分公司与某杰物流集团股份有限公司保险人代位求偿权纠纷案(载《最高人民法院公报》2019年第12期)中作出的裁判意见,可作参考。

在该案中,针对某杰物流公司能否以涉案运输合同作为本案侵权责任赔偿的抗辩的问题,上海市第二中级人民法院(2017)沪02民终6914号民事判决书认为:

“本院注意到,某杰物流公司与某某通公司之间存在明确的运输合同,涉案货物系运输过程中因交通事故遭受损坏。承运人某杰物流公司存在合同责任和侵权责任竞合的情形,某某通公司有权择一主张,东京保险上海分公司依据保险代位权亦享有同等权利。东京保险上海分公司在一审过程中明确其请求权基础为侵权赔偿,并据此认为侵权之诉不应受合同约束,某杰物流公司应按照侵权责任赔偿。某杰物流公司则认为责任竞合的情况下,无论选择违约赔偿还是侵权赔偿,都应受到涉案运输合同中有关赔偿条款的约束。本院认为,根据《中华人民共和国合同法》第一百二十二条的规定,因当事人一方的违约行为,侵害对方人身、财产权益的,受损害方有权选择依照本法要求其承担违约责任或者依照其他法律要求其承担侵权责任。该规定仅明确了责任竞合的情况下,当事人一方有权择一主张权利,但并未明确一方选择后,合同责任与侵权责任之间的关系,以及另一方抗辩权是否也必须择一主张。本院认为,在法律并无明确规定的情况下,应当遵循自愿、公平、诚实信用的基本原则,合理平衡当事人利益。本院认为,对于同一损害,当事人双方既存在合同关系又存在侵权法律关系的,不能完全割裂两者的联系,既要保护一方在请求权上的选择权,也要保护另一方依法享有的抗辩权。在责任竞合的情况下,如果允许一方选择侵权赔偿,并基于该选择排除对方基于生效合同享有的抗辩权,则不仅会导致双方合同关系形同虚设,有违诚实信用原则,也会导致市场主体无法通过合同制度合理防范、处理正常的商业经营风险。因此,无论一方以何种请求权向对方主张合同明确约定的事项,均不能排除对方依据合同享有的抗辩权。具体到本案,东京保险上海分公司系行使保险代位权,其权利义务应当与某某通公司对某杰物流公司的权利义务一致。某某通公司与某杰物流公司之间的权利义务,既受双方运输合同约束,也受《侵权法》调整。对于运输过程中货物损失的分担,某某通公司与某杰物流公司在双方的运输合同中有明确约定,该约定系双方在各自商业经营风险预判基础上,根据自愿、平等原则达成的一致安排,对双方处理合同约定的货物损失具有约束力,该约束力不因某某通公司选择侵权之诉而失效。

因此,尽管东京保险上海分公司代某某通公司向某杰物流公司主张侵权赔偿,但是某杰物流公司依据涉案运输合同对某某通公司享有的合同抗辩权,同样适用于东京保险上海分公司。综上所述,某杰物流公司关于其有权在本案中引用合同责任限制条款的上诉理由,本院予以采纳。此外,某杰物流公司主张引用的合同抗辩权来自某杰物流公司与某某通公司所签涉案运输合同第十三条第 3 款 A 项,其内容为'A、甲方未委托乙方办理运输保险的,对于货物不能修复的:……铁路和公路运输的货物的实际损失价值最高按损失货物对应运费的 3 倍赔偿;货物能修复的:按接近市场价的修理费赔偿,但最高不超过 20 元(人民币)/千克。'该合同内容属责任限制条款。考虑到此类合同条款在商业货运领域较为常见,合同双方又均为商事主体,缔约能力相当,且该条款内容逻辑清晰,意思明确,因此该责任限制条款可以适用于本案。至于东京保险上海分公司提出的,某某通公司已委托某杰物流公司购买保险,上述合同条款不应适用的辩称意见,因现有证据不足以证实某某通公司委托某杰物流公司购买保险,保险事故交涉处理过程中,东京保险上海分公司也未向某杰物流公司提出过类似主张,故东京保险上海分公司该辩称意见,本院不予采纳。"

(二)受损害方行使选择权的方式

结合《民法典》第 516 条第 1 款所说的"当事人行使选择权应当及时通知对方,通知到达对方时,标的确定"和《民法典》第 565 条所说的"当事人一方依法主张解除合同的,应当通知对方。……当事人一方未通知对方,直接以提起诉讼或者申请仲裁的方式依法主张解除合同,人民法院或者仲裁机构确认该主张的,合同自起诉状副本或者仲裁申请书副本送达对方时解除",在因合同当事人一方的违约行为同时构成侵权行为导致违约责任和侵权责任竞合的情况下,受损害方选择请求违约方承担违约责任或选择请求违约方承担侵权责任的方式,既可以采取向违约方发出通知的方式,也可以采取直接对违约方提起诉讼或申请仲裁的方式。

(三)受损害方选择请求违约方承担侵权责任原则上受到合同的仲裁条款的约束

在因合同当事人一方的违约行为同时构成侵权行为导致违约责任和侵权责任竞合的情况下,受损害方如果选择请求违约方承担侵权责任,原则上应当受到合同约定的仲裁条款的约束,违约方也有权基于其与受损害方之间的合同约定的仲裁条款提出争议解决的主管抗辩。

对此,人民法院案例库参考案例"某亚太控股有限公司等诉新疆某某管理咨询有限责任公司等仲裁程序案"[入库编号:2024-10-2-521-001,裁判文书:最高人民法院(2018)最高法民辖终 453 号民事裁定书]的"裁判要旨"提出:"侵权责任纠纷具有可仲裁性。当事人在合同中约定的仲裁条款对基于该合同提起的侵权之诉原则上具有约束力。"

又如,在某某市土地收购储备中心与李某荣等侵权纠纷案中,最高人民法院(2018)最高法民辖终 131 号民事裁定书也认为:"李某荣是对因执行《土地收购合同》发生的争议起诉,虽然《土地收购合同》已被认定为无效,但是李某荣和某某土地中心因《土地收购合同》而发生财产纠纷,这一事实是客观存在的。仲裁法第二条规定,'平等主体的公民、法人和其他组织之间发生的合同纠纷和其他财产权益纠纷,可以仲裁。'即仲裁的管辖范围不限于合同纠纷,其他财产权益纠纷均可以仲裁。李某荣和某某土地中心因执行《土地收购合同》发生的侵权纠纷,也可以仲裁解决。案涉仲裁协议内容为:'因执行本合同发生争议的,……双方一致同意向宜昌仲裁委申请仲裁。'……李某荣和某某土地中心对双方因执行《土地收购合同》发生的争议约定了仲裁条款,且生效的69号裁定已经确认李某荣与某某土地中心仲裁协议有效,人民法院对仲裁协议项下的争议不享有管辖权,李某荣与某某土地中心之间的争议只能通过仲裁解决。"

再如,在某石药业(苏州)有限公司与中山某方生物医药有限公司、某方天成(广东)制药有限公司、艾某纬医药科技(上海)有限公司等侵害技术秘密纠纷案中,针对某石公司关于"某方生物公司、某方天成公司和艾某纬公司共同侵犯某石公司商业秘密的行为及其后果高度结合、密不可分,构成不可分的必要共同诉讼,应当在同一案件中审理"和"涉案争议事实上超出了某石公司与艾某纬公司仲裁条款的范围……由于必要共同诉讼的不可分性,即便某石公司与必要共同诉讼的艾某纬公司之间存在仲裁协议,也不影响原审法院对全案的主管权"的上诉主张,最高人民法院(2020)最高法知民终1360号之一民事裁定书认为:"《中华人民共和国仲裁法》第二条规定:'平等主体的公民、法人和其他组织之间发生的合同纠纷和其他财产权益纠纷,可以仲裁。'根据上述规定,仲裁的管辖范围不限于合同纠纷,其他财产权益纠纷亦可以仲裁。某石公司与艾某纬公司签订了《服务总协议》,约定艾某纬公司为某石公司提供服务,且双方具有保密义务。《服务总协议》第22条约定:'任何由本协议所引起的或与本协议有关的争议、权利主张应由上海国际仲裁中心根据其仲裁规则进行的仲裁来解决。'按照上述约定,任何由该协议所引起的或与该协议有关的争议或权利主张,均属于仲裁解决的范围。本案中,某石公司与艾某纬公司签订的《授权履行协议书》和《服务总协议》虽然没有提及××××系统以及因系统错误造成技术秘密泄露的问题,但上述仲裁条款属于概括式的约定,其范围涵盖了任何由该协议引起或与其相关的争议或主张,而艾某纬公司的被诉侵权行为明显是与上述协议有关,因此,涉案争议属于仲裁条款约定的范围。……在解释仲裁条款范围时,如侵权争议因违反合同义务而产生,违约责任和侵权责任有竞合关系,则原告即使选择以侵权为由提出诉讼,仍应受到合同仲裁条款的约束,不应允许当事人通过事后选择诉因而规避仲裁条款的适用。且即便原告提起诉讼是增列了未签订仲裁协议的其他被告,亦不影响有仲裁协议的原、被告之间的纠纷适用仲裁协议。因此,即便某方生物公司、某方天成公司的被诉侵权行为不受仲裁协议的约束,但这并不代表某石公司也不受仲裁协议的约束。……某石公司与艾某纬公司因履行《服务总协议》发生侵权纠纷,本案存在违约责任和侵权责任竞合的情况,某石公司选择以侵权为由提起诉讼,仍受仲裁条款的约束。本案中,某石公司将艾某纬公司作为共同被告之一提起侵害技术秘密纠纷之诉,实际上达到了规避仲裁主管的效果,不应得到支持。"

但是,在因合同当事人一方的违约行为同时构成侵权行为导致违约责任和侵权责任竞合的情况下,如果受损害方起诉要求违约方和当事人之外的其他主体共同承担侵权责任,则需要先区分该侵权之诉属于普通共同诉讼还是必要共同诉讼、诉讼标的是否具有不可分性,再确定法院对受损害方对违约方提起的侵权之诉是否享有管辖权。

对此,人民法院案例库参考案例“某亚太控股有限公司等诉新疆某某管理咨询有限责任公司等仲裁程序案”[入库编号:2024-10-2-521-001,裁判文书:最高人民法院(2018)最高法民辖终 453 号民事裁定书]的“裁判要旨”提出“侵权责任纠纷具有可仲裁性。当事人在合同中约定的仲裁条款对基于该合同提起的侵权之诉原则上具有约束力”之后,还指出:“侵权之诉的当事人超出合同当事人范畴的,如该侵权之诉属于普通共同诉讼,诉讼标的具有可分性,仲裁条款仅约束合同当事人;如该侵权之诉属于必要共同诉讼,诉讼标的具有不可分性,虽然合同当事人之间存在仲裁条款约定,但该仲裁条款不能约束合同当事人与非合同当事人之间的必要共同侵权纠纷,故人民法院对于该侵权之诉整体享有管辖权”。

(四)原则:请求承担违约责任与请求承担侵权责任不可兼得

问题是,受损害方是否可以既要求违约方承担违约责任、又要求违约方承担侵权责任?比如,在请求违约方承担违约责任(不论是否成功)之后,再请求违约方承担侵权责任?或者,在请求权违约方承担侵权责任(不论是否成功)之后,再请求违约方承担违约责任?

由于《民法典》第 186 条使用了“受损害方有权选择请求其承担违约责任或者侵权责任”的表述,因此,受损害方只能在“请求其承担违约责任”和“请求其承担侵权责任”之间择一选择,而不能既“请求其承担违约责任”、又“请求其承担侵权责任”。这跟《民法典》第 588 条第 1 款所说的“当事人既约定违约金,又约定定金的,一方违约时,对方可以选择适用违约金或者定金条款”是类似的,跟《民法典》第 926 条第 2 款所说的“受托人因委托人的原因对第三人不履行义务,受托人应当向第三人披露委托人,第三人因此可以选择受托人或者委托人作为相对人主张其权利,但是第三人不得变更选定的相对人”也是类似的。

对此,最高人民法院(2021)最高法民申 3694 号民事裁定书认为:“民事诉讼实务中对诉讼标的识别以实体法律关系为一般标准,但在给付之诉中,如果不同的实体法律关系基于同一事实,当事人基于此提出了数个实体请求权,就发生了请求权竞合。根据《中华人民共和国合同法》第一百二十二条规定:‘因当事人一方的违约行为,侵害对方人身、财产权益的,受损害方有权选择依照本法要求其承担违约责任或者依照其他法律要求其承担侵权责任’,在此情形下,当事人以一个请求权提起诉讼即意味着通过诉讼程序吸附了其他的请求权,在人民法院对已提出的请求权作出实体判决后,不能再以另外的请求权提起诉讼。”

在民事诉讼程序中,通常按照重复起诉来处理此类问题。比如,在某某核工业集团地质调查院有限公司、陕西省某某规划与评审中心与陕西某某巨龙矿业有限公司、洋县某泰矿业有限公司侵权赔偿纠纷案中,最高人民法院(2016)最高法民辖终 220 号民事裁定书也认为:“某某巨龙公司主张因某泰公司的违约行为而遭受损失,先后两次向法院起诉,分别主张违约赔偿请求权和侵权赔偿请求权,属于请求权竞合。《中华人民共和国合同法》第一百二十二条规定:‘因当事人一方的违约行为,侵害对方人身、财产权益的,受损害方有权选择依照本法要求其承担违约责任或者依照其他法律要求其承担侵权责任。’根据该条规定,某某巨龙公司只能选择合同之诉或侵权之诉中的一种来主张权利，而不能分别向法院提起合同之诉与侵权之诉。某某巨龙公司依据同一事实理由向法院起诉某泰公司，诉讼标的相同，某某巨龙公司起诉某泰公司合同纠纷中，请求法院判令某泰公司承担5.9亿余万元的连带赔偿责任，某某巨龙公司起诉某泰公司侵权纠纷中，请求法院判令某泰公司承担6.3亿余万元的连带赔偿责任，诉讼请求基本相同。根据本院《关于适用〈中华人民共和国民事诉讼法〉的解释》第二百四十七条之规定，某某巨龙公司向某泰公司提起的侵权纠纷之诉，构成重复起诉，人民法院应予驳回。”

又如，在张家港某富石油仓储有限公司与江苏苏某达国际技术贸易有限公司侵权纠纷案中，最高人民法院(2011)民提字第74号民事判决书认为：“合同法第一百二十二条规定：‘因当事人一方的违约行为，侵害对方人身、财产权益的，受损害方有权选择依照本法要求其承担违约责任或者依照其他法律要求其承担侵权责任。’苏某达公司以某华公司、某富公司为被告提起诉讼，争议标的物是《产品购销合同》及《仓储合同》项下未交付的苯乙烯货物所对应的货款及其利息，因此本案纠纷产生的根源在于上述两份合同未得到完全履行。根据合同法第一百二十二条的规定，如果某华公司、某富公司未适当履行合同义务的行为侵害了苏某达公司的权益，苏某达公司可以选择以侵权或违约为由主张权利。对于某华公司，苏某达公司在本案起诉时主张其承担违约责任，但一审期间变更为对某华公司债权的确认，并且双方就债权数额达成了一致，苏某达公司对某华公司以违约或侵权为由主张权利对于某华公司应承担的责任并无实质影响。对于某富公司，在本案起诉之前，苏某达公司以仓储合同纠纷为由已经向武汉海事法院提起诉讼，请求判令某富公司向苏某达公司交付仓储的苯乙烯1000吨，若不能交付原物则赔偿货物损失1200万元及赔偿因逾期交货给苏某达公司造成的利息损失20万元、其他各项损失合计约100万元，即要求某富公司继续履行合同并承担逾期交货的违约责任。该案件经湖北省高级人民法院二审终审，已作出生效判决。苏某达公司主张，该仓储合同案件与本案分属不同的请求权基础和法律关系，确定本案侵权关系项下的损失数额需要以仓储合同违约之诉的解决为前提，因此是两个不同的诉。对于这一问题，合同法第一百二十二条已经明确规定，请求权基础和法律关系的不同正是请求权竞合的前提条件，认定本案是否重复审理的关键在于不同的法律关系是否由同一行为构成。从苏某达公司与某富公司订立并履行仓储合同的过程看，某富公司首先以在销货(调拨)通知单上进行批注的行为表示同意向苏某达公司交付货物，随后应苏某达公司要求三次进行货权确认，最后以法院查封为由拒绝交付货物。上述行为虽然表现形式不同，但都是为履行《仓储合同》义务而实施，从法律关系的角度应视为同一行为。苏某达公司如果认为某富公司的上述履行行为存在瑕疵，也只能在违约和侵权两个请求权中择一行使。对于某富公司的上述行为，苏某达公司认为其未适当履行仓储合同义务，已经在仓储合同案件中要求某富公司以继续履行、赔偿损失的方式承担违约责任，其诉讼请求针对的是《产品购销合同》及《仓储合同》项下全部1000吨货物，本案中再对违约之诉中未获支持的部分提起侵权之诉，显然构成对同一行为的重复诉讼。原一、二审法院认为苏某达公司对某富公司的诉讼请求不违反‘一事不再理'的诉讼原则错误,本院予以纠正。"①

(五)例外:可部分兼得

需要注意的是,《民法典》第 186 条属于一般规定,在法律(包括《民法典》自身)对违约责任和侵权责任竞合时的处理办法作出了特别规定的情况下,应当适用特别规定。

比如,针对合同当事人一方违约损害对方当事人人格权并造成严重精神损害的情形,《民法典》第 996 条规定:"因当事人一方的违约行为,损害对方人格权并造成严重精神损害,受损害方选择请求其承担违约责任的,不影响受损害方请求精神损害赔偿。"据此,在因当事人一方的违约行为,损害对方人格权并造成严重精神损害的情形,受损害方既可以选择请求违约方承担一般侵权责任和精神损害赔偿责任,也可以选择请求违约方承担违约责任,并在同时或另行请求违约方承担精神损害赔偿责任。但是,由于《民法典》第 996 条没有规定"因当事人一方的违约行为,损害对方人格权并造成严重精神损害,受损害方选择请求其承担侵权责任的,不影响受损害方请求其承担违约责任",因此,在此情形下,受损害方如果选择请求违约方承担一般侵权责任和精神损害赔偿责任,则无权再请求违约方承担违约责任。也就是说,在此情形下,受损害方同时享有违约损失赔偿请求权和精神损害赔偿请求权,但不能同时享有违约损失赔偿请求权和一般侵权损害赔偿请求权。对此,可以称为"部分兼得"。

由此可见,在因当事人一方的违约行为,损害对方人格权并造成严重精神损害的情形,《民法典》第 996 条所说的"因当事人一方的违约行为,损害对方人格权并造成严重精神损害,受损害方选择请求其承担违约责任的,不影响受损害方请求精神损害赔偿",并没有否定或减损受损害方依照《民法典》第 186 条享有的选择权,也没有改变《民法典》第 186 条确定的"受损害方选择请求违约方承担侵权责任则不得再请求违约方承担违约责任"的一般规则,只是对《民法典》第 186 条确定的"受损害方选择请求违约方承担违约责任则不得再请求违约方承担侵权责任"的一般规则作出了特别规定,允许受损害方在选择请求违约方承担违约责任之外,在同时、之前或之后另行请求违约方承担精神损害赔偿责任,体现了《民法典》对人格权予以特别保护的精神。

第一百八十七条　【民事责任与行政责任、刑事责任竞合的处理办法】民事主体因同一行为应当承担民事责任、行政责任和刑事责任的,承担行政责任或者刑事责任不影响承担民事责任;民事主体的财产不足以支付的,优先用于承担民事责任。

【条文通释】

《民法典》第 187 条是关于民事责任与行政责任、刑事责任竞合的处理办法的

① 类似的裁判意见,还可见最高人民法院(2018)最高法民申 6020 号民事裁定书、(2017)最高法民申 4439 号民事裁定书、(2014)民申字第 581 号民事裁定书等。

规定。

一、民事责任与行政责任、刑事责任的界定

《民法典》第 187 条所说的“民事责任”，指向的是民事主体依照《民法典》等民事法律法规的规定应当对其他民事主体承担的责任，主要指的是《民法典》第 179 条第 1 款和第 2 款列明的民事责任。

《民法典》第 187 条所说的“行政责任”，指向的是有关行政主管机关依照《行政处罚法》等行政法律法规的规定要求相关民事主体承担的责任，包括罚款、没收违法所得等行政处罚①、责令改正等。

《民法典》第 187 条所说的“刑事责任”，指向的是人民法院依照《刑法》《刑事诉讼法》等刑事法律法规的规定判决确定相关民事主体构成特定犯罪并判处特定刑罚处罚②，包括被判处管制、拘役、有期徒刑、无期徒刑、死刑等主刑，或被独立判处或附加判处罚金、剥夺政治权利、没收财产等附加刑，或被独立判处或附加判处驱逐出境等刑罚。③

二、《民法典》第 187 条的适用范围

《民法典》第 187 条所说的“民事主体因同一行为应当承担民事责任、行政责任和刑事责任的”，意味着该条所说的“承担行政责任或者刑事责任不影响承担民事责任；民事主体的财产不足以支付的，优先用于承担民事责任”适用于民事责任与行政责任和刑事责任竞合的情形，即同一民事主体的同一行为既构成民事违法行为或违约行为，又构成行政违法行为，还构成刑事犯罪行为的情形。

其中，《民法典》第 187 条所说的“民事主体”，指的是同一个民事主体；所说的“同一行为”，既包括民事法律行为，也包括事实行为；所说的“民事责任、行政责任和刑事

---

① 《行政处罚法》第 9 条规定：“行政处罚的种类：（一）警告、通报批评；（二）罚款、没收违法所得、没收非法财物；（三）暂扣许可证件、降低资质等级、吊销许可证件；（四）限制开展生产经营活动、责令停产停业、责令关闭、限制从业；（五）行政拘留；（六）法律、行政法规规定的其他行政处罚。”第 28 条第 2 款规定：“当事人有违法所得，除依法应当退赔的外，应当予以没收。违法所得是指实施违法行为所取得的款项。法律、行政法规、部门规章对违法所得的计算另有规定的，从其规定。”

② 《刑法》第 3 条规定：“法律明文规定为犯罪行为的，依照法律定罪处刑；法律没有明文规定为犯罪行为的，不得定罪处刑。”第 13 条规定：“一切危害国家主权、领土完整和安全，分裂国家、颠覆人民民主专政的政权和推翻社会主义制度，破坏社会秩序和经济秩序，侵犯国有财产或者劳动群众集体所有的财产，侵犯公民私人所有的财产，侵犯公民的人身权利、民主权利和其他权利，以及其他危害社会的行为，依照法律应当受刑罚处罚的，都是犯罪，但是情节显著轻微危害不大的，不认为是犯罪。”《刑事诉讼法》第 12 条规定：“未经人民法院依法判决，对任何人都不得确定有罪。”

③ 《刑法》第 32 条规定：“刑罚分为主刑和附加刑。”第 33 条规定：“主刑的种类如下：（一）管制；（二）拘役；（三）有期徒刑；（四）无期徒刑；（五）死刑。”第 34 条规定：“附加刑的种类如下：（一）罚金；（二）剥夺政治权利；（三）没收财产。附加刑也可以独立适用。”第 35 条规定：“对于犯罪的外国人，可以独立适用或者附加适用驱逐出境。”第 37 条之一规定：“因利用职业便利实施犯罪，或者实施违背职业要求的特定义务的犯罪被判处刑罚的，人民法院可以根据犯罪情况和预防再犯罪的需要，禁止其自刑罚执行完毕之日或者假释之日起从事相关职业，期限为三年至五年。被禁止从事相关职业的人违反人民法院依照前款规定作出的决定的，由公安机关依法给予处罚；情节严重的，依照本法第三百一十三条的规定定罪处罚。其他法律、行政法规对其从事相关职业另有禁止或者限制性规定的，从其规定。”

责任”中的顿号(、),指的是“和”而非“或”的意思。

需要注意的是,在民事主体因同一行为应当承担民事责任和行政责任,但依法不需要承担刑事责任(包括因不构成犯罪而无须承担刑事责任、虽构成犯罪但犯罪情节轻微不需要判处刑罚①和不予追究刑事责任②等)的情形,也应当适用《民法典》第 187 条所说的“承担行政责任或者刑事责任不影响承担民事责任;民事主体的财产不足以支付的,优先用于承担民事责任”。在表述上,《民法典》第 187 条前半句如能调整为“民事主体因同一行为应当承担民事责任和行政责任、刑事责任的,承担行政责任或者刑事责任不影响承担民事责任”,可能是更周全的。

此外,如果民事主体依法只需对其行为承担民事责任,而无须承担行政责任,也无须承担刑事责任,则不存在适用《民法典》第 187 条所说的“承担行政责任或者刑事责任不影响承担民事责任;民事主体的财产不足以支付的,优先用于承担民事责任”的空间。

三、民事责任与行政责任、刑事责任竞合的处理办法

《民法典》第 187 条规定了民事责任与行政责任、刑事责任竞合的处理办法:一是承担民事责任不受其他责任的影响,即“承担行政责任或者刑事责任不影响承担民事责任”;二是民事赔偿优先,即“民事主体的财产不足以支付的,优先用于承担民事责任”。

(一)承担民事责任不受其他责任的影响

《民法典》第 187 条所说的“民事主体因同一行为应当承担民事责任、行政责任和刑事责任的,承担行政责任或者刑事责任不影响承担民事责任”,意味着,在同一民事主体的同一行为既构成民事违法行为或违约行为,又构成行政违法行为,还构成刑事犯罪行为的情形,承担民事责任不受承担行政责任的影响,也不受承担刑事责任的影响;承担行政责任或承担刑事责任不等于可以不用承担民事责任,承担行政责任或承担刑事责任的同时或之后仍然需要承担民事责任,民事责任不因承担行政责任或承担刑事责任而被免除或减轻。

1. 承担民事责任不受行政责任的影响

针对民事责任与行政责任竞合的处理,除了《民法典》第 187 条所说的“民事主体

---

① 《刑法》第 37 条规定:“对于犯罪情节轻微不需要判处刑罚的,可以免予刑事处罚,但是可以根据案件的不同情况,予以训诫或者责令具结悔过、赔礼道歉、赔偿损失,或者由主管部门予以行政处罚或者行政处分。”

② 《刑法》第 201 条第 1 款规定:“纳税人采取欺骗、隐瞒手段进行虚假纳税申报或者不申报,逃避缴纳税款数额较大并且占应纳税额百分之十以上的,处三年以下有期徒刑或者拘役,并处罚金;数额巨大并且占应纳税额百分之三十以上的,处三年以上七年以下有期徒刑,并处罚金”,第 4 款规定“有第一款行为,经税务机关依法下达追缴通知后,补缴应纳税款,缴纳滞纳金,已受行政处罚的,不予追究刑事责任;但是,五年内因逃避缴纳税款受过刑事处罚或者被税务机关给予二次以上行政处罚的除外。”《刑事诉讼法》第 16 条规定:“有下列情形之一的,不追究刑事责任,已经追究的,应当撤销案件,或者不起诉,或者终止审理,或者宣告无罪:(一)情节显著轻微、危害不大,不认为是犯罪的;(二)犯罪已过追诉时效期限的;(三)经特赦令免除刑罚的;(四)依照刑法告诉才处理的犯罪,没有告诉或者撤回告诉的;(五)犯罪嫌疑人、被告人死亡的;(六)其他法律规定免予追究刑事责任的。”

因同一行为应当承担民事责任、行政责任……的,承担行政责任或……不影响承担民事责任”,《行政处罚法》第 8 条第 1 款也规定:“公民、法人或者其他组织因违法行为受到行政处罚,其违法行为对他人造成损害的,应当依法承担民事责任”,第 28 条第 2 款规定:“当事人有违法所得,除依法应当退赔的外,应当予以没收。违法所得是指实施违法行为所取得的款项。法律、行政法规、部门规章对违法所得的计算另有规定的,从其规定。”

据此,同一民事主体就其同一行为承担民事责任,不受其接受行政处罚(承担行政责任)的影响。

2. 承担民事责任不受刑事责任的影响

针对民事责任与刑事责任竞合的处理,除了《民法典》第 187 条所说的“民事主体因同一行为应当承担民事责任……和刑事责任的,承担……刑事责任不影响承担民事责任”,《刑法》第 36 条第 1 款也规定:“由于犯罪行为而使被害人遭受经济损失的,对犯罪分子除依法给予刑事处罚外,并应根据情况判处赔偿经济损失”,第 64 条规定:“犯罪分子违法所得的一切财物,应当予以追缴或者责令退赔;对被害人的合法财产,应当及时返还;违禁品和供犯罪所用的本人财物,应当予以没收。没收的财物和罚金,一律上缴国库,不得挪用和自行处理。”

据此,同一民事主体就其同一行为承担民事责任,不受其接受刑事处罚(承担刑事责任)的影响。

比如,在蔡某生与蔡某团健康权纠纷案中,广东省高级人民法院(2020)粤民申 13659 号民事裁定书认为:“本案中,2019 年 2 月 10 日,蔡某团因其父亲与蔡某生发生争执,而将蔡某生殴打致伤。蔡某团因犯故意伤害罪被判处有期徒刑一年。蔡某生在本案起诉请求蔡某团赔偿医疗费、住院伙食补助费、营养费、护理费、误工费、交通费、残疾赔偿金、伤残鉴定费、精神损害抚慰金等损失。《中华人民共和国侵权责任法》第十六条规定:侵害他人造成人身损害的,应当赔偿医疗费、护理费、交通费等为治疗和康复支出的合理费用,以及因误工减少的收入。造成残疾的,还应当赔偿残疾生活辅助具费和残疾赔偿金。造成死亡的,还应当赔偿丧葬费和死亡赔偿金。本案侵权行为发生在《中华人民共和国民法总则》实施以后,根据上述事实并依照《中华人民共和国民法总则》第一百八十七条‘民事主体因同一行为应当承担民事责任、行政责任和刑事责任的,承担行政责任或者刑事责任不影响承担民事责任;民事主体的财产不足以支付的,优先用于承担民事责任’的规定,蔡某生关于残疾赔偿金的诉讼请求具有事实和法律依据。一、二审判决对蔡某生主张的伤残赔偿金的请求不予支持,与上述法律规定不符。故本案应在查明蔡某生的残疾赔偿金等损失后,依法作出处理。”

不过,需要注意的是,在同一民事主体因同一行为应当承担民事责任和刑事责任的情形,《民法典》第 187 条所说的“民事主体因同一行为应当承担民事责任……和刑事责任的,承担……刑事责任不影响承担民事责任”并不意味着,权利人要求该民事主体承担相应的民事责任不受任何限制。针对被害人因人身权利受到犯罪侵犯或者财物被犯罪分子毁坏而遭受物质损失的救济,《刑事诉讼法》等作出相应的限制性规定①,权利人应当依照《刑事诉讼法》等的规定主张权利。

比如,在王某林与山东某光房地产开发有限公司、苏某民间借贷纠纷案中,最高人民法院(2017)最高法民申106号民事裁定书认为:"《最高人民法院关于适用刑法第六十四条有关问题的批复》(法〔2013〕229号)规定:'根据刑法第六十四条和《最高人民法院关于适用〈中华人民共和国刑事诉讼法〉的解释》第一百三十八条、第一百三十九条的规定,被告人非法占有、处置被害人财产的,应当依法予以追缴或者责令退赔。据此,追缴或者责令退赔的具体内容,应当在判决主文中写明;其中,判决前已经发还被害人的财产,应当注明。被害人提起附带民事诉讼,或者另行提起民事诉讼请求返还被非法占有、处置的财产的,人民法院不予受理'。根据上述规定,对于因犯罪分子非法占有、处置被害人财产而使其遭受的物质损失,应通过追缴或责令退赔手段予以救济,被害人不能提起刑事附带民事诉讼或另行提起民事诉讼。本案中,王某林起诉的被告与此前生效刑事判决认定的承担刑事责任的被告完全竞合,不涉及其他责任主体,且该刑事判决对涉案财产的处理结果已涵盖民事诉讼请求的赔偿范围,被害人已获得公力救济。在此情况下,王某林基于同一事实、相同的诉讼标的、事实和理由另行提起民事诉讼,违反民事诉讼法'一事不再理

---

① 《刑事诉讼法》第101条规定:"被害人由于被告人的犯罪行为而遭受物质损失的,在刑事诉讼过程中,有权提起附带民事诉讼。被害人死亡或者丧失行为能力的,被害人的法定代理人、近亲属有权提起附带民事诉讼。如果是国家财产、集体财产遭受损失的,人民检察院在提起公诉的时候,可以提起附带民事诉讼。"第104条规定:"附带民事诉讼应当同刑事案件一并审判,只有为了防止刑事案件审判的过分迟延,才可以在刑事案件审判后,由同一审判组织继续审理附带民事诉讼。"《最高人民法院关于适用〈中华人民共和国刑事诉讼法〉的解释》(法释〔2021〕1号)第175条规定:"被害人因人身权利受到犯罪侵犯或者财物被犯罪分子毁坏而遭受物质损失的,有权在刑事诉讼过程中提起附带民事诉讼;被害人死亡或者丧失行为能力的,其法定代理人、近亲属有权提起附带民事诉讼。因受到犯罪侵犯,提起附带民事诉讼或者单独提起民事诉讼要求赔偿精神损失的,人民法院一般不予受理。"第176条规定:"被告人非法占有、处置被害人财产的,应当依法予以追缴或者责令退赔。被害人提起附带民事诉讼的,人民法院不予受理。追缴、退赔的情况,可以作为量刑情节考虑。"《最高人民法院关于适用刑法第六十四条有关问题的批复》(法〔2013〕229号)规定:"根据刑法第六十四条和《最高人民法院关于适用〈中华人民共和国刑事诉讼法〉的解释》第一百三十八条、第一百三十九条(注:现为第175条、第176条)的规定,被告人非法占有、处置被害人财产的,应当依法予以追缴或者责令退赔。据此,追缴或者责令退赔的具体内容,应当在判决主文中写明;其中,判决前已经发还被害人的财产,应当注明。被害人提起附带民事诉讼,或者另行提起民事诉讼请求返还被非法占有、处置的财产的,人民法院不予受理。"

原则’,也不符合上述司法解释的规定。”①

(二)承担财产性民事责任优先

《民法典》第187条所说的“民事主体因同一行为应当承担民事责任、行政责任和刑事责任的,……民事主体的财产不足以支付的,优先用于承担民事责任”,明确了在同一民事主体因同一行为应当同时承担财产性民事责任和财产性行政责任(罚款、没收违法所得、没收非法财物等)或财产性刑事责任(即财产刑,包括罚金和没收财产,均为附加刑②),但其财产不足以承担全部财产性责任的情况下,承担财产性民事责任优先的原则。

其中,《民法典》第187条后半句所说的“民事主体的财产”,指的是归该民事主体所有的财产,不包括其占有的归他人所有的财产。由于《民法典》第187条后半句使用了“民事主体的财产不足以支付的,优先用于承担民事责任”的表述,因此,《民法典》第187条后半句中的“民事责任”,指向的是财产性民事责任,包括赔偿损失(包括惩罚性赔偿)、支付违约金等(但不包括返还他人财产③)。《民法典》第187条后半句所说的“优先用于承担民事责任”,指的是先以该民事主体的财产承担财产性民事责任,之后

---

① 又如,在卢某年与茂名市东某成房地产开发有限公司、柯某成商品房销售合同纠纷案中,广东省高级人民法院(2018)粤民再64号民事裁定书认为:“关于被告人柯某成犯非法吸收公众存款罪和伪造、变造、买卖国家机关公文、证件、印章罪、陈某燕犯非法吸收公众存款罪一案,已经茂名市中级人民法院作出生效的(2016)粤09刑终230号刑事判决,分别对柯某成、陈某燕定罪量刑,同时对违法所得继续予以追缴,返还给包括卢某年在内的各被害人。因此,根据《最高人民法院关于适用〈中华人民共和国刑事诉讼法〉的解释》第一百三十九条关于‘被告人非法占有、处置被害人财产的,应当依法予以追缴或者责令退赔。被害人提起附带民事诉讼的,人民法院不予受理’的规定,柯某成、陈某燕非法占有卢某年的财产,已经(2016)粤09刑终230号刑事判决判令予以追缴并返还卢某年。故卢某年对柯某成提起的民事诉讼,应不予受理。一审裁定驳回卢某年对柯某成的起诉、二审裁定对此予以维持符合法律规定。”不过,实务中也有不同的裁判意见。比如,在栾川县某沟矿业有限公司与山西某通科贸有限公司等侵权责任纠纷再审审查案中,最高人民法院(2022)最高法民申749号民事裁定书认为:“《中华人民共和国民法典》第一百八十七条规定,民事主体因同一行为应当承担民事责任、行政责任和刑事责任的,承担行政责任或者刑事责任不影响承担民事责任;民事主体的财产不足以支付的,优先用于承担民事责任。结合本案实际,尽管山西某通公司在提起本案民事诉讼时,有关被告人栾川某广公司和洛阳某方公司的刑事诉讼程序正在进行中,但依据上述规定中民事责任、行政责任和刑事责任并行不悖且民事责任优先的规则,山西某通公司就其享有的民事权利有权依法提起民事诉讼。因此,栾川某沟公司主张‘在未穷尽刑事追赃和执行程序的情形下,受害人不能径行提起民事诉讼’的观点依法不能成立,本院不予采纳”[注:公开披露的该裁定书的案号为“最高法民申749号”,但结合该案二审判决的案号(2020)豫民终729号和该再审审查裁定的作出时间2022年11月9日,推断该再审审查裁定的案号为(2022)最高法民申749号]。

② 《刑法》第32条规定:“刑罚分为主刑和附加刑。”第33条规定:“主刑的种类如下:(一)管制;(二)拘役;(三)有期徒刑;(四)无期徒刑;(五)死刑。”第34条规定:“附加刑的种类如下:(一)罚金;(二)剥夺政治权利;(三)没收财产。附加刑也可以独立适用。”第35条规定:“对于犯罪的外国人,可以独立适用或者附加适用驱逐出境。”

③ 《刑法》第64条规定:“犯罪分子违法所得的一切财物,应当予以追缴或者责令退赔;对被害人的合法财产,应当及时返还;违禁品和供犯罪所用的本人财物,应当予以没收。没收的财物和罚金,一律上缴国库,不得挪用和自行处理。”《最高人民法院关于适用〈中华人民共和国刑事诉讼法〉的解释》(法释〔2021〕1号)第438条规定:“对被害人的合法财产,权属明确的,应当依法及时返还,但须经拍照、鉴定、估价,并在案卷中注明返还的理由,将原物照片、清单和被害人的领取手续附卷备查;权属不明的,应当在人民法院判决、裁定生效后,按比例返还被害人,但已获退赔的部分应予扣除。”

仍有剩余财产的,再分别用于承担财产性行政责任或财产性刑事责任;之后无剩余财产的,则暂不再承担财产性行政责任或财产性刑事责任。

1. 承担财产性民事责任优先于承担财产性行政责任

针对财产性民事责任与财产性行政责任竞合的处理,在《民法典》第 187 条所说的"民事主体因同一行为应当承担民事责任、行政责任和刑事责任的,……民事主体的财产不足以支付的,优先用于承担民事责任"基础上,《最高人民法院关于充分发挥司法职能作用助力中小微企业发展的指导意见》(法发〔2022〕2 号)第 8 条进一步提出:"依法保护中小微企业等市场主体在民事、行政、刑事交叉案件中的合法权益。切实贯彻民法典第一百八十七条的规定,债务人因同一行为应当承担民事责任、行政责任和刑事责任,其财产不足以支付的,依法保障中小微企业等市场主体的民事债权优先于罚款、罚金、没收财产等行政、刑事处罚受偿……"

此外,其他法律法规也作出了更加具体的规定。比如,《合伙企业法》第 106 条规定:"违反本法规定,应当承担民事赔偿责任和缴纳罚款、罚金,其财产不足以同时支付的,先承担民事赔偿责任。"《公司法》第 263 条规定:"公司违反本法规定,应当承担民事赔偿责任和缴纳罚款、罚金的,其财产不足以支付时,先承担民事赔偿责任。"《证券法》第 220 条也规定:"违反本法规定,应当承担民事赔偿责任和缴纳罚款、罚金、违法所得,违法行为人的财产不足以支付的,优先用于承担民事赔偿责任。"

并且,针对证券违法行为人的财产优先用于承担民事赔偿责任的问题,中国证监会和财政部还出台了《关于证券违法行为人财产优先用于承担民事赔偿责任有关事项的规定》(中国证券监督管理委员会、财政部公告〔2022〕40 号),明确了证券违法行为人已经缴纳的行政罚没款优先用于承担民事赔偿责任的具体工作机制(即通过将证券违法行为人已缴纳的行政罚没款作退库处理并用于承担民事赔偿责任),率先将民事赔偿责任优先原则在证券领域落地。①

2. 承担财产性民事责任优先于承担财产性刑事责任

针对财产性民事责任与财产性刑事责任竞合的处理,除了《民法典》第 187 条所说的"民事主体因同一行为应当承担民事责任、行政责任和刑事责任的,……民事主体的财产不足以支付的,优先用于承担民事责任",《刑法》第 36 条也规定:"由于犯罪行为

---

① 《关于证券违法行为人财产优先用于承担民事赔偿责任有关事项的规定》(中国证券监督管理委员会、财政部公告〔2022〕40 号)共 14 条,明确了:(1)申请主体(合法权益受到侵害的投资者可以在向人民法院提起诉讼,获得胜诉判决或者调解书,并经人民法院强制执行或者破产清算程序分配仍未获得足额赔偿后提出书面申请,请求将违法行为人因同一违法行为已缴纳的罚没款用于承担民事赔偿责任;证券纠纷普通代表人诉讼中的诉讼代表人、特别代表人诉讼中担任诉讼代表人的投资者保护机构,可以代表受害投资者提出申请);(2)申请材料;(3)申请期限(受害投资者可以在人民法院出具终结执行裁定书后一年内提出申请;违法行为人被人民法院宣告破产的,自破产程序终结或者追加分配程序终结后一年内提出申请;超过一年提出申请的,证监会不予受理);(4)申请金额(受害投资者申请金额不得超过民事判决书等所确定的被告应当承担的赔偿金额,不得对被告已履行部分再提出申请;用于承担民事赔偿责任的罚没款金额不得超过违法行为人实际缴纳的罚没款金额,多个受害投资者同时提交申请,申请总额超过违法行为人实际缴纳的罚没款金额的,按照依《规定》确定的受害投资者申请额比例退付);(5)退付流程(证监会每半年度向财政部提出退库申请;对于材料齐全、符合形式要求的,财政部应当在一个月内完成审核工作,并将有关罚没款退还至证监会账户;证监会收到退库资金后,应当及时将违法行为人罚没款退付给受害投资者)等事项。

而使被害人遭受经济损失的，对犯罪分子除依法给予刑事处罚外，并应根据情况判处赔偿经济损失。承担民事赔偿责任的犯罪分子，同时被判处罚金，其财产不足以全部支付的，或者被判处没收财产的，应当先承担对被害人的民事赔偿责任"，《最高人民法院关于适用〈中华人民共和国刑事诉讼法〉的解释》（法释〔2021〕1号）第527条也规定："被判处财产刑，同时又承担附带民事赔偿责任的被执行人，应当先履行民事赔偿责任。"

需要注意的是，针对刑事裁判涉财产部分的被执行人在执行中同时承担刑事责任和民事责任但其财产不足以支付的情形，《最高人民法院关于刑事裁判涉财产部分执行的若干规定》（法释〔2014〕13号）第13条也规定了相应的处理办法，即："被执行人在执行中同时承担刑事责任、民事责任，其财产不足以支付的，按照下列顺序执行：（一）人身损害赔偿中的医疗费用；（二）退赔被害人的损失；（三）其他民事债务；（四）罚金；（五）没收财产。债权人对执行标的依法享有优先受偿权，其主张优先受偿的，人民法院应当在前款第（一）项规定的医疗费用受偿后，予以支持。"

不过，上述规定跟《民法典》第187条所说的"民事主体因同一行为应当承担民事责任、行政责任和刑事责任的，……民事主体的财产不足以支付的，优先用于承担民事责任"存在以下不同之处：一是在执行顺序方面，上述规定不仅对刑事裁判涉财产部分的被执行人在执行中同时承担刑事责任和民事责任但其财产不足以支付时承担财产性民事责任优先于承担财产性刑事责任作出了规定，还对财产性民事责任内部的执行顺序和财产性刑事责任内部的执行顺序作出了规定；二是在适用范围上，上述规定不仅适用于刑事裁判涉财产部分的被执行人因同一行为同时承担刑事责任和民事责任的情形，也适用于刑事裁判涉财产部分的被执行人因不同行为同时承担刑事责任和民事责任的情形。

3. 承担财产性民事责任优先仅适用于因同一行为导致的责任竞合

需要注意的是，《民法典》第187条所说的"民事主体的财产不足以支付的，优先用于承担民事责任"，仅适用于同一民事主体因同一行为依法需要同时承担财产性民事责任和财产性行政责任或财产性刑事责任的情形；在同一主体因为此前已经发生的行为需要承担相应的财产性行政责任或财产性刑事责任之后，又因为在后发生的其他行为而需要承担财产性民事责任的情形，因该主体承担的财产性行政责任或财产性刑事责任产生于承担财产性民事责任之前，即使其财产不足以同时承担财产性民事责任和财产性行政责任或财产性刑事责任，也应当优先将其财产用于承担因前次行为所产生的财产性行政责任或财产性刑事责任。

（三）行政责任与刑事责任竞合的处理

在同一民事主体因同一行为依法应当承担财产性民事责任、财产性行政责任和财产性刑事责任，而其财产在承担财产性民事责任之后虽有剩余，但不足以承担全部财产性行政责任和财产性刑事责任的情形，承担财产性行政责任优先还是承担财产性刑事责任优先？该问题涉及行政处罚与刑事处罚的衔接，不属于《民法典》调整的范围，《民法典》对此未作规定。

由于《行政处罚法》第8条第2款规定了"违法行为构成犯罪，应当依法追究刑事责任的,不得以行政处罚代替刑事处罚”,第 27 条第 1 款规定了“违法行为涉嫌犯罪的,行政机关应当及时将案件移送司法机关,依法追究刑事责任。对依法不需要追究刑事责任或者免予刑事处罚,但应当给予行政处罚的,司法机关应当及时将案件移送有关行政机关”,第 35 条第 2 款规定了“违法行为构成犯罪,人民法院判处罚金时,行政机关已经给予当事人罚款的,应当折抵相应罚金;行政机关尚未给予当事人罚款的,不再给予罚款”,国务院《行政执法机关移送涉嫌犯罪案件的规定》第 11 条规定了“行政执法机关对应当向公安机关移送的涉嫌犯罪案件,不得以行政处罚代替移送。……依照行政处罚法的规定,行政执法机关向公安机关移送涉嫌犯罪案件前,已经依法给予当事人罚款的,人民法院判处罚金时,依法折抵相应罚金”,因此,如果同一主体的同一违法行为同时构成犯罪,则对其处以行政罚款不影响对其判处刑事罚金,并且在处以行政罚款之后再被判处罚金的情况下,因行政罚款已折抵了相应的刑事罚金,应当认为是先支付行政罚款、后支付刑事罚金;但在对其判处刑事罚金之后,不得再就其同一行为对其处以行政罚款(“重罪吸收轻罚”)。①

---

① 但刑事判决未涉及的行政处罚事项,仍然可以依法处以行政处罚。对此,最高人民法院指导性案例 211 号“铜仁市万山区人民检察院诉铜仁市万山区林业局不履行林业行政管理职责行政公益诉讼案”(2022 年 12 月 30 日发布)的裁判要点 1 指出:“违法行为人的同一行为既违反行政法应受行政处罚,又触犯刑法应受刑罚处罚的情形下,行政机关在将案件移送公安机关时不应因案件移送而撤销已经作出的行政处罚。对刑事判决未涉及的行政处罚事项,行政机关在刑事判决生效后作出行政处罚决定的,人民法院应予支持。”

第九章　诉讼时效

"诉讼时效是权利人在法定期间内不行使权利，该期间届满后，权利不受保护的法律制度"①，"其功能主要是促使权利人及时行使权利、维护交易安全、稳定法律秩序"②。

《民法典》总则编第九章"诉讼时效"共有12个条文（第188条至第199条），构建了民法上的诉讼时效制度体系，包括：

一是规定了诉讼时效的期间和起算的一般规则以及诉讼时效的延长（第188条）。

二是规定了诉讼时效期间起算的特别规则，包括分期履行债务的诉讼时效期间的起算时间（第189条）、被监护人（无民事行为能力人或者限制民事行为能力人）对其法定代理人的请求权的诉讼时效期间的起算时间（第190条）、未成年人遭受性侵害的损害赔偿请求权的诉讼时效期间的起算时间（第191条）。

三是规定了诉讼时效期间届满的法律效果（第192条）和法院主动适用诉讼时效规定的禁止（第193条）。

四是规定了诉讼时效的中止（第194条）和中断（第195条）。

五是规定了不适用诉讼时效的请求权类型（第196条）。

六是规定了诉讼时效法定原则（第197条）。

七是规定了仲裁时效的法律适用（第198条）。

八是规定了除斥期间（第199条）。

第一百八十八条　【诉讼时效的期间及其起算】向人民法院请求保护民事权利的诉讼时效期间为三年。法律另有规定的，依照其规定。

诉讼时效期间自权利人知道或者应当知道权利受到损害以及义务人之日起计算。法律另有规定的，依照其规定。但是，自权利受到损害之日起超过二十年的，人民法院不予保护，有特殊情况的，人民法院可以根据权利人的申请决定延长。

---

① 中国人大网2016年7月5日公布的《关于〈中华人民共和国民法总则（草案）〉的说明》。全国人民代表大会常务委员会时任副委员长王晨2020年5月22日在第十三届全国人民代表大会第三次会议上作的《关于〈中华人民共和国民法典（草案）〉的说明》和全国人民代表大会常务委员会时任副委员长李建国2017年3月8日在第十二届全国人民代表大会第五次会议上作的《关于〈中华人民共和国民法总则（草案）〉的说明》使用的是"诉讼时效是权利人在法定期间内不行使权利，权利不受保护的法律制度"的表述。

② 全国人民代表大会常务委员会时任副委员长王晨2020年5月22日在第十三届全国人民代表大会第三次会议上作的《关于〈中华人民共和国民法典（草案）〉的说明》。

【条文通释】

《民法典》第 188 条是关于诉讼时效的期间及其起算[①]的规定。

一、诉讼时效的期间

（一）普通诉讼时效期间

《民法典》第 188 条第 1 款第 1 句所说的“向人民法院请求保护民事权利的诉讼时效期间为三年”，对诉讼时效的期间作出了一般规定，即普通诉讼时效期间为 3 年。

（二）特别诉讼时效期间

1. 特别诉讼时效期间须由法律规定

《民法典》第 188 条第 1 款第 2 句所说的“法律另有规定的，依照其规定”，明确了确定诉讼时效的期间的法律适用规则，即：只要法律对诉讼时效的期间“另有规定”，就适用法律的“另有规定”。此为特别诉讼时效期间。

其中，《民法典》第 188 条第 1 款第 2 句所说的“法律”，既包括其他法律，也包括《民法典》自身；所说的“另有规定”，指的是法律针对诉讼时效的期间作出的与三年不同的规定[②]。

就诉讼时效的期间而言，《民法典》第 188 条第 1 款第 2 句所说的“法律另有规定的，依照其规定”，具有三个层面的效果：

一是该规定对《民法典》施行之前的原有法律（被《民法典》废止的法律除外）针对诉讼时效的期间已经作出的既有的规定（即旧的特别规定）作出了明确的承认[③]，以确保法律秩序的稳定和延续。

---

① 全国人民代表大会常务委员会时任副委员长王晨 2020 年 5 月 22 日在第十三届全国人民代表大会第三次会议上作的《关于〈中华人民共和国民法典（草案）〉的说明》使用了“诉讼时效的期间及其起算”的表述。

② 也因此，《专利法》第 74 条第 1 款所说的“侵犯专利权的诉讼时效为三年……”和第 2 款所说的“发明专利申请公布后至专利权授予前使用该发明未支付适当使用费的，专利权人要求支付使用费的诉讼时效为三年……”《环境保护法》第 66 条所说的“提起环境损害赔偿诉讼的时效期间为三年，从当事人知道或者应当知道其受到损害时起计算”，《民法典婚姻家庭编解释一》第 84 条所说的“当事人依据民法典第一千零九十二条的规定向人民法院提起诉讼，请求再次分割夫妻共同财产的诉讼时效期间为三年……”等，都不属于《民法典》第 188 条第 1 款所说的“法律另有规定”。

③ 在原有法律规定的诉讼时效期间与原《民法通则》规定的诉讼时效期间相同的情况下，《民法总则》施行后，存在应当适用原有法律规定的诉讼时效期间（两年或一年）还是适用《民法总则》规定的三年诉讼时效期间的问题。对此，广州知识产权法院（2019）粤 73 知民初 312 号民事判决书认为：“《中华人民共和国民法总则》第一百八十八条规定，向人民法院请求保护民事权利的诉讼时效期间为三年；法律另有规定的，依照其规定。据此，普通民事诉讼时效由原来的 2 年延长至 3 年。《中华人民共和国专利法》第六十八条第一款规定，侵犯专利权的诉讼时效为二年，自专利权人或者利害关系人得知或者应当得知侵权行为之日起计算。此种情况下，若依特别法优于普通法的原则，专利侵权诉讼应适用 2 年的诉讼时效；若依新法优于旧法的原则，则应适用 3 年的诉讼时效。但应当注意到，专利法虽属特别法，但其对于诉讼时效的规定与原民法通则规定的 2 年时效一致，不应认为属于时效的特别规定。因此，从遵循立法本意和加强知识产权保护的司法政策出发，专利侵权诉讼应适用 3 年时效为宜”［转引自最高人民法院（2020）最高法知民终 586 号民事判决书］。

二是该规定明确允许并认可立法机关在《民法典》施行之后,在必要时通过对现有法律进行修改或制定新的法律的方式,针对诉讼时效的期间作出新的规定(即新的特别规定),以适应社会和经济的发展要求,也为将来制定新的专门的民事特别法律预留了空间。

三是诉讼时效的期间,应当由法律进行规定,而不应由行政法规,更不应由规章、规范性文件等进行规定。这也是《民法典》第 197 条第 1 款所说的"诉讼时效的期间……由法律规定,当事人约定无效"的应有之义,跟《民法典》第 70 条第 2 款针对法人的清算义务人所说的"法律、行政法规另有规定的,依照其规定"是不一样的。

由此可见,《民法典》第 188 条第 1 款第 2 句所说的"法律另有规定的,依照其规定",既排除了《立法法》第 103 条关于"同一机关制定的法律……新的规定与旧的规定不一致的,适用新的规定"的规定的适用,又消除了发生《立法法》第 105 条第 1 款所说的"法律之间对同一事项的新的一般规定与旧的特别规定不一致,不能确定如何适用"的情形的可能性,明确了《民法典》针对诉讼时效的期间作出的新的一般规定与其他法律所作出的旧的特别规定不一致时的适用规则,即:应当直接适用其他法律的旧的特别规定,而无须适用《立法法》第 105 条第 1 款所说"由全国人民代表大会常务委员会裁决"。因此,不论其他法律对诉讼时效的期间作出的特别规定是新的规定还是旧的规定,都属于《民法典》第 188 条第 1 款第 2 句所说的"法律另有规定",都应当适用《民法典》第 188 条第 1 款第 2 句所说的"依照其规定",并因此而优先于《民法典》第 188 条第 1 款所说的"向人民法院请求保护民事权利的诉讼时效期间为三年"得到适用。

需要注意的是,《民法典》第 188 条第 1 款第 2 句所说的"法律另有规定的,依照其规定",与《民法典》第 11 条所说的"其他法律对民事关系有特别规定的,依照其规定",是包含与被包含的关系;具体而言,《民法典》第 188 条第 1 款第 2 句所说的"法律另有规定的,依照其规定",既有"其他法律对诉讼时效的期间有特别规定的,依照其规定"的含义,也有"本法对诉讼时效的期间有特别规定的,依照其规定"的含义。

2. 法律规定的特别诉讼时效期间的主要情形

现阶段,《民法典》第 188 条第 1 款第 2 句针对诉讼时效的期间所说的"法律另有规定",主要包括(但不限于):

一是《民法典》第 188 条第 2 款所说的"但是,自权利受到损害之日起超过二十年的,人民法院不予保护,有特殊情况的,人民法院可以根据权利人的申请决定延长"。具体分析请见下文"四、二十年期间与诉讼时效"部分。

二是《民法典》第 594 条所说的"因国际货物买卖合同和技术进出口合同争议提起诉讼或者申请仲裁的时效期间为四年"。

三是《海商法》第 257 条至第 265 条有关时效的规定①,《最高人民法院关于审理无正本提单交付货物案件适用法律若干问题的规定》(2020 年修正)第 14 条所说的"正本提单持有人以承运人无正本提单交付货物为由提起的诉讼,适用海商法第二百五十七条的规定,时效期间为一年,自承运人应当交付货物之日起计算",《最高人民法院关于如何确定沿海、内河货物运输赔偿请求权时效期间问题的批复》(法释〔2001〕18 号)②所说的"托运人、收货人就沿海、内河货物运输合同向承运人要求赔偿的请求权,或者承运人就沿海、内河货物运输向托运人、收货人要求赔偿的请求权,时效期间为一年,自承运人交付或者应当交付货物之日起计算",最高人民法院《全国法院涉外商事海事审判工作座谈会会议纪要》第 66 条所说的"承运人在履行海上货物运输合同过程中将集装箱作为运输工具提供给货方使用的,应当根据海上货物运输合同法律关系确定诉讼时效;承运人请求集装箱超期使用费的诉讼时效期间为一年,自集装箱免费使

---

① 《海商法》第 257 条第 1 款规定:"就海上货物运输向承运人要求赔偿的请求权,时效期间为一年,自承运人交付或者应当交付货物之日起计算;在时效期间内或者时效期间届满后,被认定为负有责任的人向第三人提起追偿请求的,时效期间为九十日,自追偿请求人解决原赔偿请求之日起或者收到受理对其本人提起诉讼的法院的起诉状副本之日起计算",第 2 款规定:"有关航次租船合同的请求权,时效期间为二年,自知道或者应当知道权利被侵害之日起计算";第 258 条规定:"就海上旅客运输向承运人要求赔偿的请求权,时效期间为二年,分别依照下列规定计算:(一)有关旅客人身伤害的请求权,自旅客离船或者应当离船之日起计算;(二)有关旅客死亡的请求权,发生在运送期间的,自旅客应当离船之日起计算;因运送期间内的伤害而导致旅客离船后死亡的,自旅客死亡之日起计算,但是此期限自离船之日起不得超过三年;(三)有关行李灭失或者损坏的请求权,自旅客离船或者应当离船之日起计算";第 259 条规定:"有关船舶租用合同的请求权,时效期间为二年,自知道或者应当知道权利被侵害之日起计算";第 260 条规定:"有关海上拖航合同的请求权,时效期间为一年,自知道或者应当知道权利被侵害之日起计算",第 261 条规定:"有关船舶碰撞的请求权,时效期间为二年,自碰撞事故发生之日起计算;本法第一百六十九条第三款规定的追偿请求权,时效期间为一年,自当事人连带支付损害赔偿之日起计算";第 262 条规定:"有关海难救助的请求权,时效期间为二年,自救助作业终止之日起计算";第 263 条规定:"有关共同海损分摊的请求权,时效期间为一年,自理算结束之日起计算";第 264 条规定:"根据海上保险合同向保险人要求保险赔偿的请求权,时效期间为二年,自保险事故发生之日起计算";第 265 条规定:"有关船舶发生油污损害的请求权,时效期间为三年,自损害发生之日起计算;但是,在任何情况下时效期间不得超过从造成损害的事故发生之日起六年"。

② 最高人民法院 2021 年 12 月 31 日印发的《全国法院涉外商事海事审判工作座谈会会议纪要》第 75 条提及法释〔2001〕18 号司法解释:"沿海、内河保险合同保险人代位求偿权的诉讼时效起算日应当根据法释(2001)18 号《最高人民法院关于如何确定沿海、内河货物运输赔偿请求权时效期间问题的批复》规定的诉讼时效起算时间确定。"

用期届满次日起开始计算”①。

四是《民用航空法》第 135 条所说的“航空运输的诉讼时效期间为二年,自民用航空器到达目的地点、应当到达目的地点或者运输终止之日起计算”,第 171 条所说的“地面第三人损害赔偿的诉讼时效期间为二年,自损害发生之日起计算;但是,在任何情况下,时效期间不得超过自损害发生之日起三年”。

五是《产品质量法》第 45 条所说的“因产品存在缺陷造成损害要求赔偿的诉讼时效期间为二年,自当事人知道或者应当知道其权益受到损害时起计算。因产品存在缺陷造成损害要求赔偿的请求权,在造成损害的缺陷产品交付最初消费者满十年丧失;但是,尚未超过明示的安全使用期的除外”。

六是《拍卖法》第 61 条第 3 款所说的“因拍卖标的存在瑕疵未声明的,请求赔偿的诉讼时效期间为一年,自当事人知道或者应当知道权利受到损害之日起计算”,第 4 款所说的“因拍卖标的存在缺陷造成人身、财产损害请求赔偿的诉讼时效期间,适用《中华人民共和国产品质量法》和其他法律的有关规定”。

七是《保险法》第 26 条第 1 款所说的“人寿保险以外的其他保险的被保险人或者受益人,向保险人请求赔偿或者给付保险金的诉讼时效期间为二年,自其知道或者应当知道保险事故发生之日起计算”,第 2 款所说的“人寿保险的被保险人或者受益人向保险人请求给付保险金的诉讼时效期间为五年,自其知道或者应当知道保险事故发生之日起计算”。

八是《劳动争议调解仲裁法》第 27 条所说的“劳动争议申请仲裁的时效期间为一年。仲裁时效期间从当事人知道或者应当知道其权利被侵害之日起计算。……劳动关系存续期间因拖欠劳动报酬发生争议的,劳动者申请仲裁不受本条第一款规定的仲裁时效期间的限制;但是,劳动关系终止的,应当自劳动关系终止之日起一年内提出”。

九是《农村土地承包经营纠纷调解仲裁法》第 18 条所说的“农村土地承包经营纠纷申请仲裁的时效期间为二年,自当事人知道或者应当知道其权利被侵害之日起计算”。

十是《最高人民法院关于审理著作权民事纠纷案件适用法律若干问题的解释》(2020 年修正)第 27 条所说的“侵害著作权的诉讼时效为三年,自著作权人知道或者应当知道权利受到损害以及义务人之日起计算。权利人超过三年起诉的,如果侵权行为

---

① 人民法院案例库参考案例“马某某公司诉某公司、某公司深圳分公司海上、通海货物运输合同纠纷案”[入库编号:2023-10-2-202-006,裁判文书:最高人民法院(2015)民提字第 119 号民事判决书]的第 1 项“裁判要旨”提出:“海上货物运输合同承运人提供集装箱装载货物并将涉案货物安全运抵目的港后,收货人负有及时提取货物并向承运人返还集装箱的义务。因托运人指定的收货人没有提取货物,导致集装箱被长期占用而无法投入正常周转,构成违约,承运人可以根据海上货物运输合同关系就迟延履行归还集装箱的义务所造成的违约损失,向托运人提出集装箱超期使用费的赔偿请求。根据《最高人民法院关于承运人就海上货物运输向托运人、收货人或提单持有人要求赔偿的请求权时效期间的批复》的规定,该请求权的诉讼时效期间为一年,自承运人知道或者应当知道权利被侵害之日起计算”,第 2 项“裁判要旨”提出:“涉案货物在目的港无人提取,涉案集装箱在免费使用期限届满后没有及时归还承运人,从期限届满次日开始应当向承运人支付集装箱超期使用费,承运人请求给付集装箱超期使用费的权利已经产生,即承运人从该日起已经知道或者应当知道其权利被侵害。集装箱免费使用期届满之次日应当是此类纠纷的诉讼时效起算点。承运人就义务人迟延履行集装箱返还义务造成的违约损失主张赔偿的权利,并不是从侵害行为终止之日即还箱之日才产生,也不是从收货人实际提取货物开始计算,赔偿数额是否最终确定亦不影响承运人诉权的行使”。

在起诉时仍在持续,在该著作权保护期内,人民法院应当判决被告停止侵权行为;侵权损害赔偿数额应当自权利人向人民法院起诉之日起向前推算三年计算”。

十一是《最高人民法院关于审理专利纠纷案件适用法律问题的若干规定》(2020年修正)第 17 条所说的“侵犯专利权的诉讼时效为三年,自专利权人或者利害关系人知道或者应当知道权利受到损害以及义务人之日起计算。权利人超过三年起诉的,如果侵权行为在起诉时仍在继续,在该项专利权有效期内,人民法院应当判决被告停止侵权行为,侵权损害赔偿数额应当自权利人向人民法院起诉之日起向前推算三年计算”。

十二是《最高人民法院关于审理商标民事纠纷案件适用法律若干问题的解释》(2020 年修正)第 18 条所说的“侵犯注册商标专用权的诉讼时效为三年,自商标注册人或者利害权利人知道或者应当知道权利受到损害以及义务人之日起计算。商标注册人或者利害关系人超过三年起诉的,如果侵权行为在起诉时仍在持续,在该注册商标专用权有效期限内,人民法院应当判决被告停止侵权行为,侵权损害赔偿数额应当自权利人向人民法院起诉之日起向前推算三年计算”。

(三)法定的诉讼时效期间和权利人实际享有的诉讼时效期间

需要注意的是,权利人实际享有的诉讼时效期间可能跟法律规定的诉讼时效期间是不一样的,具体而言:

一是无论是诉讼时效依法中止还是诉讼时效依法中断,都事实上使得权利人实际享有的诉讼时效期间长于法律规定的普通诉讼时效期间或特别诉讼时效期间。

二是就三年普通诉讼时效期间而言,在权利人自其权利受到损害之日起满十七年之后、满二十年之前,才知道或者应当知道其权利受到损害的事实以及义务人的情形,根据《民法典》第 188 条第 2 款所说的“自权利受到损害之日起超过二十年的,人民法院不予保护,有特殊情况的,人民法院可以根据权利人的申请决定延长”,权利人实际享有的诉讼时效期间可能要短于法律规定的三年普通诉讼时效期间。

二、诉讼时效期间的起算

《民法典》第 188 条第 2 款所说的“诉讼时效期间自权利人知道或者应当知道权利受到损害以及义务人之日起计算。法律另有规定的,依照其规定”,规定了诉讼时效期间的起算日,确立了诉讼时效期间以“自权利人知道或者应当知道权利受到损害以及义务人之日起计算”为原则、以按照法律规定的其他时间起算为例外的起算办法。

(一)诉讼时效期间起算的一般规定

《民法典》第 188 条第 2 款第 1 句所说的“诉讼时效期间自权利人知道或者应当知道权利受到损害以及义务人之日起计算”,对诉讼时效期间的起算作出了一般规定,即“自权利人知道或者应当知道权利受到损害以及义务人之日起计算”。

其中,《民法典》第 188 条第 2 款第 1 句所说的“权利人”,指的是其权利受到他人损害的主体,包括自然人、法人或非法人组织;所说的“权利受到损害”中的“权利”,既包括人身权利,也包括财产权利和其他合法权益;所说的“受到损害”,既包括因他人侵权受到损害,也包括因他人违约受到损害,还包括因他人缔约过失受到损害;所说的“义务人”,指的是依法应当对损害权利人权利的行为承担责任的主体,主要是(但不必然是)直接损害权利人权利的主体①。

由于《民法典》第188条第2款第1句使用了“权利人知道或者应当知道权利受到损害以及义务人之日”的表述,因此,《民法典》第188条第2款第1句所说的“权利人知道或者应当知道”的内容须同时包括两项:一是权利人的权利受到损害的事实,二是义务人是谁(对应于《民事诉讼法》第122条第2项所说的“明确的被告”②)。

也就是说,原则上,只有在同时满足“权利人知道或应当知道其权利受到损害”和“权利人知道或应当知道义务人”这两个要件的情况下,诉讼时效期间才开始计算;如果权利人不知道且不应当知道其权利受到损害③,或者只是知道或应当知道其权利受

---

① 比如,《民法典》第1191条第1款规定:“用人单位的工作人员因执行工作任务造成他人损害的,由用人单位承担侵权责任。用人单位承担侵权责任后,可以向有故意或者重大过失的工作人员追偿。”

② 《民事诉讼法》第122条规定:“起诉必须符合下列条件:(一)原告是与本案有直接利害关系的公民、法人和其他组织;(二)有明确的被告;(三)有具体的诉讼请求和事实、理由;(四)属于人民法院受理民事诉讼的范围和受诉人民法院管辖。”

③ 比如,在广州市某雨机电科技有限公司与谢某良、某某特种树脂(厦门)有限公司侵害发明专利权纠纷案中,针对该案诉讼时效起算点的认定问题,最高人民法院(2020)最高法知民终51号民事判决书认为:“根据原审查明的事实,谢某良系于2012年9月12日以公证取证方式向某雨公司购买了被诉侵权产品,故应认定其在该时间点知道某雨公司涉嫌构成对涉案专利权的侵权。因此,本案诉讼时效应从2012年9月12日起计算。某雨公司主张谢某良早在2008年12月12日参加福建某某电厂开标会时就已知道某雨公司参与投标的产品是被诉侵权产品,故本案的诉讼时效应从2008年12月12日起计算。即使某雨公司的主张属实,但涉案专利权利人谢某良仅凭某雨公司中标一事,并不能获知某雨公司参与投标时向招标方提交的标书中载明的产品所对应的具体结构或采用的实施方法。换言之,谢某良只有在接触到被诉侵权产品具体结构的前提下,才可能对该产品是否涉嫌侵害涉案专利权作出初步判断。故某雨公司关于本案诉讼时效起算时间点的主张,本院不予支持。”又如,在九某禾控股集团有限公司与青岛某日集团有限公司股权转让纠纷案中,新疆维吾尔自治区高级人民法院(2021)新民终228号民事判决书认为:“……本案判断诉讼时效起算时间点应为某日公司知道或者应当知道权利受到损害之日。《业绩补偿及回购协议》中约定‘根据甲乙双方共同认可的会计师事务所出具的某禾种业2013年度审计报告,若某禾种业未达到上述业绩承诺,且乙方按照本条约定提出现金补偿要求时,甲方应在乙方提出现金补偿要求(正式书面通知)后的[6个月内]完成对乙方的现金补偿……’,依此约定,某日公司知晓‘2013年度审计报告’并非是其权利受到损害之日,并且该协议对某日公司在知晓‘2013年度审计报告’后何时提出业绩补偿要求并未作限制期限的约定。……依据《最高人民法院关于审理民事案件适用诉讼时效制度若干问题的规定》第四条‘未约定履行期限的合同,依照民法典第五百一十条、第五百一十一条的规定,可以确定履行期限的,诉讼时效期间从履行期限届满之日起计算;不能确定履行期限的,诉讼时效期间从债权人要求债务人履行义务的宽限期届满之日起计算,但债务人在债权人第一次向其主张权利之时明确表示不履行义务的,诉讼时效期间从债务人明确表示不履行义务之日起计算’的规定,某日公司就现金补偿要求可以随时向九某禾公司提出。某日公司2020年6月30日向九某禾公司发出的《律师催告函》为其第一次主张现金补偿的通知,按照合同的约定,九某禾公司收到该函后的六个月期满后未支付或表示不支付才为某日公司知道权利受到损害之时”。再如,在李某勇与梁某民建设工程施工合同纠纷案中,广西壮族自治区高级人民法院(2020)桂民再282号民事判决书认为:“就本案而言,诉讼时效期间应从债权人知道或应当知道权利受到侵害时起算。梁某民在工程建设过程以现金方式支付部分工程款,双方在工程完工后未按《建房协议》中‘全部工程完工后,余款梁某民一次性结清付给李某勇’的约定结清工程余款,由此导致双方后来对工程款是否结清发生争议,甚至引发李某勇采取过激方式上门催要工程款。在公安机关调查李某勇持汽油到梁某民住所泼洒威胁放火催要工程款一事过程,梁某民接受公安机关询问时亦承认不清楚尾款具体数额,认为具体需要计算。故,因本案工程款未经双方正式结算,双方未曾对欠付工程款情况及相关数额进行确认,尚需双方共同结算确认。也就是说,案涉工程余款作为梁某民所欠债务,具体数额尚有争议,债务数额及履行期皆不确定,权利被侵害就无从谈起,因此应认定本案诉讼时效期间尚未开始起算,并未发生诉讼时效期间届满的事实。”

到损害,但不知道且不应当知道义务人是谁[①],或者权利人以外的人知道或者应当知道权利人的权利受到损害以及义务人但权利人自身不知道且不应当知道其权利受到损害以及义务人[②],则诉讼时效期间不开始计算。

基于上述可以认为,确定"权利人知道或者应当知道权利受到损害之日"和"权利人知道或者应当知道义务人之日",是确定诉讼时效期间起算的前提条件。对此,最高人民法院(2021)最高法知民终 1327 号民事判决书认为:"根据民法总则第一百八十八条规定,向人民法院请求保护民事权利的诉讼时效期间为三年。法律另有规定的,依照其规定。诉讼时效期间自权利人知道或者应当知道权利受到损害以及义务人之日起计算。根据上述法律规定,时效期间的起算需满足以下条件:1. 权利客观上受到侵害;2. 权利人知道或应当知道权利受到侵害;3. 权利人知道或应当知道具体侵害人"。[③]

在"权利人知道或应当知道其权利受到损害之日"和"权利人知道或应当知道义务人之日"并非同一天的情况下,《民法典》第 188 条第 2 款第 1 句所说的"知道或者应当知道权利受到损害以及义务人之日",指的是"权利人知道或应当知道其权利受到损害

① 比如,在晋安区伍某香日杂店与肇庆某宏新材料有限公司侵害商标权纠纷案中,最高人民法院(2020)最高法民申 5913 号民事裁定书认为:"本案中,虽然某宏公司于 2015 年 11 月 23 日向鹭江公证处申请保全证据,但由于申请公证保全时对于侵权主体尚不确定,直至 2016 年 1 月 19 日公证处公证员及工作人员与某宏公司委托代理人至伍某香日杂店进行公证保全,获知伍某香日杂店存在被诉侵权行为时,某宏公司才知道或应当知道其商标权受到伍某香日杂店的侵害,故诉讼时效应自此时开始起算。"又如,在湖南省某为新材料科技有限公司与湖南某新防护设施有限公司侵害发明专利权纠纷案中,针对某新公司提出的"某新公司的销售行为成立于 2013 年 9 月 27 日,2014 年 7 月 30 日前某新公司已将被诉侵权产品交付给湖南某坤投资置业有限公司(以下简称某坤公司)。在交付被诉产品后,某新公司的销售行为已终结。即使某新公司之前存在使用行为,也因被诉侵权产品的所有权在 2014 年转移到某坤公司,某新公司对被诉侵权产品的使用行为也已终止。某新公司也不存在持续销售、使用到 2019 年 8 月 20 日的事实。对于某新公司 5、6 年前的行为,某为公司起诉已超过诉讼时效"的主张,最高人民法院(2020)最高法知民终 1205 号民事判决书认为:"某为公司向某新公司提起本案侵权诉讼,系因在原审法院的(2019)湘 01 知民初 2202 号案件中,某为公司起诉某坤公司侵犯其涉案专利权,某坤公司在该案审理中提出被诉侵权产品系从某新公司采购并由某新公司安装。原审法院确认被诉侵权产品由某坤公司从某新公司采购并由某新公司安装的事实,且认定某坤公司合法来源抗辩成立。2020 年 3 月 5 日,原审法院作出(2019)湘 01 知民初 2202 号民事判决,驳回某为公司的全部诉讼请求。某为公司根据该案认定的事实以某新公司为被告于 2020 年 3 月向原审法院提起本案诉讼。根据上述法律规定,某为公司在原审法院审理的(2019)湘 01 知民初 2202 号案件中知晓某新公司的侵权行为并提起本案诉讼未超过诉讼时效。某新公司关于某为公司的起诉超过诉讼时效的理由,本院不予支持。"

② 比如,《最高人民法院关于适用〈中华人民共和国保险法〉若干问题的解释(二)》(2020 年修正)第 16 条规定:"保险人应以自己的名义行使保险代位求偿权。根据保险法第六十条第一款的规定,保险人代位求偿权的诉讼时效期间应自其取得代位求偿权之日起算。"

③ 比如,在广州某百办公设备有限公司与某丹电子企业股份有限公司侵害计算机软件著作权纠纷案中,最高人民法院(2021)最高法知民终 2218 号民事判决书认为:"本案中,某丹公司于 2016 年 1 月在某某平台购买了某百公司销售的 XX-520 的影像式 CCD 红光扫描器,经与涉案软件比对,发现二者的扫描模块、参数设定软件工具、功能缺陷等均高度近似。2016 年 7 月 5 日,某丹公司在公证人员的见证下从某百公司在某某平台经营的店铺中购买被诉侵权产品并作公证。某丹公司于 2016 年 1 月的购买行为属于诉前调查,2016 年 7 月 5 日购买被诉侵权产品属于固定某百公司的侵权行为,故某丹公司知道或者应当知道权利受到损害之日是 2016 年 7 月 5 日。本案诉讼时效期间应当自 2016 年 7 月 5 日起计算,适用《中华人民共和国民法总则》规定的三年诉讼时效期间,因此,某丹公司于 2019 年 6 月 12 日向原审法院起诉未超过诉讼时效期间,某百公司的相关上诉主张不能成立。"

之日"和"权利人知道或应当知道义务人之日"中的在后之日。

比如,在嘉兴市某某化工有限责任公司等与某龙集团有限公司等侵害技术秘密纠纷案中,最高人民法院(2020)最高法知民终1667号民事判决书认为:"本案中,从查明的事实和嘉兴某某化工公司维权过程来看,某某素生产技术内容较为复杂,包含诸多技术信息,嘉兴某某化工公司与上海某晨公司对于其技术秘密受到侵害的范围、途径和具体侵权主体的认知实际上存在一个渐进的过程。虽然嘉兴某某化工公司曾于2010年提起诉讼,但该案的被告和所依据的事实均与本案不同,没有证据表明嘉兴某某化工公司当时知道或者应当知道涉案设备图、工艺流程图已经被非法获取、披露或者使用且本案各原审被告为该侵权行为的实施者。虽然嘉兴某某化工公司在该案中撤诉,但是其撤诉理由是本案可能涉及刑事案件,且浙江省嘉兴市南湖区公安分局大桥派出所随后对相关情况进行过调查,表明该撤诉行为并不意味着嘉兴某某化工公司对其商业秘密被侵害采取放任态度。同理,嘉兴某某化工公司2016年1月提起诉讼针对的被告与本案原审被告亦不相同,所涉及的技术秘密的具体内容及相关诉讼主张亦不相同。直到冯xx于2016年12月向公安机关反映情况并提交图纸等证据后,嘉兴某某化工公司才基本掌握初步证据,明确其可能被侵害的技术秘密内容、可能的侵害人及侵害行为。因此,本案诉讼时效应当自冯xx于2016年12月向公安机关反映情况并提交图纸等证据且嘉兴某某化工公司获悉此情况时开始起算。嘉兴某某化工公司提起本案诉讼时其损害赔偿请求权的诉讼时效期间尚未届满。退一步讲,即便嘉兴某某化工公司2016年1月提起的诉讼涉及到其在本案中主张的部分技术秘密,针对该部分技术秘密的起诉也构成诉讼时效中断。事实上,嘉兴某某化工公司两次提起诉讼及公安机关的介入都表明,嘉兴某某化工公司的维权行动一直在持续,只是基于侵害技术秘密案件中普遍存在的确定和证明侵害人、侵害行为、被侵害的技术秘密范围较为困难,嘉兴某某化工公司与上海某晨公司才无法准确针对某龙集团公司、某龙科技公司、喜某某某龙公司、傅某根、王某军更早提起侵害涉案技术秘密的诉讼。因此,某龙集团公司、某龙科技公司、喜某某某龙公司、傅某根有关本案诉讼请求已过诉讼时效的上诉主张缺乏事实和法律依据,本院不予支持。"①

需要注意的是,根据《民法典》第197条第1款所说的"诉讼时效的期间、计算方法……由法律规定,当事人约定无效"和第201条第1款所说的"按照年、月、日计算期

---

① 又如,在某某银行股份有限公司长沙天心支行与湖南省某厦房地产开发公司等股权确认纠纷案中,湖南省高级人民法院(2018)湘民初41号民事判决书认为:"本案中,原告某行天心支行主张其系委托被告某厦公司代为持有其在被告湖南某某酒店的40%股权,并于2018年5月方才知道某厦公司已被案外人海南某兴公司拍卖竞得,为确保其作为实际股东的相关权益不受侵害、并防止国有资产流失,特提起本案诉讼。某厦公司辩称海南某兴公司于2008年10月拍卖竞得包括某厦公司在内的5户实体资产包后,于2009年后委托了案外人胡某其与湖南某某酒店联系,但并未对此提交相应证据予以证明。本案亦无证据证明海南某兴公司于2008年10月拍卖竞得某厦公司资产包的相关协议和文件资料曾送达至原告及湖南某某酒店。现原告依据某厦公司于2018年5月7日向湖南某某酒店出具的要求评估拍卖其名下涉案股权的函件,主张其自2018年5月之后方才知道其股东权利受到侵害,并立即向本院提起诉讼,符合《中华人民共和国民法总则》第一百八十八条关于权利人知道或者应当知道权利受到损害之日起三年的诉讼时效规定,且本案亦不属于该条关于'自权利受到损害之日起超过二十年的'规定情形,故原告诉请并未超过诉讼时效,可以依法提起相应诉讼。某厦公司的相关答辩主张缺乏事实依据和法律依据,本院不予支持"。根据湖南省高级人民法院(2021)湘执8号执行裁定书,该民事判决已生效。

间的，开始的当日不计入，自下一日开始计算"，诉讼时效期间的第一天为"权利人知道或者应当知道权利受到损害以及义务人之日"的次日。

还需注意的是，法律、司法解释关于诉讼时效期间起算的规定，通常都属于对《民法典》第 188 条第 2 款第 1 句所说的"权利人知道或者应当知道权利受到损害以及义务人之日"的具体规定或解释，比如：

一是《民法典》第 694 条第 1 款所说的"一般保证的债权人在保证期间届满前对债务人提起诉讼或者申请仲裁的，从保证人拒绝承担保证责任的权利消灭之日起，开始计算保证债务的诉讼时效"，第 2 款所说的"连带责任保证的债权人在保证期间届满前请求保证人承担保证责任的，从债权人请求保证人承担保证责任之日起，开始计算保证债务的诉讼时效"；《民法典担保制度解释》第 28 条第 1 款第 1 项所说的："一般保证中，债权人依据生效法律文书对债务人的财产依法申请强制执行，保证债务诉讼时效的起算时间按照下列规则确定：（一）人民法院作出终结本次执行程序裁定，或者依照民事诉讼法第二百五十七条第三项、第五项的规定作出终结执行裁定的，自裁定送达债权人之日起开始计算"，第 2 款所说的"一般保证的债权人在保证期间届满前对债务人提起诉讼或者申请仲裁，债权人举证证明存在民法典第六百八十七条第二款但书规定情形的，保证债务的诉讼时效自债权人知道或者应当知道该情形之日起开始计算"。

二是《诉讼时效制度解释》第 4 条所说的"未约定履行期限的合同，依照民法典第五百一十条、第五百一十一条的规定，可以确定履行期限的，诉讼时效期间从履行期限届满之日起计算；不能确定履行期限的，诉讼时效期间从债权人要求债务人履行义务的宽限期届满之日起计算，但债务人在债权人第一次向其主张权利之时明确表示不履行义务的，诉讼时效期间从债务人明确表示不履行义务之日起计算"。

三是《诉讼时效制度解释》第 5 条第 2 款所说的"合同被撤销，返还财产、赔偿损失请求权的诉讼时效期间从合同被撤销之日起计算"。

四是《诉讼时效制度解释》第 6 条所说的"返还不当得利请求权的诉讼时效期间，从当事人一方知道或者应当知道不当得利事实及对方当事人之日起计算"。

五是《诉讼时效制度解释》第 7 条第 1 款所说的"管理人因无因管理行为产生的给付必要管理费用、赔偿损失请求权的诉讼时效期间，从无因管理行为结束并且管理人知道或者应当知道本人之日起计算"，第 2 款所说的"本人因不当无因管理行为产生的赔偿损失请求权的诉讼时效期间，从其知道或者应当知道管理人及损害事实之日起计算"。

六是《最高人民法院关于如何确定沿海、内河货物运输赔偿请求权时效期间问题的批复》（法释〔2001〕18 号）[①]所说的"托运人、收货人就沿海、内河货物运输合同向承运人要求赔偿的请求权，或者承运人就沿海、内河货物运输向托运人、收货人要求赔偿的请求权，时效期间为一年，自承运人交付或者应当交付货物之日起计算"。

---

① 最高人民法院 2021 年 12 月 31 日印发的《全国法院涉外商事海事审判工作座谈会会议纪要》第 75 条提及法释〔2001〕18 号司法解释："【沿海、内河保险合同保险人代位求偿权诉讼时效起算点】沿海、内河保险合同保险人代位求偿权的诉讼时效起算日应当根据法释（2001）18 号《最高人民法院关于如何确定沿海、内河货物运输赔偿请求权时效期间问题的批复》规定的诉讼时效起算时间确定。"

七是《最高人民法院关于审理证券市场虚假陈述侵权民事赔偿案件的若干规定》(法释〔2022〕2号)第32条第1款所说的"当事人主张以揭露日或更正日起算诉讼时效的,人民法院应当予以支持。揭露日与更正日不一致的,以在先的为准"。对此,《最高人民法院关于证券市场虚假陈述侵权民事赔偿案件诉讼时效衔接适用相关问题的通知》(法〔2022〕36号)更是提出:"根据《中华人民共和国民法典》第一百八十八条规定,诉讼时效期间自权利人知道或者应当知道权利受到损害以及义务人之日起计算。具体到证券市场上,投资者知道或者应当知道虚假陈述之日,是其知道或者应当知道权利受到损害以及义务人之日。"

(二)诉讼时效期间起算的特别规定

1. 诉讼时效期间起算的特别规定须由法律作出

《民法典》第188条第2款第2句所说的"法律另有规定的,依照其规定",明确了确定诉讼时效期间起算的法律适用规则,即:只要法律对诉讼时效期间的起算"另有规定",就适用法律的"另有规定"。

同样地,《民法典》第188条第2款第2句所说的"法律",既包括其他法律,也包括《民法典》自身;所说的"另有规定",指的是法律针对诉讼时效期间的起算作出的与"自权利人知道或者应当知道权利受到损害以及义务人之日起计算"不同的规定,既包括对"知道或应当知道"的主体作出的不同规定,也包括对"知道或应当知道"的内容作出的不同规定。

同样地,就诉讼时效期间起算而言,《民法典》第188条第2款第2句所说的"法律另有规定的,依照其规定",具有三个层面的效果:一是该规定对《民法典》施行之前的原有法律(被《民法典》废止的法律除外)针对诉讼时效期间的起算已经作出的既有的规定(即旧的特别规定)作出了明确的承认,以确保法律秩序的稳定和延续;二是该规定明确允许并认可立法机关在《民法典》施行之后,在必要时通过对现有法律进行修改或制定新的法律的方式,针对诉讼时效期间的起算作出新的规定(即新的特别规定),以适应社会和经济的发展要求,也为将来制定新的专门的民事特别法律预留了空间;三是诉讼时效期间的起算,应当由法律进行规定,而不应由行政法规,更不应由规章、规范性文件等进行规定。这也是《民法典》第197条第1款所说的"诉讼时效的期间、计算方法……由法律规定,当事人约定无效"的应有之义,跟《民法典》第70条第2款针对法人的清算义务人所说的"法律、行政法规另有规定的,依照其规定"是不一样的。

由此可见,《民法典》第188条第2款第2句所说的"法律另有规定的,依照其规定",既排除了《立法法》第103条关于"同一机关制定的法律……新的规定与旧的规定不一致的,适用新的规定"的规定的适用,又消除了发生《立法法》第105条第1款所说的"法律之间对同一事项的新的一般规定与旧的特别规定不一致,不能确定如何适用"的情形的可能性,明确了《民法典》针对诉讼时效期间的起算作出的新的一般规定与其他法律所作出的旧的特别规定不一致时的适用规则,即应当直接适用其他法律的旧的特别规定,而无须适用《立法法》第105条第1款所说"由全国人民代表大会常务委员会裁决"。因此,不论其他法律对诉讼时效期间的起算作出的特别规定是新的规定还是旧的规定,都属于《民法典》第 188 条第 2 款第 2 句所说的“法律另有规定”,都应当适用《民法典》第 188 条第 2 款第 2 句所说的“依照其规定”,并因此而优先于《民法典》第 188 条第 2 款所说的“诉讼时效期间自权利人知道或者应当知道权利受到损害以及义务人之日起计算”得到适用。

需要注意的是,《民法典》第 188 条第 2 款第 2 句所说的“法律另有规定的,依照其规定”,与《民法典》第 11 条所说的“其他法律对民事关系有特别规定的,依照其规定”,是包含与被包含的关系;《民法典》第 188 条第 2 款第 2 句所说的“法律另有规定的,依照其规定”,既有“其他法律对诉讼时效期间的起算有特别规定的,依照其规定”的含义,也有“本法对诉讼时效期间的起算有特别规定的,依照其规定”的含义。

2. 诉讼时效期间起算特别规定的主要情形

现阶段,《民法典》第 188 条第 2 款第 2 句针对诉讼时效期间的起算所说的“法律另有规定”,主要包括(但不限于):

一是《民法典》第 189 条所说的“当事人约定同一债务分期履行的,诉讼时效期间自最后一期履行期限届满之日起计算”。上述条款规定的诉讼时效期间起算日并非《民法典》第 188 条第 2 款所说的“权利人知道或者应当知道权利受到损害以及义务人之日”。

二是《民法典》第 190 条所说的“无民事行为能力人或者限制民事行为能力人对其法定代理人的请求权的诉讼时效期间,自该法定代理终止之日起计算”。上述条款规定的诉讼时效期间起算日并非《民法典》第 188 条第 2 款所说的“权利人知道或者应当知道权利受到损害以及义务人之日”。

三是《民法典》第 191 条所说的“未成年人遭受性侵害的损害赔偿请求权的诉讼时效期间,自受害人年满十八周岁之日起计算”。上述条款规定的诉讼时效期间起算日并非《民法典》第 188 条第 2 款所说的“权利人知道或者应当知道权利受到损害以及义务人之日”。

四是《海商法》第 258 条所说的“就海上旅客运输向承运人要求赔偿的请求权,时效期间为二年,分别依照下列规定计算:(一)有关旅客人身伤害的请求权,自旅客离船或者应当离船之日起计算;(二)有关旅客死亡的请求权,发生在运送期间的,自旅客应当离船之日起计算;因运送期间内的伤害而导致旅客离船后死亡的,自旅客死亡之日起计算,但是此期限自离船之日起不得超过三年;(三)有关行李灭失或者损坏的请求权,自旅客离船或者应当离船之日起计算。”上述条款规定的诉讼时效期间起算日并非《民法典》第 188 条第 2 款所说的“权利人知道或者应当知道权利受到损害以及义务人之日”。

五是《专利法》第 74 条第 2 款所说的“发明专利申请公布后至专利权授予前使用该发明未支付适当使用费的,专利权人要求支付使用费的诉讼时效为三年,自专利权人知道或者应当知道他人使用其发明之日起计算,但是,专利权人于专利权授予之日前即已知道或者应当知道的,自专利权授予之日起计算”中的“自专利权授予之日起计算”。该条款规定的诉讼时效期间起算日并非《民法典》第 188 条第 2 款所说的“权利人知道或者应当知道权利受到损害以及义务人之日”。

六是《民法典总则编解释》第 36 条所说的“无民事行为能力人或者限制民事行为

能力人的权利受到损害的,诉讼时效期间自其法定代理人知道或者应当知道权利受到损害以及义务人之日起计算,但是法律另有规定的除外"。在知道或者应当知道的主体方面,该条款将"[无民事行为能力人或者限制民事行为能力人的]法定代理人知道或者应当知道[无民事行为能力人或者限制民事行为能力人的]权利受到损害以及义务人之日"规定为诉讼时效期间的起算日,与《民法典》第188条第2款所说的"权利人知道或者应当知道权利受到损害以及义务人之日"不同。

七是《民法典担保制度解释》第28条第1款第2项所说的"一般保证中,债权人依据生效法律文书对债务人的财产依法申请强制执行,保证债务诉讼时效的起算时间按照下列规则确定:……(二)人民法院自收到申请执行书之日起一年内未作出前项裁定的,自人民法院收到申请执行书满一年之日起开始计算,但是保证人有证据证明债务人仍有财产可供执行的除外"。该条款规定的诉讼时效期间起算日并非《民法典》第188条第2款所说的"权利人知道或者应当知道权利受到损害以及义务人之日"。

八是《破产法解释二》第19条所说的"债务人对外享有债权的诉讼时效,自人民法院受理破产申请之日起中断。债务人无正当理由未对其到期债权及时行使权利,导致其对外债权在破产申请受理前一年内超过诉讼时效期间的,人民法院受理破产申请之日起重新计算上述债权的诉讼时效期间"。该条款规定的诉讼时效期间起算日并非《民法典》第188条第2款所说的"权利人知道或者应当知道权利受到损害以及义务人之日"。

九是《最高人民法院关于债务人在约定的期限届满后未履行债务而出具没有还款日期的欠款条诉讼时效期间应从何时开始计算问题的批复》(2020年修正)所说的"双方当事人原约定,供方交货后,需方立即付款。需方收货后因无款可付,经供方同意写了没有还款日期的欠款条。根据民法典第一百九十五条的规定,应认定诉讼时效中断。如果供方在诉讼时效中断后一直未主张权利,诉讼时效期间则应从供方收到需方所写欠款条之日起重新计算"。上述条款规定的诉讼时效期间起算日并非《民法典》第188条第2款所说的"权利人知道或者应当知道权利受到损害以及义务人之日"。

三、诉讼时效的中止、中断、延长

在规定了诉讼时效的期间和起算的同时,《民法典》也规定了诉讼时效的中止、中断和延长。

关于诉讼时效的中止,请见本书对《民法典》第194条的通释;关于诉讼时效的中断,请见本书对《民法典》第195条的通释;关于诉讼时效的延长,请见下文"四、二十年期间与诉讼时效"部分。

四、二十年期间与诉讼时效

(一)《民法典》第188条第2款规定的二十年期间

《民法典》第188条第2款第3句所说的"自权利受到损害之日起超过二十年的,人民法院不予保护,有特殊情况的,人民法院可以根据权利人的申请决定延长",

规定了一个与诉讼时效期间紧密相关的“二十年期间”，该期间开始的当日为权利人的权利受到损害之日；并且，该“二十年期间”是一个固定的日期，不论权利人是否知道或应当知道其权利受到损害，也不论权利人何时知道或应当知道其权利受到损害；当然，如果权利人的权利没有受到损害，自然也就不存在“权利受到损害之日”，也就不存在适用该二十年期间的必要。

根据《民法典总则编解释》第 35 条所说的“民法典第一百八十八条第一款规定的三年诉讼时效期间，可以适用民法典有关诉讼时效中止、中断的规定，不适用延长的规定。该条第二款规定的二十年期间不适用中止、中断的规定”，《民法典》第 188 条第 2 款规定的二十年期间不发生中止、中断，但法院依权利人的申请可以决定予以延长。据此，《民法典》第 188 条第 2 款规定的二十年期间并非绝对的不变期间。这跟《民法典》第 692 条针对保证期间所说的“保证期间是确定保证人承担保证责任的期间，不发生中止、中断和延长”是不同的。

（二）《民法典》第 188 条第 2 款规定的二十年期间的适用范围

需要注意的是，《民法典》第 188 条第 2 款第 3 句所说的“自权利受到损害之日起超过二十年的，人民法院不予保护，有特殊情况的，人民法院可以根据权利人的申请决定延长”，仅适用于少数特殊情形，具体如下：

其一，权利人通常在其权利受到损害之后的较短的期限内（而无须等到自权利受到损害之日起满二十年）就能够知道或应当知道其权利受到损害的事实以及义务人，进而通过协商、调解、提起诉讼或申请仲裁等方式向义务人主张权利并获得救济或发生诉讼时效中断，在此情形下，不存在适用《民法典》第 188 条第 2 款第 3 句所说的“自权利受到损害之日起超过二十年的，人民法院不予保护，有特殊情况的，人民法院可以根据权利人的申请决定延长”的空间。

其二，在权利人知道或应当知道其权利受到损害的事实以及义务人后，法定的诉讼时效期间已经开始计算，但权利人在法定的诉讼时效期间内没有依法向义务人主张权利，也不存在诉讼时效中止和中断的其他事由，在此情形下，应当适用《民法典》第 192 条第 1 款所说的“诉讼时效期间届满的，义务人可以提出不履行义务的抗辩”，无须等到自权利受到损害之日起满二十年，从而也不存在适用《民法典》第 188 条第 2 款第 3 句所说的“自权利受到损害之日起超过二十年的，人民法院不予保护，有特殊情况的，人民法院可以根据权利人的申请决定延长”的空间。

其三，在权利人的权利受到损害这一事实已经发生的前提下，在《民法典》第 188 条第 2 款规定的二十年期间内，始终不满足“权利人知道或者应当知道权利受到损害以及义务人”等法定的诉讼时效期间起算的条件，导致诉讼时效期间在该二十年期间内未开始计算，在此情形下，应当适用《民法典》第 188 条第 2 款第 3 句所说的“自权利受到损害之日起超过二十年的，人民法院不予保护，有特殊情况的，人民法院可以根据权利人的申请决定延长"。①

其四,就三年普通诉讼时效期间而言,在权利人自其权利受到损害之日起满十七年之后、满二十年之前,才知道或者应当知道其权利受到损害的事实以及义务人的情形下,存在适用《民法典》第 188 条第 2 款第 3 句所说的"自权利受到损害之日起超过二十年的,人民法院不予保护,有特殊情况的,人民法院可以根据权利人的申请决定延长"的空间,具体而言:一是如果权利人没有在其权利受到损害之日起满二十年之前向人民法院请求保护其民事权利,则应当适用《民法典》第 188 条第 2 款第 3 句所说的"自权利受到损害之日起超过二十年的,人民法院不予保护,有特殊情况的,人民法院可以根据权利人的申请决定延长",即:如果权利人在《民法典》第 188 条第 2 款规定的二十年期间届满后才向人民法院请求保护其民事权利,人民法院将不予保护(其实质是视同诉讼时效期间已经届满);二是如果权利人在其权利受到损害之日起满二十年之前向人民法院请求保护其民事权利,也应当适用《民法典》第 188 条第 2 款第 3 句所说的"自权利受到损害之日起超过二十年的,人民法院不予保护,有特殊情况的,人民法院可以根据权利人的申请决定延长"的规定,从而导致该权利人实际享有的诉讼时效期间仅为自其知道或者应当知道其权利受到损害的事实以及义务人之日起至其权利受到损害满二十年之日止的期间(其实质是将法定的诉讼时效期间的最后一日固定为权利人的权利受到损害满二十年之日,在某种程度上缩短了法定的诉讼时效期间)。上述分析思路同样适用于特别诉讼时效期间。应该说,原《民通意见》第 167 条所说的"民法通则实施后,属于民法通则第一百三十五条规定的二年诉讼时效期间,权利人自权利被侵害时起的第十八年后至第二十年期间才知道自己的权利被侵害的,或者属于民法通则第一百三十六条规定的一年诉讼时效期间,权利人自权利被侵害时起的第十九年后至第二十年期间才知道自己的权利被侵害的,提起诉讼请求的权利,应当在权利被侵害之日起的二十年内行使,超过二十年的,不予保护",对此规定得更为清晰。

其五,就三年普通诉讼时效期间而言,在权利人知道或应当知道其权利受到损害的事实以及义务人后,法定的诉讼时效期间已经开始计算,权利人也在法定的诉讼时效期间内通过向义务人提出履行请求等方式向义务人主张权利,但在《民法典》

① 比如,在王某忠与沈阳市某某工业公司侵害著作权纠纷案中,最高人民法院(2017)最高法民申 1817 号民事裁定书认为:"《中华人民共和国民法通则》第一百三十五条规定:向人民法院请求保护民事权利的诉讼时效期间为二年,法律另有规定的除外。第一百三十七条规定:诉讼时效期间从知道或者应当知道权利被侵害时起计算。但是,从权利被侵害之日起超过二十年的,人民法院不予保护。王某忠所诉沈阳市某某工业公司侵权行为发生在 1986 年、1989 年,王某忠于 2016 年 3 月 4 日提起本案诉讼从其诉请的权利被侵害之日起已超过 20 年。虽然王某忠主张其于 1985 年办理了病退,病退后一直未回单位工作,但这并不能成为其 20 年内未行使权利的合理依据,故一、二审法院认定已超过诉讼时效并无不当,王某忠的该项主张本院不予支持。"又如,在王某山等与微山县欢城镇后某某村村民委员会等人身损害赔偿纠纷案中,山东省高级人民法院(2019)鲁民再 948 号民事判决书认为:"极端情况下,可能发生从权利被侵害的事实出现、到权利人知道这一事实,超过普通诉讼时效期间的情况,以致诉讼时效过分迟延地不能完成,会影响时效制度的稳定性和宗旨,才适用二十年最长权利保护期间加以限制。原审查明,从王某山等人陈述及提供的证据足以认定,王某山等人从马某死亡之日起,就知道了其民事权利受到侵害,但在法定的期间内王某山等人未向法院请求保护其相应的民事权利。因此,王某山等人主张本案应适用二十年最长权利保护期间的理由不成立,本院不予支持。"

第 188 条第 2 款规定的二十年期间内并没有向人民法院请求保护其民事权利，在此情形下，存在适用《民法典》第 188 条第 2 款第 3 句所说的"自权利受到损害之日起超过二十年的，人民法院不予保护，有特殊情况的，人民法院可以根据权利人的申请决定延长"的空间，即：如果权利人在《民法典》第 188 条第 2 款规定的二十年期间届满后才向人民法院请求保护其民事权利，人民法院将不予保护（其实质是视同诉讼时效期间已经届满）[①]。上述分析思路同样适用于特别诉讼时效期间。

（三）《民法典》第 188 条第 2 款规定的二十年期间属于对诉讼时效的限制

有观点认为，《民法典》第 188 条第 2 款第 3 句所说的"自权利受到损害之日起超过二十年的，人民法院不予保护"，规定的是"二十年诉讼时效期间"。对此，原《民通意见》第 175 条第 2 款规定："民法通则第一百三十七条规定的'二十年'诉讼时效期间，可以适用民法通则有关延长的规定，不适用中止、中断的规定"；最高人民法院《全国法院贯彻实施民法典工作会议纪要》（法〔2021〕94 号）第 5 条第 1 款第 2 句也规定："民法典第一百八十八条第二款规定的'二十年'诉讼时效期间可以适用

---

① 比如，在某某资产管理股份有限公司黑龙江省分公司等与黑龙江省某某科学院牡丹江分院等借款合同纠纷案中，最高人民法院（2021）最高法民申 4101 号民事裁定书认为："某行牡分行所涉四笔借款，其最后一笔还款期限为 1998 年 10 月 4 日，某秧剂厂未依约偿还尚欠借款本息。某行牡分行自 1998 年 10 月 5 日起应当知晓其权利受到侵害。根据《中华人民共和国民法总则》第一百八十八条第二款关于'诉讼时效期间自权利人知道或者应当知道权利受到损害以及义务人之日起计算。法律另有规定的，依照其规定。但是自权利受到损害之日起超过二十年的，人民法院不予保护；有特殊情况的，人民法院可以根据权利人的申请决定延长'的规定，该四笔借款所涉债权的最长保护期限至迟应从 1998 年 10 月 5 日起计算。截至某某黑龙江公司 2019 年 1 月 2 日提起本案诉讼时，某行牡分行所涉四笔债权已全部超过二十年法定最长保护期限。最长诉讼时效期间是不适用诉讼时效中断、中止规定的时效期间。原审及申请再审中某某黑龙江公司亦未提供证据证明本案存在应延长二十年保护期限的特殊情况。二审判决以案涉四笔债权超过法定最长保护期限为由对其不予保护，不违反相关法律规定，并无不当。"又如，在某某银行股份有限公司与贵州某联企业集团公司金融借款合同纠纷案中，贵州省高级人民法院（2019）黔民终 700 号民事判决书认为："某某银行主张的债权包括了某联公司自己借款的六笔，还有作为担保人的六笔。某联公司作为担保人的六笔债务的债务人目前全部已经吊销营业执照，某某银行并未提供此前直接向某联公司担保的企业主张权利的证据。某某银行二审提交了 2000 年 8 月 14 日《某某市商业银行致保证人的函》，该函载明'望贵公司接到此函后，积极协助我行督促借款企业归还贷款本息'，从函的内容看并不是要求某联公司履行担保义务。而对于某联公司六笔借款中除了 1993 年 7 月 29 日借款的 100 万元，某某银行提交了 1998 年 12 月 15 日的《催款通知书》，载明该 100 万元借款于 1993 年 8 月 29 日到期，要求某联公司联系办理还款手续外，某某银行并未提供证据证明就其他五笔借款向某联公司主张过权利。根据《中华人民共和国民法总则》第一百八十八条第二款的规定，诉讼时效期间自权利人知道或者应当知道权利受到损害以及义务人之日起计算。法律另有规定的，依照其规定。但是自权利受到损害之日起超过二十年的，人民法院不予保护；有特殊情况的，人民法院可以根据权利人的申请决定延长。在某联公司作为担保人的六笔借款中，最晚的一笔发生在 1996 年 6 月 12 日，借款期限截至 1996 年 12 月 22 日；在某联公司作为借款人的六笔借款中，最晚的一笔发生在 1996 年 1 月 18 日，借款期限截至 1996 年 2 月 18 日。某某银行 2018 年 5 月 7 日向人民法院提起诉讼要求某联公司归还借款及担保借款已经超过二十年的最长诉讼时效期间。"

延长的规定,不适用中止、中断的规定”。①

不过,基于上述分析,可以认为,《民法典》第 188 条第 2 款第 3 句所说的“自权利受到损害之日起超过二十年的,人民法院不予保护”,并没有在三年的普通诉讼时效期间和特别诉讼时效期间之外规定所谓的“二十年诉讼时效期间”这种新的特别诉讼时效期间②,而是在《民法典》和其他法律关于诉讼时效的期间和起算的规定(包括《民法典》第 188 条第 2 款第 1 句所说的“诉讼时效期间自权利人知道或者应当知道权利受到损害以及义务人之日起计算”)的基础上,对《民法典》和其他法律所规定的诉讼时效的期间、中止和中断作出了相应的限制,发生权利人丧失获得司法救济的机会的法律后果,以“维护交易安全、稳定法律秩序”③。具体而言:

一是对法定的诉讼时效期间的限制。在法定的诉讼时效期间因不满足“权利人知道或者应当知道权利受到损害以及义务人”等法定起算条件而不能开始起算的情况下,《民法典》第 188 条第 2 款第 3 句所说的“自权利受到损害之日起超过二十年的,人民法院不予保护,有特殊情况的,人民法院可以根据权利人的申请决定延长”,意味着,不能无限期地依照《民法典》和其他法律关于诉讼时效期间的起算和诉讼时效期间的规定来确定权利人实际享有的诉讼时效期间,而应当在《民法典》第 188 条第 2 款规定的二十年期间内,按照权利人知道或应当知道其权利受到损害的事实以及义务人的时间和权利人向人民法院请求保护其民事权利的时间,来确定该权利人最终享有的诉讼时效期间(包括是否视同届满、未届满时的期间的长短等)和法院是否予以保护。

二是对诉讼时效的中止和中断的限制。《民法典》第 188 条第 2 款第 3 句所说的“自权利受到损害之日起超过二十年的,人民法院不予保护,有特殊情况的,人民法院可以根据权利人的申请决定延长”,意味着,不能无限期地依照《民法典》关于诉讼时效

---

① 也有意见称之为“20 年最长诉讼时效期间”。比如,《山东省高级人民法院关于印发全省民事审判工作会议纪要的通知》(鲁高法〔2011〕297 号)针对民间借贷的诉讼时效提出:“依据《合同法》第 206 条的规定,民间借贷合同中没有约定借款日期和还款期限的,出借人可以随时请求借款人偿还借款,借款人也可以随时偿还。出借人没有提出还款请求,借款人也未主动偿还借款的,为保护出借人的合法权益,原则上适用《民法通则》第 137 条规定的 20 年最长诉讼时效。”

② 对此,在徐某辉与某某天然气股份有限公司吉林石化分公司侵害著作权纠纷案中,最高人民法院(2015)民申字第 668 号民事裁定书认为:“根据原审查明的事实,吉化公司炼油厂于 1993 年编印了本案被控侵权的《炼油厂志》,其中使用了本案的涉案照片;在第 54 号案 2007 年 9 月 17 日进行证据交换时,徐某辉已知道《炼油厂志》中收录了涉案照片及炼油厂馆藏中有其拍摄的李鹏总理视察炼油厂照片档案且未为其署名的事实。民法通则第一百三十七条规定,诉讼时效期间从知道或者应当知道权利被侵害时起计算;该条但书部分规定‘从权利被侵害之日起超过二十年的,人民法院不予保护’,该规定是为了解决诉讼时效期间的起算点及最长起诉期限的问题,即从权利被侵害之日起超过二十年权利人才向法院起诉的,即使没有证据证明权利人的起诉已经超过该条前半段规定的诉讼时效期间,人民法院也不予保护,该规定并不是规定二十年的诉讼时效期间。”

③ 全国人民代表大会常务委员会时任副委员长王晨 2020 年 5 月 22 日在第十三届全国人民代表大会第三次会议上作的《关于〈中华人民共和国民法典(草案)〉的说明》提及:“诉讼时效是权利人在法定期间内不行使权利,权利不受保护的法律制度,其功能主要是促使权利人及时行使权利、维护交易安全、稳定法律秩序。”最高人民法院(2019)最高法民终 900 号民事判决书也认为:“根据民法通则第一百三十七条规定,诉讼时效期间从知道或者应当知道权利被侵害时起计算。但是,从权利被侵害之日起超过二十年的,人民法院不予保护。有特殊情况的,人民法院可以延长诉讼时效期间。该规定是指自权利被侵害之日起二十年,权利人未向相对方主张权利的,为规制权利人怠于行使权利和维护法律关系稳定,权利人的权利丧失司法救济的机会。”

中止和中断的规定来对法定的诉讼时效期间进行中止或重新计算，而应当在《民法典》第 188 条第 2 款规定的二十年期间内，按照权利人向人民法院请求保护其民事权利的时间，来确定法院是否予以保护。也就是说，诉讼时效虽然可以依法多次中止、多次中断，但仍然受到《民法典》第 188 条第 2 款第 3 句所说的“自权利受到损害之日起超过二十年的，人民法院不予保护”的限制；不论诉讼时效中止多少次、中断多少次，只要“自权利受到损害之日起超过二十年”没有“向人民法院请求保护民事权利”，就应当适用“人民法院不予保护”（法院依权利人申请决定予以延长的除外）。

比如，在某某资产管理股份有限公司黑龙江省分公司等与黑龙江省某某科学院牡丹江分院等借款合同纠纷案中，最高人民法院（2021）最高法民申 4101 号民事裁定书认为：“某行牡分行所涉四笔借款，其最后一笔还款期限为 1998 年 10 月 4 日，某秧剂厂未依约偿还尚欠借款本息。某行牡分行自 1998 年 10 月 5 日起应当知晓其权利受到侵害。根据《中华人民共和国民法总则》第一百八十八条第二款关于‘诉讼时效期间自权利人知道或者应当知道权利受到损害以及义务人之日起计算。法律另有规定的，依照其规定。但是自权利受到损害之日起超过二十年的，人民法院不予保护；有特殊情况的，人民法院可以根据权利人的申请决定延长’的规定，该四笔借款所涉债权的最长保护期限至迟应从 1998 年 10 月 5 日起计算。截至某某黑龙江公司 2019 年 1 月 2 日提起本案诉讼时，某行牡分行所涉四笔债权已全部超过二十年法定最长保护期限。最长诉讼时效期间是不适用诉讼时效中断、中止规定的时效期间。原审及申请再审中某某黑龙江公司亦未提供证据证明本案存在应延长二十年保护期限的特殊情况。二审判决①以案涉四笔债权超过法定最长保护期限为由对其不予保护，不违反相关法律规定，并无不当。”

又如，在成都某索文化传播有限公司与广汉市某某公司肉联厂等金融不良债权追偿纠纷案中，最高人民法院（2019）最高法民申 5333 号民事裁定书认为：“《中华人民共和国民法总则》第一百八十八条第二款规定：‘诉讼时效期间自权利人知道或者应当知道权利受到损害以及义务人之日起计算。法律另有规定的，依照其规定。但是自权利受到损害之日起超过二十年的，人民法院不予保护；有特殊情况的，人民法院可以根据权利人的申请决定延长。’根据原审查明的事实，案涉债权对应的借款共九笔，最后一笔借款到期时间是 1997 年 10 月 25 日，某索文化公司于 2018 年 9 月 6 日提起本案诉

---

① 该二审判决黑龙江省高级人民法院（2020）黑民终 229 号民事判决书认为：“本案六笔借款债权中，某行牡分行所涉四笔借款本金分别为 50 万元、50 万元、50 万元、500 万元，现尚欠借款本金合计 605.06 万元，其还款期限分别为 1997 年 1 月 13 日、1 月 14 日、1 月 25 日及 1998 年 10 月 4 日；某发行牡分行所涉二笔借款本金分别为 343 万元、30 万元，现尚欠借款本金合计为 370 万元，其还款期限分别为 1999 年 1 月 5 日、2 月 25 日。上述某行牡分行所涉四笔借款，其最后一笔还款期限至 1998 年 10 月 4 日时，某秧剂厂未依约偿还尚欠借款本息。故权利人应当自 1998 年 10 月 5 日起即知道其权利受到侵害，至某某黑龙江公司 2019 年 1 月 2 日提起本案诉讼时，已经超过了二十年的诉讼时效期间。虽然某某黑龙江公司与某行牡分行在此期间进行了催收，但《民法总则》第一百八十八条第二款规定：‘诉讼时效期间自权利人知道或者应当知道权利受到损害以及义务人之日起计算。法律另有规定的，依照其规定。但是自权利受到损害之日起超过二十年的，人民法院不予保护；有特殊情况的，人民法院可以根据权利人的申请决定延长。’即规定了二十年为债权的最长保护期限。超过了二十年，在没有法定延长事由的情况下，不应再受到法律保护。故某秧剂厂关于该四笔债权已超过最长诉讼时效期间，某某黑龙江公司主张该四笔债权不应予以支持的上诉主张，具有事实根据及法律依据。”

讼,已超过二十年的最长诉讼时效。……因本案已超过了二十年最长诉讼时效,某索文化公司是否存在催收行为,是否引起普通诉讼时效的中断,不再具有法律意义,其该项主张亦不能成立。”①

基于上述,将《民法典》第 188 条第 2 款所规定的二十年期间理解为“最长保护期限”,可能比“最长诉讼时效期间”或“二十年诉讼时效期间”,更合适。

(四)二十年期间的延长和有关诉讼时效延长的规定

在规定“自权利受到损害之日起超过二十年的,人民法院不予保护”的同时,《民法典》第 188 条第 2 款第 3 句也规定了一项期间延长制度,即“有特殊情况的,人民法院可以根据权利人的申请决定延长”。

由于《民法典》第 188 条使用了“向人民法院请求保护民事权利的诉讼时效期间为三年。法律另有规定的,依照其规定。……诉讼时效期间自……起计算。……但是,自权利受到损害之日起超过二十年的,人民法院不予保护,有特殊情况的,人民法院可以根据权利人的申请决定延长”的表述,《民法典总则编解释》第 35 条也规定了:“民法典第一百八十八条第一款规定的三年诉讼时效期间,可以适用民法典有关诉讼时效中止、中断的规定,不适用延长的规定。该条第二款规定的二十年期间不适用中止、中断的规定”,因此,三年诉讼时效期间不得延长、不宜使用“诉讼时效期间延长”的表述②;《民法典》第 188 条第 2 款所说的“人民法院可以根据权利人的申请决定延长”中的“延长”,指的是延长该款所说的二十年期间,而非延长《民法典》第 188 条第 1 款规定的三年诉讼时效期间。也因此,《民法典》第 199 条所说的“有关诉讼时效……延长的规定”,指的是《民法典》第 188 条第 2 款所说的“自权利受到损害之日起超过二十年的,人民法院不予保护,有特殊情况的,人民法院可以根据权利人的申请决定延长”,而非“有关诉讼时效期间延长的规定”。

由于《民法典》第 188 条第 2 款使用了“自权利受到损害之日起超过二十年的,人民法院不予保护,有特殊情况的,人民法院可以根据权利人的申请决定延长”的表述,因此,二十年期间的延长必须同时满足以下四个要件:一是存在权利人“自权利受到损害之日起超过二十年”没有向人民法院请求保护其民事权利的事实;二是权利人“自权利受到损害之日起超过二十年”没有向人民法院请求保护其民事权利是因为有特殊情

---

① 实务中有不同意见。比如,江西省高级人民法院(2020)赣民终 418 号民事判决书认为:“最长诉讼时效是对有特殊情况,权利人一直未主张权利的情形而设定的时效制度。是在不适用诉讼时效中止、中断规定时效的情形下适用。而案涉债权的权利人一直在主张权利,诉讼时效因一方当事人主张权利而中断,本案适用诉讼时效中断的规定,而不受 20 年最长时效的限制。”

② 原《民法通则》第 137 条使用了“延长诉讼时效期间”的表述:“诉讼时效期间从知道或者应当知道权利被侵害时起计算。但是,从权利被侵害之日起超过二十年的,人民法院不予保护。有特殊情况的,人民法院可以延长诉讼时效期间。”不过,无论是诉讼时效中止还是诉讼时效中断,事实上都使得原诉讼时效期间得到了不同程度的延长。

况；三是权利人向法院提出了延长二十年期间的申请[①]；四是法院作出了延长二十年期间的决定。

其中，《民法典》第 188 条第 2 款第 3 句所说的“有特殊情况”，指的是权利人自权利受到损害之日起超过二十年没有向人民法院请求保护其权利是由不可归责于权利人的原因造成的。对此，原《民通意见》第 169 条曾经规定：“权利人由于客观的障碍在法定诉讼时效期间不能行使请求权的，属于民法通则第一百三十七条规定的‘特殊情况’。”又如，在成都某索文化传播有限公司与广汉市某某公司肉联厂等金融不良债权追偿纠纷案中，最高人民法院（2019）最高法民申 5333 号民事裁定书认为：“《中华人民共和国民法总则》第一百八十八条第二款规定的能够引起最长诉讼时效期间延长的‘特殊情况’，是指权利人由于客观的障碍在法定诉讼时效期间内不能行使请求权。某索文化公司符合起诉条件的要件之一是有明确的被告，而非有被告的工商登记档案；故即便肉联厂、某某公司的工商登记档案缺失，也不属于某索文化公司在法定期间内不能起诉的客观障碍。某索文化公司的此项主张不能成立。”最高人民法院（2015）民申字第 823 号民事裁定书也认为：“《中华人民共和国民法通则》第一百三十七条规定，诉讼时效期间从知道或者应当知道权利被侵害时起计算。但是，从权利被侵害之日起超过二十年的，人民法院不予保护。有特殊情况的，人民法院可以延长诉讼时效期间。该规定所指的特殊情况是指权利人由于客观的障碍在法定诉讼时效期间不能行使请求权的情况……”

第一百八十九条　【同一债务分期履行时诉讼时效期间的起算】当事人约定同一债务分期履行的，诉讼时效期间自最后一期履行期限届满之日起计算。

【条文通释】

《民法典》第 189 条是关于同一债务分期履行时诉讼时效期间起算的特别规定。

一、适用范围

《民法典》第 189 条是将 2008 年的《最高人民法院关于审理民事案件适用诉讼时效制度若干问题的规定》（法释〔2008〕11 号）第 5 条所说的“当事人约定同一债务分期履行的，诉讼时效期间从最后一期履行期限届满之日起计算”上升为法律规定而来的。

---

① 比如，在黄某珍与刘某玲、黄某全赠与合同纠纷案中，针对该案是否存在可以延长最长时效的特殊情况问题，广东省广州市中级人民法院（2021）粤 01 民终 14851 号民事判决书认为：“一方面，刘某玲在本案并未根据《中华人民共和国民法总则》第一百八十八条的规定申请延长最长诉讼时效期间。另一方面，本案中，刘某玲与黄某全自 1992 年分居至 2007 年双方协议登记离婚，在长达 15 年的时间里，双方经济相对独立，刘某玲对黄某全在此期间取得的夫妻共同财产状况及黄某全占有、使用、处分夫妻共同财产的状况，并未积极了解或行使夫妻共同财产的管理等相关权利，在双方协议离婚之际，其在协议中也明确双方之间没有财产及债务纠纷。上述情况是导致刘某玲在本案的诉讼请求超过 20 年最长时效的重要原因，因此本案也并不存在应适当延长刘某玲诉讼请求最长诉讼时效期间的充分理由。”

《民法典》第 189 条所说的"当事人约定同一债务分期履行",限定了该条的适用范围:

一是在债务范围方面,结合《民法典》第 118 条第 2 款所说的"债权是因合同、侵权行为、无因管理、不当得利以及法律的其他规定,权利人请求特定义务人为或者不为一定行为的权利",第 464 条第 1 款所说的"合同是民事主体之间设立、变更、终止民事法律关系的协议"和第 468 条所说的"非因合同产生的债权债务关系,适用有关该债权债务关系的法律规定;没有规定的,适用本编通则的有关规定,但是根据其性质不能适用的除外",《民法典》第 189 条所说的"同一债务",既可以是因合同关系产生的债务,也可以是非因合同关系产生的债务;事实上,针对侵权损害赔偿费用的支付,《民法典》第 1187 条就规定了:"损害发生后,当事人可以协商赔偿费用的支付方式。协商不一致的,赔偿费用应当一次性支付;一次性支付确有困难的,可以分期支付,但是被侵权人有权请求提供相应的担保。"

二是《民法典》第 189 条所说的"同一债务",意味着《民法典》第 189 条仅适用于同一项债务,不适用于不同项债务。

三是《民法典》第 189 条所说的"分期履行",意味着《民法典》第 189 条仅适用于分期履行的债务,不适用于只需履行一次的债务或只能一次性履行的债务。其中的"只能一次性履行",既包括当事人一开始就约定只能一次性履行,也包括虽然一开始约定分期履行但事后因种种事由转变为只能一次性的情况。①

也因此,准确地界定《民法典》第 189 条所说的"当事人约定同一债务分期履行",成为适用《民法典》第 189 条所说的"诉讼时效期间自最后一期履行期限届满之日起计算"的前提和关键。

二、同一债务与分期履行

(一)同一债务与不同债务、数项债务

《民法典》第 189 条所说的"同一债务",既是与"同一债权"②相对应的概念,也是

---

① 比如,在方某某素新材料科技股份有限公司与某某银行股份有限公司陕县支行等金融借款合同纠纷案中,最高人民法院(2014)民二终字第 147 号民事判决书认为:"由于陕县某行宣布贷款提前到期并要求某能热电公司、方某某素公司一次性偿还本息,本案利息债权已不属于分期履行的情形,因此一审判决适用《最高人民法院关于审理民事案件适用诉讼时效制度若干问题的规定》第五条,即'当事人约定同一债务分期履行的,诉讼时效期间从最后一期履行期限届满之日起计算',作为本案未超过诉讼时效的法律依据之一,确属不当,本院予以纠正。"

② 《民法典》本身没有直接使用"同一债权"的表述,但《民法典合同编通则解释》第 50 条第 1 款("让与人将同一债权转让给两个以上受让人,债务人以已经向最先通知的受让人履行为由主张其不再履行债务的,人民法院应予支持……")、《民法典担保制度解释》第 18 条第 2 款("同一债权既有债务人自己提供的物的担保,又有第三人提供的担保,承担了担保责任或者赔偿责任的第三人,主张行使债权人对债务人享有的担保物权的,人民法院应予支持")、《最高人民法院关于审理民事案件适用诉讼时效制度若干问题的规定》(2020 年修正)第 9 条("权利人对同一债权中的部分债权主张权利,诉讼时效中断的效力及于剩余债权,但权利人明确表示放弃剩余债权的情形除外")和《民诉法解释》(2022 年修正)第 362 条("同一债权的担保物有多个且所在地不同,申请人分别向有管辖权的人民法院申请实现担保物权的,人民法院应当依法受理")都使用了"同一债权"的表述。

与"不同债务"或"数项债务"①相对应的概念，还是与"部分债务"②相对应的概念，指向的是作为一个整体的由若干部分债务组成的一项债务，该项债务独立于其他债务、与其他债务分属不同的债务，与其他债务属于数项债务。

同一债务的根本特征是债务的整体性和唯一性（或同一性）。③ "当事人约定同一笔债务分期履行的，其订立合同的目的是对同一笔债务约定分期履行，该债务为一个单一的整体，具有整体性和唯一性。因此，尽管因为对整体债务分别约定了分期履行的期限和数额，使每一期债务具有一定的独立性，但该独立性不足以否定整体性，整体性和唯一性是该债务的根本特征。给付每一期债务请求权的诉讼时效期间从最后一期履行期限届满之日起算是同一笔债务具有唯一性和整体性的根本要求"④。不同合同项下的债务通常不属于同一债务。⑤

针对同一债务项下分期履行之债和定期履行之债的区分，最高人民法院（2020）最高法知民终10号民事裁定书认为："所谓同一债务项下分期履行之债，是指按照当事人事先约定，分批分次完成同一债务的履行。'同一债务'的根本特性是整体性和唯一性，在同一债务的履行过程中，当事人可以约定分期履行的期限和数额，还可以约定每次履行的时间节点和履行条件，但无论如何进行分期，都是同一个债务的履行。亦即，分期履行债务的核心特征在于此类债务中每一期债务的内容和范围在债务发生时即已确定，不因分期偿还而发生变化。所谓定期履行之债，是指虽然债务关系已经确立，但是每一期债务发生的内容和范围并未自始确定，而是随着债务关系进程的延伸而逐

---

① 《民法典》第560条使用了"数项债务"的表述："债务人对同一债权人负担的数项债务种类相同，债务人的给付不足以清偿全部债务的，除当事人另有约定外，由债务人在清偿时指定其履行的债务。债务人未作指定的，应当优先履行已经到期的债务；数项债务均到期的，优先履行对债权人缺乏担保或者担保最少的债务；均无担保或者担保相等的，优先履行债务人负担较重的债务；负担相同的，按照债务到期的先后顺序履行；到期时间相同的，按照债务比例履行。"

② 《民法典》第391条（"第三人提供担保，未经其书面同意，债权人允许债务人转移全部或者部分债务的，担保人不再承担相应的担保责任"）、第697条第1款（"债权人未经保证人书面同意，允许债务人转移全部或者部分债务，保证人对未经其同意转移的债务不再承担保证责任，但是债权人和保证人另有约定的除外"）使用了"部分债务"的表述。当然，上述规定所说的"部分债务"，既包括同一债务的若干部分，也包括由数项债务组成的全部债务中的若干项债务。

③ 针对同一债务，最高人民法院（2020）最高法知民终10号民事裁定书认为："'同一债务'的根本特性是整体性和唯一性，在同一债务的履行过程中，当事人可以约定分期履行的期限和数额，还可以约定每次履行的时间节点和履行条件，但无论如何进行分期，都是同一个债务的履行。亦即，分期履行债务的核心特征在于此类债务中每一期债务的内容和范围在债务发生时即已确定，不因分期偿还而发生变化。"最高人民法院（2018）最高法民申3153号民事裁定书也认为："同一债务分期履行是某一债务发生后，当事人依照约定的时间和数额分期履行，其债务是在合同订立之时即确定，具有同一性和整体性。"

④ 《最高人民法院民二庭负责人就〈关于审理民事案件适用诉讼时效制度若干问题的规定〉答记者问》（2008年）（来源：中国法院网，https://www.chinacourt.org/article/detail/2008/09/id/320413.shtml，最后访问日期：2024年5月14日，下同）。

⑤ 比如，在某某银行股份有限公司宁夏回族自治区分行营业部与宁夏回族自治区某某合作社鼓楼商场借款合同纠纷案中，最高人民法院（2013）民二终字第79号民事判决书认为："宁夏区某某社与某行营业部2006年通过往来函件所进行的书面约定，并未形成新的贷款合同，3410万元分属于七个不同的贷款合同，不属于同一债务，对于3410万元债务履行中所涉及的1073.4万元债务不属于同一债务，对其履行亦不属于同一债务的分期履行。鼓楼商场的每次还款都是对原合同分别进行的还款，还款数额从原合同中分别扣除，债务清偿消灭的是每个不同合同所形成的债权债务关系。"

期展开,并分别产生内容、范围均可能不同的债务。故,定期履行债务的核心特征是各期债务彼此均为独立之债,不具有整体性和唯一性。”

其中,就作为整体的一项债务而言,根据《民法典》第561条所说的“债务人在履行主债务外还应当支付利息和实现债权的有关费用,其给付不足以清偿全部债务的,除当事人另有约定外,应当按照下列顺序履行:(一)实现债权的有关费用;(二)利息;(三)主债务”,“同一债务”包括主债务、利息和实现债权的有关费用。①

(二)分期履行与履行期限、部分履行

债务的“履行期限”是合同内容通常应当包含的事项②,在当事人对债务的履行期限没有约定或约定不明确的情况下,依照《民法典》第510条的规定依次由当事人协议补充、按照合同相关条款或交易习惯确定;在当事人对债务的履行期限约定不明确的情况下,依照《民法典》第510条的规定仍不能确定的,则适用《民法典》第511条第4项所说的“履行期限不明确的,债务人可以随时履行,债权人也可以随时请求履行,但是应当给对方必要的准备时间”。③ 也就是说,只要当事人约定了债务的履行期限,该债务就属于定期履行的债务。

《民法典》第189条所说的“同一债务分期履行”,指向的是当事人约定将同一项债务分成若干部分,由债务人按照不同的期限分别向债权人履行相应部分的债务。分批交货④、分批运输⑤和分期付款⑥等通常都属于分期履行。《民法典》第189条所说的

---

① 最高人民法院(2013)民申字第2306号民事裁定书认为:“利息是依附于借款本金产生的,虽然《抵押担保借款合同》约定按月结息,但同时还约定‘借款人因特殊情况,不能按期偿还贷款本息,可在贷款到期日前的7天内向贷款人提出展期申请,经贷款人同意并签订展期协议后,方可延长还款期限,但贷款利率要按累计期限档次确定’‘不按期偿付贷款利息,贷款人按规定计收复利’,因此,在本金尚未偿还的情况下,利息并不构成单独的债权。”

② 《民法典》第470条第1款规定:“合同的内容由当事人约定,一般包括下列条款:(一)当事人的姓名或者名称和住所;(二)标的;(三)数量;(四)质量;(五)价款或者报酬;(六)履行期限、地点和方式;(七)违约责任;(八)解决争议的方法。”

③ 《民法典》第510条规定:“合同生效后,当事人就质量、价款或者报酬、履行地点等内容没有约定或者约定不明确的,可以协议补充;不能达成补充协议的,按照合同相关条款或者交易习惯确定。”第511条规定:“当事人就有关合同内容约定不明确,依据前条规定仍不能确定的,适用下列规定:……(四)履行期限不明确的,债务人可以随时履行,债权人也可以随时请求履行,但是应当给对方必要的准备时间……”

④ 《民法典》第633条第1款规定:“出卖人分批交付标的物的,出卖人对其中一批标的物不交付或者交付不符合约定,致使该批标的物不能实现合同目的的,买受人可以就该批标的物解除”,第2款规定:“出卖人不交付其中一批标的物或者交付不符合约定,致使之后其他各批标的物的交付不能实现合同目的的,买受人可以就该批以及之后其他各批标的物解除”,第3款规定:“买受人如果就其中一批标的物解除,该批标的物与其他各批标的物相互依存的,可以就已经交付和未交付的各批标的物解除。”

⑤ 比如,在某远海运物流有限公司与保定天某某变电气股份有限公司多式联运合同纠纷案中,最高人民法院(2018)最高法民申3153号民事裁定书认为:“涉案《运保服务合同条款》第1.2条约定运输标的为印度某网世行项目7台自耦变压器的运输服务,第1.5条约定了起运和运到时间,7台变压器分三批次运输。可见,《运保服务合同条款》所涉债务自合同订立之时即确定为7台变压器,该债务的内容和范围不随着时间的经过而变化,受到时间因素影响的只是履行的方式,该债务具有整体性。7台变压器分3批运输,但各批次之间的运输安排可调整,具有内在关联性和同一性。该债务属于同一债务分期履行的情况……”

⑥ 《民法典》第634条第1款规定:“分期付款的买受人未支付到期价款的数额达到全部价款的五分之一,经催告后在合理期限内仍未支付到期价款的,出卖人可以请求买受人支付全部价款或者解除合同。”

"同一债务分期履行"中的"分期"意味着,同一债务分期履行必然需要约定各部分债务的履行期限。由此可以认为,当事人约定分期履行的同一债务,实际上也属于定期履行的债务。

此外,根据《民法典》第 531 条第 1 款所说的"债权人可以拒绝债务人部分履行债务,但是部分履行不损害债权人利益的除外",《民法典》第 189 条所说的"当事人约定同一债务分期履行"属于一种部分履行的安排。也就是说,分期履行债务属于部分履行债务的一种形式。也因此,《民法典》第 189 条所说的"当事人约定同一债务分期履行",至少应当分成两期履行[①];[②]约定债务人一次性履行债务的不属于分期履行[③]。

就当事人约定同一债务分期履行而言,各期均按约定履行完毕方为该项债务按约履行完毕,任何一期没有按约定履行(包括根本未履行和虽履行但履行不符合约定),都意味着债务人履行该项债务的过程中存在违约行为,应当依法承担相应的违约责任。

(三)同一债务与分期履行

并非所有债务都需要分期履行。是否分期履行债务,取决于当事人是否有约定。《民法典》第 189 条所说的"当事人约定同一债务分期履行的"和第 531 条所说的"债权人可以拒绝债务人部分履行债务,但是部分履行不损害债权人利益的除外",也表明了这点。

(四)当事人约定的相关债务属于同一债务还是数项债务的认定

总体而言,当事人约定的相关债务,在性质上属于一项债务的若干部分还是属于不同的数项债务,属于合同解释的问题,应当适用《民法典》第 466 条第 1 款、第 142 条

---

① 比如,在湖北省十堰市某堰商场股份有限公司与湖北某麟房地产开发有限公司合同纠纷案中,最高人民法院(2015)民申字第 411 号民事裁定书认为:"2009 年 6 月 24 日《补偿协议》第二条约定'本协议签订后三十日内,甲方向乙方支付补偿费用伍拾万元,余款壹佰伍拾万元甲方在某商大厦工程完工之日起五日内付清'。某堰商场申请再审称,《补偿协议》中的'余款壹佰伍拾万元'有明确的支付时间,不存在诉讼时效中断,诉讼时效起算日应是 2010 年 10 月 6 日(某商大厦工程完工之日起五日),而非 2011 年 4 月 22 日。本院认为,根据《最高人民法院关于审理民事案件适用诉讼时效制度若干问题的规定》第五条规定,当事人约定同一债务分期履行的,诉讼时效期间从最后一期履行期限届满之日起计算。按此规定,某麟公司有关《补偿协议》项下的权利主张应当在 2010 年 10 月 6 日起两年内行使。2011 年 4 月 22 日,某堰商场向某麟公司支付了 50 万元补偿款,该款系《补偿协议》项下债务的一部分,某堰商场的履行行为应当属于诉讼时效期间中断的法定事由。据此,某麟公司于 2013 年 3 月 19 日就该笔债务中剩余 150 万元部分提起诉讼,并未超过诉讼时效期间。"

② 值得一提的是,针对《民法典》第 634 条规定的分期付款买卖合同,《最高人民法院关于审理买卖合同纠纷案件适用法律问题的解释》(2020 年修正)第 27 条第 1 款将其中的"分期付款"解释为至少分三期:"民法典第六百三十四条第一款规定的分期付款,系指买受人将应付的总价款在一定期限内至少分三次向出卖人支付。"

③ 比如,在哈尔滨某安实业发展有限公司与哈尔滨市平房区平房镇某某村民委员会其他合同纠纷案中,最高人民法院(2018)最高法民申 5620 号民事裁定书认为:"本案中,根据案涉《协议书》的约定,某安公司每年应按进区企业年销售收入的 0.7%向某某村委会上缴管理费,亦即管理费是按年度分期缴纳,而不是合同履行期届满之日一次性缴纳,故管理费属于分期履行的债务,应适用《中华人民共和国民法总则》第一百八十九条的规定起算管理费的诉讼时效期间。"

第1款和《民法典合同编通则解释》第1款第1款的规定①,即:"以词句的通常含义为基础,结合相关条款、合同的性质和目的、习惯以及诚信原则,参考缔约背景、磋商过程、履行行为等因素确定争议条款的含义"。

比如,在某某银行股份有限公司阆中市支行与四川某诚贸易有限责任公司、重庆某和物资(集团)有限公司借款担保合同纠纷案中,针对案涉1300万元债务属于同一笔债务的分期履行还是三笔不同债务的问题,最高人民法院(2018)最高法民再109号民事判决书认为:"案涉1300万元债务应当认定为三笔不同的债务,具体理由为:1.从债的发生原因看,案涉债务为合同之债,其最直接的发生原因为双方所签合同。同一债务一般应指同一合同项下约定的债务,具有整体性。本案中,双方分别签订三份《借款合同》,并相应地签订三份《借款凭证》,确立了三个权利义务关系,各个债之间是独立的,能够相互区分。2.从债的内容看,三份《借款合同》约定的借款金额、借款期限、利率均有所不同,不能简单相加。3.从债的履行情况看,三份《借款合同》中只有两份做了展期,且针对其中两份《借款合同》的展期,分别签订《借款展期协议》;四川某诚公司所归还的100万元亦有明确对应的《借款合同》;某行阆中支行在对相关债务进行催收时,也是针对三份《借款合同》分别制作《贷款逾期催收通知书》。可见,案涉三份《借款合同》,双方的履行行为能够明确区分。4.从债的产生过程看。案涉债务系四川某诚公司承担案外人重庆某泷公司的债务而产生,而重庆某泷公司的原债务并非一笔债务,从某行阆中支行提交的《某某银行四川省分行贷款凭证》看,重庆某泷公司的案涉1400万元债务是由1999年6月30日的300万元、1999年11月20日的600万元和1999年11月27日的500万元组成。案涉1400万元是某行阆中支行与重庆某泷公司对原债务清算后确定由四川某诚公司承担的债务总额。某某银行四川省分行《发放流动资金贷款的批复》中亦要求,对四川某诚公司发放的流动资金贷款分为1年期400万元、2年期500万元、3年期500万元,明确作为三笔债务处理。一、二审判决将案涉1300万元债务认定为是同一笔债务的分期履行,存在错误,本院予以纠正。"

针对租赁合同约定的分次支付租金的安排是否属于《民法典》第189条所说的"同一债务分期履行"的问题,实务中存在截然不同的意见。

有裁判意见认为,租赁合同项下的各笔租金属于同一债务分期履行的情形。比如,在宁安市某某综合商场与牡丹江某宝房地产开发有限公司等房屋租赁合同纠纷案中,最高人民法院(2020)最高法民申7039号民事裁定书认为:"案涉《房产租赁合同》约定,租期八年,计租之日起一个租赁房产年限为连续十二个月,房产租金前三个租约年租金额分别为100万元、110万元、110万元,自第四个租约年开始以110万元为基础每年按上年租金总额递增5%;租金支付为上打半年房租,直至合同履行完毕。该合同虽约定一个租赁房产年限为连续十二个月,但该约定是为计算租金而对租约年限的界

① 《民法典》第466条第1款规定:"当事人对合同条款的理解有争议的,应当依据本法第一百四十二条第一款的规定,确定争议条款的含义",第142条第1款规定:"有相对人的意思表示的解释,应当按照所使用的词句,结合相关条款、行为的性质和目的、习惯以及诚信原则,确定意思表示的含义";《民法典合同编通则解释》第1条第1款规定:"人民法院依据民法典第一百四十二条第一款、第四百六十六条第一款的规定解释合同条款时,应当以词句的通常含义为基础,结合相关条款、合同的性质和目的、习惯以及诚信原则,参考缔约背景、磋商过程、履行行为等因素确定争议条款的含义。"

定。且案涉租金支付义务系基于同一租赁合同所产生的债务,双方在同一合同项下就每年支付租金数额及增长幅度一并予以约定,债权债务关系具有整体性和连续性,符合《最高人民法院关于审理民事案件适用诉讼时效制度若干问题的规定》第五条关于当事人约定同一债务分期履行的,诉讼时效期间从最后一期履行期限届满之日起计算的规定情形。案涉租赁合同虽约定提前支付半年租金,但租赁合同作为双务合同,某宝公司同时负有提供租赁房产的义务,双方均履行约定义务方可视为债务的全面履行。故原审法院以合同约定的租赁期限届满之日作为最后一期债务履行期限届满之日起算诉讼时效并无不当,本院予以支持。"又如,在大连市某某回收总公司与大连市国土资源和房屋局土地租赁合同纠纷案中,最高人民法院(2018)最高法民申 3959 号民事裁定书认为:"双方当事人 1998 年 12 月 28 日签订的《土地使用权租赁合同书》约定案涉土地租期自 1998 年 12 月 28 日至 2028 年 12 月 27 日共计三十年,同时约定了使用期限内每年缴纳的租金标准及租金总额。故案涉土地的租赁期限、租金系对国有土地有偿使用的整体约定。二审判决认定本案租金债权具有整体性并无不当。虽然合同约定租金自 1998 年起每年 12 月缴纳使得每次租金的支付具有一定的独立性,但约定租金支付的独立性不足以否定案涉租金债权的整体性。《最高人民法院关于审理民事案件适用诉讼时效制度若干问题的规定》第五条规定:'当事人约定同一债务分期履行的,诉讼时效期间从最后一期履行期限届满之日起计算。'因案涉合同至今仍在履行期间,约定的最后一期债务履行期限尚未届满,大连市国土资源和房屋局诉请给付案涉租金未超过《中华人民共和国民法通则》第一百三十六条规定的一年诉讼时效期间。二审判决依据《中华人民共和国民法总则》第一百八十九条'当事人约定同一债务分期履行的,诉讼时效期间自最后一期履行期限届满之日起计算'的规定,对某某公司提出的本案 2015 年以前的租金债权已过诉讼时效期间的抗辩主张未予支持,适用法律正确。"①

也有裁判意见认为,租赁合同项下的每一期租金是相互独立的债务,不属于同一债务的分期履行。比如,在郑州市某某广场管理中心与河南某某律师事务所租赁合同纠纷案中,河南省高级人民法院(2021)豫民申 7198 号民事裁定书认为:"根据债务履行的次数,可以将债务分为一次性履行之债和非一次性履行之债。非一次性履行债务可能是同一债务,也可能是不同债务。对于非一次性履行的债务,根据发生的时间和给付方式的不同,可以分为定期重复履行的债务和分期履行的债务。定期重复履行债务是当事人约定在履行过程中重复出现、按照固定的周期给付的债务。在定期重复履行债务中,当事人需在一定的时间段内,不间断地作出履行,债务的总额在债务成立时一般并不确定,其最大特征是多个债务,各个债务都有一定的独立性。而分期履行的债务的给付总额在债的关系成立时就可确定,不会随着时间的延续而发生变化,是一个债务的分批分次履行。本案系租赁合同纠纷,涉案协议约定的债务人某某律所支付的每一期租金,都是其在一定时期内租赁场地的对价,并且租赁费用每五年递增 10%。根据本案具体情况,可以认定涉案债务具有定期重复履行债务的属性,不宜适用上述

---

① 类似的裁判意见,还可见最高人民法院(2018)最高法民申 4254 号民事裁定书、最高人民法院(2017)最高法民申 4265 号民事裁定书、最高人民法院(2014)民申字第 2179 号民事裁定书、江苏省高级人民法院(2018)苏民再 243 号民事判决书、四川省高级人民法院(2018)川民申 1426 号民事裁定书等。

同一债务分期履行情况下诉讼时效期间起算时间点的规定。”①

针对上述问题，在租赁合同项下分期支付租金是否构成“同一债务分期履行”，取决于当事人的约定，不能一概而论，这仍然是个合同解释的问题。② 如果当事人约定了整个租赁期限的租金总额但约定对租金总额采用分期支付的方式，则更符合“同一债务分期履行”的特征，应当适用《民法典》第 189 条所说的“当事人约定同一债务分期履行的，诉讼时效期间自最后一期履行期限届满之日起计算”；如果当事人约定每个月的租金金额并约定按月或季度支付租金，则更不符合“同一债务分期履行”的特征，各月或各季度的租金属于同一债务、与其他各月或各季度的租金属于数项债务、不同债务，不适用《民法典》第 189 条所说的“当事人约定同一债务分期履行的，诉讼时效期间自最后一期履行期限届满之日起计算”。

三、分期履行的同一债务的诉讼时效期间的起算

（一）分期履行的同一债务的诉讼时效期间的起算

针对当事人约定同一债务分期履行，《民法典》第 189 条明确了其诉讼时效的起算时间，即：“诉讼时效期间自最后一期履行期限届满之日起计算”。

其中，《民法典》第 189 条所说的“最后一期履行期限届满之日”，指的应该是当事人约定的该项债务的最后一期债务③的履行期限届满之日，而不是该项债务的最后一期债务的实际履行之日；但在当事人约定的该项债务的最后一期债务的履行期限依法予以延长的情况下，则以延长后的该项债务的最后一期债务的履行期限届满之日为准。

---

① 广东省珠海市中级人民法院（2021）粤 04 民终 923 号民事判决书也认为：“分期履行之债可以具体区分为两类，一类是定期给付之债，主要是指继续性合同履行过程中随着合同履行而持续定期发生的债务。由于定期给付之债是在合同履行过程中不断产生的，具有双务性，因此每一期债务具有独立性，即每一期债权债务对应相应的给付和对待给付。另一类是分期给付之债，即某一债务发生后，当事人约定分期分批予以履行，其特点是债务在法律行为发生时即合同成立生效时便已确定，而并非在合同履行过程中不断产生，此类债务虽然也表现为分期履行，但每一期债务履行并不能对应债权人相应的对待给付，因而债务具有同一性和整体性，彼此之间并不能独立成立债权请求权。由此可见，分期支付的租金，并不属于《中华人民共和国民法总则》第一百八十九条规定的‘当事人约定同一债务分期履行的’分期给付之债，而属于定期给付之债，即每一期租金支付均可成立独立请求权，每一期租金均应自其支付期限届满时即开始起算诉讼时效期间。”

② 比如，在山东寿光市某隆石油机械股份有限公司与淄博某浴表面技术开发有限公司、曹某忠技术服务合同纠纷案中，最高人民法院（2020）最高法知民终 10 号民事裁定书认为：“本案中，某隆公司于原审阶段明确主张诉讼时效抗辩，对其提出的诉讼时效抗辩应依法进行审查。对涉案合同项下每一个月份所对应的费用债务性质的认定，直接关系到某隆公司的诉讼时效抗辩能否成立，进而关系到曹某忠、某浴公司所提本案诉讼是否因已过诉讼时效而丧失实体胜诉权。因此，原审法院有必要结合涉案合同约定的结算条款内容，对涉案合同项下每一个月份对应的费用债务性质重新进行认定。”

③ 《最高人民法院关于执行案件立案、结案若干问题的意见》（法发〔2014〕26 号）第 7 条第 1 项使用了“各期债务”的表述［“除下列情形外，人民法院不得人为拆分执行实施案件：（一）生效法律文书确定的给付内容为分期履行的，各期债务履行期间届满，被执行人未自动履行，申请执行人可分期申请执行，也可以对几期或全部到期债权一并申请执行”］；《最高人民法院关于借款合同中约定借款分期偿还应如何计算诉讼时效期间的答复》（法经〔2000〕244 号）使用的则是“最后一笔债务”的表述（“在借款、买卖合同中，当事人约定分期履行合同债务的，诉讼时效应当从最后一笔债务履行期届满之次日开始计算”）。

在当事人约定同一债务分期履行的情形,《民法典》第189条意味着:

一是即使债务人前几期债务的履行存在违约情形,该债务的诉讼时效期间仍然"自最后一期履行期限届满之日起计算",而非自前几期债务履行期限届满之日起计算①。从这个角度看,《民法典》第189条属于《民法典》第188条第2款所说的"诉讼时效期间自权利人知道或者应当知道权利受到损害以及义务人之日起计算"的特别规定,属于《民法典》第188条第2款所说的"法律另有规定"。

二是在当事人约定同一债务分期履行的情形,不应将债务人履行前几期债务的行为认定为诉讼时效期间的中断事由②。否则,如果认为债务人履行前几期债务的行为产生了中断诉讼时效期间的效果,那么,根据《民法典》第195条所说的"有下列情形之一的,诉讼时效中断,从中断、有关程序终结时起,诉讼时效期间重新计算:……"就应当从债权人履行前几期债务的次日开始重新计算诉讼时效,而非《民法典》第189条所说的"诉讼时效期间自最后一期履行期限届满之日起计算"。

其背后的原因在于"权利人没有在每一期履行期限届满后即主张权利,并非其怠于行使权利,而系其基于对同一债务具有整体性以及不同期债务具有关联性的合理信赖。其通常把每一次的履行行为看作是一个完整的合同关系的一部分,往往认为其可以从最后一期履行期限届满之日再主张权利。而且,当事人之间签订分期给付债务合同的目的在于全面履行合同约定的义务,因此,尽量维持双方的债权债务关系和信任关系是解决履行障碍的基本态度。为促进双方的友好合作关系,权利人也不愿或者不想在部分债权受到侵害后就立刻主张权利。因此,规定从最后一期履行期限届满之日起算诉讼时效期间,可以保护权利人的合理信赖利益,也不违背诉讼时效制度的立法目的"。③

---

① 比如,在长春某尔科技股份有限公司与河南某丰钢结构建设有限公司建设工程施工合同纠纷案中,针对某丰公司要求某尔公司承担违约责任的诉讼时效起算点如何确定的问题,最高人民法院(2018)最高法民再152号民事判决书认为:"在合同关系中,债务人一方的合同义务构成债权人一方合同权利的内容。债务人不履行或不适当履行合同义务,构成对债权人合同权利的侵害,债权人由此取得请求债务人履行义务,承担相应民事责任的权利。因此,合同纠纷案件中,诉讼时效起算点为债权人知道或应当知道债务人存在违约行为的时间。如果合同约定了履行期限(包括分期履行),从履行期届满时起开始计算诉讼时效期间。"

② 比如,在湖北省十堰市某堰商场股份有限公司与湖北某麟房地产开发有限公司合同纠纷案中,最高人民法院(2015)民申字第411号民事裁定书认为:"2009年6月24日《补偿协议》第二条约定'本协议签订后三十日内,甲方向乙方支付补偿费用伍拾万元,余款壹佰伍拾万元甲方在某商大厦工程完工之日起五日内付清'。某堰商场申请再审称,《补偿协议》中的'余款壹佰伍拾万元'有明确的支付时间,不存在诉讼时效中断,诉讼时效起算日应是2010年10月6日(某商大厦工程完工之日起五日),而非2011年4月22日。本院认为,根据《最高人民法院关于审理民事案件适用诉讼时效制度若干问题的规定》第五条规定,当事人约定同一债务分期履行的,诉讼时效期间从最后一期履行期限届满之日起计算。按此规定,某麟公司有关《补偿协议》项下的权利主张应当在2010年10月6日起两年内行使。2011年4月22日,某堰商场向某麟公司支付了50万元补偿款,该款系《补偿协议》项下债务的一部分,某堰商场的履行行为应当属于诉讼时效期间中断的法定事由。据此,某麟公司于2013年3月19日就该笔债务中剩余150万元部分提起诉讼,并未超过诉讼时效期间。"

③ 《最高人民法院民二庭负责人就〈关于审理民事案件适用诉讼时效制度若干问题的规定〉答记者问》(2008年)。

（二）分期履行的同一债务的诉讼时效的期间

需要注意的是，《民法典》第 189 条只是明确了同一债务分期履行的诉讼时效期间的起算问题，没有涉及同一债务分期履行的诉讼时效的期间，同一债务分期履行的诉讼时效期间仍然适用《民法典》关于诉讼时效的期间的一般规定，即《民法典》第 188 条第 1 款所说的“向人民法院请求保护民事权利的诉讼时效期间为三年。法律另有规定的，依照其规定”。

四、未约定履行期限的债务的诉讼时效期间的起算

还需注意的是，《民法典》第 189 条也不涉及当事人没有约定履行期限的债务的诉讼时效期间的起算问题，此时也应当适用《民法典》关于诉讼时效期间起算的一般规定。

针对当事人没有约定履行期限的债务的诉讼时效期间的起算，《诉讼时效制度解释》第 4 条区分能否确定债务的履行期限，分别作出了更加具体的规定：

一是“未约定履行期限的合同，依照民法典第五百一十条、第五百一十一条的规定，可以确定履行期限的，诉讼时效期间从履行期限届满之日起计算”。

二是“未约定履行期限的合同，依照民法典第五百一十条、第五百一十一条的规定，……不能确定履行期限的，诉讼时效期间从债权人要求债务人履行义务的宽限期届满之日起计算，但债务人在债权人第一次向其主张权利之时明确表示不履行义务的，诉讼时效期间从债务人明确表示不履行义务之日起计算”。

上述规定仍然属于对《民法典》第 188 条第 2 款第 1 句所说的“诉讼时效期间自权利人知道或者应当知道权利受到损害以及义务人之日起计算”的细化规定和具体解释。

第一百九十条 【被监护人对其法定代理人的请求权的诉讼时效期间的起算】无民事行为能力人或者限制民事行为能力人对其法定代理人的请求权的诉讼时效期间，自该法定代理终止之日起计算。

【条文通释】

《民法典》第 190 条是关于被监护人对其法定代理人的请求权的诉讼时效期间起算的特别规定。

一、被监护人对其法定代理人的请求权的范围

由于《民法典》第 190 条使用了“无民事行为能力人或者限制民事行为能力人对其法定代理人的请求权的诉讼时效期间”的表述，因此，《民法典》第 190 条所说的“无民事行为能力人或者限制民事行为能力人对其法定代理人的请求权”，指向的是因各种

事由产生的、适用诉讼时效规定的请求权，既包括侵权损害赔偿请求权①和违约损失赔偿请求权②等债权请求权，也包括未经登记的动产物权的原物返还请求权③；但不包括不动产物权的原物返还请求权、登记的动产物权的原物返还请求权、抚养费、赡养费或扶养费支付请求权等《民法典》第 196 条规定的不适用诉讼时效规定的请求权。

二、被监护人对其法定代理人的请求权的诉讼时效期间的起算

（一）被监护人对其法定代理人的请求权的诉讼时效期间的起算

针对被监护人（无民事行为能力人或者限制民事行为能力人）对其法定代理人的适用诉讼时效规定的请求权，《民法典》第 190 条明确了其诉讼时效的起算时间，即："自该法定代理终止之日起计算"。

其中，根据《民法典》第 23 条所说的"无民事行为能力人、限制民事行为能力人的监护人是其法定代理人"，《民法典》第 190 条所说的"其法定代理人"，即"其监护人"，指的是作为被监护人的请求权的义务人的法定代理人（或监护人）；至于相关主体是如何成为被监护人的法定代理人的，则在所不问。

《民法典》第 190 条所说的"该法定代理"，指的是被监护人与作为其请求权的义务人的法定代理人之间的并且该请求权产生于其间的法定代理关系，包括原法定代理人在其监护人资格被撤销导致的法定代理终止之后又被恢复监护人资格而与被监护人

---

① 《民法典》第 23 条规定："无民事行为能力人、限制民事行为能力人的监护人是其法定代理人"，第 34 条第 3 款规定："监护人不履行监护职责或者侵害被监护人合法权益的，应当承担法律责任"；第 163 条规定："代理包括委托代理和法定代理。……法定代理人依照法律的规定行使代理权"，第 164 条规定："代理人不履行或者不完全履行职责，造成被代理人损害的，应当承担民事责任。代理人和相对人恶意串通，损害被代理人合法权益的，代理人和相对人应当承担连带责任"，等等。

② 《民法典》第 19 条规定："八周岁以上的未成年人为限制民事行为能力人，实施民事法律行为由其法定代理人代理或者经其法定代理人同意、追认；但是，可以独立实施纯获利益的民事法律行为或者与其年龄、智力相适应的民事法律行为"，第 22 条规定："不能完全辨认自己行为的成年人为限制民事行为能力人，实施民事法律行为由其法定代理人代理或者经其法定代理人同意、追认；但是，可以独立实施纯获利益的民事法律行为或者与其智力、精神健康状况相适应的民事法律行为"，第 657 条规定："赠与合同是赠与人将自己的财产无偿给予受赠人，受赠人表示接受赠与的合同"，第 660 条规定："经过公证的赠与合同或者依法不得撤销的具有救灾、扶贫、助残等公益、道德义务性质的赠与合同，赠与人不交付赠与财产的，受赠人可以请求交付。依据前款规定应当交付的赠与财产因赠与人故意或者重大过失致使毁损、灭失的，赠与人应当承担赔偿责任。"

③ 《民法典》第 196 条规定："下列请求权不适用诉讼时效的规定：（一）请求停止侵害、排除妨碍、消除危险；（二）不动产物权和登记的动产物权的权利人请求返还财产；（三）请求支付抚养费、赡养费或者扶养费；（四）依法不适用诉讼时效的其他请求权。"

之间重新成立的法定代理关系[①],但不包括被监护人与并非其义务人的法定代理人之间的法定代理关系。

《民法典》第190条所说的"该法定代理终止",指的是因各种事由导致被监护人与其法定代理人之间的法定代理关系终止的情形,既包括因《民法典》第175条规定的事由导致的法定代理终止[②],也包括因法定代理人的监护人资格被撤销导致的法定代理终止[③]以及法律规定的法定代理终止的其他情形。

就被监护人对其法定代理人的适用诉讼时效规定的请求权而言,《民法典》第190条意味着,即使被监护人在"该法定代理终止"之前就已经知道了"权利受到损害以及义务人",其请求权的诉讼时效期间也"自该法定代理终止之日起计算",而非"自权利人知道或者应当知道权利受到损害以及义务人之日起计算"。从这个角度看,《民法典》第190条属于《民法典》第188条第2款所说的"诉讼时效期间自权利人知道或者应当知道权利受到损害以及义务人之日起计算"的特别规定,属于《民法典》第188条第2款所说的"法律另有规定"。

需要注意的是,结合《民法典总则编解释》第36条所说的"无民事行为能力人或者限制民事行为能力人的权利受到损害的,诉讼时效期间自其法定代理人知道或者应当知道权利受到损害以及义务人之日起计算,但是法律另有规定的除外"和第37条所说的"无民事行为能力人、限制民事行为能力人的权利受到原法定代理人损害,且在取得、恢复完全民事行为能力或者在原法定代理终止并确定新的法定代理人后,相应民事主体才知道或者应当知道权利受到损害的,有关请求权诉讼时效期间的计算适用民法典第一百八十八条第二款、本解释第三十六条的规定",以及《民法典》第188条第2款所说的"诉讼时效期间自权利人知道或者应当知道权利受到损害以及义务人之日起计算。法律另有规定的,依照其规定……"可以认为,《民法典》第190条所说的"无民事行为能力人或者限制民事行为能力人对其法定代理人的请求权的诉讼时效期间,自该法定代理终止之日起计算",仅适用于被监护人与其法定代理人之间的法定代理尚未终止并且被监护人在该法定代理尚未终止时就已经知道或应当知道其权利受到其法定代理人损害的情形;进而,《民法典》第190条所说的"其法定代理人",仅指作为被

---

① 《民法典》第23条规定:"无民事行为能力人、限制民事行为能力人的监护人是其法定代理人",第36条第1款规定:"监护人有下列情形之一的,人民法院根据有关个人或者组织的申请,撤销其监护人资格,安排必要的临时监护措施,并按照最有利于被监护人的原则依法指定监护人:(一)实施严重损害被监护人身心健康的行为;(二)怠于履行监护职责,或者无法履行监护职责且拒绝将监护职责部分或者全部委托给他人,导致被监护人处于危困状态;(三)实施严重侵害被监护人合法权益的其他行为",第38条规定:"被监护人的父母或者子女被人民法院撤销监护人资格后,除对被监护人实施故意犯罪的外,确有悔改表现的,经其申请,人民法院可以在尊重被监护人真实意愿的前提下,视情况恢复其监护人资格,人民法院指定的监护人与被监护人的监护关系同时终止"。

② 《民法典》第175条规定:"有下列情形之一的,法定代理终止:(一)被代理人取得或者恢复完全民事行为能力;(二)代理人丧失民事行为能力;(三)代理人或者被代理人死亡;(四)法律规定的其他情形。"

③ 《民法典》第23条规定:"无民事行为能力人、限制民事行为能力人的监护人是其法定代理人",第36条第1款规定:"监护人有下列情形之一的,人民法院根据有关个人或者组织的申请,撤销其监护人资格,安排必要的临时监护措施,并按照最有利于被监护人的原则依法指定监护人:(一)实施严重损害被监护人身心健康的行为;(二)怠于履行监护职责,或者无法履行监护职责且拒绝将监护职责部分或者全部委托给他人,导致被监护人处于危困状态;(三)实施严重侵害被监护人合法权益的其他行为。"

监护人的请求权的义务人的现任法定代理人(或监护人)。

也就是说,《民法典》第 190 条所说的“无民事行为能力人或者限制民事行为能力人对其法定代理人的请求权的诉讼时效期间,自该法定代理终止之日起计算”,是针对被监护人的现任法定代理人在该法定代理存续期间可能损害被监护人的合法权益并且被监护人在该法定代理存续期间也知道或应当知道其权利受到其法定代理人损害涉及的诉讼时效期间的起算问题预先作出的特别安排,避免发生因适用诉讼时效期间起算的一般规定而导致在被监护人与其现任法定代理人之间的法定代理终止时,被监护人对其法定代理人的请求权的诉讼时效期间届满、进而导致被监护人丧失胜诉权的情况。

当然,基于“未成年人利益最大化原则”①,《民法典总则编解释》第 37 条对《民法典》第 190 条的适用作出了相应的限制。具体可见下文“三、被监护人对其原法定代理人的请求权的诉讼时效期间及其起算”部分。

还需注意的是,在未成年人遭受其法定代理人性侵害的情形,作为无民事行为能力人或者限制民事行为能力人的该未成年人对其法定代理人的请求权的诉讼时效期间的起算,不应当适用《民法典》第 190 条所说的“自该法定代理终止之日起计算”,而应当适用《民法典》第 191 条所说的“未成年人遭受性侵害的损害赔偿请求权的诉讼时效期间,自受害人年满十八周岁之日起计算”②。

(二)被监护人对其法定代理人的请求权的诉讼时效的期间

《民法典》第 190 条只是明确了无民事行为能力人或者限制民事行为能力人对其法定代理人的请求权的诉讼时效期间的起算问题,没有涉及无民事行为能力人或者限制民事行为能力人对其法定代理人的请求权的诉讼时效的期间,此时应当适用《民法典》关于诉讼时效的期间的一般规定,即《民法典》第 188 条第 1 款所说的“向人民法院请求保护民事权利的诉讼时效期间为三年。法律另有规定的,依照其规定”。

三、被监护人对其原法定代理人的请求权的诉讼时效期间及其起算

针对被监护人对其原法定代理人的请求权的诉讼时效期间的起算,基于“未成年

---

① 《最高法研究室负责人就〈最高人民法院关于适用《中华人民共和国民法典》总则编若干问题的解释〉答记者问》(来源:最高人民法院网,https://www.court.gov.cn/zixun/xiangqing/347211.html,最后访问日期:2024 年 5 月 14 日,下同)提及:“本解释第 5 条关于行为与年龄、智力、精神健康状况相适应的认定,以及第 36 条、第 37 条关于无民事行为能力人、限制民事行为能力人诉讼时效期间的起算、对法定代理人诉讼时效期间的补充规定等规则,也是践行未成年人利益最大化原则的体现。”

② 当然,根据《民法典》第 175 条第 1 项所说的“有下列情形之一的,法定代理终止:(一)被代理人取得或者恢复完全民事行为能力”,第 39 条第 1 款第 1 项所说的“有下列情形之一的,监护关系终止:(一)被监护人取得或者恢复完全民事行为能力”,第 17 条所说的“十八周岁以上的自然人为成年人。不满十八周岁的自然人为未成年人”和第 18 条第 1 款所说的“成年人为完全民事行为能力人,可以独立实施民事法律行为”,在“该法定代理”因该未成年人年满 18 周岁而终止的情形,《民法典》第 190 条所说的“自该法定代理终止之日起计算”和《民法典》第 191 条所说的“自受害人年满十八周岁之日起计算”的实质内容是一致的。

人利益最大化原则"[①],《民法典总则编解释》第37条作出了补充规定和特别规定,即:"无民事行为能力人、限制民事行为能力人的权利受到原法定代理人损害,且在取得、恢复完全民事行为能力或者在原法定代理终止并确定新的法定代理人后,相应民事主体才知道或者应当知道权利受到损害的,有关请求权诉讼时效期间的计算适用民法典第一百八十八条第二款、本解释第三十六条的规定",具体而言:

一是在无民事行为能力人或限制民事行为能力人在取得或恢复完全民事行为能力后才知道或者应当知道其权利受到损害的情形,其请求权的诉讼时效期间的起算,不应当适用《民法典》第190条所说的"自该法定代理终止之日起计算",而应当适用《民法典》第188条第2款关于诉讼时效期间起算的一般规定,即:"诉讼时效期间自权利人知道或者应当知道权利受到损害以及义务人之日起计算。法律另有规定的,依照其规定。但是,自权利受到损害之日起超过二十年的,人民法院不予保护,有特殊情况的,人民法院可以根据权利人的申请决定延长"。

二是在原法定代理终止并确定新的法定代理人后,新的法定代理人才知道或者应当知道无民事行为能力人或限制民事行为能力人的权利受到原法定代理人损害的情形,无民事行为能力人或限制民事行为能力人的请求权的诉讼时效期间的起算,也不应当适用《民法典》第190条所说的"自该法定代理终止之日起计算",而应当适用《民法典总则编解释》第36条所说的"诉讼时效期间自其法定代理人知道或者应当知道权利受到损害以及义务人之日起计算,但是法律另有规定的除外",即原则上自新的法定代理人知道或者应当知道权利受到损害以及义务人之日起计算。

由此可见,尽管《民法典》第190条属于《民法典》第188条第2款所说的"诉讼时效期间自权利人知道或者应当知道权利受到损害以及义务人之日起计算"的特别规定,但是,《民法典总则编解释》第37条又回归到《民法典》第188条第2款的一般规定,事实上对《民法典》第190条所说的"无民事行为能力人或者限制民事行为能力人对其法定代理人的请求权的诉讼时效期间,自该法定代理终止之日起计算"的适用进行了相应的限制,使得《民法典》第190条仅适用于"无民事行为能力人、限制民事行为能力人在该法定代理终止前就已经知道或应当知道其权利受到其法定代理人损害"的情形。

同样地,无民事行为能力人或者限制民事行为能力人对其原法定代理人的请求权的诉讼时效的期间,也应当适用《民法典》关于诉讼时效的期间的一般规定,即《民法典》第188条第1款所说的"向人民法院请求保护民事权利的诉讼时效期间为三年。法律另有规定的,依照其规定"。

---

① 《最高法研究室负责人就〈最高人民法院关于适用《中华人民共和国民法典》总则编若干问题的解释〉答记者问》提及:"本解释第5条关于行为与年龄、智力、精神健康状况相适应的认定,以及第36条、第37条关于无民事行为能力人、限制民事行为能力人诉讼时效期间的起算、对法定代理人诉讼时效期间的补充规定等规则,也是践行未成年人利益最大化原则的体现。"

四、被监护人对他人的请求权的诉讼时效期间及其起算

（一）被监护人对他人的请求权的诉讼时效期间起算的特别规定之一

针对无民事行为能力人或者限制民事行为能力人的权利受到他人（现任法定代理人和原法定代理人之外的人）损害的诉讼时效期间的起算，《民法典总则编解释》第 36 条作出了与《民法典》第 188 条第 2 款所说的“诉讼时效期间自权利人知道或者应当知道权利受到损害以及义务人之日起计算”不同的规定，即：“无民事行为能力人或者限制民事行为能力人的权利受到损害的，诉讼时效期间自其法定代理人知道或者应当知道权利受到损害以及义务人之日起计算，但是法律另有规定的除外”。

具体而言，二者的不同之处在于《民法典》第 188 条第 2 款所说的“知道或者应当知道权利受到损害以及义务人”的主体为“权利人”，而《民法典总则编解释》第 36 条所说的“知道或者应当知道权利受到损害以及义务人”的主体则为“其法定代理人”。

（二）被监护人对他人的请求权的诉讼时效期间起算的特别规定之二

针对无民事行为能力人或者限制民事行为能力人的权利受到损害的请求权的诉讼时效期间的起算，《民法典总则编解释》第 36 条在规定“诉讼时效期间自其法定代理人知道或者应当知道权利受到损害以及义务人之日起计算”的同时，也规定了但是条款“但是法律另有规定的除外”。

其中的“法律另有规定”，主要是指《民法典》第 191 条所说的“未成年人遭受性侵害的损害赔偿请求权的诉讼时效期间，自受害人年满十八周岁之日起计算”。

也就是说，就未成年人遭受他人性侵害的损害赔偿请求权而言，其诉讼时效期间的起算既不适用《民法典》第 188 条第 2 款所说的“诉讼时效期间自权利人知道或者应当知道权利受到损害以及义务人之日起计算”，也不适用《民法典总则编解释》第 36 条所说的“无民事行为能力人或者限制民事行为能力人的权利受到损害的，诉讼时效期间自其法定代理人知道或者应当知道权利受到损害以及义务人之日起计算”，而应当适用《民法典》第 191 条所说的“自受害人年满十八周岁之日起计算”。

（三）被监护人对他人的请求权的诉讼时效的期间

至于无民事行为能力人或者限制民事行为能力人对他人的请求权的诉讼时效的期间，则应当适用《民法典》关于诉讼时效的期间的一般规定，即《民法典》第 188 条第 1 款所说的“向人民法院请求保护民事权利的诉讼时效期间为三年。法律另有规定的，依照其规定”。

第一百九十一条　【未成年人遭受性侵害的损害赔偿请求权的诉讼时效期间的起算】未成年人遭受性侵害的损害赔偿请求权的诉讼时效期间，自受害人年满十八周岁之日起计算。

【条文通释】

《民法典》第 191 条是关于未成年人遭受性侵害的诉讼时效期间起算的特别规定①。

一、未成年人的范围

《民法典》第 191 条所说的"未成年人",具有《民法典》第 17 条规定的含义,指的是不满十八周岁的自然人,包括不满十八周岁的女性自然人和不满十八周岁的男性自然人。据此,任何自然人,只要年龄不满十八周岁②,就都属于未成年人。

需要注意的是,就"以自己的劳动收入为主要生活来源的十六周岁以上的未成年人",尽管《民法典》第 18 条第 2 款规定了"十六周岁以上的未成年人,以自己的劳动收入为主要生活来源的,视为完全民事行为能力人",但是,该规定只是在民事行为能力方面将其作为完全民事行为能力人对待,但在身份上,"以自己的劳动收入为主要生活来源的十六周岁以上的未成年人"仍然属于未成年人、并非成年人。《民法典》第 191 条所说的"自受害人年满十八周岁之日起计算"也表明了这点。

二、未成年人遭受性侵害的损害赔偿请求权的诉讼时效期间的起算

(一)未成年人遭受性侵害的损害赔偿请求权的诉讼时效期间的起算

针对未成年人遭受性侵害的损害赔偿请求权,《民法典》第 191 条明确了其诉讼时效的起算时间,即:"自受害人年满十八周岁之日起计算",其目的是"给受性侵害的未成年人成年后提供寻求法律救济的机会"③和"更好地保护受性侵害的未成年人的利益"④。⑤

其中,根据《最高人民法院、最高人民检察院、公安部、司法部关于办理性侵害未成

---

① 全国人民代表大会常务委员会时任副委员长李建国 2017 年 3 月 8 日在第十二届全国人民代表大会第五次会议上作的《关于〈中华人民共和国民法总则(草案)〉的说明》使用了"未成年人遭受性侵害后诉讼时效的特殊起算点"的表述。

② 有关"年满十八周岁"的计算办法,可见本书关于《民法典》第 17 条的通释。

③ 全国人民代表大会常务委员会时任副委员长李建国 2017 年 3 月 8 日在第十二届全国人民代表大会第五次会议上作的《关于〈中华人民共和国民法总则(草案)〉的说明》。

④ 原全国人民代表大会法律委员会在 2016 年 10 月 31 日第十二届全国人民代表大会常务委员会第二十四次会议作的《关于〈中华人民共和国民法总则(草案)〉修改情况的汇报》。

⑤ 内蒙古自治区高级人民法院(2019)内民申 4523 号民事裁定书也认为:"《中华人民共和国民法总则》(以下简称《民法总则》)第一百八十八条第二款规定,诉讼时效期间自权利人知道或应当知道权利受到损害以及义务人之日起计算。法律另有规定的,依照其规定。但是自权利受到损害之日起超过二十年的,人民法院不予保护;有特殊情况的,人民法院可以根据权利人的申请决定延长。《民法总则》第一百九十一条规定,未成年人遭受性侵害的损害赔偿请求权的诉讼时效期间,自受害人年满十八周岁之日起计算。从以上规定可知,损害事实的发生时间,通常是侵权损害赔偿请求权的产生时间,但鉴于未成年人性意识的缺乏及性侵害的隐蔽性,《民法总则》第一百九十一条对未成年人遭受性侵害赋予特殊时效利益……"

年人刑事案件的意见》(高检发〔2023〕4 号)第 1 条的规定①,《民法典》第 191 条所说的“未成年人遭受性侵害”中的“性侵害”,包括强奸未成年女性、猥亵未成年女性或未成年男性等性侵害情形。

《民法典》第 191 条所说的“未成年人遭受性侵害”省略了实施性侵害的主体,其完整的表述应该是“未成年人遭受他人性侵害”;其中的“他人”,既可以是未成年人的法定代理人之外的人,也可以是未成年人的法定代理人。

《民法典》第 191 条所说的“未成年人遭受性侵害的损害赔偿请求权”,指的是未成年人因遭受性侵害而受到的各项损害的赔偿请求权,既包括人身损害赔偿请求权②,也包括财产损失赔偿请求权③,还包括精神损害赔偿请求权④。

就未成年人遭受性侵害的损害赔偿请求权而言,《民法典》第 191 条意味着:

一是即使遭受性侵害的未成年人在年满十八周岁之前已经知道“义务人”(即对其实施性侵害的人),其损害赔偿请求权的诉讼时效期间也“自受害人年满十八周岁之日起计算”,而非“自权利人知道或者应当知道权利受到损害以及义务人之日起计算”。从这个角度看,《民法典》第 191 条属于《民法典》第 188 条第 2 款所说的“诉讼时效期间自权利人知道或者应当知道权利受到损害以及义务人之日起计算”的特别规定,属于《民法典》第 188 条第 2 款所说的“法律另有规定”。

二是在司法机关办理性侵害未成年人刑事案件的过程中,遭受性侵害的未成年人及其法定代理人、近亲属可以不在该刑事诉讼过程中提起附带民事诉讼,而由遭受性侵害的未成年人在其成年之后另行提起民事诉讼,不受《刑事诉讼法解释》第 175 条第 1 款所说的“被害人因人身权利受到犯罪侵犯或者财物被犯罪分子毁坏而遭受物质损失的,有权在刑事诉讼过程中提起附带民事诉讼;被害人死亡或者丧失行为能力的,其法定代理人、近亲属有权提起附带民事诉讼”和第 2 款所说的“因受到犯罪侵犯,提起

---

① 《最高人民法院、最高人民检察院、公安部、司法部关于办理性侵害未成年人刑事案件的意见》(高检发〔2023〕4 号)第 1 条规定:“本意见所称性侵害未成年人犯罪,包括《中华人民共和国刑法》第二百三十六条、第二百三十六条之一、第二百三十七条、第三百五十八条、第三百五十九条规定的针对未成年人实施的强奸罪,负有照护职责人员性侵罪,强制猥亵、侮辱罪,猥亵儿童罪,组织卖淫罪,强迫卖淫罪,协助组织卖淫罪,引诱、容留、介绍卖淫罪,引诱幼女卖淫罪等。”

② 《最高人民法院、最高人民检察院关于办理强奸、猥亵未成年人刑事案件适用法律若干问题的解释》(法释〔2023〕3 号)第 14 条规定:“对未成年人实施强奸、猥亵等犯罪造成人身损害的,应当赔偿医疗费、护理费、交通费、营养费、住院伙食补助费等为治疗和康复支付的合理费用,以及因误工减少的收入。根据鉴定意见、医疗诊断书等证明需要对未成年人进行精神心理治疗和康复,所需的相关费用,应当认定为前款规定的合理费用。”最高人民法院、最高人民检察院、公安部、司法部 2023 年 5 月 24 日印发《关于办理性侵害未成年人刑事案件的意见》第 36 条规定:“对未成年人因被性侵害而造成人身损害,不能及时获得有效赔偿,生活困难的,人民法院、人民检察院、公安机关可会同有关部门,优先考虑予以救助。”《民法典》第 1179 条规定:“侵害他人造成人身损害的,应当赔偿医疗费、护理费、交通费、营养费、住院伙食补助费等为治疗和康复支出的合理费用,以及因误工减少的收入。造成残疾的,还应当赔偿辅助器具费和残疾赔偿金;造成死亡的,还应当赔偿丧葬费和死亡赔偿金。”

③ 《民法典》第 1182 条规定:“侵害他人人身权益造成财产损失的,按照被侵权人因此受到的损失或者侵权人因此获得的利益赔偿;被侵权人因此受到的损失以及侵权人因此获得的利益难以确定,被侵权人和侵权人就赔偿数额协商不一致,向人民法院提起诉讼的,由人民法院根据实际情况确定赔偿数额。”

④ 《民法典》第 1183 条第 1 款规定:“侵害自然人人身权益造成严重精神损害的,被侵权人有权请求精神损害赔偿。”

附带民事诉讼或者单独提起民事诉讼要求赔偿精神损失的,人民法院一般不予受理”等的影响。

需要注意的是,同样基于《民法典》第 191 条“给受性侵害的未成年人成年后提供寻求法律救济的机会”①和“更好地保护受性侵害的未成年人的利益”②的立法目的,在遭受性侵害的未成年人在年满十八周岁之前不知道且不应当知道“义务人”的情况下,其损害赔偿请求权的诉讼时效期间不应当适用《民法典》第 191 条所说的“自受害人年满十八周岁之日起计算”,而应当适用《民法典》第 188 条第 2 款所说的“诉讼时效期间自权利人知道或者应当知道权利受到损害以及义务人之日起计算。……但是,自权利受到损害之日起超过二十年的,人民法院不予保护,有特殊情况的,人民法院可以根据权利人的申请决定延长”。

(二)未成年人遭受性侵害的损害赔偿请求权的诉讼时效的期间

《民法典》第 191 条只是明确了未成年人遭受性侵害的损害赔偿请求权的诉讼时效期间的起算问题,没有涉及未成年人遭受性侵害的损害赔偿请求权的诉讼时效的期间,此时应当适用《民法典》关于诉讼时效的期间的一般规定,即《民法典》第 188 条第 1 款所说的“向人民法院请求保护民事权利的诉讼时效期间为三年。法律另有规定的,依照其规定”。

第一百九十二条 【诉讼时效期间届满的法律效果】诉讼时效期间届满的,义务人可以提出不履行义务的抗辩。

诉讼时效期间届满后,义务人同意履行的,不得以诉讼时效期间届满为由抗辩;义务人已经自愿履行的,不得请求返还。

【条文通释】

《民法典》第 192 条是关于诉讼时效期间届满的法律效果③的规定。

一、诉讼时效期间届满的法律效果

《民法典》第 192 条明确了诉讼时效期间届满的法律效果:一是“诉讼时效期间届满的,义务人可以提出不履行义务的抗辩”,二是“诉讼时效期间届满后,义务人同意履行的,不得以诉讼时效期间届满为由抗辩”,三是“诉讼时效期间届满后,义务人已经自愿履行的,不得请求返还”。

---

① 全国人民代表大会常务委员会时任副委员长李建国 2017 年 3 月 8 日在第十二届全国人民代表大会第五次会议上作的《关于〈中华人民共和国民法总则(草案)〉的说明》。

② 原全国人民代表大会法律委员会在 2016 年 10 月 31 日第十二届全国人民代表大会常务委员会第二十四次会议作的《关于〈中华人民共和国民法总则(草案)〉修改情况的汇报》。

③ 全国人民代表大会常务委员会时任副委员长王晨 2020 年 5 月 22 日在第十三届全国人民代表大会第三次会议上作的《关于〈中华人民共和国民法典(草案)〉的说明》使用了“诉讼时效的期间及其起算、法律效果”的表述。

这就意味着，“诉讼时效期间届满”这一“法律规定的事件”，使得义务人取得了诉讼时效抗辩权[①]、导致权利人面临法院不予保护的风险，但并不导致权利人丧失其实体权利。

需要注意的是，《民法典》第 192 条第 1 款和第 2 款都是直接从义务人的角度作出的规定，一方面赋予其诉讼时效抗辩权，另一方面也对其诉讼时效抗辩权进行相应的限制，进而间接地对权利人的权利作出相应的规定。

还需注意的是，根据《民事诉讼法》第 67 条第 1 款[②]和《民诉法解释》第 90 条、第 91 条[③]的规定，不论是义务人还是其他主体，如其提出不履行义务的抗辩或主张享有诉讼时效期间届满的法律效果，就应当对“权利人的请求权的诉讼时效期间已经届满”承担举证证明责任；否则，其主张将得不到支持。

二、诉讼时效期间届满使义务人取得抗辩权

（一）义务人取得诉讼时效抗辩权

1. 诉讼时效抗辩权的取得

就义务人而言，《民法典》第 192 条第 1 款所说的“诉讼时效期间届满的，义务人可以提出不履行义务的抗辩”，意味着，在诉讼时效期间届满的情况下，义务人可以以诉讼时效期间届满为由提出不履行义务的抗辩，即义务人可以以权利人的权利的诉讼时效期间已经届满为由拒绝履行义务。据此，义务人基于诉讼时效期间的届满取得了诉讼时效抗辩权。对此，《民法典》第 197 条第 2 款使用了“诉讼时效利益”的表述。

结合原《担保法》（于 2021 年 1 月 1 日废止）第 20 条第 2 款所说的“抗辩权是指债权人行使债权时，债务人根据法定事由，对抗债权人行使请求权的权利”，可以认为，《民法典》第 192 条第 1 款所说的“诉讼时效期间届满的，义务人可以提出不履行义务的抗辩”中的“不履行义务”，指的是持续地、永久地不履行义务，而非一时地、短暂地不履行义务。也因此，诉讼时效抗辩权实质上是持续地、永久地拒绝履行抗辩权，跟《民法典》第 525 条规定的同时履行抗辩权[④]、《民法典》第 526 条规定的先履行抗辩权[⑤]和

---

① 《民法典》第 129 条规定：“民事权利可以依据民事法律行为、事实行为、法律规定的事件或者法律规定的其他方式取得。”

② 《民事诉讼法》第 67 条第 1 款规定：“当事人对自己提出的主张，有责任提供证据。”

③ 《民诉法解释》第 90 条规定：“当事人对自己提出的诉讼请求所依据的事实或者反驳对方诉讼请求所依据的事实，应当提供证据加以证明，但法律另有规定的除外。在作出判决前，当事人未能提供证据或者证据不足以证明其事实主张的，由负有举证证明责任的当事人承担不利的后果”，第 91 条规定：“人民法院应当依照下列原则确定举证证明责任的承担，但法律另有规定的除外：（一）主张法律关系存在的当事人，应当对产生该法律关系的基本事实承担举证证明责任；（二）主张法律关系变更、消灭或者权利受到妨害的当事人，应当对该法律关系变更、消灭或者权利受到妨害的基本事实承担举证证明责任。”

④ 《民法典》第 525 条规定：“当事人互负债务，没有先后履行顺序的，应当同时履行。一方在对方履行之前有权拒绝其履行请求。一方在对方履行债务不符合约定时，有权拒绝其相应的履行请求。”

⑤ 《民法典》第 526 条规定：“当事人互负债务，有先后履行顺序，应当先履行债务一方未履行的，后履行一方有权拒绝其履行请求。先履行一方履行债务不符合约定的，后履行一方有权拒绝其相应的履行请求。”

《民法典》第687条第2款规定的先诉抗辩权[①]是不一样的。

需要注意的是,《民法典》第192条第1款所说的"义务人可以提出不履行义务的抗辩",既包括以书面形式提出不履行义务的抗辩,也包括以口头形式提出不履行义务的抗辩;既包括义务人在诉讼或仲裁程序中[②]提出不履行义务的抗辩,也包括在诉讼或仲裁程序之外提出不履行义务的抗辩。"诉讼时效抗辩权本质上是义务人的一项民事权利,……当事人一方根据实体法上的诉讼时效抗辩权在诉讼中提起的诉讼时效抗辩是实体权利的抗辩……"[③]《民法典合同编通则解释》第58条也规定:"当事人互负债务,一方以其诉讼时效期间已经届满的债权通知对方主张抵销,对方提出诉讼时效抗辩的,人民法院对该抗辩应予支持……"

2. 诉讼时效抗辩权的行使期限

在权利人向法院起诉请求保护其民事权利的案件中,义务人原则上至少应当在一审期间(即一审立案后的期间[④]),包括答辩期间、法庭调查期间和法庭辩论期间[⑤],但

---

① 《民法典》第687条第2款规定:"一般保证的保证人在主合同纠纷未经审判或者仲裁,并就债务人财产依法强制执行仍不能履行债务前,有权拒绝向债权人承担保证责任,但是有下列情形之一的除外:(一)债务人下落不明,且无财产可供执行;(二)人民法院已经受理债务人破产案件;(三)债权人有证据证明债务人的财产不足以履行全部债务或者丧失履行债务能力;(四)保证人书面表示放弃本款规定的权利。"

② 《民诉法解释》(2022年修正)第219条规定:"当事人超过诉讼时效期间起诉的,人民法院应予受理。受理后对方当事人提出诉讼时效抗辩,人民法院经审理认为抗辩事由成立的,判决驳回原告的诉讼请求。"比如,在吉林省某香酒业有限公司与烟台某某葡萄酿酒股份有限公司等侵害商标权纠纷案中,最高人民法院(2020)最高法民申1429号民事裁定书认为:"根据本院审查查明的事实,某香公司在本案一审代理词中提出了诉讼时效抗辩,二审法院认定某香公司在一审期间没有主张诉讼时效有误。"又如,在绍兴市某达房地产开发有限公司与绍兴市某某投资集团有限公司房屋买卖合同纠纷案中,浙江省高级人民法院(2013)浙民提字第30号民事判决书认为:"本案某达公司一审提交的书面答辩意见第二点指出:'购房合同2000年4月28日签订,规定最后交房时间不超过2001年9月30日。火车站指挥部却迟迟不来领房不仅有责任,且有违约。作为我们公司不可能几年甚至几十年的给购房单位保管着。其诉讼时效是否已过,请法官给予考虑。'由此,某达公司就诉讼时效问题在一审已提出。"

③ 《最高人民法院民二庭负责人就〈关于审理民事案件适用诉讼时效制度若干问题的规定〉答记者问》(2008年)。

④ 比如,在赵某钢与北京某某房地产开发有限责任公司民事主体间房屋拆迁补偿合同纠纷案中,北京市高级人民法院(2021)京民再133号民事裁定书认为:"经查,一审法院适用简易程序审理本案。2017年和2021年修正的《中华人民共和国民事诉讼法》第一百六十四条均规定:'人民法院适用简易程序审理案件,应当在立案之日起三个月内审结。有特殊情况需要延长的,经本院院长批准,可以延长一个月。'根据该条有关审理时限的法律规定可知,本案所适用的一审诉讼程序始于人民法院立案之日,当事人在立案之日前所作意思表示不应视为是在诉讼期间内作出的意思表示。本案中,某开公司虽然在一审法院立案前的委托调解程序中提出过诉讼时效的抗辩,但该程序不同于一审诉讼程序,当事人在立案前所作意思表示亦不能等同于诉讼程序中的意思表示。在某开公司未在一审诉讼期间明确提出诉讼时效抗辩的情况下,一审法院主动适用诉讼时效规定判决驳回赵某钢的全部诉讼请求,属于适用法律错误,应当予以纠正。"

⑤ 比如,在株式会社某研与绍兴某某酒业有限公司定作合同纠纷案中,浙江省高级人民法院(2018)浙民再406号民事判决书认为:"经查,株式会社某研虽然未在一审答辩中提出时效抗辩,但其在一审法庭调查和法庭辩论中均已经明确提出诉讼时效抗辩。《最高人民法院关于审理民事案件适用诉讼时效制度若干问题的规定》第三条规定'当事人未提出诉讼时效抗辩,人民法院不应对诉讼时效问题进行释明及主动适用诉讼时效的规定进行裁判。'第四条规定'当事人在一审期间未提出诉讼时效抗辩,在二审期间提出的,人民法院不予支持,但其基于新的证据能够证明对方当事人的请求权已过诉讼时效期间的情形除外。'上述条文中对诉讼时效抗辩提出的时间确定为一审期间,而非答辩期……"

原则上应当在一审法庭辩论结束之前[①]提出诉讼时效抗辩，否则也将被视为放弃诉讼时效抗辩。

对此，《诉讼时效制度解释》第 3 条第 1 款规定了："当事人在一审期间未提出诉讼时效抗辩，在二审期间提出的，人民法院不予支持，但其基于新的证据能够证明对方当事人的请求权已过诉讼时效期间的情形除外。"其背后的原因在于："诉讼程序机制的建构实质蕴涵着通过构筑正当程序以保证私权争议获得公正裁判的诉讼理念。如果任由义务人在任何审理阶段均可行使诉讼时效抗辩权，则将出现法院无法在一审审理阶段固定诉争焦点，无法有效发挥一审事实审的功能，使审级制度的功能性设计流于形式，产生损害司法程序的安定性、司法裁决的权威性、社会秩序的稳定性等问题"[②]。

此外，《诉讼时效制度解释》第 3 条第 2 款还规定了："当事人未按照前款规定提出诉讼时效抗辩，以诉讼时效期间届满为由申请再审或者提出再审抗辩的，人民法院不予支持。"其背后的原因在于："司法解释对诉讼时效抗辩权的行使期间进行了限制性规定。终审判决作出后，当事人之间的权利义务关系已经确定，尤其是在生效判决已被部分或全部执行完毕的情形下，社会交易秩序已经因生效判决的作出趋于确定。如果仍然对义务人基于诉讼时效抗辩权申请再审予以支持，则不利于维护司法程序的安定，也有违诉讼时效制度维护社会秩序稳定的立法目的。因此，法院不应任由义务人突破审级限制，不应对当事人基于诉讼时效抗辩权提出的再审申请予以支持；同时，当事人基于其他再审事由获得支持进入再审后，在再审审理过程中提出诉讼时效抗辩的，人民法院也不应予以支持"[③]。

（二）权利人可能丧失胜诉权

就权利人而言，结合《民法典》第 188 条所说的"向人民法院请求保护民事权利的诉讼时效期间为三年。法律另有规定的，依照其规定。……自权利受到损害之日起超过二十年的，人民法院不予保护……"和《民法典》第 419 条所说的"抵押权人应当在主

---

① 比如，在红河州某隆房地产开发经营有限公司与红河州某兴房地产开发经营有限公司等合同纠纷案中，云南省高级人民法院(2020)云民终 859 号民事判决书认为："经审查，一审中，某隆公司作为被告，其在答辩、举证质证以及法庭辩论阶段均未提出诉讼时效期间届满的抗辩主张。虽然在一审卷宗里收录的某隆公司一审委托诉讼代理人李某的代理意见中有原告某兴公司直至 2019 年 11 月 18 日才提起诉讼，已经超过法律规定的诉讼时效期间的意思表示，但该意见在一审法院的庭审笔录中没有任何的记载。某隆公司的代理人应当知道诉讼时效与本案诉讼主张的利益相关，如果其当庭陈述诉讼时效已经超过法律规定的期间，一审法院定会予以重视并审查。虽然该'代理意见'的落款时间为 2020 年 1 月 16 日也即开庭之日，但并非开庭之时提交，而是庭后提交的。根据《中华人民共和国民事诉讼法》第一百四十二条规定：法庭辩论终结，应当依法作出判决。因此，某隆公司在一审法庭辩论终结之后才提出此抗辩意见，根据《最高人民法院关于审理民事案件适用诉讼时效制度若干问题的规定》第四条'当事人在一审期间未提出诉讼时效抗辩，在二审期间提出的，人民法院不予支持，但其基于新的证据能够证明对方当事人的请求权已过诉讼时效的情形除外'的规定，某隆公司在上诉中才明确提出诉讼时效抗辩，其主张超过诉讼时效期间的理由仍然是按照合同约定的时间计算，合同约定并非新的证据，因其无新的证据证明某兴公司的请求权已过诉讼时效期间，故对于某隆公司的该项上诉理由不予采纳，一审判决某隆公司承担违约责任并无不当。"

② 《最高人民法院民二庭负责人就〈关于审理民事案件适用诉讼时效制度若干问题的规定〉答记者问》(2008 年)。

③ 《最高人民法院民二庭负责人就〈关于审理民事案件适用诉讼时效制度若干问题的规定〉答记者问》(2008 年)。

债权诉讼时效期间行使抵押权;未行使的,人民法院不予保护",可以认为,《民法典》第192条第1款所说的"诉讼时效期间届满的,义务人可以提出不履行义务的抗辩",意味着,诉讼时效期间届满经义务人提出,将导致权利人丧失"人民法院予以保护"的权利(即丧失胜诉权)。

不过,根据《民诉法解释》(2022年修正)第219条所说的"当事人超过诉讼时效期间起诉的,人民法院应予受理。受理后对方当事人提出诉讼时效抗辩,人民法院经审理认为抗辩事由成立的,判决驳回原告的诉讼请求",诉讼时效期间届满并未导致权利人丧失起诉权,权利人在诉讼时效期间届满后仍然可以依法向法院提起诉讼,法院也应当依法立案受理并进行实体审理;并且,诉讼时效期间届满只是导致权利人可能(但不必然)丧失"人民法院予以保护"的权利(即胜诉权),只有在对方当事人(即义务人)提出诉讼时效期间届满的抗辩并且该抗辩事由成立的情况下,权利人才因被驳回诉讼请求而丧失胜诉权。这也是《民法典》第193条所说的"人民法院不得主动适用诉讼时效的规定"的应有之义和具体体现。

三、诉讼时效期间届满不导致权利人丧失实体权利

"诉讼时效制度虽具有督促权利人行使权利的立法目的,但其实质并非否定权利的合法存在和行使,而是禁止权利的滥用,以维护社会交易秩序的稳定,进而保护社会公共利益"。[①] 诉讼时效期间届满不产生导致权利人丧失其实体权利的法律效果。对此,《民法典》第192条第2款从以下两个方面作出了规定:一是在诉讼时效期间届满后义务人同意履行义务的,视为义务人放弃诉讼时效抗辩,与此相对应,权利人可以请求义务人履行义务;二是在诉讼时效期间届满后义务人已经自愿履行义务的,权利人可以拒绝义务人的返还请求,与此相对应,义务人丧失返还请求权。

(一)义务人同意履行义务:视为放弃诉讼时效抗辩权

1. 诉讼时效期间届满后义务人同意履行义务的法律后果

《民法典》第192条第2款所说的"诉讼时效期间届满后,义务人同意履行的,不得以诉讼时效期间届满为由抗辩",意味着,在诉讼时效期间届满之后,如果义务人同意向权利人履行义务,就不得再以诉讼时效期间届满为由提出不履行义务的抗辩,即视为义务人不可逆地放弃了诉讼时效抗辩权。其中,《民法典》第192条第2款所说的"诉讼时效期间届满后",对"义务人同意履行"的意思表示或行为的作出时间作出了明确的限定。

对此,《诉讼时效制度解释》第19条第1款规定:"诉讼时效期间届满,当事人一方向对方当事人作出同意履行义务的意思表示或者自愿履行义务后,又以诉讼时效期间届满为由进行抗辩的,人民法院不予支持",第3款规定:"超过诉讼时效期间,贷款人向借款人发出催收到期贷款通知单,债务人在通知单上签字或者盖章,能够认定借款人同意履行诉讼时效期间已经届满的义务的,对于贷款人关于借款人放弃诉讼时效抗

① 《最高人民法院民二庭负责人就〈关于审理民事案件适用诉讼时效制度若干问题的规定〉答记者问》(2008年)。

辩权的主张,人民法院应予支持”,第 18 条也规定:“主债务诉讼时效期间届满,保证人享有主债务人的诉讼时效抗辩权。保证人未主张前述诉讼时效抗辩权,承担保证责任后向主债务人行使追偿权的,人民法院不予支持,但主债务人同意给付的情形除外。”

2. 诉讼时效期间届满后义务人同意履行义务的界定

结合《民法典》第 140 条所说的“行为人可以明示或者默示作出意思表示”和第 480 条所说的“承诺应当以通知的方式作出;但是,根据交易习惯或者要约表明可以通过行为作出承诺的除外”,可以认为,《民法典》第 192 条第 2 款所说的“义务人同意履行”,既包括义务人明确表示同意履行义务,也包括义务人以自己的行为表明同意履行义务。对此,最高人民法院(2017)最高法民申 3063 号民事裁定书认为:“……诉讼时效期间届满后,当事人之间的债务成为自然债务,债权人丧失胜诉权。但是债务人作出同意履行债务的意思表示或自愿履行债务的,不能事后又以超过诉讼时效期间为由反悔。由于债务人作出同意履行债务的意思表示或自愿履行债务,均是其自愿放弃诉讼时效利益、重新为自己设定义务的行为,故该等意思表示必须清晰、明确。”最高人民法院(2019)最高法民申 4337 号民事裁定书也认为:“《最高人民法院关于审理民事案件适用诉讼时效制度若干问题的规定》第二十二条规定:‘诉讼时效期间届满,当事人一方向对方当事人作出同意履行义务的意思表示或者自愿履行义务后,又以诉讼时效期间届满为由进行抗辩的,人民法院不予支持’。对于上述规定中‘作出同意履行义务的意思表示’应作严格解释,即债务人应当明确表示抛弃时效利益,同意履行剩余的还款义务,如达成还款协议、签订债权确认书等。”

在义务人同意履行义务的具体形式方面,《民法典》第 192 条第 2 款所说的“义务人同意履行”,与《民法典》第 195 条第 2 项所说的“义务人同意履行义务”具有相同的含义,即:义务人作出分期履行、部分履行、提供担保、请求延期履行、制定清偿债务计划等承诺或者行为①,与权利人就原义务达成新的协议②,在法院强制执行程序中签字

① 《最高人民法院关于审理民事案件适用诉讼时效制度若干问题的规定》(2020 年修正)第 14 条规定:“义务人作出分期履行、部分履行、提供担保、请求延期履行、制定清偿债务计划等承诺或者行为的,应当认定为民法典第一百九十五条规定的义务人同意履行义务”。

② 《最高人民法院关于审理民事案件适用诉讼时效制度若干问题的规定》(2020 年修正)第 19 条规定:“诉讼时效期间届满……当事人双方就原债务达成新的协议,债权人主张义务人放弃诉讼时效抗辩权的,人民法院应予支持……”《最高人民法院关于适用〈中华人民共和国民事诉讼法〉执行程序若干问题的解释》(2020 年修正)第 20 条也规定:“申请执行时效因申请执行、当事人双方达成和解协议、当事人一方提出履行要求或者同意履行义务而中断。从中断时起,申请执行时效期间重新计算。”此外,在海南万宁某凯置业有限公司与海南南某湾海洋实业开发有限公司等借款合同纠纷案中,海南省高级人民法院(2018)琼民终 936 号民事判决书认为:“关于南某湾实业公司主张涉案借款债权已过诉讼时效期间,并以此为由上诉请求驳回某凯公司的诉讼请求,是否应予以支持的问题。涉案《还款协议》系双方当事人的真实意思表示,且未违反法律和行政法规的效力性强制性规定,应为合法有效。如前所述,该协议并非约定涉案借款债权债务关系消灭,而是约定了新的履行方式。该协议虽未生效,但可以证明南某湾实业公司对涉案借款债务再次进行确认,并同意予以履行。故根据《中华人民共和国民法总则》第一百九十二条第二款‘诉讼时效期间届满后,义务人同意履行的,不得以诉讼时效期间届满为由抗辩’的规定,南某湾实业公司本案提出诉讼时效的抗辩与法律规定不符,应不予支持。”

同意对其标的物进行评估、拍卖①，均属于《民法典》第 192 条第 2 款所说的"义务人同意履行"。但是，义务人仅仅对已经产生的义务进行客观陈述这一行为本身②，或者债务人在签订合同时事先作出债权人对到期债权享有直接扣划的权利的约定本身③，并非《民法典》第 192 条第 2 款所说的"诉讼时效期间届满后，义务人同意履行"。

也就是说，在诉讼时效期间届满之后，义务人自愿作出的部分履行的行为，既因构成《民法典》第 192 条第 2 款前半句所说的"义务人同意履行"而应当适用"不得以诉讼时效期间届满为由抗辩"，也构成《民法典》第 192 条第 2 款后半句所说的"义务人已经自愿履行"而应当适用"不得请求返还"。也因此，《民法典》第 192 条第 2 款所说的"义务人同意履行"，既包括同意履行全部义务，也包括同意履行部分义务。

需要注意的是，《民法典》第 192 条第 2 款后半句所说的"诉讼时效期间届满后，……义务人已经自愿履行的，不得请求返还"中的"自愿履行"，意味着，《民法典》第 192 条第 2 款前半句所说的"义务人同意履行"，指的是由义务人本人或其代理人自愿作出的同意履行其对权利人的义务的意思表示或行为，不得存在重大误解、欺诈、胁迫等违背义务人真实意思或并非义务人真实意思表示的情形，否则可能导致相应的民

---

① 比如，人民法院案例库参考案例"瑞金市某公司、周某与丙公司执行监督案"［入库编号：2024-17-5-203-044，裁判文书：最高人民法院（2023）最高法执监 274 号执行裁定书］的"裁判要旨"提出："申请执行时效的中止、中断，适用法律有关诉讼时效中止、中断的规定。申请执行人超出申请执行时效期间申请执行，被执行人在执行程序中已签字同意对其涉案标的物进行评估，在拍卖成交前未提出时效期间异议，拍卖成交裁定送达后又以申请执行时效届满提出抗辩，要求对拍卖所得价款予以返还的，人民法院不予支持。"

② 比如，在江苏某某有限公司与江西省瑞昌市某某金矿等其他合同纠纷案中，最高人民法院（2019）最高法民申 6879 号民事裁定书认为："江苏某某公司主张本案没有超过诉讼时效的依据是某某金矿曾于 2017 年 7 月出具《处置建议》《减免请求》，其认为该两份文件构成债务人在诉讼时效届满后对债务的重新确认。《最高人民法院关于审理民事案件适用诉讼时效制度若干问题的规定》第二十二条规定：'诉讼时效期间届满，当事人一方向对方当事人作出同意履行义务的意思表示或者自愿履行义务后，又以诉讼时效期间届满为由进行抗辩的，人民法院不予支持'。据此，诉讼时效期间届满后，债务人重新作出同意履行义务意思表示的，诉讼时效重新起算。经查：某某金矿出具的《处置建议》及《减免请求》内容大致相同，主要内容包括对某某金矿基本情况、江苏某某公司追偿开发基金情况以及基金占用情况客观描述，并对债务清偿提出处理建议。首先，某某金矿对既往发生的欠款事实进行客观陈述并不等同于其作出同意履行义务的意思表示……"

③ 比如，在某某能源投资有限公司与某某航运集团有限公司等船舶营运借款合同纠纷案中，湖北省高级人民法院（2020）鄂民终 193 号民事判决书认为："虽然本案借款合同约定债权人对到期贷款有权利从债务人投资或存款账户扣收，但本案权利主体包括受托银行从本案 6 笔贷款各自最后一期履行期限届满至本案一审起诉，从未采取相应扣划措施。某航集团签订合同时同意债权人对到期债权享有直接扣划的权利不等同于某航集团在诉讼时效期间届满后同意还款，也不等同于某航集团在签订合同时即预先放弃诉讼时效利益。即使双方合同约定预先放弃时效利益，根据《中华人民共和国民法总则》第一百九十七条的规定，当事人对诉讼时效利益的预先放弃无效。"

事法律行为成为可撤销或不成立的民事法律行为[①]；至于义务人在其作出同意履行其对权利人的义务的意思表示或行为之时是否知道或应当知道权利人的权利诉讼时效期间已经届满[②]，则不影响《民法典》第192条第2款所说的"[义务人]不得以诉讼时效期间届满为由抗辩"的适用。这跟《民法典》第926条第1款所说的"受托人以自己的名义与第三人订立合同时，第三人不知道受托人与委托人之间的代理关系的，受托人因第三人的原因对委托人不履行义务，受托人应当向委托人披露第三人，委托人因此可以行使受托人对第三人的权利。但是，第三人与受托人订立合同时如果知道该委托人就不会订立合同的除外"是不一样的。

对此，《诉讼时效制度解释》第19条第1款也规定了："诉讼时效期间届满，当事人一方向对方当事人作出同意履行义务的意思表示……后，又以诉讼时效期间届满为由进行抗辩的，人民法院不予支持"，第3款规定："超过诉讼时效期间，贷款人向借款人发出催收到期贷款通知单，债务人在通知单上签字或者盖章，能够认定借款人同意履行诉讼时效期间已经届满的义务的，对于贷款人关于借款人放弃诉讼时效抗辩权的主张，人民法院应予支持。"

还需注意的是，由于《民法典》第192条第2款所说的"诉讼时效期间届满后，义务人同意履行的，不得以诉讼时效期间届满为由抗辩"，只是要求"义务人同意履行"发生在诉讼时效期间届满之后，没有对"义务人同意履行"的期限作出限制，因此，只要义务人是在诉讼时效期间届满之后"同意履行"的，不论距诉讼时效期间届满之日多长，都可以、并应当适用《民法典》第192条第2款所说的"[义务人]不得以诉讼时效期间届满为由抗辩"。这跟《民法典》第188条第2款所说的"自权利受到损害之日起超过二十年的，人民法院不予保护，有特殊情况的，人民法院可以根据权利人的申请决定延长"是不一样的。

---

① 比如，在高某珍与云南某誉房地产开发有限公司、杨某昆民间借贷纠纷案中，云南省高级人民法院(2019)云民终1009号民事判决书认为："涉案《借款协议》约定的借款期限为：2010年10月19日至2011年4月19日，故诉讼时效应从2011年4月19日起算，至2014年4月18日届满。本案中，高某珍未提交证据证明诉讼时效存在中断、中止和延长的情形。一审中，高某珍主张2016年7月15日向某誉地产寄送《律师催告函》的行为发生在诉讼时效期间届满之后，且本案中，某誉地产抗辩其未收到。虽然杨某昆在2016年8月10日向高某珍出具了《债权确认书》，对其和某誉地产的债务进行了确认并承诺偿还。但某誉地产提交的其于2016年3月1日作出的《股东决定》证明：2016年3月1日，某誉地产股东决定免除杨某昆担任的公司执行董事。故2016年8月10日杨某昆已不能代表某誉地产对外进行债务确认，其出具的《债权确认书》对某誉地产无约束力。一审中，某誉地产已抗辩主张本案借款已过诉讼时效，根据《中华人民共和国民法总则》第一百九十二条'诉讼时效期间届满的，义务人可以提出不履行义务的抗辩'的规定，某誉地产的主张成立。"

② 在保证人提供保证或承担保证责任的情形，《民法典担保制度解释》第35条关于"保证人知道或者应当知道主债权诉讼时效期间届满仍然提供保证或者承担保证责任，又以诉讼时效期间届满为由拒绝承担保证责任或者请求返还财产的，人民法院不予支持；保证人承担保证责任后向债务人追偿的，人民法院不予支持，但是债务人放弃诉讼时效抗辩的除外"的规定，似乎意味着，适用《民法典》第192条第2款所说的"诉讼时效期间届满后，义务人同意履行的，不得以诉讼时效期间届满为由抗辩"须以保证人知道或者应当知道主债权诉讼时效期间届满为条件。《民法典担保制度解释》第35条在一定程度上对《最高人民法院关于审理民事案件适用诉讼时效制度若干问题的规定》(2020年修正)第18条所说的"主债务诉讼时效期间届满，保证人享有主债务人的诉讼时效抗辩权。保证人未主张前述诉讼时效抗辩权，承担保证责任后向主债务人行使追偿权的，人民法院不予支持，但主债务人同意给付的情形除外"进行了修改。

3. 在诉讼时效期间届满之前与之后，义务人同意履行义务的区别

不过，《民法典》第 192 条第 2 款所说的“义务人同意履行”与《民法典》第 195 条第 2 项所说的“义务人同意履行义务”，虽然都属于义务人同意履行义务，但仍然存在区别，具体而言：

一是在发生时间上，《民法典》第 192 条第 2 款所说的“诉讼时效期间届满后，义务人同意履行”，强调的是义务人作出同意履行义务的意思表示或行为的时间发生在诉讼时效期间届满之后；而《民法典》第 195 条第 2 项所说的“义务人同意履行义务”，要求的则是义务人在诉讼时效期间届满之前就作出了同意履行义务的意思表示或行为。

二是在法律效果上，《民法典》第 192 条第 2 款所说的“诉讼时效期间届满后，义务人同意履行”，构成诉讼时效抗辩权放弃事由、不构成诉讼时效中断事由，导致义务人“不得以诉讼时效期间届满为由抗辩”，发生义务人丧失诉讼时效抗辩权的法律后果，不发生诉讼时效期间重新计算的法律后果；[①]而《民法典》第 195 条第 2 项所说的“义务人同意履行义务”，则构成诉讼时效的中断事由，导致诉讼时效期间重新计算，权利人有权依法在诉讼时效期间内请求法院保护其民事权利。

（二）义务人自愿履行义务：导致丧失返还请求权

《民法典》第 192 条第 2 款所说的“诉讼时效期间届满后，……义务人已经自愿履行的，不得请求返还”，意味着，在诉讼时效期间届满之后，如果义务人自愿向权利人履行了相应的义务，就不得再以诉讼时效期间届满为由请求权利人返还其已经履行的部分。对此，原《民法通则》（已废止）第 138 条所说的“超过诉讼时效期间，当事人自愿履行的，不受诉讼时效限制”和原《民通意见》（已废止）第 171 条所说的“过了诉讼时效期间，义务人履行义务后，又以超过诉讼时效为由翻悔的，不予支持”，规定得更为清晰。

其中，《民法典》第 192 条第 2 款所说的“义务人已经自愿履行”，既包括自愿履行了全部义务、也包括自愿履行了部分义务[②]，指向的是义务人基于自愿原则向权利人实施了履行义务的行为这种结果，不得存在重大误解、欺诈、胁迫等违背自己真实意思的情形，否则可能导致相应的民事法律行为成为可撤销的民事法律行为；至于义务人在其履行其对权利人的义务之前或之时是否知道或应当知道权利人的权利诉讼时效期间已经届满，则不影响《民法典》第 192 条第 2 款所说的“［义务人］不得请求返还”的

① 比如，在陕西某件汽车运输有限责任公司与某某财产保险股份有限公司西安市分公司等海上保险合同纠纷案中，山东省高级人民法院（2019）鲁民终 656 号民事判决书认为：“本案中，保险事故发生于 2014 年 5 月 23 日，某件公司根据海上保险合同向某保西安分公司要求保险赔偿的请求权于 2016 年 5 月 23 日已届满。某件公司称，某保西安分公司在 2016 年 7 月 15 日向其发送的《告知函》中，同意履行义务，构成诉讼时效中断的情形。但此时已过二年的诉讼时效期间，且某保西安分公司在该《告知函》中未明确表示同意履行赔付义务。某件公司关于本案存在诉讼时效中断情形的主张，无事实和法律依据，本院不予支持。某件公司于 2018 年 4 月 24 日提起诉讼请求某保西安分公司赔偿其损失，已超过二年的诉讼时效。”

② 《民诉法解释》（2022 年修正）第 481 条规定：“申请执行人超过申请执行时效期间向人民法院申请强制执行的，人民法院应予受理。被执行人对申请执行时效期间提出异议，人民法院经审查异议成立的，裁定不予执行。被执行人履行全部或者部分义务后，又以不知道申请执行时效期间届满为由请求执行回转的，人民法院不予支持。”

适用。

需要注意的是,由于《民法典》第 192 条第 2 款所说的“诉讼时效期间届满后,……义务人已经自愿履行的,不得请求返还”,只是要求“义务人自愿履行”的行为发生在诉讼时效期间届满之后,没有对“义务人自愿履行”的期限作出限制,因此,只要义务人是在诉讼时效期间届满之后实施“自愿履行”行为的,不论行为之时距诉讼时效期间届满之日多长,都可以、并应当适用《民法典》第 192 条第 2 款所说的“[义务人]不得请求返还”。这跟《民法典》第 188 条第 2 款所说的“自权利受到损害之日起超过二十年的,人民法院不予保护,有特殊情况的,人民法院可以根据权利人的申请决定延长”是不一样的。

(三)义务人在明确提出诉讼时效抗辩的同时又自愿履行义务的处理

问题是,在诉讼时效期间届满之后,如果义务人以诉讼时效期间届满为由明确提出了不履行义务的抗辩,但同时又自愿向权利人进行了部分履行,应当如何处理?

初步看,义务人明确作出的意思表示和其作出的行为之间存在矛盾之处:一方面,既然义务人明确提出诉讼时效抗辩,似乎就意味着该情形不属于《民法典》第 192 条第 2 款所说的“义务人同意履行”;另一方面,义务人自愿向权利人进行了部分履行的行为,似乎又符合《诉讼时效制度解释》第 14 条关于“义务人作出……部分履行……行为的,应当认定为民法典第一百九十五条规定的义务人同意履行义务”的规定。

对此,结合《民诉法解释》第 223 条关于当事人在提交答辩状期间提出管辖异议,又针对起诉状的内容进行答辩的规定①,可以认为,由于义务人已经明确地提出了诉讼时效抗辩,因此就不应仅仅因为义务人自愿进行了部分履行就认定义务人放弃了诉讼时效抗辩,此时不应适用《民法典》第 192 条第 2 款前半句所说的“诉讼时效期间届满后,义务人同意履行的,不得以诉讼时效期间届满为由抗辩”;但是,由于义务人事实上已经自愿进行了部分履行,此时应当适用《民法典》第 192 条第 2 款后半句所说的“诉讼时效期间届满后,……义务人已经自愿履行的,不得请求返还”,对于其已经履行的部分,义务人无权要求返还。

也就是说,在此情形下,针对其已经履行的部分,义务人不得请求返还;但是,针对

---

① 《民诉法解释》(2022 年修正)第 223 条第 1 款规定:“当事人在提交答辩状期间提出管辖异议,又针对起诉状的内容进行答辩的,人民法院应当依照民事诉讼法第一百三十条第一款的规定,对管辖异议进行审查。”《民事诉讼法》第 130 条第 1 款规定:“人民法院受理案件后,当事人对管辖权有异议的,应当在提交答辩状期间提出。人民法院对当事人提出的异议,应当审查。异议成立的,裁定将案件移送有管辖权的人民法院;异议不成立的,裁定驳回。”《民诉法解释》(2022 年修正)第 223 条第 2 款规定:“当事人未提出管辖异议,就案件实体内容进行答辩、陈述或者反诉的,可以认定为民事诉讼法第一百三十条第二款规定的应诉答辩。”《民事诉讼法》第 130 条第 2 款规定:“当事人未提出管辖异议,并应诉答辩或者提出反诉的,视为受诉人民法院有管辖权,但违反级别管辖和专属管辖规定的除外。”

尚未履行的部分，义务人仍然可以以诉讼时效期间届满为由提出不履行义务的抗辩。①在这方面，最高人民法院在某城建第六工程局集团有限公司许昌分公司与襄阳市某某百货有限公司等民间借贷纠纷案中的裁判意见，可作参考。

在该案中，最高人民法院(2021)最高法民申7062号民事裁定书认为："本案中，案涉《补充协议》约定：投资款1.4亿元、利润900万元、违约金3900万元及借款2000万元共计2.08亿元，某城建许昌分公司于协议签订之日起45日内付款1亿元，余款1.08亿元于2014年10月3日前归还完毕。根据上述约定，某某百货公司对某城建许昌分公司包括案涉2000万元借款在内的债权的诉讼时效应于2016年10月3日届满，某某百货公司于2019年7月2日提起诉讼已超过法定诉讼时效期间。诉讼时效期间届满后，某城建许昌分公司于2019年1月4日自愿归还了某某百货公司1.4亿元投资款，系对上述部分债务的自愿履行。但该1.4亿元投资款与案涉2000万元借款系两笔不同性质的债务，二审法院在未查清某城建许昌分公司是否作出同意偿还2000万元借款的意思表示的情形下，即适用《最高人民法院关于审理民事案件适用诉讼时效制度若干问题的规定》第二十二条规定，驳回某城建许昌分公司关于2000万元借款已过诉讼时效的抗辩不当。"尽管上述裁判意见是针对同一份协议项下数项不同的债务的诉讼时效问题作出的，但是，对于如何处理"在诉讼时效期间届满之后，义务人以诉讼时效期间届满为由明确提出了不履行义务的抗辩，但同时又自愿向权利人进行了部分履行"的问题，也具有较高的参考价值。

不过，在义务人在诉讼时效期间届满之后，以诉讼时效期间届满为由明确提出了不履行义务的抗辩，但同时又自愿向权利人履行了全部义务的情形，应当直接适用《民法典》第192条第2款后半句所说的"诉讼时效期间届满后，……义务人已经自愿履行的，不得请求返还"，没有必要再讨论是否需要适用《民法典》第192条第2款前半句所说的"诉讼时效期间届满后，义务人同意履行的，不得以诉讼时效期间届满为由抗辩"的问题。

第一百九十三条 【法院不得主动适用诉讼时效】人民法院不得主动适用诉讼时效的规定。

---

① 《最高人民法院民二庭负责人就〈关于审理民事案件适用诉讼时效制度若干问题的规定〉答记者问》(2008年)曾经提出："通过对权利人的权利进行限制的方式对社会公共利益进行保护应有合理的边界，该边界就是应在保护社会公共利益的基础上进行利益衡量，不能滥用诉讼制度，使诉讼时效制度成为义务人逃避债务的工具，随意否定权利本身，违反依法依约履行义务的诚实信用原则。因此，在权利人积极主张权利或者因客观障碍无法主张权利的情形下，法律规定了诉讼时效中断、中止等诉讼时效障碍制度以合法阻却诉讼期间的继续计算。……由于诉讼时效中断、中止制度的立法目的在于保护权利人权利，因此，在适用上述制度时，如果存在既可以做有利于权利人的理解也可以做有利于义务人的理解的情形，那么，在不违背基本法理的基础上，应做有利于权利人的理解。"不过，上述意见中的"在不违背基本法理的基础上，应做有利于权利人的理解"，针对的是"适用诉讼时效中断、中止制度时，存在既可以做有利于权利人的理解也可以做有利于义务人的理解的情形"，而非"适用诉讼时效期间届满的法律后果制度时，存在既可以做有利于权利人的理解也可以做有利于义务人的理解的情形"。

【条文通释】

《民法典》第 193 条是关于法院不得主动适用诉讼时效的规定。

一、法院不得主动适用诉讼时效的规定

(一)"诉讼时效的规定"的理解

根据《民法典》第 197 条第 1 款所说的"诉讼时效的期间、计算方法以及中止、中断的事由由法律规定,当事人约定无效"和第 199 条所说的"法律规定或者当事人约定的撤销权、解除权等权利的存续期间,除法律另有规定外,自权利人知道或者应当知道权利产生之日起计算,不适用有关诉讼时效中止、中断和延长的规定",《民法典》第 193 条所说的"诉讼时效的规定",既包括《民法典》针对诉讼时效的期间、计算方法、中止事由、中断事由、延长或法律效果作出的一般规定和特别规定,也包括其他法律针对诉讼时效的期间、计算方法、中止事由、中断事由、延长或法律效果作出的一般规定和特别规定。

此外,根据《人民法院组织法》第 18 条第 1 款所说的"最高人民法院可以对属于审判工作中具体应用法律的问题进行解释",《全国人民代表大会常务委员会关于加强法律解释工作的决议》第 2 条所说的"凡属于法院审判工作中具体应用法律、法令的问题,由最高人民法院进行解释"和《最高人民法院关于司法解释工作的规定》(2021 年修正)第 5 条所说的"最高人民法院发布的司法解释,具有法律效力",第 27 条所说的"司法解释施行后,人民法院作为裁判依据的,应当在司法文书中援引。人民法院同时引用法律和司法解释作为裁判依据的,应当先援引法律,后援引司法解释",《民法典》第 193 条所说的"诉讼时效的规定",还包括司法解释针对诉讼时效的期间、计算方法、中止事由、中断事由、延长或法律效果作出的一般规定和特别规定。

现阶段,《民法典》第 193 条所说的"诉讼时效的规定",主要包括:(1)位于《民法典》总则编第九章"诉讼时效"的第 188 条至第 192 条、第 194 条、第 195 条;(2)位于《民法典》物权编的第 419 条①;(3)位于《民法典》合同编的第 594 条②和第 694 条③。

需要注意的是,《民法典》第 193 条、第 196 条至第 199 条(位于总则编第九章"诉讼时效"),不属于《民法典》第 193 条所说的"诉讼时效的规定"。其中,就《民法典》第 197 条第 1 款所说的"诉讼时效的期间、计算方法以及中止、中断的事由由法律规定,当事人约定无效"和第 2 款所说的"当事人对诉讼时效利益的预先放弃无效"而言,在当

---

① 《民法典》第 419 条规定:"抵押权人应当在主债权诉讼时效期间行使抵押权;未行使的,人民法院不予保护。"

② 《民法典》第 594 条规定:"因国际货物买卖合同和技术进出口合同争议提起诉讼或者申请仲裁的时效期间为四年。"

③ 《民法典》第 694 条规定:"一般保证的债权人在保证期间届满前对债务人提起诉讼或者申请仲裁的,从保证人拒绝承担保证责任的权利消灭之日起,开始计算保证债务的诉讼时效。连带责任保证的债权人在保证期间届满前请求保证人承担保证责任的,从债权人请求保证人承担保证责任之日起,开始计算保证债务的诉讼时效。"

事人针对诉讼时效的期间、计算方法以及中止、中断的事由作出与法律规定不同的约定或当事人预先放弃诉讼时效利益的情形，法院应当依职权对相关约定或弃权行为的效力作出认定，不受《民法典》第 193 条所说的“人民法院不得主动适用诉讼时效的规定”的影响。这跟《九民会议纪要》所说的“人民法院在审理合同纠纷案件过程中，要依职权审查合同是否存在无效的情形，注意无效与可撤销、未生效、效力待定等合同效力形态之间的区别，准确认定合同效力，并根据效力的不同情形，结合当事人的诉讼请求，确定相应的民事责任”和最高人民法院（2018）最高法民申 1774 号民事裁定书（载《最高人民法院公报》2020 年第 3 期）所说的“对合同效力的认定，属于人民法院依职权应当审查的范畴，并不局限于当事人的诉讼请求”是类似的。

还需注意的是，《民法典》第 196 条所说的“下列请求权不适用诉讼时效的规定……”第 198 条所说的“法律对仲裁时效有规定的，依照其规定；没有规定的，适用诉讼时效的规定”和第 995 条所说的“人格权受到侵害的，受害人有权依照本法和其他法律的规定请求行为人承担民事责任。受害人的停止侵害、排除妨碍、消除危险、消除影响、恢复名誉、赔礼道歉请求权，不适用诉讼时效的规定”中的“诉讼时效的规定”，与《民法典》第 193 条所说的“诉讼时效的规定”，具有相同的含义，上述分析同样适用。

（二）法院不得主动适用诉讼时效的规定

《民法典》第 193 条对法院主动适用诉讼时效的规定作出了禁止性规定，即：“人民法院不得主动适用诉讼时效的规定”。其背后的原因在于：“诉讼时效抗辩权本质上是义务人的一项民事权利，义务人是否行使，司法不应过多干预，这是民法意思自治原则的根本要求。当事人一方根据实体法上的诉讼时效抗辩权在诉讼中提起的诉讼时效抗辩是实体权利的抗辩，是需由当事人主张的抗辩，当事人是否主张，属于其自由处分的范畴，司法也不应过多干涉，这是民事诉讼处分原则的应有之意。因此，遵循上述意思自治原则和处分原则，在义务人不提出诉讼时效抗辩的情形下，人民法院不应主动援引诉讼时效的规定进行裁判，该规定也与法院居中裁判的地位相适应”①。

其中，《民法典》第 193 条所说的“人民法院不得主动适用诉讼时效的规定”中的“主动适用诉讼时效的规定”，指的是在义务人（包括其代表人或负责人或诉讼代理人）

---

① 《最高人民法院民二庭负责人就〈关于审理民事案件适用诉讼时效制度若干问题的规定〉答记者问》（2008 年）。最高人民法院（2016）最高法民申 1309 号民事裁定书也认为：“诉讼时效抗辩是当事人的抗辩权，不属于法院主动审查的范围，法院不应主动适用诉讼时效规定进行裁判。在义务人没有主张诉讼时效抗辩权的意思表示的情形下，如果法院主动对诉讼时效问题进行释明，则有违诚实信用的基本原则，也有违法院居中裁判的中立地位。因此，《最高人民法院关于审理民事案件适用诉讼时效制度若干问题的规定》第三条规定：‘当事人未提出诉讼时效抗辩，人民法院不应对诉讼时效问题进行释明及主动适用诉讼时效的规定进行裁判。’由此，法院应当遵循意思自治原则和处分原则，在义务人不提出诉讼时效抗辩的情形下，不主动援引诉讼时效的规定进行裁判。”

在一审期间[1]没有明确提出诉讼时效抗辩(包括无正当理由不应诉[2])的情况下,法院(包括一审法院、二审法院、再审法院和执行法院)主动审查权利人的权利是否已经超过诉讼时效期间并依据有关诉讼时效的规定对权利人的权利不予保护的行为,其针对的对象是权利人的权利。

《民法典》第 193 条所说的"人民法院不得主动适用诉讼时效的规定",意味着,只要是法院在处理案件,不论是诉讼程序、非讼程序[3],还是执行程序或其他程序,不论是在立案阶段、审判阶段、保全阶段、执行阶段还是在其他阶段,都不得"主动适用诉讼时效的规定"。这跟 2008 年《最高人民法院关于审理民事案件适用诉讼时效制度若干问题的规定》(法释〔2008〕11 号)第 3 条只是针对审判阶段所说的"当事人未提出诉讼时效抗辩,人民法院不应……主动适用诉讼时效的规定进行裁判"是不同的。具体而言:

一是在立案阶段不得主动适用诉讼时效的规定。对此,《民诉法解释》(2022 年修正)第 219 条规定:"当事人超过诉讼时效期间起诉的,人民法院应予受理……",第 481 条规定:"申请执行人超过申请执行时效期间向人民法院申请强制执行的,人民法院应予受理……"

二是在审判阶段不得主动适用诉讼时效的规定。对此,《民诉法解释》(2022 年修正)第 219 条规定:"当事人超过诉讼时效期间起诉的,人民法院应予受理。受理后对方当事人提出诉讼时效抗辩,人民法院经审理认为抗辩事由成立的,判决驳回原告的诉讼请求。"

三是在执行阶段不得主动适用诉讼时效的规定。对此,《民诉法解释》(2022 年修正)第 481 条规定:"申请执行人超过申请执行时效期间向人民法院申请强制执行的,人民法院应予受理。被执行人对申请执行时效期间提出异议,人民法院经审查异议成立的,裁定不予执行。被执行人履行全部或者部分义务后,又以不知道申请执行时效期间届满为由请求执行回转的,人民法院不予支持。"

需要注意的是,《民法典》第 419 条所说的"抵押权人应当在主债权诉讼时效期间

---

① 比如,在赵某钢与北京某某房地产开发有限责任公司民事主体间房屋拆迁补偿合同纠纷案中,北京市高级人民法院(2021)京民再 133 号民事裁定书认为:"经查,一审法院适用简易程序审理本案。2017 年和 2021 年修正的《中华人民共和国民事诉讼法》第一百六十四条均规定:'人民法院适用简易程序审理案件,应当在立案之日起三个月内审结。有特殊情况需要延长的,经本院院长批准,可以延长一个月。'根据该条有关审理时限的法律规定可知,本案所适用的一审诉讼程序始于人民法院立案之日,当事人在立案之日前所作意思表示不应视为是在诉讼期间内作出的意思表示。本案中,某开公司虽然在一审法院立案前的委托调解程序中提出过诉讼时效的抗辩,但该程序不同于一审诉讼程序,当事人在立案前所作意思表示亦不能等同于诉讼程序中的意思表示。在某开公司未在一审诉讼期间明确提出诉讼时效抗辩的情况下,一审法院主动适用诉讼时效规定判决驳回赵某钢的全部诉讼请求,属于适用法律错误,应当予以纠正。"

② 比如,在云南某朗投资有限公司、朱某岗与云南某新股权投资基金管理有限公司借款合同纠纷案中,最高人民法院(2022)最高法民申 103 号民事裁定书认为:"申请人一审时经一审法院依法传唤,无正当理由拒不出庭参加诉讼,一审法院依法缺席审理,未主动适用诉讼时效进行裁判,适用法律并无不当;二审过程中,申请人未提供关于诉讼时效已过的新证据,二审法院未再就诉讼时效进行审理,适用法律亦无错误。"又如,在蓝某与杨某强等民间借贷纠纷案中,重庆市高级人民法院(2017)渝民再字第 173 号民事判决书认为:"债务人杨某强经人民法院合法传唤,无正当理由未到庭应诉,亦未提交答辩状,应视为其未对蓝某主张的债权提出诉讼时效抗辩……"

③ 《民诉法解释》(2022 年修正)第 295 条第 1 项和第 378 条使用了"特别程序、督促程序、公示催告程序、破产程序等非讼程序"的表述。

行使抵押权;未行使的,人民法院不予保护",并非《民法典》第 193 条所说的"人民法院不得主动适用诉讼时效的规定"的特别规定;《民法典》第 419 条只是明确了抵押权人未在主债权诉讼时效期间行使抵押权将面临人民法院不予保护的法律后果,并没有规定人民法院应当主动对"抵押权人是否在主债权诉讼时效期间行使抵押权"进行审查或释明并据以决定是否对抵押权进行保护。这跟《民法典》第 188 条第 2 款所说的"自权利受到损害之日起超过二十年的,人民法院不予保护"是类似的。

还需注意的是,《民法典》第 193 条所说的"人民法院不得主动适用诉讼时效的规定",只是禁止法院依职权主动适用诉讼时效的规定,不影响法院在当事人已经提出诉讼时效抗辩的情况下适用诉讼时效的规定。在当事人一方已经提出诉讼时效抗辩之后,法院适用诉讼时效的规定,包括审查诉讼时效期间的起算时间、是否已经届满、是否发生中止、中断、延长等,并非"主动适用诉讼时效的规定",也就不存在适用《民法典》第 193 条所说的"人民法院不得主动适用诉讼时效的规定"的条件。

(三)法院主动适用诉讼时效的规定的法律后果

在义务人没有提出诉讼时效抗辩的情况下,法院主动针对权利人的权利适用诉讼时效的规定,通常会被认定为适用法律错误,进而有适用《民事诉讼法》第 177 条第 1 款第 2 项所说的"第二审人民法院对上诉案件,经过审理,按照下列情形,分别处理:……(二)原判决、裁定认定事实错误或者适用法律错误的,以判决、裁定方式依法改判、撤销或者变更"和第 211 条第 6 项所说的"当事人的申请符合下列情形之一的,人民法院应当再审:……(六)原判决、裁定适用法律确有错误的"的空间。

比如,在某华国际控股有限公司诉黑龙江省某某市人民政府履行协议案中,最高人民法院(2020)最高法行申 4312 号行政裁定书认为:"本案系某华公司对某某市政府不履行项目投资协议而提起的行政诉讼,应参照适用民事法律规范关于诉讼时效的规定。……根据一审卷宗中某某市政府答辩状、庭审笔录以及二审卷宗记载,一审期间某某市政府并未提出诉讼时效抗辩,二审期间某某市政府亦未提供新的证据证明某华公司的请求权已过诉讼时效期间。二审法院主动适用诉讼时效的规定进行裁判,违反上述司法解释规定,属于适用法律错误。"①

又如,在赵某钢与北京某某房地产开发有限责任公司民事主体间房屋拆迁补偿合同纠纷案中,北京市高级人民法院(2021)京民再 133 号民事裁定书认为:"经查,一审法院适用简易程序审理本案。2017 年和 2021 年修正的《中华人民共和国民事诉讼法》

---

① 在游某喜诉福建省莆田市某某区人民政府未按约定履行行政协议案中,最高人民法院(2019)最高法行申 2322 号行政裁定书也认为:"本案中,某某区政府在一审答辩状和二审上诉状中并未提出超出诉讼时效的抗辩理由,其在二审上诉时提出的'起诉超过法定期限',经本院询问,某某区政府也坚持并非对诉讼时效的误写或者转化。因此,某某区政府并未提出过诉讼时效的抗辩事由。……二审在某某区政府未提出诉讼时效抗辩,且没有新证据证明游某喜的请求权已过诉讼时效期间的情形下,主动认定游某喜超过诉讼时效,有违法定程序。而且,二审在未经询问、开庭等程序,未就游某喜诉讼时效是否存在中止中断情形听取当事人意见,仅根据协议签订和提起诉讼两个时间点即判断游某喜的起诉超过诉讼时效,系关键事实认定不清。根据再审申请阶段游某喜提供的证据材料来看,可以认定其在被诉协议签订后有持续主张权利的行为,存在诉讼时效中止中断情形。故二审主动审查诉讼时效且未审查是否存在中止中断等情形,并以此为由改判驳回游某喜的诉讼请求,属事实认定不清,适用法律错误,影响当事人实体权益救济,本院予以指正。"

第一百六十四条均规定：'人民法院适用简易程序审理案件，应当在立案之日起三个月内审结。有特殊情况需要延长的，经本院院长批准，可以延长一个月。'根据该条有关审理时限的法律规定可知，本案所适用的一审诉讼程序始于人民法院立案之日，当事人在立案之日前所作意思表示不应视为是在诉讼期间内作出的意思表示。本案中，某开公司虽然在一审法院立案前的委托调解程序中提出过诉讼时效的抗辩，但该程序不同于一审诉讼程序，当事人在立案前所作意思表示亦不能等同于诉讼程序中的意思表示。在某开公司未在一审诉讼期间明确提出诉讼时效抗辩的情况下，一审法院主动适用诉讼时效规定判决驳回赵某钢的全部诉讼请求，属于适用法律错误，应当予以纠正。"

再如，在监利县某安房屋开发有限公司与董某等房屋买卖合同纠纷案中，湖北省高级人民法院(2018)鄂民再 98 号民事判决书认为："经查，董某在原一、二审庭审笔录及答辩状中就某安公司关于逾期付款违约金的反诉请求均未以超过诉讼时效为由予以抗辩，一、二审法院主动援引诉讼时效驳回某安公司的该项反诉请求，适用法律错误。"①

需要注意的是，在因法院主动适用诉讼时效的规定导致相关裁判被改判、撤销或者变更的情况下，因受到重复起诉制度的限制②，义务人其后不能再针对权利人的同一权利提出诉讼时效抗辩。

二、法院不得对诉讼时效问题进行释明

由于《民法典》第 193 条使用的是"人民法院不得主动适用诉讼时效的规定"的表述，因此，从文义上看，该规定并没有直接禁止人民法院对诉讼时效问题进行释明。不过，考虑到"诉讼时效抗辩权是颠覆性权利，义务人在法院释明后主张诉讼时效抗辩权的，将会使裁判结果较之其不主张诉讼时效抗辩权的情形发生根本性变化，即将导致法院对权利人的权利不予保护。而即使义务人不行使诉讼时效抗辩权，在权利人有充分证据证明其享有权利的情形下，义务人依法依约履行合同义务是诚实信用原则的根本要求，并不会给义务人造成不公平的后果，反而有利于鼓励义务人的诚实履约行为，有利于我国社会诚信体系的建立。……在义务人无主张诉讼时效抗辩权的意思表示的情形下，如果人民法院主动对诉讼时效问题进行释明，则无异于提醒和帮助义务人

---

① 又如，在张某与某某银行股份有限公司武城支行不当得利纠纷案中，山东省高级人民法院(2018)鲁民再 967 号民事判决书认为："经查阅一审卷宗，一审中，武城支行在反诉状中没有提及诉讼时效；在答辩状中仅对张某认为 2 万元为偿还个人贷款，武城支行侵犯了其合法权益的主张抗辩超过诉讼时效，并未对本案张某要求返还不当得利的诉讼请求进行诉讼时效的抗辩；在一审庭审过程中，武城支行也没有对本案返还不当得利之债主张超过诉讼时效。因此，本院认为一审诉讼中武城支行并未对本案返还不当得利之债提出诉讼时效的抗辩，一审判决未适用诉讼时效的规定进行判决正确，依法应予维持。武城支行不服一审判决，提起上诉，上诉理由之一为本案不当得利的诉讼请求已经超过诉讼时效，经查，二审期间武城支行没有提供新证据证明张某要求返还不当得利的诉讼请求已过诉讼时效期间，故二审判决以张某要求返还不当得利的诉讼请求已过诉讼时效期间为由，判决驳回张某的诉讼请求适用法律错误，依法应予纠正。"类似的裁判意见，还可见海南省高级人民法院(2018)琼民再 8 号民事判决书、重庆市高级人民法院(2017)渝民再字第 173 号民事判决书等。

② 《民诉法解释》(2022 年修正)第 247 条规定："当事人就已经提起诉讼的事项在诉讼过程中或者裁判生效后再次起诉，同时符合下列条件的，构成重复起诉：(一)后诉与前诉的当事人相同；(二)后诉与前诉的诉讼标的相同；(三)后诉与前诉的诉讼请求相同，或者后诉的诉讼请求实质上否定前诉裁判结果。当事人重复起诉的，裁定不予受理；已经受理的，裁定驳回起诉，但法律、司法解释另有规定的除外。"

逃债,有违诚实信用的基本原则,也有违法院居中裁判的中立地位"①,因此,在《民法典》第 193 条所说的"人民法院不得主动适用诉讼时效的规定"的基础上,《诉讼时效制度解释》第 2 条对法院主动释明诉讼时效问题作出了禁止性规定,即"当事人未提出诉讼时效抗辩,人民法院不应对诉讼时效问题进行释明"。

其中的"诉讼时效问题",指的是权利人的权利是否适用诉讼时效制度、权利人的权利的诉讼时效期间是否已经届满或超过诉讼时效期间,义务人是否提出诉讼时效抗辩等与诉讼时效有关的事项。

跟法院主动适用诉讼时效规定类似,在义务人没有提出诉讼时效抗辩的情况下,法院主动对诉讼时效问题进行释明,也应当认定为适用法律错误,进而有适用《民事诉讼法》第 177 条第 1 款第 2 项所说的"第二审人民法院对上诉案件,经过审理,按照下列情形,分别处理:……(二)原判决、裁定认定事实错误或者适用法律错误的,以判决、裁定方式依法改判、撤销或者变更"和第 211 条第 6 项所说的"当事人的申请符合下列情形之一的,人民法院应当再审:……(六)原判决、裁定适用法律确有错误的"的空间。

不过,实务中,有裁判意见认为,在义务人已经针对权利人的请求权提出了因权利人没有向其主张权利或权利人的权利已经过期,故义务人无须再履行义务等抗辩的情况下,尽管义务人没有明确作出"权利人的权利的诉讼时效期间已经届满,义务人可以不履行义务"的意思表示,但是,法院可以对诉讼时效问题消极地释明,该情形因并非"当事人未提出诉讼时效抗辩"而不适用《诉讼时效制度解释》第 2 条所说的"当事人未提出诉讼时效抗辩,人民法院不应对诉讼时效问题进行释明"。

比如,在吴某童与雷州市某某经济合作社、雷州市唐家镇某某小学财产损害赔偿纠纷案中,广东省湛江市中级人民法院(2021)粤 08 民终 764 号民事判决书认为:"吴某童在一审庭审时自认与雷州市某某经济合作社、雷州市唐家镇某某小学口头约定于 2004 年 1 月支付赔偿款,也就是自认了约定的履行期限为 2004 年 1 月,根据《最高人民法院关于民事诉讼证据的若干规定》第三条第一款'在诉讼过程中,一方当事人陈述的于己不利的事实,或者对于己不利的事实明确表示承认的,另一方当事人无需举证证明'的规定,本院认定对于涉案《欠条》约定的履行期限为 2004 年 1 月。因此,本案的诉讼时效应从 2004 年 1 月起计算,根据《中华人民共和国民法总则》第一百八十八条'向人民法院请求保护民事权利的诉讼时效期间为三年。法律另有规定的,依照其规定',本案的诉讼时效期间计至 2007 年 1 月止,原审判决认定本案诉讼时效计算至 2006 年 1 月止不当,本院予以纠正。至于从 2007 年 2 月 1 日起至今是否超过诉讼时效,吴某童须举证证明其有向雷州市某某经济合作社、雷州市唐家镇某某小学主张权利等诉讼时效中断的情形,吴某童虽陈述其每年均有向其雷州市某某经济合作社、雷州市唐家镇某某小学催讨欠款,但雷州市某某经济合作社、雷州市唐家镇某某小学均予以否认,吴某童又未能提供相应证据予以证实其每年均催讨欠款的事实,其应承担举证不能的不利后果,因此,吴某童从 2007 年 2 月 1 日起至今未发生诉讼时效中断,其提起本案诉讼已超过诉讼时效,丧失胜诉权。此外,对于一审法院在第一次庭审中问

---

① 《最高人民法院民二庭负责人就〈关于审理民事案件适用诉讼时效制度若干问题的规定〉答记者问》(2008 年)。

及雷州市某某经济合作社、雷州市唐家镇某某小学是否主张诉讼时效，是否违反了法官行使释明权的范围的问题，本院认为，雷州市某某经济合作社、雷州市唐家镇某某小学在一审法院释明前已均提出了其不应承担偿还责任及吴某童没向其追讨欠款的主张，其虽表述不够充分明确，但仍可认定其有提出诉讼时效抗辩的意思表示，一审法院在此基础上进行了消极的释明，这并不违反当事人意思自治原则和处分原则，也不违反法官居中裁判的中立地位，雷州市某某经济合作社、雷州市唐家镇某某小学在一审法院消极释明后作出了明确的主张诉讼时效的意思表示，一审法院据此认定本案超过诉讼时效、吴某童丧失胜诉权，并不违反《中华人民共和国民法总则》第一百九十三条'人民法院不得主动适用诉讼时效的规定'的规定。"

第一百九十四条　【诉讼时效的中止】在诉讼时效期间的最后六个月内，因下列障碍，不能行使请求权的，诉讼时效中止：

（一）不可抗力；

（二）无民事行为能力人或者限制民事行为能力人没有法定代理人，或者法定代理人死亡、丧失民事行为能力、丧失代理权；

（三）继承开始后未确定继承人或者遗产管理人；

（四）权利人被义务人或者其他人控制；

（五）其他导致权利人不能行使请求权的障碍。

自中止时效的原因消除之日起满六个月，诉讼时效期间届满。

【条文通释】

《民法典》第 194 条是关于诉讼时效的中止的规定。

一、诉讼时效中止的事由

（一）诉讼时效中止事由的构成要件

《民法典》第 194 条第 1 款所说的"在诉讼时效期间的最后六个月内，因下列障碍，不能行使请求权的，诉讼时效中止：……（五）其他导致权利人不能行使请求权的障碍"，意味着，诉讼时效中止的事由指的是在诉讼时效期间的最后 6 个月内出现的导致权利人不能行使请求权的障碍。

其中，结合"障碍"在日常用语中具有"阻挡前进的东西"①的含义和原《最高人民法院关于审理民事案件适用诉讼时效制度若干问题的规定》（法释〔2008〕11 号）第 20 条第 4 项所说的"有下列情形之一的，应当认定为民法通则第一百三十九条规定的'其他障碍'，诉讼时效中止：……（四）其他导致权利人不能主张权利的客观情形"，《民法典》第 194 条第 1 款所说的"障碍"，指的是阻挡权利人行使请求权的客观事项；所说的

---

① 中国社会科学院语言研究所词典编辑室编：《现代汉语词典》（修订本），商务印书馆 1996 年版，第 1588 页。

"行使请求权",指的是权利人向义务人主张权利,在具体方式上既包括提起诉讼、申请仲裁,也包括直接通知或催告义务人履行义务①。

也就是说,只有在出现时间②上符合"在诉讼时效期间的最后 6 个月内出现",并且在因果关系上符合"导致权利人不能行使请求权"这两个要件的"障碍",才构成诉讼时效中止的事由。不论是不具有导致权利人不能行使请求权的效果的事项,还是在诉讼时效期间届满之后出现的导致权利人不能行使请求权的障碍,抑或在诉讼时效期间的最后 6 个月之前出现的导致权利人不能行使请求权的障碍③,都不构成诉讼时效中止的事由。

(二)诉讼时效中止的主要事由

《民法典》第 194 条第 1 款列明了可以构成诉讼时效中止事由的 9 种障碍,即:(1)不可抗力;(2)无民事行为能力人或者限制民事行为能力人没有法定代理人;(3)无民事行为能力人或者限制民事行为能力人的法定代理人死亡;(4)无民事行为能力人或者限制民事行为能力人的法定代理人丧失民事行为能力;(5)无民事行为能力人或者限制民事行为能力人的法定代理人丧失代理权;(6)继承开始后未确定继承人;(7)继承

---

① 最高人民法院(2020)最高法民终 763 号民事判决书认为:"当事人主张权利并非只有提起诉讼这一途径,当事人可以通过邮件、电话等形式向对方当事人主张权利,并取得诉讼时效中断的法律效果。"

② 针对事由,《民法典》既有使用"事由出现"的表述的,也有使用"事由发生"的表述的。前者如《民法典》第 69 条第 1 项所说的"有下列情形之一的,法人解散:(一)法人章程规定的存续期间届满或者法人章程规定的其他解散事由出现"和第 106 条所说的"有下列情形之一的,非法人组织解散:(一)章程规定的存续期间届满或者章程规定的其他解散事由出现",后者如《民法典》第 562 条第 2 款所说的"当事人可以约定一方解除合同的事由。解除合同的事由发生时,解除权人可以解除合同"。《民法典总则编解释》第 38 条第 1 款所说的"诉讼时效依据民法典第一百九十五条的规定中断后,在新的诉讼时效期间内,再次出现第一百九十五条规定的中断事由,可以认定为诉讼时效再次中断"则使用了"事由出现"的表述。本书也采用"事由出现"的表述。

③ 比如,在滕某国与林某娟民间借贷纠纷案中,新疆维吾尔自治区高级人民法院(2022)新民申 2116 号民事裁定书认为:"本案中,双方当事人之间的民间借贷事实发生于 2012 年 9 月 19 日,滕某国于 2013 年 12 月 29 日偿还借款和利息 600 万元;滕某国于 2014 年 8 月 5 日被采取强制措施,滕某国认为本案诉讼时效应当自 2014 年 8 月 5 日起中止。依照《中华人民共和国民法通则(2009 年修正)》(以下简称《民法通则》)第一百三十九条'在诉讼时效期间的最后六个月内,因不可抗力或者其他障碍不能行使请求权的,诉讼时效中止。从中止时效的原因消除之日起,诉讼时效期间继续计算'之规定,本案中止时效的原因应当产生于自 2013 年 12 月 29 日起的 2015 年 6 月 29 日至 2015 年 12 月 29 日之间。而滕某国被采取强制措施的时间发生于 2014 年 8 月 5 日,不在上述法律规定关于'诉讼时效期间的最后六个月内',不符合诉讼时效中止的适用条件。再言之,依照《中华人民共和国民法总则》第一百九十四条'在诉讼时效期间的最后六个月内,因下列障碍,不能行使请求权的,诉讼时效中止:……自中止时效的原因消除之日起满六个月,诉讼时效期间届满'之规定,对于诉讼时效中止的障碍情形进行了列举,并未包含当事人被采取强制措施或者监狱服刑情形,故滕某国关于本案应当适用诉讼时效中止规定的再审申请理由不能成立,本院不予采纳。"又如,在多某与杨某龙合伙协议纠纷案中,青海省高级人民法院(2019)青民申 241 号民事裁定书认为:"本案中杨某龙向多某最后一次支付款项的时间为 2015 年 4 月 8 日,多某未提供证据证明其在 2015 年 4 月 8 日之后还向杨某龙主张过借款,故本案的诉讼时效应当从 2015 年 4 月 8 日起算,按照《中华人民共和国民法通则》规定,本案的诉讼时效为两年,应于 2017 年 4 月 7 日届满。《中华人民共和国民法总则》自 2017 年 10 月 1 日施行,故本案不适用三年的诉讼时效。……本案中,多某提供的是其于 2015 年 11 月至 2016 年 1 月期间的住院证明材料,用以证明其住院导致诉讼时效中止的事实。多某住院的事实并未发生在本案诉讼时效届满前六个月内,故不属于诉讼时效应当中止的情形。"

开始后未确定遗产管理人;(8)权利人被义务人控制;(9)权利人被其他人控制。上述任一障碍如果还同时满足"发生在诉讼时效期间的最后六个月内"和"导致权利人不能行使请求权"的条件,则构成诉讼时效的中止事由。

在此基础上,《民法典》第 194 条第 1 款第 5 项还以"其他导致权利人不能行使请求权的障碍"兜底,涵盖了诉讼时效中止的其他各种事由。

1. 不可抗力

根据《民法典》第 194 条第 1 款第 1 项的规定,在诉讼时效期间的最后六个月内,权利人因不可抗力不能行使请求权的,该不可抗力属于诉讼时效中止事由;如果不可抗力不会导致权利人不能行使请求权,则该不可抗力不属于诉讼时效中止事由。这跟《民法典》第 180 条第 1 款针对不可抗力构成免责事由所说的"因不可抗力不能履行民事义务的,不承担民事责任"是类似的。

其中,《民法典》第 194 条第 1 款第 1 项所说的"不可抗力",具有《民法典》第 180 条第 2 款规定的含义,即"不能预见、不能避免且不能克服的客观情况"。

比如,《最高人民法院关于依法妥善审理涉新冠肺炎疫情民事案件若干问题的指导意见(一)》(法发〔2020〕12 号)第 6 条规定:"在诉讼时效期间的最后六个月内,因疫情或者疫情防控措施不能行使请求权,权利人依据《中华人民共和国民法总则》第一百九十四条第一款第一项规定主张诉讼时效中止的,人民法院应予支持。"

2. 无民事行为能力人或者限制民事行为能力人没有法定代理人

根据《民法典》第 194 条第 1 款第 2 项的规定,在诉讼时效期间的最后六个月内,无民事行为能力人或者限制民事行为能力人因没有法定代理人不能行使请求权的,则"无民事行为能力人或者限制民事行为能力人没有法定代理人"这一事实属于诉讼时效中止事由;如果"无民事行为能力人或者限制民事行为能力人没有法定代理人"不会导致作为权利人的无民事行为能力人或者限制民事行为能力人不能行使请求权,则该事实不属于诉讼时效中止事由。

就无民事行为能力人或者限制民事行为能力人而言,由于《民法典》第 194 条第 1 款第 2 项将"没有法定代理人"与"法定代理人死亡""法定代理人丧失民事行为能力""法定代理人丧失代理权"并列列出,因此,根据《民法典》第 23 条所说的"无民事行为能力人、限制民事行为能力人的监护人是其法定代理人",《民法典》第 194 条第 1 款第 2 项所说的"无民事行为能力人或者限制民事行为能力人没有法定代理人",指的是无民事行为能力人或者限制民事行为能力人持续没有监护人的情形,不包括无民事行为能力人或者限制民事行为能力人的监护人死亡、丧失民事行为能力或丧失代理权的情形。

3. 无民事行为能力人或者限制民事行为能力人的法定代理人死亡

根据《民法典》第 194 条第 1 款第 2 项的规定,在诉讼时效期间的最后六个月内,无民事行为能力人或者限制民事行为能力人因其法定代理人死亡而不能行使请求权的,则"无民事行为能力人或者限制民事行为能力人的法定代理人死亡"这一事实属于诉讼时效中止事由;如果"无民事行为能力人或者限制民事行为能力人的法定代理人死亡"不会导致作为权利人的无民事行为能力人或者限制民事行为能力人不能行使请求权(比如一位法定代理人死亡后,还有其他法定代理人),则该事实不属于诉讼时效中止事由。其背后的原因在于根据《民法典》第175条第3项所说的"有下列情形之一的,法定代理终止:……(三)代理人……死亡",第23条所说的"无民事行为能力人、限制民事行为能力人的监护人是其法定代理人"和第39条所说的"有下列情形之一的,监护关系终止:……(三)……监护人死亡……。监护关系终止后,被监护人仍然需要监护的,应当依法另行确定监护人",法定代理人死亡将导致法定代理终止和监护关系终止,需要依法为该无民事行为能力人或者限制民事行为能力人另行确定监护人,并由该监护人作为法定代理人履行监护职责。

就无民事行为能力人或者限制民事行为能力人而言,由于《民法典》第194条第1款第2项将"没有法定代理人"与"法定代理人死亡""法定代理人丧失民事行为能力""法定代理人丧失代理权"并列列出,因此,根据《民法典》第23条所说的"无民事行为能力人、限制民事行为能力人的监护人是其法定代理人",《民法典》第194条第1款第2项所说的"无民事行为能力人或者限制民事行为能力人的法定代理人死亡",指的是无民事行为能力人或者限制民事行为能力人的最后一位监护人死亡(包括被宣告死亡),不包括无民事行为能力人或者限制民事行为能力人持续没有监护人的情形,也不包括无民事行为能力人或者限制民事行为能力人的其中一位监护人死亡但还有其他监护人的情形。

《民法典》第194条第1款第2项所说的"法定代理人死亡"的表述,意味着该情形适用于无民事行为能力人或者限制民事行为能力人的监护人属于自然人的情形,不适用于其监护人属于组织的情形。

4. 无民事行为能力人或者限制民事行为能力人的法定代理人丧失民事行为能力

根据《民法典》第194条第1款第2项的规定,在诉讼时效期间的最后六个月内,无民事行为能力人或者限制民事行为能力人因其法定代理人丧失民事行为能力而不能行使请求权的,则"无民事行为能力人或者限制民事行为能力人的法定代理人丧失民事行为能力"这一事实属于诉讼时效中止事由;如果"无民事行为能力人或者限制民事行为能力人的法定代理人丧失民事行为能力"不会导致作为权利人的无民事行为能力人或者限制民事行为能力人不能行使请求权(比如一位法定代理人丧失民事行为能力后,还有其他法定代理人),则该事实不属于诉讼时效中止事由。其背后的原因在于根据《民法典》第175条第2项所说的"有下列情形之一的,法定代理终止:……(二)代理人丧失民事行为能力",第23条所说的"无民事行为能力人、限制民事行为能力人的监护人是其法定代理人"和第39条所说的"有下列情形之一的,监护关系终止:……(二)监护人丧失监护能力……。监护关系终止后,被监护人仍然需要监护的,应当依法另行确定监护人",法定代理人丧失民事行为能力将导致法定代理终止和监护关系终止,需要依法为该无民事行为能力人或者限制民事行为能力人另行确定监护人,并由该监护人作为法定代理人履行监护职责。

就无民事行为能力人或者限制民事行为能力人而言,由于《民法典》第194条第1款第2项将"没有法定代理人"与"法定代理人死亡""法定代理人丧失民事行为能力""法定代理人丧失代理权"并列列出,因此,根据《民法典》第23条所说的"无民事行为能力人、限制民事行为能力人的监护人是其法定代理人",《民法典》第194条第1款第

2 项所说的“无民事行为能力人或者限制民事行为能力人的法定代理人丧失民事行为能力”，指的是无民事行为能力人或者限制民事行为能力人的最后一位监护人丧失民事行为能力，不包括无民事行为能力人或者限制民事行为能力人持续没有监护人的情形，也不包括无民事行为能力人或者限制民事行为能力人的其中一位监护人丧失民事行为能力但还有其他监护人的情形。

《民法典》第 194 条第 1 款第 2 项所说的“法定代理人丧失民事行为能力”的表述，意味着该情形适用于无民事行为能力人或者限制民事行为能力人的监护人属于自然人的情形，不适用于其监护人属于组织的情形。

5. 民事行为能力人或者限制民事行为能力人的法定代理人丧失代理权

根据《民法典》第 194 条第 1 款第 2 项的规定，在诉讼时效期间的最后六个月内，无民事行为能力人或者限制民事行为能力人因其法定代理人丧失代理权而不能行使请求权的，则“无民事行为能力人或者限制民事行为能力人的法定代理人丧失代理权”这一事实属于诉讼时效中止事由；如果“无民事行为能力人或者限制民事行为能力人的法定代理人丧失代理权”不会导致作为权利人的无民事行为能力人或者限制民事行为能力人不能行使请求权（比如一位法定代理人丧失代理权后，还有其他法定代理人），则该事实不属于诉讼时效中止事由。

就无民事行为能力人或者限制民事行为能力人而言，由于《民法典》第 194 条第 1 款第 2 项将“没有法定代理人”与“法定代理人死亡”“法定代理人丧失民事行为能力”“法定代理人丧失代理权”并列列出，因此，根据《民法典》第 23 条所说的“无民事行为能力人、限制民事行为能力人的监护人是其法定代理人”，《民法典》第 194 条第 1 款第 2 项所说的“无民事行为能力人或者限制民事行为能力人的法定代理人丧失代理权”，指的是无民事行为能力人或者限制民事行为能力人的最后一位监护人丧失代理权，不包括无民事行为能力人或者限制民事行为能力人持续没有监护人的情形，也不包括无民事行为能力人或者限制民事行为能力人的其中一位监护人丧失代理权但还有其他监护人的情形。

需要注意的是，《民法典》本身没有直接规定法定代理人丧失代理权的事由。考虑到《民法典》第 194 条第 1 款第 2 项将“法定代理人丧失代理权”与“法定代理人死亡”“法定代理人丧失民事行为能力”并列列出，根据《民法典》第 23 条所说的“无民事行为能力人、限制民事行为能力人的监护人是其法定代理人”，《民法典》第 194 条第 1 款第 2 项所说的“无民事行为能力人或者限制民事行为能力人的法定代理人丧失代理权”，指的应该是无民事行为能力人或者限制民事行为能力人的监护人被法院依照《民法典》第 36 条第 1 款的规定撤销监护人资格的情形。

《民法典》第 194 条第 1 款第 2 项所说的“法定代理人丧失代理权”的表述，意味着该情形既适用于无民事行为能力人或者限制民事行为能力人的监护人属于自然人的情形，也适用于其监护人属于组织的情形。

6. 继承开始后未确定继承人

根据《民法典》第 194 条第 1 款第 3 项的规定，在权利人在诉讼时效期间的最后六个月内死亡的情形，因继承开始后未确定继承人而不能行使请求权的，则“继承开始后未确定继承人”这一事实属于诉讼时效中止事由;如果“继承开始后未确定继承人”不会导致不能行使被继承人原本享有的请求权(比如被继承人立的遗嘱指定了遗嘱执行人),则该事实不属于诉讼时效中止事由。

根据《民法典》第1121条第1款所说的“继承从被继承人死亡时开始”,《民法典》第194条第1款第3项所说的“继承开始”,始于作为权利人的被继承人死亡时。

《民法典》第194条第1款第3项所说的“继承开始后未确定继承人”的表述,意味着该情形只适用于权利人属于自然人的情形,不适用于权利人属于组织的情形。

7. 继承开始后未确定遗产管理人

根据《民法典》第194条第1款第3项的规定,在权利人在诉讼时效期间的最后六个月内死亡的情形,因继承开始后未确定遗产管理人而不能行使请求权的,则“继承开始后未确定遗产管理人”这一事实属于诉讼时效中止事由;如果“继承开始后未确定遗产管理人”不会导致不能行使被继承人原本享有的请求权(比如被继承人立的遗嘱指定了遗嘱执行人),则该事实不属于诉讼时效中止事由。其背后的原因在于根据《民法典》第1147条所说的“遗产管理人应当履行下列职责:(一)清理遗产并制作遗产清单……(三)采取必要措施防止遗产毁损、灭失;(四)处理被继承人的债权债务……(六)实施与管理遗产有关的其他必要行为”,遗产管理人负有行使作为权利人的被继承人对义务人享有的权利的职责,继承开始后未确定遗产管理人可能导致不能行使被继承人原本享有的请求权。

其中,《民法典》第194条第1款第3项所说的“继承开始后未确定遗产管理人”,既包括继承开始后没有遗嘱执行人、继承人正在推选但尚未确定遗产管理人的情形①,也包括继承开始后因对遗产管理人的确定有争议而向法院申请指定但法院尚未指定遗产管理人的情形②。

《民法典》第194条第1款第2项所说的“继承开始后未确定遗产管理人”的表述,意味着该情形只适用于权利人属于自然人的情形,不适用于权利人属于组织的情形。

8. 权利人被义务人控制

根据《民法典》第194条第1款第4项的规定,在诉讼时效期间的最后六个月内,权利人因被义务人控制而不能行使请求权的,则“权利人被义务人控制”这一事实属于诉讼时效中止事由;如果“权利人被义务人控制”不会导致权利人不能行使请求权(比如权利人能够直接或委托代理人向义务人提出履行请求),则该事实不属于诉讼时效中止事由。

《民法典》第194条第1款第4项所说的“权利人被义务人控制”,既包括作为权利人的自然人的人身自由被义务人完全剥夺的情形,也包括作为权利人的法人或法人组

---

① 《民法典》第1145条规定:“继承开始后,遗嘱执行人为遗产管理人;没有遗嘱执行人的,继承人应当及时推选遗产管理人;继承人未推选的,由继承人共同担任遗产管理人;没有继承人或者继承人均放弃继承的,由被继承人生前住所地的民政部门或者村民委员会担任遗产管理人。”

② 《民法典》第1146条规定:“对遗产管理人的确定有争议的,利害关系人可以向人民法院申请指定遗产管理人。”

织被义务人实际支配①的情形。

比如,在张某峰等与杨某捷等侵害计算机软件著作权纠纷案中,最高人民法院(2021)最高法知民终 1334 号民事判决书认为:"股东代表诉讼所行使的实体请求权在性质上并非股东个人的请求权,而仍属于公司对损害公司利益的董事、高级管理人员及其他人的赔偿请求权,该请求权的诉讼时效期间原则上仍应依法从权利人即公司知道或者应当知道权利受到损害以及义务人之日起计算;如果公司法定代表人等高级管理人员曾经损害公司利益,公司当时虽然知道权利受损害,但公司法定代表人等高级管理人员长期管理公司形成权利人被义务人或者其他人控制而不能行使请求权的障碍,构成诉讼时效中止情形,应当适用关于诉讼时效中止的法律规定。本案中,……在案证据可以证明某来公司自 2013 年 12 月 25 日进行公证保全之时已经知道或应当知道朱某伟、张某峰、王某晔、某矶公司、陆某某钟公司运营某某神 2 游戏软件的事实,某来公司对该五侵权人的损害赔偿请求权的诉讼时效期间应自 2013 年 12 月 25 日起计算。某来公司的法定代表人于 2014 年 10 月 27 日由杨某捷变更为张某峰,之后某来公司实际由张某峰等控制,某来公司针对张某峰、王某晔、朱某伟、某矶公司、陆某某钟公司提起侵权诉讼存在现实障碍。《中华人民共和国民法通则》第一百三十九条规定:'在诉讼时效期间的最后六个月内,因不可抗力或者其他障碍不能行使请求权的,诉讼时效期间中止。从中止时效的原因消除之日起,诉讼时效期间继续计算。'据此,本案具有诉讼时效中止的情形,该中止的情形持续至某来公司不再受张某峰、朱某伟、王某晔控制之时,即上海三中院于 2019 年 12 月 23 日裁定某来公司强制清算并指定清算组之时。在杨某捷于 2018 年 10 月 12 日提起本案股东代表诉讼时,有关诉讼时效中止情形尚未消除,本案起诉并未超出诉讼时效期间。"②

9. 权利人被其他人控制

根据《民法典》第 194 条第 1 款第 4 项的规定,在诉讼时效期间的最后六个月内,权利人因被义务人之外的人控制而不能行使请求权的,则"权利人被他人控制"这一事

---

① 《公司法》第 265 条第 3 项规定:"实际控制人,是指通过投资关系、协议或者其他安排,能够实际支配公司行为的人";《企业会计准则第 36 号——关联方披露》第 3 条第 2 款规定:"控制,是指有权决定一个企业的财务和经营政策,并能据以从该企业的经营活动中获取利益";《企业会计准则第 33 号——合并财务报表》(2014 年修订)第 7 条第 2 款规定:"控制,是指投资方拥有对被投资方的权力,通过参与被投资方的相关活动而享有可变回报,并且有能力运用对被投资方的权力影响其回报金额。"

② 又如,在南京某工汽车制造有限公司与江苏某兰自动车有限公司等损害公司利益责任纠纷案中,考虑到"某工汽车公司提起诉讼的请求权基础为公司控股股东利用其关联关系损害公司利益,并要求控股股东承担赔偿责任,即所提起的诉讼为损害公司利益责任纠纷",最高人民法院(2013)民申字第 2181 号民事裁定书认为:"《最高人民法院关于审理民事案件适用诉讼时效制度若干问题的规定》第二十条第(三)项规定,权利人被义务人或者其他人控制无法主张权利的,应认定为民法通则第一百三十九条规定的'其他障碍',诉讼时效中止。1997 年 9 月至 2008 年 9 月 2 日,因某兰自动车公司系某工汽车公司的控股股东,并由其实行全面管理,致某工汽车公司无法行使请求权,符合法律规定的诉讼时效中止情形,诉讼时效应在最后六个月内停止计算。2008 年 9 月 2 日,某兰自动车公司将其持有的某工汽车公司 60%股权转让给某工集团科技有限公司后,妨碍某工汽车公司起诉的原因自此消失,故诉讼时效应自 2008 年 9 月 3 日开始继续计算六个月,即某工汽车公司的诉讼时效应计算至 2009 年 3 月 2 日止。2009 年 3 月 14 日,某驰公司发函要求某工汽车公司就本案诉请提起诉讼,某工汽车公司未提起诉讼。某工汽车公司于 2012 年 3 月 20 日提起本案诉讼,已超过法定诉讼时效期间。"

实属于诉讼时效中止事由;如果"权利人被他人控制"不会导致权利人不能行使请求权(比如可以委托代理人行使请求权),则该事实不属于诉讼时效中止事由。

同样地,《民法典》第 194 条第 1 款第 4 项所说的"权利人被他人控制",既包括作为权利人的自然人的人身自由被他人完全剥夺的情形,也包括作为权利人的法人或法人组织被他人实际支配的情形。

需要注意的是,权利人因涉嫌违法犯罪被行政拘留、被采取刑事强制措施、在监狱服刑等,通常不属于《民法典》第 194 条第 1 款第 4 项所说的"权利人被他人控制"。比如,重庆市高级人民法院(2018)渝民申 1967 号民事裁定书认为:"一般而言,在刑事诉讼程序过程中,尽管权利人被采取刑事强制措施、服刑等,但其均可依法委托代理人主张权利,故在该情形下,不应认定属于诉讼时效中止事由。权利人被非法控制,或者被非法剥夺委托权,自身无法亲自主张权利或者无法委托他人主张权利的,方才属于该项事由规定的情形。"①

不过,如果权利人因涉嫌违法犯罪被行政拘留、被采取刑事强制措施、在监狱服刑等还因此导致权利人不能行使请求权,则属于《民法典》第 194 条第 1 款第 5 项所说的"其他导致权利人不能行使请求权的障碍"。比如,人民法院案例库参考案例"曾某诉杨某、伦某、佛山某公司追偿权纠纷案"[入库编号:2023-16-2-143-003,裁判文书:广东省阳江市中级人民法院(2022)粤 17 民再 3 号民事判决书]的"裁判要旨"提出:"在诉讼时效期间届满前六个月,债权人及配偶因涉嫌经济犯罪同时被刑事拘留、逮捕,在被羁押期间,债权人有难以查阅案涉资料,对外难以联络,难以主张权利和收集证据,客观上存在障碍的情形,属于法律规定的'其他导致权利人不能行使请求权的障碍',故应认定诉讼时效中止。"②

还需注意的是,权利人的法定代表人或负责人被他人控制,如不因此导致权利人不能行使请求权,也不属于"权利人被他人控制"。比如,在大连某光农化有限公司与大连某某农资经销处等买卖合同纠纷案中,针对某光公司申请再审主张该案存在诉讼

---

① 又如,在杨某俊与陈某荣不当得利纠纷案中,甘肃省高级人民法院(2019)甘民申 1834 号民事裁定书也认为:"根据一、二审查明的事实,杨某俊因涉嫌非法吸收公众存款罪于 2015 年 7 月 2 日被取保候审,2016 年 2 月 5 日被逮捕,2016 年 4 月 27 日经甘州区人民法院决定取保候审,2017 年 4 月 21 日经甘州区人民法院决定逮捕,后进入金昌监狱服刑。杨某俊在服刑期间,虽然人身自由受到了限制,但是享有完全的民事权利,其可以委托代理人或其他方式行使诉讼权利。服刑不是'不可抗力或者其他障碍不能行使请求权'的诉讼时效中止的法定事由,服刑期间不影响诉讼时效的计算。"类似的裁判意见,还可见江苏省高级人民法院(2018)苏民申 3579 号民事裁定书、黑龙江省高级人民法院(2017)黑民申 2589 号民事裁定书、四川省高级人民法院(2014)川民申字第 1960 号民事裁定书等。

② 又如,在王某飞与王某凤民间借贷纠纷案中,吉林省高级人民法院(2020)吉民申 1062 号民事裁定书认为:"双方约定的还款期限为 2014 年 11 月 25 日,诉讼时效届满期间为 2016 年 11 月 25 日,王某凤自 2015 年 12 月份起即在吉林省女子监狱服刑,虽然未被剥夺提起民事诉讼的权利,但是人身自由受限,且王某飞因工作原因常年出海,难以联系,故王某凤通过诉讼或直接向王某飞本人主张权利均存在实际困难。王某凤未行使请求权的情形符合《中华人民共和国民法总则》第一百九十四条……的规定,其诉讼时效自 2016 年 5 月 25 日起中止至其 2018 年 12 月 25 日出狱时止,王某凤于 2019 年 3 月 25 日提起诉讼主张权利符合法律规定,未超过法律规定的诉讼时效期间。"再如,在甄某朝与内蒙古某某经济合作(集团)有限责任公司建设工程施工合同纠纷案中,内蒙古自治区高级人民法院(2015)内民三终字第 00011 号民事判决书认为:"本案中,甄某朝在服刑期间客观上其人身自由受到限制,对其行使诉讼权利形成障碍,可以视为《中华人民共和国民法通则》第一百三十九条规定的'因其他障碍不能行使请求权'的诉讼时效中止情形。"

时效中止的法定情形的问题，辽宁省高级人民法院(2019)辽民申 4803 号民事裁定书认为："本案的权利人为某光公司而非该公司原法定代表人侯某杰，侯某杰被采取强制措施以及公司电脑被扣押等事实并不必然导致某光公司不能正常行使请求权，且在此期间侯某杰依然可以委托代理人主张权利；相关刑事判决结果与本案某光公司提起民事诉讼之间亦无直接关联性，因此，某光公司的再审申请理由不符合《中华人民共和国民法总则》第一百九十四条规定的诉讼时效中止的法定情形，原审判决认定某光公司主张权利超过诉讼时效符合法律规定。"

10. 其他导致权利人不能行使请求权的障碍

《民法典》第 194 条第 1 款第 5 项所说的"其他导致权利人不能行使请求权的障碍"，意味着，除了《民法典》第 194 条第 1 款第 1 项至第 4 项列明的障碍，凡是在诉讼时效期间的最后六个月内出现的"导致权利人不能行使请求权"的其他障碍，也属于诉讼时效中止的事由。

需要注意的是，《民法典》第 194 条第 1 款第 5 项所说的在诉讼时效期间的最后六个月内出现的"其他导致权利人不能行使请求权的障碍"，本身就是法律规定的诉讼时效中止事由，符合《民法典》第 197 条第 1 款所说的"诉讼时效的……中止……的事由由法律规定"的要求；也因此，对于《民法典》第 194 条第 1 款第 1 项至第 4 项列明的障碍之外的障碍，只要出现在诉讼时效期间的最后六个月内且满足"导致权利人不能行使请求权"的条件，就构成诉讼时效中止事由，无须再由法律明文规定其为诉讼时效中止事由。

比如，最高人民法院《全国法院涉外商事海事审判工作座谈会会议纪要》第 74 条第 2 款规定："涉及海上保险合同的共同海损分摊，被保险人已经申请进行共同海损理算，但是在诉讼时效期间的最后六个月内，因理算报告尚未作出，被保险人无法向保险人主张权利，属于被保险人主观意志不能控制的客观情形，可以认定构成诉讼时效中止。中止时效的原因消除之日，即理算报告作出之日起，时效期间继续计算。"

又如，因义务人下落不明导致权利人不能行使请求权的，义务人下落不明属于《民法典》第 194 条第 1 款第 5 项所说的"其他导致权利人不能行使请求权的障碍"。对此，在徐某宝与黄某凡等民间借贷纠纷案中，吉林省高级人民法院(2020)吉民申 305 号民事裁定书认为："《中华人民共和国民法通则》第一百三十九条规定：'在诉讼时效期间的最后六个月内，因不可抗力或者其他障碍不能行使请求权的，诉讼时效中止。从中止时效的原因消除之日起，诉讼时效期间继续计算。'《最高人民法院关于审理民事案件适用诉讼时效制度若干问题的规定》第二十条规定：'有下列情形之一的，应当认定为民法通则第一百三十九条规定的'其他障碍'，诉讼时效中止：(一)权利被侵害的无民事行为能力人、限制民事行为能力人没有法定代理人，或者法定代理人死亡、丧失代理权、丧失行为能力；(二)继承开始后未确定继承人或者遗产管理人；(三)权利人被义务人或者其他人控制无法主张权利；(四)其他导致权利人不能主张权利的客观情形。'本案中，50 万元借款到期日为 2015 年 2 月 1 日，夏某应于 2017 年 2 月 1 日前向徐某宝主张权利。但徐某宝于 2014 年 11 月 28 日取保候审后在逃，虽于 2016 年 9 月 2 日归案，但根据黄某凡提供的公安局登记显示徐某宝一直在逃，徐某宝亦未提供其他证据证明夏某能够与其取得联系，故至夏某 2017 年 8 月 11 日去世，可以认定徐某宝在逃构成夏某不能主张权利的障碍。结合黄某凡于2018年4月25日才公证继承夏某遗产并于2018年7月27日起诉徐某宝还款的事实,原审综合认定本案并未超过诉讼时效,并无不当。”①

再如,权利人请求权的标的物被采取保全措施也可能被认定为《民法典》第194条第1款第5项所说的“其他导致权利人不能行使请求权的障碍”。对此,在北京中某某康科技开发有限公司与张某丰执行异议申诉案中,北京市高级人民法院(2019)京执监83号执行裁定书认为:“经查,张某丰据以申请执行的民事判决于2011年6月27日生效,双城法院于2011年8月5日裁定冻结该判决确定的张某丰对中某某康公司享有的债权,直至2018年8月9日双城法院才裁定解除上述冻结措施,该事实可构成《最高人民法院关于适用〈中华人民共和国民事诉讼法〉执行程序若干问题的解释》第二十七条规定的因其他障碍不能行使请求权导致申请执行时效中止的情形。”

二、诉讼时效中止的效力

根据《民法典》第194条的规定,在诉讼时效期间的最后6个月内出现的导致权利人不能行使请求权的障碍,将产生诉讼时效中止的效力:一是“诉讼时效中止”,即诉讼时效暂停计算;二是“自中止时效的原因消除之日起满六个月,诉讼时效期间届满”。

《民法典》第194条第2款所说的“自中止时效的原因消除之日起满六个月,诉讼时效期间届满”,意味着:一是诉讼时效中止后,只要中止时效的原因未消除,诉讼时效就应当持续中止;二是中止时效的原因消除之后,并非简单地在原本已经经过的诉讼时效期间的基础上继续计算至法定的诉讼时效期间届满之日;而是不论原本已经经过的诉讼时效期间是多少,均统一、额外地给予一个自中止时效的原因消除之日起6个月的期间;在该6个月期间内,如果没有诉讼时效中止和中断的事由出现,则以该6个月期间届满之日为诉讼时效期间届满之日。

也就是说,即使在中止时效的事由出现时,原诉讼时效期间只剩1天,也应当按照《民法典》第194条第2款的规定,以“自中止时效的原因消除之日起满六个月之日”作为诉讼时效期间届满之日。这跟《最高人民法院关于适用〈中华人民共和国民事诉讼法〉执行程序若干问题的解释》(2020年修正)第19条所说的“在申请执行时效期间的最后六个月内,因不可抗力或者其他障碍不能行使请求权的,申请执行时效中止。从中止时效的原因消除之日起,申请执行时效期间继续计算”是不一样的。这就意味着,《民法典》第194条第1款和第199条所说的“诉讼时效中止”,不是指“诉讼时效期间中止计算(或暂停计算)”。

其中,《民法典》第194条第2款所说的“中止时效的原因消除之日”,需要结合该

---

① 在闫某巴与刘某连合同纠纷案中,山西省高级人民法院(2017)晋民申2183号民事裁定书也认为:“闫某巴诈骗罪一案,太原市中级人民法院2010年12月15日作出二审判决,2009年协议载明的最后还款时间为2009年12月30日,诉讼时效期间至2011年12月30日,其时闫某巴尚在监狱服刑,刘某连正常应不知闫某巴的服刑地,但刘某连又知闫某巴在服刑,不属于债务人下落不明的情形。符合《最高人民法院关于审理民事案件适用诉讼时效制度若干问题的规定》第二十条‘有下列情形之一的,应当认定为民法通则第一百三十九条规定的“其他障碍”,诉讼时效中止:……(四)其他导致权利人不能主张权利的客观情形’的规定,可以认定在此期间诉讼时效中止。”

条第 1 款列明的中止时效的事由加以判断。比如,在诉讼时效因不可抗力中止的情况下,《民法典》第 194 条第 2 款所说的"中止时效的原因消除之日"指的是不可抗力消除之日;在诉讼时效因无民事行为能力人或者限制民事行为能力人没有法定代理人而中止的情况下,《民法典》第 194 条第 2 款所说的"中止时效的原因消除之日"指的是无民事行为能力人或者限制民事行为能力人的法定代理人被确定之日;在诉讼时效因权利人被义务人控制而中止的情况下,《民法典》第 194 条第 2 款所说的"中止时效的原因消除之日"指的是权利人不再受义务人控制或义务人对权利人丧失控制之日。

三、诉讼时效的再次中止

结合《民法典总则编解释》第 38 条第 1 款所说的"诉讼时效依据民法典第一百九十五条的规定中断后,在新的诉讼时效期间内,再次出现第一百九十五条规定的中断事由,可以认定为诉讼时效再次中断",可以认为,在满足《民法典》第 194 条第 1 款所说的"在诉讼时效期间的最后六个月内,因下列障碍,不能行使请求权的,诉讼时效中止……"的情况下,诉讼时效的中止也没有次数限制;在中止诉讼时效的原因消除之日起 6 个月内,再次出现《民法典》第 194 条第 1 款规定的中止事由,诉讼时效将再次中止并再次适用《民法典》第 194 条第 2 款所说的"自中止时效的原因消除之日起满六个月,诉讼时效期间届满"。

四、诉讼时效中止的证明

根据《民事诉讼法》第 67 条第 1 款[①]和《民诉法解释》第 90 条、第 91 条[②]的规定,不论是权利人还是其他主体,如其主张诉讼时效中止,就应当对存在法定的诉讼时效中止事由承担举证证明责任;否则,其主张将得不到支持。

比如,在某轩置业有限公司与海南省某某开发总公司合资、合作开发房地产合同纠纷案中,在认定"本案应当适用当时施行的《中华人民共和国民法通则》有关诉讼时效中止的规定"和"按照《中华人民共和国民法通则》第一百三十五条规定,本案的诉讼时效期间为 2006 年 1 月 25 日起至 2008 年 1 月 24 日止"的基础上,针对某轩公司提出的"依照《中国委托公证人办理公证文书规则(试行)》第十一条规定,委托公证人出具的公证文书必须经中国法律服务(香港)有限公司审核、加盖转递专用章,现因公司董事争议,中国法律服务(香港)有限公司无法出具转递公证授权,导致某轩公司无法行使诉权,李某堃个人亦无法代表公司行使诉权,因此诉讼时效期间应中止计算"的主张,最高人民法院(2020)最高法民终 763 号民事判决书认为:"当事人主张权利并非只有提起诉讼这一途径,当事人可以通过邮件、电话等形式向对方当事人主张权利,并取

---

① 《民事诉讼法》第 67 条第 1 款规定:"当事人对自己提出的主张,有责任提供证据。"

② 《民诉法解释》第 90 条规定:"当事人对自己提出的诉讼请求所依据的事实或者反驳对方诉讼请求所依据的事实,应当提供证据加以证明,但法律另有规定的除外。在作出判决前,当事人未能提供证据或者证据不足以证明其事实主张的,由负有举证证明责任的当事人承担不利的后果",第 91 条规定:"人民法院应当依照下列原则确定举证证明责任的承担,但法律另有规定的除外:(一)主张法律关系存在的当事人,应当对产生该法律关系的基本事实承担举证证明责任;(二)主张法律关系变更、消灭或者权利受到妨害的当事人,应当对该法律关系变更、消灭或者权利受到妨害的基本事实承担举证证明责任。"

得诉讼时效中断的法律效果。庭审中,经反复询问,某轩公司亦未提供公司董事存在争议时,某轩公司便不能对外从事活动或者行使民事权利的明确依据。况且,根据已生效的最高人民法院(2010)民四终字第12号民事判决查明的事实,在某轩公司主张本案诉讼时效中止的期间,李某堃还于2008年12月24日代表某轩公司签名、盖章确认贷款催收函并认可信函所述债务,某轩公司亦根据商业登记条例进行了2009年至2010年的商业登记,以上事实表明某轩公司在此期间仍可由李某堃代表其进行民事活动,某轩公司亦可正常从事商业登记行为。此外,根据李某堃于2018年4月25日、2018年6月7日向香港公司注册处提交的书面材料的内容,可以证明某轩公司被冻结搁置的状态可通过李某堃的申请予以解除。因此,原审认定董事争议系某轩公司内部管理问题,公司的冻结及解除均是某轩公司申请所致,不属于造成某轩公司诉权受限的客观障碍,并无不妥";针对某轩公司提出的"因李某堃健康原因导致本案诉讼时效中止"的主张,最高人民法院(2020)最高法民终763号民事判决书认为:"虽然某轩公司提供了证据证明李某堃存在因健康原因住院、治疗的情况,但根据本案查明的事实,2007年1月10日李某堃还委托律师向香港公司注册处发函要求谨慎处理高某辉提交的某轩公司注册变更文书,2008年12月24日代表某轩公司签名、盖章确认贷款催收函。某轩公司主张2007年1月8日起因李某堃健康原因导致某轩公司无法行使权利,与事实不符,原审法院对该理由未予采纳,并无不妥",并认定:"一审法院对某轩公司有关诉讼时效中止的理由不予采纳,并认定某轩公司提起本案诉讼已超过诉讼时效期间,判决驳回某轩公司的诉讼请求,并无不当"。

又如,在科某曼化工(武汉)有限公司与云南澄江某辰磷肥有限公司建设工程施工合同纠纷案中,最高人民法院(2015)民申字第537号民事裁定书认为:"《最高人民法院关于审理民事案件适用诉讼时效制度若干问题的规定》第二十条规定:'有下列情形之一的,应当认定为民法通则第一百三十九条规定的'其他障碍',诉讼时效中止:(一)权利被侵害的无民事行为能力人、限制民事行为能力人没有法定代理人,或者法定代理人死亡、丧失代理权、丧失行为能力;(二)继承开始后未确定继承人或者遗产管理人;(三)权利人被义务人或者其他人控制无法主张权利;(四)其他导致权利人不能主张权利的客观情形。'科某曼公司主张自2010年初,其新的投资方申请变更审批被拒,至2011年4月2日,经商务部下文特批后完成审批和工商注册登记,科某曼公司处于瘫痪状态,没有任何人可以代表公司行使民事权利,且不能行使权利的状况具有客观性,符合诉讼时效中止的相关法律规定。本院认为,对于'其他导致权利人不能主张权利的客观情形'的理解应当具有上述司法解释规定的严重程度,即构成权利人的主体资格丧失或不确定,以及客观上的不能。经审查,科某曼公司并不存在客观上不能主张其权利的情形,因为:1. 从科某曼公司举证来看,2010年1月科某曼公司的股东会、董事会决议,新的投资方及新任管理层2010年1月形成决议,重组公司,解聘原公司董事及经理岑某,并令岑某全面移交公司印章、许可证件、业务资料等。证明在2010年1月科某曼公司新的股东会、董事会是可以行使权力的,对涉案磷酸欠款即使不便以诉讼方式主张权利,也可以以催收的方式主张。2. 申请人的投资人先后委托无锡某某律师事务所、北京某某律师事务所向武汉市商务局提交全套变更审批材料,向各级政府部门申诉,直至商务部。同理,申请人的投资人亦可委托律师向被申请人主张权利。

3. 科某曼公司在再审申请书中所述新的投资方申请变更审批被拒等理由，均系科某曼公司所发生的一系列内部事务，并不影响科某曼公司对外向某辰公司主张权利，故不构成诉讼时效中止的法定事由……”

再如，在北京中某某利建筑器材租赁有限公司与河南省某川建筑劳务有限公司建筑设备租赁合同纠纷案中，北京市高级人民法院（2022）京民申 5042 号民事裁定书认为：“诉讼时效期间届满的，义务人可以提出不履行义务的抗辩。当事人对自己提出的诉讼请求所依据的事实，应当提供证据加以证明，未能提供证据或者证据不足以证明其事实主张的，由负有举证证明责任的当事人承担不利的后果。根据本案一、二审法院查明的事实，本案的诉讼时效应至 2015 年 2 月 21 日届满。本案中，中某某利公司提交的微信截图等证据，尚不足以证明张某于 2021 年 2 月 11 日向中某某利公司的转账，系李某向中某某利公司的转账，不足以证明某川公司授权或同意李某代表该公司支付该款项。在中某某利公司不能提供充分有效证据证明本案存在诉讼时效中止或中断的情况下，一、二审法院认定本案时效届满并驳回中某某利公司的诉讼请求并无不当，本院予以确认。”

第一百九十五条 【诉讼时效的中断】有下列情形之一的，诉讼时效中断，从中断、有关程序终结时起，诉讼时效期间重新计算：

（一）权利人向义务人提出履行请求；

（二）义务人同意履行义务；

（三）权利人提起诉讼或者申请仲裁；

（四）与提起诉讼或者申请仲裁具有同等效力的其他情形。

【条文通释】

《民法典》第 195 条是关于诉讼时效的中断的规定。

一、诉讼时效的中断事由

（一）诉讼时效中断事由的界定

由于《民法典》第 195 条使用了“有下列情形之一的，诉讼时效中断，从中断、有关程序终结时起，诉讼时效期间重新计算……”的表述，因此，只要是《民法典》第 195 条第 1 项至第 4 项列明的事由，都属于诉讼时效的中断事由，无须具备任何其他条件。这跟《民法典》第 194 条第 1 款所列明的“障碍”还需在出现时间上符合“在诉讼时效期间的最后 6 个月内出现”并且在因果关系上符合“导致权利人不能行使请求权”这两个要件才属于诉讼时效中止事由是不同的。

需要注意的是，《民法典》第 195 条所说的“诉讼时效中断，从中断、有关程序终结时起，诉讼时效期间重新计算”也意味着，只有在诉讼时效期间起算之后、诉讼时效期间届满之前出现的《民法典》第 195 条第 1 项至第 4 项列明的事由，才构成诉讼时效的中断事由。即使是《民法典》第 195 条第 1 项至第 4 项列明的事由，如果出现在诉讼时效期间起算之前或者出现在诉讼时效期间届满之后，也不属于诉讼时效的中断事由，也不产生诉讼时效中断的效力。①

比如，在武汉某投停车场投资建设管理有限公司与北京瑞某赢科技发展有限公司技术委托开发合同纠纷案中，最高人民法院(2019)最高法知民终730号民事判决书认为："根据前述民法通则第一百四十条的规定，本案诉讼时效应当自2015年8月13日起算二年，因某投公司提起本诉的时间系2018年10月17日，瑞某赢公司提起反诉的时间系2019年4月29日，均已超过二年诉讼时效。……如前所述，根据民法通则第一百四十条规定，提起诉讼作为诉讼时效中断的前提条件是，当事人提起诉讼本身是在二年的诉讼时效期间之内。本案中，双方就涉案合同于2015年7月28日解除均无异议，但是，根据2015年8月13日瑞某赢公司向某投公司出具的回函内容，双方并没有就合同解除后相关事宜达成合意。因合同解除而引起的债权请求权，以财产利益为内容，若权利人长期怠于行使权利，会使法律关系处于不确定状态，不利于维护社会交易秩序稳定，故债权请求权适用诉讼时效的规定，有利于督促权利人及时行使权利。某投公司在2015年8月13日收到瑞某赢公司的回函后，没有就合同解除后的相关事宜与瑞某赢公司进一步协商，属于怠于行使自己的债权请求权，致使提起本案诉讼时，超过二年的诉讼时效，故某投公司的诉讼主张因超过诉讼时效而不应得到支持。同样，瑞某赢公司在2015年8月13日给某投公司出具回函后，亦没有就合同解除后的相关事宜与城投公司进一步协商，因其怠于行使自己的债权请求权，致使提起本案反诉时，超过二年的诉讼时效，瑞某赢公司的反诉请求亦因超过诉讼时效而不应得到支持。"

(二)诉讼时效中断的主要事由

《民法典》第195条第1项至第3项列明了诉讼时效中断的4种事由，即：(1)权利人向义务人提出履行请求；(2)义务人同意履行义务；(3)权利人提起诉讼；(4)权利人申请仲裁。

在此基础上，《民法典》第195条第4项还以"与提起诉讼或者申请仲裁具有同等效力的其他情形"兜底，涵盖了诉讼时效中断的其他各种事由。

1. 权利人向义务人提出履行请求

根据《民法典》第195条第1项的规定，权利人向义务人提出履行请求，属于诉讼时效中断事由，具有中断诉讼时效的效力。

其中，《民法典》第195条第1项所说的"权利人向义务人提出履行请求"，指的是

① 至于《民法典》第195条第1项至第4项列明的事由出现在诉讼时效期间起算之前，或出现在诉讼时效期间届满之后，是否具有其他效力，则需要结合具体的事项和法律的具体规定加以判断。比如，根据《民法典》第192条第2款所说的"诉讼时效期间届满后，义务人同意履行的，不得以诉讼时效期间届满为由抗辩"，义务人在诉讼时效期间届满之后作出同意履行义务的意思表示，虽然不属于诉讼时效的中断事由、不产生诉讼时效中断的效力，但产生了导致义务人放弃诉讼时效抗辩的效力，义务人应当按照其作出的同意履行义务的意思表示向权利人履行义务。

权利人向义务人作出了请求义务人履行义务的明确[①]的意思表示。由于该意思表示属于有相对人的意思表示，因此，在权利人和义务人之间不存在特别约定的情况下，权利人请求义务人履行义务的意思表示的作出方式、形式、送达、生效、解释等事项，应当适用《民法典》关于有相对人的意思表示的一般规定（主要是第 137 条和第 142 条等）。特别地，根据《民法典》第 137 条的规定，只要权利人请求义务人履行义务的意思表示为义务人所知道（适用于以对话方式向义务人提出履行请求）或者达到义务人（适用于以非对话方式向义务人提出履行请求），该意思表示即生效，不论义务人是否接受或承认该意思表示[②]。

需要注意的是，尽管权利人向义务人主张权利的方式既包括向义务人提出履行请求，也包括直接以提起诉讼或申请仲裁的方式向权利人主张权利[③]，但是，由于《民法典》第 195 条将“权利人向义务人提出履行请求”与“权利人提起诉讼或者申请仲裁”“与提起诉讼或者申请仲裁具有同等效力的其他情形”并列列为诉讼时效中断事由，因此，《民法典》第 195 条第 1 项所说的“权利人向义务人提出履行请求”，指的是在提起诉讼、申请仲裁和“与提起诉讼或者申请仲裁具有同等效力的其他情形”之外，权利人通过其他方式向义务人提出了履行义务的请求。

至于权利人向义务人提出履行义务的请求的具体方式，法律并无限制，只要能使义务人知悉权利人向其作出了要求其履行义务的意思表示且不违反法律、行政法规的

---

① 比如，在北京康某森投资有限公司与北京市某方律师事务所财产损害赔偿纠纷案中，最高人民法院（2018）最高法民终 186 号民事判决书认为：“康某森公司称其直至 2014 年 7 月 23 日经律师提醒才认识到某方律所的代理行为存在错误，即使其陈述属实，诉讼时效期间不从其‘应当知道’权利被侵害之日，而从其‘实际知道’权利被侵害之日起算，至 2016 年 11 月 16 日其提起本案诉讼之日，当时法定的两年诉讼时效期间也已届满。而康某森公司于 2016 年 2 月 19 日在北京三中院开庭时所陈述的‘我方保留追究其赔偿损失的权利’，并非明确肯定地要求某方律所履行赔偿义务，故该事项并不构成诉讼时效期间的中断。”又如，在忙某金与福建省某三建设发展有限公司等建设工程施工合同纠纷案中，最高人民法院（2019）最高法民申 1228 号民事裁定书认为：“虽然忙某金以某三公司的名义与某地公司签订的《建设工程施工合同》和《施工总承包协议书》无效，但忙某金作为案涉工程的实际施工人，在该工程已竣工验收合格的情况下，其有权请求发包人参照合同约定支付工程价款。忙某金在再审申请书中自认，案涉工程已于 2010 年 6 月 1 日竣工验收，自该日起，忙某金即享有请求某地公司支付其施工部分案涉工程价款的权利。本案再审审查过程中，对于是否曾于本案起诉前向某地公司或某三公司主张过权利，忙某金亦未提交有效证据加以证明。虽然忙某金在某地公司起诉其返还垫付款、借款纠纷的 285 号案中抗辩‘案涉工程未结算、不存在多付工程款’，但根据《中华人民共和国民法总则》第一百九十五条的规定，……忙某金在 285 号案中并未向某地公司或某三公司明确提出支付工程款的诉讼请求。综上，本案现有证据尚不足以证明自案涉工程竣工验收后至本案起诉之日止，忙某金曾向某三公司或某地公司主张过权利，即忙某金提交的证据未能形成其积极行使自身权利的行为表征。原判决关于忙某金在 285 号案中的抗辩意见并不导致本案诉讼时效中断的认定，并无不当。”

② 比如，在某服电子商务有限公司与某正国际软件有限公司技术委托开发合同纠纷案中，最高人民法院（2021）最高法知民终 1669 号民事判决书认为：“本院（2019）最高法知民终 648 号裁判文书已经明确，某正公司于 2015 年 12 月 3 日向某服公司发送 EMS 快递，该 EMS 快递面单标注内品名称‘某服电子催款函、世织网项目最终验收书已签收证明、上线运营广告’，虽然某服公司拒收该快递，但不可否认某正公司向其主张支付第三、四期合同款，故该两笔合同款的诉讼时效中断，诉讼期间重新起算。”

③ 《民法典合同编通则解释》第 33 条规定：“债务人不履行其对债权人的到期债务，又不以诉讼或者仲裁方式向相对人主张其享有的债权或者与该债权有关的从权利，致使债权人的到期债权未能实现的，人民法院可以认定为民法典第五百三十五条规定的‘债务人怠于行使其债权或者与该债权有关的从权利，影响债权人的到期债权实现’。”

强制性规定、不违背公序良俗即可,既可以以书面或口头形式通知或催告义务人履行义务,也可以以积极的作为表明要求义务人履行义务的意思表示。比如,《最高人民法院关于审理银行卡民事纠纷案件若干问题的规定》(法释〔2021〕10号)第3条规定:“具有下列情形之一的,应当认定发卡行对持卡人享有的债权请求权诉讼时效中断:(一)发卡行按约定在持卡人账户中扣划透支款本息、违约金等①;(二)发卡行以向持卡人预留的电话号码、通讯地址、电子邮箱发送手机短信、书面信件、电子邮件等方式催收债权……”又如,在渭南市华州区某力房地产开发有限公司与潼关县某龙投资有限责任公司等民间借贷纠纷案中,最高人民法院(2021)最高法民申2434号民事裁定书认为:“经审查,根据约定案涉借款期限为六个月,某龙公司出借的款项分多笔支付,最后一笔于2013年6月4日支付,诉讼中某龙公司同意利息从2013年6月5日起计算,故案涉借款诉讼时效应于2015年12月4日届满。根据某龙公司提交的手机短信显示,在该诉讼时效期间内其于2015年8月21日、8月24日、11月3日、11月23日、12月16日多次向担保人某力公司主张权利,同时根据某龙公司提供的手机录音内容证明,2015年9月1日某力公司与某龙公司就案涉借款清偿问题商谈时,曾向吴某波手机拨打电话,即使接电话的人并非吴某波,但足以证明某龙公司主张债权的事实,据此原判决认定案涉借款诉讼时效于2015年9月1日中断并应从次日起重新起算,事实依据充分,并无不妥。”再如,在厦门某康经济发展有限公司与龙海市国土资源局建设用地使用权出让合同纠纷案中,最高人民法院(2017)最高法民终888号民事判决书认为:“本案中,龙海国土局主张某康公司未按《出让须知》及《成交确认书》中约定的时间支付土地出让款,应当按照双方约定支付滞纳金。本院认为,龙海国土局在函件中要求某康公司支付延期付款滞纳金,并以此为由拒绝与某康公司签订国有土地出让合同,且未向某康公司交付案涉土地,系在事实上要求某康公司支付延期付款滞纳金,构成诉讼时效中断,故龙海国土局要求某康公司支付滞纳金并未超过诉讼时效,原审法院认定龙海国土局该项诉讼请求超过诉讼时效错误,本院予以改正。”

还需注意的是,除非法律法规另有明确规定或当事人另有明文约定,否则,《民法典》第195条第1项所说的“权利人向义务人提出履行请求”并不意味着权利人必须向义务人本人提出履行请求方可产生诉讼时效中断的效力。对此,《民法典总则编解释》第38条第2款规定了:“权利人向义务人的代理人、财产代管人或者遗产管理人等提

---

① 实务中,有裁判意见认为,当事人一方签订合同时同意对方当事人对相关款项享有直接扣划的权利不等同于该当事人一方在诉讼时效期间届满后同意还款,也不等同于该当事人一方在签订合同时即预先放弃诉讼时效利益。比如,在某某能源投资有限公司与某某航运集团有限公司等船舶营运借款合同纠纷案中,湖北省高级人民法院(2020)鄂民终193号民事判决书认为:“虽然本案借款合同约定债权人对到期贷款有权利从债务人投资或存款账户扣收,但本案权利主体包括受托银行从本案6笔贷款各自最后一期履行期限届满至本案一审起诉,从未采取相应扣划措施。某航集团签订合同时同意债权人对到期债权享有直接扣划的权利不等同于某航集团在诉讼时效期间届满后同意还款,也不等同于某航集团在签订合同时即预先放弃诉讼时效利益。即使双方合同约定预先放弃时效利益,根据《中华人民共和国民法总则》第一百九十七条的规定,当事人对诉讼时效利益的预先放弃无效。”

出履行请求的,可以认定为民法典第一百九十五条规定的诉讼时效中断。”①

根据《诉讼时效制度解释》第 8 条②,下列情形属于《民法典》第 195 条第 1 项所说的“权利人向义务人提出履行请求”,能够产生诉讼时效中断的效力:

一是“当事人一方直接向对方当事人送交主张权利文书,对方当事人在文书上签名、盖章、按指印或者虽未签名、盖章、按指印但能够以其他方式证明该文书到达对方当事人”。其中,对方当事人为法人或者其他组织的,签收人可以是其法定代表人③、主要负责人、负责收发信件的部门或者被授权主体;对方当事人为自然人的,签收人可以是自然人本人、同住的具有完全行为能力的亲属或者被授权主体。

二是“当事人一方以发送信件或者数据电文方式主张权利,信件或者数据电文到达或者应当到达对方当事人”。

三是作为金融机构的当事人一方,依照法律规定或者当事人约定从对方当事人账

---

① 在四川某淘网络科技有限公司与印江土家族苗族自治县某鑫投资有限公司等计算机软件开发合同纠纷案中,最高人民法院(2020)最高法知民终 1706 号民事判决书也认为:“根据民法总则第一百九十五条第(四)项的规定,与提起上诉或者申请仲裁具有同等效力的其他情形构成诉讼时效的中断。一般情况下,权利人或义务人通过其行为明确表示请求履约或同意履约的,方可发生诉讼时效中断的法律效果。特殊情况下,权利人向义务人实际控制人提出履行请求的,视为向义务人提出。在本案中,合同签署前后,印江县政府不仅召开常务会议对案涉合同的内容和签署进行审定,并且多次参与合同项下促销活动,乃至协调贷款发放。合同相对方某鑫公司系印江县政府下属的印江土家族苗族自治县财政局控股,故印江县政府系诉争合同的决策者和发起方,其虽不是合同的缔约方,但对合同有决策权和控制权。某淘公司的法定代表人陈某于 2016 年 4 月 24 日、6 月 21 日向印江县县委书记田某反应纠纷情况并明确表示主张债权的情况,也和其在合同签订和履行过程中的行为逻辑相符。在印江县政府已经知晓该债权的情况下应当推定本合同的缔约方某鑫公司知晓该情况。故该事由符合民法总则第一百九十五条的规定,属于诉讼时效中断的法定事由,诉讼时效期间应自 2016 年 6 月 22 日起重新计算,某淘公司于 2018 年 8 月 21 日起诉并未超过二年的诉讼时效。某鑫公司关于本案已经超过诉讼时效的上诉主张没有事实与法律依据,本院不予支持。”

② 《诉讼时效制度解释》第 8 条规定:“具有下列情形之一的,应当认定为民法典第一百九十五条规定的‘权利人向义务人提出履行请求’,产生诉讼时效中断的效力:(一)当事人一方直接向对方当事人送交主张权利文书,对方当事人在文书上签名、盖章、按指印或者虽未签名、盖章、按指印但能够以其他方式证明该文书到达对方当事人的;(二)当事人一方以发送信件或者数据电文方式主张权利,信件或者数据电文到达或者应当到达对方当事人的;(三)当事人一方为金融机构,依照法律规定或者当事人约定从对方当事人账户中扣收欠款本息的;(四)当事人一方下落不明,对方当事人在国家级或者下落不明的当事人一方住所地的省级有影响的媒体上刊登具有主张权利内容的公告的,但法律和司法解释另有特别规定的,适用其规定。前款第(一)项情形中,对方当事人为法人或者其他组织的,签收人可以是其法定代表人、主要负责人、负责收发信件的部门或者被授权主体;对方当事人为自然人的,签收人可以是自然人本人、同住的具有完全行为能力的亲属或者被授权主体。”

③ 比如,在北京宏某祥贸易有限责任公司等与大同市某某沟煤业有限责任公司等债务纠纷案中,最高人民法院(2016)最高法民终 819 号民事判决书认为:“本案中,债务人北京宏某祥公司早在 2001 年就已被吊销营业执照,某某沟煤业公司在诉讼时效期间即将届满而债务人北京宏某祥公司又人去楼空的情况下,通过公证方式向其法定代表人张某娟、控股股东李某华发送催款通知,表明其积极行使了权利。且从查明的事实看,催款通知也已由大同某安酒店的工作人员进行了签收。而大同某安酒店的股东是李某华,其控股股东及法定代表人则是其配偶边某安,大同某安酒店与北京宏某祥公司的关联关系表明,在大同某安酒店签收且并未提出异议的情况下,可以视为该催款通知已到达北京宏某祥公司。根据前述规定,应当认定为某某沟煤业公司已经向北京宏某祥公司提出了履行要求,依法产生诉讼时效中断的效果。”

户中扣收欠款本息。①

四是在当事人一方下落不明的情况下，对方当事人（不限于国有银行和金融资产管理公司）在国家级或者下落不明的当事人一方住所地的省级有影响的媒体上刊登具有主张权利内容的公告（法律和司法解释另有特别规定的，适用其规定②）。

需要注意的是，就以公告方式主张权利而言，在《民法典》施行前，作为权利人是国有银行或金融资产管理公司，以公告方式主张权利不受"义务人下落不明"的限制。对此，《最高人民法院关于审理涉及金融不良债权转让案件工作座谈会纪要》（法发〔2009〕19号）第11条第2款规定了："国有银行或者金融资产管理公司根据《关于贯彻执行最高人民法院'十二条'司法解释有关问题的函的答复》的规定，在全国或省级有影响的报纸上发布有催收内容的债权转让通知或公告的，该公告或通知之日应为诉讼时效的实际中断日，新的诉讼时效应自此起算。上述公告或者通知对保证合同诉讼时效发生同等效力。"

比如，在花垣县某某有限责任公司等与某某资产管理股份有限公司湖南省分公司

---

① 实务中，有裁判意见认为，当事人一方签订合同时同意对方当事人对相关款项享有直接扣划的权利不等同于该当事人一方在诉讼时效期间届满后同意还款，也不等同于该当事人一方在签订合同时即预先放弃诉讼时效利益。比如，在某某能源投资有限公司与某某航运集团有限公司等船舶营运借款合同纠纷案中，湖北省高级人民法院（2020）鄂民终193号民事判决书认为："虽然本案借款合同约定债权人对到期贷款有权利从债务人投资或存款账户扣收，但本案权利主体包括受托银行从本案6笔贷款各自最后一期履行期限届满至本案一审起诉，从未采取相应扣划措施。某航集团签订合同时同意债权人对到期债权享有直接扣划的权利不等同于某航集团在诉讼时效期间届满后同意还款，也不等同于某航集团在签订合同时即预先放弃诉讼时效利益。即使双方合同约定预先放弃时效利益，根据《中华人民共和国民法总则》第一百九十七条的规定，当事人对诉讼时效利益的预先放弃无效。"

② 最高人民法院（2021）最高法民申3160号民事裁定书认为："原《最高人民法院关于审理民事案件适用诉讼时效制度若干问题的规定》（2008年9月1日起施行）第十条第一款规定：'具有下列情形之一的，应当认定为民法通则第一百四十条规定的'当事人一方提出要求'，产生诉讼时效中断的效力：（四）当事人一方下落不明，对方当事人在国家级或者下落不明的当事人一方住所地的省级有影响的媒体上刊登具有主张权利内容的公告的，但法律和司法解释另有特别规定的，适用其规定。'这些特别规定即包含原《最高人民法院关于审理涉及金融资产管理公司收购、管理、处置国有银行不良贷款形成的资产的案件适用法律若干问题的规定》《最高人民法院对〈关于贯彻执行最高人民法院'十二条'司法解释有关问题的函〉的答复》《最高人民法院关于金融资产管理公司收购、处置银行不良资产有关问题的补充通知》等司法解释或者司法政策性文件涉及银行不良资产剥离、处置过程中对批量债权进行公告催收可导致诉讼时效中断的规定，此种情形不以债务人下落不明为前提，而是针对银行批量不良债权剥离、处置的特殊情形作出的特殊安排。"需要注意的是，因《民法典》施行，《最高人民法院关于废止部分司法解释及相关规范性文件的决定》（法释〔2020〕16号）废止了原《最高人民法院关于审理涉及金融资产管理公司收购、管理、处置国有银行不良贷款形成的资产的案件适用法律若干问题的规定》（法释〔2001〕12号）；自2021年1月1日起，与原《最高人民法院关于审理涉及金融资产管理公司收购、管理、处置国有银行不良贷款形成的资产的案件适用法律若干问题的规定》配套的《最高人民法院对〈关于贯彻执行最高人民法院"十二条"司法解释有关问题的函〉的答复》《最高人民法院关于金融资产管理公司收购、处置银行不良资产有关问题的补充通知》等司法政策性文件也随着原《最高人民法院关于审理涉及金融资产管理公司收购、管理、处置国有银行不良贷款形成的资产的案件适用法律若干问题的规定》的废止而失效；其中，最高人民法院《关于审理涉及金融不良债权转让案件工作座谈会纪要》（法发〔2009〕19号）第11条第2款所说的"国有银行或者金融资产管理公司根据《关于贯彻执行最高人民法院'十二条'司法解释有关问题的函的答复》的规定，在全国或省级有影响的报纸上发布有催收内容的债权转让通知或公告的，该公告或通知之日应为诉讼时效的实际中断日，新的诉讼时效应自此起算。上述公告或者通知对保证合同诉讼时效发生同等效力"，也应不再适用。

等金融借款合同纠纷案中,针对花垣县某某有限责任公司申请再审主张二审判决未对其提供的(2014)最高法民申 1854 号、(2019)最高法民申 1655 号和(2020)最高法民申 4376 号类案检索案例予以回应或释明的问题,最高人民法院(2021)最高法民申 3160 号民事裁定书认为:"经查,前述三案中发布催收公告的系不良贷款的受让人、而非不良贷款的初始转让人(银行),且均为一般民事主体,亦非金融资产管理公司,人民法院依法认定所涉催收公告不能产生诉讼时效中断的效力……"又如,在中某某盛(北京)投资管理有限公司与烟台市某某进出口公司等信用证融资纠纷案中,针对中某某盛公司关于某信公司 2014 年 12 月 11 日在《山东法制报》上发布债权催收公告再次构成时效中断的主张,最高人民法院(2020)最高法民申 4376 号民事裁定书认为:"……一方面某信公司并非金融资产管理公司,根据《最高人民法院关于审理涉及金融不良债权转让案件工作座谈会纪要》第十一条、第十二条的规定,某信公司在报纸上发布公告的方式催收债权不能构成诉讼时效的中断;另一方面,某某进出口公司并未变更住所地,业务单号为 1019××××09213 的快递单未寄送成功系因为某某进出口公司当时的法定代表人已经并非邮件上记载的收件人'赵某慧',某信公司因未向邮局提供准确的收件人以及联系方式导致信件无法送达的法律后果,应自行承担。中某某盛公司于 2017 年 8 月 19 日将《债权转让协议》《债权转让暨催收通知》邮寄给某某进出口公司时任法定代表人'刘某丽',该邮件寄送成功亦可以证明食品进出口公司并非'下落不明'。根据《最高人民法院关于审理民事案件适用诉讼时效制度若干问题的规定》第十条第一款第四项的规定,某信公司在某某进出口公司并未'下落不明'时,即采用登报公告的方式催收债权,亦不产生诉讼时效中断的效力。"①

但是,因《民法典》施行,2020 年 12 月 29 日发布的《最高人民法院关于废止部分司法解释及相关规范性文件的决定》(法释〔2020〕16 号)废止了原《最高人民法院关于审理涉及金融资产管理公司收购、管理、处置国有银行不良贷款形成的资产的案件适用法律若干问题的规定》(法释〔2001〕12 号);自 2021 年 1 月 1 日起,与原《最高人民法院关于审理涉及金融资产管理公司收购、管理、处置国有银行不良贷款形成的资产的案件适用法律若干问题的规定》配套的《最高人民法院对〈关于贯彻执行最高人民法院"十二条"司法解释有关问题的函〉的答复》《最高人民法院关于金融资产管理公司收购、处置银行不良资产有关问题的补充通知》等司法政策性文件也随着原《最高人民法院关于审理涉及金融资产管理公司收购、管理、处置国有银行不良贷款形成的资产的案件适用法律若干问题的规定》(法释〔2001〕12 号)的废止而失效;其中,最高人民法院《关于审理涉及金融不良债权转让案件工作座谈会纪要》(法发〔2009〕19 号)第 11

---

① 在柳州市某某经营有限公司与柳州某象机器制造有限公司金融不良债权追偿纠纷案中,广西壮族自治区高级人民法院(2021)桂民终 73 号民事判决书也认为:"2015 年 4 月 10 日,某行柳州分行在《广西法制日报》上发布催收公告,对包括某象公司在内的债务人进行债务公告催收。根据诉讼时效规定第八条'具有下列情形之一的,应当认定为民法典第一百九十五条规定的"权利人向义务人提出履行请求",产生诉讼时效中断的效力:(四)当事人一方下落不明,对方当事人在国家级或者下落不明的当事人一方住所地的省级有影响的媒体上刊登具有主张权利内容的公告的,但法律和司法解释另有特别规定的,适用其规定。'本案中,某象公司一方并非下落不明,某某经营公司没有证据证明存在法律和司法解释另有特别规定的情形,据此,某行柳州分行 2015 年 4 月 10 日的登报公告催收行为不能产生诉讼时效中断的效力。"

条第2款所说的“国有银行或者金融资产管理公司根据《关于贯彻执行最高人民法院‘十二条’司法解释有关问题的函的答复》的规定,在全国或省级有影响的报纸上发布有催收内容的债权转让通知或公告的,该公告或通知之日应为诉讼时效的实际中断日,新的诉讼时效应自此起算。上述公告或者通知对保证合同诉讼时效发生同等效力”,也应不再适用。

也因此,在《民法典》自2021年1月1日起施行后,除非法律或司法解释另有明确的特别规定,否则,在除“当事人一方下落不明”之外的其他情形,包括国有银行和金融资产管理公司在内的权利人也应当直接向义务人(或其代理人)送达请求义务人履行义务的意思表示,而不能直接以公告方式作出请求义务人履行义务的意思表示,此时以公告方式主张权利也不能产生诉讼时效中断的效力。

不过,针对权利人直接以公告方式向义务人主张权利能否产生诉讼时效中断的效力的问题,最高人民法院(2021)最高法民申3160号民事裁定书也认为:“一般理解,公告催收、公告送达需在债务人下落不明、正常无法送达情形下才予以适用,但并非绝对。”

比如,在海南某达漆业有限公司与海南某林企业管理合伙企业等金融不良债权追偿纠纷案中,在认定“原审判决认定某达公司的签收行为引起诉讼时效的重新起算并无不当”的基础上,最高人民法院(2021)最高法民申7298号民事裁定书认为:“在一审期间提交的司法鉴定申请书中某达公司自述,某达公司2006年已被吊销营业执照,其所有员工均已遣散,公司无人经营,公司内无人接待。在诉讼时效重新起算的情况下,某行文昌支行于2013年1月9日、2014年12月30日、2016年12月6日多次在海南日报上刊登催收公告,其积极主张权利的意思表示明确,不足以认定其怠于行使权利,且其以此种方式主张权利具有一定的合理性。从诉讼时效制度的立法目的出发,结合本案的实际情况,认定案涉债权诉讼时效因某行文昌支行公告催收而中断,并无明显不当。”

又如,在河源市某达投资发展有限责任公司与河源市某某资产经营有限公司债权转让合同纠纷案中,最高人民法院(2018)最高法民申4185号民事裁定书认为:“《最高人民法院关于审理民事案件适用诉讼时效制度若干问题的规定》第十条第一款第(四)项规定,当事人一方下落不明,对方当事人在国家级或者下落不明的当事人一方住所地的省级有影响的媒体上刊登具有主张权利内容的公告的,产生诉讼时效中断的效力,但法律和司法解释另有特别规定的,适用其规定。诉讼时效制度立法目的,在于督促权利人及时主张权利以便稳定交易秩序。认定权利人主张权利诉讼时效届满,须基于权利人持续怠于行使权利的客观事实。前述法律规定虽对公告主张权利相关条件作出一定程度限制,但不能由此认定前述规定完全排除其他形式公告主张权利行为的法律效力。本案实际情况是,某资公司受让债权后,即向债务人发送公告并得到债务人确认。之后,某资公司连续数次在《河源日报》上刊登公告催收。这些事实表明,某资公司不仅始终没有怠于主张权利,反在每次诉讼时效届满前积极发布催收公告主张权利。另一方面,《河源日报》属于当地较有影响的报纸,在《河源日报》上刊登催收公告的行为,具有足以使某达公司知悉某资公司主张权利的客观效果。因此,原审法院认定某资公司前述公告催收债权行为已经产生中断诉讼时效法律效力的意见,具有相应的事实和法律依据”。

还需注意的是，权利人之外的主体，在依法不享有代表权利人行使权利的权利并且也没有取得权利人的授权的情况下，向权利人的义务人提出履行义务的请求，不属于《民法典》第 195 条第 1 项所说的“权利人向义务人提出履行请求”。这跟《民法典总则编解释》第 38 条第 2 款所说的“权利人向义务人的代理人、财产代管人或者遗产管理人等提出履行请求的，可以认定为民法典第一百九十五条规定的诉讼时效中断”是类似的。

比如，在九某禾控股集团有限公司与青岛某日集团有限公司股权转让纠纷案中，针对九某禾公司提出的“石河子某德以某日公司的名义在 2015 年 8 月 5 日提出过现金补偿要求，曲某波既是石河子某德的执行合伙人，又为某日公司的高管，作为石河子某德发出的《关于现金补偿要求的通知》指定的联系人，其拥有双重身份，而且两家企业具有关联关系，石河子某德作出的现金补偿要求，某日公司又未提出异议，应当视为某日公司的默认，故诉讼时效应该从石河子某德提出现金补偿之日开始计算”的上诉理由，新疆维吾尔自治区高级人民法院(2021)新民终 228 号民事判决书：“根据案件查明的事实，《业绩补偿及回购协议》的订立主体为九某禾公司与某日公司，依约可以提出业绩补偿主张的主体为某日公司，在某日公司与九某禾公司之间没有另行约定行使权利主体或某日公司明确授权石河子某德代行权利的情况下，某日公司与石河子某德之间是否存在关联关系，以及曲某波在两家企业任何职务，并不影响对某日公司主张权利的审查。《中华人民共和国民法总则》第一百四十条第二款规定：‘沉默只有在有法律规定、当事人约定或者符合当事人之间的交易习惯时，才可以视为意思表示。’石河子某德向九某禾公司作出要求现金补偿的行为，即使某日公司知晓，但由于其不是石河子某德主张的相对方，并且九某禾公司与某日公司之间并无适用沉默的约定，亦无此类情况适用沉默的法律规定，故本案并不适用沉默作为意思的表示方式，在石河子某德未得到某日公司授权的情况下，向九某禾公司主张现金补偿不能视为某日公司权利的行使。”

2. 义务人同意履行义务

根据《民法典》第 195 条第 2 项的规定，义务人同意履行义务属于诉讼时效中断事由，具有中断诉讼时效的效力。

结合《民法典》第 140 条所说的“行为人可以明示或者默示作出意思表示”和第 480 条所说的“承诺应当以通知的方式作出；但是，根据交易习惯或者要约表明可以通过行为作出承诺的除外”，《民法典》第 195 条第 2 项所说的“义务人同意履行义务”，指的是义务人作出了同意向权利人履行义务的明确①的意思表示，既包括义务人明确表

① 比如，在株式会社某研与绍兴某某酒业有限公司定作合同纠纷案中，浙江省高级人民法院(2018)浙民再 406 号民事判决书认为：“本案中，株式会社某研收到酒业公司 2014 年 12 月 25 日函后于 2015 年 1 月通过律师发函给酒业公司，该函载明‘贵司于 2014 年 12 月致株式会社某研的函告已经收悉。为准确回应贵司的函告内容，株式会社某研特委托中国律师就该函内容与贵司进行接洽核实。’上述内容并无株式会社某研同意履行义务的意思表示，故其对本案享有诉讼时效利益。”

示同意履行义务①,也包括义务人以自己的行为表明同意履行义务②。对此,《诉讼时效制度解释》第14条规定:"义务人作出分期履行、部分履行、提供担保、请求延期履行、制定清偿债务计划等承诺或者行为的,应当认定为民法典第一百九十五条规定的'义务人同意履行义务'。"

也就是说,在义务人同意履行义务的具体形式方面,义务人作出分期履行、部分履行、提供担保、请求延期履行、制定清偿债务计划等承诺或者行为,与权利人就原义务达成新的协议③,在法院强制执行程序中签字同意对其标的物进行评估、拍卖④,均属于《民法典》第195条第2项所说的"义务人同意履行"。也因此,《民法典》第195条第2项所说的"义务人同意履行义务",既包括义务人同意履行全部义务,也包括义务人同意履行部分义务;不论是义务人同意履行全部义务还是义务人同意履行部分义务,都属于诉讼时效中断事由、都具有中断诉讼时效的效力。但是,义务人仅仅对已经产生的义务进行客观陈述这一行为本身⑤,或者债务人在签订合同时事先作出债权人对

---

① 比如,在甘肃省某康营养食品有限责任公司、孟某与甘肃某盛典当有限责任公司民间借贷纠纷案中,最高人民法院(2019)最高法民申1354号民事裁定书认为:"案涉借款合同主体虽是某盛公司与某康公司,但案涉借款本金打到孟某个人账户,案涉借贷过程中均由孟某代表某康公司协商借款的所有事宜,并在借款凭证、借条、欠条及催款通知书上签字确认,应视为其有权代表某康公司。《中华人民共和国民法总则》第一百九十二条第二款规定:'诉讼时效期间届满后,义务人同意履行的,不得以诉讼时效期间届满为由抗辩',孟某于2017年11月30日向裴某虎发出手机短信显示愿意按照最高人民法院规定重新计算借款本息后偿还借款本息,该表示构成义务人的同意履行,诉讼时效期间从该日起重新计算。本案某盛公司的一审起诉时间为2018年,未超出法律规定的诉讼时效期间……"

② 比如,在刘某辉等与苏某钳等民间借贷纠纷案中,最高人民法院(2018)最高法民终527号民事判决书认为:"对于20141112-1《借款合同》,依据《中华人民共和国民法通则》第一百四十条规定,'诉讼时效因提起诉讼、当事人一方提出要求或者同意履行义务而中断。从中断时起,诉讼时效期间重新计算'。2015年8月19日,刘某辉以房抵债4785146元,表明其同意履行义务,依据《最高人民法院关于审理民事案件适用诉讼时效制度若干问题的规定》第十六条的规定,诉讼时效发生中断,本案的诉讼时效期间应当重新计算……"

③ 《最高人民法院关于适用〈中华人民共和国民事诉讼法〉执行程序若干问题的解释》(2020年修正)第20条也规定:"申请执行时效因申请执行、当事人双方达成和解协议、当事人一方提出履行要求或者同意履行义务而中断。从中断时起,申请执行时效期间重新计算。"

④ 比如,人民法院案例库参考案例"瑞金市某公司、周某与丙公司执行监督案"[入库编号:2024-17-5-203-044,裁判文书:最高人民法院(2023)最高法执监274号执行裁定书]的"裁判要旨"提出:"申请执行时效的中止、中断,适用法律有关诉讼时效中止、中断的规定。申请执行人超出申请执行时效期间申请执行,被执行人在执行程序中已签字同意对其涉案标的物进行评估,在拍卖成交前未提出时效期间异议,拍卖成交裁定送达后又以申请执行时效届满提出抗辩,要求对拍卖所得价款予以返还的,人民法院不予支持。"

⑤ 比如,在江苏某某有限公司与江西省瑞昌市某某金矿等其他合同纠纷案中,最高人民法院(2019)最高法民申6879号民事裁定书认为:"江苏某某公司主张本案没有超过诉讼时效的依据是某某金矿曾于2017年7月出具《处置建议》《减免请求》,其认为该两份文件构成债务人在诉讼时效届满后对债务的重新确认。《最高人民法院关于审理民事案件适用诉讼时效制度若干问题的规定》第二十二条规定:'诉讼时效期间届满,当事人一方向对方当事人作出同意履行义务的意思表示或者自愿履行义务后,又以诉讼时效期间届满为由进行抗辩的,人民法院不予支持'。据此,诉讼时效期间届满后,债务人重新作出同意履行义务意思表示的,诉讼时效重新起算。经查:某某金矿出具的《处置建议》及《减免请求》内容大致相同,主要内容包括对某某金矿基本情况、江苏某某公司追偿开发基金情况以及基金占用情况客观描述,并对债务清偿提出处理建议。首先,某某金矿对既往发生的欠款事实进行客观陈述并不等同于其作出同意履行义务的意思表示……"

到期债权享有直接扣划的权利的约定本身①,并非《民法典》第 195 条第 2 项所说的“义务人同意履行义务”。

需要注意的是,由于《民法典》第 195 条第 2 项使用了“义务人同意履行义务”的表述,没有使用“义务人向权利人表示同意履行义务”的表述,因此,只要义务人作出了同意履行义务的意思表示,不论该意思表示是在哪里、以何种形式(书面形式、口头形式或行为)、以何种方式作出的,也不论该意思表示是向谁作出的,都属于《民法典》第 195 条第 2 项所说的“义务人同意履行义务”。也因此,义务人以公告方式作出(而非直接向权利人送达)同意履行义务的意思表示,也属于《民法典》第 195 条第 2 项所说的“义务人同意履行义务”、具有中断诉讼时效的效力。这跟《民法典》第 195 条第 1 项所说的“权利人向义务人提出履行请求”是不同的。

还需注意的是,结合《民法典》第 192 条第 2 款所说的“诉讼时效期间届满后,……义务人已经自愿履行的,不得请求返还”,《民法典》第 195 条第 2 项所说的“义务人同意履行义务”,指的是由义务人本人或其代理人自愿作出的同意履行义务的意思表示或行为,不得存在重大误解、欺诈、胁迫等违背义务人真实意思或并非义务人真实意思表示的情形;并且,非由义务人本人或其代理人作出的同意履行义务的意思表示或行为,不属于《民法典》第 195 条第 2 项所说的“义务人同意履行义务”。

比如,在北京中某某利建筑器材租赁有限公司与河南省某川建筑劳务有限公司建筑设备租赁合同纠纷案中,北京市高级人民法院(2022)京民申 5042 号民事裁定书认为:“诉讼时效期间届满的,义务人可以提出不履行义务的抗辩。当事人对自己提出的诉讼请求所依据的事实,应当提供证据加以证明,未能提供证据或者证据不足以证明其事实主张的,由负有举证证明责任的当事人承担不利的后果。根据本案一、二审法院查明的事实,本案的诉讼时效应至 2015 年 2 月 21 日届满。本案中,中某某利公司提交的微信截图等证据,尚不足以证明张某于 2021 年 2 月 11 日向中某某利公司的转账,系李某向中某某利公司的转账,不足以证明某川公司授权或同意李某代表该公司支付该款项。在中某某利公司不能提供充分有效证据证明本案存在诉讼时效中止或中断的情况下,一、二审法院认定本案时效届满并驳回中某某利公司的诉讼请求并无不当,本院予以确认。”

3. 权利人提起诉讼

根据《民法典》第 195 条第 3 项的规定,权利人提起诉讼属于诉讼时效中断事由,具有中断诉讼时效的效力。

结合《民法典》第 188 条所说的“向人民法院请求保护民事权利的诉讼时效期间为三年。……诉讼时效期间自权利人知道或者应当知道权利受到损害以及义务人之日

---

① 比如,在某某能源投资有限公司与某某航运集团有限公司等船舶营运借款合同纠纷案中,湖北省高级人民法院(2020)鄂民终 193 号民事判决书认为:“虽然本案借款合同约定债权人对到期贷款有权利从债务人投资或存款账户扣收,但本案权利主体包括受托银行从本案 6 笔贷款各自最后一期履行期限届满至本案一审起诉,从未采取相应扣划措施。某航集团签订合同时同意债权人对到期债权享有直接扣划的权利不等同于某航集团在诉讼时效期间届满后同意还款,也不等同于某航集团在签订合同时即预先放弃诉讼时效利益。即使双方合同约定预先放弃时效利益,根据《中华人民共和国民法总则》第一百九十七条的规定,当事人对诉讼时效利益的预先放弃无效。”

起计算。……自权利受到损害之日起超过二十年的,人民法院不予保护……”第693条第1款所说的“一般保证的债权人未在保证期间对债务人提起诉讼或者申请仲裁的,保证人不再承担保证责任”以及《民事诉讼法》第122条所说的“起诉必须符合下列条件:(一)原告是与本案有直接利害关系的公民、法人和其他组织;(二)有明确的被告;(三)有具体的诉讼请求和事实、理由;(四)属于人民法院受理民事诉讼的范围和受诉人民法院管辖”和第54条所说的“原告可以放弃或者变更诉讼请求。被告可以承认或者反驳诉讼请求,有权提起反诉”,可以认为,《民法典》第195条第3项所说的“权利人提起诉讼”,指的是“权利人对义务人提起诉讼”,即权利人向人民法院提起的以义务人为被告(或被告之一)的、请求法院判令义务人向权利人履行义务的诉讼,包括本诉和反诉。如果权利人向人民法院提起的诉讼的被告并非义务人,则该诉讼不属于《民法典》第195条第3项所说的“权利人提起诉讼”、不产生中断其对义务人的请求权的诉讼时效的效力。“应予注意的是,‘提起诉讼’具有诉讼时效中断效力,其前提条件是当事人向法院提起的诉讼足以认定权利人向义务人主张了争议的权利。”①

需要注意的是,由于《诉讼时效制度解释》第10条所说的“当事人一方向人民法院提交起诉状或者口头起诉的,诉讼时效从提交起诉状或者口头起诉之日起中断”并没有要求诉讼时效的中断需以权利人的起诉获得法院受理或其诉讼请求获得法院支持为条件,因此,权利人向法院提起的以义务人为被告(或被告之一)的请求法院判令义务人向权利人履行义务的诉讼,即使没有被法院立案受理或在法院受理后被裁定驳回起诉或按撤回起诉处理或主动撤回起诉,仍然产生中断诉讼时效的效力。这跟《民法典》第565条第2款所说的“当事人一方未通知对方,直接以提起诉讼或者申请仲裁的方式依法主张解除合同,人民法院或者仲裁机构确认该主张的,合同自起诉状副本或者仲裁申请书副本送达对方时解除”是不一样的。《诉讼时效制度解释》第13条所说的“权利人向公安机关、人民检察院、人民法院报案或者控告,请求保护其民事权利的,诉讼时效从其报案或者控告之日起中断。上述机关决定不立案、撤销案件、不起诉的,诉讼时效期间从权利人知道或者应当知道不立案、撤销案件或者不起诉之日起重新计算;刑事案件进入审理阶段,诉讼时效期间从刑事裁判文书生效之日起重新计算”,也表明了这点。此外,在宁乡某宇塑业有限公司等与黄某明等民间借贷纠纷案中,最高人民法院(2019)最高法民申1151号民事裁定书认为:“根据原审查明,无论是2014年9月1日黄某明与某宇公司签订的《借款协议书》,还是2014年9月16日张某连、钟某春向黄某明出具的《借条》,都约定应当在2014年12月1日前归还借款。黄某明于2016年7月6日向一审法院提起诉讼,而后因未交诉讼费而按撤诉处理。《中华人民共和国民法通则》第一百三十五条规定,向人民法院请求保护民事权利的诉讼时效期间为二年,法律另有规定的除外。《最高人民法院关于审理民事案件适用诉讼时效制度若干问题的规定》第十二条规定,当事人一方向人民法院提交起诉状或者口头起诉的,诉讼时效从提交起诉状或者口头起诉之日起中断。根据上述规定,黄某明于2016年7月6日提起诉讼的行为,不论是否撤诉,均产生诉讼时效中断的法律效果,诉讼时

① 《最高人民法院民二庭负责人就〈关于审理民事案件适用诉讼时效制度若干问题的规定〉答记者问》(2008年)。

效期间重新计算。人民法院不仅仅是当事人双方的信息传递者,更重要的是代表国家依法行使审判权,因此,只要当事人向人民法院提起诉讼,就意味向对方当事人主张权利,诉讼时效随即中断。2017 年 3 月 27 日黄某明再次提起本案诉讼时,是在重新计算的两年诉讼时效期间内,原审认定黄某明的起诉没有超过诉讼时效期间,并无不当。"①

基于上述规定,权利人向没有管辖权的法院提起以义务人为被告(或被告之一)的请求法院判令义务人向权利人履行义务的诉讼,也应当认定为属于《民法典》第 195 条第 3 项所说的"权利人提起诉讼"、具有中断其对义务人的请求权的诉讼时效的效力。比如,在山东某雄冶金科技有限公司等与杨某英等不当得利纠纷案中,针对被告关于原告向没有管辖权的法院起诉,不应产生诉讼时效中断的法律效果的意见,一审法院山东省淄博市临淄区人民法院作出的(2021)鲁 0305 民初 30 号民事判决书认为:"管辖权的认定超出一般人的认知,应由法院对是否具有管辖权予以裁定,原告某雄公司向其住所地法院即邹平市人民法院起诉,与其并非毫无关联,至于邹平市人民法院是否具有管辖权,不是当事人所能判定的,故原告向邹平市人民法院起诉的行为产生诉讼时效中断的法律效果";二审法院山东省淄博市中级人民法院作出的(2021)鲁 03 民终 3233 号民事判决书也认为:"某雄公司 2020 年 10 月 19 日向邹平市人民法院起诉,虽然对管辖法院认识错误,但诉讼请求及事实理由与本案一致,应认定为其以提起诉讼的方式向适格义务主体主张权利,诉讼时效中断。"②

---

① 在祁某宏与曾某惠民间借贷纠纷案中,最高人民法院(2017)最高法民申 3316 号民事裁定书也认为:"《最高人民法院关于审理民事案件适用诉讼时效制度若干问题的规定》第十二条规定:'当事人一方向人民法院提交起诉状或者口头起诉的,诉讼时效从提交起诉状或者口头起诉之日起中断。'上述两案南岸区法院确认收到诉状的时间为 2014 年 8 月 29 日,因此,即使程某明的起诉最终因其未按期缴纳诉讼费而按自动撤诉处理,但仍能引起诉讼时效中断。"此外,在符某阳与海南某某味食品饮料有限公司等金融不良债权追偿合同纠纷案中,最高人民法院(2014)民申字第 1854 号民事裁定书也认为:"《中华人民共和国民法通则》第一百四十条规定了诉讼时效因提起诉讼而中断,但并不以人民法院受理为诉讼中断的条件。2008 年 6 月,案涉不良资产债权人为琼山某某公司,二审法院在判决中认定杨某辉律师当时确有向海南一中院起诉某某味公司的行为,而当时符某阳尚未受让该不良债权,现亦无证据证明杨某辉律师本人与案涉债权有直接的利益关系,故杨某辉律师在当时不可能是代表自己、符某阳或其他公司向人民法院提起诉讼。2014 年 7 月琼山某某公司出具证明书证明其曾于 2008 年 6 月委托杨某辉律师向海南一中院提交起诉状,结合本案一、二审查明的事实,可以认定杨某辉律师在 2008 年 6 月向海南一中院提交起诉状而未予受理,而该起诉是基于琼山某某公司的委托进行的。而且本案问题的关键不是琼山某某公司有没有委托或委托谁向法院起诉,而是琼山某某公司就与某某味公司的债权是否向人民法院主张过权利,结合当时的债权人是琼山某某公司的事实,以及一、二审判决的相关认定,可以确认琼山某某公司曾在 2008 年 6 月向人民法院提起过诉讼。该行为引起本案的诉讼时效的中断。"

② 在李某功等与烟台某安建筑有限责任公司建设工程施工合同纠纷案中,针对案件事实"2019 年 2 月 13 日,八原告的委托诉讼代理人邹某武在山东法院电子诉讼服务平台向烟台市莱山区人民法院提起诉讼,2019 年 3 月 11 日,烟台市莱山区人民法院审查后,以两被告中第一被告不在其辖区,第二被告虽在其辖区,但该公司是承担担保责任,应按主债务人确定管辖,其没有管辖权为由,未予审查通过",一审法院烟台高新技术产业开发区人民法院作出的(2019)鲁 0692 民初 622 号民事判决书认为:"保证期间内八原告已在山东电子诉讼服务平台进行网上立案,仅因管辖权问题未予审查通过,应认定为八原告已在保证期间内提起诉讼,即八原告以提起诉讼的方式要求被告某安建筑公司承担保证责任,被告某安建筑的保证责任未免除。"二审法院山东省烟台市中级人民法院作出的(2020)鲁 06 民终 6015 号民事判决书认为:"八被上诉人在保证期间内已通过网上立案的形式提起诉讼,一审认定上诉人的保证责任未免除,判令上诉人对涉案工程款及相应利息承担连带清偿责任,并无不当。"

不过,针对权利人撤回起诉、起诉被裁定驳回能否引起诉讼时效中断的问题,《海商法》第 267 条第 1 款作出了不同的规定,即:“时效因请求人提起诉讼、提交仲裁或者被请求人同意履行义务而中断。但是,请求人撤回起诉、撤回仲裁或者起诉被裁定驳回的,时效不中断”。尽管《海商法》第 267 条第 1 款所说的“请求人撤回起诉、撤回仲裁或者起诉被裁定驳回的,时效不中断”属于旧的特别规定,但是,由于《民法典》第 11 条规定了“其他法律对民事关系有特别规定的,依照其规定”并且其中的“特别规定”既包括新的特别规定、也包括旧的特别规定,因此,认定海事请求权等适用《海商法》的请求权的诉讼时效是否发生中断仍然应当适用《海商法》第 267 条第 1 款所说的“请求人撤回起诉、撤回仲裁或者起诉被裁定驳回的,时效不中断”。

还需要注意的是,《民法典》第 195 条第 3 项所说的“权利人提起诉讼”,应为《民事诉讼法》项下的有效的起诉。对此,在任某敏与慈溪市逍某某博鞋厂、济南心某心超市有限公司、济南心某心超市有限公司万德店侵害著作权纠纷案中,山东省高级人民法院(2022)鲁民终 1054 号民事判决书认为:“《最高人民法院关于审理民事案件适用诉讼时效制度若干问题的规定》第十二条的规定,当事人一方向人民法院提交起诉状或者口头起诉的,诉讼时效从提交起诉状或者口头起诉之日起中断。该规定的当事人起诉引起诉讼时效中断之法律效力,应当以当事人合法起诉为前提,也即其提起诉讼时提交的起诉状必须符合起诉的法律条件才能引起诉讼时效的中断,而不能简单直接地认为只要提交了任何的诉状都符合‘提交起诉状’的诉讼行为。根据法院查明的事实,任某敏 2020 年 11 月 26 日通过山东法院电子诉讼服务网中的起诉信息中,缺少诉讼标的额,提交的书面起诉状中,没有任某敏的签名捺印,亦缺少落款法院,根据《中华人民共和国民事诉讼法》(2017 年修正)第一百一十九条‘起诉必须符合下列条件:(一)原告是与本案有直接利害关系的公民、法人和其他组织;(二)有明确的被告;(三)有具体的诉讼请求和事实、理由;(四)属于人民法院受理民事诉讼的范围和受诉人民法院管辖’的规定,任某敏的此次起诉不能确定系任某敏的真实意思表示,亦缺乏具体的诉讼请求,故 2020 年 11 月 26 日的起诉缺乏有效的法律要件,不是符合法律规定的‘提起诉讼’行为,不能产生诉讼时效中断的效果。当然,鉴于有些诉讼主体并非专业法律人士,存在对法律规定不了解的情况,所以起诉状可能存在欠缺法律要件而无法受理,在这种情形下,为了保障当事人的诉讼权利,一般会给原告一个补正起诉状的机会,所以,一审法院在审核不合格后,并未直接不予受理,而是‘退回修改诉状’,并明确了需要修改的内容。如果任某敏根据一审法院审核情况在合理期限内及时修改诉状并提交法院,可以视为其补充后提起诉讼的行为与审核前的起诉行为为同一起诉行为,是否引起诉讼时效中断的法律后果可以依照第一次提起诉讼的时间确定。但本案中,在一审法院审核退回修改诉状后,任某敏并未按照要求在合理期限修改提交。其虽然在 2021 年 12 月又提起本案诉讼,但该次起诉行为已经距离上次提起诉讼有一年的时间,显然该次提起诉讼不属于对 2020 年 11 月起诉状的修改行为,亦非一个连续的起诉行为,而是单独的起诉行为,故一审法院认定 2020 年 11 月 26 日提交起诉状的行为不构成有效起诉,不引起诉讼时效的中断的法律效果并无不当。”

问题是,在权利人与义务人之间存在仲裁协议的情况下,权利人向法院提起以义务人为被告(或被告之一)的请求法院判令义务人向权利人履行义务的诉讼,是否具有中断其对义务人的请求权的诉讼时效的效力？

就此问题，由于《仲裁法》第 5 条规定了："当事人达成仲裁协议，一方向人民法院起诉的，人民法院不予受理，但仲裁协议无效的除外"，第 26 条规定了："当事人达成仲裁协议，一方向人民法院起诉未声明有仲裁协议，人民法院受理后，另一方在首次开庭前提交仲裁协议的，人民法院应当驳回起诉，但仲裁协议无效的除外；另一方在首次开庭前未对人民法院受理该案提出异议的，视为放弃仲裁协议，人民法院应当继续审理"，《民诉法解释》（2022 年修正）第 215 条规定了："依照民事诉讼法第一百二十七条第二项的规定，当事人在书面合同中订有仲裁条款，或者在发生纠纷后达成书面仲裁协议，一方向人民法院起诉的，人民法院应当告知原告向仲裁机构申请仲裁，其坚持起诉的，裁定不予受理，但仲裁条款或者仲裁协议不成立、无效、失效、内容不明确无法执行的除外"，因此，权利人与义务人之间存在仲裁协议并不意味着双方之间的争议绝对地、当然地不能由法院予以受理和处理，加之权利人向法院提起以义务人为被告（或被告之一）的请求法院判令义务人向权利人履行义务的诉讼具有明确地请求法院保护其民事权利的意思表示，故也应当认为属于《民法典》第 195 条第 3 项所说的"权利人提起诉讼"，具有中断其对义务人的请求权的诉讼时效的效力。

4. 权利人申请仲裁

根据《民法典》第 195 条第 3 项的规定，权利人申请仲裁属于诉讼时效中断事由，具有中断诉讼时效的效力。

《民法典》第 195 条第 3 项所说的"权利人申请仲裁"，既包括权利人依照《仲裁法》就民商事纠纷申请仲裁，也包括权利人依照《劳动争议调解仲裁法》就劳动争议申请仲裁，还包括权利人依照《农村土地承包经营纠纷调解仲裁法》就农村土地承包经营纠纷申请仲裁。

就民商事纠纷而言，结合《民法典》第 188 条所说的"向人民法院请求保护民事权利的诉讼时效期间为三年。……诉讼时效期间自权利人知道或者应当知道权利受到损害以及义务人之日起计算。……自权利受到损害之日起超过二十年的，人民法院不予保护……"第 693 条第 1 款所说的"一般保证的债权人未在保证期间对债务人提起诉讼或者申请仲裁的，保证人不再承担保证责任"以及《仲裁法》第 4 条所说的"当事人采用仲裁方式解决纠纷，应当双方自愿，达成仲裁协议。没有仲裁协议，一方申请仲裁的，仲裁委员会不予受理"，第 16 条所说的"仲裁协议包括合同中订立的仲裁条款和以其他书面方式在纠纷发生前或者纠纷发生后达成的请求仲裁的协议。仲裁协议应当具有下列内容：（一）请求仲裁的意思表示；（二）仲裁事项；（三）选定的仲裁委员会"，第 21 条所说的"当事人申请仲裁应当符合下列条件：（一）有仲裁协议；（二）有具体的仲裁请求和事实、理由；（三）属于仲裁委员会的受理范围"和第 27 条所说的"申请人可以放弃或者变更仲裁请求。被申请人可以承认或者反驳仲裁请求，有权提出反请求"，可以认为，《民法典》第 195 条第 3 项所说的"权利人申请仲裁"，指的是"权利人对义务人申请仲裁"，即权利人向仲裁协议约定的仲裁机构提出的以义务人为被申请人（或被申请人之一）的请求仲裁机构裁决义务人向权利人履行义务的申请，包括本请求和反请求。如果权利人申请仲裁的被申请人并非义务人，则该申请仲裁不属于《民法典》第 195 条第 3 项所说的"权利人申请仲裁"，不产生中断其对义务人的请求权的诉讼时效的效力。

与《民法典》第195条第3项所说的“权利人提起诉讼”类似,权利人向仲裁协议约定的仲裁机构提出的以义务人为被申请人(或被申请人之一)的请求仲裁机构裁决义务人向权利人履行义务的申请,即使没有被仲裁机构立案受理或在仲裁机构受理后被裁决驳回申请或按撤回仲裁申请处理或主动撤回仲裁申请,仍然产生中断诉讼时效的效力。这跟《民法典》第565条第2款所说的“当事人一方未通知对方,直接以提起诉讼或者申请仲裁的方式依法主张解除合同,人民法院或者仲裁机构确认该主张的,合同自起诉状副本或者仲裁申请书副本送达对方时解除”是不一样的。

需要注意的是,针对海事请求权人撤回仲裁能否引起诉讼时效中断的问题,《海商法》第267条第1款作出了不同的规定,即:“时效因请求人提起诉讼、提交仲裁或者被请求人同意履行义务而中断。但是,请求人撤回起诉、撤回仲裁或者起诉被裁定驳回的,时效不中断”。尽管《海商法》第267条第1款所说的“请求人撤回起诉、撤回仲裁或者起诉被裁定驳回的,时效不中断”属于旧的特别规定,但是,由于《民法典》第11条规定了“其他法律对民事关系有特别规定的,依照其规定”并且其中的“特别规定”既包括新的特别规定、也包括旧的特别规定,因此,认定海事请求权等适用《海商法》的请求权的诉讼时效是否发生中断仍然应当适用《海商法》第267条第1款所说的“请求人撤回起诉、撤回仲裁或者起诉被裁定驳回的,时效不中断”。

问题是,在权利人与义务人之间不存在仲裁协议的情况下,权利人向仲裁机构提出以义务人为被申请人(或被申请人之一)的请求裁决义务人向权利人履行义务的申请,是否具有中断其对义务人的请求权的诉讼时效的效力?

就此问题,由于《仲裁法》第4条规定了:“当事人采用仲裁方式解决纠纷,应当双方自愿,达成仲裁协议。没有仲裁协议,一方申请仲裁的,仲裁委员会不予受理。”第16条规定了:“仲裁协议包括合同中订立的仲裁条款和以其他书面方式在纠纷发生前或者纠纷发生后达成的请求仲裁的协议。仲裁协议应当具有下列内容:(一)请求仲裁的意思表示;(二)仲裁事项;(三)选定的仲裁委员会。”第21条规定了:“当事人申请仲裁应当符合下列条件:(一)有仲裁协议;(二)有具体的仲裁请求和事实、理由;(三)属于仲裁委员会的受理范围。”因此,在法律已经作出如此明确的规定的情况下,权利人明知其与义务人之间不存在仲裁协议仍然申请仲裁,应当认为不属于《民法典》第195条第3项所说的“权利人申请仲裁”,不具有中断其对义务人的请求权的诉讼时效的效力。

5. 与提起诉讼或者申请仲裁具有同等效力的其他情形

根据《民法典》第195条第4项的规定,“与提起诉讼或者申请仲裁具有同等效力的其他情形”也属于诉讼时效中断事由,具有中断诉讼时效的效力。

其中,结合《民法典》第195条第3项所说的“权利人提起诉讼或者申请仲裁”,可以认为,《民法典》第195条第4项所说的“与提起诉讼或者申请仲裁具有同等效力的其他情形”,指的是“与权利人针对义务人提起诉讼或者申请仲裁具有同等效力的其他情形”。

根据《诉讼时效制度解释》第 11 条至第 13 条[①]，以下任一情形均属于《民法典》第 195 条第 4 项所说的“与提起诉讼或者申请仲裁具有同等效力的其他情形”，“与提起诉讼具有同等诉讼时效中断的效力”：(1)权利人针对义务人申请支付令；(2)权利人申请义务人破产（包括提出破产清算申请、破产和解申请或破产重整申请）或义务人申请破产[②]；(3)权利人依法向义务人的破产管理人申报破产债权；(4)权利人为主张权利而申请宣告义务人失踪或死亡；(5)权利人针对义务人申请诉前财产保全、诉前临时禁令等诉前措施；(6)权利人针对义务人申请强制执行；(7)权利人申请追加义务人为当事人或者被通知参加诉讼；(8)权利人在诉讼中主张将自己的债务与义务人的债务抵销；(9)权利人向人民调解委员会以及其他依法有权解决相关民事纠纷的国家机关、事业单位、社会团体等社会组织提出保护相应民事权利的请求；(10)权利人向公安机关、人民检察院、人民法院报案或者控告，请求保护其民事权利；(11)与提起诉讼或申请仲裁具有同等诉讼时效中断效力的其他事项。

此外，权利人向反垄断执法机构举报被诉垄断行为，也属于《民法典》第 195 条第 4 项所说的“与提起诉讼或者申请仲裁具有同等效力的其他情形”，与权利人对义务人提起诉讼具有同等诉讼时效中断的效力。对此，《最高人民法院关于审理因垄断行为引发的民事纠纷案件应用法律若干问题的规定》（2020 年修正）第 16 条第 2 款规定：“原告向反垄断执法机构举报被诉垄断行为的，诉讼时效从其举报之日起中断。反垄断执法机构决定不立案、撤销案件或者决定终止调查的，诉讼时效期间从原告知道或者应当知道不立案、撤销案件或者终止调查之日起重新计算。反垄断执法机构调查后认定构成垄断行为的，诉讼时效期间从原告知道或者应当知道反垄断执法机构认定构成垄断行为的处理决定发生法律效力之日起重新计算。”

还有，权利人在另案中提出相关抗辩也可以被认定为《民法典》第 195 条第 4 项所说的“与提起诉讼或者申请仲裁具有同等效力的其他情形”，与权利人对义务人提起诉讼具有同等诉讼时效中断的效力。对此，在张某树、蒋某梅与陈某寿、汲某权股权转让纠纷案中，针对张某树、蒋某梅在另案中提出抗辩是否产生诉讼时效中断效力的问题，最高人民法院(2017)最高法民终 46 号民事判决书认为：“《最高人民法院关于审理民事案件适用诉讼时效制度若干问题的规定》第十三条第九项规定，其他与提起诉讼具有同等诉讼时效中断效力的事项，人民法院应当认定与提起诉讼具有同等诉讼时效中断的效力。2012 年 3 月 29 日，陈某寿、汲某权以张某树、蒋某梅、张氏集团、某通公司

---

① 《诉讼时效制度解释》第 11 条规定：“下列事项之一，人民法院应当认定与提起诉讼具有同等诉讼时效中断的效力：(一)申请支付令；(二)申请破产、申报破产债权；(三)为主张权利而申请宣告义务人失踪或死亡；(四)申请诉前财产保全、诉前临时禁令等诉前措施；(五)申请强制执行；(六)申请追加当事人或者被通知参加诉讼；(七)在诉讼中主张抵销；(八)其他与提起诉讼具有同等诉讼时效中断效力的事项。”第 12 条规定：“权利人向人民调解委员会以及其他依法有权解决相关民事纠纷的国家机关、事业单位、社会团体等社会组织提出保护相应民事权利的请求，诉讼时效从提出请求之日起中断。”第 13 条规定：“权利人向公安机关、人民检察院、人民法院报案或者控告，请求保护其民事权利的，诉讼时效从其报案或者控告之日起中断。上述机关决定不立案、撤销案件、不起诉的，诉讼时效期间从权利人知道或者应当知道不立案、撤销案件或者不起诉之日起重新计算；刑事案件进入审理阶段，诉讼时效期间从刑事裁判文书生效之日起重新计算。”

② 《破产法解释二》第 19 条第 1 款规定：“债务人对外享有债权的诉讼时效，自人民法院受理破产申请之日起中断。”

为被告,向青海高院提起诉讼,请求判令张某树、蒋某梅向陈某寿、汲某权支付股权转让款及违约金,张氏集团、某通公司承担连带保证责任。该案中,张某树、蒋某梅抗辩主张,陈某寿、汲某权逾期交付东某美公司有关印章手续,构成根本性违约,张某树、蒋某梅可以相应迟延履行给付义务。张某树、蒋某梅提出的该项抗辩,改变了张某树、蒋某梅怠于行使权利的状态,是其主张权利的一种方式,属于《最高人民法院关于审理民事案件适用诉讼时效制度若干问题的规定》第十三条第九项规定中的其他与提起诉讼具有同等诉讼时效中断效力的事项,应当认定与提起诉讼具有同等诉讼时效中断的效力。"

需要注意的是,权利人单纯进行信访可能会被认定为不属于《民法典》第 195 条第 4 项所说的"与提起诉讼或者申请仲裁具有同等效力的其他情形",不具有中断诉讼时效的效力。比如,最高人民法院(2018)最高法民申 1996 号民事裁定书认为:"至于某丰公司主张其一直通过信访主张权利,但信访行为不属于可引起诉讼时效中断的事由。"①

此外,权利人单纯向人大代表、政协委员反映情况可能也会被认定为不属于《民法典》第 195 条第 4 项所说的"与提起诉讼或者申请仲裁具有同等效力的其他情形",不具有中断诉讼时效的效力。比如,在湖南某基实业开发有限公司与衡阳市某林房地产开发有限公司等土地使用权转让合同纠纷案中,最高人民法院(2019)最高法民终 1464 号民事判决书认为:"本案中,某林公司迟延履行,某基公司至迟于 2005 年 5 月 31 日即应知晓其权利受到侵害,其请求权的诉讼时效期间应从该日起算。其后,某基公司向土地中心提出权利请求、向人民法院提起行政诉讼及向本院申请再审均可产生诉讼时效中断的效果。然而,2013 年 2 月 26 日本院通知不对关联行政案件提起再审后,某基公司未及时向某林公司主张权利。某基公司虽主张其通过向人大代表反映情况的方式寻求救济构成诉讼时效中断,但该行为不属于相关法律及司法解释规定的可以引起诉讼时效中断的情形。某基公司在知晓本院 2015 年 3 月 19 日作出的复函后向湖南省高级人民法院提起民事诉讼,其请求权已超过法定的诉讼时效期间。"

二、诉讼时效中断的效力

根据《民法典》第 195 条的规定,在诉讼时效期间届满之前出现的诉讼时效中断事由,将产生诉讼时效中断的效力,具体而言:一是"诉讼时效中断",二是"从中断、有关程序终结时起,诉讼时效期间重新计算"。"诉讼时效中断制度属诉讼时效障碍制度,其法理基础是:由于出现权利人积极主张的事实,使诉讼时效期间继续计算的事实基础丧失,故诉讼时效期间应中断计算,待中断事由完成后再重新起算,以合法阻却诉讼时效的完成,保护权利人权利。"②

(一)诉讼时效的中断

《民法典》第 195 条所说的"有下列情形之一的,诉讼时效中断",意味着,在诉讼时

① 实务中也有不同裁判意见。比如,在李某翔、张某与李某开等建设工程施工合同纠纷案中,最高人民法院(2017)最高法民申 937 号民事裁定书认为:"根据原审查明的事实,李某开一直采取派人看管案涉房屋以及向相关行政职能部门进行信访的方式主张权利,前述事实符合诉讼时效中断的法定事由。"

② 《最高人民法院民二庭负责人就〈关于审理民事案件适用诉讼时效制度若干问题的规定〉答记者问》(2008 年)。

效期间届满之前出现的诉讼时效中断事由,将产生诉讼时效中断的效力。

结合《民法典》第 195 条所说的"从中断、有关程序终结时起,诉讼时效期间重新计算",可以认为,《民法典》第 195 条所说的"诉讼时效中断",与《民法典》第 194 条第 1 款所说的"诉讼时效中止"不同,指的是对截至诉讼时效中断事由出现之时已经经过的诉讼时效期间作归零处理;其后既非对原诉讼时效期间继续计算,也非适用"中断时效的原因消除之日起满六个月,诉讼时效期间届满",而是重新计算原定的完整的诉讼时效期间。

在《民法典》第 195 条所说的"有下列情形之一的,诉讼时效中断"的基础上,《诉讼时效制度解释》还对诉讼时效中断的效力作出了具体的规定,包括:

一是《诉讼时效制度解释》第 9 条规定:"权利人对同一债权中的部分债权主张权利,诉讼时效中断的效力及于剩余债权,但权利人明确表示放弃剩余债权的情形除外。"

二是《诉讼时效制度解释》第 15 条第 1 款规定:"对于连带债权人中的一人发生诉讼时效中断效力的事由,应当认定对其他连带债权人也发生诉讼时效中断的效力",第 2 款规定:"对于连带债务人中的一人发生诉讼时效中断效力的事由,应当认定对其他连带债务人也发生诉讼时效中断的效力。"①②

三是《诉讼时效制度解释》第 16 条规定:"债权人提起代位权诉讼的,应当认定对债权人的债权和债务人的债权均发生诉讼时效中断的效力。"

需要注意的是,在权利人对同一义务人享有数项不同的权利、该义务人相应地对该权利人负有数项不同的义务的情况下,如果作为诉讼时效中断事由的"权利人向义务人提出履行请求""义务人同意履行义务""权利人提起诉讼或者申请仲裁"或"与提起诉讼或者申请仲裁具有同等效力的其他情形"指向的只是某项特定的权利或义务,那么,就只能对该项特定的权利或义务发生诉讼时效中断的效力,而不能对其他权利或其他义务发生诉讼时效中断的效力。《民法典》第 560 条针对债务抵充③所说的"债务人对同一债权人负担的数项债务种类相同,债务人的给付不足以清偿全部债务的,除当事人另有约定外,由债务人在清偿时指定其履行的债务。债务人未作指定的,应当优先履行已经到期的债务;数项债务均到期的,优先履行对债权人缺乏担保或者担保最少的债务;均无担保或者担保相等的,优先履行债务人负担较重的债务;负担相同

---

① 《最高人民法院关于审理证券市场虚假陈述侵权民事赔偿案件的若干规定》(法释〔2022〕2 号)第 32 条第 2 款也规定:"对于虚假陈述责任人中的一人发生诉讼时效中断效力的事由,应当认定对其他连带责任人也发生诉讼时效中断的效力。"

② 值得一提的是,根据 2017 年 3 月 14 日第十二届全国人民代表大会第五次会议主席团第三次会议通过的《第十二届全国人民代表大会法律委员会关于〈中华人民共和国民法总则(草案修改稿)〉修改意见的报告》,《民法总则(草案修改稿)》第 196 条曾经规定:"对连带债权人或者连带债务人中的一人发生诉讼时效中断的,中断的效力及于全部连带债权人或者连带债务人";不过,在《民法总则》立法过程中,有的全国人大代表提出:"债权人向一个连带债务人提出履行债务的请求,导致诉讼时效对该连带债务人中断是合理的,但能否导致对其他连带债务人的诉讼时效中断,目前理论上和实践中争议较大,建议再斟酌。"有鉴于此,正式通过的《民法总则》没有对此作出规定,《民法典》也没有对此作出规定。

③ 原《合同法解释二》(已废止)第 20 条规定:"债务人的给付不足以清偿其对同一债权人所负的数笔相同种类的全部债务,应当优先抵充已到期的债务;几项债务均到期的,优先抵充对债权人缺乏担保或者担保数额最少的债务;担保数额相同的,优先抵充债务负担较重的债务;负担相同的,按照债务到期的先后顺序抵充;到期时间相同的,按比例抵充。但是,债权人与债务人对清偿的债务或者清偿抵充顺序有约定的除外。"

的，按照债务到期的先后顺序履行；到期时间相同的，按照债务比例履行”，也体现了这点。

在某城建第六工程局集团有限公司许昌分公司与襄阳市某某百货有限公司等民间借贷纠纷案中，最高人民法院(2021)最高法民申7062号民事裁定书认为：“本案中，案涉《补充协议》约定：投资款1.4亿元、利润900万元、违约金3900万元及借款2000万元共计2.08亿元，某城建许昌分公司于协议签订之日起45日内付款1亿元，余款1.08亿元于2014年10月3日前归还完毕。根据上述约定，某某百货公司对某城建许昌分公司包括案涉2000万元借款在内的债权的诉讼时效应于2016年10月3日届满，某某百货公司于2019年7月2日提起诉讼已超过法定诉讼时效期间。诉讼时效期间届满后，某城建许昌分公司于2019年1月4日自愿归还了某某百货公司1.4亿元投资款，系对上述部分债务的自愿履行。但该1.4亿元投资款与案涉2000万元借款系两笔不同性质的债务，二审法院在未查清某城建许昌分公司是否作出同意偿还2000万元借款的意思表示的情形下，即适用《最高人民法院关于审理民事案件适用诉讼时效制度若干问题的规定》第二十二条规定，驳回某城建许昌分公司关于2000万元借款已过诉讼时效的抗辩不当。”

(二)诉讼时效中断的时间

1. 诉讼时效中断涉及的两个时间

需要注意的是，诉讼时效中断涉及两个时间：一是诉讼时效中断的时间，即《民法典》第195条所说的“中断时”；二是诉讼时效期间重新起算的时间，即《民法典》第195条所说的“中断时”或“有关程序终结时”。考虑到《民法典》和其他法律规定的诉讼时效期间通常是按照公历的年计算的①，因此，可以直接称为“诉讼时效中断之日”“有关程序终结之日”或“重新计算的诉讼时效期间开始的当日”。

就诉讼时效的中断时间与诉讼时效期间重新起算的时间的关系而言，《民法典》第195条所说的“有下列情形之一的，诉讼时效中断，从中断、有关程序终结时起，诉讼时效期间重新计算”，意味着，有的情形下的诉讼时效中断之日和重新计算的诉讼时效期间开始的当日是相同的(但重新计算的诉讼时效期间的第一日为诉讼时效中断之日的下一日)，其他情形下的诉讼时效中断之日和重新计算的诉讼时效期间开始的当日则是不同的(重新计算的诉讼时效期间的第一日为有关程序终结之日的下一日)。

2. 诉讼时效中断的时间

就诉讼时效中断的时间而言，由于《民法典》第195条使用了“有下列情形之一的，诉讼时效中断”的表述，因此，结合《民法典》第158条第2句所说的“附生效条件的民事法律行为，自条件成就时生效。附解除条件的民事法律行为，自条件成就时失效”，可以认为，诉讼时效中断事由出现之日即为诉讼时效中断之日。具体而言：

---

① 《民法典》第188条第1款规定：“向人民法院请求保护民事权利的诉讼时效期间为三年。法律另有规定的，依照其规定。”第594条规定：“因国际货物买卖合同和技术进出口合同争议提起诉讼或者申请仲裁的时效期间为四年。”第200条规定：“民法所称的期间按照公历年、月、日、小时计算。”第201条第1款规定：“按照年、月、日计算期间的，开始的当日不计入，自下一日开始计算。”

一是就诉讼时效因权利人向义务人提出履行请求而中断的情形，权利人向义务人提出履行请求之日即为诉讼时效中断之日。比如，针对债权转让，《诉讼时效制度解释》第 17 条第 1 款规定了："债权转让的，应当认定诉讼时效从债权转让通知到达债务人之日起中断。"

二是就诉讼时效因义务人同意履行义务而中断的情形，义务人作出同意履行的意思表示或行为之日即为诉讼时效中断之日。比如，针对债务承担，《诉讼时效制度解释》第 17 条第 2 款规定了："债务承担情形下，构成原债务人对债务承认的，应当认定诉讼时效从债务承担意思表示到达债权人之日起中断。"

三是就诉讼时效因权利人提起诉讼或申请仲裁而中断的情形，权利人对义务人提起诉讼或申请仲裁之日即为诉讼时效中断之日。比如，针对权利人提起诉讼，《诉讼时效制度解释》第 10 条规定了："当事人一方向人民法院提交起诉状或者口头起诉的，诉讼时效从提交起诉状或者口头起诉之日起中断。"

四是就诉讼时效因与提起诉讼或者申请仲裁具有同等效力的其他情形而中断的情形，与提起诉讼或者申请仲裁具有同等效力的其他情形出现之日即为诉讼时效中断之日。比如，针对权利人请求国家机关等保护其民事权利，《诉讼时效制度解释》第 12 条规定了："权利人向人民调解委员会以及其他依法有权解决相关民事纠纷的国家机关、事业单位、社会团体等社会组织提出保护相应民事权利的请求，诉讼时效从提出请求之日起中断"，第 13 条第 1 款规定了："权利人向公安机关、人民检察院、人民法院报案或者控告，请求保护其民事权利的，诉讼时效从其报案或者控告之日起中断。"

3. 诉讼时效中断时间的特别规定

需要注意的是，针对权利人破产时对外享有的债权的诉讼时效的中断，《破产法解释二》（2020 年修正）第 19 条第 1 款作出了特别规定，即："债务人对外享有债权的诉讼时效，自人民法院受理破产申请之日起中断"。其背后的原因在于"根据企业破产法的规定，法院受理破产申请后，由管理人接管债务人的财产、印章、账簿和文书等资料，调查债务人财产状况，代表债务人参加诉讼、仲裁或者其他法律程序，替代债务人原管理层进行有关债务人财产的管理、处置、变价、分配等工作。但是，由于管理人并未参与企业原经营管理活动，其在接管后客观上需要一定的时间清理财产、查看账簿文书等，以便追收债务人财产。而且，根据企业破产法第十七条的规定，破产申请受理后债务人的债务人应当向管理人清偿债务，因此，提出清偿要求是破产程序依法启动的题中应有之意。因此，为避免管理人接管过程中因诉讼时效超过导致债务人财产不当减损，据此，《规定》（注：即《最高人民法院关于适用〈中华人民共和国企业破产法〉若干问题的规定（二）》）规定，债务人对外享有的债权，其诉讼时效自破产申请受理之日起中断。"①

（三）诉讼时效期间的重新计算

根据《民法典》第 195 条的规定，在诉讼时效中断的情况下，诉讼时效期间应当重

---

① 《积极追收债务人财产 充分保障债权人利益——最高人民法院民二庭负责人答记者问》（来源：最高人民法院网，https://www.court.gov.cn/zixun/xiangqing/5678.html，最后访问日期：2024 年 5 月 14 日，下同）。

新计算。当然,《民法典》第 195 条所说的“诉讼时效期间重新计算”,并没有改变原诉讼时效期间的长短,只是改变了诉讼时效期间的起算日。

《民法典》第 195 条所说的“从中断、有关程序终结时起,诉讼时效期间重新计算”,明确了重新计算的诉讼时效期间的起算日:一是“从中断时起,诉讼时效期间重新计算”,二是“从有关程序终结时起,诉讼时效期间重新计算”。这两种情形分别适用于不同的诉讼时效中断事由。

1. 从诉讼时效中断之日起重新计算诉讼时效期间

《民法典》第 195 条所说的“从中断时起,诉讼时效期间重新计算”,适用于“权利人向义务人提出履行请求”和“义务人同意履行”这两类依法不需要由国家机关或社会组织依照法定程序进行处理的诉讼时效中断事由。

也就是说,在诉讼时效因权利人向义务人提出履行请求而中断的情形,诉讼时效中断之日和重新计算的诉讼时效期间开始的当日均为权利人向义务人提出履行请求之日;在诉讼时效因义务人同意履行义务而中断的情形,诉讼时效中断之日和重新计算的诉讼时效期间开始的当日均为义务人作出同意履行的意思表示或行为之日。

当然,根据《民法典》第 201 条第 1 款所说的“按照年、月、日计算期间的,开始的当日不计入,自下一日开始计算”,第 204 条所说的“期间的计算方法依照本法的规定,但是法律另有规定或者当事人另有约定的除外”和第 197 条第 1 款所说的“诉讼时效的期间、计算方法以及中止、中断的事由由法律规定,当事人约定无效”,在法律未作特别规定的情况下,重新计算的诉讼时效期间的第一日为权利人向义务人提出履行请求之日或义务人作出同意履行的意思表示或行为之日的下一日。

2. 从有关程序终结之日起重新计算诉讼时效期间

《民法典》第 195 条所说的“从有关程序终结时起,诉讼时效期间重新计算”,适用于“权利人提起诉讼或者申请仲裁”和“与提起诉讼或者申请仲裁具有同等效力的其他情形”这两类依法需要由国家机关或社会组织依照法定程序进行处理的诉讼时效中断事由。

也就是说,在诉讼时效因“权利人提起诉讼或者申请仲裁”而中断的情形,重新计算的诉讼时效期间开始的当日为该诉讼案件或仲裁案件的程序终结之日(原则上是裁判文书或裁决生效之日);在诉讼时效因“与提起诉讼或者申请仲裁具有同等效力的其他情形”而中断的情形,重新计算的诉讼时效期间开始的当日为相关程序终结之日。

对此,《诉讼时效制度解释》第 13 条第 1 款规定了:“权利人向公安机关、人民检察院、人民法院报案或者控告,请求保护其民事权利的,诉讼时效从其报案或者控告之日起中断”,第 2 款规定了:“上述机关决定不立案、撤销案件、不起诉的,诉讼时效期间从权利人知道或者应当知道不立案、撤销案件或者不起诉之日起重新计算①;刑事案件进入审理阶段,诉讼时效期间从刑事裁判文书生效之日起重新计算";《最高人民法院关于审理因垄断行为引发的民事纠纷案件应用法律若干问题的规定》(2020 年修正)第 16 条第 2 款也规定:"原告向反垄断执法机构举报被诉垄断行为的,诉讼时效从其举报之日起中断。反垄断执法机构决定不立案、撤销案件或者决定终止调查的,诉讼时效期间从原告知道或者应当知道不立案、撤销案件或者终止调查之日起重新计算。反垄断执法机构调查后认定构成垄断行为的,诉讼时效期间从原告知道或者应当知道反垄断执法机构认定构成垄断行为的处理决定发生法律效力之日起重新计算。"

需要注意的是,就权利人请求人民调解委员会以及其他依法有权解决相关民事纠纷的国家机关、事业单位、社会团体等社会组织保护相应民事权利而言,《诉讼时效制度解释》第 12 条所说的"权利人向人民调解委员会以及其他依法有权解决相关民事纠纷的国家机关、事业单位、社会团体等社会组织提出保护相应民事权利的请求,诉讼时效从提出请求之日起中断",只是规定了诉讼时效的中断时间,没有规定重新计算的诉讼时效期间的起算日,此时仍然应当适用《民法典》第 195 条所说的"从有关程序终结时起,诉讼时效期间重新计算",以相关程序终结之日为重新计算的诉讼时效期间开始的当日。

对此,《最高人民法院关于审理因垄断行为引发的民事纠纷案件应用法律若干问题的规定》(2020 年修正)第 16 条第 2 款规定:"原告向反垄断执法机构举报被诉垄断行为的,诉讼时效从其举报之日起中断。反垄断执法机构决定不立案、撤销案件或者决定终止调查的,诉讼时效期间从原告知道或者应当知道不立案、撤销案件或者终止调查之日起重新计算。反垄断执法机构调查后认定构成垄断行为的,诉讼时效期间从原告知道或者应当知道反垄断执法机构认定构成垄断行为的处理决定发生法律效力之日起重新计算。"

此外,在云南省华坪县河东某某能源有限责任公司与华坪县德某某才煤矿等采矿

---

① 需要注意的是,针对被害人请求保护其民事权利的诉讼时效在公安机关、检察机关查处经济犯罪嫌疑期间中断后重新起算的日期,《最高人民法院关于在审理经济纠纷案件中涉及经济犯罪嫌疑若干问题的规定》(2020 年修正)第 9 条作出了不同的规定,即:"被害人请求保护其民事权利的诉讼时效在公安机关、检察机关查处经济犯罪嫌疑期间中断。如果公安机关决定撤销涉嫌经济犯罪案件或者检察机关决定不起诉的,诉讼时效从撤销案件或决定不起诉之次日起重新计算"。考虑到《最高人民法院关于在审理经济纠纷案件中涉及经济犯罪嫌疑若干问题的规定》(2020 年修正)第 9 条的规定最早出现于 1998 年的《最高人民法院关于在审理经济纠纷案件中涉及经济犯罪嫌疑若干问题的规定》(法释〔1998〕7 号)、属于旧的规定,而《最高人民法院关于审理民事案件适用诉讼时效制度若干问题的规定》(2020 年修正)第 13 条关于"权利人向公安机关、人民检察院、人民法院报案或者控告,请求保护其民事权利的,诉讼时效从其报案或者控告之日起中断。上述机关决定不立案、撤销案件、不起诉的,诉讼时效期间从权利人知道或者应当知道不立案、撤销案件或者不起诉之日起重新计算"的规定最早出现于原《最高人民法院关于审理民事案件适用诉讼时效制度若干问题的规定》(法释〔2008〕11 号)、属于新的规定,因此,结合《立法法》第 103 条所说的"同一机关制定的法律、行政法规、地方性法规、自治条例和单行条例、规章……新的规定与旧的规定不一致的,适用新的规定",应当适用《最高人民法院关于审理民事案件适用诉讼时效制度若干问题的规定》(2020 年修正)第 13 条关于"权利人向公安机关、人民检察院、人民法院报案或者控告,请求保护其民事权利的,诉讼时效从其报案或者控告之日起中断。上述机关决定不立案、撤销案件、不起诉的,诉讼时效期间从权利人知道或者应当知道不立案、撤销案件或者不起诉之日起重新计算"的规定,这也更符合《民法典》第 188 条第 2 款所说的"诉讼时效期间自权利人知道或者应当知道权利受到损害以及义务人之日起计算"的立法精神。

权纠纷案中,最高人民法院(2022)最高法民再325号民事裁定书也认为:“依据《最高人民法院关于审理民事案件适用诉讼时效制度若干问题的规定》【法释〔2008〕11号】第十四条规定:‘权利人向人民调解委员会以及其他依法有权解决相关民事纠纷的国家机关、事业单位、社会团体等社会组织提出保护相应民事权利的请求,诉讼时效从提出请求之日起中断’。据此,权利人向有关国家机关等提出保护其相应民事权利的请求,构成诉讼时效的中断。结合本案,河东某某能源公司于2013年1月21日向华坪县国土资源局递交的《再次请求制止并处罚华坪县德某某才煤矿越界开采我公司河东煤矿资源的报告》中明确载明:‘德某某才煤矿的违法越界开采行为,盗采我公司煤炭资源,给我公司带来巨大的经济损失根据矿产资源法第40条、矿产资源法实施细则第42条之规定,我公司将德某某才煤矿的违法越界开采行为上报你局,请求你局依法对其违法行为立即给予制止并作相应的处罚’。华坪县国土资源局于2013年4月10日向其发出《华坪县国土资源局关于对华坪县河东某某公司河东煤矿井下采掘现状进行实测的通知》,载明:‘为了依法解决你矿与华坪县德某某才煤矿及华坪县某光公司某某场煤矿2号井井下掘穿引发的纠纷,规范两矿采掘行为,保护矿业权人合法权益,维护矿业秩序,我局已委托云南省煤矿司法鉴定中心进行司法鉴定’。据此,河东某某能源公司已向有关国家机关提出保护其民事权利的请求,华坪县国土资源局亦作出通知进行实测,表示其将处理解决纠纷。因此,根据上述司法解释规定,河东某某能源公司于2013年1月21日向华坪县国土资源局递交《再次请求制止并处罚华坪县德某某才煤矿越界开采我公司河东煤矿资源的报告》的行为,构成诉讼时效中断。如果权利人提出请求后经有权机关处理未能解决纠纷的,则诉讼时效应从权利人知道或者应当知道纠纷未获解决之日起重新起算。本案中,华坪县国土资源局作出测量通知后,并未出具正式解决纠纷决定书,亦未通知河东某某能源公司不再处理双方纠纷或告知其另行诉讼或采取其他方式主张权利。故河东某某能源公司有理由相信华坪县国土资源局仍在处理其与德某某才煤矿之间纠纷。同时,2017年5月14日、2018年6月27日河东某某能源公司再次向华坪县国土资源局报告后,华坪县国土资源局委托云南省煤矿司法鉴定中心对是否存在越界开采、越界开采的资源量及利润进行了鉴定。2019年4月10日,云南省煤矿司法鉴定中心作出《司法鉴定意见书》且将2012年的越界开采行为纳入了鉴定范围。至此,河东某某能源公司才知晓华坪县国土资源局未能解决纠纷,其于2019年8月26日向人民法院起诉,并未超过《中华人民共和国民法总则》规定的三年诉讼时效。综上,本案河东某某能源公司多次向行政主管部门华坪县国土资源局报告请求制止违法行为,保护其民事权利,其主观上已多次寻求救济、主张权利,不宜认定河东某某能源公司怠于主张权利认定其请求超过诉讼时效。二审法院认定河东某某能源公司向华坪县国土资源局报告的行为不能导致诉讼时效的中断,河东某某能源公司请求对2012年越界开采行为所致损失承担赔偿责任已过诉讼时效系适用法律错误,本院予以纠正。”

当然,根据《民法典》第201条第1款所说的“按照年、月、日计算期间的,开始的当日不计入,自下一日开始计算”,第204条所说的“期间的计算方法依照本法的规定,但是法律另有规定或者当事人另有约定的除外”和第197条第1款所说的“诉讼时效的期间、计算方法以及中止、中断的事由由法律规定,当事人约定无效”,在法律未作特别规定的情况下，重新计算的诉讼时效期间的第一日为有关程序终结之日的下一日。

3. 诉讼时效期间重新计算的特别规定

针对权利人在破产前的特定期限内无正当理由放弃的到期债权的诉讼时效期间的重新计算，《破产法解释二》第 19 条第 2 款作出了特别规定，即："债务人无正当理由未对其到期债权及时行使权利，导致其对外债权在破产申请受理前一年内超过诉讼时效期间的，人民法院受理破产申请之日起重新计算上述债权的诉讼时效期间"。

该规定的上位法依据为《企业破产法》第 31 条第 5 项所说的"人民法院受理破产申请前一年内，涉及债务人财产的下列行为，管理人有权请求人民法院予以撤销：……（五）放弃债权的"。《破产法解释二》之所以作出此项特别规定，其原因在于"对于债务人无正当理由未对其到期债权及时行使权利，导致其对外债权超过诉讼时效期间的不作为行为，……其实质是债务人恶意放弃其到期债权的行为。债务人放弃债权的行为包括积极的放弃行为和消极的放弃行为。对于债务人积极的放弃债权行为，管理人可通过行使破产撤销权实现有效债权的复归。但对于债务人不及时主张对外债权的消极的放弃债权行为，客观上并无可以撤销的行为，因而无法撤销。因此，为实现对债务人恶意减少其财产的消极放弃债权行为产生类似于撤销其积极放弃债权行为的法律效果，《规定》（注：即《最高人民法院关于适用〈中华人民共和国企业破产法〉若干问题的规定（二）》）从重新计算诉讼时效的角度作出了制度安排。"①

根据《民法典》第 11 条所说的"其他法律对民事关系有特别规定的，依照其规定"，《破产法解释二》第 19 条第 2 款的上述特别规定应当优先于《民法典》第 195 条所说的"从中断、有关程序终结时起，诉讼时效期间重新计算"的一般规定得到适用。

三、诉讼时效的再次中断

由于《民法典》第 195 条使用了"有下列情形之一的，诉讼时效中断，从中断、有关程序终结时起，诉讼时效期间重新计算……"的表述，因此，只要在诉讼时效期间届满之前出现法定的诉讼时效中断事由，就能产生诉讼时效中断的效力，诉讼时效的中断没有次数限制。对此，《民法典总则编解释》第 38 条第 1 款直接规定了："诉讼时效依据民法典第一百九十五条的规定中断后，在新的诉讼时效期间内，再次出现第一百九十五条规定的中断事由，可以认定为诉讼时效再次中断。"

四、诉讼时效中断的证明

根据《民事诉讼法》第 67 条第 1 款②和《民诉法解释》第 90 条、第 91 条③的规定，不

① 《积极追收债务人财产 充分保障债权人利益——最高人民法院民二庭负责人答记者问》。

② 《民事诉讼法》第 67 条第 1 款规定："当事人对自己提出的主张，有责任提供证据。"

③ 《民诉法解释》第 90 条规定："当事人对自己提出的诉讼请求所依据的事实或者反驳对方诉讼请求所依据的事实，应当提供证据加以证明，但法律另有规定的除外。在作出判决前，当事人未能提供证据或者证据不足以证明其事实主张的，由负有举证证明责任的当事人承担不利的后果。"第 91 条规定："人民法院应当依照下列原则确定举证证明责任的承担，但法律另有规定的除外：（一）主张法律关系存在的当事人，应当对产生该法律关系的基本事实承担举证证明责任；（二）主张法律关系变更、消灭或者权利受到妨害的当事人，应当对该法律关系变更、消灭或者权利受到妨害的基本事实承担举证证明责任。"

论是权利人还是其他主体,如其主张诉讼时效中断,就应当对存在法定的诉讼时效中断事由承担举证证明责任①;否则,其主张将得不到支持。

比如,在江苏幸某某海传媒有限责任公司与天某某星传媒股份有限公司广播电视播放合同纠纷案中,最高人民法院(2020)最高法民申6216号民事裁定书认为:"《中华人民共和国民法总则》第一百九十二条规定,'诉讼时效期间届满后,义务人同意履行的,不得以诉讼时效期间届满为由抗辩。'根据幸某某海公司与天某某星公司签订的《电视剧播映权许可合同书》,天某某星公司应当在2012年2月5日前支付幸某某海公司涉案电视剧《××××》的节目费353万元,但天某某星公司一直未给付。幸某某海公司于2018年5月29日向天某某星公司发出律师函,并在2019年2月27日提起本案诉讼,要求天某某星公司给付相关节目费,幸某某海公司的诉讼请求已超过诉讼时效。幸某某海公司主张,其工作人员与天某某星公司工作人员通过微信就涉案电视剧相关事宜进行沟通,天某某星公司已经'同意履行'给付相关节目费。对此,本院认为,首先,幸某某海公司与天某某星公司均认可就涉案电视剧相关事宜进行沟通的是双方的工作人员。天某某星公司工作人员张某并不是签订涉案《电视剧播映权许可合同书》的授权代表,幸某某海公司亦未提交证据证明张某有权代表天某某星公司就相应权利进行处分。根据双方工作人员微信沟通内容,在天某某星公司提出尽快撤回起诉的请求后,幸某某海公司工作人员称'我来和总台法务请示下,之前他们说的是走和解模式',由此可以看出,幸某某海公司工作人员也无权代表公司处分相应权利。幸某某海公司关于电视台对于电视剧节目费均按行业惯例由业务人员对接催告的主张,没有事实依据。其次,从双方工作人员微信沟通内容看,并未就涉案《电视剧播映权许可合同书》的履行予以明确,更不能从天某某星公司工作人员张某的表述中得出其对涉案《电视剧播映权许可合同书》作出同意履行义务的承诺。现有证据不足以证明天某某星公司在诉讼时效届满后同意履行涉案合同义务,幸某某海公司的相关申请再审理由不能成立。"

又如,在忙某金与福建省某三建设发展有限公司等建设工程施工合同纠纷案中,最高人民法院(2019)最高法民申1228号民事裁定书认为:"虽然忙某金以某三公司的名义与某地公司签订的《建设工程施工合同》和《施工总承包协议书》无效,但忙某金作为案涉工程的实际施工人,在该工程已竣工验收合格的情况下,其有权请求发包人参照合同约定支付工程价款。忙某金在再审申请书中自认,案涉工程已于2010年6月1日竣工验收,自该日起,忙某金即享有请求某地公司支付其施工部分案涉工程价款的权利。本案再审审查过程中,对于是否曾于本案起诉前向某地公司或某三公司主张过

① 比如,在陈某裕、陈某泽与林某艺合伙协议纠纷执行异议申诉案中,最高人民法院(2021)最高法执监307号执行裁定书认为:"债权人主张权利的形式包括向人民法院申请执行或向债务人提出履行要求。法律法规并未对债权人主张权利的具体形式要件作出进一步规定,债权人能够举证证明其进行过积极主张权利的行为,即完成相应证明责任。本案中,申诉人提出林某艺申请执行的证据不足,无证据证明提交了申请执行的完整材料等,但山西高院、晋城中院已查明,关于申请执行人曾前往晋城中院申请执行的事实,有其委托代理人飞机订票记录、酒店入住记录、执行案件初次接待笔录、晋城中院档案阅卷记录、初次接待人员证明、听证笔录等材料予以确认,上述事实虽然不足以认定申请执行人代理人前往晋城中院办理申请执行事宜的确切日期,但可以认定申请执行人林某艺于2019年4月26日(向杭州法院邮寄材料的日期)前,以向法院申请执行的形式主张过权利,并未怠于行使权利,符合诉讼时效中断的法定事由……"

权利,忙某金亦未提交有效证据加以证明。虽然忙某金在某地公司起诉其返还垫付款、借款纠纷的 285 号案中抗辩'案涉工程未结算、不存在多付工程款',但根据《中华人民共和国民法总则》第一百九十五条的规定,……忙某金在 285 号案中并未向某地公司或某三公司明确提出支付工程款的诉讼请求。综上,本案现有证据尚不足以证明自案涉工程竣工验收后至本案起诉之日止,忙某金曾向某三公司或某地公司主张过权利,即忙某金提交的证据未能形成其积极行使自身权利的行为表征。原判决关于忙某金在 285 号案中的抗辩意见并不导致本案诉讼时效中断的认定,并无不当。"

再如,在北京中某某利建筑器材租赁有限公司与河南省某川建筑劳务有限公司建筑设备租赁合同纠纷案中,北京市高级人民法院(2022)京民申 5042 号民事裁定书认为:"诉讼时效期间届满的,义务人可以提出不履行义务的抗辩。当事人对自己提出的诉讼请求所依据的事实,应当提供证据加以证明,未能提供证据或者证据不足以证明其事实主张的,由负有举证证明责任的当事人承担不利的后果。根据本案一、二审法院查明的事实,本案的诉讼时效应至 2015 年 2 月 21 日届满。本案中,中某某利公司提交的微信截图等证据,尚不足以证明张某于 2021 年 2 月 11 日向中某某利公司的转账,系李某向中某某利公司的转账,不足以证明某川公司授权或同意李某代表该公司支付该款项。在中某某利公司不能提供充分有效证据证明本案存在诉讼时效中止或中断的情况下,一、二审法院认定本案时效届满并驳回中某某利公司的诉讼请求并无不当,本院予以确认。"①

第一百九十六条 【不适用诉讼时效的请求权】下列请求权不适用诉讼时效的规定:

(一)请求停止侵害、排除妨碍、消除危险;

(二)不动产物权和登记的动产物权的权利人请求返还财产;

(三)请求支付抚养费、赡养费或者扶养费;

(四)依法不适用诉讼时效的其他请求权。

【条文通释】

《民法典》第 196 条是关于不适用诉讼时效的请求权的规定。

---

① 在上蔡县中原康某达实业有限责任公司与白某华合同纠纷案中,河南省高级人民法院(2021)豫民申 2646 号民事裁定书也认为:"康某达公司于 1999 年得知白某华下落不明后,其虽举证多次到白某华的老家寻找白某华,但其认可并未找到。其主张权利的意思并未到达白某华,康某达公司也未依《最高人民法院关于审理民事案件适用诉讼时效制度若干问题的规定》的规定,在白某华下落不明的情况下,在媒体上刊登具有主张权利的公告,因此不能发生时效中断的效力。康某达公司申请再审称在此期间一直向公安机关报案反映,但未提供证据证明,上蔡县公安局于 2018 年 9 月 7 日出具的情况说明,仅能证明 2012 年 4 月 19 日康某达公司就白某华涉嫌合同诈骗到该局报案,此时已超过诉讼时效期间。"

一、适用诉讼时效的权利范围

(一)请求权原则上适用诉讼时效

尽管《民法典》本身没有从正向角度直接规定适用诉讼时效的权利范围,《民法典》第188条所说的"向人民法院请求保护民事权利的诉讼时效期间为三年。……诉讼时效期间自权利人知道或者应当知道权利受到损害以及义务人之日起计算……"也似乎意味着所有民事权利都适用诉讼时效,但是,由于《民法典》第196条从反向角度规定了不适用诉讼时效的请求权的范围,并且其中既包括了特定的债权请求权、又包括了特定的物权请求权,因此,基于"明示其一则排除其他"的解释规则,可以认为,除了《民法典》和其他法律以及司法解释明确规定不适用诉讼时效的请求权外,其他请求权(不论是债权请求权还是物权请求权),都适用诉讼时效。

也就是说,《民法典》针对请求权确立了以适用诉讼时效为原则、以不适用诉讼时效为例外的模式。

(二)撤销权、解除权等权利不适用诉讼时效

通常认为,撤销权①、解除权②、法定抵销权③等权利在性质上属于形成权,而形成

---

① 针对撤销权,最高人民法院(2018)最高法民申2582号民事裁定书认为:"《中华人民共和国合同法》第五十五条规定:'有下列情形之一的,撤销权消灭:(一)具有撤销权的当事人自知道或者应当知道撤销事由之日起一年内没有行使撤销权;(二)具有撤销权的当事人知道撤销事由后明确表示或者以自己的行为放弃撤销权。'撤销权属于形成权,适用除斥期间。上述法条规定的一年期间为不变期间,不适用诉讼时效中止、中断或者延长的规定。如果具有撤销权的当事人没有在法定期间内行使撤销权,撤销权即归于消灭。"

② 针对解除权,最高人民法院(2004)民一终字第106号民事判决书(载《最高人民法院公报》2007年第3期)认为:"根据有关法律规定精神,解除权在实体方面属于形成权,在程序方面则表现为形成之诉……"

③ 针对抵销权,人民法院案例库参考案例"陕西某公司与张某执行监督案"[入库编号:2023-17-5-203-056,裁判文书:最高人民法院(2021)最高法执监530号执行裁定书]的"裁判要旨"提出:"抵销属于以意思表示为核心的法律行为,法定抵销权的性质系民事实体权利中的形成权,行使法定抵销权时,抵销的意思表示到达对方时,抵销即生效,无须对方作出同意抵销的意思表示。"在厦门某昌房地产开发有限公司与海南某信集团有限公司委托合同纠纷案中,最高人民法院(2018)最高法民再51号民事判决书(载《最高人民法院公报》2019年第4期)也认为:"本案中,某昌公司行使抵销权之时虽已超出诉讼时效,但并不妨碍此前抵销权的成立。抵销通知亦为单方意思表示,意思表示只要到达对方,无需其同意即可发生抵销的法律后果,作为形成权,抵销权的行使不受诉讼时效限制。"需要注意的是,实务中,有裁判意见认为约定抵销权并非形成权,应当适用诉讼时效。比如,在晋城某某商业银行股份有限公司与王某山等借记卡纠纷案中,山西省高级人民法院(2021)晋民申381号民事裁定书认为:"抵销权分为法定抵销权与约定抵销权两类。《中华人民共和国合同法》第九十九条'当事人互负到期债务,该债务的标的物种类、品质相同的,任何一方可以将自己的债务与对方的债务抵销,但依照法律规定或者按照合同性质不得抵销的除外。当事人主张抵销的,应当通知对方。通知自到达对方时生效。抵销不得附条件或者附期限'是关于法定抵销权的规定;第一百条'当事人互负债务,标的物种类、品质不相同的,经双方协商一致,也可以抵销'是关于约定抵销权的规定。法定抵销权依主动债权单方的意思表示即可产生债务抵销的法律效力,是形成权,不适用诉讼时效的规定。对被动债权而言,法定抵销具有强制性,已过诉讼时效的债权不得作为主动债权主张抵销,否则将产生被动债权被强制履行自然债务的后果,与法律对自然之债的规定相悖。约定抵销,是当事人协商一致所为的抵销,不受法律规定的抵销条件的限制,只要当事人的意思表示一致,就可以抵销。双方达成抵销协议时,发生抵销的法律效力,不必履行。因此,约定抵销是双方法律行为,约定抵销权是请求权而非形成权,仍要适用诉讼时效的规定。"

权适用除斥期间、不适用诉讼时效。

对此,《民法典》第 199 条规定:“法律规定或者当事人约定的撤销权、解除权等权利的存续期间,除法律另有规定外,自权利人知道或者应当知道权利产生之日起计算,不适用有关诉讼时效中止、中断和延长的规定。存续期间届满,撤销权、解除权等权利消灭。”《诉讼时效制度解释》第 5 条第 1 款也规定:“享有撤销权的当事人一方请求撤销合同的,应适用民法典关于除斥期间的规定。对方当事人对撤销合同请求权提出诉讼时效抗辩的,人民法院不予支持。”

此外,通常认为,当事人请求确认存在或不存在特定法律关系或请求确认民事法律行为的效力,不适用诉讼时效。

比如,在广西某生集团有限责任公司与北海市某豪房地产开发公司、广西壮族自治区某某进出口北海公司土地使用权转让合同纠纷案中,最高人民法院(2005)民一终字第 104 号民事判决书(载《最高人民法院公报》2006 年第 9 期)认为:“合同效力的认定,实质是国家公权力对民事行为进行的干预。合同无效系自始无效,单纯的时间经过不能改变无效合同的违法性。当事人请求确认合同无效,不应受诉讼时效期间的限制,而合同经确认无效后,当事人关于返还财产及赔偿损失的请求,应当适用法律关于诉讼时效的规定。”

又如,在黄某香与衷某国、申某平夫妻共同债务确认纠纷案中,最高人民法院(2020)最高法民申 2755 号民事裁定书认为:“确认之诉是指一方当事人请求人民法院确认某种民事法律关系存在或者不存在的诉,给付之诉是指一方当事人请求法院判令对方当事人履行一定民事义务的诉。衷某国的诉讼请求为‘确认 84 号判决确定的被告申某平向原告衷某国连带偿付借款本金 968 万元及利息和律师费 8 万元的担保之债系申某平与黄某香夫妻共同债务’,该诉请系确认案涉债务为夫妻共同债务,没有给付内容,原审判决认定本案诉讼系确认之诉,并无不当。诉讼时效制度仅适用于请求权,本案系确认之诉,不适用诉讼时效的规定。”

再如,在陈某生与北京某电电气有限公司确认合同无效纠纷案中,最高人民法院(2019)最高法知民终 944 号民事裁定书认为:“虽然,确认之诉表现为当事人以提出请求的方式要求国家裁判机关对相关民事法律关系存在与否作出裁判,但确认请求权属于程序请求权,而非实体请求权,更非债权请求权。在确认之诉中,诉讼对方不负有承认的义务。确认之诉既然仅是由国家裁判机关对诉争的民事法律关系存在与否作出司法裁判,自然也就不存在通过强制执行方式强制诉讼对方当事人履行判决主文内容的必要。相应的,诉讼法意义上的程序请求权,自无适用诉讼时效的余地。原审法院虽然系基于某电公司的诉讼时效抗辩进行审理,但如前所述,本案并非给付之诉,某电公司作为确认之诉的相对方,无权援引诉讼时效进行抗辩。而且,结合前述诉讼时效的规定第一条关于‘当事人可以对债权请求权提出诉讼时效抗辩’的规定以及民法总则第一百九十六条关于相关请求权不适用诉讼时效的规定可知,当事人请求人民法院确认合同不成立,自始不生效不属于诉讼时效制度的规制范畴。”

二、不适用诉讼时效的请求权

(一)《民法典》第196条规定的请求权

《民法典》第196条第1项至第3项列明了不适用诉讼时效的8种请求权,即:(1)停止侵害请求权;(2)排除妨碍请求权;(3)消除危险请求权;(4)登记的不动产物权和未登记的不动产物权[①]的权利人的返还财产请求权;(5)登记的动产物权的权利人的返还财产请求权;(6)抚养费请求权[②];(7)赡养费请求权;(8)扶养费请求权。

在此基础上,《民法典》第196条第4项还以"依法不适用诉讼时效的其他请求权"兜底,既涵盖了《民法典》和其他法律已经规定的不适用诉讼时效的其他请求权,也为法律将来规定新的不适用诉讼时效的其他请求权预留了空间。当然,现阶段,依法不适用诉讼时效的其他请求权主要是由《民法典》第995条和《诉讼时效制度解释》第1条加以规定的。

其中,根据《民法典》第225条所说的"船舶、航空器和机动车等的物权的设立、变更、转让和消灭,未经登记,不得对抗善意第三人",《民法典》第196条第2项所说"登记的动产物权",是跟"未登记的动产物权"和该项所说的"不动产物权"相对应的概念,指向的是依法可以办理物权登记并且事实上也办理了物权登记的船舶、航空器和机动车等特殊动产的物权。根据《民法典》第235条(位于物权编)所说的"无权占有不动产或者动产的,权利人可以请求返还原物",《民法典》第196条第2项中的"不动产物权和登记的动产物权的权利人请求返还财产",在性质上属于物权请求权。《民法典》第196条第2项所说的"下列请求权不适用诉讼时效的规定:……(二)不动产物权和登记的动产物权的权利人请求返还财产",意味着,只有"不动产物权的权利人的返还财产请求权"和"登记的动产物权的权利人的返还财产请求权"不适用诉讼时效,未

---

① 第十二届全国人民代表大会法律委员会2017年3月12日在第十二届全国人民代表大会第五次会议主席团第二次会议上作的《关于〈中华人民共和国民法总则(草案)〉审议结果的报告》提及:"有的代表提出,目前,不少农村地区的房屋尚未办理不动产登记,为更好地保护农民的房屋产权,建议将不适用诉讼时效的范围扩大至所有不动产物权的返还请求权。法律委员会经研究,建议对这一项作出修改,明确不动产物权和登记的动产物权的权利人请求返还财产不适用诉讼时效。(草案修改稿第一百九十七条)"

② 《民法典合同编通则解释》第34条第1项["下列权利,人民法院可以认定为民法典第五百三十五条第一款规定的专属于债务人自身的权利:(一)抚养费、赡养费或者扶养费请求权……"]使用了"抚养费请求权""赡养费请求权"和"扶养费请求权"的表述。

登记的动产物权的权利人的财产返还请求权则应当适用诉讼时效①;②这也就意味着,并非所有物权请求权都不适用诉讼时效③。

需要注意的是,在民事法律行为无效、被撤销、确定不发生效力或不成立的情形,权利人基于《民法典》第 157 条所说的“民事法律行为无效、被撤销或者确定不发生效力后,行为人因该行为取得的财产,应当予以返还”和《民法典总则编解释》第 23 条所说的“民事法律行为不成立,当事人请求返还财产、折价补偿或者赔偿损失的,参照适用民法典第一百五十七条的规定”所享有的财产返还请求权,其实质为不当得利请求权、在性质上属于债权请求权④,而非《民法典》第 196 条第 2 项所说的“不动产物权和登记的动产物权的权利人请求返还财产”的权利,故应当适用诉讼时效。也因此,《诉

---

① 比如,在惠州市某骏实业发展有限公司与深圳市安某迅建筑劳务分包有限公司返还原物纠纷案中,针对深圳市安某迅建筑劳务分包有限公司请求惠州市某骏实业发展有限公司返还钢管、扣件、钢丝绳、花篮钩、旧安全网等动产的诉讼请求,广东省惠州市中级人民法院(2020)粤 13 民终 9106 号民事判决书认为:“被上诉人诉请返还的物件属于未登记的动产,不属于《中华人民共和国民法总则》第一百九十六条‘下列请求权不适用诉讼时效的规定:(一)请求停止侵害、排除妨碍、消除危险;(二)不动产物权和登记的动产物权的权利人请求返还财产’中不适用诉讼时效的情形,故上诉人主张本案应适用诉讼时效,本院予以支持……”

② 不过,也有裁判意见认为公司享有的证照返还请求权不适用诉讼时效。比如,在天某祥生物科技(北京)有限公司与王某、刘某公司证照返还纠纷案中,一审法院北京市房山区人民法院作出的(2022)京 0111 民初 8938 号民事判决书认为:“《中华人民共和国物权法》第三十四条规定,无权占有不动产或动产的,权利人可以请求返还原物。《中华人民共和国民法总则》第一百九十六条规定,登记的动产物权的权利人请求返还财产不适用诉讼时效规定。本案所涉财产系公司证照,其虽不属于该条规定的‘登记的动产物权’,但考虑到该条之所以没有将‘未经登记的动产物权’列入不适用诉讼时效规定的范畴,原因在于动产物权以占有为公示方法,但这一公示公信力较差,然而公司证照无论是否进行登记,均具有公示效力,故本院认为本案应不受诉讼时效的限制。”二审法院北京市第二中级人民法院作出的(2023)京 02 民终 9317 号民事判决书认为:“一审判决认定事实清楚,适用法律正确,应予维持。”在成都某导投资管理有限公司与成都某某职业技术学校等公司证照返还纠纷案中,一审法院四川省成都市成华区人民法院作出的(2021)川 0108 民初 7065 号民事判决书则认为:“某某职业学校是学校证照的所有权人,学校通过决策机构董事会作出决议授权举办者某导公司保管学校证照,其‘保管’系占有、控制的管理行为,并非合同意义上的‘保管’,因学校内部管理失灵,司法权才予以介入,故某导公司因学校证照返还纠纷提起本案诉讼,请求权基础规范属于物权请求权范畴,因此不适用诉讼时效。”二审法院四川省成都市中级人民法院作出的(2021)川 01 民终 23258 号民事判决书认为:“一审判决认定事实清楚,适用法律正确,应予维持。”

③ 实务中,也有裁判意见认为物权请求权不适用诉讼时效。比如,最高人民法院(2022)最高法知民终 930 号民事判决书认为:“虽然本案当事人双方争议的诉讼时效起算时间均在 2021 年 1 月 1 日《中华人民共和国民法典》(以下简称民法典)施行之前,但诉讼时效的有关规定应当适用新法及民法典的规定,根据民法典第一百九十六条的规定:‘下列请求权不适用诉讼时效的规定:(一)请求停止侵害、排除妨碍、消除危险;(二)不动产物权和登记的动产物权的权利人请求返还财产;(三)请求支付抚养费、赡养费或者扶养费;(四)依法不适用诉讼时效的其他请求权。’由上述规定可知,诉讼时效的适用对象是一般性的债权请求权,有关基于物权的请求权、基于人身关系的请求权等不适用诉讼时效。”类似的裁判意见,还可见最高人民法院(2020)最高法知民终 239 号民事判决书等。

④ 《最高人民法院民二庭负责人就〈关于审理民事案件适用诉讼时效制度若干问题的规定〉答记者问》(2008 年)提及:“在无效合同法律关系中,主要有确认合同无效请求权、返还财产请求权、赔偿损失请求权三种请求权。在司法实务中,主要涉及两类诉讼时效问题:第一,上述请求权是否适用诉讼时效规定。确认合同无效请求权虽明为请求权,但实质为实体法上的形成权,因此,通说认为,其不适用诉讼时效的规定,而应适用除斥期间的规定。但由于合同无效制度涉及到国家利益和社会公共利益的保护问题,故我国合同法并未对确认合同无效请求权的除斥期间进行规定。返还财产请求权为不当得利请求权的,应适用诉讼时效的规定。赔偿损失请求权是因缔约过失责任而产生的债权请求权,故也应适用诉讼时效的规定……”

讼时效制度解释》第5条第2款规定:"合同被撤销,返还财产、赔偿损失请求权的诉讼时效期间从合同被撤销之日起计算。"①

此外,根据《民法典》第535条第1款所说的"因债务人怠于行使其债权或者与该债权有关的从权利,影响债权人的到期债权实现的,债权人可以向人民法院请求以自己的名义代位行使债务人对相对人的权利,但是该权利专属于债务人自身的除外"和《民法典合同编通则解释》第34条第1项所说的"下列权利,人民法院可以认定为民法典第五百三十五条第一款规定的专属于债务人自身的权利:(一)抚养费、赡养费或者扶养费请求权……",《民法典》第196条第3项中的"请求支付抚养费、赡养费或者扶养费"属于债权请求权。从而,《民法典》第196条第3项所说的"下列请求权不适用诉讼时效的规定:……(三)请求支付抚养费、赡养费或者扶养费",也就意味着,并非所有债权请求权都适用诉讼时效。《诉讼时效制度解释》第1款所说的"当事人可以对债权请求权提出诉讼时效抗辩,但对下列债权请求权提出诉讼时效抗辩的,人民法院不予支持……"也表明了这点。

(二)《民法典》第995条规定的请求权

考虑到停止侵害、排除妨碍、消除危险、消除影响、恢复名誉和赔礼道歉都是保护人格权的重要方式、出于"更好地保护自然人的人格权"的立法目的,②《民法典》第995条规定:"人格权受到侵害的,受害人有权依照本法和其他法律的规定请求行为人承担民事责任。受害人的停止侵害、排除妨碍、消除危险、消除影响、恢复名誉、赔礼道歉请求权,不适用诉讼时效的规定。"

需要注意的是,在《民法典》第995条所说的"受害人的停止侵害、排除妨碍、消除危险、消除影响、恢复名誉、赔礼道歉请求权,不适用诉讼时效的规定"当中,只有《民法典》第995条规定的人格权受到侵害的受害人的恢复名誉请求权和赔礼道歉请求权,才属于《民法典》第196条第4项所说的"依法不适用诉讼时效的其他请求权";至于《民法典》第995条所说的"人格权受到侵害的,……受害人的停止侵害、排除妨碍、消除危险、消除影响……请求权,不适用诉讼时效的规定",则只是重申了《民法典》第196条第1项所说的"下列请求权不适用诉讼时效的规定:(一)请求停止侵害、排除妨碍、消除危险"。

---

① 实务中,也有裁判意见认为,《民法典》第157条所说的"民事法律行为无效、被撤销或者确定不发生效力后,行为人因该行为取得的财产,应当予以返还"中的财产返还请求权属于《民法典》第196条第2项所说的"不动产物权和登记的动产物权的权利人请求返还财产"的权利。比如,在周某娣与赵某婷确认合同无效纠纷案中,最高人民法院(2021)最高法民申4193号民事裁定书认为:"原《中华人民共和国民法总则》第一百九十六条规定:'下列请求权不适用诉讼时效的规定:(二)不动产物权和登记的动产物权的权利人请求返还财产',本案中,赵某婷请求确认林某良与周某娣就案涉房屋签订的买卖合同无效,实质上是其作为房屋共同所有权人对返还房屋的物权请求权的行使,二审判决据此认定本案不适用诉讼时效规定,有相应事实和法律依据,并无不当。"

② 2020年5月26日第十三届全国人民代表大会第三次会议主席团第二次会议通过的《第十三届全国人民代表大会宪法和法律委员会关于〈中华人民共和国民法典(草案)〉审议结果的报告》。

(三)《诉讼时效制度解释》第 1 条规定的债权请求权

在 2017 年的《民法总则》出台之前,原《最高人民法院关于审理民事案件适用诉讼时效制度若干问题的规定》(法释〔2008〕11 号)第 1 条就规定了:"当事人可以对债权请求权提出诉讼时效抗辩,但对下列债权请求权提出诉讼时效抗辩的,人民法院不予支持:(一)支付存款本金及利息请求权;(二)兑付国债、金融债券以及向不特定对象发行的企业债券本息请求权;(三)基于投资关系产生的缴付出资请求权;(四)其他依法不适用诉讼时效规定的债权请求权。"《民法典》出台之后,2020 年修正后的《诉讼时效制度解释》第 1 条延续了上述规定。

根据《诉讼时效制度解释》第 1 条的规定,以下 5 项请求权在性质上都属于债权请求权,但都属于《民法典》第 196 条第 4 项所说的"依法不适用诉讼时效的其他请求权":一是支付存款本金及利息请求权,二是兑付国债本息请求权,三是兑付金融债券本息请求权,四是兑付向不特定对象发行的企业债券本息请求权,五是基于投资关系产生的缴付出资请求权。

此外,缴纳专项维修资金请求权也属于《民法典》第 196 条第 4 项所说的"依法不适用诉讼时效的其他请求权"。对此,最高人民法院指导案例 65 号"上海市虹口区久乐大厦小区业主大会诉上海环亚实业总公司业主共有权纠纷案"的"裁判要点"提出:"专项维修资金是专门用于物业共用部位、共用设施设备保修期满后的维修和更新、改造的资金,属于全体业主共有。缴纳专项维修资金是业主为维护建筑物的长期安全使用而应承担的一项法定义务。业主拒绝缴纳专项维修资金,并以诉讼时效提出抗辩的,人民法院不予支持。"

其中,针对基于投资关系产生的缴付出资请求权不适用诉讼时效的问题,《破产法解释二》第 20 条第 1 款也规定:"管理人代表债务人提起诉讼,主张出资人向债务人依法缴付未履行的出资或者返还抽逃的出资本息,出资人以……违反出资义务已经超过诉讼时效为由抗辩的,人民法院不予支持。"《公司法解释三》(2020 年修正)第 19 条也规定:"公司股东未履行或者未全面履行出资义务或者抽逃出资,公司或者其他股东请求其向公司全面履行出资义务或者返还出资,被告股东以诉讼时效为由进行抗辩的,人民法院不予支持。公司债权人的债权未过诉讼时效期间,其依照本规定第十三条第二款、第十四条第二款的规定请求未履行或者未全面履行出资义务或者抽逃出资的股东承担赔偿责任,被告股东以出资义务或者返还出资义务超过诉讼时效期间为由进行抗辩的,人民法院不予支持。"

需要注意的是,由于《诉讼时效制度解释》第 1 条在将"兑付向不特定对象发行的企业债券本息请求权"明确为不适用诉讼时效的请求权的同时,没有将"兑付向特定对象发行的企业债券本息请求权"列为不适用诉讼时效的请求权,因此,"兑付向特定对象发行的企业债券本息请求权"应当适用诉讼时效。

第一百九十七条　【诉讼时效法定原则】诉讼时效的期间、计算方法以及中止、中断的事由由法律规定，当事人约定无效。

当事人对诉讼时效利益的预先放弃无效。

【条文通释】

《民法典》第197条是关于诉讼时效法定原则①的规定。

一、诉讼时效法定原则

《民法典》第197条第1款所说的"诉讼时效的期间、计算方法以及中止、中断的事由由法律规定"，明确了"诉讼时效的法定性"②。对此，可以称为"诉讼时效法定原则"。其背后的原因在于"诉讼时效制度关系法律秩序的清晰稳定，权利人和义务人不可以自行约定"③。这跟《民法典》第116条针对物权法定原则所说的"物权的种类和内容，由法律规定"是类似的。

《民法典》第197条第1款所说的"诉讼时效的期间、计算方法以及中止、中断的事由由法律规定，当事人约定无效"，意味着，诉讼时效的期间、计算方法以及诉讼时效中止的事由、中断的事由，都只能由法律予以规定，不论是权利人还是义务人都不得自行约定；此外，法律之外的行政法规、规章、规范性文件等也不得规定。

其中，《民法典》第197条第1款所说的"由法律规定"中的"法律"，既包括《民法典》，也包括其他法律。

二、诉讼时效法定原则的内容

《民法典》第197条第1款所说的"诉讼时效的期间、计算方法以及中止、中断的事由由法律规定"，意味着，诉讼时效法定原则的内容至少包括：一是诉讼时效的期间法定，二是诉讼时效的计算方法法定，三是诉讼时效的中止事由法定，四是诉讼时效的中断事由法定。

此外，根据《民法典》第192条、第194条至第196条的规定，诉讼时效法定原则的内容还包括：(1)诉讼时效期间届满的法律效果法定；(2)诉讼时效中止的法律效力法定；(3)诉讼时效中断的法律效力法定；(4)不适用诉讼时效的权利法定。

(一)诉讼时效的期间法定

《民法典》第197条第1款所说的"诉讼时效的期间……由法律规定，当事人约定无效"，意味着，诉讼时效的期间只能由法律进行规定，不论是权利人还是义务人都不得自行约定；此外，法律之外的行政法规、规章、规范性文件等也不得规定诉讼时效的

---

① 中国人大网2016年7月5日公布的《关于〈中华人民共和国民法总则(草案)〉的说明》使用的是"诉讼时效的法定性"的表述。

② 中国人大网2016年7月5日公布的《关于〈中华人民共和国民法总则(草案)〉的说明》。

③ 中国人大网2016年7月5日公布的《关于〈中华人民共和国民法总则(草案)〉的说明》。

期间。

现阶段,诉讼时效的期间包括普通诉讼时效期间(3 年)和特别诉讼时效期间(1 年、2 年、4 年等)。具体内容可见本书对《民法典》第 188 条的通释。

(二)诉讼时效的计算方法法定

《民法典》第 197 条第 1 款所说的"诉讼时效的……计算方法……由法律规定,当事人约定无效",意味着,诉讼时效的计算方法只能由法律进行规定,不论是权利人还是义务人都不得自行约定;此外,法律之外的行政法规、规章、规范性文件等也不得规定诉讼时效的计算方法。

其中,《民法典》第 197 条第 1 款所说的"诉讼时效的计算方法",指的是诉讼时效期间的计算方法,指向的主要是确定诉讼时效期间的第一日、最后一日以及重新计算的诉讼时效期间的第一日、最后一日的方法。

需要注意的是,就诉讼时效期间的计算方法而言,由于《民法典》第 197 条第 1 款已经规定了"诉讼时效的……计算方法……由法律规定,当事人约定无效",因此,《民法典》第 204 条所说的"期间的计算方法依照本法的规定,但是法律另有规定或者当事人另有约定的除外"中的"当事人另有约定的除外"不再适用。

(三)诉讼时效的中止事由法定

《民法典》第 197 条第 1 款所说的"诉讼时效的……中止……的事由由法律规定,当事人约定无效",意味着,诉讼时效的中止事由只能由法律进行规定,不论是权利人还是义务人都不得自行约定;此外,法律之外的行政法规、规章、规范性文件等也不得规定诉讼时效的中止事由。

其中,《民法典》第 197 条第 1 款所说的"诉讼时效的中止事由",指的是《民法典》第 194 条第 1 款第 1 项至第 4 项列明的导致诉讼时效中止的情形。

需要注意的是,《民法典》第 194 条第 1 款第 5 项所说的"其他导致权利人不能行使请求权的障碍",即为法律规定的诉讼时效中止事由,符合《民法典》第 197 条第 1 款所说的"诉讼时效的……中止……的事由由法律规定"的要求;也因此,对于《民法典》第 194 条第 1 款第 1 项至第 4 项列明的障碍之外的障碍,只要满足出现"在诉讼时效期间的最后六个月内"且"导致权利人不能行使请求权"的条件,就构成诉讼时效中止事由,无须再由法律明文规定其为诉讼时效中止事由。

(四)诉讼时效的中断事由法定

《民法典》第 197 条第 1 款所说的"诉讼时效的……中断……的事由由法律规定,当事人约定无效",意味着,诉讼时效的中断事由只能由法律进行规定,不论是权利人还是义务人都不得自行约定;此外,法律之外的行政法规、规章、规范性文件等也不得规定诉讼时效的中断事由。

需要注意的是,《民法典》第 195 条第 4 项所说的"与提起诉讼或者申请仲裁具有同等效力的其他情形",即为法律规定的诉讼时效中断事由,符合《民法典》第 197 条第 1 款所说的"诉讼时效的……中断……的事由由法律规定"的要求;也因此,对于《民法典》第 195 条第 1 项至第 3 项列明的情形之外的情形，只要满足“与提起诉讼或者申请仲裁具有同等效力”的条件，就构成诉讼时效中断事由，无须再由法律明文规定其为诉讼时效中断事由。

三、诉讼时效法定原则的效力

《民法典》第 197 条规定了诉讼时效法定原则的效力，一是“当事人约定无效”，二是“当事人对诉讼时效利益的预先放弃无效”。

（一）当事人关于诉讼时效的约定无效

根据《民法典》第 197 条第 1 款的规定，“诉讼时效的期间、计算方法以及中止、中断的事由”只能由法律规定，不能由当事人自行约定；在效力上，当事人就诉讼时效作出的与法律关于诉讼时效的期间①、计算方法、诉讼时效中止事由或中断事由的规定不一致的任何约定，包括但不限于约定延长诉讼时效期间或缩短诉讼时效期间，都是无效的。

比如，原《最高人民法院关于审理民事案件适用诉讼时效制度若干问题的规定》（法释〔2008〕11 号）第 2 条曾经规定：“当事人违反法律规定，约定延长或者缩短诉讼时效期间……的，人民法院不予认可。”该规定虽然被《最高人民法院关于审理民事案件适用诉讼时效制度若干问题的规定》（2020 年修正）删掉了，但仍然体现了《民法典》第 197 条第 1 款所说的“诉讼时效的期间、计算方法以及中止、中断的事由由法律规定，当事人约定无效”的精神。

此外，如前所述，根据《民法典》第 192 条、第 194 条至第 196 条的规定，诉讼时效法定原则的内容还包括诉讼时效期间届满的法律效果法定、诉讼时效中止的法律效力法定、诉讼时效中断的法律效力法定和不适用诉讼时效的权利法定。当事人针对诉讼时效期间届满的法律效果、诉讼时效中止的法律效力、诉讼时效中断的法律效力和不适用诉讼时效的权利作出的与法律不同的规定，也是无效的。

比如，在肇庆市某信物业发展有限公司与梁某权房屋租赁合同纠纷案中，广东省高级人民法院（2018）粤民申 808 号民事裁定书认为：“诉讼时效是债权人向人民法院要求保护其权利的法定期限，对诉讼时效的规定是法律的强制性规定，不允许当事人

---

① 比如，在西藏某知投资股份有限公司与江苏武进某达建设工程有限公司青海分公司等建设工程施工合同纠纷案中，西藏自治区高级人民法院（2020）藏民终 67 号民事判决书认为：“关于索赔，合同约定，若承包人或发包人未在知道或应当知道索赔事件发生后 28 日内提出，丧失要求追加付款和延长工期的权利或索赔权。上诉人西藏某知公司认为索赔权是请求权，受诉讼时效保护。合同约定的 28 天期限为权利行使和受保护期限，与法律规定的诉讼时效期间相冲突，约定无效。被上诉人江苏武进公司青海分公司认为本案索赔权属形成权，约定的 28 天期限是除斥期间。本院认为，首先，就本案而言，索赔权是合同一方要求违约方赔偿损失的权利，其内容是要求获得民事赔偿，其实现需要被索赔人配合，因而其性质属民事债权请求权，并非依行为人单方行使就能实现其意思和目的的形成权。其次，案涉合同约定的索赔权未在 28 天内行使而消灭，具有除斥期间的效果特征，以除斥期间消灭请求权有悖法律规定，故该期间约定应属无效。第三，本案索赔权应受诉讼时效保护。虽然双方当事人在合同中约定了索赔权未在 28 天内行使而消灭，但根据《中华人民共和国民法总则》第 197 条第 2 款‘当事人对诉讼时效利益的预先放弃无效’之规定，该约定期间因短于法律规定的诉讼时效期间而无效。故上诉人西藏某知公司未在约定的 28 天索赔期限内主张权利，并不导致权利丧失，其该项上诉理由成立，本院予以支持。”

自由约定。梁某权与某信公司在 2017 年 1 月 16 日签订的《〈租赁合同〉终止协议书》第六条中约定“乙方（即梁某权）对除本协议第四条以外的补偿费有争议的，应当在 2017 年 2 月 15 日前向人民法院提起诉讼主张权利”，明显违反了《中华人民共和国民法通则》第一百三十五条关于‘向人民法院请求保护民事权利的诉讼时效期间为 2 年，法律另有规定的除外’的法律强制性规定。二审判决认定梁某权与某信公司的上述协议第六条以及与该条款内容权利义务相关的第七、八条均为无效，并无不当。”

又如，在上蔡县中原康某达实业有限责任公司与白某华合同纠纷案中，河南省高级人民法院（2021）豫民申 2646 号民事裁定书认为：“……康某达公司申请再审称双方约定一方违约不受诉讼时效期间限制，本案应适用 20 年最长时效的观点。《中华人民共和国民法总则》第一百九十七条第一款规定，诉讼时效的期间、计算方法以及中止、中断的事由由法律规定，当事人约定无效。因此其双方不受诉讼时效期间限制的约定无效。”

再如，在王某勇与山东曹县某波酒业有限公司民间借贷纠纷案中，针对某波销售公司 2015 年 4 月 10 日出具的《债务（借款）时效确认书》载明的“2013 年 4 月 19 日至 2013 年 7 月 1 日，因业务需要，山东曹县某波酒业有限公司分六笔向股东王某勇借款共计本金 207 万元，具体如下：……上述借款均按月息 2%给付利息……山东曹县某波酒业有限公司确认：该项欠款由某波公司或其继受人继续偿还，王某勇的债权不受法律规定的诉讼时效和企业经营状况及股权变化等因素限制，该债权直至全部清偿方可灭失。王某勇对此予以认可。”二审法院山东省济南市中级人民法院作出的（2020）鲁 01 民终 8083 号民事判决书认为：“根据某波公司于 2015 年 4 月 10 日出具的《债务（借款）时效确认书》，某波公司与王某勇再次确认了借款数额，约定了利息按照月息 2%计算，虽然双方关于诉讼时效的约定无效，但双方并未约定还款时间，王某勇随时可以主张权利，王某勇主张权利的时间并未超过诉讼时效。”再审法院山东省高级人民法院作出的（2021）鲁民再 191 号民事判决书认为：“某波公司于 2015 年 4 月 10 日出具的《债务（借款）时效确认书》，是双方对借贷中的权利义务的重新确认，虽然关于诉讼时效的约定无效，但双方并未约定还款时间，债权人随时可以主张权利。”

（二）当事人对诉讼时效利益的预先放弃无效

《民法典》第 197 条第 2 款所说的“当事人对诉讼时效利益的预先放弃无效”，意味着，诉讼时效利益不得预先放弃，当事人预先放弃诉讼时效利益的行为，即使是其真实的意思表示，也是无效的。该规定也是诉讼时效法定原则的体现，属于法律对自愿原则的干预。

《民法典》第 197 条第 2 款所说的“诉讼时效利益”，指向的是法律有关诉讼时效的规定中对当事人有利的事项，既包括权利人基于法定的诉讼时效期间所享有的请求人民法院保护其民事权利的期间利益（即《民法典》第 188 条所说的“向人民法院请求保护民事权利的诉讼时效期间为三年。法律另有规定的，依照其规定。诉讼时效期间自权利人知道或者应当知道权利受到损害以及义务人之日起计算。法律另有规定的，依照其规定”），也包括义务人基于法定的诉讼时效期间届满所享有的对抗权利人义务履行请求权的利益（即《民法典》第 192 条第 1 款所说的“诉讼时效期间届满的，义务人可以提出不履行义务的抗辩”)。

结合《民法典》第192条所说的“诉讼时效期间届满的,义务人可以提出不履行义务的抗辩。诉讼时效期间届满后,义务人同意履行的,不得以诉讼时效期间届满为由抗辩;义务人已经自愿履行的,不得请求返还”,可以认为,《民法典》第197条第2款所说的“预先放弃”,指的是权利人或义务人在诉讼时效期间届满之前明确作出的或者以自己的行为作出的放弃诉讼时效利益的意思表示,强调的是权利人或义务人作出放弃诉讼时效利益的意思表示的时间须发生在诉讼时效期间届满之前,而不论权利人或义务人作出预先放弃诉讼时效利益的意思表示是否存在意思表示不真实、意思表示不自由等情形。

比如,在海南省白沙黎族自治县某某水果加工厂与海南赛某雷酒厂等借款合同纠纷案中,海南省高级人民法院(2015)琼民申字第166号民事裁定书认为:“《确认书》第七条的内容为:‘截止到1998年3月15日若乙方仍未清偿债务,则所欠金额处于3‰的罚款,同时甲方有权任意处置乙方财产偿还债务,乙方对自己的再次违约行为放弃抗辩权并有责任协助甲方处理上述追偿手续。甲方随时有权向法院提出对乙方的支付令或提请仲裁委员会仲裁或诉诸有关法律部门。’从该条约定内容来看,水果加工厂、某泉公司对其再次违约行为放弃抗辩权,而某海公司则可随时诉诸法律手段,这实际上是三方当事人约定预先放弃了诉讼时效利益,根据最高人民法院《关于审理民事案件适用诉讼时效制度若干问题的规定》第二条规定:‘当事人违反法律规定,约定延长或者缩短诉讼时效期间、预先放弃诉讼时效利益的,人民法院不予认可。’对该条约定中关于预先放弃诉讼时效利益的内容应不予认可。”

实务中,当事人在空白的催款通知等文件上签字盖章,通常会被认定为作出了预先放弃诉讼时效利益的意思表示。

比如,在山东莱芜某某商业银行股份有限公司与莱芜市某某汽车修配有限公司等金融借款合同纠纷案中,山东省高级人民法院(2020)鲁民申2903号民事裁定书认为:“根据《中华人民共和国民法总则》第一百九十七条‘诉讼时效的期间、计算方法以及中止、中断的事由由法律规定,当事人约定无效。当事人对诉讼时效利益的预先放弃无效。’诉讼时效法定、时效利益不得预先放弃。申请人关于被申请人在空白通知书上签字、捺印应视为无限授权、被申请人放弃担保时效利益的观点不符合法律规定,不能成立。”①

又如,在定西市银积山某粉加工有限公司等与定西市安定区某某信用合作联社借款合同纠纷案中,甘肃省高级人民法院(2014)甘民二终字第107号民事判决书认为:

---

① 在山东某信建设集团股份有限公司与某某银行股份有限公司等借款合同纠纷案中,山东省高级人民法院(2018)鲁民终2078号民事判决书也认为:“法律有关诉讼时效的规定属于强制性规范,当事人不得就诉讼时效的延长、缩短等自行约定,亦不得事先抛弃时效利益。而义务人在债权人的空白催收单上加盖公章的行为即属于提前抛弃时效利益行为,依法当然无效。本案中,某某银行提交的落款为‘2003年2月27日’的催收通知书回执中加盖某信公司印章的时间经鉴定是在2001年11月30日之前。如前所述,即使某信公司在空白催收单上加盖公章的行为是其授权债权人可以根据需要在催收通知单上任意填写时间的真实意思表示,即其放弃了因时效期间届满而产生的时效利益和抗辩权,但因该行为属于提前抛弃时效利益行为,应认定为无效……”

"《最高人民法院关于审理民事案件适用诉讼时效制度若干问题的规定》第二条规定：'当事人违反法律规定，约定延长或缩短诉讼时效期间、预先放弃诉讼时效利益的，人民法院不予认可。'某粉公司和某菜公司提出，本案所涉的'贷款催收通知书'及'贷款保证担保催收通知书'，时间跨度从 2007 年 10 月 20 日至 2012 年 3 月 9 日，均是某粉公司、某菜公司在信用联社的要求下在 2009 年 6 月 10 日同一天签署的，公司印章也是留置在信用联社，在该天之后信用联社未再主张过债权，已丧失诉讼时效，并以信用联社使用跨年版本催收通知书印证该主张。若某粉公司、某菜公司所言属实，那么在多份空白催收通知单上签字并默许信用联社填写催收日期和代为盖章的行为，就属于上述司法解释所规定的'预先放弃诉讼时效利益'，应为无效，但该结论的前提是某粉公司、某菜公司所述事实能够成立。"

再如，在霍山县某某经济技术开发有限公司与许某宏等保证合同纠纷案中，针对"霍山某某公司自认许某宏、周某宇、孙某、张某兵、广某贵、桑某荣在上述两份《还款保证及继续承担保证责任书》签名的实际时间为 2013 年前后，而落款日期和主文中的'（至 2016 年 12 月 31 日）、（至 2018 年 12 月 23 日）'下划线处的数字均系霍山某某公司自行填写。……霍山某某公司主张主文和落款时间的空白处由各反担保人默许其公司根据需要进行填写，视为各反担保人对霍山某某公司的无限授权"，一审法院安徽省六安市中级人民法院作出的（2019）皖 15 民初 123 号民事判决书认为："《最高人民法院关于审理民事案件适用诉讼时效制度若干问题的规定》第二条规定，当事人违反法律规定，约定延长或缩短诉讼时效期间、预先放弃诉讼时效利益的，人民法院不予认可。本案中，许某宏等八人在《还款保证及继续承担保证责任书》上签名并默许霍山某某公司填写落款日期的行为，就属于上述司法解释所规定的'预先放弃诉讼时效利益'，应为无效。"二审法院安徽省高级人民法院作出的（2019）皖民终 1119 号民事判决书认为："《还款保证及继续承担保证责任书》不构成新的担保合同，而其上落款时间经查明又为霍山某某公司自行填写，根据《最高人民法院关于审理民事案件适用诉讼时效制度若干问题的规定》第二条关于当事人违反法律规定，约定延长或缩短诉讼时效期间、预先放弃诉讼时效利益的，人民法院不予认定的规定，霍山某某公司自行填写落款时间无异于排除诉讼时效制度的适用，有违诉讼时效制度的法定性，一审判决确认该责任书无效并无不当。"①

需要注意的是，义务人在诉讼时效期间届满之后自愿放弃诉讼时效利益，不属于《民法典》第 197 条第 2 款所说的"预先放弃"。不论是《民法典》第 192 条第 2 款所说

---

① 实务中，也有裁判意见认为，当事人一方在对方预先准备好的空白催款通知等文件上签字盖章，属于对对方当事人的无限授权，可以发生诉讼时效中断的效力。比如，在沈阳市新城子区某某液化气服务站与沈阳某阳投资管理有限公司等保证合同纠纷案中，针对"某运米业在签订《委托担保合同》时应某阳公司要求向其出具了四份虽加盖某运米业公章，但内容为空白的《催款通知》及回执，之后在 2014 年再次向某阳公司出具虽加盖某运米业公章，但内容为空白的《清偿贷款通知书》及回执"的情况，辽宁省高级人民法院（2020）辽民终 1066 号民事判决书认为："某某液化气站在上诉状中主张某运米业出具加盖公章的空白《催款通知书》及《清偿贷款通知书》应当是对某阳公司当次催款行为的认可，出具空白文书也是考虑到有填写错误的可能，不是对之后行为的无限授权。本院认为，将留有空白内容的《催款通知书》及《清偿贷款通知书》交于某阳公司的，应视为对《催款通知书》及《清偿贷款通知书》中事项的无限授权，某阳公司在空白部分可以填写相应内容，也包括催款的时间。因此某运米业出具的加盖公章的空白催款通知书发生诉讼时效中断的效力。"

的“诉讼时效期间届满后,义务人同意履行”,还是该款所说的“诉讼时效期间届满后,义务人已经自愿履行”,都属于义务人在诉讼时效期间届满之后自愿放弃诉讼时效利益的行为,该自愿放弃行为是有效的,应当适用《民法典》第192条第2款所说的“诉讼时效期间届满后,义务人同意履行的,不得以诉讼时效期间届满为由抗辩;义务人已经自愿履行的,不得请求返还”。

(三)当事人关于诉讼时效的约定可以构成对诉讼时效利益的预先放弃

还需注意的是,尽管《民法典》第197条分两款分别规定了“诉讼时效的期间、计算方法以及中止、中断的事由由法律规定,当事人约定无效”和“当事人对诉讼时效利益的预先放弃无效”,但是,当事人针对诉讼时效作出的约定,与当事人对诉讼时效利益的预先放弃,二者并非“相互排斥”的关系;在特定的条件下,当事人针对诉讼时效作出的约定,在事实上也构成对诉讼时效利益的预先放弃,此时既可以适用《民法典》第197条第1款所说的“诉讼时效的期间、计算方法以及中止、中断的事由由法律规定,当事人约定无效”,也可以适用《民法典》第197条第2款所说的“当事人对诉讼时效利益的预先放弃无效”。

比如,在肇庆市某信物业发展有限公司与梁某权房屋租赁合同纠纷案中,广东省高级人民法院(2018)粤民申808号民事裁定书认为:“诉讼时效是债权人向人民法院要求保护其权利的法定期限,对诉讼时效的规定是法律的强制性规定,不允许当事人自由约定。梁某权与某信公司在2017年1月16日签订的《〈租赁合同〉终止协议书》第六条中约定‘乙方(即梁某权)对除本协议第四条以外的补偿费有争议的,应当在2017年2月15日前向人民法院提起诉讼主张权利’,明显违反了《中华人民共和国民法通则》第一百三十五条关于‘向人民法院请求保护民事权利的诉讼时效期间为2年,法律另有规定的除外’的法律强制性规定。二审判决认定梁某权与某信公司的上述协议第六条以及与该条款内容权利义务相关的第七、八条均为无效,并无不当。”站在权利人的角度,上述关于权利人应当在协议签订后30日内向人民法院提起诉讼主张权利的约定,一方面以约定方式缩短了法定的诉讼时效期间,另一方面也构成了权利人对其诉讼时效利益的预先放弃,不论是依照《民法典》第197条第1款所说的“诉讼时效的期间……由法律规定,当事人约定无效”,还是依照《民法典》第197条第2款所说的“当事人对诉讼时效利益的预先放弃无效”,均应当认定上述约定无效。

又如,在王某勇与山东曹县某波酒业有限公司民间借贷纠纷案中,针对某波销售公司2015年4月10日出具的《债务(借款)时效确认书》载明的“王某勇的债权不受法律规定的诉讼时效和企业经营状况及股权变化等因素限制,该债权直至全部清偿方可灭失”,二审法院山东省济南市中级人民法院作出的(2020)鲁01民终8083号民事判决书和再审法院山东省高级人民法院作出的(2021)鲁民再191号民事判决书都认定上述关于诉讼时效的约定无效。[①] 站在义务人的角度，上述关于借款债权不受诉讼时效限制的约定，既违反了法律关于权利人请求人民法院保护其民事权利应当受到法定的诉讼时效期间限制的规定，也构成了义务人对其诉讼时效利益的预先放弃，不论是依照《民法典》第 197 条第 1 款所说的“诉讼时效的期间……由法律规定，当事人约定无效”，还是依照《民法典》第 197 条第 2 款所说的“当事人对诉讼时效利益的预先放弃无效”，均应当认定上述约定无效。

第一百九十八条　【仲裁时效的法律适用】法律对仲裁时效有规定的，依照其规定；没有规定的，适用诉讼时效的规定。

【条文通释】

《民法典》第 198 条是关于仲裁时效的法律适用的规定。

一、仲裁时效的法律适用规则

（一）仲裁时效的法律适用规则

《民法典》第 198 条明确了仲裁时效的法律适用规则，一是“法律对仲裁时效有规定的，依照其规定”，二是“法律对仲裁时效没有规定的，适用诉讼时效的规定”。对此，《仲裁法》第 74 条也规定了：“法律对仲裁时效有规定的，适用该规定。法律对仲裁时效没有规定的，适用诉讼时效的规定。”

其中，《民法典》第 198 条所说的“法律对仲裁时效有规定”中的“法律”，既包括《民法典》自身，也包括其他现有法律，还包括将来制定的法律。

《民法典》第 198 条所说的“法律对仲裁时效有规定”中的“仲裁”，既包括适用《仲

---

① 在成都市青羊区某某法律服务所与成都市某金交电化工有限责任公司诉讼、仲裁、人民调解代理合同纠纷案中，四川省高级人民法院（2015）川民提字第 421 号民事判决书也认为：“某某服务所与某金公司签订的《委托代理合同》系双方真实意思表示，但该合同中关于‘代理费支付不受诉讼时效限制’的约定，不符合最高人民法院《关于审理民事案件适用诉讼时效制度若干问题的规定》第二条‘当事人违反法律规定，约定延长或者缩短诉讼时效期间、预先放弃诉讼时效利益的，人民法院不予认可’的规定，系无效约定。因此，某某服务所主张民事权利，应受诉讼时效限制。《中华人民共和国民法通则》第一百三十五条规定：向人民法院请求保护民事权利的诉讼时效期间为二年，法律另有规定的除外。该法条规定，权利人的胜诉权的保护期为二年，即超过二年，不受法律保护。”

裁法》的经济纠纷仲裁[①],也包括适用《劳动争议调解仲裁法》的劳动争议仲裁[②],还包括适用《农村土地承包经营纠纷调解仲裁法》的农村土地承包经营纠纷仲裁[③]。

《民法典》第198条所说的“诉讼时效的规定”,大体与《民法典》第193条和第196条中的“诉讼时效的规定”具有相同的含义,指的是《民法典》和其他法律关于诉讼时效的规定,既包括《民法典》等法律有关诉讼时效的期间的规定,也包括《民法典》等法律有关诉讼时效期间的计算方法以及诉讼时效中止、中断和延长的规定。具体而言,现阶段,《民法典》第193条所说的“诉讼时效的规定”,包括:(1)位于《民法典》总则编第九章“诉讼时效”的第188条至第192条、第194条、第195条;(2)位于《民法典》物权编的第419条[④];(3)位于《民法典》合同编的第594[⑤]条和第694条[⑥]。不过,需要注意的是,《民法典》第198条所说的“诉讼时效的规定”,还包括《民法典》第193条所说的“人民法院不得主动适用诉讼时效的规定”,这跟《民法典》第193条和第196条所说的“诉讼时效的规定”是不同的。

《民法典》第198条所说的“没有规定的,适用诉讼时效的规定”中的“没有规定”,指的是“法律对仲裁时效没有规定”。对此,《仲裁法》第74条所说的“法律对仲裁时效没有规定的,适用诉讼时效的规定”,规定得更为清晰。

《民法典》第198条所说的“法律对仲裁时效有规定的,依照其规定”,意味着,只要法律对仲裁时效作出了规定,不论是怎样的规定、也不论法律对仲裁时效作出的规定

---

① 《仲裁法》第1条规定:“为保证公正、及时地仲裁经济纠纷,保护当事人的合法权益,保障社会主义市场经济健康发展,制定本法”,第2条规定:“平等主体的公民、法人和其他组织之间发生的合同纠纷和其他财产权益纠纷,可以仲裁”,第3条规定:“下列纠纷不能仲裁:(一)婚姻、收养、监护、扶养、继承纠纷;(二)依法应当由行政机关处理的行政争议。”

② 《劳动争议调解仲裁法》第1条规定:“为了公正及时解决劳动争议,保护当事人合法权益,促进劳动关系和谐稳定,制定本法”,第2条规定:“中华人民共和国境内的用人单位与劳动者发生的下列劳动争议,适用本法:(一)因确认劳动关系发生的争议;(二)因订立、履行、变更、解除和终止劳动合同发生的争议;(三)因除名、辞退和辞职、离职发生的争议;(四)因工作时间、休息休假、社会保险、福利、培训以及劳动保护发生的争议;(五)因劳动报酬、工伤医疗费、经济补偿或者赔偿金等发生的争议;(六)法律、法规规定的其他劳动争议。”

③ 《农村土地承包经营纠纷调解仲裁法》第1条规定:“为了公正、及时解决农村土地承包经营纠纷,维护当事人的合法权益,促进农村经济发展和社会稳定,制定本法”,第2条规定:“农村土地承包经营纠纷调解和仲裁,适用本法。农村土地承包经营纠纷包括:(一)因订立、履行、变更、解除和终止农村土地承包合同发生的纠纷;(二)因农村土地承包经营权转包、出租、互换、转让、入股等流转发生的纠纷;(三)因收回、调整承包地发生的纠纷;(四)因确认农村土地承包经营权发生的纠纷;(五)因侵害农村土地承包经营权发生的纠纷;(六)法律、法规规定的其他农村土地承包经营纠纷。因征收集体所有的土地及其补偿发生的纠纷,不属于农村土地承包仲裁委员会的受理范围,可以通过行政复议或者诉讼等方式解决”;《仲裁法》第77条规定:“劳动争议和农业集体经济组织内部的农业承包合同纠纷的仲裁,另行规定。”

④ 《民法典》第419条规定:“抵押权人应当在主债权诉讼时效期间行使抵押权;未行使的,人民法院不予保护。”

⑤ 《民法典》第594条规定:“因国际货物买卖合同和技术进出口合同争议提起诉讼或者申请仲裁的时效期间为四年。”

⑥ 《民法典》第694条规定:“一般保证的债权人在保证期间届满前对债务人提起诉讼或者申请仲裁的,从保证人拒绝承担保证责任的权利消灭之日起,开始计算保证债务的诉讼时效。连带责任保证的债权人在保证期间届满前请求保证人承担保证责任的,从债权人请求保证人承担保证责任之日起,开始计算保证债务的诉讼时效。”

是否与法律有关诉讼时效的规定一致，都应当适用法律有关仲裁时效的规定，而不得适用法律关于诉讼时效的规定。

比如，在杨某姬与柳州市某某化工总厂劳动争议案中，广西壮族自治区高级人民法院(2022)桂民申 5881 号民事裁定书认为："《中华人民共和国劳动争议调解仲裁法》第二条第一项规定，因确认劳动关系发生的争议，属于劳动争议。第二十七条第一款规定：'劳动争议申请仲裁的时效期间为一年。仲裁时效期间从当事人知道或者应当知道其权利被侵害之日起计算。'确认劳动关系虽然在民法一般理论上属于确认之诉，但确认劳动关系争议同时亦属于《中华人民共和国劳动争议调解仲裁法》规定的劳动争议范畴。依据《中华人民共和国民法典》第一百九十八条'法律对仲裁时效有规定的，从其规定，没有规定的，适用诉讼时效规定。'《中华人民共和国劳动争议调解仲裁法》关于仲裁时效的规定并未排除确认劳动关系争议不适用仲裁时效。故确认劳动关系争议应当适用仲裁时效。杨某姬主张其提起的是确认之诉，不是给付之诉，无时效限制，理由不成立，依法不予支持。"

而《民法典》第 198 条所说的"法律对仲裁时效……没有规定的，适用诉讼时效的规定"，则意味着，只有在法律对仲裁时效没有作出规定的情况下，才可以适用法律关于诉讼时效的规定；与此相对应，只要法律对仲裁时效没有作出规定，就应当适用法律关于诉讼时效的规定。

(二)仲裁时效仅适用于仲裁程序

需要注意的是，《民法典》第 198 条所说的"法律对仲裁时效有规定的，依照其规定"，是针对权利人通过申请仲裁的方式请求仲裁机构保护其民事权利作出的规定，仅适用于仲裁程序，不适用于诉讼程序；在诉讼程序中，应当适用法律有关诉讼时效的规定，不应适用法律有关仲裁时效的规定。①

这就意味着，在其他法律规定特定的民事权利适用仲裁时效，而《民法典》规定该民事权利不适用诉讼时效的情况下，《民法典》第 198 条所说的"法律对仲裁时效有规定的，依照其规定"将导致出现权利人面临在仲裁程序不能得到救济，但在诉讼程序中可以得到救济的截然相反的处理结果。

其中，比较典型的例子是劳动者请求确认劳动关系纠纷案件的处理。

就仲裁程序而言，根据《劳动争议调解仲裁法》第 2 条第 1 项所说的"中华人民共和国境内的用人单位与劳动者发生的下列劳动争议，适用本法：(一)因确认劳动关系发生的争议"和第 27 条所说的"劳动争议申请仲裁的时效期间为一年。仲裁时效期间

---

① 也有裁判意见认为，诉讼程序也应适用仲裁时效。比如，广东省广州市中级人民法院(2023)粤 01 民终 16043 号民事判决书认为："本案属因确认劳动关系而引发的劳动争议，是否适用仲裁时效，应有法律规定。因确认劳动关系发生的争议属于《中华人民共和国劳动争议调解仲裁法》第二条所列明的劳动争议种类之一。同时，《中华人民共和国劳动争议调解仲裁法》第二十七条第一款规定：劳动争议申请仲裁的时效期间为一年；仲裁时效期间从当事人知道或者应当知道其权利被侵害之日起计算。故根据上述法律规定，本案应适用仲裁时效。"又如，吉林省吉林市中级人民法院(2023)吉 02 民终 1500 号民事判决书认为："劳动争议案件需先经劳动仲裁部门仲裁，劳动仲裁是人民法院受理劳动争议案件的前置程序，因此劳动争议案件中确认劳动者与用人单位之间的劳动关系与普通民商事案件中的确认之诉不同，仍需适用仲裁时效期间。"

从当事人知道或者应当知道其权利被侵害之日起计算……”，劳动者因确认劳动关系发生的争议属于《劳动争议调解仲裁法》所说的“劳动争议”，劳动者请求劳动争议仲裁委员会确认其与用人单位存在劳动关系应当适用《劳动争议调解仲裁法》第27条规定的仲裁时效期间的规定。据此，如果劳动者超过仲裁时效申请仲裁，那么，尽管因《劳动争议调解仲裁法》没有对劳动争议仲裁委员会能否主动适用仲裁时效作出规定，应当根据《民法典》第198条所说的“法律对仲裁时效有规定的，依照其规定；没有规定的，适用诉讼时效的规定”，适用《民法典》第193条所说的“人民法院不得主动适用诉讼时效的规定”，即劳动争议仲裁委员会也不得主动适用仲裁时效的规定，其仲裁申请可以得到立案受理，但是，在用人单位提出仲裁时效抗辩并且仲裁时效抗辩成立的情况下，劳动者关于确认劳动关系的仲裁请求将得不到支持。①

而就其后的诉讼程序②而言，由于确认劳动关系纠纷属于确认之诉，而确认之诉不适用诉讼时效，因此，用人单位在诉讼程序中不论提出仲裁时效抗辩还是提出诉讼时效抗辩，可能都难以得到法院的支持，劳动者关于确认劳动关系的诉讼请求存在获得法院支持的可能性。

比如，在刘某俊与金某信矿业管理股份有限公司、江西省鹰潭市某众劳务派遣有限公司劳动争议案中，针对刘某俊曾于2017年12月22日以金某信公司、鹰潭某众公司为被申请人向北京市密云区劳动人事争议仲裁委员会申请仲裁，要求确认自2007年3月至2011年3月与金某信公司存在劳动关系，自2011年4月以后与鹰潭某众公司存在劳动关系，但北京市密云区劳动人事争议仲裁委员会当日以京密劳人仲字〔2018〕第91号裁决书以申请人的仲裁请求超过仲裁申请时效为由不予受理的情况，一审法院北京市密云区人民法院作出的(2018)京0118民初26号民事判决书认为：“《最高人民法院关于审理民事案件适用诉讼时效制度若干问题的规定》第一条规定：‘当事人可以对债权请求权提出诉讼时效抗辩，但对下列债权请求权提出诉讼时效抗辩的，人民法院不予支持’。也就是说只有请求权性质的民事权利才适用诉讼时效，而本案原告要求的是确认劳动关系，属于确认之诉，不应适用诉讼时效的相关规定，故被告鹰潭某众公司认为本案已经超过诉讼时效的抗辩不能成立”，并基于原告提交的完税证明、社会保险缴纳记录、银行转账发放工资证明等证据，判决确认原告自2007年3月1日至2011年3月31日与金某信矿业管理股份有限公司存在劳动关系、自2011年4月1日至

---

① 《民诉法解释》第219条规定：“当事人超过诉讼时效期间起诉的，人民法院应予受理。受理后对方当事人提出诉讼时效抗辩，人民法院经审理认为抗辩事由成立的，判决驳回原告的诉讼请求。”

② 《劳动法》第79条规定：“劳动争议发生后，当事人可以向本单位劳动争议调解委员会申请调解；调解不成，当事人一方要求仲裁的，可以向劳动争议仲裁委员会申请仲裁。当事人一方也可以直接向劳动争议仲裁委员会申请仲裁。对仲裁裁决不服的，可以向人民法院提起诉讼。”《劳动争议调解仲裁法》第47条规定：“下列劳动争议，除本法另有规定的外，仲裁裁决为终局裁决，裁决书自作出之日起发生法律效力：(一)追索劳动报酬、工伤医疗费、经济补偿或者赔偿金，不超过当地月最低工资标准十二个月金额的争议；(二)因执行国家的劳动标准在工作时间、休息休假、社会保险等方面发生的争议。”第50条规定：“当事人对本法第四十七条规定以外的其他劳动争议案件的仲裁裁决不服的，可以自收到仲裁裁决书之日起十五日内向人民法院提起诉讼；期满不起诉的，裁决书发生法律效力。”

2013 年 3 月 31 日与江西省鹰潭市某众劳务派遣有限公司存在劳动关系[①]。[②]

不过,实务中也存在相反的裁判意见。比如,在冯某松与哈密市某隆雷电防护科技有限公司劳动争议案中,针对冯某松关于确认自 2018 年 1 月 1 日至 2020 年 5 月 22 日期间冯某松与某隆公司之间存在劳动关系的诉讼请求,一审法院新疆维吾尔自治区哈密市伊州区人民法院作出的(2022)新 2201 民初 4710 号民事判决书认为:"本案中,冯某松主张与某隆公司之间自 2018 年 1 月 1 日起至 2020 年 5 月 22 日期间存在劳动关系,属于《中华人民共和国劳动争议调解仲裁法》第二条规定的劳动争议事项,适用关于仲裁时效的规定,冯某松应当自 2020 年 5 月 22 日收到《解除或终止劳动合同(关系)证明书》之日起一年内申请仲裁,但其申请仲裁的时间为 2022 年 4 月,显然已经超过了劳动仲裁时效,故某隆公司主张本案已超过诉讼时效的抗辩意见成立",并判决驳回冯某松的诉讼请求。二审法院新疆维吾尔自治区哈密市中级人民法院作出的(2022)新 22 民终 571 号民事判决书认为:"本案中,冯某松主张其与某隆公司之间存在劳动关系的诉求,显然已经超过了劳动仲裁时效",并认为"冯某松的上诉请求不能成立,应予驳回;一审判决认定事实清楚,适用法律正确,应予维持",判决"驳回上诉,维持原判"。再审法院新疆维吾尔自治区高级人民法院作出的(2023)新民申 1302 号民事裁定书认为:"冯某松就双方劳动关系存续期间申请仲裁确认的时间是 2022 年 4 月,显然已经超过了本案劳动仲裁时效,原审法院认定冯某松的申请已超过本案仲裁时效,并无不当。"[③]

有鉴于此,法律针对仲裁时效作出规定,应当考虑与法律有关诉讼时效的规定的协调适用问题,避免发生相同的当事人就其同一项权利在仲裁程序中不能获得救济而在诉讼程序中能够得到救济或者在仲裁程序中能够获得救济而在诉讼程序中不能得

---

① 在该案的二审程序中,北京市第三中级人民法院作出的(2018)京 03 民终 9919 号民事判决书也认为:"根据《最高人民法院关于审理民事案件适用诉讼时效制度若干问题的规定》第一条的规定,当事人可以对债权请求权提出诉讼时效抗辩,请求权性质的民事权利适用诉讼时效。本案中,刘某俊请求确认劳动关系,属于确认之诉,不适用诉讼时效的相关规定,金某信公司、鹰潭某众公司关于刘某俊要求确认劳动关系的请求已经超过诉讼时效的上诉主张,依据不足,本院不予采纳",并认为"一审法院判决认定事实清楚,适用法律正确,应予维持",判决"驳回上诉,维持原判"。在该案的再审审查程序中,北京市高级人民法院作出的(2018)京民申 4792 号民事裁定书认为:"诉是一种请求,指当事人就特定民事争议向法院提出保护自己民事实体权益的请求。按请求的性质分为确认之诉、给付之付、变更之诉。根据《最高人民法院关于审理民事案件适用诉讼时效若干问题的规定》第一条规定,当事人可以对债权请求权提出诉讼时效抗辩,债权请求权性质的民事权利适用诉讼时效。刘某俊在本案中的请求为确认与鹰潭某众公司、金某信公司存在劳动关系,按诉的分类属确认之诉。劳动争议属于民事案件范畴,民事诉讼的基本原则和基本制度对劳动争议案件理应适用。本案中,鹰潭某众公司、金某信公司以刘某俊要求确认劳动关系的请求已超过仲裁时效,应予驳回的申请再审理由不能成立。二审认定事实清楚,所作判决结果正确,于法有据,应予维持。"

② 类似的裁判意见,还可见北京市第三中级人民法院(2022)京 03 民终 15176 号民事判决书。

③ 又如,在郭某与深圳某某馆有限公司劳动争议案中,广东省高级人民法院(2019)粤民申 6278 号民事裁定书认为:"本案为劳动争议。关于郭某的诉讼请求是否超过仲裁时效期间的问题。经审理查明,郭某原为某池宾馆的员工,于 1994 年调入深圳某某馆,自 1995 年开始未在深圳某某馆上班。深圳某某馆之后将郭某的人事档案退给郭某,且未为其缴纳社会保险和支付工资。因此,在 1995 年之后郭某与深圳某某馆之间未形成事实劳动合同关系。由于郭某与深圳某某馆之间的劳动争议发生于 1995 年,依据当时的法律,郭某应自劳动争议发生之日起 60 日内申请仲裁,而郭某未在规定期限内申请仲裁,其诉讼请求已超过仲裁时效期间,故一、二审法院驳回郭某的诉讼请求,处理并无不当。"类似的裁判意见,还可见广西壮族自治区高级人民法院(2022)桂民申 5881 号民事裁定书等。

到救济的情况。

二、法律对仲裁时效的规定

现阶段，法律对仲裁时效作出的规定主要包括：

一是《劳动争议调解仲裁法》第27条第1款所说的“劳动争议申请仲裁的时效期间为一年。仲裁时效期间从当事人知道或者应当知道其权利被侵害之日起计算”，第2款所说的“前款规定的仲裁时效，因当事人一方向对方当事人主张权利，或者向有关部门请求权利救济，或者对方当事人同意履行义务而中断。从中断时起，仲裁时效期间重新计算”，第3款所说的“因不可抗力或者有其他正当理由，当事人不能在本条第一款规定的仲裁时效期间申请仲裁的，仲裁时效中止。从中止时效的原因消除之日起，仲裁时效期间继续计算”，第4款所说的“劳动关系存续期间因拖欠劳动报酬发生争议的，劳动者申请仲裁不受本条第一款规定的仲裁时效期间的限制；但是，劳动关系终止的，应当自劳动关系终止之日起一年内提出”。

二是《农村土地承包经营纠纷调解仲裁法》第18条所说的“农村土地承包经营纠纷申请仲裁的时效期间为二年，自当事人知道或者应当知道其权利被侵害之日起计算”。

三、申请执行时效的法律适用规则

就民事权利保护而言，除了诉讼时效、仲裁时效，还有申请执行时效。《民法典》本身没有规定申请执行时效及其法律适用规则。申请执行时效及其法律适用规则主要是由《民事诉讼法》及其司法解释予以规定的。这跟《仲裁法》第74条针对仲裁时效所说的“法律对仲裁时效有规定的，适用该规定。法律对仲裁时效没有规定的，适用诉讼时效的规定”，具有类似性。

针对申请执行时效，《民事诉讼法》第250条规定：“申请执行的期间为二年。申请执行时效的中止、中断，适用法律有关诉讼时效中止、中断的规定。前款规定的期间，从法律文书规定履行期间的最后一日起计算；法律文书规定分期履行的，从最后一期履行期限届满之日起计算；法律文书未规定履行期间的，从法律文书生效之日起计算。”

据此，就申请执行时效而言，只有申请执行时效的“中止”和“中断”这两个事项，包括申请执行时效的中止的事由、中断的事由及其各自的法律效果①，适用法律有关诉讼时效中止、中断的规定；申请执行时效的其他事项，包括申请执行时效的期间、计算方

---

① 需要注意的是，就申请执行时效中止的法律效果而言，《最高人民法院关于适用〈中华人民共和国民事诉讼法〉执行程序若干问题的解释》（2020年修正）第19条所说的“在申请执行时效期间的最后六个月内，因不可抗力或者其他障碍不能行使请求权的，申请执行时效中止。从中止时效的原因消除之日起，申请执行时效期间继续计算”中的“从中止时效的原因消除之日起，申请执行时效期间继续计算”，与《民法典》第194条第2款针对诉讼时效中止的效果所说的“自中止时效的原因消除之日起满六个月，诉讼时效期间届满”，是不同的。这就意味着，《最高人民法院关于适用〈中华人民共和国民事诉讼法〉执行程序若干问题的解释》（2020年修正）第19条所说的“从中止时效的原因消除之日起，申请执行时效期间继续计算”，并没有完全与《民事诉讼法》第250条第1款所说的“申请执行时效的中止、中断，适用法律有关诉讼时效中止、中断的规定”保持一致。

法等，则不适用法律有关诉讼时效的规定[①]。这就意味着申请执行时效的法律适用规则与仲裁时效的法律适用规则存在不同。

第一百九十九条　【除斥期间】法律规定或者当事人约定的撤销权、解除权等权利的存续期间，除法律另有规定外，自权利人知道或者应当知道权利产生之日起计算，不适用有关诉讼时效中止、中断和延长的规定。存续期间届满，撤销权、解除权等权利消灭。

【条文通释】

《民法典》第 199 条是关于除斥期间[②]的规定。

一、除斥期间的界定

（一）除斥期间的定义

《民法典》第 199 条所说的"撤销权、解除权等权利的存续期间"，通常被称为"除斥期间"。对此，原《最高人民法院关于审理民事案件适用诉讼时效制度若干问题的规定》（法释〔2008〕11 号）第 7 条第 1 款所说的"享有撤销权的当事人一方请求撤销合同的，应适用合同法第五十五条关于一年除斥期间[③]的规定。对方当事人对撤销合同请求权提出诉讼时效抗辩的，人民法院不予支持"，比较明确地表明了这点。

由于《民法典》第 199 条使用了"法律规定或者当事人约定的撤销权、解除权等权利的存续期间，除法律另有规定外，自权利人知道或者应当知道权利产生之日起计算，……存续期间届满，撤销权、解除权等权利消灭"的表述，《民法典》第 152 条规定了："有下列情形之一的，撤销权消灭：（一）当事人自知道或者应当知道撤销事由之日起一年内、重大误解的当事人自知道或者应当知道撤销事由之日起九十日内没有行使撤销权……当事人自民事法律行为发生之日起五年内没有行使撤销权的，撤销权消灭。"第 564 条规定了："法律规定或者当事人约定解除权行使期限，期限届满当事人不

---

① 《民诉法解释》（2022 年修正）第 481 条第 1 款所说的"申请执行人超过申请执行时效期间向人民法院申请强制执行的，人民法院应予受理。被执行人对申请执行时效期间提出异议，人民法院经审查异议成立的，裁定不予执行"和第 2 款所说的"被执行人履行全部或者部分义务后，又以不知道申请执行时效期间届满为由请求执行回转的，人民法院不予支持"，事实上也意味着，《民法典》第 192 条关于诉讼时效期间届满的法律效果的规定和第 193 条关于人民法院不得主动适用诉讼时效的规定也适用于申请执行时效。

② 中国人大网 2016 年 7 月 5 日公布的《关于〈中华人民共和国民法总则（草案）〉的说明》、《最高人民法院关于审理民事案件适用诉讼时效制度若干问题的规定（2020 修正）》第 5 条第 1 款等都使用了"除斥期间"的表述。当然，《诉讼时效制度解释》第 5 条第 1 款所说的"享有撤销权的当事人一方请求撤销合同的，应适用民法典关于除斥期间的规定。对方当事人对撤销合同请求权提出诉讼时效抗辩的，人民法院不予支持"中的"民法典关于除斥期间的规定"，主要指的是《民法典》第 152 条、第 541 条的规定。

③ 原《合同法》第 55 条规定："有下列情形之一的，撤销权消灭：（一）具有撤销权的当事人自知道或者应当知道撤销事由之日起一年内没有行使撤销权；（二）具有撤销权的当事人知道撤销事由后明确表示或者以自己的行为放弃撤销权。"

行使的,该权利消灭。法律没有规定或者当事人没有约定解除权行使期限,自解除权人知道或者应当知道解除事由之日起一年内不行使,或者经对方催告后在合理期限内不行使的,该权利消灭。”因此,可以认为,除斥期间指的是法律规定或者当事人约定的撤销权、解除权等民事权利(实体权利)的存续期间或行使期限①,权利人在该存续期间届满前不行使其民事权利则将产生该民事权利(实体权利)消灭的法律效果。

也因此,只有同时符合以下三个要件,才属于除斥期间:一是属于法律规定的或者当事人约定的特定实体权利的存续期间;二是除法律另有规定外,该存续期间自权利人知道或者应当知道权利产生之日起计算,不适用有关诉讼时效中止、中断和延长的规定;三是权利人在该存续期间届满前不行使其权利则发生该特定实体权利消灭的法律效果。相应地,只要同时符合上述三个要件,就属于除斥期间。

也因此,在表述上,《民法典》第 199 条所说的“存续期间届满,撤销权、解除权等权利消灭”如能调整为“存续期间届满不行使权利的,撤销权、解除权等权利消灭”,则是更为准确的。

(二)除斥期间的分类

1. 法定的除斥期间与约定的除斥期间

《民法典》第 199 条所说的“法律规定或者当事人约定的撤销权、解除权等权利的存续期间”,意味着,按照除斥期间的产生依据,可以将除斥期间区分为法定的除斥期间和约定的除斥期间。

需要注意的是,尽管《民法典》第 199 条所说的“法律规定或者当事人约定的撤销权、解除权等权利的存续期间”意味着除斥期间既包括法定的除斥期间又包括约定的除斥期间,但是,具体到特定的权利,则不一定既有法定的除斥期间又有约定的除斥期间,或者可以同时适用法定的除斥期间和约定的除斥期间。

比如,如下文所说,针对法定抵销权、有限公司新增注册资本优先认缴权等权利,法律就没有规定法定的权利行使期限;针对可撤销民事法律行为的撤销权和债权人撤销权,《民法典》直接规定了法定的撤销权行使期限,不允许当事人约定撤销权行使期限;针对合同解除权,在法律规定了解除权行使期限的情况下,当事人通常不得约定不符合法律规定的解除权行使期限,只有在法律没有规定或者在法律规定允许的范围内才可以约定具体的解除权行使期限。

2. 法定除斥期间的若干情形

其中,《民法典》本身就规定了若干法定的除斥期间,比如:

一是针对可撤销的民事法律行为的撤销权的存续期间,《民法典》第 152 条规定:“有下列情形之一的,撤销权消灭:(一)当事人自知道或者应当知道撤销事由之日起一

① 《民法典时间效力规定》针对解除权和撤销权也使用了“行使期限”的表述。其中,《民法典时间效力规定》第 25 条规定:“民法典施行前成立的合同,当时的法律、司法解释没有规定且当事人没有约定解除权行使期限,对方当事人也未催告的……解除权人在民法典施行后知道或者应当知道解除事由的,适用民法典第五百六十四条第二款关于解除权行使期限的规定。”第 26 条规定:“当事人以民法典施行前受胁迫结婚为由请求人民法院撤销婚姻的,撤销权的行使期限适用民法典第一千零五十二条第二款的规定。”

年内、重大误解的当事人自知道或者应当知道撤销事由之日起九十日内没有行使撤销权;(二)当事人受胁迫,自胁迫行为终止之日起一年内没有行使撤销权;(三)当事人知道撤销事由后明确表示或者以自己的行为表明放弃撤销权。当事人自民事法律行为发生之日起五年内没有行使撤销权的,撤销权消灭。”

二是针对合同保全情形下的债权人撤销权的存续期间,《民法典》第 541 条规定:“撤销权自债权人知道或者应当知道撤销事由之日起一年内行使。自债务人的行为发生之日起五年内没有行使撤销权的,该撤销权消灭。”

三是针对赠与合同的赠与人撤销赠与的权利及其存续期间,《民法典》第 663 条规定:“受赠人有下列情形之一的,赠与人可以撤销赠与:(一)严重侵害赠与人或者赠与人近亲属的合法权益;(二)对赠与人有扶养义务而不履行;(三)不履行赠与合同约定的义务。赠与人的撤销权,自知道或者应当知道撤销事由之日起一年内行使。”

四是针对赠与合同的赠与人的继承人或者法定代理人撤销赠与的权利及其存续期间,《民法典》第 664 条规定:“因受赠人的违法行为致使赠与人死亡或者丧失民事行为能力的,赠与人的继承人或者法定代理人可以撤销赠与。赠与人的继承人或者法定代理人的撤销权,自知道或者应当知道撤销事由之日起六个月内行使。”

五是针对合同解除权(包括法定解除权和约定解除权)的存续期间①,《民法典》第 564 条规定:“法律规定或者当事人约定解除权行使期限,期限届满当事人不行使的,该权利消灭。法律没有规定或者当事人没有约定解除权行使期限,自解除权人知道或者应当知道解除事由之日起一年内不行使,或者经对方催告后在合理期限内不行使的,该权利消灭。”

六是针对可撤销婚姻的撤销权的存续期间,《民法典》第 1052 条规定:“因胁迫结婚的,受胁迫的一方可以向人民法院请求撤销婚姻。请求撤销婚姻的,应当自胁迫行为终止之日起一年内提出。被非法限制人身自由的当事人请求撤销婚姻的,应当自恢复人身自由之日起一年内提出。”第 1053 条规定:“一方患有重大疾病的,应当在结婚登记前如实告知另一方;不如实告知的,另一方可以向人民法院请求撤销婚姻。请求撤销婚姻的,应当自知道或者应当知道撤销事由之日起一年内提出。”在此基础上,《民法典婚姻家庭编解释一》第 19 条进一步规定:“民法典第一千零五十二条规定的‘一年’,不适用诉讼时效中止、中断或者延长的规定。受胁迫或者被非法限制人身自由的当事人请求撤销婚姻的,不适用民法典第一百五十二条第二款的规定。”

此外,《公司法》《海商法》等其他法律也规定了除斥期间。②

---

① 最高人民法院(2012)民再申字第 310 号民事裁定书(载《最高人民法院公报》2013 年第 10 期)认为:“解除权行使期限属于除斥期间,超过权利行使期限,解除权消灭……”

② 就票据权利时效而言,尽管《票据法》第 17 条第 1 款所说的“票据权利在下列期限内不行使而消灭:(一)持票人对票据的出票人和承兑人的权利,自票据到期日起二年。见票即付的汇票、本票,自出票日起二年;(二)持票人对支票出票人的权利,自出票日起六个月;(三)持票人对前手的追索权,自被拒绝承兑或者被拒绝付款之日起六个月;(四)持票人对前手的再追索权,自清偿日或者被提起诉讼之日起三个月”在形式上符合《民法典》第 199 条所说的“存续期间届满……权利消灭”,但是,由于《票据法》第 18 条进一步规定了“持票人因超过票据权利时效或者因票据记载事项欠缺而丧失票据权利的,仍享有民事权利,可以请求出票人或者承兑人返还其与未支付的票据金额相当的利益”,《最高人民法院关于审理票据纠纷案件若干问题的规定》(2020 年修正)第 19 条也规定了“票据法第十七条规定的票据权利时效发生中断的,只对发生时效中断事由的当事人有效”,因此,《票据法》第 17 条第 1 款规定的票据权利时效期间既非诉讼时效期间,也非除斥期间。

比如,针对未被通知参加公司(包括有限公司和股份公司)股东会会议的股东请求撤销股东会决议的权利的存续期间,《公司法》第 26 条第 2 款规定:"未被通知参加股东会会议的股东自知道或者应当知道股东会决议作出之日起六十日内,可以请求人民法院撤销;自决议作出之日起一年内没有行使撤销权的,撤销权消灭。"

又如,针对作为债权(或债权请求权)的船舶优先权①的存续期间,《海商法》第 29 条规定:"船舶优先权,除本法第二十六条规定②的外,因下列原因之一而消灭:(一)具有船舶优先权的海事请求,自优先权产生之日起满一年不行使;(二)船舶经法院强制出售;(三)船舶灭失。前款第(一)项的一年期限,不得中止或者中断。"

(三)除斥期间的适用对象

通常认为,除斥期间主要适用于形成权③,即依一方当事人的意思发生法律效力的

---

① 《九民会议纪要》第 120 条第 1 款第 1 项规定:"第三人撤销之诉中的第三人仅局限于《民事诉讼法》第 56 条规定的有独立请求权及无独立请求权的第三人,而且一般不包括债权人。但是,设立第三人撤销之诉的目的在于,救济第三人享有的因不能归责于本人的事由未参加诉讼但因生效裁判文书内容错误受到损害的民事权益,因此,债权人在下列情况下可以提起第三人撤销之诉:(1)该债权是法律明确给予特殊保护的债权,如《合同法》第 286 条规定的建设工程价款优先受偿权,《海商法》第 22 条规定的船舶优先权……"

② 《海商法》第 21 条规定:"船舶优先权,是指海事请求人依照本法第二十二条的规定,向船舶所有人、光船承租人、船舶经营人提出海事请求,对产生该海事请求的船舶具有优先受偿的权利。"第 22 条规定:"列各项海事请求具有船舶优先权:(一)船长、船员和在船上工作的其他在编人员根据劳动法律、行政法规或者劳动合同所产生的工资、其他劳动报酬、船员遣返费用和社会保险费用的给付请求;(二)在船舶营运中发生的人身伤亡的赔偿请求;(三)船舶吨税、引航费、港务费和其他港口规费的缴付请求;(四)海难救助的救助款项的给付请求;(五)船舶在营运中因侵权行为产生的财产赔偿请求。载运 2000 吨以上的散装货油的船舶,持有有效的证书,证明已经进行油污损害民事责任保险或者具有相应的财务保证的,对其造成的油污损害的赔偿请求,不属于前款第(五)项规定的范围。"第 26 条规定:"船舶优先权不因船舶所有权的转让而消灭。但是,船舶转让时,船舶优先权自法院应受让人申请予以公告之日起满六十日不行使的除外。"

③ 最高人民法院(2018)最高法行申 3480 号行政裁定书认为:"所谓除斥期间,是指法律对某种权利规定的存续期间,主要适用对象为形成权,……其制度目的在于督促权利人尽快行使权利,以维护交易秩序和合同的稳定性。"

权利[①],包括撤销权[②]、解除权[③]、法定抵销权[④]、有限公司新增注册资本优先认缴权[⑤]等。[⑥]

需要注意的是,《民法典》本身并没有规定只有形成权才适用除斥期间,也没有排除除斥期间对债权请求权甚至物权请求权的适用,不能简单地认为除斥期间只适用于形成权。具体而言:

一是从文义看,《民法典》第199条所说的"权利"指的是包括撤销权、解除权在内的实体权利,《民法典》第199条使用的表述"……等权利的存续期间,除法律另有规定外,自权利人知道或者应当知道权利产生之日起计算,……存续期间届满,……等权利消灭"也表明,《民法典》本身并没有明确限定除斥期间只能适用于形成权,不适用于请求权。事实上,《诉讼时效制度解释》第5条第1款所说的"享有撤销权的当事人一方请求撤销合同的,应适用民法典关于除斥期间的规定。对方当事人对撤销合同请求权

---

① 最高人民法院(2019)最高法知民终149号民事判决书认为:"形成权是依一方当事人的意思发生法律效力的权利……"最高人民法院(2017)最高法民申51号民事裁定书认为:"法定解除权,就其性质而言是一种形成权,是指权利人依自己单方意思表示即可使民事法律关系消灭的权利……"

② 最高人民法院(2018)最高法民申2582号民事裁定书认为:"《中华人民共和国合同法》第五十五条规定:'有下列情形之一的,撤销权消灭:(一)具有撤销权的当事人自知道或者应当知道撤销事由之日起一年内没有行使撤销权;(二)具有撤销权的当事人知道撤销事由后明确表示或者以自己的行为放弃撤销权。'撤销权属于形成权,适用除斥期间。上述法条规定的一年期间为不变期间,不适用诉讼时效中止、中断或者延长的规定。如果具有撤销权的当事人没有在法定期间内行使撤销权,撤销权即归于消灭。"

③ 最高人民法院(2021)最高法民申5381号民事裁定书认为:"合同解除权为形成权,解除权人单方解除合同的意思表示到达对方时即可以产生合同解除的法律效果。"最高人民法院(2019)最高法知民终149号民事判决书认为:"形成权是依一方当事人的意思发生法律效力的权利,合同解除权亦不例外。合同解除的通知一旦到达对方,即应产生合同解除的法律效果。"最高人民法院(2018)最高法民申4614号民事裁定书认为:"解除权属于可以单方行使的形成权,为了促使权利人及时行使自己的权利,该权利之行使应当有一定的行使期限。"

④ 最高人民法院(2018)最高法民再51号民事判决书(《最高人民法院公报》2019年第4期)认为:"法定抵销权作为形成权,只要符合法律规定的条件即可产生。……《合同法》第九十九条第二款规定了法定抵销权的行使,即当事人主张抵销的,应当通知对方。通知自到达对方时生效。抵销不得附条件或者附期限。故可认定,通知仅系法定抵销权的行使方式,抵销权成立后当事人是否及时行使抵销权通知对方,并不影响抵销权的成立。……抵销通知亦为单方意思表示,意思表示只要到达对方,无需其同意即可发生抵销的法律后果,作为形成权,抵销权的行使不受诉讼时效限制。……此外,因抵销关系之双方均对对方承担债务,在某种程度上对己方之债权具有担保作用,故我国《合同法》未对抵销权的行使设置除斥期间,而是规定抵销权人行使抵销权后,对方可以在一定期间内提出异议。但即使如此,抵销权的行使亦不应不合理的迟延。"实务中,有裁判意见认为约定抵销权并非形成权,应当适用诉讼时效。比如,在晋城某某商业银行股份有限公司与王某山等借记卡纠纷案中,山西省高级人民法院(2021)晋民申381号民事裁定书认为:"抵销权分为法定抵销权与约定抵销权两类。《中华人民共和国合同法》第九十九条'当事人互负到期债务,该债务的标的物种类、品质相同的,任何一方可以将自己的债务与对方的债务抵销,但依照法律规定或者按照合同性质不得抵销的除外。当事人主张抵销的,应当通知对方。通知自到达对方时生效。抵销不得附条件或者附期限'是关于法定抵销权的规定;第一百条'当事人互负债务,标的物种类、品质不相同的,经双方协商一致,也可以抵销'是关于约定抵销权的规定。法定抵销权依主动债权单方的意思表示即可产生债务抵销的法律效力,是形成权,不适用诉讼时效的规定。对被动债权而言,法定抵销具有强制性,已过诉讼时效的债权不得作为主动债权主张抵销,否则将产生被动债权被强制履行自然债务的后果,与法律对自然之债的规定相悖。约定抵销,是当事人协商一致所为的抵销,不受法律规定的抵销条件的限制,只要当事人的意思表示一致,就可以抵销。双方达成抵销协议时,发生抵销的法律效力,不必履行。因此,约定抵销是双方法律行为,约定抵销权是请求权而非形成权,仍要适用诉讼时效的规定。"

⑤ 最高人民法院(2010)民提字第48号民事判决书(载《最高人民法院公报》2011年第3期)认为:"股东优先认缴公司新增资本的权利属形成权,虽然现行法律没有明确规定该项权利的行使期限,但为维护交易安全和稳定经济秩序,该权利应当在一定合理期间内行使,并且由于这一权利的行使属于典型的商事行为,对于合理期间的认定应当比通常的民事行为更加严格。"

⑥ 需要注意的是,实务中常见的选择权(比如《民法典》第515条规定的债权债务当事人的选择权)、回赎权(比如《民法典》第643条规定的买受人的回赎权)、优先购买权(比如《民法典》第726条、第727条规定的房屋承租人的优先购买权),如果不符合"依一方当事人的意思发生法律效力"和"存续期间届满,权利消灭"的要件,则不属于形成权。

提出诉讼时效抗辩的,人民法院不予支持”,也表明撤销合同请求权适用的是除斥期间而非诉讼时效。

二是作为债权或债权请求权①的建设工程价款优先受偿权也适用除斥期间。针对《民法典》第807条规定的建设工程价款优先受偿权的行使期限,《最高人民法院关于审理建设工程施工合同纠纷案件适用法律问题的解释(一)》(法释〔2020〕25号)第41条规定:“承包人应当在合理期限内行使建设工程价款优先受偿权,但最长不得超过十八个月,自发包人应当给付建设工程价款之日起算。”其中的“合理期限”和“最长不超过十八个月”,即为除斥期间。对此,最高人民法院指导案例171号“中天建设集团有限公司诉河南恒和置业有限公司建设工程施工合同纠纷案”的“裁判要点”提出:“执行法院依其他债权人的申请,对发包人的建设工程强制执行,承包人向执行法院主张其享有建设工程价款优先受偿权且未超过除斥期间的,视为承包人依法行使了建设工程价款优先受偿权。发包人以承包人起诉时行使建设工程价款优先受偿权超过除斥期间为由进行抗辩的,人民法院不予支持”;在重庆某工工业有限公司与重庆某耀交通装备有限公司建设工程施工合同纠纷案中,针对应否确认建工公司对案涉工程款享有优先受偿权,最高人民法院(2022)最高法民再114号民事判决书认为:“[建设工程价款]优先受偿权的行使期间为除斥期间,一旦经过即消灭实体权利……”

三是作为债权(或债权请求权)的船舶优先权②适用的也是除斥期间。对此,在陈某锦等与福建省泉州某达船务有限公司等船员劳务合同纠纷案中,最高人民法院(2020)最高法民申1584号民事裁定书认为:“依据《中华人民共和国海商法》第二十二条的规定,陈某锦等三人在船工作期间的工资属于船舶优先权的海事请求范围,且依照该法第二十九条规定,具有船舶优先权的海事请求,自优先权产生之日起满一年不行使的,归于消灭。该期间在性质上属除斥期间,起算点应为权利产生之日,且不得中止或者中断。”③

四是债权人领取提存物的权利适用的也是除斥期间。对此,《民法典》第574条第2款规定:“债权人领取提存物的权利,自提存之日起五年内不行使而消灭,提存物扣除提存费用后归国家所有……”

五是占有人返还原物的请求权适用的也是除斥期间。对此,《民法典》第462条第2款规定:“占有人返还原物的请求权,自侵占发生之日起一年内未行使的,该请求权消灭。”

---

① 《九民会议纪要》第120条第1款第1项规定:“第三人撤销之诉中的第三人仅局限于《民事诉讼法》第56条规定的有独立请求权及无独立请求权的第三人,而且一般不包括债权人。但是,……债权人在下列情况下可以提起第三人撤销之诉:(1)该债权是法律明确给予特殊保护的债权,如《合同法》第286条规定的建设工程价款优先受偿权,《海商法》第22条规定的船舶优先权……”

② 《九民会议纪要》第120条第1款第1项规定:“第三人撤销之诉中的第三人仅局限于《民事诉讼法》第56条规定的有独立请求权及无独立请求权的第三人,而且一般不包括债权人。但是,设立第三人撤销之诉的目的在于,救济第三人享有的因不能归责于本人的事由未参加诉讼但因生效裁判文书内容错误受到损害的民事权益,因此,债权人在下列情况下可以提起第三人撤销之诉:(1)该债权是法律明确给予特殊保护的债权,如《合同法》第286条规定的建设工程价款优先受偿权,《海商法》第22条规定的船舶优先权……”

③ 类似的裁判意见还可见最高人民法院(2019)最高法民申6775号民事裁定书。

二、除斥期间的计算方法

《民法典》第 199 条所说的“法律规定或者当事人约定的撤销权、解除权等权利的存续期间，除法律另有规定外，自权利人知道或者应当知道权利产生之日起计算，不适用有关诉讼时效中止、中断和延长的规定”，回答了三个问题：一是除斥期间的期间长短如何确定，二是除斥期间的起算日如何确定，三是除斥期间是否发生中止、中断和延长。

其中，《民法典》第 199 条中的“除法律另有规定外”，既指向该条所说的“[除斥期间]自权利人知道或者应当知道权利产生之日起计算”，又指向该条所说的“[除斥期间]不适用有关诉讼时效中止、中断和延长的规定”。这跟《民法典》第 188 条第 2 款中的“法律另有规定的，依照其规定”指向的只是该款所说的“诉讼时效期间自权利人知道或者应当知道权利受到损害以及义务人之日起计算”是不同的。

据此，《民法典》第 199 条针对除斥期间确立了以“自权利人知道或者应当知道权利产生之日起计算”为原则、以按照法律规定的其他时间起算为例外的起算办法，以及以不发生中止、中断和延长为原则、以按照法律规定发生中止、中断或延长为例外的期间计算方法。

需要注意的是，由于《民法典》第 199 条使用了“法律规定或者当事人约定的撤销权、解除权等权利的存续期间，除法律另有规定外，自权利人知道或者应当知道权利产生之日起计算，不适用有关诉讼时效中止、中断和延长的规定”的表述，其中并没有使用“除当事人另有约定外”的表述，因此，除斥期间的计算方法（包括起算、中止、中断和延长，但不包括期间长短）只能由法律规定，而不能由当事人约定。这跟《民法典》第 197 条第 1 款针对诉讼时效期间所说的“诉讼时效的……计算方法以及中止、中断的事由由法律规定，当事人约定无效”是类似的。

（一）除斥期间的期间长短

1. 除斥期间的期间长短的确定办法

与《民法典》第 188 条第 1 款针对诉讼时效期间作出了“向人民法院请求保护民事权利的诉讼时效期间为三年”的原则性规定不同，《民法典》第 199 条没有直接规定除斥期间的长短。

《民法典》第 199 条所说的“法律规定或者当事人约定的撤销权、解除权等权利的存续期间”，意味着，除斥期间的期间长短是由法律（包括《民法典》自身）予以规定的，或在不违反法律的强制性规定的范围内由当事人自主约定的。

比如，《民法典》第 564 条第 1 款所说的“法律规定或者当事人约定解除权行使期限，期限届满当事人不行使的，该权利消灭”和第 2 款所说的“法律没有规定或者当事人没有约定解除权行使期限，自解除权人知道或者应当知道解除事由之日起一年内不行使，或者经对方催告后在合理期限内不行使的，该权利消灭”，就意味着，合同当事人经协商一致可以约定解除合同的解除权的行使期限。

2. 法律规定的除斥期间的期间长短

现阶段，《民法典》对除斥期间的期间长短作出的规定，主要包括：

一是针对可撤销的民事法律行为的撤销权,《民法典》第 152 条第 1 款分别规定了 90 日(仅适用于重大误解的权利人)或 1 年(适用于重大误解的权利人之外的权利人)的除斥期间①,并以该条第 2 款所说的"当事人自民事法律行为发生之日起五年内没有行使撤销权的,撤销权消灭"对前述除斥期间的期间长短进行了限制。

二是针对合同保全情形下的债权人撤销权,《民法典》第 541 条规定了 1 年的除斥期间②,并以"自债务人的行为发生之日起五年内没有行使撤销权的,该撤销权消灭"对前述除斥期间的期间长短进行了限制。

三是针对赠与合同的赠与人撤销赠与的权利,《民法典》第 663 条第 2 款规定 1 年的除斥期间③。

四是针对赠与合同的赠与人的继承人或者法定代理人撤销赠与的权利,《民法典》第 664 条第 2 款规定了 6 个月的除斥期间④。

五是针对合同解除权(包括法定解除权和约定解除权),在法律没有规定解除权行使期限且当事人也没有约定解除权行使期限⑤,而对方当事人也没有催告解除权人行使解除权的情况下,《民法典》第 564 条第 2 款规定了 1 年的除斥期间⑥。

在此基础上,针对商品房买卖合同的解除权,在法律没有规定解除权行使期限且当事人也没有约定解除权行使期限但对方当事人催告解除权人行使解除权的情况下,《最高人民法院关于审理商品房买卖合同纠纷案件适用法律若干问题的解释》(2020

---

① 《民法典》第 152 条第 1 款规定:"有下列情形之一的,撤销权消灭:(一)当事人自知道或者应当知道撤销事由之日起一年内、重大误解的当事人自知道或者应当知道撤销事由之日起九十日内没有行使撤销权;(二)当事人受胁迫,自胁迫行为终止之日起一年内没有行使撤销权;(三)当事人知道撤销事由后明确表示或者以自己的行为表明放弃撤销权。"

② 《民法典》第 541 条规定:"撤销权自债权人知道或者应当知道撤销事由之日起一年内行使。自债务人的行为发生之日起五年内没有行使撤销权的,该撤销权消灭。"

③ 《民法典》第 663 条第 1 款规定:"受赠人有下列情形之一的,赠与人可以撤销赠与:(一)严重侵害赠与人或者赠与人近亲属的合法权益;(二)对赠与人有扶养义务而不履行;(三)不履行赠与合同约定的义务",第 2 款规定:"赠与人的撤销权,自知道或者应当知道撤销事由之日起一年内行使。"

④ 《民法典》第 664 条第 1 款规定:"因受赠人的违法行为致使赠与人死亡或者丧失民事行为能力的,赠与人的继承人或者法定代理人可以撤销赠与。"第 2 款规定:"赠与人的继承人或者法定代理人的撤销权,自知道或者应当知道撤销事由之日起六个月内行使。"

⑤ 《民法典》第 564 条第 2 款使用的是"法律没有规定或者当事人没有约定解除权行使期限"的表述,但是,由于该条第 1 款使用了"法律规定或者当事人约定解除权行使期限,期限届满当事人不行使的,该权利消灭"的表述,因此,在法律没有规定解除权行使期限但当事人约定了解除权行使期限的情况,仍然应当适用该条第 1 款所说的"期限届满当事人不行使的,该权利消灭",而不能适用该条第 2 款所说的"自解除权人知道或者应当知道解除事由之日起一年内不行使,或者经对方催告后在合理期限内不行使的,该权利消灭";只有在法律法规没有规定并且当事人也没有约定解除权行使期限的情况下,才能适用该条第 2 款所说的"自解除权人知道或者应当知道解除事由之日起一年内不行使,或者经对方催告后在合理期限内不行使的,该权利消灭"。对此,《最高人民法院关于适用〈中华人民共和国民法典〉时间效力的若干规定》第 25 条也规定:"民法典施行前成立的合同,当时的法律、司法解释没有规定且当事人没有约定解除权行使期限,对方当事人也未催告的,解除权人在民法典施行前知道或者应当知道解除事由,自民法典施行之日起一年内不行使的,人民法院应当依法认定该解除权消灭;解除权人在民法典施行后知道或者应当知道解除事由的,适用民法典第五百六十四条第二款关于解除权行使期限的规定。"

⑥ 《民法典》第 564 条第 1 款规定:"法律规定或者当事人约定解除权行使期限,期限届满当事人不行使的,该权利消灭。"第 2 款规定:"法律没有规定或者当事人没有约定解除权行使期限,自解除权人知道或者应当知道解除事由之日起一年内不行使,或者经对方催告后在合理期限内不行使的,该权利消灭。"

年修正)第 11 条将《民法典》第 564 条第 2 款所说的“经对方催告后在合理期限内不行使的,该权利消灭”中的“合理期限”进一步明确为 3 个月①。②

六是针对可撤销婚姻的撤销权,《民法典》第 1052 条和第 1053 条分别规定了 1 年的除斥期间③。

此外,《海商法》等其他法律也规定了特定的除斥期间的期间长短。

比如,针对作为债权(或债权请求权)的船舶优先权,《海商法》第 29 条规定了 1 年的除斥期间④。

3. 当事人约定的除斥期间的期间长短

根据《民法典》第 199 条所说的“法律规定或者当事人约定的撤销权、解除权等权利的存续期间”和第 564 条第 1 款所说的“……当事人约定解除权行使期限,期限届满当事人不行使的,该权利消灭”,当事人也可以自主约定除斥期间的期间长短。

当然,根据《民法典》第 153 条第 1 款所说的“违反法律、行政法规的强制性规定的民事法律行为无效。但是,该强制性规定不导致该民事法律行为无效的除外”,当事人应当在不违反法律法规的强制性规定的范围内,经协商一致约定除斥期间的期间长短。这跟《民法典》第 692 条第 2 款针对约定的保证期间所说的“债权人与保证人可以约定保证期间,但是约定的保证期间早于主债务履行期限或者与主债务履行期限同时届满的,视为没有约定”是类似的,跟《民法典》第 622 条第 2 款所说的“约定的检验期限或者质量保证期短于法律、行政法规规定期限的,应当以法律、行政法规规定的期限为准”也是类似的。

---

① 《最高人民法院关于审理商品房买卖合同纠纷案件适用法律若干问题的解释》(2020 年修正)第 11 条第 1 款规定:“根据民法典第五百六十三条的规定,出卖人迟延交付房屋或者买受人迟延支付购房款,经催告后在三个月的合理期限内仍未履行,解除权人请求解除合同的,应予支持,但当事人另有约定的除外”,第 2 款规定:“法律没有规定或者当事人没有约定,经对方当事人催告后,解除权行使的合理期限为三个月。对方当事人没有催告的,解除权人自知道或者应当知道解除事由之日起一年内行使。逾期不行使的,解除权消灭。”

② 也因此,解除权人的对方当事人在其催告中为解除权人指定的不同于 30 日的解除权行使期限,非经解除权人同意,对解除权人不具有约束力。这跟《民法典》第 145 条第 2 款所说的“相对人可以催告法定代理人自收到通知之日起三十日内予以追认”或第 171 条第 2 款所说的“相对人可以催告被代理人自收到通知之日起三十日内予以追认”是不同的,跟《民法典》第 515 条第 2 款所说的“享有选择权的当事人在约定期限内或者履行期限届满未作选择,经催告后在合理期限内仍未选择的,选择权转移至对方”也是不同的。当然,根据《民法典》第 199 条所说的“当事人约定的撤销权、解除权等权利的存续期间”和第 510 条所说的“合同生效后,当事人就质量、价款或者报酬、履行地点等内容没有约定或者约定不明确的,可以协议补充”,对于解除权人的对方当事人在其催告中为解除权人指定的不同于 30 日的解除权行使期限,如果解除权人表示同意,则可以认定为当事人对解除权的行使期限达成了合意、对原合同达成了补充协议。

③ 《民法典》第 1052 条规定:“因胁迫结婚的,受胁迫的一方可以向人民法院请求撤销婚姻。请求撤销婚姻的,应当自胁迫行为终止之日起一年内提出。被非法限制人身自由的当事人请求撤销婚姻的,应当自恢复人身自由之日起一年内提出。”第 1053 条规定:“一方患有重大疾病的,应当在结婚登记前如实告知另一方;不如实告知的,另一方可以向人民法院请求撤销婚姻。请求撤销婚姻的,应当自知道或者应当知道撤销事由之日起一年内提出。”在此基础上,《民法典婚姻家庭编解释一》第 19 条进一步规定:“民法典第一千零五十二条规定的一年,不适用诉讼时效中止、中断或者延长的规定。受胁迫或者被非法限制人身自由的当事人请求撤销婚姻的,不适用民法典第一百五十二条第二款的规定。”

④ 《海商法》第 29 条规定:“船舶优先权,除本法第二十六条规定的外,因下列原因之一而消灭:(一)具有船舶优先权的海事请求,自优先权产生之日起满一年不行使;(二)船舶经法院强制出售;(三)船舶灭失。前款第(一)项的一年期限,不得中止或者中断。”

也就是说，在法律没有规定或者法律允许当事人自行约定除斥期间的情况下，除斥期间的期间长短，比如一年、两年或其他期间，均可由当事人在协商一致的基础上自主约定。

4. 法律没有规定且当事人也没有约定时除斥期间的期间长短如何确定

问题是，在法律没有规定、当事人也没有约定除斥期间的期间长短的情况下，如何确定相关权利的除斥期间的期间长短？对此，通常以"合理期限"作为除斥期间的期间长短。

比如，针对合同解除权（包括法定解除权和约定解除权），《民法典》第 564 条第 2 款所说的"法律没有规定或者当事人没有约定解除权行使期限，自解除权人知道或者应当知道解除事由之日起一年内①不行使，或者经对方催告后在合理期限内不行使的，该权利消灭"，明确了以"对方催告后的合理期限"作为解除权的行使期限。

又如，针对法定抵销权的行使期限，在厦门某昌房地产开发有限公司与海南某信集团有限公司委托合同纠纷案中，最高人民法院（2018）最高法民再 51 号民事判决书（载《最高人民法院公报》2019 年第 4 期）认为："《合同法》第九十九条第二款规定了法定抵销权的行使，即当事人主张抵销的，应当通知对方。通知自到达对方时生效。抵销不得附条件或者附期限。故可认定，通知仅系法定抵销权的行使方式，抵销权成立后当事人是否及时行使抵销权通知对方，并不影响抵销权的成立。……抵销通知亦为单方意思表示，意思表示只要到达对方，无需其同意即可发生抵销的法律后果，作为形成权，抵销权的行使不受诉讼时效限制。……因抵销关系之双方均对对方承担债务，在某种程度上对己方之债权具有担保作用，故我国《合同法》未对抵销权的行使设置除斥期间，而是规定抵销权人行使抵销权后，对方可以在一定期间内提出异议。但即使如此，抵销权的行使亦不应不合理的迟延。本案中，某信公司与某昌公司在 2005 年末几乎同时发生数额相同的金钱债务。在长达六年的时间里，双方均未提出相应主张。2011 年某信公司向福建高院提起（2012）闽民初字第 1 号公司盈余分配之诉后，某昌公司遂即在该案中提出债务抵销之主张，当属在合理期限内主张权利，自难谓其怠于行使抵销权。此外，从实体公平的角度看若以某昌公司诉讼时效届满为由认定其不能行使抵销权，不仅违背抵销权的立法意旨，且有悖于民法之公平原则。综上，某昌公司在另案诉讼中行使抵销权并无不当，双方债权已经抵销。"

再如，针对有限公司新增注册资本认缴权的行使期限，在绵阳市某日实业有限公司、蒋某诉绵阳高新区某创实业有限公司股东会决议效力及公司增资纠纷案中，最高人民法院（2010）民提字第 48 号民事判决书（载《最高人民法院公报》2011 年第 3 期）认为："股东优先认缴公司新增资本的权利属形成权，虽然现行法律没有明确规定该项权利的行使期限，但为维护交易安全和稳定经济秩序，该权利应当在一定合理期间内行使，并且由于这一权利的行使属于典型的商事行为，对于合理期间的认定应当比通常的民事行为更加严格。本案某日公司和蒋某在某创公司 2003 年 12 月 16 日召开股东会时已经知道其优先认缴权受到侵害，且作出了要求行使优先认缴权的意思表示，

① 需要注意的是，《民法典》第 564 条第 2 款所说的"自解除权人知道或者应当知道解除事由之日起一年内"，在性质上仍然属于法律规定的除斥期间。

但并未及时采取诉讼等方式积极主张权利。在此后某创公司召开股东会、决议通过陈某高将部分股权赠与某生公司提案时，某日公司和蒋某参加了会议，且未表示反对。某日公司和蒋某在股权变动近两年后又提起诉讼，争议的股权价值已经发生了较大变化，此时允许其行使优先认缴出资的权利将导致已趋稳定的法律关系遭到破坏，并极易产生显失公平的后果，故四川省绵阳市中级人民法院（2006）绵民初字第 2 号民事判决认定某日公司和蒋某主张优先认缴权的合理期间已过并无不妥。故本院对某日公司和蒋某行使对某创公司新增资本优先认缴权的请求不予支持。"

其中，针对商品房买卖合同的解除权，《最高人民法院关于审理商品房买卖合同纠纷案件适用法律若干问题的解释》（2020 年修正）第 11 条第 2 款将经对方当事人催告后行使的合理期限进一步明确为三个月①。

至于其他合同的解除权行使的合理期限，以及其他形成权的除斥期间，能否参照适用《最高人民法院关于审理商品房买卖合同纠纷案件适用法律若干问题的解释》（2020 年修正）规定的三个月期限，实务中存在争议，尚未形成一致意见。②

（二）除斥期间的起算

如前所说，《民法典》第 199 条所说的"法律规定或者当事人约定的撤销权、解除权等权利的存续期间，除法律另有规定外，自权利人知道或者应当知道权利产生之日起计算"，确立了以"自权利人知道或者应当知道权利产生之日起计算"为原则，以按照法律规定的其他时间起算为例外的除斥期间起算办法。

其中，《民法典》第 152 条第 1 款第 1 项所说的"有下列情形之一的，撤销权消灭：（一）当事人自知道或者应当知道撤销事由之日起一年内、重大误解的当事人自知道或者应当知道撤销事由之日起九十日内没有行使撤销权"，第 541 条所说的"撤销权自债权人知道或者应当知道撤销事由之日起一年内行使"，第 564 条第 2 款所说的"法律没有规定或者当事人没有约定解除权行使期限，自解除权人知道或者应当知道解除事由之日起一年内不行使……的，该权利消灭"，第 663 条第 2 款所说的"赠与人的撤销权，自知道或者应当知道撤销事由之日起一年内行使"，第 664 条第 2 款所说的"赠与人的继承人或者法定代理人的撤销权，自知道或者应当知道撤销事由之日起六个月内行使"，第 1053 条所说的"一方患有重大疾病的，应当在结婚登记前如实告知另一方；不如实告知的，另一方可以向人民法院请求撤销婚姻。请求撤销婚姻的，应当自知道或者应当知道撤销事由之日起一年内提出"，都属于除斥期间起算的原则性规定。

而《民法典》第 152 条第 1 款第 2 项所说的"有下列情形之一的，撤销权消灭：……

---

① 《最高人民法院关于审理商品房买卖合同纠纷案件适用法律若干问题的解释》（2020 年修正）第 11 条第 1 款规定："根据民法典第五百六十三条的规定，出卖人迟延交付房屋或者买受人迟延支付购房款，经催告后在三个月的合理期限内仍未履行，解除权人请求解除合同的，应予支持，但当事人另有约定的除外。"第 2 款规定："法律没有规定或者当事人没有约定，经对方当事人催告后，解除权行使的合理期限为三个月。对方当事人没有催告的，解除权人自知道或者应当知道解除事由之日起一年内行使。逾期不行使的，解除权消灭。"

② 认为可以参照适用的裁判意见，可见最高人民法院（2020）最高法民申 5497 号民事裁定书、（2018）最高法民申 4614 号民事裁定书；认为不可以参照适用的裁判意见，可见最高人民法院（2021）最高法民申 4205 号民事裁定书、（2020）最高法民申 6419 号民事裁定书、（2019）最高法民申 5308 号民事裁定书。

(二)当事人受胁迫,自胁迫行为终止之日起一年内没有行使撤销权"和第2款所说的"当事人自民事法律行为发生之日起五年内没有行使撤销权的,撤销权消灭",第541条所说的"自债务人的行为发生之日起五年内没有行使撤销权的,该撤销权消灭"、第1052条所说的"因胁迫结婚的,受胁迫的一方可以向人民法院请求撤销婚姻。请求撤销婚姻的,应当自胁迫行为终止之日起一年内提出。被非法限制人身自由的当事人请求撤销婚姻的,应当自恢复人身自由之日起一年内提出",《公司法》第26条第2款所说的"未被通知参加股东会会议的股东自知道或者应当知道股东会决议作出之日起六十日内,可以请求人民法院撤销;自决议作出之日起一年内没有行使撤销权的,撤销权消灭"以及《海商法》第29条第1款第1项所说的"船舶优先权,除本法第二十六条规定①的外,因下列原因之一而消灭:(一)具有船舶优先权的海事请求,自优先权产生之日起满一年不行使",则属于《民法典》第199条所说的"法律另有规定"。

此外,《最高人民法院关于适用〈中华人民共和国民法典〉时间效力的若干规定》(法释〔2020〕15号,以下简称"《民法典时间效力规定》")第25条针对解除权所说的"民法典施行前成立的合同,当时的法律、司法解释没有规定且当事人没有约定解除权行使期限,对方当事人也未催告的,解除权人在民法典施行前知道或者应当知道解除事由,自民法典施行之日起一年内不行使的,人民法院应当依法认定该解除权消灭;解除权人在民法典施行后知道或者应当知道解除事由的,适用民法典第五百六十四条第二款关于解除权行使期限的规定"中的"解除权人在民法典施行前知道或者应当知道解除事由,自民法典施行之日起一年内不行使的,人民法院应当依法认定该解除权消灭",事实上将"民法典施行前成立的合同,当时的法律、司法解释没有规定且当事人没有约定解除权行使期限,对方当事人也未催告"并且"解除权人在民法典施行前知道或者应当知道解除事由"情形下的解除权存续期间规定为"自民法典施行之日起计算的一年内",其起算日并非《民法典》第199条所说的"权利人知道或者应当知道权利产生之日",故该规定也属于《民法典》第199条所说的"法律另有规定"。

(三)除斥期间与不变期间

《民法典》第199条所说的"法律规定或者当事人约定的撤销权、解除权等权利的存续期间,除法律另有规定外,……不适用有关诉讼时效中止、中断和延长的规定",意味着,除斥期间原则上不发生中止、中断或延长,仅在法律另有特别规定的例外情况下才按照法律的特别规定发生中止、中断或延长。

其中,《民法典》第199条所说的"有关诉讼时效中止、中断和延长的规定",指的是

① 《海商法》第21条规定:"船舶优先权,是指海事请求人依照本法第二十二条的规定,向船舶所有人、光船承租人、船舶经营人提出海事请求,对产生该海事请求的船舶具有优先受偿的权利。"第22条规定:"列各项海事请求具有船舶优先权:(一)船长、船员和在船上工作的其他在编人员根据劳动法律、行政法规或者劳动合同所产生的工资、其他劳动报酬、船员遣返费用和社会保险费用的给付请求;(二)在船舶营运中发生的人身伤亡的赔偿请求;(三)船舶吨税、引航费、港务费和其他港口规费的缴付请求;(四)海难救助的救助款项的给付请求;(五)船舶在营运中因侵权行为产生的财产赔偿请求。载运2000吨以上的散装货油的船舶,持有有效的证书,证明已经进行油污损害民事责任保险或者具有相应的财务保证的,对其造成的油污损害的赔偿请求,不属于前款第(五)项规定的范围。"第26条规定:"船舶优先权不因船舶所有权的转让而消灭。但是,船舶转让时,船舶优先权自法院应受让人申请予以公告之日起满六十日不行使的除外。"

《民法典》第 194 条关于诉讼时效中止的规定、第 195 条关于诉讼时效中断的规定和第 188 条第 2 款关于二十年期间延长的规定。

需要注意的是，根据《民法典总则编解释》第 35 条所说的“民法典第一百八十八条第一款规定的三年诉讼时效期间，可以适用民法典有关诉讼时效中止、中断的规定，不适用延长的规定。该条第二款规定的二十年期间不适用中止、中断的规定”，三年诉讼时效期间不得延长、不宜使用“诉讼时效期间延长”的表述；而《民法典》第 188 条第 2 款所说的“人民法院可以根据权利人的申请决定延长”中的“延长”，指的是延长该款所说的二十年期间，而非延长《民法典》第 188 条第 1 款规定的三年诉讼时效期间。也因此，《民法典》第 199 条所说的“有关诉讼时效……延长的规定”，指的并非“有关诉讼时效期间延长的规定”。

由于：一是根据《民法典》第 199 条所说的“法律规定或者当事人约定的撤销权、解除权等权利的存续期间，除法律另有规定外，……不适用有关诉讼时效中止、中断和延长的规定”，在“法律另有规定”的情况下，除斥期间是可以依照法律的规定发生中止、中断或延长的；二是根据《民法典》第 199 条所说的“法律规定或者当事人约定的撤销权、解除权等权利的存续期间”，第 564 条第 1 款所说的“……当事人约定解除权行使期限，期限届满当事人不行使的，该权利消灭”和第 543 条所说的“当事人协商一致，可以变更合同”，在不违反法律法规的强制性规定的范围内，当事人不仅可以在协商一致的基础上自主约定除斥期间的期间长短，还可以在协商一致的基础上自主变更（延长或缩短）除斥期间的期间长短（这也是《民法典》第 5 条规定的自愿原则的应有之义和具体体现），因此，尽管除斥期间原则上“不适用有关诉讼时效中止、中断和延长的规定”，但是，不能简单地认为凡是除斥期间都是不变期间。这跟《民诉法解释》（2022 年修正）第 127 条所说的“民事诉讼法第五十九条第三款、第二百一十二条以及本解释第三百七十二条、第三百八十二条、第三百九十九条、第四百二十条、第四百二十一条规定的六个月，民事诉讼法第二百三十条规定的一年，为不变期间，不适用诉讼时效中止、中断、延长的规定”是不同的。

三、除斥期间届满的法律效力

（一）除斥期间届满的法律效力

《民法典》第 199 条所说的“存续期间届满，撤销权、解除权等权利消灭”，明确了除斥期间届满的法律效力，即：除斥期间届满将产生撤销权、解除权等实体权利消灭的法律后果。这跟《民法典担保制度解释》第 34 条第 2 款所说的“债权人在保证期间内未依法行使权利的，保证责任消灭。保证责任消灭后，债权人书面通知保证人要求承担保证责任，保证人在通知书上签字、盖章或者按指印，债权人请求保证人继续承担保证责任的，人民法院不予支持，但是债权人有证据证明成立了新的保证合同的除外”是类似的，但跟诉讼时效期间届满只是导致权利人可能丧失胜诉权是不同的。

其中，《民法典》第 199 条所说的“存续期间届满”，包括以下几种情形：一是《民法典》等法律明确规定的存续期间（包括法律的一般规定明确的存续期间和法律的特别规定明确的存续期间）届满，二是当事人约定的存续期间（包括当事人初始约定的存续期间和协议变更后的新的存续期间)届满,三是在法律没有规定存续期间、当事人也没有约定存续期间的情形,经对方当事人催告行使权利后的合理期限届满。

此外,在《民法典》第199条的基础上,《民法典》第152条、第462条第2款、第541条、564条、第574条第2款等也针对相关权利因除斥期间届满而消灭作出了具体的规定。

(二)法院应当依职权主动审查除斥期间是否届满

因除斥期间届满将产生撤销权、解除权等实体权利消灭的法律后果,这就使得"除斥期间是否届满"和"权利人是否在其权利的存续期间(除斥期间)依法行使权利"等事实成为直接影响当事人的民事权利义务并对案件的处理结果具有实质性影响的案件基本事实①;加之法律没有像《民法典》第193条所说的"人民法院不得主动适用诉讼时效的规定"那样,针对除斥期间规定"人民法院不得主动适用除斥期间的规定",因此,在审理涉及当事人的撤销权、解除权等适用除斥期间的权利的纠纷案件时,人民法院应当依职权主动审查"除斥期间是否已经届满"、"权利人是否在除斥期间届满前依法行使了撤销权、解除权等权利"以及"权利人的撤销权、解除权等权利是否已经消灭"等案件基本事实。② 这跟《民法典担保制度解释》第34条第1款针对保证期间所说的"人民法院在审理保证合同纠纷案件时,应当将保证期间是否届满、债权人是否在保证期间内依法行使权利等事实作为案件基本事实予以查明"是类似的。

对此,最高人民法院(2020)最高法行申7048号行政裁定书认为:"当事人行使撤销权应当在除斥期间届满前行使,超出该期间即丧失撤销权的行使权利。人民法院可依职权主动对除斥期间是否届满进行审查。"在林某香诉山东省某某县住房和城乡规划建设局等房屋征收行政协议案中,最高人民法院(2018)最高法行申3480号行政裁定书也认为:"所谓除斥期间,是指法律对某种权利规定的存续期间,主要适用对象为形成权,如撤销权、追认权等,其制度目的在于督促权利人尽快行使权利,以维护交易秩序和合同的稳定性。除斥期间与诉讼时效在制度设计上虽具有一定共性,但也存在不同之处,比如人民法院可依职权主动审查以确定除斥期间是否届满。根据《合同法》第五十五条之规定,权利人行使撤销权应自知道或应当知道撤销事由之日起一年内行使,该期间系除斥期间,不存在中止、中断或延长情形,超出该期间即丧失撤销权的行使权利。本案中,原审法院依职权主动审查再审申请人林某香行使被诉补偿协议撤销

---

① 《民事诉讼法》第177条第1款第3项规定:"第二审人民法院对上诉案件,经过审理,按照下列情形,分别处理:……(三)原判决认定基本事实不清的,裁定撤销原判决,发回原审人民法院重审,或者查清事实后改判",第211条第2项规定:"当事人的申请符合下列情形之一的,人民法院应当再审:……(二)原判决、裁定认定的基本事实缺乏证据证明的"。《民诉法解释》(2022年修正)第333条规定:"民事诉讼法第一百七十七条第一款第三项规定的基本事实,是指用以确定当事人主体资格、案件性质、民事权利义务等对原判决、裁定的结果有实质性影响的事实"。

② 针对合同解除权,《民法典合同编通则解释》第53条明确规定了:"当事人一方以通知方式解除合同,并以对方未在约定的异议期限或者其他合理期限内提出异议为由主张合同已经解除的,人民法院应当对其是否享有法律规定或者合同约定的解除权进行审查。经审查,享有解除权的,合同自通知到达对方时解除;不享有解除权的,不发生合同解除的效力。"应该说,上述规定只是要求法院对"当事人是否享有解除权"进行审查,没有要求法院对"当事人是否在解除权行使期限内依法行使解除权"进行审查,不无遗憾。

权是否超过期限,符合法律规定。”①

四、除斥期间与保证期间

保证期间是与除斥期间密切相关的概念。

(一)保证期间的界定

《民法典》第 692 条第 1 款对“保证期间”给出的定义是“确定保证人承担保证责任的期间”。保证期间也具有督促权利人及时行使权利的制度功能。②

根据《民法典》第 692 条至第 694 条、第 695 条第 2 款和《民法典担保制度解释》第 30 条至第 34 条的规定,保证期间具有以下特征:

一是保证期间既包括约定的保证期间,也包括法定的保证期间;但原则上适用当事人约定的保证期间,只有在当事人没有约定保证期间或者当事人约定的保证期间不明确的情况下,才适用法定的保证期间。

对此,《民法典》第 692 条第 2 款规定:“债权人与保证人可以约定保证期间,但是约定的保证期间早于主债务履行期限或者与主债务履行期限同时届满的,视为没有约定;没有约定或者约定不明确的,保证期间为主债务履行期限届满之日起六个月”③;其中,针对债权人与债务人对主债务履行期限没有约定或者约定不明确时的保证期间的起算时间,《民法典》第 692 条第 3 款进一步明确:“债权人与债务人对主债务履行期限没有约定或者约定不明确的,保证期间自债权人请求债务人履行债务的宽限期届满之日起计算。”

二是保证期间原则上不发生中止、中断和延长。

对此,《民法典》第 692 条第 1 款规定了:“保证期间是确定保证人承担保证责任的期间,不发生中止、中断和延长。”

三是保证期间并非绝对的不变期间,债权人和保证人经协商一致可以变更保证期间的期间长短。

根据《民法典》第 692 条第 2 款所说的“债权人与保证人可以约定保证期间”,《民法典担保制度解释》第 30 条第 1 款所说的“最高额保证合同对保证期间的计算方式、

---

① 重庆市高级人民法院(2018)渝民申 1860 号民事裁定书也认为:“申请人 2016 年 6 月 28 日才起诉请求解除合同,早已超过一年的合同解除权行使期限,解除权已经消灭。……原审法院针对本案并未适用诉讼时效的相关法律规定,而是适用除斥期间的相关法律规定,且人民法院对除斥期间应当主动审查适用,所以本案并不存在被告未抗辩人民法院主动适用诉讼时效的问题。”

② 最高人民法院(2021)最高法民再 346 号民事判决书认为:“基于一般理解,……保证期间与诉讼时效制度创设的目的均是督促权利人积极行使权利……”最高人民法院(2018)最高法民再 323 号民事判决书认为:“从保证期间的制度目的看,法律规定保证期间的目的有二:一是督促债权人及时行使权利,避免其怠于行使权利使保证人长期处于可能履行担保债务的不确定状态;二是保障保证人及时向主债务人行使追偿权。”

③ 针对《民法典》施行前成立的保证合同对保证期间约定不明确或没有约定时的保证期间,《最高人民法院关于适用〈中华人民共和国民法典〉时间效力的若干规定》第 27 条规定:“民法典施行前成立的保证合同,当事人对保证期间约定不明确,主债务履行期限届满至民法典施行之日不满二年,当事人主张保证期间为主债务履行期限届满之日起二年的,人民法院依法予以支持;当事人对保证期间没有约定,主债务履行期限届满至民法典施行之日不满六个月,当事人主张保证期间为主债务履行期限届满之日起六个月的,人民法院依法予以支持。”

起算时间等有约定的,按照其约定”和《民法典》第 543 条所说的“当事人协商一致,可以变更合同”,在不违反法律法规的强制性规定(比如《民法典》第 692 条第 2 款所说的“约定的保证期间早于主债务履行期限或者与主债务履行期限同时届满的,视为没有约定”)的范围内,债权人和保证人不仅可以在协商一致的基础上自主约定保证期间的期间长短,还可以在协商一致的基础上自主变更(延长或缩短)保证期间的期间长短。这也是《民法典》第 5 条规定的自愿原则的应有之义和具体体现。也因此,《民法典》第 692 条第 1 款所说的“保证期间……不发生中止、中断和延长”属于法律的原则性规定,并不意味着保证期间是绝对的不变期间。事实上,《民法典》第 695 条第 2 款所说的“债权人和债务人变更主债权债务合同的履行期限,未经保证人书面同意的,保证期间不受影响”,也意味着,在债权人和债务人变更主债权债务合同的履行期限的情况下,经保证人同意,保证期间也可以随主债权债务合同的履行期限的变更而相应发生变更。

四是债权人在保证期间内未依法行使相应的权利的,保证期间届满将发生保证人不承担保证责任、保证责任消灭的法律后果。

对此,《民法典》第 693 条第 1 款规定:“一般保证的债权人未在保证期间对债务人提起诉讼或者申请仲裁的,保证人不再承担保证责任”,第 2 款规定:“连带责任保证的债权人未在保证期间请求保证人承担保证责任的,保证人不再承担保证责任”;《民法典担保制度解释》第 34 条第 2 款第 1 句更是明确规定:“债权人在保证期间内未依法行使权利的,保证责任消灭”。

由此可见,《民法典担保制度解释》第 34 条第 2 款第 1 句所说的“债权人在保证期间内未依法行使权利的,保证责任消灭”,事实上使得保证期间在某种程度上满足了《民法典》第 199 条针对除斥期间所说的“存续期间届满,撤销权、解除权等权利消灭”的要件。

(二)保证期间属于除斥期间

实务中,有裁判意见认为,保证期间在性质上属于除斥期间。比如,最高人民法院(2021)最高法民再 346 号民事判决书认为:“保证期间是意定期间、除斥期间”。①

五、除斥期间与诉讼时效期间

诉讼时效期间也是与除斥期间密切相关的概念。结合上述针对《民法典》第 188 条至第 199 条的分析,可以认为,总体而言,除斥期间与诉讼时效期间既有相似之处,也有不同之处,但更主要的是不同。

---

① 类似的裁判意见,还可见最高人民法院(2018)最高法民终 806 号民事判决书、(2016)最高法民申 2828 号民事裁定书、(2015)民申字第 3359 号民事裁定书、(2013)民申字第 756 号民事裁定书等。此外,《陕西省高级人民法院民二庭关于审理担保纠纷案件若干法律问题的意见》(2007 年 12 月 6 日)、《辽宁省高级人民法院关于当前商事审判中适用法律若干问题的指导意见》(辽高法〔2005〕29 号)、《北京市高级人民法院审理民商事案件若干问题的解答(之三)》(京高法发〔2002〕51 号)第 7 条都曾认为“保证期间是除斥期间”。

(一)除斥期间与诉讼时效期间的相似之处

除斥期间和诉讼时效期间的相似之处,主要体现在:

一是在性质上,二者都是民法上的期间,原则上都适用《民法典》第 200 条至第 203 条关于期间计算的规定。

二是在功能上,二者都具有促使权利人及时行使权利、维护交易安全、稳定法律秩序的制度功能,都属于从行使期限的角度对权利人权利施加的限制。

三是在法律效果上,二者的期间届满都将导致权利人丧失特定的权利,都将使得对方当事人取得相应的抗辩权。

(二)除斥期间与诉讼时效期间的不同之处

除斥期间和诉讼时效期间的不同之处,则主要体现在:

一是在产生依据上,诉讼时效期间只能由法律规定、当事人约定的无效(见《民法典》第 197 条第 1 款),而除斥期间既可以由法律规定,也可以由当事人约定(见《民法典》第 199 条、第 564 条)。

二是在性质上,诉讼时效期间是权利人请求法院保护其民事权利的期间,并非民事权利的存续期间;而除斥期间是民事权利的存续期间、行使期限。

三是在期间变化上,诉讼时效期间原则上是不变期间,但可以因诉讼时效中止而发生变化(见《民法典》第 194 条)、因诉讼时效中断而重新计算(见《民法典》第 195 条);而除斥期间虽然原则上不发生中止、中断或延长(见《民法典》第 199 条),但并非绝对不变的期间,就当事人约定的除斥期间而言,经当事人协商一致,也可以变更(延长或缩短)除斥期间的期间长短。

四是在法律效果上,诉讼时效期间届满产生的是使得义务人取得不履行义务的抗辩权、可能(但并非当然)导致权利人丧失胜诉权的法律效力,但并不发生导致权利人实体权利消灭的法律后果(见《民法典》第 192 条);而除斥期间届满则产生权利人实体权利消灭的法律效果(见《民法典》第 199 条、第 152 条、第 564 条等)。

五是在适用上,法院不得依职权主动适用包括诉讼时效期间在内的各项诉讼时效制度(见《民法典》第 193 条),但可以(甚至应当)依职权主动适用除斥期间制度。

第十章　期间计算

《民法典》总则编第十章"期间计算"共有5个条文(第200条至第204条),规定了民法上的期间的计算方法,涉及期间的计算单位(第200条)、期间的起算(第201条)、期间的最后一日及其截止时间(第202条和第203条)、期间计算方法的非强制性(第204条)。[①]

第二百条　【期间的计算单位】民法所称的期间按照公历年、月、日、小时计算。

【条文通释】

《民法典》第200条是关于期间的计算单位[②]的规定。

一、民法期间的计算单位

根据《民法典》第200条和第204条,在法律未作其他规定且当事人未作其他约定的情况下,民法上的期间的计算单位,采用的是公历历法的时间单位,而不按照农历[③]等其他历法的时间单位计算。

比如,在张某与江阴市新某见工程有限公司、毛某光买卖合同纠纷案中,江苏省高级人民法院(2020)苏民再223号民事判决书认为:"对于2012年底如何理解问题,张某主张应指2012年公历年底,在此时间前,毛某光在新某见公司的工程款为2109026.8元,超过了180万元;新某见公司主张应指2012年农历年底(2013年春节是2月10日),2012年农历年底毛某光在新某见公司的工程款为1410554.8元(其中包含2013年2月5日入账的劳务费1481528元)。本院认为,《中华人民共和国民法总则》第二百条规定:'民法所称的期间按照公历年、月、日、小时计算。'在双方对此未作出明确约定且无交易惯例存在的情况下,案涉《协议》中的2012年底应理解为2012年公历年底"。

---

① 全国人民代表大会常务委员会时任副委员长王晨2020年5月22日在第十三届全国人民代表大会第三次会议上作的《关于〈中华人民共和国民法典(草案)〉的说明》使用了"期间的计算单位"的表述("期间的计算单位、起算、结束和顺延")。

② 全国人民代表大会常务委员会时任副委员长王晨2020年5月22日在第十三届全国人民代表大会第三次会议上作的《关于〈中华人民共和国民法典(草案)〉的说明》使用了"期间的计算单位"的表述。

③ 农历,又称夏历,是"现行的中国传统阴阳历法,依据太阳和月球位置的精确预报以及约定的日期编排规则编排日期,并以传统命名方法表述日期"(国家标准《农历的编算和颁行》(GB/T 33661-2017)第3.15条)。

需要注意的是,《民法典》第 200 条只是规定了年、月、日和小时这 4 种期间的计算单位按照公历历法计算,没有对其他期间(比如星期、时辰、分钟、秒)的计算单位是否也按照公历历法计算进行规定。此时应当适用其他法律法规的规定;在法律法规未作规定的情况下,可由当事人自主约定。但是,由于公历的日是由公历的小时组成的、公历的小时是由公历的分钟组成的、而公历的分钟又是由公历的秒组成的,因此,根据《民法典》第 204 条所说的"期间的计算方法依照本法的规定,但是法律另有规定或者当事人另有约定的除外",在法律未作规定且当事人未作约定的情况下,以分钟或秒为计算单位的期间事实上也是按照公历的分钟或秒为单位计算的。

二、公历的时间单位

公历分为时长为 365 个日历日的平年和时长为 366 个日历日的闰年(即能被 4 整除的年,但不能被 400 整除的百年是平年而非闰年)。①

公历的时间单位包括秒、分、小时、日、星期、月、年、百年。② 其中:

(1)"分"或"分钟",指的是一个时长为 60 秒的计量单位③。

(2)"小时"或"时",指的是一个时长为 60 分的计量单位④。

(3)"日"或"天",指的是一个时长为一个日历日的计量单位⑤;"日历日",通常也称"日",则指一个开始于某日的起始并结束语次日起始的师表单位(次日的起始时第二个日历日的开始时刻;基于 24 小时制的日历日时长原则上为 24 小时)⑥。

(4)"星期",指的是一个时长为一个日历星期的计量单位⑦;"日历星期",通常也称"星期",则指一个从星期一开始到星期日结束的由七个日历日构成的时标单位⑧。

(5)"月",指的是一个时长为一个日历月的计量单位⑨。"日历月",通常也称"月",则指将一个日历年划分成 12 个连续的日历月;其中每个月有一个特定的名称,并含有指定的天数;在公历中,日历年中按顺序出现的月命名以及包含的天数如下:一月(31 天),二月(平年 28 天,闰年 29 天),三月(31 天),四月(30 天),五月(31 天),六月(30 天),七月(31 天),八月(31 天),九月(30 天),十月(31 天),十一月(30 天),十二月(31 天)。⑩

---

① 《日期和时间 信息交换表示法 第 1 部分:基本原则》(GB/T 7408.1-2023)第 3.1.1.20 条、第 3.1.1.21 条和第 4.2.1 条。

② 在《民法通则》之前,《国务院关于在我国统一实行法定计量单位的命令》(国发〔1984〕28 号)后附的《中华人民共和国法定计量单位》针对时间规定的法定计量单位包括"分""(小)时"和"天(日)",其单位符号分别为 min、h 和 d,其中:1min = 60s,1h = 60min = 3600s,1d = 24h = 86400s。

③ 《日期和时间 信息交换表示法 第 1 部分:基本原则》(GB/T 7408.1-2023)第 3.1.2.3 条。

④ 《日期和时间 信息交换表示法 第 1 部分:基本原则》(GB/T 7408.1-2023)第 3.1.2.5 条。

⑤ 《日期和时间 信息交换表示法 第 1 部分:基本原则》(GB/T 7408.1-2023)第 3.1.2.10 条。

⑥ 《日期和时间 信息交换表示法 第 1 部分:基本原则》(GB/T 7408.1-2023)第 3.1.2.11 条。

⑦ 《日期和时间 信息交换表示法 第 1 部分:基本原则》(GB/T 7408.1-2023)第 3.1.2.15 条。

⑧ 《日期和时间 信息交换表示法 第 1 部分:基本原则》(GB/T 7408.1-2023)第 3.1.2.16 条。

⑨ 《日期和时间 信息交换表示法 第 1 部分:基本原则》(GB/T 7408.1-2023)第 3.1.2.18 条。

⑩ 《日期和时间 信息交换表示法 第 1 部分:基本原则》(GB/T 7408.1-2023)第 3.1.2.19 条、第 4.2.1 条。

(6)“年”,指的是一个时长为一个日历月的计量单位①;“日历年”,通常也称“年”,则指历法中的循环时间间隔,为地球绕太阳公转一周所需要的时间(接近日历日的整数倍)②。

三、当事人可以自主约定期间的计算单位

《民法典》第200条所说的“民法所称的期间按照公历年、月、日、小时计算”,不影响当事人对期间的计算单位自主作出约定。这也是《民法典》第204条所说的“期间的计算方法依照本法的规定,但是法律另有规定或者当事人另有约定的除外”的应有之义和具体体现。

也因此,针对一年的期间是按360天计算还是按365天计算的问题,不同的法规也作出了不同的规定。

比如,原《民通意见》(已废止)第198条第1款曾经规定:“当事人约定的期间不是以月、年第一天起算的,一个月为三十日,一年为三百六十五日”,《中国人民银行关于调整债券回购日利率折算标准的通知》(银货政〔1999〕112号)也规定,在债券回购的交易、结算中,日利率统一按年利率除以365天折算;③而《中国人民银行关于人民币存贷款计结息问题的通知》(银发〔2005〕129号)则规定,人民币存贷款利率的换算公式为日利率(‰)=年利率(%)÷360。

第二百零一条 【期间的起算】按照年、月、日计算期间的,开始的当日不计入,自下一日开始计算。

按照小时计算期间的,自法律规定或者当事人约定的时间开始计算。

【条文通释】

《民法典》第201条是关于期间的起算④的规定。

一、按年、月、日计算的期间的起算日

《民法典》第201条第1款明确了按照年计算的期间、按照月计算的期间和按照日计算的期间的起算日的确定办法,即“开始的当日不计入,自下一日开始计算”。

根据《民法典》第201条第1款和第204条,只要法律法规没有对按照年计算的期

---

① 《日期和时间 信息交换表示法 第1部分:基本原则》(GB/T 7408.1-2023)第3.1.2.20条。

② 《数据元和交换格式 信息交换 日期和时间表示法》(GB/T 7408-2005,已废止)第3.30条、第4.3.1条。

③ 此外,财政部、中国人民银行《中央国库现金管理商业银行定期存款招投标规则》(财库〔2018〕11号)第10条针对中央国库现金定期存款年利率折算为日利率也规定一年按365天计算;《人民法院办理执行案件规范(第二版)》针对迟延履行期间债务利息的日利率也规定按照同期贷款基准利率的年利率除以三百六十五天计算。

④ 全国人民代表大会常务委员会时任副委员长王晨2020年5月22日在第十三届全国人民代表大会第三次会议上作的《关于〈中华人民共和国民法典(草案)〉的说明》使用了“期间的起算”的表述(“期间的计算单位、起算、结束和顺延”)。

间、按照月计算的期间和按照日计算的期间的起算日作出不同规定，并且当事人也没有作出不同约定，那么，不论是按照年计算的期间，还是按照月计算的期间，抑或按照日计算的期间，其起算日都是开始的当日的次日（即以开始的当日的次日为期间的第一天）。①

也就是说，就期间的起算而言，即使期间开始的当日的下一日是法定休假日，原则上也应当以该下一日作为期间的第一日。这跟《民法典》第 203 条第 1 款针对期间的最后一日规定了“期间的最后一日是法定休假日的，以法定休假日结束的次日为期间的最后一日”是不同的。

比如，在甘肃某某生化科技有限公司与甘肃省某某产业融资担保有限公司等追偿权纠纷案中，最高人民法院（2021）最高法民申 5421 号民事裁定书认为：“在展期前，案涉主债务的履行届满日期为 2017 年 6 月 27 日，某某担保公司的保证期间依约定为自该日起两年。依照《中华人民共和国民法总则》第二百零一条‘按照年、月、日计算期间的，开始的当日不计入，自下一日开始计算’之规定，某某担保公司的保证期间为：自 2017 年 6 月 28 日起至 2019 年 6 月 27 日止”。②

不过，《民法典》第 201 条第 1 款只是规定了按照年计算的期间、按照月计算的期间和按照日计算的期间的起算日的确定办法，没有涉及按照星期计算的期间的起算日的确定办法。在法律法规没有另作规定并且当事人也没有另作约定的情况下，此时也应当参照适用《民法典》第 201 条第 1 款的规定。

二、按小时计算的期间的起算时间

与《民法典》第 201 条第 1 款直接规定了按照年计算的期间、按照月计算的期间和按照日计算的期间的起算日的确定办法不同，《民法典》第 201 条第 2 款没有直接规定按照小时计算的期间的起算时间，而是交由法律（包括《民法典》的其他规定）予以规定或交由当事人自主约定，即“自法律规定的时间开始计算”或“自当事人约定的时间开

---

① 针对民事诉讼中的期间起算，《民诉法解释》第 125 条也规定：“依照民事诉讼法第八十五条第二款规定，民事诉讼中……以日、月、年计算的期间从次日起算。”

② 又如，在庆阳市西峰区某森小额贷款有限责任公司与张某、唐某及路某民间借贷纠纷案中，甘肃省高级人民法院（2021）甘民再 36 号民事裁定书认为：“《中华人民共和国民法总则》第二百零一条规定：‘按照年、月、日计算期间的，开始的当日不计入，自下一日开始计算。’第二百零二条规定：‘按照年、月计算期间的，到期月的对应日为期间的最后一日。’《最高人民法院关于适用〈中华人民共和国担保法〉若干问题的解释》第三十二条第二款规定：‘保证合同约定保证人承担保证责任直至主债务本息还清时为止等类似内容的，视为约定不明，保证期间为主债务履行期届满之日起二年。’担保责任的性质是在债务人不履行债务时承担的责任，担保法对法定保证期间的起算时间明确规定为‘主债务履行期届满之日起’。在连带责任保证中，如果当事人没有约定保证责任的起算点，则应当从主债务履行期届满之日起计算，保证期间为主债务履行期届满之日起二年。本案中，依据 2013 年 11 月 12 日《借款合同》及《保证担保承诺书》约定，保证人承担连带责任保证，保证期间从借款到期之日起到借款本息还清之日止，借款到期之日为 2014 年 2 月 11 日。借款到期后，借贷双方及保证人又签订了《贷款展期协议书》，保证人同意继续为本案债务提供担保，展期后的借款到期之日为 2014 年 8 月 11 日。因保证人同意继续为本案债务提供担保，故保证期间约定的‘借款到期之日’应当为展期后的借款到期之日，即 2014 年 8 月 11 日，此时仍在债务履行期内，该日结束之前债务履行期尚未届满，保证人的保证期限应当从 2014 年 8 月 12 日起开始计算。在案证据能够证明某森小贷公司已于 2016 年 8 月 11 日向人民法院提起诉讼，并未超过二年保证期间。”

始计算”。

其中,《民法典》第 201 条第 2 款所说的“自法律规定的时间开始计算”,可以参照《民诉法解释》第 125 条所说的“依照民事诉讼法第八十五条第二款规定,民事诉讼中以时起算的期间从次时起算”。

《民法典》第 201 条第 2 款所说的“自当事人约定的时间开始计算”,适用于法律没有对按照小时计算的期间的开始时间作出规定或作出强制性规定的情形。

此外,《民法典》第 201 条第 2 款也没有涉及按照分钟、秒计算的期间的起算时间的确定办法。按照分钟、秒计算的期间的起算时间,也应当“自法律规定或者当事人约定的时间开始计算”;在法律未作规定且当事人未作约定的情况下,应当参照适用《民法典》第 201 条第 1 款所说的“按照年、月、日计算期间的,开始的当日不计入,自下一日开始计算”或《民诉法解释》第 125 条所说的“以时起算的期间从次时起算”。

比如,在颜某峰与浙江某某网络有限公司网络服务合同纠纷案中,针对 2018 年 4 月 27 日 10:01:09 原告颜某峰出价后竞价延时五分钟的截止时间如何确定的问题,山东省滕州市人民法院(2018)鲁 0481 民初 6044 号民事判决书认为:“原告主张竞价延时截止时间为 10:06:08,被告辩称截止时间应为 10:06:09。双方存在争议的原因在于对计时起算点的认识不同。原告主张应自出价时间即 10:01:09 开始计时,因此竞价延时五分钟的截止时间为 10:06:08。被告主张应自出价时间的下一秒即 10:01:10 开始计时,故截止时间为 10:06:09。本院认为,《中华人民共和国民法总则》第二百零一条、第二百零四条规定:按照年、月、日计算期间的,开始的当日不计入,自下一日开始计算;按照小时计算期间的,自法律规定或者当事人约定的时间开始计算;期间的计算方法依照本法的规定,但是法律另有规定或者当事人另有约定的除外,据此原告出价后竞价延时应自原告出价时间的下一秒即 10:01:10 开始计时,其后竞买人 F7024 的出价及竞价成功时间亦印证了此计时方式。因此原告出价后的竞价延时截止时间应为 10:06:09”。在该案的二审程序中,山东省枣庄市中级人民法院(2019)鲁 04 民终 2033 号民事判决书认为:“原审认定事实清楚,适用法律正确,判决结果正确。”

第二百零二条　【期间的最后一日】按照年、月计算期间的,到期月的对应日为期间的最后一日;没有对应日的,月末日为期间的最后一日。

【条文通释】

《民法典》第 202 条是关于期间的最后一日①的一般规定。

① 全国人民代表大会常务委员会时任副委员长王晨 2020 年 5 月 22 日在第十三届全国人民代表大会第三次会议上作的《关于〈中华人民共和国民法典(草案)〉的说明》使用了“期间的结束”的表述(“期间的计算单位、起算、结束和顺延”)。

一、按照年或月计算的期间的最后一日

（一）一般规定

与《民法典》第 201 条第 1 款关于按照年、月、日计算期间的起算日的规定相对应，《民法典》第 202 条规定了按照年计算的期间和按照月计算的期间的最后一日的确定办法，即：以“到期月的对应日”为期间的最后一日；如果到期月没有对应日，则以到期月的月末日为期间的最后一日。

《民法典》第 202 条所说的“到期月的对应日”，指的是期间到期月当月当中与该期间开始的当日相对应的日期。比如，就按一年计算的期间而言，如果开始的当日为 2024 年 1 月 1 日，那么，该一年期间的最后一日为 2025 年 1 月 1 日（该一年期间的起算日为 2024 年 1 月 2 日，而非 2024 年 1 月 1 日）。

对此，在延安某天油田服务有限公司与新疆某某（集团）石油天然气有限责任公司合同纠纷案中，新疆维吾尔自治区高级人民法院（2022）新民终 7 号民事判决书也认为：“《中华人民共和国民法典》第二百零二条规定：‘按照年、月计算期间的，到期月的对应日为期间的最后一日；没有对应日的，月末日为期间的最后一日。’所谓对应日，应是指期间起算当日所对应的以日为单位的时间，而非开始的当日的下一日的对应日。依据本条规定，按照年、月计算期间的，到期月的对应日为期间的最后一日。具体到本案，某天公司履行投入不低于 6450.77 万元的风险勘探作业费的期间为自 2018 年 7 月 6 日起 24 个月内，则该债务履行期间届满的对应日为 2020 年 7 月 6 日。”①

其中，就按照年计算的期间而言，由于根据《日期和时间 信息交换表示法 第 1 部分：基本原则》（GB/T 7408.1-2023）第 4.2.1 条的规定，只有闰年的 2 月份才有 29 天、

---

① 又如，在李某芳与王某等房屋买卖合同纠纷案中，天津市高级人民法院（2018）津民申 2389 号民事裁定书认为：“按照 2017 年 4 月 8 日签订的补充协议约定，自该协议签订满四个月，若仍未有确定的方案，能满足过户前提，则王某、李某芳双方在一个月内均可解除本次买卖交易。依照《中华人民共和国民法总则》第二百零二条规定，按照年、月计算期间的，到期月的对应日为期间的最后一日。故此，‘四个月’以 2017 年 8 月 8 日为期间的最后一日，李某芳于该日向王某发出解除合同通知，不符合补充协议关于解除合同的约定。2017 年 8 月 8 日李某芳向一审法院第一次提起诉讼，但李某芳与王某在该次诉讼中并未就涉案房屋买卖合同应继续履行抑或解除等问题达成一致，李某芳于其后撤诉，亦不发生合同解除的法律效果。”不过，也有裁判意见认为《民法典》第 202 条所说的“到期月的对应日”指的是期间的开始的当日的下一日的对应日。比如，在尹某红等与贵州中某某佳房地产开发有限公司等民间借贷纠纷案中，最高人民法院（2019）最高法民再 170 号民事判决书认为：“本案中，双方约定借款期限暂定半年，没有明确具体的起止时间；虽然合同签订日为 2014 年 4 月 1 日，但尹某红分多次向某壹公司、中某某佳公司出借款项，最后一笔借款出借日为 2014 年 4 月 15 日。故本案应当按照实际给付最后一笔借款本金来确定借款期间的起止时间。《中华人民共和国民法总则》第二百零一条第一款规定，按照年、月、日计算期间的，开始的当日不计入，自下一日开始计算。第二百零二条规定，按照年、月计算期间的，到期月的对应日为期间的最后一日。本案中双方约定的借款期间系半年，而按照法律规定本案的保证期间为 6 个月，属于按年或月计算期间的情形，故本案借款期间的起始时间应当为 2014 年 4 月 15 日之次日即 2014 年 4 月 16 日，借款期间的最后一日为到期月对应日即 2014 年 10 月 16 日。本案的主债务履行期届满之日为 2014 年 10 月 16 日，保证期间应从 2014 年 10 月 17 日开始计算，到期月的对应日即 2015 年 4 月 17 日为保证期间的最后一日。尹某红于 2015 年 4 月 15 日向一审法院提起诉讼，其起诉在保证期间内，故尹某红主张某泰置业公司对某壹公司、中某某佳公司的债务承担连带清偿责任，具有事实及法律依据，应予支持。”

平年的2月份只有28日,因此,《民法典》第202条所说的"[到期月]没有对应日",指向的是以2月29日为开始的当日的按照年计算的期间。根据《民法典》第202条的规定,在此情况下,如果到期月没有2月29日,则以到期月当月的最后一日(2月28日)为期间的最后一日。

而就按照月计算的期间而言,由于《日期和时间 信息交换表示法 第1部分:基本原则》(GB/T 7408.1-2023)第4.2.1条的规定,只有1月份、3月份、5月份、7月份、8月份、10月份和12月份才有31天,2月份只有28天(平年)或29天(闰年),4月份、6月份、9月份和11月份只有30天,因此,《民法典》第202条所说的"[到期月]没有对应日",指向的是以当月的31日为开始的当日的按照月计算的期间且其到期月只有28天或29天或30天的情形,以当月的30日为开始的当日的按照月计算的期间且其到期月只有28天或29天的情形,和以当月的29日为开始的当日的按照月计算的期间且其到期月只有28天的情形。根据《民法典》第202条的规定,在上述任一情形下,均应以到期月当月的最后一日为期间的最后一日。

比如,在周某与重庆某杰门业有限责任公司等承揽合同纠纷案中,重庆市高级人民法院(2019)渝民申758号民事裁定书认为:"重庆市第四中级人民法院于2018年8月24日作出(2018)渝04民终949号民事判决,周某于2018年8月29日收到该民事判决。《中华人民共和国民事诉讼法》第二百零五条规定:'当事人申请再审,应当在判决、裁定发生法律效力后六个月内提出;有本法第二百条第一项、第三项、第十二项、第十三项规定情形的,自知道或应当知道之日起六个月内提出。'《中华人民共和国民法总则》第二百零二条规定:'按照年、月计算期间的,到期月的对应日为期间的最后一日;没有对应日的,月末日为期间的最后一日。'因此,周某申请再审的期限应当从收到判决书的第二日起计算六个月,即自2018年8月30日起至2019年2月28日止。故周某于2019年3月1日向本院提出再审申请,已超过法定的时限。"

(二)特别规定

需要注意的是,关于按照年计算的期间和按照月计算的期间的最后一日的确定办法,《民法典》第202条属于一般规定,《民法典》第203条第1款作出了特别规定,即:"期间的最后一日是法定休假日的,以法定休假日结束的次日为期间的最后一日"。

也就是说,在依照《民法典》第202条的规定确定的期间的最后一日是法定休假日的情形,应当适用《民法典》第203条第1款的规定,以法定休假日结束的次日为期间的最后一日。

二、其他期间的结束时间

需要注意的是,《民法典》在第201条第2款规定了按照小时计算的期间的开始时间的确定办法,但没有规定按照小时计算的期间的结束时间的确定办法;此外,《民法典》也没有规定按照分钟或秒计算的期间的结束时间的确定办法。

与《民法典》第201条第2款所说的"按照小时计算期间的,自法律规定或者当事人约定的时间开始计算"相对应,此时也应当以法律规定或当事人约定的结束时间为截止时间。

第二百零三条　【期间最后一日的顺延和截止时间】期间的最后一日是法定休假日的，以法定休假日结束的次日为期间的最后一日。

期间的最后一日的截止时间为二十四时；有业务时间的，停止业务活动的时间为截止时间。

【条文通释】

《民法典》第 203 条是关于期间最后一日的顺延①和截止时间的规定。

一、期间最后一日的顺延

在且仅在“期间的最后一日是法定休假日”的情形，《民法典》第 203 条第 1 款对期间的最后一日的确定办法作出了特别的规定，即：“以法定休假日结束的次日为期间的最后一日”。

也就是说，在“期间的最后一日是法定休假日”的情形，不再以原定的期间的最后一日为准，而是将原定的期间的最后一日顺延至法定休假日结束后的次日。

其中，《民法典》第 203 条第 1 款所说的“期间的最后一日是法定休假日”中的“期间的最后一日”，指的是依照《民法典》第 202 条所说的“按照年、月计算期间的，到期月的对应日为期间的最后一日；没有对应日的，月末日为期间的最后一日”确定的期间的最后一日。

《民法典》第 203 条第 1 款所说的“法定休假日”，原则上指的是国务院《全国年节及纪念日放假办法》第 2 条所说的“全体公民放假的节日”②。

不过，考虑到国家每年都会对全体公民放假的节日及其前后日期进行放假调休③，国家在其他情形下也可能进行放假调休④，因此，国家统一放假调休的所有日期，也都应当参照适用《民法典》第 203 条第 1 款所说的“期间的最后一日是法定休假日的，以法定休假日结束的次日为期间的最后一日”。

对此，原《民通意见》（已废止）第 198 条第 2 款曾经规定：“期间的最后一天是星期

---

①　全国人民代表大会常务委员会时任副委员长王晨 2020 年 5 月 22 日在第十三届全国人民代表大会第三次会议上作的《关于〈中华人民共和国民法典（草案）〉的说明》使用了“期间的顺延”的表述（“期间的计算单位、起算、结束和顺延”）。

②　《全国年节及纪念日放假办法》（2013 年修订）第 2 条规定：“全体公民放假的节日：（一）新年，放假 1 天（1 月 1 日）；（二）春节，放假 3 天（农历正月初一、初二、初三）；（三）清明节，放假 1 天（农历清明当日）；（四）劳动节，放假 1 天（5 月 1 日）；（五）端午节，放假 1 天（农历端午当日）；（六）中秋节，放假 1 天（农历中秋当日）；（七）国庆节，放假 3 天（10 月 1 日、2 日、3 日）。”

③　比如，《国务院办公厅关于 2024 年部分节假日安排的通知》（国办发明电〔2023〕7 号）。

④　比如，《国务院关于中国人民抗日战争暨世界反法西斯战争胜利 70 周年纪念日调休放假的通知》（国发明电〔2015〕1 号）规定：“2015 年是中国人民抗日战争暨世界反法西斯战争胜利 70 周年。为使全国人民广泛参与中央及各地区各部门举行的纪念活动，2015 年 9 月 3 日全国放假 1 天。为方便公众安排假日期间生产生活，特作如下调休：9 月 3 日至 5 日调休放假，共 3 天。其中 9 月 3 日（星期四）放假，9 月 4 日（星期五）调休，9 月 6 日（星期日）上班。”

日或者其他法定休假日，而星期日或者其他法定休假日有变通的，以实际休假日的次日为期间的最后一天”①，《最高人民法院关于调休后的工作日、节假日是否适用期间顺延规定的批复》（〔2016〕最高法刑他142号）也认为：“国务院关于法定节假日调休的安排每年不尽相同；而对普通公民而言，星期六、星期日作为假日已经成为生活常态。在此情况下，普通公民将调休后需上班的星期日仍然视为假日亦在情理之中，如果简单地以调休后需上班的星期日已经变为工作日为由，认定当事人的上诉期限已经届满，既不适当地加重了当事人的注意义务，也不利于保护当事人的合法诉权。”

需要注意的是，《民法典》第203条第1款所说的“法定休假日”，与《劳动法》所说的“休息日”②是不同的。“休息日”是与“工作日”相对应的概念，指向的是劳动者在工作时间之外休息的日期；在目前实行的每周五天工作制下，星期六和星期日通常为每周的休息日③（国家统一放假调休后需要上班的星期六和星期日除外④）。尽管如此，实务中，通常也将法定休息日视同法定休假日处理。

比如，在某海财产保险股份有限公司与上海某谷物流股份有限公司等海上货物运输合同纠纷案中，针对某海公司起诉是否超过诉讼时效的问题，上海市高级人民法院（2019）沪民终521号民事判决书认为：“根据法律规定，托运人、收货人就沿海、内河货物运输合同向承运人要求赔偿的请求权，时效期间为一年，自承运人交付或者应当交付货物之日起计算。本案中，编号为HJ160××××××0752的集装箱运单下的货物在2016年2月2日抵达目的港，某海公司于2017年7月17日才向青岛海事法院提起诉讼，显然已超过法律规定的一年诉讼时效。关于编号为JXQ162××××××3703的集装箱运单下的货物，二审庭审中，某谷公司确认运载该集装箱的‘江某×’轮2016年7月15日卸船作业，并认可某乔公司同船托运的另一票目的港相同的运单下的集装箱是2016年7月15日被提走，故即使将卸船日2016年7月15日作为涉案编号为JXQ162××××××3703的集装箱运单下的货物应当交付的时间，即从2016年7月16日起算一年诉讼时效，因为2017年7月15日（星期六）是法定休假日，根据《中华人民共和国民法总则》第二百零三条的规定，期间的最后一日是法定休假日的，以法定休假日结束的次日为期间的最后一日。则该集装箱货损赔偿的请求权诉讼时效应顺延至2017年7月17日（星期一），故某海公司于2017年7月17日向青岛海事法院寄交针对该集装箱货损

① 原《民通意见》于1988年4月2日发布实施，当时尚未统一实行每周五天工作制。

② 《劳动法》第36条规定：“国家实行劳动者每日工作时间不超过八小时、平均每周工作时间不超过四十四小时的工时制度”，第38条规定：“用人单位应当保证劳动者每周至少休息一日”，第40条规定：“用人单位在下列节日期间应当依法安排劳动者休假：（一）元旦；（二）春节；（三）国际劳动节；（四）国庆节；（五）法律、法规规定的其他休假节日”，第44条规定：“有下列情形之一的，用人单位应当按照下列标准支付高于劳动者正常工作时间工资的工资报酬：（一）安排劳动者延长工作时间的，支付不低于工资的百分之一百五十的工资报酬；（二）休息日安排劳动者工作又不能安排补休的，支付不低于工资的百分之二百的工资报酬；（三）法定休假日安排劳动者工作的，支付不低于工资的百分之三百的工资报酬。”

③ 《国务院关于职工工作时间的规定》（1995年修订）第7条规定：“国家机关、事业单位实行统一的工作时间，星期六和星期日为周休息日。企业和不能实行前款规定的统一工作时间的事业单位，可以根据实际情况灵活安排周休息日”；《劳动部职业技能开发司关于技工学校贯彻〈国务院关于职工工作时间的规定〉的通知》（劳培司字〔1995〕26号）第1条规定：“各技工学校可根据教学实际情况确定施行每周五天工作制的时间，但最迟应于1995年9月1日起施行。”

④ 比如，《国务院办公厅关于2024年部分节假日安排的通知》（国办发明电〔2023〕7号）。

的起诉状，并未超过法律规定的一年诉讼时效，也即针对涉案编号为 JXQ162××××××3703 的集装箱运单下的货物发生的货损，某海公司的起诉没有超过诉讼时效。"

又如，在某某国际信托有限公司与大连某某置业有限公司等金融借款合同纠纷案中，上海金融法院（2021）沪 74 民初 4223 号民事判决书认为："《债权投资合同》第 6.4 条约定，自'抵押物二'抵押登记完成并且其对应规模的首期放款之日起 3 个月内，若尚未办理完毕关于'抵押物一'的土地抵押备案并取得他项权证，某某置业公司应按 0.4%/年向原告支付附加债权投资收益款。现各方当事人一致确认，该笔信托贷款发放时间为 2020 年 11 月 6 日，合同约定的满 3 个月之日为 2021 年 2 月 6 日，'抵押物一'他项权证办理完毕之日为 2021 年 2 月 7 日。根据《民法典》第二百零三条第一款的规定，期间的最后一日是法定休假日的，以法定休假日结束的次日为期间的最后一日。2021 年 2 月 6 日为星期六，故某某置业公司于 2021 年 2 月 7 日办理完毕他项权证并不构成违约，无需支付附加债权投资收益。"

二、期间最后一日的截止时间

《民法典》第 203 条第 2 款明确了期间的最后一日的截止时间，即：期间的最后一日当日的 24 时；但是，对于有业务时间的当事人来说，则以该当事人在期间的最后一日当日停止业务活动的时间为截止时间。

其中，《民法典》第 203 条第 2 款所说的"期间的最后一日"，指的是依照《民法典》第 202 条和第 203 条第 1 款确定的期间的最后一日。

《民法典》第 203 条第 2 款所说的"二十四时"，指的是依法确定的期间的最后一日当日的 24 时（即午夜）；在法律法规未另作规定且当事人也没有另作约定的情况下，应指北京时间 24 时。

《民法典》第 203 条第 2 款所说的"业务时间"，通常指的是当事人通过公示或其他方式为公众所知悉的在营业日开展业务活动的时间范围。比如，就商业银行而言，根据《商业银行法》第 49 条所说的"商业银行的营业时间应当方便客户，并予以公告。商业银行应当在公告的营业时间内营业，不得擅自停止营业或者缩短营业时间"，商业银行公告的营业时间即为《民法典》第 203 条第 2 款所说的"业务时间"，在商业银行公告的停止营业的时间届至，即为《民法典》第 203 条第 2 款所说的"期间的最后一日的截止时间"。

需要注意的是，《民法典》第 203 条第 2 款所说的"停止业务活动的时间为[期间的最后一日的]截止时间"，适用于当事人中至少有一方"有业务活动时间"的情形；如果各方当事人都没有业务活动时间，则应当适用《民法典》第 203 条第 2 款所说的"期间的最后一日的截止时间为二十四时"。

比如，在上诉人高某甲与被上诉人某某银行股份有限公司延安分行等借款合同纠纷案中，在认定"2018 年 6 月 8 日，案涉借款展期但并未与上诉人签订书面保证合同亦未征得上诉人同意。……2018 年 6 月 8 日，某某村镇银行与延安某某工贸有限公司签订了《人民币借款展期协议》，但并未与上诉人签订《自然人保证合同》、《借款保证合同》亦未征得上诉人同意。本院认为该事实改变了原借贷、保证合同的意思表示。上诉人高某甲不应再继续承担保证责任"的基础上，基于上诉人高某甲对展期前的《人民币资金借款合同》项下的主债权的保证期间为2018年6月23日至2020年6月22日止和某行延安分行2020年6月22日傍晚18时34分、同日傍晚19时5分分两次向上诉人发送短信主张权利的事实,陕西省延安市中级人民法院(2022)陕06民终952号民事判决书认为:"……根据《民法通则》第一百五十四条:'民法所称的期间按照公历年、月、日、小时计算。规定按照小时计算期间的,从规定时开始计算。规定按照日、月、年计算期间的,开始的当天不算入,从下一天开始计算。期间的最后一天是星期日或者其他法定休假日的,以休假日的次日为期间的最后一天。期间的最后一天的截止时间为二十四点。有业务时间的,到停止业务活动的时间截止'之规定,本案中某行延安分行分别于2020年6月22日18:34、19:05以手机短信的形式主张权益,该两个时间段分明不是在其业务活动期间。故上诉人高某甲的保证期间届满,保证责任应予以免除。"

又如,在赵某霞与邹某杰房屋租赁合同纠纷案中,北京市大兴区人民法院(2022)京0115民初14013号民事判决书也认为:"本案中,双方就最后四个月租金交纳时间产生争议,双方合同约定,'2022年8月24日前支付房租40000元(肆万元整)。后期房租需提前一月支付,逾期不交房租需当日腾清房子,相当于违约金2万元',结合双方2022年5月28日就合同到期后续租问题的讨论,该条中'后期房租'不应理解为合同到期后续租租金的交纳,同时违约金金额的约定与押金金额、月租金金额可以对应,再者邹某杰亦在与警察的沟通中认可今天(2022年7月23日)应交纳租金,故本院采信赵某霞主张,双方最后四个月租金应在2022年7月24日前交纳。《中华人民共和国民法典》第二百零三条规定,期间的最后一日的截止时间为二十四时,故邹某杰最后租金交纳时间应为2022年7月23日24时。"

第二百零四条 【期间计算方法的非强制性】期间的计算方法依照本法的规定,但是法律另有规定或者当事人另有约定的除外。

【条文通释】

《民法典》第204条是关于期间计算方法的非强制性的规定。

一、有关期间计算方法的规定和约定

《民法典》第204条所说的"期间的计算方法依照本法的规定,但是法律另有规定或者当事人另有约定的除外",表明,就期间的计算方法而言,既有《民法典》规定的期间的计算方法,也可以有其他法律规定的期间的计算方法,还可以有当事人约定的期间的计算方法。

其中,《民法典》第204条所说的"本法的规定",主要是指《民法典》第200条关于期间的计算单位的规定,第201条第1款关于期间的起算日的规定和第2款关于期间的起算时间的规定,第202条和第203条第1款关于期间的最后一日的规定,第203条第2款关于期间的最后一日的截止时间的规定。

由于《民法典》第204条使用了"期间的计算方法依照本法的规定,但是法律另有

规定或者当事人另有约定的除外"的表述，因此，《民法典》第 204 条所说的"法律另有规定"，指的是其他法律作出的与《民法典》有关期间的计算方法的规定不同的规定；《民法典》第 204 条所说的"当事人另有约定"，指的是当事人在协商一致的基础上作出的与《民法典》有关期间的计算方法的规定不同的约定。

二、有关期间计算方法的法律适用规则

《民法典》第 204 条所说的"期间的计算方法依照本法的规定，但是法律另有规定或者当事人另有约定的除外"，意味着，就期间的计算方法而言，只要法律没有另作规定并且当事人没有另作约定，就应当适用《民法典》关于期间的计算方法的规定；只要其他法律另有规定，就应当适用其他法律关于期间计算方法的特别规定，而不适用《民法典》关于期间的计算方法的规定；只要当事人另有约定，就应当适用当事人约定的期间计算方法，也不适用《民法典》关于期间的计算方法的规定。

也就是说，《民法典》关于期间的计算方法的规定，并非强制性规定，不仅法律可以作出与《民法典》关于期间的计算方法的规定不同的规定，当事人也可以作出与《民法典》关于期间的计算方法的规定不同的约定。

对此，广东省江门市中级人民法院(2019)粤 07 执复 51 号执行裁定书认为："《中华人民共和国民法总则》第二百零四条规定：'期间的计算方法依照本法的规定，但是法律另有规定或者当事人另有约定的除外。'可见，对于民事活动的期间计算方法，民法总则规定了一般性的计算方法以及除外规则。期间既可以由法律规范也可以由当事人在合同中加以规定，民法总则关于期间计算的规定属于任意规范，当事人完全可以自行约定期间。当事人另有约定的属于期间除外规则。在仅涉及当事人双方权利义务关系的期间计算，如不违背法律的强制性、禁止性规定，应充分尊重当事人的意思自治。"①

比如，在福州闽江某某城置业有限公司与某信超越控股有限公司等民间借贷纠纷案中，北京市第四中级人民法院(2021)京 04 民初 1086 号民事判决书认为："本院注意到诉讼期间某某城公司和某信控股对于核算利息时是应当按照每年 360 日计算还是每年 365 日计算存在分歧，就此本院认为，《中华人民共和国民法总则》第二百条规定'民法所称的期间按照公历年、月、日、小时计算'，但该法第二百零四条同时规定'期间的计算方法依照本法的规定，但是法律另有规定或者当事人另有约定的除外'。据此，鉴于《展期协议二》中约定年利率 8%的同时约定日利率为年利率÷360，且据此折算后实际年化利率亦未超过允许上限，故本院对某某城公司所述按照每年 360 天的标准计算利息的主张予以采信。"

---

① 浙江省台州市中级人民法院(2020)浙 10 执复 45 号执行裁定书也认为："《中华人民共和国民法总则》第二百零四条规定：期间的计算方法依照本法的规定，但是法律另有规定或者当事人另有约定的除外。可见，民法总则规定的期间除法定之外，还可以通过意定产生，充分反映当事人的意思自治原则。……《中华人民共和国民法总则》第二百零三条第一款规定：期间的最后一日是法定休假日的，以法定休假日结束的次日为期间的最后一日。第二百零四条规定：期间的计算方法依照本法的规定，但是法律另有规定或者当事人另有约定的除外。可见，民法总则关于期间计算方法的规定属于任意性规定，允许当事人通过约定加以改变。若当事人对期间计算方法作出约定的，应当按照约定计算期间。"

陈某地与浙江某通建设有限公司建设工程分包合同纠纷执行异议复议案……申请人于2019年12月2日向玉环法院汇入执行款200000元的行为是否……的问题,浙江省台州市中级人民法院(2020)浙10执复45号执行裁定书……首先,……民法总则规定的期间除法定之外,还可以通过意定产生,充分反映当事人的意思自治原则。本案执行依据(2019)浙1021民初字第5144号民事调解书确定的履行期间系复议申请人某通公司与申请执行人陈某地对自己权利的处分行为,其意思表示应当予以尊重。双方对债务履行期间的约定,既非法定期间,也非人民法院指定的期间,不应适用民事诉讼法关于期间的规定,而应适用民法总则关于期间的规定。其次,……民法总则关于期间计算方法的规定属于任意性规定,允许当事人通过约定加以改变。若当事人对期间计算方法作出约定的,应当按照约定计算期间。本案复议申请人某通公司与申请执行人陈某地在原审案件中达成经原审法院确认的调解协议,其中约定复议申请人某通公司于2019年11月30日前付清200000元。该履行期间的最后一日即2019年11月30日系周六,也系法定休假日。复议申请人某通公司与申请执行人陈某地在调解协议中并未约定将2019年11月30日顺延到法定休假日结束的次日即2019年12月2日,因此,双方当事人对履行期间的约定明确、具体,双方当事人对履行期间最后一日真实的意思表示就是2019年11月30日,而非复议申请人某通公司所主张的2019年12月2日,其提出的调解书中关于'2019年11月30日前付清200000元'的约定不明确、具体的理由不能成立,本院不予支持。最后,双方当事人已明确约定了履行期间,所以复议申请人就应当按照该履行期间早日做好履行准备以确保按期履行,而不应当以履行期间最后一日公司放假、银行跨行转账顺延的规定等理由拖延履行。综上,复议申请人某通公司于2019年12月2日向玉环法院汇入执行款200000元的行为已构成逾期履行……"①

问题是,就同一事项涉及的期间而言,在其他法律对期间计算方法另有规定、当事人也另有约定的情形,是依照其他法律的规定确定期间的计算方法,还是按照当事人的约定确定期间的计算方法?对该问题,《民法典》第204条所说的"期间的计算方法依照本法的规定,但是法律另有规定或者当事人另有约定的除外"没有涉及。结合《民法典》第204条所说的"期间的计算方法依照本法的规定,但是……当事人另有约定的除外",可以认为,在其他法律关于该事项的期间的计算方法并非强制性规定的情况下,应当按照当事人的约定确定期间的计算方法,而不是依照其他法律的规定确定期间的计算方法,以充分尊重当事人的意思表示,这也是《民法典》第5条所说的"民事主体从事民事活动,应当遵循自愿原则,按照自己的意思设立、变更、终止民事法律关系"的应有之义和具体体现。

① 类似的裁判意见,还可见安徽省合肥市中级人民法院(2019)皖01执复11号执行裁定书。

后记(代致谢)

“什么是你的本业?”本书完稿时,两位作者“如释重负”之余,也都面临着这样的“扪心自问”。吾二人,或多或少,都有些不务正业。作者之一,职业是教师,讲课、写论文、申项目,似乎应该是本业;另一作者,职业是律师,做案子、开拓案源,似乎应该是本业。写作本书,且合写本书,二人都计不了 KPI,算不得业绩。那为什么还要写?

“前言”中已经交代,写作本书肯定谈不上“舍我其谁”,尤其在已然蔚为大观、浩如烟海的现有文献面前。如果非要文艺一点的话,王小波在《沉默的大多数》这本杂文集里,曾将写作比作登山,并曾引用登山家对“为什么要登山”的回答(“因为那座山峰在那里”),这也许能比较允当地描述本书的写作动机,即便是对于两位蹩脚的攀登者而言。

一、山在那里

作者 1 在德国游学时(2009 年至 2011 年),每日泡在图书馆里看资料。由于博士论文主题是“共有制度”,对应《德国民法典》的规定,首先区别为债编的“共同关系”(第 741 条至第 758 条)与物权编的“共有”(第 1008 条至第 1011 条),但实际上债编的“共同关系”规定的是狭义的按份共同关系(Gemeinschaft nach Bruchteilen),物权编的“共有”也只是规定狭义的按份共有(Miteigentum nach Bruchteilen),德国法上的“合手共有”(Gesamthandseigentum)散见于债编的“合伙”章(当时的第 718 条、第 719 条)、第四编亲属编(第 1416 条至第 1419 条)、第五编继承编(第 2032 条以下),此外,涉及无限公司、两合公司的部分,又规定在商法典(第 105 条、第 161 条等)。于是,作者 1 可能成了为数不多的为了博士论文写作,几乎要翻检(只是翻检,完整阅读是不可能的)整套德国民法典评注的人;也因此,对德国民法典评注尤其大部头评注(施陶丁评注、慕尼黑评注)留下了很深的印象,回国后也总想着购置一套完整的,对以评注为代表达成的德国现代法教义学的成就,叹为观止。彼时,中国民法典还没有颁布,距离民法总则颁布也还有六七个年头。

2015 年 12 月 4 日至 5 日,作者 1 参加了在华东政法大学举办的“第一期中德民法评注会议:民法典总则的编纂与合同法法律评注”研讨会,与孙维飞教授一起担任 Claudia Schubert 教授《德国法上的法人及无权利能力的合伙》一文的评议人,有机会较为系统表达了作者 1 对德国法上法人、合伙、共有制度的看法。而该次会议上,最大的亮点是,朱庆育教授、贺剑博士、金晶博士以中国法为分析蓝本,分别发表了《中国合同法第 52 条第 5 项评注报告》《中国合同法第 54 条评注报告》和《中国物权法评注报两方学者的热烈讨论，作者1更是深受感染。

月15日《民法总则》颁布，也正是同一年，作者2完成了个人对《公司法》解，找作者1商量出版事宜。作者1此时方觉，原来个人注释法典也是可能是向作者2发出邀约，提出民法典颁布应该是早晚的事情，不妨先从《民法总则》开始注释民法典，作者2欣然应允，双方意思表示一致，于是约成。其后，作者1参与了朱庆育教授主持的“大评注体”写作，以一年一条（2021年至2023年）的速度完成《民法典》第967条、第968条及第969条的评注，该种写作方式也使写作者本人获益良多。本书的写作，与此平行。吾二人选择了一条稍显不同的路，但绝不是抄近路。

二、三足一跛

如所周知，即便是立法机构、司法机构出版的民法典释义书，也是大量引用学理和比较法资料。而本书，如“前言”及上文所述，选择了一条不同的道路。那么，不援引丰富的理论文献，是否会使得本书显得业余？不参引译介的比较法资料，是否会使得本书显得单薄，从而更显不专业？专业与业余（本业与副业），这本是一个跨越中西的议题；二十年前，初读《儒教中国及其现代命运》时，便被列文森独特的视角和诡谲的表达所震撼，作为费正清最为得意的弟子（被称为“莫扎特式的历史学家”），列文森（1968）作为一个美国人“旁观式”地研究儒家与中国文化精神，尤其是通过对明清绘画的讨论，提炼出“业余精神”一词来表述明清绘画传统（实为中国文化精神）的内核，揭橥在“学而优则仕”观念之下中国传统教育与政治体制必然会限制社会专业化分工的发展和职业化规范及其观念的形成，振聋发聩；后来，再读韦伯《新教伦理与资本主义精神》，不仅很容易理解，也能看出列文森对韦伯的“师承”。反躬自省，本书两位作者虽属“不务正业（本业）”，利用的也是业余时间，但希望追求和呈现的绝非是一种“业余精神”。

其一，本书未仰赖学理文献与比较法资料，只聚焦于法条真实与案例真实。在将法条和案例切割为最小单元的基础上，本书关注每一法条的语词、语词组合、项、款及其关联乃至此条与彼条的关联，尽可能穷尽其文义、穷尽案例。本书所谓“通释”，是希望基于上述写法，处理好三对关系（所谓“三足”），即理论与实务的关系、民法与商法的关系、实体与程序的关系。就前述三对关系而言，从结果论角度，本书处理得相对较好的可能至多是前两对关系。作者1偏理论，作者2偏实务，二人视角可以相互叠合，取公约数；目前，倾向于认为解释法律和法律适用当属“先分后合”，相互约束，任何人都可以解释法律，但法律人（尤其法官）解释法律的目的在于适用法律；公民、学者、法官都可以解释法律，所谓“我注六经”人人皆可，但法官（法律人）基于对法律的解释完成（辅助完成）法律适用，则是“六经注我”了。

其二，关于民法与商法的关系。作者1偏民法，作者2偏商法。而中国民法典，是民商合一的。《民法典》总则编，又是七编中最为抽象的一编，学理上所谓“完全法条”罕之又罕，依靠立法文献及真实案例形成理论与实践合一的注解，本就困难；要实现对总则编条文民商合一的注解，更是难上加难。总则编最为集中的民商合一，体现在第三章“法人”（第57条至第101条）与第四章“非法人组织”（第102条至第108条）；由于有独立的《公司法》与《合伙企业法》，《民法典》总则编第三章和第四章历来可适用性较低,但在注解过程中,两位作者却有了从民商合一视角观察决议、法定代表人、越权代表等争点问题的机会;此外,“法人”章与“非法人组织”章涉及的大量狭义法律层级以下的规范性文件,也得以梳理呈现。

不足之处,在于实体与程序的关系。真实世界的案型,不可能帮助法官或律师提前区分好哪些涉及理论争议、哪些涉及实务争点,也不可能先表明哪部分是民事问题、哪部分是商事纠纷,更不可能预先显露实体问题是重点,还是程序问题是关键。本书写作预设解释法律与法律适用,但在作者阅读和筛选海量案例过程中,无法忽视的是,很大比例案件的争点并不在于条文解释,而在于证明责任及其分配;这部分程序问题的判断及其勾画,则超出了两位作者的能力范围。比如,就用词而言,《民诉法解释》称为“举证证明责任”;而我们通常似乎又区分举证责任与证明责任,前者偏向于行为,后者偏向于结果;而在采用“规范说”的民事诉讼法理论中,似乎也有观点认为这样的区分没有必要。最终,本书还是采用“举证证明责任”这一实践概念,而对于相关程序争点,因缺乏判断能力,只能点到为止,是谓“三足一跛”也。唯留待将来,或再引入一位程序法“合伙人”,予以深化。

三、甘之如饴

“挣脱”理论之“重”及比较法之“繁”,倒也不意味着枯燥乏味。不仅如此,或因轻装上阵,时有意外的收获。当然,说收获可能会贻笑大方,可能至多是自娱自乐式的甘之如饴。聊举三例。

比如,根据《民法典》第 10 条,习惯劣后于法律,也可以构成民法的法源。而整部《民法典》提及“习惯”计有 19 次(其中“习惯”4 次、“风俗习惯”1 次、“交易习惯”14 次),相当一部分与商事习惯有关;同时,《民法典总则编解释》第 2 条规定了习惯的认定方式;从民商合一的视角,尤其是商事规范,大量涉及狭义法律层级之下的法规、规章甚至规范性法律文件,那么,这些位阶较低(但实际上尤其在商事领域里大量被使用、且反复使用)的规范,是否有可能符合习惯的认定标准,从而间接成为法源,便值得探讨。目前,在《民法典》物权编,第 388 条被认为构成“担保功能主义”对物权法定主义的冲击,引起的关注较多,但本书作者倾向于认为首先将其限定在商事领域内较为妥当;此一点,也与习惯(商事习惯)相关。

再如,《民法典》第 53 条第 2 款规定:“利害关系人隐瞒真实情况,致使他人被宣告死亡而取得其财产的,除应当返还财产外,还应当对由此造成的损失承担赔偿责任。”这应该是总则编为数不多的“完全法条”之一,是可以作为请求权基础的。但是,细究起来,观察整部《民法典》,似乎并不明确究竟被宣告死亡人的什么权利被侵害了:就概念使用而言,一般情况下,《民法典》对于侵权赔偿用“损害”(比如第 191 条、第 220 条、第 238 条,侵权责任编第二章“损害赔偿”等),对于违约赔偿用“损失”(比如第 577 条、第 582 条至第 585 条等),但又不尽然(比如第 286 条、第 461 条);《民法典》侵权责任编最终没有采取权利与权益的二分法保护,即没有像《德国民法典》与我国台湾地区“民法”那样,规定权利之外的权益采更严格的“故意+背俗”要件保护方法;但《民法典》的确又在总则编(第 8 条)规定了公序良俗原则,故而,若将第 53 条第 2 款解释为对被宣告死亡人的“纯粹经济损失”之赔偿,则先要构建权益保护要件;此外,恶意隐瞒,致使他人被宣告死亡(人格消灭)是否又侵害了一般人格权,也值得探究;尽管从体系解释角度看,第 53 条第 2 款应该受到该条第 1 款的返还与补偿范围限制。

复如,《民法典》第 56 条第 1 款。该款规定:"个体工商户的债务,个人经营的,以个人财产承担;家庭经营的,以家庭财产承担;无法区分的,以家庭财产承担。"注解该款时,文义上很容易认为该款的倾向(尤其推定规则)是保护债权人,因为"家庭财产"的范围通常被认为大于"个人财产";但这恰恰不是绝对的,甚至有可能相反:家庭财产的范围或价值,与个人财产是一种交叉的关系,二者并不当然孰大孰小。基于此认识,很自然就能发现本条本款立法时的悖谬:以家庭财产承担时,(纯粹)个人财产反而可能得以"逃逸"。此一点,欲得到圆融解释,无法局限于《民法典》总则编"自然人"一章,必得向物权编"共有"章、合同编"合伙合同"章及婚姻家庭编漫射。

四、遗珠之憾

阅读并筛选案例,是本书写作的两大重头工作之一。在写作过程中,经常为检索不到合适的案例或筛选不到有质量的案例而苦恼。毕竟,《民法典》颁布也才四年左右(生效适用也才不过三年半),《民法总则》生效至今也尚不满七年,相关案例积累远远算不上丰富,有质量的案例更是稀缺。然则,寻找或物色案例,会成为一种惯性;在本书成稿并交付出版社之后,这种惯性就很容易变为遗珠之憾。

比如,在给民商法学研究生讲授物权法专题课程时,有学生课上向作者 1 提供了一个排除妨害的案例,"沈某松与沈某朋排除妨害纠纷案",该案例的核心法律适用依据应该是绿色原则。该案中,原告以被告所植椿树遮挡光线、有病虫害为由请求排除妨害,予以清除;法院认为椿树有环保价值,在病虫害可科学防治、挡光并不严重且可通过修剪解决的情况下要求清除"无事实和法律依据,也无现实紧迫性,更不利于保护生态环境",故未予支持。

再如,作者 1 近日偶然与吴香香教授讨论到一个案例。原本该案的争议焦点应在《民法典》第 1124 条,进而涉及第 1145 条的法律适用,即法定继承人可以放弃继承(第 1124 条)、"没有继承人或者继承人均放弃继承的,由被继承人生前住所地的民政部门或者村民委员会担任遗产管理人"(第 1145 条第 4 分句),但该案的审理法院实际上将法律适用的重点转向了《民法典》总则编(第 132 条)的权利滥用之禁止。两位继承人均表示放弃对离异父母父一方的财产继承,并在二审中指出债权人利益可以通过《民法典》第 1145 条得以保护,但一审法院认为"周某杰对王某卫享有债权,周某杰死亡后,该债权应由其继承人周某 1、周某 2 继承。周某 1、周某 2 表示放弃继承周某杰的遗产,但该放弃的行为损害了周某杰的债权人的利益,依据《中华人民共和国民法典》第一百三十二条及《最高人民法院关于适用〈中华人民共和国民法典〉总则编若干问题的解释》第三条的规定,已构成滥用民事权利,该放弃行为不发生放弃的法律效力。因此周某杰的债权应由被告继承,周某杰的债务二被告也应在债权实现后的范围内予以清偿"[详见辽宁省大连市旅顺口区人民法院(2021)辽 0212 民初 4723 号民事判决书]。

二审法院则进一步指出,"关于二上诉人在表示放弃继承遗产的情况下,本案是否仍应判由二上诉人在案涉债权实现后承担清偿责任的问题。基于常情,虽然二上诉人作为法定继承人可以放弃继承,但仍负有妥善保管遗产并协助变现清偿的义务。现被上诉人主张二上诉人在案涉债权实现后的范围内承担清偿责任,该主张实质上仍系以被继承人遗产为限来清偿对外债务,继承人仅需履行协助义务即可,而无需以自有财产承担清偿责任。该主张并未损害继承人合法的财产权利,符合民法典继承编规定相关精神及诉讼效率的基本原则,故本院对被上诉人的诉讼请求予以支持"[详见辽宁省大连市中级人民法院(2022)辽02民终4414号民事判决书]。具体案件中所展现的《民法典》总则编"一般条款"适用的生动性,可见一斑。

本书成稿后,作者对全文进行过三轮校对修订。本书全部文字,逐字阅读一遍,第一轮校对修订,大体花费了完整的两个月时间。即便是到了第三轮校对修订,还是会发现这样或那样的错漏,不仅仅是案例筛选可能挂一漏万。因此两位作者均曾生发过"改无止境"的感慨。对于诸多争点的讨论与争论,也有一时之间难有终局的困境。我们不得不暂时断水砌坝,而选择相信妙藏于时。

最后,本书的出版,需要特别感谢麦读曾健先生的驰援,高效又不失宽厚。北京大学出版社及周菲女士,也对本书的出版给予过巨大的支持,一并致以谢意。

唐　勇　谢秋荣　谨识

甲辰年立秋　于京西

图书在版编目(CIP)数据

民法典总则编通释 / 唐勇，谢秋荣著. -- 北京 :
中国民主法制出版社，2024. 9. -- ISBN 978-7-5162-3751-9
Ⅰ. D923. 15
中国国家版本馆 CIP 数据核字第 2024HX7569 号

图书出品人：刘海涛
图 书 策 划：麦　读
责 任 编 辑：陈　曦　庞贺鑫　张　亮　靳振国

书名/民法典总则编通释
作者/唐　勇　谢秋荣　著

出版 · 发行/中国民主法制出版社
地址/北京市丰台区右安门外玉林里 7 号（100069）
电话/（010）63055259（总编室）　63058068　63057714（营销中心）
传真/（010）63055259
http：//www.npcpub.com
E-mail：mzfz@npcpub.com
经销/新华书店
开本/16 开　730 毫米×1030 毫米
印张/98.5　**字数**/2028 千字
版本/2024 年 10 月第 1 版　2024 年 10 月第 1 次印刷
印刷/北京天宇万达印刷有限公司

书号/ISBN 978-7-5162-3751-9
定价/198.00 元